时代

TIMES

Advanced Chinese Dictionary

汉语词典

学习词语用法的必备工具书

联邦出版社·江苏少年儿童出版社

© 1998 联邦出版（新）私人有限公司

© 1999 Times Media Private Limited
A member of the Times Publishing Group
Times Centre, 1 New Industrial Road, Singapore 536196
E-mail: fps@tpl.com.sg
Online Book Store: http://www.timesone.com.sg/fpl

Original edition under the title *Xiandai Hanyu Yongfa Cidian*
first published 1994 by Jiangsu Juvenile and Children's Publishing House

1998 年初版
2001 年 8 月第 7 次印刷

版权所有，不准以任何方式，
在世界任何地区，以中文或任何文字，
作全部或局部之翻印、仿制或转载。

原版《现代汉语用法词典》（1994 年版）由
中国江苏少年儿童出版社出版

此改编版由
新加坡 Times Media Private Limited 暨
中国江苏少年儿童出版社联合出版

ISBN 981-01-3921-7

Printed by Percetakan Rina Sdn. Bhd. (31964-X)

时代高级汉语词典

总 策 划 张彦平

主　　编 闵龙华
副 主 编 徐振礼

编 写 者 (以编写条数多少为序)

闵龙华　费枝美　王明宏　俞思义
王政红　惠　方　莫彭龄　唐子黔
张新华　钟　敏　徐振礼　李留兴
刘乃华　马清华　印　平　黄建云
万振和　刘宁生

责任编辑 于　钝　陈图麟

总 目 录

前言 ································〔7〕
凡例 ································〔13〕
汉语拼音音节索引 ······················〔17—23〕
部首检字表 ···························〔24—86〕
词典正文 ····························1—1491
附录：
　汉语拼音方案 ·························1492
　简化字总表 ··························1496
　标点符号用法 ·························1518
　语法简表 ····························1526

前　言

目前出版的一些词典，大都不标词性，不分词与非词，不讲词语用法。因此，尽管有注音、释义和例证，读者查阅后往往仍不能正确地掌握词语的使用方法。为了更好地发挥词典指导运用词语的作用，我们尝试着编写了这部以讲用法为主要特色的《时代高级汉语词典》。

本词典收单字约11000个，复词约28000条，共约39000条。复词以语词为主，包括一部分常用的成语、谚语、惯用语、歇后语和比较固定的词组，酌收了少数常用的专科词。除此之外，还增收了二千余条新词、新语，如"代沟、构想、翻番、一刀切、个体户、拳头产品"等，对旧词增补了不少新的义项，是一部收词量较为丰富的中型语文词典。适合初中以上文化程度的读者和外国朋友查检使用，也可作为从事语文教学、语言研究的中学教师和大学中文系师生的研究资料。

本词典除对每个条目正形、注音、释义外，着重讲词语用法。所谓用法主要体现在以下几个方面：

一、对单字和单字义项，区别词和非词。这是以往出版的词典所没有的。过去不少词典，在立目上，把大量现今不单用的文言词和不成词的语素当成是单独条目；在释义上，又把成词义项和不成词义项不加区分地并列在一起，致使词典不能体现不同于字典的特性。

词典的根本任务应以某一语言的词汇系统作为记录的对象，所收条目应是语言中的词和作用相当于词的固定词组，而这正是一部描写兼规范词典的奋斗目标。假如把没有词的资格的语素和语素义全部照收，且同词和词义不加区分，这就与"词典"的名称不相符合。

从理论上讲，词典应以词作为立目的基本单位，但是汉字中有些字能独立成词，是成词语素，可作为造句单位，如"人、手、走、大、三、不"等；有些字不能独立成词，是不成词语素，不能作为造句单位，只能作为构词成分，如"语、伟、丽、览"等；还有少量的字单独没有意义，只能作为一个音节，要与另一个字合起来才有意义，如"琵、葡、徘、忐"，必须构成"琵琶、葡萄、徘徊、忐忑"才有意义，才可作为造句单位。此外，汉字中的多义字，有的两个或几个义项都可独立成词，有的都不能独立成词；有的其中一部分义项能独立成词，另一部分义项不能独立成词。鉴于以上这些复杂的情况，词典要真正做到以词为立目单位不无困难，那些不成词的单字和义项较难处理，所以一般词典都以单字作为领头字，不管成词与不成词，复词跟随其后。释文中由于没有全面反映以上所说的种种复杂的情况，因此读者查阅了词典的释义后，往往还不能做到正确使用，有时还会造成误用。例如"发"，有好几个义项，其中"送出"、"交付"义，可以单独使用："发一封信"，"发一批货"；其中"打开"、"揭露"、"扩大"等义，就不能单独使用，只能作为语素义，构成"发掘"、"揭发"、"发扬"等词后才可使用。如果认为"发"有"揭露"义，于是把"揭露他的罪行"说成"发他的罪行"，那就不对了。这正是不能辨别词义、语素义的人和不以汉语为母语的人极易发生的错误。这种情况也可以从一个角度说明词典区别词与非词的必要性，如果能让读者知道哪个义项是词义，哪个义项不是词义，也许就可避免这种错误。

但是，要严格区分词和非词确实不是一件容易的事，许多字在古代都是能单独使用的词，现在却已成了不能单独使用的语素，如"朋、习、民"等。另有一些字，一般不能单独使用，可是在某些特定场合，或在专科文献、书面语言里却可以单独使用。如"楼、院、氧"等，在一般情况下都是构词成分，用来构成"楼房"、"大楼"、"前楼"、"后楼"、"医院"、"剧院"、"研究院"、"氧气"、"氧化"等词；但是，在"三号楼"、"院领导"、"院一级"中，"楼"和"院"又都可以看成是单用的词了，"氧"在化学书中也常作为词来使用。吕叔湘先生认为，如果把这些字都算作词，那就"抹杀了一个重要的事实：这些语素在一般场合是不能单用的。"(《汉语语法分析问题》19页)吕先生的话说明了区分词与非词应以现代汉语通常使用的情况为标准。不过有了这个标准，并不是一切问题都可以解决了，像上面所说的"三号楼"、"院领导"之类的说法，到底算是特殊场合，还是一般场合，这是会有不同看法的。我们在实际编写过程中，遇到类似的困难很不少，我们深深感到要对一万多个单字严格地区分词与非词，难度确实不小。我们的看法是宽一点为宜，凡是在现代汉语中能作为词来用的，就归入词的一类。好在这是一项开创性的工作，是初次尝试。我们对那些难以辨别的字都勉强地一一作了处理，一定会有许多不当之处，也会有处理不一致的情况，恭请广大读者和专家批评指正。

二、区别词性。语言事实表明，不同类的词在语句结构里有不同的组合方式，如果能给每个词标上词性，这对指导读者正确使用词语无疑是有好处的。中国以往出版的词典大多不标词性(尤其是实词)，有的可以根据释义判断其词性，有的则不易判断。例如"涩"，有的词典释作："像明矾或不熟的柿子那样使舌头感到麻木干燥的味道。"有的字典释作"一种使舌头感到不滑润不好受的滋味。"根据这样的释义，"涩"似乎是名词，指一种"味道"或"滋味"。其实"涩"应当是形容词，上面两种释文都不能体现这个词的词性。又如"运动"，有的词典释作："物体的位置不断变化的现象。"从这个释文来看，也很像是名词，其实应是动词，表示物体位置在不断变化。根据这些词性不明的释文来理解和使用词语，难免出错。一个词的词性，是这个词的语法功能的概括，而区别词性对词进行分类的主要标准也正是词的不同的语法功能，即词与词组合搭配的关系和在句子中充当句子成分的能力。如果只了解词的词义，不明其词性，就不能保证词语的正确使用。比如为什么可以说"他很明智"，却不能说"他很智慧"？正是因为"明智"是形容词，可以同程度副词组合，可以充当谓语；"智慧"是名词，不可以同程度副词组合，不可以充当谓语。这都足以说明词典区分词性的重要性。

但是，对几万个词区分词性，也非易事，这正是以往一般词典不区分词性的原因。名词应算是比较容易区分的一类词了吧，可是吕叔湘先生曾经说过："名词这个类里边最困难的问题还是怎样区别哪些动词已经转变成名词(兼属两类)，哪些动词只是可以'名用'，还没有转变成名词。"(《汉语语法分析问题》36页)名词尚且有这种困难，其他各类词的区分困难就更多了，如动词和介词，形容词和副词等，并不都是泾渭分明的。我们尝试着给每个词分了类，标上了词性(除极少数确实很难标的以外)，这也是一种尝试和探索，不当之处在所难免。

三、提示词语的使用要求和语法功能。我们主要考虑了以下几个方面：

1.词语搭配上的要求。如某个动词常与什么名词搭配，某个形容词一般形容什么事物和动作等。凡有比较明确的搭配要求的都尽可能揭示出来。

2.词语在语法方面的功能。我们根据目前中学正在试行的新的教学语法系统，主要区别同类词不同的语法功能。如：

名词　主要区别的是：有些名词不作主语，只作宾语；有些名词常作定语和状语；有些名词可作谓语；有些名词有固定的量词；有些名词表示集体，一般不用个体量词，但也有少数集体名词可以用个体量词；有些名词有统称、合称、总称之分，等等。

动词　主要区别的是：有些动词须带宾语或兼语；有些动词不带宾语，有些动词可带双宾语；有些动词可带谓词、谓词性词组或主谓词组作宾语；有些动词能作某些动词的宾语；有些动词常构成连动词组；有些动词可拆开使用；有些动词可加程度副词，等等。

形容词　主要区别的是：有些形容词不加程度副词；有些形容词不能单独作谓语，只作定语或状语；有些形容词作定语或状语时须加助词"的"或"地"，有些则不加"的"或"地"；有些形容词可作某些动词的宾语，等等。

3.重叠形式。主要指动词、形容词，单音节的大多数能重叠，本词典不作为特点单列，这里所谓的重叠主要指双音节的。重叠形式有"ABAB"、"AABB"、"A里AB"、"AAB"、"ABB"等，本词典中尽量分别举例说明。

四、标明词语的感情色彩和语体色彩。凡是有感情色彩和语体色彩的词，本词典分别标上"含褒义"、"含贬义"、"含轻蔑意"、"客套话"、"尊称"、"敬称"、"骂人用语"、"婉辞"、"谦词"等。有些词语只用于书信、公文，不用于一般文章，也尽量交代清楚。

五、比较一些容易混淆的近义词。有些词语意义和用法大同小异，为了让读者能正确地区别使用，词典中选收了一部分近义词，分析比较了它们不同的含义和不同的用法，以免读者根据近似的释义而误用。这也是本词典的特色之一。

以上所举的用法，当然还很不全面。但是因为本词典收词量较大，限于篇幅，不可能面面俱到地一一列举齐全。另外，对每个词所讲的用法，限于某些原因，也可能不平衡，有的讲得多一些，有的讲得少一些，还有一部分词似乎没有什么用法可讲，或讲了也不起多大作用，我们从实际出发，不强求一致。

这本词典尽管编写的时间不算太短，花费的精力也不算太少，但是由于参加编写的人员较多，中途又有人出出进进，水平也不完全一致，书稿质量难免参差不齐。统稿时虽然尽力匡谬正误，但由于前后相隔时间较长，篇幅又较大，加上水平有限，疏漏之处一定很多，恳请专家、读者赐正。

主　编
1993.8

凡　例

1.本词典分单字条目和复词条目，以单字带复词，并酌收了一部分成语、谚语、惯用语、歇后语和比较固定的词组。

2.多音字分别立目，在单字释文下注明另读之音，所带复词分别放在不同音的字头之下。如：

和　hé　（释文）
　　另见hè, hú, huó, huò。
【和蔼】
【和风】
和　huò　（释文）
　　另见hé, hè, hú, huó。
【和弄】
【和稀泥】
檗(柏)　bò　（释文）
　　"柏"另见bǎi, bó。（表示异体字"柏"另有两个读音）
棹　zhào　（释文）
　　另见zhuō(桌)（表示"棹"读zhuō是"桌"的异体字）
复词中后一字读音不同的(包括轻声)另立条目。如：
【呼号】hūháo　（释文）
【呼号】hūhào　（释文）

3.繁(异)体字(偏旁简化的繁体字除外)加括号附列在立目字头之后。如：

处(處、處、处)

如果是某个义项的繁(异)体字，在繁(异)体字前标△，义项前也标△。如：

逾(△踰)　yú〈素〉△(1)超过，越过，……(2)更加……(表示"踰"是(1)义的异体字)

构(構、△搆)　gòu　❶〈素〉△(1)制造，组合，……(2)结成，……(3)作品，……❷见"穀(gǔ)"。(表示"構"是所有义项的繁体字，"搆"只是(1)义的异体字)

〔14〕凡例

如果有几个繁(异)体字，分属不同义项，用"△△△△"标明。如：

升(△昇、△陞) shēng △❶动。常带宾语或补语。(1)向上移动；……△(2)提高；……❷名。量粮食的器具，……❸量。容量单位，……(表示"昇"是动词两个义项的异体字，"陞"只是动词(2)义的异体字。"昇""陞"都不是名词和量词的异体字。

台(△臺、△檯、△颱) tái △❶名。(1)……(2)……△(3)……△❷量。(1)……(2)……△❸〈素〉(1)……(2)……(3)……△❹……△❺姓。(表示"臺"是除❹义外所有各义项的繁体字，"檯"只是❶义中第(3)义项的异体字，"颱"只是❹义的繁体字)

4．本词典对单字和单字义项区分词和非词。凡成词的单字和单字义项标明词性，不成词的单字和单字义项用〈素〉(即"语素")表示。复词一般都标明词性。词性分以下几类：名(名词)、方位(方位词)、动(动词)、助动(能愿动词)、趋(趋向动词)、形(形容词)、数(数词)、量(量词)、代(代词)、副(副词)、拟声(拟声词)、介(介词)、连(连词)、助(助词)、叹(叹词)、前缀、后缀。有极少数实在难以归类的，不标词性，如"焉"，作"于此，在这里"讲时兼属介词和代词，不标词性。

词组、成语等分别用"词组""成(成语)""习(指熟语、惯用语、谚语等)"表示。姓氏不标词性。

5．某些词常用于书面语，标〈书〉；常用于口语，标〈口〉；只用于古汉语，标〈古〉(释文中已有"古代指"、"古书上指"等字样，不再标〈古〉)；方言词，标〈方〉。

6．某些单字要加"儿""子"后才成名词的，用"～儿""～子"表示。

7．某些单字只是单纯词中的一个字，或一般只用在某个复词中，这些字不单独释义，把所构成的词列在单字之后，然后释义。如：

葡 pú [葡萄](-tɑo)　名。(释义)(在"葡"字下写作：见"葡萄")

豉 chǐ [豆豉](dòu-)　名。(释义)(在"豆"字下不再收"豆豉"条)

8．本词典依据普通话语音系统用汉语拼音字母注音，并标声调："–"表示阴平，"ˊ"表示阳平，"ˇ"表示上声，"ˋ"表示去声。轻声不标调号，注音前加圆点"·"，如【孩子】hái·zi。可轻读也可不轻读的，仍标上调号，注音前加"·"，如【伙食】huǒ·shí。复词注音连写，不注变调。隔音符号用"'"表示，加在两个音节之间，如【黑暗】hēi'àn。专名和姓氏注音第一个字母不用大写。儿化音在基本形式后加"r"。

9.本词典不同词性的义项用"❶……❷……"表示,同一词性的不同义项用"(1)……(2)……"表示。释义和用法之间用";"。举例中的条目用"~"代替。不止一例,例与例之间用"|"线隔开。两个词作比较,另起一行,前面用"*"表示。对容易写错或读错的字,在释文最后加"注意",提示读者不要误写、误读。

10."引申为"表示引申义,"比喻"、"喻指"表示比喻义,"借指"表示借代义。"即××"表示实同名异的名物词。"同××"表示意义相同或相近的非名物词。"见××"表示在所见条下释义。"参见××"表示两条词义有联系,可互为补充。

11."也说××""也叫××"表示一种事物有两种不同的名称或说法。如:

【玉米】(注音)名。也叫玉蜀黍。

【煞有介事】(注音、释义)也说像煞有介事。

"也作××"表示同一条目有不同的书写形式。如:

【杧果】(注音)名。也作芒果。

【生花妙笔】(注音、释义)也作妙笔生花。

"简称××""××的略语"表示有简缩形式。如:

【糖衣炮弹】(注音、释义)简称糖弹。

【沧桑】(注音)名。"沧海桑田"的略语。

如果"也说××""也作××"等管辖两个或几个义项,则写在释文之前,如:

【恍惚】huǎnghū 形。也作恍忽。(1)……(2)……

12."可重叠"表示这个词语有重叠形式,分"ABAB""AABB""A里AB""AAB""ABB"等式,通过举例来表示。如果是"ABAB"式,用"~~"代替。

13."可拆开用"表示这是离合词,合用是词,拆用是词组。

14.本词典按汉语拼音音序、音节排列条目,每个音序、音节后加注注音字母。

15.本词典异读词注音以1985年12月重新审订的审音表为准。

汉语拼音音节索引

(数字指本词典正文页码)

A		bái	18	biān	59	cái	95	chàn	114	chōu	142
		bǎi	21	biǎn	61	cǎi	96	chāng	114	chóu	142
ā	1	bài	23	biàn	62	cài	97	cháng	114	chǒu	144
á	1	·bai	25	biāo	66	cān	97	chǎng	117	chòu	144
ǎ	1	bān	25	biǎo	67	cán	98	chàng	118	chū	144
à	1	bǎn	26	biào	68	cǎn	100	chāo	119	chú	149
·a	1	bàn	27	biē	69	càn	100	cháo	120	chǔ	150
āi	2	bāng	30	bié	69	cāng	100	chǎo	121	chù	151
ái	3	bǎng	31	biě	70	cáng	101	chào	121	chuā	152
ǎi	3	bàng	31	biè	70	cāo	102	chē	122	chuāi	152
ài	3	bāo	32	bīn	70	cáo	102	chě	122	chuái	152
ān	5	báo	34	bìn	71	cǎo	103	chè	122	chuǎi	152
ǎn	8	bǎo	34	bīng	71	cè	104	chēn	123	chuài	152
àn	8	bào	38	bǐng	73	cēn	105	chén	123	chuān	153
āng	10	bēi	41	bìng	74	cén	105	chěn	126	chuán	153
áng	10	běi	43	bō	75	cēng	105	chèn	126	chuǎn	155
àng	10	bèi	44	bó	77	céng	106	·chen	126	chuàn	155
āo	10	·bei	46	bǒ	79	cèng	106	chēng	127	chuāng	155
áo	11	bēn	46	bò	80	chā	106	chéng	128	chuáng	156
ǎo	11	běn	47	·bo	80	chá	108	chěng	133	chuǎng	156
ào	11	bèn	49	bū	80	chǎ	109	chèng	133	chuàng	156
		bēng	49	bú	80	chà	109	chī	133	chuī	157
B		béng	50	bǔ	80	chāi	110	chí	135	chuí	158
		běng	50	bù	82	chái	111	chǐ	136	chūn	158
bā	13	bèng	50			chǎi	111	chì	136	chún	159
bá	15	bī	50	**C**		chài	111	chōng	138	chǔn	160
bǎ	16	bí	51	cā	94	chān	111	chóng	140	chuō	160
bà	17	bǐ	51	cǎ	94	chán	111	chǒng	141	chuò	160
·ba	18	bì	55	cāi	94	chǎn	113	chòng	141	cī	161

〔18〕汉语拼音音节索引

cí	161	dāng	196	dōu	235	**F**		gá	319	guā	366
cǐ	163	dǎng	198	dǒu	235			gǎ	319	guǎ	367
cì	163	dàng	199	dòu	236	fā	262	gà	319	guà	367
cōng	165	dāo	200	dū	237	fá	267	gāi	319	guāi	368
cóng	165	dáo	200	dú	238	fǎ	267	gǎi	320	guǎi	368
còu	166	dǎo	200	dǔ	240	fà	268	gài	321	guài	369
cū	167	dào	202	dù	241	fān	268	gān	322	guān	369
cú	168	dē	205	duān	242	fán	270	gǎn	325	guǎn	373
cù	168	dé	205	duǎn	242	fǎn	272	gàn	328	guàn	374
cuān	169	·de	206	duàn	243	fàn	276	gāng	329	guāng	375
cuán	169	dēi	207	duī	245	fāng	277	gǎng	330	guǎng	377
cuàn	169	děi	207	duì	245	fáng	279	gàng	331	guàng	378
cuī	170	dèn	207	dūn	248	fǎng	281	gāo	331	guī	378
cuǐ	170	dēng	207	dǔn	249	fàng	282	gǎo	334	guǐ	381
cuì	170	děng	208	dùn	249	fēi	284	gào	335	guì	383
cūn	171	dèng	209	duō	250	féi	286	gē	336	gǔn	383
cún	171	dī	209	duó	252	fěi	287	gé	338	gùn	384
cǔn	171	dí	210	duǒ	252	fèi	288	gě	340	guō	384
cùn	172	dǐ	212	duò	252	fēn	289	gè	340	guó	384
cuō	172	dì	213			fén	293	gěi	342	guǒ	387
cuó	172	diǎ	217	**E**		fěn	294	gēn	342	guò	387
cuǒ	173	diān	217			fèn	294	gén	343		
cuò	173	diǎn	218	ē	254	fēng	295	gěn	343	**H**	
		diàn	220	é	254	féng	301	gèn	343		
D		diāo	222	ě	255	fěng	301	gēng	343	hā	391
		diǎo	223	è	255	fèng	302	gěng	344	há	391
dā	175	diào	224	ê	257	fiào	302	gèng	345	hǎ	391
dá	176	diē	225	é	257	fó	302	gōng	345	hà	391
dǎ	177	dié	226	ě	257	fǒu	303	gǒng	352	hāi	391
dà	181	dīng	227	è	257	fū	303	gòng	353	hái	391
·da	188	dǐng	228	ēn	257	fú	304	gōu	354	hǎi	392
dāi	188	dìng	229	èn	257	fǔ	309	gǒu	355	hài	394
dǎi	188	diū	230	ēng	257	fù	311	gòu	356	hān	395
dài	189	dōng	231	ér	257			gū	357	hán	395
dān	191	dǒng	232	ěr	258	**G**		gǔ	360	hǎn	398
dǎn	194	dòng	232	èr	260			gù	363	hàn	398
dàn	194					gā	319			hāng	400

háng	400	huān	441	jiáo	517	kāi	576	kuāng	605	léi	628
hàng	401	huán	442	jiǎo	517	kǎi	581	kuáng	605	lěi	629
hāo	401	huǎn	444	jiào	519	kài	581	kuǎng	606	lèi	630
háo	402	huàn	444	jiē	522	kān	581	kuàng	606	lei	630
hǎo	403	huāng	446	jié	525	kǎn	582	kuī	607	léng	631
hào	405	huáng	447	jiě	530	kàn	583	kuí	607	lěng	631
hē	407	huǎng	449	jiè	532	kāng	583	kuǐ	608	lèng	633
hé	407	huàng	450	·jie	535	káng	584	kuì	608	lī	633
hè	414	huī	450	jīn	535	kàng	584	kūn	609	lí	633
hēi	414	huí	452	jǐn	537	kāo	585	kǔn	609	lǐ	635
hén	416	huǐ	455	jìn	539	kǎo	585	kùn	609	lì	637
hěn	416	huì	456	jīng	544	kào	586	kuò	610	li	643
hèn	416	hūn	459	jǐng	550	kē	586			liǎ	643
hēng	416	hún	460	jìng	552	ké	588	**L**		lián	643
héng	417	hùn	460	jiōng	554	kě	588			liǎn	647
hèng	418	huō	461	jiǒng	554	kè	590	lā	612	liàn	648
hm	419	huó	461	jiū	555	kēi	592	lá	613	liáng	649
hng	419	huǒ	463	jiǔ	555	kěn	592	lǎ	613	liǎng	650
hōng	419	huò	465	jiù	557	kèn	593	là	613	liàng	651
hóng	420			jū	560	kēng	593	·la	614	liāo	652
hǒng	423	**J**		jú	562	kōng	593	lái	614	liáo	653
hòng	423			jǔ	563	kǒng	595	lài	616	liǎo	654
hōu	423	jī	468	jù	564	kòng	596	lán	616	liào	655
hóu	423	jí	475	juān	567	kōu	597	lǎn	618	liē	656
hǒu	423	jǐ	481	juǎn	568	kǒu	597	làn	618	lié	656
hòu	423	jì	482	juàn	568	kòu	598	lāng	619	liè	656
hū	427	jiā	488	juē	569	kū	599	láng	619	·lie	657
hú	429	jiá	492	jué	569	kǔ	600	lǎng	620	līn	657
hǔ	431	jiǎ	492	juě	573	kù	601	làng	620	lín	657
hù	431	jià	494	juè	573	kuā	601	lāo	621	lǐn	660
huā	433	jiān	495	jūn	573	kuǎ	602	láo	621	lìn	660
huá	435	jiǎn	500	jùn	574	kuà	602	lǎo	623	lìn	660
huà	437	jiàn	503			kuǎi	602	lào	626	líng	660
huái	440	jiāng	508	**K**		kuài	603	lē	627	lǐng	664
huài	441	jiǎng	510			kuān	604	lè	627	lìng	665
huai	441	jiàng	511	kā	576	kuǎn	605	·le	628	liū	666
		jiāo	512	kǎ	576	kuǎn	605	lēi	628	liú	666

〔20〕汉语拼音音节索引

liū	671	mǎ	692	miāo	721	nǎn	751	nín	766	pái	779
liù	671	mà	694	miáo	721	nàn	751	níng	766	pǎi	781
·lo	672	·ma	694	miǎo	722	nāng	751	nǐng	767	pài	781
lóng	672	mái	695	miào	723	náng	751	nìng	767	pān	782
lǒng	673	mǎi	695	miē	723	nǎng	752	niū	768	pán	782
lòng	674	mài	695	miè	723	nàng	752	niú	768	pàn	784
lōu	674	mān	697	mín	724	nāo	752	niǔ	769	pāng	785
lóu	674	mán	697	mǐn	725	náo	752	niù	769	páng	785
lǒu	675	mǎn	697	míng	726	nǎo	752	nóng	769	pǎng	786
lòu	675	màn	698	mǐng	731	nào	753	nòng	771	pàng	786
·lou	676	māng	700	mìng	731	né	754	nòu	771	pāo	786
lū	676	máng	700	miù	732	nè	754	nú	771	páo	787
lú	676	mǎng	701	mō	732	·ne	755	nǔ	772	pǎo	787
lǔ	677	māo	701	mó	732	něi	755	nù	772	pào	788
lù	678	máo	702	mǒ	735	nèi	755	nǚ	773	pēi	789
·lu	680	mǎo	703	mò	735	nèn	757	nǜ	773	péi	789
lú	680	mào	704	mōu	738	néng	757	nuǎn	773	pèi	790
lǚ	680	·me	705	móu	738	ńg	758	nüè	774	pēn	791
lù	681	méi	705	mǒu	739	ňg	758	nuó	774	pén	792
luán	682	měi	707	mú	739	ǹg	758	nuò	774	pèn	792
luǎn	682	mèi	708	mǔ	739	nī	758			pēng	792
luàn	683	mēn	709	mù	740	ní	758	**O**		péng	792
lüè	683	mén	709			nǐ	759			pěng	794
lūn	684	mèn	710	**N**		nì	760	ō	776	pèng	794
lún	684	·men	711	ń	744	niā	761	ó	776	pī	794
lùn	685	mēng	711	ň	744	niān	761	ǒ	776	pí	796
luō	686	méng	711	ǹ	744	nián	761	ò	776	pǐ	798
luó	686	měng	712	nā	744	niǎn	763	ōu	776	pì	799
luǒ	688	mèng	713	ná	744	niàn	763	ǒu	776	piān	800
luò	688	mī	714	nǎ	744	niáng	764	òu	777	pián	801
		mí	714	nà	745	niàng	764			piǎn	802
M		mǐ	716	na	747	niǎo	764	**P**		piàn	802
ḿ	691	mì	716	nǎi	747	niào	765	pā	778	piāo	802
m̀	691	mián	718	nài	747	niē	765	pá	778	piáo	804
mā	691	miǎn	718	nān	748	nié	765	pà	779	piǎo	804
má	691	miàn	719	nán	748	niè	765	pāi	779	piào	804

汉语拼音音节索引〔21〕

piē	805	qiāng	847	**R**		**S**		shào	933	shuāng	997
piě	805	qiāo	848					shē	934	shuí	997
pīn	805	qiáo	849	rán	883	sā	906	shé	934	shuǐ	998
pín	806	qiǎo	850	rǎn	883	sǎ	906	shě	935	shuì	1000
pǐn	807	qiào	850	rāng	884	sà	907	shè	936	shǔn	1000
pìn	807	qiē	851	ráng	884	sāi	907	shéi	938	shùn	1000
pīng	808	qié	851	rǎng	884	sài	907	shēn	938	shuō	1002
píng	808	qiě	851	ràng	884	sān	908	shén	942	shuò	1003
pō	813	qiè	851	rǎo	885	sǎn	910	shěn	945	sī	1004
pó	813	qīn	853	rǎo	885	sàn	910	shèn	946	sǐ	1008
pǒ	814	qín	855	rào	885	sāng	911	shēng	947	sì	1010
pò	814	qǐn	856	rě	885	sǎng	911	shéng	953	sōng	1012
po	816	qìn	856	rè	886	sàng	911	shěng	953	sóng	1013
pōu	816	qīng	856	rén	888	sāo	912	shèng	954	sǒng	1013
póu	816	qíng	863	rěn	891	sǎo	913	shī	956	sòng	1013
pǒu	817	qǐng	865	rèn	892	sào	914	shí	961	sōu	1014
pū	817	qìng	866	rēng	894	sè	914	shǐ	967	sǒu	1015
pú	818	qióng	866	réng	894	sēn	915	shì	968	sòu	1015
pǔ	819	qiū	867	rì	894	sēng	915	·shi	977	sū	1015
pù	820	qiú	868	róng	895	shā	915	shōu	977	sú	1016
		qiǔ	870	rǒng	897	shá	917	shóu	979	sù	1016
Q		qū	870	róu	898	shǎ	917	shǒu	979	suān	1019
qī	821	qú	873	ròu	898	shà	917	shòu	982	suàn	1019
qí	824	qǔ	873	rú	899	shāi	918	shū	984	suī	1020
qǐ	828	qù	875	rǔ	901	shǎi	918	shú	988	suí	1020
qì	831	quān	875	rù	901	shài	918	shǔ	989	suǐ	1022
qiā	835	quán	876	ruǎn	903	shān	918	shù	991	suì	1022
qiǎ	835	quǎn	878	ruí	903	shǎn	921	shuā	993	sūn	1023
qià	835	quàn	878	ruǐ	903	shàn	922	shuǎ	994	sǔn	1023
qiān	836	quē	879	ruì	904	shāng	924	shuà	994	suō	1023
qián	839	qué	880	rún	904	shǎng	926	shuāi	994	suǒ	1025
qiǎn	842	què	880	rùn	904	shàng	926	shuǎi	995		
qiàn	843	qūn	881	ruó	904	·shang	931	shuài	995	**T**	
qiāng	844	qún	881	ruò	905	shāo	931	shuān	996	tā	1027
qiáng	845					sháo	932	shuàn	996	tǎ	1028
qiǎng	846					shǎo	932	shuāng	996	tà	1028

tāi	1029	tìng	1066	wāi	1096	xiá	1157	xuán	1233	yì	1299
tái	1029	tōng	1066	wǎi	1096	xià	1158	xuǎn	1235	yīn	1307
tài	1030	tóng	1069	wài	1097	xiān	1163	xuàn	1236	yín	1311
tān	1031	tǒng	1072	wān	1099	xián	1166	xuē	1236	yǐn	1312
tán	1033	tòng	1073	wán	1099	xiǎn	1168	xué	1237	yìn	1315
tǎn	1034	tōu	1074	wǎn	1102	xiàn	1170	xuě	1239	yīng	1317
tàn	1035	tóu	1075	wàn	1103	xiāng	1173	xuè	1239	yíng	1318
tāng	1037	tǒu	1078	wāng	1105	xiáng	1178	xūn	1241	yǐng	1320
táng	1037	tòu	1078	wáng	1105	xiǎng	1179	xún	1241	yìng	1321
tǎng	1038	tū	1079	wǎng	1106	xiàng	1180	xùn	1244	yō	1323
tàng	1039	tú	1079	wàng	1107	xiāo	1183	**Y**		·yo	1323
tāo	1039	tǔ	1082	wēi	1109	xiáo	1187			yōng	1323
táo	1040	tù	1083	wéi	1112	xiǎo	1187	yā	1247	yóng	1325
tǎo	1041	tuān	1083	wěi	1116	xiào	1192	yá	1249	yǒng	1325
tào	1042	tuán	1083	wèi	1118	xiē	1194	yǎ	1250	yòng	1326
tè	1042	tuǎn	1084	wēn	1122	xié	1195	yà	1250	yōu	1327
tēng	1044	tuàn	1084	wén	1123	xiě	1198	·ya	1251	yóu	1329
téng	1044	tuī	1084	wěn	1126	xiè	1199	yān	1251	yǒu	1333
tī	1045	tuí	1087	wèn	1127	xīn	1201	yán	1253	yòu	1337
tí	1045	tuǐ	1087	wēng	1128	xìn	1208	yǎn	1258	yū	1338
tǐ	1047	tuì	1087	wěng	1128	xīng	1210	yàn	1262	yú	1338
tì	1049	tūn	1089	wèng	1128	xíng	1212	yāng	1264	yǔ	1342
tiān	1050	tún	1089	wō	1128	xǐng	1216	yáng	1265	yù	1345
tián	1054	tǔn	1090	wǒ	1129	xìng	1217	yǎng	1267	yuān	1349
tiǎn	1055	tùn	1090	wò	1129	xiōng	1219	yàng	1269	yuán	1350
tiàn	1056	tuō	1090	wū	1130	xióng	1220	yāo	1269	yuǎn	1354
tiāo	1056	tuó	1092	wú	1132	xiòng	1221	yáo	1271	yuàn	1355
tiáo	1056	tuǒ	1093	wǔ	1138	xiū	1221	yǎo	1273	yuē	1356
tiǎo	1058	tuò	1094	wù	1142	xiǔ	1224	yào	1273	yuě	1357
tiào	1059					xiù	1225	yē	1275	yuè	1357
tiē	1060	**W**		**X**		xū	1226	yé	1276	yūn	1359
tiě	1061	wā	1095	xī	1145	xú	1228	yě	1276	yún	1359
tiè	1062	wá	1095	xí	1151	xǔ	1229	yè	1277	yǔn	1361
tīng	1062	wǎ	1095	xǐ	1152	xù	1229	yī	1279	yùn	1361
tíng	1063	wà	1096	xì	1154	·xu	1231	yí	1293		
tǐng	1065	wa	1096	xiā	1156	xuān	1231	yǐ	1297		

Z		zé	1374	zhǎng	1387	zhí	1416	zhuài	1450	zōu	1477
		zè	1375	zhàng	1388	zhǐ	1419	zhuān	1450	zǒu	1477
zā	1364	zéi	1375	zhāo	1389	zhì	1424	zhuǎn	1452	zòu	1479
zá	1364	zěn	1376	zháo	1391	zhōng	1430	zhuàn	1454	zū	1479
zǎ	1365	zèn	1376	zhǎo	1392	zhǒng	1434	zhuāng	1454	zú	1479
zāi	1365	zēng	1376	zhào	1392	zhòng	1435	zhuǎng	1456	zǔ	1480
zǎi	1366	zèng	1377	zhē	1394	zhōu	1437	zhuàng	1456	zuān	1482
zài	1366	zhā	1378	zhé	1395	zhóu	1439	zhuī	1458	zuǎn	1482
zān	1368	zhá	1379	zhě	1397	zhǒu	1439	zhuì	1459	zuàn	1483
zán	1368	zhǎ	1379	zhè	1397	zhòu	1439	zhūn	1459	zuī	1483
zǎn	1368	zhà	1379	zhe	1398	·zhou	1440	zhǔn	1460	zuì	1483
zàn	1369	zhāi	1380	zhèi	1398	zhū	1440	zhuō	1460	zūn	1485
zāng	1370	zhái	1381	zhēn	1398	zhú	1442	zhuó	1461	zǔn	1486
zǎng	1370	zhǎi	1381	zhěn	1401	zhǔ	1443	zī	1463	zuō	1486
zàng	1370	zhài	1381	zhèn	1402	zhù	1446	zǐ	1466	zuó	1486
zāo	1371	zhān	1382	zhēng	1404	zhuā	1449	zì	1467	zuǒ	1486
záo	1372	zhǎn	1383	zhěng	1406	zhuǎ	1450	zōng	1474	zuò	1487
zǎo	1372	zhàn	1383	zhèng	1408	zhuāi	1450	zǒng	1475		
zào	1373	zhāng	1386	zhī	1412	zhuǎi	1450	zòng	1476		

部首检字表

[说明]1.本词典采用的部首跟一般字典基本相同,共有189部。2.本检字表分《部首目录》和《检字表》两部分,部首次序按部首笔画数多少排列。检字时首先查《部首目录》,查出所查字的部首在《检字表》中的页码,然后按除去部首的笔画数多少查找所要查的字。3.对较难确定部首的字,解决的办法是:a、有些字分别收入不同的部首,如"唇",可在"口""辰"两个部首中找到,"即",可在"卩""艮"两个部首中找到,"乐",可在"幺""白""木"三个部首中找到。b、分不清部首的字,按起笔的笔形收入一、丨、丿、丶、乙(一丁乚)五个单笔部首内。如"七",收在"一"部,"中",收在"丨"部。有少数字起笔可能有分歧,就分别收在不同的单笔部首内,如"九",收入"丿""乙"两部,"上",收入"一""丨"两部。

(一)部首目录

(数字指〈检字表〉页码)

一画		亻	[29]	刀(⺈)	[35]	尢	[43]	门(門)	[50]	四画	
一	[25]	八(丷)	[31]	力	[35]	弋	[43]	氵	[50]	王	[58]
丨	[26]	人(入)	[31]	厶	[35]	小(⺌)	[43]	宀	[53]	韦(韋)	[59]
丿	[27]	勹	[32]	又(ㄡ)	[35]	口	[43]	辶(⻌)	[54]	木	[59]
丶	[27]	刂(见刀)		廴	[36]	囗	[46]	彐(彑彐)	[54]	犬	[61]
乙(一丁乚)		几(几)	[32]	巳(见卩)		巾	[46]	尸	[55]	歹	[61]
	[27]	儿	[32]	三画		山	[46]	己(巳)	[55]	车(車)	[62]
二画		亠	[32]	工	[36]	彳	[47]	弓	[55]	戈	[62]
二	[28]	冫	[32]	土	[36]	彡	[47]	子(孑)	[55]	比	[62]
十	[28]	冖	[33]	士	[37]	犭	[47]	屮	[55]	瓦	[62]
厂	[28]	讠(言)	[33]	扌	[37]	夕	[48]	女	[55]	止	[62]
匚	[28]	卩(㔾)	[34]	艹	[39]	夂	[48]	纟(糸)	[56]	攴	[62]
刂	[28]	阝(在左)	[34]	寸	[42]	饣(食)	[48]	马(馬)	[57]	小(见⺌)	
卜(⼘)	[29]	阝(在右)	[34]	廾(在下)	[42]	广	[49]	幺	[58]	日	[63]
冂	[29]	凵	[35]	大	[42]	忄(小)	[49]	巛	[58]	曰(日)	[63]

水(氺)〔63〕	心 〔69〕	穴 〔76〕	舟 〔80〕	采 〔83〕	食(飠见饣)〔85〕
贝(貝)〔63〕	聿(聿聿)〔69〕	衤 〔76〕	衣 〔80〕	谷 〔83〕	風(见风)
见(見)〔64〕	爿 〔69〕	聿(见聿)	羊(𦍌䒑)〔80〕	豸 〔83〕	音 〔86〕
牛(牜牛)〔64〕	毋(母)〔69〕	艮(见艮)	米 〔80〕	角 〔83〕	韋(见韦)
手 〔64〕	**五画**	疋(𤴔)〔76〕	聿(见聿)	言(訁讠)〔83〕	**十画**
毛 〔65〕	示(礻见衤)〔69〕	皮 〔76〕	艮(艮)〔81〕	辛 〔83〕	門 〔86〕
气 〔65〕	石 〔69〕	癶 〔76〕	羽 〔81〕	**八画**	髟 〔86〕
攵 〔65〕	龙(龍)〔70〕	母(见毋)	糸(纟糹)〔81〕	青 〔84〕	馬(见马)
片 〔65〕	业 〔70〕	**六画**	**七画**	其 〔84〕	**十一画**
斤 〔65〕	氺(见水)	耒 〔77〕	麦(麥)〔81〕	雨(䨮)〔84〕	麥(见麦)
爪(爫)〔65〕	目 〔70〕	老 〔77〕	走 〔81〕	齿(齒)〔84〕	鹵(见卤)
父 〔65〕	田 〔71〕	耳 〔77〕	赤 〔81〕	黾(黽)〔84〕	鳥(见鸟)
月(肉)〔65〕	罒 〔71〕	臣 〔77〕	車(见车)	隹 〔84〕	魚(见鱼)
欠 〔67〕	皿 〔71〕	西(覀)〔77〕	豆 〔81〕	金(釒见钅)	麻 〔86〕
风(風)〔67〕	钅(金)〔72〕	页(頁)〔77〕	酉 〔82〕	〔84〕	鹿 〔86〕
殳 〔67〕	矢 〔73〕	虍 〔77〕	辰 〔82〕	飠(见饣)	**十二画以上**
文 〔67〕	禾 〔73〕	虫 〔78〕	豕 〔82〕	鱼(魚)〔84〕	黽(见黾)
方 〔67〕	白 〔74〕	缶 〔79〕	卤(鹵)〔82〕	門(见门)	黑 〔86〕
火 〔67〕	瓜 〔74〕	舌 〔79〕	里 〔82〕	**九画**	鼠 〔86〕
斗 〔68〕	用 〔74〕	竹(⺮)〔79〕	貝(见贝)	革 〔85〕	鼻 〔86〕
灬 〔68〕	鸟(鳥)〔74〕	臼 〔80〕	見(见见)	頁(见页)	齒(见齿)
户 〔68〕	疒 〔75〕	自 〔80〕	足(𧾷)〔82〕	骨 〔85〕	龍(见龙)
衤(示)〔68〕	立 〔75〕	血 〔80〕	身 〔83〕	鬼 〔85〕	

(二)检字表

(数字指词典正文页码)

一部	七	821	上	926	丈	1388		1345	天 1050
	二画			926	兀	1142	**三画**		夫 303
一	1279	三	908		931	万	735	丰	295		304
一画		干	322	才	95		1103	开	576	无 732
丁	227		328	下	1158	与	1339		577		1132
	1404	于	1338		1158		1342	井	550	韦 1112

〔26〕一丨

专	1450	册	104	两	650	柬	500	甄	1292	、	144
丐	321	平	808	巫	1132	歪	1096	囊	751	凹	10
廿	763	东	231	夾	319	甭	50		751	凸	1079
五	1138	丝	1005		490	面	719	蠹	205	五至七画	
丏	718	五画			492	九画		丨部		师	959
卅	907	再	1366	来	614	艳	1263			曳	1278
不	82	吏	641		615	泰	1031	二画		曲	871
不	249	亘	343	七画		秦	855	上	926		873
有	703	亚	1250	丞	1055	恭	352		926	肉	898
友	1333	考	585	武	1141	鬲	339		931	芈	716
丑	144	共	353	表	67		643	也	1276	县	1171
牙	1249	在	1367	奉	302	或	1347	三画		串	155
屯	1089	百	21	長	114	哥	337	丰	295	非	285
	1459		77		1387	孬	752	韦	1112	畅	118
互	432	而	258	東	231	夏	1162	中	1430	果	387
四画		有	1334	事	972	十画以上			1435	肃	1016
未	1119		1337	枣	1372	奭	539	内	755	八画以上	
末	705	死	1008	其	472	焉	1252	弔	224	韭	556
	735	互	343		825	爽	997	书	984	临	658
击	470	夹	319	亞	1250	棗	1372	四画		将	508
正	1404		490	画	438	棘	480	北	43		512
	1408		492	兩	650	甦	1015	卡	576	禺	1341
甘	324	至	1424	面	719	昪	11		835	幽	1328
世	969	尧	1271	來	614	丽	57	旧	557	艳	1263
本	47	夷	1293		615	赑	1170	归	378	畢	56
可	588	丞	131	並	74	赖	616	半	28	鼎	228
	590	六画		丞	478	爾	258	史	967	夥	465
且	560	求	869		834	暨	486	央	1264		465
	851	严	1254	八画		頤	1375	冉	883	畼	118
册	104	厑	1025	奏	1479	憂	1328	且	560	曼	522
丙	73	甫	309	毒	238	肅	1466		851	冀	488
丕	794	更	343	巷	401	噩	257	由	1330	舉	563
左	1486		345		1181	整	1406	申	938	鼗	71
丘	867	束	991	韭	556	臻	1401	甲	492		
右	1337	丽	633	甚	942	禰	309	电	220		
布	91		641		946	鳌	633	出	144		

丿、乙〔27〕

丿部											
		生	319		918	乌	1130	为	1113	了	569
		失	956	危	1109	九画			1119	也	1276
一至二画		乍	1379	各	341	乘	132	四画		飞	284
入	901	丘	867	六画			956	主	1443	乞	828
义	1299	厄	1414	我	1129	师	959	半	28	叉	892
九	555	乎	427	每	707	虎	1007	头	1075	习	1151
乃	747	冬	231	兔	1083	甾	119		1075	乡	1173
匕	51	务	1143	囱	165	十画以上		必	55	幺	1269
千	836	处	150	启	1414	甾	607	永	1325	弔	224
乞	828		151	希	1147	甥	951	五画以上		尺	122
川	153	処	150	龟	380	乔	849	州	1438		136
几	270		151		574	衆	1436	农	769	尹	1312
乂	1299	氏	209		868	粤	1359	求	869	夬	369
丸	1099		212	系	485	弑	972	良	649	巴	14
么	694	册	104		1155	毓	1349	卷	568	孔	595
	705	乐	627	卵	682	舞	1141		568	丑	144
	1269		1358	七画		睾	334	並	74	以	1297
久	556	用	1326	乖	368	孵	304	亲	854	予	1339
及	475	甩	995	垂	158	疑	1296		866		1343
三画		史	967	秉	73	肅	748	叛	784	书	984
午	1140	五画		卑	41	靠	586	举	563	四画	
壬	891	年	761	阜	314	舉	563	益	1304	司	1005
夭	1269	朱	1440	臾	1340	膾	293	甾	119	民	724
长	114	丢	230	籴	211	歸	378	蠋	568	弗	305
	1387	乔	849	肴	1271	毅	1041	乙部		电	220
币	55	乒	808	周	1438	釁	1210	(乛ㄱㄴ)		出	144
反	272	乓	785	八画		彞	170	乙	1297		144
升	947	向	1180	重	140	、部		一至三画		逊	199
乏	267	凶	1208		1436	二至三画		刁	222	发	262
爻	1271	角	678	甾	107	丫	1247	了	628		268
丹	191	角	678	拜	24	义	1299		654	丝	1005
氐	969	后	423	复	314	丸	1099	五画		五画	
	1415	兆	1394	帅	995	之	1412	九	555	甙	237
乌	1130	杀	915	禹	1344	卜	62	也	723	尽	538
四画		余	169	胤	1316	丹	191		765		539
生	947	色	914	甾	302			子	525	艮	343

〔28〕乙二十厂匚刂

	343	干	322	毕	56	以上		原	1352	魇	1259
乱	470		328	华	433	幹	328	九至		𩇕	1259
丞	131	丁	151		435	嗇	914	十二画		匚部	
买	695	于	1338		438	斡	1130	厢	1177		
六至九画		亏	607	协	1195	榦	328	厣	1259	二至四画	
即	477	五	1138	克	590	兢	550	厩	558	区	776
君	574	开	576	半	716	嘏	361	厫	11		870
乱	683	亓	824	㝍	45		494	厨	150	匹	798
甬	1325	井	550	六画		辠	334	厦	918	巨	564
隶	642	元	1350	卓	1462	㪍	1429		1162	匞	814
肃	1016	无	1132	直	1417	㪍	1429	麻	638	匜	1364
畅	118	云	1359	卑	41	翰	399	雁	1263	匝	1293
丞	478	互	432	阜	314	韓	397	厥	572	匡	605
	834	专	1450	卒	168	蠹	152	十二画		匠	511
函	397	丕	794		1480	厂部		以上		五画以上	
承	131	亙	343	丧	911	厂	5	尉	150	匣	1157
乳	901	亚	1250		911		117	斯	1007	医	1292
虱	960	亘	343	卖	696	二至六画		厲	639	甄	381
昼	1440	些	1194	协	1195	厅	1062	厰	117	匼	587
咫	1421	亞	1250	七至十画		仄	1375	厭	1262	匿	760
既	486	亟	5	南	744	历	638	厝	1279	匪	287
飞	284	𠀎	191		748	厄	255	厱	1262	匮	608
胤	1316	十部		真	1399	厉	639	魇	1259	區	776
癸	382			丧	911	压	1247	䳧	1263		870
畗	397	十	961		911		1250	歷	638	匾	62
十画以上		一至五画		索	1025	厌	1262	曆	638	匯	456
乾	322	千	836	乾	322	厍	936	赜	1264	匳	643
	842	廿	763		842	厓	1249	壓	1247	赜	1375
發	262	午	1140	嗇	914	厔	1424		1250	匲	643
乱	683	卅	907	𢼗	823	厕	104	鴈	1259		
肃	1016	升	947	博	78	七至八画		愿	1252	刂部	
曁	486	支	1412	辜	359	庞	785	厮	1259	二至三画	
豫	1348	卉	456	喪	911	厘	633	甃	572	刘	1300
二部		古	360		911	厚	426	赜	1264	刊	581
		毐	969	韓	397	厝	173	靥	1279	四画	
二	260	考	585	十一画				魇	1262	刑	1212

列	656	制	1426	剥	34	劐	635	再	1366	仟	837
划	435	刮	367		76	_卜(卜)部_		同	1069	仡	336
	438	刴	252	剠	251				1073	仫	743
	441	剠	252	_九至_		卜	80	网	1106	伋	476
刚	329	剂	485	_十一画_			80	肉	898	们	711
则	1374	刻	590	剒	461	上	926	冋	554	切	892
创	155	刷	993	副	316		926	罔	1106	他	1027
	156		994	剴	581		931	岡	329	仔	1366
刖	1358	_七画_		創	155	卞	62	_亻部_			1463
刎	1126	荆	548		156	卡	576				1467
刘	666	剋	590	剩	956		835	_一画_		_四画_	
_五画_			592	割	337	占	1382	亿	1301	佚	303
刬	113	剌	613	蒯	602		1383	_二画_		传	153
	114		613	剽	802	处	150	仁	891		1454
刲	527	剅	674	劂	674		151	什	942	伟	1116
别	69	到	550	剻	113	卢	676		962	优	1327
	70	削	1183	剿	120	未	986	仃	227	休	1221
删	920		1236		519	贞	1398	仆	817	伎	484
利	641	剐	367	_十二画_		卤	676		818	伛	1343
刪	920	剑	507	_以上_		卣	1337	仉	1387	伍	1140
刨	39	剄	173	劂	572	卦	367	仇	142	伛	873
	787	前	839	劄	1379	卓	1462		868	伔	799
判	784	剃	1049	劁	848	岇	1199	化	433	伐	267
刭	550	_八画_		劃	435	高	1199		437	伏	305
_六画_		剖	471		438	离	1199	仍	894	伢	1249
刺	161	剗	114		441	_冂部_		仅	537	伍	1096
	164	剛	329	劐	461				539	仲	1435
剋	599	剔	1045	劇	383	冄	883	仂	627	份	294
刮	18	剌	367	劍	566	冇	703	_三画_		伦	684
到	202	剕	289	劍	507	冈	329	仨	906	价	494
封	607	剜	1099	劊	383	内	755	仕	968		532
刿	383	剖	816	劉	666	丹	191	仗	1388		535
刳	581	剔	863	劑	485	冉	883	付	312	伧	100
刹	110	剡	922	劖	1307	册	104	代	189		126
	916		1259	劌	503	册	104	仙	1163	件	1140
刽	383	剧	566	劘	735	冏	452	仪	1293	件	505

亻

任	891	佚	1303	佟	1028	俦	142	俸	302	俳	779
	893	作	1486	使	967	俨	1259	倩	844	伦	684
伤	924		1487	侉	602	俪	641	债	1381	保	97
伥	114	伯	22	佰	22	便	64	俵	68	俗	45
华	433		77	侑	1337		801	倖	1217	倭	1129
	435	伧	1439	例	642	俩	643	伥	114	倪	759
	438	佟	1072	侄	1418		651	俯	1275	俾	54
仰	1267	佣	1323	侦	1398	侠	1157	借	533	偶	1049
仡	1446		1327	侣	680	俅	869	偌	905	倌	373
伉	584	低	209	侗	234	俏	850	值	1418	倥	595
仿	281	佝	355		1071	俚	636	俩	643		596
伙	465	你	759		1072	保	35		651	倍	45
伪	1116	伫	1446	侃	582	俜	808	倷	49	俯	310
仔	1339	佗	1092	侧	104	促	168	倚	1299	做	281
似	972	位	1120		1375	俣	1343	俺	8	倦	568
	1011	住	1446		1380	修	1222	健	529	倨	566
伊	1290	伴	29	侄	1065	俭	500	倒	201	倔	572
五画		伲	760	侑	1304	俘	306		202		573
佞	768	伺	164	桃	1056	俗	1016	倾	862	健	506
体	1045		1011	侏	1440	俄	254	候	426	**九画**	
	1047	佛	302	侨	849	俐	642	倮	687	偰	1199
何	411		305	佺	877	侮	1141	倘	116	偾	295
伾	794	伽	489	侩	603	係	1155		1038	做	1491
估	357		851	侪	1438	俛	310	俱	565	鹎	1222
	363	**六画**		侈	136	俛	1091	倡	118	偃	1261
佐	1487	侠	1157	佩	790	信	1208	个	340	偕	1197
佑	1337	佳	490	侘	109		1208		340	偪	50
佈	91	侍	973	侬	164	俑	1325	傲	152	偿	116
伾	576	佶	477	佼	517	俊	574		1049	偈	487
佔	1383	佬	626	依	1290	俟	827	倬	1461		529
攸	1328	侔	261	侪	111		1011	倮	688	偶	777
但	195		747	伴	1266	侵	853	倏	987	假	1111
伸	939	供	351	併	74	侯	423	條	1056	偲	94
佃	221		353	侬	770		426	脩	1222		1007
	1054	侥	517	侔	738	侗	562		1224	偷	1074
伶	660		1271	**七画**		**八画**		候	987	偕	1368

亻八(丷)〔31〕

傯	1476	偪	1343	價	494	兮	1145		161	人(入)部		
停	1064	傳	153		535	六	671	粼	156	人	888		
偽	1116		1454	儂	770		678	叛	784	入	901		
偏	800	僂	674	儇	1233	公	348	前	839	一至三画		
偻	674		681	儌	917	分	289	首	981	个	340		
	681	催	170	儉	500		294	酋	870		340		
傀	608	傷	924	儈	603		294	兹	162	仄	1375		
假	493	傯	1476	傲	517	三至六画			1465	从	165		
	494	傻	917	儋	194	兰	616	益	1304	介	532		
偓	1130	傺	138	億	1301	半	28	粉	156	今	535		
偉	1116	像	1182	儀	1293	并	71	兼	499	仑	684		
十画		傭	1323	僿	972		74	九画以上		以	1296		
傣	188	僇	680	僻	799	共	353	着	1391	仓	100		
傲	12	十二画		十四画		关	369		1391	全	1069		
備	45	僞	1163	以上		兴	1210		1398	丛	166		
傅	318	僥	517	儒	900		1217		1463	令	660		
傈	643		1271	儔	142	兑	248	黄	448		664		
傥	1039	僖	1150	儕	111	兵	72	孳	1465		666		
脩	1187	儆	551	儐	70	谷	361		106	四至六画		
傤	1039	僄	459	儘	538		1346		1376	全	876		
僋	100	僚	1018	優	1327	弟	215	冀	1246	会	456		
	126	僚	653	償	116	卷	568	與	1339		603		
傒	1149	僅	1028	儡	630		568		1342	合	340		
傑	527	僣	508	儵	987	並	74		1345		408		
傜	1272	僕	818	儺	774	其	472	輿	1342	余	1090		
傷	1439	僞	1116	儷	641		825	甝	1054	佘	169		
傢	492	僑	849	儺	687	具	565	冀	488	企	828		
傧	70	僬	517	儻	1038	单	111	儩	293	众	1436		
傍	32	儒	574		1039		192	興	1210	伞	910		
傚	1193	僱	366	儼	1259		922		1217	金	837		
储	151	僅	1072	儹	1368	典	218	黉	423	佘	935		
催	573		1457	八(丷)部		甡	1105	黻	387	余	1339		
傕	774	儎	560	八	13	七至八画		鞭	113	巫	1132		
十一画		僧	915	一至二画		差	106	夑	608	夾	319		
僅	537	十三画		丫	1247		110	爝	568				
	539	僵	509				110	虋	423		490		

〔32〕八勹几(几)亠

	492	勾	354	**儿部**		玄	1233	袞	383	**十五画**	
含	396		356			交	512	离	633	**以上**	
舍	935	句	355	儿	257	齐	824	**九画**		襄	1200
	937		356	兀	1142	亦	1301	亳	402	襄	1178
命	731		565	元	1350	产	113	孰	988	齋	1380
侖	684	匆	165	允	1361	充	138	裒	383	嬴	1320
來	614	包	32	兄	1220	亥	394	褒	1426	嬴	629
	615	旬	1241	尧	1271	**五至六画**		产	113	嬴	688
奧	1340	匈	1219	光	375	亨	416	商	925	孹	252
贪	1032	甸	221	兇	1219	宙	740	率	682	亹	710
七至十画		匐	420	先	1163	弃	834		995	齋	473
俞	993	匍	818	兆	1394	变	62	裒	705	齎	475
	1341	匏	149	充	138	京	546	**十画**		嬴	688
俎	1482	匐	309	克	590	享	1179	襃	1200	嬴	687
拿	744	匏	787	兕	1011	卒	168	膏	865		
倉	100	够	357	兔	1083		1480	就	558	**冫部**	
衾	855	懶	293	兒	705	夜	1278	裔	682	**一至六画**	
盒	411			免	718	兗	1259	袤	817	习	1151
舒	985	**几(几)部**		兑	248	氓	701	棄	834	江	330
翕	1150	几	468	兒	257	**七画**		**十一至**		冬	232
傘	910		481	兙	1105	哀	2	**十四画**		冯	301
禽	855	凡	270	兔	1083	亮	651	裹	636		812
十一画		凡	270	兗	1259	亭	1063	亶	194	冱	432
以上		风	296	党	198	亶	1278	稟	73	冲	139
僉	837	凤	302	兜	235	奕	1301	稟	73		141
僰	79	凤	1016	兢	550	弈	1301	雍	1324	冰	71
舖	820	兒	306	競	552	帝	216	豪	402	次	163
館	373	凯	581			彦	1263	膏	334	决	569
劒	507	凭	812	**亠部**		纱	723		336	尽	538
僉	1359	凰	447	**一至四画**				裹	387		539
穌	407	凯	581	亡	1105	**八画**		齊	824	冻	234
		鬼	306		1132	亳	78	襃	34	况	606
勹部		凰	302	六	671	衰	170	孹	252	冷	631
勺	932	凴	812		678		994	襃	34	冶	1277
勿	1142	凳	209	亢	584	畝	740	嬴	1320	冽	656
匀	1360			市	970	衷	1433	壅	1324	净	552
						高	331				

冼	1168	讠(言)部		访	281	诠	877		257	谔	256
涂	1080			诀	570	诛	1440		257	谖	1233
八画以上		二画		五画		话	440	八画		谕	1348
凌	663	计	482	评	811	诞	195	请	865	謚	976
凍	234	订	229	证	1410	诟	357	诺	774	逸	112
凄	822	讣	311	诘	361	诡	381	诸	1441	谛	217
淨	552	认	892	词	407	询	1242	读	237	谙	8
准	1460	讥	468		407	詗	1219		240	谚	1263
凋	223	三画		识	964	净	1412	諏	1477	諸	1464
凉	649	訏	527		1426	诧	109	诼	1462	谜	715
	652	讧	423	诅	1480	该	319	课	592	谝	802
弱	905	讨	1041	诇	1221	详	1178	诽	287	諠	1233
凑	166	让	884	诊	1401	詠	715	谂	946	諤	458
减	501	讯	1245	诈	1379	诨	460	論	684	谓	1226
飡	98	讪	922	诉	1016	诣	1304		685	谐	1198
凘	1007	议	1300	诋	212	诩	1229	诿	1118	十画	
凛	660	讫	834	詒	1438	七画		谁	938	講	510
凜	660	託	1090	註	1447	诚	533		997	譁	436
凝	766	训	1244	詠	1325	誖	45	谀	1340	謨	732
瀆	240	记	483	译	1304	语	1344	调	224	说	199
一部		四画		词	161		1347		1057	謖	1018
		讲	510	诏	1392	誌	1425	谄	113	谣	1271
冗	897	讵	564	诎	871	诬	1132	谊	1305	谢	1200
写	1198	讳	458	诒	1293	消	850	誶	1022	謝	1438
	1199	讴	776	诐	57	误	1144	谆	1460	谤	32
军	573	讶	1251	六画		诰	336	凉	652	谧	718
农	769	讷	754	诔	629	诱	1338	谈	1033	謐	976
罕	398	讼	1013	诓	605	海	458	九画		谦	839
冠	373	论	684	试	971	诳	606	谎	450	十一画	
	375		685	诖	367	说	1000	谌	125	谨	539
冢	1435	讻	1219	诗	959		1002	谋	739	謳	776
冥	731	许	1229	诘	477		1358	谍	226	谩	697
冤	1349	讹	254		527	诵	1014	谏	508		699
幂	718	訢	1206	夸	601	認	892	谐	1241	谪	1396
冪	718	讽	301	诙	451	誋	257	谒	1279	谫	502
		设	936	诚	130		257	谓	1121	谬	732

〔34〕讠(言) 卩(㔾) 阝(在左) 阝(在右)

十二画以上		讚	1369	阴	1308	陟	1428	階	522	祁	824
		讌	199	阶	522	陧	765	十画以上		那	744
謿	121	讞	1264	阪	26	陨	1361	隔	339		745
谭	1034	讟	240	㪷	236	险	1169	隙	1156		754
潛	1376			防	279	除	149	隘	1144		757
譙	849	卩(㔾)部		五画		陛	947	隘	5	五画	
調	254	卫	1118	陆	671	院	1355	隔	339	邯	395
識	964	叩	598		678	陡	57	際	485	邴	73
	1426	卮	1414	际	485	陆	671	障	1389	邛	794
谰	617	印	1315	阿	1		678	隤	1324	邳	44
谱	820	卯	703		1	陵	663	隨	1021	邮	1330
譔	1454	危	1109		254	陜	1477	鄰	657	邶	1277
證	1410	却	880	陇	673	陳	125	隧	1023	邻	657
谵	573	卵	682	陈	125	陲	158	險	1169	邹	1477
譏	468	邵	933	陀	221	陶	1041	隰	1152	邱	868
譀	1264	即	477		1256		1271	隱	1314	邸	212
護	432	卹	1230	阻	1480	陷	1172	隳	452	邲	55
譴	843	卷	568	阼	1489	陰	1308	隴	673	邰	1029
譟	1374		568	附	312	陴	798			邵	933
譯	1304	瓷	538	陀	1092	陪	789	阝部(在右)		六画	
讖	455	卻	880	陂	41	九画				郑	492
谮	1382	卸	1199		797	隋	1020	二至四画		耶	1275
议	1300	卿	863		813	随	1021	邓	209		1276
譜	1438			陘	1216	隣	1157	邢	395	郁	1346
譎	1396	阝部(在左)		六至八画		陣	1311	邛	866	郅	380
讁	240			陕	922	隄	210	邝	606	郅	1424
讀	237	二至四画		陋	675	阳	1267	邛	700	郄	603
	240	队	245	陌	736	隅	1341	邦	30	郃	411
譖	945	阢	1142	降	511	限	1111	邢	1213	郄	852
譴	502	阡	837		1178	陰	1308	邮	171	郏	1440
譴	1263	阱	550	陔	320	隍	447	邪	1197	郇	443
讓	884	阮	903	限	1171	隗	607		1276		1242
讖	126	陋	255	陡	236		1118	邠	70	郈	426
謹	442	阵	1402	陝	922	隆	673	邦	30	郊	514
谗	112	阯	1419	陘	1216	隐	1314	邬	1131	郑	1412
讙	1301	阳	1267	陷	850	隊	245	邡	279	郎	619

阝(在右) 凵 刀(⺈) 力 厶 又(ㄡ) 〔35〕

郓	1362	鄒	1477	画	438	象	1182	劲	542	勦	120
七画		鄐	407	函	397	剪	501		552		519
郝	405	鄘	1037	幽	1328	芬	293	努	772	勠	680
郦	641	鄂	433	鬯	119	鹿	167	劥	933	勘	695
部	1138	鄢	1252			赖	616	劻	605	勞	512
郊	492	鄞	1312	**刀(⺈)部**		詹	1382	劼	527	勰	1198
郢	1320	鄙	54	刀	200	夐	1221	势	972	勱	1241
郧	1361	廓	1324	刁	222	劍	507	効	1193	勵	639
郭	306	廍	304	刃	892	劈	796	劾	412	勸	878
郗	1147	**十二画**		叉	892		799	**七至九画**		勷	884
郤	1156	**以上**		切	851	毈	1264	勃	78	**厶部**	
部	336	鄲	193		851	龜	380	勅	138	厶	1004
郡	575	鄱	813	分	289		574	勁	542	幺	1269
八画		鄭	1412		294		868		552	去	875
都	235	鄯	923		294	夐	1210	勋	1241		875
	237	鄰	657	召	1392			勉	719	弁	62
鄄	822	鄧	209	刍	149	**力部**		勇	1325	巩	237
聊	1477	鄩	1277	危	1109	力	637	敕	138	县	1171
郴	123	鄶	603	负	313	**二至四画**		勍	863	矣	1299
郵	1330	鄹	1477	争	1405	办	27	脅	1196	叁	910
鄂	798	廊	606	色	914	劝	878	勛	712	参	97
部	92	鄫	1180		918	功	347	務	1143		105
郭	384	鄴	172	龟	380	夯	49	動	719		940
郯	1034	鄲	664		574		400	勘	582	垒	629
郸	193	鄳	301		868	励	695	勚	1305	畚	49
九画		廓	641	奂	445	加	488	勖	1231	能	757
鄅	1261	饗	1179	兔	718	务	1143	曷	1231	参	97
鄂	569	**凵部**		却	527	动	232	動	232		105
鄂	256	凶	1219	卻	527	劣	657	**十画以上**			940
鄣	1014	击	470	兎	1083	**五至六画**		募	743	毪	910
郿	706	凸	1079	券	879	劫	527	甥	951	氄	910
鄊	1173	出	144		1236	劳	621	勝	954	**又(ㄡ)部**	
十至			144	奂	445	励	639	勞	621	又	1337
十一画		凹	10	赧	156	助	1446	勤	487	**一至四画**	
鄚	705			急	478	男	748	勢	972		
鄩	1131	凼	199	黏	156	劭	873	勤	855		

[36] 又（又）廴工土

叉	106	孌	1201	**土部**		圻	824	坭	758	埂	344
	108	雙	996			坂	26	坳	11	埕	131
	109	叢	166	土	1082	均	574	**六画**		埘	964
	109	欼	161	**二至三画**		坍	1031	型	1214	埋	695
支	1412	矍	573	坒	319	坎	582	垚	1271		697
友	1333	**廴部**		去	875	坞	1144	垩	255	埚	384
反	272				875	坟	293	垭	1251	垻	1241
双	996	巡	1243	圣	954	坊	279	垣	1352	袁	1354
收	977	廷	1063	圩	1114		280	垯	188	埙	880
圣	954	延	1253		1226	坑	593	垮	602	埒	657
对	245	廹	781	圬	1131	块	603	垤	226	垸	1356
发	262		814	圭	380	坠	1459	城	130	垠	620
	268	廼	747	寺	1011	垇	11	垫	222	埃	3
欢	441	廻	452	在	1367	**五画**		垌	234	**八画**	
六至十画		建	506	至	1424	坪	812		1071	堎	633
取	873			尘	123	坷	586	垲	581	堵	240
叔	986	**工部**		圪	336		589	垺	267	埜	1277
受	982	工	345	圳	1402	垩	1319	垌	486	垩	1251
艰	498	左	1486	圾	470	坩	325	垧	926	堊	255
竖	992	巧	850	圹	606	坯	794	垢	357	域	1347
叟	1015	邛	866	圮	799	垄	673	垩	426	坚	496
叙	1230	功	347	圯	1293	垆	92	垛	252	基	472
叛	784	巩	352	地	206	坫	221		252	埴	1418
难	749	贡	354		213	垆	676	垜	252	埼	827
	751	汞	352	场	116	坦	1034		252	埯	8
剟	251	巫	1132		117	坤	609	垍	752	堇	844
寢	772	攻	347	**四画**		坰	554	垞	108	堂	1038
叟	996	项	1181	坛	1033	坬	11	坡	8	埸	1304
十一画		差	106	坏	441	埘	312	垓	320	埚	365
以上			110		794	垢	867	垟	1266	堝	384
竖	992		110	坜	639	垭	212	垒	629	堞	97
戯	1378		161	址	1419	坼	122	垦	592	埝	764
叠	226	疏	870	坚	496	坨	1093	垠	1311	捶	252
聚	566	甄	870	坝	17	垃	612	**七画**		堆	245
竪	992	甖	1394	坐	1489	幸	1217	埔	92	埤	798
叡	904			坌	49	坡	813		819	埘	793

土士扌〔37〕

埠	93	塬	1354	十二至		兢	851	鼙	1044	拒	565
塊	1083	塒	964	十四画		士部		扌部		拕	207
培	789	塌	1027	墳	293					找	1392
埻	1460	埕	330	壋	188	士	968	一至二画		批	794
坤	922	塇	581	墠	922	壬	891	扎	1364	扯	122
墊	609	塢	1144	墨	737	吉	476		1378	抄	119
執	1416	塍	133	墺	12	壯	1456		1379	抢	684
埽	914	塗	1080	墩	249	志	1425	打	176		684
埭	191	塞	907	墡	923	壳	588		177	扮	30
堕	253		907	增	1376		850	扑	817	抢	844
九画			914	墀	136	声	951	扒	14		846
堯	1271	塙	880	墙	846	壽	3		778	折	935
坑	447	塘	1037	墼	475	壶	430	扔	894		1394
堪	582	塑	1018	臻	1401	壸	609	三画			1395
堞	226	堅	1319	墾	592	悫	881	扞	399	抓	1449
塔	1028	塥	620	壖	618	喆	1396	扛	330	扳	25
堰	1263	塱	620	壇	1033	喜	1153		584	投	1076
埵	1311	塚	1435	壅	1324	壹	1292	扣	599	抵	1423
堿	501	十一画		壁	58	壶	430	扦	837	抑	1303
揩	522	墙	846	壓	1250	壻	1231	托	1090	抛	786
堤	210	墊	222	墾	414	鼓	363	执	1416	抖	236
场	116	墈	583	墶	1241	壸	609	扩	610	扬	451
	117	墟	1226	壕	403	棗	1093	扪	710	扑	62
塄	631		1228	壙	606	臺	1029	扠	106	扢	1126
塅	243	墅	993	十五画		嘉	490	扫	913	抗	584
堍	427	墁	699	以上		壽	982		914	护	432
堡	37	场	116	壘	629	賣	696	扬	1265	抒	985
	82		117	壢	639	隸	642	四画		抉	570
	820	境	553	壚	676	熹	1150	扶	305	扭	769
塊	603	墑	925	壜	1033	壾	799	抚	310	把	16
捲	133	墊	988	壟	673	鼕	232	挂	1084		17
报	38	埔	1324	壠	673	嚭	799	技	485	拟	759
十画		塵	123	壞	441	馨	1208	抔	816	扨	1013
墓	743	墜	1459	疆	510	蠚	798	抠	597	报	38
塨	352	墮	253	壤	884	懿	1307	扰	885	拘	11
填	1055	揭	852	壩	17	蠱	242	扼	255		11

〔38〕扌

	769	拉	612	挠	752	捍	399	捯	200	掕	657
五画			613	挡	198	捏	765	捐	593	捐	842
抨	792	拄	1445		199	捉	1461	掉	225	挫	794
抹	735	拦	616	拽	1278	捆	609	捞	677	探	1035
	736	拌	30		1450	捐	567	排	779	掺	111
拑	841	拖	1091		1450	损	1023		781	掇	251
抴	1278	抿	725	拴	996	挹	1303	捌	330	掃	913
拓	1028	拂	305	拾	966	捌	15	捆	368		914
	1094	抽	1460	挑	1056	捋	680		386	据	561
拔	15	拚	784		1058		686	挟	123		566
拢	674		805	挺	1065	授	904	授	983	掘	572
抛	786	拾	1029	括	610	捡	500	採	96	掼	374
拣	500	拟	772	指	1421	挫	173	捻	763	**九画**	
拈	761	招	1389	挣	1406	捣	201	捨	935	搜	1195
担	192		1391		1412	换	445	掄	684	搂	1479
	194	披	796	拆	518	挽	1102		684	搭	175
	195	拨	75	挖	1095	抄	906	捶	158	搽	108
押	1248	择	1375	拕	1378		917	推	1084	揸	1378
抽	142		1381	按	8		1024	捭	22	揀	500
抻	123	拇	740	挤	481	捅	1073	掀	1165	握	1251
拐	368	拗	11	拼	805	挨	3	掬	561	揩	581
拎	657		11	挥	451		3	掏	1039	揹	42
拃	1379		769	挦	1167	捃	575	掐	835	揩	1217
拖	1091	**六画**		挪	774	**八画**		控	596	捷	529
拊	310	挟	1197	拯	1406	捧	794	掊	817	揽	618
拍	779	拭	972	挣	1364	捺	1056	接	523	提	210
拆	94	挂	367		1368	掛	367	掠	683		1045
	110	持	135	**七画**		揶	1276	掞	1486	揚	1265
拥	1323	拮	527	捞	621	控	1251	掂	217	揾	1128
抵	212	拷	585	振	1402	措	173	披	1276	揮	1292
拘	560	挓	1251	捕	81	描	722		1279	揭	524
抱	39	拱	352	捂	1141	捱	3	掷	1428	揾	907
扤	602	挞	1028	挟	490	捺	747	捲	568	揣	152
拧	766	挎	602		1197	掩	1258	掸	194		152
	767	挞	1128	捄	558	捷	529		922		152
	768		1450	捎	931	掎	482	掞	922	揆	1352

揄	1341	揾	257	撖	805		1487	擐	446	攒	169
挣	1258	摆	22		805	撑	194	撞	1450		1368
揪	856	摇	1271	摅	1378		922	撿	500	攏	674
揫	555	搯	1039	搜	674	擒	855	撿	192	攙	111
插	107	搶	844		675	播	77		195	攘	884
捏	765		846	摆	655	撑	207	撞	907	攔	616
搜	1014	捨	856	摞	690	撬	851	擅	923	十八画
揈	419	搬	907	搁	368	撫	310	擁	1323	以上
揠	158	携	1197		386	攜	1197	撒	1015	攝	938
撬	111	搗	201	过	1128	撸	676		1015	攜	1197
搅	519	搞	1141		1450	擩	763	辯	799	攛	1013
揎	1232	撅	152	摧	170	撟	451	十四画	攥	169
搭	588	搬	26	摆	1318	撟	518	擩	901	攤	1032
揞	8	搵	255	摘	1381	揮	169	擡	1029	攥	198
搁	336	搢	921	摭	1419	撞	1457	擠	201	攪	573
	339	搢	437	摔	995	撤	249	擗	1217	攥	1483
搓	172	搾	1380	摺	1395	撤	123	擲	1428	攬	519
搂	674	摈	71	掺	111	摶	1486	擰	766	攬	618
	675	搞	334	撤	399	撈	621		767	攤	752
搔	912	搪	1037	十二画	撥	75		768	艹部
揆	608	搖	152	撑	763	撏	1167	擩	1381	一至三画
揉	898	搒	32	撓	752	撰	1454	撋	71	艺	1301
搁	73		794	撷	1198	搋	569	擦	94	艾	3
	74	搛	499	撕	1007	十三画	擠	481		1300
握	1130	搠	1004	撒	906	擺	602	擴	610	艿	747
掾	1356	搞	881		907	擂	629	擢	1463	芋	512
十画	搠	1073	揭	576		630	擬	759	节	522
搳	587	摊	1032	撑	194	撵	326	十五画至		526
搨	938	操	911	撩	652	撼	399	十七画	芋	1345
摸	732	振	1383		653	擋	198	擾	885	芝	241
搆	356	搦	774	撅	569		199	擄	988	共	353
搏	79	十一画	搓	1028	據	566	撒	1015	芊	837
掮	543	搏	1084	撑	127	撸	677		1015
撮	988	搞	597	撑	127	操	102	擺	22	芍	932
搧	450	摽	68	撲	817	擇	1375	擢	461	芃	792
搞	1028	搐	122	撮	172		1381	擷	218	芨	470

芒	700	茨	843	芩	660	茬	108	茨	162	莆	818
芝	1412	芟	920	茶	765	巷	401	荒	446	莽	701
芑	828	芴	355	荁	1379		1181	芜	139	荚	492
芎	1220	芳	279	荇	308	荐	507	荄	320	莲	645
艿	1174	芷	1446	荏	135	荑	1045	荧	1319	莖	544
四画		芯	1205	茈	360		1293	荣	895	莳	975
芙	304		1208	茑	764	荛	885	荤	459	莫	736
芫	1254	芦	677	苑	1355	荙	176	荦	688	茵	1128
	1351	芐	62	苟	355	芼	626	荬	695	荸	306
羌	1138	苡	1299	茆	703	草	103	荥	1216		804
芸	1360	芭	14	苞	34	茧	500		1319	菱	1020
苇	1116	苏	1015	范	276	茛	563	荨	839	莶	1165
芾	288	扎	597	苧	766	茼	1071		1243	荼	1080
	306	**五画**			1446	茵	1308	莨	343	莝	173
芰	485	苹	812	茨	1237	茴	455	莀	540	莉	642
苊	255	苤	735	苾	55	茈	162	荪	1023	莠	1337
苯	306	苷	325	垩	1319		1467	莜	849	莪	254
苈	639	苦	600	茋	867	茎	877	荫	1316	莓	706
苉	799	苋	15	苗	1462	荟	457	茹	900	莅	641
苣	565	苯	49	茎	544	茶	108	荔	638	荷	412
	873	苛	586	苔	1029	荅	175	荔	638		414
芽	1249	苤	805		1029		176	兹	162	莜	1332
芷	1419	若	885	茅	703	荙	1441		1465	莱	224
苒	883		905	茛	725	莛	1063	荮	1439	荻	210
芮	904	茏	673	莆	305	荞	849	莅	421	获	466
苋	1170	茂	704	苕	932	茯	306	药	1273	莸	1330
芩	855	苫	921		1057	荏	892	**七画**		莎	917
苁	165		922	茄	489	茗	727	莱	616		1023
芥	321	苜	742		851	荇	1219	華	433	莞	373
	533	苴	560	莓	706	荀	1242		435		1102
芬	292	苗	721	**六画**		茫	701		438	莠	867
苍	100	苒	883	荚	492	茬	508	莩	51	莹	1319
苁	116	英	1317	荆	548	荡	199	荍	582	莘	941
花	433	苣	1299	茸	895	茭	515	莒	111		1206
芹	855	苘	865	茜	844	荠	485	荟	1219	莨	620
芪	825	茚	1316		1146		824	荳	237	莺	1317

莊	1454	萸	1340	葳	1111	蒿	60	蒟	563	蔥	165
莼	159	草	57	蒇	835	葵	608	蓑	1024	蕼	1153
莙	574	茹	216	蒽	886	葭	492	蒿	401	蓯	165
八画		菊	562	葴	113	葷	1116	蒺	479	蔡	97
菁	548	菔	308	葬	1370	**十画**		蒿	634	蔹	647
恭	1055	菟	1081	韭	556	蒃	1401	蓆	1151	蔔	80
茛	116		1083	募	743	蒜	1019	蓄	1230	蔞	873
菱	663	萄	1041	茸	834	蓍	961	蒹	499	蔻	599
著	1448	菪	195	萬	1103	蓋	321	萌	1003	蓿	1231
	1463	萍	812	葛	340		340	蒙	711	蔗	1398
菝	16	菏	412		340	蓐	902		711	蔴	691
撻	1094	菹	1479	黄	608	蓝	617		713	蔟	169
萁	825	菠	76	蒽	1154	蒔	975	蒻	1348	蔺	660
菘	1013	萏	200	萼	256	墓	743	蒴	905	蔽	57
堇	539	萱	499	脊	360	幕	743	蓀	1023	蔼	3
莱	616	菀	1102	蒐	1014	蓦	737	蓤	1316	蓼	655
萿	827	菩	818	茹	1479	蒽	257	蒸	1406	蔚	1121
黄	448	萃	170	萩	868	萝	713	**十一画**			1348
萘	747	菸	1251	董	232	蒼	100	蕇	458	蔣	511
菴	8	菼	1035	葆	37	蓧	224	蕢	846	鄉	1174
萋	822	萤	1319	蒦	940	蓊	1128	蔫	761	**十二画**	
菽	986	营	1319	葩	778	蓓	46	蕷	1307	蕓	1360
菲	286	紫	1320	葎	682	蒱	844	蓴	159	蕘	885
	287	萧	1186	葡	818	蒓	57	蔌	1019	蕙	459
菓	387	萨	907	葱	165	蒻	688	黃	865	蕈	1246
菖	114	菌	399	蒚	422	蓬	793	蔕	217	蓬	176
萌	711	菰	360	落	614	蒯	602	暮	743	蕨	572
萜	1061	菇	359		626	蒯	488	摹	733	蕤	903
萝	687	菑	1466		688	蒗	621	慕	743	蕰	903
菌	574	**九画**		蒎	782	蒲	818	蔞	674	蕞	1484
	575	葑	300	萱	1232	蒞	641	蔓	697	戟	481
萵	1128		302	葵	1079	蔓	940		699	暬	713
菜	97	葚	894	蒂	217	蓉	896		1105	賈	695
菜	293		946	蒋	511	蒮	731	蓐	712	蕃	269
萎	1118	葉	1277	葶	1065	蓥	1320	蓂	724		271
萑	443	葫	430	萎	674	旁	32	蒐	235	蕉	1138

〔42〕艹寸廾大

蕎	849	蕹	1128	藥	1273	**寸部**		弇	834		492
蕉	517	蕭	1186	藟	990			弇	1259	**五画**	
蕕	1330	薛	58	薰	67	寸	172	羿	1304	奉	302
蕖	635	薩	907	藩	269	**二至七画**		昇	1341	奈	747
蕩	199	薅	402	蕷	867	对	245	弈	1301	卖	696
蕲	825	**十四画**		**十六画**		寺	1011	弊	57	奔	46
蕊	903	薵	900	藿	467	导	200	彝	1296		49
蕁	839	藉	481	攆	1094	寻	1242	彝	1296	奇	471
	1243		533	蘩	839	寿	982				826
蔬	988		534		1243	封	299	**大部**		奋	294
蕴	1363	薹	1030	塵	639	耐	747	大	181	奄	1258
十三画		藍	617	蘆	677	将	508		189	奇	788
蕾	630	藏	101	蓮	873		512	**一至四画**		**六画**	
蘋	422		1371	藨	249	尅	590	夫	303	契	834
	423	藐	722	蕲	825		592		304		1199
薔	846	藎	62	蘖	766	辱	901	天	1050	奏	1479
薑	509	薰	1241	蘅	417	射	937	夭	1269	奎	607
貼	1054	舊	557	蘇	1015	**八画以上**		太	1030	耷	175
薤	1201	薜	1170	蘢	673	專	1450	央	1264	參	1379
蘋	806	藻	804	蘐	1232	尉	1121	失	956		1380
	812	藁	335	藻	1373		1348	头	1075	奂	445
薨	420	齏	485	蘑	734	將	508	夯	49	牵	838
薯	990		824	蘗	903		512		400	奖	511
薟	1165	寧	766	**十七画**		尊	1485	夸	601	奕	1301
薈	457	盡	540	**以上**		尋	1242	夺	252	癸	382
薙	1049	**十五画**		蠹	407	對	245	夼	606	**七至八画**	
	1050	藕	777	蕨	647	導	200	夹	319	套	1042
薛	1237	藜	905	蘖	766	爵	573		490	奘	1149
薇	1112	藝	1301	襄	884				492	奚	1370
薄	34	藿	111	蘭	616	**廾部**		夷	1293		1456
	79	戴	1015	薩	634	开	576	买	695	奄	787
	80	繭	500	廉	716	卉	456	奁	643	奢	934
藪	1015		501	蘿	687	弁	62	夭	257	爽	997
薪	1208	藜	635	蘸	1386	异	1302	奂	445	**九画以上**	
薏	1307	蕢	522	櫱	766	弄	674	夾	319	敖	823
蔦	507	藤	1045				771		490	莫	222

奋	391	**小(⺌)部**			931	叼	223	呎	1269		1362
奥	12			弊	57	司	1005	吸	1146	呗	46
奩	643	小	1187	訾	116	叫	519	吆	1269	呐	746
夺	252	**一至三画**		斃	57	叩	598	吗	691	吟	1311
奬	511	少	932	耀	1275	叨	200		694	含	396
樊	271		933	**口部**			1039		694	谷	361
奭	976	尕	319			叻	627	**四画**			1346
奋	294	尔	258	口	597	另	665	呈	131	吩	293
尢部		尘	123	**二画**		召	1392	呉	1138	呛	844
		尖	495	叶	1195	吞	1089		847
尢	1329	光	375		1277	**三画**		呒	691	哔	419
尤	1329	乩	986		1278	吁	1226	吃	1301	告	335
尨	672	劣	657	古	360		1338	呆	188	听	1062
尥	655	当	196	右	1337		1345	吾	1138	吹	157
尪	1105		199	号	402	吓	414		744	吻	1126
尬	319	**四至七画**			405		1162		758	呜	1131
就	558	肖	1183	叮	227	吐	1082	吱	1414	呌	519
尵	325		1192	可	588		1083		1464	吝	660
尲	325	尚	931		590	吉	476	呔	188	吭	400
尴	325	尜	319	叵	813	吏	641	吠	288		593
弋部		省	953	卟	80	叶	172	呋	304	呎	856
			1216	占	1382	吼	744	呕	776	呇	856
弋	1301	尝	116		1383		758	否	303	启	829
式	1292	党	198	只	1415	吕	680		799	吮	1000
弎	261	**八画以上**			1420	同	1069	呸	91	君	574
弍	910	雀	848	叭	14		1073	哕	188	呷	1290
式	971		850	史	967	吊	224	呀	188	呎	136
忒	1042		881	兄	1220	合	340	呖	639	吴	1138
	1084	堂	1038	叽	468		408	呃	255	吧	15
弑	190	辉	451	句	355	吃	133	吨	248		18
鸢	1349	棠	1038		356	向	1180	呲	53	邑	1303
贰	261	牚	127		565	吒	1378	呀	1248	吼	423
弑	972		133	叱	136		1380		1251	呦	1314
		叫	136	后	423	吵	119	**五画**	
		当	196	台	1029	各	340		121	味	1120
			199		1029		341	员	1351	呷	175
		裳	116	叹	1035	名	726		1361		

〔44〕口

哎	2	咎	557	咴	451	咩	723		776	喝	1096
咕	358	鸣	730	哗	56	哝	770		776	啃	592
呵	1	周	1438	咣	377	哞	738	啤	1373	啮	766
	1	咆	787	呲	1465	哏	343	喱	1373	唬	431
	1	咛	766	虽	1020	哪	744	唤	445		1162
	1	咏	1325	品	807		747	啾	211	唱	118
	1	呢	755	咽	1251		754	啙	1263	啰	686
	407		758		1262		755	哼	417		687
	407	咄	250		1278	哟	1323		419	唸	763
哑	1364	哑	478	哆	1357	**七画**		唐	1037	啥	917
呸	789		834	哈	603	唪	235	唆	1024	嗳	1311
咙	673	呶	752	哈	391	唝	354	唉	3	唾	1094
咔	576	咖	319		391	哧	134		3	唯	1114
	576		576		391	哮	1192	喂	856	售	984
咀	563	呣	691	咷	1040	唛	694	唧	471	啤	798
呻	939		691	咪	1440	唠	622	啊	1	啁	1391
呷	1156	呦	1328	咻	1222		626		1		1439
咒	1440	呲	1006	哌	781	哺	81		1	嗬	1040
呪	1440	**六画**		哗	433	哽	344		1	啥	195
命	731	哐	605		436	哥	337		1	嗯	429
咛	660	哇	1095	咱	1368	唔	744	**八画**		啵	80
呼	427		1096	咻	1290		758	啐	302	商	925
咋	1365	哑	1249	响	1179	唇	159	喷	1375	啐	170
	1378		1250	咯	336	哲	1396	啤	417	啨	1323
	1380	哉	1365		576	哳	1378	啞	1249	啓	829
知	1414	哄	419		672	哨	934		1250	啓	829
和	407		423	哆	251	唢	1026	喏	774	唤	642
	414		423	哚	252	哔	723		886	啶	230
	429	哂	946	噪	252	哩	633	喵	721	唛	918
	461	咔	602	咤	1380		636	啉	658	兽	984
	465	咸	1167	咬	1273		643	啦	613	啖	195
咐	318	咧	656	哀	2	哭	600		614	啷	619
呱	359		656	咨	1464	咽	1096	啪	778	啜	152
	366		657	咳	391	唏	1147	啄	1462		160
	367	咦	1293		588	唑	1490	啭	1454	啸	1194
咚	232	哓	1186	咲	1192	哦	254	啡	286	唰	994

口〔45〕

	九画	啾	555	嗪	855	嘉	490	嘻	1150	噤	544
喫	133	喬	849	嘎	1	嘆	1035	噁	255	噸	248
喆	1396	喤	447		918	嘞	630	嘶	1008	噹	196
喷	791	嗖	1015	號	402	嘈	102	噶	319	喊	1357
	792	喉	423		405	嗽	1015	嘲	121	噱	573
喜	1153	喏	1368	嘩	56	嘹	694		1391		1238
喋	226	喾	601	嗣	1011	嘌	804	嘹	653	嘴	1483
	1379	喧	1233	嗯	744	嘔	776	噘	569	器	834
嗒	176	喀	576		744	喊	822	嗜	1368	噪	1374
	1028	啼	1047	嘎	319	嗒	176	嚕	770
喃	749	啻	138		744		319	嘿	416	嗳	2
喪	911	暗	1310		758		319		738		3
	911	喨	652		758	嘏	361	噗	818		4
喳	107	善	922	嗆	844	髁	706	嘬	1486	噲	603
	1378	嗟	525		847	嘣	49	嚚	834	噬	976
喇	613	喽	674	嗳	3	嘤	1318	噙	855	噫	1292
喊	398		676		4	嘡	1037	嗡	1150	噷	419
喱	633	嗞	1465	喻	1128	嘻	427	嘸	691	噻	907
喹	607	喔	776	嗲	217	嘗	116	噍	522	嘯	1194
喈	523		1129	嗅	1225	嘘	961	皞	402	噼	796
喁	1325	喙	459	嗥	402		1228	噢	776	十四画
喝	407	嘅	581	嗚	1131	嗖	674	嚕	676	嚅	900
	414	十画		嗢	1047		676	噇	156	嚓	1050
喂	1121	嗷	11	嗵	1068	晷	522	嘮	622	嚇	414
喟	608	嗉	1018	嗨	391	嘧	718		626		1162
單	111	嗦	1024		416	嘀	210	噌	105	嚌	116
	192	嗄	765	嗜	395		211	噔	208	嚏	766
	922	嘟	237	嗒	786	嗫	1398	囑	1445	噜	94
喦	1257	嗜	976	嗌	5	嘛	694	噢	1246		107
睪	494	嗑	587		1304	喉	1015	噙	1006	嚎	403
嗟	761	嗫	592	嗛	843	啊	205	嘰	468	嚑	398
喘	155	嘀	407	嗍	1024		207	十三画	嚙	1180
喻	1348	嗶	433	嗓	911	嗷	195	噩	257	十五至
啡	25		436	嗤	134	十二画	嚆	401	十七画
啖	1365	嗔	123	嗇	791	喧	1276	噙	461	嚜	705
喇	1168	嗝	340	十一画	嘵	1186		776	囂	1312

[46] 口巾山

嚚	1186	回	452		568	尋	1439	嶪	306		五画
囌	1262	囟	1208		875	帑	1038		309	岵	433
嚦	639	囡	748	圍	1112	六至九画		幡	269	岢	589
嚴	1254	囷	500	園	1351	帮	30	幪	718	岸	8
嚨	673		748	斎	914	带	190	幟	1426	岩	1257
嚼	517		四画	團	1083	幀	1398	幢	156	崇	232
	522	国	384	圖	1079	帅	995		1457	峕	607
	573	园	1351	圜	444	帝	216	幪	712	冈	329
嚳	601	围	1112		1354	帡	812	幧	848	岬	493
嚯	442	困	609	圙	1333	帱	142	幫	30	岨	560
嚷	884	囤	249				203	幬	142	岫	1225
	884		1089	巾部		帩	850		203	岭	664
十八画		囵	452	巾	535	师	959	歸	378	岝	1489
以上		囮	254	一至四画		帨	1000			岳	1358
囔	765	囱	165	币	1364	席	1151	山部		岱	190
囌	1301	囹	684	帀	55	帬	881			峋	355
啰	1454	囫	429	布	91	幀	1375	山	918	峥	1072
囉	872	五至七画		帅	995	带	190	三至四画		弟	703
囊	751	国	384	市	970	帐	1388	屿	1343	岿	1237
	751	固	364	师	959	常	116	屹	1301	峰	1304
囐	791	图	660	吊	224	帼	386	岁	1022	岷	725
囅	113	困	881	帆	268	帷	1115	岌	476	岩	1057
囖	686	图	1079	帏	1113	帵	1099	岂	828	六至七画	
	687	囿	1337	希	1147	幅	309	屺	828	峡	1157
囔	1015	圃	819	帐	1388	帽	704	岍	837	峙	974
囔	766	囯	461	帑	1423	帑	848	岐	825		1428
囑	1445	圄	1345	五画		幓	813	岖	870	炭	1035
囔	751	圆	1351	帖	1060	幄	1130	岈	1249	炭	1035
口部		甬	397		1061	幃	1113	岗	330	嵩	242
○	660	八画以上			1062	十画以上		岘	1170		1450
二至三画		斎	914	帜	1426	幕	743	岑	105	峣	1271
囚	868	圉	857	帙	1426	幌	450	岚	26	峒	234
四	1010	圈	1345	帕	779	幤	55	岔	109		1071
因	1307	國	384	帛	77	幔	699	呑	11	峤	520
团	1083	圇	684	帘	645	幗	386	岛	201		849
		圈	568	帔	790	幛	1389	岚	617	峋	1242
								邕	15		

山彳彡犭〔47〕

峥	1406	崩	49	嶂	1389	彳部		徘	781		522
峦	682	崞	1480	嵽	226			徜	116	衡	417
幽	1328	崒	1480	嶍	1151	彳	136	徙	1153	衞	1118
峡	616	崇	141	嶢	1271	三至五画		得	205	徹	451
峉	674	崆	595	嶓	77	行	400		207	禦	1348
埊	583	崞	384	嶠	520		1214		207	徽	706
崂	622	崇	678		849	彻	122	從	165	衢	873
豈	828	崛	572	嶲	1150	役	1303	衔	1168	彡部	
峯	934	九画		嚣	11	彷	281	衔	1236		
峡	1157	嵘	896	嶙	659		785	九至十画		形	1213
峭	850	嵽	226	嶗	622	征	1404	街	525	杉	916
峪	1346	嵌	844	嶒	209	徂	168	衕	674		920
峨	254	嵖	109	十三画		往	1106	衖	1073	彤	1072
峩	254	崴	1022	以上		径	552	御	1348	须	1226
岛	201	嵗	1096	嶧	1262	彼	53	復	314	彦	1263
峰	300	嵒	1111	嶡	752	佛	305	徨	447	彧	1347
峯	300	崽	1366	嶨	1304	六至七画		循	1244	彬	71
崀	620	嵎	1341	嶴	1343	待	188	徧	64	彪	67
峻	575	嵒	1257	嶨	1237		191	衙	1249	彩	97
八画		嵛	1341	幽	71	徇	583	微	1111	彫	223
崧	1013	嵚	853	嶺	664	徊	441	徭	1272		223
崠	232	嵬	1116	嶽	1358	徇	1245	徯	1149	彭	793
崎	827	嵯	172	嶤	896	衎	1259	徬	785	嫛	1226
崦	1253	嵝	675	巉	1296	徉	1266	十二画		彰	1387
崖	1249	嵫	1465	巅	218	律	681	以上		影	1321
崕	1249	嵋	706	巇	1151	很	416	德	206	鬱	1346
崃	616	十画		巍	1110	後	423	衚	430		
崭	1383	嵾	11	巉	112	徒	1081	徵	1404	犭部	
崗	330	嵗	1022	歸	607	徕	616		1424	二至四画	
崑	609	嵱	766	巒	682	徑	552	衡	139	犰	868
崮	365	嵊	956	巖	752	徐	1228		141	犯	276
崟	1312	嵩	1013	巖	1257	八画		徼	122	犴	8
崄	1312	十一至		巘	1262	徧	417	衛	1118	犷	378
崙	684	十二画				術	991	衜	1460	犸	694
崤	1187	崛	870			徕	616	徽	517	狂	605
崔	170	嵝	675			徛	487		519	犹	1330

[48] 犭夕夂饣(食)

狈	44	猎	1312	獉	1401	多	250	饦	1091	馄	460
狄	210	狼	619	猿	1354	夜	1278	饧	1216	馃	1271
狃	769	狻	1019	獏	737	梦	713	饨	1090	馁	1121
犹	1361	猩	752	獅	959	够	357	饩	1155	馅	1173
五至六画		八画		獉	1023	夠	357	饪	894	馆	373
狉	794	猜	94	獄	1347	飧	1023	饫	1346	九至十一画	
狙	560	猪	1442	獐	1387	夢	713	饬	138	馇	107
狎	1157	猎	657	獍	553	夤	1312	饭	277	餳	1216
狐	429	猫	701	獠	653	夥	465	饮	1314	馎	362
狝	1168		703	獗	572		465		1316	馈	608
狗	355	猗	1292	獲	466	夂部		五至六画		馉	1121
狍	787	猇	1186	獴	713	处	150	饯	505	馊	1015
狞	766	猖	114	獭	1028		151	饰	974	馋	112
狆	1337	猡	687	獧	568	処	150	饱	34	餧	423
狒	288	猞	934	獨	238		151	饲	1011	馌	608
狭	1157	猊	759	獫	1170	冬	232	饳	252	馍	732
狮	959	猄	546	獪	603	务	1143	饴	1293	馏	79
狰	1304	猝	168	獅	1200	各	340	饶	885	馒	11555
独	238	猕	714	十四画以上			341	饵	260	馏	668
狯	603	猛	712	獮	1168	条	1056	蚀	967		671
狲	1406	九画		獯	1241	咎	557	饸	411	馑	1224
狗	1245	猢	430	獰	766	备	45	餅	894	馓	334
狩	984	猹	109	獷	378	昝	1368	饷	1179	馔	539
狡	517	猭	1251	獵	657	复	314	饹	628	馒	697
狱	1347	猩	1212	獾	442	夏	1162	饺	518	十二画以上	
狠	416	猥	1118	獼	714	惫	45	依	1149		
狲	1023	猬	1121	獷	1170	复	1221	饼	73	饶	885
七画		猾	436	玀	687	憂	1327	七至八画		馕	923
狭	1157	猨	1354			螽	1434	饽	76	馓	910
获	466	猶	1345	夕部		夒	608	饿	237	馔	1454
狴	57	猴	423	夕	1145			馁	755	饥	468
狸	633	猫	1330	外	1097	饣(食)部		餘	1339	馕	732
狷	568	猱	752	舛	155	二至四画		饿	256	馓	112
猃	1170	猸	706	名	726	饤	229	馋	575		751
猝	1340	十至十三画		岁	1022	饥	468	餕	505		752
狲	642							馃	387		

广部		唐	1037	廎	866	忺	1165	恹	1252	情	863
		庶	993	廢	288	忏	62	怔	369	悻	1218
广	5	庹	1094	**十三画**		忼	584	恆	417	恨	118
	377	庵	8	**以上**		忧	124	恍	449	惜	1148
二至五画		库	42	廨	1200	快	603	恫	234	悽	822
庀	799	庚	1345	廪	660	忸	769	恺	581	惭	99
邝	606	廊	619	廩	660	**五画**		侧	104	悱	287
庄	1454	顾	865	應	1317	怦	792	恰	835	悼	203
庆	866	庸	1324		1321	怔	1404	恬	1054	惘	1106
庑	1140	康	583	膺	1318	怯	852	恤	1230	惧	565
床	156	**九至**		鹰	1318	怙	433	恪	591	惆	117
庋	381	**十一画**		龐	785	怵	151	恉	1421		1039
库	601	廂	1177	廬	677	忧	151	恂	1242	慄	1055
庇	56	廁	104	廳	1062	怖	92	恼	752	惕	1049
应	1317	廌	1349	蠹	167	怗	1060	侬	752	惆	143
	1321	廋	1015	**忄(小)部**		怊	449	恽	1362	悸	485
庐	677	赓	344			怛	176	恨	416	惟	1115
序	1229	廏	558	**一至四画**		怏	1269	**七画**		惚	429
庞	785	廒	11	忆	1301	怜	645	悖	45	悟	459
店	221	厦	918	忖	171	性	1218	悟	1144	惋	1102
庙	723		1162	忏	114	怍	1489	悚	1013	惇	248
府	310	廉	647	忙	700	怕	779	悄	848	惊	546
庖	787	廓	611	忱	1140	怡	1439		850	悴	170
底	206	廕	1316	忮	1426	怿	1304	悍	399	惦	221
	212	廑	537	忧	1328	怪	369	悝	607	惮	195
废	288	廣	377	怀	440	怩	758	悃	609	倦	878
庚	344	廣	1307	怄	777	怫	305	悒	1303	惨	100
六至八画		腐	311	忝	1055	怡	1293	悭	839	惬	160
度	241	廖	656	忡	140	怊	119	悞	1144	惯	375
	252	**十二画**		松	1012	**六画**		悔	455	**九画**	
庥	1222	廟	723		1433	恸	1073	悯	725	愜	853
庭	1063	厨	150	怆	157	恃	974	悌	1049	愤	295
庠	1178	廝	1007	忤	1140	恭	352	悦	1358	慌	447
席	1151	廠	117	忾	581	恒	417	俊	875	惰	253
庹	381	塵	112	怅	118	恓	1146	**八画**		愠	1363
座	1490	廡	1140	忻	1206	恢	451	愜	853	惺	1212

[50] 忄(小) 门(門) 氵

愦	608	惨	100	**门(門)部**		闳	338	阍	413	汐	1145
愕	256	**十二画**					413	阗	1055	汔	834
愣	633	憧	232	门	709	阀	267	阘	581	汛	1099
惴	1459	憶	459	門	709	闵	1412	阚	1028	汎	277
愉	1341	憬	551	**一至四画**		阁	338	阙	880	汲	476
愎	57	憚	195	闩	996	阂	412		881	汤	924
愀	850	憮	1140	闪	921	閔	369	阚	607		1037
惶	448	憔	849	闫	1258	**七至八画**		阚	804	汊	109
愧	608	懊	12	闭	56	阃	609	阕	398	汜	1010
愋	867	憧	140	闯	399	阄	152		583	池	135
愔	1310	憐	645	问	1127	阄	555	關	369	汝	901
慨	581	憎	1377	闯	156	阅	1358	闡	113	**四画**	
惛	725	**十三画**		闱	904	阊	1312	闢	1028	沣	296
恼	752	憷	152	闲	1166	阆	620	阒	444	汪	1105
十画		懒	618	闱	1113	阈	1347	關	799	沛	790
愫	1018	憾	400	开	576	阎	1253	**氵部**		沤	776
慕	743	懌	1304		577	阇	237	**二画**			777
慄	643	懧	752	闶	422		935	汁	1414	汧	837
慞	938	懈	1200	间	497	闻	114	汀	1062	沅	1351
慎	947	忆	1301		505	阌	1126	汇	456	沃	1140
恺	581	憹	660	閒	497	阅	1156	汍	381	沐	741
恰	157	懞	660		505	阎	1258		556	沔	718
恩	581	**十四画**			1166	阖	459	汉	398	汰	1031
慥	1374	**以上**		闵	725	闸	113	汋	223	沥	639
惆	1439	懦	774	闷	709	阕	1252	汜	271	沤	432
慊	844	懒	1252		710	**九画**			277	沘	53
	853	懵	713	**五至六画**		阑	1311	**三画**		沏	821
十一画		懷	440	闸	1379	阑	617	汗	395	沌	249
慪	777	懺	114	闹	753	阒	26		398	沚	1419
慓	802	懾	938	闼	55	阌	459	汙	1131	沙	916
慳	839	懼	441	闺	380	阒	875	污	1131		917
慢	699	懽	565	闻	1126	阇	9	汚	1131	汩	361
㔠	1073	憶	140	闽	1028	阔	610	江	508	汨	716
慵	1324			闽	725	阒	881	汕	922	冲	139
慷	584			闾	680	阐	1113			沟	904
慴	938			阁	581	**十画以上**		汛	1245	泛	277

氵〔51〕

沧	101		566	泽	1375	活	461	浃	490	涌	1326
泅	1219	沾	1382	沸	288	洑	306	涛	1039	浚	575
汾	293	泸	676	泓	420		316	泾	544		1246
沧	684	况	606	泥	758	涎	1168	涟	645	浼	1011
沃	1129	油	1331		760	泊	486	消	1183	涩	914
汽	833	泱	1264	沼	1392	洫	1230	涉	937	浸	543
沂	1293	洞	554	波	75	派	778	涅	765	八画
沨	299	泗	869	六画			782	涡	384	浪	630
没	705	泅	1011	洌	656	洺	727		1128	清	857
	736	泠	661	浃	490	洛	688	浬	636	渍	1473
沟	354	洗	1303	洭	605	洎	1242	浞	1462	凌	663
汴	62	泜	1415	洼	1095	洵	1219	涓	567	渚	1445
汶	1128	泊	77	洁	527	浐	113	涢	1361	鸿	421
沆	401		813	浇	515	浏	666	浥	1303	渎	240
沩	1114	沿	1257	洱	259	济	482	涠	1113	淇	825
沁	856	沟	561	洪	422		485	涔	105	淋	658
沪	432	泖	704	洹	443	洨	1187	浮	306		660
沉	124	泺	688	洒	906	浓	770	浍	396	淞	1013
沈	124		813	达	1028	洲	1438	涂	1080	淅	1148
	945	泡	787	洧	1118	洋	1266	浠	1147	淹	1253
决	569		788	洗	377	洴	812	浴	1346	涯	1249
汹	627	泝	1019	洫	163	浑	460	浩	406	涿	1461
五画		泞	768	浈	1398	浒	431	海	392	涞	616
沫	736	沱	1093	洩	1199		1229	浥	641	凄	822
浅	495	泣	834	浊	1462	津	537	浜	31	渠	873
	842	注	1447	洞	455	浔	1243	涤	211	渐	499
法	267	泫	1236	狮	959	浕	540	涣	445		508
沽	358	泮	784	洞	234	洳	902	浼	708	淺	495
沭	991	泌	55	洇	1308	七画		浣	446		842
河	412		716	测	104	涞	616	流	668	添	1053
泔	325	泳	1325	洽	835	浦	819	润	904	淌	1039
泄	1199	泻	1199	洮	1040	涝	626	涧	505	淑	986
沲	673	泼	813	洙	1441	浙	1398	涕	1049	淖	754
	997	泾	544	洗	1152	涑	1018	浪	620	混	460
泪	630	治	1427		1168	浯	1138	涨	1387		460
沮	563	泯	725	浍	603	酒	556		1389	淠	799

渦	384	渌	678	湫	1230	滿	697	滂	785	漳	428
	1128	淄	1466	渝	1342	漠	737	滈	407	漊	674
湘	413	**九画**		溢	792	漭	701	漰	465	澜	387
涠	387	湊	166	湃	782	漙	819	滾	383	漫	699
滟	719	溃	294	湫	519	漏	340	滦	682	潦	690
	953	減	501		868	漂	643	漓	634		1029
淫	1312	湛	1385	渊	1350	匯	456	溏	1037	潓	446
净	552	港	330	湟	448	滇	217	滔	151	潆	166
洤	329	渫	1199	溲	1015	滅	723	滨	731	潴	1442
渝	684	滞	1429	渲	1236	溽	903	滂	522	潋	648
清	1187	溚	1028	淳	1065	源	1354	溯	1019	潇	1292
渊	1350	湖	430	渡	242	漣	960	溢	1304	混	432
渕	1398	湘	1177	游	1332	滹	682	滢	1429	漾	1269
淮	441	渣	1379	湾	1099	漓	1028	滩	1032	演	1261
淝	287	溁	1320	溇	1380	漍	461	渌	1348	漳	1387
渔	1340	潭	1253	湉	1055	滉	450	溺	761	滚	383
淘	1041		1308	溇	674	澂	1112		765	滴	210
浛	1253	渤	78	湳	499	滥	618	滗	1324	漄	113
忽	429	渳	719	滋	1465	滔	1039	**十一画**		漉	679
涼	166	渢	423	沩	1114	溪	1149	潋	522	漩	1235
淀	222	渼	562	湧	1326	滄	101	漆	1320	渗	946
涔	946	渺	722	溉	322	滏	309	潇	1187	激	326
涴	1130	湿	960	湝	725	潟	1128	漤	618	漲	1387
涪	309	湜	967	湮	1130		1128	漚	776		1389
凉	649	溃	459	湄	706	滟	58		777	漏	675
	652		608	滁	150	準	1460	漂	803	潍	1116
淳	160	溅	506	湑	1226	溴	1226		804	**十二画**	
淬	170	湯	924		1229	滌	211		804	潔	527
液	1279		1037	**十画**		狮	959	漕	103	潛	842
淤	1338	温	1122	滗	1263	溜	666	潄	993	澆	515
淯	1347	渴	589	溱	855	漢	398	漢	398	澍	993
淡	195	渭	1121		1401	潸	1225	潢	449	澎	778
深	941	滑	436	溝	354	漵	1311	滿	697	澎	793
渗	946	湍	1083	溢	592	漳	1467	滯	1429	澈	907
涮	996	湲	1352	滢	1320	溶	897	漆	821	澌	1008
涵	397	滄	98	潫	938	濒	71	潏	677	潮	121

潛	921	潞	679	濜	540	灡	714	宗	1474	寄	487
清	921	澠	719	濯	1463	十八画		定	229	寂	488
潭	1034		953	澀	914	以上		宕	200	寀	97
潦	626	澡	1372	十五画		灏	407	宜	1294	宿	1018
	653	澧	637	灖	363	灣	296	官	372		1225
澩	572	濃	770	濆	240	灤	938	审	945		1226
濳	842	澤	1375	潴	1442	灘	634	宙	1440	寃	1349
澾	1028	澴	444	濾	682	灨	906	宛	1102	密	717
澗	1113	濁	1462	瀑	41	灘	1032	实	965	九至	
澂	133	澮	603		820	灝	18	宓	716	十一画	
潟	1114	激	474	濺	495	灐	618	宣	1231	寒	397
潘	782	澥	1200		506	灣	1099	宦	445	寋	166
潼	58	澹	196	濼	688	灤	682	宥	1337	富	317
潕	1140		1034	瀏	666	灮	1263	咸	130	寔	967
潲	934	澶	112	瀉	1149	灦	329	室	975	寓	1349
潟	1156	濂	647	潘	945			宮	351	甯	766
澳	12	澱	222		946	宀部		宪	1172	甯	767
潼	1072	澼	799	瀉	1199	二至四画		客	591	寐	709
澈	123	十四画		瀍	112	宁	766	七画		塞	907
澜	617	濡	900	瀅	1320		767	害	394		907
潺	626	濤	1039	十六至		宄	381	宽	604		914
澄	133	濫	618	十七画		宂	897	宧	1294	骞	839
	209	濬	575	瀚	399	它	1027	宸	123	寞	737
潑	813		1246	瀝	639	宇	1343	家	490	寅	1429
潯	1243	濇	199	瀟	1187	守	980		495	寝	856
潺	112	濕	960	瀣	1199	宅	1381		535	寨	1381
澳	1246	濉	1140	瀘	676	安	5	宵	1185	赛	907
滃	1349	濮	819	瀠	1320	字	1472	宴	1263	搴	839
十三画		濞	59	瀛	1320	完	1099	容	896	賓	70
濛	712	濘	768	瀧	673	宋	1014	宾	70	寡	367
澣	446	濠	1320		997	宏	422	宰	1366	寬	604
澶	914	濱	71	灌	375	牢	622	案	8	察	109
濑	616	濟	482	潏	1359	灾	1365		9	寧	766
潁	71		485	瀲	648	五至六画		八画			767
潾	567	濠	403	瀘	503	宠	141	寇	599	蜜	718
濉	1020	濶	610	瀼	884	宝	35	寅	1312	實	965

[54] 宀辶(辶) 彐(彐 彑)

寗	654	远	1354	适	610	通	1066	遍	64	邀	1270
瘩	1144	违	1113		975		1073	遐	1158	邂	1200
寝	856	运	1361	选	1235	**八画**		違	1113	遘	1383
十二画		还	391	追	1458	逴	607	**十画**		避	58
以上			442	逅	426	逩	49	邀	11	邇	259
寮	653	迍	1459	逢	785	逵	160	遘	357	邈	723
審	945	连	643	逡	1294	邅	1049	遠	1354	邃	1023
寫	1198	迓	1251	迹	487	逻	687	遢	1028	邊	59
	1199	迮	1140	送	1014	過	384	遣	843	邋	613
寷	7	近	542	进	50		387	遯	1028	邐	637
憲	1172	返	276	迷	714		388	遙	1272	邏	687
賽	839	迎	1318	逆	760	逐	1110	遞	215	
寶	444	这	1397	退	1087	進	540	遛	672	**彐(彐 彑)**
賽	503		1398	逊	1246	週	1438	遡	1019	**部**
寨	503	远	400	**七画**		逸	1305	遜	1246	归	378
寶	35	迟	135	述	869	道	446	**十一画**		刍	149
寵	141	**五画**		逝	976	逮	188	遭	1371	寻	1242
寶	35	述	991	逦	637		191	遨	249	当	196
		迪	210	逗	237	逯	678	適	975		199
辶(辶)部		迥	554	逋	80	**九画**		遮	1395	灵	662
二至四画		迭	226	速	1018	達	176	**十二画**		录	678
辽	653	迮	1375	逐	1442	逼	50	遺	191	帚	1439
边	59	迤	1294	逕	552	遇	1349	邁	695	彖	1084
迁	1338		1299	逍	1185	遗	1122	遷	837	彗	458
达	176	迫	781	逞	133		1295	遼	653	尋	1242
过	384		814	途	1081	遏	256	遒	1166	鬼	1429
	387	迷	1040	造	1373	遄	155	遴	659	彙	456
	388	迩	259	透	1078	逾	1342	遵	1485	彝	1296
迈	695	迨	190	逢	301	違	448	遹	1349	彝	1296
迂	837	迢	1057	逛	610	遁	249	遲	135	蠖	1357
迄	834	迦	489	逖	1049	遊	1332	選	1235	蠡	635
迅	1245	**六画**		逛	378	遒	870	**十三画**			637
迤	1294	酒	747	這	1397	道	203	**以上**		蠛	1357
	1299		747		1398	遂	1022	遽	567	
巡	1243	迥	452	递	215		1022	還	391	
进	540	逃	1040	逡	881	運	1361		442	

尸部

尸	956

一至三画

尹	1312
尺	122
	136
尻	585
尼	758
尽	238
	538
	539

四至六画

层	106
屁	799
屃	1155
尿	1013
尿	765
	1020
尾	1117
	1299
局	562
屉	17
届	533
屈	1049
居	561
届	533
鸤	956
屈	871
屍	956
屋	1132
昼	1440
咫	1421
屏	73
	812
屎	968

七画以上

屎	869
展	1383
屑	1200
屦	472
屙	254
屠	1081
屡	238
雁	1049
犀	1150
属	990
	1445
屣	569
屡	681
孱	100
	112
屦	681
履	1153
屦	1013
層	106
屢	567
履	681
屦	567
屩	569
屦	114
屬	990
	1445
屦	1155

己(巳)部

己	481
已	1297
巳	1010
巳	1010
巴	14
包	32

导	200
异	1302
色	914
	918
屺	1414
忌	484
巷	401
	1181
艳	1263

弓部

弓	348
弔	224
引	1312
弗	305
弘	420
弙	384
弛	135
张	1386
弟	215
弧	429
弥	714
弦	1167
弢	1039
弨	119
弩	772
弭	716
弯	1099
弱	905
張	1386
艴	305
弶	512
弹	196
	1034
强	512
	845

	847
粥	57
鬻	57
强	512
	845
	847
粥	1439
發	262
彀	357
彆	70
彈	196
	1034
彊	512
	845
	847
彌	714
彍	384
疆	510
彎	1099
鬻	1349

子(孑)部

子	1466
	1466
孑	525

一至五画

孔	595
孕	1361
存	171
孙	1023
孖	691
	1463
孛	45
孝	1192
孚	306
孜	1464

	847
孟	713
孤	359
孢	34
孥	1237
孪	772

六画以上

孩	392
孪	682
孫	1023
孰	988
孳	1465
孵	304
斈	252
學	1237
孺	900
孼	252
孽	766
孿	682

屮部

屯	1089
	1459
艸	103
茧	134
芻	149
蘗	766

女部

女	773

二至三画

奶	747
奴	771
奸	496
如	899
妁	1003

妆	1455
妄	1108
妇	314
妃	285
她	1027
好	403
	405
妈	691

四画

妍	1256
妩	1140
妘	1360
妪	1346
妓	485
妣	53
妙	723
妗	542
妥	1093
妊	894
妖	1269
姊	1467
妨	280
妫	380
妒	241
妞	1011
妤	1339
妆	1455
妞	768

五画

妹	736
妹	708
妻	821
	834
姑	358
妒	241
姐	176

[56] 女 纟(糸)

姐	530	姣	515	婪	617	媲	800	嬗	923	纴 1360
妽	1439	姿	1464	婻	114	嫁	494	嬴	1320	纯 159
姗	920	姜	509	婳	1095	嫔	807	嬖	59	纰 422
姓	1218	姘	806	娄	674	嫉	479	嬛	747	纲 329
委	1110	娄	674	婴	1318	嫌	1168	嬲	765	纳 746
	1117	娜	746	婬	1312	嫋	764	嬪	807	纱 917
妁	1229		774	婢	57	媸	134	嬷	735	纵 1476
姗	920	姦	496	婚	459	**十一画**		嬸	946	纷 293
妾	852	**七画**		婆	813	螯	634	嬾	618	纤 894
始	968	姬	472	婶	946	嫦	846	嬬	997	纶 372
妮	758	娠	941	婉	1102	嫩	757	孃	764		684
姆	740	孬	752	婵	111	嫗	1346	孌	682	纸 1423
六画		娌	636	娜	619	嫖	804			纹 1126
契	529	娟	567	妇	314	嫣	1252	**纟(糸)部**			1128
娃	1095	娲	1095	窝	772	嫱	117	**二至三画**		纺 281
姮	417	娱	1342	**九画**		嫚	700	纠	555	纻 1446
姥	626	娉	808	媒	707	螺	628	纡	1338	纾 985
	740	妮	160	媪	11	嫚	522	红	347	纽 769
娅	1251	娥	254	媛	1352	嫜	1387		420	纼 1402
要	1270	娩	719		1356	嫡	211	纣	1439	**五画**
	1274	娑	1024	婾	1074	嫪	626	纤	844	绀 329
威	1110	娴	1167	媚	1308	**十二画**			1165	绁 1199
耍	994	娣	215	嫂	913	**以上**		纥	336	线 1172
姪	1418	娘	764	婆	1226	嬈	885		411	绂 308
姨	1293	娓	1117	媿	608		885	纨	1099	练 648
娆	885	娭	3	婷	1065	嬉	1150	纫	1243	织 1416
	885	婀	254	媯	380	嬋	111	约	1270	组 1481
姻	1308	**八画**		娑	1144	嫣	380		1356	绅 939
姚	1271	斌	1140	婿	1231	嫵	1140	级	476	细 1155
姝	986	婞	1218	媚	709	嬌	515	纩	606	绌 142
娇	515	婊	68	**十画**		嫺	1167	纪	481		143
姹	382	婼	905	媾	357	嬅	440		484	绚 554
妍	1256	婕	529	媒	732	嬙	846	纫	892	绝 960
姓	894	婭	1251	嫄	1354	嬠	444	**四画**		终 1433
姥	110	婳	440	媛	5	嬡	5	纰	795	绐 1439
娈	682	娶	874	媳	1152	嬿	764	纬	1116	纻 1446

纟(糸) 马(馬) 〔57〕

玆	1167	觃	500	绪	671	总	1475	缩	1018	缵	1315
绊	30	绢	568	绸	143	编	60		1024	续	1231
经	544	绹	367	维	1115	缘	1354	缜	1262	缠	112
给	190	绲	609	绵	718	纬	1116	缪	723	变	62
绋	305	绶	1020	綵	97	缙	725		732	缵	1482
绌	151	绣	1225	综	1377	十画			739	缡	884
绍	934	绦	1039		1474	缚	318	缫	912	纖	1165
绎	1304	绨	134	绽	1385	缜	1402	十二画		纔	95
六画		绤	1156	绾	1103	缛	903	绕	885	纕	682
绑	31	继	486	绻	878	缴	1425	缤	1198	缆	618
结	523	绵	1045	绿	678	缙	543	缥	1023	马(馬)部	
	527		1049		682	缴	1039	缝	188		
绒	895	八画		缁	1466	绍	1039	缴	910	马	692
绐	188	绩	487	级	1459	缝	301	缭	653	馬	692
绕	885	绫	664	九画			302	織	1416	二至四画	
绔	601	绪	1231	缂	592	缫	1439	缮	923	冯	301
绖	226	续	1231	缃	1177	缡	634	缯	1377		812
绁	1199	綾	1172	練	648	缤	71		1378	驭	1345
绐	342	绮	831	缄	499	缳	170	缫	847	驮	252
	482	绹	651	缅	719	缟	334	十三画			1092
绛	511	缁	1477	缆	618	缠	112	以上		驯	1244
络	626	绯	286	缈	722	缣	499	缰	509	驰	135
	688	绸	931	缊	1363	缢	1305	绳	953	驱	870
绘	457	绰	120	缇	1047	十一画		缧	444	驳	78
绝	571		161	缎	459	缥	803	缱	843	驴	680
纸	894	網	1106	缉	475		804	繹	1304	驶	570
绚	1236	綱	329		823	缕	681	缲	848	五画	
绗	400	绳	384	缌	1007	缦	700		912	驵	1370
绞	518	绳	953	缓	444	缧	628	繪	457	驶	967
统	1072	緺	367	缎	243	繃	49	缴	519	驷	1011
絲	1005	绶	984	缐	1173		50		1463	罵	694
七画		綸	372	缌	37		50	繡	1225	驸	313
绠	345		684	缒	1459	缨	1318	缟	1228	驹	561
經	544	绷	49	缑	355	总	1475	缤	71	驺	1477
纲	651		50	缔	217	縱	1476	缵	606	驼	1093
绡	1185		50	缕	681	縡	844	繼	486	驻	1447

[58] 马幺巛王

驿	1304	骉	268	**幺部**		玚	1265	珥	260	琫	50
驰	190	骂	1428			玘	828	琪	352	琦	827
	1030	骗	802	幺	1269	玛	694	珪	380	琢	1462
驽	772	骚	912	乡	1173	玩	1100	顼	1226		1486
驾	495	骙	608	幻	444	玮	1116	珊	1249	琥	431
六至十画		骛	1144	幼	1337	环	443	珰	198	琨	609
骁	1186	鹜	12	幽	1328	玡	1249	珧	1271	琤	127
骂	694	骅	436	兹	162	玭	806	珠	1441	琱	223
骊	1308	骝	668		1465	现	1170	珽	1065	琺	268
骄	516	骟	1477	畚	723	玱	844	珞	688	琮	166
骅	436	骞	839	幾	468	玫	706	玺	1153	琬	1102
骆	688	骗	922		481	玢	70	珩	417	琯	373
骇	78	**十一画**		樂	627		293	珮	790	琼	867
骇	394	**以上**			1358	玠	533	珣	1242	斑	25
骈	802	驱	870	畿	475	玥	1358	珵	127	琰	1261
骊	633	骠	67	**巛部**		延	1105	班	25	琅	620
骏	701		804			玦	570	珲	451	琛	123
骑	367	骡	687	灾	1365				460	琚	561
骋	133	骢	165	甾	1365	**五画**		**七画**		**九画**	
验	1263	骣	98	邕	1324	玨	570	球	869	瑟	914
驿	1212	骁	1186	巢	120	珐	268	琁	647	瑇	190
骏	575	骛	546	雝	1324	珂	586	琎	537	聖	954
驶	3	骄	516	**王部**		珑	673	琐	1026	瑚	430
骎	854	骦	113			玷	222	理	636	瑊	500
骐	826	驿	1304	王	1105	坤		珊	920	瑒	1265
骑	827	骏	1263		1107	珊	920	琇	1225	瑁	705
骒	592	骦	1017	**一至四画**		玲	661	琉	670	瑞	904
骓	286	骤	1440	玉	1345	珍	1399	望	1107	瑗	1356
騉	367	骥	488	玎	227	玳	190	琅	620	瑶	1344
骑	1263	驴	680	全	876	珀	814	琄	575	瑜	1342
骓	1458	骅	442	玑	468	珍	1399	**八画**		瑰	381
骖	98	骊	997	玕	324	珊	920	琵	798	瑄	1233
骕	1017	骧	1178	玙	1339	珉	725	琴	855	瑕	1158
骚	461	骦	633	弄	674	玻	76	琶	778	瑋	1116
骤	103				771	珈	489	琪	826	瑙	753
骎	1047			玖	556	**六画**		瑛	1318	**十至**	
						莹	1319	琳	658		

王韦(韋)木〔59〕

十二画		璧	59	木部		村	171		97	枢	558
瑱	1403	璧	1153			代	1301	松	1012	栌	676
瑢	1320	璱	634	木	740	材	95	杵	151	柬	500
瑷	5	瑾	1320	一画		杏	1217	枨	131	查	108
瑶	1273	瓏	673	本	47	束	991	枚	706		1378
瑜	844	瓖	381	未	1119	杉	916	析	1148	查	1378
璃	634	瓚	1370	末	705		920	板	26	相	1174
瑭	1037	瓛	1128		735	杓	932	枪	844		1181
瑾	539	瓤	1178	术	991	条	1056	枞	165	枵	1186
璜	449	瓘	375		1442	极	476		1474	柚	1332
璀	170	韦(韋)部		札	1379	杧	700	枭	1186		1337
璎	1318			二画		权	106	钦	1165	柟	749
瑰	450	韦	1112	朽	1224		109	构	356	枳	1421
璡	537	韋	1112	东	231	杨	1265	枫	299	枵	368
璋	1387	韧	892	朴	804	杞	828	杰	527	栅	921
璇	1235	韌	892		813	李	636	枓	236		1380
璗	1319	韍	118		814	四画		杭	401	枷	1157
璆	870	韨	308		819	枉	1106	枋	279	柞	1380
璞	819	韎	308	机	14	林	658	枕	1401		1489
璟	551	韡	1116	杀	915	枝	1414	杼	1448	柏	22
璁	257	韩	397	朱	1440	枢	986	杷	778		77
璠	271	韥	118	乐	627	杯	41	五画			80
璘	659	韓	397		1358	柜	383	枰	812	栎	1094
璣	468	韪	1116	杂	1364		563	标	66	栀	1414
十三画以上		韙	1116	机	468	枥	639	栈	1385	柢	213
		韫	1363	朵	252	枒	1247	柰	747	栎	643
璕	198	韞	1363	朶	252	枇	798	荣	895		1358
璪	1373	韛	24	权	876	杪	722	某	739	枸	355
璨	100	韝	24	三画		東	231	柑	325		356
璩	873	韝	355	杆	324	杳	1273	枯	599		563
璐	679	韛	355		325	枣	1372	栉	1428	栅	921
環	443	韬	1039	杇	1131	果	387	柯	587		1380
璦	5	韜	1039	杠	331	枘	904	柄	73	柳	671
璵	1339	韠	1116	杜	241	枧	330	栊	673	枹	34
璿	1235	韡	1096	杖	1388	枧	500	柘	1398		307
瓊	867			杌	1142	采	96	栋	234	柴	821

〔60〕木

染	883	桃	377	桩	1455	杪	1024		1461	楂	109
柠	766		378	核	412	梲	1461	椤	687		1379
柁	1093	档	199		430	梯	1045	榈	330	楝	649
柱	1448	柴	111	样	1269	桶	1073	棵	587	禁	537
亲	854	桌	1461	㳘	568	梭	1024	棍	384		543
	866	桢	1398	栟	47	梘	663	棗	1372	楮	1034
柿	971	盉	242		71	㝱	856	棘	480	楚	151
栏	617	桐	1071	栩	1229	棨	1364	棰	158	楷	523
样	30	桤	822	桑	911		1378	椥	1415		581
柚	252	栾	582	根	342	八画		椎	158	業	1277
树	992	桃	1040	七画		棖	131		1458	榄	618
桎	127	栓	996	桴	816	棒	32	梨	634	楊	1265
枲	1153	桧	383	梽	1426	棱	631	集	480	楬	530
柔	898		458	彬	71		664	棉	718	楫	481
枷	489	株	1441	梗	345	楮	151	椑	42	榅	1123
架	494	梃	1065	梼	1041	棋	826	椛	1165	榅	807
六画			1066	梧	1138	棊	826	棚	793	楞	631
梆	31	栝	367	梵	277	椰	1275	椋	649	槚	362
梨	834	桥	849	械	1200	植	1418	棕	1474	榕	1236
桂	383	栿	306	梢	931	焚	293	椗	230	榆	1342
桔	529	桦	438	桯	1063	森	915	椀	1102	楯	249
	562	臬	766	桿	325	棪	240	棺	373		1000
栳	626	柏	557	桴	307	棟	234	椁	387	楹	1320
栲	586	桁	417	梧	366	械	1347	榔	619	楼	1474
栽	1365	桀	527	检	500	椏	1247	棨	829	槊	563
桠	1247	格	336	梨	634	琢	1463	極	476	楸	868
栱	353		338	梅	706	椅	1292	棣	217	椴	243
梛	123	桅	1114	柂	71		1299	椭	1094	槐	441
桓	443	桷	1242		73	棲	822	楗	507	槌	158
栖	822	條	1056	臬	1186	榘	844	九画		欅	564
	1146	桉	7	栀	1414	棧	1385	楔	1195	楦	1236
栗	643	案	9	楠	570	棠	1038	椿	159	樣	126
桄	885	栾	682	渠	873	棑	781	楳	706	槐	1294
桕	22	桨	511	梁	650	棐	287	椹	946	榈	680
桎	1424	校	520	梓	1467	椒	516		1401	棗	834
框	606		1194	梳	987	棹	1394	楠	749	槎	109

木犬歹〔61〕

楼	674	梛	387	樂	511	櫖	677	欒	271	歼	496
概	322	榢	170	橘	1094	檢	500	欅	564	殀	1269
楣	706	槊	1004	**十二画**		檜	383	櫬	126	殳	736
橡	155	榮	895	橈	885		458	櫹	1170	**五至六画**	
十画		槊	620	樾	1359	櫛	1428	櫳	673	残	98
櫜	1093	楮	1442	樹	992	橄	1152	櫱	766	殂	168
榛	1401	權	881	槃	865	檜	1258	槢	996	殃	1264
構	356	**十一画**		橄	865	標	660	櫩	663	珍	1055
穀	363	樗	149	棽	166	櫄	660	權	876	殇	924
榧	287	梙	458	櫜	1093	檀	1034	櫼	500	殆	190
榅	331	椿	1455	槪	572	樣	1299	欄	617	殊	986
槓	493	榶	846	橱	150	櫱	80	欒	682	殉	1245
榦	328	槿	539	樸	819	**十四画**		欋	687	毙	57
榼	587	横	417	盍	242	檉	1029	欑	169	**七画以上**	
樺	438		418	槍	855	檮	1041	櫳	17	殒	1361
模	732	槽	103	橘	848	櫃	383	欖	618	殍	804
	739	標	66	橋	849	檻	508	櫺	663	殓	648
榻	1028	械	834	樵	849		582	鬱	1346	殖	977
槛	508	樞	986	橢	1485	檸	766	**犬部**			1418
	582	橙	1038	橐	331	檳	71			残	98
楪	706	櫨	1379	橹	677		73	犬	878	殚	193
橙	822	樓	674	橚	1485	櫱	865	状	1457	殛	478
槍	844	樱	1318	橥	942	櫂	1394	哭	600	殡	459
樺	1023	樊	271	橙	133	橃	209	献	1173	殚	1023
構	1485	樂	627	橘	562	櫳	488	獸	1333	殡	71
榭	1200		1358	樺	1150	**十五画**		奘	11	殭	544
樟	331	樅	165	機	468	**以上**		猷	188	殇	924
槃	783		1474	橡	1354	檳	240	獸	984	殪	1307
榴	668	橡	1182	**十三画**		欒	1442	獻	1173	殫	193
榕	897	槧	1442	隸	642	檪	643	**歹部**		殭	509
榨	1380	槲	430	薰	335		1358			毙	57
槟	71	樑	650	檬	712	櫛	150	歹	188	殮	648
	73	樟	1387	樫	127	櫌	1094	**二至四画**		殡	71
榜	31	棟	584	橘	629	櫔	639	列	656	殲	496
槁	334	樣	1269	櫖	846	蘖	766	死	1008		
榘	334	橄	326	檔	199	櫨	676	凤	1016		

车（車）戈比瓦止支

车（車）部

车	122
	560
車	122
	560

一至四画

轧	319
	1250
	1379
轨	381
军	573
轩	1231
软	189
轫	892
转	1452
	1454
轭	255
斩	1383
轮	684
软	903
轰	419

五画

钴	359
轲	587
轳	676
轵	1421
轴	1439
	1440
轷	428
轸	1401
轺	360
轶	1303
轹	643
轺	1271
轻	860

六画

轼	972
载	1366
	1368
铚	1425
轾	877
轿	520
辂	1438
辂	678
较	521

七至八画

辄	1396
辅	309
辆	652
輕	860
輓	1102
輋	763
輒	1396
辋	652
辊	384
辎	1106
辈	46
辉	451
輸	684
辍	160
辐	1466

九至十画

辏	167
辐	309
辎	903
毂	363
辑	481
输	988
辖	1333
辕	898
辕	1354

辗	1383
舆	1342
辖	1158

十一画以上

轉	1452
	1454
塹	1369
辘	679
轎	520
辙	1396
辚	659
辗	446
轟	419
轢	643
轤	676

戈部

戈	336

一至二画

戋	495
戊	1143
戊	1358
戎	895
划	435
	438
	441
戍	991
戌	1226
成	128
戏	428
	1154

三至七画

戒	533
我	1129
武	1141
戕	495
或	465
戗	845
戗	845
	848
哉	1365
战	1384
咸	1168
威	1110
栽	1365
载	1366
	1368
戛	492
戚	822
盛	130
	955

八至九画

裁	96
戢	1473
戛	492
戟	482
惑	465
戟	482
幾	468
	481
戡	582
盏	1383
戢	481
戥	209
戢	322

十画以上

截	530
戩	503
餓	845
	848
臧	1370

戔	495
戮	680
幾	475
戩	387
戰	1384
戴	191
戲	428
	1154
戳	160

比部

比	51
毕	56
昆	609
皆	523
毖	56
毙	57
琵	798

瓦部

瓦	1095
	1096
瓯	776
瓷	1128
瓴	661
瓷	162
瓶	813
瓠	134
甌	330
甑	93
甄	1401
甏	1440
甍	162
甑	643
甑	1451
甌	776

髭	50
甑	1378
甕	1128
甓	799
甖	1318
甑	1262

止部

止	1419
正	1404
	1408
此	163
步	92
武	1141
歧	825
肯	592
齿	136
些	1194
歪	1096
齒	1473
歲	1022
齒	136
整	1406
歷	638
歸	378
齧	806

支部

故	217
敍	1230
敲	1078
敦	1194
敫	251
敱	241
敲	848
畝	870

攴		日		日(日)		水		貝(貝)	
斅	1194	眆	281	晏	1263	暇	1158	**日(日)部**	
		炅	383	暈	1359	**十至**			
日部			554		1362	**十二画**		日	1356
日	894	旹	962	晖	451	瞱	1279	曲	871
一至三画		**五画**		**七画**		暱	760		873
旦	194	春	158	匙	136	暮	743	曳	1278
旧	557	昧	709		977	暬	116	曶	1273
早	1372	是	974	晡	80	暢	118	冒	704
旬	1241	晄	673	晤	1144	暧	5		736
兄	613	显	1168	晨	123	暝	731	曷	413
旮	319	映	1322	晞	1147	暴	40	晟	955
旭	1229	星	1211	晗	396		820	書	984
旨	1421	昨	1486	晦	458	題	1047	曹	102
旰	328	昳	226	晚	1102	曇	1033	勗	1231
旱	399		1303	**八画**		曉	1192	曼	698
时	962	昝	1368	暫	1369	曆	638	冕	719
旷	606	昫	1231	晴	865	曌	1394	替	1049
旸	1265	昂	704	煚	554	曔	1089	最	1483
四画		昱	1347	暑	989	曈	1072	量	650
旺	1107	昶	117	晰	1148	**十三画**			652
昊	406	昵	760	暂	1148	**以上**		曾	106
昙	1033	昭	1390	晶	550	疊	120		1376
者	1397	昇	62	智	1428	曚	712	會	456
昔	1148	**六画**		晷	382	曙	990		603
杲	334	時	962	晾	652	曖	5	曷	852
昆	609	晋	543	景	550	曛	1116	**水(氺)部**	
戾	1375	晅	1235	晬	1484	曝	824		
昌	114	晒	918	普	819	曠	1241	水	998
昇	947	晓	1192	**九画**		曜	1275	氷	71
昕	1206	晋	543	韪	1116	疊	226	永	1325
昀	1361	晃	450	瑒	1170	曝	820	氹	199
明	728		450	暘	1265	曠	606	求	869
昏	459	晟	955	暖	773	曨	673	汆	1090
易	1304	晔	1279	喧	1233	曦	1151	氽	169
昂	10	晁	120	暗	9	曩	752	凼	199
旻	725	响	926	暎	608	曬	918	氽	352

〔63〕

录	678
隶	642
沓	1028
泰	1031
荣	1216
	1319
泵	50
泉	877
浆	509
	512
森	722
颖	1320
滕	1044
黎	635
槃	1216
	1319
氅	136
漿	509
貝(貝)部	
贝	44
貝	44
二至四画	
贞	1398
则	1374
负	313
贡	354
财	95
责	1374
贤	1167
贪	1032
贬	61
贫	806
败	23
货	466
质	1427

〔64〕见(見)牛(牛牜)手

贩	277	赈	1403	赝	1264	靓	553	牦	703	靠	586
购	356	赇	870	赞	1369		652	牧	743	犟	512
贮	1446	赊	934	赟	1359	覩	241	物	1142	犢	240
贯	374	賓	70	赠	1378	觃	1055	五至六画		犧	1146
五画		八画		赡	924		1055	牯	361	手部	
贰	261	赋	317	赢	1320	覗	719	牵	838		
贲	970	赞	1369	赣	329		1055	荦	688	手	979
	47	赈	1388	齎	473	覘	1342	牲	951	四至八画	
	57	赌	865	贜	1370	親	854	牮	505	承	131
贱	505	賣	696	赎	540		866	牴	213	拜	24
贴	1060	赌	240	赎	989	觑	357	特	1043	挈	744
	1060	賢	1167	贜	1370	覬	486	牺	1146	挚	852
贵	383	贖	989	赣	329	觐	544	牷	877	摯	1428
買	695	赍	473	见(見)部		觑	875	牸	1473	拿	744
贶	606	賚	616			觑	875	七至八画		挛	682
贷	190	赇	505	见	503	覴	875	牾	1141	拳	878
贸	705	赏	926		1170	覺	520	犊	701	挚	906
贮	1446	赐	164	見	503		570	犁	634		917
贻	1293	瓯	57		1170	覽	618	犄	167		1024
费	288	質	1427	二至七画		覦	687	牽	838	掌	1387
贺	414	赒	1439	观	371	觊	211	犒	471	掰	18
六至七画		赔	790		374	觌	371	楼	240	掣	122
贽	1428	庚	344	觃	1262	觏	371	㹓	566	手手	779
贾	362	赉	166	规	380		374	犁	634	十画以上	
	493	九画以上		觊	716	牛(牛牜)部		犇	46	摹	733
贼	1375	赖	616	觅	716			犍	499	掰	338
贿	458	赙	302	览	618	牛	768		842	搴	839
赁	1465	购	356	觇	111	二至四画		犀	1150	挚	1428
赂	678	赕	318	觋	687	牝	807	九画以上		摩	691
赁	660	赘	1459	觉	520	牟	738	犟	300		733
赃	1230	赍	473		570		743	犏	801	擎	249
赃	1370	赛	907	觋	1011	牡	740	犄	700	擊	470
资	1464	赚	1454	觊	486	告	335	犏	586	擎	865
赅	320		1483	觊	1152	忙	700	犟	688	擘	18
赆	540	贽	1428	八画以上		牤	1027	犛	1158		80
赉	616	赜	1375	觌	211	牣	892	犛	635	攀	563

手毛气 攵片斤爪(爫) 父月(月) 〔65〕

挈	618	氫	232	敌	211	整	1406	爪(爫)部		爹	225
攀	782	氩	862	效	1193	敛	647			爺	1276
攣	682	氟	305	赦	938	釐	633	爪	1392	**月(月)部**	
毛部		氫	1251	教	516	敷	1340		1450		
		氪	1146		521	變	62	孚	306	月	1357
毛	702	氰	1308	啟	1345	徽	706	妥	1093	**一至三画**	
毡	1382	氨	7	赦	138	**片部**		采	96	肌	1307
毯	895	氮	394	救	558				97	有	1334
毡	739	氧	1269	敝	57	片	800	觅	716		1337
毯	869	氲	831	啟	829		802	受	982	刖	1358
毫	402	氮	590	啟	829	版	27	争	1405	肌	470
毦	897	氫	862	敘	1230	牋	495	爬	778	肋	627
毳	170	氰	865	敛	647	牒	240	乳	901		630
毵	1035	氫	1251	敏	725	牌	781	爰	1352	肝	324
毹	910	氮	196	敢	326	牒	226	舀	1273	肛	330
毽	507	氯	682	**八画以上**		牆	1379	爱	4	肚	240
毹	988	氲	1359	敬	554	牖	155	奚	1149		241
氂	703	**攵部**		散	910	牖	1337	彩	97	肘	1439
氄	910				910	牘	240	舜	1002	肟	1129
氅	118	**二至五画**		敞	117	**斤部**		爲	1113	肮	336
氈	680	攻	585	敦	248				1119	育	446
氊	820	收	977		248	斤	535	愛	4	肠	116
氇	897	攻	347	腎	829	斥	137	亂	683	**四画**	
氌	1382	攸	1328	敭	1265	斩	1383	孵	304	肮	903
氀	1382	改	320	敌	519	所	1025	爱	5	胖	786
氈	873	孜	1464	数	990	欣	1206	號	387	肼	550
氌	226	败	23		993	斫	845	爵	573	肤	304
气部		攽	25		1004	颀	825	釁	5	肢	1451
		牧	743	鏊	634	断	244	**父部**		肢	1415
气	831	放	282	鏊	703	斯	1007			肺	288
氕	805	政	1411	馨	635	新	1206	父	309	肽	1031
氘	200	故	363	敷	304	斳	1462		311	胀	351
氖	747	敂	1054	敵	211	斷	244	爷	1276	肮	1330
氙	1163	**六至七画**		數	990			斧	309	肫	1459
氚	153	敖	11		993			爸	17	肾	946
氛	293	致	1425		1004			釜	309	肯	592

〔66〕月（月）

肿	1434	胍	367		1370	脹	1389	膃	1096	膚	303
肭	747	胝	1415	胲	392	期	822	腥	1212	膕	387
肝	1148	胸	873	朕	1403	腊	614	腮	907	膉	152
肴	1271	胞	34	胼	802		1148	腭	256	膣	1425
朋	792	胤	1316	脒	716	朝	120	脚	518	縢	1044
欣	842	胖	782	朔	1003		1391	腧	993	膠	515
股	361		786	朗	620	腜	234	腫	1434	**十二画**	
胀	1389	脉	697	脓	771	腈	548	腹	316	膨	793
肪	280		736	能	757	腎	946	腺	1173	膰	271
肮	10	胫	552	脅	1196	脆	1	腊	1082	腾	1044
育	1323	胎	1029	胁	1196		1253	鵬	793	朦	1045
	1347	胥	1226	**七画**		膕	387	腿	1459	臍	153
肩	498	**六画**		賦	207	腆	1055	膣	133	膦	660
肥	286	胯	602	脖	78	腓	287	腰	1323	膳	923
服	308	胰	1293	脚	518	腷	687	腾	1044	膇	511
	314	胱	377		570	殷	1187	腿	1087	**十三画**	
胁	1196	胴	235	匪	237	脾	1340	腦	753	臓	363
五画		胭	1251	脯	310	脾	798	**十画**		朦	712
胜	872	胸	773		818	勝	954	滕	1018	膿	771
胡	429	朓	1059	肾	159	腚	230	膜	733	臊	913
胚	789	脍	603	豚	1090	腔	845	膊	79		914
胧	673	脉	697	脛	552	腙	1474	膈	340	臉	647
胨	234		736	脑	687	腕	1105	膁	842	膾	603
胍	969	胳	336	脬	787	脺	170	膑	71	膽	194
胈	16	脆	171	脞	173	腋	1279	膀	31	臀	1044
背	42	胸	1220	脸	647	腑	311		785	臂	956
	44	脎	907	脢	706	腎	829		786	臆	1307
胪	676	脎	785	膾	1126	腒	561	膏	334	膻	921
胆	194	肖	1220	脘	1102	腱	507		336	臁	647
胛	493	脂	1415	脖	417	**九画**		膋	681	膺	1318
胂	946	胺	9	望	1107	腻	760	**十一画**		臃	1324
胃	1440	脊	482	脱	1091	腰	167	膝	170	臀	1090
胄	1121	胶	515	脾	1045	腩	751	膝	1148	臂	46
胗	1399	脐	824	胶	568	腰	1270	膘	67		59
胙	1489	脑	753	脒	765	腘	719	膊	1451	**十四画**	
胜	954	脏	1370	**八画**		肠	116	膣	1038	**以上**	

月（月）欠风（風）殳文方火〔67〕

臑	754	歇	1195	段	243	**方部**		灾	1365	炷	1448
臗	71	歃	918	殷	1252			灵	662	炫	1236
脐	824	歆	1208		1310	方	277	炀	1266	烂	618
臆	1045	歌	337	殺	915	邡	279	灺	1199	烃	1063
臚	67	歎	844	殻	588	於	1132	灾	1365	炤	1393
臘	614	歐	1035		850		1338	**四画**		炱	1030
臟	1251	歐	776	殳	237		1338	炜	1116	**六画**	
臚	676	歔	1228	殷	1187	放	282	炬	565	烤	586
膡	1364	歓	938	發	262	施	960	炖	249	烘	419
朧	673		1150	穀	357	斻	703	炒	121	烜	1235
臟	1370	歙	1339	穀	363	旃	1382	炝	848	烦	271
膧	873	歠	161	毀	455	旅	680	炙	1427	烧	932
		歡	441	殿	222	旎	827	炊	158	烖	1365
欠部				穀	363		827	炆	1126	烛	1442
欠	843	**风（風）部**		穀	361	旆	790	炕	584	炯	1071
二至七画		风	296	穀	599	旁	785	炎	1257	烟	1251
次	163	風	296	殴	776	旌	550	炉	677	烙	626
欢	441	颭	1383	穀	1303	族	1480	炔	879		688
软	1339	颮	907	穀	431	旒	760	**五画**		烩	458
欧	776	颱	1029	穀	431	旋	1234	荧	1318	烨	1279
欣	1206	颶	367	毉	1292		1236	炳	73	烊	1267
欲	407	颺	566			旆	671	炼	648		1269
欷	581	颲	1265	**文部**		旗	827	炭	1035	烫	1039
歌	1147	颼	1007	文	1123	旖	1299	炭	1035	烬	540
欲	1346	颼	1015	刘	666	旛	269	炯	554	**七至八画**	
歆	3	飆	1273	齐	824			炽	138	焐	1144
	257	颼	668	斉	660	**火部**		畑	1054	焜	1063
	257	飘	803	斈	1237	火	463	烀	428	焊	399
	257	飖	803	斋	1380	**一至三画**		炸	1379	烯	1147
	257	飙	67	紊	1126	灭	723		1380	焓	396
歃	605	飂	67	斌	71	灰	450	烁	868	烽	300
八画以上		飋	67	斐	287	灯	207	炮	1199	焕	445
款	605	**殳部**		斖	475	灶	1373	烁	1003	烷	1101
欺	823			斓	617	灿	100	炮	34	焖	710
欹	152	殳	984			灼	1461		787	烺	620
	1228	殴	776			灸	556		788	焌	575

〔68〕火斗灬户礻（示）

	872	燁	1279	燦	100	**灬部**		熱	886	祃	694
焚	293	熗	848	燥	1374			熟	979	祆	1165
焜	609	熄	1149	燭	1442	**四至八画**			988	祎	1292
毳	554	熘	666	燴	458	杰	527	熹	1150	祉	1419
焯	120	熔	897	燬	455	炁	834	燕	1253	視	974
	1461	熒	1319	燠	11	点	218		1264	祈	824
焰	1264	榮	895	**十四画**		為	1113	燾	203	祇	825
焈	1206	煢	1216	**以上**			1119		1039		1420
焙	46		1319	燹	1170	烈	656	**户部**		枋	49
焠	170	煸	921	爆	1279	热	886			**五画**	
欻	152	熥	1044	燻	1241	烏	1143	户	431	祛	872
	1228	熑	1089	爍	865	羔	334	戺	255	祜	433
焱	1264	熳	700	爐	540	烝	1406	启	829	祐	1337
九画		熵	926	爊	41	烾	203	戾	642	祏	962
煉	648	熠	1307	爃	1003		1039	肩	498	祓	308
煙	1251	熨	1348	爌	11	焉	1252	戽	432	祖	1482
煤	707		1363	爛	1151	烹	792	房	280	神	943
煳	430	**十二画**		爐	677	煮	1445	扁	62	祝	1448
煠	1379	燒	932	爔	573	無	732		800	祚	1489
煜	1347	燎	654	爛	618		1132	扃	554	祇	1415
煬	1266		655	爨	170	為	1113	扅	1294	祢	714
煨	1111	燔	271	**斗部**			1119	扆	1299	祕	56
煅	773	燠	1349			然	883	扇	921		716
煆	243	燃	883	斗	235	焦	516		922	祠	162
煲	34	燚	1264		236	**九画以上**		扈	432	**六画以上**	
煌	448	燙	1039	戽	432	照	1393	扉	286	祯	1398
煆	1089	熾	138	料	655	煦	1231	雇	366	桃	1056
煊	1233	燉	249	斜	1197	煞	917	扊	1261	祥	1178
煢	867	燐	659	斛	430		918	**礻（示）部**		裤	202
煇	451	燧	1023	斝	494	煎	499			祸	466
煸	61	燄	1307	斟	1401	熬	11	**一至四画**		祲	543
煜	1089	燊	942	斡	1130		11	礼	635	褚	1380
煒	1116	營	1319	斠	522	熙	1150	祁	824	祺	826
煣	898	燈	207			熏	1241	礽	894	禍	466
十至		燏	1349				1246	社	936	禅	112
十一画		**十三画**				熊	1221	祀	1010		922

衤(示) 心 聿(肀 亊) 爿 毋(母) 示 石 〔69〕

禄	678	思	1006	恩	165	慧	458	戀	648	**毋(母)部**
禊	1156	怎	1376	悪	1326	慭	881	戀	331	
褈	1311	悠	1032	惹	886	憨	99		1457	毋 1138
福	309	怨	1355	惡	255	愁	1316	**聿(肀**		母 739
禘	217	忽	165		255	感	822	**亊)部**		每 707
禕	1292	急	478		1132	憂	1328			毒 3
禚	1463	总	1475		1144	慮	682	聿	1346	毑 530
襧	1233	息	190	恙	488	慾	1346	書	984	毒 238
禧	1154	怼	248	惑	465	慧	835	肅	1016	毓 1349
禪	112	怒	772	惠	459	慫	1013	隶	642	**示部**
	922	**六画**		意	206	慶	866	畫	1440	
禮	635	恝	492	悲	42	憋	69	畫	438	示 969
禱	202	恶	225	惩	132	憨	395	肆	1012	佘 935
襧	714		255	怠	45	慰	1122	肄	1307	奈 747
襄	884		1132	**九至十画**		**十二至**		蕭	1016	柰 747
心部			1144	愍	853	**十三画**		肇	1394	祘 1019
		恚	458	想	1179	愁	1316	肇	1394	崇 1022
心	1201	恥	136	感	326	憩	835	盡	539	票 804
一至四画		恐	595	春	160	憶	45			祭 487
必	55	恧	773	愚	1341	憝	248	**爿部**		禁 537
丕	1042	虑	682	愛	4	憲	1172			543
志	1425	恩	257	愈	1348	憑	812	爿	782	禀 73
忒	1042	恁	757	愁	143	勤	856	壯	1456	祡 49
	1084	息	1149	您	839	戀	705	妝	1455	禦 1348
忐	1034	恋	648	意	1305	懇	593	牀	156	**石部**
忑	856	恣	1473	慈	162	懣	711	狀	1457	
忘	1108	差	1269	憋	725	應	1317	戕	845	石 194
忌	484	恳	593	懸	1043		1321	斨	845	962
忍	891	恕	992	慝	881	**十四画**		牁	587	**二至四画**
忞	1031	**七至八画**		愿	1356	**以上**		牂	1370	
忠	1432	悫	881	毅	1311	懟	248	將	508	矴 230
从	1013	悬	1234	慂	1326	懣	711		512	矾 470
念	763	患	446	慇	1016	懲	132	戚	1370	矸 324
忿	294	悉	1149	態	1031	懸	1234	牆	846	砣 599
忽	428	悠	1328	**十一画**		懿	1307			矽 1145
五画		您	766	蕊	903	聽	1062			矶 271
										矿 606

〔70〕石龙（龍）业目

砀	199	砣	1093	碓	248		786	礓	510	**业部**			
码	694	砬	613	碑	42	磢	880	磏	501	业	1277		
砉	435	砡	1448	硼	793	磙	384	磲	94	邺	1277		
	1226	础	151	碉	223	碻	880	礪	639	凿	1372		
研	1256	破	814	碇	230	磉	911	礙	5	蒴	1424		
	1262	**六至七画**		碗	1102	碾	763	礃	94	业	1277		
砖	1451	硖	1158	碚	46	**十一画**		礦	606	黻	308		
砗	122	硎	1214	碎	1022	磐	866	礬	271	叢	166		
砘	249	硅	380	碰	794	磡	583	礌	629	黼	310		
砑	1251	硭	701	碑	210	磺	449	礫	643	**目部**			
砒	795	硕	1004	磋	126	磚	1451	礆	788				
砌	834	硗	848	碌	671	磠	677	磚	79	目	741		
砚	752	硒	1146		678	磔	873	礚	738	**二至四画**			
砂	917	砦	1381	**九画**		磨	734	礜	673	盯	227		
泵	50	硐	235	碧	59		738	礑	997	盱	1226		
砚	1262	硚	849	碡	1440	磡	384	**龙(龍)部**		盲	700		
砭	60	研	1256	磋	1400	礦	1236	龙	672	相	1174		
斫	1462		1262	碟	226	磁	1480	龍	672		1181		
砍	582	硇	752	碴	109	磲	671	垄	673	眄	721		
砜	299	碎	400	碱	501	磳	613	壟	673	盹	249		
五画		硌	342	磅	1380	磙	126	袭	1259	眍	597		
砰	792		688	碭	199	**十二画**		襲	1259	眇	722		
砝	268	硬	1323	碣	529	**以上**		耆	673	省	953		
砹	3	硤	1158	碨	1121	磽	848	龑	673		1216		
砺	639	硝	1185	碳	1035	磾	1388	龔	351	盼	1156		
砸	1365	硐	677	碲	217	磾	210	襲	351	眨	1379		
砷	587	磋	126	磋	172	磻	783	聋	673	盼	784		
耆	673	硪	1130	磁	162	礁	517	聾	673	看	582		
砧	1400	确	880	碥	62	磡	849	龛	582		583		
砷	939	硫	671	**十画**		磴	249	龕	582	眊	704		
砼	1069	**八画**		磕	587	磷	659	袭	1152	盾	249		
砟	1379	碛	834	磊	630	磴	209	襲	1152	眈	194		
砥	213	碁	826	磕	1121	磯	470	龉	1396	眉	706		
砜	752	碕	827	磐	783	磠	712	齲	1396	眍	144		
砲	788	碍	5	磲	1396	磠	629			**五至七画**			
砾	643	碘	218	磅	32	磑	151						

眈	673	睦	742	膢	674	男	748	畴	142	罨	643
眍	974	睃	633	瞥	805	界	57	畲	934	署	989
眚	954	睹	241	瞰	583	画	438	畬	934	置	1429
督	1349	瞄	722	瞭	654	删	1402		1340	罨	1259
眩	1236	睚	1249		655	备	45	番	268	罪	1484
眠	718	睐	616	瞬	1002	甾	1365		782	罩	1394
眙	1294	睫	529	瞧	849	**四画**		畯	575	蜀	990
眭	1020	督	238	瞳	1072	畎	878	惛	1034	**九画以上**	
眶	607	睬	97	瞵	659	畏	1120	畸	471	黑	798
眦	1473	睡	1000	瞪	209	毗	798	當	196	罱	618
眥	1473	睢	1020	瞩	1445	毘	798		199	罳	1007
眺	1059	睨	760	瞽	363	胃	1121	畹	1102	罸	267
眽	736	睥	57	曚	711	禺	1341	畿	475	罵	694
眵	134	睒	922	瞿	873	界	533	畼	925	罷	17
睁	1406	睠	568	瞼	501	畋	1054	疃	1084		18
眊	142	**九至十画**		瞻	1382	畈	277	嚮	765	罹	635
着	1391	睿	904	矍	573	畇	1361	疊	629	羁	474
	1391	睸	144	蠹	152	思	1006	疇	142	羇	488
	1398	瞍	1015	矓	673	**五至六画**		櫐	628	羀	1377
	1463	膡	674	矙	583	畛	1401		628	羆	798
眷	568	腿	714	矚	1445	留	666	疊	628	羅	686
眯	714		715	**田部**		畚	151	疉	226		
	715	睽	608				1230			**皿部**	
眼	1259	瞀	705	田	1054	畔	784	**罒部**		皿	725
眸	739	瞌	588	由	1330	畝	740	**三至八画**		**三至五画**	
睐	616	瞒	697	甲	492	畲	49	罗	686	盂	1339
眱	922	瞢	713	申	938	畦	824	罘	306	盂	713
睏	609	瞋	123	电	220	毕	56	罚	267	盇	413
睑	501	瞎	1156	**二至三画**		異	1302	罡	330	盃	41
睇	215	瞑	731	町	227	畤	1428	罢	17	蛊	1433
睆	446	**十一画**			1065	略	683		18	盆	792
睊	904	**以上**		甸	221	畧	683	罟	361	盈	1320
鼎	228	瞞	697	龟	380	累	628	罝	367	盐	1257
睃	1024	瞟	804		574		629	買	695	盍	413
八画		瞘	597		868		630	罥	568	盏	1383
睛	548	瞠	128	亩	740	**七画以上**		罦	307	监	498

[72] 皿钅(金)

	507	钇	1297		331	铃	661		198	销	1185
盉	10	钆	319	钡	44	铁	1061	铠	581	锁	1026
盌	1102	针	1398	铃	839	铂	77	铡	1379	铿	593
盉	408	钉	227	钩	574	鉤	354	铨	877	鋍	399
益	1304		229	钥	1275	铅	838	铩	916	锅	384
六至九画		钋	813		1358		1257	铪	391	锄	150
盏	607	钊	1389	钦	853	鉋	39	铫	225	锂	637
盛	130	钉	655	钩	354	铆	704		1271	铿	1377
	955		655	钨	1131	铄	1003	铢	1441	鋃	1462
蛊	362	**三画**		钣	27	铊	1027	铣	1153	锉	173
盒	411	钍	1083	钫	279		1093		1168	锆	336
盘	782	钎	399	钪	585	铈	971	铥	231	锈	1225
盗	203	钎	837	钦	465	铉	1236	铦	1165	鹅	254
盖	321	钏	155	钯	17	铋	56	铤	1066	锋	300
	340	钐	920		778	铍	797	铧	436	锌	1206
盦	1383		922	钮	769	铌	759	铭	727	钢	581
盟	711	钓	224	**五画**		铎	252	铬	342	铜	502
監	498	钒	271	钰	1345	铍	813	铮	1406		505
	507	钉	710	钱	841	**六画**		铯	914	锐	904
盡	539	钗	110	钲	1405	铱	492	铵	8	锑	1045
十画以上		钖	1266	钳	841	铡	1214	铲	113	银	620
盤	782	钕	773	钴	361	铑	626	铰	518	鋄	856
盬	361	**四画**		钬	991	铐	586	铱	1292	铜	562
盥	375	铁	304	钵	76	铚	1425	铳	142		562
盧	676	钘	1214	钜	814	铓	701	锡	1037	铜	1
盦	8	钙	321	钹	78	铒	260	银	1311	**八画**	
盤	1439	钛	1031	钺	1358	铕	1336	铷	900	鋉	67
盪	199	钚	91	钻	1482	铖	131	**七画**		锗	1397
蠲	568	钜	564		1483	铙	1061	铼	616	错	173
蠱	362	钝	249	钮	150	铙	752	铽	1043	锘	774
鹽	1257	钘	1249	钼	743	铷	1276	铺	817	锚	703
豔	1263	钲	796	钽	1035	铜	1071		820	锖	845
		钞	119	钿	221	铝	680	锓	622	锜	827
钅(金)部		钟	1433		1054	锦	224	锛	492	锛	47
金	535	钠	747	钾	493	铟	1308	铸	1449	鍊	616
一至二画		钢	330	铀	1332	铛	127	链	648	錢	841

鋼	330	鍉	443	鎵	492	鐟	922		1358	和	407
	331	錙	107	鎔	897	锴	820	鑲	1178		414
锝	206	锹	848	镔	71	锗	622	鑼	765		429
锞	592	锻	243	镑	32	镦	248	鑵	375		461
锡	1150	鍐	1015	镐	334	錫	1037	鑶	169		465
铟	365	锽	448		407	镫	209	鑼	687	秈	1163
锣	687	鎚	158	镒	1305	鐵	813	鑽	1482	秉	73
鍋	384	锵	845	十一画		镉	573		1483	季	485
锟	609	镣	2	锗	1461	锱	845	钁	1039	委	1110
锤	158	镀	242	鏗	593		847	钂	573		1117
锥	1458	镁	708	镖	67	十三画		矢部		四画	
锦	539	镂	675	鏤	675	镭	629			秕	53
钦	1165	镃	1465	鐘	1037	鐵	1061	矢	967	秒	722
锁	1427	镄	288		1038	镬	467	矣	1299	香	1177
锬	1034	锔	706	锼	700	鐺	127	知	1414	种	140
锭	230	十画		锎	50		198	矩	563		1435
锫	790	鎝	765	徹	805	鐸	252	矧	946		1435
铆	619	鏵	436	镜	553	镯	1462	矫	518	秭	1467
锩	568	镆	737	镐	210	镱	1307	短	242	科	587
键	507	镇	1403		211	镰	647	矬	172	秔	550
锯	562	镉	340	锉	113	镲	1225	矮	3	烁	868
	566	鎴	771	锖	1324	十四画		雉	1429	秋	868
锰	713	镈	79	镇	1480	鏽	1449	疑	1296	五画	
録	678	镋	1039	镳	1236	鑑	507	矯	518	秤	133
锱	1466	鎧	581	鐯	845	鐔	71	赠	1377	秦	855
九画		鎗	844	镠	671	镲	109	矮	1357	秣	736
锶	852	锋	744	十二画		镴	606	禾部		秫	988
錬	648	鍛	916	镜	752	十五画				乘	132
	648	鍯	568	镣	656	以上		禾	407		956
鍼	1398	镍	766	鐘	573	鐒	39	二至三画		租	1479
锴	176	鎢	1131	镁	819	鍱	1003	利	641	积	471
错	581	镏	668	镩	568	鐨	1427	秃	1079	盉	408
锶	1007		672	镧	677	鑲	67	秀	1225	秧	1264
锡	1266	镰	647	镨	169	鑺	614	私	1004	秩	1426
锷	256	鎬	922	鐘	1433	鑸	677	秆	325	称	126
錘	1433	鐯	1158	鋼	617	鑰	1275	季	761		127

〔74〕禾白瓜用鸟（鳥）

	133	九至十画		虋	1087	緐	718	鸤	956	鵋	515
秘	56	稞	775	穏	1126	皠	407	鸦	1248	鹟	78
	716	楷	523	穦	680	皭	407	鸧	959	鹏	633
六至七画		稱	126	穌	407	樂	627	鸥	776	鹃	568
秸	523		127	稻	1042		1358	鸰	101	鸽	1346
稆	680	種	1435	穰	884	皤	813	鸱	37	鸪	363
秒	458		1435	**白部**		**瓜部**		鸮	1402		431
桃	1041	稳	1126					鸱	570	鹅	254
移	1294	穀	361	白	18	瓜	366	五画		鸷	254
稊	252	积	1402	一至八画		瓞	226	莺	1318	鹇	1167
秾	771	稽	473	百	21	瓠	433	鸹	359	鸹	1045
梗	550	稷	488	百	77	瓢	804	鸺	232	八画
稛	473	稻	205	皁	1373	瓣	30	鸻	676	鹊	548
稍	931	黎	635	皂	1373	瓤	884	鸭	1248	鹧	1141
	934	稼	494	皃	705	**用部**		鸯	1186	鹊	881
程	325	稿	334	帛	77			鸳	1265	鹩	722
程	131	棠	334	的	206	用	1326	鸽	661	鹚	232
稃	304	十一画			211	甬	678	鸳	1349	鸦	1248
稀	1147	以上			216	甩	995	鸥	134	鹎	8
黍	990	积	471	皇	447	甫	309	鸸	873	鹏	609
税	1000	稿	914	皆	523	甬	1325	鸲	149	鹏	793
稂	620	穆	743	泉	877	甭	50	鸵	1093	鹏	223
八画		穌	488	皈	381	甮	302	鸶	1238	鸰	839
稄	631	穅	584	皋	331	**鸟(鳥)部**		鸷	1006	鸦	1349
	664	穈	574	皑	3			六至七画		鹑	160
植	1415		882	皎	518	鸟	223	鹀	1428	鹓	344
稞	587	穄	100	皕	57		764	鸻	258	鹚	1017
稔	892	穗	1023	皓	407	鳥	223	鹋	656	九画
稚	1429	黏	762	皖	1102		764	鸽	337	鹋	430
稗	24	穉	1429	晳	1148	二至四画		鸫	367	鹅	138
稠	143	穚	914	九画以上		鸠	555	鸺	1222	鹎	562
颍	1320	稷	466	魄	78	凫	306	鹈	1437	鹍	413
穌	1016	穙	458		814	鸡	470	偙	417	鹍	256
稻	32	穠	771		1094	鸢	1349	鸿	421	鹐	362
稟	73	馥	316	皝	450	鸣	730	鹀	1263		431
穇	100	穧	775	皚	3	鳳	302	鸾	682	鹜	868

鸟（鳥）疒立 [75]

鹙	1359	鷽	444	疔	483	瘖	1144	瘟	1123	瘫	26
鹚	162	鸒	1238	疤	15	痞	799	瘌	1348	瘵	653
鹛	609	鹳	1149	五画		痙	552	瘦	984	瘅	196
鹜	1144	鹮	1383	症	1405	痤	172	瘊	423	癌	3
鹏	706	鹰	1318		1411	痢	642	瘖	1310	痨	622
十画		鹱	1017	疳	325	痪	445	瘞	111	痫	1167
縠	599	鹚	799	疴	587	痧	917	瘘	675	癞	616
鹝	1263	鸒	1318	病	74	痛	1167	瘙	914	瘼	642
鹞	1275	鸒	1359	疳	921	痛	1073	瘕	494	瘥	1348
鸡	470	鹲	676	疸	194	痿	1019	瘼	737	瘌	522
鹪	101	鹯	997	疽	560	八画		瘥	1307	癔	1307
鹬	1128	鹳	375	疹	1401	瘂	1250	瘛	138	癜	222
鹟	1045	鹭	682	疾	479	痳	692	瘰	373	癖	799
鹡	149	鹇	633	痄	1380	瘆	1442	瘡	155	十四画	
鹚	1305	疒部		疼	1044	痱	289	瘢	69	以上	
鹣	499			痈	1324	痹	57		70	癟	69
鹤	414	二至四画		疱	789	痼	365	瘤	668		70
鸳	1318	疗	227	痊	1448	痴	57	瘢	26	癣	1236
鹠	479	疖	522	痖	1234	痴	134	瘠	479	癡	134
十一画		疠	653	疲	797	痿	1118	瘫	1033	癥	1405
以上		疬	642	痉	552	瘐	1345	十一至		癢	1269
鹙	1428	疝	774	痈	289	痒	170	十三画		癫	218
鹚	776	疕	1273	痂	489	瘀	1338	瘰	67	癅	639
鹫	1292	疟	922	六至七画		痰	1034	癀	449	癟	1315
鸎	1318	疙	336	痔	1428	痷	196	瘦	675	癯	873
鹂	1398	疚	558	痦	1250	瘆	946	癐	688	癱	1324
鹥	1463	疡	1266	痛	1118	九至十画		癭	1321	瘫	1033
鹭	672	疣	1330	痍	1293	瘁	1307	疗	1381	立部	
鹫	1264	疠	639	疵	161	痨	177	癍	1477		
鹪	654	疥	533	痤	877		188	瘡	1389	立	639
鹨	517	疯	299	痍	525	瘦	138	瘩	142	三至六画	
鹙	560	疯	1477	痒	1269		1429	癓	675	妾	852
鹏	1167	疮	155	痕	416	瘌	614	癥	1315	竑	422
鹲	1349	疡	1144	痣	1426	瘪	774	癎	880	亲	854
鹭	1006	疫	1303	痨	622		1273	癖	673		866
鹭	679	疢	126	痘	237	瘍	1266	瘆	946	竖	992

〔76〕立穴衤疋（疋）皮矛

飒	907	穿	153	窻	155	裆	198	複	314	襪	191
站	1385	突	1079	窿	673	袷	492	褛	37	襄	884
竞	552	窀	1460	窾	605		835	褛	681	襆	1397
竚	1446	窆	62	窾	851	袼	336	褊	62	襻	785
竝	74	窍	851	鼠	169	袱	306	褪	1089	疋（疋）部	
章	1386	窅	1273	竄	1373	祍	894		1090		
竟	553	窄	1381	竇	237	袢	609	褘	451	疋	798
翊	1304	窊	224	竊	852	根	593	褥	903	胥	1226
翌	1304	窈	1273	衤部		補	80	褐	1028	疍	195
七画以上		室	1425			裎	993	襤	617	蛋	196
竦	1013	窕	1059	二至五画		袷	492	襯	136	疎	987
童	1072	窑	1271	补	80	裙	645	褵	634	疏	987
竣	575	窓	155	初	148	裎	131	襦	535	楚	151
竢	1011	七画以上		衬	126	裡	636	襁	748	疐	1429
靖	553	窜	169	衫	920	裕	1346	十一画以上		疑	1296
竪	992	窝	1128	衩	109	袷	647			皮部	
意	1305	窖	522		109	裤	601	褸	681		
竭	530	窗	155	袆	451	裥	502	褶	1397	皮	796
端	242	窘	554	衲	747	裙	881	襆	306	皱	1439
競	552	窥	607	衿	535	裱	68		309	皰	789
贑	329	窠	237	衽	894	褂	368	襟	1364	颇	813
赣	329	窠	587	袄	11	褚	151	襖	11	皲	574
穴部		窩	1128	袛	1420	梢	593	襪	1023	皴	171
		窒	1016	袂	709	裸	688	襴	617	皺	1439
穴	1237	窟	600	袜	1096	裼	1049	襥	78	皻	1379
一至六画		窬	1342	袪	872		1150	禳	847	矛部	
宄	1095	窪	1095	袒	1035	裨	57	襟	537		
究	555	窨	1241	袖	1225		798	襠	198	矛	703
穷	866		1316	袗	1401	褫	251	襝	647	柔	898
空	593	窶	567	袢	784	裾	561	襜	111	矜	373
	596	窯	1271	袍	787	九至十画		襦	901		535
帘	645	窮	866	被	46	褡	176	襪	1096		855
穸	1145	窳	1345	袯	78	褙	45	襤	617	務	1143
穹	867	窯	1271	六至八画		褐	414	襪	976	矞	1349
窄	550	窶	567	袴	601	褙	608	襬	22	稨	855
窃	852	窸	1149	袺	529	褕	1342	襯	126	蟊	703

耒部		耳部		聰	165	页(頁)部		颖	1320	顬	849
				聋	1013			颏	587	颧	630
耒	629	耳	259	聯	645	页	1278	颈	257	十三画	
籽	1467	二画		聶	765	頁	1278	頭	1075	以上	
耕	344	耵	227	職	1418	二至三画			1075	颤	114
耘	1360	取	873	聹	766	顶	228	颐	1294		1386
耖	121	耶	1275	聽	1062	顷	865	颊	492	颥	901
耗	406		1276	聱	673	项	1181	頸	550	顯	1168
耙	17	四画		臣部		预	395	频	806	颦	806
	778	耻	136			顺	1000	领	399	颠	676
耜	1011	聃	194	臣	123	须	1226	颓	1087	颢	765
耠	461	耸	1013	卧	1129	四画		颖	1320	颤	878
耥	626	耻	136	臥	1129	顾	365	八至九画		籥	1345
耦	150	耽	194	竖	992	顽	1101	颡	823	虍部	
耨	1039	耿	345	臧	1370	顿	240	颗	587		
耬	777	聂	765	豎	992		249	颔	170	虎	431
耧	674	聊	1477	臨	658	颁	25	颠	583	虏	677
耩	511	五至十画		孼	618	颂	1013	题	1047	虐	774
耪	771	聋	673	盤	1257	顸	825	颙	1325	虒	1007
耮	786	职	1418	西(西)部		颃	401	顯	907	虓	1186
耧	674	聘	194			烦	271	颚	256	虔	841
耢	626	聆	661	西	1145	预	1347	额	255	虑	682
耰	1329	聊	653	要	1270	五至七画		颜	1258	虛	1226
耀	17	聍	766		1274	硕	1004	颟	1452	處	150
耲	441	聒	384	栗	643	颅	677	十至			151
耱	738	联	645	票	804	领	664	十二画		虚	150
老部		聖	954	罩	855	颈	550	颟	765		151
		聘	807		1034	颇	813	颠	697	彪	67
老	623	聝	387	勡	302	颊	492	颠	217	虞	1342
考	585	聚	566	粟	1018	颌	529	愿	1356	號	402
耆	827	聪	608	覆	316		1198	颣	630		405
耄	704	聪	165	覇	18	颌	338	颜	911	虜	677
耋	226	聱	11	覈	412		411	颢	697	慮	682
		十一画		覉	474	颊	310	颞	1208	膚	304
		以上				颌	1118	颟	407	虢	387
		聲	951			颐	1066	顧	365	盧	676

〔78〕虍虫

| 虙 | 607 | 蚝 | 402 | 蜓 | 1063 | 婕 | 266 | 螙 | 711 | 蟋 | 1150 |
| 甝 | 1262 | 蚪 | 236 | 蛛 | 1441 | 蛾 | 1347 | 蝽 | 1333 | 螽 | 1434 |

虫部

		蚊	1126	蛞	610	蜂	31	蝙	61	蟓	1183
		蚩	134	蜒	1254	蝇	1320	螏	870	蛋	1398
虫	140	蚓	1314	蛇	1380	蜇	286		1333	蟑	1387

一至三画

		五画		蛴	824		288	蝼	675	蜂	996
虬	870	萤	1319	蛟	515	螺	387	蛰	703	螎	703
虮	481	蚶	395	蛮	697	蛔	384	蝦	1156	**十二画**	
虯	870	蛄	359	蛘	1267	蜴	1304	**十画**		蟯	752
虱	960	蛎	639	蚌	739	蜗	1129	鳌	11	蟢	1154
虾	1156	蛊	362	**七画**		蜘	1415	螨	698	蟛	793
虹	421	蛆	872	蚕	1395	蜩	1058	蟒	701	蟪	459
	512	蚰	1332		1396	蜚	287	蟆	692	蟬	1312
虺	455	蛃	883	蜃	947	蝉	798	螓	855	蕫	111
蚤	111	蚺	493	蛺	492	蜿	1099	融	897	蟲	140
蚁	1299	蛉	661	蛸	932	蜷	878	蠡	242	蟫	112
虼	342	蚱	1380		1186	蝉	112	螈	1354	蟠	783
禹	1344	蚯	868	蜗	1129	螂	619	螳	1299	蟮	923
虷	711	蛇	935	蛸	1350	蜢	713	螅	1149	蟻	481
蚤	1372		1294	蜈	1138	**九画**		螄	1008	**十三画**	
蚂	691	蛙	1448	蜀	990	蝇	1261	螃	786	蟶	127
	694	蛋	196	蚜	307	蝠	309	螗	1037	蠔	713
	694	蛏	127	蛲	150	蝻	751	螟	731	蟆	467
蚍	935	蚴	1337	蛾	255	蝶	896	萤	1319	蠅	1320
四画		**六画**		蜊	634	蝴	430	**十一画**		蟴	1195
蚌	31	蛱	492	蜂	301	螋	901	螯	1396	蠋	1443
	50	蛙	1095	蛲	844	螓	226	螫	977	蟾	112
蚨	305	蛰	1396	蜕	1089	蝰	607	蟥	103	蟹	1201
蚘	455	蛩	752	蜋	619	蝎	1195	螺	804	蠏	1201
蚜	1249	蚩	867	蛹	1326	蝟	1121	蟥	449	蠃	688
蚍	798	蛭	1425	**八画**		蝱	960	蟎	698	蠊	647
蚕	99	蛳	1008	蜻	860	蝓	1342	蟒	1187	蟻	1299
蚬	1170	蛐	871	蜞	826	蝦	316	螻	675	**十四画**	
蚋	904	蛔	455	蜡	614	蝌	587	螳	1038	蠛	724
蚧	533	蛤	338		1380	螋	1015	螺	687	蠕	901
蚣	351		391	蜥	1148	蝗	448	蠋	384	蠣	639

蠹	407	罐	375	笨	49	筏	267	箎	136	篥	643
蟎	824	\multicolumn{2}{c	}{**舌部**}	笼	673	筝	1406	算	1019	筐	288
蠓	402				674	筆	53	筭	57	篮	617
蠊	896	舌	934	筐	176	\multicolumn{2}{c	}{**七画**}	箇	340	篡	169
\multicolumn{2}{c	}{**十五画**}	乱	682	笛	211	筹	143	笋	687	篷	56
\multicolumn{2}{c	}{**以上**}	舐	969	笙	951	筭	1019	劄	1379	遼	1374
蠢	160	舒	985	竿	1375	筘	1396	箪	158	逢	794
蠟	614	甜	1054		1486	筠	574	簇	308	筛	918
蠡	635	辞	162	符	308		1361	箔	77	篦	57
	637	舔	1055	笱	356	笹	976	管	373	篪	136
蠣	1187	舖	820	岑	661	筆	331	箜	595	篠	1192
蠧	301	舘	373	笠	641	笅	105	箄	193	簑	1024
蠱	362	\multicolumn{2}{c	}{**竹(⺮)部**}	筒	1011	笵	778	參	100	篙	334
蠲	568			第	215	筲	932	箒	1439	節	93
蠹	242	竹	1442	迭	60	筋	1449	箓	678	篱	634
螺	873	\multicolumn{2}{c	}{**二至四画**}	筈	1057	签	837	箫	1187	笫	905
蠻	697	竺	1442	笳	489	筱	1192	\multicolumn{2}{c	}{**九画**}	\multicolumn{2}{c	}{**十一画**}
蠶	99	竿	324	笞	134	筰	1486	篥	1278	筥	458
蠼	873	竽	1339	\multicolumn{2}{c	}{**六画**}	筼	373	篌	853	簌	1019
\multicolumn{2}{c	}{**缶部**}	笈	476	筐	605	筷	604	範	276	簧	449
		笆	136	等	208	策	105	箱	1177	簕	627
缶	303	笃	240		209	简	502	箴	1401	簍	675
缸	330	笄	472	策	105	筥	1073	篑	608	篾	724
缺	879	笆	57	筑	1449	節	522	答	1212	簃	1294
缽	76	笕	500	筘	599	\multicolumn{2}{c	}{**八画**}	篇	155	笕	235
缸	1381	笔	53	笔	56	箧	853	篁	448	簿	781
缾	813	笑	1192	筥	563	箐	866	篌	423	簖	245
罌	1318	笏	433	筒	1073	箦	1375	筅	1168	簦	599
罄	866	第	1467	筛	918	箸	1449	篇	801	簏	679
罅	1162	笊	1394	筌	877	箕	473	箭	508	簇	169
罇	375	笋	1023	答	175	箍	360	篓	675	篸	100
罇	1033	笆	15		176	箨	1094	篠	1294	篮	382
罇	1485	\multicolumn{2}{c	}{**五画**}	笼	1168	箱	841	纂	1454	\multicolumn{2}{c	}{**十二至**}
罍	628	笺	495	筵	1254	箺	905	\multicolumn{2}{c	}{**十画**}	\multicolumn{2}{c	}{**十三画**}
罏	1033	笡	814	筋	537	箋	495	篝	355	簠	310
罐	676	笮	866	筍	1023	篦	918	築	1449	簪	1368

[80] 竹（⺮）臼自血舟衣羊（⺷⺶）米

簞	222	籲	1345	舷	697	艨	712	裳	116		340
簟	193			艫	724	艢	846		931	羚	661
簰	781	**臼部**				艚	677	裴	790	羝	210
簦	208	臼	557	**舟部**		艤	1299	製	1426	羟	847
簛	1359	臾	1340	舟	1437	艦	504	褒	34	善	922
簸	80	兒	257	舡	154	艟	677	裝	554	羖	895
	80	舁	1341	舢	920	艫	677	寨	839	羡	1173
簫	1440	舀	107	舣	1299			褻	1200	翔	1179
籁	616	舂	1273	舰	504	**衣部**		裹	1178	**七画以上**	
簽	563	舂	140	舨	154	衣	1290	褰	34	羥	847
簽	837	舄	1156	舱	101		1302	襞	59	義	1299
簿	1258	舅	557	舨	27	**二至六画**		襲	1152	羨	1173
簿	93	舉	563	般	26	表	67	**羊（⺷⺶）部**		群	881
簾	645	擧	563	航	401	衰	170			羣	881
籥	1187	舊	557	舫	281		994			羧	1024
十四画以上				舸	340	衷	1433	羊	1266	羞	1379
		自部		舻	677	衾	855	**一至六画**		養	1268
籍	481	自	1467	舳	1443	袅	764	羌	844	羯	530
籌	143	臬	766	盘	782	袭	1152	差	106	羰	1037
籃	617	臭	144	舴	1375	袋	190		110	羱	1354
纂	1482		1225	舶	77	裒	1426		110	義	1151
藤	1045	息	1149	鸼	1438	袈	489		161	羹	344
籪	1094	皇	331	船	154	裘	705	美	707	羶	921
籧	873	皋	1484	舵	252	裁	96	羑	1337	羸	629
籙	678	鼻	51	舷	1167	裵	1200	养	1268	**米部**	
籠	673	魃	773	舾	1146	裂	656	姜	509		
	674			艇	1066		657	羖	362	米	716
籛	1320	**血部**		艄	932	衷	817	羔	334	**二至六画**	
籥	1359	血	1198	艅	1340	装	1455	羞	1269	籴	211
籤	837		1239	艋	713	**七画以上**		羞	1224	类	630
簿	60	衄	1230	艘	1015	裱	870	粘	362	籼	1163
籟	245	衁	773	艎	448	裏	636	着	1391	娄	674
籬	634	衊	789	盘	782	裔	1302		1391	粃	941
籭	687	衄	773	艙	101	裟	917		1398	籽	1467
籩	1320	衃	1210	艚	103	装	1455		1463	秕	53
籫	1359	衆	1436	艟	140	裹	387	盖	321	籹	716

米艮（⻊）羽糸麦（麥）走赤豆〔81〕

粉	294	楷	1368	艱	498	翳	1304	緐	271	赶	325
料	655	糙	162	**羽部**		翼	1304	縈	866	赸	922
粑	15	糅	898			翹	849	縣	718	起	829
粝	639	糈	1229	羽	1343		851	縣	1171		830
粘	762	糙	102	**三至八画**		翻	269	縈	1320	越	1358
	1382	糇	870	羿	1304	翱	11	縶	1417	趄	560
粗	167	糕	334	翂	138	翻	1233	縈	1292		853
粕	814	糖	1037	翅	138	翻	459	縣	1272	趁	126
粒	641	**十一画**		翃	422	耀	1275		1333	趋	872
粟	1060	**以上**		翀	422	耀	211	繁	271	超	119
粪	295	糟	1371	翎	140	耀	1060		813	**六画以上**	
粟	1018	糞	295	翁	1128	**糸部**		纇	630	趔	657
粞	1146	糠	512	翎	661			繫	485	趑	1465
粬	871	糠	584	習	1151	**一画**			1155	趙	1394
粤	1359	糝	910	翊	1304	系	1155	繭	500	趕	325
粢	659		941	翌	1304	**四至七画**		纂	1482	趣	875
粱	1465	糧	649	翘	849	素	1017	纍	628	趟	1039
粧	1455	糶	630		851	索	1025		628	趨	872
粥	1439	糧	512	翔	459	紮	1364	纛	205	趨	1050
七至十画		糯	775	翕	1150		1378	籲	682	趱	1369
粳	550	櫚	1083	翔	1179	紧	538	**麦(麥)部**		**赤部**	
粲	100	糯	639	翚	451	亲	1126				
粱	650	糵	766	翛	1187	紫	1320	麦	696	赤	137
粮	649	糴	211	翥	1449	紫	1364	麥	696	郝	405
精	548	糶	1349	翡	288		1378	麸	304	赦	938
粼	659	糵	766	翟	212	絜	628	麹	719	赧	751
粽	1477	糶	1060		1381		629	麺	871	桢	127
粹	170	**艮(⻊)部**		翠	170		630	䅮	304	赫	414
糁	910			**九画以上**		絜	529	麵	719	赪	127
	941	艮	343	翫	1100		1198	**走部**		赭	1397
楂	109		343	翦	502	紫	1417			穚	1037
糊	429	良	649	翩	801	紫	1467	走	1477	**豆部**	
	430	即	477	翻	414	絮	1231	**二至五画**			
	433	艰	498	翰	399	**八画以上**		赴	312	豆	237
糇	1477	既	486	翱	11	綦	826	赵	1394	刉	674
糠	423	暨	486	翯	414	緊	538	赳	555	豇	508

豈	828	酮	1072	醚	715	**豕部**		**足(⻊)部**		踦	97
豉	136	酰	1165	醋	1229					跨	602
登	207	酪	731	醢	394	豕	967	足	1479	跷	848
喑	111	酩	626	醵	1037	象	1084	**二至四画**		跸	56
竖	992	酯	1423	醨	634	豗	451	趴	778	趾	161
豌	1099	酢	143	**十一画**		象	1182	趸	249		163
頭	1075	酱	512	**以上**		豢	446	趵	40	跐	1450
	1075	酬	143	醫	1292	豨	1148	趿	1027	跳	1059
豐	295	酵	522	醪	623	豪	402	趼	501	跻	1168
艳	1263	酽	1264	醬	512	豬	1441	跃	304	跰	1165
豔	1263	酾	918	醵	80	豵	1477	跂	825	路	679
酉部			961	醮	522	豮	294		834	跪	383
		酺	818	醯	1151	豭	492	距	565	跺	252
酉	1336	醒	131	醱	813	豫	1348	趾	1419	踩	252
二至五画		酎	630	醿	567	豳	71	跄	848	跤	512
酊	227	酴	1081	醴	637	燹	1170	跃	1359	跻	475
	228	酷	601	醑	143			跀	1358	跡	487
酋	870	酶	706	醵	1241	**卤部**		**五画**		跟	343
酐	324	酿	764	醺	1263	卤	677	跖	1419	**七至八画**	
酎	1439	酸	1019	醴	664	鹵	677	践	506	踅	1238
酌	1461	**八至十画**		釀	716	咸	1168	跋	16	踌	143
配	791	醋	169	釃	764	鹾	172	跕	220	踉	649
酝	1362	醃	1253	釅	918	鹺	172	跌	225		652
酞	1031	醌	609		961	鹼	501	跗	304	踊	1326
酚	293	醄	1041	釄	1264	盐	1257	跅	1094	踆	484
酗	1231	醇	789	**辰部**		硷	501	跊	643	踢	562
酞	703	醇	160						688	踏	481
酰	1402	醉	1484	辰	123	**里部**		跚	921	踐	506
酤	359	醁	678	辱	901	里	636	跑	787	踦	1299
酣	395	醅	1459	唇	159	厘	1157		787	踟	1037
酢	169	醛	877	脣	159	重	140	跎	1093	踡	289
	1489	醐	430	蜃	947		1436	跏	489	跋	169
酥	1016	醍	1047	農	769	野	1277	跛	79	踔	160
酡	1093	醒	1216	燚	769	量	650	**六画**		踝	441
酸	813	醌	1362				652	跬	608	踢	1045
六至七画		醐	144			釐	633	跫	867	踏	1027

			1028	躙	672		249	軀	871	貐	1345	訾	1396
踩	97	蹇	503	蹭	106	軃	252	獏	737	詈	643
踟	136	蹟	480	蹬	208	**采部**		貔	798	詧	1465
踒	1129	蹤	763		209			貛	442		1467
踬	1427	**十一画**		**十三画**		悉	1149	**角部**		詹	1382
踪	1474	蹟	487	**以上**		番	268			詧	109
踣	79	蹟	150	躁	1374		782	角	517	誉	1349
跕	220	蹣	784	蹰	1443	釉	1337		570	誊	1044
踘	1419	蹵	169	蹼	59	释	976	觔	535	誓	976
踦	878	蹔	1369	蹕	59	釋	976		537	警	11
踞	566	蹚	1037	蹿	143	**谷部**		斛	430	謄	1044
九至十画		蹩	70	躪	660			觖	570	謦	866
舂	155	蹦	50	躋	475	谷	361	筋	924	警	551
踝	226	蹤	1474	躅	1419		1346	觚	360	譽	1349
踒	109	蹢	212	躍	1359	卻	880	觗	213	譬	799
踵	1096		1419	遜	1165	卻	1156	觥	352	讀	1438
踹	152	蹠	1419	躓	1427	欲	1346	觜	1465	譻	1396
踰	1342	蹕	995	蹠	643	鵠	1346		1483	讐	142
	1342	蹟	848		688	豁	461	触	152		144
踵	1435	**十二画**		蹰	150		467	觧	530	讖	240
踽	564	蹺	848	躘	657	豀	1149		535	**辛部**	
蹄	1047	蹇	249	躦	1482	**豸部**		解	530		
踱	252	蹽	653	躞	1201				535	辛	1205
蹉	172	蹶	572	躟	169	豸	1426		1200	辜	359
蹁	802		573	躧	765	豺	111	觫	1018	辞	162
蹐	1326	蹚	572	**身部**		豹	40	觮	1430	辟	58
踩	898	蹴	150			貂	223	觱	59		799
蹊	765	蹼	820	身	939	貊	736	觳	431	辣	613
蹒	784	蹯	271	射	937	貆	443	觸	924	辧	162
蹕	56	蹻	569	躬	348	猰	1222	觶	1430	辨	64
蹋	1029		848	躯	871	貉	402	觸	152	辩	65
蹈	202	蹲	169	躭	194		413	**言部**		辦	27
蹌	848	蹬	249	躳	348	貌	705			辫	66
蹂	823	蹴	169	躲	252	貓	701	言	1255	瓣	30
	1149	蹙	169	躱	252		703	訇	420	辯	66
躇	1047	蹲	171	躺	1039	貘	1251	這	868	辯	65

[84] 辛青其雨(☶)齿(齒)黾(黽)隹金鱼(魚)

辭	162	雰	785	霹	796	黿	1351	雊	607	鱉	1372
青部		雷	628	霾	695	鼂	120	瞿	873	**鱼(魚)部**	
		電	220	霽	486	鼇	11	雛	149		
青	856	零	661	靆	191	鼈	69	雞	470	鱼	1340
靓	553	雹	34	靉	5	鼉	1093	雙	996	魚	1340
	652	雾	1143	靂	639	鼉	1093	雜	1364	**二至七画**	
鹡	548	需	1228	靈	662			雛	142	魛	200
靖	553	霆	1064	**齿(齒)部**		**隹部**			144	魟	421
静	553	霁	486					離	633	鱿	1330
靘	222	震	1403	齿	136	隹	1458	雕	1324	鈍	1090
靜	553	霄	1186	齒	136	**二至六画**		雞	749	鲁	677
其部		霉	706	齔	126	隼	1023		751	鲂	281
		需	790	啮	766	隽	568	耀	1275	鲅	18
其	472	霄	1380	龁	411		574	耀	211	鲆	812
	825	霈	741	龂	1312	隻	1415	耀	1060	鲇	763
甚	942	**八至**		龃	563	难	749	**金部**		鲈	677
	946	**十二画**		龄	662		751			鲊	1379
基	472	霖	658	齣	144	售	984	金	535	稣	1016
萁	826	霍	286	鲍	34	集	480	釜	1312	鲋	313
斯	1007	霍	467	韶	1057	雅	1250	蓥	1320	鲌	18
期	822	霓	759	醫	766	雁	1263	鉴	507		77
欺	823	霜	1382	齟	1465	雄	1220	鉴	682	鲍	40
綦	826	霎	918	鲛	1273	雀	848	銎	785	鲫	1316
魦	1170	霜	997	龈	592		850	銮	1361	鲎	427
雨(☶)部		霹	697		1312		881	銮	1144	鲛	384
		霞	1158	齬	1345	雋	568	鏊	1369	鲅	798
雨	1343	雷	671	龇	160	焦	516	鏊	848	鲐	1030
	1346	霪	1311	齭	256	雇	366	鋆	739	鲑	380
三至七画		霭	3	齲	875	雎	560	鏊	12	鲒	529
雩	1342	霧	1143	齷	1130	雉	1429	鏖	671	鲔	1118
雪	1239	霰	1173	齠	1273	雏	149	鎏	1320	鲖	1072
雲	1359	**十三画**		**黾(黽)部**		雍	1324	鏖	11	鲡	1376
雱	639	**以上**				雌	162	鏖	46	鲚	603
雰	293	霸	18	黾	725	雒	690	鉴	507	鲕	426
	293	露	676	黽	725	**八画以上**		鑫	1208	鲛	515
雯	1126		679	黾	1351	雕	223	鑾	682	鲜	1165
						雠	1020				

鱼（魚）革骨鬼食

	1170	鳃	907	鳝	923	鞏	352	髒	500	魁	608
鲛	7	鲲	1047	鳟	1485	鞑	176	**骨部**		魅	709
鲚	486	鲳	1123	鳞	659	鞍	8			魃	16
羞	1379	鳄	256	鲟	1243	鞌	8	骨	360	魆	1228
鲞	1180	鲮	316	鳢	637	鞒	849		362	魄	78
鲟	1243	鳅	868	鳟	603	**七至八画**		骭	329		814
鲴	633	鳇	448	鲦	427	鞓	1063	骰	1078		1094
鲤	345	鳎	61	鳝	1383	鞘	851	骯	10	魇	1259
鲢	645	鳏	877	鲭	486		932	骷	600	魉	651
鲨	98	鳐	868	鳢	256	鞍	614	骶	213	魍	1186
鲣	497	鳊	61	鲈	677	鞔	931	骺	362	魋	1347
鲥	964	鲢	446	鳓	633	鞠	562		430	魑	651
鲤	637	鳌	11	**革部**		鞞	74	骼	339	魈	1106
鲦	1057	鳍	827			鞚	597	骸	423	魏	1122
鮸	719	鲥	964	革	338	鞬	499	骹	392	魔	135
鲧	384	鳂	1028		478	**九画**		髀	345	魇	734
鲨	917	鳎	373	**二至四画**		鞯	500	髁	587	魇	1259
鳇	446	鳐	1273	靪	227	鞲	413	髀	57	**食部**	
鲦	1047	鳞	1057	勒	627	鞍	257	髃	1341	食	966
鲫	486	鳑	786		628	鞦	868	骼	835		1011
八至十画		鳒	499	靰	1142	鞫	562	髅	675	飡	98
鲭	860	**十一画**		靫	907	鞭	61	髋	605	飧	1023
鲮	664	**以上**		靭	892	鞘	868	髌	71	飨	1179
鲯	826	鳕	1239	靴	1237	鞣	898	髏	675	殂	1023
鳓	1477	鳖	497	靳	543	**十画**		髎	654	餍	1262
鲲	609	鳔	69	靶	14	鞲	355	髓	1022	餐	162
鲳	114	鳚	627	**五画**		韂	1237	髒	1370	餐	98
鲱	286	鳗	697	鞅	736	鞴	46	髑	240	餮	1062
鲶	763	鳖	726	鞋	176	鞵	1198	體	1045	饗	1179
鲷	223	鳙	1324	鞅	1265	鞴	1128		1047	饗	1324
鲵	759	鳝	584		1269	**十二画**		髋	71	饜	1262
鲞	1180	鳖	69	鞏	30	**以上**		髖	605	饕	1040
鲸	547	鳋	1151	鞍	46	鞴	849	**鬼部**			
鲻	1466	鳟	1243	勒	1275	鞲	176				
鳇	159	鳜	383	**六画**		韁	509	鬼	382		
鲽	226	鳢	923	鞋	1198	韃	114	魂	460		

〔86〕音鬥彡麻鹿黑鼠

音部

音	1310
韵	1363
歆	1208
韶	932
韻	1363
響	1179

鬥部

鬥	236
閗	236
鬧	753
鬨	423
鬩	1156
鬪	236
鬮	555

彡部

髟	609
髡	609
髢	211
髣	1222
髦	703
髯	281

髮	268
髴	883
髹	305
髻	1057
鬄	488
髭	1465
鬆	1222
鬈	1450
鬎	642
鬃	1049
鬆	1012
鬍	793
鬒	1475
鬐	878
鬎	614
鬚	429
鬆	555
鬠	827
鬢	1402
鬣	71
鬟	697
鬢	1226
鬢	444
鬣	71
鬣	657

麻部

麻	691
	691
麽	705
	733
麾	451
摩	691
	733
磨	734
	738
麻	707
	715
糜	716
靡	716
	716
魔	734
糜	707

鹿部

鹿	678
麀	481
麇	1329
麂	167
麙	304

塵	123
麃	787
麈	574
	882
麈	1446
麋	716
麿	660
麗	633
	641
麒	826
麓	679
麝	574
	882
麑	759
麈	11
麝	937
麋	1387
麟	660
麤	167

黑部

黑	414
墨	737
默	738
黔	839

點	218
黛	190
黝	1337
黜	151
點	1158
黧	1259
黟	1292
儵	987
黢	872
黱	240
黨	198
黧	635
黥	863
黯	1035
黯	10
黰	1402
徽	706
黵	1259
黵	1383
黷	240

鼠部

鼠	990
鼢	293
鼦	962

鼢	16
鼬	1337
鼩	873
鼯	223
鼧	1093
鼯	1138
鼱	548
鼯	1262
鼴	1262
鼷	1149

鼻部

鼻	51
劓	1307
鼾	395
齇	773
齁	423
齆	1128
齈	1379
齉	752

A

ā (ㄚ)

阿 ā 〈方〉前缀。后接单音节成分构成名词。(1)加在排行、名、小名或姓之前,含亲昵意味：～二|～牛。(2)加在上辈或同辈亲属的称谓之前：～姨|～哥。

另见·a(啊)、ē。

【阿昌族】āchāngzú 名。我国的一个少数民族,分布在云南省。

【阿斗】ādǒu 名。三国时蜀汉后主刘禅的小名。阿斗为人庸碌。后用来借指懦弱无能的人；常与"诸葛亮"对用：别把群众看成～,把自己当作诸葛亮。

【阿飞】āfēi 名。指品行不正、举止轻狂的青少年。

【阿訇】āhōng 名。音译词。伊斯兰教主持教仪、讲授经典的人。在我国是伊斯兰教宗教职业者的通称。

【阿拉伯人】ālābórén 名。"阿拉伯",音译词。"阿拉伯人"泛指亚洲西南部和非洲北部讲阿拉伯语的居民,约一亿多人。原住阿拉伯半岛,多信奉伊斯兰教。

【阿拉伯数字】ālābó shùzì 词组。十二世纪由阿拉伯传入欧洲,现为国际通用的数码,即 0,1,2,3,4,5,6,7,8,9。也叫阿拉伯数码。

【阿门】āmén 音译词。犹太教徒、基督教徒祈祷结束时的常用语,意即"但愿如此"。

【阿片】āpiàn 名。从尚未成熟的罂粟里取出的乳汁,干燥后变成的淡黄色或棕色固体,味苦。可入药,有止泻、镇痛和止咳作用。也是一种吸服的毒品,常用成瘾。俗称大烟、鸦片,也叫阿芙蓉。

【阿Q】āqiū 又读ākiū 名。鲁迅小说《阿Q正传》中的主人公。不敢正视自己所受的屈辱,用假想胜利的方法把自己说成是"胜利者",以自我安慰。是"精神胜利法"的典型。现在常用来比喻有精神胜利法的人。

【阿姨】āyí 名。(1)儿童称呼与母亲同辈的无亲属关系的妇女：李～。(2)对保育员或保姆的称呼。(3)〈方〉姨母。

啊(呵) ā 叹。表示惊异和赞叹：～,这里又盖了两幢大楼!

另见á、ǎ、à、·a。"呵"另见hē。

锕 ā 名。一种放射性金属元素,由铀衰变而成。符号Ac。

腌 [腌臢](-zā)〈方〉形。(1)脏,不干净：这东西太～。(2)心里别扭：今天老觉得心里～。

另见yān。

á (ㄚˊ)

啊(呵、嗄) á 叹。表示追问：～? 你究竟说的是什么?

另见ā、ǎ、à、·a。"呵"另见hē。"嗄"另见shà。

ǎ (ㄚˇ)

啊(呵) ǎ 叹。表示惊疑：～? 这是怎么回事?

另见ā、á、à、·a。"呵"另见hē。

à (ㄚˋ)

啊(呵) à 叹。(1)表示应诺；音较短：～,那就这样吧。(2)表示醒悟；音较长：～,是这么回事! (3)表示赞叹；常用于抒情,音较长：～,我的祖国!

另见ā、á、ǎ、·a。"呵"另见hē。

·a (·ㄚ)

啊(阿、呵) ·a 助。(1)用在句末表示赞叹等语气：多蓝的天～! (2)用在句末表示肯定、催促、嘱咐等语气：他说得对～!|快

走～！|这次可要小心～！(3)用在句末表示疑问的语气：你买不买～？(4)用在句中将前后两部分隔开，并稍作停顿，以引起别人对下文的注意：咱们班长～，心眼好着哪！(5)用在被列举的事项之后：收录机～，电视机，电冰箱～，他哪样没有？注意：助词"啊"常因前面字音不同而发生音变。前字的韵母或韵尾是a,e,i,o,ü时念ia，也可写作"呀"。前字的韵母或韵尾是u,ao,ou时，念作ua，也可写作"哇"。韵尾是n或ng时，念na或nga，也可写作"哪"。

另见 ā,á,ǎ,à。"阿"另见 ā,ē。"呵"另见 hē。

āi (ㄞ)

哎(嗳) āi 叹。(1)表示惊讶或不满意：～！想不到出了这种事！(2)表示提醒：～，你们看，谁来了？
"嗳"另见 ǎi,ài。

【哎呀】āiyā 叹。(1)表示惊讶；常用上升的调子：～！我的手表不见了。(2)表示埋怨、不耐烦；常用低而长的调子：～！你怎么还没吃完呀！

【哎哟】āiyō 叹。(1)表示惊讶；常用上升的调子：～！差点儿把这事儿忘了。(2)表示痛苦，常用拖长的声音，可重复：～！～！我的头好疼呀！

哀 āi 〈素〉(1)悲伤：～戚|悲～。(2)悼念：默～|志～。(3)怜悯：～怜|～矜。

【哀兵必胜】āi bīng bì shèng 成。《老子·六十九章》："抗兵相若，哀者胜矣。"意即兵力相当的两军对抗，受压迫而悲愤地奋起反抗的一方必然获胜。

【哀愁】āichóu 形。悲哀忧愁；指心情或表情。她很～|我不忍见到她那～的样子。

【哀悼】āidào 动。悲痛地追念死者；常带宾语：沉痛～死难烈士。可作宾语：对牺牲的战友表示深切的～。

【哀的美敦书】āidīměidūnshū 名。"哀的美敦"，音译词。"哀的美敦书"即最后通牒。

【哀告】āigào 动。苦苦相告；可带宾语：禾苗似乎在垂头丧气地～它的苦况。常与"说"合用：小菊～说："鸽子飞了，蛋也打了。"

【哀号】āiháo 动。悲哀地大声哭叫；通常指人，有时指动物，一般不带宾语：兄妹俩扑在死去的父亲身上～着|黄昏的坟地，只有枯树上的几只乌鸦在～。

【哀鸿遍野】āi hóng biàn yě 成。本指哀号的大雁到处都是。后比喻在黑暗的社会里，到处是流离失所的灾民：那年头～，饿死的人不计其数。

【哀矜】āijīn 〈书〉动。哀怜；多作定语：听了来人的哭诉，外祖母脸上显出～的神色。

【哀怜】āilián 动。对别人的不幸遭遇表示同情和怜悯；可带宾语：你应该～她，同情她。可加程度副词：对她的不幸，大家都很～。

【哀鸣】āimíng 动。悲哀地呼叫；不带宾语：乌鸦在枯树上～|敌机～着飞走了。可作宾语：母狼失去爱子，发出阵阵～。

【哀戚】āiqī 〈书〉形。悲伤。

【哀启】āiqǐ 名。旧时由死者亲属叙述死者生平及临终情况的文章，一般附在讣闻之后。

【哀求】āiqiú 动。苦苦请求；常带兼语或双宾语：俘虏～小战士放了他|我～你一件事儿。

【哀荣】āiróng 〈书〉名。指死后的荣誉。

【哀伤】āishāng 形。悲伤：失去一位这么好的同志，大家很～。

【哀思】āisī 名。对死者悲哀思念的感情：以此寄托我们的～。

【哀叹】āitàn 动。悲哀地叹息：噩耗传来，无不～。常带词组作宾语：～自己的命运不济。可作宾语：这次比赛失败，队员们发出阵阵～。

【哀痛】āitòng 形。非常悲伤：～极了|～欲绝|听说战友牺牲，大家都很～。

【哀怨】āiyuàn 形。受委屈而悲伤，怨恨：～不已。

【哀乐】āiyuè 名。专用于丧葬或追悼的悲哀的乐曲。

【哀子】āizǐ 〈书〉名。旧时指死了母亲的儿子。参见"孤哀子"。

锿 āi 名。一种人造放射性金属元素。符号Es。

āi (ㄞ)

埃 āi ❶量。一种计量微小事物的长度单位,一亿分之一厘米叫一埃。常用来表示光波的波长。❷〈素〉灰尘:尘～。

挨 āi ❶动。(1)靠;碰;常带宾语或补语:手～手│别～我│小妹的头～在妈妈的肩膀上。(2)靠近;常带宾语或补语,不单独作谓语:车站～着码头│他这个人脾气太怪,你可～不得。❷介。顺着:大家～次序进来│主任～家～户通知开会。

另见 ái。

【挨次】āicì 副。顺着次序:阿姨～给孩子们发糖。

【挨近】āijìn 动。靠近;常带宾语:～我一点。可拆开用:我家跟他家挨得很近。

唉 āi 叹。(1)应答声:～! 我来了。(2)叹息声;表示伤感或惋惜:～! 又没吃的了。

另见 ài。

【唉声叹气】āi shēng tàn qì 成。因伤感悲痛烦闷而发出叹息的声音:老爹～地说:"唉,今儿个买卖又亏了!"│他回到家里,只是～,一声不吭。

娭 āi [娭毑](-jiě)〈方〉名。(1)祖母。(2)尊称年老的妇女。

ái (ㄞˊ)

挨(捱) ái 动。(1)遭受,忍受;可带名词或动词作宾语:～皮鞭│～打│～饿。(2)艰难度日;常带补语:可以想象她的那些日子是怎样～过来的│就这样整整～了15年。(3)拖延;只跟"时间"搭配:～时间。

另见 āi。

騃 ái 〈素〉傻:痴～。

皑(皚) ái 〈素〉洁白:～～。

【皑皑】ái'ái〈书〉形。洁白的样子;多形容"雪、霜"等: 白雪～。

癌 ái 名。恶性肿瘤,多发生于胃肠道、肺、肝、子宫颈、乳腺、鼻咽等处,能通过淋巴管或血液转移到身体的其他部位。

ǎi (ㄞˇ)

毐 ǎi 人名用字。嫪(lào)～,战国时秦国人。

欸 ǎi [欸乃](-nǎi)〈书〉拟声。摹拟摇橹的声音:～一声山水绿。

另见 ê, ê, ê, ê。

嗳(嗳) ǎi 叹。表示不同意或否定:～,别那么说│～,不是这样做的。

另见 āi(哎), ài。

矮 ǎi 形。(1)高度小的:那人个子很～│河边有几棵～树。(2)等级、地位低;多用来表示学校中的年级差别:铁柱比姐姐～两级。

【矮墩墩】ǎidūndūn 形。身材矮而胖;多加助词"的",不加程度副词:厂长～的,50岁光景。

【矮小】ǎixiǎo 形。短而小:身材很～│～的茅屋。

蔼 ǎi 〈素〉和气。和～│～然。

【蔼然】ǎirán〈书〉形。和气,和善;多用在固定组合中:～可亲。

霭 ǎi 〈素〉云气:暮～│烟～。

ài (ㄞˋ)

艾 ài ❶名。多年生草本植物,叶子有香气,可入药,供针灸用。茎、叶点燃后能驱蚊、蝇。也叫艾蒿、蕲艾。❷〈素〉(1)停止:方兴未～。(2)漂亮,美好:少(shào)～(年轻漂亮的人)。❸姓。

另见 yì。

【艾滋病】àizībìng 名。"艾滋"音译。原译为"获得性免疫缺陷综合症"、"后天免疫失效症"。国外新发现的一种传染快、死亡率高的疾病,目前尚未找到治愈的方法。主要症状有:全身乏力,夜间盗汗,胃口变坏,拉稀,脖子、耳下、腋下等处的淋巴肿大,但无痛感,发烧,皮肤出现斑点、疹子或水疱等。也作爱滋病。

砹 ài 名。一种放射性元素。符号At。

唉 ài 叹。表示伤感和惋惜:～! 咱头上又添几根白发了! │～,这幅画竟被糟蹋成这个样子。
另见ǎi。

爱(愛) ài 动。可加程度副词。(1)对人或事物有深厚诚挚的感情;带名词或名词性词组作宾语:～人民|～我们的祖国。(2)喜好;可带名词或谓词作宾语:～音乐|～下棋|～干净。(3)爱惜,爱护;可带名词或名词性词组作宾语:～公物|～集体荣誉。(4)容易发生;可带动词作宾语:这孩子很～哭|铁～生锈。

【爱不释手】ài bù shì shǒu 成。释:放。喜爱得不得放手:小明第一次见到这种遥控小汽车,～。

【爱称】àichēng 名。对人或动物表示亲昵和喜爱的称呼。

【爱戴】àidài 动。敬爱并拥护;常带宾语:我们～自己的英明领袖。可作"受到、博得"等的宾语:我们校长受到全体同学的衷心～。

　　*"爱戴"和"爱护":"爱戴"的意思侧重在"拥戴",带有尊敬的感情色彩;"爱护"的意思侧重在"护",没有尊敬这种感情色彩。"爱戴"的对象只指人或组织,常用于领袖、英雄等受人尊敬的人;"爱护"的对象是人,也可以是物,如:爱护公共财物。

【爱抚】àifǔ 动。疼爱抚慰;没有否定式,常带宾语:～孩子。可作状语:奶奶～地吻了吻她的小脸蛋。

【爱国】àiguó 动。热爱自己的国家;不带宾语,可加程度副词:他很～。常作定语:～心|～青年。

【爱好】àihào 动。(1)对某种活动具有浓厚的兴趣并积极参加:～美术。可带词或动词性词组作宾语:～下棋|～搜集商标。(2)喜爱;常作定语:橱窗里陈列着人们～的各种商品。

　　*"爱好"和"嗜好":"爱好"泛指各种喜好,不含贬义;"嗜好"多指不良的习惯,常含贬义。"爱好"既可作动词,带宾语,也可作名词;"嗜好"只作名词。

【爱护】àihù 动。爱惜并保护;常带宾语,可加程度副词:～公共财物|非常～儿童。

　　*"爱护"和"爱惜":"爱护"侧重于"护",即不使受到损坏或伤害;"爱惜"侧重于"惜",即不糟蹋、不浪费。"爱护"的对象多是具体的人或物;"爱惜"的对象既可以指具体的事物,也可以指抽象的事物,如:爱惜光阴。

【爱克斯射线】àikèsī shèxiàn 词组。波长很短的电磁波,有很强的穿透能力。医学上用于透视、治疗等方面,工业上用于金属探伤。通常写作x射线。又叫伦琴射线、爱克斯光。

【爱怜】àilián 动。十分疼爱;对象常是儿童或小动物,可加程度副词:小华聪明伶俐,备受祖母～|她对这只小猫～。

【爱恋】àiliàn 动。热爱而难以分离;多指男女之间,一般不带宾语:他们彼此～着。可作定语:他给她的信充满～之情。

【爱面子】ài miànzi 习。怕损害自己的体面:老李特别～,什么事都不愿落在别人后面。

【爱莫能助】ài mò néng zhù 成。莫:不,没有谁。内心同情却又无力帮助:你的困难境况我都了解,可我是～啊!

【爱慕】àimù 动。因喜爱而追求;常带宾语或补语:～虚荣|他们彼此～已久。

【爱情】àiqíng 名。男女之间相爱的感情。

【爱人】àirén 名。(1)指丈夫或妻子;老年夫妇不大用。(2)指恋爱中男女的一方。

【爱人儿】àirénr 〈方〉形。逗人爱,讨喜;前面常加"多":瞧,这小熊猫多～!

【爱屋及乌】ài wū jí wū 成。爱某个人连带也喜欢停在他屋顶上的乌鸦。后比喻喜爱一个人而连带到喜爱与他有关的人或物:杨奶奶把孙子当作掌上明珠,就连孙子的旧玩具也宝贝似地藏着,真是～啊!

【爱惜】àixī 动。爱护珍惜,不糟蹋;常带宾语:～粮食|～光阴|～人才。可加程度副词:他对粮食很～。

【爱小】àixiǎo 形。喜欢贪图小利,占小便宜:这人挺～,好揩公家的油。

【爱滋病】àizībìng 见"艾滋病"。

嗳(嗳) ài 叹。表示悔恨、懊恼:～,早知今日,何必当初。
另见āi (哎), ǎi。

媛瑗叆暧嗌隘碍厂广安 ài-ān

媛(媛) ài 见"令媛"。

瑗(瑗) ài 地名用字。瑷珲,县名,在黑龙江省。今作爱辉。

叆(靉) ài [叆叇](-dài) 〈书〉形。云彩很厚的样子: 乌云密布,昏暗～。

暧(曖) ài 〈素〉日光昏暗。～昧。

【暧昧】àimèi 形。(1)含糊,不明朗,指态度、用意等: 对这个问题,他的态度比较～。(2)不光明,见不得人,常指行为: 他俩关系～。

嗌 ài 形。古书上指咽喉痛。
另见 yì。

隘 ài 〈素〉(1)狭窄: 狭～。(2)险要的地方: 关～|要～。

【隘口】àikǒu 名。狭隘的山口。

【隘路】àilù 名。狭窄而险要的通路。

碍(礙) ài 动。阻碍,妨害; 常带宾语: 别～了他的事。可加程度副词: 把地上的东西收拾一下,太～手脚了。

【碍口】àikǒu 动。不好意思说或不便说出口; 不带宾语: 这事儿～,我怎么也不好意思对她说。

【碍面子】ài miànzi 习。怕伤情面: 我～,没批评他。

【碍难】àinán 动。(1)〈书〉难于; 旧时公文套语: ～照办|～照准。(2)〈方〉为难: 您别叫他～吧。

【碍事】àishì ❶动。妨碍别人,使别人不方便; 不带宾语: 你站在这儿～,快走开! ❷形。要紧,多用于否定式: 这点儿伤不～。

【碍手碍脚】ài shǒu ài jiǎo 习。妨碍别人做事: 虎子站在这儿～的,快把他带走。

【碍眼】àiyǎn 〈口〉❶形。不顺眼; 鞋子放在门口挺～的。❷动。因有人在场而感到不方便; 不带宾语: 人家在说悄悄话,我们别站在这儿～了。

ān (ㄢ)

厂 ān 同"庵"; 多用于人名。
另见 chǎng。

广安 ān 同"庵"; 多用于人名。
另见 guǎng。

安 ān ❶动。(1)安装,设立; 常带语或补语: 这里早就～了一个哨卡|电话别～在这儿。(2)安插; 常带宾语或补语: 给你们～几个人|把这个名额～在无线电厂。(3)加上; 常带宾语: 不能随便给人～个什么罪名|一篇文章要～个好标题。(4)存着; 常与"心"搭配,多指不好的: 他没～好心。(5)使安定; 多指心情: ～下心来。❷〈古〉代。表示疑问。(1)哪里,用在动词前: 沛公～在? (2)怎么,用于反问句: ～能辨我是雄雌? ❸〈素〉(1)安定,感到满足: ～静|～乐业|心～理得。(2)安全,平安: 居～思危|转危为～。

【安步当车】ān bù dàng chē 成。慢慢步行,就当是乘车: 我每天上班都是走路,～,不多一会儿也到了。注意:"当"这里不读 dāng。

【安不忘危】ān bù wàng wēi 成。指在平安或顺利时不忘记危险和灾难,随时保持警惕: 要加强国防,～,这样我们才能立于不败之地。

【安插】ānchā 动。放在一定的位置上; 用于人员、故事情节或文章的词句: 他竟把亲信～在重要岗位上|对这次活动,文章中可以～一段评语。

【安厝】āncuò 动。埋葬前把灵柩临时停放在某处,也指浅埋以待改葬; 常带补语: 灵柩～在大厅的中央。

【安定】āndìng ❶形。平静安稳: 社会秩序很～|这几天她情绪～多了。❷动。使安定; 须带宾语: 现在首要的任务是～民心。

　　*"安定"和"安静":"安定"重在稳定,没有动乱,多指局势、社会秩序,也指人的情绪;"安静"重在没有声响,多指环境和心境。"安定"作动词时要带宾语,"安静"作动词时不带宾语。

【安堵】āndǔ 〈书〉动。安居不受骚扰: ～如故|～乐业。

【安顿】āndùn ❶动。把人或事物安排妥当; 常带补语: 把孩子～好|家具都～在小库房里了。❷形。(1)安稳; 多指人的生活和精神状态: 在那几年,我为谋

生而四处奔波,生活很不~|吃过药,病人才~了。(2)安分:挨了一顿批评,他才~下来。

【安分】ānfèn 形。规矩老实:~守己|这青年不~,常常见异思迁|吃过两次苦头,那孩子才~。

【安分守己】ānfèn shǒujǐ 成。规矩老实,守住本分:张师傅历来~,决不会做出这种违法的事。

【安抚】ānfǔ 动。安顿抚慰;常带宾语或补语:~伤员|~人心|~一下。可重叠:对她一家要好好~~。

【安家】ānjiā 动。(1)在某处安置家庭;多指迁居,不带宾语:到西北~落户。(2)结婚成家的委婉说法:你到现在还没~呀?

【安静】ānjìng ❶形。(1)没有声音,没有吵闹和喧哗;指环境:校园里~极了。(2)安稳、平静,指人的心境和状态:病人现在~了,你可重叠:没有风也没有浪,海上还是安安静静的|安安静静地躺着。❷动。不吵闹,不带宾语:请大家~。

【安居乐业】ān jū lè yè 成。安:安定;居:住处;乐:喜爱;业:职业。安定的生活,对所从事的工作感到满意和高兴:现在我们全家过上了~的生活。

【安康】ānkāng 形。平安和健康;常用于书信:敬祝~。

【安澜】ānlán〈书〉形。(1)河流没有泛滥现象。(2)比喻太平:天下~。

【安乐】ānlè 形。安逸而快乐:她的晚年生活很~。

【安乐死】ānlèsǐ 名。对于患不治之症的病人或受致命重伤、长期失去意识、"虽活犹死"的人,为解脱其痛苦,经家属同意而由医生实施的一种人工死亡。这是某些国家已在实行但仍有争议的做法。

【安乐窝】ānlèwō 习。宋儒邵雍隐居苏门山中,虽生活清苦,却把自己的住处称作安乐窝。现泛指个人安逸舒适的生活环境;含贬义:年轻人应当把工作和学习放在首位,不能整天考虑构筑自己的~。

【安谧】ānmì〈书〉形。十分安静或安宁;多形容环境:~的小树林。

【安眠】ānmián 动。不带宾语。(1)安稳地熟睡:这桩心事搅得她不能~。(2)死的委婉说法:连长永远~在那白雪皑皑的群山中。

【安民告示】ān mín gàoshì 成。旧指安定民心的布告。现喻指把要商量或办理的事情预先通知有关人员:出一个~,好让大家早做准备。

【安宁】ānníng 形。(1)秩序正常,安定平静:那时候社会颇不~。(2)宁静;多指心情:听完厂长的话,小王心里很不~。

【安排】ānpái 动。(1)有条理地处理事情,恰当地调配人员;常带宾语或补语:~后事|老张把厂里的工作~好了。可带双宾语:~他两间房。可带兼语:总工程师~我去外厂学习。(2)规划,改造,一般用于山河、建筑等:要把山河重~|~居民生活区的布局。

【安培】ānpéi 量。电流强度单位。为纪念法国物理学家安德烈·玛丽·安培而命名。简称安。

【安琪儿】ānqí'ér 名。音译词。即天使。

【安全】ānquán 形。没有危险,不受威胁,不出事故:部队摆脱了敌人的追击,已经~转移了|大坝加固后,水库将很~。
＊"安全"和"平安":"安全"着重表示有保障,没有危险;"平安"着重表示平稳、顺利。"安全"的搭配对象比较宽,除指人的生命不受危险外,还可指领土、财产的安好无损、机器锅炉的不出事故等;"平安"一般用于人,有时可用于某些抽象事物。

【安全岛】ānquándǎo 名。马路中间供行人避让车辆的地方。

【安全理事会】ānquán lǐshìhuì 词组。联合国主要机构之一。联合国宪章规定,它是联合国唯一有权采取行动维护国际和平与安全的机构。有15个理事国,中、美、英、法和原来的苏联为常任理事国。其余10国为非常任理事国,由联合国大会选举产生,任期两年。除程序性问题外,安理会的决议必须得到五个常任理事国的一致同意。因此这五国在实质问题上都有否决权。简称安理会。

【安然】ānrán 形。(1)平安;不加程度副词:~无事。(2)没有顾虑或忧愁:看她

【安如泰山】ān rú tài shān 成。形容像泰山一样牢靠稳固；常建筑物，有时也指人的精神状态：遭到百年不遇的洪水，大坝仍~|情况十分紧急，老李却~，毫不慌张。也说稳如泰山。

【安设】ānshè 动。安排设置；多指机构，常带宾语：营部在山顶上~了一个敌情观察哨。

【安身】ānshēn 动。在某处居住和生活；多用在困窘的处境下，不带宾语：前几年他四下流浪，无处~。

【安身立命】ān shēn lì mìng 成。指生活有着落、精神有寄托：过了几年颠沛流离的生活以后，他才找到~之处。

【安生】ānshēng ❶动。生活安定；不带宾语，可带补语：早几年，他四处奔波，不得~|~了几年。可拆开用：安了生。❷形。安静，不生事；多指小孩，常用于否定式：这小家伙一会儿也不~。可重叠：小两口别吵了，安安生生过日子吧。

【安适】ānshì 形。安静而舒适；指人的生活条件：老人退休后过着~的生活｜在这里休养很~。

【安土重迁】ān tǔ zhòng qiān 成。土：乡土；重：难；迁：迁移。在一个地方住惯了，不愿轻易迁移：老人~，不愿离开生活了几十年的山庄。

【安慰】ānwèi ❶动。使心情安适；须带宾语或补语：听说他遇到了不幸，大家都去~他｜~了一会儿。可重叠：应该去~~他。❷形。心情安适；常作宾语：试验终于成功了，这使他得到极大的~。

【安稳】ānwěn 形。(1)稳当，平稳：坐在大轮船上，~得像在家里似的。可重叠：安安稳稳地过日子。(2)〈方〉举止沉静，常指孩子：这孩子看起来好像很~。

【安息】ānxī 动。(1)安静地入睡；不带宾语：孩子们吵得我不能~。(2)对死者表示悼念的话；常用在祈使句中：~吧！战友。

【安闲】ānxián 形。安静、清闲；多指人的心情或生活：老李退休后，生活很~。

【安详】ānxiáng 形。从容不迫，稳重；多形容人的精神或态度：举止~｜小战士~地闭上了眼睛｜老人的样子很~。

【安歇】ānxiē 动。不带宾语。(1)上床睡觉：娘忙了一宿还没~呢。(2)休息：虽说是休假，可我一天也没~。

【安心】ānxīn ❶动。存心，居心；多做状语：他~跟我们作对。可拆开用：你问问他安的是什么心？❷形。情绪安定，思想专一：小王工作不太~。可作状语：你~养伤。

【安逸】ānyì 形。安闲舒适；多指生活：你倒过得挺~。可重叠：安安逸逸过日子。也作安佚。

【安营扎寨】ān yíng zhā zhài 成。旧指一个军队到一个地方后架起帐篷修好工事驻扎下来。现指部队或团体到一个地方后建立临时住地：地质考察队在戈壁滩上~，为寻找石油准备大干一场。

【安葬】ānzàng 动。埋葬死者；用于比较郑重的场合。

【安枕】ānzhěn 〈书〉动。安睡，高卧无忧；不带宾语：天下多事，志士仁人岂能~？

【安置】ānzhì 动。使人或事物有着落；常带宾语：~退伍军人｜礼堂里~了新式靠椅。

*"安置"和"安排"："安置"着重表示放置，使人或事物有着落；"安排"着重表示分配、处理，使人或事物各得其所。"安置"的对象一般是具体的人或物；"安排"的对象可以是具体的人或物，也可以是事情、任务、生活、时间等。

【安装】ānzhuāng 动。把零部件组合起来或把机械、器物固定在某地；常带宾语或补语：这个组负责~自行车｜电话在办公室里。

【桉】ān 名。常绿乔木，产于热带、亚热带。树干高而直，木质致密，可供建筑用。树叶可提制桉油。也叫玉树、黄金树。

【氨】ān 名。一种无机化合物，是无色而有臭味的气体，易溶于水。可做氮肥、冷冻剂和硝酸，也可入药，是重要的化工原料。

【鮟】ān [鮟鱇](-kāng) 名。鱼，生长在深海里，头大而扁，口阔，能发出像老人咳嗽的声音。通称老头儿鱼。

【鞍(鞌)】ān 名。(~子)放在骡马等背上承载重物或供人骑坐的器具。

【鞍马】ānmǎ 名。(1)体操器械,木马的一种,背部有两个半圆环。(2)男子体操比赛项目之一。运动员在鞍马上用手臂支撑着做各种动作。(3)鞍子和马,借指骑马或战士的生活:～劳顿。

谙 ān 〈素〉熟悉:～练|素～|不～。

【谙练】ānliàn 〈书〉形。熟练,有经验:骑术～。

庵(菴) ān 名。(1)〈书〉野外的小草房。(2)尼姑住的佛寺。

鹌 ān [鹌鹑](-chún) 名。鸟,头小尾短,羽毛褐色,杂暗黄色条纹,不善飞,雄的好斗。肉和卵可食。

盦 ān 名。(1)古代一种盛食物的器具。(2)同"庵";多用于人名。

ǎn(ㄢˇ)

俺 ǎn 〈方〉代。(1)我。(2)我们;不包括听话人在内:～村。

铵 ǎn 名。从氨衍生所得的带阳电荷的根,也就是铵离子。也叫铵根。

埯(垵) ǎn ❶动。挖小坑点种瓜、豆等:～豆子。❷名。点种瓜、豆时所挖的小坑。❸量。(～儿)用于点种的瓜、豆等:一～儿花生。

揞 ǎn 动。用药粉敷在伤口上:小王的手被刀划破了,～点儿三七粉。

àn(ㄢˋ)

犴 àn 见"狴(bì)犴"。

岸 àn ❶名。江河湖海等水边的陆地:两～|上了～。❷〈素〉高大:伟～|～然。

【岸然】ànrán 〈书〉形。严肃的样子;常用在固定组合中:道貌～。

按(△案) àn ❶动。常带宾语或补语。(1)用手掌或手指压:～电钮|～上图钉。(2)抑制:强～住心头的怒火|我～不下这口气。(3)压住,搁下:～下此事不说。(4)用手压住不动:他～着肚子叫疼|～了一会儿。❷介。依照:～政策办事|～年龄分三个组。❸〈素〉(1)考查,核对:～验。

(2)对文章、词句加以说明或提示:～语。

【按兵不动】àn bīng bù dòng 成。原指作战时掌握一部分军队暂不出动。现比喻接收任务后不肯行动,也指有计划地抑制某种事情的进行:全校打扫卫生的活动已经开始了,惟独三年级甲班仍～,不知什么缘故|敌我双方在正面战场上已经交火,我左翼部队暂时～,以便等待时机,发起冲锋。

【按部就班】àn bù jiù bān 成。部、班:门类,次序;就:归于。本指写文章按内容来安排层次段落,组织语句,后引申为遵照一定的顺序或按一定的格规办事,有时也指拘泥常规,缺乏创新精神:这件事不能操之过急,只能～,等机会解决|解决这个问题是当务之急,像这样～地拖下去,不知拖到什么时候。注意:"部"不要写作"步"。

【按酒】ànjiǔ 名。喝酒用的肉菜;多见于早期白话。也作案酒。

【按理】ànlǐ 副。依照情理;用在动词前面,作状语:他～该来了。常用在"说"之前,放在句首:～说,天气不该这么冷。

【按摩】ànmó 动。一种医疗方法,用手在病人身上和一定穴位作推、按、捏、揉等动作,以促进血液循环,调节神经功能。也叫推拿。

【按捺】ànnà 动。克制感情;常带宾语或补语:～不住心头的怒火|～住激动的心情。

【按期】ànqī 副。按照规定的期限;用在动词前作状语:大会～举行。

【按时】ànshí 副。按照规定的时间;用在动词前作状语:～完成任务。

【按说】ànshuō 副。"按道理说"的略语;用在动词前作状语:已经是春天了,～不该这么冷。也可用在句首:～,他是不会爽约的。

【按图索骥】àn tú suǒ jì 成。明·杨慎《艺林伐山》卷七记载,伯乐之子刻板地按父所作《相马经》中关于马的描写去寻找好马,结果把一个大蛤蟆当成了马。伯乐知道后讥笑说:"所谓按此图索骥也。"骥:良马。原比喻办事拘泥于死的规定而不会变通,现在多指按照线索去寻找或追究:初到苏州,出门两眼瞎,我便买了张导游图,~,终于游览了所有的我想去的园林。

【按压】ànyā 动。压制;抑制;常带宾语或补语:~住心中的不平|不该把群众的积极性~下去。

【按验】ànyàn 见"案验。"

【按语】ànyǔ 名。作者或编者对文章、词句所写的说明、考证或具有指导性的话。也作案语。

【按照】ànzhào 介。依照,遵循:~厂部规定,扣除他当月的奖金。

案 àn ❶名。(~子)(1)长桌或当长桌用的长木板:肉~子。(2)案件:侦破了这个~子。❷〈素〉(1)案卷:档~。(2)书面计划、建议或决定:方~|议~。(3)考查,核对:~语|~验。

【案牍】àndú 〈书〉名。公事文书:~劳神。

【案件】ànjiàn 名。有关诉讼或违法的事件:刑事~。也叫案子。

【案酒】ànjiǔ 见"按酒"。

【案卷】ànjuàn 名。分类保存以备查考的文件或材料。

【案目】ànmù 名。旧指剧场中为观众找座位的人。

【案情】ànqíng 名。案件的内容和情节:~复杂。

【案头】àntóu 名。书桌上:~放着许多参考书。

【案验】ànyàn 〈书〉动。调查罪证:现场待公安人员~。也作按验。

【案由】ànyóu 名。案件的内容提要。

【案语】ànyǔ 见"按语"。

胺 àn 名。有机化合物的一类,具碱性。是氨的氢原子被烃基代替后形成的。

暗(△闇) àn ❶形。△(1)光线不足;跟"明"相对:洞里很~|天气突然~下来。(2)隐蔽的,不公开:不单独作谓语,常作状语:明争~斗|~自高兴。△❷〈素〉糊涂:兼听则明,偏信则~。

【暗暗】àn'àn 副。私下里:他~下决心,一定要把学习搞好。

【暗藏】àncáng 动。隐藏;常带宾语或补语:~赃物|奸细~在我们内部。

【暗娼】ànchāng 名。暗地里卖淫的妇女。

【暗潮】àncháo 名。比喻正在暗中发展,尚未表面化的矛盾和斗争;多用于政治斗争、社会运动等方面;量词用"股"。

【暗淡】àndàn 形。(1)光线或色彩昏暗不明:月色很~。(2)喻指前景不好:这个厂濒临破产,前景~。

【暗地里】àndì·li 副。背地里;多用于不好的事:这人~勾结走私犯。也说暗地。

【暗害】ànhài 动。(1)秘密杀害:他们企图~总统。多用于被动式:在回家的路上,他被特务~了。(2)暗地里陷害;可带宾语:罪犯将赃物偷偷地放进仓库,显然是想~保管员。

【暗含】ànhán 动。言谈举止中包含某种意思,但未说出来;常带宾语或补语:厂长的话~着对他的批评|这个意思~在他的讲话中。

【暗号】ànhào 名。彼此约定的进行秘密联络的信号。

【暗合】ànhé 动。未经商讨,但意见或结论恰巧吻合;一般不带宾语:没想到他的意见和我~。

【暗疾】ànjí 名。不好意思说出口的疾病,如生殖器官方面的疾病。

【暗记儿】ànjìr 〈口〉名。不易被察觉的记号。

* "暗记儿"和"暗号":"暗记儿"不一定是双方约定的信号,可以是一个人作的秘密记号;"暗号"是双方约定的用来联络的信号。"暗记儿"必须是图形;"暗号"除图形外,也可以是声音、动作或别的东西。

【暗箭】ànjiàn 名。本指暗中射来的箭,现比喻暗中伤害别人的行为或阴谋诡计:明枪易躲,~难防。

【暗礁】ànjiāo 名。(1)海洋、江河中隐藏在水中的礁石,是航行的障碍。(2)比喻生活、工作进程中潜伏的困难和阻力。

【暗流】ànliú 名。(1)地下或水面下的水流。(2)比喻没有公开暴露的思想倾向或社会动向:这是一股妄图否定革命的~。

【暗昧】ànmèi 形。(1)暧昧:态度很~。(2)愚昧:这虽是一个笑话,但也表现了某些人的~。

【暗杀】ànshā 动。乘人不备,秘密杀害:罪犯~了他的同伙。多用于被动式:队长被～了。
【暗示】ànshì 动。用含蓄的言语或动作使人领悟；常带兼语：厂长使了个眼色，～我立刻走开。
＊"暗示"和"表示"："暗示"指不明白、不直接表达，暗示的意思须要别人去领会；"表示"则是明白地、直接地表达一种思想、感情或态度。
【暗事】ànshì 名。不正大光明的事；多用在固定的组合中：明人不做～。
【暗室】ànshì 名。有遮光设备的房间，常作为制胶片或洗印相片的房间。
【暗送秋波】àn sòng qiū bō 成。秋波：旧时形容美女的眼睛像秋天的水波一样清澈明亮。原指女人暗中以眉目传情，今引申为献媚取宠，暗中勾搭；含贬义：卖国贼袁世凯一面投降日本，一面也向英、美帝国主义～。
【暗算】ànsuàn 动。暗中谋划害人：据说有人在～他。多用于被动式：土改工作队多次遭到敌人～。
【暗探】àntàn 名。不穿制服进行秘密侦察的人：他准是敌人的～。
【暗无天日】àn wú tiān rì 成。形容社会极端黑暗。
【暗笑】ànxiào 动。(1)暗中讥笑；常带兼语：～他无能。(2)暗中高兴；不带宾语：见敌人上来了，侦察员老王躲在树上～。
【暗语】ànyǔ 名。彼此约定的秘密用语。
＊"暗语"和"暗号"："暗语"指彼此接头时的秘密用语；"暗号"指接头时所用的各种形式的信号，如声响、手势、图形、陈设、语言等。
【暗中】ànzhōng ❶名。黑暗之中：强盗躲在～窥视。❷副。私下里：几十年来我一直～打听他的下落。
【暗转】ànzhuǎn 动。戏剧演出中，使舞台灯光暂时熄灭，表示剧情时间的推移，或乘此间隙迅速更换布景，表示地的转移，这种手法叫暗转。
黯 àn 〈素〉阴暗：～淡｜～然。
【黯淡】àndàn 形。光线昏暗：房间里的光线太～了｜街上的路灯在大雨中忽闪着～的光。

【黯然】ànrán 形。(1)光线弱，常用在固定的组合中：未来的人造太阳将使人类没有黑暗，那时连十五的月亮也将～失色。(2)形容情绪低落，常用在比较固定的组合中：～泪下｜～神伤。
【黯然失色】ànrán shī sè 成。黯然：光线弱，喻指不明显；失色：因惊恐而变了脸色。原指心情沮丧，脸色难看。现多用作比喻，表示成就、贡献、意义等相比之下不大或不显著：眼前这幅大自然的奇景，使我过去创作的几十幅山水画～。

āng (尢)

肮(骯) āng [肮脏] (-zang) 形。(1)不干净：一件～的上衣。(2)比喻丑恶：灵魂太～。

áng (尢́)

昂 áng ❶动。仰着；一般只用于"头"，可带动态助词"着"和趋向动词"起、起来"：～着头｜把头～起来。❷〈素〉高涨：～贵｜～激。
【昂昂】áng'áng 形。形容精神振奋，气度不凡；常与"气势"等搭配，不加程度副词：气势～。
【昂藏】ángcáng〈书〉形。形容人的仪表雄伟，气度不凡：此人～英伟，一表人才。
【昂贵】ángguì 形。价格很高：这些首饰价格～｜～的商品。
【昂然】ángrán 形。抬头挺胸，无所畏惧的样子；常作状语：白杨树～挺立。
【昂扬】ángyáng 形。形容情绪高涨，精神焕发：～的革命精神｜斗志～。

àng (尢̀)

瓮 àng 名。古代一种大肚子小口的盛器。
【盎然】àngrán 形。形容气氛、趣味等浓厚，常作谓语：春意～｜趣味～。
【盎司】àngsī 量。英美制重量单位，是一磅的1/16，约等于28.3克。旧称英两。

āo (幺)

凹 āo 形。周围高中间低；与"凸"相对：～凸不平｜～进去了。

【凹陷】āoxiàn 形。向里或向下陷的样子：这是一块盆地，中间～。

熬 āo 动。把菜、肉等放在水里煮；常带宾语或补语：～豆腐｜～了三个小时。
另见áo。

爊(䐢) āo〈古〉动。(1)放在微火上煨熟。(2)同"熬(āo)"。

áo(ㄠˊ)

敖 áo ❶同"遨"。❷姓。

【敖包】áobāo 名。音译词。蒙古族人民做路标或界标的土石堆。旧时曾把敖包当作神灵的住地进行祭祀。也译作鄂博。

嗷 á 见"嗷嗷"。

【嗷嗷】áo'áo 〈古〉拟声。模拟哀号声或叫嚷声。

【嗷嗷待哺】áo'áo dài bǔ 成。原指哀叫的雏雁等待母鸟喂食，后泛指处境困难，急需帮助；多用来形容在反动统治下，人民群众受饥饿的惨状：那年头，广大黎民百姓饥寒交迫，～。

嶅 áo 地名用字。嶅阳，在山东省新泰县。

廒(廒) áo〈古〉名。贮藏粮食的仓库。

遨 áo〈素〉游玩：～游。

【遨游】áoyóu 动。漫游，游历：～太空。
＊"遨游"和"漫游"："遨游"之处一般指广阔的海洋和天空；"漫游"之处一般指广阔的陆地。

獒 áo 名。一种凶猛的狗，体大四肢短，善斗，可作猎犬。

熬 áo 动。(1)长时间地煮，使成糊状或浓缩水分；常带宾语或补语：～药｜～半小时。(2)忍受，勉强支撑；常带补语：大娘在旧社会～了大半辈子。
另见āo。

【熬煎】áojiān 动。煎熬，比喻折磨。

【熬夜】áoyè 动。深夜或整夜不睡觉；不带宾语：总工程师经常～。可拆开用：为了这张图纸，他熬了三夜。

聱 áo 见"佶(jí)屈聱牙"。

螯 áo 名。虾、蟹等节肢动物的变形的第一对脚，形状如钳子，用来取食或自卫。

謷 áo〈古〉动。诋毁，说别人坏话。

鳌(鼇) áo 名。传说中生长在海里的大龟或大鳖。

翱(翶) áo〈素〉展翅飞：～翔。

【翱翔】áoxiáng 动。回旋地飞；用于鹰一类较大的鸟，也用于飞机，一般不带宾语：雄鹰在天空～。

鏖 áo〈素〉激烈的战斗：～战｜～兵。

【鏖战】áozhàn 动。激烈地战斗，苦战；不带宾语，常带补语：这场围棋赛～了七个小时才分胜负｜～一场。

ǎo(ㄠˇ)

拗(抝) ǎo〈方〉动。弄弯使折断；多带补语：他一使劲儿把笔杆～断了。
另见ào, niù。

袄(襖) ǎo 名。(～儿)有衬里的上衣。

媪 ǎo 名。古代称年老的妇女。

ào(ㄠˋ)

岙(垇) ào 名。浙江、福建等省沿海一带对山间平地的称呼；多用于地名：珠～｜薛～。

坳(坳、垇) ào 名。山间平地：山～。

拗(抝) ào〈素〉不顺从，别扭：～口。
另见ǎo, niù。

【拗口】àokǒu 形。不顺口，很别扭：这篇文章读起来很～｜～的语句。

【拗口令】àokǒulìng 名。即"绕口令"。

骜 ào ❶〈素〉矫健：排～（文章有力）。❷同"傲"。

傲 ào 形。傲慢,自高自大;单用时一般只作谓语,用"多、很"或"极"之类词语作状语或补语:您可知道,近来,他多~呵!|现在他～得很哪!

【傲岸】ào'àn 〈书〉形。性格高傲;多用作褒义:他仿佛是一只～的雄鹰。

【傲骨】àogǔ 名。高傲不屈的性格;量词用"副",含褒义:一副铮铮～。

【傲慢】àomàn 形。看不起别人,对人没礼貌:态度～|～的样子|这人挺～。

＊"傲慢"和"骄傲":"傲慢"着重指对人的态度;"骄傲"着重指自高自大和自满。"傲慢"含贬义;"骄傲"在不同的语境中有不同的含义,有时是贬义,有时具有"自豪"的意思,是褒义。"傲慢"一般不能作名词;"骄傲"可作名词。

【傲气】àoqì 名。高傲自大的作风:这人有一股～。

＊"傲气"和"傲骨":其中两个"傲"分别表示不同的意思。"傲气"的"傲"是自高自大;"傲骨"的"傲"是自尊、不低三下四。"傲气"含贬义;"傲骨"含褒义。

【傲然】àorán 形。坚强不屈的样子;常作状语:～挺立。

【傲视】àoshì 动。傲慢地看待;常带宾语:～一切。

骜 ào ❶〈古〉名。骏马。❷〈素〉傲慢,不驯良。桀(jié)～不驯。

鏊 ào 名。(～子)一种烙饼的铁锅,平面圆形,中间稍凸起。

奥 ào ❶〈素〉含义深,不易理解:深～|～妙。❷姓。

【奥博】àobó 〈书〉形。(1)含义深广:文辞～。(2)知识丰富:先生～而谦逊。

【奥林匹克运动会】àolínpǐkè yùndònghuì 词组。"奥林匹克",音译词。国际综合性的体育运动会。起源于古希腊的奥林匹亚竞技会。第一届现代奥林匹克运动会于1896年在希腊雅典举行,以后每四年一次,在会员国轮流举行。简称奥运会。

【奥秘】àomì 名。尚未被认识的内容或道理:探索宇宙的～。

＊"奥秘"和"奥妙":"奥秘"常指内容幽深的事物,尚未被认识,难以了解;"奥妙"强调事物的微妙神奇。"奥秘"只作名词;"奥妙"兼作名词和形容词。

【奥妙】àomiào ❶名。微妙而不易捉摸的内部情况:不解其中的～。❷形。深奥,不易捉摸;多指道理、文章内容等:这道理非常～。

【奥援】àoyuán 〈书〉名。旧时指官场上暗中支持的力量,有力的靠山;多含贬义。

墺 ào 〈古〉名。可居住的地方:四～既宅。

懊 ào 〈素〉烦恼,悔恨:～恼|～悔。

【懊悔】àohuǐ 动。说错话或做错事后心里觉得不该那样,可带程度副词,可带主谓词组作宾语:妻子出走后,他很～|母亲～自己不该用这话刺激她。

【懊侬】àonáo 〈书〉动。烦恼,痛悔:令人昏闷～。

【懊恼】àonǎo 形。因懊悔而恼恨:干了这件蠢事后他十分～。

＊"懊恼"和"懊悔":"懊恼"除表示"后悔"外,还有"恼恨"的意思;"懊悔"侧重于"后悔"。"懊恼"是形容词,不带宾语;"懊悔"是动词,可带宾语。

【懊丧】àosàng 形。因遇到不如意的事而情绪低落:丢了这份差事,栓柱娘很～。注意:这里的"丧"不读"sāng"。

澳 ào 名。(1)海边凹进来可以停船的地方;多用于地名:三都～(在福建)。(2)澳门的简称;须与其他简称并用:港～。

B

bā(ㄅㄚ)

八 bā 数。表示数目。七加一为八。

【八拜之交】bā bài zhī jiāo 成。八拜:古代世交弟子谒见长辈的礼节;交:友谊。旧指异姓结拜兄弟:刘备、关羽和张飞三个人是～。现常喻指朋友之间极深的友谊:他跟老王有～,关系可不一般。

【八成】bāchéng ❶数。十分之八:这件事有～啦。❷副。多半,大概:～新|他磨磨蹭蹭,看样子～完不成任务。

【八斗之才】bā dǒu zhī cái 成。才:文才,才华。比喻富有才学的人。

【八方】bāfāng 名。指东、西、南、北、东南、东北、西南、西北,泛指周围各地:一方有难,～支援。

【八哥】bā·ge 名。鸟,羽毛黑色,善鸣,经训练能模仿人说话的声音。

【八股文】bāgǔwén 名。明清科举制度规定的一种考试文体。立论、发挥全以"四书"、"五经"为根据,全篇由破题、承题、起讲、入手、起股、中股、后股、束股八部分组成。后四部分各有两股对偶文字,所以叫八股文。这种文体内容空虚,形式死板,严重束缚人的思想。现多用来比喻空洞死板的文章、讲演等。

【八卦】bāguà 名。我国古代的一套有象征意义的符号。用"—"代表阳,"- -"代表阴。用三个这样的符号组成八种形式,叫八卦,分别代表天、地、雷、风、水、火、山、泽八种物质。八卦互相搭配又得六十四卦。我国古代有些思想家曾用八卦来解释各种自然现象和人事现象,具有朴素的辩证法思想。八卦相传是伏羲所造,后来人们用来占卜。

【八行书】bāhángshū 名。旧式信纸大多用红线直分为八行,因此称书信为八行书。简称"八行"。

【八荒】bāhuāng 名。称最远的地方。

【八节】bājié 名。指立春、春分、立夏、夏至、立秋、秋分、立冬、冬至八个节气:四时～。

【八九不离十】bā jiǔ bù lí shí 习。几乎接近某种实际情况:这事儿你不说,我也能猜个～。

【八面光】bāmiàn guāng 习。比喻非常世故,各方面都应付得很周到;含贬义:他这个人在为人处世方面是有名的～,圆滑得很。

【八面玲珑】bāmiàn línglóng 成。原指窗户众多,宽敞明亮,后形容为人处世手腕圆滑,善于应付;多含贬义:王熙凤为人处世～,深得贾母的赏识。

【八面威风】bāmiàn wēifēng 成。从各个方面看都很威风,形容威风十足:余太君百岁挂帅,得胜回朝,真是～。

【八旗】bāqí 名。清代满族的军队组织和户口编制,以旗为号,分正黄、正白、正红、正蓝、镶黄、镶白、镶红、镶蓝八种旗色。后又增建汉军八旗和蒙古八旗。八旗官员平时管民政,战时任将领,旗民子孙永远当兵。

【八下里】bāxià·li〈方〉名。指方面太多,表示照顾不过来:～都要他一人来照应,就是有分身术也顾不过来。

【八仙】bāxiān 名。古代神话传说中的八位神仙:汉钟离(钟离权)、张果老、吕洞宾、铁拐李(李铁拐)、韩湘子、曹国舅、蓝采和、何仙姑。旧时常作为绘画的题材和美术装饰的主题。

【八仙过海】bāxiān guò hǎi 成。明·吴元泰《八仙出处东游记传》第48回说,八仙来到东海,只见潮头汹涌,巨浪惊人,他们各以一物投进水中,各显神通渡过海去。后因此有"八仙过海,各显神通"(或"各显其能")的熟语。现比喻各自有一套办法,或各人施展本领,互相比赛:在征文比赛中,大家可以～,各显神通。

【八一建军节】bāyī jiànjūn jié 词组。中国人民解放军建军节。1927年8月1日，中国共产党领导南昌起义，从此建立了中国人民的革命军队。1933年7月1日，中华工农兵苏维埃共和国中央政府作出决议，规定每年"八一"作为中国工农红军纪念日，以后成为中国人民解放军的建军节。参见"八一南昌起义"。

【八一南昌起义】bāyī nánchāng qǐyì 词组。第一次大革命失败后，中国共产党为了挽救革命，决定对蒋介石的大屠杀政策实行武装抵抗。1927年8月1日，周恩来、朱德、贺龙、叶挺、刘伯承等，领导在中共影响下的北伐军三万余人，在江西南昌举行了起义。这次起义标志着中国共产党独立领导革命武装的开始。起义部队于1928年4月到达井冈山，和毛泽东领导的秋收起义部队胜利会师。

【八音】bāyīn 名。古时对乐器的总称。按制造乐器的主要材料分为金、石、土、革、丝、木、匏（páo）、竹八类。

【八字】bāzì 名。(1)旧时用天干、地支相配来表示人出生的年、月、日、时，合起来是八个字。迷信说法是，按照这八个字可以推算出一个人的命运好坏。

【八字没一撇】bā zì méi yī piě 习。比喻事情还没有眉目：这件事～，离成功还远着哩。

扒 bā 动。常带宾语或补语。(1)抓挖，刨开：～着栏杆｜要～紧，别松手。(2)挖，刨开：～土｜～出个口子。(3)剥，脱：皮～下来了｜～掉衣裳。(4)拆：只用于房子：～草房。
另见 pá。

【扒拉】bā·la 动。拨动；常带宾语或补语：～算盘｜土块～开了。
另见 pá·la。

叭 bā 拟声。多用来摹拟枪声或物体断裂的声音：～的一声枪响了｜～的一声，弦断了。

朳 bā 〈古〉名。无齿的耙子。

巴 bā ❶动。(1)盼望：他正～你来呢。(2)紧贴，粘住，依附在别的东西上；须带宾语或补语：饭～锅了｜一只苍蝇～在墙上。(3)挨近：前不～村

后不～店。❷名。(1)周朝国名，在今四川东部。(2)古国名，在今四川东部。❸后缀。读轻声。前面一般是单音节成分：尾～｜哑～｜结～。❹量。音译词。(1)气压的压强单位，一巴等于每一平方厘米的面积上受到一百万达因作用力的压强。(2)压强单位，一巴等于每平方厘米的面积上受到一达因作用力的压强。❺〈素〉(1)粘结着的东西：锅～｜泥～。(2)讨好：～结。❻姓。

【巴巴结结】bā·ba jiējié 〈方〉形。不加程度副词。(1)勉勉强强：今天考试他～得了个60分。(2)形容说话不流利；常加助词"的"：他讲起话来～的。

【巴不得】bābu·de 动。迫切盼望；可带动词性词组或主谓词组作宾语：他～立刻上公园去玩｜他～你去给他帮忙呢！
＊"巴不得"和"恨不得"："巴不得"所盼望的是可能做到的事；"恨不得"除此之外，有时还指不可能做到的事，如：我恨不得插上翅膀飞到北京。"巴不得"的宾语用否定式：我～不去；"恨不得"不能这样用。"巴不得"可以加"的"修饰名词，如：这正是我～的事情，"恨不得"一般不能。

【巴豆】bādòu 名。(1)常绿灌木或小乔木，叶卵形，花小，结蒴果。(2)这种植物的种子，有剧毒，可入药，是剧烈的泻剂。

【巴结】bā·jie 动。奉承，讨好；含贬义，常带宾语：他挺会～有权势的人。

【巴黎公社】bālí gōngshè 词组。人类历史上第一个无产阶级政权。1871年3月18日，法国巴黎的工人和人民群众举行武装起义，用革命暴力推翻了资产阶级政权，28日成立巴黎公社。它在短短72天里进行了一系列根本性的改革。这是建立无产阶级专政的第一次伟大尝试。由于当时没有马克思主义政党的领导，公社犯了许多严重错误，终于被国内外的反动势力所扼杀。

【巴望】bāwàng 〈方〉❶动。盼望；常带动词性词组作宾语：他～明天能去北京。❷名。盼头，指望：这件事没有～。

芭 bā 名。古书上说的一种香草。

【芭蕉】bājiāo 名。(1)多年生草本植物，

叶宽大,花白色,叶的纤维可做绳索。果实似香蕉,可食。(2)这种植物的果实。

【芭蕾舞】bāléiwǔ 名。"芭蕾",音译词。芭蕾舞是一种起源于意大利的舞剧,用音乐、舞蹈和哑剧手法表现戏剧情节。女演员舞蹈时常用脚尖点地。又叫芭蕾舞剧。

吧 bā ❶拟声。摹拟树枝折断、器物打破等的声音:~的一声,碗打破了。❷〈方〉动。抽;指烟:他~了一口烟,才开始说话。
另见 ba。

【吧嗒】bādā 拟声。摹拟关闸门等的声音:~一声,他把电灯给关了。

【吧嗒】bā·da 动。(1)嘴唇开合发出声音:他~了几下嘴,还是没吭声。(2)〈方〉抽吸;指旱烟,常加动态助词"着":他~着旱烟想心思。

【吧唧】bājī 拟声。摹拟拉动粘性物发出的声音;常重叠:道路泥泞,他光着脚~~地走着。

【吧唧】bā·ji 动。(1)嘴唇开合发出声音:这条鱼还没死,嘴还在~着。(2)抽吸;用于吸旱烟:~了一袋烟。

岜 bā 地名用字。岜关岭,在广西省。

疤 bā 名。(1)伤口或疮口长好后留下的痕迹:这梨子上有块~。(2)像疤的痕迹:碗上有个~。

笆 bā 名。用竹片或藤条编成的器物:竹篦~。

【笆斗】bādǒu 名。柳条等编成的一种容器,底为半球形。

粑 bā 〈素〉。饼类食物:糌~|糍~。

【粑粑】bā bā 〈方〉名。饼类食物:糯米~。

捌 bā 数。"八"的大写;多用于帐目、数据等。

bá(ㄅㄚˊ)

茇 bá 〈古〉❶名。草根。❷动。在草中住宿。

拔 bá ❶动。常带宾语或补语。(1)往外抽,往外拉:~草|~牙。(2)吸出;用于毒气等:~毒。(3)挑选;多指人才:~了几个尖子。(4)〈书〉攻取;用于军事上的据点:连~数城。(5)〈方〉把东西放在凉水里,使它变凉;多带补语:把西瓜放在凉水里~一下。❷〈素〉(1)超出,高出:海~|出类~萃。(2)向高提:~脚|~高。

【拔除】báchú 动。拔掉,除去;常带宾语或补语:~敌人的据点|把野草~干净。

【拔高】bágāo 动。(1)提高,常带宾语或补语:~喉咙|把嗓子~一点。(2)对某些人物或作品有意识地抬高其地位,多含贬义:评论作品,既不可随意~,也不可故意贬低。

【拔罐子】bá guàn·zi 词组。中医一种治疗方法,在小罐内用一二片纸点火燃烧,然后立即把罐口扣在皮肤上,造成局部充血,达到治疗目的。多与针刺配合使用。对风湿病、腰肌劳损、头痛、腹痛等症有疗效。有的地区叫拔火罐。

【拔海】báhǎi 名。即海拔。

【拔河】báhé ❶名。我国民间体育项目之一,人数相等的两队队员,分别抓住粗绳的一端,双方用力拉绳,以把系在绳中间的标志拉过规定界限为胜。❷动。指进行拔河运动。

【拔尖儿】bájiānr ❶形。出众,超出一般,常用在"是……的"格式中,含褒义:他的技术在我们车间是~的。❷动。突出个人,自居于群众之上;多作"爱、喜欢"等动词的宾语,含贬义:这个人爱~。可拆开用:拔了尖儿。

【拔节】bájié 动。禾谷类作物发育到一定阶段,主茎各节很快地生长;不带宾语:水稻开始~了。可拆开用:麦子早就拔过节了。

【拔苗助长】bá miáo zhù zhǎng 见"揠(yà)苗助长"。

【拔取】báqǔ 动。选择录用;多带宾语:~人才。常用在被动句中:他被~当了技师。

【拔丝】básī 动。也叫拉丝。(1)把金属材料拉制成条状或丝状物。(2)烹调方法。把山药、苹果之类的食物放在熬滚的糖锅里,用筷子夹起来,糖遇冷就拉成丝状;多作定语:~苹果。

【拔腿】bátuǐ 动。不带宾语。(1)迈步；多与"走"、"跑"构成连动词组，中间用副词"就"关联：小偷见人来了，～就跑了。(2)抽身，脱身；常拆开用：他事情太多，拔不出腿来。

【拔营】báyíng 动。指军队从驻地出发转移；不带宾语：同志们只住了一宿，就很快～了。可拆开用：昨夜部队悄悄拔了营。

【拔擢】bázhuó 〈书〉动。提拔：～人才。

胈 bá 〈古〉名。大腿上的毛。

菝 bá [菝葜](-qiā) 名。落叶藤本植物，茎有刺，浆果红色。根茎可入药。

跋 bá ❶名。写在书籍、文章等后面的短文。❷〈素〉翻山越岭：～涉。

【跋扈】báhù 形。狂妄专横，欺上压下：他很～。常与"飞扬、专横"等并用：飞扬～|专横～。

【跋前疐后】bá qián zhì hòu 成。跋：踩；疐：也作"踬"，被绊倒。意思是狼前进就踩着颈下胡子，后退又会被尾巴绊倒。比喻进退两难：这件事使他～，感到很棘手。

【跋涉】báshè 动。爬山蹚水，形容旅途艰难；不带宾语，常与"长途"配合使用：长途～。可带补语：～在长山白水之间。

魃 bá 见"旱魃"。

鲅 bá 见"鮀(tuó)鲅"。

bǎ(ㄅㄚˇ)

把 bǎ ❶动。常带宾语或补语。(1)握住，抓住：～舵|～犁。(2)把持，把揽；常带动态助词"着"：工作不要～着不放手。(3)看守：～住大门。❷名。(～儿)(1)手推车、自行车的柄：车子没了～儿。(2)把东西扎在一起的捆子：草～儿。❸量。(1)用于有柄或有类似把手的器物：一～刀。(2)用于可一只手抓起来的数量：一～米。(3)用于某些抽象事物：加一～劲。(4)用于同手有关的动作：拉他一～儿。❹介。(1)有"将"的意思，"把"带的名词一般是后面动词的宾语：他～这本书看了两遍。(2)有"使"的意思，后面多半是表情态的动词，带有补语：他怎么还不来，真～人急死了。(3)有"对、拿"的意思，引进动作的对象：真～他没有办法。注意："把"有时跟"拿"相通，可以换成"拿"；但是当"拿"介绍出动作、行为凭借的工具或事物时，"拿"不能换成"把"，如"拿毛笔写字"不能说成"把毛笔写字"。❺助。用在"里、丈、顷、斤、个"等量词或"百、千、万"等数词后面，表示这个数量是个概数：斤～重|个～人。❻〈素〉指拜把子关系：～兄弟。

另见bà。

【把柄】bǎbǐng 名。器物上便于用手拿的部分，比喻可被人进行要挟或攻击的短处；常同"抓住、抓到"等动词搭配：不要被人抓住～。

【把持】bǎchí 动。独揽权力、位置等，不让人参与；常带宾语，并带动态助词"着"，含贬义：他们～看窃据的一部分权力，目无国法，为非作歹。

【把舵】bǎduò 动。不带宾语，可拆开用。(1)行船时掌舵，确定方向：今天的船我来～。(2)比喻领导或掌握方向；多用于工作及事业：这项任务十分复杂繁重，请您把好舵。

【把关】bǎguān 动。(1)守卫关口。(2)比喻按标准检查，防止差错；不带宾语：这事很重要，请好好～。可重叠：这件事请你把好关。可拆开用：请你把好关。

【把酒】bǎjiǔ 〈书〉动。端起酒杯；不带宾语：～话桑麻。

【把揽】bǎlǎn 动。尽量占有，把持包揽；常带宾语或补语，含贬义：从前鱼霸～了整个鱼市|生意都被他～过去了。

【把势】bǎshi 名。也作把式。(1)武术；多作"练"的宾语：练～。(2)精通某种技术的人；常用"好"修饰：论赶车，他真是个好～。(3)〈方〉技术：他学会了田间劳动的全套～。

【把守】bǎshǒu 动。守卫；多指国家重要的地方，常带动态助词"着"：边防战士日夜～着祖国的大门。

【把头】bǎtóu 名。旧社会把持某一行业，剥削压迫工人的人。

【把玩】bǎwán 〈书〉动。拿着赏玩；多用于字画、古董、工艺品等：展卷～，爱不释手。

【把握】bǎwò ❶动。抓住,掌握；常带宾语：～战机｜司机紧紧地～着方向盘。❷名。事情成功的可靠性；常作"有"或"没有"的宾语：这件事他有～做好。

　　＊"把握"和"掌握"："把握"有拿住、抓住的意思,对象常是具体事物,有时也可是抽象事物,如"本质"等；"掌握"有充分支配并运用的意思,对象多为抽象事物,如"理论、原则、政策、技术、方法、时间"等。"把握"有名词用法,含有自信、拿得稳的意思,可以说成"有把握"、"没把握"；"掌握"没有这样的意义和用法。

【把戏】bǎxì 名。(1)魔术、杂技一类的技艺；多与"耍、玩、看"等动词搭配：今天我去看～。(2)喻指骗人的花招：敌人玩弄的鬼～,早被我们识破了。

【把兄弟】bǎxiōngdì 名。指结拜的兄弟。也叫盟兄弟。

【把盏】bǎzhǎn 〈书〉动。端着酒杯；多用于斟酒敬客,常构成连动词组：厂长亲自～敬酒。

【把捉】bǎzhuō 动。抓住；多用于抽象事物,常带宾语或补语：我们要善于～人物的性格特征｜～住文件的精神实质。

【把子】bǎzi ❶名。(1)扎成小捆的东西：草～。(2)戏曲中所使用的各种武器的总称,也指开打的动作：练～。(3)见"拜把子"。❷(1)一群人或一帮人叫一把子；含贬义：～赌棍。(2)一手抓起的数量；用于长条形的东西：一～韭菜。(3)用于某些抽象事物：加一～劲。

钯 bǎ 名。金属元素,符号Pd。银白色。制纯氢时用作吸收剂。钯的合金可用作牙科材料和装饰品。
　　另见pá(耙)。

靶 bǎ 名。(～子)练习射箭或射击的目标：中了一～子。

屉 bǎ ［屉屉］(-·ba) 〈方〉名。屎,粪便；多用作小儿语：屉～。

bà(ㄅㄚˋ)

坝(壩) bà 名。(1)拦水的建筑物：拦河～。(2)河工险要处巩固堤防的建筑物。(3)〈方〉(～子)我国西南地区称丘陵与丘陵之间的小片平地或平原,用于地名时多单说：沙坪～(在重庆)。

把(欛) bà 名。(～儿)(1)物体上突出来便于手拿的部分：刀～儿。(2)花或果实的柄：梨～儿。
　　另见bǎ。

爸 bà 〈口〉名。爸爸,称呼父亲；多叠用：～～。

耙(耙) bà ❶名。碎土和平地的农具。❷动。用耙碎土平地；常带宾语或补语：～地｜～过两遍。
　　另见pá。

罢(罷) bà ❶〈素〉(1)停止：～工｜～课。(2)免去,解除：～官｜～免。❷〈方〉动。完了,完毕；多作补语：吃～饭｜洗～澡。❸〈古〉同"疲(pí)"。
　　另见·ba(吧)。

【罢黜】bàchù 〈书〉动。(1)贬低并排斥：～百家,独尊儒术。(2)免除；用于官职：陆游一生因坚持抗金,屡遭～。

【罢工】bàgōng 动。工人为了实现某种要求或表示抗议而集体停止劳动；不带宾语：工人们准备～。可拆开用：罢了三天工。

【罢官】bàguān 动。解除官职；不带宾语：他被～了。可拆开用：罢了他的官。

【罢了】bàle 用在陈述句的末尾,表示"如此而已",有把事情往小里说的意味,常跟"不过、只是、无非"等配合使用：我只是说说～｜无非吓唬吓唬你～。

【罢了】bàliǎo 动。表示容忍,有暂不追究的意思；不带宾语：他想弄个水落石出,不愿就此～。

【罢论】bàlùn 〈书〉名。放弃了的打算：此事已作～,不要再提了。

【罢免】bàmiǎn 动。选民或代表机关撤销他们所选出的人员的职务：老张的职务被～了。可带宾语：～他厂长的职务。

【罢手】bàshǒu 动。歇手停止进行；不带宾语：他事情没做好,决不肯～。

【罢休】bàxiū 动。停止；常用于否定式：不达目的,决不～。

bà—bái

鲅 (鮁) bà
名。鱼,生活在海洋中,体呈纺锤形,鳞细,背部黑蓝色,腹部两侧银灰色。又叫蓝点鲅、马鲛鱼、燕鱼。
"鮁"另见 bó。

霸 (覇) bà
❶名。(1)依靠权势蛮横无理欺压群众的坏人;前面直接加数词:他是地方上的一~。(2)指实行霸权主义的国家:坚决反~。(3)古代诸侯联盟的首领,前面直接加数词:春秋五~。❷〈书〉动。霸占;多以"一方"、"一地"等作宾语:军阀混战,各~一方。❸姓。

【霸道】 bàdào 名。我国古代以武力、权术、刑法等进行统治的政策;与"王道"相对。

【霸道】 bàdao 形。蛮横,不讲道理:横行~|这家伙太~了。

【霸权】 bàquán 名。依靠武力或其他手段压制、控制弱小国家的强权:坚决反对超级大国建立世界~。

【霸王】 bàwáng 名。(1)古代霸主的称号,秦末项羽起义后,曾自称西楚霸王。(2)比喻蛮横无理的人;含贬义:他在家简直像个~。

【霸王鞭】 bàwángbiān 名。(1)表演民间舞蹈用的彩色短棍,两头挖有小孔,内镶铜片。(2)民间舞蹈,表演时一面舞动霸王鞭,一面歌唱。也叫花棍舞、打连厢。

【霸占】 bàzhàn 动。依仗权势蛮横地侵占,常带宾语或补语:高衙内~良民之妻|他家的土地都给地主~去了。

【霸主】 bàzhǔ 名。(1)春秋时代势力最大并取得统治地位的诸侯。(2)泛指在某一领域或地区称霸的人或集团。

灞 bà
水名用字。灞水,在陕西省。

吧 (罢、罷) ·ba
助。(1)用在祈使句末尾,表示命令、请求、促使、建议等:你好好想想~!|帮帮我的忙~!|快点走~!(2)用在问句末尾,表示推测、估量:你就是李师傅~?(3)用在"好、行、可以"等后面或句末,表示同意:好~,就这么办|行~,咱们试试看|那就照原计划执行~。(4)用在句中停顿处,有时带假设或让步语气,有时有举例性质:说~,怕他生气;不说~,心里又憋得慌|不去就不去~,反正以后还有机会的|譬如你~,普通话就说得比他好。
另见 bā。"罢"另见 bà。

掰 (擘) bāi
[掰划] (-·huai)〈方〉动。处置,摆弄:这东西容易坏,别老~!
动。用手把东西分开,常带宾语或补语:~玉米|把烧饼~成两半。
"擘"另见 bò。

白 bái
❶形。(1)像雪一样的颜色,与"黑"相对:~纸|头发很~。(2)把字写错或念错,不加程度副词,放在动词后作补语:字写~了|这个字念~了。❷副。(1)没有效果,徒然:~跑一趟。可重叠:~~浪费了时间。(2)无代价,无报偿:~吃~喝。可重叠:~~送给他。❸动。用白眼珠看人,表示不满,常带宾语:~了他一眼。❹〈素〉(1)清楚,明白:不~之冤|真相大~。(2)没有写上或加上什么东西的:~卷|~开水。(3)指丧事:~事。(4)白话,口头说的话:~话文。(5)戏曲或歌剧中唱词之外用说话腔调说的语句:道~|独~。(6)陈述,说明:自~|表~|坦~。(7)象征反动:~军|~区。❺姓。

【白皑皑】 bái'ái'ái 形。形容霜雪等洁白的颜色;不加程度副词,常加助词"的":珠穆朗玛峰终年都是~的积雪。

【白璧微瑕】 bái bì wēi xiá 成。璧:扁圆中通的玉器,也是玉的通称;瑕:玉上的斑点。洁白的玉上有小斑点,比喻美中不足;常带"而已、罢了"等助词,表示惋惜或不足道:他是个很好的人,有点小毛病,不过是~而已。

【白痴】 báichī 名。(1)一种精神病,患者智力低下,动作迟钝,语言能力很差,严重者生活不能自理。多因胎儿或幼儿期脑的发育受到障碍或脑外伤引起。(2)

白 bái 19

智力极为低下的人。

【白炽】báichì 形。白热。

【白搭】báidā〈口〉动。没有用处,不起作用,白费力气;常与"简直、真是"等搭配,一般不带宾语:你叫小孩来帮忙,简直~|刚加工的几个零件都报废了,真是~。

【白带】báidài 名。妇女的子宫和阴道分泌的乳白色或淡黄色的粘液。

【白地】báidì 名。(1)没有种庄稼的田地。(2)没有树木、房屋的土地。(3)白色的衬托面:~蓝花儿。

【白癜风】báidiànfēng 名。一种皮肤病,多因皮肤不能形成黑色素引起,症状是皮肤上呈现一片片白斑,不痛不痒。也叫白斑病。

【白丁】báidīng 名。原指封建社会里考试未中没有做过官的人,后也泛指老百姓。

【白垩】bái'è 名。石灰岩的一种,白色,质地软,主要成分是碳酸钙。分布很广,用来作粉刷材料等。有的地区叫大白。

【白费】báifèi 动。白白地耗费:一天的时间全~了。常带宾语:~工夫|~力气。

【白宫】báigōng 名。美国总统的官邸,在华盛顿,是一座白色的建筑物。常用作美国官方的代称。

【白骨】báigǔ 名。死人的骨头,常用以代死尸:~遍野。

【白果】báiguǒ 名。即银杏。

【白鹤】báihè 名。一种珍禽,羽毛白色,头顶皮肤呈朱红色。翅膀大,善飞翔。鸣声响亮。颈和腿很长,常涉水取食鱼虾等。也叫仙鹤或丹顶鹤。

【白喉】báihóu 名。白喉杆菌引起的急性传染病,常在秋冬季流行,患者多为小儿。症状为咽部或鼻部有灰白色膜、发烧、吞咽困难等。

【白虎】báihǔ 名。(1)二十八宿中西方七宿,即奎、娄、胃、昴(mǎo)、毕、觜(zī)、参(shēn)的合称。(2)旧时指凶神。

【白花花】báihuāhuā 形。形容白得耀眼;不加程度副词,常带助词"的":~的银子。

【白化病】báihuàbìng 名。一种先天性的疾病,患者体内缺乏色素,毛发都呈白色,皮肤呈粉红色,眼睛怕见光。患这种病的人俗称天老儿。

【白话】báihuà 名。(1)不能实现或没有根据的话:空口说~。(2)指唐宋以来在口语基础上形成的书面语。开始只用于通俗文学作品,到"五四"运动以后,才在社会上通行;与"文言"相对:宋元~小说。

【白晃晃】báihuānghuāng 形。白而且亮;不加程度副词,常带助词"的":~的刺刀。

【白金】báijīn 名。(1)铂的通称。(2)古时称银子。

【白净】báijìng 形。白而洁净;多指皮肤:她皮肤很~。可重叠:白白净净的脸。

【白驹过隙】bái jū guò xì 成。白驹:白色骏马,比喻日光;隙:缝隙。如同骏马在极小的缝隙前飞跃而过。形容时间过得极快:光阴如~,转眼又是一年。

【白卷】báijuàn 名。没有写出答案的考卷:交~。

【白兰地】báilándì 名。音译词。用葡萄、苹果等酿成的酒。含酒精量较高。除作为饮料外,医药上作兴奋剂。

【白露】báilù 名。二十四节气之一,在阴历九月七、八或九日。从这天以后,我国大部分地区气温将明显下降。

【白茫茫】báimángmáng 形。形容一望无边的白色;多用来形容云、雾、雪、大水等,不加程度副词,常带助词"的":来到湖边,只见水天相接,~的一片|昨夜下了一场大雪,辽阔的原野~的,一眼望不到边。

【白蒙蒙】báiměngměng 形。呈白色而模糊不清;多用来形容烟、雾、蒸气等,不加程度副词,常带助词"的":今天下大雾了,~的一片,几步以外的东西便看不清。

【白面书生】bái miàn shū shēng 成。原指年轻识浅,阅历不多的文弱书生,后也指面孔白净的读书人:他是个~,哪里搬得动这么重的东西?

【白描】báimiáo 动。多作定语。(1)国画的一种画法,只用墨线勾描物像,不着彩色。(2)一种写作手法,即抓住描写的象的主要特征,不加渲染和烘托,用简炼的笔墨刻画出鲜明生动的形象;这篇文章运用～手法生动地刻画了人物形象。

【白内障】báinèizhàng 名。眼球内晶状体发生混浊现象的病。以老年性白内障为多见。对显著影响视力的白内障,可动手术摘除。

【白皮书】báipíshū 名。某些国家的政府或议会等公开发表的重要文件或报告书,封面为白色,所以叫白皮书。各国的习惯和文件的内容不同,也有用其他颜色的,如红皮书、蓝皮书、黄皮书等。

【白旗】báiqí 名。(1)战争中表示投降的旗帜。(2)战争中敌对双方派人互相联络用的旗帜。

【白鱀豚】báiqítún 名。哺乳动物,一种淡水鲸。分布在长江中下游一带。身体呈纺锤形,体背浅蓝灰色,腹面白色。以鱼类为食。是我国的特产,属国家重点保护的珍稀动物之一,严禁捕捞。

【白契】báiqì 名。旧时指买卖田产未向官署纳税、加盖官印的契约;与"红契"相对。

【白镪】báiqiǎng 名。古代当货币使用的银子。

【白热】báirè 形。某些物质加高热后达到发白光的状态;不加程度副词:炉火已烧到～的程度。也叫白炽。

【白热化】báirèhuà 动。事态发展到最紧张的阶段;不带宾语:战争已经～了。

【白刃战】báirènzhàn 名。敌对双方用刺刀、枪托等进行的面对面的拼杀。也叫肉搏战。

【白日做梦】báirì zuò mèng 成。比喻幻想根本不可能实现;用于贬义:我把我庞大的计划说了以后,老李不但不支持,反而说我是～。

【白色】báisè 名。(1)白的颜色。(2)象征反革命;多作定语:～政权|～恐怖。

【白事】báishì 名。指丧事。

【白手起家】báishǒu qǐ jiā 成。白手:空手;起家:创家立业。比喻原无基础或条件很差,靠艰苦奋斗创立起一番事业:他们一办起了针织厂。

【白体】báitǐ 名。笔划较细的一种铅字字体,如老宋体、仿宋体等;区别于"黑体"。

【白厅】báitīng 名。英国伦敦市内的一条街。过去有白厅宫,因而得名。现在英国主要政府机关设在这里。常用作英国政府的代称。

【白头】báitóu 名。指年老:～偕老。

【白皙】báixī 〈书〉形。形容人的皮肤白净:～的脸。

【白相】báixiàng 〈方〉动。玩;不带宾语:今天到公园去～。可重叠:我们一同去～～。

【白血病】báixuèbìng 名。造血系统的恶性增生性病变,即血癌。特点为白细胞异常增生并侵润身体各组织,常见症状有贫血、出血、肝、脾及淋巴结肿大等。

【白血球】báixuèqiú 名。血细胞的一种,比红细胞大,无色。产生在骨髓、脾脏和淋巴结中。有抵抗和吞食病菌的作用。成人健康时每立方毫米中有5000到9000个,患病时常有增减。也叫白细胞。

【白眼】báiyǎn 名。眼睛朝上或朝旁边看现出的白眼球,是看不起人的一种表情;与"青眼"相对,多作状语:～看人。也可作宾语:翻～|遭～。

【白药】báiyào 名。中药成药,是一种白色粉末。主治出血、跌打损伤等。以云南生产的最为著名。

【白夜】báiyè 名。在49°以上的高纬度地区,由于地轴偏歪和地球自转、公转的关系,有时黄昏还没有过去,接着就呈现黎明。这种现象叫白夜。

【白衣战士】báiyī zhànshì 词组。指医务工作者。他们在工作时,身穿白色的衣服,救死扶伤,跟疾病作斗争,因此被人称为白衣战士。

【白蚁】báiyǐ 名。一种昆虫,形状像蚂蚁,但较大,群居。蛀食木材,对房屋、树木、桥梁、枕木等危害极大。可用喷施药物、挖巢等法防治。

【白翳】báiyì 名。中医指眼球角膜病变后留下的疤痕,能影响视力。

【白云苍狗】bá yún cāng gǒu 成。苍:灰白色。浮云像白衣裳,顷刻又变得像灰白色狗。比喻世事变幻无常:世上万事万物如～,变幻无常。

【白种】báizhǒng 见"欧罗巴人种"。

【白昼】báizhòu 名。白天。

【白字】báizì 名。别字。

【白族】báizú 名。我国少数民族之一,主要分布在云南省。

bǎi(ㄅㄞˇ)

百 bǎi 数。(1)数目,十个十。(2)〈素〉比喻众多：～种｜～花齐放｜～孔千疮。

另见 bó。

【百般】bǎibān 副。形容采用多种方法；用在动词前作状语：～刁难｜～劝解。

【百部】bǎibù 名。多年生草本植物,茎直立或蔓生,块根,可作止咳药或杀虫药。

【百步穿杨】bǎi bù chuān yáng 成。能在百步之外射穿选定的某一片杨柳叶子。形容射箭或射击的技术很高明。

【百尺竿头,更进一步】bǎi chǐ gān tóu, gèng jìn yī bù 成。原为佛家用语,比喻佛道修养无止境。泛指学问、成绩达到很高程度后,仍要继续努力,不断上进；常作祝贺语：你在班上成绩第一,但不可自满,要～。

【百出】bǎichū 形。形容出现得很多；用于贬义,一般只作谓语,常与"错误、矛盾、破绽、丑态"等双音节名词搭配：漏洞～｜错误～。

【百川归海】bǎi chuān guī hǎi 成。川：江河。所有的江河最终都归入大海。比喻众望所归或大势所趋；举世闻名的二万五千里长征之后,全国各地的爱国青年,如～,纷纷奔赴延安。

【百读不厌】bǎi dú bù yàn 成。厌：厌烦,厌倦。读许多遍也不感到厌倦。形容作品写得极好,耐人寻味：《红楼梦》是一部～的好作品。

【百儿八十】bǎierbāshí 数。一百或八十左右的数目：这袋粮食大概～斤吧。

【百发百中】bǎi fā bǎi zhòng 成。指射击技术高明,每次都能命中目标。比喻料事如神,绝不落空：老王足智多谋,预料敌军的动向,总是～。

【百废俱兴】bǎi fèi jù xīng 成。俱：全,都。许多原来废置的事业都兴办起来：战争刚结束,国家处于～的局面。

【百分比】bǎifēnbǐ 名。即把两个数量的比值写成分母是100的分数。如某班有50名学生,其中有10名女生,女生占全班总数的百分比就是20%。

【百分率】bǎifēnlǜ 名。甲数为分母,乙数为分子,乙数所占甲数的百分数叫做百分率。$\frac{3}{4}$这个分数用百分率来表示分率。$\frac{75}{100}$,写作75%。

【百分之百】bǎi fēn zhī bǎi 词组。多用来表示全部、十足等意思；常作状语或定语,要带助词"的"或"地"：～地完成了任务｜～的把握。

【百感交集】bǎi gǎn jiāo jí 成。感：感触；交：同时发生。难以表达的各种感触交织在一起：多年不见,一旦相聚,真是～。也说百端交集。

【百合】bǎihé 名。(1)多年生草本植物。夏季开花,花呈漏斗形,有白、橙黄、淡红等色。鳞茎,呈球形,供食用,中医入药。(2)这种植物的鳞茎。

【百花齐放】bǎi huā qí fàng 成。百花：各种花卉；齐：一起,同时。(1)比喻不同形式和风格的各种艺术作品自由发展。(2)比喻艺术界的繁荣景象。(3)比喻同一事情有不同做法,或同一内容的事有不同的形式。

【百货】bǎihuò 名。以衣着、器皿和一般日用品为主的商品的总称。

【百家争鸣】bǎi jiā zhēng míng 成。百家：指学术上各种派别；鸣：有所抒发或表示。原指我国古代先秦至汉初儒、道、阴阳、法、名、墨、纵横、杂、农等各家在政治上、学术上展开的各种争论。现比喻学术上不同学派的自由争论：目前,我国文艺界呈现出一派百花齐放、～的繁荣景象。

【百科词典】bǎikē cídiǎn 词组。词典的一种,词目大体与百科全书相仿,但解说较概括简炼。

【百科全书】bǎikē quánshū 词组。一种以词典形式编排的大型参考书,收各种专门名词、术语,分列条目,解说详细。有综合性的百科全书,比较全面系统地介绍各种文化科学知识,也有专科性的百科全书,如医学百科全书、科学技术百科全书等。

【百孔千疮】bǎi kǒng qiān chuāng 成。比喻损坏严重或毛病很多：当时父亲失了业,家里已是～,背了许多债。也作千疮百孔。

【百口莫辩】bǎi kǒu mò biàn 成。莫：不能；辩：辩白。即使有一百张嘴也辩不清。形容无法辩解：你总是猜疑，我～。

【百里挑一】bǎi lǐ tiāo yī 成。从一百个里面挑出一个来。形容十分难得，人才出众：他是个～的能工巧匠|说起她的美貌来，在这几个乡里也算得上是～的。

【百炼成钢】bǎi liàn chéng gāng 成。比喻久经锻炼，非常坚强：他是个～的战士，经过了几十年斗争的磨炼和考验。

【百灵】bǎilíng 名。鸟，比麻雀大，羽毛茶褐色，有白斑，飞得很高，善鸣叫。吃害虫，对农业有益。

【百衲本】bǎinàběn 名。衲：缝补。用许多不同的版本汇集而成的书籍，如百衲本《二十四史》。

【百衲衣】bǎinàyī 名。(1)和尚穿的袈裟，因用许多长方形小块布片拼缀制成而得名。(2)泛指补丁很多的衣服。

【百年】bǎinián 名。多用在固定组合中作定语或状语。(1)指很多年，很长时间：～大计|～不遇。(2)人的一生：～偕老|～好合。

【百年大计】bǎinián dàjì 成。指关系到长远利益的计划或措施：为国家建设培养合格的人才，这是～。

【百年之后】bǎinián zhī hòu 成。人寿一般不过百年，因而用"百年之后"婉言死亡：爷爷嘱咐，待他～，丧事务必从简。

【百十】bǎishí 数。一百左右的大概数目：她体重～斤。

【百思不解】bǎi sī bù jiě 成。百般思索、考虑，还是不能理解：我对这件事～。也说百思不得其解。

【百闻不如一见】bǎi wén bù rú yī jiàn 成。闻：听见。听人家说许多次，不如亲眼见到一次。指多闻不如亲见更可靠：听人说那儿风景好，～，我很想去游览一次。

【百无聊赖】bǎi wú liáo lài 成。聊赖：依赖。指思想感情没有依托，精神空虚无聊：他闲在家中无所事事，感到～。

【百无一是】bǎi wú yī shì 成。许多件事中没有一件是对的；多用于对人对事的全盘否定：他虽然有不少缺点和错误，但并非～。

【百姓】bǎixìng 名。战国奴隶社会中只有贵族有姓，"百姓"为贵族的总称。战国以后泛指平民，区别于官吏。

【百叶窗】bǎiyèchuāng 名。(1)一种装有许多活动横木板条或塑料片条的窗子，既能遮光挡雨，又能通风。(2)机械设备中像百叶窗的装置。

【百依百顺】bǎi yī bǎi shùn 成。什么都依从，别人怎么说就怎么做；多含贬义：他对小孩太溺爱了，简直是～。

【百战不殆】bǎi zhàn bù dài 成。殆：危险。多次打仗而不失败：这是一支～的英雄部队。注意："殆"不读tái。

【百折不挠】bǎi zhé bù náo 成。折：挫折；挠：弯曲。形容意志坚强，不管遇到多少挫折，决不屈服、退缩。我们在学习上应该发扬革命先烈那种～的精神，刻苦钻研。也作百折不回。

【百足之虫，死而不僵】bǎizú zhī chóng, sǐ ér bù jiāng 成。百足：虫名，即马陆，长寸许，有20个环节，切断后仍能蠕动。比喻事物虽然衰亡，但其残余势力或影响仍然存在：旧社会虽然灭亡了，但～，旧的思想影响，旧的习惯势力还在起作用。

佰 bǎi 数。"百"的大写；多用于票证、帐目等。

伯 bǎi [大伯子](dà-·zi) 名。丈夫的哥哥。
另见bó。

柏(栢) bǎi ❶名。柏树，常绿乔木，叶成鳞片状。种类很多，有圆柏、侧柏、罗汉柏等。木质坚硬，可用来作建筑材料。❷姓。
另见bó。

【柏油】bǎiyóu 名。即沥(lì)青。

捭 bǎi 〈素〉分开：～阖。参见"纵横捭阖"。

摆(擺、△襬) bǎi ❶动。安放，排列；常带宾语或补语：把书～在桌子上|～事实，讲道理。(2)显示，炫耀；常与"架子、威风"等词搭配，含贬义：～威风|～阔气。(3)摇动：他向我直～手。(4)〈方〉说，谈，陈述：咱们把这事～一～。❷〈素〉

摆败 bǎi-bài　23

(1)摇动的装置：钟～。△(2)衣裙的下边：下～。
【摆布】bǎibù　动。(1)安排，布置；常带补语：屋里的东西～得整整齐齐。(2)支配，捉弄：任人～。可带宾语：帝国主义任意～弱小国家的时代已经过去了。
【摆动】bǎidòng　动。来回摇动：两只手在不停地～。带宾语时，后面常加动态助词"着"：小狗不断地～着尾巴。
【摆渡】bǎidù　❶动。用船把人和物由此岸运送到彼岸；常带宾语或补语：他在这条河上～乘客已有几十年了|我们～到对岸。❷名。摆渡用的船。
【摆架子】bǎi jià·zi　习。自高自大，装腔作势；含贬义：我们要甘当群众的小学生，不要～。
【摆阔】bǎikuò　动。讲究排场，显示自己很富有；不带宾语：我们要勤俭持家，不要～。可拆开用：摆什么阔？也说摆阔气。
【摆擂台】bǎi lèitái　习。搭起擂台欢迎人来比武，比喻开展竞赛：工人们大～，展开了夺高产竞赛。
【摆龙门阵】bǎi lóngménzhèn　〈方〉习。聊天或讲故事：每天晚上他们总是聚在一起大～。
【摆门面】bǎi mén·mian　习。讲究排场，粉饰外表：我们应该实事求是，表里如一，不能光～。
【摆弄】bǎinòng　动。常带宾语。(1)用手反复地拨弄或移动：他正在那里～机器。(2)捉弄，玩弄：他是老实人，你别再～他了。
【摆设】bǎishè　动。把物品按审美观点布置，安放；多指艺术品，常带补语：他家的房间～得很雅致。
【摆设】bǎi·she　名。(1)摆设的东西；多指供欣赏的艺术品：房间里布置得很简单，没什么～。(2)指徒有其表而无实用价值的东西。
【摆摊子】bǎi tān·zi　❶词组。在路边或街上陈列货物出售：他每天到集市上去～。❷习。比喻铺张；含贬义：你们不要～，追求形式。
【摆脱】bǎituō　动。脱离，甩掉；多与"困境、纠缠、束缚、羁绊、穷困"等表示不良情况的词语搭配：～困境|我已经把一些杂事～掉了。
【摆样子】bǎi yàng·zi　习。故意装出一种样子给人看，不求实际效果：读书是为了获得知识，不是为了～。
【摆子】bǎi·zi　〈方〉名。疟疾；作"打"的宾语：打～。

bài (ㄅㄞˋ)

败 bài　❶动。(1)输，失利；不带宾语，与"胜"相对：敌人～了。(2)打败，使失败；须带宾语：大～敌军。(3)凋谢，衰落；不带宾语：花～了。❷〈素〉(1)不成功：一笔|不计成～。(2)毁坏，损害：～坏|身～名裂。(3)破旧，腐烂：～絮|腐～。(4)消除，解除：～毒|～火。
【败北】bàiběi　〈书〉动。"北"，本意是两人相背，因此把军队打败仗，背向敌人逃跑叫败北。引申为在各种竞赛中遭到失败；不带宾语：由于客队实力雄厚，主队在这场较量中终于～。
【败笔】bàibǐ　名。书画或文章中有毛病的地方。
【败坏】bàihuài　❶动。损害，破坏；常用"名誉、风气"等抽象名词作宾语：不要～学校的名誉。❷形。恶劣：这个人道德～，偷窃扒拿，什么坏事都干。
　＊"败坏"和"破坏"："败坏"的使用范围较小，对象一般限于"名誉、道德、风气"等抽象事物；"破坏"的使用范围较大，对象可以是"名誉、关系、友谊"等抽象事物，也可以是"计划、生产、城市、村庄、桥梁、房屋"等具体事物。
【败绩】bàijī　〈书〉动。指军队大败，崩溃；不带宾语：齐师～(齐国的军队被打得大败)。
【败家子】bàijiāzǐ　名。(1)不务正业，挥霍家产的子弟：他是个～，家里的钱财都被他赌光了。(2)指挥霍浪费国家财产的人：要做创业者，不要做～。
【败局】bàijú　名。失败的局势：～已定。
【败类】bàilèi　名。集体中的堕落分子或变节分子：叛徒是革命队伍里的～。
【败露】bàilù　动。被发觉，指阴谋或坏事，一般不带宾语：敌人的阴谋～了。
【败落】bàiluò　动。由盛变衰，破落；不带宾语,可带补语:贾府的家境逐渐~下来。

【败诉】bàisù 动。诉讼中当事人的一方受到不利的判决;不带宾语:他在遗产继承权一案中~了。

【败兴】bàixìng 形。扫兴,兴趣或情趣受到破坏而低落:这件事真使人~。

【败阵】bàizhèn 动。在阵地上被打败;不带宾语,常构成连动词组:我军发动攻击,敌军~而逃。可拆开用:刚打了三个回合,他就败下阵来。

【败子】bàizǐ 名。败家子:~回头金不换。

拜 bài ❶动。(1)行礼,表示敬意或祝贺;常带宾语或补语:~客|天地|在遗像前~了三拜。(2)用一定的方式或仪式结成某种关系;带宾语:~师傅。可带兼语:~他为老师。❷〈素〉(1)佩服尊敬:崇~。(2)用于人事往来:~访|~托。❸姓。

【拜把子】bài bǎ zi 词组。旧时指异姓结成的兄弟。

【拜别】bàibié 动。告别;敬辞,常带宾语:他~双亲,去边疆工作。

【拜辞】bàicí 动。告别;敬辞,常带宾语:~亲友。

【拜访】bàifǎng 动。访问;敬辞,常带宾语或补语:我今天去~老师|~了一次老朋友。

【拜服】bàifú 动。很佩服;敬辞:他的翻译技巧可谓炉火纯青,令人~。常带补语:~在地|~在她脚下。

【拜会】bàihuì 动。拜访;敬辞,多用于礼节性的会见,常带宾语:他去~了来访的贵宾。

【拜见】bàijiàn 动。拜会;敬辞,用于对客人,多带宾语:这次~阁下,感到异常荣幸。

【拜客】bàikè 动。拜望别人;不带宾语:他今天要去~。可拆开用:上午先去拜个客,下午再去公园。

【拜领】bàilǐng 动。接受别人的赠品;敬辞,一般不带宾语:这件礼物我就~了。

【拜盟】bàiméng 动。拜把子;结成生死之交:刘备、关羽、张飞三人~,成为生死之交。可拆开用:他们这几个人是拜过盟的兄弟。

【拜年】bàinián 动。过年时向人表示祝贺;不带宾语:正月初二我们去老师家~。可拆开用:明天去伯父家拜个年。

【拜扫】bàisǎo 动。扫墓,到墓前祭奠;有尊敬的色彩,常带宾语:清明节我们去雨花台~烈士墓。

【拜师】bàishī 动。拜人为师;不带宾语:~学艺。常拆开用成"拜…为师"的格式:我们要甘当小学生,拜群众为师。

【拜堂】bàitáng 也叫拜天地。❶动。旧式婚礼,新夫妇一起参拜天地、拜见父母、公婆叫"拜堂";不带宾语:林黛玉去世时,贾宝玉和薛宝钗正在~。可拆开用:小两口拜过堂,就进入洞房。❷名。指这种仪式。

【拜天地】bài tiāndì 见"拜堂"。

【拜托】bàituō 动。恭敬地托人办事,敬辞,可带宾语:这件事就~你啦。可带兼语:~老张带包礼物给姑妈。

【拜望】bàiwàng 动。登门去探望,敬辞,常带宾语或补语:今天上午我去~了老师|今天顺路到老王那ㄦ去~了一下。

【拜物教】bàiwùjiào 名。(1)原始宗教的一种,把某些东西当做神灵崇拜,无一定的组织形式。(2)比喻对某种事物的迷信:金钱~。

【拜谒】bàiyè 〈书〉动。常带宾语。(1)拜见,敬辞,对象大多为长辈、领导等:晚辈~尊长。(2)瞻仰;对象为陵墓、碑碣等:他们去雨花台~了革命烈士纪念碑。

稗 bài ❶名。(~子)(1)一年生草本植物,形状像水稻,果实像黍子。常与水稻长在一起而影响水稻的生长,是有害的杂草。但果实可酿酒或做饲料。(2)这种植物的果实。❷〈素〉比喻微小或非正统的:~官(古代的小官)|~史(指记载轶文琐事的书)。

【稗官野史】bàiguān yěshǐ 成。稗官:古代专给帝王讲述街谈巷议、风俗故事的小官,后来就称小说或小说家为稗官;野史:古代私家编撰的史书。泛称记载轶闻琐事的作品。

鞴(韛) bài 〈方〉名。风箱。

·bai (ㄅㄞ)

唩 ·bai 助。同"呗(·bei)"。

bān (ㄅㄢ)

扳 bān 动。(1)使一端固定的东西改变方向；常带宾语或补语：～树枝｜～道岔｜把闸～一下。(2)扭转；常带补语：～回一局｜把比分～平了。

【扳手】bān·shou 名。(1)拧紧或旋松螺丝、螺帽的工具。也叫扳子。(2)器具上用手扳的部分。

攽 bān 〈古〉动。发给,分给。

颁 bān 〈素〉公布,发布：～布｜～发。

【颁白】bānbái 见"斑白"。
【颁布】bānbù 动。公布,发布；多用于法令、条例等：中央～了新宪法。
　*"颁布"和"公布"："颁布"着重指向下颁发,颁布者一般是高级领导机关,内容是法令等；"公布"着重指向公众发布,公布者除高级领导机关或其成员外,还可以是一般机关、单位、团体,内容除法令等以外,还可以是方案、草案、名单、帐目、成绩、结果、数字、事实等,如：食堂每月公布一次帐目。
【颁发】bānfā 动。常带宾语。(1)发布；用于命令、指示、政策等：中央军委～了嘉奖令。(2)授予；用于勋章、奖状等：厂长给先进工作者～了奖品。
【颁行】bānxíng 动。颁布施行：新的法令即将～。有时作"予以、开始"等动词的宾语：新章程经职工大会讨论通过,现予～。

班 bān ❶名。(1)按学习、工作等的需要编成的组织：一年级分两个～。(2)军队的基层单位。(3)工作按一天的时间分的段落：早～｜你上什么～？ ❷量。(1)用于人群：这～年轻人干劲真足！ (2)用于定时开行的交通工具：开往城里的公共汽车一天有好几～。❸〈素〉调回或调动：～师。❹姓。

【班白】bānbái 见"斑白"。
【班辈】bānbèi 〈方〉名。行辈：别看他年纪小,～可不小。
【班驳】bānbō 见"斑驳"。
【班车】bānchē 名。有一定的线路并按规定的时间开的车；限指机关、团体使用的。
【班次】bāncì 名。(1)学校里的班级次序：上中学时,他～比我高。(2)定时往来的交通运输工具开行的次数：增加公共汽车的～。
【班底】bāndǐ 名。(1)旧指戏班中除主要演员以外的其他演员：赵老板的戏班只增加了一个七龄童,还是原来的老～。(2)泛指一个组织中的基本成员。
【班房】bānfáng 名。(1)旧时衙门里衙役值班的房间,也作为临时拘人的地方。(2)泛称监狱。
【班机】bānjī 名。有固定的航线并按规定时间起飞的客机。
【班级】bānjí 名。学校里年级和班的总称。
【班荆道故】bān jīng dào gù 成。《左传·襄公二十六年》记载,伍举在从郑国去晋国的路上,和老朋友声子相遇于郑国郊外,二人"班荆相与食,而言复故。"班：铺开；荆：黄荆,一种落叶灌木；道：叙说；故：旧事。用黄荆铺地,坐在上面叙谈往事。形容朋友途中相遇,共叙旧情：两位老友～,相见甚欢。也作班荆道旧。
【班门弄斧】bān mén nòng fǔ 成。班：鲁班,我国古代传说中的巧匠,旧时被称为木匠的祖师爷。在鲁班门前摆弄斧头。比喻在行家面前卖弄本领：您是行家,我哪敢在您跟前～呢？
【班师】bānshī 〈书〉动。原指调回出征的军队,现多指出征的军队胜利归来；不带宾语：～回国｜胜利～。
【班子】bān·zi 名。(1)剧团的旧称。(2)指为执行任务而成立的组织：领导～｜工作～。

斑 bān ❶名。一种颜色中夹杂着别种颜色的点子或条纹：衣服上一块黑色的～。❷〈素〉有斑点或斑纹的：～竹｜～马。

【斑白】bānbái 形。花白；指头发,不加程度副词：头发～。也作班白、颁白。

【斑斑】bānbān 形。形容斑点很多；不加程度副词：泪痕～|～血迹。

【斑驳】bānbó 〈书〉形。色彩错杂；多形容树影、杂乱不纯的颜色等：阳光透过树林，在地上投下～的日影。

【斑驳陆离】bānbó lùlí 成。斑驳：色彩杂乱；陆离：参差不一。形容色彩杂乱的样子：年深日久，门上的油漆已是～。

【斑点】bāndiǎn 名。一种颜色中夹杂着别的颜色的点子：带子上有不少～。

【斑鸠】bānjiū 名。鸟，身体灰褐色，后颈有白色或黄褐色的斑点。常成群在田野里吃谷粒，对农作物有害。

【斑斓】bānlán 〈书〉形。灿烂多彩；不加程度副词：色彩～的商标|～的云霞。

【斑马】bānmǎ 名。哺乳动物，非洲的一种野生马。全身有棕色和白色相间的横纹。是一种珍贵的观赏动物。

【斑马线】bānmǎxiàn 名。国际通用的公路上的人行横道线的标志，由于刷成白色条纹，类似斑马纹，故名。

【斑纹】bānwén 名。一种颜色中夹杂别的颜色的条纹：老虎身上的～很鲜艳。

【斑竹】bānzhú 名。竹的一种，竹杆上有紫褐色斑点。可制装饰品、手杖等。也叫湘妃竹。

癍 bān 名。斑点状的皮肤病总称。

般 bān ❶助。相当于"似的"；用在名词后边：钢铁～的意志。❷〈古〉动。同"搬"。
另见 bō。

【般配】bānpèi 〈方〉形。(1)指结婚双方在相貌、身材、门第等方面相称：他们夫妻两身材倒很～。(2)指人的身份跟衣着、住所等相称：你穿得太寒伧了，跟你的教授身份不～。

瘢 bān 名。创伤或疮疖好了后留下的疤痕。

搬 bān 动。(1)移动，迁移；常带宾语或补语：～砖头|～出去。(2)不顾具体情况，死板地照抄现成的制度、经验、办法、词句等；常带宾语：不要死～教条。

【搬弄】bānnòng 动。(1)用手翻动、搬动或玩弄；用于物品：这孩子一有空就～他的玩具。(2)卖弄；多与抽象的事物如"学识、聪明"等搭配，含贬义：～小聪明。

【搬弄是非】bānnòng shìfēi 成。搬弄：挑拨。把人家说的话传来传去，甚至添枝加叶，蓄意挑拨，或在人背后说长道短，引起不和：这人专好～，要提防他一点。

【搬起石头打自己的脚】bānqǐ shítou dǎ zìjǐ·de jiǎo 成。比喻以损人的目的开始，以害己的结果告终：侵略者制造借口，挑起事端，只能是～。

【搬演】bānyǎn 动。把往事表演出来；常带宾语：～故事|～杂剧|～了一段封建大家庭的兴衰史。

【搬运】bānyùn 动。把东西从一个地方运到另一个地方；常带宾语或补语：～行李|～到车站去。

bǎn(ㄅㄢˇ)

坂(阪、岅) bǎn 〈古〉名。山坡、斜坡。

【坂上走丸】bǎn shàng zǒu wán 成。坂：斜坡；丸：弹丸。在斜坡上滚弹丸，比喻事态发展迅速。

板(△闆) bǎn ❶名。(～儿)较硬的片状物体：木～儿|玻璃～儿。❷形。(1)固执，呆板：小王办事儿真～，一点不灵活！|他为人太～了。(2)硬化，硬得像板子似的：这块地很～。❸动。没有笑容，表情严肃；多带动态助词"着"：～着脸。❹〈素〉(1)打拍子的乐器：檀～|鼓～。(2)音乐、戏曲中的节拍：～眼。△(3)见"老板"。

【板报】bǎnbào 〈口〉名。即黑板报。

【板斧】bǎnfǔ 名。斧的一种，斧刃平而宽。

【板鼓】bǎngǔ 名。打击乐器，鼓框用坚硬的厚木合成，鼓面全部蒙猪皮或牛皮。发音脆亮，是戏曲乐队中起领奏作用的重要乐器。

【板胡】bǎnhú 名。拉弦乐器，琴筒呈半球形，口上蒙着薄板，发音高亢。是梆子戏与曲戏的主要伴奏乐器，也用于独奏与合奏。

【板结】bǎnjié 形。土壤因缺乏有机质，结构不良,灌水或降雨后变硬:这块地太~了,难怪棉花长不好。

【板上钉钉】bǎn shàng dīng dīng 成。比喻事情不能变更:这条规定,经过大家再三讨论,如今已是~,不能再改动了。

【板实】bǎn·shí 〈方〉形。(1)硬而结实;多形容土壤:这块地太~了。(2)平整挺括;多形容衣物、书皮等:这件衣服看上去很~|这本书的封面真~。

【板眼】bǎnyǎn 名。(1)我国戏曲音乐中的节奏。每小节强拍叫'板',次强拍和弱拍叫'眼'。(2)比喻条理、层次;指讲话、做事或写文章:他讲话、办事都很有~,丝毫不乱。

【板羽球】bǎnyǔqiú 名。(1)一种球类游戏,两人隔着网用木制的拍子拍打特制的球。(2)板羽球游戏所用的球,用三根羽毛插在半球形的橡皮托上做成。

【板正】bǎnzhèng 形。端正、整齐:床上放着一条叠得很~的被子。可重叠,多用来形容严肃认真的表情:课堂上,同学们都坐得板板正正的。

【板滞】bǎnzhì 形。呆板;多指文章、图画、神态等:这幅画的颜色显得很~|她精神上受的打击很大,半个月来,不说不笑,面容~。

【板子】bǎn·zi 名。(1)呈片状的较硬的物体;多指木质的。(2)旧时的一种刑具,一般用木板或厚毛竹片制成。

版 bǎn ❶名。(1)印刷所用的底版,上面拼组有文字或图形:锌~|制~|这块~排得不齐。(2)书籍印行的次数,一次为一版:初~|第二~。(3)报纸的一面:头~。❷〈素〉(1)筑土墙用的夹板。~筑。(2)户籍:~图。

【版版六十四】bǎnbǎn liùshí sì 成。古时铸钱,每版六十四文,一定的。比喻为人固执呆板:应根据具体情况灵活解决问题,不要总是~,不知变通。

【版本】bǎnběn 名。同一部书因编辑、传抄、刻版、制版或装帧形式等的不同而出现的不同本子。

【版次】bǎncì 名。书籍出版的次第。第一次出版的叫第一版,或初版。修改后出版的叫第二版或再版,以下类推。

【版画】bǎnhuà 名。用刀子或化学药品在各种不同材料的版面上雕刻或腐蚀后印出的图画,如石版画、铜版画、木版画等。

【版面】bǎnmiàn 名。(1)书报杂志上每一页的整面。(2)书报杂志每一面上文字图画的布局:~设计新颖。

【版纳】bǎnnà 名。云南西双版纳傣族自治州所属的旧行政区划单位,相当于县。1960年版纳已改为县。

【版权】bǎnquán 名。作者或出版者根据出版法对作品所享有的权利。

【版式】bǎnshì 名。书籍正文的全部格式,包括正文和标题的字号、字体、排法以及版心大小等。

【版税】bǎnshuì 名。出版者按照出售印刷物所得收入的约定百分数付给作者的报酬。

【版图】bǎntú 名。原指户籍和地图,现泛指国家的疆域:南沙群岛和西沙群岛都在我国~之内。

钣 bǎn 名。金属板;多作中心语:铝~|钢~。

舨 bǎn 见"舢(shān)舨"。

bàn(ㄅㄢ)

办(辦) bàn 动。(1)处理,办理,常带宾语或补语:我去~这件事|~一下手续。(2)创设,经营;常带宾语或补语:大~工业|学校~得很好。(3)采纳,置备;多带宾语:~年货|~酒席。(4)处罚,惩治,只以"罪"作宾语:~他的罪。

【办案】bàn'àn 动。处理案件;不带宾语:由你们~。可作定语:~人员。

【办差】bànchāi 动。旧指给官府办理征集夫役、征收财物等差事;不带宾语:他过去曾在县衙~。

【办法】bànfǎ 名。处理事情或解决问题的方法:这是个好~|有困难大家来想~。

＊"办法"和"措施":"办法"是泛指,多用于口语;"措施"是指针对某种情况而采取的方法,常用于较大的事情或方面,多用于书面语。

【办公】bàngōng 动。办理公事;不带宾语:我到机关去~。可拆开用:等我办完公再去你家。

【办理】bànlǐ 动。处理事务；常带宾语或补语：～交接手续|这件事请你～一下。

【办事】bànshì 动。做事；不带宾语：干部要为群众～。可拆开用：我为大家办这点事是应该的。

半 bàn ❶数。(1)二分之一；无整数时用在量词前，有整数时用在量词后：～个西瓜|一斤～油。(2)在…中间：～山腰|～路上。(3)表示量很少，有夸张的语气；常与"也"配合使用：他连～句话也没说|我说的话一点虚假也没有。❷副。不完全：～新的瓦房|～透明|～脱产。❸构成"半～半～"格式，分别用在意义相反的单音词或语素前，表示相对立的两种性质或状态同时存在：～文～白|～推～就|～信～疑。❹构成"半～不～"格式，分别用在意义相反的单音词或语素前，表示某种中间性质或状态，多含厌恶意：～新不旧|～生不熟|～死不活。

【半百】bànbǎi 数。五十；多用于年龄：年近～。

【半半拉拉】bàn·banlālā 〈口〉形。没有全部完成的；不加程度副词，常作补语：你作业不要做得～就放下。

【半辈子】bànbèi·zi 名。半生或半世：前～|后～|～过去了，还没有见过这种怪事。

【半壁江山】bànbì jiāngshān 成。半壁：半边；江山：代指疆土。指国家遭到入侵后保存下来的或丧失的部分国土：～已在敌人蹂躏之下。

【半边】bànbiān 名。指某一部分或某一方面：这个苹果烂了～。

【半边天】bànbiāntiān 名。(1)天空的一部分：彩霞映红了～。(2)"妇女能顶半边天"，形容新社会妇女在革命和建设中的巨大力量。后借用"半边天"泛指广大妇女。

【半成品】bànchéngpǐn 名。制造过程没有全部完成，须要进一步加工或装配的产品。也叫半制品。

【半大】bàndà 形。形容不大不小之间的；不加程度副词：～小子|这种～的萝卜。

反而甜。

【半导体】bàndǎotǐ 名。(1)导电性能介于导体和绝缘体之间的物质，如锗、硅、硒以及某些化合物等。这些物质具有单向导电等特性，利用这些特性可以制造晶体管、整流器、检波器等，是电子工业的重要材料。(2)晶体管收音机的俗称。

【半岛】bàndǎo 名。伸入海中或湖中，三面临水，一面和大陆相连的陆地。

【半点】bàndiǎn 形。形容极少；不加程度副词，常作定语：没有～用处|我们在工作上来不得～马虎。

【半吊子】bàndiào·zi 习。旧时钱串一千叫一吊，半吊是五百。意即不满串。用来比喻不通事理，说话随便，做事不实在的人。也喻指知识不丰富，技术不到家的人。

【半封建】bànfēngjiàn 名。封建国家在帝国主义经济侵略后形成的一种社会形态。原来的封建经济遭到破坏，资本主义有了一定的发展，但仍然保持着封建剥削制度。

【半截入土】bàn jié rù tǔ 成。截：段。半身身体埋入土内。比喻人到晚年，离死不远：他已是～的人了，何必再苛求他呢!

【半斤八两】bàn jīn bā liǎng 成。旧制一斤等于十六两，八两即半斤。一个半斤，一个八两，重量相等。比喻彼此不分上下；多含贬义：论本事，他们俩可算～，都不怎么样。

【半径】bànjìng 名。从圆心到圆周上任何一点的线段。

【半拉子】bànlǎ·zi 〈方〉名。指某件事的一半：你作业才做了～，怎么就去玩儿了?

【半路】bànlù 名。(1)路程的一半或中间：走到～，下大雨了。(2)比喻事情正处在进行过程中：机器运行中，～忽然发生了故障。

【半路出家】bànlù chūjiā 成。半路：人生的中途，指成年后；出家：旧指当和尚或尼姑。成年后才去做和尚或尼姑。比喻中途改业，不是本行出身，根底不深：干这一行我是～，不很精通。

【半瓶醋】bàn píng cù 习。比喻对某种知识或技能只懂得一二,却自以为了不起的人;含讽刺意:搞机械他是～,却不懂装懂。

【半响】bànshǎng 〈方〉名。(1)半天:前～。(2)一会儿:好～,她一句话也不说。

【半身不遂】bàn shēn bù suí 见"偏瘫"。

【半生】bànshēng 名。半辈子。

【半生不熟】bàn shēng bù shóu 成。没有全熟;多含厌恶意:今天的饭烧得～的,真难吃!

【半世】bànshì 〈书〉名。半生。

【半死不活】bàn sǐ bù huó 成。没有精神,毫无生气。也形容人精神不振或事业萧条;多含厌恶意:小刘这个人常常是～的样子,一点精神也没有|如今我厂濒临破产,已经是～的了。

【半天】bàntiān 名。(1)一天的一半。(2)指相当长的一段时间:等了你～才来,真急死人了。

【半途】bàntú 〈书〉名。半路。

【半途而废】bàntú ér fèi 成。废:停止。事未做完而终止;指做事有始无终:这件事决不能～。

【半推半就】bàn tuī bàn jiù 成。推:抵拒,推托;就:靠拢,迎上去。一面推辞,一面靠拢上去。形容假意推托:他一见这是好差事,就～地应允了。

【半吞半吐】bàn tūn bàn tǔ 成。有话不肯明说:你有话就明说,不要～的。

【半夏】bànxià 名。多年生草本植物,开黄绿色的花。地下有球形的白色小块茎,可入药,有止咳、祛痰等作用。

【半新不旧】bàn xīn bù jiù 成。已经用过,但还比较新:你的衣服都是些～的,该换件新的了。

【半信半疑】bàn xìn bàn yí 成。有些相信,又有些怀疑。即信疑参半,又信又不信:这道数学题肯定是这样做的,你不要～。

【半夜】bànyè 名。(1)一夜的一半:上～。(2)夜里十二点钟前后,泛指深夜:深更～。

【半夜三更】bànyè sāngēng 成。三更:旧一夜分成五更,三更正是午夜时间。泛指深夜:～的,你们别再大声讲话了。

【半音】bànyīn 名。音乐上把八度音划分为十二个音,两个相邻之间的音程叫半音。

【半元音】bànyuányīn 名。语音学中指发音时气流较弱,摩擦较小,介于元音和辅音之间的擦音,如普通话yīnwèi(因为)中的y、w。

【半月刊】bànyuèkān 名。每半个月出版一次的刊物。

【半殖民地】bànzhímíndì 名。指名义上独立,实际上在政治、经济、文化等方面都受帝国主义控制和压迫的国家。

【半中腰】bànzhōngyāo 〈口〉名。中间:这事儿才做到～,干吗不做下去了?

【半子】bànzǐ 〈书〉名。指女婿。

【半自动】bànzìdòng 形。一部分由人工操作,一部分由机器操作的;不加程度副词,不单独作谓语:这台洗衣机是～的。

伴 bàn ❶名。(～儿)同在一起而能互助的人:结～儿旅游|让我给你做个～儿。❷动。陪着,随同;多带兼语:我～你去公园玩玩。

【伴唱】bànchàng 动。配合表演在旁边唱歌;一般不带宾语:今天小王跳舞,小张～。

【伴当】bàndāng 名。旧指跟随做伴的仆人或伙伴。

【伴郎】bànláng 名。即男傧相,旧时结婚典礼中陪伴新郎的人。

【伴侣】bànlǚ 名。共同生活、工作的人,或旅行的同伴:夫妻是终身～。

【伴娘】bànniáng 名。即女傧相,旧时女子出嫁时,请熟悉婚嫁礼节的妇女随护,这个人就叫伴娘。

【伴随】bànsuí 动。跟着,随同;常带宾语,并加动态助词"着":整天～着首长|～着经济的发展,文化教育事业也有了发展。

【伴同】bàntóng 动。陪同,一同;可带宾语或兼语:老李～小王去看画展|～他前去冒险的,只有小张、小赵二人。

【伴奏】bànzòu 动。唱歌、跳舞或独奏时用器乐配合;不带宾语:我用钢琴给你～。

拌 bàn 动。搅和；常带宾语或补语：把种子～点农药 | 加点糖，把凉菜～一下。

【拌嘴】bànzuǐ 动。争吵；不带宾语：你俩不要再～了。

绊 bàn 动。行走时腿脚被别的东西缠住或挡住；常带宾语或补语：你别在这儿～手～脚的 | 我不留神叫石头～了一跤。

【绊脚石】bànjiǎoshí 名。比喻阻碍前进的人或事物；含贬义：我们决不做革命的～。

梆 bàn 〈方〉名。(～子)大块的劈柴。

鞴 bàn 名。古代驾车时套在牲口后部的皮带。

扮 bàn 动。常带宾语。(1)化装，充当：这出戏中，他～包公。(2)面部装出某种样子：～鬼脸。

【扮相】bànxiàng 名。演员化装成戏中人物后的形象：他的～不错。

【扮演】bànyǎn 动。装扮成某种人物出场表演：这个角色由小王～。可带宾语：他在这部电影里～主角。

【扮装】bànzhuāng 动。化装；一般不带宾语：小王正在～，准备上台。加"成"后可带宾语：～成一个老头儿。

瓣 bàn ❶名。(～儿)(1)花瓣，组成花冠的花片：梅花五个～儿。(2)植物的种子、果实或球茎可以分开的片状物：豆～儿 | 蒜～儿。(3)物体破碎的部分：碗摔成好几～。❷量。(～儿)用于花瓣、叶片或种子、果实、球茎分开的小块儿：把西瓜切成四～儿 | 一～儿大蒜。

bāng (ㄅㄤ)

邦(邦) bāng 〈素〉国：友～ | ～交。

【邦基】bāngjī 〈书〉名。国家的基础：～牢固。

【邦交】bāngjiāo 名。国与国之间的正式外交关系；常作宾语：建立～ | 断绝～。

【邦联】bānglián 名。若干国家为了保障彼此的安全或为了达到某些共同目的而组成的联合体。邦联的成员仍保持独立的主权和政府组织，只在军事、外交等方面采取某些联合行动。

帮(幫) bāng ❶动。(1)帮助；常带宾语或补语：你～我，我～你 | 我～下。可带兼语：你来～我学英语。(2)〈口〉赠送，资助；常带双宾语：他家遭了灾，我们～他一点钱。❷名。(1)(～儿)物体旁边竖起的部分：鞋～儿 | 船～儿。(2)(～儿、～子)某些蔬菜外层的叶子：白菜～儿。❸量。用于成伙的人：一～朋友 | 一～土匪。❹〈素〉为政治的或经济的目的而组成的群伙或集团：马～ | ～旅 | ～会。

【帮办】bāngbàn ❶动。旧指帮助主管人员办公务；常带宾语或补语：～政务 | ～一下。❷名。旧指主管人员的助手。

【帮补】bāngbǔ 动。在经济上给予帮助；常带宾语或补语：乡政府经常发钱～村里的困难户 | 我目前经济上有困难，望你能～一下。可重叠：妹妹手头拮据，你当哥哥的应该～～。

【帮衬】bāngchèn 〈方〉动。(1)帮助，帮忙：没有人来～。多带宾语：小王经常～我。可重叠：老张确实太忙了，你也该～～。(2)同"帮补"。

【帮倒忙】bāng dàománg 习。形式上是帮忙，实际上增加了麻烦：你别老在这儿～。

【帮工】bānggōng ❶动。帮助干活儿；多指农活，不带宾语：农忙季节，农民们互相～。可拆开用：帮完工才能去帮你盖房子。❷名。旧指帮工的人；多指农村的短工。

【帮会】bānghuì 名。旧时某些民间秘密组织的总称，如哥老会、青帮、洪帮等。

【帮口】bāngkǒu 名。旧时地方上或行业中借同乡或其他关系结合起来的小集团。

【帮忙】bāngmáng 动。替别人分担一部分事情，泛指在别人有困难的时候，给予帮助：你有什么难处，我一定～。可构成连动词组：我这捆书太重了，请你拿一下。可重叠：这件事我今天做不完了，你来帮帮忙。可拆开用：不关你的事，我们单位需要印一批资料，请你们厂帮个忙。

【帮派】bāngpài 名。为一定的政治或经济目的而结成的集团或宗派；含贬义。

【帮腔】bāngqiāng 动。不带宾语。(1)某些戏曲中的一种演唱形式，由多人在台后给上场的演员帮唱：她在前台唱，我们在后台～。(2)比喻附和别人，帮人说话：他的意见太偏激了，会场上没一个人给他～。可拆开用：要你帮什么腔？

【帮手】bāng·shou 名。助手，帮助做事的人：他是我的好～。

【帮凶】bāngxiōng ❶动。帮助行凶或作恶；不带宾语：别去～。❷名。帮着行凶或作恶的人：他是～。

【帮闲】bāngxián ❶动。受官僚、地主或资本家豢养，给他们装点门面、跑腿效劳；不带宾语：三十年来，贾兴一直在赵府～。❷名。指帮闲文人：这批～们真可耻。

【帮助】bāngzhù 动。帮忙，援助：我们要互相～。常带宾语或补语：请多多～我｜我～不了你。可带兼语：战士们～老乡割麦。

＊"帮助"和"协助"："帮助"不一定是共同搞，可以是代替搞，也可以是出主意或给以精神上、物质上的支援；"协助"是从旁帮助，共同工作或战斗。"帮助"可以用于思想、学习等方面；"协助"一般只用于战斗、工作或某种活动等比较具体的方面。

梆 bāng ❶拟声。摹拟敲打木头的声音；常叠用：～～响。❷见"梆子"。

【梆子】bāng·zi 名。(1)一种响器，用木头或竹子制成，空心，旧时用于打更、报警等。(2)打击乐器，用两块长方形木板制成，是梆子腔的主要乐器之一。(3)即梆子腔。

【梆子腔】bāng·ziqiāng 名。(1)戏剧声腔的一种。因用硬木梆子加强节奏而得名。(2)用梆子腔演唱的剧种的统称，音调高亢，曲谱少变化，盛行于我国北方，如陕西梆子、山西梆子、河南梆子等。

浜 bāng 〈方〉名。小河沟；常用于地名：沙家～(在江苏省)。

帮梆浜绑榜膀蚌 bāng-bàng　31

bǎng(ㄅㄤˇ)

绑 bǎng 动。用绳、带等捆扎；常带宾语或补语：～行李｜腿上～着块布｜用绷带～起来。

【绑架】bǎngjià 动。用暴力把人劫走；常带宾语或补语：～了他｜匪徒把人～到深山。常用于被动句：一名官员被～。

【绑票】bǎngpiào 动。匪徒把人劫走，逼被绑者的家属出钱去赎；不带宾语：鬼子刚刚杀人放火走了，他们就来～，这叫趁火打劫。常用于被动句，可拆开用：那年，他父亲被绑了票，花好多钱才赎出来。

【绑腿】bǎngtuǐ 名。缠裹小腿的布带，多为军人所用。

榜 bǎng 名。(1)揭示名单的通告：光荣～｜～上有名。(2)古代官府的文告：皇～｜揭了～。

【榜首】bǎngshǒu 名。旧指发布名单的通告中的第一名。后用来泛指第一名：她俩双双获得了梅花奖，并列～。

【榜文】bǎngwén 名。古代的文告。

【榜眼】bǎngyǎn 名。科举时代殿试第二名。

【榜样】bǎngyàng 名。值得学习的人或事：雷锋是我们学习的好～｜～的力量是无穷的。

＊"榜样"和"模范"："榜样"是中性词，既可指好的，也可指坏的；"模范"是褒义词，总是指好的。"榜样"不能作状语，"模范"可以修饰动词，作状语，如：模范地执行国家的法令。

膀 bǎng 名。(1)(～子)肩以下、肘以上的部位：他的两～真有力。(2)(～儿)鸟类等的翅膀。

另见pāng, páng。

【膀臂】bǎngbì 名。(1)膀子和手臂。比喻得力的助手：王老师很能干，是校长的～。(2)〈方〉即"膀(1)"。

bàng(ㄅㄤˋ)

蚌(蛖) bàng 名。软体动物，生活在淡水中，有两扇可以开闭的椭圆形介壳。肉可食，壳可做装饰品。有的蚌能产珍珠。

棒 bàng ❶名。棍子。一根~。❷〈方〉形。强；指身体、能力：身体好~|字写得真~。

另见bèng。

【棒喝】bànghè 动。原为佛家语，禅宗对待初学的信徒，常给予当头一棒，或大喝一声，或棒喝并用，命令他立即回答问题。现常用来比喻促人猛醒的警告；不带宾语，常用"当头"作状语：要用一针见血的话好他当头一~下，使他猛醒过来。注意："喝"这里不读hē。

【棒球】bàngqiú 名。(1)球名，比垒球小而硬。(2)球类运动项目之一。球场呈直角扇形，四角各设一个垒位(守方据点)。每队九人，攻守互换，以得分多少决定胜负。

【棒子】bàng·zi 名。(1)棍子。(2)〈方〉玉米。

傍 bàng ❶动。靠近；常带宾语：船~了岸。❷〈素〉临近：~黑|~晚。

【傍黑】bànghēir 〈方〉名。傍晚。

【傍亮儿】bàngliàngr 〈方〉名。临近天明的时候。

【傍响】bàngshǎng 〈方〉名。临近中午的时候。

【傍晚】bàngwǎn 名。黄昏。

谤 bàng 〈素〉恶意地说别人的坏话：诽~。

蒡 bàng [牛蒡](niú-) 名。二年生草本植物，叶子呈心脏形，夏季开紫红色小花，密集成头状。果实瘦小。果、根、叶可入药。

搒 bàng 〈古〉动。摇橹使船前进，划船。

另见péng。

磅 bàng ❶量。音译词。英美制重量单位。1磅合0.4536公斤。❷名。磅秤：搁在~上称一下。❸动。用磅秤称轻重；常带宾语或补语：~一下体重|你把~一~。

另见páng。

镑 bàng 量。音译词。英国的本位货币单位，1970年后1镑合100便士。

稖 bàng [~头](-tóu) 名。即玉米。也作棒头。

bāo（ㄅㄠ）

包 bāo ❶动。(1)用布、纸等把东西裹起来；常带宾语或补语：~糖果|~着一层布|把花生米~起来。(2)围绕，包围；多带补语：大水把村子~了起来|~得严严实实。可带宾语，常用"住"作补语：火苗~住了锅底。(3)把任务全承担起来负责完成；常带宾语或补语：~产量|这项工作~出去了。(4)担保；多带动词、形容词作宾语：这棵树~活|这个瓜~甜。也可带主谓词组作宾语：~你满意。(5)约定专用；这场电影我们学校~了。常带宾语或补语：~了一辆车|所有房间全部~了下来。❷名。(~儿)(1)裹起来的东西：请游客当心自己随身所带的~儿。(2)装东西的口袋：这个~儿做得很好。(3)鼓起的疙瘩：头上撞了个~儿。❸量。用于制成包的东西：一~衣服|两~大米。❹〈素〉容纳在内，总括在一起：~含|~括。❺姓。

【包办】bāobàn 动。(1)负责一手办理；常带宾语或补语：~酒席|这件事由你~到底。(2)应与有关的人商量或应共同去做的事却不让别人参与，独自把持；含贬义：儿女的婚姻，父母不能~。常与其他动词并用：~代替|把持~。

【包庇】bāobì 动。袒护和掩护；指坏人坏事或犯错误的人，含贬义：不能~坏人|姐姐常常~弟弟的错误。

【包藏】bāocáng 动。包含，隐藏；常用于人的思想感情：~祸心|她感到这些话里好像~着很多柔情。

【包产】bāochǎn 动。在农村中根据土地、劳动力、生产技术等条件订出产量指标，由一个农户或生产单位负责完成；不带宾语，带补语：~到户。可拆开用：这片地由李老汉家包了产。

【包场】bāochǎng 动。预先订下一场电影、戏剧等的全部或大部分座位；不带宾语：今天晚上的电影由单位~。可拆开用：今天的电影给学校包了场。

【包抄】bāochāo 动。分兵绕到敌人后面或两侧攻打；常带宾语或补语：我军两路~敌人|我们分几组~过去。

包 bāo　33

【包打听】bāodǎtīng 〈方〉名。(1)即侦探。(2)指喜欢打听消息或消息比较灵通,善探隐私的人;含讥讽意。

【包袱】bāo·fu 名。(1)指包东西用的布。(2)包着东西的包裹。(3)比喻一种思想负担或累赘:放下~,轻装上阵|他失业后,成了家中的一个~。(4)指相声、快书等曲艺中的笑料。把笑料说出来的叫抖包袱。

【包干儿】bāogānr 动。保证全部完成一定范围内的工作;不带宾语:剩下的活儿由我一个人~。

【包工】bāogōng ❶动。按规定期限,完成某项生产任务;不带宾语:这幢楼房由他们~。❷名。承包工程从中进行剥削的厂商或工头。

【包公】bāogōng 名。即宋朝的包拯(999—1062年),曾任龙图阁直学士等职。他执法严明,不畏权贵,以廉洁刚直著称,在旧小说、旧戏曲中被描写为铁面无私的清官典型。民间称他为包青天,也叫包龙图。

【包裹】bāoguǒ ❶动。包扎;常带补语:把伤口~好。❷名。包扎成件的包儿。

【包管】bāoguǎn 动。担保,保证;表示说话人的自信,常以谓词、谓词性词组或主谓词组作宾语:~退换|吃了这种药,病~就能好|你可以买下这幅古画,我~你不会上当。

【包含】bāohán 动。内里含有;常带宾语或补语:这诗一般的语言,~着战士们多么崇高的爱国精神啊!|没有什么事物是不~矛盾的|这多么意思,一句话~不了。

　　*"包含"和"包括":"包含"着重指深度或内在方面,对象多指抽象事物,如精神、意义、内容等;"包括"着重指广度或范围方面,对象既可以是具体的人和事物,也可以是抽象事物,适用范围较广。

【包涵】bāo·han 动。原谅,宽容;多作客套话,不带宾语:我讲得不好,请大家多多~。

【包举】bāojǔ 动。包容,统括;常带宾语或补语:~一切|~无遗|这些问题也应当~在内。

【包括】bāokuò 动。包含,统括在内;常指所列举的部分:每人都应坚持锻炼,~青少年、中年和老年。也可着重指某一部分:全体同学都要参加大会,~研究生在内。

【包揽】bāolǎn 动。把别人的事全部兜揽过来办理;常带宾语或补语:~一切的作风是要不得的|孩子的衣、食、住、行他都~下了。

【包罗】bāoluó 动。包括、网罗;指大范围众多的事物:~无遗|~万象。

【包罗万象】bāoluó wànxiàng 成。包罗:包括,收集;万象:宇宙间一切景象,指各种事物。形容内容丰富、复杂,无所不包:这本书内容十分庞杂,可以说是~。

【包赔】bāopéi 动。担保赔偿;不带宾语:皮鞋的质量你可以放心,半年内坏了,我们包退~。

【包票】bāopiào 名。保单的旧称,保证货物可以用若干年限的保证书。估计事情有绝对把握时,常说"打包票":他今天下午一定回来,我敢打~。也说保票。

【包容】bāoróng 动。(1)原谅,宽容;客套话,不带宾语:这件事怪我不好,请大度~。(2)包括,容纳;常带宾语或补语:这首诗~了他对友人的一片深情|这么多内容一篇文章~得下吗?

【包身工】bāoshēngōng 名。(1)旧社会一种变相的贩卖奴隶的形式。被贩卖的多是农村贫雇农少女,她们由包工头骗到工厂做工,没有人身自由,所得工资全部归包工头所有,受资本家和包工头的双重剥削。(2)指在包身工形式下做工的人。

【包探】bāotàn 名。旧指巡捕房中的侦探人员。也叫包打听。

【包围】bāowéi 动。四面围住;常带宾语或补语:洪水~了村庄|八路军把日寇的据点~起来|敌人两个团已完全陷入我军~之中。

【包厢】bāoxiāng 名。戏院里特设的单间席位,一间内有几个座位,多在楼上。

【包销】bāoxiāo 动。承揽某种货物,负责销售:这批花布由我们~。可带宾语:你负责~多少书?

【包圆儿】bāoyuánr 〈口〉动。不带宾语,可拆开用。(1)把剩余的物品全部买下:剩这点货你~吧!|剩下的五筐苹果让他

们～。(2)全部担当:这件事他们没做完,我～了|这批货物的包装任务,第三组包了圆儿。

【包孕】bāoyùn 〈书〉动。包含;常带宾语:在旧事物的胚胎里～着新事物的萌芽。

【包扎】bāozā 动。(1)裹捆扎;常带宾语或补语:～伤口|你把这几本书～一下。(2)比喻收藏、掩盖;须重叠,含贬义:有错误就得公开承认,不要包包扎扎。

【包装】bāozhuāng ❶动。把商品扎好或把商品装进纸盒及其他容器中,使产品减少损坏,增加美观,并使顾客便于携带;常带宾语或补语:～糖果|这盒点心～得真漂亮。❷名。指包装商品的东西,如纸盒、瓶子、铁皮筒子等。

苞 bāo ❶名。花未开时包着花朵的小叶片:花～|含～待放。❷〈书〉形。茂盛:竹～松茂。

枹 bāo 名。枹树,落叶乔木,叶呈倒卵形,边缘有锯齿。种子可提取淀粉。可制栲胶。也叫小橡树。
另见fú(枹)。

孢 bāo [孢子](-zǐ) 名。某些低等动物和植物的无性生殖细胞,离开母体后能直接发育成新的个体。也作胞子。

【孢子植物】bāozǐ zhíwù 词组。用孢子进行繁殖的植物,包括菌类、藻类、苔藓、蕨类等植物,如海带、水棉等。

胞 bāo ❶即"胞衣"。❷〈素〉(1)同胞的:～兄|～妹|～叔。(2)同一国的人:同～|侨～。

【胞衣】bāoyī 名。中医把胎盘和胎膜统称为胞衣,也叫衣胞或胎衣。用作中药时叫紫河车,可以治疗劳伤、虚弱等症。

炮 bāo 动。(1)一种烹调方法,把鱼肉等放在热油锅中旺火急炒;常带宾语:～羊肉。(2)烘,烤:这些豆子受了潮,要放在热炕上～干才能磨粉。
另见páo, pào。

龅 bāo [龅牙](-yá) 名。突出嘴唇外的牙齿。

剥 bāo 动。去皮或壳;常带宾语或补语:～花生|～干净。
另见bō。

煲 bāo 〈方〉❶名。一种壁较陡直略呈圆筒状的锅;多作中心语:瓦～|沙～。❷动。煮或熬;多带宾语:～饭。

褒(襃) bāo 〈素〉(1)赞扬,夸奖;与"贬"相对:～奖|～扬。(2)衣服肥大:～衣博带。

【褒贬】bāobiǎn 动。评论好坏;指人或事。妄加～|要好好了解一下事实真相,不要随意～。可带宾语:～人物|此文只是如实地写出曹操一生的活动,无意～其功过。

【褒贬】bāo·bian 动。指责,批评;偏义词,常带宾语或补语:有意见要当面提,不要在背地里～别人|他把小王～得一钱不值。

【褒奖】bāojiǎng 动。表扬和奖励;可带宾语:校方～他的功绩。常作"受到"的宾语:在授奖大会上,立功人员都受到～。

【褒扬】bāoyáng 动。表扬,赞美;与"贬抑"相对,常带宾语:我们要～好人好事,批评不良现象。

【褒义】bāoyì 名。字句里含有赞许或好感的意思;与"贬义"相对:"骄傲"这个词有时含～。

báo(ㄅㄠˊ)

雹 báo 名。(～子)冰雹,空中水蒸气遇冷结成的冰粒或冰块,常在夏季中伴同雷阵雨出现。

薄 báo 形。(1)厚度小;与"厚"相对:这种衣料很～。(2)冷淡,不深,指感情:我待他不～。(3)稀,味淡;用于液体或半液体状态的东西,与"厚、浓"相对:酒味很～|稀饭太～。(4)轻微的;多指礼品:一份～礼|礼品虽～,情意重。(5)不肥沃:土地～。
另见bó, bò。

bǎo(ㄅㄠˇ)

饱 bǎo ❶形。(1)吃得满足;与"饿"相对:我吃～了。(2)饱满:豆子很～。❷〈素〉(1)多,充分:～学|～经风霜|～食终日。(2)满足:一～眼福。

【饱和】bǎohé 形。(1)在一定温度和压力下溶液所含溶质的量达到最大限度:这杯水不能再放糖了,快～了。(2)比喻事物达到最高限度:学员人数已达到～程度了。

【饱经风霜】bǎo jīng fēng shuāng 成。饱:充分地;经:经历;风霜:比喻艰难困苦。形容经历过长期艰难困苦的生活磨炼:他是位～的老人。也作饱经霜雪。

【饱满】bǎomǎn 形。充实,充足:颗粒～|精神～|天庭很～。

＊"饱满"和"丰满":"饱满"意思着重在"饱",即充足,常用来形容谷粒、豆粒、前额等长得鼓鼓的东西;"丰满"的意思着重在"丰",即多而好看,常用来形容人的体态、鸟的羽毛等。"饱满"除可以形容具体的事物外,还可以形容精神、情绪等抽象的事物;"丰满"只形容具体的东西。

【饱食终日】bǎo shí zhōngrì 成。终日:整天。吃饱了饭,整天不干事;常和"无所用心"并用:我们要抓紧时间努力工作和学习,不能～,无所用心。

【饱学】bǎoxué 形。学识丰富;不单独作谓语,不加程度副词:他是位～之士。

宝(寶、寳) bǎo ❶名。(1)珍贵的东西:粮食是～中之～。(2)旧时的一种赌具,方形,上有指示方向的记号。参见"压宝"。❷〈素〉(1)贵重的:～石|～物|～剑。(2)用于敬称别人的家眷、店铺等:～眷|～号。

【宝贝】bǎobèi 名。(1)珍奇的东西:古代的皇冠保存到今天,这可是个～!(2)〈儿〉对小孩的爱称:我的～儿,你怎么到现在才回来?(3)讥讽乖张荒唐的人;含贬义:这个人的打扮男不男,女不女,真是个～!。

【宝贵】bǎoguì 形。(1)价值高,很难得:这是一幅非常～的山水画|时间比金子还～。(2)值得重视:～的意见。

＊"宝贵"和"珍贵":"宝贵"的意思重在贵重,多用来形容抽象事物,如经验、意见、贡献等;"珍贵"除有宝贵的意思外,还有稀少,珍贵的意思,多用来形容具体的东西,如纪念品,文物等。

【宝号】bǎohào 名。对别人的店铺的敬称。

【宝剑】bǎojiàn 名。原指稀有而珍贵的剑,后来泛指一般的剑。

【宝卷】bǎojuàn 名。说唱文学的一种,由唐代的变文和宋代和尚的说经发展而成。早期多为宣扬因果报应的佛教故事,明代以后逐渐取材于民间故事或现实生活。

【宝库】bǎokù 名。储藏珍贵物品的地方;常用作比喻:艺术～|理论～。

【宝蓝】bǎolán 形。鲜亮的蓝色;不加程度副词,不单独作谓语,作定语:穿了一件～的外衣。

【宝石】bǎoshí 名。稀有的贵重矿石,色泽美丽,硬度大,透明或半透明,可制装饰品或仪表的轴承等。

【宝塔】bǎotǎ 名。塔的美称。过去佛教徒在塔上装饰金、银、琉璃等宝物,故称宝塔。今泛指塔。

【宝藏】bǎozàng 名。(1)储藏的珍宝或财富;多指埋藏在地下的矿产:我国的大西北有着丰富的～。(2)比喻有待发掘利用的宝物或财富:民间艺术的～是无穷无尽的。注意:"藏"这里不读cáng。

【宝重】bǎozhòng 动。珍惜重视;多用于珍贵文物书画:这是宋版线装书,为海内外收藏家所～。

【宝座】bǎozuò 名。原指帝王或神佛的座位,现喻指高贵的位子;多含贬义:他靠吹吹拍拍、拉拉扯扯登上了局长的～。

保 bǎo ❶动。常带宾语或补语。(1)保持,保全:～冠军|火势越来越猛,仓库看来～不住了。(2)保证,担保:敢～没错|～你一学就会|这块地旱涝～收。❷名。旧时户口编制单位。若干户为一甲,若干甲为一保。参见"保甲"。❸〈素〉(1)保证人:铺～|作～|交～。(2)保护,保卫:～存|～育|～健|明哲～身。❹姓。

【保安】bǎo'ān 动。常作定语。(1)维护社会治安:节日期间要做好～工作。(2)保护工作人员安全,防止伤亡事故:～制度|～措施。

【保安族】bǎo'ānzú 名。我国少数民族之一,分布在甘肃省。

【保镖】bǎobiāo ❶动。旧指会武术的人为官员、富翁看家保命或护送财物;不带宾语:长官外出,要人～。❷名。指做种事的人,现多喻指保护的人:这座山陡峭难爬,不过你别害怕,我给你当~。

【保不住】bǎo·bu zhù 词组。(1)难免:今天~要下雪。(2)不能保持:如果我们不努力工作,这面优胜红旗就~了。

【保藏】bǎocáng 动。把东西收藏起来,以免遗失或损坏;常带宾语或补语:~水果|这盒药你要~好,免得受潮变质。

【保持】bǎochí 动。维持原状使不消失或减弱;常带宾语或补语:~荣誉|这种好的作风要一下去。

＊"保持"和"保存":"保持"着重在持久,是使某种情况或现象持久不消失;"保存"着重在存在,是使某种事物、意义、性质等继续存在。"保持"的对象大都是抽象的,如作风、荣誉等;"保存"的对象大都是具体的,如资料、粮食等。

【保存】bǎocún 动。常带宾语或补语。(1)保管收存:~文物|~下去。(2)保持:~实力。

＊"保存"和"保留":"保存"着重于存,对象多为具体事物,如资料、食物、书信、文物、力量等;"保留"着重于留,对象可以是具体的事物,也可以是抽象的事物,或习惯、传统等。"保存"不可以用在"有、无"之后;"保留"可以。

【保单】bǎodān 名。表示在一定的期限内,对某事负责的单据,如修理钟表的保单。

【保管】bǎoguǎn ❶动。(1)保存管理;常带宾语或补语:~钥匙|粮食要~好。(2)完全有把握,担保;常以主谓词组作宾语:只要下功夫,我~你能学会。❷名。指在仓库里作保管工作的人。

【保护】bǎohù 动。尽力照顾,使不受伤害;常带宾语或补语:~视力|~庄稼|把脚~好,别冻坏了。

＊"保护"和"保卫":"保护"着重于"护",不使受损害,语意较轻;"保卫"着重于"卫",不使受侵犯,语意较重。"保护"使用范围较广,多用于一般的人和物;"保卫"使用范围较小,多用于具有重大意义的事物,如领土、城市、矿山、工厂、政权、领袖等。

【保护国】bǎohùguó 名。被迫订立不平等条约将部分主权(如外交)交给别国而受其监督的国家。是殖民地的一种形式。

【保护伞】bǎohùsǎn 习。比喻起庇护作用的后台:有些官僚主义者成了坏人的~。

【保护色】bǎohùsè 名。(1)某些动物身上具有同周围环境相类似的颜色,有掩蔽和保护的作用。(2)比喻巧妙的伪装:有些坏人善于伪装,给自己涂上一层~。

【保皇派】bǎohuángpài 名。拥护帝制、维护皇帝的政党、派别。现用来喻指维护旧统治的人;含贬义。

【保甲】bǎojiǎ 名。旧时的一种户籍制度,若干户编成一甲,若干甲编成一保,并设甲长和保长,对居民实行层层管制。

【保驾】bǎojià 动。旧指保卫皇帝,现指保护、保卫;常用于开玩笑的场合:学游泳可不能怕水,我在旁边为你~。

【保荐】bǎojiàn 动。负责推荐;对象为人:我~一个人给你,肯定你会满意的|这个医生不是你~的吗?可重叠:我的孩子今年大学毕业,请你~~。

【保健】bǎojiàn 动。保护健康;不单独做谓语,常作定语:~制度|~医生|~工作。

【保结】bǎojié 名。旧时为保证他人的身份或行为而给官府写的文书。

【保举】bǎojǔ 动。旧时大臣向朝廷保荐认为有才或有功的所属官员,建议提拔任用;多带宾语:~贤才。

【保留】bǎoliú 动。(1)保存不变;常带宾语或补语:整修后的园林还~着原来的格局|这次大地震以后,只有几座建筑物~下来。(2)暂时留着不作争论;指意见、见解、看法等:不同意见可以~|对这个问题我~自己的看法。(3)留下,不拿出来:有意见就都说出来,不要~|~了一部分|他把自己的技艺毫无~地教给了徒弟。

【保密】bǎomì 动。保守机密或秘密;不带宾语:作战计划必须严格~|这件事我一定替你~。可拆开用:这样做保不了密。

【保姆】bǎomǔ 名。(1)雇请到家里来照管儿童或帮做家务事的妇女。也作保母。(2)保育员的旧称。

【保票】bǎopiào 见"包票"。

【保全】bǎoquán 动。保护使不受损害；常带宾语或补语：～名誉｜性命总算～下来了。

【保人】bǎoren 名。保证人。

【保山】bǎoshān 名。旧称保人或媒人。

【保释】bǎoshì 动。犯人取保释放；常用在被动句中：他被～出狱。

【保守】bǎoshǒu ❶形。因循守旧，不求进步；多指思想、计划等：他的思想很～｜计划订得比较～。❷动。保持，使不流传出去；须带宾语，多指不可泄漏的事：～秘密。

【保送】bǎosòng 动。由国家、机关、团体等保荐去学习；常带兼语：～他去上大学。

【保卫】bǎowèi 动。保护使不受侵犯；多用于具有重大意义的事物：～祖国｜～革命政权。

【保险】bǎoxiǎn ❶名。集中分散的社会资金，保障受损失后得到补偿的一种方法。企业或个人向保险公司按期交费，在发生自然灾害、意外事故或人身伤亡时，保险公司对保险责任范围内的损失负责赔偿。有火灾保险、财产保险、人身保险等多种。❷形。稳妥可靠：这样做比较～。❸动。担保；常以动宾词组或主谓词组作宾语：～不会出问题｜谁能～自己一辈子不栽斤斗呢？

【保险柜】bǎoxiǎnguì 名。贮藏现款或贵重物品，可以防盗、防火的柜子。用中间夹有石棉的双层厚铁板制成，门上装有号码键或特制的锁。也叫保险箱。

【保险丝】bǎoxiǎnsī 名。电路中保险装置用的导线，一般用铅、锡等熔点低的合金制成。当电流超过限度或短路时，丝即烧断，电路也随之断开，可以防止发生火灾或烧坏电器。

【保养】bǎoyǎng 动。(1)保护调养；用于人，带宾语：～身体。(2)维护修理；用于机器一类的东西，常带宾语或补语：～机器｜把汽车～好。

【保佑】bǎoyòu 动。一种迷信的说法，指神灵的保护和帮助：上帝～。可带主谓词组作宾语：老天～你平安无事。

【保育】bǎoyù 动。照管、教育幼儿，常作定语：～员｜～工作。

【保育院】bǎoyùyuàn 名。为保护、教育失去父母的儿童而设的机构，内有托儿所、幼儿园、小学等。

【保障】bǎozhàng ❶动。保护，保证；常带宾语：～人民的民主权利｜～供给。❷名。起保障作用的事物：全村孤寡老人的生活都有了～。

＊"保障"和"保护"："保障"的对象多是抽象事物，如生命、自由、权利等；"保护"的对象多是具体的事物，如牲畜、文物等。"保障"有名词用法；"保护"没有名词用法。

【保证】bǎozhèng ❶动。担保，负责办到；常以动宾词组作宾语：～完成任务。❷名。作为担保的事物：团结是胜利的～。

【保证人】bǎozhèngrén 名。(1)保证别人的行为符合要求的人。(2)担保被告人不逃避审讯并随传随到的第三人。(3)法律上指担保债务人履行债务的第三人。

【保证书】bǎozhèngshū 名。为了保证做好某件事情而写的书面材料。

【保重】bǎozhòng 动。请别人保护健康、注意安全；客套用语：一路上请你多多～。可带宾语：～身体。

【保状】bǎozhuàng 名。旧时法庭要保证人填写的有一定格式的保证书。

堡 bǎo 〈素〉(1)堡垒：地～｜碉～。(2)古代用土石筑成的小城：城～。
另见bǔ, pù。

【堡垒】bǎolěi 名。(1)在重要地点作防守用的坚固建筑物。(2)比喻难以攻破的思想或事物：封建～｜顽固～(思想十分顽固的人)｜我们决心攻破这座科学～。

葆 bǎo ❶〈书〉动。通"保"，保持；现多以"青春"等作宾语：永～革命青春。❷〈古〉形。草木繁盛。❸姓。

褓(緥) bǎo 见"襁(qiǎng)褓"。

鸨 bǎo ❶名。一种鸟，像雁而略大，背上有褐色和黑色斑纹，善走，不善飞，能涉水。❷〈素〉旧时开妓院的女人：～母｜老～。

【鸨母】bǎomǔ 名。原指老妓女，后指妓女的养母或开妓院的女人。也叫老鸨。

bāo(ㄅㄠ)

报(報)
bào ❶动。(1)上报,告诉:这项决定要~上级批准。(2)回答;报答:~以热烈的掌声|大恩大德容后再~。(3)报复:这个仇一定要~。❷名。报纸:订了三份~。❸〈素〉(1)传达消息的文字或信号:电~|警~。(2)指刊物:画~|学~。

【报案】bào'àn 动。把违反法律,危害社会治安的事件报告公安部门或司法机关;不带宾语:仓库被盗,要赶快~。可拆开用:报过案|报了案。

【报表】bàobiǎo 名。向上级报告情况和数字的表格。

【报偿】bàocháng 动。报答和补偿:你对我的关怀和照顾,今后我一定要加倍~。可带宾语:我拿什么来~你呢?

【报仇】bàochóu 动。采取行动打击报复跟自己有仇恨的人;不带宾语,前面多以介词"为"组成的介词词组作状语,表示动作的对象:决心要为洪青青~。可拆开用:报了仇。

【报酬】bàochou 名。由于使用别人的劳动或物件等而付给的钱或实物。

【报答】bàodá 动。用实际行动来表示感谢:您把我从死亡线上救了出来,我该怎么~呢?可带宾语:~老师对我的关心。

【报单】bàodān 名。运货报税的单据。

【报到】bàodào 动。向工作、学习单位报告自己已经来到;不带宾语:小杨今天去学校~。可拆开用:已报过到。

【报道】bàodào 也作报导。❶动。通过报刊、广播、电视等把新闻告诉群众;常带宾语或补语:这篇文章~了该厂的先进经验|消息~得很及时。❷名。用书面或广播等形式发表的新闻稿:这篇~写得很生动。

【报废】bàofèi 动。设备、器物等因质量不合格或不能继续使用而废弃;常带宾语或补语:小王~了两个零件|这台机器已经锈坏,看来非~不可了。

【报复】bàofù 动。对批评自己或损害自己利益的人进行回击;常带宾语或补语:他不仅不接受批评,还想~人家,这就更不对了|他气得双脚直跳,很想去~一下

那个造谣中伤的人。

【报告】bàogào ❶动。把事情或意见正式告诉上级或群众;常带宾语或补语:他向大家~了一个好消息|这件事情的经过情况我已向局长~清楚了。❷名。对上级的正式陈述或对群众所作的系统的讲述:作~|打了一份申请转学的~。

【报告文学】bàogào wénxué 词组。散文中的一类,是通讯、速写、特写的统称。它是以现实生活中具有典型意义的真人真事为题材,借助某些文学手法,经过适当的艺术加工而写成的作品,兼有文学和新闻的特征,能够迅速生动地反映现实生活。

【报关】bàoguān 动。货物、行李或船舶等进出口时,向海关申报办理进出口手续;不带宾语:这批出口的手工艺品已~了。可拆开用:这批货报过关才能启运。

【报国】bàoguó 动。为国家效力尽忠;不带宾语:革命先烈为了民族的利益,不惜以身~。

【报捷】bàojié 动。报告胜利的消息;不带宾语:我厂提前半个月完成全年生产任务,我特地赶来向你~。可拆开用:报了捷|报过捷。

【报警】bàojǐng 动。向治安机关报告危急情况或向有关方面发出紧急信号;不带宾语:遇有强盗作案,应该立即~。可拆开用:他们一发现险情,就向有关部门报了警。

【报刊】bàokān 名。报纸、杂志的总称;不加个体量词,如不说"一份报刊"。

【报名】bàomíng 动。把自己的名字报告给主管的人或机关、团体等,表示要求参加某种活动或组织;不带宾语:学校组织春游,我已~了。可构成连动词组:小张带头~参军。可拆开用:他一报完名就走了。

【报幕】bàomù 动。文艺表演在每个节目演出之前向观众报告节目名称、作者及演员姓名等,有时也简单介绍节目内容;不带宾语:今天的晚会由小兰~。可拆开用:她报完幕就走进了后台。

【报聘】bàopìn 〈书〉动。旧指代表本国政府到友好国家去回访。

【报请】bàoqǐng 动。用书面报告请示;

用于对上级,多带兼语:这项工程建设计划要～省政府批准。

【报人】bàorén 名。旧指新闻工作者:老王干了几十年新闻工作,可算是个老～了。

【报社】bàoshè 名。编辑、出版报纸的机构。

【报失】bàoshī 动。向公安机关或有关部门报告丢失财物,以便查找;不带宾语:公文包丢了,要赶快向公安部门～。

【报童】bàotóng 名。旧时在街头卖报的儿童。

【报头】bàotóu 名。报纸第一版和壁报、黑板报等上头标明报名、期数等的部分。

【报销】bàoxiāo 动。(1)把领用款项或收支帐目列清单报告主管部门核销:凭发票到会计那儿～|～了50元。(2)把用坏作废的物件报告销帐:这部老爷机器该～了。(3)从现有的人或物中废掉;多含诙谐意:敌人来进攻,我们一下子就～了它10个。

【报晓】bàoxiǎo 动。向人们报告天明;不带宾语:雄鸡～。

【报效】bàoxiào 动。因感恩而为某人或某团体尽力:受人恩惠,当思～。常带宾语:～祖国。

【报应】bàoyìng 动。佛教用语,本指因某种原因而得到某种结果,后来专指作恶得恶报;不带宾语:此人作恶多端,才落得这个可耻的下场。～!可带补语:菩萨要～,就让他～在我一个人身上吧!

【报章】bàozhāng 名。报纸的总称;不加个体量词,常与"杂志"合用。

【报纸】bàozhǐ 名。(1)以国内外社会、经济、文化等新闻为主要内容的散页的定期的出版物,多为日报,另有晚报、早报、时报、周报等。(2)纸张的一种,用来印报纸或一般书刊。也叫白纸或新闻纸。

【刨】(鑤、鉋) bào ❶名。刨子或刨床,刮木料或金属材料的工具。❷动。用刨子或刨床对材料进行刮削;常带宾语或补语:～木头|把这块板～平。

【刨床】bàochuáng 名。一种金属切削机床,用刨刀刨削工件,加工成平面、沟、槽等。

【刨花板】bàohuābǎn 名。用木材采伐、加工的剩余物或其他植物原料,经削片、干燥、拌胶、成型和热压而成的板状物。主要用于建筑、包装、制造家具等方面。

【抱】bào ❶动。常带宾语或补语。(1)用手臂围住:～着一捆书|把孩子～在怀里。(2)环绕;指山水:这个村子三面～水。(3)初次得到;指儿子或孙子:老王已～孙子了。(4)领养;指小孩:他俩刚在外地～了个孩子。(5)心中存有;指想法、意见:～成见|～着远大的理想。(6)孵;指小鸡之类:～小鸡。(7)〈方〉结合在一起;指为数不多的人,常含贬义:他们几个人老～在一起。❷量。用于成抱的事物:一～柴。

【抱病】bàobìng 动。带病在身;不单独作谓语,一般构成连动词组:～工作|～上学。可拆开用:抱着病工作。

【抱不平】bào bùpíng 习。看到别人受到不公平的对待,产生愤慨情绪;常以介词"为"组成的介词词组作状语:为他～。常作"打"的宾语:打～。

【抱残守缺】bào cán shǒu quē 成。抱:守住不放。守住残缺、败旧的东西不放。原用来比喻泥古守旧,现多形容思想保守,不肯接受新事物:我们青年人要当改革的促进派,决不能～,安于现状。

【抱粗腿】bào cūtuǐ 习。比喻巴结、攀附有权有势的人;含贬义:这个人心术不正,喜欢～。

【抱佛脚】bào fójiǎo 习。谚语说:"闲时不烧香,急来抱佛脚。"意谓平时不作准备,事到临头才慌忙求助,以解脱困境:我们平时要用功学习,不要等到考试前再临时～。

【抱负】bàofù 名。志向和愿望:青年人要有远大的～。

【抱憾】bàohàn 动。心里存有感到遗憾的事情;不带宾语,常带补语:他为做了这件错事而～终生。

【抱恨】bàohèn 动。心里存有恨事;不带宾语:～而死|～终生。

【抱愧】bàokuì 动。中心感到惭愧;不带宾语,可加程度副词:感到很～。

【抱歉】bàoqiàn 动。心中不安,觉得对不起人;不带宾语,可程度副词:小李,真~,我来晚了。
【抱屈】bàoqū 动。受了委屈而心中不快;不带宾语,可带程度副词:他无缘无故挨了一顿批评,真~。也说抱委屈。
【抱头鼠窜】bào tóu shǔ cuàn 成。抱着头像老鼠一样逃跑。形容急忙逃走的狼狈相;含贬义:敌人被打得~。
【抱薪救火】bào xīn jiù huǒ 成。薪:柴。抱着柴草去救火。比喻用错误的方法去消灭灾害,反而使灾害扩大。
【抱养】bàoyǎng 动。把别人家的孩子当自己家的孩子抚养:小明是他姑妈~的。可带宾语:他打算~一个孩子。
【抱怨】bào·yuàn 动。心有不满,埋怨;常带宾语或补语:事情过去了,不要再~别人了|她非常后悔,刚才不该凭空~一顿。

鲍 bào ❶见"鲍鱼"。❷姓。
【鲍鱼】bàoyú 名。(1)软体动物,有一个椭圆形的贝壳,生活在海中。肉可食。贝壳可供药用,中医叫石决明。也叫鳆(fù)鱼。(2)〈书〉咸鱼:如入~之肆,久而不闻其臭(如同进了咸鱼店铺,久了就闻不出那儿的咸鱼味)。

趵 bào 〈方〉动。跳跃。
【趵突泉】bàotūquán 名。泉水名,在山东济南市旧城西门外,为济南市名胜之一。

豹 bào ❶名。(~子)哺乳动物,像虎而较小,身上有黑色圆斑或花纹,性凶猛,能上树,善奔走。常见的有金钱豹、雪豹、云豹等。❷姓。

暴 bào ❶形。急躁,容易冲动:他的性子很~。❷动。显露,突出来;常带趋向动词作补语:他气得头上的青筋都~起来了。❸〈素〉(1)又急又猛:~雨|~病。(2)凶狠,残酷:~徒|~政。(3)糟蹋,损害:自~自弃|~殄天物。❹姓。
另见pù(曝)。
【暴病】bàobìng 名。来势很急很凶的病。
【暴动】bàodòng 动。为反抗当时的统治制度、社会秩序而集体进行的突发性的武装行动;不带宾语:那年,农民们打土豪,分田地,纷纷起来~。
【暴发】bàofā 动。突然发作;一般不带宾语:山洪~。
【暴发户】bàofāhù 名。指以不正常的手段或侥幸的机会突然发财或得势的人家;常含贬义。
【暴风骤雨】bào fēng zhòu yǔ 成。来势急而猛的风雨。比喻来势凶猛。现多形容猛烈的革命群众运动:这部小说真实地描写了解放战争时期农村~般的阶级斗争的壮丽图景。
【暴光】bàoguāng 动。使照相胶片或感光纸在一定条件下感光,不带宾语:别打开照相机后盖,小心胶卷~。可拆开用:这胶卷暴过光了。
【暴虎冯河】bào hǔ píng hé 成。暴虎:空手搏虎;冯河:涉水过河。比喻有勇无谋,冒险行事。注意:"冯"这里不读féng。
【暴君】bàojūn 名。专横残暴的君主。
【暴力】bàolì 名。(1)强制的力量,武力。(2)特指国家的强制力:~是新社会的助产婆|军队、警察、法庭对于敌对阶级是一种~。
【暴利】bàolì 名。用不正当手段在短时间内获得的巨额利润:牟取~。
【暴戾】bàolì 形。蛮横凶残,不讲道理:商纣王是个~的君王。
【暴戾恣睢】bàolì zìsuī 成。暴戾:凶恶残暴;恣睢:任意作坏事。意思是凶恶残暴,为所欲为;含贬义:历史上有不少像秦桧那样的奸臣,~,横行不法,干了许多伤天害理的事。
【暴烈】bàoliè 形。凶暴猛烈;多指人或某些动物的性情:他的脾气很~。
【暴露】bàolù 动。显露;多指隐蔽的事物、矛盾、问题、缺陷等,常带宾语或补语:~目标|~得很深刻。
　　＊"暴露"和"揭露":"暴露"的意思着重在显露,可以是有意的,也可以是无意的;"揭露"的意思着重在揭示,是有意的。"暴露"的对象可以是自身的,也可以是别人或别的事物;"揭露"的对象一定是别人或别的事物。
【暴乱】bàoluàn 名。破坏社会秩序的武装骚乱;常与"平息、平定"等动词搭配:平息了一场~。

【暴虐】bàonüè 形。凶狠残忍:周幽王是个非常～的昏君。

【暴殄天物】bào tiǎn tiān wù 成。暴:损害,糟蹋;殄:灭绝;天物:指鸟兽草木等自然界的生物。原指残害灭绝各种生物。后泛指任意损坏糟蹋物品;含贬义:这帮纨绔子弟奢侈浪费,～,真是作孽。

【暴跳如雷】bào tiào rú léi 成。暴跳:发怒时顿足。蹦跳呼喊,像打雷那样猛烈;形容大怒大吼的样子:爸爸知道他在外赌钱,气得～,把他狠狠地训斥了一顿。

【暴徒】bàotú 名。用强暴手段侵害别人或扰乱社会秩序的坏人。

【暴行】bàoxíng 名。凶恶残暴的行为。

【暴躁】bàozào 形。性情急躁,容易发怒:这个人性情很～。注意:"躁"不要错成"燥"。

【暴政】bàozhèng 名。指反动统治阶级为了残酷地剥削、镇压人民所制定的一切政策、法令和措施。

【暴卒】bàozú 〈书〉动。得急病突然死亡;不带宾语:老张因心脏病突发而～。

瀑 bào 水名用字。瀑河,在河北省。
另见 pù。

爆 bào 动。(1)突然炸裂或进出:水瓶胆～了。可带宾语:斧头砍在石头上～火星儿。(2)一种烹调方法,把原料放入旺火上的沸油锅中急炒后油,随后放进调料翻炒几下出锅;多带宾语:～肚片|～羊肉。

【爆发】bàofā 动。(1)猛然炸裂或进出;不带宾语:火山～。(2)突然发作或发生;常带宾语或补语:1917年的十月革命|会场上～出一阵热烈的掌声。
＊"爆发"和"暴发":"爆发"运用较广,如大的事件、大的声响、积郁很久的情绪、力量等的突然发作都可使用;"暴发"多用于山洪等的突然到来。

【爆发力】bàofālì 名。体育运动中指在短时间突然产生的力量,如起跑、起跳、抽球等使出的力量。

【爆裂】bàoliè 动。突然破裂;不带宾语:竹子经火一烤,"啪"的一声～。

【爆满】bàomǎn 动。骤然满员;形容观看演出、比赛等的人很多,多作谓语,不加程度副词:"小百花"剧团首演香港,场场～,盛况空前。

【爆破】bàopò 动。用炸药的爆炸威力破坏物体;可带宾语:董存瑞为～敌人的碉堡而献出了自己的生命。

【爆炸】bàozhà 动。(1)物体的体积急剧地膨大,使周围气压发生了强烈的变化并产生了巨大的声响:一颗炮弹在他们右边的小树林里～了。可带宾语:～了几颗炸弹。(2)比喻发作;多指性情、情绪,不带宾语:他愤怒得简直要～了|他拚命抑制着气愤得快要～的情绪。

【爆竹】bàozhú 名。用纸卷火药、点着引线后能爆裂发声的东西。多在喜庆时燃放。也叫爆仗或炮仗。。

bēi(ㄅㄟ)

陂 bēi 〈古〉名。(1)池塘。(2)池塘的岸。(3)山坡。
另见 pí, pō。

杯(盃) bēi ❶名。(～子)一种盛液体的器皿,多为圆柱形。❷〈素〉杯状的锦标:奖～。

【杯弓蛇影】bēi gōng shé yǐng 成。《晋书·乐广传》里说,一次乐广请客吃饭,壁上挂有像蛇一样形状的弓,映照在酒杯里,有个客人误以为杯中有蛇,心中害怕,回去就得了病。乐广知道后,又把他请来,还在原处喝酒,让他明白了杯子里有蛇影的缘故,这个客人豁然开朗,病就好了。后来就用"杯弓蛇影"比喻疑神疑鬼,自相惊扰:既然此事与你无关,那你就不必～,神魂不定。

【杯盘狼藉】bēi pán lángjí 成。狼藉:像狼践踏的草那样散乱。桌上杯盘碗筷乱七八糟地放着。形容宴饮将毕或已毕时的情景:他进去一看,屋子里酒气熏天,～。注意:"藉"这里不读jiè,也不要错写成"籍"。

【杯水车薪】bēi shuǐ chē xīn 成。车薪:一车柴草。用一杯水救一车着了火的柴草。比喻力量太小,对解决困难起不了多大作用:他家失火以后,损失很大,邻居中有送钱的,有送生活用品的,虽说是～,但也体现了乡邻的情谊。

卑 bēi 〈素〉(1)低下:～贱|～下。(2)品质低劣:～鄙|～劣|～污。

【卑鄙】bēibǐ 形。恶劣,不道德;指人的言行、品质:～的勾当|这个人很～。常与"无耻"并用:～无耻的小人。

【卑躬屈膝】bēi gōng qū xī 成。卑躬:低头弯腰;屈膝:下跪。形容毫无骨气,一味谄媚、奉承:在敌人面前决不能～。也说卑躬曲节。

【卑贱】bēijiàn 形。(1)旧指出身或地位低下:～者最聪明。(2)卑鄙下贱;含贬义:这个女人很～,什么丑事都干。

【卑劣】bēiliè 形。卑鄙恶劣;指人的品质、行为等:他贪污受贿,手段十分～。

【卑怯】bēiqiè 形。卑劣而胆小:他是个～的小人。

【卑微】bēiwēi 形。地位低下,没有权势:旧社会,门第观念很深,出身～的人处处受欺凌。

【卑污】bēiwū 形。卑鄙龌龊;指人的品质、心地等:她那漂亮的躯体里裹着一个～的灵魂。

【卑下】bēixià 形。低下;指风格、品格或地位等:这部作品中的主人公,品格～,使人厌恶|在旧社会,劳动人民的地位是很～的。

庳 bēi 〈古〉形。(1)低下。(2)矮。

椑 bēi [椑柿](-shì) 名。古书上说的一种柿子,果实小,青黑色,可制柿漆。

碑 bēi 名。刻有文字或图画作为纪念或标记的石头:纪念～|为烈士树了一块～。

【碑记】bēijì 名。碑上的记事文章。也作碑志。

【碑碣】bēijiē 〈书〉名。古代把长方形的碑石称碑,圆顶的碑石称碣。后多混用,碑碣成为各种形制的碑石的总称。

【碑刻】bēikè 名。刻在碑上的文字或图画:这是六朝的～,弥足珍贵。

【碑铭】bēimíng 名。碑文。

【碑帖】bēitiè 名。石刻、木刻文字的拓本或印本,多作练习写字的范本。

【碑文】bēiwén 名。刻在碑上的文字。也指准备刻在碑上或从碑上抄录、拓印下来的文字。

【碑志】bēizhì 见"碑记"。

背(揹) bēi 动。(1)用脊背驮;常带宾语或补语:～行李|～了一会儿|把米～回家去。可带兼语:弟弟上学。(2)担负;多用于抽象事物:这项工作我能～起来。

另见 bèi。

【背负】bēifù 动。担负,肩负着;常带宾语,并用动态助词"着",多用于抽象事物:～着人民的希望|～着革命的重担。

【背黑锅】bēi hēiguō 习。比喻代人受过,泛指受冤枉:你惹出事来就跑了,让我替你～|他背了多年黑锅,如今才真相大白了。

【背债】bēizhài 动。欠别人的钱;不带宾语:他日子艰难,年年～。可拆开用:他背了一身的债。

悲 bēi 〈素〉(1)伤心,哀痛:～伤|～痛。(2)怜悯:慈～。

【悲哀】bēi'āi 形。伤心:失去了亲人,他感到很～。

【悲惨】bēicǎn 形。处境或遭遇极其不幸,使人伤心:祥林嫂死得很～。

＊"悲惨"和"凄惨":"悲惨"主要表示悲哀、伤心的意思;"凄惨"除有悲惨的含义外,还有凄凉的意思。"悲惨"多用来形容人的不幸遭遇和痛苦生活;"凄惨"也可以指人的不幸遭遇,也可指包括自然景象在内的情景。

【悲怆】bēichuàng 〈书〉形。悲伤:他老来丧子,十分～,以致郁闷成疾。

【悲悼】bēidào 动。伤心悼念;常带宾语:许多人聚集在天安门广场,深切～敬爱的周总理。

【悲愤】bēifèn 形。悲痛愤怒:她怀着无比～的心情诉说了丈夫被害致死的经过。

＊"悲愤"和"悲痛":"悲愤"表示又伤心又愤怒的意思;"悲痛"主要表示伤心已极,没有愤怒的意思。

【悲歌】bēigē ❶动。悲壮地歌唱;不带宾语:临刑前,同志们在狱中慷慨～。❷名。悲壮或哀痛的歌曲。

【悲观】bēiguān 形。失去信心,消极颓废;与"乐观"相对:希望你不要～,要振作起来。

【悲欢离合】bēi huān lí hé 成。悲伤、欢

乐、离散、聚合。泛指生活中各种遭遇:这部作品真实地写出了人物的~,十分感人。

【悲剧】bēijù 名。(1)戏剧的一类,以表现主人公与现实生活之间不可调和的冲突及其悲惨结局为基本特点。(2)比喻悲惨的事情:这是一出人间~。

【悲凉】bēiliáng 形。悲伤凄凉:面对满目疮痍的景象,他心中感到非常~。

【悲鸣】bēimíng 动。悲哀地叫;一般用于动物,不带宾语:牧马~。用于人时含讥讽意:敌人在洞中绝望地~。

【悲戚】bēiqī 〈书〉形。悲伤:失去亲人,他无比~。

【悲切】bēiqiè 〈书〉形。悲痛:他为失去爱子而万分~。可重叠:那首歌,调子悲悲切切的,听了叫人落泪。

【悲伤】bēishāng 形。哀伤难过:生活假如欺骗了你,你也不要~,要鼓起勇气前进。

【悲酸】bēisuān 形。悲痛心酸:提起往事,他那~的泪水就不由自主地落了下来。

【悲叹】bēitàn 动。悲伤叹息;常带宾语:~自己不幸的命运|~生命的短促。

【悲天悯人】bēi tiān mǐn rén 成。悲天:哀叹时世;悯人:怜惜众人。哀叹时局的艰辛,怜悯人民的疾苦:堂·吉诃德~,想去解救世间的一切苦难,但因耽于幻想,脱离实际,结果到处碰壁。

【悲痛】bēitòng 形。悲伤痛苦:鲁迅逝世的噩耗传来,人们都感到万分~。

【悲喜剧】bēixǐjù 名。戏剧类别之一,兼有悲剧和喜剧的因素。多指有一个可能成为悲剧的情节,而结局却是圆满的戏剧。

【悲喜交集】bēi xǐ jiāo jí 成。悲痛和喜悦交织在一起:见到阔别二十多年的亲人,我真是~。

【悲咽】bēiyè 动。因悲伤而哽咽;常带补语:提起辛酸的往事,妈妈常~得说不出话来。

【悲壮】bēizhuàng 形。悲哀而雄壮;多指诗文和音乐:岳飞的《满江红》词,情调激烈而~。

běi(ㄅㄟ)

北 běi ❶方位。方向之一,指清晨面向太阳时左手的一边;与"南"相对。❷〈古〉动。败退:三战三~

【北半球】běibànqiú 名。地球赤道以北的部分。

【北边】běibiān ❶方位。北面。❷〈口〉名。指我国北部地区。参见"北方"。

【北朝】běicháo 名。北魏、北齐、北周的合称。参见"南北朝"。

【北辰】běichén 名。古书上指北极星。

【北斗星】běidǒuxīng 名。在北方天空排列成勺形的七颗亮星,属大熊星座。是航海和测量的人认星的重要标志。我国古代的斗是一种类似今天勺儿的东西,故名。

【北方】běifāng 名。(1)北边的方向。(2)北部地区,在我国指黄河流域及其以北地区。

【北方话】běifānghuà 名。是普通话的基础方言,分布地区包括长江以北的汉语方言及四川、云南、贵州和广西北部的方言。

【北国】běiguó 〈书〉名。指我国的北部:~风光。

【北极】běijí 名。地球自转轴和地球表面相交的两点叫地极,在北半球的极叫北极,在南半球的极叫南极。

【北极星】běijíxīng 名。在正北的天空中的一颗较亮的星,属小熊星座。在北半球航海或旅行的人常靠它来辨别方向。从北斗星勺口边上的两颗星向北延长约五倍的距离,就是北极星。

【北京】běijīng 名。中华人民共和国首都,中央直辖市,全国政治、经济、文化和交通的中心。地处华北平原的北端,是一个历史悠久,具有光荣革命传统的城市。简称京。

【北京时间】běijīng shíjiān 词组。我国的标准时。以东经120°子午线为标准的时刻,是北京所在时区的标准时刻,它比世界时早八小时。

【北京猿人】běijīng yuánrén 词组。猿人的一种,大约生活在50万年以前,已学会打制石器和用火等。1929年,在北京周口店龙骨山山洞中发现其化石。1949年以后又发掘出许多化石资料。又称北京人、中国猿人。

【北平】běipíng 名。北京的旧称。公元1928年至1949年用此名称。1949年,中华人民共和国成立,复称北京。

【北曲】běiqǔ 名。(1)宋元以来北方戏曲、散曲所用各种曲调的统称。(2)元代流行于北方的戏曲。

【北宋】běisòng 名。朝代,从公元960年赵匡胤(太祖)称帝建都汴京(今河南开封)起,到1126年赵桓(钦宗)即位、金兵攻入开封止,史称北宋。

【北洋】běiyáng 名。清末指奉天(今辽宁)、直隶(今河北)、山东等省沿海一带为北洋。

bèi(ㄅㄟˋ)

贝(貝) bèi ❶名。(1)蛤蚌等有甲壳的软体动物的总称。(2)古代用贝壳做的货币。❷姓。

【贝雕】bèidiāo 名。用贝壳琢磨、雕刻成的人像、动物、花卉等工艺美术品。

【贝母】bèimǔ 名。多年生草本植物,花黄绿色,钟状,下垂。鳞茎可入药,有清热润肺、止咳、化痰等作用。

狈 bèi 名。传说中的一种像狼的兽。参见"狼狈"。

钡 bèi 名。金属元素,符号 Ba。银白色,质软,易氧化。钡的盐类可做高级白色颜料。

邶 bèi 名。周代国名,在今河南省汤阴县东南。

背 bèi ❶名。(1)自肩至后腰的部分,即脊背。(2)(~儿)某些物体的反面或后部:手~儿|刀~儿。❷动。(1)背部对着;与"向"相对,多带宾语:~水作战|他脸~着我,看不见他的长相。(2)躲避、瞒着;多带宾语,有时加动态助词"着":光明正大的事不必~人|他干什么事都~着人。(3)凭记忆读出来;常带宾语或补语:这节课~单词|课文我~出来了。❸形。(1)偏僻:这地方太~了。(2)听觉不灵:耳朵有些~。(3)(口)不顺利、倒霉:手气真~。❹〖素〗(1)离开:~井离乡。(2)违反:~信弃义|~道而驰。
另见bēi。

【背包】bèibāo 名。行军或外出时背在背上的衣被包裹。

【背城借一】bèi chéng jiè yī 成。背:背向着;借:凭借;一:一战。指在自己城下与敌人决一死战,也泛指作最后的拼死一搏。敌人被围困,仍拒不投降,妄想~,结果被我军消灭|小分队已被敌人包围,只有~,才能杀开一条生路。也说背城一战。

【背道而驰】bèi dào ér chí 成。背:背向;道:道路;驰:奔跑。朝着相反的方向奔跑。比喻干事或学习的办法同目的完全相反。

【背地里】bèidǐli 名。暗中,不当着面:他总喜欢在~讲别人的坏话。

【背光】bèiguāng 形。光线不能直接照射到:这里有些~,书上的字看不清楚。

【背后】bèihòu ❶方位。后面:屋~|山~。❷名。不当面,背地里:我们不能当面一套,~又一套。

【背悔】bèi·hui 见"悖(bèi)晦"。

【背井离乡】bèi jǐng lí xiāng 成。远离家乡;多指不得已的:那年灾荒,许多村民被逼~,四处逃荒。也作离乡背井。

【背景】bèijǐng 名。(1)舞台上和电影里放在后面的布景。(2)绘画或摄影作品中衬托主体的景物。(3)文学作品中人物活动和事件发生、发展的时间、地点和社会情况:历史~|时代~。(4)比喻暗地操纵局势的人物或势力:他的任职不知有什么~?

【背静】bèi·jing 形。偏僻清静:这地方太~了。

【背离】bèilí 动。常带宾语:(1)离开:~家乡|~故土。(2)违背;多含贬义:~科学是要碰壁的|这种行为同政府的政策是相~的。

【背篓】bèilǒu 〈方〉名。背在背上运东西的篓子。

【背谬】bèimiù 见"悖谬"。

【背叛】bèipàn 动。投向敌方面;常带宾语:~革命|~自己出身的地主阶级。

【背弃】bèiqì 动。违背和抛弃;多用于"原则、信条、誓约"等抽象事物:既不~原则,又不把原则当教条|当时的誓言,她

怎么就~了?

【背时】bèishí 〈方〉形。(1)不合时宜: 你这件衣服的式样有些~了。(2)倒霉,不顺利: 今天真~, 办事总是不成功。

【背水一战】bèi shuǐ yī zhàn 成。《史记·淮阴侯列传》记载,汉将韩信带兵去攻赵军,出了井陉口,布置了一万人背水列阵,与赵军作战。汉军面临大敌,后无退路,拼死作战,结果大败赵军。比喻决一死战: 这场足球赛,对我队来说是~,一定要力争取胜,不然出线就无望了。

【背诵】bèisòng 动。记熟文章,不看原文念出来; 常带宾语或补语: ~课文|你把这篇文章~一遍。

【背信弃义】bèi xìn qì yì 成。不守信用,不讲道义; 条约签订刚一年,该国就~,向邻邦发动突然袭击。

【背阴】bèiyīn 形。阳光照不到的: 这地方~,庄稼长不好。

【背影】bèiyǐng 名。人体背面的模样。

【背约】bèiyuē 动。违背原来的约定; 不带宾语: 你明天一定要来,不能~。

【背运】bèiyùn ❶名。不好的运气: 走~。❷形。时运不好: 今天真~,想买的东西都没买到。

褙字 bèi 〈素〉把布或纸一层一层地粘在一起: 裱~。

bèi 名。古书上指彗星。

悖(誖) bèi 〈素〉(1)相反,违反: ~逆|并行不~。(2)错误: ~谬。

【悖晦】bèi·hui 〈方〉形。糊涂,脑筋不清楚; 多指老年人: 他年龄大了,办起事来不免有点儿~。也作背晦。

【悖谬】bèimiù 〈书〉形。荒谬,不合情理: ~之说,自不待言。也作背谬。

【悖逆】bèinì 〈书〉动。指违反正道,对上不敬,常带宾语: 虐待父母是~人伦的行为。

【悖入悖出】bèi rù bèi chū 成。悖: 违背,不正当。原指用不正当的手段得来的钱,又被别人用不正当的手段拿去。后也指狂悖的行为,也必遭狂悖的报应。

备(備、俻) bèi ❶动。准备; 常带宾语或补语: 略~薄酒|我给孩子们~了一份礼物|一切都~齐全了。❷〈素〉(1)具有,具备: 德才兼~。(2)防备: 战~|~荒。(3)设备: 军~|装~。(4)全、尽,周到: 求全责~|关怀~至。

【备案】bèi'àn 动。将事由写成报告送主管单位存档备查; 不带宾语: 此事本局已~,转有关单位处理。可拆开用: 这事已备了案。

【备查】bèichá 动。供查考; 多用于公文,不带宾语: 这份文件存档~。

【备件】bèijiàn 名。预备着供更换的机件。

【备考】bèikǎo 名。书册、文件、表格后供参考用的附录或附注。

【备课】bèikè 动。教师在讲课前准备讲课内容; 不带宾语: 张老师正在~。可拆开用: 他备完课就走了。

【备取】bèiqǔ 动。招生时在正式录取名额以外再录取若干名,以备正取者不来时递补; 多作定语: ~生。

【备忘录】bèiwànglù 名。(1)一种外交文书,内容通常是声明自己方面对某问题的立场或对某问题的说明以及论点和辩驳,形式一般比较会简单。(2)随时记载帮助记忆的笔记本。

【备用】bèiyòng 动。准备着供使用的; 不带宾语: 这些东西可以放在这儿~。可作定语: ~物资。

【备注】bèizhù 名。(1)表格上空白的一栏,留作附加必要的注解或说明而用。(2)指备注栏中的注解说明。

惫(憊) bèi 〈素〉极度疲倦: 疲~。

倍 bèi ❶量。同原数相等的数; 后面一般不跟名词, 谓语不同, 句子的含义也不同: 9是3×3=(9=3×3)|9比3大两一(9=3+3×2)|新产品的数量是原产品的3~(新产品的数量=原产品×3)|新产品比原产品数量增加3~(新产品的数量=原产品+原产品×3=原产品×4)。注意: 倍数表示法不适用于降级数, 不说"少几倍""低几倍""小几倍",碰到这种情况应用分数或百分数表示,如某村去年生某种病的有10个人,今年只5个人,不能说"减少一倍",而应说"减少二分之一"或"减少百分之五十"。❷

〈素〉加倍,更加: ～增|事半功～。
【倍儿】bèir 〈方〉副。非常,十分: ～红|～新|～精神。
【倍数】bèishù 名。(1)一数能被另一数整除时,这一数即为另一数的倍数。如12和8都是4的倍数。(2)一数除以另一数所得的商,如10÷2=5,10是2的5倍,5即倍数。

焙 bèi 动。把东西放在器皿里用微火烘烤;常带宾语或补语: ～茶|～干研碎|把烟叶～一下。

蓓 bèi [蓓蕾](-lěi) 名。含苞未放的花,即花骨朵儿。

碚 bèi 地名用字。北碚,在四川省。

被 bèi ❶名。(～子)睡觉时覆盖身体的东西。❷介。用在名词前,表示名词所指的人或事物是主动者,相当于"叫"或"让": 我～一阵雷声惊醒|那本小说～小王借走了。❸助。用在动词前,表示被动的动作,施动者不必说出或说不出: 衣服～打湿了|茶杯～打破了。❹〈素〉(1)遮盖: ～覆|～植～。(2)遭到: ～灾|～难。
【被动】bèidòng 形。与"主动"相对。(1)受外力影响而动作: 他做工作比较～。(2)不能使事情按自己意图进行,处于应付的局面; 如果我们把兵力全摆在正面,很可能遭到敌人的夹击,使我军处于十分～的地位。
【被动句】bèidòngjù 名。语法上指主语所表示的人或物是被动者的句子。汉语的被动句有时没有形式上的标志。如"茶杯打破了""饭吃完了"。有时在动词前加"被、给"或"被、给"组成的介词词组,如"敌人被消灭了""小张给大家批评了一顿"等。
【被覆】bèifù 〈书〉❶动。遮盖,蒙上: 大雪～着原野。❷名。遮盖在地面上的草木等: 要保护森林,不要破坏了地面～。
【被告】bèigào 名。在刑事或民事案件中被控告的人或单位。
【被害人】bèihàirén 名。在民事或刑事案件中,被犯罪行为侵害的人。
【被难】bèinàn 动。因灾祸或重大变故而死;不带宾语: 由于叛徒告密,吉鸿昌叫敌人抓住,不幸～。注意:"难"这里不读nán。
【被套】bèitào 名。(1)旅行时装被褥的长方形布袋。(2)为了拆洗方便把被里和被面缝成袋状,也叫被套。(3)棉被的胎。
【被子植物】bèizǐ zhíwù 词组。种子植物的一大类,胚珠生在子房里,种子包在果实里。胚珠接受本花或异花雄蕊的花粉而受精。根据子叶数分为单子叶植物和双子叶植物;区别于"裸子植物。"

鞁 bèi ❶名。"鞍鞴"的统称。❷动。同"鞴"。

辈 bèi ❶名。(1)行辈,辈分: 我比他小一～。(2)(～子)人的一世或一生:一～子|半～子。❷〈素〉同一类的人: 我～|彼～。
【辈出】bèichū 动。一批接一批地出现; 用于优秀人物,不带宾语: 英雄～|人才～。
【辈分】bèi·fen 名。亲族或世交中班辈高低的分别: 他虽然比我大几岁,可～比我低,是我侄儿。

鞴 bèi 动。把鞍鞴等套在马身上: ～马。

鐾 bèi 动。把刀在布、皮、石头上反复磨擦,使锋利;常带宾语或补语: ～刀|把刀～一下。

·bei(·ㄅㄟ)

呗 bei 助。用在陈述句的末尾。(1)表示道理明显,无须多说: 不懂就好好学～。(2)表示勉强同意或让步的语气:你愿走就走～,没人拦你。(3)用在"就得了、就行了"等之后,表示"罢了"的意思: 人家改了就得了～|你再重写一遍不就行了～。

臂 bei 见"胳臂"。
另见bì。

bēn(ㄅㄣ)

奔(犇) bēn 〈素〉(1)急走,急跑: ～驰|～波|～袭。(2)紧赶,赶忙: ～命|～丧。(3)逃亡: ～逃|东～西窜。
另见bèn。
【奔波】bēnbō 动。匆忙地到处奔走;不带宾语:她为了给母亲治病整天在外~。可带补语:我已经在外面~了好几天,一直没有回家。

【奔驰】bēnchí 动。指车马等很快地奔跑;不带宾语:骏马~。可带补语:拖拉机~在田野上。

* "奔驰"和"奔跑":都表示跑得很快,但"奔驰"含义比"奔跑"更快。"奔驰"一般用于车马,不用于人;"奔跑"常用于人或马、鹿等动物。

【奔窜】bēncuàn 动。到处乱跑,狼狈逃窜;不带宾语:敌人被打得四处~。

【奔放】bēnfàng 形。无拘束地尽情表露;多指思想、感情、文章气势等:青年人热情~|这首诗气势磅礴,感情~。

【奔赴】bēnfù 动。很快地走向,赶到;常带宾语或补语:~前线|~到生产第一线。

* "奔赴"和"奔向":"奔赴"有赶到某个目的地的意思;"奔向"只是向着某地跑去的意思。"奔赴"常用在严肃的场合,对象一般是较大、较远的地方,如战场、前线、边疆等;"奔向"的对象可以是较大的地方,也可以是具体的目标:奔向火车站。

【奔流】bēnliú 动。指水急速地流;不带宾语:黄河从青海高原~而下|长江至吴淞口~入海。

【奔忙】bēnmáng 动。奔走操劳;不带宾语,可带动态助词"着":他整天~着。可带补语:农民~在金色的田野里|他每天从早到晚~不止。

【奔命】bēnmìng 动。奉命奔走,不及休息;常用在固定组合中:疲于~。
另见 bènmìng。

【奔跑】bēnpǎo 动。很快地跑,奔走;一般不带宾语,可带补语:他在操场上~|他飞快地~过去。

【奔驶】bēnshǐ 动。很快地跑;用于车辆等,一般不带宾语:汽车在公路上~。

【奔腾】bēnténg 动。奔跑跳跃;用于许多马:万马~。常用来比喻水或液体的急速流动:热血~|钢水~|河水~着。

【奔突】bēntū 动。横冲直撞,奔驰;一般不带宾语,可带补语:一听枪声,野狼四处~|一辆汽车失去了控制,一直向河

边~过去。

【奔袭】bēnxí 动。以快速行军向远处的敌人袭击;常带宾语:我军连夜~白虎团。

【奔泻】bēnxiè 动。水迅速地往下流;不带宾语:江水~,一日千里。

【奔走】bēnzǒu 动。一般不带宾语,可带补语。(1)急走,跑:他们~在乡间的小路上。(2)为某一目的而四处活动:他正为推销厂里的产品而到处~。

锛 bēn ❶名。(~子)一种削平木料的工具。❷动。用锛子削木料;常带宾语或补语:~木头|把木头一~下。

贲 bēn ❶见"虎贲"。❷姓。
另见 bì。

栟 bēn 地名用字。栟茶,在江苏省如东县。
另见 bīng。

běn (ㄅㄣˇ)

本 běn ❶名。(~儿、~子)把成沓(dá)的纸装订在一起而成的东西:练习~儿|笔记~。❷量。用于书籍、簿册、戏曲等:一~书|两~戏|这部电影有十四~。❸代。(1)用在"人"或表示单位、处所等的名词前,指说话人自己或自己所在的单位、住所:~村|~公司|~校。(2)用在时间名词前,指现今:~周|~月|~季度|~世纪。❹〈书〉副。原来;口语多用"本来":他~是山东人|~以为他会来的。❺〈书〉介。按照,根据;限同"精神、态度、原则、方针、指示"等少数抽象名词搭配,口语多用"本着":~此方针,现采取以下措施|希~上述精神办理。❻〈素〉(1)草木的根或茎干:草~|木~|~固枝荣|无~之木。(2)事物的根源或根本:~源|忘~|舍~逐末。(3)主要的,中心的:~质|基~|大~营。(4)原来的:~性|~意|~色。(5)本钱:~金|工~|亏~。(6)版本:副~|抄~|孤~。(7)演出的底本:剧~|脚~。(8)封建时代指奏章:修~|奏~。

【本币】běnbì 见"本位货币"。

【本部】běnbù 名。主要的、中心的部分;区别于"分部":校~|团~|(军事单位)。

【本草】běncǎo 名。(1)中药的总称。(2)中药书籍《神农本草经》、《本草纲目》的简称。

【本初子午线】běnchū zǐwǔxiàn 词组。地球上计算东西经度的起点。1884年国际经度会议决定,以通过英国格林尼治天文台子午仪中心的经线为本初子午线。

【本地】běndì 名。人、物所在地区或叙事时特指的某个地区:～口音|～特产|他是～人。

【本分】běnfèn ❶名。属于自己的责任和义务:完成生产定额是我们工人的～。❷形。安于所处的地位和环境:这个人一贯很～。

【本行】běnháng 名。(1)指个人一贯从事的或干了较长时间已经熟悉的行业。(2)指目前从事的工作。

【本纪】běnjì 名。纪传体史书中帝王的传记。一般按帝王纪年顺序记事,放在全书前面。其体例始于《史记》。

【本金】běnjīn 名。指经营工商业的本钱或用以获取利息的存款等。

【本来】běnlái ❶形。原来的;不加程度副词,不单独作谓语,只作定语:～面目|～的颜色。❷副。先前,原来:我～不想去,可他非叫我去不可。
　*"本来"和"原来":"本来"可以表示原先就这样,也可表示理应如此;"原来"只能表示前者,不能表示后者。"原来"还可以表示突然醒悟或对某种情况有所发现,如"啊,原来是你";"本来"不能表示这种意思。

【本领】běnlǐng 名。本事,技能,才力等。

【本末】běnmò 名。(1)事情从头到尾的过程:你讲一讲事情的～。(2)根本和细节,主要的和次要的;常用在固定组合中:～倒置。

【本能】běnnéng 名。动物和人遗传得来的不学就会的性能,如蜜蜂酿蜜、婴儿会吮奶等。

【本钱】běn·qian 名。(1)用来营利、生息、赌博等的钱财。(2)比喻可以凭借的资历、能力等。

【本人】běnrén 名。(1)说话人指自己。(2)指当事人自己或前边所提到的人自己:他的事还是等他～来办吧。

【本色】běnsè 名。本来面貌:保持劳动者的～。

【本色】běnshǎi 名。物品原来的颜色;多指没有染过的织物、木器等:这种家具只上了一层清漆,保留了木材的～。

【本事】běnshì 名。文学作品主题所根据的故事情节:～诗|这首诗的～,在史书中尚可查考。

【本事】běn·shi 名。本领:好～靠练出来|这人真有～。

【本题】běntí 名。谈话或文章的主题、主要论点:你说的这些话与～无关。

【本土】běntǔ 名。(1)乡土,原来的生长地;常与"本乡"合用:咱们都是本乡～的人,谁不知道他的底细?(2)指殖民国家本国的领土;对所掠夺的殖民地而言。

【本位】běnwèi 名。(1)货币制度的基础或货币价值的计算标准:金～|银～。(2)自己所在的单位,自己的工作岗位;多作定语:～主义|做好～工作。(3)中心,出发点:教材内容和教学方法的确定都应以学生为～。

【本位货币】běnwèi huòbì 词组。指一个国家法定的基本货币。我国以人民币的"圆"作为本位货币。简称本币。

【本文】běnwén 名。(1)所指的这篇文章:～所谈均为经济问题。(2)原文;区别于译文和注解。

【本息】běnxī 名。本金和利息。

【本相】běnxiàng 名。本来的面目;含贬义:撕破假面具,露出～|这才是他的～。

【本性】běnxìng 名。固有的,不易改变的性质或特性:～难移。

【本义】běnyì 名。词的原始意义或较早的意义,如"兵"的本义是武器,后引申拿武器的人。

【本意】běnyì 名。原来的意思和意图:这不是我的～|你不知道我的～。

【本源】běnyuán 名。事物产生的根源。

【本职】běnzhí 名。指自己担任的职务:努力做好～工作。

【本质】běnzhì 名。(1)事物的内在性质及一事物和他事物之间的内在联系。(2)本性;指人:他虽有明显的缺点,但～不坏。

【本字】běnzì 名。一个字原来的写法与通行的写法不同,原来的写法就称为本字。如"莫"是"暮"的本字。

苯 běn 名。一种有机化合物，无色液体，有芳香气味，易燃，有毒。是一种重要的化工原料。

畚 běn ❶见"畚箕"。❷动。用畚箕撮；常带宾语或补语：～垃圾｜把土～掉。

【畚箕】běnjī 名。用竹、木或薄铁皮等做成的簸箕。

bèn (ㄅㄣˋ)

夯 bèn 形。同"笨"；常见于旧章回体小说。
另见hāng。

坌 bèn ❶〈古〉名。尘埃。❷动。(1)〈古〉聚集。(2)〈古〉用细末撒在物体上。(3)〈方〉翻，刨：～地。❸〈古〉形。粗劣。

奔(逩) bèn ❶动。(1)直往，投向；常带处所宾语：直～目的地。(2)〈口〉为某事奔走；不带宾语：这些材料真难买，下午我还得去～。(3)年纪接近；用于四、五十岁以上的人：他是快～五十的人了。❷介。朝，向：拖拉机～大路开去。
另见bēn。

【奔命】bènmìng 〈口〉动。拼命地赶路或做事；不带宾语：不要那么～了，慢点走吧。可拆开用：奔什么命？深更半夜了，还不睡觉!
另见bēnmìng。

【奔头儿】bèntour 名。经过努力奋斗，可指望的前途；常作"有、没有"的宾语：大有～｜总得叫人家有个～，不然谁肯干?

倴 bèn 地名用字。倴城，在河北省。

笨 bèn 形。(1)理解和记忆能力差：这小孩儿可不～。(2)不灵巧：他干起活来手脚真～。(3)庞大，深重：这个大木箱～死了，真不好搬。

【笨伯】bènbó 名。愚笨的人。

【笨口拙舌】bèn kǒu zhuō shé 成。不善言辞，口头表达能力差；多作谦辞：我～的，不会讲话。

【笨鸟先飞】bèn niǎo xiān fēi 成。比喻能力差的人恐怕落后，做事时比别人先动手；多作谦辞：我手脚没你快，只得～，先走一步，不然怕完不成任务。

【笨手笨脚】bèn shǒu bèn jiǎo 成。动作不灵活：他～的，什么事都不会做。

【笨重】bènzhòng 形。(1)庞大而沉重：这铁柜太～了。(2)繁重而费力气的；用于工作、劳动等，多作定语：～的劳动。

【笨拙】bènzhuō 形。笨，不灵巧，不聪明：你这个人怎么这样～。

bēng (ㄅㄥ)

祊(閍) bēng ❶动。古代宗庙门内的祭祀。❷水名用字。祊河，在山东省。

崩 bēng 动。(1)倒塌；不带宾语：山～地裂。(2)破裂；常作补语：他俩谈～了｜把气球吹～了。(3)被崩裂出的物体击中；常带宾语或补语：放爆竹时，当心别～了眼睛｜飞起的石头把手～伤了。(4)〈口〉枪毙；常用在被动句中，带憎恶的感情色彩：两个杀人犯今天给～了。(5)封建时代称帝王死亡。

【崩溃】bēngkuì 动。完全破坏，彻底垮台；不带宾语：敌军完全～了｜中国旧理想的家族关系、父子关系，其实早已～。

＊"崩溃"和"瓦解"。"崩溃"着重表示破坏和垮台的程度深，"瓦解"着重表示分裂的程度深。"崩溃"多用于国家的政治、经济、军事、伦理等大的方面；"瓦解"常用于某一社会的力量。"崩溃"不能带宾语；"瓦解"可带宾语，如：瓦解敌人的斗志。

【崩裂】bēngliè 动。突然分裂成若干部分；一般不带宾语：炸药轰隆一声，山石～了｜一夜寒风，缸里的水结了一层厚厚的冰，水缸也给～了。

【崩龙族】bēnglóngzú 名。我国少数民族之一，主要分布在云南省。

【崩塌】bēngtā 动。崩裂倒塌；一般不带宾语：由于水太大，堤岸突然～了。

嘣 bēng 拟声。摹拟物体跳动或爆裂等的声音：～的一声琴弦断了。常叠用：心～～直跳。

绷(繃) bēng 动。(1)拉紧，张紧；常带补语：把绳子～紧｜

衣服太小,～在身上,很不舒服。(2)物体猛然弹起;常带补语:弹簧～飞了。(3)粗缝或用针别上;常带宾语或补语:红布上～着金字|先把口袋～在衣服上,等会儿再缝。

另见běng, bèng。

【绷带】bēngdài 名。包扎伤口用的纱布带。

béng(ㄅㄥˊ)

甭 béng 〈方〉副。"不用"的合音,不用,不必的意思:您～生气|您～讲了,这事我都知道了。

běng(ㄅㄥˇ)

绷(繃) běng 动。(1)〈口〉板着,常带宾语,并加动态助词"着":你别一天到晚～着脸。(2)强忍住;多带补语:他～不住笑了。

另见bēng, bèng。

琒 běng 名。古代刀鞘上端的装饰品。

bèng(ㄅㄥˋ)

泵 bèng 名。音译词。一种能把液体或气体抽出或压入的机械。按用途一般分为气泵、水泵、油泵。也叫唧筒。

迸 bèng 动。向外溅出或喷射:火星儿乱～。加"起"、"出来"等以后可带宾语:海浪打击在礁石上,～起一朵朵雪白的浪花|他半天才～出一句话来。

【迸发】bèngfā 动。常带宾语或补语。(1)向外飞溅,喷射:一锤子打到岩石上,～了好多火星儿|突然,万道霞光从海底～出来。(2)比喻突然发出;多用于感情、喊声等:他两眼～出仇恨的火花|他心里郁积的愤怒,再也控制不住地～出来|会场～出一阵热烈的掌声。

【迸裂】bènglèi 动。突然裂开而向外飞溅:在一次车祸中他脑浆～,不幸去世了|希望犹如肥皂泡,一会儿又～了。

蚌 bèng 地名用字。蚌埠,市名,在安徽省北部。

另见bàng。

甏 bèng 〈方〉名。瓮一类的器皿。

镚 bèng 名。(～儿、～子)原指清末发行的无孔的小铜币。现有时也把小形硬币叫钢镚子或钢镚儿。

蹦 bèng 动。多带补语:前面有条大沟,他一用劲就～过去了|～了两尺高。加"出、出来"等后可带宾语:树林里～出一只老虎来。

【蹦跶】bèn·da 动。蹦跳,多用来比喻挣扎;不带宾语,常带补语:秋天的蚂蚱～不了几天了。

绷(繃) bèng ❶动。裂开:～了一道缝儿。❷副。用在某些形容词前表示程度很深:～硬|～直|～亮。

另见bēng, běng。

【绷瓷】bèngcí 名。中国瓷器著名品种之一,表面的釉层有不规则的碎纹,是利用坯和釉的膨胀系数不同而制成的。俗称碎瓷。

【绷脆】bèngcuì 〈口〉形。不加程度副词。(1)形容食物很爽脆:嫩黄瓜吃起来～的。(2)形容声音很清脆:～的嗓子。

bī(ㄅㄧ)

逼(偪) bī ❶动。常带宾语或补语。(1)强迫,给人以威胁:形势～人|他被～得走投无路。(2)强迫索取:～债。❷〈素〉(1)逼近:～视|～真。(2)狭窄:～仄。

【逼宫】bīgōng 动。指权臣在宫廷内逼迫皇帝退位。

【逼供信】bī gòng xìn 词组。强迫招供,不重证据,轻信供词。是审讯过程中常出现的一种错误作法。

【逼近】bījìn 动。靠近,接近:比赛日期已经～,我们要加紧准备|脚步声渐渐～。可带宾语:～目标|～黄昏的时候才到达目的地。

＊"逼近"和"靠近":"逼近"是一事物向另一事物靠拢;"靠近"可以是一事物向另一事物靠拢,也可以是两事物彼此相互接近。"靠近"还指彼此间的距离近,如:我们两家住得很靠近;"逼近"没有这种用法。

【逼迫】bīpò 动。强迫,用压力促使;常带宾语或补语:她想他们不会再~她了|农民被~得走投无路,不得不起来反抗。常带兼语:客观环境~他不得不那样做。

【逼上梁山】bī shàng liángshān 成。《水浒》里的林冲等人是被官府所逼而上梁山的。后来用以比喻被迫进行反抗或不得不做某事:那时,农民累死累活,不得温饱,~,只得奋起反抗。

【逼视】bīshì 动。靠近目标,紧盯着看:电弧光十分耀眼,不可~。常带宾语,并加动态助词"着":他用严峻的目光~着我,使我感到很不自在。

【逼肖】bīxiào〈书〉形。极其相像;不加程度副词:这张人物画,真是形神~。

【逼仄】bīzè〈书〉形。指地方很窄,空间小:书房~,仅能容身。

【逼真】bīzhēn 形。常作补语。(1)很像真的:这只鸟画得很~。(2)真切:看得~|听得~。

bí (ㄅㄧˊ)

荸 bí [荸荠](-·qi) 名。(1)多年生草本植物,生在池沼中或栽培在水田里,地下茎可供食用。(2)这种植物的地下茎。

鼻 bí ❶名。(~子)人和高等动物的呼吸、嗅觉器官。❷〈素〉最初的,开创的:~祖。

【鼻衄】bínǜ 名。鼻中出血的症状。

【鼻儿】bír 名。(1)器物突出带孔的部分:针~|门~。(2)〈方〉像哨子一样的东西:火车拉~(汽笛)。

【鼻息】bíxī 名。呼吸时从鼻孔出入的气息:仰人~。也指呼吸发出的声音:~如雷鸣一般。

【鼻烟】bíyān 名。不需火种,用鼻子吸入的一种烟末,装在鼻烟壶里。明万历年间意大利人利马窦来华,始传入我国。

【鼻音】bíyīn 名。有鼻腔共鸣的音,指发音时气流由鼻腔流出的辅音。如普通话中的m、n、ng。

【鼻韵母】bíyùnmǔ 名。韵尾是鼻音的韵母。在普通话中有以n、ng收尾的鼻韵母。如an、ang、en、ong、ian、in、ün等。

【鼻祖】bízǔ〈书〉名。始祖,创始人:道家奉老子为~。

bǐ (ㄅㄧˇ)

匕 bǐ 名。古代的一种餐具,像现代汤匙、饭勺。

【匕首】bǐshǒu 名。短剑或狭长的短刀。

比 bǐ ❶动。(1)比较,较量;常带宾语或补语:~先进|他跟小刘一~就把他一下去了。(2)能够相比;多用于否定式:出门不~在家。(3)比画;可带动态助词"着、了":他~着手势请我坐下|他用手~了个"八"字。(4)比方;常跟"做、成"组合,用在"把"字句中:把反动派~做纸老虎|你把我~成什么啦!(5)比照:将心~心。可带动态助词"着":他~着图纸在工件上画了一条线。❷介。(1)两种不同事物相比:你们班的成绩~我们班好。(2)同一事物前后不同时期比较;"比"后限用时间词语:他的身体~过去结实多了。(3)"一"加量词在"比"的前后重复,表示程度累进:战斗一次~一次激烈|生活一天~一天好。❸〈素〉(1)紧靠,挨着:~邻。(2)近付:~来。

【比比】bǐbǐ〈书〉副。(1)处处,到处:~皆是。(2)每每,屡屡:一遇强敌,~败退。

【比方】bǐfang ❶动。用一种事理来说明另一种事理;多指用常见易懂的来说明不易明白的,不带动态助词:他的高尚品质可以用傲霜斗雪的梅花来~。❷名。指用这一事物来说明另一事物的行为或方式:这只是一个~|打个~。❸连。(1)表示用某一事物比喻说明同类的事物;有时可以换用"譬如":他乐于助人,~他常常为病号端茶倒水。(2)表示"如果,假如"的意思;多用于有话要说而故意吞吐其辞时:你们单位的参考资料真多,~我请你代借一份,大概不成问题吧!

【比附】bǐfù〈书〉动。把不能相比的东西勉强相比:怎么能把今天的英雄与封建时代的豪杰相~呢?可带宾语:这是纯粹的中国思想,是不能~欧、美、印度或阿拉伯的。

【比划】bǐhua 动。用手势或拿着东西来帮助说话或代替说话;可加动态助词

"着"：他边说边～着。可带补语：空中小姐刚到跟前,我便在座位上～起来。也作比画。

【比基尼】bǐjīní 名。音译词。一种女子穿的游泳衣,由遮蔽面积极小的三角裤和胸罩组成。40多年前法国设计师罗ün· 列沃德设计,以美国在太平洋进行原子弹试验的比基尼岛命名。今多作健美比赛的正式服装。也叫三点式泳装。

【比及】bǐjí 〈书〉动。等到：平日读书甚少,～执笔为文,每每捉襟见肘。

【比肩】bǐjiān 〈书〉动。并肩；不单独作谓语,一般构成连动词组：～作战｜～而立。

【比肩继踵】bǐjiān jì zhǒng 成。比：挨着；踵：脚跟。肩并肩,脚靠脚。形容人多,很拥挤：一到节日,大街上人山人海,～,非常热闹。

【比较】bǐjiào ❶动。辨别异同高下；可带动态助词"了、过"：是好是坏要～一下｜两篇文章我～过,这篇好些。可重叠：你～～哪个好些。❷副。表示具有一定程度；不用于否定式：他的任务完成得～好｜我～爱看电影。❸介。用来区别性状和程度的差别：这个厂的生产水平～前一个时期有了提高。

【比来】bǐlái 〈书〉名。近来：～天气骤冷,务祈多加珍摄。

【比例】bǐlì 名。(1)表示两个比相等的式子,例如6：9＝8：12。(2)比较同类数量的倍数关系,其中一数是另一数的几倍或几分之几：要经常注意调整轻、重工业的～。(3)一种事物在整体中所占的分量：少数民族在全国人口中的～很小。

【比量】bǐliang 动。常带补语。(1)不用尺而用手或绳、棍等大概地量一下：你把这块玻璃～一下,大概有多宽。(2)比试：谁的手劲大,咱俩来～一番。

【比邻】bǐlín 〈书〉名。近邻：海内存知己,天涯若～。

【比目鱼】bǐmùyú 名。鲽、鳎、鲆等鱼的总称。这些鱼身体扁平,两眼生在头部的一侧。常平卧海底,以食小鱼为生。也叫鳎口鱼。

【比拟】bǐnǐ ❶动。比较；不带宾语,多用于否定式：不可～｜难以～。❷名。一种修辞手法,把事物拟作人或把人拟作物。如"蟋蟀们在这里弹琴"(拟人)、"别看他张牙舞爪,实际是外强中干"(拟物)。

【比年】bǐnián 〈书〉名。(1)近年。(2)每年。

【比配】bǐpèi 动。相称,相配：他是一位大政治家,在中国历史上很难找到可以和他～的人｜我哪里～得上她。

【比丘】bǐqiū 名。音译词。佛教指和尚。

【比丘尼】bǐqiūní 名。音译词。佛教指尼姑。

【比热】bǐrè 名。使一克物质温度升高摄氏一度所需要的热量,叫做该物质的比热。

【比如】bǐrú 连。用在一个总的说明后面,表示下面是一些例子：开学前我们要做好一切准备工作,～买好书本、纸张、笔墨等学习用品。

【比赛】bǐsài ❶动。比较本领或技术的高低；常带宾语或补语：今天上午～排球｜我俩来～一下手劲。❷名。比较本领、技术高低的活动：今天我们去看足球～。

＊"比赛"和"竞赛"："比赛"着重在分优劣,分胜负；"竞赛"着重在分前后,分好坏。"比赛"用于文娱体育等方面；"竞赛"多用于生产或学习等方面。"比赛"的内容大多是单项的,一次性的；"竞赛"的内容往往是多方面,较长时间的。

【比上不足,比下有余】bǐ shàng bù zú, bǐ xià yǒu yú 成。比好的差一些,比差的好一些：我家的经济状况,～。

【比试】bǐshi 动。(1)彼此较量高低；常带补语：咱俩来～一下。(2)同"比划"：聋哑学生很聪明,别人只要用手一～,他们就明白了。

【比索】bǐsuǒ 名。(1)西班牙的旧本位货币。(2)菲律宾和一部分拉丁美洲国家的货币单位。

【比武】bǐwǔ 动。不带宾语。(1)比赛武艺：全国武术高手明天开始～。可拆开用：我虽然天天练功,可从来没跟人比过武。(2)喻指比赛技艺：下月初,我们厂要开展技术大～。

【比翼鸟】bǐyìniǎo 名。传说中的一种鸟,雌雄常在一起飞。古诗词中喻指恩爱夫妻：在天愿作～,在地愿为连理枝。

【比喻】bǐyù ❶动。打比方：用鲜花来~美丽的姑娘。❷名。一种修辞手法。即用与甲事物有某种相似之处的乙事物来比拟甲事物。

【比喻义】bǐyùyì 名。由词的比喻用法所形成的意义。如"帽子"的基本义是戴在头上保暖、遮日或装饰的用品，现在常用它来比喻罪名和坏的名义，这就形成了比喻义。

【比照】bǐzhào 动。(1)按照已有的进行对比；指格式、标准、方法等，可带宾语：此类案情可~刑法上的有关条款量刑。(2)同类和相关事物相互比较对照：把改革前后的情况一一~，就可看出进行改革的必要性。

【比值】bǐzhí 名。两数相比所得的值，如10：2的比值是5。也叫比率。

【比重】bǐzhòng 名。(1)物体的重量和同体积的纯水在4℃时的重量相比所得的值叫做这个物体的比重。(2)一种事物在整体中所占的分量：工业总产值在我国国民经济中的~逐年增长。

泚 bǐ (1)水名用字。泚江，在云南省。(2)地名用字。泚源，河南省唐河县的旧称。

吡 bǐ [吡啶](-dīng) 名。音译词。一种有机化合物，无色液体，有臭味。可做溶剂和化学试药。

秕(粃) bǐ [秕子](-·zi) 名。空的或不饱满的子粒。

【秕糠】bǐkāng 名。(1)秕子和糠。(2)比喻无用的东西。

【秕政】bǐzhèng 〈书〉名。不良的政治措施。

妣 bǐ 〈素〉称死去的母亲：先~｜如丧考~。

彼 bǐ 〈书〉代。(1)那，那个；与"此"相对：由此及~｜~一时，此一时。(2)对方，与"己"相对：知己知~。

【彼岸】bǐ'àn 名。(1)湖、海、江、河的那一边。(2)佛教指超脱生死的境界(涅槃)。(3)比喻所向往的境界：只有经过一番艰苦的奋斗，才有希望达到成功的~。

【彼此】bǐcǐ 代。(1)那个和这个，双方：我们初次见面，~还不熟悉。(2)表示大家一样；常叠用，作客套语："恭喜你啦!""~~。"

【彼一时，此一时】bǐ yī shí, cǐ yī shí 词组。那是一个时候，现在又是一个时候，表示时间不同，情况有了改变：~，不要用老眼光看待新的一代。

笔(筆) bǐ ❶名。(1)写字、绘画的一种工具：一支~。(2)组成汉字的笔画："小"字有三~。❷量。(1)用于款项或帐目：一~款子｜三~帐。(2)用于书画艺术：一~好字｜他能画几~山水画。❸〈素〉(1)同写字、绘画、作文等用笔的事有关的：~者｜~名。(2)笔法：伏~｜败~。(3)写：亲~｜代~。(4)像~一样直的：~直｜~挺。

【笔触】bǐchù 名。写字、绘画、写文章所用的技法和格调：~犀利｜他以明快的~塑造了新一代工人的典型形象。

【笔底下】bǐdǐ·xia 名。(1)指写文章的能力：他~很有功力。(2)指写作时的措词和用意；常用来指批示公文：请你~留情。

【笔调】bǐdiào 名。文章的格调：~幽默。
*"笔调"和"笔触"："笔调"一般只指文章的格调；"笔触"除指文章的格调外，还可指其他艺术，如书法、绘画等的格调。"笔调"多指形式方面，常与"明快、幽默、轻松、沉郁、优美"等词语搭配；"笔触"多指内容方面，多同"简炼、深刻"等词语搭配。

【笔端】bǐduān 名。写字、绘画、作文中所表现的意境；不与数量词组合：~奇趣横生｜一腔豪情倾注~｜一片丰收景象尽入~。

【笔伐】bǐfá 动。用文字声讨；常和"口诛"等并用：对这些丑恶现象，我们应该口诛~，使它们没有容身之地。

【笔法】bǐfǎ 名。写字、绘画和作文的技巧或特色：这副画~独特，有所创新。

【笔锋】bǐfēng 名。(1)毛笔的尖端。(2)比喻书画的笔势和文章的锋芒：~中常带讥讽｜~犀利。

【笔杆子】bǐgǎn·zi 名。(1)笔的手拿部分。(2)指笔。(3)借指会写文章的人：他是我们这儿的~。

【笔耕】bǐgēng 动。旧时指靠写作或抄写谋生，现在常指从事写作；常带补语：

他辛勤~了大半辈子。
【笔供】bǐgòng 名。受审人自己所写的书面供词；区别于"口供"。
【笔画】bǐhuà 名。构成汉字字形的点、横、竖、撇、捺等。也作笔划。
【笔迹】bǐjì 名。各人写字所特有的形迹：这是他的~。
【笔记】bǐjì ❶动。用笔记录：把他的话~下来。❷名。(1)听讲或读书时的记录。(2)笔录形式的文章体裁：~小说。
【笔力】bǐlì 名。写字、绘画用笔的力量或文章的气势：~雄健。
【笔录】bǐlù ❶动。用笔记录；常带宾语或补语：他经常~名人名言作为座右铭|把他的话~下来。❷名。记录下来的文字：这是当时的~。
【笔路】bǐlù 名。(1)写字的笔法。(2)写作的思路：~清晰|~严谨。
【笔名】bǐmíng 名。作者发表作品时所用的别名。如"鲁迅"就是周树人的笔名。
【笔墨】bǐmò 名。指文章或文字：作者用大量的~描写了山乡的新风貌|那壮丽的景象不是~所能形容的。
【笔墨官司】bǐmò guān·si 成。指书面上的争辩，常作"打"的宾语：你们不要再打~了。
【笔试】bǐshì 动。考试时要求用文字书写答卷；区别于"口试"，一般不带宾语：现在进行~。
【笔顺】bǐshùn 名。汉字书写时笔画的先后顺序：写字要讲~，不能乱来。
【笔算】bǐsuàn 动。用笔写出算式来计算；区别于"心算"：他善于心算，有时比~还快。
【笔谈】bǐtán ❶动。两人用笔写代替讲话；常带补语：他俩为了研究一个问题，通过书信~了几个月。❷名。笔记一类的著作；多用于书名、篇名：《梦溪~》。
【笔挺】bǐtǐng 形。不加程度副词。(1)像笔一样直地站立着：一声令下，战士们都整装~的。(2)衣服没有皱褶，裤线清晰：西装~。可重叠：他今天穿得~的。
　＊"笔挺"和"笔直"："笔挺"的使用范围较窄，多形容衣服和人的站立姿势；"笔直"的使用范围较宽，可以形容直立的，也可以形容平卧的东西，如：笔直的道路|线画得笔直。
【笔头儿】bǐtóur 名。(1)毛笔或钢笔等用来写字的尖端部分。(2)指写字或写文章的能力：我~慢，还是你来写。
【笔误】bǐwù ❶名。因疏忽而写错的字：这个错字属于~。❷动。因疏忽而写错了字，一般不带宾语：今天他心绪不宁，抄写文章时连连~。
【笔下】bǐxià 名。笔底下。
【笔削】bǐxuē 动。笔：指记载；削：指删改，古时在竹简上写字，要删改得用刀刮去，故称"削"。今多作请人改文章时的敬辞：不妥之处，敬请~。
【笔意】bǐyì 名。书画，诗文所表现的作者的意趣：他读这首诗反复揣摩，终于领会了作者的~。
【笔译】bǐyì 动。用文字翻译；区别于"口译"，可带宾语：他能~，口译较差|请你~下面一段英文。
【笔札】bǐzhá 〈书〉名。古时原指笔和木简，后来指笔和纸，也特指文章书信。
【笔战】bǐzhàn ❶动。彼此写文章进行争论；多带补语：为了这个问题，他俩已~两年了。❷动。彼此用文章进行的争论：这场~终于结束了。
【笔者】bǐzhě 名。某篇文章或某本书的作者。
　＊"笔者"和"作者"："笔者"用于自称；"作者"往往用于指称他人。
【笔直】bǐzhí 形。很直；不加程度副词：~的大路。可重叠：~~的一条线。
【笔资】bǐzī 〈书〉名。旧时指写字、画画、写文章所得的报酬：~甚厚。

俾

bǐ 〈书〉动。使得：~能自立。

鄙

bǐ 〈素〉(1)粗俗，低劣：~陋|卑~。(2)看不起：~夷|~薄。(3)边远的地方：边~。(4)用于自称：~人|~意。
【鄙薄】bǐbó ❶动。认为不好而不重视；常带宾语：有的人~技术工作，以为不足道，这是不对的。❷形。浅薄；多用作谦辞：本人学识~，不堪当此重任。
【鄙俚】bǐlǐ 〈书〉形。粗俗：言辞~，不堪入耳。
【鄙陋】bǐlòu 形。粗俗浅陋；多指见识：~

无知。

【鄙弃】bǐqì 动。因看不起而抛开；常带宾语：对犯了错误的人，我们要诚恳地加以帮助，而不应该～他。

【鄙人】bǐrén 名。称自己；谦辞：～以为，这是不可取的。

【鄙视】bǐshì 动。轻视，不放在眼里；常带宾语：对待困难我们既要正视它，又要～它。

　　＊"鄙视"和"轻视"："鄙视"的语意较重，除有轻视的意思外，还有把别人或事物看得很鄙贱的意思；"轻视"的语意较轻，只表示看不起，没有鄙贱的意思。"鄙视"多用于书面语；"轻视"既用于书面语，也用于口语。"鄙视"应用的范围较小；"轻视"应用的范围较大，凡表示小看而不认真对待的时候，多用轻视。

【鄙夷】bǐyí〈书〉动。轻视，瞧不起；常带宾语：他总觉得人们都在冷落他，～他。常作定语，要带助词"的"：显出一种～的神情。

【鄙意】bǐyì 名。称自己的意见；谦辞：～此事不可为。

bì(ㄅㄧˋ)

币（幣）bì〈素〉货币：人民～｜银～｜硬～。

【币值】bìzhí 名。货币的价值，也就是货币购买商品的能力。

【币制】bìzhì 名。货币制度，包括拿什么东西做货币，货币的单位，硬币的铸造，纸币的发行、流通等制度。

必 bì〈书〉副。多与单音节词相配。(1)表示必须、一定要：有法～依，执法～严，违法～究｜骄兵～败。(2)表示必定、必然：坚持学习，～有成效。

【必定】bìdìng 副。(1)表示所作的判断或推论确凿无误：他这样做，～有缘故。(2)表示意志坚决：你放心，东西我～托人带到。

【必恭必敬】bì gōng bì jìng 成。必：一定；恭、敬：端庄而有礼貌。形容极其恭敬：他见到长辈总是～的。也作毕恭毕敬。

【必然】bìrán ❶形。事理上确定不移的，不加程度副词：这是～的后果。常作状语：旧的制度～要灭亡。❷名。哲学术语。不以人们意志为转移的客观规律：人类社会是在不断进步的，这是历史发展的～。

【必然王国】bìrán wángguó 词组。哲学上指人们在没有认识和掌握客观规律之前，行动是盲目的，没有意志自由，处于被规律支配的地位。这种境界叫必然王国。参见"自由王国"。

【必然性】bìránxìng 名。指事物发展、变化中不可避免和确定不移的趋势，它是由事物的内在矛盾决定的，认识事物的必然性就是认识事物的本质；与"偶然性"相对。

【必须】bìxū 副。(1)表示事实上、情理上必要：要搞好工作，～深入群众。(2)一定要；有加强命令的语气：这件事，你～在今天下午完成。

　　＊"必须"和"必需"："必须"是副词，意思着重在非这样不可；"必需"是动词，意思着重在一定得有，必不可少。"必须"一般用在动词或形容词前面；"必需"一般不用在动词前面，常用在"为……所……"格式里，表示被动，并常充当定语。

【必需】bìxū 动。一定得有，不能缺少：精神食粮是人们所～的。

　　＊"必需"和"必要"："必需"是动词，"必要"是形容词；"必需"是非有不可的意思；"必要"除了有非有不可的意思外，还有非这样不行的意思。"必需"适用的范围较窄，一般只用于原料、用品、人力等；"必要"适用的范围较广，凡是物品、方法、条件等在人们的活动中感觉非有不可的，都可以用。

【必要】bìyào 形。少不得，非这样不行：这些措施我看大有～｜调查研究是十分～的。

泌 bì 地名用字。泌阳，县名，在河南省。
另见 mì。

邲 bì 名。古地名，在今河南郑州市东。

苾 bì〈古〉形。芳香。

闭 bì〈古〉动。(1)闭门，引申为关闭。(2)闭塞。

毖

毖 bì 〈素〉谨慎：惩前～后。

铋

铋 bì 名。金属元素，符号Bi。银白色，质硬而脆，可与铅、锡等制成低熔点合金，用于制保险丝和汽锅上的安全栓等。

秘(祕)

秘(祕) bì 见"秘鲁"。
另见mì。

【秘鲁】bìlǔ 名。国名，在南美洲。

闭

闭 bì ❶动。关，合；常带宾语或补语：～着眼｜～住嘴。❷〈素〉(1)阻塞，堵住：～气。(2)结束，停止：～歇｜～会｜～幕。❸姓。

【闭关锁国】bì guān suǒ guó 成。闭塞关口，封锁国境，指不同国往来：清朝统治者实行～政策，使我国对国外的情况茫然无知。

【闭关自守】bì guān zì shǒu 成。闭关：封闭关口。原指不跟别国来往，后也泛指不与外界往来。

【闭会】bìhuì 动。会议结束；不带宾语：职工大会今天～。

【闭口韵】bìkǒuyùn 名。用双唇音m或b收尾的韵母。

【闭路电视】bìlù diànshì 词组。靠电缆传送节目的电视装置，即有线电视，能通过放像机自播电视节目。

【闭门羹】bìménggēng 名。访问时遭主人拒绝，未得相见的情况；作"吃"的宾语：刘备两次去拜访诸葛亮，都吃了～。

【闭门造车】bì mén zào chē 成。关起门来造车子，比喻凭主观办事，不管是否符合实际：我们要理论联系实际，不能～。

【闭目塞聪】bì mù sè cōng 名。目：眼睛；聪：耳朵。闭上眼睛不看，塞住耳朵不听。比喻对客观事物不闻不问：我们要关心国家大事，不能～，只顾读书。也作闭目塞听。

【闭幕】bìmù 动。不带宾语。(1)一场演出、一个节目或一幕戏结束时闭上舞台前的幕布：话剧《茶馆》～时，台下掌声雷动。(2)会议、展览会等结束：戏剧工作会议胜利～。

＊"闭幕"和"结束"："闭幕"只指戏剧、节目、会议等的结束，使用范围较窄；"结束"指事情进行或发展到最后阶段，使用范围较宽。"闭幕"带有庄严的色彩，多用于较大、较隆重的场合；"结束"没有这个限制。

【闭气】bìqì 动。不带宾语，常拆开用。(1)有意识暂时抑制呼吸：他～，冲进了浓烟滚滚的电工房，关上了电闸。(2)因伤病暂停呼吸：由于天气闷热，劳累过度，他忽然闭了气，半天才苏醒过来。(3)临死断气：他挣扎了几个小时，终于～。

【闭塞】bìsè 形。(1)交通不便或风气不开通：这一带过去很～。(2)消息不灵通：我现在～得很，好多事情都不知道。

毕(畢)

毕(畢) bì ❶动。完结，完成；不带宾语：礼～｜今日事，今日～。❷〈素〉全部，完全：～生｜原形～露。❸名。二十八宿之一。❹姓。

【毕恭毕敬】bì gōng bì jìng 见"必恭必敬"。

【毕竟】bìjìng 副。到底，究竟；表示最后得出的结论：～是名著，经得起推敲。

【毕命】bìmìng 〈书〉动。结束生命，死去；多指横死，不带宾语，可带补语：此人不幸～于国外。

【毕生】bìshēng 名。一生，一辈子：父亲～都在学习。常作定语：他把～的精力都奉献给了人民。

【毕业】bìyè 动。在校学习期满，达到规定要求，结束学业；不带宾语，可带补语：小明今年高中～｜他～于南京大学。可拆开用：他毕了业就去参军。

哔(嗶)

哔(嗶) bì [哔叽](-jī) 名。音译词。一种斜纹的纺织品。

笪(篳)

笪(篳) bì 〈古〉名。指用荆条、竹子等编成的篱笆和其他遮拦物：蓬门～户｜蓬～生辉。

【笪篥】bìlì 见"觱(bì)篥"。

【笪路蓝缕】bì lù lán lǚ 成。笪路：柴车；蓝缕：破衣服。驾着柴车，穿着破衣去开辟山林。形容创业艰辛：经过一番～的奋斗，我们的农场总算粗具规模。

跸(蹕)

跸(蹕) bì ❶动。古代指帝王出行时，开路清道，禁止通行。❷〈古〉名。指皇帝的车马、仪仗等：驻～。

庇

庇 bì 〈素〉遮蔽，保护：～荫｜包～。

【庇护】bìhù 动。袒护，包庇；常带宾语：我们不能～坏人。
【庇荫】bìyīn 动。遮住阳光，比喻包庇或袒护：儿子有错误，父母不该～。

陛
bì 〈古〉名。宫殿的台阶。
【陛下】bìxià 名。对国王或皇帝的敬称。

毙（斃）
bì ❶〈素〉死：～命｜击～｜坐以待～。❷〈口〉动。枪毙；含贬义：～了这个杀人犯。
【毙命】bìmìng 动。丧命；不带宾语，用于人时含贬义：这个坚决与人民为敌的反动分子当即～。

狴
bì [狴犴](-àn)〈书〉名。传说中的神兽，形似虎，古代常把它画在牢狱门上，因此后来以"狴犴"作为牢狱的代称。

蓖（萞）
bì [蓖麻](-má)名。一年生或多年生草本植物，叶子大。种子可榨油，医药上用做轻泻剂，工业上用做润滑剂等。

篦（箆）
bì ❶名。(～子)用竹子制成的梳头用具，齿比一般梳子密。❷动。用篦子梳头；多带宾语或补语：～头皮屑｜把头～一下。

诐
bì〈古〉形。不正，邪僻：～辞。

畀
bì〈古〉动。给，给以：何以～之(拿什么东西给他呢)？

痹（痺）
bì〈素〉中医指肢体疼痛或麻木的病：麻～｜寒～。

箅
bì 名。(～子)有空隙能起间隔作用的片状器物，如蒸锅中用的竹箅子、铝箅子和盖在下水道口防止堵塞的铁箅子等。

贲
bì〈古〉动。装饰得很好看。
另见bēn。
【贲临】bìlín〈书〉动。光临，敬辞：略备菲酌，敬请～｜～寒舍。

敝
bì〈素〉(1)破烂：～屣｜～衣。(2)旧时用于与自己有关的事物，谦辞：～处｜～姓｜～校。
【敝屣】bìxǐ 名。破旧的鞋，比喻没有价值的东西：弃之如～。
【敝帚自珍】bì zhǒu zì zhēn 成。敝：破的；帚：扫帚；珍：爱惜。扫帚虽坏，因为是自己的，却很珍惜。比喻将自己不好的东西视为珍宝：我这件衣服虽说旧了点，不过～，还舍不得丢弃。也说敝帚千金。

蔽
bì〈素〉(1)遮盖，挡住：遮～｜隐～。(2)概括：一言以～之。

弊
bì〈素〉(1)欺骗人的行为：作～｜营私舞～。(2)害处，毛病：利～｜～病。
【弊病】bìbìng 名。毛病，缺点：这种社会～不是短时间所能革除的。
【弊端】bìduān 名。由于规章制度不完善或工作上有漏洞而发生的损害公益的事情：制度不严，～迭起。
【弊绝风清】bì jué fēng qīng 成。弊：弊端，坏事；风：风气；清：洁净。弊端绝迹，风气清正；赞美政风良好：欣逢盛世，～。
【弊政】bìzhèng 名。腐败的政治：革除～。

婢
bì〈素〉婢女：奴～｜奴颜～膝。
【婢女】bìnǚ 名。旧社会被迫供有钱人家役使的女孩子。

睥
bì [睥睨](-nì)〈书〉动。眼睛斜着看，表示看不起：他那～一切的神态，叫人看了很不舒服。

裨
bì〈书〉名。益处：于事无～(对事情没有益处)。
另见pí。
【裨益】bìyì〈书〉名。益处：大有～。

髀
bì〈古〉名。(1)大腿。(2)股骨。
【髀肉复生】bì ròu fù shēng 成。髀：大腿。长久不骑马征战，大腿上的肉又长起来了。慨叹虚度光阴，无所作为。

愎
bì〈素〉执拗，任性：刚～自用。

皕
bì〈古〉数。二百。

弼（弻）
bì〈素〉辅助：辅～。

赑
bì [赑屃](-xì)〈书〉名。传说中的一种动物，像龟，旧时石碑下面的座子常雕成这种动物的样子。

滗(潷) bì
动。挡住渣滓或泡着的东西，把液体倒出来或舀出来；多带补语：把罐子里的药～出来|把汤～掉些。

辟 bì
❶〈素〉(1)君主：复～。(2)排除：～邪。❷〈古〉动。(1)帝王召见并授与官职：～召。(2)同"避"。
另见 pì。

【辟邪】bìxié 动。避除邪恶；迷信用语，不带宾语：他说什么门上贴符可以～。

【辟易】bìyì 〈书〉动。退避，惊退：人马俱惊，～数里。

壁 bì
❶名。二十八宿之一。❷〈素〉(1)墙：～报|～画|碰～。(2)似墙和起墙一样作用的东西：岸～|肠～。(3)直立的山崖：峭～|绝～。(4)营垒：坚～清野|作～上观。

【壁报】bìbào 名。机关、学校、团体等办的张贴在墙上的报。也叫墙报。

【壁橱】bìchú 名。用墙壁砌成的、存放东西用的橱。

【壁虎】bìhǔ 名。爬行动物，身体扁平，背面暗灰色，有黑色带状斑纹，四肢短，趾上有吸盘，能在墙壁上爬行。捕食蚊子、苍蝇等小昆虫，对人类有益。也叫蝎虎。

【壁画】bìhuà 名。画在墙壁上的图画，如敦煌壁画。

【壁垒】bìlěi 名。古代军营的围墙，泛指防御工事：～森严。现在多用来比喻对立的事物和界限：敌我双方～分明。

【壁立】bìlì 动。像墙壁那样陡立；多用来形容山峰，一般不带宾语：走进峡谷，只见四周山峰～。

【壁炉】bìlú 名。就着墙壁砌成的生火取暖的设备。

【壁上观】bìshàngguān 见"作壁上观"。

【壁毯】bìtǎn 名。挂在墙上做装饰用的毯子。

【壁厢】bìxiāng 名。边，旁；多见于早期白话：这～|那～。

薜 bì
[薜荔](-lì) 名。木本植物，与无花果同类。茎蔓生，果球形，可做凉粉。

避 bì
动。(1)躲开，回避；常带宾语或补语：～风|～了一会儿雨|不～艰险。(2)防止；常带宾语：～嫌疑|给

牲口打针，是为了～瘟役。

【避风港】bìfēnggǎng ❶名。可以停泊船只，用以躲避风浪的港湾。❷习。喻指躲避外来伤害的安全场所；多指政治斗争方面的用法：世上没有～，每个人都必须在激烈的阶级斗争中接受考验。

【避讳】bìhuì 动。封建时代为了维护等级制度的尊严，说话作文时遇到君主或尊亲的名字都不直接说出或写出，叫做避讳。

【避讳】bì·hui 动。(1)不愿说出或听到的不吉祥、不愉快的字眼儿：今天是喜庆的日子，～说"死"呀、"病"呀什么的。(2)回避：工作中的缺点错误，要大胆揭露，不要～。

【避忌】bìjì 动。避讳(bì·hui)。

【避坑落井】bì kēng luò jǐng 成。避开了深坑，却落入井中。比喻避去一害，又遭一害。

【避免】bìmiǎn 动。防止；多带宾语或补语：～意外事故|小的误差～不了。常以谓词或谓词性词组作宾语：～冲突|～发生意外|～主观、片面。
*"避免"和"防止"："避免"只是消极地不使某事发生；"防止"则是积极采取措施制止事情的发生。

【避难】bìnàn 动。躲避灾难或迫害；不带宾语：水灾发生后，小孩和老年人都转移到安全地带～去了。可拆开用：他们来这里避一下难。

【避世】bìshì 动。脱离现实生活，避免和外界接触；不带宾语，与"入世"相对：我们应当积极向上，乐观进取，而不能消极～。

【避实击虚】bì shí jī xū 成。避开敌人主力，攻击它薄弱之处，后也指谈问题或处理问题时回避实质性的内容：不要～，空谈一些理论问题。

【避孕】bìyùn 动。用器械或药物阻止精子和卵子相结合，使不受孕。

【避重就轻】bì zhòng jiù qīng 成。避开难办的事，专拣容易的来承担，也指回避谈重要的、实质性的问题，只谈无关紧要的问题，含贬义：这个家伙非常狡猾，总～，不肯老实交代自己的罪行。

嬖臂璧襞蹩碧觱滗边 bì-biān

嬖 bì 〈古〉❶动。宠爱。❷名。受宠爱的人。❸〈素〉受宠爱的：～臣｜～人。

【嬖人】bìrén 〈古〉名。指受封建统治者宠幸的人。

臂 bì 名。胳膊，从肩到手腕的部分。人体解剖学上多指上臂：他的两～很结实。
另见 bei。

【臂助】bìzhù 〈书〉❶动。出力帮助：望予～。❷名。助手。

璧 bì 名。古代的一种玉器，扁平，圆形，中间有孔。

【璧还】bìhuán 〈书〉动。完好地归还借用的东西或退回赠品，敬辞：现将尊稿～。参见"完璧归赵"。

襞 bì ❶动。古代指给衣裙打褶子。❷〈古〉名。衣裙上的褶子：皱～。

蹩(蹩) bì 〈古〉❶形。两腿瘸。❷动。仆倒。

碧 bì ❶〈古〉名。青绿色的玉。❷〈素〉青绿色：～玉｜～绿。

【碧波】bìbō 名。青绿色的波浪：～万顷。

【碧空】bìkōng 名。蓝色的天空：～万里。

【碧蓝】bìlán 形。青蓝色；不加程度副词，多作定语：～的海洋。可重叠：天空～～的。

【碧落】bìluò 〈古〉名。指天空：上穷～下黄泉，两处茫茫皆不见。

【碧绿】bìlǜ 形。青绿色；不加程度副词，多作定语：～的青菜｜～的原野。可重叠：草地～～的。

【碧血】bìxuè 名。指为正义事业而流的血：甘为人民洒～。

【碧油油】bìyóuyōu 形。绿油油；不加程度副词，多加助词"的"：～的小秧苗。

觱 bì [觱篥](-lì) 名。古代的一种管乐器，汉代从西域传入。也作觱篥。

滗 bì 地名用字。漾濞，县名，在云南省。

biān(ㄅㄧㄢ)

边(邊) biān ❶名。(1)(～儿)边缘，物体周围的部分：河～｜海～儿｜马路～儿。(2)(～儿)镶或画在边缘上的条状花饰：花～儿｜金～儿｜衣服这儿该镶条～儿。(3)几何图形上夹成角的直线或多边形的线段。❷副。两个或几个"边"字分别用在动词前边，表示两个或几个动作同时进行：～干～学｜～走～谈｜～欣赏展品。❸〈素〉(1)两个国家或地区交界处：～界｜～境｜～疆。(2)界限：～际｜无～。(3)靠近物体的地方：旁～｜身～。

边(邊) bian 后缀。用在方位词"上、下、前、后、里、外"等后面，表示方向、位置：上～｜前～｜东～｜里～。

【边鄙】biānbǐ 〈书〉名。边远的地方：地处～。

【边陲】biānchuí 名。边疆，靠近国界的地区：～重镇｜地处～。

【边防】biānfáng 名。为保卫国家安全，防备外来侵略，在边境地区布置的防务；常作定语：加强～建设｜～部队。

【边幅】biānfú 名。布帛边缘毛糙的地方，借指衣着：不修～。

【边关】biānguān 名。边境上的关口：镇守～。

【边际】biānjì 名。边缘，界限；多指地区或空间；常用于否定句：蓝色的大海望不到～｜绿色的原野，漫无～。

【边疆】biānjiāng 名。靠近国界的疆土。
  *"边疆"和"边境"："边疆"指边远的疆土，包括的范围比较大；"边境"指靠近国界的地带，包括的范围比较小。

【边界】biānjiè 名。国与国、地区与地区之间的界限。

【边境】biānjìng 名。紧靠国界的地方。

【边卡】biānqiǎ 名。边境上的哨所或关卡。

【边区】biānqū 名。民主革命时期，中国共产党在几省相连的边界地区所建立的革命根据地，如陕甘宁边区、晋察冀边区等。

【边塞】biānsài 名。边疆地区的要塞。

【边沿】biānyán 名。周围的界限或两侧附近：～地区。

【边缘】biānyuán 名。(1)沿边的部分：～地带｜他已滑到危险的～。(2)跨着界限与两方面或几方面有关的部分；多作定语:～科学。

【边缘科学】biānyuán kēxué 词组。和两种或多种学科有密切关系,并借助它们的成果发展起来的科学。例如,地球化学就是以地质学和化学为基础的边缘科学。

【边远】biānyuǎn 形。靠近国界的或远离中心地区的;不加程度副词,不单独作谓语,多作定语:～地区。

【边寨】biānzhài 名。边疆地区的寨子。

笾(籩) biān 〈古〉名。祭祀或宴会时盛食品的竹器。

砭 biān ❶名。古代一种治病的石针。❷〈素〉(1)用石针扎刺人体治病:针～。(2)刺:～骨。

萹 biān [萹蓄](-xù) 名。多年生草本植物,叶狭长,略似竹叶,夏季开小花,白色带红。全草可入药。也叫萹竹。

编 biān ❶动。常带宾语或补语。(1)编织:～草席|把筐～好了。(2)按次序排列:～一组|一下队。(3)对资料或现成稿件进行整理加工:～资料|把稿子～出来。(4)创作;指诗歌、剧本等:～剧本。(5)捏造;含贬义:～瞎话。❷名。成本的书;多用在书名中:《故事新～》。❸量。书中大于"章"的部分:上～|第二～。

【编次】biāncì ❶动。按一定次序编排:文章按年代来～。可带宾语:按年龄大小～名单。❷名。编排好的次序:按～飞行。

【编导】biāndǎo ❶动。编剧并导演:这部电影是赵光根据同名小说～的。可带宾语:他又～了一部新片子。❷名。编剧和导演的人:他是这部电影的～。

【编辑】biānjí ❶动。在书籍、报刊的出版过程中,对稿件、资料进行整理、加工;常带宾语:他正准备～一本儿童读物。也可带补语:这部书已经～好了。❷名。(1)担任编辑工作的专业人员。(2)从事编辑工作的中级专业技术职务。

【编录】biānlù 动。摘录并编辑;指文字资料:有关资料正在～。常带宾语:管理员正在～资料卡片。

【编码】biānmǎ ❶动。把文字、数字或其他对象按预先规定的方法编成数码,或将信息数据转换成规定的电脉冲信号。编码广泛运用在电子计算机、电视、遥控和通讯等方面;不带宾语:这些材料要赶快着手～。❷名。指用上述方法编成的数码:～已经输入电子计算机了。

【编年体】biānniántǐ 名。按年、月、日的顺序编写历史事件的史书体裁,这是我国编写史书的一种传统方式。如《资治通鉴》。

【编排】biānpái 动。按一定次序排列先后;常带宾语或补语:～目录|活动日程要预先～好。

【编派】biānpai 动。夸大或捏造别人的缺点或过失;常带宾语,含贬义:我早知道你在～我呢。

【编审】biānshěn ❶动。编辑和审定;常带宾语:～稿件。❷名。(1)做编审工作的人。(2)从事编审工作的高级专业技术职务。

【编外】biānwài 形。组织机构人员定额以外的;不加程度副词,不单独作谓语,多作定语:～人员。

【编写】biānxiě 动。多带宾语。(1)把现成的材料进行整理加工,写成书或文章:～教材。(2)创作:～故事。

【编演】biānyǎn 动。编写并演出;指戏剧等,常带宾语:～新戏|剧团最近～了一个有关改革的话剧。

【编译】biānyì ❶动。编辑并翻译;常带宾语:他～了许多国外的科技书。❷名。(1)做编译工作的人。(2)从事编译工作的高级专业技术职务。

【编余】biānyú 形。指军队、机关等整编以后多余的;不加程度副词,不单独作谓语,多作定语:～人员。

【编造】biānzào 动。多带宾语。(1)把资料加以组织排列:～报表|～预算。(2)凭空捏造;含贬义:～谎言。(3)凭想象创造;多指故事:～寓言故事。

【编者】biānzhě 名。做编辑工作的人。也用作编写人的自称。

【编者按】biānzhě'àn 名。报刊或书籍的编者对所发表的某篇文章或消息加上的意见、评论等,通常放在这篇文章的前面。也作编者案。

【编织】biānzhī 动。把细长的东西交叉组织起来,使成为器具、衣物;常带宾语或补语:~鱼网|毛衣~好了。

【编制】biānzhì ❶动。常带宾语或补语。(1)编织:用竹篾~小篮子|~柳条筐|这个包~得很精致。(2)编造、制定;指书面材料:~教学计划|~报表。❷名。军队、工矿企业、学校、机关、团体等机构的设置及其人员数量定额和职务的分配:这个研究室只有十几个人的~。

【编著】biānzhù 动。编写著述:这本书是他经过多年研究~而成的。

＊"编著"和"编写":"编著"包含了编辑现有的资料和写出自己的研究成果;"编写"是根据已有资料撰写。

【编撰】biānzhuàn 动。编纂,编写:这本书是老王~的。可带宾语:他~了不少科普读物。

【编纂】biānzuǎn 动。根据大量的资料整理编写;多用于篇幅较大的著作:这部书请他们三人~。常带宾语或补语:~词典|《汉语大词典》已经~出来了。

煸 biān 〈方〉动。一种烹调方法,在熬和炖之前把菜、肉等用油炒到半熟;多带补语:把青菜先~一下。

蝙 biān [蝙蝠](-fú) 名。哺乳动物,头和躯干略像鼠,前后肢有皮质的膜和身体相连,能飞,昼伏夜出,捕食蚊蛾等昆虫。视力微弱,靠本身发出的超声波来引导飞行。

鳊(鯿) biān 名。鱼,生活在淡水中,体扁而宽,头小而尖,鳞较细。是重要的经济鱼类。通称鳊鱼。

鞭 biān ❶名。(1)(~子)驱使牲畜的用具。(2)古代的一种兵器:钢~|竹节~。❷动。用鞭子打;多以单音节名词作宾语:~马|~尸。❸〈素〉(1)像鞭子一样细长的东西:教~。(2)指成串的爆竹:~炮。

【鞭策】biāncè 动。鞭和策都是赶马的工具,现比喻鼓舞、督促、推动人前进:领导的表扬应该看作是对我们的~。常带宾语:不断地~自己。

【鞭长莫及】biān cháng mò jí 成。及:到。原指鞭子虽长,但不能打到马肚子上。后喻指力量达不到:我很想在生活上照顾年迈的母亲,可她远在家乡,我实在是~呀!注意:"长"这里不读zhǎng。

【鞭笞】biānchī 〈书〉动。用鞭子或竹板子抽打:奴隶们动辄遭受奴隶主的~。也比喻抨击:在这篇小说中,作者无情地~了空谈家。

【鞭打】biāndǎ 动。用鞭子打;常带宾语或补语:~牲口|工头凶狠地~了他一顿。

【鞭炮】biānpào 名。(1)爆竹的统称。(2)专指编成串的小爆竹。

【鞭辟入里】biān pì rù lǐ 成。鞭辟:督促鼓励。原指促使人学习要进入深处,现常用以形容言论或文章说理深刻、透彻:他的文章写得~。也说鞭辟近里。

【鞭挞】biāntà 〈书〉动。鞭打,比喻严厉抨击;常带宾语:~了旧社会的黑暗势力|这篇小说无情地~了某些领导的官僚主义作风。

biǎn (ㄅㄧㄢˇ)

贬 biǎn ❶动。给予不好的评价;与"褒"相对,常带宾语:我劝你不要把他~得一钱不值。❷〈素〉降低:~谪|~值。

【贬斥】biǎnchì 动。(1)〈书〉降低官职;常带补语,一般用在被动句中:元和十年,白居易被唐宪宗~到九江。(2)贬低并排斥;常带宾语:此人处处~异己,企图大权独揽。

【贬黜】biǎnchù 〈书〉动。古代指在京官吏降级外放或罢免:他仕途坎坷,屡遭~。

【贬词】biǎncí 名。含有贬义的词,如"顽固、阴险、勾结"等。也叫贬义词。

【贬低】biǎndī 动。故意降低对人或事物的评价;多带宾语:~别人,往往是为了抬高自己。

【贬损】biǎnsǔn 动。贬低并损害;多指名誉、人格等,常带宾语:你不要~他的人格。

【贬义】biǎnyì 名。词或语句中含有不赞成、厌恶、否定等的意思:这个词有~,不可乱用|一听话语中含有~,四爷立刻把脸拉长了。

【贬抑】biǎnyì 动。贬低并压抑:对周围

【贬责】 biǎnzé 动。指出缺点或错误,加以责备:对孩子不宜多加~,以免伤了他们的自尊心。常带宾语:不要随意~别人。

【贬谪】 biǎnzhé 〈书〉动。古时指官吏被迫降职被派到远离京城的地方;多用在被动句中:韩愈因谏迎佛骨而被~到潮州。

【贬值】 biǎnzhí 动。不带宾语。(1)货币购买力下降:那年月,通货膨胀,物价暴涨,拿到的法币如果不换成金子、美钞,立刻就要~。(2)比喻事物的作用下降:这种在内心深处的对祖国的爱,是永远不会褪色和~的。

窆 biǎn 〈古〉动。埋葬。

扁 biǎn 形。图形或字体上下的距离比左右的距离小,物体的厚度比长度、宽度小:你这个字写得太~了,不好看|这饼子~~的。
另见 piān。

【扁豆】 biǎndòu 名。一年生草本植物,茎蔓生,嫩荚可吃。也作"藊豆"。

【扁桃体】 biǎntáotǐ 名。在前后咽部类似淋巴结的组织,左右各一,形状像扁桃。能产生淋巴球,吞噬细菌,对肌体有保护作用。也叫扁桃腺。

匾 biǎn 名。匾额:光荣~|门上挂着一块~。

【匾额】 biǎn'é 名。题有颂扬或命名文字的横牌,一般挂在门户、亭子或大厅的上部。

碥 biǎn ❶名。在水旁斜着伸出来的山石。❷地名用字。四川省有阎王碥、燕子碥,都是水路险地。

褊 biǎn 〈素〉窄小,狭隘:~狭|~急。

【褊急】 biǎnjí 〈书〉形。气量狭小,性情急躁:此人猜忌~,难以共事。

【褊狭】 biǎnxiá 〈书〉形。狭小:场地~|心胸~。

藊 biǎn [藊豆](-dòu) 见"扁豆"。

biàn(ㄅㄧㄢˋ)

卞 biàn ❶〈古〉形。急躁。❷姓。

苄 biàn [苄基](-jī) 名。音译词。碳氢化合物的一种,有机化学上常把它看作一个化合单位,所以叫苄基。

抃 biàn 〈古〉动。鼓掌。

忭 biàn 〈古〉动。欢乐,快活:欢~。

汴 biàn 河南开封市的别称。

弁 biàn ❶名。古代男子戴的一种帽子。❷〈素〉旧称低级武官:马~|武~。

【弁言】 biànyán 〈书〉名。序文,引言。

昪 biàn 〈古〉形。(1)光明,明亮。(2)欢乐。

变(變) biàn ❶动。(1)和以前不同,改变,变化:家乡面貌大~了。可带宾语:~主意。(2)使改变;指事物的性质或状态,须带宾语:一坏事为好事|~后进为先进。(3)忽然变出新的东西,表演;用于戏法、魔术等,多带宾语或补语:~戏法|这个魔术~得不错。❷〈素〉(1)突然发生的重大变化:~乱|政~。(2)灵活:~通|机~。(3)能变化的,已经变化的:~数|~态。(4)出卖财产,换取现款:~卖|~产。

【变本加厉】 biàn běn jiā lì 成。厉:猛烈。原意是比本来的更加发展。现形容变得比原来更加严重;多用于贬义:他不但不思悔改,反而~,在错误的道路上越滑越远。

【变调】 biàndiào 动。不带宾语。(1)汉语中,字和字连读时,字的声调发生有规则变化的现象。如普通话两个上声字相连时,前一个字变为近似阳平。(2)一个乐曲中,从某调过渡到另一个调。

【变动】 biàndòng 动。可带宾语。(1)变化:人事~|~机构。常作"发生、有"的宾语:国际局势发生很大~。(2)改变:任务~了|需要~一下计划。

＊"变动"和"变化":"变动"多用于社会现象;"变化"可用社会现象,也可

变 biàn 63

用于自然现象。"变动"可以带宾语,如:变动一下文章的题目;"变化"很少带宾语。

【变法】biànfǎ 动。指历史上对国家的法令制度作重大改革;不带宾语:商鞅~。

【变革】biàngé 动。改变事物的本质;多指社会制度:土地改革是一次大的社会~。可带宾语:~旧制度|~社会。

【变更】biàngēng 动。更改,变动:原来的计划~了。可带宾语:~作息时间。

*"变更"和"变动":"变更"主要意义在更换,多指一般事物的变化;"变动"可以指社会现象的大变化,也可以指一般事物的变化。

【变故】biàngù 名。意外发生的变化或灾难;谁也料不到事情会发生这样的~。

【变卦】biànguà 动。已经决定的事情突然被改变或推翻;不带宾语,含贬义:事到临头,你怎么又~了? 可拆开用:说定了事,你怎么又变了卦。

【变化】biànhuà 动。和以前不同;多指事物的数量、状态、情况、性质等:今年天气~无常|这几年家乡的面貌发生了很大~。有时可带宾语:~体制。

*"变化"和"变革":"变化"是事物客观发展的结果;"变革"一般是指人改变客观现实。"变化",可用于人,也可用于事物,它可以是逐渐的,也可以是飞跃的;"变革"多指社会制度而言,有彻底改革的意思。

【变换】biànhuàn 动。改变更换;常带宾语或补语:~方向|招工方法要~一下。

【变幻】biànhuàn 动。无规则可循、不易揣测地变化:风云~|~无穷。加动态助词"着"后可带宾语:天上的云彩不断~着形状。

【变幻莫测】biàn huàn mò cè 成。变化多端,使人捉摸不定:他的棋艺~,别人很难战胜他。也作变化莫测。

【变节】biànjié 动。丧失节操,向敌人屈服投降;不带宾语,含贬义:甫志高~投降。可拆开用:变了节|变过节。

【变脸】biànliǎn 动。翻脸;不带宾语:她刚才好好的,怎么一下就~了。可拆开用:他突然变了脸,不认人。

【变量】biànliàng 名。在某一运动过程中数值可以变化的量,例如一昼夜的气温,就是个变量。

【变乱】biànluàn 名。由于战争或暴力行动所造成的混乱:在这场~中,不少人家破人亡。

【变卖】biànmài 动。出卖财产实物,换取现款;多带宾语:~家产。

【变迁】biànqiān 动。指事物的变化转移;不带宾语:人事~|时事~|耳濡目染,感情自然会有所~。

【变色】biànsè 动。不带宾语。(1)改变颜色:这种染料不易~。可拆开用:这块布变了色,黄的成白的了。(2)比喻时局变化:风云~。(3)改变脸色;多指突然发怒:勃然~。

【变色龙】biànsèlóng ❶名。一种能随环境变化而改变身体颜色的小动物。❷习。比喻政治上善于变化和伪装的人:汪精卫是政治上的投机商,~。

【变态】biàntài 名。(1)不正常的状态;与"常态"相对:她长期悲伤,产生一种~心理。(2)某些动物发育过程中发生的形态变化。如蚕变蛹、变蛾。(3)某些植物由于长期受到环境的影响而在构造、形态和生理机能上发生的异常变化。如仙人掌的针状叶等。

【变天】biàntiān 动。不带宾语。(1)天气发生变化:刚刚还有太阳,一会儿工夫就~了。(2)比喻反动势力复辟:反动派梦想~,卷土重来。可拆开用:变了天。

【变天帐】biàntiānzhàng 名。指被打倒的剥削阶级准备向人民反攻倒算的证件、地契、财产帐目等。

【变通】biàn·tong 动。依据不同情况,灵活而不失原则地改变方式或方法;一般不带宾语,可带补语:既然情况有变化,这项规定也可以~一下。

【变文】biànwén 名。唐代兴起的一种说唱文学。以边讲边唱的方式演述故事,讲的部分多用散文,唱的部分都用韵文。内容原为佛经故事,后来范围扩大,包括历史故事、民间传说等。变文作品一度失传,清末才在敦煌石窟中发现。

【变戏法】biàn xìfǎ 词组。即表演魔术。

【变相】biànxiàng 形。形式有变化,内容和原来的没有什么不同;多指坏事,不

加程度副词,不单独作谓语,多作定语:~体罚|~贪污|~的买卖婚姻。

【变心】biànxīn 动。改变原来的爱或忠诚;多指对爱情,也指对革命事业,不带宾语:永不~。可拆开用:变了心。

【变形】biànxíng 动。形状、格式发生变化;不带宾语:这种木料打家具不易~。可拆开用:这个盒子变了形。

【变压器】biànyāqì 名。利用电磁感应原理制成的改变交流电压的装置,可使电压升高或降低。

【变易】biànyì 动。改变,变化;一般不带宾语:大家已谈妥的事,最好不要擅自~。

【变质】biànzhì 动。人的思想或事物的本质发生变化;多指向坏的方向转变,不带宾语:他逐渐蜕化~,成了罪犯。可拆开用:变了质的食品不能吃。

【变种】biànzhǒng 名。(1)生物分类中比"种"小的单位。它和"种"有一定的差别,但仍保留"种"的个别属性。(2)比喻由原来事物蜕变而成的事物,它以新的形式出现,但实质并无变化;多指错误的或反动的思潮、流派等,含贬义。

便 biàn ❶副。就:地上并没有路,走的人多了,~也成了路。❷〈素〉(1)方便,便利:不~|轻~。(2)方便的时候或顺利的机会:就~|~车。(3)简单的,非正式的:~桥|~条。(4)屎,尿或排泄屎、尿:小~|粪~。
另见 pián。

【便当】biàn·dang 形。方便,顺手,简单,容易:这里交通很~|完成这一任务并不是一件~的事。

【便道】biàndào 名。(1)就近的小路。(2)正式道路修建时供临时使用的道路。(3)马路两旁边的人行道。

【便函】biànhán 名。机关团体发出的简便的、非正式公文的信件;区别于"公函"。

【便捷】biànjié 形。(1)方便简单:这个大车站托运行李,手续比较~。(2)手脚轻便敏捷:动作~。

【便览】biànlǎn 名。概括、简要便于翻阅的小册子;多用于交通、邮政等方面:一份旅游~。

【便利】biànlì ❶形。顺利,没有阻碍:交通很~。❷动。使便利;须带宾语:有的商店日夜营业,~了群众。

【便了】biànliǎo 助。用在陈述句末尾,表示决定、允许和让步的语气,跟"就是了"相同;多见于早期白话:酒家当尊命前往,请放心~。

【便秘】biànmì 名。粪便干燥,大便困难而次数少的症状:不吃蔬菜容易发生~。

【便人】biànrén 名。顺便为人代办某事的人。

【便条】biàntiáo 名。简短的非正式的书信或通知。

【便宴】biànyàn 名。饭菜比较简单的宴席;区别于正式的宴会。

【便衣】biànyī 名。(1)平常人的服装;区别于军队制服。(2)(~儿)身着便衣进行侦察活动的军人、警察等。

【便宜】biànyí 形。方便,适宜:~行事。
另见 pián·yi。

【便宜行事】biànyí xíng shì 成。便宜:方便,适宜。经过特许,不必请示,根据实际情况或临时变化适当处理:各单位领导可根据实际情况~。也说便宜从事。注意:"便宜"在这里不读 pián·yi。

【便于】biànyú 动。比较容易做某事,多带动词或动词性词组作宾语:~讨论|~联系群众。

【便中】biànzhōng 名。方便的时候;多作状语:后天下午开茶话会,请你~给他捎个信。

遍(徧) biàn ❶动。普遍,布满;须带宾语或补语:我们的朋友~天下|~于全国各地。❷量。次,回;表示动作的量,从开始到结束为一遍:这篇文章他看了两~。

【遍地开花】biàn dì kāi huā 成。比喻好的事物到处涌现或普遍发展:近几年各类学校~,蓬勃发展。

【遍体鳞伤】biàn tǐ lín shāng 成。浑身布满鱼鳞般的伤痕。形容伤势很重:江姐被敌人打得~。

辨 biàn 动。区分,分辨;宾语多为反义语素构成的词语,常用于否定式:不~是非|不~好坏。带补语时常重叠:这事儿的是非曲直要~~清楚。

【辨白】biànbái 见"辩白"。
【辨别】biànbié 动。把不同的事物加以辨认、区别；常带宾语或补语：～方向｜这两种做法哪种对，你来～一下。
　　*"辨别"和"鉴别"："辨别"的意思着重在对两个以上的事物加以区别；"鉴别"的意思着重在对个别事物的真伪、好坏等加以审定。"辨别"书面语、口语都可用；"鉴别"多用于书面语。
【辨认】biànrèn 动。分析并作出判断；常带宾语或补语：～笔迹｜这是什么树，请你～一下。
　　*"辨认"和"辨别"："辨认"是经过辨别以后，做出判断，找出并认定某一对象；"辨别"是根据不同事物的特点，在认识上加以区别。对象是一个的时候，多用"辨认"；对象是两个以上的时候，多用"辨别"。
【辨析】biànxī 动。辨别分析；多带宾语：～同义词。
【辨正】biànzhèng 动。辨明是非，纠正错误；常作"加以、作、进行"等的宾语：对这些流传很广的不实的传说，有必要加以～。也作辩正。
【辨证】biànzhèng 见"辩证"。

辩（辯）biàn 动。辩解，争论：真理越～越明。常带补语：不要为一点小事～得面红耳赤。

【辩白】biànbái 动。说明事实或理由，以消除别人的误会或受到的指责；一般带补语，不带宾语：这件事我们应当～清楚。也作辨白。
【辩驳】biànbó 动。提出理由或根据来否定对方的意见：这是无可～的事实。可带宾语或补语：～了他的错误论点｜～得很深刻。
【辩才】biàncái 〈书〉名。辩论的才能：小张很有～，几句话就说得对方哑口无言。
【辩护】biànhù 动。不带宾语。(1)提出理由，说明某种意见或行为是正当合理的：不要老为自己的错误～。(2)法院审判案件时，被告人和辩护人根据事实和法律对被控告的事件作出申辩和解释：请律师帮助～。
　　*"辩护"和"辩解"："辩护"是为了保护自己或别人而积极地去争辩；"辩解"是为自己所受的委屈而去解释。"辩护"是法律用语；"辩解"不是。"辩解"可作状语；"辩护"不能。
【辩护人】biànhùrén 名。受被告人委托或由法院许可或指定，在法庭上为被告作辩护的人。
【辩护士】biànhùshì 名。泛指为人或事物辩护的人；多含贬义：充当殖民主义者的～。
【辩解】biànjiě 动。在受到责难批评时，进行辩护解释：他～说这不是他的过错。可作宾语：他在会上作了～｜证据确凿，不容～。
【辩论】biànlùn 动。持不同看法的双方展开争论，以便明辨是非，求得一个正确的认识：他喜欢同人～。常带宾语或补语：散会后，他们还在继续～｜会上提出的问题｜这件事要和他～清楚。
【辩难】biànnàn 〈书〉动。辩驳或用难解的问题质问对方：互相～，各不相让。注意："难"在这里不读nán。
【辩诬】biànwū 动。对错误的指责进行辩解；不带宾语：小张受到诽谤后，不得不起来为自己～。
【辩正】biànzhèng 见"辨正"。
【辩证】biànzhèng ❶动。辨析考证；不带宾语：经过反复～，问题终于搞清楚了。也作辨证。❷形。合乎辩证法的：他的发言非常～。常作定语或状语：～的观点｜～地分析。
【辩证法】biànzhèngfǎ 名。(1)关于事物矛盾的运动、发展、变化的一般规律的哲学学说。是一种同形而上学相对立的世界观和方法论。它认为事物处在不断运动、变化和发展之中，是由于事物内部的矛盾斗争所引起的。(2)特指唯物辩证法。
【辩证唯物主义】biànzhèng wéiwù zhǔyì 词组。马克思、恩格斯所创立的关于用辩证方法研究自然界、人类社会和思维发展的一般规律的科学，是无产阶级的世界观和方法论。辩证唯物主义认为，世界从它的本质来讲是物质的，物质按照本身固有的对立统一规律运动发展，存在决定意识，意识反作用于存在。

辫(辮) biàn 名。(～儿)(1)把头发分股交叉编成的条条儿：头上扎了两条短～儿。(2)像辫子一样的东西：蒜～儿|草帽～儿。

【辫子】biàn·zi 名。(1)把头发分股交叉编成的条条儿：梳～。(2)像辫子的东西：蒜～。(3)比喻把柄；多作"抓、揪"等动词的宾语：不准抓～。

biāo(ㄅㄧㄠ)

标(標) biāo ❶名。清朝末年陆军编制之一，相当于后来的团。❷动。用文字或记号标明；常带宾语和补语：～号码|～一下价格。❸〈素〉(1)树木的末梢，引申为枝节或表面：治～。(2)记号：～记|路～。(3)给竞赛优胜者的奖品：锦～。(4)用比价方式承包工程或买卖货物时各竞争者所标出的价格：投～|招～。

【标榜】biāobǎng 动。宣扬，吹嘘，炫耀；用于对自己和他人，含贬义：自我～|互相～。可带宾语：|为了～自由、民主，独裁者有时也不得不装点门面。

【标本】biāoběn 名。(1)枝节和根本。(2)经过处理供学习、研究用的动物、植物和矿物等的实物样本。(3)医学上指作为化验、研究用的血液、痰液、粪便及组织切片等。

【标兵】biāobīng 名。(1)阅兵场上标明界线的士兵。泛指群众集会中用来标志某种界线的人。(2)比喻作为学习榜样的个人或单位：他是我们单位的～。

【标尺】biāochǐ 名。(1)测量高度或标明深度用的有刻度的尺。(2)枪炮瞄准器的一部分。

【标点】biāodiǎn ❶名。书面上标明句读(dòu)和语气的符号。❷动。给原来没有标点的著作加上标点符号：他在给一册古书～。可带宾语：～一篇古文。

【标点符号】biāodiǎn fúhào 词组。书面上标明句读(dòu)、语气和专名等的书写符号。包括句号、分号、逗号、顿号、冒号、问号、感叹号、引号、括号、破折号、省略号、书名号、着重号等。

【标杆】biāogān 名。(1)测量的用具，用木杆制成，表面漆成红白相间的分段，主要用来指示测量点。(2)比喻学习的榜样：～队。

【标高】biāogāo 名。地面或建筑物上的一点同作为基准的水平面之间的垂直距离。

【标格】biāogé 〈书〉名。品格，风格。

【标号】biāohào 名。(1)表示某些产品的性能的数字，如水泥因抗压强度不同而有多种标号，标号越高质量越好。(2)指标点符号中的非点号部分，如引号、书名号等。

【标记】biāojì 名。标明某种事物的记号。

【标明】biāomíng 动。做出记号或用文字使人知道；常带宾语：～日期|用箭头～参观的顺序。

【标签】biāoqiān 名。贴在或系在物品上，标明品名、用途、价格等的纸片。

【标枪】biāoqiāng 名。(1)一种田径赛器材。(2)田径赛项目之一，比赛时，经过助跑，在起掷线后，将标枪掷出，枪尖落入规定区域内有效。(3)旧式武器，在长杆的一端安装枪头，可以投掷，用来杀敌和打猎。

【标题】biāotí 名。文章的题目。

【标新立异】biāo xīn lì yì 成。标：揭出，写明；异：不同的，特别的。原指独创新意义，立论与人不同。后指为了显示自己，故意提出新奇的主张。现也用以形容敢于革新创造的精神：搞改革，就是要敢于～。

【标语】biāoyǔ 名。用简短文字写出的起宣传鼓动作用的口号。

【标志】biāozhì ❶名。表明特征的记号：运动场上有许多～。❷动。明示；常带宾语，并加动态助词"着"：这次通讯卫星的发射成功，～着我国的科学技术又达到了一个新的水平。也作标识。

【标致】biāo·zhi 形。漂亮，好看；多指女子的相貌和姿态：这姑娘长得很～。

【标准】biāozhǔn 名。(1)衡量事物的准则：60分是及格的～。(2)本身合于准则，可以衡量同类事物的东西；一般作定语：～时间|～语音。

【标准化】biāozhǔnhuà 动。为适应科学发展和合理组织生产的需要，由有关组织在产品质量、品种规格、零件部件通用等方面规定统一的技术标准,叫做标准化。

【标准时】biāozhǔnshí 名。由于各地经度不同,钟表的时刻就有差别。用某一子午线的时刻为邻近地区的共同时刻,叫做这个地区的标准时。目前我国大部分地区以东经120度子午线作为标准时,即北京时间。

【标准音】biāozhǔnyīn 名。某一语言里作为规范的语音。一般以一个地区的语音为标准,地点的选择决定于语言使用情况的历史发展,通常是政治、经济、文化的中心。例如现代汉语以北京语音为标准音。

【标准语】biāozhǔnyǔ 名。有一定规范的民族共同语。汉语以普通话为标准语。

彪 biāo ❶〈素〉(1)小老虎,喻指人的体格粗壮高大:～形|虎～～。(2)虎身上的斑纹,比喻文彩:～炳。❷姓。

【彪炳】biāobǐng 〈书〉动。文彩焕发,照耀:～千秋。

骠 biāo [黄骠马](huáng-mǎ) 名。一种黄毛夹杂着白点子的马。另见 piào。

膘(臕) biāo 名。指牲畜的肥肉:上～|这块肉的～太厚。

镖 biāo 名。一种旧式的投掷武器,像长矛的头。

【镖客】biāokè 名。旧时给行李或运输中的货物保镖的人。也叫镖师。

瘭 biāo [瘭疽](-jū) 名。手指或脚趾肚儿发炎化脓的病,症状是局部红肿,剧痛,发烧,久则腐烂筋骨。中医称蛇头疔。

飙(飈、飇) biāo 〈素〉暴风:狂～。

藨 biāo 名。藨草,多年生草本植物,茎呈三棱形,叶子条形,花褐色。茎可织席、编草鞋、造纸等。

镳 biāo 名。(1)〈古〉马嚼子两端露出嘴外的部分:分道扬～。(2)同"镖"。

biǎo (ㄅㄧㄠˇ)

表(△錶) biǎo ❶名。△(1)手表:请问你的～几点了?(2)分类排列记载的文字:填一张～。(3)古代奏章名称之一:《出师～》。❷动。把心里想的表示出来;常带宾语或补语:～决心|～一下心意。❸〈素〉(1)外面:～面|虚有其～。(2)中表亲戚:～哥|～姑。(3)模范,榜样:～率|为人师～。(4)测量的器具:电～|温度～。

【表白】biǎobái 动。向人解释、说明自己的意思等;问题已经查明,请你别再～了。常带宾语:他向大家反复～了自己的意思。

【表册】biǎocè 名。装订成册的表格。

【表层】biǎocéng 名。物体表面的一层。

【表达】biǎodá 动。表示思想和感情,带宾语或补语:礼物虽少,但却～了全厂工人对灾区人民的深情厚谊|～不清。

【表格】biǎogé 名。按项目画好格子,分别再填写文字或数字的书面材料。

【表记】biǎojì 名。作为纪念品或信物送给别人的东西:母亲临死前,给我半截银簪,说这是将来我们父女相认的～。

【表决】biǎojué 动。会议上通过举手、投票等表示赞成或反对而做出决定;带宾语或补语:～提案|～了一次。可带主谓词组作宾语:我们举手～他能否入队。可重叠:我们还是举手～～吧。

【表里如一】biǎo lǐ rú yī 成。表:外表;里:内心。形容思想和言行完全一致:我们要光明磊落,～。

【表露】biǎolù 动。流露,显示;多用于思想感情,常带宾语或补语:～出一种矛盾的心情|他性格深沉,喜怒都很少～在外|这种感情她从没～出来。

【表面】biǎomiàn 名。(1)物体접外界接触的一部分。(2)事物的外在现象或非本质的部分:看问题不能只看～,而要抓住它的实质。

【表面化】biǎomiànhuà 形。由隐藏的变为明显的;多指问题、矛盾等:他们两人之间的矛盾更加～了。

【表面文章】biǎomiàn wénzhāng 成。比喻办事只追求形式,不讲究内容和实质的不正之风;含贬义:追求～的形式主义必须制止|不要做～。

【表明】biǎomíng 动。明白表示;常带宾语：他向大家～了自己的观点。可带主谓词组作宾语：他的发言，～了他的态度是诚恳的。

【表情】biǎoqíng 名。从脸部或动作中表现出来的思想感情。

＊"表情"和"神情"："表情"是从面部或姿态上显示出来的；"神情"只显示在面部。"表情"可以是自然流露的，也可以是有意做出来的；"神情"是自然流露的。

【表示】biǎoshì ❶动。表达，显示；常带宾语或补语：～态度|把大家的决心～出来。可带动词或主谓词组作宾语：～欢迎|在大会上～我们一定完成任务。❷名。显出思想感情的言语、行动或神情：这是一种友好的～。

＊"表示"和"表现"："表示"指通过言语、行动显示出某种意思；"表现"指把内在的本质特点显露出来。"表示"可带动词作宾语，如"关怀、支持、同情"等；"表现"常带名词作宾语，如"思想、感情、品质、性格"等。"表现"有时含贬义，指故意显示自己，"表示"没有这种意思。

【表述】biǎoshù 动。说明叙述；常带宾语或补语：在～人物的心绪时，可以采用这种手法|这个问题没有～清楚。可作主语或宾语：他对这个问题的～，还须进一步修改、补充。

【表率】biǎoshuài 名。模范，好榜样：干部要做群众的～|老师要起～作用。

＊"表率"和"榜样"："表率"多指个人；"榜样"可以指个人，也可以指集体或事例。

【表态】biǎotài 动。表示态度；不带宾语：今天会上他没有～。可拆开用：我对这个问题已经表过态了。

【表现】biǎoxiàn ❶动。常带宾语或补语。(1)表示出来：～了高尚的品质|他～得很勇敢。(2)故意显示自己；含贬义：他好在众人面前～自己|他在会上～一番。❷名。行为或作风中表示出来的情况：这学期大家的～都不错。

【表象】biǎoxiàng 名。经过感知的客观事物在人脑中重现的形象。

【表演】biǎoyǎn 动。常带宾语或补语。(1)戏剧、电影、音乐、舞蹈、曲艺、杂技等演员把情节、人物或技艺表现出来：～杂技|这个角色他～得很成功。(2)做示范性动作：～新的操作方法|给大家看。(3)喻指人的所作所为；含贬义：你看看，他那番～，多么"精采"，又多么叫人恶心!

【表演唱】biǎoyǎnchàng 名。一种演唱形式，以唱为主，辅以简炼、明快的动作。

【表扬】biǎoyáng 动。对好人好事公开赞美；常带宾语或补语：我们要及时地～好人好事|～了几回。可作"受到"的宾语：多次受到领导的～。

＊"表扬"和"赞扬"："表扬"是把好人好事宣传出来，以便让大家学习；"赞扬"只是表示赞颂和钦佩。"表扬"一般要通过一定的形式，如开会、公布、登报等等；"赞扬"多是口头的。

【表意文字】biǎoyì wénzì 词组。用一定体系的象征性符号表示词或语素的文字，如汉字、楔形文字等。

【表语】biǎoyǔ 有的语法书用来指"是"字句中"是"后面的成分，例如"我是学生"中的"学生"。也泛指名词性谓语和形容词性谓语。

【表彰】biǎozhāng 动。隆重地表扬；用于先进集体、伟大功绩、壮烈事迹等，常带宾语：～了一批先进人物。

【表字】biǎozì 名。旧指人在本名外所取的与本名有意义关系的另一个名字。

婊 biǎo [婊子](-zi) 名。妓女；常作詈词。

裱 biǎo 动。裱褙；常带宾语或补语：～字画|～一下。

【裱褙】biǎobèi 动。用纸、布或丝织品作衬托，把书画装潢起来，使美观耐久；常带宾语或补语：～字画|请你把这张画～一下。

biào (ㄅㄧㄠˋ)

俵 biào [俵分](-fēn) 〈方〉动。把东西按份儿或按人分发。

摽 biào 动。(1)紧紧捆住；常带补语：桌子腿要坏了，赶快用铁丝～一下。(2)用胳膊紧紧钩住；常带宾语，并加动态助词"着"：他俩～着胳膊走。(3)过分亲近，形影不离；含贬义，多带补语：他们几个人老是～在一起。

鳔 biào ❶名。(1)某些鱼体内的一种囊状器官,内有气体,收缩时鱼下沉,膨胀时鱼上升。有的鱼类的鳔还有辅助听觉或呼吸等作用。(2)鳔胶,用鱼鳔或猪皮等熬成的胶。❷〈方〉动。用鳔胶粘上:把桌子腿一一下。

biē（ㄅㄧㄝ）

瘪（癟） biē [瘪三] (-sān) 名。上海旧时称无正当职业,靠乞讨或偷窃为生的游民为瘪三。他们通常是极瘦的,故有此称。另见biě。

憋 biē 动。(1)抑制或用力耐住不让出来;常带宾语或补语:～足了劲|～了一肚子气。(2)气不通,气闷;多带补语:今ㄦ天气又热又闷,～得叫人透不过气来|我一肚子委屈没处去说,心里真～得慌。

【憋闷】biēmèn 形。有疑团或委屈等闷在心里而感到不舒畅:这事真叫人～,我怎么也想不通。

【憋气】biēqì ❶动。使人有窒息的感觉;不带宾语:今天天气闷热,使人感到～。❷形。有委屈、烦恼而不能发泄:他有苦说不出,觉得很～。

鳖（鼈） biē 名。爬行动物,形状如龟,背甲无纹,边缘柔软,生活在河湖池沼中。肉可食,甲壳供药用。也叫甲鱼、团鱼,俗称"王八"。

bié（ㄅㄧㄝˊ）

别 bié ❶动。(1)分离;不带宾语,常带动态助词"了":～了,同志们!(2)〈方〉转变,转动;多带趋向动词"过来"等作补语:脾气一时一不过来|～过头去。(3)插住,用东西固定住;常带宾语或补语:口袋上～着一支笔|用针～住。❷副。(1)不要;表示禁止或劝阻:～生气。(2)表示揣测;所揣测的事往往是自己所不愿意的,经常与"是"合用:～是弄错了吧|～是出什么事了。❸〈素〉(1)区分:区～|分～。(2)差异:差～。(3)类别:性～|职～。(4)另外的:～名。
另见biè。

【别称】biéchēng 名。正式名称以外的名称。如"闽"是福建省的别称。

【别出心裁】bié chū xīn cái 成。别:另外;心裁:心中的设计、筹划。原指构思有独到之处。现泛指独创一格,与众不同:事情就这样办,你不要再～。

【别的】bié·de 代。(1)另外的;作定语:～人|我还没有想出一办法来。(2)另外的事物;作宾语,代替名词:说一吧,不要再提这件事了|不买～,就买双鞋。

【别动队】biédòngduì 名。旧指离开主力单独执行特殊任务的部队。现多指武装特务组织。

【别管】biéguǎn 连。与"无论、不管"相同,表示无条件:～有多大困难,任务一定要按时完成。

【别号】biéhào 名。在名、字以外另起的称号。如苏轼,字子瞻,别号东坡居士。

【别集】biéjí 名。旧指收集个人的诗文而成的集子,与汇集多人的作品的"总集"相对而言。

【别具匠心】bié jù jiàng xīn 成。匠心:巧妙的心思。另具有一种与众不同的巧妙的构思;常指文学艺术方面,含褒义:这座雕塑造型优美,～。

【别具一格】bié jù yī gé 成。别:另外。另有独特的风格:这篇文章虽然记叙的部分是些平常的事,但由于作者匠心独运,写得～。

【别开生面】bié kāi shēng miàn 成。开:开辟,开创;生面:新的面目。比喻另创新的局面、风格或形式;含褒义:他的山水画,技法新颖,风格独特,可以说是～。

【别离】biélí 动。离别;多带宾语:～亲人,一晃四十年过去了。

【别名】biémíng 名。正式或规范名称以外的其他名称。如"扁食"就是"饺子"的别名。

【别人】biérén 名。另外的人:今天家里除了我以外,没有～。

【别人】bié·ren 代。指自己或某人以外的人:任何成就都包含着～的劳动|把方便让给～,把困难留给自己。

【别史】biéshǐ 名。编年体、纪传体以外,杂记历代或一代史实的史书。

【别树一帜】bié shù yī zhì 成。树:立;帜:

旗帜。独自另树一面旗帜。比喻开创新路、自成一家或与众不同:他的画～,有独特的风格。

【别墅】biéshù 名。在风景好的地方建造的,供休养、避暑等用的住宅。

【别提】biétí 动。不用细说;表示程度很深,含夸张语气:一张小嘴～多会说话了。也可用在句末,前面一般有感叹词语,须带助词"了":他那个高兴劲儿啊,就～了!

【别样】biéyàng 形。另外的,其他的;不加程度副词,不单独作谓语,作定语:～花色也不好看。

【别有天地】bié yǒu tiān dì 成。天地:境界。另有一种境界。形容风景或艺术作品引人入胜:走进善卷洞,犹如进入仙境,真是～。

【别有用心】bié yǒu yòng xīn 成。用心:居心,打算;多指言论或行动中有不可告人的企图,含贬义:他这样巴结你,恐怕是～的。

【别致】biézhì 形。新奇,不寻常:这只花瓶造型很～。
＊"别致"和"新颖":"别致"含意着重在不同一般;"新颖"含意着重在新奇少见。"别致"多用来形容景物以及服装、发型等的式样;"新颖"除此以外,多用来形容文学艺术的题材、内容、形式、风格等。

【别字】biézì 名。(1)写错或念错的字。如把"接洽"写成"接恰",是写别字;把"绽"读成"定"是读别字。(2)别号,别名。

蹩 bié 〈方〉动。脚腕或手腕扭伤;常带宾语或补语:～痛了手|今天不小心,脚崴～了一下。

【蹩脚】biéjiǎo 〈方〉形。质量不好,本领不强:～货|这篇文章写得很～。

biě(ㄅㄧㄝˇ)

瘪(癟) biě 形。物体表面凹下去,不饱满:～花生|谷子太～|轮胎～了。
另见biē。

biè(ㄅㄧㄝˋ)

别(彆) biè 〈方〉动。改变别人坚持的意见;多加"不过"作补语:他太固执了,我～不过他。
另见bié。

【别扭】bièniu 形。(1)不顺心,难对付:他脾气怪～的。(2)意见不相投:他两口子又闹～了,我们去劝劝他们。(3)不通顺,不流畅;指说话或文章:这篇文章半文半白读起来挺～的。都可重叠:你这身打扮看上去别别扭扭的|跟他在一起总觉得别里别扭的。

bīn(ㄅㄧㄣ)

邠 bīn 地名用字。邠县,在陕西省。今作彬县。

玢 bīn 〈古〉名。(1)玉名。(2)玉的纹理。
另见fēn。

宾(賓) bīn ❶〈素〉客人:～客|外～。❷姓。

【宾白】bīnbái 名。戏曲中的说白。

【宾东】bīndōng 名。古代主人的座位在东,客人的座位在西,因此称宾和主为宾东。

【宾服】bīnfú 〈书〉动。服从:诸侯～。

【宾馆】bīnguǎn 名。招待来宾住宿的地方,多指比较高级的。

【宾客】bīnkè 名。客人的总称。

【宾语】bīnyǔ 名。句子成分的一种,一般在动词的后面,用来回答"谁、什么"等问题,常用名词、代词或词组来充当。例如"他最喜欢小孩"中的"小孩","我去代他"中的"他","我看见他来了"中的"他来了"。有时一个动词可以带两个宾语(双宾语),如"他给我一本书"中的"我"和"一本书"。

【宾至如归】bīn zhì rú guī 成。宾:客人;至:到;归:回到家中。客人到这里,就像回到自己的家中一样。形容待客殷勤、周到:服务员对我们照顾得无微不至,使我们每个人有～之感。

傧(儐) bīn [傧相](-xiàng) 名。古代指替主人接引宾客或赞礼的人。后指婚礼中陪伴新郎和新娘的人:男～|女～。

滨(濱) bīn

〈书〉❶动。靠近水边；以"江、海"等作宾语：东~大海。❷名。水边，近水的地方：海~｜湖~｜东海之~。

缤(繽) bīn

[缤纷](-fēn) 形。繁多而杂乱；不加程度副词，常用在固定的组合中：五彩~｜落英~。

槟(檳、梹) bīn

名。(1)槟子，苹果树的一种，果实比一般苹果小，熟后紫红色，味酸甜带涩。(2)这种植物的果实。

另见bīng。

镔(鑌) bīn

[镔铁](-tiě) 名。精炼的铁。

彬 bīn

[彬彬]〈书〉形。原义为文质兼备的样子，后形容文雅；不加程度副词，常用在固定组合中：~有礼｜文质~。

斌 bīn

同"彬"。

豳 bīn

名。古地名，在今陕西省旬邑县一带。也作邠。

濒 bīn

❶〈书〉临近，接近：~临｜~于~危。❷同"滨❶"

【濒临】bīnlín 动。接近，临近；须带宾语：南京~长江｜她奄奄一息，已~死亡。

【濒于】bīnyú 动。临近，接近；一般用于坏的遭遇，须带宾语：~危境。常以"灭亡、崩溃、破产"等动词作宾语：敌人已~灭亡。

bìn(ㄅㄧㄣˋ)

摈(擯) bìn

〈素〉抛掉，排除：~弃｜~除。

【摈斥】bìnchì〈书〉动。排除，排斥；多用于人，常带宾语或补语：~异己｜在这次活动中，他被~在外。

【摈除】bìnchú 动。排除，抛弃；多用于事物，常带宾语或补语：~恶习｜这些陈腐的思想要~彻底。

【摈弃】bìnqì 动。抛弃，扔掉；可用于人或物，常带宾语或补语：~一切旧传统｜他虽犯了错误，也不能将他~出去。

殡(殯) bìn

〈素〉(1)停放灵柩：~仪馆。(2)把灵柩送到墓地或火化的地方去：出~｜~葬。

【殡仪馆】bìnyíguǎn 名。供停放灵柩办理丧事的地方。

【殡葬】bìnzàng 动。出殡和埋葬；一般不带宾语：在几个朋友的帮忙下，他总算把老伴~了。

膑(臏) bìn

同"髌"。

髌(髕) bìn

名。髌骨，膝盖部的一块骨，略呈三角形，尖端向下。俗称膝盖骨。

鬓(鬢) bìn

名。鬓角，面颊两边靠近耳朵前面的部位。也指这个部位所长的头发：两~苍苍。

【鬓发】bìnfà 名。鬓角的头发。

bīng(ㄅㄧㄥ)

并 bīng

山西省太原市的别称。

另见bìng。

栟 bīng

[栟柑](-gān) 名。(1)常绿灌木，茎高三四米，叶椭圆形，开白花，果实橙黄色。(2)这种植物的果实。

另见bēn。

冰(氷) bīng

❶名。水在摄氏零度或零度以下凝结成的固体。❷动。(1)接触到冷的东西而感到寒冷；须带宾语：冬天的水~手。(2)把东西同冰或凉水放在一起使变凉；常带宾语或补语：~一杯汽水｜把西瓜~一下。

【冰雹】bīngbáo 名。空中降下来的冰块，多在晚春或夏季的午后伴同雷阵雨出现。降落的时间一般不长，但对农作物危害很大。也叫雹、雹子，有的地区叫冷子。

【冰川】bīngchuān 名。在高山或南、北极地区，积雪由于自身的压力而结成冰块，又因重力作用而沿地面倾斜方向移动，这种移动的大冰块叫冰川。也叫冰河。

【冰点】bīngdiǎn 名。水结成冰的凝固点。冰点和压力的大小有关，压力增大，冰点相应降低。在标准大气压下，摄氏温度计上冰点是零。

【冰冻三尺，非一日之寒】bīng dòng sān chǐ, fēi yī rì zhī hán 成。比喻问题的出

现不是偶然的,而是长期积累形成的;常用在不好的事情方面:~,今天他俩的争斗决不是偶然的。

【冰激凌】bīngjīlíng 名。"激凌",音译词。冰激凌是一种夏季冷饮,用水、牛奶、鸡蛋、糖等搅和冷冻而成。也叫冰淇淋。

【冰晶】bīngjīng 名。气温在摄氏零度以下时,空气中的水蒸气凝结成的结晶状的微小颗粒。

【冰冷】bīnglěng 形。很冷;不加程度副词:~的水|手冻得~的。可重叠:冰库里~~的。

【冰凉】bīngliáng 形。很凉;不加程度副词:~的桔子水|脚冻得~的。可重叠:他的手~~的,可能生病了。

【冰片】bīngpiàn 名。中药指龙脑,是龙脑树干蒸馏后所得的结晶。医药上用作强心剂或清凉剂。

【冰球】bīngqiú 名。(1)球名,扁圆形,用硬橡胶等制成。(2)在冰上进行的球类运动,用冰球杆把球打进对方球门为得分,积分多者为胜。

【冰清玉洁】bīng qīng yù jié 成。像冰那样清澈透明,像玉那样纯洁无瑕。比喻人的品德高尚,操行清白:周总理~,人人敬爱。

【冰人】bīngrén 〈书〉名。旧时指媒人。

【冰山】bīngshān 名。(1)两极地带浮在海中的巨大冰块。(2)比喻不久就要垮台的靠山:他们所依靠的力量不过是一座~。

【冰释】bīngshì 〈书〉动。像冰一样溶化,比喻嫌隙、意见、误会、怀疑完全消除:心中疑团顿时~。可带补语:经过恳谈,两人之间的误会~了一大半。

【冰霜】bīngshuāng 〈书〉名。(1)比喻神色严肃,态度冷淡,含贬义:面如~|冷若~。(2)比喻有节操,含褒义:他那~一般坚贞洁白的品德,令人钦敬。

【冰炭】bīngtàn 名。比喻不能相容的两种事物:他俩的关系已到了~不相容的地步。

【冰天雪地】bīng tiān xuě dì 成。形容一片冰雪,非常寒冷:边防战士在~巡逻,保卫着祖国的边疆。

【冰箱】bīngxiāng 名。(1)冷藏食品或药物的器具,里面放冰块,保持低温。(2)电冰箱。

【冰消瓦解】bīng xiāo wǎ jiě 成。比喻完全消释或彻底崩溃:你的一席话,使我心中的疑团~。

【冰镇】bīngzhèn 动。把食物或饮料同冰等放在一起使凉:~西瓜|~汽水。

兵 bīng

❶名。(1)军人:我是一个~。(2)军队:~民是胜利之本。❷〈素〉(1)武器:短~相接|秣马厉~。(2)与军事和战争有关的:~书|纸上谈~。

【兵变】bīngbiàn 动。指军队不服从上级命令,采取叛变行动;不带宾语:陈桥~。可作"发生"的宾语:发生~。

【兵不血刃】bīng bù xuè rèn 成。兵:武器;刃:刀剑等的锋利部分。兵器上面没有血,指未经交锋就取得胜利:我军~,就解放了北平城。

【兵不厌诈】bīng bù yàn zhà 成。兵:用兵;厌:嫌恶;诈:欺骗。打仗时要尽可能多地采用迷惑敌人的方法:古人讲,~,我们就是要善于运用计谋来战胜敌人。

【兵法】bīngfǎ 名。古代用兵作战的策略和方法。

【兵符】bīngfú 名。(1)古代调兵遣将的凭证。(2)兵书。

【兵戈】bīnggē 〈书〉名。(1)指兵器。(2)指战争:~之灾|不动~。

【兵荒马乱】bīng huāng mǎ luàn 成。形容战争时期社会动荡不安的景象:在那~的年月,谁还有心思去造房子?

【兵火】bīnghuǒ 名。指战争:~连天,民不聊生。

【兵家】bīngjiā 名。(1)带兵打仗的人:胜败乃是~常事。(2)古代对军事家的通称。

【兵力】bīnglì 名。军队的实力,包括人员和武器装备等。

【兵临城下】bīng lín chéng xià 成。敌兵已到了城门之下。指大兵压境,形势危急。

【兵乱】bīngluàn 名。因战争而造成的骚扰和灾害。

【兵强马壮】bīng qiáng mǎ zhuàng 成。形容军队实力强,富有战斗力:我军~,所向无敌。

【兵权】bīngquán 名。指挥和调动军队的权力:掌握~。

【兵戎】bīngróng 〈书〉名。指武器、军队:～相见(武装冲突的婉辞)。

【兵书】bīngshū 名。讲兵法的书。

【兵团】bīngtuán 名。(1)军队的一级编制,下辖几个军或师。(2)泛指团以上的部队。

【兵燹】bīngxiǎn 〈书〉名。因战乱而造成的焚烧破坏:惨遭～。

【兵役】bīngyì 名。公民依照国家法律当兵的义务;常作"服"的宾语:适龄青年有义务服～。

【兵营】bīngyíng 名。军队驻扎的营房。

【兵站】bīngzhàn 名。军队在后方交通线上设置的供应、转运机构。主要负责补给物资、接收伤病员、接待过往部队等。

【兵种】bīngzhǒng 名。军队内部的分类。如步兵、炮兵、装甲兵等都是陆军的兵种。

槟(檳、梹) bīng [槟榔](-láng) 名。(1)常绿乔木,生长在热带、亚热带。果实可以吃,也可入药,有帮助消化和驱虫等作用。(2)这种植物的果实。
另见 bīn。

bǐng(ㄅㄧㄥˇ)

丙 bǐng ❶名。天干的第三位;现常用作顺序的第三。❷〈素〉指火(丙丁在五行中属火,故以丙代火):付～。

【丙丁】bǐngdīng 〈书〉名。丙丁在五行中属火,所以称火为"丙"或"丙丁":付之～。

【丙纶】bǐnglún 名。合成纤维的一种,质轻耐磨,吸水性小,工业上用来制作绳索、麻袋、渔网等。与棉、毛等混纺可作衣料。

邴 bǐng 姓。

柄 bǐng ❶名。(1)器物的把手:刀～|伞～。(2)花、叶或果实跟枝、茎连着的部分:花～。❷〈书〉动。执掌;多与"国、政"相配:～政。❸〈方〉量。用于某些带把儿的东西:两～斧头。❹〈素〉(1)权力:国～|权～。(2)比喻被人抓住短处:笑～|话～|把～。

炳 bǐng 〈素〉光明,显著:彪～。

秉 bǐng ❶〈书〉动。多带宾语。(1)拿着,握住:～笔|～烛。(2)掌握,主持:共～朝政。❷量。古代容量单位,一秉合十六斛。

【秉承】bǐngchéng 动。承受,接受;多与"意旨、命令"等搭配,常带宾语或补语:～主子的旨意|这种脾气,儿子也～下来了。也作禀承。

【秉公】bǐnggōng 动。办事掌握原则,主持公道;常构成连动词组:～办理。

【秉性】bǐngxìng 名。性格:～温和|～纯朴。

饼 bǐng ❶名。泛称烤熟或蒸熟的面食,多为扁圆形。❷〈素〉形状像饼一样的东西:铁～|豆～。

屏(△摒) bǐng ❶动。忍住,抑制;后面常带"着、住"等词,与"气、呼吸"等搭配:～住气。❷〈素〉抛弃,排除:～弃|～除。
另见 píng,"摒"另见 bìng。

【屏除】bǐngchú 动。抛掉,除去;常带宾语或补语:～私心杂念|～干净。也作摒除。

【屏绝】bǐngjué 动。断绝,常与"来往"搭配:他们俩成见很深,已～往来。

【屏弃】bǐngqì 动。抛弃,扔掉;多指不好的东西,常带宾语或补语:～旧观念|我们要把一些陈规陋习～掉。也作摒弃。

【屏息】bǐngxī 动。暂时抑制住呼吸;形容不出声音,精神高度集中,不带宾语,一般构成连动词组:～静听。

禀(稟) bǐng ❶〈书〉动。旧时指晚辈对长辈、下级对上级报告:面～父母。❷〈素〉领受:～承。

【禀报】bǐngbào 动。旧时指对长辈或上级报告。

【禀承】bǐngchéng 见"秉承"。

【禀赋】bǐngfù 名。天资,人先天具有生理上的或心理上的某种素质:他的音乐～很好。

【禀告】bǐnggào 动。旧时指向上级或长辈告诉事情;常带宾语:老家丁进前道:"～老爷,三少爷回来了。"

【禀性】bǐngxìng 名。本性,天性:～未改|～笃实。

鞞 bǐng 〈古〉名。刀鞘。

bìng(ㄅㄧㄥˋ)

并(△併,△並,竝) △❶动。合在一起；常带补语：把这两包书～在一起。△❷副。(1)用在单音节动词前，表示几件事同时存在：齐头～进｜读写～重。(2)用在"不、没有"等否定词的前面，表示确实不是这样，起加强语气的作用：这孩子实际上～不笨｜这种式样～不好｜这本书他其实～没有读懂。△❸连。用在动词与动词或分句与分句之间，表示更进一层的意思：讨论～通过了这个提案｜她是三好学生，～获得了奖学金。用在分句与分句之间，前一分句常用"不但"与之搭配使用：他不但在口头上支持，～出钱帮助。△❹〈素〉两种或两种以上的事物并排着：～列｜～肩。
另见 bīng。

【并蒂莲】bìngdìlián 名。并排长在同一个茎上的两朵莲花。常用来比喻感情深厚的夫妻。也叫并头莲。

【并发】bìngfā 动。同时发生或由一事而引起另一事：两案～。

【并发症】bìngfāzhèng 名。一种疾病在发病过程中所引起的另一种疾病。如由感冒引起气管炎，气管炎就是并发症。

【并驾齐驱】bìng jià qí qū 成。并驾：几匹马并排拉着一辆车；齐驱：一起快跑。形容齐头并进，不分先后或高低：他俩的成绩，在班上向来～。

【并肩】bìngjiān 副。肩并着肩，比喻行动一致：～作战｜～前进。

【并举】bìngjǔ 动。一齐行动，同时兴办；不带宾语：工农业～｜轻重工业～。

【并列】bìngliè 动。并排平列，不分主次：两句～，但描写角度不同。可带宾语：～第一名。常带补语：《红楼梦》可以同世界上最伟大的作品～在一起而毫无逊色。

【并排】bìngpái 动。横排在一起，不分前后；不带宾语：三张画～，不好看。常构成连动词组：他们三个～站在一起。

【并且】bìngqiě 连。连接动词或动词性词组、分句或句子，表示更进一层的意思：同意～拥护｜这个厂的产量高，～质量也好。用在分句与分句之间，前一分句常用"不但、不仅"等与之搭配使用：不但要学习好，～要身体好。

【并吞】bìngtūn 动。侵吞别国领土或他人财产，强行变成自己的一部分：小企业被大企业～了。常带宾语：～邻国的领土｜～弱小民族。

【并行不悖】bìng xíng bù bèi 成。悖：违背，冲突。同时进行，不相冲突：我们一方面要进行物质文明的建设，另一方面要抓好精神文明的建设，两者～。

【并重】bìngzhòng 动。不分主次，同样看待；不带宾语：理论与实践～。

摒 bìng 〈素〉排除，抛弃：～除｜～弃。
另见 bǐng(屏)。

【摒除】bìngchú 见"屏除"。

【摒弃】bìngqì 见"屏弃"。

【摒挡】bìngdàng 〈书〉动。收拾，料理；多带宾语：～行装｜～家务。

病 bìng ❶名。生理或心理上不正常的状态：得了～要及时治｜心脏～。❷动。(1)生病：他～了。常带补语：他～了三天。也可带宾语：～了三个同学。(2)〈书〉责备，不满；不带宾语：为世所～。(3)〈书〉祸害；也以"民"作宾语：祸国～民。❸〈素〉缺点，错误：弊～｜通～。

【病变】bìngbiàn 名。由疾病引起的细胞、组织或器官变化的现象：发生～。

【病病歪歪】bìng·bingwāiwāi 形。形容身体多病，虚弱无力的样子；不加程度副词，常带助词"的"：她身体还没完全康复，仍是～的。也说病歪歪。

【病从口入】bìng cóng kǒu rù 成。饮食不小心，不卫生会引起疾病：为了防止～，饭前当要洗手。

【病毒】bìngdú 名。比细菌更小的病原体，它能通过滤菌器，所以又叫滤过性病毒。天花、麻疹、脑炎等疾病就是由不同的病毒引起的。

【病笃】bìngdǔ 〈书〉形。病势沉重；不加程度副词：刘老～，恐将不久于人世。

【病夫】bìngfū 名。多病的人；含讥讽意。

【病根】bìnggēn 名。(1)未根除的旧病。(2)比喻能引起灾祸或造成错误、失败等

【病故】bìnggù　动。因病去世；不带宾语：张先生三年前已～。

【病害】bìnghài　名。由细菌、真菌、病毒、藻类、不适宜的气候或土壤等因素引起的植物体发育不良、枯萎或死亡的现象。

【病号】bìnghào　名。指部队、机关、学校等集体中的病人。

【病家】bìngjiā　名。病人及病人的家属；这是就医生、医院、药房方面说的。

【病菌】bìngjūn　名。能使人或其他生物生病的细菌。

【病况】bìngkuàng　名。疾病的状况。也说病状。

【病理】bìnglǐ　名。疾病发生、发展的过程和原理；多作定语：～报告。

【病历】bìnglì　名。医疗部门记载病情诊断及处理方法等的记录。也叫病案。

【病例】bìnglì　名。某种疾病的实例。某个人或生物生过某种疾病，即为此病的病例。

【病魔】bìngmó　名。喻指疾病；一般指长期性的重病:他在医生的精心治疗下，依靠坚强的意志，终于战胜了～。

【病情】bìngqíng　名。疾病发展变化的情况：～好转。

【病容】bìngróng　名。生病人的气色：面带～。

【病人膏肓】bìng rù gāo huāng　成。膏肓：古人把心尖脂肪叫"膏"，心脏和膈膜之间叫"肓"，据说这里是药力达不到的地方。原形容病势严重，无法医治。现也用以比喻事态严重，无法挽救；用于比喻时含贬义：《红楼梦》中所写的贾府，这个没落的封建贵族家庭，同当时的社会一样，已经～日暮途穷了。注意："肓"不要写成"盲"或读作máng。

【病势】bìngshì　名。病的态势：他虽然～严重，但仍惦记着工作。

【病态】bìngtài　名。心理或生理上不正常的状态：她面黄肌瘦，一副～｜～心理。

【病恹恹】bìngyānyān　形。有病的样子；不加程度副词，常带助词"的"：你怎么总是～的样子?

【病因】bìngyīn　名。生病的原因。

【病愈】bìngyù　动。病好了；不带宾语：他已～。常构成连动词组：他～出院了。

【病原体】bìngyuántǐ　名。指能引起疾病的细菌、霉菌、病原虫、病毒等。

【病员】bìngyuán　名。部队、机关、团体中称生病的人叫病员。

【病院】bìngyuàn　名。专治某种疾病的医院：传染～｜结核～。

【病灶】bìngzào　名。有机体由于病原体的侵入而发生病变的部分。如肺的某一部分被结核菌破坏，这部分就叫肺结核病灶。

【病症】bìngzhèng　名。即病。

bō(ㄅㄛ)

拨(撥)　bō　❶动。常带宾语或补语。(1)用手脚或棍棒、尖针等横着用力，使东西移动或转动：～出一根刺｜把钟～一下。(2)分发，调配：～一笔款子给幼儿园｜所缺的书还没有～下来。(3)掉转：～正航向。❷量。(～儿、～子)用于人的分组：一～子人｜咱们分两～儿干活。

【拨付】bōfù　动。调拨和支付；一般用于款项，常带宾语或补语：～现金｜～给他。

【拨款】bōkuǎn　❶动。政府或上级拨给款项；不带宾语，常带补语：政府～给重灾区。❷名。指所拨发的款项：这是政府给我们的～。

【拨剌】bōlà　〈书〉拟声。摹拟鱼在水里跳跃的声音：～一声，一条鱼跳出了水面。

【拨乱反正】bō luàn fǎn zhèng　成。乱：指乱世，反：通"返"，回复。平治乱世，回复正常。现也指纠正错误，恢复正确的做法。

【拨弄】bō·nong　动。常带宾语。(1)来回地拨动：～着算盘｜～琴弦。(2)挑拨：～是非。

【拨冗】bōrǒng　〈书〉动。请人从繁忙中抽出时间；客套话，常构成连动词组：务请～参加。

波　bō　名。(1)物理学上指振动在物体中的传播叫波，也就是物体质点振动。波只是运动的一种形式，质点本身不随波前进。如水波、声波、电磁波。(2)波浪。(3)比喻事故、纠纷等：一～未平，一～又起。

【波荡】bōdàng 动。动荡，不稳定；不带宾语：秋风徐吹，湖水～。

【波动】bōdòng 动。起伏不定，不稳定；不带宾语：湖水～着｜情绪～。

＊"波动"和"摇动"："波动"是物体自身像水波一样起伏动荡，不能带宾语；"摇动"是物体受外力影响或使别的东西前后左右地摆动，可以带宾语，也可以不带宾语。"波动"有时可表示不稳定的意思；"摇动"一般不表示这个意思。

【波段】bōduàn 名。在无线电广播中，把无线电波按波长不同而分成的段，如长波、中波、短波、超短波。

【波及】bōjí 动。牵涉到，影响到；常带宾语或补语：这场动乱～全国各地｜～到整个社会。

【波澜】bōlán 名。波涛，大波浪；用作比喻：这篇文章～起伏。

＊"波澜"和"波涛"："波澜"可比喻文势的起伏变动；"波涛"不这样用。"波澜"多用于书面语；"波涛"可用于书面语，也用于口语。

【波澜壮阔】bōlán zhuàngkuò 成。比喻声势雄壮浩大；常用来形容革命形势或政治运动：～的民族解放运动。

【波浪】bōlàng 名。海洋、江河、湖泊等水面起伏不平的现象：～起伏｜银色的～冲击着河岸。

＊"波浪"和"波涛"："波浪"一般指较小的；"波涛"是大的波浪。"波浪"可以是美丽的柔和的，"波涛"则是壮观的或凶险的。

【波涛】bōtāo 名。大的波浪：～汹涌｜红旗翻动，像大海上的滚滚～。

【波纹】bōwén 名。水面受轻微的外力而形成的水纹。

【波折】bōzhé 名。事情进行中所发生的变化、曲折：这是开创性的工作，遇到～不可避免的。

玻 bō ［玻璃］(-li) 名。一种质地硬而脆的透明物体。主要成分是二氧化硅、氧化钠、氧化钙。一般玻璃是以石英砂、纯碱、石灰石等为主要原料经高温溶化、成型、冷却后制成的。

【玻璃钢】bō·ligāng 名。用玻璃纤维或其织物浸渍合成树脂制成的一种材料。特性是不导电，机械强度高，耐腐蚀，坚韧而轻。可代替钢材做车船外壳和机器零件等。

【玻璃丝】bō·lisī 名。用普通玻璃、塑料或其他人工合成的物质制成的细丝，可制玻璃布、装饰品等。

【玻璃纤维】bō·li xiānwéi 词组。由普通玻璃熔融后制成的纤维，绝缘性、耐热性、抗腐蚀性好，工业上用作过滤、隔音、隔热、绝缘等材料。也用来制玻璃钢等。

菠 bō ［菠菜］(-·cài) 名。一年生或二年生草本植物，主根带红色，茎、叶可吃。原产波斯，故名。有的地区叫菠薐(léng)菜。

饽 bō ［饽饽］(-·bo) 〈方〉名。(1)馒头，也指用杂粮面制成的块状食物。(2)糕点，点心。

钵(缽) bō 名。(～子、～头)陶制的盛东西的器具。

【钵盂】bōyú 名。古代和尚用的饭碗，底平，口略小，形状稍扁。

般 bō ［般若］(-rě) 名。音译词。佛经用语，意译为智慧。
另见 bān。

剥 bō 〈素〉义同"剥(bāo)"，专用于"剥削"、"生吞活剥"等合成词或成语。
另见 bāo。

【剥夺】bōduó 动。常带宾语。(1)用强制的方法夺取：～了他的发言权。(2)按照法律取消：～了他的政治权利。

【剥离】bōlí 动。使原来粘连在一起的物体脱落、分开；多用于人体组织、皮层和其他覆盖物等：胎盘早期～｜这些青石板，是一层层～下来的。

【剥落】bōluò 动。因剥蚀而一块一块脱落；不带宾语：墙上的石灰已～了。

【剥蚀】bōshí 动。物质表面因风化而损坏脱落；不带宾语：这块古碑因受风雨长期～，上面的文字已看不清了。

【剥削】bōxuē 动。凭借土地、工厂等生产资料的私人所有权，无偿占有他人的劳动或产品；常带宾语或补语：地主～

农民|～得很厉害。

＊"剥削"和"剥夺"："剥削"专指掠夺劳动创造的财富；"剥夺"指夺去权利、财产、自由、幸福等。"剥削"的宾语可以是人；"剥夺"的宾语不能是人。"剥削"可以作主语、宾语；"剥夺"不常作主语、宾语。"剥削"含有贬义；"剥夺"不带褒贬色彩。

【剥啄】bōzhuó 〈书〉拟声。摹拟轻轻敲门的声音。

播 bō 动。多带宾语或补语。(1)散布，传扬；用于消息、文章等：先～新闻，再～音乐|这篇文章～完了。(2)撒；用于种子：～下了麦种。

【播发】bōfā 动。通过广播发出；常带宾语或补语：～消息|这条新闻已～出去。

【播弄】bō·nong 动。(1)摆布捉弄；常带宾语：不要～人。可作"受"的宾语：绝不受命运的～。(2)挑拨；多以"是非"等作宾语：～是非。

【播送】bōsòng 动。通过广播向外传送；常带宾语或补语：～音乐|～完毕。

【播音】bōyīn 动。广播电台播送节目；不带宾语：电台正在～。

【播映】bōyìng 动。通过电视放出音像；常带宾语：中央电视台今晚开始～电视连续剧《四世同堂》。

【播种】bōzhǒng 动。撒布植物种子；不带宾语：雨后要抓紧～。可拆开用：这块地播过种。

【播种】bōzhòng 动。用撒布种子的方式种植；常带宾语，可加动态助词：这块地～过玉米|援非技术人员正在那里～着友谊。

嶓 bō 山名用字。嶓冢(zhǒng)，在甘肃省。

bó(ㄅㄛˊ)

百 bó 地名用字。百色，县名，在广西省。
另见bǎi。

伯 bó 名。(1)〈书〉称父亲的哥哥。也用来尊称比父亲年长的男子；口语多叠用：～～。(2)〈书〉弟兄排行中的老大：～仲叔季。(3)我国古代五等爵位(公、侯、伯、子、男)中的第三位。
另见bǎi。

【伯伯】bó·bo 〈口〉名。伯父。

【伯父】bófù 名。(1)父亲的哥哥。(2)称呼同父辈但比父亲年纪大的男子。

【伯乐】bólè 名。相传为秦穆公时一个擅长相马的人，姓孙名阳，号伯乐。现用来泛指善于发现人才的人。

【伯母】bómǔ 名。伯父的妻子。

【伯仲】bózhòng 名。原意是哥哥和弟弟，老大和老二，后多用于评论人物的等次。如认为两人不相上下，就说"伯仲之间"或"相伯仲"。

【伯仲叔季】bó zhòng shū jì 词组。兄弟行辈中长幼排行的次序，伯是老大，仲是老二，叔是老三，季是最小的。

帛 bó 〈书〉名。丝织品的总称。

【帛画】bóhuà 名。古代指丝织品上的画。

【帛书】bóshū 名。古代指文字写在丝织品上而成的书。也指写在帛上的书信。

泊 bó ❶〈书〉动。停船靠岸；一般以处所词作宾语：船～港内。❷〈素〉(1)停留：飘～。(2)安静：淡～。
另见pō。

【泊位】bówèi 名。港内供船舶停泊的位置。供停泊一艘船的位置称一个泊位。

柏 bó 地名用字。柏林，德国的首都。
另见bǎi、bò。

铂 bó 名。一种金属元素，符号Pt。银白色，有光泽，富延展性，导电、导热性能好，熔点高，耐腐蚀。可制坩埚，也可用作催化剂。也叫白金。

舶 bó 〈素〉大的航海船只：船～|～来品。

【舶来品】bóláipǐn 名。旧指从外国进口的货物。

鲌 bó 名。鱼，身体侧扁，嘴斜或上翘。我国江河湖泊均产。
另见bà(鲅)。

箔 bó ❶名。(1)用苇子或林秸编成的帘子。(2)用竹编成的养蚕的器具。❷〈素〉(1)金属薄片：金～。(2)涂上金属粉末或裱上金属薄片的纸，迷信的人用以作为焚化给死者的纸钱：锡～。

魄

魄 bó 用于"落魄"。见"落泊"。
另见 pò, tuò。

驳(△駁)

bó ❶动。多带补语。△(1)用说理的方法否定别人的意见: 他们的观点被～得体无完肤。(2)〈方〉把岸或堤向外扩展。河堤要～出去一米。❷〈素〉(1)货物或旅客用船分载转运: ～运｜起～。△(2)颜色不纯,夹杂着别的颜色: ～杂｜斑～。(3)驳船: ～运。

【驳岸】bó'àn 名。保护堤岸的建筑物,大多用石块筑成。

【驳斥】bóchì 动。对错误的意见或言论加以反驳和斥责; 常带宾语: 这篇文章有力地～了伪科学的谬论。
　＊"驳斥"和"反驳": "驳斥"是在反驳的同时给以严厉的斥责,语意较重; "反驳"只是在争论中说出自己的理由,否定别人与自己不同的意见,语意较轻。"驳斥"多用于对敌斗争或否定极端错误的意见; "反驳"多用于一般争论。

【驳船】bóchuán 名。一般指用来分载、转运的、没有动力装置的客、货船。单艘或多艘编成船队,由拖轮拖带或顶推航行。

【驳倒】bódǎo 动。成功地否定了对方的意见: 他的错误观点被～了。可带宾语: 只用一件事实就足够～他了。可拆开用: 驳不倒。

【驳回】bóhuí 动。不允许,不采纳; 主要指别人的要求、建议; 可带宾语: ～上诉,维持原判。常用于被动句: 我厂关于扩建办公楼的请示报告被上级～了。

【驳难】bónàn〈书〉动。反驳责难; 互相 ｜ 当时也许有和编辑者反复～的文章,但我没有留心,因此就没有收集。可带宾语: ～对方。注意: "难"这里不读 nán。

【驳运】bóyùn 动。在岸和大船之间用小船来往转运旅客或货物; 多带宾语: ～货物。

【驳杂】bózá 形。杂乱不纯: 他这篇文章没有中心,内容～不堪。

勃

bó〈素〉(1)旺盛: 蓬～ ｜ 朝气蓬～。(2)突然,忽然: ～然 ｜ ～发。

【勃勃】bóbó 形。精神旺盛或欲望强烈的样子; 不加程度副词,一般与"兴致、生气、朝气、野心"等搭配: 生气～ ｜ 野心～。

【勃发】bófā〈书〉❶形。焕发,旺盛; 不加程度副词: 英姿～。❷动。突然发生: 危机～。

【勃然】bórán 形。不加程度副词,不单独作谓语,多作状语。(1)突然兴起或奋发的样子: ～而起。(2)因发怒或惊慌而变脸的样子: ～大怒。

【勃谿】bóxī〈书〉动。旧指家庭中争吵; 不带宾语: 这种妇姑～的事儿,你少去插嘴。

脖

bó 名。(1)(～儿、～子)头和躯干相连接的部分。(2)(～儿)某些事物像脖子的部分: 这个瓶子～儿长。

渤

bó 水名用字。渤海,在山东半岛和辽东半岛之间。

鹁

bó [鹁鸪](-gū) 名。鸟,像家鸽,羽毛大都灰褐色。天将下雨或刚晴时,常在树上咕咕地叫。有的地方叫水鹁鸪。

钹

bó 名。打击乐器,为两个圆铜片,每片中间隆起成半球形,正中有孔,可穿绸条或布片,两片相击发声,用于吹打乐及戏曲、歌舞伴奏。

亳

bó 地名用字。亳县,在安徽省。
注意: "亳"不能写作和读作"毫(háo)"。

袯(襏)

bó [袯襫](-shì) 名。(1)古代指蓑衣。(2)古代指粗糙结实的衣服。

博

bó〈素〉(1)多,丰富: 渊～ ｜ ～识。(2)宽广: ～大。(3)知道很多: ～古通今。(4)取得,换得: ～取 ｜ ～得。(5)指赌钱: 赌～。

【博爱】bó'ài 名。指对人类普遍的爱。这是十八世纪法国资产阶级革命时期提出的口号。

【博大】bódà 形。宽广,丰富; 常用于"学识、思想"等抽象事物,不加程度副词: 他的学问～而精深。

【博得】bódé 动。取得,换得; 常以"好感、同情、好评、喝采"等词作宾语: 他的不幸遭遇～了大家的同情。

【博古通今】bó gǔ tōng jīn 成。博: 广博,

知道得多；通：通晓。通晓古今的事情。形容知识渊博：鲁迅是一位~的文学巨匠。

【博览】bólǎn 动。广泛地阅读；多带宾语：~群书。

【博览会】bólǎnhuì 名。多指由一个国家主办而有许多国家参加的大型的产品展览会。

【博取】bóqǔ 动。用言语、行动取得信任或重视；多带宾语：他以实际行动~了群众的信任。

【博识】bóshí 形。学识很丰富；不加程度副词，常与"多闻"并用：他是位~多闻的专家。

【博士】bóshì 名。(1)最高一级学位。(2)我国古代负责教学的一种官名，但各代职务不全同。秦时设置，晋以后一般都设在太学或国子监中。

【博闻强记】bó wén qiáng jì 成。闻：见闻。见闻广博，记忆力强；要说~，谁也比不上他。也作博闻强志、博闻强识。

【博物】bówù 名。动物、植物、矿物、生理等学科的总称。

【博物馆】bówùguǎn 名。一种搜集、保管、陈列、研究、展览有关革命、历史、文化、科学、艺术、技术等方面的文物或标本的机构。

【博学】bóxué 形。学问丰富：此人~多才。

【博雅】bóyǎ 〈书〉形。学识渊博：~之士。

搏 bó 〈素〉(1)对打：~斗|肉~。(2)跳动：脉~。

【搏动】bódòng 动。有节奏地跳动多指心脏或血脉，不带宾语：心脏加快了~。

【搏斗】bódòu 动。空手或用刀、棒等激烈地对打，或你死我活地斗争；不带宾语：战士们一个个冲上去同敌人~。可带补语：战士们同蜂拥上来的敌人~了三个多小时。可用作比喻：同暴风雨~。

　　*"搏斗"和"战斗"："搏斗"是短兵相接，打交手仗，是很激烈的；"战斗"的方式和武器可以是各式各样的，而且不一定都是激烈的。

【搏击】bójī 动。奋力斗争和冲击；常带宾语：~风浪|雄鹰的翅膀~着沉郁的大气。

馎 bó [馎饦](-tuō) 名。古代一种面食。

膊 bó 〈素〉上肢：胳~|赤~。

镈 bó 名。(1)古代锄田的一种农具。(2)古代乐器，形状像钟，有钮可悬挂。

薄 bó ❶〈素〉(1)轻微，少：单~|~技。(2)苛刻，不庄重：刻~|轻~。(3)轻视，慢待：鄙~|厚此~彼。(4)逼近，靠近：~暮|日~西山。❷姓。
另见 báo, bò。

【薄技】bójì 名。微小的技能；常作谦辞。

【薄命】bómìng 形。旧时一种迷信，指命运不好；多用于妇女：红颜~。

【薄暮】bómù 〈书〉名。傍晚，天将黑：日出而作，~而归。

【薄情】bóqíng 形。心肠冷酷，不念情义；多用在男女爱情方面：他对妻子太~了。

【薄弱】bóruò 形。(1)不雄厚，力量弱小：能力很~|加强工作中的~环节。(2)不坚强，容易动摇：意志~。

　　*"薄弱"和"脆弱"："薄弱"表示不坚强，多形容意志；"脆弱"表示不坚强，多形容感情。"薄弱"还可以表示不雄厚的意思；"脆弱"没有这样的意思。

【薄物细故】bó wù xì gù 成。薄：微小；物：事物；故：事故。指细小的事情。

【薄幸】bóxìng 〈书〉形。薄情，负心；多见于古典文学作品。

礴 bó 见"磅礴"。

僰 bó 名。即白族，我国少数民族之一，大多居住在云南大理白族自治州。

踣 bó 〈书〉动。跌倒；与单音节词相配：屡~屡起。

bǒ (ㄅㄛˇ)

跛 bǒ 形。腿或脚有毛病，走起路来身体不平衡：他脚有点儿~。

【跛鳖千里】bǒ biē qiān lǐ 成。跛脚的鳖只要不停地走，也能走到千里之外。比喻只要坚持不懈地努力，即使条件差些，也能取得成就。

【跛子】bǒzi 名。跛脚的人，瘸子。

簸 bǒ 动。用簸箕扬去米粮中的糠秕、灰尘等杂物；常带宾语或补语：～谷子｜你把米放在簸箕里～一下。
另见bò。

bò（ㄅㄛˋ）

薄 bò [薄荷](-·he) 名。多年生草本植物。茎有四棱，叶对生，揉碎后有清香味。茎、叶为清凉解表药，或加在糖果、饮料里。
另见báo, bó。

檗（柏）bò [黄檗](huáng-) 名。落叶乔木，羽状复叶，开黄绿色小花。木材坚硬，茎可制黄色染料。树皮可入药。
"柏"另见bǎi, bó。

擘 bò 〈素〉大拇指：巨～(比喻杰出的人物)。
另见bāi(掰)。

【擘画】bòhuà 〈书〉动。安排，规划：～经营｜一切都待～。也作擘划。

簸 bò [簸箕](-ji) 名。用来簸粮食或撮垃圾等的一种器具，用竹篾、柳条或铁皮等制成。
另见bǒ。

·bo（·ㄅㄛ）

卜（蔔）bo 见"萝卜"。
另见bǔ。

啵 ·bo 助。用法和"吧"大致相同；多见于早期白话。

bū（ㄅㄨ）

逋 bū 〈古〉动。(1)逃亡：～于他乡。(2)拖欠：～债累累。

【逋逃薮】būtáosǒu 〈书〉名。逃亡者躲藏的地方。

晡 bū 〈古〉名。申时，即下午三点到五点。

bú（ㄅㄨˊ）

醭 bú 名。(～儿)醋、酱油等表面上长的白霉。

bǔ（ㄅㄨˇ）

卜 bǔ ❶〈素〉(1)占卜：问～｜～辞。(2)预料：胜负未～。(3)选择：～邻｜～居。❷姓。
另见·bo。

【卜辞】bǔcí 名。商代刻在龟甲或兽骨上的有关占卜事情的文辞。参见"甲骨文"。

卟 bǔ [卟吩](-fēn) 名。音译词。一种有机化合物，是叶绿素、血红蛋白等的重要组成部分。

补（補）bǔ ❶动。常带宾语或补语。(1)修理残破的东西：～衣服｜袜子破了，请你～一下。(2)补充，补足：～钱｜～一张车票。(3)补养，滋补：～一下身体。❷〈素〉益处，用处：～益｜无～。

【补白】bǔbái 名。报刊上填补空白的短文。

【补报】bǔbào 动。可带宾语。(1)事后再报告：处置情况以后～｜要～一份材料。(2)报答：你对我的恩情，只好今后～了｜将来～所欠的人情。

【补偿】bǔcháng 动。补足和偿还；多指损失、消耗的事物或欠缺、差少的部分：欠你的情，今后我一定加倍～。常带宾语或补语：～损失｜这笔钱由我～给你。可带双宾语：下次再～你们几本书。

【补充】bǔchōng 动。(1)补满不足；常带宾语或补语：～营养｜这份调查报告还可以～一下。(2)在主要事物之外，追加一些；多作定语：～教材｜～说明。
＊"补充"和"弥补"："补充"表示添加一些东西，着重在充实的意思；"弥补"表示填补，着重在补救的意思。"补充"的对象范围较广；"弥补"的对象一般限于缺陷、损失、空白、不足之类。

【补给】bǔjǐ 动。补充，供给；一般不带宾语：口粮不足的部分由国家～。
＊"补给"和"补充"："补给"着重在供给；"补充"表示添足，着重在充实。"补给"的对象一般限于弹药、粮食等；"补充"的对象范围较广。注意："给"这里不读gěi。

【补给线】bǔjǐxiàn 名。军队作战时，输送物资器材的各种交通线的总称。

【补救】bǔjiù 动。采取行动纠正差错,使缺点不发生影响:这件事虽然做错了,但还可以想办法来~。可带宾语:~洪水造成的损失。

【补苴罅漏】bǔ jū xià lòu 成。苴:鞋底的草垫;补苴:补缀,引伸为弥缝。罅:缝隙;罅漏:漏洞。原为弥补儒学的缺漏。现泛指弥补文章、理论中的缺陷或漏洞:文章写好后,我们应多看几遍,为的是~。

【补课】bǔkè 动。不带宾语,可拆开用。(1)补学或补教所缺的课程:今天下午补昨天的课。(2)比喻一件事没干好,再重新补做:宿舍打扫得不够干净,要~|地里的草没锄干净,请明天来补一下课。

【补偏救弊】bǔ piān jiù bì 成。偏:偏差;弊:毛病。补救偏差,纠正弊病。

【补品】bǔpǐn 名。滋补身体的食品或药物。

【补缺】bǔquē 动。(1)填补缺额;不带宾语,可重叠:打球少一个人,请你来补缺。(2)旧指原来候补的官吏得到实职;可拆开用:他花了五百两银子,才补了个知县的缺。

【补台】bǔtái 动。比喻帮助他人把事情做好,与"拆台"相对,不带宾语:互相~|我这事没管好,幸亏他来~。可拆开用:补了一下台。

【补贴】bǔtiē ❶动。贴补;多指财政上的,常带宾语:国家每年给这个穷困地区~不少钱。❷名。指贴补的费用:民政局每年都要发一些~给困难户。

【补习】bǔxí 动。为了补足某种知识,在业余或课外学习;常带宾语或补语:~功课|你的英语比较差,要~一下。可作定语:~学校。

【补遗】bǔyí 名。补充书籍正文遗漏的部分,多附在正文的后面;常用在文章的标题或书名中:《五代史~》。

【补益】bǔyì ❶〈书〉名。益处;常作"有"的宾语:大有~。❷动。产生益处;带宾语:这种药能~身体。

【补语】bǔyǔ 名。句子成分的一种,是动词或形容词后的一种补充成分,用来回答"怎么样"之类的问题。如"人到齐了"的"齐"、"瓜熟透了"的"透"。

【补正】bǔzhèng 动。对文字中的疏漏和错误进行补充和改正:这书初版中出现的疏漏与差错,重版后一了。也可带宾语:《论艺术》首先提出了"艺术是什么"的问题,~了托尔斯泰的定义。

【补助】bǔzhù 动。多指公家对个人经济上的帮助;多带宾语::~生计|~粮食。可带双宾语:学校~他50元。
　　＊"补助"和"贴补":都表示经济上给予帮助的意思,但"贴补"还可以指用往日积蓄的财物,来弥补现时的消费,"补助"没有这个意义。"补助"适用于公家对私人、上级对下级或国家对集体;"贴补"适用于亲属之间或朋友之间。

【补缀】bǔzhuì 动。修补;多指衣物,常带宾语或补语:她在旧裙子上~了一朵花儿|破衣破袜全~好了。

【补足】bǔzú 动。把所缺少的部分补上:把发货量~。可带宾语:~缺额。

捕 bǔ 动。捉,逮;常以单音节词作宾语:~蛇|~鱼。用于人,一般指罪犯:一名凶手被~。

【捕处】bǔchǔ 动。逮捕并惩处:对一些违法乱纪的人,公安部门要及时~。可带宾语:~了一批罪犯。

【捕风捉影】bǔ fēng zhuō yǐng 成。比喻说话、办事用不可靠的迹象做根据:他们指控的材料,全是~搜罗来的。

【捕获】bǔhuò 动。抓到,捉住:三名歹徒都被~。可带宾语:~了一只大象。

【捕快】bǔkuài 名。旧时官府捉拿犯人的差役。

【捕捞】bǔlāo 动。捕捉打捞;一般用于水生动植物,常带宾语或补语:~对虾|这些鱼是刚从海里~上来的。

【捕拿】bǔná 动。捉拿;一般用于罪犯,多带宾语:~杀人犯。

【捕捉】bǔzhuō 动。捉,抓;常带宾语或补语:~战机|麻雀糟蹋粮食,但也~昆虫|害虫要~干净。

哺 bǔ 〈素〉(1)喂:~育|~养。(2)嘴里咀嚼着的食物:吐~。

【哺乳动物】bǔrǔ dòngwù 词组。脊椎动物中最高等的一类,用肺呼吸,大都胎生,用母体乳汁哺育幼儿。

【哺养】bǔyǎng 动。喂养;用于婴儿或动植物等，常带宾语或补语：大地母亲用乳汁～着这些美丽的花朵｜这只大熊猫是人工～大的。

【哺育】bǔyù 〈书〉动。喂养，现多喻指培养教育；常带宾语：人民～了我们。

　　＊"哺育"和"喂养"："哺育"不但有喂养的意思，还有培育的意思，可用于比较抽象的意义，是褒义词；"喂养"没有培育的意思，是中性词。

堡 bǔ 名。堡子，有城墙的城镇或乡村。泛指村庄；多用于地名：吴～（在陕西省）｜柴沟～（在河北省）。
　　另见bǎo，pù。

不（ㄅㄨˋ）

不 bù ❶副。(1)用在动词、形容词和少数副词前，表示否定：～走｜～简单｜～很了解。(2)单独回答问题，表示与问话意思相反："他不会来了吧？""～，他说一定来。"(3)〈方〉用在肯定句末，表示疑问：他知道～？(4)"不"前后叠用相同的动词或形容词，表示反复问：你去～去？｜衣服干净～干净？前面加"不管"，表示无论这样或是不这样：不管好～好，我都要。(5)"不"前后叠用动词、形容词或名词，前面常加"什么"，表示不在乎，无所谓：什么谢～谢的，别提这个｜什么难～难，肯学就不难｜什么钱～钱，说钱就见外了。❷助。放在动补词组中间，表示不可能，同表示可能的"得"相对：拿～动｜运～出去｜说～清楚。❸构成"不…不…"格式，有的表示适中：～多～少｜～前～后。有的表示"既不…也不…"：～说～笑｜～声～响。有的表示尴尬的中间状态：～中～西｜～人～鬼。有的表示"如果不…就不…"：～破～立｜～去～行。❹构成"不…而…"格式，表示虽然不具有某种条件或原因，但是也产生某种结果：～寒而栗｜～劳而获｜～谋而合｜～约而同。❺构成"不是…就是…"格式，表示选择：～是刮风，就是下雨｜晚上～是读书，就是看报。

【不安】bù'ān 形。(1)不安定，不安宁；常用在固定组合中：志忑～｜动荡～。(2)表示歉意和感激，客套话，常作"觉得、感到"等的宾语：经常打扰你，我深感～。

【不比】bùbǐ 动。比不上，不同于；指不同事物之间或同一事物的不同时期相比较，须带宾语：我家～你家那么有钱，过日子要精打细算｜现在我的身体～以前，是越来越差了。

【不必】bùbì 副。没有必要，用不着：～客气｜他去就行了，你～去了。

　　＊"不必"和"未必"："不必"是"必须"的否定，意思是不须要；"未必"是"必定"的否定，意思是不一定。

【不便】bùbiàn 形。(1)不方便：交通～｜行动～｜这一带商店少，买东西十分～。(2)不适宜：他不说，我也～再问。(3)缺钱用；常与"手头"搭配：近来收入不多，手头～。

【不辨菽麦】bù biàn shū mài 成。菽：豆。分不清豆和麦。原形容愚昧无知。现多指脱离生产实践，缺乏实际知识：我们不能把学生培养成～的书呆子。

【不才】bùcái〈书〉❶形。没有才能：～之士｜弟子～，难胜其任。❷代。旧时用作"我"的谦称。

【不测】bùcè 形。推测不到的，意外；不加程度副词：天有～风云。常作"遭受、防止"等动词的宾语：险遭～。

【不曾】bùcéng 副。没有；是"已经、曾经"的否定：他～来过这里。

【不差累黍】bù chā lěi shǔ 成。累、黍：是古代两种微小的重量单位，是极微小的数量。形容两相比较丝毫不差。

【不成】bùchéng ❶助。用在句末，表示反问的语气；前面有"难道、莫非"等副词呼应，可用"吗"字替代：难道我怕你～？｜莫非他不来，我们就呆着～？❷动。不行，不可以；常与"非、不"构成双重否定：非去～，否则失信于人。

【不成器】bùchéngqì 形。比喻没本领，没出息：这孩子～，整天只知道玩儿。

【不成体统】bù chéng tǐ tǒng 成。体统：格局，规矩。指言行不合规矩，不像样子：他们弟兄俩常在一起喝酒划拳，醉了就胡言乱语，实在～。

【不逞之徒】bùchěng zhī tú 成。不逞：不得志，不如意。徒：人。指心怀不满，捣乱闹事的人；含贬义：绝不允许～聚众闹事

【不齿】bùchǐ 〈书〉动。羞与为伍，或不屑提到；常用在"为…所…"格式中：他的作品粗俗下流，为一般读者所~。也可用介词"于"引出"不齿"的主动者：这帮顽固派终于变为~于人类的狗屎堆。

【不耻下问】bù chǐ xià wèn 成。不以向地位、学识较低的人请教为耻辱：不可强不知以为知，要~，虚心向别人求教。

【不啻】bùchì 〈书〉动。须带宾语。(1)不止：~如此。(2)等于，无异于：~一瞬｜今昔对比，~天渊之别。

【不打自招】bù dǎ zì zhāo 成。原指不用动刑，自己就招供了。现多指无意中暴露了自己的罪行或坏心思等：两杯酒下肚，黑三就神秘地对我说出了他们今晚要干的勾当，这真是~。

【不打紧】bùdǎjǐn 〈方〉动。不要紧：这件事没做完，~，明天再做。

【不大离】bùdàlí 〈口〉形。差不多，还算不错：这两块布的颜色~｜孩子的学习成绩还~。

【不待】bùdài 副。用不着：~你说，我的作文早已完成了。

【不单】bùdān ❶连。不但，不仅；用在复句的前一分句，后一分句常用"而且、也"等呼应，表示更进一层的意思：这个村~产量增加了，人的精神面貌也改变了。❷动。不止；须带宾语：学习成绩好的，~小王一个人。

【不但】bùdàn 连。用在复句的前一分句里，后一分句常用"而且、并且、也、还、又"等呼应，表示更进一层的意思：鲁迅~是一位伟大的文学家，而且是一位伟大的革命家。与"反而"呼应，前一分句必须是否定句：他~不嫌钱少，反而说了很多感激的话。

【不倒翁】bùdǎowēng 名。一种玩具，形状像老头儿，下重上轻，扳倒后能自己直立起来。现常用来喻指惯于见风使舵的人。

【不道德】bùdàodé 形。不符合道德标准的：你这种行为很~｜我们不能干~的事。

【不得了】bùdéliǎo 形。(1)表示情况很严重，没法收拾；一般单独成句，或作谓语：哎呀，~，出事儿啦｜这可~，闯这么大的 祸。(2)表示程度很深；用在"得"字后作补语：他高兴得~｜今年夏天热得~。

【不得已】bùdéyǐ 形。无可奈何，不能不如此：~的办法｜而求其次｜不到~是不会这样做的。

【不得要领】bù dé yào lǐng 成。要：古"腰"字；领：衣领。旧时长衣服提起腰和领，襟袖就自然平贴。所以用"要领"比喻事物的关键。没有掌握住要领和关键：他回答问题时往往~。

【不等】bùděng 形。不一样，不齐；多作谓语：长短~｜大小~｜待遇~。

【不迭】bùdié 副。用在动词后面作补语。(1)表示不停止，接连不断：称赞~。(2)表示急忙或来不及：忙~｜跑~｜后悔~。

【不定】bùdìng 副。表示不肯定。后面常有表示疑问的词或肯定和否定相叠的词组：听说这件事以后，他~地哭多少次呢｜明天还~下不下雨呢。

【不动产】bùdòngchǎn 名。指土地、房屋、树木等不能移动的财产；与"动产"相对。

【不动声色】bù dòng shēng sè 成。动：变动；声：言谈；色：脸色。不说话，不流露感情。形容非常镇静：他听了这些攻击他的闲言碎语，仍然~。

【不冻港】bùdònggǎng 名。指冬天不冻结常年可以通航的海港。

【不独】bùdú 连。不但；常与"反而、并且、也、还"等呼应，前一分句必须是否定句：困难~没有吓倒他，反而更加坚定了他的信心。

【不端】bùduān 形。不正派；品行~。

【不断】bùduàn 副。连续不间断：~前进｜~增长｜~地热起来。

【不二法门】bù èr fǎ mén 成。不二：指不是两个极端；法门：修行入道的门径。原为佛教用语。意为离开相对的两个极端，才能达到修成大道的门径。现比喻独一无二的门径或方法：度世之~，岂有过此!

【不乏】bùfá 动。不缺少，很多，常用在固定的组合中：~其人｜~先例。

【不法】bùfǎ 形。违法的，不加程度副词，多作定语：~行为｜~分子。

【不凡】bùfán 形。不平凡，不平常；不加程度副词：自命~(自以为自己很了

84 bù 不

不起)|此女才气～。

【不妨】bùfáng 副。表示可以这样做,没有什么妨碍;修饰的动词常重叠,或修饰动词性词组:你～试试|我们～举几个例子来说明这个问题。也可用在重叠式动词或动词性词组之后,前面要加"也":不管是谁,见见也～|你的意见说出来也～。

【不分皂白】bù fēn zào bái 成。皂:黑色。不分黑白。比喻不分是非曲直;多含贬义:他～,把两人都批评了一通。也说不分青红皂白、不问青红皂白。

【不忿】bùfèn 形。不平,不服气:对校长这样处理事情,他十分～。

【不符】bùfú 动。不相符合:名实～|帐目～。可带宾语:～作品原意。

【不甘】bùgān 动。不情愿,不甘心:就这样退下阵来,我们心～。可带谓词作宾语:～落后。

【不尴不尬】bù gān bù gà 成。形容不三不四,或左右为难,不好处置:这件事弄得～的。

【不敢当】bùgǎndāng 动。表示担当不起;谦辞,当受到对方招待、夸奖时使用:你这么热情招待,我真～。

【不敢越雷池一步】bù gǎn yuè léichí yī bù 成。晋·庾亮《报温峤(qiáo)书》:"足下无过雷池一步也。"越:跨过;雷池:湖名,在安徽省望江县南。原意是叫温峤坐镇原防地,不要越过雷池到京都去。现比喻不敢越过某一界限:他做事一向循规蹈矩,～。

【不公】bùgōng 形。不公正,不公道:这件事的处理很～。

【不攻自破】bù gōng zì pò 成。无须攻击,自己就破灭或站不住脚。形容无力防御,不堪一击。也形容言论漏洞太多:这些谣言漏洞百出,～。

【不共戴天】bù gòng dài tiān 成。共:共同;戴:顶着。不与仇敌在同一天底下生活。泛指仇恨深重,势不两立:为了民族的生存,游击健儿同～的侵略军展开了殊死的战斗。注意:"戴"不能写成"载",或读为zǎi。

【不苟】bùgǒu 形。不随便,不马虎;一般用在固定组合中:一丝～|～言笑。

【不苟言笑】bùgǒu yán xiào 成。苟:苟且,随便。不随便谈笑。形容态度严肃、庄重:这个人向来～,总是一本正经的。

【不顾】bùgù 动。常带宾语。(1)不照顾:他一心扑在工作上,连家都～|只顾自己,～别人。(2)不考虑,不顾忌:～一切|～生命危险。

【不管】bùguǎn 连。不论;用于有疑问代词或并列词组的语句,后边常有"都、也"等呼应,表示无条件:～是谁,都应该学习|困难多大,他总是勇往直前|这篓苹果,～好不好,他都要。

*"不管"和"不论":"不管"多用于口语;"不论"多用于书面语。"不管"后面可以用"形容词＋不＋形容词"这种格式,如:不管天气冷不冷,他总是起得很早;"不论"后面也可用这种格式,但是在两个形容词中间一般要加"还是、跟、与",如:不论天气冷还是不冷,他总是起得很早。

【不管部长】bùguǎn bùzhǎng 词组。某些国家的内阁阁员之一,不专管一个部,出席内阁会议,参与决策,并担任政府首脑交办的特殊重要事务。

【不管三七二十一】bùguǎn sān qī èr shí yī 成。不顾一切,不问是非情由:他～,就同那凶手搏斗起来|你～,就随意责骂孩子,效果是不好的。

【不光】bùguāng 〈口〉❶连。不但;常与"而且"等配合,表示递进关系:我们～要完成任务,而且要完成得好。❷动。不止;须带宾语:这次获奖的～他一个人。

【不轨】bùguǐ 形。违反法纪或搞叛乱:行为～|图谋～。

【不过】bùguò ❶副。(1)仅仅;指明范围,含有把事情往小里或轻里说的意味,有时句末常用"罢了、而已"等配合:他～翻了翻,没有细看|我～是问问价钱罢了。(2)用在双音节形容词或形容词性词组之后,表示程度高:漂亮～|最好～。❷连。只是,仅仅;用在后一分句开头,表示转折,语气比"但是"轻,多用于口语:他性子一向很急,～现在好多了。

【不寒而栗】bù hán ér lì 成。栗:畏惧,发抖。并不寒冷而直发抖,形容非常恐惧：他讲的那些危险的情况，听了真使人～。

【不好意思】bù hǎoyìsi 词组。(1)羞涩：她脸红了，～地低下了头。(2)碍于情面而不便或不肯：他约我去看电影，我不想去，但～推辞。

【不和】bùhé 形。不和睦；常作谓语：邻里～|夫妻～。

【不欢而散】bù huān ér sàn 成。散：离开，分手。不高兴地分手：他们争得很厉害，最后～。

【不遑】bùhuáng 〈书〉副。指做某事来不及，没有工夫：～顾及|～假寐。

【不讳】bùhuì 〈书〉动。(1)不忌讳；多用在固定组合中：直言～。(2)指死亡；婉辞：皇上脉气不正，恐～只在七日之内。

【不惑】bùhuò 〈书〉❶形。遇事能明辨不疑：智者～。❷名。孔子说自己"四十而不惑"，后用"不惑"指代四十岁。～之年。

【不羁】bùjī 〈书〉形。不受约束，不可拘限；多用在固定的组合中：行为～|放荡～|～之士。

【不及】bùjí 动。(1)不如，比不上；须带宾语：小李的学习成绩～小王。(2)〈书〉来不及，一般不单独用，要同少数双音节词搭配：～细问|躲避～|后悔～。
　　＊"不及"和"不如"：两者虽然都有比不上的意思，但"不及"还有来不及的意思，"不如"没有。

【不即不离】bù jí bù lí 成。即：接近，靠近；离：疏远，离开。原为佛家语，指既不同一，也不相异。现指对人的态度既不亲密，也不疏远：他对小李存有戒心，总是保持那么一种～的态度。

【不济】bùjì 〈口〉形。不好，不顶用：体力～|这房子再～，也比地窖强。

【不计其数】bù jì qí shù 成。无法计算，形容极多：车站上，每天来来往往的旅客～。
　　＊"不计其数"和"不胜枚举"："不计其数"是指数量多得无法计算，"不胜枚举"是指种类或数量多得不能一个一个地都举出来。"不计其数"用于人或物，"不胜枚举"多用于事例。

【不假思索】bù jiǎ sīsuǒ 成。假：假借，

依靠。不用思考就作出反应；形容做事、应答敏捷：这个问题他～就回答出来了。
注意："假"这里不读jià。

【不见】bùjiàn 动。(1)不见面：一年～，你胖多了。(2)东西找不着了；后面须带语气词"了"：我的一本书～了。

【不见经传】bù jiàn jīng zhuàn 成。经传：指被古人尊崇为典范的著作。没有见到经传上有这样的记载。比喻没有书本根据，没有来历：这种说法虽然～，但却是有道理的。注意："传"这里不读chuán。

【不禁】bùjīn 副。不由自主地，禁不住；表示某种感情或行为、动作无法控制：人们～欢呼起来|我～吃了一惊。

【不仅】bùjǐn ❶连。不但，用在复句前一分句中，后一分句常用"而且、也、反而、连…也…"等配合，表示递进：他～能文，而且能武|这种设备～在国内先进，在国际上也是第一流的。❷动。不止，表示超出一定数量或范围，可带宾语：班里～我一个人会画画儿。

【不近人情】bù jìn rénqíng 成。不合人之常情，指性情、言行怪僻，不合情理：你这样做，实在是～。

【不经之谈】bù jīng zhī tán 成。不经：不合道理。荒唐的、没有根据的话：所传是～，切勿轻信。

【不胫而走】bù jìng ér zǒu 成。胫：小腿；走：跑。没有腿，却跑得很快；多形容作品、消息等迅速流传：这首诗歌～，人们都争相传诵|小李要调走的消息～，很快就传开了。

【不久】bùjiǔ 形。指距离某个时间或某件事的时间不长；不加程度副词：我参加工作～，业务还不熟悉|～的将来。

【不拘】bùjū ❶动。不拘泥，不计较，不限定：来稿字数～。可带宾语：～小节|～一格。❷连。不论：～天气如何，我一定来。

【不拘小节】bùjū xiǎojié 成。拘：拘泥。原大处谨严，小处随便。后也指不注重生活小事：他这个人向来～。

【不绝如缕】bù jué rú lǚ 成。绝：断；缕：细线。原比喻形势危急，如同即将断的细线。现也比喻声音微细或技艺等方面继承者稀少：有些剧种已是～，后继乏

人了。注意："缕"不要读成lóu。

【不刊之论】bù kān zhī lùn 成。刊：削除，古代把字写在竹简上，有错误就削去。原意是能与日月一样不可更改的书,后用来指不能改动或不可磨灭的言论：不要认为自己说的话都是～,别人就不能发表不同意见。

【不堪】bùkān ❶动。经受不起；须带宾语：～一击｜～其苦。❷助动。不能，多用于不好的和不愉快的方面,作动词的状语：～设想｜～入目。❸副。表示程度深；用在表示消极意义的双音节形容词后面作补语：痛苦～｜狼狈～。

【不堪设想】bùkān shèxiǎng 成。不能想象结果是什么样子,指可能发展到很危险的地步：他的错误很严重,必须痛改前非,不然后果～。

【不亢不卑】bù kàng bù bēi 成。亢：高傲；卑：低,自卑。既不傲慢也不自卑。指对人的态度或言语很有分寸：对待外国人,我们既不要高傲自大,也不要低三下四,而要采取～的态度。

【不可】bùkě ❶助动。不可以；用在动词前,作状语：～忽视。❷助。构成"非……不可"的格式,表示必须或一定：这件事非你去～。

【不可多得】bù kě duō dé 成。形容稀少、难得；多用于赞扬：像他这样的人才,～。

【不可救药】bù kě jiù yào 成。药：用药治疗。病势严重,无法医治。比喻人或事物坏到无法挽救的地步：他犯了严重错误,但还不是～的。

【不可开交】bù kě kāi jiāo 成。开：打开,解开；交：相错,纠缠。形容无法摆脱；只作补语,须加助词"得"：他俩打得～｜今天忙得～。

【不可理喻】bù kě lǐ yù 成。喻：开导、晓喻。不能用道理来开导、说服。也形容蛮横无理：他们瞎吵瞎闹,简直～。

【不可名状】bù kě míng zhuàng 成。名：用言语说出；状：描绘,形容。无法用言语来形容、描绘：他心中的快乐,简直～。也作不可言状。

【不可思议】bù kě sī yì 成。原为佛家用语,指思维、语言不能到达的神秘境界。现多形容无法想象,不可理解：你这种做法叫人～。

【不可同日而语】bù kě tóng rì ér yǔ 成。不能放在同一时间谈论。形容无法相提并论；指性质、地位、情况等相差很大：他家现在的经济状况大为改善,同以前相比,～。

【不可一世】bù kě yī shì 成。一世：一时。自以为冠绝一时,无人可比。现多形容极其狂妄、自大：他从小娇生惯养,长大以后目空一切,～。

【不可终日】bù kě zhōng rì 成。终日：从早到晚,一天。一天都过不下去。形容局势危急或心中惶恐不安；前面常加"皇皇"或"惶惶"：战争动乱年代,广大人民处在一种惶惶～的状态之中。

【不克】bùkè 〈书〉助动。不能；指能力做不到,作动词的状语：～自拔。

【不快】bùkuài 形。(1)不愉快；指心情：今天他心情～。(2)不舒服；指身体：他感到浑身～,大概感冒了。

【不愧】bùkuì 副。当得起,称得上；多修饰"为、是"：我国人民～是伟大的人民。

【不稂不莠】bù láng bù yǒu 成。稂：狼尾草；稂、莠都是同谷子相似的野草。本来是说没有野草。后来用作既不像稂,又不像莠,比喻不成材,没有出息：我们要教育下一代,不能做一个～的无用之材。注意："稂"不能念成liáng,"莠"不能念成xiù。

【不劳而获】bù láo ér huò 成。原指无须劳动就可得到。现多指自己不劳动而占有别人的劳动果实：～是一种剥削行为。

【不力】bùlì 形。不尽力,不得力；常用在"办事、领导、批评"等动词后面作谓语：办事很～｜行动～。

【不利】bùlì 形。不顺利,没有好处；形势对他们很～｜～因素。

【不了】bùliǎo 动。没完没了；用于动词加"个"之后,作补语：他讲个～｜雨下个～。

【不了了之】bù liǎo liǎo zhī 成。了：了结,结束。对事情无法处置,只好马马虎虎拖下去：这件事我看最后只得～。

【不料】bùliào 动。没想到；主语为说话人,前一分句说明原先的情况或想法,后一分句表示转折,常用"却、竟、还、倒"等副词呼应：原来以为他要反对，～他倒同意了｜早上天晴，～午后竟下起雨来了。

【不吝】bùlìn 动。不吝惜；向人征求意见时的客套话，多用"赐教、指教"作宾语：～赐教。

【不伦不类】bù lún bù lèi 成。伦：类；不伦：不同类。既不像这一种，也不像那一种。形容不成样子或不规范：你这个头剃得～的，太难看了。

【不论】bùlùn 连。表示在任何条件下结果或结论都不会改变；用于有任指性疑问代词或有并列词语的句子里，后面常与"都"或"也、总、始终"等呼应：～什么事，大伙儿都愿意找他谈｜～是你去还是我去，总得去一个。

【不落窠臼】bù luò kējiù 成。窠臼：旧格式。比喻不落俗套，有所创新；多指文章或艺术等：这篇文章写得～，颇有新意。

【不满】bùmǎn 形。不满意：他脸上流露出～的情绪｜对他的行为，群众极为～。

【不毛之地】bù máo zhī dì 成。原指不种五谷的地方，后泛指不生长植物、未开垦的荒地。原先那片～，现已种上绿油油的庄稼。

【不免】bùmiǎn 副。免不了；表示由于前面所说的原因而不能避免某种结果，多指不希望发生的：时间快到了，事情还没做完，心里～着急起来。

＊"不免"和"难免"："不免"只用于肯定式；"难免"除用于肯定式外，还可用于否定式，如：刚做这项工作，难免不熟悉。

【不敏】bùmǐn 〈书〉形。不聪明；旧时常用来表示自谦：弟虽～，敢不竭诚相助。

【不名一文】bù míng yī wén 成。名：占有。一个钱也没有。形容极其贫困：我已～，哪能资助他人？

【不名誉】bùmíngyù 形。对名誉有损害，不体面的：你干了这件事是很～的。

【不谋而合】bù móu ér hé 成。谋：商量。合：相符。事前没有商量而意见、行动一致：他俩对这个问题的看法完全一致，可谓～。

【不佞】bùnìng 〈书〉❶形。没有才能：寡人～，能合其众而不能离也。❷代。旧时作"我"的谦称：～幸从诸先生之后。

【不偏不倚】bù piān bù yǐ 成。倚：偏。原指儒家"中庸之道"，现指不偏袒任何一方，表示中立或公正：处理纠纷必须～，公正无私。

【不平】bùpíng ❶形。(1)不公平；多指对事物的处理：大家都对此感到很～。(2)因不公平的事而愤怒或不满：愤愤～｜对这起冤案，他心中始终～。❷名。(1)不公平的事：路见～，拔刀相助。(2)由不公平的事而引起的愤怒和不满的情绪：这样办，我心中的～难以消除。

【不平等条约】bùpíngděng tiáoyuē 词组。资本主义国家，特别是帝国主义国家强迫别国订立的侵犯和损害别国的主权、利益的条约。

【不平则鸣】bù píng zé míng 成。鸣：发出声音，指有所抒发或表示。遇到不公平的事，就要发出不满的呼声：～，有压迫就会有反抗。

【不期而然】bù qī ér rán 成。期：希望；然：如此。不希望这样，而竟然这样；表示出乎意外：老刘已经够小心谨慎了，可是偏偏发生了～的灾祸。

【不期而遇】bù qī ér yù 成。期：约定时日。没有约定而意外相逢：两个老朋友在北京～。

【不情之请】bù qíng zhī qǐng 成。不合情理的请求；向人求助的客套话：今天我有个～，望能允诺。

【不求甚解】bù qiú shèn jiě 成。原指读书只求领会精神实质，而不刻意于咬文嚼字。现多指只懂得个大概，不求深入理解；含贬义：读书要耐心细致，刻苦钻研，～是要不得的。

【不屈】bùqū 动。不屈服；常用在比较固定的组合中：宁死～｜坚强～。

【不屈不挠】bù qū bù náo 成。屈：屈服。挠：弯曲。形容顽强斗争，决不屈服：革命先辈们～，同敌人进行了顽强的斗争。注意："挠"不要读成yáo或ráo。

【不然】bùrán ❶形。不是这样；只作谓语：看上去他身体比较弱，其实～。可用在对话的开头，表示否定对方的

话: ~,事情决不像你说的那么简单。❷连。如果是这样,否则;引进表示结果或结论的分句,后面可带"的话",加强假设语气:该写信了,~家里不放心|快把窗子关上,~的话大家要受凉的。

【不人道】bùréndào 形。不合乎人道:你这种行为太~了。参见"人道"。

【不仁】bùrén 形。(1)刻薄,不厚道。(2)肢体失去知觉;常与"麻木"合用:他的右腿已麻木~。

【不忍】bùrěn 动。心里不能忍受;多以动词性词组作宾语:他~再看下去了。

【不日】bùrì 副。要不了几天,不久,只用来表示未来:~赴京。

【不容】bùróng 动。不容许,不让;多以动词或主谓词组作宾语:~怀疑|她连珠炮似地说个没完,~别人插嘴。

【不如】bùrú 动。表示比不上前面所提到的人或事物;用于比较,多带宾语:你~我走|这三篇作文都~那篇。

【不入虎穴,焉得虎子】bù rù hǔ xué, yān dé hǔ zǐ 成。焉:怎么。不进老虎洞,怎么能提到小老虎呢?比喻不历艰险,就不能获得成功。现也比喻不经过艰苦实践,不能获得真知:~,还是让我们打入敌人内部去摸清情况吧。

【不三不四】bù sān bù sì 成。形容不正派,或不像样子:他打扮得~的,真难看。

【不善】bùshàn ❶形。用在名词或动词后面。(1)不好:处理~|来者~。(2)〈方〉很可观,非同小可:别看他个子小,力气可~。❷动。不擅长;须带动词或动词性词组作宾语:~表达|他~在人多的场合发言。

【不上不下】bù shàng bù xià 成。上不去,下不来;形容进退无着,事情难办:这件事一直搁在这儿,~的,真难办。

【不甚了了】bù shèn liǎo liǎo 成。甚:很;了:了解,明白。不太了解,不很明白:我刚到这里,有些事还~。

【不胜枚举】bù shèng méi jǔ 成。胜:尽;枚:个。无法一个一个全举出来。形容数量很多:诸如此类的好事,~。

【不失为】bùshīwéi 动。还可以算得上;须带宾语:他能改正缺点,~一个好厂长。

【不时】bùshí ❶副。常常,时时;多作状语:~出现。❷形。随时,不定什么时候;只作定语:这些物品以备~之需。

【不识抬举】bù shí tái jǔ 成。抬举:赞扬,器重,提拔。不理解或不珍视别人对他的好意;用于批评或指责人:派你去参加比赛,你却不愿去,未免有点~。

【不识之无】bù shí zhī wú 成。连"之"和"无"也不认识,意思是不识字或文化水平很低:他是个~的人,怎么能写信呢?

【不是】bùshì 名。错处,过失;常作"是、落"的宾语:这到底是谁的~|我好意批评他几句,反落了个~。

【不是味儿】bùshì wèir 词组。(1)味道不正:这饮料喝起来~。(2)不正常:你这身打扮,我越看越~。(3)不好受;指心情:今天我心里~。

【不适】bùshì 形。不舒服;指身体,常作"感到、觉得"的宾语:今天我感到身体有些~。

【不爽】bùshuǎng 形。(1)不舒服;多指身体、心情等:他近来精神~。(2)不差:屡试~|毫厘~。

【不速之客】bù sù zhī kè 成。速:邀请。未经邀请而自己来的客人。

【不特】bùtè 〈书〉连。不但,不仅;常与"而且、并且"配合使用,表示除所说的意思之外,还有更进一层的意思:~无功,而且有罪。

【不同凡响】bù tóng fán xiǎng 成。凡响:平凡的音乐。(1)比喻事物不同平常;一般指文艺作品:这部交响诗气势磅礴,~。(2)比喻本领出众:他擅长丹青,尤工山水画,技艺超群,~。

【不痛不痒】bù tòng bù yǎng 成。比喻议论不中肯,批评未触及要害,或没有彻底解决问题:这种批评~,无济于事。

【不图】bùtú 动。(1)不追求;多带宾语:~名利。也可带动词或动词性词组作宾语: ~享受|~升官发财。(2)〈书〉不料:身携重金,~被劫。

【不外】bùwài 动。不超出所指范围之外;多带宾语:今天要讨论的~两个问题。也说不外乎。

【不惟】bùwéi 〈书〉连。不但,常和"并且"等配合使用: ~有错,而且有罪。

【不韪】bùwěi 〈书〉名。不对,过失;多用在固定词组中:冒天下之大～。

【不谓】bùwèi 〈书〉动。须带宾语。(1)不要说:～言之不预。(2)不料,想不到:刚刚人人睡,～一阵急雨声把我惊醒了。

【不闻不问】bù wén bù wèn 成。闻:听。不去听也不去问。形容对事情不关心,不过问:我们对国家大事不能采取～的态度。

【不惜】bùxī 动。不顾惜,舍得;多带宾语:～工本。可带动词性词组作宾语:为了祖国的安全,他～牺牲了自己的生命。

【不相干】bù xiānggān 词组。无关系:这件事跟你～。

【不相上下】bù xiāng shàng xià 成。分不出高低、好坏;可用于人或事物:他俩的技术～|他的年纪跟你～,也不过二十来岁。

【不像话】bù xiànghuà 词组。(1)坏得没办法形容:质量差得～。(2)言语、行动不合理:你这样做太～了。

【不消】bùxiāo 〈方〉动。不用,不需要:～几分钟,汽车就开得没影儿了|～说,这又是他干的好事。

【不肖】bùxiào 形。指子弟不好,没有出息:～之子|我这儿子最～。

【不屑】bùxiè 动。认为不值得做某事;表示轻视,看不起:～为伍|他这个人,大事做不了,小事又认为～去做。

【不兴】bùxīng ❶动。常带宾语。(1)不流行,不合时尚:现在～这种式样的衣服了。(2)不许:～这样讲。❷助动。不能;只用于反问句:试题答卷怎么错那么多?做好后～多检查检查吗?

【不行】bùxíng ❶动。不带宾语。(1)不允许:今天下午的会很重要,你要请假可～。(2)不中用;后面常带助词"了":年纪大了,做针线活～了。(3)接近于死;后面常带助词"了":病得这样,看来～了。❷形。(1)不好:他的数学成绩很～。(2)表示程度很深,有"不得了"的意思;用作补语,须带助词"得":干了一天活,我已累得～了。

【不省人事】bù xǐng rén shì 成。省:知觉。指昏迷不醒,失去知觉。也比喻不懂人情世故:他一跤跌得～|这人是十足的书呆子,～。注意:"省"这里不读shěng。

【不幸】bùxìng ❶形。(1)不幸运,使人失望、伤心、痛苦的:～的遭遇|去世|她的命运很～。(2)表示不希望发生的,可是竟发生了:余～而言中。❷名。指灾祸:他家发生了～。

【不休】bùxiū 动。不停止;用在动词后面作补语:他们俩常常争论～。

【不修边幅】bù xiū biān fú 成。边幅:布帛的边缘,比喻人的衣着、仪表。原指不拘生活小节,后也形容不注重衣着、容貌的端庄、整洁:他这个人平时～,一心埋头学习。

【不朽】bùxiǔ 动。永不磨灭,久远存在;多用于抽象事物,作定语或用在固定组合中:～的功勋|永垂～。

【不锈钢】bùxiùgāng 名。含铬12%～18%、碳0.2%以下的合金钢,有的还含有镍、钛等其他元素。具有耐腐蚀和不锈的特性,故称不锈钢。多用来制造化工机件、耐热的机械零件、餐具等。

【不许】bùxǔ ❶动。不允许;带有命令的语气,可以动词或动词性词组作宾语:～乱动|～吸烟。❷〈口〉助动。不能;常用在反问句中:这么简单的事情,你就～自己动手去做?

【不恤】bùxù 动。不顾及,不顾惜;多带宾语:～人言(不管别人的议论)|～代价。

【不旋踵】bùxuánzhǒng 〈书〉❶动。不退却;不带宾语:百万敌军压境,且～,何惧小股土匪骚扰。❷副。来不及转身,比喻时间极短:一箭射去,敌酋一便倒地而亡。

【不学无术】bù xué wú shù 成。学:学问;术:技能。今指没有学问因而没有办法。也指没有学问,没有本领:他是个～的人,不可委以重任。

【不逊】bùxùn 形。没有礼貌,骄横;多用在固定组合中:出言～|傲慢～。

【不言而喻】bù yán ér yù 成。喻:知道,明白。不用说就能懂得;形容道理很明显:这个道理是～的,你怎么不懂?

【不厌】bùyàn 词组。常用在固定组合中。(1)不嫌,不厌烦:～其详|百读～。(2)不排斥,不以为非:兵～诈。(3)不满足

常用于学习:学而～。

【不扬】bùyáng 形。相貌不好看;常用在固定组合中:其貌～。

【不要】bùyào 助动。表示禁止或劝阻:这个好机会你可～错过了。

【不要紧】bù yàojǐn 词组。(1)没有妨碍,不成问题:天黑了～,我送你|天下雨了～,我带了伞。(2)表面上似乎没有什么妨碍(下文有转折):你这一走～,这烂摊子谁来收拾呢?

【不一】bùyī 〈书〉形。不一致,不相同;多作谓语:长短～|心口～。

【不一而足】bù yī ér zú 成。足:充足。原指不能因其一事而使之满足。后形容同类的事物或情况很多,不止一种或不止一次地出现:大殿里的罗汉塑像,有的慈眉善目,有的狞狰可怖,有的若有所思,奇形怪状,～,充分表现了我国古代能工巧匠的高超技艺。

【不依】bùyī 动。常带宾语。(1)不听从:这件事偏～你|小孙子不管учи什么,他没有～的。(2)不轻易放过:你今天不把功课做完,我可～你。

【不宜】bùyí 动。不适宜;常以谓词或谓词性词组作宾语:在这种灯光下～看书|你眼不好,～做这项工作|～再累了。

【不遗余力】bù yí yú lì 成。遗:留;余力:剩下的力量。把所有的力量都用出来,一点儿不保留:为了攻克这一技术难关,他～地工作着。

【不已】bùyǐ 动。继续不停;多用在谓词后作谓语:赞叹～|兴奋～。

【不以为然】bù yǐ wéi rán 成。然:是,对。不以为是对的;表示不同意,有轻视之意:大家批评了他,他却～。

【不意】bùyì 动。不料,没想到;前一分句说明原先的情况或想法,后一分句表示转折,常用副词"却、竟、还、仍、倒"等呼应,表示转折:我原想下午带孩子出去玩的,～却下起大雨来了|我们正准备去叫他,~他倒先来了。

【不义之财】bù yì zhī cái 成。不义:不正当,不合理。指不应得到的或来路不正的钱财:这种～我是无论如何不能要的。

【不亦乐乎】bù yì lè hū 成。乎:文言中的语气助词,这里相当于"吗"。原意是不也是很快乐的吗?现常表示达到过甚的程度,也表示淋漓尽致的意思;有诙谐意味,多作补语:他们争吵得～|今天我忙得真是～。

【不易之论】bù yì zhī lùn 成。易:改变。不可改变的言论。形容论断或意见完全正确:这是～,是谁也驳不倒的。

【不翼而飞】bù yì ér fēi 成。翼:翅膀。没有翅膀却能飞行。原形容言论消息传播迅速。现也指财物突然丢失:我的一支钢笔～了。

【不用】bùyòng 副。(1)"别、不要"的意思,表示劝阻或制止:你～生气。(2)"不必"的意思;表示事实上不需要:人手够了,～再派人了。

【不由得】bùyóu·de 副。(1)不容:他年年被评为劳动模范,～你不钦佩他。(2)不禁:听着听着,他～笑了。

【不由自主】bù yóu zì zhǔ 成。由不得自己作主,自己控制不住自己:看到这动人的场面,他～地流下了热泪。

【不虞】bùyú 〈书〉❶动。预料不到的;不单独作谓语,作定语:～之祸|～之誉。❷名。出乎意料的事:多多研究研究几种方案,以备～。

【不约而同】bù yuē ér tóng 成。约:相约。没有约定而彼此看法或行动一致:他们～,都去看电影了。

【不在】bùzài 动。(1)指不在家或不在某处:他～,刚刚出去。可带宾语:他～这儿。(2)指死亡;婉辞,后面常带助词"了",不带宾语:我爷爷已～了。

【不在乎】bùzài·hu 动。不放在心上:这个小孩挨了批评,一点儿也～。可带宾语:我才～这些。

【不在话下】bù zài huà xià 成。原为旧时剧本、小说中的套语,表示将某事搁在一边,转入别的情节。现多形容事物无关重要或事属当然,不值一提:我有的是力量,干这点活～。

【不赞一词】bù zàn yì cí 成。原指文章写得很好,别人不能增添一词。现在指一言不发:他今天在会上～。

【不择手段】bù zé shǒu duàn 成。择:选择。为达到目的,什么手段都用得出来;含贬义:有的人为谋取私利,简直～。

【不折不扣】bù zhé bù kòu 成。折、扣:原为商业用语,商品出售时按原价减去百分之几叫打折扣。一点儿不打折扣;表示完全、十足:我保证~地完成任务。

【不振】bùzhèn 形。不旺盛;多作谓语:委靡~|经济非常~|一蹶~。

【不知好歹】bù zhī hǎo dǎi 成。不知道好坏,也不能领会别人的好意:这小孩我帮助他学习,他反而讨厌我,真~。

【不知所措】bù zhī suǒ cuò 成。措:安置,处理。不知怎么办才好:小明被你吓得~。

【不知所云】bù zhī suǒ yún 成。云:说。原为自谦用语,表示语无伦次,今指不知说的是什么;含贬义:他的发言逻辑性差,让人听了~。

【不止】bùzhǐ 动。(1)不停;用在双音节动词后,不带宾语和其他成分:大笑~|流血~|(2)超出一定数量或范围;须带宾语或补语:报名的已~100人了|这些问题讲了~一次了|他~60岁了。

【不只】bùzhǐ 连。连接两个分句,常和"而且、还"等配合,表示除所说的意思之外,还有更进一层的意思:他~学会了说英语,还用英语写了一篇学术论文。

【不致】bùzhì 动。不会因为某种原因而引起某种后果;多带动词或动词性词组作宾语:虽未作好充分准备,但也~临阵慌乱|暂时没有工作,~没有饭吃。

【不至于】bùzhìyú 动。表示不会达到某种程度;多带动词或动词性词组作宾语:这道简单的题目他~不懂吧。

【不置】bùzhì 〈书〉动。不停止;用在双音节动词后面作补语:后悔~|赞叹~。

【不置可否】bù zhì kě fǒu 成。置:安放;可:行;否:不行。既不说行,也不说不行。指不表明态度:对这个问题,他~,一笑了之。

【不治之症】bù zhì zhī zhèng 成。医治不好的病。也比喻无法挽救的祸患:不久的将来癌病将不再是~|卖官鬻爵、贪赃枉法,是封建社会末期的~。

【不中】bùzhōng 〈方〉形。不中用,不可以,不好;多作谓语:你这种做法~,大家一定会反对。

【不着边际】bù zhuó biān jì 成。着:接触;边际:边界,边缘。挨不着边儿。形容说话空泛,离题太远:不要尽说些~的话。

【不赀】bùzī 〈书〉形。无从计量;多用来形容财物贵重或过多,一般作谓语:价值~|所费~。

【不自量】bù zìliàng 词组。没有称称自己的重量,指过高地估计自己:可笑~|他目空一切,太~。

【不足】bùzú ❶形。不充足:营养~|估计~。❷动。不满,指数量:~500元。❸助动。(1)不值得:~为奇。(2)不可以,不能:非团结~图存。

【不足道】bùzúdào 动。不值得一说;不带宾语:微~|区区小事,~。

【不足挂齿】bù zú guà chǐ 成。不足:不值得;挂齿:放在嘴上讲。形容不值得一提:我只是做了一点应该做的事,~。

【不足为训】bù zú wéi xùn 成。足:够得上,值得;训:法则,典范。不能作为法则或典范:虽然事情办成了,但他这种不择手段的做法是~的。

吥 bù 地名用字。唝(gòng)吥,柬埔寨地名。

钚 bù 名。一种人造放射性金属元素,符号Pu。化学性质和铀相似,是重要的核原料。

布(△佈) bù ❶名。(1)棉、麻及化学纤维等纺织品;量词用"尺、丈、米、块、匹等":我昨天买了一块~。(2)古代一种钱币。△❷动。(1)分布;须有单音节词修饰或补语:铁路、公路遍~全国|奶奶脸上皱纹~满了。(2)布置;须带宾语,并加"下"作补语:~下天罗地网。△❸〈素〉宣布,宣告:发~|~告|开诚~公。❹姓。

【布帛】bùbó 名。棉、麻、丝等织品的总称。

【布帛菽粟】bù bó shū sù 成。帛:丝织品;菽:豆类;粟:小米,泛指粮食。指生活必需品。比喻必不可少的事物。

【布尔乔亚】bù ěrqiáoyà 名。音译词。资产阶级。

【布尔什维克】bù'ěrshíwéikè 名。俄文"多数派"的译音。1903年俄国社会民主工党内部分成两派,拥护列宁正确路线的多数派称布尔什维克,反对列宁正确路线的少数派称孟什维克。1912年布尔什维克成为独立的马克思主义政党,1925年改名为苏联共产党(布尔什维克),简称联共(布)。

【布告】bùgào 名。国家机关、政党、团体等张贴出来的文告。

【布谷】bùgǔ 名。鸟,杜鹃。

【布景】bùjǐng ❶名。舞台或摄影场上所布置的景物。❷动。国画用语,指按照画幅的大小安排画中景物:绘画时构图～,必须胸有成竹。

【布局】bùjú ❶名。对事物的规划和安排:工业的～要合理。❷动。全面安排;用于写作、绘画、下棋等,不带宾语:画图要好好～|下棋时必须慎重。

【布朗族】bùlǎngzú 名。我国少数民族之一,主要分布在云南省。

【布匹】bùpǐ 名。布的总称;不加个体量词。如不能说"三尺布匹,只能说"一些布匹"或"许多布匹"。

【布施】bùshī 动。佛教用语,指把财物施舍给别人。也指僧尼给人讲解佛经。

【布衣】bùyī 名。封建社会中平民的别称。

【布依族】bùyīzú 名。我国少数民族之一,主要分布在贵州省。

【布置】bùzhì 动。常带宾语或补语。(1)分派,安排:～任务|作业已一下去了。(2)为某种活动或适应某种需要而安置、陈列物品:～会场|新房～好了。

垇
bù 地名用字。茶垇,在福建省。

怖
bù 〈素〉害怕:恐～。

步
bù ❶名。(1)走路时双脚之间的距离;常直接加数词:请走上两～。(2)阶段;一般只加数词"一":工作已进入新的一～。(3)程度,境地,多用"这一"修饰:能提高到这一～就不差了|竟会落到这一～。❷动。用脚步量地;常带补语和宾语:～一下这房子的长度。❸量。旧时的长度单位,一步等于五尺。❹〈素〉(1)用双脚走:徒～|散～。(2)踩,踏:～人后尘。❺姓。

【步兵】bùbīng 名。徒步作战的兵种,是陆军的主要兵种。

【步步为营】bù bù wéi yíng 成。步:古

以五尺或六尺为一步,"步步"即每一步。军队每前进一步,就设下一道营垒。比喻行动谨慎,防备严密:在办企业时,他们～,稳步前进,取得了良好的效果。

【步调】bùdiào 名。脚步的大小快慢,比喻进行某种活动时的方式和进度等:～一致才能取得成功。

【步伐】bùfá 名。(1)队伍行走的脚步:～整齐|雄壮的～。(2)比喻事物进行的速度:工程要加快～,争取年底完工。

【步履维艰】bù lǚ wéi jiān 成。步履:步行;维:助词,无实义。行走困难;一般指老人或有病的人行动不便:祖父年纪大了,腿脚不便,～。

【步人后尘】bù rén hòu chén 成。后尘:走路或行车时后面扬起的尘土。跟着别人后面走。比喻追随、模仿别人,不去创新;含贬义:要有创新精神,切莫～。

【步谈机】bùtánjī 名。小型的无线电话机,由收话、发话、天线、电源等部分组成,可在行进间进行通话,通讯距离较近。又称步行机或步话机。

【步武】bùwǔ 〈书〉❶动。武:足迹。跟着别人的脚步走,比喻效法、模仿:～前贤。❷名。古代以五尺或六尺为步,半步为武;指不远的距离:近在～。

【步行】bùxíng 动。行走;区别于坐车、骑马等,不带宾语,可带补语:今天我们～到玄武湖去玩吧|他每天～十里以上。

【步韵】bùyùn 动。依照别人作诗所用的韵及其先后次序来和诗;不带宾语:～奉和。可拆开用:步其原韵。

【步骤】bùzhòu 名。办事的程序。

埔
bù 地名用字。大埔,县名,在广东省。
另见pǔ。

部
bù ❶名。(1)国家机关的名称或机关企业中按业务分设的单位:外交～|编辑～|他主管中央的一个～。(2)军队中的领导机构:团～|司令～。❷量。用于计算书籍、影片。有的方言用于车辆、机器等的计数:两～科教片|一～汽车。❸〈素〉(1)部分,全部中的一份:内～|局～。(2)统辖,统率:所～|～下。❹姓。

【部队】bùduì 名。军队的通称。

【部分】bùfēn 名。事物整体中的一些个体,整体中的局部:这～|～学校。

【部件】bùjiàn 名。组成机器的装配单元,常由若干零件组成;一般不加个体量词。

【部类】bùlèi 名。概括性较大的一类。

【部落】bùluò 名。原始社会中由一些近亲氏族联合而成的社会集团。通常有自己的地域、名称、方言、宗教和习惯。

【部门】bùmén 名。组成整体的部分或单位;多作中心语:工业～|卫生～。

【部首】bùshǒu 名。为了便于编排检索,字典、词典按汉字结构偏旁所分的门类。如"亻、火、木"等。

【部属】bùshǔ 名。部下。

【部署】bùshǔ 动。安排,布置;用于人力、任务等,常带宾语或补语:～工作|这项工程已全部～好了。

＊"部署"和"布置":"部署"是对战斗力量和全局工作的配置,包括调动人员、调整机构等;"布置"是安排、分配、陈列的意思,对象常是一个场所或一般工作、任务。注意:"部"不要写成"步"。

【部位】bùwèi 名。位置;多用于人的身体:手术～|发音～。

【部下】bùxià 名。原指军队中被统率的人,后也泛指下级。

【部长会议】bùzhǎng huìyì 词组。某些国家的国家权力最高执行机关。

【部族】bùzú 名。(1)原始社会解体,氏族形成以前具有共同语言、共同文化素质、共同地域等因素的共同体。它代替了按血缘关系结成的氏族和部落。(2)中国有些旧史书上对部落和氏族的统称。

瓿 bù 〈古〉名。小瓮。

箁 bù 〈方〉名。竹篓。

埠 bù 〈素〉(1)停船的码头,也指有码头的城镇:船～|轮～|外～。(2)通商的城市:商～|开～。

簿 bù 名。(～子)记事、记帐用的本子;多作中心语:练习～|记录～。

【簿籍】bùjí 名。泛指帐簿、名册等。

【簿记】bùjì 名。(1)会计工作中有关记帐的技术:用三个月时间学会了～。(2)符合会计规程的帐簿。

C

cā(ㄘㄚ)

拆 cā 〈方〉动。排泄;用于大小便:~尿|屎~不出。
另见chāi。

【拆烂污】cā lànwū 〈方〉习。比喻不负责任,把事情搞糟了;含贬义:这人真~,把报表搞得混乱不堪。

擦 cā 动。常带宾语或补语。(1)摩擦:~着手掌|火柴~着了。(2)抹,拭:~一汗|把枪~一下。(3)贴近;常带动态助词"过、着":飞机~着山顶飞过。(4)将物品放在礤(cǎ)床上摩擦,使成为细丝ⅼ:~萝卜丝ⅼ|~成丝ⅼ。

【擦黑ⅼ】cāhēir 〈方〉名。傍晚。

【擦屁股】cā pìgu 习。比喻收拾残局,了结已被弄坏或弄僵的事情;含贬义:他的工作做得一塌糊涂,现在我来接任,只得给他~。

【擦拭】cāshì 〈书〉动。用布等擦抹物体,使干净;常带宾语或补语:~车床|~干净。

【擦音】cāyīn 名。指口腔通路缩小、气流从中挤出而发的辅音。如普通话中的f、h、x、sh、r、s等。

嚓 cā 拟声。常用来摹拟刹车、砍东西等发出的短促的声音:~的一声,汽车停住。
另见chā。

礤 cā [礓礤](jiāng-) 名。台阶。

cǎ(ㄘㄚˇ)

礤 cǎ 〈古〉名。粗石。

【礤床ⅼ】cǎchuángr 名。把瓜、萝卜等摩擦成丝的器具。

cāi(ㄘㄞ)

偲 cāi 〈古〉形。多才:其人美且~。
另见sī。

猜 cāi ❶动。凭想象或某种线索来寻求解答;常带宾语或补语:请你~一个谜语|你~对了。❷〈素〉疑心:~忌|~疑。

【猜测】cāicè 动。猜想推测:这事的结局目前还很难~。可带主谓词组作宾语:看他的脸色,~他一定又碰到什么不快了。
＊"猜测"和"推测":"猜测"一般指凭主观猜想,不一定有事实根据;"推测"一般是根据事理去推断。

【猜度】cāiduó 动。猜测揣度;常带宾语或补语:他用阴暗的心理来~别人|我如果~不错,你大概有什么心事。可带主谓词组作宾语:我~这次试验准能成功。

【猜忌】cāijì 动。疑心别人对自己不利而对人忌恨;含贬义:朋友之间不要互相~。可带宾语:如果你们俩没有隔阂,他恐怕就不会~你了。

【猜枚】cāiméi 动。一种游戏。把瓜子或黑白棋子等小东西握在手中,让人猜单双、个数或颜色,猜对算胜;常用于饮酒助兴。

【猜谜ⅼ】cāimèir 动。不带宾语。(1)猜谜底:小朋友在~。可拆开用:你来~个谜ⅼ吧。可重叠:猜猜谜ⅼ。(2)比喻猜测说话人的真意或事情的真相:这个人说话不干脆,老让人~。也可拆开用:有话快说吧,叫人猜个什么谜ⅼ呀。

【猜拳】cāiquán 动。划(huá)拳。

【猜想】cāixiǎng 动。根据某种迹象,猜测捉摸;常带主谓词组作宾语:下这么大的雨,我~她不会来了。

【猜疑】cāiyí 动。没有根据地起疑心:请不要瞎~。可带主谓词组作宾语:他老是～别人在看他的笑话。

cái (ㄘㄞˊ)

才(△纔) cái ❶名。才能；常与"德"对举使用：既要重～，又要重德。△❷副。(1)表示事情在前不久发生：他～走｜你怎么～来就要走？(2)表示事情结束或发生得晚：催了几次，他～回家｜开了半天会，他～来。(3)仅仅，只，表示数量少，次数少，程度低等：马玉祥今年～21岁｜我～写了两页｜她～小学毕业。(4)表示只有在某种条件下或由于某种原因、目的，然后会怎么样；一般用在后一分句，前一分句常用"只有、必须、要、因为、为了"等搭配：只有依靠群众，～能做好工作。(5)表示强调，句末常用助词"呢"：这样烧～好吃呢｜他不知道～怪呢。❸〈素〉有才能的人：～子｜干～。❹姓。

【才干】cáigàn 名。工作能力：他很有～。

【才华】cáihuá 名。外露的才能；多指文艺和写作方面的：～横溢｜这是位很有～的青年。

【才力】cáilì 名。才能，能力：～有限｜～超群。

【才略】cáilüè 名。军事或政治上的才干或谋略。

【才能】cáinéng 名。才智和能力：他是个很有～的青年。

【才气】cáiqì 名。显露于外的才能或才思：～过人。

＊"才气"和"才华"："才气"的使用范围较宽，既可指文艺方面的，也可指其他方面的；"才华"一般只指文艺方面的。

【才情】cáiqíng 名。才华和情思：这小伙子挺有～。

【才识】cáishí 名。才能和见识：此人有非凡的～。

【才疏学浅】cái shū xué qiǎn 成。疏：空虚、浅薄。才学空虚、浅薄；常作谦辞：我～，恐难担此重任。

【才思】cáisī〈书〉名。表现在创作或写作方面的能力，常用在固定组合中：～敏捷。

【才学】cáixué 名。才能和学问：他家弟兄俩都很有～。

【才智】cáizhì 名。才能和智慧：为振兴中华，我们要献出自己的一切聪明～。

【才子】cáizǐ 名。聪明而特别有才华的男子：他是本县有名的～。

【才子佳人】cáizǐ jiārén 成。旧指有才的男子和美貌的女子，旧的文艺作品多以他们的生活为题材：这些写～的小说千人一面，千部一腔，好的不多。

材 cái 〈素〉(1)木料：木～。(2)材料：钢～。(3)资料：题～｜教～。(4)才能：人～。(5)装殓死人的器具：棺～。

【材料】cáiliào 名。(1)可以直接用来制成成品的东西：钢铁是工业生产的重要～。(2)泛指可供写作和参考的事实和文字资料：写作～｜申诉～。(3)比喻适合做某事的人材：他的文章写得很好，将来当作家是块好～。

＊"材料"和"原料"：一般把经过工业加工的材料(如钢材、水泥等)称为"材料"，把加工工业中来自工业和农业的劳动对象(如矿砂、小麦等)称为"原料"，二者可以合称为"原材料"。

财 cái 名。金钱、物资的总称；一般和"发"相配：发了一笔～。

【财产】cáichǎn 名。属于国家、集体或个人所有的物资、钱财、房屋等：国家～｜他有一份不小的～。

【财东】cáidōng 名。(1)旧时指商店或中小企业的所有者。(2)泛指财主。

【财阀】cáifá 名。垄断金融的大资本家。

【财富】cáifù 名。一切有价值的东西：物质～｜精神～。

【财力】cáilì 名。经济力量；多指资金：～不足。

【财路】cáilù 名。得到钱财的途径：广开～。

【财权】cáiquán 名。(1)经济大权：在我们单位，他是掌握～的人。(2)财产的所有者。

【财神】cáishén 名。也叫财神爷。(1)迷信的人认为可以使人发财致富的神仙，相传姓赵名公明，故又称赵公元帅。(2)戏称掌管钱财的人。(3)善于经营而使人发财的人。

【财团】cáituán 名。指控制许多公司、银行和企业的垄断资本家或集团。

【财务】cáiwù 名。机关、企业、团体组织中有关财产的管理或经营以及现金的出纳、保管、计算等事务：管理～。可作定语：～工作。

【财源】cáiyuán 名。钱财的来源；多指国家或集体收入的来源：开辟～|～茂盛。

【财政】cáizhèng 名。国家对资财的收入与支出的管理活动：～的支出。

【财主】cáizhu 名。旧指占有大量土地财产、靠剥削为生的人。

裁 cái ❶动。(1)用刀、剪等把片状物割裂；常带宾语或补语：～衣服|把这张纸～成两半。(2)去掉，削减：～掉超编人员。❷〈素〉(1)判断，衡量：～夺|～判。(2)安排，取舍：独出心～。(3)控制：独～|制～。(4)杀：自～。

【裁撤】cáichè 动。取消；多指机构，常带宾语：～了红叶服装厂驻京办事处。
　＊"裁撤"和"裁减"："裁撤"语意较重，含有"撤销"的意思；"裁减"语意较轻，含有"减少"的意思。"裁撤"一般只用于机构，"裁减"使用范围较广。

【裁处】cáichǔ 动。决定处理；可带宾语：请您～这件事。

【裁夺】cáiduó 动。斟酌情况决定弃取或可否；用于请人决定，一般不带宾语：这件事如何处理，请您～。

【裁减】cáijiǎn 动。去掉，削减；一般用于机构、人员、装备等，常带宾语或补语：～机构|把多余人员～下来。

【裁决】cáijué 动。考虑并作出决定：他们俩正在争论的时候，爷爷来了，于是两个人请爷爷来～。可带动词作宾语：～纠纷。

【裁判】cáipàn ❶动。(1)双方发生争议时，由法院或由双方同意的第三者加以裁定判决：这场官司在法院来～。可带动词作宾语：～纠纷。(2)根据体育竞赛的规则，对运动员的竞赛成绩和在竞赛中发生的问题做出评判。❷名。在体育竞赛中做评判工作的人。也叫裁判员。

【裁汰】cáitài 〈书〉动。削减淘汰多余的或不合用的人员；常带宾语：机关里～了一批冗员。

cǎi（ㄘㄞˇ）

采（△採） cǎi △❶动。常带宾语。(1)取得；用于果子、叶子、花儿等：～茶|～棉花。(2)挖取；用于矿产：～油。(3)搜集：～标本。❷〈素〉△(1)选取：～用|～购。(2)神态，精神：丰～|兴高～烈。❸同"彩"。
　另见 cài。

【采办】cǎibàn 动。采购；常带宾语或补语：～年货|～进来。

【采茶戏】cǎicháxì 名。地方戏曲的一种，流行于江西、湖北、广西、安徽等地，由民间歌舞发展而成。

【采伐】cǎifá 动。在森林中砍伐树木，采集木材；常带宾语：～树木。

【采访】cǎifǎng 动。采集访问；多指新闻工作者的活动：记者已外出～。可带宾语：～新闻。

【采风】cǎifēng 动。指搜集民歌；不带宾语：到湘西～。可拆开用：去采了一回风。

【采购】cǎigòu ❶动。选择购买；一般指为机关、企业购买，常带宾语或补语：～原材料。❷名。做采购工作的人。

【采集】cǎijí 动。采取，收集；常带宾语：～标本。

【采纳】cǎinà 动。采取，接受；常带宾语：～了小孙的建议。
　＊"采纳"和"采取"："采纳"的意思着重在接受；"采取"的意思着重在取用。"采纳"的使用范围较窄，对象一般是"意见、建议、要求"等；"采取"的使用范围较宽，对象是"方针、政策、原则、方式、手段、态度"等。

【采取】cǎiqǔ 动。选择使用；常带宾语：～积极的态度|～有力的措施。
　＊"采取"和"采用"："采取"的意思着重在择用；"采用"的意思着重在使用。"采取"的对象一般是抽象的事物，如"方针、政策、策略、步骤、形式、方法、措施、态度、手段"等；"采用"的对象一般是具体的事物，如"工具、装置、技术、工艺、语言、文字"等。

【采撷】cǎixié 〈书〉动。采摘,采集；常带宾语：～艺术桂冠上的明珠。

【采写】cǎixiě 动。采访写作：这篇报道是他～的。可带宾语：～新闻。

【采用】cǎiyòng 动。认为合适而加以使用；常带宾语：～先进技术|～优良品种|～新的方法。

彩 (△綵) cǎi

❶名。赌博或竞赛所赢得的东西；多作"得"的宾语：得了～。❷〈素〉(1)各种颜色：～云|～照。△(2)各种颜色的丝绸：剪～|张灯结～。(3)赞美的欢乐声：喝～。(4)花样，精采的成分：丰富多～。(5)受伤流血：挂～。

【彩照】cǎizhào 名。彩色照片的简称。

【彩旦】cǎidàn 名。传统戏曲角色，扮演滑稽或刁钻的女性人物，年龄比较老的叫丑婆子。也叫丑旦。

【彩电】cǎidiàn 名。彩色电视机的简称。

【彩号】cǎihào 名。称作战中负伤的人；婉辞。

【彩绘】cǎihuì 名。器物或建筑物上的彩色图案或图画。

【彩礼】cǎilǐ 名。旧俗订婚或结婚时男家给女家的财物。

【彩排】cǎipái 动。戏剧、舞蹈正式演出前或大型群众活动正式开始前按实际要求进行排练；一般不带宾语：这出戏明天～。

【彩色电视机】cǎisè diànshìjī 词组。能显示彩色图像的电视机；区别于"黑白电视机"，量词用"台、架、部"等。简称彩电。

【彩色片】cǎisèpiàn 名。带有彩色的影片；区别于"黑白片"。

【彩塑】cǎisù 名。彩色的雕塑。我国敦煌莫高窟有彩塑菩萨，欧洲古代及中世纪的雕塑，也多着色敷彩。

【彩陶文化】cǎitáo wénhuà 见"仰韶文化"。

【彩头】cǎitóu 名。一种迷信，获利或得胜的预兆。

睬 (倸) cǎi

动。理睬：人家问你，你怎么～也不～？常带宾语：谁～他！

踩 (跴) cǎi

动。脚踏；常带宾语或补语：～了他一脚|～在凳子上。

cài (ㄘㄞˋ)

采 (埰、寀) cài

[采地](-dì) 名。我国奴隶社会诸侯分给卿大夫的土地，连同耕种土地的奴隶。也叫采邑。

另见 cǎi。

菜 cài

名。(1)蔬菜植物的总称。(2)供下饭用的蔬菜、肉鱼等副食品。

【菜篮子】càilán·zi 名。喻指城市的蔬菜等副食品的供应；常与"稳定、丰富、搞好、安排好"等词语搭配：春节前一定要安排好全市居民的～。

【菜青】càiqīng 形。颜色的一种，绿色中略带黑灰色；不加程度副词，不单独作谓语，多作定语：一件～毛衣。

【菜色】càisè 名。青黄色；多用来形容营养不良的脸色：面有～。

【菜蔬】càishū 名。(1)蔬菜。(2)指烹调好的菜。

【菜肴】càiyáo〈书〉名。经过烹调的蔬菜、蛋品、肉类等副食品；多是荤的。

【菜园】càiyuán 名。种蔬菜的园子。也叫菜园子。

蔡 cài

❶名。周代诸侯国名。在今河南上蔡、新蔡县一带。❷姓。

cān (ㄘㄢ)

参 (參) cān

〈素〉(1)加入：～加|～军。(2)旧指进见：～谒|～拜。(3)观察：～观。(4)查阅：～看|～考。

另见 cēn, shēn。

【参拜】cānbài 动。以一定礼节晋见敬重的人或瞻仰敬重的人的遗像、陵墓；常带宾语：～先生的陵墓。

＊"参拜"和"参见"："参拜"表示"晋见"意思，使用范围较宽，对象既可以是受人尊敬的领导、长者等，也可以是陵墓、遗像等；"参见"表示"晋见"意思时，使用范围较窄，对象一般是敬重的人或主要领导者。

【参半】cānbàn〈书〉动。各占一半；不带宾语，多作谓语：疑信～|忧喜～|功过～。

【参观】cānguān 动。实地观察；常带宾语：～展览会。

＊"参观"和"游览"："参观"的目的主要是学习；"游览"的目的主要是游玩。"参观"使用范围较宽，对象可以是名胜、古迹、风景区等，还可以是展览及可供学习的单位或地区等；"游览"使用范围较窄，对象一般是名胜、古迹、风景区等。

【参加】cānjiā 动。加入某种组织或投入某种活动；常带宾语：～书法协会|～劳动。

【参见】cānjiàn 动。多带宾语。(1)参看；书或文章注释用语，指示读者看了此处后再查看其他有关部分作参考。(2)晋见；表示礼节的用语：外国大使～我国国家主席，并递交了国书。

【参军】cānjūn ❶动。参加军队；不带宾语：他们最近～了。可拆开用：参过军。❷名。古代官职名。

【参看】cānkàn 动。(1)读一篇文章时，参考另一篇文章；常带宾语：请～原著。(2)同"参见(1)"。

【参考】cānkǎo 动。常带宾语或补语。(1)在研究或处理某些事物时，拿另一事物来对照：～一下其他厂的作法，再作决定。(2)为学习或研究而查阅有关资料：多～一些资料。

【参谋】cānmóu ❶名。(1)部队中参与制定军事计划、指挥部队行动等的干部。(2)泛指代出主意的人。❷动。替旁人出主意；不带宾语，可重叠或带补语：你来～|请你～一下。

【参天】cāntiān 形。高耸到天空；多用来形容树木、建筑物等，不加程度副词：古木～。

【参验】cānyàn 动。比较检验：这个结论要用事实来～。

【参谒】cānyè 〈书〉动。进见尊敬的人，瞻仰遗像、陵墓等；多带宾语：～了烈士公墓。

＊"参谒"和"参拜"："参谒"多用于书面语；"参拜"既用于书面语，也用于口语。

【参议院】cānyìyuàn 名。某些资本主义国家两院制议会中上议院的名称之一。

【参与】cānyù 动。参加；常带宾语：～其事。可带动语或动词性词组作宾语：～编写|～讨论计划。

＊"参与"和"参加"："参与"只指参加某种活动；"参加"既指参加某种活动，也指参加某种组织。"参与"多用于书面语；"参加"既用于书面语，也用于口语。"参与"使用范围较窄，一般限于工作或事情的计划、讨论、处理等；"参加"使用范围较宽，可以是劳动、生产、锻炼、学习、联欢等一切活动。

【参赞】cānzàn ❶名。使馆中职位仅次于使馆首长的高级外交官员。❷〈书〉动。参与协助；常带宾语：～军务。

【参照】cānzhào 动。参考并仿照；常构成连动词组：可～此计划执行。

＊"参照"和"参见"："参照"的目的在于仿照，"参见"的目的在于释疑或了解情况。"参照"的搭配对象一般是"方法、经验、计划"等；"参见"的搭配对象一般是"书籍、文章、资料"等。

骖(驂) cān 名。古代指驾在车子两侧的马。

餐(湌、飡) cān ❶〈素〉(1)吃：会～|野～。(2)饭食：西～。❷量。吃一顿饭叫一餐：一日三～。

【餐风宿露】cān fēng sù lù 成。露天睡觉，风里吃饭，形容旅途或野外生活的辛苦：地质队员～，成年奔波在野外。

【餐厅】cāntīng 名。供就餐用的大房间；多指旅馆、车站或单位所办的营业性食堂。有时用作大饭店的名称。

鲹 cān [鲹鲦](-tiáo) 名。一种体小、侧扁、呈条状的鱼，生活在淡水中。也叫鲹鱼或鲦鱼。

cán (ㄘㄢˊ)

残(殘) cán ❶形。不完整；不加程度副词：这本书很好，可惜～了。❷〈素〉(1)剩余下的：～存|～留。(2)伤害：摧～。(3)凶恶：～暴|～酷。

【残败】cánbài 形。残缺衰败；不加程度副词：深秋，森林里呈现出一片～的景象。

【残暴】cánbào 形。残忍凶恶：～的敌人|奴隶主对待奴隶非常～。

残蚕惭 cán 99

＊"残暴"和"残酷"："残暴"的意思着重在凶恶；"残酷"既有凶恶的意思，还有冷酷无情的意思。"残暴"可以形容破坏、镇压、掠夺等具体行为，也可以形容人的性情；"残酷"一般只形容破坏、镇压、掠夺和压迫等具体行为。"残酷"可以形容生活环境的极端恶劣以及斗争的极端尖锐；"残暴"不能。

【残本】cánběn 名。缺损而不完整的书；多指古籍。

【残喘】cánchuǎn 动。临死时仅存的喘息；常用在固定的组合中：苟延～。

【残次】cáncì 形。有毛病的、次等的，不合质量标准的；不加程度副词，不单独作谓语，多作定语：～商品｜～零件。

【残存】cáncún 动。未能消除而保存下来或剩下来；常作定语：～的敌人只好乖乖投降｜这是地震后～下来的一些房屋。

【残废】cánfèi ❶动。肢体不健全或丧失其机能；不带宾语：谁都没有想到他因此而～了。❷名。残废的人。现多称残疾人。

【残骸】cánhái 名。人或动物不整整的尸骨。喻指残破的建筑物、机械、车辆等：飞机的～。

【残害】cánhài 动。用残酷的手段来伤害或杀害；带宾语：～生灵｜～百姓。可作"遭到"等动词的宾语：遭到敌人的～。

【残疾】cánjí 名。指肢体、器官或其功能方面的缺陷：患有～。可作定语：～儿童。

【残局】cánjú 名。(1)围棋或象棋术语，指一局棋的最后阶段。(2)喻指遭到失败或动乱后的局面：收拾～。

【残酷】cánkù 形。(1)凶狠、毒辣：镇压人民非常～｜～的手段。(2)激烈、艰苦：～的战争生活。

＊"残酷"和"残忍"："残酷"既可用来形容人心毒狠，行为凶狠，也可用来描写生活环境的恶劣，社会现实的黑暗等；"残忍"一般只用来形容人心狠毒，缺少人性等。"残忍"有时还用来形容禽兽的凶狠；"残酷"不能。

【残留】cánliú 动。清除未净，部分地遗留下来；常带宾语：有些地方还～着封建恶习。

【残年】cánnián 名。常用在固定的组合中。(1)指人的晚年；含有消极的意味：风烛～。(2)年终的时候：～短景。

【残篇断简】cánpiān duànjiǎn 见"断编残简"。

【残破】cánpò 形。残缺破损：房屋很～｜这张画可惜已～不全。

【残缺】cánquē 形。不完整的；常与"不全"并用：这部《五代史》，已经～不全了。

【残忍】cánrěn 形。凶狠、毒辣：～的手段｜敌人居然十分～地把一个婴儿活活地扔进了大火里。

＊"残忍"和"残暴"："残忍"的意思着重在狠毒；"残暴"的意思着重在凶恶暴虐。"残忍"多用来形容人的心肠手段等；"残暴"多用来形容人的性情、行为等。

【残杀】cánshā 动。用残酷的手段杀害：江姐被敌人～了。可带宾语：鬼子兵～了许多妇女儿童。

【残生】cánshēng 名。(1)指人的晚年。(2)侥幸保全的生命。

【残阳】cányáng 名。傍晚的太阳：～如血。

【残余】cányú 名。在消灭或淘汰过程中剩下来的人、事物或思想意识等：封建～｜旧思想的～。可作定语：～势力｜～分子。

【残渣余孽】cán zhā yú niè 成。孽：妖孽，这里指坏人。比喻被推翻的反动统治阶级中遗留下来的反动分子和社会渣滓，含贬义：辛亥革命以后，清王朝的一些～力图反抗，但大势已去，他们的种种复辟活动以失败而告终。

【残照】cánzhào 〈书〉名。日落时的阳光。

蚕(蠶) cán 名。桑蚕和柞蚕等的总称；一般指桑蚕。

【蚕食】cánshí 动。像蚕吃桑叶一样逐渐侵占；常带宾语：清朝末年，帝国主义列强不断～我国领土。

惭(慚) cán 〈素〉羞愧：大言不～｜～愧。

【惭愧】cánkuì 动。为自己的缺点和错误感到不安；犯了这样大的错误，我怎么会不～呢?可带宾语：我～自己的浅陋和迟钝,30年的笔耕墨耘,收获寥寥。可加程度副词:我很～没能尽到自己应尽的责任。可作"感到、觉得"等动词的宾语:她的话使我感到～。

cǎn(ㄘㄢˇ)

惨(慘) cǎn ❶形。(1)悲哀,伤心:他死得很～。(2)程度严重;多指消极、不好的结局,作补语:这场球输得很～。❷〈素〉残酷,狠毒:～死|～无人道。

【惨案】cǎn'àn 名。革命人民、革命者被反动派或侵略者残杀的事件:五卅～。

【惨白】cǎnbái 形。不加程度副词。(1)暗淡;多用来形容景色:～的月色。(2)苍白;多用来形容面色:姑娘吓得脸色～。

【惨不忍睹】cǎn bù rěn dǔ 成。睹:看。悲惨得叫人不忍看下去:鬼子残杀乡亲父老的情景,真是～。

【惨怛】cǎndá 〈书〉形。忧伤、哀痛的样子。

【惨淡】cǎndàn 形。(1)阴暗无色:月色～。(2)费尽心思;多作状语:～经营。

【惨毒】cǎndú 形。残忍、狠毒:手段太～了。

【惨剧】cǎnjù 名。指惨痛的事件:这是一幕人间～。

【惨绝人寰】cǎn jué rén huán 成。绝:到了尽头;人寰:人世。人世间没有比那更凄惨的;形容凄惨到了极点:敌人进行了～的大屠杀。

【惨然】cǎnrán 〈书〉形。内心悲惨的样子;不加程度副词;露出～的神色。

【惨杀】cǎnshā 动。用狠毒的手段杀害;常带宾语:敌人常常入侵我领土,时时～我边民。也常用于被动句:许多革命同志被反动派～了。可作"遭到"等动词的宾语:刘伯兰遭到敌人的～。

【惨痛】cǎntòng 形。悲惨沉痛。不要忘记这一～的历史教训。

【惨无人道】cǎn wú rén dào 成。残暴之极,灭绝人性;法西斯匪徒对人民进行了～的大屠杀。

【惨重】cǎnzhòng 形。极其严重,常指损失:这场火灾,损失～。

【惨笑】cǎnxiào 动。内心痛苦、烦恼而勉强作笑;不带宾语,常带补语:他听到这个消息不由得～了一下。

穇(穇) cǎn 名。(～子)(1)一年生草本植物,叶子狭长,子粒椭圆形,可作饮料。(2)这种植物的子实。

篸(篸) cǎn 〈方〉名。一种簸箕。

càn(ㄘㄢˋ)

灿(燦) càn [灿烂](-làn) 形。光彩鲜明耀眼,一般不加程度副词:光辉～|～的前程。

孱 càn [孱头](-tou) 〈方〉名。怯弱无能的人;骂人用语。
另见 chán。

粲 càn 〈素〉鲜明,美好:～然。

【粲然】cànrán 〈书〉形。不加程度副词。(1)鲜明:文辞～。(2)露齿而笑的样子:～一笑。

璨 càn 见"璀(cuǐ)璨"。

cāng(ㄘㄤ)

仓(倉) cāng ❶名。用来贮藏东西的建筑物:粮满～。❷姓。

【仓促】cāngcù 形。匆忙:～上阵|时间太～了。也作仓卒、仓猝。

【仓皇】cānghuáng 形。匆忙而慌张;常用在固定的组合中:～失措|～逃窜。也作仓黄、苍黄。

【仓库】cāngkù 名。贮藏物资的场所和建筑物。

【仓廪】cānglǐn 〈书〉名。储藏粮食的仓库:～充实|～空虚。

伧(傖) cāng 〈素〉粗野:～俗|～父。
另见 ·chen。

【伧父】cāngfù 名。旧指粗野的人;骂人用语。也作伧夫。

【伧俗】cāngsú 形。粗野、庸俗:～之人。

苍(蒼) cāng ❶〈素〉(1)青色:～天|～翠。(2)灰白色:～

白|～～。❷姓。

【苍白】cāngbái 形。(1)白而略微发青；常用来形容面色：脸色很～。可重叠：一张～～的脸。(2)空虚,乏力；常用来形容思想或言辞,多与"无力"并用：他的发言～无力。

【苍苍】cāngcāng 形。不加程度副词。(1)灰白色；多用来形容头发花白：白发～|两鬓～。(2)茂盛的样子；多用来形容树木、山色等：郁郁～。(3)深青色；多用来形容天空晴朗：天～,野茫茫。

【苍翠】cāngcuì 形。深绿；多用来形容草木：山色～。

【苍黄】cānghuáng 形。(1)黄而发青：面色～|～的天底下,远近横着几个萧索的荒村。(2)〈书〉比喻事物的变化。(3)同"仓皇"。

【苍劲】cāngjìn 形。苍老挺拔；多用来形容树木、书法、绘画等：挥笔写下几个～有力的大字。

【苍老】cānglǎo 形。(1)显出衰老的样子；多用来形容声音、面貌等：他看上去已十分～了。(2)指书画笔力苍健：那遒劲～的笔力令观众赞叹不已。

【苍龙】cānglóng 名。(1)二十八宿中东方七宿的总称。也叫青龙。(2)古代传说中的一种凶神,现比喻极其凶恶的敌人：今日长缨在手,何时缚住～?

【苍茫】cāngmáng 形。旷远迷茫、无边无际的样子：暮色～|～的大地。可重叠：苍苍茫茫的大海。

【苍穹】cāngqióng 〈书〉名。天空。也说穹苍。

【苍生】cāngshēng 名。古代指百姓。

【苍天】cāngtiān 〈书〉名。即天。古人常以苍天指天神：悠悠～。也叫上苍。

【苍头】cāngtóu 〈古〉名。(1)指以青头巾裹头的军队。(2)指奴仆。

【苍郁】cāngyù 〈书〉形。形容草木等苍翠茂盛；不加程度副词：这是一片～的原始森林。

沧(滄) cāng 〈素〉(1)青绿色：～浪|～海。(2)寒,冷：～～。

【沧海】cānghǎi 名。沧：通"苍",指水呈深青色。即大海。

【沧海桑田】cānghǎi sāngtián 成。沧海:大海；桑田：农田。大海变农田。比喻世事变迁巨大：离家30年,如今回来都认不得故乡了,真是～,变化太大啦!

【沧海一粟】cānghǎi yī sù 成。粟：小米。大海中的一粒小米,比喻非常渺小：个人的才能同群众的智慧相比不过是～。

【沧桑】cāngsāng 名。"沧海桑田"的略语：饱经～|～之变。

鸧(鶬) cāng [鸧鹒](-gēng)名。黄鹂。也作仓庚。

舱(艙) cāng 名。船或飞机体内用来载人、装货或作其他用途的部位。

【舱位】cāngwèi 名。轮船的铺位或飞机的座位。

cáng(ㄘㄤˊ)

藏 cáng 动。常带宾语或补语。(1)隐蔽：老鼠～到洞里去了。(2)收存：～了一笔钱|这些资料要～好。

另见 zàng。

＊"藏"和"躲"："藏"作"隐蔽"义时,与"躲"同义,可以互换。"藏"有"收存"义；"躲"无此义。"藏"常用在"把"字句中；"躲"不用在"把"字句中。

【藏垢纳污】cáng gòu nà wū 成。垢、污：肮脏东西。包藏、容纳肮脏的东西,比喻包容坏人坏事；含贬义：上海变了,再也不是～的地方。也作藏污纳垢。

【藏奸】cángjiān 动。不带宾语。(1)怀有恶意：为人不可～。(2)〈方〉不肯拿出全部精力,或不肯尽力助人：他心里～,则找他帮助了。

【藏龙卧虎】cáng lóng wò hǔ 成。比喻隐藏着未被发现的人才：这是个～、人才荟萃的地方。

【藏匿】cángnì 〈书〉动。藏起来不让人发现；常带补语：把这个文件～起来。

【藏头露尾】cáng tóu lù wěi 成。比喻说话做事遮遮掩掩,怕露真相：他这人做事总是～的,好像有什么不可告人的秘密。

【藏掖】cángyē ❶动。掩藏,掩盖；常带补语：不要把缺点～起来。可重叠：做错了事别藏藏掖掖的。❷名。指被掩藏的缺陷、毛病：工作上存在的问题他都讲了了，没有一点～。

【藏拙】cángzhuō 动。认为自己的意见、作品、技能等不成熟或有欠缺，不敢拿出来让人知道；常作谦辞，不带宾语：书稿实在见不得人，不过终须～，只得奉上。

cāo（ㄘㄠ）

操 cāo ❶动。(1)抓在手里；常带宾语或补语：～起一把刀│把铁锹在手里。(2)用某种语言或方音说话；须带宾语：～英语│～一口苏州话。❷名。体操，军事训练：做着～│下了～。❸〈素〉(1)品行，行为：～行│节～。(2)从事，担任：～劳│重～旧业。❹姓。

【操办】cāobàn 动。料理筹办；常带宾语或补语：～婚事│～家具│这个试验牧场是他一手～起来的。

【操持】cāochí 动。料理，筹办；常带宾语：～家务。
　　*"操持"和"主持"："操持"的意思着重在料理；"主持"的意思着重在管理。"操持"可指事前筹办，"主持"多指当场掌握。"操持"的对象常是家务、事情等；"主持"的对象常是工作、会议等。"主持"有主张、维护的意思；"操持"没有。

【操劳】cāoláo 动。辛苦地劳动，费心地料理；常带补语：～过度│父亲为一家的生活～了一生。

【操练】cāoliàn 动。学习和练习军事或体育方面的技能：学生们正在～。可带宾语：～海军。常带补语：战士们开始～起来。

【操切】cāoqiè 形。处理事情过于急躁：不宜～从事│这个人办事过于～。

【操神】cāoshén 动。费心，劳神；不带宾语：～过度。可重叠：请您多操操神。可拆开用：操了不少神。

【操守】cāoshǒu 名。人的品德、气节：文天祥的～，千古传颂。

【操心】cāoxīn 动。费心考虑和料理：家里的一切都要妈妈～。可带宾语：父母都～孩子的事。可重叠：这件事请你多操操心啊！可拆开用：为这孩子我真操碎了心！

【操行】cāoxíng 名。品行；多指学生在学校里的表现：他功课好，～也不坏。

【操之过急】cāo zhī guò jí 成。操：干，做；过：过分。形容做事或解决问题过于急躁：调解纠纷，应该审慎细致，如果～，反而会坏事。

【操纵】cāozòng 动。常带宾语。(1)管理和控制机器等：远距离～│～方向盘。(2)用不正当手段来控制和支配：～市场│这次风潮是有人在幕后～的。
　　*"操纵"和"控制"："操纵"只有支配的意思，没有节制和限制的意思；"控制"有支配的意思，也有节制和限制的意思。"操纵"表示用不正当手段去支配组织、人物或事物时，含有贬义；"控制"不带褒贬色彩，是中性词。"操纵"的使用范围较窄，对象是别人或具体的事物；"控制"的使用范围较宽，对象既可以是具体的，也可以是抽象的，可以是别人，也可以是自己。

【操作】cāozuò 动。按照一定的程序和技术要求进行生产活动：工人们正紧张地在高炉旁～。可带宾语：～计算机。常作定语：～方法│～规程。

糙 cāo 形。粗糙，不光滑，不细致：他的手很～│他的活儿做得比较～。
　　*"糙"和"粗"："糙"的使用范围窄，一般只用来形容东西质料不精细和工作不细致；"粗"的使用范围宽，除可以用来形容东西的质料不精细、工作不细致以外，还可以形容东西的形体粗笨、人的声音粗大、言行鲁莽和思维不周密等。

cáo（ㄘㄠˊ）

曹 cáo ❶名。(1)古代分科办事的官署。(2)周朝国名，在今山东西部。❷〈素〉辈，等：吾～│尔～。❸姓。

嘈 cáo 〈素〉杂乱：～杂。

【嘈杂】cáozá 形。声音喧闹，杂乱：人声～。可重叠：一片嘈嘈杂杂的叫喊声。
　　*"嘈杂"和"喧哗"："嘈杂"表示声音杂乱，"喧哗"表示声音很大而且杂乱。"嘈杂"使用范围较广，可以指人声，也可以指其他声音；"喧哗"只指人声。"嘈杂"是形容词；"喧哗"是动词。

漕 cáo 〈素〉从水路运输粮食：～运｜～船。

【漕河】cáohé 名。古代运粮的河道。

【漕运】cáoyùn 动。旧指官府将所征粮食从水道运往京城或接济军需。

槽 cáo ❶名。(1)一种盛饲料或液体的长条形器具：马～｜酒～。(2)(～儿)泛指两边高起、中间凹下的物体：木板上开了一条～儿。❷〈方〉量。门窗或屋内隔断的单位：两～隔扇｜一～窗户。

蛴 cáo 见"蛴(qí)螬"。

艚 cáo (艚子)(-zi) 名。载货的木船，有货舱，舱前有住人的木房。

cǎo(ㄘㄠˇ)

草(艸、△騲) cǎo ❶名。(1)草本植物的总称。(2)特指作饲料和燃料用的某些谷物的茎叶：割～喂牛｜粮～都准备好了。(3)文章的初稿；多作"起、拟"的宾语：起个～。❷形。草率，不认真：字写得太～。❸〈素〉(1)汉字的一种字体：～书。(2)起草：～拟。(3)没有确定的：～约｜～案。△(4)雌性的：～鸡｜～驴。

【草案】cǎo'àn 名。尚未最后决定的文件、法令、计划、条例、规章等。

【草包】cǎobāo 名。(1)用稻草等编成的袋子。(2)装着草的袋子。比喻没有学识才能的人；骂人的话。

【草本】cǎoběn 形。茎干是草质的；一般用作"植物"的定语，不加程度副词：～植物。

【草本植物】cǎoběn zhíwù 词组。有草质茎的植物。茎的地上部分在生长期终了时就枯死。

【草草】cǎocǎo 副。(1)马虎，草率：～了事。(2)匆忙：～地读了一遍。

【草创】cǎochuàng 动。开始兴办或创办；常用定语：～时期｜学校～之时。

【草丛】cǎocóng 名。密集生长在一起的草；不加个体量词：一片～。

【草稿】cǎogǎo 名。初步写出的文章或画出的画稿。

【草荒】cǎohuāng 名。农田里杂草丛生，妨碍了农作物生长的现象：加强农田管理，防止～。

【草菅人命】cǎo jiān rén mìng 成。菅：野草。把人的生命看作野草一般。形容反动统治者轻视人命，任意加以残害：这伙侵略者～，无辜残杀我骨肉同胞。注意："菅"不要写成"管"或读作guǎn。

【草芥】cǎojiè 名。芥：小草。比喻轻贱的微不足道的东西；反动派视人民如～。

【草寇】cǎokòu 名。旧指出没于山林中的强盗。

【草绿】cǎolǜ 形。青草般的绿而略黄的颜色；不加程度副词，不单独作谓语，作定语：～的颜色。

【草莽】cǎomǎng 名。(1)杂乱的草丛。(2)草野。

【草莓】cǎoméi 名。(1)多年生草本植物，匍匐茎，复叶，初夏开花，花白色。花托红色，增大变为肉质，多汁，味酸甜，可生食。(2)这种植物的花托和种子。

【草昧】cǎomèi 〈书〉形。指原始的、未开化的状态；不加程度副词，不单独作谓语，一般作定语：～时期。

＊"草昧"和"蒙昧"："草昧"的意思着重在原始而没有开化的状态；"蒙昧"的意思着重在文化知识贫乏。

【草棉】cǎomián 名。一年生草本植物，花淡黄色，果实像桃，叫棉桃，内有白色纤维和黑褐色的种子。纤维即棉絮，是纺织工业中的重要原料。种子可榨油，供食用和工业用。通称棉花。

【草木皆兵】cǎo mù jiē bīng 成。《晋书·苻坚载记》记载：公元383年，前秦苻坚出兵攻晋，前锋在安徽寿阳洛涧被晋军打败。苻坚登寿阳城瞭望，见晋军布阵严整，又远望八公山，把山上的草木都当成晋兵，因而感到惊恐。后用"草木皆兵"形容心怀恐惧，疑神疑鬼。

【草拟】cǎonǐ 动。初步写出或设计出；常同"稿子、文章、方案、大纲"等搭配：～了一个方案。

【草坪】cǎopíng 名。用人工铺植草皮或播种草子培养形成的较平坦的整片绿色地面。一块～。

【草签】cǎoqiān 动。缔约国谈判代表在条约草案上临时签署自己的名字或姓名的简写,表示谈判代表对条约草案文本已取得一致意见。草签的条约仍需正式签字才能生效;常带宾语:~了一份经济合作条约。

【草书】cǎoshū 名。汉字字体的一种,其特点为笔画牵连相通,便于迅速书写。起于汉代,体势屡有变迁,有章草、今草、狂草、行草等,通称草书。

【草率】cǎoshuài 形。工作马虎,粗枝大叶:~从事|这篇文章写得太~了。
＊"草率"和"轻率":"草率"形容工作粗枝大叶,敷衍了事;"轻率"形容说话做事随便,不严肃,不慎重。

【草堂】cǎotáng 名。(1)茅草盖的房屋。(2)旧时文人常自称山村间的住所为"草堂",有自谦之意:杜甫~(在成都)。

【草体】cǎotǐ 名。(1)草书。(2)拼音文字的手写体。

【草图】cǎotú 名。初步绘制的设计图、地图等,不要求很精确。

【草写】cǎoxiě 名。草体。

【草药】cǎoyào 名。中医指用植物做的药。

【草野】cǎoyě 名。旧指民间;与"朝廷"相对:~之人。

【草原】cǎoyuán 名。半干旱地区杂草丛生的大片土地,间或杂有耐旱的灌木,往往是牧畜基地。

【草约】cǎoyuē 名。尚未正式签字的条约或契约。

【草长莺飞】cǎo zhǎng yīng fēi 成。形容江南暮春的动人景色:去年三月,他来到了~的江南小镇。注意:"长"这里不读cháng。

【草泽】cǎozé 名。(1)杂草丛生、低洼积水的地方。(2)〈古〉民间。

cè(ㄘㄜˋ)

册(冊) cè ❶名。装订好的本子;多作中心语:纪念~。❷量。用于书本:这部书共四~。

【册页】cèyè 名。分页装裱的字画。

厕(廁) cè 〈素〉(1)专供人大小便的地方:~所|茅~。(2)夹杂在里面:~身。

【厕身】cèshēn 〈书〉动。置身,参与;谦辞,

须带宾语或补语:~其间|敌人~于部领大型工具书的编纂工作,获益匪浅。也作侧身。

侧 cè ❶名。旁边;区别于"正":公路两~种满了杨树。❷动。向两边歪斜;常带宾语或补语:他一~身就挤过去了|把头朝左边一~点ㄦ。
另见 zè, zhāi。

【侧耳】cè'ěr 动。斜着耳朵听;形容听人说话时注意力集中或表示恭敬,多作状语:~细听。

【侧记】cèjì 名。关于某些活动的侧面记述;多用于报道文章的标题:《歌咏比赛~》。

【侧面】cèmiàn 名。旁边的一面;区别于"正面":你从~去了解一下情况。

【侧目】cèmù 〈书〉动。不敢正视,斜着眼看;形容又怕又恨,常用在固定的组合中:~而视|路人~。

【侧室】cèshì 名。旧时指妾。

【侧身】cèshēn 见"厕身"。

【侧泳】cèyǒng 名。游泳姿势之一,游时侧卧水中,两臂轮流划水,两腿作剪式夹水。

【侧重】cèzhòng 动。偏重在某一方面;常带补语:在教学和研究两方面,他~于做研究工作。可带动词作宾语:一边工作一边学习的人,要~工作,以工作为主。

恻 cè 〈素〉悲伤:~隐|凄~。

【恻隐】cèyǐn 〈书〉形。对别人的痛苦与不幸表示同情和怜悯;不加程度副词,搭配比较固定:~之心,人皆有之。

测 cè ❶动。测量;常带宾语或补语:~一下井的深度。❷〈素〉猜,推测:预~|变幻莫~。

【测定】cèdìng 动。测量后确定;常带宾语或补语:~风力|~得很准确。

【测度】cèduó 动。推测;常带宾语:~天气|他心里在想些什么,~很难。

【测候】cèhòu 〈书〉动。古代称观测天文、气象为测候。

【测绘】cèhuì 动。测量和绘制地图的合称。包括大地测量、地图制印和工程测量等主要工种,是进行各项基本建设的

先行步骤；常带宾语或补语：～地图｜学校平面图～出来了。

【测量】cèliáng 动。用仪器来测定地形、物体位置以及各种物理量(如时间、温度、速度、功能等)；常带宾语或补语：～土地｜～一下水深。

【测试】cèshì 动。测量机械、仪器和电器等的性能和精度；常带宾语或补语：～仪器｜～一下机器的性能。

【测验】cèyàn 动。用一定标准和办法来检验、考查；用于人的学习成绩、某种技能等，常带宾语或补语：～语文｜他们学得以好，～一下就知道了。常作"开始、举行、进行"等的宾语：今天举行一次时事～。

【测字】cèzì 动。一种迷信活动，把汉字的笔画、偏旁拆开或合并，加以附会，以推算吉凶。也作拆字。

策(筴、筞) cè 〈素〉(1)古代写字用的竹片或木片：简～。(2)古代考试的一种文体：～论｜～问。(3)古代的一种马鞭子，也指用策抽打，引申为督促：鞭～｜～励。(4)计谋，主意：决～｜对～。

【策动】cèdòng 动。策划鼓动；常带宾语或兼语：反革命分子～了这次叛乱｜～他们起来造反。

＊"策动"和"策划"："策动"着重在指使别人采取行动；"策划"着重在出谋划策。"策动"的使用范围较小，对象是起义、叛乱、政变及其他较大的军事、政治活动；"策划"的使用范围较宽，可以是大的军事政治活动，也可以是一般的活动。

【策反】cèfǎn 动。深入敌人内部、秘密鼓动人员倒戈；常作定语或宾语：～工作｜妄图～。

【策划】cèhuà 动。出主意，想办法：精心～｜密谋～。可带宾语：这帮坏蛋又在～下一步的阴谋。

【策励】cèlì 动。督促勉励；常带宾语：不断～着自己。可带兼语：～他好好学习。

【策略】cèlüè ❶名。为了实现一定的政治目的，根据形势发展而制定的行动准则和斗争方法。❷形。注意斗争艺术，讲究方式方法：在谈判桌上，他的发言很～。

＊"策略"和"政策"："策略"使用范围较宽，指一般的方法、计谋；"政策"使用范围较窄，专指国家或政党制定的政治、经济、文化方面的措施和方法。"策略"除作名词外，还可作形容词；"政策"只作名词，不作形容词。

【策论】cèlùn 名。封建时代向朝廷献策的议论文章，清末曾用来作为取士的科举项目。

【策士】cèshì 名。封建时代投靠统治者并为其出谋献策的人。后泛指有计谋的人。

【策应】cèyìng 动。在作战中与友军互相呼应配合；一般不带宾语：我们要互相～，争取战斗的胜利。

【策源地】cèyuándì 名。策动和发源的地方；多指战争、社会运动等：广州是北伐战争的～。

cēn(ㄘㄣ)

参(參) cēn 见"参差"、"参错"。
另见 cān, shēn。

【参差】cēncī 形。长短、高低、大小不齐；常用在固定的组合中：～不齐｜～错落。

【参错】cēncuò 〈书〉形。参差错杂。

cén(ㄘㄣˊ)

岑 cén ❶〈古〉名。小而高的山。❷姓。

【岑寂】cénjì 〈书〉形。寂静，寂寞：～的原野｜～无声。

涔 cén 〈古〉形。雨水多，积水成涝。

【涔涔】céncén 〈书〉形。不断地流下；多指汗、泪、雨水等，不加程度副词：汗水～。

cēng(ㄘㄥ)

噌 cēng ❶拟声：摹拟短促的摩擦声：～地一声火柴划着了｜猫～地一声蹿上了树。❷〈方〉动。叱责；常带宾语或补语：～了他一顿｜你把他～得脸红耳赤了。

céng(ㄘㄥˊ)

层(層) céng ❶量。用于重叠、积累的,可以分项、分步的或可以从物体表面揭开、抹去的东西:两～楼|再深一～地考虑|一～灰。❷〈素〉重复:～出不穷|～峦叠嶂。

【层出不穷】céng chū bù qióng 成。层:重复,不断,穷:尽,完。接连出现,没有穷尽:好人好事～。

【层次】céngcì 名。事物的次序;多指文章或画面的结构,有时也指附属的各级机构:文章的～很清楚|减少～,精简机构。

＊"层次"和"段落":"层次"是文章内容各部分的先后次序;"段落"是表现层次的文字形式。一层意思有时就是一个段落,有时包括几个段落。"层次"可用于相属的上下级机构;"段落"不可。

【层林】cénglín 名。重重叠叠的树林:～尽染。

【层峦叠嶂】céng luán dié zhàng 成。形容山峰多而险峻:八达岭一带～,地势高峻。

曾 céng 〈书〉副。表示以前有过某种行为或情况,现在已经结束;常同动态助词"过"配合使用:早几天这里～热过一阵子。

另见 zēng。

＊"曾"和"曾经":"曾"多用于书面语;"曾经"既用于书面语,也用于口语。"曾"有否定式,如"不曾、未曾";"曾经"没有。

【曾经】céngjīng 副。表示以前有过某种行为或情况;它所修饰的动词后边常有动态助词"过",只用于肯定式:他～是我的同事|我～在上海住过几年。

＊"曾经"和"已经":"曾经"着重表示从前有过某事,时间一般较久;"已经"只是表示事情完成,时间一般在不久前。"曾经"所表示的动作或情况现在已经结束;"已经"所表示的动作或情况可能还在继续。"曾经"后的动词以带动态助词"过"为主,也可用"了";"已经"后的动词以"了"为主,少用"过"。

【曾经沧海】céng jīng cānghǎi 成。沧海:大海。比喻曾经见过大的场面,对平常的事不放在眼里:这一切,对于～的老张来说是不足为奇的。

cèng(ㄘㄥˋ)

蹭 cèng 动。(1)摩擦或因擦过而沾上;常带宾语或补语:当心别～油|～破了一块皮。(2)慢走,拖延;不带宾语:一步步往前～。可带补语:你这样慢腾腾地走,啥时候才能～到家啊!

【蹭蹬】cèngdèng 〈书〉形。失势、不得意的样子;不加程度副词:他一生～,甚不称意。

chā(ㄔㄚ)

叉(△扠) chā ❶(～儿,～子)名。(1)一端有几个长齿的长柄用具;一把～儿。(2)指叉形符号"×",一般表示错误的或作废的文字或答案。❷动。△(1)用叉子取物;常带宾语或补语:～鱼|把吹到树枝上的衣服用叉子～下来。(2)交错;一般与"手、腰"搭配:～着手|～腰。

另见 chá, chǎ, chà。

杈 chā 名。一种用来挑(tiāo)柴草的农具,多为木制,一端有两三个较长的弯齿。

另见 chà。

差 chā ❶名。两数相减所得的数:五减三的～是二。也叫差数。❷〈素〉(1)不相合,不相同:～别|～异。(2)失误,错误:～错|一念之～。(3)尚,稍微:～强人意。

另见 chà, chāi, cī。

【差别】chābié 名。不相同或有区别的地方:城乡～。

＊"差别"和"区别":"差别"着重表示不一致,有差距;"区别"着重表示不一样,有分别。"差别"只有名词用法;"区别"除名词用法外,还有动词用法,表示辨别、划分的意思。

【差池】chāchí 〈方〉名。也作差迟。(1)差错:此事早有定论,决无～|干这种工作必须十分小心、谨慎,稍有一点～,就会带来麻烦。(2)意外的事:他到现在还不来,不知出了什么～。

【差错】chācuò 名。错误,过失:书稿中有不少文字～。

*"差错"和"错误"："差错"的使用范围较窄，多用于具体的事情和工作；"错误"的使用范围较宽，可用于具体的事情和工作，也可以用于思想认识，政治态度等方面。"差错"没有形容词的用法；"错误"可作形容词。

【差额】chā'é 名。同作为标准或用来作比较的数相比后所差的数额：工资～。

【差价】chājià 名。同一商品因各种条件不同而发生的价格差别：地区～｜季节～。

【差距】chājù 名。事物之间的差别程度，特指距离某种标准（如上级指示、形势、任务、先进人物等）的差别程度：我们的工作虽然取得了一些成绩，但同其他先进单位相比，还有不少～。

【差强人意】chā qiáng rén yì 成。差：尚，稍微；强：振奋。原指还算能振奋人心，后多指尚能使人满意：这篇作文写得还～。

【差之毫厘，谬以千里】chā zhī háo lí, miù yǐ qiān lǐ 成。开始只相差一点儿，后来会造成很大的错误；强调不能有一点差错：测量时一定要精细，否则，～。也说差之毫厘，失之千里。

插 chā 动。常带宾语或补语。(1)把细长或片状的东西扎入、栽入或放入：～上门闩｜秧～好了。(2)加入或参与：我～一句话｜～到三班。

【插花】chāhuā 动。掺杂，夹杂；不带宾语：～地｜五颜六色的灯泡～着安装在大门上。

【插话】chāhuà ❶动。在别人谈话时插进几句；不带宾语：请不要随便～。可拆开用：王师傅插了几句话。❷名。(1)穿插在别人谈话中间的话。(2)穿插在大事情中的小故事：这段～倒很有趣。

【插脚】chājiǎo 动。不带宾语。(1)站进去；多用于否定式：会场上人太多，几乎无处～。(2)比喻参与某种活动：这件事你最好别～。可拆开用：他什么事都喜欢插上一脚。

【插科打诨】chā kē dǎ hùn 成。科：指古典戏曲中的表情和动作；诨：诙谐的引人发笑的话。指戏曲演员在演出中，

穿插能使观众发笑的表演和道白，有时也泛指引人发笑的言谈举止。

【插曲】chāqǔ 名。(1)穿插在电影或戏剧中的歌曲。(2)比喻事情发展过程中的片断：这段～，同这件事的前因后果没什么关系。

【插身】chāshēn 动。不带宾语，可拆开用。(1)把身子挤进去：会场上挤得水泄不通，难以～｜插不进身。(2)比喻参与：他一心想～到上层社会中去｜他也插进身去处理此事了。

【插手】chāshǒu 动。不带宾语，可拆开用。(1)参加做事：这任务我能完成，你就不要～了｜我想帮他的忙，可又插不上手。(2)为某种不正当目的而介入不应介入的事；多含贬义：他野心勃勃，到处～｜这件事他别有用心地去插了一手。

【插图】chātú 名。插附在书刊中帮助说明内容的图画。也叫插画。

【插叙】chāxù 动。文学作品或记叙文的一种叙述方法。作者在叙述故事情节的过程中插入其他的叙述。插叙可以补充和补充主要情节，突出文章的主题，使所写的人物、故事更完整，内容更丰富。

【插页】chāyè 名。指书刊内印有图表、照片等的单页。

【插足】chāzú 动。比喻参与某种活动；不带宾语：这事儿你千万别～。

【插嘴】chāzuǐ 动。加入谈话；多指不合时宜的话，不带宾语：现在是她在申诉，请你不要～。可拆开用：他说了没完，我根本插不上嘴。

锸(臿) chā 〈古〉名。铁锹。

喳 chā 见"喳喳"。
另见zhā。

【喳喳】chāchā 拟声。摹拟低语声：喊喊～。

【喳喳】chā·cha 动。小声说话：他在小王耳边不停地～着。可带宾语：他们俩在～加工资的事。

馇 chā 动。(1)〈方〉煮熬；常带宾语：～粥。(2)边拌边煮饲料：～猪食。

嚓 chā 见"咯(kā)嚓"。
另见cā。

chá(ㄔㄚˊ)

叉 chá 〈方〉动。挡住,卡住:车子把路口~住了。
另见 chā, chǎ, chà。

垞 chá 〈古〉名。小土山;常用于人名。

茬 chá ❶名。(~儿、~子)庄稼收割后残留在地里的根茎。麦~儿|豆~子。❷量。在同一块地里农作物种植或收割的次数:二~韭菜。

【茬口】chákǒu 名。(1)指在同一块土地上轮作作物的种类和次序:选好~|换~。(2)指某种作物收割以后的土壤:这块地~很好。(3)〈方〉比喻时机,机会:找~报复。

茶 chá 名。(1)常绿灌木,秋天开白花。嫩叶经过加工后,即为茶叶。(2)指用水沏茶叶而成的饮料。

【茶博士】chábóshì 名。茶馆的伙计;多见于早期白话。
【茶饭】cháfàn 名。泛指饮食:~不思。
【茶房】cháfáng 名。旧指旅馆、茶馆等公共场所从事供应茶水等杂务的人。
【茶馆】cháguǎn 名。设有座位、供顾客喝茶的铺子。
【茶褐色】cháhèsè 名。赤黄而略带黑的颜色。简称茶色。
【茶话会】cháhuàhuì 名。备有茶点的座谈会。
【茶会】cháhuì 名。一种备有茶点的社交性聚会。
【茶青】cháqīng 形。深绿而微黄的颜色;不加程度副词,不单独作谓语,多作定语:~上衣|这条裙子是~色的。
【茶色】chásè 名。赤黄而略带黑的颜色:~眼镜。
【茶水】cháshuǐ 名。茶或开水;多指供给行人、旅客喝的水。
【茶余饭后】chá yú fàn hòu 成。泛指空闲休息的时间:~,我常常约朋友聊天。也说茶余酒后。
【茶座】cházuò 名。(1)卖茶的地方;多指室外的。(2)卖茶地方所设的座位。

搽 chá 动。涂抹;常带宾语或补语:~油|~粉|把药~在伤口上。

查 chá 动。检查,调查,搜寻;常带宾语或补语:~帐|~字典|把这个字~出来了。
另见 zhā。

【查办】chábàn 动。查明罪状后加以惩处:予以~|严加~|~偷窃案件。
【查抄】cháchāo 动。清查而没收罪犯的财产:他家已被~。可带宾语:~了他的全部赃物。
【查处】cháchǔ 动。对违法乱纪的人和事进行检查和处理:这件事由你前去~。可带宾语:有关部门正在~经济犯罪活动。
【查点】chádiǎn 动。检查清点;多指人或货物的数量,常带宾语或补语:~人数|这些货物全~清楚了。
【查对】cháduì 动。检查核对;常带宾语或补语:~材料|这个数字要~一下。
【查访】cháfǎng 动。调查打听;多用于了解案情:公安人员四处~,终于将此案侦破。可带宾语:~了不少人。
【查封】cháfēng 动。依照法定手续对没收或作其他处理的财产等查核之后进行封存,以待处理;常带宾语,可带动态助词"了、过":有关部门依法~了这家公司。
【查获】cháhuò 动。搜查并缴获;多指非法收藏或携带的物品,常带宾语:我公安部门~了一批走私物资。
【查禁】chájìn 动。检查禁止;多指不该携带的物品或不该干的事,常带宾语:~毒品|~走私物品|~赌博。
【查勘】chákān 动。实地调查察看;带宾语或补语:~矿产资源|这一带的地形都~清楚了。
【查考】chákǎo 动。调查考证,弄清事实:文件要归档,以备~|无可~。可带宾语或补语:张教授~这段史实,发现不少疑点|这个问题需要~一番。
【查收】cháshōu 动。检查后收下来;多用于书信,表示有钱款、物品寄上:这笔汇款请~。可带宾语:请~寄上的物品。
【查询】cháxún 动。调查询问;带宾语或补语:~情况|~一下老战友的下落。
【查验】cháyàn 动。检查验证;常带宾

语或补语：～护照|要好好～一下他的身份。

【查阅】cháyuè 动。查找阅读有关部分；多同"书刊、文件"等词语搭配，常带宾语或补语：～报刊|～有关文献|把记录～了一遍。

【查照】cházhào 动。旧时公文用语，叫对方查阅文件内容并遵照执行；一般不带宾语：～办理。

【查证】cházhèng 动。调查证明：供词～属实。可带宾语：～了这起事故的原因。

嵖 chá 山名用字。嵖岈(yá)，在河南省。

猹 chá 名。形状像獾的一种野兽，爱吃西瓜。

碴 chá 〈方〉动。皮肉被碎片划破、碰破；多带宾语或补语：小心别～破了手。

【碴儿】chár 名。(1)碎屑：一块玻璃～。(2)器物上的破口：碗边有个新～。(3)事端，嫌隙：他有意找～。(4)别人刚说完的话；作"接"或"答"的宾语：答～。

楂 chá 名。(～儿)短而硬的头发或胡子；多指剪落的或刚长出来的。(2)同"茬"。

楂 chá [楂子](-·zi)〈方〉名。玉米等磨成的碎粒儿。

槎 chá ❶〈古〉名。木筏。❷同"茬"。

察(詧) chá 〈素〉仔细看，调查：～看|视～|考～。

【察察为明】chá chá wéi míng 成。察察：辨析、细察；明：精明。以苛察细小之事为精明。后用以形容专在细小的事情上过于要求，以显示精明：做领导的不能～，要注意抓大事。

【察访】cháfǎng 动。视察访问；到各地～。可带宾语或补语：～农民的生活情况|好好～一下。

【察觉】chájué 动。通过观察发觉：他的错误，我一直没有～。常带主谓词组作宾语：我～他近来的情绪有点反常。

【察看】chákàn 动。仔细看，观察；常带宾语或补语：～动静|～了几遍。可重叠：那里的事情要好好去～～。

【察言观色】chá yán guān sè 成。察、细看。观察别人的言论和脸色，来揣摸别人的心思：他在同人交往时，善于～。

chǎ (ㄔㄚˇ)

叉 chǎ 动。像叉(chā)一样分开；常带宾语或补语：～着腿|两条腿～开了。
另见 chā, chá, chà。

衩 chǎ [裤衩](kù-) 名。短裤。
另见 chà。

蹅 chǎ 动。踩、踏；常带宾语或补语：～了两脚泥|鞋～湿了。

镲 chǎ 名。"钹(bó)"的俗称，一种打击乐器。

chà (ㄔㄚˋ)

叉 chà 见"劈叉"。
另见 chā, chá, chǎ。

汊 chà 名。(～子)分支的小河，河流的分岔。

【汊流】chàliú 名。河流干渠下游分出的流入海洋的小河流。也作岔流。

杈 chà 名。(～儿, ～子)植物的分支：树～儿|打～子。
另见 chā。

衩 chà 名。衣服旁边开叉的地方。
另见 chǎ。

岔 chà ❶动。常带补语。(1)改变前进的方向和路线；多指车子：列车～到了向南的轨道。(2)转移话题：用别的话～开。(3)互相让开；多指事情在时间上避免冲突：要把这两个会议的时间～开。常构成连动词组：两件事～开来办。❷〈素〉由主干道分出的：～路|～流。

【岔道儿】chàdàor 名。岔路。

【岔流】chàliú 见"汊流"。

【岔路】chàlù 名。分岔的路。也叫岔道儿。

【岔子】chà·zi 名。(1)岔路。(2)乱子，事故：出了～。

侘 chà [侘傺](-chì)〈古〉形。失意的样子。

诧 chà 〈素〉惊讶：惊～|～异。

【诧异】chàyì 动。觉得十分奇怪；可加程度副词：大家用十分～的目光望着

她|我很～他遭到那么多挫折却仍旧这样乐观。

＊"诧异"和"惊异"："诧异"只表示一般地感到奇怪，不一定是突然发生的意外所致，事情轻重也不拘；"惊异"多指突然发生的意外，并且事情多比较重大，令人吃惊。

姹 chà 〈素〉美丽：～紫嫣红。

【姹紫嫣红】chà zǐ yān hóng 成。姹：美丽；嫣：美好。形容各种颜色的娇艳的花：春天的原野，一片～。

刹 chà 名。音译词。寺庙，佛塔：一座古～。
另见 shā。

【刹那】chànà 名。音译词。极短的时间，瞬间；只同数词"一"搭配：一～。

差 chà ❶形。(1)不一样，不相合：兄弟俩性格～得很远。(2)错误；多作补语：这件事你记～了。(3)不好，不够标准：这个人的品质很～|产品质量～。❷动。缺少，欠；常带宾语：还～一个人|～一元钱。
另见 chā, chāi, cī。

【差不多】chà·buduō ❶形。(1)相近；指在程度、距离、时间等方面相差有限，常作谓语或补语：兄弟俩的个头～|菜烧得～了。(2)一般，大多数；多作定语：～的农活他都会做。❷副。表示接近；常加在数量词语和动词、形容词的前边：咱们开业～|汽车～快来了。

【差不离】chà·bulí 形。相近；指两事物在程度、时间、距离等方面相差不多，常作谓语：儿子的个头与他爸爸～了。

【差点儿】chàdiǎnr ❶形。稍差；常指质量、技术等：这种洗衣机比那种～|你的烹调技术比我还～。❷副。(1)表示不希望实现的事情几乎实现而结果没有实现；有庆幸的意思，动词用肯定式或否定式，意思相同：～闹笑话|～摔倒。(2)表示希望实现的事情不能实现而终于实现；有庆幸的意思，动词用而否定式：～考不出来|～没买着。(3)表示希望实现的事情几乎实现而终于没有实现；有愧惜的意思，动词用否定式，前面常用"就"：～就考上大学了。

【差劲】chàjìn 形。不好；多指质量或品质、能力等：你的功课太～了。

【差事】chàshì 〈口〉形。不中用，不合乎标准：这种钢笔真～，老不出水!
另见 chāishì。

chāi(彳)

拆 chāi 动。把合在一起的东西打开或拆毁；多带宾语：～信|～毛衣。常用于"把"字句或被动句：把碉堡～了，另见 cā。

【拆白党】chāibáidǎng 〈方〉名。以欺诈手段骗取财物的流氓集团或坏分子。

【拆除】chāichú 动。拆掉；多指房屋、桥梁等建筑物，常带宾语或补语：～障碍物|把旧房子～掉。

【拆穿】chāichuān 动。揭穿，揭露；用于阴谋、谎言：～反动派的阴谋|他们的谎言被～了。

【拆毁】chāihuǐ 动。拆除毁坏；用于建筑物：敌人逃跑前，～了这座大桥。

【拆卖】chāimài 动。拆开出卖；用于成套的东西：这些家具是成套出售的，不～。

【拆散】chāisǎn 动。使整体的或成套的物件分散、拆开：玩具给～了|这些瓷器是成套出售的，别～了。

【拆散】chāisàn 动。使家庭和集体分散：～了一家骨肉|这对恋人被旧势力～了。

【拆台】chāitái 动。进行破坏，使别人倒台或使事情失败；不带宾语：在计划快要确定时，他来～了。可拆开用：不要拆别人的台。

【拆卸】chāixiè 动。把机器等拆开并卸下零部件：把机件设备～下来。

【拆帐】chāizhàng 动。旧时某些行业(如戏班、饮食、理发等)的工作人员无固定工资，根据收入和劳动量，按比例分钱。

【拆字】chāizì 同"测字"。

钗 chāi 名。旧时妇女插在发髻上的首饰，由两股合成：金～|玉～。

差 chāi 〈素〉(1)派出去做事：～遣。(2)指派遣去做的公务：～事|出～。(3)旧称被派遣的人：～役。
另见 chā, chà, cī。

【差遣】chāiqiǎn 动。分派出去工作,派遣;等候~|他还随身带了个本乡的农民来烧饭打杂,供他~。常带兼语:团长~一个连前去接应。

【差使】chāishǐ 动。差遣,派遣;多带兼语:~人进城买药|局长~我去了解内情。

【差事】chāi·shi 名。旧时官场中临时委任的职务,后泛指职务或官职:谋~|给他一个好~。

【差事】名。(1)被派出去做的事:这个~很难办的!(2)同"差使(chāi·shi)"。另见chàshì。

【差役】chāiyì 名。(1)封建统治者强迫人民从事的无偿劳动。(2)旧时称官府里的当差的人。

chái(ㄔㄞˊ)

侪(儕) chái 〈素〉同辈或同类的人:~辈|吾~(我们)。

【侪辈】cháibèi〈书〉名。同辈。

柴 chái ❶名。柴火。❷〈方〉形。干瘦,不够松软:这枕头太~了。❸姓。

【柴扉】cháifēi 〈书〉名。柴门。

【柴火】cháihuo 名。作为燃料的草木。

【柴门】cháimén 名。用树条编扎的简陋的门,旧时比喻贫苦之家:此人出身~。

【柴米】cháimǐ 名。柴和米,泛指必需的生活资料。

【柴油】cháiyóu 名。从石油中加工而得的燃料油,挥发性比润滑油高,比煤油低。

豺 chái 名。哺乳动物,形状像狼但身子较瘦,口大耳短,贪食,残暴,常成群围攻牛、羊等家畜。也叫豺狗。

【豺狼】cháiláng 名。豺和狼,两种凶恶的野兽,常用来比喻贪婪残暴的坏人:~当道(比喻坏人当权)。

chǎi(ㄔㄞˇ)

茝 chǎi 名。古书上说的一种香草,即"白芷";多用于人名。

䂮 chǎi 名。(~儿)。碾碎了的豆子、玉米等:豆~儿|把玉米磨成~儿。

chài(ㄔㄞˋ)

虿(蠆) chài 名。古书上指蝎子一类的毒虫。

瘥 chài 〈古〉动。病愈。

chān(ㄔㄢ)

觇 chān 〈素〉偷看,观测:~标(一种测量标志)。

掺(攙) chān 同"搀(2)"。

搀(攙) chān 动。常带宾语或补语。(1)扶:~着小孩|把老人~起来。(2)混合,拌杂:稀饭里~点儿水|~进去一些糖。

【搀扶】chānfú 动。用手轻轻扶着对方的手或胳膊;常带兼语:民警~着老大娘过马路。

【搀和】chānhuo 动。搀杂混合;常带宾语或补语:在水泥里~一些沙子|~得太多了。

【搀假】chānjiǎ 动。把假的搀在真的里面或把质量差的搀在质量好的里面;不带宾语:不许在酒里~。可拆开用:搀了一点儿假。

【搀杂】chānzá 动。搀和、混杂;常带宾语或补语:米里~着不少沙子|不该把次品~进去。

＊"搀杂"和"混杂":"搀杂"的使用范围较窄,一般只用于非生物;"混杂"的使用范围比较宽,可用于非生物,也可用于人或动物。

襜 chān 名。古时称衣裳的前襟。

chán(ㄔㄢˊ)

单(單) chán [单于](-yú) 名。古代匈奴君主的称号。另见dān, shàn。

婵(嬋) chán 见"婵娟"、"婵媛"。

【婵娟】chánjuān 〈书〉❶形。姿态美好。❷名。(1)指美女。(2)指月亮:但愿人长久,千里共~。

【婵媛】chányuán 〈书〉❶同"婵娟"。❷

禅(禪)

chán 〈素〉(1)佛教指通过静坐领会佛理的修行方法：～宗|坐～。(2)泛指有关佛教的事物：～林|～师。

【禅房】chánfáng 名。僧徒居住的房屋，泛指佛教的寺院。

【禅机】chánjī 名。禅宗和尚说法时，用言行或事物来暗示教义的诀窍。

【禅林】chánlín 名。泛指寺院。

【禅师】chánshī 名。对和尚的尊称。

【禅宗】chánzōng 名。佛教的一个派别，以静坐默念为修行方法，认为这样持之以恒，即能达到某种神秘境界。相传为南朝宋末印度和尚菩提达摩来华传经时所创立，唐宋时极盛。

蝉(蟬)

chán 名。昆虫，头和触角短，四翅膜质，薄而透明。雄的腹部有发声器，能发出尖锐而响亮的声音。幼虫生活在土中，吸食植物的根，成虫吸植物的汁，对树木有害。也叫知了。

【蝉联】chánlián 动。连续不断；多指任某种职务或保持某种称号，常带宾语：他三次～乒乓球单打世界冠军。

谗(讒)

chán 〈素〉说别人的坏话：～佞|～言。

【谗害】chánhài 动。用坏话来陷害：常带宾语：～忠良。

【谗佞】chánnìng 〈书〉名。指说人坏话和用花言巧语巴结人的人。

【谗言】chányán 名。毁谤或挑拨离间的话。

巉

chán 〈素〉山势高险：～峻|～岩。

【巉岩】chányán 〈书〉名。高峻的山石或险峭的岩壁：绝壁～。

馋(饞)

chán 形。(1)看见好的食物就想吃，专爱吃好的，贪吃；含贬义：嘴太～。(2)比喻羡慕和贪欲；含贬义：见人家添了新衣服，她就～得慌。

【馋涎欲滴】chán xián yù dī 成。涎：口水。馋得口水快要流下来，形容嘴很馋或贪欲很强：老虎～地张开了血盆大口|他早想得到这幅古画，简直～。

孱

chán 〈素〉懦弱，弱小：～弱。
另见 càn。

【孱弱】chánruò 〈书〉形。(1)瘦弱：身体很～。(2)懦弱：这个人性格～。

潺

chán 〈素〉水声：～～|～湲。

【潺潺】chánchán 拟声。(1)摹拟泉水、溪水等的流动声：小溪～。(2)摹拟雨声。

【潺湲】chányuán 〈书〉形。水慢慢流的样子；不加程度副词：秋水～。

缠(纏)

chán 动。常带宾语或补语。(1)围绕：臂上～着红布条儿|把线～好。(2)搅扰，纠缠：家务～身|小孩～得我不能看书。(3)〈方〉应付：这人真难～|实在～不了他。

【缠绵】chánmián 形。不加程度副词。(1)缠住，难以摆脱；多用于感情或疾病：情意～|疾病～。(2)婉转动人；多指声音：笛声～|歌声～。

【缠绕】chánrào 动。可带宾语。(1)细长的物体回旋地束缚在别的物体上：这包东西可用绳子～|电磁铁上～着漆包线。(2)搅扰，纠缠：杂务～，难以解脱|请你别～我。

【缠手】chánshǒu 形。难办，难治；多指事情或疾病：这事挺～的|这病真～。

【缠足】chánzú 动。裹脚，封建社会摧残妇女身心健康违反人道的陋习。起源于五代宋，辛亥革命后才逐渐废绝。

廛

chán 〈古〉名。指一户平民所住的房屋。

瀍

chán 水名用字。瀍河，在河南省。

澶

chán 地名用字。澶渊，古地名，在今河南濮阳县西南。

蟾

chán 见"蟾蜍"。

【蟾蜍】chánchú 名。两栖动物，体灰褐色，皮肤表面有许多疙瘩。捕食昆虫，对农业有益。耳后腺和皮肤的白色分泌物可制药，叫蟾酥。俗称癞蛤蟆或疥蛤蟆。

【蟾宫】chángōng 〈书〉名。古代指月亮。传说月中有蟾蜍，故以"蟾宫"作为月亮的代称。

chǎn(彳ˇ)

产(產) chǎn ❶动。(1)动物生子；一般用于某些卵生动物：～卵｜～蛋。(2)出产；多用于种植或开采出来的东西：～米｜～煤。❷〈素〉(1)生小孩的：～妇｜～假。(2)创造财富：生～｜增～。(3)制造、种植或自然生长的：物～｜特～。(4)土地、房屋、钱财等：财～｜遗～。

【产儿】chǎn'ér 名。刚出世的婴儿。

【产量】chǎnliàng 名。产品的数量：今年的粮食～高于去年。

【产品】chǎnpǐn 名。生产出的物品。

【产生】chǎnshēng 动。在已有的事物中生出新的事物，出现：新事物在不断地～。常带宾语或补语：他对美学～了浓厚的兴趣｜我国历史上曾经～过许多民族英雄｜天才～在群众中。

【产物】chǎnwù 名。指在某种条件下产生出来的事物。

【产销】chǎnxiāo 动。生产和销售：～对路。可带宾语：我厂曾～过这种元件。

【产业】chǎnyè 名。(1)旧指私有的土地、房屋、工厂等财产。(2)指工业生产；多作定语：～工人｜～革命。

【产业革命】chǎnyè gémìng 词组。18世纪60年代始于英国，后扩展成为其他一些国家的资本主义工业革命。它完成了从工场手工业到机器大生产的转变，促进了生产力的发展和生产的社会化，为资本主义制度奠定了物质技术基础，同时也加深了资本主义的基本矛盾。也叫工业革命。

【产业工人】chǎnyè gōngrén 词组。在现代工业企业中从事生产劳动的工人。

【产值】chǎnzhí 名。用货币计算的劳动产品的价值。

浐(滻) chǎn 水名用字。浐河，在陕西省。

铲(鏟、剗、△划) chǎn ❶名。(～子)一种铁制的用具。△❷动。用铲子撮取东西或削平；常带补语：～土｜把地～平。
"划"另见 chàn。

【铲除】chǎnchú 动。连根除去，消灭干净；常带宾语：～杂草｜～封建势力。
＊"铲除"和"根除"："铲除"语意较轻，"根除"语意较重。"铲除"可以用于草木、土石等具体事物，也可用于思想、制度等抽象事物，但一般不用于病害一类事物；"根除"可以用于思想、制度一类抽象事物及病害等，但不能用于草木、土石等具体事物。"铲除"常带状语"彻底、连根"或补语"掉、干净"等；"根除"不能。

谄 chǎn 〈素〉巴结，奉承：～媚｜～谀。

【谄媚】chǎnmèi 动。低三下四地讨好别人；含贬义：李莲英善于～，博得了慈禧太后的欢心｜他那一副～的样子，令人恶心。

【谄谀】chǎnyú 动。为了讨好，卑贱地奉承别人；含贬义：～奉承｜他～地笑着，恭恭敬敬地给上司点着了烟。

阐(闡) chǎn 〈素〉讲明，表明：～释｜～述。

【阐发】chǎnfā 动。说明并发挥；常带宾语或补语：这篇文章深刻地～了改革的意义｜～清楚。

【阐明】chǎnmíng 动。深入讲明；常带宾语：向大家～了经济改革的步骤。
＊"阐明"和"阐发"："阐明"着重表示把比较深奥的道理解释明白；"阐发"是指把一个道理加以论述和发挥。

【阐释】chǎnshì 动。讲述并解释；常带宾语或补语：～了比赛规则｜请你把这个问题～清楚。

【阐述】chǎshù 动。深入论述；常带宾语或补语：～了黑格尔的学说｜请把你的观点～清楚。
＊"阐述"和"阐明"："阐述"着重表示把比较难懂的问题论述清楚；"阐明"着重表示把比较深奥的道理讲明白。

蒇 chǎn 〈古〉动。完成，解决：～事(办完事情)。

骣 chǎn 〈古〉动。骑马不加鞍辔：～骑。

冁(囅) chǎn 〈古〉形。笑的样子：～然而笑。

chàn(ㄔㄢˋ)

忏(懺) chàn 〈素〉(1)认识了过去的错误或罪过而感觉痛心：～悔。(2)僧道为人忏悔时所念的经：拜～。

【忏悔】chànhuǐ 动。认识了自己的错误和罪过,感觉痛心而表示悔改：今天他在神父面前～了。可带主谓词组作宾语：我～我为什么把你害成这样！可作定语：这篇文章用～的口气,臭骂了自己一通。
  ＊"忏悔"和"后悔"："忏悔"本是佛教用语,是一种祈求上帝宽恕从而得到幸福的宗教活动,后来指认定言行有罪而表示悔过,愿意改正,语意较重；"后悔"只是表示做错了事而事后懊悔,语意较轻。"忏悔"不受程度副词修饰；"后悔"可以,如：我很后悔,不该得罪他。

划(剗) chàn 见"一划"。
另见chǎn(铲)。

颤 chàn 动。抖动,常带补语：手～了一下。
另见zhàn。

【颤动】chàndòng 动。短促而频繁地振动：他的手在不停地～着。可带宾语：他～着嘴唇,说不出话来。

【颤抖】chàndǒu 动。哆嗦,发抖；不带宾语：吓得他浑身～｜他身上的肌肉～着。

【颤巍巍】chànwēiwēi 形。摇晃；多形容老年人走路的样子,不加程度副词：老奶奶～地走进屋里。

【颤悠】chànyou 动。颤动、摇晃；不带宾语,常带动态助词"着"：小船在海上～,像是要被大海吃掉似的。可重叠,作状语：他拄着手杖,颤颤悠悠地走了出来。

羼 chàn 动。搀杂；常带宾语或补语：喂婴儿牛奶里要～一些水｜～在里边。

韂 chàn [鞍韂](ān-) 名。马鞍子和垫在马鞍子下面的东西。

chāng(ㄔㄤ)

伥(倀) chāng 〈素〉古时传说被虎吃掉的人变成的鬼,它常给老虎做帮凶：～鬼｜为虎作～。

昌 chāng ❶〈素〉繁荣,兴旺：～明｜～盛。❷姓。

【昌明】chāngmíng 形。兴盛发达；多指政治、文化等：学术～｜政治～。

【昌盛】chāngshèng 形。兴旺强大：非常～的国家。常与"繁荣"并用：呈现出一片繁荣～的景象。

菖 chāng [菖蒲](-pú) 名。多年生草本植物,生在水边,有香气,根茎可作香料,也可供药用。

阊 chāng [阊阖](-hé) 〈古〉神话传说中的天门,也指皇宫的正门。

猖 chāng 〈素〉凶猛：～狂｜～獗。

【猖獗】chāngjué 〈书〉形。凶猛、放肆；含贬义：敌人太～了。

【猖狂】chāngkuáng 形。狂妄、放肆,气势汹汹；含贬义：粉碎了敌人的～进攻。

娼 chāng 〈素〉妓女：～妓｜～妇。

【娼妇】chāngfù 名。妓女；常用于骂人。

鲳 chāng 名。鱼,体短侧扁,银白色,卵圆形。生活在海洋中。为名贵食用鱼类。也叫镜鱼、平鱼。

cháng(ㄔㄤˊ)

长(長) cháng ❶形。两端的距离大；兼指空间和时间,与"短"相对：路途很～｜夜～梦多。❷名。长度：南京长江大桥～6700多米。❸〈素〉(1)对某事做得特别好：～于｜擅～。(2)久远,永远：～眠。(3)长处：特～｜一技之～。
另见zhǎng。

【长编】chángbiān 名。在撰写某种著作前,先把搜集到的有关资料整理编排而成的初稿,叫长编。

【长波】chángbō 名。波长从3000米到30,000米的无线电波,常用于导航、呼救等。

【长城】chángchéng 名。(1)指我国的万里长城。(2)比喻坚强雄厚的力量：勇士们用自己的身躯筑起了钢铁～。

【长虫】chángchong 〈口〉名。即蛇。

【长处】chángchu 名。特长,优点；与"短处"相对:要学习人家的～。

【长川】chángchuān 见"常川"。

【长此以往】cháng cǐ yǐ wǎng 成。长期这样下去;一般指变得更坏:如不及时整顿,～,情况就更加不妙。

【长度】chángdù 名。两点间的距离:这条绳子的～不够。

【长短】chángduǎn ❶名。(1)〈口〉大小,长度:这件衣服的～合适吗?(2)意外的变化;多指生命危险:爷爷岁数大了,就怕他万一有个～。(3)好坏,是非:在背后议论人家的～是不好的。❷〈方〉副。无论如何:我今天～也得去车站送你。

【长法】chángfǎ 名。长远不变的办法;多用在"不是"之后:办事情被动应付,毫无计划,这不是个～。

【长工】chánggōng 名。旧社会长年向地主或富农出卖劳动力的贫苦农民。

【长河】chánghé 名。很长的河流,也用来比喻很长的年月或过程:历史的～。

【长颈鹿】chángjǐnglù 名。哺乳动物,颈很长,不会发声。雌雄都有角,身上有花斑。跑得很快。吃植物的叶子。产于非洲森林中,是陆地上身体最高的动物。

【长久】chángjiǔ 形。时间很长;不加程度副词,多作定语、状语或补语:～之计|～地干下去|活得～。

*"长久"和"长远":"长久"所指的时间可以是过去、现在或未来,"长远"所指的时间一般是未来。"长久"能做状语、补语;"长远"不能。

【长局】chángjú 名。长期的局面;多用在"不是"之后:这样下去,恐怕不是～吧!

【长空】chángkōng 名。辽阔的天空:万里～。

【长眠】chángmián 动。死亡,牺牲;婉辞,表示对死者尊敬的感情,用于褒义,不带宾语,常带补语:那是烈士们～的地方,前去瞻仰的人很多|英雄们静静地～在这不平凡的土地上。

【长明灯】chángmíngdēng 名。昼夜不灭的油灯,多供在佛像或神像前面。

【长年】chángnián ❶名。整年;常作状语:～在外。❷〈书〉形。长寿:富贵又～。另见zhǎngnián。

【长年累月】cháng nián lěi yuè 成。形容经历很长时间:战士们～地守卫在边防线上。

【长袍儿】chángpáor 名。旧时男子穿的中式长衣。

【长跑】chángpǎo 名。长距离的赛跑运动;与"短跑"相对。

【长篇大论】cháng piān dà lùn 成。指冗长的发言和文章;多用于贬义:他一发言就是～,滔滔不绝,真烦人!

【长篇小说】chángpiān xiǎoshuō 词组。情节复杂,人物众多,内容丰富,篇幅长达十多万字乃至上百万字的小说。通常在比较广阔的范围内反映一定历史时期的社会生活面貌。

【长期】chángqī 名。长时期;多作定语或状语:～计划|～使用|～贷款。

【长驱】chángqū 〈书〉动。以不可阻挡之势向远方挺进;不带宾语:～直入|红军～二万五千里,胜利到达陕北。

【长衫】chángshān 名。旧时男子穿的大褂。

【长生】chángshēng 动。永远不死;不带宾语,常用在固定组合中,作颂辞:～不老。

【长逝】chángshì 动。一去不回来;死亡的婉辞,带庄严的色彩,不带宾语,可带补语:就在那时候,爷爷～于南京。

【长随】chángsuí 名。旧时官吏身边的仆从。也叫跟班。

【长叹】chángtàn 动。深深地叹息;不带宾语:～一声|对空～。

【长途】chángtú 形。路程遥远的,长距离的;不加程度副词,不单独作谓语,多作定语或状语:～跋涉|～汽车。

【长物】chángwù 名。多余的东西,有时也指像样的东西;多用在固定组合中:身无～(形容穷困或俭朴)。

【长线】chángxiàn 形。指产品供应量超过社会需求量,与"短线"相对;不加程度副词,不单独作谓语,多作定语:厂里作了适当的调整,一批～低档产品不再生产,新上马一批短线和出口产品。

【长吁短叹】cháng xū duǎn tàn 成。吁:叹气。长声短声地叹气,形容神情沮丧:老大娘～地向我诉说着不幸。注意:"吁"

不能读成yū。

【长夜】chángyè 名。(1)漫长的黑夜,彻夜:～难眠。(2)比喻长期的黑暗统治。

【长缨】chángyīng 〈书〉名。长的绳索。汉朝时有个叫终军的人,向朝廷表示:只要给他长缨,他一定把敌人缚到汉朝宫里来。后来他果然说服敌人归降。旧时诗文中就把长缨比喻为克敌制胜的力量。

【长远】chángyuǎn 形。时间很长;指未来的时间,不加程度副词,不单独作谓语,多作定语:～利益|～规划|要有个～打算。

【长征】chángzhēng ❶动。长途行军或征讨;不带宾语:这支部队日夜～,终于到达了目的地。❷名。特指中国工农红军的1934—1935年由江西转移到陕北的二万五千里长征。

【长足】chángzú 〈书〉形。进展得快;不加程度副词,不单独作谓语,作定语,含褒义:～的进步。

苌(萇) cháng ❶见"苌楚"。❷姓。

【苌楚】chángchǔ 名。木质藤本植物,花赤色,浆果椭圆形,味酸甜,可食。也叫羊桃、猕猴桃。

场(場、塲) cháng ❶名。平坦的空地;多指农村翻晒粮食及收打谷物的地方:打谷～。❷量。用于一件事情的经过:一～空欢喜|一～小雨|大战一～。

另见 chǎng。

肠(腸) cháng 名。(～子)消化器官的一部分,形状像管子,从胃的下面至肛门,分小肠、大肠等部分。

【肠断】chángduàn 〈书〉形。极度悲痛;不加程度副词:令人～。

尝(嘗、△嚐) cháng △❶动。辨别滋味;常带宾语或补语:～了一口汤|～够了艰辛|～一下。❷〈素〉曾经:未～|何～。

【尝鼎一脔】cháng dǐng yī luán 成。鼎:古代用来烹煮食物的器具;脔:切成块的肉。尝尝鼎里的一块肉,可以知道一鼎食物的滋味。比喻根据部分可以推知全体:可惜这部诗选只是一部未完之书,我们只能够～了。也作尝鼎一胪(luán),同"脔"。

【尝试】chángshì 动。试验,试一下;常带宾语或补语:曾经～过多种方法|～了几次。

偿(償) cháng 〈素〉(1)归还,抵补:～还|抵～。(2)满足,实现:如愿以～。

【偿还】chánghuán 动。归还;常指所欠的债,常带宾语:～债务|～积欠。

【偿命】chángmìng 动。杀人者抵偿性命;不带宾语:杀人～。

徜(倘) cháng [徜徉](-yáng) 〈书〉动。悠闲地自由自在地步行;不带宾语,可带补语:我～在西子湖畔。也作倘佯。

"倘"另见tǎng。

裳 cháng 名。古代指裙子。

另见·shang。

常 cháng ❶副。(1)表示动作、行为发生的次数多,间隔的时间短:小辛功课好,～得满分。(2)表示动作或状态的长期性和一贯性:四季～青。❷〈素〉普通,平常:～识|～情。❸姓。

【常备军】chángbèijūn 名。国家平时经常保持的正规军队。

【常备不懈】cháng bèi bù xiè 成。时刻准备着,毫不放松:为了保卫祖国,我们要～。

【常常】chángcháng 副。事情发生的次数多,而且相隔不久:他课后～去打球。

【常川】chángchuān 副。经常地,连续不断地:～往来。也作长川。

【常规】chángguī ❶名。(1)留传下来的老规矩:打破～。(2)医学上称经常使用的处理方法:血～。❷形。通常的,一般的,不加程度副词,不单独作谓语:～武器。

【常规战争】chángguī zhànzhēng 词组。用常规武器如枪、炮、飞机、坦克等的战争;区别于"核战争"。

【常轨】chángguǐ 名。通常的途径或方法:开学后,学校的工作将纳入～。

【常会】chánghuì 名。例会,规定在一定期间举行的会议。

【常例】chánglì 名。老规矩,惯例:按照～，这个病人应该住院治疗。

【常量】chángliàng 名。在某一运动过程中，数值固定不变的量。如等速运动中的速度便是常量。也叫恒量。

【常绿植物】chánglǜ zhíwù 名。终年具有绿叶的乔木或灌木，如松、柏、茶树等。

【常年】chángnián 名。(1)全年，长期：地质工作者～在外奔波。(2)平常的年份：这里的雨量～在1400毫米左右。

【常情】chángqíng 名。一般的情理：人之～｜不合～。

【常人】chángrén 名。普通的人：这种事，～做不出来。

【常任】chángrèn 形。长期担任的；不加程度副词，不单独作谓语，作定语：～理事。

【常识】chángshí 名。普通知识。

【常态】chángtài 名。正常的状态；与"变态"相对。一反～｜恢复～。

【常温】chángwēn 名。指摄氏15度到25度的温度。

【常务】chángwù 形。主持日常工作的；不加程度副词，不单独作谓语，作定语：～理事。

【常言】chángyán 名。指习惯上常说的话，如谚语、格言等：～道："天有不测风云."。

嫦 cháng ［嫦娥］(-é) 名。神话人物，传说是后羿(yì)的妻子，因偷吃了丈夫的长生药，飞上月宫，成了仙女。

chǎng(ㄔㄤˇ)

厂(廠、厰) chǎng 名。(1)工厂：我～开工了。(2)(～子)可以存放货物并进行加工的工场：煤～｜木～。
另见ān。

【厂矿】chǎngkuàng 名。工厂和矿山的合称：～企业。

【厂商】chǎngshāng 名。工厂和商店。前来洽谈业务的有七家～。

场(場、塲) chǎng ❶名。(～儿、～子)较宽广的处所：这个～子小了，该换个大点的地方。❷量。戏剧演出、体育活动、考试等完整地进行一次，也指一出戏中小于"幕"的片断：三～戏｜一～足球赛｜考了两～｜五幕十～。
另见cháng。

【场次】chǎngcì 量。电影、戏剧等演出的场数：这部电影共放映了53～。

【场地】chǎngdì 名。空地；多指体育活动或施工的地方：活动～｜施工～｜～太小。

【场合】chǎnghé 名。一定的时间、地点和情况：公共～｜在人多的～，她总是默默地坐在一边。

＊"场合"和"场面"："场合"包括时间、地点、条件和情况各方面因素，"场面"仅指一定场合下的情景。"场面"可以受"伟大、宏伟、热烈、动人、惊人、壮观"等词的修饰；"场合"不行。

【场景】chǎngjǐng 名。(1)指戏剧或电影中的场面。(2)泛指情景：摄影师拍下了这激动人心的～。

【场面】chǎngmiàn 名。(1)文学作品或戏剧演出中构成故事情节的基本单位：母子团聚的～催人泪下。(2)一定场合下的情景：热烈的～｜游行的～十分壮观。(3)表面的排场：摆～。

＊"场面"和"局面"："场面"着重指情景；"局面"着重指形势。"场面"着眼于局部，所指范围窄，时间比较短；"局面"着眼于全局，所指范围宽，时间比较长。

【场所】chǎngsuǒ 名。活动的处所：娱乐～｜公共～。

＊"场所"和"场合"："场所"仅指地点或处所；"场合"除指地点外，还包括时间、条件、情况等因素。

昶 chǎng ❶〈古〉形。(1)白天时间长。(2)通畅，舒畅。❷姓。

惝 chǎng 又读tǎng ［惝怳］(-huǎng)〈书〉形。也作惝恍。(1)失意或不高兴的样子：颇感～。(2)迷迷糊糊不清楚：蜃楼海市，～迷离。

敞 chǎng ❶动。打开；常带宾语：～着怀｜～着门。❷〈素〉宽阔：～亮｜宽～｜轩～。

【敞开】chǎngkāi ❶动。大开，打开；常带宾语：～思想｜～大门。❷副。比喻尽量，任意：～供应｜有问题就～来说。

【敞快】chǎngkuài 形。爽快；指性格：

他是个～人,我一说,他就答应了。
【敞亮】chǎngliàng 形。(1)宽敞明亮;不加程度副词:～的大瓦房。(2)比喻领悟、明白:你这么一说,我心里就～了。

氅 chǎng 〈素〉外套,大衣:大～|～衣。
【氅衣】chǎngyī 名。冬天披在外边的大衣。也叫大氅。

chàng(ㄔㄤˋ)

怅(悵) chàng 〈素〉不痛快,不如意:～惘|～～。
【怅怅】chàngchàng〈书〉形。失意,不愉快的样子;不加程度副词:～不乐|心中～。
【怅然】chàngrán 形。失意的样子;不加程度副词,多作状语:～离去。
【怅然若失】chàngrán ruò shī 成。怅然:失去什么似的样子;若:好像。像失去什么似的烦恼不快:送别了亲人,我心中～。
【怅惘】chàngwǎng 形。形容不如意,无精打采:他怀着十分～的心情走出了家门。

韔(韔) chàng 名。古代装弓的袋子。

畅(暢) chàng ❶〈素〉(1)没有阻碍:～通|流～。(2)痛快,尽情地:～饮|～谈。(3)舒适:舒～。❷姓。
【畅达】chàngdá 形。流畅通达;多指语言、文章、交通等:辞意～|文笔～。
【畅快】chàngkuài 形。舒畅快乐;指心情:今天玩得十分～。
【畅所欲言】chàng suǒ yù yán 成。尽情地把想说的话都说出来:大家～,提出了许多有关改革的意见。
【畅谈】chàngtán 动。尽情地谈;常带宾语或补语:～理想|大家～了两个小时。
【畅通】chàngtōng 形。没有阻碍地通行或运输;多指交通方面:道路～|长江航运～无阻。
【畅想】chàngxiǎng 动。敞开思路想象;多指美好的理想,常带宾语:～未来。
【畅销】chàngxiāo ❶形。销路广,卖得快;多指商品:这批货物十分～。❷动。在比较大的范围内很快售出;多带处所宾语:～二十多个国家|～海内外。
【畅叙】chàngxù 动。无拘束地叙谈;常带宾语或补语:～旧情|～离衷|～良久。
【畅饮】chàngyǐn 动。尽情地喝酒;常与"开怀"连用:今日重逢,开怀～。可带宾语:人们正在～啤酒。
【畅游】chàngyóu 动。常带处所宾语或补语。(1)尽情地游览:～北海公园|～了一次。(2)畅快地游泳:～长江|～于海滨浴场。

倡 chàng 〈素〉带头发起,首先提出:提～|～议。
【倡导】chàngdǎo 动。提倡并引导;可带动态助词"了、过":我们要继续发扬老厂长～过的艰苦创业精神。常带谓词或谓词性词组作宾语:～节约|～廉洁奉公。
【倡首】chàngshǒu 动。带头提倡;一般不带宾语:这件事是谁～的?
【倡言】chàngyán 动。公开提出来;常带词组作宾语:当时有人就～什么"从来文艺的任务就在于暴露"。
【倡议】chàngyì ❶动。首先提议,发起:只要有人～,我一定响应。常带宾语:他曾～过要开展这项活动。❷名。首先向大家提出的主张:这是一个很好的～。
＊"倡议"和"倡导":"倡议"的意思着重在建议;"倡导"的意思着重在提倡。"倡议"有名词用法,"倡导"没有。

唱 chàng ❶动。常带宾语或补语。(1)歌唱,依照音律发声:～一首歌|～得很好听。(2)大声地叫或念:鸡～三遍|～一次票。❷名。(～儿)歌曲,唱词:这出戏里,我的～儿不多。❸姓。
【唱本】chàngběn 名。曲艺或戏曲唱词的小册子。
【唱独角戏】chàng dújiǎoxì 习。比喻一个人独自做某件事。
【唱段】chàngduàn 名。戏曲中一段完整的唱腔:这个～太好听了。
【唱对台戏】chàng duìtáixì 习。为反对或搞垮对方而采取的与对方相对的行动:老雷总是和他的上司～。
【唱反调】chàng fǎndiào 习。提出相反

唱鬯抄吵钞怊弨超 chàng-chāo　119

的论调,做出相反的行动；前边常用介词"跟"、"和"等组成的介词词组作状语:别老跟领导~。
【唱高调】chànggāodiào 习。说好听而不切实际的空话；有责备人的意味,含贬义: 咱们别~,还是多干一点实事好。
【唱工】chànggōng 名。戏曲演唱中的歌唱艺术: 她的~比较好。也作唱功。
【唱和】chànghè 动。指用诗词互相酬答: ~了一首诗。
【唱腔】chàngqiāng 名。指戏曲演员唱出来的曲调: 这段~优美动听。
【唱喏】chàngrě 〈方〉动。旧时一种礼节,给人作揖并出声致敬；可拆开用: 唱个大喏。

鬯 chàng ❶名。古代祭祀用的一种酒。❷同"畅"。

chāo (ㄔㄠ)

抄 chāo 动。常带宾语或补语。(1)照原文写: ~文件|~一下。(2)搜查并没收: ~匪窝|家被~过一次。(3)从侧面走近道: ~小路|~近道儿。(4)两手交叉放在胸前或相互插在袖筒里: ~着手。(5)同"绰(chāo)(1)"。
【抄本】chāoběn 名。抄写的本子。
【抄获】chāohuò 动。搜查并获得: 赃款已全部~。可带宾语: ~一份机密材料。
【抄家】chāojiā 动。查抄家产；不带宾语,可拆开用:《红楼梦》中的贾府最后被抄了家。
【抄件】chāojiàn 名。抄录或复制的文件,用以留存或送交有关单位参考；区别于"原件"。
【抄录】chāolù 动。誊写文字；常带宾语或补语: ~了他的讲话稿|全文~下来。
【抄袭】chāoxí 动。常带宾语。(1)照抄别人作品、答案或沿用别人的经验、方法等当作自己的；含贬义: ~别人的作业|人家的经验只能参考,不能~。也作剿(chāo)袭。(2)绕道袭击；用于军队作战: ~敌人。
【抄写】chāoxiě 动。照原文写下来；常带宾语或补语: ~了几份稿子|~好了。

吵 chāo [吵吵](~·chao) 〈方〉动。许多人同时乱说话；不带宾语: 大家别~了。
另见 chǎo。

钞 chāo ❶〈素〉纸币: ~票|钱~。❷同"抄(1)"。
【钞票】chāopiào 名。纸币的俗称。

怊 chāo 〈素〉悲愤: ~怅。
【怊怅】chāochàng 〈书〉形。悲伤失意的样子: ~若失。

弨 chāo 〈古〉❶形。弓松驰的样子。❷名。弓。

超 chāo 〈素〉(1)越过,多出: ~车|~产|~越。(2)超过一般的: ~等|~人|~高。
【超编】chāobiān 动。组织机构的人员或物资已超过规定的限额；不带宾语: 我们学校的教职人员已经~|把机关的~人员充实到生产第一线去。
【超产】chāochǎn 动。超过预计的生产数量；不带宾语,带补语: 今年小麦~10%。
【超出】chāochū 动。高出,越出；指一定数量或范围,常带宾语: ~预定的数额|~了界限|他的成绩~我的意料。
【超导体】chāodǎotǐ 名。某些金属和合金在温度降到接近绝对温度 0°(-273.15℃)时,电阻几乎等于零,这种性质叫作超导电性。能显示出超导电性的物体叫超导体。
【超度】chāodù 动。佛教或道教用语。指僧、尼或道士为死者诵经拜忏,说这样可以使死者的鬼魂解脱苦难: ~亡魂。
【超短裙】chāoduǎnqún 名。一种裙身很短的裙子。也叫迷你裙。
【超额】chāo'é 动。超出规定数额；多指有定额的产量,不带宾语: 这个厂的产量今年又~了。常作状语: ~完成了任务。
【超过】chāoguò 动。越过,高出；常带宾语: ~前人。
【超级】chāojí 形。超出一般等级的；不加程度副词,不单独作谓语,作定语: ~大国|~大国。
【超级大国】chāojí dàguó 词组。凭借军事、经济实力对外到处扩张,谋求世界霸权的国家。
【超级市场】chāojí shìchǎng 词组。一种

大型多部门的、实行顾客"自我服务"方式的零售商店。也叫自选商场。

【超龄】chāolíng 动。超出规定年龄;不带宾语。根据规定,他已~,不能参军。

【超群】chāoqún 动。超过众人;不带宾语,含褒义:武艺~|才学~。

【超然】chāorán 形。不站在对立各方的任何一面;不加程度副词:在这场斗争中,任何人都不可能是~的。

【超然物外】chāorán wù wài 成。超:超脱。物外:世外。超出尘世之外,这是一种逃避现实的处世态度,后也指置身事外,多含贬义:这事儿同你有关,你想~是不可能的。

【超人】chāorén 动。超过常人;多指能力、技艺等,不带宾语:才智~|~的技艺。

【超升】chāoshēng 动。佛教用语。指人死后灵魂升入极乐世界;一般不带宾语:修行多年,向往死后~。

【超生】chāoshēng 动。不带宾语。(1)佛教用语。指人死后,灵魂投生为人:我才不信那~的鬼话呢!(2)比喻宽容,开脱:笔下~。(3)多生孩子,超出计划生育标准:他家没有~。

【超声波】chāoshēngbō 名。超过人耳所能听到的最高频(2万赫兹)的声波。超声波对物体有破坏性,广泛应用在金属探伤、航海探测以及诊断、治疗疾病等方面。

【超脱】chāotuō 形。不拘泥成规、传统、形式等;举止~|她陶醉着花的香味,陶醉在一种十分~的意境里。

【超逸】chāoyì 形。超脱不俗;多用来形容神态、意趣等;郁达夫的文字清秀而~。

【超员】chāoyuán 动。车、船等运输工具超过规定的人数;不带宾语:本次列车已经~。可拆开用:超了员。

【超越】chāoyuè 动。超过、越出;常带宾语:~前人|文学艺术是~国界的,带有国际性的|我们能够~各种障碍,战胜任何困难。

【超载】chāozài 动。运输工具装载的货物超过规定的载重量;一般不带宾语:卡车~了。

【超支】chāozhī 动。支出超过收入;不带宾语:本月份我家~了。

【超子】chāozǐ 名。质量比中子还重的基本粒子。超子的能量极高而又很不稳定。

绰 chāo 动。(1)匆忙地抓取;常带补语"起"后带宾语:~起一把铁锹。(2)同"焯(chāo)"。
另见chuò。

焯 chāo 动。某些蔬菜在制作前放在沸水中过一下;常带宾语或补语:~芹菜|菠菜可以~一下拌了吃。
另见zhuō。

剿(勦) chāo 〈素〉抄取:~说|~袭。
另见jiǎo。

【剿袭】chāoxí 同"抄袭(1)"。

cháo(ㄔㄠˊ)

晁(鼌) cháo姓。

巢 cháo ❶〈素〉鸟的窝,也称蜂、蚁等的窝:~穴|蜂~。也比喻盗贼或敌人藏身之处:老~|贼~。❷姓。

【巢穴】cháoxué 动。鸟兽的窝巢,常喻指敌人或盗贼盘踞的地方:直捣敌人的~。

朝 cháo ❶动。对着,向着;须带宾语:脸~墙|工厂大门~东。❷介。表示动作针对的方向,所构成的介词词组只用在动词前:~远处看|汽车~南开。❸〈素〉(1)朝廷:~野|~政。(2)朝代:改~换代。(3)拜见:~拜|~见。❹姓。
另见zhāo。

*"朝"和"向":"朝"构成的介词词组不能用在动词后;"向"构成的介词词组可以用在动词后。"朝"引进指人名词时,只能用于指身体动作、姿态等的具体动词,如"朝我点头";"向"引进指人名词时,可用于抽象动词,如"向人民负责"、"向老师请教"。

【朝代】cháodài 名。一姓帝王世袭统治的整个时期。

【朝顶】cháodǐng 动。佛教徒登山拜佛。

【朝奉】cháofèng 名。(1)宋代官名。(2)旧时对富人或土豪的称呼。(3)〈方〉旧时称当铺中管事的店员。

【朝贡】cháogòng 动。封建时代属国或外国的使臣朝见宗主国或所在国的君主,并敬献礼品;一般不带宾语:进京~。

【朝见】cháojiàn 动。君主时代臣子上朝进见君主;常带宾语:~皇上。

【朝觐】cháojìn 〈书〉动。朝见;可带宾语:~天子。(2)指宗教徒拜谒圣像、圣地等。

【朝山】cháoshān 动。佛教徒到名山大寺进香拜佛。

【朝廷】cháotíng 名。(1)本指帝王接受朝见和处理政事的地方。(2)也指封建时代的中央统治机构或帝王本人。

【朝鲜族】cháoxiānzú 名。我国少数民族之一,主要分布在吉林、黑龙江、辽宁一带。

【朝野】cháoyě 名。旧指朝廷和民间,现在也指资本主义国家政府和非政府方面:消息传出,~哗然。

【朝政】cháozhèng 名。旧指朝廷的政局或政权:把持~|~日非。

潮 cháo ❶名。(1)定时涨落的海水。~来了。也叫潮水。❷形。潮湿:房间太~了。❸〈素〉比喻汹涌起伏的形势:思~|学~。

【潮红】cháohóng 形。两颊泛起的红色;不加程度副词:脸色~。

【潮呼呼】cháohūhū 形。微湿;不加程度副词,须加助词"的":这件衣服~的,还不干。

【潮解】cháojiě 动。固体物质在常温下吸收空气中的水分而逐渐溶解;不带宾语:这块石碱~了。

【潮流】cháoliú 名。海水受潮汐影响所产生的周期性流动,常比喻时代或社会发展趋势:时代的~,汹涌向前。

【潮湿】cháoshī 形。水分较多:山洞里又阴冷又~|雨后初晴的原野,~而滋润。
　　*"潮湿"和"湿润":"潮湿"指湿度较大,含的水分较多;"湿润"指微湿,湿度适宜。"潮湿"常形容土地、空气、物体等;"湿润"除了形容空气、土壤之外,还可形容人的眼睛。"潮湿"可加程度副词;"湿润"一般不加。

【潮汐】cháoxī 名。海水受太阳和月亮引力的影响,发生定时涨落的现象,早潮叫"潮",晚潮叫"汐"。

【潮汛】cháoxùn 名。一年中定期的大潮。

嘲(謿) cháo 〈素〉讥刺,讥笑:~弄|讥~。
另见zhāo。

【嘲讽】cháofěng 动。讥笑讽刺:这是对阿谀奉承者的一个辛辣的~。可带宾语:不该~身体有缺陷的人。

【嘲弄】cháonòng 动。嘲笑戏弄;常带宾语:历史无情地~了这些逆潮流而动的小丑。

【嘲笑】cháoxiào 动。取笑,挖苦:请你别~|他嗓子不好,不肯登台唱歌,生怕被人~。可带宾语:别~人。

chǎo(ㄔㄠˇ)

吵 chǎo ❶形。声音杂乱:~得很|我家临大街,很~。❷动。争吵:不要~,好好说。多带补语:~成一片|~了一会儿。
另见chāo。

【吵架】chǎojià 动。激烈争吵;不带宾语:小两口从来不~。可拆开用:吵了一上午架。

【吵闹】chǎonào ❶动。大声争吵:不要~。常带补语:~不停|他们俩~了半天,终于不欢而散。可重叠:他家经常为点小事吵吵闹闹,难得平静。❷形。声音杂乱:人声~|我家紧靠菜市场,每逢早晚,很~。可重叠:市场上吵吵闹闹,很不安静。

炒 chǎo 动。把东西放在锅里翻动使熟;常带宾语或补语:~花生米|菜~好了。

【炒冷饭】chǎo lěngfàn 习。比喻重复说过的话或做过的事;含贬义:这篇文章并无多少新意,多半是~。

chào(ㄔㄠˋ)

耖 chào ❶名。一种农具,跟耙相像,能把耙后的土块弄碎。❷动。用耖碎土使地平整;常带宾语:~了一亩地。

chē(ㄔㄜ)

车(車) chē ❶名。陆地上有轮子的交通工具的总称。❷动。常带宾语或补语。(1)用床床旋东西：~了一个木球|把这个钢球~圆。(2)用水车打水：~了一天水。(3)〈方〉转身：请你~过身来。❸〈素〉用轮轴旋转的机械装置：水~|滑~。❹姓。
另见jū。

【车床】chēchuáng 名。最常用的一种金属切削机床。工作时工件旋转，刀具前后左右移动着进行切削。主要用来作内圆、外圆和螺纹等成型面的加工；量词用"台"：一台~。也叫旋床。

【车次】chēcì ❶名。列车的编号或长途汽车运行的次第。❷量。车辆运输的次数，一辆车运输一次，叫一车次。两辆车各运输一次，或一辆车运输两次都叫两车次。

【车祸】chēhuò 名。行车时发生的伤亡事故；多指汽车：这个月已发生五起~。

【车间】chējiān 名。企业内部在生产过程中完成某个工序或生产某种产品的单位。

【车辆】chēliàng 名。各种车的总称；表示集体，不用个体量词修饰。如不说"三辆车辆"，只说"一些车辆"、"许多车辆"。

【车裂】chēliè 动。我国古代一种残酷的死刑，即把人头和四肢分别拴在五辆马车上，马车同时朝五个不同方向奔驰，将人体撕裂：~而死。

【车轮战】chēlúnzhàn 名。用比方多的人轮流同对方打，使对方因疲乏而失败；同他得来个~。

【车皮】chēpí 名。火车车厢；多指货车：两节~。

【车水马龙】chē shuǐ mǎ lóng 成。车子像流水，马像连成的游龙，比喻极其繁华热闹：小镇上~，热闹极了。

【车厢】chēxiāng 名。车上用来载人或东西的部分；十节~。也作车箱。

【车载斗量】chē zǎi dǒu liáng 成。用车装，用斗量。形容数量很多，多用来表示不足为奇：这种事~，毫不稀奇。

砗 chē [砗磲](-qú) 名。软体动物，比蛤蜊大，生活在热带海中。介壳呈三角形，可做装饰品。肉可以吃。

chě(ㄔㄜˇ)

尺 chě 名。我国民族音乐音阶上的一级，乐谱上用做记音符号，相当于简谱"2"。
另见chǐ。

扯(撦) chě 动。常带宾语或补语。(1)拉：~住他不放。(2)撕开，撕下：~了几尺布|把墙上的纸~下来。(3)闲聊：我们俩~了一些家常|别把话~远了。

【扯淡】chědàn 动。胡说乱道，闲扯；不带宾语：你别在这儿~了。可拆开用：干点正经事儿吧，别再扯什么淡了。

【扯后腿】chěhòutuǐ 同"拉后腿"。

【扯谎】chěhuǎng 动。说谎话；不带宾语：要教育孩子从小就不~。可拆开用：他对我扯过几次谎。

【扯皮】chěpí 动。无原则地争论，争吵；不带宾语：这项任务，几家厂领导还在~呢。可拆开用：扯什么皮？

chè(ㄔㄜˋ)

彻(徹) chè 〈素〉贯通，深透：~夜|~底。

【彻底】chèdǐ 形。一直到底，深入透彻：~改正错误|~转变作风|完全~为人民服务。也作澈底。

【彻骨】chègǔ 形。透入到骨头里面；多用来形容寒冷的感觉或愤恨、思念等情绪，不加程度副词：北风~|~的仇恨。

【彻头彻尾】chè tóu chè wěi 成。从头到尾，完完全全；多用于贬义：他是一个~的投机分子。

【彻夜】chèyè 名。整夜：~难眠。

坼 chè 〈书〉动。裂开：天寒地~。

【坼裂】chèliè 〈书〉动。裂开：刚举起胳膊，一阵伤口~的剧痛，使他大声呻吟起来。

掣 chè ❶动。常带宾语或补语。(1)拽，拉：~一下|~他的衣服。(2)抽：他赶紧~回了手。❷〈素〉一闪而过：风驰电~。

【掣肘】chèzhǒu 动。比喻牵制、阻挠别人做事;不带宾语:由于他的~,这次我未能调走。

撤 chè 动。常带宾语或补语。(1)除去,免除:~了他的局长职务|把他从领导岗位上~下来。(2)退回,收回:~我的申请报告|把军队~回来。

【撤换】chèhuàn 动。撤去原有的、换上另外的;可指人或物:这个干部不称职,应予~。可带宾语:~几台机器。

【撤回】chèhuí 动。常带宾语。(1)使派出去的人回来:~外交人员|把军队~驻地。(2)收回;多指已送出去的文件、报告等:~起诉书。

【撤离】chèlí 动。撤退、离开;常带处所宾语:~危险地带。

【撤退】chètuì 动。军队放弃阵地或已占领的地区:部队开始从无名高地~。常带补语:我军奉命~到淮河以北。可作定语:师长站在顶楼上,连咳几声,发出~的信号。

【撤消】chèxiāo 动。取消;常带宾语:~职务|对他的处分。也作撤销。
　*"撤消"和"取消":"撤消"有收回、去掉的意思,"取消"只有去掉的意思。"撤消"使用范围较窄,多用于法律、决议、机构、命令和职务等;"取消"使用范围较宽,常用于建议、办法、制度、组织、权力、资格、开支、费用等。

澈 chè 〈素〉水清:明~|清~。

【澈底】chèdǐ 见"彻底"。

chēn(彳ㄣ)

抻(捵) chēn 〈口〉动。拉,扯;常带宾语或补语:~面条|把衣服~一下。

郴 chēn 地名用字。郴州市,在湖南省。

琛 chēn 〈古〉名。珍宝。

嗔 chēn 〈素〉(1)发怒,生气:~怒。(2)对人不满,怪罪:~怪。

【嗔怪】chēnguài 动。生气责怪:我说错了,请您不要~。可带宾语或兼语:我~妻子的懦弱|他~我为什么提出这么一个荒唐的问题。可作状语:她~地白了我一眼。

瞋 chēn 〈书〉动。发怒时瞪大眼睛:~目而视。

chén(彳ㄣˊ)

臣 chén 名。(1)奴隶社会中的男性奴隶。(2)封建时代官吏和百姓的统称。(3)封建时代官吏对皇帝上书或说话时的自称。

【臣服】chénfú 〈书〉动。屈服称臣,接受统治:唐玄宗时,南昭(即云南)已~于唐朝。可作定语,要加助词"的":清朝统治者占领全中国以后,就强迫全国男子留辫,作为~的标志。

【臣僚】chénliáo 名。君主时代的文武官员。

辰 chén ❶名。(1)地支的第五位。参见"干支"。(2)十二时辰之一,相当于上午七点至九点。❷〈素〉(1)日月星辰的统称:星~。(2)时日:诞~|时~。

【辰光】chénguāng 〈方〉名。时候。

【辰时】chénshí 名。旧式计时法指上午七点至九点钟的时间。

宸 chén 〈古〉名。(1)大而深的屋宇。(2)帝王住的地方,引申为帝王、王位的代称。

晨 chén 〈素〉清早:凌~|~光。

【晨昏】chénhūn 〈书〉名。早晨和晚上。

【晨曦】chénxī 〈书〉名。太阳初升时的光线:~初泻。

【晨星】chénxīng 名。(1)清早稀疏的星:寥若~。(2)日出以前出现在东方的金星或水星。

尘(塵) chén 〈素〉(1)飞扬的或附在器物上的灰土:~埃|~垢。(2)佛教、道教指现实世界:~世|红~。

【尘埃】chén'āi 名。尘土,灰尘:~四起。

【尘封】chénfēng 动。被灰尘封满;形容东西搁置已久:书架上的书已是蛛网~|这些书~多日,主人是不读它们了。

【尘垢】chéngòu 名。灰尘和污垢:布满~。

【尘寰】chénhuán 〈书〉名。尘世,即现实

【尘世】chénshì 名。佛教徒和道教徒所指的现实社会，与他们幻想的"天堂"相对。

【尘事】chénshì 名。世俗的事：～缠身。

忱 chén 〈素〉情意：热～|谢～。

沉(沈) chén ❶动。(1)没入水中；与"浮"相对，常带宾语或补语：～了一只船|鱼～到水底下去了。(2)坠落，下降，不带宾语：太阳西～|地基下～。(3)使下降，稳住：把脸～。常带宾语或补语：～不住气。❷形。(1)重，分量大；与"轻"相对：这箱子很～。(2)感觉沉重，不舒服：两条腿～得抬不起来。❸〈素〉程度深：～醉|～吟|～思。
　　"沈"另见shěn。

【沉沉】chénchén 形。不加程度副词。(1)沉重：～的谷穗低着头。(2)形容深沉；多作谓语：暮气～|死气～。

【沉甸甸】chéndiàndiàn 形。沉重的样子；不加程度副词，须加助词"的"：～的口袋|心里～的。

【沉淀】chéndiàn ❶动。溶液中难溶解的物质沉到溶液底层；常带宾语或补语：～了一些杂质|沙子～下来。❷名。指在沉淀过程中析出的物质。

【沉浮】chénfú 同"浮沉"。

【沉痼】chéngù 〈书〉名。积久不愈的病，也比喻难以改掉的坏习惯：因循守旧的～，严重地阻碍着工业的发展。

【沉积】chénjī ❶动。河流流速减慢，水中所挟带的沙石、泥土等东西沉淀下来；常带补语：这一带，河道弯曲，水流缓慢，大量泥沙在这里～下来。❷名。物质沉淀积聚的现象。

【沉寂】chénjì 形。(1)非常寂静：～的荒原。(2)音信全无：消息～。

＊"沉寂"和"沉静"："沉寂"表示寂静，无声无息；"沉静"除寂静的意思外，还表示安静、平静。"沉寂"多形容环境；"沉静"除形容环境外，还可形容人的神色、心情和性情。

【沉浸】chénjìn 动。泡在水中，多比喻沉入某种境界或思想活动中；常带补语：～在苍茫的暮色里|～在幸福的回忆中。

【沉静】chénjìng 形。(1)寂静：人们散去以后，大厅里才～下来。(2)平静；多指心情、性格、神色等：这时，张司令员显得十分～。

【沉疴】chénkē 〈书〉名。久治不愈的病。

【沉沦】chénlún 动。陷入痛苦或罪恶的境地，一般不带宾语：这一连串的严重打击，并没有使他～。可带补语：有些人简直没有一点民族自信心，认为中国已～在万丈深渊之中，永远不能自拔。

【沉闷】chénmèn 形。(1)使人感到沉重而烦闷，指天气、气氛等：今天的天气太～了。(2)拘谨、压抑，指心情、性格等：小梅不爱说话，比较～。

【沉迷】chénmí 动。过分嗜好；常带补语：他～于下棋，有时竟置工作于不顾。

【沉湎】chénmiǎn 〈书〉动。沉溺，沉浸；常带补语：～于酒色|我～在幸福的回忆之中。

【沉默】chénmò ❶形。不爱说笑：～寡言|他比以前更～了。❷动。不说话；不带宾语，常带补语：我们不能再～下去了。

【沉溺】chénnì 动。沉没在水中，比喻陷入不良的而又不能自拔的境地；多指生活习惯方面，常带补语：他～在难以自拔的奢靡生活之中。

【沉睡】chénshuì 动。不带宾语。(1)睡得很熟：他从～中醒来。(2)比喻事物较长时间停止活动或未被发现：夜深了，整个村庄都已～|秦俑在地下～了两千年之久。

【沉思】chénsī 动。深入地考虑，常带语：一个人独自坐在大树下，～了好长时间。

【沉痛】chéntòng 形。十分悲痛，深感痛心：听到这不幸的消息，大家都很～|要牢记这个～的教训。

【沉稳】chénwěn 形。稳重，安稳：办事要～|睡得很～。

【沉陷】chénxiàn 动。地面或建筑物的基础陷下去；常带补语：由于无节制地抽取地下水，这座城市的地面已平均～了两厘米。

【沉毅】chényì 形。沉着刚毅：战士们神情～，毫无惧色。

【沉吟】chényín 动。迟疑不决,低声自语;多指遇到复杂或疑难事时的行为,常带补语:~良久|~半晌。

【沉鱼落雁】chén yú luò yàn 成。鱼见了沉入水底,雁见了降落沙洲。形容女子容貌非常美丽。芳容□,美貌月闭花羞。

【沉郁】chényù 形。低沉忧郁;多指心情:这时,她的心情分外~。

【沉冤】chényuān 名。难以辩白或久未昭雪的冤屈:千古~|~难伸。

【沉渣】chénzhā 名。沉下来的渣滓,比喻残存下来的腐朽无用之物:~泛起。

【沉重】chénzhòng 形。分量重,程度深:~的担子|~的打击|心情很~。
　＊"沉重"和"繁重":"沉重"表示分量重;"繁重"除表示分量重以外,还有头绪繁多的意思;"沉重"可以形容物体,也可以形容劳动、工作、任务、负担等事情;"繁重"只能形容事,不能形容物。"沉重"可以表示情况的严重,心情的深沉,不愉快,不轻松;"繁重"不能。

【沉着】chénzhuó 形。镇静,从容不迫;多指人的性情、举止:~应战|~地走上讲台。

【沉醉】chénzuì 动。大醉,多比喻迷恋或陷入某种境地;常带补语:~在幸福的回忆中|美好的旋律使他~在欢乐之中。

陈(陳) chén

❶形。时间久的,旧的:这坛酒很~了。❷名。(1)周朝国名,在今河南淮阳一带。(2)南朝之一,陈霸先所建(公元557—589)。❸〈素〉(1)安放,摆设:~设。(2)叙述,说明:~诉。❹〈古〉同"阵(zhèn)"。❺姓。

【陈陈相因】chén chén xiāng yīn 成。《史记·平准书》:"太仓之粟陈陈相因,充溢露积于外,至腐败不可食。"陈:旧;因:沿袭。原指仓库的粮食,逐年堆积起来。后比喻因袭旧套,没有革新和创造;含贬义:厂领导虽调换多次,但他们都~,循规蹈矩,所以生产还是没有多大起色。

【陈词滥调】chén cí làn diào 成。陈旧空泛的话:谁也不愿意听这些~。

【陈腐】chénfǔ 形。陈旧腐朽;多用于抽象事物:思想很~|~的传统观念。

【陈谷子烂芝麻】chén gǔ zi làn zhī ma 习。比喻陈旧的无关紧要的话或事物;常加不定量词"些":别说这些~了,说点新内容吧。

【陈规】chénguī 名。已经不适用的规矩:打破~。常同"陋习"并用:革除一切~陋习。

【陈迹】chénjì 名。过去的事迹:这些历史的~,引起我许多遐想。

【陈旧】chénjiù 形。旧的,过时的:家具太~了。
　＊"陈旧"和"陈腐":"陈旧"是指时间久了,过时了的意思,语意较轻;"陈腐"指时间久以至腐朽了、腐败了,语意较重。"陈旧"既能用于抽象事物,比喻内容、思想、观点的过时、保守或反动,也能用于具体事物,指外形、结构的破旧、不时新或不先进;"陈腐"只能用于抽象事物。

【陈列】chénliè 动。把物品摆出来供人看;常带宾语或补语:展览厅里~着许多新产品|展品全部~出来了。

【陈年】chénnián 形。积存多年的,相隔很久的;不加程度副词,多作定语:~老帐。

【陈设】chénshè ❶动。布置摆设;常带宾语:屋子里~着几件新式家具。❷名。摆设的东西:房间里的~,朴素而大方。
　＊"陈设"和"陈列":"陈设"是以装饰为目的而把物品放在适当的位置,用于住房、会议室等地方;"陈列"是以展览为目的而把物品摆出来,用于展览会、博物馆、橱窗等地方。"陈设"能作名词;"陈列"不能。

【陈述】chénshù ❶动。叙述说明;常带宾语或补语:~了自己的意见|~得不清楚。❷名。指叙述说明的话:听了他的这番~,心里不平静。

【陈述句】chénshùjù 名。叙述说明一件事情的句子。如"北京是我国的首都。""五星红旗迎风飘扬。"在书面上,句末用句号。

【陈诉】chénsù 动。诉说痛苦或委屈;常带宾语或补语:他在向大家~着自己的不幸遭遇|把委屈~出来。

谌 chén

❶〈古〉动。相信。❷〈古〉副。诚然。❸姓。

chěn(ㄔㄣˇ)

碜(磣、△硶) chěn 〈素〉△(1) 食物中含有砂子, 嚼起来不舒服: ～牙。(2) 不体面, 难看: 寒～。

chèn(ㄔㄣˋ)

衬(襯) chèn ❶动。(1) 在里面托上一层; 常带宾语或补语: 领子里～了一层府布|～在里面。(2) 陪衬, 搭配; 常带补语: 绿叶把红花～得好看极了。❷〈素〉穿在里面的: ～衫|～裤。

【衬托】chèntuō 动。用别的东西来陪衬、对照, 使事物更加鲜明突出; 常带补语: 这幅画的底色太暗了, 要加点儿红的～一下。可带宾语, 常加趋向动词"出": ～出车夫无私无畏的崇高形象。

【衬映】chènyìng 同"映衬"。

【衬字】chènzì 某些歌曲在格律规定的字数以外, 为了行文和歌唱的需要而增加的字。歌剧《刘胡兰》: "数九(那个)寒天下大雪, 天气(那个)虽冷心里热"中的"那个"就是衬字。

疢 chèn 〈古〉名。热病, 也泛指病。

齔 chèn 〈古〉动。小孩换牙齿, 指乳齿脱落, 长出恒牙。

称(稱) chèn 〈素〉适合, 相当: ～心|～身。
另见 chēng, chèng(秤)。

【称身】chènshēn 形。衣服合身: 这件衣服很～。

【称心】chènxīn 形。适合心意: 这事做得挺～的。可拆开用: 这可～了你的心啦!

【称心如意】chènxīn rúyì 成。很合心意, 从心里满意: 能找到这么个好小伙子, 俺就～啦!

＊"称心如意"和"心满意足": "称心如意"偏重在称心; "心满意足"偏重在满意。"称心如意"可直接用作人和事的定语; "心满意足"不行。"称心如意"结构比较松散, 可以拆开来使用, 说成"称了他的心, 如了你的意"等; "心满意足"

不能这样拆用。

【称愿】chènyuàn 形。满足愿望; 多指对所恨的人遭遇不幸而感觉快慰: 宝玉病发, 赵姨娘表面假作忧愁, 心中却很～。可拆开用: 这下子可称了他的愿。

【称职】chènzhí 形。能够胜任所担任的职务: 伍局长办事干练, 十分～。可拆开用: 他一定能称得了这个职。

趁 chèn 介。利用, 就着: ～今天休息去看看老师。可加动态助词"着", 后面一般带双音节以上的词语: ～着我现在身体还好, 想多做一点工作。

＊"趁"和"乘(chéng)": "趁"使用比较自由; "乘"多用于固定词组。"趁"可加"着"; "乘"不行。

【趁便】chènbiàn 副。顺便: ～回家一趟|～帮我带点东西。

【趁火打劫】chèn huǒ dǎ jié 成。趁人家失火的时候去抢东西, 比喻趁人危难时去捞取好处; 多用于贬义: 有人趁混乱之际, 居然想～, 从中捞一把。

【趁热打铁】chèn rè dǎ tiě 成。就着铁烧红的时候锤打, 比喻要抓紧好的时机, 把事情办好: 大家情绪很高, 我看就～, 马上动手干起来。

【趁势】chènshì 副。顺应和利用有利的形势: 我军消灭了突围的敌人, 正～扩大战果。

【趁早】chènzǎo 副。抓紧时机或提前行动: ～出发|～治疗。

榇(櫬) chèn 〈素〉棺材: 灵～。

谶 chèn 〈素〉迷信的人指将来要应验的预言、预兆: ～纬|～语。

【谶纬】chènwěi 名。西汉末年和东汉时期盛行的宗教迷信。谶是巫师或方士编制的预示吉凶的隐语, 纬指天象, 两者合称谶纬。封建统治者利用天上星象的变化来附会人事, 预卜吉凶。

【谶语】chènyǔ 名。迷信的说法, 指将来会应验的话。

·chen(·ㄔㄣ)

伧(傖) ·chen [寒伧](hán-)见"寒碜"。
另见 cāng。

chēng(ㄔㄥ)

柽(檉) chēng [柽柳](-liǔ) 名。落叶灌木，老枝红色，花淡红色，性耐碱抗旱，适于盐碱地区造林防沙。也叫三春柳、红柳。

蛏(蟶) chēng 名。(～子)软体动物，介壳两扇，狭而长。生活在近岸的海水里。肉味鲜美。

琤(琤) chēng [琤琤]〈书〉拟声。原摹拟玉器相击声，后也摹拟琴声或流水声。

称(稱) chēng ❶动。(1)叫，叫做；常带兼语：大家～他为老师傅。(2)测定重量；常带宾语或补语：～了一条鱼｜请你～一下｜～得很准。❷〈素〉(1)言，说：～快｜～便。(2)赞：～颂｜～许。(3)名称：简～｜俗～。
另见chèn, chèng(秤)。

【称霸】chēngbà 动。依仗权势来欺压别人；常带宾语或补语：超级大国妄图～世界。常和"称王"并用：当领导决不可自以为是，盛气凌人，称王～。

【称便】chēngbiàn 动。认为方便；不带宾语：商店改进了服务工作以后，居民们一致～。

【称兵】chēngbīng 〈书〉动。采取军事行动。

【称道】chēngdào 动。称赞，夸奖：人人～｜受人～。常带主谓词组作宾语：大家都～他心地善良，对人热情。

【称孤道寡】chēng gū dào guǎ 成。孤、寡：古代帝王自称"孤"或"寡人。"指自封为王。比喻狂妄自大，以首领自居，多用于贬义：那时各地军阀～，各霸一方，使人民处于水深火热之中。

【称号】chēnghào 名。个人或集体的名称；多指光荣的：他荣获了劳动模范的～。

【称呼】chēng·hu ❶动。叫；常带兼语：战士们都～她为老妈妈。❷名。当面招呼用的表示彼此关系的名称，如同志、哥哥等："同志"，这是个亲热的充满革命情谊的～。

＊"称呼"和"称号"："称呼"表示彼此的一般关系；"称号"多是上级或别人给予的光荣名称。"称呼"不带褒贬色彩；"称号"多含褒义。"称呼"有动词用法；"称号"没有。

【称颂】chēngsòng 动。称赞颂扬：林校长一心为公，人人～。可带宾语：到处都在～他的不朽业绩。

【称叹】chēngtàn 动。赞叹；常带补语：听到小王的英雄事迹，全村人个个～不已。

【称谓】chēngwèi 名。人们为了表示相互之间的某种关系，或为了表示身份、地位、职业的区别而使用的一些称呼，如父亲、丈夫、师傅、厂长、同志等。

【称羡】chēngxiàn 动。称赞羡慕；常带补语：小明在全省数学竞赛中名列第一，同学们都～不已。

【称兄道弟】chēng xiōng dào dì 成。朋友间以兄弟相称，表示关系很亲密：他俩一见面就～，十分亲热。

【称雄】chēngxióng 动。旧指凭借势力各占一方；不带宾语：割据～。常带补语：～一时的北洋军阀被打倒了。

【称许】chēngxǔ 动。称赞肯定：值得～｜表示～。可带宾语：我并不～她身上那一套漂亮的服饰。

【称誉】chēngyù 动。表扬赞美：这位姑娘非常朴实，无不～。常带主谓词组作宾语：人们纷纷～这家厂子的产品质量高｜人们～她为"走在世界冠军前面的人"。

【称赞】chēngzàn 动。夸奖赞美：小周能刻苦学习，老师常常～。可带宾语：我听到好多人都在～小王｜外国友人不时伸出大拇指，～绣花姑娘们的好手艺。

铛(鐺) chēng 名。烙饼用的平底浅锅。
另见dāng。

赪(赬) chēng 〈古〉名。红色。

撑 chēng 〈古〉动。同"撑"。
另见chèng。

撑(撐) chēng 动。(1)抵住，支持；常带宾语或补语：两手～着地｜她～不住，噗哧一声笑了。(2)用篙抵住河底，使船前进；常以"船"作宾语：他会～船｜他～了一条小船走了。(3)

张开；常带宾语或补语：～伞|把口袋～大一点。(4)充塞到容不下的程度；常带补语：别把胃～坏了|口袋已经～圆了。

【撑场面】chēng chǎngmiàn 习。维持表面的排场：要从实际出发，不要只顾～。也说撑门面。

【撑持】chēngchí 动。勉强维持；常带宾语：～着局面|父亲去世后，就靠母亲做工～着这个家。

【撑杆跳高】chēnggān tiàogāo 词组。田径运动员项目之一。运动员两手持杆，经过快速助跑后，把杆子插入穴斗内并足起跳，借助杆子的反弹力，使身子腾起并越过横杆。

【撑腰】chēngyāo 动。比喻给予支持；不带宾语：他有人～。可拆开用：我来撑你的腰。

瞠 chēng 〈素〉直瞪着眼：～目结舌|～乎其后。注意："瞠"不读táng。

【瞠乎其后】chēng hū qí hòu 成。瞠：瞪着眼看；乎：文言语气助词。在人家后面瞪着眼睛看而赶不上：现代科学技术突飞猛进，使我们大有～之感。

【瞠目结舌】chēng mù jié shé 成。瞠着眼睛说不出话来，形容窘迫或惊讶的样子：老师提问到我时，我～，不知怎么回答才好。

chéng（ㄔㄥˊ）

成 chéng ❶动。(1)完成，成功；与"败"相对：这件事～不～尚难预料。常作补语：事情办～了。(2)变成，成为；常带宾语，可加动态助词"了"：～了英雄。(3)可以，许可；不带宾语：你这样蛮干，不～，就这么办。❷形。表示能力强；用于对别人：小张真～，今年又当了先进。❸量。用在数词之后，表示数量，"一成"表示十分之一，"二成"表示十分之二，一直到"十成"为止。❹〈素〉(1)使其完美，成功：玉～|～全。(2)已经得到的结果和成绩：～果|～就|一事无～。(3)事物生长到定形或成熟的阶段：～虫|～人。(4)固定，现成的：～规|～语。(5)够，达到一定数量：～天|～千上万。❺姓。

【成败】chéngbài 名。成功或失败；指事业或工作的结果：这是～的关键|～在所不计。

【成本】chéngběn 名。生产一种产品所需要的全部费用：这种书的印刷～太贵了。

【成材】chéngcái ❶名。(1)制材工业中锯解原木所得的成品。(2)成熟的树木。❷动。不带宾语。(1)成为材料：这种树三四年就可以～。(2)比喻成为有用的人：孩子不教育怎么能～呢？可拆开用：他可能成不了什么材!

【成丁】chéngdīng 名。旧指男子成年。

【成方】chéngfāng 名。现成的药方；区别于医生诊病后所开的药方。

【成分】chéng·fen 名。也作成份。(1)构成事物的各种不同的物质或因素：化学～|他这种说法有猜测的。(2)个人参加工作前的社会经济地位或所从事的职业为本人成分，家庭所属的阶级为家庭成分。

【成风】chéngfēng 动。形成风气；不带宾语：蔚然～|吃喝～。

【成个儿】chénggèr 形。不加程度副词。(1)生物生长到与成熟时大小相近的程度：这种苹果太小，还不～。(2)比喻具备一定的形状：他的字写得不～|你的饺子包得～。

【成功】chénggōng 动。获得预期的结果；不带宾语，与"失败"相对：实验终于～了。可作定语或状语：这是一场～的演出|这部影片～地塑造了一个鲜明生动的革命军人的形象。可作补语：研制～一种新的医疗器械。可加程度副词：这次大会开得很～。可作宾语：用激将法也没有～|经过多次实验，终于获得～。

【成规】chéngguī 名。现成的或老的规章、办法：打破～。

【成果】chéngguǒ 名。工作或事业上的收获：劳动～|结出了丰硕的～。

【成绩】chéngjī 名。工作或学习的收获：～优良|出色的～。

　　＊"成绩"和"成就"："成绩"指一般工作的结果，不带褒贬色彩；"成就"指完成了具有重大社会意义的事业，语气郑重，含褒义。"成绩"可以跟"大、小"配合，

也可以跟"好、优秀"或"不好、坏"等配合;"成就"只能跟"大、小、辉煌"等词配合,不能同"不好"之类的词搭配。

【成见】chéngjiàn 名。对人对事固定不变的看法:抱有~|你对他应该消除~,要看到他的进步。

　　*"成见"和"偏见":"成见"着重指固定不变的看法,"偏见"着重指有偏向的不全面的看法。

【成交】chéngjiāo 动。买卖双方同意成立交易;一般用在大宗批发或国际贸易方面:两家公司已就这批货物~了。

【成就】chéngjiù 名。事业上的成绩:我国的社会主义建设取得了巨大的~。

　　*"成就"和"造诣":"成就"指社会事业方面的成绩;"造诣"指学问、艺术方面达到的程度。"成就"使用范围较宽,可以用于个人,也可以用于集体;"造诣"使用范围较窄,只用于个人。"成就"常跟"大、小"等词搭配;"造诣"常跟"高、深、精湛"等词搭配。

【成立】chénglì 动。(1)创办成功,开始存在;指组织、机构等:1949年10月1日,中华人民共和国~了。可带宾语:~了几家公私合营企业。(2)被承认,有根据;指理论、意见等;不带宾语:这个说法可以~|事实证明,这个结论不能~。

【成殓】chéngliàn 动。入殓;不带宾语:老人的遗体今晚~。

【成龙配套】chéng lóng pèi tào 成。配搭起来,成为完整的系统:这条生产线要尽早~。也说配套成龙。

【成眠】chéngmián 动。睡着,入睡;不带宾语,多用于否定式:夜不~。

【成命】chéngmìng 名。已发布的命令,指示等:情况变了,只好收回~。

【成年】chéngnián ❶动。指人发育到成熟的年龄,也指高等动物或树木已发育到长成的时期;不带宾语:孩子已经~了。常作定语:~人|~的树木。❷名。〈口〉整年;常作状语:他~在外工作。

【成品】chéngpǐn 名。在一个企业中加工完毕,符合一定的质量标准,可以向外供应的合格产品。

【成千成万】chéng qiān chéng wàn 成。形容数量极多:~的先烈为了人民的解放事业,英勇地牺牲了。也作成千上万、成千累万。

【成全】chéngquán 动。帮助别人达到某种目的;常带宾语:~了他俩的婚事|这事就~你吧。

【成人】chéngrén ❶动。人发育成熟,不带宾语:孩子已长大~。❷名。成年的人。

【成人之美】chéng rén zhī měi 成。成、成全,帮助;美:好,好事。成全别人的好事或帮助人实现他的愿望;用于褒义:他对待同事一向热情、诚恳,常常~。

【成色】chéngsè 名。(1)金币、银币或金银条块、首饰、器物等所含的纯金银的量。(2)泛指质量:这种绸子的~很好。

【成事】chéngshì ❶动。把事情办成;多用在固定组合中:~不足,败事有余。❷〈书〉名。已经过去的事情。

【成熟】chéngshú ❶动。植物的果实完全长成,泛指生物体发育到完备的阶段;不带宾语:稻子已经~了。❷形。比喻发展到完美的程度:考虑~|条件已经很~|不~的意见。

【成数】chéngshù 名。(1)不带零头的整数:最好凑足一个~。(2)一数为另一数的几成,泛指比率。

【成套】chéngtào 动。配合起来,成为一整套;带宾语:~设备|这些瓷器不~。

【成为】chéngwéi 动。变成,须带宾语,不加动态助词:他已~一名优秀的教师。

【成文】chéngwén ❶名。现成的文章,比喻老一套:不要抄袭~。❷动。用文字固定下来,成为书面的;不带宾语:这篇文章我已开始构思,但尚未~|他的讲话已经整理~。

【成效】chéngxiào 名。效果:~显著。

【成型】chéngxíng 动。工件、产品加工后达到所需要的形状;不带宾语:模子~。

【成因】chéngyīn 名。事物形成的原因:研究地震的~。

【成语】chéngyǔ 名。固定词组的一种,特点是意义完整、结构定型,是一个不可分割的统一体,在句子中通常只作为一个词来用。汉语成语大都由四字组成。恰当使用成语可使语言简洁明快、形象生动。
【成员】chéngyuán 名。集体或家庭的组成人员。
【成长】chéngzhǎng 动。向成熟阶段发展,生长;可加动态助词"着":小树苗一天天～着。常带趋向动词"起来"作补语:年轻一代是在老一代的关怀教育下～起来的。加"为"后可带宾语:她已～为大姑娘了。
【成竹在胸】chéng zhú zài xiōng 见"胸有成竹"。

诚 chéng 〈素〉(1)真心实意:～心｜～恳。(2)的确,实在:～然。
【诚笃】chéngdǔ 形。诚实真挚:他为人十分～。
【诚惶诚恐】chéng huáng chéng kǒng 成。封建时代奏章中的套话,表示臣子对皇帝的敬畏,后也用来形容恐慌不安的样子:敌兵哆哆嗦嗦地端着枪,～地向我军阵地走来。
【诚恳】chéngkěn 形。真诚恳切:他的态度很～。常作状语:非常～地请大家提意见。可重叠:我诚诚恳恳地请你来我家作客。
【诚朴】chéngpǔ 形。诚挚朴实:一位很～的小伙子。
【诚然】chéngrán ❶副。确实,实在:老张非常喜欢养花,花也～太美了。❷连。固然,肯定上文的真实性,引起下文转折,常同"但"或"但是"配合使用:～,革命的道路是曲折的,但前途是光明的。
【诚实】chéngshí 形。老老实实,不虚假;指好的思想行为:他很～｜一个～的孩子。
　　＊"诚实"和"诚恳":"诚实"一般是就人的道德品质说的;"诚恳"一般是就人的情感态度度说的。"诚实"很少作状语;"诚恳"常作状语。"诚实"不能重叠;"诚恳"可以。
【诚心】chéngxīn ❶名。诚挚的心意:一片～。❷形。诚恳:他能～悔过｜他很～地邀请你,你就去吧。
【诚意】chéngyì 名。真诚的心意:你的～我领了｜这是我的一番～。
【诚挚】chéngzhì 形。诚恳真挚:在十分～友好的气氛中进行了会谈｜他那～的友

谊令人感动。

城 chéng ❶名。城市;与"乡"相对:进了～。❷〈素〉城墙:～垣｜～池。
【城邦】chéngbāng 名。古代的城市国家。通常以一个城市为中心,包括它周围的村庄。
【城池】chéngchí 〈书〉名。城墙和护城河,指城市。
【城府】chéngfǔ 〈书〉名。旧指城市和官府。现多比喻待人接物的心机:胸无～(为人坦率)｜他是一位～颇深的人。
【城郭】chéngguō 名。原指内城墙和外城墙,泛指城市。
【城狐社鼠】chéng hú shè shǔ 成。城:城墙;社:土地庙。城墙中的狐狸,土地庙的老鼠。比喻凭借权势,为非作歹的坏人。
【城隍】chénghuáng 名。传说中指主管某个城的神,旧时建庙祭祀。
【城楼】chénglóu 名。城门上的楼:一座～｜我上过天安门～。
【城门失火,殃及池鱼】chéngmén shī huǒ, yāng jí chí yú 成。殃:灾祸;及:到;池:护城河。城门着了火,人们到护城河里取水救火,河里的水干了,鱼也都死了。比喻无端受累遭灾:他一个人犯错误,我们全组挨批评,这真是～。
【城墙】chéngqiáng 名。古代为防守而建筑的高而厚的绕城周围的墙。
【城阙】chéngquè 〈书〉名。城门两边的望楼,引申为京城、宫殿。
【城市】chéngshì 名。人口集中,工商业发达,以非农业人口为主的地区,通常是周围地区政治、经济、文化中心:这是座开放～。
【城下之盟】chéng xià zhī méng 成。指敌军兵临城下时被迫订立的盟约,后泛指被迫与敌人签订的屈辱性条约。
【城镇】chéngzhèn 名。城市和集镇。

成 chéng 名。古代藏书的屋子,后专指皇帝藏书的地方。

盛 chéng 动。常带宾语或补语:(1)把东西放在器具里;一般用于饭、菜、油、水等:饭给我～多了｜这口缸～着不少水。(2)容纳;可用于人或物:这礼堂能～3000人。

另见shèng。

铖 chéng 人名用字。

丞 chéng 〈素〉古时帮助帝王或主要官员办事的官吏：～相|县～。

【丞相】chéngxiàng 名。我国封建王朝中辅助君主的最高官职。

呈 chéng ❶动。常带宾语。(1)具有，显现：叶～椭圆形|略～白色。(2)恭敬地送上：谨～|～上一文。❷〈素〉旧时下级对上级的一种公文。

【呈报】chéngbào 动。用书面材料报告上级：计划要向上～。可带宾语：向中央～过这份材料。

【呈递】chéngdì 动。恭敬地递交；常带宾语：～国书。

【呈请】chéngqǐng 动。用公文向上级请示；多带兼语：～领导批准。

【呈文】chéngwén 名。旧指下级报告上级的文件。

【呈现】chéngxiàn 动。显出，露出；常带宾语：到处～一片节日气氛。
＊"呈现"和"表现"："呈现"多用于景象、情况和人的状态、神情等；"表现"除指人的神情、状态外，还可以用于人的精神、品质、感情和事情的性质、变化等。"呈现"没有名词用法；"表现"有名词用法。

【呈献】chéngxiàn 动。恭敬地送上；多用于对长辈、上级或其他敬爱的人，多带宾语：～了一份礼物|向祖国～一颗忠诚的心。

【呈正】chéngzhèng 〈书〉动。把自己的作品送请别人批评改正，敬辞。也作呈政。

埕 chéng 名。指蛏田，福建、广东沿海一带养蛏类的田。

程 chéng ❶名。路程，一段路：登～|送你一～|走了一～又一～。❷〈素〉(1)规章，法式：章～|～式。(2)次序；程序|议～。(3)度量，计量：计日～功。❸姓。

【程度】chéngdù 名。(1)知识和能力的水平：文化～|觉悟～。(2)事物变化所达到的状况：破坏的～很小。

【程式】chéngshì 名。一定的格式：公文～|表演～。

【程限】chéngxiàn 〈书〉名。要人遵守的程式和限制：创作无～|教学是有一定～的。

【程序】chéngxù 名。事情进行的先后次序：工作～|演出～|已经排定。

裎 chéng 〈古〉动。脱衣露体。

酲 chéng 〈古〉形。酒醉后神志不清的样子。

枨(棖) chéng ❶名。古时短门两侧为挡车护门而竖立的长木柱。❷〈古〉动。触动。

【枨触】chéngchù 〈书〉动。触动，感动。

承 chéng ❶动。蒙受；表示感激别人给予的好处或好意的客套话，常带主谓词组作宾语：～大家热心招待。❷〈素〉(1)接受，托着：～办|～载。(2)担当：～担|～应。(3)继续，接续：继～|上启下。❸姓。

【承办】chéngbàn 动。接受办理；多指订货、加工等：这批商品的采购由我们～。可带宾语：～了一项加工业务。

【承包】chéngbāo 动。接受并负责完成；多指较大的任务，常带宾语或补语：这个工程队～了两幢楼房的建筑任务|货物的运输由青年突击队～下来了。

【承尘】chéngchén 〈书〉名。(1)古代在座位顶上设置的帐子。(2)〈方〉天花板。

【承担】chéngdān 动。担负，担当；常带宾语或补语：～一切费用|～起这项任务。

【承乏】chéngfá 〈书〉动。表示所任职位一时无适当人选，暂由自己来充数；旧时谦辞。

【承欢】chénghuān 〈书〉动。旧指侍奉父母、君王等使喜欢：～膝下。

【承继】chéngjì 动。常带宾语或补语。(1)给没有儿子的伯父、叔父等做儿子，或把兄弟等的儿子收做自己的儿子：他从小就～给他三叔了。(2)继承，继续：小李～父志，学的也是化学。

【承接】chéngjiē 动。常带宾语或补语。(1)接受；多指用容器接液体：用碗～鸡血。(2)接续；指上下相连：～上文|前人衣钵。

【承揽】chénglǎn 动。接受；多指生产任务、工程建筑、物资运输等，常带宾语或补语：～了全厂的原料加工任务|由我厂～下来。

【承蒙】chéngméng 动。受到；客套话，常带动词或动词性词组作宾语：～热情招待|～关照。也可用主谓词组作宾语：～诸位鼎力相助。

【承诺】chéngnuò 动。答应，允许；常带补语：这件事，他已满口～下来。

【承平】chéngpíng 〈书〉形。社会秩序在一个相当长的时期内安定平稳。

【承情】chéngqíng 动。领受情谊；客套话，不带宾语：我～了，礼品可不能收。可拆开用：承你的情。

【承认】chéngrèn 动。常带宾语。(1)表示肯定，同意，认可：～错误。可带主谓词组作宾语：大家都～他说的是事实。(2)国际间指肯定新国家、新政权的法律地位。

【承上启下】chéng shàng qǐ xià 成。接续上面的并引起下面的；多指文章的结构关系等：中间一节起着～的作用。"启"也作"起"。

【承受】chéngshòu 动。常带宾语或补语。(1)接受，禁(jīn)受：～过许多严峻的考验|这座桥～得住15吨的重量。(2)继承；多指财产、权利等：～了父亲的遗产。
＊"承受"和"承担"："承受"意指接受，对象多是物品、重量、力量和考验等；"承担"偏重指担当和肩负，对象多指工作、职务、责任、义务等。

【承望】chéngwàng 动。预料到；常带主谓词组作宾语，多用于否定式：不～他能做这件事，他居然完成了|没～你也能来旅游，真太好了。

【承袭】chéngxí 动。沿袭；常带宾语：～着遗风旧俗|～着因循的重担。

【承先启后】chéng xiān qǐ hòu 成。承受前人的，开创今后的；多指学问、事业等：当今青年在国家建设中起着～的作用。

【承载】chéngzài 动。托着物体，承受着它的重量；常带宾语：～着几吨钢铁的卡车行驶在公路上。

【承转】chéngzhuǎn 动。收到上级公文转交下级，或收到下级公文转送上级；常带宾语或补语：这份报告～给王处长。

乘 chéng ❶动。常带宾语。(1)骑，坐：～马|～车|～飞机。(2)算术中指一个数使另一个数变成若干倍：7～8等于56。❷介。同"趁"。❸〈素〉指佛教的教理和教派：大～|小～。❹姓。
另见shèng。

【乘便】chéngbiàn 副。顺便：～带点青菜回来。

【乘法】chéngfǎ 名。数学中的基本运算之一，最简单的是整数的乘法，如3乘7等于21。

【乘方】chéngfāng 名。(1)一个数自乘若干次的运算。如 a 的三次乘方写作"a^3"。(2)一个数自乘若干次所得的积。也叫乘幂(mì)。

【乘风破浪】chéng fēng pò làng 成。比喻不怕困难，奋勇前进：我国的社会主义建设事业正～地飞速发展。

【乘机】chéngjī 副。表示利用机会的意思：～窜入我机密要地。

【乘人之危】chéng rén zhī wēi 成。趁人遇到危难时去要挟或打击人家；含贬义：帝国主义者总希望别国发生动乱，这样他们就可以～，从中捞取好处。

【乘隙】chéngxì 动。利用空子，趁机会；常用在固定组合中：～而入。

【乘兴】chéngxìng 动。趁一时高兴；常用在固定组合中：～而来，尽兴而归。

【乘虚】chéngxū 动。趁着空虚；常用在固定组合中：～而入。

惩(懲) chéng 〈素〉(1) 处罚：严～|～罚。(2)警戒：～戒|前惩后。

【惩处】chéngchǔ 动。惩罚处分；常带宾语：依法～了这个贪污犯。

【惩罚】chéngfá 动。严厉处罚；常带宾语：要狠狠地～侵略者。

【惩戒】chéngjiè 动。通过处罚使人警戒，常带宾语：这样处理是为了～大家今后不犯类似的错误。

【惩前毖后】chéng qián bì hòu 成。惩：警戒；毖：谨慎。把过去的错误作为教训，使以后可以小心谨慎，不再重犯；常和"治病救人"合用：～，治病救人，是我们一贯的方针。

塍澄橙逞骋秤牚吃　chéng—chī　133

塍（塖） chéng 〈方〉名。田间土埂子：田～。

澄（澂） chéng 〈素〉水很清：～澈｜～清。
另见 dèng。

【澄澈】chéngchè 形。水清见底：～的湖水。也作澄彻。

【澄清】chéngqīng ❶形。明净、清澈；不加程度副词：碧绿的湖水。❷动。弄清楚，搞好问题：～事实｜把问题～一下。
另见 dèngqīng。

橙 chéng ❶名。(1)常绿乔木或灌木，叶子椭圆形，果实圆球形。果皮红黄色，有香气，果瓤汁多味甜。(2)(～子)，这种植物的果实。❷形。黄中呈红；不加程度副词，不单独作谓语，多作定语：～色的家具。

【橙黄】chénghuáng 形。像橙子一样黄里带红的颜色；不加程度副词，不单独作谓语，多作定语：～被面。

chěng(ㄔㄥˇ)

逞 chěng ❶动。显示，炫耀；常带宾语：～威风｜～英雄。❷〈素〉实现，达到：得～。

【逞能】chěngnéng 动。显示自己的能力；不带宾语：你又～了。可拆开用：你逞什么能？

骋 chěng 〈素〉(1)奔跑。驰～。(2)放开：～目｜～杯。

【骋目】chěngmù 〈书〉动。纵目远望：～远眺。

chèng(ㄔㄥˋ)

秤（称） chèng 名。衡量轻重的器具：一杆～。
"称"另见 chèn, chēng。

牚 chèng 名。(1)斜柱。(2)桌椅等腿中间的横木。
另见 chēng。

chī(ㄔ)

吃（喫） chī ❶动。多带宾语或补语。(1)用嘴嚼吞食物等：～菜｜鱼给猫～光了。(2)在某一出售食物的地方吃；多带处所宾语：～食堂。(3)用某种工具吃；多带工具宾语：～大碗。(4)供给：这锅饭～五个人。(5)依靠某种事物生活：～劳保｜～利息。(6)消灭；多用于军事和下棋：～掉敌人一个团｜～了这个棋子ル。(7)吸收：这种菜很～油。(8)承受，支持。❷～了不少苦头｜～不住这么大的压力。❷介。表示被动，多见于旧时期白话：～你笑话｜～那厮骗了。❸〈素〉。耗费：～力｜～劲。❹见"口吃"。

【吃不服】chī·bufú 动。不习惯于吃某种食物：这种菜我～。可带宾语：我～太甜的东西。

【吃不开】chī·bukāi 形。形容不受欢迎，行不通：你那一套现在～了。

【吃不了，兜着走】chī·buliǎo, dōuzhezǒu 习。吃不消，难以承受：这事你若做不好，他一翻脸，你～。

【吃不消】chī·buxiāo 动。受不了，支持不住：工作太忙，我真有点ル～了。

【吃不住】chī·buzhù 动。不能支持；多指上面的东西太重：这个架子恐怕～吧。

【吃醋】chīcù 动。产生嫉妒情绪；多指男女关系上，不带宾语：他一见小王和别的男同志讲话，就～了。

【吃大户】chī dàhù 词组。旧社会饥民一起去地主富豪家吃饭或抢粮食。

【吃得开】chī·dekāi 形。形容受欢迎，行得通：他在单位受重用，很～。

【吃得消】chī·dexiāo 动。受得了，支持住：挑这么重的担子，你～吗？

【吃得住】chī·dezhù 动。承受得住，能够支持：这种水泥预制板很结实，～一两吨的东西。

【吃饭】chīfàn 动。泛指生活和生计；不带宾语：靠经商～。可拆开用：他吃的是教书饭。

【吃干饭】chī gānfàn 习。比喻什么都不干、不会干或干不好；多用来责备人无能、无用：一人的活三人干，还干不好，都是～的。

【吃官司】chī guān·si 词组。指被控告受处罚或关在监狱里：打死人得～。

【吃紧】chījǐn 形。情势紧张；多指政治、军事形势和金融市场等，一般只作谓语：银根～｜政局很～。

【吃惊】chījīng 动。受惊；不带宾语,可加程度副词：～受怕|使她很～。可拆开用：吃了一惊。

【吃亏】chīkuī 动。不带宾语,可拆开用。(1)受损失：不能让集体～|这次评比活动他吃了亏。(2)某些方面条件不利：他之所以犯错误,～在于不老实。

【吃老本】chī lǎoběn 老本：最初的本钱。旧指商人赔了钱,也至动用本钱。今比喻只靠原有的资历、本领、成绩等而没有新的进展和贡献：我们不能～,还要继续作贡献。

【吃里扒外】chī lǐ pá wài 成。受着这一方面的好处,暗地里却为那一方尽力；含贬义：咱厂的采购员干尽～的勾当。

【吃请】chīqǐng 动。接受别人邀请去吃饭,不带宾语：他当了厂长以后,不～,不受贿；得到职工的赞扬。

【吃透】chītòu 动。了解深透：今天这堂课的内容我没有～。常带宾语：～上级指示精神。可拆开用：有关精神他吃得很透。

【吃香】chīxiāng 形。备受欢迎：这套家具式样新颖,在市场上很～。

【吃小灶】chī xiǎozào 习。小灶：集体伙食(大灶)外、特备的高标准伙食。比喻受到特殊的待遇或照顾：用给某些单位～的做法来树立先进,这是不可取的。

【吃一堑,长一智】chī yī qiàn, zhǎng yī zhì 成。遇到一次挫折,就增长一分见识：这次足球赛的失利,使我明白了骄军必败的道理。

【吃重】chīzhòng ❶形。艰巨,吃力；多指所担负的任务：叫我一个人承担这项任务,我感到十分～。❷动。载重；不带宾语,可带补语：这辆车能～三吨。

哧 chī 拟声。多摹拟火苗、撕布等声音：～的一声,布被撕破了。也摹拟笑声；多叠用：～～地笑。

【哧溜】chīliū 拟声。摹拟迅速滑动的声音：～一下,我给滑倒了。

蚩 〈古〉形。无知,痴愚。

嗤 chī 〈素〉讥笑：～笑|～之以鼻。

【嗤之以鼻】chī zhī yǐ bí 成。嗤：冷笑。用鼻子出气冷笑,表示轻蔑：对他这种所谓"友好"的表示,我～。

媸 chī 〈古〉形。相貌丑陋；与"妍"相对。

鸱 chī 名。书上指鹞鹰。

【鸱鸮】chīxiāo 名。也作鸱枭。(1)像猫头鹰一类的鸟。(2)古指鹪鹩(jiāoliáo)。

絺 chī 名。古指细葛布。

瓻 chī 名。古代指陶制的酒壶。

眵 chī 名。眼睑分泌出来的一种黄色粘稠液体。也叫眼眵、眼屎、眵目糊。

笞 chī 〈素〉用鞭、杖或竹板抽打：鞭～|～责。

痴(癡) chī ❶〈方〉形。精神失常,疯：她精神受了刺激后就～了。常与"发"相配：发～。❷〈素〉(1)傻,笨：～呆。(2)迷恋过甚,专一：～情|～心。

【痴呆】chīdāi 形。愚笨；一般不加程度副词：这个小孩有些～|～症。

【痴迷】chīmí 形。异常入迷的样子：他爱看小说,几乎到了十分～的程度。

【痴情】chīqíng ❶名。痴心的爱情：一片～。❷形。过分地多情：你对她未免太～了吧。

【痴人说梦】chī rén shuō mèng 成。原形容对蠢人说荒唐话,而蠢人信以为真。后指蠢人说的根本不能实现的荒诞言论：这些言辞,简直像～。

【痴想】chīxiǎng 名。不能实现的痴心的想法：不刻苦学习,就想成为科学家,这不过是一种～。

【痴心】chīxīn 名。沉迷于某人或某种事物的心思：她对小李可是一片～。

【痴心妄想】chīxīn wàngxiǎng 成。形容一心想着永远不能实现的事；含贬义：少数逆时代潮流而动的人企图倒转历史车轮,只能是～。

【痴长】chīzhǎng 动。比对方白白地大几岁；谦辞,不带宾语,带补语：我知识不如你多,真是～了几岁。

【痴子】chīzi 〈方〉名。傻子,疯子。

魑 chī [魑魅](-mèi) 〈书〉名。古代传说中躲在深山密林里能够害人的鬼怪；常用在固定组合中：～魍魉(指各种各样的坏人)。

chí(彳)

池 chí ❶名。有水的洼地，多指人工挖的：养鱼～|荷花～。❷〈素〉(1)某些形状和池塘相似的地方：浴～|～座|乐～。(2)护城河：城～。❸姓。

【池沼】chízhǎo 名。较大的水坑。

【池子】chízi 〈口〉名。(1)有水的坑。(2)指浴池。(3)舞池。(4)旧指剧场正厅的前部。

弛 chí 〈素〉放松，解除：松～|～缓。

【弛缓】chíhuǎn 动。松动缓和；多指局势、气氛、心情等，常带补语：紧张的气氛终于～下来了。

【弛禁】chíjìn 〈书〉动。解除禁令；不带宾语：有些物品原不准进口，现已～。

驰 chí 〈素〉(1)车马等跑得很快：～驱|～骋。(2)传扬：～名|～誉。(3)向往：神～|～想。

【驰骋】chíchěng 动。(1)骑马快跑；多带补语：她骑着枣红马～在辽阔的草原上。(2)喻指活跃于某个领域；可带处所语：～文坛|～影坛。

【驰道】chídào 名。我国古代为帝王行驶车马而修建的道路。

【驰名】chímíng 动。声名远扬；可带处所宾语：他的学术成就早已～中外。也说驰誉。

【驰驱】chíqū 动。(1)骑马飞快奔跑；可带补语：八路军深入敌后，～在华北平原上。(2)〈书〉为人效力。

【驰援】chíyuán 动。奔赴援救：灾民为洪水所困，我部奉命星夜～。可带宾语：师部决定调三团～一团，以增强左翼的兵力。

【驰骤】chízhòu 〈书〉动。奔驰：纵横～。可带补语：～于万里疆场。

迟(遲) chí ❶形。比规定的时间晚；与"早"相对：你们来得太～了。❷〈素〉慢：～钝|～缓。❸姓。

【迟钝】chídùn 形。反应慢，不灵敏；指感官、思想、行动等：举止～|反应很～。

【迟缓】chíhuǎn 形。缓慢：行动～|动作太～。

【迟暮】chímù 〈书〉名。比喻晚年：～之年。

【迟延】chíyán 动。拖延耽搁；多带补语：大会～了十分钟。

【迟疑】chíyí 动。犹豫不决；多带补语：她～了一下|～不决。

【迟早】chízǎo 副。或早或晚：他～会来的|这件案子～总会了结。

【迟滞】chízhì 形。不通畅，缓慢；一般不作定语，作谓语：道路堵塞，交通～|工作～不前。

茌 chí 地名用字。茌平，县名，在山东省。

持 chí ❶动。拿着，握住；常带"刀、枪"等作宾语：手～大刀|～枪。❷〈素〉(1)支持，保守住：坚～|～久。(2)治理，主管：～家|主～。(3)对抗：相～。

【持家】chíjiā 动。料理家务；不带宾语：勤俭～|我母亲善于～。

【持久】chíjiǔ 形。保持长久；一般不加程度副词：绿肥见效～，还能松土抗旱。常作定语或状语：～的积极性|这场斗争要经常、～地进行下去。

【持论】chílùn 〈书〉动。提出主张，发表议论：～有据|～公允。

【持平】chípíng 形。不加程度副词。(1)〈书〉公正，公平，不偏不倚：～之论。(2)数额相等或不相上下：该县今年粮食产量与去年相比大体～。

【持续】chíxù 动。延续不断；多带补语：激战～了八小时。可作状语：物价～上升。

　*"持续"和"继续"："持续"着重表示行为、动作持久，连续不断，中间没有间歇；"继续"着重表示前后相继，中间可以有间歇，也可以没有间歇。作谓语时，"持续"要求有补语；"继续"不一定要有。"持续"能作定语；"继续"一般不作定语。

【持之以恒】chí zhī yǐ héng 成。有恒心地坚持下去：学外语要～，才能收到好的效果。

【持之有故】chí zhī yǒu gù 成。立论有根据：写文章要～，言之成理。

【持重】chízhòng 形。谨慎稳重,不浮躁:她虽然年轻,办事却老成~。

匙 chí 名。(~子)舀汤用的小勺子。也叫调羹。
另见·shi。

漦 chí〈古〉名。涎沫。

墀 chí〈古〉名。指宫殿前台阶上面的的空地,也指台阶。

踟 chí [踟蹰](-chú)〈书〉动。心里迟疑,要走又不走的样子;常用在固定的组合中:~不前。也作踟躇。

篪(箎、竾) chí 名。古代的一种管乐器,用竹子制成,单管横吹。

chǐ(彳ˇ)

尺 chǐ ❶量。市制长度单位,十寸等于一尺,十尺为一丈:三~长。❷名。量长度和画图用的器具。❸〈素〉像尺的东西:戒~|计算~。
另见 chě。

【尺寸】chǐcun 名。(1)长度,多指衣服、家具等物体:这件衣服~正合身。(2)〈口〉分寸;多指言谈举止:说话要注意~。

【尺牍】chǐdú 名。旧指书信。古代用一尺长的木简写信,故名。

【尺度】chǐdù 名。标准,规则:掌握~|社会实践是检验真理的~。
　＊"尺度"和"尺寸":"尺度"指衡量事物的标准,一般论宽严;"尺寸"多指物体的长度,一般论大小、长短。

【尺短寸长】chǐ duǎn cùn cháng 成。尺比寸长,但与更长的东西比较就显得不足;寸比尺短,但与更短的东西比较却显得有余。比喻各有长处和短处:~,任何人都有长处,又有短处,我们要取长补短,互相学习。

【尺幅千里】chǐ fú qiān lǐ 成。在一尺见方的画面中画了千里景物。形容画幅虽小,但包含内容很丰富:这幅山水画,~,寄托着万万百姓对前方将士的无限深情。

【尺码】chǐmǎ 名。(1)尺寸;多指鞋帽:这顶帽子的~是多少? (2)尺寸的大小,标准:这个零件的~对不对?

呎 chǐ 又读 yīngchǐ 量。英美制长度单位的旧称。现写作英尺。

齿(齒) chǐ ❶〈素〉(1)人和高等动物嘴里咀嚼食物的器官:牙~|~龈。(2)说到,提起:~及|挂~。❷名。(1)(~儿)排列如齿形的东西:梳子~儿。(2)〈书〉年龄:~迈(年纪大)|~德俱尊。

【齿及】chǐjí〈书〉动。说到,提及。

【齿冷】chǐlěng〈书〉动。耻笑(张口笑的时间长了,牙齿就会感到冷);多作谓语:你居然做出这种事来,确实令人~。

【齿轮】chǐlún 名。周围均匀分布着许多齿的轮子。利用两个齿轮互相啮(niè)合,可以传递动力,使物体运动或改变转速。

侈 chǐ〈素〉(1)浪费:~糜|奢~。(2)过分,夸大:~谈。

【侈糜】chǐmí〈书〉形。奢侈浪费:生活~,富比王侯。

【侈谈】chǐtán〈书〉❶动。说大话,唱高调;常带宾语:他整日里~什么远大志向,却不肯多干一些实实在在的事情。❷名。指夸大而不切实际的话:这种~,真乃一钱不值。

耻(恥) chǐ〈素〉(1)羞愧,羞辱:可~|羞~。(2)羞愧之事:雪~|奇~大辱。

【耻辱】chǐrǔ 名。指名誉受到的损害:她受不了这种~。

【耻笑】chǐxiào 动。鄙视和嘲笑;常带宾语:不要~成绩差的人。

豉 chǐ [豆豉](dòu-) 名。一种食品,把黄豆或黑豆泡透蒸或煮熟,经发酵制成。

褫 chǐ〈素〉本指剥去衣服,后泛指剥夺:~职|~夺。

【褫夺】chǐduó〈书〉动。剥夺;旧时多用于法令:~公民权。

chì(彳ˋ)

彳 chì [彳亍](-chù)〈书〉动。慢步走,走走停停;常带处所宾语或补语:~街头|~在河滩。

叱 chì〈素〉大声责骂:~责|~骂。

【叱骂】chìmà 动。大声怒骂;常带宾语

或补语：～叛徒|他终日游手好闲,被父亲～了一顿。可作"遭到、受到"等动词的宾语：这种恶劣的行为,遭到了众人的～。也作斥骂。

【叱责】chìzé 动。呵叱,责备；常带宾语或补语：大家严厉地～了他。也作斥责。

【叱咤风云】chìzhà fēngyún 成。叱咤：怒喝。一声怒喝,可以使风云变色。形容威力声势很大：历史上,项羽曾是一位～的英雄。

斥 chì 〈素〉(1)责备：～责|申～。(2)使离开：～逐|排～。(3)多,满：充～。(4)扩展：～地|～土。(5)侦察：～候|～骑。

【斥革】chìgé 〈书〉动。开除。
【斥候】chìhòu 〈书〉❶动。旧指军队中侦察：～敌情。❷名。旧指军队中进行侦察的士兵。
【斥骂】chìmà 动。责骂；常带宾语：当地群众愤怒～这个流氓。可作"遭到、受到"等动词的宾语：他受到了父亲严厉的～。
【斥卖】chìmài 〈书〉动。变卖,卖掉；常带宾语：～家产。
【斥退】chìtuì 动。可带宾语。(1)旧指免去官职或开除学籍：林则徐因力主禁烟而被清廷～|学校里～小宋,是因为他屡教不改。(2)命令旁边人退出：～左右|司令听后大吃一惊,连忙将身旁侍员～。
【斥责】chìzé 动。严厉指出别人的错误或罪行；常带宾语：群众愤怒～了贪污分子的罪行。

＊"斥责"和"责备"："斥责"是严厉的申斥,语意较重；"责备"是一般指责,语意较轻。"斥责"用于对别人的严重错误或罪行；"责备"用于对别人或自己的一般过失。

赤 chì ❶动。(1)光着；须带宾语,常带动态助词"着"：～着脚|～着膊。❷〈素〉(1)红色：～红|～豆。(2)比喻忠诚：～胆忠心。

【赤膊上阵】chì bó shàng zhèn 成。不穿盔甲上阵交战。比喻不顾一切,猛打猛冲,或不讲策略,毫无掩护地进行战斗：老朱～,拿起锄刀要跟地主拼命。也比喻脱下伪装,公然跳出来干坏事：这个暗藏的特务,见有机可乘,竟～,公然进行破坏活动。。

【赤忱】chìchén 〈书〉❶形。赤诚。❷名。非常真诚的心意：小张的一片～,深深感动了小王。
【赤诚】chìchéng 形。非常真诚；不加程度副词：～待人|他有一颗～的心。
【赤胆忠心】chì dǎn zhōng xīn 成。形容十分忠诚；含褒义：革命烈士们的一举一动、一言一行,充分表现了他们对祖国、对人民的～。
【赤道】chìdào 名。环绕地球表面离南北两极相等的圆周线。它把地球分为南北两半球,是划分纬度的基线,赤道的纬度是0。
【赤地】chìdì 〈书〉名。因遭受严重的旱灾或虫灾等,寸草不生的地面：～千里。
【赤红】chìhóng 形。红色；不加程度副词,不单独作谓语,作定语：～的脸庞。
【赤金】chìjīn 名。纯金。
【赤露】chìlù 动。裸露；指身体,常带语或补语：～着上身|这孩子全身～在外。
【赤裸裸】chìluǒluǒ 又读 chīluǒluǒ 形。不加程度副词,须加助词"的"。(1)光着身子：他上身～的。(2)比喻毫不掩饰遮盖；多含贬义：～的侵略行为。
【赤贫】chìpín 形。穷得一无所有；不加程度副词,常与"如洗"配合使用：他一生靠打短工度日,～如洗。
【赤手空拳】chì shǒu kōng quán 成。两手空空,一无凭借：战士们～地同敌人展开了肉搏战。
【赤条条】chìtiáotiáo 形。光着身子,一丝不挂；不加程度副词,须加助词"的"(或"地")：婴儿～地来到人间。
【赤县】chìxiàn 〈古〉名。《史记·孟子荀卿列传》记载,战国时齐人邹衍称中国为"赤县神州",后用"赤县"或"神州"作为中国的别称。
【赤子】chìzǐ 名。(1)婴儿：～之心。(2)旧指百姓,今多指向往祖国的侨胞：海外～。
【赤字】chìzì 名。支出超过收入的数字,簿记上用红笔书写,故名。

饬 chì 〈素〉(1)整顿,使有条理:整～。(2)旧指上级命令下级:～令。
【饬令】chìlìng 动。上级命令下级;多用于旧时公文:～该员即刻前往,不得延误。

炽(熾) chì 〈素〉火旺,引申为旺盛。～盛|～烈。
【炽烈】chìliè 形。旺盛,猛烈;多形容炉火、情感等,一般不加程度副词:炉火～|～的感情。
【炽热】chìrè 形。火热,热烈;一般不加程度副词:～的阳光|一颗～的心。
【炽盛】chìshèng 形。非常旺盛;一般不加程度副词:他有着～的精力。

翅(翄) chì ❶〈素〉(1)昆虫和鸟类等的飞行器官:～膀。(2)指某些鱼类的鳍:鱼～。❷〈古〉同"啻"。
【翅膀】chìbǎng 名。(1)昆虫和鸟类等的飞行器官。(2)物体上形状像翅膀或起翅膀作用的部分:飞机的～。
【翅子】chìzi 名。(1)鱼翅。(2)〈方〉翅膀。

敕(勅、勑) chì 名。皇帝颁布的诏令:～封|～教|宣～。

啻 chì 〈素〉但,只,仅:不～|何～。

傺 chì [侘傺](chà-) 形。失意的样子。

鶒 chì 见"鸂(xī)鶒"。

瘛 chì 同"瘈"。另见zhì。

瘛 chì [瘛疭](-zòng) 名。中医指手脚痉挛、口眼歪斜的症状。也叫抽风。

chōng (彳ㄨㄥ)

充 chōng ❶动。假装;须带宾语:～行家|～能干|打肿脸～胖子。❷〈素〉(1)满,足:～足|～分。(2)塞住,塞:～耳不闻。(3)担任:～任|～当。❸姓。
【充畅】chōngchàng 形。充沛畅达;多形容商品的来源或文章的气势:～的货源|文气～。
【充斥】chōngchì 动。充满;多带宾语,含贬义:解放前,洋货～我国的市场。
  *"充斥"和"充满":"充斥"是贬义词,"充满"是中性词。"充斥"适用范围狭小,一般用于具体事物,只和名词搭配;"充满"适用范围广泛,既可用于具体事物,也可用于抽象事物,如信心、热情、力量、矛盾等,既能与名词搭配,也可以和动词搭配。
【充当】chōngdāng 动。担任某种职务或取得某种身份:这个角色由他～。常带宾语:～要职|在这次事件中,他～了不光彩的角色。
【充耳不闻】chōng ěr bù wén 成。充:堵塞;闻:听见。塞住耳朵不听,形容拒绝听取别人的意见:我给他提过许多意见,他竟然～。
【充分】chōngfèn 形。(1)足够:他的理由很～。(2)尽量;多作状语,不加程度副词:青年们在抗旱斗争中,～发挥了主动性和积极性。
  *"充分"和"充足":"充分"除表示事物足够外,还表示行为、动作达到最大限度,有尽量、完全之类的意思;"充足"只表示事物多到能满足需要。"充分"多形容抽象事物,"充足"多形容比较具体的事物。"充分"除作定语、谓语外,还常作状语;"充足"一般不作状语。
【充军】chōngjūn 动。古代将罪犯解送到边远地区去服役。
【充满】chōngmǎn 动。多带宾语,常带态助词"了、着"。(1)填满,布满;多用于比较具体的事物:屋子里～阳光|整个大厅～着欢笑声。(2)充分具有;多用于抽象事物:这篇散文～诗意|我们对教育事业的发展前途～了信心。
【充沛】chōngpèi 形。充足旺盛:体力很～|～的热情。
【充其量】chōngqíliàng 副。至多,表示最大限度的估计;常与"只、不过"等配合:他今年～不过25岁|我～只掌握了2000个英语单词。
【充塞】chōngsè 动。填满,塞满;常带宾语:行李袋里已经～了许多杂物,不能再往里面装东西了。
【充实】chōngshí ❶形。丰富,充足;与"空

虚"相对：文章内容还不够~|我们的生活非常~。❷动。使充足，加强；须带宾语：~基层|努力学习，不断~自己。

*"充实"和"充足"："充实"的意思是不空，多形容事物的内容或力量等；"充足"的的意思是不缺，多能满足需要，常形容比较具体的事物，如阳光、水分、空气以及人力、物力、财力等。"充实"有动词用法，可以带宾语；"充足"没有动词用法。

【充溢】chōngyì 动。充满，流露；常带宾语，加动态助词"着"：在她的脸上~着幸福的神情。常带补语：一种庄严而美好的情感~在我的心头。

【充盈】chōngyíng ❶动。充满；常带宾语，并加动态助词"着"：她的眼眶里~着泪水。❷〈书〉形。形容肌肉丰满：体态~。

【充裕】chōngyù 形。充足有余：经济~|物资很~|~的时间。

【充足】chōngzú 形。很多，能够满足需要；多用于比较具体的事物：办这件事需要~的经费|屋子里光线很~。也可与少数抽象事物如"理由、证据"等搭配：他的理由很~。

芫 chōng ［芫蔚］(-wèi) 名。即益母草。二年生草本植物，茎直立，方形，花淡紫色。茎叶和子实可入药。

冲(沖、△衝) chōng △❶动。常带宾语或补语。(1)用开水等浇：~茶|糖用开水~一下容易化开。(2)冲洗，冲击：用开水~一下碗|洪水把船~跑了。(3)向上窜，快速向前闯：直~云霄|队伍~出了包围圈。(4)互相抵销：~了这笔帐。❷名。指三面环山的狭长平地；常用在地名中：韶山~。❸〈素〉(1)抵触，撞击：~突|~撞。(2)交通要道：要~。

另见chòng。

【冲淡】chōngdàn 动。(1)在溶液中加入别的液体，使溶液浓度变小；常带补语：水放得太多，把咖啡味道~了|汤太咸了，要~一些。(2)使减弱；多指某种气氛、效果、感情等，可带宾语：岁月并不能~我对故乡的思念之情。

【冲动】chōngdòng ❶动。能引起某种动作的神经兴奋；不带宾语：这个人好~，常为一点小事就跳起来。❷形。情感特别强烈，理性控制很薄弱：听到这个消息，他十分~。

【冲锋】chōngfēng 动。进攻的军队向敌人勇猛地冲过去，用近战火力和白刃格斗歼灭敌人；不带宾语：信号弹一升起，部队就向山顶~了。可带补语：在各项活动中，青年人总是~在前。也叫冲击。

【冲锋陷阵】chōng fēng xiàn zhèn 成。进击敌人，深入敌阵。形容作战勇猛或为正义事业勇往直前的斗争精神：鲁迅是在文化战线上，向着敌人~的最正确、最勇敢、最坚决的民族英雄。

【冲击】chōngjī 动。(1)强大的水流或其他力量迅猛撞击：洪水汹涌地向堤岸~着。可带宾语：海水猛烈地~着海岸。(2)见"冲锋"。

【冲积】chōngjī 动。高处的泥沙被水带到低洼处沉积下来：这块地是黄河~而成的。带补语"成"后可带宾语：~成一个小岛。

【冲决】chōngjué 动。水流将堤岸冲开缺口：堤坝被洪水~了。可带宾语：洪水~了大堤。

【冲破】chōngpò 动。原来完整的东西受到冲击而破坏：防线已被~。可带宾语：~旧的世俗观念的束缚。可拆开用：冲得破|冲不破。

*"冲破"和"冲决"："冲破"使用范围广，既可用于具体事物，也可用于抽象事物；"冲决"除了可用于"冲决罗网"外，只用于大水冲破堤岸。"冲破"可拆开用；"冲决"不可。

【冲刷】chōngshuā 动。常带宾语或补语。(1)一面用水冲，一面刷去物体上的附着物：~汽车|把水缸~干净。(2)水流冲击，使土石流失或剥蚀：海水长年~着岸边的岩石。

【冲天】chōngtiān 形。直冲天空，比喻气势旺盛或情绪强烈；不加程度副词：干劲~|~的怒气。

【冲突】chōngtū 动。矛盾表面化，发生激烈争斗；一般不带宾语，可带补语：武装~|两个人为这件事~过好几次。常作"发生、引起"等动词的宾语：他们俩观点相左，常常发生~。

【冲要】chōngyào 形。处于军事上或交通上的关键地方因而形势重要：徐州是十分～的地方,历代为兵家所必争。

【冲撞】chōngzhuàng 动。常带宾语。(1)猛烈撞击或碰撞：巨浪～着礁石。(2)冲犯：大虎脾气不好,动不动就～人。

忡（憃） chōng ［忡忡］形。忧虑不安的样子；常用在固定组合中：忧心～～。

翀 chōng 〈古〉动。鸟向上直飞。。

舂 chōng 动。用杵臼捣去谷物的皮壳；常带宾语或补语：～了一袋米｜药要～一下。

憧 chōng 见"憧憧、憧憬"。

【憧憧】chōngchōng 形。摇曳不定或往来不定的样子；不加程度副词：灯影～～｜人影～～。

【憧憬】chōngjǐng 动。向往；常带宾语,可带动态助词"着、过",不带"了"：人们～着幸福的明天。可作宾语：心里充满对未来生活的～。

*"憧憬"和"向往"："憧憬"是文学用语,书面色彩较浓；"向往"是一般用语。"憧憬"的对象一般是未来的美好生活或境界；"向往"的对象可以是将来才有的事物,也可以是过去的或人们所仰慕的现在的事物,还可以是遥远的地方或境界。

艟 chōng 见"艨（méng）艟"。

chóng（ㄔㄨㄥˊ）

虫（蟲） chóng 名。(～儿、～子)昆虫和类似昆虫的小动物。

【虫豸】chóngzhì 〈书〉名。(1)即虫子,昆虫和类似昆虫的小动物。(2)指下贱的人；旧时骂人用语。

种 chóng 姓。
另见 zhǒng, zhòng。

重 chóng ❶副。(1)重复；常用在单音节动词后,作补语：这篇稿子抄～了。(2)再；常用在动词前,作状语：～唱一遍。❷量。层；用于层层相叠的事物：千～山,万～水｜突破一～又一～难关。
另见 zhòng。

【重唱】chóngchàng 名。两个或两个以上的歌唱者,各按所担任的声部演唱同一歌曲的形式。按人数分为二重唱、三重唱、四重唱等。

【重重】chóngchóng 形。一层又一层；不加程度副词：顾虑～｜克服～困难。

【重蹈覆辙】chóng dǎo fù zhé 成。蹈：踏上；覆：翻；辙：车印儿。又走上翻车的老路。比喻不吸取失败的教训,重犯过去的错误：如果不从失败中吸取教训,难免～。

【重叠】chóngdié 动。相同或相似的东西,一层层堆积；不带宾语：山峦～。可带补语：两个图像～在一起了。可作定语：臃肿～的机构。可重叠：重重叠叠的花影。

【重复】chóngfù 动。相同的事物或行为又一次出现或又一次去做：两个句子～了｜他～着刚才妈妈讲过的话。

*"重复"和"反复"："重复"一般是照原样再来一次；"反复"是多次重复,而且不一定照原样。"重复"有时指繁复啰嗦；"反复"有时表示"颠过来倒过去"或"反悔"的意思。

【重婚】chónghūn 动。法律上指有配偶的人再与他人结婚。在我国,重婚是违法行为；多作定语：他犯了～罪。

【重见天日】chóng jiàn tiān rì 成。比喻摆脱了黑暗的环境又见到光明：沉冤昭雪,我终于～,得到了自由。

【重申】chóngshēn 动。再一次说明；常带宾语：～自己的意见。

【重沓】chóngtà 〈书〉形。重复繁多：枯燥、～的发言,使大家昏昏欲睡。

【重围】chóngwéi 名。一层一层地包围圈；常作"杀出、冲出"等动词的宾语：冲出～。

【重温旧梦】chóng wēn jiù mèng 成。比喻重新经历或回忆旧日的光景；一般用于贬义：被赶下台的皇帝,妄图～,暗中在加紧活动。

【重文】chóngwén 〈书〉名。异体字：《说文解字》中有不少～。

【重现】chóngxiàn 动。重新出现：悲剧～。常带宾语或补语：电视连续剧《红楼梦》～了大观园里众多的人物形象。

【重霄】chóngxiāo〈书〉名。指极高的天空。古代传说天有九重，故也叫九重霄。

【重新】chóngxīn 副。再一次，从头另行开始：我～见到了光明|要～做人。
　　*"重新"和"重"："重新"可以修饰限制单音节词，也可以修饰限制双音节词；"重"只能修饰限制单音节词。"重"有重复的意思，"重新"没有。

【重言】chóngyán 名。一种修辞方式，重叠单字，借以加强描写效果，如"高高的山，清清的水"，其中的"高高"、"清清"就是重言。

【重演】chóngyǎn 动。重新演出，比喻相同的事情再次出现：历史的悲剧不许～。可带宾语：～了这幕惨剧。
　　*"重演"和"重现"："重演"一般用于历史事件，多用于贬义；"重现"一般用于艺术形象，是中性词。

【重阳】chóngyáng 名。我国传统节日，指农历九月初九。古人认为九是阳数，所以叫重阳。旧时这一天有登高的风俗。也说重九。

【重洋】chóngyáng 名。一重重的海洋；一般和"远涉、飞渡"等动词搭配：远涉～，来到中国。

【重译】chóngyì 动。常带补语。(1)经过好多次翻译：这本书已～多次。(2)从译文翻译，即由甲国文字译成乙国文字，再由乙国文字译成丙国文字：这部法国小说是从英文本～过来的。(3)重新翻译：原来的译文不好，林老师～了一遍。

【重整旗鼓】chóng zhěng qí gǔ 成。旗、鼓：摇旗和击鼓，是古代进军的号令，常用来代表军事力量。比喻失败和受挫后，重新整顿力量再干：足球队正在～，争取下次比赛夺魁。

【重奏】chóngzòu 名。两个或两个以上的人按所担任的声部，同时用不同的乐器或同一种乐器演奏同一乐曲的形式。按人数多少，可分为二重奏、三重奏、四重奏等。

【重足而立】chóng zú ér lì 成。两脚并拢，不敢向前迈步。形容非常恐惧的样子。

崇 chóng ❶〈素〉(1)高：～高。(2)尊敬，重视：～拜|尊～。❷姓。

【崇拜】chóngbài 动。尊敬钦佩；常带宾语，可加程度副词：他很～战斗英雄。

【崇高】chónggāo 形。最高的，最高尚的：～的敬礼|振兴中华是我们～的理想|英雄们的品德非常～。

【崇敬】chóngjìng 动。推崇，尊敬；对象除人外，可以是业绩、精神、品格等：英雄们的业绩永远值得人民～。可带宾语：他～大诗人李白。

【崇尚】chóngshàng 动。尊重，推崇；常带宾语：～真理|～礼义。

chǒng(ㄔㄨㄥˇ)

宠（寵）chǒng 动。溺爱，偏爱；可加程度副词：别把孩子～坏了|她也太～小明了。

【宠爱】chǒng'ài 动。溺爱，娇纵偏爱；用于上对下，可加程度副词，含贬义：别太～自己的孩子。

【宠儿】chǒng'ér 名。比喻受到特别喜爱的人；常含贬义。

【宠辱不惊】chǒng rǔ bù jīng 成。对得宠和受辱都无动于衷，指把得失置之度外；含褒义：一个革命者不应计较名利、地位，而应～，全心全意为人民服务。

【宠信】chǒngxìn 动。庞爱信任；可加程度副词，含贬义：皇上对他十分～。可带宾语：他非常～部下。

【宠幸】chǒngxìng 动。旧指地位低的人被地位高的人宠爱；可加程度副词：唐玄宗对高力士非常～。可带宾语：当年，吴王夫差十分～西施。

chòng(ㄔㄨㄥˋ)

冲（衝）chòng ❶形(1)劲儿足，力量大：这小伙子干活真～。(2)浓烈：大蒜味儿太～。❷介。(1)对着，向着；与面向的对象构成介词词组，作状语：他提的这条意见是～我来的。(2)凭着，根据：～你这种刻苦的精神，也该评你当先进。❸动。用冲床加工；常带宾语或补语：～一个零件|用冲床来～一下外壳。
　　另见chōng。

【冲床】chòngchuáng 名。一种用冲压方法使金属板成形或在金属板上冲孔的加工机器。也叫冲压机或压力机。

【冲子】chòng·zi 名。一种金属制成的用于打眼的工具。也作铳子。

晾 chòng〈方〉动。小睡；常带补语：倚着大树～了一会儿。

铳 chòng 名。(1)旧时的一种火器，可用来打鸟。(2)(～子)见"冲子"。

chōu(ㄔㄡ)

抽 chōu 动。常带宾语或补语。(1)从中提出一部分：～时间|～出一本书。(2)长出；多与"芽、穗"搭配：麦子～芽了|稻子～了穗。(3)吸：～血|～烟|倒～了一口凉气。(4)收缩：这种布下水后～得厉害。(5)用细长的、软的东西打：～陀螺|冲牲口～了一鞭子。

【抽搐】chōuchù 动。肌肉不由自主地剧烈地收缩；不带宾语：孩子发高烧，四肢～着。也说抽搦(nuò)。

【抽搭】chōu·da〈口〉动。一吸一顿地哭；不带宾语，可带动态助词"着"：姑娘伤心地～着。可重叠，作状语：抽抽搭搭地哭个不停。

【抽调】chōudiào 动。从中调出一部分；用于人员或物资，常带宾语或补语：～了一些物资|他被～到旭光厂去当工程师了。

【抽丁】chōudīng 动。旧时反动统治者强迫青壮年去当兵。也说抽壮丁。

【抽空】chōukòng 动。挤出时间；不带宾语，常作动词的状语：他工作很忙，可还是～学习|这事儿请你～做一下。可拆开用：最近我很忙，抽不出空来。

【抽泣】chōuqì 动。一吸一顿地小声哭；不带宾语：一连几天，他常在母亲的遗像前～。可带补语：～起来|～了一会儿。

【抽签】chōuqiān 动。从许多做了标记的物品(如竹签、纸团等)中，抽出一个或几个来决定先后次序；不带宾语：大家先～，再依次回答问题。可拆开用：抽一根签。

【抽象】chōuxiàng ❶动。从事物的许多属性中，舍弃非本质属性，抽出共同的本质属性；常带补语：概念是从许多带有共性的事物中～出来的。❷形。不具体的，笼统的，空洞的；与"具体"相对：～的说教|你的话太～了。

【抽薪止沸】chōu xīn zhǐ fèi 成。薪：柴草。抽去锅下的柴草，使锅中的水不再沸腾。比喻从根本上解决问题。

【抽噎】chōuyē 动。抽搭，一顿一吸地哭泣。

【抽绎】chōuyì 见"紬(chōu)绎"。

紬 chōu〈古〉动。(1)引出。(2)缀辑。另见chóu(绸)。

【紬绎】chōuyì〈书〉动。引出头绪，阐述；加趋向动词"出"后带宾语：从这段文字里可以～出以下一些见解。也作抽绎。

瘳 chōu〈古〉动。(1)病愈。(2)损害。

chóu(ㄔㄡˊ)

仇(讎、讐) chóu ❶名。深切的恨：～还未报|不忘血泪～。❷〈素〉敌人：～敌|疾恶如～。
另见qiú。

【仇敌】chóudí 名。敌人，结了怨仇的人：不能把同志当～。

【仇恨】chóuhèn ❶名。因利害矛盾而产生的很深的怨恨：民族～|心头的～。❷动。极其怨恨；常带宾语，可加程度副词：她非常～那个欺骗玩弄过她的男人。

【仇杀】chóushā 动。因有仇而杀害：互相～。常作定语：这是一桩～案。

【仇视】chóushì 动。怀着仇恨的心情来看待；常带宾语：～吃人的剥削制度。可加程度副词：她们很～这个没有人性的老板娘。

【仇隙】chóuxì〈书〉名。因怨恨而产生的裂痕：两人之间～颇深。

【仇怨】chóuyuàn 名。仇恨和怨愤：～很深，难以解除。

俦(儔) chóu〈素〉同伴，伴侣：～侣|同～。

帱(幬) chóu〈古〉名。(1)帐子。(2)车帷。
另见dào。

畴(疇) chóu〈素〉(1)田地。田～|平～。(2)种类：

畴筹踌惆绸稠酬愁 chóu 143

范～。

【畴昔】chóuxī 〈书〉名。往日，从前：～之梦。

筹（籌）chóu ❶名。(～儿、～子)一种计算和记数的用具，也作为领取物品的凭证，多用竹、木、象牙等制成：竹～子。❷动。筹划；多带宾语：～了一笔款子。

【筹备】chóubèi 动。在举办一件事之前预先计划和准备；常带宾语：～了一些资金。

＊"筹备"和"筹划"："筹备"泛指事前的准备工作，包括"筹划"的意思在内；"筹划"指事前的打算、计划，是考虑、谋划的阶段。"筹备"常作定语：～小组；"筹划"一般不作定语。

【筹措】chóucuò 动。设法得到；常带宾语，多指款子：～经费。

【筹划】chóuhuà 动。想办法，定计划：长江的治理和综合开发正在～中。可带动词性词组作宾语：我厂已在～增添新设备。也作筹画。

【筹集】chóují 动。筹划收集；常带宾语，多指资金、物品等：～物资｜～资金。

【筹建】chóujiàn 动。筹划建立：学术研究协会正在～中。可带宾语：～一座教学大楼。

【筹码】chóumǎ 名。也作筹马。(1)计数和进行计算的用具，旧时常用于赌博。(2)旧称货币和具有货币作用的票据。

踌（躊）chóu [踌躇](-chú) ❶〈书〉动。犹豫，不带宾语；可带补语：她～了一会儿，才走进门去。❷〈书〉形。形容得意：～满志｜一脸～的神色。

【踌躇满志】chóuchú mǎn zhì 成。踌躇：得意的样子。形容对自己取得的成就称心满意足：送走了客人之后，他～地在大客厅里踱了一会儿。

惆 chóu [惆怅](-chàng) 形。失意，伤感：无比～｜不胜～。

绸（紬）chóu 名。(～子)一种薄而软的丝织物，用蚕丝或化纤织成：～裤子｜～子被面｜这件衣服是～的。
"紬"另见chōu。

【绸缪】chóumóu 〈书〉❶形。缠绵：情意～。❷动。用绳索绑牢、加固；常用在固定组合中：未雨～。

稠 chóu 形。(1)多而密：棉花种得太～了。(2)浓；指半流体状态的东西；与"稀"相对：粥太～了。

【稠密】chóumì 形。多而密：人烟～｜村落太～。

酬（酧、醻）chóu 〈素〉(1)敬酒：～酢。(2)用财物偿付或报答：～劳｜～金。(3)交际往来：应～。(4)实现：壮志未～。

【酬报】chóubào 动。用财物或行动报答：您对我的恩情，容日后～。可带宾语：他在工作上、生活上给我许多帮助，可我至今还没～他。

【酬唱】chóuchàng 〈书〉动。以诗词相互赠答。

【酬答】chóudá 〈书〉动。(1)酬谢：我不过尽心尽职罢了，何须～。(2)用言语或诗文应答：他才思敏捷，以文会友总能从容～。

【酬对】chóuduì 〈书〉动。应答，应对：善于～｜～得体。

【酬金】chóujīn 名。酬劳的钱：～优厚。

【酬劳】chóuláo ❶动。酬谢出力的人：对他要好好～。可带宾语：他备了一桌酒菜来～帮助搬家的人。❷名。给出力人的报酬：请收下这点～。

【酬谢】chóuxiè 动。用金钱礼物等表示谢意：这是我应该做的事，用不着～。可带宾语：他帮了那么大的忙，能不～他吗?

【酬酢】chóuzuò 〈书〉动。酬：向客人敬酒；酢：客人用酒回敬主人。主客互相敬酒，泛指应酬。

愁 chóu 动。担忧；可加程度副词：她整天很～。可用名词、动词或词组作宾语：～路费｜不～吃｜我就～孩子没人带｜孩子们就～乘不上车。也可带补语：一听到考试他就～起来了。

【愁肠】chóucháng 名。愁闷难解的心境：～百结｜满腹～。

【愁苦】chóukǔ 形。忧愁苦恼：～的面容｜内心十分～。

【愁眉】chóuméi 名。发愁时紧锁的眉头：～不展｜一副～苦脸的样子。

【愁闷】chóumèn 形。忧愁烦闷：近日来，他内心很～。

【愁容】chóuróng 名。忧愁的面容：一副～｜面带～。

【愁绪】chóuxù 名。忧愁的情绪：～难消｜一腔～。

雠（讐） chóu ❶〈素〉校对：校～。❷"仇(chóu)"的异体字。

chǒu (ㄔㄡˇ)

丑（△醜） chǒu ❶名。(1)地支的第二位。参见"干支"。(2)在戏曲里扮演滑稽人物的角色。(3)十二时辰之二，指夜里一时至三时。△❷形。相貌难看；与"美"相对：长得太～。△❸〈素〉令人厌恶的或可耻的：～闻｜～态。❹姓。

【丑表功】chǒubiǎogōng 动。不知羞耻地吹嘘自己的所谓功劳，不带宾语：歹徒行凶时，你畏缩不前，现在居然～，说什么同坏人搏斗，不怕难为情吗？

【丑恶】chǒu'è 形。丑陋恶劣：～的灵魂｜面目十分～。

＊"丑恶"和"丑陋"："丑恶"着重指思想行为卑劣可耻；"丑陋"着重指外形不堪入目。"丑恶"既可以用于人，也可以用于事物，但一般是抽象事物；"丑陋"经常用于人，偶尔用于事物，一般是比较具体的事物。

【丑化】chǒuhuà 动。把本来美的或不丑的事物歪曲、诬蔑成丑的；常带宾语：敌人有意～我们的国家。

【丑剧】chǒujù 名。指丑恶的具有戏剧性的事件；量词用"幕、场、出"等：这幕～该收场了。

【丑角】chǒujué 名。(1)在戏剧中充当滑稽人物的角色。也叫丑。(2)在某一事件中充当不光彩角色的人。

【丑类】chǒulèi 名。指坏人、恶人这一类人。

【丑陋】chǒulòu 形。难看；指相貌或样子：相貌～｜长相十分～。

【丑时】chǒushí 名。旧时计时法指夜里一点到三点钟。

瞅（䁖） chǒu 〈方〉动。看；宾语或补语：你～他来了

吗？｜他～了我一眼，什么话也没说。

【瞅见】chǒujiàn 〈方〉动。看到：我刚才～他走了。可拆开用：瞅得见｜瞅不见。

chòu (ㄔㄡˋ)

臭 chòu ❶形。(1)气味难闻的；与"香"相对：这鱼都～了，不能吃了。(2)令人厌恶的：名声很～。❷副。狠狠地：～揍了一顿。

另见 xiù。

【臭烘烘】chòuhōnghōng 形。形容很臭；不加程度副词，常带助词"的"：这厕所～的｜～的鸡蛋，不能吃了。

【臭乎乎】chòuhūhū 形。形容有些臭；不加程度副词，常带助词"的"：臭豆腐闻起来是～的，吃起来却很香。

【臭骂】chòumà 动。狠狠地骂；常带宾语或补语：～了他一顿。

【臭名昭著】chòu míng zhāo zhù 成。昭著：显著。坏的名声人人知道：希特勒是个～的法西斯头目。

【臭皮囊】chòupínáng 名。佛教用语。指人的躯体，佛家认为人体是不干净的。

【臭味相投】chòu wèi xiāng tóu 成。投：投合。思想、作风、兴趣等相同，很合得来；专指坏的，含贬义：他们～，结成了一帮。

chū (ㄔㄨ)

出（△齣） chū ❶动。常带宾语或补语。(1)从里面到外面；与"入、进"相对：～了大门｜他～不了国。(2)出产，发生：～大米｜毛病在这里。(3)超出，离开：球～了界｜火车～了轨。(4)发出，发泄：～了许多汗｜气够了。(5)显露：～洋相｜风头～足了。(6)往外拿：～五元｜布告～来了。△❷量。表示传奇中的一个大段落或戏曲的一个独立剧目：看了两～戏。❸〈素〉(1)来到：～席｜～场。(2)支付：量入为～。(3)显得量多：～饭｜～数儿。

出 ·chu 趋。用在动词后表示动作的趋向或效果：走～办公室｜看～问题｜作～新贡献。

【出版】chūbǎn 动。把书刊、图画等编印出来：这本书已经～。可带宾语：～了

几十种书。

【出奔】chūbēn 动。出走：离家～。

【出殡】chūbìn 动。运送灵柩到安葬或存放的地点；不带宾语：6000多人为鲁迅先生～。

【出岔子】chū chà·zi 词组。出现差错或事故：这个作业组老～。

【出差】chūchāi 动。工作人员临时外出办理公事；一般不带宾语：又要～了。可拆开用：出了好几趟差。

【出产】chūchǎn ❶动。天然生长或人工生产；常带宾语或补语：～名贵药材|茶叶～得很多。❷名。出产的物品：四川的～很丰富。

＊"出产"和"生产"："出产"一般指某地有天然的或人工制造的产物；"生产"一般指经过劳动创造出来的产品。"出产"可作名词；"生产"不可。

【出超】chūchāo 动。一国在一定时期内（一般为一年），出口货物的总值大于进口货物的总值；与"入超"相对，不带宾语：近几年来，我国的对外贸易开始～。

【出处】chūchǔ 〈书〉动。旧指士大夫出来做官或在家隐居。

【出处】chūchù 名。引文或典故的来源：找到这个成语的～。

【出典】chūdiǎn 名。典故的来源，出处："揠苗助长"的～见《孟子·公孙丑上》。

【出动】chūdòng 动。(1)外出活动或行动；一般不带宾语：大部队～了。(2)派出；多带宾语：～了一支小分队。(3)许多人为某事而行动起来；一般不带宾语：昨天大扫除，我们全组都～了。

【出尔反尔】chū ěr fǎn ěr 成。尔：你。原意是你怎样对待人，人就怎么对待你。现指前后言行自相矛盾，反复无常：我不能～，答应人家了，现在又拒绝。

【出发】chūfā 动。不带宾语。(1)离开原来所在地到别的地方去：列车从上海～，直达南京。(2)以某一方面为起点来考虑或处理问题：从培养能力的角度～|从长远利益～。

【出发点】chūfādiǎn 名。(1)起点：这次旅游的～是南京。(2)动机，最根本的着眼处：他对你的批评虽然重些，但～是好的|一切为了人民的利益，这就是我们

工作的～。

【出风头】chū fēng·tou 习。爱在大庭广众中显示自己：这个人太爱～。

【出阁】chūgé 动。出嫁。

【出恭】chūgōng 动。排泄大便。

【出轨】chūguǐ 动。不带宾语。(1)有轨车辆在行驶时离开了轨道。(2)言行出乎常规之外：小王的举动有点～了。

【出活儿】chūhuór ❶形。指工作效率高：换上这种新工具就很～。❷名。干出的活儿：方法改进以后，不但省力，～也多。

【出击】chūjī 动。部队出动，向敌人发起进攻；一般不带宾语：我军定于拂晓前～。

【出继】chūjì 动。过继给他人做儿子；常与"给"构成连动词组：老张把小儿子～给了王家。

【出家】chūjiā 动。脱离家庭去庙宇当僧尼或道士。

【出嫁】chūjià 动。女子结婚；不带宾语：家里的两个女儿都～了。可拆开用：出了嫁。也说出阁。

【出境】chūjìng 动。(1)离开国境；不带宾语：现在他已～。(2)离开某个地区。

【出口】chūkǒu ❶动。(1)说出话来；不带宾语：～成章|一言～，驷马难追。(2)本国或本地区的货物运出去；与"进口"相对：我国的丝绸每年～不少。可带宾语：～了一批土产。可拆开用：这种产品出过口。❷名。公共场所供人出去的门或口儿。

【出口成章】chū kǒu chéng zhāng 成。话说出来就成文章，形容口才好或学问渊博，文思敏捷：厂长作报告从来不写稿子，～。

【出来】chū·lái 动。(1)从里面到外面；表示动作朝着说话人所在地：他从屋里～了|屋里～了几个人。可以插入"不、得"：出不来|出得来。(2)公开露面：今天的音乐会上，不少名演员都～了。(3)产生，出现：旧的问题解决了，新的问题又～了|只～一个化验报告。

【出来】chū·lai 趋。用在动词后。(1)表示人或事物随动作从里向外：他走～了|我的心都要跳～了。(2)表示动作完成或实现：办法已经研究～｜我近几天挤不～

时间。(3)表示人或事物随动作由隐蔽到显露：这个不清楚的字，我看～了。(4)表示动作使人或物在某一方面获得了某种好的能力或性能：他的嗓子练～了｜这镰刀口快了(镰刀口快了,好用了)。

【出类拔萃】chū lèi bá cuì 成。出、拔：超过；类：同类；萃：原为草丛生的样子，引申为聚集在一起的人或物。形容超过众人，不同一般：本地出了很多～的人物。

【出溜】chū·liu 〈方〉动。滑行；不带宾语：他走着走着，脚下一～，便摔倒了。

【出笼】chūlóng 动。不带宾语。(1)馒头、包子等蒸熟后从笼屉中取出：豆沙包子快～了。(2)比喻囤积居奇的货物大量售出，钞票大量发行，也比喻坏事物大量出现：宣扬封建迷信的非法出版物近来又～了。

【出路】chūlù 名。(1)前途,发展的道路：上大学并非年轻人的唯一～。(2)重新做人的机会：对这类犯人既要绳之以法，又要给以～。(3)商品可以销售的去处：这种货物的～很广，城市、农村都很需要。

【出乱子】chū luàn·zi 习。出现差错或毛病：今天刚上班就～。也说出漏子。

【出落】chū·luo 动。出挑，青年人的体态和容貌向美好的方面变化；多指女性，常带补语：你家女儿这两年～得越发水灵了。

【出马】chūmǎ 动。原指将士上阵作战，今多指出头做事；不带宾语：这件事非你～不可。可拆开用：他亲自出了马，问题才解决。

【出卖】chūmài 动。常带宾语或补语。(1)卖掉：为了生计，他只好～了自己收藏的古董｜家具～完了。(2)为了个人利益，做有损于国家、民族等的事；含贬义：这个叛徒～了同志。

【出毛病】chū máo·bing 习。出差错，出故障，出事故：小李做事粗心，常常～｜自行车～了。

【出面】chūmiàn 动。以集体或个人名义做某件事；不带宾语：由校方～来解决这个问题。

【出名】chūmíng ❶动。(1)有名声；可带动态助词"了"：小赵演了这场戏就～了。可拆开用：出不了名。(2)出面；常构成连动词组：李经理来后,由你～接待一下。❷形。名字为大家所熟知：他在我校很～。

【出没】chūmò 动。出现和隐藏：～无常｜深山中有猛虎～。可带宾语：抗战时期，白洋淀里～着一支游击队。

【出纳】chūnà 名。(1)财务管理中现金、票据的付出和收进；常作定语：～会计。(2)指担任这种工作的人。

【出品】chūpǐn ❶动。生产出来产品；不带宾语：这种洗衣机我厂已经～了。❷名。生产出来的物品：这是我厂的～。

【出其不意】chū qí bù yì 成。其：他，他们；不意：没有料到。原指在敌人没有料到的时候出击，后泛指出乎别人的意料：那时，游击队神出鬼没，经常～地袭击敌人。

【出奇】chūqí 形。特别，不平常：坏得～｜今年春天雨水那么多，真～!

【出奇制胜】chū qí zhì shèng 成。奇：奇兵，使敌人料想不到的突然出现的军队；制胜：取胜。用奇兵制服敌人，取得胜利。引申为用出人意料的办法取胜：这个厂生产的工艺品有～、清新独到之处。

【出气】chūqì 动。发泄出心里的怨气；不带宾语：你心里不痛快，怎么拿孩子～。可拆开用：出了一口气。

【出勤】chūqín 动。在规定时间内到工作场所工作，也指外出办理公务；不带宾语：她每天～，从不请假。常作定语：～率｜～人数。可拆开用：出满勤。

【出去】chūqù 动。从里面到外面；表示动作离开说话人所在地：他从学校～了。(1)表示人或事物随动作从里向外：把瓶里的水倒～｜窝里飞～一只鸡。(2)表示人或事物随动作由隐蔽到显露；动词限于"说、讲、透露、泄露"等,常用介词"把"将名词提前：他把这件事说～了。

【出缺】chūquē 动。因原任人员离职或死亡而职位空出来;多指职位较高的。

【出让】chūràng 动。不以谋利为目的而卖出：他把老家的房子～了。可带宾语：我校～了一些多余的课桌。

【出人头地】chū rén tóu dì 成。形容超过别人或高人一等：干好工作不是为了要~，也是为了多作贡献。

【出人意料】chū rén yì liào 成。出乎人们意料之外：人们原以为他会慷慨陈词，可是~，他声音很轻，只说了几句不痛不痒的话。也作出人意表、出人意外。

【出任】chūrèn 〈书〉动。出来担任；常带宾语，指某种职务：他~今天足球赛的裁判。

【出入】chūrù ❶动。出去和进来；不带宾语：请从正门~。❷名。差别，不一致的地方；指数目或语句等：这笔现款和帐上数目没有~｜两人讲的情况有~。

【出色】chūsè 形。特别好，超出一般：~的成绩｜这批年轻人干得很~。
　　*"出色"和"卓越"："出色"着重讲好得超过一般，多形容工作、任务、行动、成绩等；"卓越"着重讲不平凡，多形容成绩、成就、贡献、才能等。"出色"用于口语，也用于书面语；"卓越"用于书面语，带有庄重的色彩。

【出身】chūshēn 动。指个人早期经历或由家庭经济情况所决定的身份；常带宾语或补语：他~店员｜他~于工人家庭。可作主语或宾语：他的~是农民｜他是什么~？

【出神】chūshén 动。精神专注犹如发呆的样子；不带宾语：他呆地站在桌前~。可作补语：面对这幅肖像画，他竟看得~了。可拆开用：看出了神。

【出神入化】chū shén rù huà 成。神：神妙；化：化境，高超的境界。在神妙高超的境界自由出入，形容技艺达到绝妙的境界：齐白石画的虾简直到了~的地步。

【出生】chūshēng 动。诞生，从母体中生出来：这个小孩八月三日~｜~在这间屋子里。
　　*"出生"和"出身"："出生"指人出世；"出身"指人的家庭经济状况所决定的身份或个人的早期经历。"出生"是动词，不带宾语，常带补语；"出身"也是动词，但还有名词用法，作动词时，可带宾语或补语。

【出生入死】chū shēng rù sǐ 成。原指人从出生到死去，后形容经历极大危险，随时有丧失生命的可能：先辈们~，用鲜血和生命为人民换来了今天幸福的生活。

【出师】chūshī 动。不带宾语。(1)学艺期满：他当了两年学徒工，今年就要~了。(2)〈书〉出兵打仗：~不利，屡打败仗。

【出使】chūshǐ 动。接受使命到国外去；常带处所宾语：~亚非各国。

【出世】chūshì 动。不带宾语。(1)出生。(2)产生：旧制度将灭亡，新制度要~了。(3)宗教指超脱人世。泛指消极地逃避现实：生活在现实社会中，却想~，这是一种幻想。

【出示】chūshì 动。拿出来给人看；用于证件等，多带宾语：请~身份证｜~护照。

【出仕】chūshì 〈书〉动。旧指做官。

【出手】chūshǒu ❶动。(1)卖出货物；多用于倒卖、变卖等，可带动态助词"了"：那批产品已~了。常带宾语：~了一批货。可拆开用：出了手。(2)拿出来；多指花钱，不带宾语：他一~就是几十块钱｜这人~很大方。❷名。(1)指袖子的长短。(2)开始做某事时表现出来的本领：我同他下过棋，他的确~不凡。

【出水芙蓉】chū shuǐ fúróng 成。芙蓉：荷花。刚出水面的荷花。原比喻清新自然的诗文，后也比喻美貌的少女：这姑娘娇艳无比，犹如~。

【出台】chūtái 动。不带宾语。(1)演员上场。(2)指公开出面活动：他一直在幕后策划，从不~。(3)正式公布或宣布：工资改革方案即将~。

【出挑】chūtiāo 动。年轻人的体貌和智能向美好的方面发育、成长、变化：小亮越来越~了。加"成"后可带宾语：几年不见，小妹已~成美人儿了。

【出粜】chūtiào 动。卖出粮食：麦子已全部~。可带宾语：王大娘在市场上~了两口袋大米。

【出头】chūtóu 动。不带宾语。(1)从困苦的环境中解脱出来：解放后，我全家才脱离苦海，有了~之日。可拆开用：苦日子终于熬出了头。(2)出面，带头。这种场合他不爱~。可拆开用：举行开幕式时，你得出个头。(3)用在整数后，表示超过一点：小伙子二十岁刚～。

【出头露面】chūtóu lùmiàn 成。形容好在众人面前表现自己，也指在公众场合出现：他从不爱～。

【出土】chūtǔ 动。从地下发掘出来；指古器物等：又一批甲骨文～了。可带宾语：西安最近又～了一批文物。

【出脱】chūtuō 动。(1)卖出货物；常带宾语：～了一大批木材。(2)出落；不带宾语：这位姑娘长得越来越～了。(3)开脱；常带宾语，用于罪名：他想～自己的罪责。

【出息】chūxi ❶名。(1)指志气、上进心和发展前途；多作"有、没"的宾语：这孩子学习很刻苦，长大后一定有～。(2)〈方〉指收益：种经济作物～大。❷〈方〉动。长进，出落；不带宾语：多年不见，他比过去～多了。

【出席】chūxí 动。参加会议：今天全校开大会，大家都要～。可带宾语：～今天的招待会。可拆开用：三天的讨论会，他只出了一次席。

【出现】chūxiàn 动。显露出来，产生出来；常带宾语或补语：我厂～了许多好人好事｜重新～在舞台上。

＊"出现"和"呈现"："出现"使用范围宽，搭配对象可以是人或物；"呈现"使用范围窄，搭配对象多限于景物或人的神态等。"呈现"要求带宾语或补语；"出现"不一定。

【出线】chūxiàn 动。指体育运动队或运动员在比赛中获得参加更高一层比赛的资格；不带宾语：我们虽然打赢了这场球，但丝毫不能松懈，后两场比赛也必须取胜才行，否则很难～。

【出项】chūxiàng 名。所支出的款项。

【出巡】chūxún 动。出外巡视：今夜九时～。可带处所宾语：～江南，现已抵达苏州。

【出言不逊】chū yán bù xùn 成。逊：谦让，恭顺。说话傲慢、无礼：这小伙子～，受到大家的批评。

【出洋】chūyáng 动。指到国外去；不带宾语：他～了。可拆开用：年轻时他出过一次洋。

【出洋相】chū yángxiàng 习。(1)比喻出丑、丢面子；常用的格式有"给…出洋相"、"出…的洋相"，前面常加状语：你别给我们三队～｜这不是成心出我的洋相吗？(2)做怪样，让人发笑；前面常加状语：新兵小刘净～，像个孩子。

【出征】chūzhēng 动。出去打仗：战士们马上就要～了。可带处所宾语：～边疆要塞。

【出众】chūzhòng 形。高出众人：才华很～｜～的口才。

【出走】chūzǒu 动。因故不声不响地离家或离开当地；不带宾语：形势迫使他离家～。

【出租】chūzū 动。收取一定租金，让人暂时使用；常带宾语或补语：～雨具｜房子已～给人了。

初 chū ❶形。刚开始，第一次；不单独作谓语，只修饰单音节词：～冬｜～来此地。❷〈素〉最低的：～级｜～等。❸前缀。表示农历每个月前十天的次序，加在"一"至"十"的前面，"十一"起，不再加"初"。❹姓。

【初步】chūbù 形。开始的，不完备的，不是最后的；不加程度副词，不单独作谓语，只作定语或状语：这是我的～体会｜问题已～解决。

【初出茅庐】chū chū máo lú 成。茅庐：草房。原指诸葛亮初出草屋就打了胜仗，后比喻才离开家门或校门进入社会，缺乏经验：他参加工作不久，～，办事难免会有闪失。

【初创】chūchuàng 动。刚刚创立；一般不带宾语：我校～，设备简陋。作定语时不加助词"的"：～时期｜～阶段。

【初等】chūděng 形。浅近的，初级的；不加程度副词，不单独作谓语，只作定语：～数学｜～教育。

【初伏】chūfú 名。夏至后的第三个庚日或从夏至后的第三个庚日起到第四个庚日前一天的一段时间。也叫头伏。

【初稿】chūgǎo 名。第一稿，也泛指未定稿。

【初婚】chūhūn 动。(1)第一次结婚。(2)刚结婚不久；不带宾语：他俩～，正在欢度蜜月。

【初级】chūjí 形。最低阶段；不加程度副词，不单独作谓语，只作定语：～形式｜～

读物。
【初交】chūjiāo 名。相识不久、还没有深厚友谊的人:他俩是～,彼此还不甚了解。
【初恋】chūliàn 动。初次恋爱或恋爱不久;一般不带宾语:一个青年学生的爱国热情,真如一个青年姑娘～时那样的纯真。
【初期】chūqī 名。开始的一段时期:建国～。
【初赛】chūsài 动。第一轮比赛;不带宾语:这两个队～后,胜者参加复赛。
【初生牛犊不畏虎】chū shēng niú dú bù wèi hǔ 成。犊:小牛。刚生下来的小牛不怕老虎,比喻青年人勇敢大胆,但缺少经验:这天,海上风浪很大,大牛却毅然驾船出海,真是～!
【初试】chūshì 动。(1)初次试验;常带宾语或补语:～锋芒|这项实验已～过一次。(2)分两次举行考试的第一次;与"复试"相对:他参加了～,等着复试。
【初旬】chūxún 名。每月的第一个十天。
【初衷】chūzhōng 名。最初的心愿,本意:这事儿办成这样,有违我的～。

樗 chū 名。樗树,即臭椿。乔木,叶子有臭味,根和皮中医入药。

chú (ㄔㄨˊ)

刍(芻) chú 〈素〉(1)喂牲畜的草:～秣(mò)|反～。(2)割草:～荛。
【刍荛】chúráo 〈书〉名。(1)割草打柴的人。(2)提供意见时谦称自己:～之见(浅陋的见解)。
【刍议】chúyì 〈书〉名。指自己粗浅的言论,谦辞,常用作文章的题目或书名。

鸰(鶵) chú 〈古〉❶ [鹓鸰](yuān-) 名。凤凰一类的鸟。❷同"雏"。

雏(雛) chú 形。幼小的;多指鸟类:～鸡|～鹰。
【雏儿】chúr 〈口〉名。原指幼禽,后多用来比喻年纪不大、没有阅历的人:他还是个～,涉世不深。
【雏形】chúxíng 名。(1)事物初步形成的规模:巴黎公社是无产阶级政权的～。(2)依照事物原样缩小的模型:这是水电

站的～。

除 chú ❶动。(1)丢掉,去掉,消灭;常带宾语或补语:～虫|～掉一大祸害。(2)用一个数把另一个数分成若干等份:用2～8等于4。(3)〈古〉封建时代指任命官员。❷介。除了;表示不计算在内,须与"外、以外"等配合使用:～他以外,我都认识。❸〈素〉台阶:庭～|阶～。
【除恶务尽】chú è wù jìn 成。消除恶势力必须彻底,干净。~,对于那些同人民为敌到底的死硬分子,必须彻底消灭。
【除法】chúfǎ 名。从一个数减去相同数的简便算法。例如从10中减去相同数2,总共可以减去五个,就是10除以2。
【除非】chúfēi 连。(1)强调某条件是唯一的先决条件,作用相当于"只有",常跟"才、否则、要不、不然"等配合:～下大雨,我才不来|～你去,否则他不会去。(2)表示不计算在内,相当于"除了":他每天坚持长跑,～下雨。
　　*"除非"和"只有":"除非"有时是从反面强调不能缺少某个唯一的条件,语气较重;"只有"是从正面提出某个唯一的条件,语气稍轻。"除非"可以用在"是……"前,"只有"不能。"除非……才"也可以说成"除非……不……";"只有…才…"不能说成"只有…不…"。
【除旧布新】chú jiù bù xīn 成。除:废除。布:布置、安排。废除旧的,安排新的:家家都在～,迎接新年。
【除了】chúle 介。(1)表示不计算在内;常与"都、全"呼应:～下雨,他每天都锻炼。(2)排除已知,补充其他;常与"还、也"等呼应:～以上几点,还要再补充一点。(3)表示不这样就那样;常与"就是"搭配:最近～刮风,就下雨。
　　*"除了"和"除":"除了"后面可以不加"外、以外、之外、而外";"除"必须加。"除了"在书面语和口语中都可以用;"除"多用于书面语。
【除名】chúmíng 动。从名册中勾除其姓名,使退出集体;不带宾语:他擅自离职,已被工厂～。不可拆开用:除了他的名。
【除外】chúwài 动。不计算在内;不带宾语:我每天傍晚外出散步,下雨天～。

【除夕】chúxī 名。一年最后一天的晚上，泛指一年的最后一天。

滁 chú 地名用字。滁州市，在安徽省。

蜍 chú 见"蟾(chán)蜍"。

耝 chú 〈古〉同"锄"。

锄(鋤) chú ❶名。锄头，一种松土和除草的农具：一把大～。❷动。(1)用锄头松土、除草；常带宾语或补语：～了一天地｜田里的杂草～得干干净净。(2)铲除：～掉奸臣贼子。

【锄奸】chújiān 动。铲除通敌的坏人；不带宾语：为民～。

厨(廚、厨) chú 〈素〉(1)做饭菜的地方：～房｜庖～。(2)以烹调为职业的人：～师｜帮～。

【厨师】chúshī 名。长于烹调并以此为专业的人。旧称厨子。

橱(櫥) chú 名。(～子)一种收藏东西的家具：一张～。

【橱窗】chúchuāng 名。指商店用来展览样品的临街的玻璃窗。也指形状像橱而较浅的用来展览图片等的设备。

蹰(躕) chú 见"踟(chí)蹰"。

躇 chú 见"踌(chóu)躇"。

chǔ(ㄔㄨˇ)

处(處、処、处) chǔ ❶动。(1)存在，置身；不带宾语，须带处所补语或时间补语：～在热带｜～在新时期。(2)交往，跟别人一起生活；不带宾语，可带补语：这个人很好～｜跟他～得很熟。(3)〈书〉处罚；须带宾语或补语；多指刑罚：～三年以上徒刑｜～以死刑。❷〈素〉(1)办理，决定：～置｜～分。(2)居住：穴居野～。
另见 chù。

【处罚】chǔfá 动。对犯错误或犯罪的人给予处分或依法惩罚：他犯了严重错误，必须～。可带宾语：不要任意～学生。

【处方】chǔfāng ❶动。医生给病人开药方；多作定语：～权。❷名。开出的药方：一天开了70张～。

【处分】chǔfèn ❶动。对犯罪或犯错误的人给予一定的惩罚或处理；常带宾语：厂里～了几名违反厂规的工人。❷名。惩罚或处理的决定：他受到了严重警告的～。

【处境】chǔjìng 名。所处的环境，面临的情况；多指不利的：～艰难｜～危险。

【处决】chǔjué 动。常带宾语。(1)执行死刑：～了这个恶贯满盈的家伙。(2)处置裁决：由主管单位来～这件事。

【处理】chǔlǐ 动。(1)安排事物，解决问题：此事由厂长负责～｜～过一些重大案件。(2)减价或变价出售：削价～｜～了一批滞销产品。(3)用指定的方法对工件或产品进行加工，使其获得所需要的性能：这些元件要进行热～。

* "处理"和"处分"："处理"有安排解决问题的意思，也有惩罚的意思；"处分"一般是指惩罚。"处理"的对象一般是物，也可以是人；"处分"的对象一般是人。"处理"只有动词用法；"处分"除动词用法外，还有名词用法。

【处女】chǔnǚ 名。没有结婚并保持贞节的女子。

【处女地】chǔnǚdì 名。未开垦的土地。

【处女作】chǔnǚzuò 名。作者第一部正式发表的作品：话剧《雷雨》是曹禺的～。

【处世】chǔshì 动。指采取一定的态度对待社会上的人和事；不带宾语：他为人～非常真诚。

【处暑】chǔshǔ 名。二十四节气之一，在每年8月23日前后。

【处心积虑】chǔ xīn jī lǜ 成。处心：存心；积虑：蓄谋很久。指存心已久，费尽心机；用于贬义：有些坏人～地在寻找机会捣乱。

【处于】chǔyú 动。在某种地位或状态；须带宾语：～正常情况｜当时，百姓～水深火热之中。

【处之泰然】chǔ zhī tàirán 成。处：处理，对待；泰然：安然，不以为意。形容遇到困难或危急情况时能沉着镇定。也指对事物无动于衷：人家急得要命，他却～。

【处置】chǔzhì 动。(1)处理：～了那些废料。(2)发落: 此人错误严重,你们将如何～?

＊"处置"和"处理":"处置"语意较重,含有安放的意思,又引申出依法惩办的意思;"处理"语意较轻,含有办理和清理的意思。"处置"的对象多是有罪恶、有过失的人或具体事物,使用范围较窄,"处理"的对象可以是人,也可以是物,使用范围较宽。

【处子】chǔ·zi 〈书〉名。处女。

杵 chǔ ❶名。上细下粗用来舂米或捣衣的木棒。❷动。用长形的东西捅或者戳;常带宾语或补语:用手指～了他一下。

础(礎) chǔ 〈素〉垫在柱子底下的石头: 基～|～石。

楮 chǔ 名。(1)落叶乔木,叶似桑叶而粗糙,花淡绿色,果圆形,熟后呈红色。树皮是制造桑皮纸和宣纸的原料。也叫构或榖(gǔ)。(2)用这种树皮所造的纸。

储 chǔ ❶〈素〉(1)储藏,存放:～存|～蓄|～备。(2)确定继承爵位或王位的人:～君|王～。❷姓。

【储备】chǔbèi ❶动。储存起来以备使用;常带宾语或补语:～粮食|～在仓库里。❷名。储存备用的东西:今年我市水果的～比去年多两倍。

【储藏】chǔcáng 动。(1)保藏;多用于物品,常带宾语或补语: 仓库～了不少货物|把这些东西暂时～起来。(2)蕴藏;多指矿产,常带动态助词"着":那里～着丰富的石油。

【储存】chǔcún 动。存放起来,暂时不用;多指钱或物,常带宾语或补语: 在银行里～了一些钱|把多余的零件～起来。

＊"储存"和"储藏":"储存"的意思着重在存放;"储藏"的意思着重在保藏。"储存"可以是存放东西,也可以是存钱,"储藏"只能用于东西。"储藏"还有蕴藏的意思;"储存"没有。

【储君】chǔjūn 名。太子,已确定继承皇位的人。

【储蓄】chǔxù ❶动。存钱以备应用;常带宾语或补语:～了一些钱|把押岁钱～起来。❷名。积存的钱: 如今家家有～。

＊"储蓄"和"储存":"储蓄"的使用范围较窄,多指存钱;"储存"的使用范围较宽,可以指存钱,也可以指存其他东西。"储蓄"有名词用法;"储存"没有。

褚 chǔ 姓。

楚 chǔ ❶名。(1)周朝国名,原在今湖北和湖南北部,后扩展到今河南、安徽、江苏、浙江、江西和四川。❷〈素〉(1)痛苦: 苦～|凄～。(2)清晰,整洁: 清～|～～。❸姓。

【楚楚】chǔchǔ 形。鲜明,整洁;多指仪态、服装,不加程度副词:～动人|衣冠～。

【楚剧】chǔjù 名。湖北地方戏曲剧种之一,原名叫湖北花鼓戏,流行于湖北全省和江西部分地区。

chù(ㄔㄨˋ)

亍 chù 见"彳(chì)亍"。

处(處、処、处) chù 名。(1)地方: 你住何～?(2)机关或机关团体里的部门;多作中心语:办事～|总务～。另见chǔ。

【处处】chùchù 副。各个地方,各个方面: 大街小巷～都很清洁|班主任对同学们～都很关心。

【处所】chùsuǒ 名。地方: 这里是当年开会的～。

怵(忧) chù 〈素〉恐惧,害怕:～惕。

【怵目惊心】chù mù jīng xīn 见"触目惊心"。

【怵惕】chùtì 〈书〉形。恐惧警惕。

绌 chù 〈素〉不足,不够: 相形见～。

黜 chù 〈素〉降职或罢免: 罢～|～免。

【黜免】chùmiǎn 〈书〉动。免去官职。

畜 chù 〈素〉禽兽: 牲～|家～。

【畜生】chùshēng 名。泛指禽兽。有时作骂人用语。

滀 chù 〈古〉动。水积聚。

搐 chù 〈素〉牵动：抽～｜～动。

【搐动】chùdòng 动。肌肉等不随意地收缩抖动；多带补语：浑身～了一下。

俶 chù 〈古〉动。开始。
另见 tì（倜）。

触（觸） chù 动。碰，遇，触动；须带宾语或补语：小心别～了电｜一句话～到了他的痛处。

【触动】chùdòng 动。须带宾语或补语。(1)碰撞：他一转身，手臂～了一下桌上的茶杯。(2)打动；多指受到某种刺激而引起感情变化、回忆等：王老师一席话～我的心。

【触发】chùfā 动。受到触动而引起某种反应；常带宾语：这部风光纪录片，～了他的思乡之情。

【触犯】chùfàn 动。冒犯，冲撞，侵犯；常带宾语：我无意中～了他，使他很不高兴｜他的行为～了刑律，必将受到惩处。

【触礁】chùjiāo 动。船在航行中碰到暗礁；不带宾语：大轮在海上～了。

【触景生情】chù jǐng shēng qíng 成。因见眼前景象而生发出某种感情：这位老华侨旧地重游，～，不禁思绪万千。

【触类旁通】chù lèi páng tōng 成。触类：接触某一方面的事物；旁通：相互贯通。指掌握某一事物的知识和规律后，对同类事物也可类推了解：我用运筹学解决了生产调度问题，又～地克服了运输上的混乱状态。

【触霉头】chù méitóu 〈方〉习。碰到不好或不愉快的事，倒霉：今天出去真～，钱包给小偷摸去了。也作触楣头。

【触目】chùmù ❶动。接触到视线；多用在固定组合中：～皆是｜～惊心。❷形。显眼，引人注目：广告牌放在门口，十分～。

【触目惊心】chù mù jīng xīn 成。眼睛看到，内心震惊。形容看到某种严重的情况而内心震动：当时的惨状令人～。也作怵目惊心。

怵 chù 〈方〉动。害怕，畏缩：这孩子～见生人。

矗 chù 〈素〉直立，高耸：～立。

【矗立】chùlì 动。高耸直立；多带补语：雄伟的人民英雄纪念碑～在天安门广场。

chuā（ㄔㄨㄚ）

欻 chuā 拟声。摹拟比较短促的声音：～的一声，衣服撕破了。常叠用：游行的队伍～～地走过了主席台。
另见 xū。

chuāi（ㄔㄨㄞ）

揣 chuāi 动。藏在衣服里或怀里；常带补语：手～在袖筒里｜把孩子～在怀里。
另见 chuǎi, chuài。

搋 chuāi 动。用手压或揉；常带宾语或补语：～面｜～一下米面饼子。

chuái（ㄔㄨㄞˊ）

膗 chuái 〈方〉形。肥胖而肌肉松弛：他长得太～了。

chuǎi（ㄔㄨㄞˇ）

揣 chuǎi ❶〈素〉估量，忖度：～测｜～摩。❷姓。
另见 chuāi, chuài。

【揣测】chuǎicè 动。推测：据我～，这件事很难成功。可带宾语或补语：他说这话，我～不出是什么意思。

【揣度】chuǎiduó 〈书〉动。推测，估量：暗自～｜此事颇费～。

【揣摩】chuǎimó 动。反复思考推求：这篇文章内容深奥，必须细细～，才能明白。常带宾语或补语：我正在～那两句诗，突然听到一声怪叫｜他说话吞吞吐吐，～不透是什么意思。

chuài（ㄔㄨㄞˋ）

闖 chuài 见"闯(zhèng)闖"。

啜 chuài 姓。
另见 chuò。

揣 chuài 见"挣(zhēng)揣"。
另见 chuāi, chuǎi。

踹 chuài 动。用脚版踢，踩；常带宾语或补语：一脚把门～开了｜不留神～了他的脚。

chuān (ㄔㄨㄢ)

揣 chuài 见"囊(nāng)揣"。

川 chuān ❶〈素〉(1)河流：～流不息｜百～归海。(2)平地，平原：米粮～。❷名。四川省的简称。

【川剧】chuānjù 名。四川地方戏曲剧种之一，形成于清代。流行于四川全省和云南、贵州的部分地区。

【川流不息】chuān liú bù xī 成。川：河流。像河水那样流个不停，比喻行人车辆来往不停：商场里人群～。

【川资】chuānzī 名。旅费。

氚 chuān 名。氢的同位素之一，符号T。质量数3，有放射性，用于热核反应堆。

穿 chuān 动。常带宾语或补语。(1)把衣服、鞋、袜等套在身上；与"脱"相对：～鞋子｜衣服～得整整齐齐。(2)通过：～地道｜从这条胡同～过去。(3)破，透：墙上～了一个洞｜钉子～透了木板。(4)用绳索等通过物体把物体连贯起来：把这些珠子～好。

【穿插】chuānchā 动。常带宾语或补语(1)交叉：各种活动～进行｜演唱会上～了几个舞蹈。(2)写作中为了衬托主题而安排各种次要情节：～了几个生活细节以后，这部电影就更加真实感人了。(3)进攻的军队利用敌人间隙和薄弱部分插入到敌人的纵深部分作战：五连～到了敌方阵地。

【穿戴】chuāndài ❶动。穿好衣服，戴上帽子、首饰等；不带宾语，多带补语：～起来｜赶快～，舞会就要开始了。❷名。穿的衣裤和戴的帽子、饰物等：看他的～，好像是个华人。

【穿山甲】chuānshānjiǎ 名。哺乳动物。全身披角质鳞甲，前肢的爪特别锐利，善于掘土，无齿。生活在丘陵地区，吃蚂蚁等昆虫。鳞甲可供药用。也叫鲮(líng)鲤。

【穿小鞋】chuān xiǎoxié 习。比喻挟嫌报复；多用于上级对下级：严ության给发表不同意见的群众～。

【穿梭】chuānsuō 动。像织布的梭子那样频繁地来回活动；不带宾语：一个个服务员端着盘子来往～。可作状语：大街上，汽车～似地来来往往。

【穿窬】chuānyú 〈书〉动。凿穿或爬越墙壁进行盗窃。也作穿踰。

【穿针引线】chuān zhēn yǐn xiàn 成。比喻从中联系，拉拢：他俩相恋，是我～的。

【穿着】chuānzhuó 名。装束，衣着；常作主语：～大方。

【穿凿】chuānzáo 动。牵强附会，生拉硬扯的解释。

chuán (ㄔㄨㄢˊ)

传(傳) chuán 动。常带宾语或补语。(1)递送：～球｜～下来的文化遗产。(2)传授：～技艺｜知识要一代一代～下去。(3)传播，散布：～捷报｜消息很快～开了。(4)传导：金属～电～得很快。(5)发命令叫人来：～被告｜把罪犯～上来。(6)传染：这种病不～人｜这种病～得很快。
另见 zhuàn。

【传播】chuánbō 动。散布，推广；常带宾语或补语：～科学文化知识｜这个先进经验已经～开来。

【传布】chuánbù 动。宣传，散布，传递；常带宾语或补语：～革命真理｜鸟类能把某些植物的种子～到别的地方。
＊"传布"和"传播"：适用的对象都可以是理论、经验、文学、消息、声明、声音等，但也有不同，"传布"还可用于命令，"传播"还可用于疾病、种子等。

【传抄】chuánchāo 动。辗转抄写；多指诗文：这首诗写得很好，大家竞相～。可带宾语或补语：～革命诗歌｜～到许多地方。

【传达】chuándá 〈书〉❶动。把一方的意思告诉另一方；常带宾语：～命令｜～上级的指示。❷名。(1)在机关、学校、工厂等单位门口管理登记和引导来宾的工作：～室。(2)在这些单位门口担任传达工作的人：这里一年换了三个～。

【传单】chuándān 名。印成单张向外散发的宣传品。

【传递】chuándì 动。一个接一个送过去；常带宾语或补语：～消息｜～出去。

【传话】chuánhuà 动。将一方的话转告另一方;不带宾语:王师傅～,明天机修。可拆开用:请你传个话。

【传唤】chuánhuàn 动。法院或检察机关用传票或通知书等通知与案件有关的人前来讯问;～犯人。可带兼语:～证人出庭。

【传家宝】chuánjiābǎo 名。家中世代相传的珍贵东西。今多用来比喻具有深刻教育意义的事物:这幅珍藏多年的古画,是他家的～|勤俭是咱劳动人民的～。

【传教士】chuánjiàoshì 名。基督教会等派出去传布教义的人。

【传票】chuánpiào 名。(1)法院或检察机关签发的传唤与案件有关的人到案的通知书。(2)会计工作中记帐的凭单。

【传奇】chuánqí 名。(1)唐宋时代用文言写的短篇小说。(2)盛行于明清时代的大型戏曲,每本由几十出戏组成。(3)指情节离奇或人物行为超越寻常的故事:～式人物|李三宝～。

【传染】chuánrǎn 动。疾病由一个生物体传给另一个生物体;常带宾语或补语:～疾病|流感很容易～给别人。

　　*"传染"和"沾染":"传染"的意思着重在传上;"沾染"的意思着重在沾上。"传染"的搭配对象一般是疾病;"沾染"的搭配对象一般是赃东西或坏习惯等。

【传染病】chuánrǎnbìng 名。由病源体通过一定传染途径在人或动物中相互传染所引起的疾病,如天花、霍乱等。

【传人】chuánrén 〈书〉名。能够继承某种学术而使它流传的人。

【传神】chuánshén 形。文学艺术作品描写人或动物时,神态生动而逼真:徐悲鸿画的马非常～。

【传声筒】chuánshēngtǒng 名。(1)向周围人群大声讲话用的圆锥形的筒,可使声音传得远一些。(2)比喻照人家的话说,自己毫无主见的人;含贬义:这个人简直是个～,别人怎么说他也怎么传。

【传世】chuánshì 动。著作、珍宝等流传到后世;不带宾语,他死后,有诗集一卷～。常作定语:～之作|唐寅的书画手迹是～珍品。

【传授】chuánshòu 动。把知识技能教给别人;常带宾语或补语:～经验|把你的新技术～给他们。

【传说】chuánshuō ❶动。辗转述说;常带主谓词组作宾语:前一个时期～他回来了。❷名。人民口头上流传下来的对某人某事的叙述和评价:有关孟姜女的～很多。

【传诵】chuánsòng 动。流传开来,被很多人朗读或称赞;常带宾语,可带动态助词"着、过":到处都在～着他的英雄事迹。

【传统】chuántǒng 名。过去传下来具有一定特点的某种思想作风、信仰、风俗、习惯等:优良～|～的民族形式。

【传闻】chuánwén ❶动。辗转听到;常带主谓词组作宾语:最近～他即将出国。❷名。辗转流传的事情:早有～。

【传讯】chuánxùn 动。公安或司法机关传唤与案件有关的人到案受讯问;常带宾语:～被告。

【传言】chuányán 名。辗转流传的话;多指不可靠的:这些纯属～。

【传扬】chuányáng 动。传播,宣扬;指事情、名声等,常带宾语或补语:校内外都在～着这个振奋人心的喜讯|雷锋的名字很快～开来。

【传阅】chuányuè 动。传递着看:这篇文章你们～后交还我。可带宾语:～文件。

【传真】chuánzhēn 动。原指画家描绘人物的形状,今指利用电信号的传输,传递文字、图表、相片等;常作定语:这是一张～照片。

船(舩、舡) chuán 名。水上主要的交通运输工具;量词用"只、艘"等:一艘远洋～。

【船舶】chuánbó 名。船的总称;不用个体量词。

【船埠】chuánbù 名。停船的码头。

【船台】chuántái 名。造船用的工作台,基础坚固,船在船台上拼装、制成后沿轨道下水。

【船坞】chuánwū 名。停泊、修理或制造船只的地方。

【船舷】chuánxián 名。船身两侧。

【船只】chuánzhī 名。船的总称;不用个体量词。

巛

chuán 〈古〉❶形。迅速:胡不～死(为什么不快点死)? ❷动。往来频繁。

篅

chuán 〈方〉名。一种盛粮食等的器物,类似囤。

椽

chuán 名。(～子)檩条上的木条,用来架屋面板和瓦。

chuǎn (ㄔㄨㄢˇ)

舛

chuǎn 〈素〉(1)差错:～误|～错。(2)违背,引申为不幸:～驰。

【舛误】chuǎnwù 〈书〉名。错误,差错:文中～颇多。

喘

chuǎn ❶动。急促的呼吸,常带宾语或补语:～了一口气|～得难受。❷名。气喘的简称。

【喘气】chuǎnqì 动。不带宾语,可拆开用。(1)呼吸:狗没死,还在～|累得喘不过气来。(2)紧张活动后休息片刻:忙了半天,还没～。可重叠:让我喘喘气再说吧。

【喘息】chuǎnxī 动。不带宾语。(1)呼吸急促:在病床上痛苦地～着。(2)紧张活动中短暂休息:不让敌人有～的机会。

【喘吁吁】chuǎnxūxū 形。喘气的样子;不加程度副词,常带助词"的"或"地":累得～的|他～地跑来了。也作喘嘘嘘。

踳

chuǎn 〈古〉同"舛"。

chuàn (ㄔㄨㄢˋ)

串

chuàn ❶动。常带宾语或补语。(1)连贯:～一下台词。(2)错误地连接:电话～线了。(3)指到别处走动:～门子|别乱～。❷量。用于成串的东西:一～珍珠。❸〈素〉(1)勾结:～供。(2)扮演:～演。

【串供】chuàngōng 动。互相串通,捏造口供;不带宾语:暗中～。

【串换】chuànhuàn 动。调换;常与"种子"等搭配:～良种。

【串讲】chuànjiǎng 动。常带宾语或补语。(1)按文章内容,逐字逐句解释讲述:～古文。(2)分段学习了一篇文章或一本书后,再连贯起来概括讲述:～一下这篇文章的大概意思。

【串联】chuànlián 动。多带宾语。(1)一联系:～了一些同学,组成了校友会。(2)连接电路元件的一种方法,把几个元件一个接一个地连接起来,使电路中的电流顺次通过,这种连接方法叫串联。也作串连。

【串门子】chuàn mén·zi 习。到别人家坐一坐,聊聊天ㄦ:他没有事就喜欢出去～。也说串门ㄦ。

【串通】chuàntōng 动。暗中勾结,互相联系;常带宾语或补语:他～了几个流氓,在外专干坏事|～一气|你们～好了,想捉弄我。

【串演】chuànyǎn 动。扮演;常带宾语:～小丑。

【串种】chuànzhǒng 动。不同品种的植物或动物自然杂交使原来的品种变了;不带宾语:这种西瓜～了。

钏

chuàn 名。(～子)镯子。

chuāng (ㄔㄨㄤ)

创(創)

chuāng 〈素〉伤:～痕|～伤。
另见chuàng。

【创痕】chuānghén 名。伤痕:～累累。

【创伤】chuāngshāng 名。(1)身体受伤处:脸上有～。(2)比喻造成的某种损害:医治战争的～。

【创痍】chuāngyí 见"疮痍"。

疮(瘡)

chuāng 名。指皮肤发生肿烂、溃疡的病或外伤。

【疮疤】chuāngbā 名。(1)疮好后留下的疤:腿上有一处～。(2)比喻痛苦的经历:你可不能好了～忘了疼。

【疮痍】chuāngyí 〈书〉名。创伤,比喻遭受战争或自然灾害后的景象:满目～。也作创痍。

窗(窓、窻、牕)

chuāng 名。(～子)窗户。

【窗户】chuānghu 名。房屋或车船等通气透光的装置;量词用"扇":一扇～。

【窗花】chuānghuā 名。装饰窗户的剪纸。

【窗口】chuāngkǒu (1)窗户跟前:站在～。(2)售票室、挂号室等墙上开的窗形的口,有活扇可以开关:卖票的～。(3)喻指从中可以窥见事物全貌的一个局部:公共汽车可以说是社会的一个小小～。

【窗明几净】chuāng míng jī jìng 成。形容屋里明亮,器物洁净:书房里~,十分整洁。

chuáng(ㄔㄨㄤˊ)

床(牀) chuáng ❶名。供人睡觉用的家具。❷量。用于被褥等:一~被子。❸〈素〉(1)像床的地面:河~|苗~。(2)上面放东西的底座部分:琴~|机~。

【床铺】chuángpù 名。床和铺的合称。

【床位】chuángwèi 名。医院、轮船、招待所等为服务对象设置的床铺:这家医院有300张。

噇 chuáng 〈方〉动。毫无节制地大吃大喝:~酒|~得烂醉。

幢 chuáng 名。古代原指支撑帐幕、伞盖、旌旗的木杆,后借指帐篷、伞盖、旌旗。

另见zhuàng。

【幢幢】chuángchuáng 〈书〉形。晃动;多指影子,不加程度副词:人影~|灯影~。

chuǎng(ㄔㄨㄤˇ)

闯 chuǎng 动。(1)猛冲;一般不带宾语:往里~|刀山火海也敢~。(2)经受实际的考验或锻炼;常带宾语或补语:~牌子|这孩子已经~出来了。(3)招惹;常带宾语:~了大祸。

【闯荡】chuǎngdàng 动。离家在外谋生:在外~了几年。常以"江湖"作宾语:~江湖。

【闯江湖】chuǎng jiānghú 习。旧指奔走四方,流浪谋生,从事算卦、表演杂耍、卖药治病等职业。

【闯将】chuǎngjiàng 名。原指在战斗中敢于冲锋陷阵的将领,现也指在工作中不默守成规,敢于创新的人;含褒义:争做改革的~。

【闯劲】chuǎngjìn 名。猛冲、敢干的劲头;量词用"股",含褒义:~很足|有一股~。

【闯练】chuǎngliàn 动。离家出走,在实际生活中锻炼;常带补语:到大风大浪中~一番。

chuàng(ㄔㄨㄤˋ)

创(創、剏、剙) chuàng 动。开始做,初次做;常带宾语:~了一项新纪录|~出好成绩。

另见chuāng。

【创办】chuàngbàn 动。开始举办;常带宾语或补语:各地都~了中等专业学校|~于1952年。

＊"创办"和"创立":"创办"的意思着重在兴办;"创立"的意思着重在建立。"创办"的对象大多是具体的事业,如学校、工厂等;"创立"的对象可以是事业,还可以是政党、国家,或较抽象的学说、理论等。

【创汇】chuànghuì 动。创造外汇收入;不带宾语,常带数量补语:这些合同履行后,可以为国家~二百余万元。

【创获】chuànghuò 名。前所未有的发现,从未有过的心得或收获:在企业改革中,厂长有不少~。

【创见】chuàngjiàn 名。独到的见解:在这个问题上通有~。

【创建】chuàngjiàn 动。初次建立;常带宾语或补语:1921年7月1日~了中国共产党|这个工厂~于1955年。

【创举】chuàngjǔ 名。从来没有的有重大意义的举动:"星期六义务劳动日"被列宁誉为伟大的~。

【创立】chuànglì 动。初次建立;常带宾语或补语:王教授~了新的学说。

＊"创立"和"建立":"创立"有开创的意思,"建立"没有。"创立"只表示开始成立;"建立"除这个意思外,还有开始产生的意思。"创立"的使用范围较窄,对象一般是政党、国家、制度、组织、事业和学说、理论等;"建立"的使用范围较宽,对象可以是政党、国家、制度、组织、事业和学说、理论等,也可以是友谊、感情、信心、威信等。

【创设】chuàngshè 动。常带宾语或补语。(1)创办:在新建的小区~了一所卫生院|一所新的学校~在山区。(2)创造;用于比较抽象的事物,如条件、学说等:~了有利的学习条件。

【创始】chuàngshǐ 动。创立,创建;不带宾语,可带补语:这种技术据说~于宋朝。常作定语:马克思是共产主义学说的~人。

【创新】chuàngxīn 动。创造革新;不带宾语:技术人员要努力~,不断设计新产品。

【创优】chuàngyōu 动。创制优质产品;不带宾语:我们厂的产品虽然畅销,但仍要继续~。

【创造】chuàngzào 动。创立新的事物;常带宾语或补语:~了新的世界纪录|历史是劳动人民~出来的。

＊"创造"和"制造":"创造"有创始的意思,创造的东西都是前所未有的;"制造"没有这个意思。"创造"的可以是具体的东西,也可以是抽象的东西;"制造"的一般是具体的东西,用于抽象的东西时,用为地造成某种气氛或局面的意思,带贬义,如:制造紧张空气。

【创制】chuàngzhì 动。初次制订;多指法律、文字等:我国的《破产法》~不久|传说汉字是仓颉~的。

【创作】chuàngzuò ❶动。创造文艺作品;常带宾语或补语:作家们~了一批反映中学生生活的作品|这幅画~于1990年。❷名。指文艺作品:这是一部好的~。

＊"创作"和"创造":"创作"的使用范围较窄,对象一般只是文学或艺术作品;"创造"的使用范围较宽,对象可以是文艺作品,也可以是其他具体的或抽象的东西。"创作"可以作名词;"创造"一般不作名词。

怆(愴) chuàng 〈素〉悲伤:~然|凄~。

【怆然】chuàngrán 〈书〉形。悲伤的样子;不加程度副词,不单独作谓语,常作状语:~泪下。

chuī(ㄔㄨㄟ)

吹 chuī 动。(1)合拢嘴唇用力出气;常带宾语或补语:~口哨|蜡烛~灭了。(2)气体流动:不怕风~日晒|一股热气~来。可带宾语:~来了一阵凉风。(3)〈口〉夸口:上报成绩要实事求是,不要~|他的话~得没边儿了。(4)〈口〉

失败,破裂;指事情或交情,不带宾语:这件事~了|他俩的恋爱关系~了。

【吹打】chuīdǎ 动。用管乐器和打击乐器演奏;不带宾语:演奏员们在舞台上~着。可重叠:整天吹吹打打。

【吹风】chuīfēng 动。不带宾语,可拆开用,可重叠。(1)被风吹,身体受风寒:最好被,免得着凉|到外面吹吹风,凉快凉快。(2)用吹风机烘干头发:洗完头再~|每次理发,他都要吹一吹风。(3)有意识地从旁透露意见或内容,使人知道:这项决定可以先向群众吹吹风|班长已向小王吹过风了。

【吹拂】chuīfú 动。掠过,拂试;多指小风或和暖的风,常带宾语:微风~着姑娘的面庞。

【吹鼓手】chuīgǔshǒu 名。(1)指婚丧礼仪中吹奏乐器的人。(2)比喻替人或某事卖力宣传的人;含贬义:他是这种错误理论的~。

【吹灰之力】chuī huī zhī lì 成。比喻非常小的力量;常用于否定式:不费~。

【吹喇叭】chuī lǎba 习。比喻替人吹嘘;常与"抬轿子"并用,多作谓语:这人当了厂长后,总喜欢别人为他~,抬轿子。

【吹冷风】chuī lěngfēng 习。比喻散布冷言冷语:这个人又在对改革~了。

【吹毛求疵】chuī máo qiú cī 成。疵:小毛病。吹开皮上的毛,寻找里面的小毛病,比喻故意挑剔刁难,硬找差错:你不要~,尽找缺点。

【吹牛】chuīniú 动。不带宾语,可拆开用。(1)说大话:到处~|吹什么大牛。也说吹牛皮。(2)聊天儿:原来你在这里和老王~呢|吹了一下午的牛。可重叠:走,咱们去亭子里吹吹牛。

【吹捧】chuīpěng 动。吹嘘捧场;互相~|竭力~。常带宾语或补语:你这是有意在~我|他把局长~了一通。

【吹嘘】chuīxū 夸张地宣扬;用于自己或别人,常带宾语或补语:他从来不在同志们面前~自己的功劳|他把自己的政绩又~了一番。

【吹奏】chuīzòu 动。吹某种乐器,泛指奏各种乐器:乐队正在~。常带宾语:他最爱~单簧管。

炊 chuī 〈素〉烧火做饭菜：～烟|～事。
【炊烟】chuīyān 名。烧火做饭时冒出的烟；量词用"缕、股"等。

chuí (ㄔㄨㄟˊ)

垂 chuí ❶动。东西一头挂下来；常带宾语或补语：房檐上～着几根冰柱|～下头。❷〈素〉(1)留传，传到后世：永～不朽|名～千古。(2)接近，将近：～暮|～危。(3)用于敬称长辈、上级对自己的行动：～念|～询|～问。
【垂钓】chuídiào 〈书〉动。钓鱼。
【垂帘】chuílián 动。唐高宗在朝堂上跟大臣们讨论政事的时候，在宝座后挂着帘子，皇后武则天在帘子后参与决定政事，后来把太后掌握朝政叫垂帘；不带宾语，多构成连动词组：～听政|～而治。
【垂暮】chuímù 名。(1)天将晚的时候：我们到达草原，已是～时分。(2)比喻已近晚年：年近～,力不从心。常作定语：～之年。
【垂青】chuíqīng 〈书〉形。青：古时黑眼珠叫青眼，对人正视表示看得起，叫青眼相看。"垂青"表示看重：小英聪明伶俐，长辈们对她格外～。
【垂手】chuíshǒu 形。下垂双手，表示容易或恭敬；常作状语：～可得|～而立。
【垂死】chuísǐ 形。接近死亡；常作状语或定语：～挣扎|～的人。
【垂髫】chuítiáo 〈书〉名。古时童子头发下垂，不加扎束，所以称幼童或儿童为"垂髫"；常作定语：～之年。
【垂头丧气】chuí tóu sàng qì 成。低着头，意气颓丧。形容失意懊丧的样子：老板～地走了出来。
【垂危】chuíwēi 形。病重或伤重将死；不加程度副词：生命～。
【垂涎】chuíxián 动。见了好吃的东西流下口水，比喻对某种事物特别羡慕，很想得到；常带补语：～三尺|～欲滴。
【垂涎欲滴】chuí xián yù dī 成。口水快要滴下来了。形容嘴馋想吃。也比喻见别人的东西眼红，企图占为己有；用于贬义：狐狸看见乌鸦嘴里叼着一块肥肉，早就～了。注意："涎"不要读成yán。

陲 chuí 〈素〉边疆,靠边界的地方：边～。

捶(搥) chuí 动。敲打；常带宾语或补语：～桌子|背得真舒服。
【捶胸顿足】chuí xiōng dùn zú 成。敲胸口，跺双脚。形容悲伤或悔恨时的情态：王大妈看到儿子的尸体，～地大哭起来。

棰 chuí ❶名。短木棍。❷动。用木棍打。❸同"捶"。❹同"箠"。

锤(鎚) chuí ❶名。(1)古代的一种兵器，柄的顶端有一个较重的金属圆球。(2)(～儿、～子)敲打东西的工具：一把铁～儿。❷〈素〉(1)敲打,磨炼：千～百炼|～炼。(2)像锤的东西：秤～。
【锤炼】chuíliàn 动。常带宾语。(1)锻炼，磨炼；多用于意志：我们要在困难的环境中～自己。(2)反复琢磨加工；多用于艺术作品：每一首好诗在语言上都是经过反复～的|～词语。

箠 chuí 〈古〉❶名。鞭子。❷动。鞭打。

椎 chuí ❶名。同"槌"，敲打用的工具：铁～。❷动。同"捶"，用棍敲打；常带宾语或补语：～鼓|～了几下。另见zhuī。
【椎心泣血】chuí xīn qì xuè 成。椎心：敲打胸口。悲痛哭不出声音，就像眼里要出血一样。形容悲痛至极：小李听到母亲病故的噩耗以后，～，难以自持。

槌 chuí 名。(～儿、～子)敲打用的一种木制的用具，大多一头较大或呈球形。

chūn (ㄔㄨㄣ)

春 chūn ❶名。春季，四季的第一季。❷〈素〉(1)男女情欲：～心|～情。(2)比喻生机：妙手回～。❸姓。
【春分】chūnfēn 名。二十四节气之一，在每年3月21日前后，这天昼夜时间相等。
【春风】chūnfēng 名。(1)春天的风：～送暖。(2)比喻和悦的神色：满面～。
【春风化雨】chūnfēng huà yǔ 成。适宜于草木生长的风和雨，比喻良好教育的普及和深入,也用来称师长的教诲:老人苦口婆心的劝导,如同~,渗入我的心间,使我受到很大的教育。

【春风满面】chūnfēng mǎn miàn 成。春风:指笑容。形容满脸高兴的样子:营业员~地接待川流不息的顾客。

【春宫】chūngōng 名。(1)指封建时代太子居住的宫室。(2)指淫秽的图画。也叫春画。

【春光】chūnguāng 名。春天的风光:大好~|~明媚。

【春华秋实】chūn huá qiū shí 成。华:花。春天开花,秋天结果。比喻文采和德行,也比喻学问和德行的关系,又指事物的因果关系:~,在老师们的辛勤培育下,这个班的学生,如今都成了国家的有用人才。

【春晖】chūnhuī〈书〉名。春天温暖的阳光,比喻父母养育自己的恩惠。

【春节】chūnjié 名。我国民间传统节日,即农历正月初一,习惯上把正月初一以后的几天也叫春节。

【春联】chūnlián 名。春节用红纸写成的贴在门上的对联;量词用"副、对"等。

【春梦】chūnmèng 名。比喻很快消逝的好景:一场~。

【春秋】chūnqiū 名。(1)春季和秋季,常用来表示整个一年,也指人的年岁:已经度过了30个~。(2)指我国古代编年体的史书。相传鲁国的《春秋》经过孔子修改,是儒家经书之一。(3)时代名,指公元前770年周平王东迁到公元前476年,因鲁国编年史《春秋》记载了大致相当于这一时期的历史而得名。

【春色】chūnsè 名。春天的景色:满园~。

【春上】chūn·shang〈口〉名。春季期间:他今年~去过北京。

【春心】chūnxīn 名。比喻男女爱慕的心情:~荡漾。也说春情。

【春意】chūnyì 名。(1)春天的气息:~盎然。(2)男女爱慕之心。

椿 chūn ❶〈书〉名。树木名。(1)指香椿,落叶乔木,叶初生时有香气,可作菜吃。(2)指臭椿,落叶乔木,夏天开花,白色,叶有臭气,木材不坚固。❷姓。

鰆 chūn 名。鰆鱼,形状像鲅鱼而稍大,尾部两侧有棱状突起。生活海洋中。

chún (ㄔㄨㄣˊ)

纯 chún 形。(1)单纯,不含杂质:这块铜很~。(2)熟练:工夫不太~。

【纯粹】chúncuì ❶形。不含有其他成分:把散文与~的议论文区分开来,则是近代的事。❷副。完全;表示除此之外,再没有别的什么,常用在"是"之前:你这样做~是白费力气。

＊"纯粹"和"纯洁":"纯粹"着重在不杂,有时表示完全的意思;"纯洁"着重表示干净,没有污点。"纯粹"常形容人和物质等;"纯洁"除此之外,还可形容人的感情、心地和组织等。"纯粹"有副词用法;"纯洁"没有。"纯洁"有动词用法;"纯粹"没有。

【纯洁】chúnjié ❶形。纯粹,没有杂质、污点和私心;多同心地、感情、语言等搭配:思想很~。❷动。使纯洁;须带宾语:~我们的组织。

【纯净】chúnjìng 形。洁净而不含杂质;多形容水质、空气等:~的溪水,清澈见底。

【纯朴】chúnpǔ 见"淳朴"。

【纯熟】chúnshú 形。非常熟练:技术很~|他能~地背诵这篇课文。

【纯真】chúnzhēn 形。纯洁真挚;多形容心地、性格:~的儿童。

【纯正】chúnzhèng 形。纯粹,不夹杂其他成分:~的动机|一口~的普通话。

莼(蓴) chún [莼菜](-cài)名。多年生水草,叶子椭圆形,浮在水面,花暗红色,茎和叶的背面有粘液。嫩叶可以做汤菜。

唇(脣) chún 名。嘴唇,嘴的边缘红色的部分。

【唇齿相依】chún chǐ xiāng yī 成。像嘴唇和牙齿那样互相依靠,比喻关系密切,互相依存:两国是~的友好邻邦。

【唇裂】chúnliè 名。先天性畸形,上嘴唇直着裂开,说话、饮食都不方便。也叫兔唇,通称豁嘴。

【唇枪舌剑】chún qiāng shé jiàn 成。唇

如枪,舌如剑,形容辩论时言辞犀利,针锋相对:这场~的会谈,进行了整整六个小时。也说舌剑唇枪。

【唇舌】chúnshé 名。嘴唇和舌头,比喻说的话:白费~,不如不说。

【唇亡齿寒】chún wáng chǐ hán 成。亡:无,没有。嘴唇没了,牙齿感到寒冷。比喻双方关系密切、利害与共:赵、魏两国~,现在,秦国兵临大梁,赵军应该出兵救援。

淳 chún 〈素〉纯厚朴实:~朴|~厚。

【淳厚】chúnhòu 形。朴实厚道:一位十分~的老农。

【淳朴】chúnpǔ 形。纯正朴实:语言~|风格~|老农民那~的性格,给我留下深刻的印象。也作纯朴。

【淳于】chúnyú 复姓。

鹑 chún 见"鹌(ān)鹑"。

【鹑衣】chúnyī 〈书〉名。鹌鹑的羽毛又短又花,所以用鹑衣来形容破烂不堪、补丁很多的衣服:~百结。

醇 chún ❶〈书〉形。酒味浓厚:这酒的味儿很~。❷名。有机化合物的一大类,是含有羟基的烃化合物。如乙醇(酒精)。

【醇和】chúnhé 形。纯正平和;多指性质、味道:酒味~。

【醇厚】chúnhòu 形。(1)纯正浓厚;多指气味、滋味:蜂蜜的滋味很~。(2)同"淳厚"。

【醇化】chúnhuà 动。使更纯粹、达到完美的境界:劳动把生活~了,艺术化了。

chǔn (ㄔㄨㄣˇ)

蠢(△惷) chǔn △❶形。愚笨,笨拙:~家伙|这人太~。❷〈素〉虫子爬动:~动。

【蠢笨】chǔnbèn 形。笨拙,不灵便:动作十分~|~的牛车。

【蠢蠢欲动】chǔnchǔn yù dòng 成。蠢蠢:爬虫蠕动的样子。比喻坏人准备捣乱或敌人准备进攻:据点里的敌人又~了。

【蠢动】chǔndòng 动。虫子爬动,也指敌人或坏分子进行活动;不带宾语:特务分子又在~了。

【蠢人】chǔnrén 名。愚笨的人。

chuō (ㄔㄨㄛ)

逴 chuō 〈古〉形。远:~行。

踔 chuō 〈古〉动。(1)跳。(2)超越。

【踔厉风发】chuōlì fēngfā 成。踔厉:精神振奋;风发:像刮风一样迅猛。形容精神振奋,意气风发:全国人民~,为建设祖国贡献力量。

戳 chuō ❶动。常带宾语或补语。(1)用长条形物体的尖端触动或刺穿另一物体:他用手指把纸~了个洞。(2)因猛触到硬东西而受伤:打球~了手。(3)〈方〉竖立:把棍子~起来。❷名。(~儿,~子)图章:盖~子。

【戳穿】chuōchuān 动。刺穿,揭穿:木板被钉子~了。可带宾语:~敌人的阴谋。

【戳记】chuōjì 名。图章,印记;多指集体的,用于一般场合的。

chuò (ㄔㄨㄛˋ)

娖 chuò 〈古〉形。谨慎:~~(矜持拘谨的样子)。

齪 chuò 见"龌(wò)龊"。

惙 chuò 〈古〉动。(1)[惙惙] 形容忧愁。(2)疲乏。

啜 chuò ❶动。小口吃,喝:~茗|~粥。❷〈素〉抽泣:~泣。另见chuài。

【啜泣】chuòqì 动。饮噎,抽噎;不带宾语,常加动态助词"着":她受了委屈,不停地~着。

辍 chuò 〈素〉中止,停止:~学|~笔。

【辍笔】chuòbǐ 动。写作或画画未完成而停止;不带宾语:这部书稿因故~,至今尚未完稿。

【辍学】chuòxué 动。中途离开学校停止上学;不带宾语:因家境贫寒,他不得不~。

chuò–cí

绰 chuò 〈素〉宽裕：宽~|~~有余。
另见 chāo。
【绰绰有余】chuòchuò yǒu yú 成。绰绰：宽裕的样子。形容很宽裕；多指人力、财力等：他家的粮食吃一年~。
【绰号】chuòhào 名。外号。
【绰约】chuòyuē 〈书〉形。女子姿态柔美的样子；不加程度副词：~多姿。

歠 chuò 〈古〉❶动。吸，喝。❷名。指可以喝的，如粥、羹汤等。

cī（ㄘ）

刺 cī 拟声。摹拟脚底打滑或爆炸物在燃烧引线时发出的声音；多加助词"的"：~的一声摔倒了|引线~~地冒着火星。
另见 cì。
【刺棱】cīlēng 拟声。摹拟动作轻快、迅速的声音；常与"一下、一声"配合使用：那猫~一下跳上梁去。
【刺溜】cīliū 拟声。摹拟脚底打滑或东西飞速滑过的声音；常作状语：~一下滑了个跟头|子弹~~地从头顶飞过。

差 cī 见"参（cēn）差"。
另见 chā、chà、chāi。

疵 cī 〈素〉毛病，缺点：瑕~|吹毛求~。

跐 cī 动。脚下滑动；不带宾语：路很滑，脚一~，摔了个跟头。
另见 cǐ。

cí（ㄘˊ）

词 cí 名。（~儿）(1)说话或文章中的语句：一句话问得他没~儿了。(2)区别于"诗"的一种韵文形式，原可配乐歌唱，句的长短随着歌韵而改变，所以又叫长短句。(3)语言学指语言里有意义的、可以自由运用的最小单位。
【词典】cídiǎn 见"辞典"。
【词法】cífǎ 名。语法学的一个组成部分，研究词的结构规律、词的语法类别和特征等；区别于"句法"。
【词根】cígēn 名。词中有词汇意义的部分；与"词缀"相对。如"词典"这个词，"词"和"典"都是词根。"扣子"中"扣"是词根，"子"是词缀。

【词话】cíhuà 名。(1)一般指评论词学源流、作家得失以及杂记关于词的琐闻佚事方面的书；多用作书名：《人间~》。(2)元明说唱艺术的一种，有说有唱，如《大唐秦王词话》。(3)明代也把夹有诗词的章回小说称为词话。
【词汇】cíhuì 名。一种语言所使用的词（还包括成语、惯用语等）的总称。也指一部作品或一个人所使用的词语总和；不用个体量词：汉语~|鲁迅作品的~很丰富。
　*"词汇"和"词"："词汇"是集体名词；"词"是个体名词。
【词类】cílèi 名。词的语法类别。现代汉语的词类有动词、名词、方位词、形容词、数词、量词、代词、介词、副词、连词、助词、叹词、拟声词等。
【词令】cílìng 见"辞令"。
【词牌】cípái 名。填词用的曲调名。起初，词都是配合音乐歌唱的，曲调的名称便是词牌。后来，主要是依词填词，调名和词的内容不一定一致，词牌只作为一种固定的文字声韵格式。每个词牌有一个名称，如菩萨蛮、浣溪沙等。有的后来有几个不同的名称，如蝶恋花又叫鹊踏枝、凤栖梧、卷珠帘等。
【词人】círén 名。指擅长作词的人：辛弃疾是南宋著名的爱国~。
【词素】císù 见"语素"。
【词头】cítóu 见"前缀"。
【词尾】cíwěi 名。指位于词根后面的构词成分，或位于词后面的构形成分，如"法子、甜头、绿化"等词后的"子、头、化"，又如动词后的"着、了、过"。也叫后缀。
【词性】cíxìng 名。作为划分词类的根据的词的特点，主要指词的语法功能，即它的组合能力，在句子中充当结构成分的能力等。如"任务完成了"，"任务"表示事物的名称，在句中做主语，是名词；"完成"表示动作，在句中做谓语，是动词。
【词序】cíxù 名。指词在词组中或句子中的先后次序，它是汉语的主要语法手段之一。词序不同，意义也往往不同，如"不很好"和"很不好"。
【词语】cíyǔ 名。词和短语，字眼：不要滥用方言～。

【词缀】cízhuì 名。指附在词根前后表示语法意义的构词成分。参见"前缀"、"后缀"。

【词组】cízǔ 名。指两个或更多的词按规则组合而成的语言单位,如"伟大祖国",是形容词"伟大"和名词"祖国"构成的偏正词组。也叫短语。

祠 cí 名。祠堂;常作中心语:宗～|忠烈～。

【祠堂】cítáng 名。旧时祭祀祖先或先贤、烈士的堂屋。

茨 cí 〈古〉名。(1)指用茅草和芦苇盖的屋。(2)蒺藜。

【茨冈人】cígāngrén 见"吉卜赛人"。

苃 cí 见"凫(fú)茈"。另见zǐ。

雌 cí 形。生物中能产卵细胞的;与"雄"相对,不加程度副词,不单独作谓语,只作定语:～蜂|～老虎|～蕊。

【雌黄】cíhuáng 名。(1)一种矿物,橙黄色,略透明,常与雄黄共生。供制颜料或退色剂等。(2)因古人抄书校书常用雌黄涂改文字,后引申为乱改文字、乱发议论的行为;一般用在固定组合中:妄下～|信口～。

【雌雄】cíxióng ❶名。比喻胜负,高下;多与"决"相配:决一～。❷形。成对的;只作定语:～剑。

瓷(甆) cí 名。用高岭土等烧制成的一种材料,所做器物比陶器细致,质硬而脆,色白或发黄。

【瓷实】císhi 〈方〉形。结实,扎实:他学得很～,一点不浮躁。可重叠:挑起土来,他的担子总是装得瓷瓷实实的。

餈 cí "糍"的异体字。

兹(玆) cí 古代国名用字。龟(qiū)兹,在今新疆库车县一带。另见zī。

慈 cí ❶〈素〉(1)慈爱,和善:～祥|～和。(2)旧指母亲:～亲|家～。❷姓。

【慈爱】cí'ài 形。仁慈喜爱。用于长辈对小辈,含褒义:孩子望着～的妈妈|祖父对我非常～。

＊"慈爱"和"慈祥":"慈爱"重在内在感情,用于长辈对晚辈的爱抚;"慈祥"重在外部的神态,用于描写长辈的态度、神色,表示对长辈的尊敬和热爱。

【慈悲】cíbēi 形。原是佛教用语,后泛对人同情和怜悯;常作"发"的宾语:发发～吧|魔鬼绝不会发半点～。

【慈姑】cígu 名。也作茨菰。(1)多年生草本植物,生在水田里,开白花,地下长有球茎,可以吃。(2)指这种植物的球茎。

【慈眉善目】cí méi shàn mù 成。慈爱善良的样子:别看他那～的样子,可窝着一肚子坏水哪。

【慈善】císhàn 形。对人关怀、同情:待人很～|～的祖母。

【慈祥】cíxiáng 形。形容态度、面容和蔼安祥;多指首长或长辈:总司令～地望着大家。

磁 cí ❶〈素〉物质能够吸引铁、镍等金属的性能:～性。❷同"瓷"。

【磁带】cídài 名。一种用来录声音、影像等的塑料带子,上面涂有氧化铁粉等磁性物质;量词用"盘、盒"等。

【磁化】cíhuà 动。使原来不显磁性的物体在磁场中获得磁性的过程;不带宾语,常用于"把"字句或被动句:不小心,手表给～了。

【磁铁】cítiě 名。用钢或合金钢通过磁化制成的磁体,也有的是用磁铁矿加工而成。能吸引铁、镍等金属。也叫磁石、吸铁石。

【磁针】cízhēn 名。一种针形磁铁,由于受地磁的作用,静止时两个尖端分别指着南和北,可用来做指南针或罗盘针。

糍 cí [糍粑](-bā)名。把糯米蒸熟后压实,切成块状,再用油煎制而成的食品。

鹚 cí 见"鸬(lú)鹚"。

辞(辭、辤) cí ❶动。须带宾语和动态助词"了、过"。(1)辞去所任职务:他已经～掉了工会主席的职务。(2)解雇、辞退:又～了30名工人。❷名。即"辞赋",是古典文学中的一种体裁;多作诗名的中心语:《木兰～》。❸〈素〉(1)告别:～行|告～。

(2)优美的语言：～藻｜修～。(3)逃避，推却：推～｜义不容～。

＊"辞"和"词"：不是近义词，但在有些合成词中可以通用，如"辞章"，也作"词章"、"辞令"可作"词令"等。

【辞别】cíbié 动。临行前告别；常带宾语：～父母｜～亲友。

【辞呈】cíchéng 名。请求辞职的呈文：送上～。

【辞典】cídiǎn 名。收列词条进行解释、供人查检的工具书。根据所收词语范围、性质等的不同，可分为综合辞典、专业辞典等不同的种类。也作词典。

【辞赋】cífù 名。本叫"赋"。我国古代文学的一种体裁。汉朝人把屈原等楚地作家所作的赋称为楚辞，后人便把赋体本文章泛称作辞赋。

【辞令】cílìng 名。交际场合应对得宜的言词：外交～｜善于～。也作词令。

【辞让】círàng 动。客气地推让；不带宾语，多带状语或补语：再三～｜他俩～了一番。

【辞色】císè 〈书〉名。说的话和说话时的态度：欣喜之情，形于～。

【辞书】císhū 名。字典、词典等工具书的统称。

【辞谢】cíxiè 动。很客气地推辞不受：她多次邀我去旅游，我因为身体不好，都宛转地～了。可带宾语：～了他的礼品

【辞行】cíxíng 动。远行前向亲友告别；不带宾语，常带状语或补语：向亲友～之后，我登上了去北京的列车。

【辞藻】cízǎo 名。诗文中工巧的词语，常指运用典故和古人诗文中现成的词语：～华丽。

【辞章】cízhāng 名。也作词章。(1)韵文和散文的总称。(2)文章的写作技巧，修辞：写文章要讲究～。

cǐ（ㄘˇ）

此 cǐ 〈书〉代。(1)表示近指，意思相当于"这"；与"彼"相对：～时｜～地｜～人。(2)表示当时，当地；常作介词的宾语：从～以后｜就～分手。

【此地无银三百两】cǐ dì wú yín sān bǎi liǎng 成。源于民间故事：有人把银子埋在地里，上面立了块子牌："此地无银三百两"；邻居王二看到后，偷走了银子，并且在字牌另一面写上"隔壁王二不曾偷。"喻指想要隐瞒和掩饰，却用了愚蠢的办法，结果暴露无遗；含贬义。

【此间】cǐjiān 名。此地，即自己所在的地方；一般用作主语或介词的宾语：～温度很高｜他在～生活了一辈子。

【此刻】cǐkè 名。这时候；常用在句首，作状语：～，我的激奋之情再也按捺不住了。可与"此时"合用：此时～，你在想些什么？

【此起彼伏】cǐ qǐ bǐ fú 成。这里起来，那里落下，表示接连不断；多形容声音、麦浪、革命运动等：口号声～。也说此伏彼起。

【此外】cǐwài 连。除此之外；可连接分句、句子，或放在一个段落的开头：这个图书馆藏书十多万册，～还有不少报纸和期刊｜我们这次回乡探亲，见到了许多亲友，～，还在几个村作了一些调查。

＊"此外"和"另外"："此外"有排除上述内容的意味；"另外"主要是引起下文，有顺承意味。"此外"是连词，"另外"除属连词外，兼属指示代词、副词。"此外"多用于书面语；"另外"则比较口语化。

【此一时，彼一时】cǐ yī shí, bǐ yī shí 成。指这时的情况不同于那时的情况：那时他还是里下河一带的首富，转眼间变成了一个穷得钉铛响的流浪汉，真是～啊！

泚 cǐ 〈古〉❶形。清澈，鲜明。❷动。用笔蘸墨：～笔作书。

跐 cǐ 动。多带宾语，常加动态助词"着"。(1)为了支持身体用脚踩：脚～两只船｜～着门槛ㄦ。(2)抬起脚后跟，脚尖着地：～着脚往前看。

另见cī。

cì（ㄘˋ）

次 cì ❶量。回，趟；用于可以重复出现的事物或动作：一～｜机会｜去了两～北京｜多～试验。❷形。质量较差，低一等的：这钢笔很～。❸〈素〉(1)第二：～等｜～子｜～日。(2)顺序，等第：～序｜依～｜名～。(3)出外远行路上停留的处所：旅～｜途～。

【次等】cìděng 形。第二等；不加程度副词，不单独作谓语，作定语，与"头等"相对：～棉花。

【次第】cìdì ❶名。次序。❷副。一个接一个地：～入席。

【次品】cìpǐn 名。比合格产品稍差的产品；与"正品"相对：打八折出售。

【次生】cìshēng 形。第二次生成的，或间接造成的，或派生的；不加程度副词，不单独作谓语，作定语：～矿物|～林。

【次序】cìxù 名。顺序：～乱了。常作(按(按照)、依(依照)、排(安排)、打乱、有〕等的宾语：按～进行口试|排好～|做事要有～。

【次要】cìyào 形。重要性较差；不单独作谓语：～方面|这是个～的问题。

【次韵】cìyùn 动。作旧体诗的一种方式，和(hè)诗时用原诗的韵及其先后次序做诗。

【次长】cìzhǎng 名。旧称中央政府所属各部的副部长。目前有些国家仍设此职。

饮 cì 〈古〉动。帮助。

伺 cì [伺候](-·hou) 动。在人身边照料饮食起居，供使唤：靠人～。可带宾语：～病人。
另见sì。

刺 cì ❶动。(1)穿入，插入；一般要带状语、补语或宾语：被针～了一下|～伤了手。(2)暗杀，常用于被动式：总统被～。(3)讽刺，嘲笑；须带宾语：说话～人。(4)刺激；指某些感觉器官对光、声、热等的强烈反应，常与"耳、鼻、眼"等搭配：臭味～鼻子|眼睛～得发胀。❷名。(～儿)(1)像针一样尖锐的东西：鱼～儿|手上扎了根～儿。(2)比喻尖刻的词语：话中有～儿。(3)毛病，缺点；多作动词"挑、找"的宾语：你专会挑～儿。❸〈素〉(1)侦察：～探。(2)名片：名～。
另见cī。

【刺刺不休】cìcì bù xiū 成。刺刺：多话的样子。形容说话唠唠叨叨，没完没了；含贬义：别再～，这些话我已听够了。

【刺耳】cì'ěr 形。(1)声音尖锐杂乱，使耳朵听得难受：～的喇叭声。(2)语言尖刻，听起来不舒服：这话使他觉得很～。

【刺骨】cìgǔ 形。寒风侵入人骨，形容冷：寒风～。

【刺激】cìjī 名。(1)外界环境和有机体内部的因素作用于有机体并引起反应，常带宾语：食用过多的冷饮会～肠胃|针灸可以～神经。(2)推动事物朝积极方向变化；常带宾语或兼语：～了外商向中国投资的积极性|这种物质能～植物生长。(3)让人激动，使人精神上受到挫折或打击；常带宾语或补语：这件事深深～了她|～得太过分了。

【刺客】cìkè 名。旧指进行暗杀的人。

【刺目】cìmù 〈书〉形。刺眼。

【刺配】cìpèi 动。把犯人脸上刺字发配到边远地区，这是古代的一种刑法；多带处所补语或处所宾语：林冲被～沧州。

【刺儿头】cìrtóu 〈方〉名。指好刁难别人、不易对付的人。

【刺杀】cìshā ❶名。用刺刀同敌人拼杀的技术：他们正在练习～。❷动。用武器暗杀；一般用于对有地位、有名望的人：总统遭到～。

【刺探】cìtàn 动。暗中进行打听；常与"情报、情况"等配合：～敌方情报。也可带补语：把敌情～得清清楚楚。

【刺猬】cìwei 名。哺乳动物，头小，四肢短，身上长硬刺。昼伏夜出，以昆虫、鼠、蛇等为食，对农业有益。

【刺绣】cìxiù ❶动。用彩色丝线在丝织品或布上绣成各种图案：细心～。可带宾语：～了一幅花鸟画。❷名。刺绣工艺的产品：苏州的～很有名。

【刺眼】cìyǎn 形。(1)光线强得使眼睛不舒服：灯光太～。(2)惹人注意并叫人看了不舒服：他留一头长发，太～了。常作"觉得"等动词的宾语：看上去觉得～。

赐 cì ❶动。赏赐；用于上级给下属或长辈给晚辈：希～回音。常带双宾语：～他20匹锦缎。❷〈书〉名。恩惠赏赐的物品：皆受其～|受～良多。

【赐复】cìfù 动。给予回复，敬辞，多用于书信：诚望～|承蒙～。

【赐教】cìjiào 动。请求指教，敬辞，不带宾语：请～|不吝～。

【赐予】cìyǔ 〈书〉动。赏给；多带双宾语：

皇帝～他一个显赫的爵位。

cōng(ㄘㄨㄥ)

苁(蓯) cōng [苁蓉](-róng)名。草苁蓉和肉苁蓉的统称。草苁蓉是一种寄生植物，茎叶黄褐色，花淡紫色；肉苁蓉也是一种寄生植物，花紫褐色，茎肉质。均可入药。

枞(樅) cōng 名。即冷杉。常绿乔木，茎高大，叶子条形。木材可制器具。
另见zōng。

匆(怱、悤) cōng 〈素〉急，忙：～～｜～忙。
【匆匆】cōngcōng 形。急急忙忙的样子；不加程度副词。来去～～｜～～而过｜～～过客。可与"急"并用：急～｜急急～～。
【匆猝】cōngcù 〈书〉形。匆促：时间～。也作匆卒。
【匆促】cōngcù 形。匆忙，仓促；多作状语或补语。～上阵｜走得太～了。
【匆忙】cōngmáng 形。急急忙忙。～离京。可重叠：匆匆忙忙地赶来了。

葱(蔥) cōng ❶名。多年生草本植物，叶子圆筒形，鳞茎圆柱形，花白色，种子黑色，是普通蔬菜或调味品。❷〈素〉青色：～翠｜～绿。
【葱白】cōngbái 形。最浅的蓝色；不加程度副词，多作定语。～的小花。
【葱翠】cōngcuì 形。青绿色；一般用来形容草木，不加程度副词，多作定语。～的松柏。
【葱茏】cōnglóng 形。青翠茂盛；多指草木，不加程度副词。远眺群山，一片～。
【葱绿】cōnglǜ 形。(1)颜色浅绿而微黄：春天的杨柳萌发出～的嫩叶。(2)青翠；一般修饰草木：庄稼一片～。
【葱郁】cōngyù 〈书〉形。青翠茂盛；一般修饰草木，不加程度副词。～的松林。

囱 cōng 〈素〉让烟气冒出的通道：烟～。

骢 cōng 〈古〉名。青白色的马。

聪(聰) cōng 〈素〉(1)听觉灵敏：耳～目明。(2)智力高：～明｜～慧。
【聪慧】cōnghuì 〈书〉形。聪明，有智慧；含褒义。自幼～。
【聪明】cōngmíng 形。智力发达，有比较强的记忆力和理解力；头脑很～。
【聪颖】cōngyǐng 〈书〉形。聪明出众：天资～。

cóng(ㄘㄨㄥˊ)

从(從) cóng ❶介。(1)表示动作开始的处所、时间以及事物发展变化的起点等；常跟"到、往、向"等配合使用：～南京往北京｜～早晨到晚上｜～胜利走向胜利。(2)表示经过的路线、场所；多跟处所词语、方位词语组合：～隧道里穿过｜～空中运输。(3)表示凭借、根据；多跟名词组合：～实际情况出发｜～脚步声就听出是你。❷〈书〉动。采取某种原则或方式；多用在固定组合中：一切～简｜～处理～宽。❸副。一贯，从过去到现在都是如此；多用在否定句中：～不骄傲｜～没听说过。❹〈素〉(1)从属的，次要的：主～｜犯。(2)顺从，听从：胁～｜服～｜言听计～。(3)从事，参加：～军。(4)跟随：～师｜无所适～。(5)跟随的人：随～｜侍～。(6)堂房亲属：～兄｜～叔。❺姓。
【从长计议】cóng cháng jì yì 成。慢慢地、慎重地商量讨论；前面多带助动词"要、必须、应该"等。这件事还须～。
【从此】cóngcǐ 副。从这时起，从这以后；可用在句首或句中。这里通了汽车，～，交通就方便了｜～中国人民站起来了。
【从而】cóng'ér 连。因此，就；上文表示原因、条件、方法等，下文表示结果、目的等，用在后一句开头。由于广泛采用了新技术，～大大提高了劳动生产率。
【从犯】cóngfàn 名。在共同犯罪活动中起次要作用的罪犯。
【从军】cóngjūn 动。旧指参军；不带宾语。木兰～。
【从来】cónglái 副。表示从过去到现在都是如此；常用于否定句。～不隐瞒自己的观点｜～没有灰心。也可用于肯定

【从】句,但一般只修饰谓词性词组:我~说话就算数|他对工作~认真负责。

【从良】cóngliáng 动。旧社会里指妓女正式婚嫁。

【从前】cóngqián 名。以前,过去的时候;用在句首或句中:~,她很活跃|他~开过豆腐店。也可作定语:这是~的事。

【从权】cóngquán 副。采取暂时的变通办法;多用于处理或解决某个问题:~解决。

【从容】cóngróng 形。(1)镇静沉着:表现得很~。(2)宽裕;多指时间或经济方面:时间很~|手头~。

【从戎】cóngróng 〈书〉动。参军;不带宾语:投笔~。

【从善如流】cóng shàn rú liú 成。从:听从;善:好的;如流:比喻像水从高处流下那样迅速。形容乐于接受正确的意见:领导者必须~,才能做好工作。

【从师】cóngshī 〈书〉动。跟随老师或师傅学习;不带宾语:小光15岁~,18岁满师|~学艺。

【从事】cóngshì 动。(1)参加某种工作或投身某种事业;须带动词或动词性词组作宾语:~翻译工作。(2)按某种规定、办法等处理;不带宾语:军法~|国法~。

【从属】cóngshǔ 动。附属,依附;常用"于"构成的介词词组作补语:爱情应该~于事业。可作定语:~条件|~关系。

【从速】cóngsù 副。尽快,赶紧;多用于处理或解决某种问题:~审理这个案件。

【从心所欲】cóng xīn suǒ yù 成。随心所欲:他经历的多了,办起事来真是~,不逾矩|让孩子一切都~,就会有溺爱之害了。

【从优】cóngyōu 动。按优等条件对待;不带宾语:只要你肯来这里工作,在工资、住房等方面都可~。可作状语:~安排|~解决。

【从征】cóngzhēng 动。随军出征;不带宾语,可带补语:~三十载,转战数万里。

丛(叢、樷) cóng ❶量。表示集聚在一起的一小块:一~杂草。❷〈素〉(1)聚集:~集|~生。(2)生长在一起的草木:草~|树~。(3)泛指聚集在一起的人或东西:人~|论~。❸姓。

【丛脞】cóngcuǒ 〈书〉形。细碎,烦琐:~之事。

【丛集】cóngjí 动。许多事物聚集在一起;一般不带宾语:百感~。

【丛刊】cóngkān 名。丛书;多用作丛书的名称:《明清小说~》。

【丛林】cónglín 名。(1)茂密的树林:一片~。(2)旧指大寺院,是较多和尚聚集的地方。

【丛生】cóngshēng 动。不带宾语。(1)聚集生长在一块儿;多指草木:杂草~。(2)同时发生;多指疾病或不好的事:百病~。

【丛书】cóngshū 名。由许多书按某一主题或范围汇编而成的一套书;常用作丛书的名称:《语文知识~》。

【丛谈】cóngtán 名。围绕着某一问题进行阐述的篇章或书;常用作篇名或书名:《写作知识~》。

【丛葬】cóngzàng ❶动。将许多死尸合埋在一起;一般不带宾语,可带补语:七十二烈士~于此。❷名。指按丛葬方式筑起的坟墓。

【丛冢】cóngzhǒng 〈书〉名。乱葬在一片空地上的许多坟墓。

淙 cóng [淙淙] 〈书〉拟声。摹拟流水的声音:泉水~~。

琮 cóng 名。古代的一种玉器,外边八角形,中间有圆孔。

賨 cóng 名。秦汉时期今四川、湖南一带少数民族交纳的一种赋税名称。后也因此称这部分民族为賨人。

潨 cóng 〈古〉名。(1)众水相会处。(2)水声。

còu(ㄘㄡ)

凑(湊) còu ❶动。(1)筹集,聚集;须带宾语或补语,可加动态助词"过、了":~了一笔钱|不相干的事儿别~在一块儿。(2)挨近,靠近;常带补语:~在耳边小声说。可带宾语:嘴~着嘴|~着灯看书。❷〈素〉碰,赶:~巧|~热闹。

【凑合】còu·he 动。(1)聚集;常带宾语或补语:~了许多人马|他们常~在一起

赌博。(2)拼凑；一般不带宾语：写文章心中要有纲目，不能随便～。(3)将就；不带宾语，常加动态助词"着"：这支钢笔下水不流利，先～着用吧。

【凑集】còují 动。人或东西聚集在一起；常带宾语或补语：～了一些钱｜大家一起商量起来。

【凑巧】còuqiǎo 形。碰巧；表示正是时候或遇到希望或不希望发生的事：真不～，出门碰上了下雨天。

【凑热闹】còu rènào 习。(1)跟大家一起玩耍：你们玩得真高兴，我也来凑个热闹。(2)添麻烦；常用于不希望发生的事，表示厌嫌：她心里已经够烦了，你别去～。

【凑数】còushù 动。不带宾语，可拆开用。(1)凑足数额：劳动人数如不够，我可～｜你买东西钱不够，我可帮你凑足数。(2)拿不合格的人或物来充数；含贬义：不要拿次品～。有时表示自谦，多重叠：我才疏学浅，前来开会是凑凑数的。

辏 còu 见"辐(fú)辏"。

腠 còu 〈素〉肌肉上的纹理。

【腠理】còulǐ 名。中医指皮肤的纹理和皮下肌肉之间的空隙。

cū（ㄘㄨ）

粗（觕、麤、麁） cū ❶形。(1)直径或宽度较大；指圆柱或条状物：这颗树很～｜这一横写得嫌～。(2)颗粒大：～砂子。(3)声音大而低：～声～气｜嗓子很～。(4)不仔细，不周密：文章写得太～。(5)毛糙，不精致；与"精"相对：～饲料｜只碗做得比较～。(6)粗野，不文明：这些话太～。❷副。稍微，初步；多用在固定组合中：～知一二｜～具规模。

【粗暴】cūbào 形。粗鲁，暴躁：二楞子态度非常～。

＊"粗暴"和"粗鲁"："粗暴"着重指暴躁蛮横；"粗鲁"着重指鲁莽、冒失。"粗暴"多形容人的性格、态度、作风、做法等；"粗鲁"多形容人的行为、言谈等。

【粗笨】cūbèn 形。(1)笨拙，不灵巧；多

指身材和举止：这人动作～，干不了这种细活儿｜一副～模样。(2)粗大的，不精细的；指物体：～的家具。

【粗鄙】cūbǐ 形。粗野，鄙俗；多形容人的品性、言谈等：～小人｜言语～。

【粗糙】cūcāo 形。(1)不光滑，质地不精细；用来描述事物的表面或质地：皮肤～｜这种布比较～，做衣服不太好看。(2)草率，不细致；用来描述工作等：做事～｜文章写得太～。

【粗茶淡饭】cū chá dàn fàn 成。形容饮食简单,生活俭朴：革命者以～为乐,以艰苦奋斗为荣。

＊"粗茶淡饭"和"家常便饭"：前者是成语，后者不是成语。前者表示生活俭朴，后者是请人吃饭时所用的套话。

【粗大】cūdà 形。(1)又粗又大；多指物体或人体：树干很～｜～的双手。(2)声音大：～的鼾声。

【粗放】cūfàng 形。农业上指在土地上投入较少的生产资料和劳动，进行浅耕粗作，用扩大耕地面积的方法来提高产品的总量；不加程度副词，与"集约"相对：在地多人少的地方，耕种往往采用～的方法。

【粗犷】cūguǎng 形。(1)粗大，不柔和，不精致；多指人的形体、容貌、声音等：他模样～，但性格温和｜他是个剽悍而～的汉子，却又透着山乡人一种特有的厚道。(2)粗豪，豪放；多指性格、风格等：艰苦的生活使她养成了～、泼辣、倔强的性格。

＊"粗犷"和"粗野"："粗犷"有粗豪或豪放的意思；"粗野"没有这种意思。"粗犷"第二个意义含褒义；"粗野"只用于贬义。"粗野"能形容人的言谈、举止；"粗犷"一般不能。

【粗豪】cūháo 形。(1)豪爽，开朗；一般指人的性格，含褒义：～的汽笛声。(2)豪壮；一般描述声音：～的汽笛声。

【粗劣】cūliè 形。粗糙拙劣；文笔～｜这种商品包装太～。

＊"粗劣"和"低劣"："粗劣"指事物的质量不好，意思着重在粗糙；"低劣"的含意着重在低下。"粗劣"多用于物；"低劣"除可用于物外，还可指人的品格，如

"人品低劣"。
【粗陋】cūlòu 形。粗糙简陋：家具都很～。
【粗鲁】cūlǔ 形。粗暴、鲁莽；多指人的言行、性格等：举动～|这人说话比较～。也作粗卤。
【粗略】cūlüè 形。不精确，粗粗的；意思与"大略"相近：这只是个～的估计。
【粗浅】cūqiǎn 形。浅显，不深奥：这是个～的道理，不难明白。
【粗疏】cūshū 形。粗心，马虎：他工作～，出了不少废品。
【粗率】cūshuài 形。粗略草率，不仔细考虑；多指作风、工作等：～的作风|这事儿要多想想，不要～地做出决定。
【粗俗】cūsú 形。粗俗、庸俗；多指人的言谈及举止等：说话～|～的举动。
【粗细】cūxì 名。(1)粗大或细小的程度：量一下树的～|这样～的正合适。(2)粗糙与细致的程度；多指工作：活儿的～，决定产品质量的好坏。
【粗线条】cūxiàntiáo 名。(1)笔画很粗的线条：这幅广告画下面加上两根～就更好了。(2)比喻不具备大致的轮廓：～的设想。(3)比喻粗率的性格、作风等：他是个～的人。
【粗心】cūxīn 形。粗枝大叶，不细心；含贬义：干什么事都不能～。
【粗野】cūyě 形。粗鲁，没有礼貌；多指人的举止等：行为～|～的举动。
【粗枝大叶】cū zhī dà yè 成。(1)比喻做事粗心马虎；含贬义：工作不能～。(2)比喻粗略、大概的情况：我就～地给你说说吧。
　　＊"粗枝大叶"和"粗心大意"："粗枝大叶"有时可以是有意识的；"粗心大意"往往是无意识的，有时是一种疏忽，有时是一种习惯。"粗枝大叶"还表示"粗略、大概的情况"的意思；"粗心大意"没有这种意思和用法。
【粗制滥造】cū zhì làn zào 成。制作粗糙马虎，不顾质量：这些都是～的产品。
【粗重】cūzhòng 形。(1)低沉而宏大；指声音：～的嗓门|～的吼叫声。(2)笨重；指物体：～的木箱。(3)线条较粗，颜色深浓；多指笔画或眉毛：～的一笔|～的眉毛。(4)繁重，费力；用以描述所干

的活儿：专拣～的活干。
【粗壮】cūzhuàng 形。(1)粗大而健壮；指人体，含褒义：～的身材。可重叠：粗粗壮壮的臂膀。(2)粗大而结实；指物体：～的缆绳。也可重叠：粗粗壮壮的电线杆。(3)粗大而响亮；指声音：我永远忘不了他那～的歌喉。

cú(ㄘㄨˊ)

徂 cú 〈古〉动。(1)往，到。(2)逝，去：日～月流。(3)同"殂"。

殂 cú 〈古〉动。死亡；多用于帝王，不带宾语：不幸崩～。

cù(ㄘㄨˋ)

卒 cù 同"猝"。
另见zú。

猝 cù 〈素〉突然：～然|～不及防。

【猝不及防】cù bù jí fáng 成。猝：突然。事情来得突然，使人不及防备：这场山洪，～，损失严重。
【猝然】cùrán 〈书〉副。突然，出乎意外：～离去|～相遇。

促 cù 〈素〉(1)催促，推动：～使。(2)时间短：匆～|急～。(3)靠近：～膝谈心。

【促成】cùchéng 动。促使成功；常带宾语，可带动态助词"了、过"：我终于～了这件婚事。
【促进】cùjìn 动。促使发展；指向好的方面，多以动词或动词性词组作宾语：～团结|～经济的发展|～了市场的繁荣。
【促使】cùshǐ 动。推动人或事物使发生变化；一般以动词性词组作宾语：～社会风气的进一步好转。常带兼语：～厂方加快完成生产任务。
　　＊"促使"和"促进"："促使"既可指让事物往好的方面发展，也可指往坏的方面变化；"促进"一般指事物往好的方面变化。"促进"可作定语；"促使"不作定语，如"起了促进作用"，就不能用"促使"。
【促膝谈心】cù xī tán xīn 成。促膝：膝碰膝，坐得很近。形容靠近坐着，谈心里话：厂领导常常同工人～。

【促狭】cùxiá 〈方〉形。刻薄,爱捉弄人;含贬义:这人很~。

【促织】cùzhī 名。蟋蟀的别名。

酢 cù 同"醋"。另见zuò。

醋 cù ❶名。一种酸的调味品,多用米或高粱发酵制成。❷〈素〉比喻嫉妒的心理:吃~。

【醋大】cùdà 见"措大"。

蔟 cù [蚕蔟](cán-) 名。用麦秸等做成的供蚕做茧的东西。

簇 cù ❶量。用于聚集成团、成堆的东西:一~鲜花。❷〈素〉聚拢和聚集:~拥|花团锦~。

【簇新】cùxīn 形。极新;多形容服装,不加程度副词:一身~的西装。
＊"簇新"和"崭新":"崭新"用得更广泛,除形容服装外,还可形容建筑、思想等;"簇新"不能。

【簇拥】cùyōng 动。紧紧围着;用于较多的人,常带补语:许多人~在商店门口。也可带宾语,但后边须加动态助词"着":广场上~着一大群人。

蹴蹙 cù ❶[蹴蹐](-jí)形。恭敬而不安的样子。❷同"蹙"。

蹙 cù 〈素〉(1)急迫,紧迫:穷~。(2)收缩,皱:~眉|~额。

蹴(蹵) cù 〈素〉(1)踢:~鞠(踢球)。(2)踏:一~而就。

cuān(ㄘㄨㄢ)

氽 cuān 动。常带宾语。(1)一种烹调方法,把食物放到沸水里稍微煮一下:~鱼丸。(2)〈方〉用氽子放到旺火中很快地把水烧开:~了一氽子水。

【氽子】cuānzi 名。烧水用的细长的薄铁筒,插入炉子火中,能很快把水烧开。也说氽儿。

撺(攛) cuān 〈方〉动。(1)掷。(2)赶紧做;不带宾语:事先不做准备,临时现~。(3)发怒;不带宾语:听了这件事,他马上就~儿了。

【撺掇】cuānduo 〈口〉动。怂恿,劝诱别人做某事;多带兼语:他~我去游泳|这是他~我去干的。

蹿(躥) cuān 动。(1)向上跳:猫一下~上了墙顶。(2)〈方〉喷涌:鼻子破了,血直~。

镩(鑹) cuān 动。用冰镩凿,常与"冰"搭配:~冰。

【镩子】cuānzi 名。冰镩,一种铁制的凿冰器具。

cuán(ㄘㄨㄢˊ)

攒(攢) cuán 动。聚集,拼凑,常带宾语或补语:~钱|用零件~成一辆自行车。另见zǎn。

【攒聚】cuánjù 动。紧紧地聚集在一起;常带宾语或补语:门前~着一群人|大家~在一起。

cuàn(ㄘㄨㄢˋ)

窜(竄) cuàn ❶动。(1)乱逃,乱跑;多用于匪徒、敌军或野兽,不带宾语:打得敌军到处乱~|~得比兔子还快。(2)〈古〉放逐。❷〈素〉改动文字:~改|~点。

【窜犯】cuànfàn 动。扰乱,进犯;用于股匪或小股敌人,多带处所宾语:敌军~我边境。

【窜改】cuàngǎi 动。改动;引文要准确,不能随便~。可带宾语:不要~成语。
＊"窜改"和"篡改":"窜改"多用于文章、成语、古书等;"篡改"多用于某种权威性的理论、指示或主张等。"窜改"是中性词;"篡改"是贬义词,如"篡改经典著作",不能用"窜改"。

【窜扰】cuànrǎo 动。逃窜骚扰;用于股匪或小股敌军:防备敌军~。一般匪徒~了这个小山村。

【窜逃】cuàntáo 动。慌乱逃跑;多用于坏人,不带宾语:敌人四处~。

篡 cuàn 〈素〉(1)臣子夺得君位:~位。(2)夺取:~夺。(3)曲解,改动:~改。

【篡夺】cuànduó 动。用不正当的手段夺取;对象为地位或权力,多带宾语或用在被动句中:~王位|领导权~了。

【篡改】cuàngǎi 动。为了某种目的,故意改动或曲解;多指理论、政策等,常带宾语,含贬义:肆意～政府的政策。

爨 cuàn 〈古〉❶名。灶。❷动。烧火做饭。分～。❸姓。

cuī(ㄘㄨㄟ)

衰 cuī 〈古〉❶见"等衰"。❷同"缞"。另见shuāi。

缞 cuī 名。古代用粗麻布制成的丧服。

榱 cuī 〈古〉名。椽子。

崔 cuī ❶见"崔巍、崔嵬"。❷姓。

【崔巍】cuīwēi 〈书〉形。高大雄伟;多指山或建筑物,不加程度副词:～的山峰直插云霄。

【崔嵬】cuīwéi 〈古〉❶名。有石头的土山。❷形。高大。

摧 cuī 〈素〉折断,毁坏:～毁｜～残｜无坚不～。

【摧残】cuīcán 动。使受到严重损害或损失;多指政治、经济、文化、身体、精神等,常带宾语:不要～新生事物。常作"受到"等动词的宾语:在他们的所谓育婴堂里,儿童的身心惨遭～。

【摧毁】cuīhuǐ 动。用强大的力量彻底毁灭:我军猛烈的炮火～了敌军的工事｜强台风把许多民房～了。

【摧枯拉朽】cuī kū lā xiǔ 成。摧毁枯草朽木,比喻腐朽势力很容易被摧毁:我军以～之势,迅速突破了敌军的防线。

催 cuī ❶动。让人加快行动;常以指人名词或代词作宾语:这事情,已～过小张三次了｜别老这样～我。可带兼语:～他快走。❷〈素〉设法使过程加快:～产｜～眠。

【催促】cuīcù 动。催;常带指人名词、代词作宾语:三番五次地～他｜～过小王几次了。可带兼语:导游～大家赶快上车。

＊"催促"和"督促":"催促"是驱使某人赶快做某事;"督促"是约束某人按某种规范或要求行事,如"要督促他改掉这种坏习惯。"

【催命】cuīmìng 动。比喻加紧催促;不带宾语:他一个劲儿地叫我走,跟～似

的。可拆开用:催什么命。

cuǐ(ㄘㄨㄟˇ)

璀 cuǐ [璀璨](-càn) 〈书〉形。光彩鲜明;用来形容珠玉等物,一般不加程度副词:～夺目｜～的珍珠。

cuì(ㄘㄨㄟˋ)

萃 cuì ❶〈素〉草木丛生,也指聚集在一起的人或物:荟～｜出类拔～。❷姓。

啐 cuì ❶动。用力吐出来;须带宾语或补语:～了一口唾沫。❷叹。表示唾弃、斥责或辱骂;用作句子的独立成分或单独成句,多见于早期白话:～,死鬼! 有时与"呀"合用:呀～! 休得胡言乱语。

悴(顇) cuì 见"憔(qiáo)悴"。

淬(焠) cuì 动。把金属铸造件烧红后浸入水或其他液体中,使坚硬。

【淬火】cuìhuǒ 动。将金属工件加热到一定温度再浸入水或其他液体中,使变硬;不带宾语:刀必须～。可拆开用:淬了火｜淬过一次火。可重叠:淬淬火。也叫蘸火。

【淬砺】cuìlì 〈书〉动。打造刀剑时必须淬火和磨砺,比喻人刻苦进修,努力提高。

膵(脺) cuì [膵脏](-zàng) 名。胰的旧称。

瘁 cuì 〈素〉过度劳累:鞠躬尽～｜心力交～。

粹 cuì 〈素〉(1)不杂:纯～。(2)精华:精～｜国～。

翠 cuì 形。青绿色;不加程度副词,只与少数单音节词相配:～柏｜～竹｜～玉。

【翠绿】cuìlǜ 形。像翡翠那样的绿色;多指草木、庄稼等,不加程度副词:～的稻田。作谓语时,常带状语"一片":树林一片～。

【翠微】cuìwēi 〈书〉名。青翠的山色,也泛指青山。

毳 cuì 〈古〉名。鸟兽的细毛。

脆 cuì 形。(1)容易折断、破碎或弄裂;与"韧"相对:钢条很~|这种瓜又~又甜。(2)声音清亮:她的嗓音挺~。(3)〈方〉干脆,爽快;指说话、做事:他办事很~。

【脆弱】cuìruò 形。不坚强,禁不起挫折:这个小姑娘感情~,动不动就流泪。

【脆生】cuìsheng 〈口〉形。可重叠。(1)脆;指食物:黄瓜~爽口|一盘脆脆生生的海蜇皮。(2)清脆;指声音,含褒义:她的嗓音可真~|她说起话来声音脆生生的。

cūn (ㄘㄨㄣ)

村(邨) cūn ❶名。(~儿、~子)村庄:一个小~儿。❷〈素〉粗鲁:~野。

【村落】cūnluò 名。村庄:~齐整。

【村野】cūnyě ❶名。乡村和田野。❷形。性格粗鲁:这人~得很,动不动就跟人打架。

【村镇】cūnzhèn 名。村庄和小市镇:~密集。

【村庄】cūnzhuāng 名。农民聚居的地方;量词用"座、个":这是一座美丽的小~。

皴 cūn ❶动。不带宾语。(1)皮肤因受冻而裂开;可加动态助词"了、过":手~了。(2)画国画时,为显示山石的纹理和明暗向背,用淡墨和干墨侧笔而画,叫"皴":这幅画~一下就好看了。❷〈方〉名。皮肤上积存的泥垢和脱落的表皮:一手~。

cún (ㄘㄨㄣˊ)

存 cún ❶动。常带宾语或补语。(1)储蓄:~了1000元|有余钱要~在银行里。(2)蓄积,聚集;指物:~了3000斤小麦|水库里~满了水。(3)寄存;多指物件:~行李。(4)心里怀着;多指某种想法:对他~着希望。❷〈素〉(1)存在,活着:幸~|~亡未卜。(2)保留:疑~|根。(3)结存,余留:库~。

【存档】cúndàng 动。把处理好的资料或公文归入档案,以供将来查考;不带宾语:这份资料要~。

【存而不论】cún ér bù lùn 成。保留起来,不予讨论:这些问题暂时~吧。

【存放】cúnfàng 动。寄存;指物品,常带宾语或补语:~行李|把自行车~在叔叔家里。

【存亡】cúnwáng 名。生和死,存在和灭亡;常与"生死"并用,多作"关系到"的宾语:这一举动非同寻常,关系到企业的生死~。

【存心】cúnxīn ❶动。怀着某种念头;不带宾语,多用于贬义:~不良。可拆开用:你存着什么心? ❷副。故意,有意;多用于贬义:这不是~跟我做对吗? |~捉弄人。

【存疑】cúnyí 动。对疑难问题暂时保留,不作结论;不带宾语:这个问题只能暂时~,等以后再研究吧。

【存在】cúnzài ❶动。有,未消失;常带宾语或补语:~着某些悬而未决的问题|这种现象会继续~下去。❷名。哲学上指客观物质;与"意识"相对:~决定意识。

＊"存在"和"有":"存在"跟"消失"相对,它的否定式是"不存在";"有"跟"无"相对,它的否定式是"没有"。"存在"可带宾语,也可不带;"有"一般要求带宾语。

【存照】cúnzhào ❶动。把契约、文书等保存以备查考核对:立此契约,以备~。❷名。指保存起来备查的契约、文书等。

蹲 cún 〈方〉动。脚或腿猛然落地受震致伤:脚~了。可带宾语:他不小心~了腿。

另见dūn。

cǔn (ㄘㄨㄣˇ)

忖 cǔn 〈素〉仔细思量:~度|~量。

【忖度】cǔnduó 动。推测和揣度;常带宾语:他心里~着这件事。注意:"度"这里不读dù。

【忖量】cǔnliàng 动。(1)揣度;多带宾语:他在~着厂长那些话的含义。(2)思量;不带宾语,可带补语:他已经~了好半天,还是拿不定主意。注意:"量"这里不读liáng。

cùn (ㄘㄨㄣˋ)

寸 cùn ❶量。长度单位,一尺的十分之一。❷〈素〉比喻极短或极小:～阴|～步难行|鼠目～光。❸姓。

【寸步难行】cùn bù nán xíng 成。形容走路非常困难,也比喻处境艰难:搞建设需要知识,没有丰富的现代科学知识,我们就～。

【寸草不留】cùn cǎo bù liú 成。连小草也不留下。形容敌军的极端野蛮残暴,所到之处就抢光、杀光、烧光,什么也不留下:鬼子每到一处,烧杀抢掠,～。

【寸断】cùnduàn 动。断成许多小段;多用在固定组合中:肝肠～(表示极度悲伤)。

【寸土必争】cùn tǔ bì zhēng 成。即使是一点点土地,也要和敌人争夺。形容对敌斗争毫不退让:我们的方针是针锋相对,～。

【寸心】cùnxīn 名。不受数量词组修饰。(1)心中,内心:离别时,我～已乱,不知说什么好。(2)小意思,微小的心意:聊表～。

【寸阴】cùnyīn 〈书〉名。一寸光阴,形容很短的时间;不受数量词组的修饰:珍惜～。

吋 cùn 又读 yīngcùn 量。英美制长度单位的旧称。现写作英寸。

cuō (ㄘㄨㄛ)

磋 cuō 〈素〉把骨、角磨制成器物。引申为商谈:～商|切～。

【磋商】cuōshāng 动。仔细反复地商量讨论,多指比较重大的事情:双方领导为联合经营之事准备再次～。常带宾语或补语:～招生计划|这件事已～过多次。可重叠:这个问题要好好～～。

搓 cuō 动。两手掌反复摩擦,或将别的东西放在手掌间来回地揉;常带宾语或补语:～手|绳子|衣服～洗得很干净。

【搓手顿脚】cuō shǒu dùn jiǎo 成。形容焦急不耐烦;急得～|别～了,还是尽快想想办法吧。

蹉 cuō 见"蹉跌"、"蹉跎"。

【蹉跌】cuōdiē 〈书〉动。失足跌倒,比喻失误;不带宾语:缺乏经验,难免～。

【蹉跎】cuōtuó 〈书〉动。时间白白过去,虚度光阴;不带宾语:岁月～|半生～。

撮 cuō ❶动。(1)用簸箕等把东西聚在一起;常带宾语或补语:～一些土|把稻子～起来。(2)〈方〉用三个指头捏取小的或细碎的东西:～了一点盐。❷量。(1)市制容量单位,一撮相当于一市升的千分之一。(2)〈方〉手所撮取的一点:～药。(3)引申为一小撮;用于坏人,只用在"一小撮"这个固定的数量词组中:一小～坏分子。❸〈素〉摘取:～要。
另见 zuǒ。

【撮合】cuō·he 动。从中介绍促成;用于恋爱或婚姻:多亏王二奶奶热心～,他俩才喜结良缘。可带宾语:～了他俩的婚事。可重叠:从中～～。

【撮弄】cuōnòng 动。(1)戏弄,捉弄;常带宾语,可带动态助词"了、过":你又来～我了|～过他。(2)唆使,煽动;含贬义,多带兼语:别～她去闹事。

【撮要】cuōyào ❶动。摘取要点;不带宾语,常作状语:～地向领导汇报。❷名。所摘取的要点:这篇文章的～我已看过了。

cuó (ㄘㄨㄛˊ)

嵯 cuó [嵯峨](-é)〈书〉形。山势高峻的样子。

鹾(鹺) cuó 〈古〉❶名。盐。❷形。咸:～鱼。

痤 cuó [痤疮](-chuāng)名。一种皮肤病,多生在青年人面部。由皮脂腺分泌过多、消化不良或便秘等引起。通称粉刺。

矬 cuó 〈方〉形。个子矮:他长得太～。

【矬子】cuó·zi 〈方〉名。身材短小的人;含贬义:他是个～。

鄌 cuó 地名用字。鄌城,村镇名,在河南省永城县西。

cuǒ(ㄘㄨㄛˇ)

脞 cuǒ 见"丛脞"。

cuò(ㄘㄨㄛˋ)

剉 cuò 〈古〉❶动。折伤。❷同"锉"。

莝 cuò 〈古〉❶动。铡草。❷名。铡碎的草。

挫 cuò ❶动。压下去；常带宾语，可带动态助词"了"：～了敌人的锐气。❷〈素〉(1)降低：抑扬顿～。(2)进行不顺利：～折｜受～。
【挫败】cuòbài 动。(1)挫折和失败；常作"遭、受"之类动词的宾语：他在科研上虽屡遭～，但从不灰心。(2)击败；多带宾语：我军～了敌军的进攻。
【挫伤】cuòshāng 动。可带宾语。(1)身体因碰撞或挤压而受伤：他的左腿给车门～了｜～了胳膊。(2)损伤；常指积极性、上进心等：不要～了孩子的自尊心。
【挫折】cuòzhé 动。(1)压制，阻碍，使衰弱或停顿；常带宾语：～了敌人的锐气。(2)失败和失利；常作"遭、受"一类动词的宾语：屡遭～。

锉 cuò ❶名。用钢制成的手工切削工具，多用来磨金属、竹木、皮革等工件的表层。也叫锉刀。❷动。用锉磨削；带宾语或补语：～锯子｜把这个零件～一下。

厝 cuò 〈书〉动。(1)旧指把棺材停放待葬或浅埋以待改葬。(2)安置，放置。
【厝火积薪】cuò huǒ jī xīn 成。厝：放置；薪：柴草。把火放在柴堆下面。比喻潜伏着很大的危险：对侵略者搞绥靖政策，无异于～。

措 cuò 〈素〉(1)安排，处置；～辞｜手足无～。(2)筹划办理：筹～｜～施。
【措辞】cuòcí 名。讲话或写文章时选用的词句：～非常恰当。也作措词。
【措大】cuòdà 名。旧指贫寒的读书人；含轻慢意。也说醋大。
【措施】cuòshī 名。针对某种情况采取的处理办法；用于比较大的事情，量词用"项、个"：这是经济体制改革中的一项有力～。
【措手不及】cuò shǒu bù jí 成。措手：着手处理，应付。临时来不及应付；多作谓语或补语：要早作准备，别到时候～｜敌人被打了个～。
【措意】cuòyì 〈书〉动。留意，用心。
【措置】cuòzhì 动。安排，料理；多带补语：～得当｜前去一～下。

错 cuò ❶形。(1)不正确，不对；不加程度副词：我～了｜～打了主意。(2)坏，差；用于否定式：味道不～｜相当～的文章。❷动。(1)两物体相互摩擦；常带宾语或补语：～牙齿｜他睡着后牙齿～得格格响。(2)岔开，使位置、时间、线路等互不冲突；多带补语：两个会要～开｜一～位置。(3)失去；指好的时机，可加动态助词"过"后带宾语：不要～过这个好机会。(4)参差，不整齐；多带补语：柜门～出来半公分。❸名。(1)(～儿)过错，错处：认个～儿吧。(2)〈古〉指打磨玉石的石头。
【错爱】cuò'ài 动。表示感谢对方的爱护、关怀；谦辞：蒙恩师～，学生一定奋发上进。
【错别字】cuòbiézì 名。错字和别字的合称。
【错愕】cuò'è 〈书〉形。仓促惊讶，惊愕：二人面面厮觑，～相顾。
【错觉】cuòjué 名。由于某种原因引起的对客观事物的不正确的感觉，如"杯弓蛇影"中说的，把弓影当蛇影就是一种错觉：早晨的太阳好像比中午的大，这是物理现象造成的。
【错乱】cuòluàn 形。(1)无次序；指物，含贬义：他编的程序非常～，根本不能上机。(2)失去常态；一般指精神方面，作谓语，也作"发生"等动词的宾语：神志～｜精神发生～。
【错落】cuòluò 动。交叉夹杂，参差不齐；主要用于有形体的事物，不带宾语：花叶扶疏，～有～着。可带补语：高楼大厦～在濠河两岸。有时也用于声音，他俩～地谈着往事。可重叠：这时的队伍已经不分行列，错错落落，大家边说边走。

【错误】cuòwù ❶形。不正确,与客观实际不符;多形容理论、思想、观点、方法等抽象事物:这种观点非常～|方法不对,结论往往也是～的。❷名。不正确的行为、事物等:犯了～,就要坚决改正。

＊"错误"和"缺点":"错误"的意思着重指不正确;"缺点"的意思着重指不完善。"错误"可以同"犯"搭配;"缺点"不行。"缺点"可同"克服"搭配;"错误"不行。"错误"兼作形容词和名词;"缺点"只作名词。

【错杂】cuòzá 动。两种以上的东西交错夹杂在一起;多带补语:各种各样的草木～在一起|几种颜色相互～。

＊"错杂"和"混杂":"错杂"多指物;"混杂"既可指物,也可指人,如"人群中混杂了一些坏分子",这句不能改用"错杂"。

【错字】cuòzì 名。写得不正确的字,也指刻错或排错的字。

【错综】cuòzōng ❶动。许多东西纵横交叉;不带宾语:汽车在高原上奔驰,扑入你眼帘的,是黄绿～的一条大毡子。❷名。一种修辞格,在前后相连的语句中,本来可以出现相同的词语或句式,为了避免重复,增加语言的变化,有意配置不同的词语或句式,这种修辞方式就叫"错综"。

D

dā(ㄉㄚ)

叮 dā 拟声。吆喝牲口(一般指牛)前进的声音；多叠用：老汉~~地赶着牛。

耷 dā 〈古〉名。大耳朵。

【耷拉】dā·la 动。下垂；常带宾语，并带动态助词"着"：他~着眼皮，一声不吭｜谷穗儿沉甸甸的，~着头。也作搭拉。

答(荅) dā 〈素〉同"答(dá)"，用于"答应"、"答理"等词。另见dá。

【答茬儿】dāchár 〈方〉动。接着别人的话说；不带宾语：等别人讲完了，你再~。也作搭茬儿。

【答理】dā·li 动。理睬，打招呼；多用于否定句：我和他说话，他竟不~。也作搭理。

【答腔】dāqiāng 见"搭腔"。

【答应】dā·ying 动。(1)应声回答；一般不带宾语：我喊你半天，你为什么不~？(2)允许，同意：我想请几天假，主任还没有~。可带宾语或兼语：请你~我的要求｜~我去看电影吧。

搭 dā 动。常带宾语或补语。(1)支，架，～瓜棚｜把桥～起来。(2)把柔软的东西放在支撑物上：把衣服～在栏杆上｜肩上～着浴巾。(3)共同抬起：请你帮我～一口缸｜把桌子～到那边去。(4)连接在一起：上文～不下文｜两根电线～上了。(5)配合：两种材料～在一起用。(6)凑上，加上：～上这些钱就够了｜完成这项任务，再～上小王就更好了。(7)乘，坐；用于车、船等：～火车｜～轮船。

【搭班】dābān 动。旧指艺人临时参加某个戏班；不带宾语，常构成连动词组：我和他们～唱戏。可拆用：搭上了班。

【搭伴】dābàn 动。做伴；不带宾语，常构成连动词组：咱们～去赶集吧。可拆开用：你去看电影，咱们搭个伴吧。

【搭补】dābǔ 〈方〉动。补贴，常带宾语或补语：～几斤米这点钱，在生活上你多少可以～一下。可带双宾语：～他一点零用钱。

【搭茬儿】dāchár 见"答茬儿"。

【搭档】dādàng 〈方〉也作搭当。❶动。协作；不带宾语：咱们师徒～。❷名。协作的人：咱们是老～。

【搭伙】dāhuǒ 动。不带宾语。(1)结成一伙：咱们～春游。(2)加入伙食组织：我们在工厂食堂～。可拆开用：我们想在你学校搭一下伙。

＊"搭伙"和"搭伴"："搭伙"一般指较多的人合为一伙；"搭伴"是同一人或几人为伴。"搭伙"还有加入伙食组织的意思，"搭伴"没有。

【搭架子】dā jiàzi ❶词组。搭起框架，比喻事业开创或文章布局粗具规模：这项工作可以先～，具体事情下一步再说｜写文章可先搭个架子，再充实内容。❷〈方〉习。摆架子；含贬义：你别～，有啥了不起。

【搭脚儿】dājiǎor 〈方〉动。顺便免费搭乘车船；不带宾语，可拆开用：我要进城，能搭个脚儿行吗？

【搭救】dājiù 动。帮助人脱离危险或灾难：听到呼救声，大家都跑去～。多带宾语：洪水中，解放军～了许多群众。可重叠：快去～～他们吧。

【搭拉】dā·la 见"耷拉"。

【搭理】dā·li 见"答理"。

【搭配】dāpèi 动。按一定目的或方法安排分配：生产中劳动力要配～。可带宾语或补语：～好每天该吃的蔬菜｜词与词～得当。

【搭腔】dāqiāng 动。也作答腔。(1)接着别人的话说；不带宾语或补语：你总得开口呀，不能老不～。可拆开用：要你来搭什么腔。(2)〈方〉交谈;不带宾语,多用于否定式: 他俩合不来,从不~。

【搭桥】dāqiáo 动。架桥。比喻在甲乙两方进行联络;不带宾语: 他乐意用评论在作品和读者之间~|他们是自由恋爱,我只起了~作用。可拆开用,可重叠: 搭个桥|搭搭桥。

【搭讪】dā·shàn 动。为了想跟生人接近或打开尴尬的局面而找话说;不带宾语,可带补语,或构成连动词组: 他走过去同她~了一阵|他脸上露出微笑,~着走开了。也作搭赸。

【搭梯子】dā tīzi 习。比喻为别人解脱困境,我见他十分尴尬,只好出来~,让他下台。

嗒(噠) dā 拟声。摹拟枪声、马蹄声等;常叠用: 枪声~~地响着|远处传来了~~的马蹄声。

另见tà。

镗 dā 见"铁镗"。

褡 dā 见"褡包"、"褡裢"。

【褡包】dā·bao 名。用布或绸做成的一种长而宽的腰带,系在衣服外边。

【褡裢】dālián 名。(1)一种长方形的口袋,中间开口,两头装东西,一般搭在肩上,小的可以挂在腰带上。(2)摔跤运动员穿的一种上衣,用多层布做成。

dá(ㄉㄚˊ)

打 dá 量。音译词。十二个叫一打: 一~铅笔|两~毛巾。

另见dǎ。

达(達) dá ❶〈素〉(1)通: 抵~|四通八~。(2)实现: ~成。(3)对事物懂得透彻: 通~|旷~。(4)表达: 转~|~意。(5)显赫: ~官。❷姓。

【达标】dábiāo 动。达到规定的标准,特指达到国家规定的体育锻炼标准;不带宾语: 我们厂的好几种产品都已~|这个学校体育活动抓得好,全校~人数占90%以上。

【达成】dáchéng 动。实现,得到;多指商谈后取得结果,多带宾语: 双方~协议。

【达旦】dádàn 动。直到天明;多用在固定组合中: 通宵~。

【达到】dádào 动。到;常同"目的、水平"等词搭配: 这是我们奋斗的目标,一定要~,也一定能~。常带宾语: ~目的|~国家先进水平。可拆开用,表示可能: 达得到|达不到。

＊"达到"和"到达": "达到"对象多是抽象事物或程度,如目的、要求、愿望、标准、水平等,"到达"的对象多是一个地点的具体名词,有时是指某一阶段的抽象名词。"达到"可以拆开用;"到达"不能。

【达观】dáguān 形。对不如意的事情看得开: 她很~,从来不知道忧愁。

【达官显贵】dá guān xiǎnguì 成。旧指大官和地位显赫的剥削阶级上层人物。

【达斡尔族】dáwò'ěrzú 名。我国少数民族之一,分布在黑龙江、内蒙古和新疆等地。

【达奚】dáxī 复姓。

【达意】dáyì 动。表达思想;常用在固定组合中: 表情~|辞不~。

【达因】dáyīn 量。音译词。力的单位,使1克质量的物体产生1厘米／秒^{2}的加速度所需要的力,叫做1达因。1达因=$\frac{1}{981}$克力。

莲(蓮) dá 见"荨(jūn)莲菜"。

鞑(韃) dá [鞑靼](-dá) 名。古时汉族对北方各游牧民族的统称。

怛 dá 〈古〉形。忧伤,悲痛。

妲 dá 人名用字。妲己,商纣王的妃子。

笪 dá 姓。

靼 dá 见"鞑(dá)靼"。

答(荅) dá ❶动。回答;常带宾语或补语: ~了两道题|这个问题他~得不对。❷〈素〉还报: 报~|~谢。

另见dā。

答瘩打 dá-dǎ 177

【答案】dá'àn 名。对问题所作的解答。
【答辩】dábiàn 动。对别人提出的问题、指责、控告等进行答复和申辩;不带宾语,可带补语:他~得很出色。常作"进行、参加"等动词的宾语:进行论文~。
【答词】dácí 名。在公众场合表示谢意或回答时所说的话:我们来推敲一下~。
【答对】dáduì 动。回答别人的问话;不带宾语,常用于否定式:我这一问,他竟无以~。
【答复】dáfù 动。回答,回复;常带宾语:她笑了笑,没有~他|我不知道怎样来~她一连串的问题。
【答话】dáhuà 动。回答;不带宾语,多用于否定式:我问你,怎么不~呀?
【答谢】dáxiè 动。对别人的好意或招待表示谢意:他们厂给了我们这样多的帮助,我们应该去~。可带宾语:我不知道如何~她。可作定语:国务院举行盛大~宴会。可重叠:应该好好~~他们。

瘩 dá [瘩背](-bèi) 名。中医称生在背部的痈。

dǎ(ㄉㄚˇ)

打 dǎ ❶动。常带宾语或补语。(1)击,敲:~门|~鼓|~得很响。(2)因撞击而破碎;常指器皿、蛋类等:碗~了|蛋~破了。(3)殴打,攻打:不许~人|这一仗~得真漂亮。(4)发射,发出;指某些武器、电讯:~炮|电报~出去了。(5)捕捉;指鱼、鸟等:鱼~得不少|~鸟。(6)通过一定手段使成的;常带表示结果的宾语:~井|~洞|~毛衣|请木匠~了个柜子|要~好基础。(7)举或竖起:~伞|~旗|~帘子。(8)砍取;指柴草等:~柴|~草。(9)除去;常指枝条状的尖端:~杈|~顶。(10)购买;指某些液体食品的零售及车票等:~油|~酒|车票~来了。(11)指农作物收获:一亩地~了多少斤粮?(12)计算,预计;可带名词、动词或主谓词组作宾语:每组~三人,三组才九个人|损耗已经~进去了|就~着明儿下雨也不要紧。(13)从事某种行为、活动、游戏等:~夜班|~官司|~游击|~官腔|~了个手势|~扑克。❷〈口〉介。从,自:~去年起|~这儿往西。注意:"打"作介词,带有北方方言色彩,普通话里一般只用"从"。此外,在单音节方位词前,特别是在四字格中,多用"从",如:从早到晚,从东到西。
另见dá。

【打把势】dǎ bǎ·shi 词组。(1)练武术:他在~。(2)泛指手舞足蹈:你看他那~的样子。
【打靶】dǎbǎ 动。按照一定规则射击设置的目标,以提高射击技术,检验训练的成效;不带宾语:战士们正在~。可拆开用:打中了靶。
【打摆子】dǎ bǎi·zi 〈方〉词组。患疟疾:他正在~。
【打败】dǎbài 动。(1)失败;不带宾语:敌人被我们~了。(2)战胜;须带宾语:~了敌人。
【打扮】dǎ·ban ❶动。(1)使衣着容貌好看;常带补语:她~得真漂亮。可重叠:你快去~~。(2)化装;常带补语:你快去~。加"成"后可带宾语:他~成学生模样。❷名。打扮出来的样子;能摆数量词语"一身"组合:那两个人一身学生~。
＊"打扮"和"装饰":"打扮"多用于人,用于物通常是拟人化的手法;"装饰"一般只用于物,不用于人。
【打抱不平】dǎ bàobùpíng 成。遇到不公平的事,支持受欺压的人;含褒义:鲁智深是个爱~的好汉。
【打比】dǎbǐ 动。不带宾语。(1)为说明某一事物,用另一事物来做比喻:他讲话喜欢~,大家很爱听。(2)〈方〉比较:你年龄轻,怎能同老头子~呢?
【打边鼓】dǎ biāngǔ 见"敲边鼓"。
【打草惊蛇】dǎ cǎo jīng shé 成。比喻在秘密行动中,行迹有所暴露,惊动了对方:此人有严重贪污嫌疑,我们正立案调查,注意不要~,防止他销赃。
【打杈】dǎchà 动。除去棉花、番茄等作物上没有用的枝条,以集中养分,促进作物的生长;不带宾语:林二嫂正在给棉花~。
【打岔】dǎchà 动。打断别人的话头或工作;不带宾语:等我说完,请你别~!

可拆开用：打什么岔。

【打禅】dǎchán 动。佛教徒打坐。

【打场】dǎcháng 动。谷物收割后在场上脱粒；不带宾语：妇女们正在～。可重叠：请你来帮助打打场。

【打成一片】dǎ chéng yī piàn 成。原指形成一个整体，今指思想感情等融合成一体：干部要同群众～。

【打抽丰】dǎ chōufēng 见"打秋风"。

【打倒】dǎdǎo 动。攻打使垮台，推翻；常带宾语：～侵略者！可拆开用：打得倒｜打不倒。

【打道】dǎdào 动。指封建时代官员出门，先使差役在前面开路，叫人回避；不带宾语，常构成连动词组：～回府。

【打底子】dǎ dǐzi 习。画底样或起草稿，比喻奠定基础：画图案一般要先～｜我们现在的学习是为将来深造～。

【打点】dǎdian 动。(1)收拾，准备；常带宾语或补语，多指行装、礼物等：～行李｜行装已经～好了，随时可以出发。(2)旧时送礼行贿，请求照顾；一般不带宾语，可带补语：王科长那边也要去～一下。

【打动】dǎdòng 动。使人感动：我被他的先进事迹～了。可带宾语：他的话～了大家的心。

【打赌】dǎdǔ 动。用对一件事的不同判断、不同估计来赌输赢；不带宾语：你不信，可以～。可拆开用：打个赌｜打什么赌。

【打盹儿】dǎdǔnr 〈口〉动。闭眼小睡；不带宾语：他上课老是～。可拆开用：打了个盹儿。

【打发】dǎfa 动。(1)派遣；多带兼语：～人去买东西。(2)使离开；常同"走"连用：费了好大劲，才把孩子～走。(3)消磨；用于时间、日子方面，常带宾语：退休以后，我很空闲，靠看书、练字～时间。

【打更】dǎgēng 动。旧时把一夜分成五更，每到一更，巡夜的人便打梆子或敲锣报时，叫做打更；不带宾语：今晚由王大爷～。可拆开用：打了好几年更。

【打躬作揖】dǎ gōng zuō yī 成。弯身作揖，旧时一种见面礼节，有时也用来形容恭顺恳求：我向你～，求你行个好。

【打鼓】dǎgǔ 动。比喻心中无数，心神不定；不带宾语：今天的考试，我准备不足，心里直～。

【打官司】dǎ guān·si 词组。进行诉讼：我准备同他～。

【打棍子】dǎ gùn·zi 习。拿理论或政策作"棍子"，牵强附会地硬加给人以罪名：我们要实事求是，不要随便给人～。

【打哈哈】dǎ hā·ha 习。开玩笑；多作谓语：讲正经的，别～！

【打夯】dǎhāng 动。用夯把地基打实；不带宾语：一边～，一边唱杭育歌。可拆开用：叫一声号子，打一下夯。

【打横】dǎhéng 动。围着方桌坐时，坐在末座叫打横；不带宾语：今天吃饭，你坐主位，我～。

【打滑】dǎhuá 动。不带宾语。(1)指车轮或皮带轮空转，车子不能前进，机器不能转动：齿轮没有牙了，老～。(2)〈方〉指地滑难走：乡间土路，雨天泥泞不堪，走上去直～。

【打晃儿】dǎhuàngr 动。身体左右摇晃，站立不稳；不带宾语：他只喝了一点酒，身子就～。可拆开用：打了一个晃儿。

【打诨】dǎhùn 动。在戏曲演出中演员兴说些发笑的话来逗乐；不带宾语：那个丑角一出场插科～，全场就活跃起来。

【打击】dǎjī 动。(1)敲打或撞击；常作定语：～乐器。(2)攻击，使对方遭受挫折或失败；多带宾语：狠狠～敌人｜不能～群众的积极性。可作"受到"等动词的宾语：遭到～。

【打击乐器】dǎjī yuèqì 词组。用敲打的方式使发音的一类乐器，如木鱼、锣鼓等。

【打家劫舍】dǎ jiā jié shè 成。劫：抢劫；舍：住房。指成群结伙到人家中抢劫财物。

【打尖】dǎjiān 动。不带宾语，可拆开用。(1)途中休息，吃点东西：我们爬到半山腰，打个尖再往上爬。(2)掐去棉花等作物的尖端部分：这棉花该～了。也叫打顶。

【打交道】dǎ jiāo·dao 词组。交际，来往；多作谓语：记者要善于同各种人～。

【打搅】dǎjiǎo 动。多带宾语。(1)扰乱你姐姐在做功课,别～她。(2)婉辞,在受到招待或麻烦别人时用:这次到你厂来参观,～你们了。

【打醮】dǎjiào 动。道士设坛念经作法事;不带宾语:几个道士在～。

【打劫】dǎjié 动。抢夺财物;多用在固定组合中:趁火～。

【打紧】dǎjǐn 形。要紧;常用于否定式:这件事如果办不成也不～。

【打开】dǎkāi 动。多带宾语,可拆开用。(1)揭开,拉开,解开:～箱子|～抽屉|～行李。(2)开拓;常同"局面"配合:他上任以后,车间的工作很快～了新的局面。

【打捞】dǎlāo 动。寻找并取出沉在水里的东西;常带宾语或补语:～沉船|失足落水的小孩被～上来了。

【打擂台】dǎ lèitái 见"擂台"。

【打冷枪】dǎ lěngqiāng ❶词组。趁人不备,突然打一两枪:"啪啪!"山上传来两声枪响,这是敌人在～。❷习。比喻暗算别人;含贬义:有人说他的坏话,在他背后～。

【打冷战】dǎ lěngzhan 词组。因受寒或精神紧张而突然颤抖一两下:一阵刺骨的寒风,冻得她直～。也作打冷颤。

【打连厢】dǎliánxiāng 名。一种民间的舞蹈形式。参见"霸王鞭"。

【打量】dǎ·liang 动。(1)对人的衣着、外貌进行观察;常带补语"一下、一番"等:把来人～了一番。(2)以为,估计;常以主谓词组为宾语:你做的事,～我不知道?

【打落水狗】dǎ luòshuǐgǒu 成。比喻对已经垮了台的敌人或坏人,仍须狠狠打击,不能宽容:发扬～的精神。

【打马虎眼】dǎ mǎ·huyǎn 〈方〉习。装糊涂来蒙骗人;多作谓语:请把事情说清楚,别～。

【打埋伏】dǎ mái·fu ❶词组。为了达到某一目的,预先隐藏,待机行动:游击队员在山里～,消灭了100多敌人。❷习。比喻隐瞒问题、事物或人力:别～,你们这里肯定有这种资料。

【打闹】dǎnào 动。不带宾语。(1)打架吵闹:他俩为一点小事～起来了。(2)追打戏耍:许多小孩在一起～,快乐得很。可重叠:大家安静,别打打闹闹的。

【打屁股】dǎ pì·gu ❶词组。旧时的一种刑法。❷习。比喻挨批评或受惩罚;含诙谐意:今天没做作业,要挨老师～了。

【打破】dǎpò 动。突破,超出;多指某种限制、标准或拘束等,常带宾语:～常规|～情面|～沉默。

【打破沙锅问到底】dǎpò shāguō wèn dào dǐ 成。"问"和"璺(wèn)"谐音,璺是玉石或陶瓷玻璃器物上的裂纹。比喻遇事追根究底:小赵办事好深究,总喜欢～。

【打谱】dǎpǔ 动。不带宾语。(1)对着棋谱摆棋子,是一种学习下棋技术的方法。(2)制定大概的计划:这件事我一定能办好,正在～|我～开个杂货店。可拆开用:你先打个谱。

【打气】dǎqì 动。不带宾语。(1)给球或轮胎充气。(2)比喻鼓动:运动场上,播音员用宏亮的声音高喊着"加油",为运动员们～。可拆开用,可重叠:打了一下气|打打气。

【打千】dǎqiān 动。旧时的敬礼,右手下垂,左腿向前屈膝,右腿略弯曲;不带宾语。

【打前失】dǎ qiánshi 习。驴马前蹄没有站稳而跌倒或几乎跌倒。

【打前站】dǎ qiánzhàn 习。行军或集体出行时,先派人到将要停留或到达的地点办理食宿等事务,为后续队伍作准备:我们这次旅游,请老王去～。

【打秋风】dǎ qiūfēng 习。旧时指假借各种关系和名义向有钱人家索取财物,算作赠与:解放前,他生活艰苦,常靠～度日。也说打抽丰。

【打趣】dǎqù 动。说俏皮话取笑、嘲弄人;常带宾语:他是老实人,别老～他。

【打圈子】dǎ quān·zi ❶词组。转圈子:飞机在空中～。❷习。比喻局限于某事或某个问题上考虑:别在一些枝节问题上～。

【打拳】dǎquán 动。练拳术;不带宾语:他正在～。可拆开用:打了一阵拳。

【打群架】dǎ qúnjià 词组。双方结伙打架。

【打扰】dǎrǎo 动。打搅、干扰:他在专心读书,别去～。常作礼貌用语,多带宾语或补语:～您一下,我问个路。

【打扫】dǎsǎo 动。扫除,清理;常带宾语:～房间|～战场。可重叠:仓库既乱又脏,要好好～～。

【打手】dǎshou 名。指反动势力豢养的殴打、欺压人民的人。

【打算盘】dǎ suànpan ❶词组。用算盘计算。❷习。比喻盘算:去不去呢? 他心里在～。

【打算】dǎsuan ❶动。考虑,计划:一切要为群众～。可带动词或主谓词组作宾语:你～去哪里? |我～一个人承担这项任务。可重叠:这事非同小可,要认真～～。❷名。想法,念头:他的～是边工作边学习。

【打听】dǎting 动。探问;常带宾语或补语:～消息|～一下他的下落。可重叠:这件事,请你去～～。

【打通】dǎtōng 动。常带宾语。(1)除去阻隔使相通连:～山洞|两个房间被～了。(2)比喻除去障碍:～关节|～思想。

【打通】dǎtòng 动。戏曲开演前敲锣打鼓;不带宾语:台上已在～,戏要开场了。

【打头阵】dǎ tóuzhèn 习。比喻带头:艰苦的活儿,小王总抢着～。

【打退堂鼓】dǎ tuìtánggǔ 成。指封建官吏坐堂问事完毕,击鼓退堂。今常比喻遇到困难就退缩不干:要克服困难,继续前进,不能～。

【打下】dǎxià 动。常带宾语。(1)攻克:～一座县城。可拆开用:你看这地方打不打得下?(2)奠定;常用"基础"作宾语:～坚实的基础。

【打响】dǎxiǎng 动。(1)双方开始交战:反击战～了。(2)比喻事情初步成功;常同"第一炮、这一炮"配合:我们的比赛,第一炮就～了。

【打消】dǎxiāo 动。消除;用于抽象事物:这种错误想法要赶快～。常带宾语:～念头|～顾虑。

【打斜】dǎxié 动。坐立时斜对着尊长或客人;多与"坐"或"站"构成连动词组:～坐在一旁。

【打鸭子上架】dǎ yāzi shàng jià 见"赶鸭子上架"。

【打牙祭】dǎ yájì 〈方〉习。原指每逢月初、月中吃一顿有荤菜的饭,后泛指偶尔吃一顿比较丰盛的饭菜;多作谓语:他们上饭馆～去了。

【打掩护】dǎ yǎnhù ❶词组。在主力部队侧面或后面作战,保护主力部队去完成任务是～。❷习。比喻对坏人、坏事加以遮盖或包庇;含贬义:别为他～了,他的问题很严重。

【打烊】dǎyàng 〈方〉动。商店晚上关门停止营业;不带宾语:这会儿,商店大多～了,上哪儿买东西? 可拆开用:打了烊。

【打油诗】dǎyóushī 名。一种通俗诙谐、不拘格律的诗。相传是唐代张打油所创。

【打游击】dǎ yóujī ❶动。从事游击活动。参见"游击"。❷习。比喻没有固定地点的工作、学习或活动;是一种诙谐的说法:今天会议室不空,我们开会又得～了。

【打援】dǎyuán 动。攻击增援的敌军;不带宾语:我们打敌人的主力,你们～。

【打圆场】dǎ yuánchǎng 习。调解纠纷、缓和矛盾:这事幸亏我去～,否则就闹大了。也叫打圆盘。

【打杂儿】dǎzár 〈口〉动。做辅助性的杂事;不带宾语:他年轻时在公司里～。可重叠:我只能在办公室里打杂儿。

【打仗】dǎzhàng 动。进行战争,进行战斗;不带宾语:我们不要～,但也不怕~。常拆开用:打了个漂亮仗。

【打招呼】dǎ zhāo·hu 习。(1)表示问候:他见到人总是老远就～。(2)向有关人作关照:这事要向小张打个招呼,好让他有个思想准备。

【打折扣】dǎ zhékòu ❶词组。指商品降价出售。参见"折扣"。❷习。比喻没有完全按原有的要求或规定去做:产品的质量要严格把关,不能～。

【打主意】dǎ zhǔ·yi 词组。(1)想办法:他的脑子真行,很会～。(2)对人或事物盘算,设法谋取;常带贬义:他总是在她身上～。

【打住】dǎzhù 动。不带宾语,可拆开用。(1)停住:他说着说着突然～了。(2)压住:

那辆车的价钱,200元打不住。(3)〈方〉在别人家里或外地暂住：争取早点回来,别在外～。

【打转】dǎzhuàn 动。绕圈子,旋转；不带宾语：那孩子急得直～。

【打总儿】dǎzǒngr 〈口〉动。把分散的事合在一起；常构成连动词组：这些东西由我～去买。

【打坐】dǎzuò 动。僧道修行的一种方法,闭目盘膝而坐,调整气息出入,手放在一定位置上,不想任何事情；不带宾语：老和尚正在～。

dà(ㄉㄚˋ)

大 dà ❶形。(1)在体积、面积、深度、数量、强度等方面超过一般或超过所比较的程度；与"小"相对：～教室｜声音～｜风很～｜人小志气～。可以带"了、起来",表示变大：个子高了,力气也～了｜雨渐渐～起来。可带"着、了",表示比较：领子～了一厘米｜哥哥比弟弟～着好几岁呢。前面加"多",主要表示提问或感叹：你的孩子今年多～? ｜多～的山岗啊! (2)用在某些表示时令、时间等词语的前面,表示强调：～热天｜～清早。(3)表示排行第一：～儿子｜～姐姐。❷〈古〉通"太"、"泰(tài)"：～子｜～山。❸副。(1)表示程度深：一吃一惊｜～笑一阵｜天已～亮｜～有希望。(2)用在"不"后,表示程度浅或不经常：不好｜不～听话｜不～上街。❹〈方〉名。父亲或伯父、叔父：这是俺～带来的｜三～当了干部。❺姓。

另见 dài。

【大白】dàbái ❶〈方〉名。粉刷墙壁用的白粉。❷形。完全显露；不加程度副词：真相～。可带介词词组构成的补语：～于天下。

【大半】dàbàn ❶副。(1)表示一定范围内的大多数；常用在"是"之前：我们班～是男同学。(2)表示估计,指具有较大的可能性：他～不会来了。❷数。相当于"大多数"的意思：他的经历,有～和我一样。

【大本营】dàběnyíng 名。(1)战时军队的最高统帅部。(2)泛指某种活动的根据地：登山运动员胜利返回～。

【大兵】dàbīng 名。旧指士兵；现多含贬义。

【大兵团】dàbīngtuán 名。泛指规模大的作战单位。

【大不了】dàbuliǎo ❶副。至多也不过：今天一定能完成任务,～开个夜车。❷形。了不得；不加程度副词,多用于否定式：这点小伤,没啥～,搽点药就行了｜这不是什么～的事儿。

【大步流星】dà bù liú xīng 成。形容步子大,走得快：他～地走过去了。

【大材小用】dà cái xiǎo yòng 成。大材料派了小用场。比喻用人不当,浪费人材：让你去干这种事,岂非～?

【大肠】dàcháng 名。肠的一部分,上接小肠,下通肛门。主要作用是吸收水分和形成粪便。

【大氅】dàchǎng 名。大衣。

【大车】dàchē 名。(1)牲口拉的两轮或四轮载重车；量词用"辆"。(2)对火车司机或轮船上负责管理机器的人的尊称。也作大伕。

【大臣】dàchén 名。君主国家的高级官员。

【大乘】dàchéng 名。公元一、二世纪流行的派别,认为人皆可成佛,强调解救他人,普渡众生,故自命为大乘。参见"小乘"。

【大虫】dàchóng 〈方〉名。老虎。

【大处落墨】dà chù luò mò 成。绘画或写文章在主要地方着笔,比喻做事要在大处着眼,首先解决关键问题：我们要～,不要把精力用在枝节问题上。

【大吹大擂】dà chuī dà léi 成。原指器乐齐奏,现比喻大肆宣扬,语言夸张；带贬义：他对自己的成绩～,生怕人家不知道。

【大吹法螺】dà chuī fǎ luó 成。原为佛家语,指讲经说法,现比喻说大话：我们要扎扎实实地工作,不要～。

【大醇小疵】dà chún xiǎo cī 成。醇：酒味浓,纯；疵：毛病。大体完美,略有缺点：这篇文章,可说是～。

【大慈大悲】dà cí dà bēi 成。原是佛家语,爱一切人为大慈,怜悯一切受苦难的人为大悲。后用来形容人的慈善心肠。现多用于对假仁假义的讽刺：这种～的"援助",我们早就领教过了。

【大大】dàdà 副。表示程度很深；一般用在双音节动词前面,后面常加助词"地"：产品质量～提高了|一见面,赵凤英就～地夸起小刘来了。

【大大咧咧】dàdaliēliē 〈方〉形。形容随随便便,漫不经心；不加程度副词,常加助词"的"：小王,你要认真工作,不要～的。

【大胆】dàdǎn 形。胆子大,有勇气：工作很～。

【大刀阔斧】dà dāo kuò fǔ 成。原指用阔大的刀斧砍杀敌人,后多比喻办事果断而有魄力；含褒义：我们厂长办起事来～,很有魄力。

【大道理】dàdàolǐ 名。指重大的原则与理论,也指脱离实际的空洞的理论：～还是要管小道理|这些～谁不懂,你还是给我解决一下具体问题吧。

【大抵】dàdǐ 副。(1)多半,大多数：这些顾客,多是短衣帮,～没有这样阔绰。(2)表示估测的口气,相当于"大概"：他去北京,～是去年春天。

＊"大抵"和"大概"："大抵"表示数量范围,有"多半、大部分"的意思,"大概"只是表示约数。"大抵"所表示的语气重在肯定；"大概"重在猜测。"大抵"多用于书面语；"大概"不限。"大抵"只是副词；"大概"兼属形容词、名词,可作定语、宾语。

【大地】dàdì 名。整个地面：阳光普照～。

【大典】dàdiǎn 名。国家举行的隆重的典礼：开国～。

【大殿】dàdiàn 名。(1)封建帝王举行庆典、接见大臣或使臣的殿。(2)寺庙中供奉主要神佛的殿。

【大动干戈】dà dòng gāngē 成。原指发动战争,现多用来比喻大搞、大干等意思：这点事情,发个通知就行了,何必召集会议～呢？

【大豆】dàdòu 名。(1)一年生草本植物,花白色或紫色,种子一般黄色,故也称黄豆。可供食用,又可榨油。(2)这种植物的种子。

【大都】dàdū 副。表示大部分,大多数：孩子们～是活泼的|童年时代的欢乐情景,我～记得。

【大度】dàdù 〈书〉❶形。器量大,能容人：豁达～。❷名。宽宏大量的气度：高祖为人,常有～|此事务请～包涵。

【大端】dàduān 〈书〉名。事情的重要方面：荦荦(luò)～|此事千头万绪,只能举其～。

【大多】dàduō 副。大部分,大多数：这些学生～是团员。

【大多数】dàduōshù 数。超过半数以上的数量：开会的人～已经到了|～城市都已制订了建设规划。

【大而化之】dà ér huà zhī 成。形容做事情不仔细、不谨慎：这是项很细致的工作,不能马马虎虎,～。

【大而无当】dà ér wú dàng 成。表示东西虽大,但不合用：用这样的大木料做桌椅,～,太可惜了|这公园面积很大,但布局很不合理,有点～。

【大发雷霆】dà fā léitíng 成。雷霆：很响的雷。比喻大怒,高声斥责：为了一件小事,他竟～。

【大凡】dàfán 副。有"只要是"的意思；用在句子开头,表示总括,常跟"都、总"呼应：～用功的学生,总喜欢到书店去看看|～经常锻炼的人,身体都比较健康。

＊"大凡"和"凡是"："凡是"的语气更重些,总括的范围也更广些。

【大方】dàfāng 名。〈书〉指内行人、专家：贻笑～|就教于～之家。

【大方】dàfang 形。(1)不吝啬：他为人～,见人有急难,总是慷慨解囊。(2)不拘束,举止自然：他第一次上台讲话就很～。可重叠：客人来了,不要拘束,要大大方方地接待。(3)不俗气,常指样式、颜色：这件衣服式样～,我很喜欢。

【大放厥词】dà fàng jué cí 成。厥：其,他的。原指极力铺陈辞藻,现指大发议论；含贬义：一些别有用心的人竟～,鼓吹全盘西化。

【大风大浪】dà fēng dà làng 成。巨大的风浪。多喻指激烈的斗争和剧烈的社会动荡：他在斗争的～里经受了考验。

大 dà 183

【大夫】dàfū 名。古代官职,位于卿之下,士之上。
另见dài·fu。
【大副】dàfù 名。轮船上驾驶工作的负责人,船长的主要助手。大副之下有时还有二副、三副。
【大腹便便】dà fù piánpián 成。便便:肥大的样子。形容肚子肥大;含贬义:电影里张经理那~的样子,常常引得大家发笑。注意:"便便"这里不读biànbiàn。
【大概】dàgài ❶名。大致的内容或情况:关于会议的情况,他说了个~。❷形。不很精确,不很详尽;不加程度副词,只作定语:他的情况,我作了~的汇报。❸副。(1)对时间、数量不很精确的估计:她~有20岁了。(2)对情况的推测,表示有很大的可能性:他~不会来了。
【大纲】dàgāng 名。(1)纲领性的政策法令;多用在书名或篇名中:《土地法~》。(2)用简括的文字系统列出的著作、讲稿、计划等的内容要点:教学~。
【大革命】dàgémìng 名。(1)规模很大的革命:法国~。(2)特指我国第一次国内革命战争。
【大鼓】dàgǔ 名。一种曲艺形式,演唱者自击鼓(扁鼓)板,用韵文演唱故事,夹有少量说白,二至数人用三弦等伴奏。流行地区很广,有山东大鼓、京韵大鼓、湖北大鼓、安徽大鼓等。
【大故】dàgù 〈书〉名。旧指父亲或母亲死亡。
【大褂】dàguà 名。一种中式单衣,身长过膝。
【大观】dàguān 形。形容事物美好繁多;不加程度副词,常用在比较固定的组合中:洋洋~|蔚为~。
【大锅饭】dà guō fàn 习。原指供多数人吃的普通伙食,现喻指分配中的平均主义:要按劳分配,反对吃~。
【大海捞针】dà hǎi lāo zhēn 见"海底捞针"。
【大寒】dàhán 名。二十四节气之一,在1月20日或21日,一般是我国气候最冷的时候。参见"二十四节气"。
【大汉】dàhàn 名。身材高大的男子。
【大旱望云霓】dàhàn wàng yúnní 成。霓:虹的一种,即副虹。云霓:下雨的征兆。久遭干旱,渴望下雨。比喻渴望解除困境。
【大号】dàhào 名。指人的名字;敬辞,问人的名字时使用:请问~?
【大合唱】dàhéchàng 名。一种歌曲的演唱形式,包括独唱、对唱、重唱、齐唱、合唱等形式的集体演唱,有时还穿插朗诵和表演,常用管弦乐队伴奏。
【大亨】dàhēng 名。旧称某一地方或某一行业有钱有势的人。
【大轰大嗡】dà hōng dà wēng 成。形容只求形式上的轰轰烈烈,而不注重实际;含贬义:我们做工作不能~,而要扎扎实实。
【大红】dàhóng 形。很红的颜色;不加程度副词,不单独作谓语,多作定语:她有一件~的滑雪衫。
【大后年】dàhòunián 名。后年之后的那一年。
【大后天】dàhòutiān 名。后天之后的那一天。
【大呼隆】dàhūlóng 形。形容声势大而不讲实际效果;不加程度副词,含贬义:要根据实际情况扎扎实实办事,再不要犯~的错误。
【大户】dàhù 名。(1)旧指有钱有势的人家。(2)指人口多,分支繁的家族。
【大话】dàhuà 名。虚浮的话;多与"说"相配:不要说~。
【大会】dàhuì 名。(1)国家机关、团体召开的全体会议:人民代表~。(2)群众集会:庆祝~。
【大计】dàjì 名。长远的重要的计划;常用"百年"修饰:培养青少年的工作是百年~。
【大家】dàjiā ❶名。(1)有名望的专家:书法~。(2)指名门望族:~闺秀。❷代。(1)指一定范围内所有的人:~的事~关心。常放在复数代词后面,表示复指:你们~|我们~|咱们~。(2)称某人或某些人之外一定范围内的所有的人:你去告诉~,今天下午有会("大家"中不包括"你")。
【大家闺秀】dàjiā guīxiù 成。旧指世家望族中有才德的女子。也泛指有钱有势人家的女儿;与"小家碧玉"相对。

【大家庭】dàjiātíng 名。指人口成员众多的家庭。现常喻指人口众多、关系密切的民族集体:民族～。

【大建】dàjiàn 名。农历有三十天的月份。也叫大尽。

【大将】dàjiàng 名。(1)军衔名,某些国家所设的最高一级将官。(2)泛指高级将领:～出征。

【大惊小怪】dà jīng xiǎo guài 成。形容对不值得奇怪的事情表现出过分的惊讶,往往带有责怪的意味:几个男女青年在一起跳交谊舞,不必～。

【大局】dàjú 名。整个的局面或形势:～已定|办事要顾全～。

【大举】dàjǔ 副。大规模地进行;常同"进攻"搭配,多指军事行动:～进攻。

【大军】dàjūn 名。(1)声势浩大的武装部队:百万～下江南。(2)喻指人数多,声势大的队伍:水利～|筑路～。

【大卡】dàkǎ 量。热量的实用单位,即1卡路里的1000倍。也叫千卡。

【大楷】dàkǎi 名。(1)手写的大的楷体汉字;与"小楷"相对。(2)拼音字母的大写印刷体。

【大快人心】dà kuài rén xīn 成。使人们感到非常痛快;多用于坏人、坏事受到应有的惩处和打击:处决了那几个凶残的杀人犯,真是～。

【大块头】dàkuàitóu 〈方〉名。指胖子或身材高大的人。

【大老粗】dàlǎocū 名。指没有文化或文化水平很低的人:他过去是个～,经过刻苦学习,现在能读书作文了。

【大理石】dàlǐshí 名。大理石的通称。由石灰岩变质而成,通常为白色或带有黑、灰、褐等色花纹,有光泽,可做装饰品和雕刻、建筑材料。以我国云南大理产的最有名,故称大理石。

【大力】dàlì ❶名。很大的力量:出～,流大汗。❷副。表示用很大的力量:～帮助|～支持。

【大力士】dàlìshì 名。有特大力气的人。

【大殓】dàliàn 名。把尸体装进棺材,钉上棺盖的一种仪式。

【大量】dàliàng 形。不加程度副词。(1)数量多;多作定语或状语:调集～物资|～生产日用商品。(2)器量大;多用在固定组合中:宽宏～。

【大陆】dàlù 名。面积广大的陆地(不包括附属的岛屿)。全球有六块大陆: 亚欧大陆、非洲大陆、南美大陆、北美大陆、澳洲大陆、南极大陆。

【大陆架】dàlùjià 名。大陆从海岸向外延伸,坡度开头平缓,后来突然加大,直达深海底。坡度平缓的部分叫大陆架,坡度突然加大的部分叫大陆坡。大陆架也叫大陆棚、陆棚、陆架。

【大陆性气候】dàlùxìng qìhòu 词组。大陆内地受海洋气流影响较小的地区的气候。这里冬夏和昼夜的温差都很大,空气干燥,雨量稀少,而且分布不匀,雨多集中在夏季。

【大路货】dàlùhuò 名。质量普通而销路广的货物。

【大略】dàlüè ❶形。大体,大概;不加程度副词,不单独作谓语,一般作定语或状语:我只知道～的情况|你～讲讲。❷名。远大的谋略;常与"雄才"等合用:雄才～。

【大麻】dàmá 名。一年生草本植物,掌状复叶,花淡绿色。纤维可纺织、制绳等。种子可榨油,又可入药。也叫线麻。

【大麦】dàmài 名。(1)一年生或二年生草本植物,茎中空,有节,子实外壳有芒,供食用。麦芽可以制啤酒和饴糖。(2)这种植物的种子。

【大忙】dàmáng 形。紧张而繁忙;不加程度副词:～季节|三夏～,即将到来。

【大名】dàmíng 名。(1)人的正式名字;与"小名"相对。(2)盛名;一般用在固定的组合中:～鼎鼎。(3)尊称人家名字:请问尊姓～?

【大谬不然】dà miù bù rán 成。大错特错,完全不是这样:这种说法,实在是～。

【大模大样】dà mó dà yàng 成。形容目中无人或神气活现的样子;含贬义:会议已经开始了,别这样～地走进会场。

【大漠】dàmò 名。大沙漠,旧时泛指我国西北部一带沙漠地区。

【大拿】dàná 〈方〉名。(1)掌大权的人:老张是公司的～。(2)在某方面有权威的

人：学术～|技术～。

【大脑】dànǎo 名。中枢神经系统的最重要部分，位于颅腔内，由左右两个大脑半球组成，两半球间有横行纤维相联系。外层为大脑皮层，内部的空腔叫脑室。人类的大脑最发达。

【大脑皮层】dànǎo-pícéng 名。指大脑两半球表面的一层，稍带灰色，由神经细胞组成。是高级神经系统的中枢，记忆、分析、判断等思维活动都得通过它。也叫大脑皮质，简称皮层或皮质。

【大内】dànèi 名。封建社会指皇宫。

【大鲵】dàní 名。两栖动物，常生活在山谷的溪水中。身体长而扁，眼小，口大，四肢短。在我国大多产在广西，是珍贵食品。叫的声音像婴儿，所以俗称娃娃鱼。

【大逆不道】dà nì bù dào 成。逆：叛逆；道：道德、正轨。旧指反对封建统治、背叛封建礼教的言行：男女自由恋爱，在封建社会里，是被视为～的事情。

【大年】dànián 名。(1)丰收年：今年苹果是～。(2)农历十二月有三十天的年份。(3)指春节。

【大年夜】dàniányè 名。农历除夕。

【大炮】dàpào 名。(1)指口径大的炮。(2)〈口〉喻指心直爽、好发表激烈意见的人：老张是个～，心里留不住半句话。

【大批】dàpī 形。数量多；不加程度副词，不单独作谓语，多作定语或状语：～货物|～运进。
＊"大批"和"大量"："大批"除表示数量多以外，还有成批的意思；"大量"只表示数量多。"大批"没有器量大的意思；"大量"有这个意思。

【大辟】dàpì 名。古代指死刑。

【大气】dàqì 名。(1)包围地球的气体，是干燥空气、水汽、微尘等的混和物。(2)粗重的气息：他吓得～也不敢出。

【大器晚成】dà qì wǎn chéng 成。大器：比喻人才。指能担当大事的人往往要经过长期磨炼，因而成就比较晚。

【大千世界】dàqiān shìjiè 成。原为佛家语。世界的千倍叫小千世界，小千世界的千倍叫中千世界，中千世界的千倍叫大千世界。后指广阔无边的世界：～无奇不有。

【大前年】dàqiánnián 名。前年以前的一年。

【大前天】dàqiántiān 名。前天以前的一天。

【大钱】dàqián 名。(1)旧时的一种铜钱，比普通铜钱大，币值也较高。(2)很多的钱；多作"赚"的宾语：假若你跟我合股经营，我保你能赚～。

【大庆】dàqìng 名。(1)盛大的庆典：国庆十周年～，异常隆重热烈。(2)称老年人的寿辰，敬辞：80～。(3)地名。在黑龙江。

【大秋】dàqiū 名。(1)指季节，九、十月收割玉米、高粱等作物的时候。(2)指大秋作物或大秋时的收成。

【大权】dàquán 名。掌管大事的权力；多指政权：～在握|掌好～。

【大人】dàrén 名。称长辈，敬辞，多用在书面语中：父亲～|岳母～。

【大人】dàren 名。(1)成年人；与"小孩"相对：这是～的事，小孩子不懂。(2)旧时称地位高的长官：巡抚～。

【大人物】dàrénwù 名。有地位、有声望的人。

【大儒】dàrú 名。旧指有学问、有名望的人。

【大扫除】dàsǎochú 动。全面地打扫、整理；不带宾语：星期六下午全校～。常作"进行"的宾语：今天进行～。

【大煞风景】dà shā fēngjǐng 成。严重损害景致，败坏兴致：这里风景如画，路旁却有一个垃圾堆，真是～。也作大杀风景。

【大厦】dàshà 名。高大的楼房；常用来比喻宏大的建设事业：为社会主义～添砖加瓦。

【大少爷】dàshàoyé 名。原指出身剥削阶级，好逸恶劳，挥霍无度的青年男子。现在多指不爱劳动，挥霍浪费的青年男子：～习气。

【大舌头】dàshé·tou〈口〉名。指舌头不灵活、说话含糊不清的人。

【大赦】dàshè 动。国家元首或国家最高权力机关发布命令赦免或减轻所有罪犯(除某些例外)的刑罚：～天下。

【大声疾呼】dà shēng jí hū 成。大声呼喊，使人们关注：学生负担过重，视力下降的问题亟待解决，许多人为此～。

【大失所望】dà shī suǒ wàng 成。希望全部落空，即非常失望：我这次考试不及格，使爸爸、妈妈～。

【大师】dàshī 名。(1)尊称在学问或艺术等方面造诣很深、为大家所推崇的人：语言～｜艺术～。(2)对和尚的尊称。

【大使】dàshǐ 名。由一国派驻他国的最高一级的外交代表，全称特命全权大使。

【大事】dàshì 名。重大的或重要的事情：关心国家～｜终身～。

【大事记】dàshìjì 名。按年月日顺序记录重大事件以便查考的材料。

【大势所趋】dàshì suǒ qū 成。整个局势发展的趋向；多指政治局势：使祖国很快富强，这是～，人心所向。

【大是大非】dà shì dà fēi 成。重大的是非问题；多指政治原则性的问题：为谁服务的问题，这是文艺工作者首先要解决的～问题。

【大手笔】dàshǒubǐ 名。(1)指名家的著作。(2)指有名的作家。

【大手大脚】dà shǒu dà jiǎo 成。形容花钱用物没有节制：办事情要防止～，铺张浪费。

【大暑】dàshǔ 名。二十四节气之一，在7月22、23或24日。是我国大部分地区气候最热的时候。

【大肆】dàsì 副。毫无顾忌、任意去做；多指坏事，常修饰双音节动词：正当帝国主义入侵，中国人民处于水深火热之中的时候，慈禧却为自己的生日～挥霍｜侵略者～杀戮太平洋各个岛屿上的土人。

＊"大肆"和"大力"："大肆"是毫无顾忌放肆地去做；"大力"是用很大力量去做。"大肆"是贬义词，多用于揭露敌人，修饰"煽动、鼓吹、屠杀、攻击"等动词；"大力"是中性词，多用于积极方面，修饰"支援、开展、发动、宣传"等动词。

【大踏步】dàtàbù 动。迈着大步；多表示抽象意义，充当状语：我们在向科学进军的道路上～地前进。

【大堂】dàtáng 名。旧指衙门中审理案件的厅堂。

【大提琴】dàtíqín 名。提琴的一种，音比中提琴低八度，体形比小提琴大四到五倍。

【大体】dàtǐ ❶名。重要的道理；常作动词"识"的宾语：我们要识～，顾大局。❷副。大致；完成这项任务，～需要三年时间。也说"大体上"：对这个问题，～上有三种意见。

【大田作物】dàtián zuòwù 词组。大面积种植的作物，如水稻，小麦，棉花等。

【大厅】dàtīng 名。较大建筑物中的大房间，用于集会或招待宾客等：宴会～。

【大庭广众】dà tíng guǎng zhòng 成。庭：厅堂；大庭：宽大的场地；广众：为数很多的人群。指群众聚集的公开场合：在～之中更要注意文明。

【大同】dàtóng 名。儒家指传说中的理想社会，说那时"天下为公"，没有阶级，人人平等，相亲相爱。历史上，一些革命家和进步思想家，如洪秀全、康有为、孙中山等都曾借用这个词，把他们的理想社会称之为"大同"。今天有人也借用这个词，指称共产主义社会。

【大同小异】dà tóng xiǎo yì 成。大体相同，稍有差别：他们两人的观点～。

【大头】dàtóu 名。(1)大的一端，主要部分：这是竹竿的～。(2)套在头上的一种假面具。(3)指铸有袁世凯像的一种银元。(4)即"冤大头"：拿～（拿人当作冤大头）。

【大团圆】dàtuányuán ❶动。指全家人团聚在一起；不带宾语：今年春节，在外地的哥哥、姐姐都回来了，全家～。❷名。戏剧、电影、小说中的主要人物经过悲欢离合后终于团聚的结局：这个故事最后以～结束。

【大王】dàwáng 名。(1)指长于某种事而成绩突出者：足球～｜爆破～。(2)指资本主义社会中垄断某种经济事业的财阀：钢铁～｜煤油～。
另见dài·wang。

【大尉】dàwèi 名。军衔名，某些国家所设的最高一级尉官。

【大无畏】dàwúwèi 形。什么都不怕；常修饰"精神"，作定语，不加程度副词：具有～的精神。

【大喜】dàxǐ 〈口〉名。大喜事;多指结婚、寿辰或其他值得庆贺的事:明天是他们俩结婚的～日子。

【大喜过望】dà xǐ guò wàng 成。超过原来的希望,因而心里特别高兴:小王～,这次数学竞赛他竟得了第一名。

【大戏】dàxì 名。(1)大型的戏曲,情节较为复杂,角色齐全,伴奏乐器也较多。(2)〈方〉指京戏。

【大显身手】dà xiǎn shēnshǒu 成。身手:指本领。充分表现自己的本领:你到那里是可以～的。

【大限】dàxiàn 名。迷信说法,指寿数已尽,注定要死的期限:如今我老迈多病,离～之日已不远了。

【大相径庭】dà xiāng jìngtíng 成。径庭:偏激,现指相差很远。彼此相差极大,区别明显,意见根本不同:两个人的观点～。

【大小】dàxiǎo 名。(1)指大小的程度:这鞋～正合适。(2)辈分的高低:这小孩对人说话不分～。(3)大人小孩:～五口。可重叠:老汉家大大小小一共十个人。

【大校】dàxiào 军衔名,某些国家所设的最高一级校官。

【大写】dàxiě 名。(1)拼音字母的一种写法;与"小写"相对。如拉丁字母a、b、c的大写为A、B、C。(2)汉字数目字的一种写法,笔画较繁;与"小写"相对。如"一、二、三"的大写为"壹、贰、叁"。

【大兴土木】dà xīng tǔmù 成。大规模地兴建土木工程;有时含贬义:封建帝王常常搜括民财。

【大猩猩】dàxīng·xing 名。类人猿中最大的一种,自高四五尺,毛黑褐色,前肢长于后肢,能直立行走。产于非洲。

【大刑】dàxíng 名。残酷的刑具或刑罚;多见于早期白话:动用～。

【大型】dàxíng 形。形状或规模大的;不加程度副词,不单独作谓语,只作定语:～纪录片|～歌剧。

【大熊猫】dàxióngmāo 见"猫熊"。

【大选】dàxuǎn 名。有的国家称国会议员或总统的选举:美国的～|～之年。

【大雪】dàxuě 名。二十四节气之一,在十二月六、七或八日。

【大雅】dàyǎ 〈书〉名。风雅:有伤～。

【大烟】dàyān 名。鸦片的通称。

【大言不惭】dà yán bù cán 成。说大话而不觉得惭愧;含贬义:他这样～,实在叫人瞧不起。

【大洋】dàyáng 名。(1)地球表面最广阔的水域,共有四大洋:太平洋、大西洋、印度洋、北冰洋。(2)银元:三块～。

【大样】dàyàng 名。(1)印刷上的整版清样;区别于"小样":这张报的～已经校好了。(2)工程上指细部图。

【大要】dàyào 名。主要的内容概要:你讲讲这本书的～吧。

【大业】dàyè 名。宏伟的事业。

【大义】dàyì 名。大道理:深明～|～凛然。

【大义凛然】dàyì lǐnrán 成。大义:正义;凛然:严肃、可敬畏的样子。坚持正义,不可屈服、令人敬畏的样子:刘胡兰～,英勇就义。

【大义灭亲】dàyì miè qīn 成。原指为维护君臣之义而不顾亲属之情。今多指为了维护正义,维护国家、人民的利益,对犯罪的亲人不徇私情,使其受国法制裁。

【大意】dàyì 名。主要的意思:段落～|报告的～。

【大意】dà·yi 形。粗心,不仔细:这次考试我在审题时太～了。

【大有可为】dà yǒu kě wéi 成。事情很值得去做,很有发展前途:沼气的利用,～。

【大有作为】dà yǒu zuòwéi 成。能充分发挥作用,做出成绩:在农村,青年人是可以～的。

【大元帅】dàyuánshuài 名。高于元帅的军衔,是某些国家武装部队的最高统帅。

【大员】dàyuán 名。旧时指职位高的人员。

【大约】dàyuē 副。(1)表示对数量的不十分精确的估计;后面常带数量词语:光速每秒～30万公里|～花了一顿饭的功夫。(2)表示对情况的推测:小李～是参加锻炼去了。

＊"大约"和"大概":意义和用法基本相同,但在一般情况下,表示对数量的估计多半用"大约",对情况可能性的推测多半用"大概"。

【大杂烩】dàzáhuì 名。(1)菜名,用多种菜混合烩成。(2)比喻把多种不同的事物胡乱拼凑而成的混合体;含贬义:这篇文章东抄西摘,简直是个~。

【大张旗鼓】dà zhāng qí gǔ 成。大量摆出战旗和战鼓,比喻声势和规模很大:~地宣传计划生育的意义。

【大丈夫】dàzhàngfu 名。指有志气有作为的男子汉:~四海为家。

【大旨】dàzhǐ 名。主要的意思:这篇文章的~是发动群众。

【大致】dàzhì ❶副。(1)表示基本的、大略的情况:两张画~相同。(2)大约,大概:~到了十点半光景。❷形。大体上;不加程度副词,不单独作谓语,作定语:~的意思|~的想法。

【大智若愚】dà zhì ruò yú 成。形容很聪明的人,因谦虚、沉着而不外露,所以表面好像很愚笨。

【大众】dàzhòng 名。劳动群众:劳苦~。

【大众化】dàzhònghuà 动。变得跟广大群众一致,适合广大群众的需要;不带宾语:今天演出的节目不够~。可作定语,要加助词"的":这家饭店供应~的饭菜。

【大主教】dàzhǔjiào 名。基督教某些派别的神职人员的一种头衔。在天主教和英国圣公会(新教的一派)等是管理一个大教区的主教,领导区内各个主教。

【大篆】dàzhuàn 名。字体的一种,相传为周宣王时太史籀(zhòu)所创。又叫籀文。

【大自然】dàzìrán 名。自然界:征服~|改造~。

【大宗】dàzōng ❶形。大批;不加程度副词,不单独作谓语,作定语:~货物。❷名。数量最大的产品、商品:本地出产以稻米为~。

·da(·ㄉㄚ)

瘩(墶) ·da 见"圪(gē)瘩"。

繨(繨) ·da 见"纥(gē)繨"。

瘩 ·da 见"疙瘩"。

dāi(ㄉㄞ)

呆(獃) dāi ❶形。(1)傻,愚蠢:这个人不聪明,尽作一事。(2)脸上表情死板,发愣:这突如其来的打击把他惊~了|~~地看着她。❷动。同"待(dāi)"。

【呆板】dāibǎn 形。死板,不灵活:他做事~得很。

  *"呆板"和"呆滞":"呆板"着重指人不会变通,或指物的形式不生动活泼;"呆滞"用于人时着重指表情凝滞,没有神采,用于物时指物不流通。

【呆若木鸡】dāi ruò mù jī 成。呆:发傻的样子。呆得像木头鸡一样,形容恐惧或惊讶而发愣的样子:匪首得知老妖道已落网,当即~。

【呆头呆脑】dāi tóu dāi nǎo 成。形容迟钝的样子。

【呆帐】dāizhàng 名。会计上指收不回来的帐。

【呆滞】dāizhì 形。(1)死板,不灵活;用于表情;目光~。(2)不流通;用于资金:公司改进了经营方向,很快改变了资金~的局面。

【呆子】dāi·zi 名。傻子。

呔(吓) dāi 叹。为了引人注意,突然大喝一声;多用于早期白话。

待 dāi 〈口〉动。停留;多带表示时间或地点的补语:~了一会儿|老~在上海不走。
另见dài。

dǎi(ㄉㄞˇ)

歹 dǎi 〈素〉坏,恶:~徒|为非作~。

【歹毒】dǎidú 〈方〉形。阴险狠毒:心肠~。

逮 dǎi 动。捉,捕;常带宾语或补语:~鸡|~住了罪犯。
另见dài。

傣 dǎi 名。指傣族,我国少数民族之一,主要分布在云南西双版纳、德宏、耿马、孟连等地。

dài(ㄉㄞˋ)

大 dài 〈素〉义同"大(dà)",只用于"大夫、大黄、大王、大城(县名,在河北)"。
另见dà。

【大夫】dài·fu 名。〈口〉医生。
另见dàfū。

【大黄】dàihuáng 名。多年生草本植物,叶大花小,黄白色。地下块根有苦味,有消炎健胃的作用,也可作泻药。四川省出产的最好,所以也叫川军。

【大王】dàiwáng 名。旧小说和戏曲中对国王或大帮强盗首领的称呼。
另见dàwáng。

轪 dài 名。古代指车毂(gǔ)上包的铁帽或铜帽。也泛指车轮。

代 dài ❶动。(1)代替:今天王老师生病,课由小张~上。可带宾语:今天我~你,明天你~我。常构成连动词组:我~你写。(2)代理;常作定语:~局长老李要召集大家开会。❷名。(1)辈次;须直接加数词:老一~|祖孙三~。(2)地质年代划分的第一级单位:古生~|新生~。❸〈素〉时代:古~|近~|汉~。❹姓。

【代办】dàibàn ❶动。代行办理:这事由他去~。可带宾语:~采购业务。❷名。(1)一国以外交部长名义派驻另一国的外交代表,低于大使。(2)大使或公使不在职时,在使馆的高级人员中委派的临时负责人员,也叫临时代办。

【代笔】dàibǐ 动。代人执笔书写文章、书信等;不带宾语:这封信由小张~。

【代表】dàibiǎo ❶动。(1)代替;常构成连动词组:张老师~校长在大会上发言。(2)显示,象征;一般要带宾语:这些优秀人物~着中国人民最伟大的性格。❷名。(1)由行政区、团体、机关等选举出来替选举人办事或表达意见的人:人民~|党代会。(2)受委托或指派代表个人、团体、政府办事或表达意见的人:向领导反映意见的有学生~、工人~。(3)显示同一类特征的人或事物:雷锋是优秀青年~。

【代表作】dàibiǎozuò 名。能体现创作者最好水平的作品:这幅画是他的~。

【代步】dàibù 〈书〉动。用车马等代替步行;不带宾语:以骑马~。

【代拆代行】dài chāi dài xíng 词组。由指定的人员在机关负责人不在时代为拆看并处理公文。

【代词】dàicí 名。语法上指代替名词、动词、形容词、数量词、副词的词;可分人称代词、疑问代词、指示代词三大类。

【代沟】dàigōu 名。指不同辈分的人由于思想观念、生活习惯、经历爱好、心理状态等的差异而产生的隔阂和矛盾:我们老一代~与年青一代,不去和青年交朋友|"~"问题目前是一个热门话题。

【代号】dàihào 名。为了简便或保密而用来代替正式名称的别名、编号等;常用于部队、机关、工厂、人称和通讯事业等:首长的~是203|工厂的~是253。

【代价】dàijià 名。买东西付出的钱。喻指为了达到某一目的所耗费的物质、精力或生命:血的~|他终于发表了自己的处女作,多年的辛劳总算有了~。

【代劳】dàiláo 动。代替办事;不带宾语:我的事情请你~。

【代理】dàilǐ 动。(1)暂时代人担任某单位的负责职务:校长职务由老王~。可带宾语或补语:请副厂长临时~厂长的工作|~了三个月。(2)受委托代表当事人做某些事;常构成连动词组:~签订合同。

【代理人】dàilǐrén 名。(1)受当事人委托,代表他做某种事情的人。(2)指实际上为某人或者某个集团的利益服务的人;多含贬义:帝国主义的~。

【代庖】dàipáo 〈书〉动。代替厨师作饭。比喻替人处理或做事情。参见"越俎代庖"。

【代数】dàishù 名。代数学的简称,数学的一个分支,是用字母代替数来研究数的关系和性质的科学。它可以解决算术难以解决的问题。

【代替】dàitì 动。代换,替换;多带宾语或用在被动句中:在农村的绝大部分地区,拖拉机~了老黄牛|老的产品已被新的产品所~。

【代销】dàixiāo 动。代为销售:这些产品请你们～。可带宾语：～一批香烟。

【代谢】dàixiè 动。交替，更替；不带宾语：新旧事物在不停地～。常用在固定组合中：新陈～。

【代序】dàixù 名。代替序言的文章。

【代言人】dàiyánrén 名。代表某方面发表言论的人：工人阶级的～。

【代议制】dàiyìzhì 名。资本主义国家的一种政治制度。采用这种制度的国家，在宪法中规定会议有立法和监督政府的权力，政府由议会产生并对议会负责。它是资产阶级专政的一种形式。也叫议会制。

【代用】dàiyòng 动。代替使用；多带补语：暂时拿这种工具～一下。可作定语：～材料。

岱 dài 名。泰山的别称。也叫岱宗、岱岳。

玳(瑇) dài [玳瑁](-mào) 名。爬行动物，形状像龟。甲壳可以作装饰品。产在热带和亚热带海中。

贷 dài ❶动。借入或借出；多带宾语：～了一笔款子。❷〈素〉(1)贷款：农～|信～。(2)推卸：责无旁～。(3)宽恕：严惩不～。

【贷款】dàikuǎn ❶动。甲国借钱给乙国，银行、信用合作社等机构借钱给需要者。一般规定利息和偿还期。❷名。贷出的款项：农业～。

袋 dài ❶名。(～儿、～子)口袋：布～儿|米～子。❷量。(1)用于装口袋的东西：两～面粉|三～米。(2)用于水烟或旱烟：一～烟。

【袋鼠】dàishǔ 名。哺乳动物的一科，前肢短小，后肢粗大，善于跳跃，尾巴粗大能支持身体。雌的腹部有皮质的育儿袋。吃青草、野菜等。产于澳洲。

黛 dài 名。青黑色的颜料，古代女子用来画眉。

【黛绿】dàilǜ 〈书〉形。墨绿；不加程度副词：田里的庄稼，一片～。

甙 dài 名。有机化合物的一类，广泛存在于植物中，由糖类或非糖类的有机化合物缩合而成。一般都是白色晶体。也叫配糖物、配糖体或糖苷

(gān)。

迨 dài 〈古〉动。(1)等到，及。(2)趁着。

绐 dài 〈古〉动。欺哄，欺骗。

殆 dài 〈书〉❶形。危险：知己知彼，百战不～。❷副。(1)几乎，差不多：敌军伤亡～尽。(2)恐怕，大概：～不可得。

骀 dài [骀荡](-dàng) 〈书〉形。使人心情舒畅；多用来形容春天的景色：春风～。
另见tái。

怠 dài 〈素〉懒惰，松懈：懈～|～惰。

【怠惰】dàiduò 〈书〉形。懒惰：工作很～。

【怠工】dàigōng 动。故意不积极工作；不带宾语：消极～。

【怠慢】dàimàn 动。可带宾语。(1)对人冷淡：对顾客不能～|不要～了客人。(2)表示招待不周；客套话：～了，请多包涵|这次～你们了，请多多谅解。

带(帶) dài ❶名。(～儿、～子)用皮、布等做成的扁平条状物，也指类似的东西。❷动。多带宾语。(1)随身拿着，携带：～行李|天要下雨了，～把伞吧。(2)捎带，顺便做：请你～个口信|上街～一斤糖。(3)呈现，含有：面～喜色|话中～刺。(4)佩带：腰里～着盒子枪。(5)附带，连带：～叶的桔子|放牛～割草。(6)带领，引导：～徒弟。可带兼语：妈妈～我上公园玩儿。❸〈素〉(1)轮胎：车～。(2)地区：温～|地～。

＊"带"和"戴"："带"既是动词，又是名词；"戴"只是动词。"带"作为佩带义时是指佩挂在身边；"戴"是指把东西加在头、面、胸、手、臂等处。"带"是多义词，还有携带、捎带、带领等含义；"戴"没有这些意思。

【带动】dàidòng 动。常带宾语或补语。(1)用力量使有关部分相应地动起来：马达～了脱粒机。(2)引导着前进：这一来便把群众～起来了。

＊"带动"和"发动"："带动"是物带物动或人带人动；"发动"是人使物动或人使人动。"带动"的对象一般只是人或物；"发动"的对象除了人和物外，还可以是

战争、攻势、侵略、起义、暴动等。
【带劲】dàijìn 形。(1)劲头足:他干起活来真～。(2)能引起兴致:打排球不～,还是踢足球～。
【带累】dàilěi 动。连累;多带宾语:这事我～了大家。
【带领】dàilǐng 动。率领,指挥,常带兼语:他～我们去参观工厂|班长～全班战士参加了战斗。
【带头】dàitóu ❶动。首先行动起来带动别人;不带宾语:干部能～,群众有劲头。可拆开用:带个好头。❷名。领头的人:书记是我们的好～。
【带徒弟】dài túdì 词组。在工作中把知识和技能传授给徒弟:王师傅开始～了|我带了三年徒弟。
【带孝】dàixiào 动。为表示哀悼,死者的亲属遵照礼俗在一定时期内穿孝服或在袖子上缠黑纱等;不带宾语。也作戴孝。
【带音】dàiyīn 动。发音时声带振动叫带音,声带不振动叫不带音。如普通话中元音都是带音,辅音中的m、n、l、ng、r也是带音。其他辅音都是不带音。带音的是浊音,不带音的是清音。
【带鱼】dàiyú 名。形状像带子,银白色,全身光滑无鳞,大者长达1米左右。是我国重要的海产经济鱼类之一。

待 dài 动。常带宾语。(1)等候,等待;宾语常是动词:尚～解决。(2)应接,对待:～人诚恳。(3)打算,要;宾语常是动词或动词性词组:正～出门,有人来访了。
另见dāi。
【待考】dàikǎo 动。留待查考;多指学术方面不易立即解决的问题,一般不带宾语:这段引文的出处～。
【待理不理】dài lǐ bù lǐ 爱理不理,形容对人态度冷淡;后面常加助词"的",含贬义:我叫她,她～的。
【待命】dàimìng 动。等待命令;不带宾语:原地～|～出发。
【待人接物】dài rén jiē wù 成。物:人物,人们。指与他人相处:她～非常诚恳。
【待业】dàiyè 动。等待就业;多用于城镇中还没安置就业的青年,不带宾语:他中学毕业后,没有考上大学,现在在家～|

三年来,全省已安置72万人就业,其中～青年47万人。
【待遇】dàiyù 名。(1)对待人的情形、态度、方式:不公正的～|他受到对方热情周到的～。(2)指权力、社会、地位等:政治～|平等～。(3)指工资、福利等物质报酬:这项工作～优厚。
【待字】dàizì 〈古〉动。古代女子成年许嫁才命字,因用以指女子成年待嫁:～闺中。

埭 dài 〈方〉名。防水的土坝;多作地名用字:石埭,在安徽省。

逮 dài ❶〈书〉动。及,到,赶上:～乎清季(到了清朝末年)|力求未～。❷〈素〉捉拿:～捕。
另见dǎi。
【逮捕】dàibǔ 动。捉拿,对象一般是罪犯:依法～;常带宾语:～罪犯。

靆(靆) dài 见"叆(ài)靆"。

戴 dài ❶动。把东西加在头、脸、颈子、手等处;通常用于饰物、防护具、标志等,常带宾语或补语:～帽子|把红领巾～起来。❷〈素〉拥护尊敬:爱～|感～。❸姓。
【戴孝】dàixiào 见"带孝"。

襶 dài 见"褦(nài)襶"。

dān(ㄉㄢ)

丹 dān ❶〈素〉(1)红色:～心|～青。(2)依照成方配制成的颗粒状或粉末状的中药:灵～妙药。❷姓。
【丹墀】dānchí 名。古代皇宫前用红色涂饰的石阶。
【丹毒】dāndú 名。一种皮肤的急性传染性炎症。常发生在面部、头面和小腿。患处皮肤红肿疼痛,边缘清楚。患者并有全身突发性高热、头痛等症状。也叫流火。
【丹方】dānfāng 见"单方"。
【丹青】dānqīng 〈书〉名。丹即朱砂,青指石青,是我国古代绘画中常用的两种颜料,因此常用以借指绘画:～妙笔|擅长～。
【丹田】dāntián 名。道家称人体肚脐下三寸的地方叫丹田：～之气｜意守～。

【丹心】dānxīn 名。赤心，忠心：一片～｜碧血～。

担(擔) dān 动。常带宾语或补语。(1)用肩挑：～来了两桶水｜他～了一筐菜进城去卖。(2)担负，承担：～风险｜把这项工作～起来。

另见dǎn(掸)，dàn。

【担保】dānbǎo 动。表示负责，保证不出问题或一定办到；常带主谓词组或动词性词组作宾语：这事儿我～他能办好｜我～不会出问题。

【担待】dāndài 〈口〉动。(1)原谅；一般不带宾语：请你多多～。(2)担当；用于责任等，常带补语：这件事儿责任重大，我可～不起。

【担当】dāndāng 动。承受，接受并负起责任来；常带宾语或动语：～责任｜这任务太重，我可～不起。

【担负】dānfù 动。承当；多指工作、责任、费用等：一切用费，都由我～。可带宾语：按首长指示，一团～了光荣的先遣任务。

【担搁】dānge 见"耽搁"。

【担架】dānjià 名。抬送病人、伤员用的用具；量词用"副"：抬～｜一副～。

【担惊受怕】dān jīng shòu pà 成。承受惊恐，极为害怕：在那兵荒马乱的年月，老大爷从上海来，一路上都是～的。

【担任】dānrèn 动。担当某种工作或职务；多带宾语：～校长｜～新的工作。

　　＊"担任"和"担当"："担任"一般只同职务或工作搭配；"担当"除了同工作、责任搭配外，还可以同称号、罪名等搭配。

【担心】dānxīn 动。不放心：请你别～，他不会出问题。可带宾语，可加程度副词：我～他完不成任务｜我十分～他的健康。也能作主语：你的～是多余的。

　　＊"担心"和"担忧"："担心"表示不放心，语气较轻；"担忧"除了表示不放心以外，还有"发愁"的意思，语意较重。"担心"一般要带宾语；"担忧"一般不带宾语。

【担忧】dānyōu 动。发愁，忧虑；经常～｜别～。可加程度副词：很～。

单(單) dān ❶形。与"双"相对，多作定语。(1)一个，独：～

门｜～人房间。(2)奇数的：～号｜本月逢～的日子我上早班。❷名。(～儿，～子)分项记载事物的纸片：帐～儿｜货物～。❸副。只，光：～靠这点材料写不出好文章。❹〈素〉(1)项目或种类少，不复杂：简～｜～纯。(2)薄弱：～薄｜～弱。(3)只有一层的：～衣。

另见chán，shàn。

【单帮】dānbāng 名。把甲地的商品贩运到乙地出售的单人商贩：～客人。常作"跑"的宾语：跑～。

【单薄】dānbó 形。(1)指天凉时穿的衣服薄而少：你穿得太～了。(2)瘦弱，不强壮：身体～。(3)不充实；常指论据、内容、力量等：文章较～｜力量～。

【单产】dānchǎn 名。单位土地面积上一年或一季的作物产量。

【单程】dānchéng 名。一来或一去的行程；区别于"来回"：～50里。

【单纯】dānchún 形。(1)简单纯一，不复杂：思想～。(2)单一，只顾：～军事观点｜不能～为学理论而学理论。

　　＊"单纯"和"简单"："单纯"除了不复杂，还有纯粹、纯洁的含义，有时还有"只、单一"的意思；"简单"没有这些含义。"单纯"有时含褒义；"简单"有时含贬义，如：头脑简单。

【单纯词】dānchúncí 名。只包含一个语素的词；区别于"合成词"，如"人、天、地、葡萄、沙发、巧克力"等。

【单词】dāncí 名。(1)单纯词的简称。(2)单独的一个词；区别于"词组"。

【单打】dāndǎ 名。某些球类比赛的一种方式，由两人对打；区别于"双打"：乒乓球～｜羽毛球～。

【单打一】dān dǎ yī 习。集中精力做一件事或只接触某一方面的事物，不管其他方面：我在办公室是～，专管接待工作。

【单单】dāndān 副。同"仅、只"的意义相当，用来限定行为、事物的范围：其他人都来了，～他没来｜其他事情都忘记了，～记得这件事。

【单刀直入】dāndāo zhí rù 成。原为认定目标，勇往直前，后比喻说话直截了当，不绕弯子：他说话往往是～，一针见血。

【单调】dāndiào 形。简单、重复而缺少变化:语言～|色彩～|生活很～。

【单独】dāndú 副。独自,不跟别的合在一起:～行动|经过几个月实习,他已经能够～操作了。

【单方】dānfāng 名。民间流传的药方。也作丹方。

【单干】dāngàn 动。不跟人合作,单独干活;一般不带宾语:你想甩开我～,没门|别～了,咱们还是合作吧。

【单干户】dāngànhù 名。(1)我国农业合作化时期不愿参加互助组和合作社的农户。(2)比喻不愿跟人家合作只愿单独工作的人。

【单杠】dāngàng 名。(1)一种体育器械,用两根支柱架起一根铁杠做成。(2)一种竞技体操项目,运动员在单杠上做各种动作。

【单个儿】dāngèr ❶副。独自一个:今晚她～看电影了。❷形。成对或成套中的一个;多作定语:只有～球拍,怎么打球?

【单寒】dānhán 形。(1)衣服穿得少,不能御寒:穿着～。(2)指家世贫穷、没有地位:家境～|门第～。

【单价】dānjià 名。商品的单位价格:铅笔的～是八分。

【单晶体】dānjīngtǐ 名。原子完全按照统一的规则排列的晶体。具有规则的几何多面体外形,其物理性质在各个方面各不相同。如雪、食盐等。

【单句】dānjù 名。不能分析成两个或两个以上分句的句子;区别于"复句"。如,"这篇文章很好"、"太阳升起来了"等。

【单据】dānjù 名。收付款项或货物的凭据,如发票、发货单等。

【单口相声】dānkǒuxiàng·sheng 名。只有一个人表演的相声。

【单利】dānlì 名。只按照本金计算利息,这种计算方法叫单利。

【单枪匹马】dān qiāng pǐ mǎ 成。指单身一人上阵。比喻无人帮助单独行动。也说匹马单枪。

【单身】dānshēn 形。独身无家室或不能跟家属在一处;不加程度副词,不单独作谓语,作定语或状语:～宿舍|～在外。

【单位】dānwèi 名。(1)计算事物标准量的名称。如斤、尺、秒等。(2)指机关、团体或其所属的部门:直属～|参加会议的有几十个～。

【单弦儿】dānxiánr 名。曲艺的一种,用弦子和八角鼓伴奏,八角鼓由唱者自己摇或弹。

【单线】dānxiàn 名。(1)单独的一条线:～联系。(2)只有一股轨道的铁道或电车道,不能供相对方向的车辆同时通行;区别于"复线"。

【单相思】dānxiāngsī 动。男女间仅一方对另一方爱慕;不带宾语:你别～了,她是不会爱你的。也作单思、单恋。

【单行本】dānxíngběn 名。从整部著作或报刊、丛书中抽出一部分单独印行的本子。

【单行线】dānxíngxiàn 名。只供车辆向一个方向行驶的路。

【单一】dānyī 形。只有一种的:～的经济结构|任务很～。

【单音词】dānyīncí 名。只有一个音节的词,如"人、高、走"等。

【单元】dānyuán 名。整体中一个相对独立的部分;常用于教材、房屋等方面:课文的第一～|三号楼甲～。

【单韵母】dānyùnmǔ 名。只由一个元音音素构成的韵母。如普通话的"大(dà)、母(mǔ)"中的a、u均是单韵母。

【单质】dānzhì 名。由同一种化学元素的原子所组成的物质。如氧、铜、汞(水银)等。

【单字】dānzì 名。(1)单个的汉字:这本字典收了三万多个～。(2)指外语中的一个词:学外语要巧记～。

郸(鄲) dān 地名用字。邯郸,在河北省。郸城,在河南省。

殚(殫) dān 〈素〉用尽,竭尽:～力|～精竭虑。

【殚精竭虑】dān jīng jié lǜ 殚:极,尽;精:精力;竭:尽;虑:思虑。用尽精力,费尽心思:为了攻克这个技术难关,他查看资料,反复研究,可说到了～的地步。

箪(簞) dān 名。古代盛饭用的圆形竹器。

【箪食壶浆】dān sì hú jiāng 成。原指古代百姓用箪盛饭,用壶盛浆来欢迎军队。

后形容军队受到人民群众的热情接待:全城市民~,迎接解放军。注意:"食"这里不读shí;"浆"这里不读jiāng。

【箪食瓢饮】dān sì piáo yǐn 成。一箪食物,一瓢饮料。旧时形容生活清苦:一辈子过着~的生活。注意:"食"这里不读shí。

眈 dān [眈眈] 形。眼睛注视的样子,恶狠狠地盯着;多用在固定组合中:虎视~。

耽(△躭) dān ❶〈书〉动。沉溺,入迷:~于幻想。△❷〈素〉迟延:~搁|~误。

【耽搁】dānge 动。也作担搁。(1)停留;常带时间补语:这次出差,在上海~了一两天。(2)拖延;可带宾语:别~时间,上课要紧。

 ＊"耽搁"和"耽误":"耽搁"主要是拖延的意思;"耽误"还有因拖延而误事的意思。"耽搁"有停留的意思;"耽误"没有。

【耽误】dānwù 动。因延而误事;常带宾语:~时间|~了大事。

聃、聃 dān 人名用字。老聃,相传即老子,春秋末年的思想家。

儋 dān 地名用字。儋县,在广东省。

dǎn (ㄉㄢˇ)

胆(膽) dǎn 名。(1)胆囊的通称。(2)胆量:~大心细|~小如鼠。(3)某些器物内部装水、气等物的东西:瓶~|球~。

【胆大心细】dǎn dà xīn xì 成。形容做事果断而思虑周密:要完成这一任务,必须~。

【胆敢】dǎngǎn 副。居然有胆量敢于:敌人~来侵犯,坚决把它消灭光。

【胆固醇】dǎngùchún 名。醇的一种,白色的结晶体,质地软。高等动物的神经组织、血液和胆汁中含胆固醇较多。胆固醇代谢失调会引起动脉硬化和胆石病。

【胆寒】dǎnhán 形。害怕;一般不加程度副词,也不用于否定式:这次地震想起来仍叫人~。

【胆力】dǎnlì 名。胆量和魄力;多含褒义:这位厂长很有~。

【胆量】dǎnliàng 名。不怕危险的精神,有勇气的行为:~很大|有~。

【胆略】dǎnlüè 名。胆量和谋略;含褒义:他是一位很有~的企业家。

【胆怯】dǎnqiè 形。胆小,畏缩:祥子有些~了。

 ＊"胆怯"和"胆寒":两者都有害怕的意思,但"胆寒"的程度较深。"胆怯"着重表示胆子小;"胆寒"着重表示害怕到寒心、战栗的程度。

【胆识】dǎnshí 名。胆量和见识:~过人|非凡的~。

【胆小如鼠】dǎn xiǎo rú shǔ 成。形容胆量极小;含贬义:那些人,样子很凶,其实~。

【胆战心惊】dǎn zhàn xīn jīng 成。形容害怕到极点:站在那壁立千仞的悬崖顶上朝下看,真令人~。也作心惊胆战。

疸 dǎn 见"黄疸"、"黑疸"。

掸(撣、撢、担) dǎn 动。用掸子或别的东西拂去灰尘;常带宾语或补语:~灰尘|书架要~干净。

 另见shàn。"担"另见dàn, dàn。

【掸子】dǎn·zi 名。用鸡毛或布条等绑成的拂除灰尘的用具。

亶 dǎn 〈古〉副。诚然,实在。

dàn (ㄉㄢˋ)

石 dàn 量。十斗为一石。"石"在古书中读shí,如"二千石"。
 另见shí。

旦 dàn ❶名。戏曲中扮演妇女的角色名:花~|老~。❷〈素〉(1)天亮,早晨:通宵达~。(2)天:元~|一~。

【旦角儿】dànjuér 名。戏曲中扮演妇女的角色。有时特指青衣、花旦。

【旦夕】dànxī〈书〉名。(1)早晚,日常:~相处。(2)比喻在很短时间内:围攻此城,~可下。

【旦旦】dàndàn〈书〉❶名。天天,日日:

倘能～而习之，学必有成。❷形。诚恳的样子；常用在固定组合中：信誓～。

但 dàn ❶〈书〉副。只：～愿如此。❷连。但是；用在后面的分句中，表示转折，常同"虽然"、"尽管"呼应：虽然生了病，～他仍坚持学习。❸姓。

【但凡】dànfán 副。只要是，凡是：～熟识他的人，没有不称赞他的。

【但是】dànshì 连。(1)表示转折；一般接分句或句子，前面往往用"虽然、尽管"等连词配合，后面常同"也、还"等配合：文章虽然短，～很有份量｜尽管条件很差，～他一点也不气馁。(2)连接词或组，用法与"而"相当：人物众多～各具个性，是这部小说的特色。

*"但是"和"但"："但是"后面可以停顿，"但"后面不能停顿。"但"还有副词用法，表示"只，仅仅"，常用于书面语，如：但愿如此；"但是"没有这种用法。

【但书】dànshū 名。法律条文中的"但"或"但是"以下的文字，指明条文的例外情况或附加情况。

担（擔） dàn ❶名。担子：货郎～｜重～。❷量。(1)市制重量单位，一担等于100斤。(2)个体量词，用于成担的东西：一～水｜三～柴。

另见 dān, dǎn（掸）。

【担子】dànzi 名。(1)扁担及扁担挑的东西：那副～是老王的。(2)比喻担负的责任：青年人要敢挑～。

疍 dàn 〖疍民〗(-mín) 名。过去广东、广西、福建沿海港湾和内河上从事渔业或水上运输的居民，多以船为家，旧称疍民。

诞 dàn 〈素〉(1)生日：～辰。(2)荒唐的，不实在的，不合情理的：荒～｜怪～。

【诞辰】dànchén 名。生日；多用于受尊敬的人：马克思～。

【诞生】dànshēng 动。出生；不带宾语，可带补语：他～在一个农民家庭｜中华人民共和国～于1949年。

萏 dàn 见 菡(hàn)萏。

啖（△啗、噉） dàn 〈古〉❶动。(1)吃或喂：～饭｜以梨～我。(2)拿利益引诱人：以利～之。❷姓。

淡 dàn ❶形。(1)液体、气体中含某种成分少，稀薄；与"浓"相对：云～风轻｜酒味很～。(2)盐分少；与"咸"相对：菜太～。(3)颜色浅：墨色很～。(4)不热心，冷淡；指态度，不加程度副词，常叠用：他～～地说了一句。❷〈素〉(1)营业不旺盛：～季｜～月。(2)安静：恬～｜～然。

【淡巴菰】dànbāgū 名。音译词。即烟草。

【淡泊】dànbó 〈书〉形。把名利看得很淡。～明志。也作澹泊。

【淡薄】dànbó 形。(1)稀薄不浓；指事物的密度：雾气渐渐～了｜酒味很～。(2)冷淡，不亲密；多用于感情、兴趣方面：人情～｜兴趣～。(3)模糊；指留下的印象：时隔多年，对这件事的印象已很～。

【淡化】dànhuà 动。使变平淡；多用于冲突、观念等：渴求上进的观念不能～。可带宾语：编导者用～戏剧冲突，突出人物性格的手法收到了很强的艺术效果。可作状语：这个棘手的问题先～处理一下。

【淡季】dànjì 名。生意清淡的季节；与"旺季"相对：最近是带鱼生产的～。

【淡漠】dànmò 形。(1)冷淡，不热情；指人的态度、感情、神情等：他同小王的感情越来越～了｜地表面上显得很～，但心里却非常激动。(2)记忆模糊，印象淡薄：这件往事在我的记忆里已经～了。

【淡青】dànqīng 形。浅蓝而微绿的颜色；不加程度副词，不单独作谓语，作定语：穿了一件～的衣服。

【淡然】dànrán 〈书〉形。不在意，不经心的样子；不加程度副词，不单独作谓语，多作状语：～处之｜～一笑。

【淡忘】dànwàng 动。印象渐渐淡薄以至于忘却；一般不带宾语：这件事渐渐～了。

【淡雅】dànyǎ 形。素净雅致；指颜色和花样：布的颜色很～｜～的水仙花。

【淡月】dànyuè 名。营业不旺盛的月份；与"旺月"相对。

惮（憚） dàn 〈古〉动。怕，畏惧：肆无忌～｜过则勿～改。

弹(彈)

弹(彈) dàn ❶名。(～儿、～子)可用弹(tán)力发射出去的小丸。❷〈素〉装有爆炸物可以击毁人、物的东西：炮～|炸～。

另见tán。

【弹道】dàndào 名。弹头射出后所经的路线。因受空气的阻力和地心吸力的影响，形成不对称的弧线形。

【弹道式导弹】dàndàoshì dǎodàn 词组。导弹的一种。由火箭发动机推送到一定高度和达到预定速度后，发动机自行关闭，然后导弹靠惯性作用沿弹道飞向目标。远程导弹和洲际导弹大多是这种导弹。

【弹弓】dàngōng 名。一种发射弹丸的弓，古代用做武器，现在有时用来打鸟。

【弹丸】dànwán 名。(1)弹弓所用的泥丸、石丸或铁丸。(2)枪弹的弹头。(3)〈书〉比喻很小的地方：～之地。

【弹药】dànyào 名。具有杀伤能力或其他特殊作用的爆炸物的统称。

瘅(癉)

瘅(癉) dàn 〈古〉动。(1)因劳累而得病。(2)憎恨：彰善～恶。

蛋

蛋 dàn ❶名。鸟、龟、蛇等动物所产的卵：鸡生了～。❷〈素〉形状像蛋的东西：山药～|泥～。

【蛋白质】dànbáizhì 名。复杂的高分子有机化合物，由多种氨基酸组成。是构成细胞原生质的主要成分，生命的基础。也叫朊(ruǎn)。

【蛋青】dànqīng 形。像青鸭蛋壳的颜色；不加程度副词，不单独作谓语，作定语：～衣料。

氮

氮 dàn 名。气体元素，符号N。无色无臭，不能自燃和助燃。约占空气总体积的五分之四。可制氮肥。

【氮肥】dànféi 名。含氮的肥料，如硫酸铵、尿素、人粪尿等。合理施氮肥能促进农作物茎和叶的生长。

澹

澹 dàn 〈古〉形。安静。

另见tán。

【澹然】dànrán 同"淡然"。

【澹泊】dànbó 同"淡泊"。

当(當、噹)

dāng(ㄉㄤ)

当(當、△噹) dāng ❶动。常带宾语或补语。(1)作，担任：他～了人民代表。(2)承担，承受：我可～不起这样的赞扬|这么大的负担，我～不起。(3)主持，掌管：人民～了家，做了主人。❷助动。应当：～用就用，～省就省。❸介。(1)常组成"当……时候(时)"，"当……之前(之后)"等格式，说明事件发生的时间：～祖国需要的时候|～全国胜利之后。(2)用以介绍事情发生的特定场合，"当"后面可加"着"：～着大家的面说清楚。△❹拟声。摹拟撞击金属器物的声音：～、～、～，上课铃响了。❺〈素〉(1)相称：相～|门～户对。(2)正在：～场|～今。

另见dàng。

＊"当"和"在"：作表示时间的介词，"当"后面不能跟单独的时间词组合；"在"不受此限。作表示处所的介词，"当"只能跟少数名词组合，不能跟表示处所、方位的词组合；而"在"则相反。

【当差】dāngchāi ❶动。旧指作小官吏或当仆人。❷名。旧指男仆。

【当场】dāngchǎng 名。就在那个地方和那个时候；多作状语：～抓获|～表演。也可作定语：～的电影票。

【当场出彩】dāngchǎng chūcǎi 成。原指旧戏表演杀伤时，用红色水涂抹，装做流血的样子。今多比喻当场败露秘密或当场出丑。

【当初】dāngchū 名。泛指以前或特指去发生某事的时刻；常用在句首，作状语：～这里是草地，现在已经是高楼大厦了|～，我才三岁，知道什么？

【当代】dāngdài 名。(1)目前这个时代：～青年。(2)与古代、近代、现代相对的历史时期。我国一般从1949年新中国成立起计算：～文学史。

【当道】dāngdào ❶名。路中间：别在～做游戏。❷动。掌握政权；不带宾语，含贬义：奸臣～。

【当地】dāngdì 名。(1)本地：～盛产南瓜。(2)人物所在或事情发生的那个地方：我过去在山东工作，～民风淳朴，令人难忘。

【当归】dāngguī 名。多年生草本植物，茎带紫色，花白色，果实长椭圆形。整个植物有特殊香气。根入药，有镇静、补血、调经止痛等功用。

【当机立断】dāng jī lì duàn 成。抓住时机，作出决断：在这危急关头，应该～。

【当即】dāngjí 副。立即，马上：他～表示要改正错误。

【当家】dāngjiā 动。主持家务，也喻指主持领导工作；不带宾语：这个学校由他～，一定能搞好。

【当街】dāngjiē 名。(1)临街，靠街：～有一家小店。(2)〈方〉街上：我在～一家店里做营业员。

【当今】dāngjīn 名。(1)目前，如今：～我国的形势很好。(2)封建社会指在位的皇帝。

【当局】dāngjú 名。政府机关、党派、学校中的领导：政府｜学校～。

【当局者迷，旁观者清】dāng jú zhě mí, páng guān zhě qīng 成。当局者：下棋的人；旁观者：看棋的人。比喻当事者看问题往往不如局外人看得清楚：～，我看这件事情你是做错了。

【当空】dāngkōng 动。在上空；不带宾语：明月～。

【当口儿】dāng·kour 〈口〉名。事情发生或进行的时候：在这紧要的～，要果断地行动。

【当量】dāngliàng 名。科学技术上指与标准数量相对应的某个数量，如化学当量、热功当量等。

【当令】dānglìng 动。正合时令；不带宾语：现在穿夹衣，正～。

【当面】dāngmiàn 副。面对面：钱要～点清｜有意见～提。

【当年】dāngnián 名。(1)指过去某一段时间：想～，看今朝。(2)指身强力壮的时期：锐气不减～｜他正～，精力充沛得很。
另见dàngnián。

【当前】dāngqián ❶动。在面前；不带宾语：大敌～。❷名。目前：～要统一思想｜～的任务。

【当权】dāngquán 动。掌权；不带宾语：

我国是人民～的国家。

【当然】dāngrán ❶副。(1)表示肯定，理应如此，不必怀疑；有加强语气的作用：我这样说，～有根据｜办法～很多。(2)表示某种推理的必然结论或某种动作、行为引起的必然结果；常跟连词"因为、既然"呼应：既然他们不去，我们～也不去｜因为当时是战争时期，物资～不可能很充足。(3)表示补充；在这种用法里，"当然"做插入语，后面用逗号隔开：～，这仅仅是起点，今后还有很多工作要做。❷形。应当这样；不加程度副词：～代表｜群众有不同的意见是～的。

【当仁不让】dāng rén bù ràng 成。原指以仁为任，无所谦让。后指遇到应该做的事积极主动地承担起来，决不推辞：我们请他讲课，他～，答应下来。

【当日】dāngrì 名。当(dāng)时：回想起～的情况，现在仍历历在目。
另见dàngrì。

【当时】dāngshí 名。指过去发生某事的时候：他的那篇演说很精采，～我在场。
另见dàngshí。

【当事人】dāngshìrén 名。(1)指参加诉讼的一方，如民事诉讼中的原告、被告，刑事诉讼中的自诉人、被告。(2)跟事情有直接关系的人。

【当头】dāngtóu 动。不带宾语。(1)迎头：～一棒。(2)临头：强盗入侵，国难～。(3)置于首位："敢"字～。
另见dàng·tou。

【当头棒喝】dāngtóu bàng hè 成。原为佛家语。指禅宗和尚接待来学的人时，常不问情由用棒棒一击或大喝一声，要对方不假思索，立即回答问题，以考验其对佛理领会的程度。后比喻促人醒悟的警告：小王错误严重，有必要给他来个～。

【当务之急】dāng wù zhī jí 成。当前应办的最急切的事：搞好团结是～。

【当下】dāngxià 副。就在那时，立刻：经你一提，我～就明白了。

【当先】dāngxiān 动。争在最先；一般用在固定组合中：奋勇～｜一马～。

【当心】dāngxīn ❶动。留神；常作祈使语，提醒别人注意：～! 路上有水。可带宾

当 dāng 197

语：～钱包!❷〈方〉名。胸部正中,泛指正中间：～挨了一拳。

【当选】dāngxuǎn 动。被选上：他～了。可带宾语,后面多加"为"：老张～为人民代表。

【当政】dāngzhèng 动。掌握政权;不带宾语：目前美国是民主党～。

【当之无愧】dāng zhī wúkuì 成。与其所得到的荣誉或称号相称,毫无惭愧：他作为先进工作者,～。

【当中】dāngzhōng 方位。(1)正中：广场～矗立着烈士纪念碑。(2)中间,之内：在这些人～,他的成就最为突出。

【当众】dāngzhòng 副。当着众人：～出丑|～认错|～宣读了这篇论文。

【当轴】dāngzhóu 〈书〉名。旧指政府领导者。

珰(璫) dāng 〈古〉名。(1)妇女戴在耳垂上的一种装饰品：明月～。(2)汉代宦官侍中、中常侍等的帽子上的装饰品。借指宦官。

铛(鐺) dāng 拟声。摹拟撞击金属器物的声音;多叠用：钟儿敲得～～响。
另见chēng。

裆(襠) dāng 名。(1)两条裤腿连接的部分：这条裤子的～似乎开小了一点。(2)两腿的中间：韩信还没得志时,曾从人的～下爬过去。

dǎng(ㄉㄤˇ)

挡(擋、攩) dǎng ❶动。拦阻,遮住;常带宾语或补语：～阳光|把风～住|乌云～不住太阳。❷名。(1)(～儿)遮挡用的东西：炉～儿。(2)排挡的简称。(3)某些仪器和测量装置用来表明光、电、热等量的等级。
另见cháng。

【挡驾】dǎngjià 动。指谢绝来客访问;婉辞,不带宾语：外面有人找你,被我～了。

【挡箭牌】dǎngjiànpái 名。即盾牌。比喻推托的借口：不能把困难当作完不成任务的～。

党(黨) dǎng ❶名。(1)政党：无产阶级的～|资产阶级的～。(2)特指中国共产党：在～的领导下。❷〈素〉(1)由私人利害关系结成的集团：～徒|结～营私。(2)指宗族：父～|母～。(3)偏袒：～同伐异。❸姓。

【党报】dǎngbào 名。政党的机关报。特指中国共产党各级组织的机关报。

【党阀】dǎngfá 名。指党内把持大权、专横跋扈、拉山头、搞宗派的头目。

【党风】dǎngfēng 名。政党的作风。特指中国共产党的作风。

【党纲】dǎnggāng 名。(1)党章的总纲。是一个政党的最基本的政治纲领和组织纲领。(2)特指中国共产党的基本纲领。

【党锢】dǎnggù 名。古代指禁止某一集团、派别及其有关的人担任官职并限制其活动的做法。

【党籍】dǎngjí 名。申请入党的人被批准后取得的党员资格。

【党纪】dǎngjì 名。政党规定的党员必须遵守的纪律：遵守～。

【党魁】dǎngkuí 名。政党的首领;含贬义。

【党派】dǎngpài 名。各政党或政党中各个派别的统称。

【党参】dǎngshēn 名。一种多年生草本植物,原多产于山西上党。根入药,有补中益气的作用。

【党同伐异】dǎng tóng fá yì 成。偏袒同伙或与自己意见相同的人,攻击异己;含贬义：在学术上,我们应该尊重科学,服从真理,而不应有～的行为和作风。

【党徒】dǎngtú 名。参加某一集团或派别的人;含贬义。

【党团】dǎngtuán 名。(1)党派和团体的合称。在我国特指共产党和共青团。(2)资本主义国家中,属于某个政党的一组国会代表。

【党务】dǎngwù 名。政党内部有关组织建设等的事务。

【党项】dǎngxiàng 名。我国古代西北方的一个民族,羌族的一支,北宋时曾建立西夏政权。

【党性】dǎngxìng 名。(1)阶级性最高最集中的表现。不同阶级和政党有不同的党性。(2)特指共产党员的党性,是无产阶级阶级性最高最集中的表现,也是衡量党员阶级觉悟高低和立场是否坚定的

【党羽】dǎngyǔ 名。党徒,一般指恶势力集团中的附从者;含贬义。

【党章】dǎngzhāng 名。(1)政党的章程,内容包括党的总纲、组织原则、组织机构、党员的条件等。(2)特指中国共产党的章程。

谠(讜) dǎng〈素〉正直的言论:～言|～论。

dàng(ㄉㄤˋ)

当(當) dàng ❶动。一般要带宾语。(1)抵得上,等于:一人～两个人用。(2)当作:别把我～客人。(3)以为;多以主谓词组作宾语:他～我去北京了。(4)旧指向当铺抵押实物借钱:他穷得没办法,只好把几件衣服～了。❷〈素〉(1)合适:恰～|适～。(2)指同一时间:～天|～年。(3)指押在当铺里的实物:典～|赎～。

另见dāng。

【当年】dàngnián 名。就在本年,同一年:～投资,～见效。

另见dāngnián。

【当票】dàngpiào 名。当铺收到抵押品后所出的书面凭据。

【当铺】dàngpù 名。专门收取抵押品放贷的店铺。

【当日】dàngrì 名。当(dàng)天:我向校长提的意见,～就得到了答复。

另见dāngrì。

【当时】dàngshí 名。就在那个时刻,马上:我一说,他～就答应了。

另见dāngshí。

【当天】dàngtiān 名。就在本日,同一天:～的事,～做完。

【当头】dàngtou 〈口〉名。向当铺借钱时所用的抵押品。

另见dāngtóu。

【当月】dàngyuè 名。就在本月,同一月:～的任务～完成。

【当真】dàngzhēn ❶动。信以为真;常用于否定的祈使句,不带宾语:我是随便说说,你别～。❷副。真的,果然:这事儿你～能办?|他答应给我这本书写篇评论,后来～写了。

【当做】dàngzuò 动。认作,作为;须带宾语:把工厂～自己的家|把读书～一件赏心乐事。

挡(擋) dàng 见"摒(bìng)挡"。

另见dǎng。

档(檔) dàng 名。(1)存放案卷文件用的带格子的橱或架子:归～。(2)档案:查～。(3)(～儿)起支撑作用的木条或细框:横～儿。(4)商品或产品的等级:商品分三～|这毛衣可以归到较高的那一～。

【档案】dàng'àn 名。机关、企业、学校或专门机构等集中分类保存的各种文件或材料。

【档次】dàngcì 名。按照一定标准分类的等级:在企业内部,要扩大工资差额,拉开～|这是一种高～的牙膏,同那一种不是一个～。

＊"档次"和"等次":"档次"不仅有高低不同的意思,还含有分类上的不同;"等次"只表示等级的高低,不一定有分类上的不同。"档次"使用范围较广;"等次"使用范围窄,一般用于商品、产品。

【档子】dàngzi 〈方〉量。用于事件:我才不管这～事儿呢。

凼(氹) dàng 〈方〉名。水坑,田里沤肥的小坑。

砀(碭) dàng 地名用字。砀山,县名,在安徽省。

荡(蕩、△盪) dàng △❶动。常带宾语或补语。(1)摇动:～秋千|别～得太高。(2)闲逛:～了一会儿马路。❷名。浅水湖;一般作中心语:芦苇～|黄天～。❸〈素〉△(1)洗涤:涤～|冲～。△(2)清除,弄光:扫～|倾家～产。(3)放纵,行为不检点:浪～|淫～。

【荡涤】dàngdí 〈书〉动。冲洗,清除;常带宾语或补语:清凉的风～了城市上空的烟尘|一场大雨把地上的污迹～得干干净净。常用作比喻:～这些污泥浊水|一切贪婪的、邪恶的念头都应该～干净。

【荡气回肠】dàng qì huí cháng 见"回肠荡气"。

【荡然】dàngrán 〈书〉形。形容原有的完全失去;不加程度副词,不单独作谓语,一般作状语: 当年的住所如今已~无存。

【荡漾】dàngyàng 动。可带补语和状语,带动态助词"着"后可带宾语。(1)一起一伏地动,微动;指水波: 湖水轻轻~|游艇~在碧波之上|远处的湖面上~着一只小船。(2)飘荡,起伏不定: 歌声在夜空中~着|一股幸福的暖流在我心中~|虽然天还冷,人们心头却~着盎然的春意。

宕 dàng 〈素〉(1)拖延: 延~。(2)放荡,不受拘束: 跌~。

崮 dàng 见"莨(làng)崮"。

dāo(ㄉㄠ)

刀 dāo ❶名。(~儿、~子)用来切、割、削、砍、斩等的工具: 一把~子。❷量。计算纸张的单位;通常一百张叫一刀: 一~纸。❸〈素〉刀形的东西: 冰~。(2)古代钱币名,像刀。❹姓。

【刀把儿】dāobàr 名。刀上供手握的部分,常比喻把柄、权柄: 我没什么~握在他手里。

【刀笔】dāobǐ 名。(1)古代在竹片上记事,有错就用刀刮去,因此把有关公文案卷的事叫做刀笔。(2)旧指写状子的事或人;多含贬义: ~吏|长于~。

【刀兵】dāobīng 名。泛指武器,特指战事: 动~|~之灾。

【刀耕火种】dāo gēng huǒ zhòng 成。先把地上的草木砍倒烧成灰作肥料,然后挖坑下种。这是一种原始的耕种方法。

【刀光剑影】dāo guāng jiàn yǐng 成。刀的闪光,剑的投影,都已看见了。形容杀机已露,也形容激烈厮杀、搏斗或杀气腾腾的气势: 在武打电影片中,有许多~的场面。

【刀口】dāokǒu 名。刀刃。比喻最能发挥作用的地方;多加方位词"上": 钱要花在~上。

【刀马旦】dāomǎdàn 名。传统戏曲中旦角的一种,扮演擅长武艺的青壮年妇女,着重唱、打和做工。

【刀山火海】dāo shān huǒ hǎi 成。比喻最艰险的地方: 为正义事业,~何所惧。

【刀俎】dāozǔ 〈书〉名。俎: 砧板。刀和砧板,原指宰割的工具,后常比喻宰割者或迫害者。

叨 dāo 见"叨叨"、"叨登"等。另见tāo。

【叨叨】dāo·dao 动。说个不停;含厌恶意,不带宾语: 别~没完。

【叨登】dāo·deng 〈口〉动。(1)翻腾: 柜里的衣服放得好好的,你别乱~。(2)重提旧事: 向前看吧,过去的事不要~了。

【叨念】dāoniàn 动。同"念叨"。

鱽 dāo 名。古书上指体形像刀的鱼。如带鱼、鲚鱼等。

氘 dāo 名。氢的同位素之一,符号D。主要存在于重水中,用于热核反应。也叫重氢。

dáo(ㄉㄠˊ)

捯 dáo 〈方〉动。常带补语。(1)两手轮换着把线和绳子往回拉或绕好: 把风筝~下来。(2)追究原因: 把这件事~出个头绪来。

dǎo(ㄉㄠˇ)

导(導) dǎo 〈素〉(1)引导,开导: 领~|教~|指~。(2)传导: ~体|~热。

【导弹】dǎodàn 名。装有弹头、动力装置并能制导的高速飞行武器: 中程~|洲际~。

【导火线】dǎohuǒxiàn 名。(1)使爆炸物爆炸的引线。(2)比喻直接引起事变爆发的事件:1914年奥国的皇太子被刺事件,成为第一次世界大战的~。

【导论】dǎolùn 名。(1)说明全书或全文中心思想的概括性的论述。(2)指某一门科学的概括性的论述: 语言学~。

【导师】dǎoshī 名。(1)高等学校或研究机关中指导人学习、进修、写作论文的人员。(2)在革命运动中奠定革命理论、指引革命方向的领导人: 革命~。

【导体】dǎotǐ 名。能很好传导电流和热的物体。一般金属、电解质溶液等都是导体。

【导言】dǎoyán 见"绪论"。

【导演】dǎoyǎn ❶动。组织、指导电影或戏剧排演: 这部电影正在~之中。可带宾语：～话剧。❷名。担任导演工作的人：他是这部电影的～。

【导游】dǎoyóu ❶动。引导游览；不带宾语：这次你们来南京，由他给你们～。❷名。担任导游工作的人。
＊"导游"和"向导"："导游"范围比"向导"小，只用于旅游方面；"向导"不受此限制。

【导源】dǎoyuán 动。后面常带"于"构成的介词词组作补语。(1)发源：黄河～于青海。(2)由某物发展而来：认识～于实践。

【导致】dǎozhì ·动。引起；多带词组作宾语：律人不严，是～他犯错误的重要原因。

岛(島) dǎo 名。海洋中被水围着的比大陆小的陆地，也指湖里、江河里为水包围的陆地。

【岛国】dǎoguó 名。全部领土由岛屿组成的国家，如日本、英国等。

【岛屿】dǎoyǔ 名。岛的总称；不用个体量词。

捣(搗、擣) dǎo 动。常带宾语或补语。(1)舂，砸：～米｜～蒜｜～了他一下。(2)搅扰，攻击：直～敌营。(3)〈书〉捶打：～衣。

【捣蛋】dǎodàn 动。无理取闹，无事生非；不带宾语，含贬义：我正在写文章，你不要来～。

【捣鼓】dǎo·gu〈方〉动。反复摆弄：你不会修表，别瞎～了。可带宾语：这孩子整天～自己的玩具。

【捣鬼】dǎoguǐ 动。暗中使用诡计；不带宾语，含贬义：此人心术不正，爱～，你当心些｜我最恨那种有意见当面不提，专在背后～的人。

【捣毁】dǎohuǐ 动。破坏，砸毁：敌人的指挥部被我们～了。常带宾语：～敌巢。

【捣乱】dǎoluàn 动。不带宾语。(1)进行破坏，扰乱：敌人又来～了。(2)存心跟人找麻烦：我在看书，你别～。

【捣腾】dǎo·teng 见"倒腾"。

倒 dǎo 动。(1)人或竖立的东西横躺下来；能单独作谓语，也常用在动词后面作补语：墙～了｜他摔～了。可带宾语：～了一棵树。(2)垮台，失败，

用于集团或事业：工厂～了。(3)转移，转换，常带宾语或补语：～一下车｜～一下手。(4)挪动，常带宾语或补语：地方太小了，～不开身子。
另见dào。

【倒闭】dǎobì 动。指企业或商店因亏本而停业：工厂～了。可带宾语：镇上的大小铺子～了八家。

【倒车】dǎochē 动。中途换车；不带宾语：直达北京，不用～。可拆开用：到上海要倒一班车。
另见dàochē。

【倒伏】dǎofú 动。直立生长的农作物未成熟前因支持不住叶子和穗的重量或经不住风吹而歪倒在地上；不带宾语：稻子～了。

【倒戈】dǎogē 动。在战争中投向对方掉转枪口打自己人；不带宾语：在军阀混战中，常常有人～｜一击，常致强敌于死命。

【倒海翻江】dǎo hǎi fān jiāng 见"翻江倒海"。

【倒换】dǎohuàn 动。轮流掉换；常带宾语或补语：如今粮店也卖杂粮，给居民～口味｜把次序～一下。常构成连动词组：几种作物～着种｜～着上早、晚班。可重叠：把房里的家具～～位置。

【倒卖】dǎomài 动。利用手中的权力或利用物价的差异，低价买入物品后高价卖出，非法牟取暴利，含贬义：他在做～生意，常与"紧缺物资"常同"转手"连用：坚决制止就地转手～的活动。

【倒霉】dǎoméi 形。运气不好，遇事不利或不顺心：刚买的钢笔就丢了，真～！可拆开用：倒透了霉｜倒了一辈子霉。也作倒楣。

【倒手】dǎoshǒu 动。货物从甲手转到乙手；不带宾语，常与"贩卖"连用：这个人专干～贩卖的事。

【倒塌】dǎotā 动。倒下来；用于建筑物，一般不带宾语：楼房～时，幸好附近无人。

【倒台】dǎotái 动。垮台；不带宾语：反动政府～了。可拆开用：袁世凯倒了台。

【倒腾】dǎo·teng〈口〉动。也作捣腾。(1)翻腾，移动，常带补语：把粪～出去。

(2)贩卖：这些商品可～到农村去。可带宾语：～衣料。

【倒替】dǎotì 动。轮流替换；常构成连动词组：～着值班|两个人～着看护病人。

【倒胃口】dǎo wèi·kou ❶词组。因为腻味而不想再吃。❷习。比喻使人生厌：今天的报告，噜噜嗦嗦，听了真叫人～。

【倒爷】dǎoyé 名。投机倒把的人或从事非法倒卖的团伙或个人。也叫倒二爷。

【倒帐】dǎozhàng 名。收不回来的帐：这是一笔～。

祷（禱）dǎo 〈素〉(1)宗教徒或迷信的人求神保佑：祈～|～告。(2)盼望：盼～|至～。

【祷告】dǎogào 动。求神保佑；一般不带宾语，常加动态助词"着"：母亲跪在神像前，虔诚地～着。可带补语：她～了一会儿。

蹈 dǎo 〈素〉(1)踩，踢：赴汤～火。(2)跳动：舞～。

【蹈海】dǎohǎi 〈书〉动。投海(自尽)：～而死。

【蹈袭】dǎoxí 动。走老路，因袭；可带宾语：作文不能～前人。

dào(ㄉㄠˋ)

到 dào ❶动。(1)到达；可带动态助词"了、过"，也可带表示处所或数量的宾语：春天～了|～过南京|～了八点再开会。(2)往；须带处所宾语：～工厂去|～最艰苦的地方去工作。❷趋。用在动词的后面，补充说明动作的目的、结果、处所、时间等：今天收～一封信|他回～了家乡|我等～明年暑假再来看你。❸〈素〉周到：精～|面面俱～。❹姓。

【到场】dàochǎng 动。亲自到某种集会或活动场所；不带宾语：领导也～了。常构成连动词组：～作了指示。可拆开用：许多干部到了场。

【到处】dàochù 副。各处，处处：祖国～呈现出欣欣向荣的景象。

【到达】dàodá 动。到了某一地点；常带宾语：火车已～上海|～理想的境界。

【到底】dàodǐ ❶动。到尽头，到终点；不带宾语：一竿子～|坚持～。❷副。

(1)终于：经过几十次失败，新产品～试制成功了。(2)究竟；用在问句里，表示深究：你～去不去？(3)毕竟：这小伙子劲头大|～是名家，写的东西就是有深度。

＊"到底"和"终于"："到底"书面语、口语都常用；"终于"多用于书面语。"到底"可用于问句，以加强语气；"终于"不能。"到底"还有"毕竟"的意思；"终于"没有。

【到家】dàojiā 形。达到相当高的水平或标准；用在动词后面表示结果或程度：把思想工作做～。也可同程度副词组合起来充当谓语：他的表演，唱、做都很～。

【到来】dàolái 动。来临；多用于事物，不带宾语：春天～了|建设高潮已经～。

【到手】dàoshǒu 动。取得，拿到手；不带宾语：粮食已经～了|～的产品。

【到头来】dàotóulái 副。结果，到末了；一般用于坏的方面：坑害别人的人，～自己也没有好下场。

倒 dào ❶动。(1)颠倒；一般不带宾语：次序～了。(2)倾倒，倒出；常带宾语或补语：～垃圾|～出去。(3)向后退；多带补语：把汽车～到路边上去。❷副。(1)反而，反倒：坏事～变成好事。(2)表示转折；常同"虽"搭配使用：他年龄虽小，学习成绩～不错。(3)表示让步；常同"可、就是、但是"等搭配使用：说说～容易，可做起来就不简单了。(4)表示催促或追问，有不耐烦的语气：你～说呀！(5)表示加重语气：我～要试一试！另见dǎo。

【倒彩】dàocǎi 名。在演员表演中出现漏洞或错误时，故意叫好，使演员难堪；常作"喝"的宾语：喝～是一种不文明的行为。也作倒好儿。

【倒插门】dàochāmén 习。旧时称男子到女方家结婚并落户。

【倒车】dàochē 动。使车向后退；不带宾语：车后的人请让开，要～了。另见dǎochē。

【倒打一耙】dào dǎ yī pá 成。比喻做了错事或坏事，不但不承认，反而倒咬一口；含贬义：这是你干的事，怎么能说是我干的呢?

【倒反】dàofǎn〈方〉副。反倒:平时他爱说爱笑,联欢会上~默不作声了。

【倒立】dàolì 动。一般不带宾语。(1)顶端朝下竖立:把瓶子~着,空空水。(2)武术用语,指用手支撑全身,头朝下,两腿并直向上。有的地方也叫拿大顶。

【倒流】dàoliú 动。一般不带宾语。(1)水向上流:河水不会~。(2)喻指人员、物资等的逆向迁移或流动,如商品从产地运出后又运回原产地,或人员从被支援地区又流回支援地区:一部分粮食~到农村。

【倒算】dàosuàn 动。指反动地主依靠反革命武装夺回已由革命政权分给农民的土地、财产;不带宾语,常与"反攻"并用:反攻~。

【倒贴】dàotiē 动。反过来补贴;多指钱物等:听说有些人出书,不仅拿不到稿费,反而要~。可带宾语:~给他一笔钱。可带双宾语:~他一房家具。

【倒退】dàotuì 动。往后退;带带补语:狂风刮得我~了好几步|我们一定坚守阵地,决不~一步。

【倒行逆施】dào xíng nì shī 成。原指做事违反常理,现多用来形容做事违背社会正义和时代进步方向;含贬义:反动派~的决不会有好下场。

【倒叙】dàoxù 动。文章、电影等的一种艺术手法。即先交代故事的结局,然后再叙述开端和经过:这篇文章的~手法运用得很好。

【倒悬】dàoxuán〈书〉形。头向下脚向上地悬挂着,比喻处境异常困苦、危急:解民于~。

【倒影】dàoyǐng 名。倒立的影子:亭子在水中的~美极了。

【倒栽葱】dào zāi cōng 习。摔倒时头先着地;常含诙谐义:只见敌机一个~,坠毁在地上。

【倒置】dàozhì 动。颠倒事物应有的顺序;一般不带宾语:本末~|轻重~。

【倒转】dàzhuǎn ❶动。倒过来:历史的车轮是不会~的。可带宾语:~潮流,谈何容易。❷〈方〉副。反倒;多用于责怪、埋怨、批评时,要加助词"来":你自己没干好,~来怨我。

【帱(幬)】dào〈古〉动。覆盖。另见chóu。

【焘(燾)】dào 又读tāo。〈古〉动。同"帱(dào)"。

【悼】dào〈素〉哀念死者:追~|~念。

【悼词】dàocí 名。对死者表示哀悼的话或文章。也作悼辞。

【悼念】dàoniàn 动。哀悼怀念死者;多带宾语:~死者|~战友。

【悼亡】dàowáng〈书〉动。悼念死去的妻子,有时也指死了妻子。

【盗】dào〈素〉(1)偷抢:~窃|欺世~名。(2)强盗:海~|~贼。

【盗匪】dàofěi 名。用暴力劫夺财物,扰乱社会治安的人。

【盗汗】dàohàn 动。睡眠时因病出虚汗;不带宾语:患肺结核的病人夜间常~。

【盗卖】dàomài 动。盗窃并出卖;多指公物或文物,常带宾语或补语:~文物的罪犯|公物已被~出去了。

【盗窃】dàoqiè 动。偷取;多带宾语:~国家财产是犯罪行为。

【盗用】dàoyòng 动。偷用公家的或他人的财物、名义等;多带宾语:~公款|~报社记者的名义。

【盗贼】dàozéi 名。强盗和小偷的总称。

【道】dào ❶名。(1)(~儿)路:一条小~儿。(2)(~儿、~子)线条,纹路:铅笔画的~儿|桌子上划了几条~子。(3)我国历史上行政区域的名称,在唐代相当于现在的省,清代和民国初年每省分成几道。❷动。(1)说;同文言"曰",多用于早期白话:老爷~:"今晚他想看戏"。(2)认为,以为;多带主谓词组作宾语:我~你走了,怎么还在这里?❸量。(1)用于长条形的东西:一~河|一~缝。(2)用于门、关口等阻拦的事物:一~门|一~防线。(3)用于某些分次、分项、分程序的事物:一~命令|考了五~题|办了三~手续。(4)次;用于某些分程序的动作:洗了三四~|油漆了两~。(5)忽米的通称,一忽米等于一米的十万分之一。❹〈素〉(1)方向,方法,道理:志同~合|头头是~|得~多助。(2)德行:~德|~义。(3)属于道教的:~姑|~老。(4)指某些反

动迷信组织:一贯～。

【道白】dàobái 名。戏曲中的说白。

【道不拾遗】dào bù shí yí 成。道:道路;遗:丢失的东西。路有失物,无人拾取;形容社会风尚良好:在那里开始出现了～、夜不闭户的好风尚。

【道岔】dàochà 名。使列车由一组轨道转到另一组轨道上的装置。

【道场】dàochǎng 名。(1)和尚或道士做法事的场所:～设在西屋。(2)指所做的法事:做～。

【道道儿】dàodàor〈方〉名。办法:大家想出了不少好～。

【道德】dàodé 名。社会意识形态之一,是人们共同生活及其行为的准则和规范。不同阶级有不同的道德观念:讲～。

【道地】dàodì〈方〉形。地道:～的东北药材。可重叠:道道地地的北京话。

【道乏】dàofá 动。感谢和慰问为自己出力的人;不带宾语:我得亲自去给她～。可拆开用:道个乏。

【道姑】dàogū 名。女道士。

【道观】dàoguàn 名。道教的庙。

【道贺】dàohè 动。道喜祝贺;不带宾语:他们家双喜临门,大家都去～。

【道家】dàojiā 名。春秋战国时期的一个思想派别,主要代表人物是老聃(dān)和庄周。道家崇尚自然,主张清静无为,反对斗争。

【道教】dàojiào 名。我国宗教之一,由东汉张道陵创立,初称"五斗米道",奉老聃(dān)为教主,尊称他为"太上老君",奉玉皇上帝为最高的神。盛行于南北朝。

【道具】dàojù 名。演戏或摄制电影表演用的器物,如桌、椅、茶杯等。

【道理】dàolǐ 名。(1)事物的规律:他从实践中逐步懂得了小麦增产的～。(2)论据,理由,情理:摆事实,讲～|他说得很有～。

【道林纸】dàolínzhǐ 名。道林,音译词。一种高级胶版印刷纸及书写纸。因美国道林公司制造而得名。现一般称胶版纸。

【道路】dàolù 名。(1)供人或车马通行的道路。(2)两地之间的通道,包括陆地的和水上的。(3)喻指历程:一生的～|革命的～是不平坦的。

【道路以目】dào lù yǐ mù 成。旧时指百姓慑于暴政,路上相遇,仅能以目示意,不敢交谈:那时只寇横行乡里,百姓～。

【道貌岸然】dàomào ànrán 成。道貌:正经、严肃的外貌;岸然:严峻的样子。形容神态庄严、一本正经的样子;多含讥讽意:此人是～的伪君子。

【道门】dàomén 名。旧时一些封建迷信组织。有的和反动统治阶级勾结在一起,进行反革命活动,如一贯道等。

【道破】dàopò 动。说穿:一语～。可带宾语:～天机。

【道歉】dàoqiàn 动。表示歉意;不带宾语,一般用介词词组表示道歉的对象:向老张～。可拆开用:向李老师道个歉。

【道情】dàoqíng 名。曲艺的一个类别,以唱为主,以说为辅,以渔鼓、简板伴奏。原为道士演唱的道教故事的曲子,后来一般用民间故事作题材。也叫渔鼓、渔鼓道情。

【道人】dàorén 名。(1)旧时对道士的尊称。(2)古代也称佛教徒为道人。

【道士】dàoshi 名。道教徒。

【道听途说】dào tīng tú shuō 成。道、途:路。指路上听来的没有根据的话:别相信那些～。

【道统】dàotǒng 名。指儒家学术思想的授受系统。孟子自称是孔子学说的正统继承人。唐代韩愈正式提出了道统说,认为尧、舜、禹、汤、文、武、周公与孔子、孟子就是这个道统,隐隐以继承孟子自居。宋、明理学家也都宣扬道统说,并自认为是孔孟之道的继承人。

【道谢】dàoxiè 动。用言语表示感谢;不带宾语,常用介词词组表示道谢的对象:向你～。可拆开用:道个谢。
  ＊"道谢"和"感谢":"道谢"不能带宾语;"感谢"能。"道谢"有古雅的色彩;"感谢"比较口语化。

【道学】dàoxué ❶ 见"理学"。❷ 形。古板迂腐;不加程度副词,不单独作谓语,作定语:～先生|～之气。

【道学先生】dàoxué xiānsheng 词组。指死抱着封建道德或只知道抠书本的迂腐的人。

【道义】dàoyì 名。道德和正义:他们的反侵略斗争,得到了世界各国人民在～上和物质上的支持。

稻 dào 名。(～子)(1)一年生草本植物,分水稻和旱稻两大类,通常指水稻。子实叫稻谷,碾制后便是大米。是我国主要的粮食作物。(2)这种植物的子实。

纛 dào 名。古代军队的大旗:大～。

dē(ㄉㄜ)

嘚 dē 拟声。摹拟马蹄踏地的声音;多叠用:马儿～～地跑了起来。
另见 děi。

dé(ㄉㄜˊ)

得 dé ❶动。(1)得到;与"失"相对,常带宾语或补语:～了一等奖|～了几个月的病。(2)演算产生的结果;常带宾语或补语:二乘三═六|演算～出来结果了。(3)完成;可带宾语:衣服～了两件,还有一件没～。(4)〈口〉用在句子开头,表示同意、禁止或无可奈何:～,就这么办|～了,别说了|～,你全完了! ❷助。用在动词前面,表示许可;多用于法令、公文:不～早退|仓库重地,不～入内。用在动词后面,表示可能:他去～,我也去～|放松不～。
另见 ·de、děi。

【得不偿失】dé bù cháng shī 成。偿:抵补。指得到的抵不上失去的:花去两个小时,听了个老生常谈的报告,真是～。

【得逞】déchěng 动。得以实现;用于贬义,不带宾语:不能让敌人的阴谋～。

【得宠】déchǒng 动。受宠爱,含贬义,不带宾语:他投敌～,干尽了坏事。

【得寸进尺】dé cùn jìn chǐ 成。得到一寸还想再进一尺。比喻贪得无厌;含贬义:敌人野心很大,～,我们决不能妥协退让。

【得当】dédàng 形。妥当,合适:处理～|措词不～。

【得到】dédào 动。变为自己所有,获得;常带宾语:～一本好书|～进修的机会。可带动词作宾语:～改进|～回答|我们的事业～很大发展。可嵌入"不":得不到什么好处。

【得道多助,失道寡助】dé dào duō zhù, shī dào guǎ zhù 成。道:真理,正义;寡:少。指符合正义,就能得到多方帮助,违反正义,必然孤立无援。

【得法】défǎ 形。做事采用了正确的方法:此事处理～,所以很快办成了|管理很～。

【得过且过】dé guò qiě guò 成。指敷衍地过日子,也指对工作不负责任,敷衍了事:对工作,我们不能马马虎虎,抱着～的态度。

【得计】déjì 动。计谋得以实现;多用在固定组合中:自以为～。

【得劲】déjìn 形。舒服,合适,顺手:脚扭了一下,走起路来不～|我习惯于左手握拍打乒乓球,这样～。

【得了】dé·le ❶〈口〉动。算了;一般单独成句:～吧,我才不信你那一套。❷助。用在陈述句末尾,表示肯定,有加强语气的作用:你走～,家里的事不用你操心。

【得力】délì ❶动。得益,得到帮助;常带补语:他那过硬的基本功～于平时的刻苦锻炼。可拆开用:我得他的力不小。❷形。(1)有才干的,能干的:～助手。(2)坚强有力:领导班子很～。(3)见效:这种药吃了很～。

【得了】déliǎo 形。表示惊讶,惊骇或生气;常用于反问或否定式:他居然动手打老师,这还～?

【得陇望蜀】dé lǒng wàng shǔ 成。《后汉书·岑彭传》记载,刘秀下命令给岑彭,叫他平定陇右以后领兵南下,攻取四川。刘秀在信中说:"人苦不知足,既平陇,复望蜀。"陇:古地名:今甘肃东部;蜀:古地名,今四川中西部。得到陇地,还想攻取蜀地。比喻贪心不足:对个人利益决不能～,恣意追求。

【得人】dérén 〈书〉动。用人得当;不带宾语:我们厂由他担任供销科长以后,产品很快打开了销路,真可谓～。

【得失】déshī 名。(1)所得和所失,成功和失败:不计较个人的～。(2)利弊;权衡一～。

【得势】déshì 形。得到权柄或势力;多用于贬义:这家伙近来很～。

【得体】détǐ 形。得当,恰当;常用于言语、行动等:他的话很～|这个举动不太～。

【得天独厚】dé tiān dú hòu 成。独具特殊优越的条件,也指环境特别好:这一带有着～的旅游资源|他生在知识分子家庭里,有着～的学习条件。

【得心应手】dé xīn yìng shǒu 成。得:得到,想到;应:反应,配合。心里怎样想,手里就怎样做。形容运用自如:他技术非常熟练,干起来～。

【得宜】déyí 形。适当,合适:这些节目安排～。

【得以】déyǐ 助动。可以,能够:～完成|～实现|由于采取许多有力措施,问题才～解决。

【得意】déyì 形。称心如意;多指骄傲自满的样子:～忘形|～洋洋|今天考试,小文得了满分,很～。

【得意门生】dé yì mén shēng 成。门生:学生。自以为最满意的学生:小王是张先生的～。

【得意忘形】dé yì wàng xíng 成。形:形体。形容浅薄的人稍稍得志就高兴得失去了常态;多含贬义:你看他,刚表扬几句,就～了。

【得鱼忘筌】dé yú wàng quán 成。筌:捕鱼的竹器。捕到了鱼,忘掉了筌。比喻达到了目的,忘掉原来凭借的东西。

【得志】dézhì 形。实现志愿;多指名利方面的欲望得到满足:他多年郁郁不～。

【得罪】dé·zui 动。(1)冒犯,招人不快或怀恨:我这个人有口无心～了他|这个人可以～不得。(2)对不起;谦逊之辞,不带宾语:"～!请多多原谅!"

锝 dé 名。放射性元素,符号Tc。是一种用人工方法制成的元素,是良好的超导体,也可作钢铁的防锈材料。

德(惪) dé ❶〈素〉(1)道德,政治品质:～育|～才兼备。(2)信念,心意:同心同～|离心离～。(3)恩惠:恩～|感恩戴～。❷姓。

【德才兼备】dé cái jiān bèi 成。同时兼有优秀的品德和高super的才能:建设社会主义需要大批～的干部。也说才德兼备。

【德高望重】dé gāo wàng zhòng 成。品德高尚,声望很高;多用于称颂老年人,含褒义:他是～的老一辈革命家。

【德谟克拉西】démókèlāxī 名。音译词。即民主。

【德望】déwàng 名。道德和声望:～很高。

【德行】déxíng 名。道德和品行:～很好。

【德行】dé·xing 〈方〉名。表示瞧不起他人的仪容、举止等;讥讽人的话,多含贬义:你看他那个～,谁能不烦他呢?

【德育】déyù 名。政治思想和道德品质的教育:使学生在～、智育、体育诸方面都得到发展。

【德政】dézhèng 名。旧指对人民有益的政治措施。

·de(·ㄉㄜ)

地 ·de 助。用在动词或者形容词前面,表示它前面的词或者词组是状语:刻苦～学习|紧张而有秩序～工作。
另见dì。

的 ·de 助。(1)用在定语的后面,表示定语和中心语之间是修饰关系或领属关系:伟大～祖国|祖国～宝岛。(2)用在词或词组后面,组成名词性的"的"字词组,其语法功能相当于一个名词:买菜～和卖菜～|说～说,笑～笑,非常热闹|红～,绿～,很漂亮。(3)用在谓语动词后面起强调作用,或用在句子末尾,表示肯定语气:谁买～书|是小王关灯～。(4)〈口〉用在并列的两个同类的词或词组之后,表示列举未尽,同书面语里"等等、之类"的作用相近:打水扫地～,她都干|他在家,买菜烧饭～,很忙。(5)〈口〉用在两个数量词中间,表示相乘或相加:两米～四米是八平方米|一块两毛五～八毛三是两块零八。(6)同"得(·de)(2)(3)"。
另见dí,dì。

【的话】·dehuà 助。(1)用在表示假设的分句后面,引起下文:如果买不到车票～,就改期动身。(2)承接上文,同"否则、不然、要不"等配合使用,构成假设分句,表示转折语气:你必须准时参加会议,不然～,又要批评你了。

底 ·de 助。同"的(·de)(1)",在"五四"时期和三十年代用于领属关系，现在已不用。

另见dǐ。

得 ·de 助。(1)用在动词和补语之间，表示可能：走～进｜做～成。注意：否定式是：走不进｜做不成。(2)用在动词或形容词后，连接表示程度或结果的补语：收拾～干干净净｜好～很｜写～不好｜歌儿唱～很好听。(3)用在动词后，表示动作已经完成；多见于早期白话：出～门来。

另见dé, děi。

膪 ·de 又读 te。见"肋膪"。

děi(ㄉㄟ)

嘚 dēi 拟声。(～儿)摹拟赶驴、骡前进的吆喝声。

另见dē。

děi(ㄉㄟˇ)

得 děi〈口〉❶动。需要；须带宾语：这些活～20个人干｜完成这项工程～多少时间？❷助动。(1)应该，必须：这事儿～跟人家商量｜要取得好成绩，就～刻苦学习。(2)会，估计必须如此：这么晚才回家，妈又～说你了｜再不走，就～迟到了。

另见dé, ·de。

dèn(ㄉㄣˋ)

扽(撙) dèn 动。用力拉；用于绳子、布匹、衣服一类的事物，常带宾语或补语：把绳子～紧｜你～一下袖子。

dēng(ㄉㄥ)

灯(燈) dēng 名。照明或作其他用途的发光器具：把～点上。

【灯红酒绿】dēng hóng jiǔ lǜ 成。形容穷奢极欲的糜烂生活；用于贬义：在大敌压境之时，那帮反动官僚仍过着～、醉生梦死的生活。

【灯火】dēnghuǒ 名。泛指点着的灯：～辉煌｜我抵达北京时，已是万家～了。

【灯节】dēngjié 名。指元宵节。

【灯笼】dēnglóng 名。旧时行路时的一种照明用具，用竹篾等做骨架，外糊纸或纱，内点蜡烛，风不易吹灭。现多用电灯作光源，做节日的装饰品。

【灯谜】dēngmí 名。贴在灯上的谜语，供人猜测，也有贴在墙上或挂在绳子上的，猜灯谜是我国一种传统的娱乐活动。

【灯市】dēngshì 名。元宵节张设花灯的街市：热闹的～。

【灯塔】dēngtǎ 名。指引船舶前进的标志。多半设在海岸或岛上，建成塔形，装有强光源。

【灯语】dēngyǔ 名。通讯方法的一种，用灯光一明一暗的次数和节奏作为信号。

登 dēng 动。多带宾语或补语。(1)上，升；多指由低处向高处步行：～山｜国家领导人～上了天安门。(2)刊登，记载：～了报｜他的名字～上了光荣榜。(3)踩或踏：～自行车｜～在窗台上擦玻璃。(4)〈方〉穿；一般指穿鞋、裤：～上鞋。

【登场】dēngcháng 动。农作物收割后运到场(cháng)上；不带宾语：小麦～了。可拆开用：登了场。

【登场】dēngchǎng 动。演员上到舞台上；不带宾语：～的人物｜粉墨～。

【登程】dēngchéng 动。起程，上路；不带宾语：他们明天～。

【登第】dēngdì 动。科举时代应考后被录取，指考取进士；不带宾语：多次应试未～。

【登峰造极】dēng fēng zào jí 成。造：到达；极：最高点。比喻学术成就达到极高水平，也比喻做坏事猖狂到极点：鲁迅先生在杂文方面的成就达到了～的地步｜王熙凤的阴险毒辣可谓～。

【登基】dēngjī 动。皇帝即位。也作登极。

【登记】dēngjì 动。把有关事项记入表册：干部～。常带宾语：～图书。

【登记吨】dēngjìdūn 量。计算船只容积的单位，1登记吨等于2.83立方米(合100立方英尺)。简称吨。

【登科】dēngkē 动。科：科举。科举时代应考人被录取；不带宾语。

【登龙门】dēng lóngmén 习。传说黄河的鲤鱼跳过龙门会变成龙。旧时比喻被有力的人引荐提拔而地位顿然提高：

一~，身价十倍。

【登临】dēnglín 动。登山临水，泛指游览山水名胜；常带宾语：~峰顶｜我们这次访问包头，曾经~大青山。

【登门】dēngmén 动。上门；不带宾语，多与"拜访、求救、道歉"等构成连动词组：~拜访。

【登攀】dēngpān 动。攀登：世上无难事，只要肯~。常带宾语或补语：~高峰｜~上去。

【登时】dēngshí 副。立刻；一般用于叙述过去的事情：~，会场上活跃起来。

【登台】dēngtái 动。不带宾语，多构成连动词组。(1)走上讲台或舞台：~演讲｜~表演。(2)比喻走上政治舞台：~执政。

【登堂入室】dēng táng rù shì 见"升堂入室"。

【登载】dēngzǎi 动。在报刊上印出；用于新闻、文章等：他写的一篇文章已~在报纸上了。可带宾语：今天报上~了一篇社论。

噔 dēng 拟声。摹拟沉重的东西落地或撞击物体的声音；多叠用：~~~地上了楼。

簦 dēng 名。古代有柄的笠，类似现在的伞。

蹬 dēng 同"登(3)(4)"。
另见dèng。

děng （ㄉㄥˇ）

等 děng ❶量。表示等级：分成五~｜立了三~功。❷动。等候，等待；常带宾语或补语：~车｜~人｜~一会儿。❸助。(1)〈书〉表示复数；常用在人称代词或指人名词后面：我~｜你~｜小李~。(2)表示列举未尽；可叠用，语气比单用时重些：工业、农业、商业、文教卫生~方面都取得了很大成就｜书、报纸、杂志~~。(3)列举后煞尾；只单用，不叠用，后面往往带有前列各项的总计数字：参加会议的有上海、江苏、浙江~三个省市的代表。❹〈素〉程度或数量相同：~同｜~于｜相~｜~量齐观。
另见dèng(戥)。

【等差】děngchā 〈书〉名。等次。

【等次】děngcì 名。等级高低；一般用于物品：按质量分几个~。

【等衰】děngcuī 〈书〉名。等次。

【等待】děngdài 动。等候，期待；常带宾语或补语：~时机｜~亲人｜~了一会儿。

【等到】děngdào 动。用在前一分句开头，表示时间条件：~电影放完，影院里的人已经不多了。

【等第】děngdì 〈书〉名。名次等级；一般指人的职位、级别、成绩等：成绩分四个~。

【等而下之】děng ér xià zhī 成。这一等级再往下存。形容比某一事物更差：这里缺乏技术工人，只有一个五级工，其他人便~。

【等份】děngfèn 名。指分成数量相等的份数；可直接加数词：把这堆苹果分成三~。

【等候】děnghòu 动。等待；多带宾语或补语：~通知｜~命令｜~了好久。
　　＊"等候"和"等待"："等候"一般用于具体对象；"等待"还可以用于抽象事物，如"等待一个伟大时刻的到来"。

【等级】děngjí 名。按质量、程度、地位等的差异而区分的级别：商品的~｜工资的~。

【等价】děngjià 形。不同商品的价值相等；不加程度副词：~商品｜这两种商品不~。常作"交换"等动词的状语：~交换。

【等量齐观】děng liàng qí guān 成。同等看待：这两个问题性质不同，怎么能~呢？

【等同】děngtóng 动。当同等事物看；不带宾语，多带补语：不能把两者~起来。

【等外】děngwài 形。质量很差，不列入等级；一般指产品，不加程度副词，不单独作谓语，作定语：~产品。

【等闲】děngxián 〈书〉形。不加程度副词。(1)平常：万水千山只~｜~之辈。(2)随便，轻易：不可~视之。

【等因奉此】děngyīn fèngcǐ 成。旧时公文套语。现在借用来讽刺只知照章办事而不联系实际的工作作风：只会~的干部并不是好干部。

【等于】děngyú 动。多带宾语。(1)表示两项相等；用于数量：五加四~九。(2)差

不多相等;用于事物:我在物理学方面的知识,几乎~零|这意见提了没用,~白提。

戥(等) děng 动。用戥子称东西;常带宾语或补语:请你~一~这戒指有多重|拿戥子来一下。

【戥子】děngzi 名。称贵重物品或药品重量的一种小型秤。最大单位是两,小到分或厘。

dèng(ㄉㄥˋ)

邓(鄧) dèng 姓。

凳(櫈) dèng 〈书〉名。(~儿、~子)没有靠背的坐具。

嶝 dèng 〈古〉名。登山的小路。

澄 dèng 动。使液体里的杂质沉下去;多带补语:这缸水要~一下才能用。
另见 chéng。

【澄清】dèngqīng 动。使杂质沉淀,液体变清;一般不带宾语:水~了。
另见 chéngqīng。

磴 dèng ❶名。石头台阶。❷量。用于台阶或楼梯的层级:那楼梯有11~。

瞪 dèng 动。常带宾语或补语。(1)睁大眼睛:~着眼看|眼睛~得圆圆的。(2)睁大眼睛注视,表示不满:~了她一眼|~了他一下|他把眼一~,很不高兴地走了。

【瞪眼】dèngyǎn 动。睁大眼睛注视,表示不满、愤恨或无可奈何;不带宾语:他脾气不好,动不动跟别人~。

蹬 dèng 见"蹭(cèng)蹬"。
另见 dēng。

镫 dèng 名。(1)鞍子两边用来登脚的东西。(2)〈古〉同"灯(dēng)"。

dī(ㄉㄧ)

氐 dī 名。(1)二十八宿之一。(2)我国古代民族名,分布于今陕、甘、川等省,从事畜牧和农业。东晋时的前秦、后凉,氐人所建。
另见 dǐ。

低 dī ❶形。与"高"相对。(1)离地面近:飞机飞得很~。(2)矮:弟弟比哥哥一个头。(3)洼下,凹下:地势~。(4)细小;指声音:讲话声音太~。(5)程度或等级不高:文化水平较~|职位~。(6)价钱小;多指商品:售价~。❷动。向下垂着;常加动态助词"着、了":~着头。

【低潮】dīcháo 名。(1)指潮汐在涨落周期内的最低潮位。(2)比喻事物发展中处于低落停滞阶段:那时正是革命~时期|戏到这里,处在~。

【低沉】dīchén 形。(1)低而沉重;指声音:~的说话声。(2)消沉:情绪很~。(3)天色阴暗,云层低厚:天渐渐~下来,快要下雨了。

【低档】dīdàng 形。等级低的;多指商品等,与"高档"相对,不加程度副词,不单独作谓语,只作定语:~家具。

【低等】dīděng 形。初步的,低级的;不加程度副词,不单独作谓语,只作定语:~动物。

【低估】dīgū 动。过低地估计;可带动态助词"了、过",常带宾语:~了局势的严重性|不能~群众的创造力。

【低回】dīhuí 〈书〉动。徘徊,留恋;不带宾语,可带补语:三三两两的游人在那里~|他人虽不在,但那儿处处留下他的足迹,令人~不已。

【低级】dījí 形。(1)初步的,简单的;不加程度副词,不单独作谓语,只作定语:~读物|~形式。(2)庸俗的,不高尚的;多作定语:~趣味|~下流的语言。

【低廉】dīlián 形。便宜(piányi);指物价:这种收录机价格~,质量也好。

【低劣】dīliè 形。很差,一般指产量质量,也指人的品质:产品质量~|品质十分~。

【低落】dīluò 形。下降,不高:情绪~|士气~。

【低能】dīnéng 形。能力低下;不加程度副词,不单独作谓语,只作定语:~儿童。

【低三下四】dī sān xià sì 成。形容地位卑贱,低人一等:我姓沈的可不是~的人。(2)指卑躬屈膝、没有骨气的样子;含贬义:他在主子面前~,叫人看了恶心。

【低声下气】dī shēng xià qì 成。形容说

话时恭顺卑微的样子;含贬义:那汉奸,在百姓面前神气活现,在敌人面前却~,一副奴才相。

【低首下心】dī shǒu xià xīn 成。首:头;下心:屈服于人。形容屈服顺从:谁愿意~,听他指派呢?。

【低俗】dīsú 形。低级庸俗:连环画是一种老少咸宜的通俗文艺,然而通俗决非庸俗、~、粗俗|人们的欣赏趣味明显地存在着是高雅还是~,是崇高还是卑下,是健康向上还是颓废变态等的区分。

【低头】dītóu 动。不带宾语。(1)垂下头。(2)比喻屈服:在敌人面前决不~|决不向困难~。

【低洼】dīwā 形。低陷,洼下的:~地区|那一带地势~。

【低微】dīwēi 形。(1)细小;指声音:~的叹息。(2)指地位、身份低:出身很~。

【低下】dīxià 形。在一般标准以下;常指生产水平、经济地位等:生产力水平~。

羝 dī 〈古〉名。公羊。

堤(隄) dī 名。沿河或沿海用土石筑成的防水建筑物。

【堤坝】dībà 名。堤和坝的合称,也泛指防水、拦水建筑物。

【堤防】dīfáng 名。堤岸:汛期已近,亟须加固~。

提 dī 见"提防"、"提溜"。
另见tí。

【提防】dīfang 动。小心防备;可带代词、名词、动词作宾语:此人很阴险,要~他一点|路很滑,要~摔倒。注意:这里的"提"不要读tí。

【提溜】dīliu 〈方〉动。提;常带宾语:手里~着一个包。

碑(磾) dī 人名用字。金日碑,汉代人。

滴 dī ❶动。(1)液体一点一点向下落:汗水直往下~。可带宾语:~了不少血。(2)使液体一点一点地落下;须带宾语:~眼药。❷量。用于滴下的液体:一~水|两~油。❸〈素〉指下少量的液体:汗~|水~。(2)指零星微小:点~。

【滴答】dīdā 拟声。摹拟水滴落声、马蹄声或钟表摆动声等;常叠用:雨~~地下

着|钟~~地响|龙头没关紧,自来水在滴滴答答地漏着。

【滴答】dīda 动。成滴地落下;要加动态助词"着"后带宾语:雨停了,屋檐下还~着雨水。

【滴里嘟噜】dīlidūlū 形。(1)形容大大小小的一大串东西杂乱而累赘的样子:看你身上背的东西,~的,多不利索。(2)见"嘀里嘟噜"。

【滴沥】dīlì 拟声。摹拟雨水滴下的声音;常叠用:夜静静的,只听见~~的雨声。

【滴溜溜】dīliūliū 形。旋转或流动的样子;不加程度副词,不单独作谓语,多作状语:小风车~地转。

【滴水穿石】dī shuǐ chuān shí 成。屋檐流下的雨滴,天长日久能把石头穿成洞。比喻力量虽小,但只要坚持不懈,就能作出看来不易办到的事:~,可贵的是"恒"字。也作水滴石穿。

镝 dī 金属元素,符号Dy。是稀土元素之一。
另见dí。

嘀 dī 见"滴里嘟噜"。
另见dí。

【嘀里嘟噜】dīlidūlū 形。形容说话很快而含混,使人听不清;不加程度副词:那人说话嘀里嘟噜的,听不清楚。"嘀"也作滴。

dí(ㄉㄧˊ)

狄 dí ❶名。我国古代对北方少数民族的统称。❷姓。

【狄克推多】díkètuīduō 名。音译词,独裁者。

荻 dí 名。多年生草本植物,叶子长形,跟芦苇相似,生长在水边。茎可编席箔。

迪 dí 〈素〉引导;启~。

【迪斯科】dísīkē 名。音译词。(1)一种当代流行音乐,渊源于黑人歌舞,最初流行于美国,后逐渐风行世界各国。特点是节奏明快强烈。(2)指和(hè)着这种乐曲跳的舞蹈,其特点是动作幅度较大。

【迪斯尼】dísīní 名。音译词。世界著名的动画大师沃特·迪斯尼。因创作米老

鼠、唐老鸭、白雪公主等而蜚声影坛,他设计的位于美国洛杉矶近郊的大型游乐场——迪斯尼乐园,引起来自世界各地的旅游者的兴趣。后来,日本等国也修建了迪斯尼乐园。所以,"迪斯尼"常代指迪斯尼乐园。

笛 dí ❶名。(~子)一种竹制的管乐器,单管横吹,有一个吹孔,一个膜孔,六个指孔。发音清脆响亮。用于独奏、伴奏、合奏。❷〈素〉响声尖锐的发音器:汽~│警~。

的 dí 〈素〉真实,实在:~确│~当。另见 de, dǐ。

【的当】dídàng 〈书〉形。合适,恰当:这样说十分~。

【的款】díkuǎn 名。确实可靠的款项。

【的确】díquè 副。实在,确实:黄山的风景~好。可用在句首,修饰整个句子,表示强调:~,他到过现场。重叠使用,语气更重:当时的情况的的确确是这样。

籴(糴) dí 动。买进粮食;与"粜"相对,常带宾语或补语:~米│~回来50斤谷子。

涤(滌) dí 〈素〉洗:洗~│~荡。

【涤荡】dídàng 同"荡涤"。

【涤纶】dílún 名。音译词。聚对苯二甲酸乙二酯纤维的商品名,强力高,弹性大,织物不易皱折,保形性好,易洗易干。可纯纺或混纺。

【涤罪所】dízuìsuǒ 名。基督教指人死后为洗涤生前没有赎完的罪过,灵魂暂时受罚的场所。

敌(敵) dí 〈素〉(1)敌人:~情│残~。(2)抵挡:~手│所向无~。(3)双方力量相等:匹~│势均力~。

【敌对】díduì 形。因利害冲突不能相容,仇视和对抗,常作定语:~情绪│~阶级。

【敌后】díhòu 名。敌人的后方:~根据地│深入~。

【敌忾】díkài 动。对敌人愤恨;多用在固定组合中:同仇~。

【敌情】díqíng 名。敌人的情况、动静,特指敌人对我方采取行动的情况:发现~│侦察~。

【敌酋】díqiú 名。敌人的头子;含贬义。

【敌视】díshì 动。当作敌人一样仇视:对失足青年不要~,要热情帮助。可带宾语:对犯错误的人,我们不能另眼相待,更不能~他们,而要热情帮助。可作定语:持~态度。

【敌手】díshǒu 名。(1)敌方的手中;常作宾语:陷入~。(2)能力相当的对手:棋逢~。

＊"敌手"和"对手":"敌手"不是一般的对手,而是势均力敌的对手。

【敌探】dítàn 名。敌方的侦探。

【敌特】dítè 名。敌方派来的特务。

【敌伪】díwěi 名。我国抗日战争时期指日本侵略者、汉奸及其政权:~政权。

【敌焰】díyàn 名。敌人的气焰:~嚣张│压倒~。

觌(覿) dí 〈素〉见,相见:~面(见面,当面)。

髢 dí 旧读 dì [髢髢]〈方〉名。假头发。

嘀(啾) dí [嘀咕](-·gu) 动。(1)小声说,私下里说;常带宾语或补语:你们在一谁│大夫们在一块儿~了半天。(2)猜疑,犹疑,一般不带宾语,可带补语:看到小刘鬼鬼祟祟的行动,他心中不免~│他心里~起来。可作"犯"的宾语:拿定主意,别犯~。另见dǐ。

嫡 dí 〈素〉(1)封建宗法制度下称正妻。也指正妻所生之子:~出。(2)亲的,家族中血统最近的:~亲。(3)系统最近的:~系。

【嫡传】díchuán 动。嫡派所传;表示正统;~的弟子。

【嫡派】dípài 名。(1)嫡系。(2)得到传授人亲自传授的一派;多指武艺、技术等:他的武艺是~真传。

【嫡亲】díqīn 形。血统最近的;不加程度副词,不单独作谓语,作定语:~兄弟│~女儿。

【嫡系】díxì 名。指政治集团的派系中与派系首脑人物最亲近的人或力量:~部队│培植~。

镝 dí 〈古〉名。箭头:鸣~│锋~。另见dǐ。

蹢 dí 〈古〉名。古书上指蹄子。另见zhí。

翟 dí 〈古〉名。长尾野鸡。另见zhái。

dǐ(ㄉㄧˇ)

氐 dǐ 〈古〉通"柢",根本。另见dī。

诋 dǐ 〈素〉说坏话,骂:~毁。

【诋毁】dǐhuǐ 动。污蔑,毁谤:我们祖国的伟大成就不容~。可带宾语:他们既写文章,又出专著,中伤~鲁迅,无所不用其极。

邸 dǐ ❶〈素〉旧指高级官员的住所:官~|私~。❷姓。

坻 dǐ 地名用字。宝坻,县名,在天津市。

抵 dǐ ❶动。(1)支撑;须带动态助词"着"后带宾语:用手~着下巴。可带补语:把门~住。(2)相当,代替;一般要带宾语:一个~几个。(3)〈书〉到达;须带处所宾语,有庄重的色彩:美国总统~沪|平安~京。❷〈素〉(1)挡,抗拒:~挡|~制|~触。(2)把财物押给对方:~押|~allow(3)作用或力量等相互消除:~消|相~。

【抵补】dǐbǔ 动。把所缺的部分补足;常带宾语或补语:这样做能~我的损失吗?|用这种方法~一下工作中的不足之处。

【抵偿】dǐcháng 动。用价值相当的东西作补偿:那笔借款可以用产品来~。可带宾语:今天成功的欢乐终于~了我多年来刻苦钻研的艰辛。

【抵触】dǐchù 动。冲突,对立;常用"相、互相"等作状语:与文件精神相~|互相~。也常作"有、发生"等词的宾语:有~|发生~。也作牴触。

【抵达】dǐdá 动。到达;常带处所宾语:~北京。

   *"抵达"和"到达":"抵达"多用于书面语,有庄重的色彩;"到达"多用于口语,比较随便。

【抵挡】dǐdǎng 动。抵抗,挡住压力;常带宾语或补语:谁能~他?|敌人~不住我军的强大攻势。

【抵抗】dǐkàng 动。抵御,抗拒;常带宾语:奋起~侵略者,保卫自己的祖国|它们在不停的运动中~了微生物或其他生物的侵袭。

   *"抵抗"和"反抗":"抵抗"是与外来的侵犯力量相对抗;"反抗"则大多是已处于外力的强制、压制之下而奋力加以摆脱。"抵抗"的对象,除敌人的进攻外,还可以扩大到人与自然界的斗争,如疾病的侵袭、细菌的传染等;"反抗"一般发生在人与人之间,对象指压迫、剥削等。

【抵赖】dǐlài 动。有错误或罪行却硬不承认:百般~|罪行是~不了的。可带宾语:~不了自己所犯的错误。

【抵命】dǐmìng 动。偿命;不带宾语:杀人~。

【抵死】dǐsǐ 副。拚死,表示态度坚决:~不肯去|~也要拿下大油田。

【抵牾】dǐwǔ 〈书〉动。矛盾,抵触;常同"有、相"等组合:有~|相~。也作牴牾。

【抵消】dǐxiāo 动。两种事物的作用因相反而互相消除:作用力与反作用力相~。可带宾语:我们亲密合作,不要老是扯皮,~精力。

【抵押】dǐyā 动。债务人把财产押给债权人作为清偿债务的保证:为了借这点钱,他竟把一件皮大衣~了。可带宾语:她是上当铺以衣物~现钱的。常作宾语:拿房产作为~。

【抵御】dǐyù 动。抵挡,抵抗;常带宾语:~刺骨的寒风|~风沙的侵袭。

【抵制】dǐzhì 动。阻止,防止侵入;常用于有害的事物、思想、作风等,多带宾语:~敌货|~不正之风。

【抵罪】dǐzuì 动。因犯罪而受到应得的惩罚;不带宾语:儿子犯罪,法律不允许母亲为儿子~。

底 dǐ ❶名。(1)(~儿)某些事物的最下部分:井~|锅~儿。(2)(~儿)事情的根源或内情:交个~儿|摸摸~。(3)(~儿)可作根据的草稿:这个报告要留个~儿。(4)图案的衬托面:白~红花。❷〈古〉动。达到:终~于成。❸〈古〉代。何,什么:~处|~事。❹姓。
另见·de。

【底本】dǐběn 名。留作底子或作为根据的本子。
【底稿】dǐgǎo 名。原稿：这是文章的～。
【底里】dǐlǐ 〈书〉名。底细：不知～。
【底牌】dǐpái 名。扑克游戏中没有亮出来的牌。比喻留着最后动用的计策或力量：双方没有亮～，胜负还难以预料。
【底细】dǐxi 名。根源或内情；可用于人，也可用于事：这个人的～我是知道的｜要摸清这件事的～。
【底下】dǐ·xia 名。(1)下面：树～｜桌子～。(2)以后：～的三件事，请大家抓紧做一下。
【底蕴】dǐyùn 〈书〉名。详细的内情，底细：此事仅略有所闻，不知其中～。
【底止】dǐzhǐ 〈书〉名。止境。常作"无"的宾语：永无～。
【底子】dǐzi 名。(1)物体的最下部分：木箱的～｜皮鞋～。(2)内情，底细；常作宾语或用在"把"字句中：摸清～｜把～摸清楚。(3)基础：他的外语～很好。(4)草稿或留作查稿的依据：作文要先打个～｜这份合同就留作～存档。(5)剩下的最后一份东西：把仓库里的粮食～全都拿出来了。(6)图案花纹的衬底：白～的红花罩衫。

柢 dǐ 〈素〉树根：根～｜根深～固。

牴(觝) dǐ 〔牴触〕、〔牴牾〕见"抵触"、"抵牾"。

砥 dǐ 旧又读 zhǐ 〈古〉名。细的磨刀石：坦荡如～。
【砥砺】dǐlì 〈书〉动。(1)磨炼；常带宾语：～意志。(2)勉励：同学间应互相～。
【砥柱】dǐzhù 见"中流砥柱"。

骶 dǐ 名。腰部下面尾部上面的部分。

dì(ㄉㄧˋ)

地 dì ❶名。(1)地球，陆地：上有天，下有～｜天～之间白雾茫茫。(2)土地，田地：那就是我们村的～。(3)地面：水泥～｜铺～。(4)底子；常用在对称的结构中：白～黑字｜白～红花。(5)指路程；用于里数、站数：二十里～｜三站～远。❷〈素〉(1)地面下的：～雷｜～道｜～窑。(2)表示思想行动的情况：

见～｜心～。(3)境地，地步：余～｜设身处～。(4)地区，地点：内～｜目的～。
另见·de。
【地保】dìbǎo 动。旧时在地方上为官府办差的人。
【地堡】dìbǎo 名。一种作战工事，通常为圆形，有顶，供步枪、机枪射击用。
【地步】dìbù 名。(1)境地，景况；多指不好的：钱秀才已穷困到沿街乞讨的～。(2)达到的程度：他害怕到了浑身发抖的～。
【地层】dìcéng 名。地壳发展过程中所形成的各种成层岩石及其间的非成层岩石的总称。
【地产】dìchǎn 名。由个人、团体、国家保持所有权的土地。我国的土地都归国家所有，个人、团体只有经营权。
【地磁】dìcí 名。地球所具有的磁性，在不同的时间和地区都有变化。罗盘指南和磁力探矿都是地磁的利用。
【地大物博】dì dà wù bó 成。土地广大，物产丰富：我国～，人口众多。
【地带】dìdài 名。具有某种性质或范围的一片地方：沙漠～｜危险～。
【地道】dìdào 名。地下挖成的隧道，多用于军事。
【地道】dì·dao 形。可重叠。(1)真正是有名产地出产的；不单独作谓语，只作定语：～的云南白药｜地道道的家乡土产。(2)真正的，纯粹的；常指语言：他说的北京话很～｜地道道的普通话。(3)实在，够标准；多指工作或材料的质量：这活做得真～｜地地道道的红木家具。
【地点】dìdiǎn 名。所在的地方：开会～｜工作～离我家不远。
【地段】dìduàn 名。某一段地方：这里是工厂的～。
【地方】dìfāng 名。(1)各级行政区划的统称；与"中央"相对：～工业｜发挥中央和～两个积极性。(2)当地，本地；常加方位词"上"：他在～上是个有名的巧木匠｜他对～上贡献很大。
【地方】dì·fang 名。(1)区域：你家在什么～？(2)空间的部分：房间里没有～可以放沙发了。(3)部位：你什么～痛？

(4)部分：这部电影精彩的～很多。

【地方戏】dìfāngxì 名。产生在某一地区并具有乡土色彩的戏曲，如越剧、川剧、锡剧等。

【地方志】dìfāngzhì 名。记载一个地方的地理、历史、风俗、教育、物产、人物等情况的书，如府志、县志等。也叫方志、志书。

【地府】dìfǔ 名。迷信者设想的人死后灵魂所在的另一个世界：阴曹～。

【地黄】dìhuáng 名。多年生草本植物，根黄色，可入药，有补血、强心等作用。

【地极】dìjí 名。地球的南极和北极。

【地老天荒】dì lǎo tiān huāng 见"天荒地老"。

【地雷】dìléi 名。一种埋在地下的爆炸性武器，装有特种引火装置。

【地理】dìlǐ 名。(1)指全世界或某一个地区的山川、气候等自然环境以及物产、交通、居民点等社会经济因素的总情况。(2)指地理学。以地理为研究对象的科学。一般分自然地理学和经济地理学。

【地力】dìlì 名。即土壤的肥力：保护～。

【地利】dìlì 名。(1)地理上的优势：天时～。(2)土地有利于种植植物的条件：发挥～，合理种植。

【地脉】dìmài 名。迷信的人讲风水所说的地理位置的好坏。

【地貌】dìmào 名。地球表面的形态。

【地面】dìmiàn 名。(1)地的表面：高出～几尺。(2)铺在地上的东西：水泥～。(3)〈口〉地区；多指行政区：汽车已进入江苏～。(4)〈口〉当地；常加方位词"上"：他在～上很有名气。

【地盘】dìpán 名。占据的地方，也指势力范围：～不大｜那时，军阀为争夺～不断混战。

【地皮】dìpí 名。(1)供建筑用的土地：这块～可造三间楼房。(2)地的表层：这点小雨，～都没湿。

【地痞】dìpǐ 名。旧指地方上的坏分子；常与"流氓"合用：～流氓。

【地平线】dìpíngxiàn 名。向水平方向望去，天跟地交界的线：太阳从～上冉冉升起。

【地契】dìqì 名。买卖土地所立的契约。

【地壳】dìqiào 名。地球表层部分，由坚硬的岩石组成。厚度各处不一，平均约30到40公里。主要成分是硅、铝、镁、铁等。

【地勤】dìqín 名。航空部门指在地面上执行的各种工作；区别于"空勤"。

【地球】dìqiú 名。太阳九大行星之一，形状像球而略扁，赤道半径是6,378.2公里，极半径是6,356.8公里，自转一周为一昼夜，绕太阳一周是一年。地球表面是陆地和海洋，周围有大气层包围着。地球上有人类和动植物等生存。

【地球仪】dìqiúyí 名。地球模型，供教学和军事用。一般装在支架上，可以转动，上面画着海洋、陆地、河流、山脉、经纬线等。

【地区】dìqū 名。(1)较大范围的地域：受灾～｜水乡～。(2)我国部分省、自治区内设立的一级行政区域，一般包括若干县、市。旧称专区。(3)指尚未独立的殖民地、托管地等。

【地势】dìshì 名。地面高低起伏的状态：险要的～｜～平坦。

【地铁】dìtiě 名。"地下铁道"的简称。

【地头蛇】dìtóushé 名。指在当地横行霸道、欺压人民的坏人。

【地图】dìtú 名。反映地球表面的事物和现象分布情况的图纸，上面标有符号和文字，一般着上颜色。

【地位】dìwèi 名。(1)一般指人或团体在社会关系中所处的位置：政治～｜学术～。(2)人或物所占的地方：这些东西在屋子里不占多少～。

【地物】dìwù 名。分布在地球表面固定的物体，如居民点、道路等。

【地峡】dìxiá 名。海洋中连接两块陆地的狭窄陆地。如南北美之间的巴拿马地峡和马来半岛上的克拉地峡。

【地下】dìxià 名。(1)地面之下：～铁道｜～油库。(2)比喻秘密活动的，不公开的：～工作｜转入～。

【地下】dìxia 名。指地面上：～干干净净｜东西掉在～了。

【地下水】dìxiàshuǐ 名。泛指地面下的水。通常指埋藏在土壤、岩石孔隙和裂缝中的重力水。井水和泉水都是地下水。

【地下铁道】dìxià tiědào 词组。指大城市里修建在地下隧道中的铁道。行驶专用的电力车组,可以迅速地大量运送乘客,减轻地面交通的压力。简称地铁。

【地心引力】dìxīn yǐnlì 词组。地球吸引其他物体的力,力的方向指向地心。也叫重力。

【地形】dìxíng 名。地球表面起伏的形状。按形态分为平原、山地、丘陵、盆地、高原等。

【地域】dìyù 名。(1)面积比较大的一个地区:亚洲~|美洲~。(2)地方;指本乡本土:~观念。

【地狱】dìyù 名。(1)某些宗教指人死后灵魂受苦的场所;与"天堂"相对。(2)比喻黑暗而悲惨的生活环境。

【地震】dìzhèn 名。地壳发生的震动。多数由地壳的断裂变动造成的,火山爆发,岩洞或采空区塌陷等也会引起地震;常作"发生、闹"等动词的宾语:那一带昨天发生六级~。俗称地动。

【地政】dìzhèng 名。有关土地的利用、征用等的行政事务。

【地支】dìzhī 名。子、丑、寅、卯、辰、巳、午、未、申、酉、戌、亥的总称。我国古代分别拿它同天干相配,用来表示年、月、日、时的次序。现在有时也用作表示顺序的符号。又叫十二支。

【地址】dìzhǐ 名。人或团体居住或通信的地方:家庭~|单位~。

【地主】dìzhǔ 名。(1)占有土地,自己不劳动,依靠出租土地剥削农民为主要生活来源的人。(2)指住在本地的人;与外地的客人相对:略尽~之谊。

【地租】dìzū 名。依靠土地所有权获得的收入。在封建制度下,地租是地主从农民直接剥削来的。在资本主义经营的形式下,土地所有者出租土地给农业资本家,农业资本家把超过平均利润的那部分剩余价值作为地租交给土地所有者。

弟 dì ❶名。(1)称同父母所生的比自己年纪小的男子;常叠用:他是我的~~。(2)男性朋友间的谦称;多作书信用语。❷〈素〉同辈亲戚中比自己年纪小的男子:堂~|表~。❸姓。

【弟兄】dìxiōng 名。(1)弟弟和哥哥;有时不包括本人:他没有~(这里指没有哥哥或没有弟弟),只有一个小妹妹。有时包括本人:我们俩是亲~。(2)指像弟兄那样亲密的关系;阶级~。

【弟子】dìzi 名。旧称学生、徒弟:七十二~。

递(遞) dì ❶动。传送,传递;多带宾语或补语:把书~给他|呈~国书|给他一个眼色。❷〈素〉依次,一个比一个:~增|~减。

【递补】dìbǔ 动。依次补充:所缺的委员由候补委员。可带宾语:~一名理事。注意:如果不是"依次补充",而仅仅是"补充",不能用"递补"。

【递减】dìjiǎn 动。一次比一次减少;一般不带宾语:年产量逐年递减,成本逐年~。

【递交】dìjiāo 动。当面送交;有正式、郑重的色彩;多带宾语:~申请书|~国书。

【递解】dìjiè 动。旧指由沿途官府派人递相押送犯人,解往远地;多构成连动词组:~出境|有人说他是被~回校的。注意:"解"这里不读jiě。

【递增】dìzēng 动。一次比一次增加;一般不带宾语:产品大幅度~。

娣 dì 名。(1)古时称丈夫的弟妇为娣,丈夫的嫂为姒(sì):~姒(妯娌)。(2)古时姐姐称妹妹为娣。

睇 dì 〈古〉动。斜着眼看。

第 dì ❶前缀。用在整数前,表示秩序:~三|~二十回。注意:几个并列成分可以并用一个"第",如"第三、四章"。时间、编号等一般不用"第",如"二月"不说"第二月","住在25号"一般不说"住在第二十五号"。❷〈素〉(1)科第:及~|落~。(2)封建社会中官僚贵族的大宅子:府~|门~。❸〈古〉连。但是。

【第二产业】dì èr chǎnyè 词组。指国民经济中的制造业、建筑业等轻重工业。参见"第三产业"。

【第二次世界大战】dì èr cì shìjiè dàzhàn 词组。指1939—1945年法西斯德国、意大利、日本发动的世界规模的战争。这次战争从1931年日本侵占我国东北起开始酝酿,到1939年德国进犯波兰,英、法对德宣战而正式爆发。全世界有60多个国家、五分之四的人口先后卷入了战争。最后,全世界人民的反法西斯斗争和中、苏、美、英、法等国结成的反法西斯联盟取得胜利。

【第二国际】dì èr guójì 词组。无产阶级政党的国际联合组织,是在恩格斯的指导和影响下于1889年在巴黎成立的。第二国际期间,马克思主义得到了更广泛的传播,国际工人运动有了更大的发展。恩格斯逝世后,第二国际的领导权落到了机会主义者的手里,逐渐变质。

【第二世界】dì èr shìjiè 词组。处于超级大国和发展中国家之间的经济较发达的国家,如日本、英国、加拿大等。

【第二信号系统】dì èr xìnhào xìtǒng 词组。语言或文字的刺激通过大脑皮层中相应的区域,就形成条件联系,大脑皮层的这种机能系统叫做第二信号系统。第二信号系统是人类特有的。

【第三产业】dì sān chǎnyè 词组。西方现代经济学为研究经济增长对产业结构的影响而划分的国民经济三个部门之一,包括商业、金融业、信托业、交通运输业、服务性行业等为生产和消费服务的部门。第三产业是国民经济的重要组成部分。

【第三国际】dì sān guójì 见"共产国际"。

【第三世界】dì sān shìjiè 词组。指亚洲、非洲、拉丁美洲以及其他地区的发展中国家。我国属第三世界。

【第三者】dìsānzhě 名。(1)当事双方以外的人或团体:这件事,我们请～作证。(2)特指插足夫妻之间同其中一方有不正当恋爱关系的人。

【第五纵队】dì wǔ zòngduì 词组。1936年10月西班牙内战时,叛军用四个纵队进攻首都马德里,把潜伏在马德里城内进行破坏活动的反革命组织叫做第五纵队。后来泛指内部隐藏的敌方组织。

【第一】dìyī ❶数。排在最前面的;常同量词组合。①个社会主义国家|他得了～名。❷形。指最重要的;不加程度副词,主要作谓语: 质量～|安全～。

【第一把手】dì yī bǎ shǒu 词组。领导班子中居于首位的负责人: 他是我们公司的～。

【第一产业】dì yī chǎnyè 词组。指国民经济中以农业为主的产业,还包括畜牧业、渔业、林业、矿业。参见"第三产业"。

【第一次世界大战】dì yī cì shìjiè dàzhàn 词组。指1914—1918年帝国主义国家为了重新瓜分殖民地和争夺世界霸权而进行的第一次世界规模的战争。参战的一方是德国、奥匈帝国等,称为同盟国;另一方是英、法、俄、美等,称为协约国。中国后来也参加了协约国。最后同盟国失败。

【第一国际】dì yī guójì 词组。第一个国际无产阶级联合组织。是在马克思、恩格斯领导下于1864年在伦敦成立的。第一国际团结了英、德、法及欧美其他各国的工人,同当时各种机会主义进行了坚决的斗争,取得了重大胜利,并把科学社会主义和工人运动结合起来。1876年宣告解散。

【第一世界】dì yī shìjiè 词组。指美国和原来的苏联两个超级大国。

【第一手材料】dì yī shǒu cáiliào 词组。通过亲自实践调查等方式得来的材料: 先取得～,然后才有发言权。

【第一信号系统】dì yī xìnhào xìtǒng 词组。直接的刺激作用于感受器,就在大脑皮层中相应的区域形成条件联系,大脑皮层的这种机能系统叫做第一信号系统。第一信号系统是人类和一般高等动物所共有的。

的

dì 〈素〉箭靶的中心: 目～|无～放矢|一语中～。
另见 ·de, dí。

菂

dì 名。古书上指莲子。

帝

dì 〈素〉(1)宗教或神话中称主宰万物的天神: 上～|玉皇大～。(2)君主: 皇～|～王。

【帝国】dìguó 名。(1)指皇帝握有最高权力的君主制国家,通常指版图较大的,如罗马帝国、英帝国。(2)指某些实行领土扩张的国家。

【帝君】dìjūn 名。迷信的人称地位较高的神。

【帝王】dìwáng 名。指君主国的最高统治者。
【帝制】dìzhì 名。君主专制政体。
【帝子】dìzǐ 名。帝王的子女。

谛 dì 〈素〉(1)仔细:～视|～听。(2)意义,道理:真～。
【谛听】dìtīng 〈书〉动。仔细听:那小妞在一旁～。可带宾语:他们～着远处传来的飞机声。
【谛视】dìshì 〈书〉动。仔细看:反复～,未见瑕疵。常带宾语:她正用同样的目光～着我。

蒂(蔕) dì 〈素〉瓜、果等跟茎、枝相连的部分,把儿:花～|瓜熟～落|根深～固。

缔 dì 〈素〉(1)结合,订立:～交|～约。(2)创立:～造。(3)约束,限制:取～。
【缔交】dìjiāo 动。不带宾语,可带补语。(1)结成朋友:两人～多年。(2)建立邦交:我国已和大多数国家～。
【缔结】dìjié 动。订立;多指条约、契约等,常带宾语:～了美满姻缘|两国～了友好互助条约。
【缔约国】dìyuēguó 名。共同订立某项条约的国家。
【缔造】dìzào 动。创立,建立;多指伟大的事业或组织,常带宾语:老一辈革命家～了我们的党|历史的人们|我国几百万小学教师,以他们辛勤的劳动～着祖国的未来。

禘 dì 名。古代一种祭祀。

碲 dì 名。非金属元素,符号Te。银白色结晶或棕色粉末。用来制造合金。

棣 dì ❶见"棣棠、棠棣"。❷〈书〉名。旧同"弟";多用于书信:贤～。
【棣棠】dìtáng 名。落叶灌木,叶略呈卵形,花金黄色,果实黑色。可入药。

diǎ(ㄉㄧㄚˇ)

嗲 diǎ 〈方〉形。形容撒娇的声音或姿态:～声～气|～得很。

diān(ㄉㄧㄢ)

掂(敁) diān 动。用手托着东西估量轻重;多带补语:分量够不够,你～一下。可带宾语:～一～这个西瓜的重量。
【掂掇】diān·duo 动。(1)斟酌;常构成连动词组:你～着办吧。(2)估计;常带补语:你～一下,看这件事怎么办才好。可带宾语:～一下比赛的结果。
【掂斤播两】diān jīn bō liǎng 成。比喻过分计较小事:人与人之间要识大体,顾大局,不要～,为一点儿小事闹得面红耳赤。也说掂斤簸两。
【掂量】diān·liáng 〈方〉动。(1)估量轻重,常带宾语或补语:这棵白菜你～一下它的重量。(2)斟酌;常用于处理事情方面,常构成连动词组:这事你～着办吧。

滇 diān 名。云南省的别称。
【滇剧】diānjù 名。地方戏曲剧种之一,腔调以皮黄为主,流行于云南全省和贵州、四川的部分地区。

颠 diān ❶动。不带宾语。(1)上下、前后震荡;常用于车、船,多带补语:路不平,汽车～得厉害。(2)〈方〉一跳一跳地跑:这孩子连跑带～地上学去了。❷〈素〉(1)头顶,引伸为最高最上的部分:山～|塔～。(2)开始:～末。(3)跌落,倒置:～覆|～扑不破。
【颠簸】diānbǒ 动。上下震动;不带宾语,常带补语:车子走到山路上,便～起来。
【颠倒】diāndǎo 动。(1)使上下、前后、好坏等跟原有的或应有的位置相反;常带宾语或补语:这篇评论～了是非|这种历史的～应该再～过来。(2)迷醉错乱:神魂～。也可带宾语:她的美貌～过不少男人。
【颠倒黑白】diāndǎo hēibái 成。故意把黑的说成白的,白的说成黑的;含贬义:敌人惯于使用～,混淆视听的伎俩。
【颠倒是非】diāndǎo shìfēi 成。故意把对的说成错的,错的说成对的;含贬义:这种论调完全是～。
【颠覆】diānfù 动。用阴谋手段从内部推翻合法政府;含贬义:粉碎了敌人的～

活动。可带宾语:帝国主义妄图~这个新生的革命政权。注意:"覆"不要写成"复"。

*"颠覆"和"推翻":"颠覆"是指采取阴谋手段推翻现政权,含贬义;"推翻"是指采取公开手段,使原有政府垮台,是中性词。"推翻"还可与主张、方案、决议、协议、协定等词搭配;"颠覆"则不能这样搭配。

【颠来倒去】diān lái dǎo qù 成。翻过来,倒过去。形容反反复复:有些人写文章,~老是那么几个词,语言显得贫乏。

【颠连】diānlián 〈书〉形。不加程度副词。(1)困苦,多指生活:~困顿。(2)形容连绵不断;多指山峰:群峰~起伏。

【颠末】diānmò 〈书〉名。事情从开始到结束的经过情况:此事~他已了如指掌。

【颠沛流离】diānpèi liúlí 成。颠沛:跌倒,比喻穷困,受挫折;流离:流落。形容生活艰难,家人离散,流落他乡:安史之乱期间,杜甫过着~的生活。

【颠扑不破】diān pū bù pò 成。颠:跌;扑:敲。不管怎样摔打都不破。形容言论或学术正确,经得起检验:这是~的真理。

【颠三倒四】diān sān dǎo sì 成。次序颠倒,错乱;指说话、写文章或做事情:他写的文章~,层次不清楚|这个人做事常常~,一会儿这样,一会儿又那样。

撅 diān 动。跌;不带宾语,常带补语:当心~下来。

巅 diān 〈书〉名。山顶:我站在泰山之~。

癫 diān 〈素〉精神错乱:~狂|疯~。

【癫狂】diānkuáng 形。(1)因经络错乱而发狂:她患的是~症。(2)轻佻,不庄重;指言谈举止:这个狗腿子从主子那里讨了点好处,就得意起来,越发~。

【癫痫】diānxián 名。一种病,发作时突然昏倒,全身痉挛,意识丧失,有的口吐泡沫。俗称羊痫风或羊角风。

diǎn(ㄉㄧㄢˇ)

典 diǎn ❶〈素〉(1)标准,法则:~范|~章。(2)可以作为典范的书籍:~籍|词~。(3)诗文中引用的故事或有来历、出处的词句:~故|出~。(4)隆重举行的仪式:~礼|大~。(5)主持,主管:~试|~狱。(6)旧指用土地、房屋或其他东西作抵押向人借钱:~押|~当。❷姓。

【典当】diǎndàng 动。旧时用衣物等作抵押,向当铺借高利率的钱,到期无力还钱,抵押品即归当铺所有;常带宾语或补语:~衣物|将旧东西~出去。也说典押。

【典范】diǎnfàn 名。可以作为学习、仿效标准的人或事:雷锋是青年学习的光辉~。

*"典范"和"典型":"典范"着重指具有示范性的人或事物;"典型"着重指具有代表性或概括性的人或事物。"典范"是褒义词,凡"典范"都是最好的;"典型"没有褒贬色彩,是中性词。

【典故】diǎngù 名。诗文中引用的古书中的故事或词句:这首诗用了三个~。

【典籍】diǎnjí 名。记载古人典章、文物的书籍,也泛指古代图书。

【典礼】diǎnlǐ 名。隆重的仪式:开学~|结婚~。

【典型】diǎnxíng ❶名。(1)具有代表性的人或事件:勤劳致富,这是个~。(2)指文艺作品中塑造出来的既具有一定社会意义又有鲜明性格的艺术形象:《红楼梦》塑造了许多性格各异的~形象。❷形。具有代表性和概括性的;常作定语:~事例。作谓语时一般须加副词:这个例子很~|这个人物形象不够~。

【典雅】diǎnyǎ 形。优美不粗俗;多指文辞、房间布置等:文辞~|格调很~|客厅布置得幽静~。

【典章】diǎnzhāng 名。法令制度:~文物。

碘 diǎn 名。非金属元素,符号 I。碘的制剂可以用来消毒和治疗甲状腺肿。工业上用来制造染料。

点(點) diǎn ❶名。(1)(~儿)小的水滴或痕迹:雨~儿|黑墨~儿。(2)(~儿)汉字的一种笔画,形状是"丶":"点"字底下有四~。(3)(~儿)小数点:3.4读作三~四。(4)几何学中指没有长、宽、厚而只有位置的几何

图形。(5)规定的钟点：到～就开会。❷动。常带宾语或补语。(1)加上点子：～了一个红点儿。(2)头向下动一动后立刻恢复原位；表示赞同或领悟等意思：他～了一下头。(3)一触到物体就离开：蜻蜓～水｜用篙～了一下河岸。(4)使液体一点一点地落下：～眼药水｜卤水～得太多了。(5)点种：～花生｜豆子～下去了。(6)逐一查点：～一下名｜把钱～清楚。(7)指定：～几个菜｜～节目。(8)指点，启发：老师～一下他就懂了。(9)引着火：～了一盏灯。(10)同"踮"：～起脚。❸量。(1)(～儿)表示少量；数词限于"一、半"，口语中"一"常省略：多做一～儿工作｜没有半～儿声音｜吃一～儿东西。(2)用于"意见、建议、要求、希望、内容"等抽象事物：提了三～意见｜作出两～保证｜内容共有四～。(3)表示程度、数量略微增加或减少；数词限于"一"，可省略：节省一～儿｜防备一～儿｜大～儿声。用在动词、形容词前，限于否定式：一～儿没想到｜一～儿也不快。(4)时间单位，相当于"时"：现在已是八～零五分。(5)旧时夜间计时用更点，一夜分五更，一更分五点：三更四～。❹〈素〉(1)位置，地点，标志：起～｜据～｜沸～。(2)部分，方面：优～｜特～。(3)点缀：装～｜～染。(4)点心：糕～｜早～。

【点播】diǎnbō 动。(1)指定节目，请广播电台播送：～了一首歌。(2)播种的一种方法，每隔一定距离放入一定的种子：～大豆。

【点拨】diǎn·bo 〈口〉动。在事物的关键处指点一下，使能掌握要领：经师傅一～，我心里就豁亮了。可带宾语，可重叠：请您经常～～他。

【点窜】diǎncuàn 动。改换字句：这篇文章经你一～，显得精炼多了。可带宾语：王老师～了几个字，文章就通顺了。

【点滴】diǎndī 形。零星，微小；常作定语：这是我的～体会。可重叠：经验是点点滴滴积累起来的。

【点嘟】diǎndū 动。画法的一种，画家随意点染。

【点化】diǎnhuà 动。(1)道家所说的神仙运用法术使物变化：～成仙。(2)僧道指点教化使人悟道：听了老和尚的一番～，才明白其中道理。

【点火】diǎnhuǒ 动。比喻挑起事端；不带宾语：敌人暗中在煽风～。可拆开用：我今天就点一把火，烧烧这儿的官僚主义。

【点将】diǎnjiàng 动。传统戏曲中主帅对将官点名分配任务。现比喻指明要谁去做某项工作；不带宾语：你看谁担负这项工作合适，由你～。

【点卯】diǎnmǎo 动。旧时官厅在卯时(上午五点到七点)查点到班人员，叫点卯。现喻指到时上班，敷衍应景；不带宾语，多含贬义：他每天到厂～，从不认真干活。常拆开用：他到办公室点个卯就走了。

【点破】diǎnpò 动。用一两句话揭露真相或隐情：这种秘密被他～了。可带宾语：他一语就～了事情的实质。

【点染】diǎnrǎn 动。绘画时点缀景物和着色，也比喻修饰文字，一般不带宾语：他随意～，便成了一幅好画｜这篇文章经他略加～，便生色不少。

【点收】diǎnshōu 动。查点、验收；用于接收货物：入库货物已经～。可带宾语：～书店送来的图书。

【点题】diǎntí 动。说话或作文时用几句话点出中心意思：这篇文章一开头就～，论述中心很明确。多作定语：～之笔，十分巧妙｜这几句正是文章～的地方。可拆开用：这两句点了题。

【点铁成金】diǎn tiě chéng jīn 成。原是神话，仙人用手指一点就会使铁变成金。后用来比喻善于修改文字：经他一修改，这篇文章的词句就优美生动多了，真是～。

【点头】diǎntóu 动。头向下微微动着，表示允许或赞成，领会或打招呼；不带宾语：这事是经领导～的｜他连连～说好。可拆开用：他点了一下头。

【点头哈腰】diǎntóu hāyāo 〈口〉成。点着头，弯着腰。过分恭顺的样子；多用于贬义：汉奸们见到日本兵个个～，低声下气。

【点验】diǎnyàn 动。一件件查对、检验，常带宾语或补语：他细心～进口货物要好好～一下。

【点缀】diǎnzhuì 动。常带宾语或补语。(1)略加衬托或装饰,使原有事物、环境更加美好:某些花草,～校园|青松翠柏把人民英雄纪念碑～得格外庄严肃穆。(2)装饰门面,应景凑数;含贬义:这样做,不过是为了～一下门面而已。

＊"点缀"和"衬托":"点缀"是装饰原有事物,使它更美好;"衬托"是陪衬烘托原有的事物,为了使原有事物的特点突出。"点缀"多用于景物、环境、场面等;"衬托"没有这个限制。"点缀"有时是应景儿,凑数的意思;"衬托"没有这种意思。

【点子】diǎn·zi ❶名。(1)小的水滴,小的痕迹:溅起水～|脸上有一个黑～。(2)打击乐器的节拍:鼓～。(3)主意,办法:出～。(4)关键的地方:劲没使在～上。❷〈方〉量。表示少量:不要光吃饭,也要吃一～菜。

踮(跕) diǎn 动。用脚尖立地;常以"脚"作宾语:他～起脚才看得见。

diàn(ㄉㄧㄢˋ)

电(電) diàn ❶名。物质的一种属性,是重要的能源,广泛应用于生产、生活等方面。❷动。电流打击,触电;常带宾语或补语:开关有毛病,～了我一下。❸〈素〉(1)阴雨天气空中云层放电时发出的光:闪～|雷～。(2)靠电发动或发光的:～车|～灯。(3)电报:急～|～告。

【电报】diànbào 名。(1)利用电信号传送电码、文字、图表、照片等的通信方式。有编码电报和传真电报之分。(2)利用电报设备传送的文字。

【电冰箱】diànbīngxiāng 名。冷藏装置,在一个可以隔热的柜子里面装电动机,带动压缩机使冷凝剂在管道中循环产生低温。

【电车】diànchē 名。用电作动力的公共交通工具,分无轨和有轨两种。

【电陈】diànchén 动。用电报陈述;多带宾语:向上级～事情原由。

【电池】diànchí 名。一般指将化学能转变成电能的装置,如干电池、蓄电池等。也指将其他形式的能量(机械能除外)直接转化成电能的装置,如太阳能电池。

【电动机】diàndòngjī 名。把电能转化为机械能的机器,是工矿企业重要的动力设备。也叫马达。

【电镀】diàndù 动。使用电解方法使金属或其他材料制件的表面附上一层牢固的金属保护膜。可以防止腐蚀,使外形美观并增加光亮度或导电性。

【电告】diàngào 动。用电报通知或报告:母亲已转危为安,特此～。可带宾语:～外地亲友。

【电焊】diànhàn 动。使用电能电热,将金属工件熔合的焊接方法:这条裂缝要～。可带宾语:～了几根钢管。

【电贺】diànhè 动。发电报祝贺;常带宾语:～母校建立50周年。

【电化教育】diànhuà jiàoyù 词组。使用电视、电影、录像、录音等进行的教育。

【电话】diànhuà 名。(1)利用电信号的传输两地的人互相交谈的装置。(2)用电话装置传递的话:打～|你的～我已转告他了。

【电汇】diànhuì 动。用电报方式办理汇兑;常带宾语或补语:～现款|这笔款子要赶快～到上海。

【电解】diànjiě 动。指使用电流的作用分解化合物:水可以～氢和氧。

【电介质】diànjièzhì 名。不导电的物质,如空气、玻璃、橡胶、瓷、云母片等。也叫绝缘体。

【电缆】diànlǎn 名。装有绝缘层和保护外皮,里面裹着一股或多股互相绝缘的导线的粗电线。多架在空中或铺在地下、水中,用于电讯和电力输送等方面。

【电力】diànlì 名。用来作功的电能,常指做动力用的电,也用来表示电量。

【电疗】diànliáo 动。使用电器装置发热或电流刺激来治疗疾病,是物理疗法的一种;一般不带宾语:这种病可以～,效果较好。

【电炉】diànlú 名。使用电能产生热量的设备,用于取热、炊事以及工业上加热、烘干、冶炼等。

【电码】diànmǎ 名。指电报通信中所用的符号。我国用汉字打电报时,用四个阿拉伯数字代表一个汉字。如在我国标准电码中,"0002"代表"中"字。

【电木】diànmù 名。电气绝缘材料,是用苯酚和甲醛合成的一种塑料,质地坚硬,表面光滑。

【电脑】diànnǎo 名。电子计算机的俗称。因为它能部分地代替脑力劳动,故有此称。

【电气化】diànqìhuà 动。指在国民经济各生产部门和城乡人民生活中普遍使用电力;不带宾语:逐步实现~。

【电热毯】diànrètǎn 名。装有电热丝,可使电能转化为热能的床毯,冬天可以作垫子以取暖。

【电扇】diànshàn 名。利用电动机带动叶片旋转,使空气流动生风的装置。有吊扇、台扇和排气扇等。也叫电风扇。

【电石】diànshí 名。碳化钙的俗称。是生石灰和焦炭放在电炉里经高温熔融制成的灰色块状物质。工业上用来制造乙炔。

【电视】diànshì 名。(1)通过无线电波或导线传送物体影像和声音的装置。通常分黑白电视和彩色电视两种。(2)利用上述装置传送的图像:看~|放~。

【电视剧】diànshìjù 名。(1)一种适合电视特点的综合艺术。它以画面和音响为主,有完整的故事情节,运用电视手段(如摄像、录像、发射设备、接收机等)把演员的表演展现在荧光屏上。一般分单本剧、连续剧、系列片等。(2)指为拍摄电视而创作或改编的剧本。

【电梯】diàntī 名。建筑物中用电作动力载运人或货物升降的装置。

【电信】diànxìn 名。利用电话、电报或无线电设备传递消息的通讯方式。

【电讯】diànxùn 名。(1)用电话、电报或无线电传播的消息。(2)无线电信号。

【电影】diànyǐng 名。一种综合艺术。根据人的视觉有暂时保留印象的原理,把人物和其他形象摄制成连续性的胶片,通过放映机在银幕上再现出来。

【电源】diànyuán 名。把电能供给电器设备使用的装置。如发电机、电池等。

【电子】diànzǐ 名。基本粒子的一种,带负电,质量极小。在原子中围绕原子核旋转。

【电子管】diànzǐguǎn 名。一种电子器件。在玻璃或金属的容器内装特制的电极,容器内抽成高度的真空或充以少量惰性气体,通过阴极放射的电子与其他电极相作用而进行工作。可用于整流、放大、振荡、检波等。旧称真空管。

【电子计算机】diànzǐ jìsuànjī 词组。一种进行大量计算和信息处理的电子设备。根据工作原理,可分为数字式、模拟式和混合式三类。俗称电脑。

佃 diàn 〈素〉农民向地主租种土地:~农|~户。
另见tián。

【佃户】diànhù 名。旧社会向地主租种土地的农民。

【佃农】diànnóng 名。自己不占有土地,租种地主土地从事农业劳动的农民。

甸 diàn 名。(1)古代指郊外的地方。(2)〈方〉(~子)放牧的草地;多用于地名:桦~(在吉林省)。

钿 diàn ❶名。古代一种嵌金花的首饰。❷〈素〉在器物上镶嵌金属、宝石、贝壳等作装饰:金~|螺~。
另见tián。

阽 diàn 又读yán 〈古〉动。临近边缘:~危。

坫 diàn 名。古代室内用来放置食物、酒器等的土台子。

店 diàn 名。商店,旅店:布~|零售~|开了片~|小~。

【店东】diàndōng 名。旧称商店或旅店的主人。

【店家】diànjiā 名。旧称商店、旅店里的主人或管事的人。

【店铺】diànpù 名。泛指各种商店。

【店员】diànyuán 名。商店的雇员,也指服务性行业的职工。

惦 diàn 动。挂念;常带宾语,须加动态助词"着",不加"过、了":心里老~着学校里的工作。

【惦记】diànjì 动。老是想着,放心不下,常带宾语,并带动态助词"着":奶奶老是~着小孙子。

【惦念】diànniàn 动。心里老是记挂着;常带宾语,并带动态助词"着":我们~

着他的身体状况。

玷 diàn 〈素〉使有污点：～污|～辱。
注意："玷"不要读成zhàn。

【玷辱】diànrǔ 动。使蒙受耻辱；常指人的名声、人格等，多带宾语：不要～他人的人格。

【玷污】diànwū 动。弄脏；多用来比喻败坏名声、道德等，常带宾语：他的行为～了集体的荣誉。
＊"玷污"和"沾染"："玷污"是坏东西使好东西受污损；"沾染"是好东西附上坏东西，二者说话的角度不同。"玷污"的对象多是名声、灵魂、精神、等；"沾染"的对象多是细菌、坏习气等。

垫（墊） diàn ❶动。常带宾语或补语，(1)用东西衬或铺，使加高或加厚：～猪圈|桌子不平，拿块木片～一下。(2)暂时代替人付钱：钱由我暂～|请你给我先～一下钱，明天还给你。❷名。(～儿|～子)垫在床上、椅子上、鞋子里或别的地方的东西：鞋～儿。

【垫背】diànbèi ❶动。比喻代人受过：由你来代他～，何苦呢？❷名。代人受过的人：你想让他做～，这可不行。

【垫付】diànfù 动。暂时代人付钱；常带"由"组成的介词词组作状语：他欠你的钱，由我～。常带宾语：由厂方～印刷、纸张等费用。

【垫脚石】diànjiǎoshí 名。上马时垫在脚下的石头。比喻有野心的人向上爬时利用的人或事物：你上当了，做了他向上爬的～。

【垫圈】diànquān 名。一般为扁平的金属环，垫在螺母等与其所连接的零件之间，用来保护被连接件的表面，使之不受螺母擦伤，改善接触状况等。

淀（澱） diàn ❶名。较浅的湖泊；多用于地名：白洋～（在河北省）。❷〈素〉液体里的渣滓或粉末向下沉：沉～|～粉。

【淀粉】diànfěn 名。有机化合物，是二氧化碳和水在绿色植物细胞中经光合作用后形成的白色无定形的物质。多存在于谷类植物的子粒、甘薯的块根和马铃薯的块茎中，是主要的碳水化合物食品。工业上用来制造酒精、糖等。

靛 diàn 〈素〉(1)蓝色的染料：～蓝。(2)深蓝色：～青。

【靛蓝】diànlán 名。深蓝色有机染料。用来染布，颜色经久不退。有的地方叫靛青。

奠 diàn 〈素〉(1)安置，建立：～定|～基。(2)向死者陈设祭品致祭：祭～|～酒。

【奠定】diàndìng 动。使稳固，使安定；常以"基础、地位"等作宾语：～了胜利的基础|～了开山祖师的地位。

【奠都】diàndū 动。确定首都的地址；带表示处所的宾语或补语：～北京|～三年。

【奠基】diànjī 动。(1)为建筑物打下基础；不带宾语：纪念馆于三月五日～|～仪式开始。(2)比喻一种大事业的创始：鲁迅是我国新文学的～人。

【奠仪】diànyí 名。指送给丧家用于祭奠的财物。

殿 diàn ❶名。高大的房屋，特指供奉神佛或封建帝王处理政事的地方。❷〈素〉在最后的：～军|～后。

【殿后】diànhòu 动。行军时走在部队的最后；不带宾语：在这次行军中由我团～。

【殿军】diànjūn 名。(1)行军时走在最后的部队。(2)体育、游艺竞赛中的最末一名：我的愿望是夺取冠军而不是做～。

【殿试】diànshì 动。科举制度中最高一级的考试。在皇宫大殿上举行，由皇帝亲自主持。

【殿下】diànxià 名。对太子和亲王的尊称；现只用于外交场合。

癜 diàn 〈素〉皮肤上出现白色或紫色斑点的病：白～风|紫～。

簟 diàn 〈方〉名。竹席。

diāo（ㄉㄧㄠ）

刁 diāo ❶形。狡猾：这个人真～。❷姓。

【刁斗】diāodǒu 名。古代军中用的东西，白天做炊具，夜间用来警戒报时。

【刁悍】diāohàn 形。狡猾而凶狠：这个～的匪徒终于落入了法网。

【刁滑】diāohuá 形。狡猾：这伙～的走私犯终于被缉拿归案|敌人很～。

【刁难】diāonàn 动。故意为难他人：百般～。常带宾语：不准～顾客。

【刁顽】diāowán 形。狡猾顽固：～的敌人。

【刁钻古怪】diāozuān gǔguài 成。刁钻：狡诈；古怪：怪僻。形容奸诈狡猾，不同寻常，使人感到离奇：这个人～，和他难以相处。

叼 diāo 动。用嘴衔住；常带宾语，并带动态助词"着、了"：嘴里～了一支烟|老鹰～着小鸡飞走了。

汈 diāo 湖名用字。汈汊，在湖北省。

凋(彫) diāo 〈素〉衰落：～谢|～零。

【凋敝】diāobì 形。(1)困苦；一般指在生活方面：民生～。(2)衰败；一般用于市场、事业等方面：市场～。

【凋残】diāocán 动。草木枯萎；不带宾语：冬天来临，百花～。

【凋零】diāolíng 动。草木凋谢零落，也指人死亡；不带宾语：万木～|往日同窗，大半～。

【凋落】diāoluò 动。草木凋谢。也比喻人的死亡；不带宾语：深冬季节，公园里的花木都～了|昔日亲朋故旧，多半经～。

【凋谢】diāoxiè 动。指草木枯萎或花叶脱落，也比喻死亡等；不带宾语：一夜秋风，这花儿竟～了|昔日战友，今已相继～。

碉 diāo [碉堡](-bǎo) 俗称炮楼。多用砖、石、钢筋混凝土等建成，主要用于射击和瞭望。

雕(△鵰、△彫、△琱) diāo △

❶名。一种很凶猛的鸟，羽毛褐色，嘴、爪均成钩状，视力很强，捕食鼠、兔等。也叫鹫、老雕。△❷动。在竹、木、玉、石、金属等上面刻字、画；常带宾语或补语：～一朵花|～得很像。△❸〈素〉用彩色装饰的：～梁画栋。

【雕虫小技】diāo chóng xiǎo jì 成。雕：雕刻；虫：指鸟虫书，古代汉字的一种字体。比喻微不足道的技能；多指文字技巧，用于他人时为贬词，指自己时为谦词：我在报上发表的一些千字文，不过是～而已。

【雕花】diāohuā ❶动。一种工艺，在木器上或房屋的隔扇、窗户等上头雕刻图案、花纹；不带宾语：这位师傅会～。❷名。雕刻成的图案、花纹：这种～很好看。

【雕镌】diāojuān 〈书〉动。雕刻：～印章。

【雕刻】diāokè ❶动。在竹、木、石、玉石、象牙等材料上雕琢出形象或文字等；常带宾语或补语：～印章|～得很好。❷名。雕刻成的工艺品：这具象牙～非常精致。

【雕梁画栋】diāo liáng huà dòng 成。在栋梁等木结构上雕刻花纹并加上彩绘，是我国古代的一种建筑艺术。后来也指华丽的建筑：这座宫殿都是些～，简直像天堂里的宫阙一般。

【雕漆】diāoqī 名。我国一种传统的特种工艺，先将调好的漆料涂在铜胎或木胎上，一般涂八、九层至数百层，趁漆未干时进行浮雕，然后再烘干、磨光，即成制品。也指这种雕漆的器物。又叫漆雕。

【雕砌】diāoqì 动。雕琢堆砌；多形容写作中追求辞藻的华丽繁缛：文章不要过分～。可带宾语：写文章不要一味～辞藻。

【雕塑】diāosù ❶动。雕刻和塑造，是造型艺术的一个部分；常带宾语：～铜像|～群像。❷名。雕塑的作品：敦煌千佛洞的石像反映我国古代的～已达到了相当高的水平。

【雕琢】diāozhuó 动。常带宾语或补语。(1)雕刻；用于玉石等：这座石狮子～得惟妙惟肖。(2)过分地修饰；指文字方面：写文章不能光在～词句上下功夫。

鲷 diāo [真鲷](zhēn-) 名。一种海鱼，身体侧扁，背部稍微凸起，头大，口小，侧线发达。我国沿海均产。

貂(貂) diāo 名。哺乳动物的一种。身体细长，四肢短，毛黄色和紫黑色。毛皮是珍贵的衣料。

diao(ㄉㄧㄠ)

鸟(鳥) diǎo 名。男性生殖器，旧小说中用作詈词。

另见niǎo。

diào（ㄉㄧㄠ）

吊（弔） diào ❶动。常带宾语或补语。(1)悬挂；常带动态助词"着"：屋里～着一盏灯。(2)向上提或向下放：把桶～上来。❷量。旧时钱币单位，一千个制钱叫一吊。❸〈素〉(1)收回：～销。(2)祭奠死者或对遭到丧事的人家、团体给予慰问：～丧｜～唁。

【吊儿郎当】diào·erlángdāng 〈口〉形。形容仪容不整、作风散漫、态度不严肃等；含贬义：他还像以前那样～的样子是不行的。

【吊环】diàohuán 名。(1)体操器械的一种，在架上挂两根绳，下面各有一个环。(2)男子体操比赛项目之一，运动员手握吊环做各种动作。

【吊民伐罪】diào mín fá zuì 成。吊：慰问；伐：讨伐。慰问受难的百姓，讨伐有罪的统治者。

【吊桥】diàoqiáo 名。(1)设于城壕上或军事据点上的能随时起落的桥。(2)指悬索桥。在河上、山谷等处架起两根钢索，然后用很多铁条把桥面吊在钢索上，这种悬索桥也叫吊桥。

【吊丧】diàosāng 动。到丧家祭奠死者；不带宾语：他到亲戚家～去了。可拆开用：他已去吊过丧了。也说吊孝。

【吊销】diàoxiāo 动。把发出去的证件收回并取消：登记证随时可以～。常带宾语：这家饮食店销售变质食品，被～了营业执照。

【吊唁】diàoyàn 动。祭奠死者并慰问家属；不带宾语：亲朋好友纷纷前往～｜前来～的人很多。

铞 diào 见"钌(liào)铞儿"。

钓 diào ❶动。用饵诱鱼或其他水生动物上钩；常带宾语或补语：今天～了三斤鱼｜一条大鱼被～上来了。❷〈素〉比喻用手段猎取：沽名～誉。

【钓饵】diào'ěr 名。钓鱼用的食物，也比喻用来引诱人的事物：要防止坏人以吃吃喝喝为～，拉拢腐蚀干部。

茎（䒷） diào 名。古代一种农具，用于锄草。

窎 diào 〈素〉深远：～远。

【窎远】diàoyuǎn 形。距离遥远：在～的天际，有许多肉眼看不到的东西。

调 diào ❶动。(1)调动；常带宾语或补语：～工作｜咱们俩～一下座位，可带兼语：～他到机关工作。❷名。(1)(～儿)音乐上高低长短配合和谐的音：这首歌的～儿很好听。(2)乐曲以什么音做do就叫什么调，例如以C做do就叫C调。(3)语音上的声调。普通话的声调有四个：阴平、阳平、上声、去声。❸〈素〉(1)调查：外～｜函～。(2)说话的声音、语气：腔～｜语～。(3)格调：情～｜笔～。另见tiáo。

【调兵遣将】diào bīng qiǎn jiàng 成。调派兵力、差遣将领。泛指调配人力：厂长～，终于攻克了这个技术难关。

【调拨】diàobō 动。调动拨付；多指物资方面，常带宾语：～种子｜～款项｜～粮食,支援灾区。

【调查】diàochá 动。为了了解实情进行考察；多指到现场，常带宾语或补语：～水利资源｜这事没～清楚｜没有～就没有发言权。

【调动】diàodòng 动。常带宾语或补语。(1)更动；指人或队伍的位置或用途：～工作｜～人马｜近几天来,敌军～频繁。(2)调集动员：～力量｜～一切积极因素。

【调度】diàodù ❶动。管理并安排；指调派人力、工作、车辆等：～车辆。❷名。指担负调度工作的人：他是厂里的～。

【调号】diàohào 名。(1)表示字调的符号。《汉语拼音方案》规定的调号，阴平作"ˉ"、阳平作"ˊ"、上声作"ˇ"、去声作"ˋ"、轻声无号。(2)音乐中指用以确定乐曲主音高度的符号。在五线谱中记在谱号后面，用不同数目的升(♯)、降(♭)记号表示。在简谱中记在乐谱左上方，用1＝F,1＝ᵇB等记号表示。

【调虎离山】diào hǔ lí shān 成。比喻用计使对方离开其有利的环境，以便乘机行事：平原游击队利用～的计谋把日寇打得焦头烂额。

【调换】diàohuàn 同"掉换"。
【调集】diàojí 动。调动使集中；常带宾语或补语：～军队｜援外物资已经～停当。
【调类】diàolèi 名。有声调的语言中声调的类别。汉语普通话的调类有四个，即阴平、阳平、上声、去声。
【调令】diàolìng 名。调动工作人员工作的命令：～已到，明天你就去报到。
【调门儿】diàoménr〈口〉名。(1)唱歌和说话时声调的高低：你说起话来，～老是那么高高的。(2)指论调：他发言的～不低，怪偏激的。
【调派】diàopài 动。调动分派；多指人事的安排，常带宾语或兼语：～了一批年轻人｜～干部充实教育部门。
【调配】diàopèi 动。调动分配；常带宾语或补语：～物资｜人力和工具要重新～一下。
另见 tiáopèi。
【调遣】diàoqiǎn 动。调派、差遣；常带宾语或兼语：～军队｜～干部到灾区抗洪救灾。
【调研】diàoyán 动。调查研究；一般不带宾语，常作"进行、开展"等动词的宾语｜进行～｜开展～。也作定语：～人员｜～工作。
【调演】diàoyǎn 动。主管部门把所属各文艺团体的某一类节目组织、集中在一起演出，以进行评比或交流经验；一般不带宾语：全省举行了现代题材戏曲～｜她编写的一个歌舞剧，在省城～，获得成功。
【调用】diàoyòng 动。调配使用；多指财物、人员：这些汽车由公司统一～。可带宾语：～干部。
【调子】diàozi 名。(1)音乐上高低长短配合成组的音：这个～很优美。(2)比喻说话或写文章时所表现的态度或情绪：他的发言激昂慷慨，～很高。

掉 diào 动。(1)落；可带宾语：～雨点儿｜扣子～了。(2)落在后面；常带宾语或补语：～了队｜跑了100米左右，他就～在队伍左头了。(3)遗失；指钱物等：手表～了。可带宾语：～了钱。(4)遗漏；指文字或语句，常带宾语：文章中～了几个字。(5)减少，降低；只以少数几个名词作宾语，可带动态助词"了、过"：收音机～了价儿｜他喂的牲口没～过膘。(6)回，转；常带宾语或补语：把头～过来｜天收要～一个方向。(7)去除；用在及物动词后，作补语：扔～｜吃～｜消灭～。(8)离开；用在不及物动词后，作补语：走～｜飞～｜蒸发～。

【掉包】diàobāo 动。暗中以假换真，以坏换好；不带宾语，可拆开用：他的行李被人掉了包。
【掉队】diàoduì 动。结队行走时落在队伍后面；不带宾语：那次行军，大家情绪高昂，没一个人～。常用来比喻落后或跟不上形势：我们要关心国内外大事，认真学习，不然可能会～。可拆开用：掉了队｜掉过队。
【掉换】diàohuàn 动。也作调换。常带宾语或补语：(1)彼此互换：两人～位置｜咱俩的工作能～一下就好了。(2)更换：我的凳子坏了，要去～一张。
【掉色】diàoshǎi 动。颜色脱落；一般指纺织品，不带宾语：这种衣料不～。可拆开用：衣服掉了色。
【掉书袋】diào shūdài 习。讥讽人爱引经据典，卖弄才学；含贬义：写文章要解决实际问题，不能光～。
【掉头】diàotóu 动。不带宾语。(1)转回头；用于人，常构成连动词组：～就走。(2)调换方向；用于车、船等：汽车～向镇那边开过去。
【掉以轻心】diào yǐ qīng xīn 成。掉：摆动；轻：轻率。指对事情采取轻率的漫不经心的态度：对可能发生的自然灾害，切不可～。

铫 diào 名。(～儿、～子)烧开水、熬东西用的器具：药～儿｜沙～子。
另见 yáo。

diē(ㄉㄧㄝ)

爹 diē〈口〉名。父亲。
【爹爹】diē·die〈方〉名。(1)父亲。(2)祖父。

跌 diē 动。常带宾语或补语。(1)摔倒：～了一交｜谁都～过跟头｜从台阶上～下来。(2)下降：～了价｜今天洪水～下去了。

【跌宕】diēdàng 〈书〉形。也作跌荡。(1)性格洒脱，不受拘束。(2)音调或行文有顿挫波折：他这篇文章写得～多姿。

【跌跌撞撞】diē·diezhuàngzhuàng 形。形容走路不稳；不加程度副词，常带助词"的"：这个小孩走起路来～的。可作状语：～地走着。

【跌交】diējiāo 动。不带宾语。(1)摔跟头：扶老太太过马路，别让她～。(2)比喻犯错误或受挫折：青年人在生活的道路上难免会～。可拆开用：跌了一交。

【跌落】diēluò 动。一般不带宾语。(1)物体往下掉；常带补语：一块瓦片从高处～下来。(2)下降；指价格、产量等：这几天蔬菜价格～了。

【跌足】diēzú 〈书〉动。跺脚；常表示人愤怒或失意时的动作，不带宾语，多作状语：～长叹|他一道："这如何是好!"

dié (ㄉㄧㄝˊ)

迭 dié 〈素〉(1)更换，轮流：更～。(2)及；不～。(3)屡次：～次。

【迭次】diécì 副。屡次：～商谈，进展缓慢。

【迭起】diéqǐ 动。一次又一次地兴起、出现；不带宾语：演唱会上掌声～|文坛上新秀～。

昳 dié 〈古〉形。太阳偏西。
另见yì。

瓞 dié 〈古〉名。小瓜。

垤 dié 〈古〉名。小土堆。蚁～(蚂蚁做窝时堆在洞口的小土堆)。

绖 dié 名。古时丧服上的麻布带子。

耋 dié 〈素〉七八十岁的年纪：耄(mào)～之年。

谍 dié 〈素〉(1)秘密探听军事、政治及经济等方面的消息：～报。(2)进行谍报活动的人：间～。

【谍报】diébào 名。刺探出来的关于敌方军事、政治、经济等方面的情报；常作定语：他从事～工作已有数十年。

堞 dié 〈素〉城墙上的齿状矮墙：城～|矮～。

喋 dié 见"喋喋"、"喋血"。
另见zhá。

【喋喋】diédié 形。说话没完没了；不加程度副词，多用在固定组合中：～不休。

【喋血】diéxuè 〈书〉动。血流满地；指杀人很多：当年日军～南京，惨绝人寰。也作蹀血。

牒 dié 〈素〉文书或证件：通～。

碟 dié 名。(～儿、～子)盛食物等的小盘子，扁而浅，比盘子小。

蝶(蜨) dié 见"蝴蝶"。

【蝶泳】diéyǒng 名。(1)游泳项目之一，姿势跟蛙泳相似，但两臂划水后须提出水面再向前摆去，因形似蝴蝶飞而得名。(2)指海豚泳。

蹀 dié [蹀躞](-xiè) 动。不带宾语。(1)小步走路：她跟在后面～而行。(2)来回走动；常带动态助词"着"：他在房中不停地～着。

鲽 dié 名。比目鱼的一类，身体侧扁像薄片，长椭圆形，有细鳞，两眼都在右侧，左侧向下卧在沙底。生活在浅海中。

嵽(嵽) dié [嵽嵲](-niè) 〈古〉形。形容山高。

叠(疊、疉) dié 动。折叠；指衣被、纸张等，常带宾语或补语：～衣服|～被子|一直～到两点多钟。注意："叠"不能简化作"迭"。

【叠床架屋】dié chuáng jià wū 成。床上叠床，屋上架屋。比喻累赘重复；含贬义。运用成语不要～。

【叠罗汉】dié luóhàn 词组。是体操、杂技表演项目之一，人上架人，重叠成各种造型。

【叠韵】diéyùn 名。汉语里，两个或几个意义相连或相关的字韵母相同叫叠韵，如"烂漫"，韵母同是"an"。

【叠嶂】diézhàng 名。重叠的山峰；多用在固定组合中：重峦～。

氎 dié 〈古〉名。细棉布。

dīng(ㄉㄧㄥ)

丁 dīng ❶名。(1)天干的第四位；常用作顺序的第四。(2)(～儿)蔬菜、肉类等切成的小方块儿：肉～儿|茭瓜～儿。❷〈素〉(1)成年男子：壮～|人口：人～。(3)指从事某种劳动的人：园～。(4)遭逢，碰到：～忧。❸姓。
另见zhēng。

【丁村人】dīngcūnrén 名。古代人类的一种，生活在旧石器时代中期。1954年于山西襄汾县丁村发现这种人类的化石，故名。

【丁当】dīngdāng 拟声。摹拟金属、瓷器等撞击的声音：碗碰得～响。可重叠：铁匠铺里，工人们丁丁当当敲个不停。也作叮当、玎珰。

【丁点儿】dīngdiǎnr〈方〉量。表示极小或极少；程度比"点儿"深：这一～小树苗，很难成活啊|我碗里就只有这一～的菜了，不够吃啊。

【丁东】dīngdōng 拟声。摹拟玉石、金属等撞击的声音：钟～敲了一下。可重叠：小张近来忙着打家具，整天丁丁东东的，真烦人。也作丁冬。

【丁零】dīnglíng 拟声。摹拟铃声或小的金属物体的撞击声：传来～～的风铃声。

【丁零当郎】dīng·lingdānglāng 拟声。摹拟金属、瓷器等连续撞击声：铜匠的担子，挑到哪里，～地响到哪里。

【丁宁】dīngníng 动。反复嘱咐；常带宾语：临走，妈妈又～了几句。也可带兼语：他～我一定要去看望爷爷。也作叮咛。

【丁是丁，卯是卯】dīng shì dīng, mǎo shì mǎo 成。一说"丁、卯"是"钉、铆"的谐音，某个钉(指榫头)一定要按在相应的铆孔里，不能有差错；一说"丁、卯"指天干和地支中的"丁"和"卯"，不能相混。比喻做事认真，不含糊，不马虎：老李做事，～，踏实认真。也作钉是钉，铆是铆。

【丁税】dīngshuì 名。古代的人口税。

【丁忧】dīngyōu〈书〉动。旧称遭到父母的丧事。也说丁艰。

仃 dīng 见"伶(líng)仃"。

叮 dīng 动。常带宾语。(1)蚊子等用针形口器吸血：这里有蚊子～人。(2)追问：我～了他一句："你倒底来不来啊?"。

【叮当】dīngdāng 见"丁当"。

【叮咛】dīngníng 见"丁宁"。

【叮嘱】dīngzhǔ 动。再三嘱咐；常带宾语：妈妈～我，骑车要注意交通安全。

玎 dīng 见"玎玲"、"玎珰"。

【玎珰】dīngdāng 见"丁当"。

【玎玲】dīnglíng 拟声。摹拟玉石撞击声。

盯 dīng 动。把视线集中在一点，注视；常带宾语或补语：～着他|～着靶心|～住了|眼睛不要总是～到一个人身上。也作钉。

【盯梢】dīngshāo 见"钉梢"。

町 dīng 地名用字。畹(wǎn)町镇，在云南省。
另见tǐng。

钉 dīng ❶名。(～儿、～子)用金属、竹、木制成的细棍形的东西，一头尖锐，可用来固定物体。❷动。(1)紧紧跟住；常带宾语或补语：～住对方的得分手。(2)督促，催问，常带宾语，并带动态助词"着"：你～着他一点，要他抓紧办。可带兼语：你要～他学好功课。(3)同"盯"。
另见dìng。

【钉梢】dīngshāo 动。不怀好意地紧跟在后面；不带宾语：特务在后面～。可拆开用：特务在钉你的梢。也作盯梢。

【钉是钉，铆是铆】dīng shì dīng, mǎo shì mǎo 见"丁是丁，卯是卯"。

疔 dīng 名。中医指一种毒疮。生于头面及四肢末端，形小根深，状如钉，故名。也叫疔疮。

耵 dīng [耵聍](-níng) 名。即耳屎。

酊 dīng 名。医药上指把生药或化学药品浸泡或溶解在酒精里而制成的液剂，如碘酊、橙皮酊等。

靪 dīng〈古〉动。补鞋底。

dǐng(ㄉㄧㄥˇ)

顶 dǐng ❶名。(～儿)人体或物体最高的部分: 头～|屋～。❷动。(1)用头支承; 常带宾语或补语: ～碗|在头上。(2)从下面拱起; 常带补语: 嫩芽～出来了。(3)用头撞击; 常带宾语或补语: 这头牛会～人|他把球～进了球门。(4)冒; 多与"风、雨、雪"搭配, 常带动态助词"着": ～着雨走。(5)抵住; 常带宾语或补语: 用杠子～着门|对歪风邪气要敢～住。(6)顶撞; 常用于下对上, 或晚辈对长辈: 他～了妈妈几句。(7)担当, 支持; 常带补语: 这儿的活我们～得下来|这些工作他俩～不了。(8)相当, 抵; 常带宾语: 他一个人能～两个人|这台机器干的活～几十个人。(9)替: 他的工作由我～。可带宾语: 叫他～我的工作。❸〈方〉介。直到; 与时间名词构成介词词组: 他今天～下午两点才吃饭。❹量。用于某些有顶的东西: 一～帽子|一～蚊帐。❺副。相当于"最", 多用于口语: 她～会想办法|～好。

【顶点】dǐngdiǎn 名。(1)三角形中顶角的两条边的交点或锥体的尖顶。(2)最高点, 极点: 在科学上, 只有刻苦攀登的人, 才有希望达到光辉的～。

【顶端】dǐngduān 名。(1)最高的部分: 他爬上桅杆的～。(2)末尾: 前面拐一个弯, 就到了这巷子的～。

【顶峰】dǐngfēng 名。(1)山的最高处: 登上～。(2)比喻事物发展过程中的最高点: 那是他一生中事业发展的～。

【顶刮刮】dǐngguāguā 〈口〉形。形容非常好; 不加程度副词, 多作谓语, 后面要加助词"的": 他的数学成绩在全班是～的。

【顶礼膜拜】dǐnglǐ móbài 成。顶礼: 跪下, 两手伏在地上, 用头顶着所崇敬的人的脚; 膜拜: 两手合掌放在额前, 长跪而拜。这都是佛教徒拜佛时最尊敬的礼节。现用来形容对人特殊恭敬或极端崇拜, 多用于贬义: 我们要学习外国先进的科学技术, 但不能对他们的一切都～, 奉若神明。

【顶梁柱】dǐng liángge zhù 习。比喻骨干

力量: 他工作积极, 技术精湛, 是车间里的～。

【顶牛儿】dǐngniúr 动。比喻相互冲突, 争持不下; 不带宾语: 兄弟俩不和, 一谈就～。可拆开用: 他俩谈着谈着就顶起牛儿来了。

【顶事】dǐngshì 动。有用, 能解决问题; 不带宾语: 天冷了, 穿上这件衣服不～。可拆开用: 天太冷, 穿这件衣服顶什么事?

【顶替】dǐngtì 动。(1)顶名代替: 他的工作由你～。可带宾语, 常构成连动词组: 她腰伤了, 你～她打四号主攻。(2)某些企业单位职工退休离职, 子女进该单位工作: 老刘下个月退休, 由他儿子来～。

【顶天立地】dǐng tiān lì dì 成。指形象高大, 气概豪迈: 刘胡兰是～的英雄。

【顶头上司】dǐngtóu shàngsi 〈口〉词组。指直接领导自己的人。有时也指机构。

【顶真】dǐngzhēn ❶〈方〉形。认真: 做事是他的一大特点。❷名。修辞格的一种, 用前文的结尾, 做下文的开头, 使语句衔接, 紧凑畅达, 如: "来者不善, 善者不来。"

【顶职】dǐngzhí 动。某些企业职工离退休时或去世后, 所在单位招收其儿女参加工作; 不带宾语, 多构成连动词组: 小陶～进厂了。

【顶撞】dǐngzhuàng 动。态度强硬地反驳别人; 多指对上级或对长辈, 常带宾语: 你不要～你爸爸。

酊 dǐng 见"酩(mǐng)酊"。

鼎 dǐng ❶名。(1)古代炊具, 多用青铜制成, 一般是三足两耳。(2)〈方〉锅。❷〈素〉正当: ～盛。

【鼎鼎】dǐngdǐng 形。盛大; 不加程度副词, 多用在固定组合中: 大名～。

【鼎沸】dǐngfèi 形。形容人声喧嚣嘈杂, 如水在鼎里沸腾一样; 不加程度副词: 会场里人声～。也比喻局势动荡: 明朝末年, 政治腐败, 四海～, 豪杰并起。

【鼎力】dǐnglì 〈书〉副。大力, 全力; 敬辞, 常作"相助、合作"等的状语: 承蒙～相助, 十分感谢。

【鼎立】dǐnglì 动。三方对峙,有如鼎的三足;不带宾语:魏蜀吴三国~。
【鼎盛】dǐngshèng 形。正当兴盛或强壮;不加程度副词:~时期|太平天国后期由于内讧,革命由~走向衰败|春秋~(正当壮年)。
【鼎新】dǐngxīn 〈书〉动。更新;不带宾语,常用在固定组合中:革故~。
【鼎足】dǐngzú 名。比喻三方面对立的局势:~而立|势成~|魏、蜀、吴各据一方,成~之势。

dīng（ㄉㄧㄥ）

订 dīng ❶动。常带宾语或补语。(1)订立,议定;通常与"条约、计划、章程"等搭配:~契约|公约已经~好了。(2)预先约定:~几个铺位|一份报。(3)装订;用于书籍本子:~本子。❷〈素〉修改、订正文字中的错误:修~|~正。
【订购】dìnggòu 动。约定购买;一般指货物,常带宾语:~了一台电冰箱。也作定购。
【订交】dìngjiāo 动。结交为朋友;不带宾语:在~以后,他不但是我的益友,而且是我的良师。
【订立】dìnglì 动。双方或几方经过协商后用条约、合同或书面形式肯定下来;多带宾语:两国~了和平友好条约。
【订阅】dìngyuè 动。预先付款订购;用于报刊,常带宾语:我每年~《人民日报》。也作定阅。
【订正】dìngzhèng 动。改正:初稿中的讹误已经~。可带宾语:~了一些错别字。
　　*"订正"和"改正":"订正"特指文字中的错误;"改正"既可指文字中的错误,也可以指其他缺点和错误。

钉 dīng 见"饾(dòu)钉"。

钉 dīng 动。常带宾语或补语。(1)把钉子或楔(xiē)子捶打进别的东西:~钉子|马掌|把窗户~结实。(2)用针线把带子、钮扣等缝住:~扣子|把口袋~上去。
　　另见dìng。

定 dìng ❶动。常带宾语或补语。(1)平静,稳定;多指心神等:让我~下心来再说|近来他心神不~,不知为什么。(2)决定,使确定:~计划|~下明天开会。(3)约定,预定:~了一批货。❷〈素〉不可改变的,规定的:~律|~期。❸〈书〉副。一定,必然:~能完成任务。❹姓。
　　*"定"和"订":作"约定、预定"讲时,可以通用。"定"作"平定、决定、使确定、一定"等讲时,不能用"订";"订"作"校订、装订、修订"等讲时,不能用"定"。
【定案】dìng'àn ❶动。对案件、方案等作决定;不带宾语,可拆开用:现在,这场纠纷才~|定一下案。❷名。对案件、方案等所作的决定。
【定编】dìngbiān 动。确定单位或部门工作人员的数额;不带宾语:没有~|~后的人数是16个。
【定场白】dìngchǎngbái 名。戏曲中角色第一次出场说的自我介绍的独白。
【定单】dìngdān 名。定购货物的单据:凭~取货。
【定夺】dìngduó 动。决定事情的可否或取舍;一般不带宾语:是否可行,请~。
【定额】dìng'é 名。规定的数量:生产~|~已经完成。
【定购】dìnggòu 见"订购"。
【定规】dìngguī ❶名。成规:这项制度在这里已成~。❷〈方〉副。一定;专指主观意志:这道题,我~要做出来。
【定睛】dìngjīng 动。集中视线;不带宾语,常与"一看"连用:我~一看,原来是姐姐来了。
【定居】dìngjū 动。固定地居住下来;多指牧民、渔民等流动的人:如今这里的牧民已开始~。可带处所宾语:鲁迅晚年一直~上海。
【定局】dìngjú ❶动。作最后决定;不带宾语:这件事要等老王到场才能~。❷名。已确定的形势:胜负已成~。
【定理】dìnglǐ 名。已经证明具有正确性、可以作为原则或规律的命题或公式。如平行四边形的对边相等就是平面几何中的一个定理。
【定量分析】dìngliàng fēnxī 词组。通常

指化学上测定某物质所含各种成分数量多少的方法,也指对某事物作数量分析的方法:对学生阅读课外书籍的情况作~。

【定律】dìnglǜ 名。为实践所证明的反映客观事物在一定条件下发展变化规律的论断,有时也用公式来表示。如牛顿定律。

【定论】dìnglùn 名。确定的论断:此事已有~。

【定名】dìngmíng 动。为事物命名;不用于人:这条路~为"人民路"。

【定盘星】dìngpánxīng (1)戥子和秤上标志起算点(重量为零)的星儿。秤锤悬在这点时,恰好和秤盘平衡,故称定盘星。(2)比喻一定的主张;多用于否定句、问句:做事怎能没有~?

【定评】dìngpíng 名。确定的评价:这是一部已有~的好作品。

【定期】dìngqī ❶动。确定了日期;常构成连动词组:代表大会~举行。❷形。有一定期限的;不加程度副词,作定语或状语:~储蓄|~检查。

【定然】dìngrán 副。一定会如此:他将如期归来,这是~无疑的。

【定神】dìngshén 动。不带宾语。(1)集中注意力,常与"看"连用:~一看,原来是我的老同学。(2)使心神安定;可拆开用:他这么一解释,我才定了神。

【定时炸弹】dìngshí zhàdàn 词组。预先放在某处,能按预定时间爆炸的炸弹。

【定弦】dìngxián 动。不带宾语,可拆开用。(1)调整乐器上弦的松紧以确定音调。(2)比喻打定主意;他还没~呢|这事已经定了弦,别再更动了。

【定向】dìngxiàng 形。方向确定的;不加程度副词,不单独作谓语,常作状语:~供应|~培养人才|有的院校实行部分新生~招生、~分配的办法,受到热烈欢迎。

【定心丸】dìngxīnwán 名。比喻能安定思想情绪的言行:你这一讲,我像吃了一颗~。

【定型】dìngxíng 动。事物的特点逐渐形成并固定下来;不带宾语:他已二十八岁,身材早~了。可拆开用:定了型。

【定性】dìngxìng 动。不带宾语。(1)测定物质的成分和性质:~分析。(2)确定问题的性质:对他犯的错误还没~。

【定谳】dìngyàn 〈书〉动。谳:议罪。司法上指定案;不带宾语:此案尚待~。

【定义】dìngyì 名。对于一种事物的本质特征或一个概念的内涵和外延的确切而简要的说明。

【定语】dìngyǔ 名。句子的附加成分,是附加在名词前边(多是主语、宾语),起修饰、限制作用的成分。形容词、名词、代词、数量词等都可以做定语。例如"(新)房子","(木头)桌子","(他)的老师","(三架)飞机",括号中的词语都是定语。

【定员】dìngyuán 名。规定的人数;常指机关、部队等人员编制的名额,或车船等规定容纳乘客的数目。

【定阅】dìngyuè 见"订阅"。

【定准】dìngzhǔn ❶名。确定的标准:该奖则奖,该罚则罚,要有个~。❷副。一定:你要是见了他,~高兴。

啶 dìng 见"吡(bǐ)啶"。

腚 dìng 〈方〉名。屁股。

碇(矴、椗) dìng 名。系船的石礅。

锭 dìng ❶名。(1)(~子)纺车或纺纱机上绕纱的机件。(2)做成块状的金属或药物等;多作中心语:钢~|万应~。❷量。用于成锭的东西:一~墨。

diū(ㄉㄧㄡ)

丢 diū 动。常带宾语或补语。(1)遗失,丢失;可加动态助词"了、过":我~过一个钱包|这件事使他~了面子。(2)扔:不要乱~果皮。(3)搁置,放;可带动态助词"了":~不开这件事|外语我已~了好几年。

【丢掉】diūdiào 动。常带宾语。(1)失掉;可加动态助词"了、过":~了钱包|我的一本书~了。(2)抛弃:~幻想,准备斗争。

【丢脸】diūliǎn 动。丧失体面,丢丑;不带宾语:不要给我们集团~。可拆开用:丢了脸。

【丢三落四】diū sān là sì 成。形容善忘

或马虎：最近记忆力不好，～的|办事要认真，不能～。注意："落"这里不念luò。

【丢失】diūshī 动。遗失；可加动态助词"了、过"：钱包～了。可带宾语：他～了一本书。

【丢手】diūshǒu 动。放手不管；不带宾语：工作还没有结束，不能～。常构成连动词组：这件事你不能～不管。可拆开用：那件事你就丢开手，不要再管了。

【丢卒保车】diū zú bǎo jū 成。原为象棋战术用语，后用来比喻丢掉次要的，保住主要的：为了保证抗洪排涝的胜利，现在需要～，放弃这块圩田，保住大坝。注意："车"这里不读chē。

铥 diū 名。金属元素，符号Tu。是稀土金属之一。

dōng (ㄉㄨㄥ)

东(東) dōng ❶方位。表示方向，指太阳出来的一边；常与"以、之、边、面、头"等组合成复合方位词：工厂的大门向～|公园～面，有一排雪松。❷〈素〉主人，请客的人（古时主位在东，宾位在西）：房～|股～|做～。❸姓。

【东半球】dōngbànqiú 名。指地球的东半部，从西经20°起向东到东经160°止。陆地包括亚洲、欧洲、非洲和大洋洲的全部以及南极洲的绝大部分；与"西半球"相对。

【东北】dōngběi ❶方位。表示方向，在东和北之间：院子的～有一棵大槐树。❷名。指我国东北地区，包括辽宁、吉林、黑龙江三省以及内蒙古自治区的东部。

【东不拉】dōngbùlā 见"冬不拉"。

【东床】dōngchuáng 名。指女婿。《晋书·王羲之传》记载：东晋太尉郗鉴派门生到王导家去选女婿。门生回来说："王家的子弟都很好，但是听说我去选女婿都拘谨起来，只有一位在东床上敞着怀吃饭，好像没这回事一样。"郗鉴说："这正是我要选的女婿。"这个人就是王羲之。于是就把女儿嫁给了他。后就称女婿为东床。

【东道】dōngdào 名。请客的主人：今天我做～，请你吃饭|略尽～之谊。也叫东道主。

【东方】dōngfāng 名。(1)指方向，太阳出来的那一边：轮船驶向～。(2)指亚洲，习惯上也包括埃及。❷复姓。

【东风】dōngfēng 名。(1)来自东边的风：刮～。(2)春风：～拂面精神爽。(3)比喻革命的力量：～压倒西风。

【东宫】dōnggōng 名。封建时代太子住的地方，借指太子。

【东郭】dōngguō 复姓。

【东汉】dōnghàn 名。朝代名，公元25—220年，自光武帝（刘秀）建武元年起到献帝（刘协）延康元年止。建都洛阳。也叫后汉。

【东胡】dōnghú 名。我国古代民族，居住在今内蒙古东南一带。

【东家】dōng·jia 名。(1)旧时受人雇用、聘请的人称他的主人。(2)佃户称租给他土地的地主。

【东晋】dōngjìn 名。朝代，公元317—420年，自元帝（司马睿）建武元年起到恭帝（司马德文）元熙二年止。建都建康（今南京）。

【东鳞西爪】dōng lín xī zhǎo 成。原指画龙时，龙体为云雾所遮，东露一鳞，西露一爪，不见全貌。比喻事物零碎，不完整：这里～地记了一些我在苏州的见闻，是很不全面的。

【东南】dōngnán ❶方位。指方向，在东和南之间：工厂的～角有一座水塔。❷名。指我国东南沿海地区，包括上海、江苏、浙江、福建、台湾等省市。

【东山再起】dōng shān zài qǐ 成。东晋谢安退职后在东山隐居，后来又出来做了大官。原指再度任职，现多比喻失败后重新得势：这支球队屡得冠军，大赛失败后，他们没有灰心，更加抓紧训练，力图～，重振雄风|他前几年被撤职，如今～，又担任了重要职务。

【东施效颦】dōng shī xiào pín 成。《庄子·天运》中说，美女西施病了，按着心口，皱着眉头，显得更美。邻人丑女东施学她的样子，反而更丑了。比喻胡乱模仿，结果适得其反：不结合本单位实际学先进，可谓～，不会取得好效果的。

【东西】dōngxī ❶词组。东边和西边：

教室～两头都有黑板。❷名。指从东到西的距离：教室～长20米。

【东西】dōng·xi (1)泛指事物：上街买～｜只要下苦功,没有什么～学不好。(2)特指人或动物；多含厌恶或喜爱的色彩：你这老～｜小～,别淘气！

【东乡族】dōngxiāngzú 名。少数民族之一,主要分布在甘肃省一带。

【东洋】dōngyáng 名。指日本；多作定语：～人｜～货。

【东野】dōngyě 复姓。

【东正教】dōngzhèngjiào 见"正教"。

【东周】dōngzhōu 名。朝代,公元前770—公元前256年,自周平王(姬宜臼)迁都洛邑(在今河南洛阳市西)起,到被秦灭亡止。

崬（崠） dōng 地名用字。崬罗,在广西。今作东罗。

鸫（鶇） dōng 名。鸟,种类很多,嘴细长而侧扁,羽毛多淡褐色或黑色,翅膀长而平,叫声好听。

冬（△鼕） dōng ❶名。冬季,一年的第四季。△❷拟声。摹拟敲鼓或敲门声；常叠用：战鼓～～｜～～的敲门声。❸姓。

【冬不拉】dōngbùlā 名。哈萨克族常用的弦乐器,一般有两根弦或四根弦,形状像半个梨加上长柄。也作东不拉。

【冬虫夏草】dōngchóngxiàcǎo 名。一种真菌,寄生在鳞翅目昆虫的幼体中,被害的幼虫冬季钻入土内,逐渐形成菌核,夏季从菌核或死虫的身体上长出菌体的繁殖器官来,形状像草,故称冬虫夏草。中医可入药,有滋补作用。简称虫草。

【冬烘】dōnghōng 形。思想迂腐,知识浅陋；含贬义或讽刺意,不加程度副词：～先生。

【冬眠】dōngmián 动。某些动物对不利生活条件的一种适应,一般是冬季僵卧在洞里,血液循环和呼吸非常缓慢,神经活动几乎完全停止；不带宾语：青蛙～了。

【冬青】dōngqīng 名。常绿乔木,叶子长椭圆形,前端尖,花白色,雌雄异株,果实球形,红花。种子和树皮可入药。

【冬训】dōngxùn 动。在冬季进行训练；不带宾语：运动员们正在～。常作"开始、进行"等动词的宾语：游泳队已开始～。

【冬月】dōngyuè 名。指农历十一月。

【冬至】dōngzhì 名。二十四节气之一,一般在12月21日、22日或23日。这一天,北半球白天最短,夜间最长。参见"二十四节气"。

咚 dōng 同"冬❷"。

氡 dōng 名。放射性气体元素,符号Rn。是由镭衰变而成的。无色无臭,化学性质不活泼,可溶于水。地下水含氡量异常,是发生地震的一种征兆。医药上用以治疗癌症。

dǒng（ㄉㄨㄥˇ）

董 dǒng ❶〈素〉(1)监督管理：～事｜～理。(2)董事：校～｜商～。❷姓。

【董事】dǒngshì 名。董事会的成员。

【董事会】dǒngshìhuì 名。某些大企业、事业单位的最高领导机构。

懂 dǒng 动。了解,明白：你的意思我～了。常带宾语：～技术｜他～日语。可加程度副词：很～道理。

【懂得】dǒng·de 动。知道；常用表示"意义、做法"等的词语搭配,多带宾语：你～这里面的含义吗｜他不～怎样做。

【懂行】dǒngháng 〈方〉形。熟悉某种业务：这位供销员不大～。

dòng（ㄉㄨㄥˋ）

动（動） dòng ❶动。(1)改变原来的位置或状态：书架上的书不知谁来～过了｜没有风,连树叶都不～。可带宾语：桌子要～个位置。(2)动作,行动；不带宾语,常带补语：听了报告后,大家立即～起来了。(3)使用,起作用；多带宾语：～刀～枪｜～脑子。(4)触动；指思想情绪,须带宾语：～了公愤｜～过感情。(5)使改变主意；用在动词后,作补语：一句话打～了他｜劝不～他。(6)〈方〉吃；常带宾语或补语,多用于否定式：生这种病要吃素,不宜荤｜这种蕈有毒,～不得。❷〈书〉副。往往,常常：观众～以万计。❸〈素〉(1)能动的：～物。(2)可以变动的：～产。(3)

感动：～人｜～心。(4)开始做：～工｜～身。

【动不动】dòng·budòng 副。表示很容易发生某种行为或动作；常同"就"配合使用，多含厌烦意：～就生气｜他身子骨太差，～就感冒。

【动产】dòngchǎn 名。可以移动的财物，如金钱、家具等；与"不动产"相对。

【动词】dòngcí 名。语法上指陈述人或事物的动作、行为、变化等的词，在句中主要作谓语，也可作定语、宾语等。如"打、学习、笑、开始、是、上来、下去"等。

【动荡】dòngdàng 动。波浪起伏，比喻局势、社会不稳定、不平静，不带宾语，带补语：社会～不安，就不可能顺利进行经济建设。

【动工】dònggōng 动。不带宾语，可拆开用。(1)开工；一般指土木工程：实验大楼已经破土～｜动了工。(2)施工：这里正在～，请注意安全。

【动画片】dònghuàpiàn 名。美术片的一种，是把许多张有连贯性动作的图画拍摄下来，以一定的速度连续放映，使人产生活动的印象，这种影片叫动画片。

【动机】dòngjī 名。推动人从事某种行为的念头：～不良｜既要有好的～，又要有好的方法，才能取得好的效果。

【动静】dòng·jing 名。(1)动作或说话的声音；常跟"听、听见"等搭配使用：教室里没有一点～｜听不见半点～。(2)情况；常跟"发现、注视、观察、侦察"等搭配使用：他背着粪筐走出来，想听听消息，观察～｜敌人没有什么～。

【动力】dònglì 名。(1)使机械作功的各种作用力，如风力、水力、电力、畜力等：这种机器以电为～。(2)比喻推动工作、事业前进和发展的力量：人民是创造世界历史的～。

【动量】dòngliàng 名。表示运动物体运动特性的一种物理量。动量的方向和物体运动的方向相同。它的大小等于运动物体的质量和速度的乘积。

【动乱】dòngluàn 形。骚动变乱。常指社会不安定：秦朝末年，社会～，农民纷纷起义｜在那～的年代里，他仍坚持科研工作。

【动脉】dòngmài 名。把心脏中压出来的血液输送到全身各部分的血管。

【动脉硬化】dòngmài yìnghuà 词组。一种疾病，动脉管壁增厚，弹性减弱，管腔狭窄，甚至完全堵塞。多由高血压、血液中胆固醇含量增多等引起。

【动能】dòngnéng 名。物体由于运动而具有的能，它的大小是运动物体的质量和速度平方乘积的二分之一。

【动怒】dòngnù 动。发怒；不带宾语：请别～。可拆开用：心平气和地说吧，动什么怒？

【动情】dòngqíng 动。不带宾语，可拆开用。(1)情绪激动：读岳飞的《满江红》，不由得不～。(2)产生爱慕之情：他俩相处不久，但彼此都动了情，爱情的种子悄悄地萌发了。

【动人】dòngrén 形。使人感动：故事很～｜～的场面。

【动容】dòngróng 〈书〉动。内心受感动而在面部表现出来；不带宾语：听了战斗英雄的报告，人人为之～。

【动身】dòngshēn 动。出发，启程；不带宾语，可拆开用：明天一早就～｜他已经动了身。

【动手】dòngshǒu 动。不带宾语，可拆开用。(1)开始做，做：大家一齐～，任务很快就完成了｜请你也来帮个忙，动一下手。(2)用手接触：陈列商品，请勿～｜精密仪器，动不得手。(3)打人：谁先～，谁就错了。

【动态】dòngtài 名。变化发展的情况：科technology～｜教改～｜教师应经常了解学生的思想～。

【动弹】dòng·tan 动。活动；指人、动物或能转动的东西：那老虎已奄奄一息，不能～了｜汽车上人真多，挤得我～不得。可带宾语：～一下胳膊。

【动听】dòngtīng 形。听了使人感动或感觉有兴趣：这歌声，婉转悠扬，十分～｜他讲起话来，娓娓～。

【动土】dòngtǔ 动。开始破土；多用于建筑、安葬等，不带宾语：这幢楼房已于昨天～兴建。

【动问】dòngwèn 〈方〉动。请问；用于客套话：不敢～，您贵姓？

【动武】dòngwǔ 动。使用武力；既可指发动战争，又可指殴打，不带宾语：两国在边境上～了|你们不要是少先队员，怎么能～呢？可拆开用：双方都动了武。

【动物】dòngwù 名。生物的一大类，多以有机物为食料，有神经，有感觉，能运动。

【动向】dòngxiàng 名。活动或发展的趋向：思想～|国际时局的新～|密切注视敌人的～。

【动心】dòngxīn 动。因受影响而思想感情起波动；不带宾语，可拆开用：面对敌人的金钱、美女，王政委丝毫没有～|经大家一再劝说，大伯终于动了心，答应同大家一起上山。

【动摇】dòngyáo 动。(1)不稳定，不坚定；不带宾语：革命立场决不～|我们毫不～地朝着社会主义方向前进。(2)使动摇；须带宾语：任凭风吹浪打，也～不了他的信念。

【动议】dòngyì 名。会议中的临时建议：他在会上提了一条～。

【动用】dòngyòng 动。使用；一般用于款项或物资：那批木材，非到急需，不能～。常带宾语：～公款。

【动员】dòngyuán 动。发动人参加某项活动；常带宾语或补语：～群众|全市人民～起来，积极开展爱国卫生运动。可带兼语：～全校师生参加植树活动。

【动辄】dòngzhé 〈书〉副。动不动就：～得咎|～训人。

【动作】dòngzuò ❶名。全身或身体一部分的活动：艺术体操的基本～|～敏捷。❷动。活动；不带宾语：弹钢琴要十个指头都～。

＊"动作"和"行动"："动作"往往用于军事、体育、文艺等方面的表演，"行动"使用范围较广，可用于人的各方面活动。"动作"常同"准确、优美、熟练"等搭配；"行动"常用"崇高、光荣、正义"等修饰。"动作"的动词用法较少见，"行动"的动词用法很常见。

冻(凍) dòng ❶动。可带宾语。(1)遇冷凝固，指液体或含水分的东西：今天河水没有～|～了两块豆腐。常带表示结果的补语：大白菜～坏了|地都～硬了。(2)受冷或感到冷；常用于人或动物：别～坏了身体|今天天气真冷，～得我够呛！❷名。(～儿)汤汁等凝结成的半固体：肉～儿|鱼～儿。

【冻结】dòngjié 动。(1)液体遇冷凝结；加"成"后常带表示结果的宾语：缸里的水已～成冰。(2)比喻阻止流动或变动；一般指人员、资金等：资金～|人事～。

栋(棟) dòng ❶〈素〉房子的正梁：～梁。❷量。用于房屋，一座叫一栋：一～楼房。

【栋梁】dòngliáng 名。(1)房屋的大梁。(2)比喻担负国家重任的人：～之材|国家的～。

胨(腖) dòng 名。即蛋白胨，有机化合物，医学上用作细菌的培养基，又可以治疗消化道的病。

侗 dòng 名。指侗族，我国少数民族之一，分布在贵州、湖南和广西等省区。
另见tóng, tǒng。

垌 dòng 〈方〉名。田地；多用于地名：合伞～(在贵州)|儒～(在广东)。
另见tóng。

恫 dòng 〈素〉恐惧：～吓。

【恫吓】dònghè 〈书〉动。威吓，吓唬(·hu)：不怕敌人～。可带宾语：不要拿原子武器～世界人民。

峒 dòng 名。山洞；多用于地名：～中(在广东)|吉～坪(在湖南)。
另见tóng。

洞 dòng ❶名。(～儿)洞穴，窟窿：老鼠进了～|衣服上有一个～。❷〈素〉透彻，清楚：～察|～晓。

【洞察】dòngchá 动。观察得很清楚；常带宾语：～是非|他双眼炯炯有神，仿佛能～一切事物。

【洞彻】dòngchè 动。透彻地了解；常带宾语：他～事理，颇有见识。

【洞达】dòngdá 动。很明白，很了解；常带宾语：别看他年纪不大，却～人情世故。

【洞房】dòngfáng 名。新婚夫妇住的新房。

【洞府】dòngfǔ 名。神话传说指深山中神仙居住的地方。

【洞见】dòngjiàn 动。很清楚地看到；常带宾语：～症结之所在。

【洞若观火】dòng ruò guān huǒ 成。洞：透彻。像看火一样清楚。形容观察事理明白透彻：丰富的生活经历，使她能～地预见到，这样做可能带来不良的后果｜他对敌情～，因此分析得头头是道。

【洞悉】dòngxī 动。很清楚地了解；常带宾语：指挥员应该～敌情｜对手刚举手移棋，她便能很快～对方的意图。

【洞晓】dòngxiǎo 动。透彻了解，精通：他对琴棋书画，无不～。常带宾语：～其中利弊。

【洞烛其奸】dòng zhú qí jiān 成。洞：透彻；烛：照亮。形容看透了对方的阴谋诡计：谈判时，张司令～，立即戳穿了敌人的阴谋。

胴 dòng 名。(1)体腔，整个身体除去头部四肢和内脏以外的部分。(2)〈古〉大肠。

硐 dòng 名。山洞、窑洞或矿坑。

dōu（ㄉㄡ）

都 dōu 副。(1)表示总括，所总括的成分在前；常同"每、各、谁"等代词或"不论、无论、不管"等连词配合使用：我们～同意你的意见｜每道题目他～答对了｜给谁～行｜不管刮风下雨，我们～坚持锻炼。(2)表示"甚至"；常同副词"连"配合使用，语气更重：这阵狂风连大树～吹倒了。(3)表示"已经"；句末常用"了"：他～七十岁了，精神还是那么健旺｜一点钟了，还不休息？
另见 dū。

哫 dōu 拟声。摹拟怒斥声；多见于早期白话。

兜 dōu ❶名。(～儿、～子)口袋，或口袋一类的东西：衣服上缝了一个～儿。❷动。(1)做成兜形把东西拢住；常带宾语，并带动态助词"着、了"：老大娘用手巾～着几只鸡蛋。(2)招揽，常带宾语：～生意。(3)绕；常带宾语：～了一个圈子。(4)承担或包下来；通常不带宾语或补语，可带动态助词"着、了"：出了什么事，我～着。

【兜抄】dōuchāo 动。从后面和两侧包围攻击；常带补语：敌人向我军～过来。

【兜底】dōudǐ 〈口〉动。把底细全部揭露出来；多指隐讳的事，不带宾语，常构成连动词组：我把这事儿～告诉你。可拆开用：这件事我给你兜个底。

【兜肚】dōudu 名。贴身护住胸腹部的菱形的布，用钉好的布带套住脖子，左右两角的带子束到背后。

【兜风】dōufēng 〈方〉动。坐车船或骑马游逛；不带宾语，可拆开用：他爱坐小汽车～｜兜了两小时风。

【兜揽】dōulǎn 动。常带宾语。(1)招引顾客，推销商品：～了一笔生意。(2)把事情往身上拉：你干什么去～这种事？

【兜鍪】dōumóu 名。古代作战时戴的盔。

【兜圈子】dōu quānzi ❶词组。绕圈子：飞机在树林子上空～。❷习。比喻说话、办事不直截了当：有什么想法尽管说出来，不必～。

【兜售】dōushòu 动。常带宾语。(1)到处推销货物：向人～｜～农产品。(2)比喻让人接受某种政治主张；用于贬义：他到处～他那一套臭名昭著的谬论。

【兜销】dōuxiāo 动。兜售。

蔸 dōu 〈方〉❶名。指某些植物的根和靠近根的茎。❷量。相当于"丛"或"棵"：两～白菜｜一～树。

篼 dōu 名。用竹、藤、柳条等做成的盛东西的器具。

【篼子】dōuzi 名。用竹椅子捆在两根竹竿上做成的抬人用的交通工具，作用和轿子相同。

dǒu（ㄉㄡˇ）

斗 dǒu ❶量。市制容量单位，十升合一斗。❷名。(1)量粮食的量器，方形或鼓形，多用木头或竹子做成，容量是一斗：这是当年地主收租用的～。(2)旋转成圆形的指纹。(3)二十八宿之一。通称南斗。(4)北斗星的简称。❸〈素〉(1)形状像斗的东西：漏～｜熨～。(2)表示小东西的大：～胆。(3)表示大东西的小：～室。
另见 dòu。

【斗胆】dǒudǎn 形。大胆；不加程度副词，不单独作谓语，多作谦辞：我～说一句，这事儿是你的不是。
【斗方】dǒufāng 名。书画所用的方形印张。也指一、二尺见方的字画：～之间，千山万水。
【斗方名士】dǒufāng míngshì 成。斗方：一、二尺见方的诗幅或书画页；名士：知名而未出仕的人。指好(hào)在斗方上写诗或作画以相标榜的名士。讥讽平庸好名的文人；含贬义：那几个人是一些，只想着沽名钓誉。
【斗拱】dǒugǒng 名。我国传统木结构建筑中梁柱之间的一种支承结构。由斗形方木(斗)和方形横木(拱)两种基本构件组成，可使屋檐外伸。也作斗栱、枓栱。
　　另见dòugǒng。
【斗箕】dǒujī 名。斗：圆形的指纹；箕：簸箕形的指纹。指纹有斗有箕，所以把指纹叫做斗箕。
【斗筲】dǒushāo 〈书〉名。斗和筲都是古代量器，比喻器量狭小，才识浅狭；多作定语：～之材｜～之人。
【斗室】dǒushì 〈书〉名。屋子像斗一样，形容极小：身居～，心怀天下。
【斗转参横】dǒu zhuǎn shēn héng 成。斗：北斗星；参：参星。北斗转向，参星打横。表示即将天亮：他经常夜读，～，还不就寝。

抖

dǒu 动。常带宾语或补语。(1)颤动，振动：～掉身上的雪｜身子～了一下。(2)振作，鼓起；常以"精神"作宾语：～起精神。(3)全部倒出，彻底揭穿；常带补语：他把底细全～出来了。(4)因有钱有地位等而得意；常含讽刺意：～威风｜～起来了。
【抖动】dǒudòng 动。(1)颤动；不带宾语，可带补语：地震时，大地忽然～起来。(2)用手振动物体；常带宾语或补语：用力～树枝｜把衣服～了一下。
【抖搂】dǒu·lou 〈方〉动。(1)振动使附着的东西落下来；常带补语：把衣服上的灰～干净。(2)揭露；跟"出来、出去"并用：把问题都～出来。(3)浪费；多用于财物，常带补语：别把钱～光了。
【抖擞】dǒusǒu 动。奋发，振作；专用于

精神：精神～～｜～～精神。

枓

dǒu [枓栱](-gǒng) 见"斗拱"。

蚪

dǒu 见"蝌(kē)蚪"。

陡(阧)

dǒu ❶形。斜度很大，近于垂直：这座山很～。❷〈书〉副。突然；多与单音节动词搭配：风云～变。

【陡峻】dǒujùn 形。既陡又高；多指山峰或地势：山势～。
【陡立】dǒulì 动。直立；多用于山峰、建筑物等，不带宾语：山峰～。
【陡峭】dǒuqiào 形。坡度很大，几乎直上直下；多指山势：～的山岩。
【陡然】dǒurán 副。突然；用在动词前面或句首，表示情况或动作发生急速，出乎意料：天上～下起了瓢泼大雨。

dòu(ㄉㄡ)

斗(鬥、鬦、鬭)

dòu ❶动。常带宾语或补语。(1)斗争：～地主｜同天～，同地～｜～了几年。(2)拼合，凑合：～不上榫。多带补语：这个口袋是用几块碎布～起来的｜大家把意见～一～。(3)比赛争胜：两人～过嘴｜～不过他。(4)使动物争斗：～牛｜～蟋蟀。❷〈素〉对打：械～｜争～。
　　另见dǒu。

【斗法】dòufǎ 动。旧小说中指用法术相斗，现比喻使用计谋暗中争斗；不带宾语：他在和我～，我可不怕他。
【斗拱】dòugǒng 名。斗拱(dǒugǒng)的又一种读音。
【斗争】dòuzhēng 动。(1)矛盾双方互相冲突，一方力求战胜另一方：阶级～｜政治～｜我们要同封建迷信思想进行～。(2)揭露，批判：～坏分子。(3)努力奋斗；多用在"为……而……"的格式中：为全人类的解放而～。
　　*"斗争"和"奋斗"："斗争"除有"奋斗"的意思之外，还有搏斗的意思；"奋斗"指为了达到一定目的而努力地干。"斗争"有时可以带宾语；"斗争"不带宾语。"斗争"可以和政治、经济、思想、阶

级等词组合；"奋斗"不能。

【斗志】dòuzhì 名。战斗的意志：～昂扬。

【斗志昂扬】dòuzhì ángyáng 成。形容斗争意志高涨，精神焕发：战士们～地走向训练场。

【斗智】dòuzhì 动。用智谋相较量；不带宾语：在对敌斗争中不仅斗勇，更要～。可拆开用：斗了几回智。

豆（△荳）dòu ❶名。△(1)豆科植物的统称，两个子叶，草本、木本都有，结荚果，种子略呈球形或扁球形。如大豆、落花生、槐树等。△(2)(～儿、～子)豆类植物的种子：一颗～儿。(3)古代盛食物的器具，有点像带高座的盘。❷〈素〉形状像豆粒的东西：花生～儿｜土～儿。❸姓。

【豆蔻】dòukòu 名。(1)多年生草本植物，外形似芭蕉，花淡黄色，果实扁球形，种子像石榴子，有香味。果实和种子可入药。(2)这种植物的种子。(3)〈书〉比喻年少而美丽的女子；多作定语：～年华。

【豆绿】dòulǜ 形。像青豆一样的绿色；不加程度副词，不单独作谓语，只作定语：这是一块～色的布。

【豆蓉】dòuróng 名。用豌豆、绿豆等煮熟后捣烂成泥加糖制成的点心馅儿：～月饼。

饾 dòu 见"饾饤"、"饾版"。

【饾版】dòubǎn 名。木刻水印的旧称。因为是由若干块版拼凑而成，有如饾饤，故名。

【饾饤】dòudìng 〈书〉名。(1)供陈设而不吃的食品。(2)比喻堆砌的词藻：文中～甚多｜～成篇。

逗 dòu ❶动。(1)招惹，逗引；常带宾语或兼语：别再～他了｜～人发笑。(2)〈方〉逗笑儿；可加程度副词：这话真～｜她是一个爱说爱～的姑娘。❷〈素〉停留：～留。❸同"读(dòu)"。

【逗哏】dòugén 动。用滑稽有趣的话引人发笑；多作定语：他是一个擅长于～的相声演员。

【逗号】dòuhào 名。标点符号(，)，表示句子中较小的停顿。也叫逗点。

【逗留】dòuliú 动。暂时停留；一般不带宾语，可带补语：他在北京～了三天｜～在北京。

【逗弄】dòu·nong 动。(1)引逗；可带宾语或兼语：他常会～人｜他笑起来。(2)作弄；含贬义：别～小孩，这样做不好。

【逗引】dòuyǐn 动。用言语、行动逗弄对方；常带宾语或补语：～小孩子｜把她～得笑起来。

脰 dòu 〈古〉名。脖子。

痘 dòu 名。(1)人或牲畜患的一种传染病，由病毒引起，发病后皮肤或粘膜上出现豆状脓疱，如痘疮(天花)、水痘等。(2)指痘苗：种～。

【痘疮】dòuchuāng 见"天花"。

【痘苗】dòumiáo 名。接种到人体上的可以预防天花的疫苗，用病牛身上的痘疱中的浆液制成。

读（讀）dòu 名。旧指文章里一句话的意思没完而需要的停顿；通常"句读"合用，稍长的停顿叫"句"，极短的叫"读"。后来也把"读"写成"逗"。

另见dú。

窦（竇）dòu ❶〈素〉(1)孔，洞：狗～｜疑～。(2)人体某些器官或组织的内部凹入的部分：鼻～。❷姓。

毂（毂）dū 动。用指头、棍棒等轻击轻点；常带宾语或补语：～个点儿｜～了一下。

都 dū ❶〈素〉(1)一国中央政府所在地：首～｜建～。(2)大城市：～市。❷姓。

另见dōu。

【都城】dūchéng 名。首都。

【都督】dūdū ❶名。古代的军事长官，民国初年各省也设有都督，兼管民政。❷动。统率；常带宾语：～各路人马。

【都会】dūhuì 名。大城市。也说都市。

阇 dū 〈古〉名。城门上的台。

另见shé。

嘟 dū ❶拟声。摹拟喇叭声、哨子声等；常叠用：汽车喇叭～～直响。

❷〈方〉动。生气时撅着嘴；多带宾语，并带动态助词"着"：他~着嘴，一转身，走开了。也可带补语：把嘴~得高高的。

【嘟噜】dū·lu〈口〉❶量。用于连成一串的东西：一~葡萄。❷名。连续颤动舌或小舌发音：打~。❸动。向下垂着，成为一堆；不带宾语，常加动态助词"着"：那个人的裤子口袋~着，很可能揣着什么重的东西。

【嘟囔】dū·nang 动。连续不断地自言自语；不带宾语，可带动态助词"着、了"：他在那里~了半天，也不知他说些什么。可重叠：他在那里嘟嘟囔囔地唠叨个没完。也作嘟哝。

【嘟哝】dū·nong 动。嘟囔。

尻(屄) dū
〈方〉名。(~儿、~子)(1)屁股。(2)蜂或蝎子等的尾部。

督 dū
〈素〉监督，催促：~促｜~师。

【督促】dūcù 动。监督催促；常带宾语或兼语：老张到乡里来~秋收秋种工作｜你去~他把地扫干净。

【督军】dūjūn 名。民国初年一省的最高军事长官。

【督学】dūxué 名。旧时教育行政机关中专管视察和指导教育工作的人员。

dú(ㄉㄨˊ)

毒 dú
❶名。(1)对生物体有害的物质：这种蘑菇有~。(2)对思想意识有害的事物：中了这本坏书的~。❷动。用有毒物杀害；常带宾语：~老鼠。❸形。毒辣，凶狠，强烈：~打｜太阳真~，烤得人直淌汗。

【毒草】dúcǎo 名。有毒的草。比喻思想反动的言论、作品等；常与"香花"相对：别把香花当~。

【毒害】dúhài ❶动。用有毒的东西使人受害；常带宾语：清朝末叶，英国殖民者大肆贩卖鸦片，~中国人民｜不能让坏小说~青少年。❷名。能毒害人的事物：他看了一些淫秽录像，受到很深的~。

【毒化】dúhuà 动。多带宾语。(1)反动派利用文化、文艺等向人民灌输落后、反动思想；含贬义：有一些淫秽书刊~着青少年的思想。(2)使气氛等变坏：~气氛｜~了社会风气。

【毒计】dújì 名。毒辣的计策；含贬义：他施展出一条借刀杀人的~。

【毒辣】dúlà 形。狠毒残忍；多指人的心肠或手段：敌人用阴险~的诡计，妄图一举消灭我革命根据地。

【毒品】dúpǐn 名。指作为嗜好品用的鸦片、吗啡、海洛因等。

【毒气】dúqì 名。(1)指有毒的气体。(2)气体的毒剂。也叫毒瓦斯。

【毒蛇】dúshé 名。有毒的蛇，头部多为三角形，有毒腺，能分泌毒液，咬人或动物时，毒液便从毒牙流出，使被咬的人或动物中毒。如蝮蛇、眼镜蛇、五步蛇等。毒液可供医药用。

【毒手】dúshǒu 名。杀人或伤害人的狠毒的手段；常作宾语：下~｜险遭~。

【毒素】dúsù 名。(1)某些生物产生的有毒物质，如蝮蛇毒腺中含的毒素、蓖麻子中的毒素等。(2)有腐蚀作用的成分：一些封建主义的~仍然在侵蚀人们的思想。

【毒刑】dúxíng 名。残酷的肉刑。

【毒药】dúyào 名。能危害人和动物的生理机能并引起死亡的药物。

独(獨) dú
❶〈素〉(1)单一，一个：单~｜~唱。(2)没有依靠或帮助：孤~。❷副。唯独：今天的活动~有小张没有参加。

【独白】dúbái 名。戏剧、电影中角色独自抒发个人情感和愿望的话：这是一段抒情~。

【独步】dúbù〈书〉动。多带处所宾语或时间补语。(1)一人步行：~江边。(2)独一无二，超出一般：~文坛｜他的画曾~一时。

【独裁】dúcái 动。掌握大权,实行专制统治；含贬义：~统治｜~专断。可加程度副词：太~了。

【独唱】dúchàng 名。一种演唱形式，一个人演唱歌曲，常有乐器伴奏：女高音~。

【独出心裁】dú chū xīn cái 成。原指诗文的构思、安排等有独到的地方。现在多指想出的办法、设计等与众不同：这个设计真有点～。

【独创】dúchuàng 名。独特的创造:这种新产品是本厂的～|艺术上要有～精神。

【独当一面】dú dāng yī miàn 成。指单独担当一个方面的任务:他能力很强,在工作中能够～。

【独到】dúdào 形。与众不同的;多指见解、做法等,不加程度副词,不单独作谓语,作定语,含褒义:他的见解有～之处。

【独断】dúduàn 动。靠自己的主见决断事情,不听他人意见;多含贬义:这事应由大家商定,怎能一人～?常与"独行"并用:做工作切忌～独行。

【独夫】dúfū 名。暴虐无道、众叛亲离的统治者;常与"民贼"合用,含贬义:～民贼袁世凯逆历史潮流而动,终于身败名裂。

【独孤】dúgū 复姓。

【独角戏】dújiǎoxì 名。也作独脚戏。(1)只有一个角色的戏,比喻一个人做一般不是一个人做的工作;多与"演、唱"等动词搭配:今天有名演员来演～|我组副组长长年借调在外,我这个组长只好唱～了。(2)曲艺的一种。参见"滑稽"。

【独具只眼】dú jù zhī yǎn 成。能看到别人看不到的东西。形容眼光敏锐,见解高超;含褒义:他翘起大拇指,赞许他的夫人～。也说独具慧眼、别具只眼。

【独揽】dúlǎn 动。独自把持;多指权力,常含贬义:～大权。

【独力】dúlì 副。靠自己一个人的力量;用在动词前,作状语:他～经营一爿商店。

【独立】dúlì 动。(1)单独地站立;常带处所宾语或补语:他的高大形象有如～山巅的苍松|他～在溪边,默默地沉思。(2)一个国家或一个政权不受别的国家或别的政权的控制而自主地存在;不带宾语:第二次世界大战后,有很多殖民地国家～了。(3)不依靠别人,不带宾语:他完全能够并且应当～了。常作状语:～地生活。

【独立王国】dúlì wángguó 词组。(1)有完整主权的君主制国家。(2)比喻向中央或上级闹独立性,自搞一套,自成体系;含贬义:坚决反对搞～。

【独立自主】dúlì zìzhǔ 成。不受别人支配或控制,一切由自己作主;多指一个国家而言,含褒义:我国政府一贯奉行～、自力更生的方针。

【独龙族】dúlóngzú 名。我国少数民族之一,分布在云南省。

【独木不成林】dú mù bù chéng lín 成。独木:一棵树。一棵树不能成为森林,比喻一个人力量薄弱,成不了大事。

【独木难支】dú mù nán zhī 成。一根木头撑不住一所大房子。比喻单个的力量是薄弱的,办不成大事:这项工作需要发动群众,一个人力量再大,也是～。

【独木桥】dúmùqiáo 名。用一根木头搭成的桥,比喻艰难的途径。

【独幕剧】dúmùjù 名。情节一般比较简单紧凑而不分幕的小型戏剧。

【独辟蹊径】dú pì xījìng 成。蹊径:小路。自己开辟一条路,比喻独创一种新风格或新方法:他在古典文学的研究方法上～,取得了可喜的成果。

【独善其身】dú shàn qí shēn 成。《孟子·尽心上》:"穷则独善其身,达则兼善天下。"原指做不上官,就搞好自己的修养。现指只顾自己,不管他人;含贬义:在革命队伍中,我们不应有～的思想。

【独身】dúshēn 名。(1)单独一个人:～在外多年。(2)指不结婚的成年男女。

【独树一帜】dú shù yī zhì 成。单独树立起一面旗帜,比喻自成一家:他在鲁迅研究领域里是～的。

【独特】dútè 形。独有的,特别的:这个人的性格很～,从不与人交往。常作定语:这幢建筑物具有～的民族风格。

＊"独特"和"特殊":"独特"的意思着重在独一无二,常形容风俗,情调、性格等;"特殊"着重在不一般,人和事物都可以形容。

【独眼龙】dúyǎnlóng 名。瞎了一只眼的人;含讥讽意。

【独一无二】dú yī wú èr 成。没有相同的:他十分推崇这座建筑物,说它是世界上～的|有什么理由能说太阳系的构成是宇宙中～的呢?

【独语句】dúyǔjù 名。由单独一个词或偏正词组构成的句子,如"票?""再见!""去年夏天。"等。

【独占鳌头】dú zhàn áo tóu 成。鳌头：宫殿门前台阶上的鳌鱼浮雕。封建时代科举进士发榜时，规定状元站在上头迎榜。原指考中状元。后比喻居首位或获得第一名：在全校朗诵比赛中，李明～。

【独自】dúzì 副。自己一个人；用在动词前边，作状语：～散步｜他～打扫了教室。

【独奏】dúzòu 名。一种演奏形式，一个人用一种乐器演奏，有时也用其他乐器伴奏。

顿 dú 人名用字。冒(mò)顿，汉初匈奴族一个单于(chányú)的名字。
另见 dùn。

读(讀) dú 动。常带宾语。(1)照文字发出声音念：～报｜～课文。(2)看，阅读：此文值得一～｜～小说。(3)指上学：～大学｜～高中。
另见 dòu。

【读破】dúpò 动。一个汉字常有多种含义，因表达某一使用得较少的含义而相应地改变其通常的读音的时候，叫读破。如"好"的通常读音是"hǎo"，但在"爱好"一词中应读hào。

【读破句】dú pòjù 词组。断句中有错误，把上句或下句的字读到了本句里面，常发生在古文阅读中，识字不多的人读现代文也会出现这种情况。

【读书】dúshū 动。不带宾语，可拆开用。(1)出声或不出声地照书读：～声｜小刚正在屋里～｜读了一遍书。(2)指学习功课：他～很用功。(3)指上学：他正在小学～｜每人至少要读九年书。

【读书人】dúshūrén 名。旧指知识分子。

【读物】dúwù 名。供阅读的书籍、杂志、报刊等：儿童～｜科技～。

【读音】dúyīn 名。字的发音：～要准。

【读者】dúzhě 名。阅读书刊文章的人。

渎(瀆、△凟) dú 〈素〉△(1)轻慢，不敬：～职｜～亵。(2)沟渠，水道：沟～。

【渎犯】dúfàn 动。轻慢，冒犯；常带宾语：～神圣｜他敢于直率地提出批评，不怕一谁的"尊严"。

【渎职】dúzhí 动。不忠于职守，在工作中有重大过失；不带宾语：他因～而受到处分。

椟(櫝) dú 〈古〉名。(1)匣子：买～还珠。(2)棺材。

犊(犢) dú 名。(～儿、～子)小牛：这～子长得健壮。

牍(牘) dú ❶名。古代写字用的木简。❷〈素〉公文，书信文～｜尺～。

黩(黷) dú ❶〈书〉动。玷污：此事有一～令名，务请慎重。❷〈素〉随随便便，轻率：～武。

【黩武】dúwǔ 〈书〉动。好战，滥用武力；多用在固定组合中：穷兵～武。

讟(讟) dú 〈古〉名。怨言。

髑 dú [髑髅](-lóu) 〈书〉名。死人的骨头，骷髅。

dǔ (ㄉㄨˇ)

肚 dǔ 名。(～儿、～子)动物的胃：猪～儿｜羊～子。
另见 dù。

笃 dǔ 〈素〉(1)忠实，一心一意：～信｜～学。(2)病重：病～｜危～。

【笃定】dǔdìng 〈方〉形。形容心里踏实，有把握：此事～办成。可重叠：我笃笃定定完成这项任务。

【笃厚】dǔhòu 形。忠实厚道；含褒义，常作谓语：他为人～可信。

【笃实】dǔshí 形。(1)老实敦厚；含褒义，常作谓语：他为人～敦厚。(2)扎实；多指学识：徐老的学问很～。

【笃信】dǔxìn 动。深信不疑，忠实地信仰；常带宾语或补语：不要～那些教义｜他对老师的话～不疑。

【笃学】dǔxué 动。专心好学：他平生～，博览群书。

堵 dǔ ❶动。(1)堵塞；常带宾语或补语：～着门｜水管～住了。(2)闷；常指心理上的感觉，须带补语：心里～得慌。❷〈古〉名。墙：观者如～。❸量。专作墙的单位：三～墙。❹姓。

【堵塞】dǔsè 动。挡住使不通：交通～了。常带宾语：～企业管理中的漏洞。

赌 dǔ ❶动。赌博；多带宾语或补语：～钱｜～了一夜。❷名。一种争输赢的形式：打一个～。

【赌博】dǔbó 动。用斗牌、掷色子、打扑克等形式，拿财物作赌注比输赢；不带宾语：不许～。可作主语：～是一种不正当的活动。

【赌东道】dǔ dōngdào 词组。用请客的方式来打赌，谁输谁付钱：不要～。

【赌局】dǔjú 名。赌博的场所。

【赌气】dǔqì 动。负气，因不满意或受指责而任性行动；不带宾语：即使有意见，也不要～。可拆开用：赌了一阵子气。

【赌咒】dǔzhòu 动。发誓；不带宾语：我没说你的坏话，可以向你～。可拆开用：赌起咒|赌什么咒。

【赌注】dǔzhù 名。赌博所押的钱。

睹(覩) dǔ 〈素〉看见：熟视无～|耳闻目～。

dù(ㄉㄨ)

芏 dù 见"茳(jiāng)芏"。

杜(△殬) dù ❶名。即棠梨，落叶乔木，果实圆而小，味涩。木材可制器具。通称杜树。△❷〈素〉阻塞：～绝|防微～渐|～门谢客。❸姓。

【杜衡】dùhéng 名。多年生草本植物，野生在山地，花小而呈紫色，根茎可作草药。也作杜蘅。

【杜鹃】dùjuān 名。(1)鸟，身体黑灰色，尾巴有白色斑点，腹部有黑色横纹。吃毛虫，是益鸟。也叫杜宇、布谷或子规。(2)植物，常绿或落叶灌木，叶子椭圆形，花多为红色。也指这种植物的花。也叫映山红。

【杜绝】dùjué 动。彻底制止，消灭；多指坏事，可带动态助词"了、过"：这种坏风气早就应该～，但从来没有～过。可带宾语：～了这种不正之风。

【杜康】dùkāng 〈名〉。我国古代传说中酿酒的发明者，后作为酒的别名：何以解忧，惟有～。

【杜仲】dùzhòng 名。落叶乔木，叶呈长椭圆形，花绿白色。从树皮和叶子中可提取杜仲胶，也可入药，是我国的特产。

【杜撰】dùzhuàn 动。无中生有地编造，虚构；常带宾语或补语，含贬义：～了这篇假报道|这个故事是他一手～出来的。

肚 dù 名。(～儿、子)(1)腹部的通称。胸下腿上的部分。(2)物体圆而突起像肚子的部分：腿～子。

另见dǔ。

【肚量】dùliàng 见"度量"。

妒(妬) dù 〈素〉忌恨别人超过自己：～忌|嫉贤～能。

【妒忌】dùjì 动。对才能、地位或境遇比自己好的人心怀怨恨：看到别人比自己强，不要～，要虚心向人家学习。可带宾语或补语，可加程度副词：她很～小张，总觉得没有小张，她在班里的成绩就是第一名了|见小李得了科技发明奖，他～得要命。

【妒贤嫉能】dùxián jínéng 成。嫉妒品德好、能力强的人：当领导的决不能～。

度 dù ❶量。(1)用于弧或角：这个角30～。(2)用于电或水：三～电|五～水。(3)用于温度：今天25～|这个小孩发高烧，快40～了。(4)用于动作，相当于"次"，须与"再、一"或其他个位数词连用：再～声明|三～公演。❷后缀。(1)指程度；加在形容词后构成名词：高～|浓～|灵敏～。(2)指幅度；加在名词或动词后：坡～|纬～|倾斜～。(3)指时间段落；只加在"年、季、月"后：年～|季～|月～。(4)法则，标准：法～|制～。❸〈素〉(1)计量长短：～量衡。(2)能宽容的限度：～量|气～。(3)所打算或计较的：置之～外。(4)过：～假|欢～|～日如年。❹姓。

另见duó。

【度牒】dùdié 名。官府发给和尚、尼姑的证明身份的文件。也叫戒牒。

【度量】dùliàng 名。气量，能够宽容人的限度：要有～，别动不动发脾气|他的～很大，小事从不同人计较。也作肚量。

【度量衡】dùliànghéng 名。计量物体的长度、容积和重量的统称。度是计量长度，量是计量容积，衡是计量重量。

【度日】dùrì 动。过日子；多指在困境中，不带宾语：～如年。

【度过】dùguò 动。过；常带宾语，并带动态助词"了"：我们～了愉快的暑假。

＊"度过"和"渡过"："度过"专用于时

间的转移;"渡过"是由一岸到另一岸,用于江洋、海洋和困难等。

渡 dù ❶动。多带宾语。(1)由此岸到彼岸,横过水面:～河｜～江。(2)表示闯过难关;一般带趋向动词"过":～过难关｜～过困难时期。❷名。渡口;多用在地名之后,作渡口的名称:茅津(黄河渡口,在山西、河南之间)｜桃叶(在南京秦淮河)。

【渡槽】dùcáo 名。跨越山谷、道路、水道的桥梁式水槽,两头与渠道相接。

【渡口】dùkǒu 名。摆渡的地方。

镀 dù 动。用电解或其他化学方法使一种金属附着于别的金属或物体表面,形成一个薄层;常带宾语或补语:钢笔尖已～过铬了｜～银～得很均匀。

【镀金】dùjīn 动。不带宾语,可拆开用。(1)用电解的方法在器物的表面镀一薄层金子:～表带｜表壳上～了一层金。(2)比喻到某种环境去深造或锻炼;只是为了虚名,含贬义:他把留学当～,必难取得成就。

蠹(蛀、蠧、蠹) dù 〈素〉(1)蛀蚀器物的虫子:～虫｜书～。(2)蛀蚀:户枢不～。

【蠹虫】dùchóng 名。(1)咬蚀器物、书籍等的小虫子。(2)比喻危害集体利益的坏人;含贬义,常在前面加"社会"两字:社会～。

duān (ㄉㄨㄢ)

端(耑) duān ❶动。平举着拿东西;常带宾语或补语:～饭｜～茶｜把鸡汤～上来。❷〈素〉(1)端正,正派:～方｜～坐｜不～。(2)开头,东西的一头:开～｜顶～｜首尾两～。(3)项目:大～｜异～｜变化多～。❸姓。

【端的】duāndī 也作端底。多见于早期白话。❶名。事情的经过,底细;常作"知"的宾语:仔细一问,方知～。❷副。(1)果然、的确,表示情况同所说的或所想的相符合:武松看了印信榜文,方知～有ందుదు。(2)究竟;常用在疑问句中:来人～是谁?

【端方】duānfāng 〈书〉形。正派,正直;指人的品行及内在素质:品格～。

【端量】duānliáng 动。仔细打量;常带宾语或补语:我把他浑身上下～了一番。

【端木】duānmù 复姓。

【端倪】duānní 〈书〉名。事情的头绪、眉目:经过调查,此事已有～。

【端午】duānwǔ 名。农历五月初五,我国传统节日。相传战国时楚国诗人屈原在这天投江自杀,后世为了纪念他,把这天定为节日,各地有吃粽子、赛龙舟等习俗。也叫端五、端阳等。

【端详】duānxiáng ❶形。庄重安详;形容人的神态外貌:举止～｜妹妹的容貌比姐姐更～。❷名。详情;多作"说"或"听"的宾语:听～｜细说～。

【端详】duān·xiang 动。仔细地看;常带宾语或补语:她对着镜～自己｜～了半天。

＊"端详"和"打量":都有表示仔细看的意思,但"端详"细看的程度更深,时间更长。"端详"适用对象更广,人和事物都能用;"打量"适用对象一般只是人或环境。

【端绪】duānxù 〈书〉名。头绪:找了半天,仍然毫无～。

【端砚】duānyàn 名。一种砚台,是用广东高要县端溪出产的石头制成的,以石质坚硬津润而著名。

【端正】duānzhèng ❶形。(1)物体不歪斜:五官～｜坐～了。可重叠:他的字写得端端正正。(2)正派,正确;常用来形容人的品行:行为～｜品行～。❷动。使摆平,摆正确;多带宾语:～学习态度。可重叠:你的服务态度要～～。

【端庄】duānzhuāng 形。端正庄重;常用来形容人的举止、情绪:这个姑娘举止～。

duǎn (ㄉㄨㄢˇ)

短 duǎn ❶形。(1)两端之间距离小;可指空间或时间,与"长"相对:这根绳子太～了｜夏季白天长夜间～。❷〈方〉动。缺少,欠;要带宾语:大家都到了,就～他一个人。也可带双宾语:～你三块钱。❸〈素〉缺点:～处｜揭～｜护～。

【短兵相接】duǎn bīng xiāng jiē 成。短兵:刀剑等细小兵器。用短小兵器面对面地搏斗，比喻双方进行尖锐斗争：我军战士和敌人展开了～的战斗。

【短波】duǎnbō 名。通常指波长从100米到10米（频率为3—30兆赫）的无线电波。适用于远距离无线电通信、广播等方面。

【短处】duǎnchù 名。缺点，不足的地方：这篇文章优点不少，～是结尾部分较平淡。

【短促】duǎncù 形。时间极短，急促：时光～｜李贺二十七岁去世，在他～的一生中写了不少优秀的诗篇。

【短工】duǎngōng 名。临时的雇工：打～。

【短见】duǎnjiàn 名。(1)自杀的行为；常作"寻"的宾语：自寻～。(2)短浅的见解：依余之～｜小弟～。

【短路】duǎnlù 动。不带宾语。(1)电流不通过电器直接叫做短路：电线～，路灯全灭了。(2)〈方〉拦路抢劫：这个歹徒竟敢在光天化日之下～。

【短跑】duǎnpǎo 动。短距离赛跑。参见"赛跑"。

【短篇小说】duǎnpiān xiǎoshuō 词组。小说的一个分类，篇幅比较短小，人物较少，往往反映社会生活的某个侧面：鲁迅的《狂人日记》是中国现代文学史上第一篇白话～。

【短评】duǎnpíng 名。简短的评论；多指报刊上或电台节目中的：《人民日报》就此事发表了一篇～。

【短浅】duǎnqiǎn 形。狭窄、肤浅；常用在对事物的认识和分析上：目光～｜见识太～。

【短缺】duǎnquē 动。缺乏，不足；多指物资方面：目前正是蔬菜～的季节。

【短少】duǎnshǎo 动。缺少；常带宾语，多指少于一定数额：我家并不～什么。可带数量词作宾语：这箱零件还～三个。

【短视】duǎnshì 形。(1)目光近视：～眼｜眼睛有些～。(2)比喻眼光短浅：不要做革命的～眼｜要看远些，不要～。

【短途】duǎntú 形。路程近，距离短；不加程度副词，不单独作谓语，作状语和定语：～旅行｜～汽车。

【短线】duǎnxiàn 形。指产品需求量超过供应量，也指某种事业发展速度不能满足社会需求；不加程度副词，不单独作谓语，多作定语，与"长线"相对：有些工厂生产长线产品价高利大，生产～产品价低利小，明知不合理也不能按市场需要安排生产。

【短小精悍】duǎnxiǎo jīnghàn 成。原形容人的个儿短小，却精明强干，后也用来形容文章或发言等简短而有力：他的文章～，意味深长。

【短语】duǎnyǔ 名。即"词组"。

【短暂】duǎnzàn 形。短；指时间：在苏州作～停留。

duàn（ㄉㄨㄢˋ）

段 duàn ❶量。(1)用于长条形的东西截取的若干部分：两～木头｜一～铁轨。(2)表示一定距离：一～时间｜一～路｜(3)事物的某一部分：一～话｜一～文章。❷姓。

【段落】duànluò 名。(1)根据文章或说话的内容划分的部分：这篇文章～分明，层次清楚｜这个～是文章的重点，要好好分析。(2)事物中具有相对独立性的阶段；常作"告"的宾语：这项工程目前已告一～。

【段子】duànzi 名。大鼓、相声、评书等曲艺中可以一次表演完的节目：这个相声是传统的～，十分精采。

塅 duàn 〈方〉名。面积较大的平坦的地区；多用于地名：田心～（在湖南省）。

缎 duàn 名。(～子）质地较厚，一面平滑有光彩的丝织品，是我国的特产之一。

椴 duàn 名。落叶乔木，花黄色或白色。木材细致，是制作家具的优良木材。树皮可制绳索。通称椴树。

煅 duàn 动。常带宾语。(1)放在火里烧，是中药的一种制法：～石膏。(2)同"锻"。

锻 duàn 动。把金属放在火里烧红，然后锤打：～铁。

【锻炼】duànliàn 动。常带宾语或补语。(1)冶炼金属：～钢铁｜钢铁要在烈火中～，英雄要在困难中摔打。(2)通过体育活动以增强体质：～身体｜～上肢｜要坚持～下去，不要中断。(3)通过生产劳

动、阶级斗争和工作实践提高觉悟,增长才干:八年抗日战争,～了我们的人民,～了我们的军队|他在基层干了两年,～可作主语或宾语:到农村调查,这对我来说也是一个～。可重叠:你还得～～。

＊"锻炼"和"磨炼":"锻炼"使用范围较广,凡是通过某种活动使身体素质、政治觉悟、工作能力等得到提高的,都可以用;"磨炼"一般只指思想品质或意志等的锻炼。

【锻造】duànzào 动。利用金属的可塑性,在坯料加热后,用锤击或用压力机加压,使工件变形,达到规定的形状和尺寸,同时也可以提高金属的机械性能。

断(斷) duàn ❶动。(1)截开,分开;多指长条形的东西:树枝～了。可带宾语:～了一根电线。(2)断绝,不继续:音讯～了。常带宾语:～了关系|～了奶。(4)戒除,多以"烟酒、赌博"等作宾语:～了酒。❷副。一定,绝对;多用于否定式:～无此理|～不能去。❸〈素〉(1)决定,判断:～定|诊～。(2)使~送。

【断案】duàn'àn 动。审判诉讼案件;不带宾语,可带动态助词"了":这桩纠纷正在调查,还没～。可拆开用:断哪一个案?

【断编残简】duàn biān cán jiǎn 成。编:穿木简的皮条;简:古时用以书写的木、竹片。指残缺不全的古籍:他嗜好藏书,～也不放过。也作断简残编。

【断肠】duàncháng 〈书〉形。形容悲痛、忧伤到极点。

【断炊】duànchuī 动。无米下锅;多用以说明贫困的状况,不带宾语:考察队在沙漠中快～了。可拆开用:断了两天炊。

【断代史】duàndàishǐ 名。记述某一朝代或某一历史阶段的史实的史书,如《汉书》。

【断档】duàndàng 动。物品用完或卖完,不能继续供应;不带宾语:近来市场上一些小儿中成药～|如遇持续高温,恐怕今年冷饮供应会出现～现象。

【断定】duàndìng 动。作出结论;常以主谓词组作宾语:我～这是赝(yàn)品。

【断断】duànduàn 副。绝对;多用于否定式:～不可这样做|说他贪污,那是～不会的。

【断断续续】duànduànxùxù 形。时而中断,时而继续;不加程度副词,一般不作谓语,作定语或状语:传来了～的琴声|雨～下着。

【断后】duànhòu 动。不带宾语。(1)军队撤退时,派一部分人在后面掩护:大部队撤退,由他们连～。(2)断绝了子孙后代。

【断乎】duànhū 副。绝对;多用于否定式:～不可。

【断魂】duànhún 〈书〉形。形容极度哀伤、愁苦,或极度欢乐。

【断交】duànjiāo 动。不带宾语。(1)断绝外交关系:两国～后又复交了。(2)断绝交情:你俩可不能为这点小事就～。

【断句】duànjù 动。我国古书无标点符号,读书时根据文意作停顿,或在应当停顿处加圈,叫断句;不带宾语:王老师正在给一本古书～。

【断绝】duànjué 动。停止联系或往来;常带宾语:～关系|～邦交。有些动词也可作宾语: ～联系|～来往。

＊"断绝"和"中断":"断绝"一般指人与人、国与国、组织与组织之间关系的结束,有时也用于交通和消息方面;"中断"则指具体活动中的突然停止或断绝。"断绝"有时是人为的;"中断"多是客观原因造成的。

【断片】duànpiàn ❶名。片段:过去生活的～又在我脑海里浮现。❷动。影片放映时中断;不带宾语:电影～了,真急人!

【断七】duànqī 动。旧时一种迷信风俗,人死后每七天叫一个"七",满七个"七"即四十九天时叫"断七",常请和尚道士来念经超度亡魂;不带宾语:他父亲～没有搞迷信活动。

【断然】duànrán ❶形。坚决的,果断的;不加程度副词,不单独作谓语,作定语或状语:～拒绝|采取～的措施。❷副。绝对;多用于否定式:这种强加于人的罪名,我们～不能接受。

【断送】duànsòng 动。丧失,毁灭;多与生命、前途等词语搭配:两个人的生命白白地～了。常带宾语:～自己的前途。

【断头台】duàntóutái 名。十八世纪末法

断簖堆队对 duàn-duì　245

国资产阶级革命时期一种执行斩刑的台。台上竖立木架,上面装着可以升降的铡刀。现在多用来比喻罪恶深重,必须处以极刑: 这帮反人民的丑类终于被押上了历史的～。

【断弦】duànxián 动。古时以琴瑟比喻夫妇,所以称丧妻为断弦。续娶叫续弦。

【断线风筝】duànxiàn fēngzheng 成。像放上天断了线的风筝一样,比喻一去不返,不知踪迹: 老王一去三年,似～一般,至今尚无音信。

【断言】duànyán 动。十分肯定地说;常以主谓词组作宾语: 我们可以～,胜利终将属于人民。

【断语】duànyǔ 名。肯定的结论;常作"下"的宾语: 这事还没了解,先不要下～。

【断狱】duànyù 动。旧时指审理案件;不带宾语: 法官必须～公正。

【断垣残壁】duàn yuán cán bì 成。形容建筑物倒塌残破的景象: 大地震后,这里到处是～,一片凄凉景象。

【断章取义】duàn zhāng qǔ yì 成。指引用别人文章、谈话,只截取片断而不顾原意、全文;含贬义: 引述他人的文章时,不能～。

簖(籪) duàn 名。插在水里捕鱼、蟹的栅栏。

duī(ㄉㄨㄟ)

堆 duī ❶动。堆积,累积在一起;常带宾语或补语: ～柴草|把书～在一起。❷名。(～儿、～子)堆积在一起的东西: 土～儿|柴火～。❸量。(1)用于成堆的事物: 一～黄沙。(2)用于成群的人: 一～人。

【堆叠】duīdié 动。一层一层地堆起来;常带宾语或补语: 桌上～着学生的作业本|砖头～得高高的。

【堆房】duīfang 名。贮藏杂物或货物的房子。

【堆积】duījī 动。聚积成堆;指事物常带宾语或补语: 厂房外面的空地上,～着钢筋、木材|先前～在她心头的哀愁,如今全飞走了。

【堆砌】duīqì 垒积砖石并用泥灰粘合,比喻写文章时把不必要的材料或华丽无用的词藻拼凑在一起;含贬义,常以"词藻、词语"作宾语: 写文章切忌～词藻。

duì(ㄉㄨㄟˋ)

队(隊) duì ❶名。(1)行列: 排好～。❷量。用于成队的人马: 一～战士。❸〈素〉(1)有组织的集体: 军～|球～。(2)特指少年先锋队: ～日|～礼。❹〈古〉同"坠(zhuì)"。

【队列】duìliè 名。队伍的行列: 整齐的～。

【队伍】duìwu 名。(1)军队: 新四军排着整齐的～,开往敌后根据地。(2)有组织的群众行列: 游行～。(3)指社会上某个职业或组织的整体: 党员～|干部～|工人～。

对(對) duì ❶动。常带宾语或补语。(1)对待,对付,对抗: ～事不～人|今天足球赛,江苏队～浙江队|这件事没办好,我真有点～不住他。(2)面对,朝向;常带动态助词"着": 大门～着马路|图上画的箭头～得不准。(3)使两个东西接触或配合: ～个火|～上了号。(4)投合,适合: 这碗菜～不上他的口味|两人越说越～脾气。可加程度副词: 很～他的胃口。(5)比较两个东西,看是否相同或相符: ～笔迹|把两篇稿子～一下。(6)调整,使合标准: ～一下镜头的距离|方位～得不准。(7)搀和;多指液体: 茶杯里～一点开水|杀虫剂里～水～多了。❷形。(1)正确;与"错"相对: 他的话很～|～,就这么办吧。(2)正常;多指情绪、神色、味道、颜色等: 神色有点儿不～|味道～|颜色不～。❸量。用于按性别、左右、正反等配合的人、动物或物: 一～夫妻|一～鸳鸯|一～矛盾。也可用于两个同类的人或物: 一～活宝|一～电池。注意:由相同两部分组成的单件物品不能用"对",如不说"一对裤子"、"一对眼镜"。❹介。朝,向;指出动作的对象: 我～他提了一条建议。❺〈素〉(1)回答: ～答。(2)二者相对,彼此相向: ～调|～流。(3)对面的,敌对的: ～岸|～方|～作。(4)对子: ～联。(5)平均分成两份: ～半|～开。

＊"对"和"对于": "对"有动词、形容

词、量词等用法;"对于"没有这些用法,只有介词用法。"对"作介词时,用法大致与"对于"相同,用"对于"的句子都可换用"对",但是,用"对"的句子,有些不能换用"对于",凡表示"对待"和"向、朝"意思的"对"不能换用"对于",如"他对我很好","我们决不对困难低头"中的"对"都不能换用"对于"。

【对白】duìbái 名。戏剧、电影中的人物之间的对话。

【对比】duìbǐ ❶动。两种事物相对比较;一般不带宾语:新旧~|古今~|同先进单位~,我们的工作还有不少差距|~之下,这个人的灵魂就显得卑劣。❷名。比例:敌我双方人数~是二比一。

＊"对比"和"对照":"对比"有"比较"的意义,"对照"没有。"对照"有"互相对比参照"的意思,"对比"没有。"对比"的事物可以是互相对立的,也可以不是对立的;"对照"的事物则必定是相反的或对立的。

【对簿】duìbù 〈书〉动。受审问:~公堂。

【对不起】duì·buqǐ 动。对人表示歉意或有所麻烦;礼貌用语:~,把你的笔弄坏了|~,请让一让。也说对不住。

【对策】duìcè ❶名。对付的策略或办法:你有没有好的~？❷〈书〉动。古时应考的人回答皇帝所问关于治国的策略;不带宾语:贤良~。

【对唱】duìchàng 名。一种演唱形式,对答式的演唱:男女声~。

【对称】duìchèn 形。图形或物体相对的两边各部分,在大小、形状、距离或排列等方面相互对应:天安门两边的格局是~的|室内的布置不太~。注意:"称"这里不读chēng。

＊"对称"和"相称":"对称"着重指物体的大小、形状、排列等的相互应对;"相称"则着重指物体配合得合适协调。"对称"的只能是两个物体或一个物体的两部分;"相称"则无此限制。

【对答】duìdá 动。回答别人的问话;一般不带宾语,带补语:~如流|有几个问题我~不上来。

【对答如流】duì dá rú liú 成。回答问话像流水一样迅速、流畅:在论文答辩会上,小王滔滔不断,~。

【对待】duìdài 动。以某种态度或行为加之于人或事物;多带宾语:他~工作,非常严肃认真|你不应当这样~她。可带动词作宾语:正确~批评。

【对得起】duì·deqǐ 动。无愧于他人;与"对不起"相对,须带宾语:我觉得只有这样做才~死去的父母。

【对等】duìděng 形。等级、地位等相等;不加程度副词,不单独作谓语,作定语或状语:~的敌手|~谈判。

【对调】duìdiào 动。互相掉换;对象一般指位置、时间的先后等,不指物品,常带宾语或补语:从工作需要出发,他俩~了工作|咱们俩~一下座位,好吗?。

【对方】duìfāng 名。跟行为的主体处于相对地位的一方:打球要看准~的弱点进攻|在这场围棋对抗赛中,~有几名高手,难以对付。

【对付】duì·fu 动。(1)应付;常带宾语:~敌人的进攻。(2)将就;不带宾语,可加动态助词"着":这件衣服长一点,~着穿吧!

＊"对付"和"对待":"对付"是应付的意思,指对人对事采取一定的方法或措施;"对待"的意思着重在看待,指对人对事的态度。"对付"可当"将就"讲;"对待"没有这种意义。

【对过】duìguò 名。与自己所处的一边相对的另一边:我家~就是百货商店。

【对号】duìhào ❶动。查对与票相合的号码;一般用于会场、剧场和车船等,不带宾语:这节车厢不~。可拆开用:对不上号。❷名。表示正确的符号,如"√"、"○"等,用于批改学生的作业或试卷。

【对话】duìhuà ❶名。指作品中人物之间的谈话:这篇小说中的~很多。❷动。两方或几方接触、谈判或谈心,以便沟通思想,达到相互了解;不带宾语:两国定于下月一日~|领导应直接跟群众~。

【对劲儿】duìjìnr 形。(1)称心合意,合适:干这个工作我觉得很~。(2)情投意合;指双方的感情:他俩谈得很~。

【对局】duìjú 动。下棋,也指赛球;不带宾语:这盘围棋赛,两人~已有两个小时,胜负难卜。

对 duì 247

【对开】duìkāi 动。不带宾语。(1)车船等两地相向开行：305次列车和306次列车每天在上海和南京之间～。(2)对半分配：两家合营,赢利～。(3)印刷上指把整张白纸对半切开。

【对抗】duìkàng 动。(1)互相对立,相持不下；不带宾语：两军～勇者胜。(2)抵抗；常带宾语或补语：～改革的人毕竟是少数|～到底。可带动词作宾语：～检查。

【对口】duìkǒu 形。不加程度副词。(1)两人交替着说或唱,是相声或山歌等的一种表演形式；多作定语：～相声。(2)自己所学的知识同所做的工作相一致：工作不～的要调整。

【对口词】duìkǒucí 名。一种曲艺形式,由两个人表演,一说一对,辅以动作。由两人以上同表演的叫多口词或群口词。

【对垒】duìlěi 动。指两军相持,也用于体育竞赛,如下棋、赛球等；不带宾语：两军～,相持不下|这场篮球赛,由我班同初三(甲)班～。

【对立】duìlì 动。两种事物或一种事物中的两个方面相互排斥、相互矛盾、相互斗争；不带宾语：互相～|～着的矛盾双方在一定条件下可以相互转化。常带"起来"作补语：不要把学习和锻炼身体～起来。

【对立面】duìlìmiàn 名。处于矛盾统一体中的相互依存、相互斗争的两个方面。

【对立统一规律】duìlì tǒngyī guīlù 词组。宇宙的根本规律,唯物辩证法的实质和核心。它揭示出世界上的一切事物都是对立的统一,都包含矛盾。矛盾的对立面既互相依存又互相斗争,并在一定条件下互相转化,由此推动事物的发展。也叫矛盾规律。

【对联】duìlián 名。对偶的语句,分上下两联,多写在纸和布上,供张贴和悬挂用,也有刻在竹、木或柱子上的。也叫对子。

【对流】duìliú 动。液体或气体中由于各部分温度不同而造成的循环流动现象,这是热传递的一种方式；不带宾语：空气～。

【对路】duìlù 形。(1)符合需要,合乎要求；多指产品或商品：这种布销售到农村去很～。(2)情意相投：咱姐妹俩就是～,到一块儿话总说不完。

【对面】duìmiàn ❶名。(1)与自己相对的一面：他坐在我的～。(2)前面,迎面：～走来一个人。❷副。面对面；常作"说、谈"等的状语：有些情况要你们俩～谈清楚。

【对牛弹琴】duì niú tán qín 成。比喻对愚蠢的人讲深奥的道理。有时也用来讥笑说话的人不看对象：他只会加减乘除,你却给他讲什么高等数学,那真是～了|我们有些同志喜欢用文白夹杂的语言向群众作宣传,这不是～吗?

【对偶】duì'ǒu 名。修辞方式的一种,是用结构相同、字数相等的一对语句来表达相近、相反或相关的内容。如"海阔凭鱼跃,天空任鸟飞",就是一个对偶。

【对手】duìshǒu 名。(1)竞赛的另一方：我们的～是全市有名的强队。(2)特指本领差不多的对方：棋逢～。

【对台戏】duìtáixì 名。旧指两个戏班子为了相互竞争,在一地同时演出同样的戏。现比喻采取与对方相对的行动,以反对或搞垮对方；常作"唱、演"的宾语：他们两家工厂相互协作,从不唱～。

【对头】duìtóu 形。(1)正确；常作谓语：你的想法很～。(2)正常；多用于否定式：他神色不～。(3)合得来；多指脾气、性格方面,常用于否定式：这兄弟俩性格不～,合不来。

【对头】duìtou 名。(1)仇敌,敌对的方面：他俩是死～。(2)对手。

【对外贸易】duìwài màoyì 名。本国与外国、或本地区与外地区进行的贸易活动。

【对味儿】duìwèir 形。可拆开用。(1)合口味：我吃这个菜很～|很对我的味儿。(2)与自己的感情、性格等相一致；多用于否定式：他的性格跟我不～。

【对虾】duìxiā 名。节肢动物的一种,体长13—24厘米,甲壳薄而透明,肉味鲜美。主要产在黄海和渤海湾中。过去市场上常成对出售,所以叫对虾。

【对象】duìxiàng 名。(1)观察、思考或行动时的目标：研究～。(2)特指恋爱的对方：找～|物色～。

【对消】duìxiāo 动。互相抵消：这一错误正好把我们取得的成绩～了。可带宾语：同志们不要搞磨擦，免得～革命的力量。

【对于】duìyú 介。(1)引进动作的对象；"对于…"可用在主语后，也可用在主语前：我～数学特别爱好｜～这些建议，领导上非常重视。(2)表示关联，有"在…上"、"在…方面"的意思。～国际形势，大家都畅谈了自己的看法。

【对仗】duìzhàng 动。诗文中按照字音的平仄相对和字义虚实相当的要求做成对偶语句；不带宾语：这首诗第三、四句两两～。可作宾语：杜甫的律诗很讲究～。

【对照】duìzhào 动。(1)互相对比参照：汉英～。可带宾语：～原文进行修改。(2)相比，对比；常带宾语或补语：～自己的言行，觉得说得多，做得少｜～一下。可重叠：要和"三好"学生好好～～，找出自己的差距。

【对折】duìzhé 名。一半的折扣；常作"打"的宾语：旧书打～出售。

【对证】duìzhèng 动。为检验事情是否真实而加以核对；常带宾语或补语：～笔迹｜一下供词。可重叠：这件事要到实地去～～。

【对症下药】duì zhèng xià yào 成。比喻针对具体情况决定解决问题的办法。做思想工作要～，才能取得好的效果。

【对质】duìzhì 动。在法庭上诉讼关系人互相质问，也泛指和问题有关连的各方当面对证；不带宾语：这个问题，我可以同他～。

【对峙】duìzhì 动。不带宾语。(1)相对而立，多指山峰或高大的建筑物。可带动态助词"着"：两山～｜南京长江大桥两个桥头堡南北～着。(2)喻指势均力敌：两军～，决战在即。

【对子】duìzi 名。(1)对偶的句子：对～。(2)对联：写～。(3)成对的或相对的人或物：她俩结成了一个～。

怼(懟) duì 〈古〉动。怨恨。

兑 duì ❶动。换；常带宾语：～一点钱。❷名。八卦之一，卦形为三，代表沼泽。

【兑换】duìhuàn 动。按比价用一种货币换另一种货币；常带宾语或补语：用美元～人民币｜我有50元外币，请给我～一下。

【兑现】duìxiàn 动。(1)凭票据向银行换取现款；不带宾语：这张支票不能～。(2)比喻实现了诺言：学校领导答应办的几件事至今没有～，怎能不失信于民？可带宾语：厂长～了就职时的许诺。

敦 duì 名。古代盛黍稷的器具。另见dūn。

镦 duì 名。古代矛戟柄末的金属籥。

憝 duì 〈古〉❶动。怨恨：奸猾之徒，人所共～。❷形。坏，恶：元凶大～，万众切齿。

碓 duì 名。旧时舂米的用具，用木、石做成。

dūn (ㄉㄨㄣ)

吨(噸) dūn 量。(1)公制重量单位，1吨等于1000公斤。(2)英美制重量单位。英制1吨等于2240磅，合1016.5公斤；美制1吨等于2000磅，合907.18公斤。(2)指"登记吨"，计算船只容积的单位，1吨等于2.83立方米。

【吨公里】dūngōnglǐ 量。运输货物的计量单位。1吨货物运输1公里为1吨公里。如两吨货物运输20公里，就是40吨公里。

【吨海里】dūnhǎilǐ 量。货物的海运(水运)计量单位。1吨货物运输1海里为1吨海里。

【吨位】dūnwèi 量。通常指"登记吨"。是衡量船舶容积的单位。1登记吨等于2.83立方米即100立方英尺。吨位用于表示船的容积大小和统计船舶的综合数。

惇 dūn 〈古〉❶形。敦厚：世～俗厚。❷动。重视。

敦 dūn ❶〈素〉诚恳：～厚｜～促。❷姓。另见duì。

【敦促】dūncù 动。恳切地催促；常带宾语或补语：～和平｜～一下。可带兼语：～

对方快来结帐。可重叠：这事不宜再拖，请～～他抓紧办理。

【敦厚】dūnhòu 形。忠厚老实：温柔～｜他是个非常～质朴的人。

【敦睦】dūnmù〈书〉动。使和睦，须带宾语：～邦交。

【敦请】dūnqǐng 动。诚恳地邀请：～光临｜为了表示对您的尊敬，他将亲自来～。可带兼语：～沈先生光临指导。

【敦实】dūn·shi 形。粗短而结实：这小伙子长得很～。可重叠：敦敦实实的身子。

墩 dūn ❶名。(1)土堆。(2)(～儿、～子)大而厚的木头、石头或用水泥、砖石砌成的建筑物的基础：树～｜桥～子。❷量。用于丛生的或几棵合在一起的植物：一～花木。

撤 dūn〈方〉动。揪住；多带宾语或补语：～住他。

礅 dūn 名。厚而粗大的整块石头。

蹾(撉) dūn〈方〉动。重重地往下放；一般不带宾语：玻璃器皿，不能～。

蹲 dūn 动。常带宾语或补语。(1)两腿尽量弯曲，臀部下沉，但不着地：门口～着石狮子｜～在地上。(2)比喻较长时期停留、呆着或闲居：～监狱｜不能老～在家里吃闲饭。

另见 cún。

【蹲点】dūndiǎn 动。指领导者或上级部门到某个基层单位参加实际工作，进行调查研究；不带宾语：他在化工厂～。可拆开用：蹲了三个月的点。

dǔn(ㄉㄨㄣˇ)

不 dǔn [不子](-zi)〈方〉名。(1)墩子。(2)特指砖状的瓷土块，是制造瓷器的原料。

盹 dǔn 名。(～儿)很短时间的睡眠；常作"打"的宾语：打一个～儿。

趸(躉) dǔn〈素〉(1)整，整数：～批｜～卖。(2)整批的买进：～货｜～菜｜现～现卖。

【趸船】dǔnchuán 名。固定在码头边上的无动力装置的平底船，供船舶停靠，以便上下旅客，装御货物。

【趸批】dǔnpī 形。整批；用于买卖货物；不加程度副词，不单独作谓语，多作状语：～出卖｜～买进。

dùn(ㄉㄨㄣˋ)

盾 dùn 名。(1)盾牌，古时用来防护身体、遮挡刀箭的牌形武器：左手举～，右手持刀。(2)荷兰、越南、印度尼西亚等国的本位货币。

遁(遯) dùn〈素〉逃避：逃～｜～词。

【遁词】dùncí 名。因理屈词穷而用来支吾搪塞的话。

【遁迹】dùnjì〈书〉动。逃避人世，隐居：～山林。

楯 dùn〈古〉名。同"盾"。

另见 shǔn。

囤 dùn 名。用竹篾、荆条等编成的或用席箔等围成的贮藏粮食等的器具：大～满，小～流｜这个～能装500斤粮食。

另见 tún。

沌 dùn 见"混(hùn)沌"。

炖(燉) dùn 动。常带宾语或补语。(1)用文火久煮食物使熟烂；多指肉类：～肉｜鸡～得particularly烂。(2)把东西盛在碗或其他器皿中，再放入热水中使热；指酒、药剂等溶液：～一壶酒｜药已～热了。

砘 dùn ❶名。(～子)播种覆土以后用来把土压实一点的石磙子。❷动。用砘子把松土压实；常带补语：这块地要用砘子～一遍。

钝 dùn ❶形。不锋利，不快；形容刀一类用具：这把菜刀太～了。❷〈素〉反应慢，不灵活：迟～。

【钝角】dùnjiǎo 名。大于直角小于平角的角。

顿 dùn ❶动。常带动态助词"了"。(1)稍停；不带宾语，带补语：他～了一下，又继续说下去。(2)跺；与"脚"搭配，须带宾语或补语：～了几下脚。❷量。表示次数：一天三～饭｜打了一～。❸〈素〉(1)处理，安排：整～｜安～。(2)疲乏，困～。(3)忽然，立刻：～时。(4)叩：～

首。
另见dú。

【顿挫】dùncuò 形。停顿转折;指语调、音律等,常与"抑扬"并用:他朗诵诗歌时,抑扬~,非常动听。

【顿号】dùnhào 名。指标点符号(、),主要用在并列的词或并列的词组中间。

【顿开茅塞】dùn kāi máo sè 成。顿:立刻;茅塞:比喻心里堵塞着茅草一样闭塞。顿时打开思路,形容豁然开朗,有所理解、领会:你这些话,使我~。也作茅塞顿开。注意:"塞"这里不读sài。

【顿时】dùnshí 副。立刻,一下子:上课铃声一响,教室里~安静下来。用在主语前面,表示强调,后面往往有停顿:临时停电,~,屋子里黑得伸手不见五指。

【顿首】dùnshǒu 〈书〉动。磕头;旧时用在信的末尾或开头,不带宾语:弟某某~。

duō(ㄉㄨㄛ)

咄 duō 拟声。摹拟呵叱声。

【咄咄逼人】duōduō bī rén 成。咄咄:使人惊恐的声音。形容气势汹汹,盛气凌人,也形容发展很快,使人感到它的力量或压力:他说起话来常常~,叫人受不了|师长用~的目光看着我|当前的形势,如果我们不奋发努力,就会落在时代的后面。

【咄咄怪事】duōduō guài shì 成。咄咄:表示惊讶。形容事情不合常理,令人惊讶;常用于贬义:一个号称革命的作家竟然去美化反动阶级,岂非~!

【咄嗟立办】duōjiē lì bàn 成。咄嗟:一呼一诺之间,形容时间短。旧指主人一声吩咐,仆人立刻就办好。现在指马上就办到:此事,请君放心。

多 duō ❶形。(1)数量大;与"少"相对:街上人很~。(2)表示相差的程度大;多作补语:他的身体比以前好~了|清楚得~。❷动。超过,增加,与"少"相对,后面带宾语:~五元|~一个字。❸数。表示零数,用在整数之后:一个~月|三尺~长。❹副。(1)有"很、十分"的意思,表示程度高;一般用在赞叹、惊异的句子里:生活~幸福啊!(2)用在疑问句中,询问程度或数量;大都用在单音节形容词前:山有~高?|大娘今年~大年纪?(3)用在无论(不管)~…、"多…都(也)…"等格式中,表示任何一种情况或程度:无论工作~忙,他每天总要抽时间读点书|~复杂的算术题他都能做出来。❺〈素〉(1)过分的、不必要的:~心|~嘴。(2)数目在二以上的:~年生|~幕剧。❻姓。

【多半】duōbàn ❶数。半数以上,大部分;常用在"是"前:我使用的工具书~是自己买的|参加足球运动的~是男同志。❷副。(1)表示在大多数情况下是这样:台风~发生在夏季。(2)估计;指具有某种可能性:听口音,他~是浙江人|他到现在还不来,~不会来了。也说多一半。

【多边】duōbiān 形。由三个或更多方面参加的,特指由三个或更多国家参加的;不加程度副词,不单独作谓语,常作定语:~关系|~条约。

【多才多艺】duō cái duō yì 成。有多方面的才能技艺:他是个~的人。

【多愁善感】duō chóu shàn gǎn 成。形容人感情脆弱,容易发愁或感伤:今天的青年千万不要像《红楼梦》里面的林妹妹那样~。

【多此一举】duō cǐ yī jǔ 成。做不必要的、多余的事情:麻袋上绣花,~。

【多多益善】duōduō yì shàn 成。《史记·淮阴侯列传》中记载:刘邦问韩信:"像我这样能带多少兵?"韩信答:"陛下不过能带兵十万。"刘邦又问韩信能带多少兵?韩信答:"臣多多而益善耳。"益:更加。越多越好:我们培养专门家,理当~。

【多方】duōfāng 副。多方面地;用在动词前面,作状语:~设法|~联系。

【多寡】duōguǎ 名。指数量的大小:人数~不等。

【多会儿】duōhuìr 〈口〉代。什么时候。(1)用在疑问句里,问时间:你是~来的?|~动身?(2)用在陈述句里,指某一时间或任何时间:~有空~去|~也没听他叫过苦。

【多亏】duōkuī 副。表示由于别人的帮助,

避免了不幸或得到好处；多用在句子开头，常同副词"才"或者连词"要不、否则"配合：～你的帮助，才取得这样好的成绩|这次一医生及时抢救，要不这小孩早没命了|～你及时打来电话，否则我要白跑一趟。

【多么】duō·me 副。(1)用在感叹句里，表示程度高，有"十分、非常"的意思：这幅画～美啊！(2)指任何一种程度；用在条件句中，与"不管、无论"搭配：不管下～大的雨，他总是按时到校。(3)用在疑问句中，询问程度或者数量：那里离家有～远？
　　＊"多么"和"多"：用法基本相同，但"多么"常用在感叹句中，(2)(3)两种用法不常用；"多"则普遍用于以上三种用法。

【多面手】duōmiànshǒu 名。指擅长多种技能的人：老王是一个～，既会写文章，还会画画儿。

【多谋善断】duō móu shàn duàn 成。计谋多又善于判断：军事指挥员要～。

【多幕剧】duōmùjù 名。戏剧的一种，因情节复杂，人物较多，需分为几幕来演出。

【多难兴邦】duō nàn xīng bāng 成。国家多难，可以激发人民愤发图强，使国家兴盛起来：～，中国的革命就是在反动政府极端腐败，帝国主义列强争相瓜分中国的情况下爆发的。

【多情】duōqíng 形。重感情；多指重爱情：不要自作～。

【多少】duōshǎo ❶名。指数量的大小：～不等，长短不齐。❷副。(1)有"或多或少"的意思，常与"点、些"配合：这对改进工作～有点好处|～能学到一些东西。(2)有"稍稍、稍微"的意思，表示程度低：住院以后，病～好了一些|一立秋，天气～有点凉意了。

【多少】duō·shao 代。(1)用在疑问句里，问数量：学校里有～学生？(2)用在陈述句里，表示不定的数量，常对举使用：有～人就拿～工具。

【多时】duōshí 副。表示很长时间，常用在否定句中作状语，也可用在陈述句里作补语：～未见面|你才来呀，电影已放映～了。

【多事】duōshì ❶动。多管闲事；不带宾语：你别～|你真会～。可拆开用：要你来多什么事。❷形。事变多，不安全；常用在固定组合中：～之秋(秋：时期)。

【多数】duōshù 形。数量多的；与"少数"相对，不加程度副词，不单独作谓语，常作定语或宾语：～同学是少先队员|少数服从～。

【多谢】duōxiè 动。礼貌用语，表示对人感谢；可单用，也可带兼语：～你帮了我的忙。

【多心】duōxīn 动。起疑心；不带宾语：那句话不是针对你讲的，请别～。可拆开用：你多的哪分子心？

【多义词】duōyìcí 名。具有互相联系的两个或两个以上的不同意义的词叫多义词。如"接"既有"连接"义，又有"接受、迎接"等义。

【多余】duōyú ❶动。剩下来的；常带宾语或补语：今年的收成好，村上人家普遍～了不少粮食|这些钱是～下来的。❷形。不必要的；不加程度副词，不单独作谓语，多作定语：这篇文章中～的字句要删去。

【多咱】duō·zan 〈方〉代。什么时候，几时；用在疑问句里：你～走|这是～的事？

哆 duō ［哆嗦］(-·suo) 动。身体发抖，战栗；一般不带宾语，可带补语：他冻得直～|我～了一会儿。可作"打"的宾语：他吓得浑身打～。可重叠，常作状语：他哆哆嗦嗦地说："真不知怎么感谢你啊！"

剟 duō 〈古〉动。(1)刺，击。(2)削除，删除。

掇(敠) duō ❶〈素〉拾取，摘取：～拾|～弄。❷〈方〉动。用双手拿或端；多带宾语，指椅子、凳子等：～一张椅子来。

【掇拾】duōshí 〈书〉动。常带宾语或补语。(1)拾掇：房间被她～得井井有条。(2)搜集：为了这篇论文，他在许多种书中～了数百条材料。

裰 duō ❶动。缝补破衣；常带宾语或补语：衣服上有个洞，要～上一块布。❷见"直裰"。

duó (ㄉㄨㄛˊ)

夺(奪) duó ❶动。常带宾语或补语。(1)抢,强取:不能~他人所好|把敌人手中的枪~过来。(2)争先得到;用于好的事物:~丰收|本月份一定要把红旗~到手。❷〈素〉(1)使失去:剥~。(2)脱漏:讹~。(3)做决定:定~|裁~。(4)胜过,超过:巧~天工|喧宾~主。

【夺标】duóbiāo 动。夺取锦标,特指夺取冠军;不带宾语: 这次比赛我要争取~。可作定语: ~呼声甚高。可拆开用: 在足球赛中夺了标。

【夺魁】duókuí 动。夺取第一名;用于各种竞赛,不带宾语: 谁能~,尚难预料。

【夺目】duómù 形。耀眼;常和"光彩、灿烂"等并用,或作定语,修饰"光芒、光线"等: 光彩~|发出~的光芒。

【夺取】duóqǔ 动。多带宾语。(1)用武力强取: ~敌人的阵地。(2)努力争取: ~新的胜利。

度 duó 〈素〉推测,估计: 揣~|忖~|~德量力。
另见dù。

【度德量力】duó dé liàng lì 成。度、衡量,计算。衡量自己的德行能否服人,估计自己的力量能否胜任: 要~,有自知之明。注意:"度"这里不读dù。

踱 duó 动。慢步走路;一般不带宾语,常加动态助词"着": 马车进了公园大门,马便慢慢~着。可带"来、去"等作补语: 他在村子里~来~去。有时带宾语,限"步子"一类词语: 他低着头,在院子里~着方步。

铎(鐸) duó 古代宣布政教法令时或有战事时用的大铃。

duǒ (ㄉㄨㄛˇ)

朵(朶) duǒ ❶量。用于花或成团的东西: 三~花|几~白云。❷姓。

垛(垜) duǒ 名。(~子)墙上向外或向上突出的部分: 门~子|城墙~子。
另见duò。

哚(哚) duǒ 见"吲(yǐn)哚"。

躲(躱) duǒ 动。躲避,躲藏;常带宾语或补语: 那儿~着一个人|雨|赶快~起来。

【躲避】duǒbì 动。故意离开或隐蔽;常带宾语或补语: 他故意~我|敌人开始搜查了,你赶快~一下。可重叠: 你要是嫌人多太吵,可以~~。

【躲藏】duǒcáng 动。把身体隐藏起来,使人看不见;常带宾语或补语: 这儿~着几个小孩|在深山老林之中|这里~不住,赶快换个地方。

【躲闪】duǒshǎn 动。迅速侧身避开;不带宾语,可带补语: 我~不及,和他撞了个满怀。

埵 duǒ 〈古〉名。坚硬的土。

亸(軃、嚲) duǒ 〈古〉动。下垂。

duò (ㄉㄨㄛˋ)

驮 duò (~子)❶名。指牲口驮(tuó)着的货物: 把~子卸下来。❷量。用于牲口驮(tuó)着的货物: 运走两~子货。
另见tuó。

剁(剁) duò 动。用刀向下砍,常带宾语或补语: ~骨头|把白菜~碎了。

垛(垛、稤) duò ❶动。整齐地堆放;常带宾语或补语: ~砖头|把稻草~起来。❷名。整齐齐堆好的堆: 草~。❸量。堆,用于成堆的东西: 一~砖。
另见duǒ。

跺(跥) duò 动。提起脚用力踏地;常以"脚"作宾语: ~脚。

饳 duò [馉饳](gǔ-)〈古〉名。一种面制食品。

柮 duò [榾柮](gǔ-)〈古〉名。短小的木头。

舵 duò 名。船、飞机等控制方向的装置,多安装在尾部。

【舵手】duòshǒu 名。(1)掌舵的人。(2)

比喻领袖。

惰 duò 〈素〉懒,懈怠:懒~|~性。

【惰性】duòxìng 名。(1)有些物质,如炭末等,不易跟其他元素或化合物化合,这种性质叫惰性。(2)不想改变消极落后状态的习性:应该克服工作中的~。

堕(墮) duò 动。落,掉;常带补语:~在地上|~入海中。

【堕落】duòluò 动。思想行为向坏里变;可带补语:腐化~|不能再~下去了。加"为"等后可带宾语:~为保皇派。

【堕胎】duòtāi 动。人工流产的通称,打胎;不带宾语:生这种病不能怀孕,必须~。

E

ē(ㄜ)

阿 ē ❶〈素〉(1)迎合,偏袒:～附|～谀|～其所好。(2)凹曲的地方:山～。❷地名用字。东阿县,在山东省。❸姓。
另见ā(啊)。

【阿附】ēfù 〈书〉动。附和迎合;含贬义,多带宾语:～权贵。

【阿弥陀佛】ēmítuófó 音译词。也译作无量寿佛。佛教信奉的一尊佛。信佛的人用作口头诵念的佛号,表示祈祷或感谢神灵等意思。注意:"阿"这里不念ā。

【阿谀】ēyú 动。说好听的话去讨别人们;含贬义;常用在固定组合中:～奉承。可带宾语:他为人正直,从不～有权势的人。

屙 ē 〈方〉动。排泄;多用于大便或小便:～屎|～尿。

婀 ē [婀娜](-nuó) 形。柔软而美好;多用来形容姿态或动作:～多姿|柳条在春风的吹拂下～起舞。注意"婀娜"不能念成ānά。

é(ㄜˊ)

讹(△譌) é ❶动。借某种理由进行敲诈;多指钱物或权利:被坏人～去200元。△❷〈素〉错误::～字。

【讹传】échuán 名。错误的传说:不要去听那些～。

【讹舛】échuǎn 〈书〉形。错误;指文字方面,多作谦辞:～之处,请批评指正。

【讹谬】émiù 名。指文字或内容上的错误或差错:文中～较多|～之处,在所难免。

【讹脱】étuō 也说讹夺。❶动。错和脱漏;指文字方面,常带宾语:～了几个字。❷名。错漏的文字:书中～多。

【讹误】éwù ❶形。错误;用于文字或记

载方面:～之处不少。❷名。抄错或记错的地方:订正～。

【讹诈】ézhà 动。(1)假借某种理由向人敲诈、勒索;常带宾语或补语:～钱财|被～光了。(2)威胁恫吓:侵略者的～和恫吓,都不能使人民屈服。

㧱 é 名。(～子)捕鸟时用来引诱同类鸟的鸟。也叫圝(yóu)子。

莪 é [莪蒿](-hāo) 名。多年生草本植物,生在水边,花黄绿色,嫩叶可食。

俄 é 〈素〉时间很短,突然间:～顷|～而。

【俄而】é'ér 〈书〉副。不久,突然间:～烟消云散。

【俄罗斯族】éluósīzú 名。我国少数民族之一,主要分布在新疆。

【俄顷】éqǐng 〈书〉副。不久,一会儿:～电闪雷鸣,下起了倾盆大雨。

哦 é 〈素〉低声地哼:吟～。
另见ó, ò。

峨(峩) é 〈素〉高。巍～|～冠博带(高高的帽子和宽大的衣带,古时形容大夫的服装)。

娥 é 〈素〉(1)美好。～眉。(2)美女。～宫～。

【娥眉】éméi 名。也作蛾眉。(1)指女子长而美的眉毛:～瓜子脸。(2)旧作美女的代称。

锇 é 名。金属元素,符号Os。青白色,有光泽,硬而脆。锇和铱的合金硬度很大,可作钟表、仪器等的轴承。

鹅(鵝) é 名。家禽,形似鸭而比鸭大,羽毛白色或灰色,额头有橙黄色或黑褐色的肉质突起物,脚大有蹼,能在水上游。

【鹅黄】éhuáng 形。淡黄,像小鹅绒毛的颜色;不加程度副词:杨柳～万千条。常作定语:～毛衣。

【鹅毛】émáo 名。原指鹅的羽毛,后常

比喻像毛一样轻微的东西：千里送～，礼轻情意重。也用来形容大雪：下了一夜～大雪。

【鹅行鸭步】é xíng yā bù 成。像鹅和鸭那样走路，形容行走缓慢，跨步不稳。

蛾 é 名。(1)(～子)昆虫，形似蝴蝶，静止时翅膀平放在身体两侧。多在夜间活动，喜欢飞向灯火。(2)〈古〉同"蚁(yǐ)"。

【蛾眉】éméi 见"娥眉"。

额 é ❶名。人或某些动物眉毛以上、头发以下的部分。也叫额头、脑门子。❷〈素〉(1)规定的数目：超～。(2)牌匾：匾～｜横～。

【额定】édìng 形。规定数目的；不加程度副词，不单独作谓语，多作定语：～的工资。

【额手称庆】é shǒu chēng qìng 成。把手放在额头上，表示庆幸：水患解除了，人们无不～。

【额外】éwài 形。在规定的数目或范围以外的；不加程度副词，不单独作谓语，作定语或状语：～的任务｜～照顾。

ě(ㄜˇ)

恶(惡、噁) ě 见"恶心"。
另见è wū, wù。

【恶心】ě·xin 动。不带宾语。(1)想要呕吐：刚才一阵～，难受极了。(2)讨厌，厌恶：这话说得叫人～。

è(ㄜˋ)

厄(戹、△阨) è 〈素〉(1)灾难，困苦：～运。
△(2)险要的地方：险～。△(3)阻塞：阻～。

【厄运】èyùn 名。不幸的遭遇：种种～没能把他压垮，他反而更坚强了。

苊 è 名。碳氢化合物的一类，无色针状结晶，溶于热酒精，可做媒染剂。

扼(搤) è 〈素〉(1)用力掐住，抓、提：～杀｜～腕。(2)据守，控制：～守｜～制。

【扼杀】èshā 动。原指掐住脖子弄死，后常表示压制、摧残某种事物，使不能生存或发展；常带宾语或补语：不要～新生事物｜～在他的手中。

【扼守】èshǒu 动。把守；常带宾语：～险关。

【扼腕】èwàn 〈书〉动。用手握住另一只手的手腕，表示失意、愤怒、振奋、惋惜等情绪；一般不单独作谓语，常与其他动词连用：～而行。或作状语，不带助词"地"：～叹息。

【扼要】èyào 形。抓住要点：多指发言或写文章：他的报告简明～。

呃 è [呃逆](-nì) 动。由于横膈膜痉挛，急促吸气后，声门突然关闭而发出声音；不带宾语：他又在～了。通称打嗝儿。

轭 è 名。牛马等牲畜耕地或拉车时架在脖子上的器具，似弓形或人字形。

垩(堊) è ❶名。白色的土。❷〈书〉动。粉刷；常带宾语或补语：～墙｜墙～好了。

恶(惡) è ❶形。(1)凶恶，凶狠：老板娘对工人～得很。常用在名词或单音节动词之前：～婆｜～骂。(2)恶劣，很坏的：～势力｜大黄蜂最～，常落在蜜蜂洞口，专咬幼蜂。❷〈素〉恶劣的行为，罪行：罪～｜无～不作｜疾～如仇。
另见ě, wū, wù。

【恶霸】èbà 名。依仗反动势力称霸一方，欺压和掠夺人民的坏人。

【恶毒】èdú 形。凶狠毒辣，多用来形容一个人的心术、手段和语言等：～攻击｜这话说得太～了。

【恶恶实实】è'èshíshí〈方〉形。狠狠地；不加程度副词，不单独作谓语，一般作状语，要带助词"地"：～地批评了他一顿。

【恶感】ègǎn 名。不满或不好的感情；一般对人：这个人作风很不正派，我对他早有～。

【恶贯满盈】è guàn mǎn yíng 成。贯：穿钱的绳子；盈：满。罪恶极多，如同穿钱的绳子穿满了钱一样。形容作恶很多：这个大地主，～，罪行累累。

【恶棍】ègùn 名。凶恶欺压群众的流氓无赖：这个～终于伏法了。

【恶果】èguǒ 名。坏的结果：玩火者必自食～。

【恶狠狠】èhěnhěn 又读 èhēnhēn 形。形容非常凶狠；不加程度副词，不单独作谓语，常作状语，要带助词"地"：～地盯了她一眼。

【恶化】èhuà 动。(1)向坏的方面变化；不带宾语：病情～。(2)使某种情况或事物变坏；须带宾语：是他们～了双方的关系。

【恶疾】èjí 名。难治好的疾病：得了这种～，有什么办法呢？

【恶劣】èliè 形。坏得很：品质～｜作风～｜气候很～｜～的影响。

【恶魔】èmó 名。(1)恶神、恶鬼。(2)比喻十分凶恶的人。

【恶少】èshào 名。品行恶劣、胡作非为的青少年：对这几个～，必须加强管教。

【恶习】èxí 名。坏习惯：随地吐痰是一种～，应该改掉。

【恶性】èxìng ❶名。恶劣的本性：～未改。❷形。能产生严重后果的；不加程度副词，不单独作谓语，作定语或状语：～肿瘤｜～事故｜～循环。

【恶性循环】èxìng xúnhuán 词组。若干事互为因果，循环不止，越来越坏。如因物价高涨，就多发钞票，越多发钞票就越引起物价高涨，这样就形成了恶性循环。

【恶意】èyì 名。不良的用意，与"善意"相对。对人不能有～。可作状语：～攻击。

【恶浊】èzhuó 形。不干净，混浊：空气太～。

【恶作剧】èzuòjù 名。戏弄过度的、使人难堪或反感的行为：用粉笔在别人背上写字，这是一种～。

饿 è ❶形。肚里空了，想吃饭食；与"饱"相对：他已经一天没吃东西了，很～。❷动。使挨饿；须带宾语：别～着它。

【饿虎扑羊】è hǔ pū yáng 成。比喻凶猛地攫取：这帮匪徒见了地里的西瓜，犹如～似地摘了就吃。也作饿虎扑食。

【饿莩遍野】è piǎo biàn yě 成。莩，也作"殍"：饿死的人。意即饿死的人到处都是。注意："莩"不念fú。

谔 è [谔谔]〈古〉形。形容直话直说。

鄂 è ❶湖北省的别称。❷姓。

【鄂博】èbó 见"敖(áo)包"。

【鄂伦春族】èlúnchūnzú 名。我国少数民族之一，分布在黑龙江省。

【鄂温克族】èwēnkèzú 名。我国少数民族之一，分布在黑龙江省。

萼 è〈书〉名。花萼，花的组成部分之一，由若干绿色小片组成，包在花瓣外边，花开时托着花瓣。

【萼片】èpiàn 名。环列在花瓣下部的绿色小叶，一圈萼片构成花萼。

愕 è〈素〉惊讶，发愣：～然｜惊～。

【愕然】èrán 形。形容惊讶的样子：听到这个消息，无不～｜为之～。

腭(齶) è 名。口腔里的上膛，分为两部分，前面由骨和肌肉组成，叫硬腭，后面由结缔组织和肌肉组成，叫软腭。

锷 è〈古〉名。刀剑的刃：刺破青天～未残。

鹗 è 名。鸟，背暗褐色，头、颈和腹白色。性凶猛，捕食鱼类。通称鱼鹰。

颚 è ❶名。某些节肢动物摄取食物的器官，分上颚和下颚。❷同"腭"。

鳄(鱷) è 名。一种凶恶的爬行动物，体长3—6米，全身灰褐色的硬皮。生活在热带、亚热带的河流池沼中，捕食鱼、蛙和鸟类等，有的也吃人、畜。皮可制革。俗称鳄鱼。

【鳄鱼的眼泪】èyú ·de yǎnlèi 词组。西方古代传说，鳄鱼吞食人、畜时，边吃边掉眼泪。后以此比喻坏人的假慈悲。

遏 è〈素〉阻止，抑制：～抑｜～制。

【遏抑】èyì 动。压制；激愤之情，难以～。可带宾语或补语：～不住心头的怒火｜历史的潮流是谁也～不住的。

【遏止】èzhǐ 动。用力阻止；常跟"潮流、趋势"等搭配，常带宾语或补语：不可～｜时代的潮流｜～住了敌人的进攻。

【遏制】èzhì 动。用力抑制或控制：不可的干劲。常带宾语或补语:～住满腔的愤怒。

＊"遏制"和"遏止":"遏制"多用于自己对自己,对象为某种感情或力量;"遏止"的对象是别人或某种事物,常跟"潮流、趋势"等搭配。

頞 è 〈古〉名。鼻梁。

噩 è 〈素〉惊人的,凶恶的:～耗｜～梦。

【噩耗】èhào 名。人死的消息;用于亲近或敬爱的人:～传来,大家泣不成声。

【噩梦】èmèng 名。凶恶可怕的梦。

ê(ㄝ)

欸(誒) ê 叹。用在句子的开头,表示招呼:～,请等一等。
另见ế, ě, è, ǎi。

ế(ㄝˊ)

欸(誒) ế, 又读éi 叹。用在句子的开头,表示诧异:～,怎么坏了!
另见ê, ě, è, ǎi。

ě(ㄝˇ)

欸(誒) ě, 又读ěi 叹。用在句子的开头,表示不以为然:～,你这话可不对呀!
另见ê, ế, è, ǎi。

è(ㄝˋ)

欸(誒) è, 又读èi 叹。用在句子的开头,表示应答或同意:～,我这就来! ｜～,就这么办。
另见ê, ế, ě, ǎi。

ēn(ㄣ)

奀 ēn 〈方〉形。瘦小。多作人名用字。

恩 ēn ❶〈素〉好处,深厚的情谊:～惠｜～情。❷姓。

【恩爱】ēn'ài 形。亲热,有情义;一般用于夫妻之间:夫妻俩非常～。可重叠:小两口恩恩爱爱的。

【恩宠】ēnchǒng 名。古代指皇帝对后妃或臣民的特别优厚的待遇和宠幸。

【恩仇】ēnchóu 名。恩惠和仇恨;多偏指仇恨:～分明｜结下了～。

【恩赐】ēncì 动。原指封建帝王对臣民进行赏赐,今泛指出于怜悯而对人施舍;常含贬义:嘻,谁要你来～。可带宾语:～了一点财物。

【恩德】ēndé 名。恩惠和德行;一般用来赞扬他人:～无量。

【恩典】ēndiǎn ❶名。旧指帝王给予臣子的恩赐和礼遇,也泛指恩惠。❷动。给予恩惠。

【恩惠】ēnhuì 名。给予或受到的好处:您给我的～,我终生难忘。

【恩将仇报】ēn jiāng chóu bào 成。用仇恨报答别人他的恩惠:东郭先生救了中山狼,狼却～,要吃掉东郭先生。

【恩情】ēnqíng 名。深厚的情义:她想起老人收养她的那一番～,眼泪就止不住地流了下来。

【恩怨】ēnyuàn 名。恩惠和怨恨:～分明。多偏指怨恨:不计较个人～。

【恩泽】ēnzé 名。比喻恩德及人,像雨露滋润草木。古时常用以指皇帝或官吏给予臣民的恩惠。

蒽 ēn 名。碳氢化合物的一类,无色结晶,发青绿色荧光。可制染料。

èn(ㄣˋ)

摁 èn 动。用手按或捺;常带宾语或补语:～手印｜～一下电玲。

ēng(ㄥ)

鞥 ēng 〈古〉名。马缰绳。

ér(ㄦˊ)

儿(兒) ér ❶名。(1)儿子;常与"女"对举使用: 一～一女｜生～育女。(2)父母对子女的统称,或儿女对父母的自称:老母临终时对女儿说:"～啊,你一定要照顾好小弟弟。" ❷〈素〉(1)小孩:幼～｜～童。(2)年轻的人;多指青年男子:健～｜男～。(3)雄性的:～马。❸后缀(注音作"r",如"花儿"huār)。同前面的字合成一个卷舌音,

是构成名词的标志：猫～|块～|亮～|盖～。极少数作动词后缀：我不玩～|他火～了。参见"儿化"。

【儿歌】érgē 名。为儿童创作的歌谣，一般都比较简短，适合儿童歌唱。

【儿化】érhuà 动。这是汉语普通话和某些方言中的一种语音现象，把后缀"儿"字加在前一个字的后面，合成一个音节，使前一音节的韵母成为卷舌韵母。例如"花儿"的发音是huār，不是huā'ér。儿化一般用于小而喜爱的事物，如可以说"猫儿"，不说"鼠儿"。儿化有时有区别词性或词义的作用，如"画(动词)"，"画儿(名词)"；"信(书信)"，"信儿(消息)"。

【儿皇帝】érhuángdì 名。五代时，石敬瑭勾结契丹，建立后晋，对契丹主自称儿皇帝。后来泛指投靠外国，取得并维持统治地位的卖国贼。

【儿马】érmǎ 〈口〉名。公马。

【儿女】érnǚ 名。(1)子女：把～抚养成人。也泛指忠于国家或某个组织的人：中华好～。(2)男女；多指相爱的未婚青年：～情长。

【儿孙】érsūn 名。儿子和孙子，泛指后代：这位百岁老人，现在是～满堂。

【儿童】értóng 名。年纪比少年小的小孩。

【儿童节】értóngjié 见"六一儿童节"。

【儿童文学】értóng wénxué 名。为少年儿童创作的，能适应其年龄、智力和爱好等特点的，包括各种体裁的文学作品，如儿歌、童话、故事等。

【儿戏】érxì 名。像小孩子那样闹着玩儿，用来比喻作事不严肃、不认真；常作"如、当、闹"等的宾语：如同～|别把工作当～。

【儿子】ér·zi 名。父母称自己的男孩子。比喻忠于祖国或某个组织的男性成员：他是中国人民的好～。

而 ér 连。(1)连接两个并列的形容词，相当于"又"：伟大～质朴。(2)表示进一层，相当于"并且"：学～不厌。(3)表示转折或相对关系，相当于"但、却"：议～不决|真正强大的力量不是属于反动派，～是属于人民。(4)插在主语、谓语之间，表示假设关系，相当于"如果"：理论～不与实践相结合，就是空洞的理论。(5)连接原因和结果、目的和行为：由于改革～带来了生产的发展|要为真理～斗争。(6)把表示时间、方式或情状的词语连接在动词上：俄～客至|盘旋～上|侃侃～谈。(7)表示动作的先后，有承接关系：摆脱锁链～获得自由|死～后已。(8)表示由此及彼，相当于"向、到"：自上～下|由小～大|一～十，十～百。

【而后】érhòu 连。连接有时间先后的动作行为或情况，相当于"然后"：先讨论一下，～再作决定。

*"而后"和"然后"："然后"可用在主语前，如"然后他整理材料，写成文章"，"而后"不这样用。

【而今】érjīn 〈书〉名。如今，现在：～迈步从头越。

【而况】érkuàng 连。用在反问句中，表示进一层，相当于"何况"：老年人都不甘示弱，～青年人呢!

*"而况"和"何况"："而况"前不加"更、又"；"何况"可以加。

【而立】érlì 名。《论语·为政》："吾十有五而志于学，三十而立。"后以"而立"表示30岁；已到～之年。

【而且】érqiě 连。表示进一层：柔软～光滑|应该～必须完成。用在复句的分句中，前面常用"不但、不仅"等呼应：鲁迅不但是伟大的文学家，～是伟大的思想家和革命家。

【而已】éryǐ 〈书〉助。用在陈述句的末尾，有把事情往小里说的意味；常与"不过、无非、只、仅仅"等呼应，口语中用"罢了"：我不过是说说～，你不必认真|如此～，岂有他哉!

鸸 ér [鸸鹋](-miáo) 名。音译词。鸟，形似鸵鸟而较小，嘴短而扁，羽毛灰色或褐色，翅膀退化，不能飞，腿长善走。产澳洲森林中。

ěr (儿ˇ)

尔(爾) ěr 〈古〉❶代。(1)你：～曹(你们)|～父。(2)如此，这样：果～|不过～～(不过如此而已)。(3)那：～日|～时。❷助。而已；用在句末：如反手～。❸后缀。加在形容词

之后：率～|莞(wǎn)～。

【尔曹】ěrcáo 〈古〉代。你们这些人；含轻视意：～身与名俱裂。

【尔后】ěrhòu 〈书〉❶名。从此以后；表示时间：他吃了药,～就慢慢好起来了。❷连。连接有时间先后的两种行为：先做完数学作业,～又写大字。

【尔虞我诈】ěr yú wǒ zhà 成。尔：你；虞,诈：欺骗。彼此猜疑,互相欺骗；含贬义：这帮家伙凑在一起,表面上异常亲热,实际上勾心斗角,～。

【尔朱】ěrzhū 复姓。

迩(邇) ěr 〈素〉近：遐～|～来。

【迩来】ěrlái 〈书〉名。近来：～情况如何？

耳 ěr ❶名。耳朵。❷〈素〉形状像耳朵,或位置在两旁的：木～|～房。❸〈古〉助。罢了；用在句子末尾：此乃想当然～。

【耳报神】ěrbàoshén 〈方〉名。比喻暗中向领导报告他人情况的人；含贬义：这家伙是个～。

【耳背】ěrbèi 形。听觉不灵：他年龄大了,～。

【耳边风】ěr biān fēng 习。比喻不把别人的劝告、嘱咐等放在心上；含贬义：别把忠告当～。也说耳旁风。

【耳鬓厮磨】ěr bìn sī mó 成。厮：互相。耳靠耳,鬓擦鬓。形容男女间幼小时亲相爱的情景：他俩从小～,亲如手足。

【耳沉】ěrchén 〈方〉形。义同"耳背"：他～,声音低了听不见。

【耳聪目明】ěr cōng mù míng 成。形容头脑清楚,目光敏锐：小朱～,非常能干。

【耳朵】ěr·duo 名。听觉器官,人和哺乳动物的耳朵分外耳、中耳、内耳三部分,内耳除管听觉外,还管身体的平衡。

【耳朵软】ěr·duo ruǎn 习。喻指容易相信奉承或挑拨的话；含贬义：一个人～就会上当。

【耳风】ěr·feng 〈方〉名。听到的未必可靠的消息：这是～,不足为据。

【耳光】ěrguāng 名。用巴掌打在耳朵附近的脸部的一下：试验成功了,嘲笑者一记响亮的～。也说耳光子、耳刮子,有的方言说耳掴(guāi)子。

【耳鸣】ěrmíng 动。外界并无声音而患者自己觉得耳朵里一直有嗡嗡声,多由中耳、内耳或神经系统的疾病引起；不带宾语：这几天我常～。

【耳目】ěrmù 名。(1)视听,见闻：～所及|～不广。(2)指替人暗中探听消息的人；含贬义：这一带敌人的～很多,要当心。

【耳目一新】ěr mù yī xīn 成。所闻所见都不同以往,极感新鲜：今年春节回故乡,一进村就觉得～。

【耳濡目染】ěr rú mù rǎn 成。濡：沾湿；染：侵染。由于常听常看,不知不觉受到了影响：他父亲是个画家,他从小就养成了对绘画的兴趣。

【耳软心活】ěr ruǎn xīn huó 成。耳朵软,心眼活。形容一个人没有主见,易于相信他人；含贬义：这个人～,不能当厂长。

【耳生】ěrshēng 形。听了很生疏；与"耳熟"相对。叫门声音挺～,不知谁来了？

【耳食】ěrshí 〈书〉动。不加审察,轻信传闻：切莫～,以免上当。

【耳熟】ěrshú 形。听了很熟悉；与"耳生"相对：他那大嗓门,我很～,没见人就知道是他来了。

【耳熟能详】ěr shú néng xiáng 成。宋·欧阳修《泷(shuāng)冈阡表》："吾耳熟焉,故能详也。"意谓听得多了,已很熟悉乃至能详尽复述出来。

【耳提面命】ěr tí miàn mìng 成。不但当面告诫他,而且揪着他的耳朵对他讲。形容教诲恳切、严格：张老师对学生要求非常严格,真是～。

【耳闻不如目见】ěr wén bù rú mù jiàn 成。听说的不如亲眼看到的可靠,说明实际经历的重要：～,这次回来,我才真正觉得家乡是大变样了。

【耳闻目睹】ěr wén mù dǔ 成。亲耳听到,亲眼看到：这次到农村～了许多新鲜事儿。

【耳语】ěryǔ 动。凑近别人耳朵小声说话；不带宾语,带补语：她俩～了一阵。

【耳子】ěr·zi 名。器物两旁供人提的部分。

洱 ěr 湖名用字。洱海,在云南省。

珥 ěr 名。古代用珠子或玉石做的耳环。

铒 ěr 名。金属元素，符号Er。有银色光泽，能使水分解。

饵 ěr ❶名。引鱼上钩的食物：鱼～。❷〈书〉动。引诱；须带宾语或补语：以此～敌｜～以重利。❸〈素〉糕饼：香～｜果～。

èr（儿）

二 èr ❶数。(1)基数。一加一之和。"二"与"两"数量相同，但读音和用法不同。参见"两"。(2)序数。第二：～楼。❷〈素〉(1)两样：心无～用｜不～价。(2)次等的：～等品｜～把手。

【二把刀】èrbǎdāo 〈方〉名。(1)指对某项工作知识不足，技术不高：要通过学习，改变～的状况。(2)称对某项工作知识不足、技术不高的人：他是个～，没什么真本领。

【二把手】èrbǎshǒu 名。指担任副职或第一副职的领导人。

【二百五】èrbǎi wǔ 习。(1)〈口〉称有些傻气、做事莽撞的人；骂人用语：他是个～，尽干傻事。(2)〈方〉义同"半瓶醋"，指对某种知识或技术只略知一二的人。

【二重性】èrchóngxìng 名。指事物本身所固有的、互相矛盾的两种属性。

【二地主】èrdìzhǔ 名。向地主租人大量土地，自己不耕种，转租给他人，以收取地租为主要生活来源的人。

【二房】èrfáng 名。(1)旧时家族中排行第二的一支。(2)旧社会男子所娶的小老婆。

【二房东】èrfángdōng 名。把租来的房屋转租给他人而从中取利的人。

【二胡】èrhú 名。胡琴的一种，比京胡大，发音柔和优美。也叫南胡。

【二乎】èr·hu 〈方〉形。也作二忽。(1)畏缩：他对困难从不～。(2)犹疑、不确定：我反而被他说得～了。可重叠：他干什么都是二二乎乎的。(3)完蛋，没指望：我看这事～了。

【二话】èrhuà 名。别的话，不同的意见；多用于否定句中，表示完全同意：您尽管吩咐吧，我决没有～。

【二黄】èrhuáng 名。戏曲声腔之一，是京剧、汉剧等的主要腔调之一。也作二簧。

【二进宫】èr jìn gōng 习。指第二次被拘留或判刑进监狱；含诙谐意：这家伙恶习难改，很可能要～。

【二进制】èrjìnzhì 名。记数的一种方法，每一位数只用0和1两个符号表示。十进制是每逢十进位，二进制是逢二进位。如十进制的1，2，3，4，5，在二进制里分别表示为1, 10, 11, 100, 101。近代电子计算机大都采用二进制。

【二郎腿】èrlángtuǐ 〈方〉名。一种坐的姿势，把一条腿搁在另一条腿上，坐相轻佻、随便；多作"跷"的宾语：他跷起了～。

【二老】èrlǎo 名。指年迈的父母。

【二流】èrliú 形。水平或质量比一流的差一等的；指人或事物，不加程度副词，不单独作谓语，作定语：他拜了一位～画家学画｜～产品。

【二流子】èrliú·zi 名。指游手好闲不务正业的人；常作骂人用语。

【二人转】èrrénzhuàn 名。(1)一种曲艺，一般由二人舞蹈说唱，用板胡、唢呐等乐器伴奏。流行于黑龙江、吉林、辽宁一带。(2)一种地方戏剧剧种。由曲艺二人转发展而成的新兴地方戏曲剧种。也叫吉剧。

【二十八宿】èrshí bā xiù 词组。我国古代天文学家为了观测天象及日、月、星在天空中的运行，把可见的星分成二十八组作为标志，称为"二十八宿"。东西南北四方各七宿，配上四种动物形象，称"四象"。东方苍龙七宿是：角、亢(kàng)、氐(dǐ)、房、心、尾、箕；南方朱雀七宿是：井、鬼、柳、星、张、翼、轸(zhěn)；西方白虎七宿是：奎、娄、胃、昴(mǎo)、毕、觜(zī)、参(shēn)；北方玄武(龟蛇)七宿是：斗、牛、女、虚、危、室、壁。注意："宿"这里读xiù，不读sù。

【二十四节气】èrshí sì jiéqì 词组。我国农历一年中的二十四个节气，即立春、雨水、惊蛰、春分、清明、谷雨、立夏、小满、芒种、夏至、小暑、大暑、立秋、处暑、白露、秋分、寒露、霜降、立冬、小雪、大雪、冬至、小寒、大寒。二十四节气表明气候的变化和农事季节，对指导农业生产有重要意义。

【二十四史】èrshí sì shǐ 词组。旧时称为正史的二十四部纪传体史书,即《史记》、《汉书》、《后汉书》、《三国志》、《晋书》、《宋书》、《南齐书》、《梁书》、《陈书》、《魏书》、《北齐书》、《周书》、《隋书》、《南史》、《北史》、《唐书(旧唐书)》、《新唐书》、《五代史(旧五代史)》、《新五代史》、《宋史》、《辽史》、《金史》、《元史》、《明史》。

【二十五史】èrshí wǔ shǐ 词组。《二十四史》加《新元史》。参见"二十四史"。

【二桃杀三士】èr táo shā sān shì 成。《晏子春秋·谏下二十四》记载:齐景公有三个臣子,都以勇力著称。齐相晏婴想除掉他们,请景公送给他们两个桃子,让三人论功食桃,结果三人都弃桃自杀。后来常以此比喻使用阴谋手段借刀杀人。

【二天】èrtiān 〈方〉名。改日,过一两天;一般作状语:我～再来。

【二五眼】èr·wuyǎn 〈方〉❶形。指人的能力差,或物品的质量差:这件衣服真～,没穿几天就破了。❷名。指能力差的人:他是个～。

【二线】èrxiàn 名。(1)指担任管理、供销、后勤等任务的工作部门或工作岗位:在企业整顿中,要充实一线,紧缩～。(2)指领导干部退出实际领导岗位后所担任的顾问、咨询等工作:有些老干部已退居～。(3)介于战略前线和战略大后方之间的地区。

【二心】èrxīn 名。常作"有"或"没有"等的宾语。(1)不忠实的思想:她对你没有～,你别乱猜疑|这个叛徒早有～。(2)不专一的心思:上课要好好听讲,不能有～|这个工作单位不错,你就在这儿安心干下去,别有～了。

【二一添作五】èr yī tiān zuò wǔ 习。本是珠算除法的一句口诀,是"1÷2=0.5"的意思,借指双方平分:这个西瓜,咱俩～怎么样?

【二元论】èryuánlùn 名。一种企图调和唯物主义和唯心主义的观点,认为世界的本原是精神和物质两个彼此平行、各自独立的实体。由于它把精神看作是离开物质而独立存在的东西,所以归根结底还是唯心的。

弌 èr 数。"二"的大写;多用于帐目、票证等。

贰 èr ❶数。"二"的大写;多用于帐目、票证等。❷〈素〉变节,背叛:～臣|～心。

【贰臣】èrchén 名。封建社会里指前朝大臣投降新朝又继续做官的人。

【贰心】èrxīn 名。即"二心"。

佴 èr 〈古〉❶动。停留,置。❷副。相次,随后。
另见nài。

F

fā(ㄈㄚ)

发(發) fā ❶动。常带宾语或补语。(1)送出,交付;与"收"相对:～货|～工资|我～出去一封信。可带双宾语:～我一份学习材料。(2)放散,散开:～臭|～传单～得很多。(3)发泄,流露;多指不好的情绪:～牢骚|～了一阵脾气。(4)表达,宣布;多指言论、命令:～议论|～出一道命令。(5)放射:～炮|～出强烈的光。(6)产生,生长:～电|～不出芽。(7)食物发酵或因浸水后体积膨胀:面～起来了|～木耳。(8)显现;多以形容词作宾语:脸～黄|纸～脆。(9)感到;一般用于不好的感觉,多以形容词作宾语:嘴里～苦|腿～麻了。❷量。颗;用于枪弹、炮弹:一一～子弹。❸〈素〉(1)打开:～掘。(2)揭露:揭～。(3)扩大,增多:～扬|～家。(4)开始行动,引起行动:～起|奋～|～人深思。

另见 fà。

【发榜】fābǎng 动。公布经考试录取的名单;不带宾语:学校已经～了。可拆开用:发了榜。

【发报】fābào 动。把消息、情报等通过无线电装置发给接收者;不带宾语:消息来了,赶快～。可拆开用:已向总公司发了报。

【发表】fābiǎo 动。常带宾语或补语。(1)向集体或社会表达意见,宣布:～声明|～谈话|人大会议公报今天～出来。可重叠:请大家～～意见。(2)刊登;指文章、图画、歌曲等:～了几篇小文章|～在杂志上。

*"发表"和"公布":"发表"可以用口头的,也可以用书面的形式;"公布"多用书面形式。"发表"的对象多是意见、声明、文章等,既可用于个人,也可用于集体、机关、国家;"公布"的对象多是时间、名单、帐目、方案、决议等,只用于团体或政府机关。

【发病率】fābìnglǜ 名。在一定时期某种疾病的发病人数与该地区人口数的比例,通常用千分之几来表示:今年春天在那个地区流感的～高达千分之五。

【发布】fābù 动。公布,宣布;多用于命令、指示、新闻等,常带宾语:新华社～了一条重要消息|国防部～命令。

【发财】fācái 动。获得大量财物;一般用于个人或私人企业,不带宾语:恭喜～。可拆开用:发了一笔财。

【发痴】fāchī 〈方〉动。不带宾语。(1)发呆:他一句话也不说,坐在那儿～。可拆开用:发什么痴?(2)发疯:她受了刺激,～了。

【发愁】fāchóu 动。因为没有主意或办法而感到愁闷:他为母亲的病～。可加程度副词:孩子一直在家待业,她为此很～。可带动词性词组作宾语:～没有办法解决。可拆开用:天无绝人之路,发什么愁。

【发出】fāchū 动。常带宾语。(1)产生,发生;用于声音、疑问等:米兰～一阵阵香味。(2)发表,发布;用于领导机关下达命令、指示等:～通知。(3)送出,投寄;一般用于书面材料,如文件、信件等:今天我到邮局～一部书稿。

【发怵】fāchù 〈方〉动。胆怯,畏缩;不带宾语,可加程度副词:初次在大会上发言,她心里很～。可作"感到"等动词的宾语:感到～。也作发憷。

【发达】fādá ❶形。事物发展充分或事业兴盛:肌肉～|交通～|文化很～。❷动。使充分发展;须带宾语:～贸易|～教育事业。

*"发达"和"发展":"发达"说明事物繁荣、兴盛的现象;"发展"只说明事物有规律、有步骤地进展,没有显示出变成什么样子。"发达"可作形容词;"发展"只作动词。

【发达国家】fādá guójiā 词组。指经济发展水平比较高的国家；与"发展中国家"相对而言。

【发呆】fādāi 动。因为恐惧、焦急，或心里在想事情而出神，现出痴呆的样子；不带宾语：他满肚子心事，坐在那里直～。可拆开用：你在发什么呆?

【发电】fādiàn 动。不带宾语。(1)发出电力：水力～|这个厂自己能～。可拆开用：一年能发多少电? (2)打电报；多构成连动词组：～祝贺。

【发动】fādòng 动。(1)使开始；可带名词或动词作宾语：～战争|～进攻。(2)使行动起来；常带宾语或兼语：～群众|全校师生参加植树活动。可重叠：还是去～～群众吧。(3)使运转或开动；用于机器、车辆等：汽车～了。可带宾语：～机器。

＊"发动"和"鼓动"："发动"语意轻，表示一般地促使；"鼓动"语意重，指用语言或文字去激发人们积极地行动起来，多用于进行政治斗争、比赛等方面。"发动"的对象可以是人或组织；"鼓动"的对象只能是人。

【发抖】fādǒu 动。身体因害怕、生气或受到寒冷等而不由自主地颤动；不带宾语：他冻得浑身～。常作补语：气得～|冻得～。

【发端】fāduān〈书〉动。开始；不带宾语，常带处所、时间补语：蒙古族的传统马术运动，大约～于3000年前。

【发凡】fāfán 名。(1)说明全书要旨或体例的文字，一般放在书前。也叫凡例。(2)对某一学科作一般的介绍，相当于"概论"；常用作书名，如《修辞学发凡》。

【发放】fāfàng 动。(1)政府、机构把钱或物有偿或无偿地发给所需要的人；多带宾语或补语：～救济物资|～出500万元贷款。(2)发落；多带处所宾语或补语：他被～到边疆的一个劳改农场。

【发奋】fāfèn 动。(1)振作起来，奋发；不带宾语：～有为。(2)同"发愤"。

【发愤】fāfèn 动。下决心努力；不带宾语：从那以后，他真的～了，废寝忘食地在家里温习功课。常作状语：～图强|他～要把这部小说写完。

【发愤图强】fāfèn tú qiáng 成。决心奋斗，谋求强盛：我们一定要～，力争早日实现我国的现代化。

＊"发愤图强"和"奋发图强"："发愤图强"着重在"发愤"，表示决心奋斗，努力谋求强盛；"奋发图强"着重在"奋发"，表示振作精神，奋力谋求强盛。

【发疯】fāfēng 动。不带宾语。(1)因神经错乱而失去常态：她受了刺激，～了。(2)比喻做事违反常情；含贬义：他～似地缠住人家不放。可拆开用：你发什么疯，半夜了还不睡觉?

【发福】fāfú 动。发胖，一般用作同中年以上的人见面时的客套话，不带宾语：好久不见，你～了。

【发汗】fāhàn 动。用药物等使身体出汗；不带宾语：吃点药，让他～。可拆开用：发一身汗，病就好了。

【发行】fāháng 动。批发。
另见fāxíng。

【发号施令】fā hào shī lìng 成。号：号令；施：发布。发命令，下指示。也比喻高高在上，脱离实际的瞎指挥；作比喻用时含贬义：不能把正确的～同"瞎指挥"混为一谈|仅仅根据一知半解，就在那里～，这是一种官僚主义作风。

【发狠】fāhěn 动。不带宾语。(1)下决心：小刘一～，终于把烟戒了。(2)恼怒，生气：算啦，事情已经过去了，别再～。

【发还】fāhuán 动。把收来的东西还回去；多用于上对下，或组织对个人；常带宾语或补语：～交来的押金|公安局已经把抄没的物资～给原主。

【发慌】fāhuāng 形。因害怕、着急，或身体虚弱而心神不定：考试时要镇静，别～|这两天我心里老～，可能心脏不大好。可拆开用：发了慌。

【发挥】fāhuī 动。常带宾语或补语。(1)把内在的性质、能力和作用等尽量表现出来：～特长|主动性～得还不够。(2)把意思或道理充分表达出来：充分～了自己的见解|这篇文章题意～得很好。可重叠：这个意思，你再～～。

＊"发挥"和"发扬"："发挥"是把事物蕴藏在内的东西尽量表现出来，使用出来；"发扬"是在原有的基础上进一步发

展和提高。"发挥"的对象多是思想、智慧、力量、才能、作用、特长、干劲、创造性、积极性等;"发扬"的对象多是优点、成绩、传统、作风、风格、精神等。

【发昏】fāhūn 动。神智不清;不带宾语:近来我常常头~。可拆开用:你发了昏,竟干出这种傻事。

【发火】fāhuǒ ❶动。不带宾语,可拆开用。(1)开始燃烧:汽油、火药等危险品容易~,不准带上车。(2)枪弹、炮弹的底火经撞击后火药爆发。(3)〈方〉起火。(4)发脾气,恼火:别~|他发了一阵火。❷〈方〉形。火容易生旺;多指炉灶好:这种煤炉很~。

【发迹】fājì 动。指人由卑微而变得有名,有地位,或有钱有势;不带宾语:那年,他来到上海滩,靠同乡会一位朋友的提携,慢慢地~了。

【发急】fājí 形。着急:寻找不到孩子,妈妈很~了。可拆开用:这是我的事,要他发什么急?

【发酵】fājiào 动。泛指微生物使有机物发生分解等作用的过程,如发面、酿酒等都是发酵的应用;不带宾语:面要~后才能做馒头。

【发觉】fājué 动。觉察到;指隐藏的或原来没有注意到的事:他正专心看书,我在旁边过了半天他都没~。可带宾语:看样子他没有~我们。

【发掘】fājué 动。把埋藏着的东西挖出来;常带宾语或补语:~宝藏|~人才|把潜力~出来。

【发刊词】fākāncí 名。报纸、刊物等初次发行时说明其宗旨、性质的文章。

【发愣】fālèng 〈口〉动。发呆;不带宾语:她在那里~,不知想什么。可拆开用:发什么愣。

【发聋振聩】fā lóng zhèn kuì 见"振聋发聩"。

【发落】fāluò 动。处理,处置;多见于早期白话:周围坐着的囚犯们,都饿着肚子等候~|只要你再担保一下,他今后一定悔改,我们可以从轻~。可带处所宾语:~边疆。

【发毛】fāmáo 动。不带宾语,可拆开用。(1)〈口〉害怕,惊慌:来到这个阴森荒凉的地方,他心里直~。(2)〈方〉发脾气:跟他开了个玩笑,他就发了毛。

【发霉】fāméi 动。有机物滋生霉菌而变质;不带宾语:豆腐干~了|黄梅天东西容易~。可拆开用:发了好多霉。

【发蒙】fāmēng 〈口〉动。糊涂,搞不清楚;不带宾语:你反而把我说得~了。

【发蒙】fāméng 动。旧指教儿童开始读书识字;不带宾语,常作定语:~教育|~时期。

【发明】fāmíng ❶动。创造从前没有的事物或方法:活字版是宋代毕升~的。常带宾语或补语:~新机器|一种新的印刷术~出来。❷名。创造出来的新事物或新方法:这是个新~。

*"发明"和"发现":"发明"指世上从来没有的东西,经过创造性的研究制作而获得;"发现"指原来就有但前人还不知道的事物,经过观察、寻找、探索而看到或认识到。

【发难】fānàn 动。不带宾语,可拆开用。(1)发动反抗或叛乱:辛亥革命时,革命党人在武昌首先~。(2)比喻带头扰乱:不知是谁发的难,旅客们都一起嚷嚷起来。

【发怒】fānù 动。因愤怒而表现出粗暴的声色和举动;不带宾语:他脾气不好,动不动就~。可拆开用:何必发这么大的怒。

【发排】fāpái 动。把稿件交印刷厂排印。不带宾语:这部书稿已经~。

【发配】fāpèi 动。充军,遣送;可带处所宾语:林冲因得罪了高太尉,~沧州。

【发脾气】fā píqi 词组。遇到不如意的事情就吵闹,甚至骂人:有意见可以好好谈,何必~?

【发票】fāpiào 名。商业交易中,卖方开给买方的一种凭证。也叫发货票。

【发起】fāqǐ 动。(1)倡议做某件事情;常以动词性词组作宾语:他们~成立一个科研小组。(2)发动;常带动词作宾语:~反攻。

*"发起"和"掀起":"发起"是倡导的意思;"掀起"是揭开的意思。"发起"可以是少数人的行动,也可以是多数人的行动;"掀起"多指群众性的行动,如指少数人,则含贬义,如"几个蛤蟆竟想掀起翻天大浪,那是白日做梦。"

【发热】fārè 动。不带宾语。(1)温度增高,产生热量:锅子烧得~了。(2)〈方〉同"发烧"。(3)比喻不顾客观条件,单凭热情办事;常与"头脑"搭配:干任何工作都要实事求是,不要头脑~。

【发人深省】fā rén shēn xǐng 成。发:启发;省:也作醒,醒悟。启发人深思而有所醒悟:今天的报告,~。注意:"省"这里不读shěng。

【发轫】fārèn 〈书〉动。轫是支住车轮的木头,把轫移开,车才能前进,比喻新事业开始:根治黄河的事业早已~。常以"于"构成的介词词组作补语:中国的立宪运动大约~于戊戌政变。

【发散】fāsàn 动。常带宾语或补语。(1)由某一点向四周扩散;主要指光和热:~出强烈的光|这点热气全~完了。(2)中医指用发汗的药把体内的热发露于外,使其消散,以治疗疾病:服药后~出一身汗。

【发丧】fāsāng 动。不带宾语。(1)死者家属通告某人已去世。(2)办理丧事:定于3月2日~。

【发烧】fāshāo 动。体温增高。人体正常体温是37℃左右,如超过37.5℃就是发烧,是疾病的一种症状;不带宾语:他感冒了,正在~。

【发射】fāshè 动。放射出去;用于枪弹、炮弹、导弹、火箭、人造卫星等,常带宾语或补语:我国又成功地~了一颗人造卫星|~得很远。

【发身】fāshēn 动。男女到青春期,生殖器官发育成熟,身体其他部位也有很大变化,逐渐长成成人的样子,这种生理变化叫发身,不带宾语:这个小伙子已经~了。

【发生】fāshēng 动。原来没有的事物出现或产生;常带宾语:~新的情况。可带动词作宾语:~巨大变化。

*"发生"和"出现":"发生"的意思着重在产生;"出现"的意思着重在显露。"发生"的使用范围较窄,多指事情、矛盾、关系、变化、偏向、效力、作用、事故等;"出现"的使用范围较宽,人、事物、情况、现象等都可以用。

【发市】fāshì 动。旧指商店每天第一次成交;不带宾语:今天生意不佳,九点钟才~。可拆开用:发了市。

【发誓】fāshì 动。庄严地表示决心或提出自己的保证;常构成连动词组:他~要完成任务。可拆开用:发了誓。

【发抒】fāshū 动。把意见、感情等表达出来;常带宾语:~己见|他在诗歌中~了向往光明的心情。也作发舒。

【发水】fāshuǐ 动。大雨后江河涨水,也指闹水灾;不带宾语:这里每逢雨季,大河都要~。可拆开用:今年我们家乡又发了大水。

【发送】fāsòng 动。常带宾语或补语。(1)送出或寄出;多指文件、信件或货物等:~一批货物|这个文件要~到有关单位。(2)无线电发射机把无线电信号发射出去:快把这份电报稿~出去。

【发威】fāwēi 动。显示威风;含贬义,不带宾语:你有什么了不起,向谁~?可拆开用:你发什么威,谁怕你?

【发文】fāwén 名。发出的公文;常作定语:~簿|~日期。

【发问】fāwèn 动。口头提出问题;不带宾语:要敢于~。

【发物】fāwù 名。指能使疮疖或原有的某些病症发作或加重的食物,如鱼虾、羊肉、鹅肉等。

【发现】fāxiàn 动。(1)经过研究、探索,看到或找到别人或前人未知的事物或规律:有些元素,至今还没有~。常带宾语或补语:~目标|~了大油田|~过一次。(2)发觉;常带宾语:~了她的心事。也可带主谓词组作宾语:我~这个小孩不大爱学习。

*"发现"和"发觉":"发现"着重指"看到、观察到",被发现的多是原来不认识或未看到的人或事物;"发觉"着重指"感觉到、察觉到",被发觉的一般是隐藏的或以前未注意到的人或事物。"发现"使用的范围宽,用"发觉"的地方常可换用"发现",但是用"发现"的地方并不都可换用"发觉"。一般说,宾语如果是主谓词组,二者可以互换;宾语如果是名词或偏正词组,如"发现目标""发现熊的足迹",就不能换用"发觉"。
【发祥】fāxiáng〈书〉动。兴起,发生;常带补语:华夏文明～于5000年前。
【发祥地】fāxiángdì 名。旧指帝王创业或出生之处,现泛指民族、革命、文化等起源的地方:黄河流域是中华民族的～。
【发泄】fāxiè 动。尽量发出;用于不满情绪或情欲等,常带宾语或补语:～私愤|把心中的苦闷都～出来。可重叠:有牢骚就让他～～吧。
【发行】fāxíng 动。发出,发售;用于印刷制品,如纸币、公债、书刊等,常带宾语或补语:～图书|纪念邮票|～得很快。
另见fāháng。
【发噱】fāxué〈方〉形。引人发笑的,可笑的:这个人爱开玩笑,几句话常令人～。
【发言】fāyán ❶动。说话,发表意见;多指在会议上,不带宾语:他正在会上～。可拆开用:发了十分钟的言。可重叠:你要争取发发言。❷名。指会议上发表的意见。
【发言人】fāyánrén 名。代表某一政权机关或组织对外发表意见的人。
【发炎】fāyán 动。身体某一部分发生炎症,是微生物、化学药品、物理刺激等致病因素对有机体引起的一种反应,局部症状是发红、肿胀、发热、疼痛等,全身症状是体温增高、血液成分改变等;不带宾语:咽喉～了。
【发扬】fāyáng 动。常带宾语或补语。(1)发展、提倡;多用于优良作风和传统等:～成绩|～实事求是的作风|优秀事迹要～开来。(2)把内在性质、能力、作用等表现出来:～火力,消灭敌人|威力～得还不够。
【发扬蹈厉】fāyáng dǎolì 成。《礼记·乐记》:"发扬蹈厉,大(太)公之志也。"发扬:威武的样子;蹈:跳,踏;厉:猛烈;蹈厉:踏地猛烈。原指周初《武》乐опиз威武的舞蹈动作,象征太公望佐武王伐纣时勇往直前的意志。后用来形容精神奋发、意气昂扬:中国人民正～、信心百倍地建设伟大祖国。也说发扬踔(chuō)厉。
【发扬光大】fāyáng guāngdà 成。使美好的事物不断发展、扩大和提高:让优良传统～。
【发音】fāyīn ❶动。发出语音或乐音;不带宾语:学外语要正确～。也泛指发出声音:有些鱼在水里会～。❷名。发出的语音:不准确的～要纠正。
【发语词】fāyǔcí 名。文言文里的一种虚词,本身没有意义,只用于一篇或一段文章的开头,如"夫、盖"等。
【发育】fāyù 动。生物个体由初生向成熟变化,如植物的开花、结实,动物的性成熟等:果树～很正常。加"成"后可带宾语:她已经～成一个健壮、丰满的大姑娘了。
【发源】fāyuán 动。不带宾语。(1)起源;多指河流,常带处所补语:黄河～于青海省巴颜喀拉山北麓。(2)比喻事物的开端:一切真知都是从直接经验～的。
【发展】fāzhǎn 动。(1)指事物由小到大、由简到繁、由低级到高级的变化;不带宾语:社会在不断向前～。(2)扩大;指规模、组织等,常带宾语:～生产|～教育。
＊"发展"和"开展":"发展"说明事物的进展或扩大;"开展"说明事物将开始进行或继续深入。"开展"有形容词用法,表示开朗的意思;"发展"没有这种用法。
【发展中国家】fāzhǎn zhōng guójiā 词组。一般指第三世界国家。这些国家由于长期受帝国主义和殖民主义的侵略、压迫和剥削,经济上大都比较落后,独立后面临着保持政治独立和发展民族经济的任务。
【发怔】fāzhèng 动。发呆;不带宾语:吓得他～了。
【发踪指示】fā zōng zhǐ shì 成。发现野兽踪迹,放出猎狗追捕。比喻操纵指挥:这些孩子干坏事,有～的人。"踪"也作"纵"。
【发作】fāzuò 动。一般不带宾语,可带补语。(1)隐伏的事物突然暴发或起作用:药性～|我的胃病已～过多次。(2)发脾气:小王听了他的意见很生气,可一时不好～。
＊"发作"和"发生":"发作"多指隐伏的事物突然暴发,常同"脾气、药性、旧

病"等配合;"发生"指过去没有的,现在出现了,常跟"关系、问题、情况、事情"等搭配,还可跟某些动词如"争论、变化"等配合。"发作"一般不带宾语;"发生"常带宾语。

fá(ㄈㄚˊ)

乏 fá ❶形。(1)疲倦,劳累:干得很～|人困马～。(2)〈方〉没力量,不起作用:～走狗|贴～了的膏药。❷〈素〉缺少:一味～|贫～。

【乏味】fáwèi 形。不生动;多指语言或文章:他的发言很～。

伐 fá ❶动。砍;与"树木"相配,多带宾语或补语:～了几棵树|～了几个小时。❷〈素〉(1)攻打:征～|口诛笔～。(2)夸耀:自～其功|不矜(jīn)不～。

垡 fá 〈方〉❶动。耕翻土地:～地。❷名。指翻起来的土块:打～。❸量。相当于"次、番":这块地耕了一～。

【垡子】fá·zi 〈方〉名。(1)耕翻或掘出来的土块:打～。也叫垡头。(2)指相当长的一段时间:这一～。

阀 fá ❶名。音译词。管道、唧筒或其他机器上的调节和控制流体的流量、压力和流动方向的装置,通称活门:水～|安全～。❷〈素〉旧社会在某一方面有支配势力的家族、人物,或集团:门～|财～|军～。

【阀阅】fáyuè 〈古〉名。(1)指功勋和经历。(2)指有功勋的世家。

筏 fá 名。(～子)水上行驶的竹排或木排,也有用牛羊皮等做的,是水上交通、运输的工具。

罚(罸) fá 动。处罚;常带宾语或补语:～款|～过两回。可带动词或动词性词组作宾语:～唱歌|～喝一杯酒。也可带兼语或双宾语:～他喝一杯酒|～他三元钱。

【罚不当罪】fá bù dāng zuì 成。处罚与所犯的罪行不相称;指犯罪过重或过轻:慎重量刑,避免～。注意:"当"这里不读dàng。

【罚款】fákuǎn ❶动。不带宾语。(1)司法或行政机关强制有违法或违章行为的人缴纳一定数量的钱;不带宾语:小王骑车违反交通规则,被～了。可拆开用:被罚了款。(2)指违反合同的一方按合同规定给对方以一定数量的款项作为赔偿。❷名。受罚款处分者所缴纳的钱。

fǎ(ㄈㄚˇ)

法 fǎ ❶名。(1)体现统治阶级的意志、由国家制定和认可,并强制人们遵守的行为规则的总称,包括法律、法令、条例、决定、命令等:依～惩办。(2)〈儿〉方法,方式:没～儿挽救。❷〈素〉(1)标准,模范:～帖|～书。(2)佛教的道理:佛～。(3)封建迷信传说的超人力的本领:～术。(4)仿效:效～。❸姓。

【法案】fǎ'àn 名。提交国家立法机关审查、讨论的关于法律、法令问题的议案。

【法办】fǎbàn 动。依法惩办:司法机关将这伙犯罪分子逮捕～了。可带宾语:要严厉～抢劫、拐骗犯。

【法宝】fǎbǎo 名。(1)佛教用语,指佛所说的教典,也指和尚、尼姑的衣钵、锡杖等。(2)神话传说中能战胜妖魔的宝物。(3)喻指特别有效的工具、方法或经验:这是我们战胜敌人的～。

【法场】fǎchǎng 名。旧指处决犯人的地方。

【法典】fǎdiǎn 名。经过整理的比较系统、完备的某一类法律的总称。如《刑法典》、《民法典》。

【法定】fǎdìng 动。由法律、法令所规定;常作定语:～假日|～人数。

【法度】fǎdù 名。(1)规矩、行为的准则:为人莫失～。(2)法律:每个人都不能违反～。

【法官】fǎguān 名。对司法和审判人员的旧称,如法院院长、承审员等。

【法规】fǎguī 名。法律、法令、条例、规则、章程等法律文件的总称。

【法纪】fǎjì 名。法律和纪律:严格遵守～|目无～。

【法家】fǎjiā 名。战国时期的一个思想流派,以商鞅、申不害、韩非等人为代表。他们主张严刑峻法,"以法治国",反对礼治,代表了当时新兴地主阶级的利益。

【法警】fǎjǐng 名。法院中担任逮捕、押送犯人,维持法庭秩序以及传唤当事人、证人等职务的人员。

【法郎】fǎláng 量。音译词。法国的货币单位。马里、布隆迪、比利时、瑞士等国也以法郎为货币单位,不过在"法郎"前一般加上国名,以示区别。如马里法郎、布隆迪法郎等。

【法令】fǎlìng 名。国家政权机关所颁布的命令、决定、指示等的总称:每个公民都应自觉遵守国家的～。

【法律】fǎlǜ 名。由国家立法机关制定,并由国家权力机关执行的行为规则。如宪法、刑法、民法等。它体现统治阶级的意志,是阶级专政的重要工具之一。

【法盲】fǎmáng 名。没有法律常识的少年和成年人:文盲中有～,知识分子中也有～,所以必须加强法制教育。

【法门】fǎmén 名。佛教称入道的门径,今借指一切门径:学外语要有～。

【法权】fǎquán 名。权利,特权。

【法人】fǎrén 名。法律上指依法成立并以自己的名义参加民事活动,享有有关的民事权利和承担相应的民事义务的组织,如公司、社团等;区别于"自然人"。

【法师】fǎshī 名。对和尚和道士的尊称。

【法书】fǎshū 名。(1)有较高的艺术性可供学习和欣赏的书法作品。(2)对别人书法的敬称。

【法术】fǎshù 名。旧指道士、巫婆等用于骗人的手法,如画符、念咒等。

【法帖】fǎtiè 名。供人临摹或欣赏的名家书法的拓本或印本。

【法庭】fǎtíng 名。法院审理诉讼案件的场所。也泛指国家的审判机关。

【法统】fǎtǒng 名。宪法和法律的传统,是统治权力的法律根据。

【法网】fǎwǎng 名。原指刑法像罗网一样严密,现泛指法律制度:～恢恢,疏而不漏|这个狡诈多端的犯罪分子终于逃不出人民的～。

【法西斯】fǎxīsī 名。音译词。原指中间插着一把斧头的一束棍棒,古罗马用以象征暴力和强权。意大利法西斯党以此作为标志,他们对内实行恐怖统治,对外实行武力侵略。后来"法西斯"成了野蛮、独裁的代称:～暴行|～体制。

【法衣】fǎyī 名。和尚、道士等在举行宗教仪式时所穿的衣服。

【法医】fǎyī 名。司法机关内专门检验、鉴定案中有关医学问题(如受伤、中毒、死亡等)的专业人员。

【法院】fǎyuàn 名。国家的审判机关,是阶级专政的重要工具之一。

【法则】fǎzé 名。规律:一要生存,二要温饱,三要发展,这是人生的自然～。

【法治】fǎzhì ❶名。先秦时期法家的政治思想,主张建立君主专制中央集权的统一国家,以法为准则,治理国家,反对世袭的贵族特权和等级分封制度。❷动。根据法律治理国家;不带宾语,常作"实行、进行"等动词的宾语:只有实行～,才能保障人民的民主权利。

【法制】fǎzhì 名。统治阶级按照自己的意志,通过国家政权建立起来的法律制度,包括法律的制定、执行和遵守等方面:健全～|加强～观念。

砝 fǎ [砝码](-mǎ) 名。在天平、磅秤上用作重量标准的物体,用金属块或金属片制成。可以表明较精确的重量。

fà(ㄈㄚˋ)

发(髮) fà 名。头发:白～|理～。另见fā。

【发妻】fàqī 名。旧指原配妻子。

【发指】fàzhǐ 动。头发直竖,形容愤怒到极点;多用在固定组合中:令人～|为之～。

珐(琺) fà [珐琅](-láng) 名。一种用石英、长石、硝石和碳酸钠等加上铅和锡的氧化物烧制成的涂料,即釉质,涂在金属器物表面可起装饰和防锈作用。

fān(ㄈㄢ)

帆(颿) fān 名。挂在桅杆上利用风力使船前进的布篷:挂～出海|一～风顺。

番 fān ❶量。(1)表示物量,相当于"种":一～风光。有时相当于"些":费了一～口舌。(2)表示动量,相当于"回、次、倍":三～五次|翻了一～。❷〈素〉指外国或外族:～邦|～茄。

另见pān。

【番号】fānhào 名。部队的编号,如"1408部队"中的"1408"就是番号。

【番茄】fānqié 名。也作蕃茄,俗称西红柿。(1)一年生草本植物,花黄色,结球形或扁圆形浆果,可作蔬菜。(2)指这种植物的果实。

蕃 fān 同"番❷"。
另见fán。

幡(旛) fān 名。旧时一种长条形的旗子,用竹竿等垂直挂着:扬~招魂|大门两旁挂着四角龙子~。

【幡然】fānrán 见"翻然"。

藩 fān 〈素〉(1)篱笆:~篱。(2)屏障:屏~。(3)封建王朝分封的属地或属国:~国|~属。

【藩篱】fānlí 名。篱笆,常用来比喻门户或屏障:为冲破封建礼教的~,他们进行了顽强的斗争。

【藩属】fānshǔ 名。封建时代受宗主国控制的属地或属国。

翻 fān 动。(1)歪倒,上下或内外交换位置:车~了。常带宾语或补语:~身子|把衣服~过来晒。(2)查找,寻找,多带宾语或补语:~字典|这张报纸终于~出来了。(3)推翻原来的;常带宾语或补语:~历史旧案|这个案子~过来了。(4)数量成倍增长;不带宾语,带数量补语:~一番。(5)越过;多带宾语或补语:~山越岭|从墙上~过去。(6)〈口〉情谊破裂:闹~了。只以"脸"作宾语:~了脸。(7)翻译;常带宾语或补语:~外文资料|这句话~得不对。

【翻案】fān'àn 动。推翻已定的判决,也泛指推翻已定的结论、评价、处分等;不带宾语和补语:不许~。可拆开用:翻了这个旧案。

【翻版】fānbǎn 名。翻印的版本,比喻照搬、照抄或形式不同而实质一样的论调。

【翻本】fānběn 动。指赢回赌博时输掉的钱;不带宾语:他越想~,偏偏输得越多。

【翻船】fānchuán 动。船身翻转向下,船底朝上,喻指失败或遭受挫折;不带宾语:没想到这个球队在半决赛中~了。

【翻动】fāndòng 动。使事物上下或内外移动位置:这些商品不准~。可带宾语:不要随便~别人的东西。可重叠:晒的谷子要经常~~。

【翻番】fānfān 动。"翻一番"的略语,即增加一倍;不带宾语:工业产值年取10年~。

【翻覆】fānfù 动。不带宾语。(1)上下倒过来,巨大而彻底的变化:机车~|天地~。(2)来回翻动身体:我昨晚一夜,未能入眠。(3)反复,变来变去:此事已~多次。注意:"覆"不要写作"复"。

【翻盖】fāngài 动。房屋拆除一部分后重盖:这幢房子去年~过了。可带宾语:~了两间楼房。

【翻跟头】fān gēn·tou 词组。头朝下,身子向前翻转后恢复原状:几个小学生在草地上~。也作翻斤斗、翻筋斗。

【翻供】fāngòng 动。推翻自己原先的供词;不带宾语:他本来认了自己的罪行,今天却~了。

【翻滚】fāngǔn 动。(1)上下滚动:白浪~。可带宾语:田野里~着金色的麦浪。(2)乱转动;不带宾语:这个小孩躺在地上哭着,~着。

【翻悔】fānhuǐ 动。后悔并企图推翻以前所说的话或答应做的事;不带宾语:恪守诺言,决不~。也作反悔。

【翻检】fānjiǎn 动。翻阅查看;用于书籍、文件等,常带宾语:他聚精汇神地在~着所需要的材料。

【翻江倒海】fān jiāng dǎo hǎi 成。形容水势浩大,像要把江海都翻倒过来一样,也比喻声势、力量非常巨大:雨很大,~地下了一个多小时|这场革命运动如~一般,有力地荡涤着旧世界的污泥浊水。也作倒海翻江。

【翻来覆去】fān lái fù qù 成。(1)睡在床上来回翻动身体:昨晚我~睡不着。(2)多次重复:他一地说着,唯恐我听不明白|林冲把这口刀~看了又看。注意:"覆"不要写作"复"。

【翻脸】fānliǎn 动。对人的态度突然变坏;不带宾语:~无情|这个人脾气古怪,弄不好可会~的。可拆开用:他们俩从没翻过脸。

【翻录】fānlù 动。将原有磁带上的内容（包括声音、图像等）转录到其他磁带上去；多指不是原出版者复制：版权所有，不准～。可带宾语：～了几首歌曲。

【翻然】fānrán 副。很快而彻底地；多用在固定组合中：～悔悟。

【翻身】fānshēn 动。不带宾语，可拆开用。(1)躺着翻动身体：床太窄，不好～|两个人挤在一张小床上，翻不过身来。(2)比喻从受压迫、受剥削的境况下解放出来：土改后农民～了。(3)改变落后面貌：我们决心在生产上打～仗|我们工厂今年翻了身。

【翻腾】fān·teng 动。一般不带宾语，常带补语。(1)上下滚动：海水～。(2)比喻想得很多，心情不平静：他心里像开了锅一样，～得厉害。(3)翻动：这孩子把房间～得乱七八糟。(4)翻乱原来的顺序，引申为这件往事就别再～出来了。(5)辗转反侧；形容睡不着觉：我昨儿～了大半夜，怎么也睡不着。

【翻天】fāntiān 动。不带宾语，可拆开用。(1)形容吵闹得十分厉害：吵～|闹翻了天。(2)比喻造反，作乱：敌人想～，那不过是白日做梦。

【翻天覆地】fān tiān fù dì 成。形容变化巨大而彻底；多指好的变化：这些年来，我的家乡发生了～的变化。也指吵闹得很凶：一屋子人，拉这个，扯那个，正闹得～。注意："覆"不要写作"复"。

【翻新】fānxīn 动。不带宾语。(1)把旧的东西拆了重做；多指衣帽等：这顶呢帽～后还能戴呢! (2)从旧的变化出新的：花样～|儿童玩具在不断～。

【翻修】fānxiū 动。把旧的房屋、道路等的一部分拆除后按原有规模重建：这幢楼房要～了。可带宾语：～了一条公路。

【翻译】fānyì ❶动。常带宾语。(1)把一种语言文字用另一种语言文字表达出来：《死魂灵》是鲁迅先生为～的。也指方言与民族共同语、方言与方言、古文与现代文之间的一种用另一种表达出来：把这篇古文～成现代文。(2)把代表语言文字的符号或数码用语言文字表达出来：～电报。❷名。做翻译工作的人；多指外语翻译工作者：她是英语～。

【翻印】fānyìn 动。照原样重印书刊、图画等；多指不是原出版者重印：版权所有，不准～。可带宾语：～了一篇论文。

【翻阅】fānyuè 动。翻着阅读，指随便看看；多用于书籍、文件等，常带宾语：～资料。多带"一下、一遍"等作补语：这本小说我昨天～了一下。

【翻越】fānyuè 动。爬过去或跨过去；常带宾语或补语：地质队员们为了寻找矿藏，～了一座又一座高山|墙太高了，～不过去。

【翻云覆雨】fān yún fù yǔ 成。比喻玩弄手段或反复无常；含贬义：他们惯会～，给谈判设置了许多障碍。

fán（ㄈㄢˊ）

凡（凣） fán ❶名。我国民族音乐音阶上的一个记音符号，相当于简谱的"4"。❷〈书〉副。(1)凡是；表示总括，常同副词"都、均"等配合使用：～符合条件的人，均可报名参加(这里用"凡"是为了强调主语，如果不须要强调，可以不用)。(2)用在数量词之前，有总共、共计的意思：全书～30万字。❸〈素〉(1)平常，不出奇：平～|非～。(2)大概，要略：大～|发～。(3)宗教迷信说法，指人世间；～心|～人。

【凡例】fánlì 名。在书正文前面说明本书内容和编写体例的文字。

【凡人】fánrén 名。(1)〈书〉平常的人。(2)迷信说法，指人世间的人；与"仙人"相对。

【凡是】fánshì 副。统括一定范围内的一切；用在主语前面。～对人民有利的事，都应该全心全意地干。
   *"凡是"和"凡"：作副词时用法相同，"凡"多用于书面语，"凡是"多用于口语。

【凡事】fánshì 代。不论什么事；一般主语：～都要问个为什么，就不致盲目去做。

【凡事预则立，不预则废】fánshì yù zé lì, bù yù zé fèi 成。预：预先；立：成就；废：败坏。不管做什么事，事先计划准备好，就能成功；不预先计划准备好，就要失败。

【凡庸】fányōng 形。平常的，平庸的；

多形容人,不加程度副词:才力~|~之辈。

矾(礬) fán 名。某些金属硫酸盐的含水结晶,如明矾、胆矾等。

钒 fán 名。金属元素,符号V。银白色,质硬。熔合在钢中能增加钢的抗张强度、弹性和硬度,工业上用途很大。

氾 fán 姓。
另见fàn(泛)。

烦 fán ❶形。(1)烦恼、苦闷;眼不见心不~|这几天我心里很~。(2)厌烦:这类小说我已看~了。(3)多而乱:报告不要太~|要言不~。❷动。(1)烦劳,敬辞,常常带兼语:~您办件事儿。(2)操心:他的事,你别~。可带宾语:~女儿的婚事。(3)使厌烦;须带宾语:这些事真~人。

【烦劳】fánláo 动。麻烦劳驾;托人办事的敬辞,常带宾语:这件事~您了。常带兼语:~您带点东西。

【烦乱】fánluàn 形。心烦意乱:这件事真难办,我心里~得很。

【烦闷】fánmèn 形。不舒畅;形容心情:雨下个不停,真叫人~。
*"烦闷"和"烦恼":"烦闷"着重说明心里不舒畅,闷闷不乐;"烦恼"着重说明心里烦乱苦恼,有时还有恼怒之意。

【烦难】fánnán 见"繁难"。

【烦恼】fánnǎo 形。烦闷苦恼:他为工作不顺利而~|这是一件令人十分~的事。

【烦扰】fánrǎo 动。搅乱干扰;常带宾语:别去~他了。

【烦冗】fánrǒng 形。也作繁冗。(1)繁杂,多指事情或工作:不要陷在~的事务之中。(2)烦琐冗长;多指文章或说话:这篇论文太~了。

【烦琐】fánsuǒ 形。繁杂琐碎;多指文章或说话:这篇文章拉拉杂杂,不分主次,写得太~。也作繁琐。

【烦琐哲学】fánsuǒ zhéxué 词组。(1)指西欧中世纪教会学院讲授的天主教哲学。由于它是从神学教条出发,研究的都是脱离实际的空洞概念,论证的方法又极其烦琐,故名烦琐哲学。又叫经院

哲学。(2)借指罗列一大堆表面现象,拼凑一些枯燥无味的条文,使人不得要领的文风和作风;含贬义:规章制度要简明扼要,不要搞~。

【烦杂】fánzá 见"繁杂"。

【烦躁】fánzào 形。烦闷急躁:她今天很~,因为遇到一件不如意的事。注意:"躁"不要写成"燥"或"噪"。
*"烦躁"和"急躁":"烦躁"是厌烦急躁的意思,多由某一事情所引起,时间通常是较短的;"急躁"有两层相关的意思:一是碰到不称心的事马上激动不安,二是急于达到目的,不作好准备就动手。"烦躁"多由不如意的事情引起,不一定与性格特点相联系;"急躁"常表现出人物的性格特点。

蕃 fán 〈素〉(1)茂盛:~盛。(2)繁殖:~息。
另见fān。

【蕃息】fánxī 动。滋生,繁殖;常带补语:自古以来,中华民族就~在东亚大陆之上。

【蕃衍】fányǎn 见"繁衍"。

璠 fán 〈古〉名。美玉。

膰 fán 〈古〉名。祭祀用的烤肉。

燔 fán 〈书〉动。(1)焚烧:~柴。(2)烤炙:肉,~之以祭。

蹯 fán 〈书〉名。兽足;多指熊的足掌:熊~。

樊 fán ❶〈素〉篱笆:~篱。❷姓。

【樊笼】fánlóng 名。关鸟兽的笼子,常用来比喻受束缚、不自由的境地:在~里生活过的人才知道自由的甜美。

【樊篱】fánlí 名。篱笆,常用来比喻对事物的限制或束缚:冲破封建礼教的~。

繁(緐) fán ❶形。多而杂;与"简"相对:这道数学题很~。❷〈素〉使生物产生新的个体:~殖|~育。
另见pó。

【繁多】fánduō 形。种类多:名目~|展销会上,各种服装,花色~。

【繁复】fánfù 形。多而复杂:~的教学

工作|手续太～,应当简化。

＊"繁复"和"复杂":"繁复"是多而复杂的意思;"复杂"是不简单的意思。"繁复"多与工作、手续、条件等词搭配,使用范围较窄;"复杂"除此以外,还可用于事物的种类和头绪、过程、技术、思想、心情等,使用范围较宽。

【繁华】fánhuá 形。繁盛热闹:上海是个～的城市。

＊"繁华"和"繁荣":"繁华"多用于描写城镇、街市,着重表现兴盛热闹的景象;"繁荣"使用范围较广,从市场、经济、事业到国家和人口,着重描写蓬勃发展的形势。"繁华"只有形容词用法,常作定语;"繁荣"除形容词用法外,还有动词用法,如"繁荣经济"。

【繁丽】fánlì 形。丰富而华丽;用于词藻:文辞～。

【繁忙】fánmáng 形。事情多,不得空:爸爸工作很～,难得空闲。

【繁茂】fánmào 多而茂盛;形容花草树木长得很好:公园里花木～。

＊"繁茂"和"繁密":"繁茂"着重表示花木等长得多而好,"繁密"着重表示事物不仅多,而且密。"繁茂"一般只用于花草树木;"繁密"除此之外,还可用于人口、村庄、星星等。

【繁密】fánmì 形。多而稠密:人口～|村庄很～|～的鞭炮声。

【繁难】fánnán 形。复杂困难;多指工作或学习:这道题相当～,不容易答得周全、正确。也作烦难。

【繁荣】fánróng ❶形。昌盛兴旺,蓬勃发展;多指经济或事业。把我国建设成为～富强的社会主义国家。❷动。使兴旺发达,须带宾语:～经济。

【繁冗】fánrǒng 见"烦冗"。

【繁缛】fánrù〈书〉形。多而琐碎;含贬义:礼节～。

【繁盛】fánshèng 形。(1)繁ença茂盛;指树木花草:草木～。(2)繁华兴盛;指城镇街道:城里一片～的景象|这是一条很～的街市。

【繁琐】fánsuǒ 见"烦琐"。

【繁体字】fántǐzì 名。原来笔画较多已被简化字代替的汉字。例如"漢"是"汉"的繁体字。

【繁文缛节】fán wén rù jié 成。文:仪式;缛:繁多;节:礼节。烦琐而不必要的仪式或礼节。也比喻其他烦琐多余的事,含贬义:这些～,应该取消或减少。也说繁文缛礼。

【繁芜】fánwú 形。多而芜杂;指文字:作品中的细节描写显得有些～。

【繁衍】fányǎn 动。逐渐增多或增广;不带宾语,可带补语:人口～得很快。可带宾语:近年来,牧场～了不少牲畜。也作蕃衍。

【繁育】fányù 动。繁殖培养;常带宾语或补语:～良种|～得很快。

【繁杂】fánzá 形。既多又杂;多指事务工作等:总务工作非常～。也作烦杂。

【繁殖】fánzhí 动。生物产生新的个体,传种接代;常带宾语或补语:做好人工～鱼苗的工作|细菌～得很快。

【繁重】fánzhòng 形。多而重;多指工作和任务等:她担负着十分～的教学任务。

fǎn(ㄈㄢˇ)

反 fǎn ❶形。颠倒的;不加程度副词,与"正"相对:鞋穿～了。❷动。反对,反抗;常以谓词作宾语:～贪污|～浪费。❸副。反而,相反地;表示语意转折:由于处理不当,好事～成了坏事。❹前缀。构成名词:～话|～作用|～革命。❺〈素〉(1)类推:举一～三。(2)回,还:～击|～攻。(3)翻转:～悔|～复|～败为胜。

【反霸】fǎnbà 动。不带宾语。(1)反对国际间的霸权主义;多作"斗争、运动"等的定语:支持非洲人民的～斗争。(2)土改运动中清算恶霸地主的罪行:土改运动中必须～。

【反比】fǎnbǐ 名。(1)两种事物或一种事物的两个方面,一方发生变化,另一方也随之向相反方面变化,这种现象叫反比;与"正比"相对:老年人的体力随着年龄的增长成～逐渐衰弱。(2)反比例的省称。

【反比例】fǎnbǐlì 名。甲乙两种事物,甲事物的量扩大(或缩小),乙事物的量按同样比率缩小(或扩大),这两个量的变化关系叫反比例;与"正比例"相对。

【反驳】fǎnbó 动。论证的一种形式，即用一定的理由来否定对方跟自己不同的理论或意见：予以～。常带宾语或补语：～了他的意见｜～得很透彻。
　　*"反驳"和"批驳"："反驳"语意轻，只是驳不同的意见；"批驳"语意较重，除有反驳的意思外，还有批判的意思。
【反差】fǎnchā 名。原指照片、底片或景物等黑白对比的差异，后喻指不同的人或事物在好坏、优劣、美丑等方面对比的差异：～明显｜形成很大的～。
【反常】fǎncháng 形。不正常：气候～｜情绪很～。
【反衬】fǎnchèn 动。从反面衬托；一般用于两种相反的情况进行对比；常带宾语或补语：在《巴黎圣母院》中，雨果通过艾丝米拉达的真、善、美来～神父的假、丑、恶｜这段描写把英雄人物～得更加突出。
【反刍】fǎnchú 牛、羊、鹿、骆驼等反刍动物把吃进瘤胃、蜂巢胃内的食物反回到嘴里细细咀嚼，然后再咽下去；不带宾语，多作定语：～动物｜～现象。俗称倒嚼。
【反串】fǎnchuàn 动。戏曲演员临时扮演自己行当以外的角色；常带宾语：这位青年演员擅长演花旦，也能～小生｜我可以演老奶奶，剪了头发，～年轻姑娘也行。
【反唇相讥】fǎn chún xiāng jī 成。"讥"原作"稽"。稽：计较。意谓受到指责不服气，反过来责问或讥讽对方：大家批评他不该在汽车上抽烟，他却～，说别人管得宽。
【反倒】fǎndào 副。反而。
【反动】fǎndòng ❶形。思想或行动逆历史潮流而动，反对进步，反对革命：～阶级｜思想很～。❷名。相反的作用：从历史来看，党八股是对于五四运动的一个～。
【反对】fǎnduì 动。不赞成，不同意；可用于具体事物，也可用于抽象事物：他当代表没有人～。常带宾语：～他｜～官僚主义。可带主谓词组作宾语：～某些人搞特殊化。可用动词作宾语：～侵略｜～浪费。

【反而】fǎn'ér 副。表示跟上文的语意相反，或出乎预料，在句中起转折作用：这一打击不仅没有使他屈服，～使他更加坚强起来。
【反复】fǎnfù ❶动。不带宾语。(1)翻过来倒过去，变动不定：这件事是讨论多次后才定下来的，不要再～了。(2)翻悔：说了算数，决不～。❷形。一次又一次，多次重复；不加程度副词，多作状语：～修改文章。可重叠：反反复复地研究了这个问题。❸名。(1)重复的情况：病情会有～｜这种～是不必要的。(2)一种修辞方式。为了表达强烈的思想感情，或突出某个意思，特意重复某个词语或句子，这种手法就叫反复。
【反感】fǎngǎn ❶名。抵触或不满的情绪；常作"有、引起"等动词的宾语：这个人作风不正，大家对他有～。❷形。不满：对这种行为，他非常～。
【反戈一击】fǎn gē yī jī 成。掉转枪口，向原来所属的营垒进攻。现多比喻一旦觉悟，就回过头来揭发、斗争自己方面的坏人、坏事：只要你能～，就可以立功赎罪。
【反革命】fǎngémìng ❶形。反对革命，企图推翻革命政权的；不加程度副词，不单独作谓语，多作定语：～活动。❷名。反对革命的人，即反革命分子。
【反攻】fǎngōng 动。防御的一方向进攻的一方实行进攻；一般不带宾语：向敌人～｜～时机已到。常作"发动、开始、进行、停止"这类动词的宾语：发动～。
【反躬自问】fǎn gōng zì wèn 成。躬：自身；问：检查。回过头来检查自己的思想和言行：同学之间有了冲突，应该～，严于责己。也作抚躬自问。
【反顾】fǎngù 动。(1)回头看；常带宾语：～往事，一阵心酸。(2)比喻翻悔；常用在固定组合中：义无～。
【反话】fǎnhuà 名。故意说的同自己真意相反的话。
【反悔】fǎnhuǐ 见"翻悔"。
【反击】fǎnjī 动。回击：对敌人的进攻要坚决～。常带宾语：～侵略者。常作"开始、进行、加以"等动词的宾语：进行～。
【反剪】fǎnjiǎn 动。把两手交叉地放在背后，或绑在背后；常带宾语或补语，可加动态助词"着、了"：他～着双手在散步｜两手～在后。

【反间】fǎnjiàn 动。原指利用敌方间谍使敌人获得虚假的情报，后专指用计离间敌人，使他们内部不和；常作定语：～计｜做好～工作。

【反诘】fǎnjié 〈书〉动。反问。

【反抗】fǎnkàng 动。反对，抵抗；常带宾语或补语：～种族主义者｜坚决～到底。可带동词作宾语：～侵略。
  ＊"反抗"和"反对"："反抗"有抵抗、抗拒之意，语意较重；"反对"只有作对、不赞成之意，语意较轻。"反抗"的对象较窄，多指"侵略者、压迫"等；"反对"的对象较广。在自身受到侵略和压迫时，一般只用"反抗"；在别人受到侵略和压迫时，为了表示道义上的支援，一般用"反对"。

【反客为主】fǎn kè wéi zhǔ 成。客人反过来成了主人，指颠倒了通常的主客关系，也常比喻变被动为主动：我们是来取经的，你们反要我们介绍经验，岂不是～了吗？｜以退却诱敌深入，然后围而歼之，这就是～的作战方法。

【反馈】fǎnkuì 动。原指电子管或晶体管电路中把输出端信号能量的一部分输送给同一电路的输入端过程，现泛指消息、信息等返回；不带宾语，可带补语：市场销售情况的信息不断～到工厂。

【反面】fǎnmiàn ❶名。(1)物体上与正面相反的一面：白纸的正面比较光滑，～比较毛糙。(2)事情、问题的另一面：看问题必须全面，不但要看它的正面，还要看它的～。❷形。坏的、消极的；不加程度副词，不单独作谓语，多作定语：～人物｜～教员。

【反面教员】fǎnmiàn jiàoyuán 词组。指反动阶级的某些代表人物，人们可以从他们的言行中认识其反动面目和本质，从而受到教育。

【反面人物】fǎnmiàn rénwù 词组。指文艺作品中所塑造的落后的、被否定的或反动的人物形象。

【反目】fǎnmù 动。不和睦；常用于夫妻间，不带宾语：夫妻～｜小两口岂能为一点小事～?

【反派】fǎnpài 名。指戏剧、电影、小说等中的反面人物。

【反叛】fǎnpàn 〈口〉动。叛变；常带宾语：他～了剥削阶级家庭，走上了革命的道路。

【反扑】fǎnpū 动。猛兽或敌人等被打退后又扑过来；不带宾语：敌人疯狂～，妄图重新侵占被我收复的土地。

【反切】fǎnqiè 动。用两个汉字来注另一个字的音。这是我国古时的一种注音方法。例如"正，之盛切(或之盛反)"。即取前一字"之"的声母zh，后一字"盛"的韵母及声调èng，拼读为zhèng，就是"正"的读音。

【反求诸己】fǎn qiú zhū jǐ 成。求：追究；诸：是"之于"的合音词。反过来追究一下自己，指要多从自己方面找原因：同学之间有了矛盾，首先应该～，不要老责怪别人。

【反射】fǎnshè 动。(1)声波、光波或其他电磁波遇到障碍而折回的现象，如光在镜面上的反射。(2)有机体通过神经系统对刺激发生规律性的反应，如手碰到火就会立即缩回，吃东西时分泌唾液等。参见"条件反射"、"非条件反射"。

【反是】fǎnshì 〈书〉连。与此相反，不是这样；一般连接并列的两个分句，后面往往有停顿。科学的东西总是经得住实践检验的，～，则不能说是科学的。

【反噬】fǎnshì 〈书〉动。反咬。

【反水】fǎnshuǐ 〈方〉动。叛变；不带宾语：他被敌人抓去后就～了，真可耻！

【反思】fǎnsī 动。原为哲学术语，指思想的自我运动。现泛指回顾和思考以往的工作或学习；常带宾语或补语：我们要好好～一下过去的工作，看看哪些做对了，哪些做错了，以免重犯过去的错误。

【反胃】fǎnwèi 动。吃食后，胃里感到不舒服，有恶心甚至呕吐等症状；不带宾语：我的胃不好，吃了山芋会～。常作"感到、有些、开始"等动词的宾语：我一吃油腻晕腥就感到～。

【反问】fǎnwèn ❶动。向提问者发问；常带宾语：他向我～了一个问题。可带双宾语：我的问题还没提完，他就～我：

"这些问题难道你真的不懂吗?"❷名。一种修辞方式,用疑问语气表达与字面相反的意思,寓答于问。例如"难道能不去吗?"表示应该去的意思;"难道能去吗?"表示不应该去的意思。这种修辞方式可以加强语气,表达强烈的感情。

【反响】fǎnxiǎng 名。回响,反应:这件事引起的~很大。常作"有、无、激起、引起"等动词的宾语:毫无~|激起强烈的~。

【反省】fǎnxǐng 动。检查自己的思想和言行,找出其中的错误;常带宾语:要好好~自己所犯的错误。常带"一下、一番"等补语:你要好好~一下,影响自己进步的原因在哪里?可重叠:你要认真地~~。

【反咬】fǎnyǎo 动。被控告的人诬赖控告人、检举人、见证人等;常带宾语:你不能~人,要好好检查才对。常加"一口"作补语:明明是她在欺负人,她却~一口,说我欺负她。可带兼语:~我骂了他。

【反义词】fǎnyìcí 名。词性相同,意义相反或相对的一组词。例如"生"和"死"、"进"和"退"、"红"和"白"、"光明"和"黑暗"等。

【反应】fǎnyìng ❶名。(1)有机体受到体内或体外的刺激而引起的相应活动的情况:这些动物的异常~,往往是地震即将到来的征兆。(2)事情所引起的意见、态度或行动:这个事件引起强烈的~。(3)打针或服药所引起的红肿、发烧、头痛等症状。(4)化学、物理上称物质相互作用或受外力作用而引起的变化:化学~|热核~。❷动。有机体受到刺激后产生相应的活动;不带宾语,可带补语:~迟钝|守门员还没~过来,球就从左上角飞进了大门。

【反映】fǎnyìng ❶动。常带宾语或补语。(1)把客观事物的实质表现出来:这部作品真实地~了现实生活|~不出来。(2)把某种情况或别人的意见报告领导或有关部门:有了情况及时~|~过两次。可重叠:把我们的困难向领导~~吧。❷名。对人或事的意见;常作宾语:对这个方案没有不同的~。

﹡"反映"和"反应":"反映"一般是主动的活动;"反应"则是由某事物引起的意见、态度或行动。"反映"既可作动词,也可作名词,作动词时要带宾语或补语;"反应"多作名词,动词用法较少,作动词时不带宾语,但可带补语。"反映"可重叠;"反应"不能重叠。

【反语】fǎnyǔ 名。一种修辞方式,用跟本意完全相反的词语或句子来表达本意,常用于批判或讽刺,能表现强烈的爱憎感情,增强语言的表达力。例如,"八国联军的惩创学生的武功,不幸全被这几缕血痕抹杀了。"其中的"武功"就是反语。反语有时也可用来表示亲昵的感情。如"冤家"(称丈夫)、"小鬼"(称小孩)等。注意:使用反语,字面上意思和本意必须有鲜明的对立关系,不能让人误解成字面的意思。

【反照】fǎnzhào 动。光线反射映照;常带宾语:大玻璃橱窗~出她的倩影|夕阳的余晖~着河两岸的原野。也作返照。

【反之】fǎnzhī 动。敌方的军队或人员投向己方;不带宾语:敌军一个旅已经~|听他的口气,好像还不答应马上~。

【反正】fǎn·zheng 副。(1)表示坚决肯定的语气,有横竖、无论如何、不管怎样等意思:不管你怎么说,~我不去|信不信由你,~有这事。(2)指明情况与原因,与"既然"含义相近,多用在动词、形容词或主语前:~不远,咱们就走着去吧|~你不是外人,我就不客气了。

【反证】fǎnzhèng 动。原为逻辑学术语,指由证明跟论题相矛盾的判断是不真实的来证明论题的真实性,现也泛指从反面证明;常带宾语:这个厂改革前管理混乱、生产落后的情况,有力地~了改革的必要性。

【反之】fǎnzhī 连。表示前后情况相反,有"反过来说、反过来做"等意思;用在两个分句或段落中间,起转折作用,后面有停顿;勤奋好学的人,总会有成就;~,不求上进的人,必然一事无成。

【反坐】fǎnzuò 动。旧指把诬告的罪名所应得的惩罚反过来加在诬告人的身上;一般不带宾语:诬告他人偷牛,以偷牛罪～。

【反作用力】fǎnzuòyònglì 名。(1)承受作用力的物体对于施力物体的作用叫反作用力。反作用力和作用力是矛盾着的两个方面，它们大小相等，方向相反，并在同一条直线上。(2)指相反的作用。

返 fǎn 〈书〉动。回；常带处所宾语：不日～宁。

【返潮】fǎncháo 动。地面和衣物等因空气湿度大而变得潮湿，或因地下水上升使地面和墙根潮湿；不带宾语：现在正是黄梅天，衣服～了。

【返工】fǎngōng 动。指产品质量不合格或工作不合要求，须要重新加工或制作；不带宾语：这个零件不合规格，要～｜编写要求应明确，防止～。

【返航】fǎnháng 动。船或飞机返回出发的地方；不带宾语：飞机明天～。

【返回】fǎnhuí 动。回，回到；常带处所宾语：部队已～驻地。

【返老还童】fǎn lǎo huán tóng 成。形容老年人恢复青春活力。

【返青】fǎnqīng 动。作物移栽或越冬后由黄变青，恢复生长。如水稻秧苗栽插后就有一个返青过程：秧苗开始～。

【返修】fǎnxiū 动。重新修理；不带宾语：电视机没有修好，要～。

＊"返修"和"翻修"："返修"是由原修理者再次修理，不一定全部拆除，多指机器和各种设备等；"翻修"是拆除后按原有规模重建，多指房屋、道路等。

【返照】fǎnzhào 见"反照"。

【返祖现象】fǎnzǔ xiànxiàng 词组。生物体已退化的器官或组织又重新出现在机体上的现象。如有的人长了尾巴或全身长毛等。

fàn（ㄈㄢˋ）

犯 fàn ❶动。常带宾语。(1)违犯，抵触；可加动态助词"了、过"：他曾经～过法，被判徒刑一年｜今天这场篮球比赛，他～了三次规。(2)侵犯；常用在比较固定的组合中：人不～我，我不～人｜井水不～河水。(3)发生，发作；多指疾病或不好的事情：正～气管炎｜他～

了老毛病。(4)造成；宾语限于"罪、错误"：他～过罪｜～了一次错误。❷〈素〉犯罪的人：罪～｜战～。

【犯案】fàn'àn 动。指作案后被发觉；不带宾语：这家伙又～了。

【犯不着】fàn bu zháo 词组。不值得；多用于劝解人：为这点小事～生那么大的气！也说犯不上。

【犯愁】fànchóu 动。发愁。

【犯得着】fàn de zháo 词组。值得；一般用于反问：～冒这种风险吗？也说犯得上。

【犯法】fànfǎ 动。违反法律、法令；不带宾语：这么做～，可不行！可拆开用：犯了法。

【犯规】fànguī 动。违犯规则、规定；不带宾语，可带补语：～三次。可拆开用：犯了规。

【犯忌】fànjì 动。违犯禁忌；不带宾语：在这个封建大家庭里，正月初一扫地被认为是～的事。

【犯难】fànnán 动。感到为难；不带宾语：这是一件让人～的事。

【犯人】fànrén 名。指犯了罪并被关押的人。

【犯疑】fànyí 动。发生怀疑；不带宾语：你别～，这话不是批评你。可拆开用：犯什么疑？

【犯罪】fànzuì 动。做了违反法律、应予处罚的事；不带宾语：故意毁坏公物是～的行为，要受到法律的制裁。可拆开用：他犯了诬告罪。

范（△範） fàn △❶〈素〉(1)模子：钱～｜铁～。(2)模范，榜样：典～｜示～。(3)界限：～围｜就～。(4)限制：防～。❷姓。

【范本】fànběn 名。可做模范的样本；多指书画：这是习字～。

【范畴】fànchóu 名。(1)哲学名词。反映客观事物的普遍本质的基本概念。各门学科都有自己的一些基本范畴，如化合、分解是化学的范畴，物质和意识、本质和现象是哲学的范畴等。(2)类型，范围：这些论述属于文艺理论的～。

【范例】fànlì 名。可作为模范的事例：这件事可作为调解民事纠纷的～。

【范围】fànwéi ❶名。周围界限：活动～｜工作～｜这是我职权～之内的事。❷〈书〉动。限制：纵横四溢，不可～。
　　＊"范围"和"范畴"："范围"是普通用语；"范畴"是哲学术语。"范围"使用十分广泛，大小场合都可使用，既可用于人，又可用于事物，既可用于具体事物，又可用于抽象事物；"范畴"使用范围较窄，一般只适用于抽象事物或概念。
【范文】fànwén 名。语文教学中作为学生学习榜样的文章。

饭 fàn ❶名。煮熟的谷类食物；多指大米干饭。❷〈素〉每天定时分次吃的食物：午～｜晚～。

【饭店】fàndiàn 名。(1)较大的、设备较好的旅馆或宾馆：金陵～。(2)〈方〉饭馆：车站～。
【饭食】fànshí 名。饭和菜的总称；多就质量而言：～很好。
　　＊"饭食"和"伙食"："饭食"多指家庭里的饭和菜；食堂里的饭和菜，一般说"伙食"。
【饭囊衣架】fàn náng yī jià 成。装饭的口袋,挂衣服的架子。比喻无用的人；含贬义：他是个～,一点本领也没有。
【饭桶】fàntǒng 名。(1)盛饭用的桶。(2)比喻无用的人；骂人的话：这个～,什么事也不会做!
【饭碗】fànwǎn 名。(1)盛饭用的碗。(2)比喻谋生的职业：铁～｜好好干，别砸了～。

贩 fàn ❶动，商人买进货物；常带宾语或补语：～了一批布｜～进来500公斤苹果。❷〈素〉贩子：小～｜摊～。

【贩卖】fànmài 动。多带宾语。(1)买进后再卖出,这是商人从中获取利润的一种方式。(2)比喻兜售错误的东西：～烟酒｜～封建迷信的黑货。
【贩私】fànsī 动。非法贩运走私物品,牟取暴利；不带宾语,常与"走私"并用：这家伙经常走私～。
【贩运】fànyùn 动。商人从一地买货物运到另一地去销售：长途～。常带宾语：～商品。
【贩子】fànzi 名。(1)旧指贩卖商品等的商人,多含贬义：牲口～｜人～。(2)指发动战争的头目：战争～。

贩 fàn ❶名。田地；多用于地名：白水～(在湖北省)｜葛～(在浙江省)。❷〈方〉量。用于大片田地：一～田。

泛(汎、△氾) fàn ❶动。带宾语或补语。(1)漂浮：水面上～白沫。(2)透出；宾语多指颜色或香味：他的脸色黑里～红｜桂花～出满园香味儿。❷〈素〉△(1)水向堤外漫流：～滥。(2)广泛,不深入,一般：～指｜空～｜～～而谈。
　　"氾"另见fán。

【泛读】fàndú 动。粗略地阅读；与"精读"相对,须带宾语或补语,可加动态助词"了、过"：～过许多文学作品｜这本书我已～了一遍。
【泛泛】fànfàn 形。不深入；不加程度副词,不单独作谓语,作定语或状语：～之交｜他只～地说了一遍，没有详谈。
【泛泛而谈】fànfàn ér tán 成。泛泛：浮浅,不深入。一般地浮浅地谈谈：由于没有重读原著,所以只能～,不能引证原文作具体分析。
【泛览】fànlǎn 动。浏览,大略看看；常以"一下、一遍"作补语：这本书我仅～了一遍,印象不深。
【泛滥】fànlàn 动。不带宾语,常与"成灾"连用。(1)江河湖泊里的水向外漫溢,造成水患：历史上,黄河曾多次～成灾。(2)比喻错误思想、言行或不良现象扩散或流行：不能让黄色作品自由～｜表报太多了,简直～成灾。
【泛指】fànzhǐ 动。一般地指；与"专指"相对,多带宾语：贩夫走卒,旧指小贩和差役,一旧社会里地位低下的人。
【泛舟】fànzhōu 〈书〉动。坐船游玩；可带处所宾语：苏轼月夜～鄱阳湖上,探寻石钟山的奥秘。

梵 fàn 〈素〉(1)关于古代印度的：～语｜～文。(2)关于佛教的：～宫。

【梵宫】fàngōng 名。佛寺。
【梵语】fànyǔ 名。印度古代的一种语言。

fāng(ㄈㄤ)

方 fāng ❶形。四角都是直角的四边形或六面都是直角四边形的立体：

这块木头是～的。❷名。(1)方向：房子朝向何～？(2)方面：甲～|我～。(3)(～儿、～子)配药的单子：药～儿|这～子治什么病？(4)乘方：六的三次～是多少？❸量。(1)计算方形事物的单位：一～手帕|三～图章。(2)平方或立方的简称；一般指平方米或立方米：地板面积十四～|三～木料。❹〈书〉副。(1)正，正当；多用于固定组合：～今盛世。(2)刚，才：～到此地。可直接用在表示年龄的数词之前：年～二十。❺〈素〉(1)正直：～正。(2)解决问题的门路：～法|～略。(3)地方：～言|远～。❻姓。

【方案】fāng'àn 名。(1)进行工作的具体规划；多指重大的工作：作战～。(2)由政府制定或批准颁布施行的规定与办法：汉语拼音～。

【方便】fāngbiàn ❶形。(1)便利：这里买菜很～|把～让给别人，把困难留给自己。(2)合适，适宜：在这儿谈话不～。(3)指经济比较宽裕；婉词：增加工资后，手头～多了。❷动。(1)使便利；须带宾语：提高服务质量，～群众生活。(2)解手；婉词，常带"一下、一次"等作补语：请稍等，让我去一下。

【方步】fāngbù 名。慢而大的步子，一种斯文的样子；一般作"踱"和"迈"的宾语：踱～。

【方才】fāngcái ❶形。指事情发生不久，不加程度副词，不单独作谓语，作定语：～的情况，你已看到了。❷副。表示经历某种动作行为后产生相应的结果；多指特定的时间或条件：～你在写什么？|深入群众，～能够了解群众。

【方程】fāngchéng 名。含有未知数的等式，如 $x+1=3, x+1=y+2$。也叫方程式。

【方尺】fāngchǐ ❶量。平方尺：这块地十五～。❷名。一尺见方。

【方寸】fāngcùn ❶量。平方寸：这块玻璃三～。❷名。(1)一寸见方；常比喻事物之小：～之地。(2)〈书〉喻指人的心；不加数量词：～已乱。

【方法】fāngfǎ 名。为了解决某种问题，使之达到一定目的而采用的手段和程序：学习～|思想～。

【方法论】fāngfǎlùn 名。(1)关于认识世界、改造世界的根本方法的学说。一般地说，方法论同世界观是一致的，有什么样的世界观，就有什么样的方法论。(2)指某一门科学所采用的研究方式、方法的综合。

【方技】fāngjì 名。旧时总称医药、卜卦、星占、相面之类的技术。

【方剂】fāngjì 名。中医药方，由若干种药配合组成。

【方家】fāngjiā 名。"大方之家"的简称。原指深明道术的人，后指精通某种学问或艺术的专家：就教于～。

【方巾气】fāngjīnqì 形。方巾：明代文人所戴的帽子。形容思想、言行迂腐；不单独作谓语：这位老先生～十足|有些～。

【方块字】fāngkuàizì 名。指汉字。

【方里】fānglǐ ❶量。平方里：这片森林五～。❷名。一里见方。

【方略】fānglüè 名。通盘的计划和策略：作战～。

【方面】fāngmiàn 名。相对或并列的几个人或几件事的一面，事物的某个部位：好的～|农业生产～的形势很好|优势在我们～，不在敌人～。

【方面军】fāngmiànjūn 名。担负一个方面作战任务的军队的最大一级编组，辖若干兵团或军。

【方枘圆凿】fāng ruì yuán zuò 成。枘：榫头；凿：榫眼。方榫头插不进圆榫眼。比喻格格不入：两个人的情趣完全不同，～，怎能合到一块？也作圆凿方枘。

【方始】fāngshǐ 同"方才❷"。

【方士】fāngshì 名。古代指从事求仙、炼丹等活动的人。

【方式】fāngshì 名。说话做事所采取的形式、手段等；多作中心语：生产～|斗争～。

＊"方式"和"方法"："方式"着重指做事所采取的形式；"方法"着重指做法。"方式"常跟生活、生产等搭配；"方法"可同思想、科学、工作、学习等搭配。

【方位】fāngwèi 名。方向和位置。东、南、西、北为基本方位，东北、东南等为中间方位。上、下、前、后等也属方位。

【方位词】fāngwèicí 名。表示方向、位置的词,分单纯的和合成的两类,单纯的如"上、下、前、后、东、西、内、外"等,合成的如"上面、下边、前头、之上、以下"等。

【方向】fāngxiàng 名。(1)指东、南、西、北等方位。(2)前进的目标:朝北京～飞行。

【方向】fāngxiang 〈方〉名。情势;常作连动词组中的第一个宾语:他善于见风使舵,看～行事。

【方向盘】fāngxiàngpán 名。汽车、轮船等操纵行驶方向的轮状装置。

【方兴未艾】fāng xīng wèi ài 成。方:正在;兴:兴起;艾:停止,完结。形容事物正在发展,未到止境;多指革命形势或新生事物:现代科技革命～。

【方言】fāngyán 名。一种语言中只在局部地区内使用的、跟标准语有区别的语言,如汉语的粤方言、吴方言等。

【方音】fāngyīn 名。方言的语音。如广州人读"凯"如"海",昆明人读"雨"如"椅"等,这些都是不同的方音。

【方圆】fāngyuán 名。指周围的长度:～三十里。也指周围一带:～左近的人都认识他。

【方丈】fāngzhàng ❶量。平方丈:这块地有十～。❷名。一丈见方。

【方丈】fāngzhang 名。原指佛寺或道观中的长老、住持居住的房间,后作为佛教、道教寺观内主持者的尊称。

【方针】fāngzhēn 名。指示方向的针,喻指引导事业前进的方向和目标:教育～。

【方正】fāngzhèng 形。(1)形状成正方形:这块地很～。可重叠:他的字写得方方正正的。(2)正直;指人的思想作风:他为人～,从不搞歪门邪道。

【方志】fāngzhì 名。记载一个地方(省、府、州、县、市)的地理、历史、风俗、教育、物产、人物等情况的书。也叫地方志,又称志书。

邡 fāng 地名用字。什邡,县名,在四川省。

坊 fāng 〈素〉(1)里巷:街～。(2)旧时宣扬忠臣、孝子、烈女等的建筑物:牌～。

另见fáng。

【坊刻本】fāngkèběn 名。旧时书坊刻印的书籍版本。

芳 fāng ❶〈素〉(1)香:～香|芬～。(2)比喻美名或美德:～名|流～百世。❷姓。

【芳菲】fāngfēi 〈书〉名。(1)花草的香味:园中花草正～。(2)指花草:满园～。

【芳龄】fānglíng 名。称年轻女子的年龄敬辞,常用于问句:请问姑娘,～几何?

【芳名】fāngmíng 名。美好的名声:～远扬。

【芳香】fāngxiāng ❶名。香气;多指花草:花儿散发着浓郁的～|泥土的～。❷形。香;不加程度副词:蜜汁吃起来～可口。

枋 fāng 名。(~子)。(1)方柱形木材。(2)〈方〉棺材。

钫 fāng 名。(1)一种放射性元素,符号Fr。(2)古代用青铜制成的方形壶,方口大腹,用以盛酒或粮食。

fáng(ㄈㄤˊ)

防 fáng ❶动。防备;常带宾语:～火。可带谓词作宾语:～冻|谨～偷盗。也可带动词性词组或主谓词组作宾语:～出问题|～敌人偷袭。❷〈素〉(1)防守,防御:国～|边～。(2)挡水的建筑物:堤～。

【防备】fángbèi 动。为应付攻击或免受祸害而预先作好准备;多带宾语或补语:～灾害|～得很好。常带动词、动词性词组或主谓词组作宾语:要～敌人进攻|雨后路滑,走路请小心,～跌倒。

【防毒面具】fángdú miànjù 词组。戴在脸上,保护呼吸器官、眼睛和面部,防止毒气、细菌武器和放射性物质等伤害人体的器具。

【防范】fángfàn 动。防备,戒备;不带宾语:对不法分子的破坏活动要严加～。

＊"防范"和"防备":"防范"有防止越出一定范围的意思,多用于监视或约束不良行为;"防备"指在物质和精神等方面预先作好准备,不让某种情况发生,避免受害。"防范"不带宾语;"防备"常带宾语。

【防护】fánghù 动。防备和保护;可带宾语:必须留些兵力～军营。可作"进行"的宾语:请派武警若干名到公共体育场

进行～。常作定语：～用品|～作用。
【防护林】fánghùlín 名。为防御水、旱、风、沙等自然灾害而营造的林带或大片森林。
【防患未然】fáng huàn wèi rán 成。患：灾祸；未然：没有这样，指尚未形成。在事故或灾害发生前就进行防备：经常检查不安全的因素，～，才能不出或少出事故。
【防空】fángkōng 动。为防备敌人空袭而采取的各种斗争手段和措施；不带宾语：要做好～工作。
【防空洞】fángkōngdòng 名。(1)防备空袭供人躲藏的洞。(2)比喻可以掩护坏人、坏思想的事物：官僚主义如今成了某些人做坏事的～。
【防区】fángqū 名。防守的区域。
【防守】fángshǒu 动。警戒守卫：我营左翼阵地由三连～。常带宾语：～祖国的南大门。
【防微杜渐】fáng wēi dù jiàn 成。微：微小，指事物的苗头；杜：杜绝，堵塞；渐：事物的开端。在错误或坏事刚冒头的时候就加以制止，不让它发展：说谎是不好的，要～，从小培养诚实的品德。
【防务】fángwù 名。有关国家安全防御方面的事务。
【防线】fángxiàn 名。各类防御工事连成的线。
【防汛】fángxùn 动。在江河涨水期间采取措施，防止洪水泛滥成灾；多作定语：～工作。
【防疫】fángyì 动。预防传染病；多作定语：～站|～措施。
【防御】fángyù 动。常带主谓词组作宾语。(1)抗击敌人的进攻：战略～阶段|～敌人入侵。(2)预防自然灾害的袭击：～暴风雪侵袭。
【防震】fángzhèn 动。不带宾语。(1)防止震动：搬运这种仪器，要注意～。(2)防备地震；常作定语：做好～工作。
【防止】fángzhǐ 动。预先设法制止；多指不好的事情，可带动词、动词性词组或主谓词组作宾语：～中毒|～敌人偷袭。
　＊"防止"和"制止"："防止"着重在"预防发生"，用于尚未发生的事情；"制止"着重在"阻止继续发展"，用于已经发生的事情。
【防治】fángzhì 动。对疾病或病虫害等进行预防和治疗；常带宾语：～乙型脑炎。常作定语：做好小麦黑穗病的～工作。

坊 fāng 〈素〉小手工业者的工作场所：磨～|油～。
　另见fáng。

妨 fáng 〈素〉妨害，阻碍：～碍|无～|何～。
【妨碍】fáng'ài 动。阻碍，干扰，使事情不能顺利进行；多带动词、动词性词组或主谓词组作宾语：～学习|～走路|别～他人休息。
【妨害】fánghài 动。阻碍且有害；多带谓词作宾语：～治安|～健康。可带主谓词组作宾语：害虫会～作物生长。
　＊"妨害"和"妨碍"："妨害"着重指某种事物受到损害，影响程度较重；"妨碍"着重指事情不能顺利进行，影响程度较轻。

肪 fáng 见"脂肪"。

房 fáng ❶名。(1)(～子)有墙、顶、门等供人居住或做其他用途的建筑物；量词用"座、幢、栋"：一幢～子。(2)房间；量词用"间"：这间～是卧室|他家有三间～。(3)二十八宿之一。❷量。一～家具|两～媳妇。❸〈素〉(1)结构或作用类似房间的东西：蜂～|心～。(3)指家族的一支：长～。❹姓。
【房产】fángchǎn 名。个人或团体保有所有权的房屋、地基等。
【房产主】fángchǎnzhǔ 名。占有房屋所有权的人，也指出租房屋的人。也叫房主。
【房东】fángdōng 名。出租或出借房屋的人。
【房间】fángjiān 名。房屋内用墙壁隔成的一间一间的屋子；量词用"间、个"：三个～。
【房客】fángkè 名。向房东租借房屋住的人。
【房事】fángshì 名。指夫妻间的性行为。
【房屋】fángwū 名。房子的总称；量词用

"幢、栋":一幢～。
【房租】fángzū 名。租用房屋的租金。也叫房钱。

鲂 fáng 名。鱼,形状像鳊鱼而较宽,银灰色,生活在淡水中。

fǎng(ㄈㄤˇ)

仿(倣、△彷、△髣) fǎng ❶动。(1)效法,照着样子做;常带宾语,并构成连动词组:～着大人的口气说话｜他的衣服样子做一件。(2)类似,像;不带宾语:他长得跟他舅舅相～。❷名。依照范本写的字:写了一张～。△❸见"仿佛"。

【仿办】fǎngbàn 动。照样子办理;不带宾语:这件事他已做成功了,你可～。

【仿单】fǎngdān 名。介绍商品的性质、用途、使用方法等的说明书,多附在商品包装内。

【仿佛】fǎngfú ❶动。像,类似,差不多;不带宾语:两人情况相～。❷副。似乎,好像:看到了红军,他～看到了亲人一样｜他们俩一很熟悉似的｜远远望去,～是一座古庙。
　＊"仿佛"和"好像":"仿佛"常用在书面语里;"好像"在口语、书面语里都可用。"仿佛"可作动词,能充当谓语;"好像"是副词,不作谓语。

【仿古】fǎnggǔ 动。摹仿古代的器物或艺术品;常作定语:这个唐三彩陶马是～制品。

【仿冒】fǎngmào 动。仿制假冒;多指商品。谨防～｜上市酒类有以劣充优的～现象。可带宾语:～我厂的产品。

【仿宋体】fǎngsòngtǐ 名。仿照宋代刻本字体制成的一种印刷字体。有长、方、扁三种,笔画均匀工整。

【仿效】fǎngxiào 动。模仿;常带宾语或补语:我们不可处处～别人,要有自己的创造｜～得很像。
　＊"仿效"和"效法":"仿效"的意思着重在模仿,对象多是别人的方法、方式、式样等;"效法"着重在学习,对象多是别人的长处和优点。

【仿造】fǎngzào 动。模仿制造;常带宾语或补语:～一台机器｜～得很成功。

【仿照】fǎngzhào 动。照着已有的方法或式样做;常带宾语,或构成连动词组:～此案办理｜～着做。

【仿制】fǎngzhì 动。照原样制作;常带宾语或补语:～新式自行车｜把这张图纸～下来。

访 fǎng ❶〈书〉动。访问,探望;多与单音节词相配:有客来～｜～亲会友。❷〈素〉询问调查:～问｜采～。

【访贫问苦】fǎng pín wèn kǔ 词组。有目的地到贫苦人家进行访问,了解他们的生活疾苦和对工作的意见等:当时,他们随着工作队,深入农村,～。

【访求】fǎngqiú 动。探访寻求;多带宾语:～名医｜～良方。

【访问】fǎngwèn 动。有目的地去看望,拜访:出国～。常带宾语或补语:～劳模｜～了好几次。

纺 fǎng ❶动。把丝、麻、棉、毛等纤维拧成纱或线;多带宾语或补语:～棉花｜～纱～得很细。❷名。一种比绸子稀而薄的纺织品:杭～。

【纺车】fǎngchē 名。手工纺纱或纺线的工具,有轮子可摇转。

【纺绸】fǎngchóu 名。用生丝、绢丝或人造丝织成的一种平纹织品,质地细软,适宜做夏季服装。

【纺织】fǎngzhī 动。把棉、麻、丝、毛等纤维纺成纱或线,再织成布匹、绸缎、呢绒等:姑娘们辛勤地～着。可带宾语:～丝绸。常作定语:～公司｜～厂。

【纺织娘】fǎngzhīniáng 名。昆虫,体呈绿色或黄褐色,生活在草地里,雄的能发出"轧织、轧织"的类似摇纺车时发出的声音。

【纺织品】fǎngzhīpǐn 名。用棉、麻、丝、毛等纤维经过纺织及复制加工成的产品。包括单纱、股线、机织物、针织物、编织物和毡毯等。

昉 fǎng 〈古〉❶动。(1)曙光初现。(2)起始。❷形。明亮。

舫 fǎng 〈素〉船:画～｜游～。

fāng（ㄈㄤˋ）

放 fàng 动。常带宾语或补语。(1)释放，使自由：～回战俘｜把鸟～回去了。(2)在一定时间停止学习或工作：～了学｜～了三天春节假。可带双宾语：～你们俩半个月婚假。(3)把牲畜、家禽赶到草地或河塘里去吃食与活动：～牛｜～鸭。(4)放映，指电影、电视：～电影。(5)发出，放射，点燃：～了一枪｜～鞭炮。(6)借钱给人，并收取利息：过去他曾～过20年高利贷。(7)扩展，加大：～照片｜这件衣服下摆太短，该～一寸。(8)花开，常用于四字句：百花齐～。(9)安放，搁置：桌子上～了一本书｜把这件事～一下。(10)加进去：瓶子里～点水｜菜里～盐多了。(11)控制速度、态度等，使达到某种状态；多带补语：～慢车速｜声音～低一点｜～稳重些。

【放达】fàngdá 〈书〉形。言行不受世俗礼法的拘束：此人性情～，不拘小节。

【放大】fàngdà 动。使图像、声音、功能等变大；常带补语：把这张照片～一寸｜声音要～一些。

【放诞】fàngdàn 〈书〉形。说话荒唐，行动放肆：他历来～任性，以致身陷囹圄。

【放荡】fàngdàng 形。放纵，不受约束或行为不检点；多含贬义：行为～｜这个人性格比较～，不喜欢受约束。常同"不羁"并用：他是～不羁的人，平时常同一班好友，喝酒作诗，游山玩水。

【放毒】fàngdú 动。(1)投放毒物或施放毒气。(2)比喻散布、宣扬反动言论：他公然在大庭广众～。

【放风】fàngfēng 动。不带宾语，多重叠。(1)让空气流通：屋子里闷得很，快放放风！(2)透露或散布消息：可以先对他放放风，让他有个思想准备。可拆开用：今天先给大家放一点风，以后再正式传达。(3)让坐牢的人上厕所或到院子里散散步。

【放虎归山】fàng hǔ guī shān 成。比喻放走敌人，留下祸患。也说纵虎归山。

【放火】fànghuǒ 动。不带宾语，可拆开用。(1)有意破坏，引火烧毁房屋、粮草、森林等；常与"烧"构成连动词组：鬼子兵～烧了村庄｜这些乱七八糟的东西，放把火烧掉算了。(2)比喻煽动或发动变乱：这家伙到处～，唯恐天下不乱｜他一到那里就放了一把火，搞得人心浮动。

【放假】fàngjià 动。按规定不上班或不到校学习；不带宾语，常表示时间的补语：春节～三天。可拆开用：放了三天假。

【放空】fàngkōng 动。空车行驶；不带宾语：在货物运输中，尽量不要～。常构成连动词组：～行驶。可拆开用：放了一回空。

【放空气】fàng kōngqì 习。比喻故意散布某种消息或制造某种气氛；含贬义：不知是谁在外面～，说我们校办工厂要关门了。

【放空炮】fàng kōngpào 习。比喻说话不算数，不能或不准备兑现；含贬义：你是在～，这事根本办不到。

【放款】fàngkuǎn 动。银行或信用机构借钱给用户；不带宾语：给专业户～。可拆开用：放了一笔款。

【放浪】fànglàng 〈书〉形。不守规矩，行为放纵。

【放冷风】fàng lěngfēng 习。比喻散布冷言冷语来影响人们的情绪；含贬义：他自己不好好干，还～，挫伤别人的积极性。

【放牧】fàngmù 动。把牲畜放出去吃草：小江～去了。可带宾语：～牛群。

【放盘】fàngpán 动。旧称商店减价出售或增价收买。

【放炮】fàngpào 动。不带宾语，可拆开用。(1)发射炮弹。(2)点燃炮竹使爆炸。(3)用火药炸开岩石、矿石等。(4)密闭的物体突然爆裂发出大的响声，如轮胎放炮、汽球放炮。(5)比喻激烈的批评或发出惊人的议论：请你别在会上乱～｜他在会上放了一炮。

【放屁】fàngpì 动。不带宾语，可拆开用。(1)从肛门排出臭气。(2)指责别人说的话没有根据或不合情理；骂人的话。

【放弃】fàngqì 动。丢掉，抛弃；多用于原有的权利、主张、意见等方面，常带宾语，可带动态助词"了、过"：他～了原来的观点。

【放青】fàngqīng 动。把牲畜放到青草地上吃草；不带宾语：小虎子～去了。

【放晴】fàngqíng 动。雨后日出；不带宾语：一连下了几天雨，今天总算～了。

【放任】fàngrèn 动。听其自然，不加干涉；常带宾语：你～他，实际上是害他。常构成连动词组：～自流|对坏人坏事不应当～不管。可带兼语：不能～孩子在外面胡闹。

【放哨】fàngshào 动。在紧要的地方站岗或巡逻；不带宾语：今晚由我～。可拆开用：那儿放了哨|我放过哨。

【放射】fàngshè 动。由一点向四外射出；多指光芒、火光、光线等，常带宾语或补语：这种灯能～出很强的光。
  *"放射"和"发射"："放射"是由一点向四外射出；"发射"是由一点向一个方向或目标射出。

【放射线】fàngshèxiàn 名。不稳定元素（如镭、铀、钚等）衰变时，从原子核中放射出来的有穿透性的粒子束。

【放射性】fàngshèxìng 名。(1)某种元素（如镭、铀等）自动地把原子核中的物质放射出来而衰变成另外的元素，这种性质叫放射性。(2)医学上指由一个痛点向周围扩散的现象。

【放生】fàngshēng 动。利用强光装置把图把捉住的动物放掉，特指迷信的人把别人捉住的鱼、鸟等买来放掉；不带宾语：我奶奶信佛，常买了鱼～。

【放手】fàngshǒu 动。不带宾语。(1)松开握着物体的手：要紧紧拽住绳子，可别～。(2)比喻解除顾虑或限制：领导肯～，群众才能大胆地干。常构成连动词组：～让大家去干。(3)放弃不问；常与"不管、不问"等构成连动词组：这件事他～不管了。

【放肆】fàngsì 形。轻率任意，肆无忌惮；多指言行，含贬义：他居然目无法纪，随便动手打人，太～了!

【放松】fàngsōng 动。由紧变松；指对事物的注意或控制：把背带～些。可带宾语：～注意力。常带动词作宾语：～警惕|～学习。

【放下屠刀，立地成佛】fàng xià túdāo, lìdì chéng fó 成。立地：立即。原为佛教劝人改恶从善的话。意思是，像屠夫这样杀生很多的人，只要他肯忏悔，放下屠刀，不再杀生，马上就可以成佛。后用来比喻作恶的人只要决心悔改，就能变成好人。

【放心】fàngxīn 动。安心，没有忧虑和牵挂；请～，我一定办到。可加副词"很、不"等：他很可靠，我对他很～。可拆开用：我这才放了心。带宾语时，多用于否定式：她就是不～她的儿子|不～工作。

【放行】fàngxíng 动。准许通过；多指岗哨、海关等处，不带宾语：有了出入证，才可～。

【放学】fàngxué 动。不带宾语，可拆开用。(1)学校在课业完毕后定时让学生回家：每天下午五点钟～|已经放了学。(2)指学校里放假。

【放眼】fàngyǎn 动。放开眼界；常带所指范围较大的名词作宾语：～世界|～乾坤|～未来。

【放养】fàngyǎng 动。把鱼类、虾、蟹、柞蚕、水浮莲等有经济价值的动植物放到一定的地方养殖；常带宾语：湖里可以种植菱角、荸荠，也可以～鱼虾。

【放映】fàngyìng 动。利用强光装置把图片或影片上的形象照射到银幕或白墙上；一般指电影、幻灯：这部电影明天～。常带宾语或补语：～幻灯片|～了三个小时

【放债】fàngzhài 动。旧时把钱借给别人，进行高利剥削；不带宾语，可带补语：地主～给农民。可拆开用：他过去放过债。

【放置】fàngzhì 动。安放；常带宾语或补语：西侧三间厢房，是～粮食和农具的|这些东西已经～多年了。可构成连动词组：衣服买来，干吗～不穿？

【放逐】fàngzhú 动。古时把犯人流放到边远地方；常带补语：把首犯～到大原劳改，理所当然。可带处所宾语：～边疆。常作"遭到"等动词的宾语：屈原因为得罪权贵，遭到～。

【放恣】fàngzì 〈书〉形。骄横任性：～无忌。

【放纵】fàngzòng 动。纵容，不加约束；含贬义，常带宾语：不要～小孩。
  *"放纵"和"放肆"："放纵"指放任纵

容,一味姑息,不加约束;"放肆"指言行轻率,毫无顾忌,不懂礼貌和规矩。"放纵"是动词,常带宾语;"放肆"是形容词,不带宾语。

fēi(ㄈㄟ)

飞(飛) fēi ❶动。(1)鸟、虫等鼓动翅膀在空中行动:鸟~到树上。加"来、去、走"等词后可带宾语:~来两只蝴蝶。(2)利用动力机械在空中行动:飞机在~。可带处所宾语:飞机直~北京。(3)在空中飘浮游动:白云~。可带宾语:~雪花了。(4)飞溅:浪花~。加"起"后可带宾语:~起美丽的钢花。(5)〈口〉挥发;不带宾语,带补语:一瓶汽油没盖好,~了半瓶。❷〈素〉(1)极快:~驰|~舟。(2)无根据的,意外的:~语|~灾。(3)非常,极:~快|~灵。

【飞白】fēibái 名。(1)一种特殊的书法,笔势飞举,笔画中有丝丝露白,像枯笔写成的样子。(2)中国画中一种枯笔露白的线条。(3)一种修辞手法,把语言中的口吃、错别字现象故意加以仿效和援用,称为飞白。可收到诙谐、生动的效果。

【飞奔】fēibēn 动。非常快地跑;不带宾语:一朵朵灰白的云,快马似地~着。

【飞驰】fēichí 动。很快地跑;不带宾语:汽车在笔直的马路上~。
　　*"飞驰"和"飞奔":"飞驰"的使用范围较窄,只用于车、船、马等;"飞奔"的使用范围较宽,既用于人和动物,也可用于车、船等。

【飞抵】fēidǐ 动。乘飞机到达;常以处所名词作宾语:今天上午~广州。

【飞地】fēidì 名。位于甲行政区域内而隶属于乙行政区域的地方,也指甲国境内的隶属于乙国的领土。

【飞碟】fēidié 名。(1)天空中不明飞行物的通称。许多现象难以解释,疑为太空星球的飞行体,其状扁平如碟,故叫飞碟。(2)一种体育用具,用塑料制成,形如碟,供投掷。也叫飞盘。

【飞短流长】fēi duǎn liú cháng 成。飞、流:散布;短、长:是非、好坏。说人坏话、恶意中伤:他是个好人,有人却~,造他的谣。"飞"也作"蜚"。

【飞蛾投火】fēi é tóu huǒ 成。比喻自取灭亡;敌人犯境,犹如~。也作飞蛾赴火、飞蛾扑火。

【飞过海】fēi guò hǎi 习。比喻不依规定超越职权行事:招收职工,必须由人事处讨论决定,不能用~的办法随便任用亲友。

【飞黄腾达】fēihuáng téng dá 成。飞黄:传说中的神马名;腾达:上升。形容神马飞驰,后比喻人骤然得志,官职、地位升得很快;多含贬义。

【飞机】fēijī 名。在空中飞行的用于交通运输、军事、农业、探矿、测量等方面的工具,由机翼、机身、发动机等部分构成。

【飞溅】fēijiàn 动。向四外溅射;多用于液体状态的事物:钢花~。可带宾语:~出好多唾沫。

【飞将军】fēijiāngjūn 名。汉武帝时,名将李广,英勇善战,匈奴称他为"飞将军"。后借称英勇善战的将士。

【飞快】fēikuài 形。不加程度副词,不单独作谓语。(1)速度很快;多作状语或补语:~地奔跑|走得~。(2)非常锋利;多作定语或补语:一把~的刀|磨得~。

【飞毛腿】fēimáotuǐ 名。跑得特别快的腿,借指奔走非常敏捷迅速的人。

【飞蓬】fēipéng 名。(1)多年生草本植物,叶子像柳叶,边缘有锯齿,秋天开花,花外围白色,中心黄色。也叫蓬。(2)指枯后根断、遇风飞旋的蓬草。旧时多用来比喻飘泊不定的游子:~行千里,流离在他乡。

【飞禽】fēiqín 名。会飞的鸟类,也泛指鸟类。

【飞沙走石】fēi shā zǒu shí 成。沙土飞扬,石块乱滚,形容风大:那又一阵狂风~,天昏地暗。"沙"也作"砂"。

【飞速】fēisù 形。非常迅速;不加程度副词,不单独作谓语,主要作状语:~前进|~旋转。

【飞腾】fēiténg 动。急速飞起,冲向天空;多指烟雾、热气等:烟雾~。可带宾语:那边~着浓烟,可能是失火了。

【飞天】fēitiān 名。佛教壁画或石刻中的空中飞舞的神。

【飞艇】fēitǐng 名。一种飞行器,无翼,靠装有氢气或氦气的气囊所产生的浮力上升,由螺旋桨推动前进。速度不如飞机。也叫飞船。

【飞舞】fēiwǔ 动。一般不带宾语。(1)飞翔舞动:山风卷着雪花,漫天～|红旗在空中～。(2)飞速舞动:镰刀～。

【飞翔】fēixiáng 动。自由自在地飞或盘旋地飞;不带宾语,可带补语:雄鹰在天空中～|～在祖国的蓝天。

【飞行】fēixíng 动。在空中行进;多指飞机、火箭等,不带宾语:火箭向月球～。

【飞行器】fēixíngqì 名。飞艇、飞机、直升机之类的总称。

【飞檐走壁】fēi yán zǒu bì 成。旧小说中形容有武功的人身体轻捷,能飞越屋檐,攀登墙壁:《水浒》中的时迁是个能～的人。

【飞扬】fēiyáng 动。飞起飘扬;一般不带宾语:尘土～|云彩～|他精神焕发,神采～。

【飞扬跋扈】fēiyáng báhù 成。原指意气、举动越出常轨,不受拘束。现多形容骄横放肆,傲视一切;含贬义:此人～,咄咄逼人。

【飞语】fēiyǔ 名。没有根据的话;常与"流言"并用,含贬义:那些流言～,你不要去听。也作蜚语。

【飞跃】fēiyuè ❶形。比喻突飞猛进;不加程度副词,常作定语或状语:近几年来我国的经济有了～的发展。❷名。哲学名词,指事物从旧质到新质的变化。由于事物内部的矛盾斗争,量变到一定程度,必然转化为质变,出现飞跃。也叫突变、质变。

【飞灾】fēizāi 名。意外的灾难:天降～|～横祸。

【飞贼】fēizéi 名。(1)指能登墙上房进行偷盗的人。(2)指空中来犯的敌人。

【飞涨】fēizhǎng 动。急速增长;多指物价、水势等,不带宾语:旧时物价～,民不聊生。

妃 fēi 名。古代皇帝的妾,或太子、王、侯的妻子。

【妃色】fēisè 名。淡红色。

【妃子】fēizi 名。皇帝的妾,地位次于皇后。

非 fēi ❶动。不是;常用在"非……所……"、"非……不……"、"非……即……"、"似……非……"等格式中,一般只用于书面语:答～所问|～此即彼|似懂～懂。❷副。(1)不;表示否定:～同小可。常与"不"呼应,强调一定要这样:～说不可|～下苦功不可。也可与"才"呼应,表示一定要具备某一条件才能怎么样:～亲自去一趟才放心。(2)〈口〉偏,必须;强调一定要做某件事:不行,我～去(一定要去)。❸前缀,表示不属于某种范围;构成名词:～团员|～卖品。❹〈素〉(1)错误。是～|文过饰～|痛改前～。(2)不合于:～常|～法|～凡。(3)反对,责备:～议|～难|无可厚～。

【非常】fēicháng ❶形。异乎寻常的,特殊的;不加程度副词,一般不单独作谓语,多作定语,可与名词直接组合:～事件|～时期。❷副。十分,表示程度极高:～好|他～有办法。可重叠:～～精彩。

※"非常"和"十分":"非常"可以重叠;"十分"不能。"十分"前可用"不";"非常"不能。"非常"可作形容词,修饰名词;"十分"只作副词。

【非但】fēidàn 连。不但;要用"而且"等搭配使用:这种钢笔～式样美观,而且书写流畅。

【非得】fēiděi 副。表示必须;后面常与"不行、不成、不可"呼应:学游泳～胆大心细不可|这件事～他去不成。

【非独】fēidú 〈书〉不但;要同"而且"等搭配使用:～价廉,而且物美。

【非法】fēifǎ 形。不合法;不加程度副词,不单独作谓语,作定语或状语:～的收入|～关押。

【非凡】fēifán 形。非常突出,超过一般;不加程度副词:棋艺～|～的才能|热闹～。

【非分】fēifēn 形。不安分,不守本分;不加程度副词,不单独作谓语,作定语:～的要求|～之想。注意:"分"这里不读fēn。

【非礼】fēilǐ 〈书〉形。不合礼节,不礼貌;不加程度副词:来而不往～也。常作定语:这是～的举动。

【非驴非马】fēi lǘ fēi mǎ 成。原指骡,由驴和马杂交而生,既不像驴,也不像马,后比喻不伦不类;含贬义:这篇文章写得～,既不像科幻小说,又不像科学论文。

【非卖品】fēimàipǐn 名。不出售而只供展览、赠送等的物品。

【非命】fēimìng〈书〉动。遭到意外的灾祸;只用于固定组合:死于～。

【非难】fēinàn 动。指摘和责问:有些人对他的改革不能理解,反而加以～。常用于否定式,表示肯定:他这样做无可～。注意:"难"这里不读nán。

【非亲非故】fēi qīn fēi gù 成。故:老友。既不是亲戚,也不是故交,指彼此没有私人关系:咱俩～,是在火车上偶然相识的。

【非特】fēitè〈书〉连。同"不但"。

【非条件反射】fēitiáojiàn fǎnshè 词组。人或其他动物生来就具有的比较简单的反射活动,如食物入口引起唾液分泌等。也叫无条件反射。

【非同小可】fēi tóng xiǎo kě 成。小可:寻常。不同于一般小事,形容情况严重或事情重要:人命关天,～|这件事～,处理要格外慎重。

【非徒】fēitú〈书〉连。不仅,不但;要同"而且、并且、还"等搭配使用:～无益,而且有害。参见"不但"。

【非笑】fēixiào〈书〉动。讥笑:对别人的生理缺陷岂能～?

【非刑】fēixíng 名。不合法律规定的酷刑:死于～。可作状语:～拷打。

【非议】fēiyì 动。反对,批评;可带宾语:许多人都在～这个方案。常用于否定式,表示肯定:无可～。

菲 fēi〈素〉形容花草美丽,香气浓郁:芳～。
另见fěi。

啡 fēi 见"咖(kā)啡"、"吗(mǎ)啡"。

骈 fēi〈古〉名。古时一车驾四马,中间两匹马叫"服",服马两旁的叫"骈",也叫骖(cān)。

绯 fēi〈素〉红色:～红。

【绯红】fēihóng ❶形。鲜红;不加程度副词:听了这番赞扬,她两颊～。可重叠:晚霞～～的。❷动。使变红;须以"脸"作宾语,并加动态助词"了、着":围女～了脸。

扉 fēi〈素〉门扇:柴～。

【扉页】fēiyè 名。封面后的一页,上印书名、著者等项,或加装饰图案。也指封面后和封底前与书皮相连的空白页。又叫内封。

蜚 fēi〈古〉动。同"飞"。
另见fěi。

【蜚短流长】fēi duǎn liú cháng 见"飞短流长"。

【蜚声】fēishēng〈书〉动。扬名,有声誉;多带处所宾语:～文坛|～海内外。

【蜚语】fēiyǔ 见"飞语"。

霏 fēi〈古〉❶形。雨雪很密:雨雪其～。❷动。飘扬:烟～雾结。

【霏霏】fēifēi〈书〉形。雨、雪很密的样子:大雪～。也可形容云雾浓重:云雾～。

【霏微】fēiwēi〈书〉形。细雨,雾气弥漫的样子:细雨～|晨雾～。

鲱 fēi 名。鱼,身体侧扁而长,背青黑色,腹银白色,生活在海洋中。肉可食,是重要的经济鱼类。

féi(ㄈㄟˊ)

肥 féi ❶形。(1)含脂肪多的;与"瘦"相对,一般用于动物,不用于人:小猪养得很～。(2)肥沃;用于土地:这块地～得很。(3)宽大;用于衣服鞋袜等:衣服的腰身太～。❷动。(1)使田地肥沃;须带宾语:猪粪可以～田。(2)由不正当的收入而富裕;须带宾语或补语:损害顾客利益,～了自己|企业亏损,而他个人却～起来了。❸名。肥料:积了很多～。

【肥大】féidà 形。(1)宽大;多指衣裤等:这裤子太～了,我穿不合身。可重叠:裤管做得肥肥大大的。(2)粗大壮实;多指生物体或其某一部分:大象的腿很～。可重叠:这些豆荚都是肥肥大大的。(3)人体某一脏器或某一部分组织因病变而肿大:脊椎～。

【肥厚】féihòu 形。肥壮厚实：他伸出～的大手，与我握手|乌青光滑的树干，～硕大的树叶，像用油洗过一样。

【肥力】féilì 名。土壤肥沃的程度：努力增加土壤的～。

【肥料】féiliào 名。能供给植物养分使其生长发育的物质，如粪肥、绿肥、化肥等。

【肥美】féiměi 形。(1)肥沃；指土壤：那是一片很～的土地。(2)肥壮，丰美；指动物或植物：非常～的牛羊|～的庄稼。

【肥缺】féiquē 名。旧时指油水多的官职，现也指报酬或额外收入多的工作：这个～，不少人都想得到。

【肥实】féi·shi 〈口〉形。(1)肥壮而结实；多用于牲口：这头牛长得很～。可重叠：小猪长得肥肥实实的。(2)脂肪多：这块肉挺～。

【肥瘦儿】féishòur 名。衣裤宽窄的程度：这件衣服的～正好。

【肥硕】féishuò 形。(1)大而饱满；多指果实：这棵树上的苹果长得很～。(2)大而肥胖；多用于牲畜及其肢体：一窝～的小猪。

【肥沃】féiwò 形。土地中含有植物所需要的适量的养分和水分：土地很～。

【肥效】féixiào 名。肥料使作物增产的效果。根据肥效的快慢，肥料分为速效肥料和迟效肥料两种。

【肥皂】féizào 名。洗涤去污用的化学制品，通常制成块状。一般洗涤用的肥皂用油脂和氢氧化钠制成。有的地区叫胰子。

【肥壮】féizhuàng 形。肥美健壮；多用来形容动物或植物：牛羊很～|～的庄稼。

淝 féi 水名用字。淝河，在安徽省。也叫淝水。

蜚 féi 〈古〉名。臭虫。

腓 féi 名。胫骨后的肌肉，俗称腿肚子。

fěi(ㄈㄟˇ)

匪 fěi ❶名。强盗，行凶打劫的武装分子。❷〈书〉副。通"非"。不，不是：获益～浅。

【匪帮】fěibāng 名。有组织的匪徒，或行为如同盗匪的反动的政治集团：法西斯～。

【匪患】fěihuàn 名。盗匪活动造成的祸患。

【匪首】fěishǒu 名。盗匪的头目。

【匪徒】fěitú 名。强盗，也指危害人民的反动派或坏分子。

【匪穴】fěixué 名。盗匪盘踞的地方，也指反动集团盘踞的地方。

【匪夷所思】fěi yí suǒ sī 成。匪：非；夷：平常。原指一般人所想像不到的，后来多指言行离奇，超越常情：这个人的行为怪得很，真是～。

诽 fěi 〈素〉说别人的坏话。～谤。

【诽谤】fěibàng 动。无中生有，说人坏话，毁人名誉；多带宾语：我从来没有～过他|别人是要受法律制裁的。常同"造谣"并用：这个家伙为了置人于死地，造谣～，什么手段都用得出来。可作"遭到"等动词的宾语：他遭到张某的～后，已向法院提出了诉讼。

菲 fěi ❶名。古书上指萝卜一类的菜。❷〈素〉微，薄。～薄|～仪。另见fēi。

【菲薄】fěibó ❶形。微薄，量少质差：～的礼物|待遇～。❷动。瞧不起；不要妄自～。

【菲仪】fěiyí 〈书〉名。微薄的礼物；谦辞：谨赠～，以表祝贺。

悱 fěi 〈古〉动。想说而没能说出来。

【悱恻】fěicè 〈书〉形。形容内心悲苦凄切；常与"缠绵"并用：她那缠绵～的样子，真使我依依难舍。

棐 fěi 〈古〉❶动。辅助。❷名。同"榧"、"篚"。

斐 fěi 〈素〉有文采：～然。

【斐然】fěirán 〈书〉形。不加程度副词。(1)有文采的样子；多指文章写得好：～成章|文辞～。(2)显著；多指成绩好：成绩～。

榧 fěi 名。树名，常绿乔木，种子有硬壳，两端尖，仁可吃，也可榨油或蜚 fēi 名。古书上指一种有害的小草虫。
另见fěi。

【蜚蠊】fēilián 见"蟑螂"。

翡 fěi [翡翠](-cuì) 名。(1)鸟，嘴长而直。羽毛有蓝、绿、赤、棕等色，可做装饰品。(2)翠绿色的宝石，也有黄绿色或白色。半透明，有光泽，可制装饰品或工艺品。也叫硬玉。

篚 fěi 〈古〉名。圆形的竹筐。

fèi(ㄈㄟˋ)

芾 fèi [蔽芾](bì-) 名。微小的树干树叶。注意："芾"下边不写作"市"。
另见fú。

肺 fèi 名。人和高等动物的呼吸器官之一。也叫肺脏。注意："肺"右边不写作"市"。

【肺腑】fèifǔ 〈书〉名。肺脏，喻指内心：~之言。

【肺结核】fèijiéhé 名。结核杆菌引起的肺部病变，是最常见的一种结核病。口语叫肺病或肺痨。

【肺炎】fèiyán 名。肺部发生的炎症，由细菌或病毒引起。一般症状为突然发高热、咳嗽、呼吸困难等。

吠 fèi 〈书〉动。狗叫；只与单音节词相配：狂~|犬~。

【吠形吠声】fèi xíng fèi shēng 成。汉·王符《潜夫论·贤难》："谚云：'一犬吠形，百犬吠声。'"一只狗看到影子叫，许多狗听到后跟着叫起来。比喻不明事情的真伪而盲目附和；含贬义：不要听信那些~的小道消息。也作吠影吠声。

狒 fèi [狒狒] 名。哺乳动物，体形像猴，面形似狗，毛灰褐色，四肢粗，尾细长。多产在非洲。

沸 fèi 〈素〉液体受热达到一定程度时，产生汽泡而翻腾：~腾|~点|鼎~。

【沸点】fèidiǎn 名。液体达到沸腾时的温度。沸点随外界压力而改变，压力低，沸点也低。水在标准大气压下的沸点是100℃。

【沸反盈天】fèi fǎn yíng tiān 成。形容人声喧哗嘈杂，乱成一团：只听见那边~，原来是汽车撞伤了人。

【沸沸扬扬】fèifèiyángyáng 形。像煮沸的水那样翻腾。形容众人议论纷纷；不加程度副词：大家~地嚷起来了。

【沸腾】fèiténg 动。不带宾语。(1)液体加热到一定温度时发生剧烈的气化现象：锅里的水~了。(2)比喻事物蓬勃发展，或情绪十分高涨：工地上一派~景象|热血~。

费 fèi ❶名。费用：收~5元|伙食~。❷动。花费，耗费；与"省"相对，多带宾语，可带动态助词"了、过"：~了好多钱|~过不少口舌。可加程度副词：这种炉子非常~煤|你的衣服穿得太~了。❸姓。

【费解】fèijiě 形。不容易懂；指文章言词：这句话很~。

【费劲】fèijìn 形。费力气：搞这种工作非常~。可拆开用：费了不少劲。

【费尽心机】fèi jìn xīn jī 成。心机：心思，计谋。挖空心思，想尽办法：他~，才设计出这种新产品|他想发财，~地弄钱，结果因触犯刑律而受到惩罚。

【费力】fèilì 形。耗费精力或体力：写这篇文章很~。可拆开用：费了不少力。

【费神】fèishén 形。耗费精神；客气话：这件行李，请您~给照顾一下。

【费时】fèishí 形。耗费时间：制作这种工艺品很~。

【费事】fèishì 形。耗费工夫，事情复杂难办：这样做很~。可拆开用：不费什么事。

【费手脚】fèi shǒujiǎo 习。事情不容易办，要花费一定的功夫或力量：别看这是个小玩具，做起来很~。

【费心】fèixīn 形。耗费心思；客气话：请您多~。可拆开用：费了不少心。

【费用】fèiyòng 名。花费的钱，开支：生活~。

镄 fèi 名。一种人造的放射性元素，符号Fm。

废(廢) fèi ❶动。停止，不再使用；不带宾语，可带动态

助词"了":这些规定不利于生产,应该~了|这种材料早该~了。❷形。失去原有效用的,没有用的;不加程度副词,不单独作谓语,作定语: ~钢铁|这都是些用~了的零件。

【废弛】fèichí 动。废弃松弛;多指法令、规章制度等因不被重视或未执行而变得有名无实,一般不带宾语:纲纪~|那时,一些合理的规章制度也~了。

【废除】fèichú 动。废止,取消;多指法令、制度、条约等: 这些清规戒律都应该~了。可带宾语:~不平等条约。

【废黜】fèichù 〈书〉动。革除官职,罢免;现多指取消王位、官职和特权地位: 他虽没被公开免职,实际上是被~了。可带宾语:武则天~唐中宗,自立为帝。

【废话】fèihuà ❶名。没用的话。~连篇。❷动。说废话;不带宾语: 请你别再~了。

【废料】fèiliào 名。(1)在生产中剩下的对本生产过程不再有用的材料:这些~还可以利用。(2)喻指无用的人;骂人的话。

【废品】fèipǐn 名。(1)不合出厂规格的产品。(2)破旧的、失去原有使用价值的物品。

【废弃】fèiqì 动。抛弃不用: 这些钢材被无故~,多么可惜! 可带宾语:~了一些不合格的零件。

【废气】fèiqì 名。指工业生产或动力机械运转中所产生的对本生产过程无用的气体。

【废寝忘食】fèi qǐn wàng shí 成。顾不得睡觉,忘记了吃饭,形容非常专心努力:他~地学习。也说废寝忘餐。

【废然】fèirán 〈书〉形。形容沮丧失望的样子;不加程度副词,不单独作谓语,作状语: ~而返。

【废人】fèirén 名。因残废或患病而失去工作能力的人。泛指无用的人。

【废水】fèishuǐ 名。在工业生产中产生的对本生产过程无用的液体。

【废物】fèiwù 名。失去原有使用价值的东西,有的废物有其他用处: ~利用。

【废物】fèiwu 名。无用的东西;常作骂人的话: 他什么事都不会做,简直是个~。

【废墟】fèixū 名。城镇、村庄受到严重破坏或灾害后变成的荒废之地: 在~上重建家园。常作"成、成为、变成、沦为"等的宾语: 大地震后,那里成了一片~。

【废渣】fèizhā 名。在生产或生活过程中排出和抛弃的固体物质,有工业废渣、农业废渣和生活垃圾等。有些废渣可作其他生产的原料。

【废止】fèizhǐ 动。废除,不再执行;多指法令、制度等: 这项规定很不合理,早该~。可带宾语:~八股文。

【废置】fèizhì 动。认为无用而废弃、搁置;常带补语: 这些老式家具被他~在一边。

刖(跙) fèi 〈古〉动。砍掉脚,古代的一种酷刑。

痱(疿) fèi 名。(~子)。夏天皮肤上起的红色或白色小丘疹,由出汗多,毛孔被污垢堵塞引起。

fēn(ㄈㄣ)

分 fēn ❶动。常带宾语或补语。(1)分开;与"合"相对。 一百人~两个班|西瓜~得很均匀。(2)分给,分配: 每人~一斤苹果|他被~到西藏工作。(3)辨别,区别;多与"好坏、是非"等词语搭配: 不~高低|是非~不清楚。❷名。(1)区划而成的部分: 三~之一。(2)成数: 十~年成。(3)工分;指根据劳动情况所记的工。❸量。(1)市制长度单位: 10~为1寸。(2)市制地积单位: 10~为1亩。(3)市制重量单位: 10~为1钱。(4)时间单位: 60~为1小时。(5)角度或弧度的单位: 60~为1度。(6)我国货币单位: 10~为1角。(7)评定成绩或胜负的记数单位: 语文得了90~|踢进三个球,得3~。❹〈素〉分支,部分: ~会|~局|~册。
另见fèn。

【分贝】fēnbèi 量。计量声音强度或电功率相对大小的单位。分贝数值等于音强或功率比值的常用对数乘以十。当选定一个基准音强或功率时,分贝数也表示音强或功率的绝对大小。

【分崩离析】fēn bēng lí xī 成。形容国家或集团崩溃解体,不可收拾: 反动派已面临~的局面。

【分辨】fēnbiàn 动。分清,辨别；常以相反或相对的谓词或名词性联合词组作宾语：～好坏｜～对与不对｜～香花和毒草。

【分辩】fēnbiàn 动。辩白,解释；不带宾语：如果有理可以～。

＊"分辩"和"分辨"："分辩"的意思着重在解释、申述某些道理；"分辨"的意思着重在分清、辨明事物之间的某种差别。

【分别】fēnbié ❶动。(1)离别；一般不带宾语,可带补语：我们握了握手,就～了｜～了几十年。(2)辨别：这两个词的意思不易～。常用相对的谓词词组作宾语：～好坏｜～轻重缓急。也可带主谓词组作宾语：谁是哥哥弟弟～。❷副。(1)分头,各自：～找地方住宿。(2)有区别地：根据不同情况～处理。

【分布】fēnbù 动。散布；指一定的范围内,常带处所补语：部队～在前沿阵地上。带宾语时要加动态助词"着"：那里～着许多商店。

＊"分布"和"散布"："分布"的对象多指具体事物,有一定的稳定性；"散布"的对象多指言论、消息等抽象事物,往往不具备稳定性。"分布"一般不带宾语；"散布"一般要带宾语。

【分册】fēncè 名。一部篇幅较大的书分别装订成若干本,每一本叫一个分册。

【分爨】fēncuàn 〈书〉动。爨,烧火煮饭。各自烧饭,意思是分家过日子；不带宾语：兄弟～。

【分寸】fēn·cun 名。说话、做事等的适当限度；常作"有"或"没有"的宾语：批评要有～。

【分担】fēndān 动。帮助负担一部分：这些任务由大家～。常带宾语：～家务｜～忧虑。可重叠：班级工作要大家～～。

【分道扬镳】fēn dào yáng biāo 成。镳：马勒子；扬镳：驱马向前,分路而行。比喻目标不同,各走各的路或各干各的事：他们俩志趣不同,性格迥异,后来终于～了。也说分路扬镳。

【分队】fēnduì 名。一般指军队中相当于营到班一级的组织。

【分发】fēnfā 动。(1)一个个地发给；常带宾语或补语：～奖品｜把练习本～给大家。(2)分派；常带兼语：～他们到工厂工作。

【分肥】fēnféi 动。分取利益；一般指不正当的财物,不带宾语：这笔收入应当上交,不得私自～。

【分割】fēngē 动。把整体或有联系的事物强行分开：台湾是我国不可～的领土。可带宾语或补语：不该～集体财产｜这两层的意思不同,要～开来。

【分隔】fēngé 动。隔开两事物,使不相通。一般不带宾语,可带补语：牛郎和织女被～在银河两边。

【分工】fēngōng 动。互相联系的工作由不同的人去做；不带宾语：要合理～。常构成连动词组：～去做。可重叠：大家分分工。可拆开用：分一下工。

【分管】fēnguǎn 动。领导成员或部门根据分工,具体负责某一方面的工作：这是侦缉～的范围,由他们处理此事。可带宾语：王校长～后勤工作。

【分毫】fēnháo 名。极少的数量；多用于否定式：不差～｜不少。

【分号】fēnhào 名。(1)标点符号的一种,即"；",主要用在复句中的并列分句之间,表示大于逗号而小于句号的停顿,用来分清分句间的层次关系。例如"人民群众要办的事,我们一定办；人民群众不赞成办的事,我们一定不办。"(2)一家商店在别处所设的分店：本店别无～。

【分红】fēnhóng 动。旧时工商企业中进行红利的分配,称为分红。现在,某些股份制企业、私人企业或集体所有制企业,把部分盈余按股份或按劳动进行分配,也叫分红。

【分化】fēnhuà 动。(1)原来性质相同的或统一的事物,在发展过程中变成性质不同的或分裂的事物；不带宾语：阶级～｜两极～。(2)使分化；须带宾语：～敌人。有时与"瓦解"并用：～瓦解敌军。

【分家】fēnjiā 动。不带宾语,可拆开用。(1)原来在一起生活的亲属把共有的家产分了,各自成家分开生活：他们兄弟～了。(2)泛指事物的整体分开：壶嘴和壶身分了家。

【分解】fēnjiě 动。一般不带宾语。(1)一种化合物质由于化学反应而分成两种或多种比较简单的化合物或单质。(2)把一个整体的各个组成部分剖析出来：把这个跳水动作用慢镜头～开来。(3)调解，排除：他们俩之间的疙瘩由来已久，难以～。(4)解说；章回小说用语：且听下回～。

【分界】fēnjiè ❶动。划分界线；不带宾语：南北两半球在赤道～。可拆开用：两国在有争议地区重新分了界。❷名。划分的界线。

【分斤掰两】fēn jīn bāi liǎng 成。比喻过于计较小事：为这点小事何苦～争个不休呢？

【分居】fēnjū 动。一家人分开生活；可带宾语或补语：～两地｜夫妻两人已～一年了。

【分句】fēnjù 名。构成复句的单句。分句和分句之间一般有停顿，书面上用逗号或分号表示。例如"生产需要科学，科学要为生产服务。"就是由两个分句构成的复句。

【分开】fēnkāi 动。(1)不再聚在一起；不带宾语，可带补语：他俩早就～了｜～三年了。(2)使分开；常带宾语：～人群。也可构成连动词组：～处理。可拆开用：分得开｜分不开。

【分类】fēnlèi 动。根据事物不同的特点，按一定标准或方法分别归类；不带宾语：任何事物都可以～。常作定语或状语：～的方法｜～排列。可拆开用：分成了若干类。

【分离】fēnlí 动。(1)分开；一般不带宾语：爸爸和我从未～｜理论和实践不可～。加"出"后可带宾语：从空气中～出氮气来。可带补语：两个连头婴儿～成功。(2)离别；不带宾语：我和他～了两年多，今天才团聚。

【分力】fēnlì 名。几个力同时对某物体的作用和另外一个力对该物体的作用效果相同，这几个力就是那一个力的分力。

【分裂】fēnliè 动。(1)整体的事物分开；一般不带宾语：细胞～｜原子～。加"出、成、为"等后可带宾语：这个党终于～为多数派和少数派｜从封建士大夫中～出一些"叛逆者"。(2)使整体事物分开；须

带宾语：不容许～我们的国家。

【分馏】fēnliú 动。液体中含有几种沸点不同的物质时，用渐渐加热法蒸馏液体，使它所含的成分互相分离，这种方法叫分馏。如从石油中提取汽油、煤油等即用此法。

【分袂】fēnmèi 〈书〉动。离别，分手：～多年。

【分门别类】fēn mén bié lèi 成。根据事物的特性分成多种门类：把动植物标本～陈列出来。

【分米】fēnmǐ 量。公制长度单位，一分米等于一米的十分之一。

【分泌】fēnmì 动。从生物体的某些细胞、组织或器官里产生某种物质。如胃分泌胃液，花分泌花蜜等；常带宾语或补语：这种虫会～毒液｜胃酸～得太多。

【分娩】fēnmiǎn 动。生小孩；不带宾语：她正在产房～。也指母畜生幼畜：这头牛快要～了。

【分秒】fēnmiǎo 名。一分一秒，喻指少的时间：惜寸阴，争～。

【分秒必争】fēn miǎo bì zhēng 成。一分一秒也不放过，形容十分珍惜时间：小李学习分秒必争，真是～。

【分明】fēnmíng ❶形。清楚；多作谓语：职责～。常用于相对的事物或现象：黑白很～｜敌我～。❷副。显然，明明：这件事～是他干的，他却不承认。

【分母】fēnmǔ 名。一个分数中，写在横线下面的数，如$\frac{3}{5}$，5是分母。

【分蘖】fēnniè 动。稻、麦等禾本科植物在靠近地面处生出分枝；不带宾语：水稻开始～了。有的地区叫发棵。

【分派】fēnpài 动。(1)分别指定人去完成某项工作或任务，常带兼语：这件事～老王去干。(2)指定分摊：旅游费用你～多少？可带双宾语：集体送礼，～你10元。

【分配】fēnpèi 动。按一定的标准或办法分东西：按劳～。可带宾语：～住房。可带双宾语：～他一套新房子。(2)安排，分派：服从学校的～｜合理～时间。可带双宾语：～他一项任务。可构成兼语词组：～他当教师。(3)经济学上指把生产资料分给生产单位，或把消费品分给消费者。

【分歧】fēnqí 形。不一致,有差别;多指思想、意见、记载等:大家的意见很~|我们的看法没有~。

【分清】fēnqīng 动。分辨清楚:好坏要~。常带宾语:~责任。可拆开用:分得清|分不清。

【分散】fēnsàn ❶形。不集中:力量~|~活动。❷动。(1)使不集中;须带宾语:~精力。(2)散发;常带宾语:~传单。也可带处所补语:材料~在各处。

【分设】fēnshè 动。分别设置;常带宾语或补语:新的居民点~了商店、影剧院等各种设施|中小学~在各居民点。

【分身】fēnshēn 抽出时间兼顾其他方面;多用于否定句或疑问句,不带宾语:无法~|岂能~? 可拆开用:分不开身。

【分神】fēnshén 动。分出一部分精力;请托时的客套话,不带宾语,常构成连动词组:这篇稿子请~修改一下。

【分手】fēnshǒu 动。分开,离别;不带宾语:时间不早,咱俩该~了。可拆开用:我们在上海分了手。

【分数】fēnshù 名。(1)评定成绩或胜负时所记的数字:两门课的~一样。(2)把一个单位分成若干等分,表示这样的一份或几份的数称"分数",如$\frac{1}{2}$、$\frac{2}{3}$等。

【分水岭】fēnshuǐlǐng 名。(1)两个流域分界的山脊或高原。(2)比喻区别不同事物的主要分界;多用于有重大意义的事物:认为物质是第一性的,还是认为精神是第一性的,这是区分唯物主义和唯心主义的~。

【分说】fēnshuō 动。辩白,解释;不带宾语,多用在"不容、不由"等否定词语之后:情况已经清楚了,你无须~。

【分摊】fēntān 动。分担,主要用于费用方面:这笔钱由大家~。可带宾语:每人~5元。

【分庭抗礼】fēn tíng kàng lǐ 成。庭:堂阶前;抗礼:平等行礼。原指宾主见面,分别站在厅堂两边,相对行礼,平等相待;"五四"时代的反动文艺流派扯起各种旗帜,妄图和人民大众文学~。

【分头】fēntóu ❶名。短头发向两边梳的一种式样。❷副。表示若干人分若干方面去干某项工作:~联系。

【分文不取】fēn wén bù qǔ 词组。一分钱也不要,指应给的报酬或价钱:治不好你的病,我~。

【分析】fēnxī 动。把事物或现象分解为几部分或几方面,找出各部分的本质属性和彼此之间的关系;与"综合"相对,常带宾语或补语:~问题|~形势|得很透彻。

【分晓】fēnxiǎo ❶形。清楚,明白;不加程度副词:问个~。❷名。(1)指事情的底细或结果;多作"见"的宾语:谁当书记,投票选举后才见~。(2)主意,办法,多作"有"的宾语:如何对付,他自有~。(3)道理;多用于否定式:这人说话,好没~。

【分心】fēnxīn 动。不带宾语,可拆开用。(1)分散注意力,不专心:上课时不要~|孩子多,家务重,分了我不少心。(2)费心,操心:这件事望你多多~。

【分野】fēnyě 名。划分事物的范围和界限:思想~|政治~|这段河道是两县的~。

【分阴】fēnyīn 名。指日影在日晷上移动一分的时间,形容极短的时间:~似金。

【分忧】fēnyōu 动。不带宾语。(1)分担忧虑:有谁能替他~呢? (2)帮助解决困难,常与"解难"并用:他常为别人解难~。

【分赃】fēnzāng 动。瓜分赃款、赃物;不带宾语:匪首坐地~。也喻指分取不正当的权利和利益:第一次世界大战后,帝国主义侵略者由于~不均而再次发动战争。

【分支】fēnzhī 名。从一个系统或主体中分出来的部分:伏牛山是秦岭的一个~。

【分子】fēnzǐ 名。(1)一个分数中,写在横线上面的数,如$\frac{3}{4}$,3是分子。(2)由一定数量的一种或数种原子组成的微粒。它能独立存在并保存由它组成的这个物质的化学性质。如一个水分子是由两个氢原子和一个氧原子组成。

另见fènzǐ。

芬
fēn 〈素〉香气:~芳。

【芬芳】fēnfāng 〈书〉❶形。香;不加程度副词。～的花朵。❷名。香气：八月，到处飘着桂花的～。

＊"芬芳"和"芳香"：二者意义相近，常可通用，但也有区别。"芬芳"以形容词用法为主，常作定语；"芳香"以名词用法为主，多作宾语。

吩 fēn [吩咐](-fù) 动。口头指派或命令：您有什么事，尽管～。常带兼语。

＊"吩咐"和"嘱咐"："吩咐"有让、叫的意思，带有命令的色彩；"嘱咐"是告诉、叮嘱的意思，没有命令色彩。

纷 fēn 〈素〉众多，杂乱：～繁｜～乱。

【纷繁】fēnfán 形。多而繁杂：工作头绪～。

【纷纷】fēnfēn ❶形。多而杂乱；常用于言论或向下飘落的东西，多作谓语，不加程度副词：议论～｜大雪～。❷副。接二连三地：～报名参军｜～奔赴生产第一线。

＊"纷纷"和"纷纭"："纷纷"指言论和往下落的事物，"纷纭"只指人和事情，不用于往下落的东西。"纷纷"有副词用法，"纷纭"没有。

【纷纷扬扬】fēnfēnyángyáng 形。许多东西杂乱地飘落下来的样子；多指雪、花和树叶等，不加程度副词：那大雪竟一下下个不住。

【纷乱】fēnluàn 形。杂乱，混乱：～的脚步声｜这个茶馆～得很。

【纷披】fēnpī 〈书〉形。散乱张开的样子；多指草木：枝叶～。

【纷扰】fēnrǎo 形。纷乱，混乱；多指心情、思绪：他内心～不安，久久不能入睡。

【纷纭】fēnyún 形。多而杂乱；一般用于言论或事情，常用在较固定的组合中：众说～｜头绪～。

【纷争】fēnzhēng 动。纠纷争执；不带宾语：～不休｜为一笔买卖两人发生～。

【纷至沓来】fēn zhì tà lái 成。形容接连不断地到来；多指不好的事情：那时，内忧外患～。

玢 fēn 见"赛璐玢"。
另见bīn。

氛(雰) fēn 〈素〉气，情景：气～｜～围。

【氛围】fēnwéi 名。周围的气氛和情调：在一片恐怖的～中，人们都惊慌失措。也作雰围。

棻 fēn 〈古〉名。有香味的木头；古代常用于人名。

酚 fēn 名。一类有机化合物，特指苯酚，是医药上常用的防腐杀菌剂。

雰 fēn ❶"氛"的异体字。❷见"雰雰"。

【雰雰】fēnfēn 〈书〉形。雨雪很大的样子；不加程度副词：雨雪～。

【雰围】fēnwéi 见"氛围"。

臐 fēn 〈方〉副。勿曾，没有：他～来过。

fén(ㄈㄣˊ)

坟(墳) fén 名。坟墓：一座～。

【坟地】féndì 名。埋葬死人的地方，坟墓所在的地方。也叫坟场。

【坟墓】fénmù 名。埋葬死人的穴和上面的坟头。

【坟头】féntóu 名。指坟墓地面上高起的部分。

【坟茔】fényíng 〈书〉名。(1)坟墓。(2)坟地。

汾 fén 水名用字。汾河，在山西省。

棼 fén 〈古〉形。纷乱。

鼢 fén [鼢鼠](-shǔ) 名。哺乳动物，体灰色，尾短，眼小，爪利。在地下打洞，以植物的根、地下茎和嫩芽为食，对农作物危害很大。也叫盲鼠。

焚 fén 〈素〉烧：自～｜～毁。

【焚膏继晷】fén gāo jì guǐ 成。膏：油脂，指灯油；晷：日影，比喻白天。点着灯接替日光来照明。形容夜以继日地学习或工作：青年人只要～，刻苦学习，终可成才。

【焚化】fénhuà 动。烧掉；多指尸体、神像、纸钱等：遗体已经～。可带宾语：～纸钱。

【焚毁】fénhuǐ 动。烧坏，烧毁：几间民房被～。可带宾语：鬼子～了村庄。

fén-fèn 焚溃䐲粉分份忿奋

【焚林而猎】fén lín ér liè 成。焚烧树林，猎取禽兽。比喻只图眼前利益，不作长远打算：围湖造田，犹如～，得不偿失。

【焚烧】fénshāo 动。燃烧，烧掉：房屋在～|曾经被砍伐、被～的树林，它们的根并没有死。常带宾语：敌人～了仓库。

溃 fén 〈古〉名。沿河的高地。

䐲 fén 〈古〉名。阉割过的猪。

fěn (ㄈㄣˇ)

粉 fěn ❶名。(1)细末儿：把药磨成～。(2)特指化妆用的粉末；常作"搽、抹"等动词的宾语：搽～|涂脂抹～。(3)特指用淀粉制成的食品，如凉粉等。❷动。(方)变成粉末，不带宾语：这些石灰放得太久，已经～了。(2)涂饰；常带宾语或补语：他正在～着墙|这墙要用石灰～一下。❸形。不加程度副词，不单独作谓语，多作定语。(1)浅红：～牡丹|这块布是～的。(2)白色的或带粉末的：～底黑鞋。

【粉笔】fěnbǐ 名。用熟石膏粉制成的条状物，用来在黑板上写字。

【粉尘】fěnchén 名。在燃烧或工业生产过程中产生的微小颗粒。

【粉刺】fěncì 名。痤(cuó)疮的通称。

【粉红】fěnhóng 形。红和白合成的颜色。不加程度副词，不单独作谓语，多作定语：～衣服。

【粉末】fěnmò 名。极细的颗粒。

【粉墨登场】fěn mò dēng chǎng 成。粉、墨：都是舞台上的化妆用品。原指演员化妆登台演戏，今多比喻坏人登上政治舞台；含贬义。注意："场"这里不读chǎng。

【粉身碎骨】fěn shēn suì gǔ 成。身体粉碎；多指为了某种目的而丧生：为了真理，即使～，也在所不惜。也作粉骨碎身。

【粉饰】fěnshì 动。(1)涂饰表面；常带宾语或补语：～墙壁|这房间该～一下。(2)用某些表面好听的言辞来掩盖；多指社会危机、缺点错误等，常带宾语：～太平|～自己的错误。

【粉碎】fěnsuì ❶形。破碎得像粉末一样；

不加程度副词，常作补语：碉堡被炸得～。❷动。使彻底失败或毁灭：敌人的阴谋被～了。常带宾语：～了敌人的进攻。

fèn (ㄈㄣˋ)

分 fèn ❶〈素〉(1)成分：水～|养～。(2)工作、职责的范围和限度：本～|～内|恰如其～。❷同"份"。
另见fēn。

【分量】fèn·liang 名。(1)重量：这只戒指的～有二钱。(2)喻指言语、文章的内容和作用：他这话说得很有～|～不够。

【分内】fènnèi 形。本人职分以内；与"分外"相对，不加程度副词，不单独作谓语，作定语：这是我～的事。

【分外】fènwài ❶形。本人职分以外；与"分内"相对，不加程度副词，不单独作谓语，作定语：他热心帮助别人，从不把这些当作～的事。❷副。特别，格外；一般用在形容词或表示心理活动的动词前面：～香|老友久别重逢，～高兴。

【分子】fènzǐ 名。属于一定阶级、阶层或集团或具有某种特征的人：知识～|积极～|犯罪～|。
另见fēnzǐ。

份(分) fèn ❶名。整体分成几部分，每一部分叫一份：这笔遗产分作三～，子女分得一～。❷量。(～儿)(1)用于成组的事物：一～儿礼|两～客饭。(2)用于报刊、文件等：两～儿杂志|写一～报告。(3)用于抽象事物，如人情、心意等；一般与指示代词"这、那"配合使用：你的这～儿情意我收了|我可没那～闲功夫！❸〈古〉同"彬(bīn)"。
"分"另见fēn。

【份子】fèn·zi 名。(1)集体送礼各人分摊的钱；常作"出"的宾语：送礼一幅喜幛，每人出～二元。(2)泛指做礼金的现金。

忿 fèn ❶同"愤"。❷见"不忿"。

【忿忿】fènfèn 见"愤愤"。

奋(奮) fèn 〈素〉(1)振作，鼓起劲来：～斗|勤～|～不顾身。(2)举起：～笔|～臂。

【奋不顾身】fèn bù gù shēn 成。奋勇向前,不顾自身安危:他们冲进火海,~地抢救国家财产。

【奋斗】fèndòu 动。为达到一定目的而努力去干;不带宾语:美好理想的实现,要靠大家共同~。可带补语:他为祖国的解放事业~了一生。常用"为"构成的介词词组作状语,中间加"而":为办好教育事业而~。

【奋发】fènfā 形。精神振作,情绪高涨;不加程度副词:精神~|~努力。

【奋发图强】fènfā túqiáng 成。鼓起劲来,力求强盛或进步:我们要~,勇攀世界科学高峰。

【奋进】fènjìn 动。奋勇前进;不带宾语:望你努力~。

【奋力】fènlì 副。努力鼓起劲来;一般作动词的状语:~作战|~拼搏|~完成生产任务。

【奋袂】fènmèi〈书〉动。举袖,挥袖,表示感情激动,准备行动;一般构成连动词组:~而起。

【奋勉】fènmiǎn 形。振作努力:他工作很~|他现在知道~读书了。

【奋起】fènqǐ 动。(1)振作起来;一般构成连动词组:~直追。(2)有力地举起;要带宾语:金猴~千钧棒。

【奋勇】fènyǒng 形。鼓起勇气;不加程度副词,多作状语:~前进|~拼搏。

【奋战】fènzhàn 动。奋勇战斗;可用于作战、工作、学习等方面,常带补语:战士们~了三天三夜|工人~在生产第一线。有时可带处所宾语:~狼牙山。

偾 fèn 动。败坏,毁坏:~事(搞坏事情)。

愤 fèn〈素〉因为不满而感情激动,发怒:~慨|公~。

【愤愤】fènfèn 形。很生气的样子;不加程度副词:他听到那些不三不四的话,~而去。也作忿忿。

【愤恨】fènhèn 动。气愤又痛恨:对敌人的暴行,谁不~! 可带宾语:他~社会的黑暗和不公,他也深感自己的软弱与无能。

【愤慨】fènkǎi 形。气愤不平:对他这种蛮不讲理的态度,大家无不感到~。

＊"愤慨"和"气愤":"愤慨"除表示生气外,还有不平的意思,语意较重;"气愤"只表示一般的生气,语意较轻。"愤慨"多用于书面语;"气愤"多用于口语。

【愤懑】fènmèn〈书〉形。气愤烦闷,抑郁不平:~不平|对这样不公平的处理,我很~。

【愤怒】fènnù 形。气愤,发怒:~的吼声|~谴责敌人的挑衅。

＊"愤怒"和"愤慨":"愤怒"着重指生气发怒,可以由大事引起,也可以由小事引起,可以是正当的,也可以是不正当的;"愤慨"着重指气愤不平,一般由大事引起,而且都是正当的。

【愤然】fènrán 形。气愤发怒的样子;不加程度副词,不单独作谓语,多作状语:~离去|~退出会场。

【愤世嫉俗】fèn shì jí sú 成。对当时的社会现实和不好的习俗表示愤恨和憎恶:鲁迅先生的许多杂文都是~之作。

粪(糞) fèn ❶名。动物从肛门排泄出来的废料。❷〈古〉动。施肥:~田。

【粪便】fènbiàn 名。屎和尿。

【粪肥】fènféi 名。用作肥料的人、畜的粪便;区别于"绿肥、化肥"等。

【粪土】fèntǔ 名。粪便和泥土,比喻不值钱的东西。

fēng(ㄈㄥ)

丰(△豐) fēng ❶〈素〉△(1)盛,多:~盛|~收|~衣足食。△(2)大:~碑|~功伟绩。(3)容貌美好:~姿|~采。△❷姓。

【丰碑】fēngbēi 名。高大的石碑,常用来比喻杰作或伟大的功绩:鲁迅的小说《阿Q正传》是我国新文学史上的一块~。

【丰采】fēngcǎi 见"风采"。

【丰登】fēngdēng 动。作物登场很多,意即丰收;不带宾语,多与"五谷"搭配:今年风调雨顺,五谷~。

【丰富】fēngfù ❶形。事物种类多、数量大或内容充实;多指物质财富、学识、经验或活动等:物产~|学识~|~的感情。❷动。使丰富;须带宾语:通过实践~自己的工作经验。可重叠:~~自己在这

方面的知识。

【丰功伟绩】fēng gōng wěi jì 成。伟大的功绩：孙中山先生领导辛亥革命，推翻帝制，建立共和，立下了～。

【丰厚】fēnghòu 形。(1)多而厚实；多指毛皮质量较好：水獭皮绒毛～。(2)多而丰富；指所给钱物较多：～的酬金｜礼品很～。

【丰满】fēngmǎn 形。(1)多，充足：囤仓～。(2)羽翼长成：那只小鸟羽毛没长～，还飞不高。(3)身体或身体的某一部分胖得匀称好看；多指女子：她长得～而结实｜～的胸脯｜面宠～。

＊"丰满"和"丰富"："丰满"多描写体貌的状况；"丰富"多形容物质、学识、经验等方面的状况。"丰满"只有形容词用法；"丰富"还有动词用法。

【丰茂】fēngmào 形。丰富茂盛；多指草木：花木～｜～的庄稼。

【丰美】fēngměi 形。多而好：～的牧草。

【丰年】fēngnián 名。农作物收成好的年头。

【丰沛】fēngpèi 形。众多的样子；多指雨水：雨量～。

【丰饶】fēngráo 形。富饶；多用来描写土地：土地～｜～的草原。

【丰润】fēngrùn 形。丰满润泽；多指肌肉和皮肤：～的脸蛋｜那姑娘脸色～。

【丰盛】fēngshèng 形。又多又好；指物质方面：～的筵席｜物产～。

【丰收】fēngshōu 动。农作物获得好收成，与"歉收"相对，不带宾语：棉花～。可作"获得、夺得"等动词的宾语：今年我省战胜了雨涝等灾害，粮食夺得～。也可作定语：～年｜一片～的景象。

【丰硕】fēngshuò 形。果实又多又大；多作定语：树上结满了～的果实。常用来比喻又多又好的成绩：近几年来，他在短篇小说的创作方面取得～的成果。

【丰衣足食】fēng yī zú shí 成。吃穿得很富足，形容生活富裕：自己动手，～。

【丰盈】fēngyíng 〈书〉形。(1)富足；多指谷物、衣食等：衣食～。(2)丰满；指身体、体貌～。

【丰腴】fēngyú 〈书〉形。丰满，多指体态：体态～｜妹妹长得比姐姐更～。

【丰裕】fēngyù 形。富裕；多指经济和生活方面：他家生活～。

【丰韵】fēngyùn 见"风韵"。

【丰姿】fēngzī 见"风姿"。

【丰足】fēngzú 形。宽余，充足；多指衣食等：家家衣食～。

沣(灃) fēng 水名用字。沣水，在陕西省。

风(風) fēng ❶名。(1)自然界空气流动的现象：～很大｜刮～了。(2)风气，风俗：不正之～｜有的地方刮起一股迷信～。(3)风声，消息：这件事可以先向他透一点～｜听到一点～。(4)动向，形势；多作"看"或"见"的宾语：有的人善于看～行事。❷〈素〉(1)景象：～景｜～光。(2)态度：作～｜学～。(3)借风力吹干的：～鸡。(4)像风那样快、那样普遍：～行。(5)传说的：～传｜～闻。(6)古代指民歌：采～。(7)中医指某些疾病：羊痫～。❸〈古〉同"讽"。❹姓。

【风暴】fēngbào 名。(1)大风，往往同时有大雨：～吓坏了羊群。(2)比喻规模大、来势猛的事件或现象；多用作褒义：斗争～。常与"掀起、爆发"等动词相配：掀起了革命的～。

【风波】fēngbō 名。(1)风浪：湖上～甚急。(2)比喻纠纷或波折等；量词用"场"：小两口闹了一场～｜这场～终于平息。

【风采】fēngcǎi 名。风度神采，指人的仪表举止美好；含褒义：～动人｜此人很有～｜那红旗上有我们血染的～。也作丰采。

【风餐露宿】fēng cān lù sù 成。在风口吃饭，在露天过夜。形容旅途或野外工作的辛苦：石工们顶风冒雨，～，开采出大批石料。也作露宿风餐。

【风潮】fēngcháo 名。群众为迫使当局接受某种要求或改变某种措施而采取的比较激烈的集体行动：罢工～。

【风尘】fēngchén 〈书〉名。(1)比喻旅途的辛劳：满面～｜～仆仆。(2)喻指战乱。(3)比喻污浊混乱的生活环境；旧多指做官。(4)旧指娼妓的生活：沦落～。

【风驰电掣】fēng chí diàn chè 成。驰：奔跑；掣：闪过。像风吹电闪一样。形容非常迅速：火车～一般地向前驶去。

【风传】fēngchuán 动。消息很快传开:此事已~开来。可带宾语:~火车出轨之事。

【风吹草动】fēng chuī cǎo dòng 成。风稍一吹,草就摇动。比喻细微的动静或变故:敌人害怕捕击队夜袭,一有~,就开枪放炮,乱打一气,以此壮胆。

【风吹雨打】fēng chuī yǔ dǎ 成。原指花木遭受风吹雨淋,后比喻恶势力对弱小者的摧残、打击,也比喻严峻的考验:经过多年的~,这座地处偏僻的古建筑已经残破不堪|种种不幸和折磨都没有使他颓丧,他真是个经得住~的硬汉子。

【风刀霜剑】fēng dāo shuāng jiàn 成。北风似刀,寒霜似剑,刺人肌肤。形容气候寒冷:工人们战斗在~的工地上。也比喻恶劣的环境:在~的动乱年代里,她没有向恶势力低头。

【风度】fēngdù 名。美好的举止姿态;含褒义:~翩翩|他有诗人的~|他的~朴素大方。

【风发】fēngfā 形。像风一样迅速猛烈,今多比喻精神奋发;不加程度副词:我国人民正意气~地建设社会主义。

【风范】fēngfàn 〈书〉名。(1)风度、气派:他有书香门第的~。(2)楷模:一代~。

【风风火火】fēngfēnghuǒhuǒ 形。急急忙忙并有些冒失的样子;不加程度副词,常加助词"的(地)":我们正在议事,他却~地一头闯了进来。

【风干】fēnggān 动。借风来吹干;不带宾语:这块肉已~了。常作定语:~栗子。

【风格】fēnggé 名。(1)作风品格:发扬助人为乐的高尚~。(2)文艺作品的格调和特色:艺术~。

【风骨】fēnggǔ 名。(1)刚强不屈的气概:~奇伟|徐老年逾七旬,依然~不凡。(2)古代文艺理论指诗文书画雄健有力的风格:建安~。

【风光】fēngguāng 名。风景,景象:北戴河的~多么美丽动人。

【风光】fēng·guang 〈方〉形。光采,体面:她夺得高台跳水冠军之后,事迹上了报,登门祝贺的人很多,好不~!

【风寒】fēnghán 名。(1)冷风和寒气:穿得这么少,还怕抵御不了~?(2)中医指受冷风寒气引起的病。

【风花雪月】fēng huā xuě yuè 成。原泛指四时景色,后指描写男女情爱或辞藻华丽而内容贫乏的反映没落阶级情调的诗文:对那些~的作品,我一点也不感兴趣。

【风华】fēnghuá 〈书〉名。风采和才华:~正茂(形容年轻有为,富有才华)。

【风化】fēnghuà ❶名。旧指风俗教化,后多指男女关系:有伤~。❷动。不带宾语:(1)岩石等由于大气、水和生物活动等长期的破坏作用而发生分解和崩溃:山崖已开始~了。(2)化学上指结晶体在空气中因失去结晶水而分解。

【风纪】fēngjì 名。作风和纪律:军人须有严明的~。

【风景】fēngjǐng 名。可供观赏的风光和景色:黄山~很好。

【风卷残云】fēng juǎn cán yún 成。大风卷走了残留的稀薄、零碎的云,比喻一扫而光:一盘菜刚端上来,他们就像~一般吃个精光。

【风口】fēngkǒu 名。因无遮挡而比两旁风大的地方:别在~里睡觉,免得着凉。

【风浪】fēnglàng 名。(1)指水面的风和波浪:那天乘船去津,在海上遇到很大的~。(2)比喻艰险的遭遇:在人生的道路上,要经得起~的考验。

【风雷】fēngléi 名。狂风和暴雷。比喻巨大猛烈的冲击力量。

【风凉】fēngliáng 形。(1)因有风而凉爽:今天很~。(2)轻松;多作补语:你说得好~,真是看人挑担不吃力。

【风凉话】fēngliáng huà 习。指冷言冷语或讥诮:他自己不去干,还在背后说~。

【风流】fēngliú ❶形。(1)杰出的,有功绩而又有文采的:数~人物,还看今朝。(2)花哨轻浮;指仪表举止,含贬义:此人年过半百,却还很~。(3)指男女间的情爱:~韵事|~案件。❷名。风度,品格,多指有才学而不拘礼法:名士~。

【风流云散】fēng liú yún sàn 成。像风一样流失,云一样飘散。多比喻原常相聚的人,分散到四面八方:当年的同学早已~。

【风马牛不相及】fēng mǎ niú bù xiāng jí

成。《左传·僖公四年》:"君处北海,寡人处南海,唯是风马牛不相及也。"风:走失。一说齐楚相去很远,即使马牛走失,也不会跑到对方境内。一说雌雄相诱,叫"风",马与牛不同类,不致相诱。后用以比喻二者毫不相干:这两件事～,不要扯在一起。

【风貌】fēngmào 名。(1)风格和面貌;可用于人或物:由此事可以想见他那刚毅的～。(2)景象;指事物的状态格调:不数年,必然一新。

【风靡】fēngmǐ 动。像风吹倒草木一样,形容事物很流行;常带宾语或补语:～全国|～一时。

【风魔】fēngmó 见"疯魔"。

【风平浪静】fēng píng làng jìng 成。没有风浪,比喻平静无事:小船在～的湖面上荡漾|～的日子。

【风起云涌】fēng qǐ yún yǒng 成。比喻事物接二连三地出现,声势浩大:世界和平运动～,遍及全球。

【风气】fēngqì 名。社会上或某个集体中流行的爱好或习惯:树立良好的社会～|有的单位滋长了铺张浪费的～。

【风情】fēngqíng 名。(1)指男女相爱之情;多含贬义:卖弄～。(2)风土人情:异国～。

【风趣】fēngqù ❶名。风味情趣:盆花虽好,总觉得不如天然的～。❷形。幽默,诙谐,有趣味;多指言谈或文章:他说话很～。

【风骚】fēngsāo ❶名。(1)《诗经》和《楚辞》的合称。"风"指《诗经》中的《国风》,"骚"指《楚辞》中的《离骚》。后用来泛指诗文。(2)指文采、才华:唐宗宋祖,稍逊～。❷形。指妇女轻佻放荡:这个女人言谈轻狂,举止～。

【风色】fēngsè 名。(1)风势,泛指天气:能不能开船,要看～如何。(2)比喻情势、趋势:善观～|～不利。

【风沙】fēngshā 名。风和被风卷起的沙土:～茫茫,一无所见。

【风尚】fēngshàng 名。风气和习惯;多用于褒义:助人为乐是我们社会的新～。

【风声】fēngshēng 名。(1)刮风的声音。(2)传闻,消息:这件事外面早有～|不能泄漏～。有时特指不利的消息:这几天～很紧,你们要赶快转移。

【风声鹤唳】fēng shēng hè lì 成。《晋书·谢玄传》记载,前秦苻坚带兵攻打东晋,大败而逃,溃兵听见风声和鹤叫,都以为是追兵来了。后用以形容极端惊慌疑惧:匪军仓皇逃跑,一路上～,草木皆兵,如丧家之犬。

【风霜】fēngshuāng 名。风和霜,比喻艰难困苦的生活;常作"历尽、久经、饱经"等的宾语:他的一生,真是饱经～。

【风水】fēngshuǐ 名。指宅基、坟地等周围的地理形势,如地脉、山水的方向等。迷信者认为风水好坏会影响家族及后代的祸福盛衰。

【风俗】fēngsú 名。相沿积久而形成的风气、习俗:端午节划龙船,是我国水乡的～。

【风俗画】fēngsúhuà 名。以社会风俗及日常生活为题材的绘画。常喻指小说等文学作品:巴尔扎克的《人间喜剧》是十九世纪法国社会生活的～。

【风瘫】fēngtān 名。"瘫痪(1)"的通称。也作疯瘫。

【风调雨顺】fēng tiáo yǔ shùn 成。调:调和,配合均匀;顺:适合需要。指风雨适合农时,有利于农作物的生长;常同"五谷丰登"并用:今年～,五谷丰登,又是一个好年成。注意:"调"这里不读diào。

【风头】fēngtou 名。(1)风吹的方向,比喻形势发展的方向:工厂转不转产看看～再说。(2)指与个人有利害关系的情势:正在～上,避一避为好。(3)出头露面,显示自己;含贬义;常作"出"的宾语:他很爱出～。

【风土】fēngtǔ 名。一个地方特有的风俗人情和自然环境的总称;常同"人情"合用:两个地方的～人情不同。

【风味】fēngwèi 名。(1)特殊的滋味;多指地方特色:家乡～|这种菜吃起来别有～。(2)特有的色彩和情调:他的诗具有民歌～。

【风闻】fēngwén 动。经传闻而得知;多带主谓词组作宾语:～他要调到别的单位去了。

【风物】fēngwù 名。一个地方特有的风光,景物,有时也包括风俗、物产等:这些地方～,都是我原来不知道的。
【风习】fēngxí 名。风俗习惯:革除旧的～。
【风险】fēngxiǎn 名。可能遭受的危险:～很大|你看办这件事有没有～?
【风向】fēngxiàng 名。(1)风吹来的方向:今天～偏北。(2)风头,比喻事态发展的动向:看～行事。
【风行】fēngxíng 动。普遍流行,盛行;常带表示处所的词语作宾语:《生活》周刊曾～海内外|文化衫今年～上海。
【风雅】fēngyǎ ❶名。本指《诗经》中的《国风》和《大雅》、《小雅》,后泛指诗文方面的。❷形。文雅:举止～。
【风言风语】fēng yán fēng yǔ 成。(1)没有根据的或恶意中伤的话;多作主语或宾语:自己立得正,怕什么～。(2)私下议论或暗中散布某种传说;常作动词的状语:有人～地说工厂要倒闭了。
【风雨】fēngyǔ 名。风和雨。比喻危难困苦的事:经～,见世面。
【风雨飘摇】fēng yǔ piāo yáo 成。在风雨中飘荡摇摆,比喻动荡不安:当时,南宋小朝廷处在～之中。
【风雨同舟】fēng yǔ tóng zhōu 成。在狂风暴雨中同坐一条船。比喻共度难关:咱们是～的老战友。
【风月】fēngyuè 名。(1)风和月,泛指景色:湖上～甚美。(2)指闲适的事:只谈～,不说公事。(3)指男女间情爱的事情:她如今长大了,渐知～。
【风云】fēngyún 名。比喻变幻不定的局势:～突变|～变幻。
【风云人物】fēngyún rénwù 成。指活跃一时,言行能影响大局的人;多含贬义:在军阀混战时,吴佩孚、孙传芳都是～。
【风韵】fēngyùn 也作丰韵。名。(1)指人美好的神态和风度;多用于女子:～动人。(2)指诗文书画的风格、韵味:这幅画颇有板桥画的～。
【风致】fēngzhì 名。(1)美好的容貌和举止:不加装扮,却颇有～。(2)风趣,情趣;多指景物:天下山水各有～。
【风烛残年】fēngzhú cánnián 成。风烛:风中的烛火,容易熄灭。比喻晚年:教皇残酷地迫害了～的老科学家伽利略。

【风姿】fēngzī 名。风度姿态:～绰约|～秀逸|典雅的～。也作丰姿。

汎 fēng 〈古〉名。水声。

枫 fēng 名。落叶乔木,叶如手掌,通常三裂,秋季变成红色,可供观赏。果实和树脂都可入药。也叫枫香树。

砜 fēng 名。一类含硫有机化合物,如二甲砜、二苯砜。用于制塑料、制药等。

疯 fēng 形。(1)神经错乱,精神失常:她受了刺激就～了。有时用来骂人:你～啦,怎么去干这种蠢事?(2)指庄稼生长过于茂盛,不结果实;常作补语:肥料太多,棉花长～了。
【疯癫】fēngdiān 同"疯(1)"。
【疯疯癫癫】fēngfēngdiāndiān 形。精神失常的样子;常用来讥讽人的言行轻狂,不加程度副词,多加助词"的":他这个人～的,没多少正经话。
【疯狂】fēngkuáng 形。发疯,比喻猖狂:这个罪犯～极了,竟一连杀害了三个人|敌人～地向我们射击。
  *"疯狂"和"猖狂":"疯狂"偏重指精神状态,表示言行几乎达到丧失理智的程度;"猖狂"偏重指行为上凶暴和肆无忌惮。
【疯魔】fēngmó 也作风魔。❶形。(1)同"疯(1)"。(2)入迷,入魔:他整天下棋,都～了。❷动。使人迷;须带宾语:足球赛～了许多人。
【疯瘫】fēngtān 见"风瘫"。
【疯子】fēngzi 名。患严重精神病的人。

封 fēng ❶动。(1)封闭;常带宾语或补语:～门|瓶口～住了。(2)古代帝王把土地、官爵等赐给亲属或臣子;多带宾语或兼语:～王|～他为大将军。❷量。用于信件:一～信。❸〈素〉可以封口的纸包或纸袋:信～。❹姓。
【封闭】fēngbì 动。常带宾语或补语。(1)严密关住或盖住:～城门|把瓶口用蜡～好。(2)查封:依法～了他们的地下印刷厂|这家报社让～了几个月。
【封存】fēngcún 动。封闭起来保存;常带宾语或补语:～了一批资料|把这些材料立即～起来。

【封底】fēngdǐ 名。书刊的背面。

【封地】fēngdì 名。古代君主分封给诸侯、诸侯再分封给所属卿大夫的土地。

【封顶】fēngdǐng 动。原指封闭器物或建筑物的顶部。现常用来表示不超过某个限度;不带宾语,多用于否定式:要拉开工资的差距,上不~,下不保底。可拆开用:封了顶。

【封官许愿】fēng guān xǔ yuàn 成。封官:古代帝王把土地或官爵赏赐给亲属或臣仆;许愿:指迷信的人为了祈求保佑,向神、佛许下的酬谢。指用名利地位拉拢别人,以达到自己不正当的目的;含贬义:为了争当厂长,他不惜采用请客送礼、~等卑劣手段。

【封建】fēngjiàn ❶动。古代君主把土地分给宗室和功臣,让他们在那里建立邦国;常带宾语:~诸侯。❷名。(1)指古代的封邦建国的政治制度:废~,置郡县。(2)特指封建主义的社会形态:反~|剥削。❸形。带有封建社会的色彩:那里,有些人的思想还很~。

【封建把头】fēngjiàn bǎtóu 词组。旧时依靠封建势力,把持一方或某一行业,剥削奴役工人的人,如脚行头、包工头等。

【封建社会】fēngjiàn shèhuì 词组。一种社会形态,特征是地主占有土地,农民无地或只有很少的土地,被迫在地主的土地上耕种,并给地主缴地租,服劳役,生产的绝大部分产品被地主所剥夺。保护封建剥削制度的权力机构是地主阶级的封建国家。

【封建主】fēngjiànzhǔ 名。早期封建社会中受封在一个区域内既占有土地,又掌握政权的人。也叫领主。

【封口】fēngkǒu 动。不带宾语,可拆开用。(1)封闭张开的口子,如洞口、瓶口、信封口、伤口等:膀子上的伤快~了。可重叠:瓶子要封封口。(2)闭口不谈:他想封我的口,不让我揭发他的问题,那是办不到的。(3)把话说死不再改变:这批货要尽快转手,价钱上你先别~。

【封面】fēngmiàn 名。指书刊最外面的一层,有时单指印着书刊名称、作者姓名的第一面。

【封皮】fēngpí 名。(1)封条:门上贴着~。(2)书刊的封面。(3)信封。(4)包装器物的外皮。

【封禅】fēngshàn 名。古代帝王到泰山祭祀天地的仪式。注意:"禅"这里不读chán。

【封赏】fēngshǎng ❶动。古代帝王把官爵或财物赐给臣下;常带双宾语:~他500两银子。❷名。指受封的财物;常作"受到、得到"等动词的宾语:得了许多~。

【封锁】fēngsuǒ 动。用强制力量使隔绝与外界的联系或来往;多用于交通、门户、情报信息等方面:经济~。常带宾语:~港口|~消息。

【封条】fēngtiáo 名。封闭门户或器物时贴的纸条,上面写明贴封日期并盖有印章。

葑 fēng 名。古书上指芜(wú)菁。另见fèng。

犎 fēng 〈古〉名。一种背上隆起的野牛。

峰(峯) fēng ❶名。高而尖的山头:山连山,~连~|我们爬上了~顶。❷〈素〉形状像山峰的事物:驼~|洪~。❸量。用于骆驼。

烽 fēng 〈素〉烽火:~燧|~烟。

【烽火】fēnghuǒ 名。(1)古时边防报警时点燃的烟火。(2)比喻战火或战争:那到处燃起抗日的~。

【烽燧】fēngsuì 〈书〉名。即烽火。古时边防报警,夜里点的火叫烽,白天放的烟叫燧。

【烽烟】fēngyān 名。烽火。

锋 fēng 〈素〉(1)刀剑等的尖端或锐利的部分:刀~|枪~。(2)带头在前列的人:先~|前~。(3)比喻说话或文章的锋芒:谈~|笔~。

【锋利】fēnglì 形。(1)刀具、武器等的刀口薄或头子尖,容易切进或刺入物体:这把剑很~。(2)言论或文笔等尖锐、泼辣:鲁迅的杂文,语言~。

＊"锋利"和"锐利":"锋利"只能形容工具、武器和言论、文笔等;"锐利"除此之外,还可形容目光,表示敏锐的意思。

【锋芒】fēngmáng 名。也作锋铓。(1)刀

剑等的尖端,常比喻事物的尖利部分:斗争的~。(2)比喻人的才干、锐气:初露~|~所向。

【锋芒毕露】fēng máng bì lù 成。锋芒:刀尖,比喻锐气、才干;毕:全部。锐气、才干完全显露出来;指为人骄傲,不深沉,好表现自己,多含贬义:你应该谦虚谨慎些,不要那么~,自以为是。

蜂(蠭) fēng ❶名。(1)昆虫,尾部有毒刺,会螫人。种类很多,如蜜蜂、胡蜂、熊蜂等。(2)特指蜜蜂:养了几箱~。❷〈素〉比喻众多:~拥|~起。

【蜂蜜】fēngmì 名。蜜蜂采集花蜜后酿成的粘稠液体,主要成分是葡萄糖和果糖,可供食用和药用。也叫蜜。

【蜂起】fēngqǐ 动。像群蜂纷纷飞起;常形容人成群而起,不带宾语:豪杰~|盗贼~。

【蜂王】fēngwáng 名。蜜蜂中生殖器官发育完全的雌蜂,蜂体比工蜂大,专司产卵。通常每窝蜂中仅容一只,群蜂附从于它,所以叫蜂王。

【蜂窝】fēngwō 名。(1)蜂类的窝,特指蜜蜂窝。(2)像蜂窝一样多孔的形状:这根水泥柱子有不少~,不能使用。

【蜂拥】fēngyōng 动。像蜂群似地拥出;一般形容人多而拥挤,常构成连动词组:~而来|敌人~而上。

酆 fēng 姓。

【酆都城】fēngdūchéng 名。迷信传说指阴间。

féng(ㄈㄥˊ)

冯 féng 姓。另见píng。

逢 féng ❶动。遭遇,遇见;多与单音节词相配:久别重~|~人就说。❷姓。

【逢场作戏】féng chǎng zuò xì 成。逢:遇到;场:演出的场地。本指卖艺人遇到合适的地方就进行表演,后多指遇到机会偶尔凑凑热闹,并不认真:我表演口技,只是~而已。有时也指随俗应酬:他能饮酒,但不过~而已,并没上瘾。

【逢人说项】féng rén shuō xiàng 成。项:指唐代诗人项斯。相传唐代杨敬之非常器重项斯,逢人就夸奖他,并在《赠项斯》诗中写道:"平生不解藏人善,到处逢人说项斯。"后用来比喻到处赞扬某人。也指替人各处说情:班主任发现好人好事就~,让大家学习|此事经我~,终于帮你办成了。

【逢迎】féngyíng 动。说话做事故意迎合别人的心意;含贬义:善于~。常用在固定组合中:阿谀~。

缝 féng 用针线连缀;多带宾语或补语:~衣服|裤子~好了。另见fèng。

【缝补】féngbǔ 动。缝制和修补,有时偏指修补;常带宾语或补语:~旧衣|衣服破的地方已经~好了。可重叠:这条裤子请你给我~~|她常在家缝缝补补。

【缝缝连连】féngfengliánlián 动。指缝补的家务劳动,不带宾语:我家人多,~的活儿不少|妈妈整天在家~,忙个不停。

【缝合】fénghé 动。外科手术上指用特制的针和线把伤口缝起来;常带宾语或补语:~伤口|~起来。

【缝穷】féngqióng 动。旧指贫苦妇女代人缝补衣服;不带宾语:那时节,她终年~,还养不活自己的孩子。

【缝纫】féngrèn 名。泛指制作衣服、鞋帽等的工作:学习~。常作定语:~工作|~车间。

fěng(ㄈㄥˇ)

讽 fěng 〈素〉(1)用含蓄的语言指责或劝告:讥~|嘲~。(2)诵读:~诵。

【讽刺】fěngcì 动。用比喻、夸张等手法对不良的、可笑的人或事进行批评或揭露;常带宾语:这张漫画~了那些爱说空话的人。可作主语或宾语:我们不反对~,但~不能乱用。

【讽谏】fěngjiàn 动。旧指用委婉曲折的语言对帝王、长官等进行规劝。

【讽喻】fěngyù 动。借用故事来说明道理,达到讽刺和教育的目的;可带宾语:这篇文章似乎在~走后门这种不良的现象|鲁迅写阿Q,意在~世人,去除国民的劣根性。可作定语:这首诗有一定的~作

唪 fēng 动。佛教徒、道教徒高声念：～经。

fēng(ㄈㄥˋ)

凤(鳳) fēng ❶名。"凤凰"的简称。❷姓。

【凤冠】fèngguān 名。古代后妃所戴的帽子,帽上有用金银珠宝等做成凤凰形状的装饰。旧时妇女结婚时也用做礼帽。

【凤凰】fènghuáng 名。古代传说中的鸟王。雄的叫"凤",雌的叫"凰",通称"凤凰",简称"凤"。羽毛美丽。常作为祥瑞的象征。

【凤毛麟角】fèng máo lín jiǎo 成。凤:凤凰;麟:麒麟。凤凰的羽毛,麒麟的角。比喻稀少而珍贵的人或事物：这样的奇事,可算～,太少见了。

奉 fèng 〈书〉动。多带宾语。(1)进献,送上；多用于对上级或长辈,多加趋向动词"上"字：～上拙作一册。(2)接受；多指上级的命令、指示等：～上级命令而来|欣～手书。❷〈素〉(1)尊重,信仰：崇～|信～。(2)供养,侍候：～养|侍～。(3)敬辞,用于自己的行为涉及对方时：～陪|～劝。❸姓。

【奉承】fèng·cheng 动。用好听的话来恭维别人；常带宾语,含贬义：他秉性耿直,从不～别人。可带双宾语：～他两句好话。

【奉告】fènggào 动。告诉；敬辞：无可～。可带宾语：改日～详情。

【奉公守法】fèng gōng shǒu fǎ 成。奉：奉行；公：公务。奉行公事,遵守法令：他是个～的生意人,从不偷税漏税。

【奉还】fènghuán 动。归还；敬辞：原物～。

【奉命】fèngmìng 动。接受或遵照命令；不带宾语,常构成连动词组：～前来。可拆开用：奉上级之命。也说奉令。

【奉陪】fèngpéi 动。陪伴,陪同做某事。敬辞：恕不～。可带宾语或补语：～宾客,要热情周到|他既然要打官司,我一定～到底。可带兼语：～他们参观游览。

【奉劝】fèngquàn 动。劝告；敬辞；常带兼语：这些片面追求升学率的做法,～大家一律停止,为的是保护学生的身心健康。

【奉若神明】fèng ruò shén míng 成。奉：信奉；神明：神。像迷信的人对神那样信奉。形容对某些人或事物过分崇敬；含贬义：要学习西方文明中好的东西,但也不必～。

【奉送】fèngsòng 动。赠送；敬辞,常带宾语：～一本书。可带双宾语：～您一句临别箴言。

【奉献】fèngxiàn 动。恭敬地交付；常带宾语或补语：她为人民的解放事业～了自己的一生|他决心把自己的生命～给祖国,～给人民。

【奉行】fèngxíng 动。遵照实行；多带宾语：他终身～自己正直做人的原则。

【奉行故事】fèngxíng gùshì 成。故事：老规矩、老章程。按老章程办事：要走改革之路,决不能～。

【奉养】fèngyǎng 动。赡养,侍候；用于对父母或其他长辈,常带宾语或补语：～父母是子女的义务|～公婆20年。

俸 fèng ❶〈素〉旧时称官员等所得的薪金。薪～|～禄。❷姓。

甮 fèng 〈方〉副。"勿"、"用"两字的合音。不用；作动词的状语：～说了,我已明白。

葑 fèng 名。古书上指菰根,即茭白的根。
另见fēng。

赗 fèng 〈古〉动。指用财物帮助人办丧事。

缝 fèng 名。(～儿、～子)(1)缝合或接合的地方：这条～儿不直。(2)空隙：门～儿|墙上裂了一条～。
另见féng。

【缝隙】fèngxì 名。物体裂开或自然露出的狭长的空隙：门上的～要补一下。

fiào(ㄈㄧㄠˋ)

覅 fiào 〈方〉副。"勿"、"要"两字的合音。不要；作动词的状语：～吃。

fó(ㄈㄛˊ)

佛 fó 名。(1)梵语"佛陀"的简称,指佛教创始人释迦牟尼。(2)佛教：她信～。(3)佛像：这是一尊铜～。

另见 fú。
【佛法】fófǎ 名。佛教的教义。有时也指佛所具有的法力。
【佛教】fójiào 名。世界上三大宗教之一,相传为公元前六至五世纪古印度的迦毗罗卫国(今尼泊尔境内)王子释迦牟尼所创立。流传许多国家。东汉初年传入我国。
【佛口蛇心】fó kǒu shé xīn 成。比喻嘴上说得好听,心地却极其狠毒:他是个~的人,不可不防。
【佛门】fómén 名。指佛教:~弟子。
【佛手】fóshǒu 名。也叫佛手柑。(1)常绿小乔木,叶椭圆形,花白色。果实冬季成熟,鲜黄色,形状像半握着的手,香味浓郁。果实和花可入药。(2)指这种植物的果实。
【佛头著粪】fó tóu zhuó fèn 成。佛头上附着了粪便。比喻在好东西上添了不好的东西,把好东西糟蹋了:我没有答应为他的新作写序,怕的是~。"著"也作"着"。
【佛陀】fótuó 名。音译词。佛教徒称释迦牟尼。简称佛。

fǒu(ㄈㄡˇ)

缶 fǒu 〈古〉名。盛酒浆的瓦器,小口大肚。

否 fǒu 〈书〉❶副。表示不同意,相当于口语的"不";单用在答话中:~,此非吾意。❷助。表示询问。(1)用在问句末,相当于口语的"吗"、"么":汝知之~?(2)"来否、能否、可否"等表示"来不来、能不能、可不可"等意思:届时来~请示知。
另见 pǐ。
【否定】fǒudìng 与"肯定"相对。❶动。不承认事物的存在或事物的真实性:这种意见应该~。可带宾语:不能~他的进步。❷形。相反的,反对的,不加程度副词,不单独作谓语,多作定语:对这个问题,我持~的态度。
【否决】fǒujué 动。不同意,反对;多用于议案、意见等:这个提案被~了。可带宾语:~了这项建议。
【否认】fǒurèn 动。不承认:大家去问小李,小李却един口~。常带词组作宾语:他~知道这件事|她并不~她同老王之间的亲密关系。
【否则】fǒuzé 连。有"不然、要不、如果不这样"的意思;用在后一分句开头,表示是前一分句推论的结果,或者提供另一种选择:必须认真学习,~就要落后|你最好上午去买票,~一吃过午饭就去。后边可带助词"的话":看问题必须全面,~的话,就会以偏概全。

fū(ㄈㄨ)

夫 fū ❶名。丈夫,女子的配偶:~妻。❷〈素〉(1)称成年男子:匹~|懦~。(2)旧称从事体力劳动的人:农~|车~。(3)旧称服劳役的人:~役。
另见 fú。
【夫妇】fūfù 名。丈夫和妻子。
【夫倡妇随】fū chàng fù suí 成。倡:也作"唱",唱歌时先发声;随:附和。原指丈夫说什么,妻子就完全顺从。这是我国旧时宣扬的封建道德规范。后也用以指夫妻和睦:小两口~,同建家园。
【夫妻店】fūqīdiàn 名。由夫妻两人经营的小商店,一般不用店员。有的方言也说夫妻老婆店。
【夫权】fūquán 名。旧指丈夫统治和支配妻子的权力:今天不应再有~思想。
【夫人】fūrén 名。古代称诸侯的妻子,后来用作尊称一般人的妻子。现在常用于外交场合。
【夫婿】fūxù 〈书〉名。旧时妻子称丈夫。
【夫子】fūzǐ 名。(1)古代对学者的敬称:孔~。(2)旧时学生称老师;多用于书信。(3)旧时妻子称丈夫。(4)称读古书较多而思想陈腐的人;含讥讽意,常加"老"或"迂":他是个迂~。
【夫子自道】fūzǐ zì dào 成。孔子在讲述了三条"君子"之道的内容后谦称自己做不到,他的学生子贡认为孔子已经做到了。(见《论语·宪问》)后多指本意是讲别人,却恰好讲了自己;含贬义:他批判老张的那些话,正是~。

伕 fū 同"夫(3)"。

呋 fū [呋喃](-nán) 名。音译词。一种有机化合物，无色液体。可供制药用，也是重要的化工原料。

肤(膚) fū ❶〈书〉名。肉体表面的皮。❷〈素〉表面的,浅薄的:～浅|～泛。

【肤泛】fūfàn 〈书〉形。浅薄而空泛:他的意见比较～。

【肤皮潦草】fūpí liáocǎo 见"浮皮潦草"。

【肤浅】fūqiǎn 形。浅薄,不深刻;多指学识或对事物的理解和认识:他的见解很～|我对天文学只有一些～的了解。

铁 fū 〈古〉名。(1)铡刀。(2)同"斧"。

麸(麩) fū 名。(～子)。指小麦磨成面筛过后剩下的麦皮和碎屑。也叫麸皮。

跗 fū 同"跗"。

【跗坐】fūzuò 〈书〉动。不带宾语,常带补语。(1)佛教徒盘腿端坐时,左脚放在右腿上,右脚放在左腿上:那和尚正～在蒲团上。(2)泛指盘腿而坐:他们按照日本的习俗,脱掉鞋子,盘膝～在纸窗前。

跗 fū 〈书〉名。脚背。

稃 fū 名。小麦等植物包在花外面的硬壳:内～|外～。

孵 fū 动。鸟类用体温使卵内的胚胎发育成雏鸟。现在孵鸡鸭等多用人工方法。

【孵化】fūhuà 动。昆虫、鱼类、鸟类或爬行动物等的卵,在一定温度和其他条件下变成幼虫或小动物;常带宾语或补语:～小鸡|蚕蚁～出来了。

鄜 fū 地名用字。鄜县,旧县名,在陕西省中部,1964年改作富县。

敷 fū ❶动。搽,涂;用于脂肪或药膏等,常带宾语或补语:～粉|伤口上了药膏。❷〈素〉(1)铺开,摆出:～设。(2)够,足:人不～出。

【敷陈】fūchén 〈书〉动。详细陈述;用于文章或言谈,一般不带宾语:略作～|此事难以～。

【敷设】fūshè 动。多带宾语。(1)铺设;多指铁轨、水管等:～煤气管道。(2)布置;多指地雷、水雷等:～地雷。

【敷演】fūyǎn 〈书〉动。叙述并发挥;常带宾语:～经文要旨|～故事|一段新闻～成一篇小说。也作敷衍。

【敷衍】fūyǎn 动。(1)做事不认真,或待人不诚恳,只是表面应付:他做事认真,从不～。可带宾语:我问他问题,他只是～我几句。可重叠:小光写作文往往只写几句～|这个人办事常常敷敷衍衍的,老出问题。(2)勉强维持:我家经济虽较拮据,生活尚能～过去。可带宾语:尚能～所担负的工作。(3)铺叙、发挥;多用于写文章,加"成、为"后可带宾语:一段史实～为长篇韵文。

＊"敷衍"和"应付":"敷衍"的态度是消极的,含贬义;"应付"的态度可以是消极的,也可以是积极的。"敷衍"有两种重叠形式;"应付"只有"应付应付"一种。

【敷衍了事】fūyǎn liǎo shì 成。做事不认真,草草了结:对待工作采取～的态度是不好的。

【敷衍塞责】fūyǎn sè zé 成。做事马虎,搪塞责任:官僚主义的表现之一是～,能推就不管。

fú(ㄈㄨˊ)

夫 fú 〈古〉❶代。那(个),这(个):～人不言,言必有中(那个人要么不说,说就一定能说到要害上)。❷助。(1)用在句首,表示要发议论,可不译:～战,勇气也(打仗,靠的是勇气啊)。(2)用在句末,表示感叹,可译为"啊"、"吗":吾歌,可～?(我唱歌,可以吗?)

另见fū。

芙 fú 见"芙蕖"、"芙蓉"。

【芙蕖】fúqú 〈书〉名。荷花的别称。

【芙蓉】fúróng 名。(1)荷花的别称。(2)见"木芙蓉"。

【芙蓉城】fúróngchéng 名。(1)四川成都市的别称。五代时成都城上遍种木芙蓉,因此得名。简称蓉城。(2)古代传说中的仙境。

【芙蓉国】fúróngguó 名。借指湖南。古代湖南湘江一带多木芙蓉,故有此称。

扶 fú ❶动。常带宾语或补语。(1)搀，用手支持人或物使不倒：～好小孩。常带兼语或构成连动词组：～老奶奶过马路｜～犁耕地。(2)用手按着或把持着：～好栏杆。(3)帮助躺着的或倒下的人和事物起来：～起跌倒的孩子｜把倒伏的玉米～起来。常带兼语：～他起来吃药。❷〈素〉帮助，援助：～助｜救死～伤。❸姓。

【扶病】fúbìng 副。带病；多作动词的状语：～出席｜他～参加会议。

【扶持】fúchí 动。扶助，护持：本刊是新办的杂志，请诸位大力～。常带宾语：～乡镇企业。

【扶乩】fújī 动。一种迷信活动，在架子上吊一根棍儿，两个人扶着架子，棍儿就在沙盘上画出字句来，作为神的指示。也作扶箕。

【扶桑】fúsāng 名。(1)落叶灌木，叶卵形，全年开花，多红色，也有白色、黄色的，可供观赏。也叫朱槿。(2)古代神话传说中海外的大桑树，据说太阳从那里出来。(3)旧时指日本。

【扶手】fú·shou 名。让手扶着的器具或设备，如楼梯旁栏杆上的横木等。

【扶疏】fúshū 〈书〉形。枝叶茂盛，疏密有致的样子；不加程度副词：花木～。

【扶养】fúyǎng 动。扶助、供养，养活对方，也指物质上、生活上的互相帮助：夫妻间有互相～的义务。可带宾语：子女要～父母。

【扶摇直上】fúyáo zhí shàng 成。扶摇：急剧盘旋而上的暴风。乘着暴风一直上升。形容快速上升，常用来比喻官场得志：这几年他的职务一再提升，真是～。

【扶掖】fúyè 〈书〉动。用手扶着别人的胳膊，也指扶植、培养；常带宾语：鲁迅～了许多青年作家。

【扶植】fúzhí 动。扶助培植；对象可以是好的，也可以是坏的；常带宾语：～青年作家｜～亲信。

【扶助】fúzhù 动。扶持帮助；常带宾语：～老弱病残是我们时代的公德。

蚨 fú 见"青蚨"。

弗 fú〈书〉副。不；表示否定，作状语：～如｜～去。

佛(彿、髴) fú 见"仿佛"。另见fó。

苿 fú〈古〉动。野草塞路。

拂 fú ❶动。多带宾语。(1)掸去：～去灰尘。(2)轻轻掠过；多用于和暖的风：春风～面。(3)〈古〉违背，不顺：不忍～其意。❷〈素〉甩动：～袖。❸〈古〉同"弼(bì)"。

【拂尘】fúchén 名。掸灰尘、驱蚊蝇的用具。也叫拂子。

【拂拂】fúfú 形。风轻轻吹动的样子；不加程度副词：微风～。

【拂拭】fúshì 动。掸擦；指尘土，多带宾语或补语：～尘垢｜～得很干净。

【拂晓】fúxiǎo 名。天快亮的时候：～动身。

【拂袖】fúxiù〈书〉动。旧时衣袖较长，把袖子一甩，表示生气；不带宾语，常与"走、去"构成连动词组：～而去。

【拂煦】fúxù〈书〉动。风吹来温暖；不带宾语：微风～。

怫 fú〈素〉忧愁，愤怒：～然。

【怫然】fúrán〈书〉形。愁闷或愤怒的样子；不加程度副词，不单独作谓语，多作状语：～而去｜～作色。

绋 fú〈古〉名。大绳，古代特指出殡时拉棺材用的绳索：执～(送丧)。

氟 fú 名。化学元素，在通常情况下为气体，符号F。淡黄色，有臭味，有毒，腐蚀性很强。是制造特种塑料、橡胶和冷冻剂的原料。

艴 fú〈素〉生气的样子：～然。

【艴然】fúrán〈书〉形。生气的样子；不加程度副词，不单独作谓语，多作状语：～作色。

伏 fú ❶动。(1)趴；常带处所宾语或补语：～地上｜～在沟里。❷〈素〉(1)低落：起～｜此起彼～。(2)隐藏：埋～｜～击｜昼～夜出。(3)屈服，承认：～输｜～罪。(4)伏天：～暑。❸量。伏特的简称。❹姓。

【伏案】fú'àn 〈书〉副。上身靠在桌子上；常作动词的状语：~写作|每每~工作到深夜。

【伏笔】fúbǐ 名。文学创作中的一种表现手法。作者对将在作品中出现的人物或事件，预作提示或暗示，以求前后呼应。运用这种手法可使作品收到结构严谨、情节发展合理的效果。在戏剧创作中也称伏线。

【伏法】fúfǎ 动。罪犯被处死刑；不带宾语：该犯昨已~。

【伏击】fújī 动。用伏兵突然袭击敌人：~战。常带宾语：抗日战争中，我游击健儿在这片芦苇荡中~过敌人。

【伏侍】fúshi 见"服侍"。

【伏首帖耳】fú shǒu tiē ěr 见"俯首帖耳"。

【伏输】fúshū 动。承认失败；不带宾语：经过三次交锋，他们~了。可拆开用：伏了输。也作服输。

【伏暑】fúshǔ 名。炎热的伏天。

【伏特】fútè 量。音译词。电压单位。一安培的电流通过电阻为一欧姆的导线时，导线两端的电压为一伏特。这个单位是为纪念意大利物理学家伏特而命名的。简称伏。

【伏天】fútiān 名。三伏的总称，我国夏季最热的时期。参见"三伏"。

【伏帖】fútiē 形。(1)舒适：吃了药，心里感到~多了。(2)驯服，顺从：这匹烈马终于被驯养得~了。可重叠：我把他制得伏伏帖帖的。

【伏罪】fúzuì 见"服罪"。

茯 fú ［茯苓］(-líng) 名。菌类植物，多寄生在松树根上，形状像瓜、甘薯或拳头。外皮黑褐色，里面白色或粉红色。可入药。

洑 fú 〈古〉❶形。水流回旋的样子。❷名。漩涡。
另见fù。

栿 fú 〈古〉名。屋梁。

袱(幞、襆) fú 见"包袱"。

凫(鳬) fú ❶名。水鸟，俗称野鸭。❷动。游泳：~水|~到对岸。

【凫茈】fúcí 名。古书上指荸荠。

苉 fú 〈古〉❶形。草木茂盛。❷同"黻"。宋代书画家米苉，也作米黻。
注意："苉"下面不要写作"市"。
另见fèi。

芣 fú ［芣苢］(-yǐ) 名。古书上指车前草。

罘 fú ❶〈古〉名。捕野兽的网。❷山名用字。芝罘，在山东省。

【罘罳】fúsī 〈古〉名。也作罦罳。(1)古代设在门外的一种屏风。(2)设在屋檐下防鸟雀来住的金属网。

孚 fú ❶〈古〉名。信用：帝王之~。❷动。为人所信服：深~众望。

俘 fú ❶动。抓获，俘获；须与单音节词相配：~敌数百|被~。❷〈素〉抓获的敌人：~虏|战~。

【俘获】fúhuò 动。捉到和缴获；常带宾语：~敌军200人，大炮10门。

【俘虏】fúlǔ ❶动。把敌人捉住；常带宾语：~300余人。❷名。作战中捉住的敌人：不虐待~。
＊"俘虏"和"俘获"："俘虏"专指捉住敌人；"俘获"除指捉住敌人外，还指缴获物资。"俘虏"有名词用法；"俘获"一般不作名词用。

郛 fú 名。古代指城圈外面围着的大城。

莩 fú 名。芦苇秆里的薄膜，可作笛膜。
另见piǎo。

浮 fú ❶动。(1)漂在水面，或从水底升到水面；与"沉"相对，常带宾语或补语：~了一层油|皮球~在水面上|鱼儿~上来了。(2)表露，显露；常带宾语：脸上~着微笑。(3)游泳；不带宾语，带语：小王一口气~到了对岸。❷形。不沉着，不踏实：这人心很~|他办事有点~。❸〈素〉(1)空虚，不实在：~夸|~名。(2)表面的：~面|~土。(3)暂时的：~记。(4)超过，多余：人~于事。

【浮标】fúbiāo 名。浮在水面上的航行标志，用来指示航道界限和浅滩、礁石等航行障碍物的位置。

【浮财】fúcái 名。指土地、房屋等以外可

浮桴罘蜉 fú 307

以移动的财产,如金银、粮食、衣物等。

【浮沉】fúchén 动。在水中忽上忽下,旧时比喻随波逐流的处世态度或官职的升降;一般不带宾语:与世～|宦海～。

【浮荡】fúdàng 动。浮动飘荡:歌声在空中～。可带宾语:江上～着一条小船。

【浮雕】fúdiāo 名。雕塑的一种,在平面上雕出凸起的形象。

【浮吊】fúdiào 名。装有重型起重机、在水上进行起重作业的船。也叫起重船。

【浮动】fúdòng 动。(1)随水漂流、移动:一般不带宾语:一只小船在水面上～。加动态助词"着"后可带宾语:雨刚停,天空中还～着一块块乌云。(2)上下变动,不稳定;不带宾语:工资随生产好坏而～|人心～。

【浮泛】fúfàn〈书〉❶动。(1)乘舟在水面上漂浮。(2)流露;加趋向动词"出"后可带宾语:她脸上～出羞涩的微笑。❷形。表面的,不切实的;多指文章和言辞:他的报告内容太～。

【浮光掠影】fú guāng lüè yǐng 成。浮光:水面上的反光;掠影:一掠而过的影子。比喻印象不深:这本书我只～地看了一遍。

【浮华】fúhuá 形。表面华丽而不实际:崇尚～|～无用|言辞太～。

【浮记】fújì 动。商店把没有切实结算的帐目暂时记上:各人的营业额～在本子上,以便晚上结算。可带宾语:～了几笔帐。

【浮家泛宅】fú jiā fàn zhái 成。泛:漂浮;宅:住所。漂浮在水面上的家宅。旧时形容以船为家,漂泊不定。

【浮夸】fúkuā 形。不切实际,虚夸;多指言语、作风等:坚决克服～的工作作风|今天他讲的话有点儿～。

【浮力】fúlì 名。物体在液体或气体中受到的向上托的力。浮力的大小等于被物体所排开的流体的重量。

【浮面】fúmiàn 名。表面:不要做～的工作。

【浮名】fúmíng 名。虚名:徒有～而已。

【浮皮潦草】fúpí liáocǎo 成。形容做事马虎,不认真,不仔细:做工作应该认真负责,不可～,敷衍了事。也作肤皮潦草。

【浮漂】fúpiāo 形。不踏实;多指工作或学习:这个人干工作太～。

【浮萍】fúpíng 名。一年生草本植物,浮生在水面,叶扁平,椭圆形或倒卵形,叶下生鬚根,花白色。可入药。也叫紫萍或水萍。

【浮签】fúqiān 名。贴在文稿或试卷等上的纸条,供签注意见或说明情况之用,收件人阅毕即可揭去。

【浮浅】fúqiǎn 同"肤浅"。

【浮桥】fúqiáo 名。在并列的船、筏或浮箱上铺木板而搭成的桥。由于这种桥装拆迅速,军事上被广泛采用。

【浮屠】fútú 名。梵文"佛陀"的旧译名。原指佛教创始人释迦牟尼。古时曾把佛塔误译为浮屠,所以也指佛塔。也作浮图。

【浮现】fúxiàn 动。常带宾语或补语。(1)过去的事情或印象重新在脑中显现:常常～当时的惨象|往事又一桩桩～在我眼前。(2)显露:～了不愉快的神情|脸上～出微笑。

【浮想】fúxiǎng ❶名。脑中涌现的感想:～联翩。❷动。回想;加趋向动词"起"后可带宾语:～起许多往事。

【浮艳】fúyàn〈书〉形。华丽而无内容;多指文章或言辞:文辞～。

【浮云】fúyún 名。飘浮在空中的云。

【浮躁】fúzào 形。轻浮急躁;多指性格、作风等,含贬义:这个人性情比较～。

＊"浮躁"和"急躁":"浮躁"着重指不踏实;"急躁"着重指没有耐性。

桴(△枹) fú〈古〉名。(1)小筏子。△(2)鼓槌。

"枹"另见bāo。

【桴鼓相应】fú gǔ xiāng yìng 成。桴:鼓槌。鼓槌打鼓,鼓就发声。比喻相互应和,配合紧密:由于诸位～,此事才得以成功。

罘 fú〈古〉名。一种捕鸟的网。

【罘罳】fúsī 见"罦罳"。

蜉 fú [蜉蝣](-yóu) 名。昆虫的一类,幼虫生活在水里,成虫体细长,头似蜻蜓而略小,有四翅,夏秋之交在水面飞行,寿命极短,只活几小时到一周左

苻 fú ❶同"莩(fú)"。❷姓。

符 fú ❶名。旧时道士所画的图形或线条,迷信的人认为有驱使鬼神、逢凶化吉的作用。也泛指乱画的东西:画了一张～。❷〈素〉(1)古代统治者传达命令时用的凭证:兵～|虎～。(2)代表事物的标志,记号:～号|音～。(3)相合:～合|相～。❸姓。

【符号】fúhào 名。(1)标记,记号:文字是语言的书写～。(2)佩带在身上表明职别、身分等的标志。

【符合】fúhé 动。相合,达到;多指数量、形状、要求、条件等,常带宾语:他反映的情况～实际|小史已基本～入团的条件。
*"符合"和"适合":"符合"的着重点是一致、吻合;"适合"的着重点是适应、协调。

【符节】fújié 名。古代朝廷派遣使者、传达命令或征调兵将等所用的凭证,用竹、木、玉、铜等制成,分成两半,一半留在朝廷,一半给出使或出征者。

【符箓】fúlù 名。旧时道士所画的声称能驱使鬼神、逢凶化吉等的图形。

【符咒】fúzhòu 名。符箓和咒语的合称。

服 fú ❶动。常带宾语或补语。(1)承当;用于义务或刑罚:～兵役|～了三年刑。(2)服从,信服:我～你,不～他|他办事这么公道,使我～得五体投地。(3)吃;限用于药:你该～药了|～不进药了。❷〈素〉(1)衣服:～装|西～|便～|丧～。(2)使信服,使服从:说～|折～。(3)适应,习惯:舒～|不～水土。❸姓。
另见fù。

【服从】fúcóng 动。听从,遵照;常带宾语:～命令|少数～多数。可带动词作宾语:～分配|～调动。也可带主谓词组作宾语:～领导安排。

【服气】fúqì 动。由衷地信服;不带宾语:他们技高一筹,我们输得～|我就是不～。

【服丧】fúsāng 动。长辈或平辈亲属等死后,在一定时期内带孝,表示哀悼;不带宾语:他母亲去世了,正在～。

【服饰】fúshì 名。衣服装饰,穿着打扮:这是宋代的～。

【服侍】fú·shi 动。伺候,照料;常带宾语或补语:～父母|对病人～得很周到。也作伏侍。

【服输】fúshū 见"伏输"。

【服帖】fútiē 形。可重叠。(1)顺从,驯服:这匹马很～|早晚要把你治得服服帖帖。(2)妥当,稳妥:他办事很～|事情都办得服服帖帖。

【服务】fúwù 动。为集体、他人或某事业而工作:他在商业部门～。可带宾语或补语: ～乡梓|他学成归国后,决定～于祖国的教育事业。常带"为"构成的介词词组作状语:科学要为生产～。

【服务业】fúwùyè 名。在生活上为人提供方便的行业,如饮食业、旅馆业、理发业等。

【服务员】fúwùyuán 名。(1)旅馆、饭店等服务性行业中招待顾客的工作人员。(2)机关的勤杂人员。

【服膺】fúyīng 〈书〉动。衷心信服,牢记心中;多用于道理、格言等,可带宾语:～真理。可加程度副词:我十分～一句古训:"有志者事竟成。"还常用在"为…所…"格式中:他的道德文章,为我所～。

【服用】fúyòng 〈书〉名。指穿的衣服和用的器物:他～俭朴。❷动。吃;用于药物:此药孕妇切忌～。可带宾语:这种病宜～中药。

【服装】fúzhuāng 名。衣服鞋帽的总称,一般专指衣服:～整洁。

【服罪】fúzuì 动。承认自己的罪行;不带宾语:在大量的证据面前,该犯不得不～。可拆开用:服了罪。也作伏罪。

菔 fú 见"莱菔"。

箙 fú 〈古〉名。盛箭的用具。

绂 fú 名。(1)古代系在印章上的丝带。(2)同"黻"。

韨(韍) fú 名。古代的一种祭服。

袚 fú ❶名。古代一种除灾求福的祭祀。❷〈书〉动。清除:～除私心。

黻 fú 名。(1)古代礼服上绣的青黑相间的花纹。(2)同"绂"。

匍 fú 见"匍(pú)匐"。

幅 fú ❶名。(～儿)纺织品的宽度：单～儿|宽～。❷量。(～儿)用于布绸、呢绒及图画等：一～儿画|布两～。❸〈素〉泛指宽度：～员|～度。

【幅度】fúdù 名。(1)指物体振动或摇摆所展开的宽度。(2)指事物变动时最高与最低之间的距离：增产～很大。"幅度"单独不作状语，加"大"后，才可作状语：客运量大～地上升。

【幅面】fúmiàn 名。布、绸、呢绒等的宽度：这种布～宽。

【幅员】fúyuán 名。宽窄叫幅，周围叫员，合指领土面积；一般只跟"辽阔、广大、广阔"等几个形容词搭配：我国～广大。

辐 fú 名。车轮中连接轮边和中心的一条条直木或钢条。通称辐条。

【辐辏】fúcòu 动。车辐的一头会聚于车毂上，比喻人或物聚集在一起：人烟～|这地方商贾～。可带宾语：～闹市。也作辐凑。

【辐射】fúshè 动。光、热、电磁波等向四面八方放射；常带宾语或补语：太阳～着明亮的光芒|～得很远。可作"受到、遭到"等动词的宾语：受到原子～。

福 fú ❶名。幸福，福气：这都是乡邻的～。❷动。旧时妇女行万福礼：～了一～。❸姓。

【福地】fúdì 名。道教指神仙居住的地方，现在用来指幸福的地方：这里气候适宜，物产丰富，是一块～。

【福分】fú·fen 〈口〉名。福气：～好|有～。

【福利】fúlì ❶名。幸福和利益，特指对生活上的照顾：关心群众的～。❷〈书〉动。使得到生活上的利益；须带宾语：发展生产，～人民。

【福气】fú·qi 名。指享受幸福生活的命运：这位老人晚年很有～。

【福星】fúxīng 名。象征给人们带来幸福和希望的人或事物：～高照。

【福音】fúyīn 名。(1)基督教徒称耶稣所说的话及其门徒所传的教义。(2)喻指好消息：希望你回来时能给大家带来～。

【福至心灵】fú zhì xīn líng 成。指一个人福运来了，心思也显得灵敏：大概是～，这次高考我考得比较好。

蝠 fú 见"蝙蝠"。

涪 fú 水名用字。涪江，在四川省中部。

幞(襆) fú 〈古〉名。(1)同"袱"。(2)幞头。

【幞头】fútóu 名。古代男子戴的一种头巾。

fǔ(ㄈㄨˇ)

父 fǔ 〈古〉❶名。老年人；用在单音节词之后：田～|渔～。❷同"甫❶"。
另见fù。

斧 fǔ 名。(1)(～子)砍竹、木等用的工具。也叫斧头。(2)古代的一种兵器。

【斧削】fǔxuē 〈书〉动。斧正。

【斧正】fǔzhèng 〈书〉动。请人修改文章，敬辞，不带宾语：拙作奉上，敬请～。也作斧政。

【斧锧】fǔzhì 名。古代斩人的刑具，像铡刀。

【斧凿痕】fǔzáohén 〈书〉名。原指用斧凿加工留下的痕迹，后多喻指诗文词语造作而不自然：这篇文章～较多，尚须修改。

釜(鬴) fǔ ❶名。古代的炊事用具，类似现在的锅。❷量。古代计量单位。

【釜底抽薪】fǔ dǐ chōu xīn 成。釜：古代的锅。把锅底下的柴火抽掉。比喻从根本上解决问题：瓦解敌人的军心，这是～的好办法。

【釜底游鱼】fǔ dǐ yóu yú 成。锅中游动着的鱼。比喻即将灭亡的人或物：敌人恰似～，已经穷途末路了。

滏 fǔ 水名用字。滏阳河，在河北省西南部。

甫 fǔ 〈古〉❶名。通"父"，男子的美称；多附缀于表字之后。旧时也作为表字的代称：台～。❷副。方才，刚刚：一言～毕|年～三十。❸姓。

辅 fǔ 〈素〉帮助，协助：～助|～导。

【辅币】fǔbì 辅助货币的简称。指本位货币单位以下的小额货币,如我国人民币元以下的角、分币。

【辅车相依】fǔ chē xiāng yī 成。辅:颊骨;车:下牙床。颊骨和牙床互相依靠,比喻两者不能分离,互相依存:在战乱时期,他俩~,生死与共。

【辅导】fǔdǎo 动。帮助和指导:这孩子学习基础较差,要多给他~。可带宾语或补语:~学生|~了三个小时。可带兼语:姐姐~我学外语。可重叠:请老师来~~。

【辅音】fǔyīn 名。指发音时气流受到阻碍而形成的音,如《汉语拼音方案》中的b、p、m、f 等。也叫子音。

【辅助】fǔzhù ❶动。从旁帮助:请多多~。常带兼语:~新干部做好工作。❷形。非主要的;不加程度副词,不单独作谓语,作定语:~车间|~劳动。

【辅佐】fǔzuǒ 〈书〉动。协助;多指在工作上或政治上给以帮助。

脯

fǔ 〈素〉(1)肉干:牛肉~|鹿~。(2)蜜渍的果干:杏~|桃~。

另见pú。

簠

fǔ 名。古代祭祀时盛谷物的器皿,方或长方形,用青铜制成。

黼

fǔ 名。古代礼服上绣的黑白相间的花纹。

抚(撫)

fǔ 〈素〉(1)慰问,安慰:~恤|~慰。(2)保护,扶持:~育|~养。(3)轻轻地按摩:~摩。

【抚躬自问】fǔ gōng zì wèn 见"反躬自问"。

【抚今追昔】fǔ jīn zhuī xī 成。抚:拍,摸,引伸为注意、注视;追:回想。看看现在,想想过去。表示对今昔巨大的变化有所感慨:这其间的悲欢离合,~,实在令人不胜感慨。

【抚摩】fǔmó 动。用手轻轻按着并来回移动;常表示爱怜的感情,常带宾语:她~着小猫的头。

【抚慰】fǔwèi 动。安慰:首长对受伤人员进行了~。常带宾语:~了在前方浴血奋战的将士。可重叠:应该去~~。

【抚恤】fǔxù 动。对因公伤残人员,或因公牺牲及病故人员的家属进行慰问,并给予物质帮助;常带宾语或补语:~阵亡将士的家属|她丈夫死后家庭经济很困难,可以多~她几次。可带双宾语:~他500元。

【抚恤金】fǔxùjīn 名。为慰问和帮助因公伤残人员、因公牺牲或病故人员的家属所发给的费用。

【抚养】fǔyǎng 动。保护并教养;常带语或补语:父母有~子女的义务|~到能独立生活。

*"抚养"和"扶养":"抚养"多指长辈对晚辈;"扶养"适用对象较广,对老、对小、对同辈都可用,但多指晚辈对长辈的赡养。

【抚育】fǔyù 动。照顾儿童和生物,使健全地生长;常带宾语:~幼苗。可带兼语:~孤儿长大成人。

【抚掌】fǔzhǎng 见"拊掌"。

拊

fǔ 〈古〉动。拍,击;多与单音节名词相配:~背。

【拊掌】fǔzhǎng 〈书〉动。拍手;常作"称好、大笑"等的状语:~赞好。也作抚掌。

府

fǔ ❶名。(1)旧指达官、贵族的住宅,现在也指某些国家元首办公或居住的地方;用在姓或官名之后:张~|总统~。(2)唐代至清代的行政区划,比县高一级;用在地名之后:常州~|开封~。❷〈素〉(1)旧指官署,现指国家政权机关:官~|政~。(2)旧时指官方收藏文书或财物的地方:~库。(3)指人或某些事物汇集之处:学~|乐~。(4)尊称对方的住宅、家庭或籍贯:~上|贵~。❸姓。

【府邸】fǔdǐ 名。府第。

【府第】fǔdì 名。旧指贵族官僚或大地主的住宅。

【府君】fǔjūn 〈书〉名。(1)旧时子孙对其先世的敬称。(2)旧时对神的敬称。

【府库】fǔkù 名。旧时称官方收藏财物、文书的地方。

【府上】fǔshàng 名。尊称对方的家或老家:您~在哪儿?

俯(頫、俛)

fǔ 〈素〉向下,低头;与"仰"相对:~冲|~视。

【俯冲】fǔchōng 动。飞机以高速度和大角度向下飞；不带宾语，常构成连动词组：～扫射｜～轰炸。

【俯就】fǔjiù 动。一般不带宾语。(1)请对方同意担任职务时用；敬辞：来校兼职一事，务请～。(2)迁就，将就：宝玉自悔言语冒撞，前去～，黛玉方渐渐回转过来。

【俯瞰】fǔkàn 动。俯视：凭栏～，全城景色尽收眼底。

【俯拾即是】fǔ shí jí shì 成。只要低下头去捡拾，到处都是。形容某种事物多而易得：海滩上的贝壳，～。

【俯视】fǔshì 动。从高的地方往下看；常带宾语：在金陵饭店的旋宫中～南京城，一览无余。

【俯首帖耳】fǔ shǒu tiē ěr 成。"俯"也作"伏"，"帖"也作"贴"。像狗见了主人那样低着头，耷拉着耳朵。形容卑恭顺从的样子；含贬义：不做～的奴才。

【俯首听命】fǔ shǒu tīng mìng 成。形容非常顺从，唯命是听。

【俯仰】fǔyǎng〈书〉动。低头和抬头，泛指一举一动；多用在固定组合中：～由人｜～之间。

【俯仰由人】fǔ yǎng yóu rén 成。俯仰：低头和抬头，泛指一举一动。比喻一切行动受人支配、控制：唯唯诺诺，～，这是奴才的特性。

【俯仰之间】fǔ yǎng zhī jiān 成。形容时间极短：沙漠地带的气候～就会发生很大变化。

腑 fǔ〈素〉中医对人体胸腹内部的器官的总称：肺～｜脏～。

腐 fǔ〈素〉(1)烂，变质：～烂｜陈～。(2)用豆子制成的食品：～竹｜豆～。

【腐败】fǔbài ❶动。腐烂；不带宾语：夏天的食物容易～。❷形。(1)陈旧，糜烂，多指思想、作风等：作风非常～。(2)腐朽，黑暗；多指政治制度、组织机构等：晚清政府～无能。

【腐化】fǔhuà 动。(1)思想行为变坏；多指过分贪图享乐，不带宾语：贪污～｜～堕落。(2)使腐化；带宾语：靡靡之音能～人的灵魂。

*"腐化"和"腐蚀"："腐化"侧重本身腐败变坏；"腐蚀"则侧重受侵蚀变质。"腐化"一般只用于人的思想、行为；"腐蚀"使用范围较宽，既可用于人，也可用于物。

【腐烂】fǔlàn ❶动。有机体由于微生物的滋生而变坏；不带宾语：这些肉已经～，变质，不能吃了。❷形。腐朽，混乱；多指制度、组织、措施等：晚清政府昏庸无能，～不堪。

【腐儒】fǔrú 名。迂腐保守、不明事理的书呆子。

【腐蚀】fǔshí 动。(1)物体表面因受化学作用而逐渐消损破坏，如铁生锈就是一种腐蚀现象。(2)比喻人受到坏的影响而逐渐变质堕落；常带宾语：不正之风～了一些人的思想。

【腐刑】fǔxíng 名。古代阉割生殖器的残酷肉刑。也叫宫刑。

【腐朽】fǔxiǔ 形。(1)木头等含纤维的物质因长时间受风吹雨打或受微生物的侵害而朽烂。(2)比喻思想、制度等陈腐、败坏：损人利己是一种极其～的思想。

fù(ㄈㄨˋ)

父 fù ❶名。即"父亲"。❷〈素〉对家族或亲戚中男性长辈的称呼：祖～｜叔～｜姨～。
另见fǔ。

【父老】fùlǎo 名。对老年人的尊称；多指乡里故旧：决不辜负～们的期望。常与"乡亲"合用：感谢乡亲～对我的关怀。

【父亲】fùqīn 名。爸爸；多用在书面上，或同别人交谈中。

【父系】fùxì 形。不加程度副词，不单独作谓语，作定语。(1)在血统上属父亲方面的：～亲属。(2)父子相承的：～氏族制。

【父兄】fùxiōng ❶词组。父亲和哥哥。❷名。泛指长辈、长者：在座的有不少是我的～，请多加指教。

【父执】fùzhí〈书〉名。执：志同道合的人。指父亲的朋友。

讣 fù〈素〉报告丧事：～告｜～闻。

【讣告】fùgào ❶动。报丧：父亲去世，派人向亲友～。可带宾语：先生逝世已数日，尚未～外界。❷名。报丧的书面通知：收到鲁迅先生逝世的～，悲痛万分。

【讣闻】fùwén 名。报丧的书面通知,一般附有死者事略。也作讣文。

赴 fù ❶〈书〉动。前往;多带单音节词作宾语:～京|～宴。❷〈素〉投入,参加:全力以～。❸〈古〉同"讣"。

【赴敌】fùdí 〈书〉动。上战场去同敌人作战;不带宾语:慷慨～,义无反顾。

【赴难】fùnàn 〈书〉动。赶去拯救国家的危难;不带宾语,含褒义:同往～|国家有事,～不敢后人。

【赴汤蹈火】fù tāng dǎo huǒ 成。汤:沸水,开水。投身到沸水烈火中去。比喻不畏艰险,奋不顾身:为了人类的解放事业,～,在所不辞。

付 fù ❶动。交给;多用于现钱和帐款:钱已～了。常带宾语:～了帐。也用于物力或精力:～出了不少心血|～出辛勤的劳动。❷量。同"副❷":一～手套。❸姓。

【付丙】fùbǐng 〈书〉动。古代以天干配五行,"丙""丁"属火,所以"付丙"即用火烧掉;多用于书信或文稿,不带宾语:所有信件均已～也作付丙丁。

【付出】fùchū 动。交出;用于款项或代价:钱已～。常带宾语:～了一定的代价。

【付排】fùpái 动。稿件送交印刷部门排版;不带宾语:这本书稿已经～。

【付讫】fùqì 动。交清;多指款项,不带宾语:书费～。

【付托】fùtuō 动。委托,交给别人办理;常以"给、于"构成的介词词组作补语:这工作可以～给他。可带双宾语或兼语:～你一件事|这封信～他转交。

【付印】fùyìn 动。稿件排版校对后交付印刷;不带宾语:这本书稿校对无误,可以～。

【付邮】fùyóu 动。交邮局寄出;不带宾语:这份材料,请速～。

【付予】fùyǔ 动。交给,付托;多指任务、使命等,须带宾语:～重任。可带双宾语:～青年一代不可推卸的历史使命。也作付与。

【付之一炬】fù zhī yī jù 成。给它一把火,意即烧毁:档案中这些无中生有的材料,都应～。

【付之一笑】fù zhī yī xiào 成。用笑一笑来回答。形容不值得理会;含讥讽意:对他的无稽之谈,我只能～。

【付诸东流】fù zhū dōng liú 成。把东西投入东流的江河里冲走。多比喻希望落空或前功尽弃:他的文稿失落了,数年辛苦,～。

【付梓】fùzǐ 〈书〉动。梓:古代指在木板上刻字。付梓即把稿件交付刊印;不带宾语:书稿业已～。

附(坿) fù ❶动。(1)随带,顺带;常带宾语或补语:信中～着一张照片|请在你的信上给我～上一笔,向他问好。(2)靠近,贴近;多带补语:～在他耳边悄悄地说着。❷〈素〉(1)外加的:～录|～注。(2)依从,附随:～议|～庸。

【附笔】fùbǐ 名。书信等写完后另外加上的话。

【附带】fùdài ❶副。另外有所补充,顺便:关于这个问题,我～说几句。❷形。非主要的;不加程度副词,不单独作谓语,作定语:～的任务。

【附耳】fù'ěr 动。把嘴贴近别人的耳朵;指小声说话,多与"说、交谈"等构成连动词组:他俩～说了几句。

【附和】fùhè 动。跟着别人说和做;多含贬义:要善于独立思考,不要随声～。可带宾语:不过在父亲面前,我总是～他的意见,父亲便拿我当好人。

【附会】fùhuì 动。把不相干的事物说成相干,把本来没有某种意义的事物说成有某种意义;一般不带宾语:解释诗文不能牵强～|神话故事是不能～为历史的|这些说法是～出来的。也作傅会。

【附骥】fùjì 〈书〉动。原指苍蝇附在好马的尾巴上,也可以行千里。比喻依附有名望的人而成名。现一般作谦辞,表示尾附追随;不带宾语:先生有首创之功,我不过～而已。

【附加】fùjiā 动。另外加上;常带宾语或补语:国际经济援助不应～任何政治条件|这笔费用要～上去。

【附件】fùjiàn 名。(1)随同主要文件一起制定的文件。(2)随着文件发出的有关文件或物品。(3)机器、机械主件以外的部件或零件。

【附近】fùjìn ❶形。离得不远的；不加程度副词，不单独作谓语，作定语：～的工厂。❷名。靠近的地方：～有商店吗？

【附丽】fùlì 〈书〉动。附着，依附；常带宾语或补语：奸佞之徒争相～权贵｜希望是～于存在的，有存在便有希望。

【附录】fùlù 名。附在书刊正文后面的有关参考资料或文章。

【附逆】fùnì 动。投靠叛逆集团；不带宾语：汪伪政权一成立，便公开～。

【附设】fùshè 动。附带设置；常带宾语或补语：这个工厂～了一个幼儿园｜咨询部～在科技服务公司内。

【附属】fùshǔ ❶形。由某一机构附设或管辖的；多指学校、医院、工厂等，不加程度副词，不单独作谓语，作定语：～中学。❷动。依附，归属；常用介词词组作补语：那时模具厂～于机床厂，尚未独立。

【附属国】fùshǔguó 名。名义上保有一定的主权，但在政治或经济方面以某种形式从属于帝国主义国家的国家。

【附议】fùyì 动。开会时同意别人的提议；不带宾语：你的意见很好，我～｜他说应该把刊物改个名称，但没人～。

【附庸】fùyōng 名。(1)古代指附属于大国的小国，今指受宗主国统治和奴役的国家。(2)泛指依附于某一事物而存在的东西：清人把小学（语言文字学）作为经学的～。

【附庸风雅】fùyōng fēngyǎ 成。附庸：依傍，追随；风雅，本指《诗经》中的《国风》和《大雅》、《小雅》，后泛指诗歌、文学。指文化水平不高的人，为了装点门面硬要跻身于文化界中参加活动；含讥讽意：他根本不会写诗，也不懂诗，却～，要参加诗会。

【附载】fùzǎi 动。附带记载，附录；常带宾语或补语：书后～了作者的小传｜～于后。

【附则】fùzé 名。附在条约或法规后面的补充性条文。

【附识】fùzhì 名。附在文章、书刊上的有关说明。注意："识"这里不读shí。

【附注】fùzhù 名。附在文章或书后面注释正文的文字。

【附着】fùzhuó 动。粘着；多指小物体粘着在较大的物体上，常带介词词组作补语：许多病菌～在苍蝇脚上。也可带宾语：玻璃窗上～不少水珠。

驸

fù 名。古代几匹马共同拉一辆车时，车辕两边的马叫驸。

【驸马】fùmǎ 名。汉武帝时置"驸马都尉"的官职，是近侍官之一，魏晋以后，皇帝的女婿常做这个官，因此，就逐渐成了皇帝女婿的专称。

鲋

fù 〈古〉名。鲫鱼。

负

fù ❶动。(1)担当；多以"责任、重任"等为宾语：这次失火，他要～一定的责任。(2)遭受；常以"伤"作宾语：～了重伤。(3)欠；用于债务：～了一笔债。(4)输，败，与"胜"相对：～三局｜～于对方。❷〈素〉(1)小于零的：～数｜～号。(2)背（bēi）：～重｜荆请罪。(3)依靠，依仗。～隅。(4)背弃，违背：～约。(5)指得到电子的：～电｜～极。

【负担】fùdān ❶动。承当；用于责任、工作、费用等，多带宾语：母亲几乎～了全部家务劳动。可带动词性词组或主谓词组作宾语：我要～养活全家三口人｜后来哥哥～我上学。❷名。指承当的工作、责任、费用等：要减轻中学生的学习～。

＊"负担"和"担负"："负担"除作动词用外，还可作名词用，指担当的责任或精神上、物质上承受的压力，如"家庭负担"、"思想负担"；"担负"只有动词用法，没有名词用法。

【负电】fùdiàn 名。物体得到多余的电子时表现出带电现象，这种性质的电叫负电。也叫阴电。

【负荷】fùhè 〈书〉❶动。担负；常带宾语或补语：～重任｜他的身体也～不了如此繁重的工作。❷名。电力、机械设备和建筑构件等所担负的工作量。也叫负载或载荷。

【负极】fùjí 见"阴极(1)"。

【负荆请罪】fù jīng qǐng zuì 成。《史记·廉颇蔺相如列传》记载：战国时，廉颇和蔺相如同在赵国做官。因蔺相如官位在廉颇之上，廉颇心中不服，扬言要侮辱蔺相如; 蔺为了国家利益,处处退让。后来廉颇认识到如果二人发生冲突,对国家不利,便背着荆条向蔺相如请罪。后用来表示主动认错,请求对方责罚: 昨天我失言冲撞了她,今天当~。

【负疚】fùjiù 〈书〉动。自觉抱歉,对不起人; 常作"感到、觉得"等动词的宾语: 深感~。

【负气】fùqì 动。赌气; 不带宾语: 不必为这点小事~了。

【负伤】fùshāng 动。受伤; 不带宾语: 他在这次战斗中,光荣~。可拆开用: 负了一次伤。

【负数】fùshù 名。小于零的数,在数词前加"-"来表示,如-3,-6。

【负心】fùxīn 动。背弃情谊; 多指爱情转移,不带宾语: 她对你一片忠诚,你可不能~。可拆开用: 她负了心。

【负隅顽抗】fù yú wán kàng 成。负: 依靠; 隅: 险要的地势。凭借险阻,顽固抵抗。指依仗某种条件,顽固进行抵抗; 含贬义: 叛匪~,终于被我军全部击毙。"隅"也作"嵎"。

【负约】fùyuē 动。违背诺言或条约; 不带宾语: 一言为定,决不~。可拆开用: 负了约。

【负责】fùzé ❶动。担负责任; 多指某种工作: 这项工作由你~。常带动词或动词性词组作宾语: 我~看守|他~布置教室。❷形。工作尽责,认真踏实: 他当班长很~。

【负债】fùzhài 动。欠人钱财: 这家工厂已~累累。可拆开用: 负了一笔债。

妇(婦) fù 〈素〉(1)已婚女子: 少~。(2)妻子: 夫~。(3)女性的通称: ~女|~科。

【妇道】fùdào 名。旧称妇女; 常与"人家"合用: ~人家。

【妇姑勃谿】fù gū bó xī 成。妇姑: 儿媳和婆婆; 勃谿: 争吵。原指儿媳和婆婆之间的争吵,后多比喻内部争斗: 这种~,只宜从中调解,不能参与进去。

【妇女】fùnǚ 名。成年女子的通称。

【妇女节】fùnǚjié 名。"三八国际妇女节"的简称。

【妇人】fùrén 名。指已婚女子。

【妇孺】fùrú 名。指妇女和小孩: 这件事~皆知。

【妇幼】fùyòu 名。妇女和儿童; 多作定语: ~保健站|~卫生。

服 fù 量。用于中药: 一~中药。
另见fú。

阜 fù ❶〈古〉名。土山。❷〈素〉多: 物~民丰。

复(△複、△復) fù 〈素〉△(1)重复: ~制|~写。△(2)繁复,不是单一的: ~杂|~合。△(3)转过来或转回来: 反~|往~。(4)答复: ~信。△(5)恢复: ~原|光~。△(6)报复: ~仇。△(7)再,又: ~查|~审。

【复本】fùběn 名。同一种书刊或文件,收藏不止一部时,第一部以外的称复本。

【复辟】fùbì 动。辟: 君主。原指失位的君主复位,现泛指被推翻的反动统治者恢复原来的地位或被消灭的反动制度复活: 反动阶级妄图~。可带宾语: 张勋~帝制,只是一场历史闹剧而已。注意: 辟,这里不读pì。

【复查】fùchá 动。再次检查; 常带宾语或补语: ~帐目|~一次。

【复仇】fùchóu 动。报仇; 不带宾语: 他决心为冤死的父亲~。可拆开用: 他终于复了仇。

【复古】fùgǔ 动。恢复古代的制度、风尚等; 不带宾语: 文艺的继承并非~。

【复合】fùhé 动。合在一起: "夥"这个字是"勿"和"要"~在一起构成的。可带宾语: 这种药丸~了好几味中药。

【复合词】fùhécí 名。由两个或两个以上语素构成的词。参见"合成词"。

【复合量词】fùhé liàngcí 词组。表示复合单位的量词,如"架次"、"吨公里"等。

【复核】fùhé 动。复查核对; 多指材料或帐目: 这本帐簿要~一下。可带宾语: ~了摘抄的材料。可重叠: 要好好~~。

【复活】fùhuó 动。死而复生,多比喻被消灭了的事物又重新活动起来; 一般不带宾语。可带补语: 封建迷信在一些地方又~起来了。

【复旧】fùjiù 动。恢复陈旧的习俗、观念、制度等；不带宾语：这种做法实际是～｜不许～。可拆开用：敌人一回来，一切又复了旧。

【复句】fùjù 名。由两个或两个以上分句组成的句子，如"梅花才落，杏花又开了。"就是由两个分句组成的复句。

【复刊】fùkān 动。停办的报刊恢复刊行；不带宾语：这本杂志最近又～了。

【复利】fùlì 名。计算利息的一种方法。到期不提取利息，而把利息和本金加在一起算做下一期的本金，再计算利息。这样计算的利息叫复利。

【复名数】fùmíngshù 名。包括两个单位以上名称的数，如5元8角，3丈5尺2寸等。

【复命】fùmìng 动。执行命令后回报；不带宾语：任务完成后，我当立即～。

【复赛】fùsài 动。指体育等竞赛中初赛后决赛前进行的比赛：作文比赛四月五日～。常作"参加、进行"等动词的宾语：他将参加～。

【复审】fùshěn 动。常带宾语或补语。(1)再一次审查：这部书稿初审已经通过，正在～中｜～开支帐目｜～过一次。(2)法院对已审理的案件再次进行审理：～案件｜～得很仔细。

【复试】fùshì 动。有些考试分两次进行，第一次叫初试，一般考普通科目，及格者再考一次，这叫复试。复试时一般只考专业科目。

【复述】fùshù 动。常带宾语或补语。(1)把自己或别人说过的话再说一遍：这孩子能～听到的故事｜请你把他刚才说的话～一下。(2)语文教学中让学生把读物的内容用自己的话说出来，这是一种练习方法：～课文大意。

【复苏】fùsū 〈书〉动。(1)苏醒，恢复知觉；不带宾语：他休克近一个小时才～｜冬去春来，万物～。(2)使复苏；须带宾语：一阵阵刀伤的痛楚，渐渐～了他的意识，唤醒了他的记忆。

【复习】fùxí 动。学过的知识再学习，以求巩固：老师上的课，每天都要～。常带宾语或补语：小江每天抓紧时间～功课｜～得很认真。

【复线】fùxiàn 名。有两组或两组以上轨道的铁路或电车道，相对的方向可以同时行车；区别于"单线"。

【复写】fùxiě 动。把复写纸夹在白纸之间进行书写，一次可以写出几份；常带宾语或补语：请你～这份通知，一式三份｜这篇文章请～三份。

【复信】fùxìn ❶动。回信；不带宾语，可拆开用：我已复了信。❷名。指回复的信：收到了他的～。

【复兴】fùxīng 动。(1)衰落后重新振兴起来；不带宾语：民族～｜文艺～。(2)使复兴；须带宾语：～中华是历史赋予我们的重任。

【复姓】fùxìng 名。两个字的姓，如诸葛、欧阳。

【复学】fùxué 动。休学后又上学；不带宾语：病愈后～。可拆开用：复了学。

【复议】fùyì 动。重新讨论已决定过的事：此事尚须～。可带宾语或补语：请再～一下这个方案。

【复音词】fùyīncí 名。有两个或两个以上音节的词，如语法、徘徊、电视机等。

【复印】fùyìn 动。把图样、文件等用复印机照原样再印出来；常带宾语或补语：～了一幅图表｜这篇文章请～出来。

【复原】fùyuán 动。不带宾语，可拆开用。(1)恢复原状；多指有变动或遭破坏的事物：座谈会后桌椅要～｜这些古建筑经过整修，都复了原。(2)恢复健康：伤员们都盼望早日～，重返前线。也作复元。

【复员】fùyuán 动。不带宾语，可拆开用。(1)由战时状态转入平时状态，除指军队外，还包括政治、经济、文化等各部门：战争已宣告结束，一切～。(2)军人因服役期满或其他原因,·退出现役：小张最近～｜复了员仍回工厂工作。

【复杂】fùzá 形。多而杂；多指事物的种类、头绪或情况等：这个案件很～。

【复职】fùzhí 动。解职后又恢复原来职务；不带宾语：他已经～。可拆开用：复了职。

【复制】fùzhì 动。常带宾语或补语。(1)按照原件仿造；多指文物和艺术品：～了一件商代的铜鼎｜这张画～得很像。(2)按原样翻印书籍或翻录磁带：～了一盘录音带｜这本书照原样～出来。

腹 fù 名。躯干的一部分。人的腹在胸部的下面。通称肚子(dǔzi)。

【腹背受敌】fù bèi shòu dí 成。前后同时受到敌人的攻打,表示陷入困境:我军很快脱离了~的危险境地。

【腹地】fùdì 名。内地,靠近中心的地区:地质工作者深入到长白山大森林的~进行考察。

【腹诽】fùfěi〈书〉动。嘴上不说,心里却认为不对;不带宾语,可带补语:~于怀|专制使人沉默,但无法使人~。也作腹非。

【腹稿】fùgǎo 名。心中已经想好,但还没写出的文稿:打好~,成文就快了。

【腹水】fùshuǐ 名。腹腔内有液体蓄积的症状。心脏、肾脏疾患以及腹腔内疾病都能引起腹水。

【腹心】fùxīn 名。(1)〈书〉真诚的心意:敬布~。(2)比喻极亲近的人:这几个人都是他的~。(3)比喻要害或中心部分:~之患|~之地。

蝮 fù [蝮蛇](-shé) 名。一种毒蛇,头呈三角形,身体灰褐色,有斑纹。生活在山野或平原,捕食鼠、鸟等小动物,也能伤害人和家畜。又叫草上飞、土公蛇。

鳆 fù [鳆鱼](-yú) 名。软体动物,贝壳椭圆形,生活在海中。肉可食,贝壳中医入药。通称鲍鱼。

覆 fù ❶〈书〉动。多带宾语。(1)遮盖:下种后要~一层土。(2)翻;多与单音节名词相配:~舟|~巢。❷同"复(3)(4)"。

【覆盖】fùgài 动。遮盖;常带宾语或补语:白雪~着广漠的荒原|用薄膜~在上面。
 ＊"覆盖"和"笼罩":"覆盖"着重指遮住,覆盖的事物不一定大于被覆盖物,两者是紧贴着的;"笼罩"侧重指罩住,笼罩的事物一般大于被笼罩的事物,两者不一定紧贴在一起,如"夜幕笼罩着整个村庄"。"覆盖"一般用于具体的事物,如"草皮、地毯"等。"笼罩"可用于具体的事物,也可用于抽象的事物,如"气氛、恐怖"等。

【覆灭】fùmiè 动。(1)全部被消灭;不带宾语:敌人全军~。(2)消灭;常带宾语:这是勾践能以弱小的国家~强吴的根本原因。

【覆没】fùmò 动。不带宾语。(1)翻沉;指船舶:货轮触礁~。(2)同"覆灭(1)"。

【覆盆之冤】fù pén zhī yuān 成。翻过来放着的盆子,里面照不到阳光。比喻有冤无处申辩:他十年~终于昭雪了。

【覆水难收】fù shuǐ nán shōu 成。泼在地上的水难以再收回来。比喻事情已经定局,无法挽回。

【覆亡】fùwáng 动。灭亡;不带宾语:封建王朝一个接着一个地~了。

【覆辙】fùzhé 名。翻过车的道路,比喻前人失败的教训;常用在固定组合中:重蹈~。

馥 fù〈素〉香气:~郁。

【馥郁】fùyù〈书〉形。形容香气非常浓厚,不加程度副词:玫瑰花散发着一般~的香气。

洑 fù 动。在水里游;常带补语:~到对岸。
 另见fú。

副 fù ❶形。居第二位的,辅助的;与"正"相对,不加程度副词,不单独作谓语,作定语,不加助词"的":~厂长。❷量。(1)用于成对或成套的东西:一~对联|两~象棋。(2)用于面部表情,数词限于"一",名词前常有修饰语:一~笑脸|一~惊异的神色。❸〈素〉(1)附带的,次要的:~业|~食。(2)符合,相称:名~其实。

【副本】fùběn 名。依著作或文件的原样复制的本子。

【副产品】fùchǎnpǐn 名。制造某种产品时附带产生的物品。也喻指完成某项工作时附带得到的其他收获。也叫副产物。

【副词】fùcí 名。修饰或限制形容词或动词,表示程度、时间、范围、语气、频率等而不能修饰名词的词,如"很、最、都、只、刚、曾经、不、也许、难道"等。

【副官】fùguān 名。旧时军队中办理行政事务的军官。

【副教授】fùjiàoshòu 名。高等学校中教师的一种高级专业技术职务,次于教授。

【副刊】fùkān 名。报纸上刊登文艺作品或理论文章等的固定版面。

【副品】fùpǐn 名。不完全符合质量要求的工业产品。也说次品。

【副食】fùshí 名。指鱼肉蔬菜等；区别于"主食"。

【副手】fùshǒu 名。助手。

【副题】fùtí 名。加在文章或新闻的标题旁边或下边的标题,起补充说明作用。也叫副标题。

【副性征】fùxìngzhēng 名。人和动物发育到一定阶段出现的性别特征,如男子长胡须,女子乳房发育等。

【副业】fùyè 名。在主要生产任务以外附带经营的事业,如农民从事养猪、编席等。

【副职】fùzhí 名。次于正职的职位,如副厂长、副校长。

【副作用】fùzuòyòng 名。伴随积极作用而附带产生的消极作用: 既要解决问题,又要防止产生~。

富 fù ❶形。财产多;与"贫、穷"相对: 国家~,人民才能~。❷动。富有,充裕,多;常加"于"后带宾语: ~于创造性。❸〈素〉资源,财产: ~源|财~。❹姓。

【富贵】fùguì 形。财产既多,地位又高;常作定语: ~人家。

【富豪】fùháo 名。指有钱又有权势的人。

【富丽】fùlì 形。宏伟美丽: ~堂皇|文辞~|屋内陈设非常~。

【富丽堂皇】fùlì tánghuáng 成。富丽:宏伟美丽;堂皇: 气势盛大。形容建筑雄伟,装饰华丽,也形容场面豪华盛大: 这家宾馆装饰得~|小两口的婚礼,张罗得~,实在过分。

【富农】fùnóng 名。旧时农村中的资产阶级。一般占有土地和比较优裕的生产工具及活动资本,以出租部分土地或雇工、放高利贷等方式进行剥削。自己参加劳动,但剥削收入为主要生活来源。

【富强】fùqiáng 形。财物充裕、力量强大;限指国家: 把祖国建得更加~。

【富饶】fùráo 形。物产多,财富多: 美丽~的江南水乡。

【富庶】fùshù 形。物产丰富,人口众多: 苏杭一带是非常~的地方。

【富态】fù·tai 〈方〉形。形容身体胖;婉辞: 这位老奶奶~得很。可重叠: 这人长得富富态态的。

【富翁】fùwēng 名。拥有大量私有财产的人。

【富有】fùyǒu ❶动。大量具有;须带宾语: ~感情|~代表性。❷形。拥有大量财富: 部落首领一般是由最~、最有权势的大家族的族长担任的|他家并不~,顶多算个小康之家。

【富裕】fùyù 形。富足而充裕: 我国的农民开始~起来了|过着非常~的生活。

＊"富裕"和"富饶": "富裕"主要指生活充裕; "富饶"主要指国家或某一地区的物产丰富。

【富裕中农】fùyù zhōngnóng 词组。旧时主要靠自己的劳动为生,对别人有轻微剥削,但剥削收入不超过全年总收入的25%,生活状况在普通中农以上的一部分中农。

【富余】fù·yu 动。足够而有多余;用于财物等: ~的木料|吸收农村~劳动力进工厂做工。可带宾语: ~了一笔钱。

＊"富余"和"富裕": "富余"是动词,指东西剩余下来; "富裕"是形容词,指东西比较充裕。

【富源】fùyuán 名。指自然资源,如矿藏、森林等。

【富足】fùzú 形。丰富充足;多指财物: 物资~|家用很~。

赋 fù ❶〈书〉动。(1)交给,给予;多用于上对下,并用介词"以"构成介词词组作补语: 国家对青年~以重任。(2)吟或作;以"诗、词"为宾语: ~诗一首。❷名。(1)旧指田地税。(2)古代文体名,盛行于汉魏六朝,是一种有韵的文章,介于诗和散文之间,如汉代班固的《两都赋》。

【赋税】fùshuì 名。旧指田赋和各种捐税。

【赋闲】fùxián 动。失业家居;不带宾语,带补语: 他长年~在家。

【赋性】fùxìng 名。天性: ~愚直|~刚强。

【赋有】fùyǒu 动。具有;多指性格、气质等,须带宾语: 中国人民~勤劳、勇敢的品质。

【赋予】fùyǔ 〈书〉动。交给,给予;用于重大的任务、使命等；须带宾语：使国家富强是历史～我们的光荣任务。

*"赋予"和"给予"："赋予"的宾语一般是名词；"给予"的宾语，可以是名词，也可以是动词，如"给予表扬"、"给予支持"等。

傅 fù ❶〈古〉动。(1)辅助：郑伯～王。(2)通"附"，附着：皮之不存，毛将安～？❷〈素〉负责教导或传授技艺的人：师～。❸姓。

【傅会】fùhuì 见"附会"。

缚 fù 〈素〉捆绑：束～。

赙 fù 〈素〉旧时拿钱财帮助别人办理丧事：～金｜～赠。

【赙金】fùjīn 〈书〉名。给办丧事的人家赠送的钱。

【赙赠】fùzèng 〈书〉动。向办丧事的人家赠送财物。

咐 fù 见"吩(fēn)咐"、"嘱(zhǔ)咐"。

G

gā(ㄍㄚ)

夹（夾） gā [夹肢窝](-zhiwō) 名。"腋"的通称。指臂和肩连接处下面的窝。
另见jiā、jiá。

旮 gā 见"旮旮旯旯儿"、"旮旯儿"。

【旮旮旯旯儿】gāgalálár 〈方〉名。每个角落：~都要打扫干净。

【旮旯儿】gālár 〈方〉名。角落：墙~|山~。

咖 gā [咖喱](-lí) 名。音译词。用胡椒、姜黄、茴香等的粉末等做成的调味品，色黄，味香辣。
另见kā。

嘎 gā 拟声。摹拟短促而响亮的声音：汽车~的一声刹住了。
另见 gá(嘎)、gǎ。

【嘎巴】gābā 拟声。摹拟树枝等折断的声音。

【嘎嘎】gāgā 拟声。摹拟鸭子、大雁等的叫声。

【嘎吱】gāzhī 拟声。摹拟受压物件所发出的声音；多叠用：扁担在肩上~~地响着。

gá(ㄍㄚˊ)

轧 gá 〈方〉❶形。拥挤：会场上人很多，~得很。❷动。常带宾语。(1)结交：~朋友。(2)核对；多以"帐"作宾语：~帐。
另见yà、zhá。

钆 gá 名。一种稀土金属元素，符号 **Gd**。原子能工业中用做反应堆的结构材料。

尜（嘎） gá [尜尜] ❶名。两头尖中间大的一种儿童玩具。也叫尜儿。❷形。像尜尜的；不加程度副词，不单独作谓语，作定语：~

枣|~汤(用玉米面等做的食品)。
"嘎"另见gā、gǎ。

噶 gá 见"噶伦"、"噶厦"。

【噶伦】gálún 名。原西藏地方政府的主要官员。

【噶厦】gáxià 名。原西藏地方政府，由噶伦四人(三俗一僧)组成。

gǎ(ㄍㄚˇ)

玍 gǎ 〈方〉形。(1)乖僻，脾气不好。(2)调皮：这孩子不听话，~得很。

【玍古】gǎgu 〈方〉形。古怪，不好；多指人的脾气、东西的质量、事情的结果等：这个人的脾气非常~，不易相处|这个人办事真~。

尕 gǎ 〈方〉形。小；表示亲昵：~娃|~张。

嘎 gǎ 同"玍"。
另见gā、gá(嘎)。

gà(ㄍㄚˋ)

尬 gà 见"尴(gān)尬"。

gāi(ㄍㄞ)

该 gāi ❶动。(1)应当是；常带宾语：5分钱1斤，3斤~1角5分|今天值班~你了。(2)应当由……来做，轮到；常带主谓词组作宾语：这工作~我做。有时带动态助词"着"：今晚~着你值班了。(3)活该，不委屈；不带宾语，限单用："~，~！谁让你这样淘气。(4)欠；一般只带宾语或补语：我还~你两块钱|这笔帐~了两年了。❷助动。表示理应如此，应当：我~走了。可以单独回答问题：该不该认真学习？~。❸副。估计情况如此；没有否定形式：要是他知道了，又~责备我们了。用在感叹句中，用"多"等配合，有加

强语气的作用：这儿的风景～多美！❹代。那；指示前面说过的人或事物，多用于公文：～地|～同志。❺同"赅"。

【该当】gāidāng 助动。应当：集体的事，我～尽力|这件事～我去办。

陔 gāi 〈古〉名。(1)台阶或近台阶的地方。(2)田间的土岗子。

垓 gāi 〈古〉数。指一万万。

【垓下】gāixià 名。古地名，在今安徽灵璧县东南。历史上楚、汉两军决战，项羽在这里被围。

【垓心】gāixīn 〈古〉名。战场的中心；多见于古典小说。

荄 gāi 〈古〉名。草根。

赅 gāi 〈素〉(1)包括：～括|以偏～全。(2)完备，全：～备|言简意～。

【赅括】gāikuò 动。概括。

gǎi 〈ㄍㄞˇ〉

改 gǎi ❶动。常带宾语或补语。(1)改变，更换：几年没有回家，家乡～了样子|开会日期～在明天。(2)修改：～作文|这件衣服要～小一点。(3)纠正，多指缺点、错误：～错别字|他的缺点已经～了不少。❷姓。

【改编】gǎibiān 动。常加"成、为"后带宾语。(1)根据原著重新编写：这部小说已～为电影。(2)改变原来的性质或建制；一般用于军队：对投诚部队进行了～|把三个团～成两个团。

【改变】gǎibiàn 动。常带宾语或补语。(1)事物发生显著的变化：从老百姓到军人，身份一～，生活习惯也～了|气候|家乡的面貌～得很快。(2)改动：～计划|方针～不得。

＊"改变"和"变化"："改变"多指人为的变化；"变化"可指人为的变化，也可指自然的变化。"改变"可带宾语；"变化"一般不带宾语。

【改朝换代】gǎi cháo huàn dài 成。指封建社会中旧的朝代为新的朝代所代替，现泛指政权更替：历代农民革命最后往往成了地主贵族～的工具。

【改道】gǎidào 动。不带宾语。(1)改变旅行的路线；常构成连动词组：他到南京后不上北京，～去武汉了。(2)改变经过的路线；用于河流：历史上黄河多次～。可拆开用：改过道。

【改动】gǎidòng 动。变动；常带宾语或补语：这首诗如果～几个字，就更好了|～得很多。

＊"改动"和"改变"："改动"一般限于文字、项目、次序等的变动，使用范围较窄。"改变"使用范围较广，可以指人的思想意识、客观事物等等的变化。

【改革】gǎigé 动。改掉事物中旧的不合理的部分，使合理、完善，能适应实际情况；常带宾语或补语：经济体制～|招生制度|～生产工艺|～得不彻底。

＊"改革"和"改良"："改革"多指彻底的根本性质的改变，语意较重；"改良"多指根本性质不变，而将个别部分加以改善，语意较轻。

【改观】gǎiguān 动。改变原来的样子，面目一新；不带宾语：小树长成后，这座山的面貌就会大大～了。

【改过】gǎiguò 动。改正过失或错误；不带宾语：～自新|勇于～。

【改行】gǎiháng 动。放弃原来的行业，从事新的行业；不带宾语：他已～，不开汽车了。常构成连动词组：他现在～做电工了。可拆开用：改了行|改过行。

【改换】gǎihuàn 动。改掉原来的，换上另外的；常带宾语或补语：这个词用在这里不贴切，要～一个|～一下会谈的地点。

【改悔】gǎihuǐ 动。认识错误，加以改正；不带宾语：死不～。常作定语：有～表现。

【改嫁】gǎijià 动。妇女在离婚或丈夫去世后，再与别人结婚；可加动态助词"了、过"，不加"着"：她～了。可带宾语：～他人。可拆开用：改过嫁。

【改进】gǎijìn 动。改变原来不好的情况，使有所进步；常带宾语：～学习方法。可作"有"等动词的宾语：服务态度有了～。

【改口】gǎikǒu 动。改变自己原来说话的内容或语气；不带宾语：他发觉自己说漏了嘴，连忙～。可拆开用：说惯了，改不过口来。

【改良】gǎiliáng 动。去掉事物的个别缺点，使更适合要求；常带宾语或补语：～土壤｜～品种｜这种工具还要～一下。

【改日】gǎirì 名。以后的某一天；指距离说话时不远的一天，多作状语：今天我还有事，咱们～再商量吧。也说改天。

【改善】gǎishàn 动。改变旧的情况，使好起来：工厂的劳动条件逐年～。可带宾语：～生活。

＊"改善"和"改良"："改善"的对象多指待遇、生活、关系、条件等；"改良"的对象多指工具、品种、土地、制度等。

【改天换地】gǎi tiān huàn dì 成。指从根本上改造大自然，也比喻彻底的社会变革：发扬～的革命精神。也说改地换天。

【改头换面】gǎi tóu huàn miàn 成。比喻只改换形式，不改变内容；常含贬义：决不能把别人的作品～说成是自己的。

【改弦更张】gǎi xián gēng zhāng 成。更：变更；张：给乐器上弦。改换、调整乐器的弦，使声音和谐。比喻改革制度或变更方法：这家工厂管理混乱，只有～，才有出路。

【改弦易辙】gǎi xián yì zhé 成。易：换；辙：车轮轧过的痕迹，这里指道路。乐器改换琴弦，行车变更道路。比喻改变方向、计划、方法或态度：老张办厂失败，于是～，去经商了。

【改邪归正】gǎi xié guī zhèng 成。不再做坏事，回到正路上来；多用于犯了罪或犯了严重错误的人：经过教育，他决心～，重新做人。

【改写】gǎixiě 动。(1)修改：他把自己新创作的小说又认真做了修改，其中第三章重新～了。可带宾语：重新～了这本书稿。(2)根据原著重写：这本《水浒故事》是根据《水浒》～的。加"成、为"后可带宾语：把小说～成电影。

【改元】gǎiyuán 动。指我国历史上皇帝即位时或在位期间改换年号，每一个年号开始的一年叫"元年"。

【改造】gǎizào 动。常带宾语。(1)就原有的事物加以修改或变更，使适合需要：～自然｜～厂房。(2)从根本上改变旧的，建立新的，使适合新的形势和需要：～思想｜～旧的国家机器｜我们要把这些少年犯～为新人。

＊"改造"和"改革"："改造"的对象多是具体的事物、大自然、人或人的思想意识之类；"改革"的对象多是社会制度、习惯、形式等。

【改正】gǎizhèng 动。把错误的改为正确的；常带宾语或补语：～错误｜这个字写错了，要～过来。

＊"改正"和"纠正"："改正"语意较轻，多用于一般性错误和缺点；"纠正"语意较重，多用于比较严重的或较大的缺点和错误。

【改装】gǎizhuāng 动。(1)改变装束：这样打扮不好看，要～一下。加"成"后可带宾语：侦察员小王～成小贩的模样，去镇上探听敌情。可拆开用：他改了装，一下子竟认不出来了。(2)改变包装：老牌货不必～。(3)改变原来的装置：这部机器经过～，功效提高了好几倍。可带宾语或补语：～路灯｜开关～在门口。

【改组】gǎizǔ 动。改变原来的组织或更换原有的人员：内阁～。可带宾语：要～这个领导班子。

gài（ㄍㄞˋ）

丐 gài 〈素〉(1)乞求，乞讨：～养。(2)讨饭的人：乞～。

钙 gài 名。金属元素，符号Ca。银白色的晶体，有展延性。它的化合物在工业上、建筑工程上和医药上用途很大。人的血液和骨骼中都含有钙，缺钙会引起佝偻病、手足抽搐等。

芥 gài 〔芥菜〕(-cài) 名。一年生草本植物，芥(jiè)菜的变种，叶子大，表面多皱纹，是普通蔬菜。也作盖菜。另见jiè。

盖（蓋）gài ❶名。(～儿、～子)(1)器物上有遮蔽作用的东西：水缸上加个～儿。(2)动物背部的外壳：乌龟～。❷动。常带宾语或补语。(1)由上而下的遮掩，蒙上：～被子｜～上锅。引申为蒙骗；一般用于不好的对象：丑事想～也～不住。(2)压倒，超过：窗外哗哗的暴雨声，～住了说话声｜他的

书法已～过他的老师。(3)打上；用于印章：～章|～邮戳|图章～歪了。(4)建筑；用于房屋之类的建筑物：～楼房|仓库～好了。❸〈古〉副。大概；表示推测：此言虽不能全信，～亦近之。❹〈古〉连。表示缘故：学然后知，有所不知，～未之学也。❺姓。

另见 gě。

【盖棺论定】gài guān lùn dìng 成。一个人一生的是非功过到死后才能做出结论。

【盖世】gàishì 形。压倒当代人，没人比得过；多指才能、功绩等，不加程度副词，常用在固定组合中：～无双。

【盖世太保】gàishìtàibǎo 名。音译词。法西斯德国的国家秘密警察组织。也译作盖斯塔波。

【盖子】gàizi 〈口〉名。(1)器物上部有遮盖作用的东西。瓶～|茶金～。(2)比喻隐瞒的问题或有待弄清楚的情况：阶级斗争的～|他贪污的罪行迟早会被揭露，～是捂不住的。(3)动物背上的甲壳：螃蟹～。

溉
概 gài 见"灌溉"。

概 gài ❶副。全，都；只与单音节词相配：食品售出，～不退换|擅离职守，～以旷工论处。❷〈素〉(1)大略：～况|大～。(2)神气，气度：气～。

【概观】gàiguān ❶名。概况；多用于书名：《中国当代文学～》。❷动。概括地观察；常带宾语：～历史，总是后来居上。

【概况】gàikuàng 名。大概的情况：事件～|会议～。

【概括】gàikuò ❶动。把事物的共同点归结在一起，总括；常带宾语或补语：请你用几句话～全文|这篇文章的要点，请你～一下。❷形。简单扼要：他把会议精神～地说了一下。
＊"概括"和"总结"："概括"指把事物的共同点归结在一起；"总结"指把经验或情况分析研究，做出有指导性的结论。"概括"一般比较全面而简括；"总结"可以突出某一个或几个方面，深入展开。"概括"可作形容词用；"总结"不可以。

【概率】gàilǜ 名。某种事件在一定条件下可能发生也可能不发生，表示发生的可能性大小的量叫做概率。例如在一只口袋里装上形状、大小、重量相同的两只黑球和两只白球，那么在袋里任取一球，黑球和白球的概率都是 $\frac{1}{2}$。旧称或然率。

【概略】gàilüè 名。简略而大概的情况：看完这篇文章，就能了解第二次世界大战的～。

【概论】gàilùn 名。概括的论述；一般用于书名：《语言学～》。

【概貌】gàimào 名。大概的状况：地质～|学校～。

【概莫能外】gài mò néng wài 成。一概不能除外：这是普通的道理，古今中外，～。

【概念】gàiniàn 名。一种思维形式，它是客观事物的本质体在人们头脑中的反映。人们通过实践，在感性认识的基础上，从事物的许多的属性中，抽出本质属性，加以概括，形成概念。概念是用词或词组来表达的。例如我们有了一个工厂的一般概念，就可以用"工厂"这个词来表示。

【概念化】gàiniànhuà 形。指文艺创作中缺乏深刻的具体描写和典型形象的塑造，用抽象概念代替人物个性的不良倾向：这是一篇公式化、～的小说|这篇作品太～了。

【概数】gàishù 名。大概的数目。如一百多斤、三四里、五六个等。

【概算】gàisuàn 名。编制预算前对收支指标所提出的大概数字，预算就是在这个数字的基础上，经过进一步的详细计算而编制出来的。

【概要】gàiyào 名。重要内容的大概；多用于书名：《文字学～》。

戤 gài 〈方〉动。旧指假冒商品牌号以图利；多与单音节词相配：～牌香烟。

gān（《⺄）

干（△乾） gān △❶形。(1)没有水分或水分很少；与"湿"相对：～柴|油漆未～。(2)枯竭，空虚：大河没水小河～|钱都花～了。❷动。(1)〈书〉关连，涉及；常用在否定句或问句中：不～你事|这事与你何～?)

(2)〈古〉追求;一般用于职位、俸禄等:~禄|~进。△(3)喝尽壶中或杯中的酒;常带宾语: ~了这一杯酒|一口气~了一壶。△(4)〈方〉慢待,置之不理;多带补语: 主人走了,把咱们~在这儿了。△❸名。(~儿)干的食品: 把吃不了的白薯都晒成~儿了。△❹副。徒然,白白地: ~等|~起劲|~打雷不下雨。❺〈素〉△(1)不用水的: ~洗。△(2)只具形式,并非真的: ~笑|~号(háo)。(3)触犯,冒犯: ~涉|~扰。(4)天干: ~支。(5)古代指盾: ~戈。△(6)拜认的亲属关系: ~爹|~妈。❻姓。
另见gàn,"乾"另见qián。

【干巴】gānba 〈口〉形。(1)失去水分而收缩变硬: 桔子都~了。(2)干燥;多指皮肤: 他那~的脸上布满了皱纹。

【干巴巴】gānbābā 形。不加程度副词,常加助词"的"。(1)干燥,一般含厌恶的意思: 这玉米馍馍~的,咬不动。(2)内容不丰富,不生动;指语言或文章: 这篇文章~的,读来味同嚼蜡。

【干杯】gānbēi 动。喝干杯中的酒;宴席上的用语,不带宾语: 为您的健康~!可拆开用: 干了这一杯。

【干瘪】gānbiě 形。(1)干而收缩,不饱满: 风吹日晒,这些黄瓜都~了。(2)比喻贫乏,枯燥无味;一般指文辞: 语言很~。

【干脆】gāncuì ❶形。(1)爽快: 他办事~得很,从不拖泥带水。你干干脆脆地说吧,到底想要什么?❷副。索性: 这个问题很复杂,~不提吧|电话里同他说不清,~我自己跑一趟,当面谈。
＊"干脆"和"索性":"干脆"指行动的爽快、利落,"索性"则带有不顾一切,放手去干的色彩。"干脆"可作形容词,可以直接作谓语;"索性"是副词,不能直接作谓语。

【干打垒】gāndǎlěi 名。(1)一种简易的筑墙方法,把粘土填在两块固定的木板之间,夯实成土墙。(2)指用干打垒的方法筑墙所盖的房屋: 这是一间~。

【干瞪眼】gān dèngyǎn 习。形容在一旁着急而又无可奈何的样子: 我牙不好,看着这又香又脆的蚕豆只能~,吃不得。

【干犯】gānfàn 〈书〉动。冒犯,干扰侵犯;常带宾语或补语: 古代对~禁令的人常处以重刑|他国领土,~不得。

【干戈】gāngē 名。泛指武器,常用来比喻战争或动武;常用在固定组合中: 大动~|化~为玉帛(比喻变战争为和平)。

【干旱】gānhàn 形。因缺雨造成的土壤、气候干燥: 久晴不雨,田地~。

【干涸】gānhé 形。没有水,一般指河道、水塘等,不加程度副词: 池塘~|~的水沟。

【干将】gānjiāng 名。古代宝剑名。原为人名。《吴越春秋》卷四:"干将者,吴人也,与欧冶子同师,俱能为剑。越前来,献三枚,阖闾得而宝之。以故使剑匠作为二枚,一曰干将,二曰莫邪。莫邪,干将之妻也"。后用以泛称宝剑。
另见gànjiāng。

【干净】gānjìng 形。可重叠。(1)没有尘土、杂质等: 他换了一身~衣服|院子里很~|他笔下~,没有多余的词语|他把地打扫得干干净净的。(2)比喻一点不剩: 要把封建残余势力消灭~|做事利落,从不拖泥带水|这碗菜被吃得干干净净。
＊"干净"和"清洁":"干净"有比喻义;"清洁"没有。"干净"使用范围较宽,可以指整个环境,也可指任何具体的东西;"清洁"使用范围窄,多用来指整个环境,很少用来指小的东西。"干净"可做补语;"清洁"不能。"干净"可以重叠;"清洁"不能。"干净"多用于口语;"清洁"多用于书面。

【干枯】gānkū 形。(1)草木因衰老或缺乏营养,水分而失去生机:~的树叶。(2)干涸: 久旱不雨,屋后的小池塘都~了。(3)因衰老或缺乏营养而皮肤干燥: ~的脸上没有一点儿光泽。

【干连】gānlián 动。牵连: 他同这件案子有~。可带宾语或补语: 这件事~不到他。

【干亲】gānqīn 名。没有血缘关系或婚姻关系而结成的亲戚。

【干扰】gānrǎo ❶动。扰乱;常带宾语: 他正在读书,不要去~他。❷名。指妨碍无线电设备正常接收信号的电磁振荡。主要由接收设备附近的电气装置引起。日光、磁暴等天文、气象上的变化也会引起干扰。

【干涉】gānshè 动。(1)对别人的事强行过问或制止;常带宾语:互不~内政|对损害集体利益的行为,应该加以~。(2)牵涉,关连;一般不带宾语,常作"有、无"的宾语:这件事同我毫无~。

＊"干涉"和"干预":"干涉"语意较重,有强行制止的意思;"干预"语意较轻,一般过问别人的事,给对方一定的影响。"干涉"的可以是不正当的行为,也可以是正当的行为;"干预"的多指不正当的行为。"干涉"的使用范围较宽,对象可以是事,也可以是具体行动;"干预"的使用范围较窄,对象一般是事情,不指具体的行动。

【干洗】gānxǐ 动。用汽油或其他溶剂去掉衣服上的污垢;区别于"水洗",一般不带宾语:呢制服最好~,可以保持光泽。

【干系】gānxì 名。牵涉到责任或能引起纠纷的关系;常作"有、没有"的宾语:此事与你有何~?

【干笑】gānxiào 动。不想笑而勉强装笑;不带宾语,可带补语:无可奈何地~了一下。

【干谒】gānyè 〈书〉动。有所企图或要求而求见;对象指显达的人。

【干预】gānyù 动。过问:我的事请你不要~。常带宾语:请不要~他俩的婚事。也作干与。

【干哕】gānyue 动。要呕吐又吐不出来;不带宾语:他一闻到汽油味就~。

【干燥】gānzào 形。(1)没有水分或水分很少:这里雨量稀少,气候很~。(2)枯燥,没有趣味;多指说话或文章:这篇文章写得不生动,看了~无味。

【干支】gānzhī 名。天干和地支的合称。以十干的"甲、丙、戊、庚、壬"和十二支的"子、寅、辰、午、申、戌"相配,十干的"乙、丁、己、辛、癸"和十二支的"丑、卯、巳、未、酉、亥"相配,共配成六十组,用来表示年、月、日的次序,周而复始,循环使用。干支最初是用来纪日的,后来多用于纪年,现在农历的纪年仍用干支。

玕 gān 见"琅(láng)玕"。

杆 gān 名。(~儿、~子)较长的木棍:电线~子|天线~儿。
另见 gǎn。

肝 gān 名。人和高等动物的消化器官之一。可分泌胆汁,储藏体内淀粉,能调节蛋白质、脂肪和碳水化合物的新陈代谢及解毒等。也叫肝脏。

【肝胆】gāndǎn 名。(1)比喻真心诚意;常用在固定组合中:~相照。(2)比喻勇气,血性:~过人。

【肝胆相照】gāndǎn xiāng zhào 成。比喻诚恳待人,真心相见;多作谓语或定语:他俩一同参加过长征,是~的老朋友。

【肝火】gānhuǒ 名。指容易急躁的情绪:~太旺|为这点小事,何必大动~。

【肝脑涂地】gān nǎo tú dì 成。原形容在战乱中惨死,后来表示竭尽忠诚,甘愿牺牲:岳飞宁愿~,也要尽忠报国。

【肝炎】gānyán 名。肝脏发炎的病,常见的是病毒性肝炎,有发热、乏力、厌食、黄疸、肝肿大和肝区疼痛等症状。

矸 gān [矸石](-shí) 名。夹杂在煤里的石块,不易燃烧。也叫矸子。

竿 gān (~儿、~子) 名。竹竿,竹子的主干。

酐 gān 名。酸酐的简称,是含氧的无机或有机酸缩水而成的氧化物。

甘 gān ❶〈素〉(1)甜,美好:~泉|~苦。(2)情愿,乐意:~休|~拜下风。❷姓。

【甘拜下风】gān bài xiàfēng 成。甘:甘心;下风:下方,下面。自认不如对方,表示真心佩服:如果这盘棋再输给你,我~。

【甘草】gāncǎo 名。多年生草本植物,茎有毛,花紫色,荚果褐色。根粗壮,有甜味,可入药,有镇咳、祛痰、解毒等作用。也是某些食品的甜味剂。

【甘苦】gānkǔ 名。(1)比喻欢乐和苦难:同~,共患难。(2)指在工作或经历中体会到的滋味;多偏指苦的一面:野外考察队员的~,是外行人难以体会的。

【甘霖】gānlín 〈书〉名。久旱以后所下的雨。

【甘露】gānlù 名。(1)甜美的露水。古人迷信，认为是天下太平的征兆。(2)即草石蚕，一种多年生草本植物，地下有宝塔状块茎，可腌食。又名宝塔菜。

【甘美】gānměi 形。香甜；多指味道：非常～的食品。

【甘薯】gānshǔ 名。(1)一年生或多年生草本植物，蔓细长，匍匐地面。块根可食用，还可制糖或酒精。通称红薯或白薯，在不同地区还有番薯、山芋、地瓜、红苕(sháo)等别名。(2)这种植物的块根。

【甘心】gānxīn 动。(1)愿意：～情愿。可带动词、动词性词组作宾语：～吃苦｜～做人民的老黄牛。(2)称心满意；常用于否定式：不夺得冠军，决不～。

【甘休】gānxiū 动。情愿罢休；不带宾语，常用在否定句中：不达目的，决不～。

【甘于】gānyú 动。情愿，甘心于；须带谓词性宾语：～牺牲｜～吃苦。

【甘愿】gānyuàn 动。心甘情愿；多带动词、动词性词组作宾语：他～做艰苦的工作｜～流血牺牲。

【甘蔗】gān·zhe 名。(1)多年生草本植物，茎圆柱形，有节，含糖质，是主要的制糖原料，也可生吃；量词用"节、段、根"：一节～｜两根～。(2)这种植物的茎。

【甘之如饴】gān zhī rú yí 成。甘：甜，引申为乐意，饴yí：饴糖，麦芽糖。把它看作像糖一样甜。比喻乐于从事某种艰苦的工作；对勘探队的艰苦生活，队员们～。

坩 gān [坩埚](-guō) 名。熔化金属或其他物质的器皿，一般用陶土、石墨或白金等制成，能耐高热。

苷 gān [糖苷](táng-) 见"甙(dài)"。

泔 gān [泔水](-shuǐ) 名。淘米、洗菜、洗刷锅碗等用过的水。有的地区叫潲(shào)水。

柑 gān 名。(～子)(1)常绿灌木，果实肉多汁，味甜酸。树皮、叶子、花、种子都入药。(2)这种植物的果实。

【柑橘】gānjú 名。果树的一类，包括柑、橘、柚、橙等。

疳 gān 名。中医指小儿消化不良、营养失调的慢性病。也指小儿虫积、成人的牙疳(牙根溃烂)等病。

尴(尷、尲) gān [尴尬](-gà) 形。(1)处境困窘，不好处理：他觉得说也不是，不说也不是，显得很～。(2)〈方〉不正常；多指神色、态度：怎么啦？看你这一副～的样子。

gǎn (ㄍㄢˇ)

杆(桿) gǎn ❶名。(～儿、～子)器物的像棍子的细长部分：笔～儿｜枪～子。❷量。用于有杆的器物：一～秤｜一～枪。
另见 gān。

秆(稈) gǎn 名。(～儿、～子)某些植物的茎；量词用"根、把、捆"等：三根麻～儿｜四捆玉米～儿。

赶(趕) gǎn ❶动。常带宾语或补语。(1)追：学先进，～先进｜我骑车才～上他。(2)加快行动：～任务｜他飞也似地往厂里～去。(3)驱策，驾御：～牲口｜～大车～了二十年。(4)驱逐：～蚊子｜把敌人～出去。(5)遇上：现在去南方，正～上了梅雨天。❷介。用在时间词前面表示等到某个时间：我们～明儿也回去。

【赶超】gǎnchāo 动。赶上并超过某水平；常带宾语：～世界先进水平。

【赶集】gǎnjí 动。在偏僻的农村，商品经济不发达，买卖货物多有固定的日期和地点，届时人们前往交易，叫做赶集；不带宾语：他天不亮就～去了。可拆开用：他每月都去赶几趟集。

【赶脚】gǎnjiǎo 动。指赶着驴或骡子供人雇用；不带宾语：解放前，他在码头上～。

【赶紧】gǎnjǐn 副。表示抓紧时机，不拖延：快下雨了，～回家吧！

【赶尽杀绝】gǎn jìn shā jué 成。消灭干净，泛指对人狠毒，不留余地。

【赶快】gǎnkuài 副。抓住时机，加快速度：～去吧，否则要迟到了。

【赶浪头】gǎn làng·tou 习。指追随大众做一些适应当前形势的事；多含贬义：他这样做完全是为了～。

【赶忙】gǎnmáng 副。表示赶紧、连忙的意思：他～扶起跌倒的孩子。

【赶巧】gǎnqiǎo 副。凑巧，正好：我去拜访他，～他在家。

【赶时髦】gǎn shímáo 习。指迎合当时最流行的风尚：为了～，她也烫了头发。

【赶趟】gǎntàng〈口〉动。赶上，来得及：船8点开，我们7点钟动身也～。

【赶鸭子上架】gǎn yāzi shàng jià 习。比喻逼迫去做能力所不及的事情：我不会喝酒，你硬要我喝，这不是～吗？也说打鸭子上架。

擀 gǎn 动。用棍棒来回碾压；常带宾语或补语：～饺皮|把粗盐～碎一点。

敢 gǎn ❶助动。(1)表示有勇气做某事；能单独回答问题：～想～干|他们向我们挑战了，我们～不～应战？～！(2)表示有把握做某种判断；不能单独回答问题：我～说他一定愿意做这件事|他是否来，我不～肯定。❷〈书〉副。谦辞，表示冒昧地请求：～问|～烦。

【敢情】gǎnqing〈方〉副。(1)表示发现原来没有发现的事情：哟！～夜里下大雪。(2)表示情理明显，不必怀疑；含有"太"的意思：今晚去看足球赛吗？那～好！

【敢是】gǎnshì〈方〉副。莫非，怕是；表示揣度的语气：～张老师来了吧？

【敢死队】gǎnsǐduì 名。军队为完成最艰巨的战斗任务由勇敢不怕死的人组成的先锋队伍。

【敢于】gǎnyú 助动。表示有勇气去做某事；一般用在双音节动词前：～斗争，～胜利。

澉 gǎn 地名用字。澉浦，在浙江省海盐县。

橄 gǎn 见"橄榄"、"橄榄球"、"橄榄枝"。

【橄榄】gǎnlǎn 名。(1)常绿乔木，果实长椭圆形，两端稍尖，绿色，可以吃，也可以入药。(2)这种植物的果实。有的地区叫青果。(3)即油橄榄，小乔木，花白色，果实可榨油。欧美用它的枝叶作为和平的象征。

【橄榄球】gǎnlǎnqiú 名。(1)球类运动项目之一，起源于英国，盛行于美、英、澳、加拿大等国家。大致可分为英式和美式两大类。目前，各国橄榄球的场地、器材、服装、比赛规则等都各不相同。(2)这项运动中使用的球，因球形似橄榄而得名。

【橄榄枝】gǎnlǎnzhī 名。油橄榄的枝叶。西方国家用它作为和平的象征。

感 gǎn ❶动。觉得；可加程度副词，多带谓语：他对京剧很～兴趣。❷〈素〉(1)使人动心：～化|～动。(2)感觉、感想、情感。好～|观～。(3)对别人的好意表示谢意：～谢|～恩。(4)摄影胶片等接触光线发生变化：～光。(5)病名：流～|～冒。

【感触】gǎnchù 名。跟外界事物接触而引起的思想情绪：他听了这番话，深有～。

【感戴】gǎndài 动。感激而拥护；用于对上级，可加程度副词，多带宾语：老村长全心全意为村民服务，人们非常～他。

【感到】gǎndào 动。(1)感觉到，觉得；一般不单独作谓语，常带动词、形容词或主谓词组作宾语：～吃亏|～温暖|～骄傲|我们越往上爬，就越～精力不足。(2)表示有某种想法，认为；多带主谓词组作宾语：～自己不能胜任|大家～，这个方案不错。

【感动】gǎndòng 动。(1)思想感情受外界事物的影响而激动，引起同情或向慕；不带宾语，可加程度副词：学生们听了他的事迹介绍，十分～。可带补语：大家都～得流泪了。(2)使感动；须带宾语，可加程度副词"很、十分"等修饰：这篇文章十分～人|他的话深深地～了在座的听众。

＊"感动"和"感染"："感动"语意较重，指思想感情受外界事物影响而产生激动的情绪；"感染"语意轻，指思想感情受外界事物影响而发生相同的思想感情。"感动"人的外界事物较广；"感染"人的只是人的语言或行动。"感动"可以作状语；"感染"不能。"感动"可带补语；"感染"一般不能。

【感恩】gǎn'ēn 动。对别人的帮助表示感激；多用在固定的组合中：～戴德|～

不尽。|~图报。

【感恩戴德】gǎn ēn dài dé 成。戴: 推崇。感激别人给予自己的恩德; 今多用于讥讽: 得了一点好处, 就这样~地吹捧别人, 真没骨气!

【感奋】gǎnfèn 动。因感动、感激而振奋; 不带宾语: 孩子们能写出这么好的文章, 令人~。

【感愤】gǎnfèn 动。有所感触而愤慨; 不带宾语: 南宋朝廷的腐败, 使爱国诗人陆游~不已。注意: "感愤"和"感奋"读音相同, 但含义不同。

【感官】gǎnguān 动物感受外界刺激的器官, 如眼、耳、鼻、舌、皮肤等。

【感光】gǎnguāng 动。照相胶片等受光照射而起化学变化; 不带宾语: 底片~|~不足。

【感化】gǎnhuà 动。用精神力量或行为影响别人, 使向好的方面变化; 常带宾语: 同志们诚恳耐心地帮助~了这位失足青年, 使他走上了正路。

＊"感化"和"感染": "感化"是单义词, 指有意地用语言、行动来教育、影响别人, 使他的思想行为发生质变; "感染"是多义词, 本义是受到病菌传染, 引申为有意或者无意地使别人在思想情绪上受到影响、熏染。

【感怀】gǎnhuái 动。心中有所感触; 不带宾语, 旧体诗常用作诗题: ~诗|~之作。

【感激】gǎnjī 动。因得到别人的帮助而产生好感和谢意; 可加程度副词: 你给了我这么多帮助, 我非常~。可带宾语: 我很~你给我的帮助。可作状语: 他~地说:"谢谢!"

＊"感激"和"感动": "感激"语意较重, 指因受人之益而激动, 同时产生一种谢意; "感动"语意较轻, 指受外界的影响而引起同情或向慕。

【感激涕零】gǎnjī tì líng 成。感激得以至流泪。形容异常感激; 现多用于讥讽: 他那副~的样子, 真叫人恶心。

【感觉】gǎnjué ❶名。客观事物的个别特性在人脑中引起的反应: 一走进莫愁湖公园, 你就会有一种幽静、清新的~。❷动。觉得; 多带动词、形容词或主谓词组作宾语: ~有点发烧|伤口化脓了, 我~很疼|~寒气逼人。

＊"感觉"和"觉得": "感觉"使用范围较宽, 有动词用法, 也有名词用法; "觉得"使用范围较窄, 只有动词用法。

【感慨】gǎnkǎi 动。有所感触而慨叹; 不带宾语, 可加程度副词, 可带补语: 异常~|~万端。

【感冒】gǎnmào 也叫伤风。❶名。由病毒引起的一种传染病, 在身体过度疲劳、着凉、抵抗力降低时容易发生。❷动。患感冒; 不带宾语, 可带动态助词"了、过": 他~了。

【感念】gǎnniàn 动。因感激或感动而怀念: ~不忘。可带宾语: ~恩人。

【感情】gǎnqíng 名。(1)受外界影响而产生的喜怒哀乐等心理反应: ~激动|一股悲愤的~涌上心头。(2)对人或事物关切、喜爱的心情: 他对教学工作越来越有~了|他们弟兄俩~很好。

【感情用事】gǎnqíng yòng shì 成。不冷静考虑, 凭个人好恶或一时的感情冲动处理事情: 一切应从人民的利益出发, 你不能~。

【感染】gǎnrǎn 动。常带宾语或补语。(1)受到传染: 伤口~了|身体不好, 容易~疾病|他~上了流行性感冒。(2)通过语言或行为引起别人相同的思想感情: 他那忘我工作的精神, 深深地~了我|这本书对他~得很深。

＊"感染"和"感受": "感染"的对象多是具体的人或事物; "感受"的对象则多是抽象事物, 如温暖、困难、刺激、挫折之类。"感染"可以说受到某种影响, 也可以说施予某种影响; "感受"只能说受到某种影响。

【感人肺腑】gǎn rén fèi fǔ 成。肺腑: 指内心。使人内心深深感动: 他不畏艰难, 自学成才的事迹~。

【感伤】gǎnshāng 形。因有所感触而悲伤: 回顾往事, 他异常~|他非常~地讲述了老张的悲惨遭遇。

【感受】gǎnshòu ❶动。受到, 接受; 常带宾语或补语: 同志们的热情关怀, 使他~到了集体的温暖。❷名。接触外界事物得到的影响, 体会: 这次参观, 我的～很深。

＊"感受"和"感觉"："感受"着重指事物在精神、情绪上所受到的影响；"感觉"着重指事物在认识上的反映。"感受"的对象多是抽象的东西，如温暖、困难、挫折、刺激之类；"感觉"的对象可以是抽象的，也可以是具体的。

【感叹】gǎntàn 动。有所感触而叹息；一般不带宾语，可带补语：大家对她的不幸遭遇～不已。

【感叹号】gǎntànhào 名。标点符号的一种，用"!"表示。用在感叹句和感情强烈的祈使句中。也叫惊叹号。

【感叹句】gǎntànjù 名。抒发比较强烈感情的句子，在书面上，句末用感叹号，如：啊，中国人民从此站起来了！

【感同身受】gǎn tóng shēn shòu 成。感：感激；身：亲身。感激得如同亲身受到对方恩惠一样；多用于代人向对方致谢：您对我老母的关心和照顾，我～，永生难忘。

【感想】gǎnxiǎng 名。由接触外界事物引起的想法：听了这个报告，我的～很多。

【感谢】gǎnxiè 动。用言语、行动表示感激；常带宾语或补语，可加程度副词：～你的帮助｜～不尽｜对你的热心帮助，我非常～。可带主谓词组作宾语：～他指引我走上了革命的道路。

【感性】gǎnxìng 形。指属于感觉、知觉等直观形式的；与"理性"相对，不加程度副词，不单独作谓语，多作定语：～认识｜～阶段。

【感性认识】gǎnxìng rèn·shi 词组。通过感觉器官对客观事物的片面的、现象的和外部联系的认识；与"理性认识"相对：要认识事物的本质，必须使～上升为理性认识。

【感应】gǎnyìng 名。(1)因受外界影响而引起相应的感情或动作：动物都有对外界的刺激发生比较灵敏的～的特性。(2)某些物体或电磁装置受到电场或磁场的作用而发生电磁状态的变化。

【感召】gǎnzhào 动。感化和召唤；常用在"在……感召下"格式中：在国家政策的～下，一些犯罪分子纷纷投案自首｜在春天的～下，万物都开始苏醒了。

【感知】gǎnzhī ❶动。通过感觉器官知道；常带宾语：孩子似乎～我的心理，眨了眨眼睛跑开了｜从这件事我多少能～一点这个单位复杂的人际关系。❷名。指客观事物通过感觉器官在人脑中的直接反映。

gàn(ㄍㄢˋ)

干(幹、△榦) gàn ❶动。(1)做，搞；常带宾语或补语：～了一天活儿｜工作～得出色。❷〈素〉△(1)事物的主体或重要部分：～线｜树～。(2)能干，有才干：将｜～才。△(3)干部：～群｜提～。
另见gān。

【干部】gànbù 名。政党和国家机关、军队、人民团体中担任一定公职的人员(士兵、勤杂人员除外)。特指担任一定领导工作或管理工作的人员。

【干才】gàncái 名。(1)办事的才能；常带"有"的宾语：他很有～。(2)有办事才能的人；量词用"位"：他是一位～。

【干掉】gàndiào 〈口〉动。铲除，消灭；只带名词性宾语：他已经～了三个敌人。

【干将】gànjiàng 名。能干的或敢干的人：得力～。
另见gānjiāng。

【干劲】gànjìn 名。做事的劲头：他很有～｜～十足。

【干练】gànliàn 形。办事能力强、经验多含褒义：精明～｜聪明～｜他是个十分～的人才。

【干流】gànliú 名。同一水系内全部支流所流注的河流。也叫主流。

【干什么】gàn shén·me 词组。询问原因或目的；多用在疑问句中：你～不早一点来呢？｜他老是说这些～？

【干事】gàn·shi 名。专门负责某项具体事务的人员，如宣传干事、文体干事等。

【干线】gànxiàn 名。交通线、电线、输送管道(水管、输油管之类)等的主要线路；与"支线"相对。

旰 gàn 〈古〉名。晚上：～食(到晚上才吃饭)。

骭 gàn 〈古〉名。(1)小腿骨，也指小腿。(2)肋骨。

绀 gàn 形。略带红的黑色。

【绀青】gànqīng 形。黑里透红的颜色；不加程度副词，不单独作谓语，多作定语：一件～上衣。

淦 gàn ❶水名用字。淦水，在江西省。❷姓。

赣(贛、灨) gàn ❶水名用字。赣江，在江西省。❷名。江西的简称。

【赣剧】gànjù 名。江西地方戏曲剧种之一，由弋阳腔发展而来，流行于上饶、景德镇等地区。

gāng(ㄍㄤ)

冈(岡) gāng 名。较低而平的山脊。

【冈陵】gānglíng 名。山冈和丘陵：由此西去，～连绵不断。

【冈峦】gāngluán 名。连绵的山冈：～起伏。

刚(剛) gāng ❶形。坚硬，坚强；与"柔"相对：他性情很～。❷副。(1)才；表示发生在不久前，用来修饰动词和少数表示变化的形容词：～下火车|病～好。(2)表示两件事紧接，后面常用"就、又"呼应：～来就走|他～上床，又有人来找他。(3)正好；表示时间、空间、数量等恰好在那一点上：他～十八岁|长短～合适。(4)仅仅；表示勉强够得上：考试～及格|声音很小，～能听到。❸姓。

【刚愎】gāngbì 形。倔强，固执，不接受别人的意见：～自用。注意："愎"不读fù。

【刚才】gāngcái 名。指刚过去不久的时间：～他在这儿，现在不知道到哪儿去了|～的消息可靠吗？

　＊"刚才"和"刚刚"："刚才"是名词，指不久以前的时间，可作状语或定语；"刚刚"是副词，泛指时间过去不久，只能用在动词、形容词前，作状语。"刚才"后可以用否定词，如"你为什么～不说，现在才说？"；"刚刚"不能这样用。

【刚刚】gānggāng 副。同副词"刚"；只是出于音节上的需要，有时用"刚"，有时用"刚刚"。一般说来，单音节词前面多用"刚"，多音节词前面多用"刚刚"。

【刚好】gānghǎo 副。指时间、空间、数量等正好在那一点上：走到车站，～开始检票。可用在句首：正要找他，～他来了。可以直接与谓语的数量词组合：今年他～五十|不多不少，电影票～三张。

【刚健】gāngjiàn 形。坚强有力；多指性格、风格、姿态等，含褒义：～的诗风|他的字写得～有力。

【刚劲】gāngjìng 形。挺拔有力；一般指姿态、风格等，含褒义：笔力～|～的气魄。

【刚强】gāngqiáng 形。坚强，不怕困难或不屈服于恶势力；多指性格、意志：他具有～的性格，不畏强暴|他是个～的人，从不向困难低头。

　＊"刚强"和"倔强(juéjiàng)"："刚强"指性格、意志等的刚正，跟"软弱"相对，含褒义；"倔强"指性情和脾气的执拗，跟"和顺"相对，一般用于贬义，只是表示刚强不屈的性格时才含褒义，如："在十分困难的时候，他～地工作着，从不诉苦。"

【刚巧】gāngqiǎo 副。恰巧：你要的参考书，我这里～有一册。可用在句首：你要找王厂长，～他来了。

【刚毅】gāngyì 形。刚强坚毅；多指人的性格，含褒义：他性格～，认定了目标，决不回头。

【刚正】gāngzhèng 形。刚强正直；多指人的性情、品质，含褒义：他为人～，嫉恶如仇。

【刚直】gāngzhí 形。刚强正直；多指人的品质、为人等，含褒义：老张为人～，不喜奉承。

纲(綱) gāng 名。(1)网上的总绳，比喻事物的总要：路线是个～，～举目张。(2)旧时成批运输货物的组织：盐～|花石～。(3)生物学上分类的一个等级，把同一门的生物按照彼此相似的特征和亲缘关系再分为几个群叫纲。纲以下的等级依次为：目、科、属、种。

【纲常】gāngcháng 名。三纲五常的简称。

【纲纪】gāngjì 〈书〉名。社会的秩序和国家的法纪：～废弛。

【纲举目张】gāng jǔ mù zhāng 成。纲：网上的总绳；目：网上的眼。提起总绳，网眼就全部张开。后常用来比喻文章条理分明，也指抓住事物的关键，带动其他环节。

【纲领】gānglǐng 名。政府、政党、社团根据自己在一定时期内的任务而制定的奋斗目标和行动方针。泛指某方面起指导作用的原则：战斗～|行动～。

【纲目】gāngmù 名。大纲和细目：调查～。也指先列大纲后分细目的著作，如《本草纲目》。

【纲要】gāngyào 名。提纲，概要；常用作著作或文件的总称，如《普通语言学纲要》。

枫(楓) gāng [青枫](qīng-) 名。即槲(hú)栎，乔木，茎高大，叶子背面有星状白毛。木材供烧炭用。也作青冈。

钢(鋼) gāng 名。铁和碳的合金，含碳量低于1.7%，含硫、磷等杂质少，比熟铁更坚硬、更富有弹性，是工业上极重要的原料。
另见gàng。

【钢笔】gāngbǐ 名。笔头用金属制成的笔。一种是用笔尖蘸墨水写字，也叫蘸水钢笔；另一种有贮存墨水的装置，写字时墨水流到笔尖，也叫自来水笔。

【钢材】gāngcái 名。由钢锭或钢坯加工成的产品。通常分为型钢、钢板、钢管和特殊形状的钢材等。

【钢化玻璃】gānghuàbō·li 名。安全玻璃的一种，普通玻璃加热至具有一定软化程度后经急速均匀冷却而成。机械强度和热稳定性均较普通玻璃为高。

【钢精】gāngjīng 名。指制造日用器皿的铝：～锅|～饭盒。也叫钢种。

【钢琴】gāngqín 名。键盘乐器，琴体木制，内有钢板，上面装有钢丝弦数十档。一按键盘就能带动裹有厚绒的小木槌由弦发音；量词用"架、台"。

【钢铁】gāngtiě 名。(1)钢和铁的统称。(2)比喻坚强、坚固，一般作定语：～意志|～长城|～战士。

【钢印】gāngyìn 名。(1)硬印，盖印后可以使印文在纸面上凸起。也指用钢印盖出的印痕。(2)特指车辆管理机关在自行车上打的登记号码：这部自行车已打上了～。

江 gāng 姓。

扛(摃) gāng 动。常带宾语或补语。(1)〈书〉用两手举重物：项羽力能～鼎。(2)〈方〉两人或两人以上合抬一物：两人～一根木头|能～起来。
另见káng。

肛 gāng 〈素〉肛门和肛道的总称：脱～。

【肛门】gāngmén 名。直肠末端排泄粪便的出口。

缸(瓿) gāng 名。(～儿)用陶土、瓷土制成的容器，也有用玻璃、搪瓷等烧成的，圆筒形，底小口大；量词用"口、只、个"：一口水～|一只金鱼～。

【缸子】gāng·zi 名。形状像罐儿的器物：茶～|搪瓷～。

罡 gāng [罡风](-fēng) 名。道家语，指高空的风。现在有时用来指极强的风。也作刚风。

堽 gāng 地名用字。堽城屯，在山东省。

gǎng（ㄍㄤˇ）

岗(崗) gǎng ❶名。(～儿、～子)(1)不高的山或高起的土坡：黄土～儿。(2)平面上突起的一长道：胸口上肿起一道～子。❷〈素〉岗位，岗哨：站～|门～。

【岗楼】gǎnglóu 名。碉堡的一种，上有孔眼，可以瞭望和射击。

【岗哨】gǎngshào 名。(1)站岗放哨的地方。(2)站岗放哨的人。

【岗位】gǎngwèi 名。本指军警守卫的地方，引申指职位：工作～|责任制。

港 gǎng 名。(1)与江河湖泊相通的支流；多用作河流名：江山～(在浙江)。(2)可以停泊大船的江海口岸：军～|渔～|商～。

【港币】gǎngbì 名。香港地区通行的货币。单位为"元"。也叫港元。

【港口】gǎngkǒu 名。位于江、河、湖、海或水库沿岸设有码头,供船只停靠、旅客上下和货物装卸的地方。

【港湾】gǎngwān 名。沿海以及江、河、湖泊、水库等具有天然掩护的水域(有时也辅以人工设施),可供船舶停靠或临时避风。

gàng(ㄍㄤˋ)

杠(槓) gàng ❶名。(~子)(1)较粗的棍子;量词用"根":这么重的东西要用~子抬才行|一根竹~子。(2)划的粗直线;多指批改文字或阅读中作为标记所画的线条;量词用"条":文件上打了好多条红~子,这都是最重要的地方。❷动。把不通或多余的文字用线条划去;常带宾语或补语:编辑在稿子上~掉了许多废话。❸〈素〉体育器械:单~|双~。

【杠杆】gànggǎn 名。一种简单机械,是在外力作用下能绕着固定点转动的杆。杆转动时,做轴的一点叫支点,加力的一点叫力点,产生力的一点叫重点。改变三点的两段距离的比率,可以改变力的大小。

钢(鋼) gàng 动。把刀放在布、皮、石或缸沿上磨,使刀锋利;常带宾语或补语:~了几下剃刀|菜刀~得很锋利。

另见 gāng。

戆 gàng 〈方〉形。鲁莽,愚笨而刚直:~头~脑|~小子|他做这事真~透了。

另见 zhuàng。

【戆大】gàngdà 〈方〉名。痴呆、愚笨的人;多含贬义:这个~,不知好歹!

箠 gàng 地名用字。箠口,在湖南省。

gāo(ㄍㄠ)

皋(皐) gāo 〈古〉名。水边高地:江~。

槔(橰) gāo 见"桔(jié)槔"。

高 gāo ❶形。(1)从下向上距离大,或离地面距离远;与"低"相对:~质量|这座山很~|他个子比较~。(2)等级在上的,超过一般标准或平均程度的:要求~|质量~|情绪非常~|他的威信比较~。❷名。高度:那棵树有两丈~。❸〈素〉敬辞,当面称对方的有关事物:~见|~寿。❹姓。

【高矮】gāo'ǎi 名。高低的程度;常与"一样、不等、差不多"等词语搭配:他们弟兄俩~差不多。

【高昂】gāo'áng ❶动。高高地扬起;须"头"作宾语,并加动态助词"着":运动员们~着头,挺着胸,通过了主席台。❷形。(1)高;指声音、情绪等:歌声~|非常~的情绪。(2)昂贵:价格太~。

【高傲】gāo'ào 形。极其骄傲,自以为了不起;含贬义:一副~的样子。作谓语时,常加程度副词作状语或补语:她十分~,目空一切|这个人~得很,谁也不在他眼里。

【高不成,低不就】gāo bù chéng, dī bù jiù 习。条件高的得不到,低的不愿要;指选择不到满意的配偶:她~,年过三十,还没成家。也指选择工作时挑肥拣瘦:这孩子~的,不知道找什么样的工作才称心。

【高不可攀】gāo bù kě pān 成。高得无法攀登,形容很难达到:不要把文学创作看得~,但也不要把它说得轻而易举。

【高才生】gāocáishēng 名。指成绩优异的学生:这位著名的科学家,曾是北京大学的~。也作高材生。

【高唱】gāochàng 动。常带宾语。(1)高声唱:~战歌|瞿秋白~着《国际歌》,大义凛然走向刑场。(2)大声叫喊;常含贬义:他们嘴上~和平,实质上企图称霸世界。

【高超】gāochāo 形。出众,优异;一般形容见识、计谋、技艺等,含褒义:武艺很~|他的~的见解,令人信服。

【高潮】gāocháo 名。(1)在一次潮汐的涨落周期内,水面升到的最高位置。(2)比喻事物在一定阶段内发展的顶点;多与"掀起、推向、达到"等动词搭配:掀起了生产~|这一场足球赛很精彩,~迭起。

(3)叙事性文艺作品的情节中矛盾发展的顶点:这场戏第四幕父女重逢一节使剧情达到了~。

【高大】gāodà 形。又高又大:~的楼房|他的身材十分~。可重叠,后加助词"的",常作补语:这小伙子长得高高大大的,英俊极了。

【高档】gāodàng 形。质量好,价格较高的;不加程度副词,不单独作谓语,只作定语:~商品。

【高等】gāoděng 形。等级或程度高的;不加程度副词,不单独作谓语,只作定语:~学校|~数学。

【高低】gāodī ❶名。(1)高和低的程度;指具体事物,常与"同样、不等、差不多、不平"等词语搭配:他俩个子差不多,看不出~|地面~不平。(2)高下;指抽象事物:这个班学生的水平~不等|他俩的技术难分~。(3)深浅轻重;指说话做事,常作"不知"的宾语:说这样的大话,真不知~。❷〈方〉副。(1)无论如何;常用在否定句中:我~不答应。有时也用在肯定句中:你~要把他找来,有事要跟他商量。(2)毕竟,终究:你怎么能这样对待她,她~是你母亲。

【高低杠】gāodīgàng 名。(1)一种女子体操器械,用两根木杠一高一低平行地装置在铁制或木制的架上构成。(2)女子体操比赛项目之一,运动员在高低杠上做各种动作。

【高调】gāodiào 名。高的调门,多用来比喻空泛的议论或只说不做的漂亮话;多与"唱"搭配,含贬义:要做实事,不要唱~。

【高度】gāodù ❶名。高低的程度,从地面向上某处的距离:飞行~|这座楼房的~是40米。❷形。程度很高的;不加程度副词,不单独作谓语,作定语:~的责任感。也可作状语:~发达的社会|~评价了他的业绩。

【高尔夫球】gāo'ěrfūqiú 名。高尔夫,音译词。(1)一种游戏,用勺形的棒击球,使通过障碍进入小圆洞。(2)指这种游戏使用的球,表面用硬橡皮制成,比网球小。

【高峰】gāofēng 名。(1)高山的峰;珠穆朗玛峰是世界第一~。(2)比喻事物发展的顶点;常与"达到、推向、逼近"等词语搭配:把革命推向胜利的~。

【高风亮节】gāo fēng liàng jié 成。高风:高尚的品格;亮节:坚贞的节操。形容品格高,有节操:历史上许多人物的~,至今为人们所景仰。

【高高在上】gāo gāo zài shàng 成。原指地位高,现形容脱离群众;含贬义:领导干部决不能~,脱离群众。

【高歌】gāogē 动。放声歌唱;不带宾语,常用在固定组合中:~猛进|引吭~。

【高阁】gāogé 名。(1)高大的楼阁。(2)放东西的高架子;常用在固定组合中:束之~。

【高贵】gāoguì 形。(1)达到高度道德水平的;含褒义:我们要学习他舍己救人的~品质。(2)指社会地位特殊、生活享受优越的:地位~|出身很~|卑贱者最聪明,~者最愚蠢|在我们国家,人们没有~与卑贱之分。

【高级】gāojí 形。(1)达到一定高度的;不单独作谓语,常作定语,多形容地位、级别、阶段等:~将领|~阶段。(2)超过一般的;多形容质量、水平等:~饼干|~茶具|这种西装质料很~。

【高见】gāojiàn 名。高明的见解;敬辞:老兄~|不知~以为如何?

【高洁】gāojié 形。高尚纯洁;多指品格德行,含褒义:品德~。

【高峻】gāojùn 形。高而陡;指山势、地势等:四周全是~的大山。

【高亢】gāokàng 形。(1)激昂宏亮;指声音:歌声~。(2)高;指地势:~的山地|地势~。(3)〈书〉高傲;指人的性格:他那~的性格,使一些人感到不快。

【高考】gāokǎo 名。高等学校招生考试的简称:~临近,希望你加紧复习|他去参加~了。

【高丽】gāolí 名。朝鲜历史上的王朝(公元918—1392)。我国习惯上多沿用来指称朝鲜或关于朝鲜的:~纸|~参。

【高利贷】gāolìdài 名。一种索取高额利息的贷款。

【高粱】gāo·liang 名。也叫"蜀黍"。(1)一年生草本植物。叶子和玉米叶相似,但较窄。子实红褐色,可食用,还可以酿酒和制淀粉。秆可用来编席、造纸等。(2)这种植物的子实。

【高龄】gāolíng 名。称老人的年龄；敬辞，多指六十岁以上的人，可直接以数词作定语：这位老人已经七十~了，还不肯闲着。也用于询问老人的年龄：请问~几何？

【高论】gāolùn 名。见解高明的言论，敬辞：老兄~！|你这番~，实在令人信服。

【高帽子】gāomào·zi 名。比喻恭维的话：别说那些恭维话，我不是那种爱戴~的人。

【高妙】gāomiào 形。高明巧妙；常形容技艺等，含褒义：医术~|笔法~|非常~的雕刻技艺。

【高明】gāomíng ❶形。超过一般水平；多形容见解、技能、办法、本领等，含褒义：你这个主意真~|他的医术很~。❷名。高明的人：我不堪负此重任，您另请~吧！

　＊"高明"和"高超"："高超"的程度比"高明"深，一般指到了难以逾越的水平。"高明"有名词用法；"高超"没有。

【高攀】gāopān 动。同社会地位比自己高的人交友或结亲；多作客套话不敢：这门亲事我们~不上。

【高腔】gāoqiāng 名。戏剧声腔之一，音调高亢，唱法、伴奏乐器与弋阳腔相同，有湘剧高腔、川剧高腔等。

【高强】gāoqiáng 形。高超；多指武艺：枪法~|他~的武艺，使对手很畏惧。

【高跷】gāoqiāo 名。(1)一种民间舞蹈，表演者踩着有踏脚装置的木棍，边走边表演：踩~。(2)指表演高跷用的木棍；量词用"副"：一副~。

【高山族】gāoshānzú 名。我国少数民族之一，分布在台湾省。

【高尚】gāoshàng 形。道德水平高，没有低级趣味；含褒义：品德很~|~的娱乐|他是一个~的人。

　＊"高尚"和"崇高"："高尚"的意思着重在不庸俗；"崇高"的意思着重在不平凡。"高尚"多用来修饰人、品质、娱乐等；"崇高"多用来修饰精神、感情、职业、事业等。

高 gāo 333

【高深】gāoshēn 形。水平高，程度深；多指学问、技术的造诣或内在的涵养：他学问~，令人钦佩|此书~莫测，难以理解。

【高视阔步】gāo shì kuò bù 成。眼睛向上看，步子迈得很大；形容气概不凡，也形容态度傲慢：不管我们取得多大成就，都不能~，目中无人。

【高手】gāoshǒu 名。技艺特别高明的人：武林~|他在这球队里算得上是一名~。

【高寿】gāoshòu 名。(1)长寿：~老人。(2)敬辞，用于问老人的年纪：请问老大爷~？

【高耸】gāosǒng 形。既高又直：~的烟囱|~的纪念塔|脚手架~入云。

【高速公路】gāosù gōnglù 词组。供汽车高速行驶的公路。一般能适应每小时120公里或更高的速度。路面有四至六车道的宽度，中间设分隔带，采用沥青混凝土或水泥混凝土铺面。路上禁止行人和非机动车行驶。

【高谈阔论】gāo tán kuò lùn 成。空泛地大发议论；含贬义：他这番~，我早就听腻了。

【高堂】gāotáng 名。(1)高大的厅堂。(2)〈书〉指父母：家有~。

【高屋建瓴】gāo wū jiàn líng 成。《史记·高祖本纪》："〔秦中〕地势便利，其以下兵于诸侯，譬犹居高屋之上建瓴水也。"建，通"瀽(jiǎn)"，倒水，泼水；瓴，盛水的瓶子。把瓶子里的水从高屋脊上向下倾倒。比喻居高临下，势不可挡：这篇文章气魄宏伟，有~之势。

【高下】gāoxià 名。(1)优劣；用于比较双方的水平：他俩的技艺难分~。(2)上下；指职务、地位的高低：在新社会，人们不分~，政治上都是平等的。

【高兴】gāoxìng ❶形。愉快而兴奋；作谓语时须带状语或补语：听到这个消息，他很~|他~极了。作定语时要加助词"的"：令人~的消息。作状语或补语时要加助词"地"、"得"：小黄~地说："这太好了！"|今天玩得真~。可重叠：他高高兴兴地上学去了。❷动。喜欢；常带动词作宾语：路太远，我不~去|这本书太枯燥了，谁~看？也可带动词性词组作宾语：我~看电影，不~看戏。可重叠：赶

快把这喜讯告诉同学们,让大家~~。

【高血压】gāoxuèyā 名。成年人的动脉血压持续地超过140/90毫米水银柱时叫高血压。

【高原】gāoyuán 名。海拔很高而地形起伏不大的大片平地:青藏~。

【高瞻远瞩】gāo zhān yuǎn zhǔ 成。站得高,看得远。比喻眼光远大;含褒义:这些老一辈革命家,~,因势利导,使革命事业不断取得胜利。

【高涨】gāozhǎng 动。急剧上升或发展;用于物价、运动、情绪等,不带宾语,可带补语:经济~|民族解放运动迅速~起来。

【高着】gāozhāo 名。好办法,好主意:没想到他还有这一手~。也说高招。

【高枕无忧】gāo zhěn wú yōu 成。垫高枕头安心睡觉,不必担忧。现多比喻麻痹大意,盲目乐观:这无疑是一次很大的胜利,不过我们还不能~。

【高足】gāozú 名。称呼别人的学生;敬辞:他是您的~,自然出手不凡。

膏 gāo 〈素〉(1)脂肪,油脂:民脂民~|焚~继晷(guǐ)。(2)古代医学指心下面的部分:病人~肓(huāng)。(3)很稠的糊状物:牙~|~药。(4)肥沃的泥土:~壤|~腴。
另见 gào。

【膏肓】gāohuāng 名。指人体心与膈间的部分。古代医学上认为是药力达不到的地方。参见"病入膏肓"。注意:"肓"不读 máng,也不写作"盲"。

【膏粱】gāoliáng 名。肥肉和细粮,泛指精美的食品;多用在固定组合中:~子弟(旧指官僚、地主或富人家的子弟)。

【膏血】gāoxuè 名。脂肪和血液,比喻血汗换来的劳动成果:地主是靠榨取农民的~发家的。

【膏药】gāoyao 名。中医外科,伤科常用的外贴制剂。用油加药熬炼成胶状物质,涂在布、纸或皮上制成。主要用来治疮疖、消肿痛等;量词用"张、块、贴"。

【膏腴】gāoyú 〈书〉形。肥沃的:~之地。

篙 gāo 名。撑船的竹竿或木杆。

羔 gāo 名。(~儿、~子)小羊,也泛指某些动物的崽子。

【羔羊】gāoyáng 名。小羊,多比喻天真、纯洁或弱小的人:迷途的~|无罪的~。

糕(餻) gāo 名。用米粉、面粉等制成的食品:一块~。

【糕点】gāodiǎn 名。糕和点心的总称:他买了些~送给老人。

睾 gāo [睾丸](-wán) 名。男子或某些雄性哺乳动物生殖器官的一部分,能产生精子。也叫精巢。

gǎo(ㄍㄠˇ)

杲 gǎo ❶〈古〉形。明亮:~日。❷姓。

【杲杲】gǎogǎo 〈书〉形。形容太阳明亮;不加程度副词:秋阳~|~日出。

搞 gǎo 动。做,弄,干:这事不好~。常带宾语或补语。~新闻工作|这个问题一定要~清楚。注意:"搞"可以代替各种不同的动词,常随不同的宾语而有不同的意义,如:~对象(找结婚对象)、~关系(拉关系)、~一言堂(一个人说了算)。带数量词加表示具体事物的名词宾语,有"设法获得"的意思,如:~一部自行车、请~5斤鱼。

【搞鬼】gǎoguǐ 动。暗中使用诡计;不带宾语:这事办坏了,有人在~。可拆开用:有人搞了鬼,所以事情没办成。

【搞活】gǎohuó 动。指把事情搞得灵活、生动;多用于经济方面,可加动态助词"了、过":这个县把经济~了。可带宾语:一项改革措施~了一个厂。

缟 gǎo 名。古时候的一种白色绢。

【缟素】gǎosù 名。白衣服,指丧服。

槁(槀) gǎo 〈素〉干枯:~木|~枯。

【槁木死灰】gǎomù sǐ huī 成。枯死的树木和燃烧后的冷灰。比喻没有生气,极端消沉或冷漠无情:经过这次沉重的打击,她的心几乎同~一般。

镐 gǎo 名。(~头)一种刨土工具。
另见 hào。

稿(稾) gǎo ❶名。(~儿、~子)(1)文字、图画的底子:写~

儿|打个~子。(2)写成的诗文:这篇~子是谁写的?(3)事先考虑的计划:心里还没有~儿。❷〈素〉谷类植物的茎:~荐。

【稿本】gǎoběn 名。著作的底稿。

【稿费】gǎofèi 名。在著作、译稿、图画、照片等发表后作者得到的报酬;量词用"笔":一笔~。也叫稿酬。

【稿荐】gǎojiàn 名。稻草、麦秸等编成的垫子,供铺床用;量词用"条"。

【稿约】gǎoyuē 名。报刊编辑部的征稿告白,一般说明刊物的性质、欢迎哪些稿件以及其他注意事项等。

藁 gǎo 地名用字。藁城,县名,在河北省。

gào 《《幺`

告 gào ❶动。须带宾语。(1)向国家行政司法机关检举,控诉:我准备到法院去~他。(2)宣布事情成功或达到一定程度;多以"段落、结束"等作宾语:工作已~一段落。❷〈素〉(1)向别人陈述,解说:~诉|广~。(2)表明:~辞|~便。(3)请求:~假|~饶。

【告白】gàobái 名。机关、团体或个人对公众的声明或启事。

【告便】gàobiàn 动。表示要暂时离开一会儿;多作上厕所的婉辞。

【告别】gàobié 动。(1)离别,分手:他同我谈了一会儿,就匆匆~了。可带宾语:以后不久,我就~了美丽的故乡。(2)辞行;一般不带宾语:临走那天,他向乡亲们一一~。(3)用一定仪式同死者最后诀别;一般不带宾语:我虽没能向他的遗体~,但他的言行却深深地印在我心上。

【告成】gàochéng 动。宣告完成;一般指较重要的工作;不带宾语:这项工程即将~。多用在固定组合中:大功~。

【告辞】gàocí 动。辞别:小弟今日启程,特来~。

＊"告辞"和"告别":"告辞"一般用于个人之间,多指辞别主人、亲友等;"告别"用得较宽,除用于个人之间以外,还常用于官方的应酬之中、用于生者与死者之间等。"告别"可作定语,如:告别宴会、告别仪式;"告辞"不能这样用。

【告贷】gàodài 〈书〉动。请求借钱;不带宾语,常用在固定组合中:~无门。

【告发】gàofā 动。向上级机关检举揭发;可加动态助词"了、过":考试中的舞弊行为,群众早已来~了。常带宾语:他曾~过原任会计的贪污罪行。

【告急】gàojí 动。报告紧急情况并请求援救;多指军事、灾害等,不带宾语:前线~,三团奉命前去增援。

【告捷】gàojié 动。不带宾语。(1)获胜;多指作战、竞赛等:初战~|大排再次~,获得冠军。(2)报告胜利的消息;带介词"向"构成的介词词组作状语:快去向同志们~。

【告诫】gàojiè 动。警告劝戒;多用于上级对下级或长辈对晚辈,常带兼语:经理~工作人员务必谦虚谨慎,戒骄戒躁。也作告戒。

【告警】gàojǐng 动。报告发生紧急情况,请求加强戒备或援助;多用于军事或灾情等,不带宾语:今天广播~,傍晚将有特大洪峰来到。

【告竣】gàojùn 动。宣告完工;多指较大的工程,不带宾语:这段运河的疏浚工程已经全部~。

【告老】gàolǎo 动。封建王朝的大臣、官吏年老请求辞职,今泛指年老退休;常与"还乡"等构成连动词组:再干几年,就~还乡。

【告密】gàomì 动。向有关方面告发别人的秘密活动;不带宾语,含贬义:后来有个叛徒向警察~,地下印刷厂便被破坏了。可拆开用:告了密|告过密。

【告罄】gàoqìng 〈书〉动。本指祭祀仪式完毕,现用来指财物用完或货物售完;不带宾语:游程未达一半,旅费即已~。

【告饶】gàoráo 动。请求饶恕;不带宾语:求情~。

【告示】gàoshi 名。(1)布告:安民~。(2)旧时指标语:贴了不少红绿~。

【告诉】gào·su 动。说给人听,使人知道;常带宾语或补语,可加动态助词"过、了":这件事已~过他|有了好消息要立即告诉给大家。可带双宾语:请~他今晚8点开会。

＊"告诉"和"通知":"告诉"常指口头传告,可以是私事,也可以是公事;"通

知"带有郑重的意味,可以是口头的,也可以是书面的,常用于公事。

【告慰】gàowèi 动。使感到安慰;须带宾语:我们用家乡建设的成就~先烈。

【告知】gàozhī 动。告诉情况,使明白:家中情况怎样,请来信~|以上为事情大概过程,特此~。有时可带宾语:~一二。

【告终】gàozhōng 动。宣告结束;常指不好的结局,不带宾语:敌人以失败而~。

【告状】gàozhuàng 〈口〉动。不带宾语。(1)请求司法机关审理某一案件:这位老奶奶受不了儿子的虐待,到法院~了。(2)向对方的上级或长辈诉说受到委屈和不公正待遇的状况:她说你欺侮她,要向你妈妈~了。可拆开用:你可以告他的状。

诰 gào 名。(1)古代一种训诫勉励的文告。(2)帝王授官、封赠的命令。

【诰命】gàomìng 〈书〉名。(1)皇帝赐爵或授官的诏令。(2)封建时代指受有封号的贵妇;多见于早期白话。

郜 gào 姓。

锆 gào 名。金属元素,符号Zr。灰色结晶体或灰色粉末,质地极为坚硬,用于原子能工业和在高温高压下用作耐腐蚀的化工材料等。

膏 gào 动。常带宾语。(1)在轴承或机器上加润滑油:请在轴承上~些油。(2)把毛笔蘸上墨,在砚台边上揿匀:~笔。
另见gāo。

gē (ㄍㄜ)

戈 gē ❶名。古代一种兵器,横刃长柄。❷姓。

【戈壁】gēbì 名。蒙古语称沙漠地区。

仡 gē [仡佬族](-lǎozú) 名。我国少数民族之一,主要分布在贵州省。

圪 gē 见"圪垯"、"圪节"等。

【圪垯】gē·da 名。也作圪塔。(1)同"疙瘩":土~。(2)小土丘。

【圪节】gējie 名。(1)稻、麦、高粱、竹子等茎上分枝长叶的地方。(2)两个圪节间的一段。也泛指长条形东西的一段。

纥 gē [纥繨](-·da) 名。小球形或块状的东西;多用于纱线、织物等:纱~|解开头巾上的~。
另见hé。

疙 gē [疙瘩](-·da) ❶名。(1)皮肤突起的或肌肉上结成的硬块:肌肉~。(2)小球形或块状的东西:纱~|面~|土~。(3)比喻不易解决的问题;一般指矛盾、纠纷:他思想上还有些~|要解开他们两个人之间的~。(4)不通畅、不爽利的话:文字上有些~。❷〈方〉形。麻烦,别扭:他觉得带小孩很~。可重叠:这件事很难办,疙疙瘩瘩的|和他共事,总是疙里~。❸〈方〉量。用于块状的东西:一~石头|一~糕。

咯 gē 见"咯噔"、"咯吱"。
另见kǎ、lo。

【咯噔】gēdēng 拟声。摹拟皮靴等着地的声音;常叠用:走廊里响起了~~的皮靴声。

【咯吱】gēzhī 拟声。摹拟物件受重压发出的声音;多叠用:他俩抬着一块大石头,杠棒压得~~地响。

胳(肐) gē [胳膊](-·bo) 名。肩膀以下至手腕以上的部分。也叫胳臂·bei。

格 gē [格格] 拟声。(1)摹拟笑声:她~地笑着。(2)摹拟机枪的射击声:机关枪~地响个不停。
另见gé。

袼 gē [袼褙](-·bei) 名。用布或纸裱糊成的厚片,多用来做布鞋或纸盒等。

搁 gē 动。(1)放置;多带存现宾语或处所补语:房间里~着三张床|酒瓶~在碗橱里。(2)放进;须带宾语:汤里~点味精。(3)停滞,搁置;一般不带宾语,多带数量或趋向补语:这事已~了三个月,尚未研究|都是紧急任务,一样也~不下。
另见gé。

【搁笔】gēbǐ 动。不带宾语。(1)中止写作或作画:我因故~10年,今日才重新挥毫作画。(2)放下笔:就此~,余容面叙。

【搁浅】gēqiǎn 动。不带宾语。(1)船只进

人水浅的地方,不能行驶:江轮～了。常带数量或处所补语:4号船在青龙滩～了3小时|我们的船在沙滩上～了。(2)比喻事情遭到阻碍,不能进行:这事又～了,有时带数量补语:这项试验～了半年,今天又上马了。

【搁置】gēzhì 动。放下不办;多指事情,一般不带宾语,可带补语:这事很重要,不要～|别把这件事～起来,请抓紧办理。

哥 gē ❶名。(1)哥哥。(2)对年纪比自己稍长的同辈男子的昵称;一般要带姓:张～。❷〈素〉亲戚中同辈而年纪比自己大的男子:表～|堂～。

【哥哥】gē·ge 名。(1)弟妹对兄长的称呼。(2)同族同辈而年纪比自己大的男子;多作中心语,不加助词"的":叔伯～|远房～。

【哥儿】gēr 名。(1)弟弟和哥哥;包括本人:我们～三个。(2)旧称剥削阶级人家的男孩子;一般与"公子"并用:公子～。

【哥儿们】gēr·men 〈口〉弟兄们;用于朋友间,带亲热的口气。

歌 gē ❶名。(～儿)歌曲;量词用"首、支、个":唱一首～儿。❷〈素〉唱:高～|～功颂德。

【歌唱】gēchàng 动。(1)唱歌;不带宾语,常带状语:纵情～|愉快地～。(2)用唱歌或朗诵等形式颂扬;须带宾语:～祖国|～我们的幸福生活。

【歌功颂德】gē gōng sòng dé 成。颂扬功绩和恩德;现常用于贬义:由于胜利,有的领导者便骄傲自满起来,喜欢别人给他～,听不得不同意见,这是很危险的。

【歌剧】gējù 名。综合诗歌、音乐、舞蹈等艺术而以歌唱为主的一种戏剧形式。

【歌诀】gējué 名。口诀,按事物的内容要点编成的韵文或无韵的整齐句子,以便记诵:归除～|〈汤头～〉(清朝人辑录名医药方的书籍)。

【歌女】gēnǚ 名。封建社会或资本主义社会中以歌唱为生的女子。

【歌曲】gēqǔ 名。可以歌唱的作品,是诗歌和音乐的结合体。

【歌手】gēshǒu 名。唱歌的能手。也指擅长吟诗作赋的诗人:这位时代的～,写了许多反映新生活的优秀诗篇。

【歌颂】gēsòng 动。用诗歌赞扬,泛指用言语文字等赞美;多带宾语:～伟大的祖国。

＊"歌颂"和"赞美":"歌颂"的对象一般是庄严的、伟大的或非常杰出的人或事物;"赞美"的对象多为一般的好人好事、美丽的大自然风光等。

【歌舞】gēwǔ 名。唱歌和舞蹈的合称。

【歌舞剧】gēwǔjù 名。兼有歌唱、音乐和舞蹈的戏剧。

【歌星】gēxīng 名。在听众中有广泛影响的优秀歌手。

【歌谣】gēyáo 名。民歌、民谣和儿歌、童谣的总称。歌谣是人民群众口头流传的集体创作,内容丰富,形式多样,语言简练,刚健清新,是人民群众用以表达思想、抒发感情和进行斗争的武器。

【歌咏】gēyǒng 动。唱;常带宾语:唐代诗人王建写了一些～宫廷生活的诗。常作定语:～小组|～队。

鸽 gē 名。(～子)鸟,翅膀较大,善于飞行,羽毛有白色、灰色、酱紫色等。品种很多,有家鸽、野鸽等。有的鸽能传递书信。现在常做为和平的象征。

割 gē 动。截断;常带宾语或补语:～稻子|麦子全部～光了。

【割爱】gē'ài 动。放弃自己所心爱的东西;多用作婉辞,不带宾语:忍痛～|这几行文字如能～,大作要更加精采。

【割除】gēchú 动。切除;常带宾语或补语:～肿瘤|～干净。

【割地】gēdì 动。割让领土;不带宾语:鸦片战争以后,清政府屡次战败,一再向列强～赔款。可拆开用:被迫割了地。

【割断】gēduàn 动。截断,切断;对象常指线等细长的东西或指关系等抽象的事物:把这根电线～。常带宾语:～一根绳。可用动词作宾语:他们已～了联系。

【割鸡焉用牛刀】gē jī yān yòng niúdāo 成。《论语·阳货》:"夫子莞尔而笑,曰:'割鸡焉用牛刀?'"杀鸡何必用宰牛的刀。比喻不要小题大作或者大材小用:～,这件小事用不着兴师动众,我一个人去处理就行了。

【割据】gējù 动。利用武力占据部分地区，在一国内形成分裂对抗的局面：军阀～｜～称雄。常带宾语：～一方。

【割裂】gēliè 动。把事物的整体或有联系的事物分开；一般用于抽象事物，常带宾语：～理论与实践的联系是不正确的。有时也用于肢体、阵地等具体事物：敌人企图～我军阵地。常用"把"字把对象放在"割裂"的前边，后边再加"开来"作补语：不能把民主与法制～开来，对立起来。

【割让】gēràng 动。因战败或受外力威胁被迫把一部分领土让给别国；常带宾语或补语：～领土｜不该把国土～给侵略者。

【割舍】gēshě 动。舍弃：这是我心爱的东西，难以～。可带宾语：不能～对她的感情。

【割席】gēxí〈书〉动。《世说新语·德行》记载：三国时管宁、华歆曾在一张席上读书，后来华歆读书不专心，有时跑出去看热闹，于是管宁割席同他分坐。后世因称同朋友绝交为割席；不带宾语：他们二人已～数载。

革 gé（ㄍㄜˊ）

革 gé ❶〈素〉(1)兽皮去毛加工后的一种制品：皮～。(2)类似皮革的人造制品：人造～。(3)改变：～新。(4)开除，铲除：～职｜～除。❷姓。
另见 jí。

【革除】géchú 动。可带宾语。(1)铲除；常与"陋习、弊政"等词语搭配：此种陋习亟待～｜～不合理的招工制度。(2)开除；常与"公职"等词语搭配：他的官职被～了｜～公职。

【革故鼎新】gé gù dǐng xīn 成。《周易·杂卦》："革，去故也；鼎，取新也。"除去旧的，建立新的：～，移风易俗，建立社会主义精神文明。

【革履】gélǚ 名。皮鞋；常与"西装"合用：西装～。

【革命】gémìng ❶动。不带宾语，可拆开用。(1)被压迫阶级用暴力夺取政权，摧毁旧的腐朽的社会制度，建立新的进步的社会制度：人民要～｜怕революционный就不～｜革

旧制度的命。常作主语或宾语：我们的～一定能成功｜进行社会主义～。(2)根本改变：技术～｜穷则思变，要干，要～。❷形。具有革命意识的：工人阶级是最～的阶级。

【革新】géxīn 动。去旧创新；常用于技术、设备、方法、内容等：技术～。可带宾语：～教材。

阁 gé ❶名。(1)〈古〉小门。(2)同"阁"。❷姓。
另见 hé(阁)。

领 gé〈古〉名。口。
另见 hé。

蛤 gé 见"蛤蚧"、"蛤蜊"。
另见 há。

【蛤蚧】géjiè 名。爬行动物，形状像壁虎而较大，头大，尾部灰色，背部有红色斑点。可供药用。

【蛤蜊】géli 名。软体动物，生活在浅海泥沙中。壳卵圆形，淡褐色，边缘紫色。肉可供食用。

搿 gé〈方〉动。用力抱：～了一包衣服｜他把一捆麦秆～上了大车。

阁 gé ❶名。我国传统楼房的一种，多建筑在高处，四周设隔扇或栏杆回廊，供远眺游歇等：亭台楼～。(2)内阁的简称。❷〈素〉(1)特指女子的卧房：闺～｜出～。(2)放置东西的架子：束之高～。

【阁楼】gélóu 名。在房间内上部架起的一层矮小的楼。

【阁下】géxià 代。对人的尊称；旧时常用于书信，现多用于外交场合：大使～。

【阁员】géyuán 名。内阁的成员。

格 gé ❶名。(1)(～儿、～子)划成的空栏或框子：这书柜有三个～｜～子。(2)一定的规格或样式：他的行为出了～。(3)某些语言学中的名词(有的包括代词、形容词)的语法范畴，用词尾变化来表明它和别的词之间的语法关系。如俄语中名词、代词、形容词都有六个格。❷〈素〉(1)击，打：～斗｜杀勿论。(2)推究：～物｜～致。(3)阻碍，隔阂：～～不入。❸姓。
另见 gē。

【格调】gédiào 名。(1)指文艺作品的风格：这部小说的～不高。(2)〈书〉指人的

风格或品格：在这件事的处理上，他的～很高。

【格斗】gédòu 动。激烈地搏斗；不带宾语：民警小王徒手与两个歹徒～，终于制服了对手。

【格格不入】gé gé bù rù 成。形容事物不协调，不配合，互不相容，彼此抵触：他俩的意见～，难以调和。

【格局】géjú 名。结构和格式：写文章不能老是一个～｜鲁镇的酒店的～是和别处不同的。

【格里历】gélǐlì 名。即公历，是1582年罗马教皇格里哥里十三世修改的历法。现在大多数国家通用。

【格林尼治时间】gélínnízhì shíjiān 词组。格林尼治，音译词，旧译格林威治，英国伦敦东南郊的城市。1884年国际经度会议决定以经过格林尼治的经线为本初子午线，以本初子午线所在时区为世界标准的时间。也叫世界时。

【格律】gélǜ 名。创作韵文时所依照的格式和韵律。各种韵文都有其特定的格律，其中包括押韵、平仄、对仗、结构以及字数等：旧体诗不能不讲～。

【格杀勿论】gé shā wù lùn 成。格：打。旧指把行凶、拒捕或违反禁令的人当场打死，不以杀人论罪。反动统治者常以此为托辞肆意屠杀人民。

【格式】géshi 名。规格式样；一般指具体的事物：公文～｜你这封信的书写～不对。

【格外】géwài 副。(1)表示程度超过一般：～用功｜每逢节日，～想念家乡。修饰非心理活动的动词时多带补语：～跑得起劲。后边加"不"，修饰的多为双音词：～不高兴｜～不讲理。(2)另外：工作太多，要～找个帮手。
　＊"格外"和"分外"：有时可换用，如"天空格外蓝"中的"格外"，可以换用"分外"。但"分外"只能修饰形容词和表示心理活动的动词，不能修饰一般动词。

【格物】géwù 〈书〉动。推究事物的道理；常与"致知"连用：～致知。

【格言】géyán 名。指具有教育意义的成语，如"满招损，谦受益"、"失败为成功之母"等。

【格致】gézhì 〈书〉名。格物致知的省称。穷究事物的原理而获得知识。清代末年，统称物理、化学等自然科学部门为格致。

搁

gé〈素〉禁受：～得住｜～不住。
另见gē。

【搁不住】gébuzhù 动。禁受不住；常带动词或主谓词组作宾语：麻织品～揉搓｜我～人家哭，别人一哭，我心就软了。

【搁得住】gé·dezhù 动。禁受得住；常带动词或主谓词组作宾语：这东西～压｜车子～你装这么重的东西吗？

骼 gé 见"骨骼"。

鬲 gé 水名用字。鬲津河，在河北省和山东省境内。
另见lì。

隔(隔) gé 动。常带宾语或补语。(1)遮断，阻隔：两村～着一条河｜用一块板～开来。(2)间隔，距离：每～两三天就去一次图书馆｜他们两家～得很远。

【隔岸观火】gé àn guān huǒ 成。比喻见人遇难不救助，站在一边看热闹；含贬义：对别人的困难，我们不能采取～的态度。

【隔壁】gébì 名。左右相毗连的屋子或人家：他住在我家～｜我们两家做～邻居快10年啦。

【隔断】géduàn 动。阻隔，使断绝；常用于视线、联系、交往、道路等，须带宾语：大河～了前进的路。可拆开用：千山万水隔不断我们两国人民之间的联系。

【隔阂】géhé 名。彼此情意不通，思想有距离：他俩～很深。常作"产生、制造、消除、有"等动词的宾语：大家决心消除～，团结战斗。

【隔绝】géjué 动。隔断，不能相通：互相～｜与世～｜由于战乱，姐妹俩多年音信～。可带宾语：～空气是灭火的一种方法。
　＊"隔绝"和"隔离"："隔绝"着重指由于外在的因素使联系断绝；"隔离"着重指由于某种原因人为地不让聚在一起。

【隔离】gélí 动。不让聚在一起，使断绝来往；可带宾语或补语：～有病的牲畜｜这几个人常在一起干坏事，要分别～起来。常构成连动词组：～审查｜危险品应～存放。可用于被动句和"把"字句：他得了肝炎，被～了｜应该把传染病人～起来。

【隔膜】gémó 形。(1)情意不相通，彼此不了解；多作谓语：我对她始终很～。可带"起来"等补语：几年不见，两个孩子～起来。可作"感到、觉得"等动词的宾语：对这些半个多世纪前的作品，我们仍然丝毫不感到～。(2)不通晓，外行；多作谓语：我对这种技术实在～。

＊"隔膜"和"隔阂"："隔膜"指关系不密切，彼此不了解；"隔阂"指关系不融洽，彼此有意见。"隔膜"是形容词，可加程度副词修饰；"隔阂"是名词。"隔膜"的第二个意义是"隔阂"所没有的。

【隔山】géshān 名。旧指同父异母的兄弟姐妹之间的关系：他俩是～兄弟。

【隔靴搔痒】gé xuē sāo yǎng 成。比喻说话、作文不中肯，不贴切，没有抓住要点；含贬义：批评家也必须深入生活，否则～的事情是难免的。

【隔音符号】géyīn fúhào 词组。《汉语拼音方案》所规定的符号(')，以 a, o, e 开头的音节连接在其他音节后面而音节的界限容易发生混淆时，用隔音符号(')隔开，例如"饥饿jī'è"、"平安píng'ān"。

嗝 gé (～儿)名。胃里的气体从嘴里出来而发出的声音，或横膈膜痉挛，气体冲过关闭的声带而发出的声音；多作"打"的宾语：打～儿。

滆 gé 湖名用字。滆湖，在江苏省宜兴市。

膈 gé 名。人或哺乳动物胸腔和腹腔之间的膜状肌肉。也叫膈膜或横膈膜。

镉 gé 名。金属元素，符号Cd。银白色，在空气中表面生成一层保护膜。用于制合金、釉料、颜料，并用作原子反应堆中的吸收棒。

葛 gé 名。多年生草本植物，花紫红色。茎可编篮做绳，茎皮可织葛布，根可提制淀粉，又可供药用。通称葛麻。
另见gě。

gě (ㄍㄜˇ)

个(個) gě [自个儿](zìgěr)〈方〉代。自己。
另见gè。

合 gě ❶名。旧时量粮食的器具，容量是一合，方形或圆筒形，一般用木头或竹筒制成。❷量。市合的通称，一升的十分之一。
另见hé。

各 gě 〈方〉形。与众不同，特别：这人真～。
另见gè。

舸 gě 〈古〉名。大船：百～争流。

葛 gě 姓。
另见gé。

盖(蓋) gě 姓。
另见gài。

gè (ㄍㄜˋ)

个(個、箇) gè ❶量。(1)用于没有专用量词的事物：一～国家｜一～符号｜一～星期。也可用于某些有专用量词的事物：一～(所)学校｜两～(名)驾驶员｜三～(家)商店。(2)用在动词和约数之间，能使语气显得轻快、随便：他一连干～十几小时也不觉得累｜每星期来～一、两趟。(3)用在动词和宾语之间，使整个语句轻快、随便：他就爱开～玩笑｜他常来这儿打～扑克、下～棋什么的。有时表示一次：上了～大当。(4)用在动词和补语之间，使补语略带宾语的性质，动词可带"了"：看了～仔细｜问了～明白｜学了～八九不离十。也可以跟"得"合用，但动词不再带"了"：把敌人打得～落花流水｜玩得～痛快。❷〈素〉(1)单独的：～体｜～人。(2)身材或物体的大小：～子｜～儿。❸后缀。(1)加在量词"些"后：这些～字，一天也写不完｜有些～情况要进一步核实。(2)〈方〉加在时间词"昨儿、今儿、明儿"等之后，表示"某一天"的意思：他明儿～来。
另见gě。

【个别】gèbié 形。不单独作谓语。(1)单

个的；只作定语或状语：～问题用作处理|我找他～谈谈就行了。(2)少有的，不多的；可作定语或用在"是……的"格式中作谓语，可加程度副词"极"：极～人|这种情况是极～的。

【个儿】gèr 名。(1)指身材或物体的大小：大～|这玉米的～真不小。(2)一个个的人或物：逐～进场|买鸡蛋论斤不论～。

【个人】gèrén ❶名。一个人，私人；与"集体"相对：～利益服从集体利益。❷代。本人；常在正式场合发表意见时用：～认为对这件事的处理不是妥当的。

【个体】gètǐ 名。单个的人或生物。

【个体户】gètǐhù 名。多以一家一户为经济核算单位，独立经营工业、农业或服务业的家庭或个人。

【个性】gèxìng 名。一个人特有的性格、兴趣、爱好等心理特征的总和：这个年轻人～很强。

＊"个性"和"脾气"："个性"指一个人的感情、性格、兴趣、爱好、意志等方面的特点，"脾气"指一个人的性情和修养。"个性"多与"强、不强、有、没有"及"鲜明、不鲜明"等词语搭配；"脾气"多与"好、坏、大、小、暴躁、柔和"等词语搭配。

【个中】gèzhōng 〈书〉方位。意思相当于"其中"；只作定语，不能加在名词开头：谁解～滋味？|只有他知道～真情。

【个子】gèzi 名。指人的身材，也指动物身体的大小：篮球运动员大多是高～|这头牛～大。

各 gè ❶代。某某个范围内的所有个体；用在量词和名词前，名词限"人、单位、党团、机构、阶级"等：～单位|～家|～级|～位|～方面。❷副。表示分别做或分别具有；一般不用于否定式（少数四字格除外）：每人～做一件事|两旁～有一棵树。

另见gě。

＊"各"和"每"："各"着重于同时遍指；"每"着重于取出一个或一组做例子。"各"可以直接加在一些名词前，"每"要跟量词或数量词结合才能加在名词前（有些有量词功能的"人、家、年、月、日、星期、周"等名词除外）。"各"后只能用一部分量词；"每"后可以用各种量词。

【各奔前程】gè bèn qiánchéng 成。各走各的路，互不干预。也比喻向各自确定的目标努力：毕业后同学们将～。注意：奔，这里不读bēn。

【各别】gèbié 形。(1)表示有分别地：这两件事性质不同，应该～对待。(2)特别；含贬义：这人真～，连这点小事都无法协商。

【各持己见】gè chí jǐ jiàn 成。各人坚持自己的观点，不肯考虑别人的意见：双方～，不肯让步。

【各得其所】gè dé qí suǒ 成。原指各人都得到需要的东西，后指每一件事物或每个人都得到适当的安置：他俩对换了工作，可算是～。

【各个】gègè ❶代。每个；多作定语，～学校|～方面。❷副。一个一个地，逐个：～击破|问题要～解决。

【各色】gèsè 形。各种各样；不加程度副词，不单独作谓语，只作定语：～糖果|～玩具。

【各式各样】gè shì gè yàng 成。多种多样，式样或方式很多：～的小汽车|～的方案。

【各抒己见】gè shū jǐ jiàn 成。各人充分发表自己的见解、意见：大家～，讨论热烈。

＊"各抒己见"和"各持己见"："各抒己见"是每个人都发表自己的意见，以求互相学习，取长补短；"各持己见"是各人坚持自己的意见，根本不考虑别人的意见。

【各行其是】gè xíng qí shì 成。各人按自己认为对的去做。指思想不统一，行动不一致：既然是协作单位，就应协调一致地完成总任务、总目标，不应～。

【各有千秋】gè yǒu qiān qiū 成。千秋：千年。原指各有各的可以流传久远的价值，引申为各有所长，各有特色：这两本书～，都可一读。

【各自为政】gè zì wéi zhèng 成。为政：管理政事，泛指行事。按照各自的主张办事，不顾整体，也不与别人配合协作：各单位应坚决执行中央的政策法令，不能～。

硌 gè 〈口〉动。触着凸起的东西觉得不舒服或受到损伤；常带宾语或补语：饭里有沙子，～牙｜鞋里有块小石子，一走路就～得疼。

另见 luò。

铬 gè 金属元素，符号 Cr。颜色灰白，质硬而脆。主要用于制不锈钢和高强度耐腐蚀合金铬。铬可用于电镀，坚固美观，胜于镀镍。也叫克罗米。

蛤 gè [蛤蚤](-·zao) 〈口〉名。跳蚤。

gěi (ㄍㄟˇ)

给 gěi ❶动。(1)使对方得到或遭受；常带宾语，可加动态助词"了、过"：把书～了他。可带双宾语：～过他两张票。(2)致使，容许；多带兼语：三天考试，～我累得够呛。(3)表示交与付出；只用在动词后：他交～我一封信｜后卫把球传～了中锋。❷介。(1)表示"为、替"，引进动作行为的对象：医生～大家检查｜我～你当翻译。(2)表示"向、对"，引进动作行为的对象：小朋友～老师敬礼｜他～道歉。(3)表示被动，引进主动者：门～风吹开了｜书～朋友拿走了。❸助。直接用在表示被动或者处置等句子的动词谓语前面，加强语气：同学们把会场～布置好了｜衣服让他～晾干了。

另见 jǐ。

【给以】gěiyǐ 动。给；不单独作谓语，须带双音节动词作宾语，前边常加助词或"一定、必须"等副词：小李学习上有困难，我们应该～帮助｜他的问题，我们一定～解决。不可拆开用：同学们给小李以很大的帮助。

gēn (ㄍㄣ)

根 gēn ❶名。(1)植物茎干下部长在土里的部分。(2)比喻祖宗或子孙：在兵荒马乱的岁月，全家只留下了他这条～。❷量。用于条状物：一～木头。❸〈素〉(1)物体的下部或某部分同其他东西连着的地方：墙～｜～基｜耳～。(2)事物的本源，底细：祸～｜追～。(3)根本上，彻底：～治｜～除。(4)依据：～据｜无～之谈。

【根本】gēnběn ❶名。事物的根源，最重要的部分，前面不加数量词：水土是农业的～｜从～上解决问题。❷形。最重要的；前面可加程度副词"最"，不单独作谓语，多作定语：这是最～的原因。❸副。(1)彻底：问题已经～解决。(2)从来，完全；多用于否定句：我～不相信有鬼｜他～不了解情况。

【根除】gēnchú 动。从根本上铲除；常带宾语，可加动态助词"了、过"：经过三年苦战，这一带引了血吸虫病。

【根词】gēncí 名。词汇里最原始、最单纯、最基本的词，是基本词汇的核心。如"人"、"学"等。在根词的基础上能产生出许多别的词来。

【根底】gēndǐ 名。(1)基础：他英文～很好，所以翻译起来不吃力。也作根柢。(2)底细：他新来乍到，你知道他的～吗？

【根基】gēnjī 名。(1)基础：这座高楼的～打得很牢。(2)喻指家底、水平等：他～好，新技术一学就会。

【根究】gēnjiū 动。彻底追究：这些谣言必须～。常带宾语或补语：要～一下事情的真相。

【根据】gēnjù ❶名。作为论断前提或言行基础的事物：理论～｜你说这话的～是什么？❷动。以某种事物为依据；须带宾语：财政支出应该～节约的原则。❸介。表示以某种事物或动作为依据或基础：～同名小说改编｜～统计，我班三分之二的同学是团员。

＊"根据"和"据"："根据"作介词时，用法与"据"基本相同，不同的是"据"后面既可以带双音词词，又可以带单音节词，如"据他说"，"据统计"等等；"根据"后面一般不带单音节词。

【根绝】gēnjué 动。彻底消灭；常带宾语：～事故｜为了～鸦片的危害，林则徐下令在虎门销烟。

【根苗】gēnmiáo 名。(1)植物的根和最初破土的芽。(2)事物的来由和根源：无政府主义的～，要从理论上给予铲除。(3)指传宗接代的子孙：他是张家的独～。

【根深蒂固】gēn shēn dì gù 成。比喻基础扎实稳固，不易改变：传统观念的影响～，不是一朝一夕就能消除的。也作根深柢(dǐ)固。

【根由】gēnyóu 名。来历,缘故:查明~|追问~。

【根源】gēnyuán ❶名。使事物产生的根本原因:帝国主义是战争的~。❷动。起源;须带"于"构成的介词词组作补语:一切科学知识都~于实践。

【根治】gēnzhì 动。彻底治好,治断根儿,对象一般指灾害、疾病:这种病要下决心~才好。常带宾语:我们一定要~淮河。

【根子】gēn·zi 〈口〉名。(1)高等植物的根。(2)事物的本源:这次车祸的~是司机违反了驾驶规章。

跟 gēn ❶名。(~儿)鞋袜的后部:这鞋的~儿太高了。❷动。(1)随在后面,紧接着;不能单用,须加趋向动词或在前后加介词词组:你走得太快了,我~不上|爸爸在前面走,我在后面~。可构成连动词组:我~在你后面走。(2)旧时指嫁给某人;须带宾语:她说,她~他是因为他人品好。❸介。(1)表示共同,协同,只与指人的名词组合:我~你一起去。(2)向,对:这本书~谁借的?|你~大家说说。(3)表示与事物有无联系:小王~这事没关系。(4)引进比较异同的对象;后面常用"比、相同、不同、一样、差不多、相像"等词:~小张比,小施的成绩差多了|他~他爸爸长得很相像。❹〈口〉连。表示平等的联合关系;一般连接名词和代词:小王~我都是三中毕业的。

* "跟"和"同、和、与":用作介词时,口语中常用"跟",书面语倾向于用"同"。用作连词时,一般多用"和",较少用"跟","用"同"则更少。"与"多用于书面语。

【跟班】gēnbān ❶动。与某一劳动集体或学习集体一同劳动或学习;不带宾语,多构成连动词组:干部下车间~劳动|他到高三班~复习。❷名。旧指在官员身边伺候的人。

【跟前】gēnqián 方位。身边,附近;站在讲台~。可单用,前面没有名词:他靠在沙发上,~有一大堆书报|走到~,才看清楚。

【跟前】gēn·qian 方位。身体的近旁,膝下;专指有无儿女说,多用在名词或代词后面:他~没有子女。

【跟随】gēnsuí 动。跟着;须带宾语,常加动态助词"着":三年来他一直~着父亲,没有离开过。常构成连动词组:~张师傅学木匠。

【跟头】gēn·tou 名。也说斤斗。(1)跌倒或翻转的动作;指人或物,常与"栽、跌、摔、翻"等动词搭配,前面多加数量词:路上滑,不小心跌了个~|他把柴捆翻了个~晒晒。(2)比喻受挫折;用于人:他这样专横,总有一天会栽~的。

【跟着】gēn·zhe ❶动。跟随;须带宾语:弟弟~姐姐,一步不离。❷副。紧接着:上完课,~就做实验。

【跟踪】gēnzōng 动。紧紧跟在后面;指追赶或监视:~追击|后面有特务~。可带宾语:各人~一个,不让跑掉。

gén (ㄍㄣˊ)

哏 gén 〈方〉形。滑稽:他说的相声真~。

gěn (ㄍㄣˇ)

艮 gěn 〈方〉形。(1)指人性子直,说话生硬:这个人真~!|这话说得太~!(2)食物坚韧不松脆:这萝卜~了,不好吃了。
另见gèn。

gèn (ㄍㄣˋ)

亘(亙) gèn 〈素〉在时间或空间上延续不断:绵~|盘~|~古未有(从古到今所没有)。

艮 gèn ❶名。八卦之一,代表山。卦形是"☶"。参见"八卦"。❷姓。
另见gěn。

茛 gèn [毛茛](máo-) 草本植物,茎叶有茸毛,植株有毒,可入药。

gēng (ㄍㄥ)

更 gēng ❶〈素〉(1)改换,改变,变换:~动|~改。(2)经历:少(shào)不~事。❷量。旧时夜间计时的单位,每夜分为五更,每更约两小时:现在是

几～天?
另见gèng。

【更迭】gēngdié〈书〉动。轮流更换：人事～。

【更定】gēngdìng 动。改订；多带宾语：～计划｜～措施。

【更动】gēngdòng 动。改动；常带宾语或补语，可加动态助词"了、过"：这篇文章只～了个别词句｜～了好几次。

＊"更动"和"更改"："更动"多指较小的变动，对象一般是字句、次序等；"更改"多指较大的变动，对象一般是日期、决定、计划、路线、意见等。

【更番】gēngfān 副。表示轮流替换；修饰动词，不加助词"地"：我军～出击，使敌疲于奔命｜队员～上场，拼力夺取冠军。

【更改】gēnggǎi 动。改换，改动；对象多是日期、决定、计划、路线、意见等：这个决定不能～。常带宾语：～了会议的日期。不宜重叠：我以为，把这个老规矩～～，也未尝不可。

【更换】gēnghuàn 动。变换，替换；对象多是字句、位置、物品等：新旧事物在不断～。常带宾语：～展览品｜～衣服。可重叠：～～位置。

＊"更换"和"更改"："更换"的意思着重在变换、替换；"更改"的意思着重在改动。"更换"的对象是字句、位置、物品等；"更改"的对象多是日期、决定、计划、路线、意见等。

【更深人静】gēng shēn rén jìng 成。更深：以前一夜分五更，三四更时就是更深，即深夜；人静：没有人声。形容深夜一片静寂：～，他俩还在商量着写作计划。也作更深夜静。

【更生】gēngshēng 动。不带宾语。(1)重新得到生命，比喻复兴：自力～。(2)对某种废品加工，使恢复原有性能，成为新的产品；多作定语：～布｜～纸。

【更始】gēngshǐ〈书〉动。除旧布新，重新开始；常带宾语：与民～。

【更替】gēngtì 动。更换代替；常带宾语：我来～你，你去休息一下。常构成连动词组：两人～值班。

【更新】gēngxīn 动。革除旧的，变为新的；

万象～。可带宾语：～技术。可重叠：～～设备。

【更衣】gēngyī〈书〉动。不带宾语。(1)更换衣服：医生～后才能进入手术室。(2)上厕所的婉辞。

【更正】gēngzhèng 动。改正；可加动态助词"了、过"：上期那篇文章中的错误，已经～了。常带宾语：～了文中的几处差错。

＊"更正"和"改正"："更正"使用范围较窄，多指改正已已发表的文章中的语言文字的错误；"改正"使用范围较宽，还可以指缺点、错误、不良习惯等。

庚 gēng ❶名。(1)天干的第七位。参见"干支"。❷〈素〉年龄：年～｜同～。❸姓。

【庚帖】gēngtiě 名。旧俗订婚时，男女双方互换的帖子，上写姓名、生辰八字、籍贯、祖宗三代等。也叫八字帖。

赓 gēng ❶〈素〉继续：～续。❷姓。

【赓续】gēngxù〈书〉动。继续：～不断。

鹒 gēngfng 见"鸧(cāng)鹒"。

耕 gēng 动。用犁翻松田土：精～细作。常带宾语：～了10亩地。

【耕耘】gēngyún 动。耕地和除草，也泛指田间劳动。常用来比喻辛勤地从事某种工作；一般不带宾语：一分～一分收获｜拿起笔来，在这文苑中努力～吧。

【耕种】gēngzhòng 动。耕地和种植：他们世世代代在这块土地上～。可带宾语：～了10亩田地。

【耕作】gēngzuò 动。用各种方法处理土壤的表层，促进农作物生长，包括耕、耙、锄等；不带宾语：～精细｜辛勤～。

羹 gēng 名。指用肉或菜调和五味做成的浓汤，也泛指煮或蒸成的糊状食品：橘子～｜豆腐～｜鸡蛋～。

gěng(ㄍㄥˇ)

埂 gěng 名。(～儿、～子)。(1)田间稍稍高起的小路：田～儿。(2)地势高起的长条形地方：小山～子。

哽 gěng 动。说话时因感情激动而喉咙堵塞；不带宾语，常带补语：

他一时竟～得说不出话来。

【哽咽】gěngyè 动。悲痛气塞,不能痛快地出声哭泣；不带宾语：～不语|噩耗传来,他悲痛万分,～着,许久说不出来。

绠 gěng 名。汲水所用的绳索。

【绠短汲深】gěng duǎn jí shēn 成。绠：汲水所用的绳子；汲：从上往下打水。用短绳子吊取深井的水,比喻能力小,难以胜任难巨的事；多作谦辞：我才力平庸,～,难以负此重任。

梗 gěng ❶名。(～儿、～子)植物的枝或茎：荷～儿|菜～子。❷动。挺直；须带宾语,多加动态助词"着"：～着脖子。❸〈素〉(1)直爽：～直。(2)阻塞：～阻|～塞|作～。

【梗概】gěnggài 名。大略的内容：这是故事的～,详情请读原著。

【梗塞】gěngsè 动。阻塞；常和"道路、交通、河流、流通"等词语搭配：河道被～了。常带宾语：一辆卡车停在道口,～了交通。

【梗直】gěngzhí 见"耿直"。

【梗阻】gěngzǔ 动。(1)阻塞；多作谓语,常和"山川、河流、道路"等搭配：山洪爆发,道路～。(2)阻拦；前面常加"横加、从中"等词语作状语：青年们要成立科研小组,他竟横加～。

鲠(骾) gěng ❶〈书〉名。鱼骨头：如～在喉。❷动。骨头卡在嗓子里,不带宾语,带补语：这鱼刺多,吃时小心点,别一～住。

【鲠直】gěngzhí 见"耿直"。

耿 gěng ❶〈素〉(1)明亮：～～。(2)忠诚,正直：～直|～介。❷姓。

【耿耿】gěnggěng 形。不加程度副词。(1)明亮：星河～。(2)形容忠诚：忠心～。(3)形容心中有事或有怨恨：～于怀。

【耿介】gěngjiè 〈书〉形。正直；不加程度副词：～之士|性情～。

【耿直】gěngzhí 形。正直,直爽；常与"性格、为人"等词语搭配,含褒义：老汉为人非常～。也作梗直、鲠直。

哽绠梗鲠耿更工 gěng-gōng 345

gèng(ㄍㄥˋ)

更 gèng 副。(1)越发,愈加；用于比较,表示程度上深了一层,进了一步：我们应该～好地为人民服务。(2)再,尤其；表示程度增高：～上一层楼|我不喜欢下棋,～不喜欢打扑克。

另见gēng。

【更加】gèngjiā 副。表示程度上又深一层或者数量上进一步增加或减少；用于比较,常用在双音节形容词或动词前：～高兴|～说明问题|天色渐亮,晨星～稀少了。

＊"更加"和"更"：一般可以互换,但"更加"多用在双音节词前面。

【更其】gèngqí 〈书〉副。更加；用法与"更加"同：过了黄泥岗,山路～险峻。

gōng(ㄍㄨㄥ)

工 gōng ❶名。(1)一个工人或农民一天的工作量；常与"做、完成"等动词搭配：做了一天～|一年完成了300个～。(2)我国民族音乐音阶上的一级,乐谱上用做记音符号,相当于简谱的"3"。❷〈书〉动。长于,善于；不加动态助词,须带宾语：老王～书画。❸〈素〉(1)工人：女～|技～。(2)工业：～商业。(3)工程：动～|竣～。(4)功夫,技术修养：唱～|做～。(5)精细,精巧：～笔|～整。

【工本】gōngběn 名。制造器物所需的成本：不惜～。

【工笔】gōngbǐ 名。国画的一种画法,用笔工整,注重细部的描绘；区别于"写意"：这是一幅～画,不是写意画。

【工厂】gōngchǎng 名。直接进行工业生产活动的经营单位；量词用"家、个、所"。

【工场】gōngchǎng 名。手工业者集合在一起生产的场所；量词用"个、家"。

【工潮】gōngcháo 名。旧时工人为实现某种要求或表示抗议而掀起的风潮；常作"闹、掀起"等动词的宾语：闹～。

【工尺】gōngchě 名。我国民族音乐音阶上各个音的总称,也是乐谱上各个记音符号的总称。符号各个时代不同,现在通用的是：合、四、一、上、尺、工、凡、六、

五、乙。

【工程】gōngchéng 名。(1)将自然科学的原理应用到工农业生产部门中去而形成的各学科的总称。如土木工程、水利工程、化学工程等。(2)指具体的基本建设项目。如宝钢工程、成昆铁路工程等。

【工程师】gōngchéngshī 名。技术干部的中级专业技术职务名称。能够独立完成某一专门技术任务的设计、施工工作的专门人员。

【工地】gōngdì 名。进行建筑、开发、生产等工作的现场：建筑～|采矿～。

【工读】gōngdú 动。旧指用本人劳动的收入来供自己读书。现指把犯有严重错误、屡教不改的少年儿童集中在一起边劳动边学习；多作定语：～生|～学校。

【工段】gōngduàn 名。(1)工程部门根据工程情况划分的施工组织。(2)工厂的一个车间内按生产过程划分的基层生产组织。

【工夫】gōngfu 名。也作功夫。(1)时间：他用十天～才写完这篇文章。(2)空闲：明天有～再玩儿吧。(3)〈方〉时候：那～，她可真用功啊！(4)本领，造诣：他的～还没到家，应该多练练。

  ＊"工夫"和"功夫"：一般可以通用，但(1)(2)(3)义多写作"工夫"，(4)义多写作"功夫"。

【工会】gōnghuì 名。职工为了维护自身的利益而组成的群众性组织。

【工具】gōngjù 名。(1)泛指从事劳动、生产所使用的器具。(2)比喻用以达到某种目的的东西或手段：外语是学习外国先进科学技术的重要～。

【工具书】gōngjùshū 名。专为读者查考字义、词义、字句出处和有关文献资料而编纂的书籍，如字典、词典、索引、历史年表、年鉴、百科全书等。

【工力】gōnglì 名。(1)学习和实践的工夫：写这样的著作，需有很深的～。(2)一项工作所需的人力或人工。

【工巧】gōngqiǎo 形。细致，精巧；多用于工艺品或诗文、书画：这些工艺品制作十分～。

【工人】gōngrén 名。个人不占有生产资料、依靠工资收入为生的劳动者；多指体力劳动者，现在也包括脑力劳动者。

【工人贵族】gōngrén guìzú 词组。工人阶级队伍中被资产阶级收买的极少数上层分子。他们的生活和思想都已经资产阶级化，是资产阶级在工人运动中的代理人。

【工人阶级】gōngrén jiējí 词组。不占有任何生产资料、依靠工资为生的劳动者所形成的阶级，是无产阶级革命的领导阶级。也叫无产阶级。

【工时】gōngshí 名。工人工作一个小时为一个工时，是工业上计算工人劳动量的时间单位。

【工头】gōngtóu 名。资本家雇用来监督工人劳动的人。

【工稳】gōngwěn 〈书〉形。工整而妥贴；多形容诗文：杜甫的诗，造句～。

【工细】gōngxì 形。精巧细致；多用于手工艺品等：雕刻非常～。

【工效】gōngxiào 名。工作效率；常和"提高、高、低、不高"等词语搭配：～不高的原因是没有落实责任制。

【工序】gōngxù 名。生产过程中各段加工的先后次序。材料经过各道工序，加工成成品。

【工业】gōngyè 名。采掘自然物质资源或对工业品原料、农产品原料进行加工的社会生产部门。

【工业化】gōngyèhuà 动。使现代工业在国民经济中占主要地位；不带宾语：实现国家～。

【工艺】gōngyì 名。(1)对各种原材料或半成品进行加工或处理，最后使之成为产品的方法和技术等。(2)手工艺：～品。

【工艺美术】gōngyì měishù 词组。指工艺品的造型设计和装饰性美术。

【工余】gōngyú 名。工作之余：他常利用～时间去函大授课。

【工整】gōngzhěng 形。细致整齐，不潦草；多指字迹：他的字写得十分～。可重叠：他工工整整地签上了自己的名字。

  ＊"工整"和"工致"："工整"多指字迹书写得端正整齐；"工致"指手艺、绘画等的精巧细致，说明技艺的高超。

【工致】gōngzhì 形。精巧细致；指手艺、绘画等：这些～的编织品，很受游客的青睐。

【工种】gōngzhǒng 名。按生产操作的技术内容划分的工作种类。如铸工、金工、刨工、钻工等。

【工资】gōngzī 名。作为劳动报酬按期付给劳动者的货币或实物。

【工作】gōngzuò ❶动。从事体力或脑力劳动，也泛指机器、工具受人操纵而发挥生产作用；不带宾语，多带状语或补语：忘我地～｜干得很好｜掘土机正在～。❷名。(1)职业：小李十分热爱自己的～。(2)任务，业务：当天的～应该当天完成｜要抓紧科学研究～。

【功】gōng ❶名。(1)功劳，功绩；与"过"相对：立了～｜有～之臣。(2)物理学上指一个力使物体沿力的方向移动叫做功。功的大小等于作用力的大小和在力的方向上物体移动的距离的乘积。❷〈素〉(1)功效，成就：事半～倍｜成～。(2)技术和技术修养，功夫：唱～｜基本～。(3)我国特有的健身术：气～｜内～。

【功败垂成】gōng bài chuí chéng　成：接近。事情快要成功时遭到失败，含有惋惜的意思：要是再加把劲，这件事就不会～了。

【功臣】gōngchén 名。旧指有功之臣。现指对人民、对国家、对革命事业有特殊贡献的人。

【功到自然成】gōng dào zìrán chéng 习。功夫到家，事情就会办成：别急，～，再练一段时间就能画好的。

【功德】gōngdé 名。(1)功业和恩德：革命先辈的～是值得歌颂的。(2)佛教用语。指诵经、念佛、布施等事：～无量。

【功底】gōngdǐ 名。基本功的底子；常和"深、厚、好、浅、薄、有"等词语搭配：他的文字～很深。

【功夫】gōngfu 见"工夫"。

【功绩】gōngjì 名。功劳和成绩：人们盛赞革命先烈的～。

【功课】gōngkè 名。学生按照规定学习的知识、技能：他每门～都好。

【功亏一篑】gōng kuī yī kuì 成。《尚书·旅獒》："为山九仞，功亏一篑。"亏：差；篑：盛土的筐。堆九仞高的土山，只差一筐土而不能完成。比喻做事因差最后一点人力、物力而未能完成；含有惋惜的意思：这项试验必须坚持下去，不能～。注意："篑"不能读作guì。

【功劳】gōngláo 名。对事业的贡献；常和"大、多、少、有、无"等词语搭配：办成这件事，他的～不小。

【功利】gōnglì 名。功效和利益：追求～。

【功率】gōnglǜ 名。物体在单位时间内所做的功。功率单位有瓦特、千瓦、马力等。

【功名】gōngmíng 名。封建时代指科第称号或官职名位：取得～｜～未就。

【功能】gōngnéng 名。功用和效能；多用于器官、药品、机械等：肝～｜钢管的～。

*"功能"和"功效"："功能"着重于"能"，指出发生有利作用；"功效"着重于"效"，既指出发生有利作用，又指出发生有利作用的结果。"功能"多同"特殊、毫无、某些"等词语搭配；"功效"多与"有、无、见"等词语搭配。

【功效】gōngxiào 名。功能，效率：使用这部机器后，～提高了一倍。

【功勋】gōngxūn 名。特殊的功劳：他们为祖国立下了不朽的～｜～演员。

*"功勋"和"功绩"："功勋"指对国家建立的特殊的功劳；"功绩"指对某种事业有较大的贡献和成就。"功勋"常用"不朽"修饰；"功劳"常用"巨大"修饰。

【功业】gōngyè 〈书〉名。功绩和事业：革命烈士为人民立下了不朽的～。

【红】gōng [女红](nǚ–) 名。旧指女子所做的缝纫、刺绣等工作。也作女工。

另见hóng。

【攻】gōng 动。多带宾语。(1)攻打，进击；与"守"相对：～下了敌人的碉堡。(2)〈书〉指摘别人的错误或过失：～人之短｜群起而～之。(3)致力研究；多以"专"作状语：他是专～核物理学的专家。

【攻错】gōngcuò 〈书〉动。《诗经·小雅·鹤鸣》："它山之石，可以攻玉……它山之石，可以为错。"攻：治；错：磨刀石。本谓琢磨，后多比喻借鉴他人长处，来补救自己的短处。

【攻打】gōngdǎ 动。进攻,围攻;多和"山头、阵地、碉堡"等词搭配,常带宾语或补语:~敌军阵地|这座城池长久~不下。

【攻读】gōngdú 动。集中精力研读;常以"学位"或表示学科的词语作宾语:~博士学位|刻苦~语言学。

【攻关】gōngguān 动。集中力量解决技术革新和科学研究上的难题;不带宾语:这项科研任务,我们正组织力量~。可作定语:~小组。

【攻击】gōngjī 动。常带宾语。(1)进攻;常加"猛烈"作状语:入夜,我军猛烈~敌军阵地。(2)恶意指摘;常加"大肆、蓄意、恶意、肆无忌惮"等词作状语:对自己的同志不该恶意~。常带宾语:蓄意~别人是不道德的。

【攻坚】gōngjiān 动。不带宾语。(1)攻打敌军坚固的防御工事:这是一场~战。(2)喻指攻克难关;一般都用于科学研究和技术革新等方面:科学研究要做到~不怕难。

【攻讦】gōngjié 〈书〉动。揭发别人的过失或阴私并加以攻击:相互~|他们抓住他的一些短处,对他大加~。可带宾语:这篇文章~王某,讲他贪赃枉法,沉迷女色。

【攻克】gōngkè 动。攻下;常带宾语或补语:~了敌人的据点|这个难关被~下来了。

【攻破】gōngpò 动。打破,攻下;多和"难关、防线、堡垒"等词搭配:一定要把堡垒~。常带宾语:八路军~了敌人的防线。

【攻其无备】gōng qí wú bèi 成。趁敌人没有防备时进攻;常和"出其不意"并用。也作攻其不备。

【攻取】gōngqǔ 动。攻打并夺取;常带宾语:我军~桥头堡以后,继续进击。

【攻势】gōngshì 名。(1)向敌人进攻的行动或形势:我军发动了强大的~。(2)引申指比喻或辩论中一方向另一方施加压力的行动:这次球赛,中国队的~十分猛烈。

【攻守同盟】gōng shǒu tóng méng 成。原指国与国之间订立盟约,战时彼此联合进攻或防卫。现多指坏人为掩盖罪恶互相勾结、暗中约定一致行动;含贬义:罪犯们订的~,很快就分崩离析了。

【攻心】gōngxīn 动。从思想上进攻、瓦解敌人的斗志;不带宾语:对犯罪分子,我们用政策~,这是上策。

【攻占】gōngzhàn 动。攻击并占领;常带宾语:~敌人的据点。

弓 gōng ❶名。(1)射箭或发射弹丸的器械;量词用"张、把":一张~。(2)旧时丈量地亩的器具。用木头制成,形状略像弓,两端的距离五尺。❷量。旧时丈量地亩的计算单位,一弓等于五尺。❸动。使弯曲;一般要加动态助词"着":他的背~着。可带宾语:~着腰。❹姓。

【弓子】gōng·zi 名。形状或作用像弓的东西:车~|弹棉花的绷~。

躬(躳) gōng 〈素〉(1)自身,亲自:~耕|~行。(2)弯下:~身|打~作揖。

【躬亲】gōngqīn 动。亲自去干;多用在固定组合中:事必~。

【躬行】gōngxíng 〈书〉动。亲身实行;常带动词或动宾词性词组作宾语:陶行知是~实践的人民教育家|~改革体制。

公 gōng ❶形。不加程度副词,不单独作谓语。(1)属于国家和集体的,与"私"相对:一心为~|而忘私。(2)雄性的;用于禽兽,与"母"相对:~牛|这只鸭子是~的。❷名。(1)对尊长或平辈的敬称;放在姓之后:王~|陈~。不止一个人可用"诸公"。(2)我国古代五等爵位(公、侯、伯、子、男)中的第一等。❸〈素〉(1)属于国际间的:~海|~制。(2)公共的,共同的:~理|~约。(3)公正,公平:~允|~道。(4)丈夫的父亲:~婆|~~。(5)使大家知道:~布|~报。❹姓。

【公安】gōng'ān 名。社会整体的治安;一般修饰某些名词:~人员|~部队。

【公案】gōng'àn 名。(1)旧指官吏审理案件时用的桌子。(2)指疑难案件,泛指有纠纷的或离奇的事件:了却一桩~。

【公报】gōngbào 名。(1)公开发表的关于重大会议的决议、国际谈判的进展、军事行动的进行等的正式文告:联合~|新

闻～。(2)由政府编印的专门登载法律、法令、决议、命令、条约、协定和其他官方文件的刊物。

【公布】gōngbù 动。公开发布，使大家知道；多用于法律、命令、文告和通知等，常带宾语或补语：～法令|帐目每月一次。可重叠：是否可以～～你的研究成果。

【公差】gōngchāi 名。(1)临时派出去做的公务：出～|一项～。(2)差役。

【公道】gōngdào 名。公正的道理；常和"主持、有、没有、讲、不讲"等动词搭配：主持～|人间自有～在。

【公道】gōng·dao 形。公平：价钱很～|做事不～|说句～话。

【公德】gōngdé 名。公共道德：遵守社会～。

【公敌】gōngdí 名。共同的敌人：人民～。

【公断】gōngduàn 动。(1)由非当事人居中裁断：这事得让大家来～。可带宾语：请领导～这场纠纷。(2)秉公裁断：是非曲直自有～。

【公费】gōngfèi 名。由国家供给的费用；与"自费"相对：～出国留学|～医疗。

【公愤】gōngfèn 名。群众共同的愤怒；常作"激起、引起"等动词的宾语：这家工厂的污水严重污染水源，引起～。

【公干】gōnggàn 名。公事；一般用在询问句中：有何～？

【公告】gōnggào 名。政府向国内外公布重大事件或者机关团体有公务事项需要告知社会及群众时发出的文告。

【公公】gōng·gong 名。(1)丈夫的父亲。(2)〈方〉祖父。(3)〈方〉外祖父。(4)对年老男子的尊称：老～。

【公共】gōnggòng 形。属于社会的；不加程度副词，不单独作谓语，多作定语：～场所|～财产。

【公馆】gōngguǎn 名。旧指官员、富人的较高级的住宅。

【公海】gōnghǎi 名。在沿海国的管辖范围以外的广大海域，它不受任何国家权力的支配，各国都可以使用。

【公害】gōnghài 名。生产、科研和人的其他活动对社会环境所造成的危害，如废液、废气、废渣和噪音、恶臭等。有的公害是由对于自然的不合理利用而造成的。

【公函】gōnghán 名。平行及不相隶属的机关、团体间来往的公文；量词用"件、封"等。

【公积金】gōngjījīn 名。企业单位或其他生产单位从总收入中按规定比例提取的用于扩大再生产的资金。

【公祭】gōngjì ❶动。机关、团体或社会人士为死者举行祭奠仪式；不带宾语：定于3月2日～。❷名。指这种祭礼。

【公开】gōngkāi ❶形。不加隐蔽和掩饰的；与"秘密"相对，常作状语、定语：～宣称|成了～的秘密。❷动。使秘密的成为大家所知道的，可带动态助词"了"：会议讨论的事情已经在群众中～了。可带宾语：她～了自己的秘密。

【公开信】gōngkāixìn 名。写给个人或集体，但作者觉得有必要让公众知道而公开发表的信。

【公款】gōngkuǎn 名。属于国家、机关、企业、团体的钱。

【公理】gōnglǐ 名。(1)人们经过反复实践总结出来的一种带有根本性的、不必再证明的命题。如"两点间直线最短"就是平面几何中的一条公理。(2)社会上多数人认为正确的道理。

【公历】gōnglì 名。现在国际通用的历法，一年365天，每年分12个月。1、3、5、7、8、10、12月为大月，每月31天，4、6、9、11月为小月，每月为30天。2月为28天。因地球绕太阳一周实际为365.24219天，所以每400年中有97个闰年，闰年在2月就要加一天，全年是366天。也叫格里历，通称阳历。

【公粮】gōngliáng 名。农民或农业生产单位每年作为农业税交纳给国家的粮食。

【公路】gōnglù 名。城乡间主要供汽车行驶的道路。

【公论】gōnglùn 名。公众或公平的评论：是非曲直自有～。

【公民】gōngmín 名。在一个国家内取得该国国籍，并根据该国法律规定享有权利和承担义务的人。

【公民权】gōngmínquán 名。公民依照宪法规定所享受的权利。

【公墓】gōngmù 名。公共坟地；区别于一家一姓的坟地。

【公平】gōngpíng 形。处理事情合情合理，不偏袒哪一方面：买卖～｜他处理问题很～，我没意见。

【公仆】gōngpú 名。为公众服务的人；含褒义：革命干部是人民的～。

【公然】gōngrán 副。明目张胆地，毫无顾忌地；只用在动词前作状语：这个不法分子不听我们劝阻，～砍伐国家的林木。

【公认】gōngrèn 动。众人一致认为；常带宾语：～他的发明权。多带主谓词组作宾语：大家一致～他是宋词学科领域的权威。可作定语，要加助词"的"：他是～的先进工作者。

【公审】gōngshěn 动。我国人民法院公开审判案件的一种方式，在群众参加下审判有重大社会意义的案件；常带宾语：法院～了一起重大经济犯罪案。可作定语，不加助词"的"：～大会。

【公使】gōngshǐ 名。由一国元首派往他国，仅低于大使级的外交代表，全称是特命全权公使。

【公式】gōngshì 名。(1)用数学符号表示几个量之间的关系的式子，具有普遍性，适合于同类关系的所有问题。(2)泛指可以应用于同类事物的方式、方法：写文章没有呆板的～。

【公式化】gōngshìhuà 形。不加程度副词，含贬义。(1)文艺创作上套用某种固定模式、千篇一律地描写现实生活和人物性格的不良倾向：～的描写｜有些小说的人物形象完全～了。(2)不根据实际情况死板地套用某种固定方式处理问题；多作定语或状语：这样～地处理问题是不行的。

【公事】gōngshì 名。公家、集体的事；量词用"件"，与"私事"相对：～公办。

【公输】gōngshū 复姓。

【公司】gōngsī 名。较大的工商业组织，经营产品的生产、商品的流通或某些服务和建设事业：首都钢铁～｜中国纺织品进出口～。

【公诉】gōngsù 名。刑事诉讼的一种方式，人民检察院对侦查终结的案件认为必须对被告人追究刑事责任时，由检察长或由他指定的检察员以国家公诉人资格向人民法院提起的诉讼；区别于"自诉"。

【公孙】gōngsūn 复姓。

【公堂】gōngtáng 名。(1)旧指法庭或官署的厅堂：对簿～｜私设～｜咆哮～。(2)指祠堂。

【公帑】gōngtǎng 〈书〉名。公款：决不能假公济私，糜费～。

【公推】gōngtuī 动。共同推举；多指推举某人担任某种职务或做某事，带兼语：几个组～老张当代表。

【公文】gōngwén 名。机关相互往来联系事务的文件：发送～。

【公务】gōngwù 名。公家的事务：最近～很忙。可作定语：～人员。

【公务员】gōngwùyuán 名。(1)机关团体中做勤杂工作的人员。(2)政府机关工作人员。

【公心】gōngxīn 名。(1)公正之心：他出以～，批评了她几句。(2)为公众利益着想的心意：他办这件事完全出于～，并不是为了他自己。

【公休】gōngxiū 名。指星期日、节日等集体的休假日。

【公演】gōngyǎn 动。公开演出；常带动态助词"了、过"：这个节日还没～。常带宾语：东风剧场～了新编歌剧《浪潮》。

【公益】gōngyì 名。公共的利益；多指卫生、救济等群众福利事业：这位退休老工人热心于～｜他常参加～活动。

【公用】gōngyòng 形。公共使用；不加程度副词，不单独作谓语，多作定语，或用在"是……的"格式中：～电话｜这个盥洗室是楼内的住家户～的。

【公余】gōngyú 名。工作人员办公以外的时间：这些论文都是他～写成的｜利用～出去钓鱼。

【公寓】gōngyù 名。(1)一种租赁给求学、经商或找职业等的人居住的旅馆，租期较长，房租论月计算：学生～。(2)指房间成套、设备较好的能容纳好多人家居住的多层建筑：青年～。

【公元】gōngyuán 名。国际通用的公历纪年,以传说中的耶稣基督的诞生年为公元元年。我国从1949年正式规定采用公元纪年。

【公约】gōngyuē 名。(1)人民群众经集体讨论规定、共同遵守的事项:拥军~|卫生~。(2)条约的名称之一,一般指三个或三个以上的国家缔结的某些政治性的或者关于某一专门问题的条约,例如《日内瓦公约》。

【公允】gōngyǔn 形。公平恰当;多形容议论、批评、对事情的处理等:持论~|他的批评很~。

【公债】gōngzhài 名。国家向公民或向外国借的债。是国家以信用方式吸收资金的一种形式。

【公正】gōngzhèng 形。公平正直,不偏私;多形容人品、办事等:为人~|~的评价|他很~地处理了这次纠纷。

【公正无私】gōngzhèng wú sī 成。办事公正,没有私心:这位干部~,深得群众拥护。

【公证】gōngzhèng 动。法院或公证机关对某一法律行为、某一有法律意义的文件或事实确认它的真实性和合法性,如对合同、遗嘱等的公证。不带宾语:这份合同请公证处~。

【公众】gōngzhòng 名。大众:市场供应要满足~的需要。

【公诸同好】gōng zhū tóng hào 成。拿出自己珍爱之物,与爱好相同的人一起欣赏享用:他把珍藏多年的古画拿出来,~。注意:"好"这里不读hǎo。

【公主】gōngzhǔ 名。古代称君主的女儿。

【公转】gōngzhuǎn 动。一个天体绕着另一个天体转动叫做公转。例如地球绕太阳公转一周的时间是365天6小时9分10秒。

【公子】gōngzǐ 名。(1)古代称诸侯的儿子,后来也称官僚的儿子。(2)对人家儿子的尊称。

【公子哥儿】gōngzǐgēr 名。原称官僚和有钱人家不知人情世故的子弟,泛指娇生惯养的男子;含贬义:他一点不能吃苦,真是个~。

蚣 gōng 见"蜈蚣"。

供 gōng 动。(1)供给,供应;常以单音节名词作宾语:~电|~水。可带双宾语:姐姐~他学费。(2)提供某种方便的条件,以备利用;多带兼语:这些意见~大家参考|这些书~你阅读。

另见 gòng。

【供给】gōngjǐ 动。把物资、钱财、资料等给需要的人使用:我校学生的伙食费由国家~。可带宾语:~生活用品。可带双宾语:~学员学习材料。注意:"给"这里不读gěi。

【供求】gōngqiú 名。供给和需求,一般指商品:~关系|市场~平衡。

【供销】gōngxiāo 名。供应生产资料和消费品以及销售各种产品的商业性活动;常作"搞、跑"的宾语:搞~|跑~。

【供养】gōngyǎng 动。供应生活所需,对象多指父母、老人,常带宾语:他要~两位老人。

* "供养"和"赡养":"供养"不仅可用于人,还可用于动物,如:"工蜂都要采花蜜供养蜂王";"赡养"只用于人,不用于动物。"供养"书面语、口语都常用;"赡养"多用于书面语。

另见 gòngyǎng。

【供应】gōngyìng 动。满足需要:计划~|发展生产才能保证~。常带宾语:粮店~大米。可带双宾语:~学校一批建筑材料。

* "供应"和"供给":"供应"的使用范围较窄,多指物资;"供给"使用范围较宽,可以是物资,也可以是钱财、资料等。

龚(龔) gōng 姓。

肱 gōng 〈书〉名。胳膊由肘到肩的部分,也泛指胳膊。

宫 gōng ❶名。(1)古代为房屋的通称。后专指帝后太子等的住所:皇帝要回~了。(2)指庙宇;多作庙名的中心语:洞霄~|雍和~。(3)文化娱乐场所;多作这种场所名称的中心语:青年~|民族~。(4)古代五音(宫、商、角、徵(zhǐ)、羽)之一,相当于简谱的"1"。❷〈素〉(1)神话中神仙居住的地方:龙~|天~。(2)古代的一种刑罚:~刑。❸姓。

【宫灯】gōngdēng 名。八角或六角形的灯，每面画有彩色图画，下面悬挂流苏。原为宫廷使用，故名；量词用"盏、只"。

【宫殿】gōngdiàn 名。帝王居住的高大华丽的房屋；量词用"座"。

【宫娥】gōng'é 〈书〉名。即宫女，帝王宫廷里供使唤的女子。

【宫阙】gōngquè 〈书〉名。宫殿。因帝王所居宫门外有两阙，故称宫殿为宫阙。

【宫廷】gōngtíng 名。(1)帝王的住所。(2)指由帝王及其大臣构成的统治集团。

【宫廷政变】gōngtíng zhèngbiàn 词组。原指帝王宫廷内发生篡夺王位的事件。现在一般用来指某个国家统治集团内部少数人起来夺取国家政权。

【宫刑】gōngxíng 名。古代阉割生殖器的残酷肉刑。也叫腐刑。

恭 gōng 〈素〉恭敬，谦逊有礼貌：～贺｜～候。

【恭贺】gōnghè 动。恭敬地祝贺；敬辞，常带宾语：～新禧。可带主谓词组作宾语：～你新婚愉快。

【恭候】gōnghòu 动。恭敬地等候；敬辞，常带宾语或补语：～光临｜我在这儿～你多时。可带主谓词组作宾语：～阁下光临。

【恭敬】gōngjìng 形。严肃有礼貌；他对父母很～。可重叠：小学生恭恭敬敬地向老师敬礼。

＊"恭敬"和"尊敬"："恭敬"的意思着重在有礼貌；"尊敬"着重在尊敬。"恭敬"使用范围较窄，多用于对尊长或敬重的人；"尊敬"还可以用于其他对革命有贡献、具有高尚道德品质的人。"恭敬"可以重叠；"尊敬"不能。

【恭顺】gōngshùn 形。恭敬顺从；作谓语时常加程度副词：他对父母十分～。

【恭惟】gōng·wei 动。对人讨好奉承；含贬义：他老是这样，当面～，背后捣鬼。常带宾语：你近来大有进步，这不是～你，是真话。也作恭维。

【恭喜】gōngxǐ 动。祝贺人家有喜事；客套话，可带宾语：～你，听说你得了科研一等奖。可带兼语：～你新得贵子。可重叠使用：～～！祝你俩新婚愉快，白头偕老。

塨 gōng 人名用字。李塨，清初学者。

觥 gōng 名。古代用兽角做的酒器。

【觥筹交错】gōng chóu jiāocuò 成。觥：古代一种酒器；筹：行酒令的筹码。酒器和筹码交错在一起。形容欢乐相聚宴饮的情形：宴会上～，宾主开怀痛饮。

gǒng（ㄍㄨㄥˇ）

巩（鞏）gǒng ❶〈素〉牢固，结实：～固。❷姓。

【巩固】gǒnggù ❶形。坚固，不易动摇：工农联盟空前～。❷动。使坚固；须带宾语：～无产阶级专政｜～两国人民的友好关系。

＊"巩固"和"牢固"："巩固"多用于抽象事物；"牢固"多用于具体事物。"巩固"有动词用法；"牢固"没有动词用法。

汞 gǒng 名。金属元素，符号Hg。银白色液体，能溶解许多金属。汞可用来制造药品、镜子、温度表、水银灯等。通称水银。

拱 gǒng ❶动。多带宾语。(1)肢体弯曲成弧形；多带动态助词"着"：花猫～着腰，伏在那里。(2)撞动，拨开，顶起；常以"开、进、出"等词语作补语：猪～开了圈门｜小孩～进了人群｜芽儿～出了土。❷〈素〉(1)两手在胸前合抱，表示敬意：～手｜打～。(2)环绕：～卫｜～抱。(3)建筑物上呈弧形的：～门｜～桥。

【拱抱】gǒngbào 动。环抱；一般指山峦：群峰～。可带宾语：四山～小城。

【拱门】gǒngmén 名。顶部是弧形的门。

【拱手】gǒngshǒu 动。两手在胸前相抱表示恭敬；不带宾语：两人～相见，非常亲热。可重叠：拱拱手。可拆开用：拱一拱手。

【拱卫】gǒngwèi 动。环绕在周围保卫着；常带宾语或补语：众星～北辰｜～京师｜那无数的小山丘就像众多的士兵～在泰山的周围。

【拱券】gǒngxuàn 名。桥梁、门窗等建筑物上筑成弧形的部分。也叫券(xuàn)。

珙 gǒng 〈古〉名。一种玉。

栱共供 gǒng-gòng

栱 gǒng [枓栱](dǒu-) 见"斗栱"。

共 gòng(ㄍㄨㄥˋ)

共 gòng ❶副。总共,一共;多指数量,动词后须有数量词组:这本书～有160页|一年级～分三个班。可直接用在作谓语的数量词组之前:这筐鱼～100斤。❷〈素〉(1)共同。～存|处|同甘～苦|不～戴天。(2)相同的:～性|～通。❸〈古〉同"恭",又同"供(gōng)"。

【共产国际】gòngchǎn guójì 词组。1919年在莫斯科成立的全世界共产党和共产主义组织的国际联合组织。它的任务是争取工人阶级的大多数和基本劳动群众到共产主义方面来,为实现无产阶级专政、消灭资本主义制度而斗争。1943年宣告解散。也叫第三国际。

【共产主义】gòngchǎn zhǔyì 词组。(1)指无产阶级的整个思想体系,即马克思主义。(2)人类最理想的社会制度,包括社会主义和共产主义两个不同的发展阶段。通常所说的共产主义,指共产主义的高级阶段,生产力高度发展,社会产品极其丰富,全体人民具有高度的思想觉悟,劳动不仅是谋生的手段,而且成了生活的第一需要。在这个阶段,三大差别消灭了,实行共产主义公有制和"各尽所能,按需分配"的分配原则。实现共产主义,是人类社会发展的必然趋势,是无产阶级革命的最终目的。

【共处】gòngchǔ 动。相处,共同存在;一般不带宾语,多带补语:这人性格怪僻,难以～|猫和老鼠不能～在一个笼子里。

【共和】gònghé 名。国家元首和国家权力机关定期由选举产生的一种政治制度;多作定语:～政体|～党人。

【共和国】gònghéguó 名。实施共和政体的国家。

【共居】gòngjū 动。共同存在;多指抽象事物,不带宾语,带补语:矛盾着的两个方面,～于一个统一体中。

【共鸣】gòngmíng 动。物体因共振而发声的现象。引申为由别人的某种思想感情引起的相同的情绪:不带宾语:对这种反动的宣传,我们可不能～。常作"激起、引起、产生"等动词的宾语: 在报告中,英雄们的激情感染了听众,引起了大家的～。

【共事】gòngshì 动。在一起工作;不带宾语,可带时间补语: 我们俩～多年。可拆开用: 共过一年事。

【共通】gòngtōng 形。适于或通于各方面的;不加程度副词,不单独作谓语,多作定语:～的道理|～感情。

【共同】gòngtóng ❶形。属于大家的彼此相同的;不加程度副词,不单独作谓语,多作定语: ～的事业|～的目标|这是我们～的理想。❷副。一同: ～努力|～学习。

【共同语】gòngtóngyǔ 名。部落或民族内部共同用来交际的语言,是在一种方言的基础上发展起来的。现代汉民族的共同语是以北京语音为标准音、以北方话为基础方言、以典范的现代白话文著作为语法规范的普通话。

【共性】gòngxìng 名。共同具有的性质;～存在于个性之中。

【共总】gòngzǒng 副。一共,总共: 帐～多少?|全班～有三分之二的学生数学考试成绩在90分以上。

供 gòng ❶动。常带宾语或补语。(1)向神佛或死者奉献祭品: ～神|佛像前～着果品|把鲜花～在遗像前。(2)受审者陈述案情:他～出了自己的罪行。❷〈素〉(1)祭祀用的祭品:～品|上～。(2)受审人招认的话:～词|～状|逼～。
另见gōng。

【供词】gòngcí 名。受审者所交待的与案情有关的话。

【供认】gòngrèn 动。招供,承认;常带宾语或补语,可加动态助词"了、过": 他～了犯罪的全部事实|～不讳。

【供养】gòngyǎng 动。用供品祭祀神佛或祖先;常带宾语或补语: ～祖先|把观音菩萨～起来。
另见gōngyǎng。

【供职】gòngzhí 动。担任职务;不带宾语,可带时间补语: 他在教育局～多年。

【供状】gòngzhuàng 名。书面的供词。

贡 gòng ❶〈素〉(1)古代臣子或属国向君主进献物品：～品｜进～｜朝～。(2)封建时代地方向朝廷推荐人才：～生｜～举。❷姓。

【贡生】gòngshēng 名。明清两代由府、州、县学推荐到京师国子监学习的人。

【贡税】gòngshuì 名。古代臣民向皇室缴纳的金钱、实物等。也叫贡赋。

【贡献】gòngxiàn ❶动。献给国家或公众；多带宾语或补语：他把世代珍藏的文物字画～给博物馆了｜小王为革命了自己的青春。❷名。对国家或公众做的有益的事：他为革命事业作出了巨大的～。

【贡院】gòngyuàn 名。科举时代定期举行乡试、会试的场所。

唝 gòng 地名用字。唝吥(bù)，在柬埔寨。

gōu (ㄍㄡ)

勾 gōu ❶动。常带宾语或补语。(1)用笔删节或涂去文字；常带"掉、去、出来"等词作补语：～去了两句话｜这一节可以～去｜用红笔把错字～出来。(2)画出轮廓：～一张草图。(3)用灰、水泥等涂抹砖石建筑物的缝：～墙缝。(4)引出：他的叙述～起了我美好的回忆。❷名。我国古代称不等腰直角三角形中构成直角的较短的边。❸〈素〉串通：～结｜～通。❹姓。

另见 gòu。

【勾搭】gōu·da 动。可重叠，含贬义。(1)引诱；多指男女私情，常带趋向动词"上"：这小伙子不学好，又～上了坏女人｜他与她勾勾搭搭，形影不离。(2)串通；多指干不正当的事：他们暗中～，图谋不轨｜他俩近来总是勾勾搭搭的，不知在搞什么名堂。

【勾画】gōuhuà 动。勾勒描绘，用简洁文字描写；常带宾语或补语：他用几句话就～了一个两面派人物的丑恶嘴脸｜人物形象被生动地～出来了。

【勾结】gōujié 动。为不正当的目的暗中彼此结合：他们暗中～，妄图成立一个小集团。常带宾语或补语：～反动势力，掀起政变浪潮｜这一伙人～在一起，扰乱社会治安。

【勾栏】gōulán 名。宋元时称游艺场所为勾栏，后来指妓院。又作勾阑。

【勾勒】gōulè 动。常带宾语或补语。(1)用线条勾画：他很快地～出一幅人物的轮廓。(2)用三言两语描述：这位作家用了不多的笔墨便～出一个泼妇的生动形象｜～得惟妙惟肖。

【勾通】gōutōng 动。暗中串通，勾结；含贬义，常带宾语：他俩～敌人，进行反革命活动。

＊"勾通"和"沟通"："勾通"指暗中串通，勾结起来做不正当的事，经常与指人的具体名词结合，含贬义；"沟通"指消除隔阂，使两方通连，既可与具体名词结合，又可与"思想、关系、友谊"等抽象名词结合，不含贬义，如"沟通思想、沟通两国文化"等。

【勾销】gōuxiāo 动。取消，抹掉；常用于老帐、怨恨和令人不快的事：这些不愉快的事让它一笔～吧。可带宾语：～了老帐。

【勾心斗角】gōu xīn dòu jiǎo 见"钩心斗角"。

【勾引】gōuyǐn 动。引诱人做不正当的事；常带宾语，含贬义：这个流氓～过一个少女。

沟(溝) gōu 名。(1)人工挖掘的水道：排水～｜这里开了一条～，就不积水了。(2)类似沟状的注处：车轮在地上轧了一道深深的～。

【沟壑】gōuhè 名。溪谷，山沟：～纵横。

【沟渠】gōuqú 名。供灌溉或排水用的水道的统称。一般称灌溉用的为"渠"，称排水用的为"沟"。

【沟通】gōutōng 动。原指开沟而使两水相通，后泛指使两方能通连；多带宾语：～情感｜～信息｜长江大桥～了南北的铁路交通。

钩(鉤) gōu ❶名。(～儿、～子)(1)悬挂或探取器物的用具：挂衣～儿｜鱼～子。(2)汉字的一种笔画，形状是"亅、乛、乚、乁"。(3)钩形符号，形状是"✓"，一般用来标志内容正确的文字、算式或合格的事物：这道算式题做对了，老师用红笔打了一个～。❷

钩 动。常带宾语或补语。(1)使用钩子搭、挂或探取：杂技演员用脚～住绳子倒挂在空中｜把掉在井里的水桶～上来。(2)用带钩的针编织：～手套｜这花边～好了。❸姓。

【钩心斗角】gōu xīn dòu jiǎo 成。唐·杜牧《阿房宫赋》："各抱地势，钩心斗角。"原形容宫室建筑的结构错综精密，后比喻各人用心机，明争暗斗；含贬义：这帮家伙整天～，争权夺利。

【钩子】gōu·zi 名。(1)悬挂东西或探取东西的用具，形状弯曲：挂衣～。(2)形状像钩子的东西：蝎子的～有毒。

句 gōu 国名用字。高句骊，古国名。又人名用字。句践，春秋时越国国王。
另见gòu(勾)、jù。

佝 gōu 见"佝偻"、"佝偻病"。

【佝偻】gōu·lóu 动。脊背弯曲；常带宾语，并带动态助词"着"：老头子～着腰，在门旁呆呆地站着。
【佝偻病】gōulóubìng 名。一种婴幼儿慢性营养不良症，多由缺乏维生素D，肠道吸收钙、磷的能力降低引起。症状是头大，鸡胸，驼背，下肢弯曲，腹部膨大，发育迟缓。也叫软骨病。

枸 gōu [枸橘](-jú) 名。即"枳(zhǐ)"。
另见gǒu、jǔ。

缑 gōu ❶〈古〉名。缠在刀剑等柄上的绳。❷姓。

鞲(韝) gōu〈古〉名。套袖。

篝 gōu〈古〉名。竹笼。

【篝火】gōuhuǒ 名。原用作笼子罩着的火。现借指在野外架木柴燃烧的火堆。夏令营的队员们围绕着～欢快地跳起舞来。

鞲 gōu [鞲鞴](-bèi) 名。即"活塞"。

gǒu (ㄍㄡˇ)

苟 gǒu 姓。

苟 gǒu ❶〈书〉连。假使，如果：～非其人｜～富贵，毋相忘。❷〈素〉(1)随便：～同｜一丝不～。(2)姑且，暂且：～安。(3)不正当的：～合｜～且。❸姓。

【苟安】gǒu'ān 动。只顾眼前，贪图安逸，不带宾语：不可～。可带补语：南宋小朝廷～于东南一隅。

【苟合】gǒuhé 〈书〉动。指男女之间不正当地结合；含贬义。

【苟活】gǒuhuó 动。只顾眼前求生存，含贬义，不带宾语：为革命应该舍生忘死，决无～的道理。可带补语：大丈夫岂能～在世上!

【苟且】gǒuqiě 形。不加程度副词，含贬义。(1)只顾眼前，得过且过；多用在固定组合中：～偷安。(2)敷衍了事，马虎草率：因循～｜决不～从事。(3)不正当的；多指男女关系：不做～之事。

【苟全】gǒuquán 动。苟且保全；对象多指生命，常带宾语，含贬义：只顾～性命，不顾国家和人民群众的利益，是可耻的行为。

【苟同】gǒutóng 〈书〉动。随便地同意；常同"观点、意见"等词语搭配：你的意见我不敢～。可带宾语：他不轻易～别人的观点。

【苟延残喘】gǒu yán cán chuǎn 成。苟：暂且；延：延续；残喘：临死前的喘息。勉强延续临死前的喘息。比喻暂时勉强维持生存；多含贬义：敌人已处在最后灭亡的关头，却还在作绝望的挣扎，但那不过是～而已。

岣 gǒu 山名用字。岣嵝(-lǒu)，即衡山，在湖南省。

狗 gǒu 名。哺乳动物，种类很多，嗅觉和听觉都很灵敏。可用来看守门户、帮助打猎等。

【狗吃屎】gǒuchīshǐ 名。比喻身体向前跌倒的姿势；含嘲笑意：汉奸不留神，跌了个～。

【狗苟蝇营】gǒu gǒu yíng yíng 见"蝇营狗苟"。

【狗急跳墙】gǒu jí tiào qiáng 成。比喻在走投无路时，不顾一切地蛮干；含贬义：要提高警惕，防止这些犯罪分子～，先下毒手。

【狗皮膏药】gǒupí gāoyào 词组。药膏涂在小块狗皮上的膏药，疗效比一般膏药好。由于走江湖的人常假造这种膏药来骗取钱财，因而用来比喻骗人的货色：这些东西不过是～而已。

【狗屎堆】gǒushǐduī 名。比喻令人深恶痛绝的人；含贬义：这些卖国贼是不齿于人类的～。

【狗头军师】gǒutóu jūnshī 词组。指喜欢为别人出主意而主意又不高明的人；含贬义。

【狗腿子】gǒutuǐzi 〈口〉名。为有权势的人奔走帮凶的人：解放前，地主的～打断了他爹的腿。

【狗尾续貂】gǒu wěi xù diāo 成。貂：一种毛皮珍贵的动物，古时皇帝的侍从官员用貂尾作帽子的装饰。《晋书·赵王伦传》记载，由于当时封官太滥，貂尾不够用，只好用狗尾代替，因此民间有人对此加以讽刺说："貂不足，狗尾续。"原讽刺封官太滥，后比喻以坏续好，前后不相称；多用于文学作品，含贬义：《红楼梦》问世以后，文人中的好事者多有续本，但往往是～而已。

【狗血喷头】gǒuxuè pēn tóu 成。形容骂得很厉害。

【狗仗人势】gǒu zhàng rén shì 成。比喻走狗倚仗着主子的势力欺压别人；含贬义：这帮地主的家丁，常常～，为非作歹。

【狗彘不若】gǒu zhì bù ruò 成。彘：猪。连猪狗都不如。形容人品极坏：此等民族败类，～。

枸 gǒu [枸杞](-qǐ) 名。落叶灌木，叶子披针形，花淡紫色。果实叫枸杞子，圆形或椭圆形，中医可入药，有滋补作用。
另见gōu, jǔ。

笱 gǒu 〈方〉名。竹制的捕鱼器具，鱼进去后出不来。

gòu(ㄍㄡˋ)

勾(句) gòu 姓。
另见gōu。"句"另见jù。

【勾当】gòudàng 名。事情；今常指坏事情，含贬义：他干了见不得人的～。注意"勾"这里不读gōu；"当"这里不读dāng。

构(構,△搆) gòu ❶〈素〉△(1) 制造，组合：～造|～件|～图。(2) 结成：虚～。(3) 作品：佳～。❷见"觳(gǔ)"。

【构成】gòuchéng 动。形成，造成；多带宾语：这已经足以～死罪了|对敌军～包围的态势。

【构词法】gòucífǎ 名。语言学上指由语素构成词的方式。例如，动词"剪"加后缀"子"，构成名词"剪子"，就是构词法的一种。

【构思】gòusī 动。指作者在写文章或创作文艺作品过程中所进行的一系列思维活动，包括确定主题、选择题材，研究布局结构和探索适当的表现形式等：这篇小说，他已～了好几个星期了。可带宾语：他正在～一篇论文。常与"巧妙、新颖、独特"等形容词搭配：这篇作品，～十分巧妙。

【构图】gòutú 动。美术创作中，为了使作品取得预期的艺术效果而将表现的形象进行设计、组织、构成完整的画面，叫做构图；不带宾语：他正在～，别去打扰他。

【构陷】gòuxiàn 〈书〉动。定计陷害，使别人落下罪名；可带宾语：秦桧～忠良，遗臭万年。也作搆陷。

【构想】gòuxiǎng 动。构思，设想：我向来总以为翻译比创作容易，因为至少是无须～，但到真的一译，就遇到难关。常带宾语：～故事|～了一个新社会的蓝图。可作宾语：他们介绍了各自研究课题的～及打算。

【构造】gòuzào 名。各个组成部分的安排、组织和相互关系：地质～|句子的～|机器的～。

【构筑】gòuzhù 动。修筑；多指军事工程，常带宾语：～炮台|～工事。

购(購) gòu 〈素〉买：～置|采～。

【购买】gòumǎi 动。买；多带宾语或补语：～物品|～回来。

【购销】gòuxiāo 动。商业上指购进和销售的情况：～合同|～平衡|～两旺。

【购置】gòuzhì 动。购买；常带宾语或补语：～家具｜设备已～齐全。

＊"购置"和"购买"："购置"的使用范围较窄，一般限于长期使用的东西；"购买"的使用范围较宽，对象不限。

诟 gòu 〈素〉(1)耻辱：～病。(2)怒骂：～骂。

【诟病】gòubìng 〈书〉动。指责；不带宾语，常用在被动句中：为世～｜秦桧是历史上的罪人，为后人所～。

【诟骂】gòumà 〈书〉动。辱骂；一般不带宾语：当众～，予人难堪｜交相～，各不退让。可做主语或宾语：敌人的～，无损于他的伟大人格。

垢 gòu 〈素〉(1)肮脏：蓬头～面。(2)脏东西：污～｜牙～。(3)耻辱：含～忍辱。

够(夠) gòu ❶动。(1)数量上可以满足需要；不带宾语，可加动态助词"了"：材料已经～了｜钱～买一台电视机了。(2)伸直了胳膊向不易达到的地方去接触或拿取东西；常带宾语或补语：他爬到树上～了一把枣儿～｜得着｜请你把橱顶上的篮子～下来。❷副。(1)表示达到一定标准；所修饰的形容词只能是积极意义的，没有相应的反义词：别挖了，这条沟～深了。(2)表示程度很高；所修饰的形容词可以是积极意义的，也可以是消极意义的，句尾多加助词"的"或"了"：这事～糟糕的｜他待我们～好了。

【够本】gòuběn 动。不带宾语。(1)够到本钱；多指买卖、赌赙等，常加"刚、才、已"等副词作状语：只卖了50元，刚好～。可拆开用：不够所花的本。(2)比喻失相当：我敌人拼了，打死一个～，打死两个，赚一个。

【够劲儿】gòujìnr 〈口〉形。只作谓语，前面常加副词"真"等。(1)担负的分量极重：他挑那么多东西，真～。(2)程度极高：这烈性酒喝起来真～。

【够呛】gòuqiàng 〈方〉形。够受的，十分利害；只作谓语或补语：他连这小事也办不成，真～！｜天气热得～。也作够呛。

【够瞧的】gòuqiáo·de 形。够受的，十分利害；只作谓语或补语，前面

"真"：看样子他们还要争下去，这场戏真～。

【够受的】gòushòu·de 形。达到或超过人所能忍受的程度，有使人受不了的意思；多作补语或谓语：累得～｜天气越来越热了，真～！可拆开用：他背着那么重的行李，走那么远的路，可够他受的。

【够味儿】gòuwèir 〈口〉形。工力达到相当高的水平，意味深长，耐人寻味；只作谓语或补语，前面常加副词"真"等：他唱的京剧真～｜这四川麻婆豆腐烧得真～。

遘 gòu 〈古〉动。相遇。

媾 gòu 〈素〉(1)结为婚姻：婚～。(2)讲和，求和：～和。(3)交配：交～。

【媾和】gòuhé 〈书〉动。指交战双方缔结和约或达成和平协议，结束战争状态。

觏 gòu 〈古〉动。遇见：罕～(不常见)。

彀 gòu ❶〈素〉(1)使劲张弓：～中。(2)牢笼，圈套：入～。❷同"够"。

【彀中】gòuzhōng 〈书〉名。箭能射及的范围，比喻牢笼，圈套：入我～。

gū（ㄍㄨ）

估 gū 动。估计，揣测；常带宾语和补语：～一～｜这头大象有多重？另见gù。

【估计】gūjì 动。对事物的性质、数量、变化等做大概的推断；常带主谓词组作宾语或带补语：我～这块地有5亩｜他把小李的业务水平～过高了。可重叠：你～～，事态将会如何发展。

＊"估计"和"预料"："估计"的意思着重在推测、计算；"预料"的意思着重在猜想。"估计"的对象可以是情况、变化或数量等；"预料"的对象一般是情况、变化等，数量不多见。"估计"在事前或事后都可以；"预料"只用在事情发生以前。

【估价】gūjià 动。(1)估计商品的价格；不带宾语，可带补语：这旧书橱～太高。可拆开用：商品已经估已了价。可重叠：请你估估价，这件皮大衣能值多少钱? (2)对人或事物给以评价：你对这事

如何~?常带宾语: 正确地~历史人物。

【估量】gū·liang 动。估计；常带主谓词组作宾语或带补语: 我~他挑不起这副担子|你把自己~一番,看看究竟有多大能耐? 可重叠: 你~~,这工程至少要多少投资。

＊"估量"和"估计": "估量"的使用范围较窄,多用于对事物的轻重、大小、强弱、数量等方面的推测；"估计"的使用范围较宽,可以是对事物发生的时间、可能性、意义、作用的推测,也可以对事物质量的好坏或数量的多少等方面的推测。

【估摸】gū·mo 〈口〉动。估计；常带宾语或补语: 他一直在~着这件事,难定处理的办法|始终~不透。可带主谓词组作宾语: 我~着他这时已到家了。

【估算】gūsuàn 动。对事物的数量作大约的推算；常带宾语: 他正在~这本书的字数。可带主谓词组作宾语: 我~亩产可达500斤。可带补语: 把产量~一下。可重叠: 今年能有多少收入,要好好~~。

咕 gū 拟声。摹拟母鸡、斑鸠等的叫声；多叠用: 斑鸠~~地叫着。

【咕咚】gūdōng 拟声。摹拟重东西落下的声音: 只听得~一声,石头落进了水塘。

【咕嘟】gūdū 拟声。摹拟液体沸腾、水流涌出或大口喝水等的声音；多叠用: 水壶里的水~~地翻动着|青石板下~~地冒出水来|小王~~地喝完了水。

【咕嘟】gū·du 动。(1)长时间煮；常带时间词语作补语: 锅里牛肉~了半天,该烂了。(2)〈方〉撅着嘴；以"嘴"作宾语,后边多加动态助词"着": 你~着嘴,生谁的气?

【咕唧】gūjī 拟声。摹拟水受压向外排出的声音；多叠用: 鞋里进了水,一走就~~地响。也作咕叽。

【咕唧】gū·ji 动。小声交谈或自言自语；不带宾语,可带补语: 他们俩~了半天,不知在谈些什么?|他一边走,一边~着。可重叠: 他咕咕唧唧地不知说些什么? 也作咕叽。

【咕噜】gūlū 拟声。多作状语。(1)摹拟大口喝水的声音: 他端起水杯~一口就喝光了。(2)摹拟东西滚动声；多叠用: 一块大石头~~地滚下了山沟。(3)摹拟饥饿时肠子蠕动声；多叠用: 肚子饿得~地叫。(4)摹拟小声说话的声音；多叠用: 你~~地说些什么?

【咕噜】gū·lu 动。即咕哝。

【咕哝】gū·nong 动。小声说话；多指自言自语,并带有不满情绪,不带宾语,常带动态助词"着、了": 他~着,谁也听不清在说的是什么。可带补语: 他挨了批评,心里不高兴,~了好半天。

沽 gū 〈素〉(1)买: ~酒|~名钓誉。(2)卖: 待价而~。

【沽名钓誉】gū míng diào yù 成。沽: 买；钓: 骗取。比喻用种种手段骗取名誉；含贬义: 由此可见,他过去的折节力行、乐善好施只是~而已。

姑 gū ❶名。(~儿)姑母,父亲的姐妹。❷〈书〉副。暂且；只与单音节词搭配: ~置不论。❸〈素〉(1)丈夫的姐妹: ~嫂|大~子|小~儿。(2)丈夫的母亲: 翁~|~嫜。(3)少女: ~娘|村~。(4)出家修行或从事迷信职业的妇女: 尼~|三~六婆。

【姑表】gūbiǎo 名。一家的父亲同另一家的母亲是兄妹或姐弟的亲戚关系,如兄妹二人,其子女便互称姑表兄弟或姑表姊妹；区别于"姨表"。

【姑娘】gū·niang 名。(1)未婚的女子。(2)〈口〉女儿: 老王家的~真能干。

【姑且】gūqiě 副。不妨,暂时；表示在不得已的情况下先将就一下,以后再作别论: 这个办法你~采用,看效果怎么样。

＊"姑且"和"暂且": "姑且"着重表示让步,"暂且"着重表示时间。

【姑嫂】gūsǎo 名。女子和她的弟兄的妻子的合称；嫂兼指弟妇。

【姑妄言之】gū wàng yán zhī 成。姑且随便说说,内容不一定可靠: 他可能是患了癌症,但要等医生作最后的结论,我只是~而已。

【姑妄听之】gū wàng tīng zhī 成。姑且随便听听,不必信以为真: 这事我姑妄言之,你就~吧。

【姑息】gūxī 动。无原则地宽容；含贬义:

不管是谁犯了错误,都不能～。

【姑息养奸】gūxī yǎng jiān 成。姑息:无原则地宽容;养:养成,助长。无原则地宽容就会助长坏人坏事:对这种违法乱纪现象不抓,就会～,造成不可收拾的局面。

轱 gū [轱辘](-·lu) 也作轱轳。❶〈口〉名。车轮子:车～。❷动。滚动;不带宾语,常带补语:木桶～过来了。

鸪 gū 见"鹁(bó)鸪"、"鹧(zhè)鸪"。

菇 gū〈素〉菌类:蘑～|冬～|香～。

蛄 gū 见"蟪(huì)蛄"、"蝼(lóu)蛄"。

酤 gū〈古〉❶名。薄酒。❷动。买酒或卖酒。

辜 gū ❶〈素〉(1)罪:无～|死有余～。(2)违背:～负。❷姓。

【辜负】gūfù 动。对不起别人的好意、期望等;常带宾语:决不～老师的培养和期望。也作孤负。

呱 gū [呱呱]〈书〉拟声。摹拟小儿哭声:～而啼|～坠地。
另见 guā, guǎ。

孤 gū ❶〈素〉(1)幼年丧父或父母双亡的:～儿|遗～。(2)单独:～独|～苦|～雁|～岛。❷〈古〉代。封建王侯的自称。

【孤哀子】gū'āizǐ 名。旧时儿子死了父亲称孤子,死了母亲称哀子,父母都死了称孤哀子;一般用于讣闻中。

【孤傲】gū'ào 形。孤僻高傲;常与"性格、品性、脾气、怪僻"等词语搭配,含贬义:这姑娘性格～,朋友不多。

【孤本】gūběn 名。指现在只有单独一本流传于世的古籍:这本书是海内～,珍贵得很。

【孤单】gūdān 形。(1)单身无靠:他一人住在这儿,感到很～。可重叠:他一个人在路上孤孤单单地走着。(2)单薄,指力量:势力～。

【孤胆】gūdǎn 形。单独跟许多敌人英勇作战的;含褒义,不加程度副词,不单独作谓语,一般作定语,修饰"英雄、战士"

等名词:～英雄。

【孤独】gūdú 形。独自一人,没有依靠,感到寂寞:他一人看守林场,过着～的生活|老伴去世后,他感到很～。
＊"孤独"和"孤单":"孤独"的意思重在远离集体,感到寂寞;"孤单"的意思着重在只身一人,无依无靠。"孤独"不能重叠;"孤单"可以重叠。

【孤儿】gū'ér 名。(1)死了父亲的儿童:他三岁就成了～,是母亲把他拉扯大的。(2)父母双亡的儿童:～收容所。

【孤芳自赏】gū fāng zì shǎng 成。孤芳:独秀一时的香花。把自己看作仅有的香花,而自我欣赏。比喻自命清高;含贬义:他这样～,脱离群众,是会落伍的。

【孤负】gūfù 见"辜负"。

【孤寂】gūjì 形。孤独寂寞:最近我一人在家,感到十分～。

【孤家寡人】gūjiā guǎrén 成。古代君主自己谦称为孤或寡人,现用来比喻脱离群众,孤立无助的人;含贬义:如果脱离群众,就会成为～,办不成任何事情。

【孤苦】gūkǔ 形。没有依靠,生活困苦:这位老人一人孤苦地度过了他最后的岁月|无儿无女,生活很～。

【孤苦伶仃】gūkǔ língdīng 成。孤独困苦,无依无靠:可怜的三毛,～地过着流浪生活。也作孤苦零丁。

【孤立】gūlì ❶形。(1)同其他事物不相联系;多作状语或定语:我们不能～地片面地看问题|万事万物互相联系,～的事物是没有的。(2)不能得到同情和援助:在这件事上,他很～。❷动。使得不到同情和援助;须带宾语:团结朋友,～敌人。

【孤零零】gūlínglíng 形。孤单,没有依靠或陪衬;不加程度副词:河那边～地长着一棵杨树。

【孤陋寡闻】gū lòu guǎ wén 成。学识短浅,见闻不广;含贬义,常用作谦词:本人～,请您多多指教。

【孤僻】gūpì 形。孤独怪僻;多指性格,含贬义:性情很～|他是个～的人。

【孤行】gūxíng 动。不顾别人反对而独自行事;多用在固定组合中,含贬义:一意～|～已见。

【孤掌难鸣】gū zhǎng nán míng 成。一

个巴掌拍不出声音来。比喻力量单薄，难以成事：他看大家意见很大，自己一个人～，不得不改变了自己的决定。

【孤注一掷】gū zhù yī zhì 成。把全部赌本作注一次押下去，企图最后得胜。比喻在危急时用全部力量作最后一次冒险；含贬义：敌人这次反扑，不过是～罢了。注意："掷"不读zhèng。

【孤子】gūzǐ 名。(1)孤儿。(2)见"孤哀子"。

轱 gū 〈古〉名。大骨。

菰（**苽**） gū ❶名。多年生草本植物，生在浅水里。花单性，紫红色。基部经菰黑粉菌寄生后形成肥大的嫩茎，可食用，叫茭白。❷同"菇"。

觚 gū 名。(1)古时一种盛酒的器具，喇叭口，细腰。(2)古代写字用的木简：操～(执笔写作)。(3)〈古〉棱角。

骨 gū 见"骨朵儿"、"骨碌"。
另见gǔ。

【骨朵儿】gū·duor 〈口〉名。没有开放的花朵。

【骨碌】gū·lu 动。滚动；不带宾语，可加动态助词"着"：皮球在地上～着。可与"一"组合，表示动作很快：他一～爬了起来。

菁 gū ［菁葖］(-tū) 名。(1)果实的一种，如芍药、八角的果实。(2)骨朵儿。

箍 gū ❶动。用竹篾或金属条捆紧或用带子之类勒住；须带宾语或补语：～木盆|袖章～在胳膊上。❷名。(～儿)紧套在物体外面的圈儿：这个～儿是铁的。

gǔ（ㄍㄨˇ）

古 gǔ ❶名。古代；与"今"相对，多作定语：～时候。也可与单音节词配合，构成联合词组：～今中外。❷形。经历多年的：这座庙很～了，总有几百年|这种铜器～得很。❸姓。

【古奥】gǔ'ào 〈书〉形。古老深奥，不易理解；多指诗文：～的《易经》，一般人难以读懂。

【古板】gǔbǎn 形。固执守旧，呆板不知变通；含贬义，常与"思想、作风"等词搭配：这位老太太很～，对这些新事物是看不惯的。

【古代】gǔdài 名。(1)距今较远的时代，在我国历史上通常指鸦片战争以前；区别于"近代、现代"：～史|～汉语。(2)特指奴隶社会时代，有时也包括原始公社时代。

【古道热肠】gǔ dào rè cháng 成。古道：上古时代淳朴、厚道的风俗人情；热肠：热心肠。旧指待人真挚、热情：他是个～的老人，一定会帮助你的。

【古典】gǔdiǎn ❶名。即"典故"。❷形。古代流传下来被认为典范的；不加程度副词，不单独作谓语，一般作定语：～文学|～哲学。

【古典文学】gǔdiǎn wénxué 词组。古代优秀的、典范的文学作品，也泛指古代的文学作品。

【古董】gǔdǒng 名。也作骨董。(1)古代留传下来的器物，可供鉴赏、研究。(2)比喻过时的东西或顽固守旧的人；含贬义：这件中装衣服早成～了|他是个不开化的老～。

【古风】gǔfēng 名。(1)古代的风俗习惯。比喻质朴的生活作风：衣冠简朴，～犹存。(2)古体诗。

【古怪】gǔguài 形。与一般不同，使人怪异的，不合常情的；含贬义：脾气很～|～的穿着。可重叠：他的文章写得古古怪怪的，像是有意叫人看不懂|那里发生了一些古里古怪的事。

【古迹】gǔjì 名。古代的遗迹；多指古代留传下来的建筑物或具有研究、纪念意义的地方：六朝～|名胜～。

【古籍】gǔjí 名。古代的书籍；集合名词，不加个体量词：整理一批。

【古旧】gǔjiù 形。古老陈旧：～的亭阁被修缮一新|这套家具太～了。

【古老】gǔlǎo 形。经历了久远的年代的：这是一座最～的宝塔|～的风俗|中国有着悠久～的文化。

＊"古老"和"古旧"："古老"的意义着重强调经历的年代久；"古旧"着重强调陈旧。"古老"的使用范围较宽，既可以形容具体的事物，也可以形容抽象的东西；"古旧"的使用范围较窄，一般只形

容具体的事物。

【古朴】gǔpǔ 形。具有古代朴素的风格：这座建筑～而典雅。

【古色古香】gǔ sè gǔ xiāng 成。具有古雅的色彩和情调；多指器物或艺术作品等：大厅里的陈设～，显示出屋主人的情趣和爱好。

【古体诗】gǔtǐshī 名。区别于近体诗(律诗、绝句)的一种诗体，有四、五、六、七言等形式，句数不限，平仄和用韵都较自由。也叫古体。

【古铜色】gǔtóngsè 名。像古代铜器的深褐色；多作定语，常修饰"脸、胸脯"等：～的脸庞。

【古玩】gǔwán 名。可供玩赏的古代器物：收藏～|鉴赏～。

【古往今来】gǔ wǎng jīn lái 成。从古代到现在：这是～从未有过的大事变|这事十分离奇，～，很少听说。

【古文】gǔwén 名。(1)泛指历代的文言文。(2)唐朝韩愈、柳宗元等反对六朝以来的骈体文的文风，提倡先秦和汉代所使用的散体的文言文，并把它叫做古文。(3)汉朝通行隶书，因此把秦以前的字体叫做古文，特指许慎《说文解字》里的古文。

【古文字】gǔwénzì 名。古代的文字。在我国，包括陶文、甲骨文、金文、石鼓文、玺文、货币文、竹简文、小篆等，都称古文字。

【古稀】gǔxī 名。唐·杜甫《曲江》诗："酒债寻常行处有，人生七十古来稀。"后因用"古稀"为七十岁的代称：他年近～，仍勤学不辍。

【古训】gǔxùn 名。旧时指古代流传下来的、可作为准则的言语：有些～至今仍能给人们以启迪。

【古雅】gǔyǎ 形。古朴雅致；多指器物或诗文：～的工艺品|这首诗写得很～。

【古谚】gǔyàn 名。古代流传下来的谚语。

【古拙】gǔzhuō 〈书〉形。古朴少修饰；多指艺术品：这个木雕，风格～，很有特色。

【诂】gǔ 〈素〉用通行的语言来解释古代语言文字或方言字义：训～|解～。

【牯】gǔ [牯牛](-niú) 名。阉割过的公牛。也泛指牛。

【罟】gǔ 〈古〉❶名。捕鱼的网。❷动。用网捕鱼：～鱼。

【钴】gǔ 名。金属元素，符号Co。灰白色，质硬而脆，是制造超耐热合金和磁性合金的重要原料。钴的放射性同位素Co^{60}在机械、化工、冶金等方面都有广泛的应用。

【钴鉧】gǔmǔ 又读jiǎ 〈古〉名。熨斗。

【瑕】

【盬】gǔ 名。(～子)一种炊具，周围陡直的深锅，多用沙土烧制：瓷～子|沙～子。

【谷(△穀)】gǔ △❶名。(～子)一年生草本植物，子实圆形或椭圆形，脱壳后叫小米，供食用。也叫粟。有的地方把稻没去壳的子实也叫谷子。❷〈素〉(1)稻、麦、谷子、高粱、玉米等作物的统称：～物|五～。(2)两山之间的夹道或流水道：山～|峡～|虚怀若～。(3)穷尽，比喻困境：进退维～。❸姓。

另见yù。

【谷地】gǔdì 名。有一定方向倾斜的低凹地。如河谷、山谷。

【谷物】gǔwù 名。(1)稻、麦、谷子等作物的通称。(2)这类作物的子实。

【谷雨】gǔyǔ 名。二十四节气之一，在4月19、20或21日。谷雨时节，我国大部分地区雨量增加。

【汩】gǔ 见"汩汩"、"汩没"。

【汩汩】gǔgǔ ❶拟声。摹拟水流动的声音：～的流水声。❷形。水流动的样子；不加程度副词，多作状语：渠里的水～地流进田里。

【汩没】gǔmò 〈书〉动。埋没：这些先烈的姓名和身世，虽多已～无闻，但他们为中华民族所作出的伟大贡献，将永世长存。

【股】gǔ ❶名。(1)〈书〉大腿，自胯至膝盖的部分。(2)集合资金的一份或财物平均分配的一份：在那家合资企业中，他入了～|按～分红。(3)机关团体中

的一个部门：公安～|人秘～。(4)〈古〉指不等腰直角三角形中构成直角的长边。❷量。(1)用于条状物：双～电线|上山有两～道儿。(2)用于气流、水流等：一～冷风|两～浓烟。(3)用于气味、力气、神态等；数词多用"一"：一～香味|一～冲劲|一～政治热情。(4)用于成批的人；多为坏人、坏势力：两～土匪|一小～捣乱分子。

【股东】gǔdōng 名。股份公司中持有股票的人。也指其他合伙经营工商企业的投资人。

【股份】gǔfèn 名。也作股分。(1)股份公司或其他合伙经营的企业、公司的资本单位。(2)投入消费合作社的资金的单位。

【股份公司】gǔfèn gōngsī 词组。集股经营的企业，公司获得的利润按各个股东拥有的股票额分配。

【股肱】gǔgōng〈书〉名。大腿和胳膊。比喻左右辅助得力的人。

【股票】gǔpiào 名。股份公司用来表示股份所有权的证券，可凭股票支取股息。

【股息】gǔxī 名。股份公司按照股票的数量分给各股东的利润。也叫股利。

羖（羭） gǔ〈古〉名。公羊。

骨 gǔ ❶名。即"骨头(1)"。❷〈素〉(1)比喻在物体内部支持的架子：钢～|龙～。(2)品质气概：～气|风～。
另见gū。

【骨董】gǔdǒng 见"古董"。

【骨朵】gǔduǒ 名。古代的一种兵器，以铁或坚木做成，像长棍子，顶端瓜形。后来用为仪仗。俗称金瓜。

【骨干】gǔgàn 名。(1)由许多骨头组成的身体的支架。(2)比喻在总体中起主要作用的人或事物：他们都是教育战线上的～|起～作用。
　　＊"骨干"和"核心"："骨干"是工作中的主要力量和中坚；"核心"是单位、组织或集体中能起领导作用的中心部分。

【骨骼】gǔgé 名。全身骨头的总称。

【骨鲠】gǔgěng〈书〉❶名。鱼骨头：～在喉。❷形。比喻刚直、耿直；不加程度副词，不单独作谓语，作定语：～之臣|～之气。

【骨架】gǔjià 名。(1)骨头架子：这头牛的～很大。(2)比喻在物体内部支撑的架子：楼房的～已经建起来了。

【骨力】gǔlì 名。雄健的笔力；指书法：这几个字写得很有～。

【骨气】gǔqì 名。刚强不屈的气质；含褒义：他很有～，无论敌人如何威逼利诱，决不低头。

【骨肉】gǔròu 名。指父母兄弟子女等亲人：亲生～|～团聚。

【骨殖】gǔshi〈书〉名。尸骨。注意："殖"这里不读zhí。

【骨瘦如柴】gǔ shòu rú chái 成。形容消瘦到极点：他大病初愈，～。

【骨髓】gǔsuǐ 名。骨头空腔中柔软如胶的物质。分红骨髓和黄骨髓。红骨髓有造血的功能。

【骨头】gǔtou 名。(1)人和脊椎动物身体里面支持身体的坚硬组织。(2)比喻人的品质、气质："硬、懒"等作定语：硬～。(3)〈方〉比喻话里暗含的讽刺，挖苦等意思：他话里有～，你听不出来吗？

【骨血】gǔxuè 名。指子女等后代；多作中心语：儿子、女儿同样是父母的～。

【骨折】gǔzhé 动。骨头折断、变成碎块或发生裂纹；不带宾语：小沈从单杠上跌下来，右臂～了。

【骨子】gǔzi 名。物体中起支撑作用的架子：伞破了，～是好的，补一下还可以用。

【骨子里】gǔzilǐ 名。比喻内心或实质上：不要看他傻里傻气，～是精明的。也说骨子里头。

馉 gǔ[馉饳](-duò)名。古时一种面食。一说即今之馄饨。

榾 gǔ[榾柮](-duò)名。古代指短小的木头。

鹘 gǔ[鹘鸼](-zhōu)名。古书上说的一种鸟，羽毛青黑色，尾巴短。
另见hú。

贾 gǔ〈素〉(1)商人：商～|书～。(2)卖：余勇可～。(3)招引，招致：直言～祸。
另见jiǎ。

蛊（蠱） gǔ 名。旧时传说，把许多毒虫放在器皿里，使互相吞食,最后剩下不死的毒虫叫蛊,可用来害人。

【蛊惑】gǔhuò 动。毒害,使迷惑;多用在固定的组合中:～人心。也作鼓惑。

鹄 gǔ 〈素〉箭靶的中心:中～|～的。
另见hú。

【鹄的】gǔdì 〈书〉名。(1)箭靶子的中心:连发数箭,皆中～。(2)目的:此乃吾之～。

鼓 gǔ ❶名。打击乐器,多为圆柱形,中空,两头蒙皮革:你敲～,我打锣。❷动。多带宾语或补语。(1)敲,拍:～琴|～了几下掌。(2)发动,使振奋:～干劲,～了上游。(3)用风箱等扇:～了一阵子风。(4)形。凸出,高起:这小孩的肚子吃得很～。常重叠:书包装得～～的。

【鼓吹】gǔchuī 动。多带宾语。(1)宣传提倡:～革命。(2)吹嘘;含贬义:～自己的成绩。

【鼓捣】gǔ·dao 〈方〉动。(1)反复摆弄;常带宾语或补语:这孩子整天～自己的玩具|录放机坏了,～了半天才修好。(2)挑拨;含贬义:他们之间的矛盾已经这么大,你还瞎～什么? 可带兼语:你不该～他去吵架。

【鼓动】gǔdòng 动。激发人们的情绪,使他们行动起来;可带宾语或兼语:～群众|～风潮|～战士们前进。

＊"鼓动"和"煽动":"鼓动"不带褒贬色彩,可以用在好、坏两方面;"煽动"含有贬义,只能用于坏的方面。

【鼓鼓囊囊】gǔ·gunāngnāng 形。形容口袋、包裹等塞得凸起来的样子;不加程度副词,常带助词"的":～的口袋里装着什么?|书包里装得～的。

【鼓惑】gǔhuò 见"蛊惑"。

【鼓角】gǔjiǎo 名。古代军队中发出号令的战鼓和号角:～齐鸣|～相闻。

【鼓励】gǔlì 动。激发,勉励;须带宾语:班主任拉着他的手,耐心地劝他,～他。可带兼语:领导～大家创造性地工作。

＊"鼓励"和"勉励":"鼓励"着重在激发对方的积极性,使其积极行动起来;"勉励"着重在劝导,使其上进。

【鼓楼】gǔlóu 名。旧城市中设置大鼓的楼,楼内按时敲鼓报告时辰。

【鼓舌】gǔshé 动。卖弄口舌,多指花言巧语;多用在固定组合中:摇唇～。可拆开用:鼓其如簧之舌。

【鼓舞】gǔwǔ ❶动。使振作;须带宾语:～斗志|～群众。可带兼语:雷锋同志的精神,～着我们前进。❷形。兴奋,振作:这个好消息使人十分～|书记的报告,使人们受到很大的～。

＊"鼓舞"和"鼓励":"鼓舞"有激动人心,使人振奋的意思;"鼓励"没有。"鼓舞"人的往往是事、精神或者言行之类,一般对人不明确表示什么要求;"鼓励"的发出者一般是人或组织,对人多有明确的要求。"鼓舞"含有褒义;"鼓励"不带褒贬色彩。"鼓舞"一般用于别人对自己,不用于自己对别人;"鼓励"可以用于别人对自己,也可用于自己对别人。"鼓舞"除作动词外,还有形容词用法,"鼓励"只作动词。

【鼓噪】gǔzào 动。古代出战时擂鼓呐喊,以张声势。今泛指喧嚷起哄;不带宾语,可带补语,含贬义:这些乌合之众,～了一阵子,就退了下去。

【鼓掌】gǔzhǎng 动。拍手;表示高兴、赞成、欢迎;不带宾语:大家起立～,表示欢迎。可拆开用:鼓着掌|鼓了一阵子掌。

臌 gǔ 〈素〉中医指腹部鼓胀起来的一种病:水～|气～|～胀。

瞽 gǔ 〈古〉名。瞎:～者。

毂 gǔ 〈古〉名。车轮中心的圆木,周围与车辐的一端相接,中有圆孔,用以插轴。

榖 gǔ 名。落叶乔木,花淡绿色,果实红色。树皮可造纸。也叫楮(chǔ)或构。

濲 gǔ 地名用字。濲水,在湖南省。也作谷水。

gù(ㄍㄨˋ)

估 gù [估衣](-·yi) 名。旧指出售的旧衣服。
另见gū。

故 gù ❶〈书〉连。所以,因此;表示连接的分句是结果或结论:他有坚强的意志,～能战胜困难,完成任务。

❷〈素〉(1)原因：缘～。(2)存心，有意：～杀|～意。(3)原来的，旧的：～乡|～我。(4)朋友，友情：～人|～交。(5)意外的事情：事～|变～。(6)死亡：～世|～友。

【故步自封】gù bù zì fēng 成。故：旧；故步：原来的步子，引申为旧的方式方法；封：限制在一定的范围内。比喻墨守成规，不求进步：～，骄傲自大，都会成为前进的障碍。也作固步自封。

【故此】gùcǐ 〈书〉连。所以；连接因果复句，上一分句表示原因，下一分句表示结果，用在下一分句开头：我忘了地址，～没有写信给你。
  ＊"故此"和"所以"："故此"不和"因为"搭配使用；"所以"常和"因为"搭配使用。"故此"多用于书面语；"所以"不限。

【故地】gùdì 名。曾经居住或工作过的地方：～重游。

【故都】gùdū 名。过去的国都：南京是六朝～。

【故而】gù'ér 连。从而；连接因果复句，常与"由于"配合使用：由于落实了责任制，～提高了工作效率。

【故伎】gùjì 名。用过的手法、花招；含贬义：～重演。也作故伎。

【故交】gùjiāo 〈书〉名。老朋友：他同我是～，二十多年前我们就相识了。

【故旧】gùjiù 〈书〉名。旧友的总称：此次回乡，访问～，多半业已凋零。

【故里】gùlǐ 名。故乡，老家：外出三十年，现在才重返～。

【故弄玄虚】gù nòng xuán xū 成。玄虚：指让人不可捉摸的东西。故意玩弄使人迷惑不解的花招；含贬义：这卖艺人～，企图骗取观众的钱|事情我都清楚了，你别～。

【故去】gùqù 〈书〉动。死去；多指长辈，含敬意，不带宾语，可带时间补语：父亲已～五年。

【故人】gùrén 名。(1)旧友，老朋友：分别多年，如今得见～，不禁喜出望外。(2)已死的人：去年见到他时还很有精神，没想到他今天已成～。

【故实】gùshí 〈书〉名。以往的有历史意义的事实；多知道些～，对处理当前的问题有好处。

【故世】gùshì 〈书〉动。逝世；一般用于长辈或所尊敬人物，不带宾语：他的父亲不久前～。

【故事】gùshì 〈书〉名。旧日的行事制度，例行的事；现多用在固定组合中：虚应～|奉行～(照老规矩办事，敷衍塞责)。

【故事】gù·shi 名。(1)文学体裁的一种，侧重于事件过程的描述，强调情节的生动性和连贯性，较适合于口头讲述：民间～。(2)文艺作品中用来体现主题的情节：～性。

【故态】gùtài 名。老脾气，旧日的行为态度；多用在固定组合中：～复萌。

【故土】gùtǔ 名。故乡：返回～|怀念～。

【故乡】gùxiāng 名。家乡，老家，出生或久住的地方。

【故意】gùyì 形。存心，有意的；不加程度副词，不单独作谓语，多作状语：～捣乱|～作对|他明明知道这件事，却～装做不知道|这件事我是做错了，但不是～。

【故园】gùyuán 〈书〉名。故乡。

【故障】gùzhàng 名。障碍，毛病；一般指机械、仪器等：发动机出了～。

【故知】gùzhī 〈书〉名。老朋友：他乡遇～。

【故纸堆】gùzhǐduī 名。众多的、十分陈旧的书籍、资料等；多含贬义，常作"钻"的宾语：我们不能只是钻在～中，对国家大事不闻不问。

固

gù ❶〈书〉连。固然；表示确认某一事实，转入下文：这种药～可治病，但也有一些副作用|大米白面～好，高粱玉米也不错。❷〈素〉(1)结实,牢靠：稳～|坚～。(2)坚定，不变动：～守|～定。(3)原来，本来：～有。

【固步自封】gù bù zì fēng 见"故步自封"。

【固定】gùdìng ❶形。不变动或不移动的；与"流动"相对：～资产|～开支|他的工作一直比较～。❷动。使固定；常带补语：旗竿不稳，要去～一下|业务学习的时间要～下来。可带宾语：～设摊的地点。

【固然】gùrán 连。(1)表示确认某一事实，然后转入下文；多和表示转折关系的连词(但是、然而、而、可是、不过等)呼应：困难～很多，不过总能解决｜工作～很忙，但还是可以抽出时间学习的。(2)表示在确认某一事实的同时，也应该承认另一事实；多和副词"也"呼应：成功了～很好，失败了也不必灰心。

＊"固然"和"虽然"："固然"侧重于确认某种事实；"虽然"侧重于让步。"固然"有两种用法，第一种用法同"虽然"相近；"虽然"没有"固然"的第二种用法。"固然"很少用在主语前，"虽然"用在主语前后都可以。

【固若金汤】gù ruò jīn tāng 成。金：指金城，金属造的城墙；汤：指汤池，滚烫的护城河。坚固得像金属铸的城墙、滚烫的护城河一样。形容防御无比坚固，多用于军事、球赛等方面：敌人号称～的工事，被英雄的战士彻底摧毁了。

【固守】gùshǒu 动。(1)坚决地守卫；多带"阵地、地盘"等一类词作宾语：～302高地。(2)主观死板地遵循；多带"陈规"等一类词作宾语，含贬义：要从实际出发来研究和解决问题，不要～陈规。

【固态】gùtài 名。物质的固体状态。是物质存在的一种形式。

【固体】gùtǐ 名。有一定的体积和形状，在常温下比较稳定和坚硬的物体。例如木材、岩石等。

【固有】gùyǒu 形。本来就有的，不加程度副词，不单独作谓语，只作定语：～的文化｜勤劳勇敢是中华民族～的特点。

【固执】gùzhí ❶动。坚持己见，不肯改变；含贬义：听听别人的建议吧，不要～了。常以"己见"作宾语：不要再～己见了。❷形。有成见，不肯变通：这人很～。可作状语：他～地推让着，不肯接受我的资助。

＊"固执"和"顽强"："固执"多含贬义；"顽强"多含褒义。"固执"多指作风、行为等；"顽强"多指意志等。

堌 gù 名。堤；多用于地名：牛王～(在河南省)｜龙～(在江苏省)。

崮 gù 〈方〉名。四周陡峭，顶上较平的山；多用于地名，如孟良崮、抱犊崮(都在山东省)。

锢 gù 〈素〉(1)熔化金属填塞空隙：～漏(用熔化的金属堵塞金属物品上的漏洞)。(2)禁闭，使隔绝：禁～｜党～。

痼 gù 〈素〉不易治疗或不易克服的：～疾｜～习。

【痼疾】gùjí 名。久治不愈的病：随着医学的发展，许多所谓～都能治愈了。

【痼癖】gùpǐ 名。长期养成不易克服的嗜好：他抽烟已成～，想戒也戒不掉。

【痼习】gùxí 名。难以改变的积习：～难改。也作固习。

顾(顧) gù ❶动。照管，注意；常带宾语或补语，可加动态助词"了、着"：识大体，～大局｜忙得了前头，～不上后头。❷〈古〉连。但是：卿非刺客，～说客耳！❸〈古〉副。反而：欲分乎吴国子乎我，我～不敢望也。❹〈素〉(1)回头看，看：～盼｜回～｜义无反～。(2)拜访：光～｜三～茅庐。(3)前来商店、旅馆等购买东西或要求服务的：惠～｜～客。❺姓。

【顾此失彼】gù cǐ shī bǐ 成。顾了这个，失了那个：订计划的时候，要统筹兼顾，不能～。

【顾及】gùjí 〈书〉动。照顾到：无暇～。常带宾语：要～别人的利益。可拆开用：顾不及这些小事。

【顾忌】gùjì 动。恐怕对人或对事情不利而有顾虑和畏忌，这个人提起意见来毫不～。可带宾语：她的举动受到舆论的谴责，说她不～影响。常组成"所"字组，做"有、无"的宾语：做这件事，他有所～｜他快人快语，从来无所～。

【顾客】gùkè 名。商店或服务行业称前来买东西的人或服务对象：～盈门｜旅馆热心为～服务。

【顾虑】gùlù 动。担心带来不利的后果而不敢照自己的本意说话或行动；多用于否定式：你别～，该怎么说就怎么说。常带动词性词组或主谓词组作宾语：她～上不好课｜这条路上有好几个加油站，你不必～汽车缺油。常作"有、无、打消"等动词的宾语：毫无～｜打消～｜解除不必要的～。

【顾名思义】gù míng sī yì 成。看到名称，就会想到它的含义：说明文，～，是用于

【顾念】gùniàn 动。惦念,顾及;多带宾语:～亲人。可带主谓词组作宾语:他的错误严重,～其尚有悔改表现,拟予从宽处理。
【顾盼】gùpàn 〈书〉动。向左右看来看去:上课要专心听讲,不要左右～。
【顾全】gùquán 动。照顾并保全,使不受损害;常带宾语:～生命|～大局。
【顾问】gùwèn 名。在某方面有专长,可供个人或机关团体咨询的人:医学～|法律～。
【顾惜】gùxī 动。顾全爱惜;多带宾语:为了搞好科研攻关,他常常不～身体|这本书一定要买,不要只～几个钱。
【顾影自怜】gù yǐng zì lián 成。怜惜。原意是看着自己的影子,自己怜惜自己,形容孤独失意。后用来形容自我欣赏、自我怜惜的样子:据希腊神话说,水仙花是一个～,天天到湖滨照着水镜赞叹自己美貌的青年女子变成的。

梏 gù 〈素〉古代木制的手铐。桎(zhì)～。

雇(僱) gù 动。常带宾语或补语。(1)出钱叫人做事:～短工|～了两年保姆。(2)租赁交通运输工具:～车|～一条船|～不到牲口。
【雇工】gùgōng ❶动。雇佣工人;不带宾语:他家～吗?可拆开用:雇过工。❷名。受雇佣的工人:他当过～。也指雇农。
【雇农】gùnóng 名。旧社会农村中的长工、零工等。一般没有或只有极少的土地和生产工具,完全或主要依靠出卖劳动力为生。是农村中的无产阶级。
【雇请】gùqǐng 动。出钱请人做事;须带宾语:～短工。常带兼语:～家庭教师教小孩画画儿。
【雇佣】gùyōng 动。出钱购买劳动力;须带宾语:这家作坊～了一个工人。多作定语:～劳动|～观点。
【雇佣观点】gùyōng guāndiǎn 词组。工作中缺乏主人翁思想而采取的拿一分钱干一分活的消极态度:干革命工作,不能有～。

guā(ㄍㄨㄚ)

瓜 guā 名。(1)蔓生植物,叶子像手掌,花多为黄色,果实可以吃。种类很多,有西瓜、南瓜、冬瓜、黄瓜等。(2)这类植物的果实。
【瓜代】guādài 〈书〉动。《左传·庄公八年》记载,春秋时齐国在头一年瓜熟的时候,派兵防守边境,约定"及瓜而代",就是说到明年瓜熟时派部队去替换他们回来。后来把任职期满换人接替叫瓜代:我已任职四年,该派人～。
【瓜分】guāfēn 动。多带宾语。(1)像切瓜一样的分割或分配:～赃物。(2)特指若干强国分割或侵占别国的领土:列强曾试图～中国。
【瓜葛】guāgé 名。瓜和葛,是两种蔓生植物,能缠绕或攀附在别的物体上。比喻辗转牵连的社会关系。泛指两件事有互相牵连的情况;多作"有"或"没有"的宾语:不管对方和自己有无～,一律秉公办事,这才是人民的好勤务员|这两件事虽同时发生,却没有什么～。
【瓜李之嫌】guā lǐ zhī xián 成。瓜李:"瓜田李下"的省称。比喻处在嫌疑的地位:～的事是有的,但只要秉公办事,也没有什么可怕。参见"瓜田李下"。
【瓜熟蒂落】guā shú dì luò 成。瓜熟了,瓜蒂自然会脱落。比喻条件成熟了,事情自然会成功:先别急,～,到时候,事情自然会办妥的。
【瓜田李下】guā tián lǐ xià 成。《古乐府·君子行》:"瓜田不纳履,李下不正冠。"经过瓜田,不弯腰拔鞋跟,走过李树下,不举手整帽子,免得有偷瓜、摘李的嫌疑。比喻容易引起嫌疑的地方:只要自己行为端正,就是在～,也没有什么可担心的。

呱 guā 见"呱嗒"、"呱呱"等。另见 gū, guǎ。
【呱嗒】guādā 拟声。摹拟踩冰、打竹板等的响声;常叠用:田里冻起一层薄冰,踩上去～～地响|打起竹板～响。
【呱嗒】guā·da 〈方〉动。常带宾语。(1)生气而板脸;常加动态助词"着":她～着脸,对谁也不理睬。(2)讲话;含贬义:

她来~了几句没有道理的话。可带补语：乱~一通。

【呱呱】guāguā 拟声。摹拟鸭子、青蛙等响亮的叫声：青蛙~地叫个不停。

【呱呱叫】guāguājiào 见"刮刮叫"。

【呱唧】guā·ji 拟声。多摹拟鼓掌等的响声；常叠用：大家~~地鼓起掌来。

胍 guā 名。有机化合物，无色结晶体，容易潮解。是制药工业上的重要原料。

刮（△颳）guā 动。常带宾语或补语。(1)用刀子等贴着物体表面去掉某些东西：~锅子|把胡须~干净。(2)在物体表面上涂抹；用于糨糊一类的稠东西：~糨子|~均匀。(3)榨取，搜刮；多用于钱财：反动官吏只会~地皮|~得百姓赤贫如洗。△(4)风吹动；常加趋向补语或结果补语：~起风来了|电杆被~断了。

【刮鼻子】guā bí·zi 习。批评；含诙谐意味：这事办糟了，又要被~了。

【刮地皮】guā dìpí 习。比喻搜刮民财；含贬义：旧社会的贪官污吏只会~。

【刮刮叫】guāguājiào 形。〈口〉形。好，十分好；不加程度副词：他的手艺~。也作呱呱叫。

【刮目相看】guā mù xiāng kàn 成。刮目：擦亮眼睛。意思是用新的眼光看人：这次进修回来，你长进不少，真要~了。

栝 guā 名。古书上指桧（guì）树。

【栝楼】guālóu 名。多年生草本植物，爬蔓（wàn），花白色，果实卵圆形。块根和果实都可入药。

绢（緺）guā〈古〉名。青紫色的绶带。

䯄（騧）guā〈古〉名。黑嘴的黄马。

鸹 guā [老鸹](lǎo-) 名。乌鸦的俗称。

guǎ（ㄍㄨㄚˇ）

呱 guǎ [拉呱儿](lā-)〈方〉动。闲谈：他们经常在一起~。
另见gū, guā。

剐（剮）guǎ 动。(1)被尖锐的东西划破；常带宾语或补语：衣服上~了个口子|手~破了。(2)割肉离骨，是封建时代的一种酷刑。

寡 guǎ 〈素〉(1)少，缺少；与"众、多"相对：~情|~不敌众。(2)妇女死了丈夫：~妇。

【寡不敌众】guǎ bù dí zhòng 成。寡：少；敌：抵挡。人少抵挡不住人多：勇士们打退了敌人多次猖狂的进攻，但终因~，不得不撤下来。也说寡不胜众。

【寡妇】guǎ·fu 名。死了丈夫的妇女。

【寡廉鲜耻】guǎ lián xiǎn chǐ 成。寡、鲜：少。形容不知羞耻：对这个~的叛徒，应当从严惩处。注意："鲜"这里不读xiān。

【寡陋】guǎlòu 形。见闻不广，学识浅陋；常作谦辞：身居山野，才识~。

【寡情】guǎqíng 名。缺乏情义；常跟"薄义"并用：这家伙如此~薄义，倒也少见。

【寡人】guǎrén 代。古代君主自称。

【寡头】guǎtóu 名。垄断政治、经济大权的少数头目；含贬义：金融~|~政治。

guà（ㄍㄨㄚˋ）

卦 guà 名。古代的占卜符号。参见"八卦"。

诖 guà〈古〉动。欺骗，失误。

【诖误】guàwù〈书〉动。旧指因别人牵连而受到处分。也指丢官、被撤职：为人~。也作罣误。

挂（掛、△罣）guà ❶动。常带宾语或补语。(1)悬挂：~地图|大衣~在衣架上。(2)钩住；带"住、破"等补语后带宾：树枝~住了衣服。△(3)〈方〉惦记：心~两头|他老~着家里的孩子。(4)通ава断；用于电话：请~一个电话给我|把电话~了。(5)登记：~一个号。❷量。多指成串的东西：一~鞭炮|两~珠子。也用于车子：两~汽车。

【挂碍】guà·ài 名。牵挂，牵掣；常作"有、无、没有"的宾语：心中有所~|事情进展顺利，没有多少~。

【挂彩】guàcǎi 动。不带宾语，可拆开用。

(1)喜庆节日悬挂红绿彩绸：张灯～。(2)作战时战士负伤：小李虽然～了，但坚决不下火线｜王班长挂过三次彩。

【挂齿】guàchǐ 动。说到，提及；常用作客套语，不带宾语，多与"何足、不必"等词语配合使用：此等小事，何必～。

【挂钩】guàgōu 动。不带宾语，可拆开用。(1)把两节车厢用车钩连起来：两节车厢已经挂上了钩。(2)引申为两者之间建立联系：厂校～｜杂志社跟印刷厂挂好了钩。

【挂花】guàhuā 动。作战负伤流血；不带宾语，可加动态助词"了、过"：小王～了，还是不肯下火线。可拆开用：他身上挂过多次花。

【挂累】guàlěi 动。连累；多带宾语：这件事千万别～他。

【挂零】guàlíng 动。整数外还有零数，不带宾语，用在"二十、三十"等以上的整数后面：这人的岁数不过五十～。

【挂虑】guàlù 动。挂念，担心：你放心地去吧，家里事不必～。可带宾语，也可加程度副词：她外出三天，很～家中不懂事的孩子。

【挂念】guàniàn 动。因想念而不放心；可加程度副词：对母亲的病很～。可带宾语：他住院期间，还～厂里的工作。

【挂拍】guàpāi 动。挂起球拍；指乒乓球、羽毛球等运动员退役，不带宾语：他即将～，出国任教。

【挂牌】guàpái 动。指医生、律师等正式开业；不带宾语，多与"营业、行医"等动词连用：～行医。

【挂牵】guàqiān 动。牵挂；常带宾语，可加动态助词"着"：你放心疗养吧，用不着～家里的事｜她总是～着在外的儿子。

【挂帅】guàshuài 动。不带宾语。(1)统帅，当元帅：穆桂英～。(2)比喻居于领导地位：厂长亲自～，搞技术革新。

【挂羊头，卖狗肉】guà yáng tóu, mài gǒu ròu 成。比喻用好的名义做幌子，实际上干坏事：我们为人民服务决不能做那种～的事。

【挂一漏万】guà yī lòu wàn 成。挂住一个，漏掉一万个。形容列举不全，遗漏很多；多作谦辞：因作者见闻有限，本书所记，～，在所难免。

【挂帐】guàzhàng 动。赊帐；不带宾语：商店不让～。可拆开用：今天的费用全挂在我的帐上。

褂 guà 名。(～儿、～子)中式的单上衣：小～儿。

guǎi (ㄍㄨㄞ)

乖 guāi ❶形。(1)小孩不烦人，懂事：小宝真～。(2)伶俐机灵，警觉：这孩子的嘴～得很。❷[素]违反情理，不正常：～僻｜～谬。

【乖舛】guāichuǎn 〈书〉形。错误，荒谬。

【乖乖】guāiguāi ❶形。小孩不吵不闹，顺从；不加程度副词，多作状语：这小孩～地上幼儿园去了。❷名。对小孩的爱称：小～，快睡觉吧。❸〈方〉叹。表示惊叹：～，下了这么大的雪。

【乖觉】guāijué 形。灵敏，机警：他是个很～的人，见苗头不对，就借口告辞了。

【乖剌】guāilà 〈书〉形。别扭，不讲理；主要指性格、言行：此人性情～，不易相处。

【乖戾】guāilì 形。〈书〉反常，别扭；指性情、言语、行为等：他的性情有些～，和我很难相处。

【乖谬】guāimiù ❶形。荒谬，背理；行为极其～。❷〈书〉动。违逆，背离；须带宾语：其～常道，有目共睹。

【乖僻】guāipì 形。古怪孤僻；多指性情、为人等：这人很～，不易相处。

【乖巧】guāiqiǎo 形。(1)顺人心意，讨人喜欢：孩子很～，大人都喜欢他。(2)机灵，巧妙：她嘴～得很，见人家脸色不对，马上改了口。

【乖张】guāizhāng 形。怪僻，违反情理：性情～。

掴(摑) guāi 又读guó 动。用手掌打；多带双宾语：～了他一个耳光。

guǎi (ㄍㄨㄞˇ)

拐(△柺) guǎi ❶动。(1)转弯，改变方向：向右～就是医院。可带宾语：～了一个弯。(2)骗取；

指人或财物,多带宾语:对~小孩的罪犯要严厉打击|这个骗子~了一笔钱逃走了。(3)腿脚有毛病走路不稳;不带宾语,常用在"一……一……"格式中:走路一瘸一~|他一~一~地向前走去。△❷名。走路时帮助支持身体的棍子。

【拐带】guǎidài 动。把妇女儿童骗带到远地方;须带宾语或补语:他们干了不少~妇女的事|这三个孩子是被一个骗子从内地~来的。

【拐骗】guǎipiàn 动。用欺骗手段弄走人或财物;多带宾语:~妇女|~钱财。

【拐弯】guǎiwān 动。不带宾语,可拆开用。(1)改变方向:车辆~要慢行|拐了十八道弯儿。(2)引申为思路、语言等转变方向:你不能一意孤行,该~了|她的思想一下子拐不过弯来,得慢慢说服。

【拐弯抹角】guǎi wān mò jiǎo 成。(1)沿着弯弯曲曲的路走:到他家里~地要走很长一段路。(2)比喻说话、作文等不直截了当;含贬义:不必~的,要什么,直说吧。

guǎi（ㄍㄨㄞˇ）

怪(恠) guài ❶形。奇异,不正常:一副~模样|这个人的脾气~得很。❷动。责备;须带宾语或兼语:我没有~你|都~我没做好。❸名。迷信或神话传说中的妖魔:妖魔鬼~。❹〈口〉副。非常,很;常用来修饰形容词和一些表示心理活动的动词,后边常加助词"的":这朵花~好看的|对她~想念的。

*"怪"和"挺":用作副词时"怪"感情色彩比"挺"更重一些。"怪"能修饰的形容词、动词比"挺"少,如"耐烦、能够、希望、愿意"等都不受"怪"的修饰,但可受"挺"修饰。"怪"前面不用"不","不"只用在"怪"后,而"挺"的前后都可以用"不"。"怪"后面一般要用助词"的"配合,"挺"可以不用。

【怪不得】guài·bu·de ❶动。不能怪,须带名词性宾语:这也~他,谁让你没对他讲清楚呢! ❷副。表示明白了原因,不再觉得奇怪;用在因果复句的分句之前:寒流来了,~天这么冷!

【怪诞】guàidàn 形。离奇古怪:他是一个性情孤僻,行为~的人。常与"不经"并用:这个故事~不经,难以置信。

【怪话】guàihuà 名。多指无原则的牢骚和议论;含贬义:她对这件事有意见,~很多。

【怪里怪气】guài·liguàiqì 形。奇特,与众不同;多指形状、装束、声音等,不加程度副词,常加助词"的",含贬义:那身~的装束,叫人看了不舒服。

【怪论】guàilùn 名。奇特的议论:这样的~少见。常与"奇谈"并用:这种奇谈~,不值得一驳。

【怪癖】guàipǐ 名。古怪的癖好;含贬义:收藏烟盒成了他的~。

【怪僻】guàipì 形。古怪;含贬义,一般与"性格、脾气"等一类名词搭配:性情非常~|~的脾气。

【怪物】guài·wu 名。(1)神话传说中奇形怪状的妖魔。(2)比喻古怪的人:他是个~,跟谁也合不来。

【怪异】guàiyì ❶形。奇异反常:那人的举动有些~,值得注意。❷〈书〉名。奇异反常的现象:古人对日蚀,地震等自然现象不能正确解释,都认为那是~,会带来灾害。

【怪罪】guàizuì 动。责备或埋怨;常带宾语或补语:他事情办好,却~别人|这事儿违反原则,我要是给你办理,领导~下来,我可担不起。

夬 guài 名。《易经》六十四卦的一个卦名。

guān（ㄍㄨㄢ）

关(關、関) guān ❶动。常带宾语或补语。(1)使开着的物体合拢:~门|把窗户~好。(2)禁闭,拘禁:笼子里~了两只鸟|把罪犯~在监牢里。(3)倒闭,歇业;用于企业、商店等,多加动态助词"了、过":~了一家洗衣店|这个小工厂~过几个月,最近又开工了。(4)牵连,关涉;多用于否定句或疑问句:这与他~的事|~你什么事。(5)旧指发放或领取工资:每月~一次饷。❷名。(1)古代在险要或边境出入的地方设置的防卫处所:守住这个~。(2)引申

为重要的转折点或不容易度过的一段时间：只要突破这一～，事情就好办了。❸〈素〉起关联作用的部分：～键｜～节。

【关隘】guān'ài 〈书〉名。险要的关口：据守～。

【关碍】guān'ài 动。阻碍，妨碍：无大～。可带宾语：请放心，不会～你的事。

【关闭】guānbì 动。可带宾语。(1)合拢：～城门｜门窗～着。(2)歇业；指企业、商店等：街上的旧货商店早已～了｜～了两家亏损严重的工厂。

【关东】guāndōng 名。旧称辽宁、吉林、黑龙江三省为关东，因位在山海关以东而得名：闯～。也称关外。

【关防】guānfáng 名。(1)旧时军政机关用的印信的一种，多为长方形。(2)旧指驻兵防守的要塞：加强～。

【关怀】guānhuái 动。关心爱护；常带宾语，可加程度副词，通常表示比较庄重、严肃的意味：革命前辈们十分～青少年成长。

  * "关怀"和"关心"："关怀"的对象多半是人，有时是事业，通常是上对下；"关心"适用的范围比较广，对人对事物，不管上对下，还是下对上，甚至对自己，一般都能用。"关怀"一般不用否定形式，否定时须用"关心"

【关键】guānjiàn 名。事物最关紧要的部分，对事物发展起决定作用的因素：一个单位的工作做得好坏，领导是～。常作定语：这是～的一着棋，走错了全盘皆输。

【关节】guānjié 名。(1)骨头互相连接的地方：膝～。(2)起决定作用的环节：是哪一个～没搞好，才出了问题? (3)旧时称暗中行贿、说人情、勾通官吏的事：打通～。

【关口】guānkǒu 名。(1)来往必须经过的地方：这是通往边境的重要～。(2)关头，起决定作用的时机：这件事已到了紧要～，大家必须更加一把劲。

【关联】guānlián 动。事物之间发生牵连和影响：国民经济各部门是互相～，互相依存的。可带宾语：你的问题～着其他人的问题，必须统一考虑。可作定语：起～作用｜～词语。

【关门】guānmén 动。不带宾语。(1)比喻停业或倒闭；指工厂、商店等，可加动态助词"了"：时间太晚，这家小吃铺已经～了｜这家工厂亏损严重，不得不～了。(2)比喻把话说死，没有商量的余地：请你先别～，我们可以再商量商量。

【关卡】guānqiǎ 名。在交通要道为警备或收税而设立的检查站或岗哨：从此往西，还有几处～。

【关切】guānqiè ❶形。亲切：他待人非常和蔼、～｜同志们非常～地询问他的病情。❷动。关心：对这件事他并不怎么～。可带宾语：你们这样～着我，使我很受感动。

【关山】guānshān 名。关隘和山岳，泛指险要的地方。

【关税】guānshuì 名。国家对进出口商品所收的税。

【关头】guāntóu 名。在事物发展变化中起决定作用的时刻或转折点：紧要～｜生死～。

【关系】guānxì ❶名。(1)事物之间相互作用、相互影响的状态：正确处理好工业、农业的～。(2)人和人之间的联系：师生～｜夫妻～。(3)对有关事物的影响或重要性；常作"有、没有"的宾语：这事对我们很有～，要处理好｜我们俩能完成任务，你不来没有～。(4)表示原因条件：由于身体～，今天他不能参加长跑。(5)表明某方面或某种组织的证件：户口～｜组织～。❷动。关联，牵涉；作谓语时后面常加"到"或"着"，并带宾语：体育是～到亿万人民健康的事业。可带主谓词组作宾语：能不能取得这场足球赛的胜利，～着这个队能不能出线。

【关厢】guānxiāng 名。城门外大街和附近的地区。

【关心】guānxīn 动。由于重视和爱护而经常留意；对象是人或事物，可加程度副词：他对同志很～。常带宾语：～国家大事。后边可加"一下、点儿"等补语：这事请你～一下｜这是组里的大事，希望大家都～点儿。可拆开用：关点儿心｜关一下心。可重叠：对他的事，你要多～～。

【关押】guānyā 动。拘禁；常带宾语或补语：～罪犯｜把他～起来｜俘虏～在一间屋里。

【关于】guānyú 介。(1)引进同某种动作行为有关联的事物，组成介词词组做状语，用在句首，书面上用逗号隔开：～这件事，我们已经讨论过了｜～运动会是否延期举行一事，学校领导正在研究。(2)引进所关联的某种事物，组成介词词组做定语，后须加助词"的"，或用在"是……的"格式中：领导采纳了～节约用煤的建议｜他发表了一篇论文，是～教材教法的。

＊"关于"和"对于"：表示关联用"关于"，如："关于这个问题，我可以跟小张联系"；指出对象用"对于"，如："对于这个问题，我们一定要尽快解决"。"关于……"作状语时，只放在句首，如："关于他的事，我了解不多"；"对于……"作状语时，可放在句首，也可放在句中，如："对于这个决定，大家都有意见"，"具有民族自尊心的世界各国人民对于帝国主义的侵略行为是不能容忍的"。"关于"有提示性质，组成的介词词组可以单独作文章的标题，如：《关于如何打乒乓球》；"对于"组成的介词词组必须加上名词才能作标题，如：《对于提高教学质量的建议》。

【关照】guānzhào 动。常带宾语或补语。(1)关心照顾：把老人～好｜我走后，你要多多～组里的工作。(2)口头通知：请你～小王一下明天开会。

【关注】guānzhù 动。关心重视；多用于重大事件，可加程度副词：对这件事，大家非常～。可带宾语：大家密切～着事态的发展。常作"引起、表示"等动词的宾语：对此事表示～｜披露的消息引起了公众的～。

【关子】guān·zi 名。小说、戏剧情节中最重要的地方。比喻事情的关键：直说吧，别卖～。

观（觀）guān 〈素〉(1)看：～望｜～察。(2)看到的景象：奇～｜壮～。(3)对事物的看法或态度：世界～｜乐～。

另见guàn。

【观测】guāncè 动。常带宾语。(1)观察并测量；用于天文、地理、气象、方向等：～方位｜气象～。(2)观察并测度；用于情况等：～敌人的动向。

【观察】guānchá 动。仔细地看；常带宾语或补语：～现场｜对兔子生活习性～得很细致。

＊"观察"和"考察"："观察"着重于"观"，意思是仔细察看，一般用于旨在了解、认识事物的场合；"考察"着重于"考"，意思是实地观察考查，一般用于旨在进一步探索、研究问题的场合。

【观察家】guānchájiā 名。政治评论家；常用做报刊上重要政治评论文章作者的署名。

【观察员】guāncháyuán 名。一个国家派遣列席国际会议的外交代表。通常指一个国家对某个会议不宜或不愿正式参加，但又关心该会议时，可应邀或请求派遣观察员。按照国际惯例，观察员只有发言权，无表决权。

【观点】guāndiǎn 名。从某一立场或角度出发对事物所持的看法或态度：群众～｜历史～｜政治～｜这种～是错误的。

【观风】guānfēng 动。观察动静，以便随机应变；不带宾语：当时，同志们在屋内秘密开会，让张二嫂在门口～。

【观感】guāngǎn 名。看到事物以后的感想：这次返回故乡，有～如何？

【观光】guānguāng 动。参观考察别国或外地的风光、建筑等，不带宾语：出国～｜他陪外宾去风景区～。

【观看】guānkàn 动。参观，察看；须带宾语：～动静｜～球赛｜～展览会。

＊"观看"和"看"："观看"着重在观察，参观；"看"不限。"观看"多用于特定的比较严肃的场合；"看"可用于一切场合。

【观礼】guānlǐ 动。应邀参加观看盛大的庆祝活动或典礼仪式；不带宾语，常与"前来、参加"等词语连用：前来～的贵宾登上了主席台。

【观摩】guānmó 动。观看彼此的成绩，揣摩研究，互相学习；一般用于同行的人，不带宾语：公司组织技术表演，我们厂派人前去～。常作定语：～教学｜～演出。

【观念】guānniàn 名。(1)泛指客观世界在人头脑中的反映；与思想、精神、意识等的意义相近：新~｜美学~｜传统~。(2)客观事物在人脑中留下的概括的形象：参观后，对这家工厂有了一个初步的~。

【观赏】guānshǎng 动。观看欣赏；多带宾语：~腊梅花｜~舞蹈演员的精采表演。

＊"观赏"和"欣赏"："观赏"的语意着重在看，对象多是奇花异草、精采表演；"欣赏"的语意着重在领略享受，对象可以是花草、表演，也可以是景色、音乐、字画、建筑等艺术品。

【观世音】guānshìyīn 名。佛教的菩萨之一，佛教徒认为是慈悲的化身，能解救苦难，普渡众生。也叫观自在，观音大士。简称观音。

【观望】guānwàng 动。可带宾语。(1)张望：四下~｜~远山景色。(2)抱着犹豫不定的心情看事物的发展变化：~不前｜改变~态度，积极参加改革｜~斗争形势。

【观音土】guānyīntǔ 名。一种白色粘土。旧社会里的灾民和穷苦人常被迫用它来充饥，吃后不能消化和排泄，常因此致死。也叫观音粉。

【观瞻】guānzhān 名。具体的景象和景象给人的印象外观或对外观发生的反应：以壮~｜有碍~。

【观止】guānzhǐ 见"叹为观止"。

【观众】guānzhòng 名。观看表演或比赛的人：演员谢幕时，~热烈鼓掌。

纶（綸） guān ［纶巾］(-jīn) 名。古代配有青丝带的头巾。传说三国时诸葛亮戴这种头巾。
另见 lún。

官 guān ❶名。在国家机构中担任一定公职的人员：~兵一致。❷〈素〉(1)旧时称属于国家的：~府｜~办｜~费。(2)生物体上有特定功能的部分：五~｜器~。❸姓。

【官逼民反】guān bī mín fǎn 成。反动统治阶级残酷地压迫人民，人民被迫奋起反抗：封建社会里的农民起义多半是~的结果。

【官场】guānchǎng 名。旧时指政界；含贬义：《官场现形记》这部作品揭露了清朝末年~中的种种丑事。

【官邸】guāndǐ 名。旧指公家所建的高级官员的住所；与"私邸"相对，现多用于外交场合。

【官方】guānfāng 名。政府方面：代表~。常作定语：~消息｜~代表。

【官官相护】guān guān xiāng hù 成。官员之间互相包庇：旧社会~，平民有理也告不倒当官的。

【官话】guānhuà 名。(1)旧时指通行较广的汉语北方话，特指北京话。也是旧时对北方话诸方言的统称。(2)官腔；常与"说"配合：别说~，这件事，到底能不能办?

【官阶】guānjiē 名。旧时官员的等级。

【官吏】guānlì 名。旧时政府工作人员的总称；不加个体量词：封建~。

【官僚】guānliáo 名。(1)封建制度或资本主义制度国家里的官员：文武~。(2)指官僚主义；含贬义：~习气｜~作风｜~要。

【官名】guānmíng 旧时称人的正式名字；与"乳名"相对，现一般称作学名。

【官能】guānnéng 名。有机体的器官的功能，例如听觉是耳朵的官能。

【官腔】guānqiāng 名。旧时指官场中的门面话。现指利用规章手续等来推托、责备的话；多与"打"配合：刚上任几天，就跟老朋友打起~来了。

【官人】guānrén 名。(1)本指做官的人，宋朝开始也用以尊称一般的男子。(2)旧时妻子对丈夫的称呼；多见于早期白话小说和戏剧。

【官司】guān·si（口）名。(1)指诉讼；常与"打、吃"配合：吃人命~｜他打~打输了。(2)引申为论争；多指用文字：打笔墨~（用书面方式争辩）。

【官衔】guānxián 名。官员的职位名称。

【官样文章】guānyàng wénzhāng 成。旧时官府发布的例行公文，有固定的格式和套语。比喻冠冕堂皇、内容空虚、不解决问题的空话，或只有条文并没有实行的办法或措施等的公文：那些喜欢做~，不解决实际问题的领导，群众是不欢迎的。

【官员】guānyuán 名。担任一定级别职务的政府工作人员；现多用于外交场合：

外交～。

【官职】guānzhí 名。旧时指官吏的职位：此人～不高，但权力不大。

倌 guān 名。(～儿)(1)旧指农村中专门饲养某种家畜的人：牛～儿|羊～儿。(2)旧指在茶、酒、饭馆里做杂役的人：堂～儿|磨～儿。

棺 guān 〈素〉装殓死人的木制器具：～材|～木|盖～论定。

【棺材】guān·cai 名。装殓死人的器具；量词用"具、口"等：一口～。

冠 guān 〈素〉(1)帽子：～冕|怒发冲～。(2)像帽子一样的东西：花～|鸡～。
另见 guàn。

【冠盖】guāngài 〈书〉名。旧指官员的冠服和车盖，也用作官员的代称：～如云。

【冠冕堂皇】guānmiǎn tánghuáng 成。冠冕：古代帝王、官员戴的帽子；堂皇：气派很大的样子。比喻表面上庄严、正大的样子；含讽刺意味：别看他的话说得～，内心里还不知怎么想的呢!

矜 guān 〈古〉❶同"鳏"。❷同"瘝"。
另见 jīn, qín。

瘝 guān 〈古〉名。病；痛苦。

鳏 guān 〈素〉无妻或丧妻的：～居|～寡孤独。

【鳏夫】guānfū 名。无妻或丧妻的人。

【鳏居】guānjū 〈书〉动。无妻而独居：他已～数年。

guǎn (ㄍㄨㄢˇ)

莞 guǎn 地名用字。东莞县，在广东省。
另见 wǎn。

馆(舘) guǎn 名。多作中心语。(1)招待宾客或旅客食宿的房屋：宾～|旅～。(2)外交使节办公的处所：领事～|大使～。(3)某些服务性商店的名称：饭～|照相～。(4)某些收藏陈列文物或进行文体活动的场所：博物～|图书～|体育～。(5)旧时指书塾：坐～|蒙～。

【馆子】guǎn·zi 名。卖酒饭的商店；多作"上、下、坐"等词的宾语：下～|坐～。

琯 guǎn 名。古代用玉制成、像笛一样的管乐器，六孔。

管(筦) guǎn ❶名。(～儿,～子)(1)圆而细长、中间空的东西：水～子。(2)吹奏的乐器：～儿声鸣咽。❷动。常带宾语或补语。(1)管理，担任：～伙食|～文件～得很好。(2)管辖：这个乡～着二十多个村。(3)管教，治理：～一下孩子。(4)过问：多～闲事|他的事你～不了。❸量。用于细长圆筒形的东西：一～眼药|一～毛笔。❹〈口〉介。把；构成"管…叫…"的格式，用来称说人或事物：大家～他叫"球迷"。❺〈口〉连。相当于"不管"，表示行动不受所举条件的限制；"管"后分句的主语须用"你"或"他"，谓语部分或者包含肯定和否定两部分，或者有一个疑问代词，常同"都、总、就、也"等副词搭配使用：～你有空没空，到时候一定要来|～他怎么说，我也要再试一下。❻姓。

【管保】guǎnbǎo 动。保证；多带主谓词组或动词性词组作宾语：只要认真学，～你三个月内学会|这样蛮干，谁能～不出问题。

【管道】guǎndào 名。用来输送或排除水、水蒸气、石油、煤气等流体的管子，多用金属或其他材料制成：煤气～|自来水～。

【管家】guǎnjiā 名。(1)旧时为地主、官僚或有钱人家管理家产和日常事务而地位较高的仆人。(2)现昵称为集体管理财物的人：会计老张是我厂的好～。

【管见】guǎnjiàn 名。比喻见识狭小，像在管中窥物一般；谦词，多用于第一人称：略陈～。

【管教】guǎnjiào 〈方〉动。同"管保"。

【管教】guǎn·jiao 动。约束教导：严加～|缺乏～。常带宾语：～子女。可重叠：你也该～～你家的小孩。

【管窥蠡测】guǎn kuī lí cè 成。管：竹管；窥：从孔穴中看；蠡：贝壳做的瓢；测：测量。从竹管里看天，用瓢量海水。比喻所见狭小、片面：走马观花地调查，犹如～，不可能得到真实可靠的材料。

【管理】guǎnlǐ 动。多带宾语。(1)管辖，负责处理：～财务|～国家。(2)保管，料

理：～图书。(3)照管并约束；对象为人或动物：～罪犯｜～马匹。

【管事】guǎnshì ❶动。不带宾语，可加程度副词。(1)负责管理事务：他虽是组长，但不太～｜你不能吃粮不～。可拆开用：你管了些什么事儿。(2)管用；这药真灵，能～儿｜这把工具很～。❷名。旧称管总务的人：他是这个企业的～。

【管束】guǎnshù 动。管教约束；常带宾语或补语：～孩子｜他很野，谁也～不了。

【管辖】guǎnxiá 动。管理统辖；对象为人员、事务、区域、条件等：这个市由省政府直接～｜这些事由他～。可带宾语：直接～几个县。

【管弦乐】guǎnxiányuè 名。用管乐器、弦乐器和打击乐器配合演奏的音乐。

【管线】guǎnxiàn 名。各种管道和各种电线、电缆等的总称。

【管用】guǎnyòng 形。起作用：他说话不～，没人听他的｜这条建议很～。可拆开用：你学普通话光听不讲管什么用，还是多讲讲吧。

【管制】guǎnzhì ❶动。可带宾语。(1)强制管理：军事～｜～灯火。(2)对罪犯或坏分子施行监督管束：对犯罪分子要好好～｜～罪犯。❷名。指强制性的管理方式；常作"实行、加强"等动词的宾语：实行交通～｜解除对他的～。

＊"管制"和"管束"："管制"着重指施加压力使服从；"管束"着重指约束，使合乎一定的规矩。"管制"的对象较广泛；"管束"的对象是下级或晚辈。"管制"除用于人外，还用于事物，如："电台暂时由军队管制"；"管束"不用于事物。"管制"可作名词；"管束"不能。"管制"可作定语，如"管制期间"；"管束"不能。

【管中窥豹】guǎn zhōng kuī bào 成。从竹管子的小孔来看豹，只看到豹身上的一块斑纹。比喻看到的只是一部分；常和"可见一斑"连用，比喻可从观察到的部分推测全貌：这里所举的虽是个别事例，但～却也可见一斑。

guàn（ㄍㄨㄢˋ）

观（觀） guàn ❶名。道教的庙宇：白云～。❷姓。

另见 guān。

贯 guàn ❶量。旧时把方孔钱穿在绳子上，每一千文为一贯：五～钱。❷〈素〉(1)穿通：～串｜～穿。(2)连接不断：鱼～｜连～。❸姓。

【贯彻】guànchè 动。彻底地体现或实现；对象为"方针、政策、精神、方法"等，常带宾语或补语：～民主集中制的原则｜～到底。

【贯穿】guànchuān 动。(1)穿过，连通；常带表示区域的名词作宾语：这条河流～本省好几个县。(2)贯串；常带宾语或补语：这部作品～着一个基本思想，就是国际主义和爱国主义｜要把实事求是的精神～到各项工作中去。

【贯串】guànchuàn 动。从头到尾地穿过一个或一系列事物；常带宾语或补语：这几篇文章～着一个基本思想｜这些材料，作者用一根主线把它～起来了。

＊"贯串"和"贯穿"："贯串"的意思着重在串通；"贯穿"的意思着重在穿过。"贯串"没有"经过、连通"的意思；"贯穿"有这些意思。

【贯通】guàntōng 动。可带宾语。(1)沟通，连接；可加动态助词"了"：这段路修好后，两条运输干线就～了｜南京长江大桥～南北。(2)全部透彻地了解；对象为学术、思想等：融会～｜徐教授钻研文学理论，～古今，著作等身。

【贯注】guànzhù 动。(1)集中；多用于神情、精力、注意力等：全神～｜把精力～在学习上。可带宾语：～了全部精力。(2)贯穿，连贯；多用于语意、语气等：这篇文章的上下文是一气～的。

＊"贯注"和"灌注"：二者读音相同，但含义不同。"贯注"表示集中投入或贯穿的意思；"灌注"表示灌进、注入的意思。"贯注"多用在精神、精力等方面，也可表示语意、文气的紧凑、连贯；"灌注"一般用于将液体物质浇进、流入某种容器内。如"他心神贯注地听着报告"，此句中的"贯注"不能换用"灌注"。

掼 guàn 〈方〉动。常带宾语或补语：(1)扔，掷：～手榴弹｜气得把杯子～在地上。(2)抓住东西的一端而摔另一端：～稻子｜把鞋子上的泥～一下。(3)跌，使跌：下雨天路滑，他～倒了｜小张抱住他的腿，把他～了个仰面朝天。

【掼纱帽】guàn shāmào 习。比喻因不满而辞职：对厂长有意见可以提，～是不对的。

惯 guàn 动。(1)习惯；不带宾语，多带动态助词"了"：大蒜生吃我原来不习惯，现在～了。常用在动词后作补语，可插入"得、不"：看～｜住～｜吃不～。(2)纵容；多指子女，可带动态助词"着、过"，可带宾语或补语：奶奶总是～着小孙子｜把女儿～得不成样子。可加程度副词：她太～孩子了。

【惯犯】guànfàn 名。经常犯罪，屡教不改的罪犯：他是个～，这回作案已经是第四次了。

【惯技】guànjì 名。一再使用的手法、伎俩；含贬义：当面奉承，背后捣鬼是阴谋家的～。

【惯例】guànlì 名。老例，常规：按照～，这种会议应由主任主持。

【惯性】guànxìng 名。物体保持自身原有的运动状态的性质。例如汽车开动时乘客会向后方倒，在急刹车时，乘客会向车前方，就是因为物体具有惯性。

【惯于】guànyú 动。习惯于；须带动词或动词性词组作宾语：他～夜间工作｜他～做这些令人讨嫌的事儿。

冠 guàn ❶〈书〉动。把帽子戴在头上，引申为加在前面；常带宾语，或带"以"组成的介词词组作补语：在姓名前还～上了职务｜编次既定，～以题辞。❷〈素〉位居第一：～军。❸姓。
另见guān。

【冠军】guànjūn 名。体育运动等竞赛中的第一名：我队荣获全国排球锦标赛～。

盥 guàn 〈素〉洗手洗脸：～洗。

【盥洗】guànxǐ 动。洗脸洗手；不带宾语：小王～后才去进餐。常作定语：～室｜～用具。

灌 guàn 动。常带宾语或补语。(1)浇：抽水～田｜稻田里水～好了。(2)灌注；对象多为液体、气体或颗粒状物体：～了一袋麦子｜冷风不断地～进嗓口。(3)录音；用于唱片：～好了几张唱

片。

【灌溉】guàngài 动。引水浇田：抽水～。常带宾语：～农作物｜～良田。

【灌米汤】guàn mǐtang 习。比喻用甜言蜜语奉承人、迷惑人；含贬义：别信他那一套，他是在给你～。

【灌木】guànmù 名。矮小丛生、无明显主干的木本植物，如紫荆、迎春、玫瑰等。

【灌输】guànshū 动。(1)把流水引到需要水的地方；常带处所补语：要把长江的水～到北方去。(2)引申为输送，传授；指思想、知识等；常带宾语：向学生～社会主义思想｜～科学知识是老师的职责。

【灌注】guànzhù 动。浇进，注入；常带宾语或补语：～混凝土｜把热水～到水瓶里。

瓘 guàn 名。古书上指的一种玉器。

鹳 guàn 名。鸟，羽毛灰色、白色或黑色，嘴长而直，形状像鹤。生活在水边，捕食鱼虾等。

罐（鑵、鑵）guàn 名。(1)(～儿、～子)盛东西用的各种器皿：茶叶～儿｜香烟～子。(2)煤矿装煤用的斗车。

guāng（ㄍㄨㄤ）

光 guāng ❶名。(1)通常指照耀在物体上使人能看见物体的那种物质，如日光、月光、灯光等。此外还有看不见的红外线和紫外线等。(2)光彩，光荣：儿子立了功，父母脸上也有～。❷动。露出；常以身体一部分的名词作宾语，多用动态助词"着、了"：～着身子｜～了个头。❸形。(1)光滑，光溜：这张纸很～。(2)完，一点不剩：这个月的钱已经～了。一般用在动词后作补语：消灭～｜吃～。❹副。只，单；用在动词或形容词前：～说不做是不好的。也用在名词、代词前，限定范围：教室里～小李一人｜～我们两人去吗？❺〈素〉(1)景物：风～｜观～。(2)明亮：～明｜～泽。❻姓。

【光波】guāngbō 名。由于光是电磁波的一种，所以自然科学中有颜色的光波。

【光彩】guāngcǎi ❶名。颜色和光泽：稻谷在阳光下发出金色的～。常和"夺目"

搭配：展销会上的各色丝绸～夺目。❷形。光荣,体面；丈夫立功受奖,妻子也很～|抄袭别人的文章是很不～的事。可作"感到、觉得"等动词的宾语：得了冠军,全班同学都感到很～。

【光大】guāngdà 〈书〉动。使显赫盛大；可带宾语：～门楣。常用在固定组合中：发扬～。

【光风霁月】guāng fēng jì yuè 成。光风：雨后初晴时的风；霁：雨雪停止。雨过天晴时风清月明的景象,比喻人的品格高尚、胸襟开阔：老张胸无城府,～,深受大家爱戴。

【光复】guāngfù 动。恢复,收复；对象为已灭亡的国家或失去的领土；常带宾语：国民军～南京不久,孙中山就在那里就任临时大总统。

【光杆儿】guānggǎnr 名。指花叶落尽的草木或无叶衬托的花朵。也比喻失去家属的孤独人或失去群众、没有助手的领导：秋风一刮,许多树成了～|他虽是主任,但没有协助办事的人,是个～司令。

【光顾】guānggù 动。光临照顾；敬辞,商家多用以欢迎顾客：我店开张,欢迎～。

【光怪陆离】guāng guài lù lí 成。光怪：奇异的光彩；陆离：各式各样。形容形状奇怪,色彩缤纷：元宵灯会上展出的花灯,～,令人目不暇给。

【光棍】guānggùn 名。(1)旧社会的地痞、流氓。(2)〈方〉聪明的人：～不吃眼前亏。

【光棍儿】guānggùnr 名。单身汉：他无牵无挂,～一条|他打了一辈子～(他过了一辈子单身汉生活)。

【光合作用】guānghé zuòyòng 名。绿色植物的叶绿素吸收阳光的能量,把水和二氧化碳制成有机物质并放出氧的作用。

【光华】guānghuá 名。明亮的光辉：明月的～照射在花丛上|她的眼睛已失去昔日的～。

【光滑】guānghua 形。表面平滑,不粗糙：～的地板|溜冰场的水泥地磨得十分～。可重叠：她的手光光滑滑的。

【光辉】guānghuī ❶名。耀眼的光；常与"放射、闪耀、闪烁"等动词搭配：雪过天晴,大地上闪耀着夺目的～。❷形。光明,灿烂；不加程度副词,常用～灿烂。常用来修饰"形象、典范、著作、业绩、榜样"等：王杰给我们树立了一不怕苦、二不怕死的～榜样。

【光火】guānghuǒ 〈方〉动。发怒,恼怒；不带宾语,可加程度副词：小张听到关于他的流言蜚语后,十分～。

【光洁】guāngjié 形。光亮而洁净：盥洗室内铺上了～的瓷砖,焕然一新。

【光景】guāngjǐng ❶名。(1)风光,景物：湖上～,尽收眼底。(2)情景,情况：那天庆祝会上载歌载舞的～,至今记忆犹新。(3)境况,生活：这几年家中的～一年比一年好。(4)大约的时间或数量；用在表示时间或数量的词语之后：大约三点钟～,我们就出发了|这个小孩大概五六岁～。❷副。表示对一般情况的估计；常用在判断动词"是"之前：今天他没来开会,～是没接到通知。

【光亮】guāngliàng 形。明亮；常用来形容玻璃、金属等制品或油漆的家具等：桌子抹得很～。可重叠：光光亮亮的家具。

【光临】guānglín 动。称宾客来临；敬辞：欢迎～指导。可带宾语：～敝舍,不胜荣幸。

【光溜溜】guāngliūliū 形。不加程度副词,多带助词"的"。(1)光滑：爬上这～的陡坡真费力|二嫂把头发梳得～的。(2)形容没有遮盖的样子：这孩子浑身～的,像条小泥鳅。

【光芒】guāngmáng 名。向四面放射的强烈的光线；多与"放射、迸发、闪耀"等动词搭配：山头的红日透过烟雾放射出紫色的～。常用作比喻：祖国的前程～万丈。

【光明】guāngmíng ❶名。亮光：黑暗中见到一线～。❷形。(1)明亮：这条街上的路灯,像一个个通体～的水晶球。(2)比喻有希望的：～大道|前途很～。(3)胸怀坦白：心地～|～正大。

【光明磊落】guāngmíng lěiluò 成。形容光明正大,胸怀坦白：他办事～,得到群众的拥护。

＊"光明磊落"和"光明正大"："光明

磊落"着重在坦白、无私心;"光明正大"着重在正派无隐瞒。"光明磊落"多用来形容人;"光明正大"可以形容人的行为,也可以形容事情,如:"这件事是光明正大的,不怕人知道"。

【光明正大】guāngmíng zhèngdà 成。形容心地坦白,行为正派:他是个~的人,不会做这种见不得人的事。

【光年】guāngnián 量。计量天体距离的一种单位。光每秒的速度约30万公里,一年中所走的距离叫一光年,约等于10万亿公里。

【光谱】guāngpǔ 名。复色光经过三棱镜或光栅后分解成的单色光所排成的光带叫光谱。例如太阳光的光谱按一般说是红、橙、黄、绿、蓝、靛、紫七色。各种元素都有它独特的光谱。分析物质的光谱,可以确定物质的组成和分子结构等。

【光荣】guāngróng 形。由于做了有益于人民和正义的事情而被公认为值得尊敬的:教师是一种很~的职业|他~地出席了劳模会。可作"感到、觉得"等动词的宾语:丈夫成了英雄,妻子也感到很~。

* "光荣"和"荣誉":"光荣"是光彩耀耀的意思;"荣誉"是好的名誉。"光荣"是形容词;"荣誉"是名词。

【光润】guāngrùn 形。光滑润泽;多指皮肤:~柔软的小手|她的皮肤很~。

【光束】guāngshù 名。通过一定面积的成束状的光线,例如电筒的光。

【光速】guāngsù 名。指光在真空中的传播速度,每秒约为30万公里。在空气中光速与这个数值相近,因而一般也用这个数值。

【光天化日】guāng tiān huà rì 成。光天:白天;化日:指太平无事的时代。原形容太平盛世,后比喻是非、好坏大家都看得清清楚楚的场合:那些歹徒竟敢在~之下行凶抢劫,真是嚣张至极。

【光秃秃】guāngtūtū 形。形容没有草木或毛发等覆盖的样子;不加程度副词,后面常带助词"的":那人的头顶~的|~的山坡上,没有一颗树。

* "光秃秃"和"光溜溜":"光秃秃"着重形容表面没有东西;"光溜溜"着重形容表面光滑。

【光线】guāngxiàn 名。通常指照耀在物体上使人能看见物体的那种物质,即光:不要在~太弱的地方看书。

【光焰】guāngyàn 名。光芒。原子弹爆炸时,会发出强烈的~。

【光耀】guāngyào ❶名。耀眼的光:~夺目。❷动。使荣耀;须带宾语:~门庭。❸形。荣耀:这个山村治穷变富的事迹上了电视,全村人都感到很~。

【光阴】guāngyīn 名。时间:~似箭|一寸~一寸金,寸金难买寸~。

【光源】guāngyuán 名。发光的物体,如火、灯、太阳等。

【光泽】guāngzé 名。物体表面反射出来的亮光;常作"有、无、发"等动词的宾语:他的皮肤无~|项练发出耀眼的~。

【光照】guāngzhào 名。光线的照射(这是植物生长发育的必要条件之一);常跟"充足、缺少"等词语搭配:树下~不足,豆荚结得很细。

【光子】guāngzǐ 名。基本粒子的一种,具有一定的能量,是光能的最小单位。光子的能量随着光的波长而变化,光的波长愈短,光子的能量就愈大。也叫光量子。

洸 guāng 地名用字。洺(hán)洸,在广东省。

咣 guāng 拟声。摹拟撞击振动的声音:大门~的一声关上了。

桄 guāng [桄榔](-láng) 名。(1)常绿乔木,大型羽状叶,生于茎顶。花序的汁可制糖,茎中的髓可制淀粉,叶柄的纤维可制绳。(2)这种植物的果实。倒圆锥形,有辣味。

另见guàng。

胱 guāng 见"膀(páng)胱"。

guǎng (ㄍㄨㄤˇ)

广(廣) guǎng ❶形。宽,宽阔;跟"狭"相对,常形容面积、范围、思路、门路等:这件事波及的范围不~|思路很~。❷名。宽度:这块地长五丈,~三丈。❸〈素〉(1)多:~博|大庭~众。(2)扩大,扩充:~播|推~。❹姓。

另见ān。

【广播】guǎngbō ❶动。广播电台、电视台、有线广播站播送节目；常带宾语或补语：收音机里正在～新闻｜通知已经～出去了。❷名。播送的节目：收听～。

【广播剧】guǎngbōjù 名。戏剧形式的一种，专供广播电台播送。常用对白、音乐、音响效果等艺术手段创造听觉形象，展开剧情，刻画人物，有的穿插必要的解说词。

【广博】guǎngbó 形。多而广；多形容学问、知识、见闻等：～的学识｜他的见闻很～。

【广场】guǎngchǎng 名。广阔的场地，有时特指城市里的广阔的场地：天安门～｜鼓楼～。

【广大】guǎngdà 形。(1)宽阔或空间：～的领土｜地域非常～。(2)巨大，多指范围、规模等：乡镇工业得到～的发展｜展开了～的宣传攻势。(3)众多，多指人、国家、民族等：～的人民群众｜～的第三世界国家。

* "广大"和"广泛"："广大"着重指大而宽阔，多用来形容规模的宏大，区域的广阔，人数的众多；"广泛"着重指范围大而普遍，多用来形容涉及面广和范围大的事情。"广大"不作状语；"广泛"则常作状语。

【广度】guǎngdù 名。广狭的程度；多用于抽象事物，常作宾语：这部小说所反映的生活具有一定的～和深度｜向生产的深度和～进军。

【广泛】guǎngfàn 形。普遍：～的调查研究｜他们的谈话内容十分～。常作状语：这首歌曲在民间～流传｜～发动群众。

【广告】guǎnggào 名。向公众介绍商品、报道服务内容或文艺节目等的一种宣传方式，一般通过报刊、电台、电视台、招贴等公告读者、观众或听众。

【广开言路】guǎngkāi yánlù 成。言路：进言的路子。让人们有充分发表意见的机会：～，听取各方面的意见，这样制定的方针才能避免片面性。

【广阔】guǎngkuò 形。广大而宽阔：～的原野｜前景很～。

【广漠】guǎngmò 形。广大空旷；多作定语：退潮后，露出了～的大海滩。

【广土众民】guǎng tǔ zhòng mín 成。指广阔的地域和众多的人民：中国是一个～的国家。

【广义】guǎngyì 名。范围较广的定义；与"狭义"相对，常作定语：～的散文包括政论文。

犷(獷) guǎng 〈素〉粗野：～悍｜粗～。

【犷悍】guǎnghàn 形。粗野强悍：性情～。

guàng(ㄍㄨㄤˋ)

桄 guàng ❶名。(1)(～儿)某些器件上的横木：床～儿｜车～儿。(2)(～子)绕线的器具：线～子。❷动。把线绕在桄子上；常带宾语或补语：～线｜把线～上。❸量。用于线：两～毛线。
另见guāng。

逛 guàng 动。游览，闲游；常带宾语或补语：～马路｜～游乐场｜～了半天公园。

【逛荡】guàngdang 动。游荡，闲逛；不带宾语，带处所、时间状语或补语，常含贬义：你整天在外瞎～｜在公园里～了一天。

guī(ㄍㄨㄟ)

归(歸) guī ❶动。(1)〈书〉返回，只以少数单音节名词为宾语：～家｜～国。(2)集中于一个地方；常带宾语或补语：长江万里～大海｜把这些书～在一起。(3)属于；须带宾语：土地～国家所有｜父亲去世后，祖房～了哥哥。❷介。由：这事～我管。❸〈素〉(1)还给：～还｜完璧～赵。(2)聚拢，并入：～纳｜～结。(3)归顺：～附｜～降。(4)珠算中一位数的除法：九～。

* "归"和"由"："归"作介词时只用于划分职责的范围；"由"不限于此。用"归"的句子可换用"由"，但不表示职责划分时，只用"由"，不用"归"，如："先由班长致欢迎词，再由我们演节目。"这句中的"由"不能用"归"。

【归案】guī'àn 动。隐藏或逃走的罪犯被逮捕、押解或引渡到有关司法机关，以便审讯结案；不带宾语：凶犯已逮捕～。

【归并】guībìng 动。合并；常带补语：他俩的书～到一起，有整整一书架。可重叠：把东西～～，也可腾出一个橱子来。

【归除】guīchú 名。珠算中除数在两位或两位以上的除法。

【归档】guīdàng 动。把公文、材料等分类存档；不带宾语：会议记录已经～了。可拆开用：上次的设计图纸已归了档。

【归队】guīduì 动。不带宾语。(1)返回原来所在的队伍：小张去教导队集训了三个月，昨天已～了。(2)比喻回到自己所从事的行业或专业：对口～。可拆开用：他长期学非所用，经过多方努力，最近才归了队。

【归附】guīfù 动。原来不属于这方面的投到这方面来；常带宾语或补语：～朝廷｜闯王所到之处，贫苦农民纷纷～于他。

【归根结蒂】guī gēn jié dì 成。归结到根本上：我们厂所以能扭亏为盈，～是因为推广了承包责任制。也作归根结底。

【归公】guīgōng 动。交公；不带宾语：挖掘到的文物要～。

【归功】guīgōng 动。把功劳归于某人或某个组织；多加"于"后带宾语：小王的进步应～于班主任老师的耐心帮助。

【归还】guīhuán 动。还给原主；多指钱物：所借物品，请按时～。常带宾语或补语：他把拾到的钱～失主｜～给他。

【归结】guījié ❶动。归纳而得出结论；常带补语：产生这次事故的原因，～到一点，就是管理不善。❷名。结局：这篇小说以男女主人公的最后分手为～。

【归咎】guījiù 动。把错误归于某人或某方面；多加"于"后带名词宾语：这次比赛失利不能～于李红一人。

【归拢】guīlǒng 动。使散的东西集中起来；常带补语：他把东一本西一本的书～到了一起。可重叠：请把这些工具～～｜请把大家提的意见归归拢，整理出一份书面材料来。

【归纳】guīnà 动。从一系列具体的事实中概括出一般原理；与"演绎"相对，常带"起来、一下"等词语作补语，也可带宾语：要把群众的意见～一下，看一看哪些要立即办，哪些可以暂缓｜要培养自己分析、～问题的能力。

【归宁】guīníng 〈书〉动。旧指妇女回娘家看望父母。

【归宿】guīsù 名。结局，最终的着落：剧中的四个姑娘都已出嫁，各自找到了～。

【归天】guītiān 动。指人死；婉辞，不带宾语：老奶奶昨天已经～。可拆开用：赵大爷虽然归了天,但他给村里人做的好事却永远留在人们的记忆里。

【归途】guītú 名。回来的路途：～中,大家有说有笑,十分快乐。

【归西】guīxī 动。"西"指"西天"。同"归天"。

【归降】guīxiáng 动。归附投降：敌伪军见大势已去,纷纷～。可带宾语或补语：～我军｜～过来。

【归心似箭】guī xīn sì jiàn 成。形容思归的心情十分急切：他～,放假当天就买票返家了。

【归省】guīxǐng 〈书〉动。回家探望父母：一般不带宾语：电视剧《红楼梦》中,元妃～的场面,吸引了无数观众。注意："省"这里不读shěng。

【归依】guīyī 见"皈(guī)依"。

【归于】guīyú 动。(1)属于；须带宾语：荣誉～伟大的祖国。(2)趋于,趋向；须带某些形容词或动词作宾语：经过激烈的争辩,大家的意见～一致｜风停了,大海渐渐～平静。

【归真返璞】guī zhēn fǎn pú 成。归：返回，真：天然,自然；璞：未雕琢的玉。比喻回复原来的自然状态。也作返璞归真。

【归置】guīzhi〈口〉动。整理,收拾；多指原来散乱的东西：不穿的衣服要及时～。可带宾语：他正在～行李,马上就要走了。可重叠：你也该把桌上的书籍～～,总是乱七八糟的,多难看。

【归总】guīzǒng 动。把分散的归到一处；多以"起来、一下"等词语作补语：要把这些材料～起来。也可带宾语：～大家的意见。

【归罪】guīzuì 动。把罪过归于别人；加"于"后带名词宾语：这次事故,不能～

于司机。

圭(△珪) guī ❶名。△(1)古代帝王、贵族举行典礼时拿的一种礼器,上尖下方。(2)古代测日影的器具。❷量。古代容量单位,一升的十万分之一。

【圭表】guībiǎo 名。我国古代的一种天文仪器。包括圭和表两部分,表是直立的标竿,圭是平卧的尺。表放圭的南、北两端,并同圭相垂直。根据日影的长短可以测定节气和一年时间的长短。

【圭臬】guīniè 〈书〉名。圭是测日影的器具,臬是射箭的标的。比喻事物的准则或法度:奉为~。

邽 guī ❶地名用字。下邽,在陕西省。❷姓。

闺 guī 〈素〉(1)宫中的小门,引申为内室:~门|~阁。(2)特指女子的卧室:~房|深~。

【闺房】guīfáng 名。内室,旧时特指女子的卧室。

【闺阁】guīgé 名。闺房。

【闺女】guīnü 名。(1)未出嫁的女子。(2)〈口〉女儿。

【闺秀】guīxiù 名。旧时称富贵或有名望人家的女子:大家~。

硅 guī 名。非金属元素,符号Si。有褐色粉末、灰色晶体等形态。在地壳中分布极广。硅是一种极重要的半导体材料,能制成高效率的晶体管。旧称矽(xī)。

鲑 guī 名。鱼,身体大,略呈纺锤形,鳞小而圆,肉味鲜美。种类颇多,常见的有大麻哈鱼。

龟(龜) guī 名。爬行动物,背腹皆有硬甲,头尾和四肢通常能缩入甲内,能耐饥渴,寿命很长。多生活在水边,吃植物或小动物。种类很多,常见的有乌龟。

另见 jūn, qiū。

【龟趺】guīfū 名。碑的下部像龟形状的底座。

【龟甲】guījiǎ 名。乌龟的硬壳。古人用它来占卜。

【龟鉴】guījiàn 〈书〉名。龟是龟甲,可用来占卜吉凶;鉴指镜子,可照见美丑。比喻可作借鉴的事物。也叫龟镜。

【龟缩】guīsuō 动。乌龟的头缩进甲壳里,比喻胆怯、畏缩;含贬义;多带补语或状语:敌人~在碉堡里,不敢出来应战。

妫(嬀、㛤) guī ❶水名用字。妫水,在河北省。❷姓。

规 guī 〈素〉(1)画圆形的用具:圆~。(2)法则,章程:~则|~程。(3)相劝:~劝|~谏。(4)谋划,打主意:~划|~避。

【规避】guībì 动。设法避开;可带名词、动词作宾语:~了要害问题|~检查。

【规程】guīchéng 名。对某种政策、制度等所作的分章分条的规定;常用动词或动词性词组作定语:操作~|汽车的运行~。

【规定】guīdìng ❶动。(1)对事物作出决定;多带宾语:会上~了明天出发的时间|矛盾的主要方面~着事物发展的方向。可带主谓词组作宾语:居委会~过城区不准养鸡鸭。❷名。所规定的内容:这个问题,章程上有三条~。

【规范】guīfàn ❶名。标准,法式:道德~|语言~。❷形。合乎规范:他的语音不太~。

【规范化】guīfànhuà 动。使合于一定的标准、法式;不带宾语:语言~|操作要~。

【规格】guīgé 名。(1)对生产的产品及其使用的原材料等所规定的标准,如重量、大小、色泽、精密度、性能等:这些产品不合~,不能出厂。(2)泛指规定的要求和条件:做作业要有一定的~。

【规划】guīhuà ❶名。比较全面或长远的发展计划:科研~|城市发展~。❷动。作规划:全面~,统筹安排|村民的住宅应认真~一下。可带宾语:全面~城市建设。

*"规划"和"计划":"规划"多用于政治、经济、科学文化等方面的大事,时间较长,内容概括;"计划"可用于一切工作和行动的大事、小事,时间可长可短,内容较具体。

【规矩】guīju ❶名。一定的标准、法则或习惯:他给自己立了一条~,每天跑步

3000米。❷形。行为端正老实：这个小孩很小，不会说谎。可重叠：他每天总是规规矩矩地做作业。

【规矩准绳】guī jǔ zhǔn shéng 成。规、矩：制作或校正方、圆的两种工具；准、绳：水准和绳墨，测定平直的两种工具。比喻应当遵守的标准和法则：讲民主和自由，必须有个～，否则，整个社会就要乱套了。

【规律】guīlǜ 名。(1)事物之间的内在的必然联系。这种联系不断重复出现，在一定条件下经常起作用，并且决定着事物发展的必然趋势。规律是客观的，是事物本身所固有的，人们不能创造、改变和消灭规律，但能够通过实践认识它，利用它。也叫法则。(2)条理：他的生活很有～。

【规模】guīmó 名。范围；常指事业、机构、工程、运动等：粗具～｜～宏大。加"大"或"小"后可作状语：大～地开展增产节约运动。

【规劝】guīquàn 动。郑重地劝告，使改正错误；常带宾语：他～过小王，别干这事。可带兼语：老张耐心地～老李放弃这种错误的主张。

【规行矩步】guī xíng jǔ bù 成。原指行动始终不离法度。后比喻言行谨慎，依照一定的规则行动。含褒义：他一贯严格要求自己，～，从不做违法乱纪的事。也比喻墨守成规，不知变通。含贬义：进行技术改革，不能～，因循守旧。

【规则】guīzé ❶名。供大家共同遵守的规定、制度或办法：爆炸物管理～｜交通～｜足球比赛～。❷形。整齐，合乎一定的方式；指形状、结构、分布及运动等：他的脉搏跳动不～。

＊"规则"和"法则"："规则"是人制订出来的；"法则"是事物自身发展的规律，不能由人们来规定。"规则"除作名词外，还可作形容词；"法则"只作名词。

【规章】guīzhāng 名。规则章程；常和"制度"合用：我们要自觉遵守各种～制度。

皈 guī [皈依] (-yī) 也作归依。❶名。佛教的入教仪式。❷动。指信仰佛教或参加其他宗教活动；多带宾语：唐朝高僧玄奘自幼～佛门。

瑰 guī 〈素〉珍奇：～宝｜～丽｜～异。

【瑰宝】guībǎo 名。稀世之宝：《红楼梦》是我国文学宝库中的～。

【瑰丽】guīlì 形。极其美丽：～的晚霞映红了天边｜海上日出的景象雄伟而～。

【瑰玮】guīwěi 〈书〉形。也作瑰伟。(1)华丽，有文采；指文辞：扬雄的《酒赋》，文辞～。(2)奇特；指品质、才能：肖君倜傥～，乃栋梁之才。

【瑰异】guīyì 〈书〉形。特出，不同寻常：此公言行～，不类常人。

瓌 guī ❶名。像玉的石头。❷同"瑰"。

guǐ(ㄍㄨㄟˇ)

氿 guǐ 〈古〉名。氿泉，从侧面喷出的泉。
另见jiǔ。

宄 guǐ 〈素〉坏人：奸～。

轨 guǐ 〈素〉(1)车辙：～迹。(2)路轨，一定的路线：钢～｜铁～｜脱～。(3)比喻秩序、规矩、法度等：常～｜越～｜图谋不～。

【轨道】guǐdào 名。(1)引导机车、车辆行驶，用条形的钢材铺成的路线：火车～｜电车～。(2)物体运动的路线，如天体的运行轨道，电子的运动轨道。(3)应遵循的规则、程序或范围：孩子们的学习已经上了～。

【轨范】guǐfàn 名。准则模范；多指行动、品德方面。示人以～。

【轨迹】guǐjì 名。某点在空间移动所通过的全部路径叫做这一点的轨迹。

匦 guǐ 名。匣子，小箱子：票～。

庋(庪) guǐ 〈古〉❶名。搁置器物的木板或架子。❷动。放置，收藏。

诡 guǐ 〈素〉(1)欺诈，奸滑：～计｜～诈。(2)奇异：～异｜～怪。

【诡辩】guǐbiàn ❶动。无理狡辩，含贬义，一般不带宾语：你要尊重事实，不要～！❷名。似是而非的论证。诡辩论者由主观出发，任意挑选事物的一面作为借口，或从事物的表面相似为根据，作出似是而非的论证来颠倒黑白,混淆是非,为其荒谬言行作辩护:这一套~是骗不了人的。

【诡怪】guǐguài 形。奇异怪诞:这则故事,情节~,内容无聊。

【诡计】guǐjì 名。狡诈的计谋:~多端|揭穿敌人的~。常和"阴谋"合用:要光明正大,不要搞阴谋~。

【诡谲】guǐjué 〈书〉形。(1)变幻莫测:那是一个风云~,局势动荡的年代。(2)离奇古怪:言语~。

【诡秘】guǐmì 形。隐秘难测;多形容行动、态度等:这几天他行踪很~,谁也猜不透他在干什么。

【诡诈】guǐzhà 形。狡诈:他为人~,不可信赖。

姽 guǐ [姽婳](-huà)〈古〉形。形容女子娴静美好。

鬼 guǐ ❶名。(1)迷信的人以为人死后有灵魂,叫鬼。(2)对人的蔑称;作中心语:胆小~|吝啬~。(3)对小孩的昵称;作中心语:小~|机灵~。(4)不可告人的勾当;作бина语:心中有~。(5)二十八宿(xiù)之一。❷形。(1)〈口〉机灵;多指小孩儿或动物,只作谓语:这小孩真~。(2)讨厌,糟糕;只作定语:~地方|这~天气真冷! ❸〈素〉阴险,不光明:~话|~胎|~祟祟|~头~脑。

【鬼把戏】guǐbǎxì 名。阴险的计策或暗中捉弄人的手段:他玩~,使许多人上了当。

【鬼点子】guǐdiǎnzi〈方〉名。坏主意:他的~特别多,你要防着点儿。

【鬼斧神工】guǐ fǔ shén gōng 成。好像是鬼神制作出来的,形容技艺精巧高超;常指建筑、雕塑等:他的雕塑技艺,给人以~的印象。也作神工鬼斧。

【鬼怪】guǐguài 名。鬼和妖怪,比喻邪恶的人或势力;常与"妖魔"合用:这些妖魔~吃尽了人民的血肉。

【鬼鬼祟祟】guǐ guǐ suì suì 成。祟:古人指鬼怪或鬼怪害人。形容行动诡秘、不光明正大的样子:他行动~的,很可疑。注意:"祟"不要写成"崇",也不要读成 chóng。

【鬼话】guǐhuà 名。谎言:~连篇|谁相信他的~。

【鬼魂】guǐhún 名。迷信的人认为人死后灵魂不死,称死人的灵魂为鬼魂。

【鬼混】guǐhùn 动。不带宾语,常带补语。(1)糊里糊涂地混日子;他在那儿~了三年。(2)过不正当生活:他整天跟那些不三不四的人~在一起。

【鬼火】guǐhuǒ 名。磷火的俗称。

【鬼哭狼嚎】guǐ kū láng háo 成。形容大声哭喊,声音凄厉;含贬义:解放军的猛烈炮火,打得山头上的敌人魂飞魄散、~。

【鬼脸】guǐliǎn 名。(1)故意做出来的调皮的面部表情;常作"做、扮"的宾语:他自知说漏了嘴,伸了伸舌头,扮了个~。(2)一种假面具。

【鬼魅】guǐmèi 〈书〉名。鬼怪。

【鬼门关】guǐménguān 名。迷信传说中的阴阳交界的关口。今多比喻凶险的地方。

【鬼迷心窍】guǐ mí xīn qiào 成。鬼怪迷惑住心窍。指对问题认识不清:他真是~,竟然干出这种糊涂事来。

【鬼神】guǐshén 名。鬼怪和神灵的合称。

【鬼使神差】guǐ shǐ shén chāi 成。鬼神暗中指使着。比喻事出意外,不由自主:这个,老通宝也有几分相信,不是~,好端端的小陈老爷怎么会抽上了鸦片烟。也说神差鬼使。注意:"差"这里不读 chā。

【鬼胎】guǐtāi 名。比喻不可告人的念头,常作"怀"的宾语:心怀~。

【鬼头鬼脑】guǐ tóu guǐ nǎo 成。形容行为诡秘:这个家伙,~的,不知跟他嘀咕了些什么。

【鬼蜮】guǐyù〈书〉名。蜮:传说中在水里能含沙射人的怪物。鬼蜮,指狠毒害人的鬼怪,常用在固定组合中:~伎俩。

【鬼子】guǐzi 名。对侵害我国的外国人的憎称:洋~|~兵。

癸 guǐ 名。天干的第十位。参见"干支"。

晷 guǐ 〈古〉名。(1)日影,引申为时光。(2)古代测日影以定时刻的仪器。

簋 guǐ 名。古代盛食物的器具,两耳,圆口。

guì(ㄍㄨㄟˋ)

柜(櫃) guì 名。(～儿、～子) 收藏东西的家具,通常为长方形: 这个～儿是放衣服的。
另见 jǔ。

【柜台】guìtái 名。商店的售货台,式样似柜而较长;量词用"张"。

炅 guì 姓。
另见 jiǒng。

刿(劌) guì 〈古〉动。刺伤。

刽(劊) guì 〈古〉动。割断。

【刽子手】guìzishǒu 名。(1)旧时执行死刑的人。(2)喻指镇压革命、屠杀人民的人;含贬义: 镇压革命运动的～。

桧(檜) guì 名。常绿乔木,幼时叶如针,长大时叶如鳞片。雌雄异株,雄花黄色,果实球形。也叫刺柏、圆柏。
另见 huì。

贵 guì ❶形。价钱大;与"贱"相对: 绸子比棉布～|这本书太～了。❷〈书〉动。以某种情况为可贵;须带宾语: 兵～神速|人～有自知之明。❸〈素〉(1)值得珍视或重视: 宝～|～重。(2)旧社会地位高: ～族|～权|～达官～人。(3)称与对方有关的事物: ～姓|～庚|～国。❹姓。

【贵宾】guìbīn 名。尊贵的客人;现多指外宾,量词用"位",不用"个"。

【贵妃】guìfēi 名。封建时代地位次于皇后的妃子;前面可带姓氏: 杨～。

【贵庚】guìgēng 名。问人年龄;敬辞: ～几何?

【贵人】guìrén 名。(1)尊贵的人: ～吉相。有时含贬义: ～多忘事。(2)古代皇宫中的女官名。

【贵重】guìzhòng 形。价值高,值得重视;多指具体的物品: ～仪器|～药品|～礼物|这串项链十分～。

【贵胄】guìzhòu 〈书〉贵族的后代: 身为～。

【贵族】guìzú 名。奴隶社会或封建社会以及现代君主制的某些国家统治阶级的

上层,享有世袭的特权。

桂 guì ❶名。(1)常绿乔木或灌木,种类很多,有桂皮树、月桂、肉桂、桂花等,可做药材或香料。(2)广西壮族自治区的别称。❷姓。

【桂冠】guìguān 名。月桂树叶编的帽子。因古代希腊人用以授予杰出的诗人或竞技的优胜者,所以欧洲人以桂冠为光荣的称号: 运动会上,小李得了优秀运动员的～。

【桂剧】guìjù 名。广西地方戏曲剧种之一。流行于广西汉族说北方话的地区。

跪 guì 动。两膝弯曲,使一个或两个膝盖着地;常带宾语或补语: ～砖头|～了一会儿|～下来|～在地上。

【跪拜】guìbài 动。磕头;不带宾语: 向菩萨～。常带补语: ～在他的面前。

鳜 guì 名。一种淡水鱼。口大,鳞小,背呈黄绿色,全身有黑色斑点。是我国的特产。有的地方叫花鲫鱼。

gǔn(ㄍㄨㄣˇ)

衮(袞) gǔn 名。古代帝王的礼服。

【衮衮诸公】gǔngǔn zhū gōng 成。衮衮: 众多的样子。指众多的身居高位而无所作为的官僚;多含贬义: 不知～以为如何?

滚(滾) gǔn ❶动。(1)翻转,滚动: 他肚子疼得在床上乱～。常带宾语或补语: ～了一会儿铁环|苹果从包里～出来了。(2)走开,离开;含斥责意: 你快～!常带补语: 侵略者～出去。带补语"出"后可带处所宾语: ～出家门。(3)沸腾;一般不带宾语: 水～了。(4)缝纫方法,沿着衣服等的边缘镶上布条、带子等;多带宾语或补语: 把裙子～上一道边|花边～上去了。❷〈素〉极,特别: ～烫|～圆。

【滚蛋】gǔndàn 动。离开,走开;斥责或骂人的话,不带宾语: 你快～,我不要你在这里!

【滚动】gǔndòng 动。物体翻转着移动;一般不带宾语,常带动态助词"着": 圆球在台面上不停地～着。

【滚翻】gǔnfān 名。一种体操动作,全身

向前或向后翻转：前~|一个后~。
【滚瓜烂熟】gǔnguālànshú 形。形容把书读或背得流利纯熟；不加程度副词，常作"读、背、看"等动词的补语：这篇文章，他背得~。
【滚瓜溜圆】gǔnguāliūyuán 形。滚圆，多形容牲畜肥壮，不加程度副词，作"长"的补语：小白猪个个长得~。
【滚滚】gǔngǔn 形。急速而连续不断地翻腾；不加程度副词：车轮~|浪潮~|江水~东流。
【滚热】gǔnrè 形。非常热；多指体温或饮食，不加程度副词：~的额头|端出一杯~的牛奶。可重叠：这碗汤~~的。
【滚烫】gǔntàng 形。很烫；一般指温度，比"滚热"程度深，有时也引申为表示热情，不加程度副词：我仿佛触摸到了他那颗~的心。可重叠：他发烧了，浑身~~的。

磙（磙）
gǔn ❶名。（~子）压地、打场的用具，通常为圆柱形的石头，中间粗，两头略细。❷动。用磙子轧；常带宾语：~场|~麦子。

辊
gǔn 名。（~子）能够滚动的圆柱形机件的统称。也叫罗拉。

绲
gǔn ❶名。(1)编织成的带子。(2)绳。❷动。一种缝纫方法，沿衣料等边缘缝上布带等；常带宾语或补语：~一条边儿|鞋口全部~好了。

鲧（鮌）
gǔn 古人名。传说是夏禹的父亲。

gùn（ㄍㄨㄣˋ）

棍
gùn ❶名。（~儿、~子）棒：拿了一根铁制的~儿。❷〈素〉坏人，无赖：恶~|赌~。
【棍棒】gùnbàng 名。棍子和棒的总称，是武术、体操等所用的器具。

guō（ㄍㄨㄛ）

过（過）
guō 姓。
另见guò。

弜（彉）
guō 〈古〉动。拉开弓弦。

埚（堝）
guō 见"坩(gān)埚"。

涡（渦）
guō 水名用字。涡河，发源于河南省，流经安徽省，注入淮河。
另见wō。

锅（鍋）
guō ❶名。烹煮食物的器具，圆形，中凹，多用铁或铝制：买了一口~。❷〈素〉(1)某些装液体加热用的器具：~炉。(2)形状似锅的：烟袋~。
【锅炉】guōlú 名。(1)一种供应热水的设备。(2)烧取水蒸气以供应工业或取暖需要的设备。
【锅庄】guōzhuāng 名。藏族的一种民间舞蹈。一般在节日、农闲时跳，跳时边歌边舞，男女围成圆圈，自右而左旋转。有些彝族地区也流行这种舞蹈。

郭
guō ❶〈素〉城外围加筑的一道城墙：城~。❷姓。

崞
guō 地名用字。崞县，在山西省，1958年改为原平县。

蝈（蟈）
guō ［蝈蝈儿］名。昆虫，形状似蝗虫，身体绿色或褐色，翅短腹大，雄的能振翅发声。对植物有害。

聒
guō 〈素〉声音嘈杂，令人生厌：~耳|~噪。
【聒耳】guō'ěr 形。声音杂乱刺耳；含贬义：~的蝉鸣，令人心烦。

guó（ㄍㄨㄛˊ）

国（國、囯）
guó ❶名。国家：一~两制。❷〈素〉(1)代表国家的：~旗|~歌|~宴|~书。(2)指我国的：~产|~画。❸姓。
【国本】guóběn 〈书〉名。立国的根本。
【国宾】guóbīn 名。接受本国政府邀请前来进行访问的外国元首或政府首脑；含敬重色彩。
【国柄】guóbǐng 〈书〉名。国家大权：执掌~。
【国策】guócè 名。国家的基本政策：控制人口的增长是我国的一项基本~。
【国产】guóchǎn 形。我国生产的；不加程度副词，不单独作谓语，作定语：~设备|~电视机。

【国耻】guóchǐ 名。国家蒙受的耻辱；多指割地、签订不平等条约等：洗雪～。

【国粹】guócuì 名。旧指我国文化的精华；现多带贬义，含有保守或盲目崇拜意味："五四"时期，封建复古派把封建文化奉为"～"，目的是要维护腐朽的封建制度。

【国都】guódū 名。首都：我国的～是北京。

【国度】guódù 名。指国家：我们生活在中国这个伟大的～里，感到无比幸福。

＊"国度"和"国家"："国度"书面色彩较浓；"国家"书面语、口语都常用。"国度"着重指区域；"国家"除指区域外，常指阶级统治的工具，即实行专政的组织形式，如"我们的国家很强大"，这是指专政机构有力量，不能换用"国度"。

【国法】guófǎ 名。国家的法纪：这些家伙胡作非为，为～所不容。

【国防】guófáng 名。指一个国家拥有的维护领土主权，防备外来侵略的人力、物力以及一切军事设施：加强～建设｜～事业。

【国歌】guógē 名。由国家规定的代表本国的歌曲，通常在隆重集会或国际交往仪式等场合演奏。

【国格】guógé 名。指作为一个国民在涉外活动中应该具备的维护国家利益和尊严的品格：丧失～｜他这种行为有损于我国的～。

【国故】guógù 名。我国固有的文化；多指语言文字、文学、历史等：整理～。

＊"国故"和"国粹"："国故"是中性词，无褒贬色彩；"国粹"旧指"国故"中的"精华"部分，现多含贬义。

【国号】guóhào 名。我国历代君主建立的国家的称号，如汉、唐等。

【国花】guóhuā 名。有些国家把自己国内大家特别喜爱的花作为本国的象征，这种花叫国花。如日本的樱花、英国的蔷薇等。

【国画】guóhuà 名。我国传统的绘画；区别于"西洋画"：一幅～。

【国徽】guóhuī 名。代表某个国家的标志。我国的国徽，中间是五星照耀下的天安门，周围是谷穗和齿轮。

【国会】guóhuì 见"议会"。

【国籍】guójí 名。(1)指个人具有的属于某个国家的身分；常与"加入、取得"等搭配：五年前,他就取得了中国～。(2)指飞机、船只等属于某个国家的关系。

【国际】guójì 形。国与国之间,世界各国之间；不加程度副词,不单独作谓语,常作定语：～舆论｜～协定｜～关系。

【国际歌】guójìgē 名。国际无产阶级的革命歌曲,法国欧仁·鲍狄埃作词,比尔·狄盖特配曲。

【国际公制】guójì gōngzhì 词组。国际通用的计量制度。现由国际计量委员会审定。其主要单位：长度单位为米,质量单位为千克(公斤),电流强度单位为安培,容量单位为升等。1959年6月,我国国务院规定以国际公制为我国的基本计量制度。简称公制,也叫米制。

【国际音标】guójì yīnbiāo 词组。国际语音学会制定的标音符号。语音中的每一个最小单位(音素)都有一个音标来代表,可以用来标记任何语言的语音。为了和别种字母相区别,使用时通常在音标两边打一个括弧,如[b]。在各种音标中,是通行范围较广的一种。

【国计民生】guó jì mín shēng 成。指国家经济和人民生活：交通运输是关系到～的大问题。

【国家】guójiā 名。(1)阶级统治的工具,是统治阶级对被统治阶级实行专政的暴力机构,主要由军队、警察、法庭、监狱等组成。(2)一个国家政权所拥有的区域：我国是一个地大物博的～。

【国交】guójiāo 名。国与国之间的外交关系；不加数量词语：建立～。

【国脚】guójiǎo 名。指我国家足球队队员；量词用"名"等：三名～大显威风。

【国教】guójiào 名。由国家所规定的本国公民应信仰的宗教。如基督教在欧洲各国曾长期成为国教。

【国界】guójiè 名。国与国之间领土的分界线。

【国境】guójìng 名。一个国家行使主权的领土范围。

【国门】guómén 〈书〉名。国都的城门,也指边境：坚守～｜御敌于～之外。

【国民】guómín 名。具有某国国籍的人,即为这个国家的国民。

＊"国民"和"公民"："公民"指取得某国国籍并按该国法律规定享有权利并担负义务的人，对象范围比"国民"窄。

【国民经济】guómín jīngjì 词组。一个国家生产、流通、分配和消费的总体，包括工业、农业、建筑业、交通运输业、商业、物资供应等，也包括文化、教育、科学研究、医药卫生等非生产部门：～计划｜发展～。

【国民收入】guómín shōurù 词组。一个国家从事物质生产的劳动者在一定时期（通常为一年）内新创造的价值或体现在这部分价值的产品的总和。即从一定时期内的社会总产品的价值中，扣除已消耗掉的生产资料的价值后的剩余部分。其实物形式是全部消费资料以及用作扩大再生产、增加后备等的生产资料。

【国难】guónàn 名。国家的患难，特指由外国侵略造成的国家灾难："七七事变"发生，～当头，热血青年纷纷投笔从戎，走上了抗日的战场。

【国旗】guóqí 名。经宪法规定，代表一个国家的旗帜。我国国旗是五星红旗。

【国情】guóqíng 名。一个国家的社会性质以及政治、经济、文化、地理、人口等的基本情况和特点：做任何事情不能离开中国的～。

【国庆】guóqìng 名。开国纪念日：我国的～是十月一日。

【国人】guórén 〈书〉名。指本国的人。

【国殇】guóshāng 〈书〉名。旧指为国牺牲的人。

【国事】guóshì 名。国家大事：周总理在世时，总是日夜为～操劳。

【国是】guóshì 〈书〉名。国家大计；一般指国家的正道或可行的法则。

＊"国是"和"国事"：二者读音相同，但含义不完全相同。"国是"是指国家的大的计划和政策；"国事"是指有关国家的事情。"国是"中的"是"与"非"相对，只是好的，不指坏的；"国事"中的"事"，可指好的，也可指不好的，如"国事日非"，不可作"国是日非"。"国是"多用在固定组合中，如"共商国是"；"国事"则用得较广。

【国手】guóshǒu 名。精通某种技能，在国内数第一流的人；多指医道、棋艺、球技等方面的人，带赞美色彩：围棋～｜针灸～。

【国书】guóshū 名。一国元首派遣或召回大使（或公使）时，致送驻在国元首的正式文书。按照国际惯例，大使（或公使）只有在呈递国书后，才能得到国际法所赋予的地位。

【国术】guóshù 名。我国的传统武术：～比赛。

【国帑】guótǎng 〈书〉名。国家公款。

【国体】guótǐ 名。(1)表明国家根本性质的国家体制，由社会各阶级在国家中的地位来决定：我国的国体是工人阶级（经过共产党）领导的、以工农联盟为基础的人民民主专政。(2)国家的体面，与"国格"意义相近：决不做有损～的事。

【国土】guótǔ 名。国家的领土；量词用"片"等：大片～｜在我国广大的～上，居住着十多亿勇敢勤劳的人民。

【国王】guówáng 名。某些君主制或君主立宪制国家的最高统治者。

【国务】guówù 名。国家的事务，国事：～会议。

【国学】guóxué 名。旧称研究我国古代文献的学问，包括哲学、历史学、考古学、文学、语言学等。

【国有】guóyǒu 动。国家所有；不带宾语：土地～｜收归～。

【国语】guóyǔ 名。(1)指全国人民共同使用的语言。我国旧指今之普通话。(2)旧指中、小学的语文课。

【国葬】guózàng 名。以国家名义为有特殊功勋的人物举行的葬礼：举行～｜～仪式。

【国贼】guózéi 名。危害国家利益或出卖国家主权的败类。

【国债】guózhài 名。国家所欠的内债和外债：～累累｜偿还～。

掴（摑）guó 又读guāi 动。用巴掌打；多带宾语或补语：～耳光｜～了他一下。

帼（幗）guó 〈素〉古代妇女戴的头巾：巾～。

涠（濄） guó 地名用字。北涠，在江苏省。

腘（膕） guó 名。膝部的后面。

虢 guó ❶名。周朝国名。❷姓。

聝（馘） guó 动。古代战争中割取敌人的左耳，用来计算战功。

guǒ（ㄍㄨㄛˇ）

果（△菓） guǒ △❶名。(～儿、～子)果实：桔子结了～儿。❷〈素〉(1)事情的结局：结～|成～。(2)不犹豫，坚决：～断|～敢。(3)当真，确实：～真|如～。❸姓。

【果不其然】guǒ bù qí rán 成。果然如此的意思；强调事情的发展、变化同所预料的相吻合：我估计他最近要回家一趟，～，今天他走了。也说果不然。

【果断】guǒduàn 形。有决断，不犹豫：他做事很～|他～地解决了这个问题。

【果腹】guǒfù 〈书〉动。填饱肚子；不带宾语：衣不遮体，食不～|长征途中，可以用来～的东西，差不多都吃光了。

【果敢】guǒgǎn 形。勇敢而有决断；多指人的性格等：他坚毅～，令人敬佩。

【果决】guǒjué 形。果断，果敢坚决；多指人的态度或所作决定；含褒义：他办事很～|事发后，我们及时采取了～的措施。

【果木】guǒmù 名。果树；集体名词，不加个体量词：严禁砍伐～。

【果品】guǒpǐn 名。水果、干果的总称；集体名词，不加个体量词：商店新到了一批干鲜～。

【果然】guǒrán ❶副。表示事实与所说或所料相符；用在动词、形容词或主语前面：经过整顿，生产～上去了|试用这种新药之后，～病情有了很大好转。❷连。假设事实与所说或所料相符；用在假设分句前，常与副词"就"相配：～你愿意参加，那我们就太高兴了。

【果实】guǒshí 名。(1)植物的花受精以后，子房逐渐长大，成为果实。果实一般用来育种，有些可供食用。(2)喻指经过艰苦的斗争或辛勤的劳动所得到的胜利或收获：胜利～来之不易。

【果树】guǒshù 名。果实主要供食用的树木，如桃树、李树等。

【果真】guǒzhēn ❶副。果然，表示事实与所说或所料相符：她～病了。❷连。如果真的；常与副词"就"相配：他～犯了罪，现在去劝说已经迟了。

馃 guǒ 名。(～子)(1)一种油炸的面食，即油条。(2)〈方〉旧式点心的统称。

蜾 guǒ [蜾蠃](-luǒ) 名。一种寄生蜂，体青黑色，腰细，常用泥土在墙上或树枝上做窝，捕捉螟蛉等小虫存在窝里，作为其幼虫的食物。

裹 guǒ 动。(1)用纸、布或其他片状物缠绕包扎；常带宾语或补语：～伤口|身上～着大衣|用纸把书～上。(2)卷进去；常用在"把"字句中，须带补语：这件事与我无关，怎么把我～进去了?

【裹挟】guǒxié 动。(1)把人卷进去，迫使他有某种反应；多指形势、潮流等，常用在"把"字句中，须带补语：这场政治风暴也把他～进去了。(2)同"裹胁"。

【裹胁】guǒxié 动。胁迫使跟从；多指做坏事：小李受坏人～，才干了违法的事。常带兼语：～他去贴反动标语。

【裹足不前】guǒ zú bù qián 成。缠住脚不前进。形容停止不前：我们不能在困难面前～。

椁（槨） guǒ 名。古代套在棺材外面的大棺材。

guò（ㄍㄨㄛˋ）

过（過） guò ❶动。(1)经过，度过；指处所或时间，常带宾语或补语：～草地|～春节|日子～得真快。(2)超过；指某种范围或限度：开饭时间已～。可带宾语和动态助词"了"：～了明天，这张票就作废了|他已～年～半百。(3)使宾语或作状语；须带宾语或补语：货物正～着秤呢|今天的事我在脑子里又～了一遍|这几件衣服～了几遍水了。❷名。过失；与"功"相对：知～就改|他被记了一次～。

过（過）

过（過） guo ❶趋。(1)用在动词或形容词之后，表示某种动作行为或某种性状的趋向或效果：从桥上走～|回～头来|他小时候曾经胖～。(2)用在"长、高、强"等单音节形容词之后，表示超过：技术革新的浪潮，一浪高～一浪。❷助。(1)用在动词后，表示动作完毕；动词和"过"之间不能插入"得、不"，也没有否定的说法：吃～饭再去|第一课已经演～了。(2)用在动词后，表示过去曾经有这样的事情；动词前可加"曾经"：这本小说我看～|我们曾经谈～这个问题。

另见 guò。

【过程】guòchéng 名。事情进行或事物发展所经过的程序：操作～|这是个复杂的～|在社会主义建设～中，我们必将遇到许多障碍或困难。

＊"过程"和"历程"："过程"着重指事物发展变化的过程；"历程"多指人们、队伍或组织的经历，也指事物演变的道路。"过程"可以指过去的、现在的或将来的事；"历程"一般只指过去的事。"过程"是中性词；"历程"带庄重色彩，且多偏于好的方面。

【过从】guòcóng 〈书〉动。来往，交往；不带宾语，多与"甚密"搭配：翟秋白同鲁迅～甚密。

【过道】guòdào 名。屋外或室外非露天的通道；前后屋之间是一条～，雨天可不用担心淋着。

【过电影】guò diànyǐng 习。喻指回忆思索曾经发生过的事情：往事像～似的在脑子里闪现。

【过度】guòdù 形。超过适当的限度：～操劳|兴奋～|他日夜工作，劳累太～，终于病倒了。注意："度"不要写成"渡"。

＊"过度"和"过分"："过度"多用于身体、情绪的状况等方面；"过分"多用于言语、行动的状况或事物的性质等方面。

【过渡】guòdù 动。常带"到"构成的介词词组作补语。(1)坐船过河：～到对岸需10分钟。(2)事物由一个阶段逐渐发展而转入另一个阶段；从社会主义初级阶段～到高级阶段要经过一段艰苦的道路。常作定语：～时期|～政府。

【过费】guòfèi 〈方〉形。过分浪费：这样讲排场，也太～了。

【过分】guòfèn 形。超过一定的程度或限度；指说话、做事等：～谦虚|～悲伤|对他的责备有点～|这样做太～了。可拆开用：爱护子女过了分就成为溺爱。

【过关】guòguān 动。通过关口，喻指度过难关达到一定的规格或标准；不带宾语：产品质量不～|我的英语还没完全～。可拆开用：过技术关|过了关。

【过河拆桥】guò hé chāi qiáo 成。比喻达到目的后，就把帮助过自己的人一脚踢开；含贬义：这个人善于看风使舵，用得着人家时好话说尽，用不着人家时就会～，是个忘恩负义之徒。

【过后】guòhòu 副。(1)往后：记住我说的话，～你慢慢会领悟的。(2)后来，以后：我～听到消息，说他病了。

【过户】guòhù 动。房产、物产等的所有权依法定手续更换主人时在证券上改写姓名；不带宾语：这辆自行车已经～给他了。可拆开用：过一下户。

【过火】guòhuǒ 形。形容说话、做事超出适当的分寸或限度；含贬义：话说得太～了。可拆开用：这样处理未免过了火。

【过激】guòjī 形。过于激烈：～的言论|～的行为|他今天的发言太～了一点。

【过奖】guòjiǎng 动。过分夸奖；谦辞，不带宾语：你～了，我并没做多少事。

【过客】guòkè 名。过路的客人，旅客。

【过来】guòlái 动。(1)从另一地点向说话人(或叙述对象)所在地来；可带动态助词"了"：车～了，上车吧|前面～一个人。(2)通过了某个时期或某种考验，须带动态助词"了"：大风大浪我都～了，还怕这点小风浪？

【过来】·guò·lái 趋。用在动词之后。(1)表示人或事物来到自己所在的地方：一群孩子跑～了|把球扔～。(2)表示物体正面对着自己；常用的动词限于"翻、转、扭、弯、掉、回、侧"等：把身子转～|这管子弯不～。宾语可放在"过"与"来"之间：回过头来。(3)表示回到原来的、正常的或较好的状态：他醒～了|累得喘不过气来。(4)表示能或不能周到地完成；多涉及时间、能力、数量等因素，动词后

多加"得"或"不":这么大的林场,三天跑不~|活儿不多,我一个人干得~。

【过来人】guòláirén 名。对某事有过经历或体验的人:咱是~,这些事谁还不明白?

【过录】guòlù 动。把一个本子上的文字转抄到另一个本子上;不带宾语,多带补语:他把听讲的记录~到另一个本子上了。

【过虑】guòlǜ 动。忧虑不必忧虑的事,一般不带宾语:此事请不必~|你~了,这事不会出什么问题。

【过门】guòmén 动。女子出嫁到男家;不带宾语:他已经订了亲,还没~。可拆开用:过了门。

【过门儿】guòménr 名。唱段或歌曲中断时,为承前启后由器乐单独演奏的部分。

【过敏】guòmǐn ❶名。有机体对某些药物、食物、花粉等外界刺激所产生的不正常反应。❷形。过于敏感:神经~|你太~了,哪有这回事?

【过目】guòmù 动。看一遍,表示审阅;不带宾语:这些帐单请您~。可拆开用:过一下目。

【过目成诵】guò mù chéng sòng 成。看过一遍就能背诵:他天资聪颖,~。也说过目不忘。

【过谦】guòqiān 形。过于谦虚;社交辞令;你不必~,我看这件事你功劳最大。

【过去】guòqù 名。以前;区别于"现在、将来":现在不同于~,人的思想解放多了。

【过去】guò qù 动。(1)离开或经过说话人(或述叙对象)所在地向另一地点去:队伍刚~|门口才~一辆汽车。(2)某一时期或状态已经消逝;可带动态助词"了":苦日子总算~了。(3)表示死亡;婉辞,须带动态助词"了":他祖父的病没能治好,刚刚~了。

【过去】·guò·qù 趋。用在动词后。(1)表示人或事物离开或经过自己所在的地方:天上飞~几架飞机。(2)表示物体反面对着自己;常用的动词限于"翻、转、扭、弯、掉、回、侧"等:把这几页翻~。宾语可放在"过"与"去"之间:转过脸去。(3)表示失去正常状态;常用的动词限于"晕、昏迷、死"等:病人昏迷~了。(4)表示事情通过、动作完毕:我们把敌人骗~了|这件事说~就算了。

【过甚】guòshèn 形。过分,夸大;多言论,常用在固定组合中:言之~|~其词。

【过剩】guòshèng 动。数量远远超过实际需要;一般不带宾语:这些~的商品,不能老是积压在仓库里。

【过失】guòshī 名。因疏忽而犯的错误:不是我的~。

【过时】guòshí 形。陈旧,不合时宜;不加程度副词:这种服装已经~了。可拆开用:早已过了时。

【过手】guòshǒu 动。经手办理;指钱财,不带宾语:报销单不一定叫我~,交给老王就是了。可拆开用:这笔帐我要亲自过一下手才放心。

【过数】guòshù 动。清点数目;不带宾语:这是20张刚购置的折叠椅,请你~。可拆开用:把零件倒出来过一下数,看看全不全。可重叠:请你再过过数。

【过堂】guòtáng 动。旧指诉讼当事人到公堂受审;不带宾语。

【过头】guòtóu 形。超过限度;常作补语或谓语:他的话说~了|这样的批评未免有点~。

【过往】guòwǎng 动。不带宾语。(1)来去:路上~行人很多。(2)交往:他们两家~甚密。

【过望】guòwàng 形。超过自己原来的愿望;常用在固定组合中:大喜~。

【过问】guòwèn 动。参与其事,参加意见;可带动态助词"过、了":这件事你不必~了。可带宾语:从没~过女儿的婚事。

【过细】guòxì 〈方〉形。非常仔细:~地检查|做工作不能~。

【过眼云烟】guò yǎn yún yān 成。仿佛从眼前很快飘过的云和烟,比喻很快消失的事物;多作"好像、仿佛"等词的宾语:那段往事好像~,脑子里没有留下半点印象。

【过意不去】guò yì bú qù 习。抱歉,因得到了帮助或损害了他人而感到不安:你这样热情地照顾我,我很~。也说不过意。

【过瘾】guòyǐn 形。满足某种特别深的癖好,泛指满足爱好:天太热了,喝一杯冰镇汽水还不～|这次到苏州旅游,玩得真～。

【过硬】guòyìng 形。能够经受严格的考验:练就一身～的本领|这种产品质量比较～。

【过犹不及】guò yóu bù jí 成。过:过分;犹:像;不及:达不到。凡事做过了头,就像做得不够一样,都是不对的。指行事须恰如其分。

【过于】guòyú 副。过分,太:～迁就|～劳累。

【过誉】guòyù 动。过分称赞;谦辞,不带宾语:先生～了|您如此～,倒叫我不好意思了。

【过载】guòzài 动。一般不带宾语。(1)超载;用于车、船:这辆汽车～了。(2)把某个运输工具上装载的东西卸下来,装到另一个运输工具上去:车上的货物就在这里～吧。

【过帐】guòzhàng 动。旧指把帐目从甲帐转到乙帐,现指把传票、单据记在总帐上或把日记帐转登在分类帐上;不带宾语:掌柜叫你马上去～。可拆开用:把这笔购物帐过到总帐上来。

H

hā(ㄏㄚ)

哈 hā ❶动。张口呼气;须带宾语:～了一口气。❷拟声。摹拟笑声;多叠用,作状语或定语:～～大笑。❸叹。一般用在句首,作独立语。(1)表示得意或满意,多叠用:～～,我赢了。(2)表示惊异或赞叹:～,真了不起|～～,他连胜三盘棋。
另见hǎ, hà。

【哈哈镜】hāhājìng 名。一种娱乐器具,用凹面或凸面玻璃做成的镜子,可以照出奇形怪状的身影,引人发笑。

【哈喇】hā·la 〈口〉形。形容食油或含油食物日久变味;不加程度副词:这瓶油～了|桃酥有～味儿,不能吃了。

【哈喇子】hālá·zi 〈方〉名。淌出来的口水。

【哈尼族】hānízú 名。我国少数民族之一,主要分布在云南省红河两岸的山区。

【哈欠】hāqiàn 名。困倦时不自觉地张口深呼吸,是血液内二氧化碳增多,刺激脑部的呼吸中枢而引起的生理现象;常作"打"的宾语:打了一个～。

【哈萨克族】hāsàkèzú 名。我国少数民族之一,分布在新疆、甘肃和青海。

【哈腰】hāyāo 〈口〉动。不带宾语,可拆开用。(1)弯腰:小张一～,钱包从上衣口袋掉到地上了|他哈着腰扛了一袋粮食。(2)弯腰致意,表示礼貌:他向李老～致谢|哈了一下腰,表示谢意。

铪 hā 名。金属元素,符号Hf。银白色,熔点高,用作X射线管的阴极。

há(ㄏㄚˊ)

蛤 há [蛤蟆](-má) 名。青蛙与蟾蜍的统称。
另见gé。

hǎ(ㄏㄚˇ)

哈 hǎ ❶〈方〉动。斥责;须带宾语或补语:～他一顿。❷姓。
另见hā, hà。

【哈巴狗】hǎ·bagǒu 名。(1)一种个儿小、毛长、腿短的狗,供玩赏。又叫狮子狗、巴儿狗。(2)比喻受人豢养的驯顺的奴才。

【哈达】hǎdá 名。藏族及部分蒙古族人表示祝贺和致意用的长条丝巾,多为白色,也有其他颜色的。

奤 hǎ 地名用字。奤夿屯(-bātún),在北京市。

hà(ㄏㄚˋ)

哈 hà [哈巴](-·ba) 〈方〉形。走路时两膝向外弯曲。
另见hā, hǎ。

hāi(ㄏㄞ)

咳 hāi 叹。一般用在句首,作独立语。(1)表示惊异、后悔或惋惜:～,洁白的衣裳,怎么给弄脏了!|～,我真不该斥责他。(2)表示愤慨或蔑视:～,他怎么竟敢打人!|～,他的底细,我知道。(3)表示提醒别人注意:～,别闯红灯!
另见ké。

嗨 hāi [嗨哟](-yō) 叹。从事繁重体力劳动时呼喊的声音;在句中作独立语:用力拉呀,～!
另见hēi(嘿)。

hái(ㄏㄞˊ)

还(還) hái 副。(1)仍然;表示动作或状态持续不变,常同"虽然、尽管"等配合:他虽然年事已高,雄心壮志～像青年时一样|初春的早晨,天气～相当冷。(2)更加;表示程度上有所增加或范围有所补充;常同"除了、不但"等配合:好的文学作品看了一遍～想

看|我们不但要提高产量,～要保证质量。(3)用在形容词前面表示勉强过得去,一般是往好里说:他年纪老了,近来身体～好|冬季施工困难多,但进度～不慢。(4)尚且,用在前一分句,表示衬托,后一分句进而推论,常同"何况、更"等配合,带有反问的语气:身强力壮的人～搬不动,何况有病的人!|六、七十岁的老人～坚持学习,更不用说年轻人了。(5)表示更不在话下;用在后一分句,常用反问语气:中国人民死都不怕,～怕困难吗?(6)表示曾经;有夸耀的语气,常同动态助词"过"配合:去年今天,我～去过北京呢|你小时候我～抱过。如果加在时间语词的前面,则强调时间早:～在一千八百年前,我国就已经发明了造纸法。(7)表示出乎意料;含惊讶赞叹的语气:没想到,他～真有办法|已经迟了一天,你～说快!(8)有责怪的语气;常用在反问句中:他的贡献～嫌小吗?|他已四十多岁了,～年轻吗?
另见huán。

【还是】háishi ❶副。(1)仍然,依旧;常同"虽然、尽管"搭配:尽管雪深路滑,他～按时赶到了。也可不用"虽然"等:他年过半百,身体～那么健壮。(2)到底,毕竟:～你的力气大,这么重的石头一下子就搬走了|从武汉到上海,～乘船舒适。(3)表示经过比较后作出的选择,并希望这么做:今天晚上我没有空,～你去吧|天冷了,～多穿点衣服好。❷连。(1)用在问句中,表示在几个中选择一个:这场电影,你去看～不去看?|先去北京～先去天津,我还没有决定。(2)与"无论、不管"等连词搭配使用,表示不受所说条件的限制:不论是在初中阶段～高中阶段,他一贯努力学习|不管对亲戚～朋友,他都秉公办事。

孩 hái 名。(～儿)幼儿:女～儿|男～儿。

【孩提】háití 〈书〉名。指幼儿时期:他早在～时代,就显露了非凡的智力。

【孩子】háizi 名。(1)儿童:小～|女～。(2)子女:她只有一个～。(3)父母称呼子女或长辈称呼晚辈:～,你就照妈妈的话办吧|～们,这位是你们新来的语文老师。

【孩子气】háiziqì ❶名。孩子似的脾气;常加"一副、一脸"等修饰:一副～|一脸～。❷形。脾气或神气像孩子一样:他越来越～了。

骸 hái 〈素〉(1)骨头:～骨|尸～。(2)指身体:病～|形～。

【骸骨】háigǔ 名。人的骨头,多指尸骨。

hǎi(ㄏㄞˇ)

胲 hǎi 名。有机化合物的一类,是羟胺的烃基衍生物的统称。

海 hǎi ❶名。(1)大洋靠近陆地的部分。面积约占海洋总面积的11%。(2)大湖:青～|洱～。❷〈素〉(1)比喻数量多或连成一大片的很多同类事物:火～|人山人～。(2)表示容量大:～碗|～量。(3)古代指从外国传来的:～棠|～枣。❸姓。

【海岸】hǎi'àn 名。靠近海洋边缘的陆地。

【海岸线】hǎi'ànxiàn 名。陆地和海洋的分界线。

【海拔】hǎibá 名。以平均海水面为标准测量出来的地势的高度:珠穆朗玛峰～8,848.13米。

【海报】hǎibào 名。戏剧、电影等演出或体育比赛等活动的招贴通告。

【海产】hǎichǎn 名。海洋里出产的动植物。

【海潮】hǎicháo 名。海水定时涨落的现象。

【海带】hǎidài 名。一种海生褐藻,形状像带子,生长在浅海里,含有大量的碘质。可作菜肴,常吃可以预防甲状腺肿大。

【海岛】hǎidǎo 名。海洋中的岛屿。

【海盗】hǎidào 名。出没在海洋上的强盗。

【海底捞月】hǎi dǐ lāo yuè 成。比喻白费力气,根本办不到;含贬义;不按客观规律办事却妄图获得成功,就和～一样,是不可能的。也说水中捞月。

【海底捞针】hǎi dǐ lāo zhēn 成。比喻很难找到:这里人山人海,要找个人简直像～一样。也说大海捞针。

【海防】hǎifáng 名。为保卫国家主权、领土完整和安全,防备外来侵略,在沿海地区和领海内采取的防卫措施:加强~。

【海港】hǎigǎng 名。沿海停泊船只的港口,有军港、商港、渔港等。

【海关】hǎiguān 名。对出入国境的物品和运输工具进行监督检查、征收关税、查禁走私的国家机关。

【海涵】hǎihán 〈书〉动。像大海一样地包容;敬辞,用在请人原谅时,不带宾语:招待不周,尚希~。

【海疆】hǎijiāng 名。领海和沿海的领土。

【海禁】hǎijìn 名。指不准外国人到中国沿海经商和中国人到海外经商的禁令。明清两代都有过这种禁令。

【海军】hǎijūn 名。海上作战的军队。通常由水面舰艇、潜艇、海军航空兵、海军陆战队等兵种和各专业部队组成。

【海口】hǎikǒu 名。(1)海湾内的港口。(2)表示漫无边际的大话;多作"夸、夸下"等动词的宾语:夸~|夸下~。

【海枯石烂】hǎi kū shí làn 成。直到海水干枯、石头粉碎,比喻意志坚定,永不改变;多用作誓言:~心不变。

【海阔天空】hǎi kuò tiān kōng 成。原形容广大自然的广阔,后用来比喻想像或说话毫无拘束,漫无边际:他与同学们~地闲聊了半天。

【海里】hǎilǐ 量。计算海洋上距离的长度单位。国际公制1海里等于1,852米。原作"浬",现已废除。

【海量】hǎiliàng 名。(1)宽宏的度量;敬辞,常作状语:冒犯之处,望您~包涵。(2)指很大的酒量;一般不作主语,作宾语:你是~,请多喝几杯。

【海轮】hǎilún 名。适合在海洋上航行的轮船。

【海洛因】hǎiluòyīn 名。音译词。一种有机化合物,由吗啡制成,白色晶体,有苦味,有毒。现代医药上用作镇静剂和麻醉剂。常用会成瘾。俗称白面儿。

【海马】hǎimǎ 名。鱼,身体像虾而侧扁,全身包在骨质的环节所形成的硬壳中,尾巴能蜷曲,直立游动。身长10—20厘米。因腹部突出,头部有点像马而得名。主要栖息在热带海中,我国沿海均产,南海较多。是一种名贵的中药材。

【海绵】hǎimián 名。(1)低等多细胞动物,多粘附在海底岩石上,从水中吸取有机物质为食物。骨骼柔软富有弹性。(2)指海绵的骨骼。(3)用橡胶或塑料模仿海绵骨骼制成的弹性多孔材料,吸水性强:~拖鞋|~鞋垫。

【海内】hǎinèi 名。古人认为我国疆土四面环海,因此称国境以内为海内。现也借指全世界:~存知己,天涯若比邻。

【海鸥】hǎi'ōu 名。鸟,头和颈部褐色,上体主要呈苍灰色,下体白色。生活在海边和内陆河流湖泊附近。食小鱼及其他水生动物,也吃植物嫩叶和谷物。

【海派】hǎipài 名。(1)京剧的一个流派,以上海的表演风格为代表。(2)具有上海地方现代特色的文化、生活方式和社会风尚等。

【海区】hǎiqū 名。海洋上的一定区域。根据军事需要划定的海区,它的范围一般用坐标标明。

【海参】hǎishēn 名。棘皮动物,生活在海底。身体略呈圆柱形,色黑,体壁多肌肉。是珍贵的食品。

【海市蜃楼】hǎi shì shèn lóu 成。(1)一种自然现象。光线经过不同密度的空气层后发生折射或反射,使远处的景物显示在半空中或地面上。常发生在沿海一带或沙漠地区。古人误以为是海里的蜃吐气所形成的,故名:今天我亲眼看见了~的美丽景象。(2)比喻虚无缥缈的事物:你这个脱离现实的计划,只不过是~罢了。

【海事】hǎishì 名。(1)指一切海上的事务,如航海、造船、验船、海运法规的执行、海损事故的处理等。(2)指船舶在航行或停泊中发生的事故,如触礁、搁浅、碰撞、失火或爆炸等:这一带海域,暗礁较多,经常发生~。

【海誓山盟】hǎi shì shān méng 成。男女相爱时立下的誓言或盟约,表示爱情要像山和海一样永不改变:他把当年的~忘得一干二净。也作山盟海誓。

【海棠】hǎitáng 名。(1)落叶小乔木,叶子卵形或椭圆形,花淡红色,果实像山楂,黄色或红色,味酸甜。(2)这种植物的果实。

【海塘】hǎitáng 名。沿海地区构筑的防御海潮保护农田的人工堤岸。

【海涂】hǎitú 名。海边广阔而平坦的软泥沙地带,涨潮时没入水下,落潮时露出水面。修筑围堤,挡住海水可以垦殖。也叫滩涂。

【海图】hǎitú 名。根据航海和开发海洋的需要编制的地图,包括海岸图、港湾图、航行图等。

【海豚】hǎitún 名。哺乳动物,生活在海洋中,形体似鱼,长2—2.4米,有背鳍,嘴尖。背黑腹白,鼻孔长在头顶上。俗称海猪。

【海外】hǎiwài 名。国外:从～归来。参见"海内"。

【海外奇谈】hǎiwài qítán 成。没有根据的奇谈怪论或传说;含贬义:他讲的事全是～,难以置信。

【海湾】hǎiwān 名。(1)海洋伸入陆地的部分。(2)特指西亚的波斯湾一带:～国家(指伊朗、伊拉克、沙特阿拉伯、科威特等)。

【海王星】hǎiwángxīng 名。太阳系九大行星之一,按离太阳远近的次序计为第八颗,公转周期为164.8年。表面温度接近-200℃。周围大气中主要成分是氢和甲烷。光度较弱,肉眼看不见。有两个卫星。

【海味】hǎiwèi 名。海洋中出产的各种食品,多指珍贵的:山珍～。

【海峡】hǎixiá 名。两块陆地之间连接两个海或洋的较狭的水道:台湾～|马六甲～。

【海啸】hǎixiào 名。因海底地震、火山爆发或风暴而掀起特大的海浪。传至近岸时,浪高可达十余米,冲上陆地往往造成灾害。

【海燕】hǎiyàn 名。(1)鸟,体形似燕,羽毛黑褐色,趾有蹼,常在海面上掠飞,吃小鱼、虾等。(2)棘皮动物,体形扁平,有五个突出的角,像五角星,生活在浅海石缝中。

【海晏河清】hǎi yàn hé qīng 见"河清海晏"。

【海洋】hǎiyáng 名。海和洋的总称;不加表示个体的数量词。

【海域】hǎiyù 名。指海洋的一定范围,包括水上和水下。

【海员】hǎiyuán 名。海洋船舶上工作的人员。包括船上的驾驶员、轮机员、报务员、客运员、货运员、水手等。

【海运】hǎiyùn 名。指海洋航运事业,包括沿海航运与远洋航运:发展～。

【海葬】hǎizàng 名。葬礼的一种,把尸体投入海洋。

【海蜇】hǎizhé 名。腔肠动物,生活在海中。身体半透明,上部呈伞状,叫海蜇皮,下面有八条口腕,叫海蜇头。可食。

【海子】hǎi·zi 〈方〉名。湖。

醢 hǎi 〈古〉❶名。肉、鱼等制成的酱。❷动。古代一种酷刑,把人杀死后剁成肉酱。

hài(ㄏㄞˋ)

亥 hài 名。地支的第十二位。参见"干支"。

【亥时】hàishí 名。旧式计时法指夜间9点钟—11点钟的时间。

骇 hài 〈素〉惊吓,震惊:～怪|～人听闻。

【骇怪】hàiguài 〈书〉动。惊讶;一般不带宾语:毛孩浑身长毛,这是人类的返祖现象,无须～。

【骇然】hàirán 形。惊讶的样子:他见到这种异常现象,不禁～。

【骇人听闻】hài rén tīng wén 成。使人听了极为震惊:那里发生了一起～的凶杀案。

【骇异】hàiyì 〈书〉动。惊讶;不带宾语:冬雷夏雪一旦得到了科学解释,人们就不会为之～了。

＊"骇异"和"骇怪":"骇异"侧重于对事物的发生不同寻常而惊讶;"骇怪"则多指因事情古怪荒唐而惊讶。

氦 hài 名。化学元素,符号He。是一种无色无臭的气体。化学性质不活泼,很轻。可填充电子管、灯泡、霓虹灯管、潜水服。液态氦常用作冷却剂。

害 hài ❶动。(1)使受到损害;常带宾语:污染空气,～人不浅。可带主谓词组作补语:～得他白跑了一趟。(2)杀死;用在主动句中须带宾语,用在被动

句中一般不带宾语:他～了三条人命|他在三天前被～了。(3)生病;常以"病"或病名作宾语:一场大病|～气管炎。可带补语:红眼病～了一个多星期。❷名。坏处,祸害;一般不作主语,可作"除、有、受、遇"等动词的宾语:为民除～|吸烟对身体有～。❸〈素〉(1)不安的情绪:～怕|～羞。(2)有害的:～虫|～处。❹〈古〉同"曷(hé)"。

【害处】hàichu 名。不利于人或事物的因素,坏处:吸烟的～很多。

【害怕】hàipà 动。心里不安或恐惧;可加程度副词:这孩子见到狗就很～。常带宾语:反动派很～人民。可带谓词性词语或主谓词组作宾语:他～批评|小张十分～考试不及格。

　＊"害怕"和"惧怕":"害怕"程度比"惧怕"轻些,在含有担心、顾虑等意思时,用"害怕",不用"惧怕"。"害怕"多用于口语,"惧怕"多用于书面语。

【害群之马】hài qún zhī mǎ 成。比喻危害集体的坏人:不严惩这些～,社会就不得安宁。

【害人虫】hàirénchóng 名。比喻危害人民的人或集团:要扫除一切～。

【害臊】hàisào 〈口〉动。害羞;不带宾语,可加程度副词:有些～|很～。可拆开用:这种场合还不把话说明白,害什么臊!

【害喜】hàixǐ 动。因怀孕而恶心、呕吐、食欲异常;不带宾语:她～了。可拆开用:她害了喜。有的地区叫害口。

【害羞】hàixiū 动。因怕生、怕人嗤笑而感到不好意思,难为情;不带宾语,可加程度副词:她在生人面前很～。可拆开用:怎么害起羞来了?

嗐 hài 叹。表示伤感或惋惜;多作独立语:～,父亲又走了,不知何时再能见面|～!想不到他病得这样重!

hān (ㄏㄢ)

预 hān 〈方〉形。粗:这根线太～,要是细一点儿就好了。

鼾 hān 〈素〉睡着时粗重的呼吸:～声|～睡。

【鼾声】hānshēng 名。打呼噜的声音:～如雷。

【鼾睡】hānshuì 动。熟睡并打呼噜;不带宾语:已经9点了,他还在～。

蚶 hān 名。(～子)软体动物,贝壳厚而坚硬,上有瓦垄状突起。生活在海底泥沙中,肉可食,壳可供药用。俗称瓦垄子或瓦楞子。

酣 hān 〈素〉(1)饮酒到了尽兴的地步:～饮|～酒|～耳热。(2)泛指尽兴、畅快:～睡|～畅。

【酣畅】hānchàng 形。畅快;多用于饮酒、睡眠或文笔等:酒喝得十分～|睡得很～|文笔～。

【酣畅淋漓】hānchàng línlí 成。形容非常畅快。也指文艺作品中刻画人物或抒发感情很充分:在这篇小说中人物喜怒哀乐的感情抒发得～。

【酣睡】hānshuì 动。熟睡;不带宾语:他正在～。可带补语:他～了3个小时。

　＊"酣睡"和"鼾睡":"酣睡"指睡得很沉,不一定发出鼾声;"鼾睡"则指带鼾声的熟睡。

憨 hān ❶〈方〉形。傻,呆:他真～!❷〈素〉朴实,天真:～厚|～直。❸姓。

【憨厚】hānhòu 形。朴实厚道:这个人很～。可重叠:王主任为人憨憨厚厚,大家都很敬重他。

【憨笑】hānxiào 动。不带宾语,可带补语。(1)傻笑:自从精神失常之后,他常常～。(2)天真地笑:孙敬修爷爷讲的故事,逗得小朋友们～不止。

【憨直】hānzhí 形。朴实直爽:老张性格很～。

　＊"憨厚"和"憨直":"憨厚"侧重于为人厚道;"憨直"侧重于性情直爽。

hán (ㄏㄢˊ)

邗 hán 地名用字。邗江,县名,在江苏省。

汗 hán 见"可(kè)汗"。
另见 hàn。

邯 hán 地名用字。邯郸(dān),市名,在河北省。

【邯郸学步】hándān xué bù 成。《庄子·秋水》记载,有一个燕国人到赵国首都邯郸去,看到那里人走路姿势很美,就跟着学起来。结果不但没学好,连自己原来的走法也忘了,只好爬着回去。后用来比喻机械地模仿别人,不但没把别人的本领学到手,倒把自己原有的本事丢掉了:学习别人的经验,切莫生搬硬套,弄不好就会~,贻笑大方。

【含】hán 动。常带宾语,并带动态助词"着"。(1)东西放在嘴里,不吐也不咽:他~着一块糖。(2)包藏,包含:~着泪|牛奶里~着许多人体所需要的养分。(3)带着某种思想感情不完全表露出来:她微笑中~着一丝淡淡的哀愁。

【含苞】hánbāo 〈书〉动。裹着花苞,指花将开未开;不带宾语,常与"待放"连用:这盆月季正~待放。

【含垢忍辱】hán gòu rěn rǔ 成。垢:污秽。指忍受耻辱:在被冤屈的日子里,他~,潜心研究,终于取得了多项科研成果。

【含恨】hánhèn 动。心里怀着怨恨;不带宾语,常带补语:~在心。也可构成连动词组:他~离开了人间。

【含糊】hán·hu 形。也作含胡。(1)语意不明确,态度不明朗:~不清|他没明确表态,话说得很~。可重叠:他含含糊糊地说了几句。(2)做事马虎,不认真;多用于否定句:有错误一定要批评,不能~敷衍|这是件大事,一点都~不得。(3)示弱,多用于否定句,表示赞美,含"有能耐"或"行"的意思:他一手毛笔字写得真不~。
＊"含糊"和"模糊":"含糊"指语言表达不明确或态度暧昧,不明朗;"模糊"指形体与事物的界限不清晰,对人或事物的印象、记忆不清楚,或人的思想认识水平不高,不能明辨是非。"含糊"还有"办事马虎"和"示弱"的意思,"模糊"没有这些意思。"模糊"能做动词用,可带宾语;"含糊"不能。

【含混】hánhùn 形。模糊,不明确;多指说话、做事:他的话说得~不清,叫人费解|这事儿你别想~过去。

【含量】hánliàng 名。一种物质中所包含的某种成分的数量:黄金的~不多。

【含怒】hánnù 动。有怒气而未发作;不带宾语,常构成连动词组,用"而"连接:他~而去。可拆开用:他含着怒在说话。

【含沙射影】hán shā shè yǐng 成。晋·干宝《搜神记》卷十二记载:水中有一种叫蜮的动物,看到人的影子就含沙子喷射,被喷着的人就会得病。后常用来比喻言语、文章里暗中影射攻击或陷害别人:这篇文章~地把某作家攻击了一番。

【含笑】hánxiào 动。面带笑容;不带宾语,可带补语:他~不语|~于九泉。可拆开用:他总是含着笑说话。

【含辛茹苦】hán xīn rú kǔ 成。辛:辣;茹:吃。形容受尽种种辛苦:她~地把两个孩子拉扯大,真不容易啊!

【含羞】hánxiū 动。脸上带有害羞的神情;不带宾语:满脸~。可拆开用:她含着羞,低头揉弄着衣角。

【含羞草】hánxiūcǎo 名。一年生草本植物,复叶有长柄,叶被触动时,小叶合拢,叶柄下垂,好像人害羞的样子,故名。供观赏。

【含蓄】hánxù 形。也作涵蓄。(1)说话或写文章意思含而不露,耐人寻味:这首诗的语言~简练|他说话~而幽默。(2)不轻易流露自己的思想感情:他是个很~的人。

【含血喷人】hán xuè pēn rén 成。比喻用恶毒的手段污蔑、攻击别人;含贬义:你怎么可以栽赃陷害,~!

【含饴弄孙】hán yí nòng sūn 成。饴:饴糖,即麦芽糖。含着饴糖逗弄孙儿。形容老年人恬适的生活:他退休以后,过着~、悠闲自得的生活。

【含义】hányì 名。字、词、语句等所包含的意义。也作涵义。

【含英咀华】hán yīng jǔ huá 成。咀:细嚼;英、华:花。比喻读书时细细琢磨领会文章中的精华:他潜心攻读,~,遨游于知识的海洋之中。

【含冤】hányuān 动。有冤未伸;不带宾语,常构成连动词组,用"而"连接:他~而死。可拆开用:她含了20年的冤,终于昭雪。

【洤】hán 地名用字。洤洸(guāng),在广东省。

【晗】hán 〈古〉形。天将明。

【焓】hán 名。单位质量的物质所含的全部热能。

函涵韩寒 hán 397

函(凾) hán ❶〈书〉名。匣子,封套:全书共八~。❷〈素〉(1)信件:来~|公~。(2)包容:~义|~数。

【函电】hándiàn 名。信和电报的总称;不加个体量词。

【函购】hángòu 动。写信给生产单位或经营单位购买物品:教材可以~。可带宾语:~了两本字典。

【函件】hánjiàn 名。信件:一封封~|许多~。

【函授】hánshòu 动。用通信方式传授知识,辅导学习;辅导自学,可以面授,也可以~。能作"进行"等动词的宾语:进行~。

涵 hán 〈素〉(1)包含,包容:~养|海~。(2)洞:~洞。

【涵洞】hándòng 名。横穿于道路、堤坝下的供水流过的通道。

【涵容】hánróng 〈书〉动。包涵;敬辞,有请人原谅的意思,不带宾语:请多~|尚望~。

【涵蓄】hánxù 见"含蓄"。

【涵养】hányǎng ❶名。指自己控制情绪的功夫:他从不发火,真有~。❷〈书〉动。积蓄并保持;常用在积蓄水分或气力等方面,常带宾语:造林可~水源|静坐运气,~功力。

＊"涵养"和"修养":"涵养"重在自我控制思想感情的能力;"修养"指学问、思想、品德等方面经过一定锻炼,达到了一定的水平,例如"文学修养"。"涵养"还有积蓄和保持的含义;"修养"没有。

【涵义】hányì 见"含义"。

韩(韓) hán ❶名。周朝诸侯国之一,在今河南中部和山西东南部。❷姓。

寒 hán ❶形。冷;与"暑"相对:受了一点~。❷〈素〉(1)害怕,畏惧:胆~。(2)使变冷:~心。(3)穷困:贫~|~门。

【寒蝉】hánchán 名。(1)天冷时不再叫或叫声低微的蝉:噤若~|~凄切。(2)蝉的一种,体小,黑色,有黄绿色的斑点。雄的夏末秋初在树上鸣叫。

【寒潮】háncháo 名。从北方寒冷地带向南方侵袭的强烈的冷空气。寒潮过境时气温显著下降,伴有强风,并常有雨雪。

【寒碜】hán·chen 也作寒伧。❶形。(1)丑陋,难看:这孩子长得不~|看你这衣服多~!(2)丢脸,不体面:这次考试就我不及格,真觉得~。❷动。讥笑人,使人没面子;常带宾语或补语:别~人|让人~了一顿。

【寒带】hándài 名。南极圈、北极圈以内的地带,气候极为寒冷,最暖的月份平均气温也在10℃以下。近两极的地方,半年是白天,半年是黑夜。

【寒风】hánfēng 名。冬天或深秋时的北风:~凛冽|~彻骨。

【寒噤】hánjìn 名。因受冷或受惊而身体颤动的现象;常作"打"的宾语:草丛中钻出一条蛇,她不由自主地打了个~。

【寒苦】hánkǔ 形。贫穷困苦:他出身~。

【寒冷】hánlěng 形。冷;多与双音节词搭配:气候~|~的北方。

【寒流】hánliú 名。(1)从高纬度流向低纬度的洋流。寒流的水温比它所到区域的水温低,能使经过的地方气温下降。(2)指寒潮。

【寒露】hánlù 名。二十四节气之一,在每年公历10月8日或9日。我国大部分地区天气凉爽。

【寒毛】hán·mao 名。人体皮肤表面上的细毛。也作汗毛。

【寒门】hánmén 〈书〉名。(1)旧指社会地位低下的贫穷人家:此人出身于~。(2)贫寒的家庭;用作谦词:请到~一叙。

【寒峭】hánqiào 〈书〉形。形容冷气逼人:打开冰库,一股~之气迎面扑来。

【寒秋】hánqiū 名。指深秋季节。

【寒色】hánsè 名。美术上指给人以冷感的颜色,与"暖色"相对,如青、绿、紫。也说冷色。

【寒食】hánshí 名。节名,在清明前一天。古人从这一天起,三天不生火做饭,所以叫寒食。有的地区把清明叫寒食。

【寒士】hánshì 名。旧指贫寒的读书人。

【寒暑表】hánshǔbiǎo 名。测量气温的一种温度计,刻度通常分摄氏、华氏两种。

【寒酸】hánsuān 形。形容穷苦读书人不大方的样子;含轻蔑义:一副~相|多么~!

【寒微】hánwēi 〈书〉形。旧指家世、出身贫苦,社会地位低下:鲍照身世～,然才识过人。

【寒心】hánxīn 动。情绪上受到打击而感到失望或痛心;不带宾语:他的所作所为,实在令人～。可加程度副词:这种话让人听了很～。可拆开用:他屡遭挫折和失败,已经寒了心。

【寒暄】hánxuān 动。暄:温暖。指宾主见面时问候起居和谈天气、生活等应酬话;后面常用"几句、一番、一阵"等数量词组作补语,可加动态助词"了":我们俩～了几句就分手了。

【寒战】hánzhàn 名。因受寒或受惊而浑身发抖的现象;常作"打"的宾语:他走在冰天雪地里,全身直打～。也作寒颤。

hǎn (ㄏㄢˇ)

罕 hǎn ❶〈素〉稀少:～见|稀～。❷姓。

【罕见】hǎnjiàn 形。非常少见:这是一种极为～的现象。

喊 hǎn 动。(1)大声叫:请你别在这里乱～。可带宾语或补语:～口号|～得嗓子都哑了。(2)叫唤,招呼;常以指人名词或代词作宾语:你快去～妈妈|一见到他,就～叔叔。可带兼语:～他进来。可带补语:～了一声。

【喊话】hǎnhuà 动。在前沿阵地上对敌人大声宣传或劝降;不带宾语:向敌人～。

阚 hǎn 〈古〉拟声。摹拟虎叫声。另见kàn。

嘁 hǎn 同"阚(hǎn)"。

hàn (ㄏㄢˋ)

汉(漢) hàn ❶名。(1)朝代,公元前206—公元220年,刘邦所建立,分西汉、东汉,西汉建都长安(今陕西西安),东汉建都洛阳。(2)五代之一,公元947—950年,刘知远所建立,建都汴(今河南开封),史称后汉。(3)公元1360—1363年,元末农民起义领袖陈友谅所建立的政权。(4)(～子)成年男子;多含褒义:他是条～子,有胆有识。(5)汉族。❷〈素〉指银河:河～|银～。

【汉白玉】hànbáiyù 名。一种建筑用的大理石,质地细腻,是上等建筑材料。

【汉奸】hànjiān 名。原指汉族的败类,后指投靠侵略者,充当其走狗,出卖祖国利益的中华民族的败类。

【汉剧】hànjù 名。湖北的一种地方戏剧。腔调以西皮、二黄为主,对京戏的形成有很大影响。也叫汉调。

【汉姓】hànxìng 名。(1)汉族人用的姓。如"张、王、李"等。(2)特指非汉族的人所用的汉族人的姓。

【汉学】hànxué 名。(1)汉代人研究经学多注重训诂文字,考订名物制度,后世因而把研究文字、音韵、训诂、考据这几门学问统称为汉学。(2)外国人统称研究中国文化、历史、语言、文字等方面的学问为汉学。

【汉语】hànyǔ 名。汉族的语言。规范化的现代汉语是普通话。现代汉语是我国各民族之间共同的交际语,也是联合国六种正式语文和工作语言之一(另外五种是:英语、法语、俄语、西班牙语、阿拉伯语)。

【汉字】hànzì 名。汉语的书写符号。汉字是一种表意体系的文字,一般一个字一个音节。

【汉族】hànzú 名。我国人数最多的民族,遍布全国,约占总人口的94%。

汗 hàn 名。汗腺分泌的液体,从皮肤排泄出来。水分占98%—99%,其余为氯化钠、少量尿素及其他盐类。另见hán。

【汗津津】hànjīnjīn 〈方〉形。微微出汗的样子;不加程度副词,常加助词"的":手心～的。

【汗流浃背】hàn liú jiā bèi 成。浃:湿透。出汗很多,湿透了背上的衣服。原形容万分惊恐或惭愧,现也形容满身大汗:他才跑了一圈,就～了。注意:"浃"不要写作"夹"。

【汗马功劳】hànmǎ gōngláo 成。汗马:将士骑的马奔驰出汗,意思是征战劳苦。原指在战争中建立了功劳,现也指在工作中作出贡献;含褒义:他们为开发边疆立下了～。

【汗漫】hànmàn 〈书〉形。广泛,漫无边际:不立准则,将~无所依。
【汗毛】hànmáo 见"寒毛"。
【汗牛充栋】hàn niú chōng dòng 成。汗牛:使牛出汗;栋:屋子。运书时可使牛出汗,存放书籍可以堆到屋顶。形容书多:陈教授藏书很多,可谓~。
【汗青】hànqīng 〈书〉名。(1)书简,古时无纸,用竹简书写,要先用火烤青竹,让它冒出水分后,才容易写上。因此称竹简为汗青。(2)指史册:文天祥《过零丁洋》诗:"人生自古谁无死,留取丹心照~。"
【汗水】hànshuǐ 名。汗;淌汗较多时用:~淋淋|~直流|~湿透了衣衫。
【汗颜】hànyán 〈书〉形。原指脸上出汗。因羞愧时脸上常常冒汗,所以后泛指羞惭:干这种有损国格的事,应觉~|~无地(羞愧到无地自容的地步)。

闬 hàn 〈古〉名。(1)巷口的门。(2)墙垣。

旱 hàn ❶形。长久缺少雨水;与"涝"相对:今冬太~了。❷〈素〉(1)跟水无关的:~烟|~伞。(2)陆地,没有水的:~路|~地。
【旱魃】hànbá 名。传说中引起旱灾的怪物:~为虐。
【旱船】hànchuán 名。(1)〈方〉园林中形状像船的临水的建筑。(2)民间艺术中所扎的彩船道具,用来进行"跑旱船"的游艺活动。
【旱季】hànjì 名。少雨或无雨的季节。
【旱路】hànlù 名。陆地上的交通路线,与"水路"相对:走~要近些。
【旱情】hànqíng 名。干旱的情况:今年这里~严重。
【旱獭】hàntà 名。哺乳动物,背部一般为土黄色,杂以褐色。头短体小,善于掘土。生活在野地里。毛皮柔软,可做衣帽。也叫土拨鼠。
【旱象】hànxiàng 名。干旱的现象:这里地处山区,十天八天不下雨,便出现~。
【旱烟】hànyān 名。装在旱烟袋(竹制吸烟用具)里吸的烟叶或烟丝。
【旱灾】hànzāi 名。因长期缺少雨水使物枯萎而造成大量减产的灾害。

捍(扞) hàn 〈素〉保卫,防御:~卫|~御。
【捍卫】hànwèi 动。保卫;领带宾语:~祖国领土。
＊"捍卫"和"保卫":"捍卫"多用于重大事物,如和平、祖国等,语意较重;"保卫"多用于政治或人等方面,语意较轻。

悍 hàn 〈素〉(1)勇猛:强~。(2)凶暴,蛮横:凶~|~然。
【悍然】hànrán 形。粗暴蛮横,不顾一切的样子;不加程度副词,一般作状语,含贬义:~发动战争|~不顾。

焊(銲、釬) hàn 动。用熔化的金属连接金属工件或修补金属器物;常带宾语或补语:~水管|把铁壶~一下。现也泛指熔化连接或修补某些器物:~塑料管|~有机玻璃。
【焊接】hànjiē 动。常带宾语或补语。(1)用加热、加压力等方法把金属工件连接起来:~钢板|机头外壳已~好了。(2)用熔化的焊锡把金属连接起来:~车杠。

菡 hàn [菡萏](-dàn) 〈书〉名。荷花的别称。

颔 hàn ❶〈古〉名。下巴。❷〈素〉点头:~首。
【颔首】hànshǒu 〈书〉动。点头,表示同意或赞许;不带宾语:他~微笑|李先生听罢频频~。

撖 hàn 姓。

翰 hàn 〈素〉原指长而硬的羽毛,古人用它写字。后指毛笔、文字、书信等:~墨|挥~|华~(对别人来信的美称)。
【翰林】hànlín 名。唐代指为朝廷撰拟文书的官。明清两代从进士中选拔。
【翰墨】hànmò 〈书〉名。笔和墨,后借指文章、书画等。

瀚 hàn 〈素〉广大:浩~。

撼 hàn 〈素〉摇动:摇~|震~|~动。
【撼动】hàndòng 〈书〉动。摇动:我国基坚牢,任何力量也休想~。可带宾语:~大树。

憾

憾 hàn 〈素〉失望,不满足：～事｜遗～。

【憾事】hànshì 名。认为不完美的、感到不满意或令人失望的事情：功败垂成,实乃～｜你的建议未被接受,虽为～,但总算引起了有关方面的注意。

hāng（ㄏㄤ）

夯（砽） hāng ❶名。砸实地基用的工具；有木制的、石制的、铁制的等。❷动。常带宾语或补语。(1)用夯砸：用石夯～地｜～实一些。(2)〈方〉用力打：～了他一拳。
另见 bèn。

【夯歌】hānggē 名。打夯时唱的歌。

háng（ㄏㄤˊ）

行 háng ❶名。(1)行业：干这一～要心细｜～～出状元。(2)人或物直排的名称：～与～之间距离要小一些。(3)兄弟姐妹的次序：你～几？｜我～二。❷量。用于成行的人或物：排成五～｜一～字。❸〈素〉某些营业机构：银～｜随～就市。
另见 xíng。

【行帮】hángbāng 名。旧社会同一行业的人为了维护自己的利益而结成的小团体。分商帮、手工帮、苦力帮。各帮又有按地区分的本帮、客帮。

【行辈】hángbèi 名。辈分：他的～比我爸爸大。

【行当】háng·dang 名。(1)〈口〉行业：他干的哪一个～？(2)戏剧演员分工的类别,主要根据角色的类型来划分,如传统京剧的生、旦、净、丑等。

【行规】hángguī 名。旧时封建性行会所制定的各种章程。

【行行出状元】háng háng chū zhuàngyuán 成。干任何一种工作都可以产生优秀人物或专家：在我国,～,无论做什么工作都能作出成绩来。

【行话】hánghuà 名。各行业中的专门用语,同行业中的人理解而一般人不容易理解,如"客流"、"上行"、"下行"等,是铁路部门的行话。

【行会】hánghuì 名。(1)旧时城市手工业者或商人的联合组织。目的在于保持本行业的垄断地位。每一行会都有自己的行规。(2)即"行帮"。

【行货】hánghuò 名。质量差的、加工不细的货物：卖的大多是～,很少质量好的。

【行家】háng·jia ❶名。内行,精通业务的人：要大胆提拔～担任领导工作｜编辑要尊重～的意见。❷〈方〉形。在行；用于肯定式：您对种树挺～呀!

【行距】hángjù 名。邻近的行与行之间的距离,一般指两行植株之间的距离。

【行款】hángkuǎn 名。书写或排印书刊的行列款式。比如现在汉字排列是横排,字序从左到右,行序从上到下,与过去直行排列不同,就叫行款不同。

【行列】hángliè 名。(1)人或物排列起来,直的叫"行",横的叫"列",总称行列：～整齐。(2)指队伍、组织等有共同目标的群体：他加入了抗日游击队的～。

【行情】hángqíng 名。指市面上商品售价的情况或者金融市场上利率、汇水的一般情况。

【行市】háng·shi 名。指市面上商品售价的行情。

＊"行市"和"行情"：金融市场上利率、汇水情况一般不称"行市"而称"行情"。比如"利率的行情",不称"利率的行市",而"蔬菜的行情"却可以称"蔬菜的行市"。

【行伍】hángwǔ 名。原指军队中的编制,古代五人为伍,二十五人为行。后来用行伍泛指军队：～出身(当兵出身)。

【行业】hángyè 名。职业的类别。

＊"行业"和"行"："行业"常与双音节词相配：从事经商行业；"行"表示"行业"时常与单音节词配用：干一行,爱一行。

绗 háng 动。一种缝合衣被的方法。在做棉衣或装棉被时用针线把面料、棉花、里子固定起来,正反两面露出的线都很短,大部分藏在夹层中间；常带宾语或补语：～棉衣｜把被子一～～。

吭 háng 〈素〉喉咙：引～高歌。
另见 kēng。

迒 háng 〈古〉名。(1)车辆或野兽走过留下的痕迹。(2)道路。

háng

杭 háng ❶名。杭州市的简称。❷姓。

【杭育】hángyō 拟声。重体力劳动时发出的有节奏的呼喊声;大多指集体劳作,多重叠:几个人~~~地把大石块抬走了。

颃 háng 见"颉(xié)颃"。

航 háng 〈素〉行船或飞行:~船|~空|~行。

【航班】hángbān 名。定期行驶于两地之间载客运货的飞机或船只的航次:民航公司又增加了新的~|这是武汉来的~吗?

【航标】hángbiāo 名。引导船舶安全行驶而设在水中或岸上的标志。

【航程】hángchéng 名。船舶或飞机从起点到终点所经过的路程。

【航次】hángcì ❶名。船舶、飞机出航编排的次第。❷量。出航的次数。

【航道】hángdào 名。船舶在江河湖泊安全航行的通道。

【航海】hánghǎi ❶名。指驾船在海洋上航行的活动:他很喜欢~。❷形。跟航海有关的;不加程度副词,不单独作谓语,作定语:~模型|~信号。

【航空】hángkōng ❶名。人类在空中进行飞行的活动:他对~很感兴趣。❷形。跟飞行活动有关的;不加程度副词,不单独作谓语,作定语:~模型|~部队。

【航空兵】hángkōngbīng 名。(1)装备有各种军用飞机,在空中执行任务的部队的统称。按任务可分为:歼击部队、轰炸部队、水鱼雷部队、侦察部队、运输部队和其他专业部队。(2)上述部队中的战士:他是一个~。

【航空母舰】hángkōng mǔjiàn 词组。作为海军飞机海上活动基地的大型军舰。能运载飞机数十架至百余架,能远离海岸机动作战。

【航路】hánglù 名。船只在内河或海洋行驶的路线。

【航天】hángtiān ❶名。指人造地球卫星、宇宙飞船等在地球附近空间或太阳系空间的飞行。❷形。同航天有关的;不加程度副词,不单独作谓语,作定语:~飞机|~技术。

【航天飞机】hángtiān fēijī 词组。一种新型的可以多次使用的航天器。用火箭做运载工具,从地球发射到宇宙空间去航行。完成任务后,又能像飞机一样返回大地。

【航线】hángxiàn 名。空中或水上航行的路线。

*"航线"和"航路":"航线"既可用于水中,又可用于空中;"航路"只用于水中,不用于空中。"航线"可以在地图上标出;"航路"指船只航行时的实际路线,一般不在地图上标出。

【航向】hángxiàng 名。航行的方向:轮船的~偏向东北;常用作比喻:我们的事业正沿着正确的~胜利前进。

【航行】hángxíng 动。船在水面或水下行驶,或者飞行器在空中飞行;不带宾语,常带补语:在空中~了5个小时|~在长江下游。

【航运】hángyùn 名。水上运输事业的统称。有远洋航运,内河航运和沿海航运。

hàng(ㄏㄤˋ)

沆 hàng 〈古〉形。形容大水。

【沆瀣】hàngxiè 〈书〉名。夜间的水气。

【沆瀣一气】hàngxiè yī qì 成。宋·钱易《南部新书·戊集》记载,唐朝有个人叫崔瀣,去参加考试,主考官叫沆瀣。崔沆录取了崔瀣,当时有人说他们"座主门生,沆瀣一气"。比喻气味相投的人勾结在一起;含贬义:他们为了达到不可告人的目的,~,狼狈为奸。

巷 hàng [巷道](-dào) 名。采矿或探矿时挖的坑道,作为运输、通风、排水或人员通行之用。

另见xiàng。

hāo(ㄏㄠ)

蒿 hāo 名。(~子)多年生或二年生草本植物,叶子作羽状分裂,有特殊气味,可供药用。

嚆 hāo [嚆矢](-shǐ) 〈书〉名。带响声的箭,发射时箭未到而响声先到。常用来比喻事物的开端或预兆:发现问题是解决问题的~。

薅 hāo 动。拔,除去;常带宾语或补语:他在谷子地里～了一天草。

háo(ㄏㄠˊ)

号(號) háo ❶〈素〉拖长声音大声叫喊:呼～|～叫。❷〈方〉动。大声哭叫。
另见hào。

【号哭】háokū 动。连喊带叫地大声哭;不带宾语:他一个劲儿地～着,谁也劝不住。

【号丧】háosāng 动。旧俗办丧事时,每逢吊丧的人一来,守灵的人就陪着客人大声哭叫(多为干哭),叫号丧;不带宾语。

【号丧】háo·sang 〈方〉动。哭;骂人的话,含贬义;不带宾语:他又在～了。

【号啕】háotáo 动。放声大哭;不带宾语,常作"痛哭、大哭"的状语:～痛哭|她扑到妈妈身上～大哭起来。也作号咷、嚎啕。

嗥(嘷) háo 动。吼叫;用于豺狼,不带宾语:狼～。

蚝(蠔) háo 名。即牡蛎。软体动物,有两个贝壳。肉供食用,味鲜美,也可提制蚝油。壳入中药。

毫 háo ❶〈素〉(1)细长而尖的毛:～毛|～发。(2)秤杆或戥(děng)子上的提绳:头～|二～。(3)毛笔:挥～。❷量。(1)市制长度和重量的单位。十丝是一毫,十毫是一厘。(2)〈方〉货币单位,一元的十分之一,即角、毛。❸副。一点儿,表示极少;只用否定式:～不利己|～无私心|～无道理。

【毫发】háofà〈书〉名。毫毛与头发,比喻极少的数量;多用于否定式:不差～|～不爽。

【毫厘】háolí 名。一毫一厘,泛指极少的数量:～不爽(一点不差)|差之～,谬以千里。

【毫毛】háomáo 名。(1)人或鸟兽身上的细毛:孙悟空拔下身上的～能变成许多小猴子。(2)比喻很小的东西或很少的数量;多用于否定式:不准动他一根～。

【毫末】háomò 〈书〉名。毫毛的尖梢,比喻极微小的数量或部分。

【毫无二致】háo wú èr zhì 成。二致:两样。丝毫没有什么两样:那时候的文体的变革和近代的文学革命,由文言文改为白话文的,实在是～。

貉 háo 同"貉(hé)";专用于"貉绒、貉子"。
另见hé。

【貉绒】háoróng 名。拔去硬毛的貉子皮,质地轻软,是珍贵的毛皮。

【貉子】háo·zi 名。貉(hé)的通称。

豪 háo 〈素〉(1)有杰出才能的人:～杰|文～。(2)气魄大:～放|～迈|～言壮语。(3)强暴,蛮横:土～|～门|～夺。

【豪放】háofàng 形。气魄宏大而无所拘束;常用来形容人的性情或诗文的风格等:性情～|风格～。

【豪富】háofù ❶形。旧指有钱有势:～人家。❷名。旧指有钱有势的人:他是这一带的～。

【豪华】háohuá 形。(1)指生活上过分铺张:他家开了几处钱庄,过着～的生活。(2)特别华丽堂皇;多指建筑、设备、装饰:房间里布置得很～。

【豪杰】háojié 名。才能出众的人。

【豪举】háojǔ 名。(1)有魄力的行动;含褒义:他捐献家产办教育的～,得到了乡亲们的赞誉。

【豪迈】háomài 形。气魄很大,勇往直前;常用来形容一个人的气概、语言、行动或充满生气的事业:～的歌声|～的事业。

【豪门】háomén 名。旧指有钱有势的巨富或权贵人家:～子弟。

【豪气】háoqì 名。英雄气概:～冲天|他一身～。

【豪强】háoqiáng 名。旧指依仗权势横行不法的人。

【豪情】háoqíng 名。豪迈的感情:～壮志|满怀～。

【豪绅】háoshēn 名。旧社会在地方上依仗权势欺压人民的绅士。

【豪爽】háoshuǎng 形。豪放直爽;多形容人的性格或性情:这位藏族老人真是～、热情。

＊"豪爽"和"豪放":"豪爽"突出有气魄、直率、办事痛快;"豪放"虽也形容性

【豪侠】háoxiá ❶形。旧指既勇敢又讲义气：~之士|有~气概。❷名。旧指既勇敢又讲义气的人。

【豪兴】háoxìng 名。极好的兴致：他虽已70高龄，但登山旅游的~未减。

【豪言壮语】háo yán zhuàng yǔ 成。豪迈雄壮的话语；含褒义：先烈们并没有留下多少~，但他们的高风亮节永远激励我们前进。

【豪壮】háozhuàng 形。雄壮：歌声~|~的事业。

壕(濠) háo 〈素〉(1)护城河：城~。(2)沟：~沟|战~。

【壕沟】háogōu 名。(1)为作战时能起掩护作用而挖掘的沟。(2)一般的沟渠。

嚎 háo 动。大声哭叫；不带宾语：鬼哭狼~|长~一声。

【嚎啕】háotáo 见"号啕"。

hǎo(ㄏㄠˇ)

好 hǎo ❶形。(1)优点多的，令人满意的；与"坏"相对：庄稼长得很~|脾气~。(2)和睦，友爱；病愈：朋友相处得很~|身体~|病~了。有时可用来表示问候；不加程度副词，用在"你"后作谓语：你~吗？|你~，老张！(4)表示完成或达到完善的程度；用在动词后，可带动态助词"了"：穿~了衣服|做~了作业。(5)容易；用在动词前面：这条路还算~走|这些问题都~解决。(6)表示某种语气；作独立语：~，就这么办(表示赞同)|~，今天就讲到这里(表示结束)|~，喝冷水肚子疼了吧！(表示不满、责备或幸灾乐祸)。用于套话，不加程度副词，您~走。❷助。为了，以便；多用在后一分句，表示前一分句中动作的目的：别忘了带伞，下雨~用|多去几个人，有事~商量。❸副。(1)用在形容词前，表示程度深，往往带感叹的语气：~香(赞扬)|~冷(厌烦)|~大(惊叹)|~快(出乎意料)。(2)用在数量词组、时间词前面表示多或久：~几个人|~几天了|你~久。(3)用在形容词前面问数量或程度，用法跟"多"相同：南京离北京~远？❹名。(~儿)(1)指表扬的话或喝采声：他想讨个~儿，结果挨了顿骂|观众连声叫~儿。(2)表示问候：请向他问声~。
另见hào。

【好比】hǎobǐ 动。须带宾语。(1)表示这一事物跟以下所说的一样：年轻人~早晨八九点钟的太阳。(2)表示举例：一失足成千古恨，~××就是这样。

【好不】hǎobù 副。多么；表示程度深，是肯定的意思，多用在"热闹、痛快、凉爽"等双音节形容词前，有感叹的意味：~热闹|~痛快。注意：这种用法"好不"都可换成"好"，"好热闹"与"好不热闹"意思一样，都是很热闹，都是肯定的。但在"容易"前面，用"好"或"好不"意思都是否定的："好容易才听懂"与"好不容易才听懂"都是"不容易听懂"的意思。

【好处】hǎochu 名。(1)指人或事物的优点，或者使人满意的所在：要记住别人的~|这样写的~是条理清楚。(2)对人或事物有利的因素：经常锻炼对身体健康有~。

【好歹】hǎodǎi ❶名。(1)好坏：要知道。(2)危险：多指生命危险，常作"有"的宾语，前面可加"个、什么"等词：万一老人有个~，怎么办？❷副。(1)无论如何，不管怎样：~也要把这件事做完。(2)不问条件如何，将就地：房间小点没关系，~有个住的地方就行了。

【好端端】hǎoduānduān 形。好好儿，表示情况正常或方式合适；不加程度副词，常带助词"的"：刚才还~的，怎么又哭起来了？|~的，挨了顿批评。

【好多】hǎoduō 数。数量多；可与量词组合后用在名词前或动词后：~位同志|试验了~次。也可直接用在名词前或动词后：~话|改了~。用在形容词后表示程度大：瘦了~。可重叠，强调数量多：来了~~人|大了~~。注意："今天我觉得好多了"、"情况已经好多了"中的"好多"不是数词，是词组，相当于"好得多"，"多"作补语。

【好感】hǎogǎn 名。对人或事物满意或者喜欢的感情；一般作"有、产生"等动词的宾语：对他产生~|有~。

【好过】hǎoguò 形。(1)日子容易过,生活比较满意:现在他家的日子～多了。(2)好受,比较舒坦:他洗了个澡,觉得身上～了一点儿。

【好汉】hǎohàn 名。有胆识、有作为的男子;量词用"条":他是条～|英雄～。

【好好儿】hǎohāor 形。不加程度副词,常带带助词"的"。(1)形容情况正常或方式合适:～的一件衣服,给他弄破了|这些珍本线装书,他保管得～的。(2)认真,努力或尽情地:～想一想|～玩几天。

【好好先生】hǎohǎo xiānsheng 成。指不讲原则、一团和气、与人无争、只求相安无事的人;含贬义:我们要坚持真理,敢于斗争,决不做～。

【好话】hǎohuà 名。(1)有价值、有益处的话:他说的这些都是～,你不要听不进去。(2)赞扬或奉承的话:不要光爱听～,怕听坏话。

【好家伙】hǎojiāhuo 叹。表示赞叹或者惊讶;在句中多作独立语:～,他走得真快!

【好看】hǎokàn 形。(1)看起来很漂亮,叫人满意:这本书的装帧很～。(2)体面,有光彩;常作"脸上、面子上"的谓语:你当了模范,做娘的脸上也～。(3)使人难堪,常用在"要……的好看"的格式中:你推我上台讲话,不是要我的～吗?

【好力宝】hǎolìbǎo 名。蒙族的一种曲艺,有独唱、对唱、重唱等形式,有时还夹有快板节奏的说白,用四胡或马头琴伴奏。也叫好来宝。

【好气儿】hǎoqìr 〈口〉名。好的态度;多用于否定式:他一见别人糟踏庄稼,就没～。

【好人】hǎorén 名。(1)先进的、品格高尚的人:～好事。(2)没病的人。(3)和事老,老好人;含贬义:他对歪风邪气不闻不问,只想当～。

【好日子】hǎorìzi 名。(1)办喜事的日子:今天是他们结婚的～。(2)美好的生活:～还在后头呢!(3)迷信说法,指吉利的日子:二诸葛为等"～",耽误了下种,村里人给他起了个绰号叫"不宜栽种"。

【好容易】hǎoróngyì 形。很不容易;不加程度副词,不单独作谓语,常与"才"搭配,作状语:～才买到手。

【好生】hǎoshēng 副。(1)多么,很;多见于早期白话:～可爱。(2)〈方〉好好儿地,规规矩矩地:～坐着,别乱动。

【好事】hǎoshì 名。(1)好事情,有益的事:多为人民做～。(2)旧指慈善的事。(3)指结婚等喜庆的事:成全他俩的～。
另见hàoshì。

【好事多磨】hǎoshì duō mó 成。磨:阻碍,困难。好事在进行的过程中往往要受到许多挫折:真所谓佳期难得,～。

【好手】hǎoshǒu 名。能力很强或者在某一方面有特殊技能的人:他是编织毛线衣的～。

【好受】hǎoshòu 形。感到身心愉快,舒适:他知道自己办错了事,正不～呢|喝了瓶冰镇汽水,真～。

【好说】hǎoshuō 形。(1)表示有商量的余地或者表示可以这么做;一般只作谓语,不作定语:你要参加科研小组,这事～。(2)表示不敢当或者表示要人放心;客套话,多叠用:～,～,您过奖了|～,～,这事包在我身上了。

【好说歹说】hǎo shuō dǎi shuō 成。反复请求或劝说:我们,他总算答应了。

【好说话儿】hǎoshuōhuàr 形。指一个人容易打交道,脾气好,办事通融:这个人很～。

【好似】hǎosì 〈书〉动。好像;须带宾语:她长得真美,～天仙。

【好听】hǎotīng 形。(1)声音悦耳;含褒义:他唱歌很～。(2)话说得使人顺耳、满意;常含贬义:他尽说些～的话|说得很～,干起来不行。

【好像】hǎoxiàng ❶动。两事物之间某些地方有点像;须带宾语:儿童～祖国的花朵|这只茶杯真～我家的那一只。❷副。似乎,大概;用在谓词或谓词性词组之前:这东西看起来～很重,其实并不重。也可用在主谓词组之前:～他只通知了小张一个人。有时同"是"并用:那天～是他比我先到。

*"好像"和"似乎":"好像"可作动词,用来打比方;"似乎"无此用法。"好像"能同"似的、一般"等词配搭使用,可以说"好像……似的";"似乎"不能。

【好笑】hǎoxiào 形。可笑,引人发笑:他那滑稽的样子很～。

【好些】hǎoxiē 数。好多;常直接用在名词前或动词前,形容词后: ～人|去玩过～一次|这只表快了～。注意:"他的病好些了"、"今天天气比昨天好些"中的"好些",不是数词,是词组,相当于"好了一些","些"或"一些"作补语。

【好心】hǎoxīn 名。好的心意:一片～|你不能辜负他的～。

【好样儿的】hǎoyàngrde 〈口〉名。有骨气、有胆量或有作为的人:他屡建战功,真是～!

【好意】hǎoyì 名。善良的心意:一番～|不怀～。常"和"好心"合用:我是好心～,你别不知好歹。

【好意思】hǎoyìsi 动。不害羞,不怕难为情;类似助动词,后面带动词,只用于反问句或否定句,在反问句中有责备的意思:人家求我们支援,我们～拒绝吗?|人家也有困难,我不～开口。可作谓语:孩子见了生人怪不～的。

【好在】hǎozài 副。表示本来就有的某种有利条件;一般用在主语前: ～路很近|～他是理解我的|你的～他坚持锻炼,70多岁腰腿还十分灵活。

【好转】hǎozhuǎn 动。向好的方面变化;不带宾语:天气～了|病情～了。

【好走】hǎozǒu 动。敬辞,送客时的客套话:您～。注意:"这条路好走"中的"好走"是词组,表示"容易走"的意思。

郝 hǎo 姓。

hào(ㄏㄠˋ)

号(號) hào ❶名。(1)原指名和字以外的别号,后来也泛指名以外的字:五柳先生是陶潜的～。(2)军队或乐队里所用的西式喇叭: ～吹响了。(3)排定的次序或等级:五～铅字|这鞋是几～?。特指一个月中按顺序排列的日子:十月一～。(5)〈书〉标志,信号:击鼓为～。❷量。用于人数或买卖中成交的次数:一百多～人|做了十多～生意。❸动。标上记号;多带宾语或补语: ～房子|把这些商品～一～。

❹〈素〉(1)名称:国～|年～。(2)命令,口令: ～令|发～施令。(3)旧指商店:商～|银～。
另见 hǎo。

【号称】hàochēng 动。须带宾语,不带动态助词。(1)以某名著称于世:四川～天府之国。(2)名义上是:来犯敌军～五万人,其实才三万多人。

【号角】hàojiǎo 名。(1)古时军队中传达命令的管乐器,后泛指喇叭一类东西。(2)比喻鼓舞人前进或战斗的信号:绿化荒山的～吹响了。

【号令】hàolìng ❶〈书〉动。用吹军号或口传等方式传达命令;须带宾语,不带动态助词: ～三军。常带兼语: ～全军整装待发。❷名。用上述方式所传达的命令,特指战斗时指挥战斗的命令:指挥官发出了冲锋的～。

【号码】hàomǎ 名。表示事物次第的数目字:门牌～|服装～。

【号脉】hàomài 动。切脉;不带宾语,不带动态助词:中医看病总是先～。可拆开用:号一下脉。可重叠:号号脉。

【号手】hàoshǒu 名。吹号的人:他是乐队的～。

【号外】hàowài 名。报社在定期出版的顺序编号的报纸之外,为了及时报道某项重大新闻而临时增出的小张报纸。

【号召】hàozhào ❶动。召唤;多指让群众一道去完成某项任务,常带兼语: ～大家发展生产|～我们献计献策。❷名。口头或书面向群众发出的召唤:响应政府的～。

【号子】hàozi 名。民歌的一种,劳动人民在集体劳动中为协同动作,减轻劳动疲劳所唱的歌。大多由一人领唱,众人应和:船夫～|打夯～。

好 hào ❶动。喜爱;与"恶(厌恶wù)"相对,常带谓词或谓词性词组作宾语: ～学|～干净|～吃零食。❷形。容易发生某种事情;一般作状语:刚会走路的小孩～摔交。
另见 hǎo。

【好大喜功】hào dà xǐ gōng 成。不考虑主客观条件,一味地想干大事,立大功。现多指铺张浮夸,爱出风头;含贬义:干什么事都必须扎扎实实,绝不能～。注意:"好"这里不读hǎo。

【好高骛远】hào gāo wù yuǎn 成。骛:追求,务求。不切实际地追求过高的目前还达不到的目标;含贬义:～,必将一事无成。注意:"好"这里不读hǎo。"骛"不能写作"鹜",因为"鹜"是野鸭子的意思。"骛"也作"务"。

【好客】hàokè 形。指乐于接待客人,对待客人总是非常热情:非常～|他是个～的人。

【好奇】hàoqí 形。对不了解的事情觉得新奇并感到兴趣:他很～|～地看着猴子敲锣。

【好强】hàoqiáng 形。要强:他很～|～的人。

【好胜】hàoshèng 形。处处都想胜过别人:这孩子很～,做啥事都不肯落在后面。

【好事】hàoshì 形。爱管闲事,喜欢多事:～之徒。
另见hǎoshì。

【好为人师】hào wéi rén shī 成。喜欢做别人的老师,不谦虚;含贬义:他～,其实肚子里并没有什么货色。注意:"好"这里不读hǎo。

【好逸恶劳】hào yì wù láo 成。贪图安逸,厌恶劳动;含贬义:这个人～不能委以重任。注意:"好"这里不读hǎo。

【好整以暇】hào zhěng yǐ xiá 成。整:整齐,有秩序;以:这里相当于"而";暇:闲暇。办事既严谨又从容,在繁忙之中仍然表现得从容不迫:他政务繁忙,虽日理万机,但～。注意:"好"这里不读hǎo。

昊 hào 〈古〉❶形。广大无边。❷名。指天。

耗 hào ❶动。(1)减损,消费;常带宾语或补语:这种炉子～煤|钱都～光了。(2)〈方〉拖延;多指时间:～时间|别～着了,快去吧。❷〈素〉坏的音信或消息:噩～。

【耗费】hàofèi 动。钱不多,经不起如此～。常带宾语:～时间|～精力。

【耗竭】hàojié 动。消耗光了;一般不带宾语:兵力～|精力～。

【耗尽】hàojìn 动。消耗净尽:家产全被～。可带宾语和动态助词"了":～了钱财。

【耗损】hàosǔn 动。消耗损失:减少运输中的物资～。常带宾语:～机器|～精神。

　　＊"耗损"和"耗费":"耗损"侧重在损失,包括自然的消耗、损失,也包括人为造成的消耗、损失;"耗费"侧重在花费,不包括自然耗损,都是人为所致。

【耗子】hào·zi 〈方〉名。老鼠。

浩 hào 〈素〉(1)广大:～大|～繁。(2)多:～如烟海|～博。

【浩大】hàodà 形。盛大;多形容气势、规模,含褒义:声势～|这是一项～的工程。

【浩荡】hàodàng 形。形容水势大,也泛指广阔或壮大;不加程度副词:江水～|～的长江。可重叠:游行队伍浩浩荡荡地通过了天安门。

【浩繁】hàofán 形。(1)浩大而繁多:卷帙(zhì)～|人庶～。(2)繁重:～的工作任务。

【浩瀚】hàohàn 〈书〉形。(1)广大,漫无边际:～的大海|～的沙漠|知识的海洋～无涯。(2)繁多:典籍～|卷帙～。

　　＊"浩瀚"和"浩繁":"浩瀚"有面积广大的意思,常用来形容海洋、沙漠等事物;"浩繁"着重指大而多,常指典籍或人口等的数量。"浩瀚"的另一个含义是繁多,主要用于图书、知识方面,书面语色彩较浓,这一含义同"浩繁"相近。"浩繁"还有繁重的意思;"浩瀚"没有这个意思。

【浩劫】hàojié 名。大灾难;量词用"场":经历了一场～。

【浩茫】hàománg 〈书〉形。形容广阔,无边无际;不加程度副词:海水～|心事～。

【浩渺】hàomiǎo 形。形容水面广阔;不加程度副词:烟波～。

【浩气】hàoqì 名。正大刚直的精神;含褒义:凛然～|烈士们～长存。

【浩如烟海】hào rú yān hǎi 成。形容书籍或资料繁多,无法计量:古今书籍～。

【浩叹】hàotàn 〈书〉动。深长地叹息;不带宾语,可带补语:～不已。

皓(皜) hào 〈素〉(1)白,洁白:～首|明眸～齿。(2)明亮:～月。

【皓齿】hàochǐ 〈书〉名。洁白的牙齿;多用在固定组合中:明眸～。

【皓首】hàoshǒu 〈书〉名。白头,即满头白发,借指老年人:～穷经(年纪大了仍在穷究经书)。

【皓月】hàoyuè 〈书〉名。明月;常以"当空"作谓语:～当空。

滈 hào 水名用字。滈水,古水名,在今陕西省西安市西。

镐 hào 地名用字。周朝初年的国都,在今陕西西安西南。
另见gǎo。

鄗 hào 地名用字。鄗县,古县名,在今河北柏乡县北。

暤 hào 〈古〉形。明亮。

颢 hào 〈古〉形。白而亮的样子。

灏 hào 〈古〉形。(1)同"浩"。(2)同"皓"。

hē (ㄏㄜ)

诃 hē ❶同"呵(hē)❸"。❷见"诃子"。

【诃子】hēzǐ 名。也叫藏青果。(1)常绿乔木,叶子卵形或椭圆形。果实像橄榄,可供药用。(2)这种植物的果实。

呵(△訶) hē ❶动。呼气;常带宾语或补语:～出了一口气。❷叹。表示惊讶:～,他长得这么高! △❸〈素〉大声斥责:～责。❹同"嗬"。
另见ā, á, ǎ, à, ·a(啊), kē。

【呵斥】hēchì 动。大声斥责:大声～。可带宾语或补语:～他一顿。也作呵叱。

【呵呵】hēhē 拟声。摹拟笑声:他一直笑。

【呵喝】hēhè 〈书〉动。为了申斥、恫吓、禁止而大声叫喊;不带宾语:差役一声～。可带补语:～了一阵。·

【呵欠】hēqiàn 名。哈欠。

【呵责】hēzé 动。呵斥。

嗬(呵) hē 叹。表示惊讶:～,真不简单!|～,这小伙子真棒!
"呵"另见ā, á, ǎ, à, ·a(啊), kē。

喝(飲) hē 动。(1)吸食液体饮料或流体食物;多带宾语:～水|～酒|他爱～粥。(2)特指喝酒;不带宾语:他～醉了|他现在还常～吗?
另见hè。

【喝西北风】hē xīběifēng 习。指没有任何东西可吃:整天不干活,哪有钱买粮食,只好～。

蠚 hē 〈方〉动。蜇(zhē)。

hé (ㄏㄜˊ)

禾 hé 〈素〉禾苗,特指水稻的植株:～苗|～本科。

【禾苗】hémiáo 名。谷类作物的幼苗。

和(△龢) hé ❶动。△(1)不分胜负;用于下棋或比赛:这盘棋～了。可带宾语:他俩一了棋。❷连。表示并列:中国～日本都是亚洲国家。❸介。表示与什么有关,或与什么相比;组成介词词组作状语:他～校长谈过自己的情况|他～小老虎一样生气勃勃。❹名。(1)几个数相加的得数:两数之～。也叫"和数"。(2)指日本。日本古代叫大和,我国曾称日本为倭国,倭即和。❺〈素〉△(1)平和,和缓:温～|柔～|～风细雨。△(2)协调,融洽:～谐|～睦|～衷共济。△(3)平息争端或结束战争:～谈|～媾。(4)连带:～盘托出。
另见hè, hú, huó, huò, huo。

【和蔼】hé'ǎi 形。态度温和而亲切的样子;多用于长者:校长～可亲|爷爷对人很～。

【和畅】héchàng 形。形容风很温和,令人感到舒畅:春风～。

【和风】héfēng 名。温和的风:～拂面|～吹绿了枝头。

【和风细雨】hé fēng xì yǔ 成。微风习习,细雨蒙蒙。比喻耐心细致的方式方法:做思想教育工作要～,决不能简单粗暴。

【和光同尘】hé guāng tóng chén 成。和光:混和各种光彩;同尘:混同于尘俗。

比喻为人处世不露锋芒,随同世俗,消极无为;常含贬义:为人处世切不可～。

【和好】héhǎo 动。重归于好;不带宾语:重新～|～如初。

【和缓】héhuǎn ❶形。温和,平和:态度～|药性比较～。❷动。使和缓;须带宾语:～了紧张的气氛。

【和解】héjiě 动。不再争执,言归于好;不带宾语:他们已经～|咱俩～吧|他表示愿意～。

【和局】héjú 名。不分胜负的结局;用于下棋或赛球:这盘棋下成～|今天的篮球赛,双方打成～。

【和睦】hémù 形。相处得很融洽,不争吵:他们夫妻俩几十年来一直很～。可重叠:他们一家相处得和和睦睦的。

【和暖】hénuǎn 形。温和,暖和:～的阳光|春风多么～。

【和盘托出】hé pán tuō chū 成。和:连带。连盘子带东西全部端出。比喻将真情全部说出:他把知道的情况～,一点也没有隐瞒。注意:"和"不要写成"合"。

【和平】hépíng ❶名。没有战争的状态:保卫世界～。❷形。温和而平静:一个安静而～的夜。

　　*"和平"和"平和":"和平"可作名词用;"平和"不能。"平和"作形容词时,一般只形容人的性情、言行及药性等;"和平"除形容这些以外,还可形容环境、气氛、景象等。

【和平鸽】hépínggē 名。象征和平的鸽子。《圣经·创世纪》所载故事说:洪水淹没了大地,留在方舟里保全生命的挪亚,一天放出鸽子探测洪水是否已退去。当鸽子回来时,嘴里衔回来一根新拧下来的橄榄枝。挪亚这才知道洪水已退。后来人们就把鸽子和橄榄枝当作和平的象征。

【和气】hé·qi ❶形。可重叠。(1)温和,指对人的态度:他对人很～。(2)和睦,指相互之间的关系:他们相处多年,一直是和和气气的。❷名。指和睦的感情:她怕说过火,会伤了～。

　　*"和气"和"和睦":"和气"侧重态度好,"和睦"侧重关系好,不争吵。"和气"有名词用法;"和睦"没有。

【和亲】héqīn 动。汉族封建王朝为了某种政治目的与边疆少数民族首领联姻结亲;不带宾语:实行～政策。

【和善】héshàn 形。温和而善良:她富于同情心,是位～的老太太。

【和尚】hé·shang 名。我国对出家修行的男佛教徒的通称。

【和事老】héshìlǎo 名。在调解纠纷时毫无原则地和稀泥的人;含贬义。

【和数】héshù 名。两个数或许多数加在一起的总数:二加二的～是四。也叫和。

【和顺】héshùn 形。温和顺从:她是个既老实又～的人。

【和婉】héwǎn 形。温和委婉;指言语:营业员对待顾客态度要热情,说话要～。

【和稀泥】hé xī ní 习。喻指调和矛盾双方的关系;含贬义:这个问题应认真解决,决不能无原则地～。

【和谐】héxié 形。配合得适当、协调,给人以美感:～的声调|这件上衣的颜色同你穿的裤子不～。常喻指谈话或会议等的气氛协调:这次会谈,气氛很～。

【和煦】héxù 〈书〉形。温暖:～的春风|春天的阳光～而宜人。

【和颜悦色】hé yán yuè sè 成。形容和蔼的脸色:他同人讲话总是～的。

【和议】héyì 名。交战双方关于停止战争、恢复和平的谈判。

【和约】héyuē 名。交战国为结束战争恢复和平而签订的具有法律效力的条约。

【和悦】héyuè 形。温和而喜形于色;多形容神情、脸色等:态度～|～的面容|对人很～。

【和衷共济】hé zhōng gòng jì 成。衷:内心;和衷:一条心;济:渡水。大家一条心,共同渡过江河。比喻同心同德,通力合作:共产党和各民主党派～,竭诚为振兴中华而奋斗。

【盉】hé 名。古代温酒的铜制器具,有三条腿,形似壶。

【合】hé ❶动。(1)闭,合拢;常带宾语或补语:～上眼|把嘴～起来。(2)聚集在一起,凑在一块;与"分"相对,常带宾语或补语:临时～一个班|两个剧团～过两次。常构成连动词组:我们两家～起来干|把各种方案～在一起研究。

(3)协同,共同;常带补语并构成连动词组:~起来写文章|~在一起拍电影。也可作状语:~筑一条公路。(4)折合,共计;一般用在度量衡单位或货币等折算上,多带宾语:一两~五十克。也可带补语:动产和不动产~起来值多少钱?(5)符合,不违背;常以抽象名词作宾语:~情理|不~规定。可加程度副词:很~口味。❷〈书〉助动。应当,应该:理~如此。❸〈书〉形。全;不加程度副词,用在单音节名词之前:~村|~家出动去捕鱼。❹量。旧时指战斗的回合:大战三~。❺名。我国民族音乐工尺谱上的一个音阶,相当于简谱的"5"。❻姓。另见 gě。

【合抱】hébào 动。两臂围拢;表示树木、柱子等的粗大:山上有很多大树两个人都不能~。可带补语:这根石柱真粗,一个人~不过来。

【合璧】hébì 动。圆形有孔的玉叫璧,两个半圆形的璧合在一起叫合璧。后比喻两物放在一起配合得宜;不带宾语:诗画~|这里的建筑为中西~的。

【合并】hébìng 动。几个事物结合在一起,或者加在一起;加"成"后可带宾语:两个小班可以~成一个大班。常构成连动词组:~讨论|~研究。也可带补语:把两个小组~在一起。

【合不来】hé·bulái 动。指人与人之间兴趣爱好不一致,性情不投,难以相处;与"合得来"相对,不带宾语:他俩~。

【合不着】hé·buzháo 〈方〉动。不上算,不值得;与"合得着"相对,不带宾语:花那么多时间看武侠小说实在~。

【合唱】héchàng ❶动。一些人合起来唱;几个人在一起~。可带宾语:全班人~了一支著名的歌儿。❷名。一种唱歌的方式,由若干人分几个声部共同唱一支歌儿,有男声合唱、女声合唱、混声合唱等。

【合成】héchéng 动。(1)由部分组成为整体:合力是分力~的。可带宾语:用许多零件~一部机器。(2)通过化学反应使单质或简单的化合物变成比较复杂的物质:~橡胶。

【合成词】héchéngcí 名。由两个或两个以上的语素按一定方式组合而成的词。有复合式与附加式两类。前者是词根与词根组合,后者是词根与词缀组合。

【合得来】hé·delái 动。指人与人之间性情相投,能够相处;与"合不来"相对,不带宾语:他俩~,成了好朋友。可加程度副词:我与他共事多年,很~。

【合得着】hé·dezháo 〈方〉动。划算,值得;与"合不着"相对,不带宾语:这篇小说很感人,再看一遍也~。

【合法】héfǎ 形。符合法律:~地位|~斗争|这样做不太~。

【合格】hégé 形。合乎规格,符合标准:质量~|不太~的产品作次品处理|检验~。

【合股】hégǔ 动。两个或几个人按股份集聚资本,经营工商业;不带宾语,常构成连动词组:这家工厂现在由六人~经营|这家商店的资本是由两个公司~筹集的。

【合乎】héhū 动。合于,与……相符合;须带宾语:~要求|~规则。

【合伙】héhuǒ 动。合成一伙;多用于生产、贸易等,不带宾语:做这笔生意,咱俩~。常构成连动词组:他们~办了一个小工厂。

【合击】héjī 动。几支军队联合攻击同一目标:分兵~。可带宾语:三个团分三路~敌军。

【合计】héjì 动。加在一起计算,总共;常带宾语:两笔收入~600元|两班学生~90人。

【合计】hé·ji 动。常带宾语,可重叠。(1)盘算:他心里~着盖房子的事|儿子的婚事该花多少钱,总得~~。(2)商量:他们~过这件事|这个方案能不能实施,你们得~~。

【合金】héjīn 名。一种金属元素与其他金属熔合而成的物质。

【合卺】héjǐn 〈书〉动。卺:瓢。旧时结婚时举行的一种仪式,把一个匏瓜剖成两个瓢,结婚时新娘新郎各拿一瓢喝酒。后用以指成婚;不带宾语:他俩奉父母之命而~。

【合口】hékǒu ❶动。伤口或疮口愈合;不带宾语:枪伤已经~。可拆开用:身上的伤已合了口。❷形。形容食品适合口味：饭菜很～｜～的菜肴。

【合理】hélǐ 形。合乎道理或事理：～分配｜他这样分析得很～。

【合理化】hélǐhuà 动。通过调整改进，使得工作方法、力量配备或其他方面更加合理；不带宾语：精简机构正是为了使管理体制更加～。常作定语：～建议。

【合力】hélì ❶动。一道出力；不带宾语，常用在固定组合中：齐心～。❷名。一个力的作用和另外几个力同时作用的效果一样时，这一个力就是那几个力的合力。

【合流】héliú 动。不带宾语。(1)几条河汇合在一起：在天津附近，大清河与运河～。(2)比喻在思想行动上趋于一致；多含贬义：不能和那些搞歪门邪道的人～。(3)不同的学术、艺术等流派融为一体：不同学派～是常有的事。

【合龙】hélóng 动。修筑堤坝、或围堰(yàn)时，从两头施工，最后留下的缺口叫龙口，封口截流叫合龙；不带宾语：葛洲坝截流最关键的工程是大坝～。可拆开用：合了龙。

【合拢】hélǒng 动。合到一起；常带补语：大家坐得太分散，～一点。

【合谋】hémóu 动。共同策划，打算采取某种行动；常含贬义：这件事，据说他与张犯～过。可带动词或动词性词组作宾语：～报复｜盗窃钢材的团伙已被逮捕法办。

【合拍】hépāi 形。合乎节奏，比喻协调一致；常用亦步亦趋，非常～。

【合情合理】héqíng hélǐ 成。合乎常情，又合乎事理：办事必须～。

【合群】héqún 形。形容性情随和，易于跟人相处：他很随和，能～。

【合身】héshēn 形。适合身材；指衣服：这件衣服非常～。

【合十】héshí 动。十：十指。佛教的一种敬礼方式，两掌在胸前对合；不带宾语，常构成连动词组：施主进寺院，方丈～相迎。

【合适】héshì 形。合乎实际，或符合某种客观要求：衣服色彩配得很～｜这帽子你戴最～。也作合式。

【合算】hésuàn ❶形。所费人力财力较少而收效较大：改造旧设备虽说花了点钱，但大大提高了工效，降低了成本，非常～。❷动。算计；常带宾语：不要总是～这事。可重叠：这件事要好好～～。

【合同】hétóng 名。双方或多方当事人依法订立的有关权利、义务的协议，对当事人有约束力。

【合围】héwéi 动。(1)打猎或作战时把猎物或敌人围住：我军必须迅速～，以便全歼敌军。(2)〈书〉合抱：这棵树一个人难以～。

【合宜】héyí 形。合适：这件事做得不大～。

【合意】héyì 形。中意，合乎自己的心意：这衣服的款式，他很～。可拆开用：很合他的意。

【合营】héyíng 动。联合经营：公私～｜中外～。

【合影】héyǐng ❶动。两个以上的人在一起合拍照片；不带宾语：咱俩～，留个纪念。可拆开用：在公园里，他们合了个影。❷名。合照的相片：这是他俩结婚时的～。

【合用】héyòng ❶动。共同使用：这本词典咱们两人～。可带宾语：两家～一间厨房。❷形。用起来很顺手，很方便：这把菜刀很～。

【合约】héyuē 名。合同的一种，内容较合同简单些。

【合辙】hézhé 形。不带宾语，可拆开用。(1)车子两轮间的宽窄与路上的印迹相合，比喻一致：他俩各行其是，不～｜他们想到一块儿，一谈就合了辙。(2)戏曲、小调、唱词的韵脚相同：他写的戏词都～。

【合奏】hézòu ❶动。多种乐器按不同声部共同演奏一支乐曲：小提琴～。可带宾语：他们～了一支乐曲。❷名。指上述共同演奏的形式：今天晚会上有管弦乐～。

【合作】hézuò 动。联合起来工作，共同完成某项任务或做好某一事情；不带宾语：分工～｜互相～。可带补语：我们～得很好。

＊"合作"和"协作"："合作"着重在

"合",指共同做一件事,双方不分主次;"协作"着重在"协",指相帮助完成一种工作,双方有主有次。

【合作社】hézuòshè 名。群众联合组成的集体经济组织。有生产合作社、消费合作社、信用合作社、供销合作社等。

邰 hé 地名用字。邰阳,县名,在陕西省。今作合阳。

饸 hé [饸饹](-·le) 名。一种面食,多用荞麦面或高粱面轧(yà)成条儿,煮着吃。也作合饹。有的地区叫河漏。

盒 hé 名。(~儿、~子)盛东西的器物,一般比较小,有盖。用纸板、木板或金属片等制成,形状有方有圆:饭~儿|火柴~子。

颌 hé 名。构成口腔上下两部分的骨头和肌肉组织。上部分叫上颌,下部分叫下颌。
另见gé。

纥 hé 见"回纥"。
另见gē。

齕 hé 〈古〉动。咬。

何 hé ❶〈书〉代。(1)表示疑问:可以表示"什么";一般用在名词前:~处|~时|有~意见。也可表示"哪里";一般用在"往、来"等动词前:欲~往|从~而来。(2)表示反问:谈~容易?|有~不可? ❷〈古〉同"荷(hè)"。❸姓。

【何必】hébì 副。用反问语气表示不必:~客气?|为这点小事,~生气呢?|早知今日,~当初。

【何不】hébù 副。为什么不;用反问语气表示应该或可以:既然自知学识不多,~多看点书?|已经到了医院,~向医生问问病情?

【何曾】hécéng 副。用反问语气表示未曾,有强调的意味:我~说过今天开会?|~喊苦?|~听说过?

【何尝】hécháng 副。用反问语气表示否定或肯定。(1)用在肯定式前表示否定:~见过?|~想过? (2)用在否定式前表示肯定:如果有空,我~不想去?|我~不知道要努力学习?

【何啻】héchì 〈书〉副。用反问语气表示不止:~天壤之别?

【何等】héděng ❶形。什么样的;不加程度副词,多用于问句,带惊讶、赞叹的感情色彩:这是一~大事,你知道吗?|知道他是~人物? ❷副。不同寻常,多么;多用在形容词或动词性词组前,带感叹语气:~重要!|~感人!|~不近人情!

【何妨】héfáng 〈书〉副。用反问语气表示不妨,带有鼓励、激励的语气:这事~试一试?|一趟不解决问题,你~再去一趟?

【何苦】hékǔ 副。用反问语气表示不值得,犯不着;一般用在动词前,也可用在一句话的后面,句末多带语气词"呢":你~去碰钉子呢?|花那么多钱请客,~呢?

【何况】hékuàng 连。(1)用反问语气表示进一层,意思是甲事如此,乙事当然更是如此;前后有对比意味,常同"尚且、都"等词呼应,在"何况"前还可以加"又、更":你尚且办不好这件事,~我呢?|他对自己亲生女儿都不徇私情,更~对我们呢?(2)表示补充说明理由,有"况且"的意思;"何况"后面常同"还、又"等词呼应:他犯了错误,大家应该热情地帮助他,~你还是他的好朋友呢|你帮他找一下吧,这种材料很少,~他又是个新手。

＊"何况"和"况且":"况且"没有"何况"(1)项的用法,只同"何况"(2)项相当。

【何乐而不为】hé lè ér bù wéi 为什么不乐意去做呢;用反问语气表示很愿意去做或没有理由不去做:坚持散步对身体健康有好处,我又~呢?

【何其】héqí 〈书〉副。多么;多用在含贬义的形容词前:用心~毒也!也可用在表示叹息的句子中:浪费~多也!

【何其相似乃尔】héqí xiāngsì nǎi ěr 成。多么相像,竟然到了这样的地步;指两者相比,半斤八两;用于贬义,常带讽刺意味:他的所作所为,和那些欺世盗名的骗子的行径~!

【何去何从】hé qù hé cóng 成。去:离开;从:跟随。离开哪里、跟从什么;多指在重大问题上的抉择:摆在你面前有两条路,～,由你抉择。

【何如】hérú〈书〉❶代。怎么样;常用在问句最后:你来做一下,～?❷副。用反问的语气表示"不如";可同"与其"配合使用:与其扬汤止沸,～釜底抽薪|与其你来,～我去。

【何谓】héwèi〈书〉动。用在问句中表示疑问,要求对有关语词作出解释或判断。(1)什么叫做,什么是;须带宾语:～直觉思维?|～真善美?(2)指什么,是什么意思;后面常带"也"字:此～也?

【何许】héxǔ〈书〉代。原指什么地方,现在也指什么样的;表示疑问:他是～人?

【何以】héyǐ❶副。为什么;用在问句的动词前,或后一分句前,带有责备的语气:这么重大的新闻～不告诉我?|我俩从来推心置腹,～这事却瞒着我?❷〈书〉词组。即"以何"的倒置,用什么、凭什么的意思;多作状语:不知他～为生?|将～教我?

【何在】hézài〈书〉代。在哪里;用在问句中作谓语:原因～?|公理～。

【何足挂齿】hé zú guà chǐ 成。足:值得,挂齿:挂在嘴边,提及。哪里值得一提,即用反问语气表示不值一提。有时带轻蔑的感情:鼠窃狗盗之徒,～?有时作谦词:区区小事,～!

【何足为奇】hé zú wéi qí 成。有什么值得奇怪的;用于反问句表示不值得奇怪:这些谜语都比较简单,猜出来～?

河 hé ❶名。水道的通称。 ❷〈素〉(1)特指"黄河":～套|～西。(2)指银河系:～汉|～外星系。

【河北梆子】héběi bāngzi 名。河北地方戏曲的一个剧种,是梆子腔的一种。

【河川】héchuān 名。大河、小河的统称;不受个体量词修饰。

【河床】héchuáng 名。河两岸之间容水、通水的部分。也叫河槽或河身。

【河道】hédào 名。河的路线,通常指能通航的河流:这条～是连接两地的动脉。

【河沟】hégōu 名。小的河道。

【河谷】hégǔ 名。指河流两岸之间的河床及两边的坡地。

【河汉】héhàn〈书〉名。(1)银河。(2)指假而空的大话:幸勿以斯言为～。

【河流】héliú 名。江、河等天然水流的统称。

【河马】hémǎ 名。哺乳动物,身体肥大,头呈长方形,嘴阔,耳小,皮厚无毛,黑褐色。大部分时间生活在水中。肉可食,皮可制革。产于非洲。

【河南梆子】hénán bāngzi 见"豫剧"。

【河南坠子】hénán zhuìzi 名。流行于河南及北方各地的一种曲艺。演唱者自击木制板,主要伴奏乐器是坠子弦。

【河清海晏】hé qīng hǎi yàn 成。河:指黄河;晏:平静。黄河水清,大海波平。形容天下太平:人们几代都在盼望我国能够～,时和岁丰。也作海晏河清。

【河渠】héqú 名。河与水渠的合称,泛指内河水道:～纵横。

【河山】héshān 名。借指国家的疆土:祖国的大好～。

【河滩】hétān 名。由于水位高低的变化,时而被淹没,时而又露出的河边的土地。

【河套】hétào 名。(1)围成大半个圈的河道或这样的河围着的地方。(2)指黄河从宁夏横城到陕西府谷的一段。过去也指这一段围着的地区,现在则指一段和贺兰山、狼山、大青山之间的地区。

【河豚】hétún 名。鱼,头圆形,口小,背黑褐色,腹白色。肉味鲜美,但血液、肝脏和生殖腺有剧毒。也叫鲀(tún)。

【河网】héwǎng 名。由许多水道纵横交错构成的整体;不受数量词语修饰,常作定语:～地带。

荷 hé ❶名。莲。
另见 hè。

【荷包】hébāo 名。(1)带在身上装零钱或其他零星东西的小包:装烟末的～。(2)指衣服上的口袋。

【荷花】héhuā 名。(1)指莲。(2)莲的花。

菏 hé 地名用字。菏泽,县名,在山东省。

劾 hé〈素〉揭发罪状:弹～。

阂 hé〈素〉阻隔不通:隔～。

核(△覈) hé ❶名。(1)果实中坚硬并包含果仁的部分:桃～|杏～。(2)物体中像核的部分:

细胞～｜原子～。△❷〈素〉仔细查对考察：～对｜查～。

另见 hú。

【核查】héchá 动。审核查对：经～，帐目有错讹。常带宾语或补语：～人数｜～帐目｜～清楚。可重叠：把他带来的材料～～。

【核弹头】hédàntóu 名。指作为导弹或炮弹弹头的原子弹或导弹弹头的氢弹。

【核定】hédìng 动。审核决定；常带宾语或补语：这辆汽车～乘员48名｜工厂的财务预算已～好了。

【核对】héduì 动。审核查对；常带宾语或补语：～材料｜帐目～清楚了。

【核计】héjì 动。审核计算，一般用在成本、原料消耗量方面，常带宾语或补语：～成本｜把原材消耗量～一下。

【核减】héjiǎn 动。经过审核，决定减少：用料要～。可带宾语：～了招干指标。

【核潜艇】héqiántǐng 名。用原子能做动力的潜水艇，能在水面下长时间地航行或进行战斗活动。

【核燃料】héránliào 名。用来在原子反应堆中进行核裂变，同时产生原子能的放射性物质。主要有铀、钚、钍等。

【核实】héshí 动。经过审核认定符合事实：这个材料正在～。常带宾语或补语：～了汇报的情况｜这条新闻要～一下。

【核试验】héshìyàn 名。指核武器的试验：美国又进行了一次地下～。

【核算】hésuàn 动。审核计算，一般用在企业经营方面，常带宾语或补语：～成本｜～一下原材料的投放量。

【核桃】hétao 名。(1)核桃树，落叶乔木，核果球形，核外有坚硬的壳，果仁可食，可榨油，也可入药。木材坚韧，可作器物。(2)这种树的果实。

【核武器】héwǔqì 名。利用原子核反应所放出的能量起大规模杀伤、破坏作用的武器。包括原子弹、氢弹等。也叫原子武器、核子武器。

【核销】héxiāo 动。审核以后把帐销去：欠帐已还清，那张借据可以～。可带宾语：～了几笔帐。

【核心】héxīn 名。中心，主要部分，起主导作用的部分：问题的～｜领导～。

＊"核心"和"中心"："核心"指既处于中心地位，又起主导作用的部分，比"中心"更进一层，且较形象；"中心"泛指处于主要地位或中心地位，表示其他人或事物围绕着它，但不表示"起主导作用"，所以，"中心工作"、"这是谈论的中心"、"文章的中心思想"等，不用"核心"。

【核战争】hézhànzhēng 名。用核武器进行的战争，同用常规武器进行战争相区别。

【核准】hézhǔn 动。审核后批准：计划已经～。可带宾语：上级～了作战方案。

【核子】hézǐ 名。构成原子核的基本粒子，即质子和中子的总称。

【核子反应】hézǐ fǎnyìng 词组。带电粒子、中子、光子与原子核相互作用，导致核的结构发生变化，并放出新的粒子的过程。也叫核反应。

【核子能】hézǐnéng 名。即原子能，因子能是核子裂变或聚变时释放出来的一种"能"，所以又叫核子能。也叫核能。

曷 hé 〈古〉代。(1)什么：～故(什么缘故)？｜～为不去(为什么不离去)？(2)何时：～到哉(什么时候到来呀)？

鹖 hé 名。古书上说的雉一类的鸟，据说善斗。

鞨 hé 见"靺(mò)鞨"。

盍(盇) hé 〈古〉副。何不：～往观之？

阖(闔) hé 〈书〉❶形。全；多用在固定组合中：～家幸福。❷动。关闭，多带宾语：关门～户。

"阖"另见 gé。

涸 hé 〈素〉水干了：干～｜～辙之鲋。

【涸辙之鲋】hé zhé zhī fù 成。涸：干；辙：车辙；鲋：鲫鱼。水干了的车沟里的鲫鱼。比喻陷于困境急待援助的人。

貉 hé 名。(1)哺乳动物，外形似狐，但体较肥胖，尾短，穴居山林中，夜出活动。是一种重要的毛皮兽。(2)〈古〉同"貊(mò)"。

另见 háo。

翮 hé 〈书〉名。(1)鸟羽的茎,中空透明。(2)指鸟的翅膀:振～高飞。

hè(ㄏㄜˋ)

吓(嚇) hè ❶动。用威胁的话或手段恐吓人;常带宾语:～过他一次。❷叹。表示不满:～,你竟派他去!
另见xià。

和 hè ❶动。依照别人所作的诗词的题材和体裁作诗词;常带宾语:～了一首词。❷〈素〉声音相应:唱～|一唱百～。
另见hé、hú、huó、huò。

贺 hè ❶〈素〉庆祝,庆贺:～电|～喜。❷姓。
【贺词】hècí 名。在庆贺仪式上所说的表示祝贺的话。
【贺电】hèdiàn 名。祝贺的电报。
【贺年】hènián 动。向别人祝贺新年;不带宾语:向大家～。可拆开用:向老师贺个年。
【贺喜】hèxǐ 动。向有喜事的人表示祝贺;不带宾语:向大娘～!可拆开用:向大嫂贺个喜。
【贺信】hèxìn 名。向别人祝贺的信件。也叫贺函。

荷 hè ❶〈书〉动。背(bēi)或扛;须以单音节词作宾语:～锄|～枪。❷〈素〉(1)感谢受到恩惠:感～|为～。(2)重担:负～|重～。
【荷重】hèzhòng 名。作用在建筑或构件上的各种重量和外力。如结构荷重、楼面荷重、吊车荷重以及风、雪、地震等荷重。也说荷载或载荷。

喝 hè 动。大声喊叫;常用在比较固定的组合中:大～一声。
另见hē。
【喝彩】hècǎi 动。大声叫好;不带宾语:他们一个劲儿地～。可拆开用:喝起彩来。
【喝倒彩】hèdàocǎi 动。喊倒好儿,故意喊好以耻笑表演者;不带宾语:在一般情况下,观众最好不要～。
【喝道】hèdào 动。封建官员出门时,前面敲锣引路,差役吆喝着叫行人让路,以示威严;不带宾语:鸣锣～。
【喝令】hèlìng 动。大声命令;常带兼语:～大家住手。

褐 hè ❶名。古指粗布或粗布衣服。❷〈素〉栗色,即像生栗子皮一样的颜色:～红|～色。

赫 hè ❶〈素〉显著,盛大:显～|～～|～然。❷姓。
【赫赫】hèhè 形。显著而盛大的样子;不加程度副词:～有名|战功～。
【赫然】hèrán 〈书〉形。不加程度副词,不单独作谓语,多作状语。(1)形容事物突然显著地出现在眼前:～在目|一只雄狮窜出魔术箱,～出现在舞台上。(2)形容大怒:～震怒。
【赫哲族】hèzhézú 名。我国少数民族之一,分布在黑龙江省。

翯 hè [翯翯]〈古〉形。形容羽毛洁白有光泽:白鸟～。

鹤 hè 名。鸟类的一属,体形大,头较小,颈、嘴及腿都较长,羽毛白色或灰色,是大型候鸟。其中丹顶鹤是我国特产,严禁捕捉。
【鹤发童颜】hè fà tóng yán 成。像鹤羽一样白的头发,像儿童那样红润润的脸色。形容老年人容光焕发,仍充满生命力:这位长者～,行动敏捷,看来仍很康健。也作童颜鹤发。
【鹤立鸡群】hè lì jī qún 成。像鹤站在鸡群中一样,比喻一个人的仪表或才能出众。

壑 hè 〈素〉深山沟,大水坑:丘～|沟～|以邻为～。

hēi(ㄏㄟ)

黑 hēi ❶形。(1)像煤和墨的颜色。(2)光线暗或一点光线也没有:天很～|～夜。(3)狠毒,坏;与"心"搭配:他的心很～。❷动。变黑;可加动态助词"了"或趋向动词"下来"等:天～下来了|屋子突然～了起来。可带宾语:乌云密布,～了半边天。❸〈素〉(1)表示非法的,秘密的:～市|～话。(2)象征反动:～帮。❹姓。
【黑暗】hēi'àn 形。(1)没有光:一片～|

非常～。(2)比喻政治反动、社会腐朽：～的封建统治。

【黑白】hēibái 名。(1)黑色和白色：今天的电影片是～的，不是彩色的。(2)比喻是非、善恶，常与"颠倒、混淆、不分"等词语搭配：～不分｜颠倒～。

【黑白电视机】hēibái diànshìjī 词组。指电视屏幕上只显示出黑白两色图像的电视机；区别于彩色电视机。

【黑帮】hēibāng 名。指秘密的反动集团及其成员。

【黑不溜秋】hēibuliūqiū 〈方〉形。黑得难看；多指人的皮肤，不加程度副词，常带贬义"的"，含贬义：他长得～的，不好看。

【黑沉沉】hēichēnchēn 形。形容黑暗；多指天色，不加程度副词，常带助词"的"：天～的，看来要下雨了。

【黑疸】hēidǎn 见"黑穗病"。

【黑灯瞎火】hēidēng xiāhuǒ 习。形容夜晚没有灯火的情景：不开电灯，～的忙什么？

【黑店】hēidiàn 名。指专门谋财害命的客店；多见于早期白话小说。

【黑洞洞】hēidōngdōng 形。形容很黑暗，不加程度副词，常带助词"的"：屋子里～的。

【黑更半夜】hēigēng-bànyè 〈口〉名。指深夜；常带助词"的"：～的，快回家吧!

【黑咕隆冬】hēi·gulōngdōng 〈口〉形。形容很黑暗；不加程度副词，常带助词"的"：山洞里～的，他只得摸着洞壁向前走。

【黑糊糊】hēihūhū 形。也作黑乎乎、黑忽忽。不加程度副词，常带助词"的"。(1)颜色发黑；用于具体的物体：茶杯真脏，～的｜满手～的油泥。(2)数量多，从远处看一片模糊；用于人或物：放眼望去，山脚下～的一片，不知是矮树丛还是别的什么。(3)光线暗：房间里～的。

＊"黑糊糊"和"黑洞洞"："黑糊糊"所指黑暗的程度要轻一点，虽然黑暗但仍可模糊地看到一些影子或轮廓；"黑洞洞"则往往强调什么也看不见，也没有"黑糊糊"(1)(2)两种含义和用法。

【黑话】hēihuà 名。帮会、流氓、盗匪等所用的秘密话。现也指隐晦的话：他说的是～，你怎么听得懂。

【黑货】hēihuò 名。(1)指违禁的货物、偷税漏税的货物或非法转运盗卖的货物等。(2)比喻反动的理论或著作。

【黑名单】hēimíngdān 名。反动统治者或反革命集团为进行政治迫害而开列的革命者和进步人士的名单。

【黑幕】hēimù 名。不可告人的丑恶的内情：他揭露了这个流氓集团的～。

【黑枪】hēiqiāng 名。(1)非法暗藏的枪。(2)非法的乘人不备暗中射出的子弹；多作"打"的宾语：这伙匪徒竟打～杀人。

【黑黢黢】hēiqūqū 形。形容很黑；指空间、人或事物，不加程度副词，常带助词"的"：房子里～的｜满脸～的油污。也说黑漆漆。

【黑人】hēirén 名。(1)黑种人。(2)指姓名没有登记在户籍上的人。

【黑色金属】hēisè jīnshǔ 词组。工业上对铁、锰、铬的统称。有时也包括钢和其他以铁为主的合金。

【黑市】hēishì 名。暗中进行的非法买卖的市场。

【黑穗病】hēisuìbìng 名。植物的一种病害，小麦、玉米、高粱等禾本科植物易于感染。受害部位出现黑色粉末。又叫黑疸、黑粉病。

【黑匣子】hēixiázi 名。飞行记录器的俗称。外壳一般为鲜橙色的，能发出超声波信号，飞机飞行时可记录飞行中的各种信息，失事后又可依据记录来分析原因。"黑"象征不吉祥的意思，所以称为黑匣子。

【黑心】hēixīn ❶名。阴险毒辣的心肠。❷形。心肠阴险毒辣：这家伙非常～。

【黑猩猩】hēixīng·xing 名。哺乳动物，直立时可达1.5米，毛黑色，面部灰褐色，无毛，眉骨高。生活在非洲森林中，喜群居，吃野果、小鸟及昆虫。是和人类最相似的高等动物。

【黑熊】hēixióng 名。哺乳动物，体肥大，尾短，脚掌大，全身主要是黑色。会游泳、爬树。熊掌是名贵食品，肉、胆、油均可入药。又叫狗熊，有些地方叫黑瞎子。

【黑魆魆】hēixūxū 形。形容黑暗；不加程度副词，常带助词"的"：～的一片。

【黑压压】hēiyāyā 形。形容密集的人群，也形容密集的或大片的东西；不加程度副词，带助词"的"：广场上～的站满了人｜到处是～的森林，野草，看不到天。也作黑鸦鸦。

【黑油油】hēiyōuyōu 形。形容物体表面黑得发亮；不加程度副词，常带助词"的"：头发～的｜～的土地。

【黑黝黝】hēiyōuyōu 形。不加程度副词，常带助词"的"。(1)同"黑油油"。(2)形容光线暗，看不清楚：一片～的树林｜院子里～的，什么也看不清。

【黑种】hēizhǒng 名。黑色人种，即尼格罗—澳大利亚人种。主要分布在非洲、澳洲和南亚热带地区。具有黑肤、卷发、宽鼻、厚唇等体质特征。

嘿（嗨） hēi

叹。多作独立语。(1) 表示招呼或提醒注意：～，你去给我拿支笔来｜～，我的话你听见没有？(2)表示赞叹、得意：～，这束花真好看！(3)表示惊异：～，你反倒有理啦！｜～，这是一条蛇。

另见 mò，"嗨"另见 hāi。

【嘿嘿】hēihēi 拟声。摹拟笑声；一般指冷笑：～，这有什么好奇怪的！

hén（ㄏㄣˊ）

痕 hén 〈素〉事物留下的印迹：泪～｜～迹｜裂～。

【痕迹】hénjì 名。事物留下的印迹：这里还可看到古城的不少～。

hěn（ㄏㄣˇ）

狠 hěn ❶形。(1)恶，残忍；作谓语时一般要加状语或补语：这些强盗比豺狼还～｜他的心～得不得了。(2)坚决，严厉；多作补语或状语：打得准，打得～｜～抓课堂纪律。可重叠，表示严厉地：～～地批评了他一顿。❷动。控制感情，多指不愉快的，一般以"心"作宾语，并加动态助词"着、了"：～着心把孩子打了一顿｜她～了心，坚决要离婚。

＊"狠"和"很"："狠"有形容词用法，表示凶恶、残忍和坚决，还有动词用法，表示控制感情，下定决心；"很"是副词，表示十分、非常的意思，没有形容词和动词用法。

【狠毒】hěndú 形。凶残毒辣：心肠～｜他是个非常～的人。

【狠命】hěnmìng 〈方〉形。拼命的样子，意思是竭尽全力；不加程度副词，不单独作谓语，一般只作状语：她～地洗了一天衣服，累得腰都直不起来了。

【狠心】hěnxīn ❶形。心肠残忍：她非常～，竟把刚生的女儿丢弃了！❷动。不顾一切地下定决心；不带宾语：他一～就离家出走了。可拆开用：～着心｜～了心。

很 hěn

副。非常，表示程度高；可作形容词的状语或补语，作补语时前面要用助词"得"：～好｜好得～。也可作表示心理活动等动词的状语或补语：～激动｜羡慕得～。"很"的前后都可用副词"不"，但表达的意思不一样：不～好｜～不好。

hèn（ㄏㄣˋ）

恨 hèn ❶动。怨，仇恨：对叛徒没有人不～。可带宾语，可带动态助词"着、过"：我～过他，现在还～着他。可加程度副词：非常～他｜最～这种人。可带兼语：～他不成材。❷〈素〉遗憾：～事｜遗～。

【恨不得】hènbu·de 动。迫切希望；多用于实际做不到的事，须带动词或动词性词组作宾语：～把这本书一口气读完｜我～马上见到他。

【恨事】hènshì 名。令人遗憾的事：未把孩子教育好，是我的终身～。

【恨铁不成钢】hèn tiě bù chéng gāng 成。比喻对所期望的人严格要求，希望他更好：爸爸斥责你，是～，希望你能成才。

【恨之入骨】hèn zhī rù gǔ 成。形容痛恨到了极点：大家对这个杀人犯～。

hēng（ㄏㄥ）

亨 hēng ❶〈素〉顺利：～通。❷〈古〉同"烹(pēng)"。❸姓。

【亨通】hēngtōng 形。顺利；一般不加程度副词：诸事～。

哼 hēng 动。(1)鼻子发出声音；不带宾语，常带补语：他～了起来｜～过两三声｜痛得直～，～着～着竟睡着了。(2)低声吟唱；常带宾语：他一路上～着歌儿｜～出几句诗来。
另见 hng。

【哼哧】hēngchī 拟声。摹拟粗重的喘息声；多叠用，作状语或补语：他～～地喘着气｜他挑着一满筐土，累得～～的。

【哼哈二将】hēng hā èr jiàng 词组。佛教守护庙门的两个神，形状威武凶恶。《封神演义》把他们描写成一个鼻子里哼出白气，一个口中哈出黄气，故名。后用来比喻权势者手下盛气凌人的两个得力帮手，也比喻狼狈为奸的人：这两个打手是主子的～，为人们所不齿。

【哼哼】hēnghēng 〈方〉动。哼；不带宾语，常带补语：腰痛得我～了一夜。

【哼叽】hēngji 动。低声念书，唱歌或说话；不带宾语，带补语时常带动态助词"了"：他～了半天。可重叠：他成天捧着本书～～地读。

【哼儿哈儿】hēngrhār 拟声。摹拟鼻子和嘴巴发出的声音；多表示心不在焉：他只顾忙自己的事，你向他说什么，他～乱搭腔。

【哼唷】hēngyō 叹。指集体从事重体力劳动时发出的有节奏的声音；常叠用，多作独立语：～，～，大家用力拉呀！也可作定语或状语：发出了～～的声音。

脖 hēng 见"膨(péng)脖"。

哼 hēng 叹。表示禁止：～，不要拿。

héng (ㄏㄥˊ)

恒(恆) héng ❶〈素〉(1)持久，永久不变：～久｜永～。(2)经常的，普通的：～言。❷姓。

【恒产】héngchǎn 名。旧时指不动产，如田地、房屋等固定资产。

【恒河沙数】hénghé shā shù 成。恒河原为佛经用语。印度的一条大河。形容数量多到无法计算，像恒河里的沙子一样：宇宙中的星体，有如～，无穷无尽。

【恒久】héngjiǔ 形。永久，持久；不加程度副词：～的友谊｜～不变。

【恒温】héngwēn 名。相对稳定的温度：保持～｜制造精密仪器要求有～的条件。

【恒心】héngxīn 名。持久不变的意志：做学问必须有～。

【恒星】héngxīng 名。由炽热的气体组成，自己能发光的天体。太阳便是一颗恒星。恒星也在运动，由于距地球太远，人们不易感觉到它们位置的改变，以为是恒久不变的，所以叫恒星。

【恒言】héngyán 名。普通的话；常用在书名中，如《警世恒言》。

姮 héng [姮娥](-é)〈书〉名。嫦娥。

珩 héng 名。古代佩玉上面的横玉。

桁 héng 名。檩(lǐn)。

鸻 héng 名。鸟类的一属，多群居海滨。嘴短而直，只有前趾，没有后趾，羽毛长而体形小。

衡 héng ❶〈素〉(1)称重量的器具：～器。(2)称量，比较：～量｜权～。❷姓。

【衡量】héngliang 动。常带宾语或补语。(1)比较后加以评定：～利弊｜～得失。(2)考虑，斟酌：你该～一下是否答应他的要求。

【衡器】héngqì 名。称重量的器具，如台秤、磅秤、天平等。

蘅 héng [杜蘅](dù-) 名。草本植物，开暗紫色小花，根茎入药。也作杜衡。

横 héng ❶形。跟地面平行的，左右向的，东西向的；与"竖、直、纵"相对，不加程度副词：一般只修饰单音节名词：～线｜经线是直的，纬线是～的。可作单音节动词的状语：大桥～垮天堑｜～穿过去。❷动。(1)物体从左到右，或从右到左；与"竖、直、纵"相对，可带宾语：飞机～过我们的头顶。常带动态助词"着"：这些木材有的～着，有的竖着｜面前～着一条大河。也可带补语：一条大蛇～在路上。(2)使物体成横向；多带趋向动词或处所补语：你把竹竿～过来放｜一根木棒～在铁路上。❸名。

汉字从左向右的笔画,形状是"一"。❹〈素〉(1)交错纷杂:～生|～七竖八。(2)凶暴,不讲理:～行霸道|～征暴敛。

另见hèng。

【横冲直撞】héng chōng zhí zhuàng 成。形容毫无顾忌地乱冲乱撞:他骑着车子～,哪有不闯祸的?

【横笛】héngdí 名。即笛子,一般都横过来吹,故名。

【横渡】héngdù 动。从江河等的这一边,渡到另一边;常带宾语或补语:他曾经～长江|坐船～过去。

【横断面】héngduànmiàn 见"横剖面"。

【横幅】héngfú 名。与地面平行的字画、标语、锦旗等;量词用"张、条、幅"等:墙上挂着一条～。

【横亘】hénggèn 〈书〉动。横向跨越或躺卧;通常用于较长的桥梁、山脉等,只带存现宾语或补语,可带动态助词"着":在宽阔的江面上～着气势宏伟的大桥|一座大山～在两省交界处。

【横贯】héngguàn 动。横向穿过;常带处所宾语:～东西|输油管道～沙漠中部。

【横加】héngjiā 动。蛮横不讲理地强行施加;常带动词作宾语:～干涉|～阻挠。

【横眉】héngméi 形。形容怒目而视的样子;不加程度副词,常作状语:他～竖眼地看着我|～以对。

【横眉怒目】héng méi nù mù 成。形容强横或强硬的神情:出来开门的是一个～的彪形大汉。也说横眉立目。

【横批】héngpī 名。与对联相配的横幅。

【横披】héngpī 名。长条形的横幅字画。

【横剖面】héngpōumiàn 名。从垂直于物体轴心线的方向切断物体后所呈现的表面,如多边棱柱体的横剖面是一个多边形。又叫横断面、横切面。

【横七竖八】héng qī shù bā 成。有的横,有的竖;多形容人或物体杂乱无章:草堆上面～地躺着一些人|满地木棍,～的。

【横肉】héngròu 名。使脸上显得凶狠残暴的肌肉;含贬义:一脸～。

【横扫】héngsǎo 动。多带宾语或补语。(1)全面有力地扫掉扫尽;多指扫除消灭敌人、害人虫等:～一切害人虫。(2)扫视:他的眼光～着对面的大山|他向那人～了一眼。

【横生】héngshēng 动。(1)横七竖八地生长;一般不带宾语:杂草～。(2)意外发生;常带宾语或补语:谁料想又～出许多枝节。(3)层出不穷;多与"趣味"等搭配:妙趣～。可带宾语:～逸趣。

【横生枝节】héngshēng zhījié 成。枝节:比喻细小的事情。指意外地发生一些问题,使主要问题不能顺利解决:即将达成协议,可不能再～了。

【横竖】héng·shu 〈口〉副。反正,总归;表示肯定:～要去,晚去不如早去。

【横心】héngxīn 动。不顾一切地下定决心;不带宾语:一～,他什么也不顾了。常拆开用:横下心来|横了一条心。

【横行】héngxíng 动。依仗权势干坏事;～霸道。可带处所宾语或施事宾语:～乡里|那时江面上～着宰割中国人民命运的强盗船。

【横行霸道】héngxíng bàdào 成。蛮不讲理,仗势作恶:他是个～的人,为人们所唾弃。

【横行不法】héngxíng bùfǎ 成。行动蛮横,肆无忌惮,专做违法的事:～之徒必将受到法律制裁。

【横溢】héngyì 动。不带宾语。(1)江河向两岸泛滥:久雨成灾,河水～。(2)充分地表露出来;多指才华等:他是个才华～的青年。

【横征暴敛】héng zhēng bào liǎn 成。横:强横;征、敛:征税,搜刮。强征捐税,搜刮人民财富:反动统治阶级的～激起了人民的反抗。

hèng(ㄏㄥˋ)

横 hèng ❶形。粗暴,凶暴:这个人真～!❷〈素〉意外的,不寻常的:～祸|～事。

另见héng。

【横暴】hèngbào 形。蛮横不讲理,很凶暴:性情太～|～的侵略者。

【横财】hèngcái 名。意外得来的钱财,多指用不正当的手段得来的,含贬义:发了一笔～。

【横祸】hènghuò 名。意外的灾祸：今天被车撞伤了，真是飞来~。

【横蛮】hèngmán 形。粗暴，不讲理；多指人的态度：这个人实在~。

＊"横蛮"和"横暴"：都可用来指人的态度，但"横暴"还可指人的性格、行为等，"横蛮"不能。

【横事】hèngshì 名。凶事或意外的灾祸：他家连遭~；他爸爸病逝后，母亲又卧床不起。

【横死】hèngsǐ 动。因自杀、被害或意外事故而惨死；不带宾语，常带补语：他~在车轮之下。

hm(ㄏㄇ)

噷 hm (h跟双唇鼻音m直接拼合的音) 叹。表示不满或斥责：~,你还闹哇！|~,还是不去上班！

hng(ㄏㄫ)

哼 hng (h与舌根鼻音ng直接拼合的音) 叹。表示不信任或不满意：~,你信他的！
另见 hēng。

hōng(ㄏㄨㄥ)

吽 hōng 佛教咒语用字。

轰(轟、△揈) hōng ❶拟声。摹拟雷鸣、炮击等巨大的声响：~的一声，震耳欲聋。❷动。(1)指雷鸣、炮击、炸药爆炸；多带补语：用大炮~了一阵。可带宾语：~平了山头。△(2)赶，驱逐；常带宾语或补语：~牲口|~了一阵鸟雀。可带兼语：~out去。

【轰动】hōngdòng 动。一下子引起许多人震惊或注意：全厂~|引起~。可带宾语或补语：~全国|~一时。也作哄动。

【轰轰烈烈】hōnghōnglièliè 形。形容气魄雄伟、声势浩大；多用来描写"运动、斗争"或"场面"等，不加程度副词，常带助词"的"：~的场面|~的革命战争终于取得胜利|~地干了起来。

【轰击】hōngjī 动。(1)用火炮、导弹、火箭等武器远距离地攻击；常带宾语或补语：~敌军阵地|炮火~了一阵，我军冲了上去。(2)用质子、中子等撞击元素的原子核等。

【轰隆】hōnglōng 拟声。摹拟雷声、爆炸声、机器声；常叠用：机器~~直响|雷声~~的|轰隆隆地开过几十辆坦克。

【轰鸣】hōngmíng 动。发出轰隆轰隆的巨响；不带宾语：机器~。

【轰然】hōngrán 形。形容声音大；不加程度副词：~有声|一声巨响。

【轰炸】hōngzhà 动。从飞机上投掷炸弹；遭到敌机~。常带宾语：~了敌人的舰队。

哄 hōng 拟声。摹拟许多人同时发出的笑声或喧哗声：大家~的一声笑了起来。常叠用：~~的吵闹声。
另见 hǒng, hòng。

【哄传】hōngchuán 动。纷纷传说；常带宾语或补语：~着一条骇人听闻的新闻|~了一阵。常带主谓词组作宾语：第二天便~她病势已经极重，家人已在准备后事了。

【哄动】hōngdòng 见"轰动"。

【哄然】hōngrán 形。形容许多人同时发出声音；不加程度副词：~大笑|舆论~。

【哄抬】hōngtái 动。纷纷抬高；只同"物价"一类词语搭配，常带宾语：~市价|趁着天旱菜缺，一些不法商人~价钱，扰乱市场。

【哄堂大笑】hōng táng dà xiào 成。满屋子人一齐大笑：他说话非常幽默，常常引得大家~。

烘 hōng ❶动。用火烤干或向火取暖；常带宾语或补语：~面包|把衣服~干|进屋来~一下手。❷〈素〉衬托：~托。

【烘衬】hōngchèn 动。烘托。

【烘烘】hōnghōng 拟声。摹拟火烧得很旺时发出的声音：火烧得~的。

【烘托】hōngtuō ❶名。中国画的一种技法，用水墨或淡的色彩在物象的轮廓外面渲染衬托，使物象鲜明：这幅画的~很有特色。❷动。陪衬，使鲜明突出：好花要绿叶~。常带宾语或补语：昏黄的灯光~出一片安静而平和的夜。

【烘云托月】hōng yún tuō yuè 成。烘：

渲染；托；衬托。原指作画时渲染云彩以托出月亮来。后比喻作文时从侧面描绘、刻画，来突出主题的艺术手法：作品中的景物描写,对于塑造人物的形象起了～的作用。

訇 hōng ❶拟声。摹拟较大的声音：～的一声,房顶塌下了一大块。❷见"阿訇"。

薨 hōng 动。古代称诸侯或大官死。

hóng（ㄏㄨㄥˊ）

弘 hóng ❶〈素〉(1)大：～愿｜～旨。(2)扩充,光大：恢～。❷姓。

【弘论】hónglùn 见"宏论"。

【弘愿】hóngyuàn 见"宏愿"。

【弘旨】hóngzhǐ 见"宏旨"。

泓 hóng ❶〈古〉形。水深而广。❷量。一弯水、一片水、一道水都叫一泓；有文学色彩,只同数词"一"组合：一～秋水｜清泉一一～。

红 hóng ❶形。(1)像鲜血一样的颜色：～布｜脸蛋～｜满山的枫叶像火一样～。(2)象征顺利,成功或受宠：她是当前最～的影星｜他现在得到领导的重用,～得很。(3)象征革命和政治觉悟高；不加程度副词：～五月｜又～又专。❷动。使变红；须带宾语,并带动态助词"了"：姑娘很害羞,见了生人就～了脸。
另见gōng。

【红白喜事】hóng bái xǐshì 词组。男女结婚是喜事,高寿的人病逝叫喜丧,统称红白喜事。有时说红白事或红白大事,则泛指婚丧。

【红榜】hóngbǎng 名。光荣榜。

【红不棱登】hóng-bulēngdēng 〈口〉形。红得不好看,令人厌恶；不加程度副词,常带助词"的"：这件红衣服褪色了,～的,真难看!

【红茶】hóngchá 名。茶叶的一大类,是全发酵茶。沏出来的茶水呈红色,有特别的香气和滋味。

【红尘】hóngchén 名。(1)旧指人世间：看破～的思想是消极的。(2)〈书〉闹市的飞尘,借指繁华的社会。

【红灯】hóngdēng 名。(1)指示车辆停止前进的标志灯：请司机不要闯～。(2)喻指妨碍事物发展的障碍：不要给企业处处设置～。

【红豆】hóngdòu 名。(1)红豆树,乔木,羽状复叶,小叶长椭圆形。花白色,荚果扁平,种子鲜红色。产亚热带。(2)指这种植物的种子。古代文学作品中常用来象征相思,所以红豆也叫相思豆。

【红花】hónghuā 名。一年生草本植物,茎直立,叶互生。花开时黄色,后变红,可入药,有活血、通经、止痛等作用。

【红火】hóng·huo 〈方〉形。形容热闹或兴旺：联欢会开得很～｜他们小两口的日子越过越～。可重叠：生意做得红红火火的。

【红教】hóngjiào 名。藏族地区喇嘛教中最古老的一派,因喇嘛着红色法衣而得名。八世纪到九世纪盛行,十五世纪黄教出现后,势力渐衰。

【红角儿】hóngjuér 名。深受广大观众推崇和欢迎的演员。

【红军】hóngjūn 名。中国工农红军的简称。指第二次国内革命战争时期中国共产党领导下的军队。

【红利】hónglì 名。(1)旧时指企业分给股东的超过股息部分的利润。红利没有定率,视利润多少而定。(2)指参加集体生产单位的个人所得的额外收益。

【红领巾】hónglǐngjīn 名。(1)红色的领巾,呈三角形,代表红旗的一角,是中国少年先锋队员的标志。(2)借指少先队员。

【红绿灯】hónglǜdēng 名。交叉路口指挥车辆通行的信号灯。红灯指示停止,绿灯指示通行。

【红木】hóngmù 名。紫檀属的木材。多为红色或褐色,质地坚硬,是贵重家具及工艺美术品的用材。我国广东、云南一带有栽培。

【红男绿女】hóng nán lǜ nǚ 成。指穿着各种华丽服装的青年男女：节日的公园里,游人很多,～,联翩而来。

【红娘】hóngniáng 名。(1)原为《西厢记》中崔莺莺的侍女,是她促成了莺莺和张生的结合。后民间把红娘作为帮助别人完成美满姻缘的热心人的代称：我俩的结合,是妇女主任做的～。(2)喻指为各方牵线搭桥,促成事情成功的人或组织:劳务市场正为各方面的人才交流做~,使之人尽其才。

【红皮书】hóngpíshū 名。某些国家的政府、议会等公开发表的有关政治、外交等的重要文件,封面红色的,叫红皮书。参见"白皮书"。

【红扑扑】hóngpūpū 形。形容脸色红润;不加程度副词,常带助词"的":他烤了一会儿火,脸上~的。

【红旗】hóngqí 名。(1)红色的旗子,常用来象征无产阶级革命:井冈山的~。(2)奖励优胜者的红色旗子:这家工厂夺得了优质生产流动~。(3)比喻先进单位或先进:这家商店是全市商业部门的一面~|~单位。

【红契】hóngqì 名。旧指买田地房产时,由官厅盖过印的契约。未经官厅盖过印的叫白契。

【红人】hóngrén 名。指受到宠信或重用的人;多含贬义:他是经理的~。

【红润】hóngrùn 形。红而滋润;多指皮肤:面色~|多么~的脸宠。

【红色】hóngsè 名。(1)红的颜色。(2)象征革命或政治觉悟高: ~书刊|~政权|~专家。

【红十字会】hóngshízìhuì 名。一种国际性的志愿救护、救济的团体。战时救护伤病员,平时救护各种灾害的受难者。1864年日内瓦公约规定在白底上加红十字作为它的标志。

【红彤彤】hóngtōngtōng 形。鲜红鲜红的;不加程度副词,常带助词"的":火烧得~的|~的脸宠|初升的太阳~的。也作红通通。

【红外线】hóngwàixiàn 名。波长比可见光长的电磁波,在光谱上位于红光的外侧。具有很强的热效应。可用来焙干食品、烘干油漆和进行理疗。军事上可用来探测目标和通讯等。

【红新月会】hóngxīnyuèhuì 名。伊斯兰教国家的一种性质同于红十字会的组织,因标志是白底上加红色新月而得名。

【红血球】hóngxuèqiú 名。血球的一种,是圆饼状的细胞,比白血球小,红色,无细胞核,含血红蛋白,产生于红骨髓。作用是输送氧气到各组织并把二氧化碳带到肺泡内。也叫红细胞。

【红颜】hóngyán 〈书〉名。旧指美貌的女子:自古~多薄命。

【红眼】hóngyǎn ❶动。发怒;不带宾语:不要跟他争了,他快~了。可拆开用:两个人都红了眼。❷〈方〉形。眼红:他不肯露富,怕别人~|看人家小王得奖,他很~。❸名。红眼病。

【红眼病】hóngyǎnbìng 名。(1)急性结膜炎的俗称,患病后眼白发红。(2)比喻妒忌心很重的毛病;多用于忌妒别人因劳动而致富:少数人得了"~",看别人多得了一些报酬,就说三道四。

【红艳艳】hóngyànyàn 形。红得非常艳丽,令人喜爱;不加程度副词,常带助词"的": ~的玫瑰花|初升的太阳~的。

【红衣主教】hóngyīzhǔjiào 见"枢机主教"。

【红运】hóngyùn 名。好运气,好机遇;一般只作"走、交"等动词的宾语,不加数量词:交~|走~。也作鸿运。

【红晕】hóngyùn 名。中心浓四周渐淡的一团红色:脸上泛起~。

【红装】hóngzhuāng 〈书〉名。也作红妆。(1)指妇女艳丽的穿着打扮:不爱~爱武装。(2)指青年妇女。

荭 hóng [荭草](-cǎo)名。一年生草本植物,茎高达三米。叶大,花白色或粉红色,果实黑色。供观赏。

虹 hóng 名。雨后天空中出现的弧形彩带。这是由空气中的小水珠经日光照射发生折射和反射作用而形成的,由外圈至内圈呈红橙黄绿蓝靛紫七种颜色。出现在同太阳相对的方向。
另见jiàng。

魟 hóng 名。鱼类的一属,身体扁平,尾呈鞭状,有毒刺。生活在我国沿海。

鸿 hóng ❶〈素〉(1)大雁: ~毛|哀~遍野。(2)大: ~图|~福。(3)书信: 来~。❷姓。

【鸿福】hóngfú 见"洪福"。

【鸿沟】hónggōu 名。原指秦末楚汉两军对峙时的一条界河,在今河南省。后比喻明显的隔阂、界线:他俩之间原来的~

填平了|科学上没有不可逾越的～。

【鸿鹄】hónghú 〈书〉名。即天鹅。因飞得高,常用以比喻志向远大的人。

【鸿毛】hóngmáo 名。大雁的毛,比喻微不足道的轻贱的东西:人固有一死,或重于泰山,或轻于～。

【鸿蒙】hóngméng 〈古〉名。古人认为天地未分之前整个宇宙是一团混沌的元气,并把它叫作鸿蒙:～初开。

【鸿儒】hóngrú 〈书〉名。学识渊博的人:谈笑有～。

【鸿图】hóngtú 见"宏图"。

【鸿雁】hóngyàn 名。鸟,羽毛紫褐色,群居水边,飞行时排列成"一"字形或"人"字形,是一种冬季候鸟。也叫大雁。

【鸿运】hóngyùn 见"红运"。

闳 hóng ❶〈古〉名。里巷门。❷〈古〉形。宏大。❸姓。

宏 hóng ❶〈素〉广大。～大|～伟。❷姓。

【宏大】hóngdà 形。巨大,宏伟;多指规模、工程、抱负、队伍等:～的抱负|这座宫殿规模很～。

【宏观】hóngguān 名。与"微观"相对。(1)不涉及分子、原子、电子等内部结构或机制的看问题的方式,叫宏观。(2)从全局、大局或大的方面认识问题的观点或方式:搞活经济也要从～上加以控制。

【宏观世界】hóngguān shìjiè 词组。不涉及分子、原子、电子等结构的物质世界,一般指行星、恒星,星系等巨大的物质领域。

【宏论】hónglùn 名。见识广博的言论:他在讨论会上发了一番～。也作弘论。

【宏图】hóngtú 名。远大的设想,宏伟的计划:～大志|壮丽的～|展现～。也作弘图,鸿图。

【宏伟】hóngwěi 形。伟大而雄壮;多形容规模、计划:北京故宫的建筑非常～|～的计划。

*"宏伟"和"雄伟":"宏伟"侧重于伟大;"雄伟"侧重于雄壮。"宏伟"不仅形容具体的事物,也可以形容比较抽象的事物,如计划、理想、志愿等;"雄伟"一般只形容具体的事物,如建筑工程、景色、气派、声音等。

【宏愿】hóngyuàn 名。伟大的志愿。也作弘愿。

【宏旨】hóngzhǐ 名。大旨,主要的意思:无关～。也作弘旨。

纮 hóng 名。古代帽子上的带子。用来把帽子系在头上。

竑 hóng 〈古〉形。广大。

翃(翃) hóng 〈古〉动。飞。

洪 hóng ❶〈素〉(1)大:～水|～福。(2)大水:山～|防～。❷姓。

【洪帮】hóngbāng 名。原为清初明代遗民组织的以"反清复明"为宗旨的秘密帮会组织。清末曾参加反清斗争。后来有些成员为反动势力所利用。也叫洪门。

【洪大】hóngdà 形。形容声音等很大:～的钟声|说话的声音很～。

【洪峰】hóngfēng 名。(1)河流在涨水期间达到的最高水位,也指涨到最高水位时的洪水。(2)洪水涨落的整个过程。

【洪福】hóngfú 名。大福气:～齐天。也作鸿福。

【洪荒】hónghuāng 名。原指混沌蒙昧的状态,借指太古时代:～时代|～世界。

【洪亮】hóngliàng 形。形容声音又大又响:声音很～|～的歌声。

【洪流】hóngliú 名。(1)巨大的水流:～滚滚。(2)比喻不可抗拒的社会发展趋势:革命的～|时代的～。

【洪炉】hónglú 名。(1)大炉子:炼钢的～。(2)比喻能锻炼人的环境:革命的～。

【洪水】hóngshuǐ 名。因暴雨或冰雪融化而形成的大水,常造成灾害。

【洪水猛兽】hóngshuǐ měngshòu 成。比喻极大的祸害:反动统治者巧取豪夺,坑害百姓,如～。

【洪钟】hóngzhōng 〈书〉名。大钟:声如～。

荭 hóng 同"荭(hóng)"。

蕻 hóng [雪里蕻](xuělǐ-) 名。一年生草本植物,叶子长圆形。是一种普通蔬菜,通常腌着吃。也作雪里红。

另见 hòng。

黉（黌） hóng 名。古代的学校。

hǒng（ㄏㄨㄥˇ）

哄 hǒng 动。多带宾语或补语，也可带兼语。(1)说假话骗人：别再～我，我什么都知道了｜～过他一次｜他上当。(2)用言语或行动逗人高兴或安定：他很会～小孩，逗得他们哈哈大笑｜他～得老奶奶直笑｜～宝宝笑。(3)特指带小孩儿，看小孩儿：你～小孩，我烧饭｜～孩子睡觉。
另见 hōng, hòng。

【哄弄】hǒng·nòng 〈方〉动。说假话欺骗、戏弄人；常带宾语：别再～人了。

【哄骗】hǒngpiàn 动。说假话或玩弄花招骗人：我老是被他～。常带宾语：他用这种手法～了许多人。

hòng（ㄏㄨㄥˋ）

讧 hòng 〈素〉争吵，溃乱：内～。

㓎 hòng ［㓎洞］(-dòng)〈古〉动。弥漫无际。

哄（鬨） hòng 动。吵闹，搅扰，开玩笑；不带宾语，可带补语：你别～了｜～了半天。
另见 hōng, hǒng。

蕻 hòng ❶〈书〉形。茂盛。❷〈方〉名。某些蔬菜的长茎：菜～。
另见 hóng。

hōu（ㄏㄡ）

齁 hōu ❶动。太咸或太甜的食物使喉咙不舒服；多以"人"作宾语：这个菜咸得～人。❷〈方〉副。非常；一般只用在单音节形容词之前，表示不满意：菜～咸｜天气～热。❸〈素〉鼻息声：～声。

【齁声】hōushēng 名。鼾(hān)声。

hóu（ㄏㄡˊ）

侯 hóu ❶名。我国古代五等爵位（公、侯、伯、子、男）中的第二等。❷〈素〉旧时指做大官的人：～门。❸姓。
注意："侯"不要错写成"候"。
另见 hòu。

【侯门】hóumén 名。旧指做大官的人家：～深似海。

喉 hóu 名。介于咽和气管之间的部分，是呼吸器官的一部分，喉内声带，又是发音器官。通常把咽和喉混称嗓子或喉咙。

【喉舌】hóushé 名。泛指说话器官，比喻代言机构、报刊或人物：我们的广播电台是人民的～。

猴 hóu ❶名。(～儿、～子)哺乳动物，群居山林中，采食野果、野菜等：一群小～儿。(2)比喻机灵的人：他是个～儿。❷〈方〉动。像猴子似的蹲着；一般不带宾语，带补语：别老～在舱里。

【猴头】hóutóu 名。一种生长在林间树上的蕈，形状像猴子的头，是珍贵的食品，也可药用。

【猴戏】hóuxì 名。用猴子耍的把戏。让猴子穿衣服，戴假面，敲锣，爬竿，模仿人的动作进行表演。

瘊 hóu 名。(～子)疣(yóu)的通称。皮肤上的黄褐色的小疙瘩。参见"疣"。

篌 hóu 见"箜(kōng)篌"。

糇（餱） hóu 〈古〉名。干粮。

骺 hóu ［骨骺］(gǔ-) 名。长条形的骨头两端鼓起的部分。

hǒu（ㄏㄡˇ）

吼 hǒu 动。不带宾语。(1)猛兽大声叫：狮子～。(2)发怒或激动时的大声喊叫：大～一声｜你～什么？(3)发出很大的声响；多用于风、大炮、汽笛等，不带宾语：风在～｜大炮怒～着，对准敌人的阵地狠狠地轰击。

hòu（ㄏㄡˋ）

后（△後） hòu △❶方位。(1)在背面的；指空间，与"前"相对，用在名词后面：门～｜屋～。可与"向、朝、往、在、由"组成介词词组：朝～看｜向～转｜他走在前，我走在～｜

往～瞧｜由～向前数。(2)未来的,较晚的;指时间,一般直接作状语:～去了半天。(3)靠近末尾的;指次序,与"前"相对,一般作定语:～排｜～五名。△❷〈书〉名。后代子孙:烈士之～｜他家有～。❸〈古〉名。(1)上古对君王的称呼:夏～。(2)帝王的妻子。❹姓。

【后备】hòubèi 名。为补充而准备的人或物:粮食留有～。常作定语:～粮｜～汽车。

【后备军】hòubèijūn 名。(1)预备役军人的总称。(2)比喻某些组织或职业队伍的补充力量:产业～。

【后辈】hòubèi 名。(1)后代,指子孙。(2)晚辈,同道中年龄较轻或资历较浅的人。

【后边】hòu·bian 方位。后面:屋子～｜田～是池塘。

【后步】hòubù 名。说话做事时所留下的可供伸缩回旋的地步:办事要留～。

【后尘】hòuchén 〈书〉名。走路时后边扬起的尘土,比喻别人的后面;多作"步"的宾语:不能老步别人的～。

【后代】hòudài 名。(1)某一时代后面的时代:古代神话传说对～文艺创作有很大影响。(2)泛指后代的人:今天植树造林是为子孙～造福。(3)个人的子孙:小三是张家的～。

【后盾】hòudùn 名。背后有力的援助和支持:全国人民是前方战士的强大～。

【后发制人】hòu fā zhì rén 成。先退让一步,然后看准对方弱点进行反击从而制服对方:作战时,有时要先发制人,有时要～,必须视具体情况而定。

【后方】hòufāng ❶名。距离前线较远的地方。❷方位。后头,后面:我家住在大山～。

【后福】hòufú 名。晚年的或将来的福气:他老年生活越来越好,真有～｜大难不死,必有～。

【后顾之忧】hòu gù zhī yōu 成。顾:照顾。指在前进过程中,担心后方发生问题:帮助科技工作者解决孩子入托等困难,以解除他们的～。

【后果】hòuguǒ 名。最后的结果;多指坏的,含贬义:忽视安全生产,将产生严重～。

＊"后果"和"成果":"后果"含贬义,多用来表示不好的结果;"成果"有"成就、成绩"的意思,含褒义,只用来表示好的结果。

【后患】hòuhuàn 名。某种行为所留下的祸患:～无穷｜留下～｜消除～。

【后悔】hòuhuǐ 动。事后懊悔:为这件事,他正在～着呢。可加程度副词:这件事做错了,他很～。可带宾语:我很～昨天说的话。常带动词性词组和主谓词组作宾语:他～不该跟人吵架｜大妈～看错了人｜～自己来晚了。可带补语:～了半天。

【后会有期】hòu huì yǒu qī 成。往后还有见面的日子;常在分别时用:我们～,将来总会再碰面的。

【后记】hòujì 名。写在书后或文后的短文,用来说明写作目的、经过等。

【后继有人】hòu jì yǒu rén 成。后继:后来继承的。指前人的事业有后人来继承:我国科学事业～。

【后脚】hòujiǎo 名。(1)走路或站立时后面的那只脚:前脚伸直,～下蹲。(2)别人后面;须与"前脚"对举使用,表示时间紧接着:真巧,他前脚刚来,你～也到了。

【后进】hòujìn 名。(1)进步较慢的个人或集体:帮助～。可作定语:～青年。(2)学识或资历较浅的人。

＊"后进"和"落后":"后进"比"落后"语意要婉转些。

【后劲】hòujìn 名。(1)用在最后的力量:两队拔河势均力敌,哪一队～大,哪一队就能胜利。(2)开始并不显露,到后来逐渐显露出来的力量;常指酒一类的食品慢慢发生的作用:这酒～大。

【后来】hòulái ❶副。指某一行为的时间在过去的后面;与"起先"等相对,作状语:那天他来我家玩儿,～一直没见到他｜我同他～很少联系。❷形。后到的,后成长起来的;不加程度副词,不单独作谓语,作定语:～的事情不太清楚｜～人。

＊"后来"和"以后":"后来"一般单用;"以后"既可单用,又可以作后置成分,构成方位词组,如"来了以后"。"后来"只

能指过去；"以后"既可指过去，又可指将来，如"你以后要认真学习"。

【后来居上】hòu lái jū shàng 成。原指资格浅的新进反居于资格老的旧臣之上，表示不以为然。后转用来称赞后起的新秀超过先辈：年轻人比老一代强，这是正常的,历史的发展总是～。

【后来人】hòuláirén 名。后面成长起来的人，往往指接班人；常作宾语：革命自有～。

【后浪推前浪】hòu làng tuī qián làng 成。比喻后面的人或事物推动或替换前面的人或事物，不断前进及发展：新的科研成果层出不穷,促进了科学的发展,真是～。

【后路】hòulù 名。(1)军队作战时的退路或后面的运输线：包抄敌军～。(2)比喻回旋余地：谈生意不可把话说绝,要留有～。

【后门】hòumén 名。(1)建筑物开在后面的门。(2)比喻非正式或不正当的途径；含贬义：买紧俏商品绝不走～|杜绝～。

【后面】hòu·mian 方位。(1)空间、位置在后：我家～有条河。(2)时间或次序在后：关于这问题，～还要谈。
＊"后面"和"后边"：意义、用法相同，可以换用。

【后怕】hòupà 动。事后想起来害怕；不带宾语，可加程度副词：这件事他越想越～|他很～。

【后期】hòuqī 名。某一时期的后一阶段：二十世纪～|第六个五年计划的～。

【后起之秀】hòu qǐ zhī xiù 成。后出现的或新成长起来的优秀人物：她是影坛～。

【后勤】hòuqín 名。指后方向前方供应物资等工作,也指机关、团体等的行政事务性工作：搞好～。常作定语：～部门|～部队。

【后鞧】hòuqiū 名。套在驾辕牲口屁股后面的皮带或帆布带等。

【后人】hòurén 名。(1)个人或家族的子孙：他家～在海外经商。(2)后代的人：老一辈要为～造福|前人栽树,～乘凉。

【后任】hòurèn 名。继任某项职务的人；与"前任"相对：我退休后,～不知是谁?

【后身】hòushēn 名。(1)人的背后部分：这人的～很像老张。(2)上衣或长袍的背后部分：衣服的～没有缝好。(3)有一定高度的建筑物等的后面：这幢楼房的～是平房。(4)迷信说法中指人死再投生的身形。(5)机构、制度等由早先的一个转变而成的另一个。

【后生】hòu·sheng 〈方〉❶名。青年男子：他是个好～。❷形。形容长相年轻：他40多岁了,长相还很～。

【后生可畏】hòushēng kě wèi 成。青年人很容易超过老一辈,他们是可敬畏的：这批青年科学工作者的研究成果已超过了他们的导师,真是～。

【后世】hòushì 名。相对地在后面的时代：孔子的学说对～影响很大。

【后事】hòushì 名。(1)以后的事；多见于章回小说：欲知～如何,且听下回分解|前事不忘,～之师。(2)丧事：料理～。

【后手】hòushǒu 名。(1)旧时指接替的人或接受据的人：新来的是他家厨师的～|你把票据交给他,他正是～。(2)下棋时被动的形势；与"先手"相对：这步棋是～。(3)指商量、回旋的余地,即"后路"：要留个～。

【后嗣】hòusì 名。子孙。
＊"后嗣"和"后代"："后嗣"多指有血缘关系的子孙；"后代"则泛指后代的人或后代子孙,不一定有直接的血缘关系。

【后台】hòutái 名。(1)舞台后面的部分,是演员化装、休息以及从事幕后工作的地方。(2)比喻在背后操纵或撑腰的人或集团：不管你的～多硬,犯法就要受到制裁。

【后天】hòutiān 名。(1)明天的明天：～是星期天。(2)人或动物离开母体后单独生活或成长的时间；与"先天"相对：先天不足,～失调。

【后头】hòu·tou ❶方位。(1)空间靠后的部分：有张椅子在桌子～。(2)时间、次序靠后的部分：开完会,～还有几个通知。❷副。后来；表示在过去某一时间后面的时间：他去年来过一封信,～再无音讯。

【后退】hòutuì 动。向后退,退回到后面的地方或以往的发展阶段：他刚有进步,又~了。可带补语：~了五里。

【后卫】hòuwèi 名。(1)军队行军时在后方负责警戒或掩护的部队：这个团担任~。(2)篮球、足球等球类比赛中担任防守和组织进攻任务的运动员。

【后效】hòuxiào 名。后来的效果和表现：给他留校察看一年的处分，以观~。

【后续】hòuxù ❶动。(1)后面跟着来；不带宾语，常作定语：~部队。(2)〈方〉续娶或续弦；常带宾语，一般只带动态助词"了"：他~了一位夫人。❷名。指续娶的妻子：他已有了~。

【后学】hòuxué 名。后进的学者或读书人；常作谦词：我是~，特向先生求教。

【后遗症】hòuyízhèng 名。(1)病愈后所遗留的某种组织、器官的缺损或功能障碍。(2)比喻处理问题或做工作不慎重、不认真而留下的消极影响。

【后裔】hòuyì 名。后代子孙。
＊"后裔"和"后嗣"："后裔"的祖先已死去，"后嗣"的祖辈往往健在，因此"后裔"多指较远的后代子孙，"后嗣"多指较近的子孙后代。

【后援】hòuyuán 名。原指增援的军队，现泛指支援的力量：~力量｜你放手地干吧，我们都是你的~。

【后缀】hòuzhuì 名。词根后面的构词成分。如"大众化、民族性、房子"中的"化、性、子"等。

邱 hòu 姓。

垕 hòu 地名用字。神垕，在河南省。

逅 hòu 见"邂(xiè)逅"。

鲘 hòu 地名用字。鲘门，在广东省。

厚 hòu ❶形。(1)扁平物体表面到底面的距离大；与"薄"相对：这块玻璃板~｜大辞典~得很。(2)深；用于感情方面：他俩有很~的交情。(3)大；用于利润或礼品价值方面：这家公司的利很~｜礼品太~了。(4)浓；用于味道：酒味~。❷名。厚度：两寸~。❸〈素〉(1)优待，推崇，重视：~此薄彼｜~今薄古 (2)对人诚恳，宽容：~道｜忠~｜

憨~。❹姓。

【厚薄】hòubó 名。厚度：这块木板的~正合用。

【厚此薄彼】hòu cǐ bó bǐ 成。重视或优待这个，轻视或冷淡那个。形容不平等看待：各门功课都要学好，不能~。

【厚道】hòu·dao 形。对人宽厚，诚恳，不刻薄：他待人很~。

【厚度】hòudù 名。扁平物体上面到底面之间的距离。

【厚墩墩】hòudūndūn 形。形容很厚实；不加程度副词，常带助词"的"：这床棉被~的｜~的棉大衣。

【厚实】hòu·shi 〈口〉形。(1)厚：这双布鞋底真~。(2)〈方〉富裕，丰厚：他的家底很~。

【厚望】hòuwàng 名。很大的期望；一般作"抱有、存有、寄予"等动词的宾语：他对孩子怀有~。

【厚颜无耻】hòuyán wúchǐ 成。脸皮厚，不知羞耻：掠夺别人的财物，还要说一番堂而皇之的理由，真是~。

【厚意】hòuyì 名。深厚的情意：不要辜负他的一番~。

【厚谊】hòuyì 名。深厚的情谊；常与"深情"并用：他俩之间的深情~是十分感人的。
＊"厚谊"和"厚意"："厚谊"通常指相互之间关切、爱护、理解、信任等交情深厚；"厚意"只指单方面的情意。

侯 hòu 地名用字。闽侯，县名，在福建省。
另见hóu。

候 hòu ❶动。等待；往往与单音节词相配：请稍~｜请您~一~。❷名。我国古代每五天叫一候。❸〈素〉(1)问候：致~｜敬~起居。(2)表示时节、情况等：时~｜气~｜火~｜征~。

【候补】hòubǔ 动。等待递补缺额；常作定语：~委员｜~名单。

【候车】hòuchē 动。等候乘车；不带宾语：他去~了｜他~候了三个小时。

【候光】hòuguāng 〈书〉动。等候光临，敬辞，不带宾语：请来寒舍一叙，竭诚~。

【候教】hòujiào 动。等候指教；敬辞，不带宾语：明天下午三时我在此~。

【候鸟】hòuniǎo 名。随季节而变更栖息地区的鸟类，如燕子、大雁等。

【候审】hòushěn 动。等候审问；用于原告、被告，不带宾语：他们正在～｜～期间不得串供。

【候温】hòuwēn 名。每候(五天)的平均温度。

【候选人】hòuxuǎnrén 名。在选举过程中被提名供选举者选举的对象。

堠 hòu 名。古代瞭望敌情的土堡。

鲎(鱟) hòu 名。(1)节肢动物，甲壳类，全身黄褐色，尾部呈剑状，生活在海中。肉可食。(2)〈方〉虹。

hū (ㄏㄨ)

乎 hū ❶〈古〉助。(1)表示疑问或反诘，相当于"吗"：可～？｜不亦乐～？(2)表示选择的疑问，相当于"呢"：然～？｜否～？(3)表示推测，相当于"吧"：或能免～？❷〈古〉叹。表示感叹，相当于"啊"：惜～！｜天～！❸后缀。(1)放在动词后，相当于"于"：合～手续｜出～意料。(2)放在形容词或副词后，相当于"然"：巍巍～高山｜确～重要｜迥～不同。

呼(嘑) hū ❶动。常带宾语或补语。(1)往外吐气；与"吸"相对：～了一口气｜气从嘴里慢慢～出去。(2)喊；用于大而响亮的喊声：～口号｜大～一声(3)〈书〉叫，唤；一般与单音节词相配：直～其名。❷拟声。一般摹拟风声；常叠用：北风～～地吹｜风箱～～直响。❸姓。

【呼哧】hūchī 拟声。摹拟喘息的声音；须叠用：马跑得～～的｜他～～地直喘。也作呼吃。

【呼风唤雨】hū fēng huàn yǔ 成。原指神仙道士呼唤风雨的法力。现多比喻能够支配自然的巨大力量：我们人类有着～的伟大力量。有时也比喻反动势力猖獗：即使敌人能～，也免不了失败的命运。

【呼喊】hūhǎn 动。叫，嚷：大声～。常带宾语或补语：～着口号｜～了三遍。

【呼号】hūháo 动。不带宾语可带补语：(1)因极度悲伤而哭叫：～起来｜～不已。(2)因处于困境需要援助而叫喊；常同"奔走"并用：孙中山先生为了推翻腐朽的清王朝，奔走～，不遗余力。

【呼号】hūhào 名。(1)无线电通讯中使用的各种代号，有时专指广播电台的名称的字母代号。(2)某些组织专用的口号：这个民族解放组织的～是：团结起来，斗争到底!

【呼唤】hūhuàn 动。可带宾语或兼语。(1)大声呼叫：我们～了大半天，他才出来开门｜我在楼下～小张｜～他走过来。(2)召唤；多用于抽象事物：听从祖国～｜新的生活在～着我们｜时代在～我们前进。

　*"呼唤"和"招呼"："呼唤"要喊出声音让对方听到；"招呼"可以用语言表示，也可以用动作表示。"呼唤"可用于抽象事物；"招呼"不能。

【呼叫】hūjiào 动。(1)呼喊：有人在～。可带宾语或兼语：她不停地～着孩子的名字｜～他卧倒。(2)特指电台用呼号与对方联系："黄河"！"黄河"！我在～。

【呼啦】hūlā 拟声。摹拟布、纸一类的东西被风吹动的响声；一般要叠用：墙上的挂历被风吹得～～地响｜风吹红旗呼啦啦地飘。也作呼喇。

【呼噜】hūlū 拟声。摹拟呼吸不畅或吃饭时发出的声音；一般要叠用：他喉咙里～～地响｜猪～～地吃着食。

【呼噜】hū·lu 〈口〉名。鼾声；一般作"打"的宾语：他一睡觉就打～。

【呼朋引类】hū péng yǐn lèi 成。类：同类；呼：叫；引：招来。招引来志趣相投的人；多用于贬义：这些人～，酗酒滋事，令人厌恶。也作引类呼朋。

【呼扇】hū·shan 〈口〉动。也作唿(hū)扇。不带宾语。(1)指片状物颤动：跳板直～。可重叠：架子上的木板不厚实，人一走上去，就～～的。(2)用片状物扇风：天太热，他用草帽一个不停。

【呼哨】hūshào 名。手指放在嘴里猛吹或物体突然移动时发出的哨子一样尖锐的声音：打～｜发出～声。也作唿(hū)哨。

【呼声】hūshēng 名。呼喊声，借指群众的意见和要求：要倾听群众的～。

【呼天抢地】hū tiān qiāng dì 成。抢地：

触地。高声叫天,用头撞地。形容极度悲伤:亲人惨遭不幸,她~,痛不欲生。注意:"抢"这里不读qiāng。
【呼吸】hūxī 动。生物体与外界进行气体交换:病人急促地~着。常以"空气"作宾语:~新鲜空气。
【呼吸系统】hūxī xìtǒng 词组。生物体与外界进行气体交换的各个器官的总称。人的呼吸系统包括鼻、咽、喉、气管、支气管和肺。
【呼啸】hūxiào 动。发出尖而长的声音;不带宾语,可带动态助词"着":北风~|炮弹在空中~着。
【呼延】hūyán 复姓。
【呼幺喝六】hū yāo hè liù 成。么、六:骰子的点子。赌徒掷骰子时的高声呼喊,也形容盛气凌人的样子:这些赌徒~,眼睛都赌红了|这个人对上级阿谀奉承,对下级则~,颐指气使,令人讨厌。
【呼应】hūyìng 动。不带宾语。(1)一呼一应,互通声气:他俩一南一北,书信往来,遥相~。(2)指文章或戏剧情节前后照应:这篇文章前后~,浑然一体,堪称佳作。
【呼吁】hūyù 动。大声疾呼或广泛请求别人援助、支持、同情等;常带动词性词组或主谓词组作宾语:~禁止在公共场所吸烟|他~全社会都来关心残疾人的教育事业。可作"发出"等动词的宾语:他向社会发出~。
【呼之欲出】hū zhī yù chū 成。好像只要叫喊一声,他就会走出来。原形容画像非常逼真,后泛指文艺作品描写得十分生动。

轷 hū 姓。

烀 hū 〈方〉动。半蒸半煮,把食物弄熟:把猪食~~。可带宾语:~芋头。

滹 hū 水名用字。滹沱河,从山西省流入河北省。

戏(戲、戱) hū 用于"於(wū)戏"中,同"呜呼(wūhū)"。
另见xì。

忽 hū ❶副。(1)〈书〉忽然,表示发生的变化出乎意料;只与单音节动词搭配:~见人影一闪|~听一声怪叫。(2)"忽……忽……"用在两个意义相反的单音节形容词前,表示变化:~冷~热|~高~低|~长~短。❷量。长度和重量单位,十忽是一丝,十丝是一毫。❸〈素〉不注意:~视|~略|疏~。
【忽地】hūdì 副。忽然,突然:~从草丛里窜出一条小青蛇,把她吓了一跳。
【忽而】hū'ér 副。忽然,一会儿;常用在意义相对或相近的动词、形容词前,表示情况不时发生变化:~天晴,~下雨。
【忽忽】hūhū 〈书〉形。形容时间过得很快:时光~,不觉又是一年。
【忽略】hūlüè 动。没有注意到:这句话很重要,不能~。常带宾语,可带动态助词"了":~了这件事。
【忽然】hūrán 副。表示情况发生得迅速而又出人意料:~下雨了|他~住口不说了。
　*"忽然"和"突然":"忽然"是副词,只作状语;"突然"不单是副词,还是形容词,可作定语、补语和谓语。
【忽闪】hūshǎn 形。光不断闪动的样子;不加程度副词,不单独作谓语,多作状语:天空的星星~~地眨着眼睛|灯光一亮,又灭了。
【忽闪】hū·shan 动。一亮一亮地闪耀,闪动;多带宾语或补语,常带动态助词"着、了":小姑娘~着大眼睛,像在想什么心事|灯光突然~了一下就灭了。
【忽视】hūshì 动。不重视,不注意;可带名词、动词或动词性词组作宾语:~了这件事|不要~学习|小王~锻炼身体。
　*"忽视"和"无视":"忽视"偏重指粗心大意,不注意;"无视"偏重指不放在眼里,不认真对待。"忽视"程度较轻,一般是无意的,有时是有意的;"无视"程度较重,完全是有意的。"忽视"是中性词;"无视"是贬义词。
【忽悠】hū·you 〈方〉动。晃动;不带宾语,常带动态助词"着":她在钢丝绳上~着,似乎要掉下来。

唿 hū [唿哨](-shào)、[唿扇](--shan) 见"呼哨"、"呼扇"。
hū 见"恍(huǎng)惚"。

惚

沕 hū [沕浴](-yù) 〈方〉动。洗澡。不带宾语:他去~了。可拆开用:沕了浴以后,他就走了。

糊 hū 动。涂抹或粘合使封闭起来;常带宾语或补语:~墙缝|把这个洞用泥~起来。
另见hú,hù。

hú(ㄏㄨˊ)

囫 hú [囫囵](-lún) 形。整个儿、完整地;多用在固定组合中:~吞枣。
【囫囵吞枣】húlún tūn zǎo 成。原意是把整个枣子一口吞下去,现比喻不加分析地笼统接受;含贬义:读书要细嚼慢咽,不能~。

和 hú 动。赌博用语,打麻将或打纸牌时某一家按规定凑成一副牌而取胜;可带动态助词"了":我的牌~了。可带宾语或补语:他已~了三副牌|~了四次。
另见hé、hè、huó、huò。

狐 hú ❶名。哺乳动物,体似狗,瘦小,尾长。性狡猾。遇敌会放出臭气。毛皮珍贵。通称狐狸。❷姓。
【狐假虎威】hú jiǎ hǔ wēi 成。《战国策·楚策一》记载:老虎捉到一只狐狸,要吃它,狐狸骗它说:"上天让我为百兽之王,你吃了我就违背了天意;不信的话,你就跟我一块儿走,百兽见了我没有不逃跑的。"老虎就跟它一块儿走,百兽看见它们果然都纷纷逃跑了。老虎不知道百兽是怕自己,还以为是怕狐狸哩。后来就用"狐假虎威"来比喻倚仗权势欺压人:那些狗腿子总是~,欺压百姓。
【狐狸尾巴】hú·li wěi·ba 词组。古代传说某些狐狸能变成人形来迷惑人,但尾巴却始终变不掉,成为妖怪原形的标志或辨认狐妖的实证。后比喻掩盖不住的坏主意或坏行为:干坏事的人总难免要露出~来。
【狐媚】húmèi 〈书〉动。旧时迷信传说狐善以媚态惑人,因而称手段迷惑人为狐媚。
【狐腋】húyè 名。狐狸胸腹部和腋下的毛皮,用来制衣,十分名贵。
【狐群狗党】hú qún gǒu dǎng 成。比喻勾结在一起的坏人:桥头镇盘踞着一伙汉奸、特务,这帮~欺压人民,干尽了坏事。也作狐朋狗党。
【狐疑】húyí 形。狐狸性多疑,所以称不大相信为狐疑;不加程度副词:满腹~|她用~的眼光看着我,不安地问:"你怎么知道这件事的?"

弧 hú 名。(1)圆周的任意一段。(2)古代指弓:弦木为~。
【弧度】húdù 量。量角的单位。圆周上的一段弧的长度等于该圆半径时,其所对的圆心角即为一弧度。

胡(△鬍) hú ❶名。(1)古代泛指我国西部和北部的各民族。△(2)(~子)嘴周围和连着鬓角长的毛。❷〈古〉代。为什么,何故;表疑问:~不归?❸〈素〉(1)外来民族及外国的:~椒|~琴。(2)随意或无理乱来:~来|~闹。❹姓。
【胡扯】húchě 动。东拉西扯,瞎说;含贬义:别~了。可带宾语:你又在~不该说的话了。
【胡蝶】húdié 见"蝴蝶"。
【胡蜂】húfēng 名。一种带有毒刺的蜂,头胸部褐色,有黄色斑纹,腹部深黄色,中间有黑褐色横纹。吃花蜜和虫类。能蜇人。通称马蜂。
【胡话】húhuà 名。神志不清时说的话:他烧得直说~。也比喻毫无根据乱说的话:根本没有这回事,你别尽说~了。
【胡笳】hújiā 名。古代簧管乐器,类似笛子,汉代流行于北方民族。
【胡椒】hújiāo 名。(1)常绿藤本植物,果实小,球形,成熟后红色,晒干后变黑,有辣味,可作调味品。(2)指这种植物的果实。
【胡搅】hújiǎo 动。不带宾语。(1)乱搅扰,瞎捣乱:要按规定办事,别再~。(2)狡辩:明明你没有理,不要再~了。
【胡搅蛮缠】hú jiǎo mán chán 成。蛮不讲理,胡乱纠缠;含贬义:你的要求是违反政策的,我们不能答应,~也没有用。

【胡来】húlái 动。不带宾语。(1)不按规律或章程办事,乱做一通:要按操作规程干活,别~!(2)胡闹,胡作非为:你们这样~是要出问题的。

【胡乱】húluàn 形。常作状语。(1)马虎,随便:~地写完了一张大字。(2)不合道理,任意:明明无道理,还~狡辩。

【胡闹】húnào 动。无理取闹;不带宾语:你别~|你没有理,越~越糟糕。

【胡琴】húqin 名。一种弦乐器,用竹弓系马尾毛,在两弦之间拉动发音。有京胡、二胡等。

【胡说】húshuō ❶动。瞎说或说些无道理的话:别~。可带宾语或补语:不能~|别人|他又~了一通。可带主谓词组作宾语:他~我骂了他。❷名。没有根据的或没有道理的话:这是~。

【胡说八道】hú shuō bā dào 成。瞎说,毫无根据地乱讲;常作骂人用语,含贬义:他这些话完全是~!

【胡思乱想】hú sī luàn xiǎng 成。毫无根据、不切实际地瞎想:你应该抓紧时间努力学习,不要~。

【胡同】hú·tong 〈方〉名。巷子。也作衚衕。

【胡涂】hú·tu 同"糊涂"。

【胡言乱语】hú yán luàn yǔ 成。随口乱说,既无根据,又不负责任:请说正经的,不要~。

【胡诌】húzhōu 动。信口瞎编;常带宾语或补语,含贬义:他~了一个故事|他讲的这件事是他~出来的。

【胡作非为】hú zuò fēi wéi 成。不顾法纪或舆论,任意行动:这家伙~,是社会上的一害。

葫 hú [葫芦](-lu) 名。(1)一年生草本植物,茎蔓生,花白色。果实中间细,像连着的两个球,可做器皿或供玩赏。(2)这种植物的果实。

猢 hú [猢狲](-sūn) 名。猕猴的一种,身上有密毛。生活在我国北方山林中。也泛指猴。

湖 hú 名。被陆地包围着的范围较广的水面。

【湖泊】húpō 名。湖的总称;不加个体量词。

【湖色】húsè 名。淡绿的颜色。

【湖田】hútián 名。从湖泊边上围垦出来的水田。

瑚 hú 见"珊(shān)瑚"。

煳 hú 形。形容食品、衣物等烧焦、发黑:饭~了|衣服烫~了|油条炸得太~了。

鹕 hú 见"鹈(tí)鹕"。

蝴 hú [蝴蝶](-dié) 名。昆虫,长有四翅,颜色美丽,静止时翅膀竖立在背上。喜在花间、草地飞行,吸食花蜜。幼虫多数对农作物有害。种类很多,有粉蝶、蛱蝶、凤蝶等。也作胡蝶。

糊 hú 动。用胶或浆糊等把布、纸一类东西粘起来或贴在别的物体上;常带宾语或补语:墙上~过一层壁纸|~了20个信封|把布~在盒子上。
另见hū, hù。

【糊口】húkǒu 动。勉强维持生活;不带宾语:在旧社会穷人累死累活都很难~。

【糊涂】hú·tu 也作胡涂。形。(1)不明事理,对事物认识模糊或混乱:吕端小事~,大事不~|对形势的认识很~。可重叠:脑子糊糊涂涂的|办事糊里糊涂。(2)内容混乱的:一笔~帐。

【糊涂虫】hú·tuchóng 名。指不明事理的人;骂人的话。

衚 hú 〔衚衕〕(-tong) 见"胡同"。

醐 hú 见"醍(tí)醐"。

壶(壺) hú ❶名。一种有嘴,有把儿的容器,用金属或陶瓷制成,用来盛茶、酒等液体;量词用"把"。这把~是沏茶的。❷姓。

核 hú 名。(~儿)同"核(hé)❶";用于一些口语词:煤~儿|杏~儿。
另见hé。

斛 hú 名。旧时的一种量器,方形,口小,底大。容量原为十斗,后改为五斗。

槲 hú 名。落叶乔木或灌木,花黄褐色,果实球形。叶子可饲养柞蚕。树皮可做黑色染料。木材坚硬,可供建筑或器具用。

鹄 hú 名。见"天鹅"。
另见gǔ。
【鹄立】húlì 〈书〉动。像鹄一样的直立。
【鹄望】húwàng 〈书〉动。像鹄一样引颈盼望,表示热切地期望和等待:四海～。

鹘 hú 名。同"隼(sǔn)"。
另见gǔ。

縠 hú 〈书〉名。有绉纹的纱。

觳 hú [觳觫](-sù) 〈书〉动。因恐惧而发抖。

hǔ(ㄏㄨˇ)

虎 hǔ ❶名。哺乳动物,毛黄褐色,有黑色斑纹,性凶猛,一般夜出捕食动物,也伤人。毛皮可制毯子,骨可供药用。通称老虎。❷〈方〉动。(1)露出凶相;常以"脸、面孔"作宾语:～起面孔。可带动态助词"着":～着脸。(2)同"唬"。❸〈素〉比喻勇猛威武:～将|～威。❹姓。
【虎背熊腰】hǔ bèi xióng yāo 成。形容身材魁梧,体格健壮;含褒义:这些小伙子,个个～,都是好样儿的。
【虎贲】hǔbēn 名。古时对勇士、武士的称呼。
【虎彪彪】hǔbiāobiāo 形。健壮而威风的样子;不加程度副词,常加助词"的",含褒义:新入伍的战士一个个～的。
【虎符】hǔfú 名。我国古代帝王调兵用的凭证。用铜铸成虎形,分为两半,上铸相同的铭文。右半存朝廷,左半给带兵的将帅。调遣军队时须符验证。战国到隋代盛行,唐代改用鱼符。
【虎将】hǔjiàng 名。勇猛威武的将领,泛指有能力有干劲的人;量词用"名、员",含褒义:他是青年突击队的一员～。
【虎劲】hǔjìn 名。像虎一样凶猛的劲头;常加数量词组"一股",含褒义:这位年轻人有一股～儿。
【虎踞龙盘】hǔ jù lóng pán 成。《太平御览》引《吴录》记载:三国时,刘备派诸葛亮出使到金陵(今南京),诸葛亮看到当地的山川,赞叹道:"钟山龙盘,石头虎踞,此帝王之宅。"意思是说,钟山像龙盘绕在东面,石头城(即南京城)像虎蹲在西面,这真是帝王住的好地方。后来就用虎踞龙盘来指称南京城,有赞美其地形雄伟险要的意思。也作龙盘虎踞或虎踞龙蟠。
【虎口】hǔkǒu 名。(1)比喻极其危险的境地:打入敌人内部,如入～,绝不能有丝毫大意。(2)大拇指与食指相连的部分。
【虎口拔牙】hǔ kǒu bá yá 成。比喻做非常危险的事:排除哑炮好比～,是十分危险的。
【虎口余生】hǔ kǒu yú shēng 成。比喻经历了极大危险,侥幸保住生命:轮船沉没,他～,幸免一死。也作虎口逃生。
【虎狼】hǔláng 名。比喻凶恶残暴的人:～之辈|敌寇凶残如～。
【虎视眈眈】hǔ shì dāndān 成。眈眈:注视的样子。像老虎那样凶狠贪婪地注视着。形容心怀不善。
【虎头虎脑】hǔ tóu hǔ nǎo 成。长得结实而憨厚的样子;多指儿童,含褒义:小明～的,非常可爱。
【虎头蛇尾】hǔ tóu shé wěi 成。头大如虎,尾细似蛇。比喻做事有始无终或前紧后松:学外语可不能～,要学就得一个劲儿地坚持下去。
【虎穴】hǔxué 名。老虎的窝。比喻危险的境地:～追踪|不入～,焉得虎子。

唬 hǔ 〈口〉动。虚张声势来吓人或蒙混人;常带宾语:你别～人!
另见xià。

琥 hǔ [琥珀](-pò) 名。古代松柏树脂的化石,多产于煤层中。黄褐色透明体,质软性脆。可制装饰品,也可制琥珀酸及油漆。中药用作安神镇静剂。

浒 hǔ 〈古〉名。水边。
另见xǔ。
【浒湾】hǔwān 名。地名,在河南省。
另见xǔwān。

hù(ㄏㄨˋ)

户 hù ❶名。(1)人家,住户:此地住了80～。(2)户头:到银行去开个～。❷〈素〉(1)门:门～|夜不闭～。(2)门第:门当～对。❸姓。
【户籍】hùjí 名。地方民政机关掌握的居民登记册。也转指作为本地区居民的身分。

【户口】hùkǒu 名。(1)住户和人口:本区有三千多～。(2)户籍:报～|登记～。

【户枢不蠹】hù shū bù dù 成。户枢:门上的转轴。蠹:蛀蚀。门上的转轴因经常转动而不会被蛀虫蛀坏。比喻经常运动的东西不易受外物侵蚀;常与"流水不腐"并用:老年人注意锻炼身体,可以却病延年,正所谓流水不腐,～。

【户头】hùtóu 名。有帐目出入关系的分户名称;常作"开、立"的宾语:立个～|到银行开～。

【户限】hùxiàn 〈书〉名。门槛。

护(護) hù ❶动。包庇,袒护;常带动态助词"着":孩子做了错事,大人可别～着。可带宾语或补语:～孩子|～不得。❷〈素〉保卫,保护,照顾:～卫|爱～|～。

【护城河】hùchénghé 名。沿着城墙挖掘的河,古代用以防守和保卫城池。

【护持】hùchí 动。保护维持:全村安全要靠大家来～。可带宾语: ～环境卫生。

【护短】hùduǎn 动。为自己或他人的缺点、过失辩护;含贬义,不带宾语:对子女要严格要求,不要～。

【护航】hùháng 动。护卫船只或飞机航行;不带宾语:派驱逐舰～|两架战斗机～。

【护理】hùlǐ 动。常带宾语。(1)配合医生治疗、观察和了解病人的病情并照料病人的生活:他～病人非常细心。(2)保护管理,使不受损坏:越冬小麦要精心～|要～好庄稼。

＊"护理"和"管理":"护理"指对病人照料,也指对生长的庄稼的管理保护,使不受损害;"管理"指保管料理,使东西或某项工作有条理、有系统。"护理"多用于医学上,是专门术语;"管理"是一般用语。

【护身符】hùshēnfú 名。巫师或道士所画的符。迷信的人认为可以驱除鬼邪,保护自己。现常用来比喻能保护自己避免受到惩罚的人或事物;含贬义:"先进工作者"的称号决不能成为任何人违法乱纪的～。

【护士】hù·shi 名。在医疗机构中担任护理工作的人。

【护送】hùsòng 动。陪同前往,沿途保护,使免遭意外;常带宾语:～军粮。可带兼语:老师常常～学生过马路。

【护养】hùyǎng 动。常带宾语。(1)护理培育:～秧苗|她精心～着试管婴儿。(2)保护并作经常性的维修:～着这段铁路线。

【护照】hùzhào 名。(1)一国的外交主管机关发给本国公民出国时用以证明其国籍和身分的证件。(2)旧时旅行、出差或运货时向主管机关领取的凭证。

沪(滬) hù 名。上海市的别称。

【沪剧】hùjù 名。上海的地方戏,由上海滩簧发展而成。

戽 hù ❶见"戽斗"。❷动。用戽斗打水;须带宾语"水":～水抗旱。

【戽斗】hùdǒu 名。汲水灌田的旧式农具,形状像斗,两边有绳,两人牵引,提斗打水。

扈 hù ❶〈素〉随从:～从。❷姓。

【扈从】hùcóng 〈书〉名。帝王或官吏的随从。

互 hù 副。表示彼此对等地进行相应的动作或者具有相同的关系;意思与"互相"同,但后面只带单音节词:～换|～不退让|～通有无。

【互惠】hùhuì 动。互相优待,互给好处;不带宾语:两国贸易必须～。常作定语: ～条约|～关税。

【互利】hùlì 动。互相有利;不带宾语:两国贸易必须实行平等～的原则。

【互让】hùràng 动。彼此谦让;不带宾语,可带补语:互助～|吃饭时,他们～了一阵子。

【互通】hùtōng 动。互相沟通,互相交换;常带宾语:～情报|～有无。

【互相】hùxiāng 副。表示彼此对待的关系:～关心|～鼓励。可以跟"间、之间"搭配:～之间,你帮我,我帮你。

【互助】hùzhù 动。互相帮助;不带宾语,可带动态助词"了、过":他们～过|～了很长时期。

冱(沍) hù 〈古〉动。(1)冻:清泉～而不流。(2)闭塞。

岵 hù 〈古〉名。长了很多草木的山。

怙 hù 〈素〉(1)依靠:失~(死了父亲)。(2)坚持:~恶不悛(quān)。

【怙恶不悛】hù è bù quān 成。怙:依仗,凭借;悛:改过,悔过。坚持作恶,不肯改悔:这家伙是个~的犯罪分子。注意:"悛"不要读成 jùn。

祜 hù 〈古〉名。福气,福:天赐之~。

糊 hù 名。样子像粥一类的食物;常叠用:面~~。
另见 hū、hú。

【糊弄】hù·nong 〈方〉动。(1)蒙混,欺骗;须带宾语:别~人。(2)将就;常带动态助词"着":衣服小了一点,你就~着穿吧!

笏 hù 名。古代大臣朝见皇帝时拿的手板,用象牙、玉或竹子制成,上面可以记事。

瓠 hù 名。(~子)(1)一年生草本植物,茎蔓生,花白色,果实细长,呈圆筒形,嫩时可作蔬菜。(2)指这种植物的果实。

鄠 hù 地名用字。鄠县,在陕西省。今作户县。

huā(ㄏㄨㄚ)

华(華) huā 〈古〉名。同"花"。
另见 huá、huà。

哗(嘩) huā 拟声。(1)摹拟物体撞击声:铁门~的一声拉开了。(2)摹拟流水声;常叠用:~~的流水声。
另见 huá。

【哗啦】huā lā 拟声。摹拟物体撞击声:~一声,一筐石子翻在地上。可重叠:哗啦啦地下着雨|~~地响个不停。

化 huā 同"花❸(1)":~钱|~工夫。
另见 huà。

【化子】huā·zi 见"花子"。

花 huā ❶名。(~儿)(1)植物的繁殖器官。花由花瓣、花托、花蕊、花萼组成,有不同的颜色,有的还有香味;量词用"朵":开了两朵~儿。(2)花一样的纹路,印染的图案:衣服上的~儿真美。(3)比喻各行业的精华:艺术之~|教育事业的一朵~。(4)指棉花:弹了一天~|这床被子用了四斤~。❷形。(1)形容颜色错杂:这块布太~。(2)模糊迷乱;用于眼睛:我的眼睛看书有点儿~|眼睛看~了。❸动。(1)用去,耗费:他~了不少时间|他平时一个钱也不乱~,也~化。(2)〈方〉骗人,迷惑人;除被动句,一般须带宾语:他被你~了|你就会用好话来~我。❹〈素〉(1)形状像花的东西:雪~|火~。(2)痘:天~|种~。(3)作战时受的外伤:挂~。(4)烟火的一种:~炮|礼~。(5)旧社会指妓女或跟妓女有关的:~魁|~柳病。❺姓。

【花白】huā bái 形。黑白间杂;多指须发:老张的头发~了。

【花边】huā biān 名。(1)带花纹的边缘:瓶口有一道彩色~。(2)编织或刺绣成各种花样的带子,通常用作衣服的镶边:买一丈~。(3)在文字边框上加印图案:这篇文章是加了~的。(4)〈方〉银圆的俗称。

【花不棱登】huā·bu lēng dēng 〈口〉形。形容颜色驳杂难看;不加程度副词,常带助词"的",含贬义:这被面儿~的,不好看。

【花草】huā cǎo 名。供观赏的花和草的总称。

【花旦】huā dàn 名。戏曲中旦角的一种,主要扮演性格活泼或者放荡泼辣的年轻女子。

【花灯】huā dēng 名。用花彩装饰的灯,特指元宵节供观赏的彩灯:看~|闹~。

【花朵】huā duǒ 名。花的总称;不加个体量词"朵":百花园中盛开着美丽的~。

【花儿】huā'ér 名。甘肃、青海、宁夏一带流行的一种民间歌曲。

【花费】huā fèi 动。用掉,耗费;可带动态助词"了、过":心血白白地~了。常带宾语:~了不少钱。

【花费】huā·fei 名。消耗的钱:这次旅行需要不少~。

【花岗岩】huā gāng yán 名。(1)火成岩的一种,是常见的岩石。质地坚硬,色泽美丽,是很好的建筑材料。一般称花岗石。(2)比喻顽固不化;常作"脑袋"的定语:~脑袋。

【花鼓戏】huā gǔ xì 名。地方戏的一种,流行在湖南、湖北及安徽等省,由民间歌舞花鼓发展而成。

【花好月圆】huā hǎo yuè yuán 成。花儿正在盛开,月亮圆满无缺。比喻美好、圆满的生活;多作新婚颂辞。

【花红】huāhóng 名。也叫林檎或沙果。(1)落叶小乔木,花粉红色,果实像苹果但较小,供生食。(2)指这种植物的果实。(3)旧俗办喜庆大事时服役的人往往插金花,披大红,叫做花红。也指办喜事人家或客人给佣仆的额外酬金:~彩礼|向舞龙灯的人散~。(4)指红利。

【花红柳绿】huā hóng liǔ lǜ 成。泛指春天的景色。也形容颜色鲜艳纷繁:公园里到处~,一派春意。

【花花搭搭】huā·huadādā 〈口〉形。不加程度副词,多加助动词"的"。(1)形容配搭错杂:荤菜、素菜要~地换着吃。(2)形容大小、疏密不一致:这块田里的庄稼长得~的,不成样子。

【花花公子】huāhuāgōngzǐ 名。旧指富贵人家中不务正业,衣着华丽,只知玩乐的子弟。

【花花绿绿】huāhuālǜlǜ 形。形容颜色鲜艳多采;不加程度副词,多加助动词"的":姑娘穿得~的|~的年画。

【花花世界】huāhuāshìjiè 名。旧时指灯红酒绿的繁华地区,也泛指人间;含贬义:在旧社会,他多年生活在上海这个~里,沾染了一身恶习。

【花卉】huāhuì 名。(1)花草:~展览。(2)以花草为题材的中国画:这幅~颜色鲜艳。

【花甲】huājiǎ 名。指60岁。旧时用干支纪年,两者错综配搭,周而复始,每60年一个循环。这一循环,总称周甲,又叫花甲,所以用花甲代指60岁:~老人|年逾~。

【花架子】huā jià·zi 习。喻指徒有其表,不求实效的做法;常作"搞、摆"等动词的宾语:党中央要求我们少讲空话,多干实事,不搞~。

【花魁】huākuí 名。(1)百花的魁首,我国多指梅花。(2)旧时比喻出了名的妓女。

【花里胡哨】huā·lihúshào 〈口〉形。不加程度副词,常带助动词"的"。(1)形容颜色过分鲜艳繁杂;多作补语或状语,含贬义:穿得~的,看了叫人难受。(2)比喻华而不实的样子:干工作不要搞~的一套。

【花脸】huāliǎn 名。戏曲角色"净"的通称,因必须勾脸谱而得名。

【花柳】huāliǔ 名。古指游乐场所,后往往专指妓女或与妓女有关的事物。

【花名册】huāmíngcè 名。花:错杂繁多。专门登记人员姓名的册子。

【花木】huāmù 名。供观赏的花草树木的总称;表示集体,不加个体量词:一批名贵的~。

【花鸟】huāniǎo 名。以花和鸟为题材的中国画:这位画家擅长~。

【花瓶】huāpíng 名。(1)插花用的瓶子。(2)喻指只知打扮以娱人而不做事的妇女;含贬义:那年月,不少有钱人家的女人不甘心做丈夫的~,走出家门,积极参加了争取妇女解放的斗争。

【花圃】huāpǔ 名。种植花草的园地。常培育幼苗,供移栽。

【花旗】huāqí 名。指美国,由于美国国旗看起来很花而得名:~银行。

【花枪】huāqiāng 名。(1)旧时指比矛短些的兵器。(2)花招儿,骗人的手段;常作"玩弄、耍"一类动词的宾语,含贬义:耍~。

【花腔】huāqiāng 名。(1)有意把歌曲或戏曲的基本腔调复杂化、曲折化的唱法:~女高音。(2)比喻花言巧语;常作"耍"等动词的宾语,含贬义:你别耍~骗人!

【花圈】huāquān 名。祭奠死者的花环,用鲜花、纸花或塑料花等扎成。

【花拳】huāquán 名。看起来很漂亮而实际上不管用的拳术。

【花容月貌】huā róng yuè mào 成。如花似月的容貌。形容女子容貌美好。

【花色】huāsè 名。(1)花纹和颜色:这衣服的~很好看。(2)同一品种的某些物品从外表上区分的种类:这家商店的商品~很多。

【花哨】huā·shao 形。(1)颜色鲜艳;多指服饰:这衣服很~。(2)花样繁多,富于变化:这鼓点子敲得真~!

【花饰】huāshì 名。装饰性的花纹:这盒子上的~很素雅。

【花束】huāshù 名。成束的花；量词用"束"：一把~｜玫瑰~。

【花天酒地】huā tiān jiǔ dì 成。花：指妓女。形容吃喝嫖赌、荒淫腐化的生活；含贬义：这阔少自从父母死后便~，任意挥霍，不多久便把家产败得精光。

【花厅】huātīng 名。某些住宅中大厅以外的客厅，多盖在花园或跨院里。

【花头】huātou 〈方〉(1)名。花纹：这布的~真好看!(2)花招儿；多作"玩、耍"的宾语，含贬义：玩~｜耍~。(3)新奇的主意、办法：想出了不少新~。(4)奥妙的地方：这种游戏看起来简单，里面的~还真不少。

【花团锦簇】huā tuán jǐn cù 成。锦：有花纹的丝织品；簇：聚成一团。形容五彩缤纷、灿烂华丽的样子：展出的时装真如~，令人目不暇接。

【花纹】huāwén 名。各种错杂的条纹与图形：这种布料的~别致大方。

【花消】huā·xiao 〈口〉名。也作花销。(1)开支的费用；多指生活费用：他一个人的~就不少。(2)旧时称交易时的佣金或捐税额。

【花絮】huāxù 名。比喻各种有趣的零碎新闻；常作新闻报道的标题：影坛~｜大会~。

【花押】huāyā 名。旧时公文契约等上面的草书签名，后泛指契约上的签名；一般作"画、签"的宾语：她被强迫在卖身契上画~。

【花言巧语】huā yán qiǎo yǔ 成。原指铺张修饰、内容空泛的言语或文辞，后多指巧妙动听的骗人的话：他说的全是~｜别再~了。

【花样】huāyàng 名。(1)花纹的式样，也泛指一切式样或种类：商店里，集邮册的~不少。(2)花招；一般与"玩"搭配：玩什么~?

【花园】huāyuán 名。种有花草树木，建造亭台楼榭等供人们休息、游玩的场所。

【花招】huāzhāo 名。原指武术中灵巧好看的动作。后泛指狡猾骗人的手段；多作"耍、玩"等的宾语，含贬义：他很会玩~，切勿上当。也作花着(zhāo)。

【花枝招展】huāzhī zhāozhǎn 成。招展：迎风摆动的样子。像花枝迎风摆动一样。比喻妇女打扮得十分艳丽。舞会上那些姑娘一个个打扮得~，引人注目。

【花烛】huāzhú 名。旧时结婚新房里点的有彩饰的蜡烛：洞房~夜(旧指新婚之夜)。

【花子】huā·zi 名。乞丐。也作化子。

恗

huā 拟声。摹拟迅速动作的声音：一只乌鸦~的一声飞走了。
另见xū。

huá(ㄏㄨㄚˊ)

划(△劃)

huá ❶动。带宾语或补语。△(1)用刀或其他尖锐的东西把别的东西分开或从表面擦过：~玻璃｜~火柴｜手上~了道口子｜~了几下。(2)拨水前进：~船｜船~偏了｜把小船~到对岸。❷〈素〉合算：~算｜~得来。
另见huà, huai。

【划拳】huáquán 动。饮酒助兴的一种方式。两人同时伸出手指，各说一个数，谁说的数是双方伸出手指数的和，谁就算赢，输家就被罚喝酒；不带宾语：他俩边喝酒，边~。可拆开用：划了一会儿拳。也作搳拳。

【划算】huásuàn ❶动。(1)盘算，计算；常带宾语或补语：他不止一次~过这件事｜他~了半天，才做出决定。可重叠：先~~，看钱够不够用。❷形。合算，上算；多作谓语：买房子比自己造房子~｜这笔交易对我们来说很~。

【划子】huá·zi 名。用桨划行的小船。

华(華)

huá ❶〈素〉(1)中国：~侨｜~夏｜~语。(2)精华：英~｜才~。(3)光辉，光彩：光~｜~丽。(4)繁盛：繁~｜荣~。(5)奢侈：奢~｜浮~。(6)花白：~发。(7)敬辞，用于同对方有关的事物：~诞(称颂人的生日)｜~翰(称颂人的书信)｜~宗(称人同姓)。❷姓(本读huà，现在也有读huá的)。
另见huà, huā。

【华表】huábiǎo 名。古代设在宫殿、陵墓等建筑物前作为标志或装饰用的大石柱，柱身多雕有龙凤等图案，上部横插着雕花石板。

【华灯】huádēng 名。光华灿烂、外形美观的灯：～初上｜大桥上的～彻夜通明。

【华而不实】huá ér bù shí 成。华：开花；实：结果。只开花不结果。比喻外表好看，内里空虚：这篇文章虽然文辞优美，但可惜～，没有多少实际内容。

【华尔街】huá'ěrjiē 名。美国纽约市的一条街，因美国金融机关和垄断组织的总管理处多集中在这里，所以常用作美国财阀的代称。

【华尔兹】huá'ěrzī 名。音译词。交际舞的一种，3/4拍的节奏，起源于奥地利民间。用圆舞曲伴奏，分快三步，慢三步两种。

【华发】huáfà 〈书〉名。花白头发：满头～｜早生～。

【华盖】huágài 名。(1)古代帝王所乘车子上的装饰华贵的伞形遮蔽物。(2)古星名。旧时迷信，认为人的运气不好，是华盖星犯命，叫交了华盖运。另一种说法认为和尚华盖罩顶却是走好运。

【华贵】huáguì 形。(1)华丽珍贵：她的穿戴非常～。(2)豪华富贵：雍容～的老妇人。

【华丽】huálì 形。美丽而有光彩；多形容衣着、装饰、陈设、语言等：房间布置得很～｜写文章不要一味追求～的词藻。

【华美】huáměi 形。华丽：～的文章｜服饰～｜语言很～。

【华年】huánián 〈书〉名。青春，青年时代。

【华侨】huáqiáo 名。旅居国外具有中国国籍的人。不包括临时或短期出国人员。

【华人】huárén 名。中国人的简称。今也指已加入或取得了所在国国籍的中国血统的外国公民：美籍～。

【华氏温度计】huáshì wēndùjì 词组。温度计的一种。规定在一个大气压下的水的冰点为32度，沸点为212度。中间分为180等分，每等分代表一度。华氏温度用"℉"表示。如华氏65度记作65℉。华氏温度与摄氏温度的换算关系为：℉＝9／5℃＋32。

【华夏】huáxià 名。我国的古称：我们都是～子孙。

【华裔】huáyì 名。称华侨在侨居国出生并取得所在国国籍的子女。

【华章】huázhāng 〈书〉名。华美的词语或文章；多用来称颂别人的诗文：拜读～。

【华胄】huázhòu 〈书〉名。(1)华夏的后裔，即汉族。(2)旧指贵族的后裔。

哗（嘩、譁）huá 〈素〉喧闹，乱吵：～变｜～然。

另见huā。

【哗变】huábiàn 动。指军队突然叛变，不带宾语：这支军队已～投敌。

【哗然】huárán 形。形容许多人吵吵嚷嚷；不加程度副词，多作"全场、舆论"等的谓语：全场～。

【哗众取宠】huá zhòng qǔ chǒng 成。哗众：使众人兴奋、激动；宠：喜爱。用言论或行动迎合众人心理，以博取众人的称赞和支持；含贬义：他不论干什么工作总是踏踏实实，从不～。

骅（驊）huá [骅骝](-liú) 〈书〉名。赤色的骏马。

铧（鏵）huá 名。犁铧，安装在犁上用来翻土的铁片。

猾 huá 〈书〉形。狡猾，奸诈：～吏。

滑 huá ❶形。多作谓语。(1)光润，润溜：路很～｜地板又光又～。(2)油滑，狡诈；多形容人的言行，含贬义：这个人又尖又～｜他说话、办事～得很。❷动。滑动，常带宾语或补语：孩子们在～滑梯｜～了一交。❸姓。

【滑冰】huábīng 也叫溜冰。❶名。一种体育运动项目，穿着冰鞋在冰上滑行。比赛分花样滑冰和速度滑冰两种。❷动。从事滑冰；不带宾语：他～去了。可拆开用：滑了一小时冰。

【滑不唧溜】huá·bujīliū 〈方〉形。形容很滑；不加程度副词，常带助词"的"，含厌恶意：这条鱼～的，很难抓住。

【滑动】huádòng 动。一个物体在另一个物体上接触面不变地移动；不带宾语，可带补语：把上面一块玻璃向前～三厘米。

【滑竿】huágān 名。山区一种旧式的交通工具。在两根较粗的竹竿中间绷上绳子、带子或竹片，上铺被褥，人坐在上面由另外两人抬着走。

【滑稽】huájī ❶形。言行逗人发笑：这人很~|他说话~得很。❷名。流行于沪、苏、杭一带的一种曲艺,同相声相似,生动滑稽,引人发笑。也叫独角戏。

【滑溜】huáliu〈口〉形。光滑；含喜爱意：这块绸料很~。

【滑轮】huálún 名。一种简单机械,是装在架子上的可以绕中心轴转动、周缘有槽的轮子。穿上绳子或链条可用来提起重物。通称滑车。

【滑腻】huánì 形。光滑细腻；多形容皮肤等：她的手很~。

【滑坡】huápō ❶名。山坡或斜坡的土石在重力作用下失去原有稳定性而整体下滑的现象。滑坡对建筑物、森林、道路、农田等造成很大破坏。速度快的滑坡会发出巨响,有火光,破坏性更大。❷动。比喻整体下滑；不带宾语：经济~。

【滑润】huárùn 形。光滑润泽：她的皮肤很~。

【滑头】huátóu ❶形。油滑,不老实：这人很~。常与"滑脑"并用：这人~滑脑的。❷名。指油滑、不老实的人：他是个~。

【滑翔】huáxiáng 动。不依靠动力,靠空气浮力和自身重力的相互作用在空中飘行；不带宾语：飞机的发动机坏了,在空中~了一段时间以后,才安全降落。

【滑雪】huáxuě ❶名。运动项目之一。滑雪时手持滑雪杖,脚穿滑雪板,手撑足滑。❷动。在雪地上滑行；不带宾语：他正在~|咱们~下山。可拆开用：滑着雪前进。

搳 huá 〔搳拳〕(-quán) 见"划(huá)拳"。

huà(ㄏㄨㄚˋ)

化 huà ❶动。可带宾语。(1)融解,融化；指固体成为液体：冰~了|屋面上的雪~光了|一炉~了10吨生铁。(2)消除,消化；多与单音节词相配：吃点酸东西~一下食。❷〈素〉(1)变化：~脓|~装。(2)感化：教~|潜移默~。(3)烧掉：火~|焚~。(4)请求布施：募~|~缘。(5)僧道死亡：坐~|羽~。(6)化

学：~工|~肥|理~。❸后缀。可用在动词、名词、形容词之后,表示转变成某种性质或状态：战斗~|工业~|绿~。
另见huā。

【化除】huàchú 动。消除；多用于抽象事物,可带动态助词"了"：他的思想疙瘩已经~了。可带宾语：~成见。

【化合】huàhé 动。两种或多种物质经过化学反应而形成新的物质：水是氢和氧~而成的。加"成"后可带宾语：氧和铁~成氧化铁。

＊"化合"和"混合"："化合"是指两种或多种物质结合成较复杂的物质的化学反应过程；"混合"指两种或多种物质掺合在一起但不发生化学反应。"化合"使用范围较窄,没有别的含义和用法；"混合"还可用于人或事物,如"男女混合双打"、"人们的嘈杂声和互相叫骂声混合在一起"。

【化合物】huàhéwù 名。两种或多种物质经过化学反应而生成的新的物质,如硫酸铜是硫酸与铜的化合物。

【化境】huàjìng 名。极其高超的境界；多指艺术技巧,往往作"入、进入"等动词的宾语：他画的山水画已入~。

【化名】huàmíng ❶动。改用假姓名；不带宾语：为了掩人耳目,他已~。可拆开用：他化过名,现又改用原名。❷名。假名字：这是他的~,不是真名。

【化身】huàshēn 名。(1)佛教指佛或菩萨暂时显现的凡人的身形。(2)指抽象观念表现出来的具体形象：《三国演义》中的诸葛亮是智慧的~。

【化石】huàshí 名。埋藏在地层里的已经变成石头一样的古生物的遗体或遗迹。是地壳发展的历史记录,也是生物进化的重要证据。

【化外】huàwài 名。旧时称文化落后的地方：~之民。

【化险为夷】huà xiǎn wéi yí 成。险：险阻；夷：平坦。使险阻变为平坦。比喻转危为安：航海途中曾遇狂风巨浪,幸亏船长指挥若定,全体船员协力奋战,终~。

【化为乌有】huà wéi wū yǒu 成。乌有：何有,哪有。变得什么都没有。形容一

下子丧失或全部落空：他的希望～。

【化学】huàxué 名。研究物质的组成、结构、性质、变化规律及其应用的科学。

【化学变化】huàxué biànhuà 词组。物质变化的一种类型。变化时，物质的分子组成、性质、特征均改变。如木柴燃烧放出光和热后剩下一些灰，铁在空气中生锈等，都是化学变化。

【化学肥料】huàxué féiliào 词组。以矿物、空气、水等为原料，经过化学及机械加工制成的肥料。特点是成分单纯、肥效快，肥分多，贮运方便。简称化肥。

【化学纤维】huàxué xiānwéi 词组。用高分子化合物为原料，经化学和机械方法加工制成的纤维。分人造纤维和合成纤维两大类。简称化纤。

【化验】huàyàn 动。用化学的或物理的方法检验物质的成分和性质；常带宾语或补语：～了血液｜大小便已经～过两次了。

【化雨春风】huàyǔ chūnfēng 见"春风化雨"。

【化缘】huàyuán 动。道士、和尚或尼姑向人请求施舍财物；不带宾语：这个寺的和尚为塑菩萨金身四出～。可拆开用：化了缘｜化过缘。

【化整为零】huà zhěng wéi líng 成。把一个整体分为许多零碎部分：为了战斗的需要，游击队常～，与敌人周旋。

【化妆】huàzhuāng 动。用脂粉等打扮面容；不带宾语：他正在～。可拆开用：化了妆｜她赶忙化起妆来。

【化装】huàzhuāng 动。(1)演员为了扮演戏剧中的角色而变换装束、修饰容貌，正在～。可带宾语：他～屈原。可拆开用：他已化过装｜化起装来。(2)假扮；常加"成"后带宾语：这位青年为了逃避敌人追捕，路上～成老头。

华(華) huà ❶姓。近年来也有读huá的。❷山名用字。
华山，我国五岳之一，称西岳，在陕西省。
另见huā, huá。

桦(樺) huà 名。落叶乔木或灌木，叶互生。树皮有白、黑、灰、黄诸色。我国东北的白桦、黑桦就是这一属植物。

划(劃) huà ❶动。常带宾语或补语。(1)划分：～等级｜界限～不清楚。(2)划拨：多指财物：～了一笔钱出来，作为奖金。可构成连动词组：～一部分化肥给菜农。❷同"画❶(2)、❷(2)"。❸〈素〉计划：筹～｜出谋～策。
另见huá, · huai。

【划拨】huàbō 动。把帐目、款项转到别的帐号或单位，或者把物资分出来调拨给别人或别的单位；常带宾语或补语，可带动态助词"了"：～了一部分钢材｜～给学校。

【划策】huàcè 动。出主意，想计谋；不带宾语：请他献计～｜出谋～。也作画策。

【划分】huàfēn 动。常带宾语或补语。(1)把整体分为几部分：～班级｜把文章的层次～出来。(2)区分：把是非～清楚。

【划时代】huàshídài 动。开辟新时代；不带宾语，多作定语：～的事件｜～的作品｜～的文献。

【划一】huàyī ❶形。一律，一致；常与"整齐"并用：书写的字体要整齐～。❷动。使一致；须带宾语：～体例。

【划一不二】huà yī bù èr 成。指做买卖不二价，按照定价不折不扣。比喻要严格按规定办事：该店商品的价值是～的｜学习方法没有～的模式。

画(畫) huà ❶动。常带宾语或补语。(1)用笔等工具描绘出图形：他擅长～油画｜这幅肖像画是他才～出来的。(2)用笔、刀等刻或画出记号、符号：～出一条线｜～十字。也作划。❷名。(1)(～儿)画出的艺术作品；量词常用"帧、幅"等：一幅珍贵的～｜一帧艺术价值很高的～。(2)汉字的一笔叫一画："人"字两～。也作划。❸〈素〉(1)用图案、花纹装饰的：～廊｜～舫。(2)像绘画的动作：比～｜指手～脚。

【画报】huàbào 名。以刊登照片或图画为主的期刊或报纸；量词用"本、期、份、张"。

【画饼充饥】huà bǐng chōng jī 成。《三国志·魏书·卢毓传》记载，魏国君王曹叡(ruì)叫卢毓推荐一个人当"中书郎"时说："选拔人才不要单看有没有名声，名声好比画在地上的饼子,不能吃的。"后来就用"画饼充饥"比喻徒有虚名而不实用或以空想来安慰自己;含贬义:这种做法犹如~,是解决不了实际问题的。

【画策】huàcè 见"划策"。

【画到】huàdào 动。签个名或画个记号,表示自己已出勤或出席;不带宾语:出席的人要~。可拆开用:画过到就离开了|每天早上画个到。

【画地为牢】huà dì wéi láo 成。相传古时在地上画一个圆圈,令犯人站在圈内以示惩罚,有如后来的牢狱。后常比喻只准在一定范围里活动:她不准小孩出大门一步,真是~|你应该打开思路,多想想其他解决问题的办法,而不要~,自己捆起自己的手脚。

【画舫】huàfǎng 名。装饰华美的游船。

【画幅】huàfú 名。(1)图画的总称;不加个体量词:珍贵的~|展出一批~。(2)画的尺寸:这幅画的~不小。

【画供】huàgōng 动。犯人在供词记录的状纸上签名画押,表示承认记下的供词属实;不带宾语,可拆开用:犯人~|画过供以后就被押走了。

【画虎不成反类狗】huà hǔ bù chéng fǎn lèi gǒu 成。类:像。没有画成虎,反而画得像狗。比喻好高骛远,一无所成,反而留下笑柄。也比喻模仿得不到家,反而弄得不伦不类:他连字的间架结构都没掌握,就去模仿草书,真是~。也作画虎类犬。

【画家】huàjiā 名。擅长绘画的人

【画境】huàjìng 名。图画中的境界,喻指风景优美的地方:走进公园,如入~。

【画卷】huàjuàn 名。(1)成卷轴形的画:展开~|绘制了一幅很长的~。(2)比喻壮丽的自然景色或动人的斗争场面:三峡风光有如美不胜收的~|历史的~。

【画廊】huàláng 名。指绘有彩色图画的走廊,也指展出图片或绘画的走廊:精美的~|布置~。

【画龙点睛】huà lóng diǎn jīng 成。唐·张彦远《历代名画记》记载:梁代画家张僧繇(yóu)在金陵安乐寺壁上画了四条龙,都没点眼睛,说点了眼睛龙将飞去。有人坚持要他点上。他刚点了两条,就雷霆大作,两条龙破壁飞去。而没点眼睛的两条龙仍留在壁上。原形容作画的神妙,后多比喻作文或说话时,在关键地方点明要旨;含褒义:他添上的这几句话属~之笔。

【画眉】huàméi 名。鸟,身体棕褐色,因有白色眼圈而得名。叫的声音很好听,常被爱鸟人养在笼中。雄鸟好斗。

【画面】huàmiàn 名。电影银幕、电视屏幕或画幅上呈现出的图像:电视屏幕上~清晰|这幅名画的~已经模糊了。

【画皮】huàpí 名。清·蒲松龄《聊斋志异·画皮》中讲,一个恶鬼用彩笔在人皮上画了眉目,伪装成美女去害人。后用画皮来比喻掩盖丑恶本质或狰狞面目的美丽的外表;含贬义:这个披着~的贪污犯,终于原形毕露。

【画屏】huàpíng 名。装饰着图画的屏风。

【画谱】huàpǔ 名。(1)学习绘画使用的范本。(2)鉴赏图画或评论画法的书。

【画蛇添足】huà shé tiān zú 成。《战国策·齐策》中讲:楚国有个人请人喝酒,酒少人多。于是约定:在地上画蛇,先画好的喝酒。一个人先画成,一边拿过酒杯,一边说:"我还能为蛇画脚呢!"脚还没画完,另一个人画好了蛇,说:"蛇是没有脚的,你怎么能给它添上脚呢?"于是拿过酒一饮而尽。后用画蛇添足比喻做多余的事,反而弄巧成拙:这篇文章到这里便可结束,结尾有~之感。

【画十字】huà shízì 词组。(1)旧指不识字的人在契约上或公文上画一个"十"字代替签名画押。(2)基督教徒祈祷或求乎日召称上帝时,用右手从额头到胸,再从左肩头到右肩头画一个"十"字形,表示对耶稣钉死在十字架上的纪念。

【画帖】huàtiè 名。临摹绘画的范本。

【画图】huàtú ❶动。画图形;多指图样、地图等,不带宾语:他在绘图室~。可拆开用:画工程设计图。❷名。图画;多用于比喻:这首小诗,构成一幅春意盎然的~|游览西湖,犹如置身于~之中。

【画外音】huàwàiyīn 名。影片或电视中不是从剧中人嘴里直接发出的声音,都叫画外音。

【画押】huàyā 动。旧时在公文契约上或者在供词上用草书签名或写个"押"字、"十"字表示认可；不带宾语：叫他~。可拆开用：他画了押。

【画页】huàyè 名。在书报中印有图片、照片或绘画的一页。

【画展】huàzhǎn 名。绘画展览会：举办个人~。

【画中有诗】huà zhōng yǒu shī 成。指画中景物富有诗意。现在多用来赞扬艺术性很强的绘画：这幅画~，让人百看不厌。

婳(嬅) huà 见"姽(guǐ)婳"。

话 huà ❶名。说出的语言：这些~不对。常作"讲、谈、说"等单音节动词的宾语：说了几句~。❷〈书〉动。说，谈；只带"家常、今昔"等少数词作宾语：他俩在一起~家常。

【话把儿】huàbàr 名。话柄：别让人抓住~。

【话本】huàběn 名。宋元民间说书人讲故事用的底本。后来文人也模仿着写话本。章回体小说即由话本发展而成。

【话别】huàbié 动。临别时聚谈；不带宾语：握手~|他和家里人~。可拆开用：话过以后，他就走了。

【话柄】huàbǐng 名。被人当作谈笑的资料或借口的言行：你这些话容易成为别人的~。

【话不投机】huà bù tóujī 成。投机：意见相合。话说不到一块儿，意见不合：~半句多|我看话不同他~，便告辞走了。

【话锋】huàfēng 名。话头，指说话所指的方面；常与"转、变"等动词搭配：~一转|改变~|避开~。

【话旧】huàjiù 动。与久别的朋友叙谈往事；不带宾语：他俩已三年不见了，今天一边喝酒，一边~。

【话剧】huàjù 名。戏剧的一种，主要用对话和动作来表演。1907年从日本传入我国，起初叫文明戏，二十年代改称话剧。

【话里有话】huà·li yǒu huà 成。话中隐含着别的意思；多用在不满意别人话中有所隐射的场合：她指桑骂槐，~，也说话中有话。

【话题】huàtí 名。谈话的主题和中心：换了个~。

【话头】huàtóu 名。谈话的头绪：引出了~。

＊"话头"和"话锋"："话头"没有"所指方面"的含义，可以与"打断、接过"等动词搭配；"话锋"有这个含义，只与"避开、转移"等动词搭配。

【话匣子】huàxiá·zi 〈方〉名。原指留声机，也指收音机，现在常用来比喻爱说话的人；只与"打开、关起"一类动词搭配，不与"说、讲"等动词搭配：他~一打开就没完没了|关起你的~吧!

【话音】huàyīn 名。(1)说话的声音：从~可以听出说话人是位女同志。(2)〈口〉言外之意：听~，他打算申请调动工作。

【话语】huàyǔ 名。言语，说的话；不加个体量词，不做"讲、说"等动词的宾语：他从来~不多。

huái (ㄏㄨㄞˊ)

怀(懷) huái ❶名。胸前或胸部；常带方位词"中、里"等：她把孩子抱在~里。❷动。常带宾语。(1)腹中有胎：她~过几次胎，都流产了。(2)心里存有；常带动态助词"着"：~着远大理想。❸〈素〉(1)心意，心胸：襟~|坦白下~。(2)思念：~念|~古。❹姓。

【怀抱】huáibào ❶动。多带宾语。(1)怀里抱着：妈妈成天~着刚满月的婴儿。(2)心里存有；常带动态助词"着"：~着远大的理想。❷名。(1)怀里，胸前；常带方位词"里、中"等：扑向妈妈的~|孩子在妈妈的~里睡得真甜。常喻指祖国大家庭：他回到了祖国的~。

【怀才不遇】huái cái bù yù 成。怀：怀着；才：才能。指有才能而没被赏识录用：躬逢盛世，何愁~?|他~，一生颇不得志。

【怀春】huáichūn 〈书〉动。指少女爱恋异性；不带宾语：少女~。

【怀古】huáigǔ 动。追忆怀念古代的事情；不带宾语：发~之幽情。常用在歌咏古迹的诗题中：《赤壁~》。

【怀鬼胎】huái guǐtāi 习。比喻心里暗藏不可告人的坏主意、坏念头；含贬义：

这个人心~，你要提防着点。
【怀恨】huáihèn 动。记恨，内心怨恨；常带宾语，可加程度副词：他非常~害得他堕落消沉的人|不要总是~他人。
【怀旧】huáijiù 〈书〉动。怀念往事和旧时的亲友；不带宾语：作诗~。
【怀恋】huáiliàn 动。怀念；可加程度副词：~故土|很~亲人。
【怀念】huáiniàn 动。思念；可加程度副词：他对老朋友非常~。常带名词作宾语：~亲人|~故乡。也可带补语：~了很久|又~起来。
【怀柔政策】huáiróu zhèngcè 词组。旧指统治者笼络别的国家或本国的非主体民族的政治策略、政治手段。
【怀疑】huáiyí 动。(1)不相信，疑惑；可加程度副词：说这件事是他干的，我很~。常带宾语或补语：~他的能力|~了几年。常带主谓词组作宾语：我很~这些话竟会是他说的。可作"引起"等动词的宾语：引起~|不容~。(2)猜想，常带主谓词组作宾语：我~他曾到过这里。
【怀孕】huáiyùn 动。妇女或雌性哺乳动物有了胎；不带宾语：她~了。可拆开用：她怀过两次孕，都流产了。

徊 huái 见"徘(pái)徊"。

淮 huái 水名用字。淮河，发源于河南桐柏山，流经安徽，在江苏注入洪泽湖。
【淮海】huáihǎi 名。指以徐州为中心的淮河以北及连云港(旧称海州)以西的地区，包括苏、皖、豫、鲁四省的各一部分。
【淮剧】huáijù 名。江苏地方戏曲剧种之一，原名江淮戏，流行于淮阴、盐城一带。

槐 huái ❶名。落叶乔木，花黄白色，结荚果。木质坚硬，是制作农具等的优良用材。花和果实都可制黄色染料。❷姓。

踝 huái 名。脚腕两旁凸起部分，由胫骨和腓骨下端的膨大部分形成。口语中常称踝子骨。

耲 huái [耲耙](-bà) 名。我国东北地区用来翻土的一种农具。

huài (ㄏㄨㄞˋ)

坏(壞) huài ❶形。(1)不好的，品质恶劣的；与"好"相对：~习惯|影响很~|~人~事。(2)表示不良后果或表示程度很深；多用在动词或形容词后边作补语：摔~|饿~了|气~了。❷动。(1)损坏，破坏，腐烂；可带动态助词"了"：这些鸡蛋全都~了。可带宾语：苹果~了五个。(2)使变坏；须带宾语：别瞎吃，小心~了肚子|这样蛮干会~事的。❸名。坏主意；一般作宾语：满肚子都藏着~|惯会使~。
另见pī(坯)。
【坏处】huàichu 名。不好的地方或有害的因素：这么做没有什么~。
【坏蛋】huàidàn 〈口〉名。坏人；骂人用语。
【坏东西】huàidōngxi 名。坏人；含较强的贬义：这个汉奸是个~，无恶不作。
【坏分子】huàifènzǐ 名。在我国特指必须依法惩办的流氓、诈骗犯、盗窃犯、杀人犯以及各种严重破坏社会秩序的犯罪分子。
【坏人】huàirén 名。品质恶劣的人，或指坏分子。
【坏血病】huàixuèbìng 名。一种出血性疾病，由于缺乏维生素C所引起。症状是牙龈、胃肠道和泌尿道出血，全身无力，肌肉和关节疼痛等。

·huai (ㄏㄨㄞ)

划(劃) ·huai 见"刮(bāi)划"。
另见huá，huà。

huān (ㄏㄨㄢ)

欢(歡、懽) huān ❶〈素〉高兴，快乐：~喜|~乐。❷〈方〉形。活跃，起劲；多作补语：孩子们玩得真~|大白菜长得正~。
【欢蹦乱跳】huān bèng luàn tiào 成。形容生命力旺盛，健康活泼：这些孩子个个都是~的。
【欢畅】huānchàng 形。高兴，畅快：~的笑声|他们玩得多么~。
【欢呼】huānhū 动。欢乐地呼喊：人们大声~|热烈~。可带宾语：~革命的

胜利。可带主谓词组作宾语：亿万人民纵情～中国人民从此站起来了。

【欢聚】huānjù 动。快乐地团聚；常带补语：～一堂|～在一起。可带处所宾语：～母校。

【欢快】huānkuài 形。欢乐轻快；可形容心情、乐曲等：心情很～|～的乐曲|～的舞步。

【欢乐】huānlè 形。快乐；多用于集体：屋子里充满了～的气氛，大家在一起跳舞很～。可重叠：欢欢乐乐过新年。

【欢声】huānshēng 名。欢呼的声音；多用于集体：～四起|～雷动。

【欢送】huānsòng 动。高兴地送别；多用集会方式：他离开的时候，许多人都去车站～了。常带宾语：他们去机场～外宾。可带兼语：～他走上新的工作岗位。

【欢腾】huānténg 动。高兴得手舞足蹈；不带宾语，可带补语：厂长把喜讯一宣布，整个会场便～起来。

【欢天喜地】huān tiān xǐ dì 成。形容非常快乐，非常高兴：他听说要去北京，立刻～地去准备行装。

【欢喜】huānxǐ ❶形。快乐，高兴：～若狂|试验成功了，他无比～。可重叠：欢欢喜喜过新年。❷动。喜欢，喜爱；须带宾语，可加程度副词：他很～小孩儿。也可带动词性词组作宾语：他～看足球赛。

【欢笑】huānxiào 动。快活地笑；不带宾语：战士们在那里大声地～着，清点战利品。常作定语：一片～声|～的胜利。

【欢心】huānxīn 名。对人或事物喜悦或赞识的心情；常作宾语：他博得了老教授的～。

【欢欣】huānxīn 形。快乐而兴奋：～鼓舞|节日里到处一片～的景象。可作宾语：大家共享着这莫大的幸福和～。

＊"欢欣"和"欢喜"："欢欣"着重形容欢乐而兴奋的情绪；"欢喜"着重形容遇上喜事而喜洋洋的。"欢欣"多用于书面语，使用范围较窄，"欢喜"可用于口语。"欢欣"不能重叠，"欢喜"可以。"欢喜"有动词用法；"欢欣"没有。

【欢欣鼓舞】huānxīn gǔwǔ 成。快乐得鼓

掌跳跃，形容非常欣喜、振奋：两军胜利会师后，战士们个个～。

【欢迎】huānyíng 动。可加程度副词。(1)很高兴地迎接：我们对你光临指导很～。常带宾语或补语：～新同学|热烈地～了一番。可带主谓词组作宾语：大家～客人来参观。可作"受到、表示"等动词的宾语：贵宾们受到同学们的热烈～。可重叠：我们也来～～老校友。(2)乐意接受：这部作品读者很～。常带宾语：用户很～这种产品。可带动词或动词性词组作宾语：～批评|～提出宝贵意见。也可带主谓词组作宾语：～你来参加讨论会。可作"受到、得到"等动词的宾语：这项措施深受市民的～。

【欢愉】huānyú 形。欢乐愉快：大家度过了～的节日。

讙(嚾) huān 〈古〉形。(1)喧哗。(2)同"欢"。

驩 huān 〈古〉形。同"欢"。

獾(貛) huān 名。即狗獾，哺乳动物，毛灰色，头部有三条白色纵纹。有锐利的爪，善于掘土。脂肪炼的油可治烫伤。

huán（ㄏㄨㄢˊ）

还(還) huán ❶动。归还。欠他的钱已经～了。常带宾语或补语：～东西|他借的书已～回来了。可带双宾语：～小李自行车。❷〈素〉(1)返回，恢复：～原|～俗。(2)回报别人对自己的行动：～嘴|～礼|以牙～牙。❸姓。

另见hái。

【还本】huánběn 动。归还借款、公债或股份的本金；不带宾语：公债五年后～。可拆开用：还了本，付了息。

【还魂】huánhún 动。(1)迷信的人认为人死后灵魂就离开躯体，所以称死而复活为还魂。(2)〈方〉再生；一般只作定语，表示某物是用废品旧物加工制成的：～橡胶|～布。

【还价】huánjià 动。买方因嫌价高而说出愿付的价格；不带宾语：讨价～。可拆开用：还的价只有讨价的一半。

【还礼】huánlǐ 动。不带宾语。(1)回敬别人的礼：门卫向他敬礼，他总要举手～。可拆开用：还了一个礼。(2)〈方〉回赠礼物：我收过他的礼品，现在他结婚，我得～。

【还俗】huánsú 动。僧尼道士等脱离寺庙的宗教生活，回到家中过普通人生活；不带宾语：青年尼姑都已～。

【还乡】huánxiāng 动。返回故乡；不带宾语：他在外工作三十多年，今天才～。可拆开用：终于还了乡。

【还原】huányuán 动。(1)事物恢复原状；不带宾语：会后请把课桌～。(2)物质的原子获得电子的化学反应，也就是物质与氢化合或失去氧原子的过程。如氧化铁经过冶炼，失去氧而变成铁。还原与氧化是伴同发生的。

【还愿】huányuàn 动。不带宾语。(1)为求神保佑而实践自己对神许下的酬谢：她到庙里去烧香～。(2)比喻实践诺言：我批准要办的事一定能～。可拆开用：他早就答应送老张一部《辞海》，今天总算还了愿。

环(環) huán ❶名。(1)(～儿、～子)圆圈形的东西：门～儿｜一副耳～儿。(2)环节；常与数词"一"相配：这是解决问题的重要一～。❷〈素〉围绕：～球｜～绕。❸姓。

【环保】huánbǎo 名。环境保护的简称：植树造林，搞好～。

【环抱】huánbào 动。围绕着；多用于自然景物，常带宾语，可带动态助词"着、了"：群山～着主峰，恰似众星拱月。

【环衬】huánchèn 名。指某些书封面与扉页之间不印任何文字的那页衬纸。

【环顾】huángù 〈书〉动。向四周看；常带宾语，可带动态助词"了"：～四周｜～全球｜他～了一下周围，突然发现一只野兔向东边奔去。

【环节】huánjié 名。互相关联的许多事物中的一个：中心～｜主要～。

【环境】huánjìng 名。(1)周围的地方：他家住在小山坡上，～很幽静。(2)所处的情况或条件：政治～｜客观～｜一个语词表示什么含义，必须结合语言～去理解。

【环境保护】huánjìng bǎohù 词组。指研究并防止自然环境恶化，使之适宜于人类劳动和生活的工作。主要有防止水源污染，大气污染，噪音污染，防风固沙，防止水土流失，保护野生动、植物，防止破坏生态平衡等带有战略意义的工作。世界各国都重视环境保护的问题。简称环保。

【环境污染】huánjìng wūrǎn 词组。由于人为的因素，环境受到有害物质的污染，以致影响动、植物的生长繁殖和人们的正常生产和生活，危害人体健康。主要有大气污染、水质污染、土壤污染、食品污染等。

【环球】huánqiú ❶动。围绕地球；多作状语：～旅行｜～飞行。❷见"寰球"。

【环绕】huánrào 动。围绕；常带宾语或补语：行星～太阳运行｜～地球一圈。可带动态助词"着、了"：公园周围～着一道小河。

【环视】huánshì 动。环顾，向四周看；常带宾语，可带动态助词"着、了"：他～了一下大家，才慢慢地说起故事来｜他默默地～着桦树林，心中涌起许多美好的回忆。

【环行】huánxíng 动。绕着圈子走；不带宾语，常带状语或补语：清晨散步，他总是绕湖～一周。可带动态助词"了、过"：～了三圈｜他沿城墙～过两次。常作定语：～电车｜～马路。

【环状】huánzhuàng 名。像圆环一样的形状；多作定语：～结构｜～树冠。也可作宾语：火山口多呈～。

郇 huán 姓。
另见xún。

洹 huán 水名用字。洹水，在河南省北部。又叫安阳河。

桓 huán 姓。

貆 huán 名。〈书〉指幼小的貉，也指豪猪。

萑 huán 名。古书上指芦苇一类植物。幼小时称"蒹(jiān)"，长成后称萑。

锾 huán 量。古代重量单位，一锾等于六两。

圜 huán 〈古〉动。围绕。
另见 yuán。

阛 huán [阛阓](-huì) 〈古〉名。街市。

澴 huán 水名用字。澴水，在湖北省。

寰 huán 〈素〉广大的地域：~宇｜人~。

【寰球】huánqiú 名。指整个地球或全世界；不加数量词：国际歌的歌声响遍~。也作环球。

嬛 huán 见"琅(láng)嬛"。

缳 huán 〈书〉❶名。绳套子：投~(上吊)。❷动。绞杀：~首。

鹮 huán 名。鸟类的一科，身体大，腿长，嘴弯曲而细长。生活在水边。

鬟 huán 名。旧时妇女梳的环形发髻。

huǎn (ㄏㄨㄢˇ)

缓 huǎn ❶动。不带宾语。(1)推迟，延缓；可带补语：这件事~几天再办。(2)恢复正常的生理状态；常带趋向动词"过来"作补语：这盆花浇过透水后才慢慢~过来。❷〈素〉(1)迟，慢：~慢｜迟~｜~不济急。(2)不紧张，变化慢：~冲｜~和。

【缓兵之计】huǎn bīng zhī jì 成。指作战时使敌人延缓进攻的计策，也指暂时拖延使事态缓和以便对付的计策。

【缓冲】huǎnchōng 动。使冲突缓和；常作定语：~地带｜这件事对父子间的僵局正好起了~作用。

【缓和】huǎnhé 动。(1)变得和缓；一般用在局势、气氛等方面，不带宾语，常带补语：紧张的空气~了一些｜局势~下来了。(2)使和缓；须带宾语：你的发言~了会场的气氛。

【缓缓】huǎnhuǎn 形。慢慢的；不加程度副词，不单独作谓语，常作状语：河水~地流着。

【缓急】huǎnjí 名。(1)和缓和急迫：办事情要分清轻重~｜~的情况不同，不必同时办理。(2)专指急迫、困难的事：~相助。

【缓颊】huǎnjiá 〈书〉动。婉言劝解或替人求情；不带宾语：务请代为~。

【缓解】huǎnjiě 动。缓和并逐渐消除；多用在矛盾或病痛等方面，可带动态助词"了"：他俩的对立情绪开始~｜病痛~了一些。可带宾语：你要从中~矛盾。

【缓慢】huǎnmàn 形。不迅速，慢：行动太~｜汽车~地向山上爬着。

【缓期】huǎnqī 动。把预定的时间向后推迟；不带宾语：会议已经~。可拆开用：缓了期。常作状语：~付款｜~执行。

【缓气】huǎnqì 动。恢复正常呼吸；多指极度疲劳后的休息，不带宾语：游击队常采用骚扰战术，使敌人得不到~的机会｜缓了一口气。可拆开用：缓过气来。

【缓刑】huǎnxíng 动。在一定条件下，对犯人所判处的刑罚延期执行或不执行，缓刑期间，如没有犯新罪，原判就不再执行，否则就与前罪合并处罚。

huàn (ㄏㄨㄢˋ)

幻 huàn 〈素〉(1)空虚的，不真实的：~想｜梦~。(2)异乎寻常地变化：~术｜变~无常。

【幻灯】huàndēng 名。(1)利用强光和透镜装置，放大、映射到屏幕上的文字或图像：放~｜看~。(2)放映幻灯的装置。

【幻化】huànhuà 动。奇异地变化；须加"成、出、为"等后才带宾语：一座座冰雕，把公园~成了水晶世界。

【幻景】huànjǐng 名。虚幻的景象，幻想中的景物：海市蜃楼是一种~。

【幻境】huànjìng 名。虚幻而奇妙的境界：这篇童话，把读者带进了一个奇妙的~。

【幻觉】huànjué 名。在没有外界刺激的情况下出现的虚假的感觉。有某种精神病或处在催眠状态中的人常有幻觉。

【幻灭】huànmiè 动。像幻境一样地破灭；多指希望或理想等，不带宾语，可带动态助词"了"：他的这种"理想"到头来只能像肥皂泡一样地~。

【幻想】huànxiǎng ❶名。(1)以理想和愿望为依据，对还没有实现的事物的想象；常作"是、有、充满、抱有"等动词的宾语：这是无比美妙的~｜这首诗充满了奇异的~。(2)凭空虚构的想象；含贬义：敌人的~破灭了。❷动。常带动词性词组作宾语。(1)对没有实现的事物有所想象:人类早就～飞向天空。(2)凭空进行虚构或想象;含贬义:敌人曾～以武力征服全中国。

【幻象】huànxiàng 名。幻想出来或由幻觉产生的形象:他盯着石灰驳落的墙壁,看着看着,墙上似乎出现了一个白胡子老翁。他明白,这不过是一种～。

【幻影】huànyǐng 名。幻想中的景象。

奂(奐) huàn 〈古〉形。(1)文采鲜明。(2)多,盛。

换 huàn 动。常带宾语或补语。(1)给人东西同时从他那里取回别的东西:他用3斤大豆～回了1斤豆油。(2)变换,更换:～件衣服|～了两个人|～了一下座位。(3)兑换:用美元～人民币。

【换班】huànbān 动。不带宾语,可拆开用。(1)工作人员按时轮流替换:日班和夜班工人晚上8点钟～|换了两次班。(2)借指领导换人:最近这家工厂的领导～了|这届领导还换不了班,要继续连任。

【换季】huànjì 动。随着季节而变更;用于衣着,不带宾语:你的衣服该～了。可拆开用:换了季|换过季。

【换亲】huànqīn 动。两家互娶对方女儿做媳妇,不带宾语:她女儿不同意～。可拆开用:换了亲|他家老一辈也换过亲。

【换取】huànqǔ 动。用交换的方式取得,常带宾语,可带动态助词"了、过":用工业品～了农产品。

【换算】huànsuàn 动。把某种单位的数量折合成另一种单位的数量:市斤一律用公制千克来～。可带宾语:用日元～人民币要依照银行牌价。

【换汤不换药】huàn tāng bù huàn yào 成。比喻只作形式上的变换,而不改变实际内容;含贬义:这种修改,不过是～,文章的基本观点并未改变。

【换帖】huàntiě 动。旧时朋友结拜为异性兄弟时,交换写着姓名、年龄、籍贯等内容的帖子。

【换文】huànwén ❶动。国家与国家之间交换外交书;不带宾语:两国达成经济合作协议,将正式～。可拆开用:两国已经换过文了。❷名。条约的名称之一。两国政府或两国政府部门间用互换照会的形式,把达成的协议在各自给对方的照会中确认下来,通常由双方同日发出。这种互相交换的文书叫换文。如建交的换文,贸易互惠的换文等。

【换言之】huàn yán zhī 〈书〉词组。换句话说;常作独立语:实践是检验真理的唯一标准,～,其他东西,如理论、权势等等都不能成为检验真理的唯一标准。

唤 huàn 动。呼叫,喊;多带宾语:～狗|～鸡。

【唤起】huànqǐ 动。(1)大声呼喊,使奋起;常带宾语:～民众|～工农千百万。(2)引起;用于回忆、感情、注意等:他的举动～我的注意。

【唤醒】huànxǐng 动。叫醒,使清醒或觉悟;常带宾语,可带动态助词"了":这次起义虽然失败,却震撼了全国,～了人民。可带兼语:～群众起来斗争。可用于"把"字句和被动句:一阵吵骂声把他～了|天朦朦亮,我被一种不知名的鸟儿～。

涣 huàn 〈素〉消散:～散|～然。

【涣然冰释】huànrán bīng shì 成。涣然:消散的样子;释:消散。像冰遇热消融一般。比喻疑虑、嫌隙、误会等完全消除:经过一个时期的相处,我们俩相互了解了,原有的误会～。

【涣散】huànsàn 形。散漫,松懈;多用于组织、纪律或精神方面:纪律～|精神～。

焕 huàn 〈素〉光明,光亮:～发|～然。

【焕发】huànfā 动。(1)光彩四射:精神～|容光～。可带宾语:脸上～着光彩。(2)振作;常带宾语:～了青春的活力。

【焕然一新】huànrán yī xīn 成。焕然:光明的样子。光彩夺目,给人以全新的感觉:千家万户喜迎春节,整个城市～。

痪 huàn 见"瘫痪"。

宦 huàn ❶〈素〉(1)官吏:～海。(2)做官:仕～|～游。(3)太监:～官。❷姓。

【宦官】huànguān 名。封建时代在帝王宫廷内侍奉帝王及其家属的人员,由阉割后的男子充任。也叫宦者、太监。

【宦海】huànhǎi 〈书〉名。比喻官吏争夺功名富贵的场所,即官场:～浮沉。
【宦途】huàntú 〈书〉名。旧指做官的生活、经历、遭遇等:～失意。
【宦游】huànyóu 〈书〉动。旧指为求做官而四处奔走,也指在外做官;可带宾语或补语:～四方|～三十载。

浣(澣) huàn ❶〈书〉动。洗;常带宾语,与单音节词搭配:～纱|～衣。❷〈古〉名。唐代规定,官吏每十天休息沐浴一次,所以把每月分为上浣、中浣、下浣,后来借作上旬、中旬、下旬的别称。

皖 huàn 〈古〉形。(1)明亮。(2)美好。

鲩(鯇) huàn 名。即草鱼,身体筒形,微绿色,鳍微黑色。生活在淡水中,吃水草,是我国特产的重要鱼类之一。

患 huàn ❶动。生;须以"病"或病名为宾语:～了一场病|～了肝炎。❷〈素〉(1)灾难,祸害:防～|水～|～难之交。(2)忧虑:忧～|～得～失。
【患得患失】huàn dé huàn shī 成。患:忧虑、担心。没有时担心不到,得到后又恐怕失掉。形容过多地考虑个人的利害得失:要想干一番事业,绝不能～。
【患难】huànnàn 名。艰难危险的处境,多用在固定组合中:～与共|～之交|同甘苦,共～。
【患难之交】huànnàn zhī jiāo 成。交:交情,朋友。共经患难的朋友:他们俩是～。

漶 huàn 见"漫漶"。

逭 huàn 〈古〉动。逃,避。

豢 huàn 〈素〉喂养:～养。
【豢养】huànyǎng 动。喂养,比喻收买培植;常带宾语或补语:他～了几个打手|他把走狗～在家。
＊"豢养"和"饲养":"豢养"用于牲畜,也可用于人,用于人时含贬义;"饲养"只用于牲畜,无贬义。

擐 huàn 〈古〉动。穿:～甲执兵。

轘 huàn 名。古代用车分裂人体的一种酷刑。

huāng(ㄏㄨㄤ)

肓 huāng 〈素〉古代指人体内心脏和膈膜之间的部位:病入膏～。

荒 huāng ❶动。可带宾语。(1)无人管理而长满野草:这块地～了|～了几亩地。(2)废弃,荒疏:多指学业、技艺等:别把功课～了|别～了学业。❷〈素〉(1)没有开垦的土地:～地|开～。(2)庄稼收成很不好:～年|备～|逃～。(3)某种物资严重缺乏:粮～|房～。(4)冷落,偏僻:～凉|～僻。(5)不合情理:～谬|～诞。(6)迷乱:～淫|～唐。
【荒诞】huāngdàn 形。极不真实,离奇古怪:神话故事似乎有些～,其实它是借助想象曲折地反映了人们征服自然的理想和愿望。
＊"荒诞"和"荒唐":"荒诞"着重指极其虚妄,难以置信;"荒唐"着重指极其荒谬,难以理解。
【荒诞不经】huāngdàn bù jīng 成。不经:不合常理。形容言论荒谬,极不合情理:他的说法～,没有一点事实根据|一些科学的幻想,如果用世俗的眼光来看,会被认为是～的。
【荒地】huāngdì 名。没有耕种的土地;量词用"块、片"等。
【荒废】huāngfèi 动。常带宾语。(1)不耕种而弃置一旁:村里人不肯～一分土地。(2)荒疏:他中途辍学,～了学业。(3)浪费:他终日游玩,～了不少时间。
【荒凉】huāngliáng 形。人烟稀少,冷清寂静:一片～|这地方过去很～。
【荒乱】huāngluàn 形。社会秩序混乱不安:在战争年代里,社会非常～。
【荒谬】huāngmiù 形。毫无道理,极端错误:～绝伦|他的论点极其～。
【荒漠】huāngmò ❶形。荒凉而又无边无际;不加程度副词,不单独作谓语,作定语:～的大草原。❷名。荒凉的沙漠或旷野:在戈壁～上开发出大油田。
【荒年】huāngnián 名。农作物收成很坏或颗粒无收的年头儿。
【荒僻】huāngpì 形。荒凉而又偏僻:～的

郊野|这地方很少有人,非常~。

【荒歉】huāngqiàn 形。农作物没收成或收成很坏;不加程度副词,常作定语:~的年头儿。

【荒时暴月】huāng shí bào yuè 成。荒:五谷不收;暴:凶。指遭受灾荒的岁月或青黄不接的时候:如今即使遇到~,也不致再去乞讨了。

【荒疏】huāngshū 动。因久不练习而生疏;多用在学业和技术方面,一般只带动态助词"了":他的手艺早已~。可带宾语:~了学业。

【荒唐】huāngtáng 形。(1)谬误到令人奇怪的程度;多指思想、言行:如今出门还要看皇历,实在~!(2)行为放荡,没有节制:他这人很稳重,干不出这样~的事来。

【荒芜】huāngwú 形。田园因无人管理而长满野草;可带动态助词"了、着":由于战乱,大片土地已经~了。
  *"荒芜"和"荒僻":"荒芜"着重指土地因无人管理而杂草丛生;"荒僻"着重指某地人烟稀少,交通不便,很偏僻。

【荒野】huāngyě 名。荒凉的野外:过去这里是一片~,现在变成了良田。

【荒淫】huāngyín 形。贪恋酒色,生活糜烂:~到了极点|这个人真是~无耻。

塃 huāng 〈方〉名。开采出来的矿石。

慌 huāng ❶形。慌张:遇到紧急情况,不要~|参加口试时,我心里很~。❷动。由慌张而造成某种状态;须带"神儿、手脚"等名词做宾语:~了神儿|~了手脚。

慌 ·huāng 〈口〉形。表示难以忍受;常用在"憋、闷、愁、累、急"等词后面作补语,前面须加助词"得":憋得~|闷得~|愁得~。

【慌乱】huāngluàn 形。慌张而混乱:做事要有条不紊,切莫~|匪军十分~地逃跑了。

【慌忙】huāngmáng 形。急忙,不从容:他~追了过去|绣花是细活儿不能太~。可重叠:他慌慌忙忙地收拾好行李,就急着去赶路了。

【慌张】huāng·zhang 形。惊惶失措的样

子:神色~|做事要沉着,不要~。可重叠:敌人慌慌张张地逃跑了|看他慌里慌张的样子,不知出了什么事。

huáng(ㄏㄨㄤˊ)

皇 huáng ❶〈素〉(1)皇帝,君主:~宫|三~五帝。(2)盛大:堂~|~~。❷〈古〉同"遑"。❸姓。

【皇朝】huángcháo 名。封建时代称本朝为皇朝,现在泛指封建王朝。

【皇储】huángchǔ 名。已确定的皇位继承人。

【皇帝】huángdì 名。我国封建时代最高统治者的称号,始于秦始皇。现在某些君主国家的最高统治者也称皇帝。

【皇甫】huángfǔ 复姓。

【皇宫】huánggōng 名。皇帝居住的地方。

【皇后】huánghòu 名。皇帝的妻子。

【皇皇】huánghuáng 形。(1)〈书〉形容盛大;不加程度副词,一般只修饰"巨著、文告"等:~巨著|~文告。(2)见"遑遑"。(3)见"惶惶"。

【皇历】huáng·li 名。旧时对历书的称呼,是排列月、日、干支、节气等供查考的书。也作黄历。

【皇亲国戚】huáng qīn guó qī 成。皇帝的亲戚,指极有权势的人。

【皇上】huáng·shang 名。我国封建时代称在位的皇帝为皇上。

【皇室】huángshì 名。皇帝的家族。

【皇太后】huángtàihòu 名。皇帝的母亲。

【皇太子】huángtàizǐ 名。皇帝的儿子中已确定继承帝位的。
  *"皇太子"和"皇储":"皇太子"必定是皇帝的儿子;"皇储"指已确定的帝位继承人,但不一定是皇帝的儿子。

凰 huáng 见"凤凰"。

隍 huáng 〈素〉没有水的城壕:城~。

喤 huáng [喤喤] 〈古〉拟声。(1)摹拟钟鼓声:钟鼓~。(2)摹拟小儿洪亮的哭声:其泣~。

徨 huáng 见"彷(páng)徨"。

惶 huáng 〈素〉恐惧：～恐|惊～。

【惶惶】huánghuáng 形。形容惊恐不安；不加程度副词：敌军内无粮草，外无救兵，～不可终日|人心～。也作皇皇。

【惶惑】huánghuò 形。害怕疑惑：他第一次独当一面地负起重任，曾一度产生～的心情。可作"感到"等动词的宾语：内心感到有些～。

【惶遽】huángjù 〈书〉形。惊慌失措：神色～。

【惶恐】huángkǒng 形。惊恐害怕：～不安|神色十分～。

＊"惶恐"和"恐惧"："惶恐"表示内心焦虑不安，语意较轻；"恐惧"表示内心空虚害怕，语意较重。

湟 huáng 水名用字。湟水，发源于青海省，流入甘肃省。

遑 huáng 〈素〉(1)闲暇：不～(没有空闲)。(2)恐惧：～遽。

【遑遑】huánghuáng 〈书〉形。急急忙忙：～如丧家之犬。也作皇皇。

煌 huáng 〈素〉光亮：～～|辉～。

【煌煌】huánghuáng 〈书〉形。形容明亮：明星～。

锽 huáng 名。古代的一种兵器。

【锽锽】huánghuáng 拟声。摹拟钟鼓声：钟声～。

蝗 huáng 名。昆虫，种类很多。能成群远飞的叫飞蝗，不能远飞的叫土蝗。吃庄稼，是农业的主要害虫之一。有的地区叫蚂蚱。

【蝗灾】huángzāi 名。成群的蝗虫吃掉大量农作物的茎和叶而造成的灾害。飞蝗很多时，连草和树叶都被吃得精光。

篁 huáng 〈古〉名。竹林，泛指竹子。

艎 huáng 见"艅(yú)艎"。

鳇 huáng 名。鱼类的一属，体形与鲟相似，长可达5米，有五行硬鳞，嘴很突出，呈半月形，两旁有扁年的须。肉味鲜美，卵尤名贵。通称鳇鱼。

黄 huáng ❶形。像向日葵花一样的颜色：他的脸很～。❷〈口〉动。事情失败或计划不能实现：这场球赛看来～了。❸〈素〉指黄河：治～|～淮平原。❹姓。

【黄包车】huángbāochē 名。旧时一种用人拉的车。车身前有两根长柄，供拉车用。主要用来载人。也叫人力车。

【黄灿灿】huángcàncàn 形。形容金黄而鲜艳；不加程度副词，常带助词"的"：有一种月季花的颜色是～的。

【黄疸】huángdǎn 名。(1)一种病症。病人的皮肤、眼白呈桔黄色或暗黄色，多为肝脏、胆道、血液系统的疾病所引起。(2)指黄锈病，植物的一种病害。

【黄道】huángdào 名。地球一年绕太阳公转一周，而从地球上看就像太阳在天空中由西向东移动一圈，所看到的太阳移动的路线，即地球公转轨道平面和天球相交的大圆圈，叫做黄道。黄道和赤道相交于春分点和秋分点。

【黄道吉日】huángdào jírì 词组。迷信的人所认为的好日子，在这一天宜于办事。也说黄道日。

【黄澄澄】huángdēngdēng 形。形容金黄色；不加程度副词，常带助词"的"：一堆堆的玉米～的。

【黄帝】huángdì 名。即轩辕氏。传说中我国原始社会部落联盟的首领。曾打败炎帝和蚩尤，统一中原。传说古代文字、历法、养蚕、舟车、音乐等都创始于黄帝时期。我们常说中国人都是炎黄子孙，炎指炎帝，黄即指黄帝。

【黄花】huánghuā ❶名。(1)指菊花：战地～分外香。(2)指金针菜。❷〈口〉形。没有发生两性关系的；用于未婚的青年男女，不加程度副词，不单独作谓语，作定语：～闺女|～公子。

【黄昏】huánghūn 名。日落后到星出前的一段时间。

【黄教】huángjiào 名。藏族地区喇嘛教中最大的一派，14世纪末宗喀巴所创。因其喇嘛戴黄色帽，故名。

【黄金】huángjīn 名。(1)一种贵重金属，金子的通称。(2)比喻像黄金一样珍贵、有价值；作定语，一般不带助词"的"：～

时期|~季节。

【黄金时代】huángjīn shídài 词组。(1)指政治、经济或文化最繁荣的时期:现在是发展科学文化的~,我们要无比珍惜。(2)指人一生中最宝贵的时期:青年时期是每个人的~,要十分珍惜。

【黄口小儿】huáng kǒu xiǎo ér 成。黄口:雏鸟的嘴。指婴儿,常用来借指无知的年轻人;含讥诮意:其中自然有典故,为~所不知。

【黄历】huángli 见"皇历"。

【黄连】huánglián 名。多年生草本植物,羽状复叶,花小,白色。根状茎,味苦,供药用,能清热解毒,对菌痢有特效。

【黄粱梦】huángliángmèng 名。黄粱:小米。唐·沈既济《枕中记》叙述,有个卢生在邯郸旅店中遇见一个道士。卢生自叹贫困,道士借给他一个枕头,说枕着睡觉就会称心如意。这时候,店主人正煮小米饭,卢生在梦中享尽了荣华富贵,一觉醒来小米还没煮熟。后用"黄粱梦"比喻虚幻的梦想。也作一枕黄粱、黄粱美梦。

【黄龙】huánglóng 名。即黄龙府,金国的地名,在今吉林省农安县西南,宋金交战时,岳飞误以为是金国的都城,曾说要直捣黄龙府。后借用来泛指敌人的都城:直捣~|痛饮~。

【黄毛丫头】huángmáo yātou 词组。年幼的女孩子;含有戏谑或轻侮的意思。

【黄梅天】huángméitiān 名。春末夏初,在我国长江中下游地区连续阴雨,空气潮湿,农作物容易发霉。因为这时正是梅子成熟的时候,所以把这段时期称做黄梅天。也叫黄梅季。

【黄梅戏】huángméixì 名。安徽地方戏曲剧种之一,因主要曲调由湖北黄梅传入而得名。也叫黄梅调。

【黄梅雨】huángméiyǔ 名。黄梅天下的连阴雨。也叫梅雨、霉雨。

【黄牛】huángniú 名。(1)牛的一种,皮毛黄褐色,角短。用来耕地拉车。肉可食用,皮可制革。(2)比喻不怕苦、任劳任怨的人;常加"老":他这个人甘为老~。(3)〈方〉指倚仗力气或门路抢购物资、车船票或门票高价倒卖而从中牟利的人。

【黄皮书】huángpíshū 名。内容与作用同于白皮书,不过封皮是黄色的。参见"白皮书"。

【黄泉】huángquán 名。地下的泉水,指人死后埋葬的地方,迷信的人指阴间:命归~。

【黄色】huángsè 名。(1)黄的颜色。(2)象征下流的、堕落的,特指色情:~歌曲|~画报。

【黄色文学】huángsè wénxué 词组。指内容低级下流,充满色情描写的文学。

【黄汤】huángtāng 名。指黄酒;多在骂人喝酒时用:你只知道灌~。

【黄鱼】huángyú 名。(1)海鱼的一种,头大,体扁,尾巴狭窄。也叫黄花鱼。(2)旧时指轮船水手、汽车司机等为捞取外快而私带的旅客。

【黄种】huángzhǒng 名。蒙古人种。

潢 huáng ❶〈古〉名。积水池。❷〈素〉染纸;装~。

璜 huáng 〈古〉半璧形的玉。

磺 huáng 见"硫磺"。

癀 huáng [癀病](-bìng) 〈方〉名。猪、马、牛等家畜所患的炭疽(jū)病。

蟥 huáng 见"蚂蟥"。

簧 huáng 名。(1)乐器里发声的薄片,用铜或其他物质制成:口琴里的~坏了几片。(2)器物上有弹力的机件:别把闹钟的~拧断了。

【簧舌】huángshé 〈书〉名。如簧之舌,指迷惑人心的花言巧语。也作簧鼓。

huǎng (ㄏㄨㄤˇ)

怳 huǎng 见"惝(chǎng)怳"。

恍 huǎng 〈素〉(1)忽然:~然。(2)仿佛:~如。(3)模糊不清:~惚。

【恍惚】huǎnghu 形。也作恍忽。(1)形容精神不集中或神志不清:精神~|~的神情。可重叠:这个人恍恍惚惚,东张西望,形迹可疑。(2)形容不清楚,不真切;一般修饰"看见、听见、记得"等,作状语,

不带助词"地":～看见有人进屋|～记得这件事。

【恍然大悟】huǎngrán dà wù 成。一下子完全明白了:这道难题,经你一点拨,我才～。

【恍如】huǎngrú 〈书〉副。仿佛,似乎:～隔世|～进入了梦境。

晃 huǎng 动。(1)闪耀;一般不带宾语,常带补语:强烈的灯光～得我睁不开眼。(2)很快地闪过,突然一现;常用"一……而……"格式中,表示时间短暂:一～而过|流星在天空中一～就不见了。可带趋向动词"过"等后再带宾语:眼前突然～过一道强光。

另见huàng。

幌 huǎng 〈古〉名。帷幔。

【幌子】huǎng·zi 名。(1)商店门外表明商店性质的标志。(2)比喻为了掩盖真实意图而假借的名义;含贬义:他用为集体谋福利作～,大肆偷税漏税,中饱私囊。

谎 huǎng ❶名。假话,不真实的话,多作"撒、说"的宾语:撒了一个～。❷〈素〉不真实的:～报|～称。

【谎报】huǎngbào 动。不真实地假报;常带宾语,可带动态助词"了、过":～军情|～了几笔帐。

【谎话】huǎnghuà 名。骗人的话,假话。

【谎价】huǎngjià 名。商人卖货时所要的大大高于一般成交价格的价钱。

【谎言】huǎngyán 名。谎话:满纸～|一派～。

huàng(ㄏㄨㄤˋ)

晃(提) huàng 动。摇动,摆动:钟摆在不停地～。常带宾语或补语:他手上～着一面小旗子|他说话时总爱～脑袋|～个不停。

另见huǎng。

【晃荡】huàng·dang 动。向两边摆动:一阵大风,树枝被吹得直～。有时可用晃动的事物作宾语,要带动态助词"着":河里～着一条小船。

【晃动】huàngdòng 动。摇晃,摆动:在月光下,有一个黑影在～。有时可用晃动的事物作宾语,要带动态助词"着":静寂了几天的广场,又～着活泼的人影。

【晃悠】huàng·you 动。向两边摇晃或来回摆动;不带宾语:树枝在微风中～着。可重叠:她年老了,走路晃晃悠悠,不稳了。

＊"晃悠"和"晃荡":"晃悠"摆动比较舒缓,幅度小;"晃荡"摆动一般较快,幅度也大一些。

湟 huàng 〈古〉形。形容水深而广。

皝 huàng 人名用字。慕容皝,东晋初年鲜卑族首领,建立前燕国。

huī(ㄏㄨㄟ)

灰 huī ❶名。(1)物体燃烧后剩下的粉末:烧纸留下了一堆～。(2)尘土,粉末:把桌上的～掸掉。(3)特指石灰:这次粉墙用了一吨～。❷形。介于黑白之间的颜色:不加程度副词,不单独作谓语,作定语,或用在"是…的"格式中:～衣服|～毛线|布料的颜色是～的。❸动。消沉失望;多用在固定组合中:心～意懒|～心丧气。

【灰暗】huī'àn 形。暗淡,不鲜明;多指光、色:天色～|～的色调。引申指低沉的情绪或不光明的心理:心情有些～。

【灰白】huībái 形。浅灰色;不加程度副词:～的墙|脸色～。

【灰不溜丢】huī·buliūdiū 〈方〉形。形容灰得难看;含厌恶意,不加程度副词,常带助词"的":他那一身衣服～的,真难看。

【灰尘】huīchén 名。尘土:桌上满是～。

【灰烬】huījìn 名。物体燃烧后剩下的东西;常作"烧成、化为"等动词的宾语:阿房宫被项羽一把火烧成～。

【灰溜溜】huīliūliū 形。不加程度副词,多带助词"的"。(1)形容颜色暗淡;含厌恶意:这件衣服～的,不好看。(2)形容消沉懊丧的神态:有错就改,不要～的。

【灰蒙蒙】huīmēngmēng 形。形容模糊暗淡;多指景色,不加程度副词,常带助词"的":～的夜色|下雾了,周围的一切都～的。

【灰色】huīsè ❶名。介于黑白之间的颜色:这块布是～的。❷形。一般作定语,不单独作谓语。(1)比喻颓废和失望:～

的人生观;～的作品。(2)比喻态度暧昧:他俩之间存在一种～的关系。

【灰头土脸儿】huītóu tǔliǎnr 〈方〉词组。(1)形容满脸灰尘的样子:他风尘仆仆赶回家,～的。(2)形容消沉、懊丧的神态:失败了也不要～的。

【灰心】huīxīn 动。由遭到困难、失败而丧失信心,意志消沉;不带宾语:他受到了挫折,但没～。可加程度副词,可拆开用:他很～|灰了心。

诙 huī 〈素〉开玩笑,嘲笑:～谐。

【诙谐】huīxié 形。说话风趣,引人发笑:谈吐～|他说话很～。

咴 huī [咴儿咴儿] 拟声。摹拟马叫声。

恢 huī 〈素〉广大,宽广:～弘。

【恢复】huīfù 动。(1)变成原来的样子;不带宾语:健康已经基本～了。(2)使变回原来的样子,把失去的收回来;须带宾语:～名誉|～优良传统。

【恢弘】huīhóng 〈书〉也作恢宏。❶形。宽阔,广大;一般形容气势、气度:气度～|～的气势。❷动。发扬;一般只带"士气、志气"等作宾语:～士气。

【恢恢】huīhuī 〈书〉形。形容非常广大,多用在固定的组合中: 天网～, 疏而不漏(意指作恶者无不脱惩罚)。

扬(撝) huī 〈古〉动。指挥。

挥 huī ❶动。挥舞:大笔一～。常带宾语或补语:他用力地～了一下手|～大刀。❷〈素〉(1)抛出,抹掉:洒|～汗|～泪。(2)散出:～发|～|～金如土。(3)指挥:～师。

【挥动】huīdòng 动。挥舞,举起手臂摇动;宾语限于"手臂"或手上拿的东西:～着手臂向送行的人告别|～手中的小旗。

【挥发】huīfā 液体在常温下变为气体向四周散发,如酒精、石油等都能挥发;可带补语:一瓶石油都～光了。可带施事宾语或数量宾语:整整～了两大瓶酒精|乙醚～掉一瓶。

【挥毫】huīháo 〈书〉动。用毛笔书写或绘画;不带宾语: ～疾书|～泼墨。

【挥霍】huīhuò ❶动。无节制地任意花钱;含贬义:不许～人民的血汗。❷〈书〉形。轻捷,洒脱。

【挥金如土】huī jīn rú tǔ 成。挥:散出,这里指使用。挥霍金钱如同撒土。形容极端浪费。

【挥洒】huīsǎ 动。挥笔洒墨;指写文章、作画运笔自如,一般不带宾语: ～自如|他任意～,画面却栩栩如生。

【挥舞】huīwǔ 动。举起手摆动;一般总是连拿着的东西一起摆动,须带宾语:～着鲜花|～大刀。

珲 huī 地名用字。瑷珲,县名,在黑龙江省。今作爱辉。
另见hún。

晖 huī 〈素〉阳光:春～|朝～。

【晖映】huīyìng 见"辉映"。

辉(煇) huī (1)闪耀着的光彩: ～煌|光。(2)照耀: ～映。

【辉煌】huīhuáng 形。(1)明亮耀眼;一般用于灯光等具体的事物: 站台上灯光～|这座宫殿金碧～。(2)引申为出色的、显著的;一般用于"成就、战果、事迹、远景"等,可以跟"伟大、灿烂"等搭配:成绩～|祖国的明天灿烂～。

【辉映】huīyìng 动。照耀,映射;常用在多种光彩相互照射的场合;不带宾语:节日的灯火交相～|灯光与月色相～。有时引申为事物相互对照、衬托: 前后～。也作晖映。

翚 huī ❶〈古〉动。飞翔。❷名。古书中指一种五彩羽毛的野鸭。

袆(褘) huī 名。袆衣,古时王后的一种祭服。

咺 huī [喧咺](xuān-) 〈古〉形。形容喧闹。

麾 huī ❶名。古代指军队的旗子。❷〈古〉动。指挥;用于军队,常带兼语:～军前进。

【麾下】huīxià 〈书〉名。(1)旧时对将帅的尊称。(2)指将帅的部下。

徽 huī 〈素〉(1)表示某个集体的标记,符号:国～|～章。(2)美好的:～号。

【徽号】huīhào 名。美称:大家送他一个

"学者"的～。

【徽剧】huījù 名。安徽地方戏剧的一种,流行于本省及江浙一带。旧称徽调。

【徽墨】huīmò 名。徽州出产的黑墨,质地优良,闻名全国。

【徽章】huīzhāng 名。佩带在身上,表示身份及工作单位等的标记;多用金属制成,量词用"枚"等。

隳 huī〈古〉动。毁坏。

huí（ㄏㄨㄟˊ）

回（囘、囬、△廻、廻）huí

❶动。(1)从别处到原来的地方;多带处所宾语:他～家了│～学校了。(2)掉转,常以"头、身子"等词语作宾语:他～了一下头│～过身来。(3)答复;可带双宾语或只带指物的宾语:～了哥哥一封电报│我已经～过信了。(4)回禀;旧时下人对主人或晚辈对长辈的敬辞:小人～老爷话。(5)谢绝,辞退;常带"掉"作补语:张家的邀请我已～了(谢绝)│～掉了这份礼物(退掉)│把临时工～了(辞去)。❷量。(1)表示事情,动作的次数:这是另一～事│去过两～。(2)章回小说的一章,说书人说的一个段落:这部小说有八十～。△❸〈素〉曲折环绕:巡～│～旋│～形针。❹名。指回族。❺姓。

【回拜】huíbài 动。回访;一般用在同辈之间或晚辈对长辈、下级对上级:张先生上周来访,今天我得去～。可带宾语:今天～了王明兄。

【回报】huíbào 动。可带宾语。(1)向布置任务的个人或集体报告执行情况:向领导～了自己的工作情况。(2)报答:对他的恩惠我要好好～│～他对我们帮助。(3)报复:我向他提了几条意见,他不仅不接受,反而以穿小鞋来～我。

【回避】huíbì 动。常带宾语或补语。(1)躲开,让开:她从不～困难│这件事你～不了。(2)特指审判人员因与案件有牵连或有利害关系而不参加该案件的审理工作:这案件涉及你儿子,你得～一下。

【回禀】huíbǐng 动。旧时下级向上司或晚辈向长辈报告;常带宾语:～父母大人。

【回肠荡气】huí cháng dàng qì 成。回:回转;荡:动摇。形容文艺作品或表演非常动人,耐人寻味:这部作品非常成功,足以令人～。也作荡气回肠。

【回肠九转】huí cháng jiǔ zhuǎn 成。形容极度焦虑、忧伤、痛苦;多用于书面语:忧心百结,～。

【回潮】huícháo 动。不带宾语,可拆开用。(1)已经晒干或烤干的东西又受潮变湿:衣服～│回了潮。(2)比喻旧事物或旧思想再度出现。迷信活动又～了。

【回春】huíchūn 动。不带宾语。(1)冬尽春来:大地～│万物～。(2)比喻医术高明,能把重病治好;多用在固定组合中:妙手～。

【回答】huídá 动。常带宾语。(1)对问题作解释,对要求表示意见:他～了老师的问题│对他的要求你将怎么～?可带双宾语:请～我一个问题。(2)比喻用行动或事物表示态度:我要用实际行动～人民对我的关怀和培养。

【回荡】huídàng 动。来回飘荡;多用于声音:歌声～。常带表示处所的介词词组作状语或补语:一阵阵悦耳的琴声在我耳边～。可带施事宾语:在山谷中～着汽锤的声响。

【回电】huídiàn ❶动。用电报回复;不带宾语:是否到会,请～。可拆开用:回了电。❷名。回复的电报。

【回访】huífǎng 动。在对方访问以后去访问对方;不分尊卑长幼都可用,常带宾语:我国领导人～了西欧一些国家。

【回复】huífù 动。常带宾语。(1)答复,回答;多指用书信:他的信已经～│～了他的提问。(2)恢复原状;一般指具体事物:房间的布置～了原样。

【回顾】huígù 动。(1)回过头来看:对送行的人频频～。可带宾语:不时～即将离别的亲人。(2)比喻回想往事;常带宾语:～往事│大家一起～了二十几年的战斗历程。

【回光返照】huí guāng fǎn zhào 成。指太阳刚落山时,由于光线反射而发生的天空中短时发亮的现象。常用以比喻人临死前精神的忽然兴奋或旧事物灭亡前呈现的暂时兴旺的现象。
【回归线】huíguīxiàn 名。地球上赤道南北各23°27′处的两条纬度圈,北半球的叫北回归线,南半球的叫南回归线。太阳直射的范围限于这两条线之间,来回移动,所以叫做回归线。
【回合】huíhé 名。旧小说中描写武将交锋时,一方用武器攻击,另一方用武器招架,一次叫一个回合。现在借指战役、体育比赛或谈判、争论双方的一次较量:这次贸易谈判进行了几个~,还没结果。
【回纥】huíhé 名。我国古代的一个少数民族,主要分布在今鄂尔浑河流域。唐时曾建立回纥政权。后来大部分迁至今新疆地区,与附近各民族长期相处,成为后来的维吾尔族。也作回鹘(hú)。
【回话】❶huíhuà 动。回答别人的问话;不带宾语:请你~。可拆开用:回大人的话。❷名。答复别人的话;多指请别人转告的:请将我的~告诉他。
【回回】huí·hui 名。旧时称回民。
【回击】huíjī 动。受到攻击后,反过来攻击对方;常带宾语:~了敌人的进攻。可作"给予"等动词的宾语:给予有力的~。
【回见】huíjiàn 动。再见;客套话,与人分手时用。
【回教】huíjiào 名。我国对伊斯兰教的旧称。
【回敬】huíjìng 动。回报别人的馈赠或敬意;常带宾语:~一杯酒。可带双宾语:~过他一些礼物。
【回绝】huíjué 动。回复对方,表示拒绝:这样重要的事请你去帮忙,你不该~。可带动态助词"了、过":这事儿我~过了,你不要再提了。可带宾语:他不止一次地~了别人的邀请
【回扣】huíkòu 名。替卖主推销或经手采购的人向卖主索取的佣钱。这钱实际上是从买主支付的钱中扣出来的,所以称回扣:拿了一笔~。
【回来】huí·lái ❶动。从别处回到原来的地方,朝着说话人所在的方向来:他刚从学校~。可带施事宾语:从国外~了一些人。可拆开用:回到家里来。❷趋。用在动词后,表示到原来的地方:他买~了两台水泵|跑~一个人。
【回礼】huílǐ 动。回赠礼品或回答别人的敬礼;不带宾语:他向门卫~。可拆开用:我曾买了两盒蛋糕,回过礼。可构成连动词组:他举手~。
【回历】huílì 名。伊斯兰教历。
【回笼】huílóng 动。不带宾语,可拆开用。(1)把冷了的熟馒头、包子等放回笼里再蒸:把这些包子拿去~|馒头已经回过笼。(2)流通在社会上的货币回到发行的银行:货币~|30亿元人民币全都回了笼。
【回禄】huílù 〈书〉名。传说中的火神的名字,多借指火灾:~之灾|本已不幸,更遭~。
【回马枪】huímǎqiāng 名。枪:长矛。趁敌不备,转过马头给追击者的突然袭击。比喻向旧营垒的反戈一击;常作"杀"的宾语:杀~。
【回民】huímín 名。指回族人。
【回暖】huínuǎn 动。天气由冷变暖;不带宾语:近来天气~了。
【回去】huí·qù ❶动。从别处到原来的地方去;方向是离开说话人的所在地,可带动态助词"了、过":他~过两次|~以后要用心学习。可带施事宾语:已~两批人。可拆开用,回到学校去。❷趋。用在动词后,表示到原来的地方去:他买~一台电视机|月底前赶~两个人。
【回升】huíshēng 动。下降后又上升;多指物价、气温、产量等,一般不带宾语:石油价格又~了|气温正在~。
【回生】huíshēng 动。不带宾语。(1)死后再活过来;多用在比较固定的组合中:起死~。(2)已熟悉或已学会的东西又变得生疏起来:学过的知识如果不复习、巩固,很易~。
【回声】huíshēng 名。声波遇到障碍物反射回来又被听到的声音:在山谷中大声一叫就会听到~。
【回师】huíshī 动。作战时往回调动军队;可带表示处所的宾语:~中原。
【回收】huíshōu 动。把物品收回重新利用;多指废品或旧货:废铜烂铁要~。常带宾语:~废纸。
【回手】huíshǒu 动。不带宾语。(1)把手

伸向身后或转身后伸出手去；常构成连动词组：～关门|～关灯。(2)还击，还手：骂不回嘴，打不～。

【回首】huíshǒu〈书〉动。(1)回头；不带宾语：他离开放乡时，频频～，无限依恋。(2)回顾，回忆；可带"往事"等作宾语：～往事，不胜感慨。

【回溯】huísù〈书〉动。回顾，回忆；可带宾语：～过去，瞻望未来。

【回天之力】huí tiān zhī lì 成。比喻言论正确，极有力量，影响深远。现泛指能战胜困难的巨大力量：中国人民有～，什么艰难险阻也不在话下。

【回头】huítóu ❶动。不带宾语。(1)向后掉转头：他～一看，一排排树木just像欢送的人群。可拆开用：回过头去|回了一下头。(2)后退；多用于否定句：勇往直前，绝不～。(3)改邪归正：浪子～金不换|现在～还不晚。❷副。有过一会儿，等一会儿：～见|～再说。

【回头路】huítóulù 名。比喻走过的老路或倒退的路：我们一定沿着改革、开放的道路走下去，绝不走～。

【回头是岸】huí tóu shì àn 成。回头：佛家语，意即彻悟；岸：彼岸。指有罪的人只要回心转意，痛改前非，就能登上彼岸，获得超度。后比喻有罪恶的人只要改过自新就有出路。

【回味】huíwèi ❶名。指食物吃过后的余味：橄榄吃过，嘴里仍有些～。❷动。从回忆中体会；对象多是含有深意的事物：这篇文章寓意深刻，耐人～。可带宾语：我～着刚刚看完的电视剧，陷入了沉思。

【回翔】huíxiáng 动。盘旋地飞；不带宾语：飞机在空中～。

【回响】huíxiǎng ❶名。(1)回声：喊声在山谷中激起巨大的～。(2)反应，反响：这个倡议在全国得到很大～。❷动。响声激荡回环；常带补语：隆隆的机器声～在山谷之中。带施事宾语时常带动态助词"着"：耳中～着那动人的琴声。

【回想】huíxiǎng 动。想过去的事；常带宾语或补语：～自己的童年|过去的一切，～起来，无限感慨|～了一下，并未发现有什么不妥当的言辞。

*"回想"和"回顾"："回想"多用于口语；"回顾"多用于书面语，且常带总结或小结的意味，如"回顾过去一年的战斗历程，展望新的一年的战斗任务。"

【回心转意】huí xīn zhuǎn yì 成。心、意：心思；回、转：掉转。重新考虑，不再固执己见；多用于放弃嫌怨，恢复感情：他已～，你就原谅他吧。

【回信】huíxìn ❶动。答复来信；不带宾语：请及时～。可拆开用：回了他一封信。❷名。(1)答复的信：给哥哥写了一封～。(2)答复的话：我托你的事，一办完就给我个～。

【回旋】huíxuán 动。不带宾语。(1)盘旋：两架飞机在空中～着。(2)可商量，可进退；常作"余地"等的定语：你把话说死了，还有什么～的余地呢?

【回忆】huíyì 动。回想；常带宾语或补语：～童年的情景|让我～一下|陷入深沉的～之中。可带主动词性词组或主谓词组作宾语：你好好～一下当时组织了哪些活动|请你好好～一下他参加会议没有。可重叠：这件事你要好好～～。

*"回忆"和"回顾"："回忆"的含义着重在"想"，回想的一般是自己亲身经历过的事情；"回顾"的含义重在"看"，常用的是它的比喻义，回顾的可以是自己的经历，也可以是社会历史或事情的发展过程，使用范围较大。"回忆"常作"引起、勾起、沉浸、陷入、留下"等动词的宾语；"回顾"一般不作宾语。

【回忆录】huíyìlù 名。散文的一种，用文学形式记叙自己或自己所熟悉的人的亲身经历及有关的历史事件。篇幅长短不一，带有文献性质。

【回音】huíyīn 名。(1)回声。(2)答复的话或信：我托人带信给他，至今没有～。

【回游】huíyóu 见"洄游"。

【回执】huízhí 名。(1)收到信件或物品后交来人带回的收据。也说回条。(2)向寄件人证明邮件已经递到的凭据，由收件人盖章或签名后交邮局寄回给寄件人。

【回族】huízú 名。我国的一个少数民族，散居在全国，宁夏、甘肃一带较为集中，使用汉语文，多信奉伊斯兰教。

【回嘴】huízuǐ 动。不带宾语，可拆开用。

(1)受到指责时进行辩驳；多指对长辈：是你错了，妈妈批评你，不要～│错了还回什么嘴。(2)回骂对方：是他先骂我，我没～。

茴 huí [茴香](-xiāng) 名。多年生草本植物，嫩茎、叶可作蔬菜，果实可作调味香料。果实榨的油叫茴香油，供药用。

洄 huí 〈素〉水流回旋：～游│潆(yíng)～。

【洄游】huíyóu 动。某些鱼类和对虾等，由于产卵觅食或受气候影响，成群的定时定向有规律地往返迁移；常带补语：海洋中的一些鱼类，每年都要～到江河中产卵。也作回游。

蛔(蚘) huí 名。蛔虫，一种寄生虫，形状像蚯蚓，寄生在人或其他动物肠子里，能损害人畜的健康，并能引起多种疾病。

huǐ(ㄏㄨㄟˇ)

虺 huǐ 名。古书上所说的一种毒蛇。

【虺虺】huǐhuǐ 〈古〉拟声。摹拟打雷的声音。

悔 huǐ 〈素〉后悔，认识自己做得不对：～悟│～过│追～。

【悔不当初】huǐ bù dāng chū 成。悔：后悔；当初：起初，开头。后悔当初没有采取另一种行动：早知今日，～。

【悔改】huǐgǎi 动。认识所犯的错误并加以改正；一般不带宾语：犯了错误要认真～。可作定语：有～的表现。

【悔过】huǐguò 动。悔恨自己的过错，不带宾语：他能诚恳地～。可作定语：有～的表现。

【悔过自新】huǐ guò zì xīn 成。自新：使自己重新做人。承认并追悔自己的错误，重新做人：他能～，我们应当欢迎。

【悔恨】huǐhèn 动。知道自己不对而感到痛心，自恨不该如此：他听了哥哥的话，又羞愧，又～。可带主谓词组作宾语：他～自己做了这件错事。可加程度副词：她非常～自己不听老师的教导，以致走上了犯罪道路。

【悔悟】huǐwù 动。认识到自己的错误，

有所悔恨而醒悟；不带宾语：他对自己的过失已逐渐～。可作"有"的宾语：有了～。

【悔之无及】huǐ zhī wú jí 成。后悔已经来不及了：溺爱子女，以致孩子犯了罪，做家长的真是～。也作悔之不及。

【悔罪】huǐzuì 动。悔恨自己的罪恶；不带宾语：他愿向人民～。可拆开用：悔过罪│悔了罪。

毁(△燬、△譭) huǐ ❶动。可带宾语。(1)破坏，糟蹋；常带动态助词"了"：这把椅子给谁～了？│不合理的制度～了无数有才能的人。(2)〈方〉把成件的旧东西改成别的东西；多指衣服：用一件长袍给孩子～两条裤子。❷〈素〉△(1)烧掉：烧～│焚～。△(2)说人坏话，诽谤：～谤│诋～。

【毁谤】huǐbàng 动。同"诽谤"。

【毁坏】huǐhuài 动。损坏，破坏；对象可以是具体的，也可以是抽象的：要保护古迹，不准～。常带宾语：他～了我的名誉。

＊"毁坏"和"损坏"："毁坏"的程度重，"损坏"的程度轻。"毁坏"多半是有意的；"损坏"多半是无意的。

【毁家纾难】huǐ jiā shū nàn 成。毁家：分散家产；纾：缓和，解除。损献全部家产来缓解国家的危难：这种～的无私精神是令人敬佩的。注意："难"这里不读nán。

【毁灭】huǐmiè 动。彻底地破坏和消灭：一场大火把整个工厂都～了。常带宾语：他妄图～罪证。

【毁弃】huǐqì 动。毁坏抛弃：把好端端一只皮箱～了。常带宾语：他～了这个家庭。

【毁伤】huǐshāng 动。毁坏，伤害：他的自尊心被～了。可带宾语：不要～他人的名誉│这些挫折～了她生活下去的勇气。

【毁损】huǐsǔn 动。毁坏，损伤：地震后不少房屋～。可带宾语：一些人不认识古文物的重要，～了一些不该～的古代建筑。

【毁于一旦】huǐ yú yī dàn 成。于：在；

一旦：一天，形容时间短。在短时间内毁灭或毁坏：艰苦创建的事业，绝不能~。

【毁誉】huǐyù 名。毁谤和赞誉；常用在比较固定的组合中：不计~|~参半。

huì(ㄏㄨㄟˋ)

卉 huì〈素〉草的总称：花~|奇花异~。

汇（匯、滙、△彙） huì ❶动。(1)汇合；多用于水流，加"成"后可带宾语：许多小溪~成了巨流。(2)通过邮局、银行把钱款从甲地划拨到乙地；多同"钱、款子"搭配：钱已~出。可带宾语，可带动态助词"了、过"：他从邮局~了200元给他哥哥。△❷〈素〉(1)聚集，聚合：~报|~总。(2)聚集而成的东西：词~|总~。

【汇报】huìbào 动。综合材料向上级报告，有时也综合材料向群众报告：我们发现这一情况，立刻向上级~了。常带宾语：~了上学期的学生工作。可重叠：要经常~~自己的思想情况。
　　*"汇报"和"报告"："汇报"不一定是正式的；"报告"是正式的。"汇报"一般指综合性的，"报告"可以是专题的，也可以是各种材料综合的。"汇报"不作"打"的宾语。"报告"可作"打"的宾语。

【汇编】huìbiān ❶动。把文章、文件编在一起；常带宾语或补语：他正在~有关教学研究的文章|他打算把今年上级下达的文件~在一起。❷名。编在一起的文章、文件，多用于书名：资料~|文件~。

【汇兑】huìduì 动。银行或邮电局根据汇款者委托，将款项汇交指定的收款人，方式有信汇、票汇、电汇等：这笔钱可通过银行~。

【汇合】huìhé 动。加"成"后可带宾语。(1)水流聚集，会合：许多小溪~成了巨大的洪流。(2)比喻人群、力量、意志等聚集：台下发出窃窃的议论，~成一片嗡嗡的声音|人民的意志~成一支巨大的力量。

【汇集】huìjí 动。聚集；用于人或财物，常带宾语或补语：~了许多学习资料|全国的女排精英~北京|把物资~起来。也作会集。

【汇聚】huìjù 见"会聚"。

【汇款】huìkuǎn 动。从银行或邮电局汇出现金；不带宾语：他到银行~去了。可拆开用：汇过两笔款。

【汇率】huìlǜ 名。两种货币相互兑换的比价、比例。也叫汇价。

【汇演】huìyǎn 见"会演"。

【汇总】huìzǒng 动。把分散的聚集在一起；多用于资料、单据、款项、情况等，常带补语：把各车间的生产情况~一下。可重叠：这些资料请~~。

会（會） huì ❶动。(1)聚合；一般不带宾语，常带补语：毕业五年了，今天又~在一起。(2)见面，会见；常带动态助词，并带宾语或补语：~了一面|~过一次客|没有~着他。(3)熟习，通晓；可直接带名词作宾语：他~英语。(4)付帐：饭钱我~过了。(5)理解，懂得：这几题他全~了。可带宾语：我~这种演算方法。❷助动。(1)懂得怎样做或有能力做某事：他~说普通话。(2)善于做某事，~写~画。前面常加"很、真、最"等副词：他很~精打细算。(3)有可能；通常表示将来的可能性：你的理想一定~实现。❸名。(1)有一定目的的集会：开一次~研究工作|晚上有一个~。(2)(~儿)很短一段时间；前面只加数词"一"：等一~儿我就来|不多一~儿，出来一个人。❹〈素〉(1)某些团体：工~|学~|~员。(2)旧时民间组织的集体迷信活动：香~。(3)主要城市：省~|都~。(4)时机：机~。
　　另见kuài。

【会餐】huìcān 动。为了庆祝或联欢大家在一起用膳；不带宾语：今天晚上~。可拆开用：会了一次餐。

【会操】huìcāo 动。会合在一起操演；不带宾语：今天两个连队~。可拆开用：会过两次操。

【会馆】huìguǎn 名。旧时同乡或同业的人在京城或大城市设立的馆舍，供同乡或同业人聚会或寄宿。

【会合】huìhé 动。聚集到一起；不带宾语，可带补语：两支考察队在山脚下～|黄浦江与长江～在吴淞口。
　　＊"会合"和"汇合"："会合"使用的范围广，可用于人，也可用于其他事物；"汇合"使用的范围窄，一般只用于水流，或像水流一样地聚集的事物。
【会话】huìhuà 动。对话；多用于学习别种语言或方言，不带宾语：他俩用英语～|跟外国人～。
【会集】huìjí 见"汇集"。
【会见】huìjiàn 动。跟别人见面；多用于郑重的接见或外交场合,常带宾语,可带动态助词"了、过"：～了各地代表|～过外宾。
　　＊"会见"和"接见"："会见"可用于上下，但是更多地用于彼此相见；"接见"多用于上对下，如"教育部长接见了教师代表"。
【会聚】huìjù 动。会合聚集；多用于人，常带补语：老朋友～在一起畅谈。可带宾语：～了一屋子人。也作汇聚。
【会面】huìmiàn 动。见面；不带宾语：大家在教室里～。可拆开用：会过一次面。
【会商】huìshāng 动。双方或多方在一起共同商量；常带宾语或补语：几家工厂的领导正在～联合经营的事|双方～了一个多小时。
【会师】huìshī 动。两个或两个以上独立行动的部队在某地会合；不带宾语：两支部队胜利～。常带表示地点的状语或补语：在井岗山～|～于苏皖交界处。
【会试】huìshì 名。明清两代举人参加的科举考试,每三年在京城举行一次。录取后称贡士,第一名称会元。会试录取后才取得参加殿试的资格。
【会谈】huìtán 动。双方或多方共同商谈；两国总理正在～。常带宾语或补语：双方～有关停战问题|～了一小时。可作"举行、进行"等动词的宾语：举行部长级～|两省代表就共同建造铁路的问题进行了～。
【会同】huìtóng 动。跟有关方面一道去做；常用在"办理"等动词之前,作状语：这事儿由教育局与劳动局～办理。或组成动宾词组作状语：他将～有关人员去处理这个问题。
　　＊"会同"和"会合"："会同"总明确表示由一方牵头，"会合"则是几方聚合。
【会晤】huìwù 〈书〉动。会面：两国领导人约在今天～。
　　＊"会晤"和"会面"："会晤"有庄重色彩,多用于外交场合或有影响的人的会见；"会面"没有庄重色彩,使用较自由。"会晤"不能拆开用；"会面"可拆开用。
【会心】huìxīn 动。领会别人没有明说的意思；一般作定语或状语,要加助词"的、地"：～的微笑|彼此～地点了一下头。
【会演】huìyǎn 动。若干文艺团体为了互相观摩、学习而举办的联合演出：各歌舞团在北京～。也作汇演。
【会意】huìyì ❶名。六书之一。把两个以上的字合在一起表示一个意义的造字方法。如"休"由人、木(即树)合成,人倚树旁表示休息。❷动。会心。
【会议】huìyì 名。(1)有组织领导地商议事情的集会：人民代表大会召开第一次～。(2)一种经常商讨并处理重要事务的常设机构或组织：中国人民政治协商～。
【会战】huìzhàn 动。不带宾语，常表示时间、地点的补语或补语。(1)战争双方集中主力在一定时间和地区内进行决战：敌我双方在徐淮平原～|～在沂蒙山区。(2)调集有关力量，突击完成某项任务：几十万人～在根治淮河的工地上。
【会诊】huìzhěn 动。几个医生共同诊断疑难病症；不带宾语：他的病需要请外科医生～。可拆开用：已经会过诊。

荟(薈) huì 〈素〉草木繁盛：～萃。

【荟萃】huìcuì 〈书〉动。会聚，会集；指好的事物或有才华的人,不带宾语：故宫博物馆珍宝～|江苏是人文～之地。

绘(繪) huì 〈素〉画,描：～画|～制|描～。

【绘画】huìhuà ❶动。用色彩、线条等画出实在的或想象中的形象：他正在～。可带宾语或补语：～了一幅山水画|这幅图,他三个月才～出来。❷名。用色彩、线条等画出可视形象的一种艺术形式。

根据使用的工具和材料来分,有油画、水彩画、墨笔画等。

【绘声绘色】huì shēng huì sè 成。形容描写、叙述生动逼真:他讲故事~,非常动人。也作绘声绘影。

【绘制】huìzhì 动。设计,描画;多指图表,常带宾语:他~了一幅工程设计图|~过三张图。

桧(檜) huì 人名用字。秦桧,南宋奸臣。

另见guì。

烩(燴) huì 动。多带宾语。(1)一种烹饪方法。把原料和调料放入锅中炒,再加一定的水,用温火煮熟,最后勾芡:~白菜|~虾仁。(2)把饭菜等混合在一起,加水煮熟或煮热:把饼~了吃|~火烧。

讳(諱) huì ❶名。(1)忌讳的事情,只与"犯"等动词搭配:说话要注意一点儿,别犯了他的~。(2)〈书〉旧时指死去的帝王或尊长的名字。❷〈素〉因有所顾忌而不敢说或不愿说:避~|忌~。

【讳疾忌医】huì jí jì yī 成。讳:避忌;忌:怕,畏惧。隐瞒病情,害怕就医。比喻掩饰缺点、错误,怕听批评意见。

【讳莫如深】huì mò rú shēn 成。讳:隐瞒;深:事件重大。原意是事件重大,讳而不言。后指把事情瞒得很紧,唯恐别人知道。

【讳言】huìyán 动。有所忌讳而不愿说或不敢说;不带宾语,多用于否定句:无须~|这件事无可~。

诲 huì 〈素〉教导:教~|~人不倦。

【诲人不倦】huì rén bù juàn 成。诲:教导。耐心教人,不知疲倦。她是一位~的好老师。

【诲淫诲盗】huì yín huì dào 成。诲:教导,诱导;淫:奸淫;盗:偷窃。指引诱教人干淫乱偷盗的坏事:这些不法刊物~,必须坚决取缔。

晦 huì ❶〈素〉(1)农历每月最后一天:~朔。(2)夜晚:风雨如~。(3)昏暗:~暝。(4)不明显:隐~。

【晦暝】huìmíng 〈书〉形。昏暗不明;也作晦冥。

【晦气】huìqi 形。倒霉,不吉利:碰到这个不讲理的人,真~。

【晦涩】huìsè 形。隐晦,不易懂;多形容诗文、乐曲的含意不明显,让人费解:他写的诗很~,太难懂。

【晦朔】huìshuò 〈书〉名。指农历每月的最后一天到下月的第一天。也指从天黑到天明。

恚 huì 〈古〉动。愤恨,怨恨,发怒。

贿 huì 〈素〉贿赂:行~|受~。

【贿赂】huìlù ❶动。用财物买通别人;常带宾语:用~当事人的办法推销商品是违法的。可作"进行"的宾语:进行~。❷名。用来买通别人的财物:他秉公办事,坚决不收~。

【贿选】huìxuǎn 动。用财物收买选举人,让他们选举自己或同派系的人。这是资本主义国家选举时常见的舞弊行为;一般不带宾语:这帮政客为了拉选票,不惜进行~。

彗(篲) huì 旧读suì 〈古〉名。扫帚。

【彗星】huìxīng 名。绕太阳运行的一种天体,由石块、气体、尘埃、冰等组成,密度很小。当彗星接近太阳时,受太阳影响而形成扫帚形的彗尾。俗称扫帚星。

篲 huì 旧时读suì [王篲] (wáng-)名。古书上指地肤,就是扫帚菜。

槥 huì 名。古代一种粗陋的小棺材。

慧 huì 〈素〉聪明,有才智:智~|~眼。

【慧黠】huìxiá 〈书〉形。聪明而机智。

【慧眼】huìyǎn 名。原为佛教用语,指能认识过去和未来的眼力。今泛指敏锐的眼力:独具~|~识人才。

秽(穢) huì 〈素〉(1)肮脏:污~|~土。(2)丑恶:~行|~闻。

【秽迹】huìjì 〈书〉名。丑恶的事迹。

【秽闻】huìwén 〈书〉名。丑恶的名声;多指淫乱的坏名声:~远扬|这些~使他声名狼籍。

【秽行】huìxíng 〈书〉名。丑恶的行为;

多指淫乱的行为。

翙(翽) huì [翙翙]〈古〉拟声。摹拟鸟飞的声音。

惠 huì ❶〈素〉(1)给予或受到好处：恩～|互～。(2)表示别人加惠于自己；敬辞：～存|～临。❷姓。

【惠存】huìcún 动。请保存；敬辞，多用于赠送别人书籍、照片等纪念品时所题写的上款。

【惠顾】huìgù 动。光顾，敬辞，多用于商店对顾客：承蒙～|请常～本店。

【惠及】huìjí 动。把好处给予某人或某地；须带宾语：这一水利工程不仅有利于长江中游，而且～下游。

【惠临】huìlín 动。称别人到自己这里来；敬辞：大驾～，失迎为歉。

僡 huì〈古〉同"惠"。

蕙 huì 名。多年生草本植物，生长在山野。叶狭长，花黄绿色，有香味，供观赏。

憓 huì〈古〉同"惠"。

蟪 huì [蟪蛄](-gū) 名。蝉的一种，体较小，黄绿色，翅上有黑色斑点，为害林木及果树。

喙 huì〈素〉鸟兽的嘴，也借指人的嘴：不容置～(不许插嘴)|百～莫辩。

阓 huì [阛阓](huán-)〈古〉名。街市。

缋 huì〈古〉同"绘"。

殨(溃) huì〈素〉伤口或疮口化脓溃烂：～脓。
"溃"另见kuì。

昏(ㄏㄨㄣ)

昏 hūn ❶动。失去知觉；不带宾语，常用"过去、倒"等作补语：他突然～过去了。❷形。模糊不清：今天我的头很～。❸〈素〉(1)天刚黑的时候：黄～。(2)黑暗：～暗。(3)模糊：～花|～黄。❹〈古〉同"婚"。

【昏暗】hūn'àn 形。光线不足；多形容色、灯光等：灯光太～|～的天空。

【昏沉】hūnchén 形。(1)暗淡；多形容天色：暮色～。可重叠：昏沉沉的天空。(2)昏乱；多形容神志：昨夜失眠，现在头脑～，很不舒服。可重叠：酒喝多了，他头脑昏昏沉沉的。

【昏花】hūnhuā 形。模糊不清；多指老年人：老眼～。

【昏黄】hūnhuáng 形。暗淡发黄的黄色；多形容天色或灯光等：月色～|～的灯光。

【昏昏欲睡】hūnhūn yù shuì 成。昏昏沉沉，只想睡觉。形容极其疲劳或精神不振：精神要振作起来，不要成天～的样子。

【昏聩】hūnkuì〈书〉形。眼花耳聋，比喻糊涂，不明是非：他是个～无能的人|这是个～的国君。

【昏迷】hūnmí 动。因脑功能严重紊乱而长时间失去知觉；不带宾语：他因脑出血，一直～不醒。

【昏天黑地】hūn tiān hēi dì 成。须加助词"的"。(1)形容天色昏暗：夜晚的旷野，～的，什么也看不清楚。(2)形容神志不清：我受了重伤以后，只觉得～的，什么也不知道了。(3)形容社会黑暗：旧社会～的，老百姓有冤也无处伸。

【昏眩】hūnxuàn 动。头脑昏沉，眼花缭乱；不带宾语：他突然一阵～，差点儿摔了一交。

【昏庸】hūnyōng 形。糊涂而愚蠢：～无能|老朽～。

惛 hūn〈古〉形。糊涂。

阍 hūn〈古〉名。(1)宫门。(2)看门的人。

婚 hūn〈素〉(1)结婚：～礼|～配|新～。(2)婚姻：～约|离～。

【婚配】hūnpèi 动。结婚；多就已婚或未婚而言，不带宾语：已经～|尚未～。

【婚姻】hūnyīn 名。结婚的事，男女结成的夫妻关系：～要由子女自己作主|他俩的～幸福美满。

荤 hūn 名。(1)指鸡、鸭、鱼、肉等或有动物油的食物；与"素"相对：他不吃～。(2)佛教徒把葱、蒜等有刺激性的蔬菜也叫荤。

【荤腥】hūnxīng 名。鱼肉等荤菜的总称；不加个体量词，可加不定量词"些、点"：吃些~｜满桌都是~。

hún (ㄏㄨㄣˊ)

浑 hún ❶形。(1)污浊，水不清：这桶水~得很｜把水搅得很~。(2)骂人糊涂，不明事理：你这人真~，一点儿道理都不懂。❷〈素〉(1)天然的：~厚｜~朴。(2)全：~身｜~然一体。❸姓。

【浑蛋】húndàn 名。不明事理的人；骂人的话。也作混蛋。

【浑厚】húnhòu 形。(1)淳朴厚道；多指人的性格、品质：天性~｜铁柱的性情非常~。(2)朴实厚重；多指书画、诗文的风格：笔力~｜这幅画色调很~。

【浑浑噩噩】húnhún è'è 成。浑浑：浑厚的样子。噩噩：严肃的样子。现在多形容糊里糊涂，愚昧无知：这孩子十六七岁了，还~。

【浑家】húnjiā 名。旧时对妻子的称呼；多见于早期白话小说。

【浑金璞玉】hún jīn pú yù 见"璞玉浑金"。

【浑朴】húnpǔ 形。浑厚朴实；多指人的品行，也形容诗文的风格：他性格很~｜诗风~，不事雕琢。

　　＊"浑朴"和"浑厚"："浑朴"强调朴素的本色，不虚伪、不做作，"浑厚"侧重于厚道，不狡诈，不欺人。

【浑然一体】hún rán yī tǐ 成。浑然：混同在一起的样子。融合成一个整体：这座雕塑和主体建筑配合得当，~。

【浑身】húnshēn 名。全身；一般作主语或定语：~是汗｜~是胆(形容胆量很大)｜~的力气。

【浑水摸鱼】hún shuǐ mō yú 成。浑水：不清的水。比喻趁着混乱或制造混乱以捞取不正当的利益：他管理仓库总是乱糟糟的，妄图~。也作混水摸鱼。

【浑圆】húnyuán 形。很圆：十五的月亮~~。可重叠：这颗珍珠~的。

【浑浊】húnzhuó 见"混浊"。

珲 hún ❶〈古〉名。美玉。❷地名用字。珲春，县名，在吉林省。
　　另见 huī。

魂 hún 名。(1)迷信说法，指能离开人的肉体而单独存在的精神。(2)借指人的精神或情绪：最近，他像丢了~似的，工作老出差错。(3)指民族或国家的崇高的精神：民族~。

【魂不附体】hún bù fù tǐ 成。魂：灵魂。附：依附。灵魂脱离了肉体。形容惊恐到了极点：敌人吓得~。

【魂飞魄散】hún fēi pò sàn 成。魂：旧指离开人体而存在的精神；魄：旧指依附形体而显现的精神。原指离死不远了，后形容惊恐万状：这场夜袭，使敌人~。

【魂魄】húnpò 名。迷信的人指依附在人体内可以脱离人体而存在的精神。

馄 hún [馄饨](-·tun) 名。用薄面片包馅煮熟连汤吃的食品。

混 hún 同"浑❶"。
　　另见 hùn。

【混蛋】húndàn 见"浑蛋"。

【混水摸鱼】hún shuǐ mō yú 见"浑水摸鱼"。

hùn (ㄏㄨㄣˋ)

诨 hùn 〈素〉开玩笑，戏谑：~名｜打~。

【诨名】hùnmíng 名。外号。

混 hùn 动。(1)搀杂在一起；常带宾语或补语：大米里面~了豆子｜这两种药可~不得。(2)蒙混；可带补语：别让没有打票的人~进来。加"进、过"等补语后可带宾语：~进几个人来｜~过了哨卡。(3)苟且地度过；常用表示时间的词语作宾语：~日子｜~了一辈子。也可用"饭"作宾语：~碗饭吃。
　　另见 hún。

【混充】hùnchōng 动。蒙混冒充；常带宾语：~内行｜抓住了一个~公安员的坏蛋。

【混沌】hùndùn ❶名。我国古代传说中指天体未形成前模糊一团的景象：初开。❷形。形容人糊涂的样子：~无知。可重叠：这个人混混沌沌地过了一辈子。

【混合】hùnhé 动。(1)搀杂在一起；常带补语：笑声、哭声~在一起。带宾语一般要加动态助词：大米里~了不少小米。也可构成连动词组：把黄砂和水泥~

在一起搅拌|男女同学～编组。(2)两种或几种物质搀和在一起,不发生化学反应,原来各种物质的性质不变;区别于"化合":空气是氧、氢、氮等气体～在一起构成的。

【混迹】hùnjì〈书〉动。隐蔽本来面目混杂在某处;一般不带宾语,常带补语:一个逃犯～在人群之中|他～于下层社会,已非一日。

【混进】hùnjìn 动。混到某个组织或某个地区;常带宾语:～党内|～礼堂|～一个人来。

【混乱】hùnluàn 形。没有条理,没有秩序;多用于思想、秩序、局面、人群、社会等:这所学校秩序比较～。

【混世魔王】hùn shì mówáng 词组。比喻扰乱世界,给人们带来严重灾难的人。

【混事】hùnshì 动。以糊口为目的而从事某种职业;不带宾语,含贬义:他在一家工厂里～。可拆开用:混了一年事。

【混同】hùntóng 动。不加区别地看待不同的人或事;常带补语:不要把勇敢和鲁莽～起来。

【混为一谈】hùn wéi yī tán 成。把不同的东西混在一起,说成是同样的东西:决不能把坚持真理同固执己见～。

【混淆】hùnxiáo 动。界限模糊,使界限模糊;多用于抽象事物,如矛盾、关系、是非、区别等:真伪～|是非界限被～了。可带宾语:不要～两类不同性质的矛盾。

【混血儿】hùnxuè'ér 名。指不同种族的男女相结合所生的孩子。

【混杂】hùnzá 动。不同的事物混合搀杂在一起:鱼龙～。常带宾语或补语:大青豆里～了不少黄豆|一些不三不四的人～进来了。

【混战】hùnzhàn 动。目标不明或对象常变的战争或战斗;不带宾语,可带补语:军阀～|～起来。

【混帐】hùnzhàng 形。言行无礼无耻;骂人的话:这家伙太～了,竟干出这种丑事。

【混浊】hùnzhuó 形。含有杂质,不清洁;指水或空气:屋子里有一股烟味儿,空气太～了|～的眼药水不能使用。也作浑浊、溷浊。

hùn〈素〉

溷(圂) (1)混乱:～浊。(2)厕所:～厕。

【溷浊】hùnzhuó 见"混浊"。

huō(ㄏㄨㄛ)

耠 huō ❶名。(～子)一种旱地开沟松土的农具,多用于中耕。❷动:用耠子松土,翻土;须带"土、地"一类词作宾语:他正在～地。

騞(劐) huō〈古〉拟声。摹拟东西破裂的声音。

劐 huō 动。(1)〈口〉用刀尖等插入物体后顺势划开:把鱼肚子～开。可带宾语:铧是～地用的。(2)同"耠"。

嚄 huō 叹。表示惊讶:～,多么雄伟的大桥!|～,好大的口气!
另见ǒ。

豁 huō 动。(1)裂开;常带宾语或补语:衣服～了一个口子|书的封面～开了。(2)舍弃,狠狠心付出高代价;常带补语"出、上",并以表示时间或某种代价等的词语作宾语:～出几天时间一定把这事办好|～上性命也要逮住这个坏蛋。
另见 huò。

【豁出去】huō·chu·qu。表示不惜任何代价;可单独作谓语,不带宾语:我～了,风险再大,也要干。

【豁口】huōkǒu 名。缺口,裂开的口子:在墙上开了个～|衣服上有个～。

撺 huō 动。把堆积的东西铲起来倒到另一个地方去;用于土、煤、垃圾等物,常带宾语或补语:～土|～煤|把这堆垃圾～掉。

huó(ㄏㄨㄛˊ)

和 huó 动。在粉状物中加水搅拌或揉弄使粘在一起;常带宾语或补语:～泥|把面～一下。
另见hé、hè、hú、huò。

活 huó ❶动。生存,有生命;与"死"相对:那条金鱼还～着。可带宾语或补语:五只小鸡～了两只|他永远～在我们心中。❷形。(1)灵活:小李的脑子很～|学得～,记得牢。(2)生动活泼:这篇文章写得很～。❸名。(～儿)

(1)工作；多指体力劳动：这种～儿很重｜一种很细的～儿。(2)产品，制成品：这批～儿都合格。❹〈素〉(1)逼真地，简直：～像｜～现。(2)在活的状态下：～捉｜～埋。(3)使活着：～命｜养家～口。

【活宝】huóbǎo 名。言行滑稽可笑或爱开玩笑的人；一般含贬义：他是我们单位的～。

【活报剧】huóbàojù 名。活报：意即活的报纸。一种能迅速反映时事的戏剧，特点是常以漫画式的手法描绘和讽刺反面人物或以速写的手法歌颂新人新事，形式活泼，多在街头、广场演出。

【活地狱】huódìyù 名。比喻悲惨黑暗的世界：那时的所谓的"育婴堂"实际是个～，不知多少孩子惨死其中。

【活动】huódòng ❶动。(1)运动：学生都到操场上～了。可带宾语或补语：～一下手腕。可重叠：～～四肢｜出去～～。(2)动摇：门牙～了。常带宾语或补语：又～了一颗牙｜桌子腿给～松了。(3)有组织、有目的地在一起行动。不带宾语：文学社今天下午～。(4)特指钻营、行贿、说情等：这件事托人～过，没有成功。可带宾语或补语：～来一个招工名额｜我没门路，～不到。❷形。灵活，不牢固：～模型｜～房屋｜心思有些～了。❸名。有组织有目的的行动：生产～｜革命～。

＊"活动"和"运动"："活动"的应用范围较广，行动规模可大可小；"运动"一般指有领导、有组织并有较多群众参加的行动，规模一般较大，如"五四"运动。用在体育锻炼方面时，"活动"泛指一般的锻炼行为，如散步等；"运动"多指有一定技巧的行动，如田径运动、体操运动等。

【活动分子】huódòng fèn·zi 词组。在集体生活的某一方面比较活跃的人：文娱～｜社会～。

【活动家】huódòngjiā 名。在社会、政治生活中积极活动并有较大影响的人物：政治～｜社会～。

【活佛】huófó 名。喇嘛教中依转世制度而取得地位的高级僧侣的俗称。旧小说中也指所谓济世救人的僧人。

【活该】huógāi 〈口〉形。表示应该如此，应得报应，不值得怜悯与同情；常以主谓词组作主语：他自作自受，～！｜溺爱子女反受其害，～。可作状语：～遭罪受｜～如此。

【活话】huóhuà 名。不大肯定的话：他讲的是～，不能作准。

【活活】huóhuó 形。在有生命的状态下；多用于受到伤害或损害时，不加程度副词，含责备意：他被～地气死了。作定语时常儿化后再加助词"的"：～儿的一颗大树给锯掉了，真可惜。

【活计】huó·ji 名。(1)过去专指缝纫、刺绣等各种手艺，现在泛指各种体力劳动：把厂里各种～统一安排一下。(2)指手工制成的成品或半成品：她把自己亲手制作的～拿给别人看。

【活见鬼】huó jiànguǐ 习。比喻无中生有或荒诞无稽；可用"真是、确实"等作状语：一转身钱包就不见了，真是～！

【活口】huókǒu 名。(1)命案发生时在场而未被杀死可以提供情况的人：留下了～。(2)可以提供情况的俘虏或罪犯等。

【活力】huólì 名。旺盛的生命力；多作宾语：充满青春的～｜很有～。

【活灵活现】huó líng huó xiàn 成。形容描绘生动、逼真，使人有亲眼看见的感觉：他把昨天看到的事情说得～。也说活龙活现。

【活路】huólù 名。(1)能够活下去的办法：在那个社会，穷人哪有～啊！(2)借指行得通的办法：进行体制改革是这个濒临破产的工厂的唯一～。

【活络】huóluò 〈方〉形。(1)活动,不牢固；多指器物上的零件或人的筋骨等：这个螺丝～了，拧不紧｜年纪大了，牙也～了。(2)不确定；多指说的话：他说了一句很～的话，不能肯定他参加还是不参加。(3)灵活，善交际；指为人：他为人很～，朋友很多。

【活命】huómìng ❶动。不带宾语。(1)维持生命：在旧社会，他靠出卖劳力～。(2)〈书〉使生命活下去：感谢您的～之恩。❷名。生命，性命：经历不少危险，总算留了一条～。

【活泼】huó·po 形。生动自然，不呆板；常形容性格、神情、动作、语言、文字、形式、局面等：她是个天真～的孩子｜这篇报道，文字～｜全国出现了生动～的政治局面。

【活菩萨】huópú·sa 名。比喻救苦救难的人。

【活塞】huósāi 名。在气缸里作往复运动的机件，一般为圆盘形或圆柱形。也叫鞲鞴(gōubèi)。

【活生生】huóshēngshēng 形。不加程度副词，常带助词"的(地)"。(1)清清楚楚发生在眼前的，实际生活中存在的：这些～的事实，难道还不足以使你醒悟吗？他是个～的人，不是机器，怎么能不吃不睡呢？(2)活活：他就这样～地被鬼子打死了。

【活受罪】huó shòuzuì 习。活着而遭受苦难；表示怜悯或抱怨，多含夸张意味：住在这样阴暗潮湿的房子里，真是～！

【活脱儿】huótuōr 〈口〉副。相貌、举止跟脱胎一样十分相像：姊妹俩～是一个模子做出来的。

【活现】huóxiàn 动。活生生地显现出来：神气～。可带补语：看了这篇报告文学作品，英雄的形象便～在我的眼前。

【活像】huóxiàng 动。极其相像；常带宾语：他一举一动～他哥哥。

【活页】huóyè 名。篇页不装订成册，可以随意分合的；多作定语：～本｜～文选。也可作宾语：把文选印成～。

【活跃】huóyuè ❶形。行动活泼积极，气氛热烈有生气：思想～｜～的气氛｜这个班文娱活动搞得非常～。❷动。(1)积极地行动；不带宾语，须带补语：体育健儿～在运动场上｜游击队～在敌人的后方。(2)使活跃；须带宾语：～业余生活｜～农村经济。可重叠：唱支歌，～～会场的气氛。

【活字】huózì 名。刻在金属或木头上的、在印刷排版时可以自由组合的单字或符号。

【活字印刷】huózì yìnshuā 词组。用单个活字排版进行印刷的技术。是我国北宋庆历(1041—1048)年间毕昇首先发明的。开始时活字用泥烧制，后又出现木刻活字。现代印刷用的活字是用铅合金浇铸的。活字印刷是我国古代四大发明之一。

huǒ(ㄏㄨㄛˇ)

火 huǒ ❶名。(～儿)(1)物体燃烧时发出的光和焰：点燃了～儿｜～儿灭了。(2)怒气：他气得～冒三丈。(3)中医指引起发炎、红肿、烦躁等症状的病因：耳边上了～。❷动。发怒；不带宾语：他受了一点气就～儿了。❸〈素〉(1)指枪炮弹药：～药｜军～。(2)紧急：～速。(3)像火一样的颜色：～红。(4)同"伙"：～伴。❹姓。

【火把】huǒbǎ 名。走夜路时抓在手上的东西，有的用竹篾等编成长条，有的用棍棒一端扎上棉花，蘸上油做成。

【火伴】huǒbàn 见"伙伴"。

【火暴】huǒbào 〈方〉形。(1)急躁，暴躁；多指人的性格：～性子｜性情太～。(2)旺盛，热闹；多指植物的生长或场面等：这花儿开得多～｜庆祝的场面真～。也作火爆。

【火并】huǒbìng 动。同伙自相残杀或相互吞并；不带宾语，可带补语：敌军内部～起来了。

【火车】huǒchē 名。铁路列车的俗称。因铁路列车最早用蒸汽机车牵引，以火力为动力，故名。

【火车头】huǒchētóu 名。(1)机车的俗称。(2)比喻起带头作用或领导作用的人或事物：革命是历史的～。

【火炽】huǒchì 形。旺盛，热烈，紧张：～的增产节约运动｜这场足球赛非常～。

【火海】huǒhǎi 名。指大片的火：一片～。

【火海刀山】huǒ hǎi dāo shān 见"刀山火海"。

【火红】huǒhóng 形。不加程度副词，不单独作谓语，多作定语。(1)形容红得像火：～的石榴花。(2)比喻朝气蓬勃，生命力很旺盛：～的青春。

【火候】huǒ·hou 名。(1)火力的强弱和烧火时间的长短：她做菜善于掌握～｜炼铁必须看～。(2)比喻修养程度的深浅，常指学问、品德、技能等：他勤学苦练，学问已到了～。(3)比喻紧要的时机；

常用在"在……上"格式中:这次改组领导班子,正在体制改革的～上。

【火花】huǒhuā 名。(1)迸发的火焰:灿烂的～。(2)比喻像火花一样灿烂的事物:迸发出生命的～|希望的～。

【火化】huǒhuà 动。火葬:遗体明天～。可带宾语:每天～几十具尸体。

【火急】huǒjí 形。非常紧急;函电用语:此件十万～,切勿耽误。

【火箭】huǒjiàn 名。借推进剂燃烧产生推力而飞行的运载工具。速度极快,主要用于运载人造卫星、航天飞机、高空探测仪等,也可装上弹头制成导弹。

【火井】huǒjǐng 名。我国古代用钻井的方法从地下引出天然气作为燃料,这种井叫火井。

【火炬】huǒjù〈书〉名。火把:点燃奥林匹克运动会的～。

【火炕】huǒkàng 名。中间有烟道可以烧火取暖的炕。

【火坑】huǒkēng 名。比喻极端悲惨的生活环境:今天,我们决不允许再把妇女推入～。

【火辣辣】huǒlālā 形。不加程度副词,常带词助"的"。(1)形容酷热:太阳～的。(2)形容因被烧伤或挨打等产生的疼痛感:手叫开水烫了,～地痛。(3)形容兴奋、焦急、暴躁、害羞等激动的情绪:脸上～的,感到难为情|心里～的,焦急万分。

【火力】huǒlì 名。(1)利用燃料获得的动力。(2)发射弹药等后所产生的杀伤力和破坏力:我军集中～向敌人发起猛烈袭击。

【火力点】huǒlìdiǎn 名。轻重机枪或直接瞄准的火炮等配置和发射的地点。也叫发射点。

【火龙】huǒlóng 名。形容连成串的灯火:大桥上的灯火像一条～。

【火器】huǒqì 名。利用炸药等的爆炸或燃烧性能起破坏作用的各种武器。如枪、炮、手榴弹、火箭等。

【火气】huǒqì 名。(1)暴躁的脾气:他～很大。(2)中医指引起发炎、红肿等症状的病因:嘴上起泡是～引起的。

【火热】huǒrè 形。很热,热得像火一样;不加程度副词:～的天气。常比喻热烈、激烈:～的心|～的斗争|他俩打得～。

【火山】huǒshān 名。由地壳内部喷出的熔岩等堆积而形成的锥形山。经常或周期性喷发的叫活火山,不再喷发的叫死火山。

【火上加油】huǒ shàng jiā yóu 成。比喻增加别人的愤怒或促使事态扩大:他们吵得不可开交,你就不要再去～了。也说火上浇油。

【火烧火燎】huǒ shāo huǒ liǎo 成。形容热得难受,或比喻心中非常焦急;常带助词"的":他热得浑身～的|我急得心里～的。

【火烧眉毛】huǒ shāo méimao 成。比喻情势急迫万分:这是～的事,可别再慢吞吞的了。

【火烧云】huǒshāoyún 名。赤色云霞,多出现在日出或日落时。

【火树银花】huǒ shù yín huā 成。火树:火红的树,指树上挂满彩灯;银花:银白色的花,指灯光雪亮。形容节日夜晚灯光灿烂烟火绚丽的景象:～不夜天。

【火速】huǒsù 副。赶紧,用最快的速度:～行动|～办理。

【火头】huǒtóu 名。(1)指火焰:这场火灾的～真大。(2)火候:～不到,菜是炒不好的。(3)怒气:等他压下～,再跟他谈心。

【火头上】huǒtóu·shang 名。发怒或者极度气愤的时候:他正在～,暂时不跟他谈。

【火网】huǒwǎng 名。弹道纵横交织而非常密集的火力。

【火线】huǒxiàn 名。(1)作战时双方火力交织的前沿地带。(2)电路中输送电的电源线。

【火星】huǒxīng 名。(1)太阳系中接近太阳的第四个行星。由于它呈现红色,荧荧如火,亮度常有变化,故名。它有两颗小卫星。(2)一点一点的小火:打铁时～四溅。也用作比喻:他气得两眼冒～。

【火性】huǒxìng 名。火爆的,容易发怒的脾气:这个人是个～,一点就着。

【火药】huǒyào 名。炸药的一类,燃烧时能放出大量气体,可做引燃药或发射药。

黑色火药是我国古代四大发明之一。

【火印】huǒyìn 名。用烧热的铁器或铁质图章烙在木器、竹筹等物体上留下的标记。

【火葬】huǒzàng 动。用火焚化死人遗体,将骨灰装入容器后存放或埋葬。

【火中取栗】huǒ zhōng qǔ lì 成。十七世纪法国拉·封登的寓言《猴子和猫》中说,一只猴子和一只猫看到炉火中烤着栗子,猴子就叫猫去偷,猫用爪子从火中取出栗子,结果栗子都让猴子吃了,猫不但没吃着,反而烧掉了脚上的毛。比喻冒险给别人出力而自己却上了当,一无所获。

【火种】huǒzhǒng 名。供引火用的长久不熄的火。比喻引起事物发生或发展的根源:革命的～。

【火烛】huǒzhú 名。泛指能引起火灾的各种东西:小心～|注意～。

伙(夥) huǒ ❶〈素〉(1)同伙,合作的人:～伴|同～。(2)共同,联合:～同|合～。(3)旧指雇用的人:～计。❷量。用于人群:一～人|分成几～。

【伙伴】huǒbàn 名。古代兵制十人为一火,同火的士兵称火伴。现写作"伙伴",泛指共同参加某种组织、从事某种活动的人。

【伙房】huǒfáng 名。集体单位的厨房。

【伙计】huǒ·ji 名。(1)合作的人。(2)旧指店员或长工。

【伙食】huǒ·shí 名。饭食;多指工厂、机关、部队等集体人所办的饭食:改善～。

【伙同】huǒtóng 动。跟别人合在一起;多指共同干坏事,常构成连动词组:～他作案|他们～盗窃。

【伙子】huǒ·zi 量。用于人群,数词只用"一":他们这一～是新来的。

钬 huǒ 名。金属元素,符号Ho。是稀土元素之一。

漷 huǒ 名。地名用字。漷县,村镇名,在北京市通县。

夥 huǒ ❶〈书〉形。多:获益甚～。❷同"伙"。

huò(ㄏㄨㄛˋ)

或 huò ❶〈书〉副。(1)或许,也许:这事～可获准|～可及时赶到。(2)稍微;多用于否定式:不可～缺|不可～缓。❷连。(1)表示选择;一般要连用:～多～少|～快～慢。(2)表示等同:世界观～宇宙观是指人们对整个世界的总的看法。❸〈古〉代。某人,有的人:～曰(某人说,有人说)|～告之曰。

【或许】huòxǔ 副。也许,表示推测:他～会来。

【或则】huòzé 〈书〉连。或者;多连用:他每天早晨～练气功,～舞剑。

【或者】huòzhě ❶副。也许;表示揣测:为班上做好事的～是小张。❷连。(1)表示选择;一般要连用:～你去,～他去,都行。如果连接两个宾语可只用一个:这问题请教张老师～王老师都可以。如果连接的两个成分前共有一个带"的"的修饰语,也只用一个:受到表扬的单位～个人。(2)表示列举的几种情况;多半连接几个词组,表示"有的……有的……":每天早晨同学们在操场上～跑步,～做操,～打球,～跳绳。(3)表示等同:马克思主义者～共产主义者必然是彻底的唯物主义者。当连接两个单音节宾语时,必须重复动词才能用"或者":有事找他～找我都可以。

惑 huò 〈素〉(1)有疑问不理解,迷惘:疑～|迷～。(2)使迷惑:～乱|造谣～众。

【惑乱】huòluàn 动。使迷惑混乱;须带宾语:防止坏人散布谣言,～人心。

和 huò ❶动。搀和,即用水将粉状或粒状物搅拌成较稀的东西;多带宾语或补语:～浆糊|～藕粉|把药掺水～一～。❷量。表示动作的次数;用于煎药或洗衣服:衣服洗了三～|已煎了两～药。

另见hé, hè, hú, huó。

【和弄】huò·nong 〈方〉动。(1)搅拌;常带宾语或补语:～一下糖水。可重叠:把水泥～～。(2)挑拨;含贬义:小王跟小李吵架,都是他给～的。可带兼语:别～他们吵架。

【和稀泥】huò xī ní 习。比喻无原则地调和、折中：这是大是大非，一定要辩论清楚，不能～。

货 huò ❶名。商品，货物：进了一批～｜～已售完。❷〈素〉(1)钱币：～币｜通～。(2)指人：蠢～。(3)卖：～郎。

【货币】huòbì 名。充当一切商品等价物的特殊商品。在商品生产条件下，它是商品价值的一般代表，可以表现其他一切商品的价值和购买任何别的商品。

【货款】huòkuǎn 名。买卖货物的钱款。

【货郎】huòláng 名。旧指走街串巷贩卖小商品的人。现在也指送货上门、流动服务的售货员和个体小商贩。

【货色】huòsè 名。(1)货物的品种或质量：～齐全｜上等～。(2)喻指人或思想言论、作品等；含贬义：像他这样的～，谁也看不起。

【货位】huòwèi ❶名。车站、码头、商店、仓库等储存或临时堆放货物的位置。❷量。铁路运输时可装满一车皮的货物量，叫一货位。

【货物】huòwù 名。供出售用的物品。

【货源】huòyuán 名。货物的来源：开辟～｜～充足。

【货栈】huòzhàn 名。专门出租给别人堆放货物的房屋或场地。

【货真价实】huò zhēn jià shí 成。货物不是冒牌的，价钱是实在的。原为招揽顾客的商业用语，现在引伸为地地道道的，一点儿也不假的；多用于贬义：他是～的老滑头。

【货殖】huòzhí〈书〉名。古代指经营商业和工矿业。

获（△獲、△穫） huò〈素〉△(1)得到：～得｜～准。△(2)捉住：捕～｜俘～。△(3)收割：收～。

【获得】huòdé 动。取得，得到；多以抽象事物作宾语：～胜利｜伟大的成就｜～宝贵的经验。

【获救】huòjiù 动。得到挽救；不带宾语：经过医生的精心治疗，这个危急病人～了。

【获取】huòqǔ 动。猎取或取得；常带宾语：前次打猎～三只野兔｜～人们的信任。

【获悉】huòxī〈书〉动。得知某种消息或情况；多用于书信、电文，常带宾语：～喜讯，非常高兴。可带主谓词组作宾语：从来函中～，他已考取高中。

【获知】huòzhī 动。获悉。

【获准】huòzhǔn 动。得到准许：这份计划已经～。常带动词或动词性词组作宾语：～开业｜这部电影拷贝已～向海外发行。也可带主谓词组作宾语：～你们出国考察。

祸（禍） huò ❶名。不幸的事，灾祸；与"福"相对，只作"闯、惹"等少数动词的宾语：他闯了一场大～。❷〈素〉损害：～害｜～殃民。

【祸不单行】huò bù dān xíng 成。祸事不光是一次，指倒霉的事接二连三而来：刚生过病，又丢了自行车，真是～。

【祸端】huòduān〈书〉名。引起灾祸的原由：麻痹大意是引起事故的～。

【祸根】huògēn 名。引起灾祸的根源：施工时偷工减料，早就给这次房屋倒塌事故埋下了～。

【祸国殃民】huò guó yāng mín 成。使国家受害，人民遭殃：慈禧太后是个～的罪人｜谁要是～，人民群众就会起来打倒他。

【祸害】huòhai ❶名。引起灾难的人或事：这个坏蛋，在社会上真是一个～。❷动。损害；须带宾语：野猪能～庄稼。

【祸患】huòhuàn 名。灾祸，忧患；多指危害性大的人或事：环境污染将给人们带来无穷的～。

【祸起萧墙】huò qǐ xiāoqiáng 成。萧墙：古代宫室内当门的小墙，比喻内部。内部发生祸乱：抵御外侮，须防～。

【祸首】huòshǒu 名。造成祸害的首要分子：罪魁～。

【祸水】huòshuǐ 名。旧指惑人败事的女子，现多比喻引起祸害的势力；含贬义。

【祸祟】huòsuì 名。迷信的人指鬼神带给人的灾难、祸害，也指给人带来灾祸的鬼怪。

【祸心】huòxīn 名。干坏事害人的念头；多用在固定组合中：包藏～。

【祸殃】huòyāng 名。灾祸：由于行为不慎，结果招来～。

霍 huò ❶〈素〉快，迅速：～地｜～然。❷姓。

【霍地】huòdì 副。表示动作发生得很迅速，很突然：～转身｜～站起来。

【霍霍】huòhuò ❶拟声。摹拟磨刀声：磨刀～。❷形。闪动迅速的样子；不加程度副词：电光～。

【霍然】huòrán ❶副。突然，忽然：电灯～灭了。❷〈书〉形。形容疾病消除得很迅速；不加程度副词：数日之后，定能～｜服药后，～病愈。

藿 huò 〈古〉名。豆类作物的叶子。

【藿香】huòxiāng 名。一年生或多年生草本植物。茎和叶子可以提取芬香油，也供药用，可发汗清热，健胃止吐。

豁 huò 〈素〉(1)开阔，通达：～亮｜～然｜～达。(2)免除：～免。
另见huō。

【豁达】huòdá 形。形容性格开朗、通达，气度大：为人很～｜～大度。

【豁朗】huòlǎng 形。开朗；多形容心情：他感到未来充满希望，心里觉得非常～。

【豁亮】huòliàng 形。(1)宽敞、明亮：这是一间既干净又～的房间。(2)嗓音响亮：她的嗓子多么～。

【豁免】huòmiǎn 动。免除取消；用于捐税或劳役等：这些税款必须交齐，不能～。可带宾语：～了他的劳役。

【豁然开朗】huò rán kāi lǎng 成。形容由狭窄幽暗一变而为开阔明亮。比喻顿时领悟某种道理：出了山洞，～，别有一番情趣｜你这一讲，使我心里～了。

镬 huò 名。(1)古代的一种大锅。(2)〈方〉(～子)锅。

蠖 huò [尺蠖](chǐ-) 名。尺蠖蛾的幼虫，生长在树上，是害虫。行动时身体向上弯成弧形，像用大拇指和中指量距离一样，所以叫尺蠖。

J

jī(丩)

几(△幾) jī △❶〈书〉副。几乎，近于；多用在单音节词前：～无缺席之人|～达百次。❷〈素〉小桌子：茶～|窗明～净。另见jǐ。

【几乎】jīhū 副。(1)将近于，接近于；表示所说的同实际情况相差很小：汽车开了三小时才到那里|他～跟他爸爸一样高。(2)差一点儿；表示眼看要发生而结果并没发生：我疼得～昏过去|脚下一滑，～摔倒|我队～得了冠军。也说几几乎。

讥(譏) jī 〈素〉嘲笑，讽刺：～笑|～讽。

【讥刺】jīcì 〈书〉动。同"讥讽"。

【讥讽】jīfěng 动。用含蓄尖刻的话对别人的缺点错误或某种表现进行讽刺或嘲笑；常带宾语：你做出这种没人格的事来，就难怪别人～你了。

【讥诮】jīqiào 〈书〉动。用冷言冷语讽刺挖苦：事属正当，他却唯恐被人～。可带宾语：别在背后～人。

【讥笑】jīxiào 动。讥讽嘲笑；多带宾语：别～初学者。

叽(嘰) jī 拟声。摹拟小鸡、小鸟等的叫声；常重叠：小鸡～～地叫着。

【叽咕】jīgu 动。小声说话：上课时大家不要在下面～。可带宾语：昨天他跟我～了几句话就走了。可带补语：～了半天。可重叠：你俩叽叽咕咕在说些什么?

【叽嘎】jīgā 拟声。(1)摹拟物体受压声：木箱被压得～直响。可重叠：碾谷场上发出叽叽嘎嘎的声音。(2)摹拟杂乱的说话声；一般叠用：屋子里一片叽叽嘎嘎的说笑声。

【叽里咕噜】jīligūlū 拟声。摹拟难以听懂、听不清文字或物体的滚动声：不知道他～说些什么|石头～地滚下了山。

【叽里呱啦】jīliguālā 拟声。摹拟大声说话的声音；有时含厌恶意：你～地嚷什么!

饥(△饑) jī 〈素〉(1)饿：～寒|～不择食。△(2)庄稼收成不好：～馑。

【饥不择食】jī bù zé shí 成。饥饿的时候顾不上挑选食物，比喻紧迫或急需时顾不上选择；有时与"慌不择路"并用：～，慌不择路，眼下也只好这么办了。

【饥肠辘辘】jīcháng lùlù 成。饿得肚子发出辘辘响声，形容很饿：忙了整整一天，回家时早已～。

【饥饿】jī'è 〈书〉形。饿：～的人群|～难忍。

【饥寒】jīhán 形。又饿又冷；常用于比较固定的组合：～交迫|冬天到了，～难忍的贫苦农民只得到地主家去借债。

【饥寒交迫】jīhán jiāo pò 成。交，俱，一齐。缺衣少食，处在又饿又冷的境地，形容生活极其贫困：起来，～的奴隶。

【饥荒】jīhuāng 名。(1)粮食作物受严重歉收的情况：那年家乡出现严重的～，饿死不少人。(2)〈口〉经济拮据；常与"闹"等搭配：这个月总算没闹～。(3)〈口〉指债；常与"拉"等搭配：去年妈妈生病，拉了点～。

【饥民】jīmín 名。因灾荒而挨饿的人。

玑(璣) jī 〈素〉(1)不圆的珠子：珠～。(2)古代一种天文仪器：璇～。

机(機) jī 〈素〉(1)机器：照相～|推土～。(2)特指飞机：客～|战斗～。(3)关系重大的环节或事物变化的关键：～要|生～|转～|时～。(4)机会：良～|～遇|乘～。(5)与生命有关的性质：有～|无～。(6)反应灵敏的：～智|～警|～谋。

【机舱】jīcāng 名。(1)轮船上装置机器的舱房：～重地,闲人莫人。(2)飞机上载客装货的地方。

【机车】jīchē 名。用来牵引火车车厢行驶的动力车。分蒸汽机车、内燃机车和电力机车等几种。通称火车头。

【机床】jīchuáng 名。广义的指制造机器和机械的机器,即工作母机,狭义的指金属切削机床,如车床、铣床、刨床等。

【机电】jīdiàn 名。机械和电力设备的总称;常作定语：～公司|～产品。

【机动】jīdòng 形。不加程度副词,不单独作谓语。(1)利用机器开动的；只作定语：～车。(2)依照客观情况随时灵活行动的；常与"灵活、迅速"等并用,作定语或状语：灵活～的战略战术|这些汽车可以～使用。(3)准备灵活运用的；多作定语：～粮|～时间|～力量。

【机构】jīgòu 名。(1)机械的内部构造或某个单元装置：传动～|液压～。(2)机关团体等单位：国家教育委员会是一个新～。(3)机关、团体等单位的内部组织结构：～改革。

【机关】jīguān ❶名。(1)处理事务的部门：党政～|～团体|政府～。(2)机械或装置的关键部分：这道暗门的～找到了。(3)周密而巧妙的计谋：～算尽太聪明|识破～。❷形。用机械控制的；不加程度副词,不单独作谓语,只作定语：～布景。

【机关报】jīguānbào 名。国家机关、政党或群众组织出版并代表该组织宣传其观点主张的报刊。

【机关枪】jīguānqiāng 名。能自动连续发射、下装枪架或其他固定装置的枪。分轻机关枪、重机关枪、高射机关枪等。简称机枪。

【机会】jīhuì 名。时机,适合某种需要的时候：我要抓住这个～|多学一点知识|～难得,不要轻易错过。

【机警】jījǐng 形。机灵,富有警觉：放哨的人非常～。

＊"机警"和"机灵"："机警"的意思着重指感觉敏锐,有很高的警觉性;"机灵"的意思着重在聪明伶俐,能够随机应变。

【机灵】jīling ❶形。聪明伶俐,反应快：派个～些的人去|这孩子很～。也作

机伶。❷见"激灵"。

【机密】jīmì ❶形。重要而秘密的；多作定语：～文件|绝对～的会议。❷名。需要保密的情况：不准泄露国家～。

【机敏】jīmǐn 形。机智灵敏：反应～|这孩子挺～。

【机谋】jīmóu 〈书〉名。能应付各种变化的计策：此人富有～。

【机能】jīnéng 名。生物组织、器官或社会组织等的作用和功能：红骨髓有造血的～。

【机器】jīqì 名。由零部件装成、能运转、能转换能量或可利用机械能完成某种生产过程的装置。

【机器人】jīqìrén 名。此词最初出现于一本幻想小说中,指一种会劳动但不会思考的人。五十年代后期把装有机械手的自动化机械称之为机器人。目前的机器人指智能机器人,是人们制造出来、受电脑控制的、能模仿人的某些活动的一种自动机械装置,多用在人不能适应的环境中代替人做某些工作。也叫机械人。

【机巧】jīqiǎo 形。灵活巧妙：这个机器人非常～,能模拟人的许多动作。

【机群】jīqún 名。编队飞行的一群飞机；表示集体,不加个体量词：西南方出现敌人的～。

【机体】jītǐ 见"有机体"。

【机械】jīxiè ❶名。利用力学原理制成的各种装置的总称：农业～|建筑～。❷形。(1)重复同样动作,没有变化的：冲床冲出铁片是一种最简单的～运动。(2)比喻拘泥死板,缺少变化的；与"辩证"相对：思想方法太～。

＊"机械"和"机器"："机械"不指具体的机器,常用在概括意义上,包括的范围更广,如杠杆、滑轮、枪炮等都属于机械；"机器"常用来指具体的机械装置。"机械"有形容词用法；"机器"没有。

【机械化】jīxièhuà 动。广泛运用电力或其他动力来驱动或操纵机械设备代替手工进行生产；不带宾语：农业～。可作宾语：这个农场早已实现了～。可作定语：～部队|这个车间～程度比较高。

【机械手】jīxièshǒu 名。能模仿人手做某些动作的一种自动化机械装置。种类很

多,目前多用在不适于人体直接操作的场合,如高温、危险、有害等恶劣的工作环境。

【机要】jīyào 形。机密重要的;不单独作谓语,一般作定语:~部门|~秘书。

【机宜】jīyí〈书〉名。针对客观情况所应采取的方针、计谋、办法等;常用在固定组合中:面授~。

【机遇】jīyù 名。机会境遇;多指好的、顺利的:他的~好,生活道路比较顺利。

【机缘】jīyuán 名。机会缘分:也真是~,导演偶然发现了她,使她从此步入影坛,开始了演员的生涯。

【机制】jīzhì ❶形。用机器制造的;与人造的相区别,不加程度副词,不单独作谓语,作定语:~面条|~煤球。❷名。(1)指机器的构造和工作原理,如计算机的机制。(2)指有机体的构造、功能和相互关系,如动脉硬化的机制。(3)泛指一个复杂的工作系统和某些自然现象、社会现象的某种规律,如优法中优化对象的机制、社会生活中的竞争机制等。

【机智】jīzhì 形。头脑灵活,能随机应变,含褒义:此人十分~,是个可造之材。

【机杼】jīzhù 名。(1)〈古〉指织布机。(2)〈书〉比喻诗文的构思、布局;多用在比较固定的组合中:冰心的散文自出~,别具一格。

【机组】jīzǔ 名。(1)由几种不同机器配合组成的一组机器,能共同完成一项工作。(2)一架飞机上的全体工作人员:~人员。

肌 jī〈素〉肌肉:心~|~肤。

【肌肤】jīfū〈书〉名。肌肉和皮肤。

【肌理】jīlǐ〈书〉名。皮肤的纹理:~细腻。

【肌体】jītǐ 名。(1)指身体:~健壮。(2)比喻机构、组织等:防止腐朽思想侵蚀党的~。

矶(磯) jī 名。突出江边的岩石或石滩;多用于地名:采石~(在安徽省)|燕子~(在江苏省)。

击(擊) jī〈素〉(1)敲打:~鼓|反戈一~。(2)攻打:~败|~落。(3)碰,接触:冲~|撞~|目~。

【击败】jībài 动。在战斗或竞赛中使对方失败:敌人被~了。常带宾语:在第一轮比赛中,他一连~三个对手。

【击毙】jībì 动。用枪打死:他被当场~。常带宾语:~一名敌方的军官。

【击剑】jījiàn ❶名。体育运动项目之一,运动员头戴面罩,身穿特制的保护服装,一手持细长的弹性钢剑,在长方形的场地上进行比赛,用剑互刺或互劈,按规定时间和刺(劈)中的剑数决定胜负。❷动。进行击剑运动;不带宾语:他俩正在~。

【击节】jījié〈书〉动。节:一种古乐器。在欣赏诗歌、音乐时打拍子,叫击节;表示对诗文、音乐等的赞赏,不带宾语:~称赞|歌声优美动人,听者为之~。

【击溃】jīkuì 动。把敌人部队打垮或打散:故军已被全部~。常带宾语:~了来犯的敌军。

【击落】jīluò 动。把空中的飞机等打下来:一架飞机被~了。常带宾语:~一架敌机。

【击破】jīpò 动。打垮,打败;多用在比较固定的组合中:各个~。

圾 jī 见"垃圾"。

芨 jī [白芨](bái-) 多年生草本植物,叶子长,开紫红色花,地下块茎呈白色,可入药,有止血作用。

乩 jī 见"扶乩"。

鸡(鷄、雞) jī 名。一种家禽,嘴尖,头顶有肉质红冠。翅膀短,不能高飞。

【鸡飞蛋打】jī fēi dàn dǎ 成。鸡飞走,蛋打破,比喻两头落空:这场买卖婚姻,弄得~,人财两空。

【鸡口牛后】jī kǒu niú hòu 成。比喻宁可在局面小的地方起决定、支配作用,不愿在局面大的地方任人支配:他一直有~的想法,于是离开朝廷,去作了地方官。也说鸡尸牛从。

【鸡肋】jīlèi 名。《三国志·魏书·武帝纪》裴松之注引《九州春秋》记载:东汉末,曹操带兵进攻在汉中的刘备,刘备据险扼守。曹操打算撤军,出令道:"鸡肋"。部下不知道这是什么意思,但主簿杨修却打点行装了。别人问他为什么,杨修说,鸡肋这种东西,丢掉可惜,吃起来没味道。汉中就像鸡肋。所以我知道要撤军不打了。后以"鸡肋"比喻得到了价值不大，丢掉了却又有点可惜的东西：花了几块钱买这本书，看过后才知此乃~而已。

【鸡零狗碎】jī líng gǒu suì 成。比喻事物零碎、琐碎；含贬义：整天忙些~的杂事，真烦死人了!

【鸡毛蒜皮】jī máo suàn pí 成。比喻轻微琐碎的东西或无关紧要的小事：犯不着为~的事争吵。

【鸡毛信】jī máo xìn 名。旧时插着鸡毛表示必须火速传送的紧急公文或信件。

【鸡鸣狗盗】jī míng gǒu dào 成。《史记·孟尝君列传》记载：战国时,齐国的孟尝君被秦国扣留。他的一个门客夜里假装成狗到秦国宫里去偷了狐裘献给秦王的宠姬,孟尝君才得释放。走到函谷关(今河南灵宝东北)时,正是夜里,按规定鸡叫了才开门。门客中又有一个会装鸡叫的人,假装鸡叫,骗开了城门,孟尝君才得以逃回齐国。后以"鸡鸣狗盗"称具有微末技能的人；含鄙视义：他结交了一些~的朋友。

【鸡犬不宁】jī quǎn bù níng 成。连鸡和狗都没法安宁,形容人被搅扰得很厉害：侵略军每到一处都弄得~。

【鸡犬升天】jī quǎn shēng tiān 成。这是道家编造的神话,据说西汉淮南王刘安修炼成仙,白日升天。临行时,剩余的仙药散在庭院里,鸡狗吃后也一齐上了天。后来就用"鸡犬升天"比喻一个人做了大官,亲朋故旧也跟着得势；旧社会往往一人得道,~。

【鸡尾酒】jī wěi jiǔ 名。用几种酒加果汁、香料临时配制成的混合酒。据说因各种酒颜色之美如公鸡尾羽而得名。

【鸡胸】jī xiōng 名。因佝偻病造成胸骨突出,像鸡的胸脯的症状：一个~人。

【鸡眼】jī yǎn 名。生在脚掌或脚趾上的皮肤病,由角质层增生而形成的小圆硬块,形似鸡的眼睛,故名。

奇 jī

❶〈素〉成单的；与"偶"相对：~数|~偶。❷〈书〉数。零数：四十有~。

另见 qí。

【奇数】jī shù 名。不能被2整除的数,如1、5、-11等；与"偶数"相对。

剞 jī

[剞劂](-jué)〈古〉❶名。雕刻用的弯形刀凿。❷动。雕版,刻书。

犄 jī

见"犄角"。

【犄角】jī jiǎo 〈口〉名。(1)两个边沿相接处,棱角：桌子~。(2)角落：屋子~。

【犄角】jī jiao 〈口〉名。牛、羊等头上的角：牛~。

畸 jī

〈素〉(1)偏：~轻~重。(2)不正常的,不规则的：~形。(3)数的零头：~零。

【畸轻畸重】jī qīng jī zhòng 成。畸：不完整,偏于。有时偏轻有时偏重。形容事物发展不均衡,或人对事物的态度有所偏倚：判决案子必须依据法律,分清罪与非罪,不可~。注意："畸"不读 qí。

【畸形】jī xíng 形。不加程度副词。(1)生物体某部位发育不正常：胸部~|~胎儿。(2)比喻事物发展不均衡或不正常：~繁荣|工业发展中出现了~现象。

唧 jī

❶动。用液体喷射；常带宾语：别~他的脸。可带双宾语：~他一身水。❷拟声。摹养虫叫等的声音；常叠用：秋虫~~~地叫着。

【唧唧喳喳】jī jī zhā zhā 拟声。(1)摹拟杂乱细碎的声音；用于禽鸟：小山雀~地叫个不停。(2)摹拟小声说话的声音；含轻蔑意：她们就会~地议论别人。

【唧哝】jī nong 动。小声说话：别在那儿~了。可带宾语：她跟我~了几句话就走了。

积(積) jī

❶动。聚积,使逐渐增多；常带宾语：~了好多钱。❷名。乘积的简称。❸〈素〉(1)长时期造成的：~习|~弊|~重。(2)中医指消化不良症：食~|奶~。

【积弊】jī bì 名。长期积累下来的弊病：下决心除去~|~很深。

【积储】jī chǔ 动。积存；常带宾语或补语：仓库里~了许多煤炭|把这些稻子~起来。

【积存】jī cún 动。积累储存；常带宾语或补语：~了许多钢材|把材料~起来。

【积德】jīdé 动。迷信的说法,指为了求福而行善;不带宾语:修桥铺路,这是~的事。可拆开用:你就积点德吧。可重叠:你就积积德吧。

【积淀】jīdiàn 动。长时期积累形成;多用于抽象事物,可带宾语,并带动态助词"着":在他那可悲的优越感中,~着几千年来旧式读书人的自负。也可不带宾语:传统节日融进了历史~的神话传说、风土民俗、诗情画意。

【积极】jījí 形。与"消极"相对。(1)指政治上要求进步或热心于某项活动的:表现很~|~分子。(2)正面的、有益的;多用于抽象事物:对青年成长产生~影响|调动一切~因素。

【积极性】jījíxìng 名。努力进取、热心工作的思想和行动;常与"调动、发挥、激发"等词搭配:调动了人们植树造林的~。

【积久】jījiǔ 动。长久积累;不带宾语:在光线不足的地方看书,~了会变近视眼的。

【积聚】jījù 动。逐渐聚集增加;常带宾语或补语:~力量|把~起来的钱存入银行。

【积劳成疾】jī láo chéng jí 成。因长期劳累过度而得病:李老师~,以至一病不起。

【积累】jīlěi ❶动。逐渐积聚;常带宾语:~财富|~经验。❷名。国民收入中用来扩大再生产的部分:~与消费的比例要安排适当。

【积木】jīmù 名。由一套形状、大小不同木块(或塑料块)组成的儿童玩具,可搭成各种形式的建筑物的模型。

【积欠】jīqiàn ❶动。累次欠下;须带宾语:~万元之多。❷名。多次欠下的债务:清理~|偿还~。

【积习】jīxí 名。长期形成的习惯;多指不良的:~难改|~已深。

【积蓄】jīxù ❶动。积存;多指钱财、力量等,常带宾语或补语:~了一笔钱|要把山上流下来的水~起来,作灌溉之用。❷名。积存下来的钱:我的~不多。
*"积蓄"和"积累":"积蓄"着重表示逐步储存;"积累"着重表示逐步增多。

"积蓄"的对象主要指金钱、物资、力量等;"积累"的对象主要指经验、资金、知识等。

【积压】jīyā 动。长期积存,未加利用和处理;常带宾语或状语:仓库里~了许多钢材|矛盾如果不及时解决,~下来就更尖锐了。

【积攒】jīzǎn 〈口〉动。一点一点积聚;常带宾语或补语:~肥料|把零钱~起来。

【积重难返】jī zhòng nán fǎn 成。积重:积习深重;返:回头。长期形成的恶习弊端不易改变:这个国家的种族歧视问题已~。

【积铢累寸】jī zhū lěi cùn 见"铢积寸累"。

笄 jī 名。古代束发用的簪子。

屐 jī 〈素〉(1)木头鞋:木~。(2)泛指鞋:~履|草~。

姬 jī ❶名。(1)古代帝王的妾,也指一般人的妾。(2)古代对妇女的美称:艳~。(3)旧指以歌舞为业的女子:歌~|舞~。❷姓。

其 jī 人名用字。郦食其(lì yìjī),汉朝人。
另见 qí。

基 jī 〈素〉(1)基础:地~|路~。(2)起头的,根本的:~层|~调。

【基本】jīběn ❶名。基础,根本:人民是国家的~。❷形。根本的,主要的:~因素|~矛盾|计划生育是我国的一项~国策。❸副。大体上,在主要方面:情况~属实。
*"基本"和"根本":作名词时,"基本"着重表示事物的基础;"根本"着重表示事物的根源。作形容词时二者含义相近,但不完全一样。"基本"表示"起码的"、"不可缺少的","根本"表示"最重要的、起决定作用的",如"基本知识","基本建设"都不可换用"根本"。作副词时,二者意思不同,"基本"表示"大体上","根本"表示"本来、彻底、全部",如"问题已基本解决"和"问题根本解决",意思是不一样的。

【基本词汇】jīběn cíhuì 词组。词汇中最主要的组成部分。和一般词汇相比,它的使用率最高,历史最悠久,通行范围最广,为全民所共同理解,利用来构造新词的能力最强。如汉语中的"天、地、水、火、人、手、走、吃、大、小"等。

【基本功】jīběngōng 名。从事某种工作所必需掌握的基本技能和知识:这位演员~扎实,唱、做、念、打无一不精。

【基本建设】jīběn jiànshè 词组。国民经济各部门增添固定资产的建设或购置,如建设厂房、铁路、矿井、住宅、学校,添置机器、车辆、船舶等。简称基建。

【基本粒子】jīběn lìzǐ 词组。电子、质子、中子、介子、光子、超子以及正电子、反质子、反中子、反介子等粒子的通称。它们是目前人类所知道的构成物体的最简单的物质,都有一定的质量,有的带电,有的不带电。它们多数是不稳定的,能互相转变。也叫粒子。

【基本上】jīběnshang 副。主要地,大体上:大桥~建成了,只剩桥面工程和桥两头马路还没完工|我的伤口~好了。注意:"基本上"含有不完全、不是全部的意思,即在主要方面或总的方面是如此,不可滥用。

【基层】jīcéng 名。组织、机构中最低的一层:~组织|~干部|到~蹲点。

【基础】jīchǔ 名。(1)建筑物的根脚和柱石:房屋的~要打好。(2)比喻事物发展的根本、起点或先决条件:语文是各门课程的~|~不稳。常作定语:~知识|~理论。(3)见"经济基础"。

*"基础"和"基本":"基础"指事物发展的起点和根基,用作名词;"基本"指主要的、根本的或大体上,是形容词和副词,用作名词的情况较少。

【基地】jīdì 名。作为某种事业基础的地方;钢铁~|军事~。

【基点】jīdiǎn 名。(1)起点,出发点:要把经济发展的速度放在一个可靠的~上。(2)中心,重点:学校工作应以教学为~。

【基调】jīdiào 名。(1)音乐作品中主要的调子,常在开始或末尾出现。(2)比喻基本精神和主要倾向:这一作品的~是好的。

【基金】jījīn 名。为兴办、维持或发展某种事业而聚集和储备的资金或专门拨款,如儿童福利基金、生产基金等。

【基督】jīdū 名。音译词。原义为救世主,基督教对耶稣的称呼。

【基督教】jīdūjiào 名。世界三大宗教之一,公元一世纪产生于亚细亚的西部地区,信奉上帝,奉耶稣为救世主。十一世纪分裂为天主教和东正教,十六世纪以后又陆续从天主教分裂出许多新的教派,合称新教。我国所称基督教,多指新教。

【基石】jīshí 名。作建筑物基础的石头。常用作比喻:奠定了两国人民建立深厚友谊的~。

【基数】jīshù 名。(1)表示数量多少的整数,如一、二、一百、三千等;区别于第一、第二等"序数"。(2)作为计算标准的数目。如以1981年的价格为基数,可以计算出1987年物价调整的幅度。

【基业】jīyè 名。事业发展的基础:这个厂之所以发展很快,客观因素是~厚实。

【基因】jīyīn 名。音译词。控制生物性状、传递、变化、发育的遗传基本单位,存在于细胞的染色体上。

【基于】jīyú 介。根据;多用在句首,与"理由、考虑"等词组成介词词组:~上述理由,我同意他的意见。

【基准】jīzhǔn 名。测量时的起算标准,泛指标准:以排头为~,向右看齐!

箕 jī ❶名。(1)〈书〉簸箕,用竹篾、柳条或铁皮等制成的扬去糠麸或清除垃圾的器具。(2)簸箕形的指纹;与"斗(dǒu)"相对:我有五个斗五个~。(2)二十八宿(xiù)之一。❷姓。

【箕踞】jījù〈古〉动。古人席地而坐,两腿伸直岔开,像簸箕形,叫箕踞。是一种不拘礼节的坐姿。

赍(齎、賫) jī〈古〉动。(1)怀着,带着:~志而没(抱负没能实现而死去)。(2)送东西给人:~之美玉。

稘 jī 姓。

稽 jī ❶〈素〉(1)查考:~查|无~之谈。(2)计较:反唇相~。(3)停留,留住:~留。❷姓。

【稽查】jīchá ❶动。检查;用于走私、偷税、违禁等非法活动,多作定语:加强~工作。❷名。担任这种检查工作的人:他当了~。

【稽核】jīhé 动。查对计算;多指帐目,常带宾语或补语:~当月进货帐|帐目~了一遍。

【稽考】jīkǎo 〈书〉动。核对查考;一般不带宾语:年深日久,此事难以~。

【稽留】jīliú 〈书〉动。停留,拖延;常带补语:我还须~一二日,请你先行。可带处所宾语:~异国。

羁(羈) jī ❶〈古〉名。马笼头:无~之马。❷〈素〉(1)拘束:~绊|~押。(2)停留,使停留:~旅|~留。

【羁绊】jībàn 〈书〉动。束缚住不得脱身;可带宾语或补语:~手脚|种种杂务~在身|什么也~不住他的心。常作宾语,与"冲破、摆脱、排除"等词语搭配:冲破封建家庭的~|摆脱旧思想的~。

【羁留】jīliú 〈书〉动。(1)在外地停留;常带补语:在沪~数日。可带自谓宾语:~他乡。(2)同"羁押"。

【羁旅】jīlǚ 〈书〉动。长久寄居外地;不带宾语或补语:~他乡|~不归。

【羁押】jīyā 〈书〉动。将人拘禁或拘留;多用于被动句:犯罪分子已被依法~。可带补语:~在拘留所。

激 jī ❶动。(1)水因受到阻碍、震荡而上涌或飞溅;常带宾语和补语:江面上~起阵阵浪花。也比喻引起某种结果:他的发言~起一阵骚动。(2)使人兴奋、冲动;须带宾语:拿话~他。可带兼语:他就要~小王说这句话。(3)因冷水刺激而生病;一般不带宾语,常带动态助词"着":孩子被大雨~着了。(4)〈方〉用冷水冲淋或浸泡使东西变冷;一般不带宾语,多带补语:把西瓜放在井水里~一下再吃。❷〈素〉(1)激动:~愤|感~。(2)急剧,强烈:~增|~烈。

【激昂】jī'áng 形。激动昂扬;指情绪、语调等:学生们个个慷慨~|歌声|情绪很~。也可作状语:他~地说:我们一定会回来的。

【激荡】jīdàng 动。(1)因受冲击而动荡;多指水流,不带宾语,常带补语:海水~|旋卷着的巨浪又~开去。也用来比喻政治形势或心情等:二十年代的中国,处在风云~之中|心潮~。(2)冲击,使动荡;须带宾语:暴风~着湖水,掀起汹涌的巨浪。

【激动】jīdòng 动。(1)因受某种刺激而感情冲动;不带宾语,可带带补语:他今天太~了|小王~得说不出话来。可作定语或状语:~的心情|~地说。(2)刺激使冲动;须带宾语:他的话实在~人心。

＊"激动"和"感动":"激动"只表现人的感情冲动,好的坏的事物都能引起激动;"感动"表示外界美好的事物引起人的同情、敬佩等高尚的感情。用作谓语时,"激动"的主语可以是心情、感情、心绪等;"感动"只能是人。"激动"常作定语;"感动"不单独作定语。

【激发】jīfā 动。刺激使奋发;常带宾语或补语:庆功大会~了人们的斗志|工人们的生产热情被~出来了。可带兼语:新产品的试制成功,必将~大家加倍努力,奋发前进。

＊"激发"和"激":"激发"的对象大多是爱国心、积极性、勇气等,带有褒义;"激"的对象大多是愤怒、仇恨、同情、反对等,一般不带褒贬色彩。

【激愤】jīfèn 形。激动而愤怒:会场上群情~。

【激奋】jīfèn 形。激动振奋;含褒义:听了关于工厂远景的报告,工人们非常~。

【激光】jīguāng 名。某些物质的原子中的粒子受光或电刺激,能使低能级的原子变成高能级的原子,而辐射出相位、频率、方向等完全相同的光,这种光叫激光。激光的特点是亮度极高,颜色极纯,能量高度集中,因而威力极强。目前,它在工业、军事、医学通讯、探测等领域已得到广泛应用,很有发展前途。也叫莱塞。

【激化】jīhuà 动。(1)指矛盾、冲突等向激烈尖锐的方向发展;不带宾语:矛盾进一步~了。(2)使激烈尖锐;须带宾语:外国的干涉~了该地区的冲突。

【激将法】jījiàngfǎ 名。故意说反话刺激人,使他决心去干的手段:你别来~|对他只有用~。

【激进】jījìn 形。指急于改变某种现状或

实现某种政治要求:～派|～分子|这个主张太～了。

【激励】jīlì 动。激发勉励;多带宾语:～士气|～斗志|英雄们的事迹永远～着我们。有时带兼语:政府的号召～我们为四化多作贡献。

＊"激励"和"鼓励":"激励"的对象大多是斗志、士气或人;"鼓励"使用范围较宽,可以促使人去做任何事情。"鼓励"是有意识的表扬、支持或提倡;"激励"没有这种意思。"鼓励"可以说"受到、得到";"激励"不能。

【激烈】jīliè 形。剧烈,厉害;指言论、行为:你今天的发言太～了|～的战斗。

＊"激烈"和"剧烈":"激烈"着重指激昂、尖锐;"剧烈"着重指迅疾、凶猛。"激烈"常用于言论或行动,同"斗争、矛盾、冲突、辩论、争论、竞争、战斗"等词语搭配;"剧烈"常用来形容社会的巨大变革、急剧的活动或肉体上、精神上的极大痛楚等。

【激流】jīliú 名。湍(tuān)急的水流。比喻动荡激烈的环境:在革命的～中成长。

【激怒】jīnù 动。刺激使发怒;常带宾语:他的卑劣行径～了我。

【激切】jīqiè 〈书〉形。直率而急切;多指话语:言辞过于～。

【激情】jīqíng 名。极其强烈、难以抑制的感情:这首诗充满了战斗的～。

【激素】jīsù 名。内分泌腺分泌的物质,有甲状腺素、胰岛素、雄性激素、雌性激素等多种,通过血液分布到全身,对肌体的代谢、生长、发育和繁殖等起重要的调节作用。有些激素现在已能人工合成。旧称荷尔蒙。

【激扬】jīyáng 〈书〉❶动。激励,激发,常带宾语:～士气。❷形。激动昂扬:群众情绪非常～|会场上响起了～的口号声。

【激越】jīyuè 形。强烈、高亢(kàng);形容情绪、声音等:感情很～|～的歌声|秦腔音调～,与越剧大不相同。

【激增】jīzēng 动。极快地增加;多指数量,不带宾语:汽车产量～|改革开放以来,城市人口～。

【激浊扬清】jī zhuó yáng qīng 成。激:冲去;浊:污水;清:清水。冲去污水,让清水上来。比喻抨击坏人坏事,赞颂好人好事:我们要～,伸张正义。也说扬清激浊。

缉 jī 〈素〉搜捕:～拿|通～。
另见 qī。

【缉捕】jībǔ 动。缉拿。

【缉拿】jīná 动。搜查捕捉;对象指犯罪分子,可带宾语:迅速～这个凶犯。常与"归案"连用,多见于公文:速将罪犯～归案。

【缉私】jīsī 动。检查走私活动,捕捉走私罪犯;不带宾语:你负责～。常作定语:～工作|～活动。

畿 jī 〈素〉国都周围的地区:～辅|京～。

【畿辅】jīfǔ 〈古〉名。国都周围的地方。

齑(齏) jī ❶〈古〉名。切细的葱、蒜、姜等佐料。❷〈素〉细、碎:～粉。

【齑粉】jīfěn 〈书〉名。粉末、碎屑。比喻粉身碎骨:为国为民,我哪怕化为～!

跻(躋) jī 〈书〉动。登上,上升;后接"于"引出的处所补语:中国终将～于世界强国之林。

墼 jī [土墼](tǔ-) 名。未烧的砖坯。

jī(ㄐㄧ)

及 jī ❶〈书〉连。连接并列的名词或名词性词组。被连接的成分有主次之分,通常主要的在前:总理、外长～随行人员。"及"后面有时可加"其":帝国主义～其走狗。❷〈素〉(1)达到:普～|～格|过犹不～|由表～里。(2)趁,赶上:～早|～时|来不～。❸姓。

【及第】jídì 动。封建时代参加科举考试中选,特指考取进士,明清时代只用于殿试前三名;不带宾语,一般单独作谓语:进士～|状元～。

【及格】jígé 动。考试成绩达到或超过规定的最低标准;不带宾语:小李英语～了。

【及时】jíshí ❶形。来到或发生的时间正适合:这场雨下得候～。❷副。马上,立即;一般作动词的状语:遇到问题～解

【及早】jízǎo 副。尽早,趁早;一般作动词的状语:年货应当～进店。

【及至】jízhì〈书〉介。等到:～半夜车子才到站|对子女平时放任不管,～发现问题,再去管教,就迟了。

伋 jí 人名用字。孔伋,字子思,孔子的孙子。

岌〈古〉形。形容山很高的样子。

【岌岌】jíjí〈书〉形。形容十分危险,接近毁灭;常用在比较固定的组合中:～可危|～不可终日。

汲 jí ❶动。从下往上取水;常带宾语或补语:从井里～水|把山谷里的水～上来。❷姓。

【汲汲】jíjí〈书〉形。形容心情迫切、很想取得;不加程度副词,常用"于"引出所追求的对象:此人～于名利。

【汲取】jíqǔ 动。吸取;常带宾语,多与"经验、教训、营养"等搭配:从事故中～教训。

【汲引】jíyǐn〈书〉动。比喻提拔,推荐:全赖上司～。

级 jí ❶名。(1)等次;指职务、工资、学位等:处长～干部|我们俩的工资是一个～的。(2)指年级:我们俩同一～不同班。❷量。(1)用于台阶、楼梯等:走了十五～台阶。(2)用于职务、工资、学位等:工人的工资都分八～|他是处长,职务比我高一～。❸〈素〉台阶:石～。

【级别】jíbié 名。等级差别;指职位、工资等:工资～|行政～。

极(極) jí ❶副。表示程度最高;多作形容词的状语或补语,作补语时不用助词"得",但常用语气助词"了、啦"等:～快|～精彩|满意～了。"极"如用在动词前,动词后一般要有宾语:～有成效|～需要这种钢材|～不希望这种情况发生。❷〈素〉(1)顶点,最高点,尽头:～度|～刑|登峰造～。(2)竭尽:～力|～目|物～必反。

【极地】jídì 名。极圈以内的地方,气温很低。

【极点】jídiǎn 名。不能再超越的程度或界限;常用在"到"后,强调程度:气愤

到～|快乐到了～。

【极度】jídù ❶副。程度极高,十分:～悲伤|～兴奋。❷名。最高度,不能超过的程度;常作定语:～的困乏|～的气愤。

【极端】jíduān ❶名。事物发展达到的顶点:从一个～走到另一～。❷形。达到极点的;不加程度副词,多作状语或定语:～负责|～为难|～的个人主义。

【极光】jíguāng 名。经常出现在高纬度地区高空的一种辉煌壮丽的光的现象。通常呈带状、弧状或放射状。一般为白色或黄绿色,有时带红、紫、蓝等色,由太阳发出的高速带电粒子使高层空气分子或原子激发而发生。这些高速带电粒子因地球磁场作用而折向南北两极附近,故极光常见于纬度较高地区。

【极口】jíkǒu 副。在谈话中极力强调;多修饰"称赞、赞扬"等动词:讨论时,他～称道这个方案的长处。

【极乐世界】jílè shìjiè 词组。佛经中指阿弥陀佛所居住的地方,在那里可以获得光明、清净和快乐,没有人间的一切烦恼。因此是佛教徒所向往的最后归宿。又叫西天。

【极力】jílì 副。用尽全部力量;一般作动词的状语:这事我一定～帮忙。

【极目】jímù〈书〉副。用尽目力;一般作动词的状语:～远望。

【极其】jíqí〈书〉副。非常,表示程度最高,只修饰双音节形容词、动词:～辛苦|～热爱。

【极圈】jíquān 名。地球上66°33′的纬线所形成的圈,在北半球的叫北极圈,南球的叫南极圈。

【极限】jíxiàn 名。最高的限度:人类的创造力没有～。

【极为】jíwéi〈书〉副。同"极❶";语气较"极"庄重,只作双音节形容词的状语:建设成就～显著|教训～沉痛。

【极刑】jíxíng 名。死刑:处以～。

笈 jí〈古〉名。书籍:负～从师。

吉 jí ❶〈素〉(1)吉利,吉祥;与"凶"相对:～日|～凶|凶多～少。(2)善,美:～士|～人天相。❷姓。

【吉卜赛】jíbǔsài 名。音译词。又叫茨冈。

一个以过流浪生活为特点的民族,原住印度北部,十世纪时开始向外迁移,西亚、北非和欧美等地都有,多以占卜、歌舞等为业。

【吉光片羽】jíguāng piàn yǔ 成。吉光:古代传说中的一种神兽,用它的毛皮制成的裘衣,入水不湿,入火不焦;片羽:一片毛。吉光的一片毛,比喻残存的艺术珍品:这是一片铜雀瓦,～,稀世奇珍。也作吉光片裘。

【吉剧】jíjù 名。吉林的一种地方戏剧,在曲艺"二人转"等基础上逐渐发展而成。

【吉利】jílì 形。吉祥顺利;迷信说法:有病就得上医院,别管他过新年什么～不～的|今年很～,事事如意。

【吉期】jíqī 名。指结婚的日子:～选定了吗?

【吉庆】jíqìng 形。吉祥喜庆:但愿此行平安～。

【吉人天相】jí rén tiān xiàng 成。吉人:善人;相:帮助,保佑。好人总能得到天神保佑;原是迷信说法,现多用作对别人遇到困难或危险时的安慰语:自古以来,～,你眼下虽然境遇艰难,日后总会好起来的。注意:"相"这里不读xiāng。

【吉日】jírì 名。迷信的人认为吉利的日子:黄道～|选个～把婚事办了。

【吉他】jítā 名。音译词。有六根弦的弹拨乐器,故又叫六弦琴。

【吉祥】jíxiáng 形。能预示或带来幸运的:～如意|～话|旭日临门,紫燕绕梁,一派十分～的景象。

【吉凶】jíxiōng 名。未来的好运气和坏运气:～未卜|现在尚不知～如何。

【吉兆】jí zhào 名。预示幸运的好兆头:这场大雪是来年丰收的～。

佶 jí〈古〉健壮。

【佶屈聱牙】jíqù áoyá 成。佶屈:曲折;聱牙:拗口。指文章读起来别扭、不顺口:这篇文章～,实在难念。也作诘屈聱牙。

诘 jí [诘屈聱牙](-qù áoyá) 见"佶屈聱牙"。
另见 jié。

即 jí ❶〈书〉动。就是;表示判断,须带宾语:周树人～鲁迅。有时可与"是"合用,映山红～是杜鹃花。常构成"非…即…"格式,表示选择:非此彼|非打～骂。❷〈书〉副。就,便;表示动作在短时间内或在某种条件下应当发生:服药三天～可见效|此文望～印发。也表示后一事紧接前一事发生:知错～改|一说～懂。还可用来加强肯定语气:问题的症结～在于此。❸〈书〉连。同"即使";表示假设兼让步:～已起程,恐亦无济于事。❹〈素〉(1)靠近,接触:若～若离|～景生情。(2)到,开始从事:～席|～位。(3)当时,当地:～日|～刻|～席。

【即便】jíbiàn 连。同"即使":～你去请,他也未必肯来。

【即或】jíhuò〈书〉连。同"即使":此类人～有之,也不会多。

【即将】jíjiāng〈书〉副。将要,就要:党代会～召开|小陈～去西藏工作。

【即景】jíjǐng 动。就眼前的景物;用于吟诗、作画等,不带宾语:～挥毫|～作画|～诗|黄山～。

【即景生情】jí jǐng shēngqíng 成。面对当前情景而产生某种思想感情:张教授～,赋诗一首。

【即刻】jíkè 副。马上,立刻:～就办,决不拖延。

【即令】jílìng〈书〉连。同"即使":～只完成初稿,也请立刻送来。

【即日】jírì〈书〉名。(1)当天:～起程|本条约～起生效。有时用于书信便条末尾注明的日期。(2)最近几天内;多作状语:该剧～上演。

【即若】jíruò〈书〉连。同"即使":～粉身碎骨,也在所不辞。

【即时】jíshí 副。马上,立刻:接到命令,～起飞,不得延误。

【即使】jíshǐ 连。表示假设兼让步;后一分句常用"也(还)"搭配:～爸爸真要出差,也不能带你去|～遇到困难,也要继续克服。在书面语中,"即使"有时可用在后一分句,起补充说明的作用:我反正不去参加,～他亲自来邀请我。注意:与"即使"相当的说法,口语里常用"就是、就算、哪怕";书面语里可用"即便、即令、即或"等。

【即位】jíwèi 〈书〉动。不带宾语。(1)登上王位,开始做帝王或诸侯:新国王后天～。(2)入座,就位:来宾一一～。

【即席】jíxí 〈书〉❶副。(1)当场;一般用于宴席或集会上讲话赋诗等,作状语:～发言|～赋诗。❷动。入席,就座;多作谓语:大家～后就开始奏乐。

【即兴】jíxìng 动。因受当前情景感染临时发生兴致而进行创作;多作定语或状语;～之作|～赋诗|～表演。

亟 jí 〈书〉副。急迫地;多修饰单音节助动词或动词"须、应、待"等:高楼供水问题～须解决。
另见qì。

【亟亟】jíjí 〈书〉形。形容紧迫,急忙;不加程度副词,作状语或谓语:～奔走|整日～于公事。

殛 jí 〈书〉动。杀死:雷～|电～。

革 jí 〈古〉形。危急;指病况:病～。
另见gé。

急 jí ❶动。(1)着急,想很快实现某事;不带宾语,多带补语:脸都～红了。常构成连动词组,后面加动态助词"着":他～着去看焰火。(2)使着急;须带"人"一类宾语或程度补语:这种事真～人|把小王～坏了。❷形。(1)急躁,容易激动:脾气很～。(2)迅速,猛烈:水流很～|～转弯。(3)迫切,要紧:任务～,时间紧。❸〈素〉(1)对大家的事或别人的困难赶快帮助:～人之难|～公好义。(2)紧急而严重的事:告～|救～|燃眉之～。

【急巴巴】jíbābā 形。急切的样子;不加程度副词,常带助词"的(地)":他～地等着领钱。

【急促】jícù 形。(1)快而短促;多形容呼吸、声音等:说话很～|～的敲门声。(2)强调短暂,没有余地:时间很～,不容再考虑了。

【急风暴雨】jí fēng bào yǔ 成。急剧的风、猛烈的雨,常用来比喻巨大而激烈的斗争或革命运动:大批新人在大革命的～中成长起来。

【急公好义】jí gōng hào yì 成。对公众利益关心,喜欢帮助人:像王科长这样～的人越多越好。注意:"好"这里不读hǎo。

【急功近利】jí gōng jìn lì 成。急于求成,贪图眼前利益:制定计划要有长远设想,不能一味～。

【急急巴巴】jíjíbābā 形。形容急迫、匆忙;不加程度副词:他～赶到现场,结果什么也没解决。

【急乎乎】jíhūhū 形。形容着急;不加程度副词:听说大坝出了问题,他～地跑了过去。

【急惊风】jíjīngfēng 名。中医指儿童发高烧两眼直视或上翻、牙关紧闭、手脚痉挛等症状:～碰到慢郎中(谚语,比喻你急他不急)。

【急就章】jíjiùzhāng 名。原为汉代史游所作识字读本,又名《急就篇》,今借指急需时匆匆完成的文章或事情:这是篇～,没有仔细推敲。

【急救】jíjiù 动。对危急病人或重伤员紧急救护治疗;一般不带宾语:进行～|现在他心脏病发作,须要～。

【急遽】jíjù 〈书〉形。急速,急剧:形势～变化,你们须有应变的思想准备。

【急剧】jíjù 形。快速而猛烈;常作状语:病情～恶化。

【急流】jíliú 名。湍急的水流:～滚滚|前面都是～险滩,要特别当心。

【急忙】jímáng 形。因着急而加快动作:～来到受害者家里。可重叠:你干吗这样急急忙忙的?

【急难】jínàn 〈书〉❶动。对他人的困难主动关心帮助;不带宾语:扶危～的好领导。常拆开用在一些固定组合中:急人之难。❷名。紧急而严重的危难:朋友有了～,我怎能袖手旁观?注意:"难"这里不读nán。

【急迫】jípò 形。必须迅速处理、不能拖延时间:任务这样～,你还有心思在这聊天儿?
＊"急迫"和"急切":"急迫"多用来形容事情,表示紧急;"急切"多用来形容心理状态或某种需要,表示迫切。

【急起直追】jí qǐ zhí zhuī 成。立即行动起来,迅速追赶上去;用于后进者追赶先进的人、团体或事情:二车间的经济效益在全厂最好,三车间也要～。

【急切】jíqiè 形。(1)非常迫切；多形容希望很快实现某种愿望的心情：入党的要求很～。(2)急促，仓促：时间这样～,还顾得上细细找？

【急速】jísù 形。极快；常作状语：一听声响，她～地转过身去。

【急湍】jítuān 〈书〉名。同"急流"；多用于文学作品：奇峰怪石，～飞瀑，比比皆是。

【急先锋】jíxiānfēng 名。比喻积极带头干的人：他是改革的～。

【急性】jíxìng ❶形。很快发作、变化剧烈的；一般修饰疾病，不加程度副词，只作定语：～肾炎。❷名。急性子。也说急性儿。

【急性子】jíxìng·zi ❶形。性情急躁，不冷静，不加程度词语：这个人～,我同他合不来。常作定语：～人|改掉～的毛病。❷名。指性情急躁的人：～碰上个慢性子。

【急需】jíxū 动。紧急需要；常带宾语：～一批药品。可带动词或动词性词组作宾语：这件事～办理|他的病～住院治疗。

【急于】jíyú 谓语。想要很快实现；不单独作谓语，带动词或动词性词组作宾语：～求成|他～回家，饭也不吃了。

【急躁】jízào 形。(1)遇事容易激动不安：一出废品，他就～起来|她性情很～。(2)只求很快实现计划，喜欢立即行动而缺乏充分准备：这件事不宜～,要仔细商量。

＊"急躁"和"焦躁"："急躁"常指人一贯的性情或思想的特点，"焦躁"指暂时的情绪不安。"急躁"含贬义；"焦躁"不带褒贬色彩。

【急中生智】jí zhōng shēng zhì 成。在紧急情况下想出应付的办法：一见有陌生人走来，他～,赶紧把伤员藏在水缸里。

【急骤】jízhòu 〈书〉形。快速，突然：～变化|～的脚步声。

【急转直下】jí zhuǎn zhí xià 成。突然转变并且顺着转变后的情况迅速发展下去；一般用来形容形势、情节、文笔等：老刘一步高着，使棋局～,小沈只得认输。

疾 jí 〈素〉(1)病：～病|讳～忌医。(2)痛苦：～苦|痛心～首。(3)恨：～恶如仇。(4)急速，猛烈：～步|～风。

【疾病】jíbìng 名。病的总称；不加个体量词：预防～|治疗～。

【疾恶如仇】jí è rú chóu 成。疾：也作"嫉"，憎恨；恶：指坏人坏事。憎恨坏人坏事，如同仇人一般：他对军阀、政客，～。

【疾风知劲草】jí fēng zhī jìng cǎo 成。疾风：猛烈的风；劲：有力。只有经过猛烈大风的吹袭，才能知道什么样的草是强劲的。比喻在严峻的考验下才能显示一个人的坚定的意志和立场。在抗日战争的艰苦斗争中，有的动摇，有的当了汉奸，而更多的人激发了爱国的热情，越发坚强起来，真是～啊！

【疾患】jíhuàn 〈书〉名。即"病"。比喻妨害事物发展的危险因素；除掉这个汉奸就为张家村人民消除了一大～。

【疾苦】jíkǔ 名。指人民群众生活中的困难和痛苦：领导干部要关心群众的～。

【疾驶】jíshǐ 动。飞速行驶；不带宾语：警车在盘山公路上～。

【疾首蹙额】jí shǒu cù é 成。疾首：头痛；蹙额：皱眉头。形容厌恶或痛恨的样子：他见到不正之风就～,必加制止。

【疾言厉色】jí yán lì sè 成。说话急促，表情严厉，形容发怒的样子：一进门，就看到老张在～地责骂儿子。

蒺 jí [蒺藜](-li) 名。也作蒺藜。(1)一年生草本植物，茎平铺在地上，花黄色，果皮有刺，种子可入药。(2)这种植物的果实。

嫉 jí 〈素〉别人比自己强而憎恨：～妒|～恨。

【嫉妒】jídù 同"忌妒"。

【嫉恨】jíhèn 动。因忌妒而愤恨；常带宾语，可加程度副词：他很～别人取得的成绩。

鹡 jí [鹡鸰](-líng) 名。鸟类的一属，最常见的一种，体小，头顶黑色，尾和翅膀很长，黑色带白斑，前额和腹部白色。生活在水边，吃昆虫、小鱼等。

瘠 jí 〈素〉(1)瘦弱：瘦～。(2)土地不肥沃：～薄|～田。

【瘠薄】jíbó 形。土质不肥沃：这一带土地～，人烟稀少。

【瘠田】jítián 名。不肥沃的田地。

踖

jí 〈古〉动。走小碎步。

棘

jí ❶名。酸枣树，落叶灌木，开黄绿色小花，枝上多刺。果实小，肉质薄，味酸。核仁可入药。❷〈素〉针形的刺；荆～｜～手｜～皮。

【棘手】jíshǒu 形。像荆棘刺手，比喻事情难以处理：这事太～了。

集

jí ❶名。(1)农村定期的交易市场：离这儿不远有个～｜他一早就到～上卖菜去了。(2)篇幅较大的书籍、电影或电视的一部分：这部电视连续剧有28～。❷〈素〉(1)聚集，总合：～中｜～合｜～体｜～资｜～会｜收～。(2)汇集许多单篇作品而成的书册：文～｜别～｜影～。❸姓。

【集成电路】jíchéng diànlù 词组。在同一硅片上同时制作许多晶体管和电阻，使它们联成一定的电路，完成一定功能，这种电路叫集成电路。它具有体积小、重量轻、耗电省、稳定性高等优点。现广泛运用于电子计算机、测量仪器等方面。

【集大成】jí dàchéng 词组。集中了某一事物的各个方面，形成比较完备的整体：巴西足球队是南美打法的～者。"大成"前常加定语：集朴素唯物主义之大成。

【集合】jíhé 动。常带宾语或补语。(1)汇聚在一起;多用来指人：突击队员们都～在大桥口。(2)使汇聚在一起；指人指物都很常见：立刻～队伍｜～各种材料,加以分析。

＊"集合"和"集中"："集合"的对象一般是人,或某些具体的物,如材料、物资等;"集中"的对象除人和具体的物以外,还可以是抽象事物,如力量、意志、智慧等。"集合"只有动词用法;"集中"还可作形容词,如：思想很集中。

【集会】jíhuì 动。集合在一起开会;多用于人数较多的会议，不带宾语：人们纷纷～,庆祝这一胜利。可作"举行"等动词的宾语：举行了一次～。

【集结】jíjié 动。(1)聚集,特指武装力量集合到一处;不带宾语,常带补语：已有三个师～在山下。可构成连动词组：某部～待命。(2)使聚集；要带宾语：我正在～兵力,准备总攻。

【集锦】jíjǐn 名。编辑在一起的最精采的图画、诗文等；多用作标题：中篇小说～｜冰上芭蕾～。

【集聚】jíjù 动。集合,聚合；常带宾语或补语,可用于具体事物,也可用于抽象事物：～钱财｜这一成果～许多人的智慧｜把材料～在一起。

【集录】jílù 动。把有关资料收集抄录在一起或编辑成书；常带宾语或补语,可加动态助词"了"：本书～了许多有用的材料。

【集权】jíquán 名。政治,经济,军事大权集中在中央的制度；多作定语：～制度｜～政治。

【集散地】jísàndì 名。本地区货物集中由此外运、外地货物由此分散流往区内各地的地方：这里是粮食的～。

【集市】jíshì 名。农村乡、镇及中小城市中定期买卖货物的市场。

【集思广益】jí sī guǎng yì 成。思：思考,意见；广：扩大。集中众人的智慧,广泛吸取有益的意见：经过～,终于制订出切实可行的工作计划。

【集体】jítǐ 名。由许多人组成的有组织的整体；与"个人"相对：关心～｜以～的名义邀请他。

【集体经济】jítǐ jīngjì 词组。以生产资料集体所有制和共同劳动为基础的经济形式：～和个体经济同时发展。

【集团】jítuán 名。为了一定的目的或需要而组织起来共同行动的团体：统治～｜贸易～。

【集训】jíxùn 动。把有关人员召集到一处训练；常带补语：把他们～一下。常作"进行、参加"等的宾语：到县里参加～。

【集腋成裘】jí yè chéng qiú 成。腋：腋下,这里指狐狸腋下的皮；裘：皮衣。把狐狸腋下的皮毛一块块聚集起来,也能缝成一件皮衣。比喻积少成多：每人捐出一元钱,～,全国就是一个不小的数目。

【集中】jízhōng ❶动。(1)把分散的人、事物、力量聚集起来,把意见、经验归纳到

来；常带宾语或补语：～力量|把大伙儿的意见～一下。❷形。一致，不分散：意见很～|这一带工厂很～|注意力不～。

【集中营】jízhōngyíng 名。侵略者或反动政府把抓来的革命者、战俘或无辜人民集中起来监禁和杀害的地方。

【集注】jízhù 动。(1)集中；只用于眼光、精神等，多带补语：大伙儿的眼光～在这位战斗英雄身上。(2)汇集前人有关某一著作的注解或再加上自己的见解进行注释；不带宾语，多用作书名：《楚辞～》。也叫集解、集释。

【集装箱】jízhuāngxiāng 名。货物运输中供重复使用的一种大型容器，一般按统一规格用金属制成。使用集装箱，可把单件和分散的货物集装起来运送，中途不须把货物取出换装，而且其结构适合起重机械装卸，因而具有节省费用、减少装卸工作量、防止货损、货差、加速物资流转等优点。

【集资】jízī 动。聚集资金；不带宾语，常构成连动词组：～创办了一座工厂。

【集子】jízi 名。收集若干单篇文章或单张作品而编成的书：这本～是他多年研究的成果。

楫 jí 〈素〉划船的桨：舟～|击～。

辑 jí ❶名。成套的书籍或资料等中的各部分：本丛书分五～。❷〈素〉聚集材料编书报等：编～|～录|剪～。

【辑录】jílù 动。按一定要求收集有关的资料或著作编印成书；常带宾语：本书～了已发现的鲁迅的诗作。

戢 jí ❶〈古〉动。收敛，收藏：～兵(收起武器)。

蕺 jí 名。蕺菜，多年生草本植物，叶柄呈心脏形，花小而密，结蒴果，茎、叶有鱼腥味，全草可入药。也叫鱼腥草。

踖 jí [踧踖](cù-) 〈古〉形。恭敬而不安的样子。

藉 jí ❶见"狼藉"。❷姓。
另见jiè。

籍 jí ❶〈素〉(1)书：书～|古～。(2)籍贯：祖～|寄～|客～。(3)个人对国家、组织的隶属关系、资格：国～|学～|党～。❷姓。

【籍贯】jíguàn 名。祖居或个人出生的地方：小王的～是福建厦门。

jī (ㄐㄧ)

几(幾) jǐ 数。(1)询问数目；用在"十"以内，也可用在"亿、万、千、百、十"等之前和"十"之后：住～间房？|有～百万人口？|你今年十～啦？(2)表示不定数目；适用范围同上，后面要有量词：听到的只有～个人|病倒了好～十个人。
另见jī。

【几多】jǐduō 〈方〉代。多少；用来询问数量：来了～人？|这袋米有～重？

【几何】jǐhé ❶〈书〉代。多少，用来询问数量：价值～？|对酒当歌，人生～？❷名。几何学，研究空间图形的形状、大小、位置的相互关系的科学。

【几时】jǐshí 代。(1)什么时候；你们～搬家？|不知道他～来的。(2)任何时候：你～有空～来|你～见到他代我问好。

【几许】jǐxǔ 〈书〉代。多少；问数量：还剩～？表示不定数：不知～。强调少量：能有～，何必如此计较？

虮(蟣) jǐ 名。(～子)虱子的卵。

麂 jǐ 名。(～子)一种小型的鹿，棕色，腿细而有力，雄的有长牙和短角。皮柔软，可制革。

己 jǐ ❶名。天干的第六位。参见"干支"。❷〈素〉自己；知～|～方|克～奉公|舍～救人|据为～有。

【己方】jǐfāng 〈书〉名。自己这一方面：至于住院费，～愿承担三分之一。

【己见】jǐjiàn 名。自己的意见；多用在固定的组合中：坚持～|固执～。

【己任】jǐrèn 〈书〉名。自己的任务；常用在"以…为…"的格式中，含庄严色彩：当代青年应以建设祖国为～。

纪 jǐ 姓。
另见jì。

挤(擠) jǐ ❶形。(1)人、物靠得很紧：车厢里人很～。(2)事情集中在同一时间内：最近稿子特别～。❷动。(1)很紧很紧地聚集着；须带宾语，句首多为处所方位词语：大门外～了许多人。(2)用力排开紧挨着的人或物而前进；常带补语：人太多，～不进去。(3)用力把东西从很小的出口压出来；常带宾语或补语：～牙膏｜牛奶～出来了。(4)比喻努力从中硬分出一部分；常带宾语或补语：～时间学习｜他工资不高，还要每月～出点钱贴补父母。

【挤挤插插】jǐjichāchā 〈方〉形。形容拥挤的样子；不加程度副词，常带助词"的(地)"：房间里～地站满了人。

济(濟) jǐ 水名用字。济水，古水名，今黄河下游河道即原济水河道。今山东济源县，山东济南市、济宁市、济阳县，都从济水得名。
另见jì。

【济济】jǐjǐ 形。形容人多；多用在固定组合中：人才～｜～一堂。

给 jǐ 〈素〉(1)供应：～养｜供～。(2)富裕，充足：家～户足。
另见gěi。

【给水】jǐshuǐ 动。为居民、工矿、农业和运输部门等提供生活、生产用水；不带宾语：～站｜工业～｜～卫生。注意："给"这里不读gěi。

【给养】jǐyǎng 名。供应军队的主食、副食、燃料以及牲畜饲料等物资的总称：连队～充足。注意："给"这里不读gěi。

【给予】jǐyǔ 〈书〉动。给(gěi)；宾语多为动词：～照顾｜～充分肯定。有时可带双宾语，后一宾语由动词充当：～我们很大的支持。注意："给"这里不读gěi。

脊 jǐ 〈素〉(1)人或动物背部中间的骨头：～髓｜～椎骨。(2)物体上形状像脊骨的部分：屋～｜书～。

【脊髓】jǐsuǐ 名。人和脊椎动物中枢神经系统的低级部分，位于椎管中。上端连接延髓，两旁发出成对的神经，分布到四肢、体壁和内脏。脊髓是周围神经与脑之间的通路，也是许多简单反射活动的中心。

【脊柱】jǐzhù 名。人和脊椎动物背部的主要支架。人的脊柱由33个椎骨构成，形状像柱子。有的地区叫脊梁骨。

【脊椎动物】jǐzhuī dòngwù 词组。有脊椎骨的动物。这类动物体形左右对称，一般分头、躯干和尾三部分，躯干又被横隔膜分成胸部和腹部，有比较完善的感觉器官、运动器官和高度分化的神经系统。一般包括鱼类、两栖动物、爬行动物、鸟类和哺乳动物等五大类。

掎 jǐ 〈古〉动。(1)牵住，拖住。(2)支撑。

戟(戟) jǐ 名。古代的一种兵器，长柄顶端装有金属的枪尖，旁边有月牙形锋刃。

jǐ (丩)

计 jì ❶名。计策，办法，计划；多用于成语、熟语：心生一～｜脱身之～｜眉头一皱，～上心来。❷〈书〉动。(1)计算；前面常用"按、以"组成的介词词组作状语：按时～价｜以每人十元～，共两千余元。(2)算下来有；用在数量词前：参观者～三万六千人次。(3)计较；多用于否定：不～个人得失。(4)着想，打算；只用于"为……计"格式中：为国家利益～，我绝不能这么做。❸〈素〉测量或计量度数、时间等的仪器：温度～｜晴雨～。❹姓。

【计策】jìcè 名。计谋策略：采用这个～，我们就能够取胜。

【计划】jìhuà ❶名。做事以前拟定的具体内容、步骤和方法：凡事都应有个～。❷动。作出计划；后面常带动词性词组作宾语：他们～盖一栋五层楼房。

【计划生育】jìhuà shēngyù 词组。有计划地控制人口的增长，提高人口的素质；坚持实行～，是我国的一项基本国策。

【计较】jìjiào 动。(1)计算比较并很看重，多含贬义：斤斤～。可带宾语：他从不～个人得失。(2)争论：算啦，别跟他～了。可带宾语：跟他～这个问题没有意思。(3)打算；古代白话中常用：待我回来再作～。

【计量】jìliàng 动。常带宾语或补语。(1)用一个规定的标准为已知量比较计算出一个未知的量，如用尺量布，用秤称物等：～工作｜～一下轻重。(2)计算，估量：这次洪水造成的损失难以～｜～一下经济效益。注意："量"这里不读liáng。

【计谋】jìmóu 名。精心考虑的计策方法：你有什么好的~?

【计日程功】jì rì chéng gōng 成。可以数着天数计算功效。形容进展快,成功指日可待：这项工作已可~,不久就能做完。

【计算】jìsuàn 动。常带宾语。(1)根据已知数目运用数学方法求出未知数：~面积|~开支。(2)在暗地里谋划加害别人：你小心被人~|这个人常会~他人,要提防着点。也可作算计。(3)考虑,计划：好好~一下今后的工作。

【计算机】jìsuànjī 名。能进行复杂的数学运算和处理多种信息材料的机器。早期的用机械装置做成,只用于数学运算,后多由电子元件组成,功能日益增多。

【计议】jìyì 动。商量考虑；常带宾语或补语：他们~着下周的工作|这件事我们早已~好了。

疖 jī 名。皮肤上生来就有的深色斑：左耳旁边有一个~。

记 jì ❶动。常带宾语或补语。(1)把印象保留在头脑里：学数学要~公式|他脑子不~事儿|好好~住|那天的事儿我~起来了。(2)把事情写下来：~日记|~一大功|~在本子上|帐~好了。❷名。(1)记载、描写事物的书或文章；多用作书名或篇名：《西游~》|《醉翁亭~》。(2)(~儿)标志,记号,做个~儿|以红色为~儿。(3)皮肤上天生的斑：他手臂上有个黑~儿。也作疖。❸〈方〉量。打一下叫打一记：打了一~耳光。

【记得】jìde 动。想得起来,没有忘掉；不带动态助词：那件事的经过我还~。可带名词或主谓词组作宾语：我还依稀~他的模样儿|~他很爱骑马。也可带补语：这事我~很清楚。否定形式用不记得或记不得。

【记分】jìfēn 动。记录劳动、竞赛等所得的分数；不带宾语：违反规则,不予~。可拆开用：帮他们记了一会儿分。

【记功】jìgōng 动。登记功绩,表示奖励；不带宾语：师部决定给他~。可拆开用：记了一次大功。

【记过】jìguò 动。登记过失,表示处分；不带宾语：凡不请假擅自回家的要~。常用在"处分"前：给予~处分。可拆开用：他因严重失职被记了一次过。

【记号】jìhao 名。引起注意,帮助识别、记忆而做的特定标志：窗口放了盆花,作为联络~|给废品打了~。

【记恨】jìhèn 动。记住对别人的仇恨：她心胸宽阔,对人从不~。可带宾语：他俩吵完就没事了,谁也不~谁。

【记录】jìlù 也作纪录。❶动。把听到的话语或发生的事写下来；常带宾语或补语：由我~代表们的发言|本文~了一个真实的故事|~得很详细。❷名。(1)当场记下的书面材料：审讯~。(2)担任记录工作的人：孙秘书是会议的~。(3)在一定时期、一定范围内记载下来的最高成绩：打破男子跳高世界~|创造新~。

【记录片】jìlùpiàn 名。真实报道某一问题或事件的影片；区别于虚构情节的故事片。也作纪录片。

【记念】jìniàn 同"纪念"；不如"纪念"通用。

【记取】jìqǔ 动。记在心里；多以"教训、嘱咐"等词语为宾语：我一定~这次事故的教训。

【记述】jìshù 动。用文字叙述,记载：资料不足,难以详尽地~。可带宾语：《论语》这部书~了孔子的言行|现在~一下这件事。

【记诵】jìsòng 动。默记和背诵,熟读：反复~|佶屈聱牙,不易~。可带宾语：他五岁就能~许多唐诗。

【记性】jìxing 名。记忆力：他~好|年纪大了,~总要差些。

【记叙】jìxù 动。记述；常带宾语或补语：本文~了一个真实的故事|~得不够清楚。

【记要】jìyào 同"纪要"；现多作纪要。

【记忆】jìyì ❶动。记住或想起：这些定义都要好好~。可带宾语：大脑虽然受过伤,但还能~许多往事。❷名。头脑里保留的对以往事物的印象：~犹新|今天的活动给我留下美好的~。

【记载】jìzǎi 动。把事情写下来；常带宾

语或补语: 这本日记～着我坎坷的经历|要把事情的经过～清楚。

*"记载"和"记录": "记载"指用文字把事情写成文章或写在书里; "记录"可以用文字把听到的或见到的事记下来, 也可不用文字而用摄影、录音等方法记录。"记载"不一定是当场、原原本本地记; "记录"一般是当场、原原本本地记。

【记者】jìzhě 名。新闻单位从事采访和写作新闻通讯等的专职人员。

纪 jì〈素〉(1)同"记"; 主要用在"纪念、纪录、纪元、纪传"等复词中, 别的地方多用"记"。(2)纪律, 法度: 党～|军～|风～|法～。(3)古代把十二年算作一纪, 今指更长的时间: 世～|中世～。

另见jǐ。

【纪纲】jìgāng 〈书〉名。国家的法度和纪律: 严守～|～不振。也作纲纪。

【纪录】jìlù 同"记录"。

【纪律】jìlù 名。政府、机关、部队、团体所制定的、要求所属成员必须遵守的规章、条文: 铁的～|～严明|必须遵守和维护部队的～。

【纪年】jìnián ❶动。记载年代。我国古代用干支纪年, 从汉武帝开始至清朝末年又兼用皇帝的年号纪年, 现在各国通用的是公历纪年, 以相传耶稣降生的一年为第一年。❷名。一种史书体裁, 按年月先后为顺序排列历史事实; 多用于书名: 《竹书～》。

【纪念】jìniàn 也作记念。❶动。用事物或行动对人或事表示怀念; 常带宾语: 谨以此文～我这位老战友|编辑部召开座谈会～创刊十周年。可作定语: ～文章|～塔。❷名。用来表示纪念的事物: 送张照片做个～。

*"纪念"和"庆祝": "纪念"是对过去的事或人表示怀念, 可以是愉快的, 也可以是不愉快的; "庆祝"是对已成功的事表示祝颂, 一定是大的喜事。"纪念"可以是群众性的活动, 也可以是一个人的活动; "庆祝"一定是群众性的活动。

【纪念碑】jìniànbēi 名。为纪念有功的人或重大事件而立的石碑: 人民英雄～|渡江战役胜利～。

【纪念日】jìniànrì 名。发生过重大事情值得纪念的日子, 如国庆日、抗日战争胜利纪念日等。

【纪实】jìshí 名。记载事实的文章或著作: ～文学|这是会议情况～。
常用于标题:《狱中～》。

【纪行】jìxíng 名。记录旅行见闻的文字或图画; 多用于标题:《黄山～》。

【纪要】jìyào 名。记述要点的文字; 常用于文件的标题:《座谈会～》。

【纪元】jìyuán 名。纪年的开始, 如现在通用的公历纪元, 即以传说中耶稣的生年为元年。

忌 jì ❶动。常带宾语。(1)认为不宜接触或涉及; 常带谓词或谓词性词组作宾语: 这种病～生冷, ～辛辣|当地风俗～说"死"字。(2)戒除: 他已经～了酒。❷〈素〉(1)忌妒: 猜～|～刻。(2)惧怕: 顾～|肆无～惮。

【忌辰】jìchén 名。先辈去世的日子, 因旧俗这一天忌宴请或从事娱乐活动而得名。也说忌日。

【忌妒】jìdu 动。因别人在某一方面比自己好而心怀怨恨; 多带宾语, 可加程度副词: ～别人|非常～他。可带主谓词组宾语: ～人家比自己强。

【忌讳】jìhuì 动。可加程度副词, 常带宾语。(1)因迷信思想风俗习惯或个人成见对某些言语、举动有所避讳: 他最～这件事。可带主谓词组作宾语: ～别人提他的这段往事。(2)对可能产生不良后果的事力求避免; 常带动词性词组宾语: 做学问最～浅尝辄止。

【忌刻】jìkè〈书〉形。对人忌妒刻薄: 他为人很～。也作忌克。

【忌口】jìkǒu 动。因为疾病或其他原因而避免吃某些食品; 不带宾语: 这种病需要～吗? 可拆开用: 只忌过一天口|没忌过口。也说忌嘴。

跽 jì〈古〉动。挺直上身两腿跪下。古时又叫长跪。

伎 jì ❶同"技"。❷名。古代以歌舞为业的女子。

【伎俩】jìliǎng 名。手段, 花招; 指不正当的, 含贬义: 诸媚从来不会出自伟大的心灵, 而是小人的～。

芰 jì 名。古书上指菱。

技 jì 〈素〉技能,本领:~术|绝~|口~|黔驴~穷。

【技法】jìfǎ 名。技巧和方法;多指绘画、雕塑等:这幅画~高明。

【技能】jìnéng 名。掌握和运用专门技术的能力:教学中,要注意基本~的训练。
*"技能"和"技巧":"技能"指基本能力;"技巧"指熟练的技艺。"技能"多用于实地操作方面;"技巧"多用于工艺、体育、艺术等方面。

【技巧】jìqiǎo 名。巧妙的技能和方法;多指艺术、工艺、体育等方面:表演~|写作~|在制作泥人方面,他的~很高。

【技术】jìshù 名。(1)进行生产活动或其他活动所积累起来的经验和知识,也泛指个人在操作、创作、表演等方面的本领和能力:他的驾驶~很熟练|表演~不佳。(2)指技术装备:这个厂的~比较先进。

【技术革命】jìshù gémìng 词组。指生产技术上根本性的变革,如把用手工工具生产改为用机器生产,把用人力、畜力生产改为用蒸汽做动力生产等。

【技痒】jìyǎng 动。在一定情景或机会的刺激下很想施展自己的技能;不带宾语,可带补语:听见小提琴声,便~起来。

【技艺】jìyì 名。技巧性很强的表演艺术或手艺:高超的~|~不凡。

妓 jì 〈书〉名。妓女:卖身为~。

【妓女】jìnǚ 名。以卖淫为生的女人。

系(繫) jì 动。打结或扣住;常带宾语或补语:辫梢上~着红头绳|把鞋带~好|~上扣子。
另见xì。

际(際) jì ❶〈书〉名。时刻,时候,只用在"之"后:乘人不备之~|胜利来临之~。❷〈书〉介。正当:~此盛会,特献诗一首,以资纪念。❸〈素〉(1)边沿,边上或分界的地方:天~|边~。(2)里边,内部:胸~。(3)彼此之间:国~|洲~。(4)遭遇或机会:遭~|~遇。

【际会】jìhuì 名。际遇:风云~。

【际遇】jìyù 名。遇到的机会:各人的~不同,不可一概而论。

季 jì ❶名。(1)一年的四分之一,三个月。一年分春、夏、秋、冬四季。(2)(~儿、~子)一段时间:这一~子很忙。(3)〈书〉指一个时期的末尾:明~(明代末年)。❷〈素〉(1)一季的最后一月:~秋(农历九月)|~春(农历三月)。(2)弟兄排行中的第四或最小的:伯仲叔~|~弟|~女。❸姓。

【季度】jìdù 名。用季作计算时间的单位;可以直接受数词"一、二、三、四"修饰,与用在序数词"第一、第二、第三、第四"后意思相同,如:一季度即第一季度(一到三月)。用在数量词后表示连着的三个月时间;一般只用"一个":这里差不多有一个~不下雨。

【季风】jìfēng 名。随季节而显著改变风向的风,主要是海洋和陆地温度差异造成的。也叫季候风。

【季节】jìjié 名。一年里有某个特点的一段时间:梅雨~|耕种的~。

【季刊】jìkān 名。每季出版一期的刊物。

悸 jì 〈素〉因害怕或受惊而心跳得利害:心~|惊~|心有余~。

剂(劑) jì ❶量。用于多味药物煎制成的汤药:一~药。也说服或帖。❷〈素〉(1)配制成的药物:针~|片~|麻醉~。(2)某些有化学作用的物品:杀虫~|添加~|冷冻~。

【剂量】jìliàng 名。医学上指药品的用量,也指化学试剂和用于治疗的放射线等的用量。

荠(薺) jì [荠菜](-cài) 名。一种野菜,现也有种植的。叶子羽状,开白花。嫩叶可食用。全草入药。
另见qí。

济(濟) jì 〈素〉(1)渡过:同舟共~。(2)救助:~贫~教|赈~。(3)对事情有益:~事|无~于事。
另见jǐ。

【济贫】jìpín 动。救济贫困的人;不带宾语,一般不单独作谓语;劫富~|这笔款子用，来的~的。

【济事】jìshì 动。中用,于事有益;不带宾语，多用于否定句：这点儿材料不～。

霁(霽) jì 〈古〉动。(1)雨后或雪后转晴：连雨而来～。(2)比喻怒气消散：帝为之少～。

鲚(鱭) jì 名。一种海鱼，身体侧扁，三四寸长，头小尾细，春季或初夏到河中产卵。俗称凤尾鱼。

垍 jì 〈古〉名。坚硬的土。

洎 jì 〈古〉动。到，及：自古～今。

既 jì ❶副。(1)〈书〉已经；多用在比较固定的组合中：～成事实|～得利益。(2)表示不止一个方面；后面常跟"又、也、且"等配合，用于连接音节相似或相同的词语：～勇敢又灵活|～照顾老人，又照顾孩子|～懂英文，又懂日文。有时后面跟"且"配合，只限于连接少数单音节形容词：～高且大|～馋且懒|～贵且差。❷〈书〉连。基本上同"既然"，多用于前一分句的主语之后：他～如此坚决，我也不便多说|～要写，就要写好。

＊"既"和"既然"："既"作连词用，只能用在主语后；"既然"不受这种限制。"既"有副词用法；"既然"没有。"既"的书面色彩比"既然"重。

【既而】jì'ér 〈书〉副。不久，紧接着；多用在主句或后一分句的开头：～雨止，欣然出游|始则大笑不已，～嗒(tà)然若失。

【既然】jìrán 连。用在前面的分句中，后一分句常用"就、也、还"相呼应，表示先提出前提后作推论：你～订了计划，就该照着去做|他～一定要去，我也不反对。

【既是】jìshì 连。既然，不如"既然"常用：～情况不允许，那就不难为你了。

【既往不咎】jì wǎng bù jiù 成。既：已经；往：过去；咎：责备，追究。过去的错误就不再追究责备：如果确实有悔改的表现，我们可以～。也说不咎既往。

暨 jì ❶〈书〉连。和，及，与；常用在某种活动的名称中：湖北省～武汉市春节联欢会。❷〈古〉动。至，到：～今。❸姓。

鲫 jì 名。一种淡水鱼，侧扁，头尖尾窄，中部高。营养丰富，味鲜美，是常见食用鱼。通称鲫鱼。

觊(覬) jì [觊觎](-yú)〈书〉动。非分的希望或企图；多带宾语，含贬义：他一直～着哥哥的王位|那时，日本侵略者早就～着我国的东北三省。

继(繼) jì ❶〈书〉介。表示在某一事情后，强调后面叙述的事情与前面有同类或相似的性质；须与"之后"配合使用，可用在主语前或后：～交谊舞热之后，青年们又兴起了迪斯科热|中国女排～获得两项世界冠军之后，又获得了奥运会的冠军。❷〈素〉继续，接连着：～任|～室|～承|～往开来。

【继承】jìchéng 动。多带宾语或补语。(1)接受前人留下的东西，继续做前人留下的事业；须带宾语：～革命先烈的遗志|～艰苦奋斗的优良传统|把前人的事业～下去。(2)法律上指接受死者的遗产或权利：～遗产|～权力|把财产～过来。

【继而】jì'ér 副。表示紧接着前一情况之后；一般用在后一分句的句首：他们先听了一个专题报告，～又观看了有关的电视录像。

【继任】jìrèn 动。在别人离开某职务后接着担任这一职务：他的工作由你～。可带宾语：老张调走后，由小陈～科长。

【继室】jìshì 名。旧指元配死后续娶的妻子。也叫继配。

【继往开来】jì wǎng kāi lái 成。继承前人的事业，开辟未来的局面：我们正处在承先启后、～的重要历史时期。

【继武】jìwǔ 〈书〉动。接上前面的脚印，比喻继承前人的事业；多带宾语：～前贤。

【继续】jìxù ❶动。接下去，延长下去：斗争仍在～。可带宾语或补语：暴风雨了一昼夜|你一定要～我的事业|这种局面不能再～下去了。❷副。连续地，不间断地。～前进|战斗还在～进行|我一再接到退稿，但并不沮丧，仍然～写下去。❸名。跟某事有连续关系的另一事；常用于判断句：军事是政治的～|中国革

命是十月革命的～。

绩（△勣） jī ❶动。把麻搓成线或绳：～麻。△❷〈素〉功业，成果：成～|战～|功～|业～。

迹（跡、蹟） jī 〈素〉(1)留下的脚印、印子、痕迹：足～|血～|～象。(2)前人遗留的事物：遗～|古～|真～。(3)能说明某种情况的行为：事～|行～。

【迹象】jìxiàng 名。事物显露出来的能显示趋向的征候：至今还看不出敌军有撤离的～。

偈 jī 名。梵语"偈陀"之省，义译为"颂"。佛经中的唱词，有三言、四言以至多言的，四句为一偈，用以赞美佛的功德。
另见jié。

徛 jī 〈方〉动。站立。

寄 jī ❶动。(1)原指托人带交，现只指通过邮局递送；常带宾语或补语：～钱|～信|这个包裹请帮我～。可带双宾语：～他一块手表。(2)托付，寄存；常带宾语或补语：～行李|把东西～在邻居家里。(3)〈书〉寄托；只带"希望"等词作宾语，并用介词"于"引出寄托的对象：～希望于青年。❷〈素〉(1)认作亲属：～父|～母|～儿。(2)依附，靠：～生|～居|～人篱下。

【寄存】jìcún 动。寄放；常带宾语或补语：～行李|东西～在车站。

【寄放】jìfàng 动。把东西暂时托付给别人或专门的单位保管；常带宾语或补语：～行李|东西～在他家。

【寄籍】jìjí 〈书〉名。长期住在外地，附于外地的籍贯；区别于"原籍"：他老家在江西，～湖南。

【寄居】jìjū 动。较长时间地住在别人家里或外地：在舅舅家～。可带处所宾语：自幼～福州。

【寄人篱下】jì rén lí xià 成。《南史·张融传》："丈夫当删诗书，制礼乐，何至因循寄人篱下？"本指文章著作应有创见，不能模仿因袭他人，今多用来比喻依附别人生活，不能自立：一个无家可归的孤子，～，怎得不遭人白眼？

【寄生】jìshēng 动。(1)一种生物生活在另一种生物体内或体外，并从那种生物吸取养料，如蛔虫、虱子和植物中的菟丝子等。(2)比喻自己不劳动，依靠剥削别人生活；常作定语：地主、资本家都是过着～生活的人。

【寄生虫】jìshēngchóng 名。(1)寄生在别的生物体内或体外的动物，如蛔虫、蛲虫、姜片虫、跳蚤、虱子等。(2)比喻能劳动而不劳动、靠剥削为生的人：我们不愿再养活那些～。

【寄宿】jìsù 动。一般不带宾语，可带补语。(1)学生住在学校宿舍里；区别于"走读"：这学期不再～了。(2)借住在别人家里：他～在亲戚家里。

【寄托】jìtuō 动。(1)寄放托付；常用在"把"字句中：把孩子～在邻居家里。(2)把理想、希望、感情放在某人身上或某种事物上；常带宾语或由"在、于"组成的介词词组充当补语：这封信～着我全部的希望|～我们的哀思|希望～于下一代。常作"有、无"的宾语：投身革命以后，他感到自己的理想有了～。

【寄养】jìyǎng 动。把孩子托付给别人抚养；不带宾语，常用"在"组成的介词组作补语：把女儿～在朋友家|她从小～在外婆家里。

【寄予】jìyǔ 动。也作寄与。(1)寄托；多用"希望、期望"等作宾语，并常用"对于"引出另一个受事者：他对这件事情～很大期望。(2)给予；多用"同情、关怀"等作宾语：对受害者～莫大的同情。可带双宾语：领导～他很大的信任。

【寄语】jìyǔ 〈书〉动。传话；可带宾语：～当代青年，一定要继承革命传统，做改革的促进派。常用作文章的标题或书名：《青春～》。

【寄寓】jìyù 〈书〉动。寄居；可带处所宾语：他晚年曾～佛门，不问家事。

祭 jì ❶动。供奉鬼神或祖先；常带宾语：～天地|～祖先。❷〈素〉对死者表示追悼或致敬的仪式：公～|～奠|～礼。

【祭奠】jìdiàn 动。举行仪式悼念死者；常带宾语：～为国捐躯的烈士。

【祭礼】jìlǐ 名。(1)祭奠或祭祀的仪式：举行～。(2)向祭祀对象供献的礼品：备好～。

【祭祀】jìsì 动。旧俗陈设供品向神灵或祖先行礼致敬，祈求保佑，常带宾语：～祖先｜～山川。

【祭坛】jìtán 名。祭祀用的台。

【祭文】jìwén 名。祭祀或祭奠时对神或死者朗读的文章。

稷 jì 名。(～子)也叫穄子。(1)一年生草本植物，形似黍子，但子实不粘。(2)这种植物的子实。

寂 jì〈素〉(1)静，没有声音：～静。(2)冷清，孤独：～寥｜孤～｜～寞。

【寂静】jìjìng 形。静得毫无声响：教室里～无声｜汽笛声划破了长空的～｜深夜非常～。

＊"寂静"和"寂寞"："寂静"指毫无声音，用于形容客观环境；"寂寞"指孤独冷清，用于形容人的主观感觉。

【寂寥】jìliáo〈书〉形。寂静，空旷：广场上～无人。

【寂寞】jìmò 形。孤单，冷清：一个人在家养病，～死了｜退休以后，经常一人独处，很寂～。

【寂然】jìrán〈书〉形。形容寂静；不加程度副词，不单独作谓语，多作状语：花园里～无声。

惎 jì〈古〉动。(1)憎恨，毒害。(2)教导，指点。

蓟 jì 名。多年生草本植物，茎有刺，花紫色，可入药。也叫大蓟。

稷 jì 名。(1)古代称一种谷物，一说是粟，即谷子；一说是黍一类作物。(2)古指百谷之神。

髻 jì 名。盘在头顶或脑后的头发。也叫发髻。

冀 jì ❶〈书〉动。希望：～其成功。❷名。河北省的别称。❸姓。

骥 jì〈古〉名。良马。

罽 jì〈古〉名。毡子一类毛织品。

檵 jì [檵木](-mù) 名。常绿灌木或小乔木，叶子椭圆或卵圆形，开淡黄花，结黑色蒴果。枝叶可提制栲胶，种子可榨油。

jiā (ㄐㄧㄚ)

加 jiā ❶动。常带宾语或补语。(1)把两个或两个以上的数目或事物合在一起；与"减"相对：三～五等于八｜桌子和椅子～在一起共十件。(2)使数量增多，使程度提高：我们组又～了两个人｜～点水进去｜速度～快一点。(3)添上，安放：这里要～个逗号｜房间里要～两张沙发｜应该把说明～上去。(4)同"加以"；常用在双音节动词前：严～防守｜不～惩处。❷姓。

【加倍】jiābèi ❶动。增加跟原有数量相等的数量：现在的产量是5000只，下月计划～。可拆开用：他的工资比十年前加了一倍。❷形。比原来程度深得多，不加程度副词，不单独作谓语，多作状语：～努力｜～地工作。

【加法】jiāfǎ 名。数学运算方法之一，即两个或两个以上的数合成一个数的计算方法。

【加封】jiāfēng 动。(1)贴上封条；不带宾语：大门给～了。常拆开用：箱子上已经加了封。(2)封建时代，皇帝给臣下在原有基础上再加给名位、土地等；常带宾语：～功臣。可带双宾语：～他良田十顷。也可带兼语：～帐前先锋徐承为领兵大元帅。

【加工】jiāgōng 动。(1)把原材料或半成品制成产品，使符合规定的要求；一般不带宾语：这些零件请你～｜农副产品可在农村就地～。加"成"后可带结果宾语：把贝壳～成工艺品。(2)使成品或工作更加完美、精致：这部作品还要再～｜这段特写可～成一篇小说。可重叠：这张图要再加加工。

【加紧】jiājǐn 动。加快速度，或加大强度；一般用在动词或动词性词组前：～施工｜～复习功课｜～年终的经济核算工作。

＊"加紧"和"加强"："加紧"着重表示使工作、活动的速度更快；"加强"着重表示使事物更坚强，功效更大。"加紧"后的成分一般是动词或动词性词组；"加强"后的成分可以是动词或动词性词组，也可以是名词或名词性词组，如"加强力

量""加强自学的信心",都不能用"加紧"。

【加剧】jiājù 动。使矛盾更加激化或使程度更加严重;多指不好的情况:病情～了。可带宾语:这一冲突～了该地区的紧张局势。

【加快】jiākuài 动。变得更快,使变得更快;指速度、进程、步伐等:农业发展的速度～了,工业和整个国民经济的速度才能～。常带宾语:～脚步|～生产进度|我们要～新技术的推广和应用。

【加仑】jiālún 量。音译词。英美制容量单位,英制一加仑合4.56升,美制一加仑合3.785升。

【加码】jiāmǎ 动。不带宾语,可拆开用。(1)旧指提高商品的价格。(2)提高数量指标:投资还得～|我的任务又加了码。

【加冕】jiāmiǎn 动。有些国家君主即位时举行的仪式,给君主加戴皇冠,表示正式即位:他16岁时～,已当了30年国王了。可拆开用:加了冕。

【加强】jiāqiáng 动。使更坚强有力或更有效:法制观念要～。常带名词或名词性词组作宾语:～纪律性|～技术力量。也可带动词或动词性词组作宾语:～警戒|～横向联系。

【加入】jiārù 动。多带宾语。(1)添加,掺进:制这种药丸必须～蜂蜜|把佐料～锅内。(2)参加;指某种组织,成为其中一员:～语言学会|～工会。也可带补语:去年才～过去|～得太迟了。

*"加入"和"参加":"加入"主要表示加入某种组织,成为这个组织中的一员;"参加"既可表示加入某种组织,又可表示加入某种活动,还可表示提出意见。"加入"搭配对象少,主要是组织、队伍之类的词语;"参加"搭配对象多,除组织、队伍等词语外,还可以与各种活动、运动、意见等搭配,如"参加农村建设"、"参加生产管理"等,都不用"加入"。

【加深】jiāshēn 动。增加深度,变得更深;多用于抽象事物:双方的友谊～了。常带宾语:～矛盾|～了解。

【加速】jiāsù 动。使加快速度;常用在动词前作状语:～前进|～建设油田。可带宾语:必须大大～能源的开发和利用。

【加以】jiāyǐ ❶动。表示对某种事物施加某种行动;须带双音节动词作宾语,作宾语的动词的受事者都在"加以"之前:这些经验应该～推广|缺点要～克服|对下级的请示必须～明确的批复。❷连。加上,表示进一步的原因或条件:客队技术熟练,～配合默契,所以能以压倒优势获胜。

【加意】jiāyì 副。特别注意;常用于祈使句,做状语:这种材料容易生锈,一定要～保管。

【加油】jiāyóu 动。不带宾语,可拆开用。(1)给汽车、飞机等的油箱添加油料或给机械的轴承加润滑油:油箱空了,得给车子～了|加过油了。(2)进一步使劲或努力;可作状语,也常用于对竞赛者的鼓动性呼喊:～干|中国队,～!|这次没成功,下次加点油吧。

【加重】jiāzhòng 动。增加重量或程度;多用于抽象事物:任务～|病情～了。可带宾语:～了他的顾虑。

伽 jiā [伽倻琴](-yēqín) 名。朝鲜的一种弦乐器,近似我国的筝。另见qié。

茄 jiā 见"雪茄"。另见qié。

迦 jiā 译音或专名用字。如"迦太基"(古代腓尼基移民在北非建立的奴隶制国家,后为罗马所灭)。

珈 jiā 名。古代妇女的一种首饰。

枷 jiā 名。古代套在犯人脖子上的一种木板刑具:披～带锁。

【枷锁】jiāsuǒ 名。枷和锁是古时的两种刑具,今比喻受到的束缚和压迫:砸烂旧思想的～。

痂 jiā 名。伤口或疮口表面由血小板和纤维蛋白凝结而成的块状物;多作"结"的宾语:伤口结～了。

笳 jiā 见"胡笳"。

袈 jiā [袈裟](-shā) 名。音译词。和尚披在外面的法衣。

跏 jiā [跏趺](-fū) 动。佛教徒的一种坐法。盘腿而坐,脚背放在大腿上。

嘉

嘉 jiā ❶〈素〉(1)美好：～宾｜～言懿行。(2)赞扬，表彰：～奖｜～勉。❷姓。

【嘉宾】jiābīn 名。美好而尊贵的客人；敬辞。

【嘉奖】jiājiǎng ❶动。由上级首长或有关单位对下属正式发表的称赞和奖励；常带宾语：师部～了三连全体指战员。❷名。用来称赞、奖励的话语或实物：应该给予他最高的～。

【嘉勉】jiāmiǎn〈书〉动。嘉奖勉励：特发奖状，以资～。

【嘉许】jiāxǔ〈书〉动。夸奖，赞许；多用于上对下：极为～｜备受～。

【嘉言懿行】jiā yán yì xíng 成。嘉、懿：善、美。有益的话语和高尚的行为：张老师的～受到师生们的敬慕。

夹(夾、△挟)

夹(夾、△挟) jiā ❶动。常带宾语或补语。(1)从两个相对的方面加压力，使物体固定不动或不掉：用筷子～了一块肉｜把衣服用夹子～好。(2)两物紧靠在一物的两侧：龟山蛇山～着滔滔长江｜小轿车被～在两辆卡车中间。△(3)用胳膊把东西固定在腋下：～着体温计｜用胳膊把伞～住。(4)夹杂，搀杂：白话～文言，念起来不顺口｜风声雨声～在一起。❷名。(～儿、～子)夹东西的器具：文件～｜头发～子。

另见 jiá、gā。"挟"另见 xié。

【夹层】jiācéng 形。由中间空着或夹着其他东西的两层板状物构成的；不加程度副词，不单独作谓语，作定语或用在"是……的"格式中：～玻璃｜这道墙是～的。

【夹带】jiādài ❶动。藏在身上或混杂在其他东西中秘密携带；多带宾语：不准在行李中～危险品。❷名。特指考试时暗中携带以便作弊的材料，面积和体积一般都很小。

【夹道】jiādào ❶名。左右都有墙壁等的狭窄道路。❷动。许多人或物排列在路的两旁；不带宾语：松柏～。常作状语：～欢迎。

【夹缝】jiāfèng 名。靠得很近的两个物体之间的狭窄空隙：柜子和墙当中留了一条～。

【夹攻】jiāgōng 动。从两个方面同时进攻：左右～｜内外～｜三团和四团从东西两侧对208高地进行～。

【夹生】jiāshēng 形。(1)没有完全煮熟的，多用于饭食：～饭｜菜有些～。(2)比喻所学的知识没有完全掌握：他的数理化学得很～。

【夹杂】jiāzá 动。在里面搀着；常带宾语或补语:大米里～着一些稗子｜他也～在妇女群中。

　＊"夹杂"和"搀杂"："夹杂"所包括的两种事物有主客之分，主体事物是基础，客体事物是搀入主体事物之内的，一般是不好的；"搀杂"所包括的两种事物没有主客之分，是互相混杂在一起。

【夹注】jiāzhù 名。夹在正文中间的注释，字体一般较小，我国古书中常见。

浃(浹)

浃(浹) jiā〈素〉湿透：汗流～背。

佳

佳 jiā ❶〈书〉形。好；用在比较固定的组合中：学业甚～｜工作能力不～。❷〈素〉美：～人｜～丽。

【佳话】jiāhuà 名。流传一时成为人们谈话资料的好事或趣事：文坛～｜千古～。

【佳节】jiājié 名。美好欢乐的节日：新春～｜中秋～｜每逢～倍思亲。

【佳境】jiājìng〈书〉名。美好的境界,多用在固定组合中：渐入～。

【佳丽】jiālì〈书〉❶形。美丽动人；指容貌、风景等：景色～。❷名。指美丽的女子。

【佳偶】jiā'ǒu〈书〉名。感情融洽、生活幸福的夫妻：欲觅～｜他俩是天生的一对～。

【佳期】jiāqī 名。(1)结婚的日期：～已定。(2)男女相爱约定幽会的日期或时间。

【佳人】jiārén〈书〉名。美人：才子～。

【佳音】jiāyīn 名。让人喜悦的消息：静候～｜收音机里传来～。

家

家 jiā ❶名。(1)家庭，人家；语气比"家庭"随便：我～四口人。前面可加姓名：张～｜李～｜惠民～。(2)家庭居住的房屋或地方：～前有棵树｜这座平房就是我的～。(3)指工作单位或活动场所：厂长出差了,不在～｜少年

家 jiā 491

之～。❷〈方〉形。经过饲养而驯服；常作补语：这只小鸟已经养～了。❸量。用作计算家庭或企业：三～人家｜两～浴室。❹〈素〉(1)指掌握某种专门学识或从事某种专门活动的人：专～｜作～｜成名成～｜政治～。(2)指经营某种行业的人家或具有某种身分的人：船～｜渔～｜行～。(3)学术流派：儒～｜道～｜百～争鸣。(4)表示自己的,加在长辈或年长的平辈称谓之前：～父｜～兄。(5)家里饲养的：～畜｜～禽。❺姓。

【家产】jiāchǎn 名。家庭拥有的财产：当时他变卖～,外出求学。

【家常】jiācháng 名。家庭的日常生活；经常作"谈、话"一类动词的宾语：谈谈～｜话～。可作定语：～菜｜～便饭｜～话。

【家常便饭】jiācháng biànfàn 成。(1)家中平常所吃的饭菜；留客人吃饭时用,表示不为客再做别的好菜：正是吃饭时候,您就在我家吃顿～吧。(2)比喻常见习闻的情况：请她唱歌,已是～了。

【家丑】jiāchǒu 名。家庭里的不光彩的事情：～不可外扬(谚语)。

【家慈】jiācí 〈书〉名。对人称自己的母亲；谦辞。也说家母。

【家道】jiādào 名。同"家境"：～中落。

【家底】jiādǐ 名。家家长期积累下来的财产,泛指企业、单位长期积累下来的资产材料等：～很厚。

【家电】jiādiàn 名。家用电器,如彩电、洗衣机、电冰箱等。

【家法】jiāfǎ 名。(1)古代学者师徒相传的学术理论和治学方法。(2)封建家长维护宗法统治的一套法度和规矩：国有国法,家有～。(3)封建家长处罚家人的打人用具：动用～。

【家访】jiāfǎng 动。为了工作需要到人家里访问,一般用于学校老师,不带宾语：王老师星期天来～过｜进行～。

【家伙】jiā·huo 〈口〉名。也作傢伙。(1)指工具或武器：这～太沉,不好使。(2)指人；表示轻视,或开玩笑：我最讨厌那～｜你这个～,我找了你好久。(3)指性畜。

【家给人足】jiā jǐ rén zú 成。给：丰足,富裕。家家生活优裕,人人衣食富足：这一带农村～,相当富裕。注意："给"这里不读gěi。

【家计】jiājì 〈书〉名。家庭的生计：那年头,天旱水涝,苛捐杂税,～十分艰难。

【家教】jiājiào 名。(1)家长对子女的教育：～很严｜没有～。(2)"家庭教师"的简称。

【家境】jiājìng 名。指家庭的经济状况：～贫寒。

【家居】jiājū 动。没有就业,在家里闲住；不带宾语,常带补语：他已～三年。

【家具】jiā·ju 名。家庭用具,主要指桌子、椅子、柜子、橱等较大的木器。也作傢具。

【家眷】jiājuàn 名。指妻子、儿女等：～都迁来了。有时只指妻子：你～在哪里工作?

【家口】jiākǒu 名。家里的人口：～多,开销大。

【家累】jiālěi 名。家庭生活的经济负担：～很重｜单身一人,没有～。

【家门】jiāmén 名。(1)家庭住所的大门。(2)自己的家族：这是咱～的规矩｜不幸,出了这种不肖子弟。(3)〈方〉本家：他是我的～堂弟。

【家谱】jiāpǔ 名。记载本族世系和重要人物事迹的谱册。

【家世】jiāshì 〈书〉名。家庭的世系和门第：～显赫。

【家书】jiāshū 〈书〉名。家信：～抵万金。

【家属】jiāshǔ 名。(1)家庭内除户主以外的亲属：～还在农村。有时专指妻子：他的～姓魏。(2)指职工本人以外的家庭成员。

【家庭】jiātíng 名。以婚姻和血统关系为基础的社会单位,包括父母、子女及其他共同生活的亲属。

【家庭教师】jiātíng jiàoshī 词组。到家里为中小学生进行个别辅导的教师。

【家乡】jiāxiāng 名。自己家庭世代居住的地方,指的范围可大可小：我的～是山东。

【家小】jiāxiǎo 〈口〉名。妻子和儿女,有时专指妻子：他的～还在农村。

【家学】jiāxué 名。家庭内一代代传下来的学问；多用在固定组合中：～渊源。

【家严】jiāyán 〈书〉名。对人称自己的父亲；谦辞。也说家父。

【家业】jiāyè 名。(1)家产：～很大。(2)家庭从事的行业：重振～。

【家用】jiāyòng ❶名。家庭的生活费用：～不足｜贴补～。❷形。家庭生活所用的，不加程度副词，不单独作谓语，只作定语：～电器。

【家喻户晓】jiā yù hù xiǎo 成。每家每户都知道、明白：这件事已经～了。

【家园】jiāyuán 名。本指家中的庭园，现多泛指家庭或家乡：重建～｜建设美好的～。

【家长】jiāzhǎng 名。(1)家长制之下一家中居支配地位的人。旧时一般指辈分最高的男人。(2)父母亲或其他监护人：老师访问过这位学生的～。

【家族】jiāzú 名。建立在血缘关系基础上的社会组织，由同一血统的若干家庭组成。

傢 jiā [傢伙](-·huo)、[傢具](-·ju) 见"家伙"、"家具"。

镓 jiā 名。一种金属元素，符号Ga。银白色结晶体，可制合金、测高温的温度计等。

葭 jiā 〈古〉名。初生的芦苇。

【葭莩】jiāfú 〈书〉名。本指苇子里的薄膜，比喻疏远的亲戚：～之亲。

豭 jiā 名。公猪。

jiá(ㄐㄧㄚˊ)

夹(夾、裌、袷) jiá 形。双层的；指衣、被等，不加程度副词，不单独作谓语，只作定语，或用在"是……的"格式中：～袄｜这件褂子是～的。

另见gā、jiā。"袷"另见qiā。

郏(郟) jiá ❶地名用字。郏县，在河南省。❷姓。

荚(莢) jiá 名。一般指豆科植物的果实：豆～｜槐树～。

【荚果】jiáguǒ 名。豆类及某些木本植物的果实，由两片长形外皮包着几粒豆子或豆状种子，成熟后皮爆裂成两片。

铗(鋏) jiá 〈古〉名。(1)冶铸用的钳。(2)剑柄。(3)代指剑。

颊(頰) jiá 名。脸两侧从眼到下颌的部分，通称脸蛋儿：两～绯红。

蛱(蛺) jiá [蛱蝶](-dié) 名。蝴蝶的一类，成虫赤黄色，身上多刺，有的吃麻类植物的叶子，属害虫。

恝 jiá 〈古〉形。忽视，不放在心上。

【恝置】jiázhì 〈书〉动。不在意，置之不理：～不顾。

戛(戞) jiá ❶名。古代的一种兵器，即戟，一说为长矛。❷〈古〉动。轻轻地敲打。

【戛戛】jiájiá 〈书〉形。不加程度副词。(1)形容困难：～乎其难哉! (2)形容独创：～独造。

【戛然】jiárán 形。不加程度副词，不单独作谓语，多作状语。(1)形容响亮的鸟叫声：～长鸣。(2)形容声音等突然中止：他正听得入神，琴声却～而止。

jiǎ(ㄐㄧㄚˇ)

甲 jiǎ ❶名。(1)某些动物身上的硬壳：乌龟的～是一种药材。(2)天干的第一位。可用作顺序的第一。参见"干支"。(3)旧时的一种户口编制。参见"保甲"。❷〈书〉动。居第一位；须带宾语，多用在固定的组合中：桂林山水～天下。❸〈素〉(1)古代打仗时穿的护身服：铠～｜～胄。(2)手指或脚趾上的角质硬壳：指～。❹姓。

【甲板】jiǎbǎn 名。轮船上分隔上下各层的板，相当于房屋的楼板，一般指最上面即船面的一层。

【甲骨文】jiǎgǔwén 名。商周时代刻在龟甲和兽骨上的文字。清朝末年在河南安阳商朝都城的遗址上开始发现，后来在其他地方也有发现。甲骨文是研究商周社会历史的重要资料。现在的汉字就是从甲骨文演变而来。

【甲克】jiǎkè 名。音译词。一种长短只到腰部，衣边和袖口束紧的外套。也作夹克、茄克。

【甲胄】jiǎzhòu 〈书〉名。古代打仗时护身的衣帽,即"盔甲"。

【甲子】jiǎzǐ 名。用干支纪年或计算年龄时,60组干支字组合轮到一周叫一个甲子,即60年。参见"干支"。

岬 jiǎ 名。突出海中的尖形陆地,也叫海角;今多用作地名:成山~(在山东省,也叫成山角)。

胛 jiǎ 见"肩胛"。

钾 jiǎ 名。一种金属元素,符号K。银白色,蜡状,有延展性。对动植物生长发育作用很大,其化合物广泛用于工业生产。

蚜 jiǎ 名。蚜虫,即甲虫,体壁比较坚硬的昆虫的通称,如金龟虫、菜叶蚜等。

贾 jiǎ ❶〈古〉同"价(jià)"。❷姓。
另见 gǔ。

槚 jiǎ 名。古书上指楸(qiū)树或茶树。

假 jiǎ ❶形。不真实的,虚伪的,伪造的;与"真"相对:他的话一点也不~。常作定语或状语: ~商标|~积极。❷〈素〉(1)借用,凭借: ~公济私|不~思索。(2)姑且认定:~定|~设。(3)如果: ~如|~使。
另见 jià。

【假扮】jiǎbàn 动。乔装,伪装成某种人;常带宾语或补语: ~老人|你来一回敌人的副官。后面有时加"成"或"做"再带宾语: ~成香客。

【假充】jiǎchōng 动。冒充,装出某种样子;多带宾语: ~好人|~内行。

【假大空】jiǎ dà kōng 词组。假话、大话、空话的合称: ~欺骗了好多人。

【假道学】jiǎdàoxué 名。指表面上正经,实际上很坏的人: 黄二先生好像堂堂正正,其实是个典型的~。

【假定】jiǎdìng ❶连。姑且认定;表示假设: ~他坐火车来,这会儿就该到了。❷名。指科学上的假设,过去也叫假定。

【假公济私】jiǎ gōng jì sī 成。借用公家的名义或力量谋取私利: 决不允许~。

【假借】jiǎjiè ❶动。凭借、利用某种名义、条件达到目的;要带表示名义、条件等的宾语,多含贬义:他~组织的名义报复提不同意见的人。❷名。汉字的六书之一,即借用已有的字表示语言中同音而不同义的词,如假借本义为小麦的"来"表示"来去"的"来"。

【假冒】jiǎmào 动。假充,冒充,常带宾语,或用在"是……的"格式中: ~军人|原来这个"警察"是~的。也可作定语: ~商品。

【假寐】jiǎmèi 〈书〉动。不脱衣服小睡: ~片刻。

【假面具】jiǎmiànjù 名。(1)仿照人物脸形做的纸壳儿,用来演戏或作玩具。(2)比喻伪装的形象;含贬义:撕下他正直廉洁的~。

【假仁假义】jiǎ rén jiǎ yì 成。伪装仁慈善良: 地主、资本家也~地办一点所谓慈善事业,企图以此掩盖吃人的本质。

【假如】jiǎrú 连。如果;用在表示假设的分句中,后一分句常用"那、那末、就"等与之呼应: ~换一个人去,那事情或许会做得好一些。

【假若】jiǎruò 〈书〉连。假如: ~我们不坚决抵抗,敌人就会得寸进尺。

【假设】jiǎshè ❶连。姑且认定;多用在前一分句,后面一分句表示由此推出结论,常用"那末、那"等配合使用: ~那时是晚上八点,那末路上应该有路灯|那衣服~是他的,他爱人一定认得。❷名。科学研究过程中对某种情况提出的假定的说明。假设虽有一定的事实根据,但还须经过证实,才能成为理论。也叫假说。

【假使】jiǎshǐ 连。假如:你~明天中午去,那准能碰到他。

【假释】jiǎshì 动。在法律许可范围内、在一定条件下暂时释放刑期未满的犯人:这个犯人表现较好,可以提前~。可带宾语:同意~该犯。可作"获得、给予、获得"等动词的宾语:他因病获得~。

【假手】jiǎshǒu 动。利用别人做某事以达到自己的目的;常带宾语或补语:他们~雇佣军向一个主权国家发动了武装入侵|这事非亲自动手不可,~于人是不行的。可拆开用在"假……之手"格式中:

这个阴险的家伙竟假他人之手,使我凭白无故地受到一次打击。

【假说】jiǎshuō 义同"假设❷"。

【假托】jiǎtuō ❶动。多带宾语。(1)借故推托;常带动词、动词性词组或主谓词组作宾语:他～有病不来上班|副厂长～厂长不在,不给解决困难。(2)借用别人的名义:农民～佛祖转世,举旗造反。(3)凭借:《聊斋志异》～鬼狐故事,抨击黑暗的现实。

【假想】jiǎxiǎng 动。想象的,假定的;常作定语:～敌|～的对手。

【假象】jiǎxiàng 名。不符合事物本质的表面现象:看上去他很胖,其实这是一种～,身体并不好。也作假相。

【假惺惺】jiǎxīngxing 形。假装关心的样子,假装同情;不加程度副词,不单独作谓语,多作状语或定语,含贬义:他～地说|讨厌他这副～的样子。

【假意】jiǎyì ❶名。假装出来的心意;常与"虚情"合用:别信他的虚情～。❷形。故意装出某种样子;不加程度副词,不单独作谓语,多作状语:～奉承|他～关心小徐,问长问短;实际想从小徐那里探听消息。

【假装】jiǎzhuāng 动。故意装出一种并不符合真实情况的动作或样子;多带宾语或补语:～特务|～得很像。常带谓词或谓性词组作宾语:～睡觉|～高兴|看见老师走来,他连忙坐好～看书。

斝 jiǎ 〈古〉名。一种三足圆口的酒具。

椵 jiǎ "椵(gǔ)"的又音。

瘕 jiǎ 〈古〉名。腹中结块的病。

jià(ㄐㄧㄚˋ)

稼 jià 〈素〉(1)种植:～穑。(2)谷物:庄～。

【稼穑】jiàsè 〈书〉名。本指种植、收割,现泛指农业劳动:不事～。

嫁 jià ❶动。女子结婚;与"娶"相对,多带宾语或补语:阿珍～了个北方人|她～给了张先。❷〈素〉(1)出嫁的衣裳:为人作～。(2)转移,推卸:转～|～接|～祸于人。

【嫁接】jiàjiē 动。把一种植物的芽或枝接到另一种植物的枝或根上繁殖,是改良品种常用的方法。有时也喻把不同的事物合成一体:这篇小说是由两件真事一而成的。

【嫁妆】jià·zhuāng 名。出嫁时从娘家带到丈夫家去的家具、衣被及其他各种用品。也作嫁装。

价(價) jià ❶名。价钱:这件衣服不值这个～。❷〈素〉价值:评～|等～。
另见jiè、·jie。

【价格】jiàgé 名。商品价值的货币表现:调整～|～上涨。

【价码】jiàmǎ 〈口〉名。(～儿)价目:你开个～儿。

【价目】jiàmù 名。标出来的商品价格:～表。

【价钱】jiàqián 名。义同"价格";口语中用得较多。

【价值】jiàzhí 名。(1)体现在商品里的社会必要劳动。价值量的大小决定于生产商品所花的社会必要劳动时间。(2)积极意义,有益的作用:这些资料～极大|这个发现很有～。

＊"价值"和"价格":"价值"指商品值多少,一般是不变的;"价格"就是"价钱",指卖多少钱,常随市场供求情况的不同而变动。"价值"一般论大小;"价格"一般论高低。

假 jià 名。按规定或经批准暂停工作、学习的时间;多作"放、请、有"等动词的宾语:请三天～。
另见jiǎ。

【假期】jiàqī 名。放假或休假的时期;春节有三天～。

【假日】jiàrì 名。放假或休假的日子。

架 jià ❶动。(1)搭建,支撑;常带宾语或补语:工兵们正在～桥|天线～起来了。(2)搀扶;常带兼语:他受伤了,我们～着他走。❷量。(1)用于有支柱或有机械的物体,如"梯子、电视机、飞机"等。(2)〈方〉山一座叫一架。❸〈素〉(1)用做支承的物体:笔～|骨～|衣～。(2)殴打,争吵:打～|吵～。(3)劫持:绑～。

【架次】jiàcì 量。表示飞机出动或出现的若干次架数的总和。一架飞机出动一次为一架次,一架飞机出动五次,五架飞机出动一次或第一次出动两架,第二次出动三架都叫五架次。注意:"架次"是复合量词,不用在名词前,可以说"我军出动飞机30架次",不说"出动30架次飞机"。

【架空】jiàkōng 动。一般不带宾语。(1)房屋、器物等下面用柱子撑住使之凌空:那一座座竹楼都是~的,离地足有五六尺高。(2)比喻没有基础或没有根据:这个论点没有充足的论据,是~的东西。(3)比喻表面推崇,暗中排挤,使失去实权:他名义上是校长,实际上没什么权,被~起来了。

【架设】jiàshè 动。支起并安装,多指凌空的物体,常带宾语或补语:~桥梁|~天线|钢梁~在桥墩上。

【架势】jiàshi 〈口〉名。姿势,姿态:他俩谈话的~像在吵架|王主任摆出一副训人的~。也作架式。

【架子】jiàzi 名。(1)由若干材料纵横交地构成的东西:骨头~|盆景~。(2)比喻事物的组织、结构或基本构成要素:这部小说已经有了个~。(3)自高自大、装模作样的作风:他的~很大|摆什么臭~,别理他! (4)架势,姿势;多指某方面的技艺:看你拿琴就没个~,能拉出什么好曲子来。

驾 jià ❶动。常带宾语。(1)把辕、轭套在牲口身上,使拉车或拉犁等;常带动态助词"着":马~着车。可带兼语:~牛耙地。(2)操纵,使开动:~飞机|~着拖拉机。❷〈素〉(1)驾,本指人坐的车子,用于指代坐车的人,表示对人的敬意:劳~|光~|临~挡~。(2)超越:凌~。

【架临】jiàlín 〈书〉动。指对方到来,敬辞:恭候~。

【驾轻就熟】jià qīng jiù shú 成。驾轻车、走熟路,比喻对熟悉的事情办起来容易:他~,仍干他的编辑工作。

【驾驶】jiàshǐ 动。操纵交通工具使行进;用于车、船、飞机和拖拉机等,多带宾语:他在青藏公路上~了十年运输车。

 ＊"驾驶"和"行驶":"驾驶"指人开车、船、飞机等;"行驶"指车、船等物体在行进。"驾驶"常带宾语;"行驶"不带宾语。

【驾驭】jiàyù 动。也作驾驱。(1)驱使牲口拖车行进;常带宾语或兼语:~牲口|老孙头~着三匹马奔驰在山道上。(2)掌握,控制,使按照自己的意志行动;受事者可以是人、物或抽象事物:这个人不好~。常带宾语:~自然|这个学生~语言的能力很强。

家 ·jia 后缀。(1)用在某些名词后,表示属于哪一类人:姑娘~|女人~|孩子~。(2)用在男人名字或排行后面,指他的妻子:张龙~|老大~。
另见 jie。

jiān (ㄐㄧㄢ)

戋(戔) jiān [戋戋]〈书〉形。少;细微:为数~~。

浅(淺、濺) jiān 〈书〉拟声。摹拟流水声;多叠用:流水~~。
另见 qiǎn。"濺"另见 jiàn。

笺(箋、△牋) jiān △❶〈书〉不另~问候。❷〈素〉(1)注解。~注。(2)写信或题辞用的纸:便~|信~。

【笺注】jiānzhù 名。对古书所作的注解:宋词三百首~|这本书上的~不少。

尖 ·jiān ❶形。(1)物体末端细小:这根木棍两头~|把指甲修得很~的。(2)声音高而细:他们嗓门~得像女人|传来一阵很~的声音。(3)指眼睛、鼻子或耳朵灵敏:小孩眼睛~|我的耳朵不如以前~。(4)使声音高而细;只带"嗓子"等作宾语,后面多带动态助词"着":你别~着嗓门学女人腔了。❸名。(~儿、~子)(1)细而小的末端部分;一般前面有定语:鞋~儿|指~儿|这柄剑的~儿上涂了毒药。(2)比喻超群出众的人或物:小维是班上学习~子|~子的人物。

【尖兵】jiānbīng 名。(1)在大部队前面担任警戒或设营任务的小股部队:三个~|~班。(2)比喻集体工作中有开创性或带头的人:这几位都是我国核物理研究方面的~。

【尖刀】jiāndāo 名。比喻最先打进敌人

阵地的部队;常作定语:~排|~任务。

【尖端】jiānduān ❶名。尖顶,顶点:剑的~|铁塔的~。❷形。比喻科学技术等方面最先进的;不加程度副词,不单独作谓语,多作定语:~技术|~科学|~产品。

【尖刻】jiānkè 形。指语言尖酸刻薄;含贬义:好好谈嘛,话别说得太~|她~地嘲讽了一句。

【尖利】jiānlì 形。尖锐而锋利;形容有形的东西,也形容声音、风等无形的事物:锋刃~|~的冷风|传来一阵~的叫声。

＊"尖利"和"尖锐":"尖利"常形容物体的锋利、看问题的敏锐等;"尖锐"还常形容言论和斗争等的激烈。

【尖锐】jiānruì 形。(1)形容物体锋芒部分很细,容易刺破其他物体:这根钢丝两头都很~。(2)形容声音高得刺耳:汽笛发出~的叫声。(3)形容认识事物敏锐而深刻,能一下子触及本质或要害:新厂长看问题很~。(4)形容激烈而难以调和;用于批评和矛盾冲突等:提出~的批评|产与销的矛盾十分~。

【尖酸】jiānsuān 形。说话尖刻刺人,多同"刻薄"并用:你的话太~刻薄了。

【尖团音】jiāntuányīn 名。尖音和团音的合称。尖音指声母z、c、s跟i、ü或i、ü开头的韵母相拼,团音指j、q、x跟i、ü或i、ü开头的韵母相拼。有的方言有尖音和团音,唱京剧也很讲究区分尖团音。普通话和有的方言只有团音没有尖音,叫不分"尖团"。

【尖嘴猴腮】jiān zuǐ hóu sāi 成。形容瘦的人相貌难看;含贬义:我最讨厌那个~的家伙|瘦得~的,实在难看。

【奸(△姦)】jiān 〈素〉(1)奸诈:~险|~笑|~商。(2)对国家或君主不忠:~臣。(3)出卖国家、民族或阶级利益私通敌人的人:汉~|内~。△(4)发生不正当的性行为:通~|~淫。

【奸臣】jiānchén 名。不忠于君主的大臣:~误国。

【奸宄】jiānguǐ 〈书〉名。坏人,特指在政治上图谋不轨的坏人。

【奸猾】jiānhuá 形。奸诈而狡猾:他是个得利忘义的~小人|这个人比较~,不易对付。

＊"奸猾"和"奸诈":"奸猾"强调狡猾,诡计多端;"奸诈"强调虚伪、诡诈,喜欢骗人而不讲信义,语意比"奸猾"要重。

【奸佞】jiānnìng 〈书〉❶形。奸诈谄媚:~之徒。❷名。奸佞的人:朝廷里~很多,政治腐败到极点。

【奸商】jiānshāng 名。以各种不正当手段牟取暴利的商人。

【奸污】jiānwū 动。强奸或诱奸;常带宾语或补语:这家伙利用职务之便~妇女|~过多次。

【奸细】jiānxi 名。混在内部给敌人刺探情报的人:抓住一个~。

【奸邪】jiānxié 〈书〉❶形。奸诈而不怀好意:此人十分~。❷名。奸邪的人:清除~。

【奸雄】jiānxióng 名。以奸诈手段获取大权高位的人:《三国演义》上说曹操是个~。

【奸淫】jiānyín 动。(1)奸污;常带宾语:侵略军到处烧杀抢掠,~妇女。(2)男女间不正当的性行为:他俩不知廉耻,常在一起~鬼混。

【奸诈】jiānzhà 形。虚伪诡诈,不讲信义:这个商人十分~。

【歼(殲)】jiān 〈书〉动。消灭:敌军三个团全部被~。常以单音名词作宾语:全~入侵之敌。

【歼击】jiānjī 动。打击并消灭;多带宾语:狠狠~来犯之敌。

＊"歼击"和"歼灭":"歼击"强调作战过程,"歼灭"则强调作战结果。

【歼灭】jiānmiè 动。把敌人的军事力量消灭;多带宾语或用在被动句中:~残敌300多人|入侵敌军被边防部队全部~。

＊"歼灭"和"消灭":"歼灭"的一定是大量的;"消灭"的可以是大量的,也可以是个别的。"歼灭"一般用于敌对的人;"消灭"还可以用于有害的事物。

【坚(堅)】jiān ❶〈素〉(1)硬,结实,牢固:~硬|~固。(2)不动摇,不改变:~定|~决。(3)指坚固的

东西：攻～|无～不摧。❷姓。

【坚壁清野】jiān bì qīng yě 成。坚壁：原指加固营垒，今指游击作战中暂时撤退前收藏物资，使敌人一无所获；清野：清除四野的财物，主要指把已经成熟的粮食作物，收割并藏好。加固防御工事，转移、收藏四周的居民、财物等，使敌人既无法攻取，又抢不到什么东西。这是对付优势敌人的一种策略：在抗日战争中我们实行过～的政策。

【坚不可摧】jiān bù kě cuī 成。非常坚固，在当时的条件下，这座城堡的确～|人民解放军是一道～的长城。

【坚持】jiānchí 动。坚决保持、维护或进行下去，不改变原来的立场、主张等；常带宾语：～正确的方向。可带动词或动词性词组作宾语：～锻炼｜小玲～要到上海去。

＊"坚持"和"保持"："坚持"多指在困难的情况下主意坚定，坚决地使某种主张或现象维持原状。"坚持"的对象多是"真理、路线、方针、立场、工作、学习"等；"保持"指在一般情况下使某种主张或现象维持原状。"保持"的对象则是"传统、习惯、作风、荣誉、成绩"等。

【坚定】jiāndìng ❶形。稳固确定，不因外来影响而动摇；多指立场、主张、意志等：我们的立场一直很～｜～地执行政府的法律。❷动。使坚定；须带宾语：～自己的革命意志｜进一步～决心。

【坚固】jiāngù 形。结实，牢固，难以损坏：这座大楼很～，能抗七级地震｜～的堡垒。

【坚决】jiānjué 形。思想、行动确定而不犹豫：小魏要求参战，态度很～｜～要求毕业后到西藏去工作。

＊"坚决"和"坚定"："坚决"表示下定决心实现自己的信念；"坚定"表示对自己的信念不动摇。"坚决"常形容"态度、措施、行动、斗争"等；"坚定"常形容"立场、方向"等。

【坚苦卓绝】jiān kǔ zhuó jué 成。在艰难困苦中坚忍刻苦的精神超寻常、无可比拟：小分队在敌占区进行了～的斗争。

【坚强】jiānqiáng ❶形。强有力，不怕各种打击摧残；常指组织、意志等，含褒义：意志十分～|在侵略者的恐怖统治下，他们仍然～不屈。❷动。使坚强；须带宾语：～党的组织|在挫折面前尤其要～自己的意志。

＊"坚强"和"坚决"："坚强"着重指强固有力，多形容"毅力、信念、观点、组织、机构"等；"坚决"着重指有决心，多形容"态度、意志、立场、行动"等。"坚强"可以作动词；"坚决"不可以。

【坚韧】jiānrèn 形。坚固有韧性：这种皮革很～。常用于比喻：他们的意志是那样的～和刚强。

＊"坚韧"和"坚强"："坚韧"着重在"韧"，形容物体结实，不易折断，也形容人的性格、意志坚固有韧性，能持久；"坚强"着重在"强"，形容事物强固有力，可以形容人的性格、意志，也可以形容组织、机构、力量等的不可动摇和摧毁。"坚韧"是形容词，不作动词，"坚强"除作形容词外，还作动词，能带宾语。"坚韧"常同"不拔"连用；"坚强"常同"不屈"连用。

【坚实】jiānshí 形。(1)牢固而实在：在中学阶段打下了～的基础。(2)健康壮实：瞧他身体多～！

【坚守】jiānshǒu 动。坚决地守卫；常带宾语或补语：～阵地|民兵们～在大坝上。

【坚信】jiānxìn 动。坚决相信；常带名词、动词或主谓词组作宾语：大家～老王的话｜～能够胜利｜～他们能击败对方。

【坚毅】jiānyì 形。坚定而有毅力：性格非常～|～的面容|两眼射出～的目光。

【坚硬】jiānyìng 形。硬：～的花岗石|这种木料很～。

【坚贞】jiānzhēn 形。坚定不变；指人的节操，含褒义：江姐在敌人的严刑拷打下仍然～不屈。

鲣(鰹) jiān 一种热带海水鱼，身体纺锤形，两侧有数条浓青色纵线，嘴尖。

【鲣鸟】jiānniǎo 名。一种生活在热带岛屿上的鸟，身体像鸭，嘴尖细而稍弯，吃鱼类等。

间(間) jiān ❶名。(1)表示方位，指两物或多物当中的空隙部分；前面一般用"之"：两座山峰之～

有一条溪流。(2)用在名词后,表示相互关系;前面可用"之":朋友～自然要多多关心|彼此之～|介于两者之～。❷量。房间的最小单位:两～瓦房|三～门面。❸〈素〉(1)房间:里～|套～|车～。(2)指一定的空间或时间:田～|人～|民～|夜～。

另见jiàn,"閒"另见xián(闲)。

【间架】jiānjià 名。房屋的总体结构形式,又指汉字或文章的结构框架:这个字～不紧凑|写文章先要在心里把～搭起来。

【间奏曲】jiānzòuqǔ 名。在两幕或两场戏之间演奏的小型器乐曲。

肩 jiān ❶名。肩膀;单用时一般用"肩膀",与单音词组合或带方位词时常单用"肩":双～|～挑人抬。❷动。担负;与"重任、大任"等搭配:身～重任。

【肩膀】jiānbǎng 名。(1)人的胳膊或动物前肢和躯干连接的部分:挑得～都肿了。(2)比喻敢于承担或接受任务的胆量或能力:这个人没～,不能把这任务交给他。

【肩负】jiānfù 动。担负;多带动态助词"着",并以"重任、使命"等作宾语:青年一代～着实现国家现代化的伟大使命。

【肩胛】jiānjiǎ 〈书〉名。肩膀。

【肩摩毂击】jiān mó gǔ jī 成。摩:摩擦,接触;毂:车轮中心的圆木,也指车轮。人肩相摩,车轮相撞,形容行人车马非常拥挤:这座古城600年前就是个～的热闹商埠。也作摩肩击毂。

艰(艱) jiān 〈素〉困难:～苦|～巨。

【艰巨】jiānjù 形。困难而繁重:任务十分～|～的使命。

＊"艰巨"和"艰苦":"艰巨"着重在重大、繁多;"艰苦"着重在困苦、艰难。"艰巨"多指工作、工程等;"艰苦"多指生活、劳动、斗争、环境等。

【艰苦】jiānkǔ 形。生活、工作的条件差:挖煤工作很～|～的生活。可作某些动词的状语:～奋斗。

【艰难】jiānnán 形。困难:步履～|走过了十分～的道路。

＊"艰难"和"困难":"艰难"着重表示生活、行动上吃力;"困难"着重表示条件差。"艰难"常作状语,如"她艰难地喘着气";"困难"作状语的情况较少。"困难"多形容学习、工作的问题多;"艰难"没有这种用法。

【艰涩】jiānsè 形。文章的词句和表达方式等不顺畅、难以读懂:我最怕读～的文章。

【艰深】jiānshēn 形。深奥而难懂;多指道理、文词:这篇论文是～了一些,但很有学术价值。

【艰险】jiānxiǎn 名。困难和危险:历尽～|不管前面有多少～,这条路我非走下去不可。

【艰辛】jiānxīn 形。艰难辛苦:创业很～,但也很甜美。

监(監) jiān ❶名。指监狱;一般用在某些单音节动词后:坐了三年～|他五月份刑满出了～。❷〈素〉从旁察看,以便管束:～察|～视|～工。

另见jiàn。

【监察】jiānchá 动。监督各级国家机关及其工作人员的工作并检举违法失职者。

【监督】jiāndū ❶动。察看并督促:对他的工作要好好～。可带名词、动词或主谓词组作宾语:～干部|～执行|～犯人劳动。可带补语:你来～一下|～很严。❷名。做监督工作的人:舞台～|海关～。

【监工】jiāngōng ❶动。旧时在劳动现场监督工人劳动;不带宾语:工地上有人～。可拆开用:他监了十几年工。❷名。监督工人劳动的人。

【监管】jiānguǎn 动。对犯人监视管理;常带宾语或补语:你难道～不住几个犯人?|他被～了十几年|把这些人～起来。

【监护】jiānhù 动。法律上指监督保护未成年人、精神病人等的人身、财产及一切合法权益:钱小山从小由伯父～。可带宾语或补语:要好好～他|这么多人我～不过来。

【监禁】jiānjìn 动。把犯人关押在牢里并限制其自由;常带宾语或补语:这里～了十几个犯人|这伙罪犯已全部被～起来了。

【监牢】jiānláo 〈口〉名。监狱。

【监视】jiānshì 动。守在或跟在旁边注视着以便及时发现有关情况；常带宾语或补语：立即派人～这个可疑分子｜～敌人的行动｜把这家伙～起来。

【监狱】jiānyù 名。监禁犯人的处所。

兼 jiān ❶动。可带宾语。(1)同时具有或涉及几个方面：两种风格～而有之｜～各家之长。(2)同时担任，在主要职务或工作以外再担任。一般以主要的或级别高的职务作主语或排列在前：吴副县长最近又～工业局长｜老蔡是教导主任～化学教研组组长。❷〈素〉两倍，加倍：～旬｜～程。

【兼备】jiānbèi 动。同时具备两个或几个方面；常用在固定组合中：德才～｜文武～。

【兼并】jiānbìng 动。把别国的领土并入自己的国家或把别人的产业并为己有；清朝末年我国不少领土被列强～。可带宾语：这个垄断资本集团～了不少中小企业。

【兼程】jiānchéng 动。一天走两天的路，不单独作谓语，常用"昼夜、日夜、风雨"等词语作状语：日夜～｜～回国。

【兼顾】jiāngù 动。同时注意和照顾到几个方面：各项工作要统筹～。可带宾语或补语：～劳资双方｜～不到。

【兼任】jiānrèn ❶动。同时担任几个职务：校长由党支部书记～。可带宾语和补语：由车间副主任～工会主席｜这个职务老郑～了好几年。❷形。不是专任的；不加程度副词，不单独作谓语，作定语：～会计｜～教员。

【兼收并蓄】jiān shōu bìng xù 成。把不同内容、不同性质的东西都吸收进来：对各种好的工作经验，我们要～。

【兼之】jiānzhī 〈书〉连。用来连接另一方面的条件或理由：销路不畅，～原材料提价，使这个厂面临严重困难。

【兼职】jiānzhí ❶动。在本职以外担任别的职务；不带宾语：明年李主任不再～。可拆开用：他兼了好几个职。❷名。本职以外同时担任的其他职务：领导干部的～不宜过多｜你应当减掉几个～。❸形。在本职以外担任该职务的；不加程度副词，不单独作谓语，常作定语：他是～律师。

蒹 jiān 〈古〉名。未长穗的芦苇。

搛 jiān 动。用筷子夹；常带宾语和补语：从碗里～了一块鱼｜～不起来。

缣 jiān 〈古〉名。细绢。

鹣 jiān 见"鹣鲽"、"鹣鹣"。

【鹣鲽】jiāndié 〈书〉名。比翼鸟和比目鱼。比喻恩爱夫妻。

【鹣鹣】jiānjiān 名。比翼鸟。

鳒 jiān 名。比目鱼的一种，两眼在一侧，身体长卵圆形，有眼的一侧黄褐色，无眼的一侧白色。主要产于我国南海地区。

菅 jiān ❶名。多年生草本植物，叶子细长而尖，开绿花，果实褐色。❷姓。

渐 jiān ❶〈书〉动。流入，传入：西学东～。❷〈素〉浸：～染。
另见jiàn。

【渐染】jiānrǎn 〈书〉动。因长期接触而逐渐受影响；多带宾语：～了不良习惯。

犍 jiān 名。犍牛，割去睾丸的公牛。比较驯服，容易长肥。

鞬 jiān 〈古〉名。马上盛弓箭的器物。

湔 jiān 〈素〉洗：～洗｜～雪。

【湔雪】jiānxuě 〈书〉动。洗刷；多指冤枉：这莫须有的罪名终于得到～。可带宾语：～沉冤。

煎 jiān ❶动。常带宾语或补语。(1)把食物放在烫油中，使表面变成黄色：我最爱吃～馄饨｜用素油～一下｜～得黄黄的。(2)把药材或茶等放在水里煮成汤汁：给爹爹～一杯浓茶｜药～好了。❷量。煎煮中药的次数：头～（头一次加水煮）｜二～（头煎取汁后再加水煮）｜这种药可以吃三～。

【煎熬】jiān'áo 动。比喻折磨：老矿工在旧社会备受～。常带补语：他在敌人的牢房里～多年。

缄 jiān 〈书〉动。封闭；常用在信封上寄信人姓名之后：天津陈～。

【缄口】jiānkǒu 〈书〉动。闭着嘴保持沉默;多与"不言、不语"等连用:他坐了半天,一直～不言。

【缄默】jiānmò 动 闭着嘴不说话;不带宾语,可带补语:你不能再～下去了。常作"保持"的宾语:他对此事始终保持～。

瑊 jiān 〈古〉名。像玉的石头。

鞯(韉) jiān 〈素〉垫在马鞍下面的东西:鞍～。

樫 jiān 〈古〉名。木楔(xiē)子。

jiǎn (ㄐㄧㄢˇ)

囝 jiǎn 〈方〉名。(1)儿子。(2)儿女。
另见nān(囡)。

拣(揀) jiǎn 〈口〉动。(1)挑选,选取;常带宾语或补语:～了两个大西瓜|～不到好的|～得仔细。(2)同"捡"。

枧 jiǎn 名。(1)同"笕"。(2)〈方〉指肥皂:香～(香皂)|番～。

笕 jiǎn 名。屋檐下或田间用来引水的长竹管。也作枧。

茧(繭、△趼) jiǎn 名。△(1)某些昆虫的幼虫吐丝结成的壳,结成后即在茧中变成蛹,如蚕的茧。(2)同"胼"。

柬 jiǎn 〈素〉指书信、名片、帖子等:请～。

俭(儉) jiǎn 〈素〉节约,不浪费:～朴|勤～。

【俭朴】jiǎnpǔ 形。节俭而朴素:～的衣着|生活很～。

【俭省】jiǎnshěng 形。对财物爱惜而不浪费:赵师傅很～,从不浪费一分钱。也说省俭。

捡(撿) jiǎn 动。拾取,拾到;可带宾语或补语:～柴|～粪|～干净|～起来。

* "捡"和"拣":表示拾取时,"捡、拣"通用;表示挑选时,只能用"拣",不能用"捡"。

检(檢) jiǎn ❶同"捡"。❷〈素〉(1)查:～查|～阅|～验。(2)约束:～点|失～。

【检察】jiǎnchá 动。依法或受权审查被检举的犯罪事实:由上级机关派人负责。常作定语:～院|～工作|～人员。

【检查】jiǎnchá ❶动。常带宾语或补语,可重叠。(1)为了发现问题而对各个对象或各个方面逐一细看,观察和寻找:～身体|仔细～|有下故障在哪里|～～质量。(2)检讨;对象是自己的错误和缺点:要深刻～自己的错误|～得不深刻|～～思想根源。❷名。指检讨的内容或写的书面材料:写一份～。

* "检查"和"检讨":"检查"的语意较轻,常指查一查有没有缺点错误,或缺点错误在哪里;"检讨"的语意较重,一般指已发现了缺点错误,要严格地进行自我批评。"检查"可以对人对己;"检讨"只对自己。"检查"的对象可以指人指物;"检讨"的对象一般指人的思想、工作、生活等中的问题。

【检点】jiǎndiǎn 动。常带宾语或补语,可重叠。(1)检查是否符合:～货物|～一下学生人数|你帮我～～东西。(2)约束自己的言语行为,使不超出应有的尺度:教师要特别～自己的言行|希望你要～一些|你多～～自己吧!

【检举】jiǎnjǔ 动。向司法部门或有关单位组织报告违法、犯罪行为;可带宾语或兼语:坚决～犯罪行为|有人～他偷了厂里的钢材。

【检录】jiǎnlù 动。给运动员点名并带领入场;多作定语:～处|～工作|～员。

【检视】jiǎnshì 动。检验查看;常带宾语或补语:他在～将要起飞的飞机|新架设的线路要派人～一下。

【检讨】jiǎntǎo ❶动。常带宾语和补语,可重叠。(1)检查自己或自己单位的缺点错误,追究原因,以便改进:你应当向全厂职工～|我在工作中犯了哪些错误|～得不彻底。(2)〈书〉检验,研究:这篇文章着重～了当前社会的几个主要问题|这些问题要好好～～。❷名。指检讨书:写一份～。

【检修】jiǎnxiū 动。检查修理;用于机器设备、房屋等,常带宾语或补语:～机器|～得很认真|这些住房每年～一次。

【检验】jiǎnyàn 动。检查是否正确或合

乎要求;常带宾语或补语:实践是～真理的唯一标准|这批产品还没有～过|～得不严格。

【检阅】jiǎnyuè 动。常带宾语或补语。(1)高级官员来到军队或群众队伍面前,举行检验仪式:陪同贵宾～三军仪仗队|游行群众列队通过天安门前接受～。(2)〈书〉为寻找某些材料而翻阅:～过很多有关书籍,查不到出处|～多次,尚未现。

睑（瞼）jiǎn [眼睑](yǎn-)名。眼睛上下能开闭的皮。俗称眼皮。

趼（繭）jiǎn 名。(～子)手掌、脚掌等上因长期摩擦而生成的硬皮。也叫老趼。

减（減）jiǎn ❶动。从原有数量中去掉一部分;多带宾语:五～二等于三|人数～了三分之二。❷〈素〉降低,衰退:～色|～退|不～当年。

【减法】jiǎnfǎ 名。计算两数之差的一种运算方法,是加法的逆运算。

【减免】jiǎnmiǎn 动。减轻或免除;多指应交的款项或应受的刑罚等,常带宾语和补语:给他～一半学费|～掉10元|～得很多。

【减轻】jiǎnqīng 动。减少重量或程度;常带宾语或补语:～农民负担|～工作量|～了一半|～过几次了。

【减弱】jiǎnruò 动。(1)变小变弱;不带宾语:风力开始～了|敌人的攻势已经大～。(2)使减弱;须带宾语:～地方势力|这样做容易～群众的热情。

【减色】jiǎnsè 动。事物或活动的精彩成分减少;不带宾语,可带补语:那些摆设一拿走,房间顿时～不少|你不来,演出可大为～啦。

【减少】jiǎnshǎo 动。原有数量变少或使变少:今年的雨量～了。可带宾语或补语:～财政赤字|～很多。

【减退】jiǎntuì 动。程度降低,一般不带宾语,可带补语:热情～|险情～了许多。

【减员】jiǎnyuán 动。部队或厂矿因某些原因而人员减少;不带宾语,可带补语:残酷的战斗使部队不断～|～很少。

碱（鹼、堿、硷、鹻）jiǎn ❶名。(1)化学上含氢氧根的化合物的统称,能跟酸中和成盐。(2)含有十个分子结晶水的碳酸钠晶体,用来洗滌衣物或中和发面中的酸味:这馒头上～了|油碗要用～洗才行。❷动。被盐碱侵蚀;不带宾语,可带补语:围墙都～了。

剪 jiǎn ❶名。(～子),剪刀,铰断布、纸、绳等东西的铁制用具。❷动。用剪刀一类工具断开薄或细的东西;常带宾语或补语:～辫子|～了一只纸蝴蝶|～得很好看|～成正方形。如有"去、掉"等补语,则宾语表示从整体上被剪去的部分:～掉一只角。

【剪裁】jiǎncái 动。(1)缝制衣服时把衣料按一定尺寸裁开:请她～。可带宾语:～了一件衣服。(2)比喻写文章对材料进行合理的取舍和安排:写文章要善于～。可带补语:～得当。

【剪彩】jiǎncǎi 动。在新造的车船出厂、桥梁道路首次通车、建筑物落成或新企业开张的仪式上剪断彩带,表示正式开始;不带宾语:省长要来为新大楼落成～。可作定语:～仪式。可折开用:剪了彩|剪过彩。

【剪除】jiǎnchú 动。铲除,消灭;常带宾语或补语:～杂草|～了一批异己分子|～得干干净净。

【剪辑】jiǎnjí ❶动。电影、电视片的制作工序之一,把已拍好的胶卷经过选择、删剪、调整次序等编排成完整的片子:任何影片都要～。可带宾语或补语:他们正在～刚拍好的影片|别～错了。❷名。指经过剪辑后的成品,主要用于录音、录像:电影录音～。

【剪径】jiānjìng 〈书〉动。拦路抢劫;多见于早期白话:这一带山林中常有强人～。也作翦径。

【剪贴】jiāntiē 动。常带宾语或补语。(1)把书报上自己感兴趣的资料剪下来贴在卡片或本子上:从小爱～报纸|把同类的资料～在一起。(2)用彩色的纸剪出各种图形贴在纸或其他东西上,是一种儿童手工:小佳～了一匹马|这画儿是～起来的。

【剪票】jiǎnpiào 动。在上火车、轮船或看电影、戏剧时,由查票的人用钳子状的器具在票上剪个缺口或小圆洞,表示已经检查过;不带宾语:今天由我～。可拆开用:剪了一天的票|剪过票了。可重叠:只要你在门口剪剪票,其他就甭管了。

【剪影】jiǎnyǐng 名。(1)用纸剪成人脸或人体的轮廓。(2)比喻对于事物轮廓或概况的描写;常作标题:太行山～|奥运会～。

谫(譾) jiǎn 〈素〉浅薄:～陋。

【谫陋】jiǎnlòu 〈书〉形。浅薄,浅薄:学识～|不揣～|～已极。

翦 jiǎn ❶同"剪"。❷姓。

锏 jiǎn 名。古代一种长条形兵器:杀手～。
另见jiàn。

裥 jiǎn 〈方〉名。衣服上的褶子:裙子上打了许多～。

简 jiǎn ❶〈素〉(1)古代用来写字的竹片:竹～|汉～|断～残篇。(2)指书信:书～|～札|传书递～。(3)简单,不复杂:～易|～报|～装。(4)简化,使简单:精～。❷姓。

【简报】jiǎnbào 名。比较简略的报道:新闻～|工作～。

【简编】jiǎnbiān 名。(1)内容比较简略的著作;多用于书名:《中国通史》～。(2)同一著作的几种本子中比较简略的本子。

【简便】jiǎnbiàn 形。简单方便:手续～|这种工作做起来很～。

【简称】jiǎnchēng ❶动。把较长的名称加以简化,使便于读写;常带宾语:中华人民共和国～中国|土地改革～土改。❷名。简化后的名称:"人大"是人民代表大会的～|"苏"是江苏省的～。

【简单】jiǎndān ❶形。(1)事物的构成成分少,容易理解或处理;可重叠:内容很～|～的机械构造|简简单单的事情给他搞复杂了。(2)平凡,用于否定式中,表示了不起:小孩儿钢琴弹得这么好,真不～。(3)处理问题马虎,草率;多作状语,可重叠:不得～从事,敷衍塞责|这可不能简简单单地了事。

【简单化】jiǎndānhuà 〈口〉动。用简单、粗糙或生硬的方法处理复杂的事情;不带宾语,含贬义:对待这类案件不能～|～地处理不解决问题。

＊"简单化"和"简化":"简单化"指对复杂事情处理方面的简单、草率,不细致,多含贬义;"简化"指人们为了提高效率,把繁杂的东西变为简要、简明的,常含褒义,如"简化手续"等。"简单化"不带宾语;"简化"可带宾语。

【简短】jiǎnduǎn 形。内容简单,话语不长:会议很～|尽量写得～|～地作了汇报。

【简古】jiǎngǔ 〈书〉形。指文章简洁古奥,难以读懂:文辞～。

【简化】jiǎnhuà 动。使复杂的变得较为简单;常带宾语:简化了一批汉字|～手续。也可带补语:～得过了分|～到不能再简的程度。

【简化字】jiǎnhuàzì 名。笔画经过简化的汉字,如"汉"是"漢"的简化字。又叫简体字。

【简洁】jiǎnjié 形。言辞简单明了,没有多余的东西;含褒义:文笔～|语言～|～得很|写得～。

【简捷】jiǎnjié 形。直截了当,不绕弯子;一般指说话方式:回答很～|～地提出了自己的要求。有时跟"了当"并用:他说话～了当,不拖泥带水。也作简截。

【简介】jiǎnjiè 动。简要地介绍;不带宾语,常用于标题或书名:内容～|作者～|故事片《巍巍昆仑》～。

【简括】jiǎnkuò 形。话不多,很概括:这篇报道写得很～。

【简练】jiǎnliàn 形。简洁精练;多指语言文字:写文章要力求～。

【简陋】jiǎnlòu 形。简单而不完备;多指生活或工作的物质条件:我厂设备太～|～的住房。

【简略】jiǎnlüè 形。简单而不详尽;多指言语或文章内容:～地介绍课文的内容|先作个～的汇报,详细情况请看文件。

【简明】jiǎnmíng 形。简单明了:解释应当～一些。常与"扼要"并用:文章～扼要。

【简朴】jiǎnpǔ 形。简单朴素,不华丽:～

的生活｜文辞～｜装潢过于～。

【简缩】jiǎnsuō 动。简化缩小；可带名词或动词作宾语：～机构｜～编制｜～开支。可带补语：～得很多｜～到一百人以内。

【简写】jiǎnxiě ❶动。用简单的书写形式改写；一般不带宾语：这个字不能～。带"成、为"之类补语后可带宾语："燈"～成"灯"。❷名。简单的书写形式："灯"是"燈"的～。

【简讯】jiǎnxùn 名。指简短的新闻报道：写了一则～。常用于报刊栏目的名称：影剧～｜金融～。

【简要】jiǎnyào 形。简洁明了：作了～的汇报｜叙述很～。

【简易】jiǎnyì 形。(1)简单易行的：～措施｜加工方法十分～。(2)简陋的，设施不完备的；多作定语：～住房｜～公路。

【简章】jiǎnzhāng 名。简要的章程：招生～。

【简直】jiǎnzhí 副。(1)强调完全如此或几乎如此，但实际上不一定如此，语气强烈，带夸张色彩：他～气昏了｜他俩哪儿像商量，～是吵架。(2)〈方〉索性：雨那么大，你～别走了｜这种嗓子～别唱了，回家休息去吧！

　　*"简直"和"几乎"："简直"的意思是"接近完全"，近于"等于"；"几乎"只表示"接近"，程度上比"简直"稍差些。

戬 jiǎn 〈古〉❶动。剪除，消灭。❷名。福。

蹇 jiǎn ❶〈古〉形。跛，引申为艰难，不顺利：命途多～。❷〈古〉名。指驴，也指劣马。❸姓。

謇 jiǎn 〈古〉形。(1)口吃，说话不顺畅。(2)正直。

灒 jiǎn 〈方〉动。泼，倾倒；多用于水和液体物质。

劗 jiǎn 〈古〉动。割断。

jiàn (ㄐㄧㄢˋ)

见(見) jiàn ❶动。常带宾语。(1)看到，看见：眼不～为净｜～过大海。(2)接触，遇到：眼睛～风就流泪｜冰一～热就化｜～困难就上。(3)指明出处或需要参看的地方：～《鲁迅全集》第一卷。(4)会见，会面：我们俩已多年不～了｜去～老朋友。(5)看得出，显示出：吃了这种药大～效果｜情况未～改善。❷〈素〉看法，意见：主～｜成～｜高～｜管窥之～。❸〈书〉助。(1)用在动词前表示被动：～怪｜～笑｜～重。主动者可在动词后用"于"引出：他～欺于世族大家。(2)用在动词前表示对受事者"我"怎么样，对施事者表示客气的用语：有何～教｜期待十分，尚请～谅。❹姓。

另见xiàn(现)。

【见报】jiànbào 动。刊登在报纸上；不带宾语：会议消息明天～。可拆开用：等文章见了报再说｜这事儿已经见过报。

【见背】jiànbèi 〈书〉动。指自己的长辈去世；婉词，不带宾语：去年家父～。

【见长】jiàncháng 形。在某一方面显得有特长；常用介词"以"引出所擅长的事物作状语：他成绩很好，尤以数学～。

另见jiànzhǎng。

【见得】jiàn·de 动。能知道和断定；只用于否定句或疑问句，疑问词用"怎、怎么、何以"：天不～会下雪｜怎～他就不敢｜你说小张不会缺席，何以～?

【见地】jiàndì 名。见解：很有～｜～很高。

【见方】jiànfāng 形。成正方形的；前面用数量词表示正方形的边长：这块帘子五尺～。可作"有"的宾语：门前的晒场有十米～。

【见风转舵】jiàn fēng zhuǎn duò 见"看风使舵"。

【见缝插针】jiàn fèng chā zhēn 成。比喻把一切可以利用的时间或空间利用起来：朱老师在担任繁忙的教学工作时，还～为他的研究课题搜集了许多资料。

【见怪】jiànguài 动。责怪，责备；不带宾语：我得先走一步，你不会～吧？｜小孩不懂事，请您别～｜你这样做，人家会～的。

【见鬼】jiànguǐ 动。(1)指死亡或毁灭；常用作兼语的谓语：让这类叛徒～去吧。有时用来表示一种轻蔑的态度：什么大人，老爷，让他们～去吧！(2)〈口〉比喻奇怪而难以理解：略带不满情绪，可以单独成句：真～，一直在这儿的钳子怎么一下找不到了?

【见好】jiànhǎo 动。原不好的显出好转；多用于病势、商情等，不带宾语：住院

一个月,病情开始~|盛夏将至,电风扇销路~。

【见机】jiànjī 动。根据当时情况和机会选择做法;不带宾语,多用在比较固定的组合中:~而行|~行事。

【见教】jiànjiào 〈书〉名。指对我的指教;客气话:老兄有何~?

【见解】jiànjiě 名。对于事物的认识和看法;量词用"种":李教授的这种~很深刻|这篇论文很有~。

【见猎心喜】jiàn liè xīn xǐ 成。宋代理学家程颢从小喜欢打猎,后来长大了,"在田野间见田猎者,不觉有喜心。"(见《二程全书·遗书七》)后来就用"见猎心喜"表示旧习难忘,一有机会就跃跃欲试:他是个足球迷,一看到球,就~,恨不得立刻踢它一脚。

【见面】jiànmiàn 动。不带宾语,可拆开用。(1)互相看见,遇到: 先让他俩~|见了面再说|没见过老王的面。(2)比喻思想、政策、情况等对人公开,不保密: 处分意见要跟本人~|大家都要思想~,别摆在心里|毕业分配的事跟你见过面吗?

【见仁见智】jiàn rén jiàn zhì 成。《易经·系辞上》:"仁者见之谓之仁,智者见之谓之智。"指对于同一事物,各人因经历、观点等的不同而有不同的见解: 对这类新事物,自然会~,毫不足怪。也说仁者见仁,智者见智。

【见世面】jiàn shìmiàn 习。在外面经历各种事情,熟悉多种情况: 要让学生多学些实践知识,多~。也指见到新奇的事物,长了见识: 咱们农村人也要到大城市里见见世面。

【见识】jiàn·shi ❶动。接触事物,增加见闻;常带宾语和补语:我这么大岁数,还没~过这样的事情|什么稀奇的东西,让我也来~一下。可重叠:想利用暑假到各地~~。❷名。见闻和阅历: 出去长长~|李章当了多年记者,~极广。

【见外】jiànwài 形。当外人一样看待: 有话尽管跟我说,不要~|你这么客气,可有点~了。

【见危授命】jiàn wēi shòu mìng 成。看到国家危难勇于献出生命: 在祖国遭侵略时,出现了多少个~的勇士。

【见闻】jiànwén 名。指看见或听见的事情; 一般不用个体量词: 列车长~广博|增长一些~。常用作文章的篇名: 南京~|寒假~。

【见习】jiànxí 动。在正式担任某项工作之前先在现场学习;不带宾语: 到工地~。可作定语: ~会计|~期间。可重叠: 先去~~。

【见效】jiànxiào 动。产生效力; 不带宾语,可带补语: 采取这一措施很快就~|~很快。可加程度副词: 感冒吃这种药很~。

【见笑】jiànxiào 动。不带宾语,多作谦词。(1)被人笑话: 这是我学写的律诗,不怕~,拿出来请您指教|~于大方之家。(2)笑话; 多用于否定式: 我刚学习写诗,请别~。

【见异思迁】jiàn yì sī qiān 成。《管子·小匡》:"少而习焉,其心安焉,不见异物而迁焉。"后来用"见异思迁"指一接触不同事物就改变原来的主张; 一般用来批评思想意志不坚定的人: 他常常~,专业改了好几次,结果一事无成。

【见义勇为】jiàn yì yǒng wéi 成。见到正义的事就奋勇去做: 朱师傅一向~,前不久还协助公安人员逮住了一个持枪抢劫的歹徒。

【见于】jiànyú 动。表示在某处可以看到、查到原文或可以参看; 多用在指明引用的文句或典故的出处; 须带宾语:"朝闻道,夕死可矣"~《论语·里仁》。

【见长】jiànzhǎng 动。显出长高或长大; 不带宾语: 这孩子老不~,是不是有病? 另见jiàncháng。

【见证】jiànzhèng ❶动。亲目所睹,可以作证; 不带宾语: 此事有人~,真相总会大白。❷名。指可作证据的人或物品: 这些东西便是那段历史的~|我特地请他做个~。

【见罪】jiànzuì 〈书〉动。见怪,不带宾语: 如有失礼之处,请勿~。

舰(艦) jiàn 〈素〉大型军用船只: 兵~|~队|航空母~。

【舰队】jiànduì 名。(1)在某一战略海区担负作战或守卫任务的海军部队,包括较多的舰艇和多个兵种。(2)根据某种需要临时编成一个整体的若干舰艇。

【舰艇】jiàntǐng 名。各种军用船只的总称。

件 jiàn ❶量。用于个体的事物或事情：两~衬衫（只用于上衣）｜一~东西｜两~事情。❷〈素〉(1)指可以一一计算的事物：案~｜邮~｜铸~。(2)指文件：密~｜附~｜抄~。

犍 jiàn 〈口〉动。(1)从斜的方向支撑，常带宾语和补语：~房子｜~一下山墙｜房屋有点倾斜，要设法~正。(2)〈书〉用土石挡水。

间（間） jiān ❶动。拔除或锄掉；用于多余的幼苗，多带宾语或补语：~菜秧｜苗太密，要~掉些｜~得太多了。❷〈素〉(1)空隙：~隙｜乘~｜亲密无~。(2)踢开，不连接：~隔｜~接｜相~。(3)挑拨离间：离~｜反~。
另见jiān。"間"另见xián(闲)。

【间不容发】jiān bù róng fà 成。间：间隙，隔开。离得很近，中间容不下一根头发，比喻情势非常危急：这件事已至~，要马上行动。

【间道】jiàndào 〈书〉名。偏僻的、抄近的小路。

【间谍】jiāndié 名。被别国或敌方派遣、收买，从事刺探情报、窃取国家机密、进行颠覆破坏活动的人。
＊"间谍"和"特务"。"间谍"强调伪装、隐蔽性，多用于进入别国或敌方从事刺探政治、军事等情报和窃取机密的人员；"特务"含有"接受过特殊训练，负有特别任务"的意思，"特务"的活动更广泛，可以刺探情报、盗窃机密，还可以进行盯梢、暗杀等破坏活动。

【间断】jiānduàn 动。连续的事情中间断开；不带宾语，可带补语，可带动态助词"了、过"：这项活动~了几次，现在又恢复正常了｜一直没有~过。

【间隔】jiāngé ❶动。隔开，使不相通或有一定距离；多带补语：中间好像有一堵墙把它们~开来｜两件事只~了十几天。❷名。事物在空间或时间上的距离：这些楼房的~太小，影响采光。

【间或】jiānhuò 〈书〉副。偶然，有时候：张老师讲课很严肃，~也插几句轻松活

泼的话｜大娘常年不大出门，~也到邻居家走走。

【间接】jiānjiē 形。通过第三者发生关系的；与"直接"相对，常作定语、状语：~关系｜~谈判｜两人~地联系上了。

【间隙】jiānxì 名。两个事物之间不大的空间或不长的时间；前面一般要有定语：这两座楼的~可以派些用场｜她利用工作的~，写了不少文章。

【间杂】jiānzá 动。错杂：黑白~｜~其间。如带宾语常带动态助词"着"：在无边无际的蓝色中，~着灰色的一片，布满了细细的鱼鳞纹，那大概就是海波吧。

【间作】jiānzuò 动。在同一块地上间隔地播种两种或多种作物，如绿豆和玉米间作；常带宾语或补语：麦子地里~了豌豆｜~好几年了。也叫间种。

涧 jiàn 〈素〉山之间的水沟：溪~｜山~。

锏 jiàn 名。嵌在车轴上的铁条，起保护车辆、减少摩擦的作用。
另见jiǎn。

饯（餞） jiàn 〈素〉(1)设酒食送行：~行｜~别。(2)用蜜、糖浸渍瓜果：蜜~。

【饯别】jiànbié 动。义同"饯行"；可带宾语：客中一切从简，只略备水酒，~亲友。

【饯行】jiànxíng 动。设酒食款待出行的人；不带宾语，受事者常放在"为、替、给"等后面构成介词词组，作"饯行"的状语：我俩明天为你~。

贱（賤） jiàn 形。(1)价钱低；与"贵"相对：这种布真~。可作"买、卖"的状语：~卖一批商品。(2)旧指地位低下；与"贵"相对：出身虽~志不~。(3)不自尊；含贬义：~骨头｜性子~。(4)旧称与自己有关的事物；谦辞，今很少用：~内(指自己的妻子)｜~姓张。

【贱骨头】jiàn gǔtou 习。指不懂得尊重自己或不知好歹的人；骂人的话。

【贱民】jiànmín 名。旧时对地位低下不能自由选择职业的人的蔑称。

【贱人】jiànrén 名。旧时辱骂妇女的用语；多见于旧小说和戏曲中：打死你这个小~。

践（踐） jiàn 〈素〉(1)踩：～踏。(2)实行，履行：～约|实～。

【践踏】jiàntà 动。常带宾语和补语。(1)用脚踩：不准～青苗|～得不成样子。(2)比喻摧残，毁坏：～民主|竟把法律～成这种样子。

【践约】jiànyuē 动。按约定的去办；多指赴约会，不带宾语：咱们说定了就得～。可拆开用：别说得好听，你践过几次约？

【践阼】jiànzuò 〈书〉动。登上王位；不带宾语：幼主冲年～。

溅（濺） jiàn 动。液体被物体冲击向四处射出；常带宾语或补语：～了一身水|～湿了裤子。可带双宾语：汽车开过，～了他一身泥。
另见jiān(浅)。

【溅落】jiànluò 动。重物从高空落入水中，特指人造卫星、宇宙飞船等返回地球时按计划落入海洋；多带补语：人造地球卫星顺利～在南海上。

建 jiàn ❶动。常带宾语或补语。(1)砌造，构筑：～新房|～铁路|附近～起了一座铁塔。(2)设立，成立：新～了几个小组|支部～在连上。❷〈素〉提出，首倡：～议。(2)倾倒：高屋～瓴。

【建都】jiàndū 动。在某地设立首都：决定在长安～。可带处所宾语：～北京。可拆开用：历史上，西安曾经多次建过都。

【建交】jiànjiāo 动。两国间建立正式外交关系；不带宾语：我国已与好多国家正式～|庆祝两国～十周年。可拆开用：两国早已建过交。

【建立】jiànlì 动。创设，使从无到有；宾语多为单位、组织、制度、规则或关系等：～岗位责任制|～了深厚的友谊。可带补语：～在牢固的基础上。
＊"建立"和"成立"："建立"带有创立的意义；"成立"带有存在的意义。"建立"可用于"友谊、信心、感情、关系"等；"成立"不能这样用。"成立"可用于"理论、意见、论点、理由"等；"建立"不能这样用。

【建设】jiànshè ❶动。创办新事业或增加新设施；带宾语或补语：～祖国|～新的生活|这座工厂～在地下。❷名。指创立的事业或增加的设施：乡村～|经济～|积极支援国家的社会主义～。

【建树】jiànshù ❶动。建立；多以功绩、勋业等作宾语：～功绩。❷名。指建立的功绩：夏先生在考古学方面有很多～。

【建议】jiànyì ❶动。向集体或别人提出自己的主张；常带主谓词组或动词性词组作宾语：～他好好休息|有人～在这儿修一条路。❷名。向集体或别人提出的建议；量词用"条、个、点"等：他向新领导提了一条～。

【建造】jiànzào 动。建起，造出；对象为房屋、桥梁、公路、铁路或轮船之类，常带宾语和补语：～10层大楼|纪念碑～得很雄伟|～了三年。

【建制】jiànzhì 名。组织、机构、人员编制或行政区划制度等的总称：健全省级机关的～|这种～不合理。

【建筑】jiànzhù ❶动。盖房屋或修建公路、铁路、桥梁等；常带宾语和补语：～现代化大楼|～高速公路|～在山上|～得很牢固。❷名。指建筑物：这些都是古老的～。

健 jiàn 〈素〉(1)强壮：～康|～全|强～。(2)使强壮：～身|～胃。(3)善于，长于，不同一般：～谈|～忘。

【健步】jiànbù 形。善于走路，脚步轻捷有力；不加程度副词，多作状语：～如飞|他～走上讲台。

【健儿】jiàn'ér 名。英勇的斗士；多指在作战、体育等方面能干而强健的青壮年；含褒义：跳水～|游击～。

【健将】jiànjiàng 名。(1)在某种活动中特别能干的人：小王真是技术革新的～。(2)由国家授予运动员的最高等级的称号。

【健康】jiànkāng 形。(1)身体好，没有缺陷或疾病：两位老人都很～。(2)情况正常，没有缺陷：思想～|作品中有些不～的内容|运动在～地发展。可作主语或宾语：他的～日益恶化|保障儿童的～。

【健美】jiànměi ❶形。既健康又好看：体形～|～体操。❷名。指一种使身体变得强健和优美的综合性的体育运动：～热|～表演赛。

【健全】jiànquán ❶形。(1)强健而没有缺陷；指人的身心：头脑~|体格~|要使青少年成为身心~的新一代。(2)完善无欠缺；指事物：设备~|功能~|这个单位的管理制度很~。❷动。使完善；须带宾语：~组织|~制度。

【健谈】jiàntán 形。善于谈话，经久不倦：这位老人很~。

【健忘】jiànwàng 形。特别容易忘记：我越老越~了。

【健在】jiànzài 动。健康地活着；多指老年人，不带宾语：他父母都~。

【健壮】jiànzhuàng 形。健康而强壮：身体很~|~的体魄。

楗 jiàn 〈古〉名。(1)插在门闩上的小木棍，横的叫关，竖的叫楗。(2)河堤上堵决口所用的竹木土石等材料。

毽 jiàn 名。(~儿、~子)一种游戏用品，用布等把铜钱或金属片包好，上面装上鸡毛即成。游戏时连续踢向空中，不使落地：踢~子。

腱 jiàn 名。连接肌肉与骨骼的白色结缔组织，质地坚韧。也叫肌腱。

键 jiàn 名。(1)连接并固定轴和齿轮或皮带轮的长方块零件。也叫辖。(2)〈书〉插门的小金属棍子。(3)琴、打字机、电子计算机等上使用时按动的部分。也叫键盘。

荐(薦) jiàn 〈素〉(1)推举，介绍：举~|推~|引~。(2)草，草垫子：草~。

【荐举】jiànyǔ 动。介绍，推荐，常带宾语或补语：为你~一名副手|~了三次都没成功|恐怕~不到他这样的人。可带兼语：~小张当副科长。可重叠：请你为我~~。

【荐引】jiànyǐn 〈书〉动。推举，介绍；常带宾语或兼语：去年我向你~过他|我去见徐教授。可重叠：麻烦您~~。

剑(劍、劎) jiàn 名。一种古代兵器，青铜或铁制成，长条形，一头尖，两边有刃，装在鞘中，可以随身佩带。

【剑拔弩张】jiàn bá nǔ zhāng 成。原来形容书法笔力遒劲，后多比喻对立的双方形势紧张，极易爆发冲突：双方~，一场激战就在眼前。

监(監) jiàn ❶名。古代官府名：钦天~(主管天文历数的官府)|国子~(最高学府)。❷姓。
另见jiān。

【监生】jiānshēng 名。明清时代称在国家最高学府国子监读书或取得在国子监读书资格的人。清代可以用捐纳的办法取得这种称号。

鉴(鑒、鑑) jiàn ❶〈书〉名。(1)镜子(古代用铜制成)：波平如~。(2)以前发生的可以作为警戒或教训的事：以此为~。❷〈书〉动。(1)照：水清可~|光可~人。(2)表示请人看信；旧式书信用词，用在信的开头，称呼之后，与"台、钧、惠"并用：台~|钧~|惠~。❸〈素〉仔细看，审察：~别|~定。

【鉴别】jiànbié 动。辨别事物的真假好坏；多带宾语或补语：~真伪|~文物|请你~一下这是不是唐寅的真迹。可重叠：请专家来~~。

【鉴定】jiàndìng ❶动。鉴别、确定事物的真假或好坏：这种化石要请专家来~。可带宾语或补语：~一批文物|请专家来~一下。可带主谓词组作宾语：请~这些指纹是谁的？❷名。对人或事物所作的鉴别和评定；量词可用"个、份"：研究所为新产品写了个~|写一份个人自我~。

【鉴戒】jiànjiè 〈书〉动。借鉴并引以为戒，不带宾语：他失败的教训，应引起我们~。

【鉴赏】jiànshǎng 动。鉴定、欣赏；对象是文艺作品、文物等，常带宾语或补语：仲老师很会~书法|请你~一下。可重叠：请你~~。

【鉴于】jiànyú 〈书〉❶连。表示觉察到、考虑到等意思；用在表示因果关系的分句里，放在行为的原因或理由，一般用在主语前：~这项任务很艰巨，厂里决定成立一支突击队|~他能投案自首，建议从宽处理。❷介。同名词性词组组成介词词组作状语，表示行为的依据；多指发觉、考虑到某种情况或引为教训的事：~这种情况，我们不得不采取一些

防范措施|～过去的沉痛教训,今后我们必须健全法制。

槛(檻) jiàn ❶〈古〉名。(1)栏杆:铁～。(2)关禽兽或囚犯的木笼子:兽～|～车(古代运送囚犯的车)。❷姓。

另见 kǎn。

渐 jiàn 〈书〉副。逐步,渐渐:天～冷|日～消瘦|小雨～止。

另见 jiān。

【渐次】jiàncì 〈书〉副。渐渐;一般用在双音节词或词组前:战乱以来,人口～稀少。

【渐渐】jiànjiàn 副。表示程度或数量缓慢而连续的变化;用在形容词或可程度变化的动词性成分前:天～黑了|游客～多起来|人民生活～得到改善。有时可用在句首,须带"地":～地,太阳从地平线上升起来了。

谏 jiàn 〈书〉动。旧指规劝帝王、尊长,使改正错误:直言敢～|冒死以～。

【谏诤】jiànzhèng 〈书〉动。直率地指出对方的错误,劝其改正。敢于～。

僭 jiàn 〈素〉超越本分,古时常指冒用高于自己实际地位的名义、礼仪或器物等:～越|～号(冒用帝王的称号)。

【僭越】jiànyuè 〈书〉动。假冒名义,超越本分;一般不带宾语:他很谨慎,凡事请示,从不～。可作定语:这是一种～行为。

箭 jiàn 名。古代搭在弓弩上发射的一种兵器,用长约二、三尺的细竿装上尖头,末梢粘着羽毛制成。

【箭步】jiànbù 名。一下子跃得很远的脚步;只同数量词"一个"配合作状语:见此情景,他一个～冲上去把小孩拉到路边。

【箭在弦上】jiàn zài xián shàng 成。比喻事情到了非做不可或话已到了嘴边不得不说的时候:这件事已是～,不得不发。

jiāng(ㄐㄧㄤ)

江 jiāng ❶名。(1)大河的通称:珠～|黑龙～。(2)〈古〉特指长江:～淮流域|～汉平原|大～南北。❷姓。

【江河日下】jiāng hé rì xià 成。江河的水每天朝下流,比喻情况日益变坏;多形容较大范围的局势、情况等:这个反动政权的统治已经～。

【江湖】jiānghú 名。指四方各地:走～|闯荡～|～好汉。

【江湖】jiānghu 名。旧指到处流浪以卖艺、卖药为生的人。

【江郎才尽】jiāngláng cái jìn 成。南北朝时,著名的文学家江淹年轻时作的诗文在当时文坛上很受重视,大家称他为"江郎"。到了晚年,他却写不出什么好作品了,人们都说他"才尽"了。后来便用"江郎才尽"来比喻文思减退:一个作家必须不断学习,积极深入生活,不然难免会有～的时候。

【江山】jiāngshān 名。江河和山岭,借指国家或国家的政权:打～|争～|保卫人民的～。

茳 jiāng [茳芏](-dù) 名。多年生草本植物,叶子细长,开淡紫色花。茎呈三棱形,可织席。

豇 jiāng [豇豆](-dòu) 名。(1)一年生草本植物,茎蔓生,开淡紫色花,结圆筒形长荚果,可供食用。是普通蔬菜。(2)这种植物的荚果或种子。

将(將) jiāng ❶动。用话刺激;常带宾语或补语;你不用～他,他不会理睬你的|写封信～他一下|把他～成这个样子了。(2)下象棋时,表示要吃掉对方的"将"或"帅";多带宾语或补语:我～你了|～不死。前面可加某些棋子的名称,表示用什么棋子去"吃":重(chóng)炮～|马～|车～。(3)〈古〉做:慎重～事。❷〈书〉介。(1)同"把":～革命进行到底|～他批评了一顿。(2)引进所凭借的东西,多用于固定组合或方言中,一般说"拿":～鸡蛋碰石头|～人心比己心。❸副。(1)〈书〉将要,快要:天～黄昏|火车～进站了。(2)表示对未来情况的肯定判断:有些科学家认为地球上的气候～变暖|若不刻苦努力,则～一事无成。(3)表示刚刚达到一定数量:这些人组成一个连队～够数。❹〈书〉助。用在动词和表示趋向的补语之间;多见于近代小说和某些方言中:

一伙人横拼竖搏,杀～出去|稍不合意,便叫～起来。❺〈素〉(1)搀扶:扶～。(2)保养:～养|～息。❻姓。

另见jiàng。

【将次】jiāngcì 〈书〉副。将要,快要;用在双音节词前:隧道～竣工。

【将错就错】jiāng cuò jiù cuò 成。既然出现错误,索性顺着错的做下去:有人把老芮叫成"老内",大家也就～,开玩笑地叫他"老内"了。

【将计就计】jiāng jì jiù jì 成。利用对方的计策反过来对付对方:周瑜企图用美人计骗刘备,诸葛亮～,使东吴"赔了夫人又折兵"。

【将将】jiāngjiāng 〈口〉副。刚刚达到,恰好;多指一定数量:这点水泥～够用,再少就不行了|这辆车～能坐50个人。

【将近】jiāngjìn 副。(1)表示数量等快要接近:该村人口～500|买了～10吨钢材。(2)表示时间上接近;用在表示时间的名词或表示终了的动词之前:他～中午时来过|这项工程～完成。

【将就】jiāngjiu 动。勉强应付或适应;可带宾语:他脾气不大好,你就～了她吧。常带补语:这儿的住宿条件比较差,请大家～一点。可重叠:人太挤,你就～～吧。用作动词的状语:房间里有点潮湿,今晚就～住吧|菜不好,～吃吧。

【将军】jiāngjūn ❶动。不带宾语,可拆开用。(1)下象棋时表示要吃掉对方的"将"或"帅":你先别～|用"马"将他的军。(2)比喻使人为难:立刻叫我拿这么多钱,不是将我的军吗?❷名。(1)将(jiàng)级军官。(2)泛指高级将领。

【将来】jiānglái 名。现在以后的时间;区别于"现在"(说话时)和"过去"(说话时以前):～的生活|向往～。常作状语:现在不谈,～再说|你～长大干什么?注意:说话后不久就会发生的情况一般不用"将来"。

【将息】jiāngxī 同"将养"。

【将信将疑】jiāng xìn jiāng yí 成。有点相信又有点怀疑:对他的话,我～。

【将养】jiāngyǎng 动。得病、受伤后休息和调养;可带宾语和补语:你要好好～身体|在家里～了一阵子。可重叠:先在老家乡～～再归队。

【将要】jiāngyào 副。表示不久以后就会发生:黑暗就快过去,光明～来临。

浆(漿) jiāng

❶名。较稠的液体:黄豆磨成～,可以做豆腐。❷动。用面粉浆或米汤浸衣料或衣服使干后变得挺刮;常带宾语和补语:～衣服|把衣领子～一下。

另见jiàng(糨)。

姜(△薑) jiāng

△❶名。(1)多年生草本植物,叶子披针形。根茎黄褐色,味辣,是常用调味品和中药。(2)这种植物的根茎。❷姓。

僵(△殭) jiāng

❶形。△(1)肢体僵硬:手脚很～。常作补语:手冻～了。(2)事情难于处理,没有办法取得进展:事情已经～了。也常作补语:双方谈～了。❷〈方〉动。收敛笑容使表情严肃;常带动态助词"着":听了这话,他还是～着脸。

【僵持】jiāngchí 动。双方互不退让或互不能胜过对方因而使事情没有进展;不带宾语,可带补语:两人还在～着|战场上的形势已经～了很久,可能还要继续～下去。

【僵化】jiānghuà 动。变僵硬,不再发展;不带宾语,可带补语,可加程度副词:头脑～|他思想～得很。

【僵局】jiāngjú 名。僵持的局面:谈判陷入～|防止出现～。

【僵尸】jiāngshī 名。僵硬的尸体。常用来比喻没有活力的事物;量词用"具":这个组织已变成了一具政治～。

【僵死】jiāngsǐ 动。僵硬而失去生命力;不带宾语:大腿的肌肉已经～|马克思主义如果不跟本国的实际情况相结合,就会变成～的教条。

【僵硬】jiāngyìng 形。(1)肢体发硬,不能活动:手脚有些～|～的手臂。(2)死板,不灵活:～的工作方法|这种制度太～了。

【僵直】jiāngzhí 形。僵硬挺直,无法弯曲:手指冻得～了。

缰(韁) jiāng

名。缰绳;多用在较固定的组合中:信马由～|野马脱～。

【缰绳】jiāngshéng 名。系在牲口的鼻子或笼头上用来牵拉的绳子。

礓 jiāng ❶[礓䃁](-cā) 名。台阶。❷见"砂礓"。

疆 jiāng 〈素〉边界，疆界：～域｜边～。

【疆场】jiāngchǎng 名。战场：血染～｜奔赴～｜他是一位久经～的老将。

【疆界】jiāngjiè 名。国家或地域的界限。

【疆土】jiāngtǔ 名。一个国家所领有的地域：踏上祖国的～。

【疆埸】jiāngyì 名。(1)〈古〉田边。(2)〈书〉边境。注意"埸"与"场(場)"在读音、字形、意义上都不同。

【疆域】jiāngyù 名。一个国家的领土；着重指面积的大小：～辽阔。

jiǎng(ㄐㄧㄤˇ)

讲(講) jiǎng 动。可带名词、动词、动词性词组或主谓词组作宾语，可带补语。(1)说：～故事｜～不清楚｜他～不去了｜大家～你太粗心。(2)阐述，说明：今天～第三课课文｜徐老师给我们讲时事～了一小时｜李老师～怎样学写作。(3)商量，商议：～价钱｜～了半天价｜你同大家～一～这个方案行不行。(4)讲求，重视：结婚不能～排场｜～团结｜干工作要～动脑筋。可带形容词作宾语：他办事情只～快，不～好。(5)就某方面而言；常用于比较：～进度，三车间跑在前；～质量，四车间数第一｜～踢球，数他最好。

【讲和】jiǎnghé 动。战争或冲突停止，相互和解；不带宾语：两国同意～。可拆开用：你去跟他们讲个和吧。

【讲话】jiǎnghuà ❶动。说话，发言；不带宾语：他上课老跟人～｜校长、教导主任都要在毕业典礼上～。可拆开用：对这个问题，市长讲过好几次话。❷名。(1)指重要人物在正式场合所讲的话：在中央工作会议上的～。(2)一种通俗地讲解某方面知识的著作，多用于书名：《法律知识～》。

【讲解】jiǎngjiě 动。解释；常带宾语和补语：～钟乳石的成因｜～得清楚｜立刻～起来。可重叠：这个题目请你～～。

【讲究】jiǎngjiu ❶动。讲求，重视；多带抽象名词或谓词性成分作宾语：～卫生｜提拔干部不能不～品德｜他吃菜～新鲜。可加程度副词：新市长很～调查研究。❷名。值得重视或研究的内容：茶道的～多着呢。常作"有"、"没有"的宾语：投篮的姿势很有～。❸形。精美：他的穿着非常～｜这本书的印刷和装订～得很。

【讲理】jiǎnglǐ 动。不带宾语，可拆开用。(1)评议谁对谁错：跟他到乡政府～去｜讲不清这个理。可重叠：去找他讲讲理。(2)服从道理；可加程度副词：他一向是很～的｜占了别人座位还骂人，真不～！｜请你讲点理好吗？

【讲情】jiǎngqíng 动。为犯错误或有罪的人请求宽恕；不带宾语：不应该为犯罪的儿子～。可拆开用：托人讲过几次情了。可重叠：你去替他讲讲情吧。

【讲求】jiǎngqiú 动。对某一方面重视并追求；多带抽象名词或谓词性成分作宾语：～实效｜他写诗～形式不重内容｜～打扮｜～优美。可加程度副词：她很～衣着。

【讲师】jiǎngshī 名。高等学校或中等专业学校中技术专业职务之一，高于助教，低于副教授。

【讲授】jiǎngshòu 动。讲解传授：政治经济学由季教授～。可带宾语：～理论物理。

【讲述】jiǎngshù 动。把情况或道理讲给人听；常带宾语或补语：请你～一下火灾的经过｜他把旅途的见闻和感想给大家～了一遍。

【讲坛】jiǎngtán 名。讲台，泛指可以进行宣传讲演或讨论的地方：中国代表在联合国的～上阐明了我国政府的立场和态度｜民主～。

【讲学】jiǎngxué 动。公开讲述自己的学术理论；不带宾语：他应邀到外地～。可拆开用：王教授三年前来我校讲过学。

【讲演】jiǎngyǎn 动。对听众讲述某种主张或关于某一方面的知识，一般不带宾语：下面请魏同志就青年的成长问题给大家～。有时用作宾语：做～｜听～。

【讲座】jiǎngzuò 名。一种教学形式，多利用一系列的报告会、广播或连载文章进行：企业管理～。

奖(奖) jiǎng ❶动。用荣誉或财物等表示鼓励；多用于上对下、集体对个人：立功者要～。可带宾语：重～有功人员。常带双宾语：～了他50块钱。❷名。(1)用作奖励的财物或荣誉证书等：得了～|发～|荣誉～。(2)靠某种机遇而获得的财物：储蓄中了～。

【奖杯】jiǎngbēi 名。体育比赛中发给优胜者的杯状奖品，多用金银制成。

【奖惩】jiǎngchéng 动。奖励和惩罚：对抢险有功者和造成事故者应分别～。常带宾语和补语：～干部要特别慎重|～分明。

【奖励】jiǎnglì 动。对作出成绩的人用荣誉、财物表示赞扬鼓励；多用于上对下、集体对个人；常带宾语：～三好学生。可带双宾语：～王金才人民币200元。
　　＊"奖励"和"鼓励"：它们都含有勉励的意思，但"奖励"是给予荣誉或财物，对象一般是人或集体；"鼓励"多采用谈话、表扬等方式进行，对象既可以是人或集体，又可以是某种事情或行为。

【奖品】jiǎngpǐn 名。(1)奖励有成绩者的物品。(2)发给在有奖活动中中奖者的物品。

【奖赏】jiǎngshǎng 动。奖励有功的个人或集体；可带宾语或双宾语：我要重重地～你|～他500块钱。

【奖掖】jiǎngyè 〈书〉动。奖励并提拔：大加～。可带宾语：～后进(后辈)。也作奖揖。

【奖状】jiǎngzhuàng 名。发给受奖人的奖励证书。

桨(桨) jiǎng 名。木制划船用具，上半圆柱形，下半扁平而略宽，常装置在船的两旁，比橹小。

蒋(蒋) jiǎng 姓。

耩 jiǎng 动。用耧播种；常带宾语和补语：～玉米|～了半天地。

膙 jiǎng 〈口〉名。(～子)即趼(jiǎn)子，手脚上因摩擦而生的硬皮。

jiàng (ㄐㄧㄤˋ)

匠 jiàng 〈素〉：有手艺的人：～人|工～|木～。

【匠人】jiàngrén 名。旧指手工业的技术工人。

【匠心】jiàngxīn 〈书〉名。指富有创造性的巧妙的心思，常用在比较固定的组合中：独具～|～独运。

【匠心独运】jiàng xīn dú yùn 成。形容独特的艺术构思：鲁迅的小说，～，令人赞叹不已。

降 jiàng ❶动。(1)落下；与"升"相对，常带宾语或补语：～雨|连～大雪|水位～下去了。(2)使下落；与"升"相对，须带宾语：～旗|设法～一下室内的温度。可带双宾语：～他一级工资。❷姓。
　　另见 xiáng。

【降低】jiàngdī 动。(1)下降；一般不带宾语，可带补语：气温～了|水位～了很多|～到最低限度。(2)使下降；须带宾语：～水平|～标准|～消耗。

【降格】jiànggé 动。降低标准或身分等，不带宾语：这次招生，宁可人数不足，也不～以求。

【降临】jiànglín 动。来到，落到：贵客～|新春已经～。以"到"构成的介词词组作补语：大祸～到他头上|重任～到他的身上。在存现句里可带宾语：几年前，陈庄～过一场灾难。

【降落伞】jiàngluòsǎn 名。利用空气阻力使人或物从空中缓慢安全着陆的工具，张开后成伞状。

【降生】jiàngshēng 〈书〉动。出生，出世；带庄重的色彩，常带时间或处所补语：～于1934年|这位革命家～在一个平民的家庭里。

【降温】jiàngwēn 动。不带宾语，可拆开用。(1)采取某些措施使温度变低：高温车间要注意防暑～|已采取措施降过温了。(2)气温变低：后天要～了|据气象报告，明天可能降点儿温。

绛 jiàng 形。深红色。

【绛紫】jiàngzǐ 形。暗紫而略带红色；不加程度副词，不单独作谓语，多作定语：～的长裙。

虹 jiàng〈口〉名。义同"虹(hóng)"；限于单用：东～日头西～雨(农谚)|西边天上有条～。
另见hóng。

将(將) jiāng ❶名。将官，将(jiāng)军：调兵遣～|你是兵，他是～。❷〈书〉动。率领，统帅；须带"兵、军、将"等作宾语：～将之才|韩信～兵，多多益善。
另见jiāng。

【将领】jiànglǐng 名。泛指高级军官。
【将令】jiànglìng 〈书〉名。军令；多见于早期白话：听～。
【将士】jiàngshì 名。将领和士兵的统称：三军～|～用命|追悼阵亡～。
【将指】jiàngzhǐ〈书〉名。手的中指或脚的大趾。

酱(醬) jiàng ❶名。(1)使豆、麦发酵，再加盐制成的糊状调味品。(2)像酱一样的糊状食品；常用在食品名称中：番茄～|果～。❷动。用酱或酱油腌制食品；多带宾语或补语：不能用这种酱～黄瓜|把生姜放到缸里一～一下。

弶 jiàng〈方〉❶名。一种捕捉老鼠、鸟雀等的器具。❷动。用弶捕捉。

强(強、彊) jiàng〈素〉强硬不屈，脾气固执：～嘴|倔～。
另见qiáng, qiǎng。

【强嘴】jiàngzuǐ 动。顶嘴，强辩；不带宾语：老师说他，他还～。可拆开用：对您老人家的吩咐，我没有强过嘴|还不快走，强什么嘴！也作犟嘴。

犟(勥) jiàng 形。固执，不听劝导：小伙子很～|～脾气。

糨(浆、糡) jiàng〈方〉形。液体很稠：我不爱吃太～的稀饭。
"浆"另见jiāng。

【糨糊】jiànghu 名。用面粉或化学原料加水制成的可以粘贴东西的糊状物；用～粘起来。作"打"的宾语时表示加水做：打～不要用太烫的水。

jiāo(ㄐㄧㄠ)

芄 jiāo [秦芄](qín-)〈书〉名。草本植物，叶阔而长。花紫色，根可入药。

交(△跤) jiāo ❶动。(1)把事物向有关方面送出或付托；常带宾语：～作业本|～任务。在"交"后引出接受者或带双宾语时，要加"给"：请你把材料～给秘书|团长～给我们一项任务。(2)开始进入某一季节或时辰；以节气名或时辰名作宾语：明天～白露|快～子时了。(3)交叉，交接，后面常带"于"构成的介词词组作补语：AB、CD、EF三条线～于N点。如用介词词组作状语，要用"相交"：京沪线和陇海线在徐州相～。(4)结交；多以"朋友"作宾语：在外要多～一些朋友|咱们一个朋友，❷名。(1)交往，交谊：忘年～|总角～。有时前面用文言结构助词"之"：生死之～|一面之～。(2)连接点；多指时间或地区，前面也要用"之"：秋冬之～|卢森堡位于法国、比利时和西德三国之～。❸〈素〉(1)性交：～媾。(2)交配：杂～。❹互相：～换|～谈。(4)一齐，同时：～加|～集。△(5)跟头：跌～|摔～。

【交兵】jiāobīng〈书〉动。交战；不带宾语：两国～，不斩来使。
【交叉】jiāochā 动。(1)方向不同的线条互相穿过；不带宾语：三条线在这里～。可带补语：～起来|～在一起。可作定语或状语：～点|～射击。(2)两件事间隔穿插进行；可带宾语：这时候～着几个活动。常作另一动词的状语：～进行|唱歌和朗诵～表演。(3)不同事物有相同的部分；不带宾语：讨论中意见常常～|"学生"和"青年"是～概念。
【交差】jiāochāi 动。完成任务后向指派任务的领导或部门汇报结果；不带宾语：干不好我怎么～？可拆开用：交了差|交不了差。
【交错】jiāocuò 动。互相穿过或互相插入对方的空隙处：河道～|犬牙～|纵横～。
【交代】jiāodài 动。(1)向接替工作的人

转交事务；常带宾语或补语：～工作|把所里的事跟新所长～一下。(2)嘱咐；常带双宾语或兼语：首长～我一件事|她临走时～丈夫要带好孩子。(3)向有关的群众或下级等说明，常带宾语或补语：向群众～林业政策|～得清清楚楚。(4)犯错误或罪行的人向主管方面说出自己的错误或罪行：坦白～。常带宾语或补语：他～了犯错误的经过|～不彻底。也作交待。

【交底】jiāodǐ 动。讲清楚事情的底细；不带宾语：调整工资这件事，要向群众～。可拆开用：可以对他交个底。

【交点】jiāodiǎn 名。线与线或线与面相交的点：徐州位于京沪、陇海两条铁路线的～。

【交锋】jiāofēng 动。不带宾语。(1)双方展开战斗；两军正在～。可拆开用：已经跟敌人交过几次锋。(2)比喻不同意见的冲突和争辩：在会上进行了思想～。

【交付】jiāofù 动。交给；多带宾语：～房租|～税金。接受者可用"向"或"给"引出：向供电局～电费|把援助物资～给该国。接受者不言而喻时，也可不出现：大楼已～使用。

【交割】jiāogē 动。指经济往来的双方结清手续；不带宾语，可带补语：化肥款项已经～清楚。

【交媾】jiāogòu 动。性交。

【交关】jiāoguān ❶动。相关；不带宾语，一般与"性命"组合：这种事情性命～，绝对不能马虎。❷〈方〉形。非常多：操场上人～。可重叠：阅览室里有交交关关的书。❸副。非常：上海南京路～热闹|公园里游人～多。

【交互】jiāohù 副。(1)互相；多用于比较具体的行为：～检查产品质量|～赠送礼品。一般不用于较抽象的行为，不说"交互关心"。(2)轮换着，替换着：两个人～地与象棋大师对局。

【交换】jiāohuàn 动。(1)各自拿出自己的给对方；多带宾语：～良种|～意见。(2)用商品换商品，买卖商品：等价～。常带宾语：～产品。

　　*"交换"和"交流"："交换"表示以自己的东西换取对方的东西；"交流"则表示彼此传授或互通有无。"交换"可适用于具体的事物，如"礼物、产品、资料"等，也适用于抽象的事物，如"意见、条件"等；"交流"一般只用于抽象的事物，如"经验、思想、文化"等。

【交火】jiāohuǒ 动。互相开火，发生战斗；不带宾语：两国在边界上时常～。可拆开用：那天跟岗楼里的敌人交过几次火。

【交集】jiāojí 动。几种感情或事物一起来到；不带宾语，多用在固定组合中：百感～|悲喜～|风雨～。可带补语：痛苦和愧疚～在一起。

【交际】jiāojì 动。人与人接触来往；不带宾语：小张很会～。可重叠：你也出去跟人～～嘛。

【交加】jiāojiā〈书〉动。两种事物同时出现或同时落到一个人身上；多用在固定组合中：风雨～|拳足～|愁苦～。

【交接】jiāojiē 动。(1)移交和接受；上下班要有～制度。可带宾语：他俩正在～工作。(2)互相连接，一般不带宾语：汉水和长江在武汉～|冬春～之际。(3)结交；常带宾语：采购员～了很多客户。

【交界】jiāojiè 动。国家之间、地区之间有共同的疆界；不带宾语：法国和西班牙在比利牛斯山脉～。

【交卷】jiāojuàn 动。不带宾语，可拆开用。(1)做完试题后交出试卷：开考一小时后就有人～|交过卷就回家。(2)比喻完成任务并向派任务的人汇报结果：请你办件事，晚上一定要～|这样一来，我就交不了卷。

【交口】jiāokǒu ❶副。许多人齐声地；多用于表示赞扬：～赞誉|顾客们～称赞她的服务态度。❷动。互相谈话；不带宾语：他俩闹别扭，已多年不～了。可拆开用：我从来没跟他交过口。

【交困】jiāokùn 动。同时遇到多方面的困难；常与"内外"搭配：该厂现在内外～，面临倒闭的危险。

【交流】jiāoliú 动。各自以所具有的供给对方；多用于比较抽象或概括的事物：文化～|物资～。常带宾语：～经验|～思想|大家在会上～了心得体会。可重叠：～～学习的方法。

【交纳】jiāonà 动。向有关机构或单位交

付规定的钱物;常带宾语或补语:～所得税|～学费|～一个多月了|～不出这么多。

【交配】jiāopèi 动。动物性交;不带宾语:这头母猪已经～过了。可带补语:才～了十天|～过三次都没有受孕。

【交情】jiāo·qing 名。在交往中建立的感情:他俩～很深|他跟徐医生有几分～。

【交融】jiāoróng 动。两种事情融合为一体;不带宾语:水乳～|情景～。

【交涉】jiāoshè 动。为解决问题而同有关方面商谈;常带宾语或补语:外交部正与该国～赔偿问题|这些东西影响施工,你去跟堆东西的单位～一下|已～过多次,仍无结果。

【交手】jiāoshǒu 动。对打,搏斗;不带宾语:他武艺高强,大家都怕跟他～。可拆开用:两人交过几次手了|他们又交开手了。

【交谈】jiāotán 动。相互talk话;常带宾语或补语:我正跟他～课程的安排问题|随便地～了几句|～了半小时。可重叠:～～各自的看法。

【交替】jiāotì ❶动。接替;不带宾语:要注意新老干部的～|新旧～的时代。❷副。轮换着:上课与训练～进行|各班级～值勤。

【交通】jiāotōng ❶名。(1)用车、船、飞机等运送人员、货物的事业:王副县长分管～|～便利。(2)指通信联络等工作;抗日战争和解放战争时期习用。(3)指交通员:他是个老～。❷〈书〉动。(1)道路等互相通达;不带宾语:阡陌～。(2)有来往,相勾结:他暗中与敌人～,终于受到了人民的制裁。可带宾语:～敌国。

【交通员】jiāotōngyuán 名。革命战争年代,革命队伍、地下组织之间的通信、联络人员。

【交头接耳】jiāo tóu jiē ěr 成。头靠在一起,耳朵相接触,形容低声谈话的样子:考试时不得～|听报告的时候,他们老是～。

【交往】jiāowǎng 动。互相接触来往;不带宾语,可带补语:他们已～多年|～频繁。常作"有"或"没有"的宾语:两国之间没有什么～|我跟老蔡有几十年的～。

【交尾】jiāowěi 动。动物交配;多用于低等动物,不带宾语:雄蚕蛾在～后即死去。

【交相辉映】jiāo xiāng huī yìng 成。各种亮光、色彩互相映照而显得更加好看:节日的大街上,五光十色的霓虹灯和爆竹的火花～,显得分外绚丽。

【交心】jiāoxīn 动。向人说出自己内心深处的想法,不带宾语:真正发扬民主,大家才敢～。可拆开用:我已经向你交了心,你该理解我了吧。可重叠:跟他交交心,他的态度或许会改变的。

【交椅】jiāoyǐ 名。(1)古代一种腿交叉能折叠的椅子。喻指某种领导地位:他本来是副县长,这次改选,坐上了第一把～。(2)〈方〉椅子;多指有扶手的。

【交谊】jiāoyì 〈书〉名。交情,友谊:两人素有～|～很深。

【交易】jiāoyì 动。量词用"笔、桩",经常作"做"的宾语。(1)生意,买卖:做成一笔～。(2)比喻互相勾结,谋取各自利益的行为;含贬义:这是一桩肮脏的政治～|不能拿原则做～。

【交游】jiāoyóu 动。〈书〉结交朋友;不带宾语:小李不喜欢～|～很广。

【交战】jiāozhàn 动。互相展开战斗;不带宾语,可带补语:两国～多年,未分胜败。

【交帐】jiāozhàng 动。不带宾语,可拆开用。(1)交代帐目或移交帐务:他这几天忙着～|各项开支我已经交过帐了|交不了帐。(2)比喻向有关人报告自己完成了任务或尽到了责任:录音机弄坏了,我可不好向店里～|事情成了,这一下我算交过帐了。

【交织】jiāozhī 动。一般不带宾语。(1)纵横交叉或错综复杂地合在一起:彩色的绸带互相～|种种感情～在一起。(2)用不同种类或不同颜色的经纬线织:棉麻～|红绿～。

郊

jiāo 〈素〉城市四周的地区:～区|～游。

【郊外】jiāowài 名。城市外面不远的地方:化工厂应该建在～。

【郊游】jiāoyóu 动。到郊外游览;不带宾语:星期天打算去～。

茭 jiāo [茭白](-bái) 名。菰的嫩茎经某种细菌寄生后长得膨大的部分叫茭白,是普通蔬菜。

姣 jiāo 〈古〉形。容貌美丽。

胶(膠) jiāo ❶名。某些具有粘性的物质。有用动物的皮、角等熬成的,有植物分泌出来的,还有人工合成的,如阿胶、桃胶、万能胶等。❷动。用胶粘或贴;多带宾语或补语:~住榫头|把薄板~上去。❸〈素〉像胶一样粘的:~泥。

【胶合】jiāohé 动。用胶把东西粘在一起;一般不带宾语,可带补语:把两片玻璃~在一起。

【胶柱鼓瑟】jiāo zhù gǔ sè 成。瑟:一种古乐器,柱:瑟上调节音调的短木。用胶粘住了柱,柱不能动,音调不能变换。比喻拘泥固执,不知变通:情况既然发生了变化,我们不必~,应该修订原订的计划。

【胶着】jiāozhuó 动。比喻相持不下;一时难以解决;不带宾语,常作定语:~状态|~局面。

鹪 jiāo [鹪鹩](-jīng) 〈书〉名。古书上说的一种水鸟,腿长,头上有红毛冠。

蛟 jiāo 名。神话传说中兴风作浪、威力巨大、能发洪水的一种龙。通称蛟龙。

鲛 jiāo 见"鲨鱼"。

浇(澆) jiāo ❶动。常带宾语或补语。(1)让水或其他液体落在物体上:~水|全身被雨水~透了。可带双宾语:~了他一身水。(2)灌溉:车水~地|旱地~不上水。(3)向模子里灌入流体做成所需的物品;常带结果宾语:~铅字|~水泥桁条|铸件~坏了。❷〈素〉刻薄:~薄。

【浇薄】jiāobó 〈书〉形。刻薄,不厚道:为人~|风俗~。

【浇灌】jiāoguàn 动。常带宾语或补语。(1)把流体注入模子:~钢水|~下去|在模子里。(2)给植物浇水:~着大片农田|~了三次|~到地里。

【浇漓】jiāolí 〈书〉形。不敦厚朴实;多指风俗、世道,不用于个人:民风~|世道~。

【浇筑】jiāozhù 动。土木建筑工程中指用混凝土等注入模子让其凝固后制成预定形体;常带宾语和补语:~水坝|~纪念碑|~得很牢固。

【浇铸】jiāozhù 动。把熔化的金属注入模子使冷却凝固后成为所需物件;常带宾语或补语:~电动机外壳|~成正方体|这东西是~起来的。

娇(嬌) jiāo ❶形。娇气:这孩子一点苦也不能吃,太~了。❷动。过分宠爱;多带补语:别把孩子~坏了。❸〈素〉美丽可爱:~娆|~艳|小玲珑。

【娇滴滴】jiāodīdī 形。娇嫩妩媚的样子;不加程度副词,多作修饰语:这姑娘长得~的,像朵花儿|小玲~地说着。

【娇贵】jiāo·gui 形。(1)看得贵重,过度爱护:李家的独生子~得很,没有人能说他一句。(2)容易损坏的;指物品:这种精密仪器很~,要好好保管。

【娇憨】jiāohān 形。幼稚无知而又天真可爱的样子;用于小孩:这个小女孩一副~的模样,逗人喜欢。

【娇媚】jiāomèi 形。(1)形容柔嫩可爱的样子:多么~的姑娘|月季花的~不亚于牡丹。(2)撒娇献媚的样子;含贬义:她那副~的样子,真叫人看了不舒服。

【娇嫩】jiāo·nen 形。嫩而弱:这花很~,不大好栽|瞧你这~的身子,吹这点风就感冒了。

【娇气】jiāo·qi ❶名。意志脆弱、怕苦怕累的习性:她~十足|要克服~。❷形。娇惯柔弱的样子;含贬义:她从小就很~。可重叠:这孩子娇里娇气的,不讨人喜欢。

【娇娆】jiāoráo 〈书〉娇艳美好;用于描写盛装的女子或自然风光等:她今儿浓妆艳抹,显得十分~|春景~。

【娇柔】jiāoróu 〈书〉形。娇美温柔:他有一个~的女儿。

【娇生惯养】jiāo shēng guàn yǎng 成。从小受到宠爱和纵容;含贬义:这个人太~了,吃不得半点苦。

【娇小】jiāoxiǎo 形。娇嫩而小巧;用于小孩或动植物:~的姑娘|刚孵出的小鸡~可爱|这种太~的树苗恐怕不易成活。

【娇小玲珑】jiāo xiǎo líng lóng 成。形容身材小巧、聪明活泼的样子:她长得~,让人喜爱。

【娇羞】jiāoxiū 〈书〉形。形容少女娇嫩而害羞的样子:她低着头~不语。

【娇艳】jiāoyàn 形。娇嫩艳丽:打扮得十分~|~的荷花。

【娇养】jiāoyǎng 动。抚养孩子只讲宠爱,不讲教育;不带宾语:对子女不能~|从小~惯了,现在肩不能担担,手不能提篮。

【娇纵】jiāozòng 动。过度宠爱和放纵;常带宾语或补语:他一向~儿女|~过分|~到极点。可带兼语:~孩子常到舞厅跳舞。

骄(驕) jiāo 〈素〉(1) 骄傲:~气|~矜|~横。(2) 强烈:~阳。

【骄傲】jiāo'ào 形。(1)自以为了不起,看不起别人;含贬义:有了成绩不能~|~自满要不得。(2)自豪,引以为荣;含褒义:伟大的祖国,我们为你~!|长城是中华民族的~。

【骄兵】jiāobīng 名。骄傲轻敌的军队:~必败。

【骄横】jiāohèng 形。骄傲专横:他当了将军以后,愈加~了。

【骄矜】jiāojīn 〈书〉形。骄傲自夸:做学问的人切忌~自诩|她脸上露出~的神色。

【骄气】jiāoqi 名。骄傲自满的作风:~十足|克服娇气和~气。

【骄奢淫逸】jiāo shē yín yì 成。骄横、奢侈、荒淫、放荡。形容剥削阶级的糜烂生活:~的贵族常常把艺术当成纵欲的工具。

【骄阳】jiāoyáng 〈书〉名。强烈的阳光;多指夏季的烈日:~似火|六月的~炙烤着大地。

【骄子】jiāozǐ 名。指特别受宠爱的人。汉朝人称匈奴为"天之骄子",意思是匈奴为老天爷所宠爱,因此特别强盛。

【骄纵】jiāozòng 〈书〉❶形。态度骄横、行为放纵:青年切不可以~|他自从当了经理就更加~无度。❷动。使骄纵;须带宾语或构成被动句:只怪妈妈太~了她|少爷被~惯了,哪里吃得了这个苦!

教 jiāo 动。向人传授知识或技能;常带宾语和补语:我不会唱,你~我|他~过英语|王老师~得好极了。可带双宾语:白老师~他们地理。还可带兼语:~小朋友画图画。
另见jiào。

【教学】jiāoxué 动。教书;不带宾语:他正在全神贯注地~。可拆开用:教过几年学|字认不得几个,还教什么学!
另见jiàoxué。

椒 jiāo 〈素〉某些果实或种子有刺激性味道的植物:辣~|花~。

【椒盐】jiāoyán 名。用焙过的花椒和盐轧碎合成的调味品:烧这种菜要搁点~。常作定语:~月饼。

焦 jiāo ❶形。(1)物体受热后变得干硬、颜色发黑:一不注意,饭都~了|那棵大树被雷电打~了。常作补语:烧~|烤~。(2)像焦了的样子:嘴都说~了。❷名。指焦碳:炼了一批~。❸〈素〉着急:~急|心~。❹姓。

【焦点】jiāodiǎn 名。(1)某些与椭圆、双曲线、抛物线有特殊数量关系的点。(2)光线通过透镜后最集中的一点。(3)比喻事情或道理特别引人注意的关键:双方谈判的~是边界问题。

【焦耳】jiāo'ěr 量。功的单位。1焦耳等于10⁷尔格。为纪念英国物理学家焦耳(Joule)而定名。

【焦黄】jiāohuáng 形。黄而干枯的颜色;不加程度副词:脸色~。

【焦急】jiāojí 形。焦虑着急:他怕考不好,心里很~|~万分|~地问道。

【焦雷】jiāoléi 名。声音震耳的雷。闪电过后便是一声~,使人震耳欲聋。

【焦虑】jiāolǜ 动。着急忧虑;常带宾语和补语:她日夜~着儿女的安全|立刻~起来|~得彻夜不眠。可加程度副词:天黑了,侦察员还没回来,团长非常~。

【焦头烂额】jiāo tóu làn é 成。本指救火时因情况紧急慌乱不堪而烧焦了头、灼伤了额,后用以比喻极其狼狈窘困的样子:打得敌人～｜这两天我忙得～。

【焦土】jiāotǔ 名。大火烧过后庄稼、建筑物等全被毁坏的土地;量词用"片":美丽的家园被敌机轰炸后成为一片～。

【焦心】jiāoxīn 〈方〉动。心里焦急;不带宾语:你们必为这种事～? 可加程度副词:这种事真让人十分～。

【焦躁】jiāozào 形。焦急烦躁:车子老不来,大家十分～｜～不安。

【焦灼】jiāozhuó 〈书〉动。非常着急:内心～不安。

僬 jiāo [僬侥](-yáo) 名。古代传说中的矮人。

蕉 jiāo 〈素〉指某些有像芭蕉那样的大叶子的植物:香～｜美人～。

礁 jiāo 名。(1)礁石,海洋、江河中距水面很近的岩石。(2)由珊瑚虫的遗骸堆积而成的物体,因像岩石一样,故也称礁或珊瑚礁。

鹪 jiāo [鹪鹩](-liáo) 名。鸣禽的一种,体小,尾羽短,略向上翘。常活动于低矮阴湿的灌木丛中,吃昆虫、蜘蛛等。

jiáo(ㄐㄧㄠˊ)

嚼 jiáo 动。用牙齿磨碎食物;常带宾语和补语:～蚕豆多～几下有助于消化｜～得很碎。
另见jiào, jué。

【嚼舌】jiáoshé 动。不带宾语,含贬义。(1)信口乱说,搬弄是非:你不要无中生有乱～。(2)无谓地争辩:你们不要为一点点小事在那儿～了。也说嚼舌头。

【嚼子】jiáo·zi 名。横放在牲口嘴里的铁链或铁条,两端连着缰绳,以便于驾御。

jiǎo(ㄐㄧㄠˇ)

角 jiǎo ❶名。(1)牛、羊、鹿等头上长出的坚硬的突出物:牛～｜羊～。(2)(～儿)物体边沿相接的地方:墙～｜桌子～｜房子的东南～。(3)数学上指由一点发出的两条直线所组成的形状。(4)突入海中的尖形陆地;多用于地名:成山～(在山东)。(5)星名,二十八宿之一。❷〈素〉(1)古代军中吹的乐器:号～｜

鼓～。(2)形状像角的东西:豆～｜菱～。❸量。(1)四分之一:一～月饼。(2)我国货币的辅助单位,一元的$\frac{1}{10}$等于一角。
另见jué。

【角度】jiǎodù 名。(1)表示角大小的量。通常用度或弧度来表示。(2)看事情的出发点:我们要从不同的～去分析、研究。

【角楼】jiǎolóu 名。城角上的楼,供瞭望和防守用。

【角落】jiǎoluò 名。(1)两个平面相连接的部分:房子～｜箱子～。(2)偏僻的地方:所有的～里都找过了,还是没找到｜被遗忘的～。

【角门】jiǎomén 名。也作脚门。(1)整个房子靠近角上的小门。(2)泛指小的边门。

侥(僥、傲、儌) jiǎo [侥幸](-xìng) 形。偶然获得成功或意外地免去灾害:心存～｜我们不能存～心理｜～取胜｜那天汽车差点儿轧着我,真是～!也作儌倖、徼倖。
另见yáo。"傲"另见jiǎo, jiào。

佼 jiǎo 〈古〉形。美好。

【佼佼】jiǎojiǎo 〈书〉形。美好,超过一般水平;不加程度副词:庸中～。有时加后缀"者"构成名词:在学习上他是我们班的～者。

狡 jiǎo 〈素〉奸猾:～辩｜～猾。

【狡辩】jiǎobiàn 动。狡猾地辩解;不带宾语:你不要再～了。
※"狡辩"和"诡辩":"狡辩"意在强辞夺理;"诡辩"着重指欺骗人的论辩,多指用似是而非的论证进行强辩。

【狡猾】jiǎohuá 形。不老实,耍花招:敌人诡计多端,像～的狐狸｜这家伙十分～。也作狡滑。

【狡狯】jiǎokuài 〈书〉形。奸诈狡猾:敌人极端～,我们不能麻痹大意。

【狡赖】jiǎolài 动。狡辩抵赖;一般不带宾语,可带补语:人证、物证俱全,你想～是不行的｜铁证如山,～不掉。
※"狡赖"和"狡辩":"狡赖"重在"抵赖",是想不承认自己的罪恶或错误;"狡辩"重在"辩解",是为自己的罪恶或错误

进行狡猾的强辩。

【狡兔三窟】jiǎo tù sān kū 成。窟：洞穴。狡猾的兔子有三个窝，才能避免死亡的危险。比喻藏身的地方多，便于躲避灾祸。

【狡黠】jiǎoxiá 〈书〉形。狡猾、刁诈：他~地一笑|他凭着~和逢迎的本领，爬上了副经理的位置。

＊"狡黠"和"狡诈"：二者都有狡猾、欺诈的意思，但"狡黠"还有凭借小聪明玩弄鬼点子的味道，意思比"狡诈"轻，但书面色彩浓厚。

【狡诈】jiǎozhà 形。狡猾、奸诈：这家伙很~|戳穿了敌人~的阴谋。

饺 名。(~儿、~子)一种半圆形包馅的面食。

绞 jiǎo ❶动。常带宾语或补语。(1)拧，扭紧：~毛巾|把两根绳~在一起。(2)把绳子的一端系在轮子上，转动轮轴，使系在另一端绳索上的物体移动或上升：~着辘轳打水|把这根木头用吊车~起来。(3)比喻纠集，混杂；一般用于"问题、矛盾"等；常带补语：许多矛盾~在一起。(4)用绞刀切削：一个小洞|用刀在孔里再~一下。❷〈素〉指绞刑：~车|~架。❸量。指纱、毛线等：一~毛线。

【绞杀】jiǎoshā 动。用绳勒死；常带宾语和补语：敌人~了许多无辜的群众|革命志士敌人是~不尽的。

【绞刑】jiǎoxíng 名。一种残酷的死刑，即用绳索把人勒死。

铰 jiǎo 〈口〉动。常带宾语和补语。(1)用剪刀等剪：~辫子|~纸|把绳子~断了。(2)用绞刀旋转而切削：~一个孔|~得很圆。

皎 jiǎo ❶〈素〉明亮洁白：~洁|~~。❷姓。

【皎皎】jiǎojiǎo 形。形容白而亮，不加程度副词：~的月光|白日~。

【皎洁】jiǎojié 形。明亮洁白：星月~|~的月光。

挢（撟） jiǎo 〈古〉动。(1)举，翘：舌~不下(形容惊讶得说不出话来)。(2)同"矫"。

矫（矯） jiǎo ❶〈素〉(1)纠正，把弯曲的弄直：~正|~形。(2)强壮，勇敢：~健|~捷。(3)假托，做作：~饰|~命|~情。❷姓。

【矫健】jiǎojiàn 形。强壮而有力：步履~|~的步伐|身手很~。

【矫捷】jiǎojié 形。矫健而敏捷：他的动作简直像小伙子一样~。

【矫情】jiǎoqíng 〈书〉动。故意违反常情，表示与众不同；不带宾语：他拒不受礼，有人说他清廉，有人说他~。可加程度副词：这样做也太~了。

【矫揉造作】jiǎo róu zào zuò 成。矫：使变成直的；揉：使直的变成弯的。形容故意做作，很不自然：写文章要朴实无华，不要~，故弄玄虚。

【矫饰】jiǎoshì 动。故意造作来掩饰：你有什么就快讲，不要~做作了。常带宾语或补语：他故作镇静以~内心的恐惧|~过分。

【矫枉过正】jiǎo wǎng guò zhèng 成。矫：扭转；枉：弯曲。把弯物扭直，却又歪向另一边。比喻纠正错误而超出应有的限度：我们干什么事情都不能~。

【矫形】jiǎoxíng 动。用外科手术把人体上的畸形部分改变成正常状态；不带宾语，常用在连动句中：他明天去医院~。常作定语：~外科|~手术。

【矫正】jiǎozhèng 动。改正，纠正；常带宾语或补语：~口吃的毛病|小孩牙齿长得不好，到医院~过几次，还没~好。可重叠：你替我~~发音。

脚（腳） jiǎo ❶名。(1)人或动物腿的下端，接触地面支持身体的部分。(2)物体的最下部：山~|桌~。❷〈素〉旧时指跟体力搬运劳动有关的：拉~|~夫|~力。

另见jué(角)。

【脚本】jiǎoběn 名。表演戏剧、曲艺、摄制电影等所依据的本子。

【脚夫】jiǎofū 名。(1)旧指搬运工人。(2)旧称赶着牲口供人雇用的人。

【脚行】jiǎoháng 名。旧称搬运行业或搬运工人：他原来是开~的|靠当~维持一家生活。

【脚踏两只船】jiǎo tà liǎng zhī chuán 习。

比喻因对事物认识不清或存心取巧而跟两方面保持关系；多含贬义：他现在是～，两不得罪｜谈对象千万不能～。

【脚踏实地】jiǎo tà shí dì 成。形容做事认真、踏实；含褒义：他办事一向～，十分可靠。

【脚正不怕鞋歪】jiǎo zhèng bù pà xié wāi 习。比喻作风正派、心地光明，不怕流言蜚语：他们爱怎么污蔑就怎么污蔑吧，～，我才不怕哩。

【脚注】jiǎozhù 名。排在书籍一页正文下面的注释。

搅(攪) jiǎo 动。(1)拌和；常带宾语和补语：～粥｜农药拌种子一定要～～匀。(2)扰乱，打扰；不带宾语：问题已经说清楚了，你不要再～。可带补语：～得人头昏脑胀。

【搅拌】jiǎobàn 动。用棍子等在混合物中搅动，使均匀；常带宾语或补语：～种子｜～水泥｜你把水放下去，～几下就行了。可重叠：你再～～，要尽量搅匀。

【搅浑】jiǎohún 动。搅动使浑浊；多用于比喻：敌人妄想把水～，以达到他们卑鄙的目的。

【搅和】jiǎo·huo 动。可带宾语或补语。(1)搀杂，混合：他妈拿着锅铲正在粥里～～｜几种情绪搀在一起，说不清心里是什么滋味。可重叠：再～～才能均匀。(2)扰乱：他一来，～了我一家平静的生活｜事情叫他～得一团糟。

【搅乱】jiǎoluàn 动。(1)搅扰；不带宾语：把小孩带走，别让他在这儿～。(2)弄乱：我才把次序排好，又被你～了。含贬语：～秩序｜～了我们平静的生活。

【搅扰】jiǎorǎo 动。动作、声音或用动作、声音影响别人，使人感到厌烦：他在睡觉，你们别让他在这儿～了。可带宾语和补语：你不要去～他了｜～得鸡犬不宁。

湫 jiǎo 〈古〉形。低洼。
另见qiū。

敫 jiǎo 姓。

徼 jiǎo [徼幸](-xìng) 见"侥幸"。
另见jiào。

缴 jiǎo 动。多带宾语。(1)交纳，交出：～学费｜～税。(2)迫使交出；多指武器：～了敌人的枪。
另见zhuó。

【缴获】jiǎohuò 动。从打败的敌人或罪犯那里取得武器、凶器等；常带宾语或补语：～了敌人所有的枪枝弹药｜这把手枪是从敌人那儿～来的。

【缴纳】jiǎonà 动。交纳；常带宾语或补语：～管理费｜～公粮｜～不起这么多的钱｜～到银行里。

【缴械】jiǎoxiè 动。不带宾语，可拆开用。(1)收缴敌人的武器：敌人全部～了｜今天我们缴了他的械。(2)被迫交出武器：敌人～投降了｜只得缴了械。

剿(勦) jiǎo 动。消灭，讨伐；常带宾语：～匪。
另见chāo。

【剿灭】jiǎomiè 动。用武力讨伐、消灭；常带宾语和补语：～顽匪｜小分队终于把土匪～干净。

jiào(ㄐㄧㄠˋ)

叫(呌) jiào ❶动。(1)人或动物喊叫，鸣叫；不带宾语，可带补语：小王在大喊大～｜狗～起来了｜蝉儿～得人心烦。(2)召唤，呼唤；可带宾语，可带补语：老王～你呢｜～了一辆出租车｜～过两次了。(3)使，令；带兼语：～人为难｜～我怎么办？｜～高山低头。(4)称为，叫做；须带宾语：我～王宏｜他有个儿子～张志强。(5)称呼；常带双宾语：他～我叔叔｜大家都～他张大妈。❷介。被；引进动作的施事者，动词前或后要有表示完成、结果的词语：墨水～他打翻了｜树～大风刮倒了。也作教。❸助。用在动词前，表示被动：手指～划破了｜雨太大，衣服都～淋湿了。

【叫喊】jiàohǎn 动。大声叫，嚷；不带宾语：有人在睡觉，你不要在这儿大声～。可带补语：在门口～了好一阵子｜立刻～起来。

【叫花子】jiàohuā·zi 〈口〉名。乞丐。也作叫化子。

【叫唤】jiào·huan 动。一般不带宾语。(1)大声叫：他疼得直～。(2)指动物鸣叫：老牛不断～｜小鸟在树上～个不停。

【叫苦】jiàokǔ 动。诉说苦处；不带宾语：你再～也没用。可拆开用：他为这件事叫了一阵子苦|你叫的什么苦呀?

【叫苦连天】jiào kǔ lián tiān 成。连续不断地叫苦：才干了一点活就～。

【叫卖】jiàomài 动。吆喝着卖东西：他挑着货郎担大声地～。常带宾语和补语：他一路走一路～花生米|～不停|～了半天也无人来买。

【叫屈】jiàoqū 动。诉说所受到的冤屈；不带宾语，常与"鸣冤"并用：她常在领导面～|难道你要为犯罪分子鸣冤～?可拆开用：他不止一次地叫过屈|问题解决了，你还叫什么屈呢?

【叫嚷】jiàorǎng 动。乱喊乱叫：孩子们～着跑开了。可带动词性词组或主谓词组作宾语：他老是～不干了|敌人越是～他们厉害了，就越说明他们内心的空虚。可带补语：～了半天|又大声～起来。可重叠：别老是叫叫嚷嚷的。

【叫嚣】jiàoxiāo 动。大声叫喊吵闹：粉碎帝国主义分子的战争～。可带动词性词组作宾语：敌人疯狂地～要把人民共和国扼杀在襁褓之中。

＊"叫嚣"和"叫嚷"："叫嚣"指气焰嚣张地狂喊乱叫，语意较重；"叫嚷"指大喊大叫，语意较轻。"叫嚣"只用于敌人，含有强烈贬斥的感情色彩；"叫嚷"多用于贬义，这时一般可以同"叫嚣"通用，但也可用于人民内部，这时只指说话声音大，并无褒贬色彩，如"孩子们叫嚷着跑开了。"这句便不可换用"叫嚣"。

【叫座】jiàozuò 形。戏曲或演员能吸引观众，看的人很多：越剧《红楼梦》很～。

【叫做】jiàozuò 动。称为，相当于"是"；须带宾语：这种句式～兼语式。可拆开用：人们叫他做小诸葛。

峤（嶠） jiào 〈古〉名。山道。另见qiáo。

轿（轎） jiào 名。(～子)旧时的一种交通工具，用木头或竹子做成，外面罩上帷套，由人抬着走。

觉（覺） jiào 名。睡眠，指从睡着到醒来的过程；多与数词"一"配合使用：睡了一～|一～醒来。另见jué。

校 jiào ❶动。校对，订正；常带宾语或补语：～稿子|四版全～好了|～过一遍。❷〈素〉比较：～场|～量。另见xiào。

【校场】jiàochǎng 名。古代操练和比武的场地。也作较场。

【校点】jiàodiǎn 动。对古籍校订并加标点；常带宾语和补语：～古籍|～得很精细|请您～一下。

【校订】jiàodìng 动。对照可靠的材料改正书籍文件中的错误；常带宾语和补语：今天上午我们根据历史档案～了一篇文稿|经王老～过两次。

【校对】jiàoduì ❶动。常带宾语或补语。(1)核对是否符合标准：他正在～新买的仪器|～起来很费事。(2)根据原稿核对校样或抄件：这张小样我来～|～译文|～了两遍了|～得很仔细。❷名。担任校对工作的人员。

【校改】jiàogǎi 动。校对并改正错误；常带宾语或补语：～了几处错误|已～过一遍。

【校勘】jiàokān 动。用同一部书的不同版本和有关资料进行比较，考订文字的异同，以确定原文；常带宾语或补语：～古籍是专门的学问|本书经专家～多次，堪称善本。

【校样】jiàoyàng 名。印刷品正式印刷前按原稿排版印出的专供校对用的样张。

【校阅】jiàoyuè 动。校订审阅；常带宾语和补语：他已～过打印出来的稿子|～得很认真|～了三遍。

【校正】jiàozhèng 动。校对并改正；常带宾语或补语：～错别字|这篇文章中引文错得很多，都经他～过了。

＊"校正"和"校改"：两者都有校对并改正的意思，但"校正"多用于根据原稿校对并改正抄印时的错别字、标点等；"校改"多用于根据不同版本或有关资料比较研究改换原来的词句或文字次序等。"校正"有时用于仪表、机械等，"校改"不能。

【校准】jiàozhǔn 动。校对机器、仪器等使之准确；可带宾语：他已～了这台仪器。可拆开用：怎么弄都校不准。

较 jiào ❶介。用于同一事物不同时期比较,后面只用时间词语:~前有所改进|身体~过去好了。❷副。表示具有一定的程度;不用于否定式,用于修饰单音节形容词、动词:天气~冷|~有成就|~能吃苦。❸〈素〉(1)明显:~著。(2)计较:斤斤计~|锱铢必~。

【较比】jiàobǐ 〈方〉副。表示具有一定的程度,比较:他家日子过得~舒适|这里的生活条件~好。

【较量】jiàoliàng 动。常带宾语或补语。(1)通过竞赛或斗争比较高下强弱:他好像在和对手~着韧性和耐力|~一番|~起来了。可重叠:谁不服气,可以来~~。(2)计较:既要买,就不必~这几个钱|他就是这个脾气,你别跟他~|~得面红耳赤。

【较真】jiàozhēn 〈方〉形。认真:他不论干什么活都挺~。可拆开用:跟小孩子是较不得真的。

【较著】jiàozhù 见"彰明较著"。

教 jiào ❶名。宗教:我不信~|他入过~。❷同"叫❷"。❸〈素〉教育,教导:请~|管~|因材施~。❹姓。

另见jiāo。

【教案】jiào'àn 名。(1)教师在上课前准备的教学方案。包括教学目的、要求、内容、教学方法及步骤等等。(2)清末指因外国教会欺压人民而引起的诉讼案件,也指人民反抗教会欺压而引起的外交事件。

【教材】jiàocái 名。有关教课内容的材料。包括教学用书、讲义、图片、音像磁带等。

【教程】jiàochéng 名。专门学科的课程;多用作书名:《电工学~》。

【教导】jiàodǎo 动。教育指导;常带宾语或兼语:李老师像慈母般~我,关怀我|爸爸常常~我要珍惜时间,努力学习。也可作主语或宾语:他的~时刻铭记在我心中|绝不忘记老师的谆谆~。

*"教导"和"教训":"教导"重在指导、开导,多是指导人如何前进;"教训"重在训戒,多是训斥人或告诫人不可做某事。

【教规】jiàoguī 动。宗教要求教徒遵守的规则。

【教化】jiàohuà 〈书〉名。教育感化;常带宾语和补语:工读学校~了一批又一批的失足青少年|并非所有的坏人都能~得好。

【教皇】jiàohuáng 名。天主教会的最高首领,驻在梵蒂冈。

【教会】jiàohuì 名。基督教各派管理信徒、进行传教活动的组织。

【教诲】jiàohuì 〈书〉动。教导,教训:我一定记住您的谆谆~|在父亲多年的~之下,我逐渐懂得应该做个什么样的人。可带宾语:老师十分耐心地~我们。

【教练】jiàoliàn ❶动。训练别人使掌握某种技术;可带宾语和补语:~驾驶技术|经他~出来的运动员有数百人之多。❷名。指从事教练工作的人:他担任女排的~。

【教师】jiàoshī 名。从事教学工作的人。

【教师爷】jiàoshīyé 名。旧指在地主庄园里传授武艺,看家护院,维护其主子利益的人:摆出一副~的架式想吓唬人。

【教授】jiàoshòu ❶动。讲解,传授:这门课由王老师~。可带宾语:王老师这学期~化学。❷名。高等学校中专业技术职务的最高一级。

【教唆】jiàosuō 动。引诱、怂恿他人做坏事;常带宾语或兼语:没有人~他,是他自己干的|有人~青年去干犯罪的勾当。

【教堂】jiàotáng 名。天主教、耶稣教徒举行宗教仪式的场所。

【教条】jiàotiáo 名。(1)宗教规定的教徒必须遵守的基本信条。(2)喻指不考虑具体情况而盲目接受或引用的原则、原理:~主义|死搬~的人,在实际工作中没有不碰壁的|马列主义不是~,而是行动的指南。

【教廷】jiàotíng 名。天主教会的最高统治机构,设在梵蒂冈。

【教徒】jiàotú 名。信仰某一宗教的人:佛~|天主~。

【教学】jiàoxué 名。教师指导学生学习知识和掌握技能,培养、发展学生智力的过程:~计划|~水平。

另见jiāoxué。

【教学相长】jiào xué xiāng zhǎng 成。通

过教学,教的人和学的人两方面可以相互促进,共同提高:～,师生各有所得。

【教训】jiào·xun ❶动。教育训戒；常带宾语或补语:～孩子|他动不动就～人|～了他一顿。可带兼语:爸爸经常～我不要浪费时间。可重叠:好好～～他。❷名。从错误或失败中取得的认识:历史的～|接受～|这血的～是不应忘记的。

【教养】jiàoyǎng ❶动。教育、培养下一代:这几个小孩由我来～。常带宾语或补语:他～过不少烈士遗孤|把他们～了多年。❷名。指一般文化和品德的修养;多作"有、没有"的宾语:这个小伙子很有～。

【教义】jiàoyì 名。指某一宗教所信奉的道理。一般以唯心主义为其理论基础,承认超自然的力量,即神的存在。

【教益】jiàoyì 名。受到教育后而有所收获:这篇文章使我得到不少～。

【教育】jiàoyù ❶动。使人明白道理、获得知识;可带宾语、兼语和补语:～下一代是我们义不容辞的责任|老师经常～我们要好好学习|这些少年犯是能够～得好的。❷名。培养新生一代准备从事社会生活的整个过程,主要指学校对青少年的培养过程:国民～|学校～|办～|重视～。

【教正】jiàozhèng 〈书〉动。指教改正;把自己的作品送给人看时所用的客套话:奉上拙著一本,敬请～。

酵 jiào 见"酵母"、"酵子"。

【酵母】jiàomǔ 名。真菌的一种,是重要的发酵微生物。可用来发面、酿酒、制酱以及做发酵饲料等。也叫酵母菌或酿母菌。

【酵子】jiàozi 〈方〉名。发面时用的含酵母菌的面团。

滶 jiào 同"滘"。常用于地名,东滶,在广东省。

窖 jiào (1)名。储藏东西的地洞或坑:山芋～。(2)动。把东西储藏在窖里;常带宾语或补语:～白菜|把这些山芋～起来。

滘 jiào 名。指分支的河道。多用于地名,双滘圩、沙滘,均在广东省。

斠 jiào ❶名。古代量谷物时平斗斛的器具。❷〈古〉动。校订。

俕 jiào 〈方〉❶动。只要；须带宾语:这件事～三天就可完成|他～人。❷助动。～好好学,总可学会。

噍 jiào 〈古〉动。嚼,吃东西。

【噍类】jiàolèi 〈古〉名。能吃东西的动物,特指活着的人。

醮 jiào 〈素〉(1) 古人结婚时用酒祭神的一种仪式,后指妇女出嫁:再～(再嫁)。(2)指僧道设坛祭神:打～|～场。

徼 jiào 〈古〉❶名。边界。❷动。巡察。
另见jiāo。

藠 jiào 名。(～子、～头)即"薤(xiè)"。

嚼 jiào [倒嚼](dǎo-) 动。反刍的俗称。
另见jiáo, jué。

jiē(ㅐㅕ)

节(節) jiē 见"节骨眼"、"节子"。
另见jié。

【节骨眼】jiē·guyǎn 〈方〉名。比喻紧要的、能起决定作用的时刻或环节:在升学考试的～上,他却生病了|解决问题要抓住～,不要眉毛胡子一把抓。

【节子】jiē·zi 名。树木分枝处的节疤。

疖(癤) jiē 名。(～子)皮肤或皮下组织局部的一种炎症,患处红肿,疼痛,化脓,常生于头、面、颈或背部。

阶(階、堦) jiē 〈素〉(1)台阶:石～|～梯|～下囚。(2)等级:～级|～层|官～。

【阶层】jiēcéng 名。(1)在同一个阶级中,因社会经济地位和政治态度不同而分成的若干层次。如贫农、中农等。(2)出身阶级不同,但因具有相同特征而形成的社会集团,如知识分子阶层。

【阶段】jiēduàn 名。事物发展过程中,根据不同的特点划分的段落:第一～|工程|结束～|历史～。

【阶级】jiējí 名。人们在一定的社会经济结构中由于所处的地位不同和对生产资料关系的不同而分成的社会集团。

【阶梯】jiētī 名。台阶和梯子的合称,比喻向上、前进的凭借或途径:他把这作为向上爬的～|他以为有了这个～,从此就可以青云直上了。

【阶下囚】jiēxiàqiú 名。旧时指在公堂台阶下受审的囚犯,泛指在押的人或俘虏:昔日座上宾,今日～。

皆 jiē 〈书〉副。全,都:人人～知|～大欢喜。

喈 jiē [喈喈] 〈古〉❶拟声。摹拟鸟叫的声音:鸟鸣～。❷形。形容声音和谐悦耳;不加程度副词:钟鼓～。

楷 jiē 〈方〉名。即黄连木。落叶乔木,果实长圆形,红色。种子可榨油,木材可制器具。
另见kǎi。

结 jiē 动。长出果实或种子;常带宾语或补语:树上～了好多桃子|今年小年,李子～得不多|～在树枝上。
另见jié。

【结巴】jiē·ba ❶形。口吃:这个人讲起话来～得很。可作"打"的宾语:他说话好打～。可重叠:他结结巴巴地讲了几句|他说话结里结巴的。❷名。口吃的人。有些地区叫结巴子。

【结实】jiē·shi 形。可重叠。(1)坚固耐用:这种布很～|一双结结实实的鞋底。(2)指身体健壮:老王身体很～|这小孩长得结结实实的。

秸(稭) jiē 名。农作物脱粒后的茎杆;多作中心语:麦～|玉米～|芝麻～。

接 jiē ❶动。常带宾语或补语。(1)连接,使连接:～电话线|把绳子～起来|上气不～下气。(2)收受,托住:～信|～不住球。(3)迎接:他去～客人了|把他～回来。(4)接替:今天我～夜班|这工作原来是老王负责的,昨天我才～过来。❷〈素〉靠近:～近|～触|～合。❸姓。

【接触】jiēchù 动。(1)挨着,碰上;常带宾语或补语:在厂里我常～有毒物质|这种事情我从来也没～过。(2)人与人接近和交往;常带宾语和补语:我们要经常下去～群众|我们～不多。可重叠:今后要多～～。(3)指军事冲突;多作"有、没有"的宾语:敌我双方已有小规模～,事态将要扩大。

【接待】jiēdài 动。迎接招待;常带宾语和补语:～外宾|～来访群众|一天～过几次|～不过来。可重叠:来客很多,请你帮助～～。
＊"接待"和"招待":"接待"指接见应酬,偏重于礼节;"招待"主要指请客人吃饭、住宿等活动,偏重于事务。

【接二连三】jiē èr lián sān 成。一个接着一个,连接不断:最近～地开会,时间太紧了。

【接防】jiēfáng 动。部队接替防守任务;不带宾语:下周由我们连去～。可拆开用:我们已接过防,该由我们放哨|我们力量不够,恐怕接不了防。

【接风】jiēfēng 动。宴请远来的客人;不带宾语:今天我们为你～。

【接管】jiēguǎn 动。接收并管理;可用于部门、单位、工作等:电台已由军队～。常带宾语或补语:从今天起,我～这项工作|任务繁重,我一个人～不下来。

【接火】jiēhuǒ 〈口〉动。不带宾语,可拆开用。(1)开始用枪炮互相射击:我们出发不久就与敌人～了|与敌人接上火了。(2)内外电线接通,开始供电:电灯装好了,还没～|今天太迟了,怕接不成火。

【接济】jiējì 动。在物质上援助;常带宾语或补语:他经常～有困难的同事|～不上。可带双宾语:群众经常～游击队粮食和药品。可重叠:有些朋友还希望我～～。

【接见】jiējiàn 动。跟来的人见面;多用在主人接待客人或上级会见下属:他受到总理的～。常带宾语:中央首长明天参加会议的代表。

【接近】jiējìn ❶动。靠近,相近;常带宾语,对象可以是具体的人或物,也可以是抽象事物:我们要多～他|时间已～中午|

这项研究已～世界先进水平。可重叠：应该到基层去～～｜～群众。❷形。相距不远；多作谓语：他俩的脾气很～。

【接力】jiēlì 动。一个接替一个地进行；多作动词的状语，表示方式：～赛跑｜～运输。

【接力赛跑】jiēlì sàipǎo 词组。径赛项目之一。几个运动员依次替换跑完一定距离。

【接连】jiēlián 副。一次接一次，一个跟着一个：～不断｜～下了几场大雨｜最近，我～参观了三次展览。
*"接连"和"连接"："接连"是指事情发生的频率和状况；"连接"是指两个事物互相衔接。"接连"是副词，多修饰动词；"连接"是动词。

【接纳】jiēnà 动。接受个人或团体加入某个组织；常带宾语或兼语：工会～了15名新会员｜～他参加我们的组织。

【接气】jiēqì 动。连贯；多指文章的思路，常用于否定式，不带宾语：这两句不～。可拆开用：上文和下文接不上气｜接不起气来。

【接洽】jiēqià 动。为解决某事而跟别人商谈；可带宾语：～业务｜～工作｜他去～参观工厂的有关事宜。可带补语：～过两次了｜～一下。可重叠：再去～～。

【接壤】jiērǎng 〈书〉动。交界，边境相接；不带宾语：江苏南部同浙江～。

【接任】jiērèn 动。接替职务：张局长离休后，局长一职由老王～｜我～之后，工作还没有理出个头绪。可带宾语：老校长离职后，她就一了校长的职务。

【接生】jiēshēng 动。帮助产妇分娩；不带宾语：请王医生来～。可拆开用：他虽是医生，可从没接生过｜正在接着生｜接了几回生。

【接事】jiēshì 动。接受职务开始工作；不带宾语：他早已上任～了｜～几天，他对情况还不熟悉。可拆开用：等他接过事再谈｜今天还接不了事。

【接收】jiēshōu 动。常带宾语或补语。(1)收受：～信件｜这点礼物你一定得～下来。(2)根据法令把机构、财产等拿来：～遗产｜这个公司，我们刚刚～过来。(3)接纳：～新党员｜他想调工作，没有单位～。
*"接收"和"接受"："接收"着重指收下别人送来或发来的具体的物品；"接受"着重指接到自己这方面来，对象多是任务、考验、教训、批评、意见等抽象的事物，也可用于具体的事物，如礼物、奖金、遗产等。"接收"有接纳、接管的意义；"接受"没有。

【接手】jiēshǒu 动。接替别人工作；不带宾语：他调走后，这项工作由小王～。可拆开用：这工作挺复杂，我一时还接不了手｜刚接上手。

【接受】jiēshòu 动。(1)领取别人给予的东西；宾语多为具体的事物：～礼物｜～遗产｜～报酬。(2)对事物容纳而不拒绝；宾语多为抽象事物：～任务｜～教训｜～批评｜～贿赂。

【接谈】jiētán 动。接见并交谈；不带宾语：领导带下去跟群众～｜如果有人来访，请你负责。可带补语：～过几次｜～得很好。

【接替】jiētì 动。把别人的工作接过来，继续做下去；常带宾语或补语：我～他的工作｜我能力不够，～不了｜～了一个多月。

【接头】jiētóu 〈口〉动。不带宾语，可拆开用。(1)接洽，联系：这件事我同小张去～｜接不上头。(2)熟悉某事的情况：刚做这项工作，对情况还不～。

【接吻】jiēwěn 动。亲嘴。

【接应】jiēyìng 动。可带宾语。(1)战斗或体育比赛时配合自己一方的人行动：二连担任主攻，三连负责～｜小王把球带到禁区，小李立刻上前～｜我们的任务是～二连。(2)接济：～的灾区人民一些物资｜这个月的粮食～不上了。

【接踵】jiēzhǒng 〈书〉动。踵：脚跟。后面人的脚尖接着前面人的脚跟，形容人多；常用在固定组合中：摩肩～｜～而至。

揭

jiē ❶动。常带宾语和补语。(1)取下，掀开：～膏药｜～不开锅盖｜把这张画～下来。(2)使隐蔽的事物显露：～他的老底｜秘密被～开了。❷姓。

【揭穿】jiēchuān 动。使掩盖着的事物暴露出来：把戏被我们～了。常带宾语：～了他的假面具。

＊"揭穿"和"揭发"："揭穿"指把虚伪的外表揭破，使被掩盖起来的真实情况暴露出来；"揭发"指把人们没有觉察的问题和罪恶活动举报出来。"揭穿"的对象常是假面具、谎言、骗局、阴谋等；"揭发"的对象常是缺点、错误、罪行等。

【揭底】jiēdǐ 动。揭露底细；不带宾语：我不怕你～。可拆开用：揭了他的底｜揭过几回底。

【揭短】jiēduǎn 动。揭露别人的短处；不带宾语：有错就改，不怕人～。可拆开用：不要揭人家的短｜我没有揭过他的短。

【揭发】jiēfā 动。揭露；多指缺点、错误、罪行等：不法分子人人都~。常带宾语：～敌人的滔天罪行。

【揭竿而起】jiē gān ér qǐ 成。揭：高举；竿：竹竿，代指旗帜。高举义旗，起来斗争；多指农民起义：陈涉吴广～，拉开了推翻秦王朝的序幕。

【揭露】jiēlù 动。使隐蔽的事物显露出来；常带宾语或补语：要敢于～矛盾｜把他的罪行全都～出来。

＊"揭露"和"揭穿"：两者都有使隐蔽的事物显露的意思，但"揭露"多用于"罪恶、阴谋、真相、矛盾、本质"等；"揭穿"多用于"假面具、伪装、假相、谎言"等。"揭露"的对象有时并不一定是坏的，如"揭露了事物的本质"；"揭穿"的对象一般是坏的。

【揭幕】jiēmù 动。不带宾语。(1)在为纪念碑、雕像等举行落成典礼时，揭开蒙在上面的布：今天的典礼由市长～。常作定语：～典礼｜～仪式。(2)比喻重大事件的开始：全国性的企业改革即将～。

【揭示】jiēshì 动。把事物的本质给人指出来；常带宾语或补语：这篇文章～了问题的实质｜她们悲惨的命运～出旧世界实际是个大监狱。

【揭晓】jiēxiǎo 动。公布结果，使人知道；不带宾语：录取名单明天～｜世界女子排球赛的结果今天就可～。

痎 jiē 名。古称两天一发的疟疾。

嗟 jiē 〈素〉叹息：～叹｜～悔。

【嗟悔】jiēhuǐ 〈书〉动。叹息悔恨：～无及｜～终身。

【嗟来之食】jiē lái zhī shí 成。据《礼记·檀弓下》记载：春秋时齐国发生大饥荒，黔敖在路旁放了许多食物赈济灾民。一次来了个饿得很厉害的人，黔敖便对他说："嗟,(不礼貌的呼唤声，类似现在的"喂")来食!"饥饿的人说："我就是不吃'嗟来之食'，所以才弄成这样的。"黔敖连忙道歉，但没有用，终于饿死了。后来就用"嗟来之食"泛指带有侮辱性的施舍：这种所谓救济是～，宁可饿死决不接受。

街 jiē 名。(1)街道，城镇中的主要的道路：大～小巷。也指街市：我上～去｜～上人很多。(2)〈方〉指集市：赶～。

【街道】jiēdào 名。(1)两边有房屋的、比较宽阔的道路。(2)关于街巷居民方面的事物；一般作定语：搞好～工作｜～工厂｜～办事处。

【街坊】jiē·fang 〈口〉名。邻居：他是我的～。常与"邻居"合用：～邻居应该互相帮助。

【街垒】jiēlěi 名。在街道或建筑物间的空地上用砖、石、木、土、车辆等堆积成的障碍物，多供作战之用。

【街市】jiēshì 名。商店比较多的市区。

【街谈巷议】jiē tán xiàng yì 成。大街小巷间人们的议论，指民间的舆论：我初到长沙时，会到各方面的人，听到许多～。

【街头】jiētóu 名。街口，街上：十字～｜露宿～。

【街头巷尾】jiē tóu xiàng wěi 成。指大街小巷：～议论纷纷，谁都知道这件事。

jié(ㄐㄧㄝˊ)

孑 jié 〈素〉单独，孤单：～立｜～然一身。

【孑孓】jiéjué 名。蚊子的幼虫。

【孑立】jiélì 动。孤独地站立；多用在固定组合中：茕(qióng)茕～。

【孑然】jiérán 〈书〉形。形容孤独；不加程度副词，不单独作谓语，常作状语：～一身，无所依靠。

【孑遗】jiéyí 〈书〉名。遭到兵灾等大变故

后遗留下的极少数人或物：书店被封闭之后，文艺界～有稿也无处卖|郭沫若认为西安半坡遗址彩陶上刻划的记号是中国文字的起源，或者说是中国原始文字的～。

节（節） jié

❶名。(1)(～儿)物体段与段之间相连的地方：竹子～儿|藕～儿。(2)节日,节气：国庆～|清明～|等过了～再说吧。❷动。节省；只带收单音节名词作宾语：～煤|～电|～水。❸量。(1)用于分段的事物：一～藕|两～课|三～火车。(2)国际通用的航海速度单位,一节等于每小时航行一海里。❹〈素〉(1)段落：～拍|音～。(2)删节：～录|～本。(3)事项：～目|细|情。(4)气节,操守：～操|变～|贞～。❺姓。

另见 jiē。

【节操】jiécāo 〈书〉名。气节,操守：在任何情况下他都能保持革命者的～。

【节减】jiéjiǎn 动。节省减少；常带宾语或补语：～行政开支|～下来的行政经费不能移作他用|～不了|～得很多。

【节俭】jiéjiǎn 形。用钱等有节制,省俭：他的生活很～。

 ＊"节俭"和"节减"："节俭"指不浪费财力、物力,是形容词；"节减"指为节省财力、物力而减少原计划提供的财物,是动词。

【节令】jiélìng 名。某个节气的气候或物候：～已交夏至|～不正|～反常。

【节流】jiéliú 动。指减缩开支；常跟"开源"并用或对举使用,不带宾语：开源～|解决财政问题,一是开源,二是～。

【节录】jiélù ❶动。摘取文章里的重要部分；常带宾语和补语：这篇发言稿太长,只能～一部分播放|～成1000字左右|～在笔记本上。❷名。摘录下来的部分：这是那篇文章的～。

【节目】jiémù 名。文艺演出或电台、电视台播送的项目。

【节拍】jiépāi 名。音乐中每隔一定时间重复出现的、有一定强弱分别的一系列拍子,是衡量节奏的单位。

【节气】jiéqì 名。我国农历把一年分成二十四段,每段的开始叫一个节气。节气表示太阳在黄道上的位置。

【节日】jiérì 名。(1)纪念日："五一"是劳动人民的～。(2)传统的庆贺或祭祀的日子,如春节、中秋节、清明节等。

【节省】jiéshěng 动。使可能被耗费的尽量少耗费掉；常带宾语或补语：～原料|这钱是他长期～下来的。

 ＊"节省"和"节俭"："节省"指人力、财力、精力和时间等不被浪费；"节俭"只指不浪费物力和财力。"节省"可用于集体,"节俭"通常只用于个人。"节省"是动词,经常带宾语；"节俭"是形容词,不带宾语。

【节外生枝】jié wài shēng zhī 成。节疤外又生出叉枝。比喻在原有问题外,又岔出新问题。常指故意设置障碍,使问题不能顺利解决：眼看矛盾就要解决了,忽然又～,扯出许多事情。

【节衣缩食】jié yī suō shí 成。省吃省穿,形容非常节俭：全家～供他上完了大学。

【节余】jiéyú ❶动。因节省而剩下；常带宾语和补语：今年由于精打细算,公司～了一笔行政费用|这是他长期～下来的钱。❷名。指节余的钱或东西：今年我厂略有～|不能动用～。

【节育】jiéyù 动。节制生育；不带宾语：他俩早已～|实行晚婚和～。

【节约】jiéyuē 动。节省；常带宾语和补语：～资金|～粮食|～下来|～了很多。可加程度副词；他一向非常～。

 ＊"节约"和"节省"：它们都含有节俭的意思,但"节约"是当用的不当用的省下来；"节省"是尽量少用或不用。"节约"通常带郑重的色彩,多用于较大范围；"节省"多用于一般场合。

【节制】jiézhì 动。(1)限制,控制；多带宾语：～资本|～饮食。(2)〈书〉指挥统辖,多用于较大范围的军政事务或人员,一般不带宾语,可带补语：以上各省游击队皆归华东军区～|藩镇割据,唐王朝无法～|～不住。

【节奏】jiézòu 名。(1)在音乐中交替出现的音的长短、强弱的现象：慢～。(2)比喻均匀、有规律的进程：他工作安排得很有～|生活～|跟不上时代的～。

讦劫杰桀诘劼拮洁结 jié 527

讦 jié 〈素〉攻击别人的短处或揭发别人的阴私：攻～|抨～。

劫（刦、刼、刧）jié 〈素〉(1)抢夺：抢～|～夺|～掠。(2)威逼：～持。(3)灾难：浩～|～数。

【劫持】jiéchí 动。要挟，胁迫；常带宾语或补语：～人质|三名暴徒～一辆小轿车|一架飞机被～到国外去了。

【劫夺】jiéduó 动。用武力夺取；多指财物或人，常带宾语或补语：座山雕～了老百姓的许多财物|他们从人民身上已～不到什么东西了。

【劫富济贫】jié fù jì pín 成。劫：强取；济：周济。夺取富人财产，周济穷苦百姓：黑旋风李逵经常仗义救人，～。

【劫掠】jiélüè 动。抢劫掠夺；常与"烧杀"并用：匪徒们一路上烧杀～，无恶不作。常带宾语或补语：敌人到处～粮食|百姓|东西被～光了。

【劫数】jiéshù 名。佛教用语，意为注定的、不可避免的灾难。

杰（傑）jié 〈素〉(1)才能突出的人：豪～|英～|俊～。(2)出色的，超乎寻常的：～作|～出。

【杰出】jiéchū 形。出众：～的人物|～的才能|郭沫若不仅是现代中国～的作家、诗人和戏剧家，而且是历史学家和古文字学家。

＊"杰出"和"出色"："杰出"多形容人的才能和成就，强调优异突出，超出一般，含义比"出色"重，是褒义词；"出色"是格外好的意思，形容的范围比较广，可以形容人的行为、动作，还可以形容其他事物，是中性词，虽多用于肯定的事物，有时也用于否定的事物。"杰出"一般作定语或谓语；"出色"常作状语或补语。

【杰作】jiézuò 名。超出一般水平的优秀作品。

桀 jié ❶人名用字。夏朝的末代君主，相传是个暴君。❷〈古〉同"杰"。

【桀骜】jié'ào 〈古〉形。倔强：此人生性～|～不驯(形容性格倔强，不受管束)。

【桀犬吠尧】jié quǎn fèi yáo 成。桀：相传夏朝的一个暴君；尧：传说中上古的贤君。夏桀的狗朝着尧乱叫。比喻走狗一心为主子效劳。

【桀纣】jiézhòu 名。相传"桀"和"纣"是夏、商两朝亡国的暴君，泛指暴君。

诘 jié 〈素〉追问，盘问：反～|～问。另见 jí。

【诘问】jiéwèn 〈书〉动。追问，责问，常带名词、主谓词组作宾语：你凭什么三番五次地～我？|他一再～她为什么变心。可带双宾语：他一连～了他好几件事。可带补语：～不出什么|还要～下去。

劼 jié 〈古〉形。(1)谨慎。(2)勤勉。

拮 jié [拮据](-jū) 形。手头不宽裕，钱不够用：他生活仍很～|这两天手头～，连买米的钱都没有。

洁（潔）jié 〈素〉清洁：～白|整～|纯～。

【洁白】jiébái 形。(1)没有被其他颜色污染的白色。一般不加程度副词：～的纸|～的云朵|他喜着素装，全身～。(2)比喻精神品质的纯洁：～的心灵。

【洁净】jiéjìng 形。干净，没有尘土、杂质等：他伸出一双～的手|屋子里陈设虽然比较简陋，打扫得倒很～。

【洁癖】jiépǐ 名。过分爱干净的习性：他似乎有一种～，常把衣服洗了又洗，昨天把一件上衣连洗了三遍，衣领都快洗破了。

【洁身自好】jié shēn zì hào 成。洁身：使自身保持纯洁。自好：自爱。原指保持自身的纯洁，不同流合污。现也指怕招惹是非，只顾自己好而不关心公众的事情：在那乌烟瘴气的环境里，他能～，应该说是不容易的了|同学之间应该互相帮助，共同前进，那种～，不管他人的态度是不对的。

结 jié ❶动。常带宾语或补语。(1)在绳、线或带子上打扣或用这种方式编制物品：～绳|～毛线|鱼网～好了。(2)结合，凝固：河里～了一层冰|～成硬块。(3)结束，了结：这个案～不了啦|这事儿～不了吗？❷名。用绳、线、带子等打成的疙瘩：在绳子上打一个～。❸〈素〉(1)构成，缔结：～交|～亲|～仇。(2)旧时保证负责的字据：保～|具～。

另见jiē。

【结案】jié'àn 动。对案件做出最后判决和处理，使其结束；不带宾语：今天审好就可以~了。可拆开用：今天结不了案|结过案了。

【结拜】jiébài 动。旧指正式相约结为兄弟或姐妹；多加"成、为"后带宾语：我同他~成了兄弟。可带动态助词"过"：她俩曾经~过干姐妹。

【结伴】jiébàn 动。跟人结为同伴；常构成连动词组：~上山|~经商|我们两人~同行。可拆开用：我们两个人结个伴儿吧。

【结彩】jiécǎi 动。在喜庆时用彩色的绸布或纸等结成装饰物；不带宾语，常与"张灯、悬灯"等并用：元宵佳节，到处张灯~。可拆开用：大门上结着彩，增添了喜庆气氛。

【结仇】jiéchóu 动。结下仇恨；不带宾语：同志之间有矛盾要好好解决，千万不能~。可拆开用：他们两家曾结下很深的仇。

【结存】jiécún 动。结算后余下；多指钱或货物，常带宾语：~了3000元|~了一批钢材。

【结党营私】jié dǎng yíng sī 成。营：谋求。结成小集团，谋取私利：这些人只会~，群众当然痛恨他们。

【结发夫妻】jié fà fū qī 词组。结发：束发，指初成年时。刚成年时结成的夫妻，指原配夫妻：他俩是~。

【结构】jiégòu 名。(1)各个组成部分的搭配和排列：篇章~|原子~。(2)建筑物承受重量和外力的部分及其构造：木~|钢筋混凝土~|~力学。

【结果】jiéguǒ ❶名。(1)在一定阶段事情的终了：这种样子将来没有好~|成功是奋斗的~。(2)哲学上指由原因作用而产生的事物或情况：一定的原因便会产生一定的~。❷动。把人杀死；多带宾语，可带动态助词"了"，常见于早期白话小说：~了他的性命。

【结合】jiéhé 动。(1)人或事物间发生密切联系；常带宾语或补语：分析问题时要~具体情况|脑力劳动和体力劳动~起来|~成一个整体。(2)指结为夫妻：他俩是在患难中~的。

【结核病】jiéhébìng 名。一种慢性传染病，病原体是结核杆菌。结核病是全身性疾病，各个器官都能发生，人的结核病以肺结核为多。

【结婚】jiéhūn 动。男的和女的通过合法的手续结为夫妻；不带宾语，可带动态助词"了、过"：他俩国庆节~。可拆开用：结过三次婚|今年还结不了婚。

【结集】jiéjí 动。(1)军队调动到某地聚集：敌军正向铁路两侧~。可带宾语：~兵力|这一带~了两个团。(2)把单篇文章编成集子；常带补语：我竟将我的短篇小说~起来，而且印行了。也常构成连动词组：~付印|~出版。

【结交】jiéjiāo 动。与人往来交际；常带宾语或补语，可带动态助词"了、过"：他在社会上~了不少朋友|他在上海的时候，曾~过一些社会名流|他们已~多年。

【结晶】jiéjīng 名。结晶体，比喻珍贵的成果：这是我们辛勤劳动的~。

【结局】jiéjú 名。(1)最后的结果，最终的局面：悲惨的~|~不堪设想。(2)文学作品情节的组成部分之一。一般指故事情节和人物性格发展的最后阶段。

＊"结局"和"结果"："结局"必须是某一事情发展到最后的情况、形势等；"结果"指在一定阶段事物发展的最后状态，或由某种原因产生的情况。"结局"没有动词用法；"结果"有动词用法。

【结论】jiélùn 名。(1)逻辑上指从前提论出来的判断。(2)对人或事物所作的总结性论断：他的历史问题到现在没有~|情况没有弄清楚，别先下~。

【结盟】jiéméng 动。结成同盟；不带宾语：两国为了共同利益而~|不~国家。可拆开用：结过盟|结了盟。

【结亲】jiéqīn 动。不带宾语，可拆开用。(1)〈口〉结婚：他俩刚~|已结过亲了。(2)两家因结婚而成为亲戚：他们两家~了一门高亲。

【结社】jiéshè 动。组织社团；不带宾语：人民可以根据宪法规定~、集会。

【结识】jiéshí 动。跟人认识交往；常带宾语或补语，可带动态助词"了、过"：

他~过一些上层人物|他俩已~了好多年。

【结石】jiéshí 名。排泄或分泌器官的管腔或囊腔内由于有机成分或无机盐类沉积而集结成的坚硬物质。如胆道结石,尿道结石等。

【结束】jiéshù 动。(1)完毕,告一段落:会议今天~。可带宾语:~了自己的生命。(2)装束,打扮;多见于早期白话,不带宾语:~停当,便到大厅与来客相见。
 *"结束"和"停止":它们都含有不再进行的意思,但"结束"是最后停止,不再继续;"停止"可以是中途停住,以后还可能进行。"结束"的对象多是生活、工作、会议、战斗等较大的活动或语言、文章之类;"停止"的对象常是具体的行动和在行动中的事物。

【结算】jiésuàn ❶动。把各项经济收支往来核算清楚;常带宾语或补语:他正在~上个月的帐目|这个月的帐已~好了。❷名。指结算的方式,一般分现金结算和非现金结算两种。

【结尾】jiéwěi ❶名。结束的部分或阶段:文章的~|要有余味|工程已到~阶段。❷动。结束,告终;不带宾语:这项工程已经~了。

【结业】jiéyè 动。结束学业;多指短期培训或单科进修,不带宾语:他参加文学创作的学习,已经~了|~证书。可拆开用:他在培训班结了业|我得太差,今年还结不了业。

【结义】jiéyì 动。拜拜;不带宾语:刘备、关羽、张飞在桃园~|他们是~的兄弟。
 *"结义"和"结拜":两者意义上没有多大区别,但用法有点不同。"结义"一般不带宾语和补语,也不带动态助词;"结拜"可带这些成分。"结义"多见于白话小说;"结拜"在口语里常用。

【结余】jiéyú ❶动。结存;常带宾语和补语:他省吃俭用~了一些钱|没有哪一年~得这么多。❷名,指结存的钱或物:今年决算下来他有些~|这是伙~。

【结缘】jiéyuán 动。结下缘分;不带宾语,可拆开用:他从小就与体育~了|结下不解之缘。可重叠:您行行好,结结缘吧!

【结怨】jiéyuàn 动。结下了仇恨;不带宾语:不要为了一点小事就与人~。可拆开用:结下很深的怨|我从没跟人结过怨。

【结帐】jiézhàng 动。结算帐目;不带宾语:会计正在~|我到银行~。可拆开用:结过帐|结清了帐。

桔 jié [桔槔](-gāo) 名。一种汲水的装置。在井旁、塘边等的树上或支架上挂一杠杆,杠杆一头系水桶,一头拴重物,一上一下,可以汲水,比较省力。
另见jú。

祮 jié 〈古〉动。用衣襟兜东西。

颉 jié 人名用字。仓颉,传说是最早造字的人。
另见xié。

鲒 jié 名。古书上说的一种蚌。

絜 jié 同"洁"。多用于人名。

絜 jié 〈古〉同"洁"。
另见xié。

倢 jié 〈古〉❶同"婕"。❷同"捷"。

【倢伃】jiéyú 见"婕妤"。

捷(捷) jié 〈素〉(1)快,迅速:敏~|迅~。(2)战胜:大~|~报|奏~。

【捷报】jiébào 名。胜利的消息:~频传。

【捷径】jiéjìng 名。近路,比喻速成的方法或手段:要想在学业上取得好成绩非下苦功夫不可,没有~可走。

【捷足先登】jié zú xiān dēng 成。捷:快;足:脚步。比喻行动敏捷的先达到目的:你消息灵通,自然~了。

婕 jié [婕妤](-yú) 名。汉代宫中女官名。也作倢伃。

睫 jié 〈书〉名。即睫毛,眼睑边缘的细毛。

偈 jié 〈古〉形。勇武。
另见jì。

碣 jié 〈素〉石碑:墓~|残碑断~。

竭 jié 〈素〉尽,用尽:筋疲力～|取之不尽,用之不～|～尽全力。

【竭诚】jiéchéng 副。竭尽忠诚地;多作动词状语:～欢迎|～拥护|～合作。

【竭尽】jiéjìn 〈书〉动。用尽;须带宾语:～全力|～财力|～驽钝。

【竭蹶】jiéjué 〈书〉形。原指走路没有力气,跌跌撞撞的样子,后常用来形容经济困难:如果不抓好生产,全厂就会～不振|男勤女俭,生活并不十分～。

【竭力】jiélì 副。尽力地;多作动词状语:～反对|～拥护|～避免事故的发生。

【竭泽而渔】jié zé ér yú 泽:沼泽。戽干池水捉鱼,明年就没有鱼了。比喻只图眼前利益,不作长远打算。也比喻残酷榨取,不留余地:我们必须留足扩大再生产的资金,如果～,全部分光用光,今后生产就不能发展。

羯 jié 名。(1)我国古代民族名,曾附属于匈奴。(2)公羊,特指阉割过的。

【羯鼓】jiégǔ 名。我国古代的一种长鼓,两头蒙皮中间细腰,据说是从羯族传来的。

楬 jié [楬橥](-zhū) 〈书〉动。标明,揭示;常带宾语:墓碑上～诸殉难烈士的姓名。

截 jié ❶动。常带宾语和补语。(1)切断:～开木料|把木条～成两段|～不断。(2)阻挡,拦住:我军～住了逃敌|～在河的北岸。❷量。段:把竹竿分成三～儿|一～路。❸〈素〉停止:～至|～止。

【截长补短】jié cháng bǔ duǎn 成。把长的取下一段补到短的上面,比喻用有余补不足或用长处补短处:要善于向人学习,～,才能不断进步。

【截断】jiéduàn 动。多带宾语。(1)切断:为了防止病情的恶化,必须马上～上肢。(2)打断,拦住:你别老是～我的话|～敌人的后路。

【截获】jiéhuò 动。中途夺取到或捉到;常带宾语,可带动态助词"了、过":我军～了敌人的许多武器|他一个人～过鬼子的一辆军车。

【截取】jiéqǔ 动。切割后拿出一部分;常用数量词作宾语:这根木料～一小段就可做张桌子|这是～全图中一部分印成的。可带补语:～下来|～得很巧妙。

【截然】jiérán 副。像切断似的,界线分明:～不同|内容与形式不能～分开。

【截瘫】jiétān 动。下肢全部或部分瘫痪,不能活动;不带宾语,可带补语:他已经～在床,不能走动。

【截止】jiézhǐ 动。到一定的期限停止;不带宾语,前面都有表示时间的词语作状语:报名到三月五日～。

【截至】jiézhì 介。截止到某个时候;须带时间词语构成介词词组:～11月底止,生产任务已完成90%以上|报名日期～10月底为止。

＊"截至"和"截止":"截至"是介词,须带表示时间的词语,构成介词词组作动词(通常是"止")的状语,但不能作谓语;"截止"是动词,能作谓语,但不带宾语,须带表示时间的状语。

jiě(ㄐㄧㄝˇ)

姐 jiě 名。(1)姐姐:大～|二～。(2)亲戚中同辈而年龄比自己大的女子:表～|堂～。(3)称年轻女子:尤二～|刘三～。

【姐姐】jiějie 名。(1)同父母(或只同父、只同母)而年龄比自己大的女子。(2)同族同辈而年龄比自己大的女子:堂～|叔伯～|本家～。

【姐妹】jiěmèi 名。(1)姐姐和妹妹的合称,不加个体量词,有时不包括自己:她只有个弟弟,没有～。有时包括自己:她们～三人都是自学成才的|你～几个?(2)兄弟姐妹的合称:他～共三个。(3)同胞:兄弟～们,团结起来,为振兴中华而奋斗!

毑 jiě 见"姼(ǎi)毑"。

解(觧) jiě ❶动。(1)把束缚着或系着的东西打开;常带宾语或补语:～绳子|～衣服|扣子～不开。(2)解除;可带名词、动词、形容词作语:～毒|～气|～渴。(3)了解,明白;一般用于否定式,须带宾语:不～其中的奥妙。(4)求代数方程式的值,演算方程式:常带宾语或补语:～方程|～不出这道题。❷名。代数方程式中未知数的

值:这个方程式有两个～。❸〈素〉(1)分开:～剖|瓦～|分～。(2)分析,说明:～说|～答|注～。(3)大小便:大～|小～。

另见jiè,xiè。

【解嘲】jiěcháo 动。用言语或行动来掩饰被人嘲笑的事情;不带宾语:自我～|聊以～。可拆开用:凭着他的幽默,没有解不了的嘲。

【解除】jiěchú 动。去掉,消除;可带名词或动词作宾语:～职务|～疑虑。可带补语:我～不了他的痛苦。

＊"解除"和"消除":"解除"是把有压力的东西去掉;"消除"是把有害的、不利的或不好的东西去掉。"解除"多是替别人解脱,如"给群众解除顾虑";"消除"多是自己除去,如"大家要消除顾虑"。"解除"多用于职务、警报、负担、威胁、压迫等;"消除"多用于疾病、心情等。

【解答】jiědá 动。解释提出的问题;常带宾语和补语:～问题|～不出这道试题|～得十分正确。可重叠:这个题目太复杂,请您帮我～～。

【解冻】jiědòng 动。不带宾语,可拆开用。(1)冰冻的江河土地融化:今天河里全～了|十天之内解不了冻。(2)解除对资金财物的冻结:存在银行里的一笔钱已经～了|曾经解过一次冻,现在又冻结了。

【解乏】jiěfá 动。消除疲劳,恢复体力;不带宾语,可拆开用:做做操可以～|洗了一个澡,解了几天的乏。可重叠:喝口老酒解解乏。

【解放】jiěfàng 动。常带宾语或补语。(1)解除束缚,得到自由或发展:～农奴|～生产力|～了大批劳动力|～不彻底。可加程度副词:她的思想很～。(2)特指推翻反动统治:中国～了|～了全中国|这里～好几年了。也常作定语:～区|～军|～战争。

【解甲归田】jiě jiǎ guī tián 成。解:脱下;甲:铠甲,战袍。脱下战袍,回家种田。指将士退伍还乡:不少老战士,自愿～,为农业现代化作出了贡献。

【解雇】jiěgù 动。停止雇用:他被厂方～了。常带宾语或补语:我公司昨天～了一名职员|他被～好几年了。

【解恨】jiěhèn 动。消除心中的愤恨;不带宾语:不抓到敌人不能使他～|报仇～。可拆开用:解我心头之恨,可重叠:他本想骂几句解解恨,没想到反而自讨个没趣。

【解救】jiějiù 动。使脱离危险或困难;常带宾语或补语:～祖国的危难|是他把我从火坑里～出来。可作"获得、得到"等动词的宾语:他们及时赶来,使我得到了～。

【解决】jiějué 动。常带宾语或补语。(1)处理问题使有结果:～困难|这个问题～得很好。(2)〈口〉消灭;用于对敌人:～了敌军两个连|把敌人～干净。

＊"解决"和"克服":"解决"的意思着重在使问题和困难得到适当处理而消失;"克服"的意思着重在困难和障碍被战胜。"解决"的对象常是问题、矛盾、纠纷等;"克服"的对象常是恶劣条件、缺点、错误等。

【解铃系铃】jiě líng jì líng 成。据明·瞿汝稷《指月录》记载:法眼和尚问大家:"老虎颈项上的金铃谁能够得下来?"一个人也回答不出。正好泰钦禅师走来,法眼又拿这个问题问他。泰钦说:"能把金铃系上去的人也能解下来。"后来就用"解铃系铃"比喻谁做的事,还得谁去了结:当初你把东西借给他的,～,还得请你去讨回来。也说解铃还须系铃人。

【解囊相助】jiě náng xiāng zhù 成。囊:口袋。解开口袋,取出财物,帮助别人:《水浒》中的鲁智深遇到穷苦的人,常～。也说倾囊相助。

【解聘】jiěpìn 动。解除职务,不再继续聘用:他最近被公司～了。常带宾语或补语:公司决定～他|一年当中,他被～了两次。

【解剖】jiěpōu 动。常带宾语或补语。(1)剖开生物体以研究其形态和结构:～青蛙|他～过几次古尸|～得很精细。(2)比喻对事物进行深入细致的分析研究:我们要敢于暴露思想,严于～自己|他能把复杂的社会问题～得清清楚楚,但是却～不了自己。

【解气】jiěqì 动。消除心中的气愤;不带宾语:骂了,打了,还不～?可重叠:他已经向你赔不是了,你该解解气啦。可拆开用:经他这番劝说,我才解了气。

【解劝】jiěquàn 动。劝解,安慰;常带宾语或补语:他因丧母而悲痛欲绝,同志们都去安慰他,~他|见她气得那个样子,我也想去~几句|他俩吵得不可开交,快去~一下。可重叠:他整天郁郁不乐,你去~~。

【解散】jiěsàn 动。(1)集中在一起的人分散开;不带宾语:队伍走到半路就~了。(2)取消团体或集会:由于敌人的破坏,工会被迫解时~。可带宾语或补语:~了议会|~了一年多|解散了两次。

【解释】jiěshì 动。分析,阐述;多指说明一件事的含义、原因、理由等,常带宾语和补语:我向大家~过这个问题|马克思主义科学地~了人类社会的发展过程|~得很清楚。可重叠:这句话请你~~。

【解手】jiěshǒu 动。排泄大便或小便;不带宾语:他出去~了。可拆开用:解大手|解了一次手。

【解说】jiěshuō 动。口头上解释说明;常带宾语和补语:老师给我们~微机操作的原理|这个问题我~不清楚。可重叠:我看不懂,请您给~~。

【解体】jiětǐ 动。瓦解,崩溃;不带宾语:这个组织内部矛盾重重,终于~了。

【解脱】jiětuō 动。常带宾语或补语。(1)摆脱:~困境|从礼教的束缚中~出来。(2)开脱:这是他自作自受,别人也无法帮他~|~罪名|不管怎么说也~不开自己的过错。(3)佛家语,摆脱烦恼,得到自在:他已经~凡尘,皈依佛门。

【解围】jiěwéi 动。不带宾语,可拆开用,可重叠。(1)解除敌军的包围:二连目前四面受敌,赶快派一营去~|解了围。(2)泛指使摆脱僵持、讥笑等难堪的处境:眼看妻子给大家追问得红了脸,丈夫连忙出来~|几个人正同他吵得不可开交,你快去替他解解围吧!

【解悟】jiěwù 动。在认识上由不了解到了解:我研究了半天才豁然~。常带宾语和补语:我终于~出其中的奥妙|这种高深的哲理我是不能~出来的。

【解颐】jiěyí 〈书〉动。颐:面颊。开颜而笑;不带宾语:这则故事妙趣横生,足令读

者~。

【解约】jiěyuē 动。解除原来的约定;不带宾语,可拆开用:合同生效以后,就不允许随便~|经法院调解,这才解了约。

jiè (ㄐㄧㄝˋ)

介 ❶〈书〉量。个;用于人:一~书生。❷〈书〉名。古戏曲脚本里指示角色表演动作时的用语:推门~|饮酒~。❸〈素〉(1)在两者中间:~入|中~。(2)介绍,起连接作用:媒~|~绍|简~。(3)放在心上:~意。(4)动物甲壳:~虫|~壳。(5)古代兵士的护身衣:~胄。(6)正直,有骨气:狷~|耿~。❹姓。

【介词】jiècí 名。用在名词、代词或名词性词组的前面,合起来表示方向、对象等的词。如"从、往、当、把、对、同、比、被、让"等。

【介入】jièrù 动。插进去进行干预:你们两人的事我不~。常带宾语或补语:你如果~这场纠纷,恐怕没有好处|他俩在吵,你不要再~进去了。

【介绍】jièshào 动。常带宾语或补语,可重叠。(1)使双方认识或发生关系:~对象|~朋友|~过两次|我来给你们~~。(2)引进,带入;指新的人或事物:我向他~了一种新方法|他把这种先进技术~到国内。可带兼语:他~我入党|他~过一种新技术到国来。(3)使了解或熟悉:~情况|~经验|~得很具体|请再~~。可带动词性词组或主谓词组作宾语:~如何打乒乓球|~小王是怎样学成才的。

【介意】jièyì 动。对不愉快的事情不忘怀,放在心上:不到之处,请勿~。可带动作宾语,不带补语,常加"不、别、没有"等表示否定的副词作状语:他毫不~我的玩笑话。可带谓词作宾语:醒来之后,他已经不~昨晚的痛苦了。

【介音】jièyīn 名。韵母中主要元音前面的元音;普通话中有i、u、ü三个介音。如"tiān(天)"中的"i","duō(多)"中的"u"等。

价 jiè 〈书〉名。旧时指被派遣传送东西或传达事情的人:小~|贵~。
另见 jià, jie。

芥玠界疥蚧戒诫届借 jiè 533

芥 jiè ❶名。芥菜。❷〈素〉小草,喻指轻微纤细的事物:草~|尘~。
另见 gài。
【芥蒂】jièdì 名。细小的堵塞物,多比喻心里的不满或不快:经过当面交谈,两人都消除了心中的~。

玠 jiè 〈古〉名。大的圭。

界 jiè ❶名。相交的地方;常用在"以……为"格式中:以小河为~|两县在这里以公路为~。❷〈素〉(1)范围,一定的范围:眼~|世~|境~。(2)职业、工作或性别等相同的一些社会成员的总体:文艺~|教育~|妇女~。(3)指大自然中动物、植物、矿物等的最大的类别:动物~|有机~|无机~。(4)地层系统分类的最高一级,相当于地质年代中的"代":太古~。
【界碑】jièbēi 名。用来标志分界的石碑。
【界河】jièhé 名。两国或两地区分界的河流。
【界面】jièmiàn 名。物体与物体之间的接触面。
【界说】jièshuō 名。定义的旧称。
【界限】jièxiàn 名。(1)不同事物的分界:敌我~要分明。(2)限度,尽头处:知识的海洋是没有~的|资本家的贪欲是没有~的。
【界线】jièxiàn 名。(1)两地区分界的边线或边缘:球打出了~。(2)不同事物的分界:划清是与非的~。

疥 jiè 名。疥疮,一种传染性皮肤病,由疥虫引起,多生在指缝、手腕、腋窝、臀部等部位,患处起丘疹和水泡,奇痒。
【疥虫】jièchóng 名。一种寄生虫,体很小,椭圆扁平,身上有毛,有四对脚,脚上有吸盘,寄生在人的皮肤下,引起疥疮。

蚧 jiè 见"蛤(gé)蚧"。

戒 jiè ❶动。革除嗜好:烟、酒我都~了。常带宾语或补语:~烟|老是~不掉|~过三次了。❷〈素〉(1)防备,警惕:~备|~警。(2)佛教用条规约束教徒:~律|~条|~杀|~酒。(3)套在手指上作装饰的小环:~指。
【戒备】jièbèi 动。警戒防备;不带宾语,一般不带动态助词:心存~|~森严。常作"加强、加以、严加"等动词的宾语:敌军调动频繁,我们必须严加~。
【戒尺】jièchǐ 名。旧时私塾老师对学生施行体罚所用的木板。
【戒除】jièchú 动。改掉;常带宾语或补语:~不良的嗜好|~吸毒的恶习|是~不掉|已~多年。
【戒骄戒躁】jiè jiāo jiè zào 成。戒:警惕,防止。警惕自己,防止骄傲急躁:我们要谦虚谨慎,~。
【戒律】jièlǜ 名。宗教中约束教徒的生活规则:清规~。
【戒心】jièxīn 名。戒备的心理;常作"怀有、存有"等动词的宾语:他始终对我存有~。
【戒严】jièyán 动。国家在战时或特殊情况下在全国或局部地区加强警戒、限制交通等;不带宾语:今天晚上可能~。可拆开用:外面正戒着严|不到下午五点又戒起严来。
【戒指】jièzhi 名。戴在手指上的装饰物,一般用金、玉等制成。也叫指环。

诫 jiè 〈素〉警告,劝告:告~|规~。

届(屆) jiè ❶量。略同于"次",用于定期的会议或毕业的班级等:第六~全运会|第一~毕业生|连任三~市长。❷〈素〉到:~期|~时。
【届满】jièmǎn 动。规定的担任职务的时期已满;不带宾语:他的任期已经~。
【届时】jièshí 动。到时候;一般用在动词前,作状语:~务请参加。

借(△藉) jiè ❶动。(1)暂时使用别人的东西或金钱,借入;常带双宾语或只带表示物的宾语:我~了他一本书|我最近没有向别人过钱。可带补语:东西都~齐了|~过来不少用具。可带兼语:我想~你们厂的小王去帮几天忙。(2)把东西或金钱暂时给别人使用,借出;可带动态助词"了、过",一般只带指物的宾语,如果要表明借钱、物的人,多用介词"给"引进:我没有~过钱|昨天下雨的时候,他~给我一件雨衣。可带补语:~不出这么多钱|我

的钱都给人～光了。△(3)凭借,依靠;用于连动词组的前项,须带名词或动词作宾语:～这个机会来看看你|～着出差游山玩水。

"藉"另见jí、jiè。

【借代】jièdài 名。修辞格的一种,不直接把所要说的人或事物名称说出来,而是用跟它有关系的另一人或事物的名称来称呼它。如"红领巾向代表们献了花"中的"红领巾"就是借代少先队员。

【借贷】jièdài 动。借入或借出钱:年终银行暂停向外～。可带宾语和动态助词"了、过":为了发展生产,工厂向银行～过一笔资金。

【借刀杀人】jiè dāo shā rén 成。比喻自己不出面,借助别人去害人:《红楼梦》中的王熙凤阴险毒辣,用～的方法害死了尤二姐。

【借端】jièduān 动。以某件事物为借口;不带宾语,常构成连动词组:～生事|～侵略别国。

【借古讽今】jiè gǔ fěng jīn 成。借:假托;讽:讽刺,讽喻。假托古时候的事物来影射、讽刺现实:在白色恐怖的年代,这位杂文家常用～的手法,抨击黑暗的现实。

【借故】jiègù 动。假托某种原因;不带宾语,常构成连动词组:他不愿参加今天的会议,～先走了|～请假。

【借光】jièguāng 〈口〉动。向人问事或请人帮助时的客套话;多用在句首,作独立语:～,到玄武湖怎么走?可拆开用:这次办事如此顺利,实在是因为借了您的光。

【借花献佛】jiè huā xiàn fó 成。比喻拿别人的东西做人情:我这是～,东西可全是小李的。

【借鉴】jièjiàn 动。拿别人的事做镜子,以便对照作为自己行事的参考;作谓语时常加助动词:历史的经验可以～|值得～。可带宾语和动态助词"了、过":他～了别人的经验。

【借口】jièkǒu ❶动。假托某种理由;不带宾语,常构成连动词组:他～有病就不去上学|不能～要加快进度而忽视质量。❷名。假托的理由:你学习不好,不能以身体不好为～|做错了事就不要找～。

【借款】jièkuǎn 动。❶向别人借钱或借钱给别人;不带宾语:他向朋友～以救燃眉之急|银根太紧,无处～。可拆开用:借了银行的款。❷借来的钱;量词用"笔":年终有三笔～到期,一定要归还。

【借尸还魂】jiè shī huán hún 成。迷信的人认为人死后可将灵魂附于他人尸体而复活,比喻已经灭亡或消失的东西又以另一种形式出现:没有健全的民主制度,封建专制主义就可能～。

【借题发挥】jiè tí fā huī 成。假借某事为题目,来发表自己另外的真正的意见:他善于～,抨击时弊|这家伙不怀好意,想～,挑起事端。

【借问】jièwèn 动。向别人打听事情;敬辞,多带主谓词组作宾语:～这条路通哪儿?可带补语:～一下,到乡政府去从哪条路走?

【借以】jièyǐ 动。作为凭借以便做某事;不单独作谓语,须带动词性词组作宾语:举出这几点,～说明这篇文章的重要性|他一直坚持冬泳,～磨炼自己的意志。

【借用】jièyòng 动。常带宾语或补语。(1)借别人的东西来使用:他～过我的圆珠笔|这把铁锹我～一下。(2)把通用于某一方面的事物用于另一方面:现在人们经常～"清规戒律"这一佛教用语来比喻束缚人的不合理的规章制度。

【借喻】jièyù 名。比喻的一种,直接借比喻的事物来代替被比喻的事物,被比喻的事物和比喻词都不出现。如"星星之火,可以燎原"就是借喻,指小事可以酿成大事。

【借重】jièzhòng 动。借用别人的力量;敬辞,常带宾语或兼语:今后～您的地方一定会不少,请多多关照|～大家的力量来帮一下忙。

【借助】jièzhù 动。凭借、依靠别人或事物的帮助;常带宾语:我～了大家的力量,才完成了这一任务。常以"于"构成的介词词组作补语:要把工作搞好,必须～于群众的力量。

藉 jiè ❶〈古〉名。垫在下面的东西。❷〈素〉垫,衬:枕～。❸同"借"。

另见jí。

解褯价家巾斤今衿矜金 jiě-jīn

解(解) jiě 动。指押送财物或犯人；常带宾语或补语：~款｜~粮｜犯人已被~到南京。
另见jiè, xiè。

【解送】jièsòng 动。押送财物或犯人：这批军饷由你们负责~。可带宾语或补语：~犯人｜这些东西要按时~到那里。

【解元】jièyuán 名。明清两代科举制度中,乡试录取的第一名称解元。

褯 jiè 〈方〉名。(~子)婴儿的尿布。

jie (·ㄐㄧㄝ)

价(價) ·jie ❶〈方〉助。用在否定副词后面加强语气：别~甭~。这种用法多单独成句,后面不再跟别的成分。❷同"家(·jie)"。
另见jià, jiē。

家 ·jie 后缀。同"价(·jie)"；用在某些状语后面：成天~忙｜锣鼓震天~响。
另见jiā, jià。

jīn (ㄐㄧㄣ)

巾 jīn 〈素〉擦抹用的或覆盖、包裹等用的纺织品：手~｜头~｜枕~。

【巾帼】jīnguó 〈书〉名。古代妇女的头巾,后多作为妇女的代称：~英雄｜~不让须眉。

斤(△觔) jīn △❶量。市斤的通称：一~鸡蛋。❷〈素〉(1)古代砍伐树木的工具：斧~。(2)加在一些以重量计算的物质名词后作总称：煤~｜盐~。

【斤斗】jīndǒu 〈方〉名。跟头。

【斤斤计较】jīnjīn jìjiào 成。斤斤：形容明察,引伸为为琐碎细小。过分计较无关紧要的小事；含贬义：个人利益不必~｜不要~鸡毛蒜皮的小事。

【斤两】jīnliǎng 名。指分量；多作比喻：掂掂,不要不知天高地厚｜他的话很有~。

今 jīn 名。(1)现在,当前；从~以后｜~有一事相告。常用在表示时间的单音节名词前,作定语,后面不加助词"的"：~冬｜~春｜~晚。(2)现代；与"古"相对,多与"古"对举使用：厚~薄古｜古为~用。

【今番】jīnfān 〈书〉名。这次：~来到↓地,不禁有沧桑之叹。

【今后】jīnhòu 名。从今以后的时间：~的日子还长着呢!

【今人】jīnrén 名。现代或当代的人。

【今日】jīnrì 〈书〉名。今天。

【今生】jīnshēng 名。这一辈子：~今世。

【今世】jīnshì 名。(1)当代：生于~,却处处效法古人,岂不可笑!(2)今生,这一辈子。

【今天】jīntiān 名。(1)说话时的这一天。(2)现在,目前：~人民翻身,当了国家的主人｜不能用昨天的眼光看~的事物。

【今昔】jīnxī 名。现在和过去：~对比｜~之感。

【今朝】jīnzhāo 名。(1)〈方〉今天。(2)〈书〉现在,当今：数风流人物,还看~。

衿 jīn 名。(1)同"襟"。(2)〈古〉系衣裳的带子。

矜 jīn 〈素〉(1)怜悯：~惜｜~悯。(2)骄傲自大：骄~｜~夸。(3)拘谨,慎重：~持。
另见jīn guān, qín。

【矜持】jīnchí 形。拘谨,态度不自然,指言语、神态、行动等：他在公共场合发言时,总是显得很~｜他举止~稳重,说话慢条斯理,显然是个知道自己身份的人。

【矜夸】jīnkuā 〈书〉动。骄傲自夸：我们青年人要谦虚谨慎,力戒~。可带宾语：~他个人的功劳,分明忽视了群众的力量。

金 jīn ❶名。(1)金属元素,符号Au。赤黄色,质软,延展性最强。是一种贵重的金属,通称黄金或金子。古代指金属制的打击乐器,如锣等：鸣~收兵｜~鼓齐鸣。(3)朝代名。公元1115年——1234年,女真族完颜部领袖阿骨打在东北建立的政权。❷〈素〉(1)金属的统称：~工｜五~。(2)像金子的颜色：~黄｜~灿灿。(3)钱：奖~｜现~。(4)比喻尊贵,贵重：~口玉言｜~枝玉叶。❸姓。

【金榜】jīnbǎng 名。科举时代俗称殿试录取的榜：~题名。

【金本位】jīnběnwèi 名。用黄金做本位货币的货币制度。

【金碧辉煌】jīnbì huīhuáng 成。碧：翠绿色。形容建筑物或陈设华丽精致，光彩夺目：大厅内布置得～。

【金灿灿】jīncàncàn 形。金光耀眼；不加程度副词：～的阳光。

【金蝉脱壳】jīn chán tuō qiào 成。金蝉：昆虫。蝉变为成虫时，要脱去幼虫的壳，比喻用计脱身：他使了个～之计，从敌人的魔窟中跑了出来。

【金城汤池】jīn chéng tāng chí 成。城：城墙；汤：开水；池：指护城河。金属铸造的城墙，流淌着开水的护城河。形容坚固不易攻破的城池。省作金汤。

【金额】jīn'é 〈书〉名。钱数：～巨大。

【金风】jīnfēng 名。旧指秋风：～送爽。

【金刚】jīngāng 名。佛教指佛的侍从力士，因手拿古印度的兵器金刚杵而得名。

【金刚怒目】jīngāng nǔ mù 成。金刚：佛寺山门内所塑的金刚力士；怒目：睁大眼睛，眼珠突出。形容面目威猛可畏：他那副～的样子，叫人望而生畏。也作金刚怒目。

【金刚石】jīngāngshí 名。最硬的矿物，是碳的结晶体，纯净的无色透明，有闪亮耀眼的光泽，是高级的切削和耐磨材料。经过琢磨的叫钻石，是最贵重的宝石，可做首饰。也叫金刚钻。

【金工】jīngōng 名。金属的各种加工工作的总称。

【金煌煌】jīnhuānghuāng 形。形容像黄金那样发亮的颜色；不加程度副词，常加助词"的"：～的小瓷瓶。也作金晃晃。

【金黄】jīnhuáng 形。黄里透红，略像金子的颜色；不加程度副词：～的麦浪｜稻田一片～。

【金婚】jīnhūn 名。欧洲风俗称结婚五十周年为金婚。

【金科玉律】jīn kē yù lǜ 成。原指法律条文尽善尽美，现在用来比喻不可变更的信条：不合理的规章制度要改革，不能把它当作～。

【金莲】jīnlián 名。旧指缠足妇女的脚：三寸～。

【金銮殿】jīnluándiàn 名。旧戏曲小说中指皇帝受朝见的殿。

【金迷纸醉】jīn mí zhǐ zuì 见"纸醉金迷"。

【金瓯】jīn'ōu 〈书〉名。(1)金属的杯子。(2)比喻完整的疆土：～无缺｜收拾～一片。

【金钱】jīnqián 名。统称货币、钱财：人生在世决不是为了～。

【金融】jīnróng 名。货币的发行、流通、汇兑、储蓄、借贷等关系的总称。

【金石】jīnshí 名。(1)古代铜器和碑石的合称。古代常在这些东西上铸字或刻字记事，所以现在把这些资料叫金石。(2)钟磬之类的乐器：～丝竹。(3)〈书〉金属和石头，代指坚硬的东西：精诚所至，～为开。

【金属】jīnshǔ 名。一般指有光泽、易导电和传热、有展延性的一类物质。在常温下，除水银外均是固体。

【金汤】jīntāng 名。金城汤池的简称：固若～。

【金文】jīnwén 名。指商周至秦汉时代铸或刻在钟、鼎之类青铜器上的文字。故又称钟鼎文。

【金乌】jīnwū 〈书〉名。古代神话传说太阳中有三足乌，因用"金乌"作为太阳的别称：～西坠，玉兔东升。

【金星】jīnxīng 名。(1)太阳系中接近太阳的第二个行星，绕太阳一周是224.7天，是九大行星中离地球最近的一个。我国古代把金星叫做太白星，把晚上出现在西方时的叫长庚，早晨出现在东方时的叫启明。(2)头晕眼花时眼前出现的像星一样的小点：一阵头晕，眼前直冒～。(3)金黄色的五角星。

【金鱼】jīnyú 名。鲫鱼的变种，由人工长期培养而成，种类很多，身体有红、黑、蓝、五花等色，眼凸出，鳞有金光，是著名的观赏鱼。原为我国特产，后被引到世界各地。

【金玉】jīnyù 〈书〉名。黄金和美玉，比喻贵重、珍贵的事物：～良言。也比喻华美的事物：～其外，败絮其中。

【金字塔】jīnzìtǎ 名。古代埃及奴隶社会国王法老的陵墓。以石筑成，方锥形，状如汉文"金"字。据传在开罗附近最大的一座建于公元前2000多年，由10万民工历时30年筑成，高达146.5米，规模宏大，为世界著名建筑物和古迹之一。

【金字招牌】jīnzì zhāopái 词组。旧时商店用金粉涂字的招牌，现多比喻向人炫耀的名义或称号：他是名牌大学毕业的，又是先进工作者，有这两块～，因此很受领导的信任|有人出书，爱请名人作序，似乎有了这块～，就能提高他著作的身价。

津 jīn 〈素〉(1)口液，唾液：～液|望梅生～。(2)渡口：～口|要～|无人问～。

【津津】jīnjīn 形。不加程度副词。(1)形容有滋味，有趣味；常用在比较固定的组合中：～有味|～乐道|很感兴趣地谈论)。(2)汗、水流出的样子；用在"汗、水"等名词后面：他浑身汗～。

【津梁】jīnliáng 〈书〉名。渡口和桥梁，多比喻起引导、过渡作用的事物或方法：这本书是我们学习英语的～。

【津贴】jīntiē ❶名。工资以外的补助费或供给制人员所领的生活零用钱：他每个月都拿～。❷动。给津贴；常带宾语或双宾语：他的工资不少，怎么还要厂里～他？|他家生活困难，学校每月都～他一些钱。

【津液】jīnyè 名。中医指体内一切正常液体的总称。也专指唾液。

琎(璡) jīn 名。一种像玉的石头；多用于人名。

筋(觔) jīn ❶名。量词用"条、根"等。(1)肌腱或骨头上的韧带：牛蹄～。(2)俗称皮下可以看见的静脉管：青～|饱绽。❷〈素〉像筋的东西：钢～|橡皮～。

【筋斗】jīndǒu 名。跟头。

【筋骨】jīngǔ 名。筋肉和骨头，泛指体格；量词常用"身"：练就一身好～|强健的～。

【筋疲力尽】jīn pí lì jìn 成。形容非常疲劳，没一点力气：浑身～|干得～。也说精疲力竭。

禁 jīn ❶副。耐；多修饰单音节动词：这种鞋～磨|这件衣服真～穿|我这个人不～冻。❷〈素〉承受，忍住：～不住|～得起|弱不～风|忍俊不～。
另见jìn。

【禁不起】jīn·buqǐ 动。承受不住；多用于人，可带名词、动词或主谓词组作宾语：他身体不好，～风霜|在困难面前有些人～考验|他～别人提意见。

【禁不住】jīn·buzhù 动。(1)承受不住；用于人或物，可带名词、动词或主谓词组作宾语：绳子太细，～多大份量|他～这样的考验|这张椅子～你站。(2)抑制不住，不由得；须带动词或主谓词组作宾语，主语限于指人：他～大叫一声|他～鼻子一酸，泪珠儿滚了下来。

【禁得起】jīn·deqǐ 动。承受得住；多用于人，可带名词、动词或主谓词组作宾语：小孩儿哪里～这样大的风|他～艰苦生活的磨炼|我是农村里长大的，～风吹雨打。

【禁得住】jīn·dezhù 动。承受得住；用于人或物，可带名词、动词或主谓词组作宾语：～大风大浪|这凳子很结实，～站|这座木桥～卡车通过吗？

【禁受】jīnshòu 动。受，忍受；多用于人，可带名词或谓词作宾语：你身体弱，～不了风霜|～着严峻的考验|唐僧师徒～了千辛万苦，终于到达西天。可带补语：这么沉重的打击我实在～不起了。
＊"禁受"和"经受"：两者都有忍受得住，承受下来的意思，但"经受"还多一个较长的时间过程。"禁受"多用于人；"经受"可用于人，也可用于事物，如："这座楼房经受过三次地震，仍旧安然无恙。"

襟 jīn 〈素〉(1)衣服胸前的部分：大～|底～。(2)姐妹的丈夫间的关系：连～。

【襟怀】jīnhuái 名。胸襟，胸怀：～坦白|～高尚。

jǐn (ㄐㄧㄣˇ)

仅(僅、廑) jǐn 〈书〉副。只：室内～有一人|这些意见，～供参考。
另见jìn。

【仅见】jǐnjiàn 动。极其少见；不带宾语：这一现象为近十年未所～|今天他突然大发雷霆，这也以来～的一次。常用"于"构成的介词词组作补语：这个字很冷僻，～于《康熙字典》。

【仅仅】jǐnjǐn 副。只；表示限于某个范围，语意比"只"更强调：～三个小时,就逮住了这个抢劫犯。

尽(儘) jǐn ❶动。常构成连动词组。(1)力求达到最大限度；须带名词或谓词作宾语：～我的力量去做|～可能照顾他|饭很多,你～饱吃。(2)表示以某个范围为极限；常带数量词或名词性词语作宾语：～一个月为限|～着一百元花|～现有的用。(3)让某些人或事物在先；常带名词或名词性词语作宾语或兼语：先～仓库堆|～熟的先吃|先～老人上车。❷副。(1)加在方位词的前面,相当于"最"：～眼前|～东边。(2)总是,老是：别～看电视,眼睛吃不消|一天到晚～忙,连饭也不想吃了。

另见jìn。

【尽管】jǐnguǎn ❶副。(1)放心去做,不必有顾虑：有什么意见你～说|你～去好了,我在这ㄦ看东西。(2)〈方〉老是,总是：别～吃饭,菜多着哩!。❷连。表示姑且承认某种事实；多与"但是、然而、还是"等搭配使用：～他多次表示不愿合作,我们还可以继续争取他。

【尽快】jǐnkuài 副。尽量加快；多作动词的状语：～完成产品推销任务|解决住房困难。

【尽量】jǐnliàng 副。力求在一定范围内达到最大限度；多作动词的状语：～提早完成任务|～避免差错。

另见jìnliàng。

【尽先】jǐnxiān 副。优先,尽量提前；多作动词的状语：～安排残疾军人的工作|～照顾老人和小孩。

巹 jǐn 见"合巹"。

紧(緊) jǐn ❶形。(1)物体受到几方面的拉力或压力后所呈现的紧张状态：把绳子拉～了。|脸绷得很～,一句话不说。(2)结合得很牢固、结实：塞得太～了,拔不出来。(3)靠得很近,空隙极小：门太～,不好开关|他就住在我家～隔壁。(4)比喻关系密切：团结得很～。(5)迫：任务～|时间～|上面催得～,不能不办。(6)经济不宽裕：这两天手头比较～。❷动。使变紧；常带宾语或补语：～一～螺丝|把澡盆箍～

一点,不然要散了。

【紧凑】jǐncòu 形。紧密连接,没有空隙或多余的东西：这部小说很～,没有多余的枝蔓冗词|房间里的家具摆得很～|活动日程安排得～而有条不紊。

【紧箍咒】jǐngūzhòu 名。《西游记》里唐僧用来制服孙悟空的咒语,能使孙悟空头上套的金箍缩紧,使他头痛。比喻束缚人的东西；常作"念"的宾语：要给这个孩子念念～,否则他太放纵了。

【紧急】jǐnjí 形。严重而急迫,非立即采取行动不可的：情况非常～|～关头。

＊"紧急"和"要紧"："紧急"表示严重而紧迫,不容拖延；"要紧"表示重要,不能轻视。"紧急"主要形容事情的情势；"要紧"主要形容事情的性质。

【紧邻】jǐnlín ❶名。紧挨着的邻居：老张家跟我们是～。❷动。两个地区紧靠在一起；须带处所宾语：中国～朝鲜。

【紧锣密鼓】jǐn luó mì gǔ 成。锣、鼓：打击乐器,戏曲演出前常用作前奏。锣鼓点敲得很密,比喻公开活动前紧张的舆论准备：美国大选已到最后阶段,民主党总统候选人到处游说,共和党也在～地进行准备。也作密锣紧鼓。

【紧密】jǐnmì 形。(1)密切不可分：～地团结起来|～结合|二者关系很～。(2)多而连续不断：枪声～。

【紧迫】jǐnpò 形。急迫,没有缓冲余地：任务很～,十天之内一定要完成|形势非常～,不能犹豫不决。

【紧缩】jǐnsuō 动。缩小,收紧；多指范围、机构、开支等,常带宾语或补语：～包围圈|～开支|～到最低限度。可重叠：编制应该～～。

【紧要】jǐnyào 形。紧急重要,要紧：～任务|～关头|你有什么～事?

【紧张】jǐnzhāng 形。(1)精神处于高度准备状态,兴奋不安：神情很～|一见到他,我心里就～起来。(2)激烈紧迫：局势非常～|～的战斗。(3)供应不足,不好应付：能源～|～物资|这种货市场上供应比较～。

＊"紧张"和"慌张"："紧张"表示心情高度兴奋,行动并不松懈；"慌张"表示很不沉着,手忙脚乱。"紧张"多跟"形势、

心情、工作"等搭配;"慌张"多与"动作、神色"等搭配。"紧张"能重叠为"紧紧张张";"慌张"可以说"慌慌张张",还可以说"慌里慌张"。

堇 jǐn 见"堇菜"、"堇色"。

【堇菜】jǐncài 名。多年生草本植物,叶为肾脏形,边有锯齿,花瓣白而带紫色条纹。全草可入药。

【堇色】jǐnsè 名。浅紫色。

谨 jǐn ❶〈书〉副。郑重地;用在动词性词语前面:～致以崇高的敬意|～向您表示感谢。❷〈素〉小心:严～|～慎|～小慎微。

【谨防】jǐnfáng 动。小心地防备;多带宾语:～小偷。常以动宾或主谓词组作宾语:～假冒|～上当|～传染疾病|～敌人黑夜偷袭。

【谨慎】jǐnshèn 形。为避免出现不利的或意外的事,言行非常小心;多含褒义:他为人～|凡事～一点好|他办事一向认真～,因此很少出乱子。
*"谨慎"和"慎重":"谨慎"指言行仔细小心;"慎重"指严肃认真,不轻率表态或行事。"谨慎"可以作为人的品质看待;"慎重"一般只指言语、行为、态度等。

【谨小慎微】jǐn xiǎo shèn wēi 成。对于一些细小的事情,过分谨慎小心;含贬义:他这个人处处～,树叶子掉下来都怕打破头。

【谨严】jǐnyán 形。谨慎严密:文章结构很～|～的治学态度。

馑 jǐn 〈素〉原指蔬菜没有收成,后泛指灾荒:饥～。

瑾 jǐn 〈古〉名。美玉。

槿 jǐn [木槿](mù-) 名。灌木或小乔木,花钟形,有紫、白、红等颜色,供观赏。

锦 jǐn ❶名。有彩色花纹的丝织品。❷〈素〉色彩鲜明华丽:～缎|～鸡。

【锦标】jǐnbiāo 名。授给竞赛中优胜者的奖品,如锦旗、银杯等。不加数量词:中国队夺得～|～赛。

【锦纶】jǐnlún 名。二元酸和二元胺缩聚而成的纤维。强度高,耐磨性、回弹性好。用来制衣料、绳子、渔网等。旧称尼龙。

【锦囊妙计】jǐn náng miào jì 成。旧小说中常描写足智多谋的人把应付事变的计策装在锦囊里交给办事人,如果遇到危难即可依计而行。如《三国演义》第五十四回,诸葛亮对赵云说:"汝保主公入吴,当领此三个锦囊。囊中有三条妙计,依次而行。"现在常用"锦囊妙计"喻指解决问题的好方法。

【锦旗】jǐnqí 名。用彩色绸缎做的旗子,授予比赛优胜者、也赠给个人或团体表示敬意、谢意等。

【锦上添花】jǐn shàng tiān huā 成。在锦上再绣花。比喻好上加好,美中添美:你这幅画儿画得很好,老王又配了一首诗,真是～。

【锦心绣口】jǐn xīn xiù kǒu 成。形容才思非凡,词藻华丽:如果不是～,怎能写出这样的文章。也说锦心绣腹。

【锦绣】jǐnxiù 形。精美鲜艳的丝织品,比喻美好、美丽:多么～的河山|～前程|～江南。

仅(僅) jǐn 〈书〉副。将近,几乎;用在数量词之前:士卒～万人。
另见jìn。

尽(盡) jǐn ❶动。⑴完;不带宾语:残夜将～,东方似乎有了些许亮色|没等我们读到最后一页,油了,灯灭了。多作单音节动词的补语:用～力气|说不～的好处。⑵全部用出;须带宾语:～自己的力量|～其所有。⑶竭力完成;须带宾语:～自己的责任。❷副。都,全;一般用在单音节动词之前:到会的～是学生|～说废话。❸〈素〉⑴达到极端:～头|～善～美。⑵所有的:～数|～人皆知。⑶死:自～|同归于～。
另见jǐn。

【尽力】jìnlì 动。使出全部力量;不带宾语:这件事,我一定～而为,请你放心。可作状语:我将～帮助你。可拆开用:为革命尽一分力|尽过力|尽不了力。

【尽量】jìnliàng 动。达到最大限度;多指酒量、饭量,不带宾语:我今天身体不适,喝酒不敢~。可构成连动词组:饭多着呢,你们一吃。

另见 jǐnliàng。

【尽情】jìnqíng 副。充分抒发感情,不受拘束;多作动词的状语:~欢笑|孩子们~地歌唱着。

【尽善尽美】jìn shàn jìn měi 成。极其完善,极其美好。形容完美无缺:要求每部作品都~,这是不切实际的。

【尽头】jìntóu 名。终点,顶端:这条马路的~有一家百货商店|学习知识是没有~的。

【尽心】jìnxīn 动。费尽心思;用于对别人,不带宾语:~竭力|我为他办事已经够~的,可他好像还不太满意。可加程度副词:她对我确实很~。可拆开用:他对孩子已经尽到了心|我也尽了一点心。

【尽兴】jìnxìng 动。尽量使兴趣得到满足;不带宾语:~而返|他玩了半天,觉得还没~|今天要喝个~。常作状语:改天咱俩再~地谈吧。

【尽职】jìnzhí 动。做好本职工作;不带宾语:这是他的工作,理应~。可加程度副词:他不大~|他很~。可拆开用:大家已尽到职了。

【尽忠】jìnzhōng 动。不带宾语,可拆开用。(1)竭尽忠诚:为革命~竭力|他为革命尽过忠,效过力,却遭受了不白之冤。(2)指为正义事业而牺牲:他为国~已有十年,他的精神永远鼓舞着我们前进|他一个人打退了敌人一次又一次的进攻,最后终因寡不敌众,为人民尽了忠。

荩(藎) jìn 名。荩草,一年生草本植物,茎很细,花灰绿色或带紫色。茎和叶可作黄色染料,纤维可作造纸原料。

【荩臣】jìnchén 〈古〉名。忠臣。

浕(濜) jìn 水名用字。浕水,在湖北省。

赆(贐) jìn 〈古〉名。临别赠送的财物。

【赆仪】jìnyí 〈书〉名。临别时赠送的礼物:~一概辞谢。

烬(燼) jìn 〈素〉物体燃烧后剩下的东西:灰~|余~。

进(進) jìn ❶动。(1)从外面到里面;与"出"相对:同志,请~。常带宾语:~工厂。可带动词"了、过":队伍~了村|他没有~过学校。(2)向前移动;与"退"相对:向前~|~两步,退一步。可加动态助词"了、过":棋盘上的红"炮"向前~了一步。可带宾语:~过卒才能出马。(3)向前发展,深入;用于比较抽象的事物,如"关系、友谊、含义"等,多带表示数量的补语:两国关系又~了一步|这段文章的意思比前面几段又~了一层。(4)收入,接纳;须带宾语:店堂里正~着货,暂时不卖东西|我厂又~了一批新工人|我们单位去年没有~过人。❷〈素〉呈上:~贡|~言。❸趋。用在动词后面,表示人或事物随动作从外面到里面或进入某处:买~一批图书|听得~不同的意见|走~教室|住~了新楼。❹量。旧式平房一宅之内分前后几排,一排称为一进:卧室在第三~|前~是客厅,后~是卧室。

【进逼】jìnbī 动。向前逼近;多指军队:敌军向高地步步~。常带处所宾语:1914年德寇~莫斯科时,苏联曾将工厂撤往乌拉尔区。

【进步】jìnbù ❶动。比原来有所发展或提高;不带宾语,可带补语:小丁上中学后,成绩比小学时~了|~不小。❷形。思想、行为和表现等能适合时代要求,促进社会发展:~人士|~书刊|他的思想很~。

【进程】jìnchéng 名。事物发展变化的过程:革命加快了历史发展的~。

【进度】jìndù 名。(1)工作、学习等进行的速度:加快了施工~。(2)指整个工作中每一项目的进行先后快慢的计划:完成了教学~。

【进而】jìn'ér 连。表示在已有的基础上又进一步;用于后一分句,前一分句先说明完成某事:先学好第一外语,~学习第二外语。"进而"之前常加"又、再、才、并"等:这项设计完成以后,他们又~致力于另一项工程的设计。

*"进而"和"从而":"进而"强调进一步的行动;"从而"除表示进一步的行动

外，还跟上文有条件或因果的关系。如"我们进行了合理的分工，进而建立了岗位责任制。"这一句中的第二分句，强调进一步的行动，因此要用"进而"，不用"从而"。"我们进行了合理的分工，从而大大提高了工作效率和产品质量。"这一句要用"从而"，因为两个分句间有因果关系。

【进发】jìnfā 动。出发前进；用于车船或集体队伍，不带宾语，常用"向"引出前进的目的地作状语：列车向北京～｜一声令下，各小分队飞快地向山顶～。

【进犯】jìnfàn 动。指敌军向某处进攻侵犯；多带处所宾语：敌人～陕甘宁边区，遭到边区军民毁灭性的打击。可带补语：～三次｜～到我们的阵地了。

【进攻】jìngōng 动。常带宾语或补语。(1)军队主动攻击敌人：只要敌人不～我们，我们就别先开枪｜～过多次。也常作"发动"等的宾语：八路军向桥头堡守敌发动～。(2)在斗争或竞赛中发动攻势：我们必须主动～对手，决不能被动挨打｜小李三次～篮下，频频得手。

【进贡】jìngòng 动。封建时代藩属对宗主国或臣对皇帝呈献物品：他们自以为大清国是天朝上邦，所有的外国都该～称臣。可带宾语或补语：～过许多香料和金银｜～过三次｜～给皇上。可拆开用：进了三回贡｜进过贡。

【进化】jìnhuà 动。事物由简单到复杂、由低级到高级逐渐地发展变化；不带宾语，多带补语：从猿～到人，经历了一个漫长的时期。

【进击】jìnjī 动。进攻，攻击；用于对敌人或恶势力：凌晨3点，我军开始～｜鲁迅先生以其投枪、匕首般的杂文，向一切恶势力～。常带宾语或补语：我们主动～敌军阵地｜～过三次。

【进见】jìnjiàn 动。前去拜见；指见首长，常带宾语或补语：新大使将于明天～总统｜～过三次。

【进军】jìnjūn 动。(1)军队向目的地进发：我军巧渡金沙江，向川滇边境～。有时带处所宾语：先头部队已越过陇海线，～江淮平原。(2)喻指向某一目标前进；不带宾语：向科学～。

【进口】jìnkǒu ❶动。(1)船只驶进港口；不带宾语：轮船即将～。(2)从外国或外地区输进货物；可带宾语：～一批彩电。可作定语，不加助词"的"：～手表｜～货。❷名。进入建筑物或场地的大门或口儿：这个会场的～太小。

【进取】jìnqǔ 动。积极努力，力争有所作为；不带宾语：人总是在不断的希望中努力～。可作定语和宾语：他的～精神令人钦佩｜～心不强｜不求～。

【进入】jìnrù 动。到达某个范围之内或某个时期、阶段里；多带宾语：～教室｜～了历史新时期。

【进深】jìn·shen 名。指院子或房间的深度：这个院子的～有10米｜房子～太小，放不下这么多东西。

【进士】jìnshì 名。隋唐科举考试设进士科，录取后称进士。明清时，举人经过会试及殿试录取后称进士。

【进退】jìntuì 名。多用在固定组合中。(1)前进和后退：～两难｜～失据(前进和后退都失去依据和凭借)。(2)应进而进，应退而退，泛指言语、行动恰如其分：不知～。

【进退维谷】jìn tuì wéi gǔ 成。维：相当于"是"；谷：穷尽，比喻困境。进退都陷于困境之中，形容进退两难：前有高山，后有追兵，敌军～。

【进项】jìnxiàng 名。收入的钱：有些农民既搞农业，又搞副业，～的确不小｜一连几天没有～，坐吃山空。

【进行】jìnxíng 动。从事持续性的活动；作谓语时须带状语或补语：会议正在～｜工程已经～了三个月。常以动词作宾语，不带名词宾语：～改革｜～调查研究。注意：宾语不能是单音节的，不说"进行查"、"进行比"；作宾语的动词不能再带宾语，可以说"对预算进行审查"，但不说"进行审查预算"；只用于正式、庄重的活动，不用于非正式的或短暂的活动，例如可以说"进行谈判"、"进行反抗"，不说"进行说话"、"进行睡觉"。

【进修】jìnxiū 动。为了提高政治、业务水平，进一步学习；一般指暂时离职的学习，常带宾语或补语：领导上已同意他去北京大学～外语｜脱产～一年。

【进言】jìnyán 动。提出意见或看法；敬辞，一般用于对领导或对长者，不带宾语：今天我大胆～，不知有无不当之处? 可拆开用：向您进一言。

【进益】jìnyì〈书〉名。指学业品行等方面的进步；常作"有、无"的宾语：张君刻苦自学，近年来大有～。

【进展】jìnzhǎn 动。事情向前发展；不带宾语，可带补语：这项工程～顺利|他们的工作～很快。可作宾语：有了新的～|毫无～。

【进驻】jìnzhù 动。开进某一地区或单位驻扎下来；多用于军队，常带处所宾语：司令部决定派一个加强连～独龙镇|上级派工作队～这个学校，帮助改组领导班子。

近 jìn ❶形。距离短；指空间或时间，与"远"相对：天津离北京很～|现在离五一劳动节很～了。❷动。接近，靠近；须带宾语：这个县的人口～100万|车子渐～西山村，眼前出现了一片火红的枫林。❸〈素〉(1)关系密切，亲密：亲～。(2)不深奥：浅～。

【近便】jìnbian 形。路近，容易走到：从小路走～些。

【近代】jìndài 名。(1)指过去距离现代较近的时代，在我国历史分期上多指1840年鸦片战争到1919年五四运动之间的时期。(2)特指资本主义时代。

【近古】jìngǔ 名。最近的古代，在我国历史分期上多指宋代至清代。

【近乎】jìnhu ❶动。接近于；常带谓词作宾语：他的看法～幼稚，事情远非那么简单|这样的批评～侮辱。❷〈方〉名。关系的亲近；多作宾语：套～|拉～。

【近况】jìnkuàng 名。最近的情况：好久没与您通信了，不知您～如何?

【近来】jìnlái 名。指着过去不久到现在的一段时间：他～情况如何?|他～很忙。可用在句首：～他身体不太好。

【近旁】jìnpáng 名。附近，旁边：池塘～有一口井。

【近亲】jìnqīn 名。血统关系比较接近的亲戚。

【近日】jìnrì 名。已过去的最近的几天：～多雨，不宜出游|这是～发生的事情。

【近视】jìn·shi 形。(1)视力方面的缺陷，能看清近处的东西，看不清较远的东西：老王的眼睛很～，不戴眼镜看不见字。(2)比喻目光短浅。他只顾眼前利益，不顾长远利益，看问题太～。

【近水楼台】jìn shuǐ lóu tái 成。宋·俞文豹《清夜录》记载：范仲淹在浙江钱塘(今杭州)做官时，许多部属都被荐提升，只有巡检苏麟不受重用，苏于是献诗给范仲淹近：" 近水楼台先得月，向阳花木易为春。"后来就用"近水楼台"比喻因接近某些人或凭借自己的某种条件而优先获得利益；常含贬义：他虽是办公室主任，～，可从来也没多吃多占过。|营业员不能以为是～，便可以多买紧俏商品。

【近似】jìnsì 动。接近但不相同；可带宾语，可加程度副词：他的唱腔～麒派|他俩的口音十分～。

【近体诗】jìntǐshī 名。指律诗和绝句。这种诗格律严整，韵调和谐，大约形成于齐、梁，成熟、发展于唐代。因较古代诗形成稍晚，故称近体诗。

【近因】jìnyīn 名。直接促成结果的原因；区别于"远因"：这只是这次事件的～，至于远因，那就不是三言两语能说清楚的了。

【近朱者赤，近墨者黑】jìn zhū zhě chì, jìn mò zhě hēi 成。朱：朱砂；赤：红色。靠着朱砂的变红，靠着墨的变黑。比喻接近好人可使人变好，接近坏人可使人变坏。指客观环境对人影响很大：～，你跟这些小流氓鬼混，还会有什么好结果?

妗 jìn 见"妗母"、"妗子"。

【妗母】jìnmǔ 〈方〉名。舅母。

【妗子】jìn·zi 〈口〉名。(1)舅母。(2)妻兄、妻弟的妻子：大～|小～。

劲(勁) jìn 名。(～儿)(1)力气：使出了全身的～儿。(2)神情，态度：我讨厌他那傲慢～儿。(3)兴趣：干得挺有～儿。(4)精神，情绪：鼓起～儿大干一场。

另见 jìng。

【劲头】jìntóu 名。(1)力量，力气；量词用"股"：他干活有一股～。(2)积极的情绪：

大家看球赛的～很高。

晋(晉) jìn ❶名。(1)周代诸侯国名(公元前11世纪中叶至公元前4世纪中叶)。在今山西省和河北省南部、陕西中部及河南西北部。(2)朝代名(公元265—420年),司马炎所建。(3)指后晋(公元936—946年),五代之一,石敬瑭所建。(4)山西省的别称。❷〈素〉进,向前:～级|～见。❸姓。

【晋级】jìnjí 动。提高等级;多指工资、职位的级别,不带宾语:她工作非常出色,领导决定给她～。可拆开用:晋了一级|去年晋过级。

【晋见】jìnjiàn 动。进见;现多用"会见",旧指下级见上级,多带宾语:～首长。

【晋升】jìnshēng 〈书〉动。提高职位或级别;常带宾语或兼语:他已～处长|给他～一级工资|～他为研究员。也可带补语:～了一年多|～不上去。

【晋谒】jìnyè 〈书〉动。进见,谒见;现多用"会见",指下级见上级或晚辈见长辈,常带表示人的名词宾语:咱俩一同前往～八十高龄的王老师|各国使节将于明日～新总统。

搢 jìn 〈古〉动。插。

【搢绅】jìnshēn 见"缙绅"。

缙 jìn ❶〈古〉名。赤色的帛。❷同"搢"。

【缙绅】jìnshēn 名。缙:插;绅:腰带。把笏板插在腰带上,是古代官宦的装束,旧时因用以代指官僚或做过官的人。也作搢绅。

浸 jìn ❶动。(1)泡在液体里;常带宾语或补语:～稻种|～衣裳|把种子～在温水里|～到出芽为止。(2)液体渗入;须带补语:衣服让汗水～湿了|种子～得不够久。❷〈书〉副。逐渐:交情～厚|政事～怠。

【浸沉】jìnchén 动。沉浸。

【浸染】jìnrǎn 动。逐渐沾染;多指不好的思想、习惯等,常带宾语或补语:他～上了赌博的恶习|～已深。

【浸透】jìntòu 动。可带宾语,不带补语。(1)液体使东西湿透:黄豆已经～了|汗水～了衣衫。(2)比喻严重沾染;多指不好的思想感情等:小李的头脑里～了好逸恶劳的思想|一种难以名状的兴奋～了他的全身。

【浸渍】jìnzì 动。泡,沤:把鸭蛋放在盐水里～若干天后,就可成为咸鸭蛋|麻要放在水里～,外面的一层皮才容易去掉。

祲 jìn 〈古〉名。迷信的人称不祥之气。

靳 jìn ❶〈古〉动。吝惜,不肯给予。❷姓。

禁 jìn ❶动。不许,制止;常带宾语或补语:严～烟火|林则徐～鸦片烟是利国利民的事|赌博不知～过多次了,可是一直～不了。❷〈素〉(1)拘押:～闭|监～。(2)古时称皇帝居住的地方:宫～|紫～城。(3)法律或习惯上不允许的事:违～|犯～。
另见jīn。

【禁闭】jìnbì ❶动。把犯错误的人关起来,不使自由;一般不带宾语:两个新兵因违犯军纪被～起来。❷名。对犯错误的人的一种纪律处分,即在一定时间内限制其行动自由;常作"关"的宾语:他被关了十天～。

【禁地】jìndì 名。禁止一般人进去的地方:军事～,请勿进入。

【禁锢】jìngù 动。不带宾语,常带补语。(1)关押,监禁:他被反动派～了十多年,没有一点自由。(2)束缚,封闭:可是在中国,那时是确无写处的,～得比罐头还严密。

【禁忌】jìnjì ❶动。禁止忌讳;可带名词性、动词性词组或主谓词组作宾语,可加程度副词:老太太很～这些事|迷信的人～说人"死了"|她～人家问她的出身。可带补语:船民们对"翻"字～得很。❷名。指所禁忌的事物或言行:旧时过年有很多～|酗酒对你的病是最大的～。

【禁绝】jìnjué 动。彻底禁止,使绝迹:在他们横行之际,花市曾经被完全～。可带宾语:要～一切空话。

【禁军】jìnjūn 名。古代指保卫京城或宫廷的军队。

【禁令】jìnlìng 名。不让从事某种活动的法令:那时反动政府动辄下道～,不干这干那,把人们限制得死死的。

【禁脔】jīnluán 〈书〉名。据《晋书·谢混传》记载：晋元帝未即位时，喜吃猪颈上的肉，部下争献给他，不敢自己吃，称为"禁脔"(脔：切成块的肉。禁：表示专供元帝吃的)。后来就用"禁脔"比喻独占而不许别人分享的东西：他把这个镇上经营药材视为～。

【禁区】jìnqū 名。(1)非有关人员不得进入的区域：这里是～，谢绝游人参观｜误入～。(2)因某种需要受到特殊保护不让一般人进入的地区，如该地区有珍贵的动植物，或该地区要进行某种科学试验等。(3)医学上指不能随便动手术或针灸的部位。

【禁书】jìnshū 名。禁止刊行或阅读的书籍；多由政府宣布的：清政府把很多有进步思想的书都列为～。

【禁止】jìnzhǐ 动。不许可；多带名词、动词或动词性词组作宾语：～淫秽书刊｜病房里～喧哗。可带兼语：修理公路，～车辆通行。也可带补语：～不了｜～过好几次。

 ＊"禁止"和"制止"："禁止"是不许发生，所禁止的一般是未发生的；"制止"是使停止下来，所制止的一般是已经发生的。"禁止"的对象大都是事物；"制止"的对象可以是事情，也可以是人，如"我当时制止了他"，但不能是物。

噤 jìn 〈素〉(1)闭口，不作声：～若寒蝉。(2)因冷而哆嗦：寒～。

【噤若寒蝉】jìn ruò hán chán 成。像寒天的知了，一声不响。比喻人胆怯不敢说话：他的话说完了，台下有几个人拼命地鼓掌，而更多的人却～，面面相觑。

殣 jìn 〈古〉动。(1)掩埋。(2)饿死。

觐 jìn 〈素〉朝见，朝拜：～见｜朝～。

【觐见】jìnjiàn 〈书〉动。朝见君主；常带宾语或补语：～国王｜～过三次。

jīng(ㄐ丨ㄥ)

茎(莖) jīng ❶名。植物体的一部分。上部一般生叶、开花、结实，下部与根连接。有输送或贮存养料的功能，多半生长在地上，也有长在地下的。❷〈书〉量。用于长条形的东西，不加数量词，只用表示概数的词语，如"数"、"几"等：数～白发｜几～小草。

泾(涇) jīng 水名用字。泾河，发源于甘肃，流入陕西，是渭河的支流。

【泾渭分明】jīng wèi fēn míng 成。泾水清，渭河水浑，泾河的水流入渭河时，清浊的界限很分明。比喻界线清楚，是非分明：两种观点～，不能混淆。

经(經) jīng ❶动。(1)经过；须带名词宾语：客机～南京、武汉，飞往新疆。(2)表示过程或手续；多带动词宾语：～研究，决定暂缓处理｜一再查考｜帐目～核实无误。常带主谓词组作宾语：～专家鉴定｜～群众讨论。(3)经历；须带宾语：～一事，长一智｜我这辈子可～了不少大事。(4)经(jīn)受；常以"住、起"等作补语：～住了考验｜这点打击我还～得起。❷〈素〉(1)织物上纵向的纱或线：～线｜～纬。(2)地理学上假定通过南北极同赤道成直角相交的东西分度线：～度｜东～｜西～。(3)中医指人体内气血运行的主干：～络｜～脉。(4)经营，治理：～商｜～理｜～国大业。(5)历久不变的，正常：～常｜～久不～之谈。(6)经典：～籍｜～书｜不见～传(zhuàn)。(7)月经：行～｜～期。❸姓。

【经常】jīngcháng ❶副。表示动作、行为或情况屡次发生：他～出差｜房子要～打扫，不打扫就会积满灰尘｜夏天，这里～下雨。❷形。平常，日常；一般只作定语：这是我们的～工作｜小孩挨跤是～的事情。

 ＊"经常"和"常常"："经常"强调经久不断，而且每次相隔时间不久，动作行为带有一贯性；"常常"虽有次数频繁的意思，但动作行为不带一贯性，语意较轻。"经常"除作副词外，还可作形容词；"常常"只是副词。"经常"可用副词"不"修饰；"常常"不行。

【经典】jīngdiǎn ❶名。(1)一定时代、一定阶级认为最重要的，有指导作用的著作：四书五经被历代封建统治阶级奉为～。(2)各种宗教宣扬教义的根本性

著作: 佛教～。❷形。著作具有权威性的; 不加程度副词, 不单独作谓语, 多作定语: ～作家|～著作。

【经度】jīngdù 名。地球表面东西距离的度数, 以本初子午线(即通过英国格林尼治天文台旧址的子午线)为零度, 以东叫东经, 以西叫西经, 东西各180°。通过某地的经线与本初子午线相距若干度, 就是这个地点的经度。

【经费】jīngfèi 名。机关、学校等经常支出的费用。

【经管】jīngguǎn 动。经手管理; 常带宾语或补语: 他从未～过这件事|这事他～多年了。可作定语: 由～人负责。

【经过】jīngguò ❶动。(1) 通过; 多以表示时间、处所的名词或动词作宾语: 从北京到上海～南京|穿越山涧足足～了10分钟|～了充分的酝酿。如果不带宾语, 须要有表示时间、处所的状语: 每天早晨六点火车从这里～。(2) 经历; 不单独作谓语, 常带表示某种活动或事件的词语作宾语, 放在句子的开头: ～这件事, 我长了不少见识|～机构改革, 工作效率提高了。❷名。经历的过程, 请你先把事情的～谈一谈|建厂的～|采访～。

【经籍】jīngjí 〈书〉名。(1) 经书。(2) 古代泛指重要图书, 如《隋书·经籍志》。

【经济】jīngjì ❶名。(1) 指一定历史时期社会生产关系诸方面的总和, 它是政治制度和意识形态等上层建筑的基础。(2) 经济学上指社会物质生产和再生产的活动: 发展～, 保障供给。(3) 个人或集体的收支情况: ～拮据。常作定语: ～情况|～效益。❷形。节约, 用力物力或较少的时间等获得较大的成果, 这样做, 时间上是很～的|他用很～的笔墨阐述了一个重要论题。

【经济基础】jīngjì jīchǔ 词组。同生产力的一定发展阶段相适应的占统治地位的社会生产关系各方面的总和。即社会经济制度。它是上层建筑的基础。参见"上层建筑"。

【经纪】jīngjì ❶〈书〉动。(1) 对企业的筹划、管理或经营; 一般不带宾语: 善于～。(2)〈书〉料理; 常带宾语: ～其家。❷名。即经纪人。

【经纪人】jīngjìrén 名。一种中间商人。他们为买卖双方进行撮合或在交易所里代他人进行买卖, 从中取得佣金。

【经久】jīngjiǔ 形。(1) 经过很长时间不改变; 含褒义: 这种漆, 漆家具很～|这种东西很结实, ～耐用。(2) 经过了较长时间的; 常作动词状语: 掌声～不息|颜色～不褪。

【经理】jīnglǐ ❶〈书〉动。旧指经营管理: 这件事由他～|他负责～书店。❷名。企业中负责经营管理的人。

【经历】jīnglì ❶动。亲身遇到过、做过或参加过; 可带动态助词"了、过": 他什么风浪都～过了。常带宾语: ～了两次考验。❷名。亲身见过、做过或遇到过的事情: 他有过各种～|生活～。

*"经历"和"经受": "经历"指亲身经过的事情、时代等, 可以说"经历过"或"没有经历过"; "经受"着重于承受, 可以说"经受住"或"经受不住"。"经历"主要用于具体的事情、时代、地域, 也可指抽象的事物, 使用范围较宽; "经受"经常用于"考验、锻炼"之类, 使用范围较窄。

【经纶】jīnglún 〈书〉❶动。整理蚕丝, 比喻处理国家大事; 常带宾语: ～天下。❷名。喻指政治才能: 满腹～|大展～。

【经络】jīngluò 名。经脉和络脉的合称, 中医指人体内气血运行的通路, 经脉为主干, 络脉为分支。

【经脉】jīngmài 名。中医指人体内气血运行的通路。

【经史子集】jīng shǐ zǐ jí 词组。旧时我国把图书分成经、史、子、集四大类, 称为四部。经部包括儒家经传和小学方面的书; 史部包括各种历史书, 也包括地理书; 子部包括诸子百家的著作; 集部包括诗、文、词赋等集子。

【经手】jīngshǒu 动。亲手经办: 这件事是他～的。可带宾语, 可带动态助词"了、过": ～了三四年|～过许多大事。可拆开用: 大事小事都要经他的手去办。

【经受】jīngshòu 动。承受, 禁受; 常带动词作宾语: ～考验|～沉重的打击。也带名词、形容词作宾语, 但宾语前须有修饰语: ～巨大的压力|～很大的痛苦。否

定式不说"不经受",而是说"经受不住、经受不了、经受不起":他~不住这么大的打击。

【经售】jīngshòu 动。经手出卖;主语是主动者,要带宾语。这家书店本~古籍。主语是被动者,即经售的对象,则不带宾语:这批商品由他们~。也说经销。

【经书】jīngshū 名。指《诗经》、《尚书》、《易经》、《周礼》、《仪礼》、《礼记》、《春秋》及《论语》、《孝经》等儒家的经传。

【经纬度】jīngwěidù 名。经度和纬度。某地的经纬度也就是某地的地理坐标。

【经线】jīngxiàn 名。(1)编织品或织布机上纵的方向的线。(2)地理学上假定的通过南北极与赤道成直角的东西分度线。也叫子午线。参见"经度"。

【经心】jīngxīn 动。留心,在意;不带宾语:漫不~|请你多~些。

【经验】jīngyàn ❶名。由实践得到的认识、知识或技能等:~丰富|积累了许多~|忽视粮食生产的沉痛~,应该牢牢记住。❷动。经历;常带宾语,并加动态助词"过":从来没有~过这样的事。
 * "经验"和"经历":"经验"主要作名词用,所指范围较广,如知识、事情、技能等;"经历"作名词用时,仅指个人的阅历。作动词用时,"经历"用途较广,可以指生活、事情、时代、地域等,而"经验"只表示实际体验过的事情。

【经营】jīngyíng 动。(1)筹办、计划并管理;多指企业等,可带宾语或补语:~畜牧业|这家企业,他苦心~了一辈子。(2)泛指计划和组织;一般不带宾语:这事交给他办,他很会~|他为人精明,善于~。

【经传】jīngzhuàn 名。原指儒家的重要著作为经,解释经文的书为传,合称经传。后泛指有代表性的古代书籍:名不见~。

京 jīng ❶〈古〉数。指一千万。❷〈素〉(1)首都:~城|~师。(2)特指我国首都北京:~剧|~腔。❸姓。

【京城】jīngchéng 名。旧国都。

【京畿】jīngjī 〈书〉名。旧称国都及其附近的地方。

【京剧】jīngjù 名。我国流行地区较广的主要剧种之一。清代中叶徽、汉等剧种进入北京后演变而成。以西皮、二黄为主要唱腔,表演上唱、念、做、打并重。也叫京戏。

【京师】jīngshī 〈书〉名。旧称首都。

【京族】jīngzú 名。我国少数民族之一,分布在广西东兴沿海地区。

猄 jīng [黄猄](huáng-) 名。指某些形体较小的鹿类。

惊(驚) jīng 动。(1)害怕,精神受到突然的刺激而紧张;不带宾语:又~又喜|心~肉跳。常带补语:别把麻雀~跑了|一声巨响,孩子们都~呆了。可作"受、吃"等动词的宾语:让你受~了|吃了一~。(2)使受惊;用于人或某些动物,须带宾语:当心,别~了孩子|打草~蛇。(3)骡马因受惊而乱跑:那匹红马~了。可带宾语:别~了骡子。

【惊诧】jīngchà 动。惊讶诧异;可带宾语,可加程度副词:我非常~他的判断力。常作"感到"等动词的宾语:听到这个消息,我感到非常~。常带补语:不由得~起来|为此我~不已|第二次到仙岩的时候,我~于梅雨潭的绿了。

【惊动】jīngdòng 动。举动影响某人或动物,使受惊或受侵扰;多带宾语:小声点,别~他|~了沉睡的小鸟。

【惊风】jīngfēng 名。中医指一种小儿病症,症状有手足抽搐、颈项强直、意识不清、双目上视等,分急性、慢性两种。

【惊愕】jīng'è 〈书〉形。因吃惊而发愣:~的表情|极为~|~地叫了一声。可带补语:~得说不出话来。

【惊弓之鸟】jīng gōng zhī niǎo 成。被弓箭吓怕了的鸟,喻指因受过惊吓遇到一点动静便特别害怕的人;常作"好像、如同"等词的宾语:敌人像一群~,一听到一点响动,便漫无目标地放起枪来。

【惊骇】jīnghài 〈书〉动。惊慌害怕;不带宾语,可加程度副词:此事令人十分~|想起当年大屠杀的惨景,我至今仍~不已。常作定语:一脸~的神情。

【惊慌】jīnghuāng 形。因受惊而慌张:~的样子|~万状|敌人逼近了,但他毫不~|~地四处张望。
 * "惊慌"和"惊惶":"惊慌"强调慌张不

知所措,含有表情和举止上都表现出内心慌乱的意思;"惊惶"强调精神紧张,内心恐惧不安。"惊慌"口语、书面语中都常用;"惊惶"有较浓的书面语色彩。

【惊惶】jīnghuáng 形。害怕慌张:~不安|~失措|~的神情|他们~地面面相觑。

【惊魂】jīnghún〈书〉名。惊慌失措的神态;常与动词"定"搭配使用:~未定|~稍定。

【惊悸】jīngjì〈书〉动。因惊慌而心跳得厉害;不带宾语,可带补语:当时情景极为骇人,一想起来,心里就~不已|溺水之后,她一病不起,竟至于~而死。

【惊厥】jīngjué 动。因受惊而晕倒;不带宾语:她听到这个不幸的消息,突然~过去。

【惊恐】jīngkǒng 形。惊慌、恐惧:~失色|敌人已成瓮中之鳖,一个个~万状。
*"惊恐"和"惊慌":"惊恐"强调恐惧,觉得受到可怕的威胁;"惊慌"强调慌张,常表现于神态、举止。

【惊奇】jīngqí 形。觉得很奇怪,感到难以理解:人体机构之巧妙足以令人~|~的脸色|他~地问:"这是什么东西?"常作"感到、觉得"等动词的宾语:这事儿使我感到非常~。

【惊扰】jīngrǎo 动。惊动扰乱;常带宾语或补语,可带动态助词"了、过":~了诸位乡亲|谁也没有~过他|~得鸡犬不宁。

【惊人】jīngrén 形。使人吃惊的:~的举动|这个消息非常~|两相比较就可看出,前者不过是后者的翻版,甚至于许多细节都~地相似。

【惊叹】jīngtàn 动。惊讶赞叹:敦煌壁画内容之丰富、造型之生动,令人~。常带形容词作宾语,但宾语前面必须有修饰语:外国朋友无不~中国针灸的神奇|站在这里环顾一切,不能不~黄山的雄伟和瑰丽。可带主谓词组作宾语:我真~她那张嘴,简直能把死人说活。也可带补语:~不已。

【惊叹号】jīngtànhào 见"感叹号"。

【惊涛骇浪】jīng tāo hài làng 成。喻指险恶的境遇:前进道路上不免有~,但真正的强者不会畏怯。

【惊天动地】jīng tiān dòng dì 成。(1)形容声音响亮:~的浪涛声|那瀑布的轰鸣,简直~,几里以外就能听到。(2)形容事业的伟大:干一番~的事业。

【惊喜】jīngxǐ 动。又惊又喜;不带宾语,可加程度副词:~万分|~交集|汽车开翻了而人没受伤,实在叫人~。

【惊吓】jīngxià 动。(1)因受意外刺激而感到害怕;不带宾语,可带补语:小马受了~,乱蹦乱跳|~得面如土色。(2)使受惊吓;须带宾语:别~了孩子。

【惊险】jīngxiǎn 形。场面令人惊奇和紧张:~影片|这个故事很~。

【惊心动魄】jīng xīn dòng pò 成。使人受到极大震动和感动:一场~的斗争|这部影片情节紧张,看了使人~。

【惊醒】jīngxǐng 动。(1)因受惊而醒来;不带宾语,可带补语:他猛然~过来。(2)使惊醒;须带宾语:~了沉睡着的人们|他被雷声~过几次。

【惊醒】jīngxing 形。睡时容易醒:他睡觉很~,你走路要轻一点儿。

【惊讶】jīngyà 动。惊异:他如此胆大妄为,真使我~|她~得睁大了眼睛。可加程度副词:听到这个消息,他十分~。常作定语或状语:~的样子|他~地问:"深更半夜,你找我有什么事?"

【惊疑】jīngyí 形。惊讶疑虑:脸上露出十分~的神情|~的眼色|他~地说|~不安|她的反常举动令人~。

【惊异】jīngyì 动。惊奇诧异:他的举动使我感到意外和~。可带主谓词组作宾语,可加程度副词:我很~她的双手居然那么灵巧,好像有什么魔法似的。常作定语、状语:~的目光|~的神情|~地说。

【惊蛰】jīngzhé 名。二十四节气之一,多在3月5日、6日或7日。

鲸 jīng 名。哺乳动物,形状像鱼,胎生,用肺呼吸,生活在海洋中。种类很多,有的体长达30多米。是世界上最大的动物。肉可食,脂肪可制油。俗称鲸鱼。

【鲸吞】jīngtūn 动。像鲸鱼一样大口吞食,多用来比喻吞并别国领土;可带宾语:沙俄~了我国北疆大片领土。常与"蚕食"

并用:日寇曾对我华北山河蚕食～,得寸进尺。

荆 jīng ❶〈素〉一种落叶灌木:～棘|～条。❷姓。

【荆棘】jīngjí 名。泛指丛生于山野的带刺小灌木:～丛生|满路～。

【荆棘载途】jīngjí zàitú 成。满路荆棘,比喻困难重重:任凭它～,也阻挡不住我们前进的脚步。

菁 jīng 见"菁华"、"菁菁"。

【菁华】jīnghuá 同"精华"。

【菁菁】jīngjīng〈书〉形。草木茂盛;不加程度副词:草木～。

腈 jīng 名。一种含氰基成分的有机化合物,无色液体或固体,有特殊气味。

【腈纶】jīnglún 名。一种化学纤维,用丙烯腈合成,柔软蓬松如羊毛,可用来纺制毛线、制造人造毛皮等。

睛 jīng〈素〉眼珠:眼～|火眼金～|画龙点～。

鶄 jīng 见"鵁(jiāo)鶄"。

鶄 jīng 见"鸲(qú)鶄"。

精 jīng ❶形。(1)细;与"粗"相对;这些种子选得很～|～加工|～白面。(2)机灵,聪明:这小孩很聪明,比大人还～。有时含贬义:这个人太～,处处想沾便宜。(3)精通:这门学问,他是博而不～|谈下棋,我会会会,我是不～。❷〈素〉(1)提炼出来的精华:酒～|味～|人参～。(2)妖怪,精灵:妖～|狐狸～|～灵。(3)精神:聚～会神|～力。(4)精液、精子:遗～|受～。(5)美好,最好:～彩|～美|～益求～。(6)十分,非常:～瘦|～湿|～光。

【精兵简政】jīng bīng jiǎn zhèng 成。指精简机构和人员:现在机构庞大,冗员较多,必须～,才能提高办事效率。

【精采】jīngcǎi 形。优美出色;常指言辞、展览、表演等:表演了一个～节目|电影非常～|～的演说。

【精诚】jīngchéng〈书〉形。真诚:～所至,金石为开|～团结,共赴国难。

【精粹】jīngcuì ❶形。精炼纯粹:文章要写得短些,～些。❷名。事物中最精美纯粹的部分:我们要永远保持中国文化的～,反对全盘西化。

【精打细算】jīng dǎ xì suàn 成。认真仔细地打算和计划;多指使用人力或财物:用钱要～,不要大手大脚。

【精当】jīngdàng 形。精确恰当;多指言论、见解、文字等:用词～|他的议论十分～,切中时弊。

【精到】jīngdào 形。精细周到:道理阐发得非常～。

【精干】jīnggàn 形。精明强干:选一个～的人当领导|人员都很～。

【精光】jīngguāng 形。不加程度副词。(1)一点不剩,一干二净;常作补语:把一大杯酒喝得～|输得～。(2)光洁;可作定语、谓语、补语:桌面～发亮|头梳得～。

【精悍】jīnghàn 形。(1)指人精明能干:此人～而练达,堪当重任。(2)指文笔精练犀利:文章短小～|笔力～。

【精华】jīnghuá 名。事物中最重要、最有用的部分;不加数量词:取其～,去取糟粕|这是全文的～所在。

【精简】jīngjiǎn 动。丢掉不必要的,留下必要的;常带宾语或补语:～人员|～机构|～得很多。

【精力】jīnglì 名。精神和体力;一般不加数量词:～充沛|他把所有的～都用在学习上了。

【精炼】jīngliàn ❶同"精练"。❷动。提炼事物的精华,把杂质去掉;常带宾语或补语:～石油|这种药膏是由十多味中药～成的。

【精练】jīngliàn 形。简洁扼要;指文章或讲话:文笔很～|这首诗含意深远,语句～。

【精良】jīngliáng 形。精致优良:工艺～|装备～|武器～|各种陈列品制作很～。

【精灵】jīngling ❶名。鬼怪;含亲昵的意味:《聊斋志异》里有许多可爱的～,也有许多可憎的恶鬼|海燕,你是大海的～!❷〈方〉形。机灵,机警聪明:这孩子很～,一说就明白了|战士们～地摸到敌人的背后,一下子消灭了前来偷袭的敌军。

【精美】jīngměi 形。精致美好:～的插

图|两只纯白发亮的玉杯非常~|故宫的建筑不但规模宏大,而且~绝伦。

【精密】jīngmì 形。精确细密:~的仪器|作了非常~的计算。

【精妙】jīngmiào 形。精致巧妙:~的语言|构思非常~|~无比的工艺品。

【精明】jīngmíng 形。形容人机灵聪明:~的厂长|小强非常~能干。

　*"精明"和"精细":"精明"着重形容人机灵聪明;"精细"则着重形容人细心,考虑问题周密。

【精明强干】jīng míng qiáng gàn 成。机灵聪明,善于谋划和办事:她是个~的企业家。

【精疲力竭】jīng pí lì jié 见"筋疲力尽"。

【精辟】jīngpì 形。深刻,透彻;多指"理论、见解"等:论述十分~|~地分析了当前的形势。

　*"精辟"和"精当":"精当"言论见、解等精确恰当;"精辟"是在"精当"的基础上更进一步,达到深刻、透彻的程度。

【精巧】jīngqiǎo 形。精细巧妙;多指手艺、技术或器物构造等:工艺很~|~的挂钟。有时也指艺术构思:这幅画构思~。

【精确】jīngquè 形。非常准确:~地测量|计算很~。

　*"精确"和"精辟":"精确"形容准确和正确的程度很高;"精辟"形容深刻、透彻无比。"精确"多用于形容计算等,也可形容说理、语言;"精辟"只用来形容说理、语言、文字等。

【精锐】jīngruì 形。装备精良、富有战斗力;多指军队,常作定语:~的部队。

【精深】jīngshēn 形。既专又深,又有造诣;多指学识或理论:学识~|~的理论。

【精神】jīngshén 名。(1)指人的意识、心理活动或状态等:~面貌|~分裂|~生活。(2)主旨,主要的意义;多指某种文章或理论:~实质|政策~|传达文件~。

【精神】jīng·shen ❶名。形之于外的活力;打不起~|~不佳。❷形。神气,有生气的样子:穿这件衣服人显得~|别看他年纪大了,却很~。

【精审】jīngshěn 〈书〉形。精密周详;指文字、计划、意见等:工作计划仅具轮廓,极不~。

【精髓】jīngsuǐ 名。精华,事物最重要、最好的部分:文章的~|这是孔子学说的~。

　*"精髓"和"精华":"精髓"只指内在的最本质的东西,多用于书面语;"精华"既可指内在的,也可指显而易见的,含有"美好、精良"的意思,书面语和口语中都常用。

【精通】jīngtōng 动。深刻地理解,熟练地掌握;指技术、学问、业务等,常带宾语或补语,可带动态助词"了":~业务|五年之内就~了两门外语|~得很。可加程度副词:这方面的技术他非常~。

【精卫填海】jīngwèi tián hǎi 成。据《山海经·北山经》上说,炎帝有个女儿淹死在东海,死后变为"精卫"鸟,每天衔来西山的木石,力图填平大海。表示深仇大恨,立志必报。也比喻不畏艰险,矢志不移的坚毅精神:我们要有~的精神,投入反侵略的战斗,争取最后的胜利。

【精细】jīngxì 形。精密细致:做工很~|考虑得非常~。

　*"精细"和"精致":"精细"着重在周到细致;"精致"着重在精巧别致。"精细"多用于人的思考、工作等方面;"精致"只用于物品的造型,园林建筑布置等,如"精致的工艺品"。

【精心】jīngxīn 形。特别用心,专心致力:做手术要~。常作状语:~护理|~设计,~施工。

【精益求精】jīng yì qiú jīng 成。好了还要求更好:写文章要反复修改,~。

【精湛】jīngzhàn 形。精深:~的见解|~的分析|技艺非常~。

【精致】jīngzhì 形。制造得精巧细致:~的陈设|图案很~。

【精制】jīngzhì 动。常带宾语或补语,可带动态助词"了"。(1)精工制造:他采用传统的工艺~了一条一米多长的东方巨龙|一个树桩在他手里就~成飞禽走兽,真是巧夺天工!(2)把粗制品再加工:~食盐的工艺并不复杂|这种药膏是由十几种中药加工~而成的|海盐最好再~一下,才合乎食用标准。

【精壮】jīngzhuàng 形。强壮;多用于人:~劳力|多么~的小伙子。

旌

jīng 〈素〉(1)一种古代使用的旗子，旗杆顶上用五种颜色的羽毛做装饰：～旗。(2)表扬：～表。

【旌表】jīngbiǎo 〈古〉动。封建时代用立牌坊或挂匾额等方式表扬遵守封建礼教的人：～忠孝之士|奏请～。

【旌旗】jīngqí 名。各种旗子：山下～在望|～招展。

晶

jīng 〈素〉(1)光亮：～莹|亮～～。(2)晶体：冰～|结～。(3)水晶：茶～|墨～。

【晶体】jīngtǐ 名。原子、离子或分子按一定次序排列具有规则外形的固体，如食盐、石英、云母、单晶硅等。也叫结晶体或结晶。

【晶体管】jīngtǐguǎn 名。用锗、硅等半导体制成的电子管。因体积小、不怕震、耗电少、寿命长，在无线电工业中被广泛应用。

【晶莹】jīngyíng 形。光亮而透明；多形容水珠、露珠、泪珠、玉石、冰雪等：眼里闪着～的泪珠|草上的露珠在阳光下～发亮。

粳（稉、秔）

jīng 名。粳稻，稻的一种。茎秆较矮，叶子较窄，深绿色，耐肥、耐寒。米粒短而粗，粘性次于糯米。

兢

jīng [兢兢] 形。小心谨慎；不加程度副词，多用在固定组合中：～业业|战战～。

【兢兢业业】jīngjīng yèyè 成。兢兢：形容小心谨慎；业业：畏惧的样子。小心谨慎，认真踏实：周总理几十年～，操劳国家大事。

jǐng (ㄐㄧㄥˇ)

井

jǐng ❶名。(1)从地面往下凿成的能取水的深洞：这口～的水很清。(2)二十八宿之一。❷〈素〉(1)形状像井的空间：天～|矿～|盐～。(2)整齐：～然|～～有条。❸姓。

【井底之蛙】jǐng dǐ zhī wā 成。井底下的青蛙，生活在很小的环境里，看不到广阔的天地。比喻见识狭小的人。

【井井有条】jǐngjǐng yǒu tiáo 成。井井：做事有法，符合规定。形容条理分明：他把仓库整理得～。

【井然】jǐngrán 〈书〉形。整齐的样子；不加程度副词：～有序|层次～|秩序～。

【井水不犯河水】jǐngshuǐ bù fàn héshuǐ 习。比喻互不相犯：我的事你别管，你的事我也不问，咱俩～，各奔前程|～，我们又何必干涉人家的事呢？

肼

jǐng 名。一类含氮有机化合物。最简单的肼也叫联氨，是有毒的油状液体，用来制药，也用作喷气式发动机和火箭的燃料。

阱（穽）

jǐng 〈素〉捕捉野兽用的陷坑：陷～。

刭（剄）

jǐng 〈素〉用刀子割脖子：自～。

颈（頸）

jǐng 〈素〉(1)脖子：～项|长～鹿。(2)物体上像颈的部分：长～瓶。

【颈项】jǐngxiàng 名。脖子。

景

jǐng ❶名。风景：西湖十～|金陵四十八～|一步一～。❷〈素〉(1)情况，情形：～况|前～|远～|晚～。(2)尊敬，佩服：～慕|～仰。❸〈古〉同"影(yǐng)"。❹姓。

【景况】jǐngkuàng 名。情况；多指生活境遇：他家的～越来越好。

【景慕】jǐngmù 〈书〉动。敬佩；常带宾语，可加程度副词：非常～他的为人。可作定语：怀着～的心情。

【景颇族】jǐngpōzú 名。我国少数民族之一，分布在云南一带。

【景气】jǐngqì 形。形容社会生产增长、商业活跃、市场繁荣等现象：市场越来越～|这家工厂生产不～。

【景色】jǐngsè 名。景致；多指美好的自然风光：迷人的～|～壮丽。

*"景色"和"景象"："景色"指自然风光；"景象"指自然风光和人事活动所构成的图景。"景色"一般指好的风景；"景象"可以指好的，也可指不好的现象，如"悲惨的景象"。

【景泰蓝】jǐngtàilán 名。我国独特的传统工艺美术品之一。用紫铜做成器物的胎，用铜丝掐成各种花纹焊在铜胎上，填以珐琅彩釉，经烧制磨光镀金或银而成。因为明代景泰年间在北京开始大量制造,珐琅彩釉多用蓝色,所以叫景泰蓝。也叫铜胎掐丝珐琅。

【景物】jǐngwù 名。景致和事物;多指供观赏的:~宜人|我站在山顶上眺望四周的~。

　　*"景物"和"景色":它们都含有外在景象的意思,但"景物"指山水、花草树木、雨雪、建筑物等具体的东西;"景色"泛指由山水、花草树木等构成的大自然的风光。

【景象】jǐngxiàng 名。指自然景物和人事活动所构成的图景:一片丰收~。

　　*"景象"和"景物":"景象"除自然景物外,还包括与人事活动有关的图景、现象乃至气氛;"景物"只指可供观赏的山水花木等具体的东西。"景象"常用"繁荣、兴旺、欣欣向荣"等词语形容;"景物"不用这些词语形容。

【景仰】jǐngyǎng 动。仰慕,敬佩;常带宾语或补语:~革命先烈|~已久。可加程度副词:我对他十分~。可作定语:他是我早已~的作家。

【景遇】jǐngyù 名。〈书〉景况和遭遇:~不佳|他晚年的~很凄凉。

【景致】jǐngzhì 名。风景:登上高楼,古城的~尽收眼底。

憬 jǐng 〈素〉觉悟,醒悟:~悟|~然。

【憬然】jǐngrán 〈书〉形。觉悟的样子:~有悟。

【憬悟】jǐngwù 〈书〉动。指认识由模糊而清楚,由错误而正确:业已~|有所~|幡然~。

璟 jǐng 〈古〉名。玉的光彩。

儆 jǐng 〈素〉使人觉悟而不犯过错:~戒|惩一~百|以~效尤。

【儆戒】jǐngjiè 〈书〉动。惩戒或告诫,使感悟而不再犯错误:以示~。可带宾语:给他处分也是为了~别人。也作儆诫、警戒。

警 jǐng 〈素〉(1)戒备:~戒|~备。(2)需要注意或戒备的危急情况或消息:火~|~报|报~。(3)反应敏锐:机~|~醒。(4)警察:民~|法~|交~。

【警报】jǐngbào 名。对即将到来的危险情况发出的通知或信号:空袭~|台风~|拉~(指警笛)。

【警备】jǐngbèi 动。警戒防备:~森严|加强~。常作定语:~部队|~司令部。

【警察】jǐngchá 名。(1)国家维持社会治安的武装力量,是国家机器的重要组成部分。(2)指参加这种机构的成员。

【警告】jǐnggào ❶动。常带宾语。(1)提醒,使警惕。常带兼语:为了预防近视眼,老师一再~大家不可在昏暗的光线下看书。(2)对犯错误或有不正当行为的个人、团体或国家提出告诫,使之认识必须对严重后果负责:~贪污分子,务必要坦白交代|他们的飞机刚侵入我国领空,我有关部门立即向他们发出~。❷名。对犯错误者的一种处分:给予~处分。

【警戒】jǐngjiè ❶动。(1)告诫人,使注意改正错误:给他处分,也是为了~大家。也作儆戒、儆戒。(2)军队为了防备敌人的侦察和突然袭击而采取保障措施;常作其他动词的宾语:加强~|三连担任~|进入防地,立刻进行~。❷名。军队为了防备敌人的侦察和突然袭击而采取的保障措施。分行军警戒、驻军警戒和战斗警戒等。

【警句】jǐngjù 名。语言精炼、含意深刻的句子:鲁迅作品中有许多~,发人深省,令人难忘。

【警觉】jǐngjué ❶名。对可能发生的事变或危险所具有的敏锐的感觉;一般不作主语,多作宾语:提高~|要有最大的~。❷动。敏锐地感觉到;常带补语:在侦破过程中,由于发现了新的情况,他~了起来。加补语"到"后可带宾语:他已~到敌人的阴谋。

【警惕】jǐngtì 动。对可能发生的危险情况或错误倾向保持警觉;多带宾语:~敌人的破坏活动。常作"提高、保持、引起、放松"等动词的宾语:提高~|不可放松~。也可作状语:~地注视着前方。

【警卫】jǐngwèi ❶动。用武装力量实行警戒、保卫;常带宾语,可加动态助词"着、过":这个连队正日夜~着大桥。❷名。执行警戒和保卫任务的人:他是首长的~。

【警醒】jǐngxǐng ❶形。睡觉时容易觉醒:他睡觉很~,一有响动就醒了。❷动。猛然省悟;不带宾语:他的话切中时弊,令人深思,令人~。可带补语:要从过去的教训中~过来。也作警省。

【警钟】jǐngzhōng 名。报告紧急情况或发生危险时敲的钟;多用于比喻,常作"敲"的宾语:这次事故给人们敲起了~,务必注意安全。

jìng(ㄐㄧㄥ)

劲(勁) jìng 〈素〉(1)坚强有力,挺拔: ~松。(2)猛烈: ~风。另见jìn。

【劲敌】jìngdí 名。实力强大的敌人或对手:今天上场的女排是中国女排的唯一~。

【劲旅】jìnglǚ 〈书〉名。战斗力强的军队;量词用"支":老二团是八路军的一支~。也指实力雄厚的竞争对手:中国乒乓球队在世界乒坛上堪称~。

径(徑、△逕) jìng △❶〈书〉副。直接,迳直:来稿~寄编辑部|货物取到~送上海,不必带回。❷〈素〉△(1)狭窄的道路,小路:路~|曲~|山~。△(2)比喻达到某种目的的方法:门~|捷~。(3)直径:半~|口~。

【径情直遂】jìng qíng zhí suì 成。径情:任情,随心;遂:成功。随着自己的意愿,顺利获得成功;事物是往返曲折的,不是一~的。

【径庭】jìngtíng 〈书〉形。相差太远,互相矛盾;不加程度副词,前面常加"大有、大相"等词语:出发点虽然相同,结果却大相~|两个人的意见大有~。

【径直】jìngzhí 副。只作动词状语。(1)一直向前,不绕道,不打停:车子~开到市政府|飞机升空后,~向北飞去。(2)表示直接做某事,不另外费周折:稿子~寄给编辑部,不必托人转交|你~告诉他我不去,不要转弯抹角。

【径自】jìngzì 副。表示自己直接行动;未经请假,~离校。

胫(脛) jìng 名。小腿。

痉(痙) jìng [痉挛](-luán) 动。肌肉紧张,不自然地收缩,多由中枢神经系统刺激引起;不带宾语:手足~|胃~。

净(淨、浄) jìng ❶形。(1)清洁,干净;多作补语:这衣服没洗~|地要扫~|胡子没刮~。(2)完,光,没有剩余;多作状语或补语:~增100元|~收1000元|麦子要打~。❷副。全,都,只:两旁的树~是法桐|这几天~下雨。❸动。使清洁;须带宾语:痛痛快快洗个澡,~一下身子|~~桌面儿。❹名。传统戏曲里的角色名称,俗称花脸。

【净化】jìnghuà 动。常带宾语。(1)清除有害物质或其他杂质,使纯净: ~污水。(2)比喻去除不好的东西,使纯洁:美育可以~人的感情。

【净尽】jìngjìn 形。干净彻底,无剩余;常作"清除、消灭、洗涤"等动词的补语:一切害人虫都要扫除~。

【净利】jìnglì 名。企业总收入除去一切消耗费用、税款及其他开支所剩下的纯利润;区别于"毛利"。

【净手】jìngshǒu 动。不带宾语。(1)〈方〉洗手。(2)指解大小便,婉辞。

【净重】jìngzhòng 名。禽畜除去毛皮或货物除去包装、容器后纯净的重量;区别于"毛重":这头猪~55千克。

竞(競) jìng ❶〈素〉比赛,争胜: ~赛|~走|~选|~争。

【竞技】jìngjì 名。指体育比赛;多作定语: ~状态|~体操。

【竞技体操】jìngjì tǐcāo 词组。体操项目之一,男子竞技有单杠、双杠、自由体操、跳马、鞍马、吊环六项,女子竞技有高低杠、平衡木、自由体操、跳马四项。

【竞赛】jìngsài ❶动。互相比赛,争取优胜;不带宾语,可带补语:各国选手经过几次~,形势已经明朗|咱们来~一下。❷名。(1)指某种竞赛活动:劳动~|生产~|学习~。(2)角逐,竞争;用于国际军备方面,含贬义:军备~|核~。

【竞选】jìngxuǎn 动。在选举前互相竞争选票,争取当选;多发生在资本主义国

竟 竟 境 猄 镜 靓 靖 静 jīng 553

家：退出～。可带宾语或补语：两党候选人～总统｜～过三次。

【竞争】jìngzhēng 动。为了自己的利益而与人争胜；一般不带宾语，作谓语时前面常加助动词或与其他动词构成连动词组：各种艺术流派可以自由～｜只有提高产品质量，才能到市场上去～。可作主语、宾语、定语：市场～可以促进产品质量的提高｜参加～｜～机制。有时带上"得过、不过"后可以再带宾语：～得过任何对手｜～不过人家。

【竞走】jìngzǒu 名。体育运动的径赛项目之一，竞走时要求两脚不得同时离地，脚着地时膝须伸直。

竟 jìng ❶副。表示出乎意料，居然：没想到，～如此简单｜大家以为他不赞成，谁知他～表示同意。❷〈素〉(1)终了，完毕：未～之业。(2)从头到尾：～日｜～夜。(3)终于：有志者事～成。(4)根究：穷源～委。

【竟然】jìngrán 副。表示出乎意料：浓密的乌云～一会儿就消失了。

【竟自】jìngzì 副。竟然：他生病未经治疗～痊愈了。

境 jìng 〈素〉(1)疆界，边界：国～｜边～｜入～越～。(2)地方，处所：～界｜仙～｜身临其～。(3)境况：～遇～｜逆～。

【境地】jìngdì 名。情况，地步；多指不利的：陷入孤立的～。

【境界】jìngjiè 名。(1)土地的界限：这里已进入江苏～。(2)指事物所达到的程度或表现的情况；多指抽象的事物：理想～｜艺术～。

【境况】jìngkuàng 名。所处地位的状况；多指经济方面的：近来他家～不好。

【境遇】jìngyù 名。境况和遭遇：他的～很不好｜各人～不同，不可一概而论。

猄 jīng 〈古〉名。传说中一种像虎豹的兽，生下来就吃生它的母兽。

镜 jìng ❶名。(～子)用来反映形象的器具，古代用铜磨制，现代用平面玻璃镀银或铝制成。❷〈素〉利用光学原理制成的用以帮助视力或做光学实验的器具：显微～｜望远～。

【镜花水月】jìng huā shuǐ yuè 成。镜中之花，水中之月，比喻虚幻的景象：他的愿望都成了～，落了空。

【镜头】jìngtóu 名。(1)摄影机或放映机上形成影像的透镜或透镜组。(2)照相摄取的一个画面：对准假山拍了个～。(3)电影时摄影机从开始转动到停止时所拍下的一系列画面：一个～｜一组～。

靓 jìng 〈古〉妆饰，打扮。
另见liàng。

【靓妆】jìngzhuāng〈书〉名。美丽的妆饰。

靖 jìng 〈素〉(1)安定：宁～｜平～。(2)使安定，平定：绥～｜难～｜边～。

静（靜）jìng ❶形。安静，没有声响；与"闹"相对：教室里很～｜喧闹的街市终于～了下来。❷动。(1)不要发生声响；常带补语：大家～下来吧，现在开会。(2)安定，不动；常带补语：你整天动个不停，就不能～一～？｜等他～下来再同他谈。也可作状语：他心脏病发作了，让他～躺着吧。❸姓。

【静寂】jìngjì 形。寂静，没有声响：四周一片～｜非常～的园林｜黑夜，～得像死水一般。

【静脉】jìngmài 名。把血液送回心脏的血管。静脉中的血液含较多的二氧化碳，呈暗红色。

【静谧】jìngmì〈书〉形。安静：～的原野｜～的小巷。

【静默】jìngmò 动。不带宾语，可带补语。(1)不出声：课堂上～无声，同学们都在认真思考。(2)肃立不做声，表示悼念：～三分钟。

【静穆】jìngmù 形。安静庄严：～的气氛｜追悼会正在进行，大厅里显得异常～。

【静悄悄】jìngqiāoqiāo 形。形容非常安静，没有声响；不加程度副词，常带助词"的"：～的黎明｜周围～的，没有一点声音。

【静养】jìngyǎng 动。安静地休养；不带宾语，可带补语：他操劳过度，需要～一段时间。

【静止】jìngzhǐ 动。物体不运动；不带宾语：草原好像是一个风浪很大的海洋，突然～了｜火车驶过后，声音渐远渐低，渐渐又恢复了原先的寂静。地面与空气

也似乎~了。常作定语：~状态|~的观点。

＊"静止"和"停止"："静止"是指物体处于不运动的状态；"停止"是指运动着的事物不再运动。"静止"不带宾语；"停止"能带宾语。"静止"常作定语或状语；"停止"一般不这样用。

敬 jìng ❶动。有礼貌地送上；指烟酒或其他物品，多带宾语：~烟|~茶。可带双宾语：~你一杯酒。❷〈素〉(1)尊敬：~爱|~佩|崇~|谢不敏。(2)恭敬：~辞|失~。(3)表示敬意的礼物：喜~。❸姓。

【敬爱】jìng'ài 动。尊敬热爱；可加程度副词：同学们对张老师很~。常带宾语：我们非常~战斗英雄。可作定语：~的领袖。

【敬辞】jìngcí 名。含有恭敬口气的用语，如"请问、借光"等。

【敬而远之】jìng ér yuǎn zhī 成。表面尊敬，实际不愿接近，远远避开；含贬义：有的领导干部官架子较大，群众对他~。

【敬礼】jìnglǐ 动。(1)立正、举手或鞠躬行礼表示恭敬；不带宾语：向首长~! 可拆开用：敬了一个礼|敬过礼。(2)〈书〉敬辞，用于书信结尾。

【敬慕】jìngmù 动。尊敬仰慕；多带宾语，可加程度副词：我们十分~华老为科学献身的精神。

【敬佩】jìngpèi 动。敬重佩服；多带宾语：我们都~李老师的为人。可加程度副词：对这位老革命我始终非常~。可作宾语：深表~。也可作定语：他是一位很可~的人。

【敬畏】jìngwèi 动。又敬重又畏惧：我们厂长态度严肃，使人~。可带宾语：她希望儿子从小~鬼神，也希望鬼神赐福给她儿子。

【敬谢不敏】jìng xiè bù mǐn 成。谢：推辞；不敏：不聪明，没有才能。恭敬地表示能力不够或不能接受；多作推辞做某件事的客气话。

【敬仰】jìngyǎng 动。尊敬仰慕：周总理为世界人民所~。可带宾语，可加程度副词：读了《地质之光》，同学们十分~李四光的爱国精神。

【敬意】jìngyì 名。尊敬的心情；常作宾语：聊表~|向英雄们表示~|这点礼品不成~。

【敬重】jìngzhòng 动。恭敬尊重；多带宾语，可加程度副词：~老人|他很受人~。

jiōng (ㄐㄩㄥ)

坰 jiōng 〈古〉名。离城很远的郊野。

扃 jiōng 〈古〉❶名。从外关闭门户用的门闩、门环之类，借指门扇。❷动。关闭。~门闭户。

jiǒng (ㄐㄩㄥˇ)

冏 jiǒng 〈古〉❶名。光。❷形。明亮。

炅 jiǒng 〈古〉名。日光。
另见 guì。

煚 jiǒng 〈古〉名。日光。

泂 jiǒng 〈古〉形。远。

迥 jiǒng 〈书〉副。差得远：二者~异，岂能混为一谈|小张进步很快，前后~若两人。

【迥然】jiǒngrán 副。表示差得很远：两个人的表现~不同。

绋(褧) jiǒng 〈古〉名。罩在外面的单衣。

炯 jiǒng [炯炯] 〈书〉形。形容明亮；多指目光，不加程度副词：目光~|他的眼神~有神。

窘 jiǒng ❶形。(1)穷困：他收入太少，生活很~。(2)为难：我原想请老师帮点忙，但看他的样子~得很，就改变了主意。❷动。使为难；须带宾语或补语：你明知道人家帮不了忙，何必再去~人家|这个问题~得他手足无措。

【窘况】jiǒngkuàng 名。十分困难又无法摆脱的境况：侵略军已现出进退两难的~。

【窘迫】jiǒngpò 形。(1)穷困；多指生计：生活十分~。(2)困危；多指处境：粮尽援绝，城中之敌~无计。

jiū(ㄐㄧㄡ)

纠 jiū 〈素〉(1)缠绕：～缠｜～纷｜～葛。(2)集合：～合｜～集。(3)纠正：～偏。

【纠察】jiūchá ❶动。在群众活动中维持秩序；不带宾语：在街头～。❷名。指在群众活动中维持秩序的人：派他当～。

【纠缠】jiūchán 动。(1)绕在一起；不带宾语，多带补语：这两家的矛盾老是～不清。(2)搅扰：已同你讲清了道理，请你别再～了。可带宾语或补语：别老是～着我｜这孩子从来没有～过人｜～了好半天。

【纠纷】jiūfēn 名。争执的事情；量词用"场"：一场～｜调解～｜闹～。

【纠葛】jiūgé 名。纠缠不清的事情：我没有听说他们之间有什么～。

【纠合】jiūhé 动。集合，联合；多用于贬义，常带宾语或补语：这家伙～一批爪牙，猖狂地进行反革命活动｜这伙人～在一起，干不出好事来。也作鸠合。

【纠集】jiūjí 动。纠合；含贬义，多带宾语或补语：他～了一伙人从事抢劫活动｜这批小流氓常～到一处为非作歹。也作鸠集。

【纠结】jiūjié 动。互相缠绕；不带宾语：许多毛线～在一起，解不开。

【纠偏】jiūpiān 动。纠正偏向或偏差；不带宾语：工作中应时时注意～。可拆开用：曾经纠了偏｜及时纠了偏。

【纠正】jiūzhèng 动。改正；对象指思想、行动、办法等方面的缺点、错误等，常带宾语或补语：～发音｜～歪风｜～偏向｜老师在替她～着舞蹈动作｜～得很快。可重叠：你那不正确的操作方法，也该～～了。

赳 jiū [赳赳]〈书〉形。威武健壮的样子；多用在固定组合中：～武夫。

鸠 jiū ❶名。鸽子一类鸟的总称，常见的有斑鸠、雉鸠等。❷〈素〉聚集：～合｜～集。

【鸠合】jiūhé 见"纠合"。
【鸠集】jiūjí 见"纠集"。
【鸠形鹄面】jiū xíng hú miàn 成。斑鸠的形状，腹部低陷，胸骨突起；鹄面：像黄鹄鸟一样苍黄的面色。形容人因饥饿而带瘦的样子：在旧社会，～的乞丐到处皆有。

究 jiū ❶〈书〉副。到底，究竟：这个问题～属何种性质，尚需进一步调查。❷〈素〉仔细推求，追查：研～｜追～｜深～。

【究办】jiūbàn 动。追究法办；一般不带宾语：对贪污分子必须依法～。

【究诘】jiūjié〈书〉动。追问；不带宾语：这个问题无须～。

【究竟】jiūjìng ❶名。结果，原委：讲了半天也没讲出个～来｜欲知～，请看下文。❷副。(1)到底；用在问句里表示追究：～谁去参加明天的会？｜这场比赛你～有没有信心打好？注意：在是非问句里不用"究竟"，可以说"这道题你会做了吗"，但不能说"这道题你究竟会做吗"。(2)终究，毕竟；有加强语气的作用，表示根到底结论就是这样：他们～年纪轻，干个把通宵不在乎｜现在～是春天，雪下下来很快就化了。

阄(鬮) jiū 名。(～儿)抓阄时卷起或揉成团的纸片。参见"抓阄儿"。

揪 jiū 动。紧紧地抓，抓住并拉；常带宾语或补语：她一生气就～孩子的头发｜～紧些，别把他放跑了。可构成连动词组：～着绳子往上爬。

【揪辫子】jiū biànzi 习。比喻抓住缺点为把柄：～是整人的方法，应该摒弃。也说抓辫子。

【揪心】jiūxīn〈方〉动。牵肠挂肚，放心不下，担心；不带宾语：这孩子常闯祸，真让家里人～。可拆开用：我没有为这些小事揪过心｜又在揪什么心？

啾 jiū 拟声。摹拟鸟虫等细小的叫声，常叠用：雀鸣～～。也摹拟凄厉的叫声：～～猿啼｜～～马鸣。

鬏 jiū 名。(～儿)头上盘成的发结：有些青年妇女，头上还梳个～儿。

jiǔ(ㄐㄧㄡˇ)

九 jiǔ ❶数。(1)数目，八加一所得的数。❷〈素〉(1)表示多数或多次：～

泉｜～霄｜～牛一毛。(2)从冬至起每九天是一个"九",到九"九"为止:数～。

【九重霄】jiǔchóngxiāo 名。重:层;霄:天空。古代神话中传说天有九重,后以"九重霄"指天空极高处。

【九归】jiǔguī 名。珠算中用一到九为除数的除法口诀。如"二一添作五",就是二除十商是五。

【九九归一】jiǔ jiǔ guī yī 成。转来转去结果又还了原:想来想去,～,还是开始想的对。也叫九九归原。

【九牛二虎之力】jiǔ niú èr hǔ zhī lì 成。喻指很大的力量:他费了～,才把事情办好。

【九牛一毛】jiǔ niú yì máo 成。许多牛身上的一根毛,比喻极大数量中极少的一点数量:捐出这点钱,对这个百万富翁说来,不过～,是微不足道的。

【九泉】jiǔquán 〈书〉名。指死人埋葬的地方,迷信的人指阴间:含笑于～｜饮恨～｜可以告慰～之下的先人。

【九死一生】jiǔ sǐ yī shēng 成。(1)死去的可能性极大,活着的可能性极小:他这一去,～,回来的可能性很小。(2)形容经历了极大危险而幸存:他历经种种艰险磨难,～,好不容易才活下来。

【九天】jiǔtiān 名。天空的最高处:不能把人一下子捧到～之上,一下子又贬到九地之下。

【九霄云外】jiǔ xiāo yún wài 成。九重天的外面,形容远得无影无踪;多用"到、在"组成介词词组作补语:他早把我忘到～了。

【九州】jiǔzhōu 名。传说我国上古把全国分为九州,后以"九州"代指中国:月儿弯弯照～。

氿 jiǔ 湖名用字。东氿、西氿,都在江苏宜兴市。

另见guǐ。

久 jiǔ ❶形。时间长:他等了很～。❷名。指时间的长短:他离家多～了?｜他练了两年之～,终于夺得了冠军。

【久而久之】jiǔ ér jiǔ zhī 成。经过了相当长的时间:我刚开始吸烟是出于好奇,～竟成了习惯。

【久久】jiǔjiǔ 副。长久,很久:只作状语:老师的临别赠言,他～不能忘怀。

【久留】jiǔliú 动。长时间地停留;不带宾语,多用于否定式:是非之地,不可～｜此非～之地。

【久违】jiǔwéi 动。好久没见;客套话,不带宾语,一般单独成句:老张,～了,这几年工作可顺心?

【久仰】jiǔyǎng 动。早就仰慕;客套话,初次见面时用,多带宾语:～大名。如果不带宾语,要连用两个:你就是张先生,～～!

【久已】jiǔyǐ 副。早就:他们俩～认识。

【久远】jiǔyuǎn 形。长久:这幅画,年代～,多有缺损。

玖 jiǔ ❶数。数目字"九"的大写;用于票据、帐目等。❷〈古〉名。像玉的浅黑色的石头。

灸 jiǔ 动。中医的一种治疗方法,用燃烧的艾绒熏烤一定的穴位。灸法与针法常配合使用,故合称"针灸"。

韭(韮) jiǔ 见"韭菜"、"韭黄"。

【韭菜】jiǔcài 名。多年生草本植物,叶细长而扁。是普通蔬菜。

【韭黄】jiǔhuáng 名。冬季培育的韭菜,呈浅黄色。

酒 jiǔ ❶名。用粮食、水果等含淀粉或糖的物质做原料,经发酵制成的含酒精的饮料。❷姓。

【酒保】jiǔbǎo 名。旧指酒店伙计;多见于早期白话。

【酒会】jiǔhuì 名。一种形式比较简单的宴会,只用酒和点心待客,不排坐次,客人到场、退场都比较自由。

【酒家】jiǔjiā 名。(1)指酒店;现多用做饭馆名称。(2)即"酒保"。

【酒精】jiǔjīng 名。即乙醇,一种有机化合物,无色的可燃液体。是由含糖的物质发酵分馏或用乙醇加水制成。容易挥发,有特殊气味。在工农业和医药上有广泛的用途。

【酒帘】jiǔlián 见"酒望"。

【酒量】jiǔliàng 名。一次能喝多少酒的限度;常与数量词或"大、小"等词搭配:他有一斤的～｜他～大,这点酒喝不醉。

【酒令】jiǔlìng 名。饮酒时所作的游戏,可分输赢,输的人罚饮酒;常作"行"的宾语:我们今儿也行个~。

【酒囊饭袋】jiǔ náng fàn dài 成。比喻无能的人:这个人是个~,别指望他有什么用处。

【酒肉朋友】jiǔròu péngyǒu 成。只在一起吃喝玩乐的朋友:他们之间不存在真正的友情,只是互相利用的~而已。

【酒徒】jiǔtú 名。经常贪婪地饮酒的人;含贬义。

【酒望】jiǔwàng 名。旧时酒店的标志,多用布做成。也叫酒望子、酒帘。

【酒窝】jiǔwō 名。笑时脸颊上现出的小圆窝:她嫣然一笑,脸上露出了两个小~。也作酒涡。

【酒席】jiǔxí 名。请客或聚餐用的酒和整桌的菜;量词用"桌":几桌~。常作"摆、办"的宾语:结婚也不一定要大摆~。

【酒意】jiǔyì 名。喝酒将要醉的感觉或神情:他已带了三分~,不能再喝了|喝了一杯桔子汁,已经~全消。

jiù(ㄐㄧㄡˋ)

旧(舊) jiù ❶形。过去的,过时的或因长久使用而变了样子的;与"新"相对:~经验|~的观点|衣服太~了。❷〈素〉指老朋友或老交情:念~|怀~|亲朋故~。

【旧案】jiù'àn 名。(1)时间较长的案件:三十年前的~终于得到了正确的处理。(2)以前的条例、事例:侨务工作仍照~处理|重提~。

【旧调重弹】jiù diào chóng tán 比喻仍是老一套;含贬义。这篇文章毫无新意,只不过是~罢了。也说老调重弹。注意:"调、重、弹"三字的读音,不要弄错。

【旧观】jiùguān 名。原来的状况:未改~|迥非~|恢复~。

【旧交】jiùjiāo 名。老朋友:我俩是~,不用介绍了。

【旧教】jiùjiào 名。16世纪欧洲宗教改革后,称天主教为旧教。

【旧居】jiùjū 名。过去曾住过的地方:鲁迅~。

【旧历】jiùlì 名。指农历,阴历。

【旧日】jiùrì 〈书〉名。过去的日子:~朋友现在都不见了。

【旧诗】jiùshī 名。指用文言和传统格律写成的诗,包括古体诗和近体诗。也叫旧体诗。

【旧石器时代】jiùshíqì shídài 词组。石器时代的早期,是人类历史最古阶段。这时人类使用的工具是比较粗糙的打制石器,靠采集和渔猎为生。

【旧时】jiùshí 名。从前,过去的时间:~庭院如今已面目全非了。

【旧事】jiùshì 名。过去的事:你不要重提~。

【旧物】jiùwù 〈书〉名。(1)先代遗物,特指典章文物:这是宫廷~,现在已不多见。(2)指原有的国土:他们有光复~的决心。

【旧学】jiùxué 名。指西方文化传入之前我国固有的学术。

【旧雨】jiùyǔ 〈书〉名。唐·杜甫《秋述》:"卧病长安旅次,……常时车马之客,旧,雨来,今,雨不来。"本谓旧时宾客下雨也来,现在下雨就不来了。后人把"旧"和"雨"连在一起,喻指老朋友:~重逢|~新知。

【旧址】jiùzhǐ 名。旧时的地址;多指已迁移或已不存在的建筑或机构的原所在地:圆明园的~在北京海淀区。

臼 jiù ❶名。舂米的器具,用石头或木头制成,中间凹下。❷〈素〉形状像臼的:~齿。

【臼齿】jiùchǐ 名。位于口腔后方两侧的牙齿。通称槽牙。

柏 jiù 名。柏树,即乌柏,落叶乔木。种子可榨油。种子外面有白蜡层,可用来制造蜡烛和肥皂。叶可做染料。

舅 jiù ❶名。(1)称母亲的兄、弟;口语中一般要叠用,或加序数词:~~|二~。(2)古称丈夫的父亲;与"姑"并用:~姑(公婆)。❷〈素〉妻子的弟兄:妻~|~子。

咎 jiù ❶〈素〉(1)过失,罪过:~有应得|引~辞职。(2)责备,处分:不~既往。(3)凶:休~(凶吉)。

【咎由自取】jiù yóu zì qǔ 成。罪过或灾害是由自己招来的:~,怪不得别人|他违反交通规则,结果车翻人伤,真是~。

疚 jiù〈素〉对自身的错误深感痛苦：歉~|负~|内~。

柩 jiù〈素〉装着尸体的棺材：灵~|棺~。

救（捄） jiù 动。(1)帮助使脱离危险或灾难；常带宾语、兼语或补语：亏你~了他|~他出险|把小孩~出来了。可作动词"有、没、得"的宾语：你看这病人还有~没~？|终于得~了。(2)制止或排除危险、灾难等；须带原因宾语或补语：~了一场大火|这点米先给你~一下急。

【救兵】jiùbīng 名。情况紧急时来援助的军队：搬~|请~。

【救国】jiùguó 动。拯救国家，不使灭亡；不带宾语：他很早就从事~活动。

【救护】jiùhù 动。抢救并护理伤病人员，泛指救援有生命危险的人；多带宾语：~伤员|敌机轰炸的时候，他还在~群众。

【救荒】jiùhuāng 动。采取措施，使度过灾荒；不带宾语。生产~。可作定语：抢种~作物|开展群众性的~运动。可拆开用：我曾经在这里救过荒。

【救活】jiùhuó 动。常带宾语。(1)拯救垂危的生命，使存活：他医术高明，曾~了不少人|从水中~过两个少年。在被动句中不带宾语：一个生命垂危的人又给~了。(2)喻指挽救了危局，使获得生机：一着棋~了一盘棋|一出戏~了一个剧种。

【救火】jiùhuǒ 动。在火场灭火；不带宾语：消防人员奋力~。可拆开用：救了一场大火|救过火。

【救急】jiùjí 动。帮助解决突然发作的伤病或其他急难；不带宾语：请调拨一些狂犬疫苗来~|这点点钱只能~，不能救穷。可作定语：~措施。可重叠：先借点钱给你救救急。可拆开用：救了他的急|救过他几次急。

【救济】jiùjì 动。用金钱或物资帮助灾区或生活困难的人；常带宾语、双宾语或兼语：~灾区人民|~了他100元|一群众度过荒年。可重叠：~受灾的难民吧。

＊"救济"和"接济"："救济"多指国家、政府、团体等大规模地急救、援助，对象常是灾民、难民、失业者或生活上有困难的人；"接济"指暂时的、少量的，对象主要是经济上困难的个人。

【救苦救难】jiù kǔ jiù nàn 成。拯救在苦难中的人：老百姓总盼望有个像济公和尚那样的人来~，其实那不过是一种幻想。

【救命】jiùmìng 动。抢救有生命危险的人；不带宾语，常作遇险时呼救语：快来~呵！可拆开用：救了三条命|他曾经救过很多人的命。

【救生】jiùshēng 动。抢救生命；不带宾语：这里水流湍急，~十分困难。常作定语：~设备|~船。

【救世主】jiùshìzhǔ 名。基督教认为耶稣是上帝的儿子，降生为人，是为了拯救世人，故叫"救世主"。

【救死扶伤】jiù sǐ fú shāng 成。抢救将死的人，照顾受伤的人；今多用以代表医务人员的光荣职责：~，实行革命的人道主义。

【救亡】jiùwáng 动。拯救祖国的危亡；不带宾语，常与其他动词并用：~图存|抗战~。也可作定语：~运动。

【救星】jiùxīng 名。称颂援救别人脱离苦难的人：他是人民的大~。

【救援】jiùyuán 动。帮助别人使脱离危险或痛苦：参加~工作。可带宾语：~被洪水围困的人。

【救助】jiùzhù 动。拯救和援助；多带宾语：他不止一次~过有生命危险的人|~难民是义不容辞的事。

厩（廐） jiù〈素〉马棚，泛指牲口棚：~肥。

【厩肥】jiùféi 名。牲畜的粪尿连同垫的干土、杂草等混合在一起沤成的肥料。也叫圈(juàn)肥。

就 jiù ❶动。常带宾语。(1)凑近，靠近；多构成连动词组，并带动态助词"着"：~着灯才能看清|~着桌子写字。(2)借着，趁着；多构成连动词组，并带动态助词"着"：我~这个机会同大家谈谈|~着这场雨赶快把苗种下去。(3)搭着，随同着；多指吃喝：花生米儿~酒。❷副。(1)表示很短时间以内即将发生：他马上~来|天很快~亮了。(2)强调早

就 jiù 559

已发生或结束;"就"前要有时间词语或其他副词: 她从小～学画画│事情经过早～清楚了│早在1500年前数学家祖冲之～把圆周率精确计算到小数点后第七位。(3)表示两件事紧接着发生,中间没有时间间隔;常与"刚、才、一"等配合着用: 刚出门～下起大雨来│才懂点皮毛,～骄傲自满了│人一走,茶～凉。(4)表示承接上文,得到结论;常跟"如果、只要、既然"等词组组成假设、条件、因果、选择、取舍、目的、承接等复句: 明天下雨,～不去公园│只要齐心,事情～能办成│既然你不了解底细,～不要乱发言。(5)只,仅仅;表示范围: 这件事～他知道│身上～剩下几分钱│～那十来秒钟,不明飞行物便消失了│村子里～十来户人家。(6)表示肯定;起加强语气作用: 身为干部,～得廉洁奉公│这儿～是我们的学校│你不让我去,我～要去。❸介。引进动作的对象或指明范围,多与"来说、而言"等搭配使用: 教研组～如何改革教学方法展开了热烈讨论│～工作经验来说,他比我丰富│～质量而言,这是世界第一流的。❹连。表示假设让步,相当于"就是、即使";常同副词"也"配合使用: 你～送给我,我也不要│他劳累了一整天,～连一口水也没喝上。❺〈素〉(1)到,开始从事: ～寝│～任│～职│～学。(2)完成,确定下来: 生～│成～│铸～│造～│一挥而～│急～章。

【就便】jiùbiàn 动。趁方便,顺便;常构成连动词组: 您去杭州,请～代我买一段绸料│这回去南京出差,可～参观一下博物馆。可拆开用: 就个便│就你的便。

【就餐】jiùcān 〈书〉动。到吃饭地方去吃饭;不带宾语: 请到食堂～。

【就此】jiùcǐ 副。就在此地或此时: ～分手│～停止│～作罢。

【就道】jiùdào 〈书〉动。动身上路;不带宾语: 来电催促,请立即～│匆匆～│整装～。

【就地】jiùdì 副。在原处,在当地: ～休息│～处决│～取材。

【就范】jiùfàn 动。听从支配,接受控制;不带宾语: 不肯～│在重压之下,他终于～了。

【就合】jiù·he 〈方〉动。(1)放弃原则去迁就别人: 对错误的言论,不能随便～。可带宾语: 我们不能随意～别人,该坚持原则的地方还得坚持。(2)蜷缩,不舒展;常带补语: 他的头和脚几乎～到一起了。

【就近】jiùjìn 副。在附近: ～招生│～入学。

【就里】jiùlǐ 名。其中底细,情况: 不知～,不便多言。

【就寝】jiùqǐn 动。上床睡觉;不带宾语: 按时～│～之前不宜进餐。

【就势】jiùshì 副。趁着便利的形势: 警察一下子抓住了罪犯的手,～把他铐了起来。

【就事论事】jiù shì lùn shì 成。按照事情本身的情况来评论: 你～地说吧,别提那些陈年老帐了。也指只就事情的表面现象来评论是非得失而不顾实质: 这场纠纷由来已久,情况比较复杂,不能～,各打50板。

【就是】jiùshì ❶副。(1)单用,表示同意: ～,照你说的办。(2)强调肯定;用在动词、形容词、数量词、代词等前面: 不懂～不懂,不要装懂│走上去～一脚│我～这样,看你把我怎么办。(3)确定范围排除其他: 我们家～这一间屋子│这孩子挺聪明,～有点淘气。注意: "他就是我们的语文老师"、"这就是他的家"里的"就"和"是"是两个词。❷连。(1)即使;表示假设让步,常同副词"也"配合使用: ～工作再忙,他也不放松学习。(2)同"不是"配合着用,连接并列的两个部分;表示交替或者选择关系: 星期天他们不是一起复习功课,～一起去看电影。

【就是了】·jiù·shi·le 助。用在陈述句的末尾。(1)表示不用犹豫、怀疑的语气: 我们一定完成年度计划,你们放心～。(2)表示如此而已,同"罢了";常跟"不过、只是"等呼应: 这件事我早就知道,不过没有说～│你不必当真,我只是说说～。

【就手】jiùshǒu 动。顺手;常构成连动词组: 请你～把门锁上│信写好之后,～把它寄了。可拆开用: 就你的手把几个碗洗了吧。

【就算】jiùsuàn 〈口〉连。即使;常同"也、还、又"等配合使用,表示让步转折: ～你作出了成绩,也不应当骄傲自满。

【就位】jiùwèi 动。到自己的位置上去;不带宾语: 会议开始,主席团～。

【就绪】jiùxù 动。事情安排妥当;不带宾语和补语: 一切准备～,可以开会了。

【就业】jiùyè 动。有了职业,参加工作;不带宾语: 他早已～了|今年～人数大大增加。可拆开用: 他曾经就过业|他已经就了业。

【就医】jiùyī 动。病人到医生那里请求诊治;不带宾语: 朋友们劝他出国～,他婉言谢绝了。可拆开用: 他曾到上海就过医,但仍然没有治好。

【就义】jiùyì 动。为正义事业而被敌人杀害;不带宾语: 慷慨～|从容～|她在敌人的铡刀下英勇～。

【就正】jiùzhèng 动。请求指正;谦词,不带宾语,多带"于"构成的介词词组作补语: ～方家。

【就职】jiùzhí 动。正式到达工作岗位;多指较高的职位,不带宾语: 新任市长已来～|宣誓～|发表～演说。可拆开用: 他曾经就过职|他已经就了职。

【就中】jiùzhōng ❶副。从中,居中: ～穿针引线做月老|～调解。❷〈方〉方位。其中: 班里的同志都了解班长,～小李了解得最全面,最详细。

僦 jiù 〈古〉动。租赁: ～屋。

鹫 jiù 名。鸟类的一属,即雕。

jū(ㄐㄩ)

车(車) jū 名。象棋棋子的一种。另见chē。

且 jū 〈古〉助。相当于现代汉语的"啊、呀"。另见qiě。

苴 jū [苴麻](-má) 名。大麻的雌株,所生的花都是雌花,开花后能结果实。

岨 jū 名。带土的石山。

狙 jū ❶名。古书中指猕猴。❷〈素〉窥伺: ～击。注意: "狙",不读作zǔ。

【狙击】jūjī 动。暗中埋伏、乘机袭击;常带宾语: 在路旁埋伏,准备～敌人。

疽 jū 名。中医指局部皮肤肿胀坚硬的毒疮。

趄 jū 见"越(zī)趄"。另见qiè。

雎 jū [雎鸠](-jiū) 名。古书上说的一种鸟。注意: "雎","且"字旁,不同于"目"字旁的"睢(suī)"。

拘 jū ❶动。(1)逮捕或扣押;可带态助词"了、过": 他没有被～过|把他～了起来。可带宾语: 今天～了两个人。(2)〈书〉限制;不带宾语: 不～多少|～于形式。❷〈素〉(1)约束: ～谨|～束。(2)不变通: ～泥|～执。

【拘捕】jūbǔ 动。逮捕: 这三个不法分子被～了。常带宾语: ～罪犯。

【拘谨】jūjǐn 形。过分拘束谨慎而显得不自然;多指人的言语和行动: 见面的时候你不要过于～。

【拘禁】jūjìn 动。把被逮捕的人暂时关押起来;常带宾语或补语: 这个看守所～了一些犯人|敌人把他～在一个秘密的地方|他被～过三次了。

【拘礼】jūlǐ 动。拘于礼节;不带宾语: 咱们两家不必～。可拆开用: 请随便坐,不必拘什么礼|我什么时候也没拘过礼。

【拘留】jūliú ❶动。公安机关把需要侦查的人临时关押起来,一般在三天内要确定是否逮捕,在特殊情况下,可再延长四天: 把抢劫犯送派出所～起来。可带宾语: ～了几个流氓分子。❷名。公安机关对违反治安条例的人的一种行政处罚。拘留期间为半月以上十日以下,加重处罚不得超过十五天。

【拘挛】jūluán 动。(1)肌肉收缩,不能伸展自如;不带宾语: 他的两手～着,拿东西很不方便。(2)〈书〉拘泥: 不要过分～形式。

【拘泥】jūnì 动。固执,不知变通;含贬义,常带宾语或补语,可加程度副词: ～成规,不知变通|不要太～于文章的形式。注意: "泥",这里不读ní。

【拘束】jūshù ❶动。对别人的言行加以不必要的限制: 做家长的不要～孩子们的正当活动。被动式说"受拘束"：从小受惯了～。❷形。过分约束自己显得态度不自然：到了他家，我很～。可重叠：这孩子见了生人就拘束束的。

＊"拘束"和"约束"："拘束"是使不能随便的意思，多是不必要的限制，"约束"是使不出范围，有的是必要的，有的是不必要的。"拘束"有形容词的用法；"约束"只能作动词用。

【拘押】jūyā 动。拘禁关押：～了六个惯犯｜被～过三次｜这里～着好多人。

【拘囿】jūyòu 动。局限，拘泥；不带宾语，常带状语：不要～于自己有限的见闻｜为陈规陋习所～，不思改进。

洵 jū 名。水名用字。洵河，在河北省。

驹 jū 名。(1)少壮的马：千里～。(2)(～儿、～子)初生不到一岁的骡、马、驴：小驴｜马～子。

居 jū ❶〈素〉动。(1)住：～民｜～住｜分～｜深～简出。(2)住所：迁～｜故～｜安～乐业。(3)处在：～中｜～左｜～高临下。(4)当，任：自～｜～功。(5)储存：积～｜囤积～奇。(6)停留，固定：变动不～｜岁月不～。(7)安放，存：～心。❷姓。

【居安思危】jū ān sī wēi 成。处在安定的环境里，要想到可能出现的灾难和危险：我们一定要加强国防建设，～，才能有备无患，随时歼灭入侵之敌。

【居多】jūduō 动。占多数；不带宾语：这里的材料，关于语言方面的～。

【居高临下】jū gāo lín xià 成。占据高处，俯视低处。形容所居地位十分有利：我军～，狠狠打击敌人。有时比喻身居高位，不能平等对人：对话是平等的，不是～的训话。

【居功】jūgōng 动。自以为有功劳；不带宾语：敬爱的周总理从不～自傲。可拆开用：从来没有听到他居过功｜你居的什么功？

【居间】jūjiān 副。在双方之间；多作"说合、调解、斡旋"等动词的状语：这件事全靠他～说合。

【居留】jūliú 动。居住停留：他在上海～过。可带宾语、状语或补语：～南京20年之久｜他在日本～了3年｜他长期～在海外。

【居民】jūmín 名。固定住在某一个地方的人；多指城镇的：这一带的～大多是工人。

【居奇】jūqí 动。看成是少有的奇货，等着卖大价钱；常用在固定组合中：囤积～。

【居然】jūrán 副。表示出乎意料；有转折作用，有时指本来不应该发生的事竟然发生：事情刚过几天，他～忘了。有时指本来不可能发生的事竟然发生：这么大的声音，～你没听见。有时指本来不容易做到的事竟然做到，多指向好的方面发展：俩人性格不同，～成了好朋友｜三年的课程他～一年就学完了。

【居士】jūshì 名。信佛教而不出家的人。

【居停】jūtíng〈书〉❶动。停留下来住下；常带表示处所的状语或补语：在京略事｜～于县城友人之家。❷名。旧时寄居之家的主人，被称为"居停主人"，简称居停。

【居心】jūxīn 动。怀着某种念头；多用在比较固定的组合中，用于贬义：～不良｜～叵测是何～？可拆开用：不知你居的什么心？

【居于】jūyú 动。处在；须带宾语：～领先地位｜～不利境地。

【居中】jūzhōng ❶副。在中间；常用在"说合、调解"之类的动词之前作状语：～调处｜～斡旋。❷方位。当中：两旁是对联，～是中堂。

【居住】jūzhù 动。较长时间住在一地；多用表示处所的词语作状语或补语：在北京～｜～在这里已经十年。

据 jū 见"拮(jié)据"。
另见 jù。

琚 jū ❶名。古人佩戴的一种玉。❷姓。

腒 jū〈古〉名。干腌的鸟肉。

裾 jū〈古〉名。指衣服的大襟或衣服的前后部分。

掬 jū〈素〉(1)用两手捧取：～取｜～水。(2)比喻表情显露，好像可以用手捧住：笑容可～｜憨态可～。

鞠 jū 〈素〉(1)养育，抚养：～育|～养。(2)弯曲：～躬。(3)古代的一种踢的球：蹴～。❷姓。

【鞠养】jūyǎng 〈书〉动。抚养：此子早孤，为兄嫂～。

【鞠躬】jūgōng 动。弯腰表示恭敬谨慎。现指弯身行礼；不带宾语，前边可直接加数词：向烈士三～。可拆开用：鞠了一躬|鞠过躬了(行过礼)。

【鞠躬尽瘁】jūgōng jìn cuì 三国·蜀·诸葛亮《后出师表》："臣鞠躬尽力(后世选本多作'鞠躬尽瘁')，死而后已。"形容小心谨慎，竭尽精力：周总理为了中国的革命和建设真正做到了"～，死而后已"。

锔（鋦） jū 动。用锔子把破裂的陶瓷器等接合起来；常带宾语或补语：～缸|～了两个锅|～不起来。
另见jú，"鋦"另见jú。

【锔子】jū·zi 名。用铜或铁制成的扁平的两脚钉，用来连合破裂的陶瓷器物。

鞫 jū 〈素〉审讯：～问|～讯。

【鞫问】jūwèn 〈书〉动。审问：历经～，均供认不讳。

jú（ㄐㄩˊ）

局 jú ❶名。(1)机关组织系统中按业务划分的单位；用在名词之后：教育～|人事～|铁路～。❷〈素〉(1)棋盘：棋～。(2)部分：～部。(3)形势，情况，处境：时～|～势|结～|大～。(4)拘束：～促|～限。(5)人的胸怀气量：器～|～量。(6)旧时某些聚会：牌～|赌～。(7)圈套：骗～。❸量。下一盘棋，或某些球类运动比赛一次：一～棋|乒乓球打了三～。

【局部】júbù 名。一部分，非整体；与"全部"相对，一般作定语：～地区有雪|～利益。

【局促】júcù 形。也作侷促、跼促。(1)狭小：这间房太～。(2)〈方〉短促；多指时间：半年时间太～了，任务完不成。(3)拘束，不自然：他到了一个新的地方，有些～不安。

【局蹐】jújí 见"蹐蹐"。

【局量】júliàng 〈书〉名。义同"器量"：～宽厚。

【局面】júmiàn 名。(1)一个时间内事情的形势和状态：安定的～|打开～。(2)〈方〉规模：这家店铺的～不大，货色却比较齐全。

【局势】júshì 名。政治、军事等的形势：～开始好转。
　　＊"局势"和"形势"："局势"只指政治、军事的发展情况，不指经济情况；"形势"可以指政治、军事、经济各方面及一切革命斗争的发展情况。"形势"可指"地势"；"局势"没有这种意思。

【局外人】júwàirén 名。指同某一件事情没有关系的人：你是～，就不要多插嘴了|这些情况，～人全然不知。

【局限】júxiàn 动。被限制在狭小的范围内；不带宾语，常带"于、在"等构成的介词词组作补语：不要把自己～在狭小的天地里|学习不能～在书本知识。

侷 jú 【侷促】(-cù) 见"局促"。

跼 jú 〈古〉形。腰背弯曲。

【跼促】júcù 见"局促"。

【跼蹐】jújí 〈书〉形。恐惧谨慎的样子：～不安|奸吏～。也作局蹐。

锔（鋦） jú 名。一种人造的放射性元素，符号Cm。锔的某些同位素放射性极强，经常处于炽热状态，人造卫星等用它作热电源。
另见jū。

桔 jú "橘"的俗体，不是规定的简化字。
另见jié。

菊 jú ❶名。菊花，多年生草本植物。秋天开花，品种很多，颜色、形状和大小变化很大，是我国著名的观赏植物。有的花可作饮料，也可入药。❷姓。

湨 jú 水名用字。湨水，在河南省。

鵙 jú 名。古书上说的一种鸟。

橘 jú 名。(1)橘树，常绿乔木，有刺，果实扁圆，果皮红黄色，味甜。果皮、种子、树叶等中医入药。(2)(～子)这种树结的果实。

【橘黄】júhuáng 形。比黄色稍深像橘子皮似的颜色；不加程度副词，不单独作谓语，多作定语：～外衣。

jǔ (ㄐㄩˇ)

柜 jǔ [柜柳](-liǔ) 名。落叶乔木，羽状复叶，小叶长椭圆形，花黄绿色，果实两旁有直立的翅，像元宝。性耐湿、耐碱，可固沙。木质坚韧，可编筐。也叫元宝枫。
另见guì。

矩（榘）jǔ 〈素〉(1)画直角或方形用的工具：～尺。(2)法度，规则：规～｜循规蹈～。
【矩形】jǔxíng 名。每个角都成直角，长和宽不相等的四边形。也叫长方形。
【矩矱】jǔyuē 〈书〉名。规矩，法度：绳之以～｜不合～。

咀 jǔ 〈素〉细嚼：～嚼。
【咀嚼】jǔjué 动。(1)用牙齿磨碎食物：吃东西要细细～。常带宾语或补语，多带动态助词"着、过"：牛～着青草｜牙装好了，但还没～过硬东西｜我烤了两片馒头，在炉前慢慢～起来。可重叠：慢慢～～，就吃出味儿来了。(2)比喻对事物反复体会：一篇作品要耐～。可带宾语：我反复～着信里的每一句话。

沮 jǔ 〈素〉(1)阻止：～遏。(2)败坏：～丧｜气～。
另见jù。
【沮遏】jǔè 〈书〉动。阻止。
【沮丧】jǔsàng ❶形。灰心失望：没有考上大学，他并不～。❷动。使灰心失望；须带宾语：他这番"宏论"不仅没有一点积极作用，反而～了不少人的情绪。

龃 jǔ [龃龉](-yǔ) 〈书〉动。上齿和下齿不齐，比喻意见不合，不融洽；不带宾语：莫为小事而～｜夫妻之间发生～是常有的事。

莒 jǔ 地名用字。莒县，在山东省。

筥（籧） jǔ 名。古代指圆形的竹筐。

枸 jǔ [枸橼](-yuán) 名。乔木或灌木，初夏开花，白色。果实长圆形，有香气，味酸苦。果皮可入药。也叫香橼。
另见gōu, gǒu。

蒟 jǔ 见"蒟酱"、"蒟蒻"。
【蒟酱】jǔjiàng 名。(1)见"蒌(lóu)叶"。(2)用蒌叶果实做成的酱。
【蒟蒻】jǔruò 见"魔芋"。

举（舉、擧） jǔ ❶动。(1)往上托，往上伸；带宾语或补语：～起奖杯｜把手～得高高的。也可带兼语：～他上树。(2)推选；常带兼语：大家～老王作代表。(3)提出；常带宾语或补语：～了几个例子。❷〈素〉(1)动作，行为：～动｜义～。(2)发起，兴起：～事｜～火｜～义。(3)全：～世闻名。
【举哀】jǔ'āi 动。(1)高声号哭；旧时丧礼用语。(2)旧指办理丧事。
【举案齐眉】jǔ àn qí méi 成。据《后汉书·梁鸿传》记载，梁鸿的妻子孟光，给丈夫送饭的时候常把"案"（端饭的托盘）举得高高的，表示尊敬。后来就用"举案齐眉"形容夫妻相敬：这对夫妻～，相敬如宾。
【举办】jǔbàn 动。举行，办理：这次棋赛由两个单位联合～。常带宾语或补语：我校～了一个进修班｜～过两次。
【举步】jǔbù 〈书〉动。迈步；不带宾语，多与其他动词连用，或带补语：正要～出门，忽然听到有人喊｜一病多日，～艰难。
【举措】jǔcuò 名。举动，措施；多与"失当、得体"等配用：～失当｜～得体。
【举动】jǔdòng 名。动作，行动：～迟缓｜这种～很不文明｜不知对方有何～。
　　＊"举动"和"动作"："举动"多指人的日常生活的活动，多用"迟缓、灵活、笨拙、快、慢"等来形容；"动作"多指军事、体育、杂技、戏剧表演等技巧性的身体活动，常用"准确、优美、熟练、规范"等赞美性词语来形容。"动作"有动词用法，有时还含有贬义，如"且看对方如何动作"；"举动"只是名词，不能这样用。
【举凡】jǔfán 〈书〉代。凡是；只用在名词或名词性词组前，统指事物的全数：～诗、词、歌、赋，莫不重视音韵节奏｜在他的笔下，～花鸟虫鱼皆栩栩如生。
【举火】jǔhuǒ 〈书〉动。不带宾语。(1)点火:~为号。(2)指生火做饭:一家人分为三处,~艰难。

【举国上下】jǔ guó shàng xià 成。全国上上下下:~,一片欢腾。

【举荐】jǔjiàn 动。推荐;常带宾语,可带动态助词"了、过":他向有关单位~了不少人才|~过几次了。可带兼语:~老张当厂长。

【举目】jǔmù〈书〉动。抬起眼睛看;常与"远望、眺望"等动词连用:~四望|~无亲(单身在外,见不到亲属和亲戚)。

【举棋不定】jǔ qí bù dìng 成。拿着棋子犹豫不决,放不下来。比喻拿不定主意:是否报考研究生,他有些~。

【举人】jǔrén 名。明清两代科举制度中,乡试录取的叫举人。

【举事】jǔshì〈书〉动。指发动武装暴动;不带宾语,常带表示时间、处所的词语作状语或补语:1851年洪秀全、杨秀清于广西金田村~。

【举世闻名】jǔ shì wén míng 成。全世界都知道:中国的万里长城~。

【举世瞩目】jǔ shì zhǔ mù 成。全世界都注意:~的世界杯足球赛就要开始了。注意:"瞩"不读shǔ。

【举行】jǔxíng 动。进行;多指集会、比赛等:庆祝会在大礼堂~。常带宾语:~过几次足球赛。可带动词作宾语:~谈判|~表演。
　　＊"举行"和"举办":"举行"的意思着重在"实行",用于能实行的活动,如集会、比赛、仪式、起义等;"举办"的意思着重在"办理",用于能办理的事情,如训练班、讲座、展览、事业等。

【举一反三】jǔ yī fǎn sān 成。举:提出;反:推及,推论。从一件事情类推而知道其他的许多事情。形容善于由此及彼,触类旁通:这个学生很聪明,学了课本知识以后,便动脑筋思考,常常~,因而成绩很好。

【举止】jǔzhǐ 名。指人的动作、姿态、风度等:~大方|~潇洒|~失态。

【举重】jǔzhòng 名。体育运动项目之一,有抓举、挺举两种。

【举足轻重】jǔ zú qīng zhòng 成。只要脚移动一下,就会影响两边的轻重。比喻所处地位重要,一举一动都要影响全局:他在领导班子中有~的作用。

榉(欅) jǔ [山毛榉](shānmāo-) 名。落叶乔木,高可达七、八丈,春天开花,萼有毛,结坚果。木材坚硬,可做枕木、家具等。

踽 jǔ [踽踽]〈书〉形。形容一个人走路孤零零的样子:~独行。

jù(ㄐㄩˋ)

巨(△鉅) jǔ △❶〈素〉大:~大|艰~|老奸~滑。❷姓。

【巨擘】jùbò〈书〉名。大拇指,比喻在某一方面杰出的人或事物:文坛~|堪称~。

【巨大】jùdà 形。很大;不加程度副词,一般没有否定式,常作定语:~的力量|~的成就。也可作谓语:工程~|变化~。
　　＊"巨大"和"庞大":"巨大"应用的范围较宽,可用来形容事物的规模、形体、数量、声音等;"庞大"应用的范围较窄,主要用来形容事物的形体、组织机构、数量等。"巨大"不带褒贬色彩;"庞大"多含贬义。

【巨匠】jùjiàng〈书〉名。指称在文学艺术或科学等方面有杰出成就的人:语言~|文学~。

【巨流】jùliú 名。巨大的水流,比喻巨大的时代潮流:革命~滚滚向前。

【巨人】jùrén 名。(1)身材特别高大的人,有的是由于发育异常所致。(2)神话里指具有非凡神力的人。(3)比喻伟大的人物:他是时代的~。

【巨头】jùtóu 名。政治、经济界等有较大势力的头目:金融~|三~。

【巨万】jùwàn〈书〉形。指钱财数目极大;不加程度副词:家累~|耗资~。

【巨细】jùxì 名。大小;多用在固定组合中:事无~。

【巨著】jùzhù 名。指篇幅很长或内容精深的著作:《资本论》是马克思用40年心血写成的一部~。

讵 jù〈书〉副。岂,怎么;用于反问:~料局势骤变?|~能预知?

拒苣炬距句具俱惧 jù 565

拒 jù 〈素〉(1)抵抗,阻挡:抗～。(2)不接受:～绝|来者不～|～谏饰非。

【拒捕】jùbǔ 动。罪犯抗拒逮捕;不带宾语:该犯极力～,但终被我公安人员所制服。

【拒谏饰非】jù jiàn shì fēi 成。拒绝别人的规劝,掩饰自己的错误:各级领导都要虚心接受群众的批评,决不能～。

【拒绝】jùjué 动。不接受;多指请求、意见、礼物等,可带名词、动词和主谓词组作宾语:～了大家的意见|～接受|～谈判|～他来和我见面。

苣 jù 见"莴(wō)苣"。
另见qǔ。

炬 jù 〈素〉火把:火～|付之一～|目光如～。

距 jù ❶〈书〉动。距离;多与单音节词相配:～今十载。❷名。雄鸡、雉等的爪后面突出像脚趾的部分。

【距离】jùlí ❶动。两者间相隔,一般用于时间或空间,多带宾语:现在～唐代已有一千多年|苏州～上海很近。❷名。指相隔的长度:两地的～约100公里。喻指相互之间的差别或隔阂:逐步缩短城乡之间的～|我们之间没有～。

句 jù ❶名。句子;组词成～。❷量。用于语言:写了四～诗|这一话很有意思。
另见gōu, gòu(勾)。

【句读】jùdòu 名。古时指辞停顿的地方。语意已尽的地方叫"句",句中语意未完但可稍为停顿的地方叫"读"。

【句号】jùhào 名。指标点符号"。",表示陈述句完了之后的停顿。

【句子】jù·zi 名。用词或词组依照一定方式组合起来,能单独表达一个相对完整意思的语言单位。每个句子都有一定的语调和语气。

【句子成分】jù·zi chéngfèn 名词组。句子的组成部分,包括主语、谓语、述语、宾语、补语、状语和定语等。一个主谓句可包含主语和谓语两个成分,其他几个是这两个成分的附加成分或连带成分。如:我们(主)|今年(状)研制(述)成功(补)了一种(定)新(定)产品(宾)。"||"前面的是主语,后面的是谓语。

具 jù ❶后缀。用具:农～|工～|玩～。❷〈书〉量。用于尸体、棺材和某些器物:一～尸体|座钟一～。❸〈书〉动。(1)具有;常以"规模、轮廓"等词作宾语:粗～规模。(2)备,办;须带宾语:谨～薄礼|～文上报|敬～菲酌。恭请光临。

【具备】jùbèi 动。(1)具有;多带宾语:～报考条件|他～着勇敢、机智、顽强等优点。(2)齐备;不带宾语:万事～,只欠东风。

【具名】jùmíng 动。在文件及某些材料上签上姓名;不带宾语:在证明材料上～。可拆开用:他在倡议书上具了名|具过名。

【具体】jùtǐ ❶形。(1)不抽象,不笼统:这份报告写得很～|～分析|～研究。(2)特定的;多修饰人或事物:地点的人要作切合实际的分析|～时间,地点未有确定。❷动。把理论或原则结合、落实到特定的人或事物上;须加"到"后才能带宾语:精简机构要～落实到每个单位。

【具体而微】jù tǐ ér wēi 成。具体:各部分已大体具备。微:微小。事物的内容大体具备,但形状或规模较小:这一画册不仅制作精美,而且～地收集了我国古代名画的精粹。

【具文】jùwén 名。空文;多指徒有形式而无实际意义的规章制度:这些规定不过是一纸～。

【具有】jùyǒu 动。有;多用于抽象事物,多带宾语:这是一件～伟大历史意义的事。

＊"具有"和"具备":"具有"表示存在;"具备"除表示存在外,还有完备的意思。"具有"使用的范围较宽,如"意义、水平、风格、信心、趣味"等都可用"具有";"具备"使用的范围较窄,一般用于"条件、本领、技能"等。

俱 jù 〈书〉副。都,全;多用在单音节词"在、到、全"等的前面:事实～在|人赃～在|一应～全|面面～到。

【俱乐部】jùlèbù 名。音译词。进行社会、政治、文艺、娱乐等活动的团体或场所。

惧(懼) jù 〈素〉害怕,恐惧:恐～|畏～|～怕|临危不～。

【惧内】jùnèi 〈书〉动。怕老婆。
【惧怕】jùpà 动。害怕；遇到困难别～。可带宾语：我们不应该～风浪，要迎着风浪前进。可加程度副词：这孩子很～｜生人。可作"感到"等动词的宾语：那海上的狂风巨浪至今想来仍使我感到十分～。

犋 jù 量。畜力单位，能拉动一张犁、一张耙或一辆车的畜力叫一犋。一犋有时指一头牲口，有时指两头或两头以上。

飓 jù ［飓风］(-fēng) 名。发生在大西洋西部和西印度群岛一带海洋上的强热带风暴，风力常达10级以上，同时伴有暴雨。

沮 jù ［沮洳］(-rù) 〈书〉名。低洼潮湿的地带。
另见jǔ。

剧(劇) jù ❶〈素〉(1)戏剧：京～｜喜～｜～本｜～院。引申指某种事件或场面：丑～｜闹～｜惨～。(2)猛烈：～饮｜～变｜～痛｜加～。❷姓。
【剧本】jùběn 名。指戏剧、电影、电视的底本，如话剧剧本、电影剧本等。
【剧烈】jùliè 形。猛烈；一般用于斗争、运动和变革等方面：战斗很～｜～的运动。
　＊"剧烈"和"猛烈"："剧烈"着重指情况严重、厉害；"猛烈"着重指迅疾、强烈。"剧烈"常用来形容社会的巨大变革、急剧的活动或肉体上、精神上的极大痛楚，"猛烈"常用来形容来势急、力量猛、性质凶的事物，如风势、炮火、进攻、搏斗、冲击、开火、药性之类。
【剧目】jùmù 名。戏剧的名目：保留～｜丰富多采的～。
【剧情】jùqíng 名。戏剧的故事情节：～介绍。
【剧团】jùtuán 名。表演戏剧的专业团体，如话剧团、京剧团等。
【剧照】jùzhào 名。指戏剧中某个场面或电影中某个镜头的照片。
【剧种】jùzhǒng 名。戏剧艺术的种类。根据艺术特点、表现手段可分为：戏曲、话剧、歌剧、舞剧、歌舞剧等。在戏曲中又可根据起源地点、流行地区及艺术特点分为：京剧、豫剧、湘剧、花鼓戏、采茶

戏等。

倨 jù 〈素〉傲慢：～傲｜前～后恭。

据(據) jù ❶介。按照，依据：～同名小说改编｜～气象预报，明天将有暴雨。❷〈素〉(1)占：盘～｜占～｜～为己有。(2)凭借，依靠：～点｜险固守。(3)可以做为证明的事物：凭～｜证～｜数～｜言必有～。
另见jū。
【据点】jùdiǎn 名。军队用作战斗行动凭借的地点，通常构筑有坚固工事，储备有作战物资，能独立防守的重要城镇、村庄、高地或交通枢纽等。
【据守】jùshǒu 动。占领并防守；常带处所宾语：我军顽强地～200号高地。
【据说】jùshuō 动。据别人说；作插入语，一般用在句子前面或句中：～，这张画是假的｜这个人～很有学问。

锯 jù ❶名。(～子)用薄钢片制成有尖齿能截开木料、金属等的工具。❷动。用锯拉；多带宾语或补语：～木头｜～钢筋｜～不断。也可带处所宾语：～中间｜～下头。
另见jū(锯)。

踞 jù 〈素〉(1) 蹲 或 坐：箕～｜龙盘虎～。(2)占据：盘～。

聚 jù 动。集合，到一起；常带宾语或补语：广场上～了不少人｜大家～在一起叙谈往事。
【聚宝盆】jùbǎopén 名。(1)传说中指装满金银珠宝并且用不完的盆儿。(2)比喻资源丰富的地方：那里矿藏丰富，确是个～。
【聚合】jùhé 动。聚集会合在一起；常带补语：一群乌鸦～在一起｜共同的理想把我们～到一起来了。
【聚会】jùhuì 动。聚集会合；只用于人，不带宾语，常带补语：大家约定到公园～｜老战友～在一起，格外亲切。可重叠：春节期间，咱们可得～～。
【聚积】jùjī 动。一点一滴地凑合积累；用于财物，可带宾语或补语：～了一些木材｜这些钱是他一点一滴地～起来的。
【聚集】jùjí 动。集合，凑合；可用于人或物，常带宾语：广场上～了一大群人｜许

多白鹤～在河边。可用于抽象事物：～革命力量。

＊"聚集"和"集合"："聚集"常指人们自动或碰巧凑合在一起；"集合"常指有组织有目的地召集在一起，如"集合开会"。"聚集"使用的范围较广，可用于具体的事物，还可用于抽象的事物；"集合"一般只用于人员、物资等具体的事物，不用于抽象的事物。

【聚精会神】jù jīng huì shén 成。形容集中精神，专心一意：小明～地听老师讲课。

【聚敛】jùliǎn 〈书〉动。剥削，搜刮；多指征收重税：反动派重税～，逼得人民起来反抗。可带宾语：～民财，中饱私囊。

【聚拢】jùlǒng 动。用于人或动物，一般不带宾语：晚饭后，小朋友们～来了，都来听战士讲打仗的故事。(2)使聚拢；须带宾语：暴风雨来了，她俩赶紧～羊群。

＊"聚拢"和"聚集"："聚拢"表示往中心处围拢、靠拢；"聚集"只表示聚在一起。"聚拢"使用范围窄，一般只用于人或动物；"聚集"除用于人和动物外，还可用于其他事物，如"聚集资金"。

【聚落】jùluò 〈书〉名。村落，人们聚居的地方：山下是牧民的～。

【聚沙成塔】jù shā chéng tǎ 成。比喻积少成多：～，在粮库工作的同志，更应该爱惜每一粒粮食。

【聚首】jùshǒu 动。聚会，见面：此地一别，不知何时方能～。可带处所宾语：老同学～南京。

窭(窶) jù 〈古〉形。贫穷。

屦(屨) jù 〈古〉名。用麻、葛等做成的鞋。

澽 jù 水名用字。澽水，在陕西省。

遽 jù ❶〈书〉副。表示急速、匆忙的意思：这件事，情况复杂，不可～作决定。❷〈素〉惊慌：惶～。

【遽然】jùrán 〈书〉副。突然：～改变｜～不见｜～倒地。

醵 jù 〈古〉动。(1)凑钱喝酒。(2)凑集：～钱｜～资兴办。

juān(ㄐㄩㄢ)

捐 juān ❶动。捐助，献出；一般用于钱财、生命等，多带宾语，可带态助词"了、过"：～了一笔钱给儿童福利基金会｜～出了年轻的生命。❷名。税收的一种：旧社会里的苛～杂税很多｜上了一笔～。

【捐款】juānkuǎn ❶动。捐助款项；宾语限指表示钱的数量词：为了救灾，～800元。可拆开用：捐了一笔款。❷名。捐助的款项：人民政府把各地送来的～分发给灾民。

【捐弃】juānqì 〈书〉动。抛弃；常带宾语：～前嫌｜～成见，服从真理｜为了保卫祖国，不惜～自己的生命。

【捐躯】juānqū 动。为正义事业而献出生命；不带宾语：为国～｜为了战斗的胜利，董存瑞英勇～。

【捐税】juānshuì 名。旧指各种赋税和捐款：旧社会里～繁多。

【捐献】juānxiàn 动。向国家或集体献出财物；多带宾语或补语，可带动态助词"了、过"：他把珍藏多年的古币～给国家｜为了兴办教育，他向国家～过一笔巨款。

【捐助】juānzhù 动。拿出财物来帮助；可带宾语或双宾语：他～了10万元｜许多爱国华侨～家乡教育事业不少钱或物资。

涓 juān 〈素〉细小的流水：～滴｜～～。

【涓埃】juān'āi 〈书〉形。比喻极其微小；多作定语：～之功｜～之力。

【涓滴】juāndī 〈书〉名。(1)极少量的水或酒等：～不漏｜～不饮。(2)喻指极少量的财物：～归公。

【涓涓】juānjuān 〈书〉形。形容小水慢流的样子；不加程度副词：～细流归大海｜水流～。

娟 juān 〈素〉美丽：婵～｜～秀。

【娟秀】juānxiù 〈书〉形。美好，秀丽；多用来形容女子的姿态或书写的笔迹等：这个女孩长得很～｜～的字迹。

鹃 juān 见"杜鹃"。

圈 juān 动。围起来,关住;用于家禽或犯人,常带宾语或补语:～小鸡｜把这个犯人～起来。
另见juàn, quān。

朘 juān 〈古〉动。(1)剥削。(2)缩减。

镌(鐫) juān 〈素〉雕刻:～刻。
【镌刻】juānkè 〈书〉动。雕刻;多指在金石上刻字,多带宾语:～图章｜～碑文。

蠲 juān 〈素〉免除:～除｜～免。
【蠲除】juānchú 动。蠲免。
【蠲免】juānmiǎn 〈书〉动。免除;多用于租税、罚款、劳役等:今年该乡灾情严重,农业税全部～。常带宾语:念其年老,～刑罚。

juǎn (ㄐㄩㄢˇ)

卷(捲) juǎn ❶动。(1)把东西弯转裹成圆筒形;常带宾语或补语:～竹帘｜把裤管～高一点。(2)把东西撮起或裹住;常带宾语:狂风～起大浪｜全场～起一阵雷鸣般的掌声。❷名。(～儿)裹成圆筒形的东西:行李～儿｜纸～儿。❸量。用于成卷的东西:一～行李｜一～字画。
另见juàn。
【卷铺盖】juǎn pū·gai 习。旧时喻指被解雇或辞职不干:她受不了资本家的残酷剥削,只得～回家。
【卷土重来】juǎn tǔ chóng lái 成。形容失败后组织力量,重新恢复过来:人们永远不会忘记梯也尔～绞杀革命的历史教训。

锩 juǎn 动。刀剑的刃卷曲;只带宾语"口",或趋向补语:这把刀给你用得～了口｜刀口～起来了。

juàn (ㄐㄩㄢˋ)

卷 juàn ❶名。(～儿、～子)考试时回答试题的纸;时间到了,快交～子。❷量。用于书籍:藏书10万～｜这本书有几～?｜这是第一～。❸〈素〉(1)书籍或可以舒卷的书画:～帙｜开～有益｜画～。(2)机关里分类保存的文件:～宗｜案～。
另见juǎn。
【卷帙】juànzhì 〈书〉名。书籍;谓语多就数量而言:～浩繁｜～极多。
【卷轴】juànzhóu 〈书〉名。经过裱褙,下边加轴的书画。
【卷宗】juànzōng 名。(1)机关、单位分类保存的文件。(2)专供存放文件的纸夹子,一般印有"卷宗"二字。

倦 juàn 〈素〉(1)疲乏;困～｜疲～。(2)厌倦:诲人不～｜孜孜不～。

圈 juàn ❶名。养猪、羊、牛等牲畜的地方,有的用栅栏围起来,有的是专门搭的棚:猪～。❷姓。
另见juān, quān。

隽(雋) juàn ❶〈素〉鸟肉肥美,引申为意味深长:～永。❷姓。
另见jùn(俊)。
【隽永】juànyǒng 〈书〉形。意味深长;多指语言、诗文:言辞～,耐人寻味｜这篇散文写景状物达到了～传神的境界。

狷(獧) juàn 〈素〉(1)心胸狭窄,急躁:～急。(2)耿直:～介。
【狷急】juànjí 〈书〉形。急躁;形容人的性情:此人心胸狭窄,性情～。
【狷介】juànjiè 〈书〉形。性情正直,洁身自好:张君禀性～,不肯同流合污。

绢 juàn 名。质地薄而坚韧的丝织品,也指用生丝织成的一种丝织品。

罥 juàn 〈古〉动。缠绕,悬挂。

桊 juàn 名。(～儿)穿在牛鼻子上的小铁环或小木棍儿:牛鼻～儿。

眷(△睠) juàn 〈素〉❶(1)怀念,关心:～顾｜～恋｜～念。(2)亲属:亲～｜～属｜家～。
【眷顾】juàngù 〈书〉动。关心照顾;极为～｜深表～｜承蒙如此～,实在感激不尽。
【眷眷】juànjuàn 〈书〉形。念念不忘;多与"心"或"情意"等搭配使用:我知道失明的母亲的～的心,柔石的拳拳的心。
【眷恋】juànliàn 〈书〉动。怀念,留恋;多带宾语：诗人～故乡之情跃然纸上。可加程度副词：他对过去一位女友仍然非常～。

【眷念】juànniàn〈书〉动。想念；多带宾语，可带动态助词"着"：进城以后，他还～着以往的乡村生活。可加程度副词：海外侨胞十分～祖国。

＊"眷念"和"眷恋"："眷念"的意思着重在想念、怀念；"眷恋"的意思着重在留恋，舍不得离去。"眷念"的对象除指喜爱的人或地方外，还包括已经死去的人或过去的生活、事物等；"眷恋"的对象多指自己喜爱的人或地方。

【眷属】juànshǔ 名。家眷，亲属：愿天下有情人皆成～。

鄄 juàn 地名用字。鄄城，县名，在山东省。

juē(ㄐㄩㄝ)

屦（屩、蹻） juē〈古〉名。草鞋。"蹻"另见qiāo(跷)。

撅（△撧） juē 动。(1)翘起；用于"嘴、尾巴"等，常带宾语：她～起了嘴，很生气|小狗～着尾巴不停地摇动。△(2)折断；须带宾语或补语：～了一枝梅花|他把棍子～成两段。

噘 juē 动。义同"撅(1)"，但只用于"噘嘴"。

jué(ㄐㄩㄝˊ)

孒 jué 见"孑(jié)孒"。

决（決） jué ❶动。河堤被水冲破；与"口、堤"搭配：堤岸～了个口子。❷副。一定；用在否定词之前：～不后退|～无恶意。❸〈素〉(1)决定：～断|～心|判～|悬而未～。(2)决定最后胜败：～赛|～斗|～战。(3)处死：枪～|处～。

【决策】juécè ❶动。决定战略或策略；多指重大的事情，不带宾语：这件事很重要，究竟怎么处理，请领导～|让人民参与～。❷名。决定了的战略或策略：坚决实现中央提出的战略～。

【决定】juédìng ❶动。常带宾语。(1)对如何行动定下主张：～了基本方针。可带主谓词组作宾语：领导～他去学习|由大家来～这件事办不办。(2)对某事物起主导作用或关键作用：存在～意识|风调雨顺，精耕细作，～了水稻的丰收。❷名。决定的事项：这是党委的～。

＊"决定"和"确定"："决定"的意思着重在作出决断；"确定"的意思着重在表示肯定。"决定"可以作名词；"确定"不可以。

【决斗】juédòu 动。不带宾语。(1)两人发生争执，相持不下，约定时间、地点，并邀请证人，彼此用武器格斗。这是欧洲流行过的一种风俗：查理在印度跟人家～过几次，打死四个对手。(2)泛指进行你死我活的斗争：这是敌我之间生死存亡的～。

【决断】juéduàn ❶动。拿出主意，做出决定，一般用于处理较大的事情：这个问题该怎么处理，请领导～，～不下来。可带宾语：～重大的事情要集体讨论。❷名。指坚决果断的魄力：张团长精细而有～，是位很好的指挥员。

【决计】juéjì ❶动。已经定下主意；须用动词或动词性词组作宾语：这次考试，我～参加|他～明天去办这件事。❷副。表示肯定，相当于"一定"：服这种药，～有效|这样的军队，～会失败。

【决绝】juéjué 动。决裂，断绝关系；不带宾语：他毅然与这个玩世不恭的女人～了|那首抑郁的带有与世～情绪的诗篇，令人难以卒读。

【决裂】juéliè 动。破裂，不发生关系；用于关系、观念、感情、谈判等方面，不带宾语：我们要与这种封建传统彻底～。

【决然】juérán〈书〉副。(1)表示非常坚决：他全家～返回祖国|～离去。有时与"毅然"并用；我毅然～地奔赴边疆工作。(2)必然，一定：这种样子～没有好结果|坚持下去，～能成功。

【决赛】juésài 动。体育运动或其他竞赛活动中决定名次的最后一次或最后一轮比赛；不带宾语：跳高～|～阶段|进行～|中学生智力竞赛，今天～。

【决胜】juéshèng 动。决定胜负：运筹帷幄之中，～千里之外|～局的比赛他显得

更加沉着。

【决死】juésǐ 形。敌我双方你死我活的；指斗争，不加程度副词，不单独作谓语，只作定语：～战|～的斗争。

【决算】juésuàn 名。政府、机关、团体和事业等单位根据年度预算执行的结果而编制的年度会计报告。

【决心】juéxīn ❶名。坚定不移的意志；常作"下定、有、表示"等动词的宾语：只要你下定全心全意为人民服务的心，什么工作都能搞好。❷动。下决心；须带动词或动词性词组作宾语：～不休息|与敌人拼到底。

　＊"决心"和"信心"："决心"着重表示意志坚定不动摇；"信心"着重表示充满自信，有把握。"决心"可作名词和动词；"信心"只作名词。

【决意】juéyì 动。拿定主意，决计；须用动词或动词性词组作宾语：他～不去游泳|我只有～辞职。

　＊"决意"和"决计"："决计"可作副词，可用在形容词之前；"决意"没有这种用法。

【决议】juéyì 名。会议讨论通过的决定：大会通过了三项～。

【决战】juézhàn ❶动。敌我双方为决定胜负而战斗；不带宾语，可带补语：我们要与敌人～到底。❷名。指这种战役或战斗：今天中国女排与古巴女排的比赛是一场～。

诀 jué 〈素〉(1)用事物的主要内容编成的顺口的便于记忆的词句：口～|歌～。(2)窍门，高明的方法：～窍|秘～|妙～。(3)指最后的分别：～别|永～。

【诀别】juébié 动。分别；多指不易再见的离别：他将远走高飞，来与大家～。可带宾语：～亲人，走上自绝的道路。

【诀窍】juéqiào 名。好的窍门或方法：做什么工作都有～，学习也有～。

抉 jué 〈素〉剔出，挑出：～择|～摘。

【抉择】juézé 〈书〉动。选择，挑选；一般用于比较重大的事物，如个人前途、人生道路等：读书、就业，何去何从，由你～|只有一种办法，没有其他的～的可带宾语：～何种专业要慎重。

【抉摘】juézhāi 〈书〉动。(1)同"抉择"：～真伪。(2)揭发指摘：～弊端。

駃 jué [駃騠](-tí) 名。(1)家畜名，是公马和母驴交配所生的杂种，耳朵较大，尾部毛较少。也叫驴骡。(2)古书上说的一种良马。

玦 jué 名。古人佩带的半环形有缺口的玉器。

鴃 jué 名。古书上指伯劳鸟。

【鴃舌】juéshé 形。比喻语言难懂，像鴃鸟的叫声一样。

觖 jué 〈古〉形。不满足，不满意。

【觖望】juéwàng 〈书〉动。因不满足而怨恨：甚为～|心怀～|～已久。

角(△脚) jué ❶名。△(1)(～儿)演员，剧中人物：在这出戏中他扮演哪个～儿？(2)古代盛酒的器具。(3)古代五音之一，相当于简谱的"3"。❷〈素〉竞赛，斗争：～斗|～逐|口～。❸姓。

　另见jiǎo，"脚"另见jiǎo。

【角斗】juédòu 动。搏斗比赛；不带宾语：他们准备～一场。

【角力】juélì 动。比赛力气大小；不带宾语：他们两人手握着手在～，看谁的手劲大。

【角色】juésè 名。(1)演员所扮演的剧中人物：担任主要～。(2)传统戏曲演员所扮演的剧中人物的类型，又称行(háng)当，有生角、旦角、净角、丑角等。

【角逐】juézhú 动。军事和政治力量的竞争；不带宾语：群雄～|中东近年来成了多种政治势力～的场所。

桷 jué 〈古〉名。方形的椽子。

珏 jué 名。古指合在一起的两块玉。

觉(覺) jué ❶动。人或动物的器官对刺激的感受和辨别：细细一嚼，～出苦味来了。常以形容词作宾语：一点不～冷。❷〈素〉(1)醒悟：醒～|～悟。(2)感觉：视～|听～|味～|知～。

另见 jiào。

【觉察】juéchá 动。发觉，看出；常加"到、出"等补语后再带宾语：从这句诗里，我们可以~到诗人的写作意图｜敌人竟丝毫没有~出他们的行动。

【觉得】jué·de 动。须带动词、形容词或主谓结构作宾语。(1)产生某种感觉：~疼痛｜不~冷｜~寒气逼人。(2)认为；语气比"认为"轻些：我~不会下雨｜我~很美｜我~他的话很有道理。

【觉悟】juéwù ❶动。由迷惑而明白，由模糊到清醒。不带宾语，常带补语：通过大家的帮助，他~过来了。❷名。对一种政治理论或路线的认识程度：~提高了｜他的~不高。

【觉醒】juéxǐng 动。觉悟，醒悟；不带宾语，常以趋向动词"起来、过来"等作补语：革命者的鲜血使广大人民~过来了。可作定语：~了的民族。

＊"觉醒"和"觉悟"："觉醒"可以是突然觉悟，"觉悟"一般有个逐步转变的过程。"觉醒"多指民族意识的清醒；"觉悟"多指阶级意识和一般政治思想的清醒。"觉醒"不作名词，"觉悟"可作名词。

绝 jué

❶动。完全没有了，穷尽：他认为前面的路已经~了。可带宾语：家里已经~粮了。常用在动词后，作补语：法子都想~了｜这家伙坏事做~了。❷形。精湛的，独一无二的：这幅画真叫~了。❸副。(1)绝对；只用在否定词前，与"决"相通：~不动摇｜~无此意｜持反对意见的人~非少数。(2)极，最：~大多数。❹[素](1)断绝：~交｜隔~｜拒~。(2)走不通的，没有出路的：~路｜~境｜悬崖~壁。(3)绝句：五~｜七~。

【绝笔】juébǐ 名。死前最后所写的文字或所作的字画：这是烈士的~信，极为珍贵｜没料到，这张画竟成为他的~。

【绝壁】juébì 名。极其陡峭、无路可上的山崖：悬崖~。

【绝唱】juéchàng 名。指诗文创作的最高造诣，也指最好的作品：千古~｜鲁迅先生称《史记》为史家之~，无韵之《离骚》。

【绝代】juédài 〈书〉形。当代独一无二的；一般用来形容人的才华、美貌，也可用来形容诗文作品等，不加程度副词：~名画｜~佳人｜才华~。

【绝倒】juédǎo 〈书〉动。不带宾语。(1)笑得前仰后合：他俩说的相声，令人~。(2)非常佩服：能写出这样好的诗句，真叫人~。

【绝地】juédì 名。(1)指险恶的、无路可走的地方：此处是兵家~，不可久留。(2)义同"绝境"：他们的企业已陷入~。

【绝顶】juédǐng ❶副。非常，极端；用在形容词或表示心理活动的动词之前，表示程度很高或很深：这小孩~聪明｜~喜欢。❷名。指最高峰：我们登上了泰山~。

【绝对】juéduì ❶形。无条件的，不受任何限制的：物质的运动是~的，静止是相对的。多作定语或状语：我们以~的优势胜了对手｜对于正确的领导，我们要~服从。❷副。(1)完全，一定：这个文件要~保密｜这种新产品很不错，我保你~满意。(2)用在否定词前面，表示完全否定，这样用时与"决"相通：~不要混淆两类不同性质的矛盾｜有人说我想调动工作，~没有这回事。

【绝后】juéhòu 动。不带宾语。(1)没有后代：这个人家已经~。可拆开用：绝了后。(2)今后不会再有；常与"空前"并用：这样伟大的著作，简直是空前~的。

【绝迹】juéjì 动。没有了踪迹；形容彻底灭绝，不带宾语，可带补语：这种病在我国已经~多年。可拆开用：封建迷信活动在这个偏僻的乡村从未绝过迹。

【绝技】juéjì 名。极为高超的、独一无二的技艺。堪称~｜祖传~。

【绝交】juéjiāo 动。不带宾语，可拆开用。(1)断绝交往；用于朋友之间：他俩为一点小矛盾就~了｜我已同他绝了交。(2)断绝外交关系；用于国与国之间：两国~多年，现在恢复邦交了。

【绝境】juéjìng 名。无出路的境地；多作"濒临、陷入"等动词的宾语：濒临~｜陷入~。

【绝句】juéjù 名。我国旧诗的一种体裁，每首四句。有五言绝句(每句五个字)和七言绝句(每句七个字)两种，非常讲究平仄声和押韵。

【绝口】juékǒu 动。(1)闭口,不开口;用在否定词"不"之前:～不谈。(2)住口;用在否定词"不"之后:人人赞不～。

【绝路】juélù ❶动。断绝了出路;不带宾语,常拆开用:要是这个办法还不行,那就绝了路了|绝不了路。❷名。不通的路,死路:这是一条～|我们要继续奋斗下去,不能自走～。

【绝伦】juélún 〈书〉形。独一无二,无与类比;形容程度极高,不加程度副词,常作形容词的补语:这件雕刻,精美～|这种论调,荒谬～。

【绝密】juémì 形。极端机密;多用于文件、消息等,不加程度副词:～文件|这件事～,切勿外传。

【绝妙】juémiào 形。非常美妙,非常巧妙;不用加程度副词:～的文辞|～的讽刺。

【绝色】juésè 〈书〉名。绝顶的美貌;用来形容少年女子:～堪称。

【绝食】juéshí 动。断绝饮食,多是为了达到某种目的而采取的一种斗争方式,不带宾语:政治犯们决定～,以表示对敌人残酷虐待的抗议|他已经～两天,现在身体很虚弱。可拆开用:绝着食|绝过食。

【绝望】juéwàng 动。希望断绝,毫无希望;不带宾语:七斤嫂听到书上写着,可真是完全。可作"感到"等动词的宾语:虽然受冤入狱,但他并不感到～,他坚信迟早会给他平反。可作定语:脸上露出～的神情。

【绝无仅有】jué wú jǐn yǒu 成。形容极少,极难得:在当代青年中,像他这样继承父之后成为作家的,可以说是～。

【绝响】juéxiǎng 〈书〉名。本指失传的音乐,后来泛指传统已断的事物:传说孔子闻《韶》后三月不知肉味,可见此乐曲感人肺腑,然而它早已成为～。

【绝育】juéyù 动。采取某种方法使具有生育能力的人不再生育;不带宾语:他已做了～手术;她已绝了育,不能再生了。可拆开用:她已绝了育,不能再生了。

【绝缘】juéyuán 动。不带宾语。(1)隔绝电流:～材料|橡胶可以用来～。(2)跟外界或某一事物隔绝、不接触:任何人不可能与外界～。

【绝招】juézhāo 名。也作绝着。(1)义同"绝技"。(2)绝妙的手段、计策:没想到他会有这个～,竟使局面大为改观。

【绝症】juézhèng 名。目前还无法医治的疾病:身患～。

【绝种】juézhǒng 动。某种生物已经灭绝;不带宾语:恐龙这种动物,早已～。可拆开用:这种植物已经绝了种。

倔 jué 义同"倔(juè)",只用于"倔强"。
另见juè。

【倔强】juéjiàng 形。(1)固执,不和顺;多指性情、脾气,含贬义:这个人脾气～,不好说话。(2)刚强不屈;含褒义:这个老汉～地生活着,不想依赖别人。注意:"强"这里不读qiáng。

掘 jué 动。刨,挖;常带宾语或补语:～地开荒|井已经～好了。

【掘墓人】juémùrén 名。比喻消灭旧事物、旧制度的新生力量:无产阶级是资产阶级的～。

崛 jué 〈素〉突起,兴起:～起。

【崛起】juéqǐ 〈书〉动。(1)突起;用于山峰或高大的建筑物等:山峰～,直插云霄。可带宾语:南京新街口平地～一幢37层的高楼。(2)兴起;用于社会集团、社会力量或社会制度等,不带宾语:旧制度已经没落,新制度正在～。可带补语:太平天国革命～于金田村。

厥 jué ❶〈素〉气闭,昏倒:昏～|痰～。❷〈古〉代。他的,那个的;作定语:～父|～后。

劂 jué 见"剞(jī)劂"。

蕨 jué 名。多年生草本植物,野生,复叶。嫩叶可食,根茎可制淀粉。全草入药。

獗 jué 见"猖(chāng)獗"。

潏 jué 水名用字。潏水,在湖北省。

橛 jué 名。(～儿、～子)小木桩:钉了一个木～儿。

蹶(蹷) jué 〈素〉跌倒,比喻挫折、失败:一～不振。

另见juě。

倕 jué 人名用字。李倕,东汉末人。

谲 jué 〈素〉欺诈:~诈|~诡。
【谲诈】juézhà 形。奸诈,诡计多端:刁德一非常~,可是敌不过机智勇敢的阿庆嫂。

镢 jué 〈古〉名。箱子上安锁的成环状的纽。

噱 jué 〈书〉动。大笑;不带宾语:可发一~。
另见xué。

爵 jué 名。(1)古代酒器,青铜制成,有三足。(2)即"爵位"。
【爵禄】juélù 名。爵位和俸禄。
【爵士】juéshì 名。欧洲君主国家的一种封号,位在男爵之下,不世袭,不在贵族之内。
【爵位】juéwèi 名。君主国家对贵族所封的等级,分公、侯、伯、子、男五等。

嚼 jué 义同"嚼(jiáo)",用于某些复合词或成语:咀~|细~慢咽|味同~蜡|过屠门而大~。
另见jiáo, jiào。

爝 jué [爝火](-huǒ) 〈古〉名。火把,小火。

矍 jué 〈素〉惊慌张望的样子:~然。
【矍铄】juéshuò 〈书〉形。形容老人精神健旺:他已年逾古稀,但仍精神~,腰板硬朗。

攫 jué 〈书〉动。本指鸟用爪抓取,引申为夺取:~为己有。
【攫取】juéqǔ 动。掠夺。今带表示财物方面的词语作宾语,含贬义:帝国主义曾经~了我国无数的矿产资源。
　　＊"攫取"和"夺取":"攫取"是贬义词;"夺取"是中性词。"攫取"常以"财富、利益、成果"等为对象;"夺取"常以"政权、权力、阵地、胜利、锦标、财产、丰收、高产"等为对象,使用范围比"攫取"广。

镢(钁) jué (~头)〈方〉名。一种类似镐的刨土农具。

juě (ㄐㄩㄝˇ)

蹶 juě [蹶子](-·zi) 名。骡马等跳起来用后腿向后踢的动作,叫尥(liào)蹶子。
另见jué。

juè (ㄐㄩㄝˋ)

倔 juè 形。粗直,生硬;多指言语、态度、性格、脾气等:那老头子真~。
另见jué。
【倔头倔脑】juè tóu juè nǎo 成。形容脾气犟,态度生硬:这孩子不听话,老是~的。

jūn (ㄐㄩㄣ)

军 jūn ❶名。军队,武装部队:我~|他种过田,做过工,参过~。❷量。军队编制单位,在"师"之上:第二~|敌人大约有两个~的兵力。❸〈素〉(1)泛指军事的:~训|~区|~港。(2)象棋的"将"或"帅":将(jiāng)~。
【军备】jūnbèi 名。军事装备、军事设施和军事人员的组织训练等的总称:加强~|~竞争。
【军队】jūnduì 名。为政治目的服务的武装组织,是国家的重要组成部分。
【军阀】jūnfá 名。旧时拥有武装部队,割据一方,为害人民的军队或军人集团:~割据|~混战|他是大~。
【军法】jūnfǎ 名。军队系统的刑法。
【军费】jūnfèi 名。国家用于军事方面的经费。
【军工】jūngōng 名。(1)军事工业:搞好~生产。(2)军事工程;量词用"项":完成了一项~任务。
【军火】jūnhuǒ 名。武器和弹药等的总称;量词用"批":贩卖~|制造~|购置了一批~。
【军机】jūnjī 名。(1)军事方面的机宜:贻误~,非同小可。(2)军事机密:切不可泄漏~。
【军籍】jūnjí 名。原指登记军人姓名等的簿册,现指军人的身份:开除~|保留~。
【军舰】jūnjiàn 名。能执行作战任务的军用舰艇的统称。也叫兵舰。

【军垦】jūnkěn 动。军队开荒生产；不带宾语，一般作定语：～农场。

【军令】jūnlìng 名。军事命令：～如山。

【军令状】jūnlìngzhuàng 名。戏曲和旧小说中所说接军令后写下的保证书，上面写明如不能完成任务，愿受军法处分。

【军师】jūnshī 名。旧指在军队中帮助主帅出谋划策的人；多见于戏曲和旧小说中。后用来比喻替人出主意的人：我下象棋时请你当一～｜狗头～（替坏人出主意的人）。

【军事】jūnshì 名。与军队或战争有关的事，如国防建设、作战行动、军事科学研究等。

【军衔】jūnxián 名。表明军人等级的称号。各国一般分元帅、将官、校官、尉官、军士、兵六等，每一等中又分二至四级。

【军饷】jūnxiǎng 名。军人的给养和薪俸：～充足｜反动军队的长官往往克扣～，中饱私囊。

【军心】jūnxīn 名。军队的战斗意志：不能动摇～｜～不稳。

【军需】jūnxū 名。(1)军队所需要的一切物资和器材。特指给养，被服等：～品｜～物资。(2)旧指军队中办理军需业务的人员。

【军训】jūnxùn 名。军事方面的训练：每个大学生都要参加一次～。

【军种】jūnzhǒng 名。军队的基本类别。一般分为陆军、海军、空军三个军种。每个军种下又包括若干兵种。

皲 jūn [皲裂](-liè)〈书〉动。皮肤因寒冷变得干燥而破裂；不带宾语：他的两只手都～了。也作龟(jūn)裂。

均 jūn ❶〈素〉均匀，相等：平～｜～匀。❷〈书〉副。全，都：～已办好｜一切～好。❸〈古〉同"韵(yùn)"。

【均等】jūnděng 动。平均，相等；不带宾语：权利～｜机会～。

【均衡】jūnhéng 形。平衡；主要用作动词的状语或补语：～地发展｜分配得非常～。与"保持、失去"等动词的宾语：两种势力保持～。

【均势】jūnshì 名。力量平衡的形势；多作"出现、形成、保持"等动词的宾语：东西双方目前在军事上暂时保持～。

【均匀】jūnyún 形。数量平均、相同或相等；指某种事物的分布或分配情况而言：种子撒得很～。也指时间的间隔相等：电话里传来的是不～的呼吸，显然民航局也在焦急。可重叠：拌和得均均匀匀的。

钧 jūn ❶量。古代重量单位，一钧是30斤。❷〈书〉形。敬辞；旧时用于对上级或尊长有关的事物或行为，相当于"大"，用在单音节词之前：～安｜～座｜～鉴。

筠 jūn 地名用字。筠连，县名，在四川省。
另见yún。

龟(龜) jūn [龟裂](-liè) 动。(1)见"皲裂"。(2)土地因干旱而开裂；不带宾语：河床也干得～了。
另见guī，qiū。

君 jūn 名。(1)君主：大国之～。(2)〈书〉对人的尊称；用在姓之后：徐～。表示多数用"诸"：诸～。

【君主】jūnzhǔ 名。封建时代国家的最高统治者，现代某些国家的元首。有的称国王，有的称皇帝。

【君子】jūnzǐ 名。古代指地位高的人，后来指人格高尚的人；与"小人"相对：以小人之心度～之腹｜～之交淡如水。

莙 jūn [莙荙菜](-dácài) 名。一年生或二年生草本植物，叶大有柄，嫩时可做蔬菜。也叫厚皮菜或牛皮菜。

菌 jūn 名。低等植物的一大类，不开花，没有茎和叶，不含叶绿素，不能自己制造养料，靠寄生生活。种类很多，如细菌、真菌等。
另见jùn。

麇(麕) jūn 名。古代指獐子。
另见qún。

jùn(ㄐㄩㄣˋ)

俊(△隽、△儁) jùn ❶形。清秀、美好，多用来形容青少年的相貌：这个姑娘真～。常作"长(zhǎng)"的补语：长得好～。△❷〈素〉才智出众的人：～杰｜～士。

"隽"另见juàn。

【俊杰】jùnjié 名。旧称知识才能出众的人：识时务者为～。

【俊俏】jùnqiào 〈口〉形。美丽，好看；多用来形容女子的容貌：小姑娘长着一副～的脸蛋，煞是可爱。

【俊秀】jùnxiù 形。清秀，美丽；多用来形容人的相貌：这个小伙子很～。

峻 jùn 〈素〉(1)高而陡：～峭｜险～。(2)严厉：严～。

【峻急】jùnjí 〈书〉形。(1)水流急：～的溪水。(2)性情严厉而急躁：天性～。

【峻峭】jùnqiào 形。形容山高而陡：～多姿的群峰。

馂 jùn 〈古〉名。吃剩下来的食物。

浚(濬) jùn 动。疏通，挖深；用于河、渠、井等；须带宾语或补语：～河｜～井｜把河道～深。

另见xùn。

骏 jùn 〈素〉好马：～马。

【骏马】jùnmǎ 名。跑得很快的马，好马。

焌 jùn 〈古〉动。用火烧。

另见qū。

畯 jùn 名。古代管奴隶耕种的官。

竣 jùn 〈素〉完毕：～工｜完～。

【竣工】jùngōng 动。工程完毕；不带宾语：一座精美的中国式庭园——明轩，已经在美国纽约大都会博物馆～。

郡 jùn 名。我国古代的行政区域名。秦以前比县小，从秦朝起比县大。秦分天下为三十六郡。

捃 jùn 〈古〉动。拾取

珺 jùn 〈古〉名。一种美玉。

菌 jùn 名。(～子)即"蕈(xùn)"。

另见jūn。

K

kā(ㄎㄚ)

咖 kā 【咖啡】(-fēi) 名。音译词。(1)常绿灌木或小乔木,产于热带和亚热带地区,花白色,果实深红色,种子可制成饮料,有兴奋、健胃等作用。(2)指用咖啡种子的粉末制成的饮料。
另见gā。

喀 kā 拟声。咳嗽的声音;常叠用:听到~~几声咳嗽。
【喀吧】kābā 拟声。摹拟东西折断的声音:~一声,棍子撅成两段。也作咔吧。
【喀嚓】kāchā 拟声。摹拟东西折断或破裂的声音:~一声,树枝被风吹折(shé)了|~一声,桌面裂了一条缝。也作咔嚓。

揢 kā 动。用刀子刮;常叠用:把锅底~~。

咔 kā 拟声。摹拟东西的撞击声:~的一声他把抽屉关上了。
另见kǎ。
【咔吧】kābā 见"喀吧"。
【咔嚓】kāchā 见"喀嚓"。

kǎ(ㄎㄚˇ)

卡 kǎ ❶动。把人或财物等留住不放;常带"住"作补语或带其他补语:材料被~住了|他开支~得很紧。❷量。卡路里的简称。
另见qiǎ。
【卡车】kǎchē 名。卡,音译词。专供运输货物的载重汽车。
【卡路里】kǎlùlǐ 量。音译词。热量单位,使1克纯水温度升高1℃所需的热量。简称卡。
【卡片】kǎpiàn 名。卡,音译词。用来记录资料以备排比、检索、查考的小硬纸片:目录~|资料~。
【卡通】kǎtōng 名。音译词。(1)动画片。(2)漫画。

佧 kǎ 【佧佤族】(-wǎzú) 名。佤族的旧称,我国少数民族之一,分布在云南省。

咔 kǎ 【咔叽】(-jī) 名。音译词。一种棉织品,布面斜纹明显,质地较厚实,常用来作制服。也作卡其。
另见kā。

咯 kǎ 动。用力地咳,使东西从咽头或气管中出来;常带宾语或补语:~血|把气管里的饭粒~出来了。
另见gē、lo。

kāi(ㄎㄞ)

开(開) kāi ❶动。除义项(15)外,都常带宾语或补语。(1)使关闭着的东西不再关闭:~着窗口|~了门|闸门~得太大。(2)打通,开辟:~了一条路|这块荒地~好了。(3)舒张;用于花一类事物:千年古树~了花。(4)分离;用于原来连接的东西:衣服~了线|信封~了口。(5)解除;多指禁令、封锁、限制等:不能~这个禁|给他们~了一次荤。(6)融化;指冰冻的河流等:冰河~了冻。(7)操纵,发动;对象多为枪、炮、车、船、飞机、机器等:~拖拉机|火车~了。(8)开拔;指队伍,带宾语须加趋向动词:~来了一个团|部队~到山里去了。(9)建立,设置;多带宾语:~工厂|~了五门课。(10)开始,起始;须带宾语:你先发言,~个头吧|不能~这个先例。(11)举行;对象限指各种各样的会:~小组会|~运动会。(12)写出,列出;多指单据、处方等:~一张发票|~介绍信。(13)支付;指工资、车费等:~工钱。(14)液体受热而沸腾:水~了|~了一壶水。(15)按比例分配或评价;前面只能是两个合起来等于十的数,不带宾语:三七~|二八~|对半~。(16)摆出来吃;指饭菜等:~饭了|先~两桌菜。❷量。(1)印刷上指整张纸的若干分之一,

如32开，即把全张纸切成32小张。(2)音译词。计算黄金纯度成色的单位，24开为纯金。❸姓。

开（開）

·kāi 趋。用在动词后。(1)表示人或事物随动作分开或离开：好容易把他俩拉～了｜抛～这件事吧。(2)表示事物随动作扩展：消息很快传～了｜要打～局面。(3)比喻清楚、开阔；只和"说、想、看"等动词组合：把事情说～了好｜还是想～一点吧。(4)表示动作开始，兼有放开不受约束的意思：一见到亲人他就哭～了｜冻得他哆嗦～了。(5)表示能或不能容纳一定数量；动词多为"坐、站、睡、放、住、铺、划、种"等，动词和"开"之间一般要加"得"或"不"：这广场站得～10万人｜这儿放不～四张床。

【开拔】kāibá 动。从驻地出发；多用于军队，不带宾语：今天一早，部队～了。

【开办】kāibàn 动。建立；常与工厂、商店、学校、医院等搭配，多带宾语，能加动态助词"了、过"：～工厂｜～了培训班。

【开本】kāiběn 名。指出版物幅面的大小，整张印刷纸裁多少张，就叫多少开本：32～｜16～。

【开标】kāibiāo 动。拆开标单，一般由招标人召集投标人当众举行；不带宾语：定于本月十五日～。

【开采】kāicǎi 动。开掘，开挖；常带宾语或补语：～矿石｜把煤～出来。

【开场】kāichǎng 动。不带宾语。(1)演出的开始：这个戏五点～。(2)比喻一般活动的开始；有时含贬义：一年一度的闹剧又～了。

【开场白】kāichǎngbái 名。(1)戏曲或有的文艺演出开始时引人正题的说白。(2)比喻讲话、写文章等开头的部分：我先来段～。

【开诚布公】kāi chéng bù gōng 成。开诚：敞开胸怀，显示诚意；布：表示，提出；公：公道。形容彼此以诚相待，坦白无私：两国领导人～地交换了意见。

【开诚相见】kāi chéng xiāng jiàn 成。敞开胸怀，显示诚意。形容诚恳待人，心地无邪：两人～，谈了整整一夜。

【开除】kāichú 动。把某个成员从集体(机关、工厂、学校等团体)中除名；能带动态助词"了、过"：他被工厂～了。可带宾语：他被～了学籍。

【开创】kāichuàng 动。开始创立；多带宾语：～新局面。也可作定语：～时期。

＊"开创"和"创造"："开创"一般指第一次开办某种事业或开辟一个新的局面；"创造"则指想出新方法、建立新理论，做出新成绩或新东西等。"开创"不作名词用；"创造"可作名词用。

【开刀】kāidāo 动。不带宾语，可拆开用。(1)医学用语，即做手术：这个肿瘤要～｜他开过三次刀。(2)比喻先从某方面下手处治某一个人：先拿他～。(3)斩刑；多见于早期白话：～问斩。

【开导】kāidǎo 动。启发诱导：年青人有缺点，要耐心～。可带宾语：请老师多多～他。可重叠：对他要好好～～。

【开倒车】kāi dàochē 习。比喻违反事物的发展规律，向后倒退：要不断前进，不能～。

【开动】kāidòng 动。(1)开行，运转；多用于车辆或机器：机器～了。可带宾语：～机车。(2)比喻积极思考；多与"脑筋"搭配：～脑筋。(3)开拔前进；不带宾语：队伍驻扎了几天，终于～了。

【开端】kāiduān 名。事情的开头；多作"有"的宾语：要有个良好的～。

＊"开端"和"开头"："开端"较典雅，多用于书面语或较庄重的场合；"开头"较通俗，用得比较广泛。"开头"可作动词；"开端"不能。

【开恩】kāi'ēn 动。旧指恳求别人宽恕或施以恩惠；不带宾语：求地主～是不可能的。可重叠：请你开开恩，放我一条生路。

【开发】kāifā 动。常带宾语或补语。(1)对过去没有利用的土地、矿山或其他自然资源，加以利用：～荒地｜～黄河的水力资源｜把地下的矿藏～出来。(2)发掘，利用，使得到扩展：～新产品｜～人的智慧和能力，是企业管理中的一项战略任务。

＊"开发"和"开采"："开发"的使用范围较宽，除用于荒地、矿山、森林、水力等以外，还可用于工业产品以及人的智慧

和潜力等;"开采"的使用范围较窄,一般只用于矿藏的挖掘。

【开放】kāifàng 动。(1)展开;一般不带宾语:桃花~。(2)解除;多用于"封锁、限制、禁令"等方面,常带宾语:~禁令。(3)允许出入、通行;常带宾语:~港口。(4)接待;多用于公园、剧场、展览会、图书馆等,一般不带宾语:图书馆上午八时起~。

【开赴】kāifù 〈书〉动。开往,前往;多带处所宾语:~前线|~施工现场。

【开革】kāigé 〈书〉动。旧指开除军警、职工等的职务,或予以除名。

【开工】kāigōng 动。不带宾语。(1)开始生产:新建的化工厂~了。(2)开始修建;用于土木工程:大桥~了。

【开关】kāiguān 名。(1)接通或截断电路的电器设备,通称电门。(2)设在流体管道上控制流量的装置,如油门开关、气门开关等。

【开国】kāiguó 动。建立新的国家;多作"大典、元勋"等的定语:~大典|~元勋。

【开河】kāihé 动。不带宾语。(1)河流解冻。(2)开辟河道:工人正在~。可拆开用:开了一条河。

【开花】kāihuā 动。不带宾语,可拆开用。(1)生出花朵:梨树~了。(2)比喻像花朵那样裂开:~馒头|棉袄开了花|鬼子兵的脑袋给砸开了花。(3)比喻心里高兴或脸露笑容:心里乐开了花|笑脸开了花。(4)比喻经验传开或事业兴旺:全面~|遍地~|这条经验已经在周围地区开了花。

【开化】kāihuà 动。不带宾语。(1)指人类由原始状态进入文明状态:这一地区还不~。(2)〈方〉河流、土地解冻。

【开怀】kāihuái 形。心情十分舒畅,无所挂怀;不带宾语,常与其他动词并用:~畅饮。在诗词中常作补语:乐~|喜~。

【开火】kāihuǒ 动。开枪、开炮,开始打仗;不带宾语:前线~了。可拆开用:双方开了火。

【开豁】kāihuò 形。(1)宽阔,爽朗;多用来形容地面、空间:到处显得很~。(2)开阔;多用来形容思想、胸怀:心里十分~。

【开间】kāijiān ❶〈方〉量。旧式房子的宽度单位,相当于一根檩条的长度;通常只与"单,双"配合:双~门面。❷名。一间房的宽度:这房子的~不小。

【开交】kāijiāo 动。解决,结束;不单独作谓语,只用于否定式,常同"不可"组合起来作补语:打得不可~|忙得不可~。

【开解】kāijiě 动。开导劝解;用于对忧愁悲痛的人:我说了些~的话,她才平静下来。可重叠,并带宾语:近来她很苦闷,要去~~她。

【开戒】kāijiè 动。不带宾语。(1)宗教徒解除戒律:解放后,有些教徒~了。(2)借指解除对某种嗜好的禁忌,如吸烟、喝酒等:他已一年不吸烟,最近又~了。

【开禁】kāijìn 动。解除禁令;不带宾语:有些书~了。

【开卷】kāijuàn ❶〈书〉动。打开书本,喻指读书:~有益。❷名。考试的方法之一,考试时可以参阅有关资料;多作定语:这学期有三门课是~考试。

【开垦】kāikěn 动。把荒地开发成可以种的土地;常带宾语或补语:~荒地|这块地是新近~出来的。

【开口】kāikǒu 动。不带宾语,可拆开用。(1)张嘴说话:每次开会他很少~|他沉默了半天,终于开了口。(2)刀、剪等初用时把它抢(qiāng)、磨锋利,又叫开刀儿:这把刀开口儿。

【开口子】kāi kǒuzi ❶词组。指决堤:历史上,黄河一旦开了口子,便会有千百万人民流离失所。❷习。比喻违反一贯做法为某事或某种行为提供方便;多含贬义:他身为税务干部,却违反国家税收政策,乱~,使偷税漏税现象蔓延开来。

【开快车】kāi kuàichē 习。比喻加快速度:要~才能在一个月内把这本书稿写完。

【开阔】kāikuò ❶形。(1)宽广:~的广场。(2)开朗:心胸很~。❷动。使宽广;须带宾语:~眼界。

＊"开阔"和"广阔":"开阔"有敞开的意思,侧重表示无遮蔽,暴露在外;"广阔"有广大的意思,宽广程度大于"开阔"。"开阔"使用范围较窄,多指原野、广场、街道、胸襟等;"广阔"使用范围较宽,多指天地、世界、河川、平原、前途、写

作题材等。"开阔"可作动词;"广阔"不能。

【开朗】kāilǎng 形。(1)开阔、明亮;用来形容房间、洞穴:豁然～。(2)舒展、乐观;多指思想、性格、心胸等:性格很～。

【开例】kāilì 动。做出不合规定或还没有规定的事,让别人可以照着办;不带宾语:这件事违背财务制度,不能～。可拆开用:如果给你开了这个例,以后事情就不好办了。

【开脸】kāiliǎn 动。旧时女子出嫁时用线绞掉脸和脖子上的寒毛,修齐鬓角;不带宾语:王妈常给青年妇女～。

【开列】kāiliè 动。一条条、一个个写下来;常带宾语或补语:～清单|请你把名单～出来。

【开路】kāilù 动。不带宾语。(1)开辟道路:逢山～,遇水搭桥。(2)在前引路:几辆摩托在前面～。可作定语:～先锋。

【开绿灯】kāi lǜdēng 比喻为他人或某事提供方便;多含贬义:老李想调到专业对口的单位,原单位已答应为他～|他受贿索贿,为诈骗犯大～,使国家财产蒙受巨大损失。

【开门红】kāiménhóng 习。比喻某项工作一开始就取得了好成绩;含褒义:元旦不休息,争取～。

【开门见山】kāi mén jiàn shān 成。比喻说话写文章直截了当,不拐弯抹角:你有什么意见,就～地提吧,别绕弯子。

【开门揖盗】kāi mén yī dào 成。揖:打拱,表示欢迎。开门欢迎盗贼。比喻引坏人危害自己:清朝政府起先采取闭关自守政策,后来却又～,把许多国家利益拱手出卖给帝国主义者。

【开蒙】kāiméng 动。旧指儿童开始识字、学习。

【开明】kāimíng 形。思想进步,通达事理,不顽固守旧:～绅士|这个人虽然老了,但很～。

【开幕】kāimù 动。不带宾语,可拆开用。(1)剧场演出开始时,拉开幕布:戏已经～了。(2)集会、典礼、运动会、展览会等的开始:我校运动会今天～|展览会已经开过幕了。可作定语:～典礼|～词。

【开盘】kāipán 动。交易市场开始营业,第一次报告当天行情;不带宾语:证券交易所今天早上九时～。可拆开用:开过盘|开了盘。

【开炮】kāipào 动。不带宾语。(1)发射炮弹。(2)比喻进行严厉的批评:会一开始,大家一齐向她～。可拆开用:开了一炮。

【开辟】kāipì 动。常带宾语或补语。(1)开创:工业革命～了人类历史的新纪元。(2)开发:荒山～出来了。(3)打开:～新的航道|～财源。

【开启】kāiqǐ 动。打开;一般不带宾语:候机大厅的门能自动～。

【开腔】kāiqiāng 动。开口说话;不带宾语:他终于～了。可拆开用:开了腔。

【开窍】kāiqiào 动。不带宾语,可拆开用。(1)想通:他对所受的批评一直想不通,后来终于～了|思想开了窍,工作才能做好。(2)小孩开始明白事理:这孩子年纪小,还没～。

【开山祖师】kāishān zǔshī 成。原是佛教用语,指在某个名山开创寺院的和尚,后喻指学术、技艺某一派别或某项事业的创始人:孔子是儒家学说的～。

【开设】kāishè 动。须带宾语。(1)设立;多与"工厂、商店、作坊"等搭配:～新的零售点。(2)设置;多同"课程"搭配:～专业课。

【开始】kāishǐ ❶动。(1)从头起,从某一点起:新的一年～了。可带名词作宾语:从此～了新的生活。(2)着手进行;常带动词或动词性词组作宾语:～研究|～学习写作。❷名。起初的阶段:干一种工作,～总是会碰到一些困难的。

【开释】kāishì 动。释放被拘禁的人;不带宾语,常与其他动词连用:他被～回家。

【开天窗】kāi tiānchuāng 习。旧时反动政府禁止报刊发表某些言论或新闻,报纸编辑部为了作针锋相对的斗争,常在版面上留下成块空白,叫开天窗。

【开天辟地】kāi tiān pì dì 成。古代神话传说,盘古氏开天辟地,以后才有世界。后用来表示从未有过的或有史以来才有的。

【开庭】kāitíng 动。审判人员在法庭上对当事人和其他有关人员进行审问和讯

问;不带宾语:这个案子今天下午～。常与其他动词连用:～审问。可拆开用:开了庭|开过庭。

【开通】kāitōng 动。使原来闭塞的不闭塞;多用于河道、风气等,须带宾语:～航道|～风气。

【开通】kāi·tong 形。不守旧、不固执:他思想很～。

【开头】kāitóu ❶名。开始的时候或阶段:文章的～很好。❷动。事情、行动、现象等最初发生;不带宾语:这件事刚刚～。可拆开用:他刚开了个头儿,留下的任务还很重。

【开脱】kāituō 动。解除;指罪名或对过失的责任,常带宾语或补语:～罪责|～得一干二净。

【开拓】kāituò 动。开辟、扩展;须带宾语:～荒原|～疆土|～科学发展的道路。也可用补语:这一年,短篇小说的道路～得更加宽广了。

＊"开拓"和"开辟":"开拓"有时是指在原有基础上加以扩展;"开辟"只表示打开新的局面。"开拓"的对象一般是抽象的或范围广泛的事物,如荒山、道路、领域、新纪元等,不用于范围太小的;"开辟"的对象既可以是抽象的、范围广泛的事物,也可以是具体的、范围较小的事物,如"一亩荒地"、"一个球场"等。

【开外】kāiwài 方位。超过某一数量以外,表示年龄限于20以上成十的数,表示距离限于五或成十以上的数:他已经50～,不年轻了|漫天大雾,五步～,看不清楚|这片广场东西50米～。

【开玩笑】kāi wánxiào 习。(1)戏弄人:我同你～,你不要当真。(2)态度不严肃,当作儿戏:这可不是～的事。

【开胃】kāiwèi 动。不带宾语。(1)增进食欲:橄榄吃了能～。(2)〈方〉戏弄,开心:你又拿我～了。

【开销】kāixiāo ❶动。支付费用:这点儿钱不够。可带宾语:～一笔书报费。❷名。支付的费用:下半年～不大。

【开小差】kāi xiǎochāi 习。(1)军人私自脱离队伍逃跑。(2)比喻不专心:上课要用心听讲,思想不能～。

【开心】kāixīn 形。(1)心情舒畅:他的病好了,感到很～。(2)捉弄别人以取乐:别拿人家～。

【开颜】kāiyán 动。露出笑容,现出高兴的样子;多用于诗词中:三军过后尽～|喜～。

【开演】kāiyǎn 动。开始演出;不带宾语:戏马上就要～。

【开眼】kāiyǎn 动。看到了未曾见过的美好、珍奇的事物,增长了见识;不带宾语:我这次旅行看到了不少祖国的名山大川,总算～了。可重叠:让我开开眼。

【开洋】kāiyáng 〈方〉名。虾米;多指较大的。

【开夜车】kāi yèchē 习。比喻为了完成某一任务在夜间继续工作或学习:别～了,身体要紧。

【开业】kāiyè 动。开展业务活动;不带宾语:这家商店今天才～。

【开源节流】kāi yuán jié liú 成。开源:开辟财富的来源;节流:节制财富的消耗。后常比喻增加收入,节省开支。

【开凿】kāizáo 动。挖掘;多用于隧道、河道等:为了修筑成渝铁路,人们日夜奋战,不知～了多少隧道。

【开展】kāizhǎn ❶动。使从小向大发展;常带宾语或补语:～学习竞赛|增产节约运动轰轰烈烈地～起来了。❷形。开朗:他的思想不很～。

＊"开展"和"展开":"开展"是使活动进一步深入发展;"展开"是表示活动开始大规模地铺开进行。"开展"可作形容词用;"展开"不能。"展开"可表示意思张开、铺开、伸展等意思;"开展"没有这些意思。

【开绽】kāizhàn 动。裂开;多指原来缝纫的地方,不带宾语:鞋头～了。

【开张】kāizhāng 动。不带宾语。(1)商店等建立后开始营业:择吉～。(2)每天第一次成交:今天我们店到中午才～。(3)比喻某种事物开始:一年一度的自学考试又要～。

【开帐】kāizhàng 动。不带宾语,可拆开用。(1)开列帐单。(2)支付帐款;多用于吃饭、住旅馆等:你先在旅馆住下,由我去～|饭钱我开过帐了。

【开支】kāizhī ❶动。(1)付出钱;不当用的钱,不能。可带宾语:这次集体活动,~了不少的钱。(2)〈方〉发工资:今天我们单位~。❷名。开支的费用:要注意节省~。

【开宗明义】kāi zōng míng yì 成。原系《孝经》第一章的篇名,说明全书宗旨,后借指说话或写文章一开始就点明主要意思:这篇文章一开头就~地点明了主题。

【开罪】kāizuì 动。得罪;多用于人:这样的权贵,谁敢去~。可带宾语或补语:我小心地回答,深怕~了客人|经理觉得小张竟敢在会上~于他,这是他意料不到的事。

锎 kāi 一种由人工制成的放射性金属元素,符号为Cf。

揩 kāi 动。擦,抹;常带宾语或补语:~汗|~背|把椅子~干净。

【揩油】kāiyóu 动。比喻占公家或别人的小便宜;不带宾语:他在饭店里工作了几十年,从来不~。可拆开用:我们不要揩公家的油。

kǎi(ㄎㄞˇ)

剀(剴) kǎi [剀切](-qiè)〈书〉形。(1)切实:~教导|~陈词。(2)与事理完全一致:他的讲解~而详尽。

凯(凱) kǎi ❶〈素〉胜利:~歌|~旋。❷姓。

【凯歌】kǎigē 名。战胜后唱的歌:高唱~|~嘹亮。

【凯旋】kǎixuán 动。胜利归来;常与"载誉"连用,不带宾语:我国女排在奥运会夺得世界冠军,今天载誉~。

垲(塏) kǎi 〈古〉形。地势高而干燥。

恺(愷) kǎi 〈古〉❶动。欢乐。❷名。军队凯旋时所奏的乐曲。

闿(闓) kǎi 〈古〉动。开启。

铠(鎧) kǎi 〈素〉战袍上的铁片:~甲。

【铠甲】kǎijiǎ 名。古代士兵打仗时穿的护身服,多用金属片和皮革缀合而成。

楷 kǎi 〈素〉(1)法式,模范:~模。(2)楷书:小~|正~。 另见jiē。

【楷模】kǎimó 名。模范,榜样:鲁迅的为人与文章,都堪做青年写作者的~。

＊"楷模"和"模范":"楷模"语意较重,强调非常卓越,含有成为一种法式或标准,应为众人所仿效的意思;"模范"语意较轻,强调可以使人模仿效法,有"良好模式"的意思。"楷模"书面语色彩浓厚;"模范"书面语、口语都常用。

【楷书】kǎishū 名。汉字字体的一种。由隶书演变而来,形体方正,结构匀称,从东汉末年流行到现在,是现在通行的汉字手写正体字。也叫正楷、正书、真书。

【楷体】kǎitǐ 名。(1)楷书。(2)指拼音字母的印刷体。

锴 kǎi 〈古〉名。好铁;多用于人名。

慨(△嘅) kǎi 〈素〉(1)气忿:愤~。(2)不吝惜:慷~。△(3)感慨:~叹。

【慨然】kǎirán 副。多作动词的状语。(1)感慨地:~长叹。(2)慷慨大方地:~相赠。

【慨叹】kǎitàn 动。有所感慨而叹息:他~了一声,悄悄离去。可带宾语:这位现实主义大师在惊叹它的神奇景象时,特别~它的永恒性。

kài(ㄎㄞˋ)

忾(愾) kài 〈素〉愤恨:敌~。

欬 kài 〈古〉动。咳嗽。

kān(ㄎㄢ)

刊(栞) kān 〈素〉(1)雕刻:~刻。(2)排版印刷:~行。(3)出版物;多指期刊:月~|丛~。也指报上的某些专栏:副~。(4)改正,删削:~误|~正。注意:左边是"干",不要写成"干"。

【刊登】kāndēng 动。登载;指文章、消息等在报纸或刊物上发表出来,常带宾语或补语:今天报上~了一条重要消

息|我的小说～出来了。

【刊头】kāntóu 名。报纸杂志上标出名称、期数等项目的地方。

【刊物】kānwù 名。登载文章、图片等定期或不定期的杂志：内部～。

【刊行】kānxíng 动。指书报的出版发行；常带补语：这本书～于1959年。

【刊印】kānyìn 动。印刷，分刻板印刷和排版印刷两种；常带宾语或补语：～了一批书|他的长篇小说即将～出来。

【刊载】kānzǎi 动。刊登。

看 kān 动。常带宾语或补语。(1)守护：～家|～门。(2)照管：他一个人～两台机器|把小孩～好。(3)监视，看押：把他～起来。
另见kàn。

【看管】kānguǎn 动。常带宾语或补语。(1)监视管理；～犯人。(2)照管；多指小孩或物品：～仓库|你把这ީ子～好。

【看护】kānhù ❶动。看守并护理；常带宾语或补语：～病人|～得很细心。❷名。旧称护士。

【看家】kānjiā ❶动。在家或工作单位看守门户；不带宾语：你留下～。❷形。比喻本人特别擅长的；指本领，不加程度副词，不单独作谓语，多作定语：～的技艺|这是他的～本事。

【看守】kānshǒu ❶动。常带宾语或补语。(1)负责看管照料；多用于门户、仓库或小孩等：～门户。(2)监视：多用于有罪的人：～犯人|～得很严。❷名。旧称监狱里看守犯人的人。

【看守所】kānshǒusuǒ 名。临时拘押未决犯的机关。

【看押】kānyā 动。临时拘留关押；常带宾语或补语：～俘虏|把那个坏家伙先～起来。

勘 kān 〈素〉(1)校对，核订：～误|校～。(2)实地查看：～测|～验。

【勘测】kāncè 动。勘察和测量；多用于地形、水文等方面，常带宾语或补语：～河道|实地～了一番。

【勘察】kānchá 动。在采矿或工程施工前对地形、矿藏或地质构造等进行实地调查；常带宾语或补语：～地下资源|这一带地质情况已经～清楚。也作勘查。

【勘探】kāntàn 动。调查地质构造、矿藏分布等情况：～铁矿|经过～，发现这一带有极其丰富的石油资源。

【勘误】kānwù 动。改正书刊中文字上的错误；多作定语：～表|这部书稿须要～的地方很不少。

【勘正】kānzhèng 动。校正文字方面的错误；常带宾语：～了书中不少错误。

堪 kān 〈素〉(1)可以，能够：不～|～当重任。(2)忍受，能支持：难～|不～回首|狼狈不～。

【堪布】kānbù 名。音译词。(1)喇嘛寺的最高主持者。(2)主持受戒的喇嘛。(3)原西藏地方政府的僧官名。

【堪舆】kānyú 〈书〉名。风水。

戡 kān 〈素〉用武力去平定：～乱|～平。

【戡乱】kānluàn 动。平定叛乱；不带宾语：派出部队去～。

龛（龕） kān 〈素〉供奉神佛的小阁子：佛～。

kǎn (ㄎㄢˇ)

坎 kǎn ❶名。(1)八卦之一，代表水，卦形为☵。(2)(～儿)，田野里台阶形状的东西：田～儿。❷〈素〉小坑，低陷的地方：～坷。

【坎肩】kǎnjiān 名。没有袖子的上衣，多指棉的、夹的，一般穿在外面。

【坎坷】kǎnkě 形。(1)道路坑坑洼洼不平整：这条路～不平。(2)〈书〉比喻生活中波折多，不得志：一生～。

【坎懔】kǎnlǎn 〈书〉形。困顿，不得志。

砍 kǎn 动。常带宾语或补语。(1)用刀斧等猛劈：～树|～柴|把树枝～下来。(2)〈方〉抛，掷：别拿砖头～人。

【砍伐】kǎnfá 动。用斧、锯等工具把树木的枝干砍倒或锯断；常带宾语：～树木|～森林。

莰 kǎn 名。有机化合物的一类。白色结晶，有樟脑的香味，容易挥发。

侃 kǎn [侃侃] 〈书〉形。理直气壮，从容不迫的样子：～而谈。

槛（檻） kǎn 〈素〉门框下部的横木：门～。
另见jiàn。

顑 kǎn [顑颔](-hàn) 〈书〉形。因饥饿而面黄肌瘦：田园荒芜，黎民～。

kàn(ㄎㄢˋ)

看 kàn ❶动。多带宾语。(1)瞧：～书|～戏|～球赛。(2)观察与判断：～问题要全面。可带主谓词组作宾语：我～他不会来了。(3)看望，访问：～朋友|～病人。(4)诊治：他～好了我的病。(5)照管：～好自己的东西。(6)小心，注意；用于命令句，提醒对方注意可能发生的不好的情况：别跑，～碰着|过马路的时候，～着点！❷助。常用在动词重叠式或动词带动量、时量后面，表示尝试一下：你先吃吃～|你先做几天～。
另见 kān。

【看不起】kàn·buqǐ 〈口〉动。轻视；与"看得起"相对，可加程度副词：别～这本小书，内容可有用啦|你不要太～人！

【看待】kàndài 动。对待：大娘把她像自己的亲闺女一样～。可带宾语：怎样～犯错误的人？
＊"看待"和"对待"："看待"侧重指对人的关系，常用于人；"对待"侧重指对人或事的态度，多用于人，也用于事物，如"我们应该正确对待面临的问题"，这一句一般就不用"看待"。

【看得起】kàn·deqǐ 〈口〉动。重视；与"看不起"相对：他很骄傲，被他～的人不多。

【看法】kànfǎ 名。对某事或某人的见解：对这个问题我有自己的～|对他这个人，各人的～不一样。

【看风使舵】kàn fēng shǐ duò 成。比喻相机行事，现多指观望风色，投机取巧：这个人一贯会～，很不正派。也说见风转舵。

【看见】kànjiàn 动。看到；常带宾语：他～一个可疑的人。可拆开用：看得见|看不见。

【看破】kànpò 动。看穿，看透：对名利要～一点。可带宾语：～红尘。可拆开用：那人城府很深，我一下还看不破他。

【看齐】kànqí 动。不带宾语。(1)排齐：向右～。(2)以某人或某种人作为学习的榜样：向先进～。

【看轻】kànqīng 动。轻视；用于人或事，常带宾语，可加程度副词：他是自学成才的，你可别太～他了|不应～这项工作。

【看透】kàntòu 动。透彻地了解或认识：这个人我～了，没什么真本事。可带宾语：我早就～了他。可拆开用：看得透|看不透。

【看望】kànwàng 动。到长辈或亲友处问候；常带宾语：～父母|～老同学。

【看相】kànxiàng 动。通过观察人的相貌、骨骼或手掌的纹理来判断其命运，这是一种迷信的行为。也叫相面。

【看中】kànzhòng 动。看后觉得合意；可用于人或物：这件大衣我～了。可带宾语：小刘～了这位女营业员。可拆开用：看得中|看不中。

【看重】kànzhòng 动。很看得起，重视；常带宾语，可加程度副词：领导很～他。

衎 kàn 〈古〉形。快乐或刚直。

崁 kàn 地名用字。赤崁，在台湾省。

墈 kàn 〈方〉名。山崖；多用于地名：王～头，在浙江省。

塃 kàn 〈方〉名。高的堤岸；多用于地名：～上，在江西省。

阚 kàn 姓。
另见 hǎn(㘎)。

瞰(矙) kàn 〈素〉从高处往下看：俯～|鸟～。

kāng(ㄎㄤ)

康 kāng ❶〈素〉健康：～复。❷形。同"糠❷"。❸姓。

【康复】kāngfù 动。恢复健康；不带宾语：病体已经～。

【康健】kāngjiàn 形。健康，人体生理机能正常，没有疾病：幼儿园的孩子个个都很～活泼。

【康乐】kānglè 形。安乐：过上了十分～的生活。

【康乐球】kānglèqiú 名。游艺项目的一种。在四周高起、四角有圆洞的盘内，摆有形状类似象棋子的球，玩时按规定各自把自己的球逐渐撞入洞内，先全部撞人者为胜。也叫克郎球、克郎棋。

【康宁】kāngníng〈书〉形。健康安宁：这几位老人的晚年都很～。

【康庄大道】kāngzhuāng dàdào 成。宽阔平坦的道路。喻指光明顺利的前途；含褒义：走完这条小路，前面就是～了｜从此，中国人民走上了社会主义的～。

慷(忼) kāng ［慷慨］(-kǎi)形。(1)情绪激昂：～就义。(2)不吝啬，热诚：～援助｜他为人～大方。

【慷慨激昂】kāngkǎi jī áng 成。形容精神振奋，情绪激动昂扬：他发表～的演说。也说激昂慷慨。

槺 kāng 见"榔槺"。

糠(粇) kāng ❶名。从稻、麦等作物子实上脱下的皮或壳。❷形。发空，质地变得松而不实：萝卜～了。

鱇 kāng 见"鮟鱇"。

kánɡ(ㄎㄤˊ)

扛 káng 动。用肩负重；常带宾语或补语：～粮食｜把枪～在肩上。另见gāng。

【扛活】kánghuó 动。指旧社会给地主当长工；不带宾语，可带补语：他在地主家～多年。可拆开用：他扛了二十年活。也说扛长活、扛长工。

kàng(ㄎㄤˋ)

亢 kàng ❶名。二十八宿之一。❷〈素〉(1)高傲：高～｜不卑不～。(2)超过限度：～旱。❸姓。

【亢奋】kàngfèn〈书〉形。极度兴奋：听了他的演说，我～不已。

【亢旱】kànghàn 形。旱情严重，大旱：那年～，穷人饿死很多。

伉 kàng ❶〈素〉相称，对等；指配偶：～俪。❷姓。

【伉俪】kànglì〈书〉名。夫妻：～情深｜他俩结成了～。

抗 kàng ❶动。常带宾语或补语。(1)抵抗，抵挡：棉衣旧一点不要紧，能～寒就行了｜他那ско有权有势，你～得

了吗?(2)拒绝；多与单音节名词相配：～租｜～税。❷〈素〉对等：～衡｜分庭～礼。

【抗暴】kàngbào 动。抵抗和反击反动暴力的压迫；不带宾语：他们为～而牺牲。多作定语：～斗争。

【抗辩】kàngbiàn 动。不接受责难而为自己辩护：在敌人的法庭上，他竭力～｜他一道："这是歪曲事实!"也可作宾语：进行了有力的～。

【抗旱】kànghàn 动。久旱不雨时采取各种措施使农作物不受或少受损害；不带宾语：全乡人民积极～。

【抗衡】kànghéng 动。对抗，不相上下；不带宾语：这支球队可以同国家队～。

【抗击】kàngjī 动。抵抗、反击；常带宾语：～侵略者｜～敌人。

【抗拒】kàngjù 动。抵抗和拒绝；多带动词作宾语：～检查｜～交代。

【抗菌素】kàngjūnsù 名。某些微生物或动植物所产生的能抑制或杀死另一些微生物的化学物质，种类很多，如青霉素、链霉素、氯霉素等。多用来治疗人或家畜的传染病。旧称抗生素。

【抗命】kàngmìng 动。拒不接受命令；不带宾语：岂敢～!｜如若～，从严惩处。

【抗体】kàngtǐ 名。人或动物的血清中，由于病菌或病毒的侵入而产生的具有抵抗或杀死病菌、病毒作用的蛋白质性物质。

【抗议】kàngyì 动。对某人、某团体或某个国家的言论、行为等表示强烈的反对；可带宾语：～反动军警的暴行。可用动词性词组或主谓词组作宾语：～欺压弱小国家｜我们愤怒～侵略者屠杀无辜群众。常作"提出、表示"等动词的宾语：提出了强烈的～。

【抗御】kàngyù 动。抵抗和防御；常带宾语：～外侮｜～敌人的进攻。

【抗战】kàngzhàn ❶动。抵抗外来侵略；不带宾语，可带补语：我们～了八年。❷名。抗击外国侵略者的战争，在我国特指1937—1945年抵抗日本帝国主义侵略的战争：经历了八年的浴血～。

炕 kàng ❶名。北方用土坯或砖砌成的供睡觉的台子，下面有洞，可以烧火取暖。❷〈方〉动。烘烤；常带宾语或补语：～馒头｜把湿鞋子放在炉边～

一下。

钪 kàng 金属元素,符号Sc。银白色,质软,用来制作特种玻璃和耐高温合金。

kāo(ㄎㄠ)

尻 kāo 名。古书上指屁股。

kǎo(ㄎㄠˇ)

考(△攷) kǎo △❶动。测验,考试;常带宾语或补语:~语文|他~上了医学院。❷〈素〉△(1)检查:~勤|~察。△(2)推求,研究:~订|思~。(3)老,年纪大:寿~。(4)旧称死去的父亲:先~。

【考察】kǎochá 动。常带宾语。(1)实地调查,具有学习、印证和研究的性质:~军事|~经济|他不久将出国~。(2)深入分析研究:~病因|进行科学研究工作,必须多加~和思索,才能多出成果。

【考查】kǎochá 动。检查衡量;多用于行为、活动、成绩等方面,常带宾语或补语:~一下学生的知识水平。

【考场】kǎochǎng 名。举行考试的场地。

【考订】kǎodìng 动。考据订正,一般用于古籍,常带宾语或补语:~这桩历史公案的年代|这部古书,王教授已经~过了。

*"考订"和"考证":"考订"侧重在订正错误;"考证"侧重在证明史实。

【考古】kǎogǔ ❶动。根据古代的遗物、遗迹等来研究古代历史;不带宾语:他到西北~去了。❷名。指考古学:他学的专业是~。

【考核】kǎohé 动。考查核实;常带宾语或补语:~干部|为了~我们的推论是否正确,他向我提出了不少问题|每个干部的工作实绩怎样,要定期~一下。可重叠:他的表现到底如何,请你去~~。

【考绩】kǎojì 动。考查工作人员的成绩;不带宾语:对每个职工要定期~。

【考究】kǎojiu ❶动。常带宾语或补语。(1)考查研究:那个问题值得~一番。(2)讲究注重;可加程度副词:她太~穿着,❷形。精美:这件衣服做工很~。

【考据】kǎojù 动。考证;常带宾语或补语:~旧籍|~史实|我国的盆景,古已有之,~起来,足有1000年以上的历史。

*"考据"和"考证":"考据"侧重指考查事物成立的根据,多用于古籍和较大的历史事件;"考证"侧重指考证证明事物的真实性,多用于具体的历史问题。

【考虑】kǎolǜ 动。斟酌,思索;常带宾语或补语:~问题|这件事让我再~一下。可重叠:等我~~再回答你。

*"考虑"和"斟酌":"考虑"的对象多为较大的事情;"斟酌"的对象一般是较小的事情。"考虑"常带宾语;"斟酌"一般不带宾语。

【考勤】kǎoqín 动。考查、记录工作或学习的出勤情况;不带宾语:我们工厂每天都要~。

【考取】kǎoqǔ 动。经过考试被录取;多以学校、专业等作宾语:他~了北京大学。可拆开用:考得取|考不取。

【考试】kǎoshì ❶动。考查知识和技能;不带宾语:明天我们班~。❷名。提出问题考查知识水平、技能高低的一种方法:期末~|升学~。

【考释】kǎoshì 动。考证并解释;多指古文字:他对一批甲骨文作了~。可带宾语:~几个词的含义。

【考验】kǎoyàn 动。考查、检验:这对每个人来说都是一次严峻的~。常带宾语:请在实际工作中~我。

*"考验"和"检验":"考验"的内容是对工作、事业的态度和意志如何;"检验"的对象是看产品的质量是否合格,或理论是否符合实际。

【考证】kǎozhèng 动。根据历史文献、文物等资料来考核证实和说明;多用于史实方面,常带宾语:他仔细~了吴敬梓的身世。

拷 kǎo 〈素〉打:~打|~问。

【拷贝】kǎobèi 名。音译词。指用拍摄成的电影底片洗印出来供放映的胶片。也叫正片。

【拷打】kǎodǎ 动。打;多指用刑,是一种逼供手段:不管怎样严刑~,他始终没有向敌人屈服|特务今天又把他~了

一顿。可带宾语：不~犯人。

【拷问】kǎowèn 动。拷打审讯；常带宾语或补语：他们非法~了他｜敌人又把他~了一番。

栲 kǎo 名。栲树，常绿乔木，木材坚硬，供建筑用。树皮含鞣酸，可提取栲胶和染料。

【栲栳】kǎolǎo 名。用柳条编成的容器，形状像斗。也叫笆斗。

烤 kǎo 动。常带宾语或补语。(1)把东西放在火旁使熟或干：~山芋｜把衣服~一下。(2)人靠近火以取暖：我们~~火，暖和一下。

kào(ㄎㄠ)

铐 kào ❶名。(~子)手铐，束缚犯人手的刑具。❷动。给犯人戴上手铐；常带宾语或补语：~住他的手｜把他~起来。

犒 kào 〈素〉旧用酒食或财物慰劳和奖励：~劳｜~赏。

【犒劳】kào·láo 动。用酒食慰劳、奖励；多带宾语：李自成率军进入西安后，人们纷纷~义军。可重叠：要好好~~他们。

【犒赏】kàoshǎng 〈书〉动。犒劳和赏赐有功的人；多带宾语：~三军。

靠 kào ❶动。常带宾语或补语。(1)倚着：两个人背~着背｜梯子~在墙上。(2)接近；挨近：向前~｜船~上了岸。(3)依靠：学习主要~自己｜这种人~不住。❷〈素〉信赖：可~｜牢~。

【靠背】kàobèi 名。椅子上供人倚靠的部分。

【靠边】kàobiān 动。不带宾语。(1)靠近边缘，靠到旁边：睡得太~｜行人要~走。(2)〈方〉比喻近乎情理：这话说得还~。(3)喻指不管事：你~吧，还是我来做｜他已经~了。

【靠不住】kào·bu zhù 词组。不可靠，不能信任；与"靠得住"相对：这个人~｜他这话~。

【靠得住】kào·de zhù 词组。可靠，可以信任；与"靠不住"相对：他办事~｜这个消息~。

【靠近】kàojìn ❶形。彼此之间的距离不

远：坐得太~了。❷动。多带宾语。(1)缩小距离，彼此逐渐接近：船~码头｜~天黑的时候。(2)比喻同某人或组织亲近：要~组织。

【靠拢】kàolǒng 动。挨近，靠近：向先进人物~。可带宾语：要~组织。可拆开用：靠不拢。

【靠山】kàoshān 名。比喻可以倚靠的人或势力。

【靠手】kàoshǒu 名。椅子两边的扶手。

kē(ㄎㄜ)

坷 kē [坷垃](-·la) 〈方〉名。土块：打~。也作坷垃。
另见 kě。

苛 kē ❶形。苛刻，过分：条件太~。❷〈素〉琐碎，繁重，使人难以忍受：~细｜~捐杂税。

【苛待】kēdài 动。苛刻地对待；用于对人，常带宾语：我从来没~过他。

【苛捐杂税】kē juān zá shuì 成。指旧政府以各种名目征收的繁重的捐税。

【苛刻】kēkè 形。过严，刻薄；多指要求或条件等：这条件太~了。

【苛求】kēqiú 动。过严过高地要求；常带宾语或补语：他能这样做就不容易了，别再~他｜我并未~于你。

【苛细】kēxì 〈书〉形。苛刻烦琐：这些条例过于~，恐难执行。也说苛碎。

【苛责】kēzé 动。过严地责备：对孩子不要~，要耐心说服教育。

【苛政】kēzhèng 名。残酷压迫和剥削人民的政令：~猛于虎。

【苛政猛于虎】kēzhèng měng yú hǔ 成。《礼记·檀弓下》记载：孔子路过泰山旁，见一妇人在墓前痛哭，问其原因，知其丈夫和儿子都被老虎咬死了，又问她为什么不搬走，妇人说这儿没有苛政，于是孔子对学生说："苛政猛于虎!"意思是：苛刻的政令和繁重的赋税比猛虎还可怕。

珂 kē 〈古〉名。像玉的石头。

【珂罗版】kēluóbǎn 名。音译词。印刷上用的照相版的一种，把要复制的字、画的底片，晒制在涂有感光胶层的厚玻璃片

柯 kē ❶〈书〉名。(1) 草木的枝茎。(2) 斧柄。❷姓。

【柯尔克孜族】kē'ěrkèzīzú 名。我国少数民族之一,主要分布在新疆。

轲 kē 人名用字。孟轲,即孟子。

牁 kē 地名用字。牂(zāng)牁,古代郡名,在今贵州省境内。

砢 kē [砢碜](-·chen)〈方〉动。寒碜。

疴 kē 〈古〉名。病:养～|染～。

匼 kē 地名用字。匼河,在山西省。

科 kē ❶名。分门别类用的名称。(1) 学术或业务的类别:文～|内～。(2) 机关按工作性质而分的办事单位:秘书～|总务～。(3) 动植物的分类:猫～|松～。(4) 中国古典戏曲中称角色的动作和表情:笑～|饮酒～。❷〈书〉动。判定;用于刑罚方面,须带宾语或补语:此罪～徒刑三年|～以罚金。

【科白】kēbái 名。戏曲中人物的动作和道白。

【科班】kēbān 名。(1) 旧时训练戏曲艺徒的教学组织。(2) 比喻受过正规的教育或训练;多作"状语",用在"出身"之前:他是～出身。

【科技】kējì 名。科学技术的简称。

【科举】kējǔ 名。我国封建统治者用分科考试的方法选拔文武官吏后备人员的一种制度。始于隋,废于清末。

【科目】kēmù 名。依事物的性质划分的类别;多用于学术或帐目。

【科普】kēpǔ 名。科学普及的简称;多作定语:～刊物|～知识。

【科室】kēshì 名。企事业中管理部门各科、室的总称:～人员|这个厂有十五个～。

【科学】kēxué ❶名。反映某一领域内的客观规律的知识体系。❷形。合乎科学的;常加程度副词:这种方法非常～。

【科学家】kēxuéjiā 名。从事科学研究并取得一定成就的人。

【科学社会主义】kēxué shèhuì zhǔyì 词组。马克思主义的三个组成部分之一,是关于无产阶级解放运动的性质、条件和一般目的的学说。它根据辩证唯物主义和历史唯物主义的理论,论证了资本主义必然灭亡、社会主义必然胜利的客观规律,并提出从资本主义到共产主义的整个过渡时期必须实行无产阶级专政,从而把社会主义从空想变成为科学。也叫科学共产主义。

蝌 kē [蝌蚪](-dǒu)名。蛙或蟾蜍等的幼体。椭圆形,有小尾,生活在水中。能吃孑孓,是有益的小动物。口语中也叫蝌子。

棵 kē 量。株;用于植物:一～草|几～树|两～白菜。

＊"棵"和"颗":"棵"只用于计量植物,不能用于其他物体;"颗"用于计量颗粒状的或小而圆的东西,不能用于一株株植物。"颗"有引申用法,如"一颗红心";"棵"没有这种用法。

稞 kē [青稞](qīng-)名。大麦的一种,粒大,皮薄。主要产在西藏、青海等地,是藏族人民的主要食品糌(zān)粑的原料。也叫元麦、稞麦。

窠 kē 名。鸟兽昆虫的窝:鸟～|狗～。

【窠臼】kējiù〈书〉名。老格式,旧框框;多指文章或艺术作品:写诗要创新,力争摆脱前人的～。

颗 kē 量。用于圆形或粒状的东西:一～心|两～黄豆|一～子弹。

【颗粒】kēlì 名。(1) 小而圆的物体:～肥料|～饱满。(2) 借指每一粒粮食:～归仓。

髁 kē 名。髁骨,骨头上的突起部分,多长在骨头的两端。

颏 kē 名。脸的最下部分。通称下巴或下巴颏。

嗑 kē 见"唠(lào)嗑"。
另见kè。

榼 kē 名。古时盛酒的器皿。

磕(搕) kē 动。常带宾语或补语。(1) 碰到硬东西上:碗～了个边儿|他摔了一跤,把脸～破了。(2)

磕打：把烟袋锅~了一下。

【磕巴】kē·ba 〈方〉动。口吃：他讲起话来常会~。可重叠：他说话总是磕磕巴巴的。

【磕打】kē·da 动。把东西向地上或硬物上碰撞，使附着在上边的东西下落；常带宾语或补语：~皮鞋上的泥|鞋里有沙子，把鞋~一下。可重叠：把簸箕~~。

【磕磕绊绊】kē·kebànbàn 形。形容路不好走或腿脚不太灵活而行走吃力，不加程度副词，常带助词"的"：屋里摆满东西，走路~的|爷爷八十开外了，走起来~的。

【磕磕撞撞】kē·kezhuàngzhuàng 形。走起路来脚步不稳，东倒西歪的样子；不加程度副词，常带助词"的"：他喝醉了酒，走路~的。

【磕碰】kēpèng 动。(1)碰撞；常带补语：这箱瓷器包装不好，小心搬运，别~坏了。可带宾语：鸡蛋~石头。(2)比喻冲突；不带宾语，常作"出现"的宾语：几家合住一个院子，生活上出现一些~是难免的。可重叠：一家人过日子，难免出现一些磕磕碰碰的事。

【磕头】kētóu 动。旧时的一种礼节，人跪地上，叩头至地或近地。

【磕头碰脑】kētóu pèng nǎo 成。形容人多互相挤碰，或因东西多，人和东西互相碰撞：车上很挤，~的，气都透不过来。

瞌 kē [瞌睡](~shuì) 动。想睡觉。不带宾语，可带补语：夜里没睡好，白天~得很。常作"打"的宾语：打~。

ké(ㄎㄜˊ)

壳(殼) ké 〈口〉(~儿) 名。某些物体较硬的外皮：蛋~儿|稻~儿。
另见qiào。

咳 ké 动。咳嗽；不带宾语，可带补语：他~了几声|他得了重感冒，整天~个不停。
另见hāi。

【咳嗽】ké·sou 动。喉部或气管的粘膜受到刺激而急剧发声；不带宾语：车厢里吸烟的人很多，烟味熏得我不停地~。可带补语：他呷了一口白酒，呛得~

揢 ké 〈方〉动。须带宾语或补语。(1)卡住：抽屉~住，拉不开了|鞋小~脚。(2)刁难：你别拿这事来~我。

kě(ㄎㄜˇ)

可 kě ❶助动。(1)表示能够、可以；多用于书面语，口语中只用于正反对举：我们的友谊牢不~破|碗~大~小。(2)表示值得；常与动词合起来作定语：~看的书。❷副。有"确实、的确"的意思；表示强调的语气：他的干劲~大啊！❸连。表示转折，有"但是"的意思：文章虽短，~内容丰富。❹前缀。后边多同表示心理活动的单音节动词组合，构成形容词：~喜|~怕。❺姓。
另见kè。

【可鄙】kěbǐ 形。令人鄙视：他惯于阿谀奉迎，太~了。

【可操左券】kě cāo zuǒ quàn 成。古代把契约叫券，由竹制成，分左右两片，双方各执一片，左片用作索偿的凭据。后比喻有成功的把握：这次考研究生，他~。注意"券"，不读juàn，也不要写成"卷"。

【可耻】kěchǐ 形。应该认为羞耻：浪费真~|不劳而获是~的。

【可读性】kědúxìng 名。指书报杂志或文章内容吸引人的程度：这本小说情节曲折，人物生动，具有很强的~。

【可歌可泣】kě gē kě qì 成。值得歌颂，使人感动得流泪；形容事迹英勇悲壮，感人深切：一百多年来，我国无数先烈和志士仁人，为了民族的解放，前仆后继，奋斗牺牲，写下了许多~的篇章。

【可观】kěguān 形。(1)值得看：这个展览内容丰富，大为~。(2)形容达到一个较高的程度：数目~|成就非常~。

【可好】kěhǎo 副。恰好，正好：我正要出去找他，~他来了。

【可恨】kěhèn 形。令人痛恨：这家伙坏事做绝，真是~。

【可见】kějiàn ❶动。可以看出，可以想见；须带宾语：由此~，学点语法修辞是完全必要的。❷连。用在复句的后一分句,表示根据前一分句可以作出判断或结论:他连附加题也答对了,～他的学习不错。

【可靠】kěkào 形。(1)可以信赖和依靠;多用于人:这个人很～。(2)真实可信,多指情况、消息、材料等:这个消息是否～?|这篇报道纯属道听途说,不～。

【可可】kěkě 名。音译词。也叫蔻蔻。(1)可可树,常绿乔木,产于热带。果实卵形,种子炒熟制成粉末,可做饮料,有兴奋作用。(2)指可可种子制成的粉末。(3)指用可可粉末制成的饮料。

【可口】kěkǒu 形。饮料、食品的味道好或冷热适度:这碗菜很～|那种点心香甜～。

【可怜】kělián ❶形。(1)值得怜悯:这个孩子两岁时父母双亡,真～!(2)不值一提;多用来表示数量之少或质量之差,限作补语:少得～|贫乏得～。❷动。怜悯;须带宾语:你～他,他才不管你哪。可重叠:～～这个孤儿吧!

【可能】kěnéng ❶形。能够,可以实现;限于修饰"范围、条件、机会、情况"等少数名词:在～的条件下给予照顾。❷副。也许,或许;表示一种估计:他～不来,你别等他了。❸名。可能性:他重新走上讲台的～不大。

【可巧】kěqiǎo 副。恰好,凑巧:我们正在谈论他,他～到了。

【可取】kěqǔ 形。可以采纳,值得仿效或应该肯定:这个办法很～|这篇文章确有～之处。

【可人】kěrén ❶〈书〉形。可人意,使人满意;多作谓语:风味～|天气十分～。❷〈书〉名。性格行为可取的人。

【可身】kěshēn 〈方〉形。可体:这件衣服不大不小,正～。

【可是】kěshì 连。表示转折;常与"虽然、尽管"之类表示让步的连词呼应:四川我虽然去过,～时间不长印象不深|条件尽管差一些,～大家的干劲还是不小。

【可塑性】kěsùxìng 名。(1)物体在受外力或高温的条件下,发生变形而不破裂的性质,是粘土、树脂、塑料等的一种特性。(2)生物体的某些性质在不同的生活环境影响下,能够发生变化,而慢慢形成了新的类型。(3)喻指人的思想、才能、性格等因受外界影响而变化的特性:青少年の很大。

【可体】kětǐ 形。衣服的尺寸长短肥瘦同身材正合适:这件衣服的大小很～。也说可身。

【可望而不可即】kě wàng ér bù kě jí 成。看得见但无法接近;常用来比喻目前还不能实现的事物,掌握一门外语虽然不容易,但并不是～的事。

【可恶】kěwù 形。令人厌恶:这个人两面三刀,太～了。注意:"恶"这里不能读è。

【可惜】kěxī ❶形。值得惋惜的;错过这个难得的机会,太～了|这是非常～的事。❷动。令人惋惜;可带名词或主谓词组作宾语:你拿这些毛料做玩具,真是～了材料|正是旅游的好季节,～这几天天气不佳。

【可喜】kěxǐ 形。使人高兴,值得欢喜的:经过大家的努力,这个厂终于取得了十分～的成绩。

【可行】kěxíng 形。能实行,行得通:这个办法切实～。

【可疑】kěyí 形。值得怀疑:形迹十分～|他晚上经常鬼鬼祟祟地外出,是个～的人。

【可以】kěyǐ ❶助动。(1)表示可能或能够;除作状语外,有时还可作谓语:一间房子～住八个人|他去也～。(2)表示许可:我～走了吗?(3)值得:这个展览～看看。❷〈口〉形。(1)还好、过得去;只作谓语或补语,前边常与"还"搭配:这个影片还～|这篇文章写得还～。(2)利害;前边可与"真"组合,表示程度较高:天气热得真～。

【可意】kěyì 形。称心如意,满意:这块表你～吗?

【可憎】kězēng 形。叫人憎恶:面目～|他的所作所为实在～。

【坷】kě 见"坎坷"。
另见kē。

【岢】kě 地名用字。岢岚(lán),县名,在山西省。

【渴】kě ❶形。口干,想喝水:一天没喝水,～坏了。❷〈素〉迫切地:～

望｜～求。

【渴慕】kěmù 动。非常思念和仰慕；用于崇敬的人：心怀～｜～已久。可带宾语：我们都～这位英雄。

【渴念】kěniàn 动。深切地想念；常带宾语或补语：他离家多年，～亲人的心情与日俱增｜终于回到了～多年的故乡。

【渴求】kěqiú 动。迫切地要求；多带动词作宾语：～进步｜～一见。

【渴望】kěwàng 动。迫切地希望；多带谓词性作宾语：人民～和平｜～进步。可带主谓词组作宾语：～他早日成才。

kè (ㄎㄜ)

可 kè [可汗] (-hán) 名。古代鲜卑、突厥、回纥、蒙古等族最高统治者的称号。注意："可汗"不读kěhàn。另见kě。

克 (△剋、尅) kè ❶量。(1)音译词。公制重量或质量单位，代号"g"。(2)藏语容量单位，1克青稞约合25斤。也是地积单位，1克约合1市亩。❷〈素〉(1)能：不～｜～勤～俭。(2)制服，克制：～服｜⑤以柔～刚。△(3)攻下，战胜：攻～｜～复。△(4)消化：～食。△(5)严格限定：～日｜～期。

"剋(尅)"另见kēi。

【克敌制胜】kè dí zhì shèng 成。克：征服；制：取得。打败敌人，取得胜利：团结一致是～的一个决定因素。

【克服】kèfú 动。用毅力制伏，战胜；常带宾语：我们要～一切困难，保证教育改革顺利进行。

＊"克服"和"克制"："克服"是指用坚强的意志或力量去战胜或去除本身或客观上的消极因素，如缺点、困难、坏现象、不利条件等；"克制"是指用理智去控制自己内心的激烈活动，如欲望、感情等。

【克复】kèfù 动。通过战斗夺回失地；多带宾语：经过激战，我军终于～了这个据点。

【克己】kèjǐ ❶动。克制、战胜自己的私心，对自己要求严格；常与"奉公"等并用：～奉公。❷形。(1)节俭：生活上他很～。(2)旧时商人自称货价便宜，不多赚钱。

【克己奉公】kè jǐ fèng gōng 成。克己：约束自己；奉公：以公事为重。严格要求自己，一心为公：公正廉洁，～，是每个公务人员应该具有的高贵品质。

【克扣】kèkòu 动。暗自减少应给他人的财物，并据为己有；多带宾语：他在售货时因～斤两而受罚｜他竟然～给灾民的救济粮。

【克拉】kèlā 音译词。宝石的重量单位，1克拉等于200毫克，即0.2克。

【克朗】kèlǎng 冰岛、瑞典、丹麦、挪威、捷克等国家的本位货币。

【克罗米】kèluómǐ 名。音译词，即"铬"。

【克里姆林宫】kèlǐmǔlín gōng 词组。"克里姆林"，音译词。俄国沙皇的宫殿，在莫斯科市中心。十月革命后是原苏联最高党政机关的所在地。常用作原苏联官方的代称。

【克食】kèshí 动。帮助消化食物；不带宾语：山楂能～。

【克制】kèzhì 动。抑制，控制自己；常带语或补语：他极力～自己愤怒的感情｜他～不住自己的欲望。

＊"克制"和"压制"："克制"是用理智去约束，限制；"压制"是用强力或暴力去压服和制止。"克制"的对象一般是自己的思想、感情、欲望；"压制"的对象一般是别人的行为活动，有时也可用于自己的思想感情。

氪 kè 气体元素，符号kr。无色、无味、无臭，不易跟其他元素化合。可作x射线的屏蔽材料，也用来填充灯泡。

刻 kè ❶动。雕刻，用刀子挖；常带宾语或补语：～印章｜把这几个字～一下。❷量。计时单位，15分钟为一刻：5点3～开船。❸〈素〉(1)时间：立～｜顷～。(2)表示程度之深：深～｜～苦。(3)苛求，刻薄：苛～｜尖～。

【刻板】kèbǎn ❶名。在木板或金属板上刻字或图(或用化学方法腐蚀而成)的供印刷用的底板。也作刻版。❷形。比喻呆板、缺少变化：他这个人比较～｜这篇文章写得不活，太～。

【刻本】kèběn 名。用木版刻印成的书籍。

【刻薄】kèbó 形。待人冷酷、苛求，说话挖苦人；含贬义：他为人太～,大家都不喜欢他。

【刻不容缓】kè bù róng huǎn 成。片刻也不容许拖延,形容形势紧迫,要马上行动：抢救大熊猫是～的一件大事。

【刻毒】kèdú 形。刻薄狠毒：这话说得太～了。

＊"刻毒"和"刻薄"："刻毒"侧重在狠毒,语意较重；"刻薄"侧重在尖刻,主要用于待人接物、说话等方面,语意较轻。

【刻度】kèdù 名。量具、仪表等器具上所刻画的表示量的大小(如尺寸、温度、电压等)的条纹。

【刻骨】kègǔ 形。深入到骨头内,比喻极其深刻,永世不忘；多形容仇恨,不加程度副词：～的仇恨｜～铭心。

【刻骨铭心】kè gǔ míng xīn 成。铭：在石头、器物上刻字。形容记忆深刻,永不忘怀；多用于对别人的感激：你给了我第二次生命,我～,永志不忘。也作刻骨镂心。

【刻画】kèhuà 动。用文字描写或其他艺术手段表现人物的形象、性格等；常带宾语或补语：这部作品生动地～了一位英雄的坚强性格｜剧中人物～得非常成功。

【刻苦】kèkǔ 形。(1)很能吃苦,肯下功夫：～耐劳｜～钻研｜他学习很～。(2)俭朴；多指生活：他的生活很～。注意"刻"不能写作"克"。

【刻下】kèxià 〈书〉名。目前,眼下：我～有事,不能马上去京。

【刻意】kèyì 副。用尽心思,特别认真：～求工(工：精巧)。

【刻舟求剑】kè zhōu qiú jiàn 成。《吕氏春秋·察今》记载,楚国有一个人过江时,把身上佩带的剑掉入水中,他马上在船帮上刻了个记号。船停后,他再从刻记号处下水找剑,自然一无所获。后用来比喻拘泥、刻板,不懂得根据情势的变化而改变看法和做法：情况已经发生变化,我们怎么会能做那种～的蠢事呢?

恪 kè 〈素〉恭敬,谨慎：～守｜～遵。

【恪守】kèshǒu 动。严格地遵守；多带宾语：～原则｜～诺言。

＊"恪守"和"遵守"："恪守"是严格遵守,语意较重；"遵守"是不违背,依照规定行动。

客 kè ❶名。客人；与"主"相对：会～｜家里来～了｜明天请～。❷〈方〉量。用于论份儿出售的食品：一～客饭｜三～小笼包子。❸〈素〉(1)旅馆、交通、商店等行业对主顾的称呼：旅～｜顾～。(2)从事某种活动的人：政～｜掮～｜说～。(3)出门在外的：～商｜～籍｜～死。(4)在人类意识外独立存在的：～体｜～观。

【客串】kèchuàn 动。原指非专业演员临时参加专业剧团演戏。后引申为原来不干某项工作,临时去干一下；多带补语：柜台人手不够,我来～一下。

【客观】kèguān ❶名。哲学上指人的意识以外的物质世界：～存在｜～事实。❷形。指一个人思想和行动与实际情况相一致：他看问题比较～。

【客籍】kèjí 名。(1)寄居的籍贯：我原籍北京,～江苏。(2)寄居本地的外地人：我们单位～较多,生活习惯不一样。

【客家】kèjiā 名。指西晋末和北宋末从黄河流域迁徙到南方的汉人。为了区别于当地居民,故称为客家,他们的后代多居住在今广东、广西、福建、江西、湖南、台湾等地。

【客流】kèliú 名。运输部门指在一定时间内向一定的方向运送的旅客人数。

【客气】kèqi ❶形。谦让,有礼貌：你不要太～了。可重叠：客客气气地待人。❷动。做客气的动作或说客气的话；不带宾语,要带补语：他～了一番,还是把礼物收下了。可重叠：他请你吃饭,你也该～～,不能一口就答应了。

【客卿】kèqīng 〈书〉名。古代指在本国做官的外国人。

【客人】kèrén 名。(1)被邀请受招待的人或为了某一目的而来访问的人；与"主人"相对。(2)指旅客。(3)指客商。

【客商】kèshāng 名。往来各地运货贩卖的商人。

【客死】kèsǐ 〈书〉动。死在外地；多带处所宾语：～异国｜～他乡。

【客岁】kèsuì〈书〉名。去年。

【客套】kètào ❶名。应酬时表示客气的套语: 我们是老朋友了, 不用讲~。❷动。讲客气话; 不带宾语, 带补语: 他也学会~几句了|他们互相~了一番。

【客套话】kètàohuà 名。表示客气的话语, 相当于礼貌语言, 如"劳驾、借光、慢走、留步"等。有时也指虚假的敷衍话; 含贬义: 这种~我已经听够了。

【客体】kètǐ 名。哲学上指主体以外的客观事物, 是主体的认识对象和实践对象; 与"主体"相对。

【客运】kèyùn 名。交通运输部门运载旅客的业务。

【客栈】kèzhàn 名。旧时设备简陋的旅馆。也说客店。

课 kè ❶名。(1)教学的科目, 功课: 下学期一共8门~。(2)教材的段落: 这是第七~。(3)教学的时间段落: 下了~。(4)旧时机关、学校、工厂等的行政单位: 会计~|秘书~。❷动。旧指征收; 用于赋税: ~以重税。❸量。教材的单位: 默写了6~生字。❹〈素〉(1)旧指赋税: 国~。(2)占卜的一种: 起~。

【课程】kèchéng 名。教学的科目和进程。

【课时】kèshí 名。教学时数: 你每周担任多少~? | 我教两个班的英语, 每周一共有10个~。

【课堂】kètáng 名。教室, 泛指进行教学的活动场所。

【课题】kètí 名。学习、研究或探讨的主要问题或急待解决的重大事项: 如何消除城市中的噪声污染, 是亟待解决的新~。

【课外】kèwài 名。上课之外的时间: ~作业|~活动。

【课文】kèwén 名。教科书中的正文。

【课余】kèyú 名。下课以后的时间: ~活动丰富多采|~你都干什么?

骒 kè〈素〉雌的: ~马。

【骒马】kèmǎ 名。母马。

锞 kè 名。(~子)旧时用作货币的小金锭或银锭。

缂 kè [缂丝] (-sī) 名。我国特有的一种丝织手工艺。架equalsEquals经线后在上面描出图画或文字的轮廓, 织纬线时把这个图案轮廓留出来, 然后用小梭子引着各种色线按图案底稿补上, 好像是刻出的图画, 所以也叫刻丝。

嗑 kè 动。用上下门牙咬开或咬破硬的东西; 常带宾语或补语: ~瓜子|老鼠把箱子~破了。
另见kē。

溘 kè〈素〉忽然: ~然|~逝。

【溘然】kèrán 副。突然。~长逝。

【溘逝】kèshì〈书〉动。指人死亡; 不带宾语: 遽闻~, 深感轸(zhěn)悼。

kēi (ㄎㄟ)

剋(尅) kēi 〈口〉动。常带宾语或补语。(1)打: 我非~你不可。(2)骂, 申斥: 我叫他~了几句。
另见kè(克)。

kěn (ㄎㄣˇ)

肯 kěn ❶动。同意; 不带宾语: 他同我讲过三次, 我才~了。❷助动。(1)愿意: 他不~来。(2)〈方〉表示时常或易于: 这种布不结实~破。❸〈素〉(1)贴近骨头的筋肉: ~綮(qìng)。(2)比喻害地方或关键部分: 中(zhòng)~。

【肯定】kěndìng ❶动。在判断时, 持承认的、正面的赞成态度; 与"否定"相对; 常带宾语或补语: ~成绩|缺点也要~下来。❷形。(1)明确, 确定: 他的答复很~。(2)一定, 无疑; 多作状语: 新生事物~要取代落后事物。

【肯綮】kěnqìng〈书〉名。筋骨结合处, 喻指最重要的关键: 这个意见切中~。

啃(齦) kěn 动。常带宾语。(1)一点儿一点儿地往下咬: ~骨头|~玉米。(2)比喻刻苦钻研: 他一天到晚~书本。
"齦"另见yín。

垦(墾) kěn〈素〉翻土, 开荒。~荒|~区|开~|~殖。

【垦荒】kěnhuāng 动。开垦荒芜的土地; 不带宾语: 他上北大荒~去了。

【垦殖】kěnzhí 动。开荒种植; 常带宾语: 这个农场几年来~了近万亩土地。

kěn

恳(懇) kěn 〈素〉(1)真诚,诚恳:~求|~挚。(2)请求:转~|敬~。

【恳切】kěnqiè 形。诚恳殷切:态度~|他的话说得很~。

*"恳切"和"诚恳":"恳切"有殷切关心的意思,语意较重;"诚恳"含义着重在诚实,语意较轻。"恳切"只用于对别人提出要求,不用于接受别人的要求;"诚恳"两方面都可以用。"恳切"只形容人的态度、言辞、要求;"诚恳"除此以外,还可以形容人的行为、表情等。

【恳请】kěnqǐng 动。诚恳地邀请或请求;常带动词宾语或兼语:~光临|~领导批准。

【恳求】kěnqiú 动。恳切地请求;常带词宾语或兼语:~批准|~您大力协助。

【恳挚】kěnzhì 〈书〉形。诚恳真挚;多指态度或言辞:他为人~|这篇文章发自肺腑,辞意~感人。

kèn(ㄎㄣˋ)

裉(褃) kèn 名。衣服在腋下的接缝部分:煞~(把裉缝上)。

掯 kèn 〈方〉动。按,压,刁难。

kēng(ㄎㄥ)

坑 kēng ❶名。(~儿)凹下去的地方:挖一个~儿|一个萝卜一个~。❷动。须带宾语:(1)利用手段欺骗陷害人:~人。(2)专指活埋人:焚书~儒。❸〈素〉地洞,地道:~道|矿~。❹姓。

【坑道】kēngdào 名。(1)采矿时在地下挖通的通道。(2)作战时挖的互相连通的地下工事。

【坑害】kēnghài 动。用狡诈、狠毒的手段使别人受到损害;常带宾语:这家伙卖假药~人。

【坑坑洼洼】kēng·kengwāwā 形。形容地面或器物表面高低不平;不加程度副词,常带助词"的":这条路~的,,挺不好走。

【坑骗】kēngpiàn 动。欺骗和坑害:偷窃~,他都干过,真是个罪行累累的坏家伙。常带宾语:凭着她的几分姿色,~过不少人。

吭 kēng 动。出声;多用于否定式,以"一声"作补语或状语:他呆呆地坐着,半天不~一声|他阴沉着脸,一声不~。

另见 háng。

【吭哧】kēng·chi ❶拟声。摹拟因用力而不自主地发出的声音;常叠用:他背起行李包,~~地走了。❷动。说话吞吞吐吐;常带补语:他~了半天才说出来。

【吭气】kēngqì 动。吭声;不带宾语,多用于否定式:他这人性格内向,不爱~|别人都说过了,你怎么一直不~呢?

【吭声】kēngshēng 同"吭气"。

铿(鏗) kēng 拟声。形容乐器或金属碰击时发出的响亮的声音:~的一声,铜球落到地上。常叠用:~~地响。

【铿锵】kēngqiāng 形。形容声音响亮有节奏;可用来形容锣、琵琶、钢琴等乐器的声音,也可用来描写说话、诗歌、文章的音调和流水声等:外面传来了~的锣鼓声|小张的誓言是那样~有力。

【铿然】kēngrán 〈书〉形。指声音响亮有力;多作状语,不加程度副词:飞瀑流湍,~作响。

kōng(ㄎㄨㄥ)

空 kōng ❶动。没有东西;须带宾语,并加动态助词"着":他~着手,回去了。❷形。(1)里面没有东西的:~箱子|戏一散场,人很快就走~了。(2)没有内容的;多指文章、说话等:这部电视剧内容很~。❸名。天空:对~长叹。❹副。徒然,白白地:~喜欢|~跑一趟。❺〈素〉不切实际的:~谈|~想。

另见 kòng。

【空城计】kōngchéngjì 名。小说《三国演义》中的故事。蜀将马谡失守街亭,魏将司马懿带兵直逼西城。诸葛亮沉着镇定,大开城门,自己在城楼上饮酒抚琴,司马懿怀疑有诈,引兵退去。后把在危急情况下掩饰自身力量空虚,骗过对方的计策叫作空城计。

【空荡荡】kōngdàngdàng 形。形容空无所有;不加程度副词,常带助词"的":

学生都放学回家了,教室里~的。

【空洞】kōngdòng ❶形。没有内容或内容不具体;多指文章、说话等:发言太~|脱离实际的理论是~的理论。可重叠:这篇文章写得空空洞洞的,越看越乏味。❷名。物体内部的窟窿:肺部有~|这个铸件不合格,有~。

【空对空】kōng duì kōng 习。比喻空洞不切实际,多指理论或言谈方面:理论研究要防止~|像这样~地做青年思想工作是不能真正解决问题的。

【空泛】kōngfàn 形。形容文章或说话内容空洞浮泛,不着边际:~的议论|这篇文章内容~,不切实际。

【空谷足音】kōng gǔ zú yīn 成。在偏僻的山谷里听到人的脚步声。比喻难得的音信、言论或事物:在艰难的岁月里,我意外地得到你的这封热情洋溢的信,这真是天外来鸿、~呵!

【空喊】kōnghǎn 动。只是口头上叫喊,并无实际行动:我们不能只是~,要积极行动起来。可带宾语:不要~口号。

【空话】kōnghuà 名。内容空泛或不能实现的话:如今哪个单位也不欢迎只讲~不干实事的人。

【空幻】kōnghuàn 形。空虚而不真实:你的这些设想是~而无法实现的。

【空架子】kōng jià·zi 习。徒具形式,没有内容的东西;常指文章、组织机构等:这个学会徒有其名,已经成了一个~|把这些有血有肉的内容一删,这篇文章不就成了个~吗?

【空间】kōngjiān 名。物质存在的一种客观形式,由长度、宽度和高度表现出来:文字的出现,打破了语言交际在时间~上的局限。

【空降】kōngjiàng 动。用飞机、降落伞从空中着陆:~部队|从敌机~下来的敌人很快被我们消灭了。可带宾语:~了几个特务。

【空军】kōngjūn 名。空中作战的军队。通常由各种航空兵部队和空军地面部队组成。

【空空如也】kōngkōng rú yě 成。空空:同"悾悾",诚恳、虚心的样子;如:样子;也:语气词。原意是诚恳的样子。后用来形容什么都没有;带诙谐意味:看电影时他睡着了,等他睁开眼,影院里早已~。

【空口说白话】kōng kǒu shuō bái huà 习。形容光说不做,或只有言语而没有事实证明:我们一定要脚踏实地地干,不能~|你要拿出证据来,不能~。

【空口无凭】kōng kǒu wú píng 成。只靠口说而无凭据:你说的这些事,~,我们难作结论。

【空旷】kōngkuàng 形。地方宽阔、无东西遮挡;多形容原野、草原、广场、大厅等:我骑着马在~的草原飞奔|~的广场上这时只有两三个行人。

【空廓】kōngkuò 形。空旷而宽阔:一进饭店的大门,便是~的休息大厅。
　　＊"空廓"和"空旷"。"空廓"指在一个较大范围内很空,并含有单调、寂寞的意味;"空旷"指空间很空,周围空荡荡的,没有什么东西遮挡。"空廓"可用于室外,也可用于大建筑物内部;"空旷"一般用于室外的地面或水面,不用于建筑物内部。

【空阔】kōngkuò 形。空旷。

【空灵】kōnglíng 形。灵活多样,不可捉摸;可形容景色,也可形容诗文,多作定语:~妙笔|~的奇景。

【空门】kōngmén 名。指佛教,因佛教认为世界是一切皆空的:遁入~。

【空濛】kōngméng〈书〉形。迷茫而看不清的样子;多用来形容细雨或烟雾中的景色:山色~|~烟雾。

【空难】kōngnàn 名。飞机在飞行中发生的灾难,多由于飞机本身故障、自然灾害或其他意外事故所引起:由于~累次发生,社会舆论要求民航局长辞职|做好~善后工作。

【空气】kōngqì 名。(1)弥漫在地球周围的混合气体。主要成分为氮和氧,还有二氧化碳、水蒸气等。(2)气氛:这里的学习~很浓|会场上一派活跃的~。

【空前】kōngqián 形。不曾有过;不加程度副词:盛况~。常作定语或状语:~的规模|~的灾难|~提高|~地发展。

【空前绝后】kōng qián jué hòu 成。以前未曾有过,以后也不会有。形容超绝古今,独一无二:红军的二万五千里长征,是中国历史上~的壮举。

【空勤】kōngqín 名。航空部门指在空中执行的各种工作;区别于"地勤":~人员。

【空谈】kōngtán ❶动。光说不做:与其~,不如实干。可带宾语:你不要~大道理,要拿出行动来。❷名。不切合实际的言论:这全是~,行不通的。

【空调】kōngtiáo ❶动。调节空气的温度、湿度等:房间里~的时间不长,还热得很。❷名。调节空气的装置:宾馆房间里,彩电、~、沙发、地毯等,一应俱全。

【空头】kōngtóu 名。(1)旧社会从事投机交易的人。预料货价将跌而卖出期货,伺机再行买进而赚取差额。这种人叫空头。参见"买空卖空"。(2)比喻有名无实、不起作用的人或事物:~人情|~政治家。

【空头支票】kōngtóu zhīpiào ❶词组。因票面金额超过了存款余额或透支限额而不能生效的支票。❷习。比喻未实践的诺言:爸爸答应陪我去看电影,但他太忙,老开~。

【空投】kōngtóu 动。从飞机上往下投掷;常带宾语:给灾区~物资。

【空袭】kōngxí 动。用飞机、导弹等袭击敌方目标;常带宾语:~了敌人的军火基地。常作"进行、开始"等的宾语:敌人向我军阵地进行了~。

【空想】kōngxiǎng ❶动。凭空设想:要调查研究,不要~。可带宾语:他~出了许多奇特的方案。❷名。不切实际的想法:想拔着自己的头发离开地球,那不过是一种~!

【空心】kōngxīn 动。树干髓部变空或某些蔬菜没长实在;不带宾语:这个萝卜~了。可拆开用:这棵柳树空了心。
另见 kòngxīn。

【空虚】kōngxū 形。没有实在的内容,不充实:生活~|敌人的后方很~|华丽的装束遮盖不住他~的心灵。

＊"空虚"和"空洞":"空虚"指精神或物质上力量的不充实,多形容生活、思想、内心和实力等;"空洞"则常指文章、说话缺乏内容。"空虚"只作形容词,不作名词;"空洞"可作名词。

【空穴来风】kōng xué lái fēng 成。有了洞穴才进风。比喻消息、流言不是完全没有根据的:外面风传厂长要辞职,有人说是谣言,但我想,~,恐怕总有点事实的影子。

【空战】kōngzhàn 动。用飞机在空中进行战斗;不带宾语,可带补语:~了一个多小时。

【空中楼阁】kōng zhōng lóu gé 成。本指海市蜃楼,后比喻幻想或脱离实际的理论、计划等:祖国现代化的理想并非~,而是可以实现的目标。

【空竹】kōngzhú 名。一种玩具,用竹子和木头制成,圆柱一端或两端安上周围有几个孔的圆盒,用绳抖动圆柱,使圆盒迅速旋转,便发出嗡嗡的响声。

倥 kōng [倥侗](-tóng) 〈书〉。形。蒙昧无知。
另见 kǒng。

崆 kōng 山名用字。崆峒,山名,在甘肃省。又岛名,在山东省。

箜 kōng [箜篌](-hóu) 名。古代一种弦乐器,弦数因乐器大小而异,少的5根,多的25根,分竖式、卧式和手持式三类。

kǒng(ㄎㄨㄥˇ)

孔 kǒng ❶名。洞,眼儿,窟窿:这座桥有五个~。❷量。多用于窑洞:一~土窑。❸姓。

【孔道】kǒngdào 名。通往某地的关口,交通要道:前边的山间~是通往市镇的必经之路。

【孔方兄】kǒngfāngxiōng 名。指钱,因旧时铜钱有方形孔洞而得名;含诙谐兼讥讽义:这家伙为了钱竟做出有损人格、国格的事,~的威力大矣哉!

【孔雀】kǒngquè 名。鸟,头上有羽冠,雄性尾巴很长,展开时像扇子。常见的有绿孔雀和白孔雀两种。为著名观赏鸟类,羽毛可制装饰品。产于热带森林中。

【孔隙】kǒngxì 名。窟窿眼儿、缝儿。

【孔穴】kǒngxué

恐 kǒng ❶〈素〉害怕:惊~|~惧|有恃无~。❷〈书〉副。恐怕;表

596 kǒng-kòng 恐倥空控

示推测、估计：我~另有任务。

【恐怖】kǒngbù 形。(1)恐惧，害怕：他脸上流露出十分~的神色|敌机来袭击，城中一片~气氛。(2)使人害怕的：~手段|制造~|昨晚他做了一个非常~的梦。

＊"恐怖"和"恐惧"："恐怖"指由于生命受到威胁而引起的恐惧心理，语意较重；"恐惧"指由于一般的危险而引起的害怕心理，语意较轻。"恐怖"是形容词，不带宾语；"恐惧"是动词，有时可带宾语。

【恐吓】kǒnghè 动。以要挟的话或手段威胁吓唬人；常带宾语：不要用鬼怪~小孩。

【恐慌】kǒnghuāng 形。(1)因担忧、害怕而慌张不安：遇到危险要镇静，不要太~。(2)因缺少某种东西而告急不安：粮食~|经济十分~。

【恐惧】kǒngjù 动。害怕；多指对危险、困难等感到不安和发慌：~不安。可加程度副词：深夜，传来一声声凄厉的狼嚎，使他非常~。可带宾语：她只是嫌厌笼中的生活，~那即将到来的恶运。

【恐龙】kǒnglóng 名。古代的爬行动物，种类很多，一般体大头小。大的长达30米，重50吨；小的长不到1米。到中生代末期绝灭。

【恐怕】kǒngpà ❶副。表示估计、猜测并担心；不带助词"地"：这样处理~不妥当吧|~他今天不会来了。❷动。担心；多带动词性词组作宾语：咱们早点动身吧，去迟了~赶不上火车。

倥 kǒng [倥偬](-zǒng)〈书〉形。(1)急迫匆忙；多与"戎马"搭配：将军在戎马~中还写下了许多气壮山河的瑰丽诗篇。(2)穷困：作品生动地描写了她前半生~困厄、穷愁潦倒的卖艺生涯。

另见kōng。

kòng(ㄎㄨㄥˋ)

空 kòng ❶形。空闲，没有被利用的：~地|在这儿干活不忙，~得很。❷名。(~儿、~子)尚未占用的地方和时间：橱子里东西放满了，没有一点~儿|请你抽个~儿去玩一次。❸动。腾出来，留出空当；常带宾语或补语：~出几个座位|~一行。❹〈素〉欠，缺：亏~。

另见kōng。

【空白】kòngbái 名。书页、版面、画幅等上面没有填满或未被利用的部分：第四版还有块~，可以补一张漫画。

【空白点】kòngbáidiǎn 名。工作尚未达到的方面或部分：女子健美运动的研究目前还是个~。

【空额】kòng'é 名。空着的名额：这单位人手还不足，人员编制还有三个~。

【空缺】kòngquē 名。空着的职位：这里还有一个~。

【空隙】kòngxì (1)中间空着的部分：这片森林十分茂密，树下杂草丛生，几乎没一点儿~。(2)工作、战斗等的间歇时间：老师们利用教学~加强了对学生的辅导。

【空暇】kòngxiá 名。空闲的时间：近来工作很忙，~不多。

【空闲】kòngxián ❶名。空暇：战士们一有，就帮助老百姓种田。❷形。没事情做，清闲：等他~的时候，再叫他一去玩|退休在家很~。

【空心】kòngxīn 形。没吃东西，空着肚子；不加程度副词，不单独作谓语，多作定语或状语：这药要~吃|先吃点菜，别喝~酒，容易醉。

另见kōngxīn。

【空子】kòngzi 名。(1)未被占用的时间或地方：请抽~到我这里来一下。(2)可乘之机；多作"钻"的宾语，含贬义：这个人最会钻~。

控 kòng ❶动。常带宾语或补语。(1)让身体的某一部分悬空，或处于失去支撑的状态：他的枕头掉了，一直~着头睡到天明。(2)使容器的口或人头朝下，叫水或液体流出：把瓶子中的油~干净。❷〈素〉(1)告状，告发：~告。(2)掌握，操纵：遥~|~制。

【控告】kònggào 动。向国家机关、司法机关告发违法失职或犯罪的个人或集体；须带宾语：我要向检察部门~你的不法行为。

【控诉】kòngsù 动。多带宾语。(1)向公众揭发,陈诉;多用于受害者及其亲属:今天他向法院～了这个诈骗犯的罪行。(2)根据亲身受害的经历,揭露社会的黑暗:她～了罪恶的旧社会。

【控制】kòngzhì 动。常带宾语或补语。(1)支配掌握,使不超越出一定范围;～感情|他十分悲痛,眼泪再也～不住了。(2)操纵:有些发展中国家的经济命脉～在外国大财团手中。

鞚 kòng 〈古〉名。马笼头。

kōu(ㄎㄡ)

扎 kōu 〈古〉名。葱的别名。

抠(摳) kōu ❶动。常带宾语或补语。(1)用手指或极小的东西挖:～耳屎。(2)过分深究:～书本|这个人最喜欢～字眼儿。❷〈方〉形。吝啬:这个人太～了。

【抠门儿】kōuménr 〈方〉形。吝啬。

【抠字眼儿】kōu zìyǎnr 习。指在字句上钻研或挑毛病;多含贬义:请你别只顾～,要领会全文的精神实质。

眍(瞘) kōu 动。眼珠深陷在眼眶里;多带补语:她最近生了一场大病,瘦得眼睛都～进去了。

kǒu(ㄎㄡˇ)

口 kǒu ❶名。(1)嘴。(2)(～儿)容器通往外边的部分:坛子～|碗～儿。(3)(～儿)出入通过的地方:巷子～儿。(4)(～儿)破裂的地方:衣服上撕了一个～儿。(5)刀剪等的锋刃:这把刀卷了～。(6)驴马等牲口的年龄:这匹马还轻。❷量。四～人|一～井|喝了一～水。

【口岸】kǒu'àn 名。港口:这是一个通商～。

【口碑】kǒubēi 名。比喻众人口头上的赞许和颂扬。旧时碑上的文字多为称颂的语言,所以用口碑比喻赞颂的话:～载道(形容人人称颂,美名远扬)。

【口才】kǒucái 名。讲话的才能:我～不好,不善言辞。

【口称】kǒuchēng 动。口头上讲;多带宾语,前后分句的语意往往是相反的:他～内行,其实一窍不通。可带主谓词组作宾语:他～自己是个工人,经调查却是一个流窜犯。

【口吃】kǒuchī 名。说话时字音重复或拉长字音使词句中断的现象。这是一种习惯性的语言缺陷,轻度的可以矫正。通称结巴。

【口齿】kǒuchǐ 名。指讲话的发音或说话的本领;多以形容词"清楚、伶俐"等作谓语:这个小孩说话～很清楚|～伶俐的姑娘。

【口风】kǒufēng 名。话中流露出来的意思:你去探探～,看她愿不愿意和好。

【口福】kǒufú 名。能吃到好东西的运气;含诙谐意:我今天去刚好碰上吃饺子,真有～。

【口服】kǒufú 动。一般不带宾语。(1)口头上表示信服;常与"心服"或"心不服"并用:这件事我算是心服～了。(2)从嘴里服用;只用于吃药:～药。

【口供】kǒugòng 名。受审者口头陈述同案情有关的话:要重证据,不能轻信～。

【口号】kǒuhào 名。集会或游行时呼喊的有宣传鼓动作用的简短句子,多具有纲领性。

【口红】kǒuhóng 名。一种化妆品,用来涂抹嘴唇使之红润。

【口技】kǒujì 名。杂技的一种,运用口部的发音技巧,模仿各种声音。

【口角】kǒujiǎo 名。口的两边:～流涎。另见kǒujué。

【口紧】kǒujǐn 形。说话慎重,不乱讲,不随便吐露真情或答允别人;多作谓语:他这人真～,你别想从他嘴里套出什么话来。

【口径】kǒujìng 名。(1)器物圆口的直径:这铝锅的～是24厘米。(2)比喻要求的规格、性能或双方叙述同一件事的尺度等:我俩说的～要一致起来。

【口诀】kǒujué 名。依事物的内容要点而编成的念来顺口,便于记诵的语句:珠算～。

【口角】kǒujué 动。争吵;不带宾语,可带补语:他动不动就同别人～起来。常作"发生、有"等的宾语,并可加数量词:

发生~|有了~|一场~。
另见kǒujiào。

【口口声声】kǒu·koushēngshēng 形。形容不止一次地陈述表白或把某一说法经常挂在口头上；多作状语，一般不用助词"地"，含贬义：他~说不收礼品，可那天，人家送他土产，他还是收下了。

【口令】kǒulìng 名。(1)战斗、练兵和做操时以简短的术语下达的口头命令。(2)在可视度不佳的情况下，用来辨别敌我的一种口头暗号，常用数字或单词表示。

【口蜜腹剑】kǒu mì fù jiàn 成。形容嘴甜心狠、狡猾阴险：别看他见人满脸笑，其实是个~的家伙。

【口气】kǒuqì 名。(1)说话的气势或感情色彩：他的~可真不小呀|诙谐的~|严肃的~|埋怨的~。(2)言外之意：听他的~，他是不想去。

【口轻】kǒuqīng 形。不加程度副词。(1)指菜的味道不咸：这道菜~。(2)指人喜欢吃淡一些的味道：他~，我口重。(3)指驴马等牲口的年龄小：这匹马~。

【口若悬河】kǒu ruò xuán hé 成。形容口才好，说话像河水倾泻一样，滔滔不绝：在进行论文答辩时，他~，对答如流。

【口舌】kǒushé- 名。(1)因说话而引起的误解或纠纷：~是非。可作"有、发生"等的宾语：发生~。(2)指规劝、争辩、交涉时说的话；多作"费"的宾语：我不知费了多少~，到头来他还是不听。

【口实】kǒushí〈书〉名。话柄或借口：贻人~。

【口试】kǒushì 动。考试的一种方式，要求口头回答问题；不带宾语：今天考查语音部分，先~，然后再笔试。

【口是心非】kǒu shì xīn fēi 成。嘴上说的一套，心里想的是又一套。指心口不一：对人应真诚坦率，不要~。

【口授】kǒushòu 动。口头传授：为了不使这个传统段子失传，领导请老艺人~，由他的徒弟笔录。可带宾语：父亲去世前，~了一份遗嘱。

【口述】kǒushù 动。口头叙述；常带宾语或补语：演员成功地~了这封信|这个故事请你~一遍。

【口头】kǒutóu 名。用说话来表达的一种方式；与"书面"或"行动"相对，多作状语：~答复|~汇报|他~上是答应了，但不知道行动怎么样。

【口头禅】kǒutóuchán 名。原指袭用佛教禅宗和尚的惯用语，作为谈话的点缀。今指经常挂在嘴上但无实际意义的词句，也指常常而不准备实行的套语："研究研究"已经成了某些领导人的~。

【口头语】kǒutóuyǔ 名。说话时经常会无意带出的词句。

【口味】kǒuwèi 名。(1)饮食的滋味：这个菜~真好! (2)各人对于味道的爱好：这儿的菜太甜，不对我的~。(3)喻指对某一事物的兴趣：京剧最合我的~。

【口吻】kǒuwěn 名。(1)说话时流露出的感情色彩；常同"用、以"组成介词词组作状语：他总是用教训人的~来讲话。(2)某些动物(如鱼、狗等)的口、鼻等突出的部分。

【口信】kǒuxìn 名。口头转告的信息：请替我带个~，说我今天回家要晚一些。

【口型】kǒuxíng 名。说话或发音时的口部形状。

【口译】kǒuyì 动。口头翻译；与"笔译"相区别；常带宾语或补语：请你来~一下这段英文|把这句话~出来。

【口音】kǒu·yīn 名。(1)说话的声音：~清晰|听他的~，好像是苏北人。(2)方音：他讲话~较重。

【口语】kǒuyǔ 名。口头说的话；与"书面语"相对。

【口重】kǒuzhòng 形。不加程度副词。(1)菜的味咸：他做的菜~。(2)指人喜欢吃咸一点儿的味道：他们家的人都~。

【口诛笔伐】kǒu zhū bǐ fá 成。用语言、文字进行揭露、批判和声讨：大家~，愤怒声讨这伙叛乱分子的滔天罪行。

【口子】kǒu·zi ❶量。用于人：他们家一共几~? ❷名。(1)指自己的爱人：我那~脾气真坏。(2)破裂处，不合之处：手上拉(lá)了一道~|河堤被洪水冲了一个大~。

kòu(ㄎㄡ)

叩 kòu〈书〉动。多带宾语。(1)打，敲：~门。(2)磕：~了三个头。

【叩拜】kòubài 动。叩头下拜,一种旧式礼节:进行~。常带宾语:~公婆|~活佛。

【叩首】kòushǒu 动。磕头,一种旧式礼节;不带宾语:向长辈~。

扣 kòu ❶动。常带宾语或补语。(1)套住或搭住:~纽扣儿|把门~上。(2)器物翻过来或盖上东西:把茶杯~在桌子上|用碗把菜~好。(3)扣留,扣押:我们~了三个罪犯。(4)从原数里减去一部分:~了三角钱。❷量。螺纹的一圈:拧了好几~。❸名。(1)(~儿、~子)条状物打成的疙瘩:绳子上有一个~儿。(2)(~子)章回小说或说书等在最要紧、热闹时突然停顿的地方。扣子能引起人对下一段情节的关切。(3)(~儿、~子)即"纽扣"。

【扣除】kòuchú 动。从总数中减去;常带宾语:~奖金的50%。

【扣留】kòuliú 动。用强制手段把人或财物留住不放;常带宾语或补语:~了他十天。

【扣帽子】kòu mào·zi 习。不调查研究,毫无根据就给人加上不好的名目:别乱给人~!

【扣人心弦】kòu rén xīnxián 成。扣:敲打,拨动;心弦:指受感动而引起共鸣的心。形容诗文、表演等感人肺腑,激动人心;含褒义。这部影片故事惊险,情节紧张,~|昨天的一场足球赛,紧张激烈,高潮迭起,~。注意:"弦"不读xuán,读xián。

【扣押】kòuyā 动。扣留,拘留;用于人或财物;常带宾语或补语:~罪犯|他再胡来,就把他一起来|我的手表还~在他那儿呢。

筘(簆) kòu 名。织布机上的一种主要机件。形状像梳子,用来确定经纬密度,保持经纬位置,并把纬线打紧,使经纱和纬纱交织成织物。也叫杼(zhù)。

寇 kòu ❶〈素〉(1)强盗或外来侵略者:~仇|倭~。(2)敌人入侵:入~。❷姓。

【寇仇】kòuchóu 〈书〉名。仇敌。

蔻 kòu 见"豆蔻"。

【蔻丹】kòudān 名。音译词。染指甲的油。

【蔻蔻】kòukòu 见"可可"。

鷇 kòu 〈古〉名。初生的小鸟。

kū(ㄎㄨ)

矻 kū [矻矻]〈书〉形。努力、勤劳的样子;不加程度副词:孜孜~|~终日(整天勤勤恳恳不闲着)。

刳 kū 〈书〉动。从中间破开再挖空:~木为舟。

枯 kū ❶形。干枯,失去水分:这棵树已经~了。❷〈素〉没有生趣:~燥|~寂。

【枯肠】kūcháng 〈书〉名。比喻写诗文时贫乏的思路:我搜索~,总算写成了这首打油诗。

【枯槁】kūgǎo 〈书〉形。草木干枯。也指人的面色憔悴;不加程度副词:面容~。

【枯黄】kūhuáng 形。干枯焦黄;不加程度副词:秋天,树叶渐渐~了。

【枯寂】kūjì 形。枯燥寂寞;多指人的感受:多么~的生活|虽说是在荒郊野外,但大家在一起工作和生活,倒也不觉得~。

【枯竭】kūjié 形。水源干涸或来源断绝;不加程度副词:水源~|财源~。

【枯窘】kūjiǒng 〈书〉形。枯竭贫乏:文思~。

【枯木逢春】kū mù féng chūn 成。枯树遇到了春天,又恢复了活力。比喻濒于绝境的事物重获生机:过去被认为是毒草的旧作今天再版,~,自然是值得高兴的。

【枯涩】kūsè 形。枯燥呆板不流畅;多指文章:他的文字十分~。

【枯瘦】kūshòu 形。干瘪消瘦:这个人~如柴|~的面庞。

【枯萎】kūwěi 形。干枯萎缩;不加程度副词:池塘里的荷花大都~了。

【枯朽】kūxiǔ 形。干枯腐烂;用于树木:这棵老榆树已经~了。

【枯燥】kūzào 形。单调,干巴巴的没有趣味;多指文章、语言、生活等:这篇文

章写得不生动,太~了|暑假里,我和弟弟除了做作业以外,还经常打球,做游戏,看电视,生活一点也不~。

骷 kū [骷髅](-lóu) 名。无皮肉毛发的尸体骨架,也指死人的头骨。

哭 kū 动。因悲痛或感情激动而流泪,有时还出声;多带补语:他~了一夜。有时以死去的人作宾语:她在~丈夫。

【哭鼻子】kū bí·zi 习。哭;有亲昵、诙谐之意:别再~了,让人笑话。

【哭哭啼啼】kū·kutítí 动。哭个不停;不带宾语:儿子死后,她整天~的,悲痛欲绝。

【哭泣】kūqì 动。小声地哭;不带宾语:她在那儿伤心地~。

【哭穷】kūqióng 动。口头上向别人说穷,不带宾语:别~了,谁不知道你家的老底!可拆开用:哭什么穷?

【哭天抹泪】kū tiān mǒ lèi 成。哭哭啼啼的样子;多含厌恶意:她为点小事就~的,真叫人心烦。

窟 kū 〈素〉(1)洞穴:~窿|石~。(2)坏人聚集的场所:匪~|赌~。

【窟窿】kū·long 名。(1)洞:衣服上烧了个~。(2)比喻亏空:他家去年收支不平衡,有了~。

【窟宅】kūzhái 名。巢穴,多指盗匪盘踞的地方。

kǔ(ㄎㄨˇ)

苦 kǔ ❶形。(1)苦味;与"甘、甜"相对:这药很~。(2)感觉难受:他认为这活儿太~|我妈今了半辈子,现在总算熬到了头。(3)竭力地,辛勤地;多用在单音节动词前,作状语:~劝|~学|~练|过硬功夫。❷动。使痛苦、难受;须带宾语:她白天上班,晚上料理家务,~了她啦!❸名。苦头;多作"吃、有、怕"等动词的宾语:她很能吃~。❹〈素〉为某种事所苦,苦于:~夏|~雨|~寒。

【苦楚】kǔchǔ 名。痛苦;多指生活上受到的折磨:他们一家在十年浩劫中的~是说不完的。

＊"苦楚"和"痛苦":"苦楚"多指生活上受到折磨、打击,语意较重;"痛苦"使用范围较广,可以指生活上、身体上或精神上感到难受,语意较轻。"苦楚"是名词;"痛苦"是形容词。"苦楚"是书面语用词;"痛苦"口语、书面语都能用。

【苦处】kǔ·chu 名。所受的痛苦:我这些~向谁说?

【苦工】kǔgōng 名。(1)旧指被迫从事的繁重的体力劳动:干~。(2)旧指被迫做重体力劳动的人。

【苦功】kǔgōng 名。刻苦的功夫;常作"下、练"等动词的宾语:想学好语言,非下~不可。

【苦果】kǔguǒ 名。坏的结果;一般指自己造成的,多作"吞、食"的宾语:小张婚姻遭受挫折,她怎么也吞不下这个因一时感情冲动而结下的~|当他因玩忽职守而自食~时,真正感到追悔莫及。

【苦海】kǔhǎi 名。佛教用语,今用来指人世间没有尽头的难忍的苦境:~无边|跳出~。

【苦寒】kǔhán 形。严寒;不加程度副词:我担心这些南方移植过来的树苗无法度过北国~的冬季。

【苦境】kǔjìng 名。困苦的地境:陷入~。

【苦口】kǔkǒu 形。不加程度副词。(1)引起吃的味觉,很难吃:良药~利于病。(2)形容不辞辛苦地恳切劝说;多作状语:~规劝。

【苦口婆心】kǔ kǒu pó xīn 成。苦口:不辞烦劳地恳切规劝;婆心:老婆婆的心肠,比喻仁慈的心肠。形容怀着善意再三规劝:老师~地帮助开导我们。

【苦力】kǔlì 名。帝国主义者称旧中国被迫从事重体力劳动的人;含有侮辱性。

【苦闷】kǔmèn 形。苦恼而烦闷:心情很~|他的语文考试成绩老不及格,他为此深感~。

【苦难】kǔnàn 名。痛苦和灾难:历尽~|过去的~。多与"生活、岁月、日子、遭遇、经历"等词搭配:在那~的岁月里,穷人常常给逼得背井离乡,四处乞讨。

【苦恼】kǔnǎo 形。痛苦、烦恼:他久病不愈,十分~。

＊"苦恼"和"苦闷":"苦恼"往往是由于一些具体事情引起的;"苦闷"往往是由于某些社会原因或前途无望等引起

的,持续时间一般要比"苦恼"长一些。
【苦肉计】kǔròujì 名。一种计策,用伤害自己身体的行为骗取对方的信任,以便见机行事。
【苦涩】kǔsè 形。(1)既苦又涩的味道:这个柿子没有熟,~得很。(2)形容内心痛楚:~的表情|她心里有说不出的~。
【苦水】kǔshuǐ 名。(1)含硫酸钠、硫酸镁等矿物质而味道苦的水。(2)因患某种疾病而从口中吐出的液体。(3)比喻心中藏的痛苦:他含冤受屈活了一辈子,一肚子~,吐也吐不完。
【苦头】kǔ·tou 名。苦痛,磨难,不幸:他这一辈子吃了不少~。
【苦夏】kǔxià 动。夏天食量减少,身体消瘦;不带宾语:他从不~。有的地方叫"疰(zhù)夏"。
【苦笑】kǔxiào 动。心情不舒畅但强做笑脸;不带宾语,常带补语:她哀求了半天,校长仍不批准她的要求,她只得~一下走了。
【苦心】kǔxīn ❶形。费尽心思;不加程度副词,不单独作谓语,多作状语:~钻研|~经营。❷名。辛苦地用在某些事情上的心思或精力:不能辜负她的一片~|夫妻俩经营这爿小店,真是煞费心。
【苦心孤诣】kǔ xīn gū yì 成。苦心:刻苦用心;孤诣:别人所达不到的境地。指刻苦钻研或经营,也指为寻求能解决问题的方法而煞费苦心;多作状语,常带助词"地":黄老师30年来~地研究《楚辞》,取得了很大的成绩。注意:"诣",不能读zhǐ。
【苦行】kǔxíng 名。某些宗教徒的修行手段,用一般人难以忍受的种种痛苦来折磨自己。
【苦于】kǔyú 动。须带宾语。(1)对于某种情况感到苦恼;多带动词性词组作宾语:~没有文化。(2)相比之下更苦些:那时我家的生活~同村的人家。
【苦雨】kǔyǔ 名。连绵不停的雨,久下成灾的雨:去夏~,庄稼遭到洪涝灾害。
【苦战】kǔzhàn 动。艰苦奋战;不带宾语,常带补语:战士们~了三昼夜,守住了这块阵地。

【苦衷】kǔzhōng 名。不便说出的痛苦或为难的心情:他有~,我也有难处。
【苦主】kǔzhǔ 名。人命案中被害人的家属。

kù(ㄎㄨˋ)

库 kù ❶名。储存大量东西的建筑物:粮食入~。❷姓。
【库藏】kùcáng 动。仓库里储藏;多带宾语:~猪肉十万斤。
另见kùzàng。
【库存】kùcún 名。库内所存的现金或物资:~已经不多了。
【库房】kùfáng 名。存储财物的房间:火车站的~很大。
【库藏】kùzàng 〈书〉名。仓库。
另见kùcáng。

裤(袴、绔) kù 名。(~子)穿在腰部以下的衣服;量词用"条"。
【裤衩】kùchǎ 名。贴身穿的短裤:三角~。南方叫裤头。

喾(嚳) kù 人名用字。帝喾,传说中我国上古时代的一个帝王。

酷 kù 〈素〉(1)残暴:~刑|残~。(2)程度深,极:~暑|~爱。
【酷爱】kù'ài 动。十分爱好;多带宾语:我~书法和绘画|~读书。
【酷烈】kùliè 〈书〉形。(1)残酷,暴烈:~的刑罚|那时,中国人民遭受的苦难极为~。(2)浓烈,指香味。
【酷热】kùrè 形。非常热;指天气:这几天,气温高达三十八、九度,~难耐。
【酷暑】kùshǔ 名。异常炎热的夏天:目前正值~季节。
【酷刑】kùxíng 名。残暴狠毒的刑罚:施以~。

kuā(ㄎㄨㄚ)

夸(誇) kuā 动。(1)夸大;可带宾语,多带补语:~下海口|~得比天大。(2)夸奖;多带宾语:~女婿。也常带兼语:大家都~她聪明。
【夸大】kuādà 动。言过其实,说的超过了事实原有的程度;含贬义,常带宾语:

不能～个人的作用。

【夸诞】kuādàn 〈书〉形。虚夸不实：～之言不足信。

【夸父追日】kuāfù zhuī rì 成。《山海经·海外北经》上说，有个叫夸父的人，想追太阳，他一路追赶，直到口渴而死，临死时扔出手杖化作一片树林，叫做邓林。后用这个古代神话形容人们征服自然的坚强决心，也比喻自不量力。

【夸奖】kuājiǎng 动。称赞；用于人，常带宾语，含褒义：老师常常～他。可带兼语：～他办了一件好事。

【夸口】kuākǒu 动。说大话；不带宾语，含贬义：你就别再～了，谁不知道你有多大能耐！

【夸夸其谈】kuākuā qí tán 成。形容说话作文时浮夸，不切实际：这人喜欢～，不很实在。

【夸示】kuāshì 动。向人显示或吹嘘；多用于自己的东西或长处等；常带宾语或补语：他喜欢～自己的特长|他写得一手好字，常～于人。

【夸饰】kuāshì 动。夸张地描绘；常带宾语或补语：他在我面前极力～小李为人处世的愚直|他的这番描述～得很不适当。

【夸耀】kuāyào 动。向别人炫耀自己有本领、有功劳、有地位等；含贬义：个人职位再高，又有什么值得～的呢？常带宾语：小王喜欢在别人面前～自己的出身。

＊"夸耀"和"炫耀"："夸耀"主要通过语言进行；"炫耀"不仅可以通过语言进行，还可以通过奢侈、华丽、贵重的东西进行。

【夸赞】kuāzàn 动。夸奖赞扬；常带兼语：大家都～他能干，是个好苗子。

【夸张】kuāzhāng ❶动。指说得过火或更突出、更强调一些，但不失真，是不歪曲；可加程度副词：你说我一目十行也太～了。❷名。修辞方式的一种。对事物故意"言过其实"又不歪曲的描写方式。"石油工人一声吼，地球也要抖三抖"就是夸张的实例。

kuǎ(ㄎㄨㄚˇ)

侉(咵) kuǎ 〈方〉形。(1)说话同本地语音不同：你听他讲话多～！(2)粗大不细巧：～大个儿|这支笔太～了。

【侉子】kuǎzi 〈方〉名。指口音同本地语音不一样的人。

垮 kuǎ 动。不带宾语。(1)倒塌，坍下来：洪水再大，我们新修的水坝也～不了。(2)比喻失败、解体或变坏；常与"打、拖、冲"等搭配，作补语：敌人被我们打～了|别把身体累～了。

【垮台】kuǎtái 动。比喻瓦解和失败；不带宾语，可带动态助词"了"：反动派终于～了。可拆开用：垮了台。

kuà(ㄎㄨㄚˋ)

挎 kuà 动。多带宾语，常与其他动词连用。(1)胳臂弯起来挂着东西：～着篮子买菜去了|两个人～着胳臂走。(2)把东西挂在肩头上或挂在腰里：他肩上～着个文件包。

胯 kuà 名。腰的两侧和大腿之间的部分。

跨 kuà 动。常带宾语或补语。(1)抬脚向前或向旁边：～了一大步|～出门去。(2)骑：～上战马。(3)超越界限：～地区|～年度|～行业。

【跨度】kuàdù 名。房顶、桥梁等跨越空间的结构或构件支承点之间的距离：这是我国～最大的拱桥。

【跨越】kuàyuè 动。越过地区(空间)或时间的界限：鲁迅先生是一位～国界、～时代的不朽的世界文化巨人。

kuǎi(ㄎㄨㄞˇ)

扐(揊) kuǎi 〈方〉动。(1)搔，轻轻地抓；常带宾语或补语：～痒|把头皮～破了。(2)用胳膊挎着；常带宾语：～着篮子。

蒯 kuǎi ❶名。蒯草，多年生草本植物，生在水边或潮湿的地方，茎可编席或制绳。❷姓。

kuài(ㄎㄨㄞˋ)

会(會) kuài 〈素〉总计：～计｜财～。
另见 huì。

【会计】kuàijì 名。(1)管理财务的工作。(2)担任会计工作的人。

侩(儈) kuài 〈素〉旧社会以拉拢买卖从中牟利为职业的人：市～｜牙～。

郐(鄶) kuài ❶〈古〉名。周朝诸侯国名，在今河南省密县东北。❷姓。

哙(噲) kuài 〈古〉动。咽下去。

狯(獪) kuài 见"狡狯"。

浍(澮) kuài 〈古〉名。田间的水沟。

脍(膾) kuài 〈古〉名。切细的肉。

【脍炙人口】kuài zhì rén kǒu 成。脍：切细的肉；炙：烤熟的肉。美味使人爱吃。比喻好的诗文大家都赞美传诵：这是一首～的好诗。

鲙(鱠) kuài [鲙鱼](-yú) 名。即鳓鱼。也作快鱼。

块(塊) kuài ❶名。(～儿)成团儿或成疙瘩的东西：糖～儿｜血～儿｜把肉切成～儿。❷量。(1)用于块状、片状物：一～烧饼｜一～地。(2)〈口〉用于钱：七～钱。

【块垒】kuàilěi 〈书〉名。比喻积在心中的气愤或忧愁：此酒虽是佳酿，却也难消我胸中～。

【块头】kuàitóu 〈方〉名。指人的胖瘦：这个人是个大～。

快 kuài ❶形。(1)速度高；与"慢"相对：车子开得真～。(2)锐利，锋利；与"钝"相对，多限于"刀、剪、剑"等：这把刀不～了。(3)灵敏：还是他的脑子～！❷名。速度：这辆车每小时能跑多～？❸副。(1)将，就要；表示时间接近：～到国庆节了。(2)从速，赶快：～回家｜你～来！❹〈素〉(1)高兴，舒服：大～人心｜～活。(2)干脆，爽直：爽～｜痛～｜～人～语。

【快板儿】kuàibǎnr 名。曲艺的一种，词儿合辙押韵，说时用竹板打拍，节奏较快。

【快报】kuàibào 名。及时反映情况的小型报纸或墙报。

【快步流星】kuàibù liúxīng 见"大步流星"。

【快餐】kuàicān 名。不需烧煮或稍经加工即可食用的食品，大多比较简单：吃完～，赶火车还来得及。

【快当】kuàidang 形。迅速敏捷：他办事～稳妥。

【快刀斩乱麻】kuài dāo zhǎn luàn má 成。比喻干事果断，迅速解决复杂的问题：她采取～的办法，把以前遗留的一些疑难问题很快处理掉了。

【快感】kuàigǎn 名。愉快或痛快的感觉：每当在海滩散步以后，总有一种～。

【快活】kuàihuo 形。快乐；经过几年的努力，我终于完成了这部著作，心里感到很～。可重叠：快快活活地过个新年。

【快乐】kuàilè 形。感到幸福和满意：现在的日子过得真～｜这是个和睦、～的家庭。

＊"快乐"和"高兴"："快乐"着重表示心中幸福和满意的感觉，"高兴"着重表示一时的兴奋和愉快。"快乐"多指对生活的感受；"高兴"常用来形容碰到一件事或做一件事时的情绪。"快乐"只是形容词；"高兴"是形容词兼动词。

【快马加鞭】kuài mǎ jiā biān 成。跑得快的马再加上一鞭，使马跑得更快。比喻快上加快：我们要～地完成这项建设任务，以满足人民生活的需要。

【快慢】kuàimàn 名。指速度：这条轮船的～如何？

【快人快语】kuài rén kuài yǔ 成。直爽人说直爽的话。

【快手】kuàishǒu 名。办事迅速的人。

【快书】kuàishū 曲艺的一种，用竹板或铜板伴奏，词儿合辙押韵，节奏较快，如山东快书等。

【快慰】kuàiwèi 〈书〉形。愉快而且感到安慰：接读大札，不胜～。

【快要】kuàiyào 副。很快就要，不久就要：元旦～到了。

【快意】kuàiyì 形。心情爽快舒适；常作

"感到、觉得"等动词的宾语：淋浴之后，觉得非常～。

【快嘴】kuàizuǐ 名。不加考虑，有话就说或爱传闲话的人：他是个～，心里什么话也存不住。

筷 kuài 名。(～子)用木、竹等制作的夹饭菜等的细棍儿。

kuān (ㄎㄨㄢ)

宽(寬) kuān ❶形。(1)横的距离大，范围广阔；与"窄"相对：路很～|管得太～了。(2)宽容，不严厉；与"严"相对：现行政策比以前～。(3)富裕：这两年我手头比以前～多了。❷名。宽度：这条马路有20米～。❸动。放宽，使松缓；须带宾语：这些话能～她的心。❹姓。

【宽畅】kuānchàng 形。舒畅；用于心情方面：胸怀很～。

【宽敞】kuānchǎng 形。宽阔，多指建筑物内部：这三间大瓦房真～。

【宽绰】kuān·chuo 形。(1)宽阔：他家的住房可真～。(2)生活富裕：这两年，大家的生活～些了。

【宽打窄用】kuān dǎ zhǎi yòng 成。估计时要打得宽裕一些，使用时要节约一些：咱们过日子一定要～，才不致造成亏空。

【宽大】kuāndà 形。(1)面积或容积大：场地很～|～的衣服。(2)对犯错误或犯罪的人处理从宽：他的问题可以～处理|对他的处分太～了。

【宽度】kuāndù 名。宽窄的程度：这张床的～不够。

【宽泛】kuānfàn 形。涉及的面宽广；多指表示的意义：这样解释太～了。

【宽广】kuānguǎng 形。宽阔，广大；多指面积或范围：～美丽的土地|～的大厅。也可指心胸：他的胸襟是那么～。

【宽宏】kuānhóng 形。指人的气量大；常同"大量"并用：他这个人～大量，从不计较个人恩怨。

【宽厚】kuānhòu 形。(1)既宽又厚：～的胸膛。(2)厚道；指待人：老孙为人很～。(3)洪亮；指声音：他的嗓音很～。

【宽解】kuānjiě 动。解除烦恼，使宽心；常带宾语或补语：他为试验失败而闷闷不乐，你去～他一下。

【宽旷】kuānkuàng 形。宽广空旷：～的原野。

【宽阔】kuānkuò 形。面积大：长江大桥桥面十分～。

＊"宽阔"和"宽广"："宽阔"的意思侧重在开阔，多与"道路、河面、场地"等搭配；"宽广"的意思侧重在广大，多与"草原、田野"等搭配。

【宽让】kuānràng 动。宽容谦让，不与人争执；常带宾语或补语：他还是个孩子，不懂事，你应该～他一些。

【宽容】kuānróng 动。原谅，容许，不追究：妈妈对我的这些缺点从不～，要求非常严格。常带宾语或补语：她并不因此～自己，她希望自己更成熟些|我已～他几回了，这次绝不再～。

【宽舒】kuānshū 形。(1)舒畅；多指心情：经过大家劝说，她的心境～多了。(2)宽敞，舒展；多指街道、河流等：～的林阴大道，平直地向前铺去。

【宽恕】kuānshù 动。宽容饶恕；常带宾语或补语：我不是有意撞伤他的，请～我吧！|今天再～你一次，以后绝不～。

【宽慰】kuānwèi 动。宽解安慰。常带宾语或补语：你去～他一下|等这事解决了，我心里才算～了些。

【宽限】kuānxiàn 动。放宽期限；常带宾语或补语：请再～我们几天，等钱凑足了数就送上。

【宽心】kuānxīn 动。使心放宽，解除心中的焦急愁闷；不带宾语，可重叠：请你宽宽心，不要老为这件事想不开了。可拆开用：宽一下心|宽了心。

【宽衣】kuānyī 动。请人脱去衣服；敬辞，不带宾语：天太热了，请～。可拆开用：请宽一下衣。

【宽宥】kuānyòu 〈书〉动。宽恕，饶恕：难以～|绝不～。

【宽裕】kuānyù 形。宽绰富裕；多指经济或时间等：近几年来大家手头上都～多了|时间很～。

【宽窄】kuānzhǎi 名。指面积或范围的大小：这块木料的～如何？

【宽纵】kuānzòng 动。宽容放纵，不加约束；常带宾语：他常～自己，因此闹出

髋(髖) kuān [髋骨](-gǔ) 名。组成骨盆的大骨，左右各一，由髂骨、坐骨、耻骨合成。通称胯骨。

kuǎn(ㄎㄨㄢˇ)

款(欵) kuǎn ❶名。(1)(～子)为某种用途而储存或支出的钱。(2)法令、规章或条约的分项条文；通常在条下分款：第一条第三～。❷〈书〉动。招待：热情～客。❸〈素〉(1)书画信件上的题名：上～|落～。(2)诚恳，殷切：～留|～待。(3)缓慢：～步|～～。

【款待】kuǎndài 动。热情优厚地招待；常带宾语：设宴～嘉宾。可作宾语：谢谢您的盛情～。

【款款】kuǎnkuǎn〈书〉形。缓慢的样子；常作状语：～而行|点水蜻蜓～飞。

【款留】kuǎnliú 动。真诚地挽留；用于对客人，常带宾语或补语：好不容易～他三天。

【款洽】kuǎnqià〈书〉形。感情真诚融洽。

【款式】kuǎnshì 名。式样，格式：这件衣服的～很新颖。

【款项】kuǎnxiàng 名。(1)为某种用途存储或支出的钱：这笔～是教育经费，不可挪用。(2)指法令、规章、条约等条文的项目。

窾 kuǎn〈古〉形。空。

Kuāng(ㄎㄨㄤ)

匡 kuāng ❶〈方〉动。估计，粗算；多用"一下"作补语：这袋米你～一下有多少斤？❷〈素〉(1)纠正：～正|～谬。(2)救，帮助：～救|～助。❸姓。

【匡算】kuāngsuàn 动。粗略地计算；多带"一下"作补语：开会需要多少钱请你～一下。可重叠：这项工程需投资多少，请你～～。

【匡正】kuāngzhèng 动。纠正，改正；对象是错误、弊病等，常带宾语：～时弊不是一件容易的事。

诓 kuāng〈方〉动。哄骗：你别～人。

【诓骗】kuāngpiàn 动。说谎骗人；常带宾语：不要～人。

劻 kuāng [劻勷](-ráng)〈古〉形。急促不安的样子。

哐 kuāng 拟声。摹拟物体撞击和震动的声音：～的一声，关上了门。

【哐啷】kuānglāng 拟声。摹拟器物撞击的声音：～一声，碗打破了。

洭 kuāng 水名用字。洭河，在广东省。

筐 kuāng 名。(～儿、～子)一种用竹、柳、荆条等编织而成的容器。

kuáng(ㄎㄨㄤˊ)

狂 kuáng ❶形。狂妄，自高自大：这个人～得很。❷〈素〉(1)精神失常：发～|丧心病～。(2)猛烈，声势大：～风|～澜。(3)纵情地，无拘束地：～喜|～笑。

【狂放】kuángfàng 形。十分放荡；多指人的性格、言行：这个人性情～，不拘小节。

【狂风】kuángfēng 名。猛烈的风：昨夜一场～，毁坏不少庄稼。

【狂风恶浪】kuáng fēng è làng 成。原形容大风大浪。后比喻惊险的遭遇：敌人对我根据地进行了疯狂的围剿，面对～，我军民仍坚持斗争，毫不动摇。

【狂欢】kuánghuān 动。纵情地欢乐；不带宾语：围着篝火，全山寨的人都在～。常作定语：～之夜|～的人群|人们陷在～的海洋里。

【狂澜】kuánglán 名。汹涌的波涛，比喻动荡不安的局势或猛烈的潮流：力挽～。

【狂犬病】kuángquǎnbìng 名。狂犬病病毒引起的急性传染病，常见于狗、猫等家畜。人被患狂犬病的狗或猫咬伤，如不及时治疗，也会得病。症状是精神失常，恶心，喉痛，看见水就恐怖，最后全身瘫痪而死亡。也叫恐水病。

【狂热】kuángrè 名。一时所激起的过度的热情。

【狂人】kuángrén 名。(1)疯子。(2)比喻极端狂妄自大的人；含贬义：战争～。

【狂妄】kuángwàng 形。极端自高自大；常与"自大"并用：这个人一向～自大。

【狂言】kuángyán 名。狂妄的话：口

诳 kuáng

诳 kuáng 〈书〉欺骗,瞒哄:～语。出～|～乱语。

【诳语】kuángyǔ 名。骗人的话。也叫诳话。

kuǎng(ㄎㄨㄤˇ)

夼 kuǎng 〈方〉地名用字。如刘家夼,在山东省。

kuàng(ㄎㄨㄤˋ)

邝(鄺) kuàng 姓。

圹(壙) kuàng 名。埋棺材的坑:打～。

【圹埌】kuànglàng 〈书〉形。形容原野一望无际的样子。

纩(纊) kuàng 〈古〉名。絮,丝绵。

旷(曠) kuàng ❶形。(1)空,宽阔:这地方很～。(2)两个零件之间的空隙过大,不合要求:车轴～了,没有装紧。(3)指衣服、鞋子等过于肥大:这双鞋我穿了太～,不好走路。❷动。耽搁,荒废;以单音节名词"工"或"课"作宾语:他从未～过一天工。❸〈素〉心胸开阔:～达|心～神怡。❹姓。

【旷达】kuàngdá 〈书〉形。心胸开阔,遇事想得开:他性格～,从不计较小事。

【旷代】kuàngdài 〈书〉形。绝代,当代没有人能相比的:～奇才。也说旷世。

【旷废】kuàngfèi 〈书〉动。耽搁荒废;多用于学业:不要～学业。

【旷费】kuàngfèi 动。白白浪费;多指时间、财物等:～资财|～光阴。

【旷古】kuànggǔ 动。自古以来;多与"未闻、未有"等相配:这件事～未闻。

【旷日持久】kuàng rì chí jiǔ 成。浪费时日,长期拖延;含贬义:这是一次～的讨论。

【旷野】kuàngyě 名。空旷无人烟的原野:一片～|远处是一望无际的～。

矿(礦、鑛) kuàng 名。(1)矿产、矿床、矿石、矿体的总称:探～|开～|这里新发现一种。(2)开采矿物的场所:下～|我到～上去。

【矿藏】kuàngcáng 名。蕴藏在地下的各种矿物资源的总称:～丰富。

【矿产】kuàngchǎn 名。已开采的矿石和尚未开采的矿藏的统称。

【矿床】kuàngchuáng 名。指在现在技术和经济条件下,能够被开采利用的矿物质的聚集体。也叫矿体。

【矿井】kuàngjǐng 名。为进行地下采矿而修建的通到矿床的井筒和巷道的总称。

【矿泉】kuàngquán 名。含有多种矿物质的泉水。有的矿泉可用来治疗关节炎、皮肤病等疾病。

【矿山】kuàngshān 名。采矿的地方,包括矿井和露天采矿场。

【矿石】kuàngshí 名。含有有用矿物,并有开采价值的岩石。在无线电收音机上特指能做检波器的方铅矿等。

【矿物】kuàngwù 名。存在于地壳中的自然化合物和少数自然元素,多为固体(如铁矿石、煤等),还包括液体(如石油)和气体(如天然气)。

况(況) kuàng ❶〈古〉连。况且,何况:～仓卒吐言,安能皆是?❷〈素〉(1)情形:近～|状～。(2)比方:比～|以古～今。❸姓。

【况且】kuàngqiě 连。表示追加一层理由;常和"又、也、还"配合使用:你是学语言的,～又在高校中文系任教,这个道理一定能讲清。

贶 kuàng 〈古〉动。赠,赐。

框 kuàng ❶名。(1)(～子)嵌在墙上为安装门窗用的架子:门～子。(2)(～儿)镶在一些器物周围,起约束支撑保护作用的东西:镜～儿。(3)框框。❷动。多带补语:(1)在文字、图片等四周加上线条:这篇文章用花边～起来。(2)约束,限制:完成任务的时间不能～得过紧。

【框框】kuàng·kuang 名。(1)周围的圈:他在图片周围画上三个～。(2)旧的格式、规矩、做法或事先划定的范围;常加"老、旧"等:不能按老～办事|要充分发扬民主,让大家畅所欲言,不要定什

眶 kuàng 〈素〉眼睛的周围：眼~｜热泪盈~。

亏(虧) kuī ❶动。常带宾语。(1)亏损，损失：这笔买卖~了50元。(2)亏负，对不起；多用于否定式：请放心，~不了你。(3)短少，欠缺：他自知理~，不作声了｜这块肉我拿回家一称，~了二两。(4)多亏，幸亏；常带动态助词"了"，没有否定式：~了你帮忙，不然我还调不来呢。❷名。受到的损失，亏折：吃了一点~｜自负盈~。❸副。表示不满、讥讽等语气；是一种反说，用在句首：这样无理的话，~你说得出口｜~你是干部，也不带个头。

【亏本】kuīběn 动。赔出本钱；不带宾语：出版这本书~1000元｜~生意。可拆开用：亏了不少本。

【亏待】kuīdài 动。待人不公或不尽心；须带宾语或补语：这次~不了你，你放心好了。

【亏得】kuīde 副。多亏；常同"不然、否则"等相呼应：这孩子~医生抢救及时，否则早就殒命了。

【亏负】kuīfù 动。辜负，使吃亏；常带宾语：她没有~你的地方。

【亏空】kuīkong ❶动。收入不够支出而欠人钱财：我家人少，人口多，几乎月月~。可带双宾语：这个月~他了20元。❷名。欠人的财物：我外边的~不少。

【亏欠】kuīqiàn ❶动。短少，欠缺：他这一年又~了近3000元。可带双宾语：~他50斤米。❷名。欠人家的财物：他的~不少。

【亏折】kuīshé 动。损失；多指本钱，常带宾语：这家商店一年~近万元。

【亏损】kuīsǔn 动。(1)亏折；多指财物，常带宾语：公司开办以来~了10万元。(2)身体因重病或受摧残以致虚弱；多带补语：一场大病，他的身体明显~下来了。

【亏心】kuīxīn 动。感到自己的言行违背正理；不带宾语：不要做~事｜这事现在想起来总觉得~。

刲 kuī 〈古〉动。割。

岿(巋) kuī 〈素〉高大：~然。

【岿然】kuīrán 〈书〉形。高大独立的样子；不单独作谓语，作状语：~不动。

悝 kuī 人名用字。李悝，战国时政治家。

盔 kuī ❶名。(~儿，~子)像瓦盆而略深的容器。❷〈素〉(1)用来保护头部的金属帽子：钢~｜~甲。(2)形状像半个球形的帽子：帽~。

【盔甲】kuījiǎ 名。古代作战时的服装，盔戴在头上，甲穿在身上，用金属或皮革制成。

窥(闚) kuī 〈素〉从小缝、小孔或隐蔽处偷偷看：~探｜~视。

【窥测】kuīcè 动。窥探测度；常带宾语；含贬义：敌人正在~方向，以求一逞。

【窥见】kuījiàn 动。暗中看出来或觉察到，常带宾语：由此可以~一斑｜从杂文中可以~鲁迅学问的渊博。

【窥伺】kuīsì 动。暗中观察探听动静、等待时机；常带宾语；多含贬义：敌人在~我方动静，准备反扑。

【窥探】kuītàn 动。暗中察看；常带宾语：~对方的动静。

奎 kuí ❶名。二十八宿之一。❷姓。

喹 kuí [喹啉](-lín) 名。有机化合物，无色液体，有特殊臭味，可制药品、染料等。

蝰 kuí [蝰蛇](-shé) 名。一种生活在森林、草地里的毒蛇。体长一米多，背部淡蓝带灰色或褐色，背脊有黑色的链状条纹，身体两侧有不规则的斑点，腹部黑色。

逵 kuí 〈古〉名。四通八达的道路。

馗 kuí 同"逵"。

隗 kuí 姓。
另见 wěi。

kuī

魁 kuī 〈素〉(1) 身体高大：～梧｜～伟。(2) 首领，头子：～首｜罪～。(3) 第一名：夺～。(4) 北斗七星中前四颗星的总称：～星。

【魁首】kuíshǒu 名。才华在同辈中居首的人：文章～｜女中～。

【魁伟】kuíwěi 形。魁梧。

【魁梧】kuíwú 形。身体健壮高大；含褒义：他的身材很～！

葵 kuí 〈素〉指某些开大花的草本植物：向日～。

【葵花】kuíhuā 名。即向日葵。

【葵扇】kuíshàn 名。用蒲葵制成的扇子。俗称芭蕉扇。

揆 kuí 〈书〉❶动。推测揣度：～其本义。❷名。准则，道理。

【揆度】kuíduó 〈书〉动。估计，揣测：～其意。

暌 kuí 〈素〉分离，隔开：～违｜隔～。

【暌违】kuíwéi 〈书〉动。分别；旧时书信用语：～三载（分别三年）。

睽 kuí ❶同"暌"。❷见"睽睽"。

【睽睽】kuíkuí 动。睁大眼睛，注视；多用在固定组合中：众目～。

骙 kuí [骙骙]〈古〉形。形容马强壮：四牡～。

夔 kuí ❶地名用字。夔州，古地名，今四川奉节县。❷姓。

kuǐ (ㄎㄨㄟˇ)

傀 kuǐ [傀儡](-lěi) 名。(1) 木偶戏中的木头人。(2) 比喻自己不能作主受人操纵的人或集体：～政府。

跬 kuǐ 名。古时把一举足（即一脚向前迈出后着地）的距离叫跬，两举足的距离叫步：千里之行，始于～步。

kuì (ㄎㄨㄟˋ)

匮 kuì 〈素〉缺乏：～乏｜～竭。

【匮乏】kuìfá 〈书〉形。缺乏；多指物资、食品～。

蒉 kuì ❶〈古〉名。盛土的草包。❷姓。

愦 kuì 〈素〉糊涂，昏乱：昏～。

馈(餽) kuì 〈素〉把东西送人：～赠。

【馈赠】kuìzèng 动。赠送；多用于礼品，常带宾语：～寿礼。

溃 kuì 〈素〉(1) 水冲破堤坝：～决。(2) 突破～围。(3) 被打垮：崩～｜～不成军。(4) 腐烂：～烂。
另见 huì（殨）。

【溃败】kuìbài 动。作战被打垮；不带宾语，含贬义：敌人～了。

【溃不成军】kuì bù chéng jūn 成。军队打得七零八落，形容惨败：这次战斗，敌人被打得～。

【溃决】kuìjué 动。大水冲开堤坝：河堤～｜～成灾。

【溃烂】kuìlàn 动。伤口感染化脓；不带宾语：伤口～了｜长了冻疮不要乱抓，以防～。

【溃散】kuìsàn 动。打了败仗后逃散；不带宾语：敌酋受伤，他的军队也已全部～。

【溃逃】kuìtáo 动。被打垮而逃跑；不带定语：敌人在我军炮火的猛烈轰击下狼狈～。

【溃疡】kuìyáng 名。皮肤或粘膜的表皮坏死脱落后形成的缺损。

襟 kuì 〈方〉❶名。（～儿）用绳子等拴成的结：活～儿｜死～儿。❷动。拴：把牲口～起来。

聩 kuì 〈素〉耳聋：昏～。

篑 kuì 〈古〉名。盛土的筐子：功亏一～。

喟 kuì 〈素〉叹气：～叹｜感～。

【喟然】kuìrán 〈书〉形。叹气的样子；不加程度副词，不单独作谓语，多作状语：～长叹。

【喟叹】kuìtàn 〈书〉动。因感慨而长叹；不带宾语：大家为球队失利而～不已。

愧(媿) kuì 〈素〉惭愧，难为情：～恨｜羞～。

【愧汗】kuìhàn 〈书〉形。因惭愧而流汗，形容羞愧到极点：不胜～。

【愧恨】kuìhèn 动。因惭愧而悔恨：他因自己的过失而暗自～。
【愧疚】kuìjiù〈书〉形。羞愧不安：深感～。
【愧色】kuìsè 名。羞愧的脸色：毫无～｜面有～。
【愧怍】kuìzuò〈书〉形。惭愧：殊感～。

kūn（ㄎㄨㄣ）

坤 kūn ❶名。八卦之一，其卦形为"☷"，代表地。参见"八卦"。❷〈素〉女性的：～车｜～包。
【坤角儿】kūnjuér 名。旧时称戏剧女演员。也叫坤伶。

堃 kūn 同"坤"；多作人名用字。

昆（△崑） kūn ❶〈素〉(1)众多：～虫。(2)哥哥：～仲｜～季。(3)子孙，后代：后～。△❷山名用字。昆仑（崑崙），山名，我国最大的山脉，西起帕米尔高原，绵亘于新疆、西藏，东延至青海，长约2500公里。
【昆虫】kūnchóng 名。节肢动物的一纲，身体分头、胸、腹三部分，有三对足，多数经过卵、幼虫、蛹、成虫等发育阶段，如蚊、蝇、蜜蜂等。
【昆剧】kūnjù 名。戏曲声腔之一，元代在江苏昆山产生，因而得名。曾流传各地，对许多剧种的形成和发展都有较大影响。也叫昆曲。
【昆仲】kūnzhòng 名。称别人的兄弟。

琨 kūn〈古〉名。一种美玉。

焜 kūn〈古〉形。明亮。

锟 kūn[锟铻](-wú) 名。古书上所说的山名。所产的铁可以铸刀剑，因此宝剑也叫锟铻。也作昆吾。

鹍（鵾） kūn[鹍鸡](-jī) 名。古书上说的一种像鹤的鸟。

醌 kūn 名。有机化合物的一类，一般是有色物质。最简单的醌是苯醌。

鲲 kūn 名。古时传说中的一种大鱼。
【鲲鹏】kūnpéng 名。古时传说中的大鱼和大鸟（见《庄子·逍遥游》）。

裈 kūn 名。古代称裤子。

髡（髠） kūn 名。古代刑罚的一种，剃去男子的头发。

kǔn（ㄎㄨㄣˇ）

捆（綑） kǔn ❶动。用绳子等绑起来；常带宾语或补语：～稻子｜把这些书一起来。❷量。用于捆扎好的东西：两～草｜一～书。
【捆绑】kǔnbǎng 动。用绳子捆住；多用于人，常带宾语或补语：～罪犯｜把他～起来。
【捆扎】kǔnzā 动。捆绑在一起；多用于物体，常带宾语或补语：～行李｜把书～起来。

悃 kǔn〈古〉名。真心诚意：略表～谢。

阃 kǔn〈古〉名。(1)门坎。(2)妇女居住的内室。

壸（壼） kǔn〈古〉名。宫里的路。注意：与"壶"的写法不同。

kùn（ㄎㄨㄣˋ）

困（△睏） kùn ❶动。不带宾语，可带补语。(1)陷在艰难困苦之中：这下可把我给～住了。(2)包围住：把敌人～在山沟里了。△(3)疲劳想睡：你～了，就先睡。△(4)〈方〉睡：天不早了，该～了。❷〈素〉贫苦，艰难：穷～｜～境。
【困惫】kùnbèi〈书〉形。很疲乏：爬了一天山，大家都～不堪。
【困顿】kùndùn 形。(1)由于疲劳而不能支持：繁重的劳动，使他十分～。(2)处境艰难；多指生计或境遇：他一生～，遭遇极为不幸。
【困厄】kùn'è 形。指处境艰难窘迫：生活很～｜能在艰难～中闯出一番事业来的才是真英雄。
【困乏】kùnfá 形。(1)疲乏：工作了一天太～了。(2)困难；多指经济或生活：他的生活非常～。
【困惑】kùnhuò 形。感觉艰难，不知该怎么办：非常～的神情｜～的样子。常与"不解"并用：听了他的话，我更加～不解。

可作"感到、觉得"等动词的宾语：他的奇怪的举动使我感到～。

【困境】kùnjìng 名。困难的处境；常作"陷入、摆脱"等动词的宾语：敌人已陷入～|经过奋斗，我们终于摆脱了～。

【困倦】kùnjuàn 形。因为过于疲劳而想睡觉：今天我感到很～。

【困苦】kùnkǔ 形。艰难痛苦；多指生活：他家的生活非常～。

＊"困苦"和"艰苦"："困苦"着重表示因贫困而痛苦；"艰苦"侧重表示因条件不好而痛苦。"困苦"使用范围较窄，只形容生活；"艰苦"使用范围较宽，除形容生活外，还可形容工作、斗争、劳动等。

【困难】kùn·nan ❶形。(1)穷困：自从他父亲去世后，他的生活更～了。(2)事情复杂阻碍多：工作越～，越能磨练我们的意志。❷名。复杂、难办的事情：这些～是可以克服的|见～就上。

【困人】kùnrén 形。让人困倦：暖洋洋的天气很～。

【困守】kùnshǒu 动。在被人围困的情况下坚守；常带宾语或补语：～城池|～了三昼夜。

【困兽犹斗】kùn shòu yóu dòu 成。比喻陷于绝境的失败者还竭力顽抗；含贬义：敌人已处于我军包围之中，但～，我们不可掉以轻心。

kuò（ㄎㄨㄛˋ）

扩（擴） kuò 〈素〉放大，张大：～大、～充|～散。

【扩充】kuòchōng 动。扩大，增加，充实；常带宾语或补语：我们厂今年又～了不少设备。

＊"扩充"和"扩大"："扩充"的意思是扩大、充实，多指数量由少而多，对象是人力、设备、资金、内容等；"扩大"的意思是伸展、放大，对象多指规模、范围、生产、眼界、影响等。

【扩大】kuòdà 动。伸展，放大；常带宾语或补语：～范围|这次参观～了我们的眼界|房屋重修后使用面积～到原来的两倍。

【扩建】kuòjiàn 动。把工矿企业、建筑物等的规模加大；常带宾语：～厂房|大力～工业基础|新～了一个国际机场。

【扩散】kuòsàn 动。扩大分散出去：病毒已经～。常带宾语或补语：不要～谣言|这场大火很快～开来，影响不好。可作"开始、避免、防止"等动词的宾语：这消息要保密，防止～。

【扩写】kuòxiě 动。在不改变原意的基础上，对原文作合理的扩展和补充，或作必要的生发联想，使文章内容充实；与"缩写"相对：选一篇短文让学生～。可带宾语：作文课上，老师要大家用白话文～《自相矛盾》这则寓言。

【扩展】kuòzhǎn 动。向外伸展；常带补语：全省造林面积将～到1500万亩。

【扩张】kuòzhāng 动。扩大；多用于势力或野心等，有时含贬义：我国多次申明，绝不向外～。常带宾语：他们到处～势力，妄图称霸世界。

括 kuò 〈素〉(1)包含，包括：总～|概～。(2)扎，束：～约肌。

【括号】kuòhào 名。(1)算术式或代式式中表示几个数或项的结合关系和先后顺序的符号。其形式有( )、[ ]、{ }三种，分别叫小括号、中括号、大括号。中括号用在小括号之外，大括号用在中括号之外。运算时，从里到外。(2)标点符号的一种，形式同数学上的中、小括号，作用是表示文中注释的部分。

【括弧】kuòhú 名。(1)小括号。(2)即"括号(2)"。(3)有时指引号。

蛞 kuò [蛞蝓](-yú) 名。软体动物，身体圆而长，像蜗牛，但无壳，表皮多粘液，爬行后留下银白色的条痕。生活在潮湿的地方。是蔬菜、果树等的害虫。也叫鼻涕虫，有的地区叫蜒蚰。

适（适） kuò 〈古〉形。疾速；多作人名用字。

"适"另见shì。

阔（闊） kuò ❶形。阔绰，阔气：那会儿，他家汽车、洋房什么都有，～得很。❷〈素〉(1)面积宽广：广～|辽～。(2)时间或距离长：～别|～步。

【阔别】kuòbié 动。久别；常带时间补语：我见到了～多年的挚友。可带处所宾语：我～故乡已经20多年了。

【阔步】kuòbù 动。迈大步；不带宾语，常与其他动词并用：昂首～。也可作状语：～前进。
【阔绰】kuòchuò 形。生活奢侈，讲求排场：婚礼搞得太～了|他生活～,经常上酒楼饭店吃喝,一花就是上百元。
　　＊"阔绰"和"阔气"："阔绰"强调出手大,花钱不在乎,生活奢侈,讲求排场；"阔气"强调豪华的气派。"阔绰"是书面语用词；"阔气"多用于口语。
【阔老】kuòlǎo 名。旧称年纪较大的有钱人。也作阔佬。
【阔气】kuòqì 形。豪华奢侈：他家的摆设很～。常作"摆"的宾语：他爱摆～。
【阔少】kuòshào 名。旧指有钱人家的子弟。

廊 kuò 〈素〉(1)空阔：寥～|～落。(2)物体的周围：耳～|轮～。
【廊落】kuòluò 〈书〉形。空阔寂静的样子：～的古庙。
【廊清】kuòqīng 动。澄清；常带宾语或补语：～一下事实。
【廊张】kuòzhāng 〈书〉动。扩张；向外～。

L

lā(ㄌㄚ)

垃 lā [垃圾](-jī) 名。扔掉的破烂东西或脏土。

拉 lā 动。常带宾语或补语。(1)拖,拽:~板车|绳子~得紧紧的。(2)来回牵引:~二胡|手风琴~得很好。(3)载运;多用于车辆:~了一车西瓜|三轮车~回来了。(4)带领转移;用于队伍:~了一队人马出发了|把部队~到前方。(5)拖长,使延长;多指声音、距离等:~长调子在唱|~开距离。(6)拉拢,联络;多指结成某种关系,常含贬义:~了一帮人。(7)帮助;须带"一把、一下"等补语:他犯了错误,我们要~他一把。(8)〈方〉抚养;常用"大"作补语:她把两个孩子~大了。(9)〈方〉闲谈:~家常|对这个问题,咱俩随便~几句。(10)〈口〉排泄;用于大便:~屎|~肚子|~了三次。

另见lá。

【拉扯】lā·che 〈口〉动。常带宾语或补语。(1)拉:他一把~住我的衣服|两个人扯成一团,~不开。可重叠:别拉拉扯扯的,不像话。(2)照管,抚养:一个寡妇~三个孩子,真不容易|~大了。可重叠:他帮我~一~孩子,我不会亏待你。(3)牵涉,牵引:别乱~人家|~出不少人来了。(4)勾结,拉拢:~生意|他们俩~上交情了。可重叠:他想跟我~~交情。(5)扶助,提拔:我有心~你,可力量不够|他当干部从不~私人。可带兼语:老王想~他的弟弟当科长。(6)闲聊:没有功夫瞎~|我们在~家常|~了大半天。可重叠:没事儿找个朋友~~比上街乱逛好。

【拉倒】lādǎo 〈口〉动。算了,作罢;不带宾语:这书既然借不到,只好~了|你不去就~。

【拉丁字母】lādīng zìmǔ 词组。拉丁,音译词。古代意大利半岛的拉丁人所用文字的字母。一般泛指根据拉丁文字母加以补充的字母,如英文、法文、西班牙文的字母。汉语拼音方案也采用了拉丁字母。

【拉夫】lāfū 动。旧时军队抓老百姓做苦工;不带宾语:他被~了。可拆开用:他被拉过夫。

【拉呱儿】lāguǎr 〈方〉动。闲谈;不带宾语:他们常在一起~。可拆开用:拉了半天呱儿。

【拉关系】lā guān·xi 习。指拉拢、联络有权势、起作用的人,来达到个人的某种目的;多含贬义:不少部门来跟我们厂~,我们仍坚持照章办事。

【拉后腿】lā hòutuǐ 习。比喻利用亲密的关系和感情牵制别人的行动;含贬义:应该支持孩子到边疆去工作,不要~。也说扯后腿。

【拉祜族】lāhùzú 名。我国少数民族之一,主要分布在云南省。

【拉家带口】lā jiā dài kǒu 习。带着一家大小;多指受家属拖累,后面常加助词"的":他~的,怎么走得了呢?

【拉架】lājià 动。拉开打架的人,从中调解;不带宾语:快去~。可拆开用:他们昨天打起来,是我拉的架|我拉不了这个架。可重叠:他们打起来了,你该去拉拉架呀!

【拉脚】lājiǎo 动。用大车载旅客或替人运货;不带宾语:我明天去~。可作主语:这次~赚了一笔钱。可拆开用:明天请你拉趟脚。

【拉锯】lājù 动。两个人用大锯一来一往地锯东西,比喻双方来回往复;不带宾语,可拆开用:在这个地区,敌我双方你进我出,互相~|拉了好长时间的锯。常作定语:~战|~地区。

【拉亏空】lā kuī·kong 词组。亏债:他靠~过日子。

【拉拉队】lālāduì 名。体育运动比赛时,给运动员呐喊助威的一组人：～起劲地为运动员加油。

【拉力】lālì 名。(1)拉拽的力量。(2)物体所能承受的拉拽的力。

【拉练】lāliàn 动。野营训练，多指部队离开营房，在长途行军和野营过程中，按照战时要求，进行训练；不带宾语，可带补语：我们部队明天去～｜～了一个多月｜继续～下去。

【拉拢】lālong 动。为了对自己有利，用某种手段使别人靠拢自己；常带宾语，含贬义：～干部｜～了不少人。

【拉买卖】lā mǎi·mai 习。招揽生意：这家商店很会～。

【拉平】lāpíng 动。使有高有低的变成相等：主队五号上场后，连连得分，终于把比分～。可带宾语：没有必要～应有的差距。可重叠：有人主张把奖金拉拉平，这是不对的。可拆开用：双方比分悬殊，看来拉不平了。

【拉纤】lāqiàn 动。不带宾语，可拆开用。(1)在岸上用绳子拉船前进：她在船上掌舵，他在岸上～｜拉了一天纤。(2)为双方说合或联络，并从中取得利益：自从他每月收入500元，说媒～的人就像飞来飞去的采花蜂，接二连三找上门来｜请你从中拉个纤，促成这笔生意。

【拉手】lāshǒu 动。握手；不带宾语：一见面就～。可拆开用：他俩正拉着手。可重叠：让我们拉拉手，讲和吗？

【拉手】lā·shou 名。安装在抽屉或门窗上的把子，便于开关的木制物和金属制品：衣柜上安的是塑料～。

【拉下脸】lā xia liǎn 习。(1)〈口〉指不顾情面：在原则问题上，要能够～。(2)指露出不高兴的神情：他一听到批评就～来了。

【拉杂】lāzá 形。杂乱，没有条理：这篇文章写得太～。可重叠：我拉拉杂杂谈了这些，请大家指教。

【拉帐】lāzhàng 动。欠债；不带宾语：他家经济窘困，常常～。可拆开用：我拉了一大笔帐。

啦 lā 见"哩(li)哩啦啦"。
另见·la。

邋 lā [邋遢](-·tā)〈口〉形。不干净，不整洁；这间屋子里真～。可重叠：这个人原先邋里邋遢的，不讲卫生，现在改了。

lá(ㄌㄚˊ)

旯 lá 见"旮(gā)旯儿"。

拉(剌) lá 动。割，切；常带宾语或补语：手上～了个口子｜把这块肉～开。
另见lā，"剌"另见là。

砬(礃) lá〈方〉名。(～子)山上耸立的大岩石。

lǎ(ㄌㄚˇ)

喇 lǎ 见"喇叭"，"喇嘛"等。

【喇叭】lǎ·ba 名。(1)管乐器，用铜制成，上细下粗，最下端的口部向四周扩张，可以扩大声音：吹～。(2)有扩音作用的、喇叭筒状的东西：汽车～｜高音～。

【喇嘛】lǎ·ma 名。喇嘛教的僧人。藏语中原为一种尊称，意即"上人"、"师傅"。

【喇嘛教】lǎ·majiào 名。中国佛教的一派，是公元七世纪佛教传入我国西藏后，吸收当地原始宗教成分而形成的，流行于藏族、蒙古族地区。

là(ㄌㄚˋ)

剌 là〈素〉怪僻，不合情理：乖～(违背常情)。
另见lá(拉)。

辣 là ❶形。(1)像姜、蒜、辣椒等有刺激性的味道：这菜烧得太～。(2)狠毒：口甜心～。❷动。辣味刺激；常带宾语：～眼睛。可加程度副词：大椒很～人。

【辣乎乎】làhūhū 形。形容辣的感觉；不加程度副词，多带助词"的"：吃了辣椒，嘴里～的。有时比喻难受的感觉：听了他的批评，叫人心里有些～的。

【辣椒】làjiāo 名。(1)一年生草本植物，叶卵状披针形，花白色，果实一般有辣味，供食用。(2)这种植物的果实。

【辣手】làshǒu ❶名。毒辣的手段；常作

"下"的宾语:对自己的同志怎么能下这般~? ❷〈口〉形。棘手,难办:这项工作太~。

【辣丝丝】làsīsī 形。形容有点儿辣;不加程度副词,常带助词"的":这碗面条吃在嘴里~的。

【辣酥酥】là·sū·sū 形。形容有点辣味;不加程度副词,常带助词"的":麻婆豆腐吃起来~的。

【辣子】là·zi 〈口〉名。(1)辣椒。(2)比喻利害、泼辣的人:《红楼梦》中的王熙凤外号叫做"凤~"。

瘌(癞) là [瘌痢](-·li)〈方〉名。一种头癣,患处流脓,结疤,头发脱落。也叫秃疮、黄癣。

落 là 动。常带宾语或补语。(1)遗漏:~了几个字|地上~下很多麦穗。(2)把东西放在一个地方,忘记拿走:我没一下什么东西呀|这钢笔是哪位~下来的?(3)因跟不上而落后:~不了队|他还~着一截呢|~在队伍的最后。
另见lào;luò。

腊(臘) là ❶〈素〉(1)古代农历十二月的一种祭祀,后指农历十二月:~月|~八。(2)把鱼、肉、鸡等腌制后风干或熏干:~肉|~味。❷姓。
另见xī。

【腊八】làbā 名。指农历十二月初八,传说释迦牟尼在这天得道成佛,因此寺院逢此日便煮粥供佛,以后民间相沿成俗,在这一天喝腊八粥(用米、豆类和枣子、莲子等煮的米粥)。

【腊梅】làméi 名。(1)落叶灌木,冬季开花,花瓣外层黄色,内层暗紫色,香味浓,供观赏。(2)指这种植物的花。

【腊味】làwèi 名。腊鱼、腊肉、腊鸡等食品的总称。

【腊月】làyuè 名。农历十二月。秦时以十二月为腊月,后世沿用。

蜡(蠟) là 名。(1)指从动物、矿物或植物里提炼的油质,具有可塑性,易熔化,不溶于水。(2)蜡烛:点上一支~。
另见zhà。

【蜡版】làbǎn 名。用蜡纸打字或刻写成的供油印的底版。

【蜡笔】làbǐ 名。颜料与蜡混合加热浇制成的笔,供画画儿用。

【蜡黄】làhuáng 形。形容颜色像蜡一样黄;不加程度副词:~的纸。可重叠:脸色~~的。

【蜡染】làrǎn 名。我国一种传统的印染工艺,用熔化的黄蜡在白布上绘制图案,染色后煮去蜡质,现出白色图案。

【蜡纸】làzhǐ 名。(1)涂上蜡的纸,用来包裹东西,可以防潮。(2)蜡浸过的纸,刻写或打字后用来做油印底版。

【蜡烛】làzhú 名。用蜡或其他油脂制成的供照明用的东西,多为圆柱形。

镴 là 名。锡和铅的合金,可焊接金属器物。通常叫焊锡或锡镴。

la(·ㄌㄚ)

啦 ·la 助。"了(·le)"和"啊(·a)"的合音。(1)用在句末,表示喜悦、惊奇、气愤、禁止、警告、疑问等语气:女排又夺得冠军~|熄灯了,别再说话~!|你怎么~?(2)表示列举,用在每个列举项目之后,说明项目之多:书~、报纸~、杂志~,摆满了阅览室。
另见lā。

鞡 ·la 见"靰(wù)鞡"。

lái(ㄌㄞˊ)

来(來) lái ❶动。(1)从另一地到说话人所在地;与"去"相对,可带施事宾语和处所宾语:家里~了客人|他明天~北京。如果带受事宾语,名词前多有数量词语:~过两封信。(2)发生,来到:指问题、事情等:问题~了,就得解决|文件~得及时。(3)做某个动作;代替意义具体的动词:唱得好,再~一个(代替"唱")。(4)表示要做某件事;用在另一动词的前面,构成连动词组:我也~说两句|你~说服他吧!(5)表示做某件事;用在另一动词或动词性词组后面,构成连动词组:他回家探亲~了|我们贺喜~了。❷方位:以来;用在表示时间段落的词语后,前面不用"从、自、进入"等词:几天~|三个月~。❸姓。

来(來)

·lai ❶趋。用在动词之后,作补语。(1)表示动作朝着说话人所在的地方:送~一部书。(2)表示融洽或不融洽;动词限于"谈、合、处"等几个:这两个人很谈得~。(3)表示有无能力完成某一动作:这个歌我唱不~|我吃不~这种菜。(4)表示动作的结果:一觉醒~|据我看~,他会同意你的意见的。❷助。(1)用在"十、百、千"等数词或数量词组后面,表示概数:十~天|五里~路。(2)用在"一、二、三"等数词后面,表示列举:一~工作忙,二~交通又不便,所以没有去。(3)用在句末,表示曾经发生过什么事情,相当于"来着":这话我多会儿说~? (4)用在诗歌、熟语或叫卖声里,协调音节:二月里~好风光|磨剪子~抢菜刀。

【来宾】láibīn 名。指客人,特指国家、团体邀请的客人:~致词|宴请~。

【来不得】lái·bu·de 动。不能有,不应有;常带某些形容词作宾语:做学问~半点虚伪和骄傲。

【来不及】lái·bují 动。因时间很短,没有办法顾到或赶上;后面只带动词或动词性词组作宾语:因行期紧迫,我~向老师辞行了|时间晚了,~通知他了。

【来潮】láicháo 动。潮水上涨;不带宾语:钱塘江~了。可拆开用:江水刚来过潮。有时用作比喻:心血~。

【来到】láidào 动。前来,到达;常带处所宾语:我~天安门广场。

【来得】lái·de ❶〈口〉动。胜任;不带宾语:这个人真行,嘴头、笔头都~。❷副。显得;用于比较,多修饰形容词:爬山太累人,还是划船~惬意|他这一招比你的~厉害。

【来得及】lái·dejí 动。还有时间,能顾到或赶上;后面只带动词或动词性词组作宾语,前面常带副词"也、还、都":看完这场电影还~回家吃饭|问题不多,~处理。

【来回】láihuí ❶动。去了再回来;不带宾语,可带补语:从家里到学校~一趟有二里路|他经常~于北京上海之间。❷名。指往返一次:一天可以打两个~儿。❸副。来来去去不止一次:钟摆不停地~晃动|他在球场上~跑。

【来劲】láijìn 〈方〉形。多作谓语。(1)形容劲头足:这活儿他越干越~。(2)使人振奋:这样宏伟的规划,可真~!

【来历】láilì 名。人或事物的由来和经历:查明~|此人~不明。

＊"来历"和"来源":"来历"指的是事物过去的情况,"来源"指的是事物所从来的地方。"来历"只有名词用法;"来源"还有动词用法。

【来临】láilín 动。来到;不带宾语:"五一"节就要~。

＊"来临"和"来到":"来临"一般用于抽象的事物;"来到"可用于人也可用于某些抽象事物,如节令、机会等。"来临"书面色彩较浓厚;"来到"书面语、口语都常用。"来临"不能带宾语;"来到"可带宾语。

【来龙去脉】lái lóng qù mài 成。原指山形地势连绵起伏像龙一样,后比喻人、物的来历或事情的前因后果:要查清这件事的~。

【来路】láilù 名。(1)走来的道路:挡住~。(2)事物所从来的地方:货物的~很广。

【来路】lái·lu 名。来历:此人~不明|这东西~不正,你不能买。

【来年】láinián 名。明年:咱们~再相会|一定是个丰收年。

【来日】láirì 名。今后的日子,将来:~方长|~无多|以待~。

【来日方长】láirì fāng cháng 成。今后的日子还很长,表示事有可为:你年纪很轻,~,不能只顾眼前利益。

【来生】láishēng 名。迷信指人死了以后再转生到世上来的那一辈子:~再报答你|修修~福。也说来世。

【来势】láishì 名。动作或事物到来的气势;多与"猛、汹汹"等词语搭配:~很猛。

【来头】lái·tou 名。(1)来历;多用来指人的资历或背景:这个人~不小。(2)原由;多指言语有根据,或有所为而发:这些话是有~的。(3)来势。(4)做某种活动的兴趣:这种游戏没有~,不如唱唱歌。

【来往】láiwǎng 动。来和去:车辆~不停。可带宾语:~两地之间。可重叠:车站上旅客来来往往。

【来往】lái·wang 动。交际往来；不带宾语：他们经常~。可带补语：我们已经~多年。可重叠：你们两家今后要~~。
【来意】láiyì 名。到这里来的意图：~不明|你探探他的~。
【来由】láiyóu 名。事情的来历或根由：这件事是有~的。
【来源】láiyuán ❶动。起源,发生；不带宾语,须带"于"组成的介词词组作补语：文学~于生活。❷名。事物的根源,事物所从来的地方：经济有~。
【来着】lái·zhe 〈口〉助。用在句末,表示曾经发生过什么事情：他昨天还到学校~|你都说什么~？|他刚才还在这儿~,怎么不见了。

莱(萊) lái 〈古〉名。(1)藜。(2)指郊外荒废或轮休的田地。
【莱菔】láifú 见"萝卜"。
【莱塞】láisài 见"激光"。

崃(崍) lái 山名用字。邛(qióng)崃山,在四川省。

徕(徠) lái 见"招徕"。

涞(淶) lái 地名用字。涞源县,在河北省。

铼(錸) lái 名。金属元素,符号 Re。银白色,耐高温,耐腐蚀,用以制特种白炽灯丝,化学上用做催化剂,其合金用于制人造卫星和火箭的外壳等。

lài (ㄌㄞˋ)

赉(賚) lài 〈古〉动。赏赐,赠送。

睐(睞) lài 〈素〉看,向旁边看：青~。

赖 lài ❶动。(1)想留在某处不愿离开；常带动态助词"着",或带"在"组成的介词词组作补语：~着不肯走|别再~在这里了。(2)不承认,抵赖：犯了错误还想~|~了一笔账。(3)把自己的错误推给别人,诬赖；须以"人"、"别人"等作宾语：自己做错了,不能~别人。(4)责怪；须带宾语：球打输了,不能~哪一个人。❷〈口〉形。不好,坏：这个西瓜真~。❸〈素〉依靠：仰~|信~。❹姓。
【赖皮】làipí 名。无赖的作风和行为；多作"耍"的宾语：不要耍~。
【赖学】làixué 〈方〉动。逃学；不带宾语：他常~。可拆开用：他已赖了三天学|这孩子赖过学。
【赖帐】làizhàng 动。不带宾语,可拆开用。(1)欠帐不还,还有意抵赖：不该~|不知他赖过多少帐。(2)比喻不承认说过的话,进行抵赖：说话要算话,不能~|你是说了这句话的,还赖什么帐!

濑 lài 〈古〉名。沙石上流得很急的水。

癞 lài 名。(1)麻风病。(2)〈方〉因生癣疥而毛发脱落的病。
【癞蛤蟆】làihá·ma 名。蟾蜍的通称：~想吃天鹅肉。
【癞皮狗】làipígǒu 名。比喻不要脸的人,卑鄙无耻的人。
【癞子】lài·zi 〈方〉名。头上因生黄癣而毛发脱落的人。

籁 lài ❶名。古代的一种管乐器,像箫。❷〈素〉从孔穴里发出的声音,也泛指声音：万~俱寂。

lán (ㄌㄢˊ)

兰(蘭) lán ❶见"兰花"、"兰草"。❷姓。
【兰草】láncǎo 名。(1)即佩兰,草本植物,花紫红色,全株有香气,中医入药。(2)兰花的俗称。
【兰花】lánhuā 名。常绿多年生草本植物,叶丛生,花味芳香,供观赏。有春兰、建兰等多种。俗称兰草。

拦(攔) lán 动。阻挡,阻止；常带宾语或补语：你走吧,我不~你|~着一道铁丝网|怎么也~不住他。
【拦挡】lándǎng 动。不使通过,使中途停止：他气势败坏地冲过去要同那人拼命,旁边的人赶忙前去~。可带宾语：一条大河~住我们的去路。
【拦河坝】lánhébà 名。拦截河水的建筑物,用以抬高水位或形成水库。多筑在河身狭窄、地基坚实的地方。
【拦截】lánjié 动。中途阻拦,截断去路；

常带宾语或语:做好～敌军的准备|～到一批走私的货物。

【拦路虎】lánlùhǔ 名。过去指拦路抢劫的土匪,现在指前进道路上的障碍和困难:读英文原著我还不行,～太多。

【拦蓄】lánxù 动。修筑堤坝把水流挡住并蓄积起来;常带宾语或语:～洪水|把洪水～起来。

【拦腰】lányāo 副。从半中腰;常作动词的状语:～截断|～抱住。

【拦阻】lánzǔ 动。阻挡;常带宾语或语:你别～他,让他去吧|任何人也～不住我们前进的步伐。

栏(欄) lán ❶名。(1)报刊书籍在每版每页上用线条或空白隔开的部分:第一版共分六～|这一～共有四篇短文。有时也指性质相同的一整页或几页:广告～|读者来信～。(2)表格中区分项目的大格ㄦ:表上有几～我没有填|这一～写小组意见。❷〈素〉(1)栏杆:石～|桥～|井～。(2)养家禽家畜的圈:牛～|鸭～。

【栏杆】lángān 名。用竹、木、石或金属等制成的拦挡的东西。也作阑干。

岚 lán 〈素〉山里的雾气:晓～|山～。

婪 lán 见"贪婪"。

阑 lán ❶〈素〉(1)同"栏",遮拦物:～干。(2)残,尽:夜～|～珊(shān)。❷同"拦"。

【阑干】lángān ❶见"栏杆"。❷〈古〉形。纵横错落的样子:北斗～南斗斜。

【阑入】lánrù 〈书〉动。可带宾语。(1)进入不应进去的地方:～宫门。(2)搀杂进去:～它物|古代文物中常有赝品～。

【阑珊】lánshān 〈书〉动。衰落,将尽;不带宾语:春意～。

【阑尾】lánwěi 名。盲肠下端突出的小管,形如蚯蚓。人的阑尾无特殊作用,但异物、病菌侵入则易引发炎症。

【阑尾炎】lánwěiyán 名。由于细菌感染、寄生虫或其他异物侵入阑尾而引起的炎症。有急性和慢性两种。俗称盲肠炎。

谰 lán 〈素〉诬陷,抵赖:～言。

【谰言】lányán 名。诬赖的话,毫无根据的话:无耻～。

澜 lán 〈素〉大波浪:波～|力挽狂～。

斓 lán 见"斑斓"。

镧 lán 名。金属元素,符号La。灰白色,有延展性,在空气中燃烧发光。可制合金和催化剂。

襕 lán 〈古〉名。一种上下衣相连的服装。

蓝(藍) lán ❶形。像晴天天空的颜色:～布|海水是～的|画上的颜色太～了。❷名。见"蓼(liǎo)蓝"。❸姓。

【蓝本】lánběn 名。著作所依据的底本:这部电视剧是以同名小说为～改编的。

【蓝晶晶】lánjīngjīng 形。蓝而发亮;多用来形容宝石和海水等,不加程度副词,多带助词"的":～的宝石。

【蓝缕】lánlǚ 见"褴褛"。

【蓝皮书】lánpíshū 见"白皮书"。

【蓝田猿人】lántián yuánrén 词组。1963年在陕西蓝田发现的一种中国猿人化石,故称蓝田猿人,大约生活在五、六十万年以前。也叫蓝田人。

【蓝图】lántú 名。(1)一种复制图,由原图晒印而成,多为蓝色。(2)比喻建设规划或计划:描绘四化建设的～。

【蓝盈盈】lányīngyīng 〈方〉形。形容蓝得发亮;不加程度副词,后面多带助词"的":～的宝石。也作蓝莹莹。

褴(襤) lán [褴褛](-lǚ) 〈书〉形。衣服破烂:衣衫～。也作蓝缕。

　　* "褴褛"和"破烂":"褴褛"是书面语用词,专指衣服;"破烂"是口语词,不限于衣服,可用于其他方面,如:住房已破烂不堪。

篮(籃) lán 名。(～ㄦ、～子) 用藤、竹、柳条、塑料等编成的容器,上面有提梁:菜～ㄦ|竹～子。

【篮球】lánqiú 名。(1)球类运动项目之一。把球投入对方防守的球架铁圈中算得分,累计得分多的获胜。(2)篮球运动中所使用的球。一般用牛皮做壳,橡胶做胆,也有全用橡胶制成的。

lǎn (ㄌㄢˇ)

览(覽) lǎn 〈素〉看：阅～｜浏～｜游～。

揽(攬、擥) lǎn 动。常带宾语或补语。(1)搂抱：她怀里～着孩子｜～在怀里。(2)用绳子把松散的东西聚拢：把芦柴～起来。(3)招来,拉过来：～生意｜事情～得太多了。(4)把持；多用于权力,含贬义：他把权力都～在自己手里。

缆(纜) lǎn ❶名。系船用的粗绳或铁索：解～。❷动。用绳索拴；一般用于船只,常带宾语或补语：～船｜船已～在岸边。❸〈素〉像缆绳似的东西：电～｜～车。

【缆车】lǎnchē 名。在坡度很大的山坡上使用的一种交通工具,用缆绳系在电动机带动的绞车上,转动绞车,缆车就能在轨道上来回行驶。

【缆绳】lǎnshéng 名。许多股绳子拧成的粗绳,材料一般用棕、麻、金属丝等。

榄(欖) lǎn 见"橄(gǎn)榄"。

罱 lǎn ❶名。捕鱼或捞河泥、水草的工具。❷动。用罱捞；常带宾语或补语：～河泥｜他在～着鱼呢｜～了一船水草。

漤(灠) lǎn 动。常带宾语或补语。(1)用盐或其他调味品拌生的肉、鱼、鸡及蔬菜等：用糖、萝卜～把肉～一下。(2)特指把柿子放在热水或石灰水里泡几天,去掉涩味：缸子里～了很多柿子｜柿子～在小缸里。

壈 lǎn 见"坎(kǎn)壈"。

懒(嬾) lǎn 形。(1)懒惰；与"勤"相对：这人太～。(2)疲倦,没力气：今天我怕动,身子～得很。

【懒虫】lǎnchóng 〈口〉名。喻指懒惰的人,骂人的话：你真是个大～,光吃饭不做事。

【懒怠】lǎn·dai ❶形。懒惰：看你这副～的样子｜这个人非常～。❷动。不爱动,须带动词或动词性词组作宾语：这几天连信都～写｜我～跟他说话。

【懒得】lǎn·de 动。不愿意,厌烦；不单独使用,须带动词或动词性词组作宾语：～动笔｜～跟这种人计较。

【懒惰】lǎnduò 形。不爱劳动和工作：这个人非常～｜～得很。

【懒散】lǎnsǎn 形。不振作,松懈散漫；多指精神、作风、生活等：精神很～｜克服～作风。可重叠：你看他那副懒懒散散的样子。

【懒洋洋】lǎnyāngyāng 形。没精打彩的样子；不加程度副词,后面常带助词"的"：他整天～的,好像连话都怕说。

làn (ㄌㄢˋ)

烂(爛) làn ❶形。(1)因水分过多或煮得很熟而松软：面和得太～｜鸡煨～了。(2)破碎：衣服穿～了｜破铜～铁｜(3)头绪乱：一个～摊子。❷动。腐烂；一般不带宾语,可带补语：苹果～了｜敌人一天天～下去。有时先带补语再带宾语：苹果～掉十几斤｜我们一直没有～过秧。

【烂糊】làn·hu 形。非常烂；多指食物,不加程度副词：这是一锅～面｜太～了也不好吃。可重叠：烂烂糊糊的真难吃。

【烂漫】lànmàn 形。也作烂熳、烂缦。(1)形容颜色鲜丽：山花开得十分～｜朝霞～。(2)形容坦率自然,毫不做作：天真～。

【烂熟】lànshú 形。(1)煮得很熟；用于食物,如肉、菜等：红薯已煮得～。可重叠：老母鸡炖得～～的。(2)很熟悉,很熟练,用于记忆和背诵方面：台词背得滚瓜～。可重叠：这篇课文他已经背得～～。

【烂帐】lànzhàng 名。(1)混乱不清的帐目：一本～。(2)旧时指拖得很久,收不回来的帐：一笔～,收不回来了。

【烂醉】lànzuì 形。大醉：把他灌得～｜～如泥。可重叠：这个人喝得～～的。

滥(濫) làn ❶形。过度,不加节制：这本词典收词太～。❷〈素〉(1)流水漫溢：泛～。(2)浮泛不合实际：～调。

【滥调】làndiào 名。内容空洞,使人讨厌的论调：这种～,人们早听腻了。

【滥觞】lànshāng 〈书〉❶名。江河发源的地方,水很少,只能浮起酒杯,今喻指事物的起源:甲骨文是汉字的～。❷动。开始发生;不带宾语,常带"于"组成的介词词组作补语:词～于唐而盛行于宋。

【滥用】lànyòng 动。胡乱地、过分地使用;多带宾语:～职权|～词语。
　　*"滥用"和"乱用":"滥用"的意思侧重在"滥",指不必用而用了;"乱用"的意思侧重在"乱",指使用混乱,该用甲却用了乙。

【滥竽充数】làn yú chōng shù 成。《韩非子·内储说上》中记载:齐宣王每次要用300人吹竽,南郭先生不会吹,却混在吹竽的乐队里充数。比喻没有真才实学的人混在行家里面充数,或拿不好的东西混在好的里面充数;含贬义:他参加合唱团不过是～而已。有时用作谦辞:我才疏学浅,既然大家选我当代表,只好～了。

lāng(ㄌㄤ)

啷 lāng 见"哐(kuāng)啷"。

láng(ㄌㄤˊ)

郎 láng ❶名。旧时女子对丈夫或情人的称呼;今多见于戏曲、小调,可单独使用,前面也可加姓。❷〈素〉(1)古官名:侍～|员外～。(2)对某种人的称呼;多指青年:女～|货～。❸姓。

【郎当】lángdāng ❶形。可重叠,含贬义。(1)衣服宽大,不合身:衣裤～|这件衣服穿在身上,郎里郎当的。(2)形容不成器;～小子。(3)潦倒,颓唐:你看他一副～的样子|整天郎郎当当,不干正经事。❷见"锒铛"。

【郎舅】lángjiù 名。男子和他妻子的弟兄的合称:他们是～关系。

【郎君】lángjūn 名。旧时妻子对丈夫的称呼;多见于早期白话。

【郎中】lángzhōng 名。(1)古代官名。(2)〈方〉中医医生:急惊风遇到了慢～。

廊 láng 名。(～子)屋檐下的过道或独立的有顶的过道。

【廊庙】lángmiào 〈古〉名。指朝廷。

【廊檐】lángyán 名。房屋前檐伸出墙外的部分。

嫏 láng 〔嫏嬛〕(-huán) 见"琅(láng)嬛"。

椰 láng 见"椰槺"、"椰头"。

【椰槺】láng·kāng 〈方〉形。形容东西体积大、笨重,使用或搬动不灵便:这套家具太～,房间里不好放|稻草是～货,一车子装不了多少。

【椰头】láng·tou 名。比较大的锤子。也作锒头。

锒 láng 〔锒头〕(-·tou)。见"椰(láng)头"

螂(蜋) láng 见"螳(táng)螂"、"蟑(zhāng)螂"、"蜣(qiāng)螂"、"蚂(mā)螂"。

狼 láng 名。哺乳动物,形似狗,尾下垂,耳直立,毛黄色或灰褐色,性凶暴而狡猾,昼伏夜出,伤害人畜。

【狼狈】lángbèi 形。传说狈是一种前腿短的兽,离开狼就不能行动,所以用"狼狈"形容困苦或受窘的样子:十分～不堪|敌人～地逃跑了。
　　*"狼狈"和"尴尬":"狼狈"常指穷困受窘的样子;"尴尬"常指难为情的神态。"狼狈"语意较重;"尴尬"语意较轻。

【狼狈为奸】lángbèi wéi jiān 成。比喻坏人互相勾结做坏事:他们经常互相勾结,～。

【狼奔豕突】láng bēn shǐ tū 成。豕:猪;突:冲撞。狼和猪东奔西跑。比喻成群的坏人到处乱闯乱窜:敌人进村后,～,到处抢掠。

【狼藉】lángjí 〈书〉形。纵横散乱,乱七八糟:杯盘～|声名～(形容人的名誉极坏)。也作狼籍。

【狼吞虎咽】láng tūn hǔ yàn 成。形容吃东西又急又猛:他～地吃了一大碗饭。

【狼心狗肺】láng xīn gǒu fèi 成。比喻心肠狠毒或忘恩负义:这家伙～,连自己的亲娘都不肯赡养了。

【狼烟四起】lángyān sì qǐ 成。狼烟:古代边际报警时烧狼粪起的烟。四处有报警的烽火;指边疆动荡不安:边陲～,朝廷终日不安。

【狼子野心】lángzǐ yěxīn 成。狼崽子虽小,却具有凶恶的本性。比喻人习性难改,用心狠毒:此人～,将来可能成为祸患。

琅(瑯) láng 见"琅玕"、"琅琅"等。

【琅玕】lánggān 〈古〉名。像珠子的美石。

【琅嬛】lánghuán 〈书〉名。神话中天帝藏书处。也作嫏嬛。

【琅琅】lángláng 拟声。摹拟金石相击声、响亮的读书声等:书声～。

铛 [铃铛](-dāng) 也作郎当。 ❶名。铁锁链,古代刑具:～入狱。 ❷拟声。摹拟金属撞击的声音:铁索～。

稂 láng 名。古书上指狼尾草。

lǎng(ㄌㄤˇ)

朗 lǎng 〈素〉(1)光线充足:晴～|明～。(2)声音清晰响亮:～读|～诵。

【朗读】lǎngdú 动。清楚响亮地把文章念出来;常带宾语或补语:～课文|～一遍。可重叠:你把这篇文章～～。

【朗朗】lǎnglǎng ❶拟声。摹拟读书的声音:书声～。 ❷〈书〉形。明亮清澈的样子;不加程度副词:～乾坤。

【朗诵】lǎngsòng 动。大声而带有感情地诵读;限用于诗文,常带宾语或补语:～诗词|～得很有感情。可重叠:这篇散文很感人,你给我们～～。

塱(塱) lǎng 地名用字。元塱,在广东省,现改为元朗。

㮾 lǎng 地名用字。㮾梨,在湖南省。

烺 lǎng 〈古〉形。明朗;多用于人名。

làng(ㄌㄤˋ)

圹 làng 见"圹(kuàng)埌"。

莨 làng [莨菪](-dàng) 名。多年生草本植物,叶互生,结蒴果,有根、茎、叶可入药。毒。

崀 làng 地名用字。崀山,在湖南省。

阆 làng 地名用字。阆中,县名,在四川省。

浪 làng ❶名。水波:一～高一～|风狂～大。 ❷〈素〉(1)像波浪起伏的东西:麦～|声～。(2)放纵,不受约束:放～|～费。 ❸〈方〉动。到处游逛;含贬义:这孩子整天在外边～,吃饭才回家。可带宾语:～大街。

【浪潮】làngcháo 名。波浪和潮水。比喻声势浩大的群众运动或社会运动:革命的～汹涌澎湃,任何力量都阻挡不住。

【浪荡】làngdàng ❶动。到处游逛,不务正业,游荡;含贬义:他整天在外～。常带宾语或补语:～江湖|你也～得太久了。 ❷形。放荡,行为不检;含贬义:你也太～了|～公子。

【浪费】làngfèi 动。无益地消耗;多指人力、财物、时间等,常带宾语或补语:不能～粮食|～得太多。
＊"浪费"和"糟蹋":"浪费"指的多是无益的耗费,语意较轻;"糟蹋"有作践、毁坏的意思,语意较重。"浪费"所涉及的对象可以是具体的,也可以是抽象的,如"时间、精力"等;"糟蹋"的对象多是具体的,如"粮食、衣料、东西"等。

【浪花】lànghuā 名。(1)波浪冲击所激起的四溅的水:～飞溅。(2)比喻生活中的特殊片段或现象:生活的～|这喜讯在我心中激起欢乐的～。

【浪迹】làngjì 〈书〉动。到处漂泊,行踪不定;常带处所宾语:～江湖|～天涯。
＊"浪迹"和"流浪":"浪迹"有"到处流转,留下足迹"的意思;"流浪"看重指没有固定的生活地点,到处流转。"浪迹"是文言词,书面语色彩浓厚;"流浪"既可用于书面语,也可用于口语。"流浪"可作定语;"浪迹"一般不这样用。

【浪漫】làngmàn 形。音译词。(1)富有诗意,充满幻想:革命决不如诗人所想象的那么～。(2)轻浮放荡,不拘小节;多指男女关系,含贬义:这个人在生活上太～了。

【浪漫主义】làngmàn zhǔyì 词组。文学艺术的创作方法之一,依照作者的愿望和理想运用丰富的想象和夸张的手法,塑造人物形象,反映现实生活。

【浪木】làngmù 名。体育运动器械,用一根长木头挂在架下,人在上面用力摇荡木头,并顺势来回走或跑。也叫浪桥。
【浪人】làngrén 名。(1)到处流浪的人。(2)指日本流氓。
【浪头】làngtou 名。(1)〈口〉波浪:江面~很高。(2)比喻社会潮流;常作"赶"的宾语,多含贬义:有些年轻人喜欢赶~。
【浪游】làngyóu 动。漫无目标地游逛:漫无目标地在街头~|他过惯了~生涯。可带处所宾语或补语:整天~街头,不务正业|不知他~到哪里去了。
【浪子】làngzǐ 名。游手好闲,不务正业的人,二流子;多指不学好的青年人:~回头金不换|这是个不学好的人。

㴒 làng 地名用字。宁㴒,彝族自治县,在云南省。

lāo(ㄌㄠ)

捞(撈) lāo 动。常带宾语或补语。(1)从水或其他液体中取东西:~鱼摸虾|把东西~上来。(2)用不正当的手段取得;含贬义:~钞票|趁机~一把。(3)〈方〉顺手拉或拿:他~起一根棒子就打。
【捞本】lāoběn 动。赌博时赢回输掉的本钱,泛指采取办法把损失了的补偿回来;不带宾语:不想赚钱,只想~。可拆开用:捞回老本|能捞个本就很好了。
【捞稻草】lāo dàocǎo 习。原指快要淹死的人连一根稻草也要抓住,比喻在绝境中作徒劳无益的挣扎;含贬义:敌人在灭亡前还想乘机~,那是做梦。
【捞着】lāozháo 〈口〉动。得到;可带名词、动词作宾语:没有~什么好处|学校的智力竞赛,我没~参加。可拆开用:捞着|捞不着。

láo(ㄌㄠˊ)

劳(勞) láo ❶动。烦劳;请别人做事时用的客气话,常带兼语:~您费心|~您跑一趟。❷〈素〉(1)劳动:操~|不~而获。(2)劳苦,疲劳:勤~|任~任怨|积~成疾。(3)功劳:~绩|勋~。(4)慰问:~军|酬~。❸姓。
【劳瘁】láocuì 〈书〉形。劳累辛苦:不辞~|终生~。
【劳动】láodòng ❶名。(1)人类创造物质财富和精神财富的活动:~创造世界|文学创作是一项繁重的脑力~。(2)专指体力劳动:~人民|~锻炼。❷动。从事劳动;多指体力劳动,一般不带宾语,可带补语:不~是可耻的|他在工厂~|他一直~到六月份。可重叠:你也该下车间~~。
【劳动】láo·dong 动。烦劳;敬辞,须带宾语:不敢~大驾。可带兼语:~您跑一趟。
【劳动保护】láodòng bǎohù 词组。为了保护劳动者在劳动中的安全和健康而采取的各种措施。简称劳保。
【劳动保险】láodòng bǎoxiǎn 词组。保障职工在患病、年老、丧失工作能力及其他特殊情况下生活合理需要的一种制度。简称劳保。
【劳动对象】láodòng duìxiàng 词组。政治经济学上指人们劳动中一切被加工的东西的总称,包括未加工的自然物(如树木、矿石等)和加过工的原材料(如木材、钢材等)。
【劳动力】láodònglì 名。(1)人的劳动能力,即人用来生产物质资料的体力和脑力的总称。(2)指具有劳动能力的人:我家有三个~。
【劳动生产率】láodòng shēngchǎnlǜ 词组。单位时间内劳动的生产效果或能力,它可用单位时间内生产的产品数量或单位产品内包含的劳动时间来表示。也叫生产率。
【劳动者】láodòngzhě 名。参加劳动并以劳动收入为主要生活来源的人。包括体力劳动者和脑力劳动者。
【劳动资料】láodòng zīliào 词组。人们在生产过程中用以改变或影响劳动对象的一切物质资料或物质条件,包括生产工具、土地、建筑物、道路、河流等,生产工具是其中最重要的因素。
【劳顿】láodùn 〈书〉形。劳累,疲倦:旅途~|鞍马~。
【劳乏】láofá 形。劳累,疲乏:远途跋涉,异常~。
【劳工】láogōng 名。旧称工人:~神圣|~运动。

【劳绩】láojì 名。功劳和成绩：~卓著。
【劳驾】láojià 动。请人帮助或表示感谢的客气话,一般用在说话的开头,可单独成句：~,请把那本杂志递给我。可带兼语：~您给我家里打个电话。可拆开用：劳您大驾,帮我借本书吧。
【劳苦】láokǔ 形。劳累辛苦：~大众｜环卫工人非常~。
【劳苦功高】láokǔ gōng gāo 成。历尽艰辛,立下大功：我国老一辈无产阶级革命家~,深受人民爱戴。
【劳累】láolèi 形。由于劳动过度而感到疲惫：干了一天活,非常~。可作"感到、觉得、怕"等动词的宾语：不怕~。
【劳力】láolì 名。(1)体力劳动所用的气力：工程浩大,耗费~。(2)有劳动能力的人：他是家里的主要~。
【劳碌】láolù 动。辛苦地劳动；一般不带宾语：母亲成日成夜地~着｜为生活而奔波~。可带补语,可加程度副词：~得很｜十分~。
【劳民伤财】láo mín shāng cái 成。既使人民劳苦又浪费钱财：事先不好好规划,水渠开成了再填起来,真是~。
【劳伤】láoshāng 名。中医指过度劳累而引起的内伤病。
【劳神】láoshén 动。操心费神；不带宾语,可加程度副词：要注意身体,不要太~了。常用作请人办事的客气话：~替我写封信。可拆开用：这件事只好劳你的神了。
【劳师】láoshī 动。旧时指慰劳军队；不带宾语：赴前线~。可拆开用：劳过师后即回京复命。
【劳什子】láoshízi 〈方〉名。使人讨厌的东西：贾宝玉取下通灵宝玉说："我也不要这~。"也作牢什子。
【劳燕分飞】láo yàn fēn fēi 成。古乐府《东飞伯劳歌》："东飞伯劳西飞燕。"伯劳、燕子各自飞向东西,比喻离别；多用于夫妻、情侣：他们夫妻恩爱,情深意厚,没想到一朝~,各自东西,整整20年才得以重逢。
【劳役】láoyì ❶名。(1)一种刑罚,指强迫的劳动：他被判处六个月的~。(2)旧社会统治者强迫人民从事的无偿劳动：

服~。❷动。供使用；用于牲畜,不带宾语：这头牛还能~一二年。
【劳作】láozuò ❶名。旧时小学的课程之一,教学生做手工或从事其他体力劳动。❷动。劳动；多指体力劳动,不带宾语：她们正在工场上~着｜旧社会农民终年~,尚难温饱。可带补语：他辛辛苦苦~了大半生。

唠（嘮） láo ［唠叨］(-·dao) 动。没完没了地说；常带宾语或补语：你整天~这件事干什么呢？｜这个人什么都好,就是有时爱~几句｜要~到什么时候呢？可重叠：遇到事情,她就爱叨丈夫~~｜唠唠叨叨说个没完没了。另见lào。

崂（嶗） láo 山名用字。崂山,在山东省。也作劳山。

铹（鐒） láo 名。一种人造的放射性金属元素,符号Lr。

痨（癆） láo 名。痨病,中医指结核病。如肺痨、肠痨等。

牢 láo ❶名。监狱；坐了一年~｜他已关进~里。❷形。(1)坚固,结实：这双鞋子~得很。(2)经久,固定：记得~｜抓得很~。❸〈素〉(1)养牲畜的圈：~笼｜亡羊补~。(2)古代祭祀用的牛、羊、猪：太~(牛)｜少~(羊)。

【牢不可破】láo bù kě pò 成。形容非常坚固,不可摧毁：我们两国人民的友谊~。
【牢固】láogù 形。坚固,结实：这条河堤很~。
　　＊"牢固"和"坚固"："牢固"使用范围较广,除指工程、建筑等以外,可指东西放得牢稳,捆得结实,还可指对知识掌握的程度等；"坚固"指事物本身结构紧密,不易破坏,多用于形容工程、建筑和用品等。
【牢记】láojì 动。熟记；常带宾语或补语：~学到的知识｜~在心中。
【牢靠】láo·kao 形。(1)坚固,稳固；多指器物：这副眼镜的镜片镶嵌得挺~。(2)稳妥可靠；多指办事：他办事很~,你尽管放心。可重叠：做事就要做得牢牢靠靠的,让人放心才是。
【牢笼】láolóng ❶名。(1)关住鸟兽的笼

子,比喻束缚人的东西:冲破旧思想的~。(2)骗人的圈套;误人~。❷〈书〉动。(1)束缚:要开拓前进,不要为旧观念所~。(2)用手段笼络;常带宾语或补语:用物质利益来~群众,只能奏效于一时|~不住。

【牢骚】láosāo ❶名。委屈、不满的情绪:~满腹|发~。❷动。说抱怨的话:他就会~|~了好一阵子|我也来~几句。

【牢什子】láoshí·zi 见"劳什子"。

【牢稳】láowěn 形。稳妥可靠;多用于办事:他办事很~,不会出差错。

【牢稳】láo·wen 形。稳定,不摇晃;多指物体:把椅子放~。

【牢狱】láoyù 名。监狱。~之灾|~生活。

醪 láo 〈古〉名。(1)浊酒。(2)醇酒。

【醪糟】láozāo 名。江米(糯米)酒。又叫酒娘。

lǎo (ㄌㄠˇ)

老 lǎo ❶形。(1)年纪大;跟"少、幼"相对:他这几年~得多了|她一点不显~。(2)很久以前就存在的;跟"新"相对,常作定语。~朋友|~邻居。(3)原有的;跟"新"相对,常作定语。~毛病|~地方。(4)陈旧的;跟"新"相对:这机器太~了|~眼光看新问题。(5)食物火候大;跟"嫩"相对,常作补语:猪肝炒得太~了|这烧饼烤~了。(6)蔬菜长过了适口的时期;跟"嫩"相对,~青菜不好吃|这韭菜太~。(7)某些颜色深:~红~绿太土气|这黄色太~了点儿。(8)长久,多用于否定式,作状语:近来忙吧,~没见了。❷名。指老年人:尊~爱幼|我家上有~下有小。❸〈口〉动。指老人死亡;婉辞:王大爷昨天夜里~了。可带ди事宾语:这一家今天~了人,忙得很。❹副。(1)一直,经常:你~爱开玩笑|他~迟到。(2)很,极,后面的形容词限于单音节的:~长的绳子|胳膊粗~粗的。❺前缀。(1)放在指人或动植物名词前,构成名词: ~百姓|~虎| ~玉米。(2)放在单音姓氏前,用作称呼,语气亲切: ~王| ~李。(3)放在"大"和

二到十的数字前表示兄弟排行:~大|~三|~么。也可专指排行最末的:~儿子|~闺女。❻姓。

【老百姓】lǎobǎixìng 〈口〉名。人民,居民;区别于军人和政府工作人员。

【老板】lǎobǎn 名。也作老闆。(1)私营工商业的财产所有者,经理。(2)旧时对京剧著名演员的尊称。

【老伴】lǎobàn 名。老年夫妇的一方。

【老本儿】lǎoběnr 名。原有的本钱:折了~。有时比喻以前的贡献和功劳;多作"吃"的宾语:不要吃~。

【老表】lǎobiǎo 名。(1)表兄弟。(2)〈方〉对年龄相仿、不相识的男子的客气称呼。

【老财】lǎocái 〈方〉名。旧指财产很多的人;多指地主。

【老成】lǎochéng 形。阅历深,老练稳重。~持重|少年~|这位同志很~。

【老粗】lǎocū 名。指没有什么文化的人;现多用为谦词,常加"大":俺没上过学,是个大~。

【老大】lǎodà ❶〈书〉形。年老:少小离家~回。❷名。(1)〈方〉指船主或主持航行的驾驶员:他是船上的~。(2)兄弟排行第一的人。❸副。很,非常;多见于早期白话:心中~不高兴。

【老大难】lǎodànán 名。指长期不能解决、十分棘手的问题。由于发现问题后有关部门未加重视,没有积极解决,结果这个厂的问题成了~。常作定语:要下决心整顿~单位。

【老大娘】lǎodà·niáng 〈口〉名。对老年妇女的尊称;多用于不相识的。

【老大爷】lǎodà·yé 〈口〉名。对老年男子的尊称;多用于不相识的。

【老当益壮】lǎo dāng yì zhuàng 成。年纪虽老而劲头更大:刘老打算十上黄山,真是~,令人敬佩。

【老等】lǎoděng ❶动。坚持等候不离开;一般不带宾语:昨天你害得我在公园门口~,天黑了也没见你的人影。❷〈口〉名。苍鹭(鹭的一种)。

【老底】lǎodǐ 名。内情,底细:摸清他的~|不该揭人家的~。

【老调】lǎodiào 名。重复多次使人厌烦的言论;含贬义:重弹~。

【老掉牙】lǎo diào yá 习。形容陈旧过时的：不要再提那些～的规矩了｜这种机器～了。

【老夫】lǎofū 名。老年男子对自己的称呼；多见于早期白话。

【老夫子】lǎofūzǐ 名。(1)旧社会对家馆或私塾教师的称呼。(2)称迂腐的不爱活动的读书人：他是个～，这些活动他是不会参加的。

【老古董】lǎogǔdǒng 名。(1)陈旧过时的器物：这些～现在没人要。(2)比喻思想陈腐或守旧的人：他是个～，不会跳舞。

【老汉】lǎohàn 名。(1)称年老的男子：树下坐着三个～｜张家～。(2)年老男子的自称：～今年八十三，还没有见过这种事情！

【老好人】lǎohǎorén 〈口〉名。脾气随和、待人厚道但不讲原则性的人。

【老狐狸】lǎohú·li 名。比喻很狡猾的人。

【老虎凳】lǎohǔdèng 名。旧时一种残酷的刑具，让人坐在一条长凳上，两腿平放在上面，膝盖被紧紧绑住，然后在脚跟处垫砖瓦，垫得越高，人越痛苦。

【老话】lǎohuà 名。(1)流传较久的话：这虽然是句～，现在还很有用。(2)谈论过去事情的话：老年人碰到一起，总要谈谈～。

【老化】lǎohuà 动。不带宾语。(1)橡胶、塑料等高分子化合物，在光、热、空气、机械力等作用下，其性能逐渐变得粘软或硬脆：这只车轮的外胎～了。(2)向老年变化：人口～｜必须改变干部队伍～的状况。(3)变得陈旧、过时：技术装备～严重。

【老黄牛】lǎohuángniú 名。比喻忠实勤恳地为人民服务的人：甘做人民的～。

【老几】lǎojǐ 名。(1)排行第几；用于疑问句：他是王家～？(2)表示在某个范围内排不上位置；有轻视意，用于反问句，作"算、数"等的宾语：他还想当头儿，也不想想他数～？有时用于自谦：我算～，哪能轮到我的头上？

【老骥伏枥】lǎo jì fú lì 成。骥：好马；枥：马槽。比喻人虽年老而仍有雄心壮志：他年逾古稀，仍在研究教育改革，真可谓～，壮心不已。

【老家】lǎojiā 名。(1)在外地工作或成立了家庭的人称故乡的家庭：我～还有父亲、母亲和弟弟。(2)指原籍：我～是江苏。

【老奸巨猾】lǎo jiān jù huá 成。形容世故深，极其奸诈狡猾：你将要遇到的对手是个～的家伙，要多加小心。

【老境】lǎojìng 名。(1)老年时代。(2)年老的处境：～凄凉｜～甚佳。

【老辣】lǎolà 形。老练狠毒；指办事或手段：他的手段够～的了。

【老老】lǎo·lao 见"姥姥"。

【老练】lǎoliàn 形。经验丰富，办事稳妥：你年纪不大，但办起事来十分～。

【老马识途】lǎo mǎ shí tú 成。《韩非子·说林上》记载，管仲跟随齐桓公去打仗，回来时迷了路，管仲放老马在前面走，就找到了道路。后比喻有经验的人熟悉情况，能起引导作用：俗话说，～，你要虚心接受老同志的指导。

【老迈】lǎomài 形。年老体衰：～无能｜～之人，行动不便。

【老谋深算】lǎo móu shēn suàn 成。周密的筹划，深远的打算。形容办事老练精细：诸葛亮～，料事如神。

【老衲】lǎonà 〈书〉名。老和尚：只有一位～在禅堂引坐。常用为自称：～今年七十有五了。

【老奶奶】lǎonǎi·nai 名。(1)曾祖母。(2)小孩对年老妇人的尊称。

【老年】lǎonián 名。六十岁以上的年纪。

【老娘】lǎoniáng 名。(1)老母亲。(2)〈方〉已婚的中、老年妇女自称；含自负意：～见的事可多了，你们骗得了我？

【老娘】lǎo·niang 名。(1)〈口〉以前对接生婆的称呼。(2)〈方〉外婆。

【老牛破车】lǎo niú pò chē 成。比喻做事慢腾腾，像老牛拉破车一样：这项工程若像现在这种～式的干法，不知何年何月才能完成。

【老牛舐犊】lǎo niú shì dú 成。舐：舔；犊，小牛。老牛用舌头舔小牛。比喻父母疼爱儿女：～之情，天下父母皆有之。

【老牌】lǎopái 形。产品创制多年，质量好，声誉高。比喻资格老，人所公认的；不加程度副词，不单独作谓语，多作定语：～产品｜～大学｜～外交家。

【老气】lǎoqì 形。可重叠。(1)老成的样子：这孩子说话很～｜这孩子说起话来老里老气的。(2)形容衣着等的颜色不鲜嫩，样式陈旧：这种颜色太～，不适合青年人穿｜这种衣服老里老气的。

【老气横秋】lǎo qì héng qiū 成。(1)形容摆老资格、自命不凡的样子：这个人说起话来～，好像什么都懂似的。(2)形容人暮气沉沉的样子：他年纪并不算大，可是～，一副心灰意懒的样子。

【老前辈】lǎoqiánbèi 名。对同行里年纪较大、资格较老、经验较丰富的人的尊称：您是～了，请多指教。

【老人家】lǎo·ren·jia 〈口〉名。(1)对老年人的尊称：你～｜他～。(2)对人称自己的或对方的父亲或母亲：你母亲～现在身体可好？

【老人星】lǎorénxīng 名。南部天空的一颗光度较强的星。古人认为它象征长寿，也称它为南极老人星或寿星。

【老弱残兵】lǎo ruò cán bīng 成。原指年老体弱没有作战能力的士兵。今泛指年老体弱，工作能力较差的人：我们这个组～居多，非充实新生力量不可。

【老身】lǎoshēn 名。年老的妇女自称；多见于早期白话。

【老生常谈】lǎo shēng cháng tán 成。原指老书生的平凡议论，今指毫无新意的老话：这篇文章中尽是些～，令人兴味索然。

【老师】lǎoshī 名。教师；现在也泛指在某一方面确有长处值得学习的人。

【老师傅】lǎoshī·fu 名。对有某种技能的年纪大的人的尊称。

【老实】lǎo·shi 形。(1)诚实，不虚假：忠厚～。可重叠：老老实实做人。(2)规矩，不惹事：这孩子真～，从不惹事生非。可重叠：他在学校老老实实，认真读书，从不跟人吵架。(3)不聪明；婉辞：这人太～，跟他说话不能绕弯儿。

＊"老实"和"忠实"："老实"的意思侧重在诚实，不虚假；"忠实"的意思侧重在真实，可以信赖。"老实"多用于口语，通常用于个人品行；"忠实"的书面色彩较浓，语言也较庄重，多用于个人对国家、民族、事业、朋友等方面。"老实"还有"规矩、不惹事"和"不聪明(婉辞)"的意思；"忠实"没有这样的意思。

【老手】lǎoshǒu 名。做某件事情很有经验的人：种棉～。

【老态龙钟】lǎo tài lóng zhōng 成。龙钟：行动不灵便。形容年老体衰的样子：他虽已年过七十，但还没有显出～的样子。

【老天爷】lǎotiānyé 名。迷信的人对天上主宰一切的神的尊称：～保佑。现多作为表示惊叹的用词：哎呀，我的～呀，你怎么把它丢了！

【老顽固】lǎowángù 名。指思想守旧、不接受新事物的人：他是个～，对改革很不热心。

【老乡】lǎoxiāng 名。(1)同乡：他是我的～｜我们俩是～。(2)对不相识的农民的称呼：～，请问您，王家庄在哪里？

【老小】lǎoxiǎo 名。老人和小孩儿，泛指家属：我们一家～全来了。

【老羞成怒】lǎo xiū chéng nù 成。因羞愧到了极点而发怒；含贬义：同志们指出他的错误，他不但不接受，反而～，大吵起来。也作恼羞成怒。

【老朽】lǎoxiǔ ❶形。衰老腐朽：～昏庸｜～不堪。❷名。老年人的自称；谦辞：承蒙不弃，念及～，感激不尽。

【老爷】lǎo·ye 名。(1)旧社会对官吏及有权势的人的称呼，现用于讽刺高高在上、脱离群众的干部：我们的干部要为人民服务，不能做官当～。(2)旧时官僚、地主人家的仆人对男主人的称呼。(2)〈方〉外祖父。

【老一套】lǎoyītào 名。陈旧过时了的一套，多指没有改变的习俗或工作方法：～不行了，要创造新方法。

【老营】lǎoyíng 名。(1)旧时指军队长期驻扎的营房，也指战时的统帅部所在地。(2)旧时指匪徒等坏人长期盘踞的地方。

【老油子】lǎoyóu·zi 名。老于世故而油滑的人；含贬义：他是个～，整天吊儿郎当的，从没好好干过活。也说老油条。

【老妪】lǎoyù 〈书〉名。年老的妇女：白居易的诗通俗易懂，～可解。

【老帐】lǎozhàng 名。(1)以往所欠的帐。比喻过去的事：要向前看，不要再翻～了。

【老子】lǎo·zi 〈口〉名。(1)父亲：就是亲娘亲~我都不答应。(2)骄傲的人自称:~天下第一。一般人自称时,只用于气愤或开玩笑的场合。

【老总】lǎozǒng 名。(1)旧时对士兵、警察的称呼。(2)对中国人民解放军某些高级领导人的尊称;常和姓连用:陈~|贺~|彭~。

佬 lǎo 名。成年男子;含轻视意:阔~|北方~。

荖 lǎo 水名用字。荖浓溪,在台湾省。

姥 lǎo [姥姥](-·lao) 名。也作老老。(1)〈口〉外祖母。(2)〈方〉北方对收生婆的俗称。
另见mǔ。

栳 lǎo 见"栲(kǎo)栳"。

铑 lǎo 名。金属元素,符号Rh。银白色,质坚耐磨。常镀在探照灯等的反射镜上。它的合金可制化学仪器和测量高度的仪器。

潦 lǎo 〈古〉❶形。雨水大。❷名。路上的流水、积水。
另见liǎo。

lào(ㄌㄠˋ)

络 lào 名(~子)。(1)用线绳结成的网状的袋子。(2)绕线、绕纱的器具。
另见luò。

烙 lào 动。多带宾语。(1)用烧热了的金属器物烫,使衣服平整或在物体上印下标志:~衣服|~上了一个印。(2)把调好的面放在铛(chēng)或锅上加热使熟:~了几张饼。

【烙花】làohuā 动。一种工艺,用一根烧热了的铁扦子,在扇骨、梳篦、芭蕉扇和木制家具及宣纸上烫出各种图案、花纹;不带宾语:在芭蕉扇上~也是一种艺术。可拆开用:烙上花|烙了一些花。也叫烫花。

【烙印】làoyìn 名。(1)在牲畜或器物上烫的火印,作为标记。(2)比喻不易消除的影响和痕迹:阶级~|生活的~。

落 lào 义同"落(luò)(1)(2)(4)(5)";用于"落炕、落色、落枕"等口语词。

另见là、luò。

【落儿】làor 〈口〉名。生活上的着落;指钱财等,只用在"有、没有"后面作宾语:他一家生活有~|他生活没~。也说落子。

【落色】làoshǎi 动。衣服、布匹等的颜色渐渐脱落,退色;不带宾语:这种黑布一下水就~。可拆开用:这件上衣落了色。

【落枕】làozhěn 动。睡觉时因脖子受寒或头枕的姿势不对而造成脖子疼痛,转动不便;不带宾语:昨夜~了,脖子一动就痛。可拆开用:脖子落了枕,难受|我没有落过枕。

【落子】lào·zi 名。(1)〈方〉指莲花落等曲艺。(2)评剧的旧称。(3)〈口〉落儿。

酪 lào 名。(1)用牛、羊等动物的乳汁做成的半凝固的乳制品:奶~。(2)用果实做成的糊状食品:山楂~|核桃~。

唠(嘮) lào 〈方〉动。说、谈话。一般不带宾语,可带补语:咱俩慢慢~|他们~得挺高兴|有什么问题,咱们~~吧。
另见láo。

【唠扯】lào·chě 〈方〉动。闲谈,聊天:这两位老爷子常在一起~|~了好长时间。可重叠:今晚上没事儿,咱俩~~。

【唠嗑】làokē 〈方〉动。闲谈,聊天:几个人碰在一块儿就~。可拆开用:唠了会儿嗑。

涝(澇) lào 形。雨水过多,淹了庄稼;与"旱"相对:他家的那几亩田今年又~了。

【涝害】làohài 名。因雨水过多农作物被淹而引起的植物体的腐烂和死亡。

【涝灾】làozāi 名。因雨水过多而造成歉收或无收的灾害。

耢(耮) lào ❶名。平整土地用的一种农具。用藤条或荆条编成,功用跟耙相仿,可弄碎土块。也叫糖(mò)或盖。❷动。用耢平整土地;常带宾语或补语:~地|把这块地~一遍|一直~到天黑。

嫪 lào 姓。

lē(ㄌㄜ)

肋 lē [肋脦](-·de) 〈方〉形。不整洁，不利落；多指衣服：一看到他那～样子，就叫人生气。
另见lèi。

lè(ㄌㄜˋ)

仂 lè 〈古〉名。余数。
【仂语】lèyǔ 名。词组。

叻 lè 地名用字。我国侨民称新加坡为石叻或叻埠。

泐 lè 动。(1)〈古〉石头依其纹理而裂开。(2)〈书〉通"勒"，雕刻：～石｜～碑。(3)〈书〉书写：手～(亲手写，旧时给平辈或小辈书信时的用语)。

勒 lè ❶动。常带宾语或补语。(1)收住缰绳不让马骡等前进：～住坐骑｜悬崖～马。(2)〈书〉雕刻：～石｜～碑。❷〈素〉强迫：～索｜～派｜～逼。
另见lēi。
【勒逼】lèbī 动。强迫，逼迫；常带宾语或兼语：我没有～你，是你自己愿意的｜～成亲｜～他交租。
【勒令】lèlìng 动。用命令方式强迫人做某事；常带兼语：～你交代问题｜～他检查。有时兼语可省略：～退学｜～离开。
【勒索】lèsuǒ 动。用威胁手段逼取财物；常带宾语或补语：～钱财｜向村民～了好几次。常与"敲诈"并用：不许敲诈～。

簕 lè [簕竹](-zhú) 〈方〉名。一种竹子，叶子披针形，背面有稀疏短毛，高达15米左右。

鳓 lè 名。鳓鱼，身体侧扁，银白色，小头，大腮孔。生活在海中。也叫鲙(kuài)鱼、白鳞鱼或曹白鱼。

乐(樂) lè ❶形。快乐，欢喜；多带补语：一听表扬就～得眉飞色舞｜心里～开了花。❷〈口〉动。笑，不带宾语：一家人都～了。可作补语：几句话把大家逗～了。❸姓。注意：与yuè不同体。
另见yuè。

【乐不思蜀】lè bù sī shǔ 成。据《三国志·蜀志·后主传》注引《汉阳春秋》记载，三国时蜀汉亡后，后主刘禅全家被迁至洛阳。有一天，司马昭问他是否还想蜀国，刘禅回答说："此间乐，不思蜀。"以后就用"乐不思蜀"泛指乐而忘本或乐而忘返：他在外地日子过好了，也就～，不想再回家乡了。

【乐得】lèdé 动。某种情况正好合乎自己的心意，因而顺其自然；须带谓词或谓词性词组作宾语：他既然再三留我，我也就～多住几天了｜他不来，我也～清净。

【乐观】lèguān 形。精神愉快，充满信心；与"悲观"相对：～精神｜他一贯很～，从不愁眉苦脸｜我对形势的发展表示～。

【乐呵呵】lèhēhē 形。形容高兴的样子；不加程度副词，常带助词"的"：看他那～的样子，就知道事情成功了。

【乐极生悲】lè jí shēng bēi 成。快乐到极点时就容易发生悲痛的事情：他见到多年未见的老友，兴奋得多喝了两杯，不料，心脏病发作起来了。

【乐趣】lèqù 名。使人觉得快乐的意味：学习中有无穷的～。
＊"乐趣"和"兴趣"："乐趣"是快乐的感觉，也是一种享受；"兴趣"只是单纯的爱好。"乐趣"多是参与活动的人自己体会到的；"兴趣"多是由外界引起，或经过一段时期的培养形成的。

【乐陶陶】lètáotáo 〈书〉形。形容很快乐的样子；多用于韵文，不加程度副词，常带助词"的"：生活一年比一年好，大伙儿心里～的。

【乐天】lètiān 形。安于自己的生活境况而没有任何忧虑；多用在固定的组合中：～派｜～知命。

【乐天知命】lè tiān zhī mìng 成。乐从天意的安排，安于自己的处境，没有任何忧虑：统治者叫人～，是要被统治者甘心忍受压迫。

【乐土】lètǔ 名。安乐的地方：在那兵荒马乱的年代，哪里也找不到～。

【乐意】lèyì ❶动。甘心愿意；常带动词性词组作宾语：他很～扮演反面角色。❷形。满意，高兴：听说能去长城游览，他自然很～。

【乐于】lèyú 动。对于做某种事情感到快

乐；不单独作谓语，须带动词性词组作宾语：～帮助别人|～为人民做牛马。

【乐园】lèyuán 名。快乐的园地：儿童～|旧上海是冒险家的～。

【乐滋滋】lèzīzī 〈口〉形。满意而快乐的样子；不加程度副词，常带助词"的"：听到同志们夸奖,心里～的。

le(·ㄌㄜ)

了 le ❶动态助词。(1)用在动词后面,一般表示动作已经完成: 我已经吃～饭|这个班受到～表扬。也可表示将要发生或可能发生的动作: 你放～学就回家,别在路上玩|他要知道～这个消息,一定很高兴。(2)用在形容词后面,主要表示变化已经完成: 他今年老～许多|水位低～两米。有时只是说明一种现象,并不表示什么变化: 这衣服短～点儿|颜色略微深～一些。❷语气助词。用在句末或句中停顿的地方。(1)表示已经出现或将要出现某种情况: 下雨～|春天～,桃花都开～|天快黑～,今天去不成～。(2)表示在某种条件之下出现某种情况: 你早来一天就见着他～。(3)表示认识、想法、主张、行动等有变化: 我现在明白他的意思～|他今年暑假不回家～。(4)表示催促或劝止: 走～,走～,不能再等～|算～,不要老说这些事～。注意: 用在句末的"了",不一定都是单纯的语气助词,可能兼有动态助词的性质,如: 他已经睡～|衣服都洗干净～。

另见 liǎo。

饹 le 见"饸(hé)饹"。

lēi(ㄌㄟ)

勒 lēi 动。用绳、带等先捆住或套住,再使劲拉紧；常带宾语或补语：～紧腰带|～得太紧了|～在脖子上。

另见 lè。

léi(ㄌㄟˊ)

累(纍) léi 见"累累"、"累赘"。

另见 lěi, lèi。

【累累】léiléi 〈书〉形。不加程度副词。(1)憔悴颓丧的样子；多用在固定组合中：～若丧家之狗。(2)连接成串: 硕果～～。

另见 lěilěi。

【累赘】léi·zhui 也作累坠。❶形。指事物多余、麻烦,文字不简洁: 行李太多,非常～|这些话太～,应该删掉。❷动。使人感到多余或麻烦；常带宾语: 这实在是个～人的孩子。可加程度副词: 帮我带这么多东西,太～你们了。❸名。使人感到多余或麻烦的事物: 出门旅行带着个孩子,实在是个～。

嫘 léi 人名用字。嫘祖,传说中黄帝的妻子,发明养蚕。

缧 léi [缧绁](-xiè)〈书〉名。古时捆绑犯人的绳索。后喻指监狱：身陷～。

罍 léi 名。古时一种像壶的酒器。

纍 léi ❶〈古〉名。绳索。❷〈古〉动。缠绕。❸"累"的繁体字。

雷 léi ❶名。云层放电时发出的响声：打～|～很响。❷〈素〉军事上用的爆炸武器。地～|手～|扫～|布～。❸姓。

【雷池】léichí 名。古水名,在今安徽望江县。晋·庚亮《报温峤书》:"吾忧西陲,过于历阳,足下无过雷池一步也。"原意是要温峤固守防地,不要领兵越过雷池到京城(南京)去。现在只用在"不敢越雷池一步"这个成语中,比喻不敢越出一定的范围。

【雷达】léidá 名。音译词。意为无线电侦察和定位。一般指利用极短的无线电波进行探测的装置,广泛应用在军事、天文、气象、航海、航空等方面。

【雷电】léidiàn 名。一块云接近地面物体或者带异性电的两块云互相接近时,产生火花放电现象,叫闪电,同时发出的巨大响声叫做雷,合称雷电。

【雷动】léidòng 形。形容声音像打雷一样；不加程度副词,只作谓语: 欢声～|掌声～。

*"雷动"和"震动"："雷动"用来形声音大,像雷鸣一样；"震动"指颤动,可以有声音,也可以没有声音。"震动"还表示重大的事情、消息等给人以刺激,"雷动"没有这个意思。"雷动"是形容词；

"震动"是动词。

【雷管】léiguǎn 名。弹药、炸药包等的发火装置。一般用雷汞等容易爆炸的化学药品装在金属管里制成。

【雷击】léijī 动。雷电发生时，由于强大电流的通过而杀伤人、畜或破坏树木、建筑物等；常作"遭到、受到"等动词的宾语：这棵老树遭到了～|这座房屋因受～而倒塌。

【雷厉风行】léi lì fēng xíng 成。像打雷那样猛烈，像刮风那样迅速。比喻执行政策、法令等的严格和迅速：～的工作作风。

【雷鸣】léimíng 形。像打雷那么响；多用于掌声，不加程度副词：～般的掌声|掌声～。

【雷声大，雨点小】léishēng dà, yǔdiǎn xiǎo 习。比喻说得很有气势或计划订得很大而实际行动却很小；含贬义：我们说过的话就要切实去做，不要～，让大家失望。

【雷霆】léitíng 名。(1)暴雷，霹雳。(2)比喻威力或怒气；常用在固定组合中：～万钧|大发～(大发脾气)。

【雷霆万钧】léitíng wàn jūn 成。雷霆：霹雳；钧：古代重量单位，约合当时的30斤；万钧：指极大的力量。比喻威力极大，不可抗拒：排山倒海之势，～之力。

【雷同】léitóng 动。旧说打雷时许多东西同时响应。现喻指不应该相同而相同，多用于言语、文章、作品等方面，不带宾语，含贬义：写作贵在创新，切忌～|主题可以同是一个，题材不应～。可作定语或宾语：近来，部分作品出现了～现象|要避免～。

【雷雨】léiyǔ 名。由积雨云产生的一种天气现象，降水量大，且伴有闪电和雷声。常发生在夏天的下午。

擂 léi 动。(1)打；常带宾语或补语：～鼓|～胸|～了他一拳。(2)研磨；用于药等：这擂钵不能～太硬的东西|这种药要～碎了再煎。

另见lèi。

檑 léi 名。檑木，古代守城用的武器，把圆柱形的大木头从城墙上往下推以打击攻城的敌人。俗称滚木。

礌(礧) léi 名。礌石，古代作战时从高处往下推的石头用来打击敌人。

镭 léi 名。放射性金属元素，符号Ra。银白色，质软，有很强的放射性。医药上用于治疗癌症和皮肤病。

羸 léi 〈素〉瘦：～弱。

【羸弱】léiruò 〈书〉形。瘦弱：病体～，需加调养。

lěi (ㄌㄟˇ)

耒 lěi 名。(1)古代的一种农具，形状像木叉。(2)古代农具"耒耜"上的木柄。

【耒耜】lěisì 名。(1)古代的一种农具，样子像犁。也用做农具的统称。

诔 lěi ❶〈古〉动。叙述死者生平，表示哀悼；多用于上对下。❷名。这类哀悼死者的文章。

垒(壘) lěi ❶动。用砖石等砌成、筑成，常带宾语或补语：～墙基|把河堤～高些。❷〈素〉军中作防守用的建筑：营｜壁～｜对～。

【垒球】lěiqiú 名。(1)球类运动项目之一，球场呈直角扇形，四角各设一垒(守方据点)。(2)垒球运动使用的球，里面用丝或其他纤维缠成硬团，外面包着软皮。

累 lěi ❶动。牵连，连累；常带兼语：～你操心|～你受罪|你～我们挨批评。❷〈素〉(1)聚集，堆集：积～|危如～卵。(2)屡次，连续：～次|～年|连篇～牍。(3)古代微小的重量单位：不差～黍。

另见léi, lèi。

【累次】lěicì 副。一次又一次：他～不交作业，受到老师的批评。

【累积】lěijī 动。层层增加，一点一点地累积；常带宾语或补语：～了十几篇文章，编成了一个集子|把零用钱～起来。

【累及】lěijí 动。连累到；常带宾语，一般不带补语：～无辜|封建时代，一人获罪，往往～全家。

【累进】lěijìn 动。以某数为基数，按一定比例递增；常作定语：～率|～税。

【累累】lěilěi ❶副。屡次，一次又一次；

文章写到难处，～停笔沉思。❷形。形容累积得多；不加程度副词：罪行～，臭名昭著。
另见 léiléi。

【累卵】lěiluǎn 名。一层层堆起来的蛋，比喻局势非常危险，极易垮台：势如～｜～之危。

【累年】lěinián 副。连年：～丰收。

磊 lěi [磊落](-luò) 形。胸怀坦白，光明正大；多用在比较固定的组合中：光明～｜胸怀～。

蕾 lěi 〈素〉花骨朵：花～｜～铃｜蓓～。

【蕾铃】lěilíng 名。棉花的花蕾和棉铃。

儡 lěi 见"傀(kuǐ)儡"。

lèi (ㄌㄟˋ)

肋 lèi 名。胸部的两侧：两～｜左～。
另见 lē。

泪(淚) lèi 名。眼泪：落了～。

【泪痕】lèihén 名。流泪后所留下的痕迹：～满面。

【泪花】lèihuā 名。含在眼里还没有流下来的泪珠。

【泪人儿】lèirénr 名。形容哭得很厉害的人：哭成了个～。

【泪汪汪】lèiwāngwāng 形。形容眼眶里满是泪水；不加程度副词，常带助词"的"：想起伤心事，两眼～的。

【泪眼】lèiyǎn 名。含着泪的眼睛：～模糊。

【泪珠】lèizhū 名。一滴一滴的眼泪：～滚滚。

类(類) lèi ❶名。许多相似或相同的事物的综合，种类：事物可按不同的标准分出不同的～。❷〈素〉像，相似：～似｜～人猿｜画虎～犬。

【类比】lèibǐ ❶动。对某些在特征上相似的两种事物加以比较；不带宾语：这两篇文章，内容相近而体裁不同，通过～，我们可看清它们各自的特点。❷名。一种推理方法，根据两个或两类事物在某些属性上的相似情况，进而推出它们在其他属性上也可能相似的结论。

【类别】lèibié 名。不相同的种类，根据不同种类所作的区别：这两种东西～不同｜商品的～。

【类乎】lèihu 动。好像，近于；须带宾语：这样的辩论～吵架｜如此～神话的理论叫人莫测高深。

【类人猿】lèirényuán 名。外貌和举动都同人相似的猿类，如黑猩猩，大猩猩等。

【类书】lèishū 名。摘录各种书籍上的有关资料分门别类地加以编排以供查的大型工具书，如《艺文类聚》、《太平御览》、《永乐大典》、《古今图书集成》等。

【类似】lèisì 动。大体相像；可带名词或动词作宾语：这座建筑～庙宇｜他做了一个～投篮的动作。常作定语：～的情况｜～的问题。

【类推】lèituī 动。比照某一事物的道理或做法，推出同类事物的道理或做法；不带宾语：以此～｜其余～。可带补语：从这些～到那些｜不可无限制地～下去。

【类型】lèixíng 名。有着同一特征的事物所形成的种类：这种～的球鞋已经过时了。

颣 lèi 〈古〉名。丝上的疙瘩。引申为缺点、毛病。

累 lèi ❶形。疲劳：今天忙了一天太～了。❷动。(1)使疲劳，使劳累；须带宾语：这点活～不着他。可加程度副词：这种事太～人。(2)操劳；多带补语：他已～了几个月，该休息了。
另见 léi, lěi。

酹 lèi 〈古〉名。原指把酒浇在地上，表示祭奠。后来也泛指祭奠。

擂 lèi [擂台](-tái) 名。古时为比武所搭的台子。常与"摆"或"打"构成习惯语，"摆擂台"指搭了台欢迎人来比武，"打擂台"指参加比武。现在比赛或参加劳动竞赛中多用"摆擂台"比喻向人挑战，用"打擂台"比喻应战。
另见 léi。

·lei (·ㄌㄟ)

嘞 ·lei 助。表示提醒注意的语气：走～，否则就要迟到了｜好～，就这么着!

léng(ㄌㄥˊ)

塄 léng 〈方〉名。田边上的坡儿。也叫地塄。

楞 léng 同"棱(léng)"。

棱(稜) léng 名。(～儿、～子)(1)物体上不同方向的两个平面连接的部分：书橱～儿|一个四面体有12条～儿。(2)物体表面上条状的凸起部分：搓板上的～儿。
另见líng。

【棱角】léngjiǎo 名。(1)物体的棱和角。(2)比喻显露出来的锋芒：坎坷的生活经历磨平了他的～。

【棱镜】léngjìng 名。用透明物体制成的截面为三角形的光学仪器，可以把复合光分解成光谱或改变光的方向。也叫三棱镜。

lěng(ㄌㄥˇ)

冷 lěng ❶形。温度低；与"热"相对：今天天气很～。❷〈方〉动。使炙，多指食物，常带补语：鸡汤～一下再喝。❸〈素〉(1)不热情，不温和：～淡|～漠。(2)寂静，不热闹：～清。(3)生僻，少见的：～僻。(4)不受欢迎，没人过问的：～货|～门。(5)乘人不备的：～箭|～枪。❹姓。

【冷板凳】lěng bǎndèng 习。比喻清闲、不受重视的职务，也指受到的冷淡的待遇；常作"坐"的宾语：他整天坐～，闲得发慌|我原以好意去看他，他却迟迟不见我，让我坐了半天～。

【冷冰冰】lěngbīngbīng 形。不加程度副词，常带助词"的"。(1)形容不热情或不温和：你看他那～的样子。(2)形容物体很冷：～的铁棒。

【冷不防】lěng·bufáng 副。突然，没有预料到：～挨了一棒子。

【冷藏】lěngcáng 动。把食品等贮存在低温设备的仓库里或器物里，以免变质、腐烂；常带宾语或补语：～食物需要设备|把肉放到冰箱里～起来。

【冷场】lěngchǎng 动。舞台演出中因演员迟到或忘记台词而使演出中断，也指开会无人发言；不带宾语：对口相声正说到热闹处，其中一人把词儿忘了，一下就～了|座谈会开始后，～了好一会儿才有人发言。常作"出现、造成"等动词的宾语：女主角突然忘了台词，出现～，使大家很扫兴。可拆开用：他们谈得天花乱坠的时候，主任一到，突然冷了场。

【冷嘲热讽】lěng cháo rè fěng 成。辛辣的嘲笑和讥讽：对同志不应该～。

【冷淡】lěngdàn ❶形。(1)不热闹，不兴盛：店里的生意一directional很～。(2)不热情，不关心：他待人态度很～。可重叠：冷冷淡淡的表情。❷动。使受到冷淡的待遇；须带宾语：要热情接待来访者，别～人家。

【冷风】lěngfēng 名。寒冷的风，比喻背地里散布的消极言论：他到处吹～，唯恐天下不乱。

【冷宫】lěnggōng 名。戏曲、旧小说中指君主安置失宠后妃的地方，现在比喻为存放不用的东西的地方；一般作"打入"的宾语：这是世界名著,怎么能横加罪名而打入～呢？

【冷光】lěngguāng 名。含热量极少的光线，如荧光和磷光。

【冷汗】lěnghàn 名。因惊吓或休克等而出的汗，出汗时手足发冷，所以叫冷汗：吓出一身～。

【冷寂】lěngjì 形。清冷而寂静：十分～的深秋之夜。

【冷箭】lěngjiàn 名。乘人不提防在暗中射出的箭，多用来比喻暗中害人的手段：要提防有人用～伤人|此人惯于在暗中施放～。

【冷静】lěngjìng 形。(1)〈方〉人少而静，不热闹：清晨的公园，人不多，显得很～。可重叠：夜深了，街上冷冷静静的。(2)沉着而不感情用事：他遇事～，善于思考。可重叠：你的头脑要～～，不要感情用事|他冷冷静静地考虑了很久。

＊"冷静"和"沉静"：用于形容环境时，"冷静"指人少，不热闹，"沉静"指一点声音也没有。用于形容人时，"冷静"指遇事不感情用事，有理智；"沉静"则指人不多发表自己意见,沉默寡言的性格。

【冷酷】lěngkù 形。形容待人冷淡残酷：～

的心|～无情。

【冷冽】lěngliè 形。寒冷：北风～|～的泉水。

【冷落】lěngluò ❶形。冷清,不热闹,常指事物景象的衰败、萧条：庭院～。可重叠：冷冷落落的院子,没有一点生气。❷动。使受到冷淡的待遇；常带宾语或补语：不可～了客人|他没有想到竟被～到这种地步。

　　＊"冷落"和"冷清"："冷落"强调很少有人来活动或问,含有萧条、不景气的意味；"冷清"强调不热烈、不热闹,含有萧索凄凉的意味。"冷落"有使动用法；"冷清"没有这种用法。

【冷门】lěngmén 名。原指赌博时很少有人下注的一门。现比喻冷僻的、很少人注意的方面：他搞科研喜欢攻～|今天这场球赛爆出了大～。

【冷漠】lěngmò 形。冷淡,不关心；多指对人或事物的态度：不能用～的态度对待同志|他对同志太～。

【冷暖】lěngnuǎn 名。寒冷和温暖,泛指人的生活起居：要把群众的～时刻挂在心上。

【冷僻】lěngpì 形。(1)冷落偏僻,指人烟很少的地方：～的山村。(2)不常见的,指字、典故、书籍等：这是一个很～的字,大家都不认识。

【冷气】lěngqì 名。(1)由于制冷设备的作用而冷却了的空气,用来降低建筑物或交通工具内部的温度：电影院开放～。(2)指制冷设备：我们办公楼里已经装上～了。(3)比喻消极的言论：他专喜欢放～。

【冷枪】lěngqiāng 名。乘人不防备而在暗中射出的枪弹,比喻用卑劣的手段暗地里伤害人：要提防背后放～的人。

【冷峭】lěngqiào 形。(1)形容寒气刺骨：西风～。(2)比喻对人刻薄,话语尖刻：他说话～,叫人受不了。

【冷清】lěngqīng 形。冷静而凄凉；多用来形容环境：家中只剩下我一个人了,感到非常～。可重叠：夜深了,街道上冷冷清清。有时也形容态度的冷漠：对同志不能冷冷清清,漠不关心。

【冷清清】lěngqīngqīng 形。形容冷落、幽静、凄凉、寂寞；不加程度副词,常带助词"的"：～的院落|家里只剩下我一个人,过了一个～的除夕。

【冷却】lěngquè 动。(1)物体的温度逐渐降低；不带宾语：要等炉子～了才好修理。可带补语：烙铁渐渐～下来。(2)使物体的温度逐渐降低；须带宾语：山上的冰川,也不能～他心头的火焰|我自信这一番话,是～她感情的一块寒冰。

【冷热病】lěngrèbìng 名。(1)〈方〉疟疾。(2)比喻忽高忽低的情绪；含贬义：要一直保持旺盛的斗志,不要犯～。

【冷若冰霜】lěng ruò bīng shuāng 成。形容态度冷淡,毫无热情,也形容态度严肃,不可接近：他脸上毫无表情,～。

【冷森森】lěngsēnsēn 形。形容冷气逼人；不加程度副词,常带助词"的"：地下室里～的。

【冷水】lěngshuǐ 名。(1)凉水；常作"泼、浇"等动词的宾语,比喻打击人的热情：大家干得正起劲,你千万不能泼～。(2)生水：～里有细菌,不能喝。

【冷丝丝】lěngsīsī 形。形容有点儿冷；不加程度副词,常带助词"的"：初冬的早晨,我走到街上,感到～的。

【冷飕飕】lěngsōusōu 形。形容风很冷；不加程度副词,常带助词"的"：寒风吹来,使人感到～的。

【冷笑】lěngxiào 动。含有轻蔑、讥讽、不满意、不屑于等心情或怒意等的笑；不带宾语：他～着摇了摇头|他～了一声。

【冷血动物】lěngxuè dòngwù 词组。(1)指体温随外界气温的高低而变化的动物,如蛇、蛙、鱼等。(2)比喻没有感情的人；骂人的话：他又不是～,岂能不动情？

【冷言冷语】lěng yán lěng yǔ 成。含有讽刺意味的风凉话：只要我们问心无愧,怕什么～？

【冷眼】lěngyǎn 名。(1)冷静客观的态度；多作状语：～观察|～旁观。(2)冷淡的待遇：～看待|仰面求人,难免不遭人～。

【冷眼旁观】páng guān 成。用冷静或冷淡的态度在旁边观看；多指对某事应该参加而不愿参加：对人民的事业,不应采取～的态度。

【冷遇】lěngyù 名。冷淡的待遇；常作"遇到、受到"等动词的宾语：他寄人篱下，常常遭到～。

【冷战】lěngzhàn 名。指国与国之间除直接的武装冲突以外的各种敌对活动。特指第二次世界大战后，在国际上进行的不使用武器的斗争；与"热战"相对。

【冷战】lěng·zhan 〈口〉名。因寒冷或害怕而使浑身突然发抖的现象；多作"打"的宾语：刺骨的寒风吹得他直打～。

lèng(ㄌㄥˋ)

塄 lèng 地名用字。长头塄，在江西省。

睖 lèng [睖睁](-·zheng) 眼睛发直,发楞。也作愣怔。

愣 lèng ❶动。失神,呆；常带补语：他～了一会儿才回答。❷〈口〉形。鲁莽,说话做事不考虑效果；一般作状语或定语：做任何事都不能～干,要量力而行|他是个～小子。

【愣头愣脑】lèng tóu lèng nǎo 习。形容鲁莽冒失的样子：这小伙子～的。

【愣怔】lèng·zheng 动。同"睖睁"。

lī(ㄌ丨)

哩 lī 见"哩哩啦啦"、"哩哩啰啰"。另见lǐ、·li。

【哩哩啦啦】līlilālā 〈口〉形。零零散散或断断续续的样子；不加程度副词,一般作状语：米～撒了一地|雨～下了好多天了。

【哩哩啰啰】līliluōluō 〈口〉形。形容说话啰唆不清楚；一般作状语：他～说了半天,不知说了个啥。

lí(ㄌ丨ˊ)

丽(麗) lí 地名用字。(1)丽水,县名,在浙江省。(2)高丽,朝鲜历史上的王朝,旧时习惯上沿用指朝鲜。
另见lì。

骊(驪) lí 〈古〉名。纯黑色的马。

鹂(鸝) lí [黄鹂](huáng-) 名。鸟,身体黄色,叫的声音很好听,吃森林中害虫。也叫黄莺。

鲡(鱺) lí 见"鳗(mán)鲡"。

厘(釐) lí ❶量。(1)长度单位,尺的千分之一。(2)重量单位,两的千分之一。(3)地积单位,亩的百分之一。(4)计算利息的单位,年利率一厘为本金的百分之一,月利率一厘为本金的千分之一。❷〈素〉整理,治理：～定|～正。

【厘定】lídìng 〈书〉动。整理规定：学校的规章制度需重新～。可带宾语：～规则。

【厘米】límǐ 量。公制长度单位,一厘米等于一米的百分之一。

【厘正】lízhèng 〈书〉动。考正,订正：此次再版,对正文注释多有～|奉上拙作,敬请～。可带宾语：～字句,详加注释。

喱 lí 见"咖(gā)喱"。

狸 lí 名。(～子)狸猫,即豹猫。哺乳动物,形状跟猫相似,性凶猛。毛皮可做衣服。也叫山猫。

离(離) lí ❶动。常带宾语或补语。(1)分离,离开；鱼～了水就要死|他太小还～不开家。(2)距离,相距：这里和北京～着二百多里地|你说的和我说的～了有十万八千里。(3)缺少：～了眼镜,我就不能看书了|他几年都没～开过药。❷名。八卦之一,符号是☲,代表火。参见"八卦"。❸姓。

【离别】líbié 动。比较久地跟熟悉的人或地方分开,离开；常带宾语或补语：战士～了亲人,～了故乡,奔赴前线|我～家乡已经整整20年了。

【离格儿】lígér 动。指讲话或做事不合公认的准则；不带宾语：说话不能～。可拆开用：他办事从来没离过格儿|照你这样做就离不了格儿了。

【离宫】lígōng 名。封建帝王在京城以外临时居住的宫室。

【离婚】líhūn 动。依照法定手续解除婚姻关系；不带宾语：这对夫妻～了。可拆开用：这个男子离过几次婚|都六七十岁了,还离什么婚呢？

【离间】líjiàn 动。从中挑拨使不团结：有人专会挑拨～,制造矛盾。可带宾语：

要提防别有用心的人～我们的关系。注意："间"这里不读jiān。

【离经叛道】lí jīng pàn dào 成。原指背离经书所说的道理和儒家的道统。后指背离占主导地位的思想或行动：教条主义者只知道信奉书本上的条条，凡是书本上没有的，他们就认为是～，一概反对。

【离开】líkāi 动。分开；用于人、物或地方等，可带宾语或补语：他～南京已经10年了｜一同志们的帮助。可拆开用：他俩好得离不开了。

【离谱】lípǔ 动。离格儿。

【离奇】líqí 形。稀奇，不平常；多指事件的情节或言语等：有些影片的故事情节太～了，让人不相信。

【离弃】líqì 动。离开、抛弃；多指工作、地点、人等，常带宾语，可带动态助词"了、过"：他～了繁华的大城市，来到农村当教师｜我什么时候～过你?

【离群索居】lí qún suǒ jū 成。索：孤单。离开同伴，孤独生活：一家人在一起生活不是很好么，你何必要～?

【离散】lísàn 动。分散不能团聚；多指亲属，不带宾语，可带补语：他们一家五口都～在各处｜他们已经～多年了。

【离析】líxī〈书〉动。(1)离散，分离；不带宾语，可带补语：分崩～｜使有用的金属从这矿石中～出来，需要较高的技术。(2)分析，辨析；常带宾语或补语：他在词义上下过不少功夫｜要把各家的论点一一～清楚是很不容易的。

【离心】líxīn 动。不带宾语。(1)跟集体或领导不是一条心；多与"离德"并用：～离德。(2)离开中心；常作定语：～力｜～作用。

【离心离德】lí xīn lí dé 成。集体中的人不是一条心，不团结：大家在一起工作，要同心协力，不能～。

【离心力】líxīnlì 名。(1)物体沿曲线运动或作圆周运动时所产生的离开中心的力。(2)比喻摆脱集体或领导，使组织涣散的力量：一个集体要做到步调一致，就要加强向心力，消除～。

【离异】líyì〈书〉动。离婚；不带宾语：夫妻～｜～多年。

【离辙】lízhé〈口〉动。比喻离开了正路或正题；不带宾语：你这番话说得～了。可拆开用：你这种行为离了辙｜他做事稳当，离不了辙。

【离职】lízhí 动。不带宾语，可拆开用。(1)暂时离开职位：～进修｜他离了职到电大脱产学习。(2)离开工作岗位，不再回来：他写了～报告，不想在这个厂干下去了｜他已离了职，成了专业户。

【离子】lízǐ 名。原子或原子团失去或得到电子后叫做离子。失去电子的带正电，叫正离子或阳离子；得到电子的带负电，叫负离子或阴离子。

漓(△灕) lí ❶见"淋(lín)漓"。△❷水名用字。漓江，在广西省。

蓠(蘺) lí [江蓠](jiāng-)名。(1)藻类的一种，可用来制琼胶。(2)古书上指一种香草。

缡(褵) lí 名。古时妇女的佩巾：结～(古时指女子出嫁)。

璃(瓈) lí 见"玻璃"、"琉璃"。

篱(△籬) lí ❶见"笊(zhào)篱"。△❷〈素〉篱笆：竹～｜樊～。

【篱笆】líba 名。用竹、苇、秫秸、树枝等编成的遮拦的东西；量词用"道"：一道～。

醨 lí〈古〉名。味淡的酒。

梨(棃) lí 名。(1)落叶乔木或灌木，叶卵形，花白色。果实是普通水果，又可药用。(2)这种植物的果实。有的地区也叫梨子。

【梨园】líyuán 名。相传唐玄宗时教练歌舞艺人的地方。后称戏院或戏曲界为梨园；多作定语：～子弟｜～旧闻。

犁(犂) lí ❶名。耕地的农具；量词用"张"。❷动。用犁耕地；常带宾语或补语：～地｜把这块地再～一遍。

蜊 lí 见"蛤(gé)蜊"。

嫠 lí [嫠妇](-fù)〈古〉名。寡妇。

犛 lí [犛牛](-niú) 名。牦牛。

黎 lí ❶名。黎族,我国少数民族之一,主要分布在海南省中南部。❷〈素〉(1)众：～民｜～庶。(2)黑：～黑。(3)及,至：～明。

【黎黑】líhēi 〈书〉形。黑；指脸色,不加程度副词：面目～。也作黧黑。

【黎民】límín 〈书〉名。百姓,民众：～百姓。

【黎明】límíng 名。天将要亮或刚亮的时候。

藜(藜) lí 名。一年生草本植物,花黄绿色,嫩叶可以吃,茎长老了可以做拐杖。

黧 lí [黧黑](-hēi) 见"黎黑"。

罹 lí 〈古〉动。遭遇,遭受；用于灾祸、疾病,常带单音节词作宾语：～祸｜～病。

【罹难】línàn 〈书〉动。因遭到意外的灾祸而死亡,被害；不带宾语：他在抢险中不幸～｜此次事变,政府官员有五人～。

蠡 lí 〈素〉用贝壳做的瓢：管窥～测。另见lǐ。

【蠡测】lícè 〈书〉动。"以蠡测海"的略语,用瓢量海水,比喻以浅见揣度；多用在固定组合中：管窥～。

劙 lí 〈古〉动。刺破,割破。

礼(lǐ)

礼(禮) lǐ ❶名。(1) 表示尊敬的言语或动作：行了一个～｜我这里有～了。(2)礼物：情我领了,～不能收。❷〈素〉社会生活中由于风俗习惯而形成的为大家共同遵守的仪式：典～｜婚～｜观～。

【礼拜】lǐbài ❶动。向神灵或死者行礼；不带宾语：教长率领客人至教堂～｜三个人并立在一座新坟前～着。❷名。(1)宗教徒向神礼拜的仪式：做～。(2)〈口〉指星期：这个～｜下～我去北京。(3)〈口〉礼拜天的简称,即星期日,因基督教徒在这一天做礼拜。

【礼法】lǐfǎ 名。通行于社会上的礼仪和法纪。

【礼服】lǐfú 名。在庄重的场合或举行仪式时穿的服装。

【礼花】lǐhuā 名。庆祝盛大节日时放的烟火。

【礼教】lǐjiào 名。古代统治阶级为维护其等级制度和宗法关系而制定的礼法条规和道德标准：封建～。

【礼节】lǐjié 名。表示尊敬、祝贺、哀悼等的习惯形式,如鞠躬、握手、检阅仪仗队、鸣礼炮、献花圈等。

【礼貌】lǐmào 名。待人接物时谦虚恭敬的表现：懂～。可作状语：～待客。

【礼炮】lǐpào 名。表示敬意或举行庆典时放的炮；常作"鸣"的宾语,量词用"响"：鸣～21响。

【礼聘】lǐpìn 动。用尊敬的方式聘请：这位工程师已接受～,担任我厂技术顾问。常带兼语：博物馆～我担任他们的顾问。

【礼让】lǐràng 动。有礼貌地谦让：遇事～三分,就不会发生争执了。常带宾语或兼语：他在公共汽车上总是～老人｜我～这位长者坐下。

【礼尚往来】lǐ shàng wǎng lái 成。尚：注重,讲究。礼节上重视有来有往。现在也指你对我怎样,我就对你怎样：他为了顾全朋友的面子,也只好～,勉强应酬。

【礼数】lǐshù 〈口〉名。礼貌,礼节：小孩儿不懂～｜～不到,人家要笑话的。

【礼堂】lǐtáng 名。用做开会或举行典礼的大厅。

【礼物】lǐwù 名。为了表示尊敬或庆贺而赠送的物品,也泛指赠送的物品。

【礼贤下士】lǐ xián xià shì 成。礼：以礼相待；士：有才德的人。敬重贤人,降低自己的身份结交有才德的人。旧时形容封建帝王或大官重视人才,现指地位高的人尊敬和结交有见识和能力而地位较低的人；含褒义：这位省长～,和蔼可亲,一点官架子也没有。

【礼仪】lǐyí 名。礼节和仪式：外交～｜注重～｜～周到。

【礼遇】lǐyù 名。尊敬有礼的待遇；常作"给予、受到"等动词的宾语：受到隆重的～｜这位卸任的总统仍然被给予国家元首的～。

李

李 lǐ ❶名。(～子)(1)落叶乔木，叶倒卵形，花白色，果实球形，是普通水果。(2)这种植物的果实。❷姓。

里

里(△裏、裡) lǐ ❶量。市里的通称。1市里等于150丈，合公制500米，即 $\frac{1}{2}$ 公里。△❷名。(～儿、～子)衣物的内层，纺织品的反面：被～儿｜棉袄～子｜这是面儿，那是～儿。△❸方位。(1)在一定的界限以内；与"外"相对，构成方位词组，作用相当于名词：暑假～｜树林～｜领导班子～｜他的发言～。常作介词"往、朝、从、由、向"的宾语：往～走｜朝～看｜从～到外。同表示机构的单音节名词组合，既可指该机构，也可指该机构的处所：向县～汇报情况(指机构)｜从县～来(指处所)。同单音节形容词组合，表示方向或方面：往好～想｜横～看，竖～瞧，总觉得不合适。附在"这、那、哪"等代词后表示地点：这～｜那～｜哪～。❹〈素〉(1)街坊，里弄(古代五家为邻，五邻为里)：邻～｜～巷。(2)家乡：故～。△(3)里边，里面：～屋｜～间｜～院。❺姓。

【里边】lǐbian 方位。一定的时间、空间或某种范围以内；一般不作单音节词的附加语，后面可加助词"的"：～有人｜～的房间。可用在单音节词的后边，构成方位词组：心～很高兴。可加"最、更、稍微"等程度副词，比较位置的远近：稍微～一点是张家｜他坐在教室最～一行。也说里面、里头。

【里程碑】lǐchéngbēi 名。(1)设在大路旁边记载里数的标志。(2)比喻历史发展过程中可作为重要标志的大事："五四"运动是中国民主革命道路上的重要的～。

【里出外进】lǐ chū wài jìn 习。不平整，参差不齐：牙齿长得～的｜马路边上的树栽得～，很不好看。

【里脊】lǐji 名。猪、牛、羊脊椎骨里侧的条状嫩肉，做肉食时，叫里脊：炒～。

【里间】lǐjiān 名。相连的几间房子里不直接通到外边的房间。也叫里屋。

【里拉】lǐlā 名。音译词。意大利的本位货币。

【里弄】lǐlòng 〈方〉名。巷子，胡同。

【里手】lǐshǒu ❶方位。靠里的一边，左边：骑自行车常从～上车。❷〈方〉名。内行，行家：行家～｜种西瓜的～。

【里通外国】lǐ tōng wài guó 成。暗中勾结外国反动势力，阴谋叛国：对极少数～的败类，必须严厉惩办。

【里巷】lǐxiàng 名。小街小巷，小胡同。

【里应外合】lǐ yìng wài hé 成。外面进攻，里面接应：～，没有攻不进的城池。

俚

俚 lǐ 〈素〉通俗，粗俗：～俗｜～语。

【俚俗】lǐsú 形。粗俗：这篇文章～不堪｜语言太～。

【俚语】lǐyǔ 名。粗俗的或通行面极窄的方言词，如北京土话中的"颠儿(走或溜)"。

哩

哩 lǐ 也读yīnglǐ 量。英美长度单位。现写作"英里"。

浬

浬 lǐ 也读hǎilǐ 量。海程长度单位。现写作"海里"。

娌

娌 lǐ 见"妯(zhóu)娌"。

理

理 lǐ ❶名。(1)道理，理由：这次争吵，是你没有～，～在他那边。(2)理科：我喜欢学文，不喜欢学～。❷动。(1)整理，使整齐；常带宾语或补语：～一下书籍。(2)理睬；常用于否定式，可带宾语：今天他们俩谁也不～谁。❸〈素〉(1)物质组织的条纹：条～｜纹～。(2)管理，办理：～财｜～事。❹姓。

【理睬】lǐcǎi 动。对别人的言语行动表示态度，表示意见；多用于否定式：对这种无理要求可不加～。可带宾语：不要～他。

【理当】lǐdāng 助动。应当，理所当然：～交代一下｜～他去。

【理会】lǐhuì 动。(1)懂，了解；常带宾语或补语：我能～老师的意思｜这篇文章现在才～过来。(2)注意，理睬；多用于否定式：不予～。可带宾语：我没有～他。

【理解】lǐjiě 动。懂，了解；常带宾语或补语：我～青年人的想法｜这个问题很难～得透彻。

【理科】lǐkē 名。教学上对物理、数学、化学、生物等学科的统称。

【理亏】lǐkuī 形。理由不足，行为不合道

理：他感到～,才不闹了|我自觉没有什么～的地方。

【理疗】lǐliáo ❶名。物理疗法的简称。是用光、电、泥、热蜡等刺激身体的某一部分来治疗疾病的方法。❷动。用这种方法治病；不带宾语：这种病可以～。

【理路】lǐlù 名。(1)思想或文章的条理：～不清的文章最难修改。(2)〈方〉道理：他每句话都在～上,使人听了不能不心服。

【理论】lǐlùn ❶名。人们由实践概括出来的关于自然界和社会的知识的有系统的结论。❷动。辩论是非,讲理；一般不带宾语,多见于早期白话：待我回来,再和他～。

【理屈词穷】lǐ qū cí qióng 成。由于理亏而无话可说：在确凿的事实面前,他～,只得认错。

【理事】lǐshì 名。代表团体行使职权并处理事情的人：他是我们学会的～。

【理所当然】lǐ suǒ dāng rán 成。从道理上讲应当这样：子女赡养父母是～的事情。

【理想】lǐxiǎng ❶名。对美好未来的设想；多指有根据的、合理的,与空想、幻想不同：永久和平是人类的～。❷形。符合希望的,令人满意的：这部影片拍得很～|最～的环境。

【理性】lǐxìng 名。(1)指属于判断、推理等活动的认识阶段；与"感性"相对。人的认识一般都是从感性到～。(2)从理智上控制行为的能力：他受不了这种刺激,几乎要失去～了。

【理性认识】lǐxìng rènshi 词组。认识的高级阶段,即概念、判断和推理阶段。是人们在感性认识的基础上,经过分析归纳和思考对客观事物的本质和规律性的认识。

【理学】lǐxué 名。宋、明时期的唯心主义的哲学思想。分客观唯心主义和主观唯心主义两派。前者认为"理"先天地而存在,世界万物均由"理"派生；后者认为是"心外无物,心外无理",主观意识才是宇宙万物的本原。它们都代表了统治阶级的利益,企图维护没落的封建制度。

【理应】lǐyīng 助动。照理应该：～相助|你亲自前往。

【理由】lǐyóu 名。事情为什么这样做或那样做的道理：～充足|毫无～。

【理直气壮】lǐ zhí qì zhuàng 成。理由正确、充分,说话就有气势：我们应该～地反对和揭露这种谬论。

【理智】lǐzhì 名。辨别是非、利害关系以及控制自己感情和行为的能力：～终于战胜了感情|她几乎失去了～。

锂 lǐ 名。金属元素,符号Li。银白色,是最轻的金属,质柔软。化学性质很活泼。可制合金和蓄电池等。

鲤 lǐ 名。鲤鱼,体稍侧扁,嘴边有长短触须各一对,背部苍黑色,腹部黄白色。是重要的养殖鱼类之一。

逦(邐) lǐ 见"迤(yǐ)逦"。

澧 lǐ 水名用字。澧水；在湖南省。

醴 lǐ 〈古〉名。甜酒。

鳢 lǐ 名。鱼类的一科,身体圆筒形,头扁,头和躯干都有鳞。最常见的是乌鳢,有些地区叫乌鱼、黑鱼。

蠡 lǐ ❶人名用字。范蠡,春秋时人。❷地名用字。蠡县,在河北省。另见lí。

lì（ㄌㄧˋ）

力 lì ❶名。(1)改变物体运动状态的作用ім做力。(2)体力,力气：～大无穷|他出了不少～。❷〈素〉(1)事物的效能：视～|电～|药～～。(2)尽力,努力：～争|～戒。❸姓。

【力不从心】lì bù cóng xīn 成。内心想做,力量够不上：他很想攻克这个数学难题,但是～,只好作罢。

【力不胜任】lì bù shèng rèn 成。能力小,担负不了：做这样的工作,我明知～,但却义不容辞。

【力促】lìcù 动。极力促成；须带宾语或兼语：我们要～这一目标的实现|～这笔交易成功|～双方停火。

【力戒】lìjiè 动。极力防止；须带谓词性宾语：～弄虚作假|～骄傲自满。

【力量】lìliang 名。(1)力气：人多～大。(2)能力：为家乡建设贡献～。(3)作用,效力:这篇文章揭露敌人的阴谋,很有~。

*"力量"和"力气":"力量"的意思比较丰富,除了指力气外,还有能力、效力、作用等意思;"力气"的意思只指劲儿的大小。"力量"的使用范围宽,可用于具体的人或动物,还可用于较抽象的事物,如:理想的力量。"力气"的使用范围较窄,多用于具体的人或动物。

【力气】lìqi 名。人或动物的气力:举重运动员的~非常大|他连说话的~都没有了。

【力气活】lìqihuó 名。费力的体力劳动:抡大锤是一项~|我只能干些~儿,笔杠子玩不来。

【力求】lìqiú 动。极力追求,尽力谋求;须带谓词和谓词性词组作宾语:~取得好的成绩|写文章要~简洁。

*"力求"和"力图":"力求"强调努力想求得某种结果或实现某种状况;"力图"强调努力要实现某种意图。"力求"一般用于好的意图,是褒义词;"力图"可用于好的意图,也可用于坏的意图,是中性词。

【力所能及】lì suǒ néng jí 成。自己的能力所能办到的:只要我~,一定把它做好。

【力透纸背】lì tòu zhǐ bèi 成。形容书法遒劲有力:李老的草书奔放雄健,~。也形容诗文深刻有力:陆游写的诗,意在笔先,~。

【力图】lìtú 动。极力谋求,竭力打算;须带谓词或动词性词组作宾语:~进取|~恢复|~摆脱目前的困境。

【力挽狂澜】lì wǎn kuáng lán 成。挽:挽回;狂澜:巨大的波浪。比喻用巨大的力量控制住险恶的局面,使转危为安。

【力行】lìxíng 〈书〉动。努力实践;不带宾语:身体~|为政不在多言,贵在~。

【力学】lìxué ❶名。研究物体机械运动规律的科学。❷〈书〉动。努力学习;不带宾语:他~不倦,孜孜以求。

【力争】lìzhēng (1)极力争取;须带宾语:~上游。可带动词性词组作宾语:~超额完成任务。(2)极力争辩;不带宾语:据理~,决不示弱。

荔(荔)

【荔枝】lì[-zhī] 名。(1)常绿乔木,羽状复叶,花绿白色,果实球形或卵形,果皮有瘤状突起,果实多汁,味甜,是我国的特产。(2)指这种植物的果实。

历(歷、△曆、厤)

lì ❶〈书〉动。经过,经历:~尽艰苦|~时三年。❷〈书〉副。一个一个地,遍:用在单音节动词之前:~访各厂|~览诸史。❸〈素〉(1)过去的各个或各次:~年|~代|~届。△(2)推算年、月、日和节气的方法:~法。△(3)记录年、月、日和节气的书、表等:~书|日~。

【历程】lìchéng 名。经历的过程:战斗的~|革命的~。

【历次】lìcì 形。过去各次;不加程度副词,不单独作谓语,多作定语:~会议|~考试,他成绩都很优良。也可作状语:~竞选,均遭失败。

【历代】lìdài 名。以往的各个朝代:历朝~都有英雄豪杰|~典章制度不尽相同。

【历法】lìfǎ 名。用年、月、日计算时间的方法。主要分阳历、阴历和阴阳历三种。

【历届】lìjiè 形。以往各届;不加程度副词,不单独作谓语,多作定语:~代表大会|~毕业生。

【历来】lìlái 形。从过去到现在的;不加程度副词,不单独作谓语:这是我们~的方针|世界上~的宪法,不论哪个国家的,都反映了统治阶级的意志。常作状语:我们~主张,国家不分大小,一律平等|这一带~盛产稻米,人称鱼米之乡。

【历历】lìlì 副。一个一个清楚而又分明,指物体或景象:江上白帆,~可数|童年往事,~如在眼前。

【历练】lìliàn ❶动。体验和锻炼;一般不带宾语:青年人应该多到社会上去~,增长见识和才干。可带补语:他在部队里~已久,很有实战经验。可重叠:让他在基层~~。❷名。指个人的经历和经验:此人很有~,堪当重任|经过多种~才能造就出领袖之才。

【历年】lìnián 名。过去多年:这部论文集汇集了他~的研究成果。

【历史】lìshǐ 名。(1)自然界和人类社会

的发展过程,也指某种事物的发展过程和个人的经历:社会发展的～|他的一很复杂。(2)过去的事实:这段经历已成为～。(3)过去事实的记载:人类自有以来|中国有3000多年的～。(4)指历史学科:～是一门重要的课程|我是学～的。

【历史剧】lìshǐjù 名。以历史故事为题材的戏剧。

【历书】lìshū 名。排列月、日、节气等供查考的书。

坜(壢) lì 地名用字。中坜,在台湾省。

苈(藶) lì 见"葶(tíng)苈"。

呖(嚦) lì [呖呖]〈书〉拟声。摹拟鸟类清脆的叫声:莺声～。

沥(瀝) lì ❶动。多带宾语或补语。(1)液体一滴一滴地落下:绑着绷带的伤口上仍～着鲜红的血。(2)过滤:把水一掉|刚一下了一杯酒。❷〈素〉液体的点,滴:余～。

【沥沥】lìlì 拟声。摹拟水流声:清泉～。

【沥青】lìqīng 名。有机化合物的混合物,色黑,呈胶状。可用来铺路面或作防腐、绝缘的材料。通称柏油。

枥(櫪) lì 〈古〉名。马槽。

疬(癧) lì 见"瘰(luǒ)疬"。

雳(靂) lì 见"霹(pī)雳"。

厉(厲) lì ❶〈素〉(1)严格:严～|～行。(2)严肃,猛烈:～色|雷～风行。❷〈古〉同"砺",又同"癞(lài)"。❸姓。

【厉兵秣马】lì bīng mò mǎ 成。厉:同"砺",磨;兵:兵器;秣:喂牲口。磨快兵器,喂饱马,指作好了战斗准备:战士们～,随时准备痛击入侵之敌。

【厉鬼】lìguǐ 名。恶鬼,鬼怪。

【厉害】lìhai 见"利害"。

【厉声】lìshēng 副。说话声音严厉;只作动词状语:老师～问我:"今天怎么又迟到了?"

【厉行】lìxíng 动。严格实行;常带动词或名词作宾语:～节约,反对浪费|～改革政策。

励(勵) lì ❶〈素〉劝勉;激～|奖～。❷姓。

【励精图治】lì jīng tú zhì 成。励:奋勉;图:设法;治:治理。振作精神,想办法把国家治理好:全国上下～,同心同德干四化。

砺(礪) lì ❶〈古〉名。磨刀石。❷〈素〉磨:砥～|磨～。

蛎(蠣) lì 见"牡蛎"。

粝(糲) lì 〈古〉名。糙米。

立 lì ❶动。(1)站;多带补语:～得正|～在门口。可带处所或施事宾语:～门口|～墙边|树下～着一个人。(2)竖立,使物件的上端向上;常带宾语:路边～着许多木桩|～根杆子当坐标。也可带补语:把梯子一起来。(3)建立,制定;常带宾语或补语:～合同|～规矩|制度～不起来。(4)〈书〉君主时代称君主即位;不带宾语:高祖崩,太宗～。❷〈素〉(1)存在,生存:自～|独～。(2)直立的:～柜|～轴。(3)立刻:～即|～地。❸姓。

【立案】lì'àn 动。不带宾语,可拆开用。(1)在主管机关注册登记,备案:这项工程已在主管局～,今年可以动工|学校计划办工厂的事已在教育局立过案了。(2)设立专案:这起盗窃事件公安局已～侦查|群众揭发的案件已立了案,正着手调查处理。

【立场】lìchǎng 名。(1)泛指认识和处理问题时所处的地位和所抱的态度:一个人观察事物、认识事物总离不开一定的～。(2)特指阶级立场:坚持反动～。

【立春】lìchūn 名。二十四节气之一,在2月3、4日或5日。我国习惯上作为春季的开始。

【立等】lìděng 动。立刻等着;须带动词作宾语:～回音|～答复。

【立地】lìdì 副。立刻;用在动词或形容词前面,表示某种情况紧接着前一种情况很快出现:放下屠刀,～成佛|服药之

后～见效。

【立定】lìdìng 动。军事或体操口令,命令正在行进的队伍或个人停下并立正;不带宾语:全体～。

【立冬】lìdōng 名。二十四节气之一,在11月7日或8日。我国习惯上作为冬季的开始。

【立法】lìfǎ 动。国家权力机关按照一定程序制定或修改法律;不带宾语:教育也要～|全国人民代表大会是～机构。可拆开用:计划生育也要立个法才行|既立了法就得执行。

【立方】lìfāng ❶名。(1)一个数连续自乘两次,即指数是3的乘方,如5^3、a^3。(2)立方体的简称。❷量。体积单位:5～。

【立竿见影】lì gān jiàn yǐng 成。把竹竿竖在太阳光下,立刻就看到影子,比喻收效极快:药到病除,～。

【立功】lìgōng 动。建立功绩;不带宾语:～受奖|在战斗中～,是每个战士的心愿。可拆开用:他立过大功|立了个二等功。

【立功赎罪】lì gōng shú zuì 成。用立功来抵偿所犯的罪过:一切犯罪分子都可以～,重新做人。

【立即】lìjí 副。立刻:种了树应～浇水|你们接到命令后要～执行。

【立交桥】lìjiāoqiáo 名。路线互成立体交叉时所建的桥梁,有铁路、公路立交桥、人行立交桥等类型。因共有主桥、引桥,快慢分行,上下分层,富有立体感而得名。立交桥可以加速车辆的流通,适应了现代化交通运输事业的需要。

【立脚点】lìjiǎodiǎn 名。也说立足点。(1)观察或判断事物时所处的地位:是否对国家和人民有利,这是我们观察和处理问题时的～。(2)生存或占有的地方:如果我们在国际市场上没有～就无法跟人家竞争。

【立刻】lìkè 副。表示事情即将发生或者紧接着某种事情很快发生:把这药吃下去～就可见效|老师一走进教室,同学们～安静下来。

　　*"立刻"和"马上":"立刻"既可用于书面语,也可用于口语;"马上"多用于口语。

【立论】lìlùn 动。对某个问题提出自己的看法,表示自己的意见;不带宾语:从尊重知识、尊重人才的角度～,这篇文章是很有力量的|要使～正确就必须大量占有资料。

【立秋】lìqiū 名。二十四节气之一,在8月7、8日或9日。我国习惯上作为秋季的开始。

【立身处世】lì shēn chǔ shì 成。指人在社会上待人接物的种种活动:讲究气节是中国知识分子传统的～之道。

【立时】lìshí 副。立刻:汇款一到,～取货|喜讯传来,我的懊帐～消散。

【立体】lìtǐ 名。(1)具有长、宽、厚的物体。(2)即几何体,由平面或曲面围成的空间的有限部分,如正方体、球体。

【立体电影】lìtǐ diànyǐng 词组。使观众对画面有立体感觉的电影。

【立体声】lìtǐshēng 名。使人对声源有空间变化感觉的声音。人的双耳不仅能判断音调和响度,还能辨别声源的方向和远近。通过适当组合传声器和扬声器,能产生立体声的效果,增强真实感。现在,宽银幕电影、高档音响设备多采用立体声。

【立夏】lìxià 名。二十四节气之一,在5月5、6日或7日。我国习惯上作为夏季的开始。

【立宪】lìxiàn 动。君主国家制定宪法,实行议会制度;不带宾语:～运动|光绪三十二年七月,下诏预备～|党人纷纷要求～,限制君权。

【立言】lìyán 动。指著书立说;不带宾语:为人民～的作家将受到人民的尊重。可拆开用:立了言。

【立意】lìyì 动。(1)打定主意;多带动词或动词性词组作宾语:他～去边疆工作。(2)确定作品的主题;不带宾语:命题～之后就是表现手法的问题了|需要研究一下这篇文章如何～。

【立正】lìzhèng 动。军事或体操口令,命令队伍或个人在原地站好;不带宾语:全体～。

【立志】lìzhì 动。立定志愿;多带动词或动词性词组作宾语:他～攀登科学高峰。可拆开用:立下大志。

【立轴】lìzhóu 名。长条形的字画,高而窄,尺寸比中堂小。
【立锥之地】lì zhuī zhī dì 成。立锥:插锥子。插锥子的一点地方,形容极小的地方;多用于否定式:在旧社会,我家穷得上无片瓦,下无～。
【立足】lìzú 动。常带宾语或补语。(1)站得住脚,能住下或生存下去:他已经成熟了,能在社会上～了|～社会是不容易的|～不稳。可拆开用:要想在文坛上立得住足,就要写出为群众所欢迎的作品。(2)处于某种立场:～本职,放眼全局。

莅(涖、蒞)
lì 〈书〉动。到;须带单音节词作宾语:～场|～会。
【莅临】lìlín 〈书〉动。来到,来临:迎候贵宾～。可带宾语:热烈欢迎局领导～我校指导工作。
*"莅临"和"来临":"莅临"用于贵宾或上级领导人,书面色彩很浓,含尊敬的意思;"来临"主要用于自然现象或抽象事物,书面色彩也较浓,但不含尊敬的意思。

粒
lì ❶名。(～儿)小圆珠或小碎块形的东西:豆～儿|沙～儿|麦～儿。❷量。用于粒状的东西:一～米|一～沙子。
【粒子】lìzǐ 见"基本粒子"。
【粒子】lìzi 见"粒❶"。

笠
lì 〈素〉用竹篾等编制的遮阳挡雨的帽子:斗～|竹～。

吏
lì 〈素〉旧指低级官员,也泛指官员:官～|胥～|贪官污～。
【吏治】lìzhì 名。旧指官吏治事的成绩。

丽(麗)
lì 〈素〉(1)好看:美～|艳～。(2)依附:附～。
另见 lí。

俪(儷)
lì 〈素〉(1)成对的,并列的:骈～|～句。(2)指夫妇:伉～|～影。
【俪句】lìjù 名。对偶的文句。
【俪影】lìyǐng 称别人夫妇的合影:这是他们俩结婚一周年的～。

郦(酈)
lì 姓。

立莅粒笠吏丽俪郦利 lì 641

利
lì ❶名。(1)好处,利益;跟"害、弊"相对:对人民有～。(2)利润,利息:薄～多销|本～合计50元。❷〈书〉动。使得到好处;须带宾语:～国～民的事。❸〈素〉(1)刀刃快,针锋尖:锋～|锐～。(2)顺当:顺～|便～。❹姓。
【利弊】lìbì 名。好处和害处:此事的～得失暂时还看不出来。
*"利弊"和"利害":"利弊"强调带来好处还是坏处,使具有优点还是缺点;"利害"强调有利还是有害。"利弊"一般用于比较具体的事情,"利害"用于较大较抽象的事物,也可用于个人或具体的事情。"利弊"语意较轻;"利害"语意较重。
【利害】lìhài 名。利益和害处:权衡～|这种矛盾不是阶级～的冲突,而是正确与错误的对立。
【利害】lìhai 形。难以对付或忍受,剧烈,凶猛:冬天冷得很～|他闹得｜～|这个人～得很,不好打交道。也作厉害。
【利令智昏】lì lìng zhì hūn 成。利:金钱,利益;令:使;智:理智、头脑;昏:糊涂。因贪图私利而使头脑发昏,不辨是非:有的人～,竟乘改革之机,大搞投机倒把,结果受到法律制裁。
【利率】lìlǜ 名。利息同本金的比率。
【利落】lìluo 形。(1)灵活敏捷;指言语、动作:他说话干脆～|这套自由体操动作做得挺～。可重叠:他技术熟练,干起活来利利落落的。(2)整齐有条理:她不管怎样打扮,总显得～干净|会场布置得大方～。(3)完毕,妥当:这件事总算办～了|他的伤还没～就上前线了。
【利器】lìqì 名。(1)锋利的武器。(2)有效的工具:激光治病的～。
【利权】lìquán 名。经济上的权益;多指国家的:挽回～|维护～|防止～外溢。
【利润】lìrùn 名。商品生产的赢利。也指商业经营的赢利。
【利市】lìshì ❶名。(1)〈书〉旧指利润:三倍。(2)〈方〉买卖顺利的预兆:开业要发个～。❷形。旧指吉利:他这个人抬脚动土,总要找个～之日。
【利索】lìsuo 形。利落:她做事很～。可重叠:房子收拾得利利索索。

【利息】lìxī 名。因存款、放款而得到的本金以外的钱；区别于"本金"：定期存款的～比活期存款的～高。

【利益】lìyì 名。好处：国家～不能损害|为群众谋～。

＊"利益"和"好处"："利益"多用在大事上；"好处"多用在小的具体的事情上。"利益"多用于书面语；"好处"多用于口语。

【利用】lìyòng 动。常带宾语或兼语，可重叠。(1)使人或事物发挥效能；他很会～时间|～水力发电|这些东西还可以～～，丢了可惜。(2)用手段使别人为自己服务：他们之间只是互相～|～别人替他服务|他是想～～你，不是帮你的忙。

＊"利用"和"使用"："利用"是让原来没有用处的或原来没有充分发挥效能的人或事物起作用；"使用"是让人或事物等为某种目的服务。

【利诱】lìyòu 动。用利益引诱；可带宾语：敌人想用金钱、地位来～他。也可作主语、宾语：威逼～对他都不起作用|他坚决不受～。

【利欲熏心】lì yù xūn xīn 成。贪图私利的欲望迷住了心窍：有些～的人钻改革的空子，不择手段地捞取不义之财。

俐 lì 见"伶(líng)俐"。

莉 lì 见"茉(mò)莉"。

猁 lì 见"猞(shē)猁"。

痢(△𤻤) lì ❶名。痢疾。传染病，按病原体的不同，主要分为细菌性痢疾和阿米巴痢疾两种。症状是发烧、腹痛、粪便中有血、脓或粘液。通常把有血的叫赤痢，带脓或粘液的叫白痢。△❷见"瘌(là)痢"。

例 lì ❶名。(～子)用来说明情况的或可作依据的事物：举一个～子。❷〈素〉(1)规则，体例：条～|凡～|～外。(2)按条例规定的，照成规进行的：～会|～行公事。

【例会】lìhuì 名。按照规定定期举行的会议：本周～因故改期。

【例假】lìjià 名。(1)按照规定放的假，如元旦、春节、"五一"、国庆等。(2)指月经或月经期；婉辞。

【例如】lìrú 动。举例用语，放在所举的例子前面，表示下面就是例子；须带宾语：这几年他学会了几种手艺，～打家具、修理电视机等等。举例也有插在句子中间的：他擅长的运动项目，～体操、击剑、游泳，都在全省运动会得过名次。

【例句】lìjù 名。作为例子的句子：老师在黑板上写了三个～。

【例题】lìtí 名。说明某一定理或定律时用来做例子的题目：这本书的特点是～很多。

【例外】lìwài ❶动。在一般的规律、规定之外；不带宾语：任何人都要服从法律，谁也不能～。❷名。在一般的规律、规定之外的情况：一般来说，纬度越高，气温越低，但也有～。

【例行公事】lì xíng gōng shì 成。按照惯例处理公事，现多指对工作应付一下的形式主义作风：他是质量检查员，却不认真检查，只是～地看了一下。

【例言】lìyán 名。书的正文前面说明体例等等的文字，凡例：要了解一部词典的性质、特点和查检方法等，先得看它的～。

【例证】lìzhèng 名。用作证明事实或理论的例子：这篇论文～丰富|他举了很多～来说明这个问题。

疠(癘) lì 〈古〉名。(1)瘟疫。(2)恶疮。(3)同"癞(lài)"，指麻风病。

戾 lì 〈素〉(1)罪过：罪～。(2)凶暴，不讲理：暴～|乖～。

唳 lì 见"风声鹤唳"。

隶(隸、隷) lì 〈素〉(1)附属：～属。(2)指阶级社会里地位下被奴役的人：奴～。(3)旧社会衙门中的仆役：皂～。(4)汉字形体的一种：～书。

【隶书】lìshū 名。汉字字体之一，由篆书简化演变而成，字体由篆书的长方改为方正，笔画由圆转改为方折，是象形汉字变为不象形的重要阶段。始于秦，盛行于汉。

【隶属】lìshǔ 动。从属，受管辖：两个单位不相～。可带宾语：直辖市直接～国务院。可带介词词组作补语：上海市直接～于中央|旧社会工人大都～在工头的手下。

栎（櫟） lì 名。落叶乔木，叶长椭圆形，花黄褐色，坚果球形。叶可喂柞蚕，木材坚硬，可做枕木，也可制作家具。也叫麻栎或橡，通称柞(zuò)树。

另见yuè。

轹（轢） lì 〈古〉❶动。(1)车轮碾轧。❷〈素〉欺凌：凌～。

砾（礫） lì 〈素〉小石块，碎石：瓦～|～石。

【砾石】lìshí 名。经水流冲击磨去棱角的岩石碎块。

跞（躒） lì 〈古〉动。走路。

另见luò。

鬲（鬲） lì 名。古代炊具，样子像鼎，足部中空。

另见gé。

栗（△慄） lì ❶名。（～子）(1)落叶乔木，叶长而硬，背面有白色绒毛，果实坚硬，包在多刺的壳斗内。果仁可吃。树皮和壳斗供鞣皮和染色用。(2)指这种植物的果实。△❷〈素〉发抖：战～|～然。❸姓。

【栗暴】lìbào 名。把手指弯曲起来打人头顶叫凿栗暴或打栗暴：给他吃几个～，他就不调皮了。也说栗凿。

【栗然】lìrán 形。发抖、战栗的样子；不加程度副词，不单独作谓语：一看到恐怖镜头，他就～不安起来。

【栗色】lìsè 名。像栗子皮那样的颜色；多作定语：他买了一种～的外套。

傈 lì [傈僳族](-sùzú) 名。我国少数民族之一，分布在云南省和四川省。

溧 lì 地名用字。溧水，县名，溧阳，市名，均在江苏省。

篥 lì 见"觱(bì)篥"。

詈 lì 〈素〉骂：～词|忿～。

lì (·ㄌl)

哩 li 〈方〉助。(1)用在句末，表示确认的语气；与"呢"相同，只是不用在疑问句末了：别看他爱玩，学习成绩可好～! (2)表示列举，与"啦、啊"的用法一样：菜场上鸡～，鱼～，西红柿～，花菜～，品种可多呢!

另见lī, lǐ。

liǎ (ㄌlㄚˇ)

俩（倆） liǎ 〈口〉数。(1)两个：姐妹～|咱～。(2)不多，几个：今天有了～钱儿，可不能忘掉过去的穷日子呀! 注意: "俩"后面不再用"个"或其他量词。

另见liǎng。

lián (ㄌlㄢˊ)

奁（奩、匲、匳） lián 〈素〉古代妇女梳妆用的镜匣：妆～|嫁妆。

连 lián ❶动。连接：骨肉相～。常带宾语或补语：天～着水，水～着天|心～心|～得很紧。❷副。(1)连续；只修饰单音节动词，动词后面常有数量词组：～演十场|～发三球。❸介。(1)放在某些词语前边，表示强调，后面常有副词"都、也"等搭配：门前有棵桂花树，～里屋都香了|他～看电影也没有兴趣。(2)包括全部算上：这辆车～驾驶员能坐13人|苹果～筐共50斤。❹名。军队的编制单位，由若干排组成：派去一个～。❺姓。

【连词】liáncí 名。连接两个词、词组或句子的词，如"和、因为、然而"等。

【连带】liándài 动。彼此关联；常带宾语或补语：你们吵你们的，希望别～我|放心吧，～不到你的。也可作定语或状语：一个人的思想修养与他的知识水平是有～关系的|从这个案件～查出了另一个案件。

【连裆裤】liándāngkù 名。(1)裆里不开口的裤子；对"开裆裤"而言。(2)〈方〉与"穿"构成惯用语，表示彼此勾结，互相包庇：两个人穿的～，互相包庇。

【连亘】liángèn 形。连续不断；多指山脉等，不加程度副词：山脉～｜蜿蜒前伸。

【连贯】liánguàn 动。也作联贯。连接贯通；一般不带宾语，可带补语：思想不～｜中间加个过渡段，就可使这篇文章的前后～起来了。可加程度副词：故事情节很～。

【连锅端】lián guō duān 习。比喻全部移走或除掉；含诙谐意：这个碉堡里的鬼子兵被游击队～了。

【连环】liánhuán ❶名。一个个环相互套着，能各自转动但不能分开：九～（一种玩具）。❷动。比喻有密切关系；不带宾语，可带补语：他们俩勾搭～，狼狈为奸｜他们之间利害～在一起，难以分开。常作定语：～计｜～锁。

【连环画】liánhuánhuà 名。用多幅画连续表达一个故事的绘画。一般每幅画都附有文字说明。

【连接】liánjiē 动。也作联接。(1)互相衔接；常带宾语或补语，可带动态助词"着"：有一根最敏感的弦～着母子的心｜远处的天和水面～在一起。(2)使连接；须带宾语或补语：～A、B两点成一直线｜把绳子的两端～起来。

【连襟】liánjīn 名。姐姐的丈夫和妹妹的丈夫之间的亲戚关系：他是我的～。

【连累】liánlěi 动。牵连，使受损害；多带宾语或兼语：老秦不只自己惹了祸，还～了自己的妻子和儿女｜～您受罪了。也常用在被动式中：全家人都被～了｜连儿女也受到了～。

＊"连累"和"牵累"："连累"强调因连带关系而使得损害波及别人或自己；"牵累"强调因牵连涉及而使得也受损害。"连累"可用于书面语，也可用于口语；"牵累"多用于书面语。

【连类】liánlèi 〈书〉动。把同类的事物连在一起；不带宾语：～而及。

【连理枝】liánlǐzhī 名。两棵树连生在一起的枝条，旧时比喻恩爱夫妻：在天愿作比翼鸟，在地愿为～。

【连连】liánlián 副。表示在短时间里动作行为不断地反复出现：演出结束，观众赞不绝口，～叫好。

＊"连连"和"连续"："连连"所修饰的动词后面不带数量词组；"连续"所修饰的动词后面可带数量词组，如：连续看了三遍。"连连"是副词，不修饰名词；"连续"是形容词，可修饰名词。

【连忙】liánmáng 副。赶紧，急忙：老师一提出问题，同学们就～举手争着回答。

【连绵】liánmián 形。接连不断；多指山脉、河流、雨雪等，不加程度副词：山势～起伏｜阴雨～。也作联绵。

【连年】liánnián 副。连续多年；多作动词状语：～增产｜～大丰收。

【连翩】liánpiān 见"联翩"。

【连篇】liánpiān 形。不加程度副词。(1)一篇接一篇，篇幅很多；多用在固定组合中：～累牍。(2)充满整个篇幅；常单独作谓语：白字～｜废话～。

【连篇累牍】lián piān lěi dú 成。形容篇幅过多，文章冗长：有的文章，～的套话，叫人实在看不下去。

【连任】liánrèn 动。接连担任同一职务：连选可以～。常带宾语或补语：他～工会主席｜一直～到现在。

【连日】liánrì 副。接连几天：～暴晒｜～阴雨，足不出户。

【连声】liánshēng 副。一声紧接一声；用作动词的状语：～呼喊｜～称赞。

【连锁】liánsuǒ 形。一环套一环，像锁链一样，形容连续不断；不加程度副词，不单独作谓语，多作定语或状语：～比例｜～反应。

【连锁反应】liánsuǒ fǎnyìng 词组。(1)比喻一系列相关的事物，只要其中一个发生变化，其他都跟着发生变化：家里只要有一人感冒，往往会引起～，其他人也跟着感冒。(2)见"链式反应"。

【连天】liántiān ❶副。连日，接连几天：连夜写稿｜～赶路。❷形。不加程度副词。(1)连续不断；多用在固定组合中：叫苦～。(2)像跟天空连在一起似的；多形容远处的山水、火光等：水～｜烽火～。

【连同】liántóng 介。包括，算上：老李一家～他的岳父母一道迁往上海去了｜把罪犯～凶器一起送交派出所。

【连写】liánxiě 动。指汉字用拼音字母注音时把每一个复音词的几个音节连起来写；不带宾语：这是一个多音节的词，应该～。

【连续】liánxù 形。一个接一个；不加程度副词：山势～不断，一眼望不到头。常作状语或定语：一年来，他～发表了十篇论文|～光谱|电视～剧。

*"连续"和"陆续"："连续"强调连在一起，毫无间断；"陆续"表示事情先后相继发生，中间可能有间断。"连续"是形容词可以做谓语、定语和状语；"陆续"是副词，只能做动词的状语。

【连夜】liányè 副。(1)当天夜里；多作动词的状语：他下班回家后，～赶制图表|～召开紧急会议。(2)一连几夜；多跟"连日"合用：连日～地刮风下雨|连日～地干。

【连用】liányòng 动。(1)连起来使用；不带宾语：数词常常和量词～。(2)接连几次使用；可带宾语：这里～三个"非常"，显出十分强调的语气。

【连载】liánzǎi 动。一个作品分成若干段落在同一报刊上连续刊载；常带宾语和补语：本刊将分期～这篇小说|～到年底为止。

【连轴转】lián zhóu zhuàn 习。比喻劳动或工作夜以继日地不停止：最近，我们车间忙得～，全力以赴地试制一种新产品。

【连珠】liánzhū 名。连成串的珠子，比喻连续不断的声音等：～炮|～似的机关枪声|捷报～似地传来。

【连属】liánzhǔ 〈书〉动。连接，联结，一般不带宾语；可带补语：～在一起|两地～。

【连缀】liánzhuì 动。联结；不带宾语，常带补语：几件事～在一起，就很能说明问题|把一幅幅画面～起来。

【连坐】liánzuò 动。旧时一个人犯法，其家属、亲族、邻居等连带受处罚；不带宾语：封建社会，一人犯法，全家～。

【连作】liánzuò 动。在一块田地上连续栽种同一种作物；不带宾语：有的农作物，如稻子，可以～。也叫连种、连茬或重(chóng)茬。

莲 lián 名。多年生草本植物，生在浅水中，叶圆形，花有香味。地下茎叫藕，种子叫莲子，都可食。也叫荷、芙蓉、芙蕖等。

【莲花落】liánhuālào 名。曲艺的一种，用竹板打节拍，每段以"莲花落，落莲花"一类的句子做衬腔或尾声。

【莲蓬】lián·peng 名。莲花开过后的花托，倒圆锥形，里面有莲子。

涟 lián 〈素〉(1)风吹水面所成的波纹：～漪。(2)泪水不断：～～。

【涟涟】liánlián 形。形容泪水不断；不加程度副词：涕泪～|香港观众看《卫国军魂》时，不少人流下了～热泪。

【涟漪】liányī 〈书〉名。细微的波纹：清风吹来，湖面泛起～。

裢 lián 见"褡(dā)裢"。

鲢 lián 名。鲢鱼，身体侧扁，鳞细，背部青黑色，腹部白色。是我国重要的淡水鱼类之一。

怜(憐) lián 〈素〉(1)同情：～悯|～惜。(2)爱：爱～。

【怜悯】liánmǐn 动。对遭遇不幸的人表示同情；可带宾语：你见他～过谁？可加程度副词：他十分～你的遭遇，但是爱莫能助。可重叠：你～～她吧。

*"怜悯"和"怜恤"："怜悯"强调对被同情者起了恻隐之心，对他的不幸遭遇表示同情；"怜恤"强调对被同情者给予抚慰、体恤。

【怜惜】liánxī 动。同情爱护：这孩子娇小柔弱，叫人～。可带宾语，可加程度副词：她最～不幸的人，独独不～自己。可重叠：你做做好事，～～穷人吧!

【怜恤】liánxù 动。怜悯体恤；可带宾语，可加程度副词：对小王的不幸遭遇，大家都很～|他说他到现在还在～着你|除了你，我谁也没真正～过。

帘(△簾) lián 名。(～儿)(1)用布做成的望子：酒～儿。△(2)(～子)用布、竹子、苇子等做成的遮蔽门窗的器物：窗～子|门～子。

联(聯) lián ❶名。对子：这～写得比那～好。❷〈素〉连接，结合：～盟|～合。

【联邦】liánbāng 名。国家结构形式之一。由若干具有国家性质的行政区域(有国、邦或州等不同名称)联合而成的统一国家，各成员国有自己的立法和行政机构，联邦也有统一的立法和行政机构，但在国际交往中以联邦政府为主体。

【联播】liánbō 动。全国或某一地区的广播电台或电视台同时播送同一内容的节目；可带宾语：现在各地广播电台都在～中央台的特别节目。可作主语、宾语或定语：～已经开始|开始～|～的时间。

【联防】liánfáng 动。不带宾语。(1)两支以上的队伍联合起来，共同防御敌人：军民～，保卫海疆。(2)球赛中的联合防守：中国女篮善于打二三～。

【联贯】liánguàn 见"连贯"。

【联合】liánhé ❶动。结合，联系使不分散，常带宾语或补语：我们要～世界上一切爱好和平的人们|全世界无产者～起来！❷形。结合在一起的，共同；不加程度副词，不单独作谓语，多作定语或状语：～政府|～行动|～举办|～经营。
＊"联合"和"联系"："联合"侧重指结合起来，不分散，不离开；"联系"侧重指彼此接上关系。"联合"的对象多是具体的人或国家、企业、单位等；"联系"的对象可以是具体的，也可以是抽象的，如实际思想、情况、工作等。"联合"有形容词用法；"联系"没有。

【联合国】liánhéguó 名。第二次世界大战结束后于1945年10月24日成立的国际组织，总部设在美国纽约。主要机构有联合国大会、安全理事会、经济和社会理事会、秘书处等。根据《联合国宪章》规定，其主要宗旨是维护国际和平与安全，发展国际友好关系，促进经济文化等方面的国际合作。

【联欢】liánhuān 动。一个集体的成员或两个以上的集体在一起欢聚；不带宾语：中日青年大～|～晚会。可拆开用：这两个厂的工人曾联过一次欢。可重叠：你们两个班经常～～，可增进友谊，促进团结。

【联接】liánjiē 见"连接"。

【联结】liánjié 动。把两个或两个以上的事物结合在一起；常带宾语或补语：北京是～全国各地的中心|战斗的友谊把他们紧紧地～在一起。

【联络】liánluò 动。彼此交往，接上关系；可带宾语、兼语或补语：～了几个人|～几个单位共同赞助转播足球赛|～好了。可作定语或宾语：～员|～网|失去～|恢复～。可重叠：我们要多多接触，～～感情。

【联袂】liánmèi〈书〉动。袂：衣袖。手拉着手，比喻一同做某事；不单独作谓语，须和其他动词配合使用，构成连动组：～起舞|～前往|纪念秋瑾的文集由宋庆龄、郭沫若～题签。注意："联袂"不用于做不好的事情，"联袂破坏""联袂贪污"都不行。

【联盟】liánméng 名。两个或几个国家为了共同行动订立盟约而结成的集团，也指个人集团或阶级的联合：结成～|工农～|反法西斯～。

【联绵】liánmián 见"连绵"。

【联绵字】liánmiánzì 名。旧称双音节的单纯词，包括：(a)双声的，如"仿佛、玲珑"；(b)叠韵的，如"徘徊、逍遥"；(c)非双声非叠韵的，如"蜈蚣、妯娌"；(d)同音重字的，如"匆匆、津津"。也叫联绵词。

【联名】liánmíng 动。由若干人或团体联合具名；多作状语或定语：～上书|～倡议|～信。

【联翩】liánpiān 形。鸟飞的样子，形容连续不断；不加程度副词：～起舞|浮想～，夜不能寐。也作连翩。

【联赛】liánsài 名。三个以上同等级的运动队之间进行的比赛：今年全国甲级篮球队～在上海举行。

【联席会议】liánxí huìyì 词组。不同的单位、部门或团体为了解决彼此有关的问题而联合举行的会议：人事局、科委、教育局等单位召开～，商讨人才流动问题。

【联系】liánxì 动。彼此接上关系；常带宾语或补语：理论～实际|要把历史与现实～起来，加以考察。常作宾语：没有～|失去～。可重叠：你们要多同群众～～，争取他们的支持。

【联想】liánxiǎng 动。由某人或某一事物而想到另外有关的人或事物，由某一概念而引起另外相关的概念；一般先带"到、起"等趋向动词后再带宾语：从他身上我常常～到自己|你的话使我～起

许多往事。可带补语：～得很多|～不起来。

＊"联想"和"想象"："联想"一定是两件事，从一个事物想到另一个事物；"想象"是对不在眼前的事物想出它的具体形象来。

【联姻】liányīn 〈书〉动。两家通过婚姻关系结成亲感；不带宾语：贾、薛两家～。

【联运】liányùn 名。使用同一运送票据，在运送过程中由两种或两种以上不同的运输方式或跨越不同的国家、地区衔接承运的运输，如"铁路公路联运"、"水陆联运"、"国际联运"等。

廉 lián ❶[素]⑴不贪污：～洁|清～。⑵价钱低，便宜：低～|～价。❷姓。

【廉耻】liánchǐ 名。廉洁的操守和羞耻的感觉：不知～的人什么坏事都能做。

【廉价】liánjià 形。价钱比一般低；不单独作谓语，作定语或状语：～商品|～出售。

【廉洁】liánjié 形。不贪污，不利用职权谋取非法收入：清正～|～奉公。

【廉正】liánzhèng 形。廉洁正直：他主持领导工作以来，～清明，深得民心。也说廉直。

濂 lián 水名用字。濂江，在江西省。

膁 lián 名。小腿的两侧。

镰(鐮) lián 〈书〉名。镰刀，收割庄稼和割草的农具，刀片一端装有木把。

蠊 lián 见"蜚(fěi)蠊"。

liǎn (ㄌㄧㄢˇ)

琏 liǎn 名。古代宗庙盛黍稷的器具。

敛(斂) liǎn [素]⑴收住，约束：收～|～容。⑵征收，收集：横征暴～|～财。

【敛财】liǎncái 动。搜刮钱财；不带宾语：旧社会的官吏大多是贪赃枉法，～聚富之徒。可拆开用：敛了许多财。

【敛迹】liǎnjì 〈书〉动。隐蔽起来，不敢再出头露面；不带宾语：政治清明，盗贼～|山高人云，鸟兽～。

【敛钱】liǎnqián 〈口〉动。向大家收取费用或捐款；不带宾语：巧立名目，～肥私。可拆开用：敛了不少钱。

【敛衽】liǎnrèn 〈书〉动。⑴整整衣襟，表示恭敬。⑵同"裣衽"。

【敛容】liǎnróng 〈书〉动。收起笑容，脸色变得严肃；不带宾语：他一走到中山陵前就～正色，肃然起敬。

【敛足】liǎnzú 〈书〉动。收住脚步，不往前走：不能因为摔过几次交就～不前。

脸(臉) liǎn 名。⑴头的前部，从额到下巴：洗洗～。⑵情面，面子：别不要～。⑶脸上的表情：一听说要钱，他的～忽地变了。⑷(～儿)指某些物体的前部：鞋～儿|门～儿。

【脸蛋儿】liǎndànr 名。脸的两旁部分，也泛指脸；多用于年幼的人：这个小姑娘的～长得真好看。也说脸蛋子。

【脸面】liǎnmiàn 名。⑴面孔：～清秀。⑵情面，面子：看老同学的～，你再帮他一回吧。

【脸皮】liǎnpí 名。⑴脸的表皮：～又黑又粗。⑵情面：对坏人坏事要能撕破～作斗争。⑶差愧的心理：～薄(容易害羞)|～厚(不易害羞)|不要～(不知羞耻)。

【脸谱】liǎnpǔ 名。传统戏曲演员脸上画的各种图案，用来表现人物的性格和特征。主要用于净角和丑角。

【脸色】liǎnsè 名。⑴脸上表现出来的健康情况，气色：他病了好多天，～很难看。⑵脸上的表情：他的～很严肃，而且现出焦急不安的样子。

＊"脸色"和"神色"："脸色"主要指脸上显现出的颜色，有时也指表情；"神色"主要指神情态度，可以由脸上显露出来，也可以从动作中表现出来。

【脸子】liǎn·zi 〈方〉名。⑴容貌；多指美丽的容貌，用于不庄重的口气。⑵脸色；指不愉快的：她正在气头上，我才不去看她的～呢。

裣(裣) liǎn [裣衽](-rèn) 〈书〉动。旧时指妇女行礼。

蔹(蘞) liǎn 名。多年生蔓生草本植物，叶多而细，有白蔹、赤蔹等。

liàn(ㄌㄧㄢˋ)

练(練) liàn ❶〈书〉名。白绢：江平如～。❷动。常带宾语或补语。(1)把生丝煮熟，使柔软洁白：这丝没～过|她～过不知多少次丝了,很有经验|丝～得又软又白。(2)练习,训练：～功夫|继续～下去。❸〈素〉经验多,纯熟：熟～|干～。❹姓。

【练兵】liànbīng 动。训练军队,也泛指训练其他人员；不带宾语：最近忙于～,没有时间回乡探亲|这次足球赛,是国家队参加世界杯赛前的一次～。可拆开用：练过兵,也打过仗|练好兵,才能打好仗。可重叠：赛前还得练练兵。

【练达】liàndá 〈书〉动。指阅历多而通晓人情事理；可带宾语：～人情|～事体。

【练队】liànduì 动。参加游行或检阅之前练习队形、步伐等；不带宾语：他们最近忙于～,准备参加国庆检阅。可拆开用：抓紧时间练几次队。可重叠：练练队,准备参加检阅。

【练功】liàngōng 动。练习功夫；不带宾语：她们正在体操房～。可拆开用：他练过功|练了几年功。可重叠：每天打打拳,练练功。

【练习】liànxí ❶动。反复学习,以求熟练；常带宾语或补语：～武艺|～得很认真。可带动词或动宾性词组宾语：～绘图|～着用英语会话。可重叠：掌握了操作要领后,就要多～～。❷名。为巩固学习效果而安排的作业等：课后要认真做～。

炼(煉、鍊) liàn ❶动。(1)用加热等方法使物体纯净或坚韧；常带宾语或补语：～出了铁|钢～出来了|猪油～好了|～不出来。(2)烧；不带宾语：真金不怕火～|放在火上～～。❷〈素〉用心琢磨词句使精炼：～字|～句。

【炼丹】liàndān 动。道教徒用朱砂炼药；不带宾语：葛洪～多年,终未成仙。可拆开用：他炼过多年的丹。

【炼钢】liàngāng 动。把生铁或废钢装入炼钢炉中,加高温熔化,使所含的碳及杂质减低到规定的含量,或加入某些元素制成各种钢；不带宾语：我会～,但不能当厂长。可作定语：他是个～工人。可拆开用：炼出好钢|我没有炼过钢|把废铁炼成钢。

【炼焦】liànjiāo 动。在隔绝空气的条件下,经高温加热,使煤发生分解,得到焦炭；不带宾语：他熟练地掌握了～技术。可拆开用：他炼过几年焦,懂这一行|没有煤,还炼什么焦呢！

【炼乳】liànrǔ 名。一种乳制品,用鲜牛奶或羊奶经过消毒浓缩加糖制成,可以贮存较长时间。

【炼山】liànshān 动。为了造林或使森林更新,用火烧掉山上的杂草、灌木或采伐的剩余物；不带宾语：秋后～时间最适宜。可拆开用：十年前炼了一次山。

恋(戀) liàn 〈素〉(1)想念不忘,不忍分离：留～|～～不舍。(2)男女相爱：～爱|失～。

【恋爱】liàn'ài 动。男女互相爱慕；不带宾语,可带补语：他们俩正在～|他俩～了两年才结婚。

【恋歌】liàngē 名。爱情歌曲：《诗经》里有很多～。

【恋恋不舍】liànliàn bù shě 成。形容舍不得离开：我们分别的时候,真有点～。

【恋栈】liànzhàn 动。马舍不得离开马棚,比喻贪恋官位,不愿离职；不带宾语：许多老干部主动让贤,毫不～。

殓(殮) liàn 〈素〉把死人装进棺材：入～|收～。

潋(瀲) liàn [潋滟](-yàn)〈书〉形。形容水势浩大或水波相连的样子；不加程度副词：我看见过层波叠浪的～,也欣赏过水光～的西湖,却从没看见过漓江这样的水。

链(鍊) liàn ❶名。(～儿、～子)用金属的小环连起来制成的像绳子的东西：车～子|表～儿。❷量。计量海洋上距离的长度单位,一链等于十分之一海里,合185.2米。

【链球】liànqiú 名。(1)田径运动项目之一,运动员两手握着链球的把手,人和球同时旋转,最后加力使球脱手而出。(2)链球运动使用的投掷器械,球体用铁或铜制成,上面安有链子和把手,全长118——122厘米,总重7.257千克。

【链式反应】liànshì fǎnyìng 词组。也叫连锁反应。(1)铀、钚等元素的原子核受到中子轰击时,发生裂变而放出中子,这些中子再打入铀或钚的原子核,就再引起裂变,这种连续不断的核反应叫链式反应。链式反应能产生巨大的能量。(2)由于一个单独分子的变化而引起一连串分子变化的化学反应,如燃烧过程、爆炸过程。

楝 liàn 名。落叶乔木,果实椭圆形,褐色,为速生用材树种,种子、树皮、根皮都可入药。

liáng(ㄌㄧㄤˊ)

良 liáng ❶〈素〉(1)好,好人:优~|~好|除暴安~。(2)很:~久|获益多|用心~苦。❷姓。

【良辰美景】liángchén měijǐng 成。美好的时光和风景。

【良好】liánghǎo 形。好,令人满意:这学期,他取得了更加~的成绩|他表现~。

【良机】liángjī 〈方〉名。好时机会:莫失~。

【良家】liángjiā 名。旧时指清白人家:~妇女。

【良久】liángjiǔ 〈书〉副。很久;常作补语:我在张衡墓前沉思~。
　　*"良久"和"许久":"良久"是文言词,有浓厚的书面语色彩;"许久"是一般的书面语词。"良久"一般作补语,不作状语;"许久"既可作状语,也可作补语。

【良民】liángmín (1)旧时称一般的平民。(2)旧时指安分守己的百姓。

【良人】liángrén 〈古〉名。(1)女子称丈夫。(2)指普通百姓;区别于"奴婢"。(3)泛指好人、善人。

【良师益友】liáng shī yì yǒu 成。使人得到教益和帮助的好老师、好朋友:他是我的~。

【良宵】liángxiāo 名。美好的夜晚:中秋佳节,阖家团圆,欢度~。

【良心】liángxīn 名。指对是非的内心的正确认识,特别是跟自己的行为有关的:凭~讲|没有~|受到~的谴责。

【良药苦口】liángyào kǔ kǒu 成。好的药往往味苦难吃。比喻衷心的劝告、尖锐的批评听起来觉得不舒服,但很有益处:大家对你的批评很尖锐,但~,对你的进步有好处。

【良莠不齐】liáng yǒu bù qí 成。莠:狗尾草,很像谷子,常混在禾苗中。比喻好人坏人混杂在一起:人群中难免~,我们要善于分清好人和坏人。

【良种】liángzhǒng 名。在同一类的家畜或作物中经济价值较大的品种。

粮(糧) liáng ❶名。粮食:手中有~,心中不慌。❷〈素〉作为农业税的粮食:公~|钱~|完~。

【粮草】liángcǎo 名。指军用的粮食和草料:兵马未动,~先行。

【粮秣】liángmò 名。粮草;筹集~|~员。

【粮食】liáng·shi 名。供食用的谷物、豆类和薯类的统称。

【粮饷】liángxiǎng 名。旧指军队中发给官兵的口粮和钱;不加个体量词:缺乏~|~不足|大批~。

【粮栈】liángzhàn 名。(1)经营批发业务的粮食店。(2)存放粮食的货栈。

跟 liáng 〔跳跟〕(tiào-) 见"跳梁"。另见liàng。

凉(涼) liáng 形。(1)温度低,冷;指天气时,比"冷"的程度浅:这杯水很~|秋天一过,天气就一天天~了。(2)比喻灰心或失望:一听到没有考取的消息,他心里就~了半截儿。另见liàng。

【凉快】liáng·kuai ❶形。清凉爽快:夏天,睡在竹床上真~|入秋以来,天气逐渐~了。❷动。使身体清凉爽快;常带宾语或补语:~一下身子再干活|把电扇打开,让我~一会儿。可重叠:走,出去~~。

【凉爽】liángshuǎng 形。同"凉快❶"。

【凉丝丝】liángsīsī 形。稍微感到有一点儿凉;不加程度副词,多带助词"的":喝了杯桔子水,心里~的,真舒服。

【凉飕飕】liángsōusōu 形。形容风很凉;不加程度副词,多带助词"的":到底是秋天了,江风吹到脸上,有些~的。

椋 liáng 〔椋子木〕(-·zǐmù) 名。树名,叶似柿叶,果实细圆形,生时青色,熟时黑色。木质坚硬。

梁(△樑) liáng ❶名。△(1)支撑房顶的横木:这房子的～很粗,承受力大。(2)战国时魏国迁都大梁(今河南开封)后,改称梁。(3)南朝之一,公元502——557年,萧衍灭南齐后所建,都建康(今南京)。(4)五代之一,公元907——923年,朱温所建。△❷〈素〉(1)桥:桥～|津～。(2)物体中间隆起成长条的部分:脊～|山～。❸姓。

【梁上君子】liáng shàng jūnzǐ 成。《后汉书·陈寔传》记载,陈寔称藏在他家屋梁上打算偷东西的贼为"梁上君子"。后来就用作窃贼的代称。

粱 liáng 〈素〉(1)谷子的优良品种的统称:高～|黄～梦。(2)精美的饭食:膏～。

量 liáng ❶动。用器物确定东西的多少、大小、长短或其他性质;常带名词宾语:～米|～身高|～血压。❷〈素〉估量:衡～|思～|打～。

另见liàng。

【量度】liángdù 动。常带宾语或补语。(1)对长度、重量、容量以及功能等各种量的测定:～水流的速度|～心脏的功能|人的智慧是不能用仪器～出来的。(2)对事物的衡量,评判:不能用"典型环境中的典型性格"一句话来机械地～一切文学作品|政治上的得失是很难加以～的。

【量具】liángjù 名。计量用的器具,如尺、天平、块规、卡钳、量角器等。

liǎng(ㄌㄧㄤˇ)

两(兩) liǎng ❶数。(1)数目,一加一个是两个:～只手|～扇窗子。(2)双方;多用于书面语或比较固定的词组:劳资～利|势不～立|～全其美。(3)表示不定的数目,相当于"几":我说～句|你真有～下子。❷量。市两的通称。十钱等于一两。旧制十六两等于一斤,后改十两等于一市斤。

＊"两"和"二":"两"多用在一般量词和"半、千、万、亿"前,如:两个人,两匹马,两个半月,两千元,增加两倍等;"二"常用于读数目字和小数、分数、序数中,如:一、二、三、四,零点二,二分之一,三分之二,第二,二哥等。在新的度量衡单位前,大都用"两",如:两吨,两公里,两半;在传统的度量衡单位前"两"和"二"都可以用,但用"二"较多,如二里,二斤,二两等。"两"还可以用作度量衡单位,如三斤二两;"二"没有这种用法。

【两败俱伤】liǎng bài jù shāng 成。争斗的双方都受到损失:两大公司在竞争中～,结果第三者坐收渔翁之利。

【两边】liǎngbiān 名。(1)物体的两个边儿:这张桌子的～镶上了金属挡板。(2)两个方向或地方:在小楼的东西～各有一个花坛。(3)双方:我落了个～不讨好的结局。

【两边倒】liǎngbiān dǎo 习。形容动摇不定,没有坚定的立场和主张:赞成什么,反对什么,态度要明朗,不能～。

【两便】liǎngbiàn 形。彼此方便;不加程度副词,多用做套语:你不要等我了,咱们～吧。

【两广】liǎngguǎng 名。广东和广西的合称。

【两汉】liǎnghàn 名。西汉和东汉的合称。
【两湖】liǎnghú 名。湖南和湖北的合称。
【两回事】liǎng huí shì 习。指相互无关的两种事物:教学和科研是互相联系、相互促进的,而不是完全无关的～。也说两码事。

【两极】liǎngjí 名。(1)地球的南极和北极。(2)电极的阴极和阳极或磁极的南极和北极。(3)比喻两个极端或两个对立面:贫富～分化。

【两晋】liǎngjìn 名。西晋和东晋的合称。
【两可】liǎngkě 动。可以这样,也可以那样,两者都可以;只用在少数固定组合中:～之间|模棱～。

【两面】liǎngmiàn 名。(1)正面和反面:蜡纸只能用一面,不能用～。(2)两边:宝成铁路的～都是高山。(3)事物相对的两方面:我们看问题不要只看一面,要看～。

【两面派】liǎngmiànpài 名。指要两面手法的人,也指对斗争的双方都敷衍讨好的人:要坚持原则,不要做～。

【两面三刀】liǎng miàn sān dāo 成。比喻居心不良,当面一套,背后一套:有野心的人总爱玩弄～的手法来投机钻营。

【两面性】liǎngmiànxìng 名。一个阶级或一个人身上同时存在的两种互相矛盾的性质或倾向。

【两难】liǎngnán 形。这样或那样都有困难;不加程度副词:进退~|他陷入了~的境地。

【两栖】liǎngqī 动。有时生活在水中,有时生活在陆地;不带宾语:~动物|青蛙可以水陆~。有时喻指水陆两方面的;只作定语或状语:~部队|~作战。

【两讫】liǎngqì 动。商业用语,指卖方已将货付清,买方已将款付清,交易手续了了;只作谓语,不带宾语:货款~。

【两全】liǎngquán 动。顾全双方;不带宾语:这件事情,不能~|这是个~的办法。

【两全其美】liǎng quán qí měi 成。全:顾全;两全:顾全双方。做一件事顾及两方面,使两方面都很好:你们厂人手不足,他们厂劳力过剩,两个厂协作,不是~吗?

【两头】liǎngtóu 名。(1)这一头和那一头,事物相对的两端:这根木料~一样粗|~大,中间小。(2)双方:领导和群众~都满意|落得个~不讨好。

【两下里】liǎngxià·li 名。双方,两方面:他们~早就商量好了。也说两下。

【两相情愿】liǎng xiāng qíng yuàn 成。双方都愿意:互换住房,只要~,就可以办理手续。"相"也写作"厢"。

【两小无猜】liǎng xiǎo wú cāi 成。男女幼小时一起玩耍,天真无邪,不避嫌疑:他俩幼时常在一起嬉戏,长大后终于组成了一个幸福的小家庭。

【两性】liǎngxìng 名。(1)指人的男性和女性,动物的雄性和雌性。(2)两种性质:~化合物|氨基酸具有酸碱~。

【两性人】liǎngxìngrén 名。具有男性和女性两种生殖器官的人,是由于胚胎的畸形发育而形成的。通称二性子。

【两袖清风】liǎng xiù qīng fēng 成。衣袖中除清风外,别无所有,比喻做官廉洁:他当领导多年,~,深得群众爱戴。

【两翼】liǎngyì 名。(1)两个翅膀:雄鹰展开~,凌空翱翔。(2)军队作战时,在正面部队两侧的部队:正面主攻,~配合。

【两造】liǎngzào 名。指诉讼的双方,即原告和被告。也说两曹。

俩(倆) liǎng 见"伎(jì)俩"。另见liǎ。

纳(緉) liǎng 量。一双;古代计算鞋子的单位。

魉(魎) liǎng 见"魍(wǎng)魉"。

liàng(ㄌㄧㄤˋ)

亮 liàng ❶形。(1)光线强:这盏灯很~。(2)心胸开朗,清楚:你这一说,我心里就~了。❷动。(1)发出光:手电筒~了一下。可带宾语:屋子里~着一盏灯。(2)使声音响亮;须带宾语:~起嗓子。(3)显露,显示;多带宾语或补语:~家底|把思想~出来。❸〈素〉声音大:响~|洪~。

【亮光光】liàngguāngguāng 形。形容物体光亮;不加程度副词,多带助词"的":地板~的|~的刺刀|头梳得~的。

【亮晶晶】liàngjīngjīng 形。形容物体明亮,闪烁发光;不加程度副词:天上星,~。后面常加助词"的":~的钻石。

*"亮晶晶"和"亮堂堂":"亮晶晶"是形容明亮,闪闪发光;"亮堂堂"是形容明光锃亮。"亮晶晶"多用来形容一些小巧玲珑的东西,如星星、露珠、宝石、眼睛等;"亮堂堂"多形容大的东西,如房间、厅堂等,还可以形容内心世界。

【亮儿】liàngr 名。(1)灯火:天快黑了,快去找个~。(2)亮光,黑暗中的一点或一道光:远处有点~,可能是一户人家。

【亮堂堂】liàngtángtáng 形。形容很亮,不加程度副词,多带助词"的":灯光照得舞台~的。

【亮堂】liàng·tang 形。(1)敞亮,明朗:这座教室光线充足,真~。可重叠:房子里刷得雪白,亮亮堂堂的。(2)开朗,清楚;多指胸怀、思想:听了上级的报告,心里~多了。

*"亮堂"和"明亮":"亮堂"着重表示明朗;"明亮"着重表示光线明晰。"亮堂"多用于建筑物内光线充足的情形;"明亮"多用来形容灯火等发光体和月亮、眼睛、水面等反光体。"亮堂"有浓厚的口语色彩;"明亮"既可用于口语,也可用于

书面语。

【亮相】liàngxiàng 动。不带宾语,可拆开用。(1)戏曲演员在表演时由动的身段变为短时的静止的姿势,以突出地显示人物的精神状态:她出场一~就赢得了满堂彩|为了答谢观众的热情,他又出来亮了一下相。(2)比喻人物在公众场合露面:息影十年之后,她又在银幕上~了|宣布竞选之后,他已在群众大会上亮过几次相了。(3)比喻公开表示态度,亮明观点:在这次会上,他终于~了,摆出了自己的观点。

【亮铮铮】liàngzhēngzhēng 形。闪光耀眼;多指金属器物,不加程度副词,多带助词"的":她把这只铜盆擦得~的。

喨 liàng 〔嘹喨〕(liáo) 见"嘹亮"。

凉(涼) liàng 动。把热的东西放一会儿使温度降低;常带宾语或补语:~一盆开水,做酸梅汤|把这杯茶~一阵子再喝。
另见liáng。

谅 liàng ❶动。推想,料想;多带动词性词组或主谓词组作宾语:所托之事,~已完成|~你不敢。❷〈素〉宽容,不责备:原~|~解。

【谅察】liàngchá 〈书〉动。请人体察原谅;多见于书函:手示早悉,因诸事缠身,未及时回复,敬祈~。

【谅解】liàngjiě 动。了解实情后原谅或消除意见:同志们相处在一起,应该互相~。可带宾语:他~你的苦衷。

晾 liàng 动。常带宾语或补语。(1)把东西放在通风或阴凉的地方使干燥:~干菜|夜里把山芋片儿~在凉台上|把烟叶~开来。(2)晒:~衣服|渔网~在屋顶上|把湿衣服拿出去~干再穿。(3)同"凉(liàng)"。

辆(輛) liàng 量。用于车子:一~卡车。

靓 liàng 〈方〉形。漂亮,好看:你这身打扮好~呀!
另见jìng。

量 liàng ❶名。(1)古代指计算东西体积多少的器具,如斗、升等。(2)数量,数目:保质保~|去年生产的灯泡~不小,但质较差。❷〈素〉(1)限度:酒~|气~。(2)估计,衡量:~力|~人为出。
另见liáng。

【量变】liàngbiàn 动。事物在数量上、程度上的变化,是逐渐的、不显著的变化;不带宾语;常作定语或宾语:~阶段|从~到质变。

【量才录用】liàng cái lù yòng 成。根据人的不同才能相应地安排适当的工作:安排人员,一定要~,不徇私情。

【量词】liàngcí 名。表示人、事物或动作的单位的词。量词常跟数词一起用,组成数量词组,如一尺、二斤、三里、一次、两回等。

【量力】liànglì 动。估计自己的力量;不带宾语,多用于固定组合:自不~|~而行。

【量入为出】liàng rù wéi chū 成。根据收入的多少来支出:过日子要~,精打细算。

【量体裁衣】liàng tǐ cái yī 成。按照身材裁衣服,比喻根据实际情况办事:俗话说,"看菜吃饭,~",我们无论做什么事都要看情形办理。

【量刑】liàngxíng 动。法院根据犯罪者所犯罪行的性质、情节,对社会危害的程度,以及认罪的表现,依法判处一定的刑罚;不带宾语:司法工作者应依法~,宽严适当。

【量子】liàngzǐ 名。在微观领域中,某些物理量的转变是以最小的单位跳跃式地进行的,而不是连续的,这个最小的单位叫做量子。

踉 liàng 〔踉跄〕(-qiàng) 形。走路不稳的样子;不加程度副词:步履~。可重叠:他踉踉跄跄地退回几步,瞪着眼只是发怔。
另见liáng。

liāo（ㄌㄧㄠ）

撩 liāo 动。常带宾语或补语。(1)把东西垂下的部分掀起来:~起长袍|把帘子~上去。(2)用手洒水:扫地要先~点儿水。
另见liáo。

蹽辽疗聊僚撩嘹潦獠寮缭 liáo-liáo 653

蹽 liāo 〈方〉动。(1)迅速地走:他一口气~了20多里路。(2)偷偷地走开;不带宾语:他不声不响地~了。

liáo(ㄌㄧㄠˊ)

辽(遼) liáo ❶〈素〉远:~远|~阔。❷名。朝代名。公元907——1125年,契丹人耶律阿保机所建,在我国北部,初名契丹,后改称辽。

【辽阔】liáokuò 形。宽广,空旷:~的草原|土地很~。

＊"辽阔"和"广阔":"辽阔"是辽远无边的意思;"广阔"是广大宽阔的意思,所指范围比"辽阔"小。"辽阔"只与"天地、原野"等表示具体面积、空间的词语搭配;"广阔"除此之外,还可与表示抽象意义的"前途、眼界、胸怀"等词语搭配。

【辽远】liáoyuǎn 形。遥远;距离~|~的过去|很~的边疆。

疗(療) liáo 〈素〉医治:治~|~养。

【疗程】liáochéng 名。对某些疾病所规定的一个连续治疗的阶段;量词用"个":一个~|三个~。

【疗效】liáoxiào 名。治疗疾病的效果:~显著。

【疗养】liáoyǎng 动。患有慢性病或身体衰弱的人,在特设的医疗机构进行以休养为主的治疗;不带宾语,可带补语:他在太湖疗养院~|~了一段时间。可重叠:你去~~吧。

聊 liáo ❶〈口〉动。闲谈;常带宾语或补语:~家常|咱俩出去~一会儿。❷〈素〉(1)姑且,暂且:~且|~以卒岁。(2)略微:~胜于无。(3)依赖,依靠:赖|民不~生。(4)兴趣,意味:无~。❸姓。

【聊赖】liáolài 动。凭借,寄托;多用于否定式:生活无~|百无~的祥林嫂,已感到没有一点生趣。

【聊且】liáoqiě 副。姑且;只作动词状语:~住下。

【聊胜于无】liáo shèng yú wú 成。比没有略好一点:虽仅有一篇论文,也~。

【聊天儿】liáotiānr 〈口〉动。谈天;不带宾语:他们在茶馆里~。可重叠:明天有空咱们聊聊天儿。可拆开用:我们不但见过面,还在一起聊过天儿。

【聊以自慰】liáo yǐ zì wèi 成。聊:姑且。姑且用来安慰自己:遇见强者,不敢反抗,便以"中庸"这些话来粉饰。

【聊以卒岁】liáo yǐ zú suì 成。聊:勉强。卒:终,度过;岁:一年。勉强度过一年:那时,他仅靠变卖衣物维持生活,~。

僚 liáo 〈素〉(1)官吏:官~|臣~。(2)同在一起做官的人:~属|同~。

【僚属】liáoshǔ 名。旧时称下属的官吏。

【僚佐】liáozuǒ 名。旧时官署中的助理人员。

撩 liáo 动。挑弄,引逗;多带宾语:别去~他|西湖风光真~人。可带补语:他被橱窗里五颜六色的陈列品~得心动了|音乐声把他的兴趣~起来了。另见liǎo。

【撩拨】liáobō 动。挑逗,招惹:用蟋蟀草一~,蟋蟀立即振翅鸣叫。常带宾语和补语:你别再~他了|听凭你用什么办法都~不起他的兴趣。

【撩乱】liáoluàn 见"缭乱"。

嘹 liáo [嘹亮](-liàng) 形。声音清晰响亮。号声很~|~的歌声响遍校园。也作嘹喨。

＊"嘹亮"和"响亮":"嘹亮""响亮"除声音大外,还有清晰的意思;"响亮"只指声音大。"嘹亮"使用范围窄,多用于有节奏的声音,如歌声、钟声、号声等;"响亮"使用范围较宽,歌声、叫声、欢呼声、撞击声都可用。

潦 liáo 见"潦草"、"潦倒"。另见lǎo。

【潦草】liáocǎo 形。可重叠(1)字不工整:书写太~|写得潦潦草草。(2)做事不仔细,不认真:工作不能~|他做起事来潦潦草草,马马虎虎。

【潦倒】liáodǎo 形。颓丧,失意的样子:穷困~。

獠 liáo [獠牙](-yā) 名。露在嘴外的长牙,常用在固定的组合中:青面~(形容面貌凶恶)。

寮 liáo 〈方〉名。小屋:茅~|茶酒肆。

缭 liáo ❶〈素〉缠绕:~乱|~绕。❷动。用针斜着缝;须带补语或

宾语：袖口绽线了,得～几针|～贴边。

【缭乱】liáoluàn 〈书〉形。纷乱：眼花～|～的思绪。也作撩乱。

【缭绕】liáorào 动。回环旋转：烟雾～|歌声～。常带宾语或补语：高耸的山崖上经常～着云雾|笛声还～在小岛的夜空。

燎 liáo 〈素〉延烧,烧：～原|～泡。另见liǎo。

【燎泡】liáopào 名。由于火伤或烫伤,在皮肤或粘膜的表面形成的水泡。也叫燎浆泡。

【燎原】liáoyuán 动。大火延烧原野；不带宾语：星星之火,可以～。

鹩 liáo 见"鹪(jiāo)鹩"。

寥 liáo 〈素〉(1)稀少：～落|～～无几。(2)空虚,寂静：～廓|寂～。

【寥廓】liáokuò 〈书〉形。高远空旷：～的天空。

【寥寥】liáoliáo 形。非常少；不加程度副词：为数～|～无几。

【寥落】liáoluò 形。稀少,冷落：～的晨星|山村～。

【寥若晨星】liáo ruò chén xīng 成。稀少得好像早晨的星星：来听课的学生～,可老师依然讲得十分认真。

髎 liáo 名。骨节空隙处。中医学上常用指穴位。

liǎo(ㄌㄧㄠˇ)

了(△瞭) liǎo ❶动。(1)完毕,结束：这件事已经～啦。可带宾语：～帐|～手续|～一桩心事。表示否定用"没、未"：案子没～。(2)表示可能；作动词、形容词的补语：吃得～|跑不～|好得～|假不～。❷〈书〉副。完全,一点；用在"不"或"无"前：无喜色|～不相涉。△❸〈素〉明白,懂得：明～|～如指掌。

另见·le,"瞭"另见liào。

【了不得】liǎo·bu·de 形。(1)大大超过寻常,很突出；作谓语时常加"真、的确"等副词,构成感叹句：中国的万里长城真～! |他实在～,一人夺得三块金牌！作定语时须带助词"的"：这不是什么～

的事情。又常用在"有(没、没有)什么…(的)"格式中：这有什么～的! |他的本领没什么～,不必怕他! (2)表示情况严重,没法收拾；常用作非主谓句的谓语,前面有时加副词"可"：～啦! 打起来了! |可～啦,着火啦! 也常用在"有(没、没有)什么……(的)"格式中：没什么～,不必大惊小怪|丢了块手表,有什么～的。

【了不起】liǎo·buqǐ 形。不平凡,突出：～的人物|英雄战士真～。常用于"有(没有)什么…(的)"格式中：你做了这点儿事有什么～的! |这没有什么～!

【了得】liǎo·de 形。表示情况严重,没法收拾；用在表示惊讶、反诘或责备等语句的末尾,常在前面用副词"还"：你居然辱骂老师,这还～!

【了结】liǎojié 动。解决,结束；常带动态助词"了"：这个案子算～了。可带宾语：～了一桩事情。

【了解】liǎojiě 动。可带名词、动词、主谓词组作宾语,也可带补语。(1)知道得清楚；可加程度副词：他最～其中的底细|谁也不～他什么时候走的|这些情况他～得很,不用你说。(2)打听,调查：你去～一下情况|我～过车子下午开。可重叠：你先～～情况,然后再说。

*"了解"和"知道"："了解"的程度较深,除了"知道"的意思外,还有"懂得、理解"的意思,"知道"表示有所认识,程度比"了解"要浅些。"了解"可以用"正确、错误、细致、深入"等词修饰；"知道"不能。"了解"可以作宾语,如"进行了解"；"知道"不能。"了解"可以直接带补语,不一定都需要助词"得"的帮助；"知道"带补语一般都需要助词"得"的帮助。

【了局】liǎojú 名。(1)结局,结果：看到这篇小说的开头就可猜出它的～了。(2)解决办法,长久之计：你俩这样混下去,不是个～。

【了了】liǎoliǎo 〈书〉动。明白,懂得；多用在固定词组中：不甚～|心中～。

【了却】liǎoquè 动。了结；常带"心事、心愿"等作宾语：～一桩心事|～这桩宿愿。

*"了却"和"了结"："了却"强调结束

之后，不再放在心上；"了结"强调有具体的结果。"了却"所带的宾语常与心理状态有关，如"心事、夙愿、旧情"等；"了结"的宾语范围较广，还可指事物，如"案件、帐目、纠纷"等。

【了然】liǎorán 形。明白，清楚：这件事的来龙去脉大家都很～｜一目～。

【了如指掌】liǎo rú zhǐ zhǎng 成。了解得非常清楚，好像指着掌上的东西给人看：他对村里的一切情况都～。

【了事】liǎoshì 动。使事情得到平息或结束；不带宾语：就此～。可拆开用：把他安排好了，我也算了了一件事。

钌 liǎo 名。金属元素，符号Ru。银灰色，质坚而脆。存在于铂矿中，量极少。

另见liào。

蓼 liǎo 名。一年生草本植物，叶子披针形，花小，白色或淡红色，生长在水边。可入药。也叫水蓼。

【蓼蓝】liǎolán 名。一年生草本植物，叶子含蓝汁，可以做蓝色染料。也叫蓝。

燎 liǎo 动。挨近了火而烧焦；多用于毛发：不小心把眉毛～了。可带宾语或补语：～掉额前的一撮头发｜把摘好毛的鸭子再在火上～一下。

另见liáo。

liào（ㄌㄧㄠˋ）

瞭 liào 动。远望：我站在桥头～了半天，也没见一只船来。

另见liǎo(了)。

【瞭望】liàowàng 动。登高远望；特指从高处或远处监视敌情：向远处～。可带宾语：～敌人的动静｜战士们～广阔的大海。

＊"瞭望"和"眺望"："瞭望"特指观察情况，监视敌情；"眺望"指向远处观望。

钌 liào ［钌铞儿］(-diàor) 名。用以把门窗扣住的金属片。一端钉在门窗上，一端有钩子，可以钩在屈戌儿里。

尥 liào ［尥蹶子］(- juě·zi) 词组。骡马等跳起来用后腿向后踢：谨防马～伤了你。

料 liào ❶动。估计，猜想：果然不出所～。可带名词、主谓词组作宾语，多带补语：他～事如神｜～不到他竟不来｜还是他～得准。❷名。(～儿)(1)材料，原料：快去领些～儿来，否则要停工了。(2)喂牲口用的谷物：牲口得喂～了。❸量。用于中药丸，处方规定剂量的全份为一料：配五～药。

【料及】liàojí 〈书〉动。料想到；可带主谓词组作宾语：我早已～他会犯大错误。在否定式中，用副词"未、没"：我未～她竟会如此轻生。

【料理】liàolǐ 动。办理，处理；常带宾语或补语：～家务｜～得井井有条。可重叠：明天要出差了，你回去把家里的事～～吧。

【料器】liàoqì 名。用玻璃的原料加颜料制成的手工艺品。

【料峭】liàoqiào 〈书〉形。形容微寒；多指春寒，不加程度副词：春寒～。

【料想】liàoxiǎng 动。预料，猜想；常用"到、不到"作补语：这件事我早就～到了。可带动词性词组或主谓词组作宾语：～不到竟会发生这样的事｜我～他的要求会得到领导的批准。

【料子】liàozi 名。(1)衣料，有的地区特指毛料。(2)木料。(3)〈口〉比喻适于做某种事情的人才：这小伙子是块好～，应该好好培养他。

撂 liào 动。常带宾语或补语。(1)放，搁：～下一大堆工作｜～不开家务事｜把书～在桌上。(2)打倒，弄倒：一枪～一个敌人｜一下就把他～倒了。(3)抛弃，抛：一些馊饭他都～了｜把砖头石子～得远远的。

【撂荒】liàohuāng 〈方〉动。不继续耕种土地，任它荒芜；不带宾语，常带补语：这块地～很长时间了。可拆开用：撂了好多荒。

【撂交】liàojiāo 〈方〉动。摔交；不带宾语：他们在～。可拆开用：刚下班他们就撂起交来了。

【撂手】liàoshǒu 动。不继续做下去，丢开；不带宾语：工作必须做完，不能中途～。可拆开用：撂不下手｜我总算撂开手了。

【撂挑子】liào tiāo·zi 习。放下挑子,比喻丢下应担负的工作,甩手不干:遇到了困难应设法解决,不能~。

廖 liào 姓。

镣 liào 名。套在脚腕上的刑具:戴上了~。

【镣铐】liàokào 名。脚镣和手铐:一副~。

liē(ㄌㄧㄝ)

咧 liē 见"咧咧"。
另见liě、·lie。

【咧咧】liēliē 见"大大咧咧"、"骂骂咧咧"。

【咧咧】liē·lie 〈方〉动。(1)乱说,乱讲:一天到晚瞎~。(2)小儿哭:这孩子一张口就~,真没办法。

liě(ㄌㄧㄝˇ)

咧 liě 动。嘴角张开向两边伸展;常以"嘴"作宾语:~着嘴。常以"开"作补语:嘴都笑得~开了。
另见liē、·lie。

裂 liě 〈方〉动。东西的两部分向两边分开:把衣服扣子扣好,别~着怀。
另见liè。

liè(ㄌㄧㄝˋ)

列 liè ❶动。(1)排列,开列;须带宾语或补语:~队欢送|~一张清单|姓名~于后。(2)安排,归入某类事物中;常以"人、为"等构成的词组作补语:~为重点项目|~入甲类。❷〈书〉名。类,范围:不在讨论之~。❸代。诸,各:~位代表|~国。❹量。用于成行的事物:一~队伍|一~火车。❺〈素〉排成的行:行~|前~。❻姓。

【列车】lièchē 名。配有机车、工作人员和规定信号的连挂成列的火车;量词用"次、趟"等。

【列岛】lièdǎo 名。即群岛,一般指排列成线形或弧形的许多岛;不加数量词,多作中心语:澎湖~。

【列国】lièguó 名。某一时期内并存的各国;不加数量词:~纷争。

【列举】lièjǔ 动。一个一个地举出来;常以名称或名词性词组作宾语:他~了可能出现的几种情况,以提醒同志们注意。可带补语:~出来|~得很齐全。

【列宁主义】liéníng zhǔyì 词组。帝国主义和无产阶级革命时代的马克思主义。列宁在关于帝国主义的理论,关于社会主义可能首先在一个国家或少数国家获得胜利,关于建立无产阶级新型政党,关于无产阶级革命和无产阶级专政等问题上,捍卫和发展了马克思主义,把它推进到一个新的阶段。

【列强】lièqiáng 名。旧时指各资本主义强国;不加数量词:那时,帝国主义~妄图瓜分世界。

【列氏温度计】lièshì wēudùjì 词组。温度计的一种,沸点为80度,冰点为零度,用符号"R"表示。这种温度计的刻度方法是法国物理学家列奥弥尔制定的。

【列席】lièxí 动。非正式成员出席会议,有发言权而没有表决权:今天的会请您~。常以"会议、大会"等作宾语:~会议,|~代表大会。常作定语:~代表。

【列传】lièzhuàn 名。纪传体史书中一般人物的传记;常用在篇名中:《廉颇蔺相如~》。

冽 liè 〈素〉寒冷:凛(lǐn)~。

洌 liè 〈古〉形。清,指水或酒等:泉香而酒~。

烈 liè ❶形。强烈,猛烈:这匹马性子~。❷〈素〉(1)刚直:刚~|~性。(2)为正义事业而牺牲的人:~士|先~。(3)气势盛大:热~|轰轰~~。

【烈火】lièhuǒ 名。猛烈的火:~熊熊。常用于比喻:斗争的~|革命的~。

【烈士】lièshì 名。(1)为革命或正义事业而牺牲的人:~陵园。(2)〈书〉指有抱负有作为的人:~暮年,壮心不已。

【烈属】lièshǔ 名。烈士家属。

【烈性】lièxìng 形。不加程度副词,不单独作谓语,作定语时多不带助词"的"。(1)性格刚烈:~汉子。(2)性质猛烈;用于"炸药、酒"等一类事物:~酒|~炸药。

䴕 liè 名。即啄木鸟。嘴尖而直,能啄开树木,捕食树洞里的虫。是益鸟。

裂 liè 动。破而分开,开了缝;这块木板~了。可带宾语:桌面~了一条缝。也可带补语:~成两半儿|一条缝儿从上~到底。
另见liě。

【裂缝】lièfèng ❶动。分裂成狭长的缝儿,不带宾语:这扇橱门~了。可拆开用:这条长凳的面子裂了一条缝。❷名。裂开的缝儿:这条~不长。

【裂痕】lièhén 名。器物破裂的痕迹。有时用于比喻两人感情上的隔阂:他俩之间有了~。

【裂口】lièkǒu ❶动。裂成口儿;不带宾语:脚~了。可拆开用:脚后跟裂了口,痛死了。❷名。裂开的口儿:手上的~已经好了。

【裂纹】lièwén 名。(1)裂墨。(2)烧制瓷器时特意做成的像裂墨的花纹。俗称碎磁。

【裂墨】lièwèn 名。器物将要裂开的痕迹;量词常用"道、条"等。

趔 liè [趔趄](-·qie) 形。身体歪斜,脚步不稳:他~着走进教室。可重叠:老汉趔趔趄趄地走来了。有时可作"打"的宾语:他打了个~,摔倒了。

劣 liè 〈素〉(1)坏,不好;跟"优"相对:恶~|~迹|低~|~质。(2)小于一定标准的:~弧。

【劣等】lièděng 形。低等,下等;不加程度副词:成绩~|~商品。

【劣根性】liègēnxìng 名。长期形成的、根深蒂固的不良习性。

【劣迹】lièjì 名。恶劣的事迹;多指对人民有害的事:~昭彰。

【劣绅】lièshēn 名。旧社会里指品行不良的有权势的绅士;常与"土豪"合用:土豪~。

【劣势】lièshì 名。情况或条件较差的形势;跟"优势"相对,常作"处于"的宾语:当时革命力量处于~,活动很困难。

【劣种】lièzhǒng 名。家畜或作物中经济价值较差的品种。

埒 liè 〈古〉动。同等,相等:兄妹才力相~。

捩 liè 〈素〉扭转:转~点。

猎(獵) liè 〈素〉(1)捕捉野生的禽兽:渔~|打~。(2)打猎的:~手|~狗|~人。

【猎狗】liègǒu 名。受过训练、用于打猎的狗。也叫猎犬。

【猎户】lièhù 名。靠打猎为生的人家,也指打猎的人。

【猎猎】lièliè 〈书〉拟声。摹拟风声及旗帜被风吹动而发出的声音:江风~|彩旗~。

【猎奇】lièqí 动。搜寻奇异的事清;多含贬义,不带宾语:他们有时也爱这些东西,那仅是为着~,为着装饰自己的作品。

【猎取】lièqǔ 动。多带名词或名词性词组作宾语。(1)通过打猎取得:~黄羊、野猪。(2)夺取;含贬义:~高位|~不义之财。

【猎手】lièshǒu 名。打猎技术熟练的人。

躐 liè 〈古〉动。(1)超越。(2)〈书〉动。踩,践踏。

【躐等】lièděng 〈书〉超越等级,不按次序:学习要有顺序,不能~求进。

鬣 liè 名。某些兽类如马、狮子等颈上的长毛:马~|狮~。

【鬣狗】liègǒu 名。哺乳动物,外形略像狗,但头短而圆,额宽,尾短,前腿长,后腿短,多生长在热带或亚热带地区,吃兽类尸体腐烂的肉。

·lie(·ㄌㄧㄝ)

咧 ·lie 〈方〉助。用法同"了、啦、哩":行~,别再唠叨了!
另见liē, liě。

līn(ㄌㄧㄣ)

拎 līn 〈方〉动。提;常带宾语或补语:她~着篮子买菜去了|请你帮我~一下水桶。

lín(ㄌㄧㄣˊ)

邻(鄰、隣) lín 〈素〉(1)住处靠近的人家:近~|比~。(2)附近的,靠近的:~邦|~座|~居。

【邻邦】línbāng 名。接壤的国家。

【邻接】línjiē 动。紧连着;多指国家、地区:我国北部和蒙古人民共和国相~。可带宾语:我国东北部~着朝鲜。

【邻近】línjìn ❶动。位置接近;可带处所宾语:我的家乡~陶都宜兴。常作定语:~国家|~省份。❷名。附近:化工厂~不宜建住宅。

【邻里】línlǐ 名。(1)指家庭所居的乡里,也指互相邻近的街道:~服务所。(2)同一乡里的人:~之间应该互相帮助。

林 lín ❶名。(~子)成片的树木或竹子:竹~子|防护~|防风~。❷〈素〉聚集在一起的同类的人或事物:碑~|艺~|石~。❸姓。

【林产】línchǎn 名。林业产物,包括木材、果实、种子、菌类以及森林中的动物等。

【林带】líndài 名。为了防风、防沙等而培植的带状的树林:防风~。

【林海】línhǎi 名。像海洋一样无边无际的森林。

【林立】línlì 动。像树林一样密集地竖立着,比喻众多;多作谓语或定语:江面上帆樯~|晨雾中隐现出了一个烟囱。

【林业】línyè 名。以培育和保护森林、生产木材及其他林产品为对象的生产事业。

【林阴道】línyīndào 名。两旁有茂密树木的比较宽阔的道路。也叫林阴路。

【林苑】línyuàn 名。古代统治者打猎玩乐的园林。

啉 lín 见"喹(kuí)啉"。

淋 lín 动。浇:日晒雨~。可带宾语或补语:~了一身雨|衣服~得湿透了。

另见 lìn。

【淋巴】línbā 名。音译词。充满动物体内各组织间的无色透明的液体,内含淋巴球,是由组织间液体进入淋巴毛细管后形成。也叫淋巴液。

【淋漓】línlí 形。(1)形容湿透往下滴的样子:大汗~|~的鲜血。(2)畅达,尽情;常与"慷慨、痛快、悲壮"等词并用:文笔酣畅,痛快~。

【淋漓尽致】línlí jìnzhì 成。形容文章、说话表达得详尽、透彻,也指暴露得很彻底:这本小说把旧社会官场的黑暗揭露得~。

【淋淋】línlín 形。形容水等液体往下流的样子;不加程度副词,常用在形容词或名词后面:湿~|水~|汗水~。

琳 lín 〈古〉名。美玉。

【琳琅】línláng 名。美玉。比喻优美珍贵的东西,如书籍、字画、工艺品展览品等;多用在固定组合中:~满目。

【琳琅满目】línláng mǎnmù 成。满眼都是精美的玉石,比喻美好的事物很多:橱窗里陈列的商品,~。

霖 lín 〈素〉久下不停的雨:甘~|秋~|~雨。

临(臨) lín ❶动。(1)对着,接近;须带宾语:这林子三面~水。(2)到达,来到;须带宾语:双喜~门|亲~前线。(3)照着字画摹仿;常带宾语或补语:~帖|~画~得很像。❷介。表示将要发生;一般与动词或动词性词组组成介词词组,可用在主语前:~行,大家合影留念。后面常加"时、前"等:~开车时,他赶来了。❸姓。

【临别】línbié 动。快要分别;多作定语或状语:~的时候|~纪念|~赠言。

【临池】línchí 动。相传汉代书法家张芝在池边练习写字,经常用池水洗砚,使池水变黑了。后称练习书法为临池;不带宾语,可带补语:他~多年,大有长进。

【临床】línchuáng 动。本指医生亲临病床诊病,今泛指医疗业务实践;不带宾语,可带补语:~多年,积累了丰富的经验。常作定语或状语:~经验|~实习。

【临到】líndào 动。(1)接近到;以动词或动词性词组作宾语,用在前一分句:~进考场了,他忽然头痛起来。(2)落到;以名词或名词性词组作宾语:事情~头上了,总得设法做好它。

【临机】línjī 动。掌握时机;常与其他动词连用,构成连动词组:~处置|~应变。

【临近】línjìn 动。靠近,接近;须带时间名词或处所名词作宾语:~春节,家家办年货|南京玄武饭店~玄武湖。

*"临近"和"邻近":""临近"表示时间、地区接近;"邻近"仅是位置接近。"临近"只用作动词;"邻近"除动词用法外,还有名词用法。

【临渴掘井】lín kě jué jǐng 成。临到口渴才去挖井,比喻平时没有准备,临时再想办法。

【临了】línliǎo 〈口〉动。到最后,到末了:争论了半天,～,还是没有得到一致的结论。

【临摹】línmó 动。以名家书画或碑帖为蓝本,摹仿学习;常带宾语或补语:～敦煌壁画|～得几可乱真。

【临蓐】línrù 名。指孕妇分娩前的一段时间:已近～,分娩在即。

【临时】línshí ❶名。快到事情发生的时候:平时不烧香,～抱佛脚。❷形。暂时,非正式的;不加程度副词,不单独作谓语,多作定语或状语:～工|～措施|～代理。

＊"临时"和"暂时":"临时"不仅着眼于时间,还着眼于变动前后的情况是非正式的、非固定的、非经常的;"暂时"只着眼于时间,指短暂的时间之内。"临时"还可作名词;"暂时"不能。

【临头】líntóu 动。落到身上;指为难或不幸的事情,不带宾语:大难～|灾祸～,要冷静对付。

【临危】línwēi 动。不带宾语。(1)人病重将死:他在～的时候还关心厂里的生产。(2)面临生命的危险:他～不惧,泰然自若|～授命。

【临渊羡鱼】lín yuān xiàn yú 成。《汉书·董仲舒传》:"古人有言曰:'临渊羡鱼,不如退而结网。'"与其站在水边想得到鱼,还不如回家去织网。比喻仅有愿望而不实干,仍然无济于事:想干一番事业而又不愿花气力,到头来只能是～,一事无成。

【临阵磨枪】lín zhèn mó qiāng 成。快要上阵时才磨兵器,比喻事到临头才仓促准备:要取得优秀的成绩,需靠平时刻苦学习,不能到考试的时候才～。

【临阵脱逃】lín zhèn tuō táo 成。军人在临作战时逃跑,比喻事到临头退缩逃避:～,军法难容|他一遇危险就～,真没有出息。

【临终】línzhōng 动。人将要死时;不带宾语:他～的时刻,神志仍然很清醒|～的遗嘱。

粼 lín [粼粼]〈书〉形。形容水、石等明净、清澈的样子;不加程度副词:波光～|白石～。

嶙 lín 见"嶙嶙"、"嶙峋"。

【嶙嶙】línlín 〈书〉形。嶙峋。
【嶙峋】línxún 〈书〉形。不加程度副词。(1)山石重叠不平的样子:怪石～|～的山石。(2)形容人瘦削:瘦骨～。

遴 lín ❶〈素〉谨慎选择:～选。❷〈古〉同"吝(lìn)"。

【遴选】línxuǎn 〈书〉动。谨慎选拔人才;常带宾语或补语:九世班禅圆寂后,～青海灵童官保慈丹继任第十世班禅额尔德尼|这些获奖作品都是评委会～出来的。

璘 lín 〈古〉名。玉的光彩。

辚 lín [辚辚]〈书〉拟声。摹拟车子行走时的声音:～之声由远而近,一支马车队来到了村头上。

磷(燐、粦) lín 名。非金属元素,符号P。同类异形体,常见的有白磷(也叫黄磷)、红磷。白磷有毒,燃烧时生浓烟,可做烟幕弹和燃烧弹。红磷无毒,可制安全火柴。

【磷肥】línféi 名。以磷素为主的肥料。如过磷酸钙、骨粉等。磷肥能促进作物的子粒饱满,提早成熟。

【磷火】línhuǒ 名。磷化氢燃烧时的火焰。磷与水或碱作用时产生磷化氢,是一种无色气体,可以自燃。人的尸体腐烂时就分解出磷化氢来,能自动燃烧。夜间在野地里有时看到的白色带蓝绿色的火焰就是磷火。俗称鬼火。

【磷磷】línlín 〈书〉同"粼粼"。

瞵 lín 〈古〉动。瞪着眼睛看:鹰～鹗视。

鳞 lín ❶名。鱼类和爬行动物等身体表面长的骨质或角质的小薄片,有保护作用。❷〈素〉像鱼鳞的:～茎|～次栉比|～伤。

【鳞次栉比】lín cì zhì bǐ 成。像鱼鳞和梳子的齿那样有次序地排列着;多形容房屋、船只等一个挨一个地排列得紧密而整齐:新建的厂房、高耸的烟囱、～的工人住宅,倒映在香溪的清流中。也说栉比鳞次。

【鳞伤】línshāng 形。形容伤痕像鱼鳞一样多;多用在固定组合中:遍体～。

【鳞爪】línzhǎo〈书〉名。鳞和爪,比喻事情的片断:仅闻～。

麟(麐) lín 见"麒麟"。

lín(ㄌㄧㄣˇ)

凛(凜) lín〈素〉(1)寒冷:～冽。(2)严肃,严厉:～然｜～～。

【凛冽】lǐnliè 形。寒冷得刺骨;不加程度副词:寒风～。

【凛凛】lǐnlǐn 形。不加程度副词。(1)寒冷:朔风～。(2)严肃,可敬畏的样子:威风～。

【凛然】lǐnrán 形。严正的样子;不加程度副词:大义～｜～不屈｜～不可侵犯。

廪(廩) lín〈素〉粮仓:仓～。

【廪生】lǐnshēng 名。明、清两代称由府、州、县按时发给银子和粮食补助生活的生员(秀才),也叫廪膳生员。

懔(懍) lín 同"凛(2)"。

檩(檁) lín 名。屋架上托住椽子的横木。也叫桁(héng)或檩条。

lìn(ㄌㄧㄣˋ)

吝 lìn〈素〉小气,舍不得:～啬｜悭(qiān)～。

【吝啬】lìnsè 形。过分俭省,当用的财物舍不得用;含贬义:他越有钱越～｜～鬼。

＊"吝啬"和"吝惜":"吝啬"强调当用不用,含贬义;"吝惜"强调过分爱惜,舍不得拿出,是中性词。"吝啬"所指多是钱物;"吝惜"除指钱物外,还可指精力、时间等。"吝啬"是形容词;"吝惜"是动词。

【吝惜】lìnxī 动。过分爱惜,舍不得:他对钱财非常～。常带宾语:～生命｜

精力。

赁 lìn 动。租借;多带名词作宾语:～了一间屋子。也可带补语:这辆车已经～出去了｜～到今年年底。

淋 lín 动。过滤;须带宾语或补语:～豆汁｜药要～一下。
另见lín。

【淋病】lìnbìng 名。性病的一种,患者尿道发炎,化脓,尿中带脓血。病原体是淋病双球菌,极易传染。

蔺 lìn ❶[马蔺](mǎ-) 名。多年生草本植物,根茎粗,叶子条形,富于韧性,可用来捆东西。也叫马莲、马兰。❷姓。

躏 lìn 见"蹂(róu)躏"。

膦 lìn 名。有机化合物的一类,由磷化氢的氢原子部分或全部被羟基代替而形成的。

líng(ㄌㄧㄥˊ)

〇 líng 数。同"零",数的空位;多用于数字中,如:"一九〇五年"、"一五〇人"。

令 líng [令狐](-hú) 姓。
另见lǐng, lìng。

伶 líng〈素〉旧时指戏曲演员:优～｜人～。

【伶仃】língdīng 形。孤独无依的样子;不加程度副词:孤苦～。也作伶丁。

【伶俐】líng·lì 形。聪明,灵巧:这姑娘真～｜口齿～。可重叠:这孩子虽长得不大漂亮,但是伶伶俐俐,十分讨人欢喜。

【伶俜】língpīng〈书〉形。孤独的样子:你这堂堂的男子汉欺侮一个～无依的女子,算得上英雄么?

【伶人】língrén 名。旧时称以演戏为职业的人。

苓 líng 见"茯(fú)苓"。

蛉 líng 见"嘌(piào)蛉"。

囹 líng [囹圄](-yǔ)〈书〉名。监狱:身陷～。

泠

泠 líng ❶〈素〉清凉：～～｜～风。❷姓。

【泠泠】línglíng〈书〉形。不加程度副词。(1)形容清凉：晓风～。(2)形容声音清越：泉水～。

玲

玲 líng 见"玲玲"、"玲珑"等。

【玲玲】línglíng〈书〉拟声。摹拟玉碰击的声音：～作响。

【玲珑】línglóng 形。(1)精巧细致；用于形容器物，常同"小巧、剔透"等词组合：这花篮～小巧～｜～剔透的玉雕花鸟。(2)形容灵活敏捷；用于人：她长得娇小～。

【玲珑剔透】línglóng tītòu 成。多形容镂空的工艺品和供玩赏的太湖石等器物细致，孔穴明晰，灵巧可爱：各种彩石晶莹夺目，～。也比喻人聪明伶俐：她是一位～的姑娘，什么事儿一看就懂。

瓴

瓴 líng〈古〉名。一种盛水的瓶子。参见"高屋建瓴"。

铃

铃 líng ❶名。用金属做成的一种响器：上课～响了｜摇～上课。❷〈素〉铃状物：哑～｜棉～。

鸰

鸰 líng 见"鹡(jí)鸰"。

聆

聆 líng〈素〉听：～听｜～取。

【聆取】língqǔ〈书〉动。听取；多带宾语：～长辈们的忠告｜～导师的指点。

【聆听】língtīng〈书〉动。注意听；常带庄重的色彩，多带由"指导、教诲、演说、指示"等为中心语的偏正词组作宾语：～老师的教导｜～首长的指示。可带补语：～多时。

蛉

蛉 líng［白蛉］(bái-) 名。昆虫，身体小，黄白色或浅灰色，雌虫吸人畜的血，能传播白蛉热等病。也叫白蛉子。

笭

笭 líng［笭箵］(-xīng)〈古〉名。打鱼时盛鱼的竹器。

羚

羚 líng〈书〉名。羚羊，哺乳动物的一类，形状和山羊相似，雌雄都有角。毛灰黄色。角白色或黄白色，是贵重的中药。

翎

翎 líng 名。(～儿)鸟的翅膀或尾巴上的长而硬的羽毛，可做装饰品：野鸡～｜孔雀～。

【翎毛】língmáo 名。(1)羽毛。(2)指以鸟类为题材的中国画：他擅长描绘～花卉，造诣很高。

【翎子】língzi 名。(1)清朝官吏礼帽上装饰的孔雀翎。(2)戏曲中武将帽子上插的雉尾。

零

零 líng ❶数。(1)表示没有数量：三减三等于～｜他考了个～分。(2)表示数的空位；在数码中写作"0"，有几个空位就写几个"0"，如"1008"，口语中只说一个"零"，读作"一千零八"。在表示重量、长度、时间、年岁等的较大量和较小量之间，有空位用"零"，如"三斤零五钱"。没有空位也可用"零"，表示强调零数，如"一斤零一两"、"一个月零十天"、"一岁零五个月"。(3)表示某些量度的计算起点：摄氏～上五度｜～点二十分开车。❷名。(～儿)整数以外的零数：年已七十有～儿｜一百挂～儿。❸形。部分的、细碎的；用在单音节动词之前，与"整"相对。～买～卖｜～存整取。❹〈素〉落。凋～｜～落。❺姓。

【零点】língdiǎn 名。夜里十二点钟：零点一刻。

【零丁】língdīng 见"伶仃"。

【零花】línghuā ❶动。零碎地用：这30块钱给你平时～。常带宾语或补语：的钱没有～过一分｜～得很多。❷〈口〉名。零用钱：他身上没有一点～儿。

【零件】língjiàn 名。装配机器或仪器的单个制件。

【零乱】língluàn 见"凌乱"。

【零落】língluò ❶动。植物花叶凋谢；不带宾语，可带补语：深秋季节，花木～｜～追尽。❷形。(1)衰败：家业～｜一片萧条的景象。(2)稀疏不集中：～的叫卖声。可重叠：这个花圃里零零落落地开着几朵花儿。

【零七八碎】língqībāsuì ❶形。零碎而纷乱；多带助词"的"：～的东西摆了一屋子。❷名。零散的事情或没有多大用处的东西：他就喜欢摆弄那些～儿。也作七零八碎。

【零敲碎打】líng qiāo suì dǎ 成。指以零零碎碎、断断续续的方式进行或处理：写文章不宜～，最好能一气呵成。也说零打碎敲。

【零散】língsǎn 形。分散，不集中：你搜集的材料太～了，应该集中起来，归归类。可重叠：把房间里零零散散的东西整理好。

【零碎】língsuì ❶形。细碎，琐碎：要善于利用～的时间｜家务事很～。可重叠：这些零零碎碎的回忆，后来成了我那篇文章的材料。❷名。零碎的事物：他把打家具剩下的～都收拾起来了。

＊"零碎"和"零散"："零碎"指细碎，不完整；"零散"指分散，不集中。"零碎"可作名词；"零散"不能。

【零头】língtóu 名。(1)不够一定单位的零碎数量：每十盒装一箱，还剩下三盒～。(2)材料使用后剩下的零碎部分：这是做衣服多下来的～，可以做双鞋面。

【零星】língxīng 形。常作定语或状语，可重叠。(1)细小零碎：～土地｜零零星星的见闻。(2)稀少零散：层层的叶子中间，～地点缀着些白花｜我还听见零零星星的枪声。

＊"零星"和"零碎"："零星"指量少；"零碎"指细碎；"零星"有"零散"的意思，"零碎"没有"零散"的意思。"零星"是形容词；"零碎"既可作形容词，还可作名词。"零星"一般不作谓语；"零碎"可作谓语。

【零讯】língxùn 名。零星的消息；多用于报刊中专栏的名称：国际～｜商品～。

【零用】língyòng ❶动。零碎地用；作钱、物：这点钱给你～吧。这带宾语和补语：我没有一过一分钱，都留着呢｜本月的工资已经～掉很多了。❷名。零碎用的钱。

龄 líng 〈素〉(1)岁数：年～｜妙～高～。(2)年限；指从事某种工作或参加某个组织的时间：工～｜教～｜军～。

灵(靈) líng ❶形。(1)聪明，机敏：指人的脑子、心、手、耳、目等：这孩子脑子很～。(2)有效验，指药物、神灵以及措施、办法等：这种药吃了去一定～｜这个办法真～。❷〈素〉(1)精神，思想：心～｜～魂。(2)迷信者称鬼神或关于神仙的：神～。(3)灵柩或关于死人的：移～｜～堂｜～位｜守～。

【灵便】língbian 形。(1)灵活，灵敏，指人的四肢、五官：他虽年逾古稀，但身子还很～。(2)使用方便，轻巧，指工具或其他使用的器物：这辆车子骑起来很～。

【灵车】língchē 名。运送灵柩或骨灰盒的车。

【灵榇】língchèn 名。灵柩。

【灵丹妙药】líng dān miào yào 成。灵验有效的好药：世界上没有包治百病的～。也比喻能解决一切问题的好方法：有些人把马列主义书本上某些字句看成是解决一切问题的～，那是不懂马列主义的表现。也叫灵丹圣药。

【灵感】línggǎn 名。在文艺、科技活动中，依靠深厚的知识和长期积累的经验而在一瞬间突然产生的富有创造性的思路。

【灵光】língguāng ❶名。(1)旧时指神异的光辉。(2)旧时描画在神像头部的光辉。❷〈方〉形。好，效果好：他讲话真～，一说就成｜这种药治头疼～得很。

【灵魂】línghún 形。(1)心灵,思想：～深处。(2)人格，良心：他出卖了自己的～。(3)比喻起统帅作用的因素：主题是一篇文章的～。(4)宗教迷信指离开人的躯体而独立存在的非物质的东西，一旦灵魂离开躯体，人即死亡。

【灵活】línghuó 形。(1)敏捷，不呆板：脑子很～｜～地转动。(2)善于随机应变，不拘泥：他处理问题既～又果断｜～运用。

＊"灵活"和"灵敏"："灵活"着重强调活泼，不死板，不呆滞；"灵敏"着重强调反应快。"灵活"多用于形容动作、活动、脑筋、方法、指挥等；"灵敏"多用于人和动物的感觉、反应以及仪器的性能。"灵活"还有善于随机应变"不拘泥"的意思；"灵敏"没有这样的意思。

【灵机】língjī 名。灵活而敏捷的思维能力；常跟"一动"搭配：～一动，解决问题的办法就想出来了。

【灵柩】língjiù 名。死者入殓后的棺材。

【灵敏】língmǐn 形。灵活敏捷，反应快，多指人的感觉或仪器、仪表的性能等：

他的感觉特别～｜这架仪器很～,能精确地测出极小的误差。

【灵巧】língqiǎo 形。灵活巧妙:心思～｜一双非常～的手。
＊"灵巧"和"灵活":"灵巧"的意思着重在"巧",不笨拙;"灵活"的意思着重在"活",不死板,不呆滞。"灵活"还可形容处理事情的随机应变;"灵巧"没有这种用法。

【灵寝】língqǐn 名。旧时停放灵柩的地方。
【灵台】língtái 〈书〉名。指心灵。
【灵堂】língtáng 名。停灵柩、放骨灰或设置灵位遗像以供人吊唁的屋子或大厅。
【灵通】língtōng 形。(1)消息来得快,来源广:他是消息～人士｜他信息很～。(2)〈方〉行,顶用:这玩意儿真～｜这办法很～。
【灵位】língwèi 名。旧时人死后暂时设的供奉的牌位。
【灵犀】língxī 名。旧说犀牛是一种灵异的兽,角上有白纹,感应灵敏,故称犀牛角为"灵犀"。现用唐代李商隐"心有灵犀一点通"的诗句,比喻思想感情相通,彼此默契;多含贬义:主子语音刚落,奴才们"心有～一点通",立刻跟着叫嚣起来。
【灵性】língxìng 名。指动物经过驯养、训练后具有的智慧。
【灵验】língyàn 形。(1)效果非常好;多指药物、办法等:青霉素用于治疗肺炎,很～。(2)得到应验;常指预言:他料事如神,确实～。
【灵芝】língzhī 名。菌类植物,菌盖肾脏形,赤褐色或暗紫色,有环纹,有光泽,可入药,有滋补作用。

棂(欞、櫺) líng ·〈素〉房屋的窗格子:窗～。

凌(△凌) líng ❶〈方〉名。冰:滴水成～｜河里的～都化了。△❷〈素〉(1)侵犯,欺压:～辱｜盛气～人。(2)升:～空｜～云。(3)逼近:～晨。△❸姓。

【凌晨】língchén 名。天快亮的时候;常和其他时间词配合使用:明日～｜～五点。
【凌迟】língchí 动。古代一种酷刑,分割犯人的肢体;不带宾语:一代忠臣竟被～,民众愤然。也作陵迟。
【凌驾】língjià 动。可带宾语,多以"于(在)……之上"构成的介词词组作补语。(1)超过,高出:我们任何一个人,都不能把自己～于党和群众之上。(2)压倒;用于事物:这是～一切的中心任务｜一个念头～在一切之上,占据了他的头脑。
【凌空】língkōng 动。在高空中或升到高空中;不带宾语:高阁～。常与其他动词连用:～翱翔｜飞机～而过。
【凌厉】línglì 形。形容气势迅猛:攻势～｜她以～的扣杀为中国队频频得分。
【凌轹】línglì 〈书〉动。欺压,排挤;多带宾语:～乡里,作威作福。也作陵轹。
【凌乱】língluàn 形。杂乱,没有条理:～不堪｜桌上的书报十分～。可重叠:房间里的东西放得凌凌乱乱的,叫人没法收拾。也作零乱。
【凌虐】língnüè 〈书〉欺侮,虐待:小国听凭大国～的时代已经过去了。可带宾语:～百姓,作恶多端。
【凌辱】língrǔ 动。欺侮侮辱:中国人民站起来了,从此不再受～了。可带宾语:她老用仇恨的眼光瞅人,仿佛每个人都曾～过她。
【凌夷】língyí 〈书〉形。衰败,走下坡路;多作谓语:国势～｜家道～。也作陵夷。
【凌云】língyún 形。高人云霄;多用以比喻志向高远:～之志｜壮志～。

陵 líng 〈素〉(1)大土山;丘～。(2)高大的坟墓:～墓｜～园｜～寝。

【陵迟】língchí 见"凌迟"。
【陵轹】línglì 见"凌轹"。
【陵墓】língmù 名。(1)革命领袖、烈士等的坟墓。(2)帝王的坟墓。
【陵寝】língqǐn 〈书〉名。帝王的坟墓。
【陵替】língtì 〈书〉形。(1)纲纪废弛:晋末朝政～,虚诞成风。(2)衰落。
【陵园】língyuán 名。以陵墓为主的园林:雨花台烈士～。
【陵夷】língyí 见"凌夷"。

菱 líng 名。通称菱角。(1)一年生草本植物,生长在池沼中,水上叶略呈三角形,果实的硬壳有角,果肉可食。(2)指这种植物的果实。

绫 líng 名。~子,丝织物的一种,用桑蚕丝或桑蚕丝同人造丝交织而成,质地较缎轻薄:~罗绸缎。

棱(稜) líng 地名用字。穆棱县,在黑龙江省。
另见 léng。

鲮 líng (1)[鲮鱼](-yú) 名。体侧扁,口小,有须两对,主食藻类。是我国广东、广西重要养殖鱼类之一。也叫土鲮鱼。(2)[鲮鲤](-lǐ) 名。即穿山甲,哺乳动物,全身有角质鳞甲,没有牙齿,爪锐利,善于掘土。生活在丘陵地区,吃蚂蚁。鳞甲可入药,有止血、消肿、催乳等作用。

酃 líng 地名用字。酃县,在湖南省。

醽 líng [醽醁](-lù) 名。古代美酒名。

líng(ㄌㄧㄥˇ)

令 líng 量。音译词。原张的纸五百张为一令。
另见 lìng、lǐng。

岭(嶺) líng 名。(1)顶上有路可通行的山:那~上有人家住|翻过~就有村庄了。(2)泛指高大的山脉。

领 lǐng ❶名。(~儿、~子)衣服的上部围绕脖子的部分:汗衫大都是没有~子的|这件衣服~子嫌高了点儿。❷量。(1)用于长袍或上衣:皮袄一~。(2)用于席箔:今年夏天要买~新席子。❸动。(1)带,引;多带宾语、兼语或补语:她~着孩子走了|我~你到办公室去|来了一个医生|把他~到饭厅。(2)领取:本月的工资我还没有~。多带名词作宾语,可带补语:你到保管室~一下办公用品|他~不到救济金了。❹〈素〉(1)颈,脖子:~圈|引~|首~。(2)大纲,要点:纲~|要~|提纲挈~。(3)了解,明白:~略|~会|~悟。(4)接受:~情|~教|~心。(5)领有,领有的:占~|~土|~海。

【领班】lǐngbān ❶动。厂矿企业里领导一班人工作;不带宾语:派他去~。可带补语:他已经~一年多了。❷名。领班的人:他是我们的~。

【领带】lǐngdài 名。穿西服时,系在衬衫领子上而挂在胸前的带子。

【领导】lǐngdǎo ❶动。指引,带领;常带宾语或补语:厂长~着一个厂的工作,担子不轻|这是校长~得好。可带兼语:县长~全县人民抗洪救灾。可重叠:你去~~这个班吧。❷名。担任领导的人,领导者:他是我们厂的~|当~就不能怕麻烦。

＊"领导"和"指导":"领导"的意思着重在率领;"指导"的意思着重在教导。"领导"多用于大的、全面负责的事情;"指导"可用于大的全面的事情,也可用于具体的、小的事情。"领导"有名词用法,"指导"没有。

【领地】lǐngdì 名。(1)奴隶社会、封建社会中领主所占有的土地。(2)领土。

【领队】lǐngduì ❶动。率领队伍;不带宾语:上级派他去~|他~的时间不长。❷名。率领队伍的人:他是足球队的~。

【领港】lǐnggǎng ❶动。引导船舶进出港口;不带宾语:今天他来~。常作定语:~任务|~人员。❷名。担任领港工作的人:他当过~,也作过机长。

【领海】lǐnghǎi 名。距离一国海岸线一定宽度的海域,是该国领土的组成部分。包括领海上空及其海床和底土。我国的领海宽度规定为12海里。

【领航】lǐngháng ❶动。引导船舶或飞机航行;不带宾语:他~非常认真,从没出过事故。常作定语:~任务|~经验。❷名。担任领航工作的人。也叫领航员。

【领会】lǐnghuì 动。领略事物而有所体会;常带宾语或补语:我已经~了你的意思|他对作战意图~得很深刻。可重叠:大家要好好~~这次会议的主要精神。

＊"领会"和"体会":"领会"的含义着重在理会和了解;"体会"的含义着重在体验、认识。"领会"的对象较宽,如意思、精神、意图、含义等;"体会"的对象较窄,如精神实质、重要性、对某个问题的认识、理解等。"领会"只作动词;"体会"除作动词外,还有名词用法。

【领教】lǐngjiào 动。(1)接受别人教益或欣赏人的表演时说的客气话;一般不带宾语：您讲的这番话道理很深刻，我们～了。可重叠：请您示范一下，让我们～～。(2)请教：有一道难题解不开，向您～。可带宾语：向大姐～剑术。(3)领受，经受：眼前的舞会，他从未～过。可带宾语：他～过那些靠造谣中伤吃饭的小丑们的伎俩。有时用作反语，含有"见过了，没什么了不起"的意思：你这套手法我已～过了，请别再施展。

【领空】lǐngkōng 名。一个国家的陆地、领水和领海上的整个空间，是该国领土的组成部分。

【领路】lǐnglù 动。带路；不带宾语：我～，你跟着走。可拆开用：我不认识，请您领一下路|他曾经替红军领过几天路，被敌人抓去了。可重叠：你得给孩子领领路，让他走正道。

【领略】lǐnglüè 动。了解事物的情形，进而认识它的意义或辨别它的滋味、情趣等；常由"景致、风光、风味、情趣、气息、趣味"等充当宾语：～诗中的情趣|～节日之夜的景致。可带补语：～不到其中的真义。可重叠：让我也来～～这南国风光。

【领情】lǐngqíng 动。接受礼物或好意而表示感激；不带宾语：您对我的关心照顾，我～了。可拆开用：我领了这份情|已经领过情了，别再客气了。

【领取】lǐngqǔ 动。收取发给的东西；多带名词作宾语：～会议文件|靠～养老金生活。可带补语：～过了|～好几天了。

【领事】lǐngshì 名。由一国政府派驻他国地方城市以维护本国利益和侨民权益的外交官员。

【领事裁判权】lǐngshì cáipànquán 词组。一国的侨民不受当地所在国法律的管辖而由其本国领事裁判的权力，叫领事裁判权。是帝国主义国家在半殖民地或附属国强行攫取的一种特权。

【领受】lǐngshòu 动。接受：大家的盛情我～了。常带宾语或补语：他～上级的奖励|您的情意我～不起|既然你送来了，我只好～下来。

【领属】lǐngshǔ 名。彼此间一方领有或具有而另一方隶属或从属；常作定语：～关系。

【领水】lǐngshuǐ 名。(1)国家领土内的河流、湖泊、港口、海湾等。(2)领海。

【领头】lǐngtóu 〈口〉动。带头；不带宾语，常构成连动词组：他什么事都～干|他～喊口号。可拆开用：这事情是他领的头|我不敢领这个头。可重叠：你们班干部领领头，组织同学们参加冬季长跑。

【领土】lǐngtǔ 名。在一国主权管辖下的区域，包括陆地、领海、领水和领空。

【领悟】lǐngwù 动。领会；着重指理解，弄明白，常带宾语或补语：他～了其中的奥秘|对您的教导，我～得越来越深了。

【领先】lǐngxiān 动。共同前进时走在最前头；不带宾语：他在工作上处处～。常与其他动词连用：他～登上了紫金山顶|开赛之后，中国队～得分。可作定语：处于～地位。可拆开用：他从来没领过一回先|这次总算领了先了。

【领衔】lǐngxián 动。不带宾语，常与其他动词连用。(1)在共同署名的文件上署名在最前面。李教授～签署了一份关于改进教学的倡议书。(2)戏曲或电影演员表排在最前面，表示为主的：天蟾舞台特邀马连良～主演《赵氏孤儿》等马派名剧。

【领袖】lǐngxiù 名。国家、政党或群众组织的领导人。

【领养】lǐngyǎng 动。领别人的孩子当做自己的子女抚养，常带宾语和补语：他们从孤儿院～了一个孩子|已经～了好几年了。

【领域】lǐngyù 名。(1)一个国家行使主权的地区范围。(2)学术思想或社会活动的范围：文艺～|政治～|思想～。

【领主】lǐngzhǔ 名。早期封建社会中，受封在一个地区掌握权力的人。经济上是土地所有者，政治上是统治者。也叫封建主。

lìng (ㄌㄧㄥˋ)

另 lìng ❶副。表示所说的范围之外，多修饰单音节动词：～想办法|～有打算|～买一个。❷代。指所说范围以外的人或事；加在名词前边，须有数量词，不带助词"的"：～一件事|～一个

人。

【另起炉灶】lìng qǐ lú zào 成。比喻重新做起，也比喻另立门户或另搞一套：：这篇文章只要修改一下就行了，不必~。

【另外】lìngwài ❶代。指所说范围以外的人或事；一般带助词"的"，多用在名词或数量词组前：你们几个人先上场，~的人准备调换。❷副。表示在所说的范围之外；常同"再、又、还"等副词并用，加强语气：今天有事，我们~再找时间谈吧。❸连。此外；可连接分句或者句子：这篇文章我改动了几处，~又补充了一小段。

【另眼相看】lìng yǎn xiāng kàn 成。用另一种眼光来看待；多指看待某个人或某种人不同于一般：对成绩不好的学生要好好帮助，不能~。

令 lìng ❶〈书〉动。多带兼语。(1)下令：~其退学。(2)使：~人失望。❷名。上级的指示、规定等：有~必行。❸〈素〉(1)美好，善：~德|~闻。引申为敬辞：~兄|~妹。(2)古代官名：县~|太史~。(3)时节：：夏~|节~。(4)酒令：行~。(5)小令；多用作词调、曲牌名：十六字~。
另见líng, lǐng。

【令嫒】lìng'ài 名。尊称对方的女儿。也作令爱。

【令箭】lìngjiàn 名。古代军队中发布命令用的一种凭证，形状像箭。

【令阃】lìngkǔn〈书〉名。旧时尊称对方的妻子。

【令郎】lìngláng 名。尊称对方的儿子。

【令名】lìngmíng〈书〉名。美名，好声：~远扬|久著~。

【令堂】lìngtáng 名。尊称对方的母亲。

【令行禁止】lìng xíng jìn zhǐ 成。有令必行，有禁即止，形容法令严正：各级地方政府必须做到~，绝不允许有令其事，另搞一套。

【令尊】lìngzūn 名。尊称对方的父亲。

liū (ㄌㄧㄡ)

溜 liū ❶动。(1)滑行，往下滑；不带宾语，多带补语：他在溜冰场上~了几圈|从滑梯上~下来。(2)偷偷地跑掉；一般不带宾语，可带补语：他乘人不注意~了|不知~到哪里去了|~进一家店里。(3)同"熘"。❷〈素〉光滑，平滑：~光|滑~。
另见liù。

【溜冰】liūbīng ❶即"滑冰"。❷动。穿着带有轮子的鞋在平坦的混凝土地面上滑行；不带宾语：今天下午去~好吗？可重叠：我们去溜溜冰，别看电影了。可拆开用：他溜了一下午冰。

【溜达】liū·da〈口〉动。散步，闲走；不带宾语，可带补语：刚吃过晚饭，出去~一会儿。可重叠：我们出去~~，轻松一会儿。

【溜光】liūguāng〈方〉形。很光滑；不加程度副词：~的桌面|头梳得~。可重叠：地板擦得~~的。

【溜溜转】liūliūzhuàn 形。形容圆的东西不停地转动；不加程度副词：水珠儿在荷叶上~|他把陀螺抽得~。

【溜须拍马】liū xū pāi mǎ〈口〉习。比喻谄媚奉承：他最讨厌那些~的人。

【溜平】liūpíng〈方〉形。光滑而平；不加程度副词：~的地板上又铺了一层地毯。

【溜圆】liūyuán〈方〉形。很圆；不加程度副词：这个圈儿画得~。可重叠：这个西瓜长得~~。

熘 liū〈方〉动。烹调方法，跟炒相似，作料中加淀粉汁；常带宾语或补语：~子鸡|~一下就起锅。

liú (ㄌㄧㄡˊ)

刘(劉) liú 姓。

【刘海儿】liúhǎir 名。妇女或儿童垂在前额的整齐的短发。

浏(瀏) liú〈古〉形。水流清澈的样子。

【浏览】liúlǎn 动。粗略地看看；用于图书、景物等：这本小说我只~了一遍。可带宾语：我~着路旁的树木和花草，信步向前走去。可重叠：这些书只须~~，不必认真精读。

留 liú ❶动。(1)停在一个地方，不移动；不带宾语，多带补语：修了水库，山上的水终于~住了|他不回家，~

留 liú 667

在学校补习。(2)不使离去;多带宾语: ～客|他一定要走,我～不住他。也可带兼语: ～他住几天。(3)保留,遗留,收留;常带宾语或补语: 给你～了一套书|这些都是祖先～下来的|这篇稿子我就～下了。(4)留居外国学习;须以单音节国名作宾语: ～美|～日。❷姓。

【留别】liúbié 〈书〉动。离别时赠送礼品或做诗词赠给留在那里的朋友;可带宾语: 他临走的时候,写了几封信—旧友。可作定语: 来不及准备～的礼物或诗文便匆匆离去了。

【留步】liúbù 动。主人送客时客人请主人不要送出去的客套话;多加"请",并单独成句: 请～,过几天再见。

【留传】liúchuán 动。遗留下来传给后代;常带宾语或补语: 我没有什么财产可以～子孙|汉字是我们的祖先～下来的宝贵遗产。

【留存】liúcún 动。保存,存放,存在;常带宾语或补语: 给他～了一套资料|革命先烈的献身精神永远～在人间。

【留后路】liú hòulù 习。办事时防备万一不成而预留退路: 他这个人老谋深算,办什么事都预先～。

【留后手】liú hòushǒu 习。为避免将来发生困难而采取留有余地的措施: 丰年要不忘灾年,在计划用粮时要注意～。

【留连】liúlián 见"流连"。

【留恋】liúliàn 动。不忍舍弃或离开: 他对这些东西好像还在～。常带宾语或补语,可加程度副词: ～祖国的山山水水|他很～过去|～得很|～不已。

【留难】liúnàn 动。无理阻止、故意刁难: 你一再～,不知是何用心! 可带宾语: 千万别～人家。可带动态助词"过": 在这些事情上,从来没～过谁。注意"难"这里不能读作nán。

【留念】liúniàn 动。留作纪念;多用于临别馈赠,不带宾语和补语: 同学们临毕业的时候,曾合影～。

【留鸟】liúniǎo 名。终年生活在一个地区,不到远方去的鸟,如麻雀、喜鹊、画眉等;区别于"候鸟"。

【留情】liúqíng 动。由于照顾情面而宽恕或原谅;不带宾语: 请你手下～|毫不～。可拆开用: 留点情|留个情。可重叠: 你就留个情放他走吧!

【留神】liúshén 动。注意小心;多指防备危险或错误,可带宾语、动词、主谓词组作宾语: ～车辆|～摔下来|～汽车撞着你。可加程度副词,可带补语: 他处处都很～|从那以后,他处处～起来。可拆开用: 走路留点儿神,别跌倒了。

【留守】liúshǒu 动。(1)古时皇帝离开京城时,命大臣驻守,叫留守。(2)留下来担任守卫、联系等工作: 九连在城里～,其他连随主力部队出发|秘书长在机关～,处理日常事务。常带宾语或补语: ～阵地|～在原地|继续～下去。可作定语: ～部队|～人员。

【留宿】liúsù 动。(1)留人住宿;常带宾语或补语: 非经允许,学生宿舍不得～外客|～一夜|～在自己床上。(2)停留下来住宿;不带宾语,可带补语: 今晚就在招待所～|当晚我～在朋友家中。

【留心】liúxīn 动。注意,小心;可带名词、动词或主谓词组等作宾语: ～自己的言行|～搜集材料|～老师怎样解题。可带补语:你提醒之后,他才～起来|～多时了。可拆开用: 要留点儿心|他也留上心了。

【留学】liúxué 动。留居外国学习或研究;可带处所宾语或补语: 早年他曾～英国|他在国外～十年|他～于日本东京大学。可拆开用: 他出过洋,留过学|在外国留了三年学。

【留言】liúyán 动。离开某处时用书面形式留下要说的话;不带宾语: 来客请～。可拆开用: 临行时还留了言。

【留洋】liúyáng 动。旧指到外国留学;不带宾语,可带补语: 他曾经～三年。可拆开用: 据说他还留过洋。

【留一手】liú yī shǒu 习。不把本事全部拿出来: 武术教练应把全部本事教给学员,不能～。

【留意】liúyì 动。留心,注意;可带名词、动词或主谓词组作宾语: ～行人|～学习开车|～汽车启动。可带补语: ～多时|请你～一下开车的时间|他对市场情况～起来了。可拆开用: 过马路时,请留点儿意。

【留影】liúyǐng 动。以所在地景物为背景,照相以留纪念;一般指游览、学习、工作之地,不带宾语:在中山陵牌坊前一~。可拆开用:咱们都来留个影吧。

【留余地】liú yúdì 习。指说话、办事不走极端,留下可以回旋的地步:作计划,干事情,都要~。也说留有余地。

【留置】liúzhì 〈书〉动。把人或物留下来放在某处;常带宾语或补语: ~了一个连的兵力|把这些精装本~在藏书室,其余的放到阅览室里去。

【留驻】liúzhù 动。(1)留下来驻扎;可带处所宾语:三团~原地,其他团开赴前线。可带补语:又~了一个月|继续~下去|~到明年。(2)停留;可带施事宾语或补语:她的脸上好像~着永不消逝的青春容光|但愿青春的容光永远~在你的脸上。

馏 liú 见"蒸(zhēng)馏"。
另见liù。

骝 liú 名。古书上指黑鬣黑尾巴的红马。

榴 liú 名。石榴,灌木或小乔木,果实球形,内有很多种子,外种皮多汁,可以吃。根皮和树皮可入药。又叫安石榴。

【榴火】liúhuǒ 〈书〉名。指石榴花的色彩:五月的~,耀人眼目。

飗 liú [飗飗] 〈古〉形。微风吹动的样子。

镏 liú [镏金](-jīn) 动。用金子装饰器物的一种方法,把黄金溶解在水银里,用刷子涂在器物上,晾干后用炭火烘烤,再用玛瑙轧光,一般要进行三次;不带宾语:这只表壳一~就闪闪发光,非常好看。常作定语: ~项链。
另见liù。

瘤 liú 名。肿瘤:头上长了一个~。

流 liú ❶动。(1)流动;用于液体:水向下~。可带宾语或补语: ~着血|~了几个小时|~光了。(2)移动;用于人或物品,可带宾语,多带介词词组状语或补语:不让这种伪劣商品~外地|人才向外~|商品~到农村。(3)向坏的方面转变;多带介词词组作补语: ~于形式|~为盗贼。❷名。(1)品类:鸡鸣狗盗之~。(2)等级;多用在序数词之后:第一~产品。❸〈素〉(1)流传,传布: ~芳|~言。(2)江河中的流水:洪~|河~。(3)像水流的东西:气~|寒~。(4)旧时的一种刑罚: ~放。

【流弊】liúbì 名。滋生的或沿袭而成的弊端:干部终身制的~很多。

【流播】liúbō 〈书〉动。流传;常带宾语或补语: ~四方|~后世|~极广。

【流布】liúbù 动。(1)传布,流传:这条消息正在广泛~。常带宾语或补语:据说外国也~过这些谣言|~得很广。(2)流动并散布;常带补语:血液正~到全身|浑身像有一股热气逐渐~开去。

【流产】liúchǎn 动。不带宾语,可拆开用。(1)孕中胎儿未足月就产出:小张的爱人~了|她流过几次产。(2)比喻事情在酝酿或进行中遭到挫折而不能实现:这项试验~了。

【流畅】liúchàng 形。流利通畅;多指文章、言语等:组织严密,语言~|他的文章写得很~|他~地读完了全文。
　*"流畅"和"流利":"流畅"多形容语言文字不晦涩,不凝滞;"流利"除形容语言文字外,还可形容口才好和写字熟练。

【流程】liúchéng 名。(1)水流的路程:水势湍急,每小时~几百里。(2)工业生产中,从原料到制成成品各项工序安排的程序。也叫工艺流程。

【流传】liúchuán 动。传下来或传播开;多指作品、事迹、故事等,常带宾语或补语:我们这里~着很多神话故事|让革命的传统永远~下去。

【流窜】liúcuàn 动。乱逃;多指罪犯、匪盗、敌人等:要严厉打击~作案的罪犯。可带施事宾语:一年前这一带话~着一小股土匪。可带补语:在大兴安岭一带~。

【流荡】liúdàng 动。(1)流动,移动;不带宾语,可带补语:一叶小舟随风~|小舟~在江中。(2)流浪,飘泊;可带处所宾语,可带补语: ~四方|~江湖|他在外~了十几年|又不知~到哪里去了。

【流动】liúdòng 动。可带施事宾语或补语,可重叠。(1)移动;用于液体或气体:我们的血管里~着中华民族的热血|这

条河里的水～很慢|打开门窗,让空气～～。(2)经常变换位置;跟"固定"相对:铁路附近～着一支游击队|小分队～到山区去了|让人才～～有什么不好?

【流毒】liúdú ❶动。毒害流传;常带宾语或补语:～全国,为害甚广|～无穷。❷名。流传的毒害:这本小说的～必须彻底肃清!

【流芳】liúfāng 动。流传好的名声;多用在固定组合中:万古～|～百世。

【流放】liúfàng 动。(1)旧时把犯人驱逐到边远的地方去;常带处所宾语或补语:林冲被～沧州|沙俄统治者曾把列宁～到西伯利亚。(2)把原木放在江河中运输;常带宾语或补语:～木材|这批木材是从上游～下来的。

【流光】liúguāng 〈书〉名。光阴,岁月;～易逝,岁不我待。

【流寇】liúkòu 名。流动不定的土匪。

【流浪】liúlàng 动。生活没有着落,到处飘泊;可带处所宾语或补语:他曾～街头,以乞讨为生|～了好几年|～到上海。常作定语:～生活～汉。

　*"流浪"和"流离":"流浪"侧重指没有固定的地点,到处流转;"流离"侧重指离散,与亲人和家乡离别。"流浪"常作定语;"流离"一般不作定语。

【流离】liúlí 〈书〉动。由于灾荒战乱而流转离散;颠沛～。可带补语:白居易幼年～于吴越一带。

【流离失所】liúlí shī suǒ 成。到处流浪,无法安身:在旧社会,一遇灾荒,许多人就～,到处逃荒。

【流丽】liúlì 形。流畅而华美;多指诗文书法等:他能写一手～的草书|章法谨严,文辞～。

【流利】liúlì 形。(1)话说得快而清楚,文章读起来通畅:他会说一口～的普通话|他的文章写得非常～。(2)灵活,不凝滞:这支笔用起来挺～的|小张写字很～。

【流连】liúlián 动。留恋,舍不得离开;不带宾语:我们在天安门前～着。常带补语:他～于天都峰的景色而不愿下山|她～在白杨树下,久久不愿离去。也作留连。

【流连忘返】liú lián wàng fǎn 成。留恋

得忘记回去:西湖风光实在迷人,使许多游客～。

【流露】liúlù 动。思想感情不由自主地表现出来;常带宾语或补语:他眉宇间～出一股刚劲之气|他的喜悦心情～在脸上。

　*"流露"和"透露":"流露"指无意中显露出来;"透露"可以是有意地表露。"流露"多同表示思想、情绪、气质、神情等词语搭配;"透露"多同消息、真相、风声、意思等词语搭配。

【流落】liúluò 动。因穷时而飘泊外地;常带处所宾语或补语:～江湖|～街头|在旧社会,他被迫～到南洋。

　*"流落"和"流浪":"流落"强调飘泊在外,已有暂时落脚、停留的地方;"流浪"强调生活无着落,到处流转。

【流氓】liúmáng 名。(1)原指无业游民,后指不务正业、为非作歹的人:一群小～|～阿飞。(2)指用下流手段放刁、撒赖等恶劣行为:不准要～|打击～活动。

【流民】liúmín 名。遭遇灾害或战乱而流浪在外、生活无着落的人。

【流年】liúnián 名。(1)〈书〉指光阴:虚掷～|似水～。(2)旧时算命看相的人称一年的运气:～大吉。

【流派】liúpài 名。指学术、文艺创作等方面的派别:学术～|艺术～。

【流气】liúqì 形。流氓习气:这家伙～十足,别理他。可重叠:我看不惯那种流里流气的样子。

【流散】liúsàn 动。流转分散;不带宾语:在战火纷飞中一家人～了。常带补语:有许多古代珍贵文物～到国外去了|他的遗稿还有些～在各地。

【流失】liúshī 动。指有用的物质如矿石、油脂、水土等白白地流掉:水土～|石油是宝贵的财富,一滴也不能～|七个年头在风风雨雨中～了。可带宾语或补语:由于森林遭到破坏,每年都要～大量的水土|水土～过多。

【流逝】liúshì 动。像流水一样很快消逝;不带宾语,可带动态助词"着":光阴～,一去不回|岁月无情地～着,十年的时间一转眼就过了。可带补语:光阴～得真快啊。

【流水不腐,户枢不蠹】liúshuǐ bù fǔ, hùshū bù dù 成。流动的水不会腐臭,经常转动的门轴不会蛀蚀。比喻经常运动的东西不易受侵蚀。古语说得好,"～",人只吃不动是会生病的。

【流水帐】liúshuǐzhàng 名。每天记载财物出入的、不分类别的旧式帐簿。比喻不加分析、没重点地罗列事物的叙述或记录:这篇作文缺少鲜明的观点,只是罗列了一些材料,记了一篇～。

【流水作业】liúshuǐ zuòyè 词组。一种组织生产的方式。把生产过程划分为若干工序,按一定的速度、顺序像流水似地一道工序接着一道工序地不断进行。

【流苏】liúsū 名。装在车马、楼台、帐幕等物上的穗状饰物。

【流速】liúsù 名。流体在单位时间内流过的距离,一般用米/秒表示。

【流淌】liútǎng 动。液体流动;带宾语时,多加动态助词:山坡上～着融化的雪水|手术过程中～了不少的血。可带补语:石油都～到海里了|水从山坡上～下去。

【流体】liútǐ 名。没有一定形状、容易流动的液体和气体的统称。

【流通】liútōng 动。不带宾语,可带补语。(1)流动畅通,不停滞:空气不～|～迅速。(2)指商品、货币流转:商品～|货币～|不畅|～甚广。

【流亡】liúwáng 动。由于政治上的原因或因灾害而被迫离开家乡或祖国;常带处所宾语或补语:～他乡|～到国外。可作定语:～政府|～贵族。

【流徙】liúxǐ 〈书〉动。到处转移,没有安定的生活:在旧社会,他被逼得妻离子散,到处～。可带处所宾语:他向我讲述了吴汉槎获罪～宁古塔的经过。可带补语:他～在江浙一带|～多年。

【流线型】liúxiànxíng 名。前头圆、后头尖,表面光滑,略像水滴的形状。具有这种形状的物体在空气中或水中运动时所受阻力最小。所以小轿车、飞机机身、潜水艇等的外形常做成这种形状。

【流泻】liúxiè 动。指液体、光线等迅速地流出、射出、跑过;一般不带宾语:清洁的泉水在山涧中～。带宾语时常同时带趋向补语:从窗帘缝里～进一束亮光|峡谷里～出清凉的泉水。常带介词词组作补语:石油～到地上|月光～在大地上。

【流星】liúxīng 名。(1)星际空间分布着许多小物体与尘粒,叫做流星体。它们飞进大气层,跟大气摩擦发生热和光,这种现象叫做流星。通常所说的流星指这种短时间发光的流星体。(2)古代的一种兵器,在铁链两端各系一个铁锤。(3)杂技的一种,在长绳的两端拴上水碗或火球,用手摆动绳子,使水碗或火球在空中飞舞。

【流行】liúxíng 动。传播很广,盛行;常带宾语或补语:那年～过脑炎|羽绒衫现在～开来了。可作定语:～歌曲|～发型。

【流血】liúxuè 动。特指牺牲生命或负伤;不带宾语:既参加革命,就不怕～牺牲。可拆开用:他为人民流过血|流尽了最后一滴血。

【流言】liúyán 名。没有根据的胡言乱语;常作"散布"等动词的宾语:这个坏蛋,到处散布～。

＊"流言"和"谣言":"流言"多指暗中散布的诬蔑或挑拨的话;"谣言"泛指没有事实根据的话,可能是带污蔑性的话,也可能是带煽动性的话。"流言"常指生活方面的;"谣言"常指政治性的。

【流域】liúyù 名。一个水系的干流和支流所流过的整个地区;常用在河流之后,作中心语:长江～|湘江～。

【流质】liúzhì ❶形。医疗上指食物是属于液体的;不加程度副词,不单独作谓语,多作定语:这种病应吃～食物。❷名。指液体食物:手术后只能吃～。

【流转】liúzhuǎn 动。(1)经常地流动转移:游击队到处～。可带处所宾语或施事宾语:演员们～各地|大别山～着一支红军小分队。可带补语:～十几年,跋涉数千里|～在江河湖海。(2)流通周转;指商品或资金等,不带宾语,可带补语:加速商品的～|资金～十分迅速|从国内～到国外。

琉 liú [琉璃](-li) 名。一种用铅和钠的硅酸化合物烧成的釉料,常见的有绿色和金黄色两种。多用作建筑材料。

硫 liú 名。非金属元素,符号S。浅黄色结晶体,质脆,可制火柴、火药、硫酸等。医药上用来治皮肤病。通称硫磺。

【硫酸】liúsuān 名。无机化合物,无色油状液体,有强烈的吸水性和腐蚀性,有氧化性,是重要的化工原料,工业上用途极广。

【硫酸铵】liúsuān'ān 名。无机化合物,无色透明结晶体,含氮素较多,用做肥料,在酸性过重的土壤上一般不宜使用。俗称肥田粉。

旒 liú〈古〉名。(1)旗子上的飘带。(2)帝王礼帽前后的玉串。

鎏 liú ❶名。成色好的金子。❷同"镏"(liú)。

镠 liú〈古〉名。成色好的金子。

liǔ(ㄌㄧㄡˇ)

柳 liǔ ❶名。(1)柳树,落叶乔木或灌木,叶子狭长,枝柳细长,下垂,柔荑花序。(2)二十八宿之一。❷姓。

【柳暗花明】liǔ àn huā míng 成。本指绿树成阴,繁花似锦的景象,后多用以比喻在困难中遇到转机。"山穷水尽"的苦恼与"柳暗花明"的喜悦,在写文章的过程中是常常会经历到的。

【柳眉】liǔméi 名。指女子细长的眉毛:～倒竖。也叫柳叶眉。

【柳絮】liǔxù 名。柳树的种子上面有白色绒毛,随风飞散,叫做柳絮。

绺 liǔ 量。理顺了的线、麻、头发、胡须等许多根聚在一起叫一绺:五～长须|一～头发。

liù(ㄌㄧㄡˋ)

六 liù ❶数。五加一所得之数。❷名。工尺谱记音符号之一,相当于简谱的"5"。
另见lù。

【六朝】liùcháo 名。(1)吴、东晋、宋、齐、梁、陈,先后建都于建康(今南京),合称六朝:南京是一古都。(2)泛指南北朝时期:～文|～书法。

【六畜】liùchù 名。指猪、马、牛、羊、鸡、狗六种家畜。

【六腑】liùfǔ 名。中医称胃、胆、三焦、膀胱、大肠、小肠为六腑。

【六合】liùhé〈书〉名。古代指天地和东南西北。泛指天下或宇宙。

【六甲】liùjiǎ 名。(1)古代用甲、乙、丙、丁、戊、己、庚、辛、壬、癸十干和子、丑、寅、卯、辰、巳、午、未、申、酉、戌、亥十二支依次相配成六十组干支,其中起头是"甲"字的有六组,故称六甲,用作代指六十甲子。因笔画简单,多为儿童练字之用,叫学六甲。(2)古代妇女怀孕叫怀六甲。

【六亲】liùqīn 名。一般指父、母、兄、弟、妻、子。泛指亲属:～不认|～不靠。

【六神无主】liù shén wú zhǔ 成。六神:道教指心、肺、肝、肾、脾、胆五脏之神。形容心慌意乱,惊惶失措:他一听枪声就吓得～。

【六书】liùshū 名。古人分析汉字归纳出的六种条例,即象形、指事、会意、形声、转注、假借。

【六艺】liùyì 名。古指礼、乐、射、御、书、数六种才能和技艺。汉朝以后也指《易》、《礼》、《乐》、《诗》、《书》、《春秋》等六种儒家经典。

【六一儿童节】liùyī értóng jié 词组。全世界儿童的节日。国际民主妇女联合会为了保障全世界儿童的权利,于1949年在莫斯科举行的会议上作出决定,以每年的六月一日为国际儿童节。简称儿童节。

陆(陸) liù 数。"六"的大写;多用在票证、单据中。
另见lù。

碌(磟) liù [碌碡](-·zhou)名。农具,用石头做成,圆柱形,用来轧谷物,平场地等。也叫石磙。
另见lù。

馏 liù 动。把熟的食物蒸热;常带宾语或补语:～馒头|把包子放到笼里～一会儿|把这几个花卷再～一～。
另见liú。

溜(△餾) liù ❶名。(1)急流:河里的～很大。(2)(～儿)某一地点附近的地方:靠这～儿有个水塔。❷量。(～儿)排,条:一～儿新瓦房|一～儿烟跑掉了。❸〈方〉动。用石灰、水泥等抹墙缝,堵、糊缝隙;常带宾

语或补语：～缝儿|用纸把窗缝～起来。
△❸〈素〉(1)房顶上流下来的雨水：承～。(2)房檐上安的接雨水的长水槽：水～。
另见liú。

遛(蹓) liù 动。可带处所宾语或补语。(1)慢慢走，散步：～大街|到街上～了一趟|刚吃过饭，到外面～一～。(2)牵着牲畜慢慢走：把马牵出去～一圈|把马牵出去～一～。

【遛马】liùmǎ 动。牵着马慢慢走，使马减轻疲劳或病势；不带宾语：饲养员～去了。可拆开用：你先去遛这儿马。可重叠：我出去遛遛马，很快就回来。

【遛弯儿】liùwānr〈方〉动。散步；不带宾语：他们～去啦。可拆开用：出去遛个弯儿|他们在遛着弯儿哩。

镏 liù [镏子](-·zi)〈方〉名。戒指。
另见liú。

鹨 liù 名。鸟类的一属，体小，嘴细长，尾长，常见的有田鹨，是益鸟。

·lo (·ㄌㄛ)

咯 ·lo 助。用在句末或句中停顿的地方，语气较"了"重：可好～！
另见gē, kǎ。

lóng (ㄌㄨㄥˊ)

龙(龍) lóng ❶名。(1)我国古代传说中的神异动物，身体长，有鳞，有角，有脚，能走，能飞，能游泳。封建时代用龙作为皇帝的象征。(2)古生物学上指古代一些巨大的爬行动物，如恐龙、翼手龙等。❷姓。

【龙船】lóngchuán 名。装饰成龙形的船，有的地区端午节用来举行划船竞赛。

【龙灯】lóngdēng 名。民间舞蹈用具。用布或纸做成的龙形的灯，灯架由许多节构成，每节下面有一根木棍儿。表演者抓着木棍同时舞动，并用锣鼓配合。

【龙飞凤舞】lóng fēi fèng wǔ 成。形容山势蜿蜒雄壮，也形容书法笔势有力，灵活舒展：抬头看见墙上挂着两幅草书，～，气势惊人。

【龙宫】lónggōng 名。神话传说龙王的宫殿。

【龙骨】lónggǔ 名。(1)指鸟类的胸骨。(2)指古代某些哺乳动物骨骼的化石，可入药。(3)像脊椎和肋骨那样支撑和承重的结构，多见于船只、飞机、建筑物中。

【龙井】lóngjǐng 名。绿茶的一种，色泽翠绿，产于浙江杭州龙井一带，故名。

【龙卷风】lóngjuǎnfēng 名。风力极强而范围不大的旋风，形状像一个大漏斗，风速每秒达到100多米，破坏力非常大，能把大树连根拔起来，毁坏各种建筑物。

【龙盘虎踞】lóng pán hǔ jù 见"虎踞龙盘"。

【龙山文化】lóngshān wénhuà 词组。我国新石器时代晚期的一种文化，晚于仰韶文化，因最早发现于山东济南附近龙山镇而得名。遗物中常有黑而亮的陶器，所以也称黑陶文化。

【龙生九子】lóng shēng jiǔ zǐ 成。古代传说，一龙所生的九条小龙，形状性格，都不相同，比喻同胞兄弟各有差别：他们弟兄姐妹五人，志趣不一，真所谓～，各不相同。

【龙潭虎穴】lóng tán hǔ xué 成。龙潜居的深渊，老虎藏身的巢穴，比喻危险的境地：即使是～，我也要闯它一闯！

【龙套】lóngtào 名。(1)传统戏曲中成队的随从或兵卒所穿的绣有龙纹的戏装。(2)指穿龙套的演员。参看"跑龙套"。

【龙腾虎跃】lóng téng hǔ yuè 成。形容灵活、矫健的姿态或威武雄壮的气势：冲锋号一响，一个个～，冲向敌阵。

【龙头】lóngtóu 名。(1)自来水管的放水活门，有旋转装置可以打开或关上。龙头也用在其他液体容器上。(2)龙灯的头部。(3)〈方〉自行车的把(bǎ)。(4)喻指带头的人或事物。

【龙王】lóngwáng 名。神话传说住在水里统领水族之王，管兴云布雨，旧时迷信的人向他求雨。

【龙虾】lóngxiā 名。节肢动物，身长一尺左右，生活在海底。肉味鲜美，供食用。我国南海和东海都有出产。

【龙眼】lóngyǎn 名。也叫桂圆。(1)常绿乔木，羽状复叶，花黄白色，果实球形，可食，也可入药，是滋补强壮剂。(2)指这种植物的果实。

【龙争虎斗】lóng zhēng hǔ dòu 成。比喻双方势均力敌，斗争十分激烈：中日女子排球都是世界强队，今日相遇，必有一番～。

【龙钟】lóngzhōng〈书〉形。身体衰老、行动不灵便的样子：老态～｜他还不到古稀之年，但行动已有些～。

茏（蘢） lóng 见"茏葱"、"葱茏"。

【茏葱】lóngcōng 形。形容草木青翠茂盛：公园里花木～，景色宜人。

咙（嚨） lóng 见"喉咙"。

泷（瀧） lóng〈方〉名。急流的水；多用于地名，如：七里泷，在浙江省。
另见 shuāng。

珑（瓏） lóng 见"珑璁"、"珑玲"。

【珑璁】lóngcōng ❶拟声。摹拟金属、玉石等碰击的声音。❷形。形容草木青翠茂盛。

【珑玲】lónglíng〈书〉❶拟声。摹拟金玉声：环佩～。❷形。光辉，明亮：璧玉～｜～珊瑚。

栊（櫳） lóng〈古〉名。(1)窗户。(2)养鸟兽的栅栏。

昽（曨） lóng 见"曚(méng)昽"。

胧（朧） lóng 见"朦(méng)胧"。

砻（礱） lóng ❶名。去掉稻壳的工具，多用木料制成，形状略像磨。❷动。用砻去掉稻壳；常带宾语或补语：昨天他～了一袋稻子｜稻子已经～好。

眬（矓） lóng 见"蒙(méng)眬"

聋（聾） lóng 形。耳朵听不见声音或听觉迟钝：耳朵～了。

【聋子】lóng·zi 名。耳聋的人。

笼（籠） lóng ❶名。(1)(～子)养虫鸟或装东西的器具，用竹篾木条、铁丝等制成：鸟儿养在～子里。(2)笼屉，蒸食物的器具：小～包子｜点心要放在～上蒸一下。❷〈方〉动。把手放在袖筒里；多带补语：两手～在袖中。带宾语时常加动态助词"着"：他～着手站在寒风中。
另见 lǒng。

【笼火】lónghuǒ 动。用柴引火烧煤炭，生火；不带宾语：你去～，我来扫地。可拆开用：房间里笼上火就暖和多了｜木柴太湿了，笼不起火来。

【笼头】lóng·tou 名。套在骡马等头上的东西，用来系缰绳等：没～的马，到处乱跑。

隆 lóng ❶〈素〉(1)盛大：～重。(2)兴盛：兴～。(3)程度深：～冬。(4)高，凸起：～准｜～起。❷姓。

【隆冬】lóngdōng 名。冬天最寒冷的时期。

【隆隆】lónglóng 拟声。摹拟沉重的震动声：雷声～｜～的马达声。

【隆起】lóngqǐ 动。凸起来：青筋～。可带宾语：地上～一个土堆。

【隆重】lóngzhòng 形。盛大庄重；一般用于典礼仪式方面：庆祝典礼非常～。作定语时多带助词"的"，作状语时多不带助词"地"：在机场举行了～的欢迎仪式｜～举行颁奖大会。

【隆准】lóngzhǔn〈古〉名。高鼻梁。

癃 lóng ❶〈古〉形。衰弱多病。❷名。中医指小便不利的病。也说癃闭。

窿 lóng〈方〉名。煤矿坑道：清理废～｜～内要少堆东西。

lǒng（ㄌㄨㄥˇ）

陇（隴） lǒng ❶山名用字。陇山，在陕西、甘肃交界处。❷名。甘肃的别称。

垄（壠、壟） lǒng ❶名。(1)农作物行与行之间的空地：宽～密植。(2)田埂：以～为界。❷〈素〉像垄的东西：瓦～。

【垄断】lǒngduàn 动。原指站在市集的高地上操纵贸易，后来泛指把持和独占，常带宾语：～市场｜～了电器工业。可带补语：谁也～不了｜～在少数人手里。也常作定语：～组织｜～资本｜～集团。

【垄断资本】lǒngduàn zīběn 词组。资本主义社会里垄断组织用来控制社会生产,操纵和独占市场,以攫取高额利润的资本。也叫独占资本。

拢(攏) lǒng 动。常带宾语或补语。(1)合上,凑起来: 笑得~不上嘴|他们几个~不到一块儿|把零售帐~起来。(2)收束使不松散或不离开: 把木柴~在一起|~住人心|把孩子~在怀里。(3)梳理; 多用于头发: ~一下头发|头发~在后面。(4)靠近,到达: 快~工地了|水太浅,船~不到码头。

【拢共】lǒnggòng 动。共计,总计; 须带含数量词的宾语: 他全家收入~250元|全村~130户人家。

【拢子】lǒngzi 名。齿小而密的梳子。

【拢总】lǒngzǒng 动。共计,总计; 须带含数量词的宾语: 这支队伍刚拉起来时~只有十几个人。

笼(籠) lǒng ❶动。遮盖; 多指烟雾: 屋上~着一层轻烟|江面被晨雾~住了。❷〈素〉较大的箱子: 箱~。

另见 lóng。

【笼络】lǒngluò 动。用手段拉拢人; 多含贬义,常带宾语或补语: 他为了~人心就不择手段|你要设法~住小李。

【笼统】lǒngtǒng 形。缺乏分析,不明确,不具体: 他提的意见非常~。可重叠: 他把方案笼笼统统地说了一遍,大家印象不深。

【笼罩】lǒngzhào 动。像笼子似的罩在上面; 多用于云、雨、雪、雾、光线或气氛等,常带宾语或补语: 晨雾~着海面|乌云~在湖面上|整个会场被悲伤的气氛~住了。

lòng(ㄌㄨㄥˋ)

弄(衖) lòng 〈方〉名。小巷,胡同。
另见 nòng。

【弄堂】lòngtáng 〈方〉名。即"弄",上海等地称小巷: ~口有个厕所。

峎 lòng 名。壮族用词。石山间的小片平地。

lōu(ㄌㄡ)

搂(摟) lōu 动。常带宾语或补语,(1)用手或工具把东西聚集到自己面前来: ~了一堆树叶儿|把柴火~在一起。(2)用手挽着提起来; 多指衣服等: ~着衣裳|把袖子~到肘弯上|再往上~一~。(3)搜刮: 这家伙~了不少外快|钱都被他~走了。
另见 lǒu。

䁖(瞜) lōu 〈方〉动。看; 口气不够庄重: 这件衣服不错,让我也~一眼。

lóu(ㄌㄡˊ)

刐(劃) lóu 〈方〉名。堤坝下面排水、灌水的口子,横穿河堤的水道: ~口|~嘴。

娄(婁) lóu ❶〈方〉形。(1)身体虚弱: 你的身体真~,这点风寒都受不住。(2)某些瓜类过熟而变质: 这西瓜全~啦,不好吃啦。❷名。二十八宿之一。❸姓。

【娄子】lóu·zi 〈口〉名。乱子,纠纷,祸事,常作"捅、惹、出"等的宾语: 他捅下了大~,跑啦!

偻(僂) lóu ❶见"佝(gōu)偻"。❷〔偻㑩〕(-·luó) 见"喽啰"。
另见 lǚ。

蒌(蔞) lóu [蒌叶](-yè) 名。常绿木本植物,茎蔓生,叶椭圆形,花绿色。果实有辣味,可制酱。也叫蒟(jǔ)酱。

喽(嘍) lóu [喽啰](-·luo) 名。旧时指强盗的部下,现多比喻反动派的帮凶或仆从: 头头一声令下,~们立刻行动起来。也作偻㑩。
另见·lou。

溇(漊) lóu 水名用字。溇水,在湖南省。

楼(樓) lóu ❶名。(1)楼房,两层或两层以上的房子: 一幢~。(2)楼房的一层: 住在二~。(3)房屋或其他建筑物上加盖的一层房子: 城门洞上有~。❷姓。

【楼台】lóutái 名。(1)〈方〉凉台。(2)泛指楼,多用于诗词戏曲: 近水~。

耧(耬) lóu 名。播种用的农具。用牲畜牵引,后面有人扶

蝼(螻) lóu 见"蝼蛄"、"蝼蚁"。

【蝼蛄】lóugū 名。昆虫,背部茶褐色,腹面灰黄色,前脚大,能掘土,生活在泥土中,昼伏夜出,吃农作物的根和茎,是害虫。通称喇喇蛄,有的地区叫土狗子。

【蝼蚁】lóuyǐ 名。蝼蛄和蚂蚁,用来代表微小的生物:~尚且偷生,何况是人呢?也比喻力量薄弱或地位低微的人:~之辈。

髅(髏) lóu 见"髑(dú)髅"、"骷(kū)髅"。

lōu (ㄌㄡ)

搂(摟) lōu ❶动。用手臂拢抱着;常带宾语或补语:她~着孩子|~住他的腰|久别重逢,他们激动地~在一起。❷量。用于用手臂拢抱量粗细的东西:一~粗的木头。

另见 lǒu。

【搂抱】lǒubào 动。用胳膊拢着,双臂合抱;常带宾语或补语:~着一棵大树|~在怀里。可重叠:在大庭广众之中,搂搂抱抱多难看!

嵝(嶁) lǒu 山名用字。岣(gǒu)嵝,即衡山,在湖南省。

篓(簍) lǒu 名。(~儿、~子)用竹、荆条等编成的盛东西的器物:桐油~子|字纸~儿。

lòu (ㄌㄡ)

陋 lòu 〈素〉(1)丑的,不好看的:丑~|~规。(2)狭小,条件差,不完备:~室|简~|因~就简。(3)少,简略:浅~|孤~寡闻。

【陋规】lòuguī 名。不好的不合理的惯例:这是旧社会遗留下来的~。

【陋室】lòushì 名。简陋狭小的屋子:身居~,胸怀天下。

【陋俗】lòusú 名。不好的风俗:破除~。常与"陈规"并用:改变旧社会遗留下来的陈规~。

镂(鏤) lòu 〈素〉雕刻:~刻|~空。

【镂骨铭心】lòu gǔ míng xīn 见"刻骨铭心"。

【镂空】lòukōng 动。雕刻出穿透物体的花纹或文字;常作定语;要加助词"的":~的图案|~的象牙球。

瘘(瘻、瘺) lòu [瘘管](-guǎn) 名。人和动物体内由于外伤、脓肿在内脏与体表或脏器之间形成的管道,病灶分泌物可以由此管流出。

漏 lòu ❶动。常带宾语或补语。(1)东西从孔或缝中流出或掉出:管子有点~水|口袋里的米~光了。(2)泄漏:~了风声|此事不能~出去。(3)遗漏:抄~了一行字|一个人也~不了。❷名。漏壶的简称,借指时刻;只用在固定组合:~尽更深。

【漏洞】lòudòng 名。能漏出东西的不应有的缝隙,比喻说话、办事中不周密的地方或破绽:他的发言,~百出,不能自圆其说|这是制度上的~,要设法堵塞。

【漏斗】lòudǒu 名。一种呈喇叭形的器具,作用是将液体或粉末灌到小口容器里去。

【漏风】lòufēng 动。不带宾语,可拆开用。(1)器物有空隙,风能出入:这个房子四面~|气窗漏着风呢。(2)牙齿脱落后说话拢不住气:他门牙掉了,说话有点~。(3)走漏风声:这个消息要保密,一定不能~|这件事若是漏了风就麻烦了。

【漏壶】lòuhú 名。古时利用水的滴漏来计时的器具,用铜制成,简称漏。

【漏税】lòushuì 动。货品没有纳税,通常指故意违反税收法令逃避应缴纳的税款;不带宾语:这家商店由于~而被罚款。可拆开用:没有漏过一次税。

【漏网】lòuwǎng 动。鱼从网眼里逃掉,比喻罪犯、敌人等没有被逮捕或歼灭;不带宾语:这伙罪犯全被逮捕,无一~。可拆开用:有一个罪犯漏了网。可作定语:~分子|~的罪犯。

【漏夜】lòuyè〈书〉名。深夜:~赶办。

【漏卮】lòuzhī〈书〉名。有漏洞的酒器,比喻国家利益外溢的漏洞:一定要堵

塞~|由于制度不够完善,对外贸易方面的~很大。

【漏子】lòu·zi 名。(1)〈口〉漏斗。(2)漏洞:我们厂财务上的~不少。

露 lòu 〈口〉动。显露,表现;多用于一些口语词语:~了一手|~了马脚。

另见lù。

【露白】lòubái 动。旧时指在别人面前露出自己所带的财物;不带宾语:旅途中,身上的财物不能~,以免被窃。可拆开用:露了白。

【露底】lòudǐ 动。泄露底细;不带宾语:他们的秘密~了。可拆开用:你恐怕露了一点底,不然人家怎么怀疑的?

【露脸】lòuliǎn 动。比喻取得成绩受赞赏,脸上有光彩;不带宾语:他得了一等奖,~了。可拆开用:在这次比赛中他总算露了脸。可重叠:让他在朋友面前露露脸。

【露马脚】lòu mǎjiǎo 习。比喻无意中暴露出隐蔽的真相;含贬义:做了坏事,总有一天会~。

【露面】lòumiàn 动。显露出来;多指出来交际应酬,不带宾语:他长期不~了。可拆开用:你还是露个面支持一下吧!|他从来没有露过一次面。可重叠:他有时也在公共场所露露面。

【露头】lòutóu 动。露出头部,比喻刚出现;不带宾语:敌人一~就被消灭了|太阳刚~,她就下地干活了。可拆开用:这家伙毕竟是个老狐狸,还没见他露头。

另见lùtóu。

【露馅儿】lòuxiànr 动。比喻不愿让人知道的事情泄露出去了;不带宾语:你这样干下去,总有一天会~的。可拆开用:你放心,他是露不了馅儿的。

【露相】lòuxiàng 〈方〉动。露出本来面目;不带宾语:他虽然伪装了好长时间,但还是~了。可拆开用::露了相|没有露出相。

·lou(·ㄌㄡ)

喽(嘍) ·lou 助。意思相当于"啦":下雨~|水开~|够~|别说~。

另见lóu。

lū(ㄌㄨ)

噜 lū [噜苏] (-sū) 〈方〉同"啰(luō)唆"。

撸 lū 〈方〉动。常带宾语或补语。(1)捋:我昨儿~了一筐桑叶|把袖子~起来。(2)撤销职务:他的科长前天给~了。(3)训斥,责斥:今儿狠狠~了他一顿。

lú(ㄌㄨˊ)

卢(盧) lú 姓。

【卢比】lúbǐ 名。音译词。印度、孟加拉、巴基斯坦、尼泊尔、斯里兰卡等国的本位货币。

【卢布】lúbù 名。音译词。俄罗斯的本位货币。

垆(壚、△罏) lú 〈素〉(1)黑色的土壤:~土|~植。△(2)酒店里放酒瓮的土台,也指酒店。酒~|当~(卖酒)。

【垆埴】lúzhí 名。黑色的粘土。

泸(瀘) lú 水名用字。泸水,今金沙江在四川宜宾以上、云南四川交界处的一段。

栌(櫨) lú [黄栌] (huáng-) 名。灌木,木材黄色,可制器具、染料等。

轳(轤) lú 见"辘(lù)轳"。

胪(臚) lú 〈素〉陈列,陈述:~列|~陈。

【胪陈】lúchén 〈书〉动。——陈述;多用于旧式公文或书信,常带宾语或补语:敢不~鄙见,敬祈裁夺|谨将事实经过~于后。

【胪列】lúliè 〈书〉动。列举;常带宾语或补语:~史实,以供佐证|~于后|~如左。

鸬(鸕) lú [鸬鹚](-cí) 名。水鸟,羽毛黑色,闪绿光,善于捕鱼,捕得鱼放于喉下囊内。我国南方多饲养来帮助捕鱼。通称鱼鹰,有的地区叫墨鸦。

颅(顱)
lú 名。头的上部。由额骨、顶骨、颞骨、枕骨、蝶骨、筛骨等组成。颅的内部有脑。也叫颅脑或脑颅。

舻(艫)
lú 见"舳(zhú)舻"。

鲈(鱸)
lú 名。鲈鱼,体侧扁,嘴大,鳞细,身体两侧和背鳍上有小黑斑。肉味鲜美,生活在近海,秋末到河口产卵。

芦(蘆)
lú ❶名。芦苇,草本植物,多生在水边,茎中空,可以编席、造纸。❷姓。

【芦笙】lúshēng 名。我国苗、瑶、侗等族的一种吹管乐器,由芦竹管和一根吹气管在木制的座子上制成。

庐(廬)
lú ❶〈素〉简陋的房子:茅~|~舍。❷姓。

【庐山真面目】lúshān zhēn miànmù 词组。宋·苏轼《题西林壁》诗:"不识庐山真面目,只缘身在此山中。"比喻事物的真相:恢复历史的~是今天史学界的重要任务。

【庐舍】lúshè 〈书〉名。简陋的房屋,田舍。

炉(爐、鑪)
lú 名。~子,供做饭、取暖、冶炼等用的设备:~火正红|围~闲话。

【炉火纯青】lú huǒ chún qīng 成。相传道家炼丹,炼到炉子里的火发出纯青色的火焰时就算成功了。比喻功夫达到了纯熟完善的境地:一别13年,你的绘画技艺已经达到~的地步。

【炉灶】lúzào 名。炉子和灶的统称:修理~|另砌~。

lǔ(ㄌㄨˇ)

卤(鹵、滷)
lǔ ❶名。(1)盐卤,熬盐时剩下的黑色液体,有毒,可使豆浆凝结成豆腐。也叫卤水。(2)卤素,氟、氯、溴、碘、砹五种元素的统称。也叫卤族。(3)(~儿)饮料的浓汁:茶~儿。(4)一种浇在面条等食物上的浓汁,用肉、蛋及做汤加淀粉做成。❷动。一种做菜的方法,把原料放入锅中,用盐水加五香或酱油煮;须带宾语:~鸭|~猪肝。

【卤莽】lǔmǎng 见"鲁莽"。

【卤水】lǔshuǐ 名。(1)盐卤。(2)从盐井里取出供熬制井盐的液体。

【卤味】lǔwèi 名。指用卤法制成的卤鸡、卤肉等。

硵(磠)
lǔ [硵砂](-shā) 名。矿物名,常为皮壳状或粉块状结晶,无色或白色,间带红褐色,玻璃光泽。在工业、农业和医药上都有广泛的用途。

虏(虜)
lǔ ❶名。我国古代对北方外族的蔑称。❷〈素〉(1)打仗时捉住:~获。(2)打仗时被捉住的敌人:俘~。

【虏获】lǔhuò 动。捉住人,缴获武器等:这些武器都是~来的。常带宾语或补语:这次战斗~了一连敌人和一批武器弹药|~甚多。

掳(擄)
lǔ 〈素〉抢劫:~掠。

【掳掠】lǔlüè 动。抢劫人和财物:侵略军奸淫~,无恶不作。可带宾语或补语:海盗到处~商船|她被~到北方去了。

鲁
lǔ ❶名。(1)周朝的诸侯国名,在今山东曲阜一带。(2)山东的别称。❷〈素〉(1)迟钝。~钝|愚~。(2)莽撞,粗野:粗~|~莽。❸姓。

【鲁钝】lǔdùn 形。笨拙,不灵敏:这孩子比较~。

【鲁莽】lǔmǎng 形。说话做事不仔细考虑,轻率;行动太~。也作卤莽。
*"鲁莽"和"粗鲁":"鲁莽"侧重在莽撞、冒失;"粗鲁"侧重在粗暴、不文雅。"鲁莽"多用于说话做事方面;"粗鲁"还可用于性格、态度,如:他对待同志的态度太粗鲁。

【鲁莽灭裂】lǔmǎng miè liè 成。灭裂:轻率。形容做事粗鲁草率,不负责任:做接待工作要细心周到,不可~。鲁也作卤。

橹(△樐、艣、艪)
lǔ 名。△(1)拨水使船前进的工具,比桨长大,安在船上,用人摇动。(2)〈古〉大盾牌。

镥
lǔ 名。金属元素,符号Lu。是稀土金属之一,自然界中存在的量很

lù(ㄌㄨˋ)

六 lù 地名用字。(1)六安,县名,又山名,都在安徽省。(2)六合,县名,在江苏省。
另见 liù。

角(角) lù 地名用字。(1)角直,在江苏省。(2)角堰,在浙江省。

【角里】lùlǐ ❶名。古地名,在江苏吴县西南。❷复姓。

陆(陸) lù ❶〈素〉陆地:～军|登～|～运。❷姓。
另见 liù。

【陆地】lùdì 名。地球表面没有水的地方:～行舟只不过是一种幻术。

【陆军】lùjūn 名。陆地作战的军队,包括步兵、炮兵、工程兵、装甲兵等。

【陆离】lùlí 形。形容色彩繁杂;常用在固定组合中:斑驳～|光怪～。

【陆续】lùxù 副。表示先先后后,时断时续;作动词状语:送行的人们～来到车站。可重叠:有几个人陆陆续续从屋子后面走了出来。

录(錄) lù ❶动。记载,抄写;常带宾语或补语:～了一首歌曲|照原文～下来。❷名。记载言行或事迹的书和文章等;多用在这种记载物之后,作中心语:名言～|回忆～。❸〈素〉采纳,任用:收～|～取。

【录供】lùgòng 动。法律上指讯问时记录当事人说的话;不带宾语:审讯时,必须当场～。

【录取】lùqǔ 动。选定考试合格的人:他考了两次都没有～。常带宾语或补语:我校今年～了200名新生|我们去年～过两名残疾学生|今年我校毕业生～得很多。

【录像】lùxiàng 动。用光学或电磁等方法把图像记录下来,供需要时放映;不带宾语:今天电视台来我校～。可拆开用:今天录了半天像|我没有录像过。可作宾语:看～。

【录音】lùyīn 动。用机械、光学或电磁等方法把声音记录下来;不带宾语:今天有个学术报告会,请你去～。可拆开用:在电台录过几次音了|今天的讲座已录了音。可作宾语:放王书记报告的～。

【录用】lùyòng 动。收录,任用:他已被电厂～了。可带宾语:经过考试,公司～了两名男青年。

崇 lù 名。壮族用词。土山间的小片平地。

渌 lù 水名用字。渌水,在湖南省。

逯 lù 姓。

绿 lù 〈素〉义同"绿(lǜ)";用于"绿林、绿营"等。
另见 lǜ。

【绿林】lùlín 名。原指西汉末年聚集湖北绿林山的农民起义军,后泛指聚集山林的反抗官府或抢劫财物的集团:～好汉。

【绿营】lùyíng 名。清代由汉人编成的分驻在地方的武装力量,用绿旗作标志。

禄 lù ❶名。古代称官吏的薪给:无功不受～。❷姓。

碌 lù 〈素〉(1)平凡:庸～|～～。(2)事务繁杂:忙～。
另见 liù。

【碌碌】lùlù 形。不加程度副词。(1)平庸,无特殊能力:人总应该有所贡献,而不能～无为|庸庸～。(2)繁忙、辛苦的样子:～一生|忙忙～。

箓(籙) lù 名。(1)〈古〉簿子,册子。(2)[符箓](fú-)道士画的驱使鬼神的符号,是一种迷信骗人的东西。

醁 lù [醽醁](líng-)〈古〉名。美酒。

辂 lù 名。(1)古代车辕上挽车的横木。(2)古代的一种大车。

赂 lù 见"贿(huì)赂"。

鹿 lù ❶名。哺乳动物,种类很多,四肢细长,尾巴短,毛多是褐色,有的有花斑或条纹,通常雄的有角。角可入药。❷姓。

【鹿茸】lùróng 名。雄鹿的嫩角,带茸毛,含血液,叫做鹿茸,是一种名贵的中药,用作滋补强壮剂。

【鹿死谁手】lù sǐ shuí shǒu 成。原以追逐野鹿比喻获得政权,后用"不知鹿死谁手"泛指不知道谁获得胜利;今多用于比赛:中日围棋擂台赛已进入高潮,双方主将出阵,不知~。

【鹿砦】lùzhài 名。军事上用的一种障碍物,用树干、树枝等交叉做成,形状像鹿角。也作鹿寨。

漉 lù 动。液体慢慢渗下,滤;常带宾语或补语:~酒|把豆浆~在缸里|~干净了。

辘 lù 见"辘轳"、"辘辘"。

【辘轳】lù·lu 名。(1)安在井上绞起汲水斗的器具。(2)机械上的绞盘。

【辘辘】lù·lù 拟声。摹拟车轮滚动声:门外传来了马车的~声。

簏 lù 名。(1)竹箱:书~。(2)竹篾或柳条等编成的小篓儿:字纸~。

麓 lù〈书〉名。山脚:泰山南~。

路 lù ❶名。(1)道路:无~可通|水陆两~。(2)路程:三里~。(3)地区,方面:北~货|外~人。(4)(~儿)途径,门路:你找他帮帮忙,他有~儿。(5)路线,线路:五~电车|三~进军。(6)种类,等次:二~角色|这~货|咱们不是一~人,说不到一块儿。❷〈素〉条理:思~|纹~。❸姓。

【路标】lùbiāo 名。(1)指示路线或道路情况的标志。(2)队伍前进时沿路所做的联系标志。

【路不拾遗】lù bù shí yí 成。东西掉在路上没有人拣起来作为己有,形容社会风尚良好:我们这里虽不能说夜不闭户,~,但社会秩序基本上是良好的。也说道不拾遗。

【路程】lùchéng 名。道路的远近:大约300里~。常比喻事物发展的过程:革命的~还很遥远。

【路过】lùguò 动。途中经过;常带处所宾语:你~南京时,来我家玩玩|从南京到上海要~苏州。

【路径】lùjìng 名。(1)通向某一目标的道路:~不熟要多问人。(2)门路:他终于找到了成功的~。

【路人】lùrén 名。行路的人,比喻不相干的人:司马昭之心,~皆知|视若~。

【路上】lù·shang 名。(1)道路上面:~没有行人。(2)在路途中:~小心。

【路数】lùshù 名。(1)路子,办法:各人有各人的~。(2)底细:已经摸清了内部的~。(3)义同"着(zhāo)数"。

【路途】lùtú 名。(1)道路:由县城到我们村的~,曲折难行。(2)路程:~遥远。

【路线】lùxiàn 名。(1)从一地到另一地所经过的道路:筑铁路的~已经确定。(2)指思想、政治等方面所遵循的根本准则。

【路遥知马力,日久见人心】lù yáo zhī mǎ lì, rì jiǔ jiàn rén xīn 成。路途遥远才能了解马的力气的大小,时间长久了才可知道人心的好坏,比喻经过长时间的考验才能识别出一个人的真实情况:~,只要我们坚持为人民做好事,最后他们一定会了解我们的。也作路遥知马力,事久见人心。

【路子】lù·zi 名。途径,门路:办这些事儿他有~。

潞 lù (1)水名用字。潞江,即怒江。(2)地名用字。潞西县,在云南省。

璐 lù〈古〉名。美玉。

鹭 lù 名。鸟名,形体瘦削,嘴直而尖,颈长,飞行时则缩颈。常见的有白鹭、苍鹭两种。

【鹭鸶】lùsī 名。鸟类的一科,羽毛白色,腿长,能涉水捕食鱼、虾等。也叫白鹭。

露 lù ❶名。(1)凝结在地面或靠近地面物体上的水珠。通称露水。❷动。显现出来;常带宾语或补语:~出了真相|狐狸尾巴终于~出来了。❸〈素〉用花、叶或果子蒸馏成的饮料:果子~|~酒。

另见lòu。

【露布】lùbù 名。(1)古指不封口的文书、奏章等。也叫露板。(2)〈古〉檄文。(3)〈古〉指军中捷报。(4)〈方〉通告。

【露骨】lùgǔ 形。用意很明显,毫不掩饰:你的话说得太~。

【露酒】lùjiǔ 名。含有花露或果汁的酒。

【露宿】lùsù 动。在室外或野外住宿;多带处所宾语：～街头。也常带表示处所的介词词组作补语：为了寻找石油，我们终年～在荒郊野外。

【露天】lùtiān 形。在房屋外面或上面没有遮盖物的；不加程度副词，不单独作谓语，多作状语或定语：～住宿｜～煤矿｜～剧场。

【露头】lùtóu 名。岩石、矿脉和矿床显露出地面的部分。露头是矿床存在的直接标记。也叫矿苗。
另见lòutóu。

【露头角】lù tóujiǎo 习。比喻初次显露才能；前面常加"崭"或"显"：他初次登台就崭～，得到观众的好评。

【露营】lùyíng 动。不带宾语，可拆开用。(1)军队在房舍外宿营：三连在山上～｜我们排曾在这树林中露过营。(2)以军队组织形式到野外过夜：同学们昨晚到中山陵～｜去年暑假我们在这里露过一次营。

【露珠】lùzhū 名。凝聚成珠子一般的露水：～在荷叶上滚来滚去。

僇 lù 〈古〉动。(1)侮辱。(2)同"戮"。

戮(△勠) lù 〈素〉(1)杀。杀～｜屠～。△(2)并，合：～力同心。

【戮力同心】lù lì tóng xīn 成。戮力：努力，齐心合力，团结一致：全国人民～，建设我们的祖国。

·lu (·ㄌㄨ)

氇 ·lu 见"氆(pǔ)氇"。

lǘ (ㄌㄩˊ)

驴(驢) lǘ 名。哺乳动物，像马，比马小，耳朵和脸都较长。多用做力畜。

【驴唇不对马嘴】lǘ chún bù duì mǎ zuǐ 成。比喻答非所问或事物两下不相合：你讲的～，根本就不是那么回事。也说牛头不对马嘴。

【驴打滚】lǘdǎgǔn 名。(1)旧中国高利贷的一种，贷款到期不还，则利息加倍，利上加利，越滚越多，如驴翻身打滚，故有此称。(2)一种食品，用糯米或粘小米面夹糖做成，蒸熟后，粘炒黄豆面。

【驴皮影】lǘpíyǐng 〈方〉名。皮影戏，因剧中人物剪影用驴皮做成而得名。

闾 lǘ (1)古代以二十五家为一闾。(2)古指里巷的门：倚～而立。

【闾里】lǘlǐ 〈书〉名。乡里。

【闾巷】lǘxiàng 〈书〉名。小的街道。

【闾左】lǘzuǒ 名。古指贫穷人居住的区域，也指贫苦人民。

榈 lǘ 见"棕(zōng)榈"。

lǚ (ㄌㄩˇ)

吕 lǚ ❶见"律吕"。❷姓。

【吕剧】lǚjù 名。山东地方戏曲之一，腔调由山东琴书发展而成。

侣 lǚ 〈素〉同伴：伴～｜情～。

铝 lǚ 名。金属元素，符号Al。银白色，易延展，质韧而轻，导电导热性能良好。纯铝可制电线、包装用的铝箔、炊事用具等。铝合金是制造飞机、船舶等的重要材料。

稆(穭) lǚ 〈古〉名。不种自生的谷物。也作旅。

捋 lǚ 动。用手指顺着抹过去，使物体顺溜或干净；常带宾语或补语：～胡须｜把麻丝～顺。
另见luō。

旅 lǚ ❶量。军队编制单位，在师之下，团之上，辖几个团或几个营。❷〈素〉(1)泛指军队：劲～。(2)在外作客，出行：～客｜～行。(3)共同：～进～退。❸同"稆"。

【旅次】lǚcì〈书〉名。旅途中暂住的地方：～不便，无以为赠｜甲子仲春书于京都～。

【旅馆】lǚguǎn 名。作为营业性的供旅客住宿的处所。也叫旅店、旅社或旅舍。

【旅进旅退】lǚ jìn lǚ tuì 成。旅：共同。原指与大家共同进退，后引申为自己没有主张，随着别人走；含贬义：他一生～，毫无主见。

【旅居】lǚjū 动。在外地居住；常带处所

宾语：抗日战争时,他～昆明。可带补语：(在外)|他曾在海外～多年。
【旅途】lǚtú 名。旅行途中：～不便|～寂寞|～见闻。
【旅行】lǚxíng 动。为了游览、参观、学习等从一个地方到另一个地方；多用于较远的路程，不带宾语：暑假我们去青岛～。可带补语：我们到北京～了一趟|他～到哪里都要作诗画。也作定语或状语：～团|～结婚。
【旅游】lǚyóu 动。旅行游览；不带宾语：到名山大川去～。可带补语：去年他们到广州～了一次|他～到哪里都写作诗文。可重叠：春秋佳日可以出去～～。

膂 lǚ〈古〉名。脊梁骨。
【膂力】lǚlì〈书〉名。体力：～过人。

偻(僂) lǚ ❶〈素〉脊背弯曲：伛～。❷〈古〉形。迅速。
另见 lóu。

屡(屢) lǚ〈书〉副。接连着，一次又一次；多作单音节动词的状语：实验～遭失败,但大家毫不灰心。
【屡次】lǚcì 副。一次又一次，表示一再出现，次数多；只作动词的状语：他～刷新跳高记录。
【屡教不改】lǚ jiào bù gǎi 成。多次教育，仍不改正：对那些～的罪犯要严加惩处。
【屡见不鲜】lǚ jiàn bù xiān 成。多次见到，已不新奇：这些事现在～,不足为奇。
【屡屡】lǚlǚ 副。一次又一次；只作动词的状语：他在比赛中～获胜。
【屡试不爽】lǚ shì bù shuǎng 成。爽：差，错。多次试验都不错：他的话～,使你不得不相信。

缕(縷) lǚ ❶量。用于细长的东西，如麻、头发、烟等：一～麻|一～炊烟。❷〈素〉(1)一条一条,详细地：条分～析|～述。(2)线：千丝万～|不绝如～。
【缕陈】lǚchén〈书〉动。详细陈述；多用于下级向上级陈述意见：兹将可行之法～如下，敬候裁夺。
【缕缕】lǚlǚ 形。形容一条一条连续不断；不加程度副词：炊烟～|～情丝。

【缕述】lǚshù〈书〉动。一条条地详细叙述；一般不带宾语：为了节省篇幅,恕不～。
【缕析】lǚxī〈书〉动。详细地分析；常用在固定组合中：条分～。

褛(褸) lǚ 见"褴(lán)褛"。

履 lǚ〈素〉(1)鞋：衣～|西装革～。(2)踩,走：如～薄冰。(3)实行：～行|～约。
【履历】lǚlì 名。个人的经历：～表。也指记载个人经历的材料：填写了一份～。
【履险如夷】lǚ xiǎn rú yí 成。行走在险峻的地方像走在平地上一样，比喻在困难处境中，毫不畏惧：他身居逆境,却能～,应付自如。
【履行】lǚxíng 动。实行；用于自己答应做的或应该做的事；常带宾语或补语：～公民义务|～自己的诺言|这样的合同～起来有困难。
　*"履行"和"执行"："履行"侧重于实践按规定应尽的义务；"执行"侧重在实施上级布置或颁布的政策、法令、任务等。"履行"多同诺言、条约、合同、手续、义务、职责等搭配；"执行"多同方针、政策、法律、计划、命令、任务等搭配。
【履约】lǚyuē〈书〉动。做约定的事；不带宾语：两方都必须守信～|既然答应了就该按时～。

lǜ (ㄌㄩˋ)

律 lǜ ❶〈素〉(1)法则,规章：法～|纪～。(2)旧诗的一种体裁：五～|七～|排～。(3)约束：～己。❷见"律吕"。❸姓。
【律吕】lǜlǚ 名。古代用竹管制成的审定和校正乐律的器具,共十二管,以管的长短来确定音的高低。从低音管算起,成单数的六个管叫"律",成双数的六个管叫"吕"。后来用律吕作为音律的统称：精通～。
【律师】lǜshī 名。接受当事人委托或法院指定,依法协助当事人进行诉讼,出庭辩护,以及处理有关法律事务的专业人员。
【律诗】lǜshī 名。我国旧诗的一种体裁,它讲究语言格律,每首四联八句,每两句叫一联，中间两联对仗，双句末尾押韵，每句各字的平仄也有一定的规则。五字一句的叫五律，七字一句的叫七律。全首诗在八句以上的叫排律。

葎 lǜ [葎草](-cǎo) 名。一年生或多年生草本植物，茎有倒生短刺，叶掌状对生，开黄绿色小花。果实可入药。

虑（慮） lǜ 〈素〉(1)思考：考～｜思～。(2)担忧：忧～｜顾～。

滤（濾） lǜ 动。使液体、气体经过纱布、沙子或其他设备，除去所含杂质；常带宾语或补语：～药｜去杂质｜～在缸里｜～得很清。

率 lǜ 〈素〉两个相关的数在一定条件下的比值：效～｜利～｜速～｜频～｜出勤～。
另见shuài。

绿 lǜ 形。像草和树叶生长茂盛时的颜色：桃红柳～｜青山～水。
另见lù。

【绿茶】lǜchá 名。茶叶的一大类，是用高温破坏鲜茶叶中的酶制成的，沏出来的茶保持鲜茶叶原有的绿色，如龙井、旗枪等。

【绿灯】lǜdēng 名。设置在交通要道的绿色信号灯，开绿灯时表示允许通行。现在常用"开绿灯"比喻给予方便：要为人才流动大开～。

【绿肥】lǜféi 名。直接翻压到地里的植物的绿色体，经过发酵分解而成的肥料。能改善土壤结构，增加土壤的有机质。

【绿化】lǜhuà 动。栽种树木等绿色植物，改善环境卫生，防止水土流失；多带宾语：～校园｜～荒山。

【绿茸茸】lǜróngróng 形。形容碧绿而稠密；不加程度副词，常带助词"的"：一片～的草地。

【绿阴】lǜyīn 名。树阴：～森森。

【绿莹莹】lǜyīngyíng 形。形容晶莹碧绿；不加程度副词，常带助词"的"：清晨，～的树叶滴着露水。

【绿油油】lǜyōuyōu 形。形容浓绿而润泽；不加程度副词，常带助词"的"：～的麦苗。

【绿洲】lǜzhōu 名。沙漠中有水、草的地方。

氯 lǜ 名。气体元素，符号Cl。黄绿色，有刺激性臭味，有毒，易液化。可用来漂白、消毒和制造颜料、农药等。通称氯气。

luán (ㄌㄨㄢˊ)

峦（巒） luán 〈素〉小而尖的山，泛指山：山～｜峰～。

孪（孿） luán 〈素〉双生：～生子。

【孪生】luánshēng 形。同胎出生的；不加程度副词，不作单独谓语，多作定语：～姐妹｜～子。

娈（孌） luán 〈古〉形。相貌美好：～女。

栾（欒） luán ❶名。栾树，落叶乔木，羽状复叶。果似灯笼，花可提炼黄色染料，叶可制栲胶，种子可榨油。❷姓。

挛（攣） luán 〈素〉蜷曲不能伸直：痉～｜拘～。

鸾（鸞） luán 名。传说中的凤凰一类的鸟。

【鸾凤】luánfèng 名。鸾鸟和凤凰。旧时比喻夫妇：～和鸣（夫妇和美）。

脔（臠） luán 〈古〉名。切成小片的肉。

【脔割】luángē〈书〉动。分割，切碎：尸体已遭～｜～而食。

滦（灤） luán 水名用字。滦河，在河北省。

銮（鑾） luán 名。古代的一种铃铛。

luǎn (ㄌㄨㄢˇ)

卵 luǎn 名。(1)动植物的雌性生殖细胞，可与精子结合产生第二代。也叫卵子。(2)昆虫学上特指受精的卵。

【卵巢】luǎncháo 名。女子和雌性动物的生殖腺，是产生卵细胞和雌性激素的器官。

【卵生】luǎnshēng 名。动物由脱离母体的卵孵化出来，叫卵生；多作定语：～动物。

【卵石】luǎnshí 名。岩石经自然风化、水流冲击和摩擦所形成的卵形、圆形或椭圆形的石块，表面光滑，是一种天然的建筑材料，可用于铺路或制混凝土。

【卵翼】luǎnyì 动。鸟用翅膀护卵，使之孵出小鸟。比喻养育或庇护：他在父母的～之下长大，一点不懂生活的艰难。

luàn(ㄌㄨㄢˋ)

乱(亂) luàn ❶形。(1)无秩序,无条理：会场上很～｜稿子改得太～了。(2)任意,随便；用在动词或动词性词组之前：～说｜～提意见。(3)不安定；多指心绪或世道等：心里～得很｜社会上很～,外出要小心。❷〈素〉(1)使混乱,使紊乱：～真｜～伦｜捣～。(2)武装骚扰,战争：变～｜战～｜叛～。(3)不正当的男女关系：淫～。

【乱纷纷】luànfēnfēn 形。形容杂乱纷扰；不加程度副词,常带助词"的"：他家里来了一群人,～的｜～的马队奔向李庄。

【乱哄哄】luànhōnghōng 形。形容声音嘈杂；不加程度副词,常带助词"的"：～地嚷成一片｜家里整天～的,没有一刻安静的时候。

　　*"乱哄哄"和"乱糟糟"："乱哄哄"形容声音嘈杂；"乱糟糟"形容事物杂乱或心里烦乱。

【乱离】luànlí 〈书〉动。因遭战乱而流离失所；不带宾语,可带补语：经过八年～,一家人又重新团聚了｜一家四口～已久。

【乱伦】luànlún 动。在法律或习惯不允许的情况下,近亲属之间发生性行为；不带宾语：历史上帝王之家兄妹～、翁媳～的事屡见不鲜。

【乱麻麻】luànmāmā 形。形容纷乱或烦乱；不加程度副词,常带助词"的"：这～的局势不知如何收拾！

【乱蓬蓬】luànpēngpēng 形。形容须发或草木凌乱；不加程度副词,常带助词"的"：～的头发。

【乱七八糟】luànqībāzāo 形。形容混乱得很；不加程度副词：小李爱整洁了,房间里不再是～的了｜他把我的书翻得～。

【乱世】luànshì 名。动乱不安定的时代：生逢～｜苟全性命于～。

【乱弹琴】luàn tánqín 习。比喻胡闹或胡

扯：工作时间怎么能去跳舞呢,真是～!

【乱套】luàntào 〈方〉动。扰乱了次序或秩序；不带宾语：后台～了,急得导演团团转。可拆开用：到时间开不了饭,食堂里乱了套。

【乱腾】luàn·teng 形。混乱,不安静,没有秩序：教室里～得很,上不起课来。

【乱腾腾】luàntēngtēng 形。形容混乱或骚动；不加程度副词,常带助词"的"：到处～的,找不到个安静的地方。

【乱糟糟】luànzāozāo 形。形容事物杂乱或心中烦乱；不加程度副词,常带助词"的"：房间里～的,也没有时间收拾｜心里～的,没有一点头绪。

【乱真】luànzhēn 动。刻意模仿,可同真的相混；多用于古玩、书画等,不带宾语,常加"可、可以"作状语：古瓶的复制品,几可～。

【乱子】luàn·zi 名。祸事,纠纷；常作"闹、出、闯"等动词的宾语：闯下了大～｜只要不出～就好。

lüè(ㄌㄩㄝˋ)

掠 lüè ❶动。轻轻擦过或拂过；可带宾语,常带动态助词"过"：燕子～过水面｜火车飞奔着,窗外的景色一～而过｜脸上～过一丝微笑。❷〈素〉(1)用棍、鞭拷打：拷～｜笞～。(2)夺取：～夺｜劫～｜抢～。

【掠夺】lüèduó 动。抢劫,夺取；常带宾语：帝国主义者曾经长期～那里的矿产资源。

　　*"掠夺"和"抢夺"："掠夺"语意较重,"抢夺"语意较轻。"掠夺"的对象一般是较大的或较概括的事物,如资源、矿产、土地、财富等；"抢夺"的对象多为比较具体的东西。"掠夺"的施事者常指压迫者或侵略者；"抢夺"则无此限制。

【掠美】lüèměi 动。把别人的美名据为己有；不带宾语：不敢～。

【掠取】lüèqǔ 动。抢夺,夺取；常带宾语或补语：～地下资源｜这些粮食都是从农民手中～来的。

略(畧) lüè ❶动。省去,简化；多指语言文字：有些话可以～去。可带宾语：～去一段文字。❷形。

简单,大致;与"详"相对:叙述过~|~看一遍。❸〈素〉(1)夺取:侵~。(2)计划,计谋:方~|策~|谋~。(3)简要的叙述:事~|要~|节~。

【略略】lüèlüè 副。稍微;常同"一下、一点"等表示微量的词语搭配:这个计划只要~修改一下就行了|这种颜色~深了一点。

【略胜一筹】lüè shèng yī chóu 成。比较起来,稍微好一点:甲队比乙队~。

【略图】lüètú 名。简略的地图,简单的图画:北京交通~|北海公园~。

【略微】lüèwēi 副。稍微;常同"点、些、一下、一会"等表示微量的词语搭配:~出了点力|~修改了一下|~好些。

【略语】lüèyǔ 名。缩语,即由词组紧缩而成的合成词,如:调价(调整价格)、提干(提拔干部)等。

lūn (ㄌㄨㄣ)

抡 (掄) lūn 动。手臂用力挥动;常以"铁锤、大刀、大棒、拳头"等词语作宾语:~起大锤砸了十几下。
另见 lún。

lún (ㄌㄨㄣˊ)

仑 (侖、△崙) lún ❶〈古〉名。条理,伦次。△❷见"昆仑"。

伦 (倫) lún ❶〈素〉(1)封建社会指人与人之间的关系:~常|人~。(2)同类,同等:~比|不~不类。(3)条理,次序:~次。❷姓。

【伦比】lúnbǐ 〈书〉动。同等,相当;不带宾语,多用于否定式:无与~|无与~。

【伦常】lúncháng 名。封建社会把君臣、父子、夫妇、兄弟、朋友之间的关系称为"五伦",认为这种尊卑、长幼的关系是不可改变的常道。

【伦次】lúncì 名。语言、文章的条理次序;用于否定式:语无~。

【伦理】lúnlǐ 名。人们在相处中的各种道德准则。

论 (論) lún [论语](-yǔ) 名。古书名,内容主要记录孔子及其门徒的言论,是儒家经典之一。
另见 lùn。

抡 (掄) lún 〈书〉动。挑选,选拔:~才(选拔人才)。
另见 lūn。

囵 (圇) lún 见"囫(hú)囵"。

沦 (淪) lún 〈素〉沉没,陷落:沉~|~落|~陷。

【沦落】lúnluò 动。流落,没落;多带处所宾语:~街头|~风尘。也可带补语:~在郊外|竟~到如此地步。

【沦丧】lúnsàng 〈书〉动。消亡,丧失;不带宾语:道德~|国土~。可带补语:~殆尽|~已久。

【沦亡】lúnwáng 动。灭亡;不带宾语:国家~|中国文化不会~。

【沦陷】lúnxiàn 动。国土被侵略者占领,失陷;不带宾语:"九·一八"之后,东北~。可带补语:~了三年|~于敌手。

纶 (綸) lún ❶〈古〉名。(1)青丝带子。(2)钓鱼用的丝线。❷〈素〉指某些合成纤维:锦~|涤~。
另见 guān。

轮 (輪) lún ❶名。(~儿、~子)车辆或机械上能够旋转的圆形部件:三~汽车|自行车~儿。❷动。依次接替;多带补语:值日生每周~一次。带动态助词后可带名词作宾语:两个月才~了一班|这回~着你了|我~过两次夜班。❸量。(1)用于日、月等;须用数词"一":一~红日|一~明月。(2)用于循环的事物或行动:第一~比赛|我比他大一~。❹〈素〉(1)像轮子的东西:年~|月~。(2)轮船:~渡|江~。

【轮班】lúnbān 分班轮流;常与其他动词连用,构成连动词组:他们~站岗|~上班。可拆开用:今儿轮我的班|我轮过班了。

【轮唱】lúnchàng 名。一种演唱形式,演唱者分成两个或两个以上的部分,按一定时距先后错综演唱同一旋律的歌曲。

【轮船】lúnchuán 名。利用机器推动的船,船身多用钢铁做成。

【轮渡】lúndù 名。载运旅客、车辆等横渡江河湖海的轮船和其他设备。

【轮番】lúnfān 副。轮流;常作动词状语:~作战|~前进。

【轮换】lúnhuàn 动。轮流替换;常带宾语或补语:我~着双手把船划过去|驻外人员每两年~一次。可构兼语:今天该你去~小王下来休息了。常与其他动词连用,构成连动词组:~推车|我们~着看护病人。可重叠:他们在岛上放哨的日子久了,也该~~了。

【轮回】lúnhuí 动。佛教用语,指有生命的东西永远像车轮运转一样,在天堂、人间、恶神、地狱、饿鬼、畜牲等六个范围内(即六道)生死相续,循环转化;不带宾语:生死~|~报应。

【轮廓】lúnkuò 名。(1)构成图形或物体的外缘的线条:先画个~,然后再皴影儿。(2)事情的概况:这事情经你这么一说,我心里就有了~了。

【轮流】lúnliú 动。按次序一个接一个,周而复始;常作动词状语:~审问|~参观。可重叠:值勤工作该大家~~,不能老是他一个人。

【轮胎】lúntāi 名。汽车、自行车、拖拉机等外围安装的环形橡胶制品,通常有内胎、外胎两层。

【轮休】lúnxiū 动。不带宾语,可带补语。(1)某一耕种时期让土地闲着以恢复地力:这块地~一年。(2)职工轮流休息:今天该我~|他们每月~五天。

【轮训】lúnxùn 动。轮流进行训练;常带宾语或补语:~干部|三年~一次。

【轮椅】lúnyǐ 名。装有轮子的坐椅,供行走困难的人使用。

【轮轴】lúnzhóu 名。简单机械,原理和杠杆相同,由一个轮子和同心轴组成,轮子转动时,轴也转动。轮子的半径和轴的半径比越大就越省力。

【轮作】lúnzuò 动。在一块田地上按计划轮换种植几种作物;不带宾语:小麦和豆类~,可改善土壤肥力。可带补语:每年~一次。

lùn(ㄌㄨㄣˋ)

论(論) lùn ❶介。按、依;同量词组合,表示以某种单位为准:~斤卖|~天计算工资|苹果一筐出售。同名词或动词组合,表示根据某个方面来说:~质量,他们厂比较好|~年岁,我比你大|~干活儿,他数第一。❷〈素〉(1)分析和说明事理:讨~|议~|~述。(2)分析和论述事理的文章或理论:概~|社~|绪~|唯物~|相对~。(3)衡量,评定:~罪|~处(chǔ)|格杀勿~。❸姓。

另见lún。

【论处】lùnchǔ 动。判定处分;不带宾语,常用"以"或"按"组成的介词词组作状语:以违反治安管理条例~|以贪污~|按违法的行为~。

【论敌】lùndí 名。论战的对手;多指政治、学术等方面的;在这个问题上,他们俩是~,观点截然不同。

【论点】lùndiǎn 名。指议论中提出的主张或观点及其理由:~突出|~不鲜明。

【论调】lùndiào 名。议论中的思想倾向,说法,意见;常含贬义:悲观~|要反对这种错误的~。

【论断】lùnduàn 名。经过推论作出的判断:他对这个问题的~,我不敢苟同。

【论据】lùnjù 名。指证明用论题的判断或立论的根据:~不够充足|~确凿。

【论理】lùnlǐ ❶动。讲道理;不带宾语:老张要跟他~,问他为什么骂人?可重叠:把小赵找来论论理。❷副。按照通常的道理;用在前分句的开头,表示理当如此,后分句说出与此不合的结果:~他分到新房,可是领导偏不给。

【论列】lùnliè 动。一一论述;不带宾语:上面提出了我们的观点,现~如下|此事史学界已有~。

【论难】lùnnàn 动。针对对方的论点提出质问,进行辩论;不带宾语:学术上相互~完全是正常现象。

【论述】lùnshù 动。叙述和分析;常带宾语或补语:~这个观点,不是很难的事|你应该把这个问题~清楚。

＊"论述"和"叙述":"论述"着重指对问题作有条理的分析、阐发;"叙述"着重指把事情的前后经过说出来。"论述"的对象是道理、问题等;"叙述"的对象是故事、事情、情况、历史等;"叙述"还是写方面的术语,指一种表达方式;"论述"没

有这方面的意思。

【论说】lùnshuō ❶动。议论;常带宾语或补语:～人物|～事理|～一番|～清楚。❷副。按理说:～他该来参加这个会,不知为什么没有来。

【论坛】lùntán 名。群众发表议论的地方;多指会议、报刊等:联合国是世界上最大的～。也常作报刊的专栏名称:影剧～|社会～。

【论题】lùntí 名。真实性需要加以证明的那个判断,即证明的对象。

【论文】lùnwén 名。讨论或研究某种问题的文章:毕业～|学术～。

【论战】lùnzhàn 动。因在政治、学术等问题上意见不同而进行争论;不带宾语,可带补语:两个学派～了好长时间|～得十分激烈|又～起来了。

【论争】lùnzhēng 动。论战:不同学派～,是正常的事情。可带宾语或补语:他们正在报纸上～一个重要问题|～不出什么结果|两方～了很久|～得很热烈。

【论证】lùnzhèng ❶名。(1)引用论据来证明论题的真实性的论述过程,是由论据推出论题时所使用的推理形式:演绎～|归纳～。(2)立论的根据,即论据。❷动。论述并证明;可带名词性词组或主谓词组作宾语:他一再～这个问题的重要性|斯大林～过语言是没有阶级性的。可带补语:～过多次|～得很谨严。

【论著】lùnzhù 名。研究某个问题的理论著作:这方面的～很不少。

【论罪】lùnzuì 动。判定罪行;不带宾语:按诬陷～。可拆开用:要以贪污论他的罪。

luo(ㄌㄨㄛ)

啰(囉) luō [啰唆](-·suō) 形。也作啰嗦。可重叠。(1)言语繁复:他说话太～|他啰啰唆唆地说个没完。(2)事情麻烦,琐碎:调动工作的手续真～|整天碰到啰里啰唆的事情,真烦人!

另见luó。

捋 luō 动。把条状的东西握住,向一端滑动;常带宾语或补语:～一下裤脚管|把袖子～起来。

另见lǚ。

【捋虎须】luō hǔxū 习。捋老虎的胡须,比喻冒险:整顿法纪就不要怕～。

luó(ㄌㄨㄛˊ)

罗(羅) luó ❶名。(1)一种质地疏软的丝织品:绫～绸缎。(2)一种在框子上蒙有粗绢或铁丝网的器具,用来过滤流质或筛细粉末:把面放在～里筛一筛。❷动。用罗筛;常带宾语或补语:～米粉|把面粉～一过儿。❸〈素〉(1)捕鸟的网:～网|天～地网。(2)张网捕鸟:门可～雀。(3)陈列,分布:～列|星～棋布。(3)招请,搜集:搜～|～致|～网～。❹量。音译词。十二打为一罗。❺姓。

【罗锅】luóguō ❶形。(1)脊背拱起的样子:他有点～儿。(2)拱形:～屋顶|～桥。❷名。驼背的人:别看他是个～儿,力气可不小。

【罗锅】luó·guo 动。弯腰;常带宾语,后面多带动态助词"着":他～着腰蹲在凳子上。

【罗汉】luóhàn 名。音译词。"阿罗汉"的省称。佛教称修行得道的僧人。

【罗掘】luójué 动。原指罗雀(张网捕麻雀)掘鼠(挖洞捉老鼠)来充饥,后比喻尽一切办法筹措财物;常带补语:～俱穷|为了筹措学费,家里已～得精光了。带"到、出"等后补语可带宾语:敌人已经～不到什么可吃的东西了。参见"罗雀掘鼠"。

【罗口】luókǒu 名。针织衣物的袖口、袜口等能伸缩的部分。

【罗列】luóliè 动。(1)分布,陈列;一般不带宾语,可带补语:群山起伏,森然～|繁星～|举目四望,童年的海山,又～在我面前。带动态助词"着"后可带宾语:天空～着数不清的星星。(2)列举;须带宾语或补语:～事实|～现象|～起来|～在一起|～得很多。

＊"罗列"和"陈列":"罗列"有"列举"的意思;"陈列"没有。"罗列"的对象是一般的事物、现象、情况,不用于物品;"陈列"的对象限于具体的物品。

【罗马数字】luómǎ shùzì 词组。古代罗马人记数用的符号,共七个: I(1), V(5), X(10), L(50), C(100), D(500), M(1000)。记数方法如下: a)相同数字并列,表示相加,如II=2。b)大数字之右放小数字,表示和,如VI=6。c)大数字之左放小数字,表示差,如IX=9。d)数字上加一横线,作为千倍,如V̄=5000。余类推, 如X̄IV是10+(5-1)=14。

【罗曼蒂克】luómàndìkè 形。音译词。浪漫: 她有点~|~的生活。

【罗曼司】luómànsī 名。音译词。富有浪漫色彩的恋爱故事或惊险故事。也译作罗曼史。

【罗盘】luópán 名。利用指南针测定方向的一种仪器。

【罗雀掘鼠】luó què jué shǔ 成。《新唐书·张巡传》记载,张巡等抵抗安禄山叛乱,坚守睢阳,被围断粮。张命令士兵捕捉麻雀、挖掘老鼠来充饥。后比喻用尽方法筹措财物: 在兵荒马乱的年月里,穷苦百姓即使~,也难维持正常的生活。

【罗网】luówǎng 名。捕捉鸟兽的网,多用作比喻: 难逃~|自投~|公安人员布下了重重~,他能往哪里逃?

【罗纹】luówén 名。手指头或脚趾上的纹理。

【罗唣】luózào 动。吵闹寻事;多见于早期白话,一般不带宾语: 士兵们几个月不发饷,怎能不乘机~呢?可带补语: ~了大半天|立刻~起来。也作啰唣。

【罗织】luózhī 〈书〉动。为陷害无辜的人而虚构罪名;多以"罪名、罪状"等词作宾语: ~罪状,诬陷好人。

【罗致】luózhì 动。招聘人才,搜罗珍物,常带宾语: 这个公司自成立以来,大力~专门人才,使公司越办越兴旺|皇帝在各地~玉帛美色,以满足其荒淫无耻生活的需要。

啰(囉) luó 〔偻啰〕(lóu-)见"喽(lóu)啰"。

萝(蘿) luó 〈素〉通常指某些能爬蔓的植物: 松~|藤~|女~。

【萝卜】luó·bo 名。也作萝葡。也叫莱菔。(1)二年生草本植物,叶羽状分裂,花白色或淡紫色。主根肥大,球形或圆柱形,是普通蔬菜。(2)这种植物的主根。

啰(囉) luó 〔啰唣〕(-zào)见"罗唣"。另见luo。

猡(玀) luó 〔猪猡〕(zhū-)〈方〉名。猪。

逻(邏) luó 〈素〉巡察: 巡~。

【逻辑】luó·jí 名。音译词。(1)思维的规律性: 写文章要讲~。(2)客观事物发展的规律性: 生活的~。(3)指某种理论、观点或说法: 这种话是强盗的~。(4)指逻辑学,是研究思维的形式和规律的科学。旧称名学、论理学。

椤(欏) luó 见"桫(suō)椤"。

锣(鑼) luó 名。打击乐器,铜制,似盘,用槌子敲打出声;量词用"面"。

箩(籮) luó 名。用竹子编制的器具。大的大多方底圆口,用来装粮食;小的像半球形,用来淘米。

觌(覶) luó 〔觌缕〕(-lǚ)〈书〉动。详细叙述;不带宾语: 事极繁杂,非匆匆所能~。

脶(腡) luó 名。螺旋形的手指纹: 他两只手上有四个~。

骡(騾) luó 名。(~子)哺乳动物,驴马交配所生的杂种,鬃短,毛多为黑褐色。体力大,寿命长,我国北方多作为力畜。一般没有生殖能力。

螺 luó 名。(1)软体动物,体外有螺旋形的硬壳。(2)螺旋形的指纹。

【螺钿】luódiàn 名。一种手工艺品,把螺蛳壳或贝壳镶嵌在器物的表面上,做成花纹或图形。也作螺甸。

【螺钉】luódīng 名。圆柱或圆锥形的金属杆上带螺纹的零件。也叫螺丝钉或螺丝。

【螺号】luóhào 名。用大的海螺壳做成的号角。

【螺纹】luówén 名。(1)手指或脚趾上的纹理。也作罗纹。(2)机件的外表面或内孔表面上制成的螺旋线形的凸棱。也叫螺丝扣。

【螺旋】luóxuán 名。(1)像螺纹的曲线体。

(2)圆柱体表面或物体孔眼里有螺纹的一种简单器械。螺旋在机械上应用极广,如螺钉、螺栓、压榨机、千斤顶等。

luǒ(ㄌㄨㄛˇ)

倮 luǒ 同"裸"。

裸(臝) luǒ 动。露出,没有遮盖;常带宾语或补语:～着身子|膀子～在外面。

【裸露】luǒlù 动。露出,没有遮盖;多带补语:这根管子埋得太浅,还有一半～在地面上|经过一阵大雨,有些树根就～出来了。带宾语时后面常带动态助词"着"或趋向动词"出":～着身子|他解开衣襟,～出毛茸茸的胸膛。

【裸体】luǒtǐ 动。光着身子;不带宾语:赤身～|模特儿～坐在画室里。常作定语:～像|～画。

【裸子植物】luǒzǐzhíwù 词组。种子植物的一大类,种子和胚珠都是裸露的、不形成果实的木本植物,如松、杉、银杏等;区别于"被子植物"。

蓏 luǒ 名。古书上指瓜类植物的果实。

瘰 luǒ [瘰疬](-lì) 名。淋巴结结核的中医名称。由结核杆菌侵害淋巴结所致,多发生在颈部,也有在腋窝部。有些地区叫老鼠疮。

臝 luǒ 见"蜾(guǒ)臝"。

luò(ㄌㄨㄛˋ)

泺(濼) luò 水名用字。泺水,在山东省。
另见 pō(泊)。

跞(躒) luò 〔卓跞〕(zhuō-) 见"卓荦"。
另见 lì。

荦(犖) luò 〈素〉明显:卓～|～～。

【荦荦】luòluò 〈书〉形。分明,明显;多用在固定组合中:～～大端(明显的要点或主要项目)。

洛 luò ❶水名用字。(1)洛河,在陕西省。(2)洛水,发源于陕西省,流经河南入黄河。古作雒水。❷姓。

【洛阳纸贵】luòyáng zhǐ guì 成。《晋书·文苑传》记载,晋代左思的《三都赋》写成后,洛阳的人竞相传抄,引起纸价上涨。后比喻文章著作风行一时;含褒义:这部小说出版后很快销售一空,人们争相求购而不可得,大有～的样子。

骆 luò ❶名。古书上指黑鬃的白马。❷姓。

【骆驼】luòtuo 名。哺乳动物,背有驼峰,耐饥渴,蹄扁平,蹄底有肉质的垫,能负重在沙漠中远行,是这一带主要的力畜。

络 luò ❶动。常带宾语或补语。(1)用网状物兜住:头上～着一个发网|用绳网把那个葫芦～住。(2)缠绕:～着线|～在一起。❷〈素〉像网状的东西:脉～|橘～。
另见 lào。

【络绎】luòyì 〈书〉形。前后相接,连续不断;多用于人、马、车、船等,常用在固定组合中:行人～不绝。

珞 luò [珞巴族](-bāzú) 名。我国少数民族之一,分布在西藏自治区。

烙 luò 见"炮(páo)烙"。
另见 lào。

硌 luò 〈古〉名。山上的大石。
另见 gè。

落 luò ❶动。(1)掉下,下降;常带宾语或补语:地上～了不少花瓣儿|～了几滴雨|水位～下来了|～到水里。(2)停留,留下;常带宾语或补语:树上～了一只喜鹊|脸上～了个疤|户口～到城里。(3)掉在后面;多以介词词组作补语:他～在队伍后边。(4)归属;多以介词词组作补语:这副重担～到他的肩上。(5)得到;多带宾语:没～一点好处。可带谓词作宾语:～埋怨|～不是。(6)用笔写,记下;常带宾语:～了一笔帐。❷〈素〉(1)停留的地方:下～|着～。(2)聚居的地方:村～。(3)衰败,飘零:衰～|沦～。
另见 là, lào。

【落笔】luòbǐ 动。下笔;不带宾语:构思成熟了再～|已经～了,就该写下去。

【落膘】luòbiāo 动。牲畜变瘦;不带宾语:大红马最近～了。可拆开用:落了一点

膘|没有落过膘。

【落泊】luòbó 形。也作落魄。(1)潦倒失意：他因为找不到工作，十分～|过去他只不过是一个～的文人，靠卖文维持生活。(2)豪迈，不拘束，～不羁。

"落魄"另见luòpò。

【落槽】luòcáo 动。不带宾语，可拆开用。(1)水势低落：河水～了|入夏以后，江水只落过一次槽|三天之内，怕落不了槽。(2)家道衰落：张家曾是豪门大族，如今渐渐～了|一个落了槽的纨绔子弟还摆什么架子？(3)榫头安好，泛指熨贴：这个榫已～|拿到了录取通知书，心里才落了槽。

【落草】luòcǎo 动。不带宾语。(1)到山林当强盗；多见于早期白话：他虽被迫～，但从不抢劫穷人财物。(2)〈方〉指婴儿出生：孩子～的时候，家里没有一个人|刚～的是个女孩。

【落差】luòchā 名。水位由高处落到低处时，高低之间的差数，如水位从20米的高处降到8米的低处，落差就是12米：这一段河水～很大，不能航行。

【落成】luòchéng 动。建筑物完工；不带宾语：大桥～之后，我们就转换工地。可带动态助词"了"：金陵饭店～了。常作定语：～典礼。

【落得】luò·de 动。得到；多指坏的结局，须带宾语：没想到，他到晚年了，还～个不好的名声|一个鸡飞蛋打人财两空。

【落地】luòdì ❶动。不带宾语，可拆开用。(1)东西落在地上：玻璃杯一～就打碎了|帽子落了地。(2)指婴儿刚出生：婴儿一～就呱呱地哭了|这孩子总算平安地落了地。❷形。物体从高处一直到地面的，不加程度副词，不单独作谓语，常作定语：～电扇|～玻璃窗|～台灯。

【落第】luòdì 动。封建时代指科举考试未考中；不带宾语：他连考三次，都～了。可拆开用：第三次应试，他又落了第。

【落发】luòfà 动。剃光头发，出家为僧尼；不带宾语：他看破红尘，～为僧。可拆开用：她出过家，并且落过发，但后来又还俗了。

【落后】luòhòu ❶动。不带宾语，可拆补语。(1)在前进中落在同行的人的后面：在行军中，他因腿部受伤而～了|他仅～一肩。(2)工作进度迟缓，落在原定计划的后面：第一季度，一车间的生产～了|我们小组比其他组～很多。❷形。发展水平较低，跟不上客观形势要求的：文化很～|～的生产方式。

【落户】luòhù 动。离开家乡到别的地方安家；不带宾语，常带状语和补语：他在边疆|他在这儿～三年了。可拆开用：他在农村落了户|我在这儿落过户。

【落花流水】luò huā liú shuǐ 成。原来形容春景的残败，现多比喻惨败零落、狼狈不堪的样子：敌人被打得～。

【落荒】luòhuāng 动。离开大路，逃向荒野；多见于早期白话，不带宾语，不单独做谓语，常与"而走"和"而逃"连用：他们看看天色不早了，无心恋战，便～而走。

【落脚】luòjiǎo 动。暂时停留或居住；不带宾语：今晚在旅馆～。可带补语：临时～在朋友家里。可拆开用：暂借贵处落一下脚。

【落井下石】luò jǐng xià shí 成。见人掉下陷井，不去相救，反而扔石头下去。比喻乘人之危，加以陷害；含贬义：老王刚被公司辞退，有人就说他是由于贪污公款，分明是～，乘机打击。也说投井下石。

【落空】luòkōng 动。没有达到目的或目标，没有着落；不带宾语：计划～。可拆开用：他的希望落了空|我说话算数，哪一次叫你落过空？

【落款】luòkuǎn 动。书画家在所作的书画上题写姓名、年、月等。也泛指在书信、文章等后面署名；不带宾语：这幅画上没有～用印。可拆开用：请在这幅画的下面落个款|等落个款你再拿走。

【落落】luòluò 形。常用在固定组合中。(1)形容举止萧洒自然：～大方，毫不拘谨。(2)形容同别人合不来：～寡合|～不群。

【落寞】luòmò 形。寂寞，冷落：这先前的繁华热闹已经不复存在，呈现在眼前的是一片～凄凉景象。也作落漠、落莫。

【落难】luònàn 动。遇到灾祸而陷于困境；不带宾语：人家～了，我们应该去搭救他。可作定语：～之人。可拆开用：他落了难,怪可怜的。

【落魄】luòpò 又读luòtuò 同"落泊"。

【落实】luòshí 动。(1)通过周密研究,做到具体明确、切实可行;指计划、措施、统计数字等;不带宾语,可带补语:目标明确,措施~|把计划~到行动上。(2)使得以贯彻执行;须带宾语:~知识分子政策。(3)〈方〉心情安稳;不带宾语:任务完成了,我心里才~了。

【落水狗】luòshuǐgǒu 名。掉在水里的狗,比喻失势的坏人:痛打~。

【落汤鸡】luòtāngjī 名。掉在热水里的鸡,比喻被水湿透的人:他在大雨里跑回来,成了~。

【落拓】luòtuò 〈书〉形。(1)穷困失意:他一生~,怀才不遇。(2)豪迈,不拘束:少年~有大志|~不羁。也作落托。

【落网】luòwǎng 动。指犯罪分子被捕;不带宾语:这伙罪犯全部~了。可拆开用:落了网。

【落伍】luòwǔ 动。不带宾语,可拆开用。(1)掉队:他虽然人小,但行军没有~|他因负伤而落了伍,掉了队。(2)比喻人或事物落在时代的后面:人不学习就要~|思想落了伍就不行了。

【落选】luòxuǎn 动。没有被选上;不带宾语:有两个候选人~了。可拆开用:他落了选|选先进工作者,他没有落过一次选。

【落叶归根】luò yè guī gēn 成。飘落的树叶掉在树木根部。比喻事物有一定的归宿;多指客居外地的人终要回到本乡:海外游子一到暮年,总想~,返回故土。也作叶落归根。

【落音】luòyīn 动。声音刚停止;不带宾语:歌声还没~,全场就报以热烈的掌声。可拆开用:我的话刚落了音,他就进来了。

【落座】luòzuò 动。坐到座位上;多用于饭馆、剧院等场所,不带宾语:等客人一~,马上就开饭。可拆开用:观众都落了座。

摞 luò ❶动。把东西重叠地往上放;常带宾语或补语:桌子~桌子|~木板|书~得像小山似的|~到一丈多高。❷量。用于重叠放置的东西:一~碟子|一一~书。

漯 luò 地名用字。漯河,市名,在河南省。

另见tà。

雒 luò ❶古地名用字。(1)雒南,县名,在陕西省。今作洛南。(2)雒阳,市名,在河南省。今作洛阳。❷姓。

M

ḿ(ㄇˊ)

呒(嘸) ḿ 〈方〉动。没有。

【呒啥】ḿshá 〈方〉动。没有什么。

呣 ḿ 叹。表示疑问：～，你说什么？
另见m̀。

m̀(ㄇˋ)

呣 m̀ 叹。表示应答：～，我马上就去。
另见ḿ。

mā(ㄇㄚ)

妈 mā ❶名。(1)〈口〉母亲。(2)旧称中年或老年的女仆；常连着姓一起称呼：张～｜高～。❷〈素〉称长辈或年长的已婚妇女：姑～｜姨～｜大～。

【妈妈】mā·ma 〈口〉名。母亲。
＊"妈妈"和"母亲"："妈妈"多用于口语，显得亲切；"母亲"多用于正式场合或书面语，显得庄重。"母亲"可用于比喻，如"祖国，我的母亲"；"妈妈"一般不能。

蚂 mā [蚂螂](-·lang) 〈方〉名。蜻蜓。
另见mǎ、mà。

孖 mā 〈素〉相连成对：～仔。
另见zī。

【孖仔】māzǎi 〈方〉名。双生子。

抹 mā 动。常带宾语或补语。(1)擦：～桌子｜窗子～干净了。(2)用手按着向下移动；常指帽子、头巾等物：～下头巾｜把帽子～下来。
另见mǒ、mò。

【抹搭】mā·da 〈方〉动。向下，但不合拢；只用于眼皮：～着眼皮。

【抹脸】māliǎn 〈口〉动。脸色突然改变；多指由和气变得严厉，不带宾语：这个人～无情，别同他来往。常拆开用：老朋友了，怎么抹得下脸来？

摩 mā 见"摩挲"。
另见mó。

【摩挲】mā·sā 动。用手轻轻地按着一下一下移动；常带动态助词"着"后再带宾语，或用在"把"字句中：～着衣裳｜把衣服～平了。
另见mósuō。

麻 mā 见"麻麻黑"、"麻麻亮"。
另见má。

【麻麻黑】mā·mahēi 〈方〉形。指天将黑或刚黑；不加程度副词：她～才收工回家。

【麻麻亮】mā·maliàng 〈方〉形。指天色微明，刚刚有些光亮；不加程度副词：天～，他就起身赶往工地。

má(ㄇㄚˊ)

吗 má 〈方〉代。什么；指代事物。(1)表示疑问：干～？｜～事？(2)任指：想～说～，说～干～。
另见mǎ、·ma。

麻(△蔴) má △❶名。(1)麻类植物的统称，种类很多，有大麻、苧麻、亚麻、黄麻、剑麻等。(2)麻类植物的纤维，是纺织工业的重要原料。❷形。(1)表面粗糙，不光滑；与"光"相对：这种纸一面光，一面～｜这桌面很～。(2)感觉轻微的麻木：坐久了，腿有点儿～。❸〈素〉△(1)芝麻：～油｜～酱。(2)带细碎斑点的：～雀｜～蝇。(3)麻子：～脸。❹姓。
另见mā。

【麻痹】mábì 也作麻痹。❶名。指丧失知觉能力或运动机能失常的一种症状：小儿～症。❷形。疏忽大意，失去警惕性：思想～｜上工地不戴安全帽，太～了。❸动。使松懈，使失去知觉；须带宾语或补语：警惕敌人用甜言蜜语来～人民的斗志｜这种止痛粉只能～片刻，不起治疗作用。

【麻布】mábù 名。用麻的纤维织成的布。粗麻布多用来制作口袋或包装物品。细麻布叫夏布，可以做衣料。

【麻烦】má·fan ❶形。烦琐的，费事的，不好办的：这是个~事儿|这工作既多又杂，~透了！可作谓语：她接待顾客十分热心，从来不怕~。❷动。使人费事或增加负担；须带宾语：他很忙，我怎么去~他呢？常作交际用语，表示歉意：这事~你了。

【麻风】máfēng 名。一种慢性传染病，由麻风杆菌引起。症状为皮肤麻木，毛发脱落，手指脚趾变形等。也作麻风，又叫癞、大麻风。

【麻将】májiàng 名。牌类娱乐用品。用竹子、骨头或塑料等制成，上面刻有花纹或字样，共136张。

【麻辣辣】málālā 形。麻木、火辣；不加程度副词，常带助词"的"：心里~地不知是什么味儿|一股热气，把他的脸烧得~的。

【麻利】má·li 形。(1)敏捷，利落；含褒义：小明做~地越过了障碍物|他作事~而仔细。(2)〈方〉迅速，赶快：你妈妈叫你~回去。

【麻木】mámù 形。(1)丧失感觉或感觉失灵：四肢~。(2)引申为对人或事冷淡，不敏感或反应迟钝：发生了那么大的事，她毫无反应，太~了。

＊"麻木"和"麻痹"："麻木"着重指感觉和行动反应迟钝；"麻痹"着重指思想警惕性差。"麻木"是形容词，不带宾语；"麻痹"除作形容词、名词外，还是动词，可以带宾语。

【麻木不仁】mámù bù rén 成。不仁：没有感觉。原指肢体发麻，没有感觉，后多用以比喻对外界事物反应迟钝或漠不关心：遭受这样大的损失，你还不闻不问，你怎么变得这样~！

【麻雀】máquè 名。(1)鸟，头圆，尾短，羽毛褐色，杂有黑色斑点。不能远飞，善跳跃，啄食谷粒和昆虫。有的地方也叫家雀儿或老家贼。(2)比喻典型事物：深入实际，解剖~。(3)麻将的别称。

【麻酥酥】másūsū 形。轻微的麻木；不加程度副词，常带助词"的"：辣得舌头~

的。

【麻疹】mázhěn 名。一种急性传染病。幼儿最易感染，先发高烧，后全身起红色丘疹，并可能并发肺炎，百日咳等疾病。也作麻疹。通称疹子，有的地方叫痧子。

【麻子】má·zi 名。(1)出天花或水痘后留下的疤痕：一脸~|他脸上有几点~。(2)脸上带麻子的人。

【麻醉】mázuì 动。(1)用药物或针刺等方法使有机体暂时失去知觉：局部~|全身~。(2)比喻使用手段使人认识模糊，意志消沉；常带宾语，可带动态助词"着、了"：求神拜佛可以令人更长久地~着自己|糜烂的生活~了他的灵魂。

麻 má "麻痹、麻风、麻疹"中"麻"的异体字。

蟆 má 见"蛤蟆"。

mǎ(ㄇㄚˇ)

马(馬) mǎ ❶名。哺乳动物，头小，面长，颈部有鬣，四肢强健，善跑，尾生长毛。家马可供拉车、耕地、乘骑；量词用"匹"。❷〈素〉大：~蜂|~勺。❸姓。

【马鞍】mǎ'ān 名。放在骡马背上，两头高、中间低供骑坐的器具。也叫马鞍子。

【马帮】mǎbāng 名。驮运货物的马队。

【马弁】mǎbiàn 名。军阀时代军官的护兵。

【马表】mǎbiǎo 名。体育运动比赛用表。通常只有分针和秒针，可随时走表、停表或回表。因最初用于赛马计时而得名。也叫停表、跑表。

【马不停蹄】mǎ bù tíng tí 成。比喻一刻也不停地前进：他们~地连夜赶路。

【马达】mǎdá 名。音译词。电动机的通称。

【马大哈】mǎdàhā 〈口〉❶形。马虎，粗心：以后可别~啦！❷名。马虎大意的人：他是个~，办不好事。

【马到成功】mǎ dào chéng gōng 成。古时打仗，将领骑马冲杀在前，故以"马到成功"形容迅速地取得胜利。现多用以形容工作刚开始就取得成功：祝各位一帆风顺，~。

【马灯】mǎdēng 名。手提的能防风雨的煤油灯。因骑马夜行时能挂在马身上而得名；量词用"盏"。

【马镫】mǎdèng 名。挂在马鞍两边供骑马者踏脚的东西。

【马店】mǎdiàn 名。旧时主要指供马帮客人投宿的客店。

【马革裹尸】mǎ gé guǒ shī 成。马革：马皮。用马皮把尸体包裹起来，形容英勇作战，战死沙场：青山处处埋忠骨，何必～还。

【马褂】mǎguà 名。旧时男子穿在长袍外面的对襟短褂。原为满族人骑马时所穿的服装。

【马后炮】mǎ hòu pào 习。原为象棋术语，借喻不及时的举动：饭都吃完了你才上汤，这不成了～吗？

【马虎】mǎ·hu 形。草率，大意，不认真；多指学习、工作态度、作风等：你做事太～了。可重叠：马马虎虎，怎么能做好工作呢？|学习可不能马里马虎。也作马糊。

【马甲】mǎjiǎ 〈方〉名。背心。

【马脚】mǎjiǎo 名。比喻破绽；含贬义或诙谐义，常与动词"露"组合：露～|～露出来了。

【马克】mǎkè 量。音译词。德国的本位货币单位。

【马克思列宁主义】mǎkèsī-lièníng zhǔyì 词组。马克思主义和列宁主义的合称。简称马列主义。

【马克思主义】mǎkèsī zhǔyì 词组。马克思和恩格斯创立的无产阶级思想体系和革命学说。包括三个组成部分：辩证唯物主义和历史唯物主义，政治经济学，科学社会主义。

【马裤】mǎkù 名。骑马穿的一种裤子。膝部以上肥大，以下较瘦。

【马快】mǎkuài 名。旧时官署里侦查缉捕罪犯的差役。

【马拉松】mǎlāsōng 名。音译词。(1)指马拉松赛跑，一种超长距离赛跑，比赛距离为42,195米。(2)比喻时间持续很长；多含贬义：简直是～会议。

【马力】mǎlì 量。功率单位。一马力等于每秒钟把75千克重的物体提高一米所做的功。

【马面】mǎmiàn 名。迷信传说中阎王手下的鬼卒，头像马；常与"牛头"合用，比喻丑恶的人。

【马趴】mǎpā 名。身体向前跌倒的姿势；前面常带数量词"一个"或"个"：摔了个大～|一个～，跌倒在地。

【马匹】mǎpǐ 名。马的总称；不加个体量词：成群的～奔驰在辽阔的草原上。
＊"马匹"和"马"："马匹"是马的总称，因此前面不能加表示个体的数量词组，如不说"两匹马匹"；"马"可指个体，也可指集体，可以说"一匹马"，也可以说"许多马"。

【马前卒】mǎqiánzú 名。原指旧时在车马前供使役的人，现用以比喻为别人奔走效劳的人；多含贬义：这个叛徒不知羞耻，竟甘当敌人的～。

【马球】mǎqiú 名。(1)球类运动项目之一，球场呈长方形，运动员骑在马上，用拐棒把球打进对方球门为胜。(2)马球运动所使用的球。

【马赛克】mǎsàikè 名。音译词。(1)一种小型瓷砖，有各种颜色，用来装饰地面或墙壁。(2)用马赛克做成的图案。

【马上】mǎshàng 副。表示事情即将发生；常同"就"并用：他一到，我们～就走。

【马勺】mǎsháo 名。盛粥、饭用的大勺，多用木头制成。

【马首是瞻】mǎ shǒu shì zhān 成。是：代词，复指"马首"；瞻：前前或向上看。原指作战时将士看着主将马头进退，后比喻服从指挥或追随别人；多与"唯"配合使用：这次外出执勤，大家必须唯李队长～，不得随便行动。

【马蹄形】mǎtíxíng 名。U字形或三面构成U字形一面是直线的形状。

【马桶】mǎtǒng 名。大小便用的有盖的桶，多用木头或搪瓷做成。有的地方叫马子。

【马头琴】mǎtóuqín 名。蒙古族的一种弦乐器，琴柄顶端刻有马头作装饰。

【马戏】mǎxì 名。原指人骑在马上进行各种表演，现一般指有经过一定训练的动物如狗熊、马、猴子等参加的杂技表演。

【马靴】mǎxuē 名。原指骑马人穿的长筒靴子,泛指一般的长筒靴子。

【马扎】mǎzhá 名。小型坐具,腿交叉,上绷帆布或麻绳,可以合拢,便于携带。也作马劄。

吗 mǎ [吗啡](-fēi) 名。音译词。药名,用鸦片制成,白色结晶性粉末,味苦,有毒。可作镇痛剂。经常使用容易成瘾。
另见má, ma。

犸 mǎ [猛犸](měng-) 名。古哺乳动物,形状和大小跟现代的象相似,全身有长毛,门齿向上弯曲。已绝种。也叫象。

玛 mǎ [玛瑙](-nǎo) 名。一种矿物,有各种颜色,质地坚硬耐磨,可做轴承、研钵、装饰品等。

码 mǎ ❶量。(1)指一件事或一类事;只用"一码、两码",不用"三码、四码"等:你去我去还不一一~事|我说的跟你说的可是两~事。(2)英美制长度单位,一码等于3英尺,合0.9144米。(3)旧时专用于度量鞋子大小的长度单位,旧鞋号码数加10除以2,大致相当于新鞋号数。❷〈口〉动。堆叠;一般同"砖、石、货物"等词语搭配;常带宾语或补语:~齐水泥包|把砖~好了。❸〈素〉计数的符号或用具:数~|页~|筹~。

【码头】mǎ·tou 名。(1)岸边供船泊停靠时装卸货物、乘客上下的建筑物:中山~|货运~。(2)〈方〉指临海、临河交通便利的城市:扬州是南北有名的水陆~。

【码子】mǎ·zi 名。(1)表示数目的符号,如:"苏州码子"。(2)圆形的筹码。(3)过去金融界称自己可以调度的现款。

蚂 mǎ 见"蚂蟥"、"蚂蚁"。
另见mā, mà。

【蚂蟥】mǎhuáng 见"蛭(zhì)"。

【蚂蚁】mǎyǐ 名。昆虫的一种,体小,黑色或褐色,有一对复眼。在地下筑巢,成群穴居。

【蚂蚁搬泰山】mǎyǐ bān tàishān 习。比喻群众力量大,人人出力,就可以完成巨大的任务:大家一齐动手,来个~,就一定能完成这项艰巨的水利工程建设任务。

【蚂蚁啃骨头】mǎyǐ kěn gǔ·tou 习。比喻集合小的力量或利用简单的工具完成大的工作任务:小厂加工大部件,是用~的办法搞出来的。

mà(ㄇㄚˋ)

祃 mà 名。古代行军时在军队驻扎的地方举行的祭礼。

蚂 mà [蚂蚱](-·zha)〈方〉名。蝗虫。
另见mā, mǎ。

骂(罵) mà 动。(1)用粗野或恶毒的话侮辱人:多难听,别~了。可带宾语:他又~人。(2)〈方〉斥责;常带兼语:他爹~他不好好学习。

【骂街】màjiē 动。不指明对象,当众乱骂;不带宾语:泼妇~。可拆开用:你又骂什么街呢?

【骂骂咧咧】màmalièliē 形。说话中夹杂着骂人的话;不加程度副词,常带助词"的":整天~的,多难听!

【骂名】màmíng 名。挨骂的名声;常加定语"千古":留下千古~。

唛(嘜) mà 音译用字。进出口货物的包装上所做的标记。

·ma(ㄇㄚ)

吗(么) ·ma 助。(1)用在句子末尾,表示疑问语气:那地方你去过~?|这么一点点困难就怕了~?(2)用在句中停顿处,点出话题:这事~,你说了算|她~,可交了好运啰。

*"吗"和"呢":"吗"用在句末时,一般用在是非问句里,要求人作肯定或者否定回答;"呢"用在句末时,用在是非问句以外的问句里。"吗"用在句中时,点明话题;"呢"用在句中时,多带转折语气。"吗"不能用于陈述句末;"呢"能用于陈述句末。
另见má, mǎ,"么"另见me。

嘛 ·ma 助。用在陈述句末或句中,表示道理很明显:问题的性质很清楚~|你是经理~,怎么不来指挥?

*"嘛"和"吗":"嘛"不表示疑问语气,后面不用问号;"吗"可以表示疑问,后面

常带问号。

mái(ㄇㄞˊ)

埋 mái ❶动。用土、沙、雪、落叶等掩盖住;常带宾语:～地雷|～沙子。可带补语:～结实|他牺牲后就～在国外了。常与"上、下、起来、进去"或"到……去"等趋向动词搭配:沿路～上地雷了|把机器全部～到地里去。❷〈素〉隐藏,使不显露:隐姓～名|～没。

另见mán。

【埋藏】máicáng 动。藏在地面下;常带宾语或补语:地下～着丰富的宝藏|把武器～起来。

【埋伏】mái·fu 动。(1)在估计敌人要经过的地方秘密布置兵力,伺机出击;常带宾语或补语:山口～着我军一个团的兵力|战士们就～在敌人的眼皮底下。(2)潜伏;常带补语:敌人逃走时指派他们～下来,伺机捣乱。

【埋没】máimò 动。使显不出来,使不发挥作用:你的成绩不会被～的。可带宾语:～人才。
＊"埋没"和"埋":"埋没"的意义着重在隐没;"埋"的意义着重在盖起来。"埋没"的对象多是抽象的,如人才、功绩、作用等;"埋"的对象多是具体事物,如:把石灰埋起来。

【埋汰】mái·tai 〈方〉形。脏,不干净;宿舍里～得很,该好好打扫一下了。

【埋头】máitóu 动。专心,下功夫;常用于工作、学习、劳动等方面,不带宾语,常带补语:～于小说的创作。常作状语:～读书|～拉车。可拆开用:埋下头去|埋着头。

【埋葬】máizàng 动。常带宾语。(1)把尸体埋在土里:可带动态助词"着、了、过":陵园里～着三千多名革命先烈。(2)比喻彻底消灭或毁灭;用于比较抽象的事物;可带助词"了":～封建王朝|自己的前途被～了。

霾 mái 〈书〉名。空气中由于悬浮着大量的烟尘微粒所形成的混浊现象。通称阴霾。

mǎi(ㄇㄞˇ)

买(買) mǎi ❶动。用钱去换东西;与"卖"相对,常带宾语或补语:～电影票|把房子～下来。❷〈素〉用金钱拉拢:～通|收～。❸姓。

【买办】mǎibàn 名。殖民地、半殖民地国家里替外国资本家在本国市场上推销商品、掠夺资源,进行经济侵略活动的代理人。

【买椟还珠】mǎi dú huán zhū 成。椟,木匣子;珠:珍珠。《韩非子·外储说左上》记载,有个楚国人把珍珠装在很华贵的匣子里,到郑国去卖,郑人买下了木匣,却退还了珍珠。比喻舍本求末,取舍失当:有人买东西只注重装潢,而忽视物品的质量,结果往往干出了～的蠢事。

【买好】mǎihǎo 动。指在言语行为上故意讨人喜欢;不带宾语:向他～。可带补语:～于人。可拆开用:买他的好。

【买空卖空】mǎi kōng mài kōng 成。(1)资本主义制度下的一种商业投机行为。投机者预料某种股票、证券或货物行情的涨落,通过交易所或经纪人乘机买进或卖出,双方都没有货款进出,只是到期就进出间的差价结算盈亏。(2)比喻一无所有进行招摇撞骗的投机活动:对这种政治上～的人,尤其要小心提防。

【买卖】mǎimai 名。(1)生意;多指商业性的:这笔～没赚钱|做～。(2)指商店,铺子。

【买卖人】mǎi·mairén 〈口〉名。即商人。

【买帐】mǎizhàng 动。承认对方的长处或力量,表示佩服或服从;多用于否定式,不带宾语:他连输两局,还不～。可拆开用:就是不买他的帐。

荬(蕒) mǎi 见"苣(qǔ)荬菜"。

mài(ㄇㄞˋ)

劢(勱) mài 〈古〉形。努力。

迈(邁) mài ❶动。提脚走动,跨;常带宾语或补语:～出了一大步|～过小溪。❷〈素〉老:老～|年～。❸量。音译词。英里;用于机动

车行车速度:每小时行30~。
【迈步】màibù 动。抬脚向前跨步;可单独作谓语,也可和"走"连用:他腿伤了,不能~|~走了。可拆开用:迈大步|迈不开步。
＊"迈步"和"拔腿":"迈步"可单独作谓语;"拔腿"不单独作谓语,必须有别的动词在后面搭配,构成连动词组作谓语,如:他拔腿就走。
【迈进】màijìn 动。大踏步地前进;不带宾语:向着宏伟的目标~。可带补语:|又~了一大步。

麦(麥) mài

❶名。(~子)一年生或二年生草本植物,子实可磨面粉,也可制糖、酿酒。有小麦、大麦、燕麦等多种。通常指小麦。❷姓。
【麦精】màijīng 名。麦芽制成的浸膏。主要成分为麦芽糖、淀粉酶。
【麦克风】màikèfēng 名。音译词。微音器的通称。
【麦浪】màilàng 名。指田里大片麦子被风吹得像起伏的波浪的景象:~滚滚|金色的~。
【麦秋】màiqiū 名。收割麦子的时候,多在夏季。
【麦芒】màimáng 名。麦穗上针状的芒;可和"针尖"对举,尖对尖,比喻各不相让:他们两人针尖对~,一碰面就吵个不休。
【麦芽糖】màiyátáng 名。从淀粉中提取的一种糖,供制糖果、制药用。也叫饴糖。

卖(賣) mài

❶动。(1)用东西换钱;与"买"相对,常带宾语或补语:~余粮|鸡蛋~光了。(2)尽力使出来;一般以"劲儿、力气"作宾语:他干活很~力气。❷量。旧时饭店中称一个菜为一卖:~一炒鱼片。❸〈素〉(1)出卖,背叛:~国|~友|叛~。(2)故意表现自己:~弄|~功。
【卖唱】màichàng 动。在街头或其他公共场所以歌唱挣钱;不带宾语:街头~|以~为业。
【卖狗皮膏药】mài gǒupí gāoyào 习。比喻说得好听,实际上是在骗人;含贬义:别听他说得天花乱坠,他是在~,不要上他的当。

【卖乖】màiguāi 动。卖弄聪明;不带宾语:他爱在大伙儿面前~。可拆开用:你卖什么乖?
【卖官鬻爵】mài guān yù jué 成。鬻,卖;爵,爵位,君主国家统治阶级封号的等级。旧时执政掌权者出卖官职、爵位,以聚敛财富。注意:鬻,不读zhōu。
【卖关子】mài guānzi 习。说书人讲长篇故事,总在最吸引人的关节处停下来,借以吸引听众下次接着往下听,这叫卖关子。比喻说话、做事在最紧要时故弄玄虚,使对方着急而答应自己的要求:他这人说话、做事惯于~,你们不理他,他就无计可施了。
【卖国】màiguó 动。投靠敌人,出卖祖国和人民的利益;不带宾语:~求荣,十分可耻。
【卖力气】mài lìqi 词组。(1)尽量使出自己的力量:他工作很~。也说卖力。(2)旧时指出卖劳动力(主要是体力劳动)来维持生活。
【卖命】màimìng 动。指为某人、某集团所利用或为生活所迫而下最大力气干活;不带宾语:他为了发财,竟不惜替走私集团~|他干起活来像~一样。可作状语:~地干活。可拆开用:卖什么命。
【卖弄】màinong 动。有意显示和炫耀自己的本领或聪明;常带宾语,含贬义:~小聪明|~风情。
【卖俏】màiqiào 动。故意做出娇媚的姿态诱惑人。
【卖身投靠】màishēn tóukào 成。出卖自己,投靠有财有势的人。比喻丧失人格,充当恶势力的爪牙;含贬义:日本人一来,他就~,当了汉奸。
【卖笑】màixiào 动。指娼妓、歌女为生活所迫,用声色供人取乐;不带宾语:强颜~。
【卖艺】màiyì 动。在街头、娱乐场所表演杂技、武术、曲艺等挣钱;不带宾语:街头~。可拆开用:卖过艺。
【卖淫】màiyín 动。指妇女出卖肉体;不带宾语:被迫~|以~为生。可拆开用:卖过淫。
【卖座】màizuò ❶动。影剧院、饭馆、茶馆等顾客上座情况;不带宾语:茶馆开张几天了,不大～。可拆开用:这种胡编乱凑的电影片,能卖什么座!❷形。指上座情况好:这个话剧演了几天,十分～。

脉(脈、衇) mài ❶名。(1)动脉、静脉的统称。(2)脉搏的简称:请中医诊一下～。❷〈素〉像血管样连贯而成系统的东西:叶～|山～。

另见mò。

【脉搏】màibó 名。心脏收缩时由于输出血液的冲击引起的动脉的跳动。健康的成年人在安静时的脉搏数为每分钟60到80次。简称脉,也叫脉息。

【脉络】màiluò 名。(1)中医对静脉、动脉的统称。(2)比喻条理或头绪;常指思想、文章等:理清思想发展的～|文章～分明。

【脉象】màixiàng 名。中医称脉搏所表现的快慢、强弱、深浅等情况。

霡 mài [霡霂](-mù) 〈书〉名。小雨。

mān(ㄇㄢ)

颟(顢) mān [颟顸](-hān)形。(1)不明事理:糊涂～。(2)马虎,漫不经心:那人太～了,什么事都做不好。可重叠:他颟颟顸顸的,托他办事可靠不住。

mán(ㄇㄢˊ)

埋 mán [埋怨](-yuàn)动。因事情不如意而对人或事物表示不满;不要相互～。常带宾语:连简单的题目都做错了,她～自己太粗心。

＊"埋怨"和"抱怨":"埋怨"重在"责怪",可对别人,也可对自己;"抱怨"重在"怨恨",一般只对别人或客观事物。注意:"埋"这里不读mái。

另见mái。

蛮(蠻) mán ❶形。粗野,不通情理:这人～得很,一点也不讲理。❷〈方〉副。挺,很:～好|～有派头。❸名。我国古代称南方的民族。

【蛮缠】mánchán 动。不讲理地胡乱纠缠;不带宾语,常与"胡搅"并用:这个人遇事会胡搅～,你和他打交道,千万得小心。

【蛮干】mángàn 动。不顾客观规律或实际情况地硬干;不带宾语:不要～,这是违反操作规程的|～不行,要巧干。

【蛮横】mánhèng 形。态度粗暴,不讲道理:态度～|那工头极其～,工人们敢怒不敢言。

＊"蛮横"和"野蛮":"蛮横"意思是粗暴,不讲道理,多指态度、作风;"野蛮"意思是粗野,不文明,不仅指态度,还可修饰统治、历史、时期、民族等。

谩 mán 〈书〉动。欺骗,蒙蔽。

另见màn。

蔓 mán [蔓菁](-jing) 名。即芜菁,二年生草本植物,块根肉质,扁球形或长形,可做蔬菜。

另见màn,wàn。

馒 mán [馒首](-shǒu) 〈书〉名。馒头。用发酵面粉蒸熟的食品,一般无馅。

鳗 mán 名。鳗鲡(-lí),鱼的一种,身长,体表多粘液,前部圆,后部扁,鳞小,无腹鳍。生活在淡水中,成熟后到海洋中产卵。也叫白鳝。

鬘 mán 〈古〉形。头发美好的样子。

瞒(瞞) mán 动。隐藏,不让别人知道事实情况;常带宾语:这事就别～我了。可带双宾语:～了他一件事。可带补语:这事我真被他～住了|干了坏事,是～不住的。

【瞒哄】mánhǒng 动。欺骗;常带宾语:这是～小孩子的把戏。可带补语:～不过去。

【瞒天过海】mán tiān guò hǎi 成。比喻用伪装来瞒哄对方,偷偷地行动:他利用～的手法,欺骗政府有关部门,大搞走私活动。

mǎn(ㄇㄢˇ)

满(滿) mǎn ❶形。(1)全部充实,达到容量的极点:屋子里人都～了|箱子里装得很～了。(2)达到一定期限,不加程度副词:假期已～|毕业还不～一年。(3)全,不加程度副词:～手是泥|～地是水。❷动。使满;须带宾

语:~了这一杯!❸〈素〉(1)感到足够,愿望达到:~足|圆~|不~。(2)骄傲:自~。❹姓。

【满不在乎】mǎn bù zài hu 成。一点都不放在心上。形容对事情很不重视:天大的事,他都~。

【满城风雨】mǎn chéng fēng yǔ 成。比喻某一件事情传播很广,到处议论纷纷;多指不好的事:张王两家打官司一事,已经闹~了。

【满登登】mǎndēngdēng 〈口〉形。很满的样子;不加程度副词,常带助词"的":这几年,仓库里总是~的。也说满满登登或满满当当。

【满怀】mǎnhuái ❶动。充满胸中;须带宾语:~豪情|~胜利的信心。❷名。指整个前胸部分:撞了个~。

【满腹经纶】mǎn fù jīng lún 成。腹:肚子;经纶,整理丝缕,引申为人的才学、本领。比喻人很有学问、本领;旧时多作称颂人的客套话:张先生~,咳唾成珠,令人佩服!

【满面春风】mǎnmiàn chūnfēng 见"春风满面"。

【满目】mǎnmù 形。充满视野;不加程度副词,常用在固定的组合中:~凄凉|琳琅~。

【满腔】mǎnqiāng 形。充满心中;不加程度副词,不单独作谓语,多作定语:~激情|~的热血已经沸腾|他对人总是~热忱。

【满师】mǎnshī 动。学徒学习期满,出师;不带宾语:学了三年,~了。可拆开用:满了师。

【满堂红】mǎntánghóng ❶习。形容全面胜利或到处兴旺:全班达标及格率百分之百,~|今年全乡农业生产争取再来一个~。❷名。(1)即紫薇,小乔木,花紫红色或白色,供观赏。(2)旧时悬挂在厅堂上的外蒙彩绢或玻璃的灯。

【满眼】mǎnyǎn 形。不加程度副词。(1)充满眼睛:~红丝。(2)充满视野:走进庭院,看见~的桃花。

【满意】mǎnyì 动。满足自己的愿望,符合自己的意思:这件事处理得当,大家都~。可带宾语,但多为~。他们很不~你的所作所为,你要多想想。可作状语或定语:老大爷~地笑了|改革取得了~的结果。可作"感到、表示"等的宾语:小张这一年的表现,厂长感到~|双方对两国的友好关系的顺利发展表示~。

*"满意"和"满足":"满意"多指自己对别人或别人对自己的感觉;"满足"多指自身感受。"满意"能作状语;"满足"不能作状语。"满意"一般无使动用法;"满足"有使动用法,如"满足国家的需要"、"满足大家的要求"。

【满员】mǎnyuán 动。达到规定名额;一般用于部队编制、车船乘客等,不带宾语:302次列车已~。

【满载】mǎnzài 动。运输工具装满了东西;宾语可以是具体的事物,也可以是抽象的事物:~着救灾物资|~着中国人民的深情厚谊。

【满载而归】mǎnzài ér guī 成。装得满满地回来。比喻收获很大:参观的人学到了许多好经验,可以说是~。

【满洲】mǎnzhōu 名。(1)满族的旧称。(2)旧指我国东北一带。

【满足】mǎnzú 动。(1)感到足够;不带宾语,可加程度副词:能有这样的工作条件,我已经很~了。(2)使满足;常带"需要、要求"等作宾语:加快生产彩电,~市场需要。

【满族】mǎnzú 名。我国的少数民族之一,主要分布在东北、华北。

【满座】mǎnzuò 动。座位已坐满,或座位票全售完;多指剧场等公共场所,不带宾语:这个茶馆,每天~。可拆开用:这部电影放了三天,都没满过座。

螨(蟎) mǎn 名。节肢动物的一类。身体很小,多数为圆形或椭圆形,有足四对,有的寄居在人、畜体上,吸血液,能传染疾病。疥虫就是螨类动物。

màn(ㄇㄢˋ)

曼 màn 〈素〉(1)柔和:~妙。(2)细长:~声|~延。

【曼德琳】màndélín 名。音译词。弦乐器。有四对金属弦。也作曼陀铃。

【曼妙】mànmiào 〈书〉形。柔美;多指舞姿:舞姿～。
【曼声】mànshēng 形。声音拉得很长;不加程度副词,不单独作谓语,多作状语:～歌唱|～细语。
【曼延】mànyán 形。连绵不断;不加程度副词:～曲折的小路。

谩 màn 〈素〉轻慢,无礼貌:～骂。
另见mán。

【谩骂】mànmà 动。用轻蔑、嘲笑的态度骂;常带宾语:不该～领导。可带动态助词"着、过":攻城的农民军一边～着,一边撤离阵地|他因～过顾客而被经理解聘了。

墁 màn 动。用砖、石铺地;常带宾语:用大方砖～地。

蔓 màn 〈素〉同"蔓(wàn)",专用于合成词"蔓草、蔓延"等。
另见mán, wàn。

【蔓草】màncǎo 名。爬蔓的草。
【蔓延】mànyán 动。像蔓草一样不断向周围扩展;一般不带宾语:火势还在～。可带状语、补语:大火迅速向山腰～|这种病～得很快。

幔 màn (～子)挂在屋内的帐幕,多用布、绸、丝绒等做成。

慢 màn ❶形。(1)行动迟缓,速度低;与"快"相对:汽车开得太～了|你说～点儿,我听不清。(2)从缓:～点儿告诉他,等两天再说。❷〈素〉态度冷淡,没有礼貌:傲～|怠～。

【慢词】màncí 名。词的一种,篇幅较长,节奏缓慢,如《木兰花慢》、《沁园春》等。
【慢坡】mànpō 名。斜度很小的坡。
【慢说】mànshuō 连。别说,表示让步:这种事～是我,即使是受过专门训练的人也不一定做得好|这项技术～在国内,就是在国际上也是领先的。也作漫说。
【慢腾腾】mànténgtēng 形。形容缓慢;不加程度副词,常带助词"的":不能再这样～地走了|不管遇到什么事,他总是那么～的。也作慢吞吞、慢慢腾腾。
【慢条斯理】màntiáo sīlǐ 成。形容说话做事从容不迫,慢腾腾的样子;常带助词"的";他总是那样～的,我这个急性子受不了!|他言谈举止一向～的。
【慢性】mànxìng 形。发作缓慢的,时间拖很长的;不加程度副词,不单独作谓语,作状语或定语:吸烟是～自杀|～阑尾炎。
【慢性子】mànxìng·zi ❶形。指人的性情迟缓;不加程度副词,不单独作谓语,作定语:他是个～的人。❷名。指性情迟缓的人:他是个～,做事总是慢条斯理的。

漫 màn ❶动。常带宾语或补语。(1)水过满,向外流:～了一池的水|塘里的水～出来了。(2)淹没:大水～过了房子|水～金山寺。❷〈素〉(1)随意,不受拘束:～游|～谈。(2)满,遍:～天|～山遍野。(3)时间久或道路远:～～|～长。

【漫笔】mànbǐ 名。随意写出的没有一定形式的文章;常用于文章题目:窗下～|行军～。
【漫不经心】màn bù jīng xīn 成。随随便便,不放在心上;含贬义:看他那～的样子,能把事情办好吗?|干什么事都要认真,不能～。
＊"漫不经心"和"漠不关心":"漫不经心"侧重在随便,"漠不关心"偏重在冷淡。"漫不经心"一般不以什么为对象,"漠不关心"却经常以人或事物作对象。
【漫步】mànbù 动。随意地无目的地走;常带补语:～在湘江岸边。可带处所宾语:～街头。
【漫长】màncháng 形。长得看不见尽头的;指时间或道路等,不加程度副词,不单独作谓语,常作定语:～的历史|～的革命道路。
【漫画】mànhuà 名。一种具有讽刺性、幽默性的绘画,多采用比喻、对比、夸张等手法来揭露矛盾,表现生活,有较强的战斗性和趣味性。
【漫漶】mànhuàn 〈书〉形。字画因磨损或浸水受潮而模糊不清;不加程度副词:字迹～。
【漫记】mànjì 名。随笔写的,也指随笔所写的文章;多用于书名:《西行～》。
【漫卷】mànjuǎn 动。随风翻卷;用于旗帜;可带宾语:红旗～西风。
【漫漫】mànmàn 形。长远而无边际;指时间或空间,不加程度副词:～长夜路～。

【漫山遍野】màn shān biàn yě 成。山坡上、田野里到处都是。形容很多，很广：十月的香山，～的红叶，就像是一片火。注意："漫"不能写成"满"。

【漫说】mànshuō 见"慢说"。

【漫谈】màntán 动。不拘形式地谈自己的看法、体会或意见：时事～。可带宾语：～国内外形势。

【漫天】màntiān 形。不加程度副词。(1)布满了天空，一般指雪、雾、雨、尘土等：～大雪|浓雾～。(2)形容没限度的；多作状语或定语：～要价|～大谎。

【漫无边际】màn wú biānjì 成。(1)形容非常广阔，一眼望不到边：滔滔海水，～。(2)比喻说话写文章没有中心，离题太远：～地扯了一通，还不知文章的用意是什么。

【漫溢】mànyì 〈书〉动。水过满，向外流：连续暴雨，洪水～，庄稼都被淹了。

【漫游】mànyóu 随意游玩：鲈鱼在水下～。常带处所宾语或补语：～万里长城|～在古老的森林中。

＊"漫游"和"周游"："漫游"强调"漫"，指不受约束，随意从容地游玩；"周游"强调"周"，指普遍地游历。"漫游"的人对地点、路线、目的不一定有明确的计划；"周游"的人一般有较明确的地点、路线、目的。"漫游"的可以是人，也可以是动物；"周游"的只能是人。

嫚 màn 〈古〉动。侮辱，轻视。

缦 màn 〈古〉名。没有彩色花纹的丝织品。

熳 màn [烂熳](làn-) 见"烂漫"。

镘 màn 〈古〉名。用来抹墙的抹子。

māng(ㄇㄤ)

牤(犘) māng [牤牛](-niú) 〈方〉名。公牛。

máng(ㄇㄤˊ)

邙 máng 山名用字。北邙，在河南省洛阳市北。

芒 máng ❶名。(1)多年生草本植物，有穗，叶子条形，果实多毛，茎可作造纸原料。(2)某些禾本科植物子实外壳长的针状物，如麦粒、稻粒外壳上的尖毛。❷〈素〉像芒的东西：光～|锋～。

【芒刺在背】máng cì zài bèi 成。像有芒和刺扎在背上一样。比喻坐立不安：父亲严厉地瞪了我一眼，我就像～，坐也不是，立也不是。

【芒种】mángzhòng 名。二十四节气之一，在每年的六月六日左右。

忙 máng ❶形。事情多，没有空；与"闲"相对：他工作很～。❷动。急迫地做；常带补语：事情太多，一个人～不过来|～了半夜。可以某些动词或动词性词组作宾语：～生产|～总结|～着了解情况。❸副。连忙，急忙的意思：班长～把人找齐|村长～说："快，去救火。"

【忙活】máng·huo 〈方〉动。忙碌地工作；不带宾语：为儿子结婚，老两口已经～了十多天了。

【忙里偷闲】mánglǐ tōuxián 成。在忙碌中抽出一点空闲时间：他～去看了一场足球赛。

【忙碌】mánglù 形。形容事情多，一会儿也不得闲：到处是～的人群|他终日很～。可重叠：蜜蜂忙忙碌碌地采蜜。

＊"忙碌"和"繁忙"："忙碌"表示人紧张活动的状态，着重说明忙着做各种事情；"繁忙"表示事情多因而工作紧张的情况，着重说明事情多，不得空。"忙碌"既可作定语和谓语，又可充当状语；"繁忙"一般不充当状语，常充当定语和谓语，有时充当谓语。"忙碌"可重叠；"繁忙"不可。

【忙乱】mángluàn 形。事情繁忙而没有条理：心里一急就更～了|刚才～的时候把它忘了。

杧 máng [杧果](-guǒ) 名。也作芒果。(1)常绿乔木，叶子互生，花黄而小，果肉黄色，可食。(2)这种植物的果实。

盲 máng 〈素〉(1)瞎，看不见东西：～人|～目。(2)对某种事物不能辨认：文～|色～。(3)认识不清而乱来：～从|～动。

【盲肠】mángcháng 名。大肠的一段,在回肠与结肠之间,下端有阑尾。

【盲肠炎】mángchángyán 名。(1)一种病,多由阑尾炎引起,阑尾发炎后蔓延到整个盲肠就成为盲肠炎。(2)阑尾炎的俗称。

【盲从】mángcóng 动。不辨是非地附和,跟从别人:要明辨是非,不能~。可带宾语:~别人,就要吃苦头。

【盲动】mángdòng 动。不经考虑、没有明确目的就行动;不带宾语:要谨慎,不要~。

【盲目】mángmù 形。眼睛看不见东西,比喻无主见,认识不清;不加程度副词,不单独作谓语,多作状语:~服从|~指挥。可作定语:~的行动会导致不好的后果。

【盲人摸象】mángrén mō xiàng 成。佛经故事,传说几个瞎子摸一只大象,摸腿的说大象像柱子,摸身躯的说大象像一堵墙,摸尾巴的说大象像一条蛇,大家争论不休。现用来比喻只凭对事物的片面了解,就妄加判断:仅仅用几个并非典型的事例,来概括整个工厂的情况,难怪被人讥为~。

【盲人瞎马】mángrén xiāmǎ 成。比喻轻举妄动,极端危险:我不能叫你~地去乱闯。

【盲文】mángwén 名。(1)供盲人使用的拼音文字,字母由不同排列的凸出点子组成。也叫盲字、点字。(2)用盲文刻写或印刷的文字。

氓 máng 见"流氓"。

茫 máng 〈素〉(1)没有边际,看不清楚:渺~|~~。(2)无所知,无头绪:~然|~无头绪。

【茫茫】mángmáng 形。无边无际,看不清楚;形容水、天或其他事物,不加程度副词:雾色~|~大海|前途~。

【茫昧】mángmèi 〈书〉形。模糊不清。

【茫然】mángrán 形。(1)完全不知道的样子:希望到底在哪里,他很~|这件事的来龙去脉我是~无知。(2)失意的样子:~若失。

【茫无头绪】máng wú tóu xù 成。事情没有一点头绪:这个问题直到今天还是~。

硭 máng [硭硝](-xiāo) 名。一种无机化合物,白色晶体。是化学工业、玻璃工业、造纸工业的原料,医药上用做泻药。也作芒硝。

铓 máng [锋铓](fēng-) 见"锋芒"。

駹 máng 〈古〉名。毛色黑白相间的马。

牻 máng 〈古〉名。毛色黑白相间的牛。

mǎng(ㄇㄤˇ)

莽 mǎng ❶〈素〉(1)密生的草:草~。(2)粗鲁,冒失:~撞|鲁~。❷姓。

【莽苍】mǎngcāng ❶形。形容景色迷茫,不甚分明:~的大地。可重叠:草原莽莽苍苍。❷〈书〉名。指原野。

【莽汉】mǎnghàn 名。粗鲁冒失的男子。

【莽莽】mǎngmǎng 形。不加程度副词。(1)形容草木茂盛:野草~。(2)形容原野辽阔:巍巍高山,~大地。

【莽原】mǎngyuán 〈书〉名。草木茂盛的原野。

【莽撞】mǎngzhuàng 形。鲁莽冒失;指言语、行动:说话不要太~|办事要谨慎,不能~。可重叠:二妞做事往往莽莽撞撞的|沉着点,不要莽里莽撞的。

漭 mǎng [漭漭]〈书〉形。广阔无边,多指湖海,不加程度副词:~的太湖。

蟒 mǎng 名。蟒蛇。一种无毒大蛇,体长可达6米,头部长,口大,背部黑褐色,腹部白色。多生活在热带近水森林里,捕食小禽兽。也叫蚺(rán)蛇。

【蟒袍】mǎngpáo 名。明清时大臣所穿的礼服,上面绣有金黄色的蟒。

māo(ㄇㄠ)

猫(貓) māo ❶名。哺乳动物,眼大,瞳孔大小随光线强弱变化,掌部有肉垫,行动敏捷,善捕鼠。❷〈方〉动。躲藏;不带宾语,带补语:这孩子又~到哪儿去了?

另见máo。

【猫头鹰】māotóyīng 名。鸟,头部像猫,身体淡褐色,多黑斑,头部有角状羽毛,眼睛大而圆,昼伏夜出,捕食鼠雀等小动物。对人类有益。也叫鸱鸺(chīxiū),有的地方叫夜猫子。

【猫熊】māoxióng 名。哺乳动物,形状像熊。生活在我国西南地区高山中,吃竹叶、竹笋。是我国特产的一种珍贵动物。也叫熊猫、大熊猫。

máo (ㄇㄠˊ)

毛 máo ❶名。(1)动植物皮上所生的丝状物:兔子~|笋壳上有许多~。(2)东西上长的霉菌:馒头上长~了。❷动。不带宾语。(1)惊慌:心里发~|把他吓~了。(2)〈方〉发怒,发火:别再逗他了,他要~了。❸〈口〉量。即"角",一圆的十分之一。❹〈素〉(1)指谷物或草:不~之地。(2)小:~~雨|~孩子。(3)粗心,不细致:~手~脚。(4)不纯净的:~重|~利。(5)粗糙,还没加工的:~坯|~糙。❺姓。

【毛病】máobìng 名。(1)缺点,也指事物的弊病或故障:你把这~改掉就好了|汽车出了~。(2)指工作上的失误:他做事容易出~。(3)〈方〉疾病:有~要请医生看。

＊"毛病"和"缺点":"毛病"常指较小的习惯性缺点,语气较轻;"缺点"着重指欠缺的地方,跟"优点、成绩"相对,语气较重。"毛病"可作"治、治疗、犯、生"之类动词的宾语,"缺点"不能。"毛病"常用于口语;"缺点"既可用于口语,也可用于书面语。"毛病"还有指工作上的失误和疾病等义项;"缺点"没有。

【毛糙】máocao 形。粗糙,不细致:这块板太~。可重叠:毛毛糙糙的手|这张纸毛里毛糙,不好写字。

【毛刺】máocì 名。金属工件的边缘或较光滑的平面上不光、不平的部分。

【毛骨悚然】máo gǔ sǒngrán 成。悚然:恐惧的样子。形容十分害怕:一声怪叫,令人~。

【毛举细故】máo jǔ xì gù 成。毛举:粗略地列举;细故:细小琐碎的事情。烦琐地列举细小的事情:把主要问题说一说,不必~。

【毛蓝】máolán 形。比深蓝色稍浅的蓝色;不加程度副词,不单独作谓语,多作定语:~衣服。

【毛利】máolì 名。总收入中只除去成本而不除其他费用的利润;区别于"净利":除去成本,~达23万元。

【毛毛雨】máo·maoyǔ 名。雨点极细小并可随风飘动的雨。也说毛毛细雨。

【毛难族】máonánzú 名。我国少数民族之一,分布在广西。

【毛坯】máopī 名。已有了所要求的形体,还需进一步加工的半成品。在机器制造中多指铸件、煅件。也叫坯料。

【毛皮】máopí 名。带毛的兽皮,可制衣、帽、褥子等。

【毛渠】máoqú 名。由斗渠引水灌到田地里的小渠道。

【毛茸茸】máoróngrōng 形。动植物细毛丛生的样子;不加程度副词,常带助词"的":腿上~的|~的小花猫。

【毛手毛脚】máo shǒu máo jiǎo 成。形容做事粗心大意:细心点,不要~的,免得弄错了。

【毛遂自荐】máosuì zì jiàn 成。《史记·平原君列传》记载,秦兵进攻赵国,平原君要到楚国去求援,其门客毛遂自我推荐跟随前去。赵楚谈判时,毛遂挺身而出,陈述利害,才使得楚王派兵救赵。后用以比喻自告奋勇、自我推荐担任某项工作:他是~当上经理的。

【毛细现象】máoxì xiànxiàng 名。把直径很细的管子插到液体里,管内的液面上升或下降造成管内比管外的液面高或低的现象。

【毛样】máoyàng 名。印刷用语,没有按版面拼板的校样。

【毛腰】máoyāo 动。弯着腰;不带宾语,常构成连动词组:~而过。可拆开用:毛着腰。也作猫腰。

【毛躁】máo·zao 形。可重叠。(1)急躁,多指性情、脾气:他的脾气有点~|别毛毛躁躁,要冷静思考。(2)不沉着,不细心,多指处理事情:做这件事要细心,~不得|干活毛毛躁躁,必然影响质量。

【毛泽东思想】máozédōng sīxiǎng 词组。

马克思列宁主义的普遍原理同中国革命的具体实践相结合的产物。是以毛泽东为主要代表的中国共产党人,在马克思列宁主义基本原理指引下,在领导中国人民进行长期革命斗争实践中所作的经验总结,是中国共产党集体智慧的结晶,是中国人民进行革命斗争的指导思想。毛泽东思想具有多方面的内容,它的活的灵魂包括三个基本方面,即实事求是、群众路线和独立自主。

【毛重】máozhòng 名。货物连同包装物或禽畜连毛带皮在一起的重量;区别于"净重":这头猪~74公斤。

【毛竹】máozhú 名。竹的一种,主干高大,节间距离较短,茎壁厚而坚韧,抗拉抗压能力较强。是优良的建筑材料。竹笋可食。也叫南竹。

【毛装】máozhuāng 动。不切边的装订;指书籍;不带宾语,不单独作谓语:~书|这本书是~的。

【毛子】máo·zi 名。(1)旧指西洋人;含贬义。(2)〈方〉旧指土匪。(3)〈方〉细碎的毛。

牦(犛) máo [牦牛](-niú) 名。牛的一种,全身有长毛,尾巴很长,是青藏高原地区的主要力畜。肉和乳都可供食用。

旄 máo ❶名。古代在旗杆顶上用牛尾做装饰的旗子。❷〈古〉同"耄"。

酕 máo [酕醄](-táo)〈古〉形。大醉的样子。

髦 máo 名。古时称幼儿垂在前额的头发。

矛 máo 名。古代的一种兵器。柄长,一端装有青铜或铁制的枪头。

【矛盾】máodùn ❶动。《韩非子·难一》上记载,有一个卖矛和盾的人,夸他的盾最坚固,什么东西都戳不破;接着又夸他的矛最锐利,什么东西都能刺进去。旁人问他:"拿你的矛刺你的盾怎么样?"那人没法回答。后比喻言语行为自相抵触:自相~|前后~。❷名。(1)辩证法上指客观事物和人类思维内部各个对立面之间的互相依赖而又互相排斥的关系:旧的~解决了,还会出现新的~。(2)形式逻辑中指两个概念互相排斥或两个判断不能同真也不能同假的关系:~关系。❸形。形容对立的事物互相排斥的状态:两种意见很~|又想去,又不想去,心里~得很。

【矛头】máotóu 名。长矛的尖端;多用于比喻,常同"直指、指向"等动词搭配:~直指那个官僚主义者。也可与"所指"构成名词性词组:~所指,十分明显。

茅 máo ❶名。即白茅,草本植物,花穗上密生白毛,根茎可以吃,也可入药,叶子可以编蓑衣。❷姓。

【茅庐】máolú〈书〉名。草屋:初出~。

【茅塞顿开】máo sè dùn kāi 成。原先心里好像有茅草堵塞着,现在忽然被打开了。形容受到启发,一下子明白了某个道理:老师的一席话,使我~。

【茅厕】máo·si〈口〉名。厕所。

【茅台酒】máotáijiǔ 名。贵州仁怀县茅台镇出产的白酒,以酒味香美而驰名中外。也省作茅台。

蝥 máo [斑蝥](bān-) 名。昆虫,腿细长,翅上有黄黑色斑纹。可入药。

蟊 máo 名。吃禾苗根茎的害虫。

【蟊贼】máozéi 名。原指吃禾苗根茎的害虫,借指伤害人民和国家的人。

茆 máo ❶名。即"茅❶"。❷姓。

猫(貓) máo [猫腰](-yāo) 见"毛腰"。

另见māo。

锚 máo 名。铁制停船设备,一端有钩爪,一端用铁链连在船上,抛到水底或岸边,用来稳定船舶。

mǎo(ㄇㄠˇ)

有 mǎo 〈方〉动。没有。

卯 mǎo 名。(1)地支的第四位。参见"干支"。(2)(~儿、~子)某些器物接榫地方凹进的部分:凿个~儿。也叫卯眼。

【卯时】mǎoshí 名。旧指早晨五点到七点的一段时间:她是~生的。

峁 mǎo〈方〉名。小山顶,我国西北地区称顶部浑圆、斜坡较陡的黄土丘陵:下了一道坡,又上一道～。

泖 mǎo 名。指水面平静的小湖。

昴 mǎo 名。二十八宿之一。

铆 mǎo 动。用铆钉把金属物固定在一起;常带宾语或补语:～一个钉子|把铆钉～上去。

【铆钉】mǎodīng 名。铆接用的圆柱形金属元件,一端有帽。

【铆接】mǎojiē 动。连接金属器件的一种方法。先在器件上打眼,用铆钉穿在一起,然后在没有帽的一端锤打出一个帽,使器件固定在一起。

mào(ㄇㄠˋ)

茂 mào ❶名。有机化合物,无色液体,可用来制农药、塑料等。❷〈素〉(1)繁盛:～盛|～密。(2)丰富美好:丰～。

【茂密】màomì 形。草木茂盛而繁密:～的芦苇|山区有很～的树林。

【茂盛】màoshèng 形。植物繁茂而苗壮:～的庄稼|枝叶很～。

＊"茂盛"和"旺盛":"茂盛"意思重在繁茂、苗壮,使用范围只限于植物;"旺盛"意思重在兴旺、充沛,可用于植物,也可用于其他事物,如"精力旺盛"、"士气旺盛"等。

眊 mào 〈古〉形。眼睛看不清楚的样子。

耄 mào 〈素〉指八九十岁的年纪。泛指年老:老～|～耋(dié)。

冒 mào ❶动。(1)向外透,往上升;多用于液体、气体:热气往外～。可带宾语:正在～着汗。(2)不顾,多指危险、恶劣环境等,须带宾语:～风险|～着大雨。❷〈素〉(1)用假的充当真的:～牌|～名。(2)冲撞,鲁莽:～犯|～进。❸姓。

另见 mò。

【冒充】màochōng 动。以假的充当真的,次的、差的充当好的;常带宾语:坏人～好人|～正品。

【冒顶】màodǐng 动。矿井中的顶板塌下来;不带宾语:三号巷道～了。可拆开用:冒了顶|冒了一回顶。

【冒犯】màofàn 动。言语或行动冲撞了对方:如有～之处,请多原谅。常带宾语:～尊严。

【冒号】màohào 名。标点符号的一种,写成":",用以提示下文。

【冒火】màohuǒ 动。生气,发怒;不带宾语:别为这点小事～。可拆开用:冒什么火。

【冒尖】màojiān 动。不带宾语,可拆开用。(1)装满且稍高于容器:篮子里的菜～了|囤里粮食冒了尖。(2)稍稍超过了一定的数量:他二十岁刚～|粮食亩产千斤还冒了点尖。(3)突出,超过一般:他是一个～的企业家|他的学习成绩在班上冒了尖。(4)露出了苗头:不能让这种错误思想～。

【冒进】màojìn 动。超过具体条件和实际情况的可能,过早过快地行动;不带宾语:搞基本建设,既要加快速度,但也不能～。可加程度副词:这个计划订得太～了。

【冒昧】màomèi 形。鲁莽,轻率;多用作谦词:不揣～|～陈词|没打招呼就进来,未免太～了。

【冒失】màoshi 形。鲁莽:做事太～。可重叠,他说话冒冒失失,使人听了不高兴|这事做得冒里冒失,很不好。

【冒天下之大不韪】mào tiān xià zhī dà bù wěi 成。冒:冒犯;天下:全世界;不韪:不是,错误。不顾全世界人民的反对公然去干坏事:种族主义者居然～,继续推行种族歧视政策。注意:"韪"不要写成"违"。

【冒险】màoxiǎn 动。不顾危险干某事;不带宾语:小心点,别去～! 常构成连动词组:～抢救落水儿童。可拆开用:不管冒多大的险,我也去!

帽 mào 名。(1)〈书〉帽子:穿衣戴～。(2)(～儿)套在器物上,作用或形状像帽子的东西:钢笔～儿|螺丝～儿。

【帽徽】màohuī 名。别在制服帽子前面正中作为标记的徽章。

【帽子】màozi 名。(1)戴在头上起保暖、遮阳、防雨等作用的用品;量词用"顶"。(2)比喻罪名或坏名义;常与动词"扣"搭配:不要动不动就扣～。

瑁 mào 见"玳(dài)瑁"。

贸 mào 〈素〉(1)交易,买卖:～易。(2)轻率,冒失:～然。
【贸然】màorán 副。随便,轻率,不加考虑:～行事|不要～决定。也说冒然。
【贸易】màoyì 动。从事商业活动;不带宾语:食品～|这是个很大的粮食市场,当地农民和邻县的客商小贩都云集在这里进行～。常作定语:～商|～市场。

袤 mào [广袤] (guǎng-) 名。土地的长和宽(东西长度叫广,南北长度叫袤)。

瞀 mào 〈古〉形。(1)眼花,看不清楚。(2)愚昧。(3)心绪纷乱。

懋 mào 〈古〉形。(1)勤勉。(2)盛大。

鄚 mào(旧读mò)地名用字。鄚州,在河北省任丘县。

貌(皃) mào 〈素〉(1)面容,长相:容～|以～取人。(2)形象,外观:外～|～合神离。
【貌合神离】mào hé shén lí 成。貌:外表;神:内心。表面上关系密切,实际上是两条心:日伪内部是～,各打各的主意。
【貌似】màosì 副。外表很像;常与"其实、实际上"搭配使用:这番话～有理,其实是诡辩。

么(麼、末) ·me △❶后缀:这～|多～|怎～|那～。❷助。(1)作为歌词中的衬字:小呀～小二郎。(2)表示舒缓的语气,用在前分句末了:不让你去～,你又要去。
另见·ma(吗)、yāo(幺)。"麼"另见mó,"末"另见mò。

嚒 ·me 助。用法同"嘛(·ma)"。

méi(ㄇㄟˊ)

没 méi ❶动。常带宾语。(1)没有,无:～力气|那本书早～了。(2)不够,不如;表示估量或比较:他～五尺高。可带主谓词组作宾语:汽车～火车快。❷副。不曾,未:他～去上班|～生气。

另见mò。
【没关系】méi guān·xi 词组。不要紧,不必介意:碰破了点皮,～!
【没精打采】méi jīng dǎ cǎi 成。采:精神,神色。形容精神不振。一回到家,他就～地躺在沙发上|工作时候～的,像话吗?也说无精打采。
【没门儿】méiménr 〈方〉动。不带宾语,可拆开用。(1)没有办法或门路:我挺愿意做,可就是～。(2)表示不同意:他想干这种事,～!
【没谱儿】méipǔr 〈方〉动。心中没数或没有计划;不带宾语:这事我还～。可拆开用:对这儿我心里还没什么谱儿。
【没趣】méiqù 形。难堪,没有面子:他～地走开了|这件事搞得他很～。
【没头没脑】méi tóu méi nǎo 成。毫无线索或没有根由:这案子～的,要认真发动群众排线索|你这一段话,～的,从何说起?
【没有】méiyǒu ❶动。带宾语。(1)对"领有、具有"的否定:～票,不能进场|你的话太一道理了。(2)对存在的否定:屋里头～人。用在"谁、哪个、什么"等前面,表示"全都不、全都没有":这种事,～谁干|～什么看头。(3)表示数量不足:他来了还～三天呢。(4)不如,不及:他～她聪明|问题～那么严重。❷副。(1)"已经、曾经"的否定:他还～走|这星期,她～来过。(2)用在问句的句末或句中表示提问:南京去过～?|这东西～见过吗?
＊"没有"和"没":"没有"可用于书面语,也可用于口语;"没"多用于口语。"没有"可用于问句末了,可以单独回答问题;"没"不能用在问句末了,也不能单独答问。
【没有说的】méi·yǒu shuō·de 词组。(1)指到了说不出缺点的地步:这姑娘里里外外一把手,真是～。(2)指没有商量或分辩的余地:你们已值了三天班,今天该我们值班了,～。(3)指不成问题,没有申说的必要:咱们是老朋友了,这点小事还不好办,～。
【没辙】méizhé 〈口〉动。没有办法;不带宾语:这事～了。可拆开用:调动工作的问题,没一点儿辙。

【没治】méizhì 〈口〉形。不加程度副词。(1)指坏得无法挽救：事情糟糕透了，看来～了。(2)无可奈何：我真拿你～。(3)好得不得了；指人或事：这精致的微雕艺术品，简直好得～了。

玫 méi [玫瑰](-·gui) 名。(1)落叶灌木。干直多刺，叶子互生，花多为紫红色，有香气，可制香料，也可供观赏。(2)指玫瑰的花。

枚 méi ❶量。多用于形体较小的东西：一～勋章。❷姓。

眉 méi ❶〈书〉名。眉毛，生在眼眶上缘的毛：双～紧锁。❷〈素〉书页上方空白的地方：书～｜～批。

【眉飞色舞】méi fēi sè wǔ 成。形容人兴奋得意的样子：小张～地谈着前方将士痛打侵略者的情形。

*"眉飞色舞"和"眉开眼笑"："眉飞色舞"着重指得意的神情，不一定是笑；"眉开眼笑"着重指愉快、喜笑的样子。

【眉睫】méijié 名。眉毛和眼睫毛，比喻近在眼前。失之～｜迫在～。

【眉开眼笑】méi kāi yǎn xiào 成。高兴愉快的样子：消息传来，小张高兴得～。

【眉来眼去】méi lái yǎn qù 成。形容以眉眼传递情意；多形容男女之间的传情：他们两个人～的，早就互相看上了。

【眉目】méimù 名。(1)眉毛和眼睛，泛指容貌：一位～清秀的少年。(2)事物的条理；多指文章、文字，常与"清楚、清晰、不清"等相配：这篇文章～清楚，内容充实。

【眉目】méi·mu 名。事情的头绪；常作"有、没有"等动词的宾语：这件事还没有～｜把事情弄出点～再走。

【眉批】méipī 名。写在书页、文稿上方白处的批注。

【眉梢】méishāo 名。眉毛的末尾部分：喜上～｜～已出现了鱼尾纹。

【眉头】méitóu 名。两眉附近的地方：紧皱着的～舒展了。

【眉心】méixīn 名。两眉之间的地方：～点着一颗美人痣。

【眉眼】méiyǎn 名。眉毛和眼睛，借指容貌：～俊俏。

【眉眼高低】méi yǎn gāo dī 成。指脸上的表情：讲话也不看人家的～，就乱说一通，难怪要讨个没趣。

【眉宇】méiyǔ 〈书〉名。两眉上面的地方：～间显出严肃的神情。

郿 méi 地名用字。郿县，在陕西省。今作眉县。

【郿鄠】méihù 名。陕西地方戏曲剧种，由郿县(今眉县)、鄠县(今户县)的民歌小调发展而成，流行于陕西省和山西、甘肃一带。

嵋 méi 山名用字。峨(é)嵋，在四川省。也作峨眉。

猸 méi [猸子](-·zi) 名。哺乳动物，体长约一尺，毛灰黄色，生活在水边。毛皮珍贵。又叫蟹獴。

湄 méi 〈古〉名。岸旁，水边。

楣 méi 名。门框上边的横木：门～。

镅 méi 名。一种放射性金属元素，符号Am。银白色，有光泽，质软而韧。

鹛 méi 名。鸟类的一属，羽毛多为棕褐色，嘴尖，尾长，声音婉转。画眉是其中的一种。

莓(苺) méi 名。一些果实小，聚生在球形花托上的植物。种类很多，有草莓、蛇莓等。

梅(楳、槑) méi ❶名。(1)落叶乔木，性耐寒，早春开花，有白、红、粉红等色，花瓣五片，味香，果实球形，味酸甜。(2)这种植物的果实。❷姓。

【梅毒】méidú 名。一种性病，病原体为梅毒螺旋体。有些地方叫杨梅疮。

【梅雨】méiyǔ 名。黄梅季(梅子黄时)下的雨。也叫黄梅雨。

胂 méi 〈方〉名。(～子)猪、牛等脊椎两旁的条状瘦肉。也叫里脊。

酶 méi 名。生物体细胞产生的、由蛋白质组成的有机胶状物质，作用是加速有机体内的化学变化。一种酶只能对某一类或某一个化学变化起催化作用。

霉(△黴) méi ❶动。由于霉菌作用而变质：衣服～

了。可带宾语：～了几块豆腐。△❷名。霉菌，真菌的一类，用孢子繁殖，种类很多，有黑霉、青霉等。多用于生产工业原料和制造抗菌素等。

【霉烂】méilàn 动。发霉腐烂：山芋～了。可带宾语：粮库里～了许多大米。可带动态助词"了、过"：箱子里的衣服都～了|这个单位里前曾～过许多布匹。

媒 méi 〈素〉(1)指说合婚姻的人：～人|～婆。(2)起联系作用的：～介|～质。

【媒介】méijiè 名。使两方面发生关系的人或物：风可以成为某些植物授粉的～|报纸能起～作用。

【媒妁】méishuò 〈书〉名。通称媒人；多用在固定组合中：～之言。

【媒怨】méiyuàn 动。招致怨恨。

【媒质】méizhì 名。能传播声波、光波或其他电磁波的物质，如空气，水等。

煤 méi 名。黑色固体矿物，主要成分是碳，其次是氢、氧、氮、硫等。它是古代植物体在缺少空气的情况下受到地下的高温、高压而变质形成的。是重要的燃料和化工原料。也叫煤炭。

【煤焦油】méijiāoyóu 名。多种有机物的混合物，黑褐色，是一种有臭味的粘稠液体，是提取焦炭、煤气的副产品，可以取苯、酚、萘、蒽等化工原料，一般用做涂料。也叫煤溚(tǎ)、煤黑油。

【煤斤】méijīn 名。煤的总称。

【煤精】méijīng 名。煤的一种，质地致密坚硬，色黑亮，常用来雕刻工艺品。

【煤气】méiqì 名。(1)干馏煤炭所得的一种气体。主要成分是氢、甲烷、乙烯、一氧化碳等，有毒，用作燃料或化工原料。(2)煤不完全燃烧而产生的有毒气体，主要成分是一氧化碳，被人和动物吸入后会引起中毒。也叫煤毒。

【煤田】méitián 名。大面积的，可以开采的煤层分布的地带。

【煤油】méiyóu 名。从石油中分馏出来的燃烧用油。挥发性比汽油低，比柴油高。有的地方叫火油，洋油。

糜(糜) méi 名。(～子)即"穄(jì)子"，和黍同类，是耐旱耐碱的谷类作物。

另见mí。

měi(ㄇㄟˇ)

每 měi ❶代。指全体中的任何一个或一组；能同数量词组合，数词是"一"时，常常省去：～(一)个|～(一)家|～年。又能同名词组合，名词前要加"一"，常用于书面语：～一事物|～一特点。❷副。表示同一动作有规律地反复出现：～演出三天，休息一天|～逢春节我们都要聚会。

【每况愈下】měi kuàng yù xià 成。本作"每下愈况"。《庄子·知北游》："夫子之问也，固不及质，正获之问于监市履狶(大猪)也，每下愈况。"况：甚。原义是愈下愈甚。后多作"每况愈下"，形容情况越来越糟，含贬义：进中学后，他的学习成绩～，一年不如一年|这个国家的形势～，越来越乱。

【每每】měiměi 副。表示情况多次出现，有"往往、常常"的意思；一般指过去的或经常发生的事情：一提起这事ㄦ，他们俩～就争辩起来。

【每年】měinián 名。(1)年年。(2)〈方〉往年。

美 měi ❶形。(1)美丽，好看；与"丑"相对，一般不能重叠：多～的小姑娘|西湖的风景真～!(2)使人满意的，好：日子越过越～|酒味很～。(3)〈方〉得意：夸了他几句，他就～得不得了。❷〈素〉(1)使美丽：～容|～化。(2)指美洲：南～|北～。(3)指美国：～圆。

【美不胜收】měi bù shèng shōu 成。形容美好的东西太多，一时来不及欣赏；多指景色、艺术品等：展览会上，一件件精致的工艺品，～。

【美称】měichēng 名。赞美的称呼；可用于人或物：他有个"活雷锋"的～|广州有"花城"的～。

【美德】měidé 名。优良的品德：节俭是～。

【美感】měigǎn 名。对于美的感受：产生～|给人以～。

【美工】měigōng 名。(1)电影等的美术设计工作，包括布景、道具、服装的设计等。(2)担任电影等的美术设计工作的人。

【美观】měiguān 形。好看，漂亮；多指

服饰、用具等的形式：服装设计得～|大方|这些茶壶的样式很～。

＊"美观"和"美丽"："美观"多指服饰、用具的样式和色彩；"美丽"多指容貌、姿态、风光等。

【美好】měihǎo 形。(1)给人以美感的，令人喜爱的；多用于比较具体的事物：一个～的夏夜|一个～动人的形象。(2)具有积极意义的，令人满意的；多用于生活、感情、愿望、前途、理想等抽象事物：～的未来|我们的生活多～。

【美化】měihuà 动。加以装饰或点缀使美观；须带宾语：～环境|～我们的生活。

【美丽】měilì 形。(1)好看，美观，使人看后产生美感：～的校园|花朵很～。(2)美好，高尚，使人感到满意：～的传说|青春是～的。

＊"美丽"和"漂亮"："美丽"多用来形容容貌、姿态、风光、景色之类；"漂亮"多用来形容容貌、服饰、动作和用具之类。"美丽"带庄重的色彩；"漂亮"不带这种色彩。"美丽"还有"美好、高尚"的意思；"漂亮"没有这种意思。"美丽"不能重叠使用；"漂亮"可以重叠使用，如：过年了，她把孩子打扮得漂漂亮亮的。

【美满】měimǎn 形。美好圆满：～姻缘|生活非常～幸福。

【美梦】měimèng 名。(1)好梦，美好的梦境：她睡得好甜！我想，她也许正做着～呢？(2)指根本不能实现的幻想；含贬义：侵略者妄图长期霸占中国的～完全破灭了。

【美妙】měimiào 形。美好奇妙：～的青春|～的音乐|诗句很～。

＊"美妙"和"美好"："美妙"除有美好的意思之外，还有奇妙、巧妙的意思；"美好"没有这种意思。"美妙"常同青春、乐曲、诗句等搭配；"美好"常同生活、前途、愿望等搭配。

【美名】měimíng 名。美好的名称或声誉：成都还有个"锦城"的～|英雄～，流芳百世。

【美容】měiróng 动。用人工方法使容貌美丽；不带宾语：～手术|～院。

【美术】měishù 名。(1)艺术中的一个门类，广义的包括绘画、雕塑、工艺美术、书法、建筑艺术等。它的特点是通过线条、色彩、可视的形象等创造作品，反映社会生活，表现思想感情。(2)专指绘画。

【美术片】měishùpiàn 名。利用美术创作手段拍摄的电影片，如动画片、剪纸片、木偶片等。

【美术字】měishùzì 名。一种具有图案性的字体，多用来作装饰。

【美谈】měitán 名。大家称颂的言谈；常作"传为"的宾语：他们俩互相帮助的事迹，在全厂传为～。

【美味】měiwèi 名。味道鲜美的食品：这是难得的～佳肴|珍馐～摆满了一桌子。

【美学】měixué 名。研究自然界、社会和艺术领域中美的一般规律与原则的科学。主要探讨美的本质，艺术和现实的关系，艺术创作的一般规律等。

【美言】měiyán 动。代人说好话；不带宾语，常带补语：请你在老王面前为我～几句。

【美意】měiyì 名。美好的心意：多谢你一番～。

【美圆】měiyuán 名。美国的本位货币。也叫美金。圆也作元。

【美中不足】měi zhōng bù zú 成。虽然很好，但仍有不够的地方；常用于委婉地指出不足之处：这本书写得很好，可惜封面设计较差，未免～|两次上泰山，都玩得很痛快，～的是未能看到日出。

镁 měi 名。金属元素，符号Mg。银白色，质轻，在空气中加热能燃烧而发出强烈的火焰。镁粉可以做照相用的闪光粉，也用来制造照明弹和烟火。镁和铝的合金是制造飞机的重要材料。

浼 měi 〈古〉动。(1)污染。(2)恳托。

mèi(ㄇㄟˋ)

妹 mèi 名。(1)妹妹：小～。能加前缀"阿"表示亲昵：阿～。(2)亲戚中同辈而年纪比自己小的女子：表～。

【妹妹】mèi·mei 名。(1)同父母或只同父，只同母的年纪比自己小的女子。(2)同族或亲戚中同辈而年纪比自己小的女子：叔伯～。

【妹子】mèi·zi 〈方〉名。(1)妹妹：她是我

昧寐魅袂媚闷门 mèi-mén 709

昧 mèi 〈素〉(1)昏，糊涂，不明白：愚～｜蒙～｜素～平生。(2)隐瞒，隐藏：～心｜不～。
的～。(2)女孩子；常用作称呼语：我说大～，这事要请你多帮忙。
【昧心】mèixīn 动。违背良心；指干坏事，不带宾语，常作定语：～钱｜他为人正派，不会做这种～事。

寐 mèi 〈素〉睡：假～｜梦～｜夙兴夜～。

魅 mèi 〈素〉传说中的鬼怪：鬼～｜魑(chī)～。
【魅力】mèilì 〈书〉名。特别吸引人的力量；常跟"艺术、具有、富有"等词搭配：这部电影具有催人泪下的艺术～｜她正在讲那富有～的传奇故事。

袂 mèi 〈素〉衣袖：联～｜分～。

媚 mèi 〈素〉(1)巴结，讨好：谄～｜献～。(2)美好，可爱：妩～｜明～。
【媚骨】mèigǔ 名。软骨头；指奉承讨好别人的卑劣品质：他是个硬汉子，没有半点～。
【媚外】mèiwài 动。对外国人奉承讨好；常同"崇洋"并用：崇洋～。

mēn (ㄇㄣ)

闷 mēn ❶形。(1)不透气的感觉：房间里太～了。(2)〈方〉不响亮：嗓音发～。❷动。(1)使不透气；常带时间补语：泡茶要多～一会儿。(2)呆在屋里不出去；常带处所补语：别整天～在家里。
另见 mèn。
【闷气】mēnqì 形。不透气的感觉：房间里太～了，快打开窗子。
另见 mènqì。
【闷热】mēnrè 形。天气热，气压低，湿度大，使人发闷：今天天太～了｜～得很。

mén (ㄇㄣˊ)

门(門) mén ❶名。(1)房屋等建筑物及车船的出入口：学校的前～｜轮船的小～。(2)安装在出入口上面开关的装置：工厂的两扇～已经打开。(3)形状或作用像门的：球进

了～｜水闸的～徐徐开动。(4)(～儿)诀窍，门径：这工作我已摸着点～儿了。(5)特指生物学中"纲"上面的类别，如原生动物门，裸子植物门。❷量。用于炮、功课、技术等：一～大炮｜两～功课｜这～亲事。❸〈素〉(1)旧指家族，现指一般家庭：～弟｜～客。(2)宗教或学术的派别：佛～｜～徒。(3)种类：五花八～｜～类。❹姓。
【门巴族】ménbāzú 名。我国少数民族之一，分布在西藏自治区。
【门当户对】mén dāng hù duì 成。男女结婚时要求双方家庭的社会地位和经济地位相当：王李两家结亲，真是～，非常合适。
【门道】mén·dao 〈口〉名。门路，窍门：搞活企业的～很多｜会看的看～，不会看的看热闹。
【门第】méndì 名。封建时代指家庭的社会地位和家庭成员的文化程度等；一般不同数量词组组合：～观念｜书香～。
【门阀】ménfá 名。封建时代指有权势的人家。
【门房】ménfáng 名。(1)大门口供看门人看门和住宿的房子。(2)看门的人：请～接电话。
【门风】ménfēng 名。旧指一家或一族世代相传的道德准则和处世方法：不能败坏～。
【门户】ménhù 名。(1)门：紧闭～。(2)家庭：结婚以后，他就自立～了。(3)比喻出入必经的要地：三峡是水路入川的～。(4)派别：～之见。(5)门第：～相当。
【门户之见】ménhù zhī jiàn 成。由于派别不同而产生的偏见；含贬义：讨论学术问题不能有～。
【门禁】ménjìn 名。机关、企业等门口的戒备防范：～森严。
【门径】ménjìng 名。入门之路；常比喻学习、工作的方法：养猪积肥是增产的重要～。
＊"门径"和"门道"："门径"有书面语色彩；"门道"多用于口语。
【门槛】ménkǎn 名。也作门坎。(1)门下横木。(2)〈方〉喻指诀窍：他的～很精。
【门可罗雀】mén kě luó què 成。《史记·

汲郑列传》记载，翟公当廷尉时，宾客满门，罢了官以后，"门外可设雀罗"。罗雀：用网捕雀。大门前面可以张网捕雀，比喻门庭冷落，宾客稀少。

【门客】ménkè 名。旧指贵族家养的帮闲或帮忙的人。

【门类】ménlèi 名。事物的类别；按事物不同特点可以分成不同的～。

【门里出身】mén·li chūshēn 〈方〉词组。出身于行家：要讲烹调，他是～。

【门路】mén·lu 名。(1)办法，诀窍：广开～，发展生产。(2)特指达到个人目的的途径；常含贬义：这人很会走～。

【门楣】ménméi 名。(1)门框上端的横木。(2)指门第。旧时显贵之家门楣高大，因以"门楣"喻门第：光大～|玷辱～。

【门面】mén·miàn 名。(1)商店临街的部分；量词常用"间"：三间～|～很宽。(2)比喻外表：这次搞卫生，不仅～上要整洁，每个角落也都要打扫干净|不能只装潢～，搞形式主义。

【门面话】mén·miànhuà 名。客套话，或是冠冕堂皇的话，或是表面上说得很漂亮，实际上不解决问题的话：他说的都是～，信不得。

【门牌】ménpái 名。一般指钉在门上的牌子，上面标明地区或街道名称和房子号码等。

【门票】ménpiào 名。公园、博物馆等游览、参观性质的入场券。

【门人】ménrén 〈书〉名。(1)门生，弟子。(2)门客。(3)守城门的人。

【门神】ménshén 名。贴在门上的神像，迷信者认为可用来驱逐鬼怪。

【门生】ménshēng 名。旧指跟从老师和前辈学习的人：得意～。

【门市】ménshì 名。指商店零售货物或某些服务性行业的业务：～部|理发店里～如何？

【门庭若市】mén tíng ruò shì 成。门前像街市一样，形容来往的人很多：自学咨询的第一天，～，非常热闹。

【门徒】méntú 名。旧指学生，弟子。

【门外汉】ménwàihàn 〈书〉名。外行人：我们要认真学习科学技术，不能老做～。

【门下】ménxià 〈书〉名。(1)门庭之下，指权贵者的家中，如：门下婿(未结婚的女婿)、门下士(门客)。也专指门客。(2)弟子。

【门诊】ménzhěn 动。医生在医院给不住院的病人治病；不带宾语：每天上午～。常作定语、宾语：～部|张医生今天看～。

【门子】mén·zi 名。(1)旧指衙门里或达官显贵家里看门的人。(2)指能达到个人目的的途径；常含贬义：这几年来，他学会了钻～。

扪 mén 〈素〉按，抚摸：～心。

【扪心】ménxīn 动。摸着心口，表示自己反省；不带宾语，常用在固定组合中：～无愧|～自问。

钔 mén 名。放射性金属元素，符号 Md。

亹 mén 地名用字。亹源，县名，在青海省。今作门源。

mèn (ㄇㄣˋ)

闷 mèn ❶形。心烦，不舒畅：心里～得慌。❷〈素〉密封，不透气：～葫芦|～子车。

另见 mēn。

【闷葫芦】mènhú·lu 名。比喻极难猜透而使人纳闷的人或事；多作宾语：这个人神秘得很，令人捉摸不透，真是个～。常作"打(不)开"的宾语：我与他谈了半天，没法打开这个～。

【闷倦】mènjuàn 形。烦闷厌倦，没精打采：～得很|～的样子|这种书看起来实在叫人～。

【闷雷】mènléi 名。(1)声音沉闷的雷：天边响了一声～。(2)比喻精神上受到突然的、沉重的打击：老王听到了这个不幸的消息，好像被～打了一样。

【闷闷不乐】mèn mèn bù lè 成。心里烦闷，不愉快：近来，他整天～，一定有什么心事。

【闷气】mènqì 名。闷在心里没有发泄的怨恨或愤怒：心里的～一下子发泄出来了。

另见 mēnqì。

焖 mèn 动。盖紧锅盖，用微火把饭菜煮熟；常带宾语或补语：～饭|

肉~烂了。

懑（懑） mèn 见"愤懑"。

men (·ㄇㄣ)

们 ·men 后缀。(1)用在代词和指人名词的后边，表示多数：我~|人~。也可用在并列的几个指人名词之后：大哥哥、大姐姐~|师生员工~。(2)用在人名后边，表示"等人"：逗得小强~笑个不止。注意：名词加"们"后不再受数量词修饰，如不说"三个同学们"，但有些可以受"许多、好些"等的修饰：好些孩子~在踢球。

mēng (ㄇㄥ)

蒙（△矇） mēng 动。△(1)欺哄；常带宾语：休想~人|欺上~下。△(2)随便胡猜：这回总算给你~对了。(3)昏迷；常作宾语和表示结果的补语：头有点发~|他被球打~了。
另见 méng, měng。

【蒙蒙亮】mēngmēngliàng 形。天刚刚亮，不加程度副词：天~，他就起来读书了。

【蒙骗】mēngpiàn 动。欺骗；受人可带宾语：别~人。

【蒙头转向】mēng tóu zhuàn xiàng 词组。形容头脑昏乱，不辨方向：敌人被我们打得~。

méng (ㄇㄥˊ)

虻（蝱） méng 名。昆虫名，种类很多，身体灰黑色，翅透明。生活在野草丛中，雄的吸植物的汁液，雌的吸人、畜的血。

萌 méng ❶〈素〉(1)植物发芽：~芽。(2)发生，产生：~生。❷〈古〉同"氓 méng"。

【萌动】méngdòng 动。(1)开始发芽；指草木等植物，不带宾语：草木~。(2)开始发动；指事物：春意~。可带宾语或补语：~起一个念头|听了姑娘的话，他顿时~了友谊之外的某些感情。

【萌发】méngfā 动。常带宾语。(1)种子或胚芽发：一场小雨过后，种下的麦子都开始~新芽。(2)比喻某种感情或事

物开始出现并发展：在孤寂中生活久了的人，容易~一种相互间的友爱|她发现自己的爱情开始~。

【萌生】méngshēng 〈书〉动。开始产生；多用于想法、意识等抽象事物，常带宾语：从那时起，他就~了革命意识。

【萌芽】méngyá ❶动。植物发芽，比喻事物刚发生；不带宾语：稻种开始~。可带状语或补语：和平的蓓蕾，正在到处~|芭蕾舞艺术虽然~于意大利，但形成一种完整的艺术形式却是在法国。也可作定语：对于处于~状态的民间文艺，我们必须大力扶植。❷名。比喻新生的未成熟的事物：随着商品经济的发展，明末的中国封建社会内已出现资本主义的~。

盟 méng ❶名。我国内蒙古自治区的行政区域，一盟包括若干旗、县、市。❷〈素〉(1)旧时指宣誓缔约：会~|海誓山~。(2)现在指阶级与阶级、国家与国家之间的联合：联~|~邦。(3)结拜成的：~兄弟。

【盟邦】méngbāng 名。结成同盟的国家。也叫盟国。

【盟誓】méngshì ❶〈书〉名。盟约。违背~，反目成仇。❷〈口〉动。发誓，宣誓；不带宾语：对天~。可拆开用：盟个誓|盟过誓。

【盟兄弟】méngxiōngdì 名。把兄弟。

【盟约】méngyuē 名。结成同盟时所订立的誓约或条约。

【盟主】méngzhǔ 名。古代指诸侯盟会中的首领。后来也指某个集团、某个集体的首领。

蒙 méng ❶动。(1)遮盖；常带宾语或补语：~上头巾|用纸~住。(2)承受；多作敬辞，带兼语：~您指教。❷〈素〉愚昧，没有知识：~昧|启~。❸姓。
另见 mēng, měng。

【蒙蔽】méngbì 动。隐瞒事实真相，进行欺骗；受人~。常带宾语或补语：~群众|~不了人。

【蒙冲】méngchōng 见"艨艟"。

【蒙馆】méngguǎn 名。旧指对儿童进行启蒙教育的私塾：王秀才在乡里教了一

堂～，借以谋生。

【蒙汗药】ménghànyào 名。我国传统戏曲及古典小说里说的一种人喝了或闻了以后会暂时失去知觉的药。

【蒙哄】ménghǒng 动。用虚伪的手段骗人；常带宾语：别～人。

【蒙混】ménghùn 动。用欺骗的手段使人相信虚假的事物；不带宾语：～过关。可带补语：别想～过去。

【蒙眬】ménglóng 形。快睡着或刚醒时，两眼半开半闭的样子；不加程度副词：睡眼～。可重叠：蒙蒙眬眬的，什么也看不清楚。

　　＊"蒙眬"和"朦胧"："蒙眬"是形容眼睛半睁半闭，带睡意，看东西模糊不清；"朦胧"常形容月光不明，泛指模糊、不清楚，也可用于灯光、物体、思想、神志、雨雾等。

【蒙昧】méngmèi 形。不加程度副词。(1)没有文化；常指未开化的原始状态：～时代。(2)不懂事，没有知识；常与"无知"并用：有些青年由于～无知，受了坏人的利用，做了错事。

【蒙蒙】méngméng 形。形容细小、密集的；常用于雨、雾等，不加程度副词：细雨～|大雾～。也作濛濛。

【蒙受】méngshòu 动。受到；须带宾语：～耻辱|～不白之冤|～养育之恩。

【蒙太奇】méngtàiqí 名。音译词。电影用语，有剪辑和组合的意思。为了表现影片的主题思想，导演把许多镜头组织起来，使构成一部前后连贯，首尾完整的电影片。这是导演重要表现方法之一。

礞 méng 见"䴉(píng)礞"。

濛 méng 见"濛濛"、"空濛"、"溟濛"。

【濛濛】méngméng 见"蒙蒙"。

檬 méng 见"柠(níng)檬"。

曚 méng [曚昽](-lóng) 〈书〉形。日光暗淡不明；拂晓，在一片～之中，我们开始了野外作业。

朦 méng [朦胧](-lóng) 形。(1)月光昏暗的样子：月色～|～的夜色。(2)模糊，看不清楚：晨雾笼罩着大地，周围的一切都变得～起来|这些往事已记不清楚，像个～的梦。可重叠：远山朦朦胧胧，只依稀看见一点轮廓。

礞 méng [礞石](-shí) 名。矿物，有青礞石、金礞石两种，均可入药。

艨 méng [艨艟](-chōng) 名。古时战船。也作蒙冲。

甍 méng 〈古〉名。屋脊。

měng(ㄇㄥˇ)

勐 měng ❶〈古〉形。勇敢。❷名。云南西双版纳傣族地区旧时的行政区划单位。

猛 měng ❶形。气势壮，力量大：～虎|一打～冲|炮火很～。❷副。突然，忽然：～回头，只见一道白光闪过|～地站了起来。

【猛不防】měngbufáng 副。突如其来而不及防备：我正在看书，～被他从背后推了一下。

【猛将】měngjiàng 名。量词用"员"。(1)勇猛的将领：在战争年代，我们的团长是驰骋疆场的一员～。(2)喻指积极带头勇往直前的人：小王是我们厂里生产的一员～。

【猛劲儿】měngjìnr 〈口〉❶动。一下子用力气；不带宾语：一～，就把这箱子搬了起来。❷名。(1)一下子使出来的力气：举重要善于用～。(2)勇猛的力量：战士们都有一股～。

【猛可】měngkě 副。突然；多见于早期白话：刚转过树林，～闪出一彪人马。

【猛烈】měngliè 形。气势强大，厉害：来势～|非常～的炮火。

　　＊"猛烈"和"激烈"："猛烈"着重指十分凶猛，常用来形容事物来势急、力量大、性质凶，如炮火、攻击、风暴等；"激烈"着重指激昂、热烈，常用来形容有斗争性的言论，对抗性的行动，如辩论、竞赛、战斗等。

【猛然】měngrán 副。突然，忽然；表示情况来得迅速而剧烈，常用在双音节动词或者有补语的单音节动词之前：河水～上涨|狂风暴雨～袭来。

　　＊"猛然"和"突然"："猛然"强调"猛

烈";"突然"则强调"突如其来"。"猛然"只能作副词;"突然"除副词用法外,还有形容词用法,如"非常突然","突然事故"。

【猛士】měngshì 名。勇猛的斗士;含褒义:打虎的～|文化战线上的～。

【猛志常在】měng zhì cháng zài 成。晋·陶潜《读山海经》诗:"刑天舞干戚(盾和板斧),猛志固常在。"刑天是我国古代神话人物,他与黄帝争斗,被斩首,但不甘心失败,便以乳为眼睛,以肚脐为口,继续挥舞板斧和盾牌进行斗争。后比喻雄心壮志,至死不变:张老虽然年过七旬,但～,依然焕发着青春的活力。

【猛子】měngzi 〈方〉名。指头向下钻到水里的游泳方式;多与"扎"搭配使用:他扎了几个～。

锰 měng 名。金属元素,符号Mn。灰赤色,有光泽,质硬而脆,在湿空气中氧化。主要用来制锰钢等合金。

蜢 měng 见"蚱(zhà)蜢"。

艋 měng [舴艋](zé-)〈书〉名。小船。

蒙 měng 名。蒙古族的简称。
另见méng, ména。

【蒙古包】měnggǔbāo 名。蒙古族居住的帐篷,圆顶,用毡子做成。

【蒙古人种】měnggǔ rénzhǒng 词组。世界三大人种之一。外表特征是皮肤黄色,头发黑而直,脸平。主要分布在亚洲东部和东南部。也叫黄种。

【蒙古族】měnggǔzú 名。(1)我国少数民族之一,分布在内蒙古和辽宁、吉林、黑龙江、甘肃、青海、新疆等省(区)。有本民族语言文字。多从事农牧业。(2)蒙古人民共和国的民族。

蠓 měng 名。昆虫的一科,成虫比蚊子小,褐色或黑色,雌的吸人、畜的血,能传染疾病。通称蠓虫。

獴 měng 名。哺乳动物的一属,体长脚短,嘴尖耳朵小。能捕食蛇、蟹等。

懵(懜) měng 〈素〉糊涂:～懂。

【懵懂】měngdǒng 形。糊里糊涂,不明

事理:聪明一世,～一时。可重叠:他整天懵里懵懂|当时我懵懵懂懂,不知发生了什么事。

mèng(ㄇㄥˋ)

孟 mèng ❶〈素〉(1)指农历每季的第一个月:～春。(2)旧时兄弟排行中的老大:～兄。❷姓。

【孟浪】mènglàng 形。鲁莽:对这种～的行为,要及时制止|处理人事纠纷不宜太～。

梦(夢) mèng ❶名。睡眠时由于大脑皮层的一部分没有完全停止活动或受其他刺激而引起的脑中的表象活动:做了一个甜美的～|～中见到了母亲。❷〈素〉(1)做梦:～见。(2)比喻空想、幻想:～想。

【梦话】mènghuà 名。梦中说的话:昨夜,我弟弟说了不少～。也叫梦呓或呓语。(2)喻指不切实际不能实现的话;含贬义:大白天说～。

【梦幻】mènghuàn 名。梦境和离奇古怪的幻想:人上月宫已不是～,而是现实|那一般的音乐,使人陶醉。

【梦境】mèngjìng 名。梦中的情境,常比喻美妙的境界:几十年音信隔绝,今日团聚,恍如～|置身这秀丽的山水之中,如入～一般。

【梦寐以求】mèngmèi yǐ qiú 成。睡梦中也在追求,形容迫切期望:同亲人团聚,是我三十年来～的愿望。

【梦乡】mèngxiāng 名。熟睡时的境界:大家还在看电视,小林已进入了甜蜜的～。

【梦想】mèngxiǎng ❶动。常带动词或动词性词组作宾语。(1)渴望;含褒义:小时候,我就～成为一名飞行员。(2)妄想;含贬义:敌人～突围,但始终没有得逞。❷名。梦想中的事:敌人企图用武力吞并我国的神圣领土,这是永远也不能实现的～。

【梦行症】mèngxíngzhèng 名。在睡眠中无意识地起来做上房、爬树等复杂动作的症状。这是大脑皮层机能发生障碍造成的。也叫梦游症。

【梦魇】mèngyǎn 名。梦中受惊吓而喊叫,

或觉得有什么东西压在身上,不能动弹,多由疲劳过度、消化不良或大脑皮层过于兴奋而引起。

【梦呓】mèngyì 〈书〉名。梦话。

眯(瞇) mī

mī 动。(1)眼皮微微合上;常带宾语:~着眼睛。(2)〈方〉小睡;常带补语:我~一下|~一会儿。

另见mí。

【眯缝】mīfeng 〈口〉动。眼皮不全闭,留一条小缝,后面通常加动态助词"着":眼睛~着。可带宾语:~着眼。

弥(彌) mí

mí ❶〈素〉(1)填满,填补:~补|~缝。(2)遍,满:~月|~天大谎。(3)更加:欲盖~彰。❷姓。

【弥补】míbǔ 动。设法补救;对象一般限于缺陷、损失、空白、不足等;不可~的损失。常带宾语:~自己的过失。

【弥封】mífēng 动。把试卷上应试者的姓名封盖住,以防舞弊;常带补语:试卷已全部~好了。

【弥勒】mílè 名。音译词。佛教菩萨之一。常塑成袒胸露腹,笑容满面的形象。

【弥留】míliú 〈书〉动。原指久病不愈,后称病重将死;多作定语:~之际。

【弥漫】mímàn 动。充满或遍布各处;多用于烟尘、雾气、风雪、气味等:烟雾~|风雪~。可带宾语:歌声~整个广场。也作瀰漫。

*"弥漫"和"充满":"弥漫"一般没有范围的限制;"充满"一般指在一定的空间里填满什么东西,常和"里面、中、之间、之内"搭配。"弥漫"多用于具体事物;"充满"既可以用于具体事物,又可以用于抽象事物。"充满"有"充分具有"的含义,能和"力量、热情、信心、精神"等词搭配使用,"弥漫"没有这样的含义和用法。

【弥撒】mísa 名。音译词。天主教的一种宗教仪式,用面饼和葡萄酒象征耶稣的身体和血来祭祀天主:做~。

【弥散】mísàn 动。向四外扩散;多指光

线、气体等,常带宾语,并加动态助词"着":空气中~着紫丁香的气息。常带补语:药瓶一打开,一股药味~开来。

【弥天大谎】mí tiān dà huǎng 成。弥天:满天。天大的谎话:撒下~|这是个~。

【弥望】míwàng 〈书〉动。充满视野,满眼;不带宾语:春色~|~无际|荷塘上面~的是田田的叶子。

【弥月】míyuè 〈书〉动。初生婴儿满月。

瀰 mí

mí [瀰漫](mí-) 见"弥漫"。

祢(禰) mí

mí 姓。

猕(獼) mí

mí [猕猴](-hóu) 名。猴的一种,毛灰褐色,腰部以下橙黄色,面部微红色。尾短。主要采食野果、野菜,有时偷吃农作物。

【猕猴桃】míhóutáo 名。有的地区叫羊桃或杨桃。(1)落叶藤本植物,夏季开花,花白色,后变黄色。浆果球形,夏秋间成熟,可食,也可制果酱或酿酒。根可入药,茎皮纤维可以做纸,花可提制香料。(2)这种植物的果实。

迷 mí

mí ❶动。常带宾语。(1)分辨不清,失去判断力;多带动态助词"了":~了方向。(2)对某种事物发生特殊的爱好而沉醉:我~上了数学。(3)使迷惑,使陶醉:景色~人。❷〈素〉(1)神智紊乱或失去知觉,迷糊:昏~。(2)沉醉于某事物的人:影~|球~。

【迷宫】mígōng 名。(1)希腊神话中称结构复杂的建筑物。(2)比喻错综复杂的结构和布局;量词用"座":走入山洞,我们仿佛进入了一座神话中的~。

【迷糊】míhu 形。模糊不清;多指神智或眼睛:近来我的眼睛看书很~|我越看越~,最后什么也看不清了。可重叠:我迷迷糊糊地睡着了。

*"迷糊"和"模糊":"迷糊"指人的神智或眼睛昏迷,迷乱;"模糊"指事物难于区别或轮廓不分明,不清晰。"迷糊"没有动词用法;"模糊"有动词用法,表示混淆的意思。

【迷魂汤】míhúntāng 名。迷信所说地狱中一种能使灵魂迷失本性的药汤。比喻迷惑人的话语或行为。也说迷魂药。

【迷魂阵】míhúnzhèn 名。比喻使人迷惑的圈套和计谋；常充当动词"摆、设"等动词的宾语：摆了一个～|走进了～。

【迷惑】mí·huo 动。(1)辨别不清，摸不着头脑，可带补语：我被他～住了。常充当"感到、觉得"等动词的宾语：心里感到～。(2)使迷惑；须带宾语：～敌人|花言巧语～不了人。

　＊"迷惑"和"迷糊"："迷惑"指使人疑惑迷乱，不能分辨是非；"迷糊"表示人的神智昏迷不清的状态。"迷惑"是动词；"迷糊"是形容词。

【迷津】míjīn 〈书〉名。使人迷惑的错误道路，原指渡河的地方，后来多指处世的方向：误入～|指点～。

【迷离】mílí 形。模糊而难以分辨清楚，多指某种境界，不加程度副词：扑朔～|～恍惚。

【迷恋】míliàn 动。对某事物过于喜爱而难以丢弃；常带宾语：～音乐|～田园生活。

　＊"迷恋"和"依恋"："迷恋"指舍不得的程度已超过常情，含有"沉醉"的意思；"依恋"多指人与人之间感情深厚，不愿分离。

【迷漫】mímàn 动。漫天遍野，茫茫一片，使人看不清楚；多指烟雾、尘埃等：硝烟～|风沙～。可带宾语：江上～着一层灰白的晨雾。

【迷茫】mímáng 形。可重叠。(1)广阔而看不清的样子；常用来形容烟云、雾气或被烟雾等笼罩的事物：烟雾～|～的原野|迷迷茫茫的雪雾中一个人影若隐若现。(2)迷离恍惚；多形容人的神情、感觉：他那～的神情，引起了我的关注。

【迷梦】mímèng 名。沉迷不悟的梦想，多含贬义：这些沉重的打击彻底粉碎了侵略者妄图吞并中国的～。

【迷人】mírén 形。使人陶醉，使人迷恋的；多用于景色、音乐，也可用于人物：～的秋色|～的歌声|她的眼睛很～。

【迷失】míshī 弄不清，走错，常以"方向、道路"等作宾语：在这次探险的最后几天，我们～了道路。

【迷途知返】mí tú zhī fǎn 成。迷失道路后知道回到正路上来。比喻犯了错误后，知道改正：我们希望他能～，不要在错误的道路上越走越远。

【迷惘】míwǎng 形。由于分辨不清，因而不知这么办；多形容人的感觉和神情：对他的这一举动，我感到十分～|一副～的神情。

　＊"迷惘"和"迷惑"："迷惘"强调因分辨不清而不知该怎么办，"迷惑"强调不知道对不对，或者不知道究竟而摸不着头脑。"迷惘"是形容词；"迷惑"是动词。

【迷雾】míwù 名。(1)浓厚的雾；量词用"片"：一片～|她的身影消失在茫茫的～之中。(2)比喻叫人迷失方向的事物：拨开～向前进。

【迷信】míxìn 动。常带宾语。(1)信仰神仙鬼怪等并不存在的超自然力量；含贬义：～鬼神。可加程度副词：他太～了。(2)盲目地信仰和崇拜：不要～书本。

谜(謎) mí 名。(1)谜语；量词多用"条"：猜一条～。(2)比喻难以理解或没有搞清楚的事物；量词用"个"：他的失踪，真是一个～。

【谜底】mídǐ 名。(1)谜语的答案。(2)比喻事情的真相：～终于揭开了。

【谜面】mímiàn 名。猜谜语时说出或写出来供人做猜测线索的话。

【谜语】míyǔ 名。影射事物或文字的让人猜测的隐语。

眯(瞇) mí 动。灰尘等进入眼内，使眼睛一时睁不开；多带宾语，并加动态助词"了"：沙子～了眼睛。

　另见 mī。

醚 mí 名。有机化合物的一类，最重要的一种叫乙醚，是无色液体，工业上作溶剂，医药上用作麻醉剂。

糜 mí ❶〈素〉(1)稠粥：肉～。(2)烂：～烂。(3)浪费：～费。❷姓。

　另见 méi。

【糜费】mífèi 动。浪费；多指对财物，常带宾语：不要～公共钱财。可加程度副词：这样大办婚事太～了。也作靡费。

【糜烂】mílàn 动。不带宾语。(1)皮肤或粘膜表面发生局部的浅表缺损：子宫颈～。(2)比喻思想堕落，道德败坏：生活～。

mí(ㄇㄧˊ)

縻 mí 〈古〉❶名。牛缰绳。❷动。系住,束缚。参见"羁縻"。

靡 mí 〈素〉浪费：～费｜奢～。
另见mǐ。

【靡费】mífèi 动。同"糜费"。

蘼 mí [蘼芜](-wú) 名。古书上指芎䓖(xiōngqióng)的苗。

醿 mí [酴醿](tú-) 〈古〉名。重酿的酒,即酴酒。

麋 mí 名。即麋鹿,哺乳动物。全身灰褐色。角似鹿,尾似驴,蹄似牛,颈似骆驼,但从整体又不全像那四种动物中的哪一种,故又叫四不像。性温顺,以植物为食。原产我国,是一种稀有的珍贵动物。

mǐ(ㄇㄧˇ)

米 mǐ ❶名。(1)稻米,大米。❷量。公制长度的单位,一米等于一百厘米,合三市尺。❸〈素〉泛指谷类/或其他生物去壳后的子实和肉：花生～｜虾～。❹姓。

【米黄】mǐhuáng 形。白而微黄；不加程度副词,不单独作谓语,多作定语：一段～的布料。

【米糠】mǐkāng 名。稻子、谷子的米粒外表的皮,碾米脱下后叫米糠。

【米粮川】mǐliángchuān 名。产粮多的大片粮田：昔日的不毛之地,今日成了～。

【米色】mǐsè 名。白而微黄的颜色。

【米制】mǐzhì 见"国际公制"。

【米珠薪桂】mǐ zhū xīn guì 成。珠：珍珠；薪：柴草；桂：桂树。米贵得像珍珠,柴贵得像桂树。形容物价昂贵,生活困难：那时候广州～,许多手工业作坊纷纷歇业。

敉 mǐ 〈素〉安抚,平定：～平。

【敉平】mǐpíng 〈书〉动。平定；对象多为"暴乱、叛乱"等,常带宾语：～了一场叛乱。

脒 mǐ 名。有机化合物的一类。

哔 mǐ ❶拟声。摹拟羊的叫声；多叠用：山羊～～叫。❷姓。

弭 mǐ ❶〈素〉消灭,平息：消～｜～兵。❷姓。

【弭兵】mǐbīng 〈书〉动。息兵,停止战争；不带宾语：战事连年,何时～?

【弭患】mǐhuàn 〈书〉动。消除祸患；不带宾语：为国～。

靡 mǐ ❶〈古〉动。无,没有：～日不思｜～计不施。❷〈素〉倒下：风～｜披～。
另见mí。

【靡丽】mǐlì 〈书〉形。奢侈,华丽：服饰～。

【靡靡之音】mǐmǐ zhī yīn 成。靡靡：柔弱、颓废、委靡不振。指颓废、色情、低级趣味的音乐。注意：不要把"靡靡"读成fěifěi或mímí。

mì(ㄇㄧˋ)

汨 mì 水名用字。汨罗江,源于江西省,流入湖南省。注意："汨"右边为"日"字,"汩(gǔ)"右边为"曰"字,二字不能相混。

觅(覔) mì 〈书〉动。找,寻求；常带宾语：怒向刀丛～小诗。

泌 mì 〈素〉液体从细孔中排出：分～｜～尿器。
另见bì。

宓 mì ❶〈古〉形。安静。❷姓。

秘(祕) mì 〈素〉(1)不让人知道的,不公开的：～密｜～方。(2)保守秘密：～而不宣。
另见bì。

【秘本】mìběn 名。珍藏的而且很少见的图书版本。

【秘方】mìfāng 名。未公开的有疗效的药方：祖传～。

【秘籍】mìjí 名。珍贵而又罕见的书籍：我国有不少～流落海外。

【秘诀】mìjué 名。不公开的能解决问题的窍门：学外语除了要认真刻苦外,没有什么～。

【秘密】mìmì ❶形。隐蔽住不让人知道的,不公开的：～文件｜他们的活动很～。❷名。秘密的事情；常与"保守、知道、揭穿、泄露"等动词搭配：保守～｜泄

露~|我不知道这个~。

＊"秘密"和"机密"："秘密"语意较轻，泛指不公开的事情；"机密"语意较重，指重要的秘密。"秘密"使用范围较宽，一般的事情和重要的事情都可以用；"机密"使用的范围较窄，只用于关系重大的事件，如"国家机密、党的机密"等。

【秘史】mìshǐ 名。指未公开的统治阶级内部的历史：清ctrl~。也指私人生活琐事的记载；多指腐朽的生活作风方面的。

【秘书】mìshū 名。(1) 管理文书并协助领导人处理日常工作的人员：她是机要~。(2) 秘书职务：他担任~已有多年。

密

mì ❶形。距离近，空隙小；与"稀"、"疏"相对：田里的秧苗很~。❷〈素〉(1) 关系近，感情好：亲~|~友。(2) 精致，细致：细~|精~。(3) 秘密：~码|~谋。❸姓。

【密度】mìdù 名。(1) 疏密的程度：注意播种的~|人口~。(2) 物质的质量和它的体积的比叫做这种物质的密度。即单位体积中所含的质量，用克／立方厘米表示。如水的密度在4℃时为1克／立方厘米。

【密封】mìfēng 动。严密地封闭：罐头~后，食物可贮藏很长时间|宇航员在~舱里工作。可带宾语：用白蜡~瓶口。

【密集】mìjí 动。既多又聚集在一起；一般不带宾语，可带补语：枪声~|最后，敌人~在一个山岭上，战斗就更激烈了。可作定语：~的人群。

【密令】mìlìng 动。秘密命令或指令；多带兼语：军部~我师立即转移。常作"下达、传递"等动词的宾语：司令部下达了一道~。

【密码】mìmǎ 名。在约定的人中间使用的特别编定的秘密电码；与"明码"相对。

【密密层层】mìmicéngcéng 形。形容很多很密；用于花草、树木、人群、建筑等，不加程度副词，多带助词"的"：山坡上长满了~的灌木|广场上的人群~。

【密密丛丛】mìmicóngcóng 形。形容草木茂密；可指大面积的，也可指小范围的，不加程度副词。洞前的小树，~。常带助词"的"：山上草木~|花圃里的草长得~的。

【密密麻麻】mìmimámá 〈口〉形。又多又密；多指细小的东西，不加程度副词：洞前的小树，~。常带助词"的"：满纸写的是~的蝇头小楷。

【密谋】mìmóu ❶动。秘密策划；多指坏的，常带动词或动词性词组作宾语：他们躲在阴暗的角落里，~叛乱。❷名。指暗中策划的计划：他把敌人的~报告了公安部门。

【密切】mìqiè ❶形。(1) 亲近；常指人与人的关系，有时也可指人与事物或事物与事物的关系：他俩来往十分~|文艺和政治有~的关系。(2) 仔细，周到；多指处理问题、事情等，常作状语：要~注意事态的发展。❷动。使关系亲近；须带宾语，可带动态助词"了"：进一步~干群关系|共同的劳动~了师生之间的关系。

＊"密切"和"紧密"："密切"的意思着重在关系紧，感情好，没有隔阂。"密切"有动词用法；"紧密"没有。"密切"有仔细的意思；"紧密"没有。"紧密"有多而连续不断的意思，如"紧密的枪声"；"密切"没有这种意思。

【密实】mìshi 名。细密，紧密；多指具体的事物：这双鞋子的针线很~。可重叠：缝得密密实实。

【密探】mìtàn 名。旧指做秘密侦察工作的人；现多含贬义。

【密友】mìyǒu 名。关系特别亲密的朋友。

【密云不雨】mì yún bù yǔ 成。密云：满天乌云。乌云密布而未下雨。比喻事件已酝酿成熟，但还没有爆发：那时人们对封建军阀的愤恨已是~，一触即发。

【密匝匝】mìzāzā 〈口〉形。很稠密的样子；不加程度副词，常带助词"的"：小王受伤的腿上~地缠满了绷带。也作密币币。

【密植】mìzhí 动。适当缩小作物的行距和株距，增加单位面积内的株数，多同"合理、适当"等词搭配，一般不带宾语：庄家要合理~，才能增产。

【密致】mìzhì 形。结构紧密、致密；多指物质，不用于人：这种家具所用的木材十分~。

谧 mì 〈素〉静：安～|静～。

嘧 mì [嘧啶](-dīng) 名。一种有机化合物，无色结晶，有刺激性气味，可制药物。

蜜 mì ❶名。蜂蜜，由蜜蜂采取花的甜汁酿成。❷〈素〉(1)像蜂蜜一样的东西：糖～。(2)甜美：甜言～语|口～腹剑。

【蜜蜂】mìfēng 名。蜂的一种，分为蜂王、雄蜂和工蜂，成群居住。工蜂能采花粉酿蜜，帮助某些植物传粉。蜂蜜、蜂蜡和王浆都具有很大的经济价值。

【蜜饯】mìjiàn ❶动。用蜜或浓糖浆浸制果品；常带宾语：～海棠|～苹果。❷名。蜜饯的果品：北京的～驰名中外。

【蜜月】mìyuè 名。新婚后的第一个月；常作"度、过"等动词的宾语：他们度～去了。

幂(冪) mì ❶名。(1)〈古〉覆盖东西的巾。(2)数学名词。表示一个数自乘若干次的形式，如t自乘n次的幂为tⁿ。❷〈古〉动。覆盖。

mián(ㄇㄧㄢˊ)

眠 mián 〈素〉(1)睡觉：安～|催～。(2)蚕蜕皮时或某些动物到冬季像睡眠那样不食不动：蚕～|冬～。

绵(緜) mián 〈素〉(1)蚕丝结成的片或团：丝～|～里藏针。(2)延续不断：～长|～亘。(3)柔软：～软。

【绵薄】miánbó〈书〉形。比喻能力微薄；多作谦辞：稍尽～。

【绵亘】miángèn 动。接连不断；多指山脉等，不带宾语，带补语：天山山脉～在新疆中部|万里长城～在崇山峻岭之中。

【绵里藏针】mián lǐ cáng zhēn 成。绵：丝绵；棉絮里面藏着铁针。(1)形容柔中有刚；他的话中～。(2)比喻外表和善，内心尖刻；含贬义：他这人看似平和，实际是个～的角色。

【绵联】miánlián 动。连绵；多用来指山脉、河流、雨雪等，不带宾语：阴雨～。可带补语：大小山丘～不断。

【绵密】miánmì 形。细致周到；多形容人的言行、思虑等：用意～|他的工作计划很～。

【绵绵】miánmián 形。连续不断的样子；常形容雨雪、情意、说话等，不加程度副词：春雨～|情意～|这里的一草一木能勾起我～不尽的回忆。

【绵软】miánruǎn 形。(1)柔软；多用于毛发、衣被、纸张等：～的头发|新被子特别～。(2)形容身体无力：他最近感到浑身～，没有一点力气。

【绵延】miányán 动。延续不断；多形容山峦、河川、人流等，不带宾语，多带补语：～不断的群山|～数里的队伍。

棉 mián 名。(1)草棉和木棉的统称。通常指草棉。(2)棉花纤维：这件衣服是～的。

【棉猴儿】miánhóur 名。风帽和衣领互相连着的棉大衣。

【棉花】miánhua 名。(1)草棉的通称。(2)棉桃中的纤维，是棉纺工业的主要原料。

【棉纱】miánshā 名。棉花纺成的纱。

【棉桃】miántáo 名。棉花的果实。初长时形状像铃叫棉铃，长成后形状像桃叫棉桃。

【棉絮】miánxù 名。(1)棉花的纤维：这种棉花的～长。(2)用棉花纤维做成的可以絮衣服、被褥等的胎。

【棉织品】miánzhīpǐn 名。用棉纱或棉线织成的布和衣物。

miǎn(ㄇㄧㄢˇ)

丏 miǎn 〈古〉动。遮蔽，看不见。

沔 miǎn 水名用字。沔水，在陕西省，是汉水的上流，古代也指整个汉水。

免 miǎn 动。(1)去掉，除掉；可带动态助词"了"：请客的事情我看就～了吧|俗礼一概都～了。(2)避免；须带宾语：事先做好准备，以～临时措手不及。(3)不可，不要；多用于劝阻：～开尊口|闲人～进。

【免不得】miǎn·bu·de 动。少不了，不能回避；可带动词性词组、主谓词组作宾语：朋友相聚，～多谈几句|处理不当，～大家会有一些意见。

【免不了】miǎnbuliǎo 动。义同"免不得"：刚学会走路的小孩摔跤是～的。可带动词性词组、主谓词组作宾语：在工作中，～会遇到困难。

【免除】miǎnchú 动。免去，除掉：他的职务因年老体弱而被～了。常带宾语：～水患｜～职务。

【免得】miǎn·de 〈口〉连。以免，表示避免发生某种不希望发生的情况；多用于复句的后一分句开头，主语往往承前省略：到达后一定要写信，～我们挂念｜最后再提醒一下，～他忘了。

【免冠】miǎnguān 动。(1)脱帽；古代表示谢罪，后表示敬意。(2)不戴帽子；多作定语：交二寸～照片三张。

【免票】miǎnpiào ❶动。不要票；多指入场、坐车等，不带宾语，常与其他动词连用：儿童～入场｜～参观。❷名。指根据规定发给一定人员的免费车票：发给他一张火车～。

【免疫】miǎnyì 动。指机体对侵入体内的各种微生物及其毒素具有抵抗力；不带宾语：先天性～｜打了预防针可以～两年。

【免罪】miǎnzuì 动。不予法律处分；不带宾语：他因检举同案犯有功，被～释放。可拆开用：免了他的罪。

勉 miǎn 〈素〉(1)努力；奋～｜勤～。(2)使人努力：～励｜劝～。(3)力量不够还尽力做：～强｜～为其难。

【勉励】miǎnlì 动。劝人努力，鼓励：临别时互相～。常带兼语：老师～他们努力学习。

【勉强】miǎnqiǎng ❶动。使人做他不愿做的事；常带宾语，可带动态助词"过"，多用于否定句：在这件事上我没有～过他。可带兼语：不应该～一个人去做他不愿做的事情。❷形。可重叠。(1)能力不够还努力去做；多作状语：这样繁重的工作，我只能～干一干｜对这项任务，我勉勉强强能对付。(2)不甘情愿的；多作状语：他～接受了这些意见｜他总算勉勉强强地同意了。(3)凑合，将就，达到某种标准：这些理由很～｜这点原料勉勉强强能用到月底。

【勉为其难】miǎn wéi qí nán 成。勉：强；为：做。勉强做力所不及的事情：找不到适当的人，那就请你～吧。

娩 miǎn 〈素〉妇女生孩子：～出｜分～。

冕 miǎn 名。古代位在大夫以上的官戴的礼帽。后来专指帝王的礼帽。

【冕旒】miǎnliú 名。古代帝王或诸侯的礼帽或礼帽前后坠着的玉串。

鮸 miǎn 名。鱼，体长而侧扁，口大而微斜，尾鳍呈楔形。棕褐色。生活在海中。肉可食。通称鳘(mǐn)鱼。

勔 miǎn 〈古〉形。勤勉。

湎 miǎn 见"沉湎"。

缅 miǎn 〈素〉遥远：～怀｜～想。

【缅怀】miǎnhuái 动。追念；须带宾语：～革命先烈｜～当年的无数次征战。
* "缅怀"和"怀念"："缅怀"是追念的意思，对象是以往的事迹或死去的受人尊敬的人，范围较窄，语意较重，带有严肃色彩，一般不受副词修饰；"怀念"是思念，不能忘怀的意思，对象是离别(或死去)的人或地方、过去的时光等，范围较广，语意较轻，可受程度副词"非常、十分"或时间副词"经常、永远"等修饰。

腼(靦) miǎn [腼腆](-tiǎn)形。害羞，不自然的样子；多形容人的神情举止：小伙子～地笑着。可重叠：他腼腼腆腆的，像个姑娘。
"靦"另见tiǎn。

渑(澠) miǎn 地名用字。渑池，县名，在河南省。
另见shéng。

miàn (ㄇㄧㄢˋ)

面(靣、△麵、△麪) miàn ❶名。(1)脸，头的前部：～带笑容。(2)(～儿)事物的外表，有时特指某些物体上部的一层：路～儿｜桌子～儿。(3)(～儿)东西露在外面的一层或纺织品的正面：这床单的～儿很光。(4)几何学上称线移动所生成的形迹，有长有宽，没有厚：正方

体有几个～?(5)指较大的范围;与"点"相对:以点带～。△(6)粮食磨成的粉,常特指小麦磨成的粉:这食品是用～做的。△(7)面条:吃碗～。△(8)(～儿)粉末:这是粉笔的～儿。❷〈素〉(1)方面或部位:片～|全～|～～俱到。(2)当面:～谈|～授|～商。(3)脸对着,向着:～对|～临|背山～水。△❸〈形〉。食物含纤维少而柔软:这种红薯很～。❹量。(1)用于扁平或能展开的东西:一～鼓|两～旗子。(2)指见面次数;所搭配的动词限于"见":我见过一～。❺后缀。用在方位词之后:前～|上～|东～。

【面包】miànbāo 名。一种食品,用面粉加水等调匀,经发酵后烤制而成。

【面对】miànduì 动。(1)向着,朝着;多以具体的人或事物作宾语:他～群众讲了起来|我们～着起伏的群山,不禁想起了当年长征时候的情景。(2)引申为"在……面前";常组成动宾词组"面对～",放在句子前面,表示一种条件或情况:～我军的强大攻势,敌人陷于一片混乱|～无边的大海,他感到自己是多么的渺小。

【面额】miàn'é 名。货币等票面的数额:这张支票的～是多少?

【面红耳赤】miàn hóng ěr chì 成。脸和耳朵都红了。形容因羞愧、激动、发烧而脸色涨红的样子:两个人争得～。

【面黄肌瘦】miàn huáng jī shòu 成。脸色发黄,身体消瘦:那年,黄河发大水,城里到处是～的灾民。

【面积】miànjī 名。表示平面或物体表面的(整体或局部)大小的量。

【面具】miànjù 名。(1)戴在面部起遮挡保护作用的东西:防毒～。(2)假面具。

【面孔】miǎnkǒng 名。脸:板起～|凶恶的～|慈善家的～。

　　*"面孔"和"面目":比喻人的精神状态时,"面孔"可用于好的方面,也可用于坏的方面;"面目"却只用于坏的方面,常用"反动、凶恶、狰狞"等词修饰。"面目"可以比喻事物的状况,如"文章被改得～全非";"面孔"没有这种用法。

【面临】miànlín 动。(1)对着,朝着,靠近;多以具体事物作宾语:采石矶～长江|炮楼～大海。(2)面前遇到或接触到;多以比较抽象的事物作宾语:～危机|～着严重的考验。

　　*"面临"和"面对":"面临"着重指"面前遇到";"面对"着重指"面前对着"。"面临"的对象是具体的或抽象的事物,"面对"的对象除具体的或抽象的事物外,还可以是具体的人。"面临"在句中常单独作谓语;"面对"除能单独作谓语外,还常和别的词语构成动宾词组,放在句子前面,表示一种条件或情况。

【面貌】miànmào 名。(1)脸的形状,相貌:～端正|画中人物的～各不相同。(2)比喻事物所呈现的景象、状态;多指抽象的事物:思想～|改造自然的～。

【面面俱到】miàn miàn jù dào 成。(1)各方面都照顾到,没有遗漏,含褒义:学校对我们新同学照顾得～。(2)指一般化,重点不突出;含贬义:写作记叙文,详略要得当,切忌平均使用笔墨,～|课堂教学要抓住重点,讲深讲透,平均使用力量,～,学生反而会不得要领,收不到预期的效果。

【面面相觑】miàn miàn xiāng qù 成。面面。脸对脸;相:互相;觑:看,偷看。你看我,我看你,互相对看;多用来形容在惊恐的情况下,一时发呆,束手无策地对看着:墙外那数十人一听这消息,～,都不知如何是好。

【面目】miànmù 名。(1)面容,相貌;多含贬义:丑恶的～|～可憎。(2)比喻事物的情况、状态:政治～|这篇文章被改得～全非了。(3)面子,脸面:要是完不成这个任务,我就没有～去见厂长了。

　　*"面目"和"面貌":指人时,"面目"多用于坏的方面,"面貌"多用于好的方面;指物时,"面目"用得较少,"面貌"用得较多。"面貌"可同"精神、思想、自然、社会、经济、生产"等词搭配,"面目"不能。

【面目全非】miànmù quán fēi 成。非:不一样。事物的样子改变得很厉害;多含贬义。

　　*"面目全非"和"面目一新":"面目全非"多指已向坏的方向改变;"面目一

新"是面貌改变、气象一新的意思,指已向好的方向改变。"面目全非"多含贬义;"面目一新"含褒义。

【面目一新】miànmù yī xīn 成。样子完全改变,气象一新:多用于事物,不用于人,含褒义。五月一日,天安门广场披上节日的盛装,～|这个工厂经过整顿,已经～了。

【面庞】miànpáng 名。脸的轮廓:圆圆的～|熟悉的～。

*"面庞"和"面孔":"面庞"指脸的轮廓;"面孔"指脸本身。"面庞"多用于书面语;"面孔"可用于书面语,也可用于口语。"面庞"多用于好的方面;"面孔"可用于好的方面,也可用于坏的方面。

【面洽】miànqià 动。当面商谈;多用于事务性的接触:请明日来人～。可带宾语:～有关事宜。

【面前】miànqián 方位。面对着的地方;多与"在"组成介词词组,作状语或补语:在他～放着一盘水果|许多问题摆在我们～,等待决定。可作主语:～是一条小河。可作定语:～的这些活儿就够我做的了!

【面容】miànróng 名。面貌,容貌;多指好的,含褒义:～清秀|慈祥的～。

【面色】miànsè 名。脸上的气色:～灰白|～红润|～不佳。

【面纱】miànshā 名。妇女蒙在脸上的纱。

【面善】miànshàn 形。(1)面熟;多指曾见过的一时又记不起来的人:这人很～,肯定在哪儿见过。(2)面貌和蔼;多形容人的神情外表:他是个～的老人。

【面生】miànshēng 形。面目生疏;指很少见到或未见过的人:今天在会上遇见的人都很～。

【面首】miànshǒu 名。旧指供贵妇人玩弄的美貌男子。

【面授机宜】miàn shòu jī yí 成。面授:当面给予、教给;机宜:指适合时机的策略办法。当面指示适合时机的策略、办法:大战在即,张司令员召集有关人员～|每当关键时刻,教练总及时给自己的队员～,因而常使比赛反败为胜。

【面熟】miànshú 形。面孔熟悉;指见面有些相识,但又说不出是谁:这人～

得很,好像在哪儿见过|他看着这青年妇女有些～,仔细一想,不就是来演过戏的小张吗!

【面塑】miànsù 名。民间工艺之一,用加彩的糯米面捏成各种人或物的形象。

【面相】miànxiàng 〈方〉名。相貌,样子:讲了半天,我还不知道他是什么～|这人的～很好。

【面罩】miànzhào 名。罩在或挡在脸部起遮蔽保护作用的东西。如电焊工因避免强光刺激就需用面罩。

【面子】miàn·zi 名。(1)物体的表面:被～|桌～。(2)表面的虚荣,体面:爱～|不顾～的人什么事都做得出来。(3)情面:给～|不留一点～。(4)〈口〉粉末:药～。

眄 miàn 〈素〉斜着眼睛看:～视|顾～。

【眄视】miànshì 〈书〉动。斜着眼睛看;常带宾语:他一边写字,一边～着来人,显出不屑一顾的神情。

miāo(ㄇㄧㄠ)

喵 miāo 拟声。摹拟猫的叫声;常叠用:小猫～～地叫。

miáo(ㄇㄧㄠˊ)

苗 miáo ❶名。(1)初生的种子植物,有时专指某些蔬菜的嫩茎或嫩叶:大蒜可长～了。(2)指子孙后代;量词用"根":他们家就这么一根～。❷〈素〉(1)某些初生的饲养动物:鱼～|猪～。(2)疫苗,能使机体产生免疫力的微生物制剂:痘～|卡介～。(3)形状像苗的东西:火～。(4)比喻事物初露的形态:～头|矿～。❸姓。

【苗而不秀】miáo ér bù xiù 成。《论语·子罕》:"子曰:'苗而不秀者有矣夫!秀而不实者有矣夫!'"苗:指庄稼出苗;秀:庄稼吐穗开花。庄稼虽然长了苗,但不吐穗扬花。本是孔子用来比喻颜渊的早死。后用来比喻条件虽好,但无成就:青年人如果一当干部就染上官气暮气,必然会～。

【苗条】miáo·tiao 形。细长柔美;多指女子的身材:她的身材比一般妇女要高些，也～些。可重叠：素芬姐长得苗苗条条的。

【苗头】miáo·tou 名。事物变化时显露的预兆：经济形势出现了好转的～。

【苗裔】miáoyì 〈书〉名。后代,世代较远的子孙。

【苗子】miáo·zi 名。(1)初生的植物。(2)比喻继承某种事业的年轻人；量词用"棵"：他是一棵好～。(3)〈方〉苗头。

【苗族】miáozú 名。我国少数民族之一,主要分布在贵州、云南、湖南、四川、广西、湖北等地。

描 miáo 动。(1)照底样画；多指用薄纸蒙在底样上画,常带宾语或补语：～几朵花｜把这张图～下来。(2)在原来颜色淡或需改正的地方重复地涂抹：写毛笔字不能～,越～越不好看。可带宾语或补语：～眉毛｜这个字～坏了。

【描画】miáohuà 动。画,描写；多指较大的范围,须带宾语或补语：～祖国的大好山河｜～得很生动｜他用流利而诙谐的言语,暴露、～、讽刺着各式人物。

【描绘】miáohuì 动,画,也指用语言文字描写、刻画；常带宾语：这幅画～了山乡的美景｜作品～了海外侨胞的爱国热情。

＊"描绘"和"描述"："描绘"可以指绘画,也可用语言、文字描写；"描述"只指用语言文字描写。

【描摹】miáomó 动。(1)照事物的原样描画；常带补语：这幅画～得很好。(2)用语言文字表现人或事物的形象、情状、特性等；常带宾语或补语：这篇小说在人物性格方面有独到之处｜我这时对头的滋味,只怕最出色的文学家也～不出。

【描写】miáoxiě 动。用语言文字等把事物的形象表现出来；常带宾语或补语：～风景｜～得栩栩如生。可带动词性词组或主谓词组作宾语：～怎样打仗｜～他怎样表演。可重叠：该～～英雄人物。

瞄 miáo 动。把视力集中在一点,注意看；常带补语：他端着枪～了半天。

【瞄准】miáozhǔn 动。为使弹头击中目标,射击时调整枪口、炮口的方位和高低；对象为物或人等,常带宾语：把枪口～敌人。可拆开用：瞄得很准。

鹋 miáo 见"鸸(ér)鹋"。

miǎo (ㄇㄧㄠˇ)

杪 miǎo ❶〈古〉名。树枝的末梢。❷〈素〉年、月、季的末尾：岁～｜月～。

眇 miǎo 〈古〉❶动。瞎了一只眼睛。后也泛指瞎了双眼。❷形。细小,微小。

秒 miǎo 量。(1)计时的最小单位,六十秒为一分。(2)计算弧和角的单位,六十秒等于一分。(3)计算经纬度的单位,六十秒等于一分。

【秒表】miǎobiǎo 测定较短时间间隔的仪表之一,分机械秒表和电子秒表两类。测量的最小数值可达1/5秒、1/10秒、1/50秒不等。主要用于体育运动和科学研究的计时。

渺 miǎo 〈素〉(1)微小：～小。(2)离得太远看不清：～茫。(3)水势辽远：浩～。

【渺茫】miǎománg 形。可重叠。(1)因距离远而不清楚：音信～｜那不是渺茫茫的海市,而是真实的海市。(2)因为没有把握而难以预期：希望～。可作"感到、觉得"等动词的宾语：他对自己的前途感到很～｜将来怎么样? 他觉得渺渺茫茫的。

【渺小】miǎoxiǎo 形。藐小。

淼 miǎo 〈素〉形容水大：～茫｜浩～。

缈 miǎo 见"缥(piāo)缈"。

藐 miǎo 〈素〉(1)小：～小。(2)小看,轻视：～视。

【藐视】miǎoshì 动。轻视,小看；多指对敌人或困难等,常带宾语：在战略上要～敌人,在战术上要重视敌人｜他们敢于～一切困难。可作状语：他很～地说。

＊"藐视"和"鄙视"："藐视"是看不起,小看,语意较轻；"鄙视"还带有鄙弃、厌恶的色彩,语意较重。

【藐小】miǎoxiǎo 形。特别小,极小；多形容人或抽象事物；与集体的力量相比，个人的力量是～的｜显得很～。

邈 miǎo 〈古〉形。遥远。

miào (ㄇㄧㄠˋ)

妙(玅) miào 形。(1)美，好：这方法太～了。(2)奇巧，奥妙：这机器人～极了。

【妙龄】miàolíng 名。指女子的青春时期，含褒义，常作定语：～少女。

【妙趣横生】miào qù héng shēng 成。美妙的意趣洋溢；多指语言、文字或美术品：读他的作品总感到～。

【妙手回春】miào shǒu huí chūn 成。妙手：指技能高超的人；回春：使春天返回。形容医术高明，能使病危者痊愈；用作对医生的赞语：医生，你真有～之术啊!

＊"妙手回春"和"起死回生"："妙手回春"是比喻性的，"起死回生"是夸张性的。在语义上，"妙手回春"轻于"起死回生"，有的病人还没有到快死的地步，可用"妙手回春"，不用"起死回生"。"起死回生"还可形容挽救了看来毫无希望的人或事，"妙手回春"不能。

庙(廟) miào ❶名。(1)供奉祖宗神位的处所：那是他们家族的～。(2)供奉神佛或历史名人的处所：土地～｜岳王～。❷〈素〉设在寺庙里或附近的集市，后也泛指在特定时间内举行的集市：～会。

【庙号】miàohào 名。我国古代皇帝死后在太庙立室奉祀时专门起的名号，如高祖、太宗等。

【庙会】miàohuì 名。在节日或特定的日子设在寺庙里或寺庙附近的集市。

【庙堂】miàotáng 名。(1)封建时代帝王供奉祖宗的庙宇。(2)〈书〉朝廷的代称。

【庙宇】miàoyǔ 名。供奉神佛或历史人物的处所。

缪 miào 姓。
另见miù，móu。

miē (ㄇㄧㄝ)

乜 miē [乜斜](-·xie) 动。(1)眼睛略眯而斜着看；多表示不满意或看不起的神情，常带宾语：他～着两眼，显出不屑一顾的神情。(2)眼睛因困倦而眯成一条缝：睡眼～。可带宾语：～着睡眼。
另见miè。

咩(哔) miē 拟声。摹拟羊叫声；常叠用：小羊～～地叫。

miè (ㄇㄧㄝˋ)

灭(滅) miè ❶动。(1)熄灭，使熄灭；对象多同"火"有关：灯～了。常带宾语或补语：大家奋力～着山火｜火炉～过两次。(2)使不存在，使消灭；对象为敌对的或有害的，多带宾语：～虫｜元朝～宋。可带动态助词"了、过"：～了敌人的威风｜～过两次蚊子。❷〈素〉(1)淹没：～顶。(2)消灭，灭亡：自生自～｜物质不～。

【灭此朝食】miè cǐ zhāo shí 成。此：代词，指敌人；朝食：吃早饭。消灭了敌人再吃早饭。形容急于消灭敌人：战士们戮力同心，决心～，彻底消灭侵略者。

【灭顶之灾】miè dǐng zhī zāi 成。灭顶：水漫过头顶，指淹死。比喻致命的灾祸：侵略者失道寡助，终将遭到～。

【灭绝】mièjué 动。(1)完全消失不带宾语：在那片原始森林里，发现了别的地方早已～了的连香树等珍贵树种。(2)完全丧失：可见天理没有。可带补语：～人性的罪行。

【灭口】mièkǒu 动。怕泄露秘密而害死知道内情的人；常同"杀人"并用，不带宾语：特务企图杀人～，但没得逞。可拆开用：灭了口。

【灭亡】mièwáng 动。(1)不再存在，指国家、种族等；不带宾语：汉朝～后，中国又陷入了分裂的局面｜旧的要～，新的要壮大。可带补语：这个王朝～好几百年了。(2)使国家、种族等不复存在；须带宾语：秦～了六国｜帝国主义～中国的企图是永远不能得逞的。

【灭种】mièzhǒng 动。不带宾语。(1)消灭种族。(2)绝种:这种动物早已~。
【灭族】mièzú 动。古代一种残酷的刑罚,一人犯罪,他的亲属全部被杀;不带宾语:惨遭~之灾。

蔑(△衊) miè ❶〈古〉副。无,没有:~以复加。❷〈素〉△(1)涂染:诬~|污~。(2)小:~视。
【蔑视】mièshì 动。轻视,小看;用于不好的或看不惯的人或事:他们用~的和讥讽的眼神瞅着他。常带宾语:~敌人。
＊"蔑视"和"轻视":"蔑视"语意较重,带有轻蔑的意思;"轻视"语意较轻,主要指看不起的意思。"蔑视"多用于人;"轻视"既用于人,也用于物。

篾 miè 名。由竹子劈成的细薄竹片。也泛指苇子和高粱杆上劈下的茎皮。
【篾片】mièpiàn 名。(1)竹子劈成的细薄片。(2)旧指在富人家帮闲凑趣的人。

蠛 miè [蠛蠓](-měng) 名。古书上指蠓。

mín (ㄇㄧㄣˊ)

民 mín 〈素〉(1)人民:~愤|~力。(2)非军人,非军事的:~兵|~用。(3)民间的:~谣|~歌。(4)某族的人:回~|藏~。(5)从事某种职业的人:渔~|牧~。(6)遭到意外或变故的人:灾~|难~。
【民变】mínbiàn 名。旧指人民聚众反抗统治者的运动。
【民不聊生】mín bù liáo shēng 成。聊:依赖,凭借。指在黑暗统治下人民无法生活下去:那年月,军阀混战,~。
【民法】mínfǎ 名。国家规定的关于公民和法人的财产关系(如物权、债权、继承权等)以及跟它相联系的婚姻家庭关系等的法律。
【民愤】mínfèn 名。人民大众的愤恨;多指对反动统治者或罪大恶极的人:反动统治者的倒行逆施,激起了~。
【民歌】míngē 名。民间文学的一种形式,是劳动人民口头创作、传唱的诗歌。语言朴素自然,形式生动活泼,具有地方色彩。
【民国】mínguó 名。指中华民国,我国近代史上的一个时期,从1912年起,到1949年止。掌握这个时期政权的,先是北洋军阀,后是国民党。
【民间】mínjiān 名。(1)人民中间;多作定语:~艺术。也作"在、到"等介词的宾语:这个故事在~流传过。(2)非官方的;多作定语:~贸易|~组织。
【民间文学】mínjiān wénxué 词组。群众集体创作并流传于民间的文学,主要是口头文学,包括神话,传说、史诗、故事、歌谣、说唱、戏曲等多种形式。
【民间艺术】mínjiān yìshù 词组。由劳动人民直接创造或在劳动群众中广泛流传的艺术,包括音乐、舞蹈、造型艺术、工艺美术等。
【民力】mínlì 名。人民的财力。
【民瘼】mínmò 〈书〉名。人民的疾苦。
【民情】mínqíng 名。常作宾语。(1)人民的生活、风俗习惯等情况:了解~|关心~。(2)指人民的心情、愿望等:体察~。
【民生】mínshēng 名。人民的生计:~在勤|国计~。
【民事】mínshì 名。有关民法的事;区别于"刑事":~纠纷|~诉讼法。参见"民法"。
【民俗】mínsú 名。人民群众的风俗习惯:了解当地的~。
【民心】mínxīn 名。人民群众的共同心愿:~所向|深得~。
【民意】mínyì 名。人民群众的共同愿望和要求:~测验|符合~。
【民怨】mínyuàn 名。人民对反动统治者的不满和怨恨:~沸腾。
【民乐】mínyuè 名。民族器乐。
【民贼】mínzéi 名。对国家和人民犯了滔天罪行的人:独夫~。
【民政】mínzhèng 名。国内行政事务的一部分,在我国主要包括选举、行政区划、地政、户政、国籍、婚姻登记、优抚、救济等。
【民脂民膏】mín zhī mín gāo 成。脂;膏:脂肪。比喻人民用血汗换来的财富,常作"掠夺、搜刮、挥霍、榨取"等动词的宾语:封建统治者无穷凶极恶地搜括~,以维持他们奢侈糜烂的生活。
【民主】mínzhǔ ❶名。指人民在政治上享有的自由发表意见和参加管理国家大事等的权利：在我国，人民享有最广泛的～。❷形。合于民主原则：～理财｜作风很～。

【民主集中制】mínzhǔ jízhōngzhì 词组。在民主基础上的集中和在集中指导下的民主相结合的制度。这是马克思列宁主义政党、社会主义国家机关和人民团体的组织原则。

【民族】mínzú 名。(1)泛指历史上形成的、处于不同社会发展阶段的各种人们的共同体。(2)特指具有共同语言、共同地域、共同经济生活和表现在共同文化上的共同心理素质的人的共同体。

【民族共同语】mínzú gòngtóngyǔ 词组。全民族所共同使用的语言。它以本民族语言中的一种方言为基础，吸收其他方言的成分，成为本民族的标准语。汉民族的共同语是普通话。

【民族形式】mínzú xíngshì 词组。各民族在不同历史条件下形成的在政治、经济、文化、生活等方面不同的表现形式。正确对待民族形式，对民族的进步和发展有重要意义。

芪 mín 〈方〉形。庄稼生长期较长，成熟期较晚：黄谷子比白谷子～。

岷 mín (1)山名用字。岷山，在四川、甘肃两省交界处。(2)水名用字。岷江，在四川省。

珉 mín 〈古〉名。像玉的石头。

缗 mín ❶名。古代穿铜钱用的绳子。❷〈古〉量。用于成串的铜线，每串1000文：钱200～。

旻 mín 〈古〉名。(1)秋天。(2)天空。

mǐn (ㄇㄧㄣˇ)

皿 mǐn 〈素〉器具，盘、盂一类的东西：器～。

闵 mǐn ❶同"悯"。❷姓。

闽 mǐn 名。福建省的别称。

【闽剧】mǐnjù 名。福建地方戏曲剧种之一，流行于福建省福州方言地区。也叫福州戏。

悯 mǐn ❶〈古〉形。忧郁。❷〈素〉哀怜：怜～｜悲天～人。

抿 mǐn 动。常带宾语或补语。(1)稍稍合拢，收敛；多指嘴、耳朵、翅膀等：～着嘴｜孔雀把翅膀～了一会儿张开了。(2)用嘴唇少量沾取，略微喝一点：～了一口酒。(3)刷，抹：～了～头发。

泯 mǐn 〈素〉消灭，丧失：～灭｜～没。

【泯灭】mǐnmiè 动。消灭；指形迹、印象等：先烈们的业迹和精神永远不会～。可带宾语：这帮～了人性的鬼子兵，杀人不眨眼，连婴儿也不肯放过。

【泯没】mǐnmò 动。消灭，消失；多指形迹、功绩等：他卓越的功勋永远不会～。可带宾语：不能～他的功绩。

湣 mǐn 古代谥号用字。鲁湣公，见《史记》。

愍(憫) mǐn 〈古〉动。义同"悯"。

黾(黽) mǐn [黾勉] [-miǎn] 〈书〉形。努力，勉力；多作状语：～从事。

敏 mǐn 〈素〉迅速，灵活：～感｜～锐。

【敏感】mǐngǎn 形。生理上或心理上对外界事物的变化反应很快：他对新鲜事物很～｜狗是非常～的动物。

【敏捷】mǐnjié 形。迅速而灵敏；多用来形容动作，也可用于思想反应：他的动作是那样的灵巧～｜他是一位才思非常～的诗人。

＊"敏捷"和"灵敏"："敏捷"的意思着重指动作快；"灵敏"的意思着重指反应快。"敏捷"的使用范围窄，一般只用于动作；"灵敏"的使用范围宽，除可用于动作外，还可用于人的感觉和机器的精确程度。

【敏锐】mǐnruì 形。感觉灵敏，眼光尖锐：听觉～｜观察力相当～。

＊"敏锐"和"敏捷"："敏锐"指感官反映外界事物迅速。灵敏；"敏捷"指动作迅速、灵敏。"敏锐"跟"迟钝"相对；"敏捷"跟"笨拙"相对。"敏锐"常形容人的感觉、眼光、洞察力等；"敏捷"常形容人或动物的跳跃、躲闪等动作，有时也形容

思想等较抽象的事物。

鳘 mǐn 名。鳘鱼,鮸(miǎn)的通称。

míng(ㄇㄧㄥˊ)

名 míng ❶名。(1)(～儿)名字,人或事物的称谓:给孩子起个～儿吧。(2)声望,名誉:不为～,不为利。(3)〈书〉名义;常用于"以…为…"格式或对举形式中:他们以参观为～外出游览|有～无实。❷量。(1)用于有某种身份的人:车间里有50一工人|当一一拖拉机手。(2)用于排列在某一等次的人或事物:这次比赛,我们得了第一一。❸〈素〉(1)说出:莫～其妙。(2)出名的:～人|～流。

【名不副实】míng bù fù shí 成。副:相称,符合。名声和实际不一致,指徒有虚名:广告宣传要实事求是,不要用～的所谓"名牌产品"去欺骗用户。
　＊"名不副实"和"有名无实":"名不副实"表示实际跟名义或名声不相称;"有名无实"表示空有名义或名声。"名不副实"的语义较轻,"有名无实"语义较重。

【名不虚传】míng bù xū chuán 成。虚:假。流传开来的名声不是假的,形容名实相符;常用来表示赞叹或当面称赞:看到他的表演,感到果然～。

【名产】míngchǎn 名。著名的产品:茅台酒是贵州的～之一。

【名称】míngchēng 名。事物的名字,也用于人的集体:给咱们公司起个什么～呢?

【名词】míngcí 名。(1)表示人或事物名称的词,如"学生、南京"等。名词的主要语法功能是:前面一般可加数量词,不受副词"不、很"等修饰,在句中作主语、宾语或定语。(2)指术语或近似术语的字眼;不限于语法上的名词:数学～|新～儿。(3)表达三段论法结构中的概念的词。

【名次】míngcì 名。依照一定标准排列的姓名或名称的次序;常作"取得、获得、得到"等动词的宾语:这次比赛,他们取得了好～。

【名刺】míngcì 名。名片。

【名存实亡】míng cún shí wáng 成。名义上还存在,实际上已不存在:南宋到了它的末期,虽说还有皇帝,实际上已～了。

【名分】míngfèn 名。指人的名义、身份、地位和应尽的职分:这是我～之内的事。注意:"分"这里不读fēn。

【名副其实】míng fù qí shí 成。名声、名称与实际相符。也说名符(fú)其实。
　＊"名副其实"和"名不虚传":"名副其实"的"名"既可指名声,又可指名称;"名不虚传"的"名"仅指名声。同指名声时,"名副其实"的"名,好坏名声都可指;"名不虚传"的"名"仅指好名声。"名副其实"不含早已闻名之意;"名不虚传"表示早已闻名,现已证实,而且这种证实多以自己的体验感受为基础的。

【名贵】míngguì 形。著名而且珍贵;只用于物:～的陶瓷制品|鹿茸在药材中很～。

【名讳】mínghuì 名。旧时指尊长或所尊敬的人的名字。

【名家】míngjiā 名。(1)先秦时期以辩论名实(即概念与事实的关系)问题为中心的一个学派。代表人物有尹文、惠施、公孙龙等。(2)著名的专家:徐老是研究古汉语的～

【名节】míngjié 名。名誉和节操:为人处世不可不顾～。

【名句】míngjù 名。著名的句子或短语:"每逢佳节倍思亲"是传诵千古的～。

【名列前茅】míng liè qiánmáo 成。前茅:古代行军时,有人拿着茅草当旗子走在队伍前面,遇有敌情,就举起它作为信号。比喻名次排列在前面;多用于考试、评比、竞赛的成绩:他的成绩在班上是～的。
　＊"名列前茅"和"独占鳌头":"名列前茅"表示名次在前,可能是第一,也可能是前几名之内;"独占鳌头"只表示名列第一。

【名流】míngliú 名。社会上有名望的人物;多指学术界、政治界的名人:社会～|在这次学术研讨会上,～荟萃。

【名落孙山】míng luò sūn shān 成。宋·范公偁《过庭录》记载,吴人孙山考中了最后一名回家,有人向他打听自己的儿子考中了没有,孙山说:"解名尽处是孙山,贤郎更在孙山外!"名字落在榜末孙山的后面。比喻考试落第,或选拔未被录取:这次升学考试他~了。

【名目】míngmù 名。事物的名称:~繁多|巧立~。

【名牌】míngpái 名。(1)出了名的货物的牌子;作定语一般不加助词"的":~产品。(2)写有人名或标有货物名称等的牌子。

【名片】míngpiàn 名。与人相见时作介绍用的纸片,上面有自己的姓名、职务、单位、住址等。

【名气】míng·qi 〈口〉名。名声;常与形容词"大、小"等搭配:他在这一带有点小~|这位医生的~很大。

　　*"名气"和"名声":"名气"多用于褒义,常跟"有、没有、大、小"等词搭配;"名声"是中性词,常跟"大、小、好、坏"等词搭配。"名气"多用于口语;"名声"不限于口语。

【名声】míngshēng 名。社会上流传的评价;常与形容词"好、坏"等搭配:~很好|落得个坏~。

【名胜】míngshèng 名。有古迹或优美风景的著名的地方;~古迹|南京~不少。

【名士】míngshì 名。旧指以诗文等知名的人。也指封建社会里有一定名气,但不作官的人。

【名数】míngshù 名。带有单位名称的数,如"二尺、五瓶"等都是名数。

【名堂】míng·tang 名。(1)花样,名目;有时含贬义:~不少|搞什么~?(2)成就,结果;多作宾语:一定要搞出个~来。(3)道理,内容:多与形容词"多、少"搭配:这段话里面还有不少~呢。

【名望】míngwàng 名。名誉和声望;指好的:他在这里教了二十几年书,颇有~。

　　*"名望"和"名誉":"名望"只指个人的好名声,常跟"有、没有、高"等词搭配;"名誉"可指个人的,也可指集体的,除了跟"好、不好、坏"等词搭配外,还可跟"破坏、败坏、恢复、爱惜、珍惜"等动词搭配。

【名位】míngwèi 名。原指官爵和品位,现指名声和地位。

【名物】míngwù 名。事物及其名称。

【名下】míngxià 名。某人名义之下;指属于某人或跟某人有关的:这个功劳应记在你的~。

【名义】míngyì 名。(1)做某事时用来作为依据的名称或称号:他是以学校代表的~来参加大会的。(2)表面上,形式上;后面一般带方位词"上":他~上是工人,实际上是工头。

【名誉】míngyù ❶名。个人或集体的名声:好~|他们从不计较个人的~地位。❷形。只担任名义,不负实际责任的,名义上的;多指赠给的荣誉,带有庄重色彩,不加程度副词,只作定语:~主席|~教授。

　　*"名誉"和"名义":"名誉"指名声,"名义"指某事时用来作为依据的名称或称号。"名誉"当"名义"讲时,一般作定语,不加助词"的",如"名誉校长";"名义"作定语,一般要和方位词"上"结合使用,要加助词"的",如不能说"名义校长",只能说"名义上的校长"。

【名正言顺】míng zhèng yán shùn 成。名义正当,说话顺理。后多指做事、讲话理由正当而充分:他们这件事做得~,应当支持。

【名字】míng·zi 名。(1)一个或几个字跟"姓"合起来代表一个人,区别于别的人。(2)一个或几个字,用来代表一种事物,区别于其他事物。

【茗】míng 〈素〉茶树的嫩芽,现泛指茶:香~|品~。

【洺】míng 水名用字。洺河,在河北省。

【铭】míng 〈素〉(1)浇铸或雕刻在器物上记述生平、事业或警惕自己的文字:墓志~|座右~。(2)在器物上刻字,比喻深刻记住:~刻|~记|~心。

【铭感】mínggǎn 〈书〉动。深刻地记在心中,感激不忘;不带宾语:你待小李像亲生儿子一样,小李是会终身~的|起义战士的英勇战斗精神,永远值得我们~和讴歌。

【铭记】míngjì 动。深深地记在心里;常带"在心"或"在……心中"等补语:英雄们的光辉形象,深深地～在我们心中。可带动态助词"着":这些人的名字,有的他还～着,有的已经忘却了。

【铭刻】míngkè ❶名。铸或刻在器物上的记述事实、功德的文字:清代～。❷动。铭记;常带宾语,并带动态助词"着、了":在这片土地上～着先烈们的丰功伟绩。常带介词词组作补语:当年的战斗永远～在我的记忆里|～于心。

【铭牌】míngpái 名。装在机器、仪表等上的牌子,上面标有名称、型号、性能、规格、制造者等字样。

【铭心】míngxīn 动。感念不忘;多同"刻骨"并用,比喻极为感激,也比喻仇恨极深或印象很深:这件事留给我的印象刻骨～,一辈子也忘不了。

明 míng ❶形。(1)明亮;与"暗"相对:天～了。(2)明白,清楚:情况～,决心大|去向不～|把问题讲～了。(3)公开,显露在外;常用在动词前,作状语:有意见请～着说。❷名。朝代名,公元1368—1644,朱元璋所建。❸〈素〉(1)懂得,了解:深～大义。(2)眼力好,观察力强:精～|英～|耳聪目～。(3)视觉:失～。(4)心地光明:～人｜光～正大。(5)次于今年或今天的:～年｜～天。❹姓。

【明白】míng·bai ❶动。了解,知道;常带宾语:我～这个道理。可带动态助词"了、过"和趋向动词"过来":这事儿的原委我～了|他一下子～过来了。可重叠:好好开导开导他,让他～～怎么做才是对的。❷形。(1)清楚,使人容易了解的;多指内容、意思等:告示写得～地写着。可重叠:他把事情的经过交待得明明白白。(2)公开的,不含糊的:我十分～地告诉你,这不是他干的。(3)懂道理的,聪明的;只作定语:他是个～人。

*"明白"和"明确":"明白"的意思侧重在所表达的内容深入浅出,简单清楚;"明确"的意思侧重在所表达的内容肯定、准确,毫不含糊。"明白"表示清楚,语意较轻;"明确"表示清楚到确定不移的程度,意思更进一层。"明白"的使用范围较宽,可以指人的感觉,也可指人的认识;"明确"的使用范围较窄,一般限指人的认识。"明白"可以重叠;"明确"不能。

【明摆着】míngbǎi·zhe 动。明显地摆在眼前、容易看得清楚;用以确认某事,或以确凿的事实、理由对相反的做法、结论提出疑问或驳斥:事情～了,大家快研究一下怎么办吧!常带词组作宾语:～铲土比挑土轻,但他却偏拣重的干。

【明辨是非】míngbiàn shìfēi 成。把是非分辨得清楚:要培养孩子们～的能力。

【明察暗访】míng chá àn fǎng 成。察:仔细看,调查研究;访:向人访问调查。公开调查,暗中调查;指用各种方法进行调查研究:他每到一地总是进行～,多方面地了解实际情况。也作明查暗访。

【明察秋毫】míng chá qiū háo 成。秋毫:秋天鸟兽身上新长的细毛,比喻极微小的东西。目光敏锐,能够看清极其细微的东西。多形容人能洞察事理;含褒义:他审理案件真可谓是～。

*"明察秋毫"和"洞若观火":"明察秋毫"强调观察事物的精细;"洞若观火"强调观察事物的透彻、深远。"洞若观火"可比喻事物本身非常明白清楚;"明察秋毫"没有这个意义和用法。

【明畅】míngchàng 形。明白流畅;多用于语言、文字等:张老的散文,语言～,通俗易懂。

【明澈】míngchè 形。明亮而清澈;多形容水,也可形容人的眼睛,多作定语,须加助词"的":～的溪水无声地流着|一双～的眼睛。

【明达】míngdá 形。对事理的认识明确透彻,通达;含褒义:老张办事～公正。

【明断】míngduàn 动。审辨清楚,做出公正判断;用于具体的案件或纠纷:谁是谁非,请你～。可带宾语:请清官～此案。

【明晃晃】mínghuānghuāng 形。光亮闪烁;不加程度副词,多带助词"的":～的刺刀。

【明火执仗】míng huǒ zhí zhàng 成。点着火把,拿着武器。原指公开抢劫,后也形容毫无顾忌地干坏事:这是一伙～、打家劫舍的强盗。

【明教】míngjiào 名。高明的指教;敬辞,多用于书信:以上诸事,恭请～。

【明净】míngjìng 形。明朗而洁净；形容具体的物，不用于人：～的湖水｜天空非常～。
【明镜高悬】míngjìng gāo xuán 成。晋·葛洪《西京杂记》卷三中说，秦始皇有一面镜子，能照见人心的善恶。后人便用"明镜高悬"比喻官吏执法严明，判案公正。也说秦镜高悬。
【明快】míngkuài 形。明白通畅；多指文章、讲话或曲调等：这篇文章，语言～｜他们沉浸在那～的旋律中。(2)办事干脆，不拖泥带水：他素有～的工作作风｜办事很～。
【明来暗往】míng lái àn wǎng 成。明里或暗地里来往。形容关系密切，来往频繁；多指不正常或不正当的往来，含贬义：他竟然无视公安局的警告，同一些走私分子～，继续进行非法活动。
【明朗】mínglǎng 形。(1)光线充足；多指室外：月色～｜雨过天晴，天色格外～。(2)明显，清晰；只用于人：态度很～｜他的一席话使我心里～多了。(3)光明磊落、爽快、开朗：性格很～｜他的画具有～的风格。
　　＊"明朗"和"晴朗"："明朗"有明显清楚、光明磊落、开朗爽快的意思，常指人的思想、性格、立场、态度、胸怀等，与它相对的是"阴暗、暧昧"；"晴朗"只指天气，与它相对的是"阴暗"。
【明丽】mínglì 形。明净美丽；多指自然景物：山川～｜十分～的春光。
【明亮】míngliàng 形。(1)光线充足：～的教室｜灯光很～。(2)发亮；多形容人的眼睛：～的目光｜小姑娘的眼睛格外～。(3)明白：听了他的话，我心里～多了。
　　＊"明亮"和"明朗"："明亮"同"黑暗"相对，多形容光线、灯光、火焰和窗户、屋子里等；"明朗"同"阴暗"相对，多指室外天气、天空、天色等。"明朗"还有鲜明、开朗、爽快的意思，可用于人的态度、性格、思想、心情等；"明亮"没有这种意思和用法。
【明了】míngliǎo ❶动。清楚地知道或懂得；多指对具体的问题、用意、主张等：你的意思我～，可以试一试。常带宾语：不～具体情况就无法得出结论。可带动态助词"了"：来了两天，他就～了一切。❷形。清晰明白；多指语意：他的话简单～。
【明令】mínglìng 名。明文规定并宣布的命令：赌博是政府～禁止的。
【明码】míngmǎ 名。(1)公开通用的电码；区别于"密码"。(2)公开标明的货价：～销售。
【明媚】míngmèi 形。(1)鲜明可爱；用于风光景物：～的阳光｜山川～，欣欣向荣。(2)明亮动人；用于年轻女子或小孩的眼睛：一双～的大眼睛｜她的眼睛～动人。
【明明】míngmíng 副。表示显然如此或确实；用以确认某事、或以确凿的事实、理由对相反的做法、结论提出疑问或驳斥：你～知道不对，为什么还这样做？｜这～是他讲的，不用为他分辩了。
【明目张胆】míng mù zhāng dǎn 成。明目：睁亮眼睛；张胆：放开胆量。原形容很有胆识，敢作敢为。现形容公开放肆，毫无顾忌地干坏事：他竟～地索取贿赂。
　　＊"明目张胆"和"明火执仗"："明目张胆"侧重于大胆毫无顾忌；"明火执仗"侧重于公开，不隐蔽。"明目张胆"适用范围较宽，可与说话有关的词语搭配，如"明目张胆地说""明目张胆地造谣"等；"明火执仗"一般只形容掠夺、强占的行径。
【明器】míngqì 名。古代专为随葬而制作的器物，一般用陶或木、石制成。也作冥器。
【明枪暗箭】míng qiāng àn jiàn 成。比喻公开和隐蔽的攻击；含贬义：鲁迅经受住了种种～，不屈不挠地与敌人进行斗争。
【明确】míngquè ❶动。使明白确定；常带宾语，可带动态助词"了"：～了前进的方向。可带趋向动词"下来、起来"：他俩的关系逐渐～起来。可重叠：把任务再～～。❷形。清晰明白而确定不易；多用于抽象的事物：学习目的很～｜～的观点｜把话说得～一点。
【明儿】míngr 〈口〉名。(1)今天的下一天：～见｜～早点起。也说明儿个。(2)不远的将来：等～你长大了，一定要当个教师。

【明人】míngrén 名。(1)眼睛能看见东西的人;与"盲人"相对。(2)心地光明的人;多用在比较固定的组合中:～不做暗事。

【明日黄花】míngrì huānghuā 成。黄花:菊花。原指重阳过后逐渐萎谢的菊花。比喻失去新闻价值的报道或已失去时效的事物:你现在才批条给他送去,可能已是～,晚了。

【明天】míngtiān 名。(1)今天的下一天。(2)不远的将来:我们的～比蜜甜。

【明文】míngwén 名。明确的文字记载;指法令、规章等:这事儿政府早有～规定。

【明晰】míngxī 形。清楚,不模糊;多形容具体的事物,也可形容人的思路、观点等:在晴朗的日子里,远处的高楼大厦显得特别～|他的思路广阔,～。

【明显】míngxiǎn 形。清楚地显露出来,容易使人看出或感觉到;与"模糊"、"隐晦"相对:这篇论文在逻辑推理方面的错误是～的|他的立场很～。

  *"明显"和"显著":"明显"的意思着重在清楚,程度较轻,"显著"的意思着重在突出,程度较重。"明显"可用来形容"证据、例子、界限、轮廓、事实、战线"以及人的思想感情的变化和行为动作等;"显著"可用来形容"成绩、成就、效率、地位"等。"明显"可构成"很明显、十分明显、极其明显"这类词组用在句首;"显著"没有这种用法。

【明信片】míngxìnpiàn 名。写信时用的特制硬纸片,邮寄时不用信封。也指写在明信片上的信。

【明星】míngxīng 名。(1)明亮的星,古书上专指太白星,即金星。(2)指著名的影视歌演员、运动员等,旧时也称交际场中有名的女子:电影～|交际～。

【明眼人】míngyǎnrén 名。对事物观察得很清楚的人,有见识的人。

【明喻】míngyù 名。修辞方式比喻的一种。这种比喻被比方的事物和用来打比方的事物都出现,用"像、如同、仿佛、宛如"等比喻词语表明二者关系。如"海燕像黑色的闪电"、"盛开的山茶花宛如一团火",都是明喻。

【明哲保身】míng zhé bǎo shēn 成。明哲:明智,洞察事理。原指明于事理的人善于自保。后指只顾个人利益,不坚持原则的处世态度;含贬义:这种～的市侩哲学,只能起到维持现状的作用。

【明争暗斗】míng zhēng àn dòu 成。表面上和暗地里都在进行争斗;形容内部勾心斗角,互相争斗:这个统治集团表面上看是团结的,实际上天天在～。

【明正典刑】míng zhèng diǎn xíng 成。明:表明;正:治罪;典刑:法律。依照法律处以死刑;多用在处决犯人的公文或布告中:犯下如此滔天大罪的人,自当～。

【明证】míngzhèng 名。明显的证据:这些赃款就是他犯罪的～。

【明知】míngzhī 动。明明知道;多用于固定组合或疑问句中:～故问|～故犯|～他不对,为什么还护着?

【明智】míngzhì 形。懂事理,有远见,想得周到;用来形容对事情的处理等:厂长很～,处理事情很得人心|如果当初稍微～一点,也不至于有这种后果。

【明珠】míngzhū 名。光泽晶莹的珍珠。比喻喜爱的人或美好的事物:她是父母的掌上～|无锡是太湖边上的一颗～。

【明珠暗投】míngzhū àn tóu 成。原指把闪闪发光的珍珠偷偷丢到路上,行人谁也不敢拾取。后比喻珍贵的东西落到不识货的人手中。也比喻怀才不遇或误入歧途:人们都为他～,至今还受到冷遇而深感惋惜。

鸣 míng ❶动。叫;多指鸟兽或昆虫,有时也用于车船的汽笛;不带宾语,带补语:汽笛～了三声。❷〈素〉(1)发出声音,使发出声音:孤掌难～|～锣开道。(2)表达,发表:～谢|争～。

【鸣镝】míngdí 名。古代一种射出有响声的箭。在战斗中起指示前进方向的作用。

【鸣鼓而攻之】míng gǔ ér gōng zhī 成。《论语·先进》:"非吾徒也,小子鸣鼓而攻之可也。"鸣鼓:击鼓;攻:声讨。大张旗鼓地加以讨伐;多指宣布罪状,公开声讨:对这种营私舞弊的行为,大家应该～。

【鸣金】míngjīn 动。敲锣,是古代打仗收兵的号令;不带宾语,多构成连动词组:~收兵。

【鸣锣开道】míng luó kāi dào 成。旧时官吏出门,前面有人敲锣要行人让路。现常指为某种事物出现大造舆论,开辟道路:报纸要为社会主义新生物~,大造舆论。

【鸣谢】míngxiè 动。表示谢意;多指公开表示的,有时也作礼貌用词,不带宾语:~启事|对贵厂的支持特此~。

冥 míng 〈素〉(1)迷信的人称人死后进入的世界,阴间:~府|~钞。(2)昏暗:晦~。(3)深沉,深远:~想|~思苦索。(4)糊涂,愚昧:~顽。

【冥器】míngqì 见"明器"。

【冥思苦索】míng sī kǔ suǒ 成。冥:深沉,深远。深沉地苦思思索:为了写好这篇论文,他整天都在~。也作冥思苦想。

【冥顽不灵】míngwán bù líng 成。冥顽:昏庸顽钝。形容愚笨无知;含贬义:这家伙~,别人的劝说他是听不进去的。

【冥王星】míngwángxīng 名。太阳系九大行星中离太阳最远的一颗行星。绕太阳公转周期约为248年,是太阳系中最小的行星。1930年发现,有一颗卫星绕它运转。

【冥想】míngxiǎng 动。深沉地思索和想象;多指进入某种境界的:那美妙的歌声把我带入了对南国风情的~之中。可带动态助词"着":他点燃一支烟,默默地~着。可接宾语:~着美丽的草原风光。

蓂 míng [蓂荚](-jiá) 名。古代传说中表示祥瑞的草。

溟 míng 〈古〉名。海:北~有鱼。

【溟濛】míngméng 〈书〉形。烟雾迷漫,景色模糊:雨中的黄山,~一片。

暝 míng 〈古〉❶动。日落,天黑:日将~。❷形。幽暗,昏暗。

瞑 míng 〈素〉闭:~目。

【瞑目】míngmù 动。闭上眼睛;多用来表示人死时心中没有牵挂,不带宾语:死不~|完成了这部著作,就是死了我也~了。

螟 míng 名。螟虫。螟蛾的幼虫,种类很多,蛀食水稻、玉米、高粱等农作物及林木、果树等,对农业危害很大。

【螟蛉】mínglíng 名。一种绿色的小虫,由于常被寄生蜂螟蛉捕去放在窝里,并产卵在它们体内,卵孵化出幼虫就拿螟蛉当食物。古人误认为螟蛉不产子,喂养螟蛉为子,故把"螟蛉"作为义子的代称。

mǐng(ㄇㄧㄥˇ)

酩 mǐng [酩酊](-dǐng) 形。醉得迷迷糊糊的;不加程度副词,常与"大醉"并用:喝得~大醉。

mìng(ㄇㄧㄥˋ)

命 mìng ❶名。(1)生命,性命:救了他一条~。(2)命运:什么~好~坏,我才不相信那个呢。❷动。上级指示下级;多带兼语:参谋长~你去侦察敌情。❸〈素〉(1)上级对下级的指示:~令|奉~。(2)给予:~名|~题。

【命案】mìng'àn 名。杀人的案件;量词用"件、起":一起~。

【命笔】mìngbǐ 〈书〉动。执笔作诗文或书画;不带宾语:欣然~。

【命根】mìnggēn 名。比喻最受某人重视的晚辈,也比喻最重要或最受重视的事物:钱就是葛朗台的~。也说命根子。

【命令】mìnglìng ❶动。上级指示下级做某事;多带兼语:排长~一班堵击敌人。❷名。上级对下级的指示;量词用"道、条":团部接连下了两道~。

【命脉】mìngmài 名。生命和血脉。比喻关系重大的事物:水利是农业的~。

【命名】mìngmíng 动。给与名称;常与"为"连用:今年我们学校被~为文明单位|工程指挥部~他为"工地铁人"。可带宾语:学校~了五个模范集体。可作定语:~大会|~典礼。

【命题】mìngtí ❶动。出试题,拟定标题;不带宾语:期终试卷由大家集体~。可拆开用:命几道题。❷名。逻辑学中指表达判断的语言形式,由系词把主词和宾词联系而成。例如:"南京是江苏的省府",这个句子就是一个命题。

【命意】mìngyì ❶动。确定主题；用于作文,绘画等。❷名。含意：大家都了解他讲这话的～所在。

【命运】mìngyùn 名。(1)指人的生死、贫富、贵贱、祸福、荣辱等不同的境遇；常和"关心、担心、脱离、摆脱"等动词搭配：暴风雨一来,她们都担心出海打鱼的亲人的～。(2)比喻人或事物发展变化的趋向；常同"决定、主宰、掌握、结束、改变、关心"等动词搭配：这件事决定了他一生的～|现在中国人民已能主宰自己的～了。

【命中】mìngzhòng 动。射中,打中；常带宾语：这一枪未能～目标。可带动态助词"了、过"：～了靶心|子弹一次也没有～过。注意："中"这里不读zhōng。

miù (ㄇㄧㄡ)

谬 miù 〈素〉错误,差错：～论|荒～。

【谬奖】miùjiǎng 〈书〉动。过奖；多作谦词：出家人以慈善为本,不劳施主～。可带动态助词"了"：我哪有那个本事,您～了。

【谬论】miùlùn 名。荒谬的言论；多同"散布、发表"等动词搭配：散布反动～。

【谬误】miùwù 名。错误,差错：这篇文章～百出。

【谬种】miùzhǒng 名。(1)指荒谬错误的言论或学术流派等：～流传。(2)坏东西,坏蛋；骂人用语。

缪 miù 见"纰(pī)缪"。
另见miào, móu。

mō (ㄇㄛ)

摸 mō 动。常带宾语或补语。(1)用手接触物体或接触后轻轻擦动：她轻轻地～着女儿的头|他～了一下那件展品。(2)用手探取：你～过鱼吗?|～了半天。常与"进、出、来、去"等趋向动词搭配使用：孔乙己～出四文大钱。(3)试探,试着了解情况；不～她的脾气|那个厂的情况,我去～了两次。(4)在黑暗中行进,在认不清的道路上行走：～着黑ㄦ赶路|～了半夜才～到亲戚家。

【摸底】mōdǐ 动。了解底细；不带宾语：那里的情况,我不～。可拆开用：我去～一下他的底。可重叠：你先去摸摸底。

【摸黑ㄦ】mōhēir 〈口〉动。在黑暗中摸索着行动；不带宾语：今天又要～了。常作状语：～干活。可拆开用：摸着黑ㄦ赶路。

【摸索】mō·suo 动。(1)试探着进行某种活动；常带动态助词"着、了"：～着去开灯|～了一会ㄦ。(2)多方寻求；指方向、方法、经验等；常带宾语或补语：～到一种简便的方法|在长期的实践中,～出一套经验。

【摸头】mōtóu 〈口〉动。由于接触某事物而有所了解；不带宾语：这项工作我刚～,还不熟悉。可拆开用：摸不着头ㄦ。

mó (ㄇㄛˊ)

无(無) mó 见"南(nā)无"。
另见wú。

谟 mó 〈古〉名。计划,谋略：宏～(远大的计划)。

馍(饃) mó 〈方〉名。馒头；常叠用：蒸～～。

嫫 mó 人名用字。嫫母,传说中的丑妇。

模 mó 〈素〉(1)模范：劳～。(2)法式,规范：～式|～型。(3)仿照,仿效：～仿|～拟。(4)含糊,不清楚：～糊|～棱两可。
另见mú。

【模本】móběn 名。供临摹用的底本。

【模范】mófàn 名。值得学习的榜样；可以指人,也可指事物：劳动～|他是克己奉公的～。可作定语或状语：～事迹|～地遵守国家法令。

【模仿】mófǎng 动。照样子学着做：这种字体不容易～。常带宾语或补语：小孩～妈妈的动作|～得很像。也作摹仿。

【模糊】mó·hu ❶形。不分明,不清楚：字迹～|神智很～。可重叠：我模模糊糊地看见有人走过。❷动。混淆,使模糊；须带宾语：这样说～了是非界限。

*"模糊"和"朦胧"："模糊"作形容词是不清楚、不分明的意思,可以用来说明不清楚的事物；"朦胧"则侧重于隐隐约约,不太真切的意思,可以用来指事物或

印象。"模糊"可作动词用;"朦胧"不能。
【模棱两可】móléng liǎngkě 成。含含糊糊,态度或主张不明确;用来形容人遇事态度暧昧:为了推卸责任,他经常说~的话。也作摸棱两可。
【模拟】mónǐ 动。模仿,仿效;常带宾语或补语:~鸟叫的声音|这个动作,他~得很好。也作摹拟。
【模式】móshì 名。某种事物的标准形式或使人可以照着做的标准样式:搞改革没有一定的~。
【模特儿】mótèr 名。音译词。(1)指美术工作者用来写生、雕塑的描写对象,如人体、实物、模型等。(2)指文学家借以塑造人物形象的原型。(3)指做时装广告表演的人:时装~。
【模写】móxiě 见"摹写"。
【模型】móxíng 名。(1)根据实物、设计图或设想,按比例、生态或其他特征制成的同实物相似的物体,多供展览和实验用。(2)铸造机器零件时,制砂型用的工具,大小、形状和要制造的铸件相同,一般用木料制成。(3)用压制或浇灌的方法使材料成为一定形状的工具。也叫模(mú)子。
【模压】móyā 动。用模子将塑料或可塑性材料压制成器物:这些碎塑料,经过~还可制成各种器物。常带补语:这种鞋底是用塑料~出来的。带补语"成、出"等后可带宾语:把橡胶~成胶鞋。

摹 mó 动。照着样子写或画;一般用于书、画等的模仿,常带补语:把这幅画~下来。
【摹本】móběn 名。临摹或翻刻而成的书画本。
【摹仿】mófǎng 见"模仿"。
【摹刻】mókè ❶动。摹写并雕刻;多用于书画;常带宾语或补语:~招牌|把刘老的手书~在石碑上。❷名。指摹刻的成品。
【摹拟】mónǐ 见"模拟"。
【摹写】móxiě 动。也作模写。常带宾语。(1)照样子写;用于字体等:据字帖~|~碑帖。(2)泛指描写;用于人物的言行举止、神态表情及事物的形态等:~人物表情|~景物。
【摹印】móyìn ❶名。古代用于印玺的一种文字,字体由小篆稍加变化而成。❷动。摹写书画等并印刷;常带宾语或补语:~了一幅画|~下来。
【摹状】mózhuàng 动。照事物的原样摹;常带宾语:~人物的表情。

膜 mó 名。(~儿)(1)生物体内像薄皮的组织;用在某种生物体名词之后:耳~儿|芦苇~儿。(2)像膜的薄皮状物;用在某种名词之后:塑料~儿|橡皮~儿。
【膜拜】móbài 动。两手放在额上跪下叩头,表示极端尊敬、崇拜;常带宾语或补语:这篇小说描述了人们~金钱的现象|~于神像之前。常与"顶礼"并用:顶礼~(含贬义)。

麽 mó 见"幺(yāo)麽"。
另见·me(么)。

摩 mó 〈素〉(1)摩擦,接触,迫近:~拳擦掌|~肩接踵|~天大楼。(2)研究,切磋:观~|揣~。
另见mā。
【摩擦】mócā 也作磨擦。❶动。(1)物体和物体紧密接触,来回移动。两手~,就会发热。可带宾语:~膝盖。(2)个人、团体或党派之间发生争执或冲突;常带补语:双方为一件小事~起来了。常作"发生、搞"等动词的宾语:小王和小张最近发生了一点~。❷名。物体在相互接触面上发生的阻碍相对运动的作用。按物体运动时接触面的变化不同,可分为滑动摩擦和滚动摩擦两种。
【摩登】módēng 形。音译词。指最流行的,时髦的;常用于服装、发型、家具等:~发型|这套家具很~。
【摩肩击毂】mó jiān jī gǔ 见"肩摩毂击"。
【摩肩接踵】mó jiān jiē zhǒng 成。踵:脚后跟。肩碰肩,脚碰脚。形容路上行人很多:赶集的人~,十分拥挤。
【摩拳擦掌】mó quán cā zhǎng 成。形容战斗、比赛或劳动前精神振奋,跃跃欲试的样子:运动员个个~,决心要一比高低。
【摩挲】mósuō 动。用手轻轻地抚摸并来回擦动;常带动态助词"着":他捧着这件玉器~着,仔细地赏玩。可带宾语:爸爸深情地~着她的头顶。

另见 mā·sa。

【摩天】mótiān 形。跟天接触,形容很高,不加程度副词,多作定语:～大楼｜～岭。

【摩托】mótuō 名。音译词。即"内燃机"。

【摩崖】móyá 名。在山崖石壁上镌刻的文字、人像等。

磨 mó 动。常带宾语或补语。(1)物体相磨擦:～破了衣服。(2)用磨料磨物体使光滑、锋利,或磨成其他物体:把菜刀～一下｜铁棒～成针。(3)折磨:被病～得不成样子了。(4)纠缠,磨烦:这孩子真～人。可带兼语:～领导批假。(5)消灭,磨灭:～不去心灵的创伤。(6)消耗,拖延,一般指时间:跟他～了几小时｜～工夫。

另见 mò。

【磨擦】mócā 见"摩擦"。

【磨蹭】mó·ceng ❶动。(1)摩擦;用于较轻微的动作,不带宾语:脊背不停地在墙上～着。(2)纠缠;常带时间补语:跟他～了半天,才答应我的要求。❷形。形容做事动作迟缓:他做事实在～,让人发急。可重叠:磨磨蹭蹭地往前走。

【磨穿铁砚】mó chuān tiě yàn 成。把铁铸的砚台都磨穿了。比喻读书用功,持久不懈:他用～的毅力,自学完了大学本科的全部课程。也说铁砚磨穿。

【磨砺】mólì 〈书〉动。磨刀使锐利,比喻磨练、锻炼;多用于意志、毅力等,常带宾语:他决心不断～自己,以便将来干一番事业。

【磨练】móliàn 动。锻炼;多指在艰苦的环境里锻炼意志、毅力等,常带宾语:青年人要在艰难的环境中～自己。

【磨灭】mómiè 动。经过相当时期逐渐消失;对象多为痕迹、印象、功绩、事实、道理等,一般不带宾语:年深日久,石碑上的字迹已经～。常用于否定式,和"永不、不会、不可、难以、不能"等词语搭配:他给我们留下了永不～的印象｜他们对革命的贡献是不可～的。

【磨难】mónàn 名。在困苦的环境中遭受的折磨;常用于"经历、遭受"等动词的宾语:唐僧西天取经,历经～。也作魔难。注意:"难"这里不读 nàn。

【磨损】mósǔn 动。机件或其他物体因摩擦和使用而损耗;常带宾语或补语:繁重的体力劳动～了他们的衣服｜这些零件～得不能再用了。

【磨牙】móyá 〈方〉动。多费口舌,说废话,无意义地争辩或纠缠;带有不耐烦的语气,不带宾语:没功夫跟你～。可拆开用:别磨这个牙了,让事实来证明吧。

【磨洋工】mó yánggōng 习。原指工人抵制洋人资本家的压榨,工作时故意拖延时间,现在泛指工作懒散、拖沓:你们别～了,抓紧时间干吧!

【磨嘴】mózuǐ 〈方〉动。磨牙;不带宾语:别在这里～了,不可能批准的。可拆开用:你以为磨一会嘴就会答应吗?也说磨嘴皮子。

蘑 mó 〈素〉蘑菇:鲜～｜口～。

【蘑菇】mó·gu ❶名。食用蕈类,特指口蘑。❷〈方〉动。不带宾语。(1)故意纠缠:你别再跟我～了,我还要去赶车。(2)拖延时间,行动迟缓:你再～下去,非迟到不可。

魔 mó 〈素〉(1)宗教或神话传说里的鬼怪:妖～｜恶～。(2)神奇的,不平常的:～力｜～术。

【魔怪】móguài 名。妖魔鬼怪,也比喻邪恶的人或势力。

【魔鬼】móguǐ 名。宗教或神话里指害人的、诱人作恶的鬼怪。后也比喻坏人或邪恶的势力。

【魔力】mólì 名。比喻使人喜爱而沉迷的吸引力。

【魔难】mónàn 见"磨难"。

【魔术】móshù 名。杂技的一种。它以迅速敏捷的技巧或借助特殊的道具,又利用物理、化学、机械等科学方法,使观众产生幻觉,从而表现出各种奇妙的变化。也叫幻术、戏法。

【魔王】mówáng 名。(1)佛教中指专搞破坏活动的恶鬼。(2)比喻十分凶残的恶人:杀人～。

【魔芋】móyù 名。也叫蒟蒻(jǔruò)。(1)多年生草本植物,掌状复叶,小叶羽状分裂,花紫褐色,花轴上部楔形,地下茎球形,可食,也可制浓粉。(2)这种植物的地下茎。

【魔掌】mózhǎng 名。比喻恶势力的控制；常作"脱离、逃脱、逃出"等动词的宾语：逃出敌人的～。

【魔障】mózhàng 名。佛教用语，指恶魔设置的障碍；量词用"道、重"：一道～。

【魔爪】mózhǎo 名。比喻邪恶势力：斩断侵略者的～。

劘 mó 〈古〉动。削，切。

嬤 mó [嬤嬤](-·mo) 〈方〉名。(1)称呼年老的妇女。(2)俗称奶妈。

mǒ(ㄇㄛˇ)

抹 mǒ ❶动。常带宾语或补语。(1)涂抹：～药｜脸上～了不少雪花膏｜～起胭脂来。常有比喻用法：清晨，阳光把大地上的一切～上一层金色。(2)擦：他用手绢～着脸上的汗｜把手上的油污～干净。(3)勾掉，除去：～了这几个字｜把这个零头儿～掉算了。❷量。用于数量不多、面积不大的成条或成片的事物，常同"一、几"组合：一～晚霞｜几～远山。

另见 mā, mò。

【抹黑】mǒhēi 动。涂抹黑色，比喻丑化；不带宾语：你这种不光彩的行为，是给我们学校～。

【抹杀】mǒshā 动。完全勾销，一概不算；多用在否定句或疑问句中，常带宾语或补语：不要～他过去的功绩｜事实明摆着，谁也～不了｜我们的成绩怎能～得了？常以"一笔"作状语·他的优点被一笔～了。也作抹煞。

＊"抹杀"和"扼杀"："抹杀"的意义着重在"勾销"；"扼杀"的意义着重在"置之死地"。"抹杀"常与"作用、功绩、特点、区别"等词语搭配；"扼杀"常与"人才、新生事物、文艺、思想"等具体的或抽象的事物搭配。

【抹一鼻子灰】mǒ yī bí·zi huī 习。想讨好别人却落得个没趣；常与"结果、最后"等词搭配：他向她献殷勤，结果～。也说碰一鼻子灰。

【抹子】mǒ·zi 名。瓦工用来抹泥灰的工具；量词用"把"。

mò(ㄇㄛˋ)

万 mò [万俟](-qí) 复姓。
另见 wàn。

末 mò ❶名。(1)(～儿、～子)碎屑：茶叶～儿｜把药研成了～子。(2)古典戏曲里老生一类的角色。(3)最后，终了，末尾：本世纪～｜春～｜明～清初。❷〈素〉(1)东西的梢，尽头：～梢｜～端。(2)非根本的，不重要的：本～倒置｜舍本求～。

【末伏】mòfú 名。也叫终伏、三伏。(1)立秋后的第一个庚日，是最后的一伏。(2)通常指从立秋后第一个庚日起到第三个庚日前一天的一段时间(共十天)。

【末后】mòhòu 名。最后。

【末节】mòjié 名。细微的事，小节；常同"细枝"并用：要抓主要矛盾，不要纠缠细枝～。

【末了】mòliǎo 名。最后；一般用来表示时间或事物的最后一部分：这～一段路真难走｜几个人讨论了半天，～还是没结果。也说末了儿。

【末路】mòlù 名。路途的终点，比喻衰落的境地；常同"穷途"并用：敌人已经陷入穷途～，即将灭亡了。

【末年】mònián 名。最后的一段时期；常用在朝代、年号名之后：唐朝～｜道光～。

【末日】mòrì 名。(1)基督教指世界的最后一天。(2)泛指死亡或灭亡的日子；含贬义：鬼子的～即将来到。

【末世】mòshì 〈书〉名。一个历史阶段的末尾，或近于衰亡的时代：清朝是我国封建社会的～。

【末尾】mòwěi 名。最后的部分：队伍的～｜文章的～。

【末叶】mòyè 名。最后一段时期；用在一个世纪或一个朝代名之后：十九世纪～｜明朝～。

【末座】mòzuò 名。座位中有尊卑之分时，指最卑的座位。

茉 mò [茉莉](-·lì) 名。(1)常绿灌木，花白色，香味浓厚，可供观赏，又可熏制茶叶。(2)这种植物的花。

抹 mò 动。用工具把泥或灰涂上后再弄平；常带宾语或补语：他正在～墙｜墙上～了不少泥｜～得很平。
另见 mā, mǒ。

【抹不开】mò·bu kāi 见"磨(mò)不开"。

沫 mò 名。(～儿、～子)液体形成的许多小泡；肥皂～儿｜嘴里吐白～儿。

妹 mò 人名用字。妺喜，传说中夏王桀的妃子。注意："妺"字右边不是"未"，是"末"。

秣 mò 〈书〉(1)牲口的饲料：粮～。(2)喂养：～马厉兵。

【秣马厉兵】mò mǎ lì bīng 见"厉兵秣马"。

殁 mò [靺鞨](-hé) 名。我国古代东北方的一个民族。

没 mò ❶动。(1)沉入，沉没；指人或物，须带补语：～在水中。(2)漫过，高过；多带宾语：雪深～膝｜水已～过脖子。(3)〈书〉同"殁"。❷〈素〉(1)隐藏；出～。(2)把财物充公：～收。(3)终，尽：～世｜～齿不忘。
另见 méi。

【没齿不忘】mò chǐ bù wàng 成。齿：指年龄；没齿：终身。终身不能忘记；用于感激对方的恩情：你待我恩重如山，我是～。也说没世不忘。

【没落】mòluò 动。衰败，趋向灭亡；常与"走向、趋向"等搭配，一般不带宾语：封建社会后期，地主阶级已趋向～。可作定语：～阶级。

【没奈何】mò nàihé 词组。确实无法可想，无可奈何；一般用在后一分句的句首：天气不好，～，春游只好推迟了。

【没收】mòshōu 动。把违法或违禁的财物收为公有；可带动态助词"了、过"：他偷带的几本淫秽刊物全给海关～了｜他贩卖的违禁品被～过两次。可带宾语：～地主的财产。

殁 mò 〈书〉动。死；不带宾语，多带补语：他～于1952年。也作没。

陌 mò 〈素〉田间东西方向的道路，泛指田间的道路；阡～。

【陌路】mòlù 名。指路上碰到的不相识的人：视同～。也说陌路人。

【陌生】mòshēng 形。生疏，不熟悉：我与他见过一次，并不～｜我对这位作家很～。常作"感到、觉得"等动词的宾语：感到～｜觉得有点～。

貊 mò 名。我国古代称东北方的民族。

冒 mò 人名用字。冒顿(-dú)，汉初匈奴族一个单于(chányú)的名字。
另见 mào。

脉(脈、衇) mò [脉脉] 形。原指凝视的神态，后多用来形容深含情意的样子；不加程度副词：温情～｜含情～｜他～地注视着孩子们远去的身影。
另见 mài。

莫 mò ❶副。不要；用在祈使句中，表示禁止或劝阻：闲人～入｜请安静，～说话。❷〈素〉(1)没有：～不｜～大｜～讳～如深。(2)不：～如｜爱～能助。(3)表示推测或反问：～非。(4)〈古〉同"暮(mù)"。❸姓。

【莫不】mòbù 副。没有一个不；强调肯定：山村修了水电站，大伙儿～高兴。

【莫不是】mòbùshì 副。莫非。

【莫测高深】mò cè gāo shēn 成。莫：不能；测：揣测。没法揣测高深到什么程度；多指学问、语意、情态等，有时用来讽刺故弄玄虚的人：这个架着水晶眼镜的先生，道貌岸然，没有任何表情，使人～。

【莫大】mòdà 形。没有比这个再大，极大；不加程度副词，不单独作谓语，只作定语：～的快乐｜～的骄傲。

【莫非】mòfēi 副。(1)表示猜测：到处都找不到他，～是进城去了？(2)表示反问，常跟"不成"呼应：你为什么不去？～要他亲自来请你不成？
＊"莫非"和"难道"："莫非"可以表示反问，还可表示猜测，"难道"只表示反问，不表示猜测。"莫非"语气较轻；"难道"语气较重。

【莫可名状】mò kě míng zhuàng 成。名：用言语说出；状：描绘，形容。不能用言语来形容、描绘：心里有一种～的忧伤。

【莫名其妙】mò míng qí miào 成。莫

没有谁；名：说出。没有人能说出其中的奥妙。形容事情稀奇或不合常理，使人感到奇怪、惊讶或无法理解：我一进门，大家就哈哈大笑起来，弄得我～|听了他语无伦次的话，我感到～。也作莫明其妙。

【莫逆之交】mò nì zhī jiāo 成。莫逆：没有抵触，形容彼此情投意合，十分要好；交：交谊，交情。指友谊深厚；多跟动词"成、成为、结(成)"搭配：我在一次学术讨论会上同他相识，一见如故，后来成为～。

【莫如】mòrú 连。不如；用于对事物的不同处理方法的比较、选择，前分句用"与其"呼应：与其你说，～他讲。

【莫若】mòruò 连。莫如；用于对事物不同处理方法的比较、选择，前分句用"与其"呼应：与其在这里闷坐，～到公园里去走走。

【莫须有】mòxūyǒu 成。《宋史·岳飞传》记载：宋朝投降派头子秦桧诬陷岳飞谋反，韩世忠去质问他有什么证据，秦桧说"莫须有"。原意是"也许有吧"，后用来表示凭空捏造；常作"罪名"的定语：反动政府给他定的是个～的罪名。

【莫邪】mòyé 名。古代宝剑。也作镆铘。

【莫衷一是】mò zhōng yī shì 成。衷：折衷，决断；是：对。各有各的意见，不能得出一致的结论：对这个问题，众说纷纭，～。

漠 mò 〈素〉(1)沙漠：荒～。(2)冷淡地，漫不经心地：冷～|～然。

【漠不关心】mò bù guān xīn 成。对人对事态度冷淡，毫不关心：我们不能对国家大事～。注意："漠"，不能写成"莫"。

【漠漠】mòmò 〈书〉形。不加程度副词。(1)阴云密布的样子：平林～|～的烟雾。(2)广阔而沉寂；多指大范围的：远望是～的高原。

【漠然】mòrán 〈书〉形。不关心、不在意的样子；用于表情和态度，不加程度副词：表情～。常作状语：～处之|～视之。

【漠视】mòshì 冷淡地对待，不注意；常带宾语：不能～群众的疾苦|他平时总是懒洋洋的，显出～一切的神情。

＊"漠视"和"忽视"："漠视"是有意识地冷淡某事物；"忽视"一般是无意识地对某种事物的疏忽。"漠视"的使用范围较窄；"忽视"的使用范围较宽。

寞 mò 〈素〉安静，冷落：落～|寂～。

镆 mò [镆铘](-yé) 见"莫邪"。

蓦 mò 〈素〉突然，忽然：～然|～地。

【蓦地】mòdī 〈书〉副。出乎意料地，突然；多用来说明行为、动作突然发生：他～扑向罗老师，抽泣不已。

【蓦然】mòrán 副。不经意地，猛然；多用来说明人的动作突然发生：～回首|～一看，这石头真像只狮子。

瘼 mò 见"民瘼"。

貘(獏) mò 名。哺乳动物，体形略似犀，但较矮小，鼻长能伸缩，皮厚毛少，前肢4趾，后肢3趾，善游水。产于热带。

墨 ❶mò 名。(1)写字绘画的用品，黑色块状物，一般用煤烟或松烟等制成。也指液体状态的墨汁。(2)古代的一种刑罚，刺面或额，染上黑色，作为标记。也叫黥。❷〈素〉(1)泛指写字绘画或印刷用的颜料：～水|油～。(2)写的字或画的画：遗～|～宝。(3)比喻学问或读书识字的能力：文～|胸无点～。(4)黑色或近于黑色的：～镜|～菊|～绿。(5)贪污：～吏|贪～。❸姓。

【墨宝】mòbǎo 名。指比较珍贵的字画，用来尊称别人写的字或画的画。

【墨迹】mòjī 名。(1)墨的痕迹；多指刚写好的字等：～未干。(2)某人亲手写的字或画的画：这是马教授的～。

【墨家】mòjiā 名。战国时的一个重要学派，创始人墨翟。主张人与人平等相爱(兼爱)，反对侵略战争(非攻)；主张"非乐"，反对贵族的腐朽生活。但相信鬼神(明鬼)，有宗教色彩。后期墨家克服了宗教迷信成分，对朴素唯物主义、逻辑学乃至自然科学的发展都有一定的贡献。

【墨客】mòkè 名。旧指文人。骚人～。

【墨吏】mòlì 〈书〉名。贪污的官吏。

【墨绿】mòlǜ 形。深绿色;不加程度副词,多作定语:～的衣料。
【墨守成规】mò shǒu chéng guī 成。墨守:战国时墨翟善于守城,故喻善守;成规:现成的或久已通行的规则方法。比喻固执地按老一套办,不求改进;多用于告诫、批评:我们决不可因循守旧,～|对工作要敢于创造,不能～。
　　*"墨守成规"和"故步自封":"墨守成规"偏重于守旧,多指固执地按老办法做,不肯改进;"故步自封"偏重于停顿,多指不求进步,不事进取。
【墨水】mòshuǐ 名。(1)墨汁。(2)写钢笔字用的各种颜色的水:纯蓝～|红～。(3)比喻学问或读书识字的能力:他肚子里的～多着呢。

默 mò ❶动。离开书本凭记忆写出来:课文我会～了。常带宾语或补语:～生字|这首诗他能～出来了。❷〈素〉不说话,不出声:～认|～读。❸姓。
【默哀】mò'āi 动。表示沉痛悼念的一种形式,低下头来肃立着;不带宾语:在烈士纪念碑前～三分钟。
【默祷】mòdǎo 动。不出声地祈祷,在心里祷告:为儿子的安全,她常在心中～。可带宾语或补语,并加动态助词"着、过":我心里～着妻儿们的平安|她～过许多次。
【默默】mòmò 副。不说话,不出声音:～无言|～无闻|他在父亲的遗像前～地站了很久。
【默契】mòqì ❶形。双方的意思没有明白说出而见解一致;常作"配合"的补语:在这场乒乓球双打比赛中,他俩配合很～,打得很出色。❷名。秘密的条约或口头协定:对这个问题的处理,他们之间是早有～的。
【默然】mòrán 形。沉默无言的样子;不加程度副词,多作状语:～相对|～无语。
【默认】mòrèn 动;可带动态助词"了":这个问题他已～了。常带宾语:他～了一切。
【默写】mòxiě 动。凭记忆把读过的文字写下来;常带宾语或补语:～着课文|把生字～了一遍|这首诗他也能～下来。

【默许】mòxǔ 动。没有明白表示同意,但暗示已经同意、许可;常带宾语和动态助词"了、过":他～了女儿的主张|他依稀记得,自己～过这件事。常作"得到"的宾语:我这样做是得到厂长～的。

嘿 mò 同"默"。
　　另见hēi。

磨 mò ❶名。碾碎粮食的工具;量词用"盘":这是刚买的一盘～。❷动。常带宾语或补语。(1)用磨把粮食弄碎:～豆腐|他正在～豆子呢。(2)掉转;多指车辆:这地方太小,无法～车子|车子～不过来。
　　另见mó。
【磨不开】mò·bu kāi 习。也作抹不开。(1)脸上下不来:难道怕他脸上～,就不指出他的错误吗?(2)不好意思;多带助词"的":你喜欢吃就吃,有什么～的!(3)〈方〉想不通,行不通:如果有什么～的事,就来找我。
【磨叨】mò·dao 〈口〉动。翻来覆去地说:你别～了|～些什么? 可重叠:磨磨叨叨地说了一遍又一遍。
【磨烦】mòfan ❶动。没完没了地纠缠;多指向人要求什么;常带宾语或补语:请你别再～我了,不可能答应你的要求|他跟领导～了半天,领导也没准假。❷形。动作迟缓拖延:你太～了,汽车已经来了。

礳 mò 地名用字。礳石渠,在山西省。

礳 mò 见"耢(lào)"。

mōu (ㄇㄡ)

哞 mōu 拟声。摹拟牛叫的声音;多叠用:老牛～～叫。

móu (ㄇㄡˊ)

牟 móu ❶〈素〉取:～利|～取。❷姓。
　　另见mù。
【牟取】móuqǔ 动。谋取;用于名或利,常带宾语,多含贬义:～暴利|～官职。

侔 móu 〈古〉形。相等,齐。

眸 móu 〈素〉瞳人,泛指眼睛:凝~|明~皓齿。

【眸子】móuzǐ 名。眼中瞳人,泛指眼睛;量词用"对":一对明亮的~。

蜉 móu 见"蚴(yóu)蜉"。

谋 móu ❶动。设法寻求,谋求;多用于利益、职业等方面,带宾语:为工人~福利|自~职业。❷〈素〉(1)主意,计策:阴~|计~。(2)商议,商量:不~而合。

【谋反】móufǎn 动。暗中策划反叛;多指反对国家、集团等,含贬义:他既然~,就应该尽早擒拿归案。

【谋害】móuhài 动。阴谋杀害或陷害;多带宾语:~忠良|~了他的结义兄弟。
＊"谋害"和"杀害":"谋害"是用阴谋手段杀害或陷害人,含义较宽;"杀害"是指为了某种不正当目的杀人致死,含义较窄。

【谋划】móuhuà 动。出主意、想办法,筹划;常带宾语或补语:~衣食|~叛乱|这件事要好好~一番。可重叠:请大家一起来~~。

【谋略】móulüè 名。计谋和策略;量词用"种":一种~。

【谋面】móumiàn 〈书〉动。彼此见面,相识;不带宾语:从未~|我们相识很早,但近几年~机会不多。

【谋求】móuqiú 动。设法寻求;常带宾语:~和平|~生活的出路|解决问题的办法。

【谋取】móuqǔ 动。设法取得;常带宾语:~私利|~职业。

【谋生】móushēng 动。设法寻求生活的门路;不带宾语:她很早以前就到上海~去了。

【谋士】móushì 名。旧指善于出谋献计的人。

【谋事】móushì 动。不带宾语。(1)计划事情;常带补语:~在人。(2)旧时指找职业:到外地~。

缪 móu 见"绸(chóu)缪"。
另见 miào, miù。

鍪 móu 见"兜(dōu)鍪"。

mǒu (ㄇㄡˇ)

某 mǒu 代。(1)指一定的人或事物,知道名称而不说出:钱~|解放军~部。(2)指不确定的人或事物;用在名词前:~工厂|~市。指人或团体、机构时可重叠,但所指仍为单数:~~学校|~~同学。(3)用在姓氏后,表示自称:有我王~陪着,你尽管放心。

mú (ㄇㄨˊ)

毪 mú 【毪子】(-·zi) 名。西藏产的一种氆氇(pǔ·lu)。

模 mú 名。(~儿)模子:字~儿|铜~儿。
另见 mó。

【模具】mújù 名。生产上使用的各种模型,用金属、塑料、橡胶等材料制成。

【模样】múyàng 名。(1)形状或式样;用于物:这家具的~挺好看的。(2)容貌或打扮;用于人:她的~像她妈|他打扮成商人~。(3)表示约略的情况;只用于时间、年岁:看~快到下午三点了|那个人有40岁~。

【模子】mú·zi 名。一种用压制或浇铸的方法使材料成形的工具:钢~|糕饼~。

mǔ (ㄇㄨˇ)

母 mǔ ❶名。妈妈;只用于书面语,不用于口头直呼:~与子。❷形。雌性的;不加程度副词,不单独作谓语,与"公"相对,用于禽兽:~牛|这只鸭子是~的。❸〈素〉(1)家族或亲戚中的长辈女子:祖~|舅~。(2)一套东西中间可以包含其他部分的:子~扣|螺~。(3)事物所从产生出来的:~机|校~|本~。❹姓。

【母爱】mǔ'ài 名。母亲对于儿女的爱:他从小失去了~。

【母机】mǔjī 名。工作母机的简称,是制造或生产其他机器零件的机器;量词用"台"。

【母亲】mǔqīn 名。妈妈;一般不用于直呼:她是小王的~。有时可用作比喻:祖国啊,我的~!

【母体】mǔtǐ 名。指孕育幼儿的妇女或动物的身体。

【母系】mǔxì 形。不加程度副词，不单独作谓语，作定语。(1)在血统上属于母亲方面的：～亲属。(2)母女相承的：～氏族社会。

【母校】mǔxiào 名。称自己曾经在那里毕业或学习过的学校。

【母性】mǔxìng 名。母亲爱护子女的本能。

【母音】mǔyīn 名。即"元音"。

【母语】mǔyǔ 名。(1)一个人最初学会的一种语言，一般是本民族的标准语或某种方言。(2)凡有隶属关系的语言都是由一种语言演变而来，这种原始语言就称母语。

拇 mǔ 〈素〉手或脚的大指：～指｜～战。

【拇战】mǔzhàn 动。划拳；不带宾语：那几个人正在～｜他们酒喝多了，～格外起劲。

【拇指】mǔzhǐ 名。手和脚的第一个指头。也叫大拇指。

姆 mǔ 见"保姆"。

牡 mǔ 〈素〉。(1)雄性的鸟兽；与"牝"相对：～牛。(2)植物的雄株；～麻。

【牡丹】mǔdān 名。(1)落叶灌木，花大，有白、红、紫等色，为著名的观赏植物。根皮可入药。(2)这种植物的花。

【牡蛎】mǔlì 名。软体动物的一种，身体长卵圆形，有两个贝壳，壳的表面凹凸不平。生活在浅海泥沙中，可供食用，味鲜美。壳烧成灰，可入药。也叫蚝(háo)。

亩（畝） mǔ 量。我国的土地面积单位，一亩等于六十平方市丈，合1/15公顷。现用市亩。

姥 mǔ 〈古〉名。年老的妇人。
另见lǎo。

mù(ㄇㄨˋ)

木 mù ❶名。(1)(～头)供制造器物或建筑用的木料：枣～｜檀香～。(2)五行之一。❷形。感觉不灵敏，失去知觉：舌头～了，辨不出滋味。可作补语：脚冻～了。❸〈素〉(1)树：果～｜乔～｜草～皆兵。(2)棺材：寿～｜行将就～。(3)朴实，反应迟钝：～讷。❹姓。

【木版】mùbǎn 名。刻有文字或图画的木制印刷版。

【木本】mùběn 名。茎内木质部发达，茎干比较坚硬的植物。有乔木、灌木、半灌木之分。

【木本水源】mù běn shuǐ yuán 成。本：树根；源：水流所出的地方。树木的根，水流的源，用来比喻事物的根本。

【木材】mùcái 名。树木采伐后经初步加工有一定用途的木头。

＊"木材"和"木柴"："木材"多指采伐后仅进行过粗略的加工，去掉树头、枝叉、外皮等的成材，或泛指成材；"木柴"是烧火用的小块木头，不成材。

【木柴】mùchái 名。作燃烧或引火用的小块木头。

【木雕泥塑】mù diāo ní sù 成。用木头雕刻或用泥土塑造的偶像；用来形容人呆板或静止不动的样子：那人呆呆地站在那儿出神，～似的。也作泥塑木雕。

【木耳】mù'ěr 名。生在枯树上的一种菌类植物，形状像人耳，黑褐色，有胶质，可食用。

【木芙蓉】mùfúróng 名。也叫芙蓉。(1)落叶灌木或小乔木，叶子阔卵形，秋季开花，花白色或淡红色,,结蒴果。叶和花可入药。(2)这种植物的花。

【木屐】mùjī 名。以木板为底的拖鞋。

【木刻】mùkè 名。版画的一种，在木板上刻成图形，再印在纸上。也叫木版图。

【木料】mùliào 名。经初步加工后具有一定形状的有用木材。

【木马】mùmǎ 名。(1)木制的马。(2)木制体操器械，略像马。背上安双环的叫鞍马，没有环的叫跳马。(3)供儿童游戏用的形状似马的器械，可坐在上面前后摇动。

【木马计】mùmǎjì 名。传说古希腊人攻打特洛伊城时，由于久攻不下，于是想出一条计策，把一批勇士藏在一匹特制的木马中，佯装撤退，弃下木马。特洛伊人把木马当作战利品运进城内。夜间木马中的勇士出来与攻城军队配合，占领了特洛伊城。后用特洛伊木马指潜伏在内部的敌人，把潜伏到敌方内部进行破坏、

木沐霂目 mù 741

颠覆活动的办法叫木马计。
【木棉】mùmián 名。也叫红棉。(1)落叶乔木,叶掌状,花红色,结蒴果。种子的表皮长有白色纤维,质软,可作枕心、垫褥等。木材可制器具或作造纸原料。(2)木棉种子表面的纤维。
【木乃伊】mùnǎiyī 名。古代埃及人用防腐药品保存下来的没有腐烂的干燥尸体。比喻僵化的事物;含贬义。
【木讷】mùnè 〈书〉形。质朴迟钝,不善于说话:为人～|～寡言。
【木偶】mù'ǒu 名。木头做的人像;常用来形容痴呆的神情:他竟像～一样任人摆布。
【木偶戏】mù'ǒuxì 名。用木偶来表演故事的一种戏剧。表演时,演员在幕后一边操纵木偶,一边演唱,并配以音乐。由于木偶形体和操纵技术不同,分成布袋木偶、提线木偶、杖头木偶等。也叫傀儡戏。
【木然】mùrán 形。指人受刺激后,出现了麻木痴呆或不知所措的样子;不加程度副词:神色～。
【木犀】mùxi 名。也作木樨。(1)常绿小乔木或灌木,叶子椭圆形,花小,白色或暗黄色,有特殊的香气。花供欣赏,又可做香料。通称桂花。(2)指这种植物的花。(3)鸡蛋打碎烹调后称木犀;多用作菜名、汤名:～肉|～汤。
【木星】mùxīng 名。太阳系九大行星之一,按距离太阳远近的次序计是第五颗。绕太阳公转周期为11.86年,自转周期9小时50分。它是九大行星中体积最大的一个,其体积是地球的1,295倍,有14个卫星。我国古称岁星。
【木已成舟】mù yǐ chéng zhōu 成。木头已经做成了船。用来比喻事情已成定局,不能改变:这件事如今已经～,只好如此了。
【木鱼】mùyú 名。(1)佛教的鱼形敲击法器。(2)民乐中一种击奏的木质乐器。

沐 mù ❶〈素〉洗头发;～浴|栉风～雨。❷姓。

【沐猴而冠】mùhóu ér guàn 成。沐猴:猕猴;冠:戴帽子。沐猴戴帽子,比喻装扮得像个人物,实际行为却不像;常用来讽刺依附恶势力窃据一定权位的人,含贬义:这个家伙无才无德,依附权势爬上高位,实乃～之辈。
【沐浴】mùyù 动。一般不带宾语。(1)洗澡:他正在～更衣。(2)比喻受润泽;常以"在……里(中)"作补语:鲜花～在阳光里|整个大地都～在朝霞之中。(3)比喻沉浸在某种环境中;常以"在……里(下)"作补语:节日的夜晚,人们～在欢乐的海洋里。

霂 mù [霡霂](mài-)〈古〉名。小雨。

目 mù ❶名。生物学中把同一纲的生物按照彼此相似的特征分为几个群叫做目,如松柏纲中有银杏目、松柏目等,目以下为科。❷〈书〉动。看,看待:～为奇迹。❸〈素〉(1)眼睛:～中无人|有～共睹。(2)目录:书～|剧～。(3)大项中再分的小项:项～|纲举～张。
【目标】mùbiāo 名。(1)射击、攻击或寻找的对象:发现～|人多了～大。(2)想要达到的境地或标准:奋斗～|改革要有明确的～。
＊"目标"和"目的":"目标"的含义较丰富,除去包含目的意思外,还有尺度、标准的意思;"目的"的含义较单纯,仅指人们想要达到的地点或想要得到的结果。"目标"可以是具体的,也可以是较抽象的,常跟"远近、高低、大小"等中性词和"伟大"之类的褒义词搭配;"目的"可跟"伟大、英雄、革命"等褒义词搭配,也可以跟"卑鄙、可耻、罪恶"等贬义词搭配。"目标"还有用作射击、攻击的对象的意思;"目的"没有这种意思。
【目不见睫】mù bù jiàn jié 成。眼睛看不到自己的睫毛。比喻没有自知之明,也比喻只见远处,不见近处;含贬义:这位厂长～,自己单位的人才闲着无事,却到外面去招聘人才。
【目不交睫】mù bù jiāo jié 成。交睫:上下睫毛相交接,即闭眼。没有合上眼皮。形容夜间不睡觉:日理万机,～。
【目不识丁】mù bù shí dīng 成。丁:指简单的汉字;一说"丁"字为"个"字之误,"一丁字"即"一个字"。后世因称不识字为"不识一丁"或"目不识丁"。

【目不暇接】mù bù xiá jiē 成。暇：空闲。眼睛来不及看；形容东西很多：商场里的商品琳琅满目，令人～。也作目不暇给。

【目不转睛】mù bù zhuǎn jīng 成。眼睛一动不动地盯着看。形容注意力高度集中：～地盯着电视屏幕。

【目次】mùcì 名。放在书刊正文前或正文后的篇章名目。

【目瞪口呆】mù dèng kǒu dāi 成。目瞪：睁大眼睛看；口呆：嘴里说不出话来。形容因吃惊、害怕而发愣的样子：一声怒吼，把她吓得～。

【目的】mùdì 名。想要达到的地点或境地，想要得到的结果：学习～要明确｜～已经达到。

【目睹】mùdǔ 动。亲眼看见：这件事虽未～，却早耳闻。可带宾语和动态助词"了、过"：～了这幕悲剧，他感到肝胆俱裂。常与"耳闻"并用：这些事都是我耳闻～的。

【目光】mùguāng 名。(1)眼睛的神采、光芒：～如电｜～炯炯。(2)指人的认识能力或见解：～远大｜～短浅。

【目光如豆】mùguāng rú dòu 成。眼光像豆子那样小。形容目光浅短，眼界狭小；含贬义：青年人应该胸怀大志，积极向上，而不能～，只顾眼前利益，贪恋舒适的生活。

【目光如炬】mùguāng rú jù 成。炬：火把。眼光亮得像火把。原形容发怒时的眼神，后也形容目光炯炯有神，或见识远大：这人～，很有精神。

【目击】mùjī 动。亲眼看到；带宾语：～其事，无不愤慨。可带主谓词组作宾语：他～敌人撤出了阵地。

【目空一切】mù kōng yīqiè 成。空：中无所有。什么都不放在眼里。形容极端狂妄自大：他依仗自己的那点本事，～，从不把别人放在眼里。

【目力】mùlì 名。视力：～所及。

【目录】mùlù 名。(1)书刊中列出的篇目章节，多放在正文之前。(2)按次序编写出来的供查考的事物名目：财产～｜图书～。

【目迷五色】mù mí wǔ sè 成。五色：各种颜色。形容颜色又多又杂，使人看不清楚。也比喻事物错综复杂，令人分辨不清：这事儿头绪纷繁，使人～，一时难以弄清。

【目前】mùqián 名。指说话的时候；可作状语或定语：～，工作很忙｜～的情况很不妙。

【目送】mùsòng 动。用眼睛望着离去的人或物；常带宾语：～离别的亲人。可带兼语：～他离开码头。可带动态助词"着"：他站在路边，一直～着担架消失在白茫茫的烟雨里。

【目无全牛】mù wú quán niú 成。《庄子·养生主》中说，庖丁给梁惠王宰牛时，动作优美，犹如古代舞蹈的节奏；用刀砉砉(huò)作响，好似古乐的旋律。梁惠王大为惊叹。庖丁放下刀子说："始臣之解牛之时，所见无非牛者；三年之后，未尝见全牛也。"意思是说：我刚宰牛的时候，眼里只有整个的牛，几年之后，已熟知整个牛体的结构，宰牛时，就只注意牛的筋骨结构，不要看牛的外形了。后用来比喻技艺纯熟高超，达到得心应手的境界。

【目无余子】mù wú yú zǐ 成。余子：其他的人。眼里没有别人。形容自高自大，目中无人。

【目下】mùxià 名。目前：～的情况很急｜～急着要用。

【目眩】mùxuàn 动。眼睛发花；不带宾语：强烈的灯光使人看了～。常与"头晕"并用：站在几十米高的脚手架上，向下一望，顿觉头晕～。

【目中无人】mù zhōng wú rén 成。眼睛里没有别人。形容极其骄傲自大。
　　＊"目中无人"和"目空一切"："目中无人"的意思是看不起人，所指范围较小；"目空一切"的意思是什么都不放在眼里，所指范围较大。"目中无人"语意较轻；"目空一切"语意较重。

苜 mù ［苜蓿］(-·xu) 名。多年生草本植物，叶子互生，复叶由三片小叶构成，花紫色，结荚果。是一种重要的牧草和绿肥作物。也叫紫花苜蓿。

睦 mù ❶〈素〉和好，亲近：和～｜～邻。❷姓。

【睦邻】mùlín 动。同邻居或相邻的国家和睦相处；不带宾语，常作定语：～政策｜～国家。

钼 mù 名。金属元素，符号Mo。银白色结晶体，硬而坚韧，用来生产特种钢，也用于电器工业。

仫 mù 〖仫佬族〗(-lǎozú) 名。我国的一个少数民族，分布在广西壮族自治区。

牟 mù 地名用字。牟平，县名，在山东省。
另见 móu。

牧 mù 〈素〉放养牲口：～童｜～场。
【牧场】mùchǎng 名。(1)放牧牲口的草地。也说牧地。(2)畜养牲畜的企业单位。
【牧歌】mùgē 名。泛指以农村生活为题材的诗歌和乐曲：田园～｜～情调。
【牧民】mùmín 名。牧区中主要从事牧畜生产的劳动人民。
【牧区】mùqū 名。(1)放牧牲畜的场所：这片～有500公顷。(2)以牧养牲畜为主的地区：勤劳的～人民。
【牧师】mùshi 名。基督新教中主持宗教仪式、管理教务的神职人员。
【牧童】mùtóng 名。放牧的孩子。

募 mù 〈素〉广泛征集：～捐｜～集。
【募化】mùhuà 动。求人施舍财物；用于和尚、道士等，常带宾语：～斋饭。
【募集】mùjí 动。广泛征集；用于人或财物，常带宾语：～人才｜～钱物。可与趋向动词"到"搭配；～到不少资金。可带动态助词"了、过"：～了许多药物｜他在这里～过教育经费。
【募捐】mùjuān 动。募集捐款：为灾民～。可带宾语或补语：～救灾物资｜～了三天。可拆开用：募了一笔捐。

墓 mù 名。埋死人的地方；量词用"座"：这是一座烈士～。
【墓碑】mùbēi 名。立在坟墓前刻有死者姓名、事迹等文字的石碑。
【墓志铭】mùzhìmíng 名。古时埋葬死人，把死者的姓名、职位、事迹等刻写在石上，埋在墓中，也有立在墓前的。这种文字叫墓志铭。

幕 mù ❶名。悬挂在舞台前的大块的布、绸、丝绒等，一般为演戏或放电影所用：～已拉开。❷〈素〉(1)覆盖在上面的大块的布、绸、毡子等：帐～。(2)古代将帅办公的地方：～府｜～僚。❸量。指戏剧的较完整的一个段落：第一～。
【幕府】mùfǔ 名。古代将帅办公的地方。
【幕后】mùhòu 名。舞台帐幕的后面，多比喻背着人暗中活动的地方；多含贬义：～策划｜退居～。
【幕僚】mùliáo 名。古代称幕府中参谋、书记等为幕僚，后泛指文武官署中的佐助人员。
【幕友】mùyǒu 名。明清地方官署中无官职的助理人员，由长官私人聘请。俗称师爷。

暮 mù 〈素〉(1)傍晚：～色｜朝三～四。(2)将尽，晚：～春｜～年。
【暮霭】mù'ǎi 名。傍晚的云雾：～沉沉｜～笼罩大地。
【暮春】mùchūn 名。春季将尽的时候，农历三月：～三月，是江南的早播时节。
【暮鼓晨钟】mù gǔ chén zhōng 成。原指寺院中早晚念经时的敲钟打鼓，后常形容寺院的寂寞生活，也比喻令人警悟的话：他的一席话，真如～，使我茅塞顿开。
【暮年】mùnián 名。老年：烈士～，壮心不已。
【暮气】mùqì 名。傍晚时昏暗的气氛。比喻意志消沉，精神不振；与"朝气"相对：～沉沉｜～十足。
【暮色】mùsè 名。傍晚昏黄的天色：～笼罩着大地。

慕 mù ❶〈素〉喜欢，钦佩：爱～｜仰～。❷姓。
【慕名】mùmíng 动。仰慕某人、某单位或某事物的名气；不带宾语，常构成连动词组：～前去拜见。可拆开用：慕你大名而来。
【慕容】mùróng 复姓。

穆 mù ❶〈素〉恭敬：肃～｜静～。❷姓。
【穆斯林】mùsīlín 名。音译词。伊斯兰教的通称。

N

ń(ㄋˊ)

嗯(唔) ń "嗯ńg"的又音。

ň(ㄋˇ)

嗯(呒) ň "嗯ňg"的又音。

ǹ(ㄋˋ)

嗯(呐) ǹ "嗯ǹg"的又音。

nā(ㄋㄚ)

那 nā 姓。
另见nà、nèi。

南 nā [南无](-mó) 音译词。佛教用语,表示对佛尊敬或皈依。注意:"南无"这里不读nánwú。
另见nán。

ná(ㄋㄚˊ)

拿(挐) ná ❶动。(1)用手或其他方式抓住或搬动;常带宾语或补语:~苹果|~笔|箱子太重,我~不动|把行李~过去。(2)用强力取,捉;常带宾语或补语:~贼|~虱子|敌人的碉堡一下来了。也可带兼语:~他入狱。(3)掌握;常与"权力、把柄、短处"等搭配,常带宾语或补语:大权~在手中|别~他的短处。(4)想出,确定;多与"主意、办法"等词语搭配,常带宾语或补语:~主意|有好办法~出来。(5)刁难,降住;须带宾语或补语:你这个人在关键时候就会~人|等咱们掌握了这门技术,他就~不住咱们了。(6)强烈的作用使物体变坏;须带补语,不带宾语:农药把这些秧苗~蔫了|碱放多了,把馒头~黄了。❷介。(1)把,对;引进所处置的对象,后面的词语限于"当,没办法、怎么样、开心、开玩笑"等:别~我当小孩|他故意~我开玩笑。(2)用;表示从某个方面提出话题,引进所凭借的工具、材料、方法等,后面的动词限于"说、讲、看、比较、衡量、分析、观察、检验"等:~产品质量说,最近有了提高|~这个标准去衡量,还有一定差距。

【拿办】nábàn 动。把犯罪的人捉住法办:那些不法分子已被全部~。可带宾语:要迅速~罪犯。

【拿顶】nádǐng 动。两手撑在地上或其他物体上,头朝下,两脚腾空,全身倒立;不带宾语:他会~。可拆开用:拿几次顶。也说拿大顶。

【拿获】náhuò 动。捉住;对象为犯罪的人,常带宾语:~了罪犯。可构成连动词组:将罪犯~归案|将他们~解京。

【拿架子】ná jià zi 习。同"摆架子":他在群众面前从来不~。

【拿乔】náqiáo 动。为了抬高自己的身价,故意装模作样地表示为难;不带宾语:这件事对你来说是不费劲的,别~了。可拆开用:他不去就不去,拿什么乔。

【拿人】nárén 动。刁难或要挟人;不带宾语,含贬义:你别~。可拆开用:这个人当面拿了人不算,背后还要捣鬼,实在可恶。

【拿手】náshǒu ❶形。擅长,娴熟;指对某种技术活ル:干这活ル他很~|这是他的~好戏。❷名。成功的把握或信心;常作"有"或"没"的宾语:干这事ル,他有~|没~就别去干。

镎 ná 名。一种放射性金属元素,符号Np。呈银白色。是用中子轰击铀而制得的。

nǎ(ㄋㄚˇ)

哪 nǎ ❶代。(1)用于疑问,表示选择,用在数量词或数量词加名词前面:~本书是你的?|你看过~几部名著?

哪那 nǎ-nà 745

(2)用于虚指,表示不确定的一个:～天有空我去找她。(3)用于任指,表示任何一个,后面常有"都"、"也"呼应,或者用两个"哪"一前一后呼应:这几件衣服～件也不合身|我觉得～首歌好听你就听～首。(4)单用,跟"什么"相同,常和"什么"交互着用:什么叫吃亏,～叫上算,全都谈不到|～是井水,～是自来水? ❷副。用于反问,表示否定:～有这事? | 你～能这样|这么多饭,我～吃得下? 注意:"哪"单用时,在口语中只说nǎ,后面跟量词或数词加量词时,口语里常说成něi或nǎi,如"哪个"、"哪门子"、"哪会儿"等。

另见·n、né、něi。"那"另见nā、nà。

【哪个】nǎ·ge 代。用于疑问。(1)哪一个;指物:来的是～学校的学生?(2)〈方〉谁;指人:～在外面说话?

【哪会儿】nǎhuìr 代。也说哪会子。(1)问过去或将来某个时间:你～考上大学的? | 这部小说你～才能看完?(2)泛指未来某个时间:赶紧走吧,说不定～要下雨|你高兴～去就～去。

【哪里】nǎ·li (1)问处所:你是～人? |～有这种呢料?|他上～去? (2)用于虚指:我好像在～见过他。(3)用于任指;后边常用"都、也"呼应:干工作～都一样|我今天要等人,～也不去。也可前后用两个"哪里"呼应,表示条件关系:～困难就到～去。(4)用于反问,表示否定,没有处所意义:他～是上海人? 明明是江苏人|我～有你劲儿大呀! (5)谦辞,单独用在答话里,婉转地推辞对自己的褒奖:"太麻烦您了!""～! 这是应该的。"常叠用,"你一个人干了不少。""～,～! 都是大伙儿一起干的。"

【哪怕】nǎpà 连。即使,纵使;表示姑且承认某种事实,后分句多用"都、也、还"等呼应:～一根铁丝,也不该浪费|～是小问题,他也不轻易放过。

【哪儿】nǎr 〈口〉代。同"哪里"。

【哪些】nǎxiē 代。"哪"的复数,即"哪一些",只用于疑问:你到过～地方? |～人参加学习? 问时间时,后面可加"天、年、日子、月份"等,但不能加"日、月、星期"等,如"哪些月份",不说"哪些月"。

【哪样】nǎyàng 代。什么样。(1)表示疑问,问性质、状态等:～颜色好? |这些家具,你要～的?(2)泛指性质、状态:～都行|你要～的就拿～。

nà(ㄋㄚˋ)

那 nà ❶代。(1)指代比较远的人或事物;与"这"相对,后面常跟量词、数量词或直接跟名词:～棵树|～几本书|～广阔的原野。也可单用,一般用在动词"是"之前:～是谁? |～是学校的。(2)和"这"对举,表示众多的人或事物,不确指某人或某事物;可用在动词后:大家围上去,亲切地问这问～|这一句,～一句,说起来没完。(3)等于"那些":～是我的几个学生。❷连。那么,承接上文,引进表示判断或结果的分句:不努力学习,～就不可能取得好成绩|你不要,～我就不给你了。注意:在口语里,"那"单用或者后面直接跟名词时,说nà或nè;"那"后面跟量词或数词加量词时常说nèi或nè。

另见nā、nèi。

【那达慕】nàdámù 名。内蒙古地区蒙古族人民的传统集会,过去多在祭敖包时举行,内容有摔交、赛马、射箭等,还在会上进行物资交流等活动。

【那个】nà·ge 代。(1)那一个:～人是谁? |～问题很重要。(2)那东西,那事情:那是烧饭用的,你要买～干什么? |你别为～担心,我回去就替你办。(3)与"这个"对举,表示众多的人或事物,不确指某人或某事物:同学们这个扫地,～擦桌子,不一会儿就把房间整理得干干净净|他这个～地买了一大堆东西回来。(4)〈口〉用在动词、形容词前,表示夸张:大伙儿～高兴啊,就甭提了|河水～清啊,连河底的石子都看得清清楚楚。(5)〈口〉代替不便直说的话;含有婉转或诙谐的意味:你刚才的态度真有点太～了|他是个好人,就是脾气～一点。

【那会儿】nàhuìr 〈口〉代。指过去或将来的某个时候:他～还是个小学生|到他们结婚～我再来吧|～的事现在我还记得。也说那会子。

【那里】nà·li 代。指代比较远的处所:～

谁也没去过|这本书在我哥哥~|~的水果很多|向~奔去。

【那么】nàme ❶代。(1)指示程度：枣树有碗口~粗|你~喜欢它，就送你一个|~深的水。(2)指示方式：我也想~学几年|双手一~按，越墙而过|看了~一眼。(3)指示数量：走~五六里路|他有~一种拼命精神。❷连。承接上文，引进表示判断或结果的分句；前分句常用"如果、既然"等连词配合使用：如果你鼓励孩子们，~他们就会干得更出色|既然接受了这任务，~就得努力完成。

＊"那么"和"那样"："那么"可指示程度、方式和数量，不指示性质和状态；"那样"可指示程度、方式、性质和状态，不指示数量。"那么"只修饰动词、形容词，不修饰名词；"那样"可修饰名词、动词、形容词。"那么"可作连词；"那样"不能。

【那么点儿】nàmediǎnr 代。指示数量小：~事儿要动多少人？|纸张只剩下~了|~的个儿，跑得倒很快。

【那么些】nà·mexiē 代。指代较远的人或事物，多强调数量多：~书你看得完吗？|站台上挤满了~欢迎的人。

【那么着】nà·mezhe 代。(1)代替某种动作或情况：~好不好？|别~，人家讨厌。有时可复指上文，引起下文：别把我当客人，~我就不来了。(2)指示方式：你~看就看清楚了|~睡也许舒服些。

＊"那么着"和"那么"："那么着"只能指示方式；"那么"能指示程度、方式和数量。"那么着"多用于口语；"那么"多用于书面语。

【那摩温】nàmówēn 名。音译词。解放前上海对工头的称呼。

【那儿】nàr 〈口〉代。(1)指示较远的处所：~的语言我听不懂|请~坐吧。(2)指示时间；多用在"打、从、由"等介词之后：打~起，她认真学习了|由~开始，他每天坚持锻炼。

【那些】nàxiē 代。指代较远的两个以上的人或事物：~人在干什么？|把门口~东西搬走。作主语用于提问句时，通常指物不指人：~是什么东西？(不说"那些是谁?")

【那样】nàyàng 代。(1)指示性状：~的

机会可不多|他竟会是~一种人。(2)指示程度：这小孩长得~高了|屋子里是~干干净净。(3)指示方式：像我~做|这样不好，~才好|只有~，才能学好外语。

＊"那样"和"那么着"："那样"可以指示性状、程度和方式；"那么着"只能指示方式。"那样"可以修饰名词、动词、形容词；"那么着"只能修饰动词、形容词，不能修饰名词。"那样"口语、书面语通用；"那么着"多用于口语。

娜

nà 人名用字。
另见nuó。

呐

nà ［呐喊］(-hǎn) 〈书〉动。大声喊叫助威；不带宾语，有时可带补语：击鼓~|为新高潮的到来而~几声。

＊"呐喊"和"叫喊"："呐喊"除大声叫之外，还有示威鼓动的意思；"叫喊"只有一般大声叫、嚷的意思。

纳

nà ❶动。在鞋底、袜底上密密地缝；常带宾语或补语：~鞋底子|~得很密。❷〈素〉(1)收入，放进：出~。(2)接受：采~|~降。(3)享受：~凉。(4)放进去：~人。(5)交付；指捐税等：~税|交~。❸姓。

【纳粹】nàcuì 名。音译词。指第一次世界大战以后兴起的，以希特勒为头子的德国最反动的法西斯政党——德国国家社会党。

【纳福】nàfú 动。享福；多指闲居在家，不带宾语：老年人在家~了。

【纳罕】nàhǎn 动。诧异，惊奇；可加程度副词或时间副词：见此情景，他很~|他正~着，他们已经围了上来。可带主谓词组作宾语：尤其是有几位青年，~我为什么近来不开口。

【纳闷】nàmènr 〈口〉动。因疑惑不解而发闷；不带宾语，可加程度副词或时间副词：接到这封莫名其妙的信，心里有些~|是谁深夜来访？他正~，多年不见的同窗好友已来到他面前。

【纳入】nàrù 动。放进，归入；多用于抽象事物，常带宾语：~正轨|将这项工程~计划。

【纳西族】nàxīzú 名。我国少数民族之一，分布在云南、四川一带。

【纳降】nàxiáng 动。接受敌人的投降。

肭 nà 见"腽(wà)肭"。

钠 nà 名。金属元素，符号Na。银白色，质柔软，有延展性，在空气中容易氧化。钠和它的盐类如食盐、碱、砣硝等在工业上用途很大。

衲 nà 〈素〉(1)和尚穿的衣服，也用作和尚的自称：老～(老和尚)。(2)补缀：百～衣｜百～本。

捺 nà ❶动。按，抑制；常以感情、性格等抽象名词作宾语：他～着性子｜～不住内心的悲痛。❷名。汉字的笔画，形状是"㇏"。

·na(·ㄋㄚ)

哪 ·na 助。"啊"受到前一字韵尾-n收音的影响而发生的变音：谢谢您～｜加油干～!
另见nǎ, né, něi。

nǎi(ㄋㄞˇ)

乃(迺、廼) nǎi ❶〈书〉动。表示判断、肯定，须带宾语：失败～成功之母。❷〈书〉于是；用来连接原因和结果：因天气骤冷，～在室中生火取暖。❸〈书〉副。才：唯学习～能求得新知。❹〈古〉代。你，你的：～翁｜～兄。

【乃尔】nǎi'ěr 〈书〉代。像这样，如此；多用在固定组合中：何其相似～。

【乃至】nǎizhì 连。甚至；用在两项以上并列成分中最后一项的前面，表示这一项更为突出：他为老人送饭，送水；～擦洗换衣，什么都做。也说乃至于。

艿 nǎi [芋艿](yù-) 名。即"芋"。也叫芋头。

奶(嬭) nǎi ❶名。(1)乳房，哺乳的器官。(2)乳汁的通称：牛～｜给小孩喂～。❷动。用自己的乳汁喂孩子；须带宾语或补语：～孩子｜已～过两次。

【奶茶】nǎichá 名。搀有牛奶或羊奶的茶。

【奶酪】nǎilào 名。用动物的奶汁做成的半凝固食品。

【奶妈】nǎimā 名。受雇给人家奶孩子的妇女。

【奶名】nǎimíng 名。童年时期的名字，小名。

【奶奶】nǎi·nai 〈口〉名。(1)祖母。(2)称跟祖母辈分相同或年纪相仿的妇女：老～。常在前带姓氏：王～。

【奶牙】nǎiyá 名。乳牙的通称。

【奶油】nǎiyóu 名。从牛奶中提出的半固体物质，白色，微黄，通常用作制糕点和糖果的原料。

【奶嘴】nǎizuǐ 名。装在奶瓶口上的像奶头的东西，多用橡皮制成。

氖 nǎi 名。气体元素，符号Ne。无色无臭，不易与其他元素化合。可用来制霓虹灯和信号灯。通称氖气。

迺 nǎi ❶同"乃"。❷姓。

nài(ㄋㄞˋ)

奈 nài 〈素〉怎样，如何，怎么办：～何｜无～｜怎～。

【奈何】nàihé 〈书〉❶代。用反问的方式表示没有办法：民不畏死，～以死惧之？❷动。对付，处置；多以人称代词作宾语，常用在否定句中：～她不得｜海浪～不了他。代词可插在中间，表示"拿他怎么办"：不管你怎么说，我就是不去，你能奈我何？

柰 nài 名。(～子)苹果的一种。

萘 nài 名。音译词。一种有机化合物，无色结晶，有特殊气味。可用来制造染料、树脂、香料、医药品等，常用的卫生球(又叫樟脑丸)就是萘制成的。

佴 nài 名。姓。
另见èr。

耐 nài 动。受得住，禁得起；须带宾语或补语：～高温｜照他的脾气早～不住了。常以谓词作宾语：～穿｜～压｜～寒。

【耐烦】nàifán 动。不怕麻烦，不厌烦，不急躁；多加副词"不"：他等得不～了。可带动词或动词性词组作宾语：不～听｜他不～做杂活。

＊"耐烦"和"耐心"："耐烦"侧重于不怕烦，指人的情绪；"耐心"侧重于有忍

耐性,指人的态度。"耐烦"前面多加否定词"不";"耐心"前面可加否定词,也可不加否定词。"耐烦"使用范围较窄,常跟"听、等、说、做"等搭配;"耐心"使用范围较广,除跟以上词语搭配外,还可跟"学习、帮助、教导、说服"等词搭配。"耐烦"是动词,能作谓语、状语,很少作定语;"耐心"是形容词,除作谓语、状语外,还可作定语。

【耐久】nàijiǔ 形。能够经久:这种油漆的颜色~不变。

【耐劳】nàiláo 形。禁得起劳累;常跟"吃苦、刻苦"等并用:他能吃苦~。可拆开用:吃大苦,耐大劳。

【耐人寻味】nài rén xún wèi 成。意味深长,值得人仔细思考体会;常作谓语、定语:他的话~|~的诗篇。

【耐心】nàixīn ❶形。不急躁,不厌烦:她很~,一动不动地等着。作状语时可不加"地":你~劝劝他。作定语时要加助词"的":~细致的思想工作。❷名。不急躁、不厌烦的心理状态;常作"有、没有、缺乏"等动词的宾语:她教育小孩很有~|没有(没)~|缺乏~的人是做不好这种工作的。

【耐性】nàixìng 名。能忍耐、不急躁的性格;常作"有、没有、缺乏、需要"等动词的宾语:有~|条件越艰苦复杂,越需要~。

【耐用】nàiyòng 形。可以长久使用不容易损坏:这种工具很~。常跟"经久"并用:产品经久~。

鼐 nài 〈古〉名。大鼎。

褦襶 nài [褦襶](-dài)〈书〉形。不晓事,不懂事:~子(不懂事理的人)。

nān(ㄋㄢ)

囡(囝) nān 〈方〉名。小孩:小~|男小~|女小~|他家有两个~。

"囝"另见jiǎn。

【囡囡】nānnān 〈方〉名。小孩儿;一种亲热的称呼。

nán(ㄋㄢˊ)

男 nán ❶形。男性的;与"女"相对,不加程度副词,不单独作谓语,只作定语:~青年。❷名。(1)男性的人:一~一女。(2)儿子:长~|次~。(3)我国古代五等爵位(公、侯、伯、子、男)的第五等。

【男儿】nán'ér 名。男子汉:~有泪不轻弹|好~志在四方。

【男方】nánfāng 名。男的一方面;多用于有关婚事的场合:~的彩礼|去~家。

【男女】nánnǚ 名。(1)男性和女性:~都一样|中年~。(2)〈方〉儿女:~都长大了。

【男人】nánrén 名。男性成年人:路边站着两个~。

【男人】nán·ren 〈口〉名。丈夫:她~在厂里工作。

【男声】nánshēng 名。声乐中的男子声部,一般分为男高音、男中音、男低音:~独唱|~小合唱。

【男式】nánshì 形。男性衣服、鞋帽、手表等物品的式样;与"女式"相对,不加程度副词,不单独作谓语,多作定语,不加助词"的":~上装。

【男性】nánxìng 名。人类两性之一,能在体内产生精细胞;与"女性"相对。

【男子汉】nánzǐhàn 名。男性的成年人;含褒义,强调男性的健壮或刚强:困难吓不倒~。

南 nán ❶方位。早晨面朝太阳时右手的一边;与"北"相对。❷姓。

另见nā。

【南半球】nánbànqiú 名。指地球赤道以南的部分。

【南北】nánběi ❶方位。南边和北边:分不清~。❷名。从南到北的距离:这条路,~两里多|这个乡~约有十里。

【南北朝】nán-běicháo 名。公元四世纪末叶到六世纪末叶,宋、齐(南齐)、梁、陈四朝先后在我国南方建立政权,称南朝(公元420—589);北魏(后分裂为东魏和西魏)、北齐、北周先后在我国北方建立政权,称北朝(公元386—581),合称为南北朝。

【南边】nán·biān ❶方位。南:~是河。

❷〈口〉名。南部地区,在我国泛指长江流域及其以南的地区。

【南斗】nándǒu 名。斗星的通称。为二十八宿之一,由六颗星组成。

【南方】nánfāng ❶方位。南。❷名。南部地区。在我国指长江流域及其以南的地区。

【南宫】nángōng 复姓。

【南国】nánguó 〈书〉名。指我国的南部。

【南货】nánhuò 名。南方所产的食品,如火腿、笋干等。

【南极】nánjí 名。(1)地轴的南端,南半球的顶点。(2)南磁极,用S表示。

【南柯一梦】nánkē yī mèng 成。唐·李公佐《南柯太守传》中说,淳于棼(fén)梦入大槐安国,当了南柯太守,享尽荣华富贵,醒来发现大槐安国就是他家住宅南边大槐树下的蚁穴。后来用"南柯一梦"泛指一场梦,或比喻一场空欢喜。

【南腔北调】nán qiāng běi diào 成。形容说话口音不纯,搀杂着方音:他说起话来,～的。

【南曲】nánqǔ 名。(1)宋元明时流行于南方的各种曲调的总称。(2)用南曲演唱的戏曲。

【南宋】nánsòng 名。朝代,公元1127—1279年,自高宗(赵构)建炎元年起到帝昺(bǐng)(赵昺)祥兴二年宋朝灭亡止。建都临安(今浙江杭州)。

【南洋】nányáng 名。(1)指东南亚,包括中南半岛和散布在太平洋与印度洋之间的群岛。(2)清末指江苏、浙江、福建、广东沿海地区。

【南辕北辙】nán yuán běi zhé 成。《战国策·魏策四》记载了一个寓言故事,说有个人要到南方楚国去,却赶着车往北走。辕:车前驾牲口的部分;辙:车轮辗过的痕迹,指道路。本要向南行走而却驾车往北,比喻行动与目的相反;用于贬义:这些规定与上级的指示简直是～,背道而驰。

【南针】nánzhēn 即指南针,比喻辨别正确发展方向的依据:这篇历史性文献,是指引我们胜利前进的～。

【南征北战】nán zhēng běi zhàn 成。形容转战南北,经历了许多战斗:他率军～,建立了不朽的功勋。

喃 nán [喃喃] 拟声。摹拟连续不断地小声说话的声音:～自语|～地说个不停。

楠(枏) nán 名。[楠木](-mù) 常绿乔木,木材坚固,是贵重的建筑材料。又可做船只、器物等。产于四川、云南等地。

难(難) nán ❶形。(1)做起来费事的;与"易"相对:这道题真～|说起来容易,做起来～。(2)不好;只作状语:气味很～闻|这药真～吃。❷动。(1)使人感到困难或不好办;常带宾语或补语:请你别来～我了|这下可把他～住了。可带动态助词"过":我几时～过你?(2)〈古〉同"傩(nuó)"。❸〈素〉不大可能:～保|～免|～道。
另见 nàn。

【难保】nánbǎo 动。不敢保证,保不住:这门课能否考及格,这就～了。多带动词或动词性词组作宾语:～能乘上车|不讲卫生,～不生病。也可带主谓词组作宾语:～他不再犯错误。

【难产】nánchǎn 动。不带宾语。(1)分娩时胎儿不易产出:那年妻子～,在产房里喊叫了整整一天。(2)比喻事情不易完成,常指著作、计划等:这份计划订了两个月,还没有拿出初稿,确实～。

【难处】nánchǔ 形。不容易相处:这个人很～|他虽然脾气不好,但为人正直,并不～。

【难处】nán·chu 名。困难;常作"有、没有"的宾语:我也有我的～|解这道题目没什么～。

【难道】nándào 副。用在反问句中,加强语气;句末常用"吗"或"不成"配合:～这是偶然的吗?|～让我看一下都不成?也说难道说。

【难得】nándé ❶形。不易得到或办到:这种好机会很～|这是非常～的资料|他一年就在国内学术杂志上发表十几篇论文,这是十分～的。❷副。表示不常常发生;多作状语:这种现象～发生|～看到这样好的电影。

【难度】nándù 名。困难的程度;多指技术、技艺等方面,常受"一定、较高、很大、

什么"等的修饰：有一定～|没什么～。作主语时，一般用"大、高"等作谓语：～不大|～较高。

【难分难解】nán fēn nán jiě 成。也说难解难分。(1)双方相持不下，难以开交；多指竞争或争吵，常作补语：双方吵得～。(2)形容双方关系异常亲密，不易分开：他俩的感情很好，在校时就～了。

【难怪】nánguài ❶副。怪不得；表示明白了原因，不再觉得奇怪，多用在句首：～多时没见他，原来他出差了。❷动。很难责怪；表示可以谅解：这也～，她是女孩子嘛。可带宾语：这也～你姐姐，因为她不太了解情况。
　　＊"难怪"和"无怪"："难怪"强调过去觉得奇怪是理所当然的；"无怪"强调过去感到奇怪不无道理。"难怪"可用于书面语，也可用于口语；"无怪"是文言词，只用于书面语。

【难关】nánguān 名。难通过的关口，比喻不易克服的困难：只要攻破这项技术～，试验就可以成功。

【难过】nánguò 形。(1)生活艰难；多与"日子、生活"等搭配：那时穷人的日子真～。(2)难受；用于"心情、病痛"等方面：听到这个不幸的消息，她心里十分～|肚子胀得～极了。
　　＊"难过"和"难受"："难过"强调心里很过不去，含有哀伤的意味；"难受"强调难以忍受，语义比"难过"轻。"难过"还可形容生活艰难；"难受"不能。

【难堪】nánkān 形。(1)难以忍受：天气闷热～|～的处境。(2)窘，难为情；多作宾语：给人～|他感到有点～，默默地低下了头。

【难看】nánkàn 形。(1)丑陋，不好看；与"好看"相对：脸色很～|这件衣服～死了。(2)不光荣，不体面：大家都在积极工作，如果我落在后面，岂不～。

【难免】nánmiǎn ❶动。有"免不了"的意思，表示由于前面所说的情况，往往发生后面不希望出现的结果；常带动词性词组或主谓词组作宾语，后面常带"要、会"：抄写文稿，～漏字|没有经验，～要犯错误|工作中～会有缺点|～看法不一致。注意：动词前面可加"不、没有"，

但意思不变，不表示否定：工作～不出差错＝～出差错。这是习惯用法。"不"如加在形容词前，则表示否定：我水平不高，考虑～不周到≠考虑周到。❷形。不容易避免的：经验不足，走点弯路很～。作定语时须加助词"的"，只修饰"现象、事情、情况"等词：这是很～的事情。

【难能可贵】nán néng kě guì 成。不易做到的事竟然做到了，因而值得宝贵：王师傅开车30年，没出一次事故，实在～。

【难人】nánrén ❶形。使人为难：～的事儿|这件事真～啊。❷名。担当为难的事情的人：如有麻烦，我们帮助你，决不叫你做～。

【难色】nánsè 名。为难的表情，常作"有"的宾语：我原想请他画一张画儿，见他面有～，只得作罢。

【难受】nánshòu 形。(1)身体不舒服：胃里很～|浑身痒得～。(2)心里不痛快：语文没学好，他心里很～。

【难说】nánshuō 动。可加程度副词"很"。(1)不容易说，不好说：在这场纠纷中，很～谁是谁非。(2)说不定：他能考上大学，目前还很～。

【难题】nántí 名。难以解决的问题，量词用"道"：这是道～|～太多。

【难听】nántīng 形。(1)指声音听着不舒服，不悦耳：刺耳的机器声太～。(2)指言语粗俗刺耳：你怎么说这样～的话？|瞧她骂三咒四的，多～！(3)指事情不体面；多用在"说出去、讲起来、传出去"等的后面：这件事情说出去多～!

【难为】nán·wei 须带宾语。(1)使人为难：他不会唱歌，别～他了|别～人家。(2)多亏；指做了不容易做的事，多用于肯定式：一个人干了几个人的活，太～他了。(3)客套话，感激别人代自己做事，只用于肯定式：你帮我把地都扫好了，真～你了。可带兼语：～你给我拿支笔。

【难为情】nánwéiqíng 形。(1)不好意思：连这个字也念错了，我真替你～|他脸皮厚，一点也不觉得～。(2)情面上过不去：这件事实在难办，但不答应他吧，又有点～。

【难兄难弟】nánxiōng nándì 成。南朝·

宋·刘义庆《世说新语·德行》记载,陈元方和陈季方两人的儿子各自夸自己父亲的功德,引起争吵,于是就去问他们的祖父。祖父说:"元方难为兄,季方难为弟。"意思是兄弟才德都好,难分高下。今多反用,讥讽两人同样坏;含贬义:这对~终究受到了法律的制裁。

另见nànxiōng nàndì。

【难言之隐】nán yán zhī yǐn 成。隐:隐情,难于说出口的藏在内心深处的事情或原因:他吃了闷亏,有~。

【难以】nányǐ 副。不容易,很难:~下笔|~用语言来形容|激动的心情久久~平静。

*"难以"和"难":"难以"所修饰的动词和形容词一般是双音节的;"难"所修饰的动词和形容词可以是双音节的,也可以是单音节的。"难以"是副词,不能单独作谓语;"难"是形容词,还有动词用法,可以单独作谓语。

【难于】nányú 副。不容易,不易于:~答复|~辩解。

*"难于"和"难以":"难于"只修饰动词,不修饰形容词;"难以"可修饰动词、形容词。

nǎn(ㄋㄢˇ)

赧 nǎn 〈素〉羞愧脸红:~颜|~然。

【赧然】nǎnrán 〈书〉形。难为情的样子。不加程度副词多作状语,~不语|~泪下。

【赧颜】nǎnyán 〈书〉形。因羞愧而脸红。

腩 nǎn [牛腩](niú-)〈方〉名。牛肚子上和近肋骨处的肉,也指用这种肉做的菜。

蝻 nǎn 名。(~子)蝗虫的幼虫,即仅有翅芽还没生成翅膀的蝗虫。也叫蝗蝻。

nàn(ㄋㄢˋ)

难(難) nàn 〈素〉(1)不幸的遭遇,灾难:遇~|~友。(2)诘责:非~|责~。

另见nán。

【难胞】nànbāo 名。称本国难民;多指在国外遭难的华侨。

【难民】nànmín 名。由于战争或自然灾害而流离失所的人。

【难兄难弟】nànxiōng nàndì 成。彼此曾经共过患难的人或彼此处于同样困境的人。

另见nánxiōng nándì。

【难友】nànyǒu 名。一同蒙难的人。

nāng(ㄋㄤ)

囊 nāng 见"囊揣"、"囊膪"。

另见náng。

【囊揣】nāngchuài ❶形。虚弱,懦弱;多见于早期白话:~之辈。❷同"囊膪"。

【囊膪】nāngchuài 名。猪胸腹部的肥而松的肉。

嚷 nāng [嚷嚷](--nang)动。小声说话:请注意听讲,别在下边~了。

náng(ㄋㄤˊ)

囊 náng ❶名。口袋:皮~|药~|空如洗。❷〈素〉形状像口袋的东西:胆~|阴~。

【囊空如洗】náng kōng rú xǐ 成。囊:口袋。口袋里空得像洗过的一样;多用来形容没有钱:今天我买了一件衣服和几本书以后,已经~,连买块烧饼的钱也没有了。

【囊括】nángkuò 动。全部包罗;常带宾语或补语:我队~了这次乒乓球赛所有项目的冠军|~在内|~无遗。

【囊生】nángshēng 名。音译词。旧指西藏农奴主家的奴隶。也作朗生。

【囊中物】nángzhōngwù 名。口袋里的东西,比喻不用费力气就可取得的事物:敌人进了包围圈,成了我们的~,手到擒来。

【囊肿】nángzhǒng 名。良性肿瘤的一种,多呈球形,有包膜,内有液体或半固体的物质。多发生在肺、卵巢、皮脂腺等器官内。

馕 náng 名。一种烤制成的面饼,维吾尔族、哈萨克族、塔吉克族人当作主食。

另见nǎng。

nǎng(ㄋㄤˇ)

曩 nǎng 〈素〉以往的,过去的:～日|～时|～昔|～者(从前)。

攮 nǎng 动。用刀刺;常带宾语或补语:～了一刀|～了个窟窿|他一刺刀把敌人～死了。

【攮子】nǎng·zi 名。短而尖的刀。

馕 nǎng 〈方〉动。拼命地往嘴里塞食物:他一个劲儿地往嘴里～着什么。

另见náng。

nàng(ㄋㄤˋ)

齉 nàng 形。鼻子不通气,发音不清:鼻子发～|～得厉害。

【齉鼻儿】nàngbír 名。(1)语音发агуе这种现象:他今天有点～,可能感冒了。(2)说话时鼻音特别重的人:他是个～,说话嗡声嗡气的。

nāo(ㄋㄠ)

孬 nāo 〈方〉形。(1)坏,不好:～主意|穿的不～。(2)怯懦,没有勇气:这人太～,没有一点男子汉气概。

náo(ㄋㄠˊ)

呶 náo [呶呶]〈书〉形。说话没个完,令人讨厌;常用在固定的组合中:～不休(唠唠叨叨说个不停)。

挠(撓) náo ❶ 动。搔,用手指轻轻地抓;常带宾语:～背|～痒痒。❷〈素〉(1)扰乱,阻止,使别人的事情不能顺利进行:阻～。(2)弯曲,比喻屈服:不屈不～|百折不～。

【挠头】náotóu 形。用手抓头,形容问题难以解决:这是个非常～的问题|这件事真～。

铙(鐃) náo ❶ 名。(1)一种铜质圆形的打击乐器,比钹大。(2)古代军中乐器,像铃铛,但没有中间的锤。❷姓。

【铙钹】náobó 名。铙和钹的统称。

蛲(蟯) náo 名。蛲虫,一种白色的寄生虫,身体很小,长约一厘米,像线头。寄生在人体大肠内。雌虫在夜里爬出肛门产卵,患者常觉肛门奇痒。多由手、水或食物传染。

侬(儂) náo 见"懊(ào)侬"。

猱(巎) náo 山名用字。猱,古山名,在今山东省临淄县一带。

猱 náo 名。古书上说的一种猴。

硇(砳、碯) náo 见"硇砂"、"硇洲"。

【硇砂】náoshā 名。一种天然产的氯化铵,工业上用来制干电池等,医药上可做祛痰剂。

【硇洲】náozhōu 名。岛名。在广东省湛江市附近海中。注意:"硇"字有的书中误作"硼",误读gāng。

巎 náo 〈古〉同"峱"。人名用字。巎巎,元代书法家。

nǎo(ㄋㄠˇ)

垴 nǎo 〈方〉名。小山丘;多用作地名,如南垴,在山西省昔阳县。

恼(惱) nǎo ❶ 动。(1)生气:一般不带宾语:惹得他有点～了。(2)使生气:须带宾语:谁～你了?|你别～我。❷〈素〉烦闷,心里不痛快:烦～|苦～。

【恼恨】nǎohèn 动。生气并怨恨;可带宾语:事情已经过去了,不要再～他了。可带兼语:他～儿子不争气。可加程度副词:对他很～。

*"恼恨"和"恼怒":它们都含有非常恼火的意思,但"恼恨"着重在"恨",是恨别人;"恼怒"着重在"怒",是自己发怒。"恼恨"是动词,可带宾语;"恼怒"是形容词,不能带宾语。

【恼火】nǎohuǒ 形。生气:这件事使他很～。

【恼怒】nǎonù 形。生气并发怒:～万分|他很～。

*"恼怒"和"愤怒":"恼怒"指恼恨而有怒气,语意较轻,多表现于内心;"愤怒"指愤恨而有怒气,多用于较重大的事情,语意较重,而且因为激动到极点常形于色。"恼怒"的使用范围窄,能搭配

的词不如"愤怒"多。"愤怒"可用来打比方,如:愤怒的火焰。"恼怒"不能这样用。

【恼羞成怒】nǎo xiū chéng nù 成。由于羞愧和恼恨而发怒:他被责问得~,愤愤地走了。也作老羞成怒。

瑙 nǎo 见"玛(mǎ)瑙"。

脑(腦) nǎo ❶名。(1)(~子)高等动物中枢神经系统的主要部分,在颅腔里,可分大脑、小脑、脑干三部分,主管感觉和运动。人的脑子又主管思想、记忆等活动。(2)(~子)脑筋,指思考、记忆等的能力:每个人都要善于用~子|人人动~。❷〈素〉(1)形状或颜色似脑子的东西:豆腐~。(2)从物体中提取的精华部分:樟~。

【脑袋】nǎo·dai 〈口〉(1)头:摇晃着小~。(2)脑筋:笨~|~不灵。
  ＊"脑袋"和"脑际":"脑袋"强调所指器官是头部的;"脑际"强调这种思想、记忆器官内可以开展意识活动。"脑袋"是口语用词;"脑际"有浓厚的书面语色彩,口语里不用。"脑袋"还可以指脑筋;"脑际"不能。

【脑海】nǎohǎi 名。指脑子;就思想、记忆的器官而言:往事浮现在~里。
  ＊"脑海"和"脑子":"脑海"只用于思想、记忆方面;"脑子"不仅指思想、记忆,也指脑髓。"脑海"多用于书面语;"脑子"多用于口语。

【脑际】nǎojì 〈书〉名。脑海;就记忆、印象而言:他和蔼的面容又出现在我的~。

【脑筋】nǎojīn 名。(1)指思考、记忆等能力;常作"动、开动"等的宾语,也常作"好、差、钝"等形容词谓语的主语:爱动~|开动~,思考问题|这孩子~好,反应快。(2)指意识;常同"旧、老、新"等形容词搭配:奶奶还是旧~,看不惯年轻人的打扮。
  ＊"脑筋"和"脑海":"脑筋"强调所指的器官是一种有特定功能的生理组织;"脑海"强调这种器官内活动天地广大,任由思想或想象驰骋。"脑筋"适用于口语和俗白文字;"脑海"有以海洋作比喻的形象色彩,多用于有文艺风格的作品中。"脑筋"还可以指思想意识;"脑海"不能。

【脑力】nǎolì 名。人的记忆、理解、想象等能力;与"体力"相对:~劳动|~衰退。

【脑力劳动】nǎolì láodòng 词组。以消耗脑力为主的劳动;与"体力劳动"相对:~是艰苦复杂的劳动|尊重从事~的人。

【脑满肠肥】nǎo mǎn cháng féi 成。脑满:指肥头大耳;肠肥:指肚子大,身体胖。吃得很饱,养得很胖;一般用来形容不劳而食的人养尊处优,养得臃肿、肥胖的丑态,含贬义:这个资本家整天无所事事,养得~。也作肠肥脑满。

【脑门子】nǎomén·zi 〈方〉名。前额。

【脑勺子】nǎosháo·zi 〈方〉名。头的后部:跌破了~。

【脑髓】nǎosuǐ 名。指脑。

【脑汁】nǎozhī 名。脑中的汁液,引申为"脑筋、精神";常与"绞"搭配:绞~|~都绞尽了。

【脑子】nǎo·zi 名。(1)〈口〉脑。(2)脑筋:这个小鬼~比我好|这人真没~,昨天的事今天就忘了。
  ＊"脑子"和"脑":"脑子"多用于日常生活,有口语色彩;"脑"通用于口语、书面语和各种场合,单同"人"以及单音节的高等动物名词相组合,如"人脑、猪脑、鱼脑"等。

nào(ㄋㄠˋ)

闹(鬧) nào ❶形。不安静,声音杂乱:会场上很~|这儿~得很,没法看书。❷动。(1)吵,搅扰:请你们别在这里~,里面有病人。常带宾语或补语:这孩子真~人|夫妻俩~了一天|几个孩子~得教室里不能上课。(2)发泄;常以表示不好感情的词语作宾语:~情绪|他正~着脾气呢。(3)害病;以病所生的部位作宾语:~眼睛|他~着肚子呢。(4)发生;指灾害或不好的事,须带宾语或补语:这里~过地震|两人~不团结|~矛盾|~了几天。(5)热烈地干,弄,搞;须带宾语或补语:~生产|把事情~明白|事情~了半天,也没结果。

【闹别扭】nào biè·niu 词组。彼此有意见而合不来或因不满意而故意难为对方:他们夫妻俩性格不合,经常~|因为没答

应他的要求,这会儿他在跟我～呢。

【闹病】nàobìng 动。生病;不带宾语:他常～,影响了学习。可拆开用:闹了几天病。

【闹鬼】nàoguǐ 动。不带宾语,可拆开用。(1)迷信说法,发生鬼怪作祟的事情:有人说这里经常～,我才不信呢|据说这里～过鬼。(2)比喻背地里做坏事:有人在暗中～,我们要提高警惕|你闹什么鬼?

【闹哄】nào·hong 动。(1)吵闹:别在这里～。可带补语:两人在教室门口～了很久。如带宾语,限代词"什么、他"等:有话慢慢说,～什么|你们不要再～他了。(2)许多人忙着办事儿;常带补语:大家～了老半天,才把堤岸缺口堵住了。

【闹哄哄】nàohōnghōng 形。形容人声杂乱;不加程度副词,常带助词"的":～的人群|教室里～的,很不安静。

【闹荒】nàohuāng 动。旧时农民遇到荒年时进行抗租等反抗性活动;不带宾语:农民被迫～|～的人群。可拆开用:这几个村子闹过荒。

【闹饥荒】nào jīhuang 词组。(1)指遭遇荒年:从前我们这儿常～。(2)〈方〉比喻经济困难:这个人不会过日子,家里又～了。

【闹剧】nàojù 名。(1)喜剧的一种,手法比喜剧更为夸张,往往通过滑稽情节,热闹场面,来揭示剧中人物行为的矛盾。也叫趣剧、笑剧。(2)比喻滑稽或无意义的纠缠的事情;用于贬义:刚才这里还发生过一场～呢。

【闹乱子】nào luàn·zi 词组。惹出祸害或麻烦:你这样胡来,难免～。

【闹情绪】nào qíngxù 词组。因工作、学习等不合意而情绪不安定,表示不满:领导分配他去一车间,他不满意,～了。

【闹嚷嚷】nàorāngrāng 形。喧哗;不加程度副词,常带助词"的":～的街道|门外～的,发生了什么事情?

【闹市】nàoshì 名。繁华热闹的街市。

【闹事】nàoshì 动。聚众生事,破坏社会秩序;不带宾语:不准在大街上～。

【闹腾】nào·teng 动。不带宾语,可带补语。(1)吵闹,扰乱:为这事,双方～了整整一天|你这样～,会受到法律制裁的。

(2)说笑闹着玩:一家人高高兴兴地～了一夜。可重叠:老同学聚在一起～～真有意思。

【闹戏】nàoxì 名。旧时称以丑角表演为主的戏曲,往往通过笑的语言、动作和情节来讽刺社会的阴暗面:这出～辛辣地讽刺了某些人。

【闹笑话】nào xiàohuà 词组。因无意或无知而发生可笑的错误:他不懂装懂,充内行,工作中常～。

【闹新房】nào xīnfáng 词组。新婚第一天的晚上,亲友们在新房里跟新婚夫妇说笑逗乐:走,咱们去～|～也要注意分寸。也说闹房。

【闹意见】nào yìjiàn 词组。因意见不合而彼此不满:我们那里大家相处很融洽,很少～。

【闹着玩儿】nào·zhe wánr 词组。(1)做游戏:咱们在一起～。(2)用轻率的态度对待人或事情:这是很重要的工作,不能～|生病要找医生治,不能自己乱找药吃,这可不是～的。

淖 nào 〈素〉烂泥,泥坑:泥～。

【淖尔】nào'ěr 名。蒙古语称湖泊;多用作地名:罗布～(罗布泊,在新疆)|达里～(达里泊,在内蒙古)。

臑 nào 名。(1)古书上指牲畜的前肢。(2)中医学指自肩至肘前侧靠近腋部的隆起的肌肉。

né(ㄋㄜˊ)

哪 né [哪吒](-·zha) 名。神话里神的名字。
另见nǎ、·na、něi。

nè(ㄋㄜˋ)

讷 nè 〈素〉说话迟钝:木～|～～口～。

【讷讷】nènè〈书〉形。形容说话迟钝:～不出于口。

那 nè "那(nà)"的口语音。参见"那"条"注意"。
另见nā、nǎ(哪)、nà。

呢馁哪内 ne-nèi 755

·ne(·ㄋㄜ)

呢 ·ne 助。(1)表示疑问;用于特指问句,句中常有疑问代词"谁、怎么、什么、哪"等:你问谁~?|他怎么不来~?用于选择问句,须有两个或两个以上的项目:这样说对不对~?|前后项目之间常用"还是"连接:是他错~,还是我错~?用于反问句,句中常有"哪里、怎么、什么、何必"等:我还小,哪里能挑这样的重担~?|你何必自讨苦吃~?(2)表示确认事实;略带夸张色彩:塘里的鱼可大~|他还会做诗~。(3)用于陈述句末,表示持续的状态;常和"正、正在"或"着"等配合:他正在睡觉~|灯还亮着~。(4)用在句中停顿处,多表示列举或对举:老马~,喜欢篮球,我~,喜欢足球|如今~,可不比往常了|其实~,我可以不去。

另见 ní。

něi(ㄋㄟˇ)

馁 něi 〈素〉(1)失掉勇气:气~|自~。(2)饥饿:冻~。(3)腐烂;只指鱼:鱼~肉败。

哪 něi 代。"哪(nǎ)"的口语音。参见"哪"条"注意"。

另见 nǎ, ·na, né。

nèi(ㄋㄟˋ)

内 nèi ❶方位。内部、里头;与"外"相对,单用时多用在少数固定格式中:请勿入~|~附清单。用在名词后表示处所、时间、范围等:校~|年~|将有两部新作问世|场~不准吸烟。❷〈素〉(1)里头的:~河|~奸。(2)指妻或妻的亲属:~人|~亲。❸〈古〉同"纳(nà)"。

【内部】nèibù 名。某一范围以内;与"外部"相对:深入~|~资料|~联系|这个问题~解决。

【内地】nèidì 名。距离边疆或沿海较远的地区:调回~工作|~近几年有很大发展。注意:"内地"不跟"外地"相对,"本地"才跟"外地"相对。

【内弟】nèidì 名。妻子的弟弟。

【内分泌】nèifēnmì 名。人或高等动物体内有些腺或器官能分泌激素,不通过导管,由血液带到全身,从而调节有机体的生长、发育和生理机能,这种分泌叫做内分泌。

【内服】nèifú 动。把药吃下去;与"外敷"相对,不带宾语,可带补语:每日~三次。可作定语:~药水。

【内阁】nèigé 名。某些国家中的最高行政机构,由内阁总理(或首相)和若干阁员(部长、总长、大臣或相)组成。

【内功】nèigōng 名。锻炼身体内部器官的武术或气功;与"外功"相对。

【内海】nèihǎi 名。(1)除了有狭窄水道跟外海或大洋相通外,全部为陆地所包围的海,如地中海、波罗的海等。也叫内陆海。(2)沿岸全属于一个国家因而本身也属于该国家的海,如渤海是我国的内海。

【内涵】nèihán 名。一个概念所反映的事物特有的本质属性,即概念的含义或内容:~丰富|必须明确概念的~和外延。参见"外延"。

【内行】nèiháng ❶形。对某种工作或事情有丰富的知识和经验:他是画家,对室内装饰很~。❷名。指具有这种知识和经验的人:他从事出版工作多年,是出版界的~。

【内耗】nèihào 名。(1)机器或其他装置本身所消耗的没有对外做功的能量。(2)比喻部门、单位之间或其内部成员之间由于体制上的弊病或互相倾轧而造成的无谓的损耗:如今,某些单位领导成员之间闹不团结,~严重,令人痛心。

【内河】nèihé 名。处于一个国家疆域之内的河流。

【内讧】nèihòng 动。集团内部由于争权夺利而互相冲突、互相倾轧;不带宾语:统治集团官员之间~起来了。常作"发生、出现"等的宾语:太平天国后期,发生了~。也作内哄。

【内奸】nèijiān 名。暗藏在内部进行破坏的敌对分子:铲除~。

【内景】nèijǐng 名。戏剧方面指舞台上的室内布景,电影方面指摄影棚内的布景;与"外景"相对。

【内疚】nèijiù 形。内心感觉惭愧不安:没能照顾好她,我很~|他为自己的失职

而深感～。

【内科】nèikē 名。医疗机构中主要用药物而不用手术来治疗内脏疾病的一科。

【内涝】nèilào 名。地势低洼的地区因雨水过多不能及时排除而造成的涝灾。

【内里】nèilǐ 〈方〉名。内部,内中:这个单位外表看上去似乎很平静,～矛盾却很多。

【内陆】nèilù 名。大陆远离海岸的部分。

【内乱】nèiluàn 名。指国内的叛乱或统治阶级内部的战争:发生～|平定～。

【内幕】nèimù 名。外界不知道的内部情况;多指不好的:～新闻|这个走私集团的～被揭穿以后,人们不由得大吃一惊。

【内亲】nèiqīn 名。和妻子有亲属关系的亲戚的统称,如内兄、内弟、连襟等。

【内勤】nèiqín 名。(1)部队以及有外勤工作的单位称在内部进行的工作:分工搞～|～人员。(2)从事内勤工作的人。

【内人】nèi·ren 名。旧时对别人称自己的妻子。

【内容】nèiróng 名。事物内部所含的实质或意义:这本书～丰富,值得一读。

【内伤】nèishāng 名。(1)中医指由饮食不适、过度劳累、忧虑或悲伤等原因引起的病症。(2)泛指由跌、打、碰、挤、压、踢等原因引起的气、血、经络、肺腑的损伤。

【内廷】nèitíng 名。指帝王的住所。

【内外】nèiwài ❶名。内部和外部,里面和外面:～有别|处理好～的关系。❷方位。(1)附在名词后,表示一定范围:国～|长城～。(2)附在数词或数量词后,表示概数:他六十～|两个月～。

【内外交困】nèi wài jiāo kùn 成。交:一齐,同时。里里外外都有困难;一般指国内的政治经济和对外关系等方面:侵略者已处于～的局面。

【内务】nèiwù 名。(1)国内事务;多指民政:～大臣。(2)集体或家庭生活中室内的日常事务:今天宿舍里的～你负责。

【内线】nèixiàn 名。(1)布置在对方内部搞情报或进行其他活动的人,也指这种工作。(2)处在敌方包围形势下的作战线:～作战。(3)一个单位内的电话总机所控制的只供内部用的线路。

【内向】nèixiàng 形。性格深沉含蓄,不开朗,不表露;与"外向"相对:他的性格很～|她是个～的姑娘。

【内销】nèixiāo 动。生产的产品在本国或本地区销售;与"外销"相对:这些产品大部分出口,一部分～|这是出口转～的产品。

【内省】nèixǐng 动。内心检查自己的思想行为:你应好好～。可带宾语或补语:必须经常～自己的言行|你应该～一下,自己究竟错在哪里。注意:"省"这里不能读作shěng。

【内兄】nèixiōng 名。妻子的哥哥。

【内秀】nèixiù 形。貌似粗鲁其实聪明而细心:别看他长得五大三粗,可～着呢|他是个很～的汉子。

【内因】nèiyīn 名。指事物的内部矛盾,事物发展变化的内部原因。内因是事物发展的根本原因。

【内应】nèiyìng 名。隐藏在对方内部做策应工作的人:他做～,挺合适。

【内忧外患】nèi yōu wài huàn 成。指国家内部的祸乱和外来的侵略:那时国家～十分严重,但那些封建军阀依然勾心斗角,争权夺利。

【内蕴】nèiyùn 〈书〉名。事物内部所包含的东西:文学作品要力求具有丰富的～。

【内在】nèizài 形。事物本身所固有的;与"外在"相对,不加程度副词,不单独作谓语,多作定语:～规律|～因素。

【内脏】nèizàng 名。人或动物胸腔和腹腔内器官的统称,包括心、肝、脾、胃、肠等。

【内宅】nèizhái 名。住宅内女眷的住处:清幽雅静的～。

【内债】nèizhài 名。国家向本国公民借的债。

【内战】nèizhàn 名。国内的战争。

【内政】nèizhèng 名。国家内部的政治事务:不许干预别国的～。

【内中】nèizhōng 名。里面;多指抽象的:～矛盾重重|这件事～还有不少曲折。

【内助】nèizhù 〈书〉名。指妻子;常用"贤"、"好"等修饰:他有个贤～。

【内子】nèizǐ 〈书〉名。旧时对人称自己的妻子。

那 nèi 代。"那(nà)"的口语音。参见"那(nà)"条"注意"。
另见nà, nā。

nèn(ㄋㄣˋ)

恁 nèn 〈方〉代。(1)那么,那样:～高|～勇敢。(2)那:～时真开心啊。
【恁地】nèndì 〈方〉代。这么,那么:～客气就不好了。

嫩 nèn ❶形。与"老"相对。(1)初生而柔弱,娇嫩:～芽|叶子很～|这孩子皮肉真～。(2)〈方〉形容人的阅历浅,不老练:他当厂长,似乎嫌～了一点|她脸皮～,一说话脸就红。(3)指某些食物烹调时间短,容易咀嚼:鱼片炒得很～。❷〈素〉淡,浅:～黄|～绿。
【嫩黄】nènhuáng 形。像韭黄一样的浅黄颜色;不加程度副词,不单独作谓语,常作定语:～的小花漫山遍野。
【嫩绿】nènlǜ 形。像刚长出的树叶那样的浅绿色;不加程度副词,不单独作谓语,常作定语:～的幼芽钻出了地面。

néng(ㄋㄥˊ)

能 néng ❶助动。(1)表示有条件或有能力做某事:我～画|工厂不～生产了。可单独回答问题:"你能不能把这件事完成?""～"。(2)表示善于做某事;前面可加"很",一般不单独回答问题:这个人～说会道|很～做家务。(3)表示有某种用途:大蒜～杀菌。可以单独回答问题:"这车～骑吗?""～"。(4)表示有某种可能;很少单独回答问题:只要肯写,就～写得好|你不～不去("不能不"表示应该、必须,不等于"能")。(5)表示情理上或环境上许可;这件衣服很宜入买。多用于疑问和否定:不～只考虑自己|你～这样看书吗? ❷名。物质做功的能力。能的单位和功的单位相同。能的基本类型有:位能、动能、热能、电能、磁能、光能、化学能、原子能等。也叫能量。❸〈素〉(1)能力,才干:技～|才～。(2)有能力的,有才干的:～人|～手。❹〈古〉同"耐"。
＊"能"和"会":"能"表示具备某种能力或达到某种效率;"会"表示学得某种本领。恢复某种能力用"能";初次学会某种动作用"会"。达到某种效率,只能用"能",不能用"会"。名词前面文言可以用"能",如"能诗会画";白话只用"会",如"会象棋"。跟"不……不"组成双重否定,"不能不"表示"必须","不会不"表示"一定"。
【能动】néngdòng 形。自觉努力、积极活动的;不加程度副词,不单独作谓语,多作状语,须带助词"地":～地改造客观世界|必须～地展开工作。
【能干】nénggàn 形。有才能、会办事:这人很～|～的技术员。
【能够】nénggòu 助动。(1)表示具备某种能力或达到某种效率:这个厂～生产多种产品|～完成全年计划。(2)表示有条件或情理上许可:一切准备就绪,～开工了|他病好了,～下床了。
【能力】nénglì 名。能胜任某项任务的主观条件:我有～担当这项任务|各人的～有大小。
【能量】néngliàng 见"能❷"。
【能耐】néngnai 〈口〉名。技能,本领:他真有～,果然把这台机器修好了|这个人～不小。
【能屈能伸】néng qū néng shēn 成。能弯曲也能伸展,喻指人失意时能暂时忍耐,得志时能施展抱负:大丈夫当～|韩信可算是个～的人物,他年轻时曾有胯下之辱,后来却成为统帅千军万马的大将。
【能人】néngrén 名。在某一方面才能出众的人。
【能事】néngshì 〈书〉名。擅长的本领;常用在"极(竭)尽……之能事"格式中:李白的诗极尽变化之～|敌人对我们竭尽诬蔑之～。也可用在"以……为能事"格式中:那些坏蛋以祸国殃民为～。
【能手】néngshǒu 名。具有某种技能对某项工作、运动特别熟练的人;前面一般带有表示某项工作或运动的名词或动词性成分:丹青～|纺织～。
【能源】néngyuán 名。能产生能量的物质,如燃料、水力、风力等。

ńg(ㄫˊ)

嗯(唔) ńg 又读ń 叹。表示疑问,常单独成句:～? 你在看什么? |～? 这是怎么回事?
"唔"另见wú。

ňg(ㄫˇ)

嗯(吘) ňg 又读ň 叹。表示出乎意料或不以为然;常单独成句:～! 你还不懂? |～! 你怎么去了又回来了?

ǹg(ㄫˋ)

嗯(呝) ǹg 又读ǹ 叹。表示答应;常单独成句:～! 就这么办。可以活用作动词:他～了一声,就走开了。

nī(ㄋㄧ)

妮 nī 〈方〉名。(～儿、～子)女孩子。

ní(ㄋㄧˊ)

尼 ní 〈素〉梵语"比丘尼"的省称,佛教指出家修行的女子:～姑|～庵|僧～。

【尼格罗－澳大利亚人种】nígéluó-àodàlìyàrénzhǒng 词组。尼格罗,音译词;澳大利亚,音译词。世界三大人种之一,体质特征是皮肤黑,嘴唇厚,鼻子扁宽,头发鬈曲,主要分布在非洲、澳洲和南亚热带地区。

【尼姑】nígū 名。出家修行的女佛教徒。

【尼古丁】nígǔdīng 名。音译词。即烟碱,烟草中含的生物碱,有剧毒,农业上用做杀虫剂。

【尼龙】nílóng 名。音译词。聚酰胺纤维和聚酰胺树脂的商品名。具有坚韧耐磨、耐油性强、不易吸收水分等特点。是一种重要的合成纤维和工程塑料。

坭 ní ❶同"泥";只用于"红毛坭"。❷地名用字。白坭,在广东省。

呢 ní 名。呢子,一种较厚较密的毛织品,多用来做制服、大衣等:厚～大衣。
另见·ne。

【呢喃】nínán 拟声。摹拟燕子的叫声,有时也用来形容人们的绵绵细语:群燕～而来|情人们在林荫深处～细语。

【呢绒】níróng 名。毛织品的统称。泛指用兽毛或人造毛等原料织成的各种织物。

怩 ní 见"忸(niǔ)怩"。

泥 ní ❶名。含水的半固体状的土。❷〈素〉半固体状的像泥的东西:印～|蒜～。
另见nì。

【泥垢】nígòu 名。泥和污垢:满脸～。

【泥浆】níjiāng 名。粘土和水混合成的半流体。一般指泥土和水混合成的半流体:沾了一身～。

【泥金】níjīn 名。用金属粉末制成的一种颜料,用来涂饰器物。

【泥坑】níkēng 名。(1)烂泥淤积的低洼地。(2)比喻肮脏的难以自拔的境地:他在犯罪的～中越陷越深。

【泥淖】nínào 〈书〉名。烂泥,泥坑。

【泥泞】níníng ❶形。因有烂泥而不好走:～的道路|雨后的乡村小道十分～。❷名。淤积的烂泥:陷在～里|他踏着满地的～向前走去。

【泥牛入海】ní niú rù hǎi 成。泥塑的牛掉进海中,比喻一去不复返:要求调动工作的报告送上去后,如～,毫无音讯。

【泥鳅】níqiū 名。鱼的一种,身体圆柱形,嘴上有须五对,鳞小,全身有粘液。生活在河湖、池沼或水田中,潜伏在泥里。

【泥沙俱下】ní shā jù xià 成。泥土和沙子一同随水流了下来。比喻好坏不同的人或事物混杂在一起:在社会大变革中难免鱼龙混杂。

【泥石流】níshíliú 名。山坡上大量泥、沙、石块等碎屑物质,经山洪冲击挟带而形成的短暂的急流。是山区的一种自然灾害现象。

【泥塑】nísù ❶动。一种民间工艺,用粘土捏成各种人物形象或其他艺术品;不单独作谓语,常用在"是……的"格式中,或作定语:这娃娃是～的|～偶像。❷名。用粘土捏成的人像或其他艺术品:

这是无锡～。

【泥塑木雕】ní sù mù diāo 见"木雕泥塑"。

【泥胎】nítāi 名。(1)尚未用金粉或颜料装饰过的泥塑的偶像。(2)(～儿)没有经过烧制的陶器坯子。

【泥潭】nítán 名。泥坑。

【泥腿】nítuǐ 名。旧时对农民的轻蔑称呼。也说泥腿子。

【泥沼】nízhǎo 名。烂泥坑;陷人～。

铌 ní 名。金属元素,符号Nb。灰白色晶体,有延展性。主要用于制造耐高温和耐腐蚀的合金钢和超级硬合金。

倪 ní ❶〈素〉端,边际:端～。❷姓。注意:右边不能简化成"儿"。

猊 ní 名。见"狻(suān)猊"。注意:右边不能简化成"儿"。

霓 ní 名。大气中有时跟虹同时出现的一种光的现象,彩带排列的顺序和虹相反,红色在内,紫色在外,颜色比虹淡。也叫副虹。参见"虹"。

【霓虹灯】níhóngdēng 名。霓虹,音译词。灯的一种。在长形真空玻璃管里充入氖或氩等惰性气体,通电后发出红色或蓝色的光。多用做广告灯或信号灯。

鲵 ní 名。两栖动物,分大鲵和小鲵两种。眼小,口大,有四条腿,生活在淡水中,均可食。大鲵叫声像婴儿,故又叫娃娃鱼。

麑 ní 名。古书上指小鹿。

nǐ(ㄋㄧˇ)

拟(擬) nǐ ❶动。(1)打算,想要;常用"于"构成的介词词组作补语:～于明年实施这个计划。(2)初步设计,起草;须带宾语或补语:～了一份工作计划|招生方案已～好。❷〈素〉模仿,仿照:模～|～作。

【拟定】nǐdìng 动。起草制定;常带宾语或补语:～进度|规划～好了。

【拟订】nǐdìng 动。起草订立;常带宾语或补语:～了一个方案|计划～好了,还须进一步修改。

【拟稿】nǐgǎo 动。起草公文等;不带宾语:教授亲自～。可拆开用:秘书拟了一份稿。可作定语:他是这个文件的～人。

【拟人】nǐrén 名。修辞方式之一,把事物人格化。如"小鸟在唱歌",就是把鸟当作人一样来描写。

【拟声词】nǐshēngcí 名。摹拟声音的词,如"哗、当、滴答、乒乓"等。也叫象声词。

【拟态】nǐtài 名。自然界某些动物自我保护,免受侵害的现象。通过形态、颜色、斑纹等跟另一些动、植物或周围自然界的物体相似来达到目的。如斑马的花纹相似于周围的丛林莽原。

【拟议】nǐyì ❶名。事先的考虑:他的～是正确的。❷动。草拟;常带宾语:～一份报告。

【拟于不伦】nǐ yú bù lún 成。拿不能相比的人或事物来比方;含贬义:用老虎的威武来比喻现代科学的迅猛发展,这种说法委实是～。

【拟作】nǐzuò 名。摹仿他人的风格或假托他人的口吻而写的作品:这是部～。

你 nǐ 代。(1)称对方;指一个人:～好|～去哪儿。用在工厂、机关、学校等名词前,表示复数,相当于"你们",名词限单音节的:～厂生产什么? |通知～局派人参加会议。表示领属关系时,一般加助词"的":～的计算尺。用在亲属和有亲密关系的人的名词前,或在表示处所意义的词语前,口语中常不加助词"的":～姐姐念几年级?|～师傅很热情|～家里有小说书吗?有时可跟对方的名字或表示身份的名词合用,构成复指词组,带感情色彩:还是～老张有办法|这件事能否办成,全在于主任～。(2)泛指任何人:～要进步,就得虚心学习。有时实际上指"我":问他十句,他才应答～一句。(3)跟"我、他"对举使用,有的表示许多人参加:～一言,我一语,大家讨论得很热烈。有的表示许多人相互怎么样:～推他,他推～,都不肯接受。

【你们】nǐ·men 代。称对方的若干人或包括对方在内的若干人:～是学生。表示领属关系时,一般加助词"的":～的书|～的意见。用在对方亲属名称或跟对方

有关的人、团体、处所等词语前,口语中一般不加助词"的":~奶奶|~小组|~学校|~家里。有时可跟表示对方的身份的名词或数量词连用,构成复指词组:~教师工作很辛苦|~几个人去排练节目。

【你死我活】nǐ sǐ wǒ huó 成。不是你死,就是我活;形容斗争激烈:这是一场~的搏斗。

旋 nǐ 见"旖(yǐ)旋"。

你(ní)

伲 nǐ 〈方〉代。我们。

泥 nǐ ❶动。用土、灰等涂抹;常带宾语或补语:~墙|把炉子一下。❷〈素〉固执,死板:拘~|~古。
另见ní。

【泥古】nǐgǔ 动。拘泥古代的制度或说法,不知变通;不带宾语:不要~不化。

【泥子】nǐzi 名。用桐油、石膏、松香等混合而成的泥状物,油漆木器或铁器时用来涂抹表面,使平整而没有缝隙。也作腻子。

昵(暱) nǐ 〈素〉亲热:亲~。

逆 nǐ ❶动。方向相反;常带宾语和动态助词"着":~着风走。❷〈素〉(1)抵触,不顺从:~耳|忤~|~子。(2)背叛者,背叛者的:叛~|~产。(3)迎接:~旅。(4)预先:~料。

【逆差】nǐchā 名。对外贸易账上输入超过输出的贸易差额;与"顺差"相对。

【逆产】nǐchǎn 名。背叛国家民族的人的财产:~必须没收。

【逆耳】nǐ'ěr 形。某些话听起来使人感到不舒服;常用在比较固定的组合中:忠言~|~之言。

【逆境】nǐjìng 名。不顺利的境遇:身处~,更要发愤图强。

【逆来顺受】nǐ lái shùn shòu 成。对恶劣的环境或无理的待遇采取顺从忍受的态度,含贬义:他生性懦弱,挨了流氓的打骂,还是~,不敢检举揭发。

【逆料】nǐliào 动。预料;常受"不难、很难、尚难"的修饰:事情的发展很难~|此事不难~|胜败尚难~。有时可带宾语:看十来岁的孩子,便可以~20年后中国的情形。

【逆流】nǐliú ❶动。逆着水流方向;与"顺流"相对,多构成连动词组:~而上|~航行。❷名。跟主流方向相反的水流,常用来比喻反动的或与主流相反的潮流:我们应坚持原则,顶住~。

【逆旅】nǐlǚ 〈古〉名。旅馆。

【逆水行舟】nǐ shuǐ xíng zhōu 成。逆着水流的方向行船,比喻学习或做事不努力就要后退:学习如~,不进则退。

【逆转】nǐzhuǎn 动。改变正在发展的方向,向相反方向转化;常指局势、状况等,常用于否定式:历史的进程是不可~的|我们知道他的病情不可~,只希望能延长生命的时间。

【逆子】nǐzǐ 名。不孝顺父母的儿子:你怎能虐待年迈的母亲?真是个~。

匿 nǐ 〈素〉隐藏,躲避:~名|藏~。

【匿迹】nǐjì〈书〉动。躲藏起来,不露形迹;多用于固定组合:销声~。

【匿名】nǐmíng 动。信件等不署名字或不写真名;不带宾语:你举报的都是事实,即使不~也可以。

【匿影藏形】nǐ yǐng cáng xíng 成。隐藏形迹,不露真相;用于贬义:风声一紧,那帮坏蛋就~,不公开活动了。

睨 nǐ〈书〉〈素〉斜着眼睛看:睥~|~视。

腻 nǐ ❶形。(1)食物油脂过多:菜烧得太~了。(2)厌烦:这些老调让人听了~得慌。常作单音节动词的补语:看~了|玩~了。(3)粘:出了汗身上很~|这抹布怎么这样~?❷动。因油脂过多而使人吃不下;多以"人"作宾语:肉肥得~人。❸〈素〉(1)污垢:尘~。(2)细致:细~。

【腻烦】nǐ·fan ❶〈口〉形。因次数反复过多而感觉厌烦:老是这么唠叨真叫人极了|这首歌我听得~极了。❷动。厌恶,讨厌;常带宾语:他~这儿的环境|大家都~他的装腔作势。可带动态助词"了":~了都市生活的她,就觉得农村

【腻味】nì·wei 〈方〉形。腻烦。
【腻子】nì·zi 名。即"泥(nì)子"。

溺 nì 〈素〉(1)淹没：～死｜～水。(2)过分,沉迷不悟：～爱｜～信。
另见niào(尿)。

【溺爱】nì'ài 动。过分宠爱;一般指对子女,可带宾语,可加程度副词：太～孩子了｜～不是真正的爱。有时也用于对自己的东西:他对于自己所掌握的材料,过分地～,什么也不肯舍弃,所以文章中心不突出。

niā(ㄋㄧㄚ)

嘸 niā 〈方〉助。用于句末,表示希望：来～。

niān(ㄋㄧㄢ)

拈 niān 动。用两三个指头搓捏或拿东西;常带宾语或补语：他不停地～着胡子｜把地上的花生米～起来。
【拈阄儿】niānjiūr 同"抓阄儿"。
【拈轻怕重】niān qīng pà zhòng 成。只拿轻东西,怕挑重担子;多指做事挑拣容易的,逃避繁重的,含贬义;有的人对工作不负责任,～,把重担子推给别人。

蔫 niān 形。(1)植物因失去水分而萎缩;句末多加助词"了"：菜秧被晒～了｜桃花～了。也可用于水果：葡萄放了几天,～了。(2)精神萎靡不振：他病了几天,竟病～了｜别老是这副～样,要振作起来。
【蔫不唧】niān·bujī 〈方〉形。多儿化后加助词"的"。(1)情绪低落、精神不振的样子：他这几天总是那么～儿的｜瞧你这副～儿的模样!(2)不声不响,悄悄的：他～儿地走了。
【蔫呼呼】niānhūhū 形。形容人柔缓、性子慢、做事不干脆利落;不加程度副词,须带助词"的"：跟～的人处事真没劲｜张老先生总是那样～的。

nián(ㄋㄧㄢˊ)

年(秊) nián ❶名。地球绕太阳一周的时间,平年365日,每四年有一个闰年,增加一天为366日;前边可直接加数词,不用量词：工作已满三～。❷〈素〉(1)时岁,岁数：～纪｜～轻。(2)一生按年龄划分的阶段：童～｜青～。(3)时代：～间｜末～。(4)一年中庄稼的收成：～成｜丰～。(5)年节：新～｜拜～。(6)有关年节的：～画｜～货。(7)每年的：～鉴｜～会。❸姓。

【年表】niánbiǎo 名。将重大历史事件按年月编排的表格：大事～｜中国历代～。
【年成】nián·cheng 名。一年的收成：逢上了好～。
【年齿】niánchǐ 〈书〉名。年纪：本人～日增,已不能胜任此项工作。
【年代】niándài 名。(1)时代：现在是改革的～。(2)每一世纪中从"…0"到"…9"的十年,为一年代,如1980年——1989年为二十世纪八十年代。
  *"年代"和"时代"："年代"指现代或过去的一段较长时间;"时代"指具有发展特征的一个历史阶段,如：少年时代。"年代"可以指每一世纪中的十年时间;"时代"不能。"时代"可以指发展前进着的历史潮流,如：时代的车轮滚滚向前;"年代"不能这样用。
【年度】niándù 名。根据业务性质和需要而有一定起讫日期的十二个月：会计～｜～计划。
【年份】niánfèn 名。(1)指某一年：兄弟俩在同一～参加工作。(2)经历年代的长短：这件衣服的～可长啦。
【年富力强】nián fù lì qiáng 成。年富：往后的年岁还多。指年纪轻,精力旺盛：他～,当厂长很合适。
【年高德劭】nián gāo dé shào 成。劭：美。年纪大,品德好;一般用于庄重的场合：张老～,全院无不对他敬仰备至。
【年庚】niángēng 名。一个人出身的年、月、日、时。
【年关】niánguān 名。旧时年底的别称,因为年底结帐,对于负债欠租的人来说,好似过关,故称年关。
【年号】niánhào 名。纪年的名称;多指帝王用的,如"贞观"是唐太宗的年号。现在也指公元纪年。
【年华】niánhuá 名。时光,年岁：不要虚度～。

【年画】niánhuà 名。民间过春节时张贴的表现欢乐吉庆之象的图画。

【年会】niánhuì 名。社会团体等一年一度举行的集会。

【年级】niánjí 名。学校中依据学生修业年限分成的班级。

【年纪】niánjì 名。人的年龄。
  *"年纪"和"年龄"："年纪"使用范围较窄，一般用于人；"年龄"使用范围较广，除了用于人，还可用于动植物。"年纪"常同"老、轻"等词搭配；"年龄"不能。"年纪"可充当"上(了)"的宾语："年龄"一般不这样用。

【年间】niánjiān 名。指某个时期或某个年代里；前面要有表示时间范围的定语：贞观～|清朝乾隆～。

【年鉴】niánjiàn 名。辑录一年内重要的有关文献和统计资料，分类编排，按年印行的工具书。有综合性的，也有专科性的：出版1991年～。

【年馑】niánjǐn 〈方〉名。荒年：那时每逢～，民不聊生。

【年景】niánjǐng 名。(1)年成：今年～较好。(2)过年的景象：家乡的～真热闹。

【年来】niánlái 名。一年以来或近年以来：他～进步不小。

【年历】niánlì 名。印有一年的月份、星期、日期、节气的印刷品。

【年龄】niánlíng 名。人或动植物已生存的年数；前面可加表示人或动植物某方面特点或情况的定语：他到了参军的～|发育的～。常跟"大、小"等词搭配：他～大|她～小。

【年轮】niánlún 名。木本植物的主干由于季节变化生长快慢不同，使其断面呈现不同的环状纹理。年轮的总数大致相当于树的年龄。

【年迈】niánmài 形。年纪老：他～多病|～的父亲。

【年谱】niánpǔ 名。用编年体裁记载个人生平事迹的著作：《孙中山～》。

【年青】niánqīng 形。义同"年轻(1)"：～人朝气蓬勃。
  *"年青"和"年轻"："年青"含有处于青春朝气蓬勃时期的意思，只用在十几至二十几岁的年纪，不能用于四五十岁或中年以上；"年轻"则不受此限制，如可以说五六十岁的人比七八十岁的人年轻。"年青"可用于精神面貌或活力，如"他长须留起来了，心却更年青了"、"古老的城市变得年青了"；"年轻"一般不这样用。

【年轻】niánqīng 形。(1)年纪不大；多指十几岁至二十几岁：这位护士～得很。(2)不显老：尽管他已是五十出头的人了，可是看上还很～。(3)指事物产生或开创的年数不多：～的国家|这是一门～的学科。
  *"年轻"和"青年"："年轻"是形容词；"青年"是名词。"年轻"作定语，一般带助词"的"；"青年"作定语，一般不带词"的"。"年轻"可形容人，也可形容事物；"青年"只能形容人。

【年事】niánshì 〈书〉名。年纪：～已高|～已多。

【年岁】niánsuì 名。(1)年纪：他已上了～。(2)年代：因～已久，人们都忘记了这件事情。
  *"年岁"和"年事"："年岁"含有"年数较多、岁月较长"的意思；"年事"含有已有悠长生活历程的意味。"年岁"常同"大、这么大、不小、上(了)"等搭配；"年事"常同"高、已高、已长"等搭配。"年岁"可用于书面语，也可用于口语；"年事"只用于书面语。

【年头儿】niántóur 名。(1)年份：他进厂已三个～了。(2)多年的时间；常作"有"的宾语：编写这本书，有～了。(3)时代：这～呀，没知识可不行。(4)年成：今年是个好～。

【年限】niánxiàn 名。规定的或作为一般标准的年数：缩短借贷～|这架飞机已超过了使用～，要让它"退休"了。

【年月】nián·yue 名。(1)〈口〉时代：这部著作，经历了漫长的～，总算流传下来了。(2)日子，岁月：那些～，你在干些什么？|未来的～，生活会更美好。

【年尊】niánzūn 形。年纪大；不加程度副词，一般用于较庄重的场合：唐老～辈长，谁不崇敬？|～者理应受到照顾。

粘(黏) nián 形。像胶水或浆糊一样的性质：这米糕

很~|胶水~得很。

另见zhān。

【粘稠】niánchóu 形。液体粘性和浓度大,不易流动:那泥水看上去非常~|大树断口处白生生的,流着~的汁液。

【粘度】niándù 名。液体或半流体流动难易的程度,流动越难,粘度越大:这浆糊~不大。

【粘附】niánfù 动。指粘性的东西附着在其他物体上,泛指一物体附着在另一物体上;常带补语:这些小生物就~在礁石上。

【粘糊】nián·hu 形。可重叠。(1)形容东西粘:这桶涂料真~|这饭怎么烧得粘糊糊的。(2)形容人动作缓慢、精神不振作:小王近来变得很~,不爱说话|他总是这样粘粘糊糊的,做事一点不利索。

【粘膜】niánmó 名。口腔、气管、胃、肠、尿道等器官里面的一层薄膜,内有血管和神经,能分泌粘液。

【粘土】niántǔ 名。地壳表面有粘性的土,纯粘土叫高岭土,可烧制瓷器,普通粘土可烧制砖瓦、陶器。粘土含量太多的土地,耕种时需要改良。

【粘涎】nián·xian 〈方〉形。不爽快,冗长而无味;一般指动作、说话、表演等:这台节目编排得真~。

【粘液】niányè 名。植物和动物体内分泌出来的粘稠液体。

鲇(鯰) nián 名。鲇鱼,头大而扁,口阔,身体表面多粘液,无鳞。生活在河湖池沼等处,吃小鱼等水生动物。可食用。

niǎn (ㄋㄧㄢˇ)

捻(撚) niǎn ❶动。常带宾语或补语。(1)用手指搓:~线|把绳子~紧一点。可带兼语:~根纸捻当灯芯。(2)〈方〉掺;只与"河泥"搭配:~了一船河泥。❷名。(~儿、~子)用纸、线等搓成的条状物:纸~儿|药~子。

【捻军】niǎnjūn 名。清代曾受太平天国领导的一支农民起义军(1852—1868)。活动在安徽北部和河南一带,后分为东捻、西捻两支,最终都在清军镇压下失败。

辇 niǎn 名。古时指用人拉的车,后多指皇帝坐的车。

撵 niǎn 动。(1)赶走,驱逐;常带宾语或补语:~人|把他们~出去。可带兼语:~他走。(2)〈方〉追赶;须带宾语:赶快去~他|怎么也~不上他。

碾 niǎn ❶动。滚动碾磙子等使谷物去皮、破碎,或把其他物体轧碎、压平;常带宾语或补语:~谷子|把地~平|药被~碎了。❷名。(~子)把东西轧碎或压平的器具:用~子把地面压平。

【碾压】niǎnyā 动。指车轮等滚过地面;常带宾语或补语:压路机正在~路面|汽车在马路上~出两道新的辙印|两台拖拉机一前一后~过来。

蹍 niǎn 〈方〉动。踩:把这条蝎子~死。

niàn (ㄋㄧㄢˋ)

廿 niàn 〈方〉数。二十:正月~五。

念(△唸) niàn ❶动。常带宾语或补语。(1)想念,惦记;须加动态助词"着"或趋向动词"过、起":母亲常~着远方的儿子|经常~起故乡的好友。△(2)看着文字读出声音:~课文|把这篇文章~几遍。△(3)指上学:~小学|你就在这个学校~下去吧。❷〈素〉心里的打算:~头|私心杂~。❸数。"廿"的大写。❹姓。

【念白】niànbái 名。戏曲中的说白:在戏曲表演中占有重要的地位。

【念叨】niàn·dao 动。也作念道。常带宾语。(1)因惦记、想望而不断地谈起:我们常常~母校的老师。(2)〈方〉说,谈论:他们正~春游的事。可重叠:有关勤俭节约的事,要经常跟大伙儿~~。

【念旧】niànjiù 动。不忘旧日的情谊;不带宾语:老王能~,对过去的同学总是那么热情。

【念念不忘】niànniàn bù wàng 成。念念:时时思念着。形容牢记心上,时刻不忘:~老师的教导。

【念头】niàn·tou 名。心里的打算或想法:心中只有一个~。

【念物】niànwù 名。纪念品：这几本书，都送给你做～吧。有的地方叫念心儿。

埝 niàn 名。田里或浅水里用土筑成的小堤或副堤。

niáng（ㄋㄧㄤˊ）

娘（孃） niáng ❶名。母亲；多用于口语中。❷〈素〉(1)称长辈或年长的已婚妇女：婶～|姨～。(2)年轻妇女：新～|姑～。

【娘家】niáng·jia 名。已婚女子自己父母的家；与"婆家"相区别。

【娘娘】niáng·niang 名。(1)指皇后或贵妃：正宫～。(2)信神的人对女神的称呼，或是一般人对自然现象的拟人称呼，多见于神话、童话中：～庙|月亮～。

【娘儿】niángr 名。长辈妇女和男女晚辈的合称；后面须带数量词：～俩|～四个在家种田。

【娘儿们】niángr·men 名。(1)〈口〉长辈妇女和男女晚辈的合称：～去田里干活了。(2)〈方〉女人；含轻蔑意，可用于单数：这真是～的见识|～不要管这些事。(3)〈方〉妻子：你家～真贤惠。

【娘胎】niángtāi 名。(1)孕妇之体：在～里（指尚未出生）|出了～（指已出生）。(2)比喻生来具有某种特征的根由；多加方位词"里"：他这种性格大概是～里带来的，改不了啦。

【娘子】niáng·zi 名。(1)〈方〉妻子。(2)对青年或中年妇女的尊称；多见于早期白话。

【娘子军】niáng·zǐjūn 名。隋末李渊的女儿统率的军队号称娘子军，后来用来泛称由女子组成的队伍或妇女集体：这个纺织厂全是～。

niàng（ㄋㄧㄤˋ）

酿（釀） niàng ❶动。常带宾语。(1)利用发酵作用制造：～酒。(2)蜜蜂做蜜：蜜蜂会～蜜。(3)逐渐形成；须带补语"成"后才能带宾语：小错不改，就会～成大错。❷〈素〉酒：佳～。

【酿造】niàngzào 动。利用发酵作用制造；指制造酒、醋、酱油等，常带宾语和补语：酿酒厂把山楂～成芬芳的美酒|酒已～好了。

niǎo（ㄋㄧㄠˇ）

鸟（鳥） niǎo 名。脊椎动物的一类，温血，卵生，全身有羽毛，后肢能行走，前肢变为翅膀，能飞。麻雀、鹰、鸡、鸭等都属鸟类。

另见 diǎo。

【鸟尽弓藏】niǎo jìn gōng cáng 成。鸟打光了，弹弓就收藏起来了。比喻事情成功后，把出过力的人抛弃或杀死：历史上～的教训实在太多了。

【鸟瞰】niǎokàn ❶动。从高处往下看：在山上～，长江就像白色的带子。可带宾语：～北京城。❷名。事物的概括描写：国际经济～|语言学史～。

【鸟兽散】niǎo shòu sàn 成。成群的人像鸟兽般一哄而散。现多用来形容敌人或坏人溃逃；含贬义：那伙流氓听说警察来抓人了，嗖哨一声，俱～。注意："散"这里不读 sǎn。

茑 niǎo 名。小乔木，茎能攀缘其他树木，叶子呈掌状分裂，表面有柔毛，花带绿色，果实球形。生长在四川等地的深山中。

袅（嫋、嬝） niǎo 〈素〉细长柔软：～娜。

【袅袅】niǎoniǎo 形。不加程度副词。(1)形容烟气缭绕上升的样子：炊烟～。(2)形容细长柔软的东西随风摆动的样子：垂杨～|～的彩条。(3)形容声音绵延不绝：余音～|歌声～。

*"袅袅"和"袅娜"："袅袅"有随风摆动的意思，"袅娜"不一定是摆动着的。"袅袅"使用范围较广，可以形容杨柳、衣带、烟气、声音等；"袅娜"使用范围较窄，只形容草木柔软细长和女子姿态优美。

【袅袅婷婷】niǎoniǎotíngtíng 〈书〉形。形容女子走路体态轻盈的样子；不加程度副词：她～地走过来了。

【袅娜】niǎonuó 〈书〉形。(1)形容草木柔软细长；不加程度副词：～的杨柳枝儿。(2)形容女子姿态优美：～的倩影|体操班的小姑娘们个个～多姿。

【袅绕】niǎorào 〈书〉形。缭绕不断：琴声～。

嬲 niǎo 〈古〉动。戏弄,纠缠。

niào(ㄋㄧㄠˋ)

尿(溺) niào ❶名。人或动物体内,由肾脏产生,从尿道排泄出来的液体。❷动。排泄小便;常带补语:小孩儿的裤子～湿了。可用"尿"作宾语:～了一泡尿。

另见suī,"溺"另见nì。

【尿素】niàosù 名。有机化合物,白色结晶,能溶于水。可作肥料、饲料,也是重要的化工原料,可制造塑料、炸药等。也叫脲(niào)。

脲 niào 名。即"尿素"。

niē(ㄋㄧㄝ)

捏(揑) niē ❶动。常带宾语或补语。(1)用拇指和别的手指夹住:～住这支笔|这东西太小,～不起来。(2)用手指把软的东西做成一定形状:～面人儿|～饺子～了一个小时。❷〖素〗假造,虚构:～造。

【捏合】niēhé 动。(1)使凑合到一起;不带宾语,可带补语:他俩被双方的家长～在一块儿,拜了"花烛"成了亲|他俩的感情已经破裂,硬要～到一起是不可能的。(2)凭空虚构,捏造;多见于早期白话,常带宾语:胡乱～了一个罪名,将他捉拿进去。

【捏弄】niēnòng 动。常带宾语或补语。(1)捏摸玩弄:他一面说话,一面～着胸前的钮扣|那副扑克牌,不到一星期就被他～烂了。(2)捏造编派:～出一个离奇的故事|这件事是别有用心的人～出来的。

【捏一把汗】niē yī bǎ hàn 习。因担心而手心出汗,形容极度紧张的心情;常加状语修饰:不知事情会怎样处理,夫妇俩暗暗～|面对着一场意外的变化,大家都替突击队～。也作捏把汗。

【捏造】niēzào 动。假造,常带动态助词"了、过",带补语:～了一大堆谎言|这些罪名全是～出来的。

＊"捏造"和"伪造":它们都含有假造事实的意思,但"捏造"是无中生有,虚构事实,以进行欺骗、诬蔑或诽谤;"伪造"是暗中模仿真东西,制造假东西,以进行欺骗。"捏造"的对象常是不存在的事实、证据、罪名等,也可以是荒谬的言论等抽象的事物;"伪造"的对象除历史、言论等以外,常是证件、印章、货币等具体的事物。

nié(ㄋㄧㄝˊ)

苶 nié 〈方〉形。指人的精神疲倦,不振作:发～|他今天有点～。

niè(ㄋㄧㄝˋ)

乜 niè 姓。
另见miē。

陧 niè 见"杌(wù)陧"。

涅 niè 〈书〉❶名。可作黑色染料的一种矾石。❷〈动〉染黑。

【涅白】nièbái 形。不透明的白色;不加程度副词,多作定语:～的玉石。

【涅槃】nièpán 音译词,佛教用语。❶名。指幻想的超脱生死的最高境界。❷动。佛去世的代称。注意:一般僧人去世称"圆寂"。

聂(聶) niè 姓。

嗫(囁) niè [嗫嚅](-rú)动。嘴动,吞吞吐吐,想说而又不敢说出来;一般不带宾语,带补语,可带动态助词"着、了":望着他～了一会儿,大家都急死了|他的嘴唇～着。

镊(鑷) niè ❶名。(～子)一种拔除毛、刺或夹取细小东西的用具。❷动。夹;常带宾语或补语:～猪毛|把塞子～出来。

颞(顳) niè [颞颥](-rú) 名。头颅两侧靠近耳朵上方的部位。

蹑(躡) niè ❶动。放轻脚步;多以"手、脚"作宾语,带动态助词"着":～着脚绕到他背后。❷〖素〗(1)踩,插进:～足。(2)追随:～踪。

【蹑手蹑脚】niè shǒu niè jiǎo 形容走路时脚步放得很轻:他～地走进了大厅。

【蹑踪】nièzōng〈书〉动。追踪：～而至｜他不远千里，～到此，终于发现了犯罪分子的巢穴。

【蹑足其间】nièzú qí jiān 词组。参加进去：这件事背景很复杂，你千万不可～。

臬 niè 名。(1)〈古〉射箭的靶子。(2)古时测日影的标杆，即表。(3)〈书〉法式，标准：奉为圭～。

嶭 niè [嵽嶭](dié-)〈古〉形。形容山高。

镍 niè 名。金属元素，符号Ni。有光泽，银白色，延展性高。可用来制造器具、货币等，镀在其他金属上可防止生锈，是制造不锈钢的重要原料。

啮(齧、囓) niè〈书〉动。用牙齿啃或咬；只用于鼠、兔等动物：虫咬鼠～。

【啮合】nièhé 动。上下牙齿咬紧，两件东西像上下牙齿那样咬紧；常带介词词组作补语：两个大齿轮～在一起，不停地转动着。

孽(孼) niè〈素〉(1)邪恶：妖～｜残渣余～。(2)罪恶：造～｜罪～。

【孽障】nièzhàng 名。即"业障"。

蘖(櫱) niè〈素〉树木砍去后又长出来的新芽，泛指植物由茎部长出来的分枝：分～｜萌～。

糵(糱) niè〈古〉名。酿酒的曲。

nín (ㄋㄧㄣˊ)

您 nín 代。"你"的敬称；用于长辈，平辈可用可不用，不用于晚辈，不用于多数，不止一人时，后面加数量词：～是张师傅吧？｜～二位上哪去？

níng (ㄋㄧㄥˊ)

宁(寧、甯) níng ❶〈素〉平安，安定：～静｜安～。❷名。南京市的别称。
另见nìng。

【宁靖】níngjìng〈书〉形。旧指社会秩序安定：天下～。

【宁静】níngjìng 形。安静；一般指环境或心情：公园里很～｜大厅里～得鸦雀无声｜心情渐渐～下来。

*"宁静"和"平静"："宁静"表示没有一点声音或非常安定；"平静"表示没有大的动荡。"宁静"使用范围较窄，限于对环境和心情的描写，不能形容时局和水面；"平静"使用范围较广，可形容时局、水面等。

【宁日】níngrì〈书〉名。安定平静的日子；常作"无"的宾语：清朝末叶，列强侵扰，国无～。

【宁帖】níngtiē〈书〉形。心境安定平静。也作宁贴。

【宁馨儿】níngxīn'ér〈书〉名。原意为"这么样的孩子"，旧时用作赞美儿童的话。

苧(薴) níng 名。一种有机化合物，液状，有香味，存在于柑橘类果皮中，供制香料。
另见zhù(苎)。

拧(擰) níng 动。常带宾语或补语。(1)两手握紧物体的两端向相反方向用力扭转：～毛巾｜把绳子～得很紧。(2)用两三个手指捏紧皮肉后用力扭转：～你的嘴｜～得他直叫。
另见nǐng, nìng。

咛(嚀) níng [叮咛](dīng-)见"丁宁"。

狞(獰) níng〈素〉凶恶：～笑｜狰～。

【狞笑】níngxiào 动。凶狠地笑；不带宾语，可带补语：这个坏蛋有恃无恐地～着｜～了一声。可作定语：他感到，到处都是～的脸。

柠(檸) níng [柠檬](-méng) 名。(1)常绿小乔木，果实椭圆形，浅黄色，果汁极酸，可制饮料或香料。(2)这种植物的果实。

聍(聹) níng 见"耵(dīng)聍"。

凝 níng ❶动。凝结，液体遇冷变成固体，气体因温度降低或压力增加变成液体：油还没～住。❷〈素〉聚集，集中：～神｜～思。

【凝固】nínggù 动。常带补语。(1)液体变成固体：蛋白质遇热会～｜肉汤～起来了。加"成"后可带宾语：水～成冰。(2)比喻固定不变：他那英勇的姿势，就像钢铁铸成似的~在那里了。

＊"凝固"和"凝结"："凝固"使用范围窄,只指液体变为固体;"凝结"使用范围广,可指液体变为固体,也可指气体变为液体。"凝固"有"固定不变"的比喻用法;"凝结"有"建立"的比喻用法。

【凝集】níngjí 动。物体由稀变浓,凝结在一起;多指气体或液体,可带宾语:夜雾~成露珠,在叶子上闪烁着。可用于比喻,常带宾语,加动态助词"着":他粗犷的脸盘上~着深沉的感情。

＊"凝集"和"凝结"："凝集"多指气体或液体由分散到集中,浓度变大;"凝结"多指液体变为固体,也指气体变为液体。

【凝结】níngjié 动。常带宾语或补语。(1)物质由气体变为液体,或由液体变为固体:深秋的早晨,瓦楞上~起一层薄霜|鸡血~起来了。(2)比喻聚集、建立;常用于心血、友谊等:这一张张工笔正楷的卡片上,~了这位历史学家多少心血啊|这种友谊是用鲜血~起来的。

【凝聚】níngjù 动。(1)物质由气态变为液态,或由稀变浓;常带宾语或补语:蒸汽遇冷便~成水珠|一颗颗露珠~在树叶上。(2)比喻某些事物聚集在一起;带宾语时常加动态助词"着、了":这件礼物~着两国人民的友谊|这篇论文~了作者多少艰辛、毅力和智慧啊。

【凝练】níngliàn 形。简练,紧凑;指文笔:他的论文非常~,没有废话。

【凝眸】níngmóu 〈书〉动。目不转睛;多指注意力高度集中观察或欣赏某种事物,一般用在动词前作状语:~远眺。

【凝神】níngshén 动。聚精会神;不带宾语:听众屏息~,目不转睛地注视着舞台。常用在动词前作状语:~静听|~思索。

【凝视】níngshì 动。聚精会神地看;常带宾语或补语:我常常出神地~着那些美丽的星星|她对我~了一会,便笑了起来。

＊"凝视"和"注视"："凝视"是带着崇敬或深沉的心情去看;"注视"是带着十分关注的心情去看。"凝视"的对象一般都是具体的人或物;"注视"的对象可以是具体的,也可以是抽象的,如运动、局势、潮流等。"凝视"的时间一般较长;"注视"的时间可长可短。"注视"前可带"密切、警惕"等状语;"凝视"不能。

【凝思】níngsī 动。聚精会神地思考:他站在那里久久~。可作补语:他望着窗外的夜色~了好久|他对着地图,~起来。可作定语:窗口露出她那~的脸。

【凝听】níngtīng 动。聚精会神地听;常带宾语,并加动态助词"着":他~着老师的谆谆话语,眼前出现了一片崭新的天地。

【凝望】níngwàng 动。目不转睛地望;对象多为远处的景物,常带宾语或补语,并可带动态助词"着、了":他~着山顶的那棵青松|对着远方的队伍,他~了好久。

＊"凝望"和"凝视"："凝望"的对象多是远处的景物;"凝视"的对象既可是远处的景物,也可是眼前的东西。

【凝脂】níngzhī 〈书〉名。凝固了的油脂;一般用来形容洁白细嫩的皮肤:肤如~。

【凝滞】níngzhì 动。停止流动,不灵活;可指具体的事物,也可指人的精神、眼光、表情等:我的活力这时大约有些~了,坐着没有动,也没有想|母亲的眼睛直直地盯住她,仿佛~了。

【凝铸】níngzhù 动。凝聚铸造;多用于比喻,常带补语:这部史诗般的作品,是作者用生命和鲜血~出来的。

níng(ㄋㄧㄥˊ)

拧(擰) níng ❶动。把物体控制住并向里或向外转;常带宾语或补语:~螺丝钉|~得很紧。❷形。(1)颠倒,错;多用在单音节动词后作补语:弄~了|说~了。(2)〈方〉意见相反,抵触:夫妻俩越说越~。

另见 nǐng,nìng。

níng(ㄋㄧㄥˊ)

宁(寧、甯) níng ❶副。(1)宁可;常用在固定组合中:~死不屈|~为玉碎,不为瓦全|~要少而精,也不要多而杂。(2)〈书〉岂,难道;表示反问语气:王侯将相,~有种乎? ❷姓。

另见 nìng。

【宁可】nìngkě 副。表示在比较两方面的利害得失之后选取一方面；如果用在前一分句，后一分句常同"也、也不"等配合：～不睡觉，也要把这篇文章写好｜～我多干点，也不能累着你。如果用在后一分句，前一分句常同"与其"呼应：对待任何工作，与其看得容易些，～看得困难些。如果舍弃的一面不明显，可以只说选取的一面，单用"宁可"：我看～小心点儿的好｜为了使文章更简洁，我～删掉这一段话。

＊"宁可"和"宁愿"：意思一样，一般说来，表示希望或意愿时，用"宁愿"，否则只能用"宁可"。如"你可将可作小说的材料缩成速写，决不可将速写材料拉成小说"，这例中的"宁可"就不能换用"宁愿"。

【宁肯】nìngkěn 副。宁可。

【宁缺毋滥】nìng quē wú làn 成。宁可缺少些，也不要随便凑数：我们招收研究生的原则是～。也作宁缺勿滥。

【宁死不屈】nìng sǐ bù qū 成。宁可牺牲生命，也不向敌人屈服：先烈们～的革命精神永远值得我们学习。

【宁为玉碎，不为瓦全】nìng wéi yù suì, bù wéi wǎ quán 成。比喻宁愿为正义事业而死，不愿苟安偷生：咱们～，万一不能突围出去，就跟敌人拼到底。注意："为"这里不读wèi。

【宁愿】nìngyuàn 副。宁可；多用于所选取的做法主要取决于人的主观意愿时，后分句用"也不"呼应：～牺牲自己，也不让战友受伤。

拧(擰) nìng 〈方〉形。固执，倔强：他的脾气可真～。
另见níng, nǐng。

泞(濘) nìng 〈素〉烂泥：泥～。

佞 nìng 〈素〉(1)善辩，惯于用巧言谄媚人：奸～。(2)有才智：不～(旧时谦称)。

【佞人】nìngrén 〈书〉名。指有口才而不正派的人；含贬义。

niū (ㄋㄧㄡ)

妞 niū 〈口〉名。(～儿)女孩子：他有一个～儿。

niú (ㄋㄧㄡˊ)

牛 niú ❶名。(1)哺乳动物，头上长有一对角，尾巴尖端有长毛。力气大，能耕田、拉车等。肉和奶可食用，皮、毛等都有用处。我国常见的有水牛、黄牛、牦牛等几种。(2)星名，二十八宿之一。❷〈素〉比喻固执或骄傲：～脾气｜～气。❸姓。

【牛刀小试】niú dāo xiǎo shì 成。牛刀：宰牛的刀；小试：稍微用一下，初步显示一下身手。比喻有本领的人，大事未做之前先在小事上施展一下：他是学机械修理的，修这种小东西，那还不是～!

【牛痘】niúdòu 名。(1)牛的一种急性传染病。病原体和症状与天花极相近。(2)出天花时或接种痘苗后，皮肤上出现的豆状疱疹。

【牛犊】niúdú 名。小牛。也叫牛犊子。

【牛鬼蛇神】niúguǐ-shéshén 成。唐·杜牧《李贺集序》："鲸呿(qū)鳌掷，牛鬼蛇神，不足为其虚荒诞幻也。"原意比喻李贺诗的虚幻怪诞、奇特浪漫，后多用来比喻形形色色的坏人或丑恶事物。

【牛黄】niúhuáng 名。药名，病牛的胆汁凝结成的黄色粒状或块状物。是珍贵的中药材，有强心、解热等作用。

【牛角尖】niújiǎojiān 名。比喻无法解决的问题或不值得研究的小问题：他这个人遇事喜欢钻～。

【牛劲】niújìn 名。(1)大力气：花了不少～。(2)牛脾气：他有一股～。

【牛郎星】niúlángxīng 名。牵牛星的通称。

【牛郎织女】niúláng zhīnǚ 词组。原为神话中的一对夫妻，被天帝分隔在天河两边，每年仅七夕会面一次。现常用来比喻分居两地的夫妻，使用时一般加引号：去年全市有三千多对"～"得到团聚｜要为"～"搭桥，解决夫妻分居两地问题。

【牛马】niúmǎ 名。比喻为生活所迫让人驱使从事苦力劳动的人；常同"做、当"等搭配：他在王爷家里当了一辈子～。

【牛皮】niúpí 名。(1)牛的皮;多指已鞣制的。(2)喻指说的大话;只同"吹"搭配:你别吹~了|~吹破了。

【牛脾气】niúpíqi 名。倔强而又固执的脾气;量词用"股":他这个人有一股~。

【牛溲马勃】niúsōu mǎbó 成。牛溲:牛尿,一说车前草;马勃:菌类植物。都是不值钱的东西,但都可做药用。比喻虽然微贱但是有用的东西:我们要学会利用废物,~,弃之可惜。

【牛头不对马嘴】niú tóu bù duì mǎ zuǐ 见"驴唇不对马嘴"。

【牛头马面】niútóu mǎmiàn 佛家用语,指地狱中阎王手下的两个鬼卒,一个头似牛,一个头似马。后用来喻指各种丑恶的人:这群歹徒一个个~,狰狞可畏。

【牛仔裤】niúzǎikù 名。一种比较厚实的布料缝制的紧身裤子,因原为美国西部牧牛者所穿而得名,与之相配套的有牛仔衣、牛仔裙、牛仔鞋等。

niǔ(ㄋㄧㄡˇ)

扭 niǔ 动。常带宾语或补语。(1)掉转,多用于头、脸、脖子、身子等:~过脸来|身子~不过来。(2)控制住物体后转动:~他的胳膊|把树枝~断了。(3)拧伤;多指身体的某一部分:~了腰|脚~了一下。(4)身体左右摆动;多指走路的一种姿势:~着屁股走路|她慢慢地~进来了。(5)揪:~着小偷去派出所|两人~住不放。

【扭结】niǔjié 动。缠绕在一起;多指条状物体,一般不带宾语,可带补语:带子~了|这么多绳头~在一起,怎么理得清?

【扭捏】niǔnie 形。原指走路时身体有意左右摇摆,今多言言谈举止不大方:有话快说,别~了。可重叠:他说话扭扭捏捏的,真让人着急。

【扭曲】niǔqū 动。可带宾语。(1)拧(nǐng)弯,弯曲;常带动态助词"着":他的嘴角~着|~着身子。(2)歪曲,使变得不正常;常带动态助词"了":这篇批判文章完全~了他的原意|太监是被封建时代~了的畸形人。

【扭送】niǔsòng 动。把人揪住了送交有关部门;常带宾语:罪犯被群众~派出所。可带兼语:~流氓去派出所。

【扭转】niǔzhuǎn 动。常带宾语或补语。(1)掉转,转动;多指比较具体的事物:把天线~一个方向|脖子受风了,头~不过来。(2)纠正、改变某种现象或局面;多指比较抽象的事物:~乾坤|把局面~过来。可重叠:这种落后状态,早该~~了。

狃 niǔ 动。拘泥,因袭;常以"于"构成的介词词组作补语:~于成见|我们要勇于改革,不要~于习俗,墨守成规。

忸 niǔ [忸怩](-ní) 形。形容不好意思或不大方的样子:小姑娘只是低着头,~着不开口。可重叠:要大方一点,别那么忸忸怩怩的。

＊"忸怩"和"腼腆":"忸怩"着重指拘束、不大方;"腼腆"着重指害羞、胆怯。"忸怩"经常形容人的举止、神情,一般不形容面部表情;"腼腆"不受此限制,如可说"腼腆的笑容"、"腼腆的眼睛"等。

纽 niǔ ❶名。(~子)衣服扣子。❷〈素〉(1)器物上可以抓住提起的部分:秤~。(2)起连接作用的:~带。

【纽带】niǔdài 名。指起联系作用的人或事物:南京长江大桥是连结沪宁、津浦两条铁路线的~。

【纽扣】niǔkòu 名。能把衣服等扣起来的小形球状物或片状物。

钮 niǔ ❶同"纽❶"。❷〈素〉机器、仪表上用手开关、转动的部分:旋~|电~。❸姓。

niù(ㄋㄧㄡˋ)

拗(抝) niù 形。固执,不顺从,不随和:他的脾气太~。
另见ǎo, ào。

【拗不过】niù bu guò 词组。无法改变,多指别人的坚决的意见:我实在~他,只好答应他的要求。

nóng(ㄋㄨㄥˊ)

农(農、辳) nóng ❶〈素〉(1)种庄稼,属于种庄稼的:~业|务~|~时。(2)农民:贫~|~会。❷姓。

【农场】nóngchǎng 名。使用机器大规模进行农业生产的企业单位。

【农活】nónghuó 名。泛指农业生产中的工作，如耕地、播种、施肥、收割等。

【农历】nónglì 名。(1)我国的一种历法，是阴阳历的一种，一般叫阴历。平年十二个月，大月30天，小月29天，全年354天或355天。十九年内有七个闰年，闰年十三个月，全年384天或385天。又根据太阳的位置，把一个太阳年分成二十四个节气，纪年用天干地支搭配，六十年周而复始。又叫夏历、旧历。(2)农业上使用的历书。

【农忙】nóngmáng 名。指春、夏、秋农事繁忙的时节。

【农民】nóngmín 名。长时期从事农业生产的劳动者。

【农奴】nóngnú 名。封建社会里隶属于农奴主或封建主的农业劳动者。他们没有人身自由和任何政治权利。

【农时】nóngshí 名。农业生产中，配合季节气候，每种作物都有一定的耕作时间，称为农时:不违～。

【农事】nóngshì 名。农业生产中的各种工作:～繁忙。

【农闲】nóngxián 名。农事不忙的时节，一般指冬季。

【农谚】nóngyàn 名。关于农业生产经验的谚语，对指导农业生产有一定的作用。如"种田不用问，深耕多上粪"。

【农业】nóngyè 名。栽培农作物和饲养牲畜的生产事业。广义的农业，还包括林业、畜牧业、农村副业和渔业等。

【农艺】nóngyì 名。指农作物的栽培、选种等技术。

【农作物】nóngzuòwù 名。指农业上栽种的各种植物，包括粮食、油料、蔬菜、果树和做工业原料用的棉花、烟草等。简称作物。

侬(儂) nóng ❶代。(1)〈方〉你。(2)我;多见于旧诗文。❷姓。

哝(噥) nóng [哝哝](-·nong)动。小声说话;可带补语:请保持安静，不要总是～个没完。

浓(濃) nóng 形。(1)液体或气体中所含成分多，与"淡"相对:这杯茶太～|满屋子的～烟。(2)程度深:他对昆曲的兴趣很～|这只歌的民歌味～极了。

【浓淡】nóngdàn 名。(1)深浅的程度;多指颜色:这幅画儿的色彩～不匀。(2)某种成分的多少;多指味道:这壶茶的～如何?

【浓度】nóngdù 名。单位溶液中所含溶质的量，叫该溶液的浓度。一般用百分比来表示。如5%食盐水，即100克食盐溶液中溶有5克食盐。

【浓厚】nónghòu 形。(1)含量多、密度大;多指烟雾、云层、空气等:山雾～。(2)程度深，强烈;多指气氛、色彩、味道、意识等:酒味～|学习气氛很～|～的民歌色彩。(3)很大;多指兴趣:他对书法的兴趣很～。

  *"浓厚"和"深厚":"浓厚"的意思着重在"浓";"深厚"的意思着重在"深"。"浓厚"使用范围较广，可用于具体的事物，也可用于抽象的事物;"深厚"的使用范围较窄，一般用于抽象事物，如"感情、友谊、同情、基础、根基"等。

【浓烈】nóngliè 形。(1)浓重强烈;常用以指气味等具体的东西:花房里飘散着～的芳香。(2)浓厚，热烈;常用以指感情等抽象的东西:这些笑话政治色彩十分～。

【浓眉】nóngméi 名。又黑又密的眉毛;常同"大眼"合用，含褒义:来的人～大眼，身体魁梧。

【浓密】nóngmì 形。稠密;多指树叶、须发、烟雾等:～的菩提树|满腮是～的胡须。

【浓缩】nóngsuō 动。常带宾语或补语。(1)用一定方法使物体中不需要的部分减少，从而使所需部分的相对含量增加:晒盐时先要将海水～成卤水|两桶饴糖都～好了。作定语时不加助词"的":～铀。(2)把大量的事物集中在一个小范围内:一部《红楼梦》把整个社会～成一座大观园，表现的是整个封建社会的兴衰|他把草原的风土人情，草原的现在和未来，都～到这幅油画里了。

【浓郁】nóngyù 形。(1)多而密;指树木、花草等:一片～的松林。(2)浓而重;指花草的香味:米兰发出～的芳香。(3)鲜明，

浓脓秾弄耨奴 nóng-nú　771

强烈；指文艺作品等的风格、特色等：这首诗具有～的民族风格｜这部作品有～的地方特色。

＊"浓郁"和"浓重"："浓郁"用于气味时，限于花草等的香味或好的气味；"浓重"不限，可指花草的香味，也可指其他事物的气味，并不限好的气味。

【浓重】nóngzhòng 形。很浓很重；常形容烟雾、气味、色彩等：一股～的黑烟｜夜色更加～。也可形容口音：他有～的山东口音。

【浓浊】nóngzhuó 形。(1)浓重混浊；多指烟、雾等：～的烟气笼罩着，看不清屋里有多少人。(2)低沉粗重；多指声音：这时响起一个男人的～的声音。

脓（膿） nóng 名。机体组织因细胞等人发炎后，坏死分解而形成的黄绿色粘液，是死亡的白血球、细菌及脂肪等的混合物。

【脓包】nóngbāo 名。(1)身体某一部分组织化脓时因脓液积聚形成的隆起。(2)比喻无用的人：他真是个～，什么也不会干。

秾（穠） nóng 〈古〉形。草木茂盛。

nòng（ㄋㄨㄥˋ）

弄 nòng 动。常带宾语或补语。(1)做，搞：～好饭就去｜房间里～得整整齐齐。(2)设法取得：他～来了一辆新车｜电影票～得太少了。(3)拿着玩，摆弄：小明爱～橡皮泥｜小鸽子快给他～死了。(4)施展，玩弄；多指权术、花招等不好的事：这个人会～花招｜这种权术～不得。
另见 lòng。

【弄巧成拙】nòng qiǎo chéng zhuō 成。本想卖弄聪明，结果反干了蠢事：他本想乘机显示一下自己，结果～，当场丢丑。

【弄权】nòngquán 动。把持权柄，玩弄权术；不带宾语，含贬义：有的人光会～，不为大家办好事。可拆开用：这个人弄起权来可有一手。

【弄瓦】nòngwǎ 〈书〉动。瓦：原始的纺锤。古代重男轻女，把瓦给女孩子玩，后以"弄瓦"指生了女孩。

【弄虚作假】nòng xū zuò jiǎ 成。用虚假的一套，欺骗别人：～，一害人民，二害自己。

【弄璋】nòngzhāng 〈书〉动。璋：一种玉器。古代重男轻女，把璋给男孩子玩，后以"弄璋"指生了男孩。

nòu（ㄋㄡˋ）

耨（鎒） nòu ❶名。古代锄草的农具。❷〈书〉动。锄草。

nú（ㄋㄨˊ）

奴 nú ❶名。旧时青年女子的自称；多见于早期白话。❷〈素〉(1)受剥削压迫、没有人身自由的人：～隶｜农～。(2)像对待奴隶一样蹂躏、使用：～役。

【奴婢】núbì 名。(1)男女奴仆。(2)古代太监对皇帝等的自称。

【奴才】núcái 名。(1)旧时剥削阶级对受其役使的人的蔑称。(2)明清两代宦官、清代满人和武臣对皇帝的自称。(2)指甘心受人驱使，并帮助作恶的坏人。

【奴化】núhuà 动。侵略者及其帮凶用政治、经济、文化、教育、宗教等手段，妄图使被侵略民族甘心受奴役；多作定语：～教育｜～政策。

【奴家】nújiā 名。旧时青年女子的自称；多见于早期白话和传统的戏剧中。

【奴隶】núlì 名。受奴隶主奴役而没有人身自由的人，常被奴隶主任意买卖和杀害。也泛指深受剥削、压迫的人。

【奴隶社会】núlì shèhuì 词组。以奴隶主占有奴隶和生产资料为基础的一种社会形态。奴隶社会的生产力比原始公社有所提高，手工业、农业和畜牧业、脑力劳动和体力劳动都有了分工，奴隶主掌握着国家机器，残酷地剥削和压迫奴隶，是人类历史上第一个阶级社会。

【奴隶主】núlìzhǔ 名。占有奴隶和生产资料的人，是奴隶社会中的统治者。

【奴仆】núpú 名。旧时在富人家做杂役的人的总称。

【奴颜婢膝】nú yán bì xī 成。奴颜：奴才的面容；婢膝：婢女的膝盖。形容卑躬屈膝、讨好拍马的样子；含贬义：那～的丑态实在令人作呕。

【奴颜媚骨】nú yán mèi gǔ 成。媚:谄媚。奴才的表情,谄媚的姿态。形容低三下四、奉承讨好的样子;含贬义:鲁迅的骨头是最硬的,他没有丝毫~,这是殖民地半殖民地人民最可宝贵的性格。
【奴役】núyì 动。把人当作奴隶使用;常带宾语:~人民的人终将被人民打倒。常作"受"的宾语:我们不再受~了。

孥 nú 〈古〉名。(1)儿女。(2)妻子和儿女。

驽 nú ❶〈古〉名。劣马,跑不快的马。❷〈素〉比喻无能:~钝。
【驽钝】núdùn 〈书〉形。愚笨,迟钝。
【驽马】númǎ 〈书〉名。跑不快的马。

nǔ(ㄋㄨˇ)

努(△挼) nǔ ❶动。常带宾语或补语。△(1)凸出;多与"嘴巴、眼睛"等搭配:~着眼睛|嘴巴~得高高的。(2)因用力太猛而使身体内部受伤:箱子太重,你不能搬,别~伤了|不小心,~了腰。❷〈素〉尽力使出:~力。
【努力】nǔlì 动。把力量尽量地使出来;一般不带宾语,可带补语:只要肯~,没有做不成的事|他~过多次,也失败过多次。常作状语:~工作|~学习。有的可加程度副词:他在学习上很~。可作"尽、作、经过"等的宾语:中国将继续作出~,发展两国之间的友好合作关系|我已尽了最大的~。可拆开用:请大家再努力一把力。
*"努力"和"竭力":"努力"是动词,可作谓语;"竭力"是副词,作状语。"努力"指尽量地使出力量,重在"尽量";"竭力"指用尽全力,重在"用尽"。"努力"经常用在好的方面;"竭力"不限,相反,常用在不好的方面。"努力"可作宾语;"竭力"不能。
【努嘴】nǔzuǐ 动。向人撅嘴示意;不带宾语:爷爷直向我~,叫我快走! 可拆开用:努着嘴|努一下嘴。可重叠:努努嘴。

弩 nǔ 名。弩弓,古代一种利用机械力量射箭的弓:万~齐发。

胬 nǔ [胬肉](-ròu) 名。中医指眼球结膜增生后突起的肉状物。严重时影响视力。

nù(ㄋㄨˋ)

怒 nù 〈素〉(1)生气,气愤。愤~|发~。(2)气势很盛:~号|~潮。
【怒不可遏】nù bù kě è 成。遏:止。愤怒得难以抑制:听到乡亲们遭难,他~,操起门栓就冲出去。
【怒潮】nùcháo 名。汹涌澎湃的浪潮,比喻声势浩大的反抗运动:掀起了反抗外来侵略的~。
【怒冲冲】nùchōngchōng 形。形容非常生气的样子;不加程度副词,常带助词"的":他今天~的,不知为了什么事。
【怒发冲冠】nù fà chōng guān 成。愤怒得头发直竖,把帽子都顶起来了。形容愤怒到了极点:面对敌人的罪恶行径,他~,目眦尽裂。
【怒放】nùfàng 动。盛开:鲜花~。带动态助词"着"后可带宾语:夹竹桃和火石榴都~着红艳艳的花朵。
【怒号】nùháo 动。大声地叫唤;多形容大风等:狂风~。带动态助词"着"后可带宾语:海面上~着十级大风。
【怒吼】nùhǒu 动。猛兽发威吼叫;不带宾语,可带补语:狮子~起来。可作定语:~的狮子。比喻发出雄壮的声音:战士们~着向敌人阵地冲去|海浪在奔腾~。可作宾语:我们仿佛听到了工人们的~。
*"怒吼"和"咆哮":"怒吼"着重指声音的雄壮;"咆哮"着重指声音的凶暴。"怒吼"常形容群众的喊声;"咆哮"常形容一个人的喊声。"怒吼"用于人时含褒义;"咆哮"用于人时含贬义。
【怒火】nùhuǒ 名。形容极大的愤怒:压制不住内心的~。
【怒气】nùqì 名。愤怒的情绪;常用在比较固定的组合中:~冲天|~冲冲。
*"怒气"和"火气":"怒气"侧重于发怒的外在表现,语意较重;"火气"侧重于内心按压的愤怒随时爆发出来的情状,语意较轻、较委婉。"怒气"多用于书

面语;"火气"多用于口语。"怒气"常和"满面、冲冲"等搭配;"火气"常和"大、不小"等搭配。

【怒容】nùróng 名。发怒的表情:～满面。

【怒涛】nùtāo 名。汹涌的波涛:～汹涌|大海的～。可用来比喻声势浩大的运动:五四运动的～,冲击着旧世界的污泥浊水。

【怒形于色】nù xíng yú sè 成。内心的愤怒显露在脸上:他对于这种卑鄙的行为非常痛恨,不禁～。

【怒族】nùzú 名。我国少数民族之一,分布在云南省。

nǚ(ㄋㄩˇ)

女 nǚ ❶形。女性的;与"男"相对,不加程度副词不单独作谓语,作定语:～学生。❷名。(1)女性的人:进屋来的是一男一～。(2)女儿:一子一～。(3)二十八宿之一。❸〈古〉代。同"汝"。

【女方】nǚfāng 名。女的一方;多用于有关婚姻的场合:～没什么意见。

【女工】nǚgōng 名。(1)女工人。(2)同"女红"。

【女红】nǚgōng 名。旧时指纺织、缝纫、刺绣一类的工作和制成品,古时这类工作大都是妇女所做,故名:她擅长～。也作女工。注意:这里的"红"音义同"工",不读hóng。

【女公子】nǚgōngzǐ 名。旧时用别人的女儿的尊称。今多用来称呼外国人士的女儿。

【女流】nǚliú 名。指妇女;含轻蔑意:～之辈。

【女墙】nǚqiáng 名。城墙上面呈凹凸形的短墙。也说女儿墙。

【女人】nǚrén 名。女性成年人。

【女人】nǚ·ren 〈口〉名。妻子。

【女色】nǚsè 名。女子的美色。男子沉溺于情欲叫"好女色"。

【女声】nǚshēng 名。声乐中的女子声音,一般分女高音、女中音、女低音。

【女史】nǚshǐ 名。古代女官名。旧时借用称有知识的妇女。

【女士】nǚshì 名。对妇女的尊称。

【女式】nǚshì 形。女性衣服、鞋帽、手表等物品的式样;与"男式"相对,不加程度副词,不单独作谓语,作定语:～皮鞋。

【女娲】nǚwā 名。我国神话人物,是古代征服自然的女神形象。传说她是人类的始祖,曾炼五色石补天,治洪水,杀猛兽,使人民得以安居。

【女巫】nǚwū 名。装神弄鬼替人祈祷骗钱的女人。也叫巫婆、神婆。

【女性】nǚxìng 名。(1)人类两性之一,体内能产生卵细胞。(2)妇女:尊重～。

【女婿】nǚ·xu 名。(1)女儿的丈夫。(2)〈口〉丈夫。

【女优】nǚyōu 名。旧称戏曲女演员。

【女真】nǚzhēn 名。我国古民族名,满族的祖先,居住在今黑龙江一带,公元1115年建立金国。

钕 nǚ 名。金属元素,符号Nd。色微黄,在空气中易氧化,能分解水。多用来制造合金。

nù(ㄋㄩˋ)

恧 nù 〈古〉形。惭愧。

衄(鮃、衂) nù 〈素〉鼻孔出血;泛指出血:鼻～。

朒 nù 〈古〉形。不足,欠缺。

nuǎn(ㄋㄨㄢˇ)

暖(煖) nuǎn ❶形。暖和,不冷:屋子很～|天气～起来了。❷动。使温暖;须带宾语:快进屋～一下身子|～一壶酒来。

【暖房】nuǎnfáng ❶名。温室:这个蔬菜生产基地有二十间～。❷动。不带宾语。(1)旧时指在亲友结婚的前一天往新房贺喜,(2)旧时指前往亲友新居贺喜。

【暖烘烘】nuǎnhōnghōng 形。温暖而使人感到舒适;不加程度副词,常加助词"的":这个教室朝南,阳光一照,～。

【暖和】nuǎn·huo ❶形。不冷也不热,温度适中;多指气候、环境等:春天天气很～|房间里比外面～。可重叠:冬天,孩子们穿得暖暖和和的|这里暖和和的,你就住这ㄦ吧。❷动。使温暖;常带宾语或补语:大妈用自己的身体～着那个

孱弱的小女孩|请进屋里来～一下吧。可重叠：用汤壶～～你的手。

＊"暖和"和"温暖"："暖和"只用于气候、环境、阳光、身体等，如：天气暖和起来了。"温暖"还可以表示关怀、情谊给人的内心的舒适，如：温暖的大家庭。

【暖流】nuǎnliú 名。(1)从低纬度流向高纬度的洋流，水温比所到区域的水温高。(2)比喻心中温暖的感觉；量词用"股"：这时他感到有一股～流遍全身。

【暖气】nuǎnqì 名。(1)指暖气装置管道中的蒸气或热水。锅炉房烧出蒸气或热水，通过管道流经各室的散热器，散出热量，使室温增高。(2)指上述取暖用的设备。(3)暖和的气体。

【暖色】nuǎnsè 名。给人以温暖感觉的颜色，如红、橙、黄。

【暖寿】nuǎnshòu 动。旧俗在过生日的前一天，家里的人和关系较近的亲友来祝寿。

nüè（ㄋㄩㄝˋ）

疟（瘧） nüè [疟疾] (-ji) 名。一种急性传染病，病原体是疟原虫，传染媒介是蚊子，多为周期性发作。通称疟(yào)子。

另见yào。

虐 nüè 〈素〉残暴狠毒：暴～|～待|～杀。

【虐待】nüèdài 动。残暴狠毒地对待别人：包身工被百般～。常带宾语：～父母，丧尽天良。可作"遭到、遭受、受到"等动词的宾语：她遭到老板娘的～。

【虐杀】nüèshā 动。用残酷的手段杀害人。也指虐待人而致死：他们用棍棒把她活活地～了。可带宾语：～无辜。

【虐政】nüèzhèng 名。指反动统治者残酷地剥削人民、镇压人民的一切措施。

nuó（ㄋㄨㄛˊ）

挪 nuó 动。移动；常带宾语或补语：～了一张桌子|把柜子～一下。

＊"挪"和"搬"："挪"一般指对物件短距离的转移；"搬"除了上述意思外，还表示对物件远距离的迁移，如：搬走了一房家具。

【挪动】nuó·dong 动。移动位置：室内东西别～。常带宾语或补语：他艰难地～着脚步|把书架～到那边去。可重叠：扫地时桌椅要～～。

【挪借】nuójiè 动。暂时借用别人的钱；常带宾语或补语：问他～了一笔钱|～过两次。

【挪用】nuóyòng 动。可带宾语。(1)把某项专款移作他用：这是学校买仪器的专款，不准随便～|不要～购头药的钱。(2)私自拿公款用；含贬义：～公款是错误的。

娜 nuó 见"婀(ē)娜"、"袅(niǎo)娜"。
另见nà。

傩（儺） nuó 动。旧时迎神赛会以驱逐疫鬼。

【傩神】nuóshén 名。驱除瘟疫的神。

nuò（ㄋㄨㄛˋ）

诺 nuò 名。〈素〉(1)应允：～言|允～。(2)表示同意而答应的声音：唯唯～～|～～连声。

【诺尔】nuò'ěr 名。蒙古族语。湖泊；多用于湖名，如"扎赉(lài)诺尔"(在内蒙古)。也作淖(nào)尔。

【诺言】nuòyán 名。应允过别人的话：他许下～|信守～。

喏 nuò ❶〈方〉叹。表示提醒别人注意自己所指示的事物：～，就是这块表。❷〈古〉同"诺"。
另见rě。

锘 nuò 名。一种人工制造的放射性金属元素，符号No。

搦 nuò 〈古〉动。(1)握，拿，捏：～管(拿笔)。(2)挑动，引动：～战(挑战)。

懦 nuò 〈素〉胆小，软弱：～夫|怯～。

【懦夫】nuòfū 名。软弱无能的人；含贬义：他这个～早溜走了。

【懦弱】nuòruò 形。胆小，软弱；与"坚强"相对：这个人太～了|他改变了～的性格。

＊"懦弱"和"软弱"："懦弱"着重指缺乏力量而又没有勇气，胆小怕事；"软弱"

着重指缺乏力量。"懦弱"语义较重;"软弱"语义较轻。"懦弱"使用范围较窄,一般用以形容人的性格、意志;"软弱"使用范围较广,可以形容人的性格、意志、身体以及动植物等。

糯(糯、稬) nuò 〈素〉粘性的米谷:～米|～稻。
【糯米】nuòmǐ 名。具有粘性的糯稻碾出来的米,可以酿酒或作糕点等食品。也叫江米。

O

ō(ㄛ)

喔 ō 叹。表示了解：～，这件好事原来是他做的。
另见wō。

【喔唷】ōyō 叹。(1)表示惊讶：～，多么高的楼房！(2)表示痛苦：～，痛死我啦！

噢 ō 同"喔(ō)"。

ó(ㄛˊ)

哦 ó 叹。(1)表示疑问，或将信将疑：～，是这样的吗？(2)表示惊奇：～，真没想到！
另见é, ò。

ǒ(ㄛˇ)

嚄 ǒ 叹。表示惊讶：～，怎么一眨眼就不见了？
另见huō。

ò(ㄛˋ)

哦 ò 叹。表示领会、醒悟：～，我明白了｜～，我想起来了。
另见é, ó。

ōu(ㄡ)

区(區) ōu 姓。
另见qū。

讴(謳) ōu 〈素〉(1)歌唱、歌颂：～歌。(2)民歌：吴～｜越～。

【讴歌】ōugē〈书〉动。歌颂、赞美；常带宾语：纵情～我们伟大的祖国｜这部影片～了中国人民不屈不挠的斗争精神。可作定语，要带助词"的"：他在小说里～的一些人，差不多都是各行各业的小人物。

＊"讴歌"和"歌颂"：二者都表示用言辞或诗歌、小说等文艺形式加以赞美、颂扬，都是动词，但"讴歌"书面语色彩浓厚，"歌颂"口语、书面语都常用。

沤(漚) ōu 〈素〉水泡：浮～。
另见òu。

瓯(甌) ōu 名。(1)〈方〉杯子：茶～｜酒～。(2)浙江温州的别称。

欧(歐) ōu ❶名。指欧洲。❷姓。

【欧化】ōuhuà 动。指模仿欧洲的风俗习惯、语言文字等；一般指不好的方面，不带宾语：主张全盘～是不对的｜写文章要少用～的句式。

【欧罗巴人种】ōuluóbā rénzhǒng 词组。欧罗巴：音译词。世界三大人种之一。主要特征是肤色较淡，头发柔软而呈波形，鼻子较高。分布在欧洲、美洲以及亚洲的西部和南部。也叫白种或白种人。

【欧姆】ōumǔ 量。电阻单位，在一伏特电压的导体上，通过的电流为一安培时，导体的电阻为一欧姆。这个单位是为了纪念德国物理学家欧姆而命名的。

【欧阳】Ōuyáng 复姓。

殴(毆) ōu 〈素〉打：～打｜斗～。

【殴打】ōudǎ 动。打：两人互相～｜坏人把他～得遍体鳞伤。可带宾语：不准～俘虏。

＊"殴打"和"打"："殴打"语意较重，指无理动手打人；"打"语意较轻，不限于无理地动手打人。"殴打"的对象限于人；"打"可用于人，还可用于其他动物。

鸥(鷗) ōu 名。鸟类的一科。羽毛多为白色，大头，扁嘴，前趾有蹼，翼长而尖。生活在海边，捕食鱼、螺等水生动物。

ǒu(ㄡˇ)

呕(嘔) ǒu 〈素〉吐：～吐｜作～。

【呕吐】ǒutù 动。胃内的食物突然从口

腔吐出来:闻到这股恶腥味,我甚至要～了。带"出"后可带宾语,也可带补语:～出许多饭菜|他又～起来了。

【呕心沥血】ǒu xīn lì xuě 成。呕:吐;沥:滴。比喻费尽心血;多用来形容对文艺创作或其他工作的尽心尽力:这十多年来,他～地写了许多讴歌伟大祖国的作品。

偶 ǒu 〈素〉(1)用木头或泥土雕塑成的人像:～像|木～。(2)双数,成对的;与"奇(jī)"相对:～数|对～。(3)配偶:求～|丧～。(4)不经常:～然|～尔。

【偶尔】ǒu'ěr ❶副。间或,有时候:沿途是一片荒野,～能见到几棵小树。❷形。不经常的,很少发生的;不单独作谓语,多作定语,:开会迟到,对他来说是～的事,他一向是很准时的。

【偶发】ǒufā 形。不是经常和必然发生的;不加程度副词,不单独作谓语,作定语:～事件。

【偶合】ǒuhé 动。无意中恰巧相合;指意见、见解等,不带宾语:两个人的意见竟然完全一致可能是～。

【偶然】ǒurán 形。事理上不一定必然发生而发生的,超出一般规律的;与"必然"相对:～事件|我～在路上遇到他。作谓语时一般要加程度副词:竟然会发生这种事,太～了。

*"偶然"和"偶尔":"偶然"的意思侧重在意外,与"必然"相对;"偶尔"的意思侧重在次数少,与"经常"相对。"偶然"是形容词,可作定语、状语,一定条件下也可作谓语;"偶尔"主要是副词,作形容词时只与"事情、机会"等少数名词搭配,不能单独作谓语。"偶然"可以加程度副词;"偶尔"不能。

【偶然性】ǒuránxìng 名。指事物发展、变化中可能出现、可能不出现,可以这样发生也可以那样发生的情况。偶然性和事物发展过程的本质没有直接联系,但它后面常常隐藏着必然性。

【偶人】ǒurén 名。用土木等雕塑成的人像。

【偶数】ǒushù 名。一切能被2整除的整数,如0,2,4,-2,-4等。正的偶数也叫双数;与"奇(jī)数"相对。

【偶像】ǒuxiàng 名。用木头或泥土等雕塑成的人像,一般提供迷信人敬奉的神像。后用来比喻盲目崇拜的对象:不要把革命领袖当成～来崇拜。

耦 ǒu ❶〈古〉动。两个人在一起耕地。❷同"偶(2)(3)"。

【耦合】ǒuhé 动。物理学上指两个或两个以上的体系或两种运动形式之间通过各种相互作用而彼此影响以至联合起来的现象。如两个线圈之间的互感,则是通过磁场耦合的。

藕 ǒu 名。莲的地下茎,白色,肥大有节,中间有许多管状小孔,折断后有丝。可生吃,也可熟食。

【藕断丝连】ǒu duàn sī lián 成。藕已断,丝还连着。比喻表面上断绝关系,实际上仍有牵连;多指男女之间的关系:他同她已经脱离关系,但据说还有些～。

【藕荷】ǒuhé 形。浅紫而微红的颜色;不加程度副词,不单独作谓语,作定语:她穿了一件～的毛线外套。也作藕合。

【藕灰】ǒuhuī 形。藕色;不加程度副词,不单独作谓语,作定语:～颜色的封面。

【藕色】ǒusè 名。浅灰而微红的颜色:她穿上～的裙子,漂亮极了。

où(又)

怄(慪) où 〈方〉动。故意惹人恼怒、生气,或使人发笑;常带宾语或补语:你别～人了|～得他直冒火。

【怄气】òuqì 动。闹别扭,生闷气;不带宾语,可加程度副词:不要再～了|这件事使他很～。可拆开用:怄了一肚子气。

沤(漚) òu 动。长时间地浸泡:多带宾语或补语:～粪|～麻|这堆肥料已～了一个月。

另见ōu。

P

pā(ㄆㄚ)

趴 pā 动。常带宾语或补语。(1)胸腹朝下卧倒：战壕里~着一个人｜赶快~下去，别让人看见。(2)身体前倾靠在或伏在物体上：上课不许~桌子｜~在栏杆上看风景｜~在桌子上睡着了。

啪 pā 拟声。摹拟放枪、拍掌或东西撞击等声音：~的一声，子弹飞出去了。

【啪嗒】pādā 拟声。摹拟东西落地、撞击或抽旱烟一类的声音；书包~一声掉到地上。可重叠：他~~一个劲儿抽着旱烟。

【啪啦】pā·la 拟声。摹拟器物有了裂痕后不清脆的声音；常重叠：这口缸敲上去~~地响，恐怕裂了。

葩 pā 〈书〉花：众~｜奇~。

派 pā [派司](-·si) 名。音译词。指厚纸印成的或订成本儿的出入证、通行证等证件。
另见pài。

pá(ㄆㄚˊ)

扒 pá 动。常带宾语。(1)用手或用耙子等工具使东西聚拢或散开：~土｜他在田里~草。(2)〈方〉用手搔；抓：~痒。(3)把食物煨烂：~白菜｜~羊肉。
另见bā。

【扒拉】pá·la 〈方〉动。用筷子把饭拨到嘴里；常带宾语或补语：他~了两口饭就跑出去了｜他~了几下，一碗饭就吃完了。
另见bā·la。

【扒犁】pá·li 见"爬犁"。

【扒窃】páqiè 动。从别人身上偷窃财物；常带宾语：这个坏蛋经常在公共汽车上~别人的钱包。可作定语：要坚决打击~犯罪活动。

【扒手】páshǒu 名。偷窃别人身上财物的小偷：抓到一个~。也作掱手。

爬 pá 动。常带宾语或补语。(1)昆虫、爬行动物等行走，或人用手和脚一起着地向前移动：小孩在草坪上~｜院子里到处~着槐树虫｜老鼠~出来了。(2)抓着东西往上去，攀登：~树｜~向高峰。(3)有藤植物向前或向上长：墙上~满了青藤｜南瓜藤~到篱笆外面来了。

【爬虫】páchóng 名。旧指爬行动物，如蛇、蜥蜴、龟等。

【爬犁】pá·li 〈方〉名。雪橇。也作扒犁。

【爬行】páxíng 动。不带宾语。(1)爬：乌龟不停地向前~。(2)比喻墨守成规，照别人的做法慢腾腾地干：搞经济建设要走自己的路，不能跟在外国人后面~。

【爬行动物】páxíng dòngwù 词组。脊椎动物的一纲，身体有鳞或甲，用肺呼吸，体温随着气温的高低而改变。卵生或卵胎生，在陆上繁殖。如蛇、蜥蜴、龟、鳖等。旧称爬虫。

【爬泳】páyǒng 动。身体俯卧在水面，两腿打水，两臂交替划水，这是速度很快的一种游泳姿势：我只会蛙泳，不会~。

杷 pá 见"枇(pí)杷"。

耙(钯) pá ❶名。(~子)用来聚拢、移动或散开泥土、柴草、谷物和平整土地的工具，有长柄，一端有铁齿、木齿或竹齿。❷动。用耙子平整土地或聚拢、散开、移动泥土、柴草、谷物等；常带宾语或补语：他今天~了两亩地｜把谷子~开来晒晒。
另见bà。"钯"，另见bǎ。

筢 pá 名。(~子)用竹制成的搂柴草的器具。

琶 pá 见"琵(pí)琶"。

潖 pá 地名用字。潖江口，在广东省。

手 pá [耙手](-shǒu) 见"扒手"。

pà (ㄆㄚˋ)

帕 pà 名。(~子)擦手擦脸用的纺织品,一般成方形。

怕 pà ❶动。可带宾语,可加程度副词。(1)畏惧,害怕:我什么也不~|他很~蛇。可带谓语或谓词性词组作宾语:小孩~打针|我不~冷|~得这种病。也可带主谓词组作宾语:我~老师批评我。(2)担心;一般带动词或主谓词组作宾语:他~迟到,所以走得很快|妈妈一再叮嘱我,~我出事。❷副。恐怕,也许,表示估计:今天~要下雨|这个瓜~有20斤重。

【怕生】pàshēng 动。怕见陌生人;多指小孩,不带宾语:这孩子~。可加程度副词:我小时候很~。

【怕事】pàshì 动。害怕牵涉到矛盾、纠纷中去;不带宾语:胆小~|我们不能~。可拆开用:你怕什么事?

【怕羞】pàxiū 动。怕难为情,害羞;不带宾语:别~,大大方方说吧。可加程度副词:她很~,一见生人就脸红。可拆开用:怕什么羞。

pāi (ㄆㄞ)

拍 pāi ❶动。常带宾语或补语。(1)用手掌打:~皮球|在他肩膀上~了几下。(2)拍摄:~电影|~在镜头里了。(3)发出;用于电报等:~电报|把电报~到武汉。(4)〈口〉谄媚奉承:我不会~领导|马屁可~不得。❷名。(~儿、~子)拍打东西的用具:苍蝇~儿|乒乓球~子。❸量。(~子)用于计算乐音历时长短的单位:这个音符要延长四~。

【拍案】pāi'àn 〈书〉动。拍桌子,以表示强烈的愤怒、惊异、赞赏等感情;多用在比较固定的组合中:~而起|~叫绝(形容非常赞赏)。

【拍板】pāibǎn 动。旧时商行拍卖货物,为表示成交而拍打木板。现在比喻主事人作出决定;不带宾语:这件事厂长已经~了。可拆开用:这事总经理已拍了板,你大胆地干吧!

【拍发】pāifā 动。发出;用于电报等,常带宾语或补语:~了一份电报|急电要赶快~出去。

【拍马】pāimǎ 动。谄媚、奉承;不带宾语:为人要正派,不要吹牛~。也说拍马屁。

【拍卖】pāimài 动。可带宾语。(1)委托商行当众出卖寄售的货物,让顾客争相出价,到卖主认为满意或无人再出更高的价格时拍板作响,表示成交;多用于贵重、珍奇的物品:这件宝物如能~出去,就可避免破产的厄运|~几件古董。(2)减价抛售;多指积压的商品:把库存商品全部~出去|~削价服装。常在"拍卖"前加"大"作状语:家具大~。

【拍摄】pāishè 动。用摄影机把人、物的形象照在底片上;常带宾语或补语:~相片|~得很清楚。

【拍手称快】pāi shǒu chēng kuài 成。快:痛快,满意。拍着手表示痛快;多指正义得到伸张或公愤消除时大家高兴满意的样子:处决这两个恶霸,乡亲们无不~。

【拍照】pāizhào 动。照相;不带宾语:全体同学在一起~。可拆开用:拍毕业照。

pái (ㄆㄞˊ)

俳 pái 〈素〉(1)古代指杂耍或滑稽戏,也指演杂耍或滑稽戏的演员:~优。(2)诙谐,滑稽:~谐。

【俳谐】páixié 〈书〉形。诙谐:~文(古代指隐喻、调笑、讥讽的文章)。

【俳优】páiyōu 名。古代指演滑稽杂耍的艺人。

排 pái ❶动。常带宾语或补语。(1)一个挨一个摆成行:~队|~名单|把椅子~在外边。(2)排演:~戏|~了一会儿话剧。(3)用力除去;用于水、气:~油烟|把田里的水~出去。❷名。(1)排成的行列:后两~有十个座位。(2)军队的一级编制,在连之下,班之上:三个班组成一~。(3)同"筏"。❸量。用于成行的事物:一~房子。另见pǎi。

【排奡】pái'ào 〈书〉形。矫健;指文笔:

其文纵横～。

【排比】páibǐ ❶名。修辞格的一种。把三个或三个以上结构相同或近似的句子成分或句子接连说出来，以增强语气、加深感情。例如，"时间就是生命，时间就是速度，时间就是力量"、"有的帮部队碾打粮食，有的帮部队烧火做饭，有的帮战士们缝补衣服"。❷动。排列，比较：我把十多年所写各种形式的短文加以～，编成此书。可带宾语：～不同的特点。

【排场】páichang ❶名。铺张奢侈的形式或局面：讲～｜～大。❷形。铺张而奢侈，一般作谓语，不作定语、状语：花那么多钱办喜事，未免太～了吧!

【排斥】páichì 动。使别的人或事物离开自己这方面：同学之间要团结友爱，不要互相～｜同种电荷的物体是相互～的。常带宾语或补语：不能一概～古代的文化｜没有理由把他们～在外。可作"受、遭到"等动词的宾语：长期受到他们的～。

＊"排斥"和"排挤"："排斥"是中性词，着重表示使人或事物离开这方面，可以是人为的，也可以是自然产生的；"排挤"是贬义词，着重表示人为地凭借势力或采取手段把不利于自己的人或组织挤出去。"排斥"的对象可以是人或组织，也可以是事物；"排挤"的对象通常只指人或组织。

【排除】páichú 动。除掉，消除；多指故障、困难等不利因素：地雷已全部～。常带宾语或补语：～干扰｜要把这种可能性～在外。

＊"排除"和"消除"："排除"着重表示努力排开，大力除掉；"消除"着重表示使不利的事物逐渐减少直至没有。"排除"适用的对象常是"障碍、困难、干扰、地雷"等；"消除"的对象常是"痛恨、祸患、威胁、隔阂、顾虑、臭气"等。

【排灌】páiguàn 动。排水和灌溉；一般不带宾语：如今山区已经用机械～，大大提高了抗旱排涝的能力。常作定语：～设备。

【排行】páiháng 名。兄弟姐妹按年龄排列的次序；常用序数词作它的谓语：我～第二。

【排挤】páijǐ 动。凭借势力或采取某种手段使不利于自己的人或组织失去地位或利益；常带宾语或补语，含贬义：宗派主义者总要拉拢一些人，～一些人｜他也被～出来了。

＊"排挤"和"排除"："排挤"的使用范围较窄，一般只用于具体的人或组织；"排除"使用范围较宽，可用于具体的人或物，也可用于较抽象的东西。"排挤"可以是单方面的，也可以互相的；"排除"一般是指单方面的，不能说"互相排除"。"排挤"是贬义词，"排除"是中性词，不带褒贬色彩。

【排解】páijiě 动。常带宾语或补语。(1)调解；指纠纷、矛盾冲突等：～纠纷｜他俩吵得不可开交，你快去～一下。(2)遣；多指寂寞或忧愁的心境：难以～内心的惆怅。

【排涝】páilào 动。排除田地里过多的积水；不带宾语：抗洪～。可拆开用：排了一上午的涝。

【排练】páiliàn 动。排演练习；常带宾语或补语：～舞蹈｜这段戏～了许多遍。

【排列】páiliè 动。顺次序放或排成行列：按姓氏笔划～。常带宾语或补语：～卡片｜把名单～出来。

【排律】páilǜ 名。长篇的律诗；与只有四联八句的律诗相区别。每首至少十句，有多至百韵的。一般是五言。

【排难解纷】pái nàn jiě fēn 成。为人排除患难，调解纠纷：李师傅经常为人～，很受大家尊重。

【排偶】pái'ǒu 名。指排比和对偶，这是两种修辞方式。参看"排比"、"对偶"。

【排遣】páiqiǎn 动。借某种事来消除；多指寂寞烦闷等：心头的忧虑，实在难以～。常带宾语或补语：～心头的悲哀｜心里的苦闷始终～不了。

【排球】páiqiú 名。(1)一种球类运动，球场长18米，宽9米，中间用网隔开。比赛分两队，各6人，各占球场一方，用手把球从网上空打来打去。(2)指排球运动使用的球。用皮革做壳，橡胶做胆。

【排山倒海】pái shān dǎo hǎi 成。排：推开，倒：翻倒。推开高山，翻倒大海。比喻声势大，力量强；多含褒义：我军以～之势摧毁了敌人的防线。

【排他性】páitāxìng 名。一事物不允许另一事物与自己在同一范围内并存的性质。

【排外】páiwài 动。排斥自己的国家、地区、党派、集团等以外的人;不带宾语:我们要学习外国的先进技术,不能盲目～。常作定语,不加助词"的":～思想│～情绪。

【排泄】páixiè 动。常带宾语或补语。(1)使污水、雨水等流走:挖条沟～污水│把田间的积水～到河里。(2)生物把体内的废物如粪便、汗液等排出体内:皮肤能～汗液│～出去。

【排演】páiyǎn 动。戏剧、电影等在正式演出或拍摄前,演员在导演的指导下,逐段、逐场练习:话剧团正在～。常带宾语或补语:～了一个新戏│～得差不多了。

＊"排演"和"排练":"排演"强调按演出程序进行演习;"排练"强调练习,以达到演出所要求的熟练程度和艺术水准。"排演"使用范围窄,主要用于戏剧、电影等;"排练"使用范围宽,除戏剧、电影外,还可用于团体操、合唱、相声、演讲等。

【排忧解难】pái yōu jiě nàn 习。排除忧愁,解除困难:为知识分子～,这个县去年办了十件好事。

徘 pái [徘徊] (-huái) 动。不带宾语,可带补语。(1)在一个地方慢慢地来回走着:他独自在走廊里～着│～在十字路口。(2)比喻犹疑不决:对改革不能持～观望态度。(3)比喻事物在某个范围内上下摆动,不再前进:前些年,我国农业一直～不前,原因就是广大农民的积极性没有充分调动起来。

桴 pái 名。同"簰"。

牌 pái 名。(1)(～儿、～子)用木板或其他材料做成的标志,上面一般有文字和符号:厂门口挂着一块～子。(2)(～儿、～子)商标:这台电风扇是什么～子的? (3)一种娱乐或赌博的用品,用纸或骨等做成:打了一会儿～。(4)(～子)歌曲的调子:这首词的曲子是什么～子?

【牌匾】páibiǎn 名。·挂在门楣上或其他建筑物上题着字的木板。

【牌坊】páifāng 名。一种形似牌楼的建筑物,旧时用来表彰封建礼教所谓的忠孝节义的物:贞节～。

【牌号】páihào 名。(1)商店的字号:我们店的～是"丰盛"。(2)商标:这辆自行车是什么～?

【牌价】páijià 名。有关部门规定的价格,一般用牌子公布。

【牌楼】páilou 名。一种有柱子,像门形的做装饰用的建筑物,上面有檐,多建于要道或名胜处。现在为庆祝用的牌楼一般是临时用竹木、松柏、鲜花等搭成。

【牌位】páiwèi 名。指神主、灵位或其他写着名字作为祭祀对象的木牌。

【牌照】páizhào 名。由政府主管部门发给的准许行车或营业的凭证:新卡车已领了～。

【牌子曲】páiziqǔ 名。曲艺的一个类别,一般是把若干民歌小调和若干曲艺曲牌连串起来演唱一段故事,有乐器伴奏,如单弦、四川清音等。

簰(簿) pái 名。筏子,用竹子或木材编扎成的水上交通工具。也指成捆的在水上漂浮、运送的木材或竹子。也作排、棑。

pǎi(ㄆㄞˇ)

迫(廹) pǎi [迫击炮] (-jīpào) 名。一种从炮口装弹,以曲射为主的火炮,能射击隐蔽物后方的目标。

另见pò。

排 pǎi 〈方〉动。用楦子填紧或撑大新鞋的中空部分,使合乎某种形状:这双布鞋得～一下。

另见pái。

【排子车】pǎizichē 名。用人拉的搬运东西的一种车。也叫大板车。

pài(ㄆㄞˋ)

哌 pài [哌嗪] (-qín) 名。音译词。药名,有机化合物,白色结晶,易溶于水。有驱除蛔虫、蛲虫等作用。

派 pài ❶名。指立场、观点或作风、习气相同的一些人：学术上,允许不同观点的各~开展讨论。❷量。(1)用于派别：两~学者在这个问题上争论得十分激烈。(2)用于声音、语言、景色等,数词限用"一"：一~胡言|一~新气象。❸动。常带宾语。(1)派遣、委派、分配：每人都~了工作。可带兼语：~他去完成这项任务。(2)指责；多指别人的错误、过失等,与"不是"搭配：别~他的不是了。❹〈素〉(1)作风或风度：气~|~头。(2)江河的支流：九~。
另见pā。

【派别】pàibié 名。政党、学术、宗教等内部因主张不同而形成的分支或小集团：这个组织内部有好几个~。

【派遣】pàiqiǎn 动。指政府、机关、团体等命人到某处做某项工作；常带宾语或补语：~大使|考察队早已~出去了。可带兼语：~他出国。

【派生】pàishēng 动。从主要事物的发展中分化出来；常以"出、出来"作补语：意识是由物质~出来的|"甜"这个词~出"甜头、甜蜜、甜美"等许多词。

【派生词】pàishēngcí 名。即"合成词"。

【派头】pàitóu 名。气派；多含贬义：小王昨天~十足地指挥别人。

【派系】pàixì 名。指某些政党或集团内部的派别。

蒎 pài 名。音译词。有机化合物,化学性质稳定,不易被无机酸或氧化剂分解。

湃 pài 见"滂(pāng)湃"、"澎(péng)湃"。

pān(ㄆㄢ)

番 pān 地名用字。番禺(yú),县名,在广东省。
另见fān。

潘 pān 姓。

攀 pān ❶动。常带宾语或补语。(1)抓住别的东西向上爬：~高峰|到树上去了。(2)比喻跟地位高的人结亲或结交：~高门|~不上这门亲事。❷〈素〉拉拢,拉扯：~谈|~附。

【攀比】pānbǐ 动。指不顾客观条件相互比照,并想超过对方；多用于工资、奖金、增长速度等方面,含贬义：在奖金方面,有的地方出现了相互~的现象。可带宾语：有人不顾需要和可能,与别人~发展速度,片面追求产值和利润。

【攀登】pāndēng 动。抓住东西爬上去；多带宾语：~珠穆朗玛峰。比喻不畏艰险,积极向上：~新技术的高峰。

【攀附】pānfù 动。常带宾语或补语。(1)附着东西向上爬：丝瓜藤~着那堵高墙往上爬|~在绳子上。(2)比喻投靠有权势的人,以求得到好处；含贬义：这家伙是靠~权贵才发迹的。

【攀供】pāngòng 动。指招供时凭空牵扯别人：要警惕罪犯,诬陷好人。可带宾语：这家伙~了好几个人。

【攀龙附凤】pān lóng fù fèng 成。攀、附：依附；龙、凤：指帝王、权贵。投靠帝王、权贵,后指巴结投靠有权势的人；含贬义：老张最瞧不起那种~往上爬的人。

【攀谈】pāntán 动。拉扯闲谈；常带补语：他主动同我~起来|两个人~得很投机。可带宾语：她们常在一起~家常。

【攀缘】pānyuán 动。也作攀援。常带宾语,或构成连动词组。(1)抓着东西向上爬：~峭壁|山势陡峭,我们抓住小树、葛藤~而上。(2)比喻投靠有钱有势的人以求升官发财；含贬义：他一心只想~权贵向上爬|他四处钻营,但由于种种缘故,一直没能~上去。

【攀折】pānzhé 动。拉下来折断；多用于花木：树枝不准~。常带宾语或补语：~花枝|~下来。

pán(ㄆㄢˊ)

爿 pán ❶〈方〉名。劈开的成片的竹木等。❷量。用于成片的土地和商店、工厂等：一~地|两~商店。

胖 pán 〈素〉安适：心广体~。
另见pàng。

盘(盤) pán ❶名。(~儿、~子)盛放物品的扁而浅的器具,多为圆形：瓷~儿|玻璃~子。❷动。(1)回旋地绕：辫子~在头顶上。(2)垒、堆砌；多指炕、灶：请瓦匠来~了个灶。

(3)仔细清点；多指货物、帐目等：商店里的货物每月～一次。(4)旧指工商企业的转让：这家商店已经～出去了。(5)搬运：把东西～到外面去。❸〈素〉(1)形状或功用像盘子的东西：磨～|棋～。(2)旧指商品行情：开～|收～。(3)仔细查问：～问。❹量。一～磨|一～电线。❺姓。

【盘剥】pánbō 动。旧指用放高利贷等手段反复进行剥削；常带宾语：地主重利～农民。

【盘查】pánchá 动。盘问检查,常带宾语或补语：～行人|～清楚。

【盘缠】pánchán 动。盘绕。

【盘缠】pán·chan 〈口〉名。路费。

【盘存】páncún 动。清点检查现有的资产；一般不带宾语：这家商店业已～。常带补语：每月底～一次。也叫盘点。

【盘点】pándiǎn 动。清点；用于商店、工厂等清查存货：今天百货公司～,不开门。可带宾语：每月一次售剩的商品。

【盘费】pán·fei 〈口〉名。路费。

【盘根错节】pán gēn cuò jié 成。盘：绕；错：交错；节：树的枝节。树根盘绕,枝节交错。比喻事情错综复杂,难以处理：这件事～,非常复杂。也比喻旧势力根深蒂固,不易消除：公安部门经过严密细致的侦查,终于粉碎了这个～、隐蔽很深的走私贩私集团。

【盘古】pángǔ 名。我国神话中开天辟地的人物。

【盘桓】pánhuán 〈书〉动。一般不带宾语,常带补语。(1)徘徊,逗留：拟在北京～数日,然后南下。(2)回环旋绕：天空不时有老鹰～着|一条羊肠小道～在山间。

【盘诘】pánjié 〈书〉动。盘问,仔细追问；常带宾语和补语：～参与者|警察对他～了半天,终于把他放了。

【盘踞】pánjù 动。也作盘据。常带"在"或"于"构成的介词词组作补语。(1)霸占,非法占据；含贬义：当时,鬼子、汉奸还～在一些城市和据点里,不肯缴枪|这股～于深山老林里的土匪,终于被我军彻底消灭了。可带处所宾语：顽匪～山区,妄图东山再起。(2)盘绕占据：一种凄苦

的情绪不禁～在他的心头。

【盘马弯弓】pán mǎ wān gōng 骑着马绕圈子,拉开弓准备射箭,原指作好出击的准备,后多比喻故意作出惊人的姿态,并不立即行动：他们只是～,不一定会马上打过来。

【盘绕】pánrào 动。围绕在别的东西上面；常带宾语或补语：竹竿上～着许多铜丝|长长的辫子～在头顶上。

【盘跚】pánshān 见"蹒(pán)跚"。

【盘石】pánshí 见"磐石"。

【盘算】pán·suan 动。心里算计或筹划,常带宾语或补语：～着这笔帐|～得太多了。也可带动词性宾语,常加疑问代词：我们正在～着怎样跟他说。

【盘陀】pántuó 〈书〉形。(1)形容石头不平：山石～。(2)曲折迂回：这一带尽是～小路,难以辨认。

【盘问】pánwèn 动。仔细查问；常带宾语或补语：～过路行人|～了一会儿。可带双宾语：～他一件事。可重叠：你去～一～他吧。

【盘旋】pánxuán 动。常带"在"或"于"构成的介词词组作状语或补语。(1)环绕飞行或转圈行走；不带宾语：几只海鸥～在大海上空|汽车在曲折的山路上～而上。(2)徘徊,逗留；不带宾语：他在幽静的小路上～,久久不愿离去。(3)比喻某种想法反复萦绕在头脑中：这个计划一直在我脑中～。带动态助词"着、过"后可带宾语：他的脑子里～着一些杂乱的念头。

槃 pán 〈书〉❶名。同"盘❶"。❷动。同"盘❷(1)"。

磐 pán [磐石](-shí) 名。很大很厚的石头,常用来比喻牢固,不可动摇的东西；含褒义：坚如～。也作盘石。

磻 pán 地名用字。磻溪,在浙江省。

蟠 pán 〈素〉屈曲,环绕：龙～虎踞|～曲。

【蟠桃】pántáo 名。(1)桃的一种,果实扁圆形,汁不多。也指这种植物的果实。有的地区叫扁桃。(2)神话中的仙桃：孙悟空偷吃了～。

蹒(蹣) pán [蹒跚](-shān) 形。腿脚不灵便,走路缓慢而摇摆的样子;不加程度副词,不单独作谓语;常作状语:这位老人独自在院子里~地徘徊。可重叠:一群小鸭蹒蹒跚跚地走来。也作盘跚。注意:蹒,不读mǎn。

pàn(ㄆㄢˊ)

判 pàn ❶动。常带宾语。(1)判决:~了十年徒刑。可带双宾语:~他死刑。(2)评定;多用于对试卷评分:~卷子。❷〈素〉(1)明显不同:~若两人|~若云泥。(2)分开,分辨:~别|~明。

【判别】pànbié 动。辨别;指事物之间的不同处,宾语常是"是非、好坏"这类相对的词语或疑问形式:~是非|~什么是真正的友谊。也可带补语:~得很清楚。

【判处】pànchǔ 动。判决处罚;多指对犯罪的人。须带宾语:~徒刑。可带双宾语:~该犯五年徒刑。

【判定】pàndìng 动。辨别并断定;宾语常是相对的词语或疑问形式:请您~谁是谁非|~哪种观点是正确的。

【判断】pànduàn ❶名。思维的基本形式之一,就是断定某种事物是否存在或是否具有某种属性的思维过程。❷动。断定;常带宾语或补语:~风向|~得很正确。也可带主谓词组作宾语:请你~哪种意见正确。

【判官】pànguān 名。(1)唐宋时辅助地方长官处理公事的官吏。(2)迷信传说中指阎王手下主管生死簿的官。

【判决】pànjué 动。法院对审理结束的案件作出最后决定:法院今天已对他~了。可带双宾语:~该犯五年徒刑。也可带主谓词组作宾语:~他无罪。

【判例】pànlì 名。可以作为法律根据加以援用的判决:这一案件有过~。

【判明】pànmíng 动。辨别清楚,搞清楚,须带宾语:~真相。常与相对词语作宾语:~是非曲直。也可带主谓词组作宾语:~他是否有错误。

【判若鸿沟】pàn ruò hónggōu 成。判:明显不同;鸿沟:古代运河,在今河南省,秦末楚汉分界的一条河,比喻事物的界限。形容界限很清楚,区别很明显:这两种文学主张~。

【判若云泥】pàn ruò yún ní 成。形容高低差别就像天上的云彩和地上的泥土的距离那样远:他是大诗人,他的诗和我的诗~,不能相比。也作判若天渊。

泮 pàn ❶〈古〉动。分,散。❷〈古〉名。指泮宫,即古代的学校。❸姓。

叛 pàn 〈素〉背叛,叛变:~国|~徒。

【叛变】pànbiàn 动。背叛自己的阶级或集团投到敌对的一方去:听说他被捕后就~了。可带宾语:他~祖国,当了可耻的汉奸。

【叛离】pànlí 动。背叛;常带宾语:这个坏蛋终于~了自己的结义弟兄,投降了敌人。

【叛乱】pànluàn 动。用武力实行叛变;不带宾语:反革命分子企图~。可作宾语:平定~。可作定语:所有的~分子被一网打尽。

【叛卖】pànmài 动。背叛并出卖;常以"祖国、革命"等作宾语:~革命。可带动态助词"了、过":这家伙无耻地~了自己的同志。

【叛逆】pànnì ❶动。背叛;可带宾语:不少富家子弟~本阶级,走上革命道路。可作定语:他公然举起~的旗帜。❷名。指在思想或行动上背离本集团的人:他是封建阶级的~。

【叛徒】pàntú 名。有背叛行为的人:游击队里出了~。

畔 pàn ❶名。(1)边上,附近;一般用在"江、河、湖、路"等词的后面,作中心语:湖~|瑞丽江~。(2)田地的边界。❷〈古〉同"叛"。

袢 pàn ❶同"襻"。❷见"袷(qiā)袢"。

拚 pàn 〈素〉舍弃不顾:~命。另见pīn。

【拚命】pànmìng 〈方〉动。拼命。

盼 pàn ❶动。盼望;常带宾语或补语:~亲人|~了十年。可带动词或动词性词组作宾语:早就~着参加进去|~下雨。也可带主谓词组作宾语:~

你们早点儿回来。❷〈素〉看：顾～｜左顾右～。

【盼头】pàn·tou 〈口〉名。指可能实现的良好愿望；常作"有"或"没有"的宾语：现在总算有～了。

【盼望】pànwàng 动。殷切地期望和等待；常带宾语或补语：～亲人｜～了好多年。常以动词或动词性词组作宾语：～早日见面｜～考上好学校。也可带主谓词组作宾语：～你们胜利归来。可加程度副词：祖母很～你回国。

＊"盼望"和"希望"：它们都含有想望的意思，但"盼望"表示十分殷切，语意较重；"希望"是一般地想望，语意较轻。"盼望"只用于对别人，"希望"可用于对别人，也可用于对自己。"盼望"一般只能作动词；"希望"除作动词外，还可作名词。

鋬 pàn 名。器物上用手提的把子：水桶～。

襻 pàn 也作袢。❶名。(1)(～儿)衣服上扣住纽扣的布套子。(2)(～儿)作用像襻的套子或器物上形状像襻的把子：布鞋～儿｜篮子～儿。❷动。用线、绳子等绕住，把东西连在一起；常带宾语或补语：～几道绳子就不会散了｜～上几针。

pāng(ㄆㄤ)

乓 pāng 拟声。摹拟枪声、关门声、器物砸破声等：大门～的一声关上了。

雱 pāng 〈古〉形。雪下得很大。

滂 pāng 〈素〉水涌出的样子：～湃｜～沱。

【滂湃】pāngpài 形。水势浩大；不加程度副词，常与"汹涌"并用：江水滚滚，汹涌～。

【滂沱】pāngtuó 〈书〉形。形容雨下得很大；不加程度副词：大雨～。也比喻泪流得很多：涕泪～。

膀(髈) pāng 形。浮肿：他的脸都～了，恐怕有病。
另见 bǎng, páng。

páng(ㄆㄤˊ)

彷(徬) páng [彷徨](-huáng)动。犹疑不决，来回走动；常用来表示因拿不定主意而不知所向：不能再在科学大门外～了。有时可带处所宾语：他～月下，不住地叹息。也作旁皇。
另见 fǎng。

庞(龐、△厐) páng ❶〈素〉(1)脸盘：面～。△(2)大：～大｜～然大物。△(3)多而乱：～杂。❷姓。

【庞大】pángdà 形。极大，过大；指形体、组织、规模和数量等：开支～｜机构太～。作定语时常加助词"的"：～的躯体｜～的厂房。

【庞然大物】pángrán dà wù 成。庞然：高大的样子。形容体积大而笨重的东西：这家伙看起来像个～，其实并没有多大力量。

【庞杂】pángzá 形。多而杂乱：内容太～｜机构～。

逄 páng 姓。

旁 páng ❶方位。旁边：大路～｜桌子～。❷名。(～儿)汉字的偏旁：这个字什么～儿？❸代。其他，另外；多作定语，一般加助词"的"：～的事｜没有～的证据了。❹〈古〉同"傍(bàng)"。

【旁白】pángbái 名。戏剧角色背着同台其他剧中人对观众说的台词。

【旁边】pángbiān 方位。左右两边，靠近的地方：大路～｜小店～。

【旁观】pángguān 动。置身局外，从旁观察；不带宾语：他在那里微笑地～着｜对这场斗争不应持～态度。

【旁观者清】páng guān zhě qīng 见"当局者迷，旁观者清"。

【旁皇】pánghuáng 见"彷徨"。

【旁落】pángluò 动。指权力落到别人手里；常用在固定组合中：大权～。

【旁敲侧击】páng qiāo cè jī 成。侧：旁边；击：敲打。比喻说话、写文章不从正面直截了当地说明，而从侧面闪烁其辞地表达或暗示：有话直说，不要～。

【旁若无人】páng ruò wú rén 成。旁边好像没有人一样,形容态度自然或高傲:他进进出出,～,很少跟同办公室的同志打招呼。

【旁听】pángtīng 动。(1)列席会议,没有发言权和表决权;不带宾语:到会～。(2)非正式地跟班听课;常带宾语或补语:～哲学课|～了半年。可带动态助词"了、过":上学期我～了张先生的文艺学|他在南京大学～过三门课。

【旁骛】pángwù 〈书〉动。追求正业以外的事情,不专心:首先要打好专业基础,不宜驰心～。注意:"骛"字下是"马",不是"鸟"。

【旁征博引】páng zhēng bó yǐn 成。征:寻求,搜集;博:广博。指说话或写文章广泛地引用材料作依据或例证:这篇论文～,很有说服力。

【旁证】pángzhèng 名。(1)指来自当事人以外的能证明案情的证据:向法院起诉一般要附～材料。(2)指能间接证明案情的主要证据以外的事实或材料:又找到几个～,可供审理参考。

【旁支】pángzhī 名。家族或集团等系统中不属于嫡系的支派。

膀 páng [膀胱](-guāng) 名。有的地方叫尿脬(suīpāo)。人或高等动物体内存尿的囊状器官,位于下腹部盆腔内。
另见bǎng, pāng。

磅 páng [磅礴](-bó) ❶形。盛大;多指气势:这篇文章笔意酣畅,气势～。❷动。充满、扩展;不带宾语:一般用"于"构成的介词词组作补语:要求和平与进步的呼声正～于全世界。
另见bàng。

螃 páng [螃蟹](-xiè) 名。节肢动物,生活在水中,全身有硬的甲壳,有五对足,其中前面有一对长成钳状,叫螯,横着爬。有河蟹、海蟹等类,肉味鲜美。简称蟹。

鳑 páng [鳑鲏](-pí) 名。一种形似鲫鱼而较小的淡水鱼,背面淡绿色,腹面银白色,眼有彩色光泽。吃水生植物,卵产在蚌壳内。

pǎng(ㄆㄤˇ)

嗙 pǎng 〈方〉动。夸大,吹牛;不带宾语:你别听他瞎～|他是个好胡吹乱～的人。

耪 pǎng 动。用锄头翻松土地;常带宾语或补语:～了一亩地|这块菜地已经～了一遍。

pàng(ㄆㄤˋ)

胖(胖) pàng 形。脂肪多,肥肉多;与"瘦"相对:这孩子长得很～。
另见pán。

【胖墩墩】pàngdūndūn 形。形容人体矮胖结实;不加程度副词,常加助词"的":～的小伙子。

【胖乎乎】pànghūhū 形。形容人比较肥胖;多指儿童,不加程度副词,常加助词"的":小新长得～的|～的脸蛋。

pāo(ㄆㄠ)

抛(拋) pāo 动。常带宾语或补语。(1)向斜上方投掷,扔:～篮球|把包裹～给我。(2)丢下,使远离自己:摩托车把大卡车～在后面|～开他。(3)抛售:大量～出香烟。

【抛光】pāoguāng 动。对制品或零件加工,使表面光洁;不带宾语:这个铜汤壶要拿去～。可重叠:把这零件抛抛光。可拆开用:抛过两次光。

【抛荒】pāohuāng 动。(1)土地没人耕种而变得荒芜;不带宾语,常带补语:山后那块地已经～好几年了。(2)荒废;多指学业、业务:再不调对口的工作,学的专业全～了。可带宾语:～了学业。

【抛锚】pāomáo 动。不带宾语,可拆开用。(1)把锚抛下水,使船停在一定的位置:船已在海边～|船已抛了锚。(2)汽车等机动车辆因故障而中途停止行驶:今天的班车老～|抛了好几次锚。(3)〈口〉比喻事情在进行过程中因故中止:调动的事儿～了|这件事原来进行得很顺利,不知怎么的又抛锚。

【抛弃】pāoqì 动。丢掉不要;常带宾语或补语:不要随便～废铁|她被狠心的父

母～在马路边。可带动态助词"了、过":～了旧观念|他～过她。

【抛洒】pāosǎ 动。流下洒出;指血、汗等:为了保卫祖国的边疆,他决心把自己的热血～在战场|在这块土地上,他不知了多少汗水。

【抛售】pāoshòu 动。预料到价格将下跌或为了某种目的而压低价格大量出售;常带宾语或补语:～股票|赶快～出去。

【抛头露面】pāo tóu lù miàn 成。原指妇女在公开场合出现,封建社会认为是丢脸之事。现泛指人公开露面;多含贬义:他最喜欢～,出风头。

【抛物线】pāowùxiàn 名。物体向上斜抛出去所经过的路线。

【抛砖引玉】pāo zhuān yǐn yù 成。抛出砖头,引来玉石。比喻用粗浅的不成熟的意见引出别人的更好的见解;常用作谦辞:这篇短文是为了～而写的。

泡 pāo ❶名。(～儿)鼓起而松软的东西:豆腐～儿。❷〈方〉形。松软,不结实:这块木料发～。❸量。用于屎、尿:拉了一～屎。
另见pào。

脬 pāo ❶见【尿(suī)脬】。❷量。同"泡";用于屎尿:一～尿。

páo(ㄆㄠˊ)

刨 páo 动。常带宾语或补语。(1)挖掘:～山芋|～了一天土。(2)从某个数目中减去:～去3个,还剩17个。
另见bào。

【刨除】páochú 动。从某个数目中除去;常带宾语:～种种开销以后,这个月的收入还有一些剩余。也常用于"把"字句:这个案子应秉公办理,要把个人恩怨～在外。

咆 páo 〈素〉怒吼,嗥:～哮。

【咆哮】páoxiāo 动。不带宾语。(1)猛兽发威时高声长叫:雄狮～如雷。(2)比喻人发怒时大叫;含贬义:他～了一通,气愤地走了。(3)比喻水流发出轰响:黄河在～。

狍(麅) páo 名。(～子)鹿的一种,毛冬季棕褐色,夏季栗红色。耳朵和眼都较大,颈长尾短,后肢略比前肢长,雄的有分枝状的角。吃青草、野果和野菌等。肉可食用。毛皮可做褥、垫或制革。

庖 páo 〈素〉(1)厨房:～厨。(2)厨师:越俎代～。

【庖代】páodài 〈书〉动。做应属别人做的事;一般不带宾语,多用于否定句:此事不宜～。参见"越俎代庖"。

炮 páo 动。炮制中药的一种方法,把生药放在热铁锅里炒,使它焦黄爆裂;常带宾语:～中药。
另见pào。

【炮烙】páoluò (旧读páogé) 名。我国古代的一种酷刑。也叫炮格。

【炮制】páozhì 动。常带宾语或补语。(1)用烘、炮、洗、泡、蒸等方法将中草药原料制成药物:～了一些很有疗效的药丸。(2)比喻编造,制订;含贬义:～了这篇诬蔑别人的文章|这是他们策划后～出来的。

袍 páo 名。(～儿、～子)中式的长衣服:皮～。

【袍笏登场】páo hù dēng chǎng 成。穿起官袍、拿起见皇帝用的笏板登台演戏,比喻上台做官;含讽刺意:下台不到三个月,他又～。

【袍泽】páozé 〈书〉名。袍、泽:都是古代的衣服名称,后来军队里的同事叫袍泽:～之谊。

匏 páo [匏瓜](-guā) 名。(1)一年生草本植物,叶子掌状分裂,茎上有卷须。果实比葫芦大,嫩时可作蔬菜,成熟后对半剖开,可做水瓢。(2)这种植物的果实。

跑 páo 动。兽类动物用脚挖土;常带宾语:马在地上～了个坑。
另见pǎo。

pǎo(ㄆㄠˇ)

跑 pǎo 动。(1)快速前进;小伙子们正在～着。常带宾语:～到球场|火车～得很快。可带宾语:马路上～着几个青年。(2)逃走;常指关押的人或关住的动物:别让他～了。常带宾语或补语:～了一只羊|想办法～出去。(3)为

某事而奔走;常带表示目的或处所的宾语:～材料|～供销|～码头。可带补语:为这批货物～了好几趟。(4)物体离开了应该在的位置:田里灌的水～了。可带宾语或补语:别让茶叶～了味儿|油全～出来了。可作补语:晒的衣服被风吹～了。(5)液体因挥发而损耗;多指汽油、酒精等容易挥发的东西:一瓶汽油因为未盖好,全～光了|～了不少酒精。(6)〈方〉同"走";常带宾语或补语:上街要～不少路|～了一天才到。

另见pào。

【跑单帮】pǎo dānbāng 习。非职业经商者独自往来各地贩卖货物,获取利润:老王近来在～|火车上～的人不少。

【跑道】pǎodào 名。(1)供飞机起飞和降落时滑行用的路。(2)运动场中供赛跑或速度滑冰比赛专用的路。

【跑江湖】pǎo jiānghú 习。旧指以卖艺、算卦、相面等为职业,来往于各地谋求生活:我这个在旧社会～的女子,今天成了演员。

【跑龙套】pǎo lóngtào 习。(1)指在传统戏曲中扮演随从、兵卒等不重要的角色:他是～的,从未演过主角。(2)比喻在别人手下做不重要的事:小李挺乐意给厂长～。

【跑马卖解】pǎo mǎ mài xiè 习。指旧时骑马表演各种技艺,以此赚钱谋生。也说跑马解、跑解马。注意:"解"这里不念jiě。

【跑跑颠颠】pǎopǎodiāndiān 形。形容不停地奔忙;不加程度副词,常带助词"的":这几天你～的,都忙些什么事呀?

【跑腿儿】pǎotuǐr 〈口〉❶动。为人奔走办杂事;不带宾语:他正缺一个人～。可重叠:跑跑腿儿。❷名。指做跑腿儿工作的人。

【跑外】pǎowài 动。指商店或作坊等的工作人员专门在外面采购、收帐或联系业务;不带宾语:他一年到头要～,很辛苦。

pào(ㄆㄠ)

奅 pào 〈古〉形。虚大。

泡 pào ❶名。(～儿)(1)液体由于内部充满气体而鼓成的球形或半球形体:用肥皂水吹～。(2)形状像泡的东西:脚上打了两个～儿。❷动。常带宾语或补语。(1)把物体较久地放在液体中:～一杯茶|豆子～在水里。(2)消磨或浪费时间:别在这儿～时间了|～掉许多时间。

另见pāo。

【泡病号】pào bìnghào 习。没病或有小病的人以生病为理由不上班:厂里再也没有人～了。

【泡蘑菇】pào mó·gu 习。故意纠缠,拖延时间:我还有事,请你别跟我～了。

【泡沫】pàomò 名。聚在一起的许多小泡。

【泡汤】pàotāng〈方〉动。落空,没能实现;不带宾语:托他办的事～了。可拆开用:计划又泡了汤。

【泡影】pàoyǐng 名。比喻落空的事情或希望;主要作宾语,常和"成(了),成为,化成,变成"等词搭配使用:这个希望等于成了～|敌人的企图化成～。

炮(砲、礮) pào 名。(1)口径超过两厘米,能发射炮弹,火力强、射程远的重型武器。有许多种类。也叫火炮。(2)指土石工程中装好炸药准备爆破的凿眼。(3)爆竹。

另见bāo, páo。

【炮灰】pàohuī 名。比喻被强迫为非正义战争去送命的士兵:学生们坚决不愿充当反动派的～。

【炮火】pàohuǒ 名。指战场上发射的炮弹与炮弹爆炸后发出的火焰:～猛烈。

【炮舰】pàojiàn 名。以火炮为主要装备的轻型军舰。

【炮舰外交】pàojiàn wàijiāo 词组。指帝国主义为达到侵略、扩张的目的而推行的以武力作后盾的外交政策。也叫炮舰政策。

【炮楼】pàolóu 名。较高的碉堡。四周有枪眼,可以瞭望和射击。

【炮台】pàotái 名。旧时在江海口岸和其他要塞上构筑的永久性炮阵地:大沽～。

【炮艇】pàotǐng 名。用火炮作为主要装备的军用船,比炮舰小。

【炮筒子】pàotǒng·zi 名。比喻性情急躁、言语直率、有话就说的人：我是个~|~脾气。

【炮眼】pàoyǎn 名。(1)掩蔽工事里的火炮发射口。(2)在岩石上凿出的供装填炸药进行爆破的孔眼：打了20个~。

【炮仗】pào·zhang 名。爆竹。

疱(皰) pào 名。皮肤上长的像水泡样的小疙瘩。

pēi(ㄆㄟ)

呸 pēi 叹。表示斥责或唾弃：~！谁理睬你这种人！

胚 pēi 名。由精细胞和卵细胞结合发展而成的初期发育的生物体。

【胚胎】pēitāi 名。(1)在母体内由卵受精后经初期发育而成的动物体。(2)泛指刚开始形成的事物。

衃 pēi 〈古〉名。凝聚的死血。

醅 pēi 〈古〉名。未经过滤的酒。

péi(ㄆㄟˊ)

陪 péi ❶动。在他人身边作伴；常带宾语或补语：~客人|~在她身边。可带兼语：~代表团参观。❷〈素〉从旁协助：~审。

【陪伴】péibàn 动。随同作伴：年老了无人~。常带宾语或补语：整天~着病父|~了三天。

【陪绑】péibǎng 动。旧时处决犯人时把其他一些犯人一起绑押到刑场，用以威逼他们招供或投降；不带宾语：把3041号犯人也拉去~。可拆开用：他曾被拉去陪过绑。

【陪衬】péichèn ❶动。用其他事物作衬托，使主要事物更加突出：红花需要绿叶来~。常带宾语或补语：苍翠的山峦~着这碧波荡漾的湖水，令人心旷神怡|~得很好看。❷名。用来突出主要事物的其他事物：我只能做你的~。

【陪都】péidū 名。旧时在首都以外另设的一个首都。

【陪客】péi·ke 名。主人特地请来陪伴客人的人。

【陪审】péishěn 动。不属于专职法律人员的公民到法院参与案件的审判工作；不带宾语：他到法院去~。可作"参加"的宾语：参加~。

【陪送】péi·song 〈口〉❶动。娘家置备嫁妆，随新娘送往男家；常带宾语：~了好多衣物。❷名。嫁妆：她娘家的~真多。

【陪同】péitóng 动。陪伴着一同进行某项活动；常带宾语或补语：你去~他们|~了一天。可带兼语：老张~代表团参观。

【陪葬】péizàng 动。不带宾语。(1)殉葬。(2)古代指臣子或妻妾的灵柩安葬在皇帝或丈夫的坟墓旁边。

培 péi ❶动。在植物或墙、堤等的根基部加土；常带宾语或补语：给小树~点土|将堤坝~厚一些。❷〈素〉育养：~养|~育|~训。

【培训】péixùn 动。培养和训练；多指技术工人或专业干部等：派几个人去~。常带宾语或补语：~计算机操作人员|一批专业干部已经~出来了。常作"进行、加以"等动词的宾语：对刚进厂的工人进行~。

【培养】péiyǎng 动。常带宾语或补语。(1)用适宜的条件使其繁殖或向一定的方向生长发展：~细菌|一种新稻种~出来了。(2)按一定的目的对人进行训练或教育，使成长发展：~年轻人|我是他一手~起来的。带结果宾语时有的要加"成"：~人才|把他~成博士。可带兼语：~她做了护士。与有关词组合后可作宾语：我决不辜负国家对我的~。可重叠：好好~~。

【培育】péiyù 动。常带宾语或补语。(1)培养幼小的生物，使它顺利发育生长：~秧苗|这些良种是他几年来精心~出来的。(2)抚育，教养，使儿童、青少年在德智体美等方面健康地成长：~年轻一代|~成有用的人。

＊"培育"和"培养"："培育"着重指使发育成长；"培养"着重指使繁殖。"培育"用于人时，指抚育、教养，使各方面健康成长；"培养"用于人时，指训练、教导，使掌握本领。"培养"的对象可以是抽象的东西，如：培养感情；"培育"一般不这样用。

【培植】péizhí 动。常带宾语。(1)栽种并细心管理；用于植物：人工～中草药植物。(2)培养；多指使人成为某种人才：在实际工作中发现人才，～人才十分重要。(3)扶植；指壮大自己方面的势力，含贬义：～自己的党羽。

＊"培植"和"培育"："培植"指对植物的栽培管理；"培育"指促使幼小的生物发育生长。用于人或其他事物时，"培植"的对象可以是好的，也可以是坏的，"培育"的对象一般是好的。

赔 péi ❶动。常带宾语或补语。(1)补偿损失：打破一块玻璃，～了两元钱｜东西已～出去了。可带双宾语：～他一本书。(2)做买卖蚀了本；与"赚"相对：这趟生意～了3000元｜本钱小，～不起。❷〈素〉向人认错或道歉：～礼｜～罪｜～笑。

【赔不是】péi bùshi 词组。向人承认自己错了并表示道歉：赶快去给他～。

【赔偿】péicháng 动。用钱物补偿自己给别人或集体造成的损失：损坏公物要～。常带宾语或补语：～损失｜这么贵的东西我们～不起。可带双宾语：～该厂一万元。

＊"赔偿"和"补偿"："赔偿"着重在"赔"，表示偿还自己给对方造成的损失；"补偿"着重在"补"，表示填补不足或缺少的部分。"赔偿"的损失一般是人为的，个人负有一定的责任；"补偿"的损失不一定是人为的，可以是自然灾害、战争等原因造成的。"赔偿"的一般是金银财物，"补偿"就不一定，也可以是同所受损失质量相当的其他一些东西。

【赔款】péikuǎn 动。不带宾语，可拆开用。(1)损坏、遗失别人或集体的东西用钱来补偿：愿意～｜已经赔了款。(2)战败国向战胜国赔偿损失和作战费用：鸦片战争后，清政府被迫～｜赔了大量的款。❷名。(1)指赔偿别人或集体受损失的钱。(2)指战败国向战胜国赔偿损失和作战费用的钱。

【赔了夫人又折兵】péi le fū·ren yòu zhé bīng 习。明·罗贯中《三国演义》里说，东吴周瑜设计，把孙权的妹妹许配给刘备，想利用刘备来成婚之机扣留他，夺还荆州。结果刘备成婚后带着夫人逃出东吴。周瑜带兵追赶，又被诸葛亮的伏兵打败。人们因此讥笑周瑜"赔了夫人又折兵"。后用来比喻本来想占便宜，结果不但没占到便宜，反而遭受损失。

【赔礼】péilǐ 动。向人施礼认错；不带宾语：是你错了，快去～。可拆开用：赔了个礼。

【赔小心】péi xiǎoxīn 习。为了博得别人的好感，或使人息怒，以谨慎、迁就的态度对人：妈妈正为这事儿生气，你得赔点小心!

【赔笑】péixiào 动。以笑脸对人，以消除别人的怒气或不快；不带宾语：我可不愿去～。可拆开用：就赔个笑吧。也说赔笑脸。

【赔罪】péizuì 动。得罪人后向人表示道歉；不带宾语：你得罪了他，应当去～。可拆开用：赔个罪算了。

锫 péi 名。一种人造的放射性金属元素，符号Bk。是由甲种粒子轰击锔而得到的。

裴 péi 姓。

pèi (ㄆㄟˋ)

沛 pèi 〈素〉盛大，旺盛：充～｜～然。

旆 pèi 〈古〉名。(1)指镶在旗末的状如燕尾的饰物，也指这种形状的旗子。(2)泛指旌旗。

霈 pèi 〈古〉❶名。大雨。❷形。形容雨多的样子。

帔 pèi 名。古代披在肩背上无袖的服饰。妇女用的帔绣着各种花纹，大领对襟。

佩(△珮) pèi ❶动。佩带；常带宾语或补语：腰间～着一把手枪｜一串钥匙～在裤带上。△❷名。古代衣带上挂的装饰品。❸〈素〉心悦诚服：～服｜钦～。

【佩带】pèidài 动。挂在胸前、臂上、肩上或腰间；多指徽章、标记、手枪、玉器等，常带宾语或补语：臂上～着值班的袖章｜一把宝刀～在腰间。

【佩服】pèifú 动。感到可敬可爱，钦佩；

可加程度副词：张教授德高望重,我很～。常带宾语或补语：～他的远见｜我对爸爸～得很。也可带主谓词组作语：～他敢于挑重担。

＊"佩服"和"信服"："佩服"着重表示心悦诚服的意思,一般指人的品质、才能、技巧和行为；"信服"着重表示信从的意思,一般指言论、道理或事实等。"佩服"不能作状语修饰动词；"信服"可以。

配 pèi ❶动。常带宾语或补语。(1)两性结合：～了个如意郎君｜他俩～成了夫妻。(2)使交配；指动物：～马｜这头母猪已～过了。(3)根据一定标准或比例加以调和或凑在一起：～颜色｜这张药方～不齐。(4)为事物补上缺少的部分：窗户上要～一块玻璃｜钥匙～好了。(5)衬托,陪衬：红花～绿叶｜这首歌要～上钢琴伴奏｜这两件衣服～不到一块儿。(6)相当,显得互相协调：这行为同他的身份不～｜这张画几种颜色～得很好。❷助动。表示有资格,够得上：只有他才～称先进工作者。常用于反问句和否定句：你～参加这个会吗?｜他不～当教师。❸〈素〉(1)有计划地分派：支～｜分～。(2)充军：发～。

【配备】pèibèi ❶动。常带宾语或补语。(1)根据需要分配人力和物力：～技术人员｜演奏人员要～齐全。(2)布置兵力：～火力｜炮车已～好了。❷名。指成套的器物等：现代化的～。

【配搭】pèidā 动。跟主要的事物合在一起做陪衬；常带宾语或补语：卖紧俏商品～滞销货是不应该的｜这个班子的副手～得不错。

【配方】pèifāng ❶动。按照处方配制药品；不带宾语：要重新～。可拆开用：配了几张方。❷名。指化学制品、冶金产品等的配制方法。通称方子。

【配合】pèihé 动。分工合作来完成共同的任务；常带宾语或补语：～友军｜他俩～在一起,工作得很好。可重复用：～他们进行调查。可重叠：你们几个～～,看看怎么样。

【配合】pèi·he 形。合在一起显得和谐适当：对联跟这幅画多～!｜很～的一对儿。

【配给】pèijǐ 动。按分配原则供应或售给；常带宾语：由当地～粮食。注意："给"这里不念gěi。

【配件】pèijiàn 名。(1)装配机器所需的零件或部件：这家商店供应汽车～。(2)损坏后重新换上去的零件：这台收音机都是原件,只有电位器是～。

【配角】pèijué ❶动。合演一出戏,都扮演主要角色；不带宾语：咱俩在一起～多年。可拆开用：夫妻俩在台上配了几十年角儿。❷名。(1)戏剧、电影中的次要角色。(2)比喻担任辅助工作或次要工作的人：我还是当你的～。

【配偶】pèi'ǒu 名。婚姻关系中的对方；多用在法令文件中：夫妻一方死后,其～有财产继承权。

【配售】pèishòu 动。分配出售；多指某些不够丰富的产品,特别是生活必需品,由政府限定数量和价格出售给消费者：肥皂不再～了。可带宾语：～粮食。

【配套】pèitào 动。把相关的几种事物配合成完整的一套；不带宾语：这个工程还须进一步～。常作定语,可不加助词"的"：～工程｜～产品。可拆开用：配好了套。

【配音】pèiyīn 动。译制电影、电视时用所需要的语言录音代替原片上的录音。摄制电影、电视时由别人代替演员说话或唱歌,也叫配音。

【配乐】pèiyuè 动。给朗诵和话剧等配上适当的音乐以增强艺术效果；不带宾语：这段戏最好要～。作定语时可不加助词"的"：～散文。可拆开用：配上乐更好听了。

【配制】pèizhì 动。把几种原料混合起来制造产品；常带宾语或补语：～六神丸｜这种饮料是用多种原料～而成。

【配置】pèizhì 动。根据需要配备添置；常带宾语或补语：～了几台机床｜劳力要～好。

辔 pèi 名。用来驾驭牲口的嚼子和缰绳。也叫辔头。

pēn(ㄆㄣ)

喷 pēn 动。受压力而射出；多指液体、气体、粉末等：水直往外～。常带宾语或补语：～农药｜～在衣服上了。可带双宾语：～了他一脸水。
另见pèn。

【喷薄】pēnbó 形。形容太阳初升或水涌起的样子；常与"欲出"配合使用，不加程度副词：一轮红日～欲出。

【喷饭】pēnfàn 动。吃饭时因发笑而使饭从嘴里喷出，常用来指事情好笑或可笑；不带宾语：这则故事令人～。

【喷溅】pēnjiàn 动。受压力向外射出；多指液体、岩浆等：火山喷发时，熔岩四处～。常带宾语或补语：瀑布～着雪白的水花｜水从泉眼里～出来。

【喷射】pēnshè 动。利用压力把液体、气体或颗粒固体发射出去：经几条水龙～，大火熄灭了。常带宾语或补语：～出大量废气｜～得很远。

【喷嚏】pēntì 名。鼻粘膜受刺激引起鼻孔急剧吸气，然后很快喷出而发出声音的现象；常作"打"的宾语：打了几个～。也叫喷嚏。

【喷吐】pēntǔ 动。指光、火等喷射出来；常带宾语或补语：炉口～着红红的火苗｜阵阵黑烟从烟囱里～出来。

＊"喷吐"和"喷射"："喷吐"向外喷出的力量较小，喷出去的距离较近；"喷射"向外喷出的力量较大，喷出去的距离较远。如勘探油汽井时，强大的气流从地下喷出该用"喷射"，而烟囱冒出浓烟只能用"喷吐"。

【喷子】pēn·zi 名。喷射液体的器具。

pén(ㄆㄣˊ)

盆 pén 名。(～儿、～子)盛放东西或洗涤用的器具，口大、底小，多为圆形：洗澡～儿。

【盆地】péndì 名。四周都被山或高地围绕着的平地：四川～。

【盆景】pénjǐng 名。一种陈设品，一般是在花盆中栽种小巧的花草，或配以小树小山等，像真的风景一样，供人赏玩。

溢 pén 水名用字。溢水，在江西省。

pèn(ㄆㄣˋ)

喷儿 pèn 〈口〉❶名。(～儿)蔬菜、果品、鱼虾等上市正盛的时期：西瓜～儿｜对虾正在～儿上。❷量。开花结实的

次数或成熟收割的次数：麦子开头～花了｜二～豆角。
另见pēn。

【喷香】pènxiāng 形。香气浓厚扑鼻；不加程度副词：～的饭菜。可重叠：这朵花～～的｜糖炒栗子喷喷香。

pēng(ㄆㄥ)

抨 pēng 〈素〉弹劾，攻击对方：～击。

【抨击】pēngjī 〈书〉动。用言语或文字来攻击、批判某人或某种言行；常带宾语：～时弊｜～了不良现象。可作"受到、遭到"等动词的宾语：受到～。

怦 pēng 拟声。摹拟心跳的声音；常叠用：心～～直跳。

砰 pēng 拟声。摹拟物体撞击或重物落地的声音："～"的一声，玻璃鱼缸掉在地上，摔碎了。

烹 pēng ❶动。一种做菜的方法，先用热油略炒后，加入酱油等作料迅速搅拌，随即盛出；常带宾语或补语：～鳝丝｜～一下。❷〈素〉泛指烧煮食物：～调｜～饪。

【烹饪】pēngrèn 动。泛指烧菜做饭；一般不带宾语：他很会～。可作宾语：擅长～｜学习～。

【烹调】pēngtiáo 动。烧炒调制菜蔬；常带宾语或补语：～佳肴｜一条鲜鱼，～得好坏，味道可以相差很远。可作定语：～技术。

＊"烹调"和"烹饪"："烹调"只指做菜，不包括做饭；"烹饪"既指做菜，也指做饭。

péng(ㄆㄥˊ)

芃 péng [芃芃] 〈古〉形。形容草木茂盛。

朋 péng 〈素〉(1)彼此友好的人：～友。(2)结党：～比为奸。

【朋比为奸】péng bǐ wéi jiān 成。朋比：互相勾结。坏人勾结起来干坏事：这伙人～，干尽坏事。

＊"朋比为奸"和"狼狈为奸"："朋比为奸"的适用范围较大，可用于两个或几个坏人，也用于一大批坏人；"狼狈为奸"

用"狼"和"狈"作比喻,一般用于两个或两群坏人,不用于一大批坏人,适用范围较小。

【朋党】péngdǎng 名。原指同类的人为私利而互相勾结,后指封建统治内部不同的政治集团:～之争。

【朋友】péng·you 名。(1)彼此友好、有交情的人。(2)指恋爱的对象:她有～了,两人正在热恋中。

堋 péng 名。我国战国时代科学家李冰在修建都江堰时所创造的一种分水堤,能减杀水势。

棚 péng 名。(～儿、～子)(1)把席、布等搭架支张起来遮蔽风雨或阳光的东西:院子里搭了一个～儿。(2)简陋的房屋:牲口～子。

【棚户】pénghù 〈方〉名。居住在简陋房屋里的人家。

硼 péng 名。非金属元素,符号B。有结晶与非结晶两种形态,结晶的硼灰色透明,有光泽,很坚硬;非结晶的硼绿棕色,粉末状。用于制合金钢,也可用作原子反应堆的材料、火箭燃料、搪瓷釉料等。

【硼砂】péngshā 名。无机化合物,白色或无色结晶,溶于热水,用于制造光学玻璃、焊剂等。中药叫月石。

【硼酸】péngsuān 名。一种弱酸,用于玻璃、医药等工业,并用作食物防腐剂和消毒剂等。

鹏 péng 名。传说中最大的鸟。

【鹏程万里】péng chéng wàn lǐ 成。鹏程:大鹏鸟飞越的途程。比喻前程远大;常用作对人的称颂或祝愿:祝你～。

髼 péng 〈古〉形。头发松散。

彭 péng 姓。

澎 péng 动。溅;常带宾语:～了一身泥。可带双宾语:～了他一身水。

【澎湃】péngpài 形。不加程度副词。(1)形容波浪互相撞击:海浪～,呼啸而来。(2)比喻声势浩大、气势雄伟:心潮～。常与"汹涌"并用:农民运动汹涌～地发展着。

膨 péng 〈素〉胀大:～大|～胀。

【膨脝】pénghēng 形。(1)〈书〉形容肚子胀的样子:豕腹～。(2)〈方〉指物体庞大,不灵便:这柜子放在这个小房间里太～了。

【膨胀】péngzhàng 动。不带宾语,可带补语。(1)物体的长度或体积由于受热或其他原因而增加;与"收缩"相对:空气遇热就会～|氢气迅速进入球体,球体很快就～起来。(2)借指某些事物扩大、增长;多用于不好的方面:通货～|个人主义思想～|这个国家失业的队伍已经～到1000万。

蟛 péng [蟛蜞](-qí) 名。螃蟹的一种,身体比一般螃蟹小,头胸甲略呈方形,螯足无毛,红色,穴居在海边或江河沟渠的泥岸中。

蓬 péng ❶名。飞蓬,多年生草本植物,叶边有锯齿,花白色,子实有毛。❷动。使松散、杂乱;须带宾语:～着头发。❸量。用于枝叶茂盛的花草:一～文竹。(2)用于飞蓬形状的事物:一～火|一～烟。

【蓬荜增辉】péng bì zēng huī 成。蓬荜:"蓬门荜户"的省略,指穷苦人家。使贫家增添光辉;常作谦辞,称谢别人到自己家里来或称谢别人送来题赠的字画:您能光临,真使～。也作蓬荜生辉、蓬屋生辉。

【蓬勃】péngbó 形。繁荣旺盛的样子。不加程度副词:朝气～|～兴起。可重叠:一片蓬蓬勃勃的新气象。

【蓬莱】pénglái 名。神话传说中渤海里神仙居住的山,诗文中借指仙境。

【蓬门荜户】péng mén bì hù 成。用草、荆条等做成的门户。形容穷苦人家所住的简陋的房屋。

【蓬蓬】péngpéng 形。形容草木、须发等密而凌乱;不加程度副词:～的乱草堆|乱发～。

【蓬茸】péngróng 〈书〉形。形容草木等生长得很多、很盛;不加程度副词:垂柳～。可重叠:遍地都是蓬蓬茸茸的杂草。

【蓬松】péngsōng 形。松散柔软;多指毛发、棉花、绒毛等,不加程度副词:~的头发。可重叠:棉胎晒得蓬蓬松松的。

【蓬头垢面】péng tóu gòu miàn 成。垢:脏。形容头发很乱,脸上很脏的样子:从前,街头巷尾到处都有~的乞讨者。

篷 péng 名。(1)(~儿)遮蔽风雨和阳光的设备,常用竹篾、苇席、布等制成:车上有~儿。(2)船帆:起风了,赶快扯起~来。

榜 péng 〈古〉动。用棍子或竹板子打。
另见bàng。

pěng(ㄆㄥˇ)

捧 pěng ❶动。常带宾语或补语。(1)用双手托着:双手~着奖杯|~在手上。(2)奉承,替人吹嘘:你别~他了|你把他~得太高了。可带兼语:他上台表演。可加程度副词:那些人都很~。❷量。用手能捧的东西:一~花生|捧了两一米。

【捧场】pěngchǎng 动。原指特意到剧场去赞赏某一演员的表演,后泛指故意奉承别人,替别人吹嘘;不带宾语:要警惕别有用心者给你~。可拆开用:我们给他捧一下场。可重叠:请大家捧捧场。

【捧腹】pěngfù 动。捧着肚子,用来表示大笑的神态;不带宾语:~大笑|令人~。

【捧哏】pěnggén 动。相声的配角用话或表情来配合主角逗人发笑;不带宾语:我演相声总是小王~。

pèng(ㄆㄥˋ)

碰(掽) pèng 动。常带宾语或补语。(1)两物撞击:鸡蛋~石头|~了一个包|~在桌子角儿上了。(2)遇到,碰见:在路上~到了他|我们俩在电影院~在一起了。(3)试探:~一~机会|我去~一下看,他也许在家。

【碰壁】pèngbì 动。比喻遇到阻碍或遭到拒绝,事情行不通;不带宾语:侵略者到处~。可拆开用:我又碰了一次壁。

【碰钉子】pèng dīng zi 习。比喻遭到拒绝或受到斥责:他到处~。

*"碰钉子"和"碰壁":"碰钉子"语意较轻,一般指局部不顺利;"碰壁"则指完全行不通。

【碰见】pèngjian 动。偶然相遇;常带宾语:昨天我~一个老同学。可拆开用:碰得见|碰不见。

【碰巧】pèngqiǎo 形。凑巧,恰巧;一般不单独作谓语,常作状语:我~在一个小书店买到了这本书。有时可用在"是"或"属"之后作宾语:他得冠军是真功夫,我得冠军是~|考得这样好纯属~。

【碰头】pèngtóu 动。会面,会见;多指简单地商量有关问题,不带宾语:我约他明天~。可拆开用:刚才我们刚碰了一下头,同意明天出发。可重叠:明天我们碰碰头。

*"碰头"和"会见":"碰头"多用于口语;"会见"多用于书面语。"碰头"较多用于相识的人之间;"会见"常用于代表不同方面的重要人物之间。"碰头"不带宾语;"会见"一般要带宾语。

【碰一鼻子灰】pèng yī bí zi huī 习。比喻遭到拒绝或受到斥责,自讨没趣:真倒霉,电影没看成,还~。

pī(ㄆㄧ)

丕 pī 〈素〉伟大:~业|~绩。

【丕绩】pījì〈书〉形。大功劳,大事业。

伾 pī [伾伾]〈古〉形。有力的样子。

邳 pī ❶地名用字。邳县,在江苏省。今改为邳州市。❷姓。

坯(坏) pī ❶名。(1)(~儿,~子)用粘土或陶土制作的、尚未烧过的砖瓦、陶器等器物的雏形。(2)特指土坯:打~。❷〈素〉泛指半成品:钢~。
"坏"另见huài。

狉 pī [狉狉]〈书〉形。野兽蠢动的样子:鹿豕~。

批 pī ❶动。(1)在下级文件上表示意见,或对学生作业判定正误,优劣;常带宾语或补语:这个文件请校长~一下|~作业。可带双宾语:~我三天假期。(2)批评,批判:对这些不良言行,不能不~。可带宾语或补语:~他的错误|~

了一通。❷量。用于大宗的货物或多数的人：一～商品｜全班同学分两～走。❸〈素〉(1)大宗发售货物：～发。(2)打～颊(打嘴巴)。❹名。(～儿)棉麻等未捻成线、绳时的细缕：线～儿｜麻～儿。

【批驳】pībó 动。批评或否定对方的意见、要求；多指错误的或不合理的，常带宾语或补语：愚公～了智叟的错误思想｜这种错误观点被～得体无完肤了。可作"遭受、加以、进行"等动词的宾语：对这种错误意见必须进行～。

【批点】pīdiǎn 动。在书刊、文章上加评语并进行圈点；常带宾语或补语：陈教授正在～一部古籍｜～作文｜～了一遍。

【批发】pīfā 动。成批地出售商品；与"零售"相对：本公司只～，不零售。常带宾语或补语：～日用品｜～过几回。作定语时可不加助词"的"：～价格｜～服务部。

【批改】pīgǎi 动。对文章、作业等进行修改并加上批语；常带宾语或补语：～作文｜作业已经～好了。可重叠：请老师给我～～。

【批量】pīliàng 名。产品投产后，经有关部门批准生产一定的数量，以求进一步对其可行性加以改进，这种数量叫批量：有的工厂只愿意安排生产～大的、利润多的产品，不愿意安排生产～小的产品。常作"生产"的状语：目前，已建成一个年产两万盘的立体声磁带生产线，并开始～生产。

【批判】pīpàn 动。(1)对错误的思想、言论或行为作系统的分析，并加以否定：凡是黄色的作品都应该～。常带宾语或补语：～无政府主义｜～得很深刻。(2)分清正确的和错误的、有用的和无用的，加以区别对待；一般作状语，须加助词"地"：对旧文化要～地接受｜～地吸收有益的东西。

　　＊"批判"和"批评"："批判"语意重，多用于对敌人和错误思想的斗争；"批评"语意轻，多用于人民内部。"批判"常跟"深入、揭发、彻底、谬论、罪行"等搭配；"批评"常跟"教育、帮助、监督"等并用。"批判"可作状语；"批评"不能。

【批评】pīpíng 动。(1)对缺点和错误提出意见；与"表扬"相对：他不爱劳动，应该～。常带宾语或补语：～他的缺点｜～了两回。可带主谓词组作宾语：～他迟到了。可作"受到、进行、给予、开展"等动词的宾语：他随地吐痰，受到了～。可重叠：他太骄傲了，对他～～有好处。(2)评论，分析优点和缺点；多用于文学艺术；常带宾语：全面地～了这部作品，既肯定了优点，也指出了缺点。

【批示】pīshì ❶动。上级对下级的公文用书面表示意见；一般不带宾语：报告当否，请主任～。❷名。指批示的文字：这个～对我们的工作是很大的支持｜传达上级领导的～。

【批语】pīyǔ 名。(1)对文章的评语或批注。(2)批示文件的话。

【批阅】pīyuè 动。阅读并加以批示或批改：此件请～。可带宾语：～文件。

【批注】pīzhù ❶动。加批语和注解：对这部古典小说，他边看边～。常带宾语或补语：～了几本古书｜～得很仔细。❷名。指批评和注释的文字：在书的空白处有不少蝇头小楷的～。

【批转】pīzhuǎn 动。批示并转发；常带宾语：省政府～了有关调查报告，制订了鼓励人才合理流动的措施。

【批准】pīzhǔn 动。上级对下级的意见、建议或请求表示同意：这份计划，领导已经～了。常带宾语：～了这个方案。可带动词或动词性词组作宾语：～出国｜～参加会议。也可带兼语：～他到大学里去进修。可拆开用：批不准｜批得准。

纰 pī 〈口〉动。指布帛、丝缕等破裂散开；不带宾语：线～了，不好用。

【纰漏】pīlòu 〈口〉名。因疏忽而造成的差错、事故或漏洞；常作"出"的宾语：我不小心出了个～。

【纰缪】pīmiù 〈书〉名。错误。

砒 pī 名。(1)砷(shēn)的旧称。(2)指砒霜。

【砒霜】pīshuāng 名。砷的化合物，白色或灰白色固体，剧毒，用以制杀虫剂、除草剂等。也叫白砒或红砒，有的地区叫红矾。

铋

pī 名。铋箭,古代箭的一种,箭头较薄而阔,箭杆较长。

披

pī ❶动。(1)覆盖或搭在肩背上;常带宾语或补语:建筑物~上了节日的盛装|把大衣~在身上。(2)裂开;指竹木或其他он开裂的事物:晒久服的竹竿~了|指甲~了。可带宾语:~了一根竹子。❷〈素〉(1)打开,散开:~肝沥胆|~览。(2)劈开,劈去:~荆斩棘。

【披肝沥胆】pī gān lì dǎn 成。披:打开;沥:往下滴。比喻开诚相见:我每遇着我所敬爱而知心的人,就喜欢~地畅谈。也比喻极尽忠诚:将军~,忠心耿耿,令人可敬。

【披挂】pīguà ❶动。穿戴盔甲;多见于早期白话:~上阵。❷名。指所穿戴的盔甲;多见于早期白话。

【披红】pīhóng 动。披上红绸,表示喜庆或光荣,不带宾语,常与"戴花"并用:乡亲们为英雄~戴花。

【披坚执锐】pī jiān zhí ruì 成。披:身穿;坚:指坚固的铠甲;锐:指锋利的武器。身穿铠甲,手执武器,形容全副武装:战士们~,日夜守卫着祖国的边疆。

【披荆斩棘】pī jīng zhǎn jí 成。披:劈开;斩:砍断;荆、棘:丛生的多刺植物。比喻在创业阶段克服种种艰难,也泛指扫除前进道路上的困难和障碍:革命前辈~,艰苦奋斗,创建了新中国。

【披览】pīlǎn 〈书〉动。翻阅;指阅读书籍、文件等,常带宾语:~群书。

【披露】pīlù 动。常带宾语。(1)把原来不为人知的事情公布出来:内情已经~|~了真相。(2)向人表露:~心迹。

【披靡】pīmǐ 〈书〉动。不带宾语。(1)随风散乱地倒下;多指草木:荒草应风~。(2)比喻军队溃散:敌军望风~。

【披沙拣金】pī shā jiǎn jīn 成。拨开沙子挑选金子,比喻从大量的事物中细心挑选,去粗取精:张教授~,从几千首诗中找出了这几首古代佚诗。

【披头散发】pī tóu sàn fà 成。形容头发长而散乱:她失魂落魄,~地坐在床上。

【披星戴月】pī xīng dài yuè 成。身披星光,头顶月亮。形容起早贪黑,辛勤劳动,或昼夜赶路,旅途劳顿:为了抢修大桥,工人们~地干了一个星期。

【披阅】pīyuè 动。披览;常带宾语或补语:他每天晚上都要~一两篇小说|他喜爱古籍,常常~到深更半夜。

劈(△噼)

pī ❶动。(1)用刀斧等由纵面破开;常带宾语或补语:~木头|用斧头才能~得开。(2)雷电毁坏或击毙:大树让雷~了。带补语后可带宾语:雷电~死了一头牛。❷名。简单机械的一种,由两个斜面合成,如刀、斧、刨、凿等的刃。也叫尖劈。❸〈素〉冲着,正对着:~头|~脸。△❹见"劈里啪啦"、"劈啪"。
另见pǐ。

【劈里啪啦】pīlipālā 拟声。也作噼里啪啦。摹拟爆裂、拍打等的连续声音:掌声~地响起来了|~的鞭炮声此起彼伏。

【劈啪】pīpā 拟声。摹拟爆裂或拍打的声音:~一声枪响。可重叠,表示声音的连续不断:远处传来劈劈啪啪的枪声。也作噼啪。

【劈头】pītóu 〈口〉副。(1)迎头,正对着头:标枪~向我飞来。(2)开头,一开始:他进来~便问"书买到没有?"

【劈头盖脸】pī tóu gài liǎn 成。正对着头部脸部:瓢泼大雨~浇下来,把他淋得像个落汤鸡。也作劈头盖脑、劈头劈脸。

霹

pī 见"霹雷"、"霹雳"。

【霹雷】pīléi 〈口〉名。霹雳。

【霹雳】pīlì 名。云和地面之间发生的一种强烈雷电现象,响声很大,能对人、畜、建筑物等造成危害:猛烈间一个~,震得门窗直响。常用来比喻突然发生的、令人震惊的消息或事情:他的不幸遭遇犹如晴天~,使大家感到震惊和悲痛。常带宾语,并和"打、响、如、像"等搭配使用:这个消息,犹如半空中打下一个~,惊得他目瞪口呆。也叫落雷。

pí(ㄆㄧˊ)

皮

pí ❶名。(1)人和生物体表面的一层组织:手上碰破了一块~|猪~|树~。(2)皮革,皮毛:这只箱子是~做的。(3)包在物体外面的一层东西:花生~|吃水果要削~。❷形。(1)松脆的

食物因受潮或放久后变韧:饼干放~了。(2)淘气,顽皮:这孩子很~。(3)由于申斥、责罚过多使之有无所谓的态度;常用在动词后作补语:这小孩受骂~了。❸〈素〉(1)表面:地~|水~。(2)薄片状的东西,铁~|粉~。(3)韧性大:~糖。(4)指橡胶:橡~|~球。❹姓。

【皮包骨】pí bāo gǔ 习。形容非常消瘦;常作补语:他瘦得~了。

【皮尺】píchǐ 名。用漆布等做成的卷尺。

【皮肤】pífū 名。人体表面包在肌肉外部的组织,由表皮、真皮和皮下组织构成,有保护身体,调节体温、排泄废物等作用。

【皮革】pígé 名。把猪、牛、羊等的皮去毛后经过加工制成的熟皮,可以做皮鞋、皮箱等用品。

【皮猴儿】píhóur 名。风帽连着衣领的皮大衣或这种式样的用人造毛、呢绒做衬里的大衣。

【皮黄】píhuáng 名。戏曲声腔,西皮和二黄的合称。是京剧的主要腔调,因此,旧时也用来指京剧。也作皮簧。

【皮开肉绽】pí kāi ròu zhàn 成。绽:裂开。皮肉都裂开了,形容伤势很重;多指被非刑拷打:他被敌人打得~,遍体鳞伤。注意:"绽"不读dìng。

【皮里阳秋】pí lǐ yáng qiū 成。《晋书·褚裒(póu)传》记载:褚裒年轻时从不公开评论人的好坏,桓彝见到他后说:"季野(褚裒的字)有皮里春秋。"后因晋简文帝母郑后名阿春,为讳"春"字,改作"皮里阳秋"。皮里:指内心;阳秋:即春秋,这里用来代表"批评",因为相传孔子作《春秋》,意含褒贬。指表面上不作评论,心中有所褒贬。别看他平时不声不响,实际上他是~,只是不讲出来罢了。

【皮毛】pímáo 名。(1)带毛的兽皮。(2)比喻肤浅的、表面的;多指知识:略知~。

【皮囊】pínáng 名。皮袋,常用来比喻人的身体,含贬义:臭~。

【皮实】píshi 形。(1)身体结实,不易得病:这孩子的身体很~,从来不生病。(2)器物耐用而不易破损:这件衣服真~。

【皮桶子】pítǒngzi 名。做皮衣用的成件的毛皮。也叫皮桶儿。

【皮相】píxiàng 形。表面,不深入;一般作定语:~之谈。

【皮影戏】píyǐngxì 名。用灯光照射兽皮或纸板做成的人物剪影来表演故事的戏曲,演出时另配有音乐和演唱。也叫影戏、灯影戏。

【皮之不存,毛将焉附】pí zhī bù cún, máo jiāng yān fù 成。《左传·僖公十四年》:"皮之不存,毛将安傅?"焉:哪儿;附:依附。皮都没有了,毛在哪儿长呢?比喻基础没有了,建筑在这基础上的东西也就无法存在。

【皮纸】pízhǐ 名。一种用桑树皮、楮树皮或笋壳等制成的纸,质地坚韧,可用来制造雨伞等。

陂 pí 地名用字。黄陂,县名,在湖北省。
另见 bēi, pō。

铍 pí 名。金属元素,符号Be。浅灰色六角形的晶体,是最轻的金属之一。透X射线的能力强,可用来制造X射线管。合金质坚而轻,可用于制造飞机机件等。

疲 pí 〈素〉累,倦:~乏|~倦。

【疲惫】píbèi ❶形。极度疲劳:~不堪。❷动。使极度疲劳;须带宾语:先~敌军,再待机出击。

【疲敝】píbì 形。因受到消耗而精力不足或力量不够:~的队伍|敌军十分~。
*"疲敝"和"疲惫":"疲敝"的意思着重在力量的衰弱,不充足;"疲惫"的意思着重在身体极度疲乏。"疲惫"有动词用法,可带宾语;;"疲敝"没有动词用法。

【疲乏】pífá 形。疲劳困乏:他忙碌了一天,实在太~了。

【疲倦】píjuàn 形。疲乏困倦:会议开得太长了,搞得大家都很~
*"疲倦"和"疲乏":"疲倦"的意思着重在困倦;"疲乏"的意思着重在乏力。

【疲劳】píláo 形。(1)因体力或脑力消耗过多而需要休息:这些天加了几个班,太~了。(2)因运动过度或刺激过强,细胞、组织或器官的机能或反映能力减弱:书看久了,眼睛有点~。(3)因外力过强或作用时间过久而不能继续起正常的反应：弹性～｜金属～。

【疲癃】pílóng 〈书〉形。年老多病：～羸弱,来日无多。

【疲软】píruǎn 形。(1)疲乏无力,精神不振：我浑身～,一点力气也没有｜他病了一场,身体很～。(2)指行情价格低落：石油价格日趋～。

【疲塌】píta 形。松懈懒散,没有干劲：他工作很～。可重叠：我们不能养成疲疲塌塌的作风。也作疲沓。

【疲于奔命】pí yú bēn mìng 成。疲：疲乏；奔命：为执行命令而奔走。原指因奉命或被迫奔走而精疲力尽,后也指事情繁多而不能应付：为完成这项基建任务,他整天～,忙得不可开交。

鲏 pí 见"鳑(páng)鲏"。

枇 pí ［枇杷］(-pa) 名。(1)常绿乔木,叶长椭圆形,花白色,果实淡黄色,圆球形,味甜。叶和核可入药。(2)指这种植物的果实。

毗(毘) pí 〈素〉连接：～邻｜～连。

【毗连】pílián 动。连接：江苏省南京市与安徽省滁州相～。可带宾语：这并不是一个名符其实的江心岛,虽然它三面临水,但北部～陆地。

【毗邻】pílín 动。毗连：张、李两家相～。

蚍 pí ［蚍蜉］(-fú) 名。一种大蚂蚁：～撼大树（比喻力量很小而妄想动摇强大的事物,不自量力）。

琵 pí ［琵琶］(-pa) 名。弹拨乐器,木制,有四根弦,上部是略为弯曲的长柄,下部是一瓜子形的盘。

郫 pí 地名用字。郫县,县名,在四川省。

陴 pí 名。古代城墙上的短墙,即女墙。

埤 pí 〈古〉动。增加。

啤 pí ［啤酒］(-jiǔ) 名。啤,音译词。用大麦和啤酒花为主要原料制成的酒,酒精含量为2-7.5%。有泡沫和特殊的香味,微苦。

脾 pí 名。人和脊椎动物的内脏之一,在腹腔的左侧,椭圆形,赤褐色。脾有制造新血细胞、破坏衰老的血细胞、产生淋巴细胞等功能。也叫脾脏。

【脾气】píqi 名。(1)性情：小张～很好。(2)容易发怒的性情；常作"发、有"的宾语：他常会发～｜小李人不错,就是有点～。

【脾胃】píwèi 名。(1)指食欲或消化力：～不好。(2)比喻对事物好恶的习性：他们两人～相投。

【脾性】píxìng 名。性情,习性：各人有各人的～。

裨 pí 〈素〉副的,辅佐的：～将。另见bì。

【裨将】píjiàng 名。古代指副将。

蜱 pí 名。节肢动物,体扁平,有四对脚。种类很多。对人、畜及农作物有害。也叫壁虱。

鼙 pí ［鼙鼓］(-gǔ) 名。古代军中用的小鼓。

羆(羆) pí 名。即棕熊。哺乳动物,肩部隆起,毛一般棕褐色。掌和肉可以吃,胆可入药,皮可做褥子。也叫马熊或人熊。

貔 pí 名。古书上说的一种猛兽,像熊。

【貔貅】píxiū 名。(1)古书上说的一种猛兽。(2)常用来比喻勇猛的军队。

pǐ(ㄆㄧˇ)

匹(△疋) pǐ ❶量。(1)用于骡、马：三～马。△(2)用于整卷的绸或布：一～布。❷〈素〉(1)相当,相称：～配。(2)单独：～夫。

【匹敌】pǐdí 动。彼此相当,比得上；不带宾语：双方势力～｜无人可以与之～。

【匹夫】pǐfū 名。(1)个人,平常人：国家兴亡,～有责。(2)称愚昧无知的人；多见于早期白话,含蔑视意：～之勇。

【匹夫之勇】pǐfū zhī yǒng 成。指不凭智谋,单凭个人的勇气：要战胜敌人必须依靠大家的智慧,不能单凭～。

【匹马单枪】pǐ mǎ dān qiāng 见"单枪匹马"。

【匹配】pǐpèi 动。不带宾语。(1)婚姻配合：

他们俩人相~是再好也不过了。(2)无线电元器件等配合: 功率~。

苉 pǐ 名。存在于煤焦油中的一种有机化合物。

庀 pǐ 〈古〉动。(1)具备。(2)治理。

圮 pǐ 〈古〉动。毁坏,倒塌。

仳 pǐ [仳离](-lí)〈书〉动。指夫妻离散,旧时特指妻子被遗弃: 倾诉~之苦。

否 pǐ 〈素〉(1)坏,恶。~极泰来。(2)批评,贬斥: 臧~。
另见 fǒu。
【否极泰来】pǐ jí tài lái 成。否、泰: 六十四卦中的两个卦名。"否"是坏的卦,表示失利;"泰"是好的卦,表示顺利。意思是坏情况到了尽头,好情况就会到来: 这真是时来运转,~。

痞 pǐ ❶名。痞块,中医指肚子里可以摸到的硬块。❷〈素〉恶棍,流氓: ~子|地~。
【痞子】pǐzi 名。坏人,流氓。

䏢(䏢) pǐ 〈古〉形。大。

劈 pǐ 动。常带宾语或补语。(1)分开: ~线头|这么多绳子我~不过来。(2)分裂,使离开原物体: ~芦叶|把老玉米~下来。(3)腿或手指等过分叉开: ~了一下腿。
另见 pī。
【劈叉】pǐchà 动。武术、体操等的一种动作,两腿向相反方向分开,臀部着地; 不带宾语: 他会~。
【劈柴】pǐchai 名。劈开的供作燃料用的木柴。

擗 pǐ ❶动。使离开原物体; 常带宾语或补语: ~棒子(玉米)|把荠菜叶子~一下。❷〈古〉动。捶胸。
【擗踊】pǐyǒng〈书〉动。捶胸顿足,表示极度悲哀; 不带宾语: 如丧考妣, ~哀号。

癖 pǐ 名。积久成习的特殊嗜好: 酒~|他吸烟已经成~。
【癖好】pǐhào 名。一种特别的爱好: 他的~是下围棋。

【癖性】pǐxìng 名。一个人特有的癖好和习性: 他~好动。

pì (ㄆㄧˋ)

屁 pì 名。由肛门排出的臭气。
【屁股】pì·gu 名。(1)〈口〉臀。(2)泛指动物身体后端靠近肛门的部分。(3)借指物体末尾的部分: 香烟~。
【屁滚尿流】pì gǔn niào liú 成。形容极度恐惧,失去自禁; 多作补语: 敌人被我军打得~。
【屁话】pìhuà 名。指没有道理、随意乱讲的话; 含厌恶(wù)意: 他讲的都是些~。

淠 pì 水名用字。淠河,在安徽省。

辟(△闢) pì △❶动。开辟; 常带宾语: 新~了一块菜地。❷〈素〉△(1)驳斥,排除: ~谣。△(2)透彻: 精|透~。(3)刑法: 大~(古指死刑)。
另见 bì。
【辟谣】pìyáo 动。说明真相,驳斥谣言; 不带宾语: 你别急,我们给你去~。可拆开用: 辟了一次谣。

僻 pì 〈素〉(1)冷落的,离中心地区远的: ~静|荒~。(2)性情古怪,不合群: 孤~|乖~。(3)不常见的: 冷~|生~。
【僻静】pìjìng 形。背静,偏僻清静: 我想找个~的地方去看书|这里很~。
【僻壤】pìrǎng 名。偏僻的地方; 常与"穷乡"合用: 这里过去是穷乡~,如今变成了富裕的新农村。

澼 pì [洴澼](píng-)动。漂洗丝绵。

甓 pì 〈古〉名。砖。

䴙 pì [䴙䴘](-tī)名。一种水鸟,形状略似鸭而小,不善飞翔,羽毛黄褐色,常浮在水面上,也能潜入水中,捕食小鱼、昆虫等。

譬 pì 〈素〉比喻,比方: ~如|~喻。
【譬如】pìrú 动。比如;表示举例或用比喻来说明某一事物,须带宾语: 凡事开头难,～孩子学步,开头免不了要跌跤。
【譬喻】pìyù 动。比喻;常带宾语:这个人心恨手辣,用狼来～他,是再确当不过了。可带动态助词"过":鲁迅～过,从干荔枝的味道,是没法推想鲜荔枝的风味的。

媲 pì 〈素〉匹敌,相比:～美。

【媲美】pìměi 动。比美,美或好的程度差不多;不带宾语,常用"相"或由介词"与、和、跟"等同相比的人或事物组成的介词词组作状语:这种产品可跟全国名牌产品相～|黄山的望春花能与罕见的玉兰～。

piān (ㄆ丨ㄢ)

片 piān 见"片儿","片子"。
另见piàn。
【片儿】piānr 名。义同"片(piàn)",只用于口语的部分词,如相片儿、画片儿、唱片儿、电影片儿等。
【片子】piān·zi 名。(1)电影胶片,泛指影片:换～|～刚送到。(2)指留声机的唱片:昨天我买了张新～。
另见piàn·zi。

扁 piān [扁舟](-zhōu) 名。小船;前面常用数量词语"一叶":一叶～。
另见biǎn。

偏 piān ❶形。歪,不在中间;与"正"相对:这幅画贴～了|你的字写得太～。❷〈方〉动。表示先用或已用过茶饭等;客套用语,后面常带动态助词"了":我先～了|你来迟了,我已～过了。❸副。偏偏;常与"要、不"合用:你叫我去,我～不去|你想要我不说,我～要说。❹〈素〉只注重某一方面,不公正:～爱|～心。
【偏爱】piān'ài 动。在几个人或事物中特别喜爱其中的一个或一件;常带宾语:他～女儿|在中国现代作家中,我～巴金。可作宾语:他对数学有～。
【偏安】piān'ān 动。指封建王朝不能统治全国,苟安于仅存的部分领土。后也指被迫离开原来的地方,常用"于"组成的介词词组作补语:南宋王朝长期～于江南一隅|待到～于宗帽胡同,赁屋授课之后,她才开始来听我的讲义。
【偏差】piānchā 名。(1)运动物体离开确定方向的角度:只要把～校正一下,这台机器马上就能投入生产了。(2)工作上产生的过分或不及的差错:工作中出了～要及时纠正。
【偏方】piānfāng 名。民间流传的不见于医学著作的药方。
【偏废】piānfèi 动。把应当兼顾的事情废弃了或忽视了某一件或几件;常用于否定式:德育、智育、体育三者不可～。可带宾语:要重视书本知识,但也不能～实践。
【偏激】piānjī 形。思想情绪、言语、行为过火;多指意见、主张等:你这样处理这件事是不是太～了?
【偏见】piānjiàn 名。成见,偏于一方面的看法;量词用"种":这是一种～。
【偏劳】piānláo 〈口〉动。请人帮忙或谢人帮忙;客套用语,常以指人的代词或名词作宾语:这件事要～您了。
【偏离】piānlí 动。方向偏了,离开了正道:小船渐渐进入崎岖的山峡,如果航道稍一～,便有覆舟之虞。常带宾语或补语:～了正道|船已～开航道了。
【偏旁】piānpáng 名。旧称汉字中合体字的左方为偏,右方为旁,现在习惯上左右上下统称偏旁,包括形旁和声旁,如"苗、花"中的"艹","偏、篇"中的"扁"是偏旁。
【偏僻】piānpì 形。远离城市或中心地区,人口稀少,消息不便:～的山村|这里交通不便,消息闭塞,非常～。
【偏偏】piānpiān 副。(1)表示故意同客观要求或现实情况相反;常与"要、不"合用:叫他不要去,他～要去|这事明明是对的,你怎么～说不对?(2)表示事实同预料、愿望恰好相反:正要骑车去上班,～自行车坏了|庄稼急需要水,老天～不下雨。(3)表示范围,有"仅仅,只有"的意思,含不满的口气:大家上课都很专心,～他爱说话。
【偏颇】piānpō 〈书〉形。不公平,偏于一方:你的意见有些～。
【偏巧】piānqiǎo 副。(1)恰巧:我正想去买电影票，～他送来了一张。(2)表示事实跟所希望或期待的恰恰相反：最近我几次去新华书店，～没买到我需要的书。

＊"偏巧"和"偏偏"："偏巧"含有恰巧的意思；"偏偏"含有原该如此却偏不如此的意思。

【偏瘫】piāntān 动。身体一侧瘫痪了；不带宾语：老王最近～了。可带补语：～在床上。也叫半身不遂。

【偏袒】piāntǎn 动。袒护双方中的一方；常带宾语：历史既不会～你，也不会～我｜你不要～自己的孩子。

【偏听偏信】piān tīng piān xìn 成。只片面听信某一方面的话：做领导的不能～。

【偏向】piānxiàng ❶名。不正确的倾向。多指执行政策忽左忽右，或在几项工作中只注重某一项：我们在执行政策中，要防止"左"或有两种～。❷动。对某一方无原则地支持或袒护；常带宾语，含贬义：在这桩纠纷中，我的态度是公正的，既不～你，也不～他。

＊"偏向"和"倾向"："偏向"作名词，是指掌握政策或工作中所发生的偏差和错误；"倾向"作名词，是指发展的趋势。"偏向"作动词，是无原则地支持或袒护某一方；"倾向"作动词，是偏于赞成一方。"偏向"含贬义；"倾向"不带褒贬色彩。"偏向"后面一般不用"于"；"倾向"能用。

【偏心】piānxīn 动。不公正，偏向一方；不带宾语：两个小孩子一样对待，你可不能～。可加程度副词：她对老二太～

【偏信则暗】piān xìn zé àn 成。偏信：只听信一方面的话；暗：糊涂。只听信一方面的话，就不能明辨是非：兼听则明，～，这是领导工作中应该注意的问题。

【偏重】piānzhòng 动。只着重一个方面；常带宾语：我们不能只～书本知识，还要注意实践。也可用"于"组成的介词组作补语：只～于智育，忽视德育和体育，那是不对的｜他爱好文艺，而且～于儿童文学。

犏 piān ［犏牛］(-niú) 名。公黄牛和母牦牛交配所生的第一代杂种

牛。兼有牦牛的耐劳和黄牛易驯的特点，公的无生殖能力。母的可与黄牛、牦牛交配繁殖后代。产于我国青海、西藏、甘肃等地。

篇 piān ❶名。(1)首尾完整的文章：全～有四段。(2)(～儿)写着或印着文字的单张纸片儿：歌～儿。❷量(～儿)(1)用于文章：三～儿论文。(2)用于纸张、书页，两页为一篇：两～儿书页｜一～儿白纸。

【篇幅】piān·fu 名。(1)指文章的长短：～不长。(2)文章、书籍、报刊等篇页的数量：～有限｜这本书的～共有380页。

【篇目】piānmù 名。(1)一本书中篇章标题的目录：这部古籍，只留下个～，书已亡轶。(2)书籍中篇章的标题：这句话引自《荀子》，～忘了。

【篇章】piānzhāng 名。(1)一部书中的篇和章，泛指文章：要研究～结构。(2)喻指历史性的记录：长征是中国革命史的光辉～。

翩 piān 〈素〉轻快地飞：～～｜～跹。

【翩翩】piānpiān 形。不加程度副词。(1)形容轻快地跳舞，也形容鸟类、蝴蝶等飞舞；常修饰"起舞"，作状语：姑娘们在～起舞。(2)〈书〉形容举止大方，姿态优美；多指青年男子：～少年｜小李仪态潇洒，风度～。

【翩然】piānrán 〈书〉形。形容动作轻快的样子；不加程度副词：七仙女～而下。

【翩跹】piānxiān 〈书〉形。形容轻快地跳舞的样子：舞姿～，歌声悠扬。

pián (ㄆㄧㄢˊ)

便 pián 见"便便"、"便宜"。
另见biàn。

【便便】piánpián 形。形容肚子肥大的样子；常用在固定组合中：大腹～。

【便宜】pián·yi ❶形。价钱低廉：近来青菜很～。❷名。不应得的利益，不劳而获的好处：这个人总是爱占小～。❸动。使得到便宜；常带宾语：今天就～你了，明天再找你算帐。可加程度副词：这事太～他了。
另见biànyí。

骈 pián 〈素〉并列,对偶:～俪|～体。

【骈体】piántǐ 名。一种以对偶句为主的文体,重视声韵的和谐和词藻的华丽;区别于"散体":这篇文章是以四六对句为主的～。

【骈文】piánwén 名。用骈体写的文章,这种文体盛行于六朝,讲究对仗,偏重形式,多堆砌词藻典故。

【骈枝】piánzhī 〈书〉❶名。骈拇和枝指。骈拇,脚的拇指与第二指相连;枝指,手上的大拇指或小拇指旁边多长出一个手指。❷形。比喻多余的,不必要的;不加程度副词,不单独作谓语,作定语:要精简～机构。

胼 pián [胼胝](-zhī) 名。手掌或足底等处因长期劳动、摩擦而变硬的皮肤,俗称趼(jiǎn)子、老趼。

蹁 pián 〈素〉走路脚不正:～跹。

【蹁跹】piánxiān 〈书〉形。形容旋转跳舞的姿态:～起舞。

piǎn(ㄆㄧㄢˇ)

谝 piǎn 〈方〉动。显示,夸耀;常以"能"作宾语:请你别～能了|你～什么能?

piàn(ㄆㄧㄢˋ)

片 piàn ❶名。(～儿)(1)平而薄的物体,多指不太大的:玻璃～儿|纸～儿。(2)从较大地区划分出的较小地区:分～儿选举。❷动。用刀切削成薄片;常带宾语或补语:～鱼片儿|把豆腐干～得薄一点。❸量。(1)用于片状的东西:四～药。(2)用于地面或水面等:一～草地|一大～白茫茫的湖。(3)用于景色、气象、声音、语言、心意等;数词限用"一":一～好风光|一～大道理|一～好心。❹〈素〉少,零星:～刻|～言|～纸只字。

另见piān。

【片断】piànduàn ❶名。整体中的一段,一部分;多指文章、小说、戏剧、生活经历等:故事的一个～。❷形。零碎,不完整;不加程度副词,不单独作谓语,常作定语:～的经验。

【片段】piànduàn 名。同"片断❶"。

【片甲不存】piàn jiǎ bù cún 成。甲:古代打仗穿的护身衣。形容把敌人全部消灭:天亮以前,我们出其不意,把敌军得～。也作片甲不留、片甲不回。

【片刻】piànkè 名。一会儿功夫,极短的时间:你稍等～,他马上就到|坐了～。

【片面】piànmiàn 形。(1)单方面的;一般作定语或状语:～之辞|～撕毁协定。(2)偏于一面,不全面;与"全面"相对:你看问题太～了。

【片时】piànshí 名。片刻。

【片瓦无存】piàn wǎ wú cún 成。一块整瓦都没有了,形容房屋全部被毁坏了:由于遭到大地震的袭击,不少房屋～。

【片言只字】piàn yán zhī zì 成。片言:简短的几句话;只字:单个的字。只有几句话,很少几个字。形容很简短零碎的话语或文字:～,不足为凭。也作片言只语、片文只字、片纸只字。

【片子】piàn·zi 名。(1)平而薄的东西:木～。(2)名片:递了张～给对方。

另见piān。

骗 piàn ❶动。(1)用谎言或诡计使人上当;常带宾语或补语:这些假话～不了人。可作"受"的宾语:他终于受了～。(2)用欺蒙的手段谋取;多指财物等:这些小商贩专会～小孩的钱。可带双宾语:～了他五只鸡。❷〈素〉跨过去,跳跃上去:～马。

【骗局】piànjú 名。为使人上当受骗而设计的圈套:这是一场～。

【骗马】piànmǎ 动。侧身抬起一条腿跨上马;不带宾语,常构成连动词组:他～就走。

【骗术】piànshù 名。欺骗人的伎俩:他的～并不高明,却使很多人上当。

【骗子】piàn·zi 名。(1)骗取财物的人。(2)喻指玩弄骗术搞阴谋的人:政治～。

piāo(ㄆㄧㄠ)

剽(△**嫖**) piāo 〈素〉(1)抢劫,掠夺:～窃。△(2)动作敏捷:～悍。

【剽悍】piāohàn 形。敏捷而勇猛:他具

剽漂缥飘 piāo　803

有北方人那种～的性格。
【剽窃】piāoqiè 动。抄袭窃取；指别人的文章或著作：～是一种可耻的行为。常带宾语：～别人的文章是不道德的。可带补语：～过两次。

漂 piāo 动。浮在液体表面，或顺着风向或液体流动的方向移动；常带补语：球～在水面上。带补语"来、过来"或动态助词"着"后可带宾语：那边～过来一块木板|湖面上～着一叶扁舟。

＊"漂"和"浮"："漂"主要表示在液体表面停着或漂动；"浮"除此之外，还可表示从水底向上移动，或在水里游动。"漂"多用于比较具体的事物；"浮"还可用于抽象的事物，如"往事浮上心头"、"脸上浮着微笑"。

另见 piǎo, piào。

【漂泊】piāobó 动。随水漂流或停泊，比喻生活不安定，到处奔走：解放前，老王一家到处～，没有过上一天安宁日子。可带处所宾语或时间补语：～异乡|～了半辈子。也作飘泊。

【漂浮】piāofú 也作飘浮。❶动。漂着，漂动：白云在空中～。可带宾语或补语：水面上～着几片花瓣|白云～在峰峦之间。❷形。比喻工作或学习不踏实，不深入：他脱离群众，工作非常～|～的作风。

【漂流】piāoliú 动。也作飘流。(1)漂在水面上随水流动：小船顺着水势向下游～。带动态助词"着"后可带宾语：河面上～着白沫、草屑。(2)漂泊：从前他到处～，没有一个安身之处。可带处所宾语或补语：～他乡|～到上海。

缥 piāo [缥缈](-miǎo) 形。形容隐隐约约，若有若无：远望山头，烟雾～|朦胧～的意境。可重叠：我真盼望能出现那种缥缥缈缈的奇景。也作飘渺。

另见 piāo。

飘(飄) piāo 动。随风飞动：红旗～。常带宾语或补语：天空中～着几朵白云|柳絮随风～了下来。

＊"飘"和"漂"："飘"指在空中随风摇动或飞扬；"漂"指在液体表面停着或移

动。
【飘泊】piāobó 见"漂泊"。
【飘荡】piāodàng 动。随着风摆动，或在水面上随风飘动：红旗在空中～。可带宾语或补语：校园里～着清亮的歌声|一叶小舟～在平静的湖面上。
【飘飞】piāofēi 动。飘动飞舞：风不大，雪花在随意地～。带动态助词"着"后可带宾语：部队行列中，～着各色各样的油印传单。
【飘浮】piāofú 见"漂浮"。
【飘忽】piāohū 动。(1)轻快地移动；多指风云等，可带宾语或补语：天空～着朵朵白云|行踪～不定。(2)摇摆、浮动，不带宾语，可带补语：悠扬的笛声～不定。
【飘零】piāolíng 动。(1)凋谢零落；多指花、叶等，不带宾语：秋天到了，满街树叶～。可带补语：落花～在水上。(2)比喻无依无靠，生活不安定：他失去了双亲，生活无着，到处～。可带宾语或补语：老人～四方，沿街乞讨|他长期～在外。
【飘流】piāoliú 见"漂流"。
【飘渺】piāomiǎo 见"缥缈"。
【飘飘然】piāopiāorán 形。轻飘飘地好像浮在空中。常用来形容欣喜自得的样子；含贬义，不加程度副词：他受到表扬后，有些忘乎所以，～了。
【飘洒】piāosǎ 动。飘落，飘动：雪花～，漫天皆白。常带宾语或补语：天空中～着毛毛细雨|银须～在胸前。
【飘洒】piāo·sa 形。姿态自然，不呆板：他给人的印象～大方|字迹很～。
【飘散】piāosàn 动。飘动散发；常带宾语：公园里处处～着花香。
【飘舞】piāowǔ 动。随风舞动：红旗迎风～。可带宾语或补语：漫天～着雪花|白发～在北风里。
【飘扬】piāoyáng 动。在空中随风摆动：歌声在空中～。可带宾语或补语：～着五星红旗|队旗～在山头。

＊"飘扬"和"飘荡"："飘扬"只表示在空中随风摆动；"飘荡"除表示随风飘动外，还可以表示在水面上随波浮动。
【飘摇】piāoyáo 动。在空中随风摇动：

烟云～而上。可带宾语：船头～着一盏忽明忽暗的风雨桅灯。也作飘飘。

【飘逸】piāoyì ❶〈书〉形。洒脱，不俗：神采～。❷动。飘散；可带宾语或补语：夜空～着桂花的芳香｜额前的留海～在两眉之间。

藻 piāo [大藻](dà-) 名。草本植物，浮生在水面上，叶子可以做猪饲料。也叫水浮莲。

螵 piāo [螵蛸](-xiāo) 名。螳螂的卵块。

piáo (ㄆㄧㄠˊ)

朴 piáo 姓。
另见pō, pò, pǔ。

嫖(嫖) piáo 动。旧社会男子到妓院玩弄妓女：他作风正派，即使在旧社会，也从来不～不赌。可带宾语或补语：～妓女是一种道德败坏的行为｜～得倾家荡产，何苦呢?

瓢 piáo 名。(～儿)舀水或取面粉等的一种用具，一般用对半剖开的葫芦做成，也有用木头挖成的。

【瓢泼】piáopō 形。形容雨很大；不加程度副词，常作定语或状语：～大雨｜暴雨～似地下个不停。

piǎo (ㄆㄧㄠˇ)

莩 piǎo 同"殍"。
另见fú。

殍 piǎo [饿殍](è-)〈书〉名。饿死的人。

漂 piǎo 动。常带宾语或补语。(1)用水加药品，使织物退去颜色或变白：～了一件衣服｜这块布～得很白。(2)用水淘去杂质：他正在～着朱砂｜淘米时要把稗子等～干净。
另见piāo, piào。

缥 piǎo 名。(1)淡青色。(2)青白色的丝织品。
另见piāo。

瞟 piǎo 动。斜着眼看；常带宾语或补语：他一面说话，一面用眼～老张｜他只～了一眼就学会了。

piào (ㄆㄧㄠˋ)

票 piào ❶名。(1)印的或写的凭证：凭～入场。(2)(～儿、～子)纸币钱：零～儿。❷〈素〉(1)旧指被土匪强盗绑架去作为敲诈勒索抵押的人：绑～。(2)旧指非职业性的演戏：～友。❸〈方〉量。用于生意，货物：一～生意｜一～买卖。

【票号】piàohào 名。旧时的一种金融机构，在清朝末年曾操纵全国的金融，是当时最大的商业资本。也叫票庄、钱庄。

【票据】piàojù 名。汇票、支票、证券的总称；量词用"张"：一张～。

【票面】piàomiàn 名。钞票和某些票据上所标明的金额；一般与"大、小"相配：～很大。

【票选】piàoxuǎn 动。用投票的方式选举；不带宾语：选举代表可以～，也可举手通过。常作"进行"等动词的宾语：现在进行～。

【票友】piàoyǒu 名。旧时称业余的戏曲演员。

嘌 piào 〈古〉形。快速的样子。

【嘌呤】piàolíng 名。音译词。有机化合物，无色结晶，易溶于水。在人体内嘌呤氧化而变成尿酸。

漂 piào 〈方〉动。落空；多指事情、帐目等：他们原先答应资助我们一笔钱，可是直到现在还没有回音，看来是～了。
另见piāo, piǎo。

【漂亮】piào·liang 形。可重叠。(1)美，好看：这小孩长得很～｜她穿的衣服漂漂亮亮的。(2)出色：这一仗打得真～｜他会说一口漂漂亮亮的普通话。

【漂亮话】piào·lianghuà 名。说得好听却不兑现的话：你赶快来动手，别在旁边讲～。

骠 piào 〈古〉形。(1)形容马跑得很快。(2)勇猛。
另见biāo。

【骠骑】piàoqí 名。古代将军的名号：～将军。

piē(ㄆㄧㄝ)

氕 piē 名。氢的同位素之一,符号¹H,质量数1,是氢的主要成分。

撇 piē 动。常带宾语或补语。(1)丢开,抛弃:作娘的怎么～得下自己的亲生骨肉呢?(2)舀取浮在液体面上的东西:～油|把沫儿～出来。
另见piě。

【撇开】piēkāi 动。抛在一边,丢开不管:个人之间的纠葛今天先～,只谈工作中产生的矛盾。常带宾语:要～这些琐碎的事务,把精力集中在工作上。可拆开用:撇得开|撇不开。

瞥 piē 动。很快地看一下;常以"一眼、一下"作补语:对他～了一眼,就走开了。可带宾语:他正想插嘴,妈妈～了他一眼。

【瞥见】piējiàn 动。一眼看见;须带宾语:走进店门,我忽然在人群中～多年不见的一位老同学。可带主谓词组作宾语:他～女方这时也是很不好意思地站在那里。

piě(ㄆㄧㄝˇ)

苤 piě [苤蓝](--lan) 名。也叫球茎甘蓝。(1)蔬菜的一种,叶柄细长,茎膨大,成球形,可供食用。(2)这种植物的茎。

撇 piě ❶动。平着扔出去;常带宾语或补语:～砖头|把飞碟～出去。❷名。(～儿)汉字的一种笔画,形状是"丿"。❸量。用于像撇儿的东西:两～八字胡。
另见piē。

㵽 piě 〈方〉❶名。烧盐用的敞口锅。❷地名用字。曹㵽,在江苏省。

pīn(ㄆㄧㄣ)

拚 pīn 动。同"拼"。
另见pàn。

拼 pīn 动。常带宾语或补语。(1)合,连合,凑合:～图案|两块布～起来够做一件衣服了。(2)豁出去干,不顾一切地干:不要和他硬～|～体力|要与敌人～到底。

【拼搏】pīnbó 动。尽最大的力量去争夺;不带宾语,含褒义:中国女排顽强～,又夺得世界杯赛的冠军|经过一年的～,这个厂终于扭亏转盈,摘掉了后进的"帽子"。可作定语:～精神。

【拼刺】pīncì 动。一般不带宾语,可带补语。(1)在军事训练时,两人拿着木枪对刺:他们正在那儿练习～|～了三个回合。(2)短距离打仗时,用刺刀格斗:与敌人～|敌我双方～十分激烈。

【拼凑】pīncòu 动。把零碎的东西合在一起;常带宾语或补语:他们～了一笔资金,准备开办一个工厂|把这些木料～起来做一个书橱。可重叠:这件衣服是用零碎布片儿拼拼凑凑缝起来的。

【拼命】pīnmìng ❶动。不顾性命地豁出去;不带宾语:狼牙山五壮士决心同敌人～。可拆开用:拼了老命也要干。❷副。比喻尽最大的力,极度地;作动词的状语:为了提前完成这项重点工程,工人们夜以继日地～工作。

【拼抢】pīnqiǎng 动。足球、篮球等球类比赛中运动员尽全力同对方抢球:他们在场上～凶猛,却很少犯规|这支球队不仅技术熟练,而且擅长～。可带宾语:几个人同时跳起来～着球。

【拼死】pīnsǐ 副。极度地,以死相拼地:～也要完成这项任务|～也要拿下大油田。
＊"拼死"和"拼命":"拼死"是副词,一般不作动词用;"拼命"既是动词,也是副词。作副词时"拼死"和"拼命"可以换用。

【拼写】pīnxiě 动。按照拼音的规则,用拼音字母书写;常带宾语或补语:请大家～一句话|这一段请你用英文～出来。

【拼音】pīnyīn 动。把几个音素连起来拼成一个音节;不带宾语:他正在用汉语拼音字母～。常作"练习、学习、进行"等动词的宾语:学习～|进行～。

【拼音文字】pīnyīn wénzì 词组。用符号(字母)表示语音的文字。现在世界各国所用的文字多数是拼音文字。

【拼音字母】pīnyīn zìmǔ 词组。(1)拼音文字所用的字母。(2)指汉语拼音方案采用的为汉字注音的二十六个拉丁字母。

【拼缀】pīnzhuì 动。连接,组合;常带补语:

这个洋娃娃是我用许多碎布~起来的。加"成、出"后可带宾语：用彩色纸~成一幅图案。

姘 pīn 〈素〉非夫妻而发生性行为：~头|~居。

【姘居】pīnjū 动。非夫妻关系而同居；不带宾语，可带补语：非法~了半年。

【姘头】pīn·tou 名。非夫妻关系而同居的男女，也指有这种关系的男女的一方。

pín(ㄆㄧㄣˊ)

玭 pín 〈古〉名。蚌珠。

贫 pín ❶〈方〉形。絮叨可厌：你的嘴真~。❷〈素〉(1)穷：~困|~穷。(2)缺少，不足：~乏|~血。

【贫病交迫】pín bìng jiāo pò 成。交：一齐，同时；迫：逼，压。贫穷和疾病一齐压在身上：那时节，爷爷~，处境十分悲惨。

【贫乏】pínfá 形。(1)贫穷：生活~。(2)缺少，不丰富：知识很~。
　　*"贫乏"和"空洞"："贫乏"的意思着重表示不多、缺少，与"丰富"相对；"空洞"的意思着重表示不切实，与"充实"相对。"贫乏"的使用范围较广，常用来形容知识、经验、生活、认识和语言等；"空洞"的使用范围较窄，常用来形容文章和语言等。

【贫寒】pínhán 形。穷苦；指家境、出身等：他出身于~之家|家境很~。

【贫瘠】pínjí 形。土地薄，不肥沃：这几块地非常~。

【贫贱】pínjiàn 形。旧时指家境贫穷，社会地位低下：出身很~|~不能移(贫贱不能使他改变志向)。

【贫苦】pínkǔ 形。贫困穷苦；指生活、家境等：他家的生活非常~|他出身在一个~的家庭中。

【贫困】pínkùn 形。生活困难，贫穷：从前许多人家过着~的生活|家庭经济很~。

【贫民】pínmín 名。旧时职业不固定而生活穷苦的人。

【贫农】pínnóng 名。完全没有或只有少量土地和一些小农具的农民，一般须租地耕种或出卖部分劳动力，受地主剥削，生活贫苦。

【贫气】pín·qi 形。(1)小气，不大方：这个人帐算得太精了，人们都说他太~。(2)说话絮叨，令人讨厌：这句话不知说过多少遍了，真~!

【贫穷】pínqióng 形。穷，生产资料或生活资料缺乏：家境~|他家比较~|我们要艰苦奋斗，努力改变中国~落后的状况。

【贫弱】pínruò 形。贫穷衰弱；多指国家或民族：第三世界中的一些国家还很~。

【贫嘴】pínzuǐ 形。喜欢说废话或开玩笑的话；常同"耍"搭配：你不要学了耍~。

频 pín 〈素〉屡次，连续几次：~传|~繁|~~。

【频传】pínchuán 动。连续不断地传来：捷报~。可带宾语：到处~胜利的喜讯。

【频道】píndào 名。在无线电通讯和电视广播设备中，占用一定频率范围以传送电信号的频率通道。

【频繁】pínfán 形。次数多：他们的来往很~|~地接触。

【频率】pínlǜ 名。(1)物体每秒振动的次数或振荡的周数，常用的单位是赫兹。也叫周率。(2)在单位时间内某种事情发生的次数：事故的~高。

【频频】pínpín 副。表示某种动作行为连续多次；作状语时不加助词"地"：~点头|~传来。

【频仍】pínréng 〈书〉形。连续不断，屡次；多用于坏的方面，作谓语：灾难~|外患~|战火~。
　　*"频仍"和"频繁"："频仍"强调一次又一次，接连不断；"频繁"强调次数多。"频仍"是书面语用词，口语一般不用；"频繁"口语、书面语都常用。"频仍"多用于坏的方面，带贬义；"频繁"是中性词，不带褒贬色彩。

【频数】pínshuò 〈书〉形。次数多而密：便溺~|来往~。

蘋 pín 名。多年生水生蕨类植物，茎横卧在浅水的泥中，四片小叶组成一复叶，像"田"字。也叫田字草。
另见píng(苹)。

颦 pín 〈素〉皱眉：~眉|~蹙。

【颦蹙】píncù 〈书〉动。皱着眉头，常用来表示忧愁；不带宾语：她双眉～，终日忧心如焚。

嫔(嬪) pín 〈古〉名。封建时代皇帝的妾，也指皇宫里的女官。

pǐn(ㄆㄧㄣˇ)

品 pǐn ❶动。常带宾语。(1)辨别好坏，评论高下：～茶。可带补语：这人究竟怎么样，你慢慢就～出来了。(2)吹；用于管乐器，多指箫：～箫。❷〈素〉(1)物件：商～|产～。(2)种类，等级：～种|～级。(3)品质，操行：～德|人～。❸姓。

【品尝】pǐncháng 动。仔细辨别，尝试；一般指酒、茶等的滋味，常带宾语或补语：～名酒|～不出优劣来。可重叠：这种茶怎么样，请你～～。

【品德】pǐndé 名。品质道德：～高尚|低下|助人为乐是一种好的～。

【品第】pǐndì 〈书〉❶动。评定高低。❷名。指等级，地位。

【品格】pǐngé 名。(1)品性风格：～高尚|他学问渊博，～也好。(2)指文学、艺术作品的质量和风格：这部小说虽说情节曲折，但是～不高。

【品红】pǐnhóng 形。比大红较浅的红色；不加程度副词，不单独作谓语，多作定语：～的衣服。

【品蓝】pǐnlán 形。略带红的蓝色；不加程度副词，不单独作谓语，多作定语：～色。

【品类】pǐnlèi 名。种类：～繁多|同一牌号的货物有三个～。

【品绿】pǐnlǜ 形。像青竹一样的绿色；不加程度副词，不单独作谓语，多作定语：～的封面。

【品貌】pǐnmào 名。品行和相貌：此人～都好。有时专指人的相貌：～俊俏。

【品评】pǐnpíng 动。评论高下：这种产品到底如何，请专家们去～吧。常带宾语：～诗文|～人物。

【品题】pǐntí 〈书〉动。评论；多用于作品、人物等，常带宾语：～诗词书画要有一个明确的标准。

【品头论足】pǐn tóu lùn zú 成。品：评论，区分高低、优劣。原指旧时一些无聊的人评论妇女的容貌。现泛指对人说长道短，多方挑剔：某些人专门喜欢～，议论别人的长短。也说评头论足。

【品位】pǐnwèi 名。矿石中有用元素或它的化合物含量的百分数，百分数愈大，品位愈高。

【品行】pǐnxíng 名。有关道德的行为：～端正|这人～好。
　　＊"品行"和"操行"："品行"泛指有关道德的行为；"操行"多指学生在学校里的表现。"品行"常同"端庄"、"恶劣"等词搭配；"操行"一般同"好、良好、优、优良"或"坏、差"等词搭配。

【品性】pǐnxìng 名。品质性格。
　　＊"品性"和"品格"："品性"着重指品质和性格；"品格"着重指品质和风格。"品性"常同"恶劣、坏"等词搭配；"品格"常同"高尚、崇高、高、低"等词搭配。"品格"还可指文学艺术作品的质量和风格；"品性"没有这种用法。

【品月】pǐnyuè 形。浅蓝色；不加程度副词，不单独作谓语，多作定语：～色的上衣。

【品质】pǐnzhì 名。(1)行为、作风上所表现的思想、认识、品性等的本质：崇高的～|道德～。(2)物品的质量：～优良。
　　＊"品质"和"本质"：它们都含有事情的实质的意思，但"品质"指人的行为作风上的表现，"本质"指人的独有的深刻的特质。"品质"可指物品的质量；"本质"不能。"本质"可指事情本身所固有的根本属性；"品质"不能。

【品种】pǐnzhǒng 名。(1)经过人工选择培育，遗传性比较稳定，具有一定经济价值的作物或家养动物群体：培育优良～。(2)泛指产品的种类：～很多。

榀 pǐn 量。一个屋架叫一榀。

pìn(ㄆㄧㄣˋ)

牝 pìn 形。雌性的；指鸟兽，与"牡"相对，不加程度副词，不单独作谓语，只作定语：～马|～鸡。

聘 pìn ❶动。(1)请人担任职务；常带兼语：我们～他当顾问。(2)〈口〉嫁：姑娘已～。可带宾语：～姑娘。❷〈素〉

(1)古代国与国之间派使臣访问:～问。
(2)定亲:～礼。

【聘请】pìnqǐng 动。请人担任某种职务:还缺一位语文教师,校长下午出去～。常带宾语或补语:～律师|教练已～好了。也可带兼语:～他当技术顾问。

【聘书】pìnshū 名。聘请人担任某种职务的文书。

【聘问】pìnwèn 动。古代指代表本国政府访问友邦。

【聘用】pìnyòng 动。聘请任用;常带宾语或补语:公司新～了一批业务人员|对这位～不久的秘书,她是颇感满意的。

pīng(ㄆㄧㄥ)

乒 pīng ❶拟声。摹拟枪声、两物撞击声等:～的一声枪响。❷〈素〉指乒乓球:～坛。

【乒乓】pīngpāng ❶拟声。摹拟枪声、物体撞击声:雨点打在铁皮上～直响。可重叠:枪声乒乒乓乓响个不停。❷名。乒乓球,球类运动项目之一:今天下午我去打～。

【乒乓球】pīngpāngqiú 名。(1)球类运动项目之一。在长方形球台中间横隔一条网,用球拍把球打来打去,以落在对方球台为有效。(2)乒乓球运动使用的球。

【乒坛】pīngtán 名。指乒乓球界;一般不加数量词:～盛开友谊花|～名将。

俜 pīng [伶俜](líng-)〈书〉形。孤独的样子:肥男有母送,瘦男独～。

娉 pīng [娉婷](-tíng)〈书〉形。形容女子姿态美;不加程度副词:小玲体态～。

píng(ㄆㄧㄥˊ)

平 píng ❶形。(1)没有高低凹凸,不倾斜:两碗水一样～|这块木板很～。(2)相同,不相上下:这场球双方打～了|追成五～。❷动。(1)使平;须带宾语:今天～了一块地。(2)抑制;多指怒气,常带宾语或补语:～不下这口气|你坐坐,等气一～下再回去。❸〈素〉(1)均等地分开,无偏向:～分|公～。(2)安定,安静:～安|心～静气。(3)用武力镇压:～定|～靖。(4)经常的,普通的:～常|～庸。

(5)声调之一:～声。❹姓。

【平安】píng'ān 形。没有出事故,没有危险,平稳安全:他～地到达了目的地|祝你一路～|工地上没有安全设施,不太～。可重叠:祝你平平安安地回家与亲人团聚。

【平白】píngbái 副。表示无缘无故的意思:～挨了顿批评|～无故被抄了家。

【平辈】píngbèi 名。相同的辈分:兄弟姐妹是～|咱们俩。

【平步青云】píng bù qīng yún 成。步:行走;青云:指高空。比喻一下子达到很高的境界或地位:他近年来真是～,一下子就当上了公司的总经理。

【平产】píngchǎn 动。与比较的产量相同或相当;不带宾语:今年的水稻与去年～。

【平常】píngcháng ❶形。普通,不突出:相貌很～。可重叠:这是一件平平常常的事情。❷名。平时:他～对自己要求很严格|掌柜仍然同～一样,对着他笑了笑。

【平川】píngchuān 名。陆地上宽广平坦的地区:～广野|一马～。也说平川地。

【平淡】píngdàn 形。平常,没有曲折,没有趣味;指文章或事物:这篇文章很～,没什么特色。可重叠:他没有什么突出的表现,一贯平平淡淡。

【平等】píngděng ❶名。指人们在社会、政治、经济、法律等方面享有相等待遇:争取～|～的权利。❷形。泛指地位相等,一样:～待人|～互利|地位不太～。

【平地风波】píngdì fēngbō 成。比喻突然发生意外的变化或事故:两个人玩得好好的,忽然～,吵了起来。也比喻无中生有:近来～,谣传老张犯了错误。

【平地一声雷】píngdì yī shēng léi 成。比喻突然发生的重大变动;多指好的事情:～,1964年,我国第一颗原子弹试爆成功。

【平定】píngdìng ❶形。平稳安定;用于局势或人的情绪等:如今,国内局势～,秩序井然|经过劝解,她的情绪才逐渐～下来。❷动。使平定;须带宾语:～中原|～天下|反革命暴乱已被～。

【平凡】píngfán 形。平平常常,不新奇:～

的工作|这个人的经历不太~。

＊"平凡"和"平常"：它们都具有不稀奇的意思，但"平凡"着重表示"不出色"，"不平凡"就是出色、杰出的意思；"平常"着重表示"不特别"，"不平常"可能是好的意思，也可能是坏的意思。"平凡"常形容人、事业和工作，带庄严色彩；"平常"的使用范围更广，不带庄重色彩。"平凡"没有"平时"的意思；"平常"有"平时"的意思。

【平反】píngfǎn 动。把原来的错误判决或做错的政治结论改正过来：他终于被~。可带宾语或补语：~冤狱|他的冤案已经~过来了。可作"得到、进行、予以"等动词的宾语：几十年的冤案，终于得到~。

【平方】píngfāng 名。(1)一个数自乘一次叫一平方。(2)量。用于面积，指平方米。

【平分秋色】píngfēn qiūsè 成。平分：均分配；秋色：秋天的景色。比喻双方各占一半：劳动所得，咱俩~。也比喻不相上下，可以匹敌：他的技艺很好，可与名家~。

【平复】píngfù 动。不带宾语。(1)疾病痊愈复原：他的身体开始~。(2)恢复平静：大风已过，海面上渐渐~了。

【平和】pínghé 形。(1)形容性情或言行温和：他对人一向很~|此人谈吐~。(2)形容药物作用温和，不剧烈：这剂中草药的性子比较~，没有什么副作用。

【平衡】pínghéng ❶形。一个整体的各个部分在数量上或质量上大致相等或相抵：产销~|收支不太~|运动的发展是不~的。❷动。使平衡；常带补语：把双方的人数~一下。

【平衡木】pínghéngmù 名。(1)一种女子体操器械。是一根两端支起的长而窄的方木头。(2)女子体操的项目之一。运动员在上面做各种动作。

【平话】pínghuà 名。我国古代民间流行的口头文学形式，有说有唱，也有的只说不唱，内容以反映历史的故事为主。如《三国志平话》、《五代史平话》。也作评话。

【平缓】pínghuǎn 形。(1)地势倾斜度小，比较平坦：这里地势~，交通方便。(2)缓和，平和；多指心情、声音等：他的心情始终很~|他的话讲得很~。

【平静】píngjìng 形。没有不安或动荡；多指心情或环境等：~的海面|今天的车站显得格外~。可带补语：他的心绪已经~下来了。可重叠：他平平静静地站在那儿，一动也不动。

＊"平静"和"安静"：描写环境时，"平静"的意思着重指没有动乱，"安静"的意思着重指没有声音。描写人物时，"平静"可以形容人的内心状态，也可以形容人的外部动态；"安静"多用来形容人的外部动态。

【平局】píngjú 名。不分胜负的局面；多指打球或下棋：这场排球赛，多次出现~。

【平均】píngjūn ❶动。把总数按份儿均匀计算；不带宾语：按人口~，每人口粮700斤左右。常作状语：某县一每人有一亩多油茶林。作定语时，一般不加助词"的"：这个班的学生，~年龄在十五岁左右。❷形。没有多少、轻重之分，很均等：每包中药分得不太~。常作状语：~使用力量。

＊"平均"和"均匀"："平均"着重指分配定额平衡；"均匀"着重在分布间隔匀称。"平均"常作状语，"均匀"除作状语外，还常作补语和谓语。

【平空】píngkōng 见"凭空"。

【平列】pínglièn 动。平着排列，平等列举：一排排自行车有秩序地~着。可带宾语或补语：操场上~着几辆小轿车|不能把这三个问题~起来。

【平面】píngmiàn 名。在一个面内任意取两点连成直线，如果直线上所有的点都在这个面上，这个面就是平面。

【平民】píngmín 名。(1)奴隶社会和封建社会中除特权阶级、奴隶和农奴以外的居民。(2)泛指普通老百姓。

【平明】píngmíng〈书〉名。天亮的时候。

【平年】píngnián 名。(1)阳历没有闰日或农历没有闰月的年份。(2)农作物收成平常的年头儿。

【平平】píngpíng 形。寻常，中等；不加程度副词，一般作谓语：表现~|成绩~。

【平平当当】píngpíngdāngdāng 形。形容

做事很顺利；不加程度副词：近来不管干什么事都~，我真高兴。

【平铺直叙】píng pū zhí xù 成。说话或写文章时不讲求修辞，只是简单而直接地叙述自己的意思：这篇文章~，没味道。

【平起平坐】píng qǐ píng zuò 成。比喻彼此地位或权力相等：他是长辈，我怎么能跟他~呢?

【平日】píngrì 名。一般的日子；区别于假日、节日等特定的日子：老王离休后，除了规定的学习时间，~不到办公室来。

【平身】píngshēn 动。旧指行跪拜礼后立起身子；这是封建时代君王的用语，多见于旧小说和戏曲，不带宾语：众爱卿~。

【平生】píngshēng ❶名。一生，一辈子；常作定语：他把~的精力都献给了党。❷副。从来：他~没喝过酒。

【平声】píngshēng 名。古汉语四声之一。古汉语里的平声字，在普通话里分为阴平和阳平两类。

【平时】píngshí 名。(1)一般的、通常的时候；区别于特定的或特指的时候！学习要靠~努力，不要到考试时突击抢记。(2)平常时期；区别于非常时期，如战时：~要加强战备，战时才不会吃苦。

【平手】píngshǒu 名。不分胜负、高下的比赛结果：今天篮球赛两个班打了个~。

【平素】píngsù 名。平时，素来：小李~不喜欢看书|他~对同志就很好。

【平坦】píngtǎn 形。没有高低不平；多指地势：这一带地势非常~。可重叠：平平坦坦的马路。

【平妥】píngtuǒ 形。平稳妥善：这篇文章措辞~|这场纠纷处理得比较~。

【平稳】píngwěn 形。平安稳当，没有波动或危险：汽车开得很~。可重叠：车子开得平平稳稳。

＊"平稳"和"平妥"："平稳"多指车、马、船、水流等没有波动或危险；"平妥"多指办事、说话等出不了问题。"平稳"用于办事时只指办事不急躁，不轻浮；"平妥"还有妥当的含义。"平稳"可重叠；"平妥"不能。

【平西】píngxī 动。太阳偏西将落；不带宾语：太阳已经~了。

【平昔】píngxī 名。往常：我~很少去她家。

【平息】píngxī 动。(1)平静停止；多指风势、纷乱等，不带宾语，常带补语：晚上，风~了下来。(2)使平静停止；须带宾语：他给人们~争端。(2)用武力平定；多指叛乱、骚扰等：少数人的骚扰，很快被~了。可带宾语：及时~了一场叛乱。

【平心而论】píng xīn ér lùn 成。公平地说：~，他犯错误，我们当领导的也有责任。

【平心静气】píng xīn jìng qì 成。心平气和，态度冷静：大家坐下来~地交换意见。

【平行】píngxíng ❶形。不加程度副词，一般作定语，不加助词"的"。(1)等级相同，没有隶属关系：这两个机关是~单位。(2)同时进行的：~作业。❷动。两个平面或一个平面的两条直线或一条直线与一个平面任意延长而不相交叫做平行，不带宾语：两条直线~。

【平抑】píngyì 动。平定并抑制；用于物价，常带宾语：这些蔬菜公司积极参与了秋菜的市场调节，~蔬菜价格。

【平易】píngyì 形。(1)谦逊和蔼，易于接近；指人的态度或性格，一般用于上级或有地位的人：我们省长很~近人|张校长~可亲。(2)浅显易懂；多指文章和言辞：这篇文章，语言~近人。

【平庸】píngyōng 形。寻常的，一般的，多含贬义：他是个~之辈。有时用作谦词：本人才学~，望同行多多指教。可重叠：平平庸庸过了一生。

【平原】píngyuán 名。起伏较小、海拔较低的广大平地。

【平月】píngyuè 名。指阳历平年的二月，有二十八天。

【平允】píngyǔn 〈书〉形。公平适当：他说话~，令人心悦诚服。

【平仄】píngzè 名。平声和仄声。古代汉语的声调分为平、上、去、入四声，前一声为平声，后三声为仄声。也泛指由平仄构成的诗文的韵律：写律诗必须讲究~。

【平展】píngzhǎn 形。平坦而宽广；指地势：~的大平原。可重叠：平展展的土地。

【平整】píngzhěng ❶动。填挖土方,使土地平坦,整齐;常带宾语或补语::～土地|把这块地～一下。❷形。平坦而整齐:这块地很～。可重叠:平平整整的菜地。

【平正】píng zheng 形。不歪斜:他画出来的线条非常～|他砌的墙很～。可重叠:这幅画裱得平平正正。

评 píng 动。带宾语或补语。(1)议论,批评;多指对作品或事件发表意见:～一部小说|这篇文章～得好。可带主谓词组作宾语:～一～这场球是怎么打输的。(2)评定,评判;一般要评出好坏优劣等结果:～三好学生|最佳商品已～出来了。也可带主谓词组作宾语:～谁干得最好。

【评比】píngbǐ 动。经过比较评定高低、优劣等;常带宾语或补语:～产品质量|～出干劲来。

【评定】píngdìng 动。经过评议或审核后决定:谁好谁坏,请大家来～。常带宾语或补语:～先进生产者|考试成绩已～完毕。可带主谓词组作宾语:～谁是优胜者。

【评断】píngduàn 动。评论判断;多指相对的两个方面,如对错、好坏、是非等:这个问题回答得对不对,由大家来～。可带宾语:～是非。可重叠:请专家来～～。

【评分】píngfēn 动。根据成绩评定分数;用于生产、教育、体育等,不带宾语:这次智力竞赛,请有关专家来～。可拆开用:评一下分。

【评估】pínggū 动。按照一定的标准对同类事物进行评比和估价;常带宾语:这次～中学数学水平的活动不完全必要的。常作"进行、加以"等动词的宾语:这项工程的建设方案正由专家进行～。也可作定语:～标准|～办法。

【评话】pínghuà 名。(1)见"平话"。(2)曲艺的一种,由一个人用方言讲话,一般只说不唱,如苏州评话。

【评价】píngjià ❶动。评定人或事物的价值与作用;常带宾语:我们要实事求是地～这部电影。可带动态助词"了":他高度～了鲁迅的历史地位和伟大功绩。❷名。评定的价值:对作品中的人物给予了很高的～。

【评介】píngjiè 动。评论介绍;多指可带宾语:他向大家～了这部作品。可作定语,不加助词"的":这一期发表了两篇～文章。

【评剧】píngjù 名。戏曲剧种之一。是在曲艺莲花落的基础上,吸收了影调、二人转及河北梆子等剧种的唱腔和音乐发展而成的。初期叫蹦蹦戏,又称落(lào)子。流行于华北、东北等地区。

【评理】pínglǐ 动。评断是非;不带宾语:我俩把话都讲清楚,让大家来～。可重叠:我错在什么地方,让大家来评评理。可拆开用:评一下理。

【评论】pínglùn ❶动。批评或议论:对这部电影,好多人都在～。可带宾语或补语:不要背后～别人|～了一番。常以"好坏、高低、是非"等相对的词语作宾语:～好坏|～是非。也可带主谓词组作宾语:～谁演得好。可重叠:请大家来～～。❷名。指批评或议论的文章:写了一篇～。

【评判】píngpàn 动。评定判断;多指相对的两个方面,如是非、曲直或胜负、优劣等:谁是谁非,请大家～。常带宾语:请大家～是非曲直。

＊"评判"和"评定":"评判"着重表示评论并分辨,对象多为相对的两个方面;"评定"着重表示经过审核,对照标准作出决定,对象不限于相对的两个方面,可以只指一个方面。

【评书】píngshū 名。曲艺的一种,多讲说长篇故事,用折扇、手帕、醒木等做道具。

【评说】píngshuō 动。评论,评价。大作没有仔细阅读,不敢随便～。常带宾语或补语:～作品的好坏|～得很正确。

【评弹】píngtán 名。曲艺的一种,苏州评话和苏州弹词两种曲艺的合称,把这两种曲艺综合演出的新形式也叫评弹。

【评头论足】píng tóu lùn zú 见"品头论足"。

【评选】píngxuǎn 动。评比并推选;常带宾语或补语:每学年结束要～三好学生|优秀小说～出来了。

【评议】píngyì 动。讨论评定:这次定级

由群众~,领导审批。常带宾语或补语:请同学们~老师的讲课|~了半天。

【评语】píngyǔ 名。评论的话:这篇作文的~已写好。

【评传】píngzhuàn 名。带有评论的传记。

坪 píng 〈素〉平地:草~。

苹(蘋) píng [苹果](-guǒ) 名。(1)落叶乔木,叶椭圆形,花白色。果实圆形,味甜或略酸,是普通的水果。(2)这种植物的果实。
"蘋"另见pín。

枰 píng 〈书〉名。棋盘。

萍 píng 名。浮萍,水面浮生的草,茎扁平像叶子,根垂在水里,有青萍、紫萍等。

【萍水相逢】píng shuǐ xiāng féng 成。像浮萍一样,随水漂泊,偶尔碰在一起。比喻素不相识的人偶然相遇:我与你~,却一见如故。

【萍踪】píngzōng〈书〉名。萍生水中,漂泊不定,比喻无定的行踪;常用在固定组合或书名中:~浪迹|~寄语。

鲆 píng 名。比目鱼的一类,体形侧扁,成鱼的两眼都在左侧。种类繁多,生活在温、热带浅海中,我国沿海均有出产。

冯 píng ❶见"暴虎~河"。❷〈古〉同"憑(凭)"。
另见féng。

凭(憑、凴) píng ❶动。依靠,倚仗;须带宾语:搞建设不能只~老经验,要~科学,~知识。可带动词性词组或主谓词组作宾语:这次我队能得冠军,全~配合得好|克服困难要~大家齐心。❷介。表示凭借、依靠、根据:~票入场|~成绩的好坏来选择。❸连。任凭;一般与"都、也"呼应:~你怎么说,他也不相信。❹〈素〉(1)身体靠着:~窗|~栏。(2)证据:~据|文~。

【凭吊】píngdiào 动。对着坟墓、纪念碑或遗迹对古人或往事表示怀念:清明节前后,每天都有许多人去烈士纪念塔上。可带宾语或补语:~先烈|曾去~过两次。

【凭借】píngjiè 动。依靠;常带宾语:这次很快就索取了赔偿,完全~了法律的效力。可作宾语:失去了~,他也就无能为力了。

【凭据】píngjù 名。用来作证明的文件或实物。

【凭空】píngkōng 副。没有依据地:你不要~设想。也作平空。

【凭栏】pínglán〈书〉动。靠着栏杆;一般构成连动词组:~而立|~远眺。

【凭眺】píngtiào 动。在高的地方远望;多用于欣赏风景:楼上有栏可~。可带宾语:他站在紫金山上~江南春景。

【凭险】píngxiǎn 动。依靠险要的地方;不带宾语,一般构成连动词组:~据守|~抵抗。

【凭信】píngxìn 动。信赖,相信;常用于否定式:他这人多次撒谎,不可~。可带宾语:认真读书的人,不可倚仗选本,二不可~标点。

【凭仗】píngzhàng 动。倚仗;常带宾语:他~自己顽强的意志,在国际残疾人运动会上获得了金牌。

【凭证】píngzhèng 名。证据。

帡 píng [帡幪](-méng) ❶名。古代称覆盖用的帐幕之类的东西,在旁的叫帡,在上的叫幪。❷〈古〉动。庇护。

洴 píng [洴澼](-pì)〈古〉动。漂洗丝绵。

屏 píng ❶名。(~儿)字画条幅,通常以四幅或八幅为一组:墙上挂着四扇~儿。❷〈素〉遮挡:~风|~蔽。
另见bǐng。

【屏蔽】píngbì ❶动。像屏风一样遮挡着:我的视线为高楼所~。可带宾语:这一方。❷名。屏障:车牛山岛是海州湾的~。

【屏风】píngfēng 名。室内用来挡风或隔断视线的用具。一般用木头或竹子做框子,蒙上绸子或布,有的单扇,有的多扇相连,可以折叠。

【屏幕】píngmù 名。显像管中能显示波形或图像的部分,用玻璃制成,里层涂有荧光粉。

【屏条】píngtiáo 名。成组的字画条幅,通常由四幅组成;区别于"单条"。

【屏障】píngzhàng ❶名。像屏风那样起遮挡作用的东西；多指山岭、岛屿等。❷动。遮挡着，捍卫；常带宾语：十万大山～西南,构成了这里的特殊地势。

瓶(缾) píng 名。(～儿、～子) 口小、腹大、有颈的容器,多用瓷或玻璃制成。

帡 píng 同"屏(píng)"。

pō (ㄆㄛ)

朴 pō [朴刀](-dāo) 名。旧式武器,一种刀身窄长有短把的刀。
另见 piáo, pò, pǔ。

钋 pō 名。一种放射性金属元素,符号Po。

陂 pō [陂陀](-tuó) 〈书〉形。不平坦；道路～。
另见 bēi, pí。

坡 pō ❶(～儿、～子) 名。地形倾斜的地方：这个～儿很陡。❷形。倾斜：板子～着放。
【坡地】pōdì 名。山坡上倾斜的田地。
【坡度】pōdù 名。斜坡起点和止点间的高度差与其水平距离的比值。例如起、止点高度差为1米,水平距离为1000米,坡度就是千分之一。

颇 pō ❶〈素〉偏，不公平：偏～。❷副。很，相当地：成绩～佳｜～有好感。

泊(洦) pō 名。湖；多用于湖名：梁山～(在今山东)｜罗布～(在新疆)。
另见 bó,"洦"另见 luò。

泼(潑) pō ❶动。用力将水或其他液体倒掉或散开；常带宾语或补语：～了一瓢水｜把沥青～在路面上。可带双宾语：～了他一身水。❷〈方〉形。有魄力，不怕艰难：别看她是妇女,做事却很～。❸〈素〉蛮横,不讲理：撒～。
【泼妇】pōfù 名。蛮横不讲理的妇女。
【泼刺】pōlà ❶拟声。摹拟鱼在水中跳跃的声音：～一声,一条鱼跃出水面。❷形。同"泼辣"。
【泼辣】pō·la 形。(1)凶悍不讲理；含贬义：

这个人不讲理道,很～｜王熙凤是～妇女的典型。(2)有胆量,有魄力；含褒义：别看他文质彬彬的,干起活来却很～。
【泼冷水】pō lěngshuǐ 习。比喻打击别人的积极性或热情：他干得挺好的,你不要站在一边指手划脚～。
【泼墨】pōmò 动。国画的一种画法,笔势奔放,墨如泼出一样；不带宾语：擅长～。常构成连动词组：～作画。
【泼皮】pōpí 名。流氓,无赖。

铍(鏺) pō ❶〈方〉动。用镰刀、钐(shàn)刀等抡开来割草或谷物等；常带宾语：～了两亩地的草。❷名。一种镰刀。

酦(醱) pō 〈古〉动。酿；用于酒：～酒。
【酦醅】pōpēi 〈古〉动。酿酒。也作泼醅。

pó (ㄆㄛˊ)

婆 pó 〈素〉(1)年老的妇女：老太～。(2)旧社会指某些职业妇女：媒～。(3)丈夫的母亲：～｜公～。
【婆家】pójia 名。丈夫的家；区别于"娘家"。也说婆婆家。
【婆婆】pó·po 名。(1)丈夫的母亲。(2)〈方〉祖母,外祖母。(3)比喻单位或个人的顶头上司；含诙谐意味：要进行经济体制的改革,改革企业～过多,管得过死的状况。
【婆婆妈妈】pó·pomāmā 形。常带助词"的"。(1)形容人行动缓慢,讲话啰唆：你不要～的了,赶快做吧｜你这个人实在～,说个没完没了。(2)形容人的感情很脆弱：你要学得坚强些,不要～的,动不动就掉眼泪。
【婆娑】pósuō 形。形容盘旋、舞动的样子；不加程度副词：～起舞｜～的姿态｜林木夹道,树影～。

鄱 pó 湖名用字。鄱阳湖,在江西省。

皤 pó 〈古〉形。(1)形容白色。(2)肚子大的样子：～其腹。

繁 pó 姓。
另见 fán。

pǒ(ㄆㄛˇ)

叵 pǒ 〈素〉不可：～测｜～耐。

【叵测】pǒcè 动。不可推测；常用在固定的组合中：居心～｜心怀～。

【叵耐】pǒnài 动。不可容忍；常见于早期白话。

钷 pǒ 名。一种人造放射性的稀土元素，符号Pm。是制造荧光粉、原子电池的原料。

笸 pǒ ［笸箩］(-·luo) 名。用柳条或篾条编的一种盛东西的器物，帮较浅。

pò(ㄆㄛˋ)

朴 pò 名。朴树，落叶乔木，花淡黄色，果实黑色。树皮光滑，灰褐色。木材可制器具。
另见piáo, pō, pǔ。

迫(廹) pò ❶动。硬逼，强迫加"被"后构成连动词组作谓语：敌人被～投降。❷〈素〉(1)急切，急促：～切｜急～。(2)接近：～近。
另见pǎi。

【迫不得已】pò bù dé yǐ 成。被迫无奈，不得不这样：你别怪他了，他也是～才这样做的。

【迫不及待】pò bù jí dài 成。急迫得不容等待：敌人以为时机已到，～地进行反扑。

【迫害】pòhài 动。压迫使受危害；多指政治性的，常带宾语或补语：敌军肆意～无辜的百姓｜反动派对革命人民～得很厉害。可作"遭受、受到、进行、加以"等动词的宾语：许多革命者惨遭～。

＊"迫害"和"危害"："迫害"语意重，是用强力压迫、杀害；"危害"语意轻，是使受到破坏。"迫害"是由人或组织干的；"危害"不限于人或组织，还可以是事物或禽兽之类。"迫害"使用的范围窄，对象一般是人；"危害"使用的范围宽，对象可以是人，也可以是事物。

【迫降】pòjiàng 动。一般不带宾语。(1)用强制手段迫使飞机降落：一架不明国籍的飞机侵犯我国领空，我军飞往拦截，将其～。(2)飞机在特殊情况下采取应急措施降落：飞机出现故障，～在广场上

【迫近】pòjìn 动。逼近：开会时间～了，材料要赶快整理好。可带宾语：现在已～期末考试。

【迫切】pòqiè 形。十分急切；多指心里的意愿、要求等：他要求进修的心情很～｜改革开放是大家的～愿望。

【迫使】pòshǐ 动。指用强力或压力使对方做某件事；须带兼语：～敌军投降。

＊"迫使"和"唆使"："迫使"这一动作的发出者不一定是人，也可以是其他事物；"唆使"的则必定是人。"迫使"别人去做的，可以是坏事，也可以是好事；"唆使"别人去做的，必定是坏事。"唆使"只是指使别人去做坏事，没有"用强力或压力"这层意思；"迫使"则有这层意思。

【迫在眉睫】pò zài méi jié 成。眉睫：眉毛和睫毛。比喻事情已到眼前，十分迫：这件事已～，你不能再耽搁了。

珀 pò 见"琥(hǔ)珀"。

粕 pò 〈素〉造酒等剩下的米渣滓：糟～。

魄 pò 〈素〉(1)迷信的人指依附于人体而存在的精神：魂～。(2)精神，精力：气～｜体～。
另见bó, tuò。

【魄力】pòlì 名。指处置事情所具有的胆识和果断的作风：他干起事来很有～。

＊"魄力"和"气魄"："魄力"强调敢作敢为而坚强有力。"气魄"强调有胆识而显出气势大、有气派。"魄力"只用于人；"气魄"既可用于人，也可用于其他有气势的事物。

破 pò ❶形。(1)破烂的，受过损伤的：衣服很～｜～手表｜这房子～得没法住人了。(2)不好的，令人嫌弃的；用于讥讽质量等很差，多作定语：谁爱看那个～戏｜～车子谁要买？❷动。(1)完整的东西受到损伤：鞋～了。可带宾语：袜子～了一个洞。喊～了嗓子｜吓～了胆。(2)突破，破除；指规定、思想、习惯等，常带宾语或补语：～纪录｜～陈规陋习｜落后的旧习俗怎么～不

得?(3)使分裂,劈开: ~西瓜。常用"开、成"等词作补语: 把竹子~开|~成两半。(4)把整的换成零的; 须带"开"或"成"作补语: 把这张十元的票子~开好找钱。可带宾语: ~零钱|~毛票。(5)打败; 须用"大"作状语后带宾语: 大~敌军。(6)打下,攻克; 常带名词作宾语: ~了城门|连~敌营。(7)花费; 须带名词作宾语: ~点儿功夫早些来|你~点时间亲自跑一趟吧。(8)〈口〉豁出去,不顾惜; 须带动态助词"着"后带"性命"或"脸皮"作宾语: ~着性命去救人|谁愿意~着脸皮去求人。(9)使真相暴露: 盗窃案当天就~了。可带宾语: ~密码。

【破败】pòbài 形。残破; 多用来形容建筑物等: 这间房子~不堪|一座非常~的小楼。

【破产】pòchǎn 动。不带宾语。(1)企业单位或债务人不能偿还债务时,经法院判定,把企业单位或债务人的全部财产变价偿还债主,其不足之数不再偿付: 该厂已~。可作"宣告"等动词的宾语: 宣告~。(2)丧失全部财产: 当时,不少棉农因棉价下跌而~。可作定语: 他的祖父是个~的商人。(3)比喻失败或落空: 敌人的阴谋彻底~了。可带宾语: 他们的狂妄计划宣告~。

【破钞】pòchāo 动。破费钱钞; 感谢别人为自己花钱时用的客套话,不带宾语: 真不好意思,今天让你~了。

【破除】pòchú 动。打破并清除; 常带宾语或补语: ~迷信|把一切陈规陋习彻底~掉。

＊"破除"和"扫除": "破除"的对象是原来受尊重的或信仰的不好的事物,抽象的多,如情面、迷信、陈规等; "扫除"的对象是本来就不好的事物,具体的多,如障碍、文盲、歪风邪气等。"破除"没有清除脏东西的意思; "扫除"有清除脏东西的意思,如扫除垃圾。

【破读】pòdú 名。一个汉字因意义不同而有两个或几个读音的时候,把习惯上认为最通常的读音之外的读音叫做破读。如"好",通常读音是"hǎo"(好看),可是在"爱好"一词中要读"hào",不读"hǎo"。

【破费】pòfèi 动。花费; 多指金钱、时间; 送来这许多东西,让你~了。常带宾语: 今天~了不少钱。可带双宾语: ~你一天的功夫。

【破釜沉舟】pò fǔ chén zhōu 成。《史记·项羽本纪》: "项羽乃悉引兵渡河,皆沉船,破釜甑,烧庐舍,持三日粮,以示士卒必死,无一还心。"釜: 锅。把饭锅打破,把渡船凿沉,断绝自己的退路。比喻下定决心干到底: 同志们下定了~决心,不把科研项目搞成功,绝不罢休。

【破格】pògé 动。打破既定规格的约束; 不带宾语,常构成连动词组: ~提拔|~录用。

【破罐破摔】pò guàn pò shuāi 成。比喻有了错误、缺点,不加改正,任其自流,或向更坏的方向发展: 一个人犯了错误一定要及时改正,决不能~。

【破坏】pòhuài 动。常带宾语。(1)使损坏,使受损害: ~工厂|~名誉。可带动词作宾语: ~生产|~团结。可作"遭到、受到、进行"等动词的宾语: 遭到、受到、进行~了。(2)变革; 指社会制度、风俗习惯等: 我们要~旧世界,建立新世界。(3)违反; 多指条约、规章制度等: 双方订立的协定,不能~|~了纪律。

＊"破坏"和"毁坏": "破坏"的程度轻些,可以是部分受损; "毁坏"的程度重些,一般是全面受损。"破坏"常是主动使事物损坏; "毁坏"可以是主动地使坏,也可以是自然损坏。"破坏"的对象可以是具体事物,也可以是抽象事物; "毁坏"的对象一般是具体事物。

【破获】pòhuò 动。破案并捉住罪犯; 可带动态助词"了、过": 这起案件被~了。常带宾语: 他们曾经~过几起大案。

【破镜重圆】pò jìng chóng yuán 成。唐·孟棨《本事诗·情感》记载,南朝陈代将亡时,徐德言估计到战乱中可能同妻子离散,就把一面铜镜破开,跟妻子各执一半,作为失散后重逢时的凭证。后来徐德言果然靠半边镜子按约定的办法找到了失散的妻子。后来就用"破镜重圆"比喻夫妻失散或决裂后重又团聚: 经过领导的帮助,他俩~,和睦如初。

【破句】pòjù 动。在不是一句的地方读断

或点断；不带宾语：在朗读课文时，不能随意～。可作"读、点"的宾语：读～|点～。

【破口大骂】pò kǒu dà mà 成。指用恶语大声骂人：他蛮横无理，跳出来～。

【破烂】pòlàn ❶形。因时间长了或使用久了而残破：他穿的衣服很～。可重叠：这些破破烂烂的东西，赶快处理掉。❷〈口〉名。废品，破烂的东西：他常出去拾～。

【破例】pòlì 动。打破常例；不带宾语：都得遵守制度，不能随便～。可拆开用：破了一次例。

【破裂】pòliè 动。不带宾语。(1)完整的东西出现裂缝：玻璃杯～了|～的岩层。(2)比喻关系、感情、谈判等中断而不能继续下去：他俩的关系～了|双方谈判～了。可带补语：没想到他们俩的感情已～到这种地步。

【破落】pòluò 形。败落；指家境：家道～|～地主。

【破门】pòmén 动。不带宾语。(1)冲开门；常用在固定组合中：～而入。(2)开除出教会。

【破灭】pòmiè 动。落空，消失；多指幻想或希望，不带宾语：一小撮顽固分子妄想复辟的美梦彻底～了。

【破伤风】pòshāngfēng 名。一种急性传染病，由破伤风杆菌从伤口侵入体内引起。症状为牙关紧闭、角弓反张、全身肌肉痉挛、呼吸困难等，如不及时治疗，有致命的危险。

【破碎】pòsuì ❶形。破成碎块的，零碎的：支离～|由于包装太差，长途颠簸之后，这些瓶子大都～了|无法用语言慰藉她那～的心。❷动。使破成碎块；须带宾语：这种拖拉机可以一边翻地，一边～土块。

【破损】pòsǔn 动。破烂损坏；不带宾语：这些机器都～了，得赶快想办法更换。

【破题】pòtí 名。指八股文的第一股，在文章开头用一两句话点破题意。

【破题儿第一遭】pò tí'er dì yī zāo 成。比喻第一次做某件事：他今天自己洗衣服了，这还是～呢。

【破涕】pòtì 动。眼泪。停止哭；常用在固定组合中：～为笑。

【破天荒】pò tiān huāng 成。宋·孙光宪《北梦琐言》卷四记载：唐朝时荆州每年送举人去考进士，都考不中，人称天荒（天荒：从未开垦过的土地）。后来刘蜕考中了，就称为破天荒。现在常用来比喻事情第一次出现：他一向上班是很准时的，今天居然迟到了，可说是～的事。

【破晓】pòxiǎo 形。天刚亮：天色～|明天～时分出发。

【破鞋】pòxié 名。指乱搞男女关系的女人；含贬义，常作詈词。

【破绽】pòzhàn 名。衣服的裂口。比喻做事、说话、写文章时出现的漏洞：他今天的讲话～很多。常用在固定组合中：～百出。

【破折号】pòzhéhào 名。标点符号（——），表示意思的转折，或者表示下面是注释性的部分。

·po (ㄆㄛ)

榑 ·po 见"榅(wēn)榑"。

pōu (ㄆㄡ)

剖 pōu ❶动。破开，分开；常带宾语或补语：～腹检查|把西瓜～开。❷〈素〉分辨，分析：～白|～析。

【剖白】pōubái 动。分辨表白；常带宾语或补语：～心迹|他找机会～了一番。

【剖露】pōu·lu 动。剖析显露；用于人的心灵，常带宾语或补语：作者用细腻的笔触～了这个人的复杂的内心世界|她深情地望着他，那眼神，似乎要把整个的心～出来。

【剖面】pōumiàn 名。物体切断后所呈现出的表面。如球体的剖面是圆形。也叫截面、断面、切面。

【剖析】pōuxī 动。分析；多用于形势、事理、思想等抽象事物，常带宾语或补语：～当前的形势|把作品中的思想内容～清楚。

póu (ㄆㄡˊ)

抔 póu 〈书〉动。用手捧东西：以手～土。

裒掊仆扑铺 póu-pū

裒 póu 〈素〉(1)聚：～辑。(2)减少，取出：～多益寡(取有余，补不足)。

【裒辑】póují 〈书〉动。摘录、搜集资料进行编辑：此书系～而成。

pǒu(ㄆㄡˇ)

掊 pǒu 〈素〉打击：～击。

【掊击】pǒují 动。抨击：对这种错误思想必须～。可带宾语：～谬论。

pū(ㄆㄨ)

仆 pū 〈素〉向前跌倒：前～后继。另见pú。

扑(撲) pū 动。常带宾语或补语。(1)向前冲使身体伏在物体上：～球|他立即～在担架上，掩护伤员。(2)全身心地投入；常用介词"在"与"工作、事业"等构成介词词组作补语：他一心～在工作上。(3)扑打，进攻：～苍蝇|向敌军阵地～过去。(4)拍，轻打：～一点痱子粉|在他身上～了几下。(5)〈方〉伏：～在桌上看地图。

【扑哧】pūchī 拟声。摹拟笑声或水、气挤出的声音：～一笑|～一声，自行车胎里的气跑了。也作噗哧。

【扑打】pūdǎ 动。常带宾语或补语。(1)用扁平的东西猛地朝下打：～苍蝇|他用木板在桌子上狠狠地～了两下。(2)轻轻地拍：他轻轻地～着衣服上的灰尘|在孩子身上轻轻～了几下。

【扑空】pūkōng 动。没有在目的地找到所要找的对象；不带宾语：真不巧，我每次去找他都～了。可拆开用：今天我去新华书店买书，扑了一个空。

【扑棱】pūlēng 拟声。摹拟翅膀抖动的声音：～一声，一只小鸟飞到树上去了。

【扑棱】pū·leng 动。抖动；常带宾语或补语：小鸟～着翅膀，飞走了|鸡的翅膀～了几下。

【扑满】pūmǎn 名。旧指一种存钱的瓦器，形状像个没口的小酒坛，上面只有个细长的孔，钱币放满后要打破了才能取出来。

【扑闪】pū·shan 动。眨，闪动；用于眼睛，常带动态助词"着"：只有那一双双明亮的眼睛，好奇地～着。可带宾语：他～着一双大眼睛。

【扑扇】pū·shan 〈方〉动。抖动；多用于翅膀等：～着翅膀|小鸟ㄦ的翅膀一～就飞走了。

【扑朔迷离】pū shuò mí lí 成。古乐府《木兰诗》："雄兔脚扑朔，雌兔眼迷离；两兔傍地走，安能辨我是雄雌。"雄兔脚乱动，雌兔眼眯着，当它们跑起来的时候就很难分辨出哪是雄的，哪是雌的。比喻事情错综复杂，不易辨清真相：这件事真是～，不知从哪ㄦ下手好。

【扑簌】pūsù 形。形容眼泪向下掉的样子；不加程度副词，常重叠后作状语：她的眼泪～～地直往下淌。

【扑腾】pūtēng 拟声。摹拟重物落地的声音：只听～一声，楼上一个箩筐掉下来了。

【扑腾】pū·teng 动。不带宾语。(1)游泳时用脚打水：孩子们在河里～着，活像一群小鸭子。(2)跳动：他被吓得心里直～|鱼在网里～着。(3)〈方〉活动：他这个人很有本事，挺能～。(4)挥霍，浪费：他把所有的家产全～完了。

【扑通】pūtōng 拟声。摹拟物体落地或落水的声音：～一声，青蛙跳进河里去了。可重叠：两只小青蛙～～跳下水。

铺 pū ❶动。把东西展开或放平，常带宾语或补语：～沙子|垫被～好了。❷〈方〉量。用于炕或床：一～炕。另见pù。

【铺陈】pūchén ❶动。详细地叙述；多指写文章，常带宾语或补语：文章～了事情的经过|～得引人入胜。❷〈方〉名。指被褥和枕头等床上用品。

【铺衬】pū·chen 名。指碎布头或旧布，做补钉可做袼褙用。

【铺盖】pūgài 动。平铺着盖在上面：路面用黄砂～。常带宾语或补语：～一层石子|用稻草～在幼苗上。

【铺盖】pū·gai 名。被子和褥子。

【铺排】pūpái 动。(1)布置，安排：大事小事都靠他～。常带宾语或补语：～了各项工作|家务事她都～得有条不紊。(2)〈方〉铺张：搞统计工作要实事求是，不能大事～。可带补语：～过甚会使作品

臃肿

【铺设】pūshè 动。平铺设置；常用于铁轨、管道：这条路轨已开始～。可带宾语或补语：油管|煤气管道～好了。

【铺天盖地】pū tiān gài dì 成。形容声势大，来势猛：暴风雨～而来。

【铺叙】pūxù 动。详细地叙述；多指写文章：事情的来龙去脉他都一一～了。常带宾语或补语：文章中～了争论的情况|～得很生动。

【铺展】pūzhǎn 动。铺开并向外伸张；常带宾语或补语：天空中～着一片片白云|把这幅画～开来。

【铺张】pūzhāng ❶形。过分地讲究排场：婚事不要办得太～了|要节约一点，不要过分地～。❷动。夸张：有多少成绩就说多少成绩，不能～。可带补语：这事～得太厉害了。

【铺张扬厉】pūzhāng yánglì 成。铺张：铺陈渲染；扬厉：发扬光大。原指竭力铺陈渲染，力求发扬光大。后来形容过分讲究排场；含贬义：这个祝捷大会完全可以节约一点，不必如此～!

噗 pū 拟声。摹拟不太响的磨擦声或碰击声：～，他把火吹灭了。可重叠：子弹把尘土打得～～直冒烟。

【噗哧】pūchī 见"扑哧"。

【噗噜噜】pū·lu·lu 形。形容眼泪一个劲儿地往下掉的样子；不加程度副词：周总理逝世的噩耗传来，我们的眼泪～地往下直掉。也作噗碌碌。

pú(ㄆㄨˊ)

仆(僕) pú ❶名。古时男子谦称自己。❷〈素〉受人雇佣、供人役使的人：～人|奴～。
另见pū。

【仆从】púcóng 名。旧指跟随在身旁的仆人；常用来比喻依附别人，自己不能作主的人或集团：～国家|岂可甘为他人～。

【仆仆】púpú 形。形容旅途劳累；常用在固定的组合中：风尘～。

【仆人】púrén 名。指被雇到家庭中做杂事供役使的人。

匍 pú [匍匐](-fú) 动。也作匍伏。(1)爬行；常构成连动词组：～前进|～而行。(2)趴；常带补语：西瓜藤～在地上。

葡 pú [葡萄](-tao) 名。古书上也作蒲桃、蒲陶或蒲萄。(1)多年生落叶藤本植物，叶子掌状分裂，开黄绿色小花。果实紫色或黄绿色，可吃，味酸甜，多汁，也可酿酒。(2)这种植物的果实。

【葡萄灰】pútáohuī 形。浅灰而微红的颜色；不加程度副词，不单独作谓语，一般作定语：一件～外套。

【葡萄糖】pú·táotáng 名。一种有机化合物，能溶于水，有甜味，是人和动物能量的主要来源。用作医药和营养剂等。简称葡糖。

莆 pú ❶地名用字。莆田，县名，在福建省。❷姓。

【莆仙戏】púxiānxì 名。福建地方戏曲剧种之一，又名兴化戏，流行于莆田、仙游一带。

脯 pú 名。(～儿，～子)鸡、鸭等胸部的肉：鸡～子。
另见fǔ。

蒲 pú ❶名。香蒲，多年生草本植物，生于浅水或池沼中，花密集成穗状，果穗成熟时叫蒲棒，有绒毛，可做枕头，叶子可做扇子、蒲席等。❷姓。

【蒲剧】pújù 名。流行在山西省南部地区的一种戏曲剧种。也叫蒲州梆子。

【蒲葵】púkuí 常绿乔木，单干直立，粗大，叶子像棕榈的叶，多掌状分裂，先端下垂。生长在热带和亚热带地区。叶子可作巴蕉扇。

酺 pú 〈古〉动。指聚会饮酒。

菩 pú 见"菩萨"、"菩提"。

【菩萨】púsà 名。(1)音译词。菩提萨埵的简称。佛教用语。原为释迦牟尼修行尚未成佛时的称号，后来作为大乘教义修行者的称号，地位仅次于佛。(2)泛指佛和某些神。(3)比喻心肠慈善的人：他热心帮助别人，真是个活～|～心肠。

【菩提】pútí 名。音译词。佛教用语，指觉悟的境界。

璞 pú 名。含着玉的石头,也指没有雕琢过的玉。

【璞玉浑金】pú yù hún jīn 成。璞玉:未经琢磨的玉;浑金:未经提炼的金。比喻人的品质真诚质朴:雷锋的品质高尚,犹如~。也作浑金璞玉。

镤 pú 名。一种放射性的金属元素,符号Pa。灰白色,有光泽。

濮 pú ❶地名用字。濮阳,市名,在河南省。❷姓。

pǔ(ㄆㄨˇ)

朴(樸) pǔ 〈素〉原指没有加工的木材,后多比喻不加修饰:~素|俭~。

另见piáo、pō、pò。

【朴陋】pǔlòu 形。朴素简陋:他家里的摆设非常~。

【朴实】pǔshí 形。可重叠。(1)朴素:她的穿着很~|朴朴实实的打扮。(2)踏实,不浮夸:他的工作很~|朴朴实实的工作作风。

【朴素】pǔsù 形。(1)不浓艳,不华丽;多指打扮、颜色、式样等:他的衣服非常~|他打扮得很~。(2)不奢侈,节约;多指生活:他平时生活艰苦~。(3)自然的、自发的;多作定语:~的唯物主义|~的感情。

※"朴素"和"朴实":"朴素"的意思着重指不华丽,常用在服装、修饰等方面;"朴实"的意思着重指不浮夸,常用在人的品质、作风等方面。

【朴学】pǔxué 名。朴实的学问,后来一般指清代的考据学。

【朴直】pǔzhí 形。朴实直爽;多指语言、性格等:他说话很~|文笔~。

埔 pǔ 地名用字。黄埔,在广东省广州市。

另见bù。

圃 pǔ 〈素〉种植蔬菜、瓜果、花草等的园地:菜~|花~。

浦 pǔ ❶名。水边或河流入海的地方。今多用于地名:浦口,在江苏省南京市。❷姓。

溥 pǔ ❶〈古〉形。(1)广大。(2)普遍。❷姓。

普 pǔ ❶〈素〉广泛,全面:~查|~天同庆。❷姓。

【普遍】pǔbiàn 形。广泛存在并具有共同性:我们学校的体育活动开展得很~|这种好经验我们要~推广。

※"普遍"和"广泛":"普遍"的意思着重在一般、全面,很少例外,和"特殊、个别"相对;"广泛"的意思着重在广阔、宽泛、充分,和"狭窄"相对。

【普查】pǔchá 动。普遍调查:矿产~。可带宾语或补语:~人口|~一遍。

【普及】pǔjí 动。广泛地推广、传布:这套健身操已在全国~。常带宾语或补语:~初等教育|卫生常识|~到全国各地。可加程度副词:电视机在这个地区已很~。

【普罗列塔利亚】pǔluóliètǎlìyà 名。音译词。即无产阶级。简称普罗。

【普米族】pǔmǐzú 名。我国少数民族之一,主要分布在云南省。

【普特】pǔtè 量。音译词。俄制重量单位。一普特合16.38公斤。

【普通】pǔtōng 形。平常的,一般的:~人家|这种式样很~。可重叠:穿着普普通通的衣服。

※"普通"和"一般":"普通"强调较普遍的素质和通常的情形,不特殊;"一般"强调都如此的,和大多数情形一样的,不特别好或特别差。"普通"可重叠;"一般"不能重叠。"普通"没有助词用法;"一般"可以附在其他词语后面表示比拟关系,如:月光如流水一般,静静地泻在这一片叶子和花上。

【普通话】pǔtōnghuà 名。指以北京语音为标准音,以北方话为基础方言,以典范的现代白话文著作作为语法规范的现代汉民族的共同语。

【普选】pǔxuǎn 动。有选举权的人普遍地参加选举:厂长可由工人~。可带宾语或补语:~人民代表|~出来了。可作"进行、参加"等动词的宾语:大家都参加~。

【普照】pǔzhào 动。普遍地照耀;多指阳光、月光:阳光~。可带宾语:清澈如水的月光~着大地。

谱 pǔ ❶名。(1)按照事物的类别或系统编制的表册、图书；多作中心语：家~|年~。(2)作示范或供查阅的样本、图形；多作中心语：棋~|画~。(3)(~子)曲谱：根据这首歌的~子另配了一段词。(4)(~儿)大致的标准，把握；多作"有、没有"的宾语：这件事在他心里早有~儿了。❷动。按歌词配曲：这首曲子我来~。可带宾语：请你照这个歌词~个曲子。

【谱系】pǔxì 名。家谱上的系统。

【谱写】pǔxiě 动。创作歌曲或为歌词配曲：这是聂耳~的歌曲。也比喻用行动表现了极其动人的英雄事迹；常用"凯歌、诗篇"等作宾语：欧阳海用自己的生命~了一曲英雄的凯歌。

氆 pǔ 【氆氇】(-·lu) 名。藏族地区出产的一种羊毛织品，可以用来做床毯、衣服等。

镨 pǔ 名。一种稀土金属元素，符号Pr。用于制造合金和特种玻璃。

蹼 pǔ 名。青蛙、乌龟、鸭子、水獭等动物脚趾中间的膜，泅水时，做拨水用。

pù(ㄆㄨˋ)

铺(△舖) pù 名。△(1)(~儿、~子)设有门市出售商品的处所，商店：饭~儿|杂货~子。(2)床：临时搭个~。(3)旧时的驿站。

另见pū。

【铺保】pùbǎo 名。旧指商店出面所做的保证。

【铺面】pùmiàn 名。商店的门面：这商店~不大。

【铺位】pùwèi 名。指火车、轮船、旅馆等设有旅客床铺的位置。

堡 pù 地名用字。如河北、吉林有十里堡，辽宁、山东有三十里堡。

另见bǎo, bǔ。

瀑 pù 名。瀑布，从悬崖陡坡倾泻下来的水流，远看像挂着的白布。

另见bào。

曝(暴) pù 〈素〉晒：一~十寒。"暴"另见bào。

【曝光】pùguāng 也作暴(bào)光。动。不带宾语。(1)使照相胶片或感光纸在一定的条件下感光：让胶片~。(2)比喻把事情公开、暴露出来：这事只要一~，马上就会不胫而走，传遍大街小巷。可重叠：拿出来曝曝光。可拆开用：曝了光。

【曝露】pùlù〈书〉动。露在外面；常带补语：~在光天化日之下。

【曝晒】pùshài 动。阳光强烈地照射；一般不带宾语：烈日~下的高原，火辣辣的，静悄悄的。可带补语：水手们的脸色都被~得黝黑发亮。常作"经、经过"的宾语：经过烈日的~，那草木就窜枝拔节很快长起来，变得葱茏青黑了。

Q

qī (ㄑㄧ)

七 qī 数。六加一所得。

【七绝】qījué 名。绝句的一种,每首四句,每句七个字。也叫七言绝句。参见"绝句"。

【七零八落】qī líng bā luò 成。形容零散不齐;多用于贬义:敌人被我军打得～,狼狈逃窜|大家排好队,走整齐,～的,成什么样子!

【七律】qīlǜ 名。律诗的一种,每首八句,每句七个字。也叫七言律诗。参见"律诗"。

【七窍】qīqiào 名。指双眼、双耳、两个鼻孔和口。

【七窍生烟】qīqiào shēng yān 成。形容气愤到极点,好像耳目口鼻都冒火:他气得～,火冒三丈。

【七上八下】qī shàng bā xià 成。形容心神不定,慌乱不安:听到这个消息,我心里～,不知如何是好|他表面不动声色,心里却像十五个吊桶打水,～。

  *"七上八下"和"忐忑不安":"七上八下"只形容心情,不形容表情;"忐忑不安"不受此限。"七上八下"须和"心中、心里"等搭配,不能单独使用;"忐忑不安"常和"感到、觉得"等搭配,还可以作状语。"七上八下"书面语、口语都常用,"忐忑不安"多用于书面语。

【七十二行】qīshí èr háng 成。指工、农、商等各行各业:～,行行出状元。

【七嘴八舌】qī zuǐ bā shé 成。形容人多嘴杂或议论纷纷:酒罢席散,众人～|海阔天空地谈了起来|对这件事,大家～,看法不一。

【七手八脚】qī shǒu bā jiǎo 成。形容大家一齐动手,动作忙乱的样子:眼看要下大雨了,大伙儿装的装,扛的扛,～地把场上的麦子运进了仓。

【七夕】qīxī 名。指农历七月初七夜晚。神话传说,天上的牛郎织女在此时相会。

【七言诗】qīyánshī 名。每句七个字的旧诗,分七言古诗,七言律诗和七言绝句。

【七一】qīyī 名。中国共产党建党纪念日,1921年7月23日,中国共产党在上海召开第一次全国代表大会,宣布中国共产党正式成立。1941年党中央决定7月1日为党的诞生纪念日。

柒 qī 数。"七"的大写;用在票据帐目中。

沏 qī 动。用开水冲泡;常带宾语或补语:～茶|～得满满的。

漆 qī ❶名。用漆树皮里的粘汁或别的树脂制作成的涂料。❷动。把漆涂在器物上;常带宾语或补语:～大门|把椅子再～一次。❸姓。

【漆雕】qīdiāo ❶见"雕漆"。❷复姓。

【漆黑】qīhēi 形。非常黑,很暗;不加程度副词:天色～|四处～。作定语时常加助词"的":～的夜|～的海底。可重叠:她的头发～～的。

【漆黑一团】qīhēi yī tuán 成。也说一团漆黑。(1)形容非常黑暗,没有一点光明:外面～,伸手不见五指|谁把人民的事业说得～,谁就站到人民的对立面去了。(2)形容对事情一无所知:对这门学科我一无所知,～。

【漆树】qīshù 名。落叶乔木,羽状复叶,花黄绿色,果实扁圆。树的液汁与空气接触后呈暗褐色,叫做生漆,可以做涂料,液汁干后可入药。

妻 qī 名。男子的配偶。
另见 qì。

【妻儿老小】qī ér lǎo xiǎo 成。全体家属;指家中有父母妻子等的人而言:家有～。

【妻孥】qīnú 〈书〉名。妻子和儿女。

【妻室】qīshì 〈书〉名。妻子(·zi)。

【妻子】qīzǐ 名。妻子和儿女。

【妻子】qīzi 名。男女两人结婚后;女子是男子的妻子。

凄(△凄、△悽) qī 〈素〉△(1)寒冷：～风苦雨｜风雨～～。△(2)冷落萧条：～凉｜～清。△(3)悲伤：～惨｜～楚。

【凄惨】qīcǎn 形。凄凉悲惨：～的生活｜一片十分～的景象。可重叠：看她那凄凄惨惨的样子，真叫人心酸。

【凄恻】qīcè 〈书〉形。哀伤，悲痛。

【凄楚】qīchǔ 〈书〉形。悲伤难过：内心～，潸然泪下。

【凄怆】qīchuàng 〈书〉形。凄惨，悲伤。

【凄风苦雨】qī fēng kǔ yǔ 成。形容天气非常不好，也比喻境况悲惨凄凉：他在～中度过了后半辈子。

【凄厉】qīlì 形。凄凉而尖锐，多指声音：～的叫声｜西风～。

【凄凉】qīliáng 形。凄惨，凄清冷落，多用来形容环境或景物：安史之乱后的长安，满目～。

＊"凄凉"和"凄惨"："凄凉"着重"寂寞冷落"的意思；"凄惨"着重"悲惨"的意思。"凄凉"多用来形容环境或景物；"凄惨"则不限于这些，如：凄惨的生活、凄惨的声音等。

【凄然】qīrán 〈书〉形。非常悲伤的样子：神色～｜～而笑｜我看他有些～，便安慰了他一番。

【凄迷】qīmí 〈书〉形。(1)凄凉而模糊，多指景物：～的景色引发作者一丝淡淡的哀愁。(2)悲伤，怅惘：神色～。

【凄切】qīqiè 形。凄凉而悲哀，多形容声音：哭声～，令人心碎。可重叠：传来了凄凄切切的哭声。

【凄清】qīqīng 形。(1)形容微寒：～的月光洒在大地上。(2)凄凉：深冬雪后，风景～。

【凄婉】qīwǎn 形。悲哀而婉转，指声音：～的琴声｜歌声～动人。

郪 qī 水名用字。郪江，在四川省。

萋 qī [萋萋]形。草长得茂盛的样子；不加程度副词：芳草～～。

栖(**棲**) qī 〈素〉鸟在树枝或巢中停息，泛指居住或停留：～息｜～身｜两～。

另见 xī。

【栖身】qīshēn 动。暂时居住；一般不带宾语：他暂在上海～。可作定语：他找不到～之地。可加"于"带补语，指明处所：～于穷街陋巷。

【栖息】qīxī 动。停留，歇息；多指鸟类：几只燕子在屋檐下～。可带补语：上百只麻雀～在这片竹林里。可作定语：这群鸟儿找到了～之地。

榿(**榿**) qī 名。落叶乔木，叶片长倒卵形，果穗椭圆形，下垂。木材质较软。嫩叶可作茶的代用品。

戚(△慼) qī ❶〈素〉(1)因婚姻联成的关系：亲～｜外～。△(2)悲哀，忧愁：哀～｜休～相关。❷姓。

嘁 qī 见"嘁哩喀喳"、"嘁嘁喳喳"。

【嘁哩喀喳】qīlikāchā 形。形容说话做事干脆、利索；不加程度副词：他～一会儿就把门装好了。

【嘁嘁喳喳】qīqichāchā 拟声。摹拟细碎的说话声：他俩～地说了一阵子，不知说了些什么。

期 qī ❶量。指分期的事物：办了三～培训班｜这本杂志已经出版了20～。❷〈素〉(1)规定的时间：～限｜定｜按～｜过～。(2)约定时日：不～而遇。(3)一段时间：假～｜汛～｜前～｜晚～。(4)盼望，等待：～待｜～望｜～求。

【期待】qīdài 动。期望，等待；可带名词性词组、动词性词组或主谓词组作宾语：～着你的答复｜～从此有一个好的开端｜殷切～有志青年到边疆去。可作主语或宾语：我们的希望和～都是徒然的｜我们怀着～和激动，欢迎你学成回国参加建设。还可作定语：～的目光。

＊"期待"和"等待"："期待"除含"等待"的意义外，还有"期望"的意思；"等待"没有这个意思。"期待"一般不能说出具体的时间；"等待"可以。

【期间】qījiān 名。某个时期之内：农忙～｜国庆～。

＊"期间"和"时期"："期间"指某个时期里面的时间，不能论长短；"时期"则指从某个时候开始到某个时候结束的一段

较长的具有某种特征的时间,可以论长短,如:短时期。

【期刊】qīkān 名。定期出版的刊物,如周刊,月刊,双月刊,季刊等。

【期期艾艾】qīqī àiài 成。据《史记·张丞相列传》记载,西汉人周昌口吃,说话常重复"期期";又南朝·宋·刘义庆《世说新语·言语》记载,三国·魏国人邓艾也口吃,说自己时常连说"艾艾"。后来便用"期期艾艾"形容口吃的人吐辞重复,说话不流利:由于紧张,他~的,好半天也没说出个所以然来。

【期求】qīqiú 动。希望得到;多用于抽象事物:~幸福的生活|~战争的胜利|我们无数先辈所殷切~、为之奋斗终生的理想终于实现了。可作宾语或状语:无所~|她~地望着我。

【期望】qīwàng 动。对人对事所抱的希望;常带宾语:我~你的到来。可带主谓词组作宾语:老师~学生能够成材。可作宾语:绝不辜负祖国对我们的~。
　＊"期望"和"希望":"期望"有殷切期待的意思,语意较重;"希望"只是一般的盼望,语意较轻。"期望"一般是对别人说的,"希望"则不限于对别人说,也可以对自己说。"期望"多用于书面语;"希望"口语、书面语都常用。

【期限】qīxiàn 名。(1)限定的一段时间:~是半年。(2)所限时间的最后界限:合同的~就要到了。

【期许】qīxǔ 〈书〉动。期望;多用于对晚辈,可带主谓词组作宾语:他~孩子将来能成为国家的栋梁。

【期于】qīyú 〈书〉动。盼望达到,目的在于;须带动词性词组作宾语:鲁迅早期的小说,~唤醒民众,掀翻那人吃人的筵席。

欺 qī 〈素〉(1)骗,蒙混:~骗|~诈|自~~人。(2)压迫,侮辱别人:~负|~压|仗势~人。

【欺负】qīfu 动。用蛮横无理的手段侵犯、压迫或侮辱;常带宾语或补语:~外地人|他竟然~到咱们头上来了。可带主谓词组作宾语:~他老实。可重叠:你以为~~他没有什么关系吗?

【欺凌】qīlíng 动。欺负凌辱;常带宾语:你仗谁的势,肆意~人?常作"遭受、受到"等动词的宾语:中国人民受侵略者~的日子一去不复返了。

【欺瞒】qīmán 动。掩盖真相进行欺骗;常带宾语或补语:明明打了败仗,他却报军情,~上级|这是明摆着的失误,你能~得过去吗?

【欺骗】qīpiàn 动。用虚假的言辞或者行动来掩盖事实真相,使人上当;常带宾语或补语:~群众|花言巧语~不了我们。常作"受"的宾语:不要再受坏人的~。

【欺生】qīshēng 动。不带宾语。(1)欺负或欺骗新来的生人:不要~|别以为我才来这里,不了解情况,你就~。(2)驴马等对不常使用它的人不驯服:这匹马有点~。

【欺世盗名】qī shì dào míng 成。欺:欺骗;世:世人;盗:窃取;名:名誉。欺骗世人,窃取名誉;含贬义:鲁迅最厌恶那些伪君子,他用辛辣的杂文,揭露了他们~的勾当。

【欺侮】qīwǔ 动。欺负;常带宾语:他经常~人,大家都恨他。可作"受、遭到"等动词的宾语:旧社会穷人到处受~。
　＊"欺侮"和"欺凌":"欺侮"着重指侮辱,程度较轻;"欺凌"着重指"凌辱",是严重地侵犯、侮辱,程度较重。"欺侮"多用于口语;"欺凌"多用作书面语。

【欺压】qīyā 动。欺负,压迫;常带宾语:他为非作歹,~百姓,受到了国法制裁。可作"受、遭受"等动词的宾语:从前,他受尽了土豪恶霸的~。

【欺诈】qīzhà 动。以狡诈的手段骗人;常带宾语:不许~人。可作定语:匪贼说的,装出一~的笑容。

魌 qī [魌头](-tou) 名。古代打鬼驱疫时扮神的人所用的假面具,形状很丑恶。

攲 qī 〈古〉动。倾斜,歪向一边。

缉 qī 动。一种缝制方法,一针连一针密密地缝;常带宾语或补语:~鞋口|衣边~得很细密。
　另见 jī。

蹊 qī [蹊跷](-qiāo) 形。奇怪,可疑:这件事情太~|觉得~。

另见 xī。

暿 qī 〈方〉❶形。东西湿了之后要干未干:雨过了,太阳出来一晒,路上就渐渐~了。❷动。用沙土等吸收水分:地上有水,铺些沙子~一~。

qí(ㄑㄧˊ)

亓 qí 姓。

齐(齊) qí ❶形。(1)整齐:队伍排得很~|纸叠得不~。(2)全,完备:人还不~|出差用的东西都预备~了。❷动。(1)达到同样的高度;须带宾语:河水~了岸|向日葵都~了房檐了。(2)跟某一点或某一直线取齐;多构成连动词组:~着根儿剪断|~着边儿画一道线。❸名。(1)周朝国名,在今山东北部和河北东南部。(2)指南齐,南朝之一,萧道成所建立(公元479—502年)。(3)指北齐,北朝之一,高洋所建立(公元550—577年)。(4)唐末农民起义领袖黄巢所建国号。❹〈素〉(1)同样,一致:~名|~心|等量~观。(2)一起,同时:~唱|~步|百花~放。(3)治理:~家治国。❺姓。

【齐备】qíbèi 形。齐全;多指物品:货色~|所需物资,业已~。

【齐楚】qíchǔ 〈书〉形。整齐;多指服装:衣冠~。

【齐集】qíjí 动。会拢;常带处所宾语或补语:各国代表~北京|~在广场上。

【齐名】qímíng 动。有同样的名望;不带宾语:唐代诗人中,李白与杜甫~。可带补语:他们二人~于中国文坛。

【齐全】qíquán 形。应有尽有;多指物品:小百货商店已经把开学的用品准备~了。

*"齐全"和"齐备":"齐全"强调不欠缺,要什么有什么;"齐备"强调准备充分,含有"都准备好"或"准备有"的意味。"齐全"多用于物,但有时可用于人,如:这天,人来得很齐全;"齐备"一般只用于物,不用于人。

【齐心协力】qí xīn xié lì 成。大家一条心,共同努力:咱们~,搞好教学改革。

【齐整】qízhěng 形。整齐:货架上的商品摆得十分~。可重叠:衣服齐齐整整地放在箱子里。

【齐奏】qízòu 动。两个以上的演奏者一起演奏同一个乐曲:二胡~。常带宾语:乐队~国歌。

荠(薺) qí 见"荸(bí)荠"。
另见 jì。

脐(臍) qí 名。(1)肚脐,胎儿出生后脐带脱落的地方。(2)螃蟹肚子下边的甲壳:团~|尖~。

【脐带】qídài 名。连接胚胎和胎盘的带状物,由两条动脉和一条静脉组成,是胎儿从母体吸取营养和输出废料的通道。

蛴(蠐) qí [蛴螬](-cáo) 名。金龟子的幼虫,体白色,圆柱状,生活在土中,吃农作物的根和茎,是害虫。

畦 qí ❶量。一~菜地|种了两一萝卜。❷〈素〉田园中分成的整齐的小块地,一般是长方形的:~田|菜~。

圻 qí ❶〈素〉边界:边~。❷〈古〉同"垠(yín)"。

祁 qí ❶〈古〉形。盛大:~寒(严寒)。❷姓。

【祁红】qíhóng 名。安徽祁门县的红茶。

【祁剧】qíjù 名。湖南地方戏曲剧种之一,唱腔以皮黄为主,流行于祁阳一带。

祈 qí ❶〈素〉(1)迷信者向神求福:~祷。(2)请求,希望:~求|~请|~望。❷姓。

【祈祷】qídǎo 动。信仰宗教的人向神求福,或默告自己的愿望:虔诚的教徒们按时到教堂可带兼语:~上帝赐福于她。

【祈求】qíqiú 动。恳切地请求:要向大自然索取,不要向大自然~。可带名词、动词或主谓词组作宾语:~幸福|~宽宥|~上帝给我快乐和幸福。

【祈使句】qíshǐjù 名。表示请求、命令、劝告、催促的句子,句末用句号,语气较强的用感叹号,如"我们走吧。""场内请勿吸烟!"也叫命令句。

【祈望】qíwàng 动。盼望;常带动词性词组或主谓词组作宾语:下肢瘫痪的小王,~有一天能站起来|~他平安归来。

颀 qí 〈书〉身材高：～长。

【颀长】qícháng 〈书〉形。人的身量高：那姑娘身材～。

蕲(蘄) qí ❶〈书〉求：～求。❷姓。

【蕲求】qíqiú 〈书〉动。祈求；可带动词或主谓词组作宾语：～宽谅｜～老友能给予资助。

芪 qí [黄芪](huáng-) 名。多年生草本植物，茎横卧在地面上，小叶长圆形，开淡黄色小花，根入中药。

祇 qí 古代指地神。
另见zhǐ(只)。

岐 qí ❶地名用字。岐山，县名，在陕西省。❷同"歧"。❸姓。

歧 qí 〈书〉(1)岔道，旁出的路：～途。(2)不一样，不一致：分～｜～视。

【歧路亡羊】qílù wáng yáng 成。《列子·说符》上记载，杨子的邻居走失一只羊，出动好多人去找，没有找到。杨子问他，为什么没找着？邻居说，岔道太多，岔道上又有岔道，不知道往哪儿去了。歧路：岔路；亡：丢失。因岔道太多，无法追寻而丢失了羊。比喻事理复杂多变以致迷失方向，误入歧途。

【歧视】qíshì 动。不公平地对待：对犯了错误的同学，不要～。常带宾语：决不允许～妇女。

＊"歧视"和"轻视"："歧视"的意思着重在相待不平等；"轻视"的意思着重在不看重。"歧视"只能对人；"轻视"既对人，又能对物。

【歧途】qítú 名。歧路，喻指错误的道路：误入～。

【歧义】qíyì 名。对同一词句有两种或多种可能的解释：下定义必须准确缜密，防止产生～。

【歧异】qíyì 形。分歧差异，不相同：见解～｜看法～，可以展开争论。

跂 qí 〈古〉❶名。多生出来的脚趾。❷形。形容虫子爬行的样子。
另见qǐ。

其 qí 〈书〉代。(1)他(她、它)的，他(她、它)们的；在句中作定语：他长得酷似～父｜民歌是劳动人民的集体创作，～特点是活泼清新。(2)他(她、它)，他(她、它)们；在句中一般作兼语：任～发展｜促～早日实现。(3)这，那；在句中作定语：确有～事｜即以～人之道，还治～人之身。❷〈古〉助。(1)表示揣测或反问：～奈我何？｜～可再乎？(2)表示命令或劝勉：尔～勉之。(3)虚指，无实在意义：夸夸～谈｜忘～所以。
另见jī。

【其次】qícì 代。(1)次序较后的、次要的人或事物：会上老孙先发言，～是小张｜首要的问题已经解决，～的问题就比较好办了。(2)次要的地位：质量是主要的，数量还在～。

【其间】qíjiān 〈书〉方位。那中间，其中；指处所、范围、时间，只能单用，不用在名词后面：涉足～｜～奥妙，外人岂能知晓｜我离开母校已经20年了，这～，人事变化很大。

【其实】qíshí 副。表示所说的情况是真实的；用在动词或主语前，承上文而含转折：这花看起来像真的一样，～是塑料做的｜你们只知道他会说英语，～他的日语也很好。

【其他】qítā 代。指代一定范围以外的人或事物：除了小刘以外，～的人都来了｜先办好这件事，再办～的事｜旅游地点已经决定，～另作安排。

＊"其他"和"其余"："其他"着重在说别的人或事物；"其余"着重在说剩下的人或事物，在范围、数量上比"其他"更明确。

【其它】qítā 代。同"其他"；只用于事物。注意：用于事物也可用"其他"。

【其余】qíyú 代。指代剩下的人或事物：你先走，我跟～几个人后走｜只有一间屋亮着灯，～都是黑的。

【其中】qízhōng 方位。那里面；指处所、范围，只能单用，不能加在名词的后头：这一班共40个学生，～女生占一半｜这种草药能治胃溃疡，～的道理还不清楚。

萁 qí 〈方〉名。豆子的秸秆。

淇 qí 水名用字。淇河，在河南省北部。

骐 qí 〈古〉名。青黑色的马。

【骐骥】qíjì 〈书〉骏马。

琪 qí 〈古〉名。一种美玉。

棋(碁、棊) qí 名。文娱用品，有象棋、围棋、军棋等。

【棋逢对手】qí féng duìshǒu 成。比喻双方本领不相上下：这两个队力量相当，可谓～，比赛一定很激烈。也说棋逢敌手。

【棋迷】qímí 名。喜欢下棋或看人下棋入迷的人。

祺 qí 〈书〉形。吉祥；旧时书信末尾的套话，敬颂近～。

蜞 qí 见"蟛(péng)蜞"。

綦 qí ❶名。青黑色：～巾。❷〈古〉副。极：～难｜～望｜～切。❸姓。

鲯 qí [鲯鳅](-qiū) 鱼，体长而侧偏，头高而大，眼小，生活在海洋中。

麒 qí [麒麟](-lín) ❶名。古代传说中的一种神兽，形似鹿，头有角，身有鳞甲，有尾。古人拿它象征祥瑞。简称麟。❷姓。

奇 qí ❶〈素〉(1)罕见的，特殊的：希～｜～闻｜～事｜海外～谈。(2)出人意料的：～兵｜～遇｜出～制胜。(3)惊异：～怪｜惊～。(4)异常，很：～痒。❷姓。
另见jī。

【奇兵】qíbīng 名。出乎敌人意料而突然袭击的部队。

【奇耻大辱】qí chǐ dà rǔ 成。极大的耻辱：我们忘不了帝国主义列强蹂躏我国的～。

【奇怪】qíguài ❶形。跟平常的不一样：我做了一个～的梦｜这问题提得很～，可重叠：那几年尽出些奇奇怪怪的事儿。❷动。觉得奇怪；主语限于第一人称或复数第三人称：这件事你居然不同意，我很～。常带主谓词组作宾语：我～他怎么不来。也可作插入语：真～，到了春天还下鹅毛大雪。

【奇观】qíguān 名。奇特雄伟的景象或奇怪少见的事情：今古～｜这里的瀑布堪称天下～。

＊"奇观"和"壮观"："奇观"指奇妙美丽的景色或出奇少见的事情，指的事物可大可小；"壮观"指雄伟壮丽的景象，指的常是整幅非凡的图景或整个壮丽的场面。"奇观"是名词，常用"伟大、美丽"等形容词修饰；"壮观"可作形容词用，常用"十分、更加"等副词修饰。

【奇缺】qíquē 形。异常缺少；多指食物或用品：战争年月，肉食品～，一两个月见不到一点荤腥是常事。

【奇货可居】qí huò kě jū 成。奇货：稀少的东西；居：囤积。指商人把难得的货物囤积起来，等待高价出售。比喻挟持某一专长或某种事物作为资本，借以图谋私利；含贬义。

【奇迹】qíjì 名。想象不到的不平凡的事情：简直是个～｜这个～是工人们创造的。

【奇丽】qílì 形。奇特美丽：～的景色｜～的宝石｜北极光是一种十分～的自然现象。

＊"奇丽"和"美丽"："奇丽"除了有美丽、好看的意思外，还有奇特、少见的意思；"美丽"没有这个意思。

【奇妙】qímiào 形。希奇而巧妙；多形容令人感兴趣的新奇事物：我们到了一个非常～的洞穴世界｜这真是一种～的机器。

【奇巧】qíqiǎo 形。新奇精巧；多形容工艺美术：那玩具做得十分～。

【奇谈】qítán 名。使人觉得非常奇怪的言论或见解：～怪论｜海外～。

【奇特】qítè 形。奇异特别，不同平常：～的景象｜屋里的陈设有点～｜山区的气候～多变，刚才还是烈日当头，转眼就乌云密布了。

【奇文共赏】qí wén gòng shǎng 成。晋·陶潜《移居》诗："奇文共欣赏，疑义相与析。"新奇的文章，共同欣赏；现多指荒谬、反动的文章，含贬义：本刊在这一期发表了一组文章，为的是～，让大家来鉴别评论。

【奇闻】qíwén 名。令人感到惊奇的事情

或消息：天下～|这真是一大～。

【奇袭】qíxí 动。出其不意地攻击；多用于军事上，可带宾语：～"白虎团"。

【奇形怪状】qí xíng guài zhuàng 成。不正常的奇奇怪怪的形状；多指装饰或姿态：这棵老松树长得～。

【奇勋】qíxūn 〈书〉名。非同一般的功勋：屡建～。

【奇异】qíyì 形。(1)奇怪，跟平常的不一样：～的火光|～的世界。(2)惊异：人们都用～的眼光看着那几个猎人。

＊"奇异"和"奇怪"："奇异"和"奇怪"都有特别奇怪的意思，语意较重。"奇怪"只表示不同于平常，语意较轻。"奇异"有惊异的意思；"奇怪"没有。"奇怪"有出乎意料，难以理解的意思；"奇异"没有。

【奇遇】qíyù 名。意外而不寻常的相逢或遇合；多指好的事情：多年不见，想不到竟在兵荒马乱中碰到你，真是一次～。

【奇珍异宝】qí zhēn yì bǎo 成。奇异难得的宝物：古墓中有很多～。

埼(碕) qí 〈古〉名。弯曲的岸。

萁 qí 山名用字。萁莱主山，在台湾省。

崎 qí [崎岖](-qū) 形。形容山路高低不平：我们沿着～的山路往上走。常与"不平"并用：人生的道路～不平。

骑 qí ❶动。跨坐在牲畜或其他东西上；常带宾语或补语：～马|～自行车|他车子～得很稳当。❷〈素〉。(1)骑的马，泛指所乘坐的其他牲畜：坐～。(2)骑兵，也泛指骑马的人：车～|铁～|轻～。(3)兼跨两边：～缝。

【骑缝】qíféng 名。两张纸的交接处；多指单据和存根相连接的地方。

【骑虎难下】qí hǔ nán xià 成。骑在老虎背上不能下来。比喻做事中途遇到困难，迫于形势而不能中止：当初，办这个公司就考虑不周，现在要停办，又感到～。

【骑墙】qíqiáng 动。比喻立场不明确，站在两方面讨好；不带宾语：两条道路只能选一条，不能～。

【骑士】qíshì 名。欧洲中世纪封建主阶级的最低阶层，是领有封地的军人，为国王或大封建主服骑兵军役。

琦 qí 〈古〉❶名。一种美玉。❷形。不平凡的，珍奇的。

锜 qí 名。(1)古代一种带三足的锅。(2)古代的一种凿子。

俟 qí [万俟](mò-) 复姓。另见sì。

耆 qí ❶〈素〉六十岁以上的人：～年|～老|～宿。❷〈古〉同"嗜(shì)"。

【耆老】qílǎo 〈书〉名。老年人。

【耆宿】qísù 〈书〉名。指在社会上有名望的老年人。

鳍 qí 名。鱼类的运动器官，由刺状的硬骨或软骨支撑薄膜构成，按它所在的部位可分为胸鳍、背鳍、腹鳍、臀鳍、尾鳍等。

鬐 qí 〈古〉名。马脖子上部的长毛，即马鬃。

旂 qí 名。古代指有铃铛的旗子。

旗(△旂) qí ❶名。△(1)旗子，用绸、布、纸等做成的标志，多挂在杆子或墙壁上：挂～。(2)清代满族的军队组织或户口编制，共分八旗。(3)内蒙古自治区的行政区划单位，相当于县。❷〈素〉属于八旗的，泛指属于满族的：～人|～袍。

【旗鼓相当】qí gǔ xiāng dāng 成。旗鼓：古时军队中发号施令的工具；相当：相配。比喻双方力量不相上下：这两个人的武艺，～，难分高低。

【旗号】qíhào 名。旧时标明将领姓氏和军队名称的旗子。今常用来比喻某种名义；多指借来做坏事：不能打着改革的～去干有损于社会利益的不法勾当。

＊"旗号"和"旗帜"："旗号"常用来比喻借某种名义干不正当的事情，含贬义；"旗帜"一般用来比喻正面的事物，含褒义。"旗号"常和"打着、打出"等词搭配；"旗帜"常和"高举、树立"等词搭配。"旗号"很少用来指具体的旗子，不受"五彩缤纷、红色"等修饰；"旗帜"可用来指具体的旗子，可受"五彩缤纷、红色"等修饰。

【旗舰】qíjiàn 名。一些国家海军舰艇司令、编队司令所在的军舰，因挂有司令旗而得名。中国人民解放军叫指挥舰。

【旗开得胜】qí kāi dé shèng 成。战旗刚展开就打了胜仗，喻指事情一开始就获得成功；常与"马到成功"并用：祝你们这次出征能～，马到成功。

【旗袍】qípáo 名。妇女穿的一种长袍，原为满族妇女服装。

【旗人】qírén 名。旧指清代隶属八旗的人，特指满族。

【旗手】qíshǒu 名。在队伍前打旗子的人，比喻领导人或先行者：鲁迅先生是中国新文化运动的伟大～。

【旗语】qíyǔ 名。一种用挥动手旗传达信号进行通讯的方法。在航海、军事或某些野外作业(如爆破、勘测工作等)中，因距离较远，说话听不见，但目力可及，就用旗语进行通讯联络，以不同的挥旗动作表达不同的意思；常作"打"的宾语：他正在打～。

【旗帜】qízhì 名。(1)旗子：会场外竖立着五彩缤纷的～。(2)比喻榜样或模范：他是在学生中树立起的一面光辉的～。(3)喻指某种具有代表性或号召力的学说、思想或政治力量：～鲜明，观点明确|高举爱国主义的伟大～。

乞 qǐ⟨乞⟩
qǐ ❶⟨素⟩向人讨、求、要：～求|～食。❷姓。

【乞哀告怜】qǐ āi gào lián 成。乞：求；哀：怜悯；告：请求。乞求别人怜悯、帮助自己：那年月，生活无着，只得向亲友～，借得几斗几升，敷衍度日。

【乞丐】qǐgài 名。生活无着落而靠向人乞讨过活的人：沦为～。

【乞怜】qǐlián 动。装出可怜的样子，乞求别人同情、怜悯；常含贬义：他那摇尾～的谄媚相，实在令人作呕。

【乞灵】qǐlíng⟨书⟩动。请神佛帮助，比喻乞求不可靠的帮助；不带宾语，多用介词"于"引出动作的对象：敌人欺骗失败，便～于武力镇压|他平时不用功，考试时便～于作弊。

【乞求】qǐqiú 动。请求别人给予：苦苦～|我们不能向大自然～，而必须去索取。可带宾语：～和平|～怜悯|他从来也不到权贵门上去～施舍。

【乞讨】qǐtǎo 动。向人讨钱要饭等：沿街～|～为生|过着～的日子。可带宾语：向人～钱物。

【乞降】qǐxiáng 动。请求对方接受投降；不带宾语：敌人穷途末路，只得～。

芑
qǐ 名。古书上说的一种植物。

屺
qǐ⟨古⟩名。没有草木的山。

岂(豈)
qǐ ❶⟨书⟩副。哪里，怎么，难道；用于反问或疑问句，常用在"有、敢、能、容、不"等之前：他开口就骂人，～有此理|为点小事，～敢打扰！|～能坐视|～不叫人笑话|这是我国的内政，～容他人干涉？❷⟨古⟩同"恺"、"凯"。

【岂但】qǐdàn⟨书⟩连。不但；用反问的语气表示强调：～今晚有雨，明天也未必晴|这个古字～你我不认识，老先生恐怕也不知道。

【岂非】qǐfēi 副。难道不是；用反问语气表示肯定：～咄咄怪事？|～天大的笑话！

【岂有此理】qǐ yǒu cǐ lǐ 成。哪有这个道理；指别人的言行或某一事物极其荒谬：人家好心问你，你倒说这种话！真是～！

玘
qǐ 名。古代佩带的玉。

杞
qǐ ❶名。周朝国名，在今河南杞县一带。❷姓。

【杞人忧天】qǐ rén yōu tiān 成。传说杞国有个人怕天塌下来。比喻不必要的忧虑，含贬义：你不要～，自寻烦恼。

企
qǐ⟨素⟩(1)提起脚跟：～足而待|～不可～及。(2)盼望：～望|～盼。

【企鹅】qǐ'é 名。水鸟，身长一米，背部为黑色，腹白色，翼成鳍状，善于潜水游泳。在陆地上直立时像有所企望的样子。多群居在南极洲及附近的岛屿上。

【企及】qǐjí⟨书⟩动。希望达到或赶上；不带宾语：不可～|无法～|这件古代艺术珍品构思之奇巧、造型之生动，都是后世所难以～的。

【企慕】qǐmù⟨书⟩动。仰慕：～已久。

【企求】qǐqiú 动。盼望得到；常带谓词、

谓词性词组作宾语：～怜悯|～来年的幸运|在我～继续升学时，中学的门却向我紧紧关闭了。

【企望】qǐwàng 动。盼望，希望；常带动词或动词性词组作宾语：～谅解|～早日恢复健康。也可带主谓词组作宾语：他～老师给予具体的指导。

【企图】qǐtú 动。打算，图谋；常带动词或动词性词组作宾语：～逃跑|～杀人灭口。可作主语或宾语：犯罪分子的～没能得逞。

　　＊"企图"和"意图"："企图"是动词；"意图"是名词。"企图"多用于贬义；"意图"不带褒贬色彩。

【企业】qǐyè 名。从事生产、购销、运输以及服务性活动的经济单位，如工厂、矿山、农场、商店、铁路、贸易公司等：国营～。

【企足而待】qǐ zú ér dài 成。抬起脚后跟来等着；表示心情的急迫、殷切：殖民主义必将消灭，我们～。

启（啟、启）qǐ ❶〈素〉(1)开，打开：～齿|～封。(2)开导：～发|～迪。(3)开始，起：～用。动。(4)陈述：～事。(5)旧时文体之一，较简短的书信：书|～谢|～。❷姓。

【启程】qǐchéng 动。开始动身，上路；不带宾语：他要去北京，准备后天～。常构成连动词组：他们即将～去黄山旅游。

【启齿】qǐchǐ 动。开口说话；多指有求于人，不带宾语：羞于～|不便～。

【启迪】qǐdí〈书〉动。启发开导；常带宾语：教师们像春雨浇灌禾苗那样，～着孩子们的心扉。也可作"得到、受到"等动词的宾语：我由松树得到～，我们要像松树那样，给予人的甚多，要求于人的甚少。

【启发】qǐfā 动。阐明事例，引起对方联想而有所领悟：讨论时要互相～。常带宾语或兼语：～学生的学习积极性|王老师～大家发言。可作"得到、受到"等动词的宾语：他的报告使我受到很大～。

　　＊"启发"和"启示"："启发"着重在"发"，指通过阐明事例，让对方打开思路，经过思考而作出结论，"启示"着重在"示"，指把事实或道理揭示出来，给予提

示，使人受到开导。"启发"常作谓语，也可作宾语或定语；"启示"多作宾语，较少作谓语和定语。

【启蒙】qǐméng 动。常作定语。(1)使初学者得到基本的入门的知识：～教育|～老师。(2)普及新的知识、思想，使人摆脱愚昧和落后的状态：～运动|～时代。

【启示】qǐshì 名。启发指示，使有所领悟，可带宾语：这一切～我们，艺术贵在创新，蹈袭前人的平庸的作品是没有生命力的。常作谓语，受"深刻、重要、很大"等修饰：他的一席话给我重要的～|高尔基自学成才的故事给我很大的～。

【启事】qǐshì 名。公开发表的说明某事的文字，多登在报刊上或贴在墙壁上：招聘～|遗失～。

【启衅】qǐxìn〈书〉动。挑起争端；不带宾语：是他们首先～，引起了这场争论。

【启用】qǐyòng 动。开始使用；多指机关印信、新的装置等，常带宾语：本厂自即日起～新的印章|南京～儿童体外反博装置。

【启运】qǐyùn 动。开始运出，指货物：这批商品明天要车～。可带宾语：～货物。

棨 qǐ 名。古代官吏出行时用来证明身份的东西，用木头做成，状如戟。

腈 qǐ〈古〉名。指腓肠肌（小腿肚子）。

起 qǐ ❶动。(1)起床，起来；可带动态助词"了"；不带宾语：快九点了，你怎么还不～？(2)长出：须以"疙瘩、痱子"等作宾语：身上～痱子了|头上～了个包。(3)把收藏或嵌入的东西弄出来；常带宾语或补语：你去～菜窖|把钉子～下来。(4)发生，发挥：这病怎么～的？常带宾语：你别～疑心|干部要～带头作用。(5)拟定；用于草稿、名字等：这小孩的名字还没～呢。可带宾语：你先～个稿。(6)修建；须带宾语：他家新～了三间房。(7)办手续领取；用于证件、票据等，须带宾语：～护照|要一个行李票。(8)表示开始；用在"从（自、由）"构成的介词词组之后：从今天～实行夏季作息时间。❷量。(1)件，次：一～案件|一～车祸。(2)批，群：货物分三～运出|来了

一~游客。❸〈方〉介。相当于"从";用在时间或处所词的前边,表示始点:您~哪儿来? 也可用在处所词前面,表示经过的地点: 一条黑影儿~窗外闪过。❹〈素〉离开原来的位置:~身|~飞|此~彼伏。

起 qǐ 趋。(1)表示人或事物随动作由下向上: 举~红旗|抬~头看了看。(2)表示事物随动作出现: 点~篝火|响~一片掌声。(3)表示动作涉及到某事物,动词限于"问、想、说、讲、提"等少数及物动词: 他来信问~你|我想~一件事。(4)表示动作开始;一般与"从…、由…"配合: 从哪儿说~呢|从头算~。(5)表示力量够得上或够不上,动词和"起"之间常加"得"或"不": 这手表太贵了,我买不~|经得~艰苦斗争的考验。

【起岸】qǐ'àn 动。把船上货物搬到岸上;不带宾语,可加动态助词"了": 船靠码头后,装卸工人就~了。

【起笔】qǐbǐ 名。(1)书法上指每一笔的开始: ~要稳。(2)检字法上指一个字的第一笔。(3)指文章开头的几句: 这篇文章,~不凡,很有引力。

【起步】qǐbù 〈方〉动。开始走;不带宾语: 从学校~,20分钟后才能到达会场。常带补语: ~太晚。也比喻工作、事业开始: 我们的工作刚刚~,要做的事太多了。

【起草】qǐcǎo 动。打草稿: 这个计划是由他~的。可带宾语: ~文件。可拆开用: 这篇文章,你先起个草,好吗?

【起程】qǐchéng 动。上路,开始出发;不带宾语: 我们去北京,准备明天~。

【起承转合】qǐ chéng zhuǎn hé 成。起: 开头;承: 承接上文加以申述;转: 转折;合: 结束全文。旧时诗文写作章法结构的术语。也比喻固定、呆板的公式: 然而不得已,也只好~,上台去说几句。

【起初】qǐchū 副。开始,最初;常与"后来"搭配使用,表示一前一后两个时间: 我~不同意他的看法,后来仔细想想,觉得也有道理,就同意了。

【起点】qǐdiǎn 名。(1)开始的时间或地方: 1981年我考取了大学,这是我学习的新~|这些成就就不过是我们继续前进的~。(2)专指径赛中起跑的地点。

【起伏】qǐfú 动。一起一落;不带宾语: 听到这消息,我心潮~,久久不能平静。常作定语: 连绵~的群山,像海浪一般,伸向远方。

【起哄】qǐhòng 动。不带宾语,可拆开用。(1)瞎闹,捣乱: 不要在电影院~|他们起了一阵子哄就跑了。(2)许多人对一两个人开玩笑: 那么多人~,闹得新郎新娘招架不住了|他们对他起了哄就走了。

【起家】qǐjiā 动。旧指兴家立业,现比喻开创事业;不带宾语: 白手~。可拆开用: 他靠做经纪人起了家。

【起见】qǐjiàn 助。用在介词"为(为了、为着)"组成的介词词组之后,表示达到某种目的: 为安全~,你还是系上保险带吧。

【起解】qǐjiè 动。解: 押送。旧指犯人被押送走: 苏三~。注意: 解,这里不能读作jiě。

【起劲儿】qǐjìnr 形。情绪饱满,劲头很大: 干这项工作,他很~|职工们~地干着。

【起居】qǐjū 名。指日常生活: 军人的饮食~很有规律。

【起来】qǐlái 趋。(1)由坐卧而站立或由躺而坐;可带动态助词"了、过": 一上午就这么坐着,没见他~过|别老躺着,~活动活动。可带施事宾语: 才~了一个人,其余人还睡着。可拆开用: 他一坐下去,就起不来了。(2)由静止状态而积极行动;可带动态助词"了": 群众~了,事情就好办了|飞机~了。

【起来】qǐ·lái 趋。(1)用在动词后,动词的宾语可嵌在"起"和"来"之间,表示人或事物随动作上升: 从后排站~|一个人|捡~一块石头|抬起头来。(2)表示动作完成,兼有聚拢或达到一定目的、结果的意思: 集中~|这件事我想不~|建立起一个养鸡场来。(3)表示动作开始,并有继续下去的意思: 大家欢呼~|唱起歌来了。(4)用在形容词后,表示一种状态在开始发展,程度在继续加深: 紧张~|天气暖和~了。

【起落】qǐluò 动。升起和降落;一般不带宾语,可带补语: 小船随浪~|飞机~平稳。

【起码】qǐmǎ 形。最低限度;不单独作

谓语,常作定语或状语:～的知识|他在这儿～等了两个小时|从这里到县城,最～也得一小时才能赶到。

＊"起码"和"至少":"起码"是形容词,"至少"是副词。"起码"常作定语或状语,"至少"只能作状语,不能作定语。"起码"可受副词"最"的修饰;"至少"不能。

【起讫】qǐqì 动。开始和截止:会议时间的～要写清楚。多作定语。～日期。

【起色】qǐsè 名。开始好转的情况;多指原来做得不好的工作或较重的疾病,常作"有、没有"的宾语:经过整顿,工作有了～|服药后,他的病仍旧没有～。

【起身】qǐshēn 动。不带宾语,可拆开用。(1)动身;他明天～到上海|他已起了身,你们准备到车站接吧!(2)起床:他～后,就到公园去了|他病得很重,暂时起不了身。

【起事】qǐshì 动。发动武装的政治斗争;不带宾语:当时,他们决定第二天在县城～。

【起誓】qǐshì 动。发誓,宣誓;不带宾语:我～,决不泄密。可拆开用:他们在一起起过誓。

【起死回生】qǐ sǐ huí shēng 成。(1)使死人复活,多形容医术高明:张医生有～之术,给了我第二次生命。(2)把已经没有希望的事物挽救过来:这个厂濒于破产,老王担任厂长后,,竟然使该厂～,扭亏为盈。

【起诉】qǐsù 动。向法院提起诉讼;不带宾语:他已向法院～了。

【起头】qǐtóu ❶动。开始,开端;不带宾语:故事从这里～。可拆开用:讨论会上,请你先起了头儿。❷名。不加数量词。(1)开始的时候:～我没在意这件事。(2)开始的地方:他从～就没有说清楚。

【起先】qǐxiān 副。起初,多用于口语,常与"后来"搭配使用,表示一先一后两个时间:～由她领唱,后来大家一起唱。

【起眼儿】qǐyǎnr 形。醒目,惹人重视;多用于否定式:他学习一般,在班上不～。

【起义】qǐyì 动。不带宾语。(1)为了反抗反动统治而发动武装暴动:当时农民被迫～。(2)指反动集团内部的部分力量或个人弃暗投明,投到革命方面来:敌军中的王团长率部～。

【起意】qǐyì 动。动念头;多指坏的,不带宾语:见钱～,使他走上犯罪道路。

【起因】qǐyīn 名。事情发生的原因:这次火灾的～是有人扔了个香烟头。

【起用】qǐyòng 动。指重新任用已离职或原来不在职的人员:他年过六十,领导决定不再～。常带宾语:厂长重新～了老赵。可带兼语:又～他当了经理。

【起源】qǐyuán ❶动。开始发生;不带宾语,常带介词"于"构成的介词词组作补语:越剧～于浙江嵊县。❷名。事物发生的根源:研究人类的～。

【起运】qǐyùn 动。货物开始运出;多指运往较远的地方:那批货已经～了。可带宾语:工人们开始～货物。

【起早贪黑】qǐ zǎo tān hēi 成。早起晚睡,形容人辛勤劳动:母亲～地劳作,不知疲倦。

【起子】qǐzi ❶名。(1)开瓶盖的工具,多用金属制成,前端是椭圆形的环,后面有柄。(2)〈方〉改锥。(3)〈方〉焙(bèi)粉。❷〈方〉量。批,群:前面来了一～人。

绮 qǐ 〈素〉(1)有文彩的丝织品:～罗。(2)美丽。～丽。

【绮丽】qǐlì 形。鲜艳美丽;多用来形容风景:雨后的玄武湖,景色更加～。

qì(ㄑㄧˋ)

气(氣) qì ❶名。(1)气体,特指空气:吸了一口～|给自行车打打～。(2)气息:这头猪没～了。❷动。生气,发怒;可加程度副词"很"等:听到这话,他很～。常带补语:他～得说不出话来。可带兼语:我～他太顽皮。(2)使生气或发怒;须带宾语:要～他一下|别再～我了。❸〈素〉(1)自然界冷热阴晴等现象:天～|～象。(2)气味:香～|腥～。(3)人的精神状态:志～|勇～。(4)人的作风习气:傲～|娇～。(5)欺压:受～。(6)中医指人体机能的原动力:元～|～血。(7)中医指某种症状:湿～|脚～。(8)命运:～数|晦～。

【气昂昂】qì'áng'áng 形。形容人精神振奋、气势威武;不加程度副词,常带助词

"的",常和"雄赳赳"并用:瞧那队士兵,雄赳赳、~的,多威武!

【气冲冲】qìchōngchōng 形。形容人很生气的样子;不加程度副词,常带助词"(地)":她~地走开了。

【气冲霄汉】qì chōng xiāo hàn 成。霄汉:高空。形容气势壮阔,无所畏惧:我们的战士,斗志昂扬,~。

【气喘】qìchuǎn 名。指呼吸困难的症状,由呼吸道平滑肌痉挛等引起。肺炎、心力衰竭、慢性支气管炎等疾病多有这种症状。也叫哮喘,简称喘。

【气度】qìdù 名。人的气魄和度量;含褒义:~不凡|~恢宏。

【气氛】qìfēn 名。一定环境中给人某种强烈感觉的精神表现或景象:紧张的~|热烈。

【气愤】qìfèn 动。生气,愤恨;不带宾语,可加程度副词:这事儿真令人~|他动手就打人,同学们都很~。常作定语:~的样子|~的神情。可作"感到、觉得"等动词的宾语:见他如此胡作非为,我感到非常~。

【气概】qìgài 名。面临重大问题时表现出来的态度、举动或气势;含褒义:~不凡|大无畏的英雄~。

　　*"气概"和"气魄":"气概"着重指人的正直态度、豪迈举动或气势;"气魄"着重指人的精神、魄力。"气概"只用于人;"气魄"还可以指事物的格局和力量。"气概"常跟"英雄、不平凡"等词语配合;"气魄"常跟"雄伟、宏大"等词语配合。

【气功】qìgōng 名。我国特有的一种健身术。用静立、静坐、静卧或柔的运动操、按摩等方法增强体质、治疗疾病。

【气候】qìhòu 名。(1)一个地区气象状态总的特点。由纬度、陆海位置、海拔、地形、大气环流等因素相互作用所决定。(2)比喻动向或情势:政治~。(3)比喻结果或成就:他缺乏魄力,将来成不了什么~。

　　*"气候"和"天气":"气候"指较长时期的概括性的气象情况;"天气"指短时间的具体的气象变化。"气候"有比喻意义,可以指动向、情势或成就等;"天气"没有这种用法。

【气呼呼】qìhūhū 形。形容人生气时呼吸急促的样子;不加程度副词,常带助词"的":这孩子为什么~的?

【气急败坏】qìjí bàihuài 成。呼吸急促,狼狈不堪。形容十分慌张或极为羞恼;含贬义:敌军官~地冲进房间,大嚷起来。

【气节】qìjié 名。坚持正义,不向敌人屈服的品质:革命~|他们的英雄事迹体现了中华民族应有的~。

【气力】qìlì 名。(1)力气,体力:他~不小,百把斤的东西一下子就能扛起来。(2)比喻精力,功夫:要写好一篇文章,必须用很大的~。

【气量】qìliàng 名。度量:~不凡|~很大|意见提得再尖锐也没什么,没有这点~,还当什么领导?

【气流】qìliú 名。(1)流动的空气:强大的~。(2)由肺的扩张或收缩而吸入或呼出的气,是发音的动力:发"n"这个音,~要从鼻腔里出来。

【气馁】qìněi 动。失掉勇气和信心;不带宾语:虽然遇到了挫折,可他并不~。

【气派】qìpài ❶名。指人的态度、作风或某些事物所表现的气势:张工程师很有~。❷形。有气派的:人民大会堂好~!|她很~地走上了讲台。

【气魄】qìpò 名。(1)做事的魄力:他很有指挥员的~。(2)气势:西安大雁塔~雄伟。

　　*"气魄"和"气势":"气魄"可以指做事的魄力;"气势"不能。"气魄"含褒义;"气势"不带褒贬色彩。

【气球】qìqiú 名。在薄橡皮、涂过橡胶的布或塑料等制成的囊袋中,灌进氢、氦等气体鼓成球形。气球充入轻于空气的气体后,可凭借空气浮力上升。可用于大气研究、跳伞训练、侦察敌情以及散发宣传用品等,小型的也可做玩具。

【气色】qìsè 名。人的精神和面色:他近来~不佳,不知出了什么事。

【气势】qìshì 名。人或事物表现出来的某种力量或势态:~逼人|~雄伟|喜马拉雅山~磅礴。

　　*"气势"和"气概":"气势"主要指力量或形势;"气概"主要指态度或举动。

"气势"可用于人,也可用于事物;"气概"只能用于人。"气势"既可与褒义词搭配,也可与贬义词搭配;"气概"只能与褒义词搭配。

【气势汹汹】qìshì xiōngxiōng 成。汹汹:声势盛大的样子。形容气焰盛,来势猛;多含贬义:就在这时候,一个中年妇女~地从门外闯进来。

【气数】qìshu 名。命运;用于大事情,含迷信色彩:这个朝代~已尽。

【气体】qìtǐ 名。没有固定的形状和体积,可以流动的物体。如空气、氧气、沼气等。

【气味】qìwèi 名。(1)鼻子可以闻到的味儿:火药~|~芬芳。(2)比喻性格和志趣;多含贬义:他能跟这些人混在一起,因为~相投。

＊"气味"和"气息":"气味"着重指气的味儿;"气息"着重指呼吸时出入的气。"气味"比喻人的性格和志趣,多含贬义;"气息"比喻有生机的事物,一般不含贬义。

【气息】qìxī 名。(1)呼吸时出入的气;量词用"丝、点":只要他还有一丝~,我们就要尽力抢救。(2)气味:花丛中传来阵阵芬芳的~。(3)比喻意味、情调或有生机的事物:民主~|时代~|这部作品乡土~很浓。

＊"气息"和"气氛":"气息"指呼吸时出入的气;"气氛"指周围环境能使人感受到的情势、景象。"气息"可比喻意味、情调等;"气氛"不能。

【气象】qìxiàng 名。(1)大气的状态、变化和现象,如冷、热、风、云、雾、雨、雪、霜、露、冰雹、雷电等:~预报。(2)景象,情况;量词用"片、派":到处是一片欣欣向荣的~。

＊"气象"和"气氛":"气象"指情景、情况,意义比较具体;"气氛"指环境使人感受到的情势、景象,意义比较抽象。"气象"可以指大气中发生的各种自然现象;"气氛"不能。

【气象万千】qìxiàng wàn·qiān 成。气象:情景。形容景色、事情壮丽多变:这庄严秀丽、~的长江真是美极了。

【气性】qìxing 名。(1)性格,脾气。(2)容易生气或生气后一时不易消除的性格:人不大,~不小。

【气吁吁】qìxūxū 形。形容大声喘气的样子;不加程度副词,常加助词"的(地)":前面~地跑来一个人。

【气血】qìxuè 名。中医学名词,气是指人体各种机能活动的动力,血是指人体中流动的血液。气和血在人体内互相依存以维持人体的生命活动:~方刚。

【气温】qìwēn 名。空气的温度。

【气虚】qìxū 名。中医指身体虚弱,面色苍白,呼吸短促,四肢无力,常有出虚汗的症状。

【气压】qìyā 名。物体所受大气的压力。离海平面越高,气压越小,如高山上或高空的气压就小于地面的气压。

【气焰】qìyàn 名。比喻人的威风气势;多含贬义:~万丈|打掉敌人的嚣张~。

【气宇】qìyǔ 见"器宇"。

【气韵】qìyùn 名。文章或书法绘画等的意境或韵味:~不足|这幅山水画~生动。

【气质】qìzhì 名。指人的比较稳定的个性特征,如活泼好动、沉默安静、直爽泼辣等。泛指人的风格、气度:艺术家的~|~软弱|他~高雅,一副绅士风度。

【气壮山河】qì zhuàng shān hé 成。气:气概;壮:使壮丽。气概雄伟豪迈,足以使祖国的山河壮丽生色:中国人民正以~的豪迈气概建设着自己的祖国|"砍头不要紧,只要主义真!"这~的豪言壮语感人肺腑,激励着成千上万的热血青年。

【汽】qì 名。(1)液体或某些固体受热后变成的气体。(2)特指水蒸气。

【汽车】qìchē 名。一种用内燃机做动力,装有四个或四个以上橡胶轮胎的交通运输工具。

【汽笛】qìdí 名。利用蒸气从气孔中喷出而发出很大音响的发声器。一般装置于轮船、火车或工厂。

【汽水】qìshuǐ 名。一种含有二氧化碳的清凉饮料,其中配有适量的糖、柠檬酸、香精、食用色素等。

【汽艇】qìtǐng 名。用内燃机发动的小型船只,轻便灵活,速度快。也叫快艇或摩托船。

【汽油】qìyóu 名。碳氢化合物的混合液体,易挥发、燃烧。主要用作内燃机燃料,也用作橡胶、油漆等的溶剂。

讫 qì 〈素〉(1)终结,完毕:收~|付~。(2)截止:起~。

汔 qì 〈古〉连。庶几。

迄 qì ❶〈素〉到:~今。❷副。始终,一直;用在"未、无"前:~未成功|~无音信。

【迄今】qìjīn 动。到现在;自古~|~未归|~为止。

弃(棄) qì 〈素〉扔掉,舍去:抛~|舍~。

【弃暗投明】qì àn tóu míng 成。离开黑暗,投向光明。指脱离反动阵营,投向进步方面;含褒义:他们号召伪军~,反戈一击。

【弃权】qìquán 动。放弃权利;用于表决、选举、比赛等,不带宾语:这次表决,他~了。可拆开用:这次长跑比赛我已经弃了权。

【弃市】qìshì 动。我国封建时代,在闹市执行死刑,并将尸体扔在大街示众的刑罚。

【弃世】qìshì 〈书〉动。死,去世;婉辞,不带宾语:王工程师~后,抛下一子一女。

【弃之可惜】qì zhī kěxī 成。扔掉它未免可惜:这双鞋还没坏呢,~。

妻 qì 〈古〉动。把女子嫁给人。
另见qī。

炁 qì 〈古〉同"气"。

泣 qì 〈素〉(1)低声哭:哭~|~诉。(2)眼泪:饮~|~涕如雨。

【泣诉】qìsù 动。边哭边诉说:她逢人就~,许多人都为她流下了同情的眼泪。可带宾语:大妈~着自己不幸的遭遇。

亟 qì 〈书〉副。多次,屡次:~经洽商|~来问讯。
另见jí。

契(栔) qì ❶〈古〉动。用刀雕刻。❷〈素〉(1)用刀刻出来的文字:书~|殷~(即甲骨文)。(2)契约,合同:地~|房~。(3)相情,情意相投:合~|~友|默~。
另见xiè。

【契丹】qìdān 名。我国古代民族,是东胡的一支,游牧于今辽河上游一带。十世纪初耶律阿保机统一了各族,建立契丹国。

【契合】qìhé 动。(1)符合;常带宾语,可加程度副词:他那身打扮很~他的身份。(2)意趣相投;不带宾语:他俩相处多年,彼此~无间。

【契机】qìjī 名。指事物转化的关键:这是我们厂扭亏转盈的良好~,务必抓住不放。

【契据】qìjù 名。契约、借据、收据、契纸等的总称。

【契友】qìyǒu 〈书〉名。情投意合的朋友:他是我的同窗~。

【契约】qìyuē 名。指由双方订立的有关买卖、抵押、租赁等事项的文书:我们已订了个换房~。

砌 qì ❶动。建筑时垒砖石,用和好的泥灰等粘合;常带宾语或补语:~墙|这间房子~好了。❷〈素〉台阶:雕栏玉~。

碛 qì 名。沙石积成的浅滩。

跂 qì 〈素〉提起脚跟站着:~望。
另见qí。

【跂望】qìwàng 〈书〉动。提起脚跟向远处看,表示盼望心切;常带宾语:登上山坡,~亲人|不胜盼祷,~佳音。

葺 qì 〈素〉用茅草覆盖房顶,现泛指修理房屋:修~。

槭 qì 名。槭树,落叶小乔木,叶对生,秋天变红色,或黄色。花黄绿色,结翅果。木材坚韧,可以制造器具。

器(器) qì 〈素〉(1)器具,用具:~物|乐~|武~。(2)器官:生殖~。(3)看重,看得起:~重。(4)人的度量,才干:~量|大~晚成。

【器材】qìcái 名。器具和材料:照相~|运来一批建筑~。

【器官】qìguān 名。生物体中具有某种独立生理机能的部分:发音~|感觉~。

【器件】qìjiàn 名。指器械仪表上的主要零件。

【器量】qìliàng 名。度量,气量:他~大。

【器皿】qìmǐn 名。盛东西的日常用具的总称；不加个体量词：玻璃～。
【器械】qìxiè 名。(1)指有专门用途的器具：理疗～|体育～。(2)武器。
【器宇】qìyǔ 〈书〉名。指人的仪表、风度等：～不凡|～轩昂。也作气字。
【器乐】qìyuè 名。用乐器演奏的音乐的总称；区别于"声乐"。
【器重】qìzhòng 动。着重，重视；多用于长辈对晚辈，上级对下级，常带宾语，可加程度副词：校长很～他。可作"得到、受"等动词的宾语：小赵得到了导师的～。

憩(憇) qì 〈素〉休息：小～|～息|游～。

qiā(ㄑ丨ㄚ)

掐 qiā ❶动。常带宾语或补语。(1)用指甲按，用拇指和另一个指头使劲捏或截断：～豆角|不许把公园里的花儿～下来。(2)用手的虎口紧紧按住：罪犯～住了他的脖子|～得紧紧的。❷〈方〉量。(～儿、～子)拇指和另一手指尖相对握着的数量：一～子青菜|一～儿小葱。
【掐算】qiāsuàn 动。用拇指掐着别的指头计算：他一～，还有一个多星期就开学了。可带宾语或补语：～一下所得的分数。可重叠：～～日子，妈妈出差快要回来了|他掐算算，很快就把得数报出来了。

袷 qiā [袷袢](-pàn) 名。维吾尔、塔吉克等民族所穿的对襟长袍。
另见jiá(夹)。

葜 qiā 见"菝(bá)葜"。

qiǎ(ㄑ丨ㄚˇ)

卡 qiǎ ❶动。夹在中间，不能动；常带宾语或补语：牙缝里～了菜屑|鱼刺～在喉咙里|抽屉让东西～得紧紧的。❷名。(～子)(1)一种夹东西的器具：头发～子。(2)为检查、收税等设置在交通要道上的岗哨、关卡：边界设了～子。
另见kǎ。
【卡壳】qiǎké 动。不带宾语，可拆用开。
(1)枪膛、炮膛里的弹壳退不出来：机枪～了|刚打了两枪就卡了壳。(2)比喻办事碰到困难而停顿：这件事刚有一点进展，不料～了|转学问题卡了壳，转不成了。(3)比喻说话中断：因为太紧张，话说了一半就～了|他说话卡不了壳。

qià(ㄑ丨ㄚˋ)

恰 qià 〈素〉(1)适当，合适：～当|～如其分。(2)正巧，刚刚：～巧|～到好处。
【恰当】qiàdàng 形。合适，妥当：你对他的批评不够～|这个词儿用得很～|这件事处理得比较～。
【恰到好处】qià dào hǎo chù 成。形容办事、说话达到最适当的地步：他这番话说得～。
【恰好】qiàhǎo 副。恰巧，合适，正好；指时间、空间、数量等：他～在出发前赶到了|你来得～，我正要找你呢。
  ＊"恰好"和"恰巧"："恰好"的意思着重在合宜；"恰巧"的意思着重在凑巧。"恰好"既可作状语，又可作补语；"恰巧"只能作状语。
【恰恰】qiàqià 副。正好，刚好：前面一棵大树，～挡住了视线。
【恰巧】qiàqiǎo 副。凑巧；侧重指时间、机会、条件等：我到上海来找他，～他出差了。
【恰如】qiàrú 动。正好像；须带宾语：那一树枫叶～一团燃烧的火。
【恰如其分】qià rú qí fèn 成。办事、说话正合分寸：对他要作出～的评价。

洽 qià 〈素〉(1)跟人联系，交换意见：接～|～商。(2)融合，协调一致：融～。
【洽谈】qiàtán 动。接洽商谈：当面～。可带宾语：～业务。
【洽商】qiàshāng 动。接洽商谈；常带宾语：～出书事宜。可构成连动词组：这件事请你们～解决。

髂 qià [髂骨](-gǔ) 名。在腰部下面腹部两侧的骨。也叫肠骨。

qiān(ㄑㄧㄢ)

千 qiān ❶数。(1)数目,十个百。(2)比喻很多:～百万劳苦大众|说一～,道一万。❷姓。

【千变万化】qiān biàn wàn huà 成。形容变化繁多:战时的局势～,要善于把握战机。

【千锤百炼】qiān chuí bǎi liàn 成。(1)比喻对诗文等作多次精心的修改:张老的文章,经过～,是我们学习的典范。(2)比喻经历多次艰苦的斗争和考验:他们是在革命的熔炉里经过～的钢铁战士。

【千方百计】qiān fāng bǎi jì 成。想尽一切办法,用尽一切计谋:上级交下的任务,他总是～去完成,从不打折扣。

【千夫】qiānfū 〈书〉名。众多的人:～所指。

【千古】qiāngǔ ❶名。久远的年代:流芳～。❷动。哀悼死者,表示永别;婉辞,多用于挽联、花圈等的上款。

【千斤】qiānjīn 形。比喻责任重大;不加程度副词,一般作"重担"的定语:～重担。

【千斤】qiān·jin 名。(1)即千斤顶,顶起重物的工具。(2)机器中防止齿轮倒转的装置,由安置在轴上的有齿零件和弹簧等组成。

【千金】qiānjīn 名。(1)指许多钱:～难买寸光阴。(2)对别人女儿的称呼;敬辞。

【千军万马】qiān jūn wàn mǎ 成。形容兵马很多或声势浩大:朔风吹,林涛吼,整个树林里就像有～,在进行一场你死我活的搏斗。

【千钧一发】qiān jūn yī fà 成。钧:古重量单位,等于30斤。3万斤重的东西吊在一根头发上,比喻万分危急:愈是～的危急关头,愈考验出一个革命者的品质。也说一发千钧。

【千里鹅毛】qiān lǐ é máo 成。比喻从很远的地方带来极轻微的礼物,表示礼轻情意重:礼物虽小,但～,其意不轻。

【千里马】qiānlǐmǎ 名。骏马。常用来比喻高速度或有才干的人:这些革新能手是我们时代的～。

【千里迢迢】qiān lǐ tiáotiáo 成。形容路途遥远:他～来到大西北安家落户。

【千里之行,始于足下】qiān lǐ zhī xíng, shǐ yú zú xià 成。要走千里远的路程,须从脚下开始迈步。比喻事情的成功,都是从小到大逐渐积累的。

【千虑一得】qiān lǜ yī dé 成。指平凡的人的考虑也会有可取的地方;常作谦辞:我的意见,只不过是～,仅供大家参考。

【千虑一失】qiān lǜ yī shī 指聪明人考虑事情,难免也有疏漏的地方:他考虑问题虽然全面周到,但也不免有～的时候。参见"千虑一得"。

【千篇一律】qiān piān yī lǜ 成。一千篇文章都是同样内容,同一格式。泛指按一个格式机械地办事,不知变通,常含贬义:她又开始说起～的恳求的话语来了。

【千奇百怪】qiān qí bǎi guài 成。各种各样奇形古怪的事物:那些～的事情,他见得多着呢。

【千秋】qiānqiū 名。(1)泛指很久的时间:～万代|～不衰。(2)旧指寿辰;敬辞:今日令堂～,特来祝贺。

【千山万水】qiān shān wàn shuǐ 成。形容山水很多或路途遥远而艰难:他俩尽管相隔～,可是两颗心总是相通的。

【千丝万缕】qiān sī wàn lǚ 成。千根丝,万根线。原形容一根又一根,数也数不清。现多比喻彼此间有极复杂的联系:这些人和农村中的封建势力有着～的联系。

【千岁】qiānsuì 名。封建时代称太子、王公;多见于旧戏曲、小说。

【千头万绪】qiān tóu wàn xù 成。绪:丝头。形容事物复杂纷乱,头绪很多:想说的话很多,可是～,不知从哪儿说起。

【千瓦】qiānwǎ 量。电的实用功率单位,是瓦特的一千倍。

【千万】qiānwàn ❶数。表示数目:～颗红心在跳动。❷副。务必;表示恳切丁宁:～别上当!

【千载一时】qiān zǎi yī shí 成。载:年;千:一千,指许多。许多年才遇到这一次时机。形容极难得的机会:这么好的机会,可谓～,切切不可丢失。

【千周】qiānzhōu 量。无线电波频率单位,每秒振动1000次叫一千周。

仟 qiān 数。"千"的大写;多用于票证、帐目等。

阡 qiān ❶〈古〉名。通往坟墓的道路。❷〈素〉田间的小路:~陌。

【阡陌】qiānmò 〈书〉名。田间纵横交错的小路:~纵横。

芊 qiān 见"芊绵"、"芊芊"。

【芊绵】qiānmián 〈书〉形。草木茂密繁盛:公园里草木~。也作芊眠。

【芊芊】qiānqiān 〈书〉形。草木茂盛:青草~。

扦 qiān ❶名。(1)(~儿、~子)用金属或竹木等制成的针状物或主要部分是针状的器物:竹~儿|铁~儿。(2)(~子)插进麻袋等取出粉末状或颗粒状样品的器具,形状像中空的山羊角。❷〈方〉动。插;常带宾语或补语:~上几朵花|用针~住。

迁(遷) qiān ❶动。迁移、搬家;多带宾语或补语:~户口|他家已~往郊区了。❷〈素〉变动,转变:变~|事过境~。

【迁居】qiānjū 动。搬家:我们是去年~的。可带处所宾语:~城郊。

【迁就】qiānjiù 动。将就别人:对不合理的事不能~。常带宾语或补语:~孩子|~一下吧。可加程度副词:他们对这个人太~。

*"迁就"和"姑息":"迁就"着重表示将就,语意较轻,"姑息"着重表示宽容,语意较重。"迁就"可以是双方的行动;"姑息"一般是单方面的行动,例如可以说"互相迁就",不能说"互相姑息"。

【迁怒】qiānnù 动。受了甲的气而拿乙出气或自己不如意时跟别人生气;常带"于、到"等构成的介词词组作补语:不应~于家人。

【迁徙】qiānxǐ 〈书〉动。搬家,离开原来居住的地方:到处~|候鸟随着气候的变化而~。可带宾语:~人口。常带补语:他不久前才~到这里。

【迁延】qiānyán 动。拖延;多指时间:这件事不能再~了。常带宾语或补语:~时日|~了一个多月。

【迁移】qiānyí 动。离开原址搬到别的地方去:办公地点已经~。常带宾语或补语:~户口|从城市~到乡村。

钎 qiān 名。(~子)在岩石上打眼儿用的工具。用六角、八角或圆形的钢棍制成。

岍 qiān 山名用字。岍山,在陕西省。

汧 qiān 地名用字。汧阳,县名,在陕西省。今作千阳。

佥(僉) qiān ❶〈古〉副。全,都。❷同"签"。

签(簽、△籤) qiān ❶动。常带宾语或补语。(1)在文件或单据上亲自写上姓名或画上符号:请你在发票上~个字|名字~在下面。(2)简要地用文字提出要点或意见:请你在文稿上~个意见。△(3)粗略地缝合:把这件衣服先~个贴边。△❷名。(1)(~儿、~子)刻有文字符号的用于占卜或赌博、比赛等的细长小竹片或小细棍:抽个~儿,决定谁先发球。(2)(~儿)作为标志的小条儿:行李上要贴~。(3)(~儿、~子)用竹木等做成的小细棍或片状物:牙~儿|竹~子。

【签呈】qiānchéng 名。旧时政府机关工作人员对上级的请示报告,比正式呈文简短。

【签订】qiāndìng 动。订立条约、协定或合同并签字;常带宾语或补语:~协议书|合同~好了。

【签发】qiānfā 动。由主管者审核签字后发出;用于公文、证件等:这篇稿子总编辑已经~了。常带宾语:~护照|~文件。

【签收】qiānshōu 动。收件人收到公文信件后在单据上签字,表示已经收到:挂号信要由收件人~。可带宾语:~文件。

【签署】qiānshǔ 动。在重要文件上正式签字;常带宾语或补语:~议定书|~合同|这个文件领导已~过了。

【签证】qiānzhèng 动。一国主管机关在本国或外国公民所持的护照或旅行证件上签注、盖印,表示准其出入本国国境:我还没去办~手续。

【签字】qiānzì 动。在文件、单据等上面签上自己的姓名,以示负责;不带宾语:请您在文件上~。可拆开用:签了字。

牵(牽) qiān

❶动。引领,拉;常带宾语或补语:~着一匹马|手~着手|~在手里。❷〈素〉连累,连带:~连|~涉|~制。

【牵肠挂肚】qiān cháng guà dù 成。形容非常挂念,放心不下:女儿一人在外,做母亲的终日~,很不放心。

【牵动】qiāndòng 动。因互相关连,一处变动其他部分也跟着变动;常带宾语或补语:~全局|~全身|这一段情节~着全书的布局|不要~得太多。

【牵扯】qiānchě 动。牵连,牵涉:两件事不要互相~。常带宾语或补语:不要那些不相干的事|这案子~到许多人。

【牵掣】qiānchè 动。常带宾语或补语。(1)因牵连而受到影响或妨碍:她想工作,可小孩总在~她|不要被那些小事~住手脚。(2)牵制:~敌人以利于我大部队的行动|他们人太少,~不住正面的敌人。

【牵挂】qiānguà 动。惦记,挂念:你放心地去吧,家里的事你不用~。常带宾语或补语:她经常~着边疆的儿子|时时~在心。可作"有、没有"的宾语:他已抱定为国捐躯的决心,没有任何~。

【牵累】qiānlèi 动。常带宾语。(1)因牵制而使受累:她被孩子~了,没有时间学习|繁重的家务~着她。(2)因牵连而使受累:他受这起冤案的~达十年之久|这件事~了很多人。

【牵连】qiānlián 动。(1)联系在一起;多指事情,常带补语:别把这两件事~在一起。(2)因某人或某事产生的影响而使别的人或别的事也不利;常带宾语或补语:这案子~好几个人|老王也被~进去了。可带兼语:谁犯罪谁承当,不该~亲属跟着受罪。可作"有、受"等动词的宾语:这件事同他有~|亲属不受~。

【牵强】qiānqiǎng 形。把两件没有关系或关系不密切的事物勉强地拉在一起:这样解释很~。

＊"牵强"和"勉强":"牵强"所表示的做法是生硬的;"勉强"所表示的做法是不愿、不足或不够的。"牵强"不能重叠;"勉强"能。"牵强"没有动词用法;"勉强"有。

【牵强附会】qiānqiǎng fùhuì 成。把没有关系或关系不大的事物勉强地扯在一起或勉强比附,形容生拉硬扯,强作解释:你的这种解释,不免有点~。

【牵涉】qiānshè 动。由一件事连带、涉到其他事或人;常带宾语或补语:这个案件~着几个人|~不到他|这是个很复杂的问题,~到很多方面。

【牵头】qiāntóu 动。不带宾语,可拆开用。(1)领头,负责:由市委组织部~,有关部门和单位参加共同组成了一个干部考核班子|这件事情请你牵个头。(2)从中介绍,牵线:他们俩是由二婶~,订下亲事的|他俩的婚事还是我牵的头。

【牵线】qiānxiàn 动。不带宾语。(1)原指耍木偶牵引提线,现在常比喻幕后操纵:这次学生闹事,有人在幕后~。(2)介绍,撮合:他俩谈恋爱是老刘~的。可拆开用:他们对调工作是我牵的线。

【牵引】qiānyǐn 动。常带宾语,多带动态助词"着"。(1)拖带着往前拉:拖拉机~着斗车|这门大炮是由卡车~着开到阵地的。可带兼语:机车~着列车前进。(2)比喻被某种强大的力量吸引:祖国的未来永远~着游子的心。

【牵念】qiānniàn 动。牵记,挂念:放心去吧,家里的事你不必~。可带宾语,可带动态助词"着":他常常~着海外的亲人。

【牵制】qiānzhì 动。拖住对方,使行动受到限制;多用于军事,常带宾语:我们只用了两个连的兵力,便~了敌人的一个师。可作"受、有"等动词的宾语:对他们有所~|争取主动,不受~。

铅 qiān

名。(1)金属元素,符号Pb。青灰色,质软而重,有延展性,易氧化。可用于制造合金、铅字以及蓄电池、电缆的外皮等。(2)指石墨,如铅笔芯。

另见yán。

【铅球】qiānqiú 名。(1)田径运动使用的投掷器械之一,球形,用铁或铜做外壳,中心灌铅。(2)田径运动项目之一,运动员在投掷圈内通过滑步等形式以单手把球推出,落入规定区域内为有效。

【铅印】qiānyìn 动。用铅字排版印刷,或排版后制成纸型,再浇制铅版印刷:这份材料是~的|把石印改成~。可带宾语:~几份资料。

【铅字】qiānzì 名。用铅、锑、锡的合金制成的印刷或打字用的活字。

悭(慳) qiān 〈素〉吝啬:～吝。

【悭吝】qiānlìn 〈书〉形。小气,吝啬:～人|～成性。

谦 qiān 〈素〉虚心,不自满:～虚|～恭。

【谦辞】qiāncí 名。表示谦虚的言辞。

【谦恭】qiāngōng 形。谦虚恭敬:态度很～|在老师面前,他总是那么～有礼。

【谦和】qiānhé 形。谦虚、和蔼:大妈待人很～。

【谦谦君子】qiānqiān jūnzǐ 成。谦谦:谦逊的样子。原指待人谦虚并严于律己的人。今多指故作谦虚而实际虚伪的人,含贬义:要诚恳待人,莫学～,故意作态。

【谦让】qiānràng 动。谦虚地推辞退让;一般不带宾语:就一张电影票,两个人互相～着,谁也不肯拿|大家选你当班长,你就不必～了。常作状语:"你有急用,先拿去吧!"他～地说。

【谦虚】qiānxū ❶形。虚心,不自满,肯接受他人意见:～谨慎|为人～|青年人一定要非常～,不要骄傲。❷动。说谦虚的话;不带宾语,可带补语:～了一番|～了一下。

*"谦虚"和"虚心":"谦虚"一般指品质,着重表示不自满;"虚心"一般指态度,着重表示不自以为是。"谦虚"有动词用法;"虚心"没有。

【谦逊】qiānxùn ❶形。谦虚客气,有礼貌:语气～|态度～的样子|他很～地说:"这是大家的功劳"。❷动。说谦虚客气的话;不带宾语,可带补语:～了一番之后,两人才先后坐下。

愆 qiān 〈素〉(1)罪过,过失:罪～|前～。(2)错过,耽误:～期(延误日期)。

搴 qiān 动。尖嘴的家禽或鸟啄东西:乌鸦把瓜～了。可带宾语:别让鸡～场上晒的稻子。

褰 qiān 〈古〉动。(1)高举。(2)同"搴"。

攓 qiān 〈古〉动。(1)拔起:斩将～旗。(2)同"搴"。

褰 qiān 〈古〉动。指撩起或揭起衣服、帐子等。

qián (ㄑㄧㄢˊ)

荨(蕁、蘞) qián [荨麻](-má) 名。(1)多年生草本植物,茎叶生细毛,皮肤接触时会引起刺痛。茎皮纤维可做纺织原料。(2)这种植物的茎皮纤维。

另见 xún。

钤 qián 〈素〉(1)图章:～记。(2)盖图章:～章|～印。

【钤记】qiánjì 名。旧时较低级官吏使用的图章。

黔 qián ❶〈素〉黑色:～首。❷名。贵州省的别称。

【黔驴技穷】qián lǘ jì qióng 成。黔:指今贵州省;技:技能,本领;穷:完,尽。唐·柳宗元《三戒·黔之驴》中说,黔地本无驴,有人从外地带去一头,因为用不着,就把它放牧在山下。起初,老虎看到这个庞然大物,以为是神,很害怕,自己就躲开了。后来逐渐靠近它,戏弄它,驴大怒,踢了老虎一脚。老虎看驴的本领不过如此,就把它吃掉了。后来就用"黔驴技穷"比喻有限的一点本领已经用完了;用于贬义:敌人粮尽援绝,突围也失败了,如今～,只得投降了。

【黔首】qiánshǒu 名。古代称老百姓。

前 qián ❶方位。(1)在人或事物正面的;指空间,与"后"相对:～怕狼,后怕虎|书桌～。可加程度副词"最":我坐在最～,他在最后。(2)靠近头里的;指次序,与"后"相对,多用在数量词前:～几排|～三名。(3)过去的;指时间,与"后"相对:～500年|几个月～。(4)从前的:～校长|～政务院。(5)指某事物产生之前:～资本主义(资本主义产生之前)。❷〈素〉(1)向前走:～进|勇往直～。(2)未来的:～程|～景。

【前辈】qiánbèi 名。称年长的,资历较深的人。

【前边】qián·bian 方位。前面。

【前车之鉴】qián chē zhī jiàn 成。鉴:镜子,引申为教训。前面的车子翻了,后面的车子可引为鉴戒。比喻先前的失败可作为以后的教训:他工作瞎指挥的错误应该作为我们的～,凡事都应实事求是,不可蛮干。也作前车可鉴、覆车之鉴。

【前程】qiánchéng 名。(1)前途;多指对事业的展望:锦绣～|这孩子异常聪明,～不可限量。(2)旧指读书人或官员企求的功名职位。

【前敌】qiándí 名。前线:身临～。常作定语:～指挥员。

【前方】qiánfāng ❶方位。前面,空间或位置靠前的部分:眼睛望着～|天安门的右～,耸立着一座雄伟壮丽的大厦,这就是人民大会堂。❷名。接近战线的地区;与"后方"相对:支援～。

【前锋】qiánfēng 名。(1)先头部队:军部决定,由一团担任～。也比喻在前面起先锋作用的人或事物:预计冷空气的～明天侵入本市。(2)足球、篮球等球类运动中主要担任进攻的队员。

【前赴后继】qián fù hòu jì 成。赴:到,去。前面的人奋勇向前,后面的人紧跟而上。形容奋勇前进,连续不断:他们不畏强暴,敢于斗争,～,为我们树立了榜样。

【前功尽弃】qián gōng jìn qì 成。功:功劳;尽:完全;弃:丢失。以前的功劳完全丢失。也指过去的努力完全白费:这项实验一定要进行到底,如果现在下马,岂不是～。

【前后】qiánhòu 方位。可重叠。(1)指事物的前边和后边:学校～|～相连|前前后后都是山丘。(2)指从开始到结束的一段时间:～去考过三次|这次旅游,前后后共一个半月。(3)指比某事或某时稍前或稍后的一段时间:渡江～|春节～。
＊"前后"和"先后":"前后"可指空间;"先后"不能。"前后"可指整段时间,一般不指事件发生的顺序;"先后"可指一段时间内事件发生的顺序。"前后"可修饰名词、动词;"先后"主要修饰动词,极少修饰名词。

【前呼后拥】qián hū hòu yōng 成。前面有人吆喝开道,后面簇拥着许多随从。形容随从多,声势煊赫:送行的队伍,～,穿过村庄。

【前脚】qiánjiǎo 名。(1)迈步时在前头的一只脚:某人～一滑,跌了个跟头。(2)与"后脚"对举使用,表示时间上稍稍领先:你～走,他后脚就到了。

【前景】qiánjǐng 名。(1)画面、舞台、银幕上看上去离观者最近的景物。(2)将要出现的景况:我们已经看到了胜利的～|这个国家经济发展的～并不太妙。

【前进】qiánjìn 动。向前行动或发展;不带宾语,可带补语:祖国在～|～在社会主义的康庄大道上。可作定语:～的步伐|～的道路。

【前倨后恭】qián jù hòu gōng 成。倨:傲慢;恭:恭敬。起先傲慢,后来恭敬。指前后态度截然不同:你对老李为何～?

【前科】qiánkē 名。指曾被判处过刑罚。犯有前科的人,如果后来再犯罪,在一定条件下,其前科可与后一罪行相联系,而作为从重处罚的情节依据。

【前例】qiánlì 名。可供后人援用或参考的事例:史无～|～可援(可以照从前的例子行事)。

【前列】qiánliè 名。最前面的一列,比喻工作、事业中领头的地位:这支乒乓球队曾雄踞世界乒坛的～。可加程度副词"最":王师傅奋战在生产的最～。

【前面】qián·mian 方位。(1)空间或位置靠前的部分:～来了一个人|教学楼在图书馆的～。(2)次序靠前的部分:她坐在我的～|这篇文章,～是叙事,后面是抒情。

【前年】qiánnián 名。去年的前一年:我～去北京的。

【前怕狼,后怕虎】qián pà láng, hòu pà hǔ 成。比喻顾虑重重,畏缩不前:他做事总是～,因此没有大的作为。也说前怕龙,后怕虎。

【前仆后继】qián pū hòu jì 成。仆:倒下;继:接着,跟着。前面的倒下了,后面的跟着上。形容不怕牺牲,勇往直前:革命先烈～,英勇斗争,终于推翻了旧制度,建立了新社会。

【前愆】qiánqiān〈书〉名。以前的罪过或过失:以赎～|追悔～。

【前驱】qiánqū 名。走在前面起带动和引导作用的人或事物:革命～。

【前人】qiánrén 名。古人,以前的人:我们正在做～没有做过的事。

【前任】qiánrèn ❶名。在此以前担任这项职务的人：继续完成～移交下来的任务。❷形。指现职前担任这项职务的；不加程度副词，不单独作谓语，作定语：～厂长。

【前哨】qiánshào 名。军队驻扎时，向敌军所在方向派出的警戒小分队。任务是防止敌人的侦察或突然的袭击。

【前身】qiánshēn 名。(1)原是佛教用语，指前世的身体。现指某事物产生以前的名称或形态：人民解放军的～是工农红军。(2)前襟，上衣、袍子等前面的部分。

【前事不忘，后事之师】qián shì bù wàng, hòu shì zhī shī 成。师：借鉴。记取以往的经验教训，可以作为以后的借鉴：～，我们要经常总结经验教训，不断前进。

【前台】qiántái 名。(1)剧场中在舞台之前的部分。演出的事务工作属于前台的范围。(2)舞台面对观众的部分，是演员表演的地方。(3)比喻公开的地方；与"后台"相对，含贬义：他在～活动，有人在后台策划操纵。

【前提】qiántí 名。(1)推理中所根据的已知判断，也就是推理的根据，如三段论中的大前提、小前提。(2)事物产生或发展的先决条件：土地的肥瘦，是植物生长好坏的～之一。

【前天】qiántiān 名。昨天的前一天。

【前途】qiántú 名。原指前面的路程，比喻事物发展的前景：～远大。
*"前途"和"前程"："前途"用于书面语，也用于口语；"前程"多用于书面语，常组成成语，如"锦绣前程"、"前程万里"等。

【前往】qiánwǎng 动。去,前去：应邀～。可带宾语：～西欧各国。

【前卫】qiánwèi 名。(1)军队行军时担任前方警戒的部队。用以保障主力部队行动的安全和战斗的展开。(2)足球、手球等球类比赛中担任助攻与助守任务的队员，位置在前锋与后卫之间。

【前无古人】qián wú gǔ rén 成。指前所未有，空前的：我们要创造～的奇迹。

【前夕】qiánxī 名。(1)前一天的晚上："六一"儿童节的～，孩子们在积极准备演出节目。(2)比喻某一重大事件即将发生的时刻：抗日战争的～，他回到了祖国。

【前贤】qiánxián 〈书〉名。有才德的前辈。

【前线】qiánxiàn 名。(1)作战时双方军队接近的地带；与"后方"相对：我又重返～。(2)比喻生产、劳动、工作等的现场：工厂领导干部亲临～，和工人一道参加生产。

【前沿】qiányán 名。防御阵地最前面的边沿：～阵地。

【前仰后合】qián yǎng hòu hé 成。形容身体前后晃动；多用于大笑时：听了这个故事，众人笑得～。

【前兆】qiánzhào 名。某些事物在暴露或发作之前的一些征兆：云层低而厚密，往往是大雨来临的～。

【前缀】qiánzhuì 名。附加在词根前面表示附加意义的语素，如"老师、老虎"中的"老"，"阿姨"中的"阿"。也叫词头。

【前奏】qiánzòu 名。(1)前奏曲，大型器乐曲的序曲。(2)比喻事情的先声；常作"是"的宾语：攻占这个堡垒，是取得战斗胜利的～。

虔 qián 〈素〉恭敬：～诚｜～敬。

【虔诚】qiánchéng 形。恭敬而有诚意；指宗教信仰：他是个～的佛教徒。

【虔婆】qiánpó 旧指开设妓院的妇女；多见于早期白话。

钱(錢) qián ❶名。(1)铜钱：一串～。(2)货币：这支笔要多少～？(3)费用，款子：每个月伙食方面支出的～不少｜这笔～是教育经费。(4)钱财：他家很有～。❷量。市制重量单位，十厘等于一钱，十钱等于一两。❸〈素〉形状像铜钱的东西：纸～｜榆～。❹姓。

【钱财】qiáncái 名。金钱。

【钱粮】qiánliáng 名。银钱和粮食的合称，旧时指田赋：完～。

【钱庄】qiánzhuāng 名。由私人经营的金融业商店，以存款、放款、汇兑为主要业务。

钳(箝、△拑) qián ❶名。(～子)夹东西的用具。△❷动。夹住，约束：～不住那颗大螺丝。

【钳口结舌】qián kǒu jié shé 成。形容不敢说话：她平时就不大说话，在这大庭广众之下更是～。

【钳制】qiánzhì 动。用强力限制，使不能自由行动；常带宾语或补语：～敌人的兵力｜她那张嘴确实被～住了。

乾 qián ❶名。八卦之一，卦形是"☰"，代表天。参见"八卦"。❷〈素〉旧时称男性的：～造(婚姻中的男方)｜～宅(婚姻中的男家)。

另见gān(干)。

【乾坤】qiánkūn 名。中国古代哲学术语，指天地或阴阳两个对立面。后用作天地、日月、世界等的代称：扭转～(根本改变已成的局面)。

掮 qián 〈方〉动。用肩扛东西；常带宾语或补语：～着行李｜～得很累。

【掮客】qiánkè 名。旧社会替人介绍买卖，赚取佣金，进行中间剥削的人。也喻指搞政治交易，从中谋取私利的投机分子：政治～。

犍 qián 地名用字。犍为，县名，在四川省。

另见jiān。

潜(潛) qián ❶动。隐在水下面：一般带补语：他一个猛子～到了水底。❷〈素〉(1)隐藏：～伏｜～力。(2)秘密地，偷偷地：～逃｜～入。❸姓。

【潜藏】qiáncáng 动。隐藏；常带宾语或补语：～着一种隐患｜他在山洞中～了好几年。

【潜伏】qiánfú 动。隐藏，埋伏；常带宾语或补语：～着祸根｜部队在预定的地带～起来。

【潜力】qiánlì 名。潜在的尚未发挥出来的力量：挖掘～｜～很大。

【潜流】qiánliú 名。潜藏在地底下的水流。也比喻潜藏在心中的感情：一股不愉快的～搅浑了我那快乐的心情。

【潜入】qiánrù 动。常带宾语或补语。(1)钻入水中：～水底｜～到很深的地方。(2)秘密地进入：～敌后｜加强治安工作，防止小偷～厂区。

【潜逃】qiántáo 动。偷偷儿地逃跑；多指犯罪的人，常带补语：罪犯～到山林里，被公安人员搜捕抓获。可带处所宾语：～外地。

【潜艇】qiántǐng 名。能在水下航行和进行战斗的军舰。主要任务是袭击敌方大、中型舰船和岸上重要目标，并担任战役侦察。也叫潜水艇。

【潜心】qiánxīn 副。专心而深入：～研究｜～著述。

【潜行】qiánxíng 动。可带处所宾语。(1)在水下行动：潜舰在海底～｜～海底。(2)在外秘密行走：～山区｜夜间，他～到一个小山村，隐藏下来。

【潜移默化】qián yí mò huà 成。潜：暗中，不见形迹；默：不说话，没有声音。指人的思想、品德或习性在不知不觉中受到感染、影响而发生变化：文学作品对读者有～的作用。

【潜意识】qiányìshì 名。下意识。

【潜在】qiánzài 形。存在于事物内部不易发觉的；不加程度副词，不单独作谓语，作定语：～力量｜～的危险。

qiǎn (ㄑ丨ㄢˇ)

肷(膁) qiǎn 名。身体两旁肋骨和胯骨之间的部分；多指兽类的：狐～｜～窝。

浅(淺) qiǎn 形。与"深"相对。(1)从上到下或从外到里的距离小：这条河很～｜这个院子太～。(2)程度不深：阅历很～｜交情～｜这本科技读物内容～，好懂。(3)浅薄：功夫很～。(4)颜色淡：这种绿色太～了。

另见jiān。

【浅薄】qiǎnbó 形。缺乏知识或经验：见解～｜学识～｜他的看法太～。可作宾语：自惭～。

【浅尝辄止】qiǎn cháng zhé zhǐ 成。辄：就。刚试一试就停止了。指不深入钻研：我们在学习上不能～。

【浅见】qiǎnjiàn 名。肤浅、不高明的见解；谦辞：发表一点～，就教于方家。

【浅近】qiǎnjìn 形。浅显：王老师讲课～易懂｜这本书写得很～。

【浅陋】qiǎnlòu 形。贫乏；指见识等：见识很～｜不揣～(不估量自己见闻不

浅遣谴缱嗛欠芡 qiǎn-qiàn 843

广)。
【浅露】qiǎnlù 形。欠委婉,不够含蓄;指措词:辞意过于~,作品就不能耐人寻味。
【浅显】qiǎnxiǎn 形。简明易懂;常用于文字、语言、作品和事理:~的文字|内容很~|儿童读物要写得~些。
　　＊"浅显"和"浅薄":"浅显"主要指字句、内容等简明易懂;"浅薄"主要指学识、修养等贫乏。"浅显"不带褒贬色彩;"浅薄"常含贬义。
【浅鲜】qiǎnxiǎn 〈书〉形。微薄;多指知识不多或见解不深:本人知识~。注意:"鲜"这里不读xiān。
【浅易】qiǎnyì 形。浅显:~读物|这张试卷过于~了。

遣 qiǎn 〈素〉(1)派,差,打发:~返|调兵~将。(2)排解,发泄:消~|~闷。
【遣返】qiǎnfǎn 动。遣送回原处;战俘已全部~。常带宾语或补语:~游民|~到农村。也可构成连动词组:把这些人~回乡。
【遣闷】qiǎnmèn 〈书〉动。排除烦闷;不带宾语:近日心中不快,下下棋,以此~。
【遣散】qiǎnsàn 动。常带宾语或补语。(1)解散并遣送:~战俘|部分城市居民在战争爆发前已被~到农村去了。(2)排遣驱散:他来湖边钓鱼,是想~心头的寂寞。
【遣送】qiǎnsòng 动。把不合居留条件的人送走:常带宾语:~游民|~不受欢迎的使者。常构成连动词组:~回国|把他~出境。可带补语:他被~到农场劳动改造去了。

谴 qiǎn 〈素〉责备:~责。
【谴责】qiǎnzé 动。严正地斥责;常带语:全世界人民一致~侵略者。可带动态助词"了、过":我们已~过他们的侵犯行为。可作"受到"等动词的宾语:侵略者受到世界各国舆论的~。
　　＊"谴责"和"责备":"谴责"语意较重,多用于重大的问题;"责备"语意较轻,多用于一般的问题。"谴责"可以跟"进行"等搭配着用;"责备"一般不能。"谴

责"多用于外交文件上,带有郑重色彩;"责备"用在一般场合,没有郑重色彩。

缱 qiǎn [缱绻](-quǎn) 〈书〉形。形容情意缠绵,难舍难分:两人分手,情意~|小夫妻燕尔新婚,~情深。

嗛 qiǎn ❶名。猴子的颊囊,就是猴嘴里两腮上暂时贮存食物的地方。❷〈古〉同"谦"、"歉"。

qiàn(ㄑㄧㄢˋ)

欠 qiàn ❶动。(1)借别人的财物尚未归还或该给人的事物还没给:该还的都还了,什么也不~了。常带宾语或补语:~十块钱|~了一笔人情债|~了两个月。可带双宾语:~他一本书钱。(2)缺乏,不够;不单独作谓语,须带名词、动词、形容词作宾语:~说服力|~火候|馒头~碱|说话~考虑|计划~周密。可加程度副词:很~考虑。(3)身体的一部分稍微向上移动:多指脚和身子,常带宾语或补语:~了一下身子|别把脚~起来。❷〈素〉疲倦时张口出气:哈(·qiān)|~伸。
【欠产】qiànchǎn 动。产量没有达到预定指标;与"超产"相对:本月化肥~了。可带宾语:因受旱灾,每亩稻子平均~50斤。
【欠缺】qiànquē ❶动。缺少;多用于抽象事物,有时可用于统指的具体事物,常带宾语:这些议论~方法的精神|他工作热情很高,但是经验还比较~|农民眼下粮食有余,只是~燃料。可加程度副词:现在有的青年人贪图享受,艰苦奋斗的精神很~。❷名。不够的地方:没有什么~。
【欠身】qiànshēn 动。身体稍微向上向前,作要站起来的姿势,表示对人恭敬;不带宾语,多构成连动词组:校长来看望我们,我们~致谢。可拆开用:大家向他欠一下身,又坐下了。

芡 qiàn 名。(1)草本植物,生在浅水中,叶像荷叶,花托像鸡的头,种子叫芡实,供食用和药用。也叫鸡头,老鸡头。(2)烹饪时用淀粉调成的浓汁:糖醋排骨要加点~。

嵌 qiàn 动。把较小的东西卡在较大东西的缝隙里或凹处；多指美术品的装饰，常带宾语或补语：匣子上~上了金色的花｜缝太小了，~不进去。

纤（縴） qiàn 名。拉船的绳子：几个人拉着~｜啪的一声，~断了。
另见xiān。

【纤手】qiànshǒu 名。旧时给人介绍买卖或租赁产业从中取利的人。

茜（蒨） qiàn 名。茜草，多年生草本植物，茎有倒刺，花冠黄色。果实球形，红色或黑色。根可做红色染料，也可入药。
另见xī。

倩 qiàn ❶动。请，央求；常带兼语：~人代笔｜~路人相助。❷〈素〉美好：~装｜~影。

堑 qiàn 〈素〉(1)隔断交通的壕沟：~天｜~。(2)比喻挫折：吃一~，长一智。

【堑壕】qiànháo 名。沿阵地正面挖掘的有射击设备的壕沟，多为曲线形或折线形，构筑有掩体、避弹所、进出口和排水沟等，用以保障步兵射击、观察、隐蔽等。也叫散兵壕。

椠 qiàn 名。(1)古代记事用的木板。(2)古书的刻本：古~｜宋~。

慊 qiàn 〈书〉动。不满，恨，憾；常叠用：~~于怀。
另见qiè。

歉 qiàn ❶〈素〉(1)收成不好：~收｜~岁。(2)觉得对不住人的心情：道~｜抱~。

【歉疚】qiànjiù 形。觉得对不住人，对自己的过失感到不安：非常~的心情。可作"感到、觉得"等动词的宾语：因失职造成了损失，使他深感~。

【歉收】qiànshōu 动。收成不好；与"丰收"相对，不带宾语：今年灾情十分严重，粮食~。

【歉意】qiànyì 名。抱歉的心意；常作"表示、致以"的宾语：所提问题，未能及时答复，深表~。

qiāng（ㄑㄧㄤ）

羌 qiāng 名。(1)我国古代西部的民族。秦、汉时部落众多，主要分布在今甘肃、青海、四川一带，总称西羌。东晋时曾建立后秦国（公元384—417）。(2)羌族，我国少数民族之一，主要分布在四川省。

蜣 qiāng ［蜣螂］(-láng) 名。昆虫，背有坚甲，全身黑色，胸部和脚有黑褐色长毛，吃动物尸体和粪尿等。可供药用。有的地区叫屎壳螂。

抢（搶） qiāng ❶〈素〉触，撞：呼天~地。❷同"戗(qiāng)(1)"。
另见qiǎng。

呛（嗆） qiāng 动。水或食物进入气管引起咳嗽或不适等；不带宾语：慢点吃，别~着。可带补语：~得我难受极了。
另见qiàng。

玱（瑲） qiāng 〈古〉拟声。摹拟玉器相撞的声音。

枪（槍、△鎗） qiāng △❶名。(1)旧式兵器；在长柄上装有金属尖头，如红缨枪、标枪等。(2)口径在20毫米以下利用火药气体压力发射枪弹的武器，有步枪、手枪、冲锋枪、机关枪等。❷〈素〉△(1)形状或性能像枪的器具：焊~｜发令~。(2)枪替：~手｜打~。

【枪毙】qiāngbì 动。(1)用枪打死；用于执行死刑，可带动态助词"了、过"：罪犯被~了。可带宾语：~这个杀人凶手。(2)比喻扼杀，勾销：这篇文章被编辑~了。

【枪林弹雨】qiāng lín dàn yǔ 成。枪支像林，子弹如雨。形容战斗激烈，炮火密集：在那~、战火纷飞的日子里，他从没畏惧退缩过。

【枪手】qiāngshǒu 名。(1)旧指持枪(古代兵器)的兵。(2)指放枪的人。

【枪手】qiāngshǒu 名。枪替的人。

【枪替】qiāngtì 动。考试时替别人做文章或答题；不带宾语：考试时请人~是不对的。也说打枪。

戗戕斨腔锖锵镪强 qiāng-qiáng 845

戗(戧) qiāng 动。(1)逆,反方向;常带宾语:~水|~着风行船|~辙儿走(反着规定的交通方向走)。(2)冲突;指言语,一般作"说"的补语:两个人说~。
另见qiàng。

戕 qiāng 〈素〉杀害:自~|~害。

【戕害】qiānghài 动。伤害:青蛙是农作物的卫士,切勿~。常带宾语:~人命|封建旧家庭的环境~了他的生机。

【戕贼】qiāngzéi 动。伤害,损害;常带宾语:吸烟会~身体。

斨 qiāng 名。古代的一种斧子。

腔 qiāng ❶〈素〉(1)动物身体中空的部分:胸~|口~|满~。也喻指器物中空的部分:炉~。(2)话:开~|答~。(3)说话的调子:~调|帮~。(4)乐曲的调子:唱~|花~。❷量。用于宰杀过的羊;多见于早期白话:一~羊。

【腔调】qiāngdiào 名。(1)戏曲中成系统的曲调,如西皮、二黄等。(2)戏曲的调子:梆子~。(3)指说话人的声音、语气等:山东~|学生~。

【腔子】qiāngzi 名。(1)胸腔。(2)动物割去头后的躯干。

锖 qiāng [锖色](-sè) 名。某些矿物表面因氧化作用而形成的薄膜所呈现的色彩,常不同于矿物所固有的颜色。

锵(鏘) qiāng 拟声。摹拟撞击金属器物的声音;多叠用:锣声~~。

镪 qiāng [镪水](-shuǐ) 名。强酸的俗称,有硝镪水、盐镪水等,具有强烈的腐蚀作用。
另见qiǎng。

qiáng(ㄑㄧㄤˊ)

强(強、彊) qiáng ❶形。(1)健壮,力量大;与"弱"相对:我的身体比你~|这支军队战斗力很~。(2)程度高;多指感情、意志等:她的自尊心太~了|工作责任心很~。(3)优越,好;多用于比较,不加程度副词:他写的字比你的~。(4)有余;用在分数、小数之后,与"弱"相对,不加程度副词:任务已完成二分之一~。❷〈素〉使用强力,强迫:~攻|~盗|~奸。❸姓。
另见jiàng、qiǎng。

【强暴】qiángbào ❶形。强横凶暴:这几个歹徒态度很~|~行为。❷名。强暴的人或势力:不畏~|敢与~作斗争。

【强大】qiángdà 形。力量坚强雄厚:~的力量|~的历史潮流|我们的国家日益~。
＊"强大"和"壮大":"强大"着重表示有力;"壮大"着重表示雄壮。"强大"没有动词用法;"壮大"可作动词用,如"壮大队伍"。

【强盗】qiángdào 名。用暴力抢劫财物的坏人。喻指侵略者:法西斯~。

【强调】qiángdiào 动。特别着重提出或指出:学习的重要性要反复~。常带宾语或补语:~客观效果|~了几遍。可带动词性词组或主谓词组作宾语:~要养成好习惯|~大家在操作时要注意安全。可加程度副词:学校非常~纪律。

【强度】qiángdù 名。(1)作用力的大小以及声、光、电、磁等的强弱:磁场~|劳动~。(2)物体抵抗外力作用的能力。

【强攻】qiánggōng 动。用强力攻击;多用于军事:只能智取,不能~。可带宾语:~敌人据点。可作"发动、进行"等动词的宾语:向敌人发起~。

【强悍】qiánghàn 形。勇猛而无所顾忌:性格~|这是个非常~的民族。

【强横】qiánghèng 形。强硬蛮横不讲道理:态度十分~|一个人要讲道理,不要那么~。注意:"横"这里不读héng。

【强化】qiánghuà 动。加强,使坚强巩固:学生的英语听说能力须要~。常带宾语:~信念|~治安。

【强加】qiángjiā 动。把本来没有的或别人不愿接受的东西硬加给别人;指罪名或不正确的意见、决定等,常带宾语或补语:给他~了许多莫须有的罪名|他硬把自己的观点~于人。

【强奸】qiángjiān 动。常带宾语。(1)男子强迫女子与之发生性行为。(2)比喻把自己的意见硬说成是他人的意见;常用在固定的组合中：～民意。

【强健】qiángjiàn 形。强壮健康：身体很～|～的体魄。

【强劲】qiángjìng 形。非常有力：～的东风|这是支～的突击队。

【强梁】qiángliáng 〈书〉形。凶暴，强横。

【强烈】qiángliè 形。(1)极强的：～的阳光|气味～|求知欲很～。(2)鲜明的,程度很深的：～的对照|～的爱憎。

＊"强烈"和"激烈"："强烈"的意思着重在力量大,程度高;"激烈"的意思着重指尖锐、紧张。"强烈"常用于"光线、色彩、声音、气味、感情、意愿、主张、反应"之类;"激烈"常用于"斗争、冲突、辩论、竞赛、枪声、战斗"之类。

【强弩之末】qiáng nǔ zhī mò 成。弩：古代发箭的机械;末：箭射程的末端。强弩所发的箭,飞行已达末端。比喻强大的力量已经衰竭,不再能起作用。

【强权】qiángquán 名。依仗武力欺凌别人的恶势力;多指国家或集团：反对～政治。

【强人】qiángrén 名。(1)强盗;多见于早期白话。(2)才能高强出众的人;多用于女性：女～。

【强盛】qiángshèng 形。富强兴盛;多指国家：我们要使国家～起来。

＊"强盛"和"强大"："强盛"的意思着重在富强昌盛;"强大"的意思着重在坚强雄厚。"强盛"的使用范围较窄,一般只用来形容国家的状况;"强大"的使用范围较宽,除用于国家,还可用于势力、力量、攻势等其他事物。

【强似】qiángsì 动。超过,较胜于;须带宾语：农民的生活一年～一年。也说强如。

【强行】qiángxíng 动。强制进行;不单独作谓语,须带动词或动词性词组作宾语：～决定|～通过了几项规定。

【强行军】qiángxíngjūn 动。部队执行紧急任务所进行的高速度的行军;不带宾语：我部一营～,连夜赶到目的地。

【强硬】qiángyìng 形。强有力的,不肯退让的：～的对手|态度很～|他提出了～的要求。

【强占】qiángzhàn 动。用暴力强占有或占据;常带宾语,含贬义：～公房|这个恶霸竟敢公然～人家的妻女、田宅。

【强直】qiángzhí 形。肌肉、关节等由于病变不能活动：我的两条腿快要～了,让我起来活动一下。

【强制】qiángzhì 动。用政治或经济等力量强迫压制;多带动词或动词性词组作宾语：～劳动|～执行命令。可带兼语：～敌人投降。

【强壮】qiángzhuàng 形。结实,有力;指身体：小伙子们个个都很～|这匹马长得多么～啊!

＊"强壮"和"强健"："强壮"在语意上比"强健"更强一些。"强壮"可用于人和动物;"强健"一般只用于人。

墙（墻、牆）qiáng 名。用砖、石或土等筑成的承架房顶或隔开内外的建筑物;量词用"堵、垛、道"：筑了一道～。

【墙报】qiángbào 名。壁报。

【墙头草】qiángtóu cǎo 习。墙头上的草,风一吹就倒来倒去,比喻立场不稳、缺乏主见、左右摇摆的人：一个人要有主见,别做～。

蔷（薔）qiáng [蔷薇] (-wēi) 名。也叫野蔷薇。(1)落叶灌木,茎细长,蔓生,有刺,羽状复叶,小叶倒卵形或长圆形。有芳香,可制香料。果实可入药,有利尿作用。(2)这种植物的花。

嫱（嬙）qiáng 名。古时宫廷里的女官。

樯（檣、艢）qiáng 〈素〉帆船上挂风帆的桅杆：桅～|帆～。

qiǎng（ㄑㄧㄤˇ）

抢（搶）qiǎng 动。(1)夺,硬拿：他的球被小江～了。常带宾语或补语：～钱|～电影票|～在手里。(2)赶紧,争先;常构成连动词组：～着报名|～着修理机器。(3)刮或擦;指去掉物体表面的一层,常带宾语或补语：～菜刀|～锅底|我的腿～掉一层皮。

另见qiāng。

【抢白】qiǎngbái 动。当面责备或讽刺;

须带宾语或补语: 她是长辈, 你不该~她|~了一顿。

【抢渡】qiāngdù 动。抢时间迅速渡过; 常以"江、河"作宾语: 红军~金沙江。也可带补语: 必须~过去。

【抢夺】qiāngduó 动。用强力夺取; 常带宾语或补语: ~土地|~牲口|我终于从她手里把我的手表~过来。

【抢购】qiānggòu 动。抢着购买: 我不去~。常带宾语或补语: ~紧俏商品|~一空。

【抢劫】qiāngjié 动。用暴力抢夺别人的东西: 王犯曾多次拦路~。常带宾语或补语: ~别人的财物|他与人结伙~过几次。

【抢救】qiāngjiù 动。在危急的情况下迅速救护: 有人落水了, 快去~。常带宾语或补语: ~病人|失火时首先要把人~出来。

【抢掠】qiānglüè 动。用强力夺取; 多指财物, 用于侵略者或土匪、强盗等: 烧杀~。常带宾语或补语: ~人民的财物|鬼子把全村的粮食~一空。

【抢墒】qiāngshāng 动。趁土壤湿润时赶快播种; 不带宾语: 农民们正在~, 要把玉米抢种下地。

【抢手】qiāngshǒu 形。人们抢着购买, 热销; 指受欢迎的商品: 在雨季, 各式雨鞋成了最~的热门货。有时也用于人: 大学生被企业提前招聘了, 至于博士生这类高级人才, 更是~。

【抢先】qiāngxiān 动。争先, 赶在别人之前; 不带宾语, 常构成连动词组: ~发言|~完成任务。

【抢险】qiāngxiǎn 动。出现险情时, 采取紧急措施进行抢救、维修, 以避免或减少损失; 不带宾语: 河堤决口, 全体村民立即奔赴现场~。

【抢修】qiāngxiū 动。在时间紧迫、情况危急时, 突击修理; 多指建筑物、道路、河堤、机械等, 常带宾语或补语: ~大堤|锅炉已~好了。

【抢占】qiǎngzhàn 动。常带宾语。(1)抢先占领; 多用于军事方面: 我军~了无名高地。(2)非法占有; 多指财物: 不该~公房。

羟(羥) qiǎng 名。羟基, 即氢氧原子团。

强(強、彊) qiǎng 〈素〉硬要, 勉强: ~辩|~颜。
另见jiàng, qiáng。

【强辩】qiǎngbiàn 动。把无理硬说成有理; 一般不带宾语: 在事实面前不要~了。

【强词夺理】qiǎng cí duó lǐ 成。强词: 辩; 夺: 争。进行强辩, 无理硬说成有理: 辩论时忌~。

【强迫】qiǎngpò 动。施加压力使服从; 可带补语: 婚姻要自由, ~不得。常带兼语: ~别人接受你的意见, 这是办不到的。常与"命令"并用: 要做细致的思想工作, 不要~命令。
＊"强迫"和"逼迫": "强迫"着重在强使服从; "逼迫"着重在促使行动。"强迫"的施动者多为人; "逼迫"的施动者可以是人, 也可以是事物, 如"为形势所逼迫"。

【强求】qiǎngqiú 动。硬要求: 这件事同人家有关, 只可协商, 不可~。可带指人的名词(代词)或"一律、统一"等作宾语: 去留与否请你考虑决定, 我不~|艺术风格可以多种多样, 不应~一律。

【强人所难】qiǎng rén suǒ nán 成。强: 硬要, 迫使。硬要别人去做不愿做或不能做的事: 他不会跳舞, 你硬要他上台表演, 这不是~吗?

【强颜】qiǎngyán 〈书〉动。勉强做出笑容; 常与"欢笑"并用: ~欢笑。

镪 qiǎng 名。古代称成串的钱。
另见qiāng。

襁(繈) qiǎng 〈素〉背小孩子的宽带子: ~褓。

【襁褓】qiǎngbǎo 〈书〉名。包裹婴儿的带子和被、毯等, 比喻幼儿时期: 把他从~中抚育成人。

呛(嗆) qiàng(ㄑㄧㄤˋ) 动。有刺激性的气体进入呼吸器官而感觉难受; 常带宾语或补语: 烟~嗓子|辣椒味儿~得难过。
另见qiāng。

戗(戧) qiāng

❶名。(1)斜对着墙角的屋架。(2)支撑柱子或墙壁使免于倾倒的木头。❷动。支持,撑住;多用于墙壁:墙要倒,拿杠子~住。可带宾语:用木头~住这堵墙。

另见qiāng。

炝(熗) qiàng

动。常带宾语:(1)一种做菜方法,先把原料在沸水中焯一下,取出后再用香油、酱油、醋及其他调料拌和:~芹菜。(2)油锅热后,未放菜之前,先放进少量的葱或姜、蒜等稍炒,使有香味:把葱、姜~一下再把鱼放进去煎|先用葱花~~锅。

跄(蹌、蹡) qiàng [跄踉](-liàng) 〈书〉

形。走路不稳的样子。今多作踉跄。

qiāo (ㄑㄧㄠ)

悄 qiāo [悄悄] 副。

没有声音或声音很低,行动不让人知道;常带助词"地":他~地走了出去。

另见qiāo。

硗(磽) qiāo [硗薄](-bó) 形。

土地坚硬不肥沃:这块地~得很,种下庄稼不打粮。

跷(蹺、蹻) qiāo

动。常带宾语或补语。(1)抬起,竖起;指腿或指指:~起大拇指|把腿~得高高的。(2)腿后跟抬起,脚尖着地:我~脚就跟你一样高了|一个个人都把脚~起来看布告。

【跷蹊】qiāo·qi 形。奇怪,可疑:这件事有些~。也说蹊跷。

雀 qiāo [雀子](-·zi) 名。

雀(què)斑,脸上长的小黑点。

另见qiāo、què。

锹(鍫) qiāo 名。

掘地或铲东西的工具;量词用"把"。

劁 qiāo 动。

割去牲畜的睾丸或卵巢:这头猪~过了。常以"猪、羊"等作宾语:~猪。

敲 qiāo 动。

常带宾语或补语。(1)打,击:小孩的头不能~|~木鱼|用教鞭在黑板上~了几下。(2)硬逼别人拿出钱物:今天他被~了两瓶酒|钱被~光了|~他两次。可带双宾语:~了老李5元钱。

【敲边鼓】qiāo biāngǔ 习。比喻从旁帮腔,从旁助威:以你为主跟他交涉,我在一旁~。也说打边鼓。

【敲打】qiāodǎ 动。(1)打或击,使发出声音:请你们别在这里~了。常带宾语或补语:~着锣鼓|~了一阵。可重叠:一群人敲敲打打从门前走过。(2)〈方〉用言语刺激别人:不要用这种话来~人。

【敲定】qiāodìng 动。最终决定:这件事还没正式~。常带宾语:~有关事宜|~会议的准备工作。可带补语"下来、一下"等:我决定再同他商量商量,把事情谈清楚,~下来。

*"敲定"和"决定":二者都有对如何行动拿定主张的意思,但"敲定"一般是两人以上作出的最后决定,含义更肯定;"决定"则不一定是如此,可以是一个人或自己作出的决断。"敲定"是单义词;"决定"是多义词。"决定"有名词用法;"敲定"只是动词。

【敲骨吸髓】qiāo gǔ xī suǐ 成。髓:骨髓。砸碎骨头,吸取骨髓。比喻极其残酷地剥削和掠夺:帝国主义侵略者对殖民地国家的人民~,肆意掠夺。

【敲门砖】qiāoménzhuān 习。拿砖头敲门,门一敲开,就把砖丢弃了。比喻借以求得名利或为了达到某种目的的初步手段:我们不能把搞学术研究当作谋取个人名利的~。

【敲诈】qiāozhà 动。用威胁、欺骗等手段勒索财物:他们依仗势力,对老百姓拼命~。常带宾语或补语:~钱财|被匪徒~过两次。

【敲竹杠】qiāo zhúgàng 习。利用别人的弱点或找个借口抬高价格或索取财物:这个家伙尽想占便宜,这个时候来跟我借钱,其实不过是来~,是不会还的。

橇 qiāo 名。

在冰雪上滑行的交通工具,用狗、鹿或马在前面拖拉:雪~。

幧 qiāo [幧头](-tóu) 名。

古代男子束发用的头巾。也叫帩(qiào)头。

缲(繰) qiāo 动。

做衣服边儿或带子时把布边儿往里头卷进去,然后藏着针脚缝,这条边我来~。

常带宾语或补语：～了一根带子｜裤脚边儿～好了。

另见sāo（缫）。

qiáo（ㄑㄧㄠˊ）

乔（喬） qiáo ❶〈素〉(1)高：～木。(2)做假：～妆。❷姓。

【乔木】qiáomù 名。树干高大，主干与分枝有明显区别的木本植物，如松、柏、杨、白桦、樟树等。

【乔迁】qiáoqiān 动。旧时称人搬到好地方去住或官职高升；祝贺用语：～之喜｜祝贺老兄～，明天为您饯行。

【乔其纱】qiáoqíshā 名。乔其，音译词。一种薄而透明有微皱的丝织品，常用来制作内衣、舞裙、头巾、围巾、窗帘等。

【乔装】qiáozhuāng 动。改换服饰，以隐瞒自己的真实身份；加"成"或"为"等后可带宾语：她～成一个农妇。常用在固定的组合中：～打扮。

侨（僑） qiáo 〈素〉(1)古代指寄居在外乡，现指寄居在国外：～胞｜～居。(2)寄居在国外的人：华～｜归～。

【侨胞】qiáobāo 名。寄居国外的同胞。

【侨汇】qiáohuì 名。侨民汇回国内的款项。

【侨居】qiáojū 动。在外国居住；常带处所宾语：～日本｜～异国。也可带补语：～在美国｜～30余年。

【侨民】qiáomín 名。居住在国外而保留本国国籍的人。

荞（蕎） qiáo [荞麦](-mài) 名。(1)一年生草本植物，茎略带红色，叶三角形，花白色或淡粉红色，瘦果有棱，子实磨成粉供食用。(2)这种植物的子实。

峤（嶠） qiáo 〈古〉形。山尖而高。另见jiào。

桥（橋） qiáo ❶名。架在江河、山谷等上面供通行的建筑物；量词用"座"：一座～。❷姓。

【桥涵】qiáohán 名。桥梁和涵洞的合称。

【桥梁】qiáoliáng 名。(1)架在江河、山谷等上面以供通行的建筑物；现代化的～。(2)比喻能起联系沟通作用的人或事物：友谊的～｜工会要在领导与群众之间发挥～作用。

＊"桥梁"和"桥"："桥梁"多指结构比较复杂的、大型的；"桥"不限。"桥梁"的含义较抽象，有比喻用法；"桥"的含义较具体，很少比喻用法。

【桥牌】qiáopái 名。一种扑克牌游戏，四个人分两组对抗，三局两胜为一盘。

【桥头堡】qiáotóubǎo 名。(1)为扼守和保护重要桥梁、渡口而构筑的碉堡、地堡或据点。(2)设在大桥桥头的像碉堡的装饰性建筑物，如南京长江大桥的桥头堡。(3)泛指作为进攻的据点。

【桥堍】qiáotù 名。桥头，桥梁两头和岸接连的地方。

硚（礄） qiáo 地名用字。硚头，在四川省。

鞒（鞽） qiáo 名。马鞍上拱起的地方。

荍 qiáo 名。(1)古书上指锦葵。二年或多年生草本植物，夏季开花，花紫色或白色，可供观赏。(2)同"荞"。

翘（翹） qiáo ❶〈素〉抬起，举起：～首｜～望。❷形。板状物体因湿变干而不平：这块木板晒～了。

另见qiào。

【翘楚】qiáochǔ 〈书〉名。比喻杰出的人材：医中～。

【翘企】qiáoqǐ 〈书〉动。翘首企足的略语，抬起头踮起脚跟，表示殷切地盼望：不胜～。

【翘首】qiáoshǒu 〈书〉动。抬起头来；表示向远处看：～远望。可带宾语：～星空。

谯 qiáo ❶见"谯楼"。❷姓。

【谯楼】qiáolóu 〈书〉名。(1)古代城门上建筑的瞭望楼。(2)鼓楼。

憔（顦） qiáo [憔悴](-cuì) 形。形容人瘦弱，面色不好看：面容很～。

樵 qiáo 〈素〉打柴：～夫（旧称打柴的人）。

瞧 qiáo 〈口〉动。看；常带宾语或补语：～病｜～不清楚。可带形容词作宾语：～热闹｜～新鲜。

qiǎo (ㄑㄧㄠˇ)

巧 qiǎo ❶形。(1)灵巧；多指手和嘴：这个人手～嘴也～。(2)技术高明，多指手工技艺：她的剪纸技艺很～。(3)恰好，正遇在某种机会上：～得很，在路上遇见他了。❷〈素〉虚浮不实：花言～语|～言令色。

【巧夺天工】qiǎo duó tiān gōng 成。夺：胜过。人工的精巧胜过天然：许多新发明，真是～，是我们梦想不到的。

【巧妇难为无米之炊】qiǎo fù nán wéi wú mǐ zhī chuī 成。炊：做饭。聪明能干的妇女，没有米也做不出饭来。比喻做事缺少必要条件，很难做成：不去调查怎么能写出调查报告？～啊!

【巧合】qiǎohé 形。事情凑巧相合或相同：他俩同年同月同日生，实在～。常作宾语：他俩在火车上相遇，纯属～。

【巧计】qiǎojì 名。巧妙的计策。

【巧克力】qiǎokèlì 名。音译词。是用可可粉、白糖和香料等制成的糖果。

【巧立名目】qiǎo lì míngmù 成。为达到某种不正当的目的而编造理由定出一些名义条目：我们要坚决刹住～，利用公款游山玩水的歪风。

【巧妙】qiǎomiào 形。灵巧高明，超过寻常的：～的方法|他～地捉住了很多田鼠|这座建筑物设计得很～。

*"巧妙"和"灵巧"："巧妙"的意思着重在不寻常，"灵巧"的意思着重在不笨拙。"巧妙"往往用来形容工作方法、技术、言词等；"灵巧"往往用来形容手、心思、手艺、成品、活动等。

【巧取豪夺】qiǎo qǔ háo duó 成。巧取：骗取；豪夺：强抢。用欺诈的手段取得或凭强力抢占；指财物、权力等：这个恶霸地主的田地，大多是～来的。

【巧言令色】qiǎo yán lìng sè 成。巧言：花言巧语；令色：讨好的表情。指用动听的话和谄媚的态度讨人喜欢；含贬义。

【巧遇】qiǎoyù 动。凑巧遇到：多年未见，不想在此～。可带宾语：在大街上～张欣。可作宾语：他们两人事先并没有约好，在上海相见，这完全是一种～。

悄

悄 qiāo 〈素〉(1)没有声音或声音很低：～没声ᵣ|～声。(2)忧愁：～然。
另见qiǎo。

【悄没声ᵣ】qiāo·moshēngr 〈方〉形。形容没有声响或声音很低；不加程度副词，作状语时常加助词"地"：她～地走了进来。

【悄然】qiǎorán 〈书〉形。不加程度副词，多作状语。(1)忧愁的样子：～落泪。(2)形容寂静无声：～无声。

愀 qiǎo [愀然](-rán) 〈书〉形。形容神色变得严肃或不愉快；不加程度副词，多用在固定的组合中：～作色。

雀 qiǎo 义同雀(què)，用于"雀盲眼"。
另见qiāo, què。

【雀盲眼】qiǎomangyǎn 〈方〉名。夜盲。

qiào (ㄑㄧㄠˋ)

壳(殼) qiào 〈素〉坚硬的外皮：地～|躯～|金蝉脱～。
另见ké。

俏 qiào 形。(1)漂亮，美好：她打扮得很～。(2)货物销路好：这种商品～得很，一出来就卖掉了。

【俏丽】qiàolì 形。俊俏美丽；用于人：她长得很～|一个～的姑娘。

【俏皮】qiào·pi 形。谈话风趣或举止活泼：他说话很～|你瞧她那～的样子。

【俏皮话】qiào·pihuà 名。(1)开玩笑的或含讽刺口吻的话：他说了句～，引得大家哈哈大笑。(2)指歇后语。

诮 qiào 〈素〉责备，讥刺：讥～。

帩 qiào [帩头](-tóu) 名。古代男子束发的头巾。也叫鞘(qiāo)头。

峭(陗) qiào 〈素〉(1)山势又高又陡：陡～|～壁。(2)严峻：～直(严峻刚直)。

【峭拔】qiàobá 形。(1)又高又陡；多指山：山势～。(2)形容书法、文章笔法雄健有力：笔锋～。

【峭壁】qiàobì 名。像墙一样陡立的山崖；常同"悬崖"并用：悬崖～。

鞘 qiào 名。装刀剑的套子：剑出～。
另见shāo。

窍(竅) qiào 〈素〉(1)窟窿，孔洞：七～｜一～不通。(2)比喻事情的关键：诀～｜～门儿。
【窍门】qiàomén 名。能解决问题的好办法：开动脑筋找～。

翘(翹、翻) qiào 动。一头向上仰起：这条狗老把尾巴～着。常带宾语或补语：小梅生气了，～起了小嘴｜板凳～起来了。
另见qiáo。
【翘辫子】qiào biàn·zi 习。比喻死亡；含讥笑或诙谐意：这年，横行乡里的恶霸周扒皮～了。
【翘尾巴】qiào wěi·ba 习。比喻骄傲自大：有了成绩不要～。

撬 qiào 动。用刀、锥、棍等一头插入缝中或孔中，然后用力扳另一头，常带宾语或补语：～石头｜箱子～不开。

qiē〈ㄑㄧㄝ〉

切 qiē 动。(1)用刀把东西割开；常带宾语或补语：～西瓜｜肉～得很细。(2)几何学上直线或平面等与圆、弧或球相接于一点；不带宾语，多以"相"作状语：两圆相～。
另见qiè。
【切除】qiēchú 动。用刀切掉；多用于外科疾病方面，常带宾语或补语：～肿瘤｜他的胃～了三分之二｜这次动手术，把癌～干净了。
【切磋】qiēcuō 动。古代把骨头加工成器物叫切，把象牙加工成器物叫磋。比喻反复思考，互相商量研究：这个问题，请大家在一起～一下。可重叠：应该好好～～。
【切磋琢磨】qiēcuō zhuómó 成。切：将骨头加工成器物，磋：将象牙加工成器物；琢：将玉石加工成器物，磨：将石头加工成器物。指将骨、角、玉、石制成器物的精细加工的过程。比喻学习或研究问题时互相商讨，取长补短：他俩～了一番，终于做出了这道题。

qié〈ㄑㄧㄝˊ〉

伽 qié [伽蓝] (-lán) 名。音译词。梵语"僧伽蓝摩"的省略。指众僧所住的园林，后指佛寺。
另见jiā。

茄 qié 名。(～子)(1)一年生草本植物，叶椭圆形，花紫色。果实球形或长圆形，是普通蔬菜。(2)这种植物的果实。

qiě〈ㄑㄧㄝˇ〉

且 qiě ❶副。(1)暂且，姑且：我～受用这无边的荷香月色好了。(2)〈方〉表示经久：这枝笔～使呢。❷〈书〉连。(1)尚且；与"况"呼应，用在前一分句，表示先让一步：君～如此，况他人乎？(2)而且，并且；用在后一分句，表示递进关系：我们这种政策，对于调整和改革经济结构，是完全必要的，～已收到成效。❸姓。
另见jū。
【且慢】qiěmàn 动。暂时慢着；表示阻止，常单独成句：～，吃完饭再走。

qiè〈ㄑㄧㄝˋ〉

切 qiè ❶动。(1)符合，合：文题尚～。可带宾语，常用于否定式：他的话不～实际。(2)旧时汉语标音的一种方法，用两个字，取上一字的声母，再取下一字的韵母和声调，拼成一个音，如"同，徒红切"。❷副。切实，实在：～勿骄傲自满。❸〈素〉(1)接近，亲近：～身｜亲～。(2)急迫：热～｜迫～。
另见qiē。
【切齿】qièchǐ 动。咬紧牙齿；表示愤恨之极；不带宾语，作谓语时常与"咬牙"并用：见到仇人，他就咬牙～，决心报仇。常作状语：战士们对敌人～痛恨。
【切当】qièdàng 形。恰当：用词～｜工作安排很～。
【切肤之痛】qiè fū zhī tòng 成。切肤：切身，亲身。亲身经受的苦痛。比喻感受极为深切：母亲惨死，父亲被毒打致残，他对地主的压迫有～。
【切合】qièhé 动。完全符合；常带宾语

或补语:文章~题意|这种商品不~顾客的需要|他的观点看来更~实际一些。

【切记】qièjì 动。务必记住;多用于劝诫:这个教训,要~老师的忠告。可带谓语作宾语:骑车要~小心|~谨慎驾驶。

【切忌】qièjì 动。切实避免或防止;一般带谓词作宾语:工作~粗心大意|~挑食。

【切近】qièjìn ❶形。相似,靠近:他们两人的意见很~。❷动。接近于;须带宾语,可加程度副词:这部电影很~原著的精神。

【切脉】qièmài 动。中医指诊脉,即医生用食指、中指、无名指三个指头以轻重不同的指力触按病人腕部的桡动脉,以判断疾病的内在变化;不带宾语:医生给病人~。可拆开用:切了一会儿脉。可重叠:请医生切切脉。

【切切】qièqiè ❶副。(1)务必,千万;多用于告诫:这个教训,~不可忘记。(2)表示叮咛;多用于布告或命令中:~此布。(3)恳切,急切:一再~请求,才获批准。❷同"窃窃"。

【切身】qièshēn 形。不加程度副词,不单独作谓语,常作定语或状语。(1)密切地关联到自己的:~利益。(2)亲身:~体会到问题的严重性。

【切实】qièshí 形。切合实际,实实在在:这些情况不太~。常用在动词前作状语:~可行|~解决。可重叠:切切实实地改进工作。
＊"切实"和"确实":"切实"着重表示切合实际,不是虚浮的;"确实"着重表示真实可信,不是虚假的。"切实"只修饰动词,不修饰形容词;"确实"除修饰动词外,也可修饰形容词。

【切题】qiètí 动。文章的内容与题目要求相符合;不带宾语:文不~|写文章一定要注意~,不要废话连篇。

【切中】qièzhòng 动。言论或办法正好击中;常指某种弊病,多带宾语:~时弊|他的话句句~要害。注意:"中"这里不读zhōng。

窃(竊) qiè ❶〈素〉(1)偷,盗:~案|~贼。(2)用不正当的手段取得:~位|~据。(3)偷偷地,暗中:~听|~笑|~~私语。❷〈书〉副。私自;用在动词前,谦指自己的意见:~以为不足取。

【窃案】qiè'àn 名。偷窃的案件:昨天发生了一起~。

【窃国】qièguó 动。篡夺国家政权;不带宾语,常用在固定的组合中:~大盗。

【窃窃】qièqiè 形。形容声音细小;不加程度副词,多用在固定的组合中:~私议。也作切切。

【窃据】qièjù 动。用不正当手段占据;多指职位、土地等,常带宾语:~要职|~要津(非法占据水陆冲要之地)。

【窃取】qièqǔ 动。偷窃,多比喻用不正当的手段取得:国家机密被~了。常带宾语:~要职|~了别人的科研成果。

郄 qiè ❶〈古〉同"郤(xì)"。❷姓。

妾 qiè 名。(1)旧社会男子在正妻以外娶的女子。(2)旧时女子自称的谦辞。

怯 qiè 〈素〉胆小,害怕:胆~。

【怯场】qièchǎng 动。在人多或严肃的场合下,精神紧张,态度、行动显得不自然;不带宾语:鼓足勇气,不要~。可作"感到"等动词的宾语:他初次登台,感到~。

【怯懦】qiènuò 形。软弱怕事:性格很~。

【怯弱】qièruò 形。胆小软弱:性格~|全班就数他最~。

【怯生】qièshēng 〈方〉动。怕生,见到生人害怕、不自然;不带宾语:这孩子很泼辣,一点儿也不~。

【怯生生】qièshēngshēng 形。形容胆怯的样子;不加程度副词,常带助词"的(地)":她~地站在那里,不敢说话。

挈 qiè 〈古〉❶动。离去。❷形。勇武。

挈 qiè 〈素〉(1)举起,提起:提纲~领。(2)带,领:~带|~眷。

【挈带】qièdài 动。带领,携带;常带宾语:~老人|~着妻子儿女。

锲 qiè 〈素〉用刀刻:~而不舍。

【锲而不舍】qiè ér bù shě 成。锲:镂刻;

舍：停止。不断地镂刻。比喻办事持之以恒：学习要有一股~的精神。

惬（愜、悏） qiè 〈素〉满足：~意|~怀。

【惬当】qièdàng 〈书〉形。适当，恰如其分：这话说得很~。

【惬怀】qièhuái 〈书〉形。心中满足：如此一改，虽与我不涉，我也~。

【惬意】qièyì 形。称心如意，畅快，舒服：夏天喝杯冷饮真~。

箧（篋） qiè 〈素〉小箱子：行~|倾箱倒~。

趄 qiè 动。倾斜；多带宾语：~着身子。
另见jū。

慊 qiè 〈古〉形。满足，满意。
另见qiàn。

qīn（く।ㄣ）

钦 qīn ❶〈素〉(1)敬重：~佩|~仰。(2)封建时代指皇帝亲自所做：~定|~差。❷姓。

【钦差】qīnchāi 名。封建时代由皇帝派遣，代表皇帝出外办理重大事件的官员。

【钦差大臣】qīnchāi dàchén 成。钦差。现在多指上级机关派来的，握有大权的工作人员；多含讥讽意：他自以为自己来头大，是~，根本不把地方上的领导放在眼里，动辄把别人训斥一通。

【钦定】qīndìng 动。经君主亲自裁定的：朝中之事如何安排？还望陛下~。常用于著作，多作定语：~《四库全书》。

【钦敬】qīnjìng 动。钦佩敬重：老先生德高望重，我们对他无比~。可带宾语：我~您，知道您也喜欢我。可加程度副词：我内心十分~他。

【钦佩】qīnpèi 动。敬重佩服：小伙子冒着生命危险抢救落水儿童，这种精神令人~。可带宾语，可加程度副词：大家部十分~他。

＊"钦佩"和"佩服"："钦佩"除佩服外，还含有敬important之意，语气较庄重；"佩服"只有心服、赞成之意，不含敬重意，语气较随便。"钦佩"的对象多指品德、行为、动作突出的优秀人；"佩服"不一定，可用于一般的人或事。

钦 qīn ［嵚崟］(-yín) 〈古〉形。形容山高的样子。

侵 qīn 〈素〉(1)侵犯，占有：人~|略，(2)渐近：~晨。

【侵晨】qīnchén 名。天快亮的时候。

【侵夺】qīnduó 动。凭借势力夺取别人的财产；常带宾语：~他人家产。

【侵犯】qīnfàn 动。用暴力或其他非法手段干涉、损害别人或别国的权利：宪法保证公民的权利不得~。常带宾语：人权|~别国领土。可作"受、遭"等动词的宾语：人权遭到~。

【侵害】qīnhài 动。侵入损害；施动者多指细菌、虫害等，常带宾语：要及时采取措施，防止害虫~庄稼。可作"遭、受"等动词的宾语：不让肌体受~。

【侵凌】qīnlíng 动。侵犯欺凌；常带宾语：霸权主义者总是要~别国的。可作"受"等动词的宾语：清朝末年，我国经常受到帝国主义列强的~。

【侵略】qīnlüè 动。侵犯别国领土和主权，掠夺别国财富并奴役别国的人民；常带宾语：不许~别国领土。可作"对待、受到"等动词的宾语：中国人民完全懂得如何对待帝国主义的~。

＊"侵略"和"侵犯"："侵略"语意较重，表示大规模的、有组织、有计划的侵犯行为；"侵犯"语意较轻，表示一般的用武力侵扰别国的领海、领空、边境、主权等。"侵略"所指的面广，除了指武力入侵外，也指政治颠覆，经济、文化渗透等；"侵犯"所指的面窄，一般只限于武力入侵。"侵略"可作定语，如"侵略政策"、"侵略战争"等；"侵犯"一般不作定语。

【侵入】qīnrù 动。敌人进入境内，或外来的有害事物等进入内部：注意卫生，以防病菌~。可带宾语：不让敌人~国境。

【侵蚀】qīnshí 动。常带宾语：(1)逐渐侵入，腐蚀，使变坏：防止微生物~我们的肌体。可作宾语：它们在不同的运动中抵抗了各种细菌的~。(2)暗中一点一点地侵吞财物：他~公款，走上了犯罪的道路。

【侵吞】qīntūn 动。夺取和吞没；常带宾语：~公款|~别国领土|~他人劳动成实。

【侵袭】qīnxí 动。侵入并袭击；常带宾语：海盗～渔民。也可用于抽象事物：防止资产阶级腐朽思想～我们的青少年。

【侵越】qīnyuè 动。侵犯；多指权限：他人职权是应该受到指责的。

【侵占】qīnzhàn 动。常带宾语。(1)占有别人的财产、时间等：地主～了贫苦农民的劳动果实|～你一点休息时间，行不行? (2)用侵略手段占有别国领土：决不容许战争狂人～我国的一寸土地。

骎 qīn [骎骎]〈书〉形。形容马跑得很快的样子,比喻事业前进得很快；多用在固定的组合中：～日上。

亲(親) qīn ❶形。(1)血统最接近的；用在称谓前：～姐妹|～叔叔。(2)关系密切,感情好：她对我比姊妹还～。❷动。用嘴唇接触,表示喜爱、亲热；常带宾语或补语：～孩子的脸|～了一下。❸副。亲自；用在单音词前：～赴现场|～临第一线。❹〈素〉(1)指父母：双～。(2)有血统或婚姻关系的：～属|～戚。(3)婚姻：～事|结～。(4)指新妇：娶～|迎～。
另见qìng。

【亲爱】qīn'ài 形。关系密切,感情深厚：～的祖国。
*"亲爱"和"亲密"："亲爱"着重表示感情深厚；"亲密"着重表示关系密切。"亲爱"不能用作谓语和状语；"亲密"能。

【亲笔】qīnbǐ ❶形。亲自写的；不单独作谓语,作定语或状语,也不加程度副词：这是他写的～信|～写的字。❷名。指亲自写的字：这个条幅是鲁迅的～。

【亲近】qīnjìn ❶形。亲密而接近：同学之间很～。❷动。亲密地接近；多以指人的名词或代词作宾语：林先生人好,学问也好,大家都愿意～他。可重叠：你去和他～～。

【亲眷】qīnjuàn 名。(1)亲戚。(2)眷属。

【亲历】qīnlì〈书〉动。亲身经历：～其境。

【亲密】qīnmì 形。感情好,关系密切：母子俩很～|～的战友|～相处。可重叠：他们亲亲密密的,就像是一家人。

【亲昵】qīnnì 形。十分亲热：孩子～地叫了一声："妈妈!"|她俩一手拉着手,～得很。

【亲戚】qīnqī 名。跟自己家庭有婚姻关系的家庭或成员；指家庭时,可用量词"门",指家庭成员时,可用量词"个"：一门～|他是我的一个～。

【亲切】qīnqiè 形。(1)亲近、密切：这位售货员态度和蔼,让人感到非常～。(2)形容热情而关心：～教导|～的话语|～的微笑。
*"亲切"和"密切"："亲切"着重表示感情真挚、恳切；"亲密"着重表示关系密切。"亲切"常同"照顾、招待、关怀、教导、话语、声音"等搭配；亲密"常同"关系、友谊、战友、同志"等搭配。"亲切"多用来指一方对另一方；"亲密"一定是指双方的。"亲切"可以用来形容人在感受某一事物时的心情；"亲密"不能。

【亲热】qīnrè ❶形。亲密而热情：～的样子|她对我十分～。可重叠：我们成了亲亲热热的一家人。❷动。表示亲密和热情；一般不带宾语,可带补语：同她～了一番。可重叠：去和孩子～～。
*"亲热"和"亲密"："亲热"着重表示人与人之间的热烈情感,与"冷淡"相对；"亲密"着重表示关系密切,与"疏远"相对。"亲热"可以指双方的,也可以指一方的；"亲密"一定是指双方的。"亲热"有动词用法；"亲密"没有。

【亲人】qīnrén 名。(1)直系亲属或配偶：他身边只有一个～了。(2)比喻关系密切、有深厚感情的人：祖国处处有～。

【亲如手足】qīn rú shǒu zú 成。手足：比喻兄弟。比喻兄弟之间的亲密情谊。也比喻朋友之间感情深厚,亲密得像兄弟一样：同学们虽然来自全国各地,但相处得很好,～。

【亲善】qīnshàn 形。关系亲近友好；多指国家之间：两国人民一向very～。

【亲身】qīnshēn 副。亲自；用在动词前作状语：～经历|～感受。

【亲生】qīnshēng 形。不加程度副词,不单独作谓语。(1)自己生育的：小强是她～的|他是我的～儿子。(2)生育自己的；只作定语：～父母|～父亲。

【亲手】qīnshǒu 副。用自己的手；用在动词前作状语：这是他～炒的菜。

【亲属】qīnshǔ 名。与自己有血缘关系或

婚姻关系的人：直系~|旁系~。

【亲痛仇快】qīn tòng chóu kuài 成。使亲人痛心，仇人高兴：我们千万不能做~的蠢事。也说亲者痛，仇者快。

【亲王】qīnwáng 名。皇帝或国王的亲属中封王的人。

【亲信】qīnxìn ❶动。亲近而信任；常带宾语：不要~那些阿谀奉承的人。可加程度副词：他武艺高超，手下人对他很~。❷名。为人所亲近信任的人；多含贬义：这个人是胡司令的~。

【亲眼】qīnyǎn 副。用自己的眼睛；用在"看"或"见"之前，作状语：~所见|这是我~看见的事。

【亲政】qīnzhèng 动。幼年继位的帝王成年后亲自处理政事；不带宾语：小皇帝~以后，大宴群臣。

【亲自】qīnzì 副。自己，自身；用在动词前作状语，表示强调自己去做什么：厅长~主持召开了教育工作会议。

衾 qīn 〈古〉名。(1)被子。(2)尸体入殓时盖尸体的东西。

qín(ㄑㄧㄣˊ)

芹 qín 名。芹菜，一年或二年生草本植物。茎叶可食用，是普通蔬菜。种子可做香料。

芩 qín [黄芩](huáng-) 名。多年生草本植物，开淡紫色花，根黄色，可入药。

矜(𥎊) qín 〈古〉名。矛柄。另见guān，jīn。

琴 qín 名。(1)古琴，一种弦乐器。(2)某些乐器的统称，如风琴、钢琴、胡琴、提琴、口琴等。❷姓。

【琴瑟】qínsè 〈书〉名。琴、瑟：合奏的两种乐器。旧时多比喻夫妻感情和谐。也比喻友情。

【琴书】qínshū 名。曲艺的一种，以唱为主，以说为辅。主要伴奏乐器是扬琴、坠琴，因而得名。有山东琴书、北京琴书、徐州琴书等。

秦 qín ❶名。(1)周朝国名，在今陕西中部、甘肃东部。❷朝代，秦始皇嬴政所建立（公元前221—公元前206年）。建都咸阳（在今陕西咸阳市东）。是我国历史上第一专制主义中央集权的封建王朝。(3)指陕西和甘肃，特指陕西。❷姓。

【秦吉了】qínjíliǎo 名。文学作品中所说的一种鸟，样子类似八哥儿，能模仿人声。据说产于陕西，故名秦吉了。

【秦晋之好】qín jìn zhī hǎo 成。春秋时，秦晋两国世为婚姻。后指两姓联姻：两家结为~。

【秦镜高悬】qín jìng gāo xuán 见"明镜高悬"。

【秦腔】qínqiāng 名。(1)戏曲剧种之一，流行于西北地区。明代中叶以前在陕西、甘肃一带民歌的基础上经过长期演变发展而成。是梆子腔系统中历史比较悠久的剧种。音调激越高亢。也叫陕西梆子。(2)北方梆子的统称。

溱 qín 地名用字。溱潼，镇名，在江苏省。
另见zhēn。

嗪 qín 译音用字。见"哌(pài)嗪"。

蜻 qí 名。古书上指像蝉的一种昆虫。

覃 qín 姓。
另见tán。

禽 qín 名。(1)鸟类：家~|飞~。(2)鸟兽的总称。

【禽兽】qínshòu 名。鸟和兽，比喻行为卑鄙恶劣的人：衣冠~|~行为。

擒 qín 〈素〉捕捉，捉拿：生~|拿|~贼~王。

【擒拿】qínná 动。捉拿；常带宾语：~盗贼。常构成连动词组：~格斗|~归案。

【擒贼擒王】qín zéi qín wáng 成。捉盗贼要抓首恶，比喻做事要抓关键：~，搞掉了敌人的指挥机关，消灭全部敌人就容易了。

噙 qín 动。嘴或眼里含着；须带宾语：嘴里~了一口水|眼里~着泪。

檎 qín [林檎](lín-) 名。即花红，落叶小乔木，花粉红色，果实球形，像苹果而小，是常见的水果。也叫沙果。

勤 qín ❶(1)做事尽力，不偷懒：人~地不懒|做工作要手~、口~、脚~。(2)次数多，经常；常作状语或补

语：～查字典|雨下得太～。❷〈素〉(1)按规定时间上班的工作：执～|考～。(2)指公务：～务|内～|外～。❸姓。

【勤奋】qínfèn 形。不懈地努力；指工作、学习等：小张学习很～。

【勤俭】qínjiǎn 形。勤劳俭朴；多指工作和生活：～建国|小明很～，全家的日子安排得挺好。

【勤谨】qín·jin 〈方〉形。勤劳；多指办理事情：他工作很～。

【勤恳】qínkěn 形。勤劳踏实：他工作十分～。可重叠：勤勤恳恳地教学。
＊"勤恳"和"勤奋"："勤恳"着重表示勤劳、踏实；"勤奋"着重表示努力、奋发。"勤恳"多用于劳动或工作；"勤奋"多用于学习或工作。"勤恳"可重叠；"勤奋"不能重叠。

【勤快】qín·kuai 〈口〉形。手脚勤，爱劳动：他很～，从不偷懒。

【勤劳】qínláo 形。努力劳动，不怕辛苦：父亲是个～的木匠|～勇敢的中国人民。

【勤勉】qínmiǎn 形。勤勤恳恳，努力不懈：小红练字很～。

【勤王】qínwáng 〈书〉动。不带宾语。(1)旧时君主的统治地位受到内乱外患而发生动摇时，臣子用兵力援救：起兵～。(2)勤于王事，为王朝尽力。

【勤务】qínwù 名。(1)公家分派的公共事务。(2)军队中专门担任杂务工作的人。

勲 qín 〔慇懃〕(yīn-) 见"殷勤"。

qín〈ㄑㄧㄣˊ〉

梫 qín 名。古书上指肉桂。

锓 qǐn 〈古〉动。雕刻：～版。

寝(寢) qǐn ❶〈素〉(1)睡：废～忘食。(2)卧室：就～|寿终正～。(3)帝王的坟墓：陵～。❷〈古〉动。停止，平息：其议遂～(那种议论于是平息)。

【寝不安席】qǐn bù ān xí 成。寝：睡觉。睡觉也不能安于枕席。形容心事重重，睡不着觉；常与"食不甘味"并用：他这几天食不甘味，～，看上去心事重重

qìn〈ㄑㄧㄣˋ〉

呮(唚、吣) qìn 动。常带宾语。(1)猫、狗呕吐：小猫～了我一身。(2)〈口〉漫骂：满嘴胡～|你胡～些什么？

沁 qìn 动。须带宾语或补语。(1)渗入，透出；指香气、液体等：头上～出了汗珠。(2)〈方〉头向下垂：～着头。(3)〈方〉放入水中：～到水桶里。

【沁人心脾】qìn rén xīn pí 成。沁：渗入。吸入芬芳之气或喝了清凉饮料，使人感到非常舒适。比喻美好的文学作品，给人清新、爽朗的感受：菜花的清香，一阵阵～。注意"沁"不读xīn。

揿(撳) qìn 〈方〉动。摁，按；常带宾语或补语：～电铃|～开关|～了几下。

qīng〈ㄑㄧㄥ〉

青 qīng ❶形。蓝色、绿色或黑色：～天|～山|～水|～布。❷〈素〉(1)青草或没有成熟的庄稼：踏～|～黄不接。(2)比喻年轻：～年。(3)指黑眼珠：垂～。❸姓。

【青帮】qīngbāng 名。旧时帮会的一种，产生于清末，最初参加的人多以漕运为职业，在长江南北大中城市活动。后成为反动统治阶级的爪牙。也作清帮。

【青出于蓝】qīng chū yú lán 成。青：靛青；蓝：蓼蓝之类可作染料的草。青是从蓝草里提炼出来的，但颜色比蓝草更深。比喻学生超过老师或后人胜过前人：～，学生超过老师，这是老师的愿望，也是历史发展的辩证法。

【青春】qīngchūn 名。(1)青年时期：让美丽的～放射出强烈的光和热|他的眼睛闪着～的光辉。(2)比喻旺盛的生命力：～焕发|百年老厂恢复了～。

【青春期】qīngchūnqī 名。指男女生殖器官发育成熟的时期。通常男子的青春期是15岁到16岁，女子的青春期是13岁到14岁。

【青葱】qīngcōng 形。形容植物浓绿：～的草地|山上一片～。

【青翠】qīngcuì 形。鲜绿：雨后的垂柳～

欲滴。

【青蚨】qīngfú 名。(1)古代传说中的虫名。(2)古代用做钱的别名。

【青红皂白】qīng hóng zào bái 成。皂：黑色。青、红、黑、白四色。比喻事情的情由或是非曲直：他不分～打了儿子两个嘴巴。

【青黄不接】qīng huáng bù jiē 成。青：田里的青苗；黄：黄熟的庄稼。陈粮已经吃完，庄稼尚未成熟。常用来比喻暂时的断缺：在这～的节骨眼上，赈济灾民正是时候啊!

【青衿】qīngjīn 名。古代读书人穿的一种衣服，借指读书人。

【青睐】qīnglài 〈书〉动。青眼，比喻受到重视或喜爱；常作"受到、得到、赢得"等动词的宾语：这部作品博得广大读者的～。

【青莲色】qīngliánsè 名。浅紫色。

【青楼】qīnglóu 名。(1)旧指妓院。(2)豪华精致的楼房。

【青绿】qīnglǜ 形。深绿；不加程度副词，不单独作谓语，作定语：～的树林。

【青梅竹马】qīng méi zhú mǎ 成。青梅：青色的梅子；竹马：儿童用竿当马骑。比喻男女儿童一起玩耍，天真无邪：那少年时期～的生活，在他的心灵里留下了多少难忘的记忆啊!

【青霉素】qīngméisù 名。抗菌素的一种，是从青霉素培养液中提制的药物。常用的是青霉素的钙盐、钾盐或钠盐，是白色无定形的粉末，易溶于水，对葡萄球菌、链球菌、淋球菌、肺炎双球菌等有抑制作用。也叫盘尼西林。

【青面獠牙】qīng miàn liáo yá 成。青面：脸上泛着青色；獠牙：露在外面的长牙。形容面貌极为凶恶：这本杂志的封面设计得太可怕了，尽是些～的怪物。

【青年】qīngnián 名。(1)指十五六岁到三十岁左右的阶段：～时代|～工人。(2)指上述年龄的人：知识～|好～。

【青鸟】qīngniǎo 名。古典文学中借指传信的信使。

【青皮】qīngpí 〈方〉形。无赖：～流氓。

【青纱帐】qīngshāzhàng 名。指夏秋间长得茂盛的大片高粱、玉米等农作物，好像青纱织成的帐幕：新四军在～中与敌寇周旋。也作青纱障。

【青史】qīngshǐ 名。史书。古代用竹简写字记事，因称史书为"青史"：～留名|永垂～。

【青丝】qīngsī 名。(1)指女子的头发：一缕～。(2)青梅等切成的细丝，放在糕点馅内，或放在糕点面上做点缀。

【青天】qīngtiān 名。(1)蓝色的天空：抬头望着～。(2)比喻清官：包～(包公)|～大老爷。

【青眼】qīngyǎn 动。指人高兴时正眼看人，黑眼珠在中间。比喻对人的重视或喜爱；与"白眼"相对，不带宾语：～迎人|～相待|他办事坚持原则，绝不因为是熟人、亲友而～相加。

【青衣】qīngyī 名。(1)黑色衣服：～小帽。(2)古时指婢女。(3)传统戏剧中"正旦"的别称，主要扮演庄重的青年或中年妇女，因穿青衫而得名：她学的是～。

【青云】qīngyún 名。比喻显要的地位，多用在比较固定的组合中：平步～|～直上。

【圊】qīng 〈古〉名。厕所：～粪|～土。

【清】qīng ❶形。(1)纯净，无杂质；与"浊"相对，多用来形容液体：湖水很～。(2)清楚，明白；多作补语：讲不～|看不～。❷动。常带宾语。(1)结完帐目，还清：帐已经～了|～一下这笔帐。(3)点清，验清；多指数量：～一下行李的件数|～一～柜台上的商品。❸〈素〉(1)单纯：～茶|～唱。(2)安静，寂静：冷～|～静。(3)公正，廉洁：～廉|～官。(4)一点不留：～除。(5)清除不纯的部分：～洗|～党。❹名。朝代名。我国最后一个封建王朝(公元1644—1911年)。1616年满族人爱新觉罗·努尔哈赤建立后金。1636年改国号为清。1644年入关，定都北京，逐步统一全国。❺姓。

【清白】qīngbái 形。(1)纯洁，没有污点；历史很～|保持～。可重叠：清清白白做人。(2)〈方〉明白，清楚：把问题说～了。

【清册】qīngcè 名。详细登记财物等的册子：材料～|固定资产～。

【清查】qīngchá 动。彻底检查：帐目要

好好~。常带宾语或补语：~仓库|户口全部~了一遍。可重叠：库存物资要~。

【清唱】qīngchàng 名。指不化装的戏曲演唱形式，一般只唱某出戏中的一段或几段：京剧~。

【清澈】qīngchè 形。清净透明；指水：姑娘们的身影倒映在~的河水里。

【清除】qīngchú 动。扫除干净，全部去掉：院子里的积雪已~了。常带宾语或补语：~垃圾|要把封建残余思想~干净。
＊"清除"和"铲除"："清除"着重表示清理并扫除不好的东西，使纯而不杂；"铲除"着重表示连根除去不好的东西，使不复存在。"清除"用于具体事物，对象多是污泥、垃圾、乱石之类，用于抽象事物，对象常是错误思想、流毒、影响、政治灰尘等；"铲除"用于具体事物，对象多是杂草、乱石之类，用于抽象事物，对象比较广泛。

【清楚】qīngchu ❶形。(1)事物容易被人了解辨认：把事情经过说~|字迹很~。可重叠：他把几年的糊涂帐整理得清清楚楚，分文不差。(2)对事物了解得很透彻：头脑很~|他~地知道为什么今天来参观的人这么多。❷动。了解：这些道理我~。可带主谓词组作宾语：我真不~他为什么这么做。
＊"清楚"和"明白"：作形容词用时，"清楚"着重表示不模糊，有条理，容易辨认，"明白"着重表示明显，不深奥，容易懂。"清楚"可以表示对事物了解很透彻；"明白"可以表示聪明、懂道理。作动词用时，两者的意义比较相近，有时可以互换，但"清楚"的使用范围较宽，宾语大多是事物，"明白"的使用范围较宽，宾语可以是事物，也可以是人。

【清脆】qīngcuì 形。(1)清亮悦耳；指声音：歌声~|~的鸟鸣声。可作"显得"等动词的宾语：在寂静的夜晚，枪声显得格外~。(2)清爽适口；指食物：新鲜黄瓜~可口。

【清单】qīngdān 名。详细登记有关项目的单子：工资~|物资~。

【清淡】qīngdàn 形。(1)不浓；多指颜色、气味等：这杯茶很~|远远地飘过来一阵~的荷花香。(2)含油脂少；多指食物：大热天人们喜欢吃些~的菜。(3)生意不兴盛：近来生意很~。

【清点】qīngdiǎn 动。清理查点：物资要好好~。常带宾语或补语：~仓库|~了一遍。

【清风】qīngfēng 名。清凉的风：~徐来|来一阵~。

【清高】qīnggāo 形。旧指品德高尚，不同流合污，现多指逃避现实斗争或不与常人来往；含贬义：小方有些~，很少同他人交朋友。

【清官】qīngguān 名。指公正廉洁的官吏。

【清规戒律】qīngguī jièlǜ 成。(1)佛教徒、道教徒要遵守的规则和戒律。(2)比喻束缚人的不合理的规章制度或陈规惯例：新时代的青年具有破除种种~的勇气。

【清寒】qīnghán 形。(1)清贫：家境~。(2)清朗而有寒意：月色~。

【清剿】qīngjiǎo 动。彻底消灭，肃清；常带宾语或补语：~土匪|~得干干净净。

【清洁】qīngjié 形。没有尘土、油垢等脏东西：~的小院落|教室打扫得很~|保持~。

【清净】qīngjìng 形。没有事物打扰：耳根~|孩子们春游去了，我可以~一天。可重叠：让我~~，别来吵我|让我清清净净过几天安生日子。

【清静】qīngjìng ❶形。不嘈杂，安静：园子里十分~。❷动。使安静，不嘈杂；不带宾语，常带补语：别吵了，让他~一会儿。可重叠：我想~~。
＊"清静"和"清净"："清静"着重在"静"，指没有嘈杂的声响；"清净"着重在"净"，指没有事物来干扰，如"心里清净"、"耳根清净"。

【清客】qīngkè 名。门客，旧社会在官僚家里帮闲的人。

【清苦】qīngkǔ 形。贫苦；多形容读书人：生活非常~。

【清朗】qīnglǎng 形。(1)凉爽晴朗：天气~。(2)清楚而响亮：声音很~。

【清冷】qīnglěng 形。(1)凉爽而略带寒意：~的秋夜。(2)冷清：客人们走后，屋里显得有些~。

【清理】qīnglǐ 动。彻底整理或处理: 材料太乱,要好好~。常带宾语或补语: ~旧书|废品要~出去。也可用于抽象事物: ~思想。可重叠: 你把帐目~~。

＊"清理"和"整理": "清理"语意较重,表示彻底整理; "整理"语意较轻,不一定要彻底整理。"清理"除表示整理的意思外,还有处理的意思; "整理"没有这个意思。

【清廉】qīnglián 形。清白廉洁; 用于做官或掌权的人: 为政十分~。

【清亮】qīngliàng 形。清ലൃ响亮; 指嗓音: 远远又听见广播员那~的声音|她的唱腔高亢而~。可重叠: 清清亮亮的笑声。

＊"清亮"和"清脆": "清亮"着重表示清脆响亮, "清脆"着重表示清楚悦耳。"清亮"一般指嗓音; "清脆"除指嗓音外,还可指物体的响声,如铃声、泉水声、枪声等。"清脆"可形容食物清爽可口; "清亮"没有这种用法。

【清亮】qīng·liang 〈口〉形。清澈: 河水十分~。

【清冽】qīngliè 〈书〉形。凉爽而略带寒意: 泉水非常~。

【清明】qīngmíng ❶形。(1)〈书〉有法度、有条理,政治: 为政~。(2)清楚而镇静; 神志~。(3)清澈明朗: 月色~。❷名。二十四节气之一,在每年公历4月5日前后。民间习惯在这天扫墓。

【清贫】qīngpín 形。贫穷; 多形容读书人: 家道~。

【清平】qīngpíng 形。太平: ~世界。

【清癯】qīngqú 〈书〉形。清瘦: 面容~|~的面孔。

【清瘦】qīngshòu 形。瘦; 婉辞: ~的脸庞|长得太~。

【清爽】qīngshuǎng 形。(1)清洁凉爽: ~的晚风。(2)轻松爽快: 到外面散散步,心里~多了。(3)〈方〉整洁,干净: 这个小孩身上很~。可重叠: 房间收拾得清清爽爽的。(4)〈方〉明白,清楚: 把话讲~|帐目蛮~。

【清水衙门】qīngshuǐ yámen 成。衙门; 旧时官员办公的机关。泛指没有什么油水可捞的机关、单位: 嘿,你客气什么,咱们这ㄦ是~,唯有清水泡茶请呀。

【清算】qīngsuàn 动。常带宾语或补语。(1)彻底核算: ~帐目|财物要~一下。(2)彻底查究罪恶或错误,并给予相应的处理: ~恶霸地主的罪行。

【清谈】qīngtán 动。本指魏晋时期一些士大夫崇尚虚无、空谈哲理,后泛指不解决实际问题地谈论: 开会要解决问题,不能~一阵就散会。可带宾语: 讨论会上不要~那些道听途说的消息。

【清通】qīngtōng 形。层次清晰,字句通顺; 指文章: 文章要写得~,非下苦功不可。

【清晰】qīngxī 形。清楚: ~的画面|发音很~|我们可以~地听到远处的机枪声。

＊"清晰"和"清楚": "清晰"着重指事物看得清,分辨得清, "清楚"着重指事物、神志感觉有条理,不模糊。"清晰"没有动词用法; "清楚"有动词用法。"清晰"不能重叠; "清楚"可以重叠成"清清楚楚"。"清晰"多用于书面语; "清楚"多用于口语。

【清洗】qīngxǐ 动。常带宾语或补语。(1)洗干净: ~口腔|~一下。可重叠: 餐具要经常~~。(2)彻底除掉; 多指不能容留的人: ~投机分子。

【清闲】qīngxián 形。清静闲暇: 忙惯了的人过不惯~的生活|厂里有些人很~。

【清香】qīngxiāng 名。清淡的香味: ~的菊花|阵阵~扑鼻而来|晨风吹来野花的~。

＊"清香"和"幽香": "清香"指香味不浓、不俗, "幽香"含有"隐隐送来"的意思。"清香"既可用于花草树木散发的香气,也可用于某些食物的香味,如"这茶喝起来有一股清香"; "幽香"只用于花草树木的香气,不用于食物。

【清新】qīngxīn 形。(1)清爽而新鲜: 雨后的空气很~。(2)新颖不落俗套; 指诗文书画等: 他的散文,文字~,气势流畅|这期画报的版面,~活泼。

【清醒】qīngxǐng ❶形。(1)清楚,明白,不糊涂; 指头脑: 早晨起来,头脑特别~。(2)神志脱离昏迷状态而恢复正常: 病人已经~了。❷使清醒; 须带宾语或补语: 清凉的海风~了我的思绪|好好开

导开导他，让他～过来。可重叠：出去散散步，～～头脑。

【清秀】qīngxiù 形。俊美，秀丽：面目～｜他的字写得很～。

【清样】qīngyàng 名。经最后一次校(jiào)正后准备付印的校样。

【清一色】qīngyīsè 习。指打麻将牌时某一家由一种花色组成的一副牌。比喻全部由一种成分构成或都是一个样子：我们车间是～，全是妇女。

【清音】qīngyīn 名。(1)曲艺的一种，流行于四川，用琵琶、二胡等伴奏。(2)旧时婚丧中所用的吹奏乐。(3)发音时声带不振动的音，如普通话语音中的b、d等。

【清幽】qīngyōu 形。秀丽而幽静，指风景：～的山谷｜景色非常～。

【清越】qīngyuè 形。清脆悠扬；指声音：～的歌声。

【清湛】qīngzhàn 〈书〉形。清澈指湖水、溪水等：～的湖水｜溪水～见底。

【清真】qīngzhēn 形。伊斯兰教的；一般作定语：～食品｜～饭店。

蜻 qīng [蜻蜓](-tíng) 名。昆虫，身体细长，胸部的背面有两对膜质翅，捕食蚊子等小飞虫，是益虫。

【蜻蜓点水】qīngtíng diǎn shuǐ 成。蜻蜓触水，一掠而过。比喻做事肤浅不深入：我们无论做什么事，都不能是～式的，而要踏踏实实。

鲭 qīng 名。鱼类的一种，身体呈棱形而侧扁，鳞圆而细小，头尖口大。鲐(tái)鱼就属于鲭科。

轻(輕) qīng ❶形。(1)重量少；与"重"相对：羽绒服很～｜这块木头～，那块木头重。(2)数量少，程度浅：他的年纪比我～｜这次受的伤比较～，没什么关系。(3)不重要，事情少：责任～｜做些很～的工作。(4)用力小，用力不猛：请你摇得～一点｜～拿～放。❷〈素〉(1)负载小，装备简单：～装｜～骑。(2)轻松：～快｜～音乐。(3)随便，不慎重：～率｜～举妄动｜～信。(4)不严肃，不庄重：～浮｜～薄。(5)不重视，不爱惜：～视｜～敌｜～生。

【轻便】qīngbiàn 形。(1)重量较小，使用方便：～鞋｜这种自行车很～。(2)轻松，容易：～工作｜这么一点儿事做起来～得很。

【轻薄】qīngbó 形。言行轻佻，不庄重；常用于对女性：态度～｜～之妇。

【轻车简从】qīng chē jiǎn cóng 成。行李很少，仆从不多：他职位虽高，但出门从来都是～，不讲排场。

【轻车熟路】qīng chē shú lù 成。驾着轻车，走着熟路。比喻对事情熟悉，做起来容易：这类工作对你来说是～了。

【轻敌】qīngdí 动。低估对手的实力，放松警惕；不带宾语：打仗切不可～。可作主语：～是比赛失败的主要原因。可加程度副词：这次失败，原因是我太～了。

【轻而易举】qīng ér yì jǔ 成。形容事情容易办，毫不费力：这不是～就能获得成功的。

【轻浮】qīngfú 形。说话或行动随便，不严肃，不稳重：作风很～｜性格～｜这个人举止有些～。

*"轻浮"和"轻佻"："轻浮"指作风浮滑，言语举动随便；"轻佻"指言行不严肃，不庄重，语意比"轻浮"重。"轻浮"除可用于言谈举止外，还可形容作风和性格；"轻佻"除可用于言谈举止外，还可形容音乐的情调和风格。

【轻歌曼舞】qīng gē màn wǔ 成。轻：轻快；曼：柔美。轻快的歌声，柔美的舞蹈：演员们的～，给观众带来了美的享受。

【轻工业】qīnggōngyè 名。以生产生活资料为主的工业，包括食品、纺织、医药、皮革、造纸及生产其他生活用品和文化用品的工业。

【轻贱】qīngjiàn ❶形。下贱：这个人真不自重，太～了。❷动。小看，看不起；多带宾语：我们不能～环卫工作。

【轻捷】qīngjié 形。轻快而敏捷：步履～｜～的脚步｜小鸟～地飞向天空。同某些词语组合，可带宾语：我开始惊异他步履的～。

【轻举妄动】qīng jǔ wàng dòng 成。轻：轻率；妄：任意。形容未经慎重考虑，就轻率地随意行动：这件事关系重大，不可～。

【轻快】qīngkuài 形。(1)不费力；指动作：～的脚步。(2)轻松愉快；指心情：完成了任务,他心里很～。

【轻狂】qīngkuáng 形。言行轻浮,放任：举止～。

【轻慢】qīngmàn 动。不敬重人,态度傲慢：作为一名老专家,他处处受人敬重,从来没有被人～过。可带宾语：不要～了客人。

【轻描淡写】qīng miáo dàn xiě 成。原指绘画时用浅淡的颜色轻轻描绘。后比喻说话或行文时将某个重要问题轻轻带过：～地说一顿是不行的|这段情节不必细述,可以～地一笔带过。

＊"轻描淡写"和"漫不经心"："轻描淡写"着重表示避重就轻,敷衍过去；"漫不经心"着重表示随随便便,不放在心上。"轻描淡写"表示着力不多地描写或叙述,不一定都带贬义；"漫不经心"表示不认真,常带贬义。

【轻蔑】qīngmiè 动。轻视,不放在眼里,指对人的态度,可带宾语：那些达官贵人～她,她也不把他们放在眼里。常作定语或状语：他以～的目光瞥了法官一眼。可作"遭、受"等动词的宾语：在旧社会,妇女常受人～。

＊"轻蔑"和"轻视"："轻蔑"语意重,有蔑视的意思；"轻视"语意轻,表示看得不重要。"轻蔑"多用于对人；"轻视"不限,使用范围较广,如"轻视服务行业"、"轻视学习"等。

【轻诺寡信】qīng nuò guǎ xìn 成。轻：轻易,不庄重；诺：答应,许诺；寡：少。轻易许诺的,很少守信用：你放心,他不是个～的人。

【轻飘飘】qīngpiāopiāo 形。不加程度副词,常加助词"的(地)"。(1)形容轻得似乎要飘起来的样子：河边柳丝～地摆动着。(2)轻捷；指动作：姑娘们舞姿～的,非常优美。(3)轻松,自在；指心情、语言：犯了错误,～地检查一下,是不行的。

【轻骑】qīngqí 名。装备轻便的骑兵。

【轻巧】qīng·qiǎo 形。(1)重量小而灵巧；多指用具、物品等：这种自行车很～。(2)轻松灵活；多指动作：小松鼠在树上跳来跳去,动作～极了。(3)简单容易；多指工作：～活儿|这工作说着～,做起来就难了。

【轻取】qīngqǔ 动。轻而易举地战胜对手；常带宾语：这场排球比赛中国队以3:0～客队|我军以秋风扫落叶之势,～津门。

【轻柔】qīngróu 形。轻而柔和：～的柳枝|她的歌声多么～。

【轻生】qīngshēng 动。看轻自己的生命；多指自杀,不带宾语,可带动态助词"了、过"：她振作起来,不再～了。

【轻声】qīngshēng 名。普通话中有些字音念得又轻又短,叫轻声。如"着、了、过、地、的、得"等助词和做后缀的"子、头"等,都读轻声。有些双音词的第二个字也念轻声,如"豆腐"的"腐"。也叫轻音。

【轻视】qīngshì 动。看不起,不重视或不认真对待：这位棋手身手不凡,不可～。可带宾语：～劳动的思想是极其错误的。

＊"轻视"和"忽视"："轻视"多指有意地瞧不起；"忽视"多指无意地忽略。"轻视"的对象可以是人或事物；"忽视"的对象只能是事物。

【轻率】qīngshuài 形。说话做事不慎重,随随便便：不要～行事|他说话太～了。

【轻松】qīngsōng ❶形。不感到有负担,不紧张：他的工作比较～。可重叠：她轻轻松松地过了英语考试这一关。❷动。放松,使轻松：紧张了好多天,今天去看场电影,～一下。可重叠：周末我们去郊游,让脑子～～。

【轻佻】qīngtiāo 形。说话和行动不严肃,不庄重：～的口吻|她举止很～,引起了一些人的非议。

【轻微】qīngwēi 形。数量少而程度浅：损失很～|～的劳动|跌了一交,造成～的脑震荡。

【轻武器】qīngwǔqì 名。射程较近,容易携带的武器。如步枪、冲锋枪、机关枪等。

【轻信】qīngxìn 动。轻易相信：在外旅行,对不认识的人不可～,以免上当。可带宾语：～传闻,做出了蠢事。

【轻易】qīngyì ❶形。简单容易；常作谓语：拿金牌不是～的事。❷副。(1)随随便便地,轻率地；多用在"不要、不肯"等表示否定的词语的后面：不要～下结论|他是一个不肯～向困难低头的人。

(2)与否定词"不"并用,表示"很少"或"不容易"的意思:他按时上班,～不迟到|他身体结实,～不闹病。

【轻音乐】qīngyīnyuè 名。指以抒情为主、结构比较简单、轻松活泼的音乐,如器乐曲、舞曲等。

【轻盈】qīngyíng 形。(1)动作、姿态轻巧优美;多指女子:～的舞姿|体态～。(2)轻松;用于声音:墙外传来～的笑语声。

【轻于鸿毛】qīng yú hóng máo 成。鸿毛:大雁的毛。比大雁的毛还要轻,比喻死得毫无价值:死有重于泰山,有～。也作轻如鸿毛。

【轻重】qīngzhòng 名。(1)重量的大小:请你估计一下这条鱼的～。(2)程度的深浅,事情的主次:要掌握病情的～|工作要分～缓急。(3)适当的限度;指说话做事:说话要有个～。

【轻重缓急】qīng zhòng huǎn jí 成。指事情有不重要的和重要的,需急办的和可缓办的区别:工作头绪多,要分一分～。

【轻装】qīngzhuāng 名。轻便的行李或装备。也比喻解除了思想负担,精神上轻松愉快:～上阵|～部队|放下包袱,～前进。

【轻装简从】qīng zhuāng jiǎn cóng 成。指有地位的人出门时,行装简单,随从也不多:诸葛亮身为一国丞相,外出时却一向～。

氢(氫) qīng 名。化学元素,在通常条件下为气体,符号H。是已知元素中最轻的,无色,无味,无臭。在工业上用途很广。通称氢气。

倾 qīng ❶动。(1)歪,斜;不带宾语:地震后,山墙向外～了|做这个动作,身体要稍微向前～。(2)〈书〉倒塌;不带宾语:大厦将～。(3)〈书〉用尽,尽数拿出;须带宾语:～全力做好工作。❷素(1)使器物反转或歪斜,倒出里面的东西:～倒|～盆|～箱倒箧。(2)倾向:左～|右～。

【倾侧】qīngcè 动。倾斜,侧向一面:楼房开始向东～。可带宾语:他突然朝着这声音响亮的方向～着他的脑袋。

【倾巢】qīngcháo 动。窝里的鸟全部飞出,比喻兵力或人力等全部出动;一般用于敌军或匪徒,要与"出动、而出"连用,构成连动词组:为了对付几个游击队员,敌军竟～而出。

【倾城倾国】qīng chéng qīng guó 成。《汉书·孝武帝李夫人传》:"北方有佳人,绝世而独立,一顾倾人城,再顾倾人国。"形容女子美丽非凡。也作倾国倾城。

【倾倒】qīngdǎo 动。一般不带宾语。(1)由歪斜而倒下:这堵墙眼看就要～了。(2)佩服、爱慕:令人～|观众为之～|他喜爱武侠小说,于那些侠客义士。

【倾倒】qīngdào 动。常带宾语或补语。(1)倾斜或翻转容器,把东西全部倒出来:要在指定地点～工业废渣|不许把垃圾～在马路边。(2)全部表现出来:～所受到的折磨|他有满肚子苦水,见到亲人便一齐～出来了。

【倾覆】qīngfù 动。(1)倒塌;指物体,不带宾语:大楼在地震中～了。(2)颠覆,使失败;指国家、政权等:中国革命的航船险些在惊涛骇浪中～。可带宾语:侵略者总是企图～我国的政权。

【倾家荡产】qīng jiā dàng chǎn 成。倾倒也;荡:弄光,扫除。把家产都给弄光了:他～,才还清了高利贷。

【倾慕】qīngmù 动。倾心爱慕:他俩彼此～着。可带宾语,可加程度副词:他非常～她。可作定语:他低声对她诉说着自己～的心情。

【倾盆】qīngpén 形。形容雨极大;不加程度副词,不单独作谓语,多作"大雨"的定语:民警冒着～大雨,护送迷路的老人回家。

【倾诉】qīngsù 动。尽情地诉说;指心里的话,常带宾语或补语:～衷肠|她把所受的苦全部～出来。

【倾听】qīngtīng 动。细心地听取;多用于上对下,常带宾语:～群众的意见。也可用于其他方面:他站在小溪边,～着淙淙(cóng)的流水声。

【倾吐】qīngtǔ 动。把心里的话完全说出:故友重逢有千言万语想～。常带宾语或补语:他打定主意向姑娘～心中的秘密|他决心把心中的郁闷～出来。

【倾向】qīngxiàng ❶动。偏于赞成对立事物中的一方;常带宾语:他很早就～

革命了。常以介词词组作补语：大家～于张老师的意见。❷名。发展的方向、趋势；多指思想、作风、政策、工作等方面的：我们要同各种不良～作斗争。

【倾销】qīngxiāo 动。用低于市场价格的价格，大量抛售商品；常带宾语或补语：～商品|～到各地。

【倾斜】qīngxié 动。歪斜；不带宾语：这堵墙有些～|圈门口的篱笆渐渐向外～下来。

【倾泻】qīngxiè 动。大量的水或其他液体从高处急速流下；常带补语：瀑布从山顶～下来。

【倾心】qīngxīn 不带宾语。(1)一心向往，爱慕：一见～|令人～。(2)拿出真诚的心；多作状语：～交谈。

【倾轧】qīngyà 动。为争权夺利而互相排挤、打击：他们内部自己互相～排挤，闹得乌烟瘴气。可带宾语：～异己。

【倾注】qīngzhù 动。常以介词词组作补语。(1)自上而下地灌注：一股清泉～到深潭里。(2)比喻把感情、精力等集中到一个目标上：老师们把全部心血都～在学生身上。可带宾语：在儿女身上～了全部精力。

卿 qīng ❶名。(1)古代高级官名：三公九～。(2)君称臣：爱～。(3)古代夫妻或好朋友之间表示亲爱的称呼。❷姓。

qíng（ㄑㄧㄥˊ）

勍 qíng 〈古〉形。强大，强劲：～敌。

黥(剠) qíng 〈书〉动。(1)古代在犯人脸上刺上记号或文字并涂上墨。是一种刑罚。后也施于士兵，以防逃跑：武松因罪被～。(2)在人体上刺出有色花纹、文字或图形；可带宾语：臂～双龙。

情 qíng ❶名。(1)感情，爱情。～真意切|表达了爱慕之～|人非草木，孰能无～？(2)情面：说个～|留点～。❷〈素〉事实的状况：～景|～况|军～|病～。

【情报】qíngbào 名。(1)关于某种情况的消息和报告；多带机密性质：绝密～|

军事～。(2)泛指一切最新的情况报道：科技～|商业～。

【情不自禁】qíng bù zì jīn 成。激动的感情自己不能抑制；常作状语：听到这个消息，她～地叫了起来。

【情操】qíngcāo 名。指在一定思想信念的基础上长期形成的比较稳定的情感和精神状态；多指好的：一个人应该有高尚的～。

【情调】qíngdiào 名。(1)在一定思想意识基础上表现出来的情趣和格调；多指文艺作品和话语的感情倾向：这首歌的～太低沉了|这部作品洋溢着乐观向上的～|他话语中流露出一种感伤的～。(2)事物所具有的能引起人的各种不同感情的性质：这座小城具有浓厚的江南水乡的～|国际友人也陶醉在这节日的东方～之中。

【情窦初开】qíng dòu chū kāi 成。情：爱情；窦：孔，窍。指刚刚开始懂得爱情；多形容少女：娟娟正当～的年纪。

【情分】qíng·fēn 名。彼此相处的情感：朋友～|夫妻～|审理案子不～照顾。

【情感】qínggǎn 名。外界刺激所引起的各种心理反应，如喜欢、爱慕、崇敬、悲痛、愤怒、恐惧等；此情此景，引发起他种种复杂的～。

【情怀】qínghuái 名。含有某种感情的心境、心情：少女的～|革命的～。

【情急智生】qíng jí zhì shēng 成。情况紧急时突然想出好办法：当坏蛋越逼越近时，她～，猛地砸灭电灯，暗中夺路而出。

【情节】qíngjié 名。(1)事情的变化和经过。(2)文学作品中矛盾冲突的演变过程：《悲惨世界》的～非常曲折生动。(3)错误、罪行等的具体情况：犯罪事实确凿，～特别恶劣，当判重刑。

【情景】qíngjǐng 名。某个场合的具体情况和景象：回忆当年的～，历历如在眼前|浮雕的画面显示出学生们齐集于天安门前举行爱国示威游行的～。

【情况】qíngkuàng 名。(1)情形：大家近来的思想～|那里的人员～很复杂。(2)值得注意的变化或动向；常用于军事、公安等方面：侦察什么～要及时汇报|近来厂里没有发生什么～。

＊"情况"和"情形"："情况"所指范围较大，可指具体的事情，也可指抽象的事情，如政治、思想、经济、文化等。"情形"所指范围小，一般指具体的事情。"情况"可与"危急、紧急、严重、了解、反映、调查、发生"等词搭配；"情形"不能。"情况"还可指军事、公安等方面的变化和动向；"情形"没有这样的意思。

【情理】qínglǐ 名。人的通常心理和事情的一般道理：不近～｜违背～｜合乎～｜这是～中的事。

【情侣】qínglǚ 名。指相恋的男女或其中的一方；多指尚未结婚的：一对～｜他带着～去公园。

【情面】qíngmiàn 名。私人间的情分和面子：他秉公办事，不顾～｜你就讲点～，答应了吧。

【情趣】qíngqù 名。(1)性情志趣：他的～不在这上头。(2)情调趣味：这使他增加了生活的～。常作"有、没有、充满、缺乏"等的宾语：这些泥人中,《西天取经》这一组最有～。

【情人】qíngrén 名。相爱中的男女的一方。现多指配偶以外的相爱的对象。

【情势】qíngshì 名。事情在一定阶段上的状况和发展趋势：经济发展的～很好｜战士们一看这～，就纵身跳出战壕，同敌人搏斗。

【情思】qíngsī 名。情意,心思：心怀缕缕～回到故乡。

【情愫】qíngsù 〈书〉名。也作情素。(1)感情；含褒义：两人～相通｜他们之间有着高尚感人的～。(2)本心,真切的情意：一片～。

【情随事迁】qíng suí shì qiān 成。思想感情随着情况的变迁而变化：～,我过去对她的恋情已经渐渐淡漠了。

【情投意合】qíng tóu yì hé 成。双方思想感情融洽,意见一致：他俩相识不久,就成了一对～的朋友｜老王一向跟我～,无话不说。

【情网】qíngwǎng 名。指非常强烈、无法中断的恋情；常作"坠入、陷入"等的宾语,有时含贬义：小张跟她接触没几次,就坠入～。

【情形】qíng·xing 名。事物表现出来的样子：看到这危险的～,他马上冲了过去｜学校的～,同过去大不一样了。

【情绪】qíngxù 名。(1)人从事某种活动时产生的兴奋心理状态：劳动～｜战斗～｜学习～很高。(2)指不愉快的情感；常作"闹、有"的宾语：闹～｜他近来有点儿～。

＊"情绪"和"心情"："情绪"所表示的感情状态,着重在兴奋起来的心理活动,常显露在外；"心情"所表示的感情状态,着重在内心的境界,不一定显露在外。"情绪"因从事某种活动而产生时,可用表示这种活动的词作定语,如"战斗情绪"、"生产情绪"等；"心情"不能这样用。"情绪"常同"高、低、骄傲、热烈、悲观、乐观、镇定、消沉、安定"等词搭配；"心情"常同"好、坏、沉重、轻松、愉快、振奋、复杂、喜悦"等词搭配。

【情意】qíngyì 名。对人的感情：～深厚｜～绵绵｜你的～我领了,礼物可不能收。

【情谊】qíngyì 名。人与人之间互相关切、爱护的感情：我们两国人民的～是源远流长的｜在四年的同学生活中,大家建立了深厚的～。

【情义】qíngyì 名。亲属、朋友之间应有的感情和义理：他对老朋友竟不讲一点～｜总不能不顾一点弟兄之间的～。

＊"情义"和"情谊"："情义"指有特定社会关系的人之间应有的感情和义理,着重在义,涵义比"情谊"宽；"情谊"着重在友谊,只指互相关切、爱护的感情。"情义"常同"讲、不讲、顾及、不顾、违背"等词语搭配；"情谊"常同"深厚、真挚"等词语搭配。

【情由】qíngyóu 名。事情的内容和缘由：不问～。

【情愿】qíngyuàn ❶动。心中愿意：甘心～｜一相～｜苦一点我～。常带动词、形容词或主谓词组作宾语：我～饿肚子｜年轻人爱热闹,老年人却～安静｜难道我～他去冒这个险吗? ❷连。宁愿,宁可；表示在两方面选取其中的一面,常与"也不、决不"等呼应：他～生活艰苦一点,也不向国家伸手。

【情知】qíngzhī 动。明明知道；常用在转折复句的前分句中：她～丈夫这样做是违法的,却不阻拦。

晴 qíng 形。天上没有云或云很少;与"阴"相对:明天～转多云。

【晴和】qínghé 形。晴朗暖和:天气非常～。

【晴朗】qínglǎng 形。没有云雾,阳光充足:～的天空|天气非常～。

【晴天霹雳】qíngtiān pīlì 成。比喻突然发生的令人震惊的事;通常是不好的事情:丈夫突然去世,对她来说真是个～。也说青天霹雳。

䞍 qíng 〈方〉动。承受:他老是～现成的。

【䞍等】qíngděng 〈方〉动。常带宾语。(1)坐等,对象是"处罚、批评"之类:做了这件错事,我就只能～处分了。(2)坐享,对象为现成的事物:年轻人应该自己创造生活,而不能～现成的。

氰 qíng 名。碳和氮的化合物,无色有臭味的气体,有剧毒,燃烧时发紫红色火焰。

檠(橅) qíng 〈古〉名。(1)灯架,烛台。(2)矫正弓弩的器具。

擎 qíng 动。朝上托或举;常带宾语或补语:～着大盘子,像表演杂技|把队旗～得高高的。

qǐng (ㄑㄧㄥˇ)

苘(檾、䔛) qǐng [苘麻] (-má) 名。通称青麻。(1)一年生草本植物,茎直立,开黄花。茎皮纤维供制绳索,种子可治癞疾。(2)指这种植物的茎皮纤维。

顷 qǐng ❶量。指市顷,一顷等于一百亩。❷〈书〉副。刚刚,适才;一般用在单音节动词前:～获喜讯|～接大札。❸〈书〉助。左右,表示时间的约数,用在数量词后:唐开元十年～。❹〈素〉很短的时间:～刻|有～。❺〈古〉同"倾(qīng)"。

【顷刻】qǐngkè 名。极短的时间:马上作好准备,贵宾～便到|火车呼啸而过,～间便远去了。

廎(庼) qǐng 〈古〉名。小厅堂。

请 qǐng 动。(1)请求;常带兼语:～人帮忙|～医生看病。(2)邀请,聘请;可带名词宾语或兼语:～医生|～他担任学会的顾问。(3)宴请,招待;可带宾语或双宾语:上次他～过我一顿饭,这次该我～他了。(4)购买,添置:敬辞,旧时用于购买佛像、香烛等,常带宾语:奶奶说要去～一尊佛像供在家里。(5)希望对方做某事;敬辞,单用或带动词作宾语:～,别客气|～进。也可带动词性词组作宾语:～准时出席。

【请便】qǐngbiàn 动。请对方自己去做想做的事;不带宾语:我今天太累了,你想去就～吧。

【请假】qǐngjià 动。因病或因事请求准许在一定时间内不做工作或不学习;不带宾语,带时间补语:因小孩生病,特～一天,希批准。可拆开用:请两天假。

【请柬】qǐngjiǎn 〈书〉名。请帖。

【请教】qǐngjiào 动。请求指教;可带宾语或双宾语:有问题要多～老师|我想～你一个问题。可重叠:我也不太懂,还得向内行～～。

【请君入瓮】qǐng jūn rù wèng 成。据《资治通鉴·唐则天皇后天授二年》记载:武则天时,有人告发周兴谋反,武则天命来俊臣去审问。来俊臣假意同周兴饮酒,并请教说:"犯人不肯招供,怎么办?"周兴回答说:"这好办,拿个大坛子,四周用炭火烤,再把犯人装进去,这样做,没有不招供的。"来俊臣就用周兴说的办法,在大坛子的四周点起火来,然后对周兴说:"我奉命审问你,请你进大坛子吧!"周兴吓得连忙招供。后以此为比喻用某人整治别人的办法来整治他自己。

【请命】qǐngmìng 动。不带宾语。(1)旧时下级向上级请求命令和指示:此事须向刑部～。(2)代人请求保全性命或消除苦难;常用在固定组合中:为民～。

【请求】qǐngqiú ❶动。向对方说明要求,希望得到满足;常带宾语:这件事我求～你了。常带兼语或双宾语:他～别人为他想想办法|我想～你一件事。❷名。所提出的要求:提出一项～。

【请示】qǐngshì 动。请求上级给予指示:这件事要向厂长～。可带宾语或双宾语:

要~领导，不要自作主张|我想~您一个问题。

【请帖】qǐngtiě 名。邀请客人参加宴会、婚礼或观看演出时送去的书面通知。

【请缨】qǐngyīng 〈书〉动。据《汉书·终军传》记载：汉武帝派年轻的近臣终军到南越劝说南越王来朝。终军说，请给我一根长缨，我一定把南越王抓来。后以"请缨"表示向上级请求杀敌任务。

【请愿】qǐngyuàn 动。采取集体行动请求政府或主管部门满足所提出的要求，或改变某种政策措施；不带宾语：当时，各地学生纷纷向当局~，要求抗日，反对内战。

【请罪】qǐngzuì 动。犯了错误主动请求处分，或得罪了人请求宽恕；不带宾语：小张知错后，就老老实实向厂长~|我昨天说的话刺伤了你，特来向你~。

謦 qǐng [謦欬](-kài) 〈书〉动。不带宾语。(1)咳嗽：~一声。(2)指谈笑：亲聆~。

qìng(ㄑㄧㄥˋ)

庆(慶) qìng ❶〈素〉(1)为共同的喜事进行一些活动表示快乐或纪念：~贺|~祝|~幸|额手称~。(2)值得庆祝的周年纪念日：国~|校~。❷姓。

【庆典】qìngdiǎn 名。正式、盛大的庆祝仪式：开国~。

【庆贺】qìnghè 动。为共同的喜事表示祝贺，或向有喜事的人道喜：人民取得的伟大胜利，值得好好~一番。常以庆贺之事作宾语：~张老师八十寿辰|~幼儿师范成立。

【庆幸】qìngxìng 动。为得到意想不到的好结果而高兴：一笔巨款失而复得，值得~。常带主谓词组作宾语：我~自己能考上重点中学。

【庆祝】qìngzhù 动。欢庆祝贺；常带宾语或补语：~国庆|~一下。可带主谓词组作宾语：~我校成立一百周年。可重叠：开个联欢会~~。

＊"庆祝"和"祝贺"："庆祝"一般用于重大的、具有普遍意义的喜庆事情，而且总是集体性的，不以个人为对象；"祝贺"大多用于一方对另一方喜事的庆贺，可以是集体对集体，也可以是个人对个人。"庆祝"多用于已成的事实；"祝贺"可以是已成的事实，也可以有预祝的意思。

亲(親) qìng [亲家](-jia) 名。(1)两家子女相婚配而形成的亲戚关系：他们两家是~。(2)对儿子的岳父、岳母或女儿的公公、婆婆的称呼。

另见 qīn。

箐 qìng 〈方〉名。山里的大片竹林，泛指树木丛生的山谷；多用于地名：杉木~(在贵州)。

綮 qìng 见"肯綮"。

磬 qìng 名。(1)古代用玉或石制成的打击乐器，形状像曲尺。(2)佛教打击乐器，形状像钵，用铜制成。

罄 qìng 〈素〉完，用尽：售~|告~|~竹难书。

【罄竹难书】qìng zhú nán shū 成。竹：指竹简，古人用来写字的东西。把竹子用完了也写不完，形容事情极多；多指罪行：法西斯侵略军的罪行，真是~。

qióng(ㄑㄩㄥˊ)

邛 qióng 山名用字。邛崃(lái)，在四川省。

筇 qióng 名。古书上说的一种可作手杖的竹子。

穷(窮) qióng ❶形。缺乏钱物，生活困苦；与"富"相对：他们家很~。作定语时可不加助词"的"：~地方|~日子。❷副。极端，非常，自奚落意：你别一折腾了|明明没钱，还~讲究。❸〈素〉(1)完，尽，毫无办法或出路：~尽|~途|理屈辞~。(2)推究到极点：~究|~源竟委。

【穷棒子】qióngbàngzi 名。旧称贫穷农民；含轻蔑意。现多用来指贫穷而有志气的人：~精神。

【穷兵黩武】qióng bīng dú wǔ 成。穷：尽。黩：贪。用尽全部武力，任意发动战争；含贬义：法西斯国家~，给各国人民带来巨大灾难。

【穷愁】qióngchóu 形。穷困愁苦；常与"潦倒"并用：他失业以后，一直过着～潦倒的生活。

【穷措大】qióngcuòdà 名。旧时指穷困的读书人；含轻蔑意。也作穷醋大。

【穷光蛋】qióngguāngdàn 〈口〉名。很贫穷的人；含轻蔑意或自嘲意。

【穷尽】qióngjìn ❶名。尽头：人对真理的认识是没有～的。❷动。到尽头，竭尽；不带宾语：圆周率是个不可～的数。

【穷寇】qióngkòu 名。穷途末路的贼寇，泛指残败的敌人：～勿追│宜将剩勇追～。

【穷苦】qióngkǔ 形。贫穷而困苦：～的生活│那时他家很～。

【穷困】qióngkùn 形。生活贫穷，经济困难：～户│有些山区还很～。

【穷年累月】qióng nián lěi yuè 成。穷年：年初到年终；累月：连续几个月。指接连不断，时间长：那时，他～地辛勤劳动，仍不得温饱。

【穷山恶水】qióng shān è shuǐ 成。形容自然条件很差、物产不丰富的地方：过去这里是～，经过兴修水利，如今变成了鱼米之乡。

【穷奢极侈】qióng shē jí chǐ 成。穷：尽，极端；侈：奢侈，浪费。极其奢侈、毫无节制地挥霍享受；含贬义：他一心向往～的生活，终于陷人犯罪的泥坑而不能自拔。也说穷奢极欲。

【穷酸】qióngsuān 形。又穷又迂腐；用来形容读书人，有讥讽意：一副非常～的样子│这位被人讥为～相的人，却写出了惊动文坛的好文章。

【穷途潦倒】qióngtú liáodǎo 成。形容无路可走，十分失意：他一生～，很不得志。

【穷途末路】qióngtú mòlù 成。形容无路可走，处境极其困窘：敌人四面被围，已是～，插翅难逃。

【穷乡僻壤】qióng xiāng pì rǎng 成。荒远偏僻而又贫穷的地方：他不辞辛苦，跑遍了这里的～。也说穷山僻壤。

【穷凶极恶】qióng xiōng jí è 成。穷：极端；极端残暴恶毒：敌人～，到处杀人放火。

【穷源竟委】qióng yuán jìng wěi 成。源：水的源头；委：下游。原意是查探河道的源流,后用来比喻深入探求事物的始末：侦破案件,对可疑线索,必须～,弄个水落石出。

【穷源溯流】qióng yuán sù liú 成。追究事物的根源并探寻其发展的经过：陈教授对这一神话作了～的研究,提出了文化史方面的有价值的论点。

【劳（藭）】qióng 见"芎（xiōng）劳"。

【茕（煢、惸）】qióng 〈素〉孤单,孤独：～～孑立。

【茕茕孑立】qióng qióng jié lì 成。茕茕：孤单无靠；孑：孤单；立：站。一个人孤独地生活。形容非常孤单,无依无靠：敬老院的老人们衣食有靠,生活愉快,安享晚年,再无～之感。

【穹】qióng 〈素〉高起成拱形的,借指天空：～隆│苍～。

【穹苍】qióngcāng 〈书〉名。天空。

【穹隆】qiónglóng 〈书〉形。指天的形状,中间高四周下垂的样子,也泛指高起成拱形的；不加程度副词,常作定语：人民大会堂的屋顶呈～形。

【琼（瓊）】qióng ❶〈古〉名。一种美玉。❷〈素〉美好,精美：～浆（美酒）。

【琼剧】qióngjù 名。海南岛的地方戏曲剧种。由潮剧、闽南梨园戏吸收当地人民的歌谣曲调发展而成。也叫海南戏。

【蛩】qióng 〈古〉名。(1)指蟋蟀。(2)指蝗虫。

【跫】qióng 〈素〉脚踏地的声音：～然│～～。

【跫然】qióngrán 〈书〉形。形容脚步声：足音～。

qiū（ㄑㄧㄡ）

【丘（△坵）】qiū ❶名。不高的土山或土堆：村东有个小～。❷动。把棺材暂时存放在地面用砖石等砌好掩盖起来：先把棺材～好,过一阵再人土。△❸〈方〉量。水田分隔成大小不同的块,一块叫一丘：三～稻田。❹〈素〉坟墓。❺姓。

【丘八】qiūbā 名。旧时对当兵者的贬称,由"兵"字拆成"丘八"二字而来。

【丘陵】qiūlíng 名。连成一片的小山；量词用"片"，不用"座、个"：一片~｜~起伏。

邱 qiū ❶同"丘"。❷姓。

蚯 qiū [蚯蚓](-yǐn) 名。环节动物，身体柔软，圆而长，生活在土壤中，能使土壤疏松、肥沃。可入中药。通称曲蟮。

龟(龜) qiū 地名用字。龟兹(cí)，古代西域国名，在今新疆库车一带。
另见guī, jūn。

秋(秌) qiū ❶名。(1)秋季，一年的第三季：夏尽~来。(2)指一年时间：千~万岁｜各有千~。(3)指某一特定时期；多指不好的：多事之~。❷〈素〉庄稼成熟的时节：麦~｜收~。❸姓。

【秋波】qiūbō 名。比喻美女的眼睛或眼光：暗送~。

【秋分】qiūfēn 名。二十四节气之一，在公历9月22、23或24日。这一天南北半球昼夜一样长，以后北半球昼短夜长。

【秋风扫落叶】qiūfēng sǎo luòyè 成。比喻强大的力量很容易战胜和消灭残败势力：剿匪大军以~之势肃清了山区残匪。

【秋毫】qiūháo 名。鸟兽在秋天新生的细毛。比喻极细微的事物；多用在固定组合中：明察~｜~无犯。

【秋后算帐】qiū hòu suàn zhàng 成。原指秋收结束后算一年收成的总帐，现常比喻到事情结束后或条件对自己有利时再作判断和处置；一般含贬义：你有道理就现在讲清楚，不要~｜他当时承认责任在自己，现在却来~了。

【秋老虎】qiūlǎohǔ 名。进入秋季后仍很炎热的天气：今年的~真厉害，热得叫人难受。

【秋千】qiūqiān 名。传统的运动和游戏用具，在门框形高架子上系两根长绳，下面拴一块板子，在板子上用脚踏板，在空中来回摆动；常作动词"荡"的宾语：荡~。

【秋色】qiūsè 名。秋天的景色：~宜人。

＊"秋色"和"秋景"："秋色"突出颜色特征，如落叶的黄色，枫树等的红色；"秋景"则指秋天的整个景象和一个个具体景物。"秋景"还指秋天的收成；"秋色"没有这个意思。

【秋收】qiūshōu ❶动。秋天收获庄稼；一般不带宾语：乡办厂停工一星期，让大家回去~。常作"进行、开始"等的宾语：农民正在进行~。❷名。秋天收获的庄稼：今年的~是大丰收。

【秋水】qiūshuǐ 名。秋天清澈明净的河水。比喻人的眼睛；一般指女性，多作"望穿"的宾语：望穿她盈盈~，不知他何日还家。

萩 qiū 〈古〉名。一种蒿类植物。

湫 qiū 名。水池：大龙~(浙江雁荡山的一个瀑布名)。
另见jiǎo。

楸 qiū 名。楸树，落叶乔木，干高叶大，夏天开花。木材质地致密，耐湿，可造船，也可做器具。

鹙 qiū 名。古书上说的一种头和颈上都没有毛的水鸟。

鳅(鰍) qiū 见"泥鳅"、"鳛(qí)鳅"。

鞦(鞧) qiū ❶见"后鞦"。❷〈方〉动。收缩；常带宾语，并加动态助词"着"：他~着眉头，不作声。

qiú (ㄑㄧㄡˊ)

仇 qiú 姓。
另见chóu。

犰 qiú [犰狳](-yú) 名。哺乳动物，头顶、背部、尾和四肢有角质鳞片，腹部有毛，穴居土中，爪锐利，善掘土，夜间出来活动，吃昆虫、鸟卵等。产于南美等地。

訄 qiú 〈古〉动。逼迫，胁迫。

囚 qiú ❶〈书〉动。囚禁；不带宾语，常用于被动句：他因犯罪而被~。可带补语：~于监牢。❷〈素〉名。死~。

【囚车】qiúchē 名。押解犯人的车。

【囚禁】qiújìn 动。把人关在监狱里；常带宾语或补语：这里专门~重犯｜这位作家曾被～过三年。

【囚笼】qiúlóng 名。古代解送或囚禁犯人的木笼。

【囚首垢面】qiú shǒu gòu miàn 成。囚：囚犯；首：头。垢：污秽，肮脏。头发蓬乱，脸上肮脏，好像旧时监狱里的犯人：他在深山里转悠二十多天，回来时～，几乎认不出来了。

【囚徒】qiútú 名。囚犯，关在监狱里的人。

泅 qiú 动。浮水，游泳：～水过江。

【泅渡】qiúdù 动。游泳渡过江、河等；可带宾语或补语：～长江｜一天中～了三次。可构成连动词组：～过河。可作定语：经过几个月～训练，她已能横渡几公里宽的江河。

求 qiú 动。(1)请求；可带双宾语或只带指人的宾语：～你一件事｜我不喜欢去～人。常带兼语：～你帮个忙。(2)要求；可带少数形容词、动词或抽象名词作宾语：快中～稳｜不能只～痛快｜～生存｜开始阶段～质量不～速度。(3)追求，探求，寻求；多带抽象名词作宾语：～学问｜～真理｜读书是为了～知识，不是～虚名。

【求告】qiúgào 动。央告；用于希望别人帮助或宽恕自己：她噙着眼泪，可怜巴巴地～着。可带宾语：拖拉机的事我想去～张林。

【求教】qiújiào 动。求人指教：不懂的事要向人～。可带补语：这段古文的翻译我还得～于你。

【求救】qiújiù 动。在遇到险情、危难时求人救援；不带宾语，请求对象要用介词"向"或"于"引出：她在接到恐吓信后曾向警察～过｜～于他。

【求靠】qiúkào〈方〉动。求人允许自己投靠并负担自己的生活；常带宾语：我还是～叔父去吧。可带兼语：你只有～公司帮助，才能解决这个难题。

【求偶】qiú'ǒu 动。追求异性，寻求配偶；不带宾语：五月是青蛙～的季节｜他～心切，谁知上了媒人的当。

【求乞】qiúqǐ 动。求人施舍给自己，讨饭；不带宾语，常用"向"或"于"引出求乞的对象：他身无分文，只能沿路向人～｜我要有一点吃的，就不～于你了。

【求签】qiúqiān 动。迷信的人在神佛前抽签占卜吉凶；不带宾语：他到庙里～去了。可拆开用：奶奶又去求了个签，真是个老迷信。

【求情】qiúqíng 动。请求对方答应或宽恕；不带宾语：犯了罪就要依法处理，～也无用。可重叠：托人求求情。可拆开用：他父母已经去跟校长求过情了，没用。

【求全】qiúquán 动。不带宾语。(1)要求完美无缺；多含贬义：～责备｜专业设置不必～。(2)希望事情成全；常用于固定组合中：委曲～。

【求全责备】qiú quán zé bèi 成。责：要求；备：完备。对人或对事苛刻地要求十全十美；含贬义：他自己搞不出好节目，别人搞出的他却处处～。

【求同存异】qiú tóng cún yì 成。找出共同点，保留不同点：讨论这件事，咱们完全可以～。

【求之不得】qiú zhī bù dé 成。原指想求取而得不到，现常指原有的某种愿望意外地得以实现：他本不想担任行政职务，这次被任命，对他来说，真是～的事。

【求知】qiúzhī 动。设法得到知识；不带宾语：努力～。常作定语：～精神｜～的欲望。

俅 qiú 名。俅人，我国少数民族"独龙族"的旧称。

逑 qiú〈古〉名。配偶。

尿 qiú〈方〉名。男性生殖器。

球(△毬) qiú ❶名。(1)表面各点到中心距离都相等的立体物。(2)(～儿)形状类似球的物体：搓成～儿。△(3)体育或游戏专用的球状物体，如排球、铅球、皮球等。(4)指球类运动：他看～去了。❷〈素〉特指地球或星球：全～｜～月｜北半～。

【球类】qiúlèi 名。某些以球为比赛用具的运动项目，一般以使球进入对方球门或打到对方范围为取胜手段，以分数决胜负，如足球、篮球、乒乓球、网球等。注意：铅球、链球等不属于球类。

【球迷】qiúmí 名。喜欢打球或看球赛而入迷的人。

【球赛】qiúsài 名。球类比赛:这场～很精采。

【球艺】qiúyì 名。球类运动的技艺:交流～|精湛的～。

【球星】qiúxīng 名。指著名的球类运动员。

赇 qiú 〈古〉动。贿赂:受～。

裘 qiú ❶〈素〉皮衣:集腋成～|狐～|～皮。❷姓。

虬(虯) qiú 名。虬龙,古代传说中的有角的小龙。

【虬髯】qiúrán 〈书〉名。拳曲的胡子;特指两腮上的。

【虬须】qiúxū 〈书〉名。拳曲的胡子。

酋 qiú 〈素〉(1)部落的首领:～长。(2)盗匪等的头目:敌～|匪～。

遒 qiú 〈素〉强健有力:～劲。

【遒劲】qiújìng 〈书〉形。雄健刚劲,富有力感:张老的书法以笔力～著称|苍老～的古松。注意:"劲"这里不念jìn。

蝤 qiú [蝤蛴](-qí) 名。古书上指天牛的幼虫。
另见yóu。

巯(巰) qiú 名。由氢和硫两种原子组成的一价原子团,也叫巯基或氢硫基。

璆 qiú 〈古〉名。一种美玉。

qiǔ(ㄑㄧㄡˇ)

糗 qiǔ 名。(1)〈古〉指干粮。(2)〈方〉指成块状或糊状的米面食物。

qū(ㄑㄩ)

区(區) qū ❶名。(1)占有一定范围或有一定特征的地方;常与定语紧密组合,中间不用助词"的":占领～|新开发～|风景～|缺粮～。(2)行政区划单位,指省一级的自治区或市、县所管辖的区。❷〈素〉分开,分辨:～分|～别。
另见ōu。

【区别】qūbié ❶动。把两个以上的对象加以比较,认清彼此之间的不同处;常带宾语或补语:这位北方人居然能～苏州话和上海话|把一般错误和犯罪行为～开来。可作状语,不加助词"地":对交战国和中立国要～对待。❷名。彼此不同的地方;常作"有、没有"等动词的宾语:在这点上,咱俩的意见没有～|认清二者的～。

【区分】qūfēn 动。分别,划分;常带宾语或补语:学会～好心和恶意|要把不同性质的矛盾～开来。

【区划】qūhuà 动。按自然条件或行政管理所划的地区:物候资料对安排农作物～,很有参考价值|行政～。

【区区】qūqū ❶形。形容很少或很不重要;不加程度副词,不单独作谓语,作定语:你还在乎这～之数?|～小事,有何难哉!❷名。指"我";旧时较随便的谦称:做此事的不是别人,正是～。

【区域】qūyù 名。地区范围:～自治。

岖(嶇) qū [崎岖](qí-) 形。形容山路不平:他在～的小路上不停地攀登。

驱(驅、敺) qū 〈素〉(1)赶:～车|～策|～遣。(2)赶走:～除|～逐|～虫剂。(3)快跑:驰～|长～直入|并驾齐～。

【驱策】qūcè 〈书〉动。用鞭子赶,驱使;常带宾语:这些衙役竟用皮鞭～运石的民工。可带兼语:他～着烈马跃过山沟|一种不可名状的动力～着他奔下讲台,抱起了那可怜的孩子。

【驱车】qūchē 动。驾驶或乘坐汽车;不带宾语,常构成连动词组:警长闻讯,随即～前往现场。

【驱除】qūchú 动。赶走,除掉;常带宾语或补语:～蚊蝇|～邪恶|他站起来,在屋里踱来踱去,想～一下心中的烦闷。

【驱赶】qūgǎn 动。赶着走,迫使按自己的意愿行动;常带宾语或补语:～羊群|她在病中,虽然常有人要看望,总～不尽心中的寂寞|把入侵的敌人～出去。可带兼语:恶霸和乡队们端着枪,挨门逐户地～着村民去开会。

【驱迫】qūpò 动。驱使、逼迫;常带兼语:敌人～民工去挖壕沟。

【驱遣】qūqiǎn 动。(1)强制别人按自己的意愿行事;常带兼语:殖民者～当地人在毫无安全保障的矿井里劳动。(2)赶走;多以成群的人为对象:当局决定～来自邻国的非法移民。(3)消除,排遣;用于人的情绪:喝酒怎么能～忧愁?

【驱使】qūshǐ 动。(1)强制人按自己的意愿行动;受人～|任意～。常带兼语:封建帝王经常～大量民工为自己修建宫殿陵墓。(2)促使,导致;常带兼语:要不断鞭策自己,～自己上进|嫉妒心理～他干出了这件蠢事。

【驱逐】qūzhú 动。赶走;常带宾语或补语:～两名外国间谍|把侵略者～出去。

躯（軀） qū 〈素〉身体:身～|～壳|捐～。

【躯干】qūgàn 名。身体除了头部和四肢以外的部分。也叫胴(dòng)。

【躯壳】qūqiào 名。肉体;相对于精神而言:徒有一副～,与禽兽无异。

曲（△麯、△麴） qū ❶〈素〉(1)弯曲:地方～线|～折|蜷～|弯腰～背。(2)弯曲的地方:河～。(3)偏僻的地方:乡～。(4)不公正,不合理:～解|歪～|～直。△❷名。用曲霉和作为培养基的谷物或豆类制成的块状物,用来酿酒或制酱。❸姓。

另见qǔ。

【曲笔】qūbǐ 名。(1)古代史官因有所顾忌而不据实直书、故意回避或采用隐晦笔法写成的记载。(2)写作时有意离开本题而从看似无关的方面表达题旨的笔法。

【曲尺】qūchǐ 名。木工用来求直角的尺,用木或金属制成。也叫矩尺或角尺。

【曲棍球】qūgùnqiú 名。(1)一种球类运动项目,用下端弯曲的棍子击球,以球对方球门次数记分。(2)这项运动所用的球,小而硬。

【曲解】qūjiě 动。对客观事实或别人话里的意思作错误的解释;多指故意地:上级的精神在传达时被他～了。可带宾语:你～了我的意思。

【曲里拐弯】qūliguǎiwān 〈口〉形。弯弯曲曲;不加程度副词,常加助词"的(地)":树林里的小路～的。

【曲曲弯弯】qūqūwānwān 形。形容很弯曲的样子;不加程度副词,常加助词"的(地)":这条路～的,开车要小心点儿|溪水～地流向远方。

【曲蟮】qūshàn 〈口〉名。即"蚯蚓"。也作蛐蟮。

【曲突徙薪】qū tū xǐ xīn 成。据《汉书·霍光传》记载:有一户人家,在灶上装了个很直的烟囱,灶旁边还堆了许多柴禾。有人劝他把烟囱改为弯曲的,并把柴禾搬开,以免发生火灾。这家人不听,后来果然失了火。曲:使弯曲;突:烟囱;徙:迁移;薪:柴禾。比喻事先采取措施,防患于未然。

【曲意逢迎】qū yì féng yíng 成。违背自己的本心去迎合别人的意思;含贬义:不管他地位多高,只要他的意见是错误的,我就决不去～。

【曲折】qūzhé 形。可重叠。(1)弯曲:这条小路很～|曲曲折折的荷塘上面,弥望的是田田的叶子。(2)复杂多变,不顺利:故事情节～动人|不管经过多少～,革命总是要前进的|这个故事写得很～|老张走过了一条曲曲折折的人生道路。

＊"曲折"和"崎岖":"曲折"表示弯曲不直的样子,使用范围较宽,可以形容道路、生活的途径等;"崎岖"只能形容山路不平,使用范围较窄。"曲折"还有复杂的意思;"崎岖"没有。

【曲直】qūzhí 名。比喻有理和无理;常与"是非"并用:分清是非～。

蛐 qū ❶[蛐蛐儿](--qur) 〈方〉名。蟋蟀。❷[蛐蟮](--shàn) 见"曲蟮"。

诎 qū ❶〈古〉动。缩短。❷同"屈"。❸姓。

屈 qū ❶动。常带宾语。(1)弯曲,使弯曲;多用于人或动物的肢体:他～着腰向人行礼。(2)让人无故背上罪名或受到责备、惩处:你这样说可～了小王啦!|他的确受～了。❷〈素〉(1)不合本意地服从或接受:～从|～服|宁死不～。(2)没有道理:～心|理～词穷。❸姓。

【屈才】qūcái 动。大才小用,才能得不到充分发挥;不带宾语,可加程度副词:他自视甚高,感到当中学教师太～了。可拆开用:请你当秘书,可屈了你的才啰。

【屈从】qūcóng 动。屈服于压力,违心地服从:他受尽肉刑折磨,仍不肯～。可带宾语或补语:～了对方的要求|～于世俗之见。

【屈打成招】qū dǎ chéng zhāo 成。在严刑拷打下被迫作出符合审讯者要求而不符合真情的招供:他实在吃不消皮肉之苦,终于～|这篇供词是～的,毫不可信。

【屈服】qūfú 动。在外部压力下妥协让步,放弃斗争;一般不带宾语:他坚持了真理和正义,始终没有～。可带由"于、在"构成的介词词组作补语或状语:他～于上司的压力,只得同意|决不在敌人的屠刀之下～。

【屈驾】qūjià 动。委屈大驾,敬辞,用于邀请对方,常构成连动词组:～光临|明日请～来舍下商议。

【屈就】qūjiù 动。放下架子或降低身份去做某事;请人任职时的客套话,一般不带宾语:我们需要一位副科长,不知您肯否～|您就～一下吧。

【屈辱】qūrǔ 名。受到的压迫和侮辱:民族的～|受尽～。

【屈心】qūxīn 〈口〉动。违背良心;不带宾语,常构成连动词组:他～干出这种事儿|你这么做,不觉着～吗?

【屈膝】qūxī 动。下跪,比喻屈服;含贬义,不带宾语:决不向敌人～。常与"投降"并用:腐朽的封建统治者终于向侵略者～投降。

【屈指】qūzhǐ 〈书〉动。本指弯着手指头计算,现泛指计算;后面多跟数量词语表示计算结果:离别家乡,～三年。

【屈指可数】qū zhǐ kě shǔ 成。扳着手指头就能数清,形容数目很少:听众～|球队成立已多年,赢的场次～。

【屈尊】qūzūn 动。降低身份;用作邀请或感谢对方的客套话,不带宾语:你～到此,我们不胜荣幸。

嚁 qū 拟声。摹拟哨子声或蟋蟀的叫声;常叠用:"～、～——"班长吹起了哨子|蟋蟀在～～地叫个不停。

胠 qū 〈古〉❶名。腋下腰上的部分。❷动。从边上撬开:～箧(指偷东西)。

祛 qū 〈书〉动。消除,清除;多带单音节词作宾语:此药～痰～寒均有特效|～病延年。

【祛除】qūchú 动。除去;对象多指病症、疑惧或邪魔等,常带宾语:喝杯姜汤～寒气|他努力～这种邪念|～妖孽(迷信说法)。

袪 qū 〈古〉❶名。袖口。❷同"祛"。

蛆 qū 名。苍蝇的幼虫,白色,体柔软,多生活在粪便、腐烂物等脏地方。

焌 qū 〈口〉动。可带宾语。(1)把燃烧的物体放入水中使火熄灭:木棍烧着了,快把它～了|～灭香火。(2)烹调方法,烧热油锅,先放作料,再放蔬菜迅速炒熟:～豆芽|去把菠菜～一下。
另见 jùn。

黢 qū 〈素〉黑:～黑|黑～～。

【黢黑】qūhēi 形。非常黑的样子;不加程度副词,常带助词"的":他挖了半天煤,脸上～的。可重叠:一关灯,屋子里～～的。

趋(趨) qū ❶动。常带宾语或补语。(1)〈书〉趋向;前或后多有一个单音节词,后面再带形容词或动词:公路修通后,当地市场渐～活跃|他的态度～于同意。(2)鹅或蛇伸头咬人:大灰鹅又～了他一口。❷〈素〉快走:～前|～附|～炎附势|～之若鹜(wù)。❸〈古〉同"促(cù)"。

【趋奉】qūfèng 动。主动去巴结奉承;常带宾语,含贬义:他为人清高,从不～权贵。

【趋附】qūfù 动。迎合投靠;常带宾语,含贬义:他刚一上任,便有许多人来～他,使他十分反感。

【趋势】qūshì 名。事物发展的动向:发展～|要研究当前改革工作的情况和～|这是社会发展的必然～。

【趋向】qūxiàng ❶动。朝着某个方向发展;常带形容词、动词作宾语:物价～稳定|如今家庭装饰已～现代化。可带"于"组成的介词词组作补语:他的做法从空想～于务实。❷名。趋势。

【趋炎附势】qū yán fù shì 成。炎：热，比喻有权势的人。主动巴结依附有权势的人；含贬义：社会上有人喜欢～，这一套我可学不来。

qú（ㄑㄩˊ）

劬 qú 〈素〉辛苦，勤劳：～劳。

【劬劳】qúláo 〈书〉形。劳累，辛劳；多指父母养育子女的：父母～之恩，永铭肺腑。

朐 qú 地名用字。临朐，县名，在山东省。

鸲 qú 名。鸟类的一属，体小尾长，毛色鲜艳，嘴短而尖。

【鸲鹆】qúyù 即"八哥"。

鼩 qú [鼩鼱](-jīng) 名。哺乳动物，体小，形如老鼠而嘴尖，多生活在山林中。吃昆虫、蜗牛等小动物和植物种子等。对农林业有益。

渠(△佢) qú ❶名。人工开凿的水道：挖了一条～。△❷〈方〉代。他：～刚刚来过。❸姓。

【渠道】qúdào 名。(1)在河、湖、水库等周围挖成的水道，用来引水排灌。(2)比喻用来流通、交流的途径或门路：书刊发行～｜人才流动的～｜找到了对调工作的～。

蕖 qú 见"芙蕖"。

硨 qú 见"砗(chē)磲"。

璩 qú ❶〈古〉名。玉环。❷姓。

蘧 qú ❶[蘧然](-rán) 〈书〉形。惊喜的样子：众人无不～。❷姓。

籧 qú [籧篨](-chú) 名。古代指用竹或苇编的粗席。

瞿 qú 姓。

氍 qú [氍毹](-shū) 名。毛织的地毯，旧时演戏多铺在地上，因以"氍毹"代表舞台。

臞 qú 〈古〉同"癯"。

癯 qú 〈素〉瘦：清～。

蠼(蠷) qú [蠼螋](-sōu) 名。昆虫，体扁平狭长，呈黑褐色，尾端有硬铗，多生活在潮湿的地方。

衢 qú 〈素〉大路：通～。

qǔ（ㄑㄩˇ）

曲 qǔ 名。(～子)(1)一种韵文形式，南宋、金代时产生，元代盛行，是受民歌影响而形成的，句法较词灵活，接近口语，有单支的和多支成套的曲，也可以用几套曲子配以对白写成戏曲。(2)(～儿)歌曲，乐曲：唱个～儿吧。(3)曲谱，曲调：这首歌是他作的词，我作的～。
另见qū。

【曲调】qǔdiào 名。歌曲或戏曲唱腔的调子。

【曲高和寡】qǔ gāo hè guǎ 成。曲：曲调，高：高深，和：唱和，跟着别人唱；寡：少。曲调高深，能跟着唱的人很少。旧指知音难得，现比喻言论或作品不通俗，能够理解欣赏的人不多：他以前写的作品往往～，这两年才陆续写出一些雅俗共赏的佳作。

【曲剧】qǔjù 名。(1)近几十年来在曲艺基础上发展出来的新型戏曲，如北京曲剧、河南曲剧、安徽曲子戏等。也叫曲艺剧。(2)特指在单弦基础上形成的北京曲剧。

【曲牌】qǔpái 名。曲这种韵文形式所用的调子的名称，用来作为曲的标题或标题的一部分。如元·马致远《夜行船·秋思》中的"夜行船"就是曲牌名。

【曲艺】qǔyì 名。流行于群众中、富有地方色彩的各种说唱艺术，如相声、快板、弹词、大鼓等。

苣 qǔ [苣荬菜](-mǎicài) 名。多年生草本植物，野生，叶子边缘略呈锯齿形，开黄花，嫩的茎叶可食用。
另见jù。

取 qǔ 动。(1)拿；常带宾语或补语：～票｜～货｜～邮包｜你到银行去把存款都～出来。(2)得到，招致；不单独作谓语，要带形容词或动词作宾语：把炉子生起来，～一下暖｜敌人自～灭亡。(3)

采取,选取;常带宾语:几种方案你~哪一种?|给孩子~个名儿。

【取保】qǔbǎo 动。找保人;不带宾语:~后得到假释。

【取材】qǔcái 动。选择材料;多用于生产或创作等方面,不带宾语,常带补语:这种工艺品是用贝壳做成的,~很方便|小说~于南海渔民的生活。

【取长补短】qǔ cháng bǔ duǎn 成。吸取长处来弥补短处:通过交流经验,大家~,使生产效率进一步提高。

【取偿】qǔcháng 动。取得补偿;不带宾语,前面常带助动词:这是你们自己的责任事故造成的损失,不能~。

【取代】qǔdài 动。由另一人或另一事物去占有别人或其他事物原占的位置:人力车被其他交通工具所~。常带宾语:小张年轻有为,~了厂长的职务|汉朝~了秦朝。

【取道】qǔdào 动。为到达目的地,选取经过某地的路线;须以某地地名为宾语:这次出访西欧,将~巴基斯坦。可构成连动词组:他~济南前往天津。

【取得】qǔdé 动。得到,获得;不单独作谓语,多带正面意义的名词、动词作宾语:~成绩|~经验|~联系|我们的事业已经~很大的胜利。

【取缔】qǔdì 动。明令取消或禁止:这种违法活动应立即~。可带名词或动词作宾语:~非法经营的公司|~赌博。

【取而代之】qǔ ér dài zhī 成。夺取别人或别的集团的地位、权力而代替他:在封建贵族再也不能维护统治时,资产阶级便借助资产阶级革命的力量~。也泛指一事物取代另一事物:蒸汽火车已经被内燃机车~了。

【取法】qǔfǎ 动。吸取采用他人的做法,效法;常带宾语或补语:要~人家成功的经验,但不能照搬|我们办这个厂,是~于他们的经验。

【取经】qǔjīng 动。不带宾语。(1)指历史上佛教徒到印度去求取佛经:唐僧到西天~。(2)比喻向先进人物、单位或地区吸取经验:到先进企业~。可重叠:应该到人家厂里去取取经。可拆开用:关于种蘑菇,我们已经取过几次经了。

【取景】qǔjǐng 动。选取景物作摄影或写生的对象;不带宾语:他拍照很会~。可重叠:我来帮你取取景。可拆开用:你这幅画取的是黄山的景。

【取决】qǔjué 动。由某种因素或条件决定;用于表示将来意义的句子,常用介词"于"引出主动者:去不去全~于你|这场球赛我队能否胜利将~于士气的高低。

【取齐】qǔqí 动。不带宾语。(1)使数量、长度或高度相等;多用介词"跟"等引出比较的对象:这边的高度要跟那边~。(2)集中,会聚:下午我们在大门口~了再走。

【取巧】qǔqiǎo 动。用巧妙方式谋取不正当利益或避开困难;不带宾语,含贬义,常与"投机"并用:搞科学实验要扎扎实实,不能投机~。可拆开用:他取了个巧,才挤上了车。

【取舍】qǔshě 动。要或不要,选择:对调查来的材料要好好~。可带宾语:自己根据需要~素材。常作主语或宾语:人员的~由你定|材料要好好进行~。

【取胜】qǔshèng 动。在斗争或比赛中获得胜利;不带宾语:他经过五局激烈的比赛,终于~。

【取消】qǔxiāo 动。使原有事物不存在或失去效力;多指制度、规章、资格、权利等,常带宾语:~了这个不合理的规定|~他比赛的资格。带补语限"不得、不了"等:合同~不得。

【取笑】qǔxiào 动。嘲笑,开玩笑;常指人的名词或代词作宾语:请你别~我。也可带兼语:大家~他只会说方言。

【取信】qǔxìn 动。取得别人的信任;多以"于"构成的介词词组作补语:当干部,不仅要~于上级,更要~于群众。

【取悦】qǔyuè 动。有意地讨别人喜欢;多含贬义,常以"于"构成的介词词组作补语:他拼命~于上司。

【取之不尽,用之不竭】qǔ zhī bù jìn, yòng zhī bù jié 成。形容很丰富,用不完:地下有~的宝藏。

娶 qǔ 动。把女子接过来成亲;与"嫁"相对,常带宾语或补语:~媳妇|徐明生~了宋桂花|我春节把你~过

娶龋去阒趣觑悛圈 qǔ-quān　875

来。

【娶亲】qǔqīn 动。男子结婚,也指男子到女家迎娶;不带宾语:小柱今年春节~|李家明天要~。可拆开用:他去年娶了亲。

龋 qǔ [龋齿](-chǐ) 名。也叫蛀齿,俗称虫牙或虫吃牙。(1)口腔不清洁,牙齿被腐蚀形成空洞,有牙疼、齿龈肿胀等症状,是最常见的牙病。(2)患这种病而缺损的牙齿。

qù 〈ㄑㄩˋ〉

去 qù ❶动。(1)从说话人所在地到别的地方;与"来"相对:你刚~,他就来了。可带宾语:|明天~天津|~了一封信。可带兼语:你们~一个人开会。(2)从事,做;用在动词或动词性语的前面或后面,表示要做某事或去的目的:你们~研究研究|昨天我们游泳了。(3)〈书〉距离;多指地方或时间,须带宾语:小镇~县城18里|~今20余年。(4)除去;多带宾语:苹果~了皮|~了这几句,文气反而通畅。(5)扮演;常以扮演的角色作宾语:在这出戏中你~医生,他~病人。❷〈素〉(1)过去的:~年|~岁。(2)失去,失掉:大势已~。(3)字调之一:~声。

去 qù 趋。(1)用在动词后,表示人或事物随动作离开说话人所在地:列车向上海开~|刚派~一个人|给幼儿园送了不少玩具~。(2)用在动词后,表示动作的继续等:信步走~|让他玩~|随他说~。

【去处】qùchù 名。(1)离开原地以后到达的地方:不知他的~。(2)场所,地方,特指适合于从事某一活动的地方:这城里没有什么游玩的~。

【去就】qùjiù 名。不担任或担任这个职务:~由你自己定。

【去声】qùshēng 名。(1)古汉语四声(平、上、去、入)中的第三声。(2)现代汉语普通话四种声调(阴平、阳平、上声、去声)中的第四声。参见"四声"。

【去世】qùshì 动。死去;用于成年人,语气稍委婉,不带宾语,可带补语:他爷爷昨天~|他父母~得太早了。

【去岁】qùsuì 〈书〉名。去年,今年的前一年。

【去向】qùxiàng 名。去的方向,行踪:只有家里知道他的~|~不明。

阒 qù 〈素〉形容没有声音:~寂|~然。

【阒然】qùrán 〈书〉形。形容寂静无声的样子:~无声|大雪过后,林中~。

趣 qù ❶〈素〉(1)使人感到愉快或有意思,有兴味:有~|~味|~事。(2)趋向:志~|旨~。❷〈古〉同"促(cù)"。

【趣味】qùwèi 名。能吸引人并使人轻松愉快的特性:没~|~无穷|这本书很有~。

【趣闻】qùwén 名。有趣味的传闻;量词用"则、条、段":~数则。

觑(覷、覰) qù 〈书〉动。看,瞧;多用于较固定的组合:冷眼相~|不可小~此人。

quān 〈ㄑㄩㄢ〉

悛 quān 〈素〉悔改:怙(hù)恶不~(一贯作恶,不肯悔改)。

圈 quān ❶名。(1)(~儿、~子)环形或环形的东西:画个~儿|人围成~子。泛指可以回到原处的路径或方式:到马路上转了一个~儿|说话绕~子。(2)集体的范围或活动的范围:生活~子|~内人物。❷量。用于成圈儿的人或事物:围了一~人|一项链。❸动。常带宾语或补语。(1)画圈作记号:在"红"字上~了一下|~出的好字。(2)用物体或记号划出一个范围:给菜地~上篱笆|用白线~出游戏场地。(3)泛指确定范围:开会~定人选。

另见 juān, juàn。

【圈点】quāndiǎn 动。在书和文稿上画上圆圈或点,作为句读或用来标明值得注意的地方:不要在公用图书上~。可带宾语:王先生亲笔~过这本书。

【圈套】quāntào 名。本指捕猎时让野兽自己钻入的绳圈,现比喻故意引人上当受骗的计策;常作宾语:设下~|中了他的~。

quán（ㄑㄩㄢˊ）

权（權） quán ❶名。(1)权力，支配的力量：这位局长～很大|有～处理此事。(2)权利：你有～在会上发言。(3)〈古〉秤锤。❷〈书〉动。衡量比较；多带宾语：请君自～利弊。❸副。表示姑且或在条件不充分的情况下暂且进行：死马～当活马医|你就～当不知道吧。❹〈素〉(1)有利的形势：制空～。(2)权变，权宜：～谋|通～达变。

【权变】quánbiàn 〈书〉动。随机应变：应急～，倒也可行|在不同场合，他会～。

【权柄】quánbǐng 〈书〉名。所掌握的权力：～旁落|～在握。

【权臣】quánchén 名。在朝廷中掌握大权而专横的大臣：～用事|～放纵。

【权贵】quánguì 名。地位高、权力大的人：得罪～|不事～|依附～。

【权衡】quánhéng 动。原指秤锤和秤杆，比喻估量、斟酌；常带宾语或补语：～得失|～利弊|经营这种商品盈亏如何，你该～一番。可重叠：你应该～～再定。

【权利】quánlì 名。公民、法人或组织成员依法行使的权力和享受的利益；与"义务"相对：会员的～|子女有继承父母遗产的～。

【权力】quánlì 名。(1)政治上的强制力量：国家的～。(2)由职责赋于的支配力量：处长有批准这件事的～。

＊"权力"和"权利"："权力"着重指对人或事物支配、指挥的力量，"权利"着重指依法应有的权力或应享受的利益。"权力"一般为领导机关、部门或其负责人所具有的；"权利"一般为广大公民所具有的。

【权门】quánmén 名。旧指有权有势的人家：他出身～。

【权谋】quánmóu 名。随机应变的计谋：凤姐一生好弄～，招得天怨人怒。

【权且】quánqiě 副。暂且，姑且：你～听他指挥。

【权势】quánshì 名。权柄和势力；常含贬义：～显赫|这个人在当地很有～。

【权术】quánshù 名。随机应变的计谋、手段；多指在人际关系中的以争权夺利为目的的，含贬义：玩弄～。

【权威】quánwēi 名。(1)使人相信并服从的力量和威望：他在我们学校很有～|不要只顾树立自己的～。常作定语：～著作。(2)在某种范围里有权威的人或事物：张教授是机械力学的～。

【权限】quánxiàn 名。职权的范围和限度：～之内|超出～。

【权宜】quányí 形。变通的；在现有情况下暂时适宜的，不加程度副词，不单独作谓语，只作定语：～措施|～之计。

【权益】quányì 名。按法律应享受的权利：合法～|维护退休人员的正当～。

全 quán ❶形。(1)完备，齐全，不缺少；常作谓语或补语：班上人了|这部文学史讲得很～。(2)整个，全部，修饰名词，不加助词"的"：～班|～民族|～中国。❷副。完全，都；表示所指范围内无例外，常和"都"并用：同学们～都去了|他把一杯酒～都喝下去了。❸〈素〉保全，使不受缺损：周～|瓦～|两～其美。❹姓。

【全豹】quánbào 名。比喻事物的全部；多作"窥"的宾语：此事尚须深入调查，以窥～。参见"管中窥豹"。

【全部】quánbù 形。整个，各部分的总和，不加程度副词，不单独作谓语，多作定语：～兵力|～产品都合格。可作宾语：消灭了敌人的～。可作状语：问题已经解决|残匪被我军～歼灭。

【全都】quándōu 副。完全，都；表示范围：他们～走了|这批书～卖完了。

【全副】quánfù 形。整套，全部；多用于成套的东西或精神、力量等，不加程度副词，不单独作谓语，作定语：～武装|投入～精力。

【全集】quánjí 名。个人全部著作的总集；常用在书名中：《鲁迅～》|《马克思恩格斯～》。

【全局】quánjú 名。整个的局面：胸怀～。可作定语：～利益。

【全力】quánlì 名。全部的力量或精力：竭尽～。常作状语：～支持|我一定以～以赴。

【全貌】quánmào 名。全部面貌或全部情况：鸟瞰苏州～|事件的～。

【全面】quánmiàn 形。照顾到各个方面，不片面；与"片面"相对：掌握～情况｜他的看法很～。常作状语：～开展技术革新｜请你～地检查一遍。可作宾语：要照顾～，不能只顾一个部门。

【全民】quánmín 名。一个国家内的全体人民；多作主语或兼语：～动员｜投票｜发动～投入抗战。可作定语：～所有制｜～单位。

【全能】quánnéng 形。在一定范围内样样都行；不加程度副词，不单独作谓语，多作定语：～营业员｜～机械手。

【全盘】quánpán 形。全面，全部；多用于抽象事物，不加程度副词，不单独作谓语，作定语或状语：有一个～的打算｜请你～考虑一下可能产生的结果。可作宾语：我在这里掌握～，你到下面各厂去巡回检查。

【全球】quánqiú 名。全世界：誉满～。

【全权】quánquán 名。处理事情的全部权力：他对这批财产拥有～。可作定语或状语：总统派出的～代表｜特命～大使｜由你～处理此事。

【全然】quánrán 副。完全地；多用于否定句：他～不计个人得失｜他竟～没有一点怜悯之心。

【全神贯注】quán shén guàn zhù 成。全副精神高度集中：每次听课他都～｜他～地摆弄着什么，有人进来也没发觉。

【全盛】quánshèng 形。极其强盛或最盛的；多指时期，不加程度副词，不单独作谓语，作定语：唐朝是中国封建社会的～时期。

【全速】quánsù 名。最高最快的速度；常作状语：～前进｜列车～奔驰在京广线上。

【全体】quántǐ 名。各部分或各个个体的总和；多指人，可作定语或状语：～干部群众｜这个决议～通过。可作宾语：我们不能只看事情的局部，而应看到～。

＊"全体"和"全部"："全体"的使用范围较窄，只能指人，不能指物；"全部"的使用范围较宽，可以指人，也可以指物。

【全天候】quántiānhòu 形。能适用于各种天气的；不加程度副词，不单独作谓语，作定语：～公路｜～战斗机｜ся～飞行。

【全息】quánxī 形。反映物体在空间存在时的整个情况的全部信息的；不加程度副词，不单独作谓语，多作状语或定语：～摄影｜～技术。

【全心全意】quán xīn quán yì 成。用上全部的精力：～为用户服务｜他为大伙办事总是～的。

佺 quán 人名用字。偓(wò)佺,古代传说中的一位仙人。

诠 quán 〈素〉(1)解释：～释｜～注。(2)事物的道理：真～。

【诠次】quáncì 〈书〉❶动。编次,排列：～不精,敬祈教正。❷名。层次,次第：根据工作年限以定～。

【诠释】quánshì 动。说明,解释：详细～。可带宾语：逐段～文意。

【诠注】quánzhù 动。对前人的著作进行注解说明;常带宾语：李教授以大半生精力～先秦诸子的著作。

荃 quán 名。古书上说的一种香草。

辁 quán 〈古〉❶名。没有辐的车轮。❷形。浅薄：～才。

牷 quán 名。古指供祭祀用的纯色毛的或体壮的牛。

铨 quán 〈古〉动。(1)衡量轻重。(2)选拔,特指选拔官吏。

【铨叙】quánxù 动。旧时由政府审查官员的资历并定级定职：逐一～留任官吏。

痊 quán 〈素〉病好了：～愈。

【痊愈】quányù 动。病好了,病症消失；不带宾语,可带动态助词"了"：他的病已经～了。可构成连动词组：他已～出院。

筌 quán 〈书〉名。捕鱼的竹器：得鱼忘～。

醛 quán 名。由羰基和一个烃基、一个氢原子结合而成的有机化合物的一类,重要的有甲醛、乙醛等。

泉 quán ❶名。(1)泉水,特指泉水的出水处。(2)古代一种钱币的名称。❷姓。

【泉水】quánshuǐ 名。从地下流出来的水：～清澈。

quán-quàn 泉鳈拳惓蜷鬈颧犬畎绻劝

【泉下】quánxià 名。黄泉之下，即死后；常作状语：他～有知，一定会感到欣慰。参见"黄泉"。

【泉源】quányuán 名。(1)水源。(2)比喻知识、力量、感情等的来源或产生的原因；常以所产生的事物作定语：力量的～|爱情的～|生命的～。

鳈 quán 名。鱼的一种，体长五六寸，深棕色，有斑纹，口小，生活在淡水中。肉可吃。产我国东部平原地区。

拳 quán ❶名。(1)拳头：双手握成～|举起双～。(2)指拳术或拳术的具体动作：露几手～给大家见识见识。❷量。用于拿拳头打的动作：打了他三～|一～打过去。❸〈素〉弯曲：～曲。

【拳击】quánjī 名。一种体育运动项目，比赛时两个人戴着特制的皮手套搏斗，以击倒对方或击中次数多为胜。

【拳曲】quánqū 形。弯曲，特指物体呈圆弧状的弯曲：这种树，树枝～|～的头发|头发烫得不太～。

【拳拳】quánquán 〈书〉形。忠诚恳切的样子；不加程度副词：爱心～|～之忠。也作惓惓。

【拳术】quánshù 名。不用器械，徒手进行的武术。

【拳头产品】quán·tou chǎnpǐn 词组。比喻高质量、拿出去很受欢迎并可以赢得声誉的成果。

惓 quán 〔惓惓〕见"拳拳"。

蜷(踡) quán 动。蜷曲，蜷伏；常带动态助词"着"：他在床上～着。可带宾语或补语：椅子上～着一只猫|他把双腿～起来了。

【蜷伏】quánfú 动。弯曲着身体卧倒，常带补语或宾语：他～在床上|沙发上～着一个人。

【蜷局】quánjú 〈书〉动。蜷曲：你何故～在此？

【蜷曲】quánqū 动。弯曲；多用于人或动物的肢体，常带动态助词"着"：他的手臂经常～着。可带宾语或补语：他关节有病，整年～着双腿|一条蛇～在草丛里。

【蜷缩】quánsuō 动。蜷曲收缩；可带宾语或补语，常带动态助词"着"：他在冷风中～着身体。也可带补语：小猫怕冷，～起来了。

鬈 quán 形。头发弯曲：一头～发|头发很～。

颧 quán 名。颧骨，眼睛之下两腮上面突出的颜面骨。

quǎn（ㄑㄩㄢˇ）

犬 quǎn 〈素〉狗：警～|猎～|鹰～|～马之劳|鸡～不宁。

【犬马之劳】quǎn mǎ zhī láo 成。犬：狗；犬马：古时臣子对君王常自比为犬马。愿像狗和马那样为君主奔走效力。后多表示心甘情愿受人驱使，为人效劳；常作"效、尽"的宾语，有时含贬义：这个奴才为匪首尽了～。

【犬牙交错】quǎnyá jiāocuò 成。形容交界地曲折，像狗牙那样参差不齐。喻指形势、局面错综复杂：这一带双方兵力分布～，作战方案必须非常周密|派系关系～。

畎 quǎn 〈古〉名。田间小沟。

【畎亩】quǎnmǔ 〈古〉名。田间，田地。

绻 quán·见"缱(qiǎn)绻"。

quàn（ㄑㄩㄢˋ）

劝(勸) quàn ❶动。讲明事理，使人听从；常带宾语或补语：小王不肯参加演出，你去～他一下。可带兼语：老师～他报考文科专业。❷〈素〉勉励，鼓励：～勉。

【劝导】quàndǎo 动。规劝开导；常带宾语或补语：他一时想不通，我得去～他|对他～了一番。可带兼语：你应该～小周不要做伤害俩人感情的事。可重叠：快去～～他。

【劝告】quàngào ❶动。劝人接受意见或改正错误；常带宾语或补语：我～你，不要再骂人了|已对他～过两次。可带兼语或双宾语：我常～他做生意要守法，不能违法|今天我特意来～你一件事。可重叠：要好好～～他。❷名。指劝告的言语：向他提出了许多～。

＊"劝告"和"警告"："劝告"的语意较轻,重在劝导；"警告"的语意较重,重在告诫。"劝告"用于人民内部；"警告"除用于人民内部外,还可用于对敌人。作名词用时,"劝告"指劝导的话；"警告"指一种处分。

【劝架】quànjià 动。劝人停止打架或争吵；不带宾语：他俩打起来了,快去～。可重叠：咱们去劝劝架。可拆开用：劝了半天架,还是没用。

【劝驾】quànjià 动。劝人出去任职或做客；含有尊重对象的意味,不带宾语：我们请不动他,还是得您老去～。可重叠：多几个人去劝劝驾,他或许肯出山。可拆开用：我劝了他几次驾,你还不肯赏脸？

【劝解】quànjiě 动。可重叠。(1)劝导宽解；多指帮助人消除苦闷或某种消极情绪：看她那么伤感,你快去～～。可作定语：对于青年人要多做耐心的～工作,不能光靠行政命令去解决问题。(2)劝说,使和好：在大家的～下,他们言归于好了｜两人吵得厉害,快去～。

【劝戒】quànjiè 动。劝人改正缺点错误,警惕未来；常带宾语：他容易发脾气,得有人常在旁边～他。可重叠：你去～～他。可带兼语或双宾语：～他别跟人打架｜我要～你几件事。

【劝进】quànjìn 动。封建社会里指劝说已经掌握政权并有意登上皇位的人做皇帝：群臣上表～。

【劝勉】quànmiǎn 动。劝说并勉励；常带宾语：年轻的教授以自己成才的经历～大家。可带兼语：他～学生博览群书,努力进取。

【劝说】quànshuō 动。劝人做某事或使人同意某种事情；常带宾语或补语：很多人来～他｜对小王～了一番。可带兼语：朋友们～王强接受这项任命。可重叠：他还不太乐意去,你去～～。

【劝慰】quànwèi 动。劝解安慰；常带宾语或补语：他出事故后被降了职,老朋友都来～他,要他正确对待｜她很伤心,我着实～了一番。可重叠：他心绪不好,你去～～。

【劝阻】quànzǔ 动。劝人不要做某事或进行某种活动；常带宾语或补语：听说他要辞职,好多人来～他｜我本来也想去,被我父亲～住了。可带兼语：家长应该～孩子玩赌博游戏。

券 quàn 名。作为票据或某方面凭证的纸片：凭～供应。多作词语的中心语：购物～｜入场～。
另见xuàn。

que (ㄑㄩㄝ)

炔 quē 名。有机化合物的一类,如乙炔。

缺 quē ❶动。常带宾语或补语。(1)该有的没有或数量不足：～人｜油盐酱醋可一不得。可加程度副词：化肥还很～。(2)残破,残缺：那把椅子～一条腿儿｜窗上的玻璃～了半年了。(3)该到的未到：～了三节课｜青年活动我～过几次。❷名。旧时指官职的空额,也泛指一般职务的空缺：那里有个～,你去吧。

【缺德】quēdé 形。缺乏好的品德,行为恶劣；多用来评论具体的行为：他竟把人家的汽车轮胎戳破,真～｜你多～,在大庭广众之中拿我开这样的玩笑。可拆开用：你可真缺了德,竟干出这种事。

【缺点】quēdiǎn 名。欠缺或不完善的地方；多指工作、行为等,与"优点"相对,量词用"个、条、项"等：没有恒心是我的一条大～｜这种产品有一～。

＊"缺点"和"缺陷"："缺点"着重指不好的地方,常和"改正、纠正"等词搭配；"缺陷"着重指不足的地方,常和"补足、弥补"等词搭配。"缺点"一般不能指生理上的毛病；"缺陷"能。

【缺乏】quēfá 动。没有或不足；常带宾语：～勇气｜～经验｜～人手。可加程度副词：燃料非常～。可带动态助词"过"：他们有一度～过能源。

＊"缺乏"和"缺少"："缺乏"语意较重,表示极少或没有；"缺少"语意较轻,给人的感觉是"少",是数量不够。"缺乏"多用于抽象事物；"缺少"多用于具体事物。"缺乏"的东西,一般不能用数字计量；"缺少"没有这种限制。

【缺憾】quēhàn 名。不够完美、令人感到遗憾的地方；多用在对整体有所肯定的前提下：这次会演总的是成功的，可你们剧团没出节目是一大～。

【缺口】quēkǒu 名。(1)边沿上缺损一块后形成的空隙：刀刃上有～儿|水从田埂的～流出去。(2)比喻可以突破并深入的地方：从敌人设防不严的阵地打开了一个～。(3)泛指事物的短缺部分：在煤炭供应方面还存在～。

【缺欠】quēqiàn ❶动。缺少：造房子的钱还一些。可带宾语：～必要的材料。可带双宾语：还～你三本书。❷名。缺点，不够的地方：工作中有些～。

【缺少】quēshǎo 动。没有，不足；多指人或物的数量，常带宾语，关涉的对象可以有确定的数目：～5000元资金|～一个后勤。可加程度副词：设备很～。

【缺席】quēxí 动。开会或上课时没有到：本周上课没有人～。可带宾语：今天开会～好几个人。可拆开用：从没缺过席。可构成连动词组：～审判。

【缺陷】quēxiàn 名。欠缺或不够完备的地方：留下～。

＊"缺陷"和"缺憾"："缺陷"语意较重，不一定要在总体肯定的情况下用，如"设计上的缺陷导致了这次严重事故"；"缺憾"语意较轻，多用于总体肯定的情况下。

阙

quē ❶〈古〉名。过失。❷同"缺"。❸姓。
另见què。

【阙如】quērú 〈书〉动。空缺，欠缺：暂付～|偌大一个图书馆，此书竟告～。

【阙疑】quēyí 〈书〉动。把疑难问题保留下来，不作判断：张教授治学严谨，遇到难题，宁可～，也不妄加解说。

qué（ㄑㄩㄝˊ）

瘸

qué 〈口〉动。跛；可带动态助词"着、了"：那次事故后他就～了。可带宾语：他～着腿走过来。

【瘸子】qué·zi 〈口〉名。瘸腿的人，跛子。

què（ㄑㄩㄝˋ）

却（卻）

què ❶副。表示转折，用在后一分句的谓语前：这本书我买过，～丢了。如果有主语，必须用在主语后：虽然我开始犹豫了，他～毫不动摇。可以放在连词"但是、然而"等引起的表示转折的分句里，强调转折的意味更重：这件衣服式样很好，但是颜色～不太合适。❷〈素〉(1)后退：～步|退～。(2)推辞，拒绝：推～|～之不恭。(3)去，掉：了～|忘～|失～。

【却病】quèbìng 〈书〉动。避免生病；常与"延年"并用：大补膏能使老年人～延年。

【却步】quèbù 动。因害怕、厌恶等而向后退；不带宾语：见饭馆里这么脏，游客们相继～。常构成连动词组：畏而～|望而～。

【却说】quèshuō 动。早期白话小说里的发语词，"却说"后面往往重提上文说过的事。

【却之不恭】què zhī bù gōng 成。却：辞，回绝；恭：恭敬。如果回绝人家的馈赠、邀请或帮助等，就显得对人不恭敬：主人既然执意要亲自陪我们游览，我们～，只得从命了。

埆

què 〈古〉形。土地不肥沃。

确（確、塙、碻）

què 〈书〉❶形。符合事实的，真实的；常用于否定式，与单音节词搭配：所述情况不～。❷副。的确，确乎；常修饰"是、有、无"：～有其事|从村人看来，他～是一个异类。❸〈素〉牢固，坚定：～立|～认|～诊。

【确保】quèbǎo 动。确实保障或保证；多带谓词或谓词性词组作宾语：～丰收|～安全|～打响第一炮。也可带主谓词组作宾语：保管员严守岗位，～了国家财产安全无损。

【确定】quèdìng ❶形。明确而肯定：形成了～的想法和计划|结论已经很～。❷动。使确定；须带宾语：～敌舰的方位|～科室的编制。可带动词性词组或主谓词组作宾语：上级～用谈判方法解决争端|我们已经～这个案件是他杀判不是自杀。

【确乎】quèhū 〈书〉副。的确：这个办法～不坏|这样奇妙的音乐，我在北京～未曾

听到过。

【确立】quèlì 动。牢固地建立或树立；多带抽象名词作宾语：委员会~了稳步前进的方针。可带补语：新的制度~起来了。

【确切】quèqiè 形。(1)准确，恰当：~的说法。常作补语或状语：这个词用得十分~|这段话~地表达了大家的愿望。(2)确实，真实可靠：得到~的保证|这个考证不太~。

【确认】quèrèn 动。明确认定；常带抽象名词作宾语：万隆会议~了和平共处五项原则|当事人~了上述事实。可带主谓词组作宾语：法医~他是窒息而死。

【确实】quèshí ❶形。真实可靠：~的消息。可重叠：我说的一切都是确确实实的。❷副。对客观情况的真实性表示肯定：我昨天~去过。可用在主语前：~，他们取得了惊人的进步。

【确信】quèxìn ❶动。毫不怀疑地相信；常带主谓词组作宾语：队员们~这场比赛我方能赢|他~二连会来接应他们。❷名。确切的信息：终于得到他还活着的~。

【确凿】quèzuò 形。非常确实：十分~的证据|情况~，请予照顾。

悫(慤、愨) què 〈古〉形。诚实，谨慎。

雀 què 名。鸟类的一科，身体小，翅膀长，雌雄羽毛多不相同。吃植物的果实或种子。特指麻雀，泛指小鸟。
另见 qiāo, qiǎo。

【雀跃】quèyuè 〈书〉动。高兴得像雀儿一样跳跃；不带宾语：消息传来，人人~。常与"欢呼、欢欣"等并用：欢呼~。

阕 què ❶〈书〉动。结束，终结：乐~。❷量。(1)歌曲或词一首叫一阕：演奏一~|吟了一~词。(2)分两段的一首词，前一段叫上阕，后一段叫下阕。

阙 què 〈素〉名。宫门前两侧的瞭望楼，泛指帝王的住所：宫~。
另见 quē。

鹊 què 名。鸟，嘴尖，尾长，背黑褐色，肩、腹等部为白色，叫声嘈杂。民间传说听见它叫将有喜事来临，所以又叫喜鹊。

【鹊巢鸠占】què cháo jiū zhàn 成。喜鹊的窝被斑鸠强占了，比喻强占别人的房屋、土地等；含贬义。

【鹊桥】quèqiáo 名。民间传说中织女每年农历七月七日晚渡天河与牛郎相会，这时喜鹊来搭桥，叫鹊桥。后以"鹊桥相会"比喻夫妻或情人久别团聚。

榷(△搉) què ❶〈古〉动。专卖：~茶|~盐|~税。△❷〈素〉讨论商量：商~。

qūn（ㄑㄩㄣ）

囷 qūn 名。古代一种圆形的谷仓。

逡 qūn 〈古〉动。退，退让：群臣尽~。注意：这个字不读 jùn。

【逡巡】qūnxún 〈书〉动。因心有疑虑而徘徊或不向前走：~不前|他在门外~着，不敢敲门。

qún（ㄑㄩㄣˊ）

裙(帬) qún ❶名。(~子)一种围在腰部以下的服装。❷〈素〉像裙子的东西：鳖~|墙~。

【裙钗】qúnchāi 名。旧时指妇女。

【裙带】qúndài 形。比喻与妻女姊妹等亲属有关的；含讽刺意，不加程度副词，不单独作谓语，只作定语：~关系(被利用来相互勾结攀援的姻亲关系)|~风(搞裙带关系的风气)。

群(羣) qún ❶量。用于聚集在一起的人、走兽、飞禽、昆虫和某些东西：一~学生|两~羊|一~蜜蜂。❷〈素〉(1)聚在一起的人或物：~众|人~|害~之马|鹤立鸡~。(2)成群的：~像|~芳|~居|~龙无首。

【群策群力】qún cè qún lì 成。群：众人，大家；策：谋划，想办法；力：出力。大家共同想办法，一起出力；完成这项艰巨任务，须要我们~，一起苦干。

【群岛】qúndǎo 名。海洋中互相接近的一群岛屿，如我国的西沙群岛等。

【群芳】qúnfāng 名。各种美丽芳香的花草：春天来临，~争艳。常比喻成群的美丽女子：一睹~的风采。

【群居】qúnjū 动。成群地聚居或共同生

活；用于人或动物，不带宾语，可带"在、于"构成的介词词组作补语：老虎从来独处,大象则总是～|这个民族～在偏僻山区。

【群口词】qúnkǒucí 名。对口词的一种形式，由几个人轮流或共同朗诵有韵文形式的语句并配以表演、造型等。

【群龙无首】qún lóng wú shǒu 成。比喻一群人中没有一个领头人：起事的饥民～,很快被官兵镇压下去了|这个主意很好,但是没～,需要推选一个头儿，带着大伙儿干。

【群落】qúnluò 名。(1)在同一生态环境中共同生存的各种动植物的整体。(2)借指聚集在一起的建筑物：这一带山川湖泊、奇峰异洞、大建筑～和名胜古迹很多,旅游点区非常丰富。

【群魔乱舞】qún mó luàn wǔ 成。成群的魔鬼乱蹦乱跳，比喻坏人在一起猖狂活动：皇帝任用奸佞,朝廷里～,政治日益腐败。

【群起】qúnqǐ 〈书〉副。许多人一齐起来：～响应|面对封建王朝的残酷压迫,农民们～反抗。

【群起而攻之】qún qǐ ér gōng zhī 成。许多人一齐起来攻击、驳斥或指责：他的发言刚完,与会者便～。

【群情】qúnqíng 名。群众的情绪；常带双音节词作谓语构成一个四字语：～欢洽|～鼎沸|厂长一作出这个决定,厂里～激奋,个个雀跃欢呼。

【群体】qúntǐ 名。(1)由许多在生理上相联系的同种生物个体组成的整体,动物如海绵、珊瑚；植物如某些藻类。(2)泛指同类事物组成的整体：英雄～|～建筑|这里有很强的科研～。(3)群众性体育活动的简称；多作定语：～活动犹如盛开的山花,绚丽多采。

【群像】qúnxiàng 名。美术及其他文艺作品中塑造的有联系的一组人物形象；不加个体量词：小说塑造了指挥员的～。

【群雄】qúnxióng 名。旧指在战乱形势中有一定势力和地盘,纷纷称王称霸的一些人：～割据|东汉末年,～并起。

【群英会】qúnyīnghuì 名。众多英雄豪杰的盛会,原特指三国时赤壁之战前夕东吴文官武将的一次宴会,现指英雄模范人物的集会。

【群众】qúnzhòng 名。(1)泛指人民大众；表示集体,不加个体量词：一批～|深入～,发动～|干部～拧成一股绳。(2)指不担任行政领导职务的一般人；与"干部"相对：是干部,我们几个是～。

【群众组织】qúnzhòng zǔzhī 词组。非国家政权性质的群众团体,如工会、妇联等。

麇(麏) qún 〈素〉成群：～集。

另见jūn。

【麇集】qúnjí 〈书〉动。成群聚集：一到夏天,湖畔候鸟～。常带补语：敌军像苍蝇一样～在火网的后面。

R

rán(ㄖㄢˊ)

蚺 rán [蚺蛇](-shé) 名。即蟒蛇。

髯 rán 〈书〉名。两颊上的胡子。泛指胡子。

【髯口】rán·kou 名。戏曲演员演出时所戴的假胡子。

然 rán 〈书〉❶形。对;一般作"以为"的宾语:你以为～否?❷代。这样,那样:知其一不知其所以～。❸连。然而,表示和前一分句意义有转折:年纪虽小,～亦不甘落后。❹后缀。表示状态:欣～|显～。❺〈古〉同"燃"。

【然而】rán'ér 连。但是,可是;用在后一分句的前面,表示意思转折:坚持写日记是很有意义的,～也是不容易的|他年龄不大,～知识面很广。

　＊"然而"和"但是":"然而"带有文言色彩,多用于书面语;"但是"书面语、口语都常用。"然而"一般不同"虽然"搭配;"但是"则能和"虽然"配合使用。

【然后】ránhòu 连。如此以后,这样以后;表示一件事情之后接着又发生一件事情,前一分句有时用"先、首先"等与之呼应,后一分句有时用"再、又、还"等相配合:先调查一下,～再进行讨论。

【然则】ránzé 〈书〉连。这样。也就;用在后一分句的开头,表示承接上文,并推进一层:局势是一天比一天坏,～老栓在买粮也一阵比一阵发急。

燃 rán ❶动。引火点着;常带宾语或补语:～着了一支烟|火炬已～起来了。❷〈素〉烧起火焰:～烧|～料。

【燃点】rándiǎn ❶动。使着火,使燃烧;常带宾语或补语:～香烛|火把都～起来了。❷名。指某种物质开始燃烧时所需的最低温度。也称着火点或发火点。

【燃放】ránfàng 〈书〉动。点着爆竹等物使之爆鸣;一般要带宾语:～烟火|～鞭炮

【燃料】ránliào 名。燃烧时能产生热能和光能的物质。按形态可以分成三种,即固体燃料(如煤、炭、木材),液体燃料(如汽油、煤油),气体燃料(如煤气、天然气)。也指能产生核能的物质,如铀、钚等。

【燃眉之急】rán méi zhī jǐ 成。像火烧着眉毛那样紧急。比喻非常紧迫的情况:这在目前实在是～的事情,非马上办不可。

　＊"燃眉之急"和"当务之急":"燃眉之急"强调事情之急如火烧眉毛;"当务之急"强调是当前最急需做的事。

【燃烧】ránshāo 动。常带宾语或补语。(1)物质剧烈氧化而发光、发热:大火在～|～文件|炉中的煤已～得干干净净。(2)比喻发出强烈的光和热,使发光发热:西方的天空,～着一片橘红色的晚霞|老师们那种～自己,照亮学生的红烛精神,永远值得我学习。(3)比喻感情炽烈,使激动:他的感情不可抑制地～起来。

rǎn(ㄖㄢˇ)

冉(丹) rǎn 姓。

【冉冉】rǎnrǎn 〈书〉形。不加程度副词。(1)慢慢地;一般作状语,只形容上升的动作:一轮红日～升起。(2)柔软下垂的样子;多形容长的毛、枝条等:柳枝～。

苒(苒) rǎn 见"荏(rěn)苒"。

染 rǎn 动。(1)把东西放进颜料里使着色;常带宾语或补语:～衣服|把这块布～一下。(2)物体被另一物体着了色;多以色彩词语作补语:这件衬衫被袜子～得花花绿绿|衣裳被血～红了。(3)感染,沾上;不单独作谓语,所带的宾语一般是疾病、坏的习惯或嗜好等:～上

恶心｜～了一身病。

【染病】rǎnbìng 动。传染上疾病；不带宾语：不幸～亡。可拆开用：不知怎么染上了这么个病。

【染缸】rǎngāng 名。(1)用来染东西的缸。(2)比喻对人的思想产生影响的地方或环境；多指坏的影响：十里洋场是个大～。

【染料】rǎnliào 名。能使纤维及其他材料着色的有机物质。分天然染料和合成染料两大类。广泛用于纺织、塑料、皮革、食品等工业，也用作彩色摄影材料。

【染色体】rǎnsètǐ 名。细胞核内易为碱性染料着色的丝状或棒状物体。是生物遗传的主要物质基础。

【染指】rǎnzhǐ〈书〉动。《左传·宣公四年》记载：春秋时，郑灵公请大臣们吃甲鱼，故意不给子公吃，子公很生气，就伸指到盛甲鱼的鼎里蘸上点肉汤，尝尝滋味走了。后来就用"染指"比喻获取非分的利益：岂敢～非分之财？

rāng(ㄖㄤ)

嚷 rāng［嚷嚷］(-·rang)〈口〉动。不带宾语。(1)吵闹：这孩子整天～，吵得人没法看书。(2)声张：这事别～出去。

另见 rǎng。

ráng(ㄖㄤˊ)

勷 ráng［劻勷］(kuāng-)〈古〉形。急迫不安的样子。

蘘 ráng［蘘荷］(-hé) 名。多年生草本植物，花白色或浅黄色，结蒴果。茎和叶可以编草鞋，根入中药。

禳 ráng〈素〉解除：～解。

【禳解】rángjiě〈书〉动。旧时迷信的人向鬼神祈祷消除灾殃：奶奶说这是"不祥之兆"，当天便请了道士来～。

瀼 ráng 地名用字。瀼河，在河南省。

【瀼瀼】rángráng〈古〉形。形容露水多。

穰 ráng ❶名。(～儿)〈方〉稻、麦等庄稼的杆子。❷同"瓤"。

【穰穰】rángráng〈书〉形。五谷丰盛的样子：～满家。

瓤 ráng ❶名。(1)(～儿、～子)瓜果等内部包着种子的肉，瓣儿：红～儿西瓜｜橘子～。(2)(～儿)泛指某些壳或皮里包着的东西：这封信没～儿。❷〈方〉形。软弱，不好：病后身体～得很｜他的驾车技术真不～。

禳 ráng 形。脏；多见于旧小说：衣服～了。

rǎng(ㄖㄤˇ)

壤 rǎng〈素〉(1)泥土：土～。(2)地：天～之别。(3)地区：僻～。

攘(△攮) rǎng〈素〉(1)排斥，排除：～除｜～敌。(2)抢夺，侵犯：～夺。△(3)〈方〉捋起：～臂。(4)乱：扰～｜熙熙～～。

【攘臂】rǎngbì〈书〉动。捋起袖子，伸出胳膊；多用来描写振奋或发怒时的动作；不带宾语，多构成连动词组：～高呼。

【攘除】rǎngchú〈书〉动。排除；常带宾语：～异端｜～奸邪。

【攘夺】rǎngduó〈书〉动。夺取；常带宾语：～政权｜袁世凯～国柄，以遂私图。

【攘攘】rǎngrǎng〈书〉形。纷乱的样子；常用在固定组合中：熙熙～。

嚷 rǎng 动。常带补语。(1)大声喊叫：大叫大～了半天。(2)〈口〉吵闹：她最爱跟人～｜整天一个不停。(3)〈方〉责备，教训：无缘无故地被妈～了一顿。可带宾语：～他两句。

另见 rāng。

ràng(ㄖㄤˋ)

让(讓) ràng ❶动。(1)不争，把方便或好处给别人：他总是见荣誉就～。可带双宾语：我一你两步棋。可带兼语：～老年人先走。(2)请人接受招待；一般要带宾语或补语：～酒｜把客人～进屋来。(3)索取一定代价后，把东西给人：王小花把那床合欢花被面～给了喜妞儿。可带双宾语：他～我一辆车。(4)容许，使；可带兼语：他要去，就～他去吧。可加程度副词：很～人伤心。❷介。被；用在被动句里，引进行为的主动者：这杯子～我打破了｜衣服～雨淋湿了。

【让步】ràngbù 动。在争执中,部分地或全部地放弃自己的意见与要求;不带宾语:对这种作法,我不能~。可拆开用:争了半天,他还是让了步。

【让位】ràngwèi 动。不带宾语,可带补语,可拆开用。(1)让出统治或领导的地位:我这个局长早晚要~给别人。(2)让出座位:过了两站,终于有人给我~了|请让一个位给孕妇坐。

【让座】ràngzuò 动。不带宾语,可拆开用。(1)让出座位:现在公共汽车上~的青年越来越多了|他客气地让了座。(2)宴请时请客人入座。

ráo(ㄖㄠˊ)

荛(蕘) ráo 〈古〉名。柴草,也指打柴的人。

饶(饒) ráo ❶动。常带宾语或补语。(1)宽恕,免除处罚:罪不可~|~了他吧|~了他一回。(2)〈方〉额外添加:再~上一个|这块肉是~给你的。❷〈方〉连。表示让步,跟"虽然、尽管"意思相近,用在前一分句:~这么严,还被他们钻了空子。❸〈素〉富足,多:丰~|~舌。❹姓

【饶舌】ráoshé 动。多嘴,噜里噜嗦说个不停;不带宾语:这件事与你无关,用不到你来~。

【饶恕】ráoshù 动。宽容,免予责罚:犯了这么大的错误,能~吗?常带宾语或补语:~他一次吧。

【饶有风趣】ráo yǒu fēngqù 词组。很风趣,很有兴致;一般用于描写谈吐的神态:大家~地谈论着动物园的猴子。

娆(嬈) ráo 见"娇(jiāo)娆"、"妖(yāo)娆"。
另见 rǎo。

桡(橈) ráo 〈方〉名。划船的桨。

rǎo(ㄖㄠˇ)

扰(擾) rǎo ❶动。因受人款待而表示感谢;客套用词,常带宾语:~了您这么久,我很过意不去。可带双宾语:我~了他一顿饭。❷〈素〉

扰乱,打搅:干~|搅~|惊~。

【扰动】rǎodòng 动。(1)动荡起伏,不平静;常带补语:秦末,农民纷纷起义,~于全国。(2)打扰,惊动;常带宾语:因为我们俩正在讨论一个问题,才~了阁下。

【扰乱】rǎoluàn 动。搅扰,使混乱或不安;常带宾语:~社会秩序|我不希望有人再来~我刚刚安定下来的生活。

【扰攘】rǎorǎng 〈书〉形。骚乱,纷乱:干戈~。

娆(嬈) rǎo 〈古〉动。扰乱,烦扰。
另见 ráo。

rào(ㄖㄠˋ)

绕(繞) rào 动。(1)缠;常带宾语或补语:帮我~一下线。(2)环绕,围着转;常带宾语:运动员~场一周|鸟~着树飞。(3)不从正面通过,从侧面或后面迂回通过;常带宾语或补语:从山后~过去吧|~了一个大圈子。(4)纠缠;对象一般指问题、事情等,常带补语:他简直给这几句话~糊涂了。

【绕脖子】rào bózi 习。(1)形容说话办事转弯抹角,不直截了当:他从来就不是个直爽的人,说话办事喜欢~。(2)形容言语、事情令人费解:这些~的话我可不想听。

【绕口令】ràokǒulìng 名。一种语言游戏。将声母、韵母或声调极易混同的字,交叉重叠组成句子或短歌,要求一口气急速念出,说快了读音容易发生错误。也叫拗口令,有的地区叫急口令。

【绕圈子】rào quānzi ❶词组。走迂回曲折的路:走来走去,总在那个地方~|绕了几个圈子才找到你家。❷习。比喻不照直说话,拐弯抹角地表示意思:有什么事就直说吧!别~。

【绕弯子】rào wānzi 习。比喻不照直说话,拐弯抹角地表示意思:尽讲些~话|绕了半天弯子,原来只是为这点儿小事。

【绕嘴】ràozuǐ 形。拗口,不顺口:这话说起来太~。

rě(ㄖㄜˇ)

若 rě 见"般(bō)若"。
另见 ruò。

喏 rě 见"唱喏"。
另见 nuò。

惹 rě 动。(1)招引,引起;多指不好的事,常带宾语和补语:~出一大堆意见|~是非|~来不少麻烦。(2)触动,挑逗;多指用言语或行动,常带宾语:别去~他,他会翻脸的。可带补语:他~我不高兴。可加程度副词:这孩子太~人生气。(3)使人产生某种反应;多指人或事物的特点,常带宾语:她的打扮~人注意。可加程度副词:这盆花很~人喜爱。

【惹火烧身】rě huǒ shāo shēn 成。比喻自讨苦吃或自取毁灭:那儿没有你的事,你别去~。也说"引火烧身"。

【惹祸】rěhuò 动。招来祸事;不带宾语:这孩子就喜欢~。可拆开用:这下惹了大祸了。

【惹气】rěqì 动。引起烦恼,使自己生气;不带宾语:犯不上为一点小事~,对身体不利。可拆开用:惹来了一肚子气。

【惹事】rěshì 动。招来麻烦或祸事;不带宾语:再要~,全村的人都要讨厌你。可拆开用:才来几天就惹了那么多的事。

【惹是生非】rě shì shēng fēi 成。招惹是非,引起纠纷或争端:这人虽凶却从不~。也作惹事生非。

＊"惹是生非"和"无事生非":"惹是生非"有的是故意的,出于恶意,有的是无意的;"无事生非"是故意的,而且大多是出于恶意。"惹是生非"语意较轻;"无事生非"语意较重。

热 rè(ㄖㄜˋ)

热(熱) rè ❶形。温度高;跟"冷"相对:天气很~。❷动。使热,加热;多用于食物,须带宾语或补语:~一下汤|饭|~在炉子上。❸名。(1)物体内部分子不规则运动放出的一种能。物质燃烧都能产生热。(2)指生病引起的高体温;常与"发、退"等动词搭配:发了三天~|~还没有退。❹〈素〉(1)情意深厚:亲~|~切。(2)羡慕并想得到:眼~|~中。❺后缀。指一种受很多人欢迎的活动,一般用在双音节词语之后:足球~|旅游~|养花~。

【热爱】rè'ài 动。热烈地爱;一般要带宾语,否则要有状语,或用在被动句中:我们~祖国|他为人民所~。可带谓词作宾语:~学习|~和平。可加程度副词:他很~自己的家乡。可作"受到"的宾语:英雄们深受人民的~。

＊"热爱"和"酷爱":"热爱"着重表示感情热烈;"酷爱"着重表示程度极深。"热爱"适用范围广,可用于人,也可用于事物;"酷爱"适用范围窄,一般只用于比较抽象的事物,如"自由、和平、独立"等。"热爱"在书面语、口语中都常用;"酷爱"多用于书面语。"热爱"爱的程度比"酷爱"要轻些。

【热潮】rècháo 名。比喻蓬勃发展、热火朝天的形势;一般要加定语:学习法律的~已经掀起|掀起了技术革新的~。

【热忱】rèchén ❶形。热心,有热情:他是一个最~的民族英雄。❷名。热烈而真挚的感情:他对人民有极端的~。

＊"热忱"和"热情":"热忱"语意较庄重;"热情"语意较一般。"热忱"多用于书面语;"热情"既可用于书面语,也可用于口语。

【热诚】rèchéng 形。热心而诚恳:小李一向对人很~。

＊"热诚"和"热心":"热诚"着重表示对人热情诚恳;"热心"着重表示对事尽力、情绪饱满。"热诚"没有动词用法,不能带宾语;"热心"是动词,能带宾语。

【热带】rèdài 名。赤道两侧南北回归线之间的地带。这里受到太阳的热量最多,昼夜长短的变化不大,降雨多而均匀。也叫回归带。

【热度】rèdù 名。(1)冷热的程度:~不够,所以不不熔化。(2)〈口〉指生病引起的高于正常的体温:~不退,病不会好。

【热烘烘】rèhōnghōng 形。形容非常热;不加程度副词,常加助词"的":炉子旁边~的|~的暑气憋得人难受。

【热乎乎】rèhūhū 形。形容热和,表示满意;不加程度副词,常加助词"的";他的手~的|他真挚的情谊,使我觉得心里~的。也作热呼呼。

＊"热乎乎"和"热烘烘":"热乎乎"语意较轻;"热烘烘"语气较重。"热乎乎"

可用于表示对别人的热诚相待感到满意;"热烘烘"不这样用。

【热火】rè·huo 形。(1)热闹,热烈:那天的婚礼张灯结彩,鼓乐齐鸣,场面可～啦! (2)亲热:他们俩正～着呢。

【热火朝天】rè huǒ cháo tiān 成。炽热的烈火朝着天熊熊燃烧。比喻群众性运动或工作的气氛热烈,很有生气:参军运动搞得～|掀起了～的增产节约运动的新高潮。

【热和】rè·huo 〈口〉形。(1)热;多表示满意:这馒头还挺～呢。(2)亲热:他们刚认识,就这么～了。

【热辣辣】rèlālā 形。非常热,像被火或开水烫着一样;多指不舒服的感觉,不加程度副词,常加助词"的":～的太阳当空照|听了大家的批评,她感到脸上～。

【热浪】rèlàng 名。(1)像浪一样涌来的强烈的热气:～滚滚。(2)指热的辐射。

【热泪】rèlèi 名。因极端高兴、感激或悲伤而流出的眼泪:满含～|～盈眶|小林说着说着两行～夺眶而出。

【热量】rèliàng 名。温度高的物体把能量传递到温度低的物体上,所传递的能量叫做热量。通常指热能的多少,单位是卡。

【热烈】rèliè 形。兴奋而激动;一般用来形容表现出来的积极的情绪:～欢迎|讨论很～。

【热流】rèliú 名。指激动振奋的感受;量词用"股":听了小王的话,一股～传遍全身。

【热门】rèmén 名。吸引许多人的事物:这种裙子目前是～货,穿的人很多|《红楼梦》的研究现在正是～。

【热闹】rè·nao ❶形。繁荣活跃;多用于形容景象或场面:改革后的市场～极了。可重叠:热热闹闹的大家庭。❷动。使场面活跃,精神愉快;不带宾语,可带补语:我们来～一下吧。可重叠:我们来～～。❸名。热闹的景象:上街看～。

　　*"热闹"和"热烈":"热闹"着重表示繁盛活跃,多用于形容景象等;"热烈"着重表示兴奋激动,多用于形容情绪等。"热烈"含褒义,比"热闹"的语气要严肃。"热闹"可重叠;"热烈"不能。"热闹"有动词和名词的用法;"热烈"只有形容词用法。

【热能】rènéng 名。物质燃烧或物体内部分子不规则地运动时放出的能量。通常也指热量。

【热气】rèqì 名。热的空气。比喻热烈的情绪或气氛:～腾腾的战斗场面|会场上冷冷清清的,没有什么～。

【热切】rèqiè 形。热烈而恳切;多指要求、愿望,常作定语或状语:这是我～的心愿|～地希望你回来。

【热情】rèqíng ❶名。热烈的感情:具有强烈的爱国～。❷形。感情真挚热烈;多形容待人接物的态度:他对人十分～。

　　*"热情"和"热烈":"热情"着重表示感情真挚热烈;"热烈"着重表示情绪兴奋激动。"热情"多用于形容人的态度;"热烈"多用于形容行为、场面或气氛。"热情"有名词、形容词用法,不能作补语;"热烈"只作形容词用,能作补语。

【热身赛】rèshēnsài 名。指正式比赛前的演习性的比赛或最后阶段的训练:明晚是国家足球队出征前的～。

【热腾腾】rètēngtēng 形。形容热气蒸发上升的样子;不加程度副词,常加助词"的":刚出锅的馒头,～的。

【热望】rèwàng 〈书〉动。热烈地期望;常带动词、动词性词组或主谓词组作宾语:～成功|～取得胜利|他～着有朝一日自己能在数学的王国里一显身手。

【热线】rèxiàn 名。(1)红外线。(2)为了便于联系而经常准备着的直通的电话或电报线路,多用于各国首脑之间,也用于领导和群众之间:该市建立了领导人的公开电话,领导和群众之间的～更畅通了。

【热销】rèxiāo 形。指商品很受顾客欢迎,卖得快;多作谓语或定语:这种电风扇不那么～|～产品。

【热心】rèxīn 动。有热情,有兴趣,肯尽力地做事:他是个～人。可带宾语:他～技术革新。可加程度副词:马二婶对柱子的婚事很～。

　　*"热心"和"热情":"热心"着重表示对事尽力,情绪饱满;"热情"着重表示感情的热烈。"热心"是动词;"热情"是名

词和形容词。

【热血】rèxuè 名。比喻为正义事业而贡献一切的热情：满腔的～已经沸腾。

【热战】rèzhàn 名。指使用真枪实弹进行的战争；与"冷战"相对。

【热中】rèzhōng 动。也作热衷。可加程度副词。(1)急切地期望获得；对象多指地位或利益，一般要带宾语：～名利｜他很～功名。(2)十分喜爱；对象一般指某种活动，一般不带宾语，可带补语：～于赛马｜气功能强身、治病，所以人们十分～于参加这种运动。

rén(ㄖㄣˊ)

人 rén ❶名。(1)能制造工具并使用工具进行生产劳动的高等动物。(2)每人，所有的人：须叠用或用在固定组合中：～所共知｜～手一册｜～～兴高采烈。(3)别人，他人；多用在四字格中：待～诚恳｜惹～生气。(4)指人的品质、性格等：老刘～很忠厚。(5)指人的身体或意识：这几天～有点不舒服｜跌倒后，～就昏过去了。(6)指人手，人才：～还没配齐｜要善于用～。❷〈素〉(1)指成年人：成～。(2)指某种职业或身份的人：工～｜主～。

【人才】réncái 名。也作人材。(1)有道德、有才能或有某种特长的人：～流通。(2)〈口〉指美丽端正的相貌：翠娥长得一表～。

【人称】rénchēng 名。某些语言中动词跟名词或代词相应的语法范畴。代词所指的是说话人叫第一人称，如"我、我们"；所指的是听话人叫第二人称，如"你、你们"；所指的是其他的人或事物叫第三人称，如"他、她、它、他们、它们"。名词一般是第三人称。

【人次】réncì 量。表示同类活动中若干次人数的总和；后面不跟名词，与数词组合后用在动词或名词之后：这次运动会的观众人次达五十万～｜每天的顾客二千～。

【人丛】réncóng 名。聚集在一起的人；不加个体量词：总算在～里寻找到了小妹。

【人道】réndào 名。指爱护人的生命，关怀人的幸福、尊重人的人格和权利的道德。

【人地生疏】rén dì shēngshū 成。人事不熟，地方陌生；指初到一地，对当地的人事和地理都不熟悉。由于～，张平跑了几天，还是找不到工作。

【人丁】réndīng 名。(1)旧指成年人。(2)人口：～兴旺。

【人定胜天】rén dìng shèng tiān 成。人定：指人的主观努力。人的力量可以征服自然；常用来激励人们去克服困难：人到太空去旅行，就是～的一个实例。也说人强胜天。

【人犯】rénfàn 名。指某一案件中的被告或牵连在内的人：一干～。

【人浮于事】rén fú yú shì 成。浮：超过；事：事情。人多事少，或工作人员的数量超过工作的需要：那种～的衙门作风应该彻底根除。

【人格】réngé 名。(1)人的性格、气质、能力等特征的总和。(2)个人的道德品质：高尚的～。(3)人的能作为权利、义务的主体的资格：用～担保。

【人格化】réngéhuà 动。赋予动物、植物以及非生物于人的特征，使它们具有人的思想、感情和行为等；童话、寓言等文艺作品多用这种手法，不带宾语：动物～，这是童话故事常采用的表现手法。

【人工】réngōng ❶形。人为的，出于人力的；与"自然"或"天然"相对，不加程度副词，多作定语或状语：～湖泊｜～繁殖。❷名。(1)人力，人力作的工；与"机械力"相对：靠～制造。(2)指一个人做工一天的时间：打这顶橱要十个～。

【人公里】réngōnglǐ 量。旅客周转量的计算单位。把一个旅客运送一公里为一人公里。

【人和】rénhé 名。指人心齐，团结一致的情况：天时不如地利,地利不如～。

【人寰】rénhuán〈书〉名。人世间：日本鬼子屠杀中国人民,惨绝～。

【人迹】rénjī 名。人的足迹：～罕至。

【人际】rénjì 形。人与人之间；不加程度副词，不单独作谓语，多作定语或状语：～关系｜～交往。

【人家】rénjiā 名。(1)住家：山脚下有十

户~。(2)家庭；一般要带定语：勤俭~|光荣~。(3)指女子未来的丈夫家：嫁了个好~。

【人家】rén·jia 代。(1)别人；除说话人和听话人外：这话要让~钻空子的。(2)指某个人或某些人；意思与"他、他们"相近：你还是跟~赔个不是吧！(3)指自己，等于"我"；有亲热或不满的意味：饭还没烧好啊！~都快饿死了。

【人间】rénjiān 名。人类社会，人世间：春色满~。

【人杰】rénjié 〈书〉名。杰出的人。

【人杰地灵】rénjié dìlíng 成。指杰出人物出生或到过的地方，就会成为名胜之区：苏州是个物产丰富、~的历史古城。

【人口】rénkǒu 名。(1)居住在一定地区内或一个单位内人的总数：这个县有50多万。(2)一个家庭的人的总数：他家~不多。

【人困马乏】rén kùn mǎ fá 成。形容体力疲劳不堪；主要指人，不一定有马：部队已到了~地步|我们爬到半山腰，已是~，难以举步了。

【人老珠黄】rén lǎo zhū huáng 成。旧时比喻妇女年纪大了被人轻视，像珍珠年代久了变黄就不值钱一样。

【人类】rénlèi 名。人的总称；不用个体量词。

【人伦】rénlún 名。封建礼教所规定的人与人之间的关系和应当遵守的行为准则，也特指尊卑长幼之间的关系，如君臣、父子、夫妇、兄弟、朋友的关系。

【人马】rénmǎ 名。不加个体量词。(1)指军队：~未到，粮草先行。(2)喻指人员：我们这个专业的教师队伍，~比较整齐。

【人面兽心】rén miàn shòu xīn 成。外貌虽然像人，但心肠像野兽一样。形容为人凶残毒辣：李财主表面笑嘻嘻，心里藏把刀，是个~的家伙。
　　*"人面兽心"和"衣冠禽兽"："人面兽心"着重指内心；"衣冠禽兽"着重指行为。

【人民】rénmín 名。以劳动群众为主体的社会基本成员。

【人民币】rénmínbì 名。中国的法定货币。以元为单位。

【人民性】rénmínxìng 名。文艺作品中人民大众的生活、思想、情感、愿望的反映：这部作品有较强的~。

【人命】rénmìng 名。人的生命；多在命受到伤害时用，量词用"条"：罪犯伤害了一条~|~关天(人命事件关系重大)。

【人命危浅】rénmìng wēi qiǎn 成。危：危险；浅：时间短。形容寿命不长了，即将死亡：这些腐朽的东西已经到了~，朝不保夕的地步。

【人莫予毒】rén mò yú dú 成。《左传·僖公二十八年》记载，晋楚战于城濮，楚败，楚国统帅子玉自杀。晋文公听说后，喜形于色地说："莫予毒也已！"莫：没有谁；予：我；毒：危害、伤害。意思是谁也不能威胁危害我了，即谁也不能把我怎么样；多用于贬义：那种"一人独吞"，"~"的派头，不过是封建主的老戏法，拿到二十世纪四十年代来，到底是行不通的。

【人品】rénpǐn 名。(1)人的品质、品格：他~好。(2)〈口〉人的容貌、仪表：~出众。

【人情】rénqíng 名。(1)人之常情：不近~|这部作品很有~味ㄦ。(2)情面，情谊：托~|乐得做个~。(3)指婚丧喜庆以及交际所送的礼物：收下这份~。(4)〈书〉指人心，世情：~冷暖|洞悉~世故。

【人情世故】rénqíng shìgù 成。为人处世的道理：人年纪大了，就明白一点，多懂得一点ㄦ~。

【人权】rénquán 名。指享有的人身自由和各种民主权利。

【人人】rénrén 名。所有的人，每人：~都夸西湖风景好|~都有一双手，只要辛勤劳动，就能致富。

【人山人海】rén shān rén hǎi 成。人群如山似海。形容聚集的人极多：看灯会那天，夫子庙~。

【人身】rénshēn 名。指个人的生命、健康、行动、名誉等；多着眼于保护或损害：宪法保障公民的~权利不受侵犯。

【人参】rénshēn 名。多年生草本植物，主根肥大，肉质、黄白色。掌状复叶。初夏开花，花小，淡黄绿色。果实扁球形，红色。根和叶都可入药，有滋补作用。

【人生】rénshēng 名。人的生存和生活：～的价值不在于寿命的长短,,而在于对社会贡献的大小。

【人生观】rénshēngguān 名。对人生的看法。也就是对于人类生存的价值和意义的看法。人生观是由世界观决定的。

【人士】rénshì 名。有一定社会影响或在某方面有代表性的人物；一般要加定语：爱国～|各界～。

【人氏】rénshì 名。人；多见于早期白话，用来指籍贯：浙江～。

【人世】rénshì 名。人间。也说人世间。

【人事】rénshì 名。(1)人的离合、境遇、存亡等情况：离家三十余年,如今回来,感到家乡～变化实在太大了。(2)特指机关团体内部工作人员的录用、培养、调配、奖惩等工作：～调动|合理安排～。(3)人情事理,人世间的事情：这孩子还小,不懂～。(4)人的意识的对象；与"省(xǐng)"或"知"等动词搭配,多用于否定式：他连续发高烧,不省～。(5)人力能做到的事：各尽～。

【人手】rénshǒu 名。能做事的人：种这么多菜,～不够。

【人头】réntóu 名。(1)指人的数目：按～分房。(2)指跟别人的关系：～熟得很。

【人微言轻】rén wēi yán qīng 成。指人的地位低下,言论、主张不被人重视：你～,怎么弄得过他们?

【人为】rénwéi ❶动。人去做，人力所为；不带宾语：事在～。❷形。人造成的；用于不如意的事,不加程度副词,常作定语：～的障碍。

【人为刀俎,我为鱼肉】rén wéi dāo zǔ, wǒ wéi yú ròu 成。刀俎：刀和砧板,宰割的工具。比喻别人掌握生杀大权,自己处于任人宰割的地位：只有奋起反抗,才能摆脱～的困境。

【人文】rénwén 名。指人类社会的各种文化现象；多用在比较固定的组合中：～科学。

【人无远虑,必有近忧】rén wú yuǎn lǜ, bì yǒu jìn yōu 成。虑：考虑；忧：忧愁。人们办事不作长远打算,眼前就会有不称心的事情发生：～,做什么事都不能只顾眼前,你要好好考虑一下。

【人物】rénwù 名。(1)人材,在某方面有代表性或具有突出特点的人；一般要加定语：他是个英雄～。(2)指文学和艺术作品中所描绘的人物形象；朱老忠是《红旗谱》中的主要～。(3)在生活或交际中有一套本领的人；不加定语,含贬义：王林路路通,真是个～。

【人心】rénxīn 名。(1)指许多人的感情、愿望等；常用在比较固定的组合中：～齐,泰山移|大快～|～所向。(2)指通情达理的用心；多用在否定句中：把自己的闺女当商品与人做交易,简直没～。

【人性】rénxìng 名。人的本性。人性是在一定的社会制度和历史条件下形成的。

【人性】rén·xing 名。人所具有的正常的感情和理性：这个人不通～,不要理他。

【人选】rénxuǎn 名。为一定目的按一定要求挑选出来的人：确定合适的～。

【人烟】rényān 名。烟：炊烟。指人家、住户：～稀少|～稠密。

【人言可畏】rén yán kě wèi 成。言：指流言蜚语；畏：怕。指流言蜚语令人生畏。

【人仰马翻】rén yǎng mǎ fān 成。人马被打得仰翻在地。形容经过激战后伤亡惨重的情景,也形容混乱或乱得不可收拾的样子：那一日,荣府中又闹得～。也说马仰人翻。

【人员】rényuán 名。(1)指担任某种职务的人：行政～|巡逻～。(2)泛指某一方面的人：待业～|闲散～。

【人云亦云】rén yún yì yún 成。云：说。人家怎么说,自己就跟着怎么说。形容没有主见,随声附和；含贬义：他只会～,从没一点自己的见解。

【人造】rénzào 形。人工制造的,非天然物的；不加程度副词,不单独作谓语,多作定语：～皮革|～冰|～地球卫星。

【人造卫星】rénzào wèixīng 词组。用火箭发射到天空,按一定轨道环绕地球或其他行星运行的人造天体。

【人造纤维】rénzào xiānwéi 词组。化学纤维两大类别之一。用某些天然的高分子化合物为原料,经溶解制成纺丝溶液,然后纺制成纤维。竹子、木材、甘蔗渣、棉籽绒等都是制造人造纤维的原料。根据人造纤维的形状和用途,分为人造丝、人造棉和人造毛三种。

【人证】rénzhèng 名。由证人提供的有关案件事实的证据;区别于"物证"。

【人质】rénzhì 名。一方为迫使对方履行诺言或接受某项条件而扣留的对方的人。

【人中】rénzhōng 名。上嘴唇正中凹下的部分。

【人种】rénzhǒng 名。具有共同起源和共同遗传特征的人群。如蒙古人种(即黄种),尼格罗—澳大利亚人种(即黑种),欧罗巴人种(即白种)等。

壬 rén ❶名。天干的第九位。参见"干支"。❷姓。

任 rén ❶地名用字。任县,任丘,县名,都在河北省。❷姓。
另见rèn。

仁 rén ❶名。(~儿)果核或果壳最里头较柔软的部分,大多可以吃:杏~儿|花生~儿。❷〈素〉同情,友爱,互助:~爱|~慈|~人志士|假~假义。

【仁爱】rén'ài 形。同情爱护和热心助人的思想感情:这位老人有~之心。

【仁慈】réncí 形。仁爱、慈祥:祖母对人非常~|对敌人~就是对人民残忍。

【仁厚】rénhòu 形。仁爱厚道:老张为人很~。

【仁人君子】rénrén jūnzǐ 词组。旧指能热情关心人帮助人的人。

【仁人志士】rénrén zhìshì 成。指有德行、有志向、为理想献身的人:抗战时期,有多少~为求独立而抛头颅洒热血啊! 也作志士仁人。

【仁义】rényì 名。仁爱和正义:明明能把落难者从江里救出来,可船老大就是不肯搭救,真正是不讲一点~。

【仁义】rén·yi 〈方〉形。性情和蔼、通情达理:他对人很~。

【仁者见仁,智者见智】rén zhě jiàn rén, zhì zhě jiàn zhì 成。仁者见它说是仁,智者见它说是智。比喻对同一个问题,各人观察的角度不同,见解也不同:对这样的改革,众说纷纭,褒贬不一,真所谓~。

【仁政】rénzhèng 名。仁慈的政治措施。

【仁至义尽】rén zhì yì jìn 成。至:极,最;尽:全部用出。竭尽仁义之道。用以形容对人的帮助、关心、爱护已尽了最大努力;且不说经济上的接济,光是把小梅拖带到这么大,张婶也可算是~了。

rěn(ㄖㄣˇ)

忍 rěn ❶动。忍耐,容忍:这种气我不能~。常带宾语或补语:~住心头的悲痛|~着眼泪|~在心里。❷〈素〉忍心:残~|于心不~。

【忍俊不禁】rěn jùn bù jīn 成。忍俊:含笑;不禁:无法控制自己。忍不住要发笑:小姐给逗得~,又不便笑出声来,便用手捂住了嘴。

【忍耐】rěnnài 动。把痛苦的感觉或某种情绪抑制住不让表现出来:为了工作,受点气要能~。常带宾语或补语:~住心头的怒火|一直~到现在。可带形容词作宾语:~着巨大的悲痛|~着愤怒。可重叠:你就~~吧,别再发脾气了。

【忍气吞声】rěn qì tūn shēng 成。吞声:不敢出声。受了气因有顾忌而不敢说,勉强忍耐住:伍海从此~,再也不敢得罪王霸头了。

【忍让】rěnràng 动。容忍退让:夫妻之间遇事总得彼此~,相敬如宾。常带补语:你就~一回吧,别同他争高低了。

【忍辱负重】rěn rǔ fù zhòng 成。为了达到某个目的,忍受屈辱,担负重任:司马迁~,辛勤笔耕,终于完成了《史记》这部不朽的著作。

【忍受】rěnshòu 动。勉强承受下来;多用于痛苦、困难、不幸的遭遇、折磨等:这种痛苦难以~。常带宾语或补语:~着巨大的压力|这种奇耻大辱我实在~不下去。可带谓词作宾语:痛苦地~折磨|~着难言的悲痛。

【忍无可忍】rěn wú kě rěn 成。忍受到再也无法忍受的地步:奴隶们~,纷纷揭竿而起。

【忍心】rěnxīn 动。硬着心肠去做不忍做的事;常带动词性词组或主谓词组作宾语,多用于否定句:他不~做这种伤天害理的事|我不~孩子受冻挨饿。可拆

荏 rěn ❶名。即白苏。草本植物，嫩叶可以吃，种子通称苏子，可以榨油。❷〈素〉软弱：色厉内~。

【荏苒】rěnrǎn 〈书〉动。时间渐渐过去，常与"光阴"搭配，不带宾语：光阴~。

【荏弱】rěnruò 〈书〉形。软弱：~之躯，难御风寒。

稔 rěn ❶〈书〉名。年：学艺凡三~。❷〈素〉(1)庄稼成熟：丰~。(2)熟悉：素~｜~知。

【稔知】rěnzhī 〈书〉动。熟悉，了解：~其人。

rèn（ㄖㄣˋ）

刃（刄） rèn ❶名。(1)(~儿)刀、剑等的锋利部位，俗称刀口。(2)〈书〉刀：手持利~。❷〈书〉动。用刀杀；须带宾语：手~寇仇。

仞 rèn 量。古时八尺或七尺叫做一仞：万~高山。

纫 rèn ❶动。引线穿过针眼；常带宾语或补语：~针｜我老了，针也~不上了。❷〈书〉形。深深感激；多用于书信：感~｜至~高谊。❸〈素〉用针缝：缝~。

韧（靭、韌） rèn 〈素〉柔软而结实，不易折断：柔~｜~性｜坚~。

【韧带】rèndài 名。体内连接骨骼或固定内脏位置，富有坚韧性的白色纤维带。

【韧性】rènxìng 名。坚毅、不弯曲的性质；常指人的精神或性格：他做事极有~。有时也指事物的性状：进行~的战斗。

轫 rèn 〈素〉支住车轮，不使旋转的木头：发~。

牣 rèn 〈古〉动。充满：~其中。

认（認） rèn 动。(1)识别，分辨；常带宾语或补语：这个孩子能~300多个字了｜人多，一下子~不出来。(2)跟原来没有关系的人建立起某种关系；常带宾语或补语：~了一位老师｜这一门亲戚~了几年了。也可带兼语：~他作师傅。(3)承认，表示同意：有错儿就该~。可带宾语：他~了那笔帐。(4)表示愿意吃亏；多带谓词作宾语：~吃亏｜~倒霉。单独作谓语时要加助词"了"：即使输给你，我也~了。

【认生】rènshēng 形。见到生人害羞；多指小孩：这小孩太~，不大方。

【认错】rèncuò 动。承认错误；不带宾语：还不快向老大爷~。可拆开用：他终于认了错。

【认得】rènde 动。认识，相识：这个字我~。常带宾语或补语：我不~这个人｜中草药他能~很多。也可带主谓词组作宾语：你~我是谁吗？

【认定】rèndìng 动。看准，确定地认为：这条路我~了。常带主谓词组作宾语：我~这个办法最好｜我始终~屈原在怀王时期不曾被放逐。

【认购】rèngòu 动。应承购买；对象一般是公债券之类，常带宾语：黄教授~了1000元国库券。

【认可】rènkě 动。承认，许可；一般不带宾语：我们的方案是领导~的。常与"点头"并用：办这件事，他已点头~。也可做"得到"等动词的宾语：生产计划已得到主任的~。

【认领】rènlǐng 动。辨认并领取；多指丢失的人或东西：有一批失物，请失主来~。常带宾语或补语：~自行车｜钢笔我~回来了。

【认识】rènshi ❶动。认得，能确定某人或某物是这个而不是其他；常带宾语或补语：我~他｜我俩~了几十年。可带主谓词组作宾语：你~他是谁吗？可重叠：我介绍他跟你~~。❷名。人脑对客观世界的反映，包括感性认识和理性认识：正确的~。

【认识论】rènshilùn 名。关于人类认识的本质、来源、发展过程以及认识与实践的关系的学说。由于对思维与存在何者为第一性的不同回答，分成唯心主义认识论和唯物主义认识论。

【认为】rènwéi 动。对人或事物确定某种看法，作出某种判断；多用谓词或谓词性词组作宾语：我~对，他~不对｜大家~应该选他。也常带主谓词组作宾语：我~这个方案最好。

＊"认为"和"以为"："认为"强调基于

认任 rèn 893

一定的认识而作出的判断；"以为"强调从主观认识出发而表示看法，语气不如"认为"坚定。"认为"前边可以用"被"；"以为"前边不能用"被"。

【认贼作父】rèn zéi zuò fù 成。把仇人当作父亲。比喻卖身投靠敌人：他居然堕落到～的地步。

【认帐】rènzhàng 动。不带宾语。(1)承认所欠的帐：这是我欠下的租金，自然～。可拆开用：认了这笔帐。(2)比喻承认自己说过的话或做过的事；多用于否定式：这孩子做错了事，却不肯～。

【认真】rènzhēn ❶动。当真，信以为真；不带宾语：我是说着玩的，你倒～了。可拆开用：开个玩笑，你怎么认起真来了。❷形。严肃对待，一点也不马虎：他做事很～。可重叠：认认真真地学。

任 rèn ❶动。(1)任用，委派；带宾语时常和"为"合用，或带兼语：吴明被～为厂长。也可构成兼语词组：～他为处长。(2)担任，担当；常带宾语：～过三年班长|本学期李老师～写作课。(3)〈书〉听凭，听任；多带第二人称代词作兼语：～其自然|～你选择|这件事，～你处理。❷连。用在主语前。(1)无论，不管；表示在任何情况下结果或结论都一样，后面多有疑问代词，常同"也、都、还是"等配合：～什么困难都不怕。(2)即使；表示假设和让步，常同"也、都"等配合：～他跑到天边，我们也要找到他。❸量。表示任职的次数：他已当了三～会长。❹〈素〉(1)职务，责任：就～|重～。(2)相信：信～。
另见rén。

＊"任"和"任凭"：二者都表示听凭、听任意思时，可以互换。"任"可表示任命、担任等意思；"任凭"没有这些意思。"任"可作量词；"任凭"不可。二者作连词用时，"任"带方言色彩，不常用；"任凭"带书面语色彩，用得较多。

【任便】rènbiàn 动。听便，任你方便；不带宾语：你去不去～。可拆开用：买不买，任你的便。

【任何】rènhé 代。不论什么，遍指同类事物中的每一个或每一种；修饰名词时一般不带助词"的"，除人、事外，不修饰单音节名词，后面常有"都、也"呼应：～困难也吓不倒我们|不管～人，他都一视同仁|～解释都消除不了他的疑团。

【任劳任怨】rèn láo rèn yuàn 成。任：担当，经受。做事不辞劳苦，不怕别人埋怨：他工作一向勤勤恳恳，～，所以深受群众的拥护。

【任免】rènmiǎn 动。任用和免职：各处负责干部由校长～。可带宾语：～了一批干部。

【任命】rènmìng 动。下令委派人员担任职务：校长由上级领导～。带宾语时常和"为"合用：他被～为厂长。也可构成兼语词组：～张骏为厂长。

【任凭】rènpíng ❶连。(1)无论，不论；后面多带表示任指的疑问代词，后一分句常用"也、都、还是"等呼应：～什么样的困难，我们都不怕。(2)尽管，即使；表示假设和让步；后一分句常用"也、还是、仍然"等呼应：～天寒地冻，村民们仍然参加水库工地劳动。❷动。听凭，听任；常带宾语或兼语：要去要留，～你们|这事～他们去办吧。

【任人唯亲】rèn rén wéi qīn 成。任：任用；唯：只。任用人不管是否有德才，只选用跟自己关系亲密的人；含贬义：选用干部决不能～。

【任人唯贤】rèn rén wéi xián 成。贤：德才兼备的人。任用人只挑选德才兼备的人：我们的干部政策必须是～，而不是任人唯亲。

【任务】rèn·wu 名。指定担负的工作或责任：～繁重|他在执行～。

＊"任务"和"职务"："任务"的使用范围较宽，指工作和责任；"职务"的使用范围较窄，一般指机关、团体工作中所规定的分工。"任务"一般与"承担、接受、完成"等搭配；"职务"一般与"担任、担当、解除"等搭配。"任务"可用"学习、生产、历史"等修饰；"职务"不能。

【任性】rènxìng 形。放任自己，不加约束：这孩子太～，什么都得依他。

【任意】rènyì ❶副。随意，爱怎么样就怎么样，不受拘束：今天开座谈会，大家～谈谈。❷形。没有任何条件的；不加程度副词，不单独作谓语，作定语：～三角形。

【任用】rènyòng 动。委派人员担任职务：这个人德才兼备，可以～。常带宾语或兼语：～一批干部｜～他当厂长。也可带补语：～到年底。

【任职】rènzhí 动。担任职务；不带宾语：他已接受聘书，不久将去～。可拆开用：他在学校任了职。

【任重道远】rèn zhòng dào yuǎn 成。任：负担。负担沉重，路途遥远。比喻责任重大：青年一代～，必须好好学习。

饪（餁） rèn 〈素〉做饭做菜：烹～。

妊（姙） rèn 〈素〉怀孕。～妇｜～娠。

【妊妇】rènfù 名。怀孕的妇女。

【妊娠】rènshēn 〈书〉动。怀孕，人或动物母体内有胚胎发育成长；不带宾语，多作定语：～期间要注意营养。

纴（紝） rèn 〈古〉❶名。织布帛的丝缕。❷动。纺织。

衽（袵） rèn 〈古〉名。(1)衣襟。(2)〔衽席〕(-xí) 睡觉时用的席子。

葚 rèn 见"桑葚儿"。
另见 shèn。

rēng(ㄖㄥ)

扔 rēng 动。常带宾语或补语。(1)抛，投掷：～手榴弹｜把石头～出去。(2)舍弃，丢掉：～掉这些无用的东西｜这件衣服～不得，还可穿呢。

réng(ㄖㄥˊ)

仍 réng ❶副。(1)还，还是；表示情况持续不变，口语中不常用：等了三天，～无消息。(2)依然，照旧：报纸看完，～放回原处。❷〈素〉频繁：频～。

【仍旧】réngjiù ❶〈书〉动。照旧，照原来的样子：修订版体例～。❷副。仍然：年纪老了，～很健康。

【仍然】réngrán 副。(1)表示某种情况持续不变；相当于"还"：下班后，他～在考虑工作中的问题。多用在后一分句，表示转折，前面常有"可是、但是、却"等；

他虽然年过半百，精力却～很充沛。(2)恢复原状；相当于"又"：病愈后，他～担任校长。

礽 réng 〈古〉名。福。

rì(ㄖˋ)

日 rì ❶〈书〉名。(1)太阳：～出。(2)地球自转一周的时间，一昼夜，天：一～｜一年有365～。❷〈素〉(1)白天，与"夜"相对：～班｜～场｜～～夜夜｜夜以继～。(2)每天，一天一天地：～记｜～积月累。(3)泛指一段时间：～月｜～后｜往～｜假～。(4)指日本：～语｜～元。

【日报】rìbào 名。每天早上出版的报纸。

【日薄西山】rì bó xī shān 成。薄：迫近。太阳迫近西山，即将下落。比喻人到老年将死或事物接近衰亡：我们老了，已是～，全靠你们年轻人来接班。

【日不暇给】rì bù xiá jǐ 成。暇：空闲；给：足够。形容事务繁忙，没有空闲：虽然～，可他仍然挤时间抓紧学习。注意："给"这里不读gěi。

【日常】rìcháng 形。属于平时的；不加程度副词，不单独作谓语，常作定语，可不加助词"的"：～用品｜～穿戴。

【日程】rìchéng 名。按日排定行事的程序：工作～｜值班～｜这事该提到～上来了。

【日晷】rìguǐ 名。古代一种测时仪器，利用太阳投射的影子来测定时刻。由晷盘和晷针组成。也叫日规。

【日后】rìhòu 名。将来，以后；常作状语：～再来面谢。

【日积月累】rì jī yuè lěi 成。一天天、一月月不断积累。形容长时间地积累，越积越多：每天背十个英语单词，～，就很可观了。

【日记】rìjì 名。每天所遇到的和做的事情的记录，有时也记对某事某人的看法、感想。

【日久天长】rì jiǔ tiān cháng 成。时间长，日子久。形容历时很久：我们的友谊～｜学习外语，每天记几个单词，～，自有成效。

【日历】rìlì 名。记有年、月、日、星期、节气、纪念日等的本子。一年一本,每日一页,逐日揭去。

【日暮途穷】rì mù tú qióng 成。暮:傍晚;途:路。天色已晚,路已到头。比喻计穷力竭已接近死亡:敌人陷入～的境地。

【日内】rìnèi〈书〉名。最近几天里;常作状语:～抵达北京。

【日期】rìqī 名。日子或时期;前面一般要加定语:开船～|比赛～。

【日前】rìqián 名。几天前,常作状语:～去看望过他。

【日趋】rìqū〈书〉动。一天天地走向;要带谓词作宾语:～繁荣|～没落。

【日上三竿】rì shàng sān gān 成。太阳升起来离地已有三根竹竿那么高了;多用来形容人起床晚:每天～,李二混才晃晃悠悠地下地。

【日食】rìshí 名。月球运行到地球和太阳的中间时,太阳的光被月球挡住,不能射到地球上来,这种现象叫日食。太阳全部被挡住时叫日全食,部分被挡住时叫日偏食,中央部分被挡住时叫日环食。日食都发生在农历初一。

【日新月异】rì xīn yuè yì 成。新:更新;异:不同。每天都在更新,每月都有变化。形容发展、变化很快,不断出现新气象、新事物:社会主义建设使祖国的面貌～。

【日以继夜】rì yǐ jì yè 见"夜以继日"。

【日益】rìyì〈书〉副。一天比一天;表示程度加深或者水平提高。人民生活～提高。

【日用】rìyòng ❶形。日常生活使用的;不加程度副词,不单独作谓语,作定语:～品。❷名。日常生活的费用:这笔钱作～。

【日圆】rìyuán 名。日本的本位货币。也作日元。

【日月】rìyuè 名。日子,生活:战斗的～|难忘的～。

【日月如梭】rì yuè rú suō 成。梭:织布工具。太阳和月亮像穿梭似地来去。形容时间过去很快:～,一转眼,已是十个春秋过去了。

【日志】rìzhì 名。日记;多指非个人的:航海～|教学～。

【日中】rìzhōng〈书〉名。正中午。

【日子】rìzi 名。(1)日期:报到的～在9月10日。(2)时间;指天数:小妹已有好些～不来了。(3)指生活或生计:穷人的～真不好过。

róng (ㄖㄨㄥˊ)

戎 róng ❶名。(1)古代兵器的总称。(2)我国古代称西方的民族。❷〈素〉军队,军事:从～|戎装|投笔从～。❸姓。

【戎行】róngxíng〈书〉名。军队,行伍:久历～。

【戎马】róngmǎ〈书〉名。(1)军马:～四万匹。(2)指军事,从军作战:～生涯|～倥偬。

【戎装】róngzhuāng〈书〉名。军装,军人装束:身着～。

绒(羢、毧) róng ❶名。柔软而细小的毛:这种毛毯的～比较长。❷〈素〉带绒毛的纺织品:～裤|平～|灯芯～。

【绒毛】róngmáo 名。(1)人或某些动物身体表面和某些器官内壁长的短而柔软的毛。(2)纺织品上连成一片的又细又软的短毛:这是条～均匀的毯子。

【绒线】róngxiàn 名。(1)刺绣用的较粗的丝绒。(2)〈方〉毛线。

茸 róng〈素〉(1)草初生时细小柔软的样子:绿～～|～毛。(2)名。才长出来的带有细毛的鹿角:鹿～|参～(人参和鹿茸)。

【茸茸】róngróng 形。又短又密又柔软;多用来形容草、毛发等,不加程度副词:毛发～|～的绿草。

荣(榮) róng ❶〈素〉(1)草木茂盛:欣欣向～。(2)兴盛:繁～。(3)光荣,受人敬重:～誉|～军。❷姓。

【荣华】rónghuá 形。原指草木开花,现多用来比喻昌盛或显达;多与"富贵"并用:面对～富贵的利诱,刘勇毫不动心。

【荣辱】róngrǔ 名。荣誉和耻辱:肝胆相照,～与共。

【荣幸】róngxìng 形。光荣而幸运;中央领导接见了我们,非常～。常作"感到"的宾语:能见到您,感到十分～。也可作状语：我~地接受了这项艰巨的任务。

＊"荣幸"和"光荣"："荣幸"有既光荣又幸运的意思；"光荣"无幸运的意思。"荣幸"不作定语；"光荣"可作定语，如"光荣之家"。

【荣耀】róngyào 〈书〉❶形。光荣：连中三元，无比~。❷动。使光荣；须带宾语：~门庭。

【荣膺】róngyīng 〈书〉动。光荣地接受或承当；须带宾语：~国际和平奖章。

【荣誉】róngyù 名。光荣的名誉：要保持先进的~。

＊"荣誉"和"名誉"："荣誉"指个人或集体由于做了有益于人民或正义的事情，获得了受人敬重的好名声，是褒义词；"名誉"指个人或集体在社会上的名声，可以有好有坏，是中性词。"荣誉"只修饰表示概括意义的"职务、称号"等名词，如"荣誉职务"，不修饰表示具体职务的名词；"名誉"常修饰表示具体职务的名词，如"名誉主席"、"名誉校长"。

嵘(嶸) róng 见"峥(zhēng)嵘"。

蝾(蠑) róng [蝾螈]-yuán名。一种两栖动物，形状像蜥蜴，头扁，表皮粗糙，背部黑色，腹部红黄色，四肢较短，尾扁，卵生。生活在水中，幼体形状像蝌蚪。食小动物。

容 róng ❶动。常带宾语。(1)包含，盛，容纳：这屋子能~50人。也可带补语：这口缸50斤米~不下。(2)宽容，原谅：要能~人，不要听不得不同的意见|这种态度，情理难~。(3)允许，让；常带动词作宾语，用于否定句或反问句：不~分说|岂~篡改？也可带兼语：对于这个问题，请~我再考虑一下。❷〈素〉(1)相貌，仪表：~貌|仪~。(2)脸上的神情或气色：愁~|~光。(3)状态，样子：军~|阵~。(4)或许，也许：~或。❸姓。

【容光】róngguāng 名。脸上的光彩；一般作主语：~满面|~焕发。

【容光焕发】róngguāng huànfā 成。焕发，光彩四射的样子。形容身体健康，神采奕奕：出现在眼前的是~的四大叔。

＊"容光焕发"和"神采奕奕"："容光焕发"偏重于面部有光彩；"神采奕奕"偏重于精神好。"容光焕发"除了能形容人以外，也可形容城市、街道的面貌；"神采奕奕"只能形容人。

【容或】rónghuò 〈书〉副。或许：此事有之。

【容积】róngjī 名。容器或其他能容纳物质的物体的内部的体积。

【容量】róngliàng 名。(1)容积的大小。公制的容量主单位为升。(2)容纳的数量或包容的范围：这部词书~很大。

【容貌】róngmào 名。相貌，长相：~一般|~出众。

【容纳】róngnà 动。在固定的空间或范围内接受；用于人或事物：这个口袋30斤米可以~。常带宾语或补语：这个体育馆能~一万人|医院小，病人~不下那么多。

【容情】róngqíng 动。加以宽恕；不带宾语，多用于否定式：对坏人坏事我是决不~的。

【容忍】róngrěn 动。宽容忍耐；常带宾语或补语：不能~这种错误|他得寸进尺地欺侮人，我再也~不下去了。常带主谓词组作宾语：我决不能~他这样胡作非为。

【容身】róngshēn 动。存身，安身；不带宾语：在那暗无天日的年月，我们穷人无处~。可拆开用：先容下身来再说。

【容许】róngxǔ ❶动。容忍，许可；一般以动词、动词性词组或主谓词组作宾语：做试验~失败|不~谋取私利|~他提前退休。❷副。或许，也许；表示推测语气：这种事情，几年前~有过，现在不见了。

＊"容许"和"允许"："容许"着重表示容忍存在某种现象或情况；"允许"着重表示同意某种要求或做法。"容许"语气重些，严厉一些，"允许"语气轻些，和缓一些。"容许"可作副词；"允许"不能作副词。

【容易】róngyì 形。(1)做起来不费劲；跟"困难"相对：这道数学题真~。(2)发生某种变化的可能性大；多作状语：喝生水~生病。

【容止】róngzhǐ 〈书〉名。仪容举止。

蓉 róng ❶见"芙蓉"、"苁蓉"。❷名。四川成都市的别称。

溶 róng 动。在水或其他液体中化开;一般不带宾语:糖已经~开了。常用介词"于"构成介词词组作补语:盐~于水。

【溶化】rónghuà 动。一般不带宾语,可带补语。(1)固体物质在水等液体中化开:盐~在水里了。(2)冰雪等变成水:积雪已经~了。
*"溶化"和"熔化":"溶化"指物质在液体里化开,或固体溶解成液体;"熔化"专指金属受热变成液体。

【溶剂】róngjì 名。能溶解别种物质的液体。例如水、酒精等。

【溶解】róngjiě 动。固体、液体或气体物质的分子,均匀分布在一种液体中:糖~了。常带宾语或补语:~食盐|~于水。

【溶溶】róngróng 形。水流动的样子,也用来形容月光荡漾;不加程度副词:~的江水|月色~。

【溶液】róngyè 名。通常指物质溶解在液体中所成的均匀状态的混合物,如糖溶解在水里而成的糖水。

榕 róng 名。(1)榕树,常绿乔木,树干分枝多,有气根,生长在热带和亚热带。木料可制器具,叶、气根、树皮可入药。(2)福建省福州市的别称。

熔(鎔) róng 〈素〉固体受热到一定程度变成液体:~化|~点|~剂。

【熔点】róngdiǎn 名。固体开始熔化为液体时的温度。

【熔化】rónghuà 动。固体受热到一定程度变成液体:铁~了。常带宾语或补语:~铅比~铁容易|~得比较快。也叫熔融。

【熔炉】rónglú 名。(1)熔化炼制金属的炉子。(2)比喻锻炼思想、锤炼意志的环境:~是个革命的大~。

【熔岩】róngyán 名。从火山或地面的裂缝中喷出或流出来的高温液态熔融物质以及冷却后的凝固物。

【熔铸】róngzhù 动。熔化并铸造;常带宾语或补语:~生铁|零件~出来了。也比喻倾注、凝聚:这首诗~了他对革命同志的深切情感|贫穷和压迫~了他的童年,血与火染红了他的青春。

融 róng 〈素〉(1)固体受热后变软或变为液体:~化|消~。(2)参合在一起,调和:~合|~洽|~会贯通。(3)流通:金~。

【融合】rónghé 动。几种不同的事物合在一起;常带宾语或补语:他的山水画~了国画和西洋水彩画的特点而独创一格|这一切深深地留在我的记忆里,已经同我的思想情感~起来了。

【融化】rónghuà 动。消融变成水;多指冰、雪等,一般不带宾语:太阳一晒,地上的雪就~了。也作溶化。

【融会贯通】róng huì guàn tōng 成。融会:融合;贯通:贯穿前后,全面理解。把各方面的道理或知识融合贯穿起来,从而得到透彻的理解:读书要做到举一反三、~,切忌死记硬背,断章取义。

【融解】róngjiě 动。融化:太阳出来了积雪开始~。也用于比喻:听了他的一番解释,疑团很快像冰雪一样~了。

【融洽】róngqià 形。彼此感情很好,互不抵触:关系~|两个人相处得很~。

【融融】róngróng 形。不加程度副词。(1)形容和睦快乐的样子:全家欢聚,其乐~。(2)形容和煦、温暖:春光~。

rǒng(ㄖㄨㄥˇ)

冗(宂) rǒng 〈素〉(1)闲散的,多余的:~员|~笔。(2)繁忙的事:~杂|拨~。

【冗笔】rǒngbǐ 名。指文章中多余无用的文字,或图画中多余无用的笔墨:这一笔是~。

【冗长】rǒngcháng 形。废话很多,拉得很长;多形容文章、讲话等:发言稿过于~。

【冗员】rǒngyuán 名。指机关中超过工作需要的闲散人员:~过多。

【冗杂】rǒngzá 〈书〉形。繁多杂乱;多指事务:公务~,难以摆脱。

氄(氄) rǒng 〈素〉细而软:~毛。

【氄毛】rǒngmáo 名。鸟兽细而软的毛:这小鸡长着一身~,煞是可爱。

róu(ㄖㄡˊ)

柔 róu ❶〈素〉(1)软,不硬:～软。(2)柔和:温～|～顺。❷姓。

【柔道】róudào 名。日本的一种武术运动,徒手搏击,近于摔跤。也叫柔术。

【柔和】róuhé 形。温和,不强烈;多指光线、色调、声音等:～的月光|这种颜色看上去很～|她的歌声婉转而～。

【柔美】róuměi 形。柔和又美好:晚霞像彩绸似的,又明亮,又～。

【柔媚】róumèi 形。(1)柔和可爱:～的彩霞|～的春光。(2)温柔妩媚,讨人喜爱:她笑起来的样子～动人。

【柔嫩】róunèn 形。又软又嫩;一般指植物:～的幼苗|新栽的柳树已经长出～的枝条。也可指人的皮肤:这位姑娘的皮肤很～。

【柔情】róuqíng 名。温柔的感情:满怀～|～似水。

【柔韧】róurèn 形。柔软而有韧性:这种皮革～耐穿。

【柔软】róuruǎn 形。软和,不硬;跟"坚硬"相对:～体操|质地很～|柳条ㄦ随风飘荡着,显得那么～。

【柔弱】róuruò 形。软弱:性格很～|～的秧苗|小草虽然～,却具有很强的生命力。

【柔顺】róushùn 形。温柔和顺:这匹小马性情很～,不难驱使。

揉 róu 动。常带宾语或补语。(1)用手来回搓或擦:用手～眼睛很不卫生|这张纸被你～碎了。(2)团弄,回旋地按压:～面|～成一团。

輮 róu 〈古〉❶名。车轮的外框。❷动。使弯曲。

煣 róu 〈古〉动。用火烤木材使弯曲:～木为耒。

糅 róu 〈素〉混杂:～合|杂～。

【糅合】róuhé 动。搀和,混合;多指把不适宜合在一起的硬搀和在一起:几种不同的观点,都～在这篇文章里,显得矛盾百出。

蹂 róu [蹂躏](-lìn) 动。践踏,比喻用暴力欺压、侮辱、摧残:侵略者残暴地～殖民地人民|把他们～得无法忍受了;常作"遭到、受到"等动词的宾语:惨遭～。

鞣 róu 动。制造皮革时,用栲胶、鱼油等使兽皮柔软;常带宾语或补语:～皮子|这张皮子～得不够熟。

ròu(ㄖㄡˋ)

肉 ròu ❶名。(1)人或动物体内接近皮的柔韧的物质。某些动物的肉可以吃。(2)某些瓜果中可以吃的部分:桂圆～|这种葡萄皮薄～多。❷〈方〉形。(1)不脆,不酥;多指果实:～瓤西瓜。(2)行动迟缓,性子慢:这人做事真～。

【肉搏】ròubó 动。空手或只用短兵器搏斗;不带宾语:战士们冲上去跟敌人～|跟敌人进行了一场～战。

【肉红】ròuhóng 形。像肉似的浅红色;不加程度副词,不单独作谓语,多作定语:～的衬衣。

【肉麻】ròumá 形。由轻佻的或虚伪的言语、举动所引起的不舒服的感觉;含贬义:～的吹捧|这种下流举动,令人十分～。

【肉票】ròupiào 名。旧指被强盗土匪绑架去的人,盗匪借此向被绑架人的家属勒索钱财。

【肉色】ròusè 形。像皮肤一样浅黄中带红的颜色;不加程度副词,不单独作谓语,多作定语:穿了一件～的内衣。

【肉体】ròutǐ 名。指人的身体。

【肉头】ròutóu 〈方〉❶名。(1)指软弱无能的人:他什么事都办不好,是个十足的～。(2)指遇事畏缩、瞻前顾后的人:这个人胆小怕事,是个～。❷形。(1)傻:他净干这种～事!(2)吝啬,小气。

【肉刑】ròuxíng 名。摧残人的肉体的刑罚。

【肉眼】ròuyǎn 名。人的眼睛;表明不靠光学仪器的帮助:许多星星凭～是看不见的。

【肉欲】ròuyù 名。性欲;含贬义。

【肉中刺】ròuzhōngcì 名。插在皮肉中的刺。比喻最痛恨、最急于除掉的东西;常跟"眼中钉"合用:伍子是大刘的～,眼中钉。

rú（ㄖㄨˊ）

如 rú ❶动。须带宾语。(1)顺从；宾语多为"愿"、"意"等：考上这所中学，～了我的愿｜妈妈给她买了一件新衣服，正～了她的意。(2)像，如同：心乱～麻｜情况并不～你们所说的那么严重｜几十年～一日。(3)及，比得上；只用于否定式：他的身体不～你的好｜走路不～骑车。(4)例如；表示举例：唐代有很多大诗人，～李白、杜甫、白居易等。(5)〈古〉到，往：二将～齐。❷连。如果；表示假设，用在前一分句：～有问题，可随时找我。❸姓。

【如常】rúcháng 动。跟平常一样；不带宾语，一般单独作谓语：大街上一切～｜平静～。

【如出一辙】rú chū yī zhé 成。好像出自同一车轮碾轧的痕迹。形容两件事情非常相似：两人的所作所为，～。

【如此】rúcǐ 代。这样；常作状语：～勇敢｜～浪费。也可作谓语：这件事木已成舟，只能～了。

【如堕五里雾中】rú duò wǔ lǐ wù zhōng 成。好像掉在很大的烟雾里。形容陷入莫名其妙的境地，摸不着头脑或认不清方向：有的诗写得过于朦胧，使人读后～，不知所云。

【如堕烟雾】rú duò yān wù 成。好像掉在烟雾之中。比喻迷失方向，不知如何是好：右边是树，左边也是树；前面是树，后面也是树。蔡敏～，辨不出方向了。也说如堕烟雾。

【如法炮制】rú fǎ páozhì 成。炮制：用烘、炒等方法将药材制成中药。仿照老法，炮制药剂。比喻照已有的样子或常用的方法办事：领导又叫写总结了，王秘书实在没法，只好把去年的、前年的都找来，改头换面，～了一篇，才算交了差。注意："炮"这里不读pào。

【如故】rúgù 动。不带宾语，常用在比较固定的组合中。(1)跟原来一样，没有改变：这家伙出狱后依然～。(2)跟老朋友、老熟人一样：萍水相逢，一见～。

【如果】rúguǒ 连。表示假设；一般用在前一分句，后分句用"就、那、那么、则、便"等呼应：～今天不去，那什么时间再去呢？

【如何】rúhé 代。怎么，怎么样；表示疑问，常作谓语或状语：最近身体～？｜此事～办理？

【如虎添翼】rú hǔ tiān yì 成。如同老虎添上了翅膀。比喻强大的得到援助后变得更加强大或凶恶的得到援助后变得更加凶恶：把敌人营长的冲锋枪抓到手里，真是～，他端起枪吼着向敌群冲去。

【如花似锦】rú huā sì jǐn 成。锦：有彩色花纹的丝织品。如同花朵、锦缎一般。形容风景、前程等十分美好：在李明看来，前程～，自己也正是春风得意之时。

【如火如荼】rú huǒ rú tú 成。荼：茅草的白花。像火那样红，像荼那样白。原指比喻军容之盛，现常用来形容气势旺盛、气氛热烈：工人运动此起彼伏，农民运动～。

【如获至宝】rú huò zhì bǎo 成。至：最。好像得到最珍贵的宝物：小囡买到了心爱的一本书，～，高兴极了。

【如饥似渴】rú jī sì kě 成。好像饥思食、渴思饮那样迫切要求：她～地学习文化知识。

【如胶似漆】rú jiāo sì qī 成。如同胶漆粘着一般。形容相互之间情投意合，亲密无间：星梅与永兰俩～，形影不离。

【如今】rújīn 名。现在：～的孩子和以前可不同了。
　　＊"如今"和"现在"："如今"指较长的一段时间；"现在"可以指较长的一段时间，也可以指极短的时间。

【如鸟兽散】rú niǎo shòu sàn 成。如同受惊的鸟兽一样四处逃散。比喻军队溃败逃散。也比喻集团和组织解体后，其成员各奔东西：解放军以排山倒海之势横渡长江，敌军～，各自逃命。

【如期】rúqī 副。按照期限或时间；只作动词的状语：～赴约｜～完成任务。

【如若】rúruò 连。如果：～有疑，可来查问。

【如丧考妣】rú sàng kǎo bǐ 成。考：已死的父亲；妣：已死的母亲。像死了爹娘那样悲痛；含贬义：这群被俘虏的土匪个个耷拉着脑袋，～。

【如实】rúshí 副。按照实际情况；只作动词的状语：~汇报情况。

【如释重负】rú shì zhòng fù 成。释：放下；负：负担。如同放下重担那样。比喻完成一件大事或摆脱繁重事务后，顿觉轻松愉快：把小宝送到家，王大姐才~，痛快地喝了一杯水。

【如是】rúshì 〈书〉代。如此：下愚当时也曾与他往来过数次，再不想此人竟有~之决绝。

【如数家珍】rú shǔ jiā zhēn 成。像点数自己家里的珍宝那样清楚。形容对所讲的事情十分熟悉：讲解员对展品非常熟悉，讲解时头头是道，~。

【如数】rúshù 副。照原来的数目；只作动词的状语：~付给|~归还。

【如同】rútóng 动。像，好像；用作比喻词，须带宾语：临空俯瞰，群山~游蛇一般。

【如许】rúxǔ 〈书〉代。(1)如此，这样：泉水清~|~壮丽的景象，不亲临其境是难以想象的。(2)这些，这么多：哪要~金钱？

【如意】rúyì ❶动。满意，符合心意；不带宾语：称心~|要事事~，不大可能。可拆开用：这下可如了你的意。❷名。一种象征吉祥的器物，用竹、玉、骨等制成，头呈灵芝形或云形，柄有些弯曲，供指划或玩赏之用。

【如意算盘】rúyì suàn·pan 成。比喻只从好的、符合心意的一方面作出的打算：王熙凤连丫头的月银也要拿去放高利贷，真是打足了~。

【如鱼得水】rú yú dé shuǐ 成。像鱼和水一样。比喻得到跟自己极为投合的人或对自己很适合的环境：凭借着青纱帐打游击战，对战士们来说，真是~。

【如愿】rúyuàn 动。符合愿望要求；不带宾语：读大学这件事终于~了。可拆开用：总算如了你的愿。

【如字】rúzì 名。一种注音法，同一个字因意义不同而有两个或两个以上读法的时候，按照习惯上最通常的读法叫读如字。例如"如若"的"若"读如字，就是读ruò(区别于"般若"的"若"读rě)。参见"破读"。

【如坐针毡】rú zuò zhēn zhān 成。像坐在插着针的坐毡上。形容心神不安，片刻难忍：听着窗外热闹的打球声，被关在屋里做作业的阿明~。

茹 rú ❶〈素〉吃：~毛饮血|含辛~苦。❷姓。

【茹毛饮血】rú máo yǐn xuè 成。茹：吃；饮：喝。指原始人不会使用火时，捕到禽兽连毛带血地生吃：随着人类文明的发展，~的时代一去不复返了。

铷 rú 名。一种金属元素，符号Rb。银白色，质软而轻。化学性质活泼，与水作用能发生爆炸，是制造光电管的材料，铷的碘化物可供药用。

儒 rú 〈素〉(1)春秋时以孔子为代表的学派：~家|~术。(2)旧时指读书的人：~生|腐~。

【儒家】rújiā 名。先秦时期的一个思想流派。以孔子为其代表，主张礼治，强调传统的伦常关系等。

【儒教】rújiào 名。指儒家。从南北朝开始叫做儒教，跟佛教、道教并称。

【儒生】rúshēng 名。指信奉儒家学说的读书人。后泛指读书人。

【儒雅】rúyǎ 〈书〉形。形容学问深湛、气度雍容、温文尔雅：~之士。

薷 rú [香薷](xiāng-) 名。草本植物，茎呈方形，紫色，叶子卵形，花粉红色，果实棕色。茎叶可以提取芳香油，全草入药。

嚅 rú 见"嗫(niè)嚅"。

濡 rú 〈素〉(1)沾湿，沾染：~染|耳目染。(2)停留，迟滞：~滞(迟延)。

【濡染】rúrǎn 动。沾染，影响；多指习惯：他从小为不良环境所~，因而养成了赌博的恶习。可带宾语：一旦~上坏习气，就难以改正。

【濡湿】rúshī 动。沾湿：衣裤被~。可带宾语：濛濛细雨~了衣衫。

孺 rú 〈素〉小孩子：~子|妇~。

【孺人】rúrén 名。古代称大夫的妻子，明清七品官的母亲或妻子封孺人。也用为妇人的尊称。

【孺子】rúzǐ 〈书〉名。儿童，小孩子。

【孺子可教】rúzǐ kě jiào 成。孺子：小孩子。指年轻人聪明伶俐,有出息,可以把本事传授给他。

襦 rú 〈古〉名。短衣,短袄。

颥 rú 见"颞(niè)颥"。

蠕(蝡) rú 〈素〉像蚯蚓爬行那样慢慢地动:～动|～～。

【蠕动】rúdòng 动。像蚯蚓爬行那样慢慢地动:海参在清澈的海水里～着,吐着白色的粘液。可带宾语:小溪旁边,～着村里的女人和孩子,工作着,嚷着,笑着。

【蠕蠕】rúrú 形。形容慢慢移动的样子;不加程度副词,常作状语:蜂箱里隔着一排板,板上满是蜜蜂,～地爬着。

rǔ(ㄖㄨˇ)

汝 rǔ ❶〈古〉代。你:～将何往? ❷姓。

乳 rǔ 〈素〉(1)人或哺乳动物分泌奶汁的器官:～房|～头。(2)乳房中分泌出来的白色甜汁:～汁|哺～|水～交融。(3)像奶汁的东西:豆～|代～粉。(4)生殖:孳～。(5)用乳汁喂:～养。(6)初生的,幼小的:～燕|～鸭。

【乳齿】rǔchǐ 名。人和多数动物出生后不久长出来的牙齿,到一定时期脱落,逐渐被恒齿所代替。俗称奶牙。

【乳名】rǔmíng 名。即奶名,小名;一般指在家时父母及亲属称呼的名字。

【乳母】rǔmǔ 名。奶妈。

【乳酸】rǔsuān 名。有机化合物,无色或黄色糖浆状液体,可溶于水,存在于酸乳、血和尿中。用于食品、皮革、塑料、纺织、医药等工业。

【乳臭】rǔxiù 名。奶腥气,比喻年幼无知;含轻蔑意味,多用在固定组合中:～未干|～小儿。

辱 rǔ ❶〈书〉动。(1)侮辱,使受到羞辱,使受到羞耻:中国人民不可～。(2)表示承蒙,谦辞:～承指教。❷〈素〉(1)不光彩,声誉上受到损害:耻～|羞～。(2)玷辱,辜负:～命|～没。

【辱骂】rǔmà 动。污辱谩骂:他无端被人～,感到十分气愤。可带宾语或补语:想起在街头～妈妈的往事,她心酸,愧恨|他一时性起,竟把那人狠狠地～了一通。

【辱命】rǔmìng 〈书〉动。没有完成上级的命令或朋友的嘱咐:幸不～。

【辱没】rǔmò 动。玷污,使不光彩:军人的称号不容～。常带宾语或补语:～他人名声这是很不应该的|～不了。

擩 rǔ 〈方〉动。插,塞;常带补语:把棍子～进草堆里|那本书你给～到哪儿去了?

rù(ㄖㄨˋ)

入 rù ❶动。常带宾语或补语。(1)由外进到内;跟"出"相对:跳墙而～|没有票～不了场。(2)加入,参加某组织,成为其中的成员:年轻时～过团|～会～了半年多。❷〈素〉(1)声调名:～声。(2)收入:～不敷出|量～为出。

【入不敷出】rù bù fū chū 成。敷:够,足。收入不够支出:当时家计萧条,～。

【入超】rùchāo 在一定时期(通常为一年)内,对外贸易中从国外进口货物的总值超过向国外出口货物的总值;跟"出超"相对,不带宾语:今年对外贸易改变了～的情况。又叫贸易逆差。

【入定】rùdìng 动。教徒的一种修行方法,指闭着眼睛静坐,控制一切身心活动;不带宾语:高僧～|他闭起眼睛,端坐不动,活像个～的老僧。

【入耳】rù'ěr 形。悦耳中听:不堪～|这句话听来很～。

【入港】rùgǎng 形。指交谈投机,多见早期白话:二人谈得～。

【入彀】rùgòu 〈书〉动。五代·王定保《唐摭言·述进士》记载,唐太宗在端门看到新进士鱼贯而出,高兴地说:"天下英雄入吾彀中矣。"彀:使劲张弓,彀中:指箭的射程以内。比喻上了圈套或受人操纵、控制。

【入伙】rùhuǒ 动。不带宾语,可拆开用。(1)加入某个集体或集团,多指不好的:给他一些钱,他就～了|入了伙。(2)加入集体伙食:到学校食堂～|在学校入了一年伙。

【入境】rùjìng 动。进入国境;不带宾语:准予～。常作定语:～证明|办理～手续。

可拆开用: 已于昨天入了境。

【入境问俗】rù jìng wèn sú 成。《礼记·曲礼上》:"入竟(境)而问禁,入国而问俗。"进入别国的国境、都城,先要问清那里的禁令、风俗,以免触犯: 不管到哪儿游览,咱们可得~,别违反那里的规矩。

【入寇】rùkòu〈书〉动。入侵: 敌军集结了几个师,蠢蠢欲动,势将~。可带宾语: 自日军侵占我东北、入华北,中华民族的生死存亡已到了紧急关头。

【入殓】rùliàn 动。把死者装进棺材;不带宾语: 遗体定于明天~。可拆开用: 入了殓。

【入门】rùmén ❶动。得到门径,初步学会;不带宾语: 学外语,我可刚~。可拆开用: 他在汉语方面已入了门。❷名。指初级读物;多用作书名:《法语~》。

【入迷】rùmí 动。喜欢某种事物到了沉迷的地步;不带宾语: 看武侠小说不能~。常作动词的补语: 他听音乐听得~了。可拆开用: 他爱好集邮,简直入了迷。

【入魔】rùmó 动。迷恋某人或某事物到了失去理智的地步;不带宾语: 不分昼夜地跳舞,简直~了。可拆开用: 他一看书像入了魔一样,什么也不顾。

【入木三分】rù mù sān fēn 成。据唐·张怀瓘《书断·王羲之》记载,晋代书法家王羲之在木板上写字,工人用刀刻字时发现墨迹力强劲,也比喻见解、议论深刻、恰切: 张局长的报告对形势的分析精辟深刻,可谓~。

【入侵】rùqīn 动。别国军队侵入另一国的国境: 边防战士日夜巡逻,严防外敌~。可带宾语或补语: 不该~弱小国家|~过多次。

【入情入理】rù qíng rù lǐ 成。合乎情理;多指对事情的分析、处理等,含褒义: 张老的发言~,大家连连点头。

【入神】rùshén 动。不带宾语,可加程度副词。(1)对眼前的事物发生浓厚的兴趣而使注意力高度集中: 看着达·芬奇的杰作,大家~了|看小说看得很~。可拆开用: 听得入了神。(2)达到精妙的境界: 这幅画画得很~。

【入声】rùshēng 名。古汉语四声(平、上、去、入)之一。入声字发音一般比较短促,有时还带有辅音韵尾。普通话没有入声,古入声字分别读成阴平(出、屋)、阳平(学、习)、上声(铁、塔)、去声(物、质)。

【入时】rùshí 形。时髦;多指装束: 衣着很~。

【入世】rùshì 动。投身到社会里;不带宾语: 他~不久,请多多指教。

【入手】rùshǒu 动。着手,开始做;不带宾语: 积累知识,要从点滴~。

【入土】rùtǔ 动。埋进坟墓;不带宾语: 先父骨灰明天~。可拆开用: 入了土。

【入微】rùwēi 形。达到极其细致、深刻的地步;不加程度副词,常作补语: 老师对我们体贴~。

【入味】rùwèi 形。多作补语或谓语。(1)味道好: 菜烧得很~。(2)有趣味的,吸引人的: 这故事我越听越~。

【入伍】rùwǔ 动。参军;不带宾语,可带补语: 小张~已三年整。可拆开用: 入了伍。

【入乡随俗】rù xiāng suí sú 成。到哪儿就随哪儿的风俗: 水英虽说是刚过门的媳妇,却~,第三天就下地干活了。

【入选】rùxuǎn 动。中选,被选入;不带宾语: 今天投票选举,老程等五人~。

【入眼】rùyǎn 形。中看,看了以后感受较好: 这种装潢让人看了很~|这部影片不堪~。

【入药】rùyào 动。用作药物;不带宾语: 橘皮可以~。

【入狱】rùyù 动。被关进监狱;不带宾语,可带补语: 王犯被判刑~|他已~三年了。

【入帐】rùzhàng 动。记到帐簿中去;不带宾语: 这笔款子已经~。可拆开用: 入了帐。

【入赘】rùzhuì 动。旧时称男子到女家结婚并成为女方家庭的成员;不带宾语,可带补语: 王文终于到惠明家~了|他~到李家。

洳 rù 见"沮(jù)洳"。

褥 rù 名。草垫子;多指产妇的床铺: 坐~(临产)。

溽 rù 〈素〉湿:~暑。

【溽暑】rùshǔ 名。盛夏时节又湿又热的气候。

缛 rù 〈素〉多而繁重:繁~|繁文~节。

褥 rù 名。(~子)睡觉时或坐时垫在身体下面的东西,用棉花、兽皮等做成。

ruǎn(ㄖㄨㄢˇ)

阮 ruǎn ❶名。阮咸(乐器)的简称。❷姓。

【阮咸】ruǎnxián 名。弦乐器,形状略像月琴,柄长而直,有四根弦的,也有三根弦的。相传因西晋阮咸善弹此乐器而得名。简称阮。

朊 ruǎn 名。即"蛋白质"。

软(輭) ruǎn ❶形。(1)物体内部组织松散,受外力作用后,容易变形;跟"硬"相对:柳枝很~|绸子比布~。(2)温和,柔和:苏州话很~。(3)懦弱:~骨头|尽挑~的欺。(4)疲乏,无力:腰酸腿~。(5)容易被感动或动摇:心肠太~|耳朵~。❷姓。

【软刀子】ruǎn dāo zi 习。比喻使人在不知不觉中受到折磨和腐蚀的手段;含贬义:他这一手真是把~,杀人不见血。

【软骨头】ruǎn gǔ tou 习。比喻没有骨气、丧失气节的人;与"硬骨头"相对:他是个~,叛变了革命。

【软化】ruǎnhuà 动。(1)由硬变软;用于物,不带宾语:烈日当空,柏油马路都晒得~了。(2)由坚定变为动摇,由倔强变为顺从;用于人与人有关的事物,不带宾语:在大家的劝说下,她的态度才逐渐~下来。(3)使软化;须带宾语:这种新药能够~血管|种种压力都没有能够~我们的坚定立场。

【软和】ruǎnhuo 〈口〉形。柔软,柔和;多指具体的东西:这床被子是新的,很~|~的话。

【软禁】ruǎnjìn 动。虽不关进监狱,但暗中被人监视,失去自由:进步人士被~,就是逮捕。可带宾语或补语:敌人派特务~他|他是游行示威的组织者,所以被~起来了。

【软件】ruǎnjiàn 名。电子计算机程序的总称,其作用在于扩大计算机的功能、提高计算机的使用效率;跟"硬件"相对。

【软绵绵】ruǎnmiānmián 形。不加程度副词,常加助词"的"。(1)柔软:毛毯~的,摸上去很舒服。(2)软弱无力;多指身体或对事情的态度:病了几天,身子还~的|处理事情的态度要坚决、果断,不能这样~的。

【软磨】ruǎnmó 动。用比较柔软、和缓的手段纠缠;不带宾语:如果硬抗不行,就慢慢与他~。

【软弱】ruǎnruò 形。缺乏力气或力量:~无力|~无能|他病刚好,身子还很~|今天的中国再也不是~可欺、任人支配的。

 ＊"软弱"和"脆弱":"软弱"强调无力,含有怯弱、无能的意思,可用于人的性格,还可用于国家、政府等;"脆弱"强调禁不起挫折和打击,含有不坚强的意思,多指人的感情,还可用于不坚固的防线等其他事物。

【软饮料】ruǎnyǐnliào 名。指汽水等不含酒精的饮料。

【软水】ruǎnshuǐ 名。不含或含少量钙、镁的可溶性盐类的水,如雨水;跟"硬水"相对。

【软硬兼施】ruǎn yìng jiān shī 成。兼施:同时使用。软的手段和硬的手段一齐使用;含贬义:反动派对他~,但他始终没有屈服。

【软着陆】ruǎnzhuólù 动。人造卫星、宇宙飞船等利用一定装置,改变运行轨道,渐渐减低降落速度,最后安全地降落到地面或其他星体表面上。

ruí(ㄖㄨㄟˊ)

蕤 ruí 见"葳(wēi)蕤"。

ruǐ(ㄖㄨㄟˇ)

蕊(蘂、橤) ruǐ 名。花蕊,俗称花心。植物生殖器官的一部分。分雄蕊和雌蕊两种。

ruì(ㄖㄨㄟˋ)

芮 ruì 姓。

汭 ruì 〈书〉名。河流会合或弯曲的地方。

枘 ruì 〈素〉榫子:方～圆凿。

【枘凿】ruìzáo 见"凿(záo)枘"。

蜹 ruì 名。蚊子一类的昆虫,头小,黑色,胸背隆起,吸食人畜的血液。幼虫生活在水中。

锐 ruì 〈素〉(1)快或尖利:～利|～尖～。(2)灵敏:敏～。(3)锐气:养精蓄～。(4)急剧:～减。

【锐不可当】ruì bù kě dāng 成。当:抵挡。形容勇往直前的气势,不可抵挡:我军乘胜进击,～。

【锐减】ruìjiǎn 动。急剧地减退或减少;一般不带宾语:视力～|产量～。

【锐角】ruìjiǎo 名。小于直角的角。

【锐利】ruìlì 形。(1)又尖又快;多指刀刃或尖利的东西:这把刀～得很|猫的爪子很～。(2)尖锐,尖刻,一般多指目光、言论、文笔等抽象的东西:目光很～|～的笔锋。

【锐敏】ruìmǐn 形。感觉灵敏,眼光尖锐:狐狸再狡猾,也逃不过猎人～的眼睛|目光非常～。

【锐气】ruìqì 名。勇往直前的气势:不要挫伤了自己人的～。

【锐意】ruìyì 〈书〉副。意志坚强,勇往直前:～经营|～革新,百折不挠。

瑞 ruì ❶〈素〉好,吉祥:～雪|祥～。❷姓。

【瑞雪】ruìxuě 名。应时的好雪;多指冬雪:～兆丰年|江南普降～。

睿(叡) ruì 〈古〉形。通达,看得深远。

【睿智】ruìzhì 〈书〉形。英明有远见:此人～过人。

rún(ㄖㄨㄣˊ)

䏌 rún 〈书〉动。(1)眼皮跳动。(2)肌肉抽缩跳动。

rùn(ㄖㄨㄣˋ)

闰 rùn 名。地球公转一周的时间为365天5时48分46秒。阳历把一年定为365天,所余的时间约每四年积累成一天,加在二月里;农历把一年定为354天或355天,所余的时间每三年积累成一个月,加在某一年里。这样的办法在历法上叫做闰。

【闰年】rùnnián 名。阳历有闰日的一年叫闰年,这年有366天。农历有闰月的一年也叫闰年,这年有十三个月,即383或384天。

【闰日】rùnrì 名。阳历四年一闰,在二月末加一天,这一天叫闰日。

【闰月】rùnyuè 名。农历三年一闰,五年两闰,十九年七闰,每逢闰年所加的一个月叫闰月。闰月加在某月之后就称做闰某月。

润 rùn ❶动。加水或加油,使不干涩;常带宾语或补语:喝口水～～嗓子|～一下车轴。❷形。细腻光滑:墨色很～。❸〈素〉(1)修饰,使有光彩:～饰|～色。(2)不干枯,湿燥适中:～泽|湿～。(3)利益,好处:利～|分～。

【润笔】rùnbǐ 名。旧指给作诗文书画的人的报酬。也叫润资。

【润滑】rùnhuá 动。加油脂等物以减少物体之间的摩擦,使物体便于运动:车轴要～一下。

【润色】rùnsè 动。修饰文字,以增加文彩;常带补语:请王老师给这个短篇小说～一下。

＊"润色"和"修饰":"润色"强调使文字完善生动,富于文彩;"修饰"强调修改、加工,使文字合宜得体。

【润饰】rùnshì 同"润色"。

【润泽】rùnzé ❶形。滋润,湿润:雨后初晴,满池荷花显得更加～美丽。❷动。使湿润;须带宾语:用水～一下嘴唇。

ruó(ㄖㄨㄛˊ)

挼 ruó 〈书〉动。揉搓:把纸条～成团儿。

【挼搓】ruó·cuo 动。揉搓;可带宾语或补语:她～着自己的衣襟|这朵花给你～烂

了。

ruò(ㄖㄨㄛˋ)

若 ruò ❶〈书〉动。如，像；须带宾语：军民团结～一人。可带谓词作宾语：～有～无｜～明～暗。❷〈书〉连。如果，假如；用在前一分句，表示假设：你～不去，我去。❸〈古〉代。你。

另见 rě。

【若非】ruòfēi 〈书〉连。要不是；用在前一分句，表示假设：～亲眼所见，是不敢相信的。

【若夫】ruòfú 〈古〉助。用在一句的开头，表示发端，或表示转向另一方面。

【若干】ruògān 代。多少；多知数量或指不定量：苹果买了～斤?｜在北京玩了～天。

【若何】ruòhé 〈书〉代。如何；表示疑问：后来的结果～，你可知否？

【若即若离】ruò jí ruò lí 成。若：像；即：靠近。好像接近，又好像不接近；表示两人之间有一定的距离，感情并不十分融洽：这么多年了，他们的关系总是～，不冷不热。

【若是】ruòshì 连。如果，如果是；用在前一分句，后一分句常用"就、才"等呼应：他～不来，就算他旷工｜我～他，才不会这样做。

【若无其事】ruò wú qí shì 成。好像没有那回事儿一样；形容态度镇静，不动声色或漠不关心：大搜捕的风声更紧了，江姐仍～地领导着大家工作。

偌 ruò 〈素〉这么，那么：～大。

【偌大】ruòdà 形。这么大，那么大；多见于早期白话，不加程度副词，只作定语：～家私｜～年纪｜～的地方。

婼 ruò 地名用字。婼羌，县名，在新疆。今作若羌。

箬(**篛**) ruò 名。(1)箬竹，竹子的一种，叶大而宽，可编竹笠和包粽子。(2)箬竹的叶子。

【箬帽】ruòmào 名。箬竹的篾或叶子制成的帽子，可用来遮雨或遮阳光；量词用"顶"。

弱 ruò ❶形。跟"强"相对。(1)力气小，势力差：身体～｜力量～｜光线很～｜～女子。(2)不够，略少；用在分数或小数之后，表示稍微少一点：三分之二～。(3)差，不如：我比他～。常带补语：南京队～于山东队。❷〈书〉动。丧失；多指人死，须带宾语：又～一个。

【弱不禁风】ruò bù jīn fēng 成。禁：担当，受。形容身体娇弱，连风吹都经受不起：十多年的囚禁生活，使这个当年让敌人闻风丧胆的游击队长，一下子变得～。

【弱不胜衣】ruò bù shèng yī 成。胜：担任，承受。形容人衰弱，好像连衣服的重量都承受不起：别看他那～的模样，吹唢呐可是把好手。

【弱点】ruòdiǎn 名。不健全、不完美或力量薄弱的地方：骄傲是他的～。

【弱冠】ruòguàn 名。古时男子20岁行冠礼，因为还没达到壮年，故称做弱冠。后世泛指男子20左右的年纪。

【弱肉强食】ruò ròu qiáng shí 成。弱：弱者；强：强者。弱者的肉是强者的食物。原指动物中弱者被强者吞食，后多比喻弱者被强者欺压、吞并，弱国被强国侵略：世界上一切受压迫被奴役的国家都要团结起来，反对～的侵略政策。

【弱智】ruòzhì 形。智力低下；不加程度副词，不单独作谓语，多作定语：～儿童｜全国～教育经验交流会在沪召开。

蒻 ruò 名。古书上指嫩的香蒲。

爇 ruò 〈古〉动。点燃，焚烧：～烛。

S

sā(ㄙㄚ)

仨 sā 〈口〉数。三个；与量词用"个"的名词相配合，后面不能再带"个"：～人|姐妹～|买来～西瓜

挲(挱) sā 见"摩(mā)挲"。

另见 shā, suō。

撒 sā ❶动。常带宾语或补语。(1)放开，发出：～了几次网|飞机上～下来一些传单|把小鸡～在院子里。(2)尽量施展或表现出来；含贬义：别～酒疯|这种赖皮～不得。❷姓。

另见 sǎ。

【撒旦】sādàn 名。音译词。基督教对专事抵挡上帝，并与上帝为敌者的称呼。与圣经故事中的魔鬼同义。

【撒欢儿】sāhuānr 〈方〉动。因兴奋而连跑带跳；多指动物，不带宾语：这小狗又在～了。可拆开用：小猫撒起欢儿来了。

【撒谎】sāhuǎng 〈口〉动。说谎；不带宾语：小孩子别～。可拆开用：撒什么谎|撒了个大谎。

【撒娇】sājiāo 动。仗着受人宠爱故意作态；多指小孩或女青年，不带宾语：这小孩在奶奶跟前～。可拆开用：她从没撒过娇。

【撒拉族】sālāzú 名。我国少数民族之一，主要分布在青海和甘肃。

【撒赖】sālài 动。耍无赖，蛮横胡闹；不带宾语：不准在这里～。可拆开用：他已撒过几次赖。

【撒泼】sāpō 动。不讲道理，大叫大闹；不带宾语：她又在～。可拆开用：你在这里撒什么泼？

【撒气】sāqì 动。不带宾语可拆开用。(1)漏气，指球、车胎等：自行车轮胎～了|这个球撒光了气。(2)拿旁人或别的事物发泄怒气；常用"拿"构成的介词词组作状语：他在外边受了气，回家后就拿家里人～|妈妈拿孩子撒了一顿气。

【撒手】sāshǒu 动。不带宾语，可拆开用。(1)松手，放开手：你把风筝的绳子抓紧，可不要～|一撒开手，小鸟就飞了。(2)喻指不再管事：孩子这么淘气，家长怎么能～不管？|这些事我还撒不了手。

【撒手锏】sāshǒujiǎn 名。旧小说中指厮杀时出其不意地用锏(一种兵器)投掷敌手的一种绝招，比喻关键时刻使出的最拿手的招数：在演出前的几分钟，他使出了～——罢演，从而迫使经理答应了他的条件。

【撒腿】sātuǐ 动。放开脚步，一般要与"跑"连用：刚一松手，这孩子～就跑。可拆开用：撒开了腿往外跑。

【撒野】sāyě 动。粗野放肆，蛮不讲理；不带宾语：他又在这里～了。可拆开用：撒起野来了。

sǎ(ㄙㄚˇ)

洒(灑) sǎ ❶动。常带宾语或补语。(1)使分散地落下；用于水或其他液体：屋子里～了一些消毒液|她把花露水～在头上。(2)东西散落；用于颗粒状态的固体：～了一地粮食|把～在地上的豆子捡起来。❷姓。

【洒家】sǎjiā 代。我；早期白话中用于男性自称。

【洒落】sǎluò ❶动。分散地落下；常带宾语或补语：～了几颗珠子|雨点～在荷叶上，发出沙沙的声音。❷同"洒脱"。

【洒洒】sǎsǎ 形。形容众多的样子；多指文辞，常用在比较固定的组合中：洋洋～|～万言。

【洒扫】sǎsǎo 动。洒水扫地；常带宾语或补语：～庭院|～干净。

【洒脱】sǎtuo 形。自然，不拘束；常指人的言谈、举止、风格等：他为人～，不拘小节。

靸

靸 sǎ 〈方〉动。把鞋后帮踩在脚后跟下,也指穿拖鞋;常带宾语或补语:脚上~了一双拖鞋|好好的一双鞋子给你~坏了。

撒 sǎ 动。常带宾语或补语。(1)把颗粒状或粉状的东西散布出去:~下种子|~胡椒面|~得很均匀。(2)散落;多指不小心或无意中掉落的:地里~了不少麦粒|不少白糖~在罐子外边了。
另见sā。

潵 sǎ 地名用字。潵河桥,在河北省迁西县。

sà(ㄙㄚˋ)

卅 sà 数。三十;现在一般只用在固定词组中:五~运动。

飒 sà 见"飒然"、"飒飒"、"飒爽"。

【飒然】sàrán 〈书〉形。形容风声;不加程度副词:北风~而至。

【飒飒】sàsà 拟声。摹拟风雨声和风吹树叶等的摩擦声:西风~|风吹树叶~地响。

【飒爽】sàshuǎng 〈书〉形。形容豪迈矫健,不加程度副词,常与"英姿"搭配:战士们个个英姿~。

脎 sà 名。有机化合物的一类。由苯肼与葡萄糖、核糖等作用生成,不溶于水。常用来鉴定糖。

摋 sà 〈古〉动。侧手击。

萨(薩) sà 姓。

sāi(ㄙㄞ)

塞 sāi 同"塞(sāi)❶。"

腮(顋) sāi 名。两颊的下半部。

鳃 sāi 名。鱼虾、蚌等水生动物的呼吸器官,多呈羽状、板状或丝状。

塞 sāi ❶动。堵,填满空隙,常带宾语或补语:~漏洞|橱子里~得满满的。❷名。(~儿、~子)堵住瓶口或其他器物口的东西:瓶~儿|软木~子。
另见sài、sè。

噻 sāi 音译用字。见"噻吩"、"噻唑"。

【噻吩】sāifēn 名。音译词。有机化合物,无色液体,性质与苯相似。用作有机合成的原料。

【噻唑】sāizuò 名。音译词。有机化合物,无色液体,容易挥发。供制药物和染料用。

sài(ㄙㄞˋ)

塞 sài 〈素〉可作屏障的险要地方:边~|要~。
另见sāi、sè。

【塞外】sàiwài 名。我国古代指长城以北的地区:~江南。

【塞翁失马】sài wēng shī mǎ 成。《淮南子·人间训》记载,古时有一个住在边塞上的老人丢了一匹马,别人来安慰他,他说:"怎么知道这就不是好事呢?"后来这匹马果然带了一匹好马回来。后人常用"塞翁失马"来比喻坏事在一定条件下可以变为好事。暂时受点损失,未必就是坏事,一,不乏其例。

赛 sài 动。(1)比赛:我不与你~,你的力气大。多带宾语或补语:~了一场足球|产品要~质量|~赢了。也可带动词、动词性词组或主谓词组作宾语:~游泳|~下围棋|我们~一下谁的风格高。(2)胜过,比得上;须带宾语:一个~一个|这姑娘干活能~过小伙子|这件仿制品能~真的。

【赛车】sàichē ❶动。比赛自行车、摩托车或汽车,以车速快慢决定胜负;不带宾语:明天自行车~,我决定参加。可拆开用:赛了一次车。❷名。指比赛用的较轻便的自行车,也泛指其他各种专供比赛用的车,如摩托车、汽车。

【赛会】sàihuì 名。旧时用仪仗和吹打演唱等迎神像出庙游行街巷、村庄的一种迷信活动。

【赛璐玢】sàilùfēn 名。音译词。玻璃纸的一种,无色,透明,有光泽。多用于包装。

【赛璐珞】sàilùluò 名。音译词。塑料的一种。可用来制造电影软片、玩具、文具等。

【赛马】sàimǎ ❶名。运动项目的一种,骑马比快慢以决定胜负。❷动。指参加这项运动;不带宾语:他们正在～。可拆开用:他赛过几次马。

【赛跑】sàipǎo ❶名。径赛项目的一类,比较跑步速度以决定胜负。包括短跑、长跑、马拉松跑、跨栏跑、接力跑、障碍跑和越野赛跑等。❷动。指参加这类运动;不带宾语:运动员在～。

sān(ㄙㄢ)

三 sān ❶数。二加一所得的数目。❷用在"三…五…"格式中。(1)表示次数多:～番五次|～令五申。(2)表示不太大的大概数量:～年五载|～～五五。

*"三"和"仨":"三"是数词,后边可以带量词"个";"仨"是三个的合音字,后边不能再带量词"个",如只能说"仨人",不能说"仨个人"。

【三八国际妇女节】sānbā guójì fùnǚ jié 词组。全世界妇女团结斗争的纪念日。1909年3月8日,美国芝加哥女工举行罢工和示威游行,要求增加工资,实行八小时工作制和获得选举权,这一斗争得到了美国和全世界广大妇女的热烈支持和响应。次年8月在丹麦哥本哈根召开的国际第二次社会主义者妇女大会上决定,把每年3月8日定为妇女节,以促进全世界劳动妇女的团结和解放。简称三八节或妇女节。

【三长两短】sān cháng liǎng duǎn 成。指意外的灾祸、事故,特指人的死亡;婉辞,多用作事前的假设:你不听我劝,若有个～,不要怨我|老人万一有个～,怎么办?

【三春】sānchūn〈书〉名。指春季的三个月。

【三从四德】sān cóng sì dé 成。封建礼教束缚压迫妇女的道德标准之一。"三从"出自《仪礼·丧服·子夏传》:"未嫁从父,既嫁从夫,夫死从子。""四德"出自《周礼·天官·九嫔》:"妇德、妇言、妇容、妇功。"即要求妇女屈从男权,谨守品德、辞令、仪态与手艺的"闺范"。

【三冬】sāndōng 名。(1)指冬季第三个月,即农历十二月:时候正是～,天寒地冻,雪花纷飞。(2)〈书〉三个冬天,三年。

【三段论】sānduànlùn 名。形式逻辑间接推理的一种基本形式。由一个共同的概念联系着的两个前提推出结论。由大前提、小前提和结论三部分组成。如,凡金属都能导电,铁是金属,所以铁能导电。也叫三段论法或三段论式。

【三废】sānfèi 名。工业生产中产生的废气、废水、废渣的统称。三废如加以处理和利用,便可变废为宝,否则将造成环境污染,形成公害。

【三伏】sānfú 名。(1)初伏、中伏、末伏的统称。三伏天是一年中天气最热的时期。(2)特指末伏。参见"初伏"、"中伏"、"末伏"。

【三番五次】sān fān wǔ cì 成。番:遍。强调次数较多:我～跟你说,你偏不听。

【三纲五常】sān gāng wǔ cháng 成。三纲:指君为臣纲,父为子纲,夫为妻纲;五常:通常指仁、义、礼、智、信。这是封建礼教所提倡的道德标准。

【三个臭皮匠,赛过诸葛亮】sān gè chòu píjiàng, sàiguò zhūgě liàng 成。比喻人多智慧多,大家在一起商量就能想出好主意。有时也把"赛过"说成"顶个"或"合成一个"。

【三姑六婆】sāngū liùpó 成。三姑:指尼姑、道姑、卦姑(占卦的)。六婆:指牙婆(贩卖人口的介绍人)、媒婆、师婆(女巫)、虔婆(妓院的老鸨)、药婆(江湖女医)、稳婆(接生的)。旧社会这些人都常利用职业的方便做坏事。后多用以指不务正业的妇女:～,里外搬弄是非,正经人家是一概不许上门的。

【三顾茅庐】sān gù máo lú 成。三国蜀·诸葛亮《出师表》:"先帝不以臣卑鄙,猥自枉屈,三顾臣于草庐之中。"原为刘备三次到草庐访聘诸葛亮出来运筹划策的故事,后用来表示真心实意地一再邀请别人。

【三国】sānguó 名。特指东汉后魏、蜀、吴三国并立的时期。参见"魏"、"蜀"、"吴"。

【三合土】sānhétǔ 名。用石灰、粘土和砂加水混合而成的建筑材料,干后质坚硬。

可用来打地基或修筑道路。

【三皇】sānhuáng 名。指古代传说中的三个帝王,通常称伏羲、燧人、神农。也有称天皇、地皇、人皇为三皇的。

【三角洲】sānjiǎozhōu 名。河流注入海中或湖泊时,流速减缓,其所携带的泥沙大量沉积,在河口地区形成冲积平原,一般呈三角形,故名。如长江三角洲、珠江三角洲。

【三教九流】sān jiào jiǔ liú 成。三教:指儒教、道教、佛教;九流:指儒、道、阴阳、法、名、墨、纵横、杂、农九家。泛指宗教、学术中的各种流派或社会上各种行业。也泛指江湖上各种各样的人;常含贬义:他是~样样都通,就是真本领一点没有。也说九流三教。

【三军】sānjūn 名。(1)指陆军、海军、空军。(2)对军队的统称:~过后尽开颜。

【三令五申】sān lìng wǔ shēn 成。再三告诫或命令:这项决定已是~,你们为什么还不贯彻执行呢?

【三六九等】sān liù jiǔ děng 习。许多等级,种种差别:封建统治者把人们分成~|什么货色都有~,好的当然卖高价。

【三昧】sānmèi 名。音译词。(1)佛教指排除杂念,心神专注于一境。为佛教重要修行方法之一。(2)喻指事物的诀窍或精义:对于这一套,他是深谙个中~的|不识其中~。

【三民主义】sānmín zhǔyì 词组。孙中山先生提出的中国资产阶级民主革命的纲领,即民族主义、民权主义、民生主义。

【三秋】sānqiū 名。(1)秋收、秋耕和秋播的统称。(2)〈书〉指三年:一日不见,如隔~。(3)〈书〉指秋季的三个月,或农历九月。

【三三两两】sānsān liǎngliǎng 成。三个一群,两个一伙;多指人:人们在~地议论着那件事。

【三生有幸】sānshēng yǒu xìng 成。三生:佛家指前生、今生、来生;幸:幸运。三世都很幸运。形容极大的幸运:今日遇着您,真是~。

【三十六策,走为上计】sān shí liù cè, zǒu wéi shàng jì 成。《三十六计》是我国古代一部兵书,不分卷,作者和写作年代均无考。此书辑录了我国封建时代的一些用兵要诀,"走为上"是"三十六计"中最末的一计,讲的是两军对阵,明显处于劣势,无力对抗敌人时的计策。后用以泛指及早摆脱困境:他们人多势众,你孤身一人怎么能敌?~,还是赶快脱身吧。也说三十六计,走为上计或三十六着,走为上着。

【三思】sānsī 动。三:再三。反复考虑;不带宾语:这件事你要~,不可鲁莽|~而后行。

【三天打鱼,两天晒网】sān tiān dǎ yú, liǎng tiān shài wǎng 成。比喻学习、工作缺乏恒心,时常中断,不能坚持:在学习上~,是肯定不行的。

【三头六臂】sān tóu liù bì 成。原指佛的法相。后比喻了不起的本领:纵然犯罪分子有~,也不能逃脱法律的制裁。

【三维空间】sānwéi kōngjiān 词组。点的位置由三个坐标决定的空间。客观存在的现实空间就是三维空间,具有长、宽、高三种度量。也叫三度空间。

【三位一体】sān wèi yī tǐ 成。原为基督教教义之一。该教称耶稣华为圣父,耶稣为圣子,圣父、圣子共有神的性质而为圣灵。据说虽父子有别,但其神的性质则融合为一。所以把圣父、圣子、圣灵称"三位一体"。现比喻三个人、三项内容或三种势力密切结合成一个整体:培养学生,德智体是~、缺一不可的。

【三下五除二】sān xià wǔ chú èr 习。珠算口诀之一,形容做事及动作敏捷利索:他一来,~,事情很快处理完毕。

【三夏】sānxià 名。(1)夏收、夏种、夏管的统称。(2)〈书〉指夏季的三个月。

【三心二意】sān xīn èr yì 成。想这样又想那样,形容拿不定主意或意志不坚定:在这个问题上,你可别~。

【三言两语】sān yán liǎng yǔ 成。很少的几句话:这件事情不是~说得清的。

【三一律】sān yī lǜ 名。欧洲古典主义戏剧理论家所制定的戏剧创作的三条规则,就是地点一致(戏剧中的动作应发生在同一地点)、时间一致(不超过二十四小时)、情节一致(情节应构成一个有机的整体)。

【三灾八难】sān zāi bā nàn 成。佛教指水灾、火灾、风灾为大三灾；刀兵、饥馑、疫病为小三灾。八难指影响见佛求道的八种障碍，如作恶多端、安逸享受、盲哑残疾、自恃聪明才智等。形容经常遭遇不幸：她一生坎坷，经历了～。

【三只手】sānzhīshǒu 〈方〉名。指小偷，扒手：谨防～。

叁(弎) sān 数。"三"的大写；多用于记帐等。

毵(毵) sān [毵毵] 形。毛发、枝条等细长的样子；不加程度副词：毛发～｜～柳丝。

sǎn(ㄙㄢˇ)

伞(傘、△繖) sǎn △❶名。挡雨或遮太阳的用具，可张可收。❷〈素〉像伞的东西：降落～。❸姓。

散 sǎn ❶动。没有约束，松开，分散：把稻把子捆紧，别～了。常带宾语或补语：这辆自行车～架子了｜她的头发～在肩上。可加程度副词：纪律太～了。❷〈素〉(1)零碎的，不集中的：～装｜～居｜～光。(2)指中药末：健胃～｜避瘟～。

另见sàn。

【散兵游勇】sǎnbīng yóuyǒng 成。勇：清代指地方临时招募的兵卒。指失去织属的逃散的士兵。现也比喻没有组织到集体队伍中去的独自行动的人。

【散居】sǎnjū 动。分散居住；常以表示处所的介词词组作补语：中国有一千多万华侨～在世界各地。可带存现宾语或处所宾语：山沟里～着几户牧民｜回族人民ės聚居在宁夏等地外，～全国各地。

【散漫】sǎnmàn 形。(1)随随便便，不守纪律：这孩子太～了，要好好管一管。常与"自由"并用：他已经改正了自由～的习气。可重叠：在学校里要守纪律，不能散散漫漫。(2)零散，不集中：这篇文章罗列了许多材料，～芜杂，重点不突出。

【散曲】sǎnqǔ 名。曲子的一种形式，没有宾白(道白)科介(动作)，便于清唱。内容以抒情为主，有小令和散套两种。盛行于元、明、清三代。

【散套】sǎntào 名。散曲的一种。通常由同一宫调的若干支曲子组成，一韵到底，用来抒情或叙事。

【散体】sǎntǐ 名。一种不要求词句齐整对偶的文体；区别于"骈体"。

【散文】sǎnwén 名。(1)指不求形式上整齐，不讲究对仗、押韵的文章；区别于"韵文"。(2)指诗歌、小说、戏剧以外的文学作品，包括杂文、小品文、报告文学、随笔、特写等。

【散文诗】sǎnwénshī 名。兼有散文和诗的特点的一种文学形式，不押韵，不限字数，写法同散文一样，但注重语言的节奏，内容富有诗意。

馓(饊) sǎn 〈方〉名。(～子)一种油炸的面食，细条相连扭成花样。

糁(糝) sǎn 〈方〉名。煮熟的米粒。
另见shēn。

sàn(ㄙㄢˋ)

散 sàn 动。常带宾语或补语：(1)由聚集而分离：雾快～了｜～电影｜会场上的人全～光了。(2)散布，扩散：～传单｜公园里～满了花香｜臭味是从垃圾箱里～出来的。(3)排除：厨房里的油烟味全～了｜～热气｜要让臭味～出去。
另见sǎn。

【散播】sànbō 动。常带宾语或补语。(1)分散播种；用于种子：～大豆｜麦子～得很均匀。(2)扩散传播；多指谣言或不正确的消息、观点等：不该～谣言｜小道消息～得很快。

【散布】sànbù 动。常带宾语或补语。(1)分散到各处；一般指比较具体的事物：～传单｜这一片海域～着许多大小岛屿｜牛羊～在草原上吃草。(2)同"散播(2)"。

＊"散布"和"散发"："散布"着重表示传布，"散发"着重表示分发。"散布"可用于谣言、消息、论调、情绪、气氛等；"散发"不能。"散发"可用于气味；"散布"不能。

【散步】sànbù 动。随便走走，是一种休息方式；不带宾语：她每天早晨出去～。可重叠：我们一同去散散步好吗？可拆开用：散了一会儿步。
【散场】sànchǎng 动。观众在戏剧、电影、比赛等结束后离开场地；不带宾语：电影还没有～。可拆开用：散了场再扫地。
【散发】sànfā 动。发出，分发；常带宾语或补语：公园里，花儿～出阵阵清香│大会开始前，先把文件～给大家。
【散伙】sànhuǒ 动。解散；常指团体、组织等，不带宾语：社团成立没有几天倒要～了。可拆开用：这个饮食小店前几天散了伙。
【散落】sànluò 动。常带宾语或补语。(1)分散地往下落：梅花山的梅花已开始～│从粮袋的破洞处～出许多谷子│树叶纷纷～在地上。(2)分散，分布：山沟里～着几十户居民│牛羊～在山坡上。(3)因分散而流落、失落：一家人在战争年代里～了│他的万卷藏书不知～何处│这些资料已～多年。
【散失】sànshī 动。常带宾语或补语：(1)分散、遗失；用于人或物：由于保管不善，好多资料～了│他终于找到了～多年的亲人│有些书不知～到哪里去了。(2)消散、失去；常指水分等：这些桔子水分已～，不好吃了│把筒子盖严，别让茶叶香味～掉。
【散心】sànxīn 动。解闷，使心情舒畅；不带宾语，常与其他动词连用：他到外边去～了。可重叠：到公园里去散散心。

sāng(ㄙㄤ)

丧(喪、丧) sāng 〈素〉跟死了人有关的：～事│治～│吊～。
另见sàng。
【丧服】sāngfú 名。为哀悼死者而穿的服装。旧时用本色的粗布或麻布做成。
【丧家】sāngjiā 名。有丧事的人家。
【丧礼】sānglǐ 名。有关丧事的礼节。
【丧乱】sāngluàn 〈书〉名。指死亡祸乱的事：历遭～，十室九空。
【丧门神】sāngménshén 名。迷信的人指主管死丧哭泣的凶神，比喻带来晦气的人。也叫丧门星。
【丧葬】sāngzàng 动。办理丧事，埋葬死者；不带宾语：死了三天还未～。常作

定语：～费用。
【丧钟】sāngzhōng 名。西方习俗，教堂在宣告本区教徒死亡或为死者举行宗教仪式时敲钟叫做敲丧钟。比喻死亡或灭亡的信号：殖民主义的～敲响了。

桑 sāng ❶名。桑树，落叶乔木。品种多，常培养为灌木状。果实叫桑葚，叶子喂蚕，皮可造纸，叶、果、枝、根皮均可入药。木材可作农具。❷姓。
【桑葚儿】sāngrènr 〈口〉名。桑葚(shèn)。
【桑葚】sāngshèn 名。桑树的果穗，成熟时黑紫色或白色，味甜，可以吃。也叫桑葚子。
【桑榆】sāngyú 〈书〉名。日落的时候阳光照在桑树、榆树梢上，借指晚上，也指西方：失之东隅，收之～。
【桑榆暮景】sāng yú mù jǐng 成。落日的余晖照在桑树、榆树梢上，形容黄昏景象。比喻垂老之年：莫道我已是～，可我还要为国为民作出一点贡献。
【桑梓】sāngzǐ 〈书〉名。古代住宅旁边常栽种桑和梓等树木，后来就把"桑梓"作为家乡的代称：心怀～│埋骨何须～地，祖国到处有青山。

sǎng(ㄙㄤˇ)

搡 sǎng 〈方〉动。用力猛推；常带宾语或补语：别再～他了│把他～跌倒了。

嗓 sǎng 名。(1)(～子)喉咙：～子疼。(2)(～儿、～子)嗓音：尖～儿│哑儿│假～子。
【嗓门儿】sǎngménr 名。嗓音：～大。
【嗓音】sǎngyīn 名。说话或歌唱的声音：～清脆。

磉 sǎng 名。柱子下的石墩。

颡 sǎng 〈古〉名。额，脑门子。

sàng(ㄙㄤˋ)

丧(喪、丧) sàng 动。丢掉，失去；常带宾语或补语：～了性命│～尽人格。
另见sāng。
【丧胆】sàngdǎn 动。失去胆量，形容非常恐惧；不带宾语：敌人闻风～。可拆

开用：一个个都丧了胆,抱头鼠窜。

【丧魂落魄】sàng hún luò pò 成。形容非常恐惧的样子：敌军被打得～,纷纷缴械投降。

【丧家之犬】sàng jiā zhī quǎn 成。原指有丧事人家的狗,因主人忙于办丧事而得不到喂养。后指无家可归的狗。比喻失去靠山,到处乱窜,无处投奔的人：日本帝国主义垮台后,汉奸卖国贼倒成了～,惶惶不可终日。也说丧家之狗。

【丧命】sàngmìng 动。死亡；多指凶死或死于暴病,不带宾语,可带补语：他不慎从五楼阳台上摔下,立即～|她～于一次车祸之中。可拆开用：在暴乱中丧了命。

【丧偶】sàng'ǒu 〈书〉动。死了配偶；不带宾语：他中年～,两个孩子无人照顾。

【丧气】sàngqì 动。因事情不顺利而情绪低落；不带宾语,常用在比较固定的组合中：灰心～|垂头～。可拆开用：试验失败了,他就灰了心,丧了气。

另见sàngqi。

【丧气】sàng·qi 〈口〉形。倒霉,不吉利：人在～的时候,真是喝凉水也塞牙。

另见sàngqì。

【丧权辱国】sàng quán rǔ guó 成。丧失主权而使国家蒙受耻辱：鸦片战争以后,清王朝与外国侵略者签订了一个个～的不平等条约。

【丧失】sàngshī 动。失去：当时,他的勇气完全～了。常带宾语或补语：～立场|把原则也～掉了。

＊"丧失"和"丢失"："丧失"语义重,对象多为主权、立场、勇气、能力、人格、信心、自尊心等抽象事物和土地等；"丢失"语义轻,对象多为具体的事物。"丧失"多用于书面语；"丢失"多用于口语。

【丧心病狂】sàng xīn bìng kuáng 成。丧失理智,像发了疯一样,形容言行昏乱荒谬或残忍可恶到了极点：法西斯匪帮～,肆意摧残进步文化|敌人～地屠杀无辜的人民。

sāo（ㄙㄠ）

搔 sāo 动。用指甲挠：头皮快～破了,别再～了。常带宾语或补语：～痒痒|～了几下。

【搔头弄姿】sāo tóu nòng zī 成。原指梳妆打扮。后形容故作姿态,卖弄风情；多用于女性,含贬义：二姨太爱在人前～,使人看了恶心。也作搔首弄姿。

骚 sāo ❶形。(1)举止轻佻,作风下流；多指女性,骂人用语：～娘儿们|那女人～得很,你少去跟她搭讪。(2)〈方〉雄性的；指某些家畜,只做定语：～驴|～马。(3)同"臊(sāo)"。❷名。指屈原的《离骚》,一般与"风、赋"等合用：我爱读～赋。❸〈素〉(1)扰乱,不安定：～乱|～扰。(2)泛指诗文：～人|～客。

【骚动】sāodòng 动。动荡,不安定；不带宾语,可带补语：一阵枪响,人群顿时～起来|敌人～了一会儿,就安静下来了。可作"引起"等动词的宾语：他的演讲引起会场一阵～。

【骚客】sāokè 〈书〉名。旧指诗人：岳阳楼历来是文人～游览聚集的地方。

【骚乱】sāoluàn 动。扰乱,混乱不安；一般不带宾语：不许～！|一小撮歹徒乘机～。可作"引起、发生、制造"等动词的宾语：突然停电,大楼里发生一阵～。

＊"骚乱"和"动乱"："骚乱"强调混不安；"动乱"强调动荡不宁,含有社会变乱的意味。"骚乱"所指的情状一般发生在不长的期间和局部的场所、环境或地区；"动乱"所指的情状一般发生在较长的期间和较大范围的地区。

【骚然】sāorán 〈书〉形。骚乱不安的样子；不加程度副词：四海～|～不安。

【骚扰】sāorǎo 动。扰乱,使不安宁：敌人常到这一带来～。常带宾语或补语：～百姓|我再也不好意思去～她了|敌机昨天又来～了一次。

【骚人】sāorén 〈书〉名。旧指诗人；～墨客。也泛指一般风雅的文人。

【骚体】sāotǐ 名。古典文学体裁的一种,以模仿屈原的《离骚》的形式而得名。

缫（繰） sāo 动。把蚕茧浸在热水里抽丝；多带"丝"作宾语:'～了三斤丝。
"缲"另见qiāo。

臊 sāo 形。像尿或狐狸的气味：厕所里又～又臭，该好好打扫一下了。
另见sào。

sǎo(ㄙㄠˇ)

扫(掃) sǎo ❶动。常带宾语或补语。(1)用笤帚或扫帚除去尘土、垃圾等：教室已经～过了|马路|地～得很干净。(2)除去，消灭：～地雷|这里文盲全～光了。(3)很快地横掠过去：我～了他一眼|小刘端起冲锋枪向敌人～起来。❷〈素〉全部，所有的：～数。
另见sào。

【扫除】sǎochú 动。常带宾语或补语。(1)清除脏东西；多指"垃圾、灰尘"等：～垃圾|屋里屋外都要～干净。(2)除去不好的东西；多指"败类、害人虫、流毒、文盲、障碍、歪风邪气"等：～前进道路上的障碍|流毒～得还不彻底。
＊"扫除"和"清除"："扫除"语意较轻，"清除"语意较重，有完全扫除干净的意思。"扫除"可与"文盲、穷困、愚昧"等词语配搭，"清除"不行。

【扫荡】sǎodàng 动。常带宾语或补语。(1)用武力或其他手段对敌方进行搜索、镇压：～叛乱|敌军～了两天两夜。(2)泛指彻底清除：狂风～着山野|只要是八股，无论新旧都要～干净。

【扫地】sǎodì 动。不带宾语。(1)用笤帚、扫帚清扫地面：教室里每天都要～。可拆开用：扫了一次地。可重叠：要经常扫扫地。(2)比喻完全丧失；指名誉、威信、威风等：斯文～|他的所作所为，使自己的名誉～。

【扫盲】sǎománg 动。扫除文盲，对不识字或识字很少的成年人进行识字教育，使他们脱离文盲状态；不带宾语：在农村要认真～，提高农民的文化水平。可拆开用：这个村已经扫了盲。可作定语：～班。

【扫描】sǎomiáo 动。利用一定装置使电子束、无线电波等左右移动而描绘画面、物体等图形。喻指很快地扫视；常带宾语或补语：她～了一下会场，才知道人们正在期待着她发言|他的目光把我从上到下～了一下，然后才问："你是她什么人？"

【扫灭】sǎomiè 动。扫除、消灭；常带宾语：要～一切害人虫|毫不留情地～敌对势力。

【扫墓】sǎomù 动。到坟地祭奠、培土和打扫，现多指在烈士碑墓前举行悼念活动；不带宾语：清明节我们到雨花台去～。可拆开用：团员同志已扫过烈士墓了。

【扫射】sǎoshè 动。以自动化武器实施横向移动的连续射击：他端起冲锋枪猛烈地向敌人～。常带宾语或补语：敌人手无寸铁的群众|他端起快慢机狠狠地～起来。

【扫视】sǎoshì 动。目光迅速地向周围看；常带宾语或补语：他一上台，先～全场，然后开始报告|他向四周～了一下，发现无人监视，于是迅速地离开了会场。

【扫数】sǎoshù 副。尽数，全数：粮食已～入库|所借之款已～归还。

【扫榻】sǎotà〈书〉动。扫除床榻上的尘土，表示欢迎客人到来的客气话；不带宾语：欣闻光临，～以待。

【扫尾】sǎowěi 动。结束最后剩下的一小部分工作；不带宾语：留几个人～，其余的人另分配别的工作。可拆开用：还要请三个人去扫一下尾。可重叠：请你们去扫扫尾。

【扫兴】sǎoxìng 动。正当高兴时遇到不愉快的事情而兴致低落；常带宾语：明天春游，却遇这阴雨天气，令人～。可加程度副词：你的话让人听后太～了。可拆开用：我本不该扫大家的兴，但又不能不说。可作"感到、觉得"等动词的宾语：正谈得热烈，来了一个不速之客，大家都感到～。

嫂 sǎo 名。(1)称哥哥的妻子。(2)泛称年纪不大的已婚妇女；常用在姓之后，或加"大"：张～|大～，请问您到王庄怎么走？

【嫂夫人】sǎofū·ren 名。尊称朋友的妻子。

sāo（ㄙㄠ）

扫（掃） sāo 义同"扫(sǎo)(1)"；只用于"扫帚"。
另见sǎo。

【扫帚】sào·zhou 名。除去尘土、垃圾等的用具，多用竹枝扎成，比笤帚大。

【扫帚星】sào·zhouxīng 名。(1)彗星的通称。(2)旧时迷信，认为出现扫帚星就会发生灾难。因此，用"扫帚星"喻指带来祸害的人。

埽 sào 名。(1)把树枝、秫秸、石头等用绳子捆紧做成的圆柱形的东西。旧时作为修建或保护堤岸的材料。(2)用许多埽做成的堤坝或防护堤。

瘙 sào 名。古代指疥疮。

臊 sào 动。害羞；常带补语：他～得满脸通红。
另见sāo。

【臊子】sào·zi 〈方〉名。肉末或肉丁；多指烹调好加在别的食物中的：羊肉～面。

sè（ㄙㄜ）

色 sè ❶名。颜色：要上一点～｜日光有七～。❷〈素〉(1)脸上的神气、表情：脸～｜神～｜喜于～。(2)情景、景象：景～｜暮～。(3)妇女美貌：姿～｜女～。(4)情欲：～情｜～鬼。(5)种类：货～｜花～。(6)质量：成～｜足～。
另见shǎi。

【色彩】sècǎi 名。(1)颜色：～鲜明｜～艳丽。(2)比喻人的某种思想倾向或事物的某种情调；多作中心语：感情～｜主观～｜地方～。

【色调】sèdiào 名。(1)指画面上表现思想、情感所使用的色彩和色彩的浓淡。通常用各种红色或黄色构成的色调属于暖色调，用来表现兴奋、快乐等情感；各种蓝色或绿色构成的色调属于寒色调，用来表现忧郁、悲哀等情感。(2)比喻文艺作品中思想感情的色彩：这部小说的～是明朗的，基调是向上的。

【色厉内荏】sè lì nèi rěn 成。色：神色、面色；荏：凶猛；茌：软弱。貌似刚强、内心怯懦：别看他样子利害，实际是个～的胆小鬼。

【色盲】sèmáng 名。眼睛不能辨别颜色的疾病，多为先天性的。红绿色盲较常见，患者不能区别红绿两种颜色。全色盲患者只能区别明暗，不能区别色彩。

【色情】sèqíng 名。性欲方面表现出来的情绪、情态；含贬义：这部书的～描写太多了。常作定语：～小说｜～录像片。

【色泽】sèzé 名。颜色和光泽：～鲜艳｜他喜欢穿～淡雅的衣裳。

铯 sè 名。金属元素，符号Cs。色白质软，有延展性。是制造真空仪器、光电管等的重要材料，化学上用做催化剂。

涩（澀、澁） sè ❶形。(1)不滑溜，不润滑：轮轴有点～，要上油了。(2)使舌头感到麻木难受，如明矾和不熟的柿子的味道：这个柿子不熟，吃到嘴里很～。❷〈素〉文字难读、难懂、不流畅：晦～｜艰～。

啬（嗇） sè 〈素〉小气，该用的财物舍不得用：吝～｜～刻。

【啬刻】sè·ke 〈方〉形。吝啬：这个人～得很。

穑（穡） sè 〈素〉收割庄稼：稼～。

瑟 sè 名。古代弦乐器，样子像琴。现在所用的瑟有两种，一种有25根弦，另一种有16根弦。

【瑟瑟】sèsè 形。不加程度副词。(1)形容轻微的声音；多指风声：秋风～。(2)形容人受吓或受冷时颤抖的样子；多作"抖"的状语：淋了雨浑身～发抖。

【瑟缩】sèsuō 动。身体因受寒、受惊等而蜷缩抖动；常带动态助词"着"：小红躲在一边～着，害怕又要挨打。可带"身子"等作宾语，常与其他动词连用：他～成一团，吓得不敢动弹｜她哭着，～着身子向后退。可重叠，作状语：她瑟瑟缩缩地走到父亲面前。

塞 sè 〈素〉同"塞(sāi)(1)"；只用于某些书面语和合成词：闭～｜阻～｜～责。
另见sāi,sài。

【塞擦音】sècāyīn 名。气流通路紧闭，然后逐渐打开而发出的辅音，如普通话语音的z、c、zh、ch、j、q。塞擦音的起头近似塞音,末了近似擦音,所以叫塞擦音。旧称破裂摩擦音。

【塞音】sèyīn 名。气流通路紧闭,然后突然打开而发出的辅音,如普通话语音的b、p、d、t、g、k。也叫爆发音,旧称破裂音。

【塞责】sèzé 动。对自己应负的责任敷衍了事;不带宾语:聊以~|对任何工作都不能敷衍~,马虎从事。

sēn(ㄙㄣ)

森 sēn 〈素〉(1)树木众多:~林。(2)繁密,众多:~罗万象。(3)阴暗:阴~。

【森林】sēnlín 名。大片生长在一起的树木。森林不仅是木材和其他林产品的主要来源,同时有保持水土,调节气候,防护农田,净化环境等作用。

【森森】sēnsēn 〈书〉形。不加程度副词。(1)形容树木茂密:古柏~。(2)形容阴森岑寂:~可怖。

【森严】sēnyán 形。整齐严肃,防备严密:等级~|壁垒~|那里三步一岗,五步一哨,戒备十分~。

sēng(ㄙㄥ)

僧 sēng 名。出家修行的男性佛教徒,和尚:出家为~。

【僧侣】sēnglǚ 名。僧徒,也指某些宗教的修道人,如古印度婆罗门教僧侣,中世纪的天主教僧侣等。

【僧尼】sēngní 名。和尚和尼姑的合称。

shā(ㄕㄚ)

杀(殺) shā 动。义项(1)—(4)常带宾语或补语。(1)使人或动物失去生命:~虫|~牛|~敌人|~到深夜。(2)战斗:~了一盘棋|向敌阵|~了出去。(3)削弱,消除:喝杯冷饮~~暑气|~一下敌人的威风。(4)〈方〉药物等刺激皮肤或粘膜使人感到疼痛:药水太浓,~眼睛|硼砂搽在伤口上~得慌。(5)用在动词后,作补语,表示程度深:恨~|气~|笑~人了。

【杀风景】shā fēngjǐng 成。损伤美好的景致:在美丽的校园里养了一群鸡,真

是~。也比喻在兴高采烈的场合,突然出现使人扫兴的事情:春游遇上这样的雨天,太~了。

【杀害】shāhài 动。为了不正当的目的把人杀死;含贬义:他不幸被歹徒~。常带宾语或补语:敌人残酷地~了刘胡兰|1927年李大钊被军阀~于北京。常作"遭到、进行"等动词的宾语:不少革命志士遭到敌人的秘密~。

【杀机】shājī 名。杀人的念头:他话中暗含~|~已露,不可不防。

【杀鸡取卵】shā jī qǔ luǎn 成。比喻贪图眼前微小的好处而损害长远利益:为了度过这一难关,他不惜~,忍痛卖掉五亩青苗。也说杀鸡取蛋。

【杀鸡吓猴】shā jī xià hóu 成。比喻严惩一个人来吓唬其他人:反动派这样做,无非是想~,但革命者是吓不倒的。也说杀鸡骇猴、杀鸡给猴看。

【杀价】shājià 动。指买主较大幅度地压低价格;不带宾语:到小商贩那里去买东西要会~,否则容易吃亏。可拆开用:杀了他一半价。可重叠:他的货物急于出手,你可以杀杀价。

【杀戮】shālù 动。大量地杀害;带宾语,含贬义:反动派~了大批爱国人士。可作"遭受"等动词的宾语:许多百姓惨遭~。

【杀气】shāqì ❶名。凶恶的气势:~腾腾|这个人满脸~。❷动。出气,发泄心里不愉快的情绪;不带宾语,常用介词"拿"构成的介词词组作状语:你心里不快,可别拿我~。可重叠:我只是拿他杀杀气罢了。

【杀青】shāqīng 动。古人著书先写在青竹简上,为了便于书写并防止虫蛀,先用火烤干水分,叫杀青。后泛指著作最后定稿;不带宾语:此稿写了三年,最近才~。

【杀人不见血】shā rén bù jiàn xiě 成。杀了人不留一点血迹,形容手段阴险狡猾,害了人还让人不易觉察:这家伙是个大阴谋家、~的刽子手。

【杀人不眨眼】shā rén bù zhǎ yǎn 成。杀人时眼睛都不眨一下,形容极其凶残狠毒:这些土匪都是~的刽子手。

【杀人如麻】shā rén rú má 成。如麻:像乱麻一样数不清。形容杀人极多;含贬义:法西斯歹徒凶恶残暴,～。

【杀人越货】shā rén yuè huò 成。越:抢劫,夺取。杀害人的性命,抢劫人的财物:这帮土匪尽干～的勾当。

【杀身成仁】shā shēn chéng rén 成。成:成全;仁:儒家道德的最高准则。原指为了成全仁德,不惜牺牲生命。后泛指为了维护正义事业而舍弃自己的生命;含褒义:文天祥一身正气,宁可～,也不向元朝皇帝投降。

【杀生】shāshēng 动。旧称宰杀牲畜、家禽等生物;不带宾语:出家人不～害命。

【杀一儆百】shā yī jǐng bǎi 成。儆:警戒。处死一个人来警戒许多人:俗话说～,除掉了土匪头子,其他人就老实多了。

刹 shā 动。止住;用于车、机器等,常带宾语或补语:～一下车|汽车开得太快,一下子～不住|声音不对,快把机器～住。
另见chà。

【刹车】shāchē 也作煞车。❶动。不带宾语。(1)止住车行进,或使机器停止运转:汽车紧急～,才避免了车祸|机器声音不正常,快～。可拆开用:刹不住车。(2)比喻停止做某些事:这件事不能蛮干下去,赶快～吧。❷名。使汽车、自行车等停止前进的机件:我的自行车～坏了,要修一下。

铩(鎩) shā ❶名。古代的一种长矛。❷〈古〉动。摧残,伤害:～羽之鸟(伤了翅膀的鸟)。

杉 shā 〈素〉同"杉(shān)",用于"杉木、杉篙"。
另见shān。

【杉木】shāmù 名。杉(shān)树的木材。

沙 shā ❶名。(～子)细小的石粒:米里有～子,要用筛子筛一下。❷形。嗓音不清脆、不响亮:歌声太～|我的嗓子～了。❸〈素〉(1)像沙的东西:～眼|～糖。(2)淘汰:～汰。❹姓。
另见shà。

【沙场】shāchǎng 名。广阔的沙地,古时多指战场:～老将|久战～。

【沙俄】shā'é 名。指沙皇统治下的俄国。

【沙发】shāfā 名。音译词。装有弹簧或厚泡沫塑料等的坐具,两边一般有扶手。

【沙锅】shāguō 名。用陶土和沙烧成的锅,不易与酸或碱起化学变化,大多用来做菜或熬药。

【沙皇】shāhuáng 名。俄国和保加利亚过去皇帝的称号。

【沙里淘金】shā lǐ táo jīn 成。从沙子里淘出黄金。比喻从大量材料中提取精华;这种药品是从数十种中草药中～提炼精制而成的。也比喻费力大而收效少:这种做法如～,吃力不讨好。

【沙砾】shālì 名。沙和碎石块:遍地～|河岸上～很多。

【沙龙】shālóng 名。音译词。17世纪末叶和18世纪法国巴黎的文人和艺术家常接受贵族妇女的招待,在客厅集会,谈论文艺。后把文人雅士清谈的场所叫做沙龙。

【沙门】shāmén 名。音译词。出家的佛教徒的总称。

【沙弥】shāmí 名。音译词。指初出家的年轻的和尚:小～。

【沙漠】shāmò 名。地面完全为沙所覆盖,缺乏流水,气候干燥,植物稀少的地区。

【沙盘】shāpán 名。根据地形图或实地地形,确定一种比例尺,用沙土做成的地形模型。一般用木盘为底,故称沙盘。

【沙碛】shāqì 〈书〉名。沙漠。

【沙丘】shāqiū 名。沙漠、海滨、河岸等地由于风力作用而堆积成的沙堆。高度一般从数米到数十米,有丘状、垄状、新月状等。

【沙沙】shāshā 拟声。摹拟踩着沙子、飞砂击物或风吹草木等的声音:风吹树叶～地响|远处传来～的脚步声。

【沙滩】shātān 名。水中或水边由沙子淤积成的陆地。

【沙哑】shāyǎ 形。嗓子发音低沉、不清脆、不响亮:她的声很～|～的喉咙。

【沙眼】shāyǎn 名。眼的慢性传染病,由沙眼病毒引起,通过接触传染。症状是结膜上形成灰白色颗粒,逐渐形成瘢痕,刺激角膜,使角膜发生溃疡。

【沙洲】shāzhōu 名。江河、海滨或浅海中,由泥沙堆积而成的陆地。

莎 shā 地名用字。莎车,县名,在新疆。现在也用于人名。
另见suō。

挲(挱) shā 见"挓(zhā)挲"。
另见sā、suō。

痧 shā 名。中医指霍乱、中暑等急性病。
【痧子】shā·zi 〈方〉名。麻疹。

裟 shā 见"袈(jiā)裟"。

鲨 shā 名。鲨鱼,海洋里的一种鱼类,品种很多,身体一般为纺锤形,稍扁。尾鳍发达,胸、腹鳍也较大。鳍即鱼翅,是名贵的食品。肝可制鱼肝油,皮可制革,骨可制胶。性凶猛,行动敏捷,捕食其他鱼类。也作沙鱼。也叫鲛。

纱 shā ❶名。用棉花等植物纤维纺成的细丝,可以捻成或织布: 60支~|这种~很细。❷〈素〉(1)经纬线较稀疏或有小方孔的织物:窗~|~布。(2)像窗纱一样的制品:塑料~|铁~。(3)某些纺织品的类名:泡泡~|乔其~。
【纱笼】shālóng 名。音译词。东南亚一带人穿的用长布裹住身体的服装。
【纱帽】shāmào 名。古代文官戴的一种帽子,后用作官职的代称:不怕丢~。也叫乌纱帽。

砂 shā ❶同"沙(shā)❶"。❷〈素〉像砂的东西:~糖。
【砂礓】shājiāng 名。矿石,坚硬,不透水。呈块状或颗粒状,可以用来做建筑材料。
【砂轮】shālún 名。磨刀具和零件用的工具。用磨料和胶结物质混合后,在高温下烧结成,多为轮状。工作时,砂轮高速旋转磨削工件。
【砂眼】shāyǎn 名。翻砂过程中,气体或杂质在铸件内部或表面形成的小孔,是铸件的一种缺陷。
【砂纸】shāzhǐ 名。粘有玻璃粉的纸,用来磨光竹木器物等的表面。

煞 shā 动。常带宾语或补语。(1)收束,结束:~了这笔帐|锣鼓一~住了。(2)勒紧,止住:~了一下腰带|车子~不住。(3)同"杀(3)(5)"。
另见shà。

【煞笔】shābǐ ❶动。文章、书信写好后停住笔;不带宾语:这封信写了两个小时还没有~。可拆开用:这篇稿子好不容易煞了笔。❷名。文章最后的结束语:这篇文章的~很有力。
【煞尾】shāwěi ❶动。收尾,结束;不带宾语:招生工作即将~。可拆开用:这件事目前还煞不了尾。❷名。(1)文章、事情的最后一部分:这个~,余味无穷。(2)北曲套数中最后一支曲子。

shá(ㄕㄚˊ)

啥 shá 〈方〉代。什么:大家随便谈,有~说~|到~地方去?
【啥子】shá·zi 〈方〉代。什么,什么东西:你今天干~?|你买~?

shǎ(ㄕㄚˇ)

傻(傻) shǎ 形。(1)愚蠢糊涂,不明事理:这个人很~,什么都不懂|把他吓~了。(2)死心眼,不知变通:你别太~了,孩子们的婚事由他们自己作主吧。
【傻瓜】shǎguā 名。傻子;用于骂人或开玩笑:你这个~,又上人当了。
【傻呵呵】shǎhēhē 形。糊涂不懂事或老实的样子;不加程度副词,常带助词"的(地)":这小孩~的,一句话也不讲|我从心底里爱上了这个~的小同乡|他~地瞪大了眼睛,听人讲故事。
【傻气】shǎ·qi 形。愚蠢、糊涂的样子:这个人~得很。可重叠:他有点傻里傻气的,跟他讲不清道理。
【傻笑】shǎxiào 动。无意义地一个劲儿地笑;可带宾语或补语:别~了|你~他干什么|听了我的话,他又~起来。
【傻眼】shǎyǎn 动。因出现了意外情况而目瞪口呆;不带宾语:他拿到成绩单,看到一个"红灯笼",~了。可拆开用:老师突然向他提问,使他傻了眼。
【傻子】shǎ·zi 名。智力低下,不明事理的人。

shà(ㄕㄚˋ)

沙 shà 〈方〉动。经过摇动把东西里的杂物集中起来,以便清除;常带补语: 米里沙子太多, 要～一下。

另见shā。

唼 shà [唼喋](-zhá) 拟声。摹拟成群的鱼、水鸟等吃东西的声音: 一群鱼在争食, ～作响。

厦(廈) shà 〈素〉(1)高大的房子: 大～。(2)〈方〉房子里靠后墙的部分, 在柁(tuó)之外: 后～。

另见xià。

嗄 shà 〈书〉形。嗓音嘶哑。

另见á。

歃 shà 〈素〉用嘴吸取: ～血。

【歃血】shàxuè 动。古代举行盟会时把牲畜的血涂在嘴上, 表示诚意; 不带宾语, 多用在固定组合中: ～为盟。

煞 shà 〈素〉(1)极, 很: ～白 | ～费苦心 | ～有介事。(2)指凶神: 凶～ | ～气。

另见shā。

【煞白】shàbái 形。极白, 没有血色; 多形容脸色, 不加程度副词: 她气得脸色～| ～的脸。可重叠: 小姑娘的脸～～的, 可能有什么病。

【煞费苦心】shà fèi kǔ xīn 成。费尽心思: 为了搞成这项小发明, 他真是～。

【煞气】shàqì ❶动。漏气; 指车胎、皮球等, 不带宾语: 自行车胎～了。可拆开用: 皮球煞不了气。❷名。(1)凶恶的神色: 这个人满脸～, 一副凶相。(2)迷信人指邪气: 我不信邪, 不怕有～。

【煞有介事】shà yǒu jiè shì 成。像真有这么一回事似的; 含有小题大作, 装腔作势的意思, 含贬义: 他～地乱吹了一通, 便悠悠然走出了村外。也说像煞有介事。

箑 shà 〈古〉名。扇子。

霎 shà 〈素〉短时间: ～时 | 一～。

【霎时】shàshí 副。表示极短的时间, 忽然间: ～天空出现了五彩缤纷的火花。也说霎时间。

shāi (ㄕㄞ)

筛(篩) shāi ❶名。(～子)用竹蔑或铁丝等编成的有许多小孔的器具, 可用来分选颗粒状的东西, 让细碎的漏下去, 较粗的或成块的留在上面。❷动。常带宾语或补语。(1)把米、豆一类的东西放在筛子里转动或来回摇动, 使细碎的漏下去, 较粗的留在上头: ～谷子 | 这些米已经～过了 | ～得很干净。(2)使变热; 只用于酒: 把酒～热了喝。(3)斟; 只用于酒: ～一杯酒 | 酒～得满满的。(4)〈方〉敲; 只用于锣: 外面有人在～锣 | 锣已～了三遍。

【筛糠】shāikāng 〈口〉动。比喻因受惊吓或受冻而浑身发抖; 不带宾语: 狗腿子见到武工队, 就浑身～了。可拆开用: 淋了雨, 冻得筛起糠来了。

【筛选】shāixuǎn 动。常带宾语或补语。(1)利用筛子进行选种、选矿等: 这堆矿石已～过了 | ～良种 | ～得很认真。(2)泛指在许多事物中选取所需要的: ～写作材料 | 这个方案是在许多方案中～出来的。

酾(釃) shāi "酾(shī)"的又音。

shǎi (ㄕㄞˇ)

色 shǎi 〈口〉名。(～儿)颜色: 这件衣服洗一次就掉了不少～儿 | 这种布不会变～儿。

另见sè。

【色子】shǎi·zi 名。一种游戏用具或赌具, 用骨头、木头等制成的立体小方块, 六面分别刻一个至六个小圆点。有的地方叫骰(tóu)子。

shài (ㄕㄞˋ)

晒(曬) shài 动。常带宾语或补语, 可加程度副词。(1)太阳把热照射到物体上: 中午的太阳很～人 | 火热的太阳～得人头昏眼花。(2)在阳光下吸收光和热: 这些衣服要拿到外面去～～ | ～太阳 | 粮食已经～干了。

shān (ㄕㄢ)

山 shān ❶名。(1)地面上由土石形成的高耸的部分; 量词用"座"。(2)蚕蔟; 常作宾语: 蚕上～了。❷〈素〉(1)像山的: 假～ | 冰～。(2)人字形屋顶的

房屋两头的墙壁:～墙|房～。❸姓。

【山坳】shān'ào 名。山间的平地:他家几代住在～里|～里长满了各种不知名的野花。

【山城】shānchéng 名。山上的或靠山的城市:重庆是一座～。

【山地】shāndì 名。(1)多山的地带:这一带是～,平原很少。(2)在山上的农业用地。

【山顶洞人】shāndǐngdòngrén 名。古人类的一种,生活在旧石器时代晚期,距今约18,000年。他们的体质特征已同现代人很接近,已能缝皮为衣,并有了原始艺术。化石在1933年发现于北京周口店龙骨山山顶洞中,故名。

【山东快书】shāndōng kuàishū 词组。流行于山东、华北、东北等地的一种曲艺。说词合辙押韵,表演者手持铜板边走边说。因为说起来节奏很快,所以叫快书。

【山峰】shānfēng 名。山的尖顶;量词用"座":远处有一座高耸入云的～|层层叠叠的～如同一把把利剑,直插蓝天。

【山冈】shāngāng 名。不高的山:在那高高的～上,有我们游击队的宿营地。

【山高水低】shān gāo shuǐ dī 成。比喻意外发生的不幸事情;多指死亡:老人家倘若有个～,我们怎么担当得起?

【山歌】shāngē 名。一种民歌,节奏自由,形式短小,曲调质朴。多在山野劳动时歌唱。流行于南方农村。

【山沟】shāngōu 名。(1)山间的流水沟;量词用"条、道"。(2)山谷。(3)指偏僻的山区:我是在穷～里长大的。

【山谷】shāngǔ 名。两山之间低凹而狭窄的地方,中间多有溪流:这个小村庄座落在～里,交通十分不便。

【山国】shānguó 名。指多山的国家或山的地方:阿尔巴尼亚是个～。

【山河】shānhé 名。山岳河流,代指国家或国土:重整～|锦锈～|祖国的大好～,决不许侵略者前来践踏。

【山洪】shānhóng 名。指山上突然流下来的大水,由下大雨或积雪融化而形成:～暴发|奔腾的～咆哮着,似乎要把一切吞噬。

【山货】shānhuò 名。(1)山区的土产,如山楂、胡桃、栗子等。(2)指用竹子、木头、柳条、陶瓷等制成的日用器物,如扫帚、簸箕、碗、筷、沙锅等:～店。

【山积】shānjī 〈书〉形。形容东西极多,堆得像山一样;不加程度副词:货物～。

【山涧】shānjiàn 名。山间的水沟:～两旁满是野花|～的流水终年不息,清澈见底。

【山岚】shānlán 〈书〉名。山间的云雾:远处的～时隐时现,飘忽不定|～弥漫,白茫茫的一片,群山像坡上了一层薄薄的纱巾。

【山林】shānlín 名。有山有树林的地方,山野:藏身在～之中|遁迹～。

【山陵】shānlíng 〈书〉名。(1)高大的山。(2)旧指帝王的墓地。

【山麓】shānlù 名。山脚:紫金～|在平原最西边的～处,有一片苍翠的松柏。

【山峦】shānluán 名。连绵的山:～起伏|那富于色彩的连绵,像孔雀开屏,艳丽迷人。

【山脉】shānmài 名。成行列的群山,像脉络似的向一定方向延伸,所以叫山脉:喜马拉雅～绵亘在我国南部边境,是世界上最高的～。

【山门】shānmén 名。(1)佛教寺院的大门:一进～,便是一尊弥勒佛坐在当中。(2)指寺院:～乃清净之地。

【山盟海誓】shān méng hǎi shì 见"海誓山盟"。

【山南海北】shān nán hǎi běi 成。指遥远的地方:这支考察队的踪迹遍及～。

【山墙】shānqiáng 名。人字形屋顶的房屋两头的墙壁。也叫房山。

【山清水秀】shān qīng shuǐ xiù 成。山水秀丽,风景优美:桂林可真是个～的好地方。也说山明水秀。

【山穷水尽】shān qióng shuǐ jìn 成。山和水都到了尽头,前面已无路可走。比喻陷入绝境:敌人被包围在里面,已到了～的地步。

【山水】shānshuǐ 名。(1)山上流下来的水:引来～灌农田。(2)山和水,泛指有山有水的风景:桂林～甲天下。(3)借指以风景为题材的中国画:汽油灯照得全屋通亮,连墙角挂的那幅～上的密行题诗都看得清楚。

【山头】shāntóu 名。(1)山峰。(2)比喻独霸一方的宗派;不准另立～。

【山峡】shānxiá 名。两山夹水的地方,两山夹着的水道。

【山响】shānxiǎng 形。极响;不加程度副词,多作动词的补语:他见无人应,便把门拍得～。

【山崖】shānyá 名。山的陡立的侧面:～壁立|陡峭的～上兀立着一只雄鹰。

【山腰】shānyāo 名。指山脚至山顶大约一半的地方。

【山野】shānyě 名。(1)山和原野:狂风在～间肆虐,吹断了许多枯树。(2)草野:～村夫|～之人。

【山雨欲来风满楼】shān yǔ yù lái fēng mǎn lóu 成。唐·许浑《咸阳城东楼》诗:"溪云初起日沈阁,山雨欲来风满楼。"比喻重大事件发生前的紧张气氛和迹象:这真是～,看来战争一触即发的可能。

【山寨】shānzhài 名。(1)在山林中设有防守栅栏的地方。(2)指有寨子的山区村庄。

【山珍海味】shān zhēn hǎi wèi 成。指山间、海中出产的各种珍异味美的食品,多指极好、极丰盛的菜肴:身体有病,就是～,吃起来也没有味道。也说山珍海错。

舢 shān [舢板](-bǎn) 名。一种用桨划水前进的小船。也作舢舨。

芟 shān 〈素〉割草,引申为除去:～除|～夷。

【芟除】shānchú 动。常带宾语和补语。(1)除去;用于草:～杂草|～净尽。(2)删除;用于文字:～多余的文字。

【芟夷】shānyí 〈书〉动。常带宾语。(1)除去;用于杂草、枝叶等:～草莱|繁枝密叶均须～。(2)铲除或消灭;用于某种势力等:～寇贼|这些恶习务须～。也作芟荑。

杉 shān 名。常绿乔木,树高而直,叶子呈披针形。花单性,果实球形。木材可建造房屋和制器具,用途很广。
另见shā。

钐 shān 名。一种放射性金属元素,符号Sm。灰白色,质坚硬,在空气中易氧化变暗。
另见shàn。

衫 shān 〈素〉上衣,单褂:衬～|汗～|羽绒～|长～。

删(刪) shān 动。去掉;指文辞中某些多余或不当的字句:这几句话是多余的,要～。常带宾语或补语:～了几个字|这句话～不得。

【删繁就简】shān fán jiù jiǎn 成。删:除去;就:趋向。删除繁杂内容,使之趋于简明:文章写好后要多加修改,～,去掉多余的内容和文字。

【删改】shāngǎi 动。去掉并修改;指辞中某些多余或不当的字句:这篇文章要好好～。常带宾语或补语:我在办公室～了几篇稿子|此文稍稍～了一下。可作"经过、进行"等动词的宾语:这篇小说经过～,精炼多了。可重叠:寄上拙稿一篇,请您帮我～～。

【删节】shānjié 动。删去文字中无关紧要的字句或部分:这篇文章发表时已经～过了。常带宾语或补语:～了一些内容|书稿太长,要～一下。可作"经过、进行、作"等动词的宾语:此文如进一步作些～,定会增色许多。

【删节号】shānjiéhào 名。即"省略号"。

【删略】shānlüè 动。删除省略;指文章中多余或不当的部分:这几句话可以～。可带宾语:这篇文章～最后一段。

【删汰】shāntài 动。删削淘汰;指文章中多余的或不当的部分:原文过繁,必须～。可带宾语:教材中可以～掉一些次要的章节。

【删削】shānxuē 动。删改削减;指文字:文章不够精练,要好好～。常带宾语或补语:～了一些可有可无的话|文章～得过多,显得血肉不丰满了。

姗(姍) shān [姗姗] 形。形容走路缓慢从容的姿态;多用在比较固定的组合中:～来迟(来得很晚)。

珊(珊) shān [珊瑚](-hú) 名。许多珊瑚虫分泌的石灰质骨骼堆聚起来的东西,形状像树枝,有红、白、黑等色。可以做装饰品。

shǎn (ㄕㄢˇ)

栅(柵) shān [栅极](-jí) 名。多极电子管中最靠近阴极的一个电极。
另见 zhà。

跚 shān 见"蹒(pán)跚"。

苫 shān 名。(～子)用草编成的盖东西或垫东西的器物：草～子。
另见 shàn。

疝 shān 〈古〉名。指疟疾。

扇(△搧) shān △❶动。摇动扇子或其他薄片，使生风：别再～了，炉火已经上来了。常带宾语或补语：～扇子｜～得膀子都酸了。❷〈素〉同"煽❷"。
另见 shàn。

【扇动】shāndòng 动。常带宾语或补语。(1)摇动：～着扇子｜翅膀～得很快。(2)同"煽动"。

煽 shān ❶同"扇(shān)❶"。❷〈素〉鼓动：～动｜～惑。

【煽动】shāndòng 动。鼓动别人去做坏事；常带宾语或补语：他躲在背后～一群众｜他一再～不起来，没有人听他的。常带兼语：～少数坏人进行暴乱。

【煽风点火】shān fēng diǎn huǒ 成。比喻鼓动别人去做坏事：这家伙常在阴暗的角落里～，唯恐天下不乱。

【煽惑】shānhuò 动。鼓动诱惑别人做坏事；常带宾语或补语：他在背后～不明真相的人，使他们跟着闹事｜他在这里～过几次，无人理睬。常带兼语：他暗中～群众起来反对领导。

【煽诱】shānyòu 动。同"煽惑"。

潸(澘) shān 〈素〉流泪：～～｜～然。

【潸然】shānrán 〈书〉形。流泪的样子；不加程度副词：～泪下。

【潸潸】shānshān 〈书〉形。形容流泪不止；不加程度副词：热泪～。

膻(羶) shān 形。像羊肉的气味：这涮羊肉吃上去不觉得～｜羊肉太～，我不爱吃。

shǎn (ㄕㄢˇ)

闪 shǎn ❶动。常带宾语或补语。(1)闪避：我迅速往左边一～，才没有被石头砸到｜大家～开了一条路，让他先出去｜他连忙～到路边。(2)身体猛然晃动：他脚下一滑，～了一下身子，终于站住了｜车子一晃，～下去一个人。(3)突然出现：～过一个念头｜这种想法只在脑子里～了一下。(4)因动作过猛，使身体某一部分受伤或疼痛：我的腰给～了｜～了左脚腕子｜膀子～了一下，疼了几天。(5)闪耀：这些佛像，一个个～着金光｜亮光～几下不见了。❷名。打雷前闪出的电光；一般与"打"搭配：天上的～打个不停，可能要下雷雨了。❸姓。

【闪避】shǎnbì 动。迅速侧转身子躲开；常带宾语或补语：他一开这些阻拦他的人们，冲出门去｜一辆自行车向我疾驶而来，我连忙～到路边。

【闪电】shǎndiàn 名。天空中产生火光的放电现象：远处出现了～。

【闪电战】shǎndiànzhàn 名。乘敌不备，利用局部绝对优势的部队突然发动猛烈的进攻，以迅速取得胜利的一种作战方法。也叫闪击战。

【闪动】shǎndòng 动。快速地晃动或忽明忽暗地显现；用于灯光或某些物体：灯影～｜远处有一个人影在～。可带宾语：姑娘～着两只大眼睛。

【闪闪】shǎnshǎn 形。光亮四射，闪烁不定；不加程度副词：雷声隆隆，电光～｜～的星光｜萤火虫～发光。

【闪射】shǎnshè 动。闪耀，放射；一般用于光芒，常带宾语或补语：眼睛里～出奇异的光芒｜太阳光从云缝里～出来。

【闪身】shǎnshēn 动。迅速地侧过身子；不带宾语：我一～，躲过了他的拳头。常与其他动词连用，构成连动词组：他从我身旁～而过｜～进门。可拆开用：小明连忙闪过身，让到路边。

【闪失】shǎnshī 名。意外的损失，事故；常作"有、出"等动词的宾语：路上不要有什么～才好｜倘若出个什么～，我怎么担当得起｜刚迈出门去，忽然脚下一～，摔倒在地。

【闪烁】shǎnshuò 动。常带宾语,可重叠。(1)指光亮动摇不定,忽明忽暗:远处～着点点灯火|天空中星星在闪闪烁烁。(2)指说话吞吞吐吐,有意不肯明白地说出:他～其词,好像有不便说出的事|这个人说话闪闪烁烁,让人听了着急。

　　＊"闪烁"和"闪耀":"闪烁"着重表示光亮动摇不定;"闪耀"着重表示光亮强烈耀眼。"闪烁"可以表示说话人不明朗;"闪耀"没有这种用法。"闪烁"可重叠成"闪闪烁烁";"闪耀"不能。

【闪现】shǎnxiàn 动。突然出现或呈现:一张笑脸在我眼前～。常带宾语或补语:在她的心里～出一线希望|许多幻影～在他的头脑中。

【闪耀】shǎnyào 动。光亮动摇不定,或光彩耀眼:灯光～。可带宾语:一片成熟了的麦子,～着金色的光芒。

陕(陝) shǎn ❶名。陕西的简称;一般不单用,与其他简称合用:～甘宁边区。❷姓。

睒(睒) shǎn 动。眼睛很快地睁闭;常带宾语或补语:他不停地～着眼|把眼～了几下。注意"大"的两边是"人",不是"人"。

shàn(ㄕㄢˋ)

讪(△赸) shàn 〈素〉(1)讥讽:～笑。△(2),难为情,尴尬:～～|搭～。

【讪笑】shànxiào 动。(1)讥笑:他有时受人～。可带宾语:你不该～这位失败的勇士。(2)尴尬地笑;不带宾语:他对老师的提问答不上来,不好意思地～了一声。

汕 shàn 地名用字。汕头,市名,在广东省。

疝 shàn 名。疝气,某一脏器通过周围组织较薄弱的地方而隆起的病。种类很多,通常指腹股沟部的疝。症状是腹股沟凸起或阴囊肿大,时有剧痛。也叫小肠串气。

苫 shàn 动。用席、布等遮盖;带宾语或补语:～好粮囤|用草帘子把谷物～起来。

　　另见shān。

钐(鐥、鏟) shàn 〈方〉动。挥动镰刀或钐镰大片地割;用于麦或草等,常带宾语或补语:～了三亩麦子|～得很快。

　　另见shān。

【钐镰】shànlián 名。一种把儿很长的大镰刀。也叫钐刀。

单(單) shàn ❶地名用字。单县,在山东省。❷姓。

　　另见chán,dān。

墠(墠) shàn 名。古代祭祀用的平地。

掸(撣) shàn 名。(1)我国史书上对傣族的一种称呼。(2)掸族,缅甸民族之一,大部居住在掸邦。

　　另见dǎn。

禅(禪) shàn 〈素〉帝王让位:～让|～位。

　　另见chán。

【禅让】shànràng 动。帝王把帝位让给别人。传说我国古代帝王,尧让位给舜,舜让位给禹,传贤不传子,史称禅让。

剡 shàn 水名用字。剡溪,在浙江省。

　　另见yǎn。

掞 shàn 〈书〉动。发抒,铺展。

扇 shàn ❶名。(～儿、～子)摇动而生风的用具;量词用"把":买了一把～子。❷量。用于门窗或某些片状的器物:一一～门|三一～窗子|一一～磨。❸〈素〉板状或片状的东西:门～|隔～。

　　另见shān。

骟 shàn 动。割牲畜的睾丸或卵巢;常带宾语或补语:～猪|这匹马已～了三年。

善 shàn ❶形。(1)善良,品质或言行好;跟"恶"相对:存心不～|这个人心很～,富有同情心。(2)容易,易于;一般作状语:此人～变,他的话不可信|我最～忘,请你及时提醒我。(3)好好地;修饰动词,作状语:～自保重|希～加爱护。❷动。擅长,长于;须带宾语:不～辞令。常带动词或动词性词组作宾语:她～交际|朱老师～画花鸟。❸〈素〉(1)良好:～策|～本。(2)友好,和好:友～|亲～。(3)熟悉:面～。(4)办好,弄

好：～后｜～始～终。(5)好事：行～。❹姓。

【善罢甘休】shàn bà gān xiū 成。善：好好地；甘休：情愿罢休。好好地了结纠纷，不闹下去；多用于否定式：这事情他们一定不肯～｜受到这种侮辱，岂能～?

【善本】shànběn 名。在学术或艺术上比一般本子优异或罕见难求的古代刻本或写本：他一见到～古籍，就不惜钱财买下来｜资料室藏有很多～书。

【善处】shànchǔ 〈书〉动。妥善地处理；一般不带宾语：此事虽小，亦宜～。

【善感】shàngǎn 动。容易引起感触；不带宾语，常与"多愁"并用：林黛玉是一个多愁～的女子。

【善后】shànhòu 动。妥善地料理和解决遗留下来的问题；不带宾语或补语，常作宾语或定语：要处理好～｜这些～问题，由他们去办。

【善举】shànjǔ 〈书〉名。慈善的事情：共襄～。

【善类】shànlèi 〈书〉名。指善良的人；不加个体量词，多用于否定式：此人鬼鬼祟祟，恐非～。

【善良】shànliáng 形。心地好，纯洁正直；形容人的品性等：心地～｜她是个非常～的人。

【善男信女】shàn nán xìn nǔ 成。佛教用语。指信仰佛教的人们：庙门前挤满了～。

【善始善终】shàn shǐ shàn zhōng 成。有好的开头，也有好的结尾：做事要～，不能虎头蛇尾。

【善心】shànxīn 名。好心肠；常作"发、有"等动词的宾语：请你发个～，批准他的要求吧!

【善意】shànyì 名。善良的心意，好意；跟"恶意"相对：～的批评｜我决不能辜负你的～。

【善于】shànyú 动。在某方面有特长；须带宾语，不带补语：他很～辞令。常带动词或动词性词组作宾语：～交际｜～团结群众。

＊"善于"和"擅长"："善于"强调对某种事很会做，做得很好；"擅长"强调在某方面显得才能突出。"善于"使用范围较广，可以用于某一技能或行动；"擅长"使用范围较小，一般只用于某一技能。

【善哉】shànzāi 形。表示赞许，佛教徒常用，一般独立成句：～！～！

【善终】shànzhōng 动。不带宾语。(1)指衰老而死，不是死于意外灾祸：李老年逾八旬，最近～。(2)把事情最后阶段的工作做完做好；常用在固定组合中：善始～。

鄯 shàn 地名用字。鄯善，县名，在新疆。

墡 shàn 名。古书上指白色粘土。

缮 shàn ❶动。抄写；多指公文，须带宾语或补语：专～公文｜这两个文件要各～一份留存｜协议书已～好。❷〈素〉修补：修～。

【缮发】shànfā 动。缮写后发出；一般指公文：会议通知已～。常带宾语或补语：～公文｜把文件立即～出去。

【缮写】shànxiě 动。抄写；常带宾语或补语：请您～一份通知｜书稿要～清楚。

膳(饍) shàn 〈素〉饭食：～食｜午～｜用～。

蟮 shàn 见"曲(qū)蟮"。

鳝(鱔) shàn 名。鳝鱼，通常指黄鳝。身体像蛇而无鳞，黄褐色，有黑斑，生活在水边泥洞中，肉可食。

擅 shàn 〈书〉❶副。自作主张，独断：～离职守｜未敢～断。❷动。长于，善于；须带宾语：他不～辞令。可带动词性词组作宾语：他～画山水。

【擅长】shàncháng 动。在某方面有专长：画图我并不～。可加程度副词：她对拉二胡非常～。常带动词或动词性词组作宾语：她～唱歌｜他最～打眼放炮。

【擅自】shànzì 副。对不属于自己职权范围的事情自作主张：不得～离开工作岗位｜我不能～决定。

嬗 shàn 〈素〉(1)更替，变迁：～变。(2)同"禅(shàn)"。

【嬗变】shànbiàn 〈书〉动。演变：京剧是由徽调、汉调合流～而成的。

赡 shàn ❶〈书〉形。丰富，充足：力已不~。❷〈素〉供养：~养。

【赡养】shànyǎng 动。供给生活所需；多指对父母、子女供给生活所需的东西；常带宾语或补语：~父母|我如今要~五口之家，负担不轻|她曾对这位孤苦老人~三年之久。可作定语：~费|子女对父母有~义务。

shāng（ㄕㄤ）

伤（傷） shāng ❶名。人或物体受损坏受伤的地方：他的~不重|自行车受了~。❷动。(1)伤害，损害；多带宾语：跌了一交，没~筋骨|他的话~了我的心。可加程度副词：这件事很~脑筋。常作动词的补语：碰~|打~。(2)干某种事因过度而承受不了；用在少数动词后作补语：担子太重，把我挑~了|饭吃得太多了，吃~了。(3)妨碍；须带宾语，多用在比较固定的组合中：有~风化|无~大雅。❸〈素〉悲哀：~感|悲~。

【伤悼】shāngdào 动。怀念死者而感到悲伤：对于老人的不幸去世，子女们无不~。可带宾语：她怨自己的命运不好，更~丈夫的早亡。

【伤风败俗】shāng fēng bài sú 成。败坏社会风气；多用来谴责道德败坏的行为：这家伙像禽兽一般，干出了这种~乱伦之事。

【伤感】shānggǎn 形。因有所感触而悲伤：无比~的神色|同志们看到战友的遗物都~得流下了眼泪|大家都十分~。

【伤害】shānghài 动。使人或事物受损害：他的自尊心被你~了。常带宾语：别~益鸟。可作"遭到、受到"等动词的宾语：敌人的拷打，使他的身体受到了严重的~。

＊"伤害"和"损害"："伤害"着重于使受伤；"损害"着重于使受损失。"伤害"的对象可以是局部的，也可以是全体的；"损害"的对象多半是局部的。"伤害"程度较重，"损害"程度较轻。"伤害"多用于有生命的东西，也可以是与人的思想感情有关的抽象事物，如自尊心、积极性等；"损害"多用于事业、工作、精神、作品、利益、健康、名誉等。

【伤寒】shānghán 名。(1)急性肠道传染病，病原体是伤寒杆菌，症状是持续高烧，剧烈头痛，脉搏缓慢，脾脏肿大，白血球减少，腹部可能有玫瑰色疹出现。也叫肠伤寒。(2)中医指多种发热的病，或由风寒侵入人体而引起的病。

【伤痕】shānghén 名。伤疤，也指物体受损后留下的痕迹：~累累|脸上留下了~|这个西瓜上有~。

【伤脑筋】shāng nǎojīn 习。形容事情难办，很费心思：兄妹俩为大哥的病很~。

【伤神】shāngshén 动。不带宾语，可拆开用。(1)过度耗费精神；你不要为这些事费心~|伤了我不少神。(2)伤心：他坐在偏僻处，暗自~|伤透了神。

【伤生】shāngshēng 动。伤害生命；不带宾语：修行人不~害命。可拆开用：从没伤过生。

【伤逝】shāngshì〈书〉动。悲伤地怀念死去的人。

【伤天害理】shāng tiān hài lǐ 成。形容做事残忍，灭绝人性：这种~的事万万做不得。

【伤亡】shāngwáng ❶动。受伤和死亡：施工中要避免~事故。常带宾语：敌军~了不少人。❷名。受伤和死亡的人：这次战斗，双方都有~。

【伤心】shāngxīn 动。心里痛苦：他常为母亲的突然去世而~。常带宾语或补语：他只~一件事|他为这件事~透了。可带动词性词组或主谓词组作宾语：他~失去爱子|他~自己没有尽到责任。可拆开用：叫人伤透了心。

【伤心惨目】shāng xīn cǎn mù 成。形容极其悲惨，使人不忍心看：敌军杀害我同胞的情景，真使人~。

【伤员】shāngyuán 名。受伤的人员；多用于军队：照顾~。

汤（湯） shāng [汤汤]〈古〉形。水流大而急：河水~。
另见 tāng。

殇（殤） shāng〈书〉动。没有到成年就死去：儿子早~。

觞（觴） shāng 名。古代称酒杯。

商 shāng

❶名。(1)除法运算的得数:八被四除的~是二。(2)古代五音之一,相当于简谱的"2"。(3)朝代名,商代,约公元前17世纪初——公元前11世纪,汤所建。(4)星宿名,二十八宿中的心宿。❷〈素〉(1)商量:协~|~谈。(2)商业:通~。(3)商人:客~。❸姓。

【商标】shāngbiāo 名。作为一种商品的标志或记号,多用图案或文字表示,印在或刻在商品的表面或包装上。经政府注册后,他人不得采用或摹仿,否则是侵权行为。

【商埠】shāngbù 名。旧时与外国通商的城镇。

【商场】shāngchǎng 名。(1)各种商店、摊贩聚集在一处组成的市场:这个个体户~什么商品都有。(2)规模较大、商品比较齐全的商店:百货~。

【商船】shāngchuán 名。运载货物和旅客的船。

【商港】shānggǎng 名。停泊商船的港湾。

【商贾】shānggǔ 〈书〉名。商人的统称;不加个体量词。~云集|各国~均可自由贸易。

【商量】shāngliáng 动。交换意见:这件事要跟大家~。常带宾语或补语: ~处理的办法|~了很久。可带动词性词组或主谓词组作宾语:~到哪里去春游|~谁当班长。可重叠:这个问题还要跟群众~~。
　　*"商量"和"商榷":"商量"的使用范围较宽,对象可以是事情,也可以是问题;"商榷"的使用范围较窄,对象一般只限于学术问题。"商量"多用于口语;"商榷"多用于书面语。

【商旅】shānglǚ 名。指来往外地买卖货物的商人:各地~常在此处歇宿。

【商品】shāngpǐn 名。(1)为交换而生产的劳动产品:~经济|~交换。(2)泛指市场上买卖的物品。

【商品经济】shāngpǐn jīngjì 词组。指为了进行商品交换而从事生产和经营的经济;区别于"自然经济"。

【商洽】shāngqià 动。洽商。

【商榷】shāngquè 〈书〉动。商量讨论;多指学术方面不同的见解,一般不带宾语,可带补语:对这篇论文,我想提几点意见同作者~|文中有几处,还想和你~一下。

【商谈】shāngtán 动。口头商量:这件事咱们明天再~吧。常带宾语或补语:他俩在~考什么学校的问题|同他~得很顺利。可带动词性词组或主谓词组作宾语:他们正在~怎样复习功课|我们来~一下谁当代表。

【商讨】shāngtǎo 动。商量讨论,交换意见;一般用于解决较大、较复杂的问题:两厂联营问题要进一步~。常带宾语或补语:代表团~了两国贸易问题|他们在一起~了多次。可带动词性词组或主谓词组作宾语: ~怎样处理这件事|~候选人如何产生。可重叠:这件事还得好好~~。
　　*"商讨"和"商议":"商讨"着重指协商讨论;"商议"着重指计议,有所议论。"商讨"多指政治、经济、文化等方面重大复杂的问题;"商议"兼指重大的或一般的事情。"商讨"具有庄重色彩,较多用于重要会议;"商议"没有庄重色彩,适用的场合较多。

【商业】shāngyè 名。以买卖方式使商品流通的经济活动: ~工作|进一步发展~|他主管~。

【商议】shāngyì 动。为了对某个问题取得一致的意见而进行讨论:改选班委要进一步~。常带宾语或补语: ~开会的事|这件事已~过几次。可带动词性词组或主谓词组作宾语: ~怎样布置会场|~过剩的人员安排到哪里去。可重叠:这事儿要跟爸爸~~。

【商约】shāngyuē 名。国家之间缔结的通商条约。

【商酌】shāngzhuó 动。商量斟酌:这篇文章可否发表要再~。常带宾语或补语: ~发言稿的措词|这个问题要再~一下。可重叠:如何处理这件事,大家好好~~。

墒(畼) shāng

〈素〉田地里土壤的湿度:保~|抢~|~情。

【墒情】shāngqíng 名。土壤湿度的情况:根据目前的~,不宜大量播种。

熵 shāng 名。在热力系统中,热能不是全部都可被利用的,其中不用的热能可以用热能除以温度所得的商来量度。这个量叫熵。

shǎng(ㄕㄤˇ)

上 shǎng 〔上声〕(-sheng)。名。四声之一。"上(shàng)声"的又音。另见 shàng。

垧 shǎng 量。土地面积单位。大小各地不同,东北地区多数地方合15亩,西北地区合3亩或5亩。

晌 shǎng ❶名。(～儿)一天里的一段时间,一会儿:休息了一～儿|车子晚了半～儿。❷〈素〉中午:～觉(午觉)|～饭(午饭)。

赏 shǎng ❶动。多带宾语。(1)赏赐,奖赏:这件好事是他做的,不该～我,要～他。常带双宾语:他立了功,领导决定～他1000元。(2)欣赏,观赏:中秋～月|请他去～牡丹。❷〈素〉(1)指赏赐或奖赏的东西:～格|悬～。(2)称赞:～识|赞～。❸姓。

【赏赐】shǎngcì ❶动。旧指地位高的人或长辈把财物赠送给地位低的人或晚辈;多带宾语:老太爷～100银元,大家高兴极了。常带双宾语:皇上～他数顷土地。❷名。指赏赐的财物:接受了许多～。

【赏罚严明】shǎng fá yán míng 成。应赏的赏,该罚的罚,绝不含糊:当领导的就要～,否则就不能服众。也说赏罚分明。

【赏格】shǎnggé 名。旧指悬赏所规定的报酬数目:满清政府对缉拿革命党人都订了～。

【赏光】shǎngguāng 动。请对方接受自己的邀请;客套用语,不带宾语:兹订于二月五日中午在敝宅小酌,务请～。

【赏鉴】shǎngjiàn 动。欣赏鉴别;多用于艺术品:精于～。常带宾语:可重叠:～名画。我最近买了一件青铜酒器,请你来～～。

【赏赉】shǎnglài 〈书〉❶动。赏赐:凡有功者,均应～。❷名。指赏赐的财物:～甚厚。

【赏脸】shǎngliǎn 动。请对方接受自己的要求或赠品;客套用语,不带宾语,常与其他动词连用,构成连动词组:送上拙作一本,请您～收下。可拆开用:请赏我一次脸光临指导。可重叠:赏赏脸吧,别推辞了。

【赏识】shǎngshí 动。认识到别人的才能或作品的价值而予以重视或赞扬;常带宾语:领导～他的才干。可加程度副词:对这部作品,大都很～。可作"受到、表示"等动词的宾语:小王的写作才能受到了许多人的～。

【赏玩】shǎngwán 动。欣赏玩味;多用于景物、艺术品等,常带宾语或补语:他在～古董|他在那里～了好久。可重叠:公园里牡丹盛开,咱们一同去～～好吗?

【赏析】shǎngxī 动。鉴赏评析;多用于文学作品:在关于文学遗产的论述中,诗文～是最为多见的。可带宾语:这篇文章～了唐代诗人杜甫的五律《春夜喜雨》。

【赏心悦目】shǎng xīn yuè mù 成。因欣赏美好的景物而心情愉快:这里的山山水水真令人～。

shàng(ㄕㄤˋ)

上 shàng ❶方位。(1)位置高;常与"下"呼应,或用在介词后:～有天,下有地|朝～看。(2)次序或等级靠前的;量词限于"回、次、遍、趟、批"等:～一次参观怎么没见到你?|我下一批去,～一批没去。(3)表示在物体的表面或顶部;用在名词后:桌子～|地～|山～|房子～。(4)表示在某种事物的范围以内;用在名词后:课堂～|村～|报～。(5)指方面;前面常用介词"从、在":在这个问题～我们的意见完全一致|要从思想～解决问题。无介词时,"上"可有可无:事实～不是这样|我～已经同意了。❷动。常带宾语或补语。(1)由低处到高处:～台阶|～不了树。(2)去,到:你～哪儿?|～菜场|～了一次北京。(3)向前进:左边阵地又～了两个连|见困难就～,见荣誉就让。(4)出场:中国队的五号～,二号下|再～两个人帮唱。(5)加,添:今天店里要～一批货|润滑油～好了。(6)涂,搽:这张画还没有～颜色|

门窗已~过两次漆。(7)安装,装配:窗户都~了玻璃|这个零件应该~在这里。(8)拧紧;用于上发条等:他正在~发条|这个螺丝~不紧。(9)在规定时间、地点进行日常工作或学习等:他今天~夜班|解放前我~不起中学。(10)登载:他的文章~不了报|这笔钱还没~帐。(11)达到,够上;指一定的数量或程度:他~了年纪|走了一百里路。❸名。(1)我国民族音乐音阶符号之一,相当于简谱的"1"。(2)四声之一:上声。❹(素)(1)向上面:~缴|~诉。(2)向上级呈递:~书。(3)旧指皇帝:~谕。(4)等级或品质高的:~等|~品。

另见 shǎng。

【上报】shàngbào 动。(1)刊登在报纸上;不带宾语:老李的光荣事迹已经~。可拆开用:他的文章上过报。(2)向上级报告:这些情况应及时~。可接宾语:经费预算要~主管部门。

【上辈】shàngbèi 名。(1)同"祖先(1)"。(2)家族中的上一代。

【上辈子】shàngbèizi 名。(1)同"祖先(1)":我们家~都是种田的。(2)迷信人指前世:她老说自己~作了孽,所以今世要受罪。

【上边】shàngbian 方位。上面。

【上宾】shàngbīn 尊贵的客人;敬如~|待以~之礼。

【上苍】shàngcāng 〈书〉名。苍天。

【上策】shàngcè 动。高明的计策或办法:这一仗要声东击西,方为~。

【上层】shàngcéng 名。上面的一层或几层;多指机构、组织、阶层等:~出了问题,必然影响下层。常作定语:~领导。

【上层建筑】shàngcéng jiànzhù 词组。指建立在经济基础上的政治、法律、宗教、艺术,哲学等的观点,以及适合这些观点的政治、法律等制度。

【上乘】shàngchéng 名。佛教用语。就是"大乘",借指文学艺术的高妙境界或上品:~之作|已臻~。

【上窜下跳】shàng cuàn xià tiào 成。形容到处活动;含贬义:一小撮别有用心的人~,煽惑群众,唯恐天下不乱。

【上当】shàngdàng 动。受骗,吃亏;不带宾语:他很精明,出去办事不会~。可拆开用:上了当|上过他的当。

【上等】shàngděng 形。等级高的,质量好的;与"下等"相对,不加程度副词,不单独作谓语,常作定语:~货|~料子。可作宾语:他的成绩在班上位居~。

【上帝】shàngdì 名。(1)我国古代指天上主宰万物的神。(2)基督教所信仰和崇拜的最高的神。天主教称它为天主。

【上方宝剑】shàngfāng bǎojiàn 词组。上方:制作或储藏皇帝用的器物的官署。"上方宝剑",指皇帝用的宝剑。古代戏曲和近代小说中讲,大臣被授于上方宝剑,就有先斩后奏的权力。也作尚方宝剑。

【上访】shàngfǎng 动。人民群众到上级机关反映问题并要求解决;一般不带宾语,可带补语:我明天就去~|他到北京~三次。可作定语:信访机关每天都要接待许多前来~的人。

【上风】shàngfēng 名。(1)风刮来的那一方:这里扬稻谷,你站到~去。(2)比喻战争或比赛的一方所处的有利地位;常作"占"的宾语:这两着棋走下来,对手已经占了~。

【上峰】shàngfēng 名。旧指上级长官:~来电|呈报~。

【上告】shànggào 动。可带宾语。(1)向上级机关或司法部门告状:这点小矛盾没有必要向上级机关~|对他的犯罪行为,我们必须~法院。(2)向上级报告:有关执行情况,要及时~|把调查材料~省政府。

【上钩】shànggōu 动。不带宾语,可拆开用。(1)鱼吃鱼饵被钩住:这条鱼终于~了|这条鱼上了钩又跑掉了。(2)比喻人被引诱上当:敌人设下圈套,想让我们~|我们不会上他们的钩。

【上古】shànggǔ 名。较早的古代,在我国历史分期上多指商周秦汉这个时期。

【上官】shàngguān 复姓。

【上轨道】shàng guǐdào 习。比喻事情开始正常而有秩序地进行:我们的各项工作已经~了。

【上好】shànghǎo 形。最好;多指用品的质量,不加程度副词,常作定语:~的呢绒|~的卷烟。

【上火】shànghuǒ 动。不带宾语,可拆开用。(1)中医把一些发炎的症状,如大便干燥或结合膜等发炎叫上火:他满脸通红,可能是~了|他的眼睛红红的,一定是上了火。(2)〈方〉发怒:他遇到不称心的事,就会~|你上什么火?有话好好说。

【上级】shàngjí 名。指同一组织系统中等级较高的组织或人员;与"下级"相对:~机关|~领导|下级服从~。

【上江】shàngjiāng 名。(1)指长江上游地区。(2)清代安徽、江苏两省称上下江,上江指安徽,下江指江苏。

【上将】shàngjiàng 名。军衔,比中将高一级的将官。

【上缴】shàngjiǎo 动。把收入的财物、利润和节余等缴给上级:战利品要全部~。常带宾语:~利润|~国库。

【上界】shàngjiè 名。迷信的人指天上神仙居住的地方。

【上进】shàngjìn 动。向上,进步;不带宾语:你要努力~。常作"求"的宾语:力求~。可作定语:~心|~要求。

【上空】shàngkōng 名。指一定地点上面的天空:雄鹰在祖国的~飞翔。

【上口】shàngkǒu 形。(1)指诵读诗文等能顺口而出;常用在固定的组合中:琅琅~。(2)指诗文写得流畅,读起来顺口:这首诗读起来很~。

【上款】shàngkuǎn 名。在给人的信件、礼物、书画等上面所写的对方的名字或称呼。

【上来】shànglái 动。(1)由低处到高处,由一处到另一处;可带动态助词"了、过":月亮~了。可带宾语:~过几个人。可拆开用:你上得来吗?(2)人员、事物从较低部门(层)到较高部门(层);可带动态助词"了":他是从基层刚~的。可带宾语:最近~了几个干部。可拆开用:群众提的意见上得来吗?(3)开始、起头:~少说话,先听听再说|这项工作一~就很顺利。

【上联】shànglián 名。对联的上一半。

【上列】shàngliè 形。上面所开列的;不加程度副词,不单独作谓语,作定语:~名单|~规定。

【上流】shàngliú ❶名。河流接近发源地的部分;多作中心语:长江~|黄河~。❷形。旧时指社会地位高的;不加程度副词,不单独作谓语,一般作定语:~人士|~社会。

【上路】shànglù 动。不带宾语,可拆开用。(1)走上路程,动身:他俩今天一大早就~了|他已上了路,估计下午可到达。(2)比喻某件事已走上正轨:他是学徒工,干活还不~|这孩子的学习始终上不了路,原因之一是学习方法不对。

【上马】shàngmǎ 动。比喻开始进行某项较重要的工作或工程;不带宾语:这项工程已经~。可拆开用:有些项目今年可能上不了马。

【上门】shàngmén 动。不带宾语,可拆开用。(1)登门,到别人家里去:送货~|我是无事不~,有事才来找你的|我还没上过他家的门。(2)上门闩:天黑了,~吧|我已上好了门。(3)〈方〉入赘:他是~女婿|上王家门做女婿。

【上面】shàngmian 方位。(1)位置高的地方;常用在表示事物的名词后边:屋顶~有根避雷针。(2)次序靠前的地方或文章、讲话中前于现在所叙述的部分;在句子中一般作状语:~我说了很多,下面请同志们再谈谈。(3)物体表面;用在名词后:衣服~溅了脏水|窗子~贴着个红双喜。(4)方面;一般和"在"组成介词词组:他在工作~是不怕苦和累的。(5)上级部门;~发来了新文件|不能把矛盾往~交。(6)指家族中上一辈:~有老人,下面有孩子。

【上品】shàngpǐn ❶形。上等品质的;不加程度副词,不单独作谓语,作定语:~茶|~酒。❷名。上等货:这是宜兴陶器中的~。

【上去】shàngqù 动。(1)由低处到高处,由一处到另一处;可带动态助词"了、过":别看这棵树很高,他能~|大家都~跟他握手。可带宾语:再~一个人。可拆开用:楼太高,我上不去。(2)人员、事物从较低部门(层)到较高部门(层);带动态助词"了":王乡长~了,已调县政府工作。可带宾语:我们村~了两名干部。可拆开用:他想升官,但上不去。

【上人】shàngrén 名。旧时对和尚的尊称。

【上人】shàng·ren 〈方〉名。指父母或祖父母：对～要有礼貌。

【上任】shàngrèn ❶动。旧指官吏就职，现在也指干部到部门或单位任职；不带宾语：走马～|新厂长刚～三天，就把厂里的情况摸得清清楚楚。❷名。指前一任的官吏或干部：新校长对～所订的制度作了一些修改。

【上色】shàngsè 形。上等的；多指货品，不加程度副词，不单独作谓语，一般作定语：～呢绒|～绿茶。

【上色】shàngshǎi 动。加颜色；指在图画、工艺美术品等上面加色，不带宾语：这幅画还没～。可拆开用：上了色就好看了。

【上上】shàngshàng 形。不加程度副词，不单独作谓语，作定语。(1)最好的：～策|～签|～等。(2)指比前一时期再往前的：～个月|～星期。

【上升】shàngshēng 动。不带宾语，可带补语。(1)由低处往高处移动：国旗徐徐～|水位～得很快。(2)升高，增加；常指等级、温度、数量等：今年夏季的平均温度比去年～了一度多。

【上声】shǎngshēng 又读 shàng·sheng 名。(1)古汉语四声(平、上、去、入)的第二声。(2)现代汉语的第三声(阴、阳、上、去)。

【上市】shàngshì 动。不带宾语，可拆开用。(1)货物开始在市场出售；常指刚成熟的季节性的货物在市场上出售：四月份，黄瓜就～了|上了市|上过市。(2)到集市上去：～去买菜|我今天已上过市了。

【上手】shàngshǒu ❶名。与"下手"相对。(1)位置较尊的一侧：桌子～坐着一位长老。也作上首。(2)上家：你是～，快出牌。(3)指担任某种工作的主要人员：在这项工作中，你当～，我打下手。❷动。开始；常用在"一……就"格式中：我今天打牌，一～就很顺利。

【上书】shàngshū 动。(1)旧指私塾先生给儿童讲授新课；不带宾语：今天先生要给我们～了，可拆开用：上了一课书。(2)给地位高的人或政府部门写信；多指陈述政见：为这件小事，不该～。可带宾语：～中央。可拆开用：上万言书。

【上述】shàngshù 形。上面所说的；多用于文章段落或条文等的结尾，不加程度副词，不单独作谓语，作定语：～各点，务请牢记在心。

【上水】shàngshuǐ ❶名。上游：从～漂下来一根木头。❷动。不带宾语。(1)给火车、轮船等加水：火车进站后请～。可拆开用：已上过水。(2)向上游航行；与"下水"相对：轮船～速度慢，下水速度快。

【上司】shàng·si 名。上级：顶头～|这个人只看～的眼色行事，不顾群众的意见。

【上诉】shàngsù 动。诉讼当事人不服第一审的判决或裁定，按照规定的程序向上一级法院请求改判：他不服区法院的判决，准备～|他常替人写～的状子。可带宾语：～高级人民法院。

【上溯】shàngsù 动。常带补语。(1)逆着水流往上游走：顺江～30里才找到这只船。(2)从现在往上推算：由此～到1840年，从那时起，为了反对内外敌人，争取民族独立和人民自由幸福，在历次斗争中涌现了无数的人民英雄。

【上算】shàngsuàn 形。合算；买房子比租房子～|这种事做得很不～。

【上台】shàngtái 动。不带宾语，可拆开用。(1)到舞台或讲台上去：你们二人准备～|已经上了台。常与其他动词连用，构成连动词组：～演戏|～讲演。(2)比喻出任官职或掌权；多含贬义：他又新～了|他、后没有干过好事情|这种人上不了台，没人拥护他。

【上天】shàngtiān ❶动。不带宾语，可拆开用。(1)上升到天空：人造卫星～了|风筝上了天。(2)迷信的人指死后到神佛仙人所在地方，故也用作人死的婉辞：老人家已经～了|他上了天，成佛了。❷名。迷信的人指天老爷：她常在祈求～保佑。

【上头】shàngtóu 动。旧时女子未出嫁时梳辫子，临出嫁时才把头发拢上去结成发髻，叫做上头；不带宾语：过去姑娘出嫁照例要请有福有寿的人来～。

【上头】shàng·tou 方位。上面：瀑布在～，要抬头才能看到|他～有人，所以做事胆

子特别大。

【上尉】shàngwèi 名。军衔,比中尉高一级的尉官。

【上文】shàngwén 名。书中或文章中某一段或某一句以前的部分:~已经说过,这里就不多谈了。

【上午】shàngwǔ 名。指半夜十二点到正午十二点的一段时间,一般也指清晨到正午十二点的一段时间。

【上下】shàngxià ❶名。(1)指职位、辈份较高的人和较低的人:举国~,一片欢腾|全家~都很满意。可重叠:全厂上上下下没有一个人不说他好。(2)指事物的上部和下部,或从上到下部这一段:抄写时~各空一行|这根木头~一样粗|我把她~打量了一番。(3)优劣,好坏,高低;多用在比较固定的组合中:不相~|难分~。❷助。指比某个数稍多或稍少;用在数量词后,表示概数:这个人约五十~|亩产在千斤~。❸动。从高处到低处,或从低处到高处:山上修了公路,汽车~很方便。可带宾语:~火车,要注意安全。

【上弦】shàngxián ❶名。在地球上看,当月亮在太阳东边90°时,可看见月亮两边的半圆,这时的月相叫上弦。时间在农历每月的初七或初八。❷动。拧紧发条;不带宾语:表~了没有?可拆开用:已经上过弦。

【上限】shàngxiàn 名。指规定的某一限度中最高的界限;用于时间或数量方面,与"下限"相对:完成生产任务没有~,只有下限。

【上相】shàngxiàng 形。指照片上的面貌比本人好看:她拍照很~。

【上校】shàngxiào 名。军衔,比中校高一级的校官。

【上鞋】shàngxié 动。将鞋帮鞋底缝在一起;不带宾语:他靠~为生。可拆开用:上了几双鞋。也作绱鞋。

【上心】shàngxīn 〈方〉动。对事情要留心;不带宾语:你去办这桩事情一定要~啊!

【上刑】shàngxíng ❶动。对受审人使用刑具;不带宾语:不管敌人怎样~,他都不招一句。可拆开用:敌人对他上了重刑。❷〈书〉名。指重刑。

【上行】shàngxíng 动。不带宾语。(1)铁路部门规定,列车在干线上向首都方向行驶,在支线上朝着连接干线的车站行驶,叫做上行。上行列车编号用偶数,如52次。(2)船从下游向上游行驶:沿江~30公里|每小时约15公里。(3)公文由下级送往上级;区别于"平行"、"下行":此件要及时~。

【上行下效】shàng xíng xià xiào 成。效:仿效,跟着学。上面的人怎么做,下面的人就怎么学;一般用于贬义:俗话说"上梁不正下梁歪",如果上面风气不正,势必是~,风气将越来越坏。

【上旬】shàngxún 名。指每月一日到十日的十天。

【上演】shàngyǎn 动。演出;指戏剧、舞蹈、电影等:话剧《日出》已经~了。可带宾语:将~一部新的影片。

【上议院】shàngyìyuàn 名。资本主义国家两院制议会的组成部分。名称各国不一,有的叫元老院或贵族院,有的叫参议院。上议院有权否决下议院所通过的法案。议员通常由间接选举产生或由国家元首指定,任期比下议院议员长,有的终身任职,也有世袭的。

【上瘾】shàngyǐn 动。爱好某种事物而成为癖好;不带宾语,常作补语:他看电视看~了。可拆开用:他吸烟上了瘾。

【上映】shàngyìng 动。放映;用于电影:影片《红楼梦》~了。可带宾语:电影正在~《红楼梦》。

【上游】shàngyóu 名。(1)河流的开始部分。(2)比喻先进;常作宾语:力争~|居于~。

【上谕】shàngyù 名。指皇帝发布的命令或公告。

【上涨】shàngzhǎng 动。上升;用于价格、水位等,一般不带宾语:物价~|河水在不断地~。可带补语:江水~得很快。

【上阵】shàngzhèn 动。不带宾语,可拆开用。(1)上战场打仗:战士们英勇~,杀得敌人抱头鼠窜|他上过阵,打过仗。(2)比喻参加比赛、考试、劳动等:拔河比赛,请你们几个人~|抢收麦子,全家老少都上了阵。

【上中农】shàngzhōngnóng 名。经济地

位比较富裕,占有较多生产资料,有轻微剥削的中农。也叫富裕中农。

【上座】shàngzuò 名。坐位分尊卑时最尊贵的位子叫上座,一般朝南:您是贵客,请就~。

【上座儿】shàngzuòr 动。戏院、饭馆等处有顾客陆续来临;不带宾语,可带补语:这个电影片子不大~|今天饭店里~已到八九成。

尚 shàng ❶〈书〉副。(1)有"还、还算"的意思,表示大体够得上,带有委婉地肯定的语气,后面多带单音节能愿动词或形容词:~能改悔|表现~好。(2)表示动作行为或者状态继续存在,没有变化:为时~早|~待研究。❷〈素〉尊崇,注重:~武|崇~。❸姓。
* "尚"和"还":"尚"是文言词,比较典雅,只用于书面语;"还"是口语用词,也适用于白话文。

【尚方宝剑】shàngfāng bǎojiàn 见"上方宝剑"。

【尚且】shàngqiě 连。有"还、都"的意思,用在前一分句,提出明显的事例作比较,后一分句用"更、当然"等副词配合,推出结论,表示当然如此:晚上~要加班,更别说白天了。后一分句如果是反问句,常用"何况"、"况且"相呼应:三个人~搬不动,何况你一个人?

【尚书】shàngshū 名。古代官职名,明清两代是政府各部的最高长官。

【尚武】shàngwǔ 动。崇尚军事或武艺;不带宾语:蒙古人历来~,从小就学习骑射。常作定语:~精神。

绱(鞝) shàng [绱鞋](-xié) 见"上鞋"。

·shang(·ㄕㄤ)

上 ·shang 趋。用在动词或少数形容词后。(1)表示人或事物随动作从低处到高处:跑~三楼|雄鹰飞~了蓝天。(2)表示动作有结果或达到目的:关~门|他考~了大学|我家住~了新房子。(3)表示开始并继续下去:会没开,大家就议论~了|他俩又聊~了|最近他又忙~了。(4)表示达到一定数量;省去"上",意思不变:没说~几句话车就开了|这项工程比原计划大~两倍。

【上来】·shang lái 趋。用在动词后。(1)表示人或事物随动作从低处到高处:箱子抬~。(2)表示人或事物随动作由较低部门(层)到较高部门(层):他是刚提拔~的干部。(3)表示人或事物随动作趋近于某处:一群人围~了。(4)表示成功地完成了某一动作;多用在"说、唱、学、回答、背诵、叫、念"等动词后:这篇文章我背~了。

【上去】·shang qù 趋。用在动词后。(1)表示人或事物随动作从低处到高处:把行李搬~。(2)表示人或事物随动作趋近于某处:你赶快追~。(3)表示添加或合拢于某处:你把这棵小树画~|把螺丝拧~。

裳 ·shang [衣裳](yī-) 衣服。
另见cháng。

shāo(ㄕㄠ)

捎 shāo 动。顺便带;常带宾语或补语:请您~一封信|这本书请您替我~一下|他托人~了包点心给我。可带双宾语:~来我一包茶叶。

【捎带】shāodài ❶动。携带;常带宾语或补语:请您帮忙~一本书|把这封信~给他。❷副。顺便,附带:收工前~挑些猪草。

【捎脚儿】shāojiǎor 动。运输中顺便载客或捎带东西;不带宾语:这包东西,您的汽车能~吗?可拆开用:车上有空,请捎个脚儿吧。

梢 shāo 名。(~儿)条状物的末端;多作中心语:树~|眉~|头发~。

稍 shāo 副。略微;多用在单音节动词或形容词前,表示时间短或程度轻:请您~等一会|我看这个苹果好一点。可用在少数单音节方位词前:~前|~左
另见shào。

【稍稍】shāoshāo 副。稍微,谓语后常用"一下、一点"等作补语:~活动一下|~大一点。

【稍胜一筹】shāo shèng yī chóu 成。筹:筹码,古代用以计数的工具,多用竹子制成。比别的稍微好一些:小张的棋艺比

【稍微】shāowēi 副。表示数量小或程度浅:锅里～放点水|弟弟的身体比哥哥差一点。也作稍为。

【稍许】shāoxǔ 副。稍微,略微:今天比昨天～冷一点|～加些糖就好了。

【稍纵即逝】shāo zòng jí shì 成。纵:放;逝:消失。稍微一放松就消失了:时光～,一定要珍惜|机会难得,～,要紧紧抓住。

蛸 shāo 见"蠨(xiāo)蛸"。
另见xiāo。

筲 shāo 名。小桶,多用竹木制成。

【筲箕】shāojī 名。竹器名,形似簸箕,作淘米洗菜用。

艄 shāo 〈素〉(1)船尾:船～。(2)舵:掌～|～公。

【艄公】shāogōng 名。掌舵的人,也泛指撑船的人。

鞘 shāo 名。鞭鞘,拴在鞭子头上的细皮条。
另见qiào。

烧(燒) shāo ❶动。(1)燃烧,使燃烧,着火:房子被鬼子兵～了。常带宾语或补语:～木柴|煤|炉子里的办～得很旺。(2)加热,使物体起变化;常带宾语或补语:～饭|～砖|水～开了。(3)烹调方法之一,先用油炸,再加汤汁炒或炖,或先煮熟再油炸,或只放在汤汁中煮;常带宾语或补语:～鱼块|～羊肉|肉～得很烂。(4)发烧;不带宾语,可带补语:他今天不～了,体温已恢复正常|发了几次烧,嘴唇都～得干裂了。(5)肥料过多,使植物枯萎或死亡;一般不带宾语,常带补语:秧苗～死了。❷名。比正常体温高的体温:他的～退了。

【烧毁】shāohuǐ 动。焚烧毁灭:房子被鬼子兵～了。可带宾语:天火～了一片森林。

*"烧毁"和"销毁":"烧毁"只表示因燃烧而毁坏;"销毁"除此之外,还可表示熔化毁掉,如"销毁兵器"。"烧毁"可以不是人为的;"销毁"一定是人为的,而且往往是出于某种政治目的。"烧毁"的对象比较广,可以是各种具体的东西;"销毁"的对象比较窄,一般只限于兵器、文件、证据等。

【烧香】shāoxiāng 动。(1)信仰佛教、道教或有迷信思想的人拜神佛或祭祀祖先时,把香点燃插在香炉中;不带宾语:老太太常去庙里～。可拆开用:烧了几柱香。(2)比喻为求人办事而送礼:社会风气不好,什么事都得～。常与～磕头、叩头～并用:请他办什么事,也得～磕头。

【烧灼】shāozhuó 动。烧或烫,使受伤;多用于比喻:他像被烈火～了似地跳了起来。可带宾语:这封信像燃着了的一个火球,～着他的心。

sháo(ㄕㄠˊ)

勺 sháo ❶名。(～儿、～子)一种有柄可以舀东西的用具:铁～儿|汤～子。❷量。我国旧时容量单位,一勺是一升的百分之一。

芍 sháo [芍药](-·yao)名。(1)多年生草本植物。花大而美丽,有红、白等色,为著名的观赏植物。根可供药用。(2)这种植物的花。

杓 sháo 同"勺❶"。

苕 sháo [红苕](hóng-)名。甘薯。
另见tiáo。

韶 sháo 〈素〉美:～光|～华。

【韶光】sháoguāng 〈书〉名。(1)美好的春光:大好～,岂能辜负？比喻美好的青年时代:～难再,须加珍惜。

【韶华】sháohuá 〈书〉名。韶光。莫让～付水流。

【韶秀】sháoxiù 〈书〉形。清秀;不加程度副词:眉目～|～的脸庞。

shǎo(ㄕㄠˇ)

少 shǎo ❶形。数量小;跟"多"相对:今天看比赛的人很～|～花钱多办事。❷动。常带宾语。(1)缺少,不够原有或应有的数量;跟"多"相对:这笔钱一分不～|还～一本书。(2)欠;常带双宾语:我～他十块钱。(3)丢失,遗失:晒在外面的衣服没有～|书架上～了两本。❸副。暂时,稍微;一般用在单

音节动词前：～候片刻｜～加整理。
另见shào。

【少安无躁】shǎo ān wú zào 成。少：略微；安：安定；躁：急躁。略微安定一会儿，不要急躁：请您～，马上就有答复。也作少安毋躁，稍安勿躁。

【少不得】shǎo·bude 动。缺少不了：这句话中逗号～。可带宾语：讨论这个问题～他。可带动词性词组作宾语：这次谈判，～要有一场争辩。

【少不了】shǎo·buliǎo 动。缺少不了：该你的钱，到时候准还，一个子儿也～。可带宾语：办这事儿当然～你。

【少见多怪】shǎo jiàn duō guài 成。指见识少的人遇见平常的事也大惊小怪；多用来讽刺人孤陋寡闻：这些事情并不稀奇，只是你～罢了。

【少刻】shǎokè 副。不多时，一会儿：他～就到。

【少礼】shǎolǐ 动。不带宾语，客套用语。(1)请人不必拘于礼节：先生～，请坐。(2)谦称自己礼貌不周到：因事不能拜谢，～了。

【少量】shǎoliàng 形。数量或分量较少；多作定语或状语：在菜里加～的水｜制作糕点时可以～加点糖精｜～饮酒对身体并无害处。

【少陪】shǎopéi 动。对人表示因故不能作陪；客套用语，不带宾语：我马上要去上课，～。

【少时】shǎoshí 副。过了较短的时间，不多时：～天就下起雪来。

【少数】shǎoshù 形。数量小，不多；跟"多数"相对，常作定语，一般不加助词"的"：～几个人｜～单位。可作主语或宾语：～服从多数｜要打击的只能是极～。

＊"少数"和"少量"："少数"多用于人，"少量"多用于物。"少数"常作定语，不作状语；"少量"既可定语，也可作状语。"少数"可作主语或宾语；"少量"一般不行。

【少数民族】shǎoshù mínzú 词组。多民族国家中人口居于少数的民族。在我国指汉族以外的兄弟民族，如蒙古、回、藏、维吾尔等民族。

【少许】shǎoxǔ 〈书〉形。一点儿，少量；不加程度副词，多作定语，一般不加助词"的"：取～药水，敷在伤口上。

shào（ㄕㄠˋ）

少 shào ❶〈素〉。(1)年纪轻：～年｜～女｜～壮。(2)少爷：阔～｜恶～。❷姓。
另见shǎo。

【少不更事】shào bù gēng shì 成。少：年轻；更：经历。指人年纪轻，阅历少：不要说这些青年人～，他们都是有着丰富经验的侦察员。注意："少"这里不读shǎo；"更"这里不读gèng。

【少妇】shàofù 名。年轻的已婚女子。

【少将】shàojiàng 名。军衔，比中将低一级的将官。

【少奶奶】shàonǎi·nai 名。(1)旧时官僚、地主等有钱人家庭里的仆人称少爷的妻子。后也泛指这种家庭中年轻的已婚妇女。(2)旧时尊称别人的儿媳妇。

【少年】shàonián 名。(1)指人十岁左右到十五六岁的阶段：～时代。(2)指上述年龄的人：～之家｜他还是个～。

【少年老成】shàonián lǎochéng 成。老成：老练成熟。原指年轻人举止稳重，办事老练：他～，邻里无不钦佩。现也指青少年缺乏朝气：他年纪轻轻，却～，暮气沉沉。

【少女】shàonǚ 名。年轻未婚的女子。

【少尉】shàowèi 名。军衔，比中尉低一级的尉官。

【少校】shàoxiào 名。军衔，校官的最低一级。

【少爷】shào·ye 名。(1)旧时官僚、地主等有钱人家庭里的仆人称主人的儿子，泛指这种家庭出身的男性青少年。(2)旧时对别人儿子的尊称。

【少壮】shàozhuàng 形。年富力强：～派｜～不努力，老大徒伤悲。

邵 shào 姓。

劭（△邵） shào 〈古〉❶动。劝勉。△❷形。美好；多指道德品质：年高德～。

绍 shào 〈古〉动。继续,继承。

【绍介】shàojiè 动。介绍;常见于五四时期的白话文。

哨 shào ❶名。(1)警戒、防守的岗位;多作中心语:观察~|游动~。(2)(~儿、~子)一种小笛,用金属或塑料等制成,多在集合人员、操练或体育运动时使用:吹~儿|~子一响,大家便自动排好队。❷动。鸟叫;不带宾语:百灵鸟~得很好听。

【哨卡】shàoqiǎ 名。设在边境或要道的哨所:边防~。

【哨所】shàosuǒ 名。执行警戒任务的人员所在的处所。

稍 shào [稍息](-xī)动。军事或体操的口令,命令队伍从立正姿势变成休息姿势;不带宾语:全体~。
另见shāo。

潲 shào ❶动。(1)雨点被风吹得斜着落下;一般不带宾语:雨往南~,可带补语:关好窗,别让雨点~进来。(2)〈方〉洒水;多带宾语:用水~院子|菜上~点水。❷名。用泔水、米糠、野菜等煮成的饲料;作中心语:猪~。

【潲水】shàoshuǐ 〈方〉名。泔水。

shē(ㄕㄜ)

畲 shē 同"畲";多用于地名。

奢 shē 〈素〉(1)挥霍钱财,过分享受:~华|~侈。(2)过分的:~望。

【奢侈】shēchǐ 形。挥霍钱财,追求过分的享受:他虽然很有钱,生活却并不~。常与"浪费"并用:他过着~浪费的生活。

【奢华】shēhuá 形。花费大量钱财摆门面,含贬义:陈设~。

【奢靡】shēmí 形。奢侈浪费:人不能追求那种花天酒地的~生活。

【奢望】shēwàng ❶名。过高的希望;常作"有、没有、是"的宾语:能找到工作有个饭碗就行了,此外我还能有什么~?|出国留学对我来说实在是一种~。❷动。过高地希望;可带动词性词组作宾语:此外她还~实现许多不切实际的理想|他也曾~能逮住一只松鸡或一只狍子。

赊 shē 动。买卖货品时延期收款或付款;常带宾语或补语:~了三斤盐|货款~了一年多。

【赊购】shēgòu 动。用欠的方式购买:这家商店从不~。常带宾语或补语:今天我从批发站~进来一批货物。

【赊欠】shēqiàn 动。买卖东西时延期交款或收款;批发货物可以~,零售概不~。常带宾语或补语:他还~了一笔货款|~了一年多。

【赊销】shēxiāo 动。用赊欠的方式销售;常带宾语或补语:本店~一批彩电,欢迎选购|这些商品要赶快~出去。

畲 shē [畲族](-zú)名。我国少数民族之一,约33万人。主要分布在福建、浙江、广东、江西等省山区。注意:"人"字下是"示"。

猞 shē [猞猁](-lì)名。哺乳动物,头像猫,但身体较猫大得多,耳端有长毛。善于爬树,性格凶猛。皮毛很珍贵。在我国产于北方地区。

畲 shē 〈古〉动。把田地里的草木烧成灰用做肥料,然后种植。这种耕种方法叫畲。
另见yú。

shé(ㄕㄜˊ)

舌 shé ❶名。(1)嘴里的舌头:~能辨别滋味。(2)铃或铎中的锤。❷〈素〉。像舌头的东西:火~|帽~。

【舌敝唇焦】shé bì chún jiāo 成。敝:破;焦:干。舌头破了,嘴唇干了。形容说话极多,费尽口舌:尽管张老师说得~,可是小张他还是没有觉悟过来。

【舌耕】shégēng 〈书〉动。旧指依靠教书谋生;不带宾语:毕生从事~|以~为生。

【舌剑唇枪】shé jiàn chún qiāng 成。见"唇枪舌剑"。

【舌苔】shétāi 名。舌头表面上的滑腻物质。健康的人舌苔薄而白,患病时舌苔有白、黄、黑、腻等变化,是中医诊断病情的重要依据之一。

【舌头】shétou 名。(1)人和动物口腔内辨别滋味、帮助咀嚼和发音的器官。(2)为侦讯敌情而活捉来的敌人:侦察员又抓来了一个~。

【舌战】shézhàn 动。激烈地辩论：他俩常常～，一个不让一个。常带宾语或补语：诸葛亮～群儒|两个人～得很激烈。可作"展开、进行"等动词的宾语：他和众人展开了一场～。

折 shé ❶动。(1)断；多用于长条形的东西，一般不带宾语：筷子～了|绳子～成两截。(2)亏损；常带宾语或补语：他做生意～了不少钱|把老本都～光了。❷姓。
另见zhē, zhé。

【折本】shéběn 动。亏本；不带宾语：这笔生意不会～。可拆开用：折不了本。

【折秤】shéchèng 动。货物重新过秤时因为已经损耗而分量减少，或因货物大宗称进，零星称出而分量减少；不带宾语：这筐苹果零售出去～了。可拆开用：折了不少秤。

【折耗】shéhào 动。物品或商品在运输、保管、出售等过程中数量有了损耗：这批鲜货如不及时出售一定会～。常带宾语或补语：这筐桔子运到家～了几斤|这种鲜菜～很大。

佘 shé 姓。

蛇(虵) shé 名。爬行动物，体细长，有鳞，没有四肢。种类多，有的有毒，有的无毒。吃青蛙、鸟、鼠等小动物。
另见yí。

【蛇蝎】shéxiē 名。蛇和蝎子，比喻狠毒的人：～心肠。

【蛇行】shéxíng 动。全身伏在地上爬行；不带宾语：战士们在敌人密集的枪炮下～前进|匍匐～。

【蛇足】shézú 名。"画蛇添足"的略语。喻指多余无用的事物：这一句话似为～，可以删去。

阇 shé [阇梨](-lí) 名。音译词。高僧，泛指僧。
另见dū。

shě(ㄕㄜˇ)

舍(捨) shě ❶动。放弃，不要：这些旧书该～的就～，不该～的就留着。常带宾语或补语：老汉决心～出老命跟这恶霸拼了|我还～不下这个家。❷〈素〉把财物送给穷人或出家人：施～。
另见shè。

【舍本逐末】shě běn zhú mò 成。舍：放弃；本：根本；逐：追求；末：末节、枝节。指做事不抓根本，而在枝节上用功夫；形容轻重倒置，含贬义：搞创作不深入生活，而只在技巧上下功夫，分明是～，不足取的。

【舍不得】shě·bu·de 很爱惜，不愿意放弃或离开；多带宾语：她～孩子，所以没有离开。常带动词、动词性词组或主谓词组作宾语：～花钱|～丢掉这些书|～你走。可加程度副词：孩子要去当兵，妈妈非常～。

【舍得】shě·de 动。不吝惜，愿意放弃或割舍；常带动词、动词性词组或主谓词组作宾语：他～花钱|不～下功夫|您～儿子去当兵吗？可加程度副词：为了孩子学好技术，他很～下本钱。

【舍己为人】shě jǐ wèi rén 成。舍弃自身利益，帮助他人：王杰～的精神教育了千千万万的人。

【舍近求远】shě jìn qiú yuǎn 成。舍弃近处的，寻求远处的，形容做事走弯路或追求不切实际的东西：本地就有，你何必～到外地去买呢？

【舍命】shěmìng 动。不顾生命，拼命；不带宾语，常与其他动词连用：～相救|～保卫国家财产。可拆开用：就是舍了命也要完成任务。

【舍弃】shěqì 动。丢开，抛弃：为了革命，他什么都可以～。常带宾语或补语：他～了休息时间，一心一意搞科研|他为了支援边疆建设，～掉了舒适的城市生活。

【舍身】shěshēn 动。原指佛教徒牺牲肉体表示虔诚，后泛指牺牲个人利益；不带宾语：小张～救落水小学生，受到当地政府的嘉奖。常用在固定的组合中：～为国|～取义。

【舍生取义】shě shēng qǔ yì 成。舍弃生命以坚持正义，表示愿为正义事业牺牲生命：我们中国历史上有很多～的仁人志士。

shè (ㄕㄜˋ)

库 shè ❶〈方〉名。村庄；多用于村庄名。❷姓。

设 shè ❶动。(1)设立，布置，安排；常带宾语或补语：农村要多～几所学校，方便青少年就近上学｜总部～在上海。(2)假设，设想；用于科学命题和解答，多以主谓词组作宾语：～甲乙两地相距x里｜～$x=a$。❷〈书〉连。如果，倘若：～有意外，请即电告。❸〈素〉筹划：～想｜～计。

【设备】shèbèi ❶名。有专门用途的成套器材、建筑等：机器～｜发电～｜这座宾馆有现代化～。❷动。设置，配备；常带宾语：这座实验室～了许多新仪表。

＊"设备"和"装备"："设备"指生产、工作、科研等所需的多种成套的器材、建筑等，一般不用于军事方面；"装备"多指军事上的配备，如武器、军装、器材、技术力量等。

【设法】shèfǎ 动。想办法；不带宾语，常与其他动词连用：这个问题我们要～帮助解决｜请你～购买。

【设防】shèfáng 动。设置防卫的武装力量或工事，不带宾语：处处～。

【设或】shèhuò 〈书〉连。假如；用在前一分句，表示假设，后一分句一般用"便、就、则"等副词呼应：～下雨，运动会就改期举行。

【设计】shèjì 动。在正式做某项工作之前，根据一定的目的、要求，预先制定方案、图样等：这幢楼房请王工程师～。常带宾语或补语：～了几个方案｜～得很周到。

【设立】shèlì 动。成立；常带宾语或补语：县里～了卫生防疫站｜学校新近～了奖学基金｜儿童心理卫生研究中心～在南京。

＊"设立"和"建立"："设立"的含义侧重在设置，多用于组织、机构等；"建立"除有成立、创建的含义外，还有"开始产生、开始形成"的意思，适用范围较广，可用于具体事物，也可用于友谊、感情、信心、功勋、威信等抽象事物。

【设若】shèruò 〈书〉连。假如；用在前一分句，表示假设，后一分句常用"便、就、则"等副词呼应：～准备不充分，会议就推迟举行。

【设色】shèsè 动。涂色，着色；不带宾语：图已画好，尚未～。可拆开用：设上色就好看了。

【设身处地】shè shēn chǔ dì 成。把自己放在别人所处的地位或环境中考虑，指替别人着想：领导应该～，替群众着想。

【设施】shèshī 名。为满足某种需要而进行某项工作而建立起来的机构、系统、组织、建筑等；一般以某方面的事物作定语：军事～｜教学～｜工程～。

【设使】shèshǐ 连。假使，如果；用在前一分句，表示假设，后一分句常用"便、则、就"等副词呼应：～他不来，你就去一趟。

【设想】shèxiǎng 动。(1)假想，想象：不堪～｜后果很难～。常带宾语或补语：～过几个方案｜～得很周密。(2)着想，考虑；不带宾语：要处处为群众～。

【设置】shèzhì 动。常带宾语或补语：(1)设立，安排：～关卡｜～了三门选修课｜种种障碍～得很多。(2)安装：会场上～了扩音器｜通风设备已～好了。

社 shè 〈素〉(1)指某些团体或机构：报～｜供销～｜合作～。(2)古代把土神和祭土神的地方、日子和祭礼都叫社：～日｜～稷。

【社会】shèhuì 名。(1)指由一定的经济基础和上层建筑构成的整体。人类社会有五种基本的社会形态，即原始社会、封建社会、资本主义社会、共产主义社会。(2)泛指以共同的物质生产活动为基础而相互联系起来的人群：～活动｜到～上去调查。

【社会关系】shèhuì guān·xi 词组。(1)指人们在共同活动过程中彼此间结成的关系。包括经济、政治、法律、文化等各方面的关系，其中最主要的是经济关系，即生产关系。在阶级社会里，社会关系表现为阶级关系。(2)指个人的亲戚、朋友等关系。

【社会活动】shèhuì huó·dòng 词组。指本职工作之外的集体活动，如党团活动、工会活动等。

【社会科学】shèhuì kēxué 词组。研究各种社会现象的科学,如哲学、政治学、经济学、法学、教育学、史学、文艺学、美学等。也叫人文科学。

【社会制度】shèhuì zhìdù 词组。社会的经济、政治、文化等制度的总称。经济制度,其中主要是生产资料所有制形式,这是社会制度的基础,政治、文化等各种制度则是由经济制度所决定并为它服务的。不同的社会制度,体现着不同的社会性质。

【社会主义】shèhuì zhǔyì 词组。(1)指科学社会主义。(2)指社会主义制度,是共产主义的初级阶段。在这个社会里,无产阶级掌握了国家政权,所有制的形式主要是生产资料公有制和集体所有制,还有个体所有制等其他经济成分,主要的分配原则是"各尽所能,按劳分配"。

【社稷】shèjì 名。古代皇帝和诸侯祭祀的土神和谷神。后多用作国家的代称。

【社交】shèjiāo 名。社会中人与人的交际应酬;常作定语和宾语:~活动|善于~。

【社论】shèlùn 名。代表报刊编辑部就国内外重大问题发表的评论文章。

【社团】shètuán 名。经过法律手续成立的各种群众性的社会组织的总称,如学生会、工会等。

【社戏】shèxì 名。旧时某些地区的农村在春秋两季祭祀社神(土地神)时所演的戏。一般在庙里的戏台上或野外搭台演出。

舍 shě ❶〈素〉(1)房子:宿~|校~。(2)谦称自己的家:寒~|~间。(3)对别人谦称比自己辈分低或年纪小的亲属:~侄|~弟。(4)养牲畜的圈:猪~。(5)古代行军三十里叫一舍:退避三~。❷姓。
另见 shě。

【舍间】shèjiān 名。对人谦称自己的家:请来~一叙。

【舍利】shèlì 名。音译词。指佛教释迦牟尼遗体火化后结成的珠状物。后也指德行较高的高僧死后烧剩的骨头。也叫舍利子。

【舍亲】shèqīn 名。对别人谦称自己的亲戚。

【舍下】shèxià 名。对人谦称自己的家。

射 shè ❶动。常带宾语或补语。(1)用推力或弹力把物体送出;用于箭、子弹、足球等:~了三支箭|~出一发炮弹|用力一脚,球~进去了。(2)受到压力后通过小孔迅速喷出;用于液体:~出药水|水枪里的水~得很远。可带双宾语:~了他一身水。(3)放出;用于光、热、电波等:~出一道光亮|月光~到地上。❷〈素〉有所指:影~|暗~。

【射程】shèchéng 名。弹头射出后所能达到的距离。这种炮的~可达万米以上。

【射击】shèjī ❶动。用枪炮等火器对准目标发射;向敌军阵地猛烈~。可带宾语:不要~非军事目标。❷名。体育运动项目之一。在一定的距离外,用枪射靶,或特定的目标,按照所用枪支、射击距离、射击目标、射击姿势和射击方法等分为不同类别。以命中环数或靶数计算成绩。

【射箭】shèjiàn ❶动。用弓把箭射出去;不带宾语:蒙古人最善于骑马~。可拆开用:射了三枝箭。❷名。体育运动项目之一。在一定的距离外,用箭射靶。以中靶环数计算成绩。

【射猎】shèliè 动。打猎;不带宾语:他常出门~|这一带是游人出没的风景区,不许~。

【射线】shèxiàn 名。(1)数学上指从某一固定点向单一方向引出的直线。(2)物理学上指波长较短的电磁波,如爱克斯射线等。速度高、能量大的粒子流也叫射线,如阿尔法射线、倍塔射线、伽马射线等。

麝 shè 名。哺乳动物,形状像鹿而小,没有角,善跳跃。雄麝的腹部有麝腺,分泌的麝香是名贵药材和香料。也叫香獐子。

【麝香】shèxiāng 名。雄麝肚脐和生殖器之间的腺囊的分泌物。是一种贵重香料和名贵药材,有兴奋和强心作用。

涉 shè 〈素〉(1)从水里走过去,泛指从水上经过:跋山~水|远~重洋。(2)经历:~险|~猎。(3)牵连:牵~|~及|~外。

【涉笔】shèbǐ〈书〉动。动笔写作;不带宾语：～成趣｜久不～。
【涉及】shèjí 动。关涉，牵连到；常带宾语或补语：这件事～很多人｜这个问题～不到我。
【涉猎】shèliè 动。粗略地阅读或研究：这些书他都～过。可带宾语：广泛～经史。
【涉世不深】shè shì bù shēn 成。涉世：经历世事。指青年人刚刚接触社会，阅历、经验都不多不深：小李毕竟年轻，～，所以受骗上当了。
【涉外】shèwài 形。涉及外交的；不加程度副词，不单独作谓语，只作定语：～案件｜～婚姻。
【涉嫌】shèxián 动。有跟某案件有牵连的嫌疑；须带宾语：他因～此案而被拘留。
【涉足】shèzú 〈书〉动。进入某种环境、生活范围或领域：这地方太偏僻，很少有人～。可带处所宾语或补语：～文坛｜～于政界。

赦

shè 〈素〉免除或减轻刑罚：大～｜～免。
【赦免】shèmiǎn 动。依照法定程序减轻或免除对罪犯的刑罚：由于他有立功表现，对他的处罚全部～。可带宾语：～了他的刑罚。

摄(攝)

shè 〈素〉(1)吸取：～取。(2)摄影：～制。(3)保养：～生。(4)代理：～政｜～理。
【摄理】shèlǐ 〈书〉动。代理，多指重要的职务：局长一职由他临时～。
【摄取】shèqǔ 动。常带宾语：(1)吸取，指营养等：～食物｜～养料。(2)拍摄，指照片或电影镜头：～镜头｜～到一个动人的场面。
【摄生】shèshēng 〈书〉动。保养身体；不带宾语：注意～｜～有方。
【摄氏温度计】shèshì wēndùjì 词组。一种常用的温度计，由瑞典人摄尔修斯所创制，规定在一个大气压下水的冰点为0°，沸点为100°。用符号"C"表示。
【摄卫】shèwèi 〈书〉动。保养身体：天气渐冷，务希多加～。
【摄影】shèyǐng 动。不带宾语：(1)通过胶片的感光作用，用照相机拍下实物影；不带宾语：馆内文物，不得～｜～留念。通称照相。(2)拍电影：他荣获这一届电影百花奖的最佳～奖。
【摄政】shèzhèng 动。代君主处理政务；不带宾语：幼主即位，多由大臣～。
【摄制】shèzhì 动。拍摄并制作；一般用于电影片：这部影片是上影厂～的。可带宾语：～了一部纪录片。

慑(懾、慴)

shè 〈书〉动。害怕，恐惧；常带"于"构成的介词词组作补语：他～于强大的舆论压力，屈服了。
【慑服】shèfú 动。(1)因害怕而屈服；一般不带宾语：敌人的酷刑终于使他～。(2)使恐惧而屈服；须带宾语：武力～不了觉醒的人民。

滠(灄)

shè 地名用字。滠口，在湖北省。

歙

shè 地名用字。歙县，在安徽省。另见xī。

谁

shéi (ㄕㄟˊ)
shéi "谁(shuí)"的又音。

申

shēn (ㄕㄣ)
shēn ❶动。说明，申述：有冤无处可～。可带宾语，须用"重"作状语：中央重～了过去对这个问题的规定。❷名。(1)地支的第九位。参见"干支"。(2)上海的别称。❸姓。
【申报】shēnbào 动。用书面向上级或有关部门报告：各项预算都必须年前～。可带宾语：～户口。
【申辩】shēnbiàn 动。对被人指责的事申述理由，加以辩解：允许你～｜事实俱在，毋须～。可带宾语或补语：他在会上～了某些人对他的指责｜我想～几句。常作"进行、作"等动词的宾语：对读者的批评，他都一一作了～。
【申斥】shēnchì 动。斥责，责骂；多用于对下属，常带宾语或补语：这个团长脾气暴躁，动不动就～人｜把他～了一顿。常作"遭到、进行"等动词的宾语：他又遭到了局长的～。
【申饬】shēnchì 〈书〉动。(1)告诫；常带宾语：～全军将士｜～所属单位。也作申敕。(2)同"申斥"。

【申明】shēnmíng 动。郑重地说明、解释或辩白；常带宾语：～理由｜～主张｜～自己的立场。

【申请】shēnqǐng ❶动。向上级或有关部门说明理由，并提出请求：关于增拨科研经费一事我已经向上级～。常带宾语或补语：～一套房子｜～过好几次。可带动词、动词性词组宾语：～补助｜～出国留学。❷名。向上级或有关部门提出请求的书面报告：写了一份～。

【申时】shēnshí 名。旧时计时法指下午三点到五点的时间。

【申述】shēnshù 动。详细地说明；指见解、情况、原因等，常带宾语或补语：～理由｜把事件的经过～清楚。
　　＊"申述"和"申明"："申述"强调作详细的陈述，有"正式说出来"的意味；"申明"强调作郑重的说明，含有"希望别人明确"的意味。"申述"语意较轻；"申明"语意较重。

【申诉】shēnsù 动。受处罚的人对判决或处分不服时，向司法部门或上级机关提出重新处理的意见：他决定继续向上～。可带宾语：他向领导～了自己所受的冤屈。可作"提出、进行"等动词的宾语：他对这个判决不服，依法向法院提出～。

【申讨】shēntǎo 同"声讨"。

【申屠】shēntú 复姓。

【申雪】shēnxuě 〈书〉动。表白并洗雪冤屈：沉冤多年，终获～。可带宾语：～冤案。可作动词"得到"的宾语：多年的冤狱得到了～。也作伸雪。

【申冤】shēnyuān 动。不带宾语，可拆开用。(1)洗雪冤屈；前面要以"为、替"组成的介词词组作状语：张老汉冤屈而死，我们要为他～。也作伸冤。(2)当事人申诉自己所受的冤屈：在那暗无天日的日子里，我们到哪里去～？｜终于申了冤。

伸 shēn 动。展开；指肢体或物体的一部分，常带宾语或补语：～懒腰｜～出胳膊｜一条小路弯弯曲曲地向远方～去。

【伸手】shēnshǒu 动。不带宾语，可拆开用。(1)比喻向别人或组织要东西或荣誉等；含贬义：不要一有机会就向上级～｜结婚成家后，他没有向父母伸过手。(2)插手；含贬义：他官职不大，却到处～｜这件事与你无关，要你来伸什么手？

【伸手不见五指】shēn shǒu bù jiàn wǔ zhǐ 成。形容天空漆黑看不见任何东西：侦察员们在这～的夜晚摸进了敌人据点。

【伸缩】shēnsuō 动。(1)引长和缩短，伸出和缩进：这种照相机的镜头可以自由～。可带宾语：乌龟在～着它的头。(2)比喻在一定的限度内灵活变通，常作定语：这项工程必须在国庆节前完工，没有～的余地。

【伸腿】shēntuǐ 动。不带宾语。(1)比喻钻入或插足；指捞取一份好处，含厌恶义：一见有好处，他就要去～。可拆开用：他曾到我们这里伸过几次腿。(2)〈口〉指人死亡；含诙谐意：她才三十岁，一～就走了。

【伸展】shēnzhǎn 动。延长，扩展；常带补语：公路向遥远的前方～｜这条山脉一直～到湖北境内。

【伸张】shēnzhāng 动。扩大，发扬；多指抽象事物：正义应当～。常带宾语：～正气，打击歪风。

呻 shēn [呻吟](-yín) 动。病痛时发出哼叫声；不带宾语：无病～｜病人在床上～着。可带补语：他伤势那么重，居然没有～一声。

绅 shēn ❶名。古代士大夫腰间所束的大带子。❷〈素〉旧指地方上有势力、有声望的人：～士｜缙～。

【绅耆】shēnqí 名。旧指地方上的绅士和有声望的老人。

【绅士】shēnshì 名。旧时称地方上有势力、有地位的人，一般指地主或退职官僚。

珅 shēn 〈古〉名。一种玉。

砷 shēn 名。非金属元素，符号As。由于晶体结构不同而呈现黄、灰、黑褐三种颜色。砷的化合物均有毒，可用于杀菌、杀虫和医药。旧称砒(pī)。

身 shēn ❶名。身体：转过～｜他翻了翻～又睡着了。❷量。用于衣服，一身即一套：穿了一～新衣服。❸〈素〉

(1)指生命：舍～救人。(2)亲自，本人：～临其境｜以～作则。(3)人的品格、地位：立～处世｜～败名裂。(4)物品的中部或主要部分：船～｜机～。

【身败名裂】shēn bài míng liè 成。身：身分，地位；败：毁坏；裂：破损。地位丧失，名誉扫地：他终于投降了敌人，落得个～的可耻下场。

【身不由己】shēn bù yóu jǐ 成。由：听从。自身的行动不由自己作主：我现在处于这种环境下也是～。

【身材】shēncái 名。指身体的高矮和胖瘦：苗条的～｜～匀称｜～魁梧。

＊"身材"和"身量"："身材"指身体的高矮和胖瘦，可与"高大、矮小、苗条、魁梧"等搭配；"身量"只指身体的高矮，只能同"大、小、高、矮"等搭配。

【身段】shēnduàn 名。(1)女性身体的姿态：优美的～。(2)戏曲演员在舞台上表演的各种舞蹈化形体动作的统称。

＊"身段"和"身材"："身段"通常指戏曲演员在舞台上的形体动作，如坐、卧、行走、骑马等，有时也指女性的高矮、胖瘦等姿态；"身材"则泛指身体的高矮胖瘦，既可用于男性，又可用于女性。"身段"一般只与"美好、优美、不佳"等词语搭配；"身材"常同"高大、矮小、匀称、苗条、魁梧、瘦小"等搭配。

【身份】shēn·fen 名。也作身分。(1)人在社会上或法律上的地位和资格：～不明｜他以律师的～要求发言。(2)受人尊重的地位：有失～｜你是个有～的人，怎么说出这种话来？

【身后】shēnhòu 名。指死后：～萧条｜这些事不能留到～让子孙去做。

【身怀六甲】shēn huái liùjiǎ 成。六甲：传说为上帝造物的日子。指妇女怀孕，多见于旧小说、戏曲：她已～，不久即将分娩。

【身家】shēnjiā 名。(1)本人和家庭：～性命难保。(2)指家庭出身：～清白。

【身价】shēnjià 名。(1)指人的社会地位：～百倍｜他出了名，～自然地高了。(2)旧时人身买卖的价格：她被卖到地主家当丫头，～只十两银子。

【身教】shēnjiào 动。用自己的行动做榜样；不带宾语，常用在固定组合中：言传～｜～重于言教。

【身量】shēn·liang 〈口〉名。指人的个子，身材：～很高｜大～儿。

【身躯】shēnqū 名。身体，身材：魁梧的～｜～高大。

＊"身躯"和"身体"："身躯"指躯干和四肢；"身体"可以专指躯干和四肢，但通常指包括内脏器官在内的生理组织的整体。"身体"可与"好、坏、胖、瘦"以及"锻炼、检查"等词语搭配，"身躯"不能。"身躯"多用于书面语；"身体"书面语、口语都常用。

【身世】shēnshì 名。指个人的经历、遭遇，多指不幸的或不顺利的：悲惨～｜～凄凉。

【身手】shēnshǒu 名。本领；常指不一般的：大显～｜～不凡。

【身受】shēnshòu 动。亲身受到：舍亲所托之事如蒙相助，当感同～。常带动词作宾语：～压迫｜～迷信落后思想的毒害。

【身故】shēngù 动。人死；不带宾语：他不幸～。

【身体】shēntǐ 名。指人的躯干和四肢，但通常指包括内脏器官在内的生理组织的整体：～健康。

【身体力行】shēn tǐ lì xíng 成。身：亲身；体：体验；力：尽力；行：实行。亲身体验，努力实践：为人民服务，不能空喊口号，必须～。

【身外之物】shēn wài zhī wù 成。个人身体以外的东西；指财产、名誉、地位等，表示无足轻重的意思：金钱、地位不过是～，不要看得太重。

【身先士卒】shēn xiān shì zú 成。作战时将帅亲身带头，冲锋在士卒前面。现也比喻领导带头，走在群众前面：厂长～，第一个冲进火场去救火。

【身心】shēnxīn 名。身体和精神：～健康｜跳舞是一种有益于～的活动。

【身孕】shēnyùn 名。怀胎的现象；常作"有、没有"的宾语：有了五个月的～。

参（參、△葠、△蓡）shēn 名。

△(1)人参、党参等的统称。通常指人参。

(2)二十八宿之一。

另见cān, cēn。

【参商】shēnshāng 〈书〉❶动。(1)参和商都是二十八宿之一,参星在西方,商星在东方,此出彼没,两不相见,因用以比喻亲友不能会面:相去三千里,～书信难。❷形。比喻不和睦:父子～非吉兆,家和万事自然兴。

糁(糝、糂) shēn 名。(～儿)谷类磨成的碎粒:玉米～儿。

另见sǎn。

莘 shēn ❶[莘莘]〈古〉形。形容众多:～学子。❷姓。

另见xīn。

娠 shēn 见"妊(rèn)娠"。

深 shēn ❶形。(1)从上到下或从外到里的距离大;跟"浅"相对:这口井很～|这条巷子～得很。(2)深奥,不易懂;一般指学问或道理,跟"浅"相对:这本书不～,你能看懂|他说的道理很～,不容易领悟。(3)深刻,深入:他受张老师的影响很～。(4)深厚;指感情,跟"浅"相对:他俩有很～的友谊。(5)浓,指色彩,跟"浅"相对:衣服的颜色太～了。(6)距离开始的时间久:～秋|夜已很～。❷副。很,十分;一般用在单音节动词之前:～表同情|～受感动。

【深奥】shēn'ào 形。高深不易了解;指道理、含义、学说、作品、原理等:～的哲理|他的话很～。

【深藏若虚】shēn cáng ruò xū 成。虚:无。原指商人把货物深藏起来,好像什么也没有。现比喻有真才实学的人在人前卖弄:著名的专家大都～,不露锋芒。

【深长】shēncháng 形。深刻而耐人寻味:情意～|他话不多,但意味却很～。

　*"深长"和"深远":"深长"着重指延续长久,有耐人寻味的意思;"深远"强调远,指事情的意义或作用难以完全估计到。"深长"常与"意味、用意、回味"等词搭配;"深远"常与"影响、立意、意义"等词搭配。

【深沉】shēnchén 形。(1)形容程度深:暮色～|陷入～的思索之中。(2)低沉;指声音:他躺下不久就发出了～的鼾声。(3)思想感情不外露:感情很～|～的微笑|小丁性格～,不苟言笑。

【深度】shēndù 名。(1)深浅的程度:这水库的～是多少?(2)触及事物本质的程度;一般指工作、认识等:他们两人对问题的看法基本相同,但认识的～不一样。(3)事物向更高阶段发展的程度:向科研的～和广度进军。

【深闺】shēnguī 名。旧指富贵人家的女子所住的闺房,一般在住宅最里边;多见于旧小说、戏曲:独坐～|～绣阁。

【深厚】shēnhòu 形。(1)深切浓厚;指感情:他俩感情很～|～的友谊。(2)坚实;指基础:周老师的学识功底～|他很得人心,有～的群众基础。

　*"深厚"和"淳厚":"深厚"除用于人或与人的情感有关的事物外,还可用于其他事物,如"基础、根基"等;"淳厚"一般只用于人或与人的情感有关的事物,如"性格、风俗、风格"等。"深厚"可拆开构成成语"深情厚谊"或"深情厚意";"淳厚"不能这样用。

【深化】shēnhuà 动。使事物向更高、更深的程度发展:矛盾更～了|通过学习,我对这个问题认识～了。可带宾语:改革|副主题丰富和～了主题,使这部小说愈加血肉丰满。

【深究】shēnjiū 动。深入追究;一般不带宾语:生活小事,无须～|这件事影响很坏,应予～。

【深居简出】shēn jū jiǎn chū 成。简:省。原指野兽潜藏在深山,很少外出。后指人居家不常出门:这位老人一向～。

【深刻】shēnkè 形。(1)深入,透彻:内容～|说理很～。(2)感受程度大:～的体会|认识～|印象很～。

　*"深刻"和"深厚":"深刻"含义着重在透彻;"深厚"着重在浓厚。"深刻"多用来形容"印象、体会、感受、内容、认识、分析"等;"深厚"多用来形容"感情、友谊、基础"等。

【深谋远虑】shēn móu yuǎn lǜ 成。周密计划,从长远考虑:此人目光短浅,做事只顾眼前,缺乏～。

【深浅】shēnqiǎn 名。(1)深或浅的程度:

要弄清河水的~,才能决定能不能下去游泳。(2)比喻分寸;指说话做事等:这孩子说话没个~|怎么能这样不知~地乱来。

【深切】shēnqiè 形。(1)深厚而亲切;指情意:~怀念敬爱的周总理|感情非常~。(2)深刻而切实;指对事物的认识、理解和体会等:~地认识了这个真理|有了比较~的体会。

【深情】shēnqíng 名。深厚的感情:一片~|子弟兵对人民有无限的~。常与"厚谊"合用:两国人民之间的~厚谊万古长青。

【深入】shēnrù ❶动。透过外表,达到事物的内部或中心;带宾语或补语:领导要经常~基层|~到群众之中。❷形。深刻,透彻:~了解|分析得很~。

＊"深入"和"深刻":"深入"指不肤浅,"深刻"指达到事情或事物的本质。"深入"既有形容词用法,还有动词用法;"深刻"只有形容词用法。"深刻"可以表示内心感受程度很大;"深入"没有这样的用法。

【深入浅出】shēn rù qiǎn chū 成。指文章、言论内容深刻而措词浅显易懂;含褒义:他作的报告~,我们很爱听。

【深山】shēnshān 名。距离山外远、人不常到的山岭;常与"老林"合用:在这些~老林中,过去常有土匪出没。

【深思】shēnsī 动。反复深入地思考;一般不带宾语:~熟虑|他常常一个人独坐~|这是一个值得~的问题。常作"经过"等的宾语:这个方案是经过~后制定出来的。

【深邃】shēnsuì 〈书〉形。(1)深远;多指空间:屋宇~|~的夜空。(2)高深,不易理解;多指道理、含义等:她把~的哲理深入浅出地讲给学生听。

＊"深邃"和"深入":"深邃"强调不停留在表面而抓住事物的本质;"深入"强调进入事物深处,不肤浅。"深邃"只有形容词用法;"深入"有形容词用法,还有动词用法;只用于书面语;"深入"书面语、口语都常用。

【深文周纳】shēn wén zhōu nà 成。深文:严峻、苛细地制定或援用法律条文;周:周密;纳:使陷入;周纳:尽力使人陷入。指定细周密地援用法律条文,想尽办法把无罪的人定成有罪,泛指牵强附会地给人强加罪名:在审判工作中,"刀笔吏"式的~,罗织罪名,是必须坚决反对的。

【深透】shēntòu 形。深刻而透彻:说理不够~|理解得很~。

【深恶痛绝】shēn wù tòng jué 成。厌恶痛恨到极点:他对那些不法奸商~。也作深恶痛疾。

【深省】shēnxǐng 动。深思而有所醒悟;不带宾语:应该从错误中~过来。常用在比较固定的组合中:发人~。也作深醒。

【深渊】shēnyuān 名。很深的水;常比喻危险或困苦的处境:万丈~|苦难~|陷入犯罪的~。

【深远】shēnyuǎn 形。深刻而长远;常形容事物的意义和影响等:会议制定的路线意义极其~|~的影响。

【深造】shēnzào 动。为了达到更高的水平而进一步学习;常与其他动词连用,构成连动词组:进大学~|出国~。

【深湛】shēnzhàn 形。精深:技艺~|~的理论。

【深挚】shēnzhì 形。深厚而真诚;常形容友情等:友情~|多么~的情谊。

【深重】shēnzhòng 形。十分严重;常用来形容受灾难、危机、罪孽等:这样对待老人,真是罪孽~|~的灾难。

燊 shēn 〈古〉形。火光炽盛的样子。

shén (ㄕㄣˊ)

什(甚) shén 见"什么"等。
另见shí。"甚"另见shèn。

【什么】shén·me 代。(1)表示疑问;可以问人,也可以问事物:这是~?|~叫散文?|你找~人?(2)虚指,表示不肯定的事物:没有~,你走吧|他们好像在谈些~。(3)表示任指,用在"都"或"也"前面指毫无例外:~都不说|他~也不怕。两个"什么"前后照应,指前者决定后者:~人说~话。(4)表示惊讶、不满、责难等语气:~!他还没有来?(表示惊讶)|你在装~蒜?(表示责难)|这是做的~活ㄦ?

(表示不满)(5)表示不同意对方的某句话:～"你"呀"我"的,何必分得这么清楚? (6)用在几个并列成分前面,表示列举:～花儿草儿的,种了一院子|～洗衣啦,烧饭啦,买菜啦都是她一个人干下。

【什么的】shén·me·de 〈口〉助。用在一个成分或几个并列成分之后,表示列举,相当于"等等"的意思:他画个图样搞个设计～,全在行|他不喜欢下棋～,就爱打篮球。

神 shén

❶名。(1)宗教迷信所幻想的宇宙万物的创造者和统治者,也指某些受人崇拜者死后的精灵:求～拜佛|他不信鬼,也不信～。(2)神话传说中有超凡能力的人:用兵如～。(3)精神,精力:双目有～|看出了～。(4)(～儿)神气:瞧他那个～儿|今天怎么没～儿啦? ❷〈方〉形。聪明,机灵:这孩子一得很|我看你一过头了! ❸〈素〉超凡的,不可思议的:～奇|～效。❹姓。

【神采】shéncǎi 名。面部表现出来的神色和光彩:一夜没睡觉,脸上全无～。常与"飞扬、奕奕"等词语搭配:～飞扬|～奕奕(精神饱满的样子)

【神差鬼使】shén chāi guǐ shǐ 见"鬼使神差"。

【神驰】shénchí 动。心神向往,殷切思念:我望着她不禁注目～。可带处所宾语:～乡井|～疆场。

【神出鬼没】shén chū guǐ mò 成。出:出现;没:消失。像神鬼那样出没无常。常指用兵神奇迅速,不可捉摸。也泛指行动变化迅速,非常机灵;含褒义:敌后武工队～,叫鬼子伤透脑筋|他一上球场,～,变化莫测。

【神道碑】shéndàobēi 名。墓道前的石碑,上记死者的生平事迹。也指碑上的文字。

【神甫】shén·fu 名。天主教、东正教的神职人员,职位在主教之下,通常是一个教堂的管理者,主持宗教活动。也作神父,也叫司铎。

【神工鬼斧】shén gōng guǐ fǔ 成。见"鬼斧神工"。

【神汉】shénhàn 名。男巫师。

【神乎其神】shén hū qí shén 成。神:神妙;乎:助词。神秘奇妙到了极点:他表演的魔术真是～。

【神化】shénhuà 动。把某一对象说成有超人的智慧或神奇的力量:诸葛亮被小说家们～了。可带受事宾语:～英雄～领导人。

【神话】shénhuà 名。(1)关于神或神化的古代英雄的故事。它是古代人民对不能理解的自然现象和社会生活所作的一种幼稚的主观幻想的解释,是用想象和借助想象以征服自然力,支配自然力,把自然力加以形象化的产物。神话富有积极的浪漫主义精神,所以它与迷信不同。(2)指荒诞无稽的说法:人能活到150岁,现在听起来是～,将来有可能变成现实。

【神魂】shénhún 名。精神,神志;多指不正常的状况:～不定|～颠倒。

【神机妙算】shén jī miào suàn 成。惊人的机智,巧妙的谋划。形容有预见性,计谋十分高明:诸葛亮～,屡屡以少胜多,打败强敌。

【神交】shénjiāo ❶名。指情意相投、相知有素的朋友:咱俩是多年的～,彼此非常了解。❷动。虽未谋面,但彼此慕名,情意相投;不带宾语,带补语:我们经常通信,～多年,但从未见面。

【神经】shénjīng 名。联系脑、脊髓和身体各部的纤维或纤维束,是人和动物体内传递知觉和运动的组织。

【神经过敏】shénjīng guòmǐn 词语。(1)神经系统的感觉机能异常敏锐的症状。(2)通常指多疑,乱猜想,好大惊小怪:人家没有在背后说你的坏话,你不要～。

【神经质】shénjīngzhì 名。指神经过敏、情感极易冲动的病态表现:这人有点～。

【神龛】shénkān 名。供奉神佛或祖先牌位的小阁子。

【神力】shénlì 名。比喻超出一般人的力量:我们可以借助大自然的～,为人类造福|他似乎有一股～,居然一下子举起了几百斤的杠铃。

【神灵】shénlíng 名。神的总称:祈求～保佑。

【神秘】shénmì 形。使人摸不透的,高深而不能测度的:科学技术并不～,只要下功夫去学,总能学会|他说得那样～,叫人莫测高深。

【神妙】shénmiào 形。非常高明、巧妙：笔法～｜～的医术｜针灸实在～，一针下去疼痛便缓解了。

【神明】shénmíng 名。(1)泛指神：奉之若～。(2)指精神状态：～不衰。

【神女】shénnǚ 名。(1)古代神话中的女神。(2)旧指妓女。

【神气】shén·qì ❶名。表情：看他的～就可猜到他的试验成功了｜我看不出他有什么不愉快的～。❷形。(1)精神饱满，有气派：孩子们唱着歌，跳着舞，个个都很～。(2)自以为优越而表现出得意或傲慢的样子：你别这么～，谁买你的帐？常与"活现"并用：这个人太～活现了，叫人看了讨厌。

【神婆】shénpó〈方〉名。女巫。也叫神婆子。

【神祇】shénqí〈书〉名。神。指天神；祇：指地神。泛指一切神明：天地～。

【神奇】shénqí 形。非常奇妙：民间传说往往带有～的色彩｜非常～的故事。
　　*"神奇"和"神异"："神奇"强调奇特、罕见；"神异"强调怪异，很不一般。"神奇"语意较轻；"神异"语意较重。"神奇"一般用于景物、力量、故事等；"神异"一般用于景物、魔术、特异功能等。"神奇"只有形容词用法；"神异"除形容词用法外，还有名词用法。

【神情】shénqíng 名。人脸上所显露的内心活动：满意的～｜她的～是那么从容、冷静。
　　*"神情"和"神气"："神情"只有名词用法；"神气"除名词用法外，还有形容词用法。"神情"常用于书面语，"神气"常用于口语。

【神品】shénpǐn 名。绝妙的作品；多指书画：王羲之的书法是公认的～。

【神色】shénsè 名。神情气色：～自若｜～慌张｜脸上现出了鄙夷的～。
　　*"神色"和"神气"："神色"着重指反映内心活动的眼神和其他面部表现；"神气"强调面部表现出的精神状态。"神色"只有名词用法；"神气"除名词用法外，还有形容词用法。"神色"多用于书面语，"神气"多用于口语。

【神圣】shénshèng 形。崇高庄严，不可侵犯和亵渎的；常形容使命、领土等：～的使命｜～的领土｜～不可侵犯的主权。

【神思】shénsī 名。精神，心绪：～恍惚｜～不宁。

【神似】shénsì 形。精神实质上相似；与"形似"相对：傅抱石的花鸟画，栩栩如生，非常～。

【神速】shénsù 形。出奇的快；不加程度副词：兵贵～｜进展～。

【神算】shénsuàn 名。非常准确的推测：这一仗打得如此顺利，多亏师长的～。

【神态】shéntài 名。神情态度：～自若｜～不安。

【神通】shéntōng 名。原为佛教用语，指无所不能的力量，后指极其高明的本领：～广大｜颇有～。

【神童】shéntóng 名。指特别聪明的儿童：这小孩五岁就能做很多数学题，真是个～。

【神往】shénwǎng 动。由衷地向往；多指对某种理想或美好的事物，不带宾语：北方的青纱帐呵，你至今还这样令人～｜桂林的山水，我们无不～。

【神威】shénwēi 名。神奇的威力：在这次战役中，人民军队大显～，一举全歼敌人。

【神位】shénwèi 名。宗庙、祠堂中或祭祀时设立的牌位。

【神武】shénwǔ 形。英明威武；多用于称道帝王将相；关羽在民间是一个忠义～的典型人物，影响很大。

【神物】shénwù〈书〉名。(1)神奇的东西：这个铁牛，群众视为～，据说能知阴晴风雨。(2)指神仙。

【神仙】shénxiān 名。(1)道家称得道后能长生不老，变化莫测，遨游天空的人。(2)比喻有超人能力的人：孔明真是个～，料事那么准。(3)比喻逍遥自在、毫无牵挂的人：整天悠悠荡荡，无所事事，这真是～过的日子，谁能比得上他。

【神像】shénxiàng 名。(1)神佛的图像或塑像。(2)旧指遗像。

【神效】shénxiào 名。神奇的功效：药到病除，真有～｜用此妙计，必生～。

【神医】shényī 名。指医术非常高明的人：～华佗。

【神异】shényì ❶名。神怪:据说这座山里有很多～精灵|这里流传着不少有关～的故事。❷形。神奇:孙悟空有七十二变的～本领|这里看来并无～之处。

【神勇】shényǒng 形。形容人非常勇猛:楚霸王～非凡。

【神游】shényóu 〈书〉动。感觉中或睡梦中好像到某地游玩;常带处所宾语:～故国|贾宝玉～太虚境。

【神韵】shényùn 〈书〉名。精神韵致:着色以后,这幅画的～全部显出来了|他扮演陈毅,模样很像,但～差多了。

【神志】shénzhì 名。人的知觉和意识:～清醒|～昏迷。

【神智】shénzhì 名。精神智慧:好书可以益人～。

【神州】shénzhōu 〈书〉名。战国时驺衍称中国为"赤县神州",后来用"神州"作中国的代称:～大地,欢歌四起。

【神主】shénzhǔ 名。旧时在一块小木牌上写着死人的名字,作为供奉和祭祀的对象,这块小木牌就叫神主。

shěn (ㄕㄣˇ)

沈(△瀋) shěn △❶地名用字。沈阳市,在辽宁省。❷姓。
另见chén(沉)。

审(審、△諗) shěn ❶动。常带宾语或补语。(1)审查;用于文稿:～了几篇稿|这篇文章请您～一下。(2)审讯;用于案件或犯人等:今天～了一起盗窃案|犯人的罪行必须～清楚。❸⟨书⟩知道:不～近况如何。❷⟨书⟩副。的确,果然:～如其言。❸⟨素⟩详细,周密:～慎|～视。

【审查】shěnchá 动。仔细地检查核对;多指计划、提案、著作、个人的经历等:这些提案由你～。常带宾语或补语:～了一个人的历史|这份计划厂长已～了一遍。可重叠:这些书要好好～～。

【审察】shěnchá 动。常带宾语。(1)仔细察看;用于人物、环境、现场等:～了作案现场。(2)审查:～计划实施情况|～干部。

【审处】shěnchǔ 动。常带宾语。(1)审判处理;用于法院审案中的有关人员:案犯。(2)审查处理;用于组织对其成员:对贪污受贿的人员必须严加～|～了几个违反校纪的学生。

【审定】shěndìng 动。审查后决定:这份计划送领导～。常带宾语:～企业管理条例。

【审订】shěndìng 动。审阅修订;用于文稿、书籍、计划等:这本教材要重新～。常带宾语或补语:～书稿|～了三次。

【审读】shěndú 动。审查阅读;常带宾语或补语:～各厂的汇报材料|这部书稿已～了一遍。也说审阅。

【审核】shěnhé 动。审查核定;多用于书面材料或数字材料:这份报表请你～。常带宾语或补语:～预算|基建经费已～完毕。

【审计】shěnjì 动。专设机关对各级政府部门和企事业单位的财务收支进行全面系统的审查,以确定其是否正确和符合有关规定;可带宾语或补语:～帐目|～了一个月。常作定语:～部门|～制度。

【审理】shěnlǐ 动。审查处理;多指法院处理案件:这个案子要迅速～。常带宾语或补语:～了一起抢劫案|所有案件都要及时～清楚。

【审美】shěnměi 动。欣赏与鉴别事物或艺术品的美;多作定语:～观念|～能力。

【审判】shěnpàn 动。法院对案件、案犯进行审理和判决:对这几个诈骗犯法院即将～。常带宾语:～罪犯|～案件。

【审批】shěnpī 动。审查批示;多用于上级对下级呈报上来的书面计划、报告等:你们的报告,县委正在～。常带宾语或补语:～招生计划|这份报告领导还没有～下来。

【审慎】shěnshèn 形。周密而谨慎;形容对工作或事情的态度:老刘办事非常～|必须～地处理人民内部矛盾。

【审时度势】shěn shí duó shì 成。审:仔细研究;时:时局,现状,度:估计;势:趋势。仔细研究现状,正确估计形势及其变化:作为一个领导者,要善于～,根据情况及时作出正确的决策。

【审视】shěnshì 〈书〉动。仔细看;常带宾语和补语:～着他的脸色|对这个陌生人,他～良久。

【审问】shěnwèn 动。公安机关或法院向案件的当事人或被告等查问有关案件的事实: 这个案件由你去～。常带宾语或补语:～犯人|～了一番。可带双宾语: 他几个问题。可重叠: 还要再～～。

【审讯】shěnxùn 同"审问"。

【审议】shěnyì 动。审查讨论: 这份改革计划我们已经～过了。常带宾语或补语: 人民代表大会～了国务院的工作报告|对这个提案～了一番。

渖(瀋) shěn 〈素〉汁: 墨～未干。

婶(嬸) shěn 名。(～儿)(1)称呼叔叔的妻子: 二～儿|表～。常叠用:～～。(2)称呼与母亲辈分相同而年纪较小的已婚妇女; 前面一般要加姓和表示序数的词语: 张二～|李大～。

哂 shěn 〈素〉(1)微笑:～纳|不值一～。(2)讥笑:～笑。

【哂纳】shěnnà 〈书〉动。微笑地接受; 客套话, 用于请人收下礼物, 不带宾语: 奉上薄礼一份, 务请～。也说哂收、笑纳。

矧 shěn 〈古〉连。况且。

谂 shěn 〈古〉动。(1)知道。(2)劝告。

shèn(ㄕㄣˋ)

肾(腎) shèn 名。人和高等动物滤出尿液的主要排泄器官, 位于腹腔内壁, 左右各一。也叫肾脏, 俗称腰子。

甚 shèn ❶副。很, 极; 多用作形容词的状语:～好|进步～慢。❷动。胜过, 超过; 用于比较, 常用"于"构成的介词词组作补语: 日～一日|郊区的鼠害～于市区。❸〈方〉代。什么: 要它作～?|姓～名谁? ❹〈素〉过分, '厉害: 过～|太～。
另见shén(什)。

【甚而】shèn'ér 同"甚至"。

【甚或】shènhuò 〈书〉同"甚至"。

【甚嚣尘上】shèn xiāo chén shàng 成。据《左传·成公十六年》记载: 有一次楚晋两国在鄢陵打仗, 楚王登车察看敌军情况, 对旁边的人说:"甚嚣, 且尘上矣。"甚: 很; 嚣: 吵闹; 尘: 尘土向上飞扬。原指人声喧嚣, 尘土飞扬, 形容忙乱喧哗的样子。后形容对传闻之事议论纷纷, 现多指反动言论十分嚣张; 用于贬义: 最近, 有些奇谈怪论到处传扬,～, 对此我们要提高警惕。

【甚至】shènzhì 也说甚至于、甚而至于。
❶连。连接两项或两项以上的成分, 放在最后一项之前, 表示强调这一项: 他们贡献出所有的精力,～宝贵的生命。有时前一分句用连词"不但"照应: 这次足球比赛, 不但男同学踊跃参加,～女同学也想试试。❷副。强调事例十分突出, 表示更进一层的意思; 后面常用"也、都"相呼应: 这样的道理～连三岁的孩子也知道。

葚 shèn 见"桑葚"。
另见rèn。

椹 shèn 同"葚"。
另见zhēn。

胂 shèn 名。有机化合物的一类, 是砷化氢中的氢原子被烃基替换后生成的化合物。胂类化合物多有剧毒。

渗(滲) shèn 动。液体慢慢地透出或漏出: 油还在往外～着呢。常带宾语或补语:～水|绷带外面～了好多血|汗水～透了衣衫|雨水～到地里去了。

【渗入】shènrù 动。常带宾语或补语。(1)液体慢慢地透到里面去: 油～泥土。(2)比喻某种势力无孔不入地钻进来; 多含贬义: 要警惕各种不良分子～到革命队伍中来。

【渗透】shèntòu 动。常带宾语或补语。(1)液体从物体的细小空隙中透过: 殷红的鲜血从他的衣服上～出来|雨水～了泥土。(2)比喻一种事物或势力逐渐进入到其他方面; 多指抽象事物: 这部书～了作者几十年的心血|封建观念的残余还～在我们生活领域中的许多角落。

瘆(瘮) shèn 〈方〉动。使人害怕, 恐怖; 常以"人"作宾语, 或带补语: 这死尸的样子真～人|走这山路使人～得慌。

蜃 shèn 〈古〉名。蛤蜊。

【蜃景】shènjǐng 见"海市蜃楼"。

慎 shèn ❶〈素〉小心,注意:谨~|~重|不~|谨小~微。❷姓。

【慎终】shènzhōng 〈书〉动。事情一开始就考虑到后果,因而谨慎从事:~于始。

【慎重】shènzhòng 形。形容做事不轻率,谨慎持重:做事很~|~地发表意见|~的态度。

＊"慎重"和"郑重":"慎重"偏于谨慎小心,跟"冒失、轻率"相对;"郑重"偏于严肃、正经,跟"随便"相对。"慎重"用于人们对待工作和处理事情的态度,常跟"处理、决定、选择、态度"等词搭配;"郑重"用于形容人的言行的态度和方式,常跟"声明、宣布、提出、发表、介绍、态度"等词搭配。

shēng(ㄕㄥ)

升(△昇、△陞) shēng △❶动。常带宾语或补语。(1)向上移动;跟"降"相对:一缕炊烟袅袅地向上~|~国旗|太阳~起来了。△(2)提高;跟"降"相对:他的职务又~了|~了一级工资。可带兼语:~他当工程师。❷名。量粮食的器具,容量是斗的十分之一。❸量。容量单位,容积等于一立方分米。

【升格】shēnggé 动。升高;指身份、地位、等级等,不带宾语:两国谈判~了。可带补语:公使~为大使|有些县~成为市。可拆开用:升了一格。

【升华】shēnghuá 动。不带宾语,可带补语。(1)固态物质不经过液态阶段而直接变为气态,如樟脑、碘等都很容易升华。(2)比喻某些事物的提高和精炼:艺术是现实生活的结果|英雄们的思想~到了很高的境界。

【升级】shēngjí 动。不带宾语,可拆开用。(1)从较低的等级或年级升到较高的等级或年级等:成绩及格,准予~|他的工资今年又升了一级。(2)事物规模扩大或事态紧张程度加深;常用于战争、形势:战争在不断~|谈判的紧张程度又升了级。

【升平】shēngpíng 〈书〉形。太平;不加程度副词:~景象|歌舞~|四海~。

【升迁】shēngqiān 〈书〉动。旧指由一个部门调到另一个部门担任更高的职务;常带宾语或补语,可带动态助词"了、过":当了几年京官,他由主事~郎中了|王知县官运亨通,~得特别快|三年当中~了两次。

【升堂入室】shēng táng rù shì 成。古代官室,前为堂,后为室。后用"升堂入室"来比喻人的学识、技能由浅入深,达到更高的水平:他对于儒家经典的研究已经~,造诣很深。也作登堂入室或入室升堂。

【升腾】shēngténg 动。常带宾语或补语。(1)火焰、气体等向上升:火焰不断地向上~着|山谷里~起一朵朵白烟。(2)比喻思想感情等的急速发展。她心中开始~着希望|一种崇高的助人为乐的感情又在他的心里~起来。

【升天】shēngtiān 动。迷信的人称人死亡;不带宾语:东府的太爷昨儿~了。可拆开用:老人合上眼,升了天。

【升帐】shēngzhàng 〈书〉动。指元帅召集将士议事或发令;多见于早期白话,不带宾语:今日元帅~议事,我等前去侍候。

【升值】shēngzhí 动。不带宾语,可带补语。(1)增加本国单位货币的含金量或提高本国货币对外币的比价,叫做升值;与"贬值"相对:由于日元~,日本的出口贸易受到严重影响|~很多。(2)泛指事物等价值提高;如今知识~了|改革使懒人变勤,时间~了。

生 shēng ❶动。常带宾语或补语。(1)生育,出生:~孩子|他~在北京。(2)生长:麦子~了芽|根~在泥土里。(3)产生,发生:污水里~了好多孑孓|这场病~得很重。(4)使柴、煤等燃烧:他正在~煤炉|炉火~得很旺。❷形。(1)果实没有成熟;跟"熟"相对:这西瓜太~了|~柿子不能吃。(2)食物没有烧熟;跟"熟"相对:面条里的肉有点儿~,|馒头还是~的。(3)不熟悉,不认识:初到一个~地方有些不习惯|会场上有些是~面孔。❸〈素〉(1)生活,职业:~计|

谋~|营~。(2)生命：丧~|轻~|舍~取义。(3)有生命的，活的：~物|~气|~灵。(4)生平：余~|毕~|一~一世。(5)学习的人，读书的人：学~|书~|招~。(6)戏曲里扮演男角的人：老~|武~。(7)某些人或从事某种职业的人：后~|先~|医~。(8)生硬：~搬硬套|~拉硬拽。(9)没有加工或炼制过的：~漆|~铁。(10)很：~恐|~怕。❹姓。

【生搬硬套】shēng bān yìng tào 成。生：生硬。不顾实际情况机械地搬用别人的经验或照抄别人的做法等：向外国学习，一定要根据国情，切不可~。

【生不逢辰】shēng bù féng chén 成。辰：日子，时辰。生下来就没有遇到过好时辰，嗟叹命运不好：我小时候是在战乱中度过的，真是~。也说生不逢时。

【生财有道】shēng cái yǒu dào 成。原指国家开发财源的途径、办法，后指很有发家致富的本领：他~，一年下来收入上万元。

【生产】shēngchǎn 动。(1)人使用工具创造各种物质：这种产品我们没有~过。常带宾语和补语：~粮食|~出来一批新型汽车。可作主语或宾语：~发展了|从事商品~。也可作定语：~方式|~活动。(2)指育育：不带宾语：他妻子快~了。

【生产方式】shēngchǎn fāngshì 词组。人们取得物质生活资料的方式，包括生产力和生产关系两个方面。生产方式是社会生活的基础和社会发展的决定力量。不同的生产方式决定社会的不同性质。

【生产工具】shēngchǎn gōngjù 词组。人们在生产过程中用来改变劳动对象的器具，如石器、农具、机器等。生产工具的创造和使用是人类所特有的。它的发展水平标志着生产力的发展水平。

【生产关系】shēngchǎn guānxì 词组。人们在物质资料的生产过程中所结成的社会关系。它包括生产资料的所有制形式、人们在生产中的地位和相互关系、产品分配的形式三个方面。其中起决定作用的是生产资料所有制的形式，它决定人们在生产中的地位和产品分配形式，从而决定生产关系的性质。

【生产力】shēngchǎnlì 名。人们征服自然、改造自然的能力。它包括具有劳动能力的人与生产资料(生产工具和劳动对象)两个方面。其中，劳动者是决定性因素，生产工具则是生产力发展水平的物质标志。科学技术运用于生产，对生产力的发展有巨大作用。生产力是社会生产中最活跃最革命的因素，它的发展和变化或迟或早要引起生产关系的变革。

【生产资料】shēngchǎn zīliào 词组。劳动资料和劳动对象的总和，是人们从事物质资料生产时所必须的物质条件。其中起主要作用的是属于劳动资料的生产工具。也叫生产手段。

【生辰】shēngchén 名。生日：~八字|今日是我母亲的~。

【生凑】shēngcòu 动。勉强凑成：每次作文，他总觉得没有什么东西可写，只得糊乱~。可带宾语：他~了一副对联。

【生存】shēngcún 动。活着，保持生命；与"死亡"相对，不带宾语：没有水，人和动植物都无法~。可带补语：环境虽然很恶劣，但我们总可以设法~下去。

【生动】shēngdòng 形。有生气、有活力、能感动人的；常用于人的表情、语言、场面、气氛等：文章~活泼|语言很~|~的表演。

【生番】shēngfān 名。旧时对开化较晚的民族的蔑称。

【生分】shēng·fen 形。疏远，冷淡；用于感情：你这样称呼他，就显得有点~了。

【生俘】shēngfú 动。活捉；用于对敌人：敌人营长被我军~。常带宾语：~敌军100余人。

【生根】shēnggēn 动。不带宾语，可拆开用。(1)植物长根：插的柳树枝~发芽了|生出了不少根。(2)比喻事物建立起牢固的基础：作家要在群众中~，才能写出反映群众生活的好作品|他在农村生了根。

【生花妙笔】shēng huā miào bǐ 成。五代·后周·王仁裕《开元天宝遗事·梦笔头生花》："李太白少时，梦所用之笔头上生花，后天才赡(shàn)逸，名闻天下。"后比喻杰出的写作才能：他才思敏捷，又有~，写起文章来一挥而就，令人惊叹。也作妙笔生花。
【生还】shēnghuán 动。脱离危险,活着回来;不带宾语: 飞机失事,无一～|这次轮船触礁沉没,不知老王有没有～的希望。
【生活】shēnghuó ❶名。(1)人或生物为了生存和发展而进行的各种活动: 文化～|考察野生动物的～情况。(2)衣、食、住、行等方面的情况: 人民的～提高了。(3)〈方〉活儿; 主要指农业、工业、手工业方面的事情: 做～|最近～不忙。❷动。不带宾语,可带补语。(1)进行各种活动: 我们一直愉快地～着|我们在一起～了二十年。(2)生存,活着: 人没有氧气就不能～|这种动物曾经在大陆上～了十几万年。

*"生活"和"生计": "生活"使用范围大,可以指社会生活、政治生活等各种活动; "生计"使用范围较小,主要指衣、食、住、行等方面。"生活"有动词用法; "生计"没有。"生活"可作口头语,也可作书面语; "生计"一般作书面语。

【生活资料】shēnghuó zīliào 词组。用来满足人们物质生活和文化生活需要的社会产品,如食品、衣服、住房等。也叫消费资料。
【生机】shēngjī 名。(1)生存的机会: 只有一线～。(2)生命力,活力: ～勃勃|春天的大地上充满了～。
【生计】shēngjì 名。(1)维持生活的办法: 另谋～。(2)衣、食、住、行等方面的情况: ～艰难|为了家庭的～,我很早便就业了。
【生就】shēngjiù 动。生来就有; 常用于人的相貌、性格等: 哪有娘胎里～的脾气? 可带宾语: 她～一张能说会道的嘴。
【生恐】shēngkǒng 副。很忧虑,唯恐; 表示对情况的担心: ～赶不上车|他～不来。
【生拉硬拽】shēng lā yìng zhuài 成。(1)形容用力拉扯,强使人听从自己: 我本不想去,他～地把我拖去了。(2)比喻牵强附会: 这两件事毫不相干,不能～地连在一起。
【生来】shēnglái 副。从小时候起: 她～就是这脾气。

【生老病死】shēng lǎo bìng sǐ 成。佛家认为生、老、病、死是人生的四苦,今泛指生活中的生育、养老、医疗、殡葬等事,是谁也免不了的|一切群众生活方面的事,包括～,干部都要关心。
【生冷】shēnglěng 名。指生的和冷的食物: 不管～,抓到就吃|吃药期间要忌～。
【生离死别】shēng lí sǐ bié 成。原指活着分离,死后永诀,是人生最悲痛的两件事,今多形容将难再见面的离别或永久的离别: 敌人把她的丈夫抓去,这样的～,怎能不叫她悲痛万分?
【生理】shēnglǐ 名。机体的生命活动和体内各器官的机能: ～卫生|～功能。
【生力军】shēnglìjūn 名。(1)新加入的具有强大作战能力的军队。(2)比喻新加入某种工作或活动能起积极作用的人员: 青年是建设国家的～。
【生灵】shēnglíng 名。(1)〈书〉人民,百姓; 多用在比较固定的组合中: ～涂炭|荼毒～。(2)生命: 多可爱的小～呵! 对人无所求,给人的却是极好的东西。
【生灵涂炭】shēnglíng tútàn 成。生灵: 百姓; 涂: 泥沼; 炭: 炭火。谓百姓如陷入泥沼、坠入火坑,形容处于极端困苦的境地: 那年战火不息,～。也说生民涂炭。
【生龙活虎】shēng lóng huó hǔ 成。(1)比喻精力充沛,充满生气; 多形容青年人的精神状态: 操场上,同学们正～地参加各种体育活动。(2)喻指充满活力的人: 这些小伙子干起活来个个如～一般。
【生路】shēnglù 名。维持生活或生存的途径: 找～|另谋～|放你一条～。
【生米煮成熟饭】shēng mǐ zhǔ chéng shú fàn 成。比喻事情已经做成,不能改变; 多含无可奈何的意味: 他们俩的婚事,～,只好听之任之。
【生命】shēngmìng 名。(1)生物体所具有的活动能力: 为了革命事业他不惜牺牲～。(2)比喻能够使事物存在发展下去的能力: 政治～|这位歌唱家十分珍惜自己的艺术～。

*"生命"和"性命": "生命"意义范围广,泛指一切生物的生命,还有比喻用法; "性命"意义范围窄,多指人或动物

的生命,一般没有比喻用法。"生命"多用于比较庄重的场合;"性命"多用于口语。

【生命力】shēngmìnglì 名。生存下去的能力;用于生物和某些事物:这种植物的~很强,在沙漠里也能生长|新生事物有强大的~。

【生怕】shēngpà 副。生恐,很担心:~你忘了,特意提醒你。
　　＊"生怕"和"生恐":"生怕"强调疑虑、担心,语意较轻;"生恐"强调害怕、担心,语意较重。"生怕"常用于口语;"生恐"只用于书面语。

【生僻】shēngpì 形。不常见的,不熟悉的,常指生疏的词语、文字、书籍等:~的词语|这个典故很~。

【生平】shēngpíng 名。一个人生活的整个过程,一辈子:~事迹|这真是我~没有见过的新鲜事儿。

【生气】shēngqì ❶动。因不合心意而不愉快;不带宾语:不要为这点小事~。可加程度副词:孩子不听话,她很~。可拆开用:生谁的气? ❷名。生命力,活力:~勃勃|青年人最富有~,最少保守思想。

【生趣】shēngqù 名。生活的趣味:~盎然。常作宾语:学校生活丰富多采,充满~|如今我落到这个地步,还有什么~?

【生人】shēngrén ❶动。指人出生;不带宾语:他是1960年~。可拆开用:我是辛亥年生的人。❷名。不认识、不熟悉的人:这孩子怕见~。

【生日】shēngri 名。指人出生的日子:1960年5月2日是他的~。也指每年满周岁的那一天:今天是弟弟十周岁~。

【生色】shēngsè 动。增添光彩;不带宾语,可带补语:你来了,使我们的聚会~不少|春到人间,湖山~。

【生涩】shēngsè 形。不流畅,不纯熟;指言词、文字等:他的文章~难读|这几句话太~。

【生杀予夺】shēng shā yǔ duó 成。生:让人活;杀:处死;予:给予;夺:剥夺。指掌握生死赏罚的大权。旧社会里的老板对包身工有~的权力。

【生事】shēngshì 动。制造纠纷,惹事;不带宾语:这个人最会~。常与其他动词并用:造谣~。可拆开用:他这一吵,恐怕要生出许多事来。

【生手】shēngshǒu 名。指刚开始做某项工作、对工作尚未熟悉的人:这些青年人刚进厂,都是~。

【生疏】shēngshū 形。(1)没有接触过或很少接触的:人地~|我对这门学科很~。(2)因长期不用而不熟悉:几年没打算盘,今天打起来有点~了。(3)疏远,不亲近;用于感情:两家来往很少,关系很~。
　　＊"生疏"和"陌生":"生疏"的事物可以是原先熟悉或接触过的,也可以是过去没有接触过的;"陌生"的事物一般是以前从未接触过的。"生疏"还指关系、感情不亲近;"陌生"没有这个意思。"生疏"可以用于人、名字、地方、工作、业务等,使用范围广;"陌生"只用于人、地方等,使用范围窄。

【生死攸关】shēng sǐ yōu guān 成。攸:所。关系到人的生存和死亡;形容事情的严重:这是~的事情,不能有半点马虎。

【生态】shēngtài 名。生物的生理特性和生活习性以及相互之间的依存关系:~系统|要保持~平衡。

【生吞活剥】shēng tūn huó bō 成。原指抄袭他人诗文。现泛指不切实际,生搬硬套别人的理论、经验、方法等;含贬义:学习外国的经验不能~,要根据我国的情况,吸取有用的东西。

【生物】shēngwù 名。自然界中具有生长、发育、繁殖等能力的物体,包括动物、植物和微生物三大类。

【生息】shēngxī 动。不带宾语。(1)取得利息:钱别放在家里,存在银行里既保险,又可以~。可拆开用:生了不少息。(2)〈书〉繁殖人口;一般用在固定组合中:休养~。(3)〈书〉生活,生存:南方的一些动物移到北方往往难以~。

【生肖】shēngxiào 名。用十二种动物与十二地支相配,即子鼠、丑牛、寅虎、卯兔、辰龙、巳蛇、午马、未羊、申猴、酉鸡、戌狗、亥猪。人生在某年就属某种动物,如子年生的就属鼠,丑年生的就属牛等。

也叫属(shǔ)相。

【生效】shēngxiào 动。发生效力；不带宾语：条约自签订日起开始～|父亲这一发火，立即～，弟弟就识相地不闹了。可拆开用：生不了效。

【生性】shēngxìng 名。从小养成的性格、习惯：～活泼|～爽直|～勤快。

【生涯】shēngyá 名。指从事某种活动或职业的生活，常作中心语：戎马～|笔墨～。

【生养】shēngyǎng 〈口〉动。生育：她一直没～过。常带宾语或补语：～了两胎|～得很顺利。

【生业】shēngyè 名。赖以生活的职业、生产：各安～|以田猎为～。

【生意】shēngyì 名。(1)富有生命力的气象，生机，常作宾语：春天来了，田野里充满了～。(2)指商业经营，或货物买卖：～兴隆。常与动词"做"搭配使用：做了一笔～|～做得怎么样？

【生硬】shēngyìng 形。(1)勉强做的，不自然，不熟练；一般形容文字或动作：文章念起来太～|这个外国人用～的汉语跟我说话|弹琴的手法比较～。(2)粗暴，不细致；常指对人的态度、作风等：～的态度|你的作风太～了。

＊"生硬"和"强硬"："生硬"侧重于不自然、不委婉；"强硬"侧重于强有力、不退让。"生硬"多跟"态度、语言、作风、方法"等搭配；"强硬"多跟"态度、语言、抗议、对手"等搭配。"生硬"含贬义；"强硬"是中性词。

【生育】shēngyù 动。生孩子：计划～|她结婚三年了，还没～。可带宾语：～过一男一女。

【生员】shēngyuán 名。明清两代称通过最低一级考试得以在府、县学读书的人。通称秀才。

【生造】shēngzào 动。凭空制造；一般用"词语"等作宾语：不要～词语。

【生长】shēngzhǎng 动。(1)生物体在一定条件下，体积和重量逐渐增加：山坡上的树在慢慢地～。常带宾语或补语：这里～着耐寒植物|这棵树已～了20多年。(2)出生和成长；用于人或事物，不带宾语，可带补语：我～在农村|新事物在不断地～。

＊"生长"和"成长"："生长"侧重在发育滋长；"成长"侧重在发展成熟。"生长"有时可带宾语；"成长"不能。

【生殖】shēngzhí 动。生物产生幼小的个体以繁殖后代，是生命的基本特征之一。分有性生殖和无性生殖两大类：不让这种野草在稻田里～蔓延。常作定语：～能力|～季节。

牲 shēng 〈素〉(1)家畜：～口|～畜。(2)古代特指祭神用的牛、猪、羊等：三～|献～|牺～。

【牲畜】shēngchù 名。指家庭中饲养的牛、羊、马等家畜。

【牲口】shēng·kou 名。用来帮助人做活的家畜，如马、牛、驴等。

笙 shēng 名。管乐器，用若干根长短不一、装有簧的管子和一根吹气管装在一个锅形的座子上制成，用口吹奏。

【笙歌】shēnggē 〈书〉名。泛指奏乐唱歌：处处～，一派繁华景象。

甥 shēng 名。外甥，姐姐或妹妹的儿子。

声(聲) shēng ❶名。(～儿)声音：没有～儿|你大点～儿。❷量。表示声音发出的次数：响了几～|叫了三～。❸〈素〉(1)名声：～誉|～望。(2)声母：双～。(3)声调：平～|人～。(4)发出声音让人知道，宣布，陈述：～明|～张|不～不响。

【声辩】shēngbiàn 动。公开辩解；一般不带宾语：问题已经很明朗了，请你别再～。可作"进行、加以、开始"等动词的宾语：对他的批评，我要进行～。

【声部】shēngbù 名。四部和声的每一部叫一个声部。器乐声部分高音部、中音部、次中音部、低音部。歌唱声部分女高音、女中音、女低音、男高音、男中音、男低音。

【声称】shēngchēng 动。用语言或文字公开表示；多带动词性词组或主谓词组作宾语：关于这次事故他～毫不知情|这位外长～他们将从该国撤军。

＊"声称"和"表示"："声称"多指对许多人公开表示，含郑重色彩，语意较重；"表示"可以是对许多人，也可以是对一

个人,语意较轻。"声称"一般是用语言、文字进行的;"表示"可以是用语言文字,也可以是用行为、眼色等显示的。"声称"只有动词用法;"表示"有动词和名词两种用法。

【声带】shēngdài 名。(1)发音器官的主要部分,是两片条状的纤维质薄膜,位于喉腔中部。肺内呼出气流振动薄膜,即发出声音。声带的厚薄、长短和松紧,决定声调的高低。(2)记录着声音的电影胶片或磁带。

【声调】shēngdiào 名。(1)指字音高低升降的调子,如普通话分阴平、阳平、上声、去声四个声调。也叫字调。(2)指说话或唱歌等的腔调:她朗诵的～很好听。

＊"声调"和"音调":"声调"强调语气、语调;"音调"强调感情色彩和个人的音质。"声调"多用于比较郑重、认真的场合;"音调"多用于表示感情态度或个人语音特点的场合。"声调"还指字音的高低升降;"音调"没有这样的意思。

【声东击西】shēng dōng jī xī 成。表面上声张要攻打这一边,实际却攻打另一边,是一种迷惑敌人的方法:我军采用～的战术,使敌人晕头转向,被动挨打。

【声泪俱下】shēng lèi jù xià 成。一边诉说,一边哭泣;形容极为悲恸:他说到激动处,就～。

【声名】shēngmíng 〈书〉名。名声:～狼藉|～卓著。

【声明】shēngmíng ❶动。公开表示态度或说明真相:对这种诬陷,我们要登报～,予以驳斥。常带宾语或补语:～我国的立场|～了两次。可带动词性词组或主谓词组作宾语:他～不参加竞选|我外交部郑重～南沙群岛历来是中国的领土。❷名。指政府、政党或团体对某个问题、事件表明立场、主张的文件或发言:报上刊登了我国政府的～。常作"发表"的宾语:两国领导人会谈后发表了联合～。

＊"声明"和"申明":"声明"着重表示宣布、说明;"申明"着重表示解释、辩白。"声明"可作名词;"申明"不能。

【声母】shēngmǔ 名。指一个汉字开头的那个音素,大部分由辅音充当。如"大(dà)"的声母是"d"。还有一小部分字音是直接以韵母起头的,称零声母,如"安(ān)"。

【声纳】shēngnà 名。音译词。一种利用超声波在水中的传播和反射来进行导航和测距的技术或仪器,军事上用于侦察,也用于测量海深和发现鱼群等方面。

【声旁】shēngpáng 名。形声字里表示读音的偏旁,如"桐",其中的"同"就是声旁。参见"形声"。

【声气】shēngqì 名。(1)讯息:互通～|好久不通～了。(2)〈方〉说话的语气、声音:一家人对她都没有好～,她像个小媳妇似的。

【声气相求】shēngqì xiāng qiú 成。比喻朋友之间思想一致,性情相合:两位朋友～,亲密无间。也说声气相投。

【声腔】shēngqiāng 名。许多剧种所具有的共同的、成系统的腔调,主要声腔有昆腔、高腔、梆子腔、皮黄等。

【声情并茂】shēng qíng bìng mào 成。并:都;茂:草木茂盛,引申为美好。形容演唱的唱腔和表情达到了很高的水平:几位歌手～地演唱了聂耳的歌曲。

【声色】shēngsè 名。(1)说话的声音和脸色;多用在固定组合中:不动～|～俱厉。(2)〈书〉指歌舞和女色,含贬义:贪恋～|沉湎于～。

【声色犬马】shēng sè quǎn mǎ 成。声:歌舞;色:女色;犬:养狗;马:骑马。形容荒淫无耻的生活:王公贵族日夜沉湎于～之中,哪里还会顾及国计民生?

【声势】shēngshì 名。威力和气势:～浩大|虚张～|这次活动,影响很有～。

【声嘶力竭】shēng sī lì jié 成。嘶:哑;竭:尽。嗓子喊哑,力气用尽,常作"喊、吼、叫、骂"等动词的修饰语:他～地叫道:"滚开!"也作力竭声嘶。

【声速】shēngsù 名。声音传播的速度,它同介质的性质和状态有关,如在15℃的空气中每秒为340米。也叫音速。

【声讨】shēngtǎo 动。公开谴责;用于对敌人的罪行,常带宾语:全国人民一致～叛国分子的罪行。

【声望】shēngwàng 名。为群众所仰望的名声:颇有～|他在学术界～极高。

【声威】shēngwēi 名。声誉与威望：～大震｜～远播。

【声息】shēngxī 名。(1)声音；常用于否定式：屋子里没有一点～，静悄悄的。(2)消息，音讯：互通～｜一去之后，～杳然。

【声响】shēngxiǎng 名。声音：车间里，机器发出巨大的～。

【声言】shēngyán 动。声称；多带动词性词组或主谓词组作宾语：他～不参加竞选｜他～自己没有贪污。

【声音】shēngyīn 名。由物体振动而发生的波通过耳朵所产生的听觉印象：～很高｜没有～。

【声誉】shēngyù 名。声望和名誉：办企业要讲究～｜这个产品在市场上的～很好。

【声援】shēngyuán 动。公开发表言论表示支持；一般用于正义的行动或斗争：对各国人民的正义斗争我们都要～。常带宾语：我国人民～南非人民反对种族主义者的斗争。

＊"声援"和"支援"："声援"主要指精神上和道义上的支持，以发表言论的方式表示；"支援"主要指人力、物力等方面的支持。"声援"的对象主要是国家、人民、斗争、运动等；"支援"的对象除国家、人民、斗争、运动外，还可以是个人、单位、地区等。

【声乐】shēngyuè 名。歌唱的音乐，可以有乐器伴奏；区别于"器乐"。

【声张】shēngzhāng 动。把消息、事情传播出去；多用于否定式，不带宾语，可带补语：这件事不能～｜这事如果～出去，可不是闹着玩的。

shéng (ㄕㄥˊ)

渑(澠) shéng 古水名，在今山东省临淄附近。
另见 miǎn。

绳(繩) shéng ❶名。(～儿、～子)用两股以上的各种纤维或稻草、金属丝等拧成的比线粗的条状物；量词用"根、条"等。❷〈书〉动。纠正，约束，制裁；多用在比较固定的组合中：～之以法｜～之以纪律。❸姓。

【绳锯木断】shéng jù mù duàn 成。用绳锯木头，时间长了，也能把木头弄断。比喻力量虽小，只要坚持不懈，事情就会成功；常与"水滴石穿"并用：～，水滴石穿，经过几十年的努力，他终于获得了今天的成就。

【绳墨】shéngmò 〈书〉名。木匠画直线用的工具，比喻规矩或法度；常用在比较固定的组合中：不拘～｜不中～(不合规矩)。

【绳梯】shéngtī 名。用绳做的梯子，在两根平行的绳子中间横向而等距地拴上许多短的木棍制成。

shěng (ㄕㄥˇ)

省 shěng ❶动。常带宾语或补语。(1)俭省，节约；与"费"相对：～一笔钱｜～在生活费上。可加动词作宾语：～吃～穿。可加程度副词：她过日子很～。(2)免掉，减去：这两个字不能～｜技术革新后，～了一道工序｜年终报表～不了。❷名。(1)直属中央管辖的行政区划单位：华东地区共有六个～｜一个市。(2)指省会：明天去～开会。
另见 xǐng。

【省便】shěngbiàn 形。省事方便：这个方法极为～｜求学没有～之法。

【省俭】shěngde 〈口〉连。避免发生某种不希望出现的情况；多用在后一分句开头：把东西带齐，～再跑｜把水龙头开小一点，～浪费｜信由我带，～你自己去了。

【省分】shěngfèn 名。省；不用在专名之后：有几个～连年丰收｜西藏是民族自治区，地位相当于一个～。也作省份。

【省会】shěnghuì 名。省级行政机关所在地，通常也是全省的经济、文化中心。也叫省城。

【省俭】shěngjiǎn 〈方〉形。不浪费，节约：他生活上非常～。

【省略】shěnglüè 动。免除，省去；多指不必要的手续、言语等：这段景物描写在文中不起作用，可以～。常带宾语或补语：～了一道工序｜这一节文字～得太多了，语意不明。

【省略号】shěnglüèhào 名。标点符号的一种(……)，表示引文中省略的部分，或表示话语中没说完全的部分,也可表示话语中断断续续的部分。注意:省略号一般是六个小黑点,不必多点。

【省事】shěngshì ❶动。减少办事手续;不带宾语:这样做可以～些。可拆开用:省了许多事。❷形。方便,不费事:有了洗衣机,洗衣服很～。

【省心】shěngxīn 动。少费心;不带宾语:你不来纠缠我,我倒～了。可拆开用:省了我不少心。可重叠:你们不来问我,我倒可以省省心了。

【省治】shěngzhì 名。旧时指省会。

眚 shěng 〈古〉❶动。眼睛生白翳。❷名。过失:不以一～掩大德(不能因为一个人有一点过错就抹杀了他的大功绩)。

shèng(ㄕㄥˋ)

圣(聖) shèng 〈素〉(1)最崇高的:～地|神～。(2)称在某方面有极高造诣的人:诗～|棋～|～手。(3)旧指具有最高智慧和道德的人:～人|～贤。(4)封建社会称颂帝王:～旨|～上。(5)宗教徒对所崇拜的事物的尊称:～经|～餐。

【圣诞节】shèngdànjié 词组。基督教徒纪念传说中的耶稣诞生的节日。多数教会规定为12月25日。这是西方国家喜庆节日之一。

【圣地】shèngdì 名。(1)宗教徒称与宗教创始人有重大关系的地方,常是教徒朝圣的地方。如基督教徒称耶路撒冷为圣地。(2)指具有重大历史意义和作用的地方:革命～。

【圣洁】shèngjié 形。神圣而纯洁;常指思想品德:伟大而～的灵魂。

【圣经】shèngjīng 名。基督教的经典,包括《旧约全书》和《新约全书》。

【圣明】shèngmíng 形。认识清楚,见解高明;旧时对皇帝的谀辞:皇上～|～天子。

【圣母】shèngmǔ 名。(1)有的宗教或迷信的人称某些女神。(2)天主教徒称耶稣的母亲马利亚为圣母。

【圣人】shèngrén 名。(1)旧时指道德智能极高的人。特指孔子。(2)封建时代对君

主的尊称。

【圣上】shèngshàng 名。我国封建时代称在位的皇帝。

【圣手】shèngshǒu 名。指在某方面有极高造诣的人:莫泊桑是写短篇小说的～。

【圣贤】shèngxián 名。圣人和贤人:人非～,孰能无过?

【圣旨】shèngzhǐ 名。封建时代称皇帝的命令。现多用来比喻不能更改的话;含贬义:上司的每句话,对他来说,犹如～一般。

胜(勝) shèng ❶动。(1)胜利,打败对方;与"败"相对:我们～了。常带宾语或补语:国家队～了北京队|～过两回。(2)比另一个优越;不单独作谓语,后面常带助词"过、于",然后再带宾语:身教～过言教|事实～于雄辩。❷〈素〉(1)优美的:～景|～境。(2)能承受或承担:～任|不～枚举。(3)古代戴在头上的一种装饰:方～。

【胜朝】shèngcháo 〈书〉名。前一个朝代;指被战胜而灭亡的朝代:～典制,或废或存。

【胜地】shèngdì 名。有名的风景优美的地方:旅游～|避暑～。

【胜负】shèngfù 名。胜利和失败:武器不能决定战争的～|～乃兵家常事。

【胜迹】shèngjì 名。有名的风景优美的古迹:嵩山少林寺是豫中～。

【胜景】shèngjǐng 名。优美的风景:西湖～|他每到一地,总要去游览名山～。

【胜利】shènglì 动。不带宾语,可作主语或宾语。(1)在斗争或竞赛中打败了对方;与"失败"相对:这场球赛,辽宁队～了|那次～稳定了当时的战局。(2)工作、事业达到了预定的目的:我们的四化大业必定～|我们取得了伟大的～。

　　*"胜利"和"成功"。"胜利"的意思侧重在获胜,"成功"的意思侧重在完成。"胜利"一般用于重大的事情,如革命、斗争、战争、建设等;"成功"大事小事都可用。"胜利"一般不能作补语;"成功"可以作补语,如:这一仗,战术运用得很成功。

【胜券】shèngquàn 名。取得胜利的把握;常与"操、握"等动词搭配:～在握|稳

胜晟盛 shèng 955

操～。注意："券"下边是"刀"，不是"力"，也不是"巳"；不读juàn。

【胜任】shèngrèn 动。能力足以担任；多指工作、任务或职务：叫我当班长,力不～。前面常加能愿动词"能够、可以"等：这工作我不能～。常带宾语或补语：他能～教学工作|这项任务他～不了。

【胜任愉快】shèngrèn yúkuài 成。有足够的能力承担,能轻松愉快地完成任务：做这样的工作他一定能～。

【胜似】shèngsì 动。胜过，超过；须带宾语：秋色～春光。

【胜算】shèngsuàn 〈书〉名。有把握取胜的计谋：稳操～。

【胜仗】shèngzhàng 名。取得胜利的战斗或战役；常跟动词"打"搭配：我们又打了一个大～|这个～得来不容易。

晟

shèng 〈古〉形。(1)光明。(2)兴盛。

盛

shèng ❶形。多作谓语。(1)强烈,旺盛：年轻气～|火势很～。(2)盛行：风气很～|这两年,旅游之风越来越～。❷[素](1)兴旺,繁荣：～开|～世|～昌|～强。(2)盛大,隆重：～会|～典|～况。(3)深,厚：～情|～意。(4)极力：～赞|～夸。❸姓。

另见chéng。

【盛产】shèngchǎn 动。大量出产；须带宾语或补语：江南一带～大米|杉木～于湖广一带。

*"盛产"和"出产"："盛产"习惯上一般只用于作物、木料、药材、矿产和土特产等,而不用于工业品；"出产"不受此限。"盛产"只有动词用法；"出产"有动词和名词两种用法。

【盛传】shèngchuán 动。广泛而频繁地流传；常带宾语或补语：大约十多年前吧,S城中曾～过一个名医的故事|这个消息最初～于南京一带。

*"盛传"和"风传"："盛传"指广泛而频繁地传说,语意较重；"风传"指到处传说,语意较轻。

【盛大】shèngdà 形。规模大,仪式隆重的；指集体活动,多作定语：～的典礼|举行了～的招待会。

*"盛大"和"浩大"："盛大"强调规模

大,含有"隆重、富有生气"的意味；"浩大"强调气魄大,含有"宏伟、极为雄厚"的意味。"盛大"使用范围较广,可用于集会、宴会、仪式和节日等；"浩大"使用范围较窄,一般只用于工程、声势等。

【盛典】shèngdiǎn 名。盛大的典礼：开国～。

【盛会】shènghuì 名。盛大的集会：难得的～|文教界的～。

【盛举】shèngjǔ 名。盛大的举动：共襄～|整修长城这一～得到各界人士的大力支持。

【盛开】shèngkāi 动。开得茂盛；指花,可带动态助词"着"：百花～|路旁一丛丛野花迎着春风～着。可带施事宾语或处所补语：公园里～着各种鲜花|让友谊之花～在两国人民心中。可作定语,后面须加助词"的"：～的菊花。

【盛况】shèngkuàng 名。盛大而热烈的状况：～空前|这部电影再现了开国大典的～。

【盛名】shèngmíng 名。很大的名望：王教授在全国享有～|～之下,其实难副(名声很大的人,他的实际状态难以同名声完全符合)。

【盛怒】shèngnù 〈书〉动。大怒；不带宾语：他～之下,当即出走。

【盛气凌人】shèng qì líng rén 成。盛气：骄傲的气焰；凌：欺凌。形容骄傲自大,气势逼人；含贬义：任何领导干部都不能自以为是,～。

【盛情】shèngqíng 名。深厚的情意；可作主语或宾语：～难却,敌人只得遵命|我委实辜负了她的一番～。常修饰"招待、款待、接待"等动词,作状语：他们对我～款待,使我非常感动。

【盛世】shèngshì 名。兴旺昌盛的时代：太平～|欣逢～。

【盛夏】shèngxià 名。夏天最热的时候：～季节,当心中暑。

【盛行】shèngxíng 动。广泛流行：今春感冒～,请您注意冷暖。常带宾语或补语：历史上～过募兵制|这首电影插曲曾经～一时。

【盛意】shèngyì 名。深厚的情意：一片～|～难却|辜负了您的～。

【盛誉】shèngyù 名。很大的荣誉；久享～。
【盛赞】shèngzàn 动。极力称赞；常带宾语：中外游客～西湖山水之美。
【盛装】shèngzhuāng 名。华丽的装束；多作宾语，常用"节日"等修饰：6月1日，儿童们穿上了节日的～。常用于比喻：国庆前夕，天安门披上了节日的～。

乘 shèng ❶〈古〉名。春秋时晋国的史书叫"乘"，后泛指一般史书。❷量。古代称四匹马拉的车一辆为一乘：千～之国。
另见 chéng。

剩（賸） shèng 动。余留下来；常带宾语或补语：：口袋里只～了一元钱｜饭～在碗里了。可带兼语：教室里只～两个学生在学习。
【剩余】shèngyú 动。从某个数量里减去一部分以后遗留下来；常带宾语或补语：：缸里还～一些米｜木料～得不多。可作"有""没有"的宾语：苹果分光了，没有～。

嵊 shèng 地名用字。嵊县，在浙江省。

shī（尸）

尸（△屍）shī 名。△(1)〈书〉死人的身体：男～｜浮～。(2)古时代表死者受祭的人。
【尸骨】shīgǔ 名。尸体腐烂后剩下的骨头；量词用"具"：一座古墓里挖出几十具～。
【尸首】shī·shou 名。人的尸体；量词用"具"。
【尸体】shītǐ 名。人或动物死后的身体；量词用"具"。
【尸位素餐】shī wèi sù cān 成。尸位：空占职位而不做事；素餐：白吃饭。占有职位，不做事情白吃饭：作品对～的封建官僚进行了无情的鞭笞。

鸤 shī (鸤鸠)(-jiū) 名。古书上指布谷鸟。

失 shī ❶动。丢掉，失掉，与"得"相对，常带宾语：虽然屡遭挫折，但别～了信心｜～去机会。❷〈素〉(1)没有把握住：～手｜～笑｜冒～。(2)没有达到目的：～望｜～意。(3)改变：～态｜～神。(4)违背，背弃：～真｜～信。(5)过错：

过～｜～误。
【失败】shībài 动。不带宾语，可带补语，可作主语。(1)在斗争或竞赛中被打败；与"胜利"相对：逆历史潮流而动的人必定～｜这场球赛，江苏队～了｜～乃兵家常事。(2)工作或事业没有达到预定的目的；与"成功"相对：这次试验～了｜～过两回｜～是成功之母。可加程度副词：这次实验很～。
【失策】shīcè ❶动。策略上有错误，失算；不带宾语：这样重要的事让孩子去干，完全～。❷名。错误的策略：在工作中，我有过一些～。
【失察】shīchá 动。疏于检查监督，有问题未发现；不带宾语：发生这种错误，当事人固然有责任，但领导一也不可否认。
【失常】shīcháng 动。失去正常状态；不带宾语：精神～。可加程度副词：近来他的神态很～。
【失宠】shīchǒng 动。失去别人的宠爱；不带宾语，常含贬义：这家伙在村长面前～之后，暗中做着另换门庭的准备。可拆开用：奴才失了主子的宠。
【失传】shīchuán 动。没有流传下来；不带宾语，可带补语：这种酒的制法早已～｜《广陵散》的曲谱～已久｜～了几百年。
【失措】shīcuò 动。举动失常，不知该怎么办才好；不带宾语，常用在固定的组合中：惊慌～｜茫然～｜仓惶～。
【失当】shīdàng 形。不适宜，不恰当；多作谓语：比例～｜处理～｜措辞有些～。
【失地】shīdì ❶动。丧失国土；不带宾语：这一仗打得～丧师，实在无脸见江东父老。❷名。指丧失的国土：收复～。
【失掉】shīdiào 动。常带名词或动词性宾语，可带动态助词"了、过"。(1)原有的不再具有：～理智｜～了依靠。(2)没有取得或没有把握住：～过两次高考的机会｜不能～警惕。
【失和】shīhé 动。由于某种原因双方变得不和睦，可指个人，也可指集体、国家等，不带宾语可带补语：为了一件小事而～，是不可取的｜～于四邻｜～已久。
【失欢】shīhuān 动。失去了别人的欢心；

不带宾语,可带补语:他在领导面前已经~|~于父母|~已久。可拆开用:她曾一度失过欢,但不久又得宠了。

【失悔】shīhuǐ 动。后悔;一般不带宾语:他为自己做错了事而~。可带谓词性词组或主谓词组作宾语:他~担任了这个职务|我~自己太任性,以致闯了大祸|~自己做了糊涂事。

【失魂落魄】shī hún luò pò 成。形容惊慌失措、心神不宁的样子:这两天他一直~似的,肯定又出了什么事。

【失计】shījì 动。失算,计谋有错误;不带宾语:在这方面,他~过多次了|他这个人很稳,很少有~的时候。

【失节】shījié 动。不带宾语,可拆开用。(1)丧失气节:~投敌|他在敌人面前没有失过节,但在金钱面前却被打败了。(2)指妇女失去贞操:她并未~|这个女人失过节。

【失禁】shījìn 动。对大小便失去控制能力;不带宾语:小便~是一种疾病。

【失敬】shījìng 动。向对方表示没有尽到敬意;自责礼貌不周的客套话,不带宾语:这次没能亲自上车站接你,~了。

【失控】shīkòng 动。失去控制;不带宾语:人口~,这是一个十分严重的问题。可作定语:这种严重~的局面一定要扭转。

【失礼】shīlǐ 动。不带宾语。(1)不合礼节,没有礼貌:主人不出来接待,确实~。可加程度副词:他的行为太~了。(2)自感礼节不周,向对方表示歉意:这次对诸位招待不周,~了,请多多原谅。

【失利】shīlì 动。打了败仗,在比赛中输了,婉词,不带宾语:在这次战斗中,我们~了,要好好总结经验教训。可拆开用:在比赛中失了利。

【失恋】shīliàn 动。恋爱中一方失去另一方的爱情;不带宾语:他~之后常常借酒浇愁。可拆开用:他失过几次恋。

【失灵】shīlíng 动。机器、仪器或器官等完全不起作用或变得不灵敏;不带宾语:操纵杆~|听觉~。

【失密】shīmì 动。泄漏机密;不带宾语:这份材料已经~,没有价值了|国家工作人员不能有~行为。可拆开用:这份文件си失了密。

【失眠】shīmián 动。夜间睡不着或醒后不能再入睡;不带宾语:他~好几夜了。可拆开用:失过眠。

【失明】shīmíng 动。失去视力,瞎;不带宾语:这位老大爷已经双目~。可带补语:他已~了好几年。

【失陪】shīpéi 动。表示不能作陪;客套话,不带宾语:你俩在这里多玩一会儿,我有事,~了。

【失窃】shīqiè 动。财物被人偷走:这几天他们宿舍的东西不断~|~的东西都已追回。可带宾语:~了一辆自行车。

【失却】shīquè 〈书〉动。失掉;常带名词、谓词或谓词性词组作宾语:这个组织~了活力|~平衡|~了群众的拥护|城市~了往日的繁华。

【失色】shīsè 动。不带宾语。(1)失去本来的色彩:这张画一挂,其他画便黯然~。(2)因惊恐而变了脸色:她见到蛇便大惊~。

【失闪】shīshan 名。意外的差错或危险:如果稍有~,那将前功尽弃|你放心,不会有任何~。

【失身】shīshēn 动。(1)女子未结婚就与人发生性关系;不带宾语:这个女孩与坏蛋作了拼死的搏斗,终未~。可拆开用:她为强暴所逼而失了身。(2)失去气节;多与其他动词并用:~投敌。

【失神】shīshén ❶动。不注意,疏忽;不带宾语:一~就会出废品。❷形。精神委靡,或精神状态不正常:他那~的眼睛里显得有些怕人。

【失声】shīshēng 动。不带宾语,多用在动词之前或之后。(1)不由自主地发出声音:他看小说看到精采处,不禁~叫好。(2)因极度悲痛而哭不出声:听到父亲去世,犹如晴天霹雳,他顿时痛哭~。

【失实】shīshí 动。与事实不相符;不带宾语:这篇报道严重~。

【失时】shīshí 动。错过时机;不带宾语:必须抓紧时机,一~,就会出问题。可拆开用:农作物的播种失了时,就会影响产量。

【失事】shīshì 动。发生意外的不幸事故,多指交通运输、开矿等方面的事故,不带宾语：飞机～了│正在调查煤矿～经过。可拆开用：丁师傅开汽车，从未失过事。

【失势】shīshì 动。失去权势；不带宾语：他不过是暂时～，说不定还有升腾之日。可拆开用：一旦主子失了势，他们就各奔东西。

【失守】shīshǒu 动。阵地为敌人所攻占；不带宾语：无名高地昨天～。

【失手】shīshǒu 动。手没有把握住，因而造成某种不良后果；不带宾语，常用在其他动词之前：他盛怒之下，～打伤了孩子。可拆开用：不慎失了手，杯子打碎了。

【失算】shīsuàn 动。没有算计好而吃了亏；不带宾语，可带补语：诸葛亮也有～的时候│～过好几次。

【失所】shīsuǒ 动。无处安身；常用在固定组合中：流离～。

【失态】shītài 形。态度举止失当，不合乎身分或应有的礼貌；多作谓语：酒后～│在这种场合，她竟如此轻佻，大～。

【失调】shītiáo 动。不带宾语。(1)失去平衡，调配不当：供需～│比例～。(2)指身体没有调养好：产后～，酿成大病。

【失望】shīwàng ❶动。希望落了空，失去信心；不带宾语，可带动态助词"了、过"：他对实验完全～了│失败了多次，但他从没有～过。❷形。因希望落空而不愉快：她因为没有考取大学而悲观～│你别太～，困难是可以克服的。

【失误】shīwù 动。由于水平不够或疏忽而造成差错，不带宾语，可带动态助词"了、过"：做工作当然难免～，但常常～就不行了│这盘棋他已经～了几次，必输无疑。可作"有、没有"等动词的宾语：我们的工作有～。

【失陷】shīxiàn 动。指领土或城市被敌人侵占；不带宾语：那年，南京～后，日寇疯狂屠杀我无辜平民。

【失效】shīxiào 动。失去效力；不带宾语：支票～│把～了的药品卖给群众是犯罪行为。可拆开用：权力在法律面前失了效│没有失过效。

【失笑】shīxiào 动。不由自主地发笑；不带宾语：哑然～│不禁令人～。

【失信】shīxìn 动。答应别人的事没做，失去信心；不带宾语，可带动态助词"了、过"：我对你从未～过。可拆开用：千万别失了信。

【失修】shīxiū 动。没有维护修理；多指建筑物，不带宾语：由于年久～，这座楼房已不能住人了。

【失学】shīxué 动。因故失去上学的机会或中途退学；不带宾语，可带补语：高玉宝因交不起学费而～了│～在家。可拆开用：失了几年学。

【失言】shīyán 动。不慎说出不该说的话；不带宾语：请原谅我一时～│酒后～不必计较。可拆开用：他在交谈中失了言，把事情弄坏了。也说失口。

【失业】shīyè 动。有劳动能力的人找不到工作；不带宾语，可带补语：工厂倒闭，工人～，是资本主义社会常见的事│～在家。可拆开用：只要好好干就失不了业。

【失宜】shīyí〈书〉形。不适当，不妥当：举动～│处置～。

【失意】shīyì 动。不得志；不带宾语：他自从在官场～后，便很少外出。可加程度副词：他一生中一直很～。

【失迎】shīyíng 动。因未亲自迎接而向客人表示歉意；客套话，不带宾语，常重叠：不知贵客光临，～～。

【失约】shīyuē 动。没有履行约会；不带宾语，可带动态助词"了、过"：他从未～过。可拆开用：失了这次约，下次别人就不再相信你了。

【失着】shīzhāo 动。行动疏忽或方法有错误；不带宾语：做工作难免不～。可拆开用：他任校长以来，处理各种事情，可以说没有失过着。

【失真】shīzhēn 动。跟原来的有出入，不完全符合；多指声音、形象或语言内容等，不带宾语：电视机图像～│唱片很难不～。可拆开用：这张相片失了真，不像本人了。

【失之东隅，收之桑榆】shī zhī dōng yú, shōu zhī sāng yú 成。东隅：指日出处；桑榆：指日落处。比喻开始在这方面失败了，在另一方面却得到补偿：他的高级职称虽然没评上，却分到了一套新住房，难怪有人说他是～。注意："隅"不读ōu。

【失之交臂】shī zhī jiāo bì 成。交臂: 胳膊碰胳膊,指擦肩而过。形容当面错过良机: 这是一个难得的机会,岂可~?
【失职】shīzhí 动。没有尽到责任;多指工作中有严重的失误,不带宾语: 对他的严重~应予处分。可拆开用: 他在工作中从未失过职。
【失重】shīzhòng 动。物体由于地心吸力而有重量,当同时受其他惯性力如离心力的作用时,若此力恰好抵销地心吸力,物体便失去原来的重量,这种现象称为失重。
【失踪】shīzōng 动。下落不明;多指人,有时也指家畜,不带宾语: 孩子~了几天,尚未找到。可拆开用: 我家的猫失了踪,昨天又回来了。
【失足】shīzú 动。不带宾语,可拆开用。(1)行走时不在意跌倒: 他一~掉入山沟|他突然失了足从坡上滑下去了。(2)比喻堕落或犯大错误: 要挽救~青年|这个人在政治上失过足。

师(師) shī

❶名。军队的编制单位,隶属于军或集团军,辖若干团或旅: 这个军有三个~。❷〈素〉(1)称传授知识或技术的人: 教~|~傅。(2)学习的榜样: ~表。(3)掌握专门学术或技术的人: 工程~|厨~|理发~。(4)对和尚的尊称: 法~|禅~。(5)指由师徒关系产生的: ~母|~兄。(6)军队: 班~|雄~。❸姓。

【师表】shībiǎo 〈书〉名。品德、学识上值得学习的榜样: 为人~|堪称~。
【师承】shīchéng ❶名。指师徒相承的系统: 学无~|旧时学习各种手艺都很讲究~。❷动。继承;常以某人或某一流派作宾语: 他广泛地~名家,然后发展个性,创造了一种丰腴厚重的书体|洪灵菲~郁达夫的风格,作品富有浪漫气息。
【师弟】shīdì 名。(1)称拜同一个师傅而拜师时间在后的人。(2)称师傅的儿子或父亲徒弟中年龄比自己小的人。(3)老师和学生: 他们~俩的感情很好。
【师法】shīfǎ 〈书〉❶名。师徒相传的学问或技艺。❷动。效法; 用于学问或文艺方面,常带宾语: 齐白石的花卉,从风格上看,是~八大山人的。

【师范】shīfàn 名。(1)师范学校的简称。(2)〈书〉学习的榜样: 为世~。
【师父】shīfu 名。(1)师傅。(2)对僧尼和道士的尊称。
【师傅】shīfu 名。(1)指工、商、戏剧等行业中传授技艺的人。(2)对有一定技艺的人的尊称: 木匠~|理发~。(3)工、商等部门同事之间的互称; 一般在前面加上姓: 李~|王~。
【师母】shīmǔ 名。称老师或师傅的妻子。
【师事】shīshì 〈书〉动。拜某人为师,向他学习; 须带宾语: 李可染曾经~齐白石,学画十年。
【师心自用】shī xīn zì yòng 成。师心: 以心为师,指只相信自己; 自用: 按自己的主观意图行事。形容固执己见,自以为是; 含贬义: 如果在工作中一味地~,势必使自己处于完全孤立的境地。
【师爷】shīye 名。旧时官署中对幕友的俗称: 刑名~|钱粮~|绍兴~。
【师长】shīzhǎng 名。(1)对老师的尊称: 尊敬~。(2)军队中师部中的最高指挥官。
【师资】shīzī 名。能胜任教师职务的人: ~缺乏|培养~。

狮(獅) shī

名。狮子。哺乳动物,体长约三米,头大脸阔,四肢强壮。雄狮颈部有长鬣,全身毛黄褐色。尾细长,性凶猛,吼声洪大。被称为兽中之王。产于非洲和亚洲西部。

【狮子搏兔】shī zi bó tù 成。比喻对小事情也拿出全部力量,不轻视: 文章虽短,但也是我~,用尽力气写出来的。

鸸 shī

名。一种小型鸟类,体长约三寸,嘴尖而长,背部羽毛蓝灰色,腹部淡褐色,翅膀黑色。生活在森林中,吃昆虫和种子。

浉(溮) shī

水名用字。浉河,在河南省。

诗 shī

名。(1)文学的一种体裁,通过有节奏、有韵律而又精练的语言反映生活,抒发感情; 量词用"首"。(2)《诗经》的简称。

【诗歌】shīgē 名。泛指各种体裁的诗,是文学的一大类别。
【诗话】shīhuà 名。(1)评论诗人和诗以及记载诗人事迹的书,多为随笔性质。(2)宋元时代说唱文学的一种。

【诗集】shījí 名。将一个或几个人的诗编辑而成的集子。

【诗篇】shīpiān 名。(1)诗的总称;不加个体量词:他那些动人的～永远给人们以生活的启迪。(2)比喻生动而富有意义的故事、文章等:英雄～|梁祝传说是人民群众创作的美丽～。

【诗情画意】shī qíng huà yì 成。形容自然景色或事物很美,如同诗画中的境界一般;多作"充满、富有"等动词的宾语:置身于这充满～的奇山异水之中,怎不令人流连忘返。

【诗人】shīrén 名。写诗的作家。

【诗史】shīshǐ 名。(1)诗歌发展的历史。(2)指能反映某一历史时期现实情况的诗歌:杜甫的"三吏"、"三别"堪称～。

【诗意】shīyì 名。能像诗一样给人以美感的意境;多指景色或言语:西湖处处有～|他的散文富有～。

【诗余】shīyú 名。词的别称。意指词是由诗发展而来的。

【诗韵】shīyùn 名。(1)诗句所押的韵。(2)作诗所依据的韵书,通常指《平水韵》,分平、上、去、入四声,共106韵。

【虱(蝨)】shī 名。(～子)一种寄生在人、畜身上的小昆虫,有的灰白色或浅黄色,有的黑色,有短毛,头小,没有翅膀。吸食血液,能传播疾病。

【绨】shī 古时的一种粗绸子。

【施】shī ❶〈素〉(1)施行,实施:～工|～政|～事。(2)给予:～礼|～恩|～予。(3)施舍:～斋|布～|～主。(4)在物体上加上某种东西:～肥|～粉。❷姓。

【施放】shīfàng 动。放出,发出;须带宾语或补语:～毒气|～烟幕|～出去|～到水里。

【施工】shīgōng 动。按照设计要求建筑房屋、道路、桥梁或水利工程;不带宾语:工人们正在加紧～。可拆开用:施了几天工,又停下来了。

【施加】shījiā 动。给予;多指压力、影响等,须带宾语:～压力|～一定的影响。

【施礼】shīlǐ 动。行礼;多见于旧时白话小说和戏曲,不带宾语:小弟给大哥～了。可拆开用:深深地施了一个礼|彼此施过礼,方才坐下。

【施舍】shīshě 动。把财物送给穷人或家人;常带宾语或补语:香客们给寺庙～财物|财物～得很多。可带双宾语:有钱人家却不肯～他一碗饭。

【施事】shīshì 名。语法上指动作的主体,即发出动作或发生变化的人或事物,如"老师教我认字"中的"老师","麦苗长高了"中的"麦苗"。表示施事的名词不一定都作句子的主语,也可作宾语,如"门口站着一位老大爷"中的"老大爷"就是施事者充当宾语。

【施行】shīxíng 动。常带宾语或补语。(1)付之实施,执行;指法令、规章制度等:本条例明天起～|～权力|继续～下去。(2)按某种方式或办法去做,实行:～了两次手术|～得很有成效。

＊"施行"和"实行":"施行"意思侧重在实施;"实行"意思侧重在实践;"施行"的一般是大事,如法令、规章制度或上级交付的任务与权力等;"实行"的则不分大事、小事。"施行"可用于医疗、手术等;"实行"不能。

【施展】shīzhǎn 动。发挥;指才能、技术等,常带宾语或补语:～绝技|他的本领还没有充分地～出来。可重叠:这下可以～～你的本领了。

【施政】shīzhèng 动。施行政治措施;不带宾语:武则天临朝～15年,史家褒贬不一。多作定语:～方针|～纲领。

【施主】shīzhǔ 名。和尚道士称施舍财物给佛寺或道观的人,通常用来称呼一般的在家人:～认得和尚,和尚认不得～。

【湿(濕、溼)】shī ❶形。沾了水或水分较多的;与"干"相对:这块地很～|衣服～透了。❷动。使潮湿;须带宾语或补语:雨伞太小,～了大半片袖子|稻草要～一下才能搓绳。

【湿淋淋】shīlínlín 形。形容物体湿得往下滴水;不加程度副词,多带助词"的":他拎着一篮～的菜|全身～的,像掉进水里一样。

【湿漉漉】shīlùlù 形。形容物体潮湿含水

的样子；不加程度副词,多带助词"的":墙上~的,看来要下雨了|头发才洗过,~的。也作湿渌渌。

＊"湿漉漉"和"湿淋淋":"湿漉漉"只指物体潮湿的样子;"湿淋淋"除形容物体潮湿外,还带有因潮湿而往下滴水的样子。

【湿润】shīrùn ❶形。潮湿而滋润；多指土壤、空气等:这块地比较~|~的空气。❷动。使受潮、润泽:不断传来布谷鸟好像被露水~过的好听的鸣声。可带宾语或补语:大家吃点瓜果,~一下喉咙好说话。

蓍 shī 名。蓍草,多年生草本植物,茎直立,叶互生,细长,羽状深裂,裂片有锯齿。全草可入药,也供观赏。我国古代用它的茎占卜。通称蚰(yōu)蜒草或锯齿草。

酾(釃) shī 又读shāi 〈古〉动。(1)滤酒。(2)斟酒。

嘘 shī 叹。表示反对、制止、驱逐等:~,别说话!
另见xū。

shí(ㄕˊ)

十 shí ❶数。九加一所得的数。参见"数字"。❷〈素〉表示达到顶点:~全~美|~分。

【十八般武艺】shíbā bān wǔ yì 词组。古代指使用刀、枪、剑、戟等十八种兵器的武艺,常用来比喻多方面的技能:他是个多面手,~样样精通。

【十恶不赦】shí è bù shè 成。十恶:封建王朝为维护其统治而规定的十种不可赦免的重大罪名,即:谋反、谋大逆、谋叛、恶逆、不道、大不敬、不孝、不睦、不义、内乱等。自隋代正式规定它为法典,沿用至清代。后多用来形容罪大恶极,不能饶恕:这些叛徒汉奸,助纣为虐,残害人民,真是~。

【十二分】shí'èrfēn 副。表示程度极深:这件事对我们来说~重要|这件礼物我~喜欢。注意:用"十二分"时语气比"十分"更重。

【十分】shífēn 副。表示程度很深:天气~热|必须~注意这个问题。

【十进制】shíjìnzhì 名。一种记数的方法,逢十进位,满十即向左进一位,如9加1为10,90加10为100。

【十拿九稳】shí ná jiǔ wěn 成。形容很有把握,很可靠:我可以~地说,这事不是他干的|瓮中捉鳖——~。也说十拿九准。

【十年九不遇】shí nián jiǔ bù yù 成。多年难遇到:今年江洪这样大,真是~。

【十年树木,百年树人】shí nián shù mù, bǎi nián shù rén 成。《管子·权修》:"一年之计,莫如树谷；十年之计,莫如树木；终身之计,莫如树人。"树:栽植,培养。培植树木,需要十年；培养人才,需要百年。形容培养人才很不容易。~,发展教育是具有深远意义的根本大事。

【十全十美】shí quán shí měi 成。十分完美,毫无缺陷。任何人都不可能~|想一下子把工作做得~是不切实际的。

【十三经】shísān jīng 词组。指儒家的十三部经传,即《诗经》、《书经》、《易经》、《周礼》、《仪礼》、《礼记》、《春秋公羊传》、《春秋左传》、《春秋穀梁传》、《论语》、《孝经》、《孟子》、《尔雅》。

【十三辙】shísān zhé 词组。京剧与北方曲艺中押韵的十三个大类,就是:中东、江阳、衣期、姑苏、怀来、灰堆、人辰、言前、梭波、麻沙、乜邪、遥迢、由求。也叫十三道辙。

【十万八千里】shí wàn bā qiān lǐ 成。形容相互间距离极远:他的理论与事实相差~|离题~。

【十万火急】shí wàn huǒ jí 成。形容情况紧急到了极点；多用于重要的军令、公文、电报等:~的电报|军令~,切莫迟疑。

【十一】shíyī 名。10月1日的简称,中华人民共和国国庆日。1949年10月1日中华人民共和国成立。

【十月革命】shíyuè gémìng 词组。1917年11月7日(俄历10月25日),俄国人民在以列宁为首的布尔什维克党的领导下进行的社会主义革命。十月革命推翻了俄国资产阶级临时政府,建立了世界上第一个无产阶级专政的社会主义国家,开创了人类历史的新纪元。

【十字架】shízìjià 名。古代罗马帝国的一种残酷刑具,是一个形如十字的木架。相传耶稣是被钉死在十字架上的,所以基督教徒用来作为信仰的标记。西方文学作品中常作为苦难或死亡的象征。

【十足】shízú 形。不加程度副词。(1)纯净的;指黄金的成色:这是成色～的金子。(2)十分充足;常跟"信心、理由、神气、威风、架子、干劲"等词搭配;理由～|战士们信心～|他是个傲气～的家伙。

什 shí ❶〈书〉数。同"十";多用于分数或倍数:～一(十分之一)|～百(十倍或百倍)。❷〈素〉(1)多种的,杂样的:～物|家～。(2)指书篇:篇～。
另见 shén。

【什锦】shíjǐn ❶名。用多种原料制成的或有多种花样拼成的食品:素～|荤～|炒～。❷形。多种原料制成或多种花样的;不加程度副词,不单独作谓语,多作定语:～水果糖|～锉|～粥。

【什物】shíwù 名。家庭日常用的各种器物:家用～样样俱全。

石 shí ❶(～头)构成地壳的坚硬物质,由矿物集合而成:一块大～头。❷〈素〉指石刻:金～。❸姓。
另见 dàn。

【石沉大海】shí chén dà hǎi 成。像石头沉入大海一样不见踪影,比喻杳无音信:他走了以后,如同～,杳无消息|找了几天,都无结果,那条项链竟似一般。

【石雕】shídiāo 名。在石头上雕刻形象、花纹的艺术。也指用石头雕刻成的作品:这件青田～,玲珑剔透,巧夺天工。

【石鼓文】shígǔwén 名。石鼓上刻的铭文或石鼓上铭文所用的字体,是我国现已发现的最早的刻石文字。石鼓是战国时秦国留下来的文物,形状有点像鼓,共十个,上用籀文(即大篆)分刻十首四言诗,唐初在今陕西省凤翔县发现,现存北京。

【石刻】shíkè 名。刻着文字、图画、浮雕的碑碣等石制品或石壁,也指上面刻的文字、图画。

【石窟】shíkū 名。古时在山崖上开凿的寺庙建筑,里面有佛像或佛教故事的壁画、石刻等,如我国的敦煌、云岗和龙门石窟等。

【石棉】shímián 名。镁、铁、钙的硅酸盐矿物的总称,纤维状,耐酸碱,耐高温,是热和电的绝缘体。可制成石棉布,做劳动防护用品。

【石女】shínǚ 名。先天性无阴道或阴道发育不全的女子。

【石破天惊】shí pò tiān jīng 成。唐·李贺《李凭箜篌引》诗:"女娲炼石补天处,石破天惊逗秋雨。"原形容箜篌(古乐器)的声音忽而高亢,忽而低沉,出人意外,有惊天动地的气势。后用来比喻文章、议论新奇惊人,或指某一事件使人感到震惊:他这番高论真是～,闻所未闻|这次事件闹得～,轰动全国。

【石器时代】shíqì shídài 词组。考古学指人类主要用石头制作劳动工具、武器和器皿等的时代。按照石器加工的情况,又分为旧石器时代和新石器时代。

【石英】shíyīng 名。矿物,成分是二氧化硅,质坚硬。一般是乳白色的半透明或不透明的结晶体。用途很广,可制造光学仪器、无线电器材、玻璃和耐火材料等。

【石油】shíyóu 名。一种粘稠的液体矿物,是多种碳氢化合物的混合物,可以燃烧,多呈褐色、暗绿色或黑色。分馏后可从中提取汽油、煤油、柴油、沥青等,是重要的能源和化工原料。

祏 shí 古时宗庙中藏神主的石室。

鼫 shí 名。古书上指鼯(wú)鼠一类的动物。

时(時、旹) shí ❶名。(1)〈书〉指比较长的一段时间:古～|汉～|他是我上中学～的好友。(2)规定的时候:按～上班|到～请予洽谈。❷〈量〉计时的单位。指小时(点):土午八～动身。❸〈书〉副。(1)时常;用在动词前作状语:这种状况～有发生|这种现象～有出现。(2)叠用为"时…时…",中间插入单音节动词或形容词,表示"有时候":～断～续|～快～慢|声音～高～低。❹〈素〉(1)当前,现在:～事|～政。(2)季节:～节|～令。(3)时机:失～|～效。

【时常】shícháng 副。常常,经常:他~给张大爷买米送煤|他的形象~在我的脑海中涌现。
　*"时常"和"经常":"时常"侧重表示行为、动作是屡次发生的;"经常"侧重表示行为、动作是一贯的。"时常"是副词;"经常"可以作形容词,如:积肥是农业生产的经常工作。
【时辰】shíchen 名。旧时计时单位,一昼夜分为十二个时辰,即子、丑、寅、卯、辰、巳、午、未、申、酉、戌、亥。每个时辰合现在的两小时,如子时即夜里十一时至一时。(2)时候:千万不要错过好~|现在什么~了?
【时代】shídài 名。(1)根据政治、经济、文化等状况而划分的历史时期:新石器~|封建~|明清~。(2)个人一生中的某个时期:儿童~|壮年~。
【时而】shí'ér 副。(1)有"不时"的意思,表示在一定时间里情况重复出现:除夕之夜,天空~传来爆竹的响声。(2)用在对举的词语前,有"一会儿…一会儿"的意思,表示在一定时间里情况交替发生或者不断改变:琴声悠扬,~高、~低,十分动听|这几天~晴~雨,变化无常。
【时分】shífèn 名。时候;常见于旧时白话小说,多作中心语:正午~|掌灯~。
【时光】shíguāng 名。(1)时间,光阴:珍惜~|大好~|虚度~。(2)时期:我年轻的~,还没有电视机。(3)日子:~一天比一天好过。
【时候】shíhou 名。(1)某一时刻:~不早了,该上班了|现在是一天中最热的~。(2)指某一段时间:工作的~注意力要集中|写这篇文章用了多少~?
【时机】shíjī 名。有时间性的机会;多指有利的:有利~|不失~地开拓国外市场。
【时间】shíjiān 名。(1)物质存在的一种基本形式,是物质运动、变化的持续性的表现:宝贵的~不能浪费。(2)有起点和终点的某一段时光:这工作要一年~才能完成|我每天的睡眠~只有6个钟头。(3)指时间的某一点:开午饭的~是正午12点|现在的~是10点10分。
　*"时间"和"时候":"时间"通常用来指一段时间,指时间的某一点较少;"时候"通常用来指时间的某一点,指一段时间的情况极少。"时间"可以用"长、短"来修饰;"时候"不能。"时候"常构成"当…的时候"作动词性状语;"时间"不能。
【时节】shíjié 名。(1)节令,季节:清明~|秋收~。(2)时候:那~他才五岁。
【时局】shíjú 名。当前的政治形势:~稳定|密切注意~的发展。
【时刻】shíkè ❶名。指时间里特定的某一点:现在已经到了关键的~|太阳落山的~。❷副。每时每刻,经常:~不要忘记自己的责任。可重叠:应当时时刻刻严格要求自己。
　*"时刻"和"时候":"时刻"意义范围小,所指的时间一般比"时候"短;"时候"意义范围大,所指时间可长可短。"时刻"有副词用法,"时候"没有。"时刻"可重叠;"时候"不能。
【时来运转】shí lái yùn zhuǎn 成。时机来了,命运有了好转:他今年真是~,不但有了工作,而且储蓄有了头娄。
【时令】shílìng 名。季节:~已交夏至,白天开始缩短|六月的西瓜,正当~。
【时髦】shímáo 形。一时风行的,时兴的;多指装饰、衣着、家具等,也可指其他事物:她打扮得很~|穿了一件~的外套|别看他年纪大,专爱说~话。可作宾语:做事不要赶~。
【时期】shíqī 名。一段时间;多指具有某些特征的:抗日战争~|非常~。
　*"时期"和"时代":"时期"多指具有某种特征的一段时间,可以较短,也可以很长,使用范围比较广,如"经济调整时期"、"抗日战争时期";"时代"通常指历史上以经济、政治、文化等状况为依据而划分的时间,一般很长,如"石器时代"、"封建时代",还可以指个人生命中的某个时期,如"青年时代"。"时期"可以同"长、短、非常、困难、一定"等搭配;"时代"不能。
【时日】shírì 名。(1)时期和日期:拖延~。(2)较长的时间:工程巨大,颇费~。
【时尚】shíshàng 名。当时崇尚的风气,某种流行的爱好:谈玄是魏晋文人的~|~如此,并不奇怪。

【时时】shíshí 副。常常;只修饰动词,作状语: 老师的教导要~记在心里。
  * "时时"和"时常": "时时"侧重表示在短时间内某种动作、行为发生的次数很频繁; "时常"侧重表示某种动作、行为屡次发生。
【时世】shíshì 名。时代: ~不同,人的思想当然也不同。
【时事】shíshì 名。当前的国内外大事: 关心~|~论坛。
【时势】shíshì 名。一个时期的客观形势,时代的趋势: 各个时期的~不同,不可一概而论|~造英雄。
【时务】shíwù 名。当前的重大事情或客观形势;多作"通、识"等词语的宾语: 不通~|你这个人真不识~。
【时下】shíxià 名。当前,眼下;多用在句首: ~天气变化很大,望多保重。
【时鲜】shíxiān 名。少量上市的应时的新鲜的蔬菜、鱼虾等;多作定语: ~货|~菜。
【时贤】shíxián 〈书〉名。指当代有声望的贤能人物。
【时限】shíxiàn 名。完成某项工程的期限: 大楼的建筑~就要到了,得加紧施工。
【时效】shíxiào 名。(1)指在一定时间内能起的作用;抗菌素是有~的,过了期就不能用。(2)法律规定的刑事责任和民事诉讼权的有效期限。
【时新】shíxīn 形。某一段时期最新的;多指服装样式: ~的衬衫|这种式样现在很~。
【时兴】shíxīng 动。一时流行;常带宾语或补语: 今年~红裙子|这种式样~了一阵子。可带动词、动词性词组或主谓词组作宾语: 现在来客~敬烟|女士们~烫头发|这一带~男的到女家结婚。可加程度副词: 这种衣服式样很~|他喜欢使用最~的词语。
【时宜】shíyí 名。当时的需要;常作"合"等动词的宾语: 不合~。
【时装】shízhuāng 名。常作定语。(1)式样最新的服装: ~表演|~展览。(2)当代通行的服装;跟"古装"相对: ~故事片|~京戏。

垁(塒) shí 〈古〉名。在墙壁上凿成的鸡窝。

鲥(鰣) shí 名。鲥鱼,体侧扁,背部黑绿色,腹部银白色。鳞下多脂肪,肉鲜嫩,是名贵的食用鱼。生活在海洋中,春夏之交到江河中产卵。

识(識) shí ❶动。认识,了解,能辨别: 她没有上过学,一个字也不~。常带宾语或补语: 这孩子~水性|字~得很多。可加程度副词: 他不太~人。❷〈素〉(1)知识: 常~|学~。(2)见解: 见~|远见卓~。
另见zhì。
【识别】shíbié 动。辨别,辨认: 是不是冒牌货,你要好好~。常带宾语或补语: 他能~许多中草药|~不出来。可带"好坏、真假"等相对的形容词作宾语: 要学会~古董的真假。
  * "识别"和"辨别": "识别"着重在认识事物的标志或特点; "辨别"着重在分辨事物的异同。
【识大体】shí dàtǐ 词组。明白大道理,不从个人或小圈子出发考虑问题: 我们一定要~,顾大局,维护全国的稳定局面。
【识见】shíjiàn 〈书〉名。知识和见identify: 增长~|孤陋寡闻,~不广。
【识荆】shíjīng 〈书〉动。唐·李白《与韩荆州书》: "生不用封万户侯,但愿一识韩荆州。"本指认识荆州长史韩朝宗,后用作表示初次见面或结识的敬辞;不带宾语: ~之初,即蒙厚爱|~恨晚。
【识破】shípò 动。看穿;多指别人的内心秘密或阴谋诡计: 他用心何在,我还没有~。常带宾语,可带动态助词"了、过": ~了敌人的阴谋诡计。
【识时务者为俊杰】shí shíwù zhě wéi jùnjié 成。能够认清形势的人,才是英雄豪杰;多用来劝诫别人要顺应时代潮流行事: ~,大家都应该积极拥护政府的经济改革政策,不要做时代前进的绊脚石。
【识文断字】shí wén duàn zì 成。认识文字;指具有起码的阅读能力: 要当个好老师,光能~是不够的。
【识相】shíxiàng 〈方〉形。知趣,懂得看人的神色行事: 他很~,我一说就不闹了。

实（實）shí

❶形。(1)内部完全充满，没有空隙；与"空"相对：包裹~得很，不能再塞东西了｜把窟窿填~了。(2)真诚，实在；与"虚"相对：他的心眼一向很~｜耳听为虚，眼见为~。❷〈素〉(1)实际，事实：~况｜质｜名~相符。(2)种子，果子：子~｜果~。

【实词】shící 名。意义比较具体实在，能单独充当句子成分的词，包括名词、动词、形容词、数词、量词、代词、副词等；与"虚词"相对。

【实打实】shídǎshí 形。实实在在；不加程度副词。~地说吧｜做事要~，不能弄虚作假。

【实地】shídì 副。只用在动词前，作状语。(1)在现场：~考察｜~试验。(2)实实在在地：讲理论是一回事，~动手又是一回事｜别看这种产品广告宣传讲得好听，~用起来不怎么样。

【实话】shíhuà 名。真实的话：~实说｜对你说吧｜说~，你的文章写得不好。

【实惠】shíhuì ❶名。实际的好处：他这个人不图虚名，只讲~｜得到不少~。❷形。有实际好处的：买这套家具，既经济，又~｜豆腐是很~的食品。

【实绩】shíjì 名。实际的成绩：注重~｜按照每人的工作~，给予不同的奖励。

【实际】shíjì ❶名。客观存在的事物或情况；常作宾语：理论联系~｜切合~。❷形。(1)实有的，具体的；一般只作定语或状语：~困难｜~情况｜这项任务，~执行起来比想象的要困难得多。(2)合乎事实的；常作定语或补语：他们的计划是最~的｜话讲得很~。

【实践】shíjiàn ❶动。实行，履行：要想变革现实，就得亲自去~。常带宾语或补语：~了自己的诺言｜他不仅提出了自己的主张，而且亲自~了一番。❷名。人们改造自然和社会的有意识的活动：~出真知｜社会~是检验真理的唯一标准。

　＊"实践"和"实际"："实践"侧重指人们改造世界的行动；"实际"侧重指客观存在的事物或情况。"实践"可作主语；"实际"一般不这样用。"实践"可作动词；"实际"不能。"实践"没有形容词用法；"实际"有。

【实况】shíkuàng 名。实际情况：~录相｜本台到时将现场直播大会。

【实力】shílì 名。实在的力量；多指军或经济方面的力量：~不够｜雄厚~｜游击队已逐渐增强了~。

【实施】shíshī 动。实行；多指法令、政策、办法等。这项法令自公布之日起~。常带宾语或补语：~环境保护法规｜~得很顺利。

【实事求是】shí shì qiú shì 成。实事：客观存在的一切事物；求：研究，探索；是：客观事物的内部联系和发展规律。从实际情况出发，探求事物的本质和发展规律：认识问题和处理问题都必须~。

【实数】shíshù 名。(1)数学中有理数和无理数的统称。(2)实在的数目：你到底还有多少钱？告诉个~。

【实习】shíxí 动。把学到的理论知识拿到实际工作中去应用，以锻炼工作能力；不带宾语，可带补语：到工地上去~｜六月份开始毕业~｜~到五月底。

【实现】shíxiàn 动。使成为现实：他的愿望终于~了。常带宾语或补语：~了自己的理想｜这个计划恐怕~不了。

　＊"实现"和"达到"："实现"的意思侧重表示成为事实；"达到"的意思侧重表示取得预期的结果或到了某种程度。"实现"常同"理想、愿望、计划、诺言、方案"等搭配；"达到"常用"目的、目标、水平、境界"等搭配。

【实行】shíxíng 动。用行动来实现；多指纲领、政策、计划等：这项计划要坚决~。常带宾语或补语：~我们的纲领｜~得很顺利。可带动词、动词性词组或主谓词组作宾语：~改革｜~计划生育｜~经费自理。

【实验】shíyàn ❶动。为了检验某种科学理论或假设而进行某种操作或从事某种活动：稻田养鱼，我们这里~过，证明是可行的。常带宾语或补语：~一种新方法｜~了三次｜这个研究项目已~成功。❷名。指实验工作：做~｜化学~。

　＊"实验"和"试验"："实验"的意思侧重在实地验证；"试验"的意思侧重在试

探观察。"实验"可作名词用;"试验"一般不可以。
【实业】shíyè 名。旧时对工商企业的通称:兴办~。
【实用】shíyòng ❶动。实际使用;不单独作谓语,须带宾语:这次出差~人民币500元。❷形。有实际使用价值的;这种书柜很~|~古汉语语法|这种篮子编得又好看又~。
【实在】shízài ❶形。真实,不虚假;多指人的心地、言行、本领等:他这番话说得很~。可重叠:他是个实实在在的人,不会弄虚作假。❷副。(1)的确:~好看|~不想去。(2)其实:他说听懂了,可是一问三不知,~并没有听懂。
【实则】shízé 副。其实:他说自己近来去过上海,~没有去|看起来很好,~不行。
【实质】shízhì 名。本质:问题的~|不要看表象,要看~。
　　＊"实质"和"本质":"实质"一般只用来指事物,不能指人的本性品质;"本质"可以。
【实字】shízì 名。有实在意义的字,如"天、地、人、走、红"等;与"虚字"相对。
【实足】shízú 形。确实足数的;常指年龄等,作定语,不加助词"的":~年龄5岁|会议代表~1050人。
　　＊"实足"和"十足":"实足"指数量确实足够,一点不少,只跟"年龄、人数"等词语搭配,使用范围较小;"十足"主要指十分充足,形容达到极点,常跟"信心、理由、神气、威风、架子、干劲"等抽象名词搭配,使用范围较广。"实足"一般作定语,不作谓语;"十足"主要作谓语,较少作定语。

拾 shí ❶动。捡,把地上东西拿起来;多带宾语或补语:~了一篮子麦穗ㄦ|米里的砂子要~干净。❷数。"十"的大写;用于票据、帐目等。
【拾掇】shíduo 动。常带宾语或补语,可重叠。(1)整理,归拢:他在房间里不停地~着|~衣服|厨房里~得很干净|把桌子~~。(2)修理:这三辆自行车都~过了|他正在~收音机|这只钟~不好了|请您替我把钢琴~~。

【拾荒】shíhuāng 动。因生活贫困而拾取柴草、田间遗留的谷物和别人丢弃的废品等;不带宾语:他靠~维护生活。可拆开用:他拾过三年荒。可重叠:他一闲下来就出去拾拾荒,找点零花钱。
【拾金不昧】shí jīn bù mèi 成。金:金钱,泛指财物;昧:隐藏。拾到财物,不据为已有:应该教育儿童从小养成~的品德。
【拾零】shílíng 动。把某方面的零碎的材料收集起来;多用于标题:艺海~|戏曲语词~。
【拾取】shíqǔ 动。从地上把东西捡起来;常带宾语或补语:专门~别人的牙慧,哪里谈得上什么创作呢|~不到什么好的东西。
【拾人牙慧】shí rén yá huì 成。牙慧:指别人说过的话。比喻拾取或重复别人的语言或文字;多用于写作诗文方面:写文章要有独到见解,~没有什么价值。注意:"慧"不要写作"惠"。
【拾遗】shíyí 动。不带宾语。(1)拾取别人失落的东西;多用在固定组合中:路不~。(2)补充旁人所遗漏的事物:~补阙。也常用于标题:本草~|鲁迅书简~。

食 shí ❶动。吃;常带宾语:不~人间烟火|牛是~草的动物。❷名。(~ㄦ)指动物吃的东西,饲料:鸡没~ㄦ了|猪在吃~ㄦ。❸〈书〉(1)人吃的东西:面~|副~|主~。(2)特指吃饭:~堂|废寝忘~(3)供食用或调味用的:~品|~盐。(4)指月食,日食:全~|偏~。
另见sì。
【食古不化】shí gǔ bù huà 成。指学习古代的文化知识不善于理解和运用:学习历史最忌~。
【食客】shíkè 名。古代寄食于贵族官僚家中并为主人策划、效力的人。
【食粮】shíliáng 名。指供人食用的谷类、豆类等东西。有时用来比喻维持事物的重要因素:书籍是人类的精神~|煤是工业的~。
　　＊"食粮"和"粮食":"食粮"可用于比喻;"粮食"没有比喻用法。"食粮"多用于书面语;"粮食"可用于书面语,也可

【食品】shípǐn 名。经过一定加工可供食用的东西：～商店｜袋装～。

【食谱】shípǔ 名。(1)介绍有关食物调配和烹调方法的书籍。(2)制定的每顿饭菜的单子：一周～｜病房～。

【食言】shíyán 动。失信，不履行诺言；不带宾语：我既答应下来，决不～。可拆开用：他从来没有食过言。

【食言而肥】shí yán ér féi 成。只图自己占便宜，说话不算数，不守信用：此人常常～，不能跟他共事。

【食欲】shíyù 名。想吃东西的欲望：～旺盛｜促进～。

【食指】shízhǐ 名。(1)第二个手指头。(2)〈书〉比喻家庭人口：～众多。

蚀 shí 动。亏损，耗费；常带宾语或补语：偷鸡不着，～了一把米｜这一次～得太多。

【蚀本】shíběn 动。亏本，赔本；不带宾语：这趟买卖不会～。可拆开用：这次生意蚀了不知多少本｜蚀过几回本了。

湜 shí 〈古〉形。水清见底的样子。

寔 shí 〈古〉❶动。放置。❷同"实"。

shǐ (尸)

史 shǐ ❶名。(1)历史，自然或社会以往发展的过程；多作中心语或用在比较固定的组合中：近代～｜文学～｜有～以来。(2)古代掌管记载史事的官。❷姓。

【史不绝书】shǐ bù jué shū 成。绝：断；书：指记载。史籍上不断有这类记载。形容过去经常发生的事情：封建时代的帝王之家，父子、兄弟相互残杀的事～。

【史册】shǐcè 名。历史记录：载入～｜名垂～。也作史策。

【史籍】shǐjí 名。历史书籍：我校图书馆～甚丰。

【史料】shǐliào 名。研究历史和编纂史书所用的资料：我们征集到许多珍贵～。

【史前】shǐqián 名。指没有文字记载历史的远古；常作定语：～时代。

【史乘】shǐshèng 〈书〉名。泛指史书。注意："乘"这里不读chéng。

【史诗】shǐshī 名。(1)叙述英雄事迹或重大历史事件的长诗。如古希腊盲人歌手荷马编的《伊利亚特》和《奥德赛》，波斯作家菲而多西的《王书》等。(2)全面深刻地反映一个历史时期的社会面貌和人民生活的优秀作品，不论是什么体裁，也常被誉为史诗或史诗式作品。

【史实】shǐshí 名。历史上的事实：～甚详｜这个故事缺乏～根据。

【史无前例】shǐ wú qián lì 成。历史上从来没有过，前所未有：这样大规模的体育比赛，在我国还是～的。

驶 shǐ ❶动。飞快地跑；多用于车船等交通工具，一般不带宾语，多带状语或补语：汽车在公路上平稳地飞～着｜火车急速地～向前方。❷〈素〉开动交通工具：驾～｜行～。

矢 shǐ ❶〈古〉名。(1)箭。(2)同"屎"。❷〈素〉发誓：～口｜～志。

【矢口】shǐkǒu 副。一口咬定；多用在固定组合中：～否认｜～抵赖。

【矢志】shǐzhì 动。发誓立志；常带补语：～于科学｜～不渝。可带动词性词语作宾语：～革命｜～报国。

豕 shǐ 〈古〉名。猪。

使 shǐ ❶动。(1)使用：我的词典正～着呢。常带宾语或补语：～毛笔｜把力气～在关键的地方。(2)让，叫，致使；不单独作谓语，须带兼语：～大家满意｜打开窗户～空气流通。❷〈素〉(1)奉命办事的人：～节｜公～。(2)假如：假～。

【使馆】shǐguǎn 名。驻外大使、公使及其随从官员办公的机关。有大使馆、公使馆等。

【使唤】shǐhuan 动。常带宾语或兼语。(1)叫人为自己做事：这个人不好～｜当干部不能只～人｜～他做一件事。(2)〈口〉使用；多指工具、牲口等：～这种工具比较省力｜这匹马不听生人～｜～黄牛拉车。

【使节】shǐjié 名。派驻他国或国际组织的外交官，或临时派出办理事务的外交代表。

【使劲】shǐjìn 动。用力；不带宾语：这个人干什么事都不肯～。可拆开用：再使一把劲|使不上什么劲。

【使命】shǐmìng 名。使者所接受的命令，比喻重大的任务：伟大的～|这是历史赋予我们的～。
* "使命"和"任务"："使命"多指较重大的责任；"任务"可指一般的工作，也可指重大责任。"使命"多和"肩负、带着、负着、赋予、执行、接受"等词语搭配；"任务"除和这些词搭配外，还可和"交代、分配、给"等词语搭配。"使命"比"任务"的语义更郑重些。

【使女】shǐnǚ 名。婢女：丫环～。

【使徒】shǐtú 名。耶稣教指传说中的耶稣所特选并赋予传教使命和权力的十二个门徒，也指早期耶稣教团体派遣到别处去传教的人。

【使用】shǐyòng 动。使人员、器物、资金等为某种目的服务：这种教具已在许多学校广泛～。常带宾语或补语：～拖拉机|资金～得不当。
* "使用"和"运用"："使用"表示使人或器物、资金等为某种目的服务；"运用"表示根据事物的特性加以利用。"使用"的对象多是具体事物，如人员、资金、工具、机器设备等；"运用"的对象多是抽象事物，如理论、政策、手法、原则、知识等。

【使者】shǐzhě 名。奉命办事的人，现多指外交人员：外交～。

始 shǐ 〈书〉❶〈素〉开端，起头：～终|有～有终。❷〈书〉动。开始：不知～于何时|自今日～。❸副。同"才"，表示结果：不断进取，～能有所成就。

【始末】shǐmò 名。指事情从头到尾的经过：他把这件事的～讲了一遍。

【始业】shǐyè 动。学业开始，特指学校的各个阶段开始：秋季～|春季～。

【始终】shǐzhōng ❶名。指从开始到最后的整个过程；多作宾语：贯彻～|这个主题在全文里贯串～。❷副。一直，老是：他～坚持自己的主张|～不脱离群众。
* "始终"和"一直"："始终"只能指以前和现在的一段时间；"一直"除此之外，还可以指将来。作副词用时，凡是用"始终"的地方，都可改用"一直"，但用"一直"的地方不一定都能改用"始终"。"始终"有名词用法；"一直"没有。

【始祖】shǐzǔ ❶名。(1)有世系可查考的最早的祖先。(2)比喻某一学派或某一行业的最初创始人：相传鲁班是木工的～。❷形。指原始的；用于动物，不加程度副词，不单独作谓语，只作定语：～马|～鸟。

【始作俑者】shǐ zuò yǒng zhě 成。俑：古代殉葬用的木制或陶制的偶人。开始制作俑的人，比喻第一个开创恶劣先例的人；用于贬义：这种事的～，一定要严加惩处，否则不足以平民愤。

屎 shǐ ❶名。大便，粪。❷〈素〉眼耳等器官里分泌出的东西：耳～|眼～|鼻～。

shì (ㄕˋ)

士 shì ❶名。(1)古代指未婚男子。(2)古代最低级的贵族阶层，介于大夫和庶民之间。(3)军衔的一级，在尉以下，分上士、中士和下士。❷〈素〉(1)指读书人：～人|学～。(2)对人的美称：烈～|女～|勇～。(3)指军人：战～|～气。(4)称某些专业技术人员：医～|护～。❸姓。

【士大夫】shìdàfū 名。古代指官僚阶层，有时也指有地位、有声望的读书人。

【士女】shìnǚ 名。(1)古代指未婚的男女，后泛指男女。(2)同"仕女(2)"。

【士气】shìqì 名。军队的战斗意志，也泛指群众的斗争意志；多与"高涨、旺盛、低落"等词语搭配：～旺盛|～不振是这次卫冕失败的主要原因。

【士人】shìrén 名。旧称读书人。

【士绅】shìshēn 即"绅士"。

【士卒】shìzú 名。旧时称士兵：身先～。

仕 shì 〈古〉动。指做官：学而优则～|终身不～。

【仕宦】shìhuàn 〈书〉动。指做官：～之家|～子弟。

【仕女】shìnǚ 名。(1)宫女。(2)以美女为题材的中国画：善画～。也作士女。

【仕途】shìtú 〈书〉名。指做官的道路：～艰险|～捷径。

氏舐示脉世 shì 969

氏 shì 〈素〉(1)指姓；一般放在姓的后面：李～(姓李的)。(2)旧时放在已婚妇女的姓后，作为称呼，通常在父姓前再加夫姓：李张～。(3)对名人专家的称呼；用于十分明确的语言环境或众所周知的情况：陈～(陈景润)定理｜摄氏温度表。(4)用在亲属关系字的后面称自己的亲属：舅～(母舅)。

另见zhī。

【氏族】shìzú 名。原始社会以血缘关系结成的社会经济单位。氏族内部实行禁婚，集体占有生产资料，集体生产，集体消费。

舐 shì 〈素〉舔：～犊。

【舐犊】shìdú 〈书〉动。老牛舔小牛的身子，比喻父母疼爱子女；不带宾语：～情深｜～之爱，油然纸上。

【舐痔】shìzhì 见"吮(shǔn)痈舐痔"。

示 shì 〈素〉把事物拿出来或指出来使人知道：～意｜～知暗～｜告～。

【示范】shìfàn 动。做出某种可供大家学习、模仿的典范；不带宾语：先由老师～，然后大家跟着做。可带补语：～出来给大家看。可作定语：～动作｜～操作。

【示警】shìjǐng 动。用某种动作或信号表示危险，使人注意；不带宾语，常与其他动词连用，构成连动词组：拉铃～｜举红灯～。

【示例】shìlì 动。举出或做出有代表性的例子；不带宾语，常与其他动词连用，构成连动词组：老师在黑板上～演算了一遍。

【示弱】shìruò 动。表示比对方力量软弱，不敢较量；不带宾语，多用于否定句：不甘～｜决不～于人。可作定语，要带助词"的"：这是～的表现。

【示威】shìwēi 动。向对方显示威力；多指有所抗议或要求而进行显示自身威力的集体行动，不带宾语，常与"游行"并用：学生они在街上～。可作"举行、进行、开始"等动词的宾语：为抗议帝国主义的侵略行径，数十万群众举行了声势浩大的游行～。

【示意】shìyì 动。用表情、动作、含蓄的话等表示意思；不带宾语，常与其他动词连用，构成连动词组：他向我点头～｜挥手～。有时可带兼语：他指着沙发，～我坐下。

【示众】shìzhòng 动。给大家看，特指当众惩罚犯人；不带宾语，常与其他动词连用，构成连动词组：游街～｜斩首～。

脉 shì 名。有机化合物，溶于水，遇热不凝固，是食物蛋白和蛋白脉的中间产物。

世(丗) shì ❶名。人的一生：今生今～｜我活了一～也没享过这个福。❷〈素〉(1)一代又一代：～系｜～袭｜～族。(2)指世交关系：～兄｜～叔｜～谊。(3)世界：～上｜问～｜～局。(4)时代：后～｜近～。❸姓。

【世仇】shìchóu 名。(1)世世代代有冤仇的人或人家：两家是～，从不往来。(2)指世世代代的冤仇：几代的～终于消除。

【世传】shìchuán 动。世代相传；一般不带宾语，常带补语：这秘方是～下来的。常作定语：～的宝物｜～的药方。

【世代】shìdài 名。(1)指较长的年代：这块化石～久远。(2)指好几辈子；常作状语：～经商｜～行医。可重叠：他家世世代代务农。

【世道】shìdào 名。世事的道理、常规和社会风气：～人心｜这是什么～？｜如今～不同了，人民可以挺直腰杆说话了。

【世风】shìfēng 名。指社会风气：～日下｜～好转｜～淳厚。

【世故】shìgù 名。处世经验：人情～｜不通～｜老于～。

【世故】shìgu 形。指处世待人圆滑：此人十分～｜～得很。

【世纪】shìjì 名。历史上计算年代的单位，一百年为一世纪：此事发生在第三～｜经历了三个～。

【世家】shìjiā 名。(1)旧指门第高、世代做大官的人家：名门～。现在也指在某种职业或技艺世代相传的人家：书法～｜京剧～。(2)我国纪传体史书组成部分之一，主要记载世袭封国的诸侯事迹。如《史记》中的《留侯世家》，《新五代史》中的《十国世家》等。

【世交】shìjiāo 名。(1)前代就有交谊的人或人家：我们两家是～。(2)两代以上的交谊:～深厚,过从甚密。

【世界】shìjiè 名。(1)指地球上所有地方:面向～|～各族人民。(2)指宇宙;佛教用语:大千～。(3)泛指自然界和人类社会的一切事物的总和:～之大,无奇不有。(4)指社会的形态和风气:现在的～,已经不允许帝国主义者为所欲为了。(5)指范围,领域:内心～|微观～|动物～。

【世界观】shìjièguān 名。人们对世界的总的根本的看法。在阶级社会里,世界观具有一定的阶级性。也叫宇宙观。

【世界时】shìjièshí 名。见"格林尼治时间"。

【世界语】shìjièyǔ 名。指1887年波兰人柴门霍夫创造的国际辅助语,语法简单,容易学习。

【世局】shìjú 名。指世界局势:～紧张|～的发展有利于和平。

【世面】shìmiàn 名。社会上的各方面的情况;常作"见"的宾语:经风雨,见～|我第一次出门,没见过～。

【世情】shìqíng 名。指社会上的情况,人情世故:不晓～|～复杂。

【世人】shìrén 名。世界上的人,一般的人:这是～尽知的事,没什么稀奇|当这位科学家第一次大胆提出这一见解时,～还不以为然,有人甚至视为异端邪说。

【世上】shìshàng 名。世界上,社会上:人活在～总要干一番事业|无难事,只怕有心人。

【世俗】shìsú 名。常作定语。(1)当时社会流行的风俗、习惯;含贬义:～之见。(2)非宗教的;宗教教义认为一切事物具有两种形式,把天上的形式称为神圣,把人间的形式称为世俗。～社会。

【世态】shìtài 名。社会上人对人的态度;用来比较固定的组合中:～炎凉|人情～。

【世态炎凉】shìtài yánliáng 成。炎:热,亲热;凉:冷淡。旧指有钱有势,人就巴结,无钱无势,人就冷漠。几年的艰难经历,使他懂得了～,人心难测。

【世外桃源】shìwài táoyuán 成。晋代作家陶渊明在《桃花源记》中描述了一个与世隔绝、没有战祸,人们安居乐业,过着幸福宁静生活的地方。后来就用"世外桃源"指幻想中的美好世界:要想逃避现实,过～的生活是不可能的。

【世袭】shìxí 动。指帝位、爵位、官职等代代相传;不带宾语:爵位可以～,聪明才智却无法～。可作定语:～制度|～的特权。

【世系】shìxì 名。指一姓世代相承的系统:～表|封建社会里人们常用～来炫耀自己"高贵的"血统。

【世兄】shìxiōng 名。有世交的人家,辈分相同的男性互称世兄。对辈分较低的有时也尊称世兄。

【世族】shìzú 名。封建社会里世代相传的官僚地主家族:豪门～|～之家。

【贳】shì 〈古〉动。(1)租赁,出借。(2)赊欠。(3)宽纵,赦免。

【市】shì ❶名。一种行政区划单位。有中央直辖市,省、自治区辖市和相当于县的市。❷〈素〉(1)集中做买卖的地方:～场|街～|集～。(2)城市:～容|～民|都～。(3)属于市制的度量衡单位:～亩|～斤|～尺。

【市廛】shìchán 〈书〉名。商店集中之处:家居～,喧嚣异常。

【市场】shìchǎng 名。(1)商品交易的地方:～繁荣|农贸～。(2)商品行销的领域:国内～|国际～。(3)比喻人的思想行为或事物活动的场所;常含贬义:全盘西化的论调已经没有～了。

【市集】shìjí 名。(1)集市。(2)市镇。

【市井】shìjǐng 〈书〉名。旧指做买卖的地方:艺人说唱于～。

【市侩】shìkuài 名。旧指买卖的中间人,唯利是图的奸商,现泛指贪图私利的人:～习气|～作风。

【市面】shìmiàn 名。城市工商业活动的一般情况:～繁荣|～萧条。

【市容】shìróng 名。指城市的外貌,包括街道、房屋建筑、橱窗陈列等:～整洁|整顿～|经过几年努力,南京的～已大为改观。

【市肆】shìsì 〈书〉名。市里的商店。

【市镇】shìzhèn 名。指规模较大的集镇。

【市政】shìzhèng 名。城市的管理工作,包括工商业、交通、文化教育、治安、卫生防疫、公用事业、基本建设等。

【市制】shìzhì 名。我国人民曾经使用的计量制度。长度的主单位是市尺,重量的主单位是市斤,容量的主单位是市升。现已开始改用公制。

柿 shì 名。(1)柿子树,落叶乔木,叶子倒卵形,花黄白色。果实味甜,可鲜食,也可制柿饼。(2)(~子)指柿子树的果实。

铈 shì 名。一种金属元素,符号Ce。灰色结晶,质地柔软,有延展性,不易导电,化学性质活泼,是优良的还原剂,可用来制造合金。

式 shì 〈素〉(1)样式:新~|旧~。(2)格式,模式:程~|款~。(3)仪式,典礼:闭幕~|阅兵~。(4)自然科学中表明规律的一组符号:方程~|分子~|公~。(5)一种语法范畴,通过一定的语法形式表示说话人对行为、动作的态度:命令~|虚拟~|陈述~。

【式微】shìwēi 〈书〉动。衰落,用于国家和大家族等,不带宾语:家道~。

【式样】shìyàng 名。人造物体的各种形状:这双鞋~新颖|我喜欢这种~。

【式子】shìzi 名。(1)姿势,架式:他打拳的~好看,但未必有真功夫。(2)自然科学中表明某种规律的关系式的统称,如分子式、方程式、构造式等。

试 shì ❶动。试验,尝试;常带宾语或补语:~机器|~衣服|鞋子我~了一下,有点拂脚。重叠后可带肯定否定重叠式形容词组作宾语:~~好不好|~~合适不合适。也可带主谓词组作宾语:~~这支钢笔好用不好用。❷〈素〉考试:~卷|口~。

【试点】shìdiǎn ❶动。正式进行某项工作之前,为了摸索经验而先做小型试验;不带宾语:先在这个村~,然后推广。可拆开用:已试过点了。❷名。试点的地方:咱们村是杂交稻的~。

【试金石】shìjīnshí 名。(1)通常指黑色、致密、坚硬的硅质岩石,用黄金在上面画一条痕,就可以检验出黄金的成色。(2)比喻可靠的检验方法和标准:这"名利"二字便是人品的~。

【试探】shìtàn 动。尝试着探索某种问题;常带宾语或补语:~前进的道路|这条河的深浅已经~清楚。可带动词性词组作宾语:他开始~解决这个难题。可重叠:你去~~河水的深浅。

【试探】shìtan 动。用含义不很明显的言语或举动引起对方的反应,借以暗中了解对方的实情或意图;常带宾语或补语:我今天~了一下他的态度。可带主谓词组作宾语,可重叠:你去~一下他到底去不去|你去~~,看他对这件事的意见如何。

【试图】shìtú 动。打算;须带动词或动词性词组作宾语:~解决|~改变现状。

【试问】shìwèn 动。试着提出问题;用于质问对方或表示不同意对方的意见,须带动词性词组或主谓词组作宾语:你不调查清楚就乱批评人,~能服人吗?|~这样的会有必要召开吗?|~你的意见就完全正确吗?

【试想】shìxiǎng 动。试着想象;用于质问或启发对方,须带动词性词组或主谓词组作宾语:~这样下去对你有好处吗?|光菊花就有2000多种,~其他的花该有多少?

【试行】shìxíng 动。试着实行:以上办法先在小范围内~。常带宾语或补语::正~一个新方案|~顺利。可带动词或动词性词组作宾语:~制造|~自产自销。可重叠:这办法先~~,暂不推广。

【试验】shìyàn 动。(1)为了考察某事物的效果或性能,先在实验室或小范围内试作:这种药物能否治病,要先用动物~。常带宾语或补语:~一种新方法|~好多次。可带动词性词组或主谓词组作宾语:~一下能不能抗倒伏|~一下这个开关灵不灵。可重叠:行不行,要再~~。(2)旧指考试:国文~不及格。

【试验田】shìyàntián 名。(1)进行农业试验的田地。(2)比喻试点的地方或试点工作:新光中学是教改的~。

【试用】shìyòng 动。在正式使用以前,先用一段时间,看是否能用:这本教材可在一部分学校中~。常带宾语或补语:~一种新药|~了半年。可带兼语:~工人当厂长。可重叠:你拿去~~再说。

【试院】shìyuàn 名。科举时代考试的地方。

拭 shì 〈素〉擦：拂~|~目以待。

【拭目以待】shì mù yǐ dài 成。拭：擦；待：等待。擦亮眼睛等着瞧，表示盼望或确信某事的出现：谈判能否成功，全国人民~。也说拭目而待或拭目以观。

轼 shì 〈古〉名。车厢前面用作扶手的横木。

弑 shì 〈书〉动。古时称臣杀死君主或子女杀死父母等行为；须带"君、亲、父、兄"等名词作宾语。~君|~父。

似 shì [似的](-·de) 助。表示跟某种事物或情况差不多；用在名词、代词或动词后面：初升的太阳像个火球|实验成功了，他高兴得什么~|他仿佛喝醉了~。也作是的。

另见sì。

儴 shì 〈古〉形。不诚恳。

势(勢) shì 〈素〉(1)势力：权~|仗~欺人。(2)事物表现出来的状态或趋向：气~|~如破竹。(3)自然界的现象或形势：风~|地~。(4)政治、军事或其他社会活动方面的状况或情势：时~|局~。(5)姿态：姿~|手~。(6)人或动物的睾丸：去~。

【势必】shìbì 副。根据事物发展趋势推测，必然会发生某种结果：不尊重客观规律地蛮干，~把事情搞坏|不经常学习新知识，~要落后。

【势不可当】shì bù kě dāng 成。来势迅猛、无法抵挡：大军压境，~。

【势不两立】shì bù liǎng lì 成。势：情势；两立：双方并列。敌对的双方不能并存：他们已经闹得~。

【势均力敌】shì jūn lì dí 成。敌：相等，相当。双方力量相等，不分高低：两名乒坛高手~，杀得难解难分。

【势力】shìli 名。权力，实力；多指政治、军事、经济等方面：~很大|封建~|~范围。

【势利】shìli 形。形容看权势、财物、地位分别对待人的恶劣表现：这人很~|~到极点。

【势利眼】shìliyǎn ❶名。作风势利的人：

他真是个~，看不起我们普通人。❷形。作风势利：你现在不能这样~|这个人太~了，我从来不和他打交道。

【势如破竹】shì rú pò zhú 成。势：气势，威力；破竹：劈竹子时劈开头上几节，下面的就随刀子分开了。形容节节胜利，毫无阻挡，或形容不可阻挡的气势：百万大军横渡长江，~。

【势头】shìtóu 〈口〉名。事物发展的情况，形势：今年工业生产发展的~很好。

事 shì ❶名。(~儿)(1)事情：新人新~|我有件私~儿马上要办。(2)职业，工作：你现在做什么~儿？|我打算外出谋个~儿。(3)变故：汽车出了~儿|平安无~|天下多~。(4)关系或责任：这是我俩之间的纠葛，没你的~儿。❷〈书〉动。须带宾语：(1)从事：不~生产|大~宣扬。(2)旧指侍奉：~父母。

【事必躬亲】shì bì gōng qīn 成。躬亲：不管什么事都亲自去做：厂长虽然816~，但只知道发号施令，不去动手干也不好。

【事变】shìbiàn 名。(1)突然发生的重大政治、军事性事件：西安~|七七~。(2)泛指事物的变化，世事的变迁：经常注意研究周围事物~的因果关系是十分重要的。

【事端】shìduān 名。事故，纠纷；多作宾语：生出~|挑起~。

*"事端"和"事故"："事端"除指事故外，还有"纠纷"的意思；"事故"没有这个意思。"事端"适用范围较广，可用于生产、工作等日常生活方面，还可用于两国关系等方面；"事故"只用于生产、交通等方面。"事端"常同"挑起、制造、生出"等词语搭配，一般作这些词语的宾语不再带定语；"事故"常同"生产、交通、人身、不幸、质量、责任"等词语搭配，作这些词语的中心语。"事端"多用于书面语；"事故"口语、书面语都常用。

【事功】shìgōng 〈书〉名。事业和功绩：急于~。

【事故】shìgù 名。意外的变故或灾祸，多指生产、工作或交通方面发生的：~交通|防止~发生。

【事过境迁】shì guò jìng qiān 成。事情已

经过去,客观环境也改变了:他当年就读的南京工学院,现在~,已变为综合性的东南大学了|他俩曾为住房问题吵过架,现在~,又和好如初了。

【事后】shìhòu 指事情发生以后,或事情处理结束以后;常作状语:与其~懊悔,不如事先慎重些|~,大家议论很多|她和同学吵了一架,~,又非常懊悔。

【事迹】shìjì 名。个人或集体过去做过的比较重要的事情;限指好的:先进~|~感人。

  *"事迹"和"事业":"事迹"指做过的事情;"事业"不限。"事迹"常同"学习、表扬、参观、展览"等动词搭配;"事业"常同"办、干、创办、从事、经营、管理"等动词搭配。

【事件】shìjiàn 名。(1)指历史上或社会上发生过的大事:流血~|这是有重大历史意义的~。(2)指禽兽的内脏:炒~。现在常误作时件。

  *"事件"和"事故":"事件"指不平常的大事情;"事故"指意外的损失或灾祸。"事件"一般指已发生的事情;"事故"既可以指已发生的事情,也可指未发生的事情。"事件"可指好的,也可指坏的;"事故"只指坏的。

【事理】shìlǐ 名。事情的道理;多作宾语:不明~|通晓~|懂得~。

【事例】shìlì 名。具有代表性的、可做例子的事情:典型~|~很多。

【事略】shìlüè 名。传记文体的一种,记述人物的生平大概:请你写一篇这位烈士的生平~。常用于书名或文章的标题,如归有光的《先妣事略》。

【事前】shìqián 名。指事情发生以前,也指事情处理结束以前:~大家都没有准备|这个问题~我们讨论过了。

【事情】shìqing 名。人类生活中的一切活动和所遇到的一切社会现象:什么~他都要管|有件~想跟你商量。

【事实】shìshí 名。事情的真实情况:~证明这种方法是可行的|不顾~,乱说一通。

【事态】shìtài 名。局势,情况;多指坏的:~严重|防止~扩大|控制~的发展。

【事务】shìwù 名。(1)所要做的或要做的事情:忙于~|~繁忙。(2)总务;常作定语:~人员|~工作。

【事物】shìwù 名。客观存在的一切物体和现象:一切~都存在着矛盾|新生~|抓住~的本质。

【事项】shìxiàng 名。事情的项目;多作中心语:注意~|规定的~。

【事业】shìyè 名。(1)人所从事的、具有一定目标、规模和系统并对社会发展有影响的经常活动:社会主义~|勤俭办一切~。(2)特指没有生产收入,由国家经费开支,不进行经济核算的行业,如卫生、教育等单位:~经费|~机关。

【事宜】shìyí 名。关于事情的安排、处理等;多用于公文、法令等:商谈两公司合作~|未尽~,尚待善后处理。

【事由】shìyóu 名。(1)事情的根由:向群众讲明~。(2)指公文的主要内容;公文用语。

【事与愿违】shì yǔ yuàn wéi 成。事情的发生、发展与人的愿望相反:有的父母望子成龙,对子女的学习抓得很紧,但方法不当,结果~。

【事在人为】shì zài rén wéi 成。事情的成功全在人的主观努力:~,世上没有攻不破的堡垒。

【事主】shìzhǔ 名。(1)某些刑事案件(如偷窃、抢劫等)的被害人。(2)旧指办理婚丧喜事的人家。

侍

shì 〈素〉在旁边陪伴守候:~候|~奉|服~。

【侍从】shìcóng 名。旧指皇帝或官员左右侍候卫护的人:随身~|他做过~。

【侍奉】shìfèng 〈书〉动。侍候奉养;用于晚辈对长辈,常带宾语或补语:~父母|一直~在老人左右。

【侍候】shìhòu 动。服侍;常带宾语或补语:~父亲|~你一辈子|~得很周到。

【侍弄】shìnòng 〈方〉动。仔细地经营管管;多用于庄稼、禽畜等,带宾语或补语:我~过几年花木|她正在~鸡鸭。

【侍女】shìnǚ 名。旧社会里被迫供有钱人家奴役的年轻妇女:袭人、晴雯在贾府里只不过是个~,不能跟小姐、少奶奶相比。

【侍卫】shìwèi ❶动。卫护:在旁~。常

带宾语或补语：～皇上多年|一辈子～在皇宫之中。❷名。官名。在帝王左右卫护的武官。

【侍者】shìzhě〈书〉名。侍候人的人。

峙 shì 地名用字。繁峙，县名，在山西省。
另见zhì。

恃 shì〈素〉依赖，依靠：有～无恐|～才傲物。

【恃才傲物】shì cái ào wù 成。恃：依靠，凭借；物：指人，公众。依仗自己有才能，看不起别人；含贬义：此人～，不容于众。

饰 shì ❶动。扮演角色；常带宾语：张萍在影片里～女主角。❷〈素〉(1)装饰：修～|粉～。(2)掩盖：掩～|文过～非。(3)装饰品：服～|首～。

【饰词】shìcí 名。掩盖真相的话，托词：所谓"曲线救国"只不过是汉奸们投降、卖国的～罢了。

【饰物】shìwù 名。(1)指首饰。(2)器物上的装饰品，如花边、流苏等。

视（眎）shì〈素〉(1)看：～觉|～力|近～。(2)看待：轻～|重～|～死如归。(3)考察：～察|巡～。

【视察】shìchá 动。常带宾语或补语，可重叠。(1)上级人员到下级单位检查工作：中央领导到农村～|师长在前线～防务|～过几次|大家都要到下面～～，别老坐在办公室里。(2)察看：～地形|～得很仔细|到现场去～～。

【视而不见】shì ér bù jiàn 成。虽然睁眼望着，却什么也没看见；形容不重视，不注意，多含贬义：机器放在外面淋雨生锈，他们居然～|对违反纪律的现象，我们每个革命同志却都不能～，听而不闻。

【视觉】shìjué 名。由光源直射或物体反射的光线作用于视网膜所产生的感觉：～模糊。

【视角】shìjiǎo 名。(1)从物体两端射出的两条光线在眼球内交叉而成的角。物体愈小或距离愈远，视角愈小。(2)摄影机镜头所能摄取场面距离最大的两点与镜头连成的夹角。视角的大小与焦距的大小成反比。

【视力】shìlì 名。在一定距离内眼睛辨别物体的能力：～减退。

【视如敝屣】shì rú bì xǐ 成。敝屣：破鞋子。看作破鞋一样，比喻极为轻视：他把荣华富贵～，不屑一顾。

【视若无睹】shì ruò wú dǔ 成。睹：看见。看了像没有看到一样；形容漠不关心，用于贬义：对这种生产上不顾质量，但求数量的现象，我们不该～，听之任之。

【视事】shìshì〈书〉动。旧指官吏到职开始办公；不带宾语，可带补语：～已一月。可构成连动词组：就职～。

【视死如归】shì sǐ rú guī 成。把死看得像回家一般；形容为了正义事业而不怕牺牲：革命志士面对敌人的屠刀，面不改色，～。

【视听】shìtīng 名。见闻，看到的和听到的：以正～|混淆～|～教材。

【视同儿戏】shì tóng ér xì 成。看作小孩游戏一般。比喻作事不严肃不认真；含贬义：引进外国技术，务必慎重，切不可～。

【视线】shìxiàn 名。眼睛看东西时，眼睛和物体之间的假想直线：大树挡住了～，看不到远处。

【视野】shìyě 名。眼睛看到的空间范围：～广阔|进入～|汽车在高原上奔驰，扑入你的～的，是黄绿错综的一条大毡子。

是 shì ❶动。义项(1)—(4)须带宾语。(1)联系两种事物，表明两者同一，或后者说明前者的属性、种类等：他～学生|《阿Q正传》的作者～鲁迅。可带谓词、谓词性词组或主谓词组作宾语：我们的任务～学习|这～讲排场|东西旧～旧，可是很结实|～先烈们流血牺牲，才换来了革命的胜利。(2)表示存在；前面通常是表示处所的词语，"是"后面表示存在的事物：遍地～鲜花|满头～汗。(3)表示"凡是"的意思；用在句首，与"就、都"等呼应，构成紧缩复句，表示条件关系：～书他就看|～活儿他都肯干。(4)表示肯定；"是"重读：这场雨下得～时候。可加程度副词：东西摆得挺～地方。(5)表示答应；常单用：～，我马上就去|～，～，我懂了。❷形。对，正确；与"非"相对：他确有不～之处|你说得很～。❸〈古〉代。这，这个：由

可知|~可忍,孰不可忍? ❹姓。

【是的】shìde 见"似(shì)的"。

【是非】shìfēi 名。(1)事理上正确的与错误的: 明辨~|~观念。(2)口舌; 常作宾语: 搬弄~|惹出~。

【是否】shìfǒu〈书〉副。是不是; 表示商量、怀疑或不确定的语气: 他~也来参加? |你的身体~比以前好些了? |你也知道这件事? 也可用于陈述句, 作状语: 这种理论~正确, 还需要通过实践来检验|我不知道他~同意我们的意见。

【是古非今】shì gǔ fēi jīn 成。是: 认为对; 非: 认为不对。肯定古代的事物, 否定现代的事物: ~是复古主义的一种思想表现。

【是可忍,孰不可忍】shì kě rěn, shú bù kě rěn 成。是: 这个; 孰: 谁, 哪个。如果这个可以容忍, 那么还有什么不可以容忍呢? 表示绝对不能忍受; 用在反问句中: 侵略者如此蹂躏我国的同胞, ~?

适(適) shì

〈素〉(1)切合, 相合: ~合|~用。(2)恰好: ~中|~可而止。(3)舒服: 舒~。(4)往, 到: 无所~从。(5)嫁: ~人。

【适才】shìcái 副。刚才; 多见于早期白话: ~有人来过|我~已经说过了。

【适当】shìdàng 形。合适, 妥当: 选择的时机很~|~提高标准。

　　*"适当"和"恰当": "适当"在与"时候、机会、场合、办法、处理、安排"等词搭配时, 语意较轻; "恰当"和这些词搭配时, 语意较重。"适当"常与"增加、减少、提高、降低、奖励、休息"等动词搭配, 表示要掌握在一定的数量或范围之内; "恰当"常与"评价、比喻、分析、解释"等动词搭配, 表示确切, 恰如其分。

【适得其反】shì dé qí fǎn 成。适: 恰好。恰恰得到与预期相反的效果: 本想帮他一点忙, 结果~, 帮了倒忙。

【适度】shìdù 形。程度适当: 冷暖比较~|~运动。

【适逢其会】shì féng qí huì 动。适: 正好, 恰当; 会: 时机。恰巧碰上那个时机: 他的成功也是~。

【适合】shìhé 动。符合, 指客观情况或要求: 以往的经验用到现在的工作中未

必都~。常带宾语或补语: 这种做法~当前的情况|在这里种稻子比在北方~一些。可带动词、动词性词组或主谓词组作宾语: 你的水平~上英语中级班|这项工作~青年人去干。可加程度副词: 这本词典很~中学生使用。

【适可而止】shì kě ér zhǐ 成。适可: 恰好可以。到了适当的程度就停止: 饭不要吃得太饱, ~, 否则对身体不利。

【适口】shìkǒu 形。口味适合: 这几样菜味道都很~|今天没有~的东西招待大家。

【适龄】shìlíng 形。与某种要求的年龄相宜; 多指入学或兵役应征年龄, 不单独作谓语, 作定语: ~儿童|~青年。

【适人】shìrén〈书〉动。嫁人; 不带宾语: 她芳龄二十, 尚未~。

【适时】shìshí 形。不早不晚, 适合时宜: 这场雨非常~|~的商品。

【适宜】shìyí 形。合适, 相宜: 这杯咖啡浓淡~|妇女做这种工作很~。

【适意】shìyì 形。舒适: 凉风吹来, ~极了|最近他身体有些不~。

【适应】shìyìng 动。适合; 指客观条件或需要: 教育事业必须同国民经济发展的需要相~。常带宾语或补语: ~新情况|对那里的生活习惯我~不了。可带动词作宾语: ~需要|~要求。可加程度副词: 这种产品很~群众的需要。可重叠: 你还得~~这里的风俗习惯。

【适值】shìzhí 动。正好遇到, 恰好碰上; 须带宾语: 第一次乘飞机, ~大雾天气。可带动词性词组或主谓词组作宾语: 我刚到车站, ~开走了一辆汽车|我出生的那年, ~抗日战争爆发。

【适中】shìzhōng 形。(1)不过分也不相差太远; 多作谓语: 身材~|冷热~。(2)位置不偏于哪一面: 位置不太~|找个~的地点。

室 shì

❶名。(1)屋子: ~内|三~一厅。(2)星名。二十八宿之一。❷〈素〉机关、工厂、学校等内部的工作单位: 秘书~|档案~|实验~。

莳(蒔) shì

动。常带宾语。(1)〈方〉移植; 用于水稻的秧苗: ~秧|~田。(2)〈书〉栽种; 用于花木: ~花。

逝 shì〈素〉(1)过去,消失:流～|消～。(2)死:～世|病～。

【逝世】shìshì 动。死亡,去世;不带宾语,可带补语:不幸～|～已久|～于友谊医院。
 ＊"逝世"和"死":"逝世"只用于人;"死"可用于一切生物。"逝世"多用于书面语,带有郑重、严肃和尊敬的色彩;"死"用于口语,也用于书面语,一般不带感情色彩。

誓 shì ❶〈书〉动。表示决心依照说的话实行,发誓;不作谓语,只作状语,一般用于非主谓句:～与阵地共存亡|不把敌人赶出去～不罢休|～将革命进行到底。❷名。表示决心的话:常作"发、起"等动词的宾语:他看我将信将疑,便发起～来|咱们一同起个～,今后决不干这种勾当来。

【誓师】shìshī 动。军队出征前,主帅向全军战士宣布作战意义,表示决心。也泛指群众集会庄严地表示完成某项重要任务的决心;不带宾语:全连立即～|北伐。常作定语:～大会。

【誓死】shìsǐ 副。立下誓言,并表示至死不变:～保卫祖国。

【誓言】shìyán 名。宣誓时说的话:实现了自己的～。
 ＊"誓言"和"诺言":"誓言"指宣誓时说的话,有庄重的色彩;"诺言"指应允别人的话,没有庄重的色彩。

【誓约】shìyuē 名。宣誓时订下的必须遵守的条款:～不可违背|遵守～。

释(釋) shì〈素〉(1)说明,解说:解～|～文。(2)消除,消散:～疑|冰～。(3)放开,放下:～放|爱不～手。(4)不再拘押或服刑:保～|假～。(5)指佛教的创始人释迦牟尼:～门|～教。

【释读】shìdú〈书〉动。考证并解释;多指古文字:不少甲骨文至今还无人能～。常带宾语或补语:～经书|～得很正确。

【释放】shìfàng 动。常带宾语或补语。(1)把被拘押者或服刑者放出来,恢复其人身自由:我们把俘虏教育后～了|～了三个悔改表现好的犯人|从监狱里～出来。(2)把蕴含的物质或能量放出来:原子弹爆炸后能～出巨大的能量。

【释怀】shìhuái〈书〉动。消除心中的挂念,不带宾语:未能～|接读来信,方始～。

【释然】shìrán〈书〉形。疑虑、嫌隙等消除后心里平静的样子;不加程度副词:得悉您身体无恙,心中～,不复忧虑。

【释疑】shìyí 动。解释疑难或消除疑虑;不带宾语:学生提问,教师～|他的一番话,使我顿时～了|这番辩白仍未能使我完全～。

【释义】shìyì 动。说明词义或文义;不带宾语:生字要～|这几个词请学生～。

谥(諡) shì〈书〉❶名。封建时代帝王、贵族、大臣等死后,按其生前事迹所给予的称号。如岳飞谥"武穆"。❷动。称作,叫作;有时含讽刺意,常与"为"配合使用:自～为"革命家"|～之为"保守主义"。

嗜 shì〈素〉特别喜欢和爱好:～好|～欲。

【嗜好】shìhào 名。特殊的爱好:老徐不吸烟,不喝酒,没任何～|吸烟是他唯一的～|他有种花的～。

【嗜痂之癖】shìjiāzhīpǐ 成。嗜:喜爱;痂:疮口由血液、淋巴液等凝结成的硬壳;癖:积久成习的嗜好。原指爱吃疮痂的癖性,后比喻怪癖的嗜好;含贬义:欣赏自己的缺点恐怕是一种～。也说嗜痂成癖。

【嗜杀成性】shìshāchéngxìng 成。喜欢杀人成了习性;形容坏人的凶残:这些～的刽子手,连无辜的儿童都不放过。

【嗜欲】shìyù〈书〉名。泛指各种癖好和欲望:～无限|节制～,乃养生之要道。

筮 shì 动。用蓍草占卜,是古时的一种迷信活动。

噬 shì〈素〉咬:吞～|～脐莫及。

【噬脐莫及】shìqímòjí 成。噬脐:用嘴咬肚脐。如同用嘴咬肚脐一样,无法挽着。比喻后悔已晚,无法挽回:此事木已成舟,～。也说噬脐何及。

奭 shì ❶〈古〉形。盛大。❷姓。

襫 shì 见"袯(bó)襫"。

螫 shì 同"蜇(zhē)"。

·shi(·ㄕ)

殖 ·shi 见"骨殖"。
另见zhí。

匙 ·shi 见"钥(yào)匙"。
另见chí。

shōu(ㄕㄡ)

收(收) shōu 动。常带宾语或补语。(1)把外面的东西拿到里面,把散开的东西聚拢:下雨了,快~衣服|把桌子上的碗筷~起来。(2)取回属于自己的东西或自己有权取的东西:~了一笔帐|连成本都~不回来。可带双宾语:~了你一本书。(3)获得,指经济利益:你~了他多少礼?|今天生意不好,~得不多。(4)收获,收割:~麦子|快把大豆~回来。(5)接收,容纳:~了三个徒工|那些孤儿都~在保育院里。可带兼语:~他做徒弟。(6)约束,控制:~起你们的野性吧|他的心已~不住了。(7)逮捕,拘禁:~了三个犯人|那个小流氓被~进来了。(8)结束,停止;指工作:我们的工作正在~摊儿|六点钟都~不了工。

【收编】shōubiān 动。收容并改编;指武装力量:这支部队全部被我军~。常带宾语或补语:~投诚的军队|~到68军里。

【收兵】shōubīng 动。不带宾语。(1)撤回军队,停止战斗:不把敌人消灭不~|~回营。(2)比喻结束,停止:不完成任务决不~。

【收藏】shōucáng 动。收集并保藏;多指比较珍贵或重要的东西,常带宾语或补语:~珠宝|把文物~起来。

【收场】shōuchǎng ❶动。结束;不带宾语:他一插手,事情就不好~了。❷名。结局,下场:坏事做多了,~决不会好。

【收成】shōu·cheng 名。庄稼、蔬菜、果品等的收获情况,也指渔业生产的成绩:今年麦子~很好|我们渔场上今年一定有个好~。

【收发】shōufā ❶动。收进和发出公文、信件;用于机关、学校等;常作定语:做好~工作。可带宾语:他负责~文件。❷名。指担任收发工作的人:老张是我厂的~。

【收服】shōufú 动。制服别人,使顺从自己:经过激烈搏斗,终于把对方~了。可带宾语或补语:孙悟空一连~了三个妖怪|把他们~过来。

【收复】shōufù 动。夺回;指失去的领土或阵地等:被敌人占领的阵地已经~。常带宾语或补语:~失地|这片一度沦陷的国土终于~过来了。

【收购】shōugòu 动。从各处买进;常带宾语或补语:~废品|~土特产|~得很多。

【收回成命】shōu huí chéng mìng 成。收回已经发布的命令、指示和决定:这项决定不符合客观实际,希望政府尊重群众意见,~。

【收获】shōuhuò ❶动。收割成熟的农作物:春天播种,秋天~。可带宾语或补语:~夏季作物|~得很少。也比喻获得其他东西:~了许多战利品。❷名。比喻心得、成绩、战果等:学习了这个文件,大家的~不小。

*"收获"和"收成":"收获"常作动词用,表示收取农作物,也可作名词用,表示所得的成果,是多义词;"收成"一般只作名词用,表示所得的农作物或其他东西,是单义词。"收获"可以说大小,不能说好坏;"收成"可以说好坏,不能说大小。

【收集】shōují 动。使聚集在一起:群众的意见要经常~。常带宾语或补语:~资料|把纪念邮票~在一起。也可带某些动词作宾语:~反映。可重叠:要好好~~大家的意见。

*"收集"和"搜集":"收集"侧重于聚集;"搜集"侧重于搜寻,表示有一定的选择性。

【收缴】shōujiǎo 动。没收,缴获;多指非法的凶器或有害的物品等:淫秽书刊要全部~。常带宾语或补语:~凶器|把散失在外的枪支弹药~上来。

【收看】shōukàn 动。从电视机里看:今晚七时有重要新闻,请大家到时~。常

带宾语或补语：～体育节目|～过多次。

【收敛】shōuliǎn 动。常带宾语或补语。(1)减弱或消失,指笑容、光线等：老张了笑容,一声不响地盯着来人|连日高温,今天烈日的威势总算～了一些。(2)由于外力影响,对自己的言行稍加约束;含贬义：他不得不～一下他那嚣张的气焰。可重叠：你的行为要～～,别太放任了。

【收殓】shōuliàn 动。把人的尸体放进棺材：孙老的遗体定于今天下午～。可带宾语：我买了棺材,～了她。

【收留】shōuliú 动。接纳生活有困难或有特殊要求的人并给予帮助;常带宾语或补语：他们见我孑然一身,无家可归,便～了我|政府已把这些啼饥号寒的难民～了下来。

【收拢】shōulǒng 动。常带宾语或补语。(1)把散开的事物聚集起来,合拢：～资料|～衣物|你把桌上的书～到一起。(2)收买拉拢：～人心|敌人想用金钱把他们～过去,但没得逞。

【收罗】shōuluó 动。把人或物聚集在一起：资料要广泛～。常带宾语或补语：～人才|材料～得很齐全。

＊"收罗"和"搜罗"："收罗"着重指广泛收集,不强调寻找;"搜罗"着重指到处寻找,并有一定的选择性。

【收买】shōumǎi 动。常带宾语或补语。(1)收购：～生猪|今天旧报～到很多。(2)用钱财或其他好处笼络人,使受利用：～人心|敌人～不了他。可带兼语：他想用钱～王某作打手。

＊"收买"和"收购"："收买"的施动者可以是个人,也可以某种机构;"收购"的施动者大多是政府或某种专门机构。"收买"使用范围较广,可用于各种大小的东西,包括土地、房屋等;"收购"的对象通常是油、粮、肉、牲畜、蔬菜、废品等,一般不用于固定资产如土地、房屋等。"收买"是多义词;"收购"是单义词。

【收纳】shōunà 动。接收进来,收容：这些礼物我不能～。常带宾语或补语：～租税|有用的资料都～在这个口袋里了。

【收盘】shōupán 动。不带宾语。(1)旧时交易所及各行业公会每天最后一次报告行情。(2)旧时商店自动停业；杂货店生意清淡,只得～歇业。

【收容】shōuróng 动。收留;指孤儿、灾民、伤员等：保育院把这几个孤儿～了。常带宾语或补语：收容所～了不少灾民|伤员暂时～在一所学校里。

＊"收容"和"收留"："收容"强调加以容纳;"收留"强调让对方留下来。"收容"的施动者一般是机构、组织;"收留"的施动者除了机构、组织外,还可以是个人、家庭等。

【收入】shōurù ❶动。收进来;用于钱财,常带宾语：本月～纯利润两万元。❷名。指收进来的钱：国民～在逐步提高|这个月家中添了一笔额外～。

【收拾】shōu·shi 动。常带宾语或补语,可重叠。(1)整顿,整理：这个局面很难～|～行李|把书架～一下|房间要好好～～。(2)修理：房子漏雨,要请瓦匠来～|今天一直在家～房子|这张沙发～得很好|这台收音机请您帮我～～。(3)为了管束、惩罚、打击等,使吃点苦头：这个家伙发给我去～|～过他三次|这校好好～～这个坏蛋。(4)〈口〉消灭,杀死：让我来～这几个敌人|入侵的几股敌军被我们干净利落地～掉了。

【收束】shōushù 动。常带宾语或补语。(1)控制,约束；指思想感情等：～自己的思绪|他一激动,话就～不住。(2)结束；大多指文章：他轻轻一笔便～了全文|文章写长了,但还～不住。(3)收拾；多指行李：～行装,准备出发|～了半天还没～好。

【收缩】shōusuō 动。(1)物体由大变小,由长变短;一般不带宾语：物体遇冷会～。可带补语：弹簧拉长后,一松手就～回去了。(2)压缩,紧缩：战线太长,要适当～。常带宾语或补语：～开支|把分散的力量～起来。

【收听】shōutīng 动。从广播里听：今天有重要新闻,请大家～。常带宾语或补语：～广播|这个报告～得不清楚。

【收尾】shōuwěi ❶动。结束事情的最后一段,不带宾语：文章写到这一段。可拆开用：这项工程目前收不了尾。❷名。文章的结尾：这篇文章的～很好,余味无穷。
【收效】shōuxiào 动。收到效果；不带宾语：用这种办法恐怕难以~│~很快。
【收心】shōuxīn 动。把放纵散漫的心思收拢来，也指把做坏事的念头收起来；不带宾语：开学初，要让同学们先~│经过教育，他开始~改正了。可拆开用：一下子收不了心。可重叠：不能老这样散漫下去，该收收心了。
【收养】shōuyǎng 动。把别人的子女收下当做自己的子女来抚养；常带宾语或补语：~了两个孤儿│把他~到长大成人。可带兼语：他做儿子。
【收益】shōuyì 名。生产上和商业上的收入：没有多大~│开业才一年~已经不小。
【收执】shōuzhí ❶动。收下并保存；公文用语，不带宾语：证件由当事人~。❷名。政府机关收到钱款或其他东西后发给的书面凭证：收款后要给一张~。

shóu (ㄕㄡˊ)

熟 shóu 〈口〉形。同"熟(shú)"。另见 shú。

shǒu (ㄕㄡˇ)

手 shǒu ❶名。人体上肢前端能拿东西的部分。❷量。用于技能、本领：他写得一~好字│他有一~绝招。❸〈素〉(1)拿着：人~一册。(2)小巧而便于拿的：~枪│~册。(2)善于做某种工作或有某种技能的人：能~│多面~。(3)亲手：~书│~植│~抄。
【手本】shǒuběn 名。(1)明清时代门生见老师或下属见上司用的帖子，类似现在的名片。(2)手册。
【手笔】shǒubǐ 名。(1)亲手写的字、画的画或做的文章；多指名人的：这幅画是齐白石的~。(2)文章或书画技巧上有造诣的人：茅盾是当代的大~。(3)指办事、用钱的气派：此人财大气粗，~不凡。
【手不释卷】shǒu bù shì juàn 成。释：放下；卷：指书籍，古时的书，不是装订成册，而是在帛或纸上，不读时可以卷起来，所以把书叫卷。手里的书不肯放下，形容读书勤奋或看书入迷；含褒义：他

躺在病床上，仍旧~。
【手册】shǒucè 名。(1)汇集常用的基本资料以供手头查考的工具书；多用于书名。如《读报手册》、《会计手册》。(2)专为记录某种内容用的本子，如劳动手册、工作手册等。
【手到擒来】shǒu dào qín lái 成。擒：捉。原指作战时一伸手就把敌人捉住，比喻做事毫不费力：办这些事，他是~，不费吹灰之力。
【手段】shǒuduàn 名。(1)为达到某种目的而使用的方法：民主是~，不是目的│必须采取革命~。(2)待人处事所采用的不正当的方法；含贬义：要~│搞不正当的~。(3)本领，能耐；含褒义：他做学生的思想工作很有~│~不凡。
【手法】shǒufǎ 名。(1)文学艺术创作的技巧：写作~│表现~。(2)指不正当的手段；含贬义：他要两面派的~│骗人的~。
【手稿】shǒugǎo 名。作者亲笔写的稿子；多指名人的：马克思的~大都保存下来了。
【手工】shǒugōng 名。(1)靠手的技能做出的工作：做~│许多人织毛线衣仍靠~劳动│~操作。(2)〈口〉指手工劳动的报酬：做件衬衫多少~?
【手工业】shǒugōngyè 名。依靠手工劳动，使用简单生产工具，规模较小的工业。
【手工艺】shǒugōngyì 名。指具有高度技巧性、艺术性的手工，如刺绣、挑花等。
【手迹】shǒujì 名。指亲笔写的字或画的画：这幅画是郑板桥的~。
【手疾眼快】shǒu jí yǎn kuài 成。形容做事机警敏捷：公安战士~，迅速抓住了这个小偷。也作眼快手疾。
【手记】shǒujì ❶动。亲手记录：首长的讲话我已~笔录。❷名。指家手下的记录：这是他的一份~。
【手脚】shǒujiǎo 名。(1)举动或动作：慌了~│~利索。(2)暗中采取的行动；含贬义：背后做了~│从中弄~。
【手紧】shǒu jǐn 词组。(1)指不随便花钱或给人东西：他一向~，从来不乱花一分钱│谁说他~?花钱大方得很。(2)指缺钱用：这几天我~，买不起东西。也

说手头紧。

【手忙脚乱】shǒu máng jiǎo luàn 成。形容做事忙乱，毫无条理：事情多一点他就～起来。

【手气】shǒuqì 名。指赌博或抓彩时的运气：昨天～不佳，输得很多｜今天～很好，几乎盘盘赢钱。

【手巧】shǒu qiǎo 词组。手灵巧，手艺高：这姑娘心灵～｜他很～。

【手球】shǒuqiú 名。(1)球类运动项目之一。场地长方形，球门类似足球门。每队上场七人，其中一人守门。比赛时以把球掷入对方球门为得分，得分多的获胜。(2)这项运动使用的球，形状像足球，但较小。

【手软】shǒu ruǎn 词组。形容不忍心下手或下手不狠：对犯罪分子决不能～｜妈妈举起手要打我，见我求饶，就～了。

【手势】shǒushì 名。表示某种意思时，用手做的姿势；常作"打、做、用"等动词的宾语：他打了个～叫他离开这里。

【手书】shǒushū〈书〉❶动。亲笔书写，一般不带宾语，可带补语，多用于信函签名之后：张××～｜～于南京师大。❷名。亲笔写的信：拜读～，深受感动。

【手术】shǒushù 动。医生用医疗器械对人体病变部分用切除、缝合等方法进行治疗；不带宾语：这个肿瘤必须立即～。常作"动、做、进行"等动词的宾语：他病情严重，须要做大～。

【手松】shǒu sōng 词组。花钱不节约或很大方地给人东西：这个人一向～，用钱不精打细算｜用钱太～不好。

【手谈】shǒután〈书〉动。指下围棋，现在也指打麻将；不带宾语：他们常在一起～。可重叠：今天没事，我们来～～。

【手头】shǒutóu 名。(1)伸手可以拿到东西的地方：我～有复习资料。(2)个人某一时候的经济情况；只作主语：～紧｜～宽裕。

【手腕】shǒuwàn 名。(1)同"手段(2)"：耍～｜玩～。(2)同"手段(3)"：她弹琴很有～｜～不凡。

【手无寸铁】shǒu wú cùn tiě 成。寸：形容细微短小；铁：指武器。手里没有一点武器：敌人开枪射击～的群众。

【手舞足蹈】shǒu wǔ zú dǎo 成。手舞动，脚也跳动，形容非常高兴：他一听说自己的文章发表了，高兴得～起来。

【手下】shǒuxià 名。(1)领属下，管辖下；多带领属性定语：他的～有千把人｜强将～无弱兵。(2)身边：那本书此刻不在～。(3)指某人某时的经济情况：到月底我～就紧了。(4)下手的时候；常用在比较固定的组合中：请您～留情。

【手写体】shǒuxiětǐ 名。文字或拼音字母的手写形式；区别于印刷体。

【手心】shǒuxīn 名。(1)手掌当中。(2)比喻所控制的范围：孙悟空跳不出如来佛的～儿｜我是在人家～里的人，还能讲话吗？

【手续】shǒuxù 名。办事的程序或步骤；量词用"道"：要办七八道～｜～简单。

【手艺】shǒuyì 名。手工业工人的技术：高明｜学～。

【手谕】shǒuyù 名。旧指君主或高级官员亲笔写的指示或命令；量词用"道"：下了一道～｜接奉～。

【手泽】shǒuzé〈书〉名。先人的遗物或手迹：～重光｜先人～。

【手札】shǒuzhá〈书〉名。亲笔写的信：～收悉｜接奉～，不胜欣慰。注意："札"不要写成"扎"。

【手足】shǒuzú 名。手和脚，比喻弟兄：亲如～｜～之情。

【手足无措】shǒu zú wú cuò 成。措：安放。手和脚不知放在哪里才好。形容举动慌乱，或想不出应付的办法：突然接到母亲生病的电报，搞得我～，不知如何是好。

守 shǒu 动。常带宾语或补语。(1)防守；与"攻"相对：～住阵地｜敌军～得很严。(2)看护，守候：～着病人｜～到天亮。(3)遵守，依照：～时间｜这种规矩～不得。可加程度副词：很～纪律。(4)靠近，依傍：～着水的地方可以种水稻｜在炉子旁边烤火。

【守备】shǒubèi 动。防守戒备；不带宾语，可带补语：今晚要严加～｜～严密。可作定语：～部队。

【守财奴】shǒucáinú 名。指很有钱而非常吝啬的人；含讽刺意：巴尔扎克笔下的葛朗台是一个十足的~。

【守成】shǒuchéng 〈书〉动。继承和保持前辈的成果；不带宾语：此人仅可~，不能进取｜创业难，~更难。

【守候】shǒuhòu 动。常带宾语或补语。(1)等待：她~着丈夫的消息｜~了三年仍无音讯。(2)看护：他日夜在患病的母亲身边~着｜护士们轮流~着伤员｜一直~在床前。

【守护】shǒuhù 动。看守保护；常带宾语或补语：战士们警惕地~着祖国的边疆｜~在病人身旁｜~了一天一夜。

【守旧】shǒujiù ❶形。拘泥于过时的看法或做法而不改变：这个人很~｜~思想应该批判。❷名。戏曲演出时挂在舞台上用来隔开前后的幕，幕上绣着与剧情无关的图案。

【守口如瓶】shǒu kǒu rú píng 成。紧闭着嘴不讲话，像瓶口塞紧了一般。形容说话谨慎或严守秘密：这件事他一直~，不肯吐露一点风声。

【守灵】shǒulíng 动。守护在灵床、灵柩或灵位的旁边；不带宾语：儿女们为死去的父亲~。可拆开用：守了一天的灵。

【守势】shǒushì 名。为防御对方进攻而采取的部署：敌强我弱，宜取~。

【守岁】shǒusuì 动。农历除夕晚上不睡觉，等到天亮；不带宾语：除夕晚上，家家~｜~酒。可拆开用：没事就早点睡觉，守什么岁？

【守土】shǒutǔ 〈书〉动。保卫领土；多用在比较固定的组合中：~有责。

【守望相助】shǒu wàng xiāng zhù 成。指邻近村落之间，互相看守瞭望，互相帮助，以对付外来的侵犯或其他灾害：邻里之间应该~，患难相扶。

【守业】shǒuyè 动。守住前人所创立的事业；不带宾语，常与"创业"对举使用：我们不但要~，更要创业。可拆开用：要守住祖上的业。

【守则】shǒuzé 名。共同遵守的规则：中学生~｜遵行~。

【守正不阿】shǒu zhèng bù ē 成。正：公正；阿：偏袒。坚守正道，毫不偏袒；含褒义：戏曲舞台上的包公是一个~的清官形象。注意："阿"这里不读ā。

【守株待兔】shǒu zhū dài tù 成。《韩非子·五蠹》有个寓言故事说：宋国的一个农民看见一只兔子撞死在树上，他就丢下农活守在树旁，希望再得到撞死的兔子，结果一只也没有等到。比喻死守经验不变通，或妄图不劳而获：幸福的生活要靠劳动去创造，岂能~？

首 shǒu ❶量。用于诗歌：写了一~诗。❷〈素〉(1)头：~饰｜昂~阔步。(2)第一，最高的：~届｜~席。(3)领导人，带头的：~领｜罪魁祸~。(4)最先，开始：~创｜~先。(5)出头告发或招认：出~｜自~。❸姓。

【首倡】shǒuchàng 动。首先提倡；常带宾语：~勤工俭学活动。可带动词或动词性词组作宾语：~革命｜~计划生育。

【首创】shǒuchuàng 动。最先创造，创始；常带宾语或补语：王师傅~行车万里无事故的纪录｜这种学说~于十九世纪初。可作定语：科学要进步，没有~精神是不行的。

【首当其冲】shǒu dāng qí chōng 成。首：最先；当：承当；冲：要冲，交通要道。比喻首先受到攻击或遭遇灾难：高家是北门一带的首富，如果有人来抢劫，不免要~。

【首都】shǒudū 名。国家最高政权机关所在地，是一国的政治中心；有的也是经济或文化中心。

【首恶】shǒu'è 名。作恶犯罪集团的头子：~必办｜这些~分子必须严加惩处。

【首府】shǒufǔ 名。(1)旧时称省会所在的府为首府，现在多指自治区或自治州人民政府所在地。(2)附属国或殖民地的最高政府机关所在地。

【首富】shǒufù 名。指某地区最富有的人家：他在我们村里可算是~。

【首级】shǒují 名。古代指作战时斩下的人头。秦法规定，战时斩下敌人一个人头加爵一级，后来就称斩下的人头为首级。

【首届】shǒujiè 形。第一次，第一期；不加程度副词，不单独作谓语，只作定语：~毕业生｜~人民代表大会。

【首肯】shǒukěn 〈书〉动。点头表示同意；不带宾语：他虽未~，却也未加拒绝。

【首领】shǒulǐng 名。头和脖子;借指某些集团领导者或为首的人:宋江是梁山起义军的大～。
【首脑】shǒunǎo 名。领导人,为首的人或机关等:召开各国政府～会议|他是语言学界的～人物。
【首屈一指】shǒu qū yī zhǐ 成。首:首先。弯下手指头计算时,首先要下大拇指。表示位居第一:他是班里～的高材生。
【首善之区】shǒu shàn zhī qū 成。最好的地方。旧时认为实施教化从国都开始,因称国都为首善之区。
【首饰】shǒu·shi 名。本指戴在头上的装饰品,今指耳环、戒指、项链等。
【首鼠两端】shǒu shǔ liǎng duān 成。首鼠:迟疑不决、想进又退的样子;两端:两头。指左右观望的意思。形容瞻前顾后,犹豫不决:敌军已兵临城下,我们怎么能～,不赶快采取对策呢?
【首途】shǒutú 〈书〉动。动身,上路;不带宾语:事关紧要,务望即日～。
【首尾】shǒuwěi 名。(1)开头的部分和结尾的部分:文章～要照应|战线太长,～不能相顾。(2)从开始到结尾这一过程:这项工程,～共三年时间。
【首席】shǒuxí 名。(1)最高的席位:钱老年龄最大,理应坐～。(2)指职位最高的,一般作定语:～代表|～法官。
【首先】shǒuxiān 副。(1)最早:～参加。(2)第一;用于列举,常与"其次"呼应:今天开大会,～是厂长讲话,其次是工人代表发言。
【首相】shǒuxiàng 名。君主国家内阁的最高官职。某些非君主国家的中央政府首脑也有叫首相的,职权相当于内阁总理。
【首要】shǒuyào 形。不加程度副词,不单独作谓语,只作定语。(1)第一位的,最重要的:～任务|～条件。(2)为首的:～分子|～人物。
【首义】shǒuyì 〈书〉动。首先起义;不带宾语:武昌～一举成功。
【首长】shǒuzhǎng 名。政府或军队中的较高级的领导人:来了几位中央～|师～。

shōu(ㄕㄡ)

寿(壽) shòu ❶名。年岁,生命:这位老人的～很长,快一百岁了。❷〈素〉(1)岁数大:福～|人～年丰。(2)生日:～礼|祝～。(3)生前预备的,作装殓用的:～衣|～材。❸姓。
【寿辰】shòuchén 名。生日;多用于年岁较大的人:庆贺六十～。
【寿命】shòumìng 名。(1)生存的年限:运动可以延长～。(2)比喻物品使用的期限或保存的期限:这种机器的使用～较长。
【寿数】shòu·shu 名。迷信的人指命中注定的岁数:～到了。
【寿星】shòuxing 名。(1)指老人星,自古以来用作长寿的象征,民间常把他画成一个头部高耸的老人。也叫寿星老儿。(2)称被祝寿的人:今天你是～,应该坐上座。
【寿终正寝】shòu zhōng zhèng qǐn 成。寿终:年纪很大才死;正寝:旧式住宅的正房。旧时人死后一般停灵在正屋正中的房间。原指年老在家安然死去。现泛指人死去或比喻事物消亡;多含诙谐意味:这家伙就这样两腿一伸,～了|这家报纸没出多久,就～了。

受 shòu 动。常带宾语。(1)接受,受到,常带动词或主谓词组作宾语:～教育|～表扬|我们～老张指挥|他恐怕是～坏人指使。后面是"鼓舞、感动、启发、欢迎、教育"等时,"受"前可加"很"等:大家很～鼓舞|听了他的报告,我深～启发。(2)遭受;对象一般都是不乐意接受的,常带动词或主谓词组作宾语:～压迫|～损失|～埋怨|他～了老师批评。(3)忍受,禁受;常带补语或带补语后再带宾语:风沙太大,人～不了|任什么磨难我都～得住|这人～不住考验。(4)〈方〉适合,中(zhòng);只以"吃、看、听、摆"等少数动词作宾语:～看(看着舒服)|～摆(物品能存放较长时间)。
【受病】shòubìng 动。得病;多指不立即发作的;不带宾语:吃了不干净的食物会～的。可拆开用:你放心,我身体好,受不了病。

【受宠若惊】shòu chǒng ruò jīng 成。宠：宠爱。受到过分的宠爱而感到意外的惊喜和不安：听了这番表扬,我真有点～。

【受挫】shòucuò 动。遭受挫折；不带宾语：他在这次围棋比赛中～。可带补语：中国女排曾～于古巴女排。

【受贿】shòuhuì 动。接受贿赂；不带宾语：各级干部都不准～。可拆开用：他受了很多贿。

【受奖】shòujiǎng 动。得到奖励；不带宾语：在这次战斗中,他们连有三位战士立功～。可拆开用：受了几次奖。

【受戒】shòujiè 动。佛教用语。初出家的人在一定的宗教仪式下接受戒律；不带宾语：他俩都已～,成了正式的和尚。可拆开用：受了戒。

【受惊】shòujīng 动。受到意外的突然刺激或威胁而害怕；不带宾语：孩子听到响雷,～了。可拆开用：受了惊。

【受累】shòulěi 动。受到牵连；不带宾语：我做的事我负责,决不叫你～。可拆开用：这件事让我受了几十年的累。

【受累】shòulèi 动。受到劳累,消耗精神气力；常用作客气话,不带宾语：这几年我不在家,你一人抚养孩子,操持家务,着实让你～了。可拆开用：让你受了不少累。

【受理】shòulǐ 动。法院接受起诉并对案件进行审理：起诉理由不足,法院不～。可带宾语：法院已～了这个案件。

【受命】shòumìng 动。接受命令或任务；不带宾语,可带补语：～于危难之际。

【受权】shòuquán 动。接受国家或上级委托而有权力去做某事；不单独作谓语,作连动词组的前项：外交部发言人～发表声明。

【受事】shòushì 名。语法上指动作的对象,即受动作支配的人或事物。可以作宾语,如"他看书"中的"书",这叫受事宾语。也可以作主语,如"信写好了"中的"信",是动作的承受者,这叫受事主语。

【受托】shòutuō 动。接受委托；不带宾语,一般作连动词组的前项：我～前来办理此事。可拆开用：受人之托。

【受洗】shòuxǐ 动。接受洗礼；是基督教徒人教时的仪式,不带宾语：她正在～。可拆开用：他没有受过洗。

【受降】shòuxiáng 动。接受对方投降；不带宾语：我们奉命去～。可拆开用：在前线某地受了降。

【受业】shòuyè 〈书〉❶动。跟老师学习；不带宾语,可带补语：～于国画大师齐白石。❷名。学生对老师的自称；常用在书信中。

【受益】shòuyì 动。得到好处和利益；不带宾语：此事办成,双方～。可带补语：张老师的教导使我～匪浅。

【受用】shòuyòng 动。享受,得益：这些美味佳肴,咱们何不尽情地～？常带宾语或补语：我且～这无边的荷香月色好了|这些经验使我～不尽。

【受用】shòu·yong 形。身心舒服；多用于否定式：今天我的身体有些不～。

【受制】shòuzhì 动。受别人辖制；不带宾语,带补语：岂能处处～于人？

【受罪】shòuzuì 动。受到折磨,也泛指遇到不愉快的事；不带宾语,常带补语或重复"受"后再带补语,可加程度副词：生了这种病,人真～|爷爷～大半辈子,现在才过上幸福的生活|出差在外,奔波劳累不说,有时还为些小事惹气,我～受够了！可拆开用：在那个地方,我受了不少罪。

授 shòu ❶动。交与,给予；多用于正式或隆重的场合,须带宾语：学校给他们～了一面锦旗。可带双宾语：上级～他一枚奖章。❷〈素〉教,传授：～课|函～。

【授奖】shòujiǎng 动。颁发奖状、奖品或给予奖金等；用于正式或隆重的场合,不带宾语：国防部决定给作战立功单位和个人～。可作定语：～大会。可拆开用：给先进生产者授了奖。

【授命】shòumìng 动。(1)〈书〉献出生命；多用在比较固定的组合中：临危～。(2)下命令；多指某些国家的元首下命令让议会中某一政党领袖组阁,常带兼语：～保守党组阁。

【授权】shòuquán 动。把权力委托别人或机构代为执行；常带宾语或补语：～连长,由他去处理此事|我已～给他,一

切由他办理。可带兼语：外交部～新华社发表声明。

【授首】shòushǒu 〈书〉动。指叛逆、盗贼等被斩首；不带宾语：元凶～，万民欢腾。

【授受】shòushòu 动。交给和接受：封建时代不准男女双方私相～｜暗中～。可带宾语或补语：彼此～礼物｜～不清。

【授意】shòuyì 动。把自己的意图告诉别人，让别人照办，多指不能公开的：我这样做完全出于自愿，无人～。可带兼语：这件事是局长～我做的。

【授予】shòuyǔ 动。给予；指荣誉称号、勋章、军衔、学位等，须带宾语：～英雄称号｜～上校军衔。可带双宾语：～他一枚金质奖章。

绶 shòu 〈素〉绶带：印～。

【绶带】shòudài 名。一种丝带，用来系官印、佩玉或勋章等。

狩 shòu 〈素〉打猎，特指冬天打猎：～猎｜畋(tián)～。

【狩猎】shòuliè 动。打猎；不带宾语：风景地区，严禁～｜那里的农民春夏耕种，秋冬～。可带补语：～于荒郊。

售 shòu ❶动。(1)卖；常带宾语或语：～票｜～了一批货｜所有的票均已～出。❷〈素〉施展，达到：以～其奸。

兽(獸) shòu 〈素〉(1)哺乳动物的通称。一般指生有四条腿、全身长毛的哺乳动物：走～｜野～｜禽～。(2)比喻野蛮，下流：～性｜～行。

【兽行】shòuxíng 名。比喻极端野蛮、残忍或淫乱的行为；多带定语，须加助词"的"：侵略军奸淫烧杀的～，激起了广大群众的强烈反抗。

【兽性】shòuxìng 名。形容极端野蛮、残忍、下流的性情：敌人～大发，竟用刺刀接连捅死了几名无辜的群众。

【兽欲】shòuyù 名。指野蛮的性欲：发泄～。

瘦 shòu 形。(1)肌肉少，脂肪少；与"胖"相对：身体太～。(2)指食用肉脂肪少；与"肥"相对：我要～一些的肉｜这块肉很～。(3)窄小；指衣服、鞋袜等，与"肥"相对：这件衣服做得太～了。(4)土地不肥沃；与"肥"相对：这块田太～。

【瘦瘠】shòují 形。(1)瘦弱，不肥胖；指人或某些动物：生了一场病，十分～｜～的老牛。(2)不肥沃；指土地：人们祖祖辈辈生活在这一片～的土地上。

【瘦弱】shòuruò 形。肌肉不丰满，不结实；可用于人或动物：身体～｜这头牛太～了，耕不了地。

【瘦小】shòuxiǎo 形。瘦弱，个子小；一般形容身材：～的个子｜身材很～。

【瘦削】shòuxuē 形。很瘦，像被刀削过一样；常形容身材或脸：～的身子｜他的脸～不堪，很难看。

＊"瘦削"和"消瘦"："瘦削"是"很瘦"的意思；"消瘦"是"变瘦"的意思。"瘦削"是形容词；"消瘦"是动词。

shū (ㄕㄨ)

殳 shū ❶名。古代的一种兵器，用竹做成，有棱无刃。❷姓。

书(書) shū ❶名。装订成册的著作；量词用"本、册、部、卷、套"等；借我一本～｜这部～共有三册。❷〈书〉动。写；前面多用单音节词修饰：墙上大～"安静"二字｜振笔疾～。❸〈素〉(1)信：家～｜情～｜来～。(2)文件：上～｜文～｜证～。(3)写字：～法｜～画。(4)字体：隶～｜草～｜楷～。

【书案】shū'àn 〈书〉名。长形的书桌：置于～上。

【书本】shūběn 名。书的总称；不加体量词：我已经好多天没碰～了｜不能只凭～，要凭客观实际办事。

【书呆子】shūdāizi 名。只知道啃书本，而不懂得联系实际的人。

【书牍】shūdú 〈书〉名。书信：～盈案｜～往来。

【书法】shūfǎ 名。文字的书写艺术，一般指用毛笔或钢笔书写汉字的艺术：爱好～｜研究～｜～展览。

【书后】shūhòu 名。写在别人著作后面，对著作有所说明或评论的文章：读一读这篇～，对全书的内容将会有更深刻的理解。

【书画】shūhuà 名。作为艺术品供人欣赏的书法和绘画：擅长～｜～展览会。

【书籍】shūjí 名。书的总称；不加个体量词：爱护～｜～是人类知识的结晶｜在那次战乱中我丢失了许多～。

＊"书籍"和"书"："书籍"是总称，不能加个体数量词，如不能说"一本书籍"；"书"没有这种限制。

【书记】shūji 名。(1)党、团等各级组织中的主要负责人：党支部～｜团委～。(2)指办理文书及缮写工作的人员。

【书简】shūjiǎn 〈书〉名。书信：鲁迅～｜传递～｜～往来。也作书柬。

【书卷气】shūjuànqì 名。指在作文、说话、书画等方面表现出来的读书人的风格和气质：他说话文绉绉的，～很浓｜他的书法是馆阁体，颇有～。

＊"书卷气"和"书生气"："书卷气"指文雅、隽秀、蕴藉等气质和风格，含褒义；"书生气"指迂腐、固执、不切实际等习气，含贬义。

【书刊】shūkān 名。书籍和刊物的合称；量词用"份"：学校里订了上百份～。

【书眉】shūméi 名。(1)指书页上端的空白部分，俗称天头，留作写批注之用。(2)指横排书上端所印的篇章、标题、页码等文字。

【书面】shūmiàn 形。用文字表达的；区别于"口头"，不加程度副词，不单独作谓语，作定语或状语：～语言｜～检查｜～通知。

【书面语】shūmiànyǔ 名。指用文字写下来的语言。书面语以口语为基础，一般比口语缜密、细致、简洁，更有逻辑性。

【书名号】shūmínghào 名。标点符号的一种，即《 》(双书名号)、〈 〉(单书名号)，表示书籍、篇章、报刊、戏剧、歌曲的名称。书名号里再用书名号时，一般双书名号在外，单书名号在内。在古籍或某些史著作里，横排书名下边或竖排书名旁边也可以用浪线～～～。

【书评】shūpíng·名。对书刊作介绍或评论的文章：请您写一篇～。

【书契】shūqì 〈书〉名。契：刻。古代的文字多用刀刻，故称文字为书契。

【书生】shūshēng 名。旧称读书人：一介～｜白面～｜～本色。

【书生气】shūshēngqì 名。指不了解社会，脱离实际，只知照书本办事的习气：这个人～十足。

【书香】shūxiāng 形。旧指上辈有读书人的；不加程度副词，含褒义：他家世代～。常作定语：～门第｜～人家｜～子弟。

【书信】shūxìn 〈书〉名。信：代写～｜～往来。

【书院】shūyuàn 名。旧时地方上设立的供人读书、讲学的处所，有专人主持。始于唐代，清末废科举后多改称学校。

【书札】shūzhá 名。书信的旧称。

【书斋】shūzhāi 〈书〉名。书房，读书写字的房间：他的～布置得十分雅致｜我喜爱我那小小的～，它陪伴我度过了十几个春秋。

抒 shū 〈书〉动。发表，表达；不单独作谓语，须带宾语：直～胸臆｜一～心中的豪情。

【抒发】shūfā 动。带感情地表达；常带宾语或补语：～革命豪情｜在这首诗中，他那对故乡的眷恋之情都充分～出来了。

【抒情】shūqíng 动。表达感情，不带宾语：借景～｜写散文比较自由，可以记叙，可以议论，也可以～。常作定语：～散文｜～歌曲。

【抒写】shūxiě 动。抒发并写出；常带宾语或补语：散文可以～感情，也可以发表议论｜诗里～出他那战斗的豪情｜信中，我把对她的爱恋之情不加掩饰地充分～了出来。

＊"抒写"和"抒发"："抒写"指在书面上用文字表达感情；"抒发"则不受此限制，可以用文字也可以用口头表达感情。

纾 shū 〈书〉缓和，解除：毁家～难(nàn)。

舒 shū ❶〈书〉(1)伸展，放开：～展｜～畅｜～张｜～气。(2)缓慢，从容：～徐｜～缓。❷姓。

【舒畅】shūchàng 形。开朗愉快，舒服痛快：～的心情｜这几天，他精神一直不～｜大家玩得～极了｜一阵凉风吹来，心里顿觉～起来。

＊"舒畅"和"舒坦"："舒畅"侧重指人内心开朗，舒服痛快；"舒坦"侧重指身心舒服自在。"舒畅"只用于心情，不用于身体；"舒坦"两方面均可用。"舒畅"可

作定语;"舒坦"不能。

【舒服】shū·fu 形。(1)身体或精神上感到轻松愉快;用于人:听了他的话,我心里不～|洗完澡,浑身～|他过着十分～的生活。可重叠:今天可以舒舒服服地睡个好觉了。(2)能使身体或精神上感到轻松愉快;用于事物:窑洞又～又暖和|沙发软绵绵的,坐上去～得很。

＊"舒服"和"舒畅":"舒服"侧重表示身体或精神上感到轻松愉快;"舒畅"侧重表示心情开朗愉快。"舒服"可用于人,也可用于环境或事物;"舒畅"只用于人。"舒服"可重叠为"舒舒服服";"舒畅"不能。

【舒缓】shūhuǎn 形。(1)轻松自如:动作很～|远处传来了悠扬的、节拍～的歌声。(2)和缓:～的语气|人们笑了起来,空气顿时变得～了些。

【舒卷】shūjuǎn 〈书〉动。舒展翻卷;多指云或烟,一般不带宾语:云彩～|～自如|大小各色旗帜～,刀枪剑戟闪光。

【舒散】shūsàn 动。常带宾语或补语,可重叠。(1)活动;用于筋骨:～筋骨|让筋骨～～。(2)消除疲劳或不愉快的心情:太疲劳了,到外面去～一下|～胸中的郁闷|别老闷在家里,出去～～。

【舒适】shūshì 形。舒服安适:～的环境|这么宽敞的房子,住着很～|他～地坐在沙发上抽烟。

＊"舒适"和"舒畅":"舒适"侧重表示客观环境或事物适合需要,使人觉得舒服;"舒畅"侧重表示人心情开朗,精神愉快。"舒适"多形容环境或事物,也可用于人;"舒畅"只能用于人。

【舒坦】shū·tan 形。舒服,自在;常指心情、生活等方面:日子过得很～|老妈妈笑得那样～、自然。可重叠:孩子舒舒坦坦地睡着了。

【舒心】shūxīn 〈方〉形。心情舒展,适意:日子过得挺～。

【舒展】shūzhǎn ❶动。不卷缩,伸展:荷叶～着,发出清香。可带宾语:他～了一下身子,长叹了一口气。❷形。安适,舒适;指身心:爬上紫金山,眺望远方,心里非常～|活动了一下,身体感到～多了。

枢(樞) shū 〈素〉(1)门上的转轴:户～不蠹。(2)中心的或关键的部分:～纽|中～。

【枢机】shūjī 名。(1)旧指朝廷的重要职位或机构:身居～|～重臣。(2)〈书〉比喻事物的关键:此处乃全文～所在,宜多体会。

【枢机主教】shūjī-zhǔjiào 名。天主教罗马教廷中主教团的成员,有选举罗马教皇的权利和被选为教皇的资格。因穿红色礼服,所以也叫"红衣主教"。

【枢纽】shūniǔ 名。事物重要的关键,事物相互联系的中心环节:交通～|～工程。

【枢要】shūyào 〈书〉名。旧指中央行政机构。

叔 shū 名。(1)父亲的弟弟;多叠用:～～。(2)称与父亲同辈而年纪比父亲小的男子;一般作中心语:表～|大～|李～。(3)〈书〉丈夫的弟弟,小叔子:～嫂。(4)〈书〉弟兄排行中的第三:伯仲～季。

【叔伯】shū·bai 形。同祖父的;不加程度副词,不作谓语,只作定语:～弟兄|～姊妹。

【叔叔】shū·shu 名。(1)父亲的弟弟。(2)称呼跟父亲辈分相同而年龄比父亲小些的男子;含亲切意:王～|工人～。

菽(尗) shū 〈古〉名。豆类的总称:不辨～麦。

【菽粟】shūsù 名。豆类和谷类;泛指粮食;多用在固定组合中:布帛～。

淑 shū 〈素〉温和、善良:～女|贤～。

姝 shū 〈古〉❶形。美好。❷名。美女。

殊 shū ❶〈素〉(1)不同:～途同归。(2)特别,突出:特～|～功。(3)断,绝:～死。❷〈书〉副。很,极:～感荣幸|感慨～深。

【殊不知】shūbùzhī 竟然不知道,竟然没有想到;用在后一分句开头,表示对前一分句提到的情况有所纠正:有人以为犯点小错误没什么,～"千里之堤溃于蚁穴"|我原以为他还在南京,～上星期他就离开了。

【殊死】shūsǐ ❶形。拼着生命,竭尽全力;一般用来形容战争或斗争,不加程度副词,不单独作谓语:与敌人进行~的搏斗。❷名。古代指斩首的死刑。
【殊途同归】shū tú tóng guī 成。殊:不同;途:路径;归:趋向。原指通过不同的路径走到同一个目的地。现比喻用的方法虽不同,但目标与结果都一样:我们几个人的计算方法,虽说不相同,但是~,得出了相同的结果。
【殊勋】shūxūn 〈书〉名。特殊功勋:屡建~。

倏(倐、儵) shū 〈书〉副。很快地:~已半年。

【倏地】shūdì 副。极快地,迅速地:一只小鸟儿~从我眼前掠过|野兔~钻进了草丛。
【倏忽】shūhū 〈书〉副。很快地,忽然:一个人影~不见|母校一别,~已经三年。

梳 shū ❶名。(~儿、~子)整理头发、胡子的用具。❷动。用梳子整理头发、胡子;常带宾语或补语:~辫子|~了两遍头。

【梳妆】shūzhuāng 动。梳洗打扮;不带宾语:对着镜子~打扮。可带补语:每天~一下就得半个小时。

疏(△疎) shū ❶素△(1)使通畅:~通|~导。△(2)分散,使远离:~散|仗义~财。△(3)事物之间距离大,不密:稀~|~落。△(4)关系远,不亲近:~远|亲~。△(5)不熟习:生~|人生地~。△(6)疏忽:~于粗。(7)空虚:志大才~。(8)对古书注文的注解:注~。(9)条陈,封建时代臣子向君主分条陈述的文字:奏~。△❷姓。

【疏导】shūdǎo 动。常带宾语或补语,可重叠。(1)清除淤塞,使水道畅通:~秦淮河|这条河~得很通畅|这条河要~~。(2)通过引导把聚集的人群疏散开:警察正在~围观的群众|到站的旅客已经完毕。(3)通过启发引导来解决思想上的问题:对青年学生要好好~|慢慢~他的思想,使他提高认识|他对这个问题一时还想不通,请你去~~。
【疏放】shūfàng 〈书〉形。(1)放纵;常指人的性格:他为人~不羁。(2)不拘泥于一定的格式;常指文章:文章~旷达,自成一格。
【疏忽】shū·hu 动。因粗心大意而没有注意到,忽略:他一~,把通知老张开会的事给忘了。常带宾语或补语:这个工厂从实行岗位责任制以来,再没有人~自己的职守|这件事十分重要,千万不得。可加程度副词:我太~了,连这么重要的事也给忘了。可作"有"的宾语:这一定是老李有了~,不然是不会有这个错误的。
【疏浚】shūjùn 动。清除淤塞或挖深河槽,使水流畅通:大运河~后,运输能力大大提高了。可带宾语:~航道。
＊"疏浚"和"疏通":"疏浚"侧重表示深挖,"疏通"强调使畅通。"疏浚"多用于清除航道淤塞,挖深河槽等大型工程;"疏通"多指使下水道、水渠、管道等通畅无阻。"疏浚"是单义词,"疏通"有两个义项,还可以用于社会生活。"疏浚"为书面语用词,"疏通"既可用于书面语,也可用于口语。
【疏阔】shūkuò 〈书〉❶形。(1)不周密;常指文章或说话等:论证~,缺乏说服力。(2)疏远,不紧密:兄弟二人日渐~,不知原因何在。❷动。久别;不带宾语,常带补语:~数载,思念良深。
【疏懒】shūlǎn 形。懒散而不受拘束;含贬义:这人一向~惯了|必须克服~的习性。
【疏朗】shūlǎng 形。稀疏明显:须眉~|~的晨星。可重叠:他头发很少,疏疏朗朗只有几根。
【疏漏】shūlòu 动。疏忽遗漏:这几个字给~了。可带宾语:~了一个"不"字,意思完全相反了。常作主语或宾语:文中~甚多|工作倘不细心就会有~。
【疏落】shūluò 形。形容稀稀拉拉,零散不集中:~的晨星|~的灯火。可重叠:山脚下疏疏落落地住着十几户人家。
【疏散】shūsàn ❶动。把原来集中的人员、物资、装备等分散开:这些人员要全部~。常带宾语或补语:~资金|人口|战时曾把一部分城市居民~到农村去。❷形。疏落:一望无际的原野上只

有几座～的村庄|天幕上晨星～冷清。
【疏松】shūsōng ❶形。松散;多指质地;这块地的土质很～,可以种花生|木质～,不能打家具。❷动。使松散;须带宾语或补语:～一下土壤。可重叠:这块地比较板结,须要～～。
【疏通】shūtōng 动。可重叠。(1)疏浚使畅通;常带宾语或补语:～河道|～过两次|这条沟要～～。(2)沟通双方的意思,调解双方的争执;一般不带宾语,可带补语:他不肯答应我的要求,请你去帮我一下|他俩在闹矛盾,请你去疏一～。
【疏远】shūyuǎn ❶形。关系不亲近,感情上有距离:～的关系|那次口角之后,我同她感情上便渐渐～了|兄弟俩本来十分～,近来变得亲近起来。❷动。使疏远;须带宾语或补语:我想逐渐～她,不想同她往来|一对好朋友竟因此而变得～起来。
【疏于】shūyú 动。疏忽;不单独作谓语,只带少数动词作宾语:～防范|我一时核查,以致发错了货。
【疏虞】shūyú〈书〉动。疏忽:～之处,在所难免。常作"有"的宾语:此事关系重大,不得稍有～。

蔬 shū〈素〉可以做菜的植物:～菜|～食。
【蔬菜】shūcài 名。可以做菜的植物,如白菜、萝卜、黄瓜等:目前,各种～纷纷上市,品种很多。

摅(攄) shū〈古〉动。发表,表达:各～己见。

输 动。常带宾语或补语。(1)运送,灌输;用于液体、气体或电流等:～氧气|他的血～进了战士的血管。(2)比赛或赌博失败:这场球我队～了|～了10元钱|他好赌博,家里什么东西都光了。❷〈素〉捐献:～将|～财|捐～。
【输诚】shūchéng〈书〉动。投降;不带宾语:敌军望风～。
【输出】shūchū 动。常带宾语或补语,与"输入"相对。(1)从内部送到外部:血液是从心脏～的|这条输油管每天～大量原油|向～到多余的人材～到远地去。(2)商品、资本等向国外销售或投放:我国每年有大量物资～|有些国家不但～商

品,还把资本～到世界各地。(3)科学技术上指能量、信号等从某种机构或装置发出: 一旦有故障,机器能及时～信号。
【输将】shūjiāng〈书〉动。运送,引申为捐献、资助;不带宾语:慷慨～|踊跃～。
【输理】shūlǐ 动。道理上说不过人家;不带宾语;这个问题是你～了。可拆用开:他今天输了理。
【输入】shūrù 动。常带宾语或补语,与"输出"相对。(1)从外部输送到内部:大量血液～病人体内|把原油～到油库里。(2)从国外运进或引进;从国外～资金|准备把这些先进设备～到国内。(3)科技上指能量、信号等进入某种机构或装置: 把考生成绩～计算机。
【输送】shūsòng 动。运送,从一处运到另一处;常带宾语或补语:～电力|～人才|把救济物资～到地震灾区。

氀 shū 见"氍(qú)氀"。

shú(ㄕㄨˊ)

秫 shú 名。高粱,多指粘高粱。子实可以酿酒。
【秫秸】shújiē 名。高粱杆:一捆～。

孰 shú〈古〉代。(1)谁:～谓不可?(2)哪个;表示选择,一般对举使用:～胜～负|～是～非。(3)什么:是可忍,～不可忍?

塾 shú〈素〉旧时私人设立的进行教学的地方:私～|村～。

熟 shú 形。(1)植物的果实或种子完全长成;与"生"相对:西瓜～了。(2)食物烧煮到可吃的程度;与"生"相对:饭～了|菜烧～了。(3)经过加工炼制过的;与"生"相对,一般作定语:～皮子|～石膏。(4)常见,不陌生,知道得清楚:～朋友|这个人我很～|这条路没走过,不～。(5)做某种工作时间久了,精通而有经验:他对翻砂活儿很～。(6)程度深:睡得很～。
另见shóu。
【熟谙】shú'ān〈书〉动。熟悉:他对诗词歌赋无不～。常带宾语:～历史掌故。可加程度副词:他对农业生产不太～。
【熟练】shúliàn 形。因为经常操作练习,

显得纯熟而有经验;多指技术、动作等:~工人|他操作机器非常~。

【熟路】shúlù 名。(1)走过熟悉的道路:天黑不要紧,这是~,走惯了的。(2)比喻老的关系,已有的门路:办这事儿我有条~。常与"熟门"合用:到这家去买,熟门~,价钱好谈得多。

【熟能生巧】shú néng shēng qiǎo 成。熟练了就能找到巧办法或窍门:经过刻苦钻研和练习,~,她现在终于成为一名织毛线的能手了。

【熟稔】shúrěn 〈书〉动。很熟悉;常带宾语:市长~民情。可加程度副词:他对市场行情很~。

【熟识】shú·shi 动。对某人认识较久或对某事物了解得比较透彻;可加程度副词:我们俩共事多年,彼此都很~。常带宾语或补语:船家的孩子自幼便~水性|我不~这里的风俗习惯|来这里工作了几年,对当地的风土人情逐渐~起来。可作定语,要加助词"的":他是我非常~的朋友|从此我离开了~的故园,去到异国他乡。

　*"熟识"和"熟悉":"熟识"指对人或事物不陌生,比较熟悉和了解,语意较重;"熟悉"指知道得清楚,了解得详细,语意较轻。"熟识"通常多用于人,也用于某些具体事物;"熟悉"使用范围较广,可用于具体的人或事物,还可用于抽象的事理等。"熟识"不能重叠;"熟悉"可以。"熟识"多用于书面语;"熟悉"口语、书面语都常用。

【熟视无睹】shú shì wú dǔ 成。熟视:经常看到,看惯;无睹:没有看到。虽然经常看到,却跟没有看见一样。形容对客观事物不关心;含贬义:对这种歪风邪气我们绝不可以~,漫不经心。

【熟手】shúshǒu 名。熟悉某种工作的人:我们需要的是能上机操作的~。

【熟悉】shúxī 动。知道得很清楚:这个学生的情况我~。常带宾语或补语:~机器的性能|对明代的历史,他比我~得多。可加程度副词:我跟这个人不太~。可作定语,要加助词"的":~的声音|这儿是我很~的地方。可重叠:你先~~这里的环境。

【熟习】shúxí 动。学习得很熟练,或了解得很深刻;常带宾语或补语:~技术|~业务|他对这篇课文~得能背诵了。可加程度副词:她很~纺织技术。

　*"熟习"和"熟悉":"熟习"侧重表示掌握熟练或深刻了解;"熟悉"侧重表示了解得清楚。"熟习"一般只用于技术、学问等方面,使用的范围较窄;"熟悉"可广泛用于人或事物。

【熟语】shúyǔ 名。语言中固定的词组或句子,使用时一般不能任意改变其内部结构,有些往往不能按照一般的构词法来分析。熟语包括成语、惯用语、格言、谚语、歇后语等。

赎(贖) shú ❶动。用钱财换回抵押品;常带宾语或补语:凑了一笔钱去~当掉的衣服|过了期就~不回来了。❷〈素〉用行动抵销、弥补罪过:~罪。

【赎身】shúshēn 动。旧时奴婢、妓女等用财物等赎得人身自由;不带宾语:她当了多年妓女,始终无钱~。可拆开用:她父母千方百计凑了一大笔钱为女儿赎了身。

【赎罪】shúzuì 动。用立功的行动抵销所犯的罪过;不带宾语,常与"立功、将功"等词语并用:他能立功~,检举揭发了同伙,受到宽大处理。可拆开用:出钱赎不了罪。

shǔ(ㄕㄨˇ)

暑 shǔ 〈素〉热:~天|中~|寒来~往。

【暑气】shǔqì 名。盛夏的热气:~蒸人|金风送爽,~全消。

【暑天】shǔtiān 名。指夏季炎热的日子:大~,去游泳吧!

署 shǔ 〈素〉(1)办理公务的机关:官~|行~。(2)旧指暂时代理官职:~理。(3)布置:部~。(4)签名,题字:签~|~名。

【署理】shǔlǐ 动。旧指某官职空缺,暂由别人代理:外交部长一职暂由常务次长~。常带宾语或补语:~两江总督|~一个月。

【署名】shǔmíng 动。把自己的姓名写在书信、文件、文稿等上面;不带宾语:保证书上要～。可拆开用:署上自己的名。

薯(藷) shǔ 〈素〉薯类作物的总称:红～|甘～|马铃～。

曙 shǔ 〈素〉天刚亮,破晓:～光|～色。

【曙光】shǔguāng 名。(1)清晨的阳光:一抹～透进了窗棂。(2)比喻已经在望的光明前景:他们终于迎来了胜利的～。

【曙色】shǔsè 名。黎明时的天色:～朦胧|天际刚刚露出～。

黍 shǔ 名。(～子)(1)一年生草本植物,叶子呈线状披针形,子实有白、黄等色,碾后叫黄米,煮熟后有的有粘性,可酿酒做糕等。秆、叶及种子均可作饲料。(2)这种植物的子实。

属(屬) shǔ ❶动。须带宾语。(1)隶属:龙潭镇～南京市。可带兼语:工兵连～团部指挥。(2)归属:胜利必～人民|足球金牌～谁,目前尚难肯定。(3)用十二属相记生年:你～什么?～鸡。❷〈素〉(1)类别:金～。(2)同一家族的:家～|军～。(3)是:～实。

另见zhǔ。

【属地】shǔdì 名。指帝国主义国家在国外侵占的殖民地或所控制的附属国。

【属实】shǔshí 动。符合实际情况;不带宾语:调查～|他说的话完全～。

【属相】shǔxiang 〈口〉名。生肖:他是什么～?

【属性】shǔxìng 名。事物本身所具有的性质、特点:运动是物质的根本～。

【属于】shǔyú 动。归某一方面或为某方所有;须带宾语:这本书～我|胜利永远～人民。可带兼语:这个公司～谁领导?|这幢房子已出卖,不～我们家所有了。

【属员】shǔyuán 名。旧指长官所统辖的官吏。

蜀 shǔ 名。(1)周朝国名,在今四川成都一带。(2)东汉后三国之一。详见"蜀汉"。(3)四川省的别称。

【蜀汉】shǔhàn 名。三国之一。公元221年刘备在成都称帝,国号汉,史称蜀或蜀汉。占有今四川东部和云南、贵州北部以及陕西汉中一带。263年为魏所灭。

【蜀犬吠日】shǔ quǎn fèi rì 成。唐·韩愈《与韦中立论师道书》:"蜀中山高雾重,见日时少;每至日出,则群犬疑而吠之也。"蜀:指四川;犬:狗;吠:叫。比喻少见多怪;含讥讽意:把浑身长毛的人视为怪物,这真是～。其实那是一种返祖现象,不足为奇的。

鼠 shǔ 名。哺乳动物,种类甚多。体小尾长,毛黑或褐色,门齿很发达,无犬齿,繁殖迅速。能传布鼠疫等多种疾病。通称老鼠,有的地区叫耗子。

【鼠窜】shǔcuàn 动。像老鼠逃窜,形容仓皇奔逃;常用在固定组合中:抱头～。

【鼠肚鸡肠】shǔ dù jī cháng 成。比喻气量狭小:全庄人都说钱拐子是～,连棚架上少根黄瓜都得叫上半天。也作鼠腹鸡肠、小肚鸡肠。

【鼠目寸光】shǔ mù cùn guāng 成。比喻目光短浅:这些～的人不可能搞改革。
＊"鼠目寸光"和"目光如豆":"鼠目寸光"偏重于眼光近,看不到远景,只顾眼前;"目光如豆"偏重于眼光小,见小不见大。

【鼠窃狗盗】shǔ qiè gǒu dào 成。喻指小偷小摸:这个人就喜欢干些～之事,整天混日子。也作鼠窃狗偷。

【鼠疫】shǔyì 名。一种烈性传染病,由鼠疫杆菌引起,一般先在家鼠和其他啮齿类动物中流行,再由鼠蚤叮咬而传染给人。主要症状有高热、头痛、咳嗽、淋巴结肿大、皮下和内脏出血等。死亡率极高。也叫黑死病。

数(數) shǔ ❶动。(1)一个一个地计算;常带宾语或补语:～钱|～了一下人数|～过几遍。(2)算起来最突出;常带兼语:全家就～她最会说。❷〈素〉列举:～说|～落。

另见shù,shuò。

【数典忘祖】shǔ diǎn wàng zǔ 成。《左传·昭公十五年》记载:春秋时晋大夫籍谈出使周朝,周景王问他,晋国为什么不向王室贡献宝器,籍谈回答说晋国从没受过周王室的恩赐,所以没有器物贡献。周王指出晋从建国的始祖唐叔算起,就不断接受王室的赏赐,责备籍谈"数典而忘其祖"。典:指礼制、掌故;祖:祖先。

本来的意思是说籍谈谈起国家的礼制掌故来,把祖先掌管国家典籍的职守也忘记了。后比喻忘记自己本来的情况或事物的本源;含贬义:他出国多年,竟~,不想回国了。

【数伏】shǔfú 动。进入伏天或伏天开始;不带宾语:现在已经开始~,可天气还未转暖。参见"三伏"。

【数九】shǔjiǔ 动。我国民间的习惯,从冬至起,每九天为"一九",到"九九"为止,共八十一天,是一年中最寒冷的时期。数九,即进入或开始计算这个时期;不带宾语:明天开始~了。常作定语:~寒天。

【数来宝】shǔláibǎo 名。曲艺的一种,流行在北方,用系有铜铃的牛骨或竹板打节拍,常即兴编词,边敲边唱。

【数落】shǔ·luo 〈口〉动。常带宾语或补语。(1)列举别人的过错进行责备,泛指责备:不要~别人,你自己也有不对的地方|他把我~了一顿。(2)不停地列举着说:二婶一边哭着,一边~着自己的不幸遭遇|他提起村里的新鲜事说~个没完。

【数说】shǔshuō 动。常带宾语或补语。(1)责备:不要光~人家,你也有不是的地方|妈妈~了我一顿。(2)列举叙述:大娘~着村里几年来的十大变化|她把自己受到的虐待一五一十地向领导~了一番。

【数一数二】shǔ yī shǔ èr 成。不算第一,也算第二,形容突出,一般要以一定的范围作状语:小明的学习成绩在全班是~的。

shù(ㄕㄨ)

术(術) shù 〈素〉(1)技术,技艺,学术:美~|武~|不学无~。(2)手段,方法,策略:心~|战~|权~。
另见zhú。

【术语】shùyǔ 名。各门学科中的专门用语。如"主语、谓语"等就是语言学科中的术语。

沭 shù 水名用字。沭河,发源于山东,流入江苏,从临洪口入海。

述 shù 〈素〉讲说,陈说:叙~|~说|上~|口~。

【述评】shùpíng 动。叙述并评论;多用于标题:时事~|《红楼梦》研究~。

【述说】shùshuō 动。陈述说明:此事请详加~。常带宾语或补语:~原委,弄清真相|有关情况均已~清楚。

【述职】shùzhí 动。在外任要职的人员返回向主管部门汇报情况;不带宾语:大使即将回国~。

钵 shù 〈古〉❶名。长针。❷动。(1)刺。(2)引穿。

戍 shù 〈素〉军队防守:卫~|~边。

【戍守】shùshǒu 动。武装守卫;常带宾语或补语:~京畿|~在边疆。

【戍卒】shùzú 〈古〉名。防守边疆的兵士。

束 shù ❶动。捆,系;常带宾语或补语:腰间~着皮带|绳子~得很紧。❷量。用于捆扎在一起的东西:一~鲜花|一~茅草。❸〈素〉(1)控制,管制:~缚|约~|~手~脚~。(2)聚集成一条东西:光~。❹姓。

【束缚】shùfù 动。使受到约束或限制;常带宾语或补语:官僚主义~了群众的创造性|不能让困难把我们手脚~起来。可作"受、有、摆脱、冲破"等动词的宾语:你可千万别受~|她摆脱了家庭的~,大胆地走上了追求个人幸福的道路。

【束身】shùshēn 〈书〉动。不带宾语,多用在比较固定的组合中。(1)约束自身,不使放纵:~自好|~修行。(2)自缚:~就缚|~请罪。

【束手】shùshǒu 动。不带宾语,多用在比较固定的组合中。(1)自缚其手,不作抵抗:~就擒|~归降。(2)比喻没有办法,无能为力:~无策|病势垂危,群医~。

【束手待毙】shù shǒu dài bì 成。毙:死。捆起手来等死,比喻遇到危难不设法解决,坐等败亡:决不能~,只等天一黑,就越墙冲出敌营。

【束手就擒】shù shǒu jiù qín 成。捆起手来,让人捉拿,指不设法抵抗,甘当俘虏:二黑不肯~,仍用砖石土块和敌人拼搏着。

【束手无策】shù shǒu wú cè 成。策:办法。遇到问题,如同手被捆住一样,毫无办法;含贬义:如果我们事先考虑得周到

【束手束脚】shù shǒu shù jiǎo 成。捆住手脚,比喻顾虑重重,不敢放手做事:搞改革既不能蛮干,也不能~。也作缩手缩脚。

【束脩】shùxiū 名。古代指扎成十条一捆的干肉,是当时学生送给老师的报酬:王秀才教了几个学生,~所得仅能糊口。

【束之高阁】shù zhī gāo gé 成。束:捆扎;之:指捆扎的东西;高阁:高架子。把东西捆起来,放在高高的架子上。比喻放着不用,或丢在一边不管;再好的书,如果~,那就失去了它的价值。
　＊"束之高阁"和"置之不理":"束之高阁"指不重视,不使用,"置之不理"指不予理睬。"束之高阁"多用于对待物品;"置之不理"多用于对待别人的请求或行为。

【束装】shùzhuāng 〈书〉动。整理行装。不带宾语,多与其他动词连用,构成连动词组:~待发|~起程。

树(樹) shù ❶名。木本植物的总称:一棵~。❷动。树立,建立;多带宾语或补语:~了一块碑|~雄心,立壮志|威信老~不起来。❸〈素〉种植,栽培:十年~木,百年~人。❹姓。

【树碑立传】shù bēi lì zhuàn 成。原指把某人的事迹刻在石碑上或写成传记加以颂扬。现多比喻通过某种途径树立个人威信,抬高个人声誉;含贬义:这个野心家总是妄想为自己~,但又总是事与愿违,最后落得个身败名裂的下场。

【树丛】shù cóng 名。丛生的树木;不加个体数量词:~中有许多小鸟儿在欢叫。

【树大招风】shù dà zhāo fēng 成。比喻名气大了就容易惹人注意,反对:五婶担心钱多了会~,徒增麻烦。

【树倒猢狲散】shù dǎo húsūn sàn 成。猢狲:猴子。树一倒,树上的猴子也就散了。比喻有权势者一垮台,依附他的人也随即溃败;含贬义:这个走私头目被法办后,他手下的那些喽罗也就~,各自逃命去了。

【树敌】shùdí 动。使别人与自己为敌。不带宾语:别到处~|~太多,就会孤立自己。

【树立】shùlì 动。建立;多用于抽象的好的事物:威信要靠自己的言行来~。常带宾语或补语:~信心|~典型|~了光辉的榜样|新思想、新风尚是在同旧思想、旧风尚的激烈斗争中~起来的。

【树林】shùlín 名。比森林小的成片生长的树木;量词用"片、座"等。也叫树林子。

【树木】shùmù 名。树的总称;不加个体数量词:好多~|一片~。

【树阴】shùyīn 名。日光下由树木枝叶遮掩形成的阴影。

竖(豎、竪) shù ❶形。不加程度副词,不单独作谓语,与"横"相对。(1)与地面垂直的:横吹笛子~吹箫|~的是电线杆,横的是电线。(2)从上到下的,或从前到后的:画了一条~线|过去汉字都一排|~着再栽一排白杨。❷动。使物体与地面垂直;须带宾语或补语:电线杆子~|把旗杆~在屋顶上。❸名。(~儿)汉字从上到下的笔画,形状是"丨"。

【竖立】shùlì 动。物体与地面垂直,一端接触地面或埋在地里;常带存现宾语或处所补语:酒楼前~着一块招牌|电视塔~在市中心。
　＊"竖立"和"树立":二者音同,但含义、用法都不同。"竖立"指物体与地面垂直地立着,只用于具体事物;"树立"意思是建立,表示原来没有的东西开始产生或开始形成,多用于抽象的好的事物。

【竖子】shùzǐ 〈书〉(1)旧指童仆。(2)小子,旧时对人的一种蔑称:~不足与谋!(这小子不值得跟他谋划!)

恕 shù ❶〈书〉动。请对方不要计较;客套用语,用在句首:~不远送|~不招待。❷〈素〉原谅,宽容:宽~|饶~|~罪。

【恕宥】shùyòu 〈书〉动。宽恕,原谅:罪难~。可带宾语:你就~了她吧。可作定语,要带助词"的":他是个值得同情和可以~的失足少年。

【恕罪】shùzuì 动。饶恕罪过;不带宾语:刚才对先生无礼,请~|先生若不肯~,鄙人将难以自安。可拆开用:我这次就恕了你的罪,不处罚你。

庶 shù ❶〈书〉副。差不多：～免误会｜～不致误。❷〈素〉(1)众多：～务｜富～。(2)古代指百姓，平民：～人｜～民。(3)封建宗法制度下指家庭的旁支：～出(妾所生)。❸姓。

【庶民】shùmín 〈书〉名。旧指百姓。

【庶母】shùmǔ 名。旧时嫡出子女称父亲的妾。

【庶务】shùwù 名。(1)旧指机关总务部门主管的各种杂务：～工作｜管理～。(2)旧指经办这种杂务的人：他是我们学校的～。

裋 shù [裋褐](-hè)〈古〉名。粗布衣服。

腧(俞) shù 〈素〉腧穴：肺～｜胃～。
"俞"另见yú。

【腧穴】shùxué 名。人体上的穴位。

数(數) shù ❶名。(1)表示事物的量的基本数学概念，如0,1,2,3,1/2等。(2)(～儿)数目：他伸出五个手指说："我需要这个～儿"｜这个～儿可不算小。(3)(～儿)底细；多作"有、无、没有"的宾语：你需要多少钱，心里该有个～儿｜这件事我从没做过，心里一点～儿也没有。❷数。几，几个：～人｜～小时｜～十年。❸〈素〉旧时迷信的人称命运：气～｜天～｜寿～。
另见shǔ, shuò。

【数词】shùcí 名。表示数目和次序的词。在现代汉语中，数词通常要同量词组合，如"一个人"、"两本书"、"五匹马"等。只在文言格式和成语中，数词才直接修饰名词，如"一针一线"、"三心二意"、"千山万水"等。数词加上别的词或相邻两个数连用，可以表示序数、倍数、分数、概数。

【数额】shù'é 名。一定的数目：超出～｜这份计划的预算～太大了。

【数据】shùjù 名。进行各种统计、计算、科学研究或技术设计等所依据的数值：～准确｜缺乏可靠的～。

【数量】shùliàng 名。事物的多少：～不足｜～可观｜搞生产，既要重视～，更要保证质量。

【数量词】shùliàngcí 名。数词、量词并用时的合称；在句中常作定语或补语等。如"一本书"中的"一本"、"走两趟"中的"两趟"。

【数码】shùmǎ 名。(1)即数字。(2)表示数目：这笔钱～儿太大了。

【数目】shùmù 名。通过一定的单位表现出来的事物的多少：货物盘点好后，把～记下来。

【数学】shùxué 名。研究现实世界的空间形式和数量关系的科学。包括算术、代数、几何、三角、微积分等。

【数值】shùzhí 名。一个量用数目表示出来的多少，叫做这个量的数值，如3小时的"3"，5斤油的"5"。

【数字】shùzì 名。也说数目字。(1)表示数目的符号：1、2、3、4……是阿拉伯~。(2)表示数目的文字。汉语的数字有大小写之分。"壹贰叁肆伍陆柒捌玖拾"是大写，"一二三四五六七八九十"是小写。(3)数量：这批货～太大，我们要不了。

墅 shù 〈素〉住宅以外供休养游乐的园林房屋：别～。

漱 shù 动。含水洗；以"口、嘴"作宾语：用药水～几次嘴。也可带补语：～干净。

澍 shù 〈古〉名。及时的雨。

shuā(ㄕㄨㄚ)

刷 shuā ❶名。(～儿、～子)一种清洗脏物或抹涂油膏的用具。常用毛、棕或塑料丝、金属丝等制成，一般为长方形或椭圆形，有的带柄；量词用"把"：鞋～儿｜一把～子。❷动。用刷子清除或涂抹；常带宾语或补语：～帽子｜～一层油漆｜把衣服～干净。❸拟声。同"唰"。
另见shuà。

【刷洗】shuāxǐ 动。用刷子蘸着水洗或放在水里清洗：她把鞋子放在水里～。常带宾语或补语：～碗橱｜把衣服～干净。可重叠：这顶帽子～～还能戴。

【刷新】shuāxīn 动。刷洗使呈现新貌；常带宾语或补语：这爿店虽然～了几次门面，但服务态度改进不大。比喻突破旧的创造新的；多指记录、内容等：他～了男子举重的全国纪录。

shuā(ㄕㄨㄚ)

唰 shuā 拟声。摹拟迅速擦过物体时发出的声音：～的一声他把剑抽了出来。常叠用：风吹树叶～～地响。

【唰拉】shuālā 拟声。摹拟迅速擦过去的短促的声音：～一声，帐篷被风掀掉一个角。也作刷拉。

shuǎ(ㄕㄨㄚˇ)

耍 shuǎ ❶动。(1)〈方〉游玩：孩子们正在院子里～着呢。可带宾语或补语：今天～了几个地方｜～了一天。(2)戏弄，玩弄：这把刀我也能～。常带宾语：～猴儿｜别再～他了。(3)施展，卖弄；须带宾语，含贬义：～威风｜～嘴皮子。❷姓。

【耍把戏】shuǎbǎxì ❶词组。表演杂技。❷习。比喻施展诡计：你要是不说实话，跟我～，我就把你轰出去。

【耍笔杆】shuǎ bǐgǎn 习。指用笔写东西；多含贬义：这个人光会～，却不会解决实际问题。也说耍笔杆子。

【耍花腔】shuǎ huāqiāng 习。比喻使用花言巧语蒙骗人：邵队长来到这儿，专门～，一点实事也不给我们办。

【耍花招】shuǎ huāzhāo 习。比喻施展骗人的手段、计策：我明明说的是实话，他却认为我在～。

【耍滑头】shuǎ huátóu 习。指使用手段使自己不费力气或逃脱责任、免受惩罚：我以后一定好好干，再也不～了。也说耍滑。

【耍赖】shuǎlài 动。不讲理，玩弄无赖手段；不带宾语：这个人就会～，一点不讲理。可拆开用：你想耍什么赖？也说耍无赖。

【耍弄】shuǎnòng 动。玩弄，施展；常带宾语或补语，含贬义：张铁嘴凭着他那三寸不烂之舌，尽～人｜～花招｜被他～了好几次。

【耍贫嘴】shuǎ pínzuǐ 〈方〉习。不顾对方意愿而说个没完没了：他一天到晚，没个正经事儿说的｜在我面前你别～。

【耍笑】shuǎxiào 动。(1)随意说笑；不带宾语：会议上不能互相～。(2)取笑，戏弄别人；须带宾语：海山活了50多岁，从没～过人。可带主谓词组作宾语：你不要～人家不识货。

【耍嘴皮子】shuǎ zuǐpízi 习。(1)卖弄口才，炫耀本事：别听他的，他是～的人。(2)光说不做：到关键时刻，光～是不行的。

shuà(ㄕㄨㄚˋ)

刷 shuà ［刷白］(-bái) 〈方〉形。色白而略微发青；不加程度副词：墙壁～｜他的脸吓得～。
另见shuā。

shuāi(ㄕㄨㄞ)

衰 shuāi 〈素〉事物发展转向微弱：～弱｜～败｜兴～。
另见cuī。

【衰败】shuāibài 动。衰退败落；不带宾语，可带补语：这个封建大家族终于一天天～下去。常作定语，多带助词"的"：深秋的原野到处呈现出一派～的景象｜应当研究一下这个大企业～的原因。

【衰惫】shuāibèi 〈书〉形。精力衰弱疲乏：连着几天的苦读，使他原来就孱弱的身子更加～不堪。

【衰竭】shuāijié 形。因疾病严重而导致生理机能极度衰弱：他终因心力～而死亡。

【衰老】shuāilǎo 形。年老精力衰弱：一副～的样子｜他年纪不到六十，却显得很～。

【衰落】shuāiluò 动。由兴盛、强大转向没落、衰弱；不带宾语，可带补语：安史之乱使唐王朝的统治日益～去｜这个大家族已经～不堪。可作定语，多带助词"的"：这是个日趋～的剧种。

【衰弱】shuāiruò ❶形。身体不健壮，精力和生理机能比正常情况减弱：神经～｜他的身体十分～。❷动。事物由强变弱；不带宾语：唐王朝在安史之乱后日趋～。

　　*"衰弱"和"虚弱"："衰弱"的意思侧重在身体不健壮，精力不旺盛；"虚弱"的意思侧重在气亏血虚，力量不足。"衰弱"多用于精力、身体、神经、力量等；"虚弱"多用于体质、势力、实力等。"衰弱"是形容词兼动词；"虚弱"只作形容词。

【衰颓】shuāituí 〈书〉形。衰弱颓废；多指身体、精神等：他病后精神日渐~。

【衰退】shuāituì 动。(1)趋向衰弱，指身体、意志、精神能力等：革命意志~|年老了，记忆力也~了。(2)由兴盛转向没落，多指国家的政治经济状况：经济~|连年军阀混战，使国力~，民不聊生。

【衰亡】shuāiwáng 动。衰落以至灭亡；多指国家、民族等，不带宾语：鸦片战争以后清王朝便日趋~。可作定语：我懂得一民族之所以默无声息的缘由了。

【衰微】shuāiwēi 〈书〉形。衰落，不兴旺；指国家、民族、家庭等：为了拯救这个~的民族，他毅然投身于革命|到了他父亲那一代，家道便~了。

【衰歇】shuāixiē 〈书〉动。由衰落而趋于终止；不带宾语：她的生命之火终于~了|这位作家虽已年迈，但仍勤于笔耕，不稍~。

【衰朽】shuāixiǔ 〈书〉形。衰败腐朽，衰老：~残年|封建制度早已~不堪|这个庞大的官僚机构也日趋~。

摔（△踤）shuāi 动。常带宾语或补语。△(1)身体跌倒：~了个大跟头|老人脚下一滑，~得鼻青脸肿。(2)从高处很快落下：脚手架突然脱落，~下了两名工人|敌机被击中后~在海里。(3)使掉下而破损：不小心，~了一个花瓶|碗给~破了。(4)扔：别往楼下~东西|大家把钱~给卖艺的。(5)掼，摔打：~掉鞋子上的泥|柏油弄在衣服上，~都~不掉。

【摔打】shuāi·da 动。(1)抓在手中撞打；常带宾语或补语：他在~麦穗|把鞋子上的泥~干净。可重叠：扫尘土尽是泥，拿去~~。(2)比喻经受磨炼，锻炼；不带宾语：不在实践中~，就不会有真正的才干。常重叠：青年人应到大风大浪中去~~。

【摔交】shuāijiāo 动。不带宾语，可拆开用。(1)跌倒：路太滑，不小心就要~|今天我摔了一交。(2)一种体育运动，两人相抱，运用技巧和力气把对方摔倒在地为胜利：他俩在~|两人一大早就摔开交了。(3)比喻受挫折；多指政治、工作等方面：经不住金钱美女的诱惑，他~了|他在工作中从没摔过交。

shuǎi (ㄕㄨㄞˇ)

甩 shuǎi 动。常带宾语或补语。(1)挥动，抡：~着尾巴|~开膀子大步走。(2)用力扔：运动员在~手榴弹|这孩子把球拍一到墙外去了。(3)抛弃，丢开：有特务在盯梢，要想法儿~掉他|请等一等我，别把我~在后面。

【甩手】shuǎishǒu 动。不带宾语，可拆开用。(1)手向前后来回摆动：每天早晨~，也是一种锻炼身体的方法|甩了一会儿手。(2)扔下不管；多指工作、事情等，常与"不干、不管"并用：一碰到困难，他就~不干了。

shuài (ㄕㄨㄞˋ)

帅（帥）shuài ❶名。军队中最高级的指挥官：老~|将~。❷〈方〉形。英俊，潇洒，漂亮；如果指人，只用于青年男子：小伙子长得很~|这几个大字写得真~。也作率(shuài)。❸姓。

率 shuài ❶〈书〉动。带领；多带兼语：~代表团抵京。❷〈方〉形。同"帅❷"：这字写得真~! ❸〈书〉副。大概，大抵：~皆如此。❹〈素〉(1)顺着，遵循：~由旧章。(2)粗疏，不慎重：轻~|草~|粗~。(3)坦白，直爽：坦~|直~。

另见lǜ。

【率尔】shuài'ěr 〈书〉副。贸然，轻率地：~而进|~作答。

【率尔操觚】shuài'ěr cāo gū 成。率尔：不加思索。觚：古代写字用的木板，操觚：指作文。未经思索，提笔便写；本形容文思敏捷，后多形容作文草率，态度不严肃：老谢自恃才高，~，难免有疏漏之处。

【率领】shuàilǐng 动。带领；用于队伍或集体：这支队伍由团长~。常带宾语或兼语：~了一个小分队|~我们前进。

【率先】shuàixiān 副。首先；用作动词的状语：尖刀连~冲进敌阵。

【率由旧章】shuài yóu jiù zhāng 成。率：

遵循；旧章：老法，旧规。一切按老办法办事︳张厂长上任月余，诸事～，不敢贸然更动。

【率真】shuàizhēn 形。爽直而诚恳：他待人接物极其～︳他那～的态度令人钦佩。

【率直】shuàizhí 形。直率。

蟀 shuài 见"蟋(xī)蟀"。

shuān (ㄕㄨㄢ)

闩(攂) shuān ❶名。关门用的横插，形似棍子，常用木头或铁制成：这扇门还没有做～。❷动。把闩插上；常带宾语或补语：～上门︳把大门～好。

拴 shuān 动。用绳子系上；常带宾语或补语：腰间～着绸带子︳把马～在树上。

栓 shuān ❶名。多作中心语。(1)器物上可以开关的机件：枪～︳水～︳消火～。(2)塞子：瓶～︳木～。❷〈素〉泛指形状像塞子的东西：～剂︳～塞。

shuàn (ㄕㄨㄢˋ)

涮 shuàn 动。常带宾语或补语。(1)把东西放在水里摆动或把水放在器物内摇动：～茶杯︳～毛巾︳把衣服～干净。(2)把生的肉片、鱼片之类放在开水里烫一下就取出来蘸着作料吃：～羊肉︳肉～得太老了。

shuāng (ㄕㄨㄤ)

双(雙、隻) shuāng ❶形。跟"单"相对，不加程度副词，不单独作谓语，一般作定语或状语。(1)两个：举起～手︳工作、学习～丰收。(2)偶数的：本月逢～我上早班。(3)加倍的；用在量词前，相当于数词"两"：～份︳～幅。❷量。用于成对的东西：一～手︳五～筷子。注意：单独物品由相同两部分连在一起的，一般不用量词"双"，如"两只袖子"的"两只"，不说"一双"。❸姓。

【双边】shuāngbiān 形。两方面参加的，特指两个国家参加的；不加程度副词，不单独作谓语，作定语或状语：～条约︳～会谈。

【双重】shuāngchóng 形。两方面，两层；多用于抽象事物，不加程度副词，不单独作谓语，作定语：～国籍︳～领导。

【双打】shuāngdǎ 名。某些球类竞赛的一种方法。参赛双方各派两人进行对打，有男子、女子或男女混合双打几种形式。像乒乓球、网球、羽毛球等都可以双打；与"单打"相对，量词用"场、盘、局"等。

【双方】shuāngfāng 名。相对的两个方面、两个人或两个集团：男女～︳买卖～︳要相互谅解。

【双杠】shuānggàng 名。(1)一种体操器械。在四根支柱上架设两根平行的横杠；量词用"副"。(2)一种竞技体操项目。指运动员在双杠上作摆动、倒立等多种动作。

【双关】shuāngguān ❶名。一种修辞手法，使一个词语或句子同时含着两种意思，表面说的是一个意思，暗中却隐藏着另一个意思。双关分两种。一种是利用词的读音与另外的词相同或相近而构成双关，这叫谐音双关；另一种是利用词语或句子的多义性在一定语境中构成的双关，这是语义双关。❷动。指使用这种手法，一般不带宾语：妙语～。

【双管齐下】shuāng guǎn qí xià 成。管：指笔。原指手握双笔同时作画，后比喻两事同时进行，也比喻为了达到某一目的，同时采用两种方法：办教育要～，一面由政府投资，一面可以鼓励集体或个人集资。

【双簧】shuānghuáng 名。一种曲艺形式。一人藏在后面，或说或唱，另一人在前面表演相应的动作，使观众看上去好像是一个人在说唱；量词用"出、本"等。

【双料】shuāngliào 形。不加程度副词，不单独作谓语，作定语。(1)制器物所用的材料加倍于同类物品：～钢精锅︳这搪瓷盆是～的。(2)比喻双重的，特别严重的：他是个～特务。

【双全】shuāngquán 形。成对的或相称(chèn)的两个方面都具备；不加程度副词，多作谓语：父母～︳智勇～。

【双声】shuāngshēng 名。指两个或几个字的声母相同，如布包(bùbāo)、民盟(mínméng)。

泷(瀧) shuāng 地名用字。泷水，在广东省。
另见lóng。

霜 shuāng ❶名。靠近地面空气中的水汽在气温达到摄氏零度以下时凝结成的白色冰晶，一般出现在晴朗无风的夜间或清晨；量词用"层"。❷〈素〉(1)指色白如霜的东西：盐～|柿～。(2)喻指白色：～鬓|～刃。
【霜操】shuāngcāo 〈书〉名。高洁的情操。
【霜降】shuāngjiàng 名。二十四节气之一，每年10月23日或24日，太阳到达黄经210°时开始。
【霜天】shuāngtiān 名。严寒的天空，寒冷的天；多指晚秋或冬天：廖廓～|～万里|～月色，分外凄清。

孀 shuāng 〈素〉寡妇：～妇|～居|～遗。
【孀妇】shuāngfù 〈书〉名。寡妇。
【孀居】shuāngjū 〈书〉动。守寡；不带宾语，可带补语：～数年。

骦 shuāng 见"骕(sù)骦"。

礵 shuāng 地名用字。南礵岛、北礵岛，均在福建省。

鹴 shuāng 见"鹔(sù)鹴"。

shuǎng (ㄕㄨㄤˇ)

爽 shuǎng 〈素〉(1)明朗，清亮：～朗|秋高气～。(2)直率，痛快：豪～|～快。(3)舒服：凉～|不～。(4)违背，差失：～约|毫厘不～。(5)清爽：～口|～气。
【爽口】shuǎngkǒu 形。清爽可口：拌黄瓜很～。
【爽快】shuǎngkuài 形。(1)舒适痛快：这小雨落在身上使人感到很～。(2)直爽，直截了当：他说话很～。可重叠：你还是爽爽快快地把心里的话说出来吧。
　　*"爽快"和"直爽"："爽快"的意思侧重在利索、痛快；"直爽"的意思侧重在

耿直、坦率。"爽快"常用来形容言行；"直爽"常用来形容性格。
【爽朗】shuǎnglǎng 形。(1)天气晴朗，空气流通，使人感到畅快：深秋的天空，瓦蓝瓦蓝的，异常～。(2)直爽，开朗：～的性格|李明很～，常有说有笑。
【爽利】shuǎnglì 形。爽快，利落：小张办事很～。可重叠：他做事总是爽爽利利的，从不拖三拉四。
【爽气】shuǎngqì 〈方〉形。直爽，直截了当，不犹豫、迟疑：我问林海借一本书，他很～地答应了。可重叠：有错就爽爽气气地承认吧。
【爽然若失】shuǎngrán ruò shī 成。爽然：茫然，拿不定主意的样子；若：好像；失：丢失，指失去依靠。茫然若有所失，形容拿不定主意、空虚迷惘的样子：那时候，毕业即失业，同学们一到毕业都有些～，不知所去。
【爽性】shuǎngxìng 副。索性，干脆：写信联系又慢又说不清楚，～派人去面谈吧。
【爽约】shuǎngyuē 动。失约；不带宾语：他从不～，一定会按时前来的。
【爽直】shuǎngzhí 形。直爽：这个人的性格很～，心里有什么就说什么。

shuí (ㄕㄨㄟˊ)

谁 shuí 又shéi 代。(1)问人；可以指一个人或几个人：～是你们的班长？|这次去庐山游览的有～？作定语一般要加助词"的"：这是～的意见？(2)虚指，指不能肯定的人，包括不知道的人，无须或无法说出姓名的人：今天不知～没锁门|会场里好像有～在抽烟|我没见～来过。(3)任指，表示任何人；用在"也、都"前，或"不论、无论、不管"后，表示在所说的范围内无例外：我们班～也不甘落后|无论～都得遵守纪律。两个"谁"前后照应，可指相同的人，也可指不同的人：～先到～买票|他们俩～也说不服～。(4)表示没有一个人；用在反问句中：～不说家乡好！
【谁个】shuígè 代。〈方〉谁，哪一个人：～好，～差，大家心里明白。
【谁知道】shuí zhīdào 习。不料，岂知；

用在陈述句或感叹句中：据说他在学校成绩很好，～却考不取大学｜～他竟一病不起！

shuǐ(ㄕㄨㄟˇ)

水 shuǐ ❶名。(1)一种无色无臭透明的液体，由两个氢原子和一个氧原子结合而成。(2)指江、河、湖、海、洋：这里有山有～｜上交通。(3)(～儿)汁液：甘蔗的～儿很甜。❷〈素〉(1)河流：汉～｜淮～。(2)指附加的费用或额外的收入：贴～｜外～。❸量。指洗的次数：这件衣服已经洗过三～。❹姓。

【水彩】shuǐcǎi 名。一种绘画颜料，需用水调和后才能使用。

【水草】shuǐcǎo 名。(1)某些水生植物的统称，像浮萍等。(2)指有水源和草的地方：牧民们逐～而居。

【水产】shuǐchǎn 名。江、河、湖、海里出产的动植物的总称，如鱼、虾、贝类、海带、石花菜等。

【水到渠成】shuǐ dào qú chéng 成。渠：水道。水流到的地方就自然会形成渠道。比喻条件成熟，事情自然成功：只要你搞到合格的原器件，～，质量自然会上去。

【水滴石穿】shuǐ dī shí chuān 见"滴水穿石"。

【水果】shuǐguǒ 名。可以吃的含水分较多的植物果实的统称，如桃、梨、苹果、桔子等。

【水红】shuǐhóng 形。略深于粉红的一种颜色；不加程度副词，不单独作谓语，多作定语：她穿了一件～衣服。

【水火】shuǐhuǒ 名。(1)水和火，这是两种互相矛盾的事物，所以常用来比喻两种不相容的对立物：为这点小事，双方何必闹得～不相容呢？(2)"水深火热"的略语，比喻灾难困苦：为了解救处于～的劳苦大众，他光荣地献出了自己的生命。

【水火无情】shuǐ huǒ wú qíng 成。形容水灾、火灾的来势凶猛，毫不留情：～，我们一定要做好预防工作。

【水晶】shuǐjīng 名。石英的一种，无色透明的结晶体，是一种贵重的矿石。可用来制作光学仪器、无线电器材和工艺品等。

【水晶宫】shuǐjīnggōng 名。神话中的龙王在水下居住的宫殿。

【水酒】shuǐjiǔ 名。浓度很低的酒；常作谦辞，指自己请客时所备的酒：～一杯，不成敬意。

【水库】shuǐkù 名。拦洪蓄水、起调节水流作用的蓄水区域，多在河流、山谷或沟道中筑坝拦水而成。可用来灌溉、发电和养鱼。

【水雷】shuǐléi 名。布设在水中的一种爆炸武器。内有起爆装置和炸药，一般由飞机、舰艇布设，用以炸毁敌方舰艇，护卫领海和封锁港。

【水利】shuǐlì 名。(1)指水力资源的利用和水灾的防治等：我国的～事业不断发展。(2)"水利工程"的简称：今冬明春，要大力兴修～。

【水灵】shuǐling 〈方〉形。可重叠。(1)鲜美多汁而爽口；指瓜果等食物：这桃儿真～｜水灵灵的葡萄惹人爱。(2)漂亮而有精神；多指女子的眼睛或某些事物的形状：这小姑娘长着一双又大又～的眼睛｜荷花开得水灵灵的，真好看。

【水流】shuǐliú 名。(1)流动的水：黄河～湍急。(2)江、河等的统称：辽阔的国土上～纵横。

【水龙】shuǐlóng 名。(1)救火的引水工具。多用几条长的帆布输水管接成，一头与水源相连接，一头装金属喷嘴。(2)一种多年生草本植物，叶互生，花黄色。生长在沼泽或浅水中。可入药。

【水陆】shuǐlù 名。(1)水上和陆地上：～交通｜～两路同时并进。(2)指水陆所产的山珍海味：～俱陈。

【水路】shuǐlù 名。水上运输航线：从南通到上海～比陆路近得多。

【水绿】shuǐlù 形。浅草绿色；不加程度副词，不单独作谓语，作定语：～的裙子。

【水落石出】shuǐ luò shí chū 成。水落下去，水中的石头露出来。原形容冬天的自然景色，后比喻真相大白：这事非弄个～不可。

【水墨画】shuǐmòhuà 名。指中国画中纯用水墨不着色的画。

【水泥】shuǐní 名。一种重要的建筑材料，是用石灰石、粘土等磨成细粉末按比例混合，装在窑里烧成块状，再碾成粉末制成的。使用时与砂石和水拌匀，干燥后异常坚硬。广泛用于土木建筑等工程中。有的地区叫水门汀。

【水平】shuǐpíng ❶形。跟水平面平行的；不加程度副词，不单独作谓语，一般作定语：～梯田|～仪器。❷名。喻指要达到的高度；可用于生产、生活、政治、思想、文化、艺术、技术、业务等方面：提高业务～|他的写作～不高。

【水情】shuǐqíng 名。指水位、流量等情况：了解～|勘测～。

【水球】shuǐqiú 名。(1)水上进行的一种球类活动。球场一般是在长方形的游泳池中，竞赛双方队员在水中用手传球，把球射进对方球门算得分，多者获胜。(2)这种运动使用的球，常用皮革或橡胶制成。

【水乳交融】shuǐ rǔ jiāo róng 成。水和奶汁融合在一起，比喻思想感情融洽，关系密切：军民关系真是～。

【水杉】shuǐshān 名。落叶大乔木，高可达30多米，树冠塔形，花单性，雌雄同株。球果下垂，种子周围有翅。干直，生长快。为我国特产，是世界上现存的稀有植物之一。

【水深火热】shuǐ shēn huǒ rè 成。在深的水和热的火里，比喻人的处境艰难困苦：拯救百姓于～之中。

【水手】shuǐshǒu 名。(1)船舶上，负责舱面的带缆、保养等工作的人员。(2)泛指驾船的人。

【水土】shuǐtǔ 名。(1)地面上的水与土：～流失|保持～。(2)指某一地方的自然环境和气候：初到这里，～不服。

【水汪汪】shuǐwāngwāng 形。不加程度副词，加助词"的"。(1)形容水多而满的样子：一下大雨，低洼田便成了～的一片。(2)形容眼睛明亮而灵活；多用来描写女子：林芳有一双～的眼睛。

【水网】shuǐwǎng 名。指纵横交错的河道港汊：江南的～地区，多是鱼米之乡。

【水位】shuǐwèi 名。(1)江、河、湖、海和水库等水面的高度，一般以某个基准面为标准。(2)地下水到地面的距离。

【水文】shuǐwén 名。自然界中水的各种变化和运动的现象：～测量。

【水系】shuǐxì 名。河川流域内各种水体构成脉络相通系统的总称。通常包括干流、支流、沼泽、湖泊以及流域内的地下暗流等。

【水乡】shuǐxiāng 名。河流、湖泊较多的地区：江南～。

【水泄不通】shuǐ xiè bù tōng 成。连水都流不出去。形容极度拥挤或包围得非常严密：元宵佳节，景山公园稠人广众，～。

【水榭】shuǐxiè 名。园林或风景区中，建筑在水边或水上供人们游玩和休息的建筑物。

【水星】shuǐxīng 名。太阳系九大行星之一，距离太阳最近，直径为地球的38%，质量只有地球的5.5%，公转周期88天，自转周期58天15小时。我国古代也叫辰星。

【水性】shuǐxìng 名。(1)游水的技能：三哥～真好。(2)指水流的深浅、流速等各种特点：大家都不熟悉金沙江的～。(3)指女子作风轻浮，用情不专；含贬义。

【水袖】shuǐxiù 名。传统戏曲服装的袖端拖下来的部分，用白绸或白绢制成。因甩动时形似水波纹，故名。

【水银】shuǐyín 名。汞的通称。

【水域】shuǐyù 名。海洋、湖泊、河流的一定范围的水区(包括从水面到水底)。

【水灾】shuǐzāi 名。由山洪暴发或久下暴雨及堤坝决口等原因所造成的灾害。

【水泽】shuǐzé 名。河流、湖泊、沼泽较多的地方。

【水闸】shuǐzhá 名。修建在河流或渠道中可以启闭的水工建筑物，起调节水位和控制流量的作用。常见的有节制闸、分洪闸，挡潮闸等。

【水涨船高】shuǐ zhǎng chuán gāo 成。水位升高，船身也随之浮起。比喻事物随着它所凭借的基础的提高而提高：工资增加了，～，生活水平自然也提高了。也作水长船高。

【水至清则无鱼】shuǐ zhì qīng zé wú yú 成。水太清了，鱼就无法生存。比喻对人要求过高、过严，就会失去伙伴，也表示对人或物不可要求太高：要注意团结大多数，不要排斥那些愿意改正错误的人，须知～，哪有那么多十全十美的人呢!

【水中捞月】shuǐ zhōng lāo yuè 见"海底捞月"。

【水准】shuǐzhǔn 名。(1)地球各部分的水平面。(2)喻指要达到的高度；多用于生产、生活、政治、思想、文化、艺术、技术、业务等方面：不断提高人民的生活～。

【水族】shuǐzú 名。(1)我国少数民族之一，分布在贵州。(2)生活在水中的各种动物的统称。

shuì (ㄕㄨㄟˋ)

说 shuì 〈素〉用话劝说别人，使听从自己的意见：游～。
另见shuō,yuè。

帨 shuì 名。古时的佩巾，像现在的手绢儿。

税 shuì ❶名。国家向应该纳税的对象按税率征收的货币或实物：她已交过所得～。❷姓。

【税率】shuìlǜ 名。计算课税对象应征税额的比率。

【税收】shuìshōu 名。国家依法向企业和个人等课税对象征收的货币或实物：～是国家的主要收入之一。

【税则】shuìzé 名。征税的规则和实施条例。

睡 shuì 动。闭目安息，进入睡眠状态：他吃过晚饭就～了。可带宾语或补语：床上可以～两个人|～上铺|天热～在地板上|今晚～得很香。

【睡觉】shuìjiào 动。合上眼休息，进入睡眠状态；不带宾语：他十点才上床～。可拆开用：睡了一大觉。

【睡梦】shuìmèng 名。指酣睡的状态：枪声把他从～中惊醒。

【睡眠】shuìmián ❶名。抑制过程在大脑皮层中逐渐扩散并达到大脑皮层下部各中枢的生理现象。人和高等动物都有周期性睡眠的需要：～能恢复体力和脑力|孩子需要较长时间的～。❷动。进入睡眠状态；不带宾语可带补语：他已经一夜没有～了|成年人通常每天～八小时。

【睡魔】shuìmó 名。喻指强烈的睡意；多见于文艺作品：他终于经受不住～的侵袭，呼呼睡着了。

【睡乡】shuìxiāng 名。指睡眠状态；常作"进入"的宾语：他上床不久就进入了～。

shǔn (ㄕㄨㄣˇ)

吮 shǔn 动。用嘴吸；常带宾语：小孩在～着奶|不要～手指头。

【吮吸】shǔnxī 动。聚拢嘴唇含着乳头或其他有小孔的物体吸取东西；现多用作比喻，常带宾语：剥削者残酷地～着劳动人民的血汗|杨梅贪婪地～着春天的甘露。

【吮痈舐痔】shǔn yōng shì zhì 成。吮：用嘴吮吸；痈：毒疮；舐：舔。用嘴吸脓包，用舌头舔痔疮。形容不顾廉耻地巴结别人：这帮汉奸在敌人面前，～丑态百出。

楯 shǔn 〈古〉名。阑干的横木，也指阑干。
另见dùn。

shùn (ㄕㄨㄣˋ)

顺 shùn ❶形。方向相同，有条理，与"逆"相对：赶～，你就骑快点|这篇文章的字句不太～。❷动。(1)使方向相同，使有秩序、有条理；常带补语：把船～过来，一只一只排列好。(2)顺从，依从；须带宾语和动态助词"着"：别什么都～着他。❸介。沿着；指自然情势或路线：～着河边走|雨水～着头发往下淌。❹〈素〉(1)趁便，顺便：～手。(2)适合，如意：～心|～眼。(3)依次：～延|～序。❺姓。

【顺便】shùnbiàn 副。乘做某事的便利做另件事；只作动词状语：你上街～买点菜。

【顺差】shùnchā 名。指一国在一定时期内(通常为一年)出口商品总值超过进口商品总值的贸易差额，与"逆差"相对。

【顺畅】shùnchàng 形。顺利通畅，没有阻碍：保证线路～|这篇文章念起来很～。

【顺次】shùncì 副。依着次序；只作动词状语：～排列｜～入场｜～上车。

【顺从】shùncóng 动。依照别人的意思，不违背，不反抗：他是个有主见的人，别人的话从不盲目～。常带宾语或补语：他～了父亲的意图｜我就～你这一次。可加程度副词：他对母亲总是十分～的。可作定语或状语，要加助词"的"或"地"：从来～的妹妹这次居然也表示反对，弄得父亲很不高兴｜她～地点了点头。

【顺带】shùndài 副。顺便，捎带；只作动词状语：今天上街～寄封信｜这件事不过是～说一下罢了。

【顺当】shùn·dang 〈口〉形。顺利：这件事办得很～。可重叠：干工作会遇到一些困难，不可能事事都顺顺当当的。

【顺耳】shùn'ěr 形。形容说的话使人听了感到舒服，合乎心意：他爱在领导面前说些～的话｜他的话我听了很～。

【顺风吹火】shùn fēng chuī huǒ 成。比喻做事容易，不费力气：要叫他去打球，真是～，一说就成。

【顺脚】shùnjiǎo ❶副。趁车马等本来要去某地的方便：二柱回村时，～把婶子家妞儿从县里接了回来。❷形。指走路方便，不绕路：你进城从前面树林子向西比较～。

【顺口】shùnkǒu ❶形。(1)语句念起来流畅；与"拗口"相对：他写的文章念起来非常～。(2)〈方〉口味适合：这几样菜我吃着很～。❷副。随口，没有经过考虑；只作动词状语：～答应｜～说出。

【顺口溜】shùnkǒuliū 名。一种流行于民间的口头韵文。句子长短不一，全用口语，念起来很顺口。

【顺理成章】shùn lǐ chéng zhāng 成。顺：依顺。理：条理。章：章法。原指写顺着条理，自成章法。后多形容说话、办事合乎情理，有条不紊：父母去世后，由子女们继承遗产，这是～的事。

【顺利】shùnlì 形。事物的发展或工作的进程中很少或没有遇到阻力、障碍：工作很～。

【顺风转舵】shùn fēng zhuǎn duò 成。随着风向而转变舵位，比喻随着情势而改变自己的态度和言论；含贬义：张老栓虽说活了大半辈子，可干什么都是～，没半点儿主意。也说随风转舵。

【顺服】shùnfú 动。顺从，服从；这个人个性强，不怎么～。常带宾语或补语：这孩子就～二叔一个人｜他一向～得很。可加程度副词：他在妈妈面前很～。

【顺和】shùn·he 形。平顺缓和；指话语、态度等：小林比大林～一些。

【顺路】shùnlù 也说顺道。❶副。顺着所走的路线；只作动词状语：她下班回家，～到商店买了点东西。❷形。指道路没有曲折阻碍，走着方便，不绕远：这条路虽小，可是很～，比走大路近。

【顺民】shùnmín 名。指归附外族侵略者或归附改朝换代后的统治者的人；含贬义：中国人民从来是不甘为～的，总是以这种或那种方式反抗异族的统治。

【顺势】shùnshì 副。趁势，顺便；一般作动词状语：我趁孩子没站稳，～给他一拳，把他打倒在地上｜我一～一脚，就把球踢进了对方的球门。

【顺手】shùnshǒu ❶形。顺利，方便：这件事办得很～｜这把工具用起来不大～。❷副。(1)轻易地，随手：他～拿了一个苹果啃了起来。(2)趁便，捎带着：离开教室，请～把灯关上。

【顺手牵羊】shùn shǒu qiān yáng 成。顺手把人家的羊牵走。比喻顺便拿走人家的东西：我的一支圆珠笔，不知给谁～拿走了。

【顺水人情】shùnshuǐ rénqíng 成。顺带的人情；指乘便给人好处：竟然拿公家的东西送人，做～，像话吗!

【顺水推舟】shùn shuǐ tuī zhōu 成。顺着水流方向推船，比喻顺应情势说话办事：既然他俩表示愿意和好，我们何不～，从中再说合说合呢?

【顺遂】shùnsuì 形。指事情发展合乎心意，没有波折：诸务～｜迷信的人一听到"死"就觉得不～。

【顺藤摸瓜】shùn téng mō guā 成。顺着瓜藤去找瓜，比喻根据已知的线索追根究底：我们抓住这个线索，～，终于捕获了罪犯。

【顺心】shùnxīn 动。合乎心意；不带宾语。可加程度副词：诸事～｜这两年日子过得很～。可作定语：～的事情不会那么

【顺序】shùnxù ❶名。先后次序:按名单上的~排队。❷副。顺着次序;只作动词状语:~前进。
＊"顺序"和"秩序":"顺序"侧重指排列的次序;"秩序"侧重指行动的条理。"顺序"常跟"按、按照"等词搭配;"秩序"常跟"守、遵守"等词搭配。"顺序"是名词兼副词;"秩序"只作名词。
【顺延】shùnyán 动。顺着次序向后延期;不带宾语:原定15日召开的运动会,因雨~。
【顺眼】shùnyǎn 形。看着舒服;多作谓语:这图案看上去不~。
【顺应】shùnyìng 动。顺从,适应;多带宾语:~历史发展的潮流|~民情。

舜 shùn 名。传说中我国原始社会末期部落联盟的领袖。姚姓,有虞氏,名重华,史称虞舜。

瞬 shùn 〈素〉一眨眼,眼珠一动:一~|~间|~息万变。
【瞬息】shùnxī 名。一眨眼一呼吸那样短的时间:一~之间|火箭腾空后,~之间便从视线中消失了。
【瞬息万变】shùnxī wàn biàn 成。瞬息:一眨眼一呼吸之间。形容极短的时间之内变化快而多:高山的天气~,一会儿晴空万里,一会儿风雪交加。也作瞬息千变。

shuō(ㄕㄨㄛ)

说 shuō ❶动。常带宾语或补语。(1)用话表达意思:你不~我~|一件事|把话~清楚。可带谓词或主谓词组作宾语:他~不同意|他~太硬、太干|小李~他们俩去看电影了。(2)责备,批评:他犯错误后,爸爸~了他一顿|~得她哭了。可带兼语:老师~他不听话。(3)旧指说合,介绍:她今年25岁,该~个婆家了|把小英~给你家儿子吧。(4)意思上指;一般与"是"合用:他这番话是~谁呢? 常带谓词性词组或主谓词组作宾语:我是一~太鲜艳了|文章的主题是~妇女能顶半边天。❷〈素〉言论,主张:著书立~|学~。
另见shuì,yuè。
【说白】shuōbái 名。戏曲歌剧中唱词以外的台词。
【说部】shuōbù 名。旧指小说及逸闻琐事之类的著作。
【说长道短】shuō cháng dào duǎn 成。长:长处,优点; 短: 短处,缺点。比喻评论别人的好坏是非;含贬义:对同志有意见要当面提,不要在背后~。也作说短论长。
【说唱文学】shuōchàngwénxué 词组。一种文学形式。韵文散文兼用,并可连说带唱。如古代的变文和诸宫调,现代的评弹、大鼓等。也叫讲唱文学。
【说穿】shuōchuān 动。用话把真相揭露出来:他的戏法被老钱~了。可带宾语:老赵一句话就~了她的心事。
【说道】shuōdào 动。说;小说中多用来直接引出人物说的话:村长~:"这件事就这么决定了吧。"
【说法】shuōfǎ 动。讲解佛法;不带宾语:讲经~|现身~|生公~,顽石点头。
【说法】shuō·fa 名。(1)措词:意思一样,只不过~不同。(2)意见,认识:这种~大家都不赞同|这个问题现在又有了新的~。
【说服】shuōfú 动。用理由劝说对方,使心服:他终于被~了。常带宾语或补语:要用各种方法~他|怎么也~不了他。可带兼语:要~小林改变错误的做法。可重叠:你得去~~他。可拆开用:我说不服他。
【说合】shuō·he 动。常带宾语或补语,可重叠。(1)从中介绍,把两方面说到一块儿:他~了一门亲事|双方矛盾很大,暂时~不到一块儿|烦请老弟去~~,促成这笔生意。(2)商议,商量:他们正在~着办厂的事|为这件事,他们在一起~过两次|把大伙儿请来~~,办法就有了。(3)说和,调解:她最会~邻里之间的纠纷|只要你~得好,他俩之间的疙瘩是能解开的|你去~~,让他们重新和好。
【说话】shuōhuà ❶动。不带宾语,可拆开用。(1)用语言表达意思:这孩子刚学会~|他感动得说不出话来。(2)闲谈:她俩常在一起~|两个人已经说了半天

话,好像还没说完。(3)非议,指责：处处严格要求自己,背后就不会有人~|没有听人说你什么话。❷名。(1)〈方〉说话的一会儿时间,指很短的时间：请等一等,我~就来。(2)〈方〉话：这种~叫人听了不舒服。(3)宋代的一种技艺,跟现在的说书相同。

【说教】shuōjiào 动。不带宾语。(1)宗教徒宣传教义。(2)生硬、机械地空谈理论；含贬义：做学生的思想工作不能空洞地~。常作主语或宾语：这种老掉牙的~,我早听够了。

【说客】shuōkè 名。(1)善于劝说别人的人：苏秦、张仪是历史上著名的~。(2)替别人做劝说工作的人；常含贬义：小江请王大妈做~,去劝英子答应这门婚事。

【说理】shuōlǐ ❶动。(1)说明道理；不带宾语：这件事的处理有些不公,我要找他~。❷形。讲理,不蛮横；这个人不~,不要跟他噜嗦|小李是个比较~的人。

【说媒】shuōméi 动。给人介绍婚姻；不带宾语：张大妈常给人~。可拆开用：我想给英莲姑娘说个媒。可重叠：这位姑娘二十七、八了,还没对象,请你给她说说媒。

【说明】shuōmíng ❶动。常带宾语或补语,可加程度副词。(1)解释明白：~迟到的原因|把你的理由~一下|他的话很~问题。可带动词性词组或主谓词组作宾语：他在向大家~怎样使用电子计算机|请~一下你们打算如何复习。(2)证明：他的观点不对,已经被事实~了|他用事实~了问题的严重性|你举这个例子~不了什么问题|这一点很~问题的实质。可带主谓词组作宾语：水位下降~天气干旱。❷名。指解释性的话：这份~通俗易懂。

【说明文】shuōmíngwén 名。说明事情的情况或道理的文章。

【说破】shuōpò 动。把隐秘的意思或事情的内幕说出来：那件东西的奥妙叫他给~了。可带宾语：一~他的隐情,他的脸色就变了|一句话~了他的心事。

【说亲】shuōqīn 动。说媒；不带宾语：她常替人~。可拆开用：请您说个亲。

【说情】shuōqíng 动。替人求情,请求宽恕或同意办某事；不带宾语：如果有人来~,你告诉他别来碰钉子。可拆开用：关于调动工作的事,请你去跟人事处长说个情吧。

【说书】shuōshū ❶动。表演评话、评书、弹词等；不带宾语：他~说得很生动。可拆开用：我给你们说一段书。❷名。曲艺的一种,一般指只说不唱的,如扬州评话。有时也指有说有唱的,如弹词等。

【说闲话】shuō xiánhuà 词组。(1)从旁说讽刺或不满意的话：有意见要当面提,别在背后~。(2)闲谈：他俩~说了一个上午。

【说项】shuōxiàng 〈书〉动。唐代项斯为杨敬之所器重,敬之赠诗中有"平生不解藏人善,到处逢人说项斯"的句子,后世指替人说好话或讲情为说项；不带宾语：逢人~|烦请代为~。

【说笑】shuōxiào 动。又说又笑,连说带笑；不带宾语：他们常在一起~。可作定语：屋子里充满了~声。可重叠：他爱说说笑笑,乐观得很。

【说一不二】shuō yī bù èr 成。表示说话算数,决不更改：二牛最讲信用,是个~的人。

shuò (ㄕㄨㄛˋ)

妁 shuò 见"媒妁"。

烁(爍) shuò 〈素〉光亮的样子：闪~。

【烁烁】shuòshuò 〈书〉形。光芒忽明忽暗,动摇不定的样子；不加程度副词：灯火~。

铄(鑠) shuò 〈素〉(1)熔化：销~|众口~金。(2)同"烁"。

朔 shuò ❶名。农历每月初一,月球运行到太阳和地球之间,和太阳同时出没,地球上看不到月光,这种月相叫朔。这时的月亮叫新月。❷〈素〉北方：~方|~风。

【朔日】shuòrì 名。农历每月初一。

【朔望】shuòwàng 名。朔日和望日。

蒴 shuò [蒴果] (-guǒ) 名。干果的一种,由两个以上的心皮构成,内有许多种子,成熟后自己裂开,如芝麻、百合等的果实。

搠 shuò 动。刺,扎;多见于早期白话:一枪~将过来。

槊 shuò 名。古代的一种兵器,是杆子比较长的矛。

硕 shuò 〈素〉本指头大,后泛指大:~大|丰~|~果。

【硕大无朋】shuò dà wú péng 成。硕:大;朋:比。原指形体魁梧,无与伦比,后形容巨大无比:五指山像一只~的手掌。

【硕果】shuòguǒ 名。大的果实,比喻巨大的成绩: ~累累|他毕生的努力今天才结出~。

【硕果仅存】shuòguǒ jǐn cún 成。唯一留存下来的大果子,比喻经过淘汰留存下来的稀少可贵的人或物:张总工程师可以说是这个部门~的技术权威了。

【硕士】shuòshì 名。学位的一级,高于学士,低于博士。大学毕业后在研究机关或高等学校再学习、研究二三年,成绩合格者,即可授予。

数(數) shuò 〈素〉屡次,频繁:~见不鲜|频~。

另见 shǔ、shù。

【数见不鲜】shuò jiàn bù xiān 成。数:屡次;鲜:指新杀的禽兽。本指对经常来的客人就不必宰杀禽畜加以款待。后用来心指时常见到,并不新奇:在我们国家,助人为乐的事~。也作屡见不鲜。注意:"数"这里不读 shù 或 shǔ。

sī(ㄙ)

ㄙ sī "私"的古字。

私 sī 〈素〉(1)属于个人或为了个人的:自~|~欲|~营|隐~|~生活。(2)暗地里,私下:~语|~奔|~访。(3)秘密而不合法的:~货|~刑|~生子。

【私奔】sībēn 动。旧时指女子私自投奔所爱的男子,或跟他一起逃走;一般不带宾语:为了反抗封建家庭的包办婚姻,她跟她的男人~了。可带补语:两个人~到很远的地方。

【私访】sīfǎng 动。旧指官吏隐瞒身份,更换服装到民间进行调查;一般不带宾语:微服~|听说一个当大官的下来~了。

【私房】sīfáng 名。属于私人所有的房屋。

【私房】sīfang 形。不加程度副词,不单独作谓语,作定语。(1)指家庭成员私下积蓄的: ~钱。(2)不愿让别人知道的: ~话。

【私愤】sīfèn 名。因个人利害关系而产生的愤恨;常作"发泄"的宾语:不要利用职权来发泄~。

【私货】sīhuò 名。违法贩运的货物:夹带~|交通运输部门的职工不得利用工作之便贩运~。

【私见】sījiàn 名。(1)个人的成见或偏见:以一己~攻击别人,是不值一驳的。(2)个人的见解:这是我的~,不代表任何组织。

【私立】sīlì ❶动。私人设立;与"公立"相对,多用于医院、学校,不单独作谓语:这个医院是~的|这所大学已由~改为公立。❷形。私人或某社会团体设立的;不加程度副词,不单独作谓语,只作定语: ~学校|~医院。

【私利】sīlì 名。私人方面的利益;多"谋、图"等动词的宾语:不谋~。

【私了】sīliǎo 动。不经过司法手续而私下了结;一般指民事案件:这件事经人调停,最后还是~了|公了不如~。可带宾语或补语:他们两~了这个案子,结果留下后患|这种事可~不得。

【私情】sīqíng 名。私人的交情:秉公执法,不徇~。

【私人】sīrén ❶名。(1)个人: ~可以办学|我的话不代表组织,只代表~。(2)亲戚朋友,或有私交、私情的人:不该任用~。❷形。不加程度副词,不单独作谓语,作定语。(1)属于个人或以个人身分从事的,非公家的: ~资本|~企业|她是我的~秘书。(2)个人和个人之间的: ~感情|~关系。

【私生活】sīshēnghuó 名。个人生活;多指日常生活中所表现的品质、作风:他不但工作出色,~也是无可非议的。

【私生子】sīshēngzǐ 名。非夫妻关系的男女所生的子女。

【私事】sīshì 名。指个人的事;区别于"公

私司丝 sī 1005

事"：这是我的～，不用你管|办～不能用公车。

【私淑弟子】sīshū dìzǐ 成。私：私下；淑：善，敬仰；弟子：学生。旧时对某人的学术很敬仰虽未亲自受业却尊之为师，而自称为"私淑弟子"：他常以齐白石的～自居。

【私塾】sīshú 名。旧时私人办的初级学校，一般只有一个教师，采用个别教学法，没有一定的教材和学习年限。

【私通】sītōng 动。常带宾语或补语。(1)私下勾结；指与敌对方面：与敌人～|～外国|～多次。(2)通奸：他曾～老板的姨太太|两个人～多年。

【私下】sīxià 副。也说私下里。只作动词状语。(1)背地里，不公开地：～把东西分光了|～商量了多时。(2)不通过主管单位或领导而自己进行的：～了结|王经理～答应提拔他当科长。

【私心】sīxīn 名。为自己打算的念头：这个人～很重|我是为大家着想，没有一点～。

【私有制】sīyǒuzhì 名。生产资料归私人占有的制度，随着生产力的发展和原始公社的瓦解而产生。是产生阶级和剥削的基础。

【私语】sīyǔ ❶动。私下里低声说话；不带宾语：他俩在窃窃～。❷名。私下说的话：这是咱俩的～，不要说出去。

【私欲】sīyù 名。个人的欲望；多含贬义：他为了满足个人的～竟不惜出卖国家利益。

【私自】sīzì 副。背着组织或有关的人，独自做不合规章制度的事；作动词状语，多用于贬义：～离职|他利用工作之便，～挪用公款。

司 sī ❶〈素〉(1)部一级机关里分工办事的部门：礼宾～|人事～。(2)掌管，操作，经营：～机|～仪|～令|各～其职。❷姓。

【司铎】sīduó 见"神甫"。
【司法】sīfǎ 动。检察机关或法院依照法律对民事、刑事案件进行侦查、审判等；不带宾语，只作定语：～部门|～机关。
【司空】sīkōng 复姓。
【司空见惯】sīkōng jiàn guàn 成。唐·孟棨《本事诗·情感》记载：唐代诗人刘禹锡卸去和州刺史后回京，司空(古代官名)李绅设宴招待，刘即席赋诗，其中有"司空见惯浑闲事，断尽江南刺史肠"之句。后用"司空见惯"表示经常看到，不足为奇：这种事，在我是～，不以为奇的|洗衣机、电视机已是农村～的东西，不稀罕了。

【司寇】sīkòu 复姓。
【司令】sīlìng 名。军队中主管军事的高级军官，在我国特指中国人民解放军的司令员，如军区司令、兵团司令等。

【司马】sīmǎ 复姓。
【司马昭之心，路人皆知】sīmǎzhāo zhī xīn, lùrén jiē zhī 成。《三国志·魏书·高贵乡公传》注引《汉晋春秋》记载：魏帝曹髦在位时，大将军司马昭独揽了魏国的大权，蓄意篡夺帝位，曹髦非常不满。一次他对大臣们谈话时气愤地说："司马昭之心，路人所知也。"后来就用这句话来指野心非常明显，为人所共知：这帮家伙篡改历史，陷害忠良，他们想干什么？～，难道还用明说吗？

【司南】sīnán 名。我国古代发明的利用天然磁石制成的一种指南仪器。是现代指南针的始祖，我国古代科技的重大成就之一。

【司徒】sītú 复姓。
【司务长】sīwùzhǎng 名。连队中主管后勤工作的干部，负责连队的伙食、卫生、装备、物资、经费等工作。

【司仪】sīyí 名。举行典礼或在大会召开时报告进行程序的人。

丝(絲) sī ❶名。(1)蚕吐出的像线一样的东西，可制绸绢等。(2)(～儿)像丝一样的东西：蜘蛛～儿|藕～儿。❷量。(1)市丝的通称，一丝等于分的千分之一。(2)比喻极少或极小的量；数词只用"一"：一～微笑|一～希望。

【丝绸】sīchóu 名。用蚕丝或人造丝织成的织品的总称。

【丝绸之路】sīchóu zhī lù 词组。自汉武帝时起，我国丝织品经甘肃、新疆，越过帕米尔，通过阿富汗，运往西亚和欧洲各国，促进了欧、亚、非各国同中国的友好往来。这条交通大道历史上被称为丝绸之路。也称丝路。

【丝光】sīguāng 名。棉织品在低温和绷紧的情况下,用浓氢氧化钠溶液浸渍,由于纤维结构发生变化,表面产生如丝一般的光彩,称为丝光;常作定语:～毛巾|～床单。

【丝毫】sīháo 形。极小或很少,一点儿;不加程度副词,不单独作谓语,多用于否定句,作定语时,一般只修饰抽象事物:鲁迅先生没有～的奴颜和媚骨,他的骨头是最硬的|他没有～的个人打算。常作状语:她一气走了几十里路,～不觉得疲劳|面对敌人的屠刀,他～也不害怕。

【丝丝入扣】sī sī rù kòu 成。丝丝:每一根丝;扣:即"筘",织布机上主要机件之一。原指织布、绸等时经线都要从扣(筘)齿间穿过。比喻做得十分细致,紧密合拍,毫无出入;多用来形容文章、艺术表演等,含褒义:他的表演幽默风趣而又～。

【丝竹】sīzhú 〈书〉名。"丝"指弦乐器,"竹"指管乐器。琴、瑟、箫、笛等乐器的统称:～之声,不绝于耳。

咝(噝) sī 拟声。摹拟枪弹、炮弹等在空中很快飞过的声音:子弹～的一声飞了过去。常叠用:～～～的子弹声。

鸶(鷥) sī 见"鹭(lù)鸶"。

思 sī ❶〈素〉(1)考虑,想:～想|～考|三～。(2)想念,挂念:～念|相～|～乡。(3)思路:文～|构～。❷姓。

【思潮】sīcháo 名。(1)某一历史时期内有较大影响的思想潮流:政治～|艺术～。(2)接连不断的思想活动:～激荡|～起伏。

【思忖】sīcǔn 〈书〉动。考虑;常带宾语或补语:她暗自～着刚才小张提出的问题|战士们～了一会儿,终于想出了对付敌人的办法。可带动词性词组或主谓词组作宾语:我～着去还是不去|她在默默地～着她的话为什么会引起他那么大的兴趣。

【思凡】sīfán 动。神话小说中指仙人想到人间来生活,旧时也指僧尼等厌恶宗教生活,想过世俗生活;不带宾语:仙女～|小尼姑～。

【思考】sīkǎo 动。进行比较深刻、周到的思索、考虑:对群众的意见必须认真地～。常带宾语或补语:他在～老师提出的问题|他对这个问题～了很久。可重叠:怎样写好这篇作文,你要好好～～。

　＊"思考"和"思索":"思考"是深入考虑的意思,语意轻些;"思索"除有考虑的意思外,还有探索寻求的意思,语意重些。

【思量】sīliang 动。常带宾语或补语。(1)考虑:他一直在～着这件事|她把上级的批评又～了一番。(2)〈方〉想念,记念:儿子离家多年,怎不叫妈～呢? |大家常常在～着你。

【思路】sīlù 名。思考的线索:～清晰|文章～不清,叙述缺乏条理|他正在发言,别打断他的～。

【思虑】sīlǜ 动。思索考虑;常带宾语或补语:他一直在～着这个问题|～良久|～得连觉也睡不着了。可带动词性词组或主谓词组作宾语:将军～着,是坚守还是撤退? |我没有～过自己将来怎么办?

【思慕】sīmù 动。思念;用于对自己敬仰的人,常带宾语或补语:这是位可尊敬的长者,许多人都在～着他|他们～英雄已久,今天终于见到了。

【思念】sīniàn 动。想念;常带宾语或补语:～故乡|～亲人|母亲～儿子到了夜不成眠的地步。可加程度副词:他心中十分～家乡以及家乡的一切。可作定语,要加助词"的":他终于回到了日夜～的故乡。

【思索】sīsuǒ 动。思考探求:愚蠢的人多花时间解释,聪明的人多花时间～。常带宾语或补语:他时刻都在～着这实验失败的原因|他为这个问题～到深夜。

【思维】sīwéi 也作思惟。❶名。指理性认识的活动过程,即在表象、概念的基础上进行分析、综合、判断、推理等认识活动的过程。❷动。进行思维,思考;不带宾语,可带补语:再三～|～良久。

【思乡】sīxiāng 动。想念家乡；不带宾语：游子～之情与日俱增｜～是常有的事。可拆开用：家里早没人了，你还思什么乡？

【思想】sīxiǎng ❶名。(1)客观存在反映在人的意识中经过思维活动而产生的结果，即理性认识：集体主义～｜政治～。(2)想法，念头：还在刚上小学的时候，他就有了飞上蓝天，探索星空奥秘的～。❷动。思量，考虑：人们遇到问题就要～。可带宾语或补语：他一直在～着升学和就业的问题｜他是个凡事都要～一下的人。

【思想性】sīxiǎngxìng 名。文艺作品或其他著作中所表现出来的政治倾向和社会意义：文艺作品必须把～和艺术性有机地结合起来｜这篇报道～很强。

【思绪】sīxù 名。(1)思想的头绪，思路：～纷乱｜～万千。(2)情绪：～不宁。
＊"思绪"和"情绪"："思绪"侧重在"思"，指头脑里进行的思维活动；"情绪"侧重在"情"，指表现出来的心理状态。"思绪"使用范围较窄，常跟"纷纭、扰乱、打断"等词搭配；"情绪"使用范围较广，可跟"高涨、激昂、激动、激烈、乐观、镇定"以及"低沉、紧张、悲观"等词搭配。

偲 sī [偲偲]〈书〉动。相互切磋，互助督促。
另见 cāi。

缌 sī〈古〉名。细麻布。

飔 sī〈古〉名。凉风。

罳 sī 见"罘(fú)罳"。

锶 sī 名。金属元素，符号Sr。银白色。用于制造合金和光电管等，锶的化合物可以制造红色烟火。

虒 sī 地名用字。虒亭，在山西省。

斯 sī ❶〈古〉代。这，此，这个，这里，可以代人，也可代物：～人｜～时｜生于～，长于～。❷〈古〉连。于是，就。❸姓。

【斯文】sīwén〈书〉名。旧指文化或文人：他胸无点墨，却假冒～。

【斯文】sīwen 形。文雅；多用于形容人的神情举止：这位姑娘看上去很～。可重叠：他说话斯斯文文的。

【斯文扫地】sīwén sǎo dì 成。斯文：旧指文化或文人；扫地：比喻名誉、信誉、地位等完全丧失。指文化知识或文人不受尊重，也指文人自甘堕落：《孔乙己》中塑造了一个～的读书人｜他错误地把从事体力劳动认为是既贱的、是～的事。

【斯须】sīxū〈书〉副。很短的时间，一会儿：～雨止，群山又沐浴在落日的余晖之中。

厮(廝)sī ❶名。(1)做杂工的男子，仆人：小～。(2)对人轻慢的称呼；多见于早期白话：这～｜那～。❷〈素〉互相：～打｜～杀｜～混。

【厮打】sīdǎ 动。互相殴打；不带宾语，可带补语：拼命～｜这两个女人吵得几乎要～起来。

【厮混】sīhùn 动。没有明确目的在一起相处嬉戏；不带宾语，可带补语，含贬义：这位公子哥整天跟不三不四的人～在一起。

【厮杀】sīshā 动。互相拼杀；不带宾语，可带补语：两军整整～了一个上午｜战士们跟敌人～起来。可作"展开、开始"等的宾语：阵地上，敌我双方展开了激烈的～。

【厮守】sīshǒu 动。互相陪伴，相守；常带补语：小姊妹俩十分要好，成天～在一起。带动态助词"着"后可带宾语：她要丈夫整天～着她，不让离开。

澌 sī〈古〉名。解冻时流动的冰。

撕 sī 动。用手使东西分裂开或分离开附着物；多指薄片状的东西，常带宾语或补语：～布｜～纸｜把膏药～下来。

【撕毁】sīhuǐ 动。常带宾语。(1)撕破毁掉：～草稿｜他把信～了。(2)单方面背弃共同商定的协议、条约等：订立不久的停战协定被对方～了｜不该～合同。

【撕票】sīpiào 动。旧时绑票的匪徒因勒索钱财的要求未得到满足而把人质处死；不带宾语：匪徒们见钱没有如期送来，就残忍地决定～。可拆开用：他们终于撕了票。
【撕破脸皮】sī pò liǎnpí 习。比喻感情破裂,已不顾情面:小张一向同班长要好,因此不肯为这点小事跟班长～。也说撕破脸。

嘶 sī ❶动。马叫:人喊马～。❷〈素〉声音沙哑:～哑|声～力竭。
【嘶哑】sīyǎ 形。声音沙哑:他的嗓音有些～,听不大清楚|有个同志带着～的声音问道:"这是怎么回事?"
　　*"嘶哑"和"沙哑":"嘶哑"有的是由于大声喊叫所造成,有短暂性;"沙哑"一般是一种自然的生理现象,有长期性。"嘶哑"程度较重;"沙哑"程度较轻。"嘶哑"的声音一般不好听;"沙哑"的声音并不全是不好听的。

澌 sī 〈古〉动。尽,竭。
【澌灭】sīmiè 〈书〉动。消失干净;不带宾语:自然科学兴盛之后,有些古代风俗就日渐～。

螄(螄) sī [螺螄](luó-) 名。淡水螺的通称,一般较小。

sǐ(ㄙˇ)

死 sǐ ❶动。生物失去生命;与"生、活"相对:这棵树～了。可带宾语或补语:他七岁上～了父亲|一条蛇～在洞里|～于1976年。❷形。(1)死板,固定,不灵活:脑筋太～|～心眼儿。(2)不通:这条路给堵～了|～胡同。(3)表示达到极点;多用在动词或形容词后作补语:笑～人了|恨～他了|高兴～了|丑～了。❸〈素〉(1)不顾生命,坚决:～战|～守。(2)不可调和的:～敌|～对头。
【死板】sǐbǎn 形。(1)不活泼,不生动:这个人太～,没有一点青年人的朝气|文章语言～得很。(2)做事不会变通,不灵活:做事情不可太～。
【死不瞑目】sǐ bù míng mù 成。瞑目:闭眼。死了也不闭眼,形容人将死的时候还有放心不下的事情,也形容目的没达到,死不甘心:不完成这项任务,我是～的。
【死党】sǐdǎng 名。(1)为某人或某集团卖命出死力的党羽;含贬义:这是窃国大盗袁世凯的～。(2)顽固的反动集团:这一伙卖国贼结成了～。
【死得其所】sǐ dé qí suǒ 成。所:处所,地方。形容人死得有意义、有价值:张思德同志为人民而死,是～的。
【死敌】sǐdí 名。绝对不可调和的敌人:八国联军是义和团的～。
【死胡同】sǐhútòng 名。走不通的胡同,比喻绝路:在中国,资本主义道路无疑是一条～。注意:"同"这里不读tóng。
【死灰】sǐhuī 名。火熄灭后剩下的灰;心如～(比喻心灰意懒)。
【死灰复燃】sǐhuī fù rán 成。燃烧后余下的灰烬重新燃烧起来,比喻失势的力量又重新活动起来:军国主义思想正在日本少数右翼分子中～,这是须要我们提高警惕的。
　　*"死灰复燃"和"东山再起":"死灰复燃"适用范围较广,可用于人及其集体,也可用于事物;"东山再起"一般限用于人及集体。"死灰复燃"含贬义,仅用于坏思想、恶势力、不好的事物;"东山再起"是中性成语,好人坏人都能用。
【死活】sǐhuó ❶名。活得下去活不下去的情况,或活与不活的情况;用于否定句:反动派不顾人民的～|我与他失散多年,不知他的～。❷副。无论如何;用在动词前作状语,表示坚决的语气:这件事他～不肯说出来|不让他去,他却要去。
【死寂】sǐjì 形。非常寂静,没有一点儿声音;多形容环境、氛围,不加程度副词,一般作谓语:夜深了,旷野里一片～。
【死角】sǐjiǎo 名。(1)军事上指火力范围内射击不到的地方。也指在视力范围内看不到的地方。(2)比喻某项工作或某种潮流、风气等尚未影响到的地方:消灭～|流动人口是计划生育工作的～。
【死结】sǐjié 名。(1)不是一拉就解开的结子;区别于"活结"。(2)比喻不易解决的纠纷矛盾:这个问题成了他们之间的～。
【死力】sǐlì ❶名。最大的力量;多作宾语:出～。❷副。表示使出最大的力量;作动词的状语,不加助词"地":～抵抗|～拼搏。
【死里逃生】sǐ lǐ táo shēng 成。在极其危

险的处境中逃脱而幸免于死：在这场战乱中，他历尽千难万险，～，来到河南。

【死路】sǐlù 名。走不通的道路，比喻毁灭的途径：如果这帮歹徒再敢抗拒，那只有～一条。

【死命】sǐmìng ❶名。必然死亡的命运：制敌人的～。❷副。拼命地；作动词状语：～抵抗｜～挣扎。

【死难】sǐnàn 动。遭难而死；不带宾语：崇祯～之后，明王朝已经名存而实亡。常作定语：～烈士｜～同胞。

【死皮赖脸】sǐ pí lài liǎn 成。形容不顾羞耻，一味纠缠：我已明确地回答他这件事办不成，他还是～地缠住我不放。

【死棋】sǐqí 名。指不可挽救的棋局或棋局中救不活的棋子，比喻一定失败的局面：派兵侵占别国领土，这是一着～，必然失败。

【死气沉沉】sǐqì chénchén 成。(1)形容气氛一点也不活泼生动；多指环境：热闹繁忙的工地，一下变得～。(2)形容意志消沉，精力衰退；用于人：他的主人是个古板的老头，整天～的。

【死契】sǐqì 名。房地产出卖时在所立契约上写明不能赎回的叫死契。

【死囚】sǐqiú 名。被判处死刑但还未执行的囚犯。

【死去活来】sǐ qù huó lái 成。晕死过去又苏醒过来，也比喻极度痛苦或极度悲哀；形容被打得厉害或哭得很惨，常作补语：他被歹徒折磨得～｜妈死了，女儿哭得～。

【死守】sǐshǒu 动。常带宾语或补语。(1)拼死守住：战士们～阵地不撤退｜～了三天三夜。(2)固执而不知变通地遵守：不能～这种教条｜你准备把祖宗的家法～到哪一天？

【死水】sǐshuǐ 名。不流动的河水、湖水等：这里原是一片～，蚊蝇孳生，与河流连通后，～变成了活水。常用来形容长时期没有生机和变化的地方：那个工厂已经成了一潭～。

【死亡】sǐwáng 动。失去生命；与"生存"相对，不带宾语：人若离开空气，就要～｜殖民主义已走向～。

＊"死亡"和"死"："死亡"多指生物失去生命的情形，常同双音节词或多音节词搭配；"死"一般指生物个体失去生命，单音节词、多音节词都可搭配。"死亡"只作动词，"死"除作动词外，还可作形容词。"死亡"不带宾语；"死"可以。"死亡"多用于书面语；"死"口语、书面语都常用。

【死心】sǐxīn 动。不存希望，断了念头；不带宾语：大家都说不能成功，但是他还不～。可拆开用：我劝你就死了这条心吧。

【死心塌地】sǐ xīn tā dì 成。原指死了心，不作别的打算。后用来形容主意已定，决不改变：这是些～与人民为敌的人｜他一直～地为这家商号干活。

＊"死心塌地"和"执迷不悟"："死心塌地"侧重于死心，多指对他人所持的态度；"执迷不悟"侧重于不悟，多指对自己的错误所持的态度。"死心塌地"是中性成语，但是多用于贬义；"执迷不悟"是贬义成语。

【死心眼儿】sǐxīnyǎnr ❶形。固执，想不开：他也别太～，以为天底下只有她最好。❷名。死心眼儿的人：他是个～，不容易说得通。

【死刑】sǐxíng 名。剥夺犯罪者生命的刑罚：判处～。

【死硬】sǐyìng 形。不加程度副词。(1)呆板，不灵活：你总是这样～，什么时候才能灵活点？(2)顽固；多作定语：～派｜～分子｜～的态度。

【死有余辜】sǐ yǒu yú gū 成。辜：罪。就是处以死刑，也抵偿不了他的罪过。形容罪恶极大：这几个战犯罪恶滔天，～。

【死于非命】sǐ yú fēi mìng 成。非命：横死，遭到意外的灾祸而死亡：他在战乱中不幸～。

【死战】sǐzhàn ❶名。关系到生存死亡的战斗或战争：决一～。❷动。拼死战斗；不带宾语，常带补语：～到底，决不投降。

【死罪】sǐzuì ❶名。应该判处死刑的罪行：他犯了～。❷动。旧时奏章或书信中常用的客套语，表示过失很重，感到惶恐；多叠用：臣诚惶，触忌讳，～～。

sì(ㄙ)

巳(巳) sì 名。地支的第六位。参见"干支"。注意:"巳"不要误写为"己"或"已"。

【巳时】sìshí 名。旧式记时法指上午9点到11点这段时间。

汜 sì 水名用字。汜水,在河南省。

祀 sì 〈素〉祭:祭~|~祖。

四 sì ❶数。三加一所得的数。❷名。我国民族音乐音阶上的一级,乐谱上用做记音符号,相当于简谱的"6"。参见"工尺"。

【四不像】sìbùxiàng 名。(1)见"麋"。(2)比喻不伦不类的事物;含贬义:你这身打扮,不男不女,简直是~。

【四处】sìchù 名。周围各地:~奔波|薄暮降临,村子里~都冒起了炊烟|公园里~开满了鲜花。

【四大皆空】sì dà jiē kōng 成。佛教用语。古印度认为地、水、火、风是构成一切物质的四种元素(类似我国古代的"五行"),佛教称为"四大"。宇宙万物都不是永恒不变的,所以叫"四大皆空"。现在多指一切都是空虚的消极厌世思想:她站在江边只觉得万念俱灰,~。

【四方】sìfāng ❶名。指东、南、西、北四个方位,泛指各处:~打听|~响应|革命青年志在~。❷形。正方形的或立方体的;不加程度副词,不单独作谓语,作定语:一个~的木头匣子。可重叠:四四方方的脸。

【四方步】sìfāngbù 名。悠闲的,大而慢的步子;多作"迈、踱"等动词的宾语:他迈着~,进入餐厅|他背着手,踱起~,悠闲自在。

【四分五裂】sì fēn wǔ liè 成。形容分散、不完整、不统一:这个集团为了争权夺利闹得~。

*"四分五裂"和"支离破碎":"四分五裂"的意思侧重于分裂、分散,不统一;"支离破碎"的意思侧重零散、残缺,不完整。"四分五裂"多用来形容组织、团体、民族、国家不团结,不统一;"支离破碎"使用范围较广,除可形容组织、团体、国家等外,还可以形容计划、文章的内容和其他具体的事物。

【四伏】sìfú 动。到处潜伏着;多用在固定组合中:危机~。

【四海】sìhǎi 名。古代认为中国四周都是海,所以四海指天下。今指全国各处,也指世界各地:~为家|~升平|这是放之~而皆准的真理。

【四呼】sìhū 名。按照韵母把字音分为开口呼、齐齿呼、合口呼、撮口呼四类,合称四呼。韵母是i或以i起头的叫齐齿呼。韵母是u或以u起头的叫合口呼。韵母是ü或以ü起头的叫撮口呼。韵母不是i、u、ü,也不是以i、u、ü起头的叫开口呼。

【四近】sìjìn 名。指周围附近的地方:学校~不宜建工厂。

【四邻】sìlín 名。指周围的居民或邻国:~不安|~不睦|惊动~。

【四六体】sìliùtǐ 名。骈体文的一种,全篇多以四字、六字相间为句,故名。也叫四六文。

【四面楚歌】sìmiàn chǔ gē 成。《史记·项羽本纪》记载:秦朝末年,楚、汉交战,楚王项羽被汉军围于垓下,夜间听到四面的汉军中都唱着楚歌,项羽大惊说:"难道楚地都被汉军占领了吗?为什么楚人这么多呢?"后来就用"四面楚歌"比喻四面受敌,陷入困境:侵略者已陷入~之中,越来越接近于崩溃。

【四平八稳】sì píng bā wěn 成。形容说话、做事很稳重。现多形容做事、说话、写文章只求不出差错,缺乏创新精神;多含贬义:做工作要有开拓、进取精神,不能~|这篇文章写得~,没有一点新意。

【四声】sìshēng 名。汉语中音节(字)的声调。古代指平、上、去、入四声。现在普通话没有入声,分阴平、阳平、上、去四声,规定用-ˊˇˋ四个符号表示。

【四时】sìshí 名。四季:~八节|~衣服都很齐全。

【四书】sìshū 名。指我国古代的《大学》《中庸》《论语》《孟子》四种书。由宋代理学家朱熹合编,科举时代认为是主要的儒家经典。

【四体】sìtǐ 〈书〉名。(1)指人的四肢：～不勤,五谷不分。(2)指书法上正、草、隶、篆四种字体。

【四通八达】sì tōng bā dá 成。四面八方都可到达,形容交通极为便利：这座城市是两条铁路的交点,又有许多公路伸向全省各地,～,交通十分便利。

【四外】sìwài 名。四处;多指空旷的地方：～无人|～都是辽阔的平原。

【四下里】sìxià·li 名。四处：～一片寂静|一看,～都是麦苗。也说四下。

【四项基本原则】sìxiàng jīběn yuánzé 词组。即坚持社会主义道路,坚持人民民主专政,坚持中国共产党的领导,坚持马克思列宁主义、毛泽东思想。

【四言诗】sìyánshī 名。我国汉代以前曾通行的诗歌形式。全诗每句四字或以四字句为主。

【四野】sìyě 名。广阔的原野;多指环顾展望而言：～茫茫,万籁俱寂|～辽阔,一望无际。

【四则】sìzé 名。加、减、乘、除四种运算的总称：～运算|分数～。

【四周】sìzhōu 名。周围：房子～都有树。

泗 sì 〈素〉鼻涕：～涕。

【泗州戏】sìzhōuxì 名。安徽地方戏曲剧种之一,起源于旧泗州(州治在今安徽省泗县),流行于淮河两岸。由民间花鼓发展而成,至今已有100多年的历史。

驷 sì 〈古〉名。(1)驷马。(2)马。

【驷马】sìmǎ 名。古代指同驾一辆车的四匹马：一言既出,～难追(形容话说出口,无法再收回)。

寺 sì 名。作中心语。(1)古代官署名：大理～|太常～。(2)佛教的庙宇：护国～|碧云～。(3)伊斯兰教徒礼拜、讲经的地方：清真～。

【寺院】sìyuàn 名。佛寺的总称,有时也指其他宗教的修道院。

似 sì ❶动。像,如同;多以单音节名词作宾语：红心～火|柔情～水。❷〈书〉副。好像,仿佛;表示推测的语气：～有可能录取|～曾见过面。❸介。

表示比较,作用同"于",与名词构成介词词组,作单音节形容词的补语：日子一年好～一年|弟弟高～哥哥。
另见shì。

【似乎】sì·hu 副。仿佛,好像;表示不很肯定的语气：～他来过|这种说法～有点道理。

【似是而非】sì shì ér fēi 成。好像对,实际上并不对：这是一种～的理论,不可轻信。

姒 sì ❶〈古〉名。(1)称姐姐。(2)称丈夫的嫂子。❷姓。

兕 sì 名。古书上指雌的犀牛。

伺 sì 〈素〉侦察,守候：窥～|～机|～隙。
另见cì。

饲 sì 〈素〉喂养：～养|～料。

【饲料】sìliào 名。喂养家禽家畜的食物。

【饲养】sìyǎng 动。喂养：这头牛要好好～。常带宾语或补语：～动物|～得很好。
＊"饲养"和"喂养"："饲养"只用于牲畜;"喂养"除用于牲畜外,还可用于小孩。

觊 sì 〈古〉动。窥视。

笥 sì 〈古〉名。盛放饭食或衣物等的方形竹器。

嗣 sì 〈素〉(1)接续,继承：～位|继～。(2)子孙：后～。

【嗣后】sìhòu 〈书〉副。以后：～有便,请来舍间小叙|～如何,不得而知。

俟(竢) sì 〈书〉动。等待;常带动词性词组或主谓词组作宾语：一～有空,当即趋访|一～该书出版,即请指正。
另见qí。

涘 sì 〈古〉名。水边。

食 sì 〈古〉动。拿食物给人吃。
另见shí。

耜 sì 名。(1)古代一种翻土的农具,类似现在的锹。(2)古代跟犁上的铧相似的东西。

肆

肆 sì ❶数。"四"的大写；用于票据等。❷〈素〉(1)店铺：书～|酒～。(2)放纵，任意妄为：放～|～意|～无忌惮。

【肆力】sìlì 〈书〉动。尽力，常带宾语：～农事|～耕种。

【肆虐】sìnüè 动。任意摧残或迫害；不带宾语：敌寇～,残害无辜。有时指自然灾害的破坏：暴雨～,大批农田被淹。

【肆无忌惮】sì wú jì dàn 成。肆：放纵，任意妄为；忌惮：顾忌和畏惧。任意妄为，毫无顾忌和畏惧；含贬义：这家伙～地违法乱纪，终于受到了应得的惩罚。

【肆意】sìyì 副。任意地，毫无顾忌地；只作动词状语，含贬义：他们～践踏民主|～杀害无辜。

sōng(ㄙㄨㄥ)

松 sōng 见"惺(xīng)松"。另见zhōng。

松（△鬆）sōng ❶名。松科植物的总称。一般为常绿乔木，少数为灌木。树皮多为鳞片状，叶子针形。花单性，雌雄同株，结球果。有木质鳞片。木材用途很广，树脂可制松香和松节油。△❷形。(1)松散，不紧密，不坚实；跟"紧"相对：土质比较～|绳子捆得太～|点心又～又脆，十分可口。(2)不紧张，不严格：学习纪律太～|评分标准比较～。(3)经济宽裕：这个月我手头比较～。△❸动。使宽松，放开；常带宾语或补语：～了一口气|鞋带～了|～一下腰带。△❹〈素〉用瘦肉、鱼等做成的绒毛状或碎末状的食品：肉～|鸡～|鱼～。❺姓。

【松弛】sōngchí ❶形。(1)松散，不紧张：肌肉～|精神～。(2)执行得不严格；多指制度、纪律等：纪律很～。❷动。放松，常带宾语或补语：～一下神经|当她确实听清这是丈夫的声音,全身才～下来。

【松动】sōngdòng ❶形。多作谓语或补语。(1)不拥挤：今天汽车上显得～多了。(2)宽裕，不窘；指经济状况：这个月增加了一笔额外收入,手头就比较～了。(3)不紧，活动；指牙齿、螺丝等：这颗螺丝有些～了|老爷爷好几颗牙都～了。❷动。可重叠。(1)使活动，使不紧；指螺丝等，常带宾语或补语：修理工人～了两颗螺丝,轮子就飞快地旋转起来|这个螺帽～不得。(2)使不严格按规定去做；不带宾语，可带补语：制度也是人定的,就不能～一下？|对老年人可以～～。

【松紧】sōngjǐn 名。松或紧的程度：～适度|他现在的工作～情况如何?

【松劲】sōngjìn 动。降低紧张用力的程度；不带宾语：要继续努力,不能～。可拆开用：任务还很艰巨,可不能松一点儿劲。

【松口】sōngkǒu 动。不带宾语。(1)把嘴里咬住的东西放开：乌鸦一～,肉就掉了下来。(2)比喻不坚持；指原来的决定、主张、意见等：请求调动工作的事,我已对他讲过多次,他一直不～。可拆开用：从来没有松过口。

【松快】sōngkuai 形。(1)轻松爽快：完成任务后,大家都感到非常～|这事儿不难,我～地做完了。(2)宽畅：女儿一家搬走后,家里住得～一些了。

【松明】sōngmíng 名。点燃起来供照明用的松树枝或成捆的松木片。

【松软】sōngruǎn 形。松散绵软：刚耕过的地十分～|～的面包|新做了一件～暖和的棉衣。

【松散】sōngsǎn 形。(1)不紧密；多指事物的结构：这篇文章的结构太～|这样～的组织怎么能发挥作用? (2)不集中；多指精神、作风等：他工作抓得不紧,～得很。可重叠：上课要注意听讲,不能这样松松散散。

【松散】sōng·san 动。使轻松舒畅：累了一天,到外面去～一下。可带宾语：听听音乐,～一下身心。可重叠：屋子里太热,出来～～。

【松松垮垮】sōng·sōngkuǎkuǎ 形。散漫，松懈，不紧张；多指人的精神状态或组织机构等，不加程度副词，常带助词"的"：工作要抓紧,不能～|那种～的组织起不了多大的作用。

【松手】sōngshǒu 动。不带宾语，可拆开用。(1)放开手：他把绳子拉得紧紧的,死也不～|松了一下手,小鸟就飞了。(2)比喻做事不抓紧：工作要抓紧,不能～|

只要松一下手,任务就完不成。

【松涛】sōngtāo 名。松树由于风吹而发出的像波涛一样的声音:～阵阵|我爱听～。

【松懈】sōngxiè ❶形。多作谓语或补语。(1)注意力不集中,做事不抓紧:学习|工作太～|特务对他的看管似乎变得～了一些。(2)人与人的关系不紧密:自由主义使团结涣散,关系～。❷动。放松,使松懈;常带宾语或补语:他一刻也没有自己的斗志|这个班纪律非常～,要认真抓一下|原来那股拼命向前的干劲渐渐～下来了。

* "松懈"和"松弛":"松懈"多指精神萎顿,工作不紧张,关系松散,纪律弛,戒备不严等;"松弛"多指肌肉、力气放松等。"松懈"含贬义;"松弛"只在表示制度、纪律执行不严格时才含贬义。

菘 sōng 名。古书上指白菜。现在有的地方仍把白菜叫菘菜。

淞 sōng 水名用字。淞江,发源于太湖,到上海市与黄浦江合流入海。通称吴淞江。

嵩(崧) sōng 〈古〉形。(1)山大而高。(2)高。

sóng(ㄙㄨㄥˊ)

尿(㞞) sóng ❶名。俗称精液。❷形。讥笑人软弱无力:这个人真～!

sǒng(ㄙㄨㄥˇ)

扨(攐) sǒng 动。(1)〈古〉挺立。(2)〈方〉推:我一～,把他～出了大门。

怂(慫) sǒng 〈古〉动。惊惧。

【怂恿】sǒngyǒng 动。鼓动别人去做某事;多指不好的事,常带宾语或补语:有人～他,他却没有上当|～了几次|他拿定主意后,别人就～不动他了。可带兼语:他～老王去做投机生意,老王没有答应。可作宾语:凡事自己要有主见,不要别人的～。

* "怂恿"和"鼓励":"怂恿"侧重指挑动或使别人,多是背地里的行动;"鼓励"侧重指肯定成绩以激发起别人的工作热情,多是公开的行动。"怂恿"多用于贬义;"鼓励"多用于褒义。

耸(聳) sǒng ❶动。向上动,高高地直立;常带宾语或补语,可带动态助词"着":小白兔一～着耳朵听|他把肩膀～了一下|山势陡峭,直～云霄。❷〈素〉引起注意,使人吃惊:～动|危言～听|～人听闻。

【耸动】sǒngdòng 动。常带宾语或补语。(1)向上动;多指肩膀、耳朵或肌肉等:他～了一下肩膀|他脸上的肌肉～了一下,现出似笑非笑的神色。(2)造成某种局面,使人震惊:这条新闻在县城里居然也～了视听。

【耸立】sǒnglì 动。高高地直立;常带宾语或补语,可带动态助词"着":街道两旁～着一幢幢高大的建筑物|一座高山～在眼前。

* "耸立"和"屹立":"耸立"侧重在高高地直立;"屹立"侧重在稳固而坚定地直立。"耸立"只用于物;"屹立"可用于物,还可用于人和国家等。

【耸人听闻】sǒng rén tīng wén 成。故意说夸大或惊奇的话,使人震惊;含贬义:他们散布了许多～的谣言,企图扰乱人心。

悚 sǒng 〈素〉害怕:～然。

【悚然】sǒngrán 形。害怕的样子;不加程度副词:毛骨～。

竦 sǒng ❶〈古〉形。恭敬。❷同"悚"。

sòng(ㄙㄨㄥˋ)

讼(訟) sòng 〈素〉(1)在法庭争辩是非曲直,打官司:诉～|～师。(2)争辩是非:争～|聚～纷纭。

【讼棍】sònggùn 名。旧时勾结官府、包揽讼事、自己从中取利的坏人。

【讼师】sòngshī 名。旧时以给打官司的人出主意、写状纸为职业的人。

颂 sòng ❶名。(1)周代祭祀时用的舞曲,歌词有些收在《诗经》里。(2)以颂扬为内容的诗、文、歌曲:黄河～|祖国～。❷〈书〉动。祝颂;多用于书信结尾的问候:敬～大安。❸〈素〉赞美,

赞扬：歌～|称～|～扬。

【颂词】sòngcí 名。赞颂他人功德或祝贺其幸福的讲话或文章。

【颂歌】sònggē 名。表示赞颂的诗歌：为战士们献上一首～。常用于标题：《中华～》。

【颂扬】sòngyáng 动。歌颂赞扬：他的功绩人人～。常带宾语或补语：～他的功德|～过多次。可带主谓词组作宾语：～他为祖国争得了荣誉。

宋 sòng ❶名。(1)周代诸侯国名，在今河南商丘县一带。(2)朝代名：南朝之一，公元420—479，刘裕所建。参见"南北朝"。(3)朝代名。公元960—1279，赵匡胤所建。分北宋、南宋，合称宋。❷姓。

【宋体字】sòngtǐzì 名。最通行的汉字印刷字体，正方形，横的笔划细，直的粗。这种字体起源于明朝，称为"宋体"是出于误会。又叫老宋体，区别于"仿宋体"。

送 sòng 动。常带宾语或补语。(1)运送，递交：～了一批货|把情报～出去。(2)赠送：临别时大家互相～了照片|一首诗送他。可带双宾语：他～我一本书。(3)送别，陪离去的人一起走：～客人|～到大门外。可带兼语：～孩子上学。

【送别】sòngbié 送行；常带宾语，可带动态助词"了，过"：他们都到路会给外宾～去了|他依依不舍地～了亲人|他在这里～过许多参军的战士。可拆开使用：送过别我就回来|一天送了三次别。

【送殡】sòngbìn 动。出殡时陪送灵柩；不带宾语：成千上万的人都在为烈士～。可作定语，要加助词"的"：～的人很多。可拆开用：送了一次殡。

【送命】sòngmìng 动。丧失生命；多指无价值的死，不带宾语：为这件事～太不值得。可拆开用：白白地送了自己的命。

【送气】sòngqì 名。辅音发音时呼出较强气流的音叫送气，没有显著气流呼出的叫不送气。普通话语音中的b、d、g、j、z、zh是不送气音。p、t、k、q、c、ch是送气音。送气、不送气也叫吐气、不吐气。

【送人情】sòng rénqíng 习。(1)给人一些好处，以讨好对方；含贬义：不要拿公家的东西～。(2)〈方〉送礼：老太太过大寿，亲戚朋友都来～。

【送行】sòngxíng 动。不带宾语，可拆开用。(1)和远行的人告别并看他离去：国家领导人到机场～|老朋友了，送什么行呢？(2)饯行：今晚设宴给朋友～，请你作陪。

【送终】sòngzhōng 动。长辈亲属临终时在其身旁照料，也指安排长辈亲属的丧事；不带宾语：他收养了个儿子，将来有人养老～。可拆开用：他为二老送了终，尽了孝。

诵 sòng 〈素〉(1)念，读出声来：～读|朗～。(2)背诵：记～|过目成～。(3)述说，称述：默～|传～。

【诵读】sòngdú 动。念诵文。这首诗他一遍又一遍地～。常带宾语或补语：他每天早晨～课文|这篇文章脍炙人口，我～多遍，不能释手。

sōu (ㄙㄡ)

郰 sōu ［部瞒］名。春秋时小国，故址在今山东省济南市北。一说在今山东省高青县。也称长狄。

搜(△蒐) sōu ❶动。搜索，检查：在屋里～了半天，什么也没～着。常带宾语或补语：～腰包|凶器～出来了。△❷〈素〉寻找：～集|～罗。

【搜捕】sōubǔ 动。搜查与案件有关的地方并逮捕有关的人：凶犯逃脱后，公安人员正四处～。常带宾语或补语：～逃犯|特务分处～我们的同志|敌人来这里～了好几次。

【搜查】sōuchá 动。搜索检查：他们来～了，快跑。常带宾语或补语：～脏物|～得很彻底。可重叠：到处都要～。

*"搜查"和"搜寻"："搜查"的对象通常是被认为犯了罪的人或违禁物品；"搜寻"的对象大多是自己需要找到的或需要回忆的人或事物。"搜查"是具体可见的动作行为；"搜寻"可以是具体可见的动作行为，也可以是比较抽象的思维活动。

【搜刮】sōuguā 动。用各种方法掠夺；

多指对人民的财物,常带宾语或补语:~钱财|~老百姓|敌人把群众的粮食~得一干二净。也作搜括。

【搜集】sōují 动。到处寻找并聚集在一起:这些材料不容易~。常带宾语或补语:~邮票|材料~得很齐全。可重叠:你先~~资料,然后再动笔。

【搜罗】sōuluó 动。到处寻找收集;可用于人或物,常带宾语或补语:~人才|把材料~起来。

【搜索】sōusuǒ 动。仔细寻找;指隐藏的人或东西:这里已经~过了。常带宾语或补语:~残敌|~枯肠|我们四下里~了一遍,没有发现他的踪影。

【搜索枯肠】sōusuǒ kū cháng 成。比喻作诗文冥思苦想:他虽然~,但仍然写不好这篇文章。

＊"搜索枯肠"和"挖空心思":"搜索枯肠"多指写作时才思桔窘,应用范围较窄;"挖空心思"指为某事费尽心思,应用范围很广,常含贬义。

【搜寻】sōuxún 动。到处寻找;可用于人和物:他想找一件东西,目光在室内~着。常带宾语或补语:~失物|~了几天仍不见影踪。可作定语,要加助词"的":他用~的目光望着在座的人们。

嗖 sōu 拟声。摹拟迅速通过的声音:小汽车~的一声飞驰而过。常叠用:子弹~~地飞过。

馊 sōu 形。饭、菜等因变质而发出酸臭味的:~饭|这碗菜~了,不能吃了|夏天饭菜很容易~。

【馊主意】sōu zhǔ·yi 习。比喻不高明的办法:不知是谁出了这么个~。

廋 sōu 〈古〉动。隐藏,隐匿。

溲 sōu 〈古〉动。(1)排泄粪便,特指排泄小便。(2)浸,泡。

飕 sōu ❶〈方〉动。风吹;指风使东西变干或变冷,常带补语:这碗菜别叫风~凉了。❷同"嗖"。

锼 sōu 〈方〉动。镂刻;指挖刻木头,常带宾语或补语:椅背上~了一朵花|床上的花纹是~出来的。

螋 sōu 见"蠼(qú)螋"。

艘 sōu 量。用于船只:一~小货轮|两~巡洋舰。

sǒu (ㄙㄡˇ)

叟 sǒu 〈古〉名。老年男子:老~|邻~。

瞍 sǒu 〈古〉❶形。眼睛没有瞳人,看不见东西。❷名。瞎子。

嗾 sǒu ❶拟声。摹拟使狗时发出的声音。❷〈书〉动。发出声音来指使狗:~犬猎猎。也泛指使唤:~左右拽之出。

【嗾使】sǒushǐ 动。挑动指使别人做坏事;常带兼语:他常在暗地里~别人干坏事,自己却假装正经|~两个工人在车间里大吵大闹。也可作宾语:听从~|不受~|他们把几个原先的店员赶走,暗暗换上肯听~的自己的一伙。

薮(藪) sǒu 〈古〉名。(1)长着很多草的湖。(2)人或物聚集的地方。

擞(擻) sǒu 见"抖(dǒu)擞"。另见sòu。

sòu (ㄙㄡˋ)

嗽 sòu 〈素〉咳嗽:干~(咳而无痰)。

擞(擻) sòu 动。用通条插进火炉把灰抖掉,常带宾语或补语:~炉子|把煤灰~一下。另见sǒu。

sū (ㄙㄨ)

苏(蘇、△甦、△囌) sū ❶〈素〉(1)植物名:紫~|白~。△(2)假死后再活过来:~醒|死而复~。△❷见"噜(lū)苏"。❸姓。

【苏丹】sūdān 名。音译词。某些伊斯兰教国家最高统治者的称号。

【苏铁】sūtiě 名。常绿乔木,有大的羽状复叶,集生于茎的顶部,坚硬有光泽。花顶生,雌雄异株,往往数年才开一次。产于温暖地区,生长很慢。通称铁树。

【苏维埃】sūwéi'āi 音译词。(1)原苏联中央和地方的国家权力机关,相当于我国的人民代表大会。(2)我国第二次国内革命战争时期的工农民主政权组织。

【苏醒】sūxǐng 动。昏迷后醒过来;不带宾语,可带动态助词"了、过":他从昏迷中～过来了|刚才～了一会儿|夜里～过一次。

【苏州码子】sūzhōu mǎzi 词组。我国旧时用来表示数目的符号。从1到10依次写作〡、〢、〣、〤、〥、〦、〧、〨、〩、十。也叫草码。

酥 sū ❶名。古代指酥油。❷形。(1)松脆;多指食品:这虾片炸得很～。(2)软弱无力;多形容人的肢体:病了几天,浑身都～了。❸〈素〉含油多而松脆的茶食:桃～。

【酥脆】sūcuì 形。指食物酥而且脆:这种饼干十分～。

【酥软】sūruǎn 形。指肢体软弱无力:这两天他总觉得全身很～。

【酥油】sūyóu 名。从牛奶或羊奶中提出来的脂肪。牛羊奶经煮沸冷却后,凝结在表面的一层就是酥油。

稣 sū 同"苏(2)"。

窣 sū 见"窸(xī)窣"。

sú(ㄙㄨˊ)

俗 sú ❶形。趣味不高的,令人讨厌的,庸俗:这房间布置得太～|谈吐不～。❷〈素〉(1)风俗:土～|乡～|移风易～。(2)大众的,普遍流行的:～语|通～。(3)佛教指没有出家的人:僧～|还～。

【俗不可耐】sú bù kě nài 成。庸俗得使人难以忍受:这个胖女人的打扮,真是～。

【俗家】sújiā 名。旧时出家人称自己父母的家:这个和尚～姓李。

【俗气】sú·qi 形。庸俗,不文雅:这身打扮太～了。可重叠:你这人怎么这样俗里俗气的!

【俗尚】súshàng 名。习俗所崇尚的风气:我们这一带的～向来如此,不足为怪。

【俗套】sútào 名。也说俗套子。(1)习俗中陈腐无聊的礼节客套:不拘～|咱们

别搞这些～,好吗?(2)陈旧的格调:这篇小说手法新颖,不落～|"欲知后事如何,且听下回分解"是旧小说中常见的～。

【俗体字】sútǐzì 名。写法不合规范的汉字,如"唸"(念)、"塟"(葬)等,也叫俗字。

【俗语】súyǔ 名。民间流行的通俗而定型的语句,包括谚语、俚语、习惯语等。也叫俗话。

sù(ㄙㄨˋ)

夙 sù 〈素〉(1)早晨:～夜|～兴夜寐。(2)素有的,旧有的:～愿|～嫌。

【夙仇】sùchóu 名。(1)积久的仇恨:～旧根。(2)一向作对的仇人:他们是多年的～,水火不相容。

【夙敌】sùdí 名。一向对抗的敌人:两国历史上曾是～,仇隙很深。

【夙诺】sùnuò 名。先前的承诺:多年的～今日方能实践。也作宿诺。

【夙兴夜寐】sù xīng yè mèi 成。夙:早;兴:起来;寐:睡。早起晚睡。形容勤奋不懈:为了早日完成任务,他们～,不知吃了多少苦|哥哥～苦学了三年,终于把木匠的各种手艺都学会了。

【夙愿】sùyuàn 名。一向怀着的愿望:～已偿|实现了多年的～。也作宿愿。

诉(愬) sù 〈素〉(1)告知,述说:告～|～说。(2)倾吐:倾～|～苦。(3)控告:～讼|起～。

【诉说】sùshuō 动。带感情地陈述;常带宾语或补语:他向我～了所受的冤屈|他又向我～了一番。可带主谓词组作宾语:她逢人就要～她的孩子是怎样被狼吃掉的。

【诉讼】sùsòng 名。检察机关、法院以及民事、刑事案件的当事人和辩护人在法院解决案件时所进行的活动。

肃(肅) sù 〈素〉(1)恭敬:～立|～然。(2)严肃:～穆|～静。(3)清除:～清。

【肃静】sùjìng 形。严肃寂静:纪念馆里～得很|会场上～无声|老师往讲台上一站,喧闹的教室顿时～下来。

＊"肃静"和"安静":"肃静"指气氛严肃而没有声音;"安静"只指没有声音,

没有严肃的意思。"肃静"通常只用来形容环境和气氛;"安静"除可描写环境、气氛外,还可以形容人的神态和心情。

【肃立】sùlì 动。恭敬庄严地站着;一般不带宾语:全体~。可带补语:他们~在烈士墓前。

【肃穆】sùmù 形。严肃而恭敬:会场上一片庄严~的气氛|我们~地站立在烈士墓前|广场——如此~,长街——如此沉寂。

　　*"肃穆"和"肃静":"肃穆"指严肃而恭敬;"肃静"指严肃寂静,没有声音。"肃穆"可形容环境、气氛,还可以描写人的神情;"肃静"只形容环境和气氛。"肃穆"可作状语,如"肃穆端坐";"肃静"一般不作状语。

【肃清】sùqīng 动。彻底清除:封建残余在农村尚未~。常带宾语:~残敌|~匪患|~官僚主义的思想。

　　*"肃清"和"清除":"肃清"的使用范围小些,只用于坏人、坏事、坏思想等;"清除"的使用范围大些,可用于坏人、坏事、坏思想,还可用于障碍、积雪、垃圾、杂草等。"肃清"有彻底的意思,语意较重;"清除"不一定彻底,语意较轻。

【肃然】sùrán 〈书〉形。形容十分恭敬的样子;不加程度副词: ~而立|听了这位英雄的感人的故事,我不由得~起敬。

【肃杀】sùshā 〈书〉形。严酷萧条的样子;形容深秋或初冬时草木枯落的景象: ~的秋天|秋气~|欧阳修作《秋声赋》时,把秋天描写得那么~凄凉。

骕(驌) sù [骕骦](-shuāng) 名。古书上说的一种良马。

鹔(鷫) sù [鹔鹴](-shuāng) 名。古书上说的一种鸟。

素 sù ❶名。(1)指蔬菜、瓜果等食物;与"荤"相对:每天只吃一辈一~。(2)古时指白色的绢。❷形。颜色单纯,不艳丽:这块布的颜色太~了。❸〈书〉副。向来,一向;用作动词状语:~有交往|~不吸烟。❹〈素〉(1)本色,白色: ~服|~色。(2)本来的,原有的:质|~性。(3)构成事物的基本成分:元~|色~。

【素材】sùcái 名。文艺创作的原始材料,即未经作者总结和提炼的实际生活现象:搜集~|创作的~存在于生活之中|这本书是作者以亲身的经历为~而写成的。

【素餐】sùcān ❶名。素的饭食,多由蔬菜、瓜果等制成。❷动。(1)吃素;不带宾语:他信奉佛教,常年~。(2)不做事白吃饭;多用在固定组合中: 尸位~。

【素常】sùcháng 名。平日,平素:今天他穿起了一~舍不得穿的新外套|爷爷~起得很早,今天晚起是个例外。

【素淡】sùdàn 形。素净,淡雅;多指装饰或色彩:这条裙子的颜色十分~|室内的布置极为~|我爱水仙花,不仅因为她清香扑鼻,而且看上去是那么~高雅。

【素净】sù·jing 形。颜色朴素,不鲜艳刺眼:她的打扮很~。可重叠:这块布的花色素素净净的。

【素来】sùlái 副。从来,向来;表示某种性质或状态从过去到现在一直是这样:他的性格~倔强,我是了解的|我~痛恨那些喜欢逢迎拍马的家伙。

【素昧平生】sù mèi píngshēng 成。素:向来;昧:不了解;平生:平素,往常。一向不相识,不了解:我与先生~,怎好接受先生的礼物?

【素描】sùmiáo 名。(1)单纯用线条描绘、不加彩色的画,如铅笔画、木炭画等。素描是一切造型艺术的基础:达·芬奇听从了老师的教诲,用心学了几年~。(2)文学上借指文句简洁、不加渲染的朴素描写:鲁迅常用~的手法来表现他作品中的人物。

【素朴】sùpú 形。(1)朴素的,不加修饰的;十分~的语言|这画面~动人。(2)萌芽状态的,未发展成熟的;多指哲学思想,一般作定语: ~唯物主义。

【素日】sùrì 副。平日;平常:她~不爱说话,今天却谈笑风生。

【素雅】sùyǎ 形。素净雅致;多指人的打扮或装饰等:房间布置很~|她的穿着显得~大方。

【素养】sùyǎng 名。平日的修养:理论~|艺术~|他在文学方面有很高的~。

【素质】sùzhì 名。(1)事物原有的性质、特点等：身体~。(2)素养：军事~|政治~。(3)心理学上指人的神经系统和感觉器官方面的特点：他临危不乱，处变不惊，有很好的心理~。

嗉(膆) sù 名。(~子)(1)鸟类储存食物的消化器官，在食道的下部，状似袋子。也叫嗉囊。(2)〈方〉装酒的小壶，底大，颈细长。

愫 sù 〈素〉诚意，真实的情意：情~。

涑 sù 水名用字。涑水，在山西省。

速 sù ❶〈书〉形。快；常作状语：~来就职|~去报警|请~回答。❷〈素〉(1)速度：风~|光~。(2)邀请：不~之客。

【速成】sùchéng 动。把学习期限缩短，在短期内很快学完；不带宾语或补语：学外语只能慢慢来，一般不能~，~了往往不巩固。常作定语：~中学。

【速度】sùdù 名。(1)运动的物体在某一方向上单位时间内所经过的距离。(2)泛指快慢的程度：我们的建设事业会以更高的~向前发展。

【速记】sùjì ❶动。用一种简便的记音符号和语词缩写符号迅速地把语言记录下来；不带宾语：我会~。可带补语：他~得很快|他把大会发言都~了下来。❷名。指速记的方法。

【速效】sùxiào 名。很快就取得的效果；多作宾语：可收~。常作定语：~感冒胶囊|~肥料。

【速写】sùxiě 名。(1)绘画的一种方法。用简单的线条，很快地把观察对象的主要特性勾勒下来。(2)一种文体，多以短小的篇幅、简练的文笔，及时反映现实生活中的事件或人物。

觫 sù 见"觳(hú)觫"。

宿 sù ❶动。住，过夜，夜里睡觉；常带宾语或补语：夜~客栈|在他家~了一夜。❷〈素〉(1)一向有的，旧有的：~愿|~怨。(2)年老的，长期从事某种工作的：耆~|~将。❸姓。
另见xiǔ, xiù。

【宿弊】sùbì 名。多年的弊病：革除~|~一清。

【宿逋】sùbū 〈书〉名。原指滞纳的赋税，后指长久不还的债：多年~，一朝还清。

【宿疾】sùjí 名。一向有的病：这是我多年不愈的~。

【宿将】sùjiàng 名。老将，久经沙场有丰富经验的将领：他是足坛上的一名~。

【宿诺】sùnuò 见"夙(sù)诺"。

【宿儒】sùrú 名。旧时称老成博学的读书人。

【宿营】sùyíng 动。军队在行军或作战后住宿；不带宾语：部队今晚行军到王家庄~。

【宿怨】sùyuàn 名。旧有的怨恨：这是由已久的~，一时消除不了。

【宿愿】sùyuàn 见"夙(sù)愿"。

缩 sù [缩砂密](-shāmì) 名。多年生草本植物，叶子条状披针形，花粉色，蒴果长卵圆形。种子棕色，可入药，俗称砂仁。原产越南、缅甸、印度尼西亚等地。也叫缩砂。
另见suō。

粟 sù ❶见"谷❶"。❷姓。

傈 sù 见"傈(lì)僳族"。

谡 sù 〈古〉动。起，起来。

【谡谡】sùsù 〈书〉形。挺拔的样子；不加程度副词：~长松。

塑 sù 动。用泥土、石膏等做成人物等形象；常带宾语或补语：~了一尊佛像|这个人像~得很传神。

【塑料】sùliào 名。以合成的或天然的高分子化合物为基本原料，再经加热加压而形成的，具有一定形状的材料。常温下不再变形。一般具有质轻、绝缘、耐腐蚀、易加工等特点。在工业上用途很广，也用来制造各种日用品。

【塑像】sùxiàng 名。用泥土或石膏等塑成的人像：一进庙门，是一尊弥勒佛的~。

【塑造】sùzào 动。常带宾语或补语。(1)用泥土、石膏等塑成人物形象：这个头像是他~的|他~过各种不同的人像|每

个人像都～得很传神。(2)用语言文字描写人物形象:《红与黑》成功地～了于连这个形象|这个典型人物～得栩栩如生。

溯(泝、遡) sù 〈素〉(1)逆着水流的方向走: ～源|上～|～流而上。(2)往上推求或回想: 追～|回～|上～。

【溯源】sùyuán 动。往上游寻找发源地方,比喻探求历史的本源;多用在固定组合中: 追本～。

蔌 sù 〈古〉名。菜肴, 野菜: 山肴野～。

簌 sù [簌簌] ❶拟声。摹拟风吹叶子等的声音: 风吹树叶～地响。❷形。形容眼泪纷纷落下的样子;不加程度副词: 收不住～的眼泪|热泪不禁～地往下落。

suān (ㄙㄨㄢ)

狻 suān [狻猊](-ní) 名。传说中的一种凶猛的野兽。

酸(△痠) suān ❶名。能在水溶液中产生氢离子的化合物的统称。分无机酸和有机酸两大类,如硫酸、盐酸、苹果酸等。❷形。(1)像醋的气味或味道: 这梅子太～|我爱吃～的东西|牛奶已经变～了。△(2)微痛无力的感觉: 腰又疼又～|两条腿都站～了。(3)悲痛, 伤心: 看她那悲痛欲绝的样子,我心里也很～|鼻子一～,眼泪就下来了。(4)旧时讥讽文人迂腐: ～秀才|这个书呆子说话～得很。

【酸不溜丢】suān·buliūdiū 〈方〉形。形容有酸味;含厌恶意,不加程度副词,常加助词"的": 这种东西～的,真难吃。

【酸楚】suānchǔ 形。辛酸苦楚: 看到儿子被疾病折磨成这个样子,她心里十分～|他把心里的～全部倾吐了出来。

【酸溜溜】suānliūliū 形。不加程度副词,多加助词"的"。(1)形容酸的味道或气味: 这种桔子～的。(2)形容酸痛的感觉: 干了一天活儿,两只膀子都～。(3)形容轻微嫉妒或心里难过的感觉: 看到妈妈偏爱弟弟,她心里就～的|他想到自己不幸的遭遇,～地掉下了眼泪。(4)形容爱引用古书词句, 言谈迂腐;含讥讽意: 这个人开口就是"之乎者也", 说话总是～。

【酸甜苦辣】suān tián kǔ là 成。指各种味道,比喻幸福、痛苦等种种遭遇: 这几十年来,人世间的～他几乎都尝遍了。

【酸辛】suānxīn 形。辛酸, 比喻痛苦、悲伤: 一把～泪|心里无比～|虾球从幼年时代就饱尝了人间的～。

【酸雨】suānyǔ 名。工厂排出的二氧化硫等废气同大气中的水蒸气凝结成酸性云后降落的雨(包括雪、雾等)。酸雨能腐蚀建筑物,影响作物生长,污染水源,危害人体健康。

suàn (ㄙㄨㄢ)

蒜 suàn 名。也叫大蒜。(1)多年生草本植物,开白花。地下鳞茎,味辣,有刺激性气味,可以做佐料或食用,也可以入药。(2)这种植物的鳞茎。

筭 suàn 〈古〉❶名。计算时所用的筹码。❷同"算"。

算(祘) suàn ❶动。(1)计算数目: 这笔帐我不会～。常带宾语或补语: ～人数|～得很准确。(2)计算进去;常带宾语或补语: 明天聚餐,～我一个|～这辆车在内,一共12辆|支出的钱除生活费外, 零用钱也要～进去。(3)推测;多带动词性词组或主谓词组作宾语: 我～大概不会出什么事|我～这场球赛我们队准会赢。(4)认做,当做;多带宾语: 他可以～一个好学生|你～一把好手。可带宾语或主谓词组作宾语: 开玩笑不～打架|今天不～太冷|这盘棋就～我输了吧。(5)算数儿, 承认有效力: 你签了字,不能不～。常带宾语: 说一句～一句。可带动词或主谓词组作宾语: 盖章才～有效|各门成绩都及格了,才～他毕业了。(6)作罢, 不再计较;须带助词"了": 我看这件事就～了吧|了,～了, 别说了。(7)表示比较起来最突出;须带宾语: 要挑技术尖子,就～老陈了。可带动词性词组或主谓词组作宾语: 他跳水的拿手戏就～空翻三周半了|我们班就～他学习成绩最好。❷副。总算, 终于: 想了半天, 最后～把这个

问题想出来了。❸〈素〉谋划，计划：失～|盘～。

【算计】suàn·ji 动。常带宾语或补语。(1)计算数目：～人数|～费用|～得很准确。可带动词性词组或主谓词组作宾语：～不出有多少人|～一下你今天用了多少钱。可重叠：这笔帐你再～～看对不对。(2)考虑，打算：我正在～一件事|这事儿他～得很周密。可带动词性词组或主谓词组作宾语：他在～派谁去|我早～过这仗该怎么打。可重叠：这件事你再好好～～。(3)估计；多带动词性词组或主谓词组作宾语：我～是让小马提货去了|我～这封信今天也该到了。(4)暗中谋划损害别人：他又在～人了|竟然～到我头上来了。(5)计较：我没～过这种小事|他又为这几个钱～起来了。可带主谓词组作宾语：不要～谁干得多，谁干得少。

【算命】suànmìng 动。迷信的人根据人的生辰八字或通过相面等来推算人的命运，断定吉凶祸福等；不带宾语：他给人～完全为了骗钱。可拆开用：算了一次命。可重叠：这位老太太迷信得很，几乎每年都要算算命。

【算盘】suàn·pán 名。(1)一种计算数目的用具，四周是框，框内用一根横梁隔开，梁上贯穿十几根小棍子，棍子上各穿七颗珠子，梁上两珠，每珠代表五，梁下五珠，每珠代表一。按规定的方法拨动算盘珠子，可以做加减乘除等算法。(2)比喻计划，打算：如意～|他肯这么做，是有他自己的～的|他的～打得很精。

【算是】suànshì 副。总算：这下～对得起你了|任务～完成了，但完成得不够漂亮。

【算术】suànshù 名。数学的一个分科。一般所说的算术，只研究其中的记数法，自然数和分数的四则运算，以及关于数的性质的基础知识。

【算数】suànshù 动。不带宾语，可拆开用。(1)承认有效力：没有文件不～|说话要～|他的话算不了数。(2)表示"到…为止"：学会了才～。

suī(ㄙㄨㄟ)

尿 suī 名。小便；量词用"泡"：小孩尿(niào)了一泡～。
另见niào。

【尿脬】suī·pāo 〈方〉名。膀胱。也作尿泡。

虽(雖) suī 〈书〉连。(1)虽然；只能用在主语后：事情～小，影响却大。(2)纵然，表示假设的让步：为人民利益而死，～死犹生。

【虽然】suīrán 连。表示让步，承认甲事为事实，但乙事并不因此而不成立。(1)用在前一分句主语前或主语后，后一分句常用"但是、可是、还是、仍然、却"等呼应：～他说确有其事，但是我不大相信|天气～很冷，大家干劲却很足。(2)用在后一分句，须在主语前，前一分句不用"但是、可是"等：我仍然主张尽快动手术，～保守疗法也有一定疗效|主人十分热情，～我们是初次见面。

【虽说】suīshuō 〈口〉连。虽然：～是盛夏季节，山上却不热|房间～小了一点，可是十分干净。

【虽则】suīzé 〈书〉连。虽然：好书我是一定要买的，～我手头并不宽裕|～多费了些工夫，但是长了不少知识。

荽 suī 见"芫(yán)荽"。

眭 suī ❶〈古〉形。目光深注的样子。❷姓。

睢 suī ❶地名用字。睢县，在河南省。❷见"恣(zì)睢"。❸姓。注意："睢"不要写成"且"旁。

濉 suī 水名用字。濉河，发源于安徽，流入江苏。

suí(ㄙㄨㄟˊ)

绥 suí ❶〈书〉形。安好；多用于书信末尾，表示问候：近～|时～。❷〈素〉安抚：～靖。

【绥靖】suíjìng 动。安抚平定；旧时政府常用作镇压人民的掩饰之辞；有～四方之志。常作定语：～公署|～政策。

隋 suí ❶名。朝代，公元581年—618年，杨坚所建。❷姓。

随(隨) suí ❶动。须带宾语。(1)跟从;多与其他动词连用,构成连动词组:你～我去办公室|～着大家一起走。(2)任凭:听不听～你。可带兼语:两种办法～你挑。(3)〈方〉像:她长得～她母亲。❷用在"随…随…"格式中,前后嵌入两个动词或动词性词组,表示后一动作紧接着前一动作而发生:大家～到～坐,不必客气|这部书～定稿～排版。❸〈素〉(1)顺从:～顺|～风转舵。(2)顺便:～手|～地。❹姓。

【随笔】suíbǐ 名。(1)散文体裁的一种,篇幅短小,形式多样灵活,可以叙事或发表议论,也可抒情。(2)听课、读书等所做的记录。

【随便】suíbiàn ❶形。(1)不加限制的;指在范围、数量等方面,多作状语:～谈谈|请～挑选。可拆开用:去不去随你的便。(2)怎么方便就怎么做,不多考虑的:说话不能太～。可重叠:不能对什么事都这样随随便便。❷连。任凭,无论,常跟"都"呼应:馄饨也好,饺子也好,～什么我都喜欢。

＊"随便"和"任性":"随便"可用于褒义,指态度自然,不拘谨,也可用于贬义,指马虎,不慎重。"任性"是贬义词,指由着性子行事。"随便"用于人的行为、态度方面;"任性"用于人的性格、脾气方面。"随便"可重叠;"任性"不能。"随便"可作连词;"任性"不能。

【随波逐流】suí bō zhú liú 成。逐:追随。随着波浪起伏,跟着流水漂荡。比喻自己没有立场和主见,只是随着潮流走;含贬义:在大是大非面前,自己要有主见,不能～。

＊"随波逐流"和"同流合污":"随波逐流"侧重于没有主见,"同流合污"侧重于一同干坏事,语意较重。"随波逐流"所"随"的、"逐"的是大潮流,一般指人的趋向,对象不太明确具体;"同流合污"所"同"的、"合"的都是坏的、恶的,对象大多是明确具体的。

【随处】suíchù 副。不拘什么地方,到处:这种热气腾腾的景象在这里～可见。

【随从】suícóng ❶动。跟着;用于下级跟着上级,多与其他动词连用,构成连动词组:我～司令员转战大江南北。❷名。跟随的人员:这些人都是总统的～。

【随大溜】suí dàliù 习。跟着多数人说话或行事;多含贬义:他说话总是～,从未发表过与众不同的看法。

【随带】suídài 动。须带宾语。(1)随同带去:除信之外～包裹一个|外长此次出访～着夫人。(2)随身携带:这次外出游览我～着相机一架。

【随地】suídì 副。不拘什么地方;只作动词状语:不准～乱丢瓜皮果壳|不要～吐痰。

【随风倒】suí fēng dǎo 习。形容无主见,看哪一边得势就跟着哪一边走;含贬义:原则问题要坚持自己的立场,不能～。

【随风转舵】suí fēng zhuǎn duò 见"顺风转舵"。

【随和】suíhe 形。和气而不固执己见:性格～|他这个人非常～,同事关系极好。

【随后】suíhòu 副。表示紧接某种情况或行动之后:你先去,我～就到。

【随机应变】suí jī yìng biàn 成。机:情势。随着情势变化,掌握时机,灵活应付:关键时刻一定要头脑冷静,善于～。

＊"随机应变"和"看风使舵":"随机应变"是直陈性的;"看风使舵"是比喻性的,较为主动。"随机应变"侧重于灵活机动,善于应付,多用于褒义;"看风使舵"侧重于投机取巧,看人眼色行事,多用于贬义。

【随即】suíjí 副。随后就,立刻;只作动词状语:当顾客提出批评后,营业员～改变了态度。

＊"随即"和"随后":"随即"表示紧接着发生的后一行动是由前一行动所引起的;"随后"表示行动的先后,后一行动不一定是由前一行动引起的。"随即"所表示的时间非常短促,有"立刻"的意思;"随后"主要表示时间前后相承。

【随口】suíkǒu 副。没有经过考虑,随便说出;多作"说、答应"等动词的状语:～乱说|他从不～答应别人的要求。

【随声附和】suí shēng fù hè 成。别人怎么说,就跟着怎么说;表示毫无主见地盲从:他对大家的意见总是～,从不表示自己的看法。

【随时】suíshí 副。只作动词状语。(1)不拘什么时候：这种病～都有死亡的危险|有问题可以～来问我。(2)有需要或可能的时候；表示动作一旦需要就会发生：他们严阵以待，～准备痛击来犯之敌。

【随手】suíshǒu 副。顺手；只作动词状语。～关门|～拿了一个苹果就吃起来。

【随顺】suíshùn 动。依从，顺从；常带宾语：她处处～着丈夫|穷苦的百姓纷纷～了李闯王|他哪一天～过你？

【随同】suítóng 动。跟着，陪着；须带宾语，多构成连动词组：技术员～总工程师去现场调查。

【随喜】suíxǐ 动。(1)佛教用语。见人做功德而乐意参加：～功德。(2)随众人做某种表示，或愿意加入集体送礼等，一般叠用作客套语，不带宾语：～～，我也参加送一份儿礼。(3)参观游览寺院；可带处所宾语：～灵隐寺|～了上方佛殿。

【随乡入俗】suí xiāng rù sú 成。到一个地方就遵从当地的风俗习惯：到了你这里自然就该～，一切听从你的安排。也说入乡随俗。

【随心所欲】suí xīn suǒ yù 成。任凭自己的意愿，想要怎样就怎样：学习经典著作，切不可～，断章取义。

【随意】suíyì 形。任凭自己的意愿：请不要拘束，可以～些|大人一来，孩子玩起来就觉得不太～了。常作状语：电影放映时不要～走动。

【随遇而安】suí yù ér ān 成。随；顺从；遇；遭遇。无论遇到什么环境，都能安然自得，感到满意：他们只是得过且过，～，没有过高的要求。

【随员】suíyuán 名。(1)跟随首长或代表团外出的工作人员。(2)驻外使馆中最低一级的外交官。

遂 suí 见"半身不遂"。
另见suì。

suǐ (ㄙㄨㄟˇ)

髓 suǐ ❶见"骨髓"。❷〈素〉像骨髓的东西：脑～|脊～。

suì (ㄙㄨㄟˋ)

岁(歲、嵗、崴) suì ❶量。计算年龄的单位：这孩子今年六～|这头马是五～口。❷〈素〉(1)年：～月|～暮。(2)年成：歉～|富～。

【岁除】suìchú 〈书〉名。除夕，即一年的最后一天。

【岁杪】suìmiǎo 〈书〉名。年底。

【岁暮】suìmù 〈书〉名。一年快完的时候：～天寒，白日苦短。

【岁首】suìshǒu 〈书〉名。一年开始的时候，通常指正月。

【岁数】suìshu 〈口〉名。指人的年龄：你今年多大～了？|爷爷是上了～的人，哪里禁得住如此辛劳？

【岁序】suìxù 〈书〉名。年份更易的顺序：～更新。

【岁月】suìyuè 〈书〉名。年月；难忘的～|～易逝，友谊长存。

谇 suì 〈古〉动。(1)责骂。(2)诘问。(3)直言规劝。

碎 suì ❶形。(1)完整的东西破成零片零块或粉末状：茶杯打～了|磨得很～。(2)零星，不完整；多作定语：～纸片|～玻璃。(3)说话唠叨：老太太的嘴太～。❷动。使碎；须带宾语：用机器～土。

【碎步儿】suìbùr 名。小而快的步子；多作"迈着、走着"的宾语：一位女演员迈着～走到台前。也说碎步子。

祟 suì 〈素〉(1)鬼怪或鬼怪带来的灾祸：祸～|邪～。(2)暗中捣乱或行动不光明：作～|鬼鬼～～。注意："祟"字上面是"出"，不是"山"，不同于"崇"。

遂 suì ❶〈书〉副。就，于是：服药后，腹痛～止。❷〈素〉(1)顺，如意：～心|～愿|顺～。(2)成功，实现：未～|不～。
另见suí。

【遂心】suìxīn 动。合自己的心意，满意；不带宾语：她老抱怨自己有许多事情不能～如意。可拆开用：这件事遂了你的心。

【遂意】suìyì 动。合自己的心意；不带宾语: 不可能事事~。可拆开用: 这本书终于给你买到了, 这下可遂了你的意。

【遂愿】suìyuàn 动。满足愿望, 如愿; 不带宾语: 事事都能~是不可能的。可拆开用: 这件事终于遂了自己的愿。

隧 suì [隧道](-dào) 名。在山中或地下凿成的通道。也叫隧洞。

燧 suì 〈素〉(1)古代取火的器具: ~石。(2)古代告警的烽火: 烽~。

邃 suì 〈素〉(1)深远: 深~。(2)精深: 精~。

襚 suì 名。古代指赠死者的衣被, 也指赠生者的衣物。

穗(△繐) suì ❶名。(1)(~儿)谷类植物聚生在茎的顶端的花或果实: 高粱~儿|拾麦~儿。△(2)(~儿、~子)用丝线、布条或纸条等结扎成的向下垂的装饰品: 宫灯下面挂着一串~子。(3)广州市的别称。❷姓。

sūn(ㄙㄨㄣ)

孙(孫) sūn ❶名。(~子)儿子的儿子。❷〈素〉(1)孙子以后的各代: 子~|曾~。(2)跟孙子同辈的亲属: 外~|侄~。(3)植物再生或孳生的: 稻~|~竹。❸〈古〉同"逊(xùn)"。❹姓。

荪(蓀) sūn 名。古书上说的一种香草。

猻(猻) sūn 见"猢(hú)狲"。

飧(飱) sūn 〈古〉名。晚餐, 又指熟食。

sǔn(ㄙㄨㄣˇ)

损 sǔn ❶〈方〉动。用刻薄的话挖苦人; 须带宾语: 你别~人了。❷〈方〉形。刻薄, 毒辣: 说话不要太~|这一手真~。❸〈素〉(1)减少: ~益|增~。(2)使受害: ~害|~人利己。(3)破坏: 破~|~坏。

【损害】sǔnhài 动。使蒙受害处; 多指事业、利益、健康、名誉等, 常带宾语: 不能~祖国的荣誉|这样做~了群众的利益。可作宾语: 造成严重的~。

【损耗】sǔnhào ❶动。损失消耗: 不少木材白白~掉了。常带宾语: ~了大量的热能。❷名。指货物由于自然原因或运输等原因所造成的消耗损失: 运输过程中难免会有一些~|货物的~不大。

【损坏】sǔnhuài 动。使失去原来的使用效能; 常带宾语: 不能~公物。

＊"损坏"和"破坏": "损坏"可以是有意的, 也可以是无意的; "破坏"一般是有意的。"损坏"使用范围较窄, 对象一般是具体的事物; "破坏"使用范围较宽, 对象可以是具体的事物, 也可以是抽象的事物, 如"名誉、友谊、革命、制度、习惯"等。

【损人利己】sǔn rén lì jǐ 成。损害他人, 使自己得到好处: 我们应同~的行为作坚决的斗争。

【损伤】sǔnshāng 动。(1)损害, 伤害; 多带宾语: 你要注意工作方法, 千万别~大家的积极性。(2)损失; 一般不带宾语, 可带补语: 敌兵~惨重。

【损失】sǔnshī ❶动。没有代价地消耗或失去: 有些书在战乱中~了。常带宾语: ~了一笔钱。❷名。指没有代价地消耗或失去的东西: 由于他的疏忽, 造成了严重的~。

【损益】sǔnyì ❶动。减少一方面而增加另一方面: 革命并不是要毁弃人类的一切传统, 而只是把旧的遗产加以~, 从而创造新的成果。❷名。指亏损和盈余: ~自负|~相抵。

笋(筍) sǔn 名。竹的嫩芽, 可做菜, 味鲜美。也叫竹笋。

【笋鸡】sǔnjī 名。供食用的小而嫩的鸡。也叫童子鸡。

隼 sǔn 名。鸟类的一科, 嘴短而宽, 上嘴弯曲并有齿状突起。飞得很快, 善于袭击其他鸟类。驯养后可帮助打猎。也叫鹘(hú)。

榫 sǔn 名。(~儿、~子、~头)器物或构件上利用凹凸方式相接处凸出的部分。

suō(ㄙㄨㄛ)

莎 suō [莎草](-cǎo) 名。多年生草本植物, 茎三棱形, 叶条形, 夏季开花, 花穗褐色。地下的块根叫香附子, 可供药用。

娑 suō 见"婆(pó)娑"。
另见shā。

桫 suō [桫椤] (-luó) 名。蕨类植物,木本,茎高数丈,叶片大,羽状分裂。茎含淀粉,可供食用。

挲(挱) suō 见"摩(mó)挲"。
另见sā, shā。

唆 suō 〈素〉挑动或指使别人:～使|教～|调～。

【唆使】suōshǐ 动。挑动或指使别人去做坏事;常带兼语:这个坏蛋～无知的孩子去偷窃。

　　*"唆使"和"指使":"唆使"表示挑动或怂恿别人去做坏事;"指使"表示出主意叫别人去做某事。"唆使"含贬义,语意较重,"指使"是中性词,多用于贬义,但语意较轻。

梭 suō 名。织布时牵引纬线的工具,两头尖,中间粗,形状像枣核。也叫梭子。

【梭镖】suōbiāo 名。一端装有单尖两刃刀的长柄武器。也作梭标。

【梭巡】suōxún 〈书〉动。来往不断地巡逻;不带宾语:两个警卫在一旁来回～|小汽艇在江面上日夜～。

【梭子】suō·zi ❶名。(1)梭。(2)机关枪等武器的子弹夹子。❷量。用于子弹:一～子弹。

睃 suō 动。斜着眼睛看;常带宾语或补语:我走进去时,他老～着我|他～了我一眼。

羧 suō 名。羧基,碳酸失去氢氧原子团而成的一价基。

蓑(簑) suō 名。蓑衣,用草或棕毛制成的披在身上的防雨用具。

嗦 suō 见"哆(duō)嗦"、"啰(luō)嗦"。

嗍 suō 动。吮吸;常带宾语或补语:婴儿～奶是本能|手指头～不得|～不出什么味道。

缩 suō 动。(1)由大变小,或由长变短;一般不带宾语:这种布下水也不会～。可带补语:这条裤子下水以后～了一寸。(2)没伸开,或伸开了又收回去:乌龟的头老～着。常带宾语或补语:～着脖子|把手～了回去。(3)向后退;不带宾语:他们只得往后～。可带补语:一直～到墙角边。
另见sù。

【缩编】suōbiān 动。缩减编制;多指机关、部队等:这些机关人浮于事,必须～。可带宾语:这个军～了一个师。

【缩短】suōduǎn 动。使变短;指长度、距离、时间等;夏至以后,白天渐渐～了。常带宾语或补语:～战线|～期限|这根绳子太长了,要～一些。

【缩手】suōshǒu 动。把手收回,比喻不再做下去;不带宾语:听说有危险,他赶紧～。可拆开用:不管遇到什么困难,他都没有缩过手。

　　*"缩手"和"束手":"缩手"指胆小、有顾虑而不敢做或不愿做,多出于主观原因;"束手"指手被束缚住了而没法做,无能为力,多出于客观原因。

【缩手缩脚】suō shǒu suō jiǎo 成。(1)因寒冷而四肢不能舒展的样子:天太冷,大家都～的。(2)形容顾虑多,不敢放手做事:如果你老是～的,那就什么事也干不成了。

【缩水】suōshuǐ 动。不带宾语:(1)某些纺织品、纤维等放入水中浸泡后长度收缩:这种布一洗就会～。也叫抽水。(2)把纺织品浸泡在水中使收缩:这种布要先～才能做衣服。可重叠:布要缩缩水再裁。可拆开用:布已缩过水了。

【缩头缩脑】suō tóu suō nǎo 成。(1)畏缩的样子:你看,一有困难,他就～了。(2)比喻遇事躲闪,不敢出头负责:你是主要负责人,应该挺身而出,不能这样～。

【缩小】suōxiǎo 动。使由大变小;须带宾语或补语:～范围|～差距|城市的发展～了耕地面积|～得很多。

【缩写】suōxiě ❶名。使用拼音文字的语言中,对于某些常用的词组(多为专名)以及少数常用的词所采用的一种简便写法,如U、S、A是美利坚合众国的缩写(the United States of America)。❷动。压缩、改写文学作品;多指长篇小说,常

带宾语或补语:他~过几部长篇小说|~得很精练。

【缩衣节食】suō yī jié shí 见"节衣缩食"。

【缩影】suōyǐng 名。指可以代表同一类型的具体而微的人或事物;一般作宾语:《泥塑收租院》是广大农民在旧社会里受压迫、受剥削的一个~。

suǒ(ㄙㄨㄛˇ)

所(処) suǒ ❶名。机关或其他办事的地方;多作中心语:税务~|派出~。❷量。(1)用于房屋:造了一~房子。(2)用于学校、医院等:两~学校|一~医院。❸助。用在及物动词之前,构成名词性词组,作定语时被修饰的词语在意念上是前面动词的受事者:我~认识的人|他~了解的情况。如果被修饰的中心语不出现则构成"所"字词组,作用相当于名词:我~知道的就是这些|这是前人~梦想不到的。还可同"被"或"为"配合使用,表示被动:被事实~证明|为他的精神~感动。❹〈素〉地方,场所:处~|住~|各得其~|流离失~。❺姓。

【所部】suǒbù〈书〉名。所率领的部队;多作宾语:务望各率~,严阵以待。

【所属】suǒshǔ 形。不加程度副词,不作谓语,作定语。(1)统属之下的:通知~各单位遵照执行。(2)自己隶属的:向~派出所填报户口。

【所谓】suǒwèi 形。不加程度副词,不单独作谓语,作定语。(1)通常所说的;多用于提出需要解释的词语,接着加以解释:~放下包袱,就是解除精神负担。(2)某些人所说的;对所引词语常含否定或讽刺的意思,多加引号:他们的~"撤军"只不过是一种欺骗舆论的宣传。

【所向披靡】suǒ xiàng pī mǐ 成。所向:指风所吹到的地方;披靡:草木随风倒伏的样子。比喻力量所达之处一切障碍皆被扫除:岳飞在抗金斗争中,~,收复了大片失地。

【所向无敌】suǒ xiàng wú dí 成。指力量所到之谁也不能抵挡;形容无往而不胜:中国乒乓球队在这次比赛中囊括了全部冠军,真是~|岳家军~,威振天下。

也说所向无前。

【所以】suǒyǐ ❶连。在因果关系的语句中表示结果或结论。(1)用在后一分句的开头,前一分句有时用"因为、由于"等呼应:因为猫头鹰是益鸟,~要好好保护它。(2)用在前一分句,后一分句也常用"因为、由于"等呼应,突出原因或理由:我们~无所畏惧,是因为我们掌握着真理。有时用"之所以":这部电影之~受到欢迎,是由于内容真实。(3)前一分句先说明原因,后一分句用"是…所以…的原因(缘故)"的格式,表示判断:深入生活,勇于创新,这就是他的作品~取得成功的原因。(4)"所以"单独成句,表示原因就在这里;只用于口语,须用语气词:~呀!要不然我是不会来的! ❷名。实在的情由,或适当的举动;用在固定词组中:忘乎~|不知~。

【所以然】suǒyǐrán 名。指原因或道理:知其然而不知其~|说不出个~来。

【所有】suǒyǒu ❶动。领有;不带宾语:一切归劳动者~。❷名。指领有的东西:尽其~。❸形。全部,一切;不加程度副词,不作谓语,作定语:~的日子|~的学校。

【所有权】suǒyǒuquán 名。法律确认的对生产资料或生活资料所享有的权利。是生产关系上的所有制在法律上的表现。

【所有制】suǒyǒuzhì 名。生产资料归谁占有的制度,它决定人们在生产中相互关系的性质和产品分配、交换的形式,是生产关系的基础。

【所在】suǒzài 名。(1)处所:这个风景优美的~适宜修建疗养院|好个优雅的~!(2)存在的地方,根源;多用于抽象事物:这是病因~|找到了产生矛盾的~。

索 suǒ ❶名。(~子)粗大的绳子或链子:这条~子粗大而结实。❷〈素〉(1)搜寻,寻找:搜~|思~。(2)讨取,要:~取|勒~。(3)孤单:离群~居。(4)寂寞,没有意味:萧~|~然。❸姓。

【索赔】suǒpéi 动。索取赔偿;可带宾语或补语:向外商~了1000多万美元|厂方错过了期限,~晚了。可作定语:~工作一定要抓紧。

【索道】suǒdào 名。用钢索等在两地之间架起的空中通道。

【索解】suǒjiě 〈书〉动。寻求解释，探索答案：这个问题无从～。可带宾语：～人生之真谛。

【索取】suǒqǔ 动。希望得到某种东西：我们不能等待大自然的恩赐，而要向它～。常带宾语或补语：～报酬｜～招生简章｜蜜蜂向人们～得很少，给人们的却很多。

＊"索取"和"夺取"："索取"侧重表示求取；"夺取"侧重表示强夺。"索取"的对象一般是比较具体的；"夺取"的对象可以是具体的，也可以是抽象的，如"丰收、胜利"等。

【索然】suǒrán 形。没有意味或兴趣的样子；不加程度副词，多作谓语或状语：兴致～｜这样大的雪对没有看见过雪的人来说，自然很有兴味，对我来说却～无味。

【索性】suǒxìng 副。干脆，表示直截了当；只作动词状语：天不早了，～吃过饭去吧！｜既然已经动手做了，～就把它做完算了。

【索引】suǒyǐn 名。把书籍刊物中的项目或内容摘记下来，按一定次序分条编排成的资料。各条下标有出处和页码等，供人查检。也叫引得。

唢 suǒ ［唢呐］(-nà) 名。簧管乐器，喇叭形，管身前后有八个音孔，发音响亮，是民间吹打乐中的主要乐器。

琐 suǒ 〈素〉细小，零碎：～事｜～屑｜～常｜家庭～。

【琐事】suǒshì 名。细小零碎的事情：日常～｜家庭～。

【琐碎】suǒsuì 形。细小而繁多；多用于事物：家务事很～｜有些～的事情只能放一放，集中精力解决主要问题。可重叠：家里的事就是这样琐琐碎碎的｜这些琐里琐碎的事情真叫人烦心！

【琐闻】suǒwén 名。零碎的见闻：他出差回来后，告诉我许多社会～。

【琐细】suǒxì 形。琐碎；多形容事：这些事太～了，不必计较。

【琐杂】suǒzá 形。琐碎繁杂：这么多～事儿，我实在应付不了｜领取执照手续十分～。

锁 suǒ ❶名。安在门、箱子、抽屉上面的金属器具，一般须用钥匙才可打开。❷动。常带宾语或补语。(1)用锁把门、箱子、抽屉等关住或使用铁链拴住：自行车放在外边要～，不～不行｜～箱子｜把抽屉～起来。(2)一种缝纫方法，在衣物边缘或扣眼处用很密的针脚缝起来，线斜交或钩连：纽扣洞我不会～｜～扣眼｜花边～得很好。❸〈素〉(1)链：枷～。(2)形状像锁的东西：石～｜佩～。

【锁国】suǒguó 动。像锁门一样把国家关闭起来，不与外国来往；不带宾语，可带补语：自1639年以后，日本～达200年之久｜闭关～是统治者愚昧的表现。

【锁链】suǒliàn 名。用铁环连接起来的成长串的东西，常比喻对人的一种束缚或压迫：砸烂封建礼教的～。

【锁钥】suǒyuè 〈书〉名。(1)比喻关防要地：北门～。(2)比喻做好事情的关键：坚持实事求是是做好各项工作的～。

T

tā(ㄊㄚ)

他 tā ❶代。(1)称自己和对方以外的某个单数第三者；口语中与"她"无分别，在书面语里，男性用"他"，女性用"她"，在性别不明或无必要区分时，一概用"他"：～学习有困难｜从后面看竟看不出～是男是女。表示领属关系时，"他"后面要多加助词"的"：这是～的笔记本。(2)虚指，表示语气；用在动词或数量词之间：考完试，玩～三天｜打了一个～冷不防。(3)〈书〉指其他地方或别的方面：留作～用｜不作～想｜别无～求。❷〈素〉另外的，其他的：～日｜～乡｜～山攻错。

【他们】tā·men 代。称自己和对方以外的若干人：～都是神枪手。表示领属关系时，后面要多加助词"的"：～的看法｜～的家。有时与数量词组合用，构成同位词组：～俩都是园艺专家｜～三位都来开会了。

【他人】tārén 代。别的人：遇事不能只想自己，也应考虑～。

【他日】tārì 〈书〉代。将来的某一天或某一个时期：今日受挫不必气馁，只盼～学有所成。

【他乡】tāxiāng 代。家乡之外的地方；多指离家乡较远的：远在～｜～遇故知。

她 tā 代。(1)称自己和对方以外的某个单数女性：～是一位护士。表示领属关系时，后面加助词"的"：这是～的项链。(2)称祖国、国旗等，表示敬爱。

【她们】tā·men 代。称自己和对方以外的若干女性：～是中国第一批女飞行员。注意：有男有女时，书面上用"他们"，不必写作"他(她)们"，只在若干人全为女性时，才用"她们"。

它（牠）tā 代。书面上用来称人以外的事物：这杯牛奶你喝了～｜石油是重要的工业原料，国民经济离不开～。一般用于单数，有时可以指复数：这些纸没用处了，烧掉～吧｜这几个碗，你把～～洗一下。

【它们】tā·men 代。"它"的复数，书面上用来称不止一个的事物：大猩猩、猿虽都是高等动物，但～都不会制造生产工具。

铊 tā 名。金属元素，符号Tl。质软，白色，用来制造光电管等。铊的化合物有毒，用于医药。

跶 tā 动。同"跶拉"。

【跶拉】tā·la 动。穿鞋只套进脚前部，把鞋后帮踩在脚后跟下；常构成连动词组，后面加动态助词"着"：他～着鞋走了出去。

【跶拉板儿】tā·labǎnr 〈方〉名。只有襻儿没有帮的木底鞋。也叫呱嗒板儿。

踏 tā [踏实](—·shi) 见"塌实"。另见tà。

塌 tā 动。常带宾语或补语。(1)原来支架起来的东西倒下或陷下：东院～了一堵墙｜房顶～下来了。(2)凹下：挺平的马路突然～了一个大坑｜他累得两腮都～下去了。(3)〈方〉安定镇定：～下心来。

【塌方】tāfāng 动。由于地层结构不良、修筑上的缺陷或风化、水浸、震动等，造成道路、堤坝等旁边的陡坡或坑道、隧道的顶部突然坍塌；不带宾语：宝天线有些地段～很厉害。可拆开用：这个隧道塌了方，正在抢修。也说坍(tān)方。

【塌实】tā·shi 形。也作踏实。(1)切实，不浮躁；多指工作或学习态度：他工作很～。可重叠：塌塌实实地学习。(2)安定，安稳；指情绪：我昨夜睡得不～｜这事办好了，我心里才～。

【塌陷】tāxiàn 动。下陷，沉陷：地基～了。可带宾语或补语：那里～了一片良田｜这块地土质太松，～厉害。

溻 tā 〈方〉形。汗水湿透；用于衣、被等：下午踢足球,衣服全～了。

褟 tā ❶〈方〉动。在衣物上缝花边；常带宾语或补语：～一道绦(tāo)子|花边～好了。❷[汗褟儿](hàntār)〈方〉名。夏天贴身穿的中式小褂。

遢 tā 见"邋(lā)遢"。

tǎ(ㄊㄚˇ)

塔 tǎ ❶名。佛教特有的一种多层建筑物,顶呈尖形。❷〈素〉像塔形的建筑物：灯～|水～|纪念～。❸姓。

【塔吉克族】tǎjíkèzú 名。我国少数民族之一,分布在新疆。

【塔塔尔族】tǎtǎěrzú 名。我国少数民族之一,分布在新疆。

溚 tǎ 名。音译词。焦油的旧称。

獭 tǎ 名。水獭、旱獭和海獭等哺乳动物的统称,毛皮很珍贵,可做衣领、帽子等。通常指水獭。

【獭祭】tǎjì 〈书〉动。《礼记·月令》："鱼上冰,獭祭鱼。"獭贪食,常捕鱼陈列水边,称为祭鱼。现用来比喻罗列或堆砌典故；不带宾语：行文用典要恰到好处,切戒～。

鳎 tǎ 名。比目鱼的一类,种类很多。体侧扁,像舌头,头短小,两眼都在身体的一侧。侧卧在海底泥沙中,我国沿海均有出产。

tà(ㄊㄚˋ)

拓(搨) tà 动。在刻有或铸有文字、图像的器物上,蒙一层薄纸,拍打后使凹凸分明,然后上墨,显出文字、图像来；常带宾语或补语：～下碑文|把石碑上的文字～下来。
另见tuò。

【拓本】tàběn 名。把碑刻、铜器等文物的形状和上面的文字、图像拓下来的纸本。

【拓片】tàpiàn 名。拓下来的碑刻、铜器等文物的形状和上面的文字、图像的纸片。

沓 tà 〈素〉多而重复：杂～|纷至～来。

踏 tà ❶动。踩；常带宾语或补语：一脚～了一个坑|草地上～出了一条路。❷〈素〉到现场去：～看|～勘。
另见tā。

【踏查】tàchá 动。实地调查、察看；常带宾语或补语：～了全县的山山水水|他为勘探队～出一条道路。可作宾语：他们即将结束～,返回营地。

【踏歌】tàgē 名。古代一种以脚踏地为节拍,边歌边舞的艺术形式。舞时成群结队,连臂踏脚,配以轻微的手臂动作。

【踏勘】tàkān 动。(1)铁路、采矿等工程设计或规划时,在实地勘察地形或地质情况；常带宾语或补语：先～地形,再作线路设计|这一带地形早就～清楚了。(2)旧指官吏到出事现场查看：办案人员到现场～。可带宾语：～出事现场。

【踏青】tàqīng 动。春天到郊野散步游玩；不带宾语：春天来这里～的人很多。

挞(撻) tà 〈素〉用鞭子、棍子等打人：鞭～|～伐。

【挞伐】tàfá 〈书〉动。征讨,讨伐；大张～|兴兵～,平定叛贼。

闼(闥) tà 〈古〉名。门,小门。

澾(澾) tà 〈古〉形。滑溜。

嗒 tà [嗒然](-rán) 〈书〉形。形容懊丧的神情；不加程度副词,多作状语：～若失|他已搬走,我只好～而归。
另见dā。

遝 tà [杂遝](zá-) 见"杂沓"。

阘 tà 见"阘懦"、"阘茸"。

【阘懦】tànuò 〈书〉形。地位低下,软弱无能。

【阘茸】tàrōng 〈书〉形。指地位卑贱或品格卑鄙。

榻 tà 名。狭长而矮的床。

蹋 tà 见"糟(zāo)蹋"。

漯 tà 水名用字。漯河,在山东省。
另见luò。

tāi (ㄊㄞ)

台 tāi 地名用字。台州,地区名。天台,山名,又县名,都在浙江省。
另见tái。

苔 tāi 见"舌(shé)苔"。
另见tái。

胎 tāi ❶名。(1)人或哺乳动物母体里的幼体:她已有了～。(2)(～儿)衬在衣物等面子和里子之间的东西:棉～儿。(3)(～儿)某些器物的坯子:铜～儿|景泰蓝的～儿。(4)轮胎:自行车的～破了。❷量。指怀孕或生育的次数:她已生了两～。

【胎儿】tāi'ér 名。母体里的幼体;通常指人的幼体。

【胎盘】tāipán 名。位于母体子宫内壁与胎儿之间的圆饼状组织,通过脐带与胎儿相连,为胎儿与母体交换物质的器官。

【胎生】tāishēng 名。人或某些动物的幼体在母体内发育到一定阶段以后才脱离母体,叫做胎生。

tái (ㄊㄞˊ)

台(△臺、檯、颱) tái △❶名。
(1)高而平的建筑物,可供眺望:登～远望。(2)公共场所室内外高出地面供演讲或表演的设施:演员们在～上表演舞蹈。△(3)桌子或类似桌子的东西。△❷量。(1)用于某些机器:一～发电机。(2)一次完整的戏剧演出:一～戏。△❸〈素〉(1)像台的东西:井～|窗～|凉～。(2)某些做座子的器物:灯～|锅～。(3)敬称,用于称呼对方或跟对方有关的动作:～甫|～鉴。△❹见"台风"。△❺姓。
另见tāi。

【台词】táicí 名。戏剧中人物所说的话,包括对白、独白、旁白。

【台地】táidì 名。边缘为陡坡的广阔平坦的高地。

【台风】táifēng 名。(1)即热带风暴,发源于太平洋西部海洋和南海海上的热带气旋,风力常达10级以上,并伴有暴雨。夏秋两季常侵袭我国。(2)演员在舞台上表现出来的风度和气质:～不正|端正～。

【台甫】táifǔ 名。旧时问人名或别号的敬辞:请问尊姓～?

【台鉴】táijiàn 动。请看;敬辞,旧式书信套语,用在开头的称呼后面。也作台览、尊鉴。

【台阶】táijiē 名。(1)用砖、石混凝土等筑成的一级一级供人上下的建筑物,多在大门前或坡道上。(2)比喻避免因僵持而受窘的途径或机会;多与动词"下"搭配:气氛缓和了,他趁此下～|你说话太冲了,要给他个～下嘛。

【台球】táiqiú 名。(1)在特制的台子上用杆撞球的游戏。(2)台球游戏用的实心球,多用塑料或木头制成。(3)〈方〉乒乓球。

【台柱子】táizhù·zi 名。台:戏台。比喻戏班中的主要演员,借指集体中的骨干:王工程师是技术室的～。

邰 tái 姓。

苔 tái 名。苔藓植物的一纲,根、茎、叶的区别不明显,绿色,常贴在阴湿的地方生长。
另见tāi。

【苔藓植物】táixiǎn zhíwù 词组。隐花植物的一类,主要分为苔和藓两个纲,生长在阴湿处,有假根。

抬(擡) tái 动。常带宾语或补语。
(1)举,往上托起:他～起了地道口的石板|胳膊～不动了。(2)几人共同用手或肩搬运东西:两个人就～走了衣橱。(3)指抬杠:他们看法不一致,一～起来就没完没了|这些事没意思。

【抬杠】táigàng 动。不带宾语,可带补语,可拆开用。(1)拌嘴,争辩:他们一见面就～|两人～得面红耳赤|他俩又抬起杠来了。(2)旧时指用杠抬运棺柩。

【抬轿子】tái jiào·zi 习。比喻吹捧、奉承以取悦于人;常与"吹喇叭"并用,含贬义:对那些经常为领导吹喇叭、～的人,尤其要警惕。

【抬举】tái·ju 动。看重某人而加以称赞或提拔;常带宾语或补语:你这是～我,

我哪有那个本事|把他~了一番。常作"不识"的宾语:这个人真不识~。可重叠:~~你,你就高兴了。

【抬头】táitóu ❶动。不带宾语。(1)把头抬起来,比喻受压制的人或事物得到伸展:~望远处|只有奖惩分明,正气才能~。可拆开用:抬起头,挺起胸。(2)旧时公文和书信中遇到对方的名称或涉及对方时,另起一行,以示尊敬。❷名。指书信、公文等行文时要抬头的地方,现在也指单据上写收件人或收款人的地方。

骀 tái 〈古〉名。劣马。

炱 tái 名。由烟凝聚成的黑灰。烧煤积成的叫煤炱,烧松木积成的叫松炱。

鲐 tái 名。鲐鱼,身体纺锤形,背青蓝色,腹淡黄色,生活在海里,是洄游性鱼类。肉可以食。

薹 tái 名。(1)多年生草本植物,生长在水田里,叶扁平而长,可制蓑衣。(2)韭菜、蒜、油菜等长花的茎,嫩的可当蔬菜吃。

tài(ㄊㄞˋ)

太 tài ❶副。(1)表示程度过分;多用于不如意的事,句末常带动态助词"了":车子开得~快了|你~相信他了。(2)表示程度高,多用于赞叹,修饰的形容词、动词大多是褒义的,句末常带动态助词"了":我~感激您了|这本书~吸引人了|他的成绩~好了。也可用在否定副词前,加强否定程度:~不虚心|~不讲理了。(3)很;用在否定副词后,减弱否定程度,含婉转语气:不~愿意|不~合适。❷〈素〉(1)高,大:~空。(2)最,极:~古。(3)身分最高或辈分更高的:~夫人(旧时尊称别人的母亲)|~老师(称老师的父亲或父亲的老师)。❸姓

【太仓一粟】tài cāng yī sù 成。太仓:古代设在京城的大谷仓。太仓中的一粒谷子,比喻非常渺小:个人的力量不过是~而已。

【太阿倒持】tài ē dào chí 成。太阿:宝剑名。倒拿着太阿,比喻把权柄给别人,自己反受胁迫或祸害:重用权欲熏心的人,会造成~的结局。

【太古】tàigǔ 名。最古的时代;指人类尚未开化的时代。

【太后】tàihòu 名。封建时代帝王的母亲。

【太极拳】tàijíquán 名。一种拳术,动作柔和缓慢,既可用于技击,又是锻炼身体保持健康的一种方法;量词用"套"。

【太监】tàijiàn 名。即宦官,封建时代被阉割过的、在帝王宫廷内服役的男子。

【太空】tàikōng 名。极高的天空。

【太庙】tàimiào 名。封建时代帝王祭祖的家庙。

【太平】tàipíng 形。社会安定,安宁;常和"国家、社会、天下、盛世"等词搭配:国家治安工作做得很好,很~|~盛世。可重叠:祝愿你太太平平地返回家来。

【太上皇】tàishànghuáng 名。(1)封建社会皇帝父亲的称号,也特指把皇位让给儿子而自己退位的皇帝。(2)比喻在幕后操纵、掌握大权的人;含贬义。

【太上老君】tàishàng lǎojūn 词组。道教对老子(我国古代思想家李聃)的尊称。

【太师椅】tàishīyǐ 名。一种旧式的有靠背带扶手的大椅子:一张~。

【太岁】tàisuì 名。(1)木星的别称,我国古代根据它围绕太阳公转的周期纪年,12年是一周。(2)迷信指所谓值岁的太岁神。(3)旧社会对土豪的憎恶的称呼。

【太岁头上动土】tàisuì tóu·shang dòng tǔ 成。迷信认为太岁之神在地,与天上岁星(即木星)相应运行,掘土要躲避临头的方位,否则就要有灾难临头。比喻触犯有权势的人:我们要敢于在~,碰碰那些有权势的不法之徒。

【太太】tài·tai 名。(1)旧社会对官吏妻子的称呼。(2)旧社会有钱人家的仆人对女主人的称呼。(3)对已婚女子的尊称;称呼时带她丈夫的姓:李~。(4)称别人的妻子或对别人称自己的妻子;常人称代词作定语:你~身体好吗?|我~是南京人。(5)〈方〉称曾祖母或曾祖父。

【太息】tàixī 〈书〉动。大声叹气,深深地叹息,不带宾语:他无可奈何,只有~而已。

【太学】tàixué 名。我国古代的最高学府,设在京城,始于西周。
【太阳】tàiyáng 名。(1)银河系的恒星之一,是一个炽热的气体星球,体积比地球大130万倍,质量是地球的333,400倍,内部不断进行原子核反应而产生大量的热能。太阳是太阳系的中心,距地球1.5亿公里。地球和其他行星都围绕着它旋转,并得到它的光和热。(2)指太阳光:～普照大地。
【太阳能】tàiyángnéng 名。太阳所发出的辐射能。它是地球上光和热的源泉。运用某些装置可以直接利用太阳能取得高温,用来烧水、做饭、焊接、发电等。太阳能取之不竭,不污染环境,是人类亟待研究开发的一种天然能源。
【太阳系】tàiyángxì 名。环绕太阳运行的各种天体所构成的系统,包括太阳和九大行星及其卫星、无数小行星、彗星和流星等。它是银河系中一个很小的天体系统。
【太医】tàiyī 名。(1)封建时代皇家的医生。(2)〈方〉医生。
【太阴】tàiyīn 〈方〉名。指月亮。
【太子】tàizǐ 名。君主制度中已确定继承帝位或王位的帝王的儿子;多为嫡长子。

汰 tài 〈素〉(1)除去没有用的成分:裁～|淘～。(2)过分:～侈。

肽 tài 名。有机化合物,由氨基酸脱水所形成,是组成蛋白质的重要成分。

态(態) tài 〈素〉(1)形状,样子:形～|状～|～度。(2)情况:事～。
【态度】tài·du 名。(1)人的神情举止:～严肃|～恳切。(2)对于事情的看法和采取的行动:工作～|学习～。
　＊"态度"和"作风":"态度"主要指人的神情举止,常和"大方、公正、谨慎、和蔼"等词搭配;"作风"主要指工作、言行的风格,常和"正派、踏实、轻浮、泼辣"等词搭配。"态度"常作"端正、采取、抱着"等动词的宾语;"作风"常作"树立、发扬、养成、克服"等动词的宾语。
【态势】tàishì 名。状态和形势:敌军的种种行动已显露出有进攻的～,我军必须密切注意。

钛 tài 名。金属元素,符号Ti。银白色,质坚韧而轻,耐腐蚀性较强,用于制造特种合金钢。

酞 tài 名。一类有机化合物。酚酞就是酞类的一种。

泰 tài ❶〈素〉(1)平安,安宁:～然自若|国～民安。(2)极,最:～西。❷姓。
【泰斗】tàidǒu 名。泰山北斗,比喻因学术技艺深湛、德高望重而受到敬仰的人:文学～。
【泰然】tàirán 形。形容心情安定或若无其事的样子:心底～|不管遇到什么急事,他都保持十分～的样子。常用在固定组合中:～处之|～自若。
　＊"泰然"和"恬然":"泰然"强调从容、镇定;"恬然"强调满不在乎。"泰然"是褒义词;"恬然"是中性词。
【泰然处之】tàirán chǔzhī 成。(1)遇到困难或紧急的情况沉着镇定:不论战斗中出现什么样的危急情况,团长都能～,化险为夷。(2)对重大的事情无动于衷,毫不在意;含贬义:江堤都快塌了,他还～,漠然不问。
【泰山】tàishān 名。(1)五岳中的东岳,在山东省中部。(2)古人以泰山为高山的代表,常用来比喻敬仰的人和重大的有价值的事物:重于～|有眼不识～。(3)岳父的别称。
【泰山北斗】tàishān běidǒu 成。比喻在德行或事业的成就方面为人所敬重仰慕的人:华罗庚教授是我国数学界的～。
【泰山鸿毛】tàishān hóngmáo 成。比喻轻重悬殊:人固有一死,但～,轻重有异,为人民利益而死,就重于泰山。
【泰西】tàixī 名。旧指西洋,主要指欧洲:～轶事。

tān(ㄊㄢ)

坍 tān 动。倒塌:房子～了。可带宾语:～了一堵墙。
【坍方】tānfāng 见"塌方"。
【坍塌】tāntā 动。倒下来;指河岸、山坡、建筑物或堆积的东西等:汹涌的河水拍打着河岸,岸边的泥土不断～。可带宾语：～了10里河堤。

【坍台】tāntái 〈方〉动。不带宾语，可拆开用。(1)垮台；多指事业、局面不能继续维持：干那种买空卖空的事情非～不可｜这家皮包公司坍了台。(2)丢脸：这场球竟然打输了，真～。可作"感到、觉得"等动词的宾语：没有完成任务，他感到有些～。

贪 tān 动。可加程度副词。(1)贪污：那个人很～财。(2)求多，不知足。～酒｜～杯。多以谓词或谓词性组作宾语：～睡｜他太～玩｜～看热闹，舍不得走。(3)贪图，片面追求；常带谓词作宾语：～便宜｜～快。可作主谓词组作宾语：她～他有财产。

【贪得无厌】tān dé wú yàn 成。厌：满足。贪心没有满足的时候；常含贬义：他已经榨取了很多钱财，还嫌不够，真是个～的人。

【贪婪】tānlán 形。(1)贪得无厌；含贬义：他的性情就象豺狼一样残暴～。(2)不知满足的样子；常作状语：他～地学习着各种知识。

【贪恋】tānliàn 动。非常留恋；常带宾语：他～城市生活，不愿到农村工作。

【贪天之功】tān tiān zhī gōng 成。贪：把别人的东西据为己有。把天的功绩说成是自己的力量。比喻别人的功劳归于自己；含贬义：这是大家努力的结果，他怎么能～，据为己有呢?

【贪图】tāntú 动。极力希望得到；多带宾语：～钱财。常以谓词或谓词性词组作宾语：～享受｜～安逸｜～在海边游泳。可带主谓词组作宾语：～数量多，不顾质量好。

【贪污】tānwū 动。利用职务上的便利非法取得财物：所有工作人员，均不得～。常带宾语：他～公款，受到法律制裁。可带动态助词"了、过"：他～了不少建筑材料｜他曾～过购置费。

【贪心】tānxīn ❶名。贪得的欲望：～不足。❷形。贪得无厌，不知满足：他真～，在外面不择手段地捞钱。

＊"贪心"和"贪婪"："贪心"强调为私利非分贪求的心地；"贪婪"强调贪得无厌，语意比"贪心"重。"贪心"一般用作谓语，不作状语；"贪婪"常作状语，也可作谓语、定语。"贪心"多用于口语和俗白文字；"贪婪"多用于书面语。"贪心"有名词义项；"贪婪"没有。

【贪赃】tānzāng 动。利用职权接受贿赂。不带宾语：昏官～，草菅人命。常用在固定的组合中：～枉法｜～受贿｜～舞弊。

【贪占】tānzhàn 动。贪污，非法占有；多指钱款，常带宾语或补语：～教育经费｜～得够多的了。

您 tān 〈方〉代。他的敬称。

摊(攤) tān ❶动。常带宾语或语。(1)散开，铺平：桌上～着好几本书｜把床单～在床上。(2)比喻把事情摆出来：～出各人的观点｜存在的问题～到桌面上来，就容易解决。(3)一种烹饪方法，把糊状食物倒在锅上做成薄片：她～了好多玉米饼｜十几斤麦子的煎饼很快就～出来了。(4)分担：这次聚餐，我们人均～10元｜～到哪家头上，哪家就得出点儿钱。(5)碰到，落到；多指不如意的事情：昨天我～到一件倒霉事｜这种事情～在谁头上都受不了。❷名。(～儿)摆设在路旁、广场上的售货处：他摆了个小～儿。❸量。用于摊开的糊状物：地下有一～血。

【摊贩】tānfàn 名。摆摊子做小买卖的人。

【摊牌】tānpái 动。不带宾语。(1)玩牌时把手里所有的牌亮出来，跟对方比较大小，以决胜负。(2)比喻到最后关头把自己的主张、实力等向对方摆出来：谈判到最后，双方都～了。可拆开用：双方摊了牌，亮了底。

【摊派】tānpài 动。分配给众人或各地区、各单位负担；多指任务、捐款等：制止乱～｜募集资金必须坚持自愿原则，而不能强行～。可带宾语或补语：～挖土方的任务｜～得不公平。

【摊子】tānzi 名。(1)摊：摆～。(2)比喻设置的机构、所从事的事业规模、范围等：基建的～铺得太大了，不压缩怎么行?

滩(灘) tān 名。(1)江河湖海边淤积成的平地或水中的沙洲，水深时淹没，水浅时露出。(2)江河中水浅石多、水流很急的地方。

瘫(癱) tān 动。瘫痪;一般不带宾语,可带补语:他已~在床上多年了。

【瘫痪】tānhuàn 动。不带宾语。(1)由于神经机能发生障碍,身体某一部分完全或不完全地丧失运动功能:她下肢~了。可带补语:~在床,生活不能自理。(2)比喻机构涣散,不能进行正常工作:厂里发生了火灾;一切工作都~了。

【瘫软】tānruǎn 动。肢体绵软,难以动弹;不带宾语,可带补语:一场激烈的运动以后,他~在地上。

【瘫子】tān·zi 名。瘫痪的人。

tán (ㄊㄢˊ)

坛(△壇、△墰、△罎、△罈) tán ❶名。△(1)古代举行祭祀、誓师等仪式用的高台,多用土石筑成:登~祭神。△(2)(~儿、~子)一种腹大口小的陶器,多用作装酒、醋等。△❷量。用于坛子装的东西:一~酒。△❸〈素〉(1)指文艺界、体育界或舆论界等:文~|体~|影~|论~。(2)种植花卉的土台:花~。

昙(曇) tán 〈古〉形。云彩密布,多云。

【昙花】tánhuā 名。常绿灌木,主枝圆筒形,分枝扁平呈叶状。花大,白色,开花时间极短。供观赏。

【昙花一现】tánhuā yī xiàn 成。昙花开放后很快就凋谢,比喻稀有的事物或名噪一时的人物一出现便迅速消逝:这些政客在历史上不过是~的人物。

谈 tán ❶动。说话或互相对话;常带宾语或补语:~理想|他们一~得很投机。❷〈素〉所说的话:奇~|言~。❸姓。

【谈柄】tánbǐng 名。(1)被人当作谈笑资料的言行。(2)古人谈论时手中所拿的拂尘。

【谈锋】tánfēng 名。谈话的劲头:~甚健|他虽年迈,但~不减当年。

【谈何容易】tán hé róng yì 成。指事情说起来容易,做起来却不那么容易:学好语言,~,非下一番苦功不可。

【谈虎色变】tán hǔ sè biàn 成。一谈到老虎,吓得脸色紧张变了。比喻一提到可怕的事情,精神就紧张起来:医学已征服了肺结核病,它今天不再使人~了。

【谈话】tánhuà ❶动。两个人或许多人在一起说话;不带宾语:校长正和学生~。可拆用用:他们谈完话就走了。❷名。用谈话形式发表的对重大问题的意见、主张、方针、政策等:外交部发言人就中东局势发表重要~。

　*"谈话"和"说话":"谈话"指两个或两个以上的人在一起交谈;"说话"指用口语表达意思,可单指说的一方。"谈话"有名词用法;"说话"没有。

【谈论】tánlùn 动。用谈话的方式表示对人或事物的看法:对别人的长短,不要随便在背后~。常带宾语或补语:~教学改革的事|两人~到深夜。可带动词性词组或主谓词组作宾语:大家正在~怎样订规划|父母正在~她干哪一行好。

【谈判】tánpàn 动。有关方面对有待解决的重大问题进行会谈:两国代表正在~。常带宾语或补语:~边界问题|~了两次。可作"开始、进行、停止"等动词的宾语:双方开始~。

　*"谈判"和"商谈":"谈判"一般指国与国之间的重大问题的会谈,比较庄重、正规;"商谈"多指一般性问题的口头商量,不如"谈判"庄重、正规。

【谈天】tántiān 动。无目的地随便交谈;不带宾语:他们常在一起~。可重叠:他们有个空就在一起谈谈天,下下棋。也说谈闲天。

【谈吐】tántǔ 名。指谈话时的措词和态度:~不俗|这个人~高雅。

【谈笑风生】tán xiào fēng shēng 成。谈话时有说有笑,又高兴,又有风趣;多带褒义:他精神还是那样好,说起话来总是~的。

【谈心】tánxīn 动。说心里话;不带宾语:促膝~|他们经常在一起~。可拆开用:同他谈了一会儿心。可重叠:要常在一起谈谈心。

【谈言微中】tán yán wēi zhòng 成。微中:

微妙而中肯。形容说话委婉而又切中事理：他说的这番话，～，令人折服。注意："中"这里不读zhōng。

【谈资】tánzī 名。谈话的资料：学校最近发生的一些事情成了人们的～。

郯 tán 地名用字。郯城，县名，在山东省。

錟 tán 〈古〉名。长矛。

痰 tán 名。气管或支气管粘膜分泌的粘液。

弹(彈) tán ❶动。常带宾语或补语。(1)利用弹性作用把物体射出去：用弹(dàn)弓～石子｜他把球～出去了。(2)利用机械使纤维变松软：～羊毛｜棉花～好了。(3)用手指弹击触物使动：～烟灰｜把帽子上的尘土～掉。(4)用手指、器具拨弄或敲打，使物体振动：～三弦｜他琵琶～得很好。❷〈素〉(1)有弹性：～簧｜～射。(2)抨击：～劾｜讥～。
另见dàn。

【弹词】táncí 名。一种流行于江南一带的曲艺形式，有说有唱，多用三弦和琵琶伴奏。也指说唱弹词的底本。

【弹冠相庆】tán guān xiāng qìng 成。《汉书·王吉传》："吉与贡禹为友，世称'王阳在位，贡公弹冠'言其取舍同也。"弹冠：掸去帽子上的尘土，意思是准备做官。原指王吉(王阳)跟贡禹友善，王吉做了官，贡禹也准备出任。后用"弹冠相庆"指一人做了官，其同伙都因将有官做而互相庆贺；用于贬义：王某因擅长钻营而连连擢升，他那帮难兄难弟为此～，得意忘形。

【弹劾】tánhé 动。封建社会和资本主义社会中统治集团内部对官吏的罪状进行揭发检举；常带宾语：议员们联合～总统。也可作"遭到、受到"等动词的宾语：他遭到了权贵们的～。

【弹射】tánshè 动。可带宾语。(1)利用弹力、压力等射出：～出含铁砂的火药。常带补语：这块顶板被～出好远。(2)〈书〉指摘：做法正确，无可～｜～利病(指出缺点错误)。

【弹跳】tántiào 动。利用物体的弹性作

用而跳动；不带宾语，常带补语：～得很高｜刀子落下时，碰到柔韧的枝条，～了一下，才掉到地上。

【弹性】tánxìng 名。(1)物体在外力作用下产生变形，除去外力能恢复原状，这种性质叫弹性：泡沫坐垫有～。(2)比喻事物可大可小、可多可少的伸缩性：这种指导性的生产计划应该是有～的。

【弹压】tányā 动。旧指用武力压制：工人的要求是合理合法的，不宜～。可带宾语：反动派出动警察～示威群众。可作"遭到、受到、进行"等动词的宾语：群众的爱国行动屡遭～。

【弹指】tánzhǐ 形。形容时间极短暂；不加程度副词，常用在固定的组合中：～之间｜～光阴｜～已过三秋。

塔 tán 〈方〉名。水塘；多用于地名。

覃 tán ❶〈素〉深：～思｜～恩。❷姓。
另见qín。

潭 tán 名。(1)深水池。(2)〈方〉坑。

谭 tán ❶同"谈"。❷姓。

澹 tán [澹台](-tái) 复姓。
另见dàn。

檀 tán ❶名。檀树，落叶乔木，果实有翅，木质坚硬，可制造家具、农具和乐器。也叫青檀。❷姓。

tǎn(ㄊㄢˇ)

忐 tǎn [忐忑](-tè) 形。心神不定：～不安｜一听到这个消息，他心头十分～。可重叠：他受惊之后，心里老是忐忑忑忑的，饭也吃不好，觉也睡不着。

坦 tǎn 〈素〉(1)平：～荡｜平～。(2)直爽，如实说出：～率｜～白。(3)心地平静：～然。

【坦白】tǎnbái ❶形。心地光明，语言直率：襟怀～｜他十分～地讲了自己的苦衷。❷动。如实地说出自己犯的错误或罪行：犯了错误要主动～。常带宾语或补语：～了自己的罪行｜～得很彻底。

【坦荡】tǎndàng 形。可重叠。(1)道路

平坦宽阔：高速公路路面～，行车方便|一条坦坦荡荡的新公路。(2)心地纯洁，胸怀开朗：他性格开朗，胸怀～|坦坦荡荡地谈笑着。

【坦然】tǎnrán 形。心里平静，没有顾虑的样子；多用于表现心理状态和神态表情：他很～，没有一点不安的样子。常用在固定的组合中：神色～|～自若。

【坦率】tǎnshuài 形。坦白直率；指发表意见：他说话很～|～地说出了自己的意见。

【坦途】tǎntú 名。平坦的道路；多用于比喻：人生无～，每一个人都要在社会的大潮里经受磨炼和考验。

【坦直】tǎnzhí 形。(1)坦率而直爽：为人很～|～地提出意见。(2)直而平坦，指道路：这条路多么～|前面有一条～的柏油路。

钽 tǎn 名。金属元素，符号Ta。银白色，有超导电性和延展性，有很强的抗酸抗碱性能。用于制造蒸发器皿、电子管中的电极、整流器及医疗器械等。

袒 tǎn 〈素〉(1)把上衣脱掉或敞开，露出身体的一部分：～露|左～。(2)偏护：～护|偏～。

【袒护】tǎnhù 动。对缺点或错误无原则地支持或保护：自己的孩子有了缺点就得批评教育，不该～。常带宾语：你～他，实际上是害他。

＊"袒护"和"包庇"："袒护"着重表示偏袒、放纵自己喜爱的人；"包庇"着重表示对人的过失或罪行知道而有意不揭发，并帮助隐瞒。"袒护"语意轻，常用于人的缺点错误；"包庇"语意较重，常用于坏人坏事。

【袒露】tǎnlù 动。裸露：他把胸膛～着晒太阳。常带宾语或补语：～前胸|左臂～在外。

菼 tǎn 名。古书上指荻。

毯 tǎn 名。(～子)厚实有毛绒的织物，有毛毯、地毯、壁毯等。

黑覃 tǎn 〈古〉形。深黑色。

tàn（ㄊㄢˋ）

叹（嘆、歎）tàn ❶动。因愁闷或悲伤而呼出长气，发出声音；常带宾语或补语：～了一口气|长～一声。❷〈素〉(1)吟哦、咏～|一唱三～。(2)发出赞美的声音：赞～|～赏|～服。

【叹词】tàncí 名。表示强烈感情和表示招呼、应答的词，如"唉、哟、喂"等。

【叹服】tànfú 动。称赞而且佩服；一般不带宾语：这篇评论说理深透，逻辑性极强，令人～。可加程度副词：他即兴赋诗，使众人非常～。

【叹赏】tànshǎng 动。称赞、赞赏，常用"不已、不绝"等作补语：他站在一幅名画前，观看良久，～不已。可加程度副词：她的美貌，人们都很～。

【叹惋】tànwǎn 动。叹气而惋惜；常以"不止、不已"作补语：他看到名胜古迹遭到损坏，～不止。可带宾语：他用小诗～宫女凄凉的生活。

【叹为观止】tàn wéi guān zhǐ 成。《左传·襄公二十九年》记载，吴国公子季札，在鲁国观看各种乐舞，当看到舜时的乐舞时，十分赞美，说看到这里就够了("观止矣")，别的乐舞不必再看了。后来用以赞美所见的事物好到极点：黄山风景之雄伟壮丽，令人～。

【叹息】tànxī 〈书〉动。感叹，叹气：面对落后，我们不能只是～，无所作为，而要奋发进取。可带宾语：千百个奴隶在黑夜中～他们的命运。可作定语：夜里听到的是他们～和翻身的声音。

【叹美】tànxiàn 〈书〉动。称赞羡慕：体操运动员的精彩表演令人～。可带宾语：众皆～杨修才识之敏。

炭（炭）tàn 名。(1)用木柴烧成的一种黑色燃料。也叫木炭。(2)〈方〉指煤。

碳 tàn 名。非金属元素，符号C。有三种同素异形体，即金刚石、石墨和非结晶碳。碳是构成有机物的主要成分。在工业上和医药上用途很广。

探 tàn ❶动。常带宾语或补语。(1)试图发现，搜索；多指隐藏的事物或情况：～消息｜敌情已～清。(2)向前伸出；常指头和身子：～脑袋｜不要把身子～在窗外。(3)看望；问候：～病人｜～过两次亲友。❷〈素〉做侦察工作的人：侦～｜暗～。

【探测】tàncè 动。用仪器考察和测量不能直接观察的事物或现象：这条河有多深，请你们二人去～。常带宾语或补语：～矿藏｜把储藏量～清楚。可作"开始、进行"等动词的宾语：开始在这一带～。

【探访】tànfǎng 动。常带宾语。(1)寻找，访求；宾语一般为事物：～一流失民间的清宫字画。(2)探望；宾语为人：～亲友。

【探风】tànfēng 动。打听消息，察看动静，不带宾语：他派人来～了｜到处～寻信。

【探花】tànhuā 名。科举时代的一种称号。在明清时，称殿试考取一甲(第一等)第三名的人。

【探究】tànjiū 动。探索研究；常与"原因、根源、规律"等搭配，多带宾语或补语：～根源，弄清来龙去脉｜造成事故的原因要～清楚。可作定语：他以～的目光注视着正在说话的父亲。

【探骊得珠】tàn lí dé zhū 成。《庄子·列御寇》说，黄河边上有人泅入深水，得到一颗价值千金的宝珠。他父亲说："这样名贵的珠子，必定是在万丈深渊的骊龙(黑龙)下巴底下得到的，而且必定在它睡觉的时候。"后用"探骊得珠"比喻文章能抓住要领，含义深刻；含褒义：这篇评论写得十分精彩，堪称～之作。

【探囊取物】tàn náng qǔ wù 成。伸手到袋子里去取东西，比喻事情很容易办到：这点小事，如～，算不了什么。

【探求】tànqiú 动。探索追求：他勤于思考，勇于～。常带宾语：～事物发展的规律。

【探索】tànsuǒ 动。多方寻求答案，解决疑问；常带宾语：他在辛勤地～着宇宙的奥秘。

＊"探索"和"摸索"："探索"多和"道理、规律、奥秘"等搭配；"摸索"多和"方法、经验"等搭配。"探索"没有试探着进行的意思；"摸索"有。

【探讨】tàntǎo 动。深入地研究讨论；常和"问题"等搭配，带宾语或补语：他们正在～如何扩大企业自主权的问题｜这个问题要进一步～下去。

【探听】tàntīng 动。探问；多指不露形迹地了解某种情况，常带宾语或补语：～行情｜～虚实｜你去～一下这个案子什么时候开庭。可重叠：你先～～对方的上场阵容，再采取对策。

【探头探脑】tàn tóu tàn nǎo 成。伸着头向左右张望，形容行为鬼祟；含贬义：看他那～、鬼鬼祟祟的样子就知道不是好人。

【探望】tànwàng 动。常带宾语或补语，可重叠。(1)看：他不停地向门外～｜～一下四周的情况｜你到四处～～。(2)看望；对象多指不在一起的亲人、亲友：他从海外归来～年迈的母亲｜到病友家～了三次｜顺便～～老同学。

＊"探望"和"看望"："探望"的对象多指远道的，不在一起的；"看望"不一定。"探望"有试图发现情况的意思；"看望"没有这个意思。

【探问】tànwèn 动。常带宾语。(1)试探着询问；多和"消息、情况、意图"等搭配：他去～招工的消息。(2)探望，问候：李老师家遭到了不幸的事，校长前往～｜～灾民。

【探悉】tànxī 动。打听或询问后知道：有关情况已全部～。可带主谓词组作宾语：他从王老师处～，学校即将招收新生。

【探险】tànxiǎn 动。到还没有人去过或很少有人去过的地方考察；对象多指自然界情况，不带宾语：他们乘飞船到月球上去～。可拆开用：他曾到蛇岛探过险。

【探赜索隐】tàn zé suǒ yǐn 成。赜：深奥、玄妙；隐：秘密。探究深奥的道理，搜索隐秘的事迹：达尔文对生物界进行了大量的考察，～，终于发现了生物进化的规律。

【探子】tàn·zi 名。(1)在军队中做侦察工作的人；多见于早期白话小说。(2)用来探取东西的长条或管状的用具，如粮食探子(用来插入袋中取粮食样品的用具)。

tāng(ㄊㄤ)

汤(湯) tāng ❶名。(1)食物煮烂后所得的汁液：排骨煨~|有营养。(2)烹调后汁儿特别多的副食：一块豆腐烧了一碗~。(3)中医指用水煎服的药物：柴胡~。❷〈素〉热水，开水：赴~蹈火|扬~止沸。❸姓。

【汤池】tāngchí 名。(1)见"金城汤池"。(2)热水浴池。

【汤泉】tāngquán 名。古时称温泉。

锡(鍚) tāng [锡锣](-luó) 名。小铜锣。

嘡 tāng 拟声。摹拟打钟、敲锣一类声音；常叠用：村头响起了~~的敲锣声|钟声~~~地响起来了。

镗 tāng 同"嘡"。另见tángr。

蹚(蹅) tāng 动。常带宾语或补语。(1)在较浅的水里走：~过这条河就到村子了|从这条河~过去。(2)用犁翻土去草：~地|这块地~过两遍了。

羰 tāng 名。羰基，由碳、氧构成的基。也叫碳酰基。

tāng(ㄊㄤˊ)

唐 táng ❶名。朝代名。(1)李渊和他的儿子李世民所建，公元618—907，建都长安(今陕西西安)。(2)五代之一，公元923—936，李存勖(xù)所建立。史称后唐。❷姓。

【唐棣】tángdì 见"棠棣"。

【唐突】tángtū 动。(1)乱闯；指行动，一般不带宾语：~而入。(2)冒犯，冲撞；指言语、举动：恕我~，未得允许就来打扰您了。可带宾语：青年人为了追求真理，即使偶而~了父辈，也不算什么错误。可加程度副词：他跟你握手，你竟然理也不理，这不是太~了他吗？。(3)混充；不带宾语，可带补语：南郭先生不会吹竽，~于乐队之中，最后落得个逃之夭夭的结局。

郯 táng 地名用字。郯郚(wú)，在山东省。

塘 táng ❶名。(1)水池：这个~不太深。(2)〈方〉浴池；作中心语：洗澡~。❷〈素〉(1)堤岸：河~|江~。

搪 táng ❶动。常带宾语或补语。(1)抵挡：用木板~住风|肚子饿了，喝两杯水也能~上一阵。(2)敷衍，应付：这件差事难道就这样~过去了？|可不能~差事(3)用泥土或涂料等均匀地涂抹：把炉壁~上一层泥。❷同"镗"。

【搪瓷】tángcí 名。用石英、长石等制成的一种像釉子的物质，涂在金属器物上，经烧制后，既可防锈，又可作装饰，常作定语：~脸盆|~碗。

【搪塞】tángsè 动。敷衍塞责；常带宾语或补语：不要老是~我，我已找你三趟了|做事要认真负责，不能~过去。

溏 táng 〈素〉半流动的、不凝结的：~心|~便。

【溏便】tángbiàn 名。中医指稀薄的大便。

【溏心】tángxīn 形。煮过或醃过的蛋的蛋黄没有完全凝固的；不加程度副词，不单独作谓语，常作定语：~鸡蛋|~儿松花。

瑭 táng 名。古书上指一种玉。

螗 táng 名。古书上指一种较小的蝉。

糖(△醣) táng 名。△(1)有机化合物的一类，是人体内产生热能的主要物质，如葡萄糖、淀粉等。也叫碳水化合物。(2)食用糖及糖制品的总称。如白糖、冰糖、水果糖等。

【糖精】tángjīng 名。一种有机化合物，无色结晶，可做食糖的代用品，比蔗糖甜300—500倍，但无营养价值。

【糖尿病】tángniàobìng 名。一种慢性病，因体内胰腺中的胰岛素分泌不足，引起糖代谢紊乱，糖分从尿中排出。症状是多尿、多食、口渴、乏力、消瘦等。

【糖衣炮弹】tángyī pàodàn 成。糖衣裹着的炮弹；比喻对正直的掌权人采取各种腐蚀拉拢的手段；含贬义：革命队伍里的一些人经不起~的攻击，被敌人拉下了水。简称糖弹。

糖 táng 〈素〉赤色：紫~色(多用来形容人的脸色)。

堂 táng〈素〉❶量。(1)用于成套的家具：一~组合家具。(2)用于分节的课程，一节叫一堂：上了一~课。❷〈素〉(1)正房，有时仅指正中的一间：~屋。(2)专做某种用途的房屋：课~|食~|礼~。(3)用于厅堂名称：讲武~。(4)用于商店牌号：同济~。(5)旧社会称审案的地方：大~|过~。(6)堂房：~兄|~姊妹。(7)旧指母亲：令~(对别人母亲的尊称)。

【堂奥】táng'ào 〈书〉名。(1)厅堂的深处。(2)比喻深奥的道理或境界。

【堂房】tángfáng 形。同宗而非嫡亲的；不加程度副词，不单独作谓语，一般作定语：~兄弟(同祖父、同曾祖或更疏远的兄弟)。

【堂倌】tángguān 名。旧时称饭馆里的招待人员。

【堂皇】tánghuáng 形。形容气势大；常和"富丽"并用：新房里富丽~。可重叠：迎客厅布置得堂堂皇皇的。

【堂会】tánghuì 名。旧时家里有喜庆事邀请艺人来举行的演出会。

【堂客】táng·ke 〈方〉名。(1)泛指妇女。(2)妻子。

【堂上】tángshàng 名。(1)指父母。(2)旧时受审讯的人对审案官吏的称呼。

【堂堂】tángtáng 形。不加程度副词。(1)形容容貌端庄大方：相貌~|~仪表。(2)形容有志气、有魄力；多作定语：~中华儿女。(3)形容力量大，阵容壮大：~仪仗队行进在队伍的前面|阵容~。

【堂堂正正】tángtáng zhèngzhèng 成。堂堂：盛大的样子；正正：整齐。原形容军容强大整齐，后形容正大光明，也形容身材威武，仪表出众；含褒义：我们的所作所为，~，不怕别人挑剔|仪仗队的成员都是经过挑选的~的战士。

樘 táng ❶量。门框和门扇或窗框和窗扇一套叫一樘：一~玻璃门。❷〈素〉门框或窗框：门~|窗~。

膛 táng 名。❶名。(~儿)器物中空的部分：子弹上了~儿。❷〈素〉体腔：胸~|开~。

镗 táng 动。用镗床对工件上已有的孔眼进行加工：这些机件已上镗床~过了。
另见tāng。

螳 táng [螳螂](~láng) 名。昆虫，体细长，头三角形，翅两对，前足镰刀状，绿色或土黄色，捕食害虫，对农业有利。有的地方叫刀螂。

【螳臂当车】táng bì dāng chē 成。螳螂举起前臂想阻挡车子前进。比喻做事自不量力；含贬义：有人企图阻止历史向前发展，真是~，自取灭亡。注意："当"这里不读dàng。

【螳螂捕蝉，黄雀在后】tángláng bǔ chán, huángquè zài hòu 成。螳螂捕知了，却不知黄雀在后正想吃它。比喻只想取得眼前的利益而不知道祸患就在后面：他倒卖了一批紧俏物资，自以为得计，殊不知~，有人正在设法攫取他的钱财哩。

棠 táng ❶见"棠梨"。❷姓。

【棠棣】tángdì 名。古书上说的一种植物。也作唐棣。

【棠梨】tánglí 名。也叫杜梨。(1)落叶乔木，高约10米，可用作嫁接各种梨树的砧木。(2)指这种植物的果实。

tǎng(ㄊㄤˇ)

帑 tǎng ❶〈素〉指收藏钱财的府库和府库里的钱财：国~|公~。❷〈古〉同"孥(nú)"。

倘(儻) tǎng 〈书〉连。倘若；用在表示假设的分句中：~有困难，请速电告。
另见cháng(倘)。

【倘或】tǎnghuò 〈书〉连。倘若；用在前一分句，表示假设，后一分句常用"就""便"等呼应，表示根据前一分句推出结论：你~不信，就亲自去看看吧。

【倘然】tǎngrán 连。倘若；用在表示假设的分句中：他~同意，你就请他到里面谈。

【倘若】tǎngruò 连。有"如果"的意思，表示假设；常和"就""便"等呼应：你~有空，就请到我家来玩。

【倘使】tǎngshǐ 连。倘若；用在表示假设的分句中：~你这次不去，以后恐怕没有见面机会了。

惝 tǎng "惝(chǎng)"的又音。

淌 tǎng 动。往下流：水箱漏了，水直往下～。常带宾语或补语：～着眼泪|～汗|～得很多。

耥 tǎng 动。用耥耙(水稻中耕的一种农具)松土、除草；常带宾语或补语：明天～稻田|这块田还须再～一次。

躺 tǎng 动。(1)身体倒下或平卧：他在草地上～着。常带补语：～一会儿。可带施事宾语或处所宾语：地上～着一个人|～医院。(2)指车辆、器物等倒在地上；常带宾语或补语：路旁～着一根电线杆子|一辆汽车～在水沟里。

傥(儻) tǎng ❶同"倘(tǎng)"。❷见"倜(tì)傥"。
【傥荡】tǎngdàng 〈书〉形。放浪：从表面上看，他似乎很～，其实他是非常注意检点自己的言行的。
【傥来之物】tǎng lái zhī wù 成。傥来：偶然、意外得来。指意外得到的或不应得而得到的钱财：这只表是～，应归还失主。也作倘(tǎng)来之物。

镋(钂) tǎng 名。古代兵器，像叉。

tàng(ㄊㄤˋ)

烫(燙) tàng ❶动。常带宾语或补语。(1)皮肤接触高温的物体而感觉疼痛：小心别让开水～了|火～了手|脚跌～出一个大泡。(2)利用温度高的物体使其他物体发生变化或升高温度：～裤子|头发～青年式|这壶酒～热了。❷形。物体温度高：洗脸水太～了|他的脑门很～，肯定发烧了。

趟 tàng ❶量。(1)表示来往的次数：他去了一～上海|刚开出一～列车。(2)指一套武术或一段动作的过程：早晨，他练了一～拳。(3)〈方〉用于成行的东西：一～～的麦苗整齐地排在眼前。❷名。(～儿)行列：跟不上～儿|大家排成～儿，一起割麦子。

tāo(ㄊㄠ)

叨 tāo 〈素〉受到：～扰|～光。另见dāo。
【叨光】tāoguāng 动。沾光，因受到好处而表示感谢，客套用语，不带宾语：承蒙令尊相助，～了。可拆开用：叨了府上的光。
【叨教】tāojiào 动。领教；因受到指教而表示感谢；客套用语，不带宾语：昨日前来～，受益匪浅。
【叨陪末座】tāopéi mò zuò 成。在席中最后的座位奉陪；用作受人款待的客套话：在欢迎国宾的宴会上，我有幸～。
【叨扰】tāorǎo 动。打扰；因受到款待而表示感谢，客套用语：承蒙款待，～了。可带宾语：今天可～你了。

涛(濤) tāo 〈素〉大波浪：波～|惊～骇浪。

焘(燾) tāo "焘(dào)"的又音；多作人名用字。

绦(縧、絛、縚) tāo 名。(～子)用丝线编织成的花边或扁平的带子，多作装饰衣物之用。

掏(搯) tāo 动。常带宾语或补语。(1)用手或工具探取东西：～出几文铜钱|口袋里的糖果全～完了。(2)挖：在墙角～了一个很深的洞。

滔 tāo 〈素〉大水弥漫，充满：～天|～～。
【滔滔】tāotāo 形。不加程度副词。(1)形容水势很大；常作定语或谓语：～激流|江水～。(2)比喻话多，连续不断；多用在固定组合中：他讲起话来，～不绝。
【滔天】tāotiān 形。不加程度副词。(1)形容波浪极大：白浪～。(2)比喻罪恶、灾祸极大：罪恶～。

韬(韜、弢) tāo ❶〈古〉名。弓或剑的套子。❷〈素〉(1)隐藏：～光养晦|～晦之计。(2)用兵的谋略：六～|～略。
【韬光晦迹】tāo guāng huì jì 成。韬、晦：隐藏；光：才华；迹：行迹。隐藏才能，不使外露：～之计|他不肯为侵略者效力，于是～，匿居于偏僻山村之中。也作韬

光养晦。

【韬晦之计】tāo huì zhī jì 成。暂时收敛锋芒,隐藏踪迹,待机而动的计谋:刘玄德为防曹操谋害,就下处后园种菜,亲自浇灌,以为~。

【韬略】tāolüè 名。原指古代兵书《六韬》、《三略》,后来指用兵的计谋:他是一位很有~的军事家。

饕 tāo 〈素〉贪财,贪食:老~(贪食者)。

【饕餮】tāotiè 名。(1)古代传说中的一种凶恶贪食的野兽。(2)比喻凶恶贪婪的人。(3)比喻贪吃的人。

tāo (ㄊㄠ)

咷(咷) tāo 〈素〉哭:号~。

洮 tāo 水名用字。洮河,在甘肃省。

逃(迯) tāo 动。常带宾语或补语。(1)逃跑;逃走——一只羊~了|~了一个犯人|~到乡下去了。(2)逃避;不单独作谓语:他~过几次税|他还不起高利贷,只得~到外地躲了一阵。

【逃避】táobì 动。躲开不愿或不敢接触的事物:困难再大也不该~。可带名词、动词作宾语:~现实|~税收|~检查。

*"逃避"和"躲避":"逃避"的宾语只能是事物;"躲避"的宾语可以是事物,也可以是人。"逃避"多含贬义;"躲避"为中性词。

【逃窜】táocuàn 动。逃跑流窜;含贬义:敌军仓皇~|他作案后到处~,但在公安人员搜捕下终于落入法网。

【逃遁】táodùn 〈书〉动。隐藏躲避起来:大军压境,他闻风~。可带处所宾语:~山区。

【逃犯】táofàn 名。逮捕前或逮捕后逃亡的犯人。

【逃荒】táohuāng 动。因遇到灾荒而被迫逃到外乡谋生;不带宾语:这一带的老百姓经常出外~。可作定语:~的农民像一支饥饿洪流似的,时常穿州过府地流动着。可构成连动词组:多少年前,爹妈领着他从苏北~来到上海。可拆开用:他曾逃过荒,要过饭。

【逃难】táonàn 动。为躲避战乱或其他灾祸而逃往别处;不带宾语:他十岁时遇上了战乱,随家人~。可作定语:战争年代,~的人随处可见。可构成连动词组:敌人打进来了,他是从东北关外~来关内的。可拆开用:逃过几年难。

【逃匿】táonì 动。逃跑并躲藏起来;常带补语:他长期~在深山老林之中。可带处所宾语:~他乡。

【逃跑】táopǎo 动。为躲避对自己不利的环境或事物而离开:他一得到消息就~了。可带补语:他~到山里躲了一段时间。可带施事宾语:监狱里~了一个人。

【逃散】táosàn 动。逃亡中失散;不带宾语:四处~|他们一家在一次敌机轰炸时~了。

【逃脱】táotuō 动。(1)逃跑;一般不带宾语:这次抓壮丁肯定抓不到你,你还是早点~为好。(2)摆脱;常带宾语:~险境|敌人的追捕。可拆开用:逃不脱。

【逃亡】táowáng 动。逃走而流浪在外。可带处所宾语:敌人通缉他,他迫不得已~国外。可带补语:东北三省被日寇占领后,那里的人民纷纷~到关内。

【逃逸】táoyì 〈书〉逃走:敌人看管甚严,实难~。可带宾语:~数人。

【逃之夭夭】táo zhī yāo yāo 成。《诗经·周南·桃夭》:"桃之夭夭,灼灼其华。"原形容桃花茂盛鲜艳。后人用谐音的方法,把"桃"改为"逃",作为逃跑的诙谐语,含贬义:那个流氓见群情激愤,吓得~。

桃 táo ❶名。(1)桃树,落叶乔木,花粉红色,果实似球形,味甜,是一种常见的水果。核仁可入药。(2)(~儿、~子)这种植物的果实。❷〈素〉(1)形状像桃的东西:棉~。(2)指核桃:~酥。

【桃符】táofú 名。古代挂在大门上的两块画着门神或题着门神名字的桃木板。后来在上面贴春联,所以也借指春联。

【桃红】táohóng 形。粉红;不加程度副词,不单独作谓语:这条被面的颜色是~的。常作定语:她穿了一件~上衣。

【桃李】táolǐ 名。比喻所教的学生:~满天下。

【桃色】táosè 名。(1)粉红色:~比黄色好

桃陶萄淘酶梼鼗讨 táo-tǎo 1041

看些|～封面。(2)旧时形容与不正当的男女关系有关的事情:～新闻|～案件。

桃 táo [桃黍](-shǔ) 〈方〉名。高粱。

陶 táo ❶名。用粘土烧成的器物:彩～|～俑。❷〈素〉(1)制造陶器:～冶。(3)比喻培养教育:熏～。(4)快乐:～醉。❸姓。
另见 yáo。

【陶瓷】táocí 名。陶器和瓷器的统称;常作定语:～餐具。

【陶器】táoqì 名。用粘土制的器皿,质地比瓷器粗,且透明度差,有吸水性;量词用"件":一件～。

【陶然】táorán 〈书〉形。舒畅快乐的样子;不加程度副词:垂钓湖边,～自得。

【陶陶】táotáo 形。快乐的样子;不加程度副词:载歌载舞,其乐～。

【陶冶】táoyě 动。烧制陶器和冶炼金属,比喻给人的思想、性格以有益的影响;常带"性情、情操"等抽象名词作宾语:观赏大自然的风光可以～性情。可作动词"受、受到"等的宾语:他从小就受过音乐的～。

【陶铸】táozhù 〈书〉动。常带宾语或补语。(1)烧制陶器和铸造金属器物:～酒器|新产品已～成功。(2)比喻造就人才:优秀的文学遗产对～一代新人仍起着巨大的作用。

【陶醉】táozuì 动。非常满意地沉浸在某种境界或思想活动中;不带宾语:黄山美景令人～。多带补语:她～在东方的节日情调之中。

* "陶醉"和"沉醉":"陶醉"无"大醉"的意思;"沉醉"有。"陶醉"可用于被动句;"沉醉"不能。

萄 táo 见"葡萄"。

淘 táo ❶动。常带宾语或补语。(1)洗去杂质:～金|把米～干净。(2)从深的地方舀出泥沙或污物等物:～厕所|这口井该～一下了。❷〈方〉形。淘气,顽皮:这孩子真～!

【淘气】táoqì ❶形。顽皮:小虎子很～。
❷〈方〉动。生闷气;不带宾语;你别在家～了,还是走吧。

【淘汰】táotài 动。去掉坏的、不合适的,留下好的、合适的:他们在预赛中就被～了。可带宾语:～了一些陈旧设备。

【淘汰赛】táotàisài 名。运动竞赛的一种方式,按排定的次序比赛,负者被淘汰,胜者继续比赛,直至决出冠军为止。

酶 táo [酕醄](máo-) 〈书〉形。大醉的样子。

梼(檮) táo 见"梼昧"、"梼杌"。

【梼昧】táomèi 〈书〉形。愚昧无知;不加程度副词,一般在用比较固定的组合中,多作谦辞:自惭～|不揆～。

【梼杌】táowù 名。古代传说中的猛兽,常用来比喻恶人。

鼗 táo 〈古〉名。长柄的摇鼓。俗称拨浪鼓。

tǎo(ㄊㄠˇ)

讨 tǎo ❶动。常带宾语或补语。(1)索取,求取:～饭|～债|向他～了三次钱。(2)娶;多与"老婆、媳妇"等词搭配:～媳妇。可带兼语:～她做老婆。(3)招惹:自～没趣。可带动词作宾语或构成连动词组:～打|～骂|～苦吃。常与指人名词或代词构成兼语词组,并可加程度副词:～人嫌|这孩子很～人喜欢。
❷〈素〉(1)讨伐:征～。(2)讨论:商～|探～。

【讨伐】tǎofá 动。出兵征讨;用于对敌人或叛逆者:兴兵～|大肆～。可带宾语:～叛贼。

【讨好】tǎohǎo 动。(1)为取得别人的欢心或赞扬而迎合别人;常带宾语:为了向上爬,他处处～上司。可拆开用:讨他的好。可重叠:你在她面前讨好你,也许她能原谅你。(2)得到好的效果;多用于否定式:你吃力不～,自找没趣。

【讨价还价】tǎo jià huán jià 成。原指买卖双方商量、争执物品的价钱,后比喻接受任务或在谈判讲条件斤斤计较;含贬义:这事儿就这么办,你不要～了。

【讨教】tǎojiào 动。向别人请教:这个问题搞不懂,特向老师～。可带宾语:向您～一个问题。

【讨论】tǎolùn 动。围绕某个问题交换意

见或进行辩论:这个问题我们已~过了。常带宾语或补语:~经济理论问题|~了一番。常作"参加、进行、展开"等动词的宾语:参加~|进行~|展开~。可重叠:这个发展规划要交给群众~~。

【讨巧】tǎoqiǎo 形。做事不费力气而占了便宜:他真~,刚调来就加了工资|做这件事太~了。

【讨饶】tǎoráo 动。求人宽恕;不带宾语:他看对方人多势众,只得~。可拆开用:你还是讨个饶吧,不要再嘴硬了。

【讨平】tǎopíng 动。征伐平定:叛乱已被~。可带宾语:~叛乱。

【讨嫌】tǎoxián 形。使人厌烦:看到她那故作娇姿态的样子就~|这个孩子很~。可拆开用:你不只是讨一个人嫌,还讨大家嫌。

【讨厌】tǎoyàn ❶动。厌恶,不喜欢:他不懂装懂,让人~。常带宾语:我~这里的风沙。可带谓语或谓词性词组作宾语:大家都~说假话|我~懦弱。可带兼语:~他说空话。可加程度副词:我很~吹牛的人。❷形。惹人厌烦,令人心烦:这病一得很,经常会发作|这可是件~的事,不大好办。

＊"讨厌"和"厌恶":"讨厌"语意较轻,"厌恶"语意较重,有反感、憎恶的意思。"讨厌"有动词、形容词两种用法,"厌恶"只作动词用。

稻 tāo ［稻黍］(-shǔ)〈方〉名。高粱。

tào(ㄊㄠˋ)

套 tào ❶名。(~儿、~子)(1)罩在物体外面的东西:钢笔~儿。(2)装在衣物里的棉絮:棉花~子。(3)用绳子等结成的环状物:牲口~儿|大车~儿。❷动。常带宾语或补语。(1)罩在外面:~一件棉背心|~上塑料袋|~在外面。(2)〈方〉把棉花、丝绵等平整地装入衣、被里缝好:她正在~被子|~了一件棉衣。(3)用绳子拴系:你去~那辆马车|大车~好了。(4)模仿,照着做:这段话是从那篇文章上~下来的|我是~他的话说的。(5)引出;多指真情实话:你要设法~他的话|他心里的真实想法被我~出来了。(6)拉拢;多指情谊:~交情。❸量。用于成组的事物:一~书|一~茶具。❹〈素〉(1)罩在外面的:~袖|~鞋。(2)互相衔接或重叠:~种|~印。(3)应酬话:~话|~客|~。

【套购】tàogòu 动。用不正当手段抢购国家计划分配的商品:粮食全部由国家收购,任何人不得~。常带宾语或补语:他~了一批钢材,受到了处罚|~过两次。

【套话】tàohuà 名。(1)文章、书信中应酬时套用的习惯语。也说套语。(2)特指套用现成结论或僵化程式的空话;含贬义:这篇讲话稿中充满了~|要消灭~、大话。

【套换】tàohuàn 动。用不正当的手段购买换取;常带宾语:禁止~外汇|有的人无视法纪,大肆~紧缺商品。

【套近乎】tào jìn·hu 习。同不太熟悉的人拉关系表示亲近;多含贬义:刚见面他就去同人家~。也说拉近乎。

【套数】tàoshù 名。(1)戏曲或散曲中连贯成套的曲子。(2)比喻成系统的技巧或手法:他掌握的魔术的~还不少。

【套套】tào·tao〈方〉名。办法,招数:老~不灵了,得换个新~。

【套问】tàowèn 动。不露意图、转弯抹角地盘问;常带补语:他心中的秘密终于被小李~出来了。加趋向动词"出"等后可带宾语:他从小孩嘴里~出许多实情。

【套用】tàoyòng 动。模仿着应用:这句话可不能随便~。常带宾语或补语:~公式|老办法~不得。

【套语】tàoyǔ 名。即"套话(1)"。

【套种】tàozhòng 动。上季作物未刈时,即在行间种下季作物播种进去,可充分利用地力和生长期,增加产量;常带宾语:蚕豆地里~土豆。常作"进行、实行"等动词的宾语:实行~,可以增产。也叫套作。

tè(ㄊㄜˋ)

忑 tè 见"忐(tǎn)忑"。

忒 tè〈古〉动。差错:故月日不过,而四时不~。

另见tuī。

铽 tè 名。金属元素，符号Tb。无色结晶状粉末，有毒。铽的化合物可做杀虫剂或治疗某些皮肤病。

慝 tè〈古〉名。(1)恶念，奸邪：负罪引～。(2)灾害：太上消～于未萌。

特 tè ❶副。(1)超出一般的，不平常的；一般用在单音节形容词前：他的成绩～好，能力～强。(2)专门，单一；一般用在动词前：～通知如下|工厂为女工～设一间更衣室。(3)〈书〉只，但：不～如此，更有甚者。❷〈素〉特务：匪～|防～。

【特别】tèbié ❶形。不一般，与众不同；修饰名词多不带助词"的"：～快车|式样很～。❷副。(1)非常，格外；修饰形容词或动词性词组：早晨的空气～新鲜|这个节目～吸引观众。(2)特地，着重；修饰动词：妈妈又～叮嘱了他几句。(3)尤其；表示从同类事物中突出某一事物加以说明，常用在"是"之前：教师，～是中、小学教师最辛苦。

＊"特别"和"尤其"："特别"的意思着重在与众不同；"尤其"的意思着重在更加突出。"特别"有形容词用法，可以作谓语和定语；"尤其"只有副词用法，不能作谓语和定语。"特别"用处较广，所指的对象不限于同类事物中的某一个；"尤其"用处较窄，所指的对象一般总是某类事物之中的某一个或某一些个。

【特产】tèchǎn 名。某地特有的或著名的物产：板鸭是南京的～。

【特长】tècháng 名。特别擅长的技能：雕刻是他的～。

【特出】tèchū 形。特别出众，格外突出：他的表演非常～|～的才能。

【特此】tècǐ 副。特别在这里；公文、书信用语：～奉告。

【特等】tèděng 形。特别高的等级，最优秀的；不加程度副词，不单独作谓语，常作定语或用在"是……的"格式中：～房间|～舱|这个舱位是～的。

【特地】tèdì 副。表示专为某件事：学校为了掀起学习普通话的热潮，～安排了这次演讲比赛。

【特点】tèdiǎn 名。人或事物的特殊的地方：《水浒》中的人物各有～。

【特定】tèdìng 形。某一个或特别指定的一个；不加程度副词，不单独作谓语，一般作定语：～的任务|～的历史条件。

【特技】tèjì 名。(1)不同寻常的技能技艺：身怀～|～表演。(2)电影、电视中摄制特殊镜头的技巧：～镜头。

【特刊】tèkān 名。报刊为纪念某一节日或人物、事件而特意编辑的一期或一版：庆祝儿童节～。

【特洛伊木马】tèluòyī mùmǎ 见"木马计"。

【特派】tèpài 动。为办某事特地派遣，委派；多带兼语：～他去参加庆祝大会。也可作定语：～代表。

【特区】tèqū 名。经济特区的简称，即在经济上实行特殊政策的地区。主要是为了吸引外资，借鉴外国先进的经济管理方法，加速经济的发展。如深圳、珠海、汕头、厦门等就是这样的特区。

【特权】tèquán 名。特殊的权利：享受～|我们的干部不应搞～。

【特色】tèsè 名。事物表现出的独特的色彩、风格：具有民族～的工艺品|这篇文章有一定的～。

【特赦】tèshè 动。国家对某些罪犯或特定犯人减轻或免除刑罚；常带宾语：～了一批战犯。常作"获得、实行"等动词的宾语：这些罪犯获得～|实行～。

【特使】tèshǐ 名。国家临时委派的担任特殊任务的外交代表。

【特殊】tèshū 形。不同于同类事物或平常的情况的；与"一般"相对：他近来的表现很～|他在～环境里工作。

＊"特殊"和"特别"："特殊"强调与同类人或事物不一致，与"一般"相对；"特别"强调不同寻常，与"普通"相对。"特殊"是单义词，"特别"是多义词，除了"与众不同"的意义外，还有"格外、特地、尤其"的含义。"特殊"没有副词用法；"特别"有。"特殊"可以同"化"或"性"构成"特殊性、特殊化"；"特别"没有这种构词能力。

【特务】tèwù 形。军队中指担任警卫、通讯、运输等特殊任务的；不加程度副词，不单独作谓语，多作定语：～员|～连。

【特务】tèwu 名。参加特务组织,经过特殊训练,从事颠覆、破坏及刺探情报等活动的人。

【特效】tèxiào 名。特别好的疗效或效果;常作定语或作"有"的宾语:～药|实行生产责任制对增产有～。

【特写】tèxiě 名。(1)电影艺术的一种手法,用很近的距离拍摄人或物的一部分,使特别放大(多为人的面部表情),以造成强烈和清晰的视觉形象:～镜头。(2)报告文学的一种形式,用文学笔法描绘新闻事件中富有特征的片断,突出人物的活动,再现场景和气氛。要求所报道的事实具有真实性,不容虚构,但在细节上可以适当进行艺术加工。

【特性】tèxìng 名。某人或某事物特有的性质。

【特邀】tèyāo 动。特地邀请;常带宾语:～了一些知名学者。常带兼语:～他来作报告。作定语时可不加助词"的":～代表。

【特有】tèyǒu 动。独有,特殊具有:大熊猫是我国～的珍稀动物|这种风俗为此地所～。

【特异】tèyì 形。不加程度副词。(1)特别优异:他在这次考试中,成绩～。(2)特别,与众不同:他画的花卉有一种～的风格。

【特征】tèzhēng 名。可以作为事物特点的标志和征象:鲁迅先生善于以极省俭的笔墨刻画人物的～|这种动物有什么明显的～?

【特种】tèzhǒng 形。同类事物中特殊的;不加程度副词,不单独作谓语,只作定语,不加助词"的":～钢材|～工艺。

tēng(ㄊㄥ)

熥 tēng 动。熟食凉了以后再蒸或烤;常带宾语或补语:～发糕|花卷再放到蒸锅里～一会儿。

鼟 tēng 拟声。摹声鼓声;多叠用:把鼓敲得～～直响。

téng(ㄊㄥˊ)

疼 téng ❶形。痛;只和表示人机体部位的名词搭配:胃很～|腰～。❷动。疼爱,心疼;常带宾语:妈妈～妹妹。可加程度副词:奶奶非常～我。

【疼爱】téng'ài 动。关切喜爱;常带宾语或补语:老师～自己的学生|他对女儿～得很。可加程度副词:非常～|～子女。

腾 téng ❶动。使空(kòng);常带宾语或补语:～地方|～时间|把这间办公室～出来。❷〈素〉(1)奔跑,跳跃:欢～|奔～|～越。(2)上升:～贵|沸～|～云驾雾。❸后缀。用在某些动词后面,表示反复;多读轻声:翻～|折～|倒～|闹～。❹姓。

【腾达】téngdá〈书〉动。发迹,官职高升;常用在固定组合中:飞黄～。

【腾飞】téngfēi 动。(1)急速地升腾、飞翔:壁上的两条龙镂刻得～～起舞。(2)比喻迅速崛起和发展:经济～|炎黄子孙都期望中华尽快～|中华民族的振兴和～是指日可待的。

【腾贵】téngguì 动。飞涨,指物价,不带宾语:近来,母鸡价格～,我已多日不敢问津了。

【腾空】téngkōng 动。向天空上升;不带宾语:他～后连续前翻两周就落地了|战斗机～而起。

【腾腾】téngténg 形。形容气体很盛,不断上升;和表示气体的名词搭配,不加程度副词,常作谓语:热气～|雾气～。也比喻气焰很盛:杀气～。

【腾云驾雾】téng yún jià wù 成。(1)传说中指用法术乘云雾飞行:孙悟空是～的好手。(2)形容奔跑迅速或头脑发胀:人骑在这匹快马上,如同～一般|今天头脑昏昏沉沉,就像～一样。

誊(謄) téng 动。抄写;常带宾语或补语:他在～稿子|把这份总结～清楚。

【誊录】ténglù 动。抄写,过录;常带宾语或补语:他在～那份讨论稿|把这本笔记～下来。

【誊写】téngxiě 动。按底稿抄写;常带宾语或补语:他在～讲稿|这份记录已～好了。

滕 téng ❶名。周朝国名。在今山东滕县一带。❷姓。

螣 téng [螣蛇](-shé) 名。古书上说的一种能飞的蛇。

縢 téng 〈古〉动。封闭，约束。

䲢 téng 名。鱼，体粗壮，头大而阔，常栖息在海底，捕食小鱼。

藤（籐） téng 名。(～子)某些植物的匍匐茎或攀援茎，如白藤、紫藤、葡萄等的茎。有的藤可编制箱子、椅子等。

tī(ㄊㄧ)

体（體） tī [体己](-·ji) 形。也作梯己。(1)家庭成员个人积蓄的;多指财物;不加程度副词,不单独作谓语,作定语。～钱。(2)亲近、贴心的:他是我最～的朋友|他对我说了一些～话。
另见 tǐ。

剔 tī 动。常带宾语或补语。(1)把肉从骨头上剔下来:～肉|把骨头上的肉～干净。(2)从缝隙里往外挑:～牙|～指甲|把桌缝里的脏东西～出来。(3)拣出不好的去掉:～废品|把篮子里的烂枣儿～出去。
【剔除】tīchú 动。把不好的或不合适的去掉;常带宾语或补语:～糟粕|把筐里的烂苹果～干净。

踢 tī 动。抬腿用脚触击;常带宾语或补语:～足球|～毽子|这一脚～得真准。
【踢皮球】tīpíqiú 习。比喻双方或几方之间互相推委,把应该解决的事推给别人:有关单位互相扯皮,～的现象再也不能容忍了。

梯 tī ❶名。(～子)供人上下的用具或设备:爬～子。❷〈素〉(1)作用跟梯子相似的设备:电～。(2)形状像梯子的:～田。
【梯队】tīduì 名。(1)军队战斗或行军时按任务和行动先后顺序分成几部分,每一部分叫一个梯队。(2)指按先后顺序接替的干部队伍:培养第三～。
【梯己】tī·ji 见"体(tī)己"。
【梯田】tītián 名。沿山坡开辟的阶梯式农田,边缘筑有田埂,防止水土流失。
【梯形】tīxíng 名。仅有一组对边平行的四边形:这台机器底座是一个～。常作

定语,可不带助词"的":～图|～木架。

䏲 tī 名。有机化合物,锑氢的特称。

锑 tī 名。金属元素,符号Sb。银白色,有光泽,质硬而脆,冷胀热缩,其合金可制铅字、轴承等。

䴘 tī 见"䴙(pì)䴘"。

tí(ㄊㄧˊ)

荑 tí 〈古〉名。(1)草木初生的叶芽。(2)稗子一类的草。
另见 yí。

绨 tí 名。古指一种光滑厚实的绸子。
另见 tì。

鹈 [鹈鹕](-hú) 名。水鸟,体大嘴长,尖端弯曲,嘴下有皮囊,可存食。善游泳,喜群居。也叫淘河。

提 tí ❶动。(1)垂手拿着;用于有提梁或绳套的东西:这只箱子我来～|常带宾语或补语:～书包|把行李～在手上。(2)使事物由下往上移;常带补语:把水～到楼上来。(3)提拔;指人的职务:把他～到领导岗位上来。常带兼语:～他当科长。(4)把预定的日期往前挪:考试日期不能往前～。常带补语:完工日期往前～了两个月。(5)指出,举出;常带宾语或补语:～意见|优点～了不少。(6)取出;多指钱或货物:这笔款子要到银行里去～。常带宾语或补语:到仓库～材料|药品～出来了。(7)把犯人从关押处带出来;须带宾语或补语:～犯人|把犯人～到堂上。(8)谈起:过去的事就别～了。常带宾语或补语:她一张嘴就～那件事|～了好几遍。(9)提议,推举;常带兼语:～候选人。可带补语:大家～他当班长。❷名。(1)汉字的一种笔画,形状是"㇀",即挑(tiǎo)。(2)(～子)舀油、酒等液体的用具。❸姓。
另见 dī。
【提案】tí'àn 名。向会议提出的希望讨论决定的建议:有关部门认真负责地研究、处理了他们的～。
【提拔】tíba 动。挑选人员使担任高于原职务的工作:老王各方面都很好,可以～。常带宾语或补语:～青年人|～到

领导岗位上去。也可带兼语:~他当办公室主任。

【提倡】tíchàng 动。宣传某事物的优点,鼓励大家使用或实行:艰苦奋斗的精神仍然要~。常带宾语或补语:~民主|~过一阵子。可带动词或动词性词组、主谓词组作宾语:~节约|~学习外语|~人人植树。可重叠:这种好事应该~~。

【提成】tíchéng 动。从财物总数中按一定成数提取:按利润的5%~|从收入中~15%作发展基金。可拆开用:入股者已从今年利润中提了成,分了红。

【提纯】tíchún 动。除去某种物质中所含的杂质,使其纯净:~酒精|这些种子须要~。

【提调】tídiào ❶动。指挥调度;常带补语:调度室~不当,造成了事故。可带宾语:~车辆,运送旅客。❷名。负责指挥调度的人员:他在车站任总~。

【提纲】tígāng 名。写作、发言、研讨问题等的内容要点:发言~|写作~。

【提纲挈领】tí gāng qiè lǐng 成。纲:鱼网的总绳子;挈:提,举;领:衣领。提起鱼网的总绳,拎住衣服的领子。比喻抓住关键,把问题简明扼要地提示出来:这篇文章~地讲清楚了加强法制建设的重要性。

【提请】tíqǐng 动。提出并请求;常带兼语:~大家注意|~代表讨论。

【提高】tígāo 动。使位置、水平、程度、数量、质量等方面比原来高:青年的文化水平普遍~了。常带宾语或补语:~质量|业务能力~得很快。某些动词也可作宾语:~警惕|~认识。可拆开用:提得很高|提不高。

【提供】tígōng 动。供给;多指物资、资料、意见、条件等:学习资料由图书馆~。常带宾语或补语:~建筑材料|~给他们。可带谓词作宾语:~帮助|~方便。
　＊"提供"和"供应":"提供"使用的范围广,可以是具体的事物,也可以是抽象的事物;"供应"使用的范围窄,一般只指具体的物资、材料等。

【提交】tíjiāo 动。把要讨论、决定或处理的问题交给有关机构或会议;常带兼语:~人大常委会审议。

【提炼】tíliàn 动。常带宾语或补语。(1)用化学方法或物理方法从物质中提取所需要的东西:从石油中~汽油|香精可以从野生植物中~出来。(2)比喻对事物进行加工和概括,提取有用的部分:~作品的主题|文学语言是从生活中~出来的。

【提名】tímíng 动。举荐有人选可能的人的姓名:代表~,大会选举。可带兼语:大家~老王当经理。可拆开用:各组都已提过名了。

【提挈】tíqiè 〈书〉动。可带宾语。(1)携带,用手提着:~行李。(2)提拔,照顾:请多加~|~青年人|多谢~。(3)统率,率领:~全军。

【提取】tíqǔ 动。常带宾语。(1)从负责保管的机构中取出存放的或应得的财物:他去仓库~化肥。(2)经过提炼而取得:从沥青矿石中可以~铀。

【提审】tíshěn 动。常带宾语。(1)将在押犯人提出审讯:下午~那个盗窃犯。(2)上级法院把下级法院尚未判决或已判决的案件提来自行审判:由省高级人民法院~这起大案。

【提升】tíshēng 动。常带宾语或补语。(1)由低往高提;多指职位、等级等:他的工资~了|老张~了职务|~得很快。也可带兼语:厂部决定~他当车间主任。(2)用卷扬机等把矿物、material等运到高处:~钢梁|大吊车把很重的水泥板不费劲地~起来。

【提示】tíshì 动。把重要的或对方容易忽略的、想不到的提出来,引起对方注意或思考;常带宾语或补语:~要点|请你给他~一下。可带双宾语:老师~他答题的范围。

【提携】tíxié 可带宾语。(1)搀扶,带领:请旅客~好自己的孩子。(2)比喻在事业上扶植后辈:~后学|学生在学术上的成就,全仗老师~。可重叠:希望您对我~~。

【提心吊胆】tí xīn diào dǎn 成。形容十分担心、害怕:老母在家成天~,祈祷儿子平安无事|敌人~地在山路上走着,生怕遭到我军的伏击。

【提醒】tíxǐng 动。从旁指点,使对方注意;常带宾语或补语:要是他忘了,请您~

他|～一下他就全想起来了。可带兼语:他常常～学生注意听讲。可重叠:他办事不牢靠,要经常～～他。

【提讯】tíxùn 动。把犯人从关押处提出来审问;常带宾语或补语:他在～犯人|～了一小时。

【提要】tíyào ❶动。从全书或全文中提出要点;不带宾语,常用在"说明、介绍"等动词之前:文章长的要～说明主要内容|他在评论这本书前,先～介绍了全书的梗概。❷名。提出来的要点:这本书的～写得很有吸引力。

【提议】tíyì ❶动。研讨问题时提出主张供大家讨论;常带动词性词组或主谓词组作宾语:我～选举小杨当班长|代表们一大会讨论开展师范教育的问题。可拆开用:他曾向大会提过议,但没有引起注意。❷名。研讨问题时提出的主张:他的～很有价值。

缇 tí 〈古〉形。橘红色。

騠 tí 见"駃(jué)騠"。

啼（嗁） tí ❶动。叫;用于某些鸟兽,如乌鸦、猿、公鸡等,不带宾语:公鸡～了。❷〈素〉哭:～哭|～饥号寒。

【啼饥号寒】tí jī háo hán 成。啼:啼哭;号:号叫。因为饥饿寒冷而哭叫。形容生活极端贫困:那时,广大劳动人民过着～的悲惨生活。注意:"号"这里不读hào。

【啼笑皆非】tí xiào jiē fēi 成。皆非:都不是。哭也不是,笑也不是。形容既令人难受,又令人发笑的尴尬处境:妻子无端发了一通火,饭也不做,气呼呼地走了,弄得老张～。

蹄（蹏） tí 名。(～儿、～子)牛、羊、马等牲畜趾端的角质物,也指具有这种角质物的脚。

题 tí ❶名。题目:试卷一共有20道～。❷动。写上,签上;一般用在落款人名字之后:×××～。也可带宾语:～了一首诗。❸姓。

【题跋】tíbá 名。写在书籍、字画前后的文字,写在前面的叫题,写在后面的叫跋,总称题跋。内容多为评论、鉴赏、考订、记事等。

【题材】tícái 名。构成文学和艺术作品的材料,即作品中具体描写的生活事件和生活现象。

【题词】tící ❶动。写一段话表示纪念或勉励;不带宾语:他为展览会～。可拆开用:这位作家来我校参加了校庆活动,并题了词。❷名。(1)为表示纪念或勉励而题写的文字:这是他的～。(2)旧时序文的一种。

【题名】tímíng ❶动。为留纪念或表示表扬而写上姓名;不带宾语:比赛结束了,观众纷纷请运动员～。可拆开用:他高兴地在纪念册上题了名。❷名。(1)为留纪念而写上的姓名。(2)题目的名称:这篇文章的～更换了三次。

【题目】tímù 名。(1)诗文或讲演的标题。(2)练习或测验时要求解答的问题。

【题字】tízì ❶动。为留纪念而写上字;不带宾语:快毕业了,每个学生都准备了一个纪念册,请老师和同学～。可拆开用:请刘老题个字,留作纪念。❷名。为留纪念而写上的文字:这辞典上有主编王教授的～。

醍 tí [醍醐](-hú) 名。古指精制的奶酪。佛教喻指最高的佛法:如饮～。

【醍醐灌顶】tíhú guàn dǐng 成。醍醐:由牛乳提炼的纯酥油。纯酥油浇到头上。佛教比喻灌输智慧,使人彻底醒悟。后指听了精辟高明的意见,受到启发:听了您的精辟分析,如～,顿时明白了许多道理。

鳀（鯷） tí 名。鱼,体长三寸到四寸,银灰色,侧扁,腹部呈圆柱形。生活在海中。幼鳀加工制成的鱼干叫海蜒。

tǐ（ㄊㄧˇ）

体（體） tǐ 〈素〉(1)身体,身体的某部分:～质|～重|四～不勤。(2)物体:气～|个～。(3)文章的体裁,文字的书写形式:文～|字～。(4)体制:国～|政～。(5)亲身经历:～会|～验。另见tī。

【体裁】tǐcái 名。文学作品的表现形式,如诗歌、小说、散文、剧本等。

【体操】tǐcāo 名。体育运动项目之一,包括徒手体操和器械体操两大类。

【体察】tǐchá 动。亲身体验、观察;常带宾语:～人情。

【体词】tǐcí 名。语法上指称谓事物的实词,包含名词和代词。如"南京、山、工业"等名词,"我、他、谁"等代词,也指与名词功能相同的词,如量词、数词。

【体罚】tǐfá 动。对儿童进行肉体上的处罚,如罚站、罚跪、揪耳朵、打板子等:～是一种错误的教育方法。常带宾语:不许～学生。

【体格】tǐgé 名。(1)人体发育情况和健康情况:～强壮。(2)泛指人和动物的体形:～高大。

【体会】tǐhuì 动。体验领会:这首诗你要好好～。常带宾语或补语:～农民的思想感情|让他亲自去～一下。可重叠:应该好好～～文件的精神。可作宾语或主语:交流学习文件的～|～很深。

【体例】tǐlì 名。著作的编写规格或文章的组织形式:这部丛书的开头对它的编写～作了说明。

【体力】tǐlì 名。人体活动时所能付出的力量:～不支。

【体力劳动】tǐlì láodòng 词组。主要靠体力进行的生产劳动;与"脑力劳动"相对:他经常下车间参加～。

【体谅】tǐliang 动。设身处地为人着想,给以谅解。同学之间要互相～。常带宾语或补语:要～父母的难处|对领导要～一下。可重叠:他确有苦衷,我们应该～～他。可加程度副词:他对人很～。

【体面】tǐmian ❶名。体面,身分:讲～|不顾～|不要做有失～的事。❷形。可重叠。(1)光荣,光彩:他有过很～的历史|他在前线立了功,体体面面地回到家乡。(2)美丽,好看;多指相貌、样子:这姑娘长得很～|体体面面的小伙子。

【体能】tǐnéng 名。人体在体育、军事活动中的能力:～测验|～训练|运动员们都有坚强的毅力和良好的～。

【体念】tǐniàn 动。设身处地为他人着想;常带宾语:请～我家中实际困难,予以照顾。

【体魄】tǐpò 名。体格和精力:锻炼～|他有强健的～。

【体式】tǐshì 名。(1)文字的式样,如手写体、印刷体等。(2)〈书〉体裁。

【体态】tǐtài 名。身体的姿态:～轻盈|窈窕的～。

【体贴】tǐtiē 动。细心忖度别人的心情和处境,加以关怀和照顾;常带宾语:他能～人,大家都喜欢他。可重叠:你该～～人家。可加程度副词:他对学生很～。

【体贴入微】tǐtiē rù wēi 成。关怀照顾非常细心周到:这位校长对老师关怀备至,～。

【体统】tǐtǒng 名。指体制、格局、规矩;多用于否定式:不成～|有失～。

【体味】tǐwèi 动。仔细体会;多指语言或事件的含义等:这几句话的含义你要好好～。常带宾语或补语:～一下实行这项政策的意义和作用|他对这幅画～良久,赞叹不已。

【体无完肤】tǐ wú wán fū 成。全身没有一块完好的皮肤。形容遍体受伤,现多比喻论点被驳倒或文章被删改很多:她被打得～,惨极了|除非被人驳得～,他决不轻易放弃自己的主张。

【体系】tǐxì 名。若干有关事物或某些意识互相联系而构成的一个整体:哲学～|工业～。

  *"体系"和"系统":"体系"着眼于整体内的组织结构,搭配关系;"系统"着眼于一系列的单位、部门或个体。"体系"一般用于抽象的重大场合,如哲学、艺术、经济等;"系统"使用范围较广,可用于抽象的重大场合,也可用于具体的一般场合,如医务、行政、生理、河流等。"系统"有形容词的意义和用法;"体系"没有。

【体现】tǐxiàn 动。某种性质或现象在某一事物上具体地表现出来;常带宾语或补语,宾语必须有修饰语:他在教学中～了改革精神|作家的人格也能从他的作品中～出来。

  *"体现"和"表现":"体现"往往用于抽象意义,间接表现人的精神或事物的

性质等;"表现"指人或事物直接表露自身的神情、精神或性质变化等。"体现"不作名词用;"表现"常作名词用。

【体形】tǐxíng 名。人或动物身体的形状:她的～很美。也指机器等的形状:这部机器～庞大。

【体型】tǐxíng 名。人体的类型;主要指身体各部分之间的比例:她是矮胖～。

【体恤】tǐxù 动。体贴别人并给以同情和帮助;常带宾语:县政府～灾区农民,调拨了一批救济粮。

【体验】tǐyàn 动。通过亲身实践来认识周围的事物;常带宾语或补语:演员们到部队～战士的生活|对农民的思想感情～得很深。

*"体验"和"体会":"体验"的意思侧重于经历,"体会"的意思侧重于领会。"体验"的使用范围较窄,对象多是具体的,常见的,如"生活、斗争"等;"体会"的使用范围较宽,对象多是抽象的道理和精神状态,如"意思、快乐、心情、好处、精神、关怀"等。

【体育】tǐyù 名。(1)增强体质、促进身体健康的教育,通过参加各项运动来实现。(2)指体育运动。

【体制】tǐzhì 名。(1)国家机关、企事业单位的组织制度:经济～|教育～。(2)作品的体裁格局:"赋"这种～兴盛于汉代。

【体质】tǐzhì 名。人体的健康水平、抵抗疾病和适应外界的能力:～强健。

tī (ㄊㄧ)

屉(屜) tī ❶量。用于笼屉或桌屉装的东西:一～馒头|两～书。❷〈素〉(1)桌、柜等器物上的抽斗:抽～。(2)灶具中一种分层的格架:笼～。

剃(薙、鬀) tī 动。用刀子刮去毛发;常带宾语或补语:昨天刚～了胡子|你得把头～一下。

"薙"另见tì。

【剃度】tīdù 动。佛教用语。指给要出家的人剃去头发,使成为僧尼;不带宾语:～为僧|老方丈为他～。

【剃光头】tī guāngtóu 习。用剃刀刮去所有的头发。比喻考试、比赛、评比中一无取胜;含诙谐意味:去年高考,我们班只考上一个,差点～。

悌 tī 〈素〉顺从、敬爱兄长:孝～。

涕 tī 〈素〉(1)眼泪:～泣|感激～零。(2)鼻子里分泌的液体:鼻～。

【涕零】tīlíng 〈书〉动。流泪;多用在固定的组合中:感激～|～如雨。

【涕泣】tīqì 〈书〉动。伤心流泪;不带宾语:临别～,不知所云。

【涕泗】tīsì 〈书〉名。眼泪和鼻涕:～滂沱。

绨 tī 名。用蚕丝或人造丝作经,棉纱作纬织成的纺织品。

另见tí。

倜(俶) tī [倜傥](-tǎng)〈书〉形。大方自然,不拘束:风流～|小伙子英俊～,风度翩翩。

逖(逷) tī 〈古〉形。远。

惕 tī 〈素〉小心谨慎:警～|～厉|怵～。

【惕厉】tīlì〈书〉动。警惕,戒惧;不带宾语:终日～,居不求安,食不念饱。也作惕励。

裼 tī 〈古〉名。婴儿的衣服。

另见xī。

替 tī ❶动。代替;常带宾语或补语:他今天有事,不能来值班,你～他吧|我可～不了他。❷介。为,给:我～你找到了这本书。❸〈素〉衰败:兴～|衰～。

【替代】tīdài 动。代替,替换:今天他有事,由你～。常带宾语或补语:3号队员生病,5号队员～他|这是标准零件,可以互相～|我可～不了。

【替换】tīhuan 动。倒换,把原来的人或物调换下来;常带宾语或补语:由3号队员～5号队员|把新轴～上去。可构成连动词组:大家～着干吧。可重叠:你去～～哥哥。

【替身】tīshēn 名。替代别人的人;多指替人受罪的人:他找了个～,自己却溜之大吉了。

【替死鬼】tīsǐguǐ 名。比喻替别人受过或受害的人。

【替罪羊】tìzuìyáng 名。古代犹太教祭礼中用来替人类承担罪过而宰杀的羊。后用以比喻代人受过的人：这个处长受了处分，其实，他不过是个~罢了。

薙 tì 〈古〉动。(1)除掉野草。(2)同"剃"。

嚏 tì 〈素〉打喷嚏。~喷│喷~。

【嚏喷】tìpen 名。喷嚏。

趯 tì 〈古〉动。跳跃。

tiān（ㄊㄧㄢ）

天 tiān ❶名。(1)天空：飞上了~。(2)一昼夜时间，有时专指白天：五~以后。(3)(~儿)一天里的某段时间：~儿已晚了│~儿不早了。(4)季节，天气：~热起来了。❷〈素〉(1)位置在顶部的：~线│~窗。(2)自然的，天生的：~然│~性。(3)迷信指神佛、仙人或他们所住的地方：~意│归~│~国│~堂。

【天崩地裂】tiān bēng dì liè 成。天塌下，地裂开。比喻重大的事变。也形容巨大的响声：万炮齐发，如~一般│这次事件如~一般，震撼了许多人的心。

【天兵】tiānbīng 名。神话中指天上的神兵。比喻英勇善战、所向披靡的军队：~天将│敌人被打得晕头转向，不知~从何而降。

【天禀】tiānbǐng 〈书〉名。天资：他不仅~聪颖，而且非常勤奋。

【天才】tiāncái 名。(1)卓绝超群的才能：他具有表演~。(2)指具有某种才能的人：他在文学方面，是个~。

【天差地远】tiān chā dì yuǎn 成。比喻两者相差极远：我们原来是同学，但20年后的今天，他成了全国知名的学者，我跟他相比，那是~。也说天悬地隔。

【天长地久】tiān cháng dì jiǔ 成。跟天地一样长久。今常用来比喻爱情永久不变：小两口久别重逢，都盼着~再不分离。

【天长日久】tiān cháng rì jiǔ 成。时间长，日子久：你终日这样劳累，~，怎么吃得消呢？│每天坚持写日记，~，写作能力就能得到提高。也作日久天长。

【天敌】tiāndí 名。自然界中某种动物专门捕食或危害另一种动物，前者就是后者的天敌。如猫是鼠的天敌。

【天地】tiāndì 名。(1)天和地。(2)比喻人们活动的范围：别有~(另有一种境界)│那里~太小，这么多人活动不开。

【天地头】tiāndìtóu 名。书页上下两端的空白处，上端叫天头，下端叫地头。

【天鹅】tiān'é 名。鸟，像鹅而体形较大，羽毛白色，脚黑色，有蹼。居住在海滨或湖边，善飞。吃水生植物、昆虫等。也叫鹄(hú)。

【天翻地覆】tiān fān dì fù 成。比喻变化很大：二十多年来，家乡发生了~的变化。也形容闹得很凶，秩序大乱：这几个孩子在家里闹得~，不得安宁。注意："覆"不要误写为"复"。

【天方】tiānfāng 名。我国古代把中东一带阿拉伯人建立的国家称为天方：《~夜谭》。

【天分】tiānfèn 名。天资：这孩子~很好，就是不用功。

【天府之国】tiān fǔ zhī guó 成。指自然条件优越，土地肥沃，物产丰富的地方。通常指四川：我国四川省土地肥沃，物产丰富，堪称~。

【天赋】tiānfù ❶动。自然赋予，生来就具备：我们的生命是~的。常带宾语或双宾语：~机谋│~他一副好歌喉。❷名。天资：这孩子的~并不太好，但很用功。
　＊"天赋"和"天资"："天赋"强调素质是自然赋予的，书面语色彩较浓；"天资"着重指智力资质高低的程度，口语、书面语都常用。"天赋"是动词兼名词；"天资"只是名词，没有动词用法。

【天干】tiāngān 名。甲、乙、丙、丁、戊、己、庚、辛、壬、癸的总称。我国古代分别拿它和地支相配，用来表示年、月、日、时的次序。现在常用作表示顺序的符号。也叫十干。

【天罡】tiāngāng 名。古指北斗星，也指北斗七星的柄。

【天高地厚】tiān gāo dì hòu 成。(1)比喻恩情深厚：老师的恩泽、~，学生难以酬报。(2)形容事情的艰难、复杂；常作"不知"的宾语：这孩子一点不知~，居然独个儿要去深山老林探险。

【天公】tiāngōng 名。神话中指自然界的主宰者：～不作美,我们外出春游的时候,又下起雨来。

【天公地道】tiān gōng dì dào 成。形容极为公平合理：这样裁决,～,大家都满意。

【天光】tiānguāng 名。(1)天色：～不早了,该回家了。(2)〈方〉早晨。

【天国】tiānguó 名。(1)基督教称上帝所治理的国,即所谓天堂。(2)旧时比喻理想世界。

【天河】tiānhé 名。银河的通称。

【天候】tiānhòu 名。指一定时间内某一地方的大气物理状态,如气温、气压、温度、风、降水等。

【天花】tiānhuā 名。一种由天花病毒引起的急性传染病,症状是先发高烧,全身出现丘疹、疱疹、脓泡,十天左右结痂,痂盖脱落后留下永久的疤痕,就是麻子。种牛痘可以预防。也叫痘或痘疮,简称花。

【天花乱坠】tiān huā luàn zhuì 成。佛教传说,梁武帝时,云光法师讲经感动了上天,香花纷纷从空中落下。现用来比喻说话有声有色,漂亮、动听但不切实际;多含贬义,常作"说、讲"等动词的补语：他把四爷怎么做生意、赚大钱,说得～,可我就是不信。

【天昏地暗】tiān hūn dì àn 成。也说天昏地黑。(1)形容刮大风时飞沙蔽日的景象：一时狂风大起,飞沙走石,刮得～,日月无光。(2)比喻政治腐败或社会混乱：在那～的社会里,穷人有理又到哪儿去说? 真是欲告无门。

【天机】tiānjī 名。(1)旧指所谓神秘的天意：不可泄露。(2)比喻自然界的秘密,也比喻极秘密的事：一语道破～。

【天际】tiānjì 名。目光能达到的天地交接的地方：当～刚刚露出微光时,我们已经爬上了日观峰|几块黑云刚才还在～,转眼间便布满了半边天。

【天骄】tiānjiāo 名。"天之骄子"的略语。这是汉朝人对匈奴单于(chányú)的称呼,意思是说匈奴单于为上帝所骄宠,因此极强盛。后用来称呼北方某些强盛的少数民族的君主为天骄：成吉思汗堪称一代～。

【天经地义】tiān jīng dì yì 成。经：常道;义：正理。比喻非常正确不可改变的道理：所谓"学而优则仕",封建时代的士大夫对此是视为～的。

【天空】tiānkōng 名。地球表面以外的广大空间。

【天籁】tiānlài 〈书〉名。自然界的各种声音,如风声、流水声、鸟鸣声等：此处白天少人走,夜里～俱寂,所以特别幽静。
　　*"天籁"和"万籁"："天籁"指自然界的各种声音;"万籁"指各种声音,包括自然界的和人世间的。

【天蓝】tiānlán 形。像晴朗天空的颜色,不加程度副词,不单独作谓语,常作定语,或用在"是……的"格式中：～底子的花布|这种衣服的颜色是～的。

【天理】tiānlǐ 名。(1)宋代理学家认为封建伦理是客观存在的道德法则,把它叫做"天理"。(2)天然的道理：～难容|上合～,下顺人情。

【天良】tiānliáng 名。良心;多用在固定组合中：丧尽～。

【天伦】tiānlún 〈书〉名。指父子、兄弟等关系;多在固定的组合中：共享～|～之乐。

【天罗地网】tiān luó dì wǎng 成。指上下四方都设下的包围圈。比喻非常严密的防范：我公安人员已布下了～,这个罪犯插翅难飞啦。

【天马行空】tiān mǎ xíng kōng 成。天马：神马;行空：腾空飞行。像神马一样奔腾于太空,多比喻诗文、书法等气势豪放,不受拘束：王老师的草书飘逸潇洒,犹如～,行云流水一般。

【天命】tiānmìng 名。迷信指上天的意志,也指上天主宰之下的人们的命运。

【天幕】tiānmù 名。(1)笼罩大地的天空,多用在"在…上"或"在…下"的格式中：最早出现的启明星,在这深蓝色的～上闪烁起来了。(2)舞台上用来表示天空的蓝色布幕。

【天南地北】tiān nán dì běi 成。一在天之南,一在地之北。形容相距遥远,也形容范围广大：从此,我们俩～,各在一方,只能靠通信来联系了|大家从～来到这

里|夜间无事,两个人便~地扯了起来。也说天南海北。

【天年】tiānnián 名。人的自然寿命:尽其~|终其~。

【天怒人怨】tiān nù rén yuàn 成。天神愤怒,人民怨恨。形容为害严重,引起普遍的愤怒和不满;用于贬义:慈禧太后顽固保守而又独断专行,结果搞得~,不可收拾。

【天平】tiānpíng 名。根据杠杆原理制成的一种精确度较高的衡器。

【天气】tiānqì 名。一定区域和一定时间内大气中发生的各种气象变化,如冷热、气压、阴、晴、风、云等情况。

【天堑】tiānqiàn 名。天然形成的隔断交通的大沟;多指长江:飞越长江~|南京长江大桥建成了,从此~变通途。

【天穹】tiānqióng 名。像半个球面似的覆盖大地的天空:深蓝的~上缀满了灿烂的星斗|~之下,是一片滚滚黄沙。

【天趣】tiānqù 名。自然的情趣;多指写作或艺术品的韵致:这幅山水画~盎然。

【天然】tiānrán 形。自然存在或产生的;区别于"人工"或"人造",不加程度副词,不单独作谓语,作定语,或用在"是……的"格式中:~景色|这里的湖泊是~的。

【天然气】tiānránqì 名。产生在油田、气田、煤田和沼泽地带的可燃气体,主要成分是甲烷。也叫天然煤气。

【天壤】tiānrǎng 名。常用在固定组合中。(1)天地:~之间。(2)比喻差别极大:~之别。

【天日】tiānrì 名。天和太阳,比喻光明:暗无~|历经艰难,重见~。

【天色】tiānsè 名。天空的颜色,借指时间的早晚和天气的变化:~顿时黑了下来|~已晚,你快回家吧|出门时~还好,半路上却下起雨来。

【天神】tiānshén 名。神话传说中天上的神仙:~下界。

【天生】tiānshēng 动。自然生成:人的本事不是~的,是在实践中学来的。可带宾语:他~一对明亮的大眼睛。

【天使】tiānshǐ 名。犹太教、基督教、伊斯兰教中指神派遣的使者。文学艺术中常用来比喻天真可爱的女子或小孩:她是母亲心中的~。

【天书】tiānshū 名。(1)天神写的书或信。(2)比喻不能辨认的文字或看不懂的文章:你的字写得太草了,跟~似的。(3)帝王的诏书。

【天堂】tiāntáng 名。(1)某些宗教指神居住的以及人死后灵魂归寓的美好的地方;与"地狱"相对。(2)比喻美好幸福的生活环境:和那时候相比,我们现在简直是生活在~里。

【天体】tiāntǐ 名。宇宙间一切星体的统称。

【天条】tiāntiáo 名。(1)迷信的人认为老天爷所定的戒律,人和神都要遵守:天蓬元帅违反了~,被贬入下界。(2)太平天国指所制定的禁令。

【天庭】tiāntíng 名。(1)神话中天神居住的地方。(2)指宫廷。(3)相面的人指两眉之间,即前额的中央:~饱满。

【天王星】tiānwángxīng 名。太阳系九大行星中第七个接近太阳的行星,绕太阳公转周期约84年,有9个光环和15个卫星。

【天网恢恢】tiān wǎng huī huī 成。天网:天道的网;恢恢:形容宽广。天道像广阔的大网,决不放过任何一个坏人。比喻作恶的人逃脱不了国法的惩处:~,疏而不漏,犯罪分子休想逃脱法律的制裁。

【天文】tiānwén 名。日月星辰在宇宙间分布、运行等现象:此人上通~,下晓地理。

【天下】tiānxià 名。指中国或世界:~大事|桂林山水甲~。(2)国家的统治权:打~|我国是人民的~。

【天下为公】tiānxià wéi gōng 成。古不把君位当作一家的私有物。孙中山借此解释"民权主义",指政权为一般平民所共有。

【天仙】tiānxiān 名。神话传说中的仙女。比喻美貌的女子:她貌若~,引人注目。

【天险】tiānxiǎn 名。自然的险要地方:乌江~|这一带山高岭陡,自古就被视为~。

【天香国色】tiān xiāng guó sè 成。原是赞美牡丹的话,指其色香非一般花卉可比。后常用来喻指绝色的美女：那姑娘虽然还称不上是什么～，倒也娇媚动人。也说国色天香。

【天象】tiānxiàng 名。(1)天文现象：他坚持观测～。(2)天空中风云等变化的现象：一些老农常常根据～预测阴、晴等天气的变化。

【天晓得】tiān xiǎo·de 〈方〉习。无法理解或无法分辨：～他会干出什么事来。也说天知道。

【天性】tiānxìng 名。指人先天所具有的品质和性情。

【天幸】tiānxìng 名。面临祸患而幸免的好运气：房子震塌了，他没有被砸死，实在是～。

【天悬地隔】tiān xuán dì gé 见"天差地远"。

【天旋地转】tiān xuán dì zhuǎn 成。(1)比喻重大的变化：战争的局势已发生了～的变化。(2)形容头晕眼花：眩晕症又发了，只觉得～，站立不住。(3)形容闹得厉害：他在办公室大吵大嚷，闹得个～。

【天涯】tiānyá 名。形容非常远的地方；多用在固定的组合中：～海角。还常与"咫尺、比邻"等反义词对举使用：真正的朋友即使远在～，却似近在咫尺，因为他们的心是相通的。

【天衣无缝】tiān yī wú fèng 成。神话传说，天仙穿的衣服不用针线缝制，没有缝儿。比喻事物完美自然，找不到什么破绽：白话的散文并不排斥文言中的用语，但必须巧为运用，善于结合，才能做到～。

【天意】tiānyì 名。上天的意旨：所谓～不可违，那是一种迷信的说法。

【天宇】tiānyǔ 名。(1)天空：中国卫星上的乐曲声响彻～。(2)〈书〉天下：誉满～。

【天渊】tiānyuān 〈书〉名。天上和深池，比喻差别极大：～之别。

【天灾】tiānzāi 名。自然灾害：～频仍｜飞来～｜～人祸｜全县人民齐心合力，日夜奋战，终于克服了～带来的种种困难。

【天造地设】tiān zào dì shè 成。赞美事物自然形成而合乎理想：这座园林，～，非常别致。

【天真】tiānzhēn 形。(1)心地单纯、性格直率，没有做作和虚伪；多用来形容小孩子：这个小孩～烂漫。(2)头脑简单、思想幼稚：你想得太～了，世界上的事情哪有那么简单。

【天职】tiānzhí 名。应尽的职责：培养合格的教师是师范院校的～。

【天诛地灭】tiān zhū dì miè 成。诛：杀死。比喻为天地所不容：这群匪徒罪大恶极，到头来一定～。常用于发誓：我要是以后变心，～。

【天竺】tiānzhú 名。我国古代称印度。

【天主教】tiānzhǔjiào 名。以罗马教皇为首领的基督教派。明代传入我国。也叫罗马公教。

【天资】tiānzī 名。先天具有的资质；主要指智力方面的：他～聪明。

【天子】tiānzǐ 名。旧时指国王或皇帝。

【天字第一号】tiān zì dì yī hào 成。从前常用"千字文"文句的字来编排次序，"天"是《千字文》首句"天地玄黄"的第一个字，因此"天字第一号"即为第一或第一类中的第一号，借指最大的、最高的或最强的：论身高，穆铁柱曾是我国男篮的～。

添 tiān 动。(1)在原有的之外增加同类的；常带宾语或补语：再～一碗菜｜这个字～在这里。可带兼语：再～几个人去插秧。(2)〈方〉指生小孩；须带宾语：他家～了个小孙子。

【添补】tiān·bu 动。补充；常带宾语或补语：春耕到了，还得～一些农具｜小孩的衣服要～一些。可重叠：家里的用具也该～～了。

【添枝加叶】tiān zhī jiā yè 成。在树干上添加枝叶。比喻夸大事实或在原有事实的基础上编造一些细节；多含贬义：这件事经人们一～，成了个十分离奇的故事。也说添油加醋。

【添置】tiānzhì 动。增添购置：衣服够穿了，无须再～。常带宾语：今年又～了一批仪器。可重叠：家具大多坏了，也该～～了。

【添砖加瓦】tiān zhuān jiā wǎ 成。指为某项建筑提供人力物力，也比喻为某事贡献力量：社会各界一致表示，要为兴建教师公寓～｜为进一步发展两国人民

鈿 tiān [鈿鹿](-lù) 名。鹿的一种，毛黄褐色或带赤褐色，角的上部扁平或呈掌状，尾略长，性温顺。

tián（ㄊㄧㄢˊ）

田 tián ❶名。种植五谷或用于生产的土地：水稻～|种了五亩～。❷同"畋"。❸姓。

【田畴】tiánchóu 〈书〉名。田地，田野：～荒芜|平整的～。

【田地】tiándì 名。(1)耕种的土地；量词用"亩、顷"等：这个村共有30公顷～。(2)地步：事情搞到这步～就不好收拾了。

【田赋】tiánfù 名。我国封建时代征收的土地税。

【田间】tiánjiān 名。田地里：农民在～耕作。也借指农村：他刚脱离～，来到城市。

【田径运动】tiánjìng yùndòng 词组。体育运动项目的一大类，包括竞走、赛跑、投掷、跳跃等：要积极开展～，大力培养田径运动员。

【田猎】tiánliè 〈书〉动。打猎；不带宾语：赵简子往中山～，射伤一狼。

【田亩】tiánmǔ 名。田地的总称；表示集体，不用个体量词：大水淹没了许多～。

【田野】tiányě 名。田地和原野：一片广阔的～。

【田园】tiányuán 名。田地和园圃，泛指农村：在～耕作|～生活。

【田园诗】tiányuánshī 名。以农村的景物和农牧渔业劳动者为题材的诗：唐代诗人孟浩然的《过故人庄》是一首脍炙人口的～。

【田庄】tiánzhuāng 名。旧时农村中为官僚、地主所拥有的田地和庄园。

佃 tián ❶〈古〉动。耕种田地：佃民使为～。❷同"畋"。
另见diàn。

畋 tián 〈古〉动。打猎：王与使者出～。

畑 tián 日本人姓名用字。

鈿 tián 〈方〉名。(1)硬币：铜～。(2)货币：这件衣服几～？(3)款子：乘车～。
另见diàn。

恬 tián 〈素〉(1)安静：～静|～适。(2)毫不动心，安然，不在乎：～不知耻|～不为怪。

【恬不为怪】tián bù wéi guài 成。恬：安然，满不在乎；为：认为。对不良倾向或异常现象泰然处之，不以为怪：一段时间，一些淫秽书刊充斥街头书摊，有的人竟～。

【恬不知耻】tián bù zhī chǐ 成。作了坏事还满不在乎，一点儿不知道羞耻：这家伙干尽了卖国勾当，嘴里却高喊"爱国"，真是～！|他是个～的家伙。

【恬淡】tiándàn 形。不追求名利，淡泊：他一生过着～的生活|把功名利禄看得很～。

【恬静】tiánjìng 形。(1)平静；用于形容心情、性格等：～寡欲|他躺在草地上，心里十分～|她是一位性格～的姑娘。(2)安静，没有吵闹和喧哗；用于描写环境：昔日～的小岛，如今变得喧闹起来。

【恬然】tiánrán 形。毫不在乎的样子；不加程度副词：身处险境，神色～|～不以为怪。

【恬适】tiánshì 〈书〉形。安静而舒适：退休居家，生活～，安度晚年。

甜 tián 形。(1)像糖或蜜的味道：甘蔗的味道真～。(2)形容幸福舒适的感觉：她笑得多～！|他的话真～，我听了乐滋滋的。(3)形容熟睡：他睡得很～。

【甜菜】tiáncài 名。也作菾菜，通称糖萝卜。(1)二年生草本植物，叶丛生，有长柄，花小，绿色。根肥大，含有糖质，是制糖的主要原料之一。(2)这种植物的根。

【甜津津】tiánjīnjīn 形。甜丝丝；不加程度副词，常加助词"的"：这种瓜吃在嘴里～的。

【甜美】tiánměi 形。(1)像糖或蜜的味道：～的白兰瓜。(2)愉快，舒服：我们的生活多～！

【甜蜜】tiánmì 形。形容感到幸福、愉快、舒适：非常～的生活|她沉浸在～的回

忆里。可重叠：一群小孩仰着鲜红的小脸,甜蜜蜜地笑着|小女儿甜甜蜜蜜地喊了他一声"爸爸"。

【甜润】tiánrùn 形。圆润动听；多指声音：～的唱腔|她的歌声特别～。

【甜水】tiánshuǐ 名。没有苦味的水：～井。喻指舒适安乐的环境：他们都是在～里泡大的。

【甜丝丝】tiánsīsī 形。不加程度副词,常加助词"的"。(1)味道甜：果子汁～的。(2)形容愉快幸福的感觉：看到学生们的进步和成长,老师心里～的。也说甜滋滋。

【甜头】tián·tou 名。(1)微甜的味道,泛指好吃的味道。(2)好处,利益；多指引诱人的：你好好干吧,少不了你的～|他尝到了坚持锻炼的～。

【甜言蜜语】tián yán mì yǔ 成。指为了奉承或骗人而说的悦耳动听的话；含贬义：你可不能相信他的～,那是骗人的。

湉 tián [湉湉]〈古〉形。形容水流平缓。

菾 tián [菾菜](-cài) 见"甜菜"。

填 tián 动。常带宾语或补语：(1)垫平或补塞：～水沟|把这个洞满了。(2)填写：～履历表|这份表格已～好了。

【填补】tiánbǔ 动。补足空缺或欠缺；带宾语或补语：这项科研成果又为我国～了一个空白|缺额已经～上了。可重叠：先得把肚皮～～,然后再继续商量。

*"填补"和"弥补"："填补"一般指补足具体的空缺；"弥补"多指补足人为的或各种灾害所造成的损失、缺陷、不足等。

【填充】tiánchōng 动。(1)填入一定的空间；常带宾语：这个大衣橱正好～了房间的空当。可重叠：这块青菜地还空下一角,可以点种些萝卜～～。(2)考试或练习的一种方法,在题目的空白处填写上该回答的内容；常作定语：共有五道～题目。

【填词】tiáncí 动。按照词的格律作词；不带宾语：他～作画,样样精通。可拆开用：他填完词,兴味盎然地诵读起来。可重叠：他退休在家填词,练练字,倒也清闲。

【填房】tiánfáng 动。旧指女子嫁给死了妻子的人；不带宾语：给人家～,她不愿意。可拆开用：她给人家填过房,后来丈夫死了。
tián·fang 名。旧指前妻死后续娶的妻：她做了李三的～。

【填空】tiánkòng 动。不带宾语：(1)填补；指空出的或空着的位置、职务等：这个位置暂缺,要选合适的人～。(2)同"填充(2)"。

【填写】tiánxiě 动。在表格、单据等空白处,按规定要写上文字或数字；常带宾语或补语：～年终报表|履历表要～清楚。

阗 tián 〈素〉充满：喧～。

tiǎn(ㄊㄧㄢˇ)

忝 tiǎn 〈书〉动。辱没；旧时谦辞,表示自己有愧：～在编者之列|～列门墙(愧在师门)。

舔 tiǎn 动。用舌头接触东西或取东西；常带宾语或补语：孩子用舌头～妈妈的脸|你用舌头～一下。

殄 tiǎn 〈素〉灭绝：～灭|暴～天物。

悿 tiǎn 〈古〉形。惭愧。

靦 tiǎn 〈口〉动。厚着脸皮；只以"脸"为宾语,并加动态助词"着"：我只得～着脸去央求他。

【靦颜】tiǎnyán 〈书〉动。(1)面带愧色。(2)厚着脸皮：～惜命|～事仇。

覥 tiǎn ❶〈古〉形。惭愧的样子。❷同"靦"。
另见 miǎn(腼)。

腆(△覥) tiǎn ❶〈方〉凸出或挺起；只以"胸、腹"为宾语,须加动态助词"着"：他～着个大肚子走了。△❷见"腼(miǎn)腆"。

tiàn(ㄊㄧㄢˋ)

掭 tiàn 动。常带宾语或补语。(1)毛笔蘸墨后在砚台上弄匀：～毛笔｜把毛笔在砚台上～一下。(2)〈方〉拨动：小孩用茅草～蟋蟀｜灯心～得太长了。

tiāo(ㄊㄧㄠ)

佻 tiāo 〈素〉轻浮，不庄重：轻～｜～薄。

【佻薄】tiāobó 〈书〉形。轻佻：这个人很～，品质不太好。

【佻巧】tiāoqiǎo 〈书〉形。(1)轻佻巧诈：他是一个～之徒，不可与他交往。(2)细巧而不严肃；指文辞：这篇小说文句～，应加修改。

【佻达】tiāotà 〈书〉形。轻薄；举止～，不知自重。

挑 tiāo ❶动。常带宾语或补语。(1)选，拣：各种花布任你～｜～了一件最称心的上衣｜好的全～出来。某些动词也可作宾语：～穿｜～吃。可带兼语：～几个人参加比赛。(2)挑剔；多指毛病、缺点等：～缺点｜毛病～了不少。(3)担：～了一两袋米｜把担子～在肩上。❷名。(～儿、～子)指挑的担子：挑着～子走了。❸量。(～儿)用于成挑儿的东西：一～儿大米。
另见tiǎo。

【挑刺儿】tiāocìr 〈方〉动。挑剔，指摘；多指言行方面的缺点，不带宾语：别人一发言，他就～。可拆开用：在别人身上挑点刺儿，说几句挖苦的话，这有什么意思呢？

【挑大梁】tiāo dàliáng 习。比喻起骨干作用：要相信青年人能够～｜关键时刻，他挺身而出～，大搞技术革新，救活了这家工厂。

【挑肥拣瘦】tiāo féi jiǎn shòu 成。比喻挑挑拣拣，一味挑选对自己有利的；多指工作或某些事物，含贬义：派起工来，他总是～怕吃亏。

【挑拣】tiāojiǎn 动。挑选：各种式样的羽绒服随你～。常带宾语或补语：给孩子～了几本新书｜把不合格的产品～出来。可重叠，含贬义：一安排工作，他就挑挑拣拣的。

＊"挑拣"和"挑选"："挑拣"着重在拣出来；"挑选"着重在选择。"挑拣"的对象一般是物，好的与不好的均可用；"挑选"的对象包括事物和人，一般指好的。

【挑三拣四】tiāo sān jiǎn sì 成。为了个人利益，对工作或事物反复挑选；含贬义：每次分配任务，他都～，真不自觉。

【挑剔】tiāoti 动。过分严格地在细节上指摘；可加程度副词，多用于贬义：对别人不要过于～｜这部电影还不错，不要太～了。可作"爱、喜欢"等动词的宾语：他是个爱～的人。可重叠：谁没缺点呢？如果对别人总是挑挑剔剔的，朋友间的关系就很难融洽。

【挑选】tiāoxuǎn 动。从较多的人或事物中选出符合要求的：提拔下干部必须认真～。常带宾语或补语：～图书｜把苹果～出来。可带兼语：学校～了几位青年教师出国进修。可重叠：把衣服全拿出来，让大家～｜她挑挑选选，挑了半天还没有挑到满意的。

【挑字眼儿】tiāo zìyǎnr 习。从词句中找小毛病：他看别人的文章，就爱～。

祧 tiāo 〈古〉❶名。祭祀远祖的祠堂。❷动。宗法制度指承继先代：兼～(一个男子兼做两房的继承人)。

tiáo(ㄊㄧㄠˊ)

条(條) tiáo ❶名。(1)(～儿、～子)树枝：柳～儿｜树～子。(2)(～儿、～子)狭长的东西：布～儿｜纸～子。(3)(～子)便条：我给他留了个～子，叫他下午开会。❷量。(1)用于细长的东西：一～河｜一～烟。(2)用于人：一～人命｜一～心。(3)用于分项的事物：三～妙计｜两～消息｜五～意见。❸〈素〉(1)分项目的：～款｜～例。(2)层次，条理，秩序：～分缕析｜井井有~。

【条畅】tiáochàng 形。通顺流畅而有条理；用于形容文章：行文～。

【条陈】tiáochén ❶动。分条陈述：现将我们的建议～如下。❷名。旧时下级向上级分条陈述意见的文件：呈上一份～。

【条分缕析】tiáo fēn lǚ xī 成。一条一缕指金条;量词用"根":三根～。

鲦(鰷) tiáo [鲦鱼](-yú) 见"鳌(cān)鲦"。

苕 tiáo 名。(～子)一年生或二年生草本植物,茎细长,花紫色,是一种绿肥作物。
另见sháo。

岧 tiáo [岧岧]〈古〉形。形容高:山势～。

迢 tiáo [迢迢] 形。形容路途遥远。不加程度副词,常用在固定的组合中:千里～|～征途。

笤 tiáo [笤帚](-·zhou) 名。扫除土、垃圾等的用具,比扫帚小;量词用"把"。

龆 tiáo〈素〉。儿童换牙:～年(童年)。

髫 tiáo〈素〉。古代指小孩下垂的头发:垂～|～年。

【髫年】tiáonián 〈书〉名。童年。

调 tiáo ❶动。使配合得均匀或合适,常带宾语或补语:妈妈在～佐料|～工资|电视图像～得很清晰。❷〈素〉(1)配合得均匀合适:风～雨顺|协～。(2)挑拨:～唆。(3)挑逗:～笑|～戏。
另见diào。

【调处】tiáochǔ 动。调停处理:这场纠纷,经法院～,已经解决。常带宾语或补语:民事法庭只～民事纠纷|～得公平合理。

【调和】tiáohé ❶形。均匀适当:色彩很～|雨水～。❷动。(1)排解纠纷,使双方和好:他俩之间的误会,经我们从中～,已经消除了。常带宾语:～了双方的矛盾。可重叠:他俩闹意见,你去～～。(2)妥协,让步;多用于否定式:在原则问题上没有～的余地。

【调剂】tiáojì 动。(1)按处方配制药物;不带宾语:这几种药请他去～。(2)适当调整使合适:指余缺、劳逸、忙闲等,常带宾语或补语:～一下精神|把多余的材料～给人家。可重叠:搞点文体活动,～～生活。

【条幅】tiáofú 名。直挂的长条字画,单幅的叫单条,成组的叫屏条。

【条件】tiáojiàn 名。(1)影响事物发生、存在或发展的各种因素;多作"是、作为、有、具有、提供、创造"等动词的宾语:完成这项任务,具有各种有利～|创造了胜利的～|提供了最好的～。(2)为某事而提出的要求或规定的标准:谈判的～并不苛刻|听从祖国号唤是无～的。(3)情况、状况;多作主语,其谓语多由"好、不好、差、最好、很差"之类形容词或形容词性词语充当:这里的生活～是很好的|他各方面的～都不差,就是自身不努力。

【条件反射】tiáojiàn fǎnshè 词组。有机体因信号的刺激而发生的反应。它是在无条件反射的基础上形成的,其神经联系是暂时性的:人看到梅子就分泌唾液,这是一种～。

【条款】tiáokuǎn 名。法规、条约等文件上的条目;量词用"项":共有10项～。

【条理】tiáolǐ 名。(1)层次,系统;多指思想、言语、文字等:他讲课～很清楚。(2)秩序;多指生活、工作的安排:工作要有～。

【条例】tiáolì 名。分条订立的规则或章程;常作中心语:治安管理～|工会组织～。

【条令】tiáolìng 名。用简明条文规定的军队行动的准则;常作中心语:战斗～|纪律～。

【条条框框】tiáo·tiao kuāng·kuang 词组。指落后于形势的陈旧的规章制度,也泛指限制和束缚:经济工作中,～太多,影响改革的步伐|要打破～,闯出一条发展经济的新路。

【条文】tiáowén 名。法规、章程等分条说明的文字:法律～|～太多记不住。

【条纹】tiáowén 名。条形的花纹:这只花瓶的～很美。

【条约】tiáoyuē 名。国家和国家签订的有关政治、军事、经济、文化等方面的权利和义务的文书:友好～|边界～。

【条子】tiáo·zi 名。(1)细长的东西:布～。(2)便条;量词用"张":一张～。(3)〈方〉

【调教】tiáojiào 动。常带宾语或补语,可重叠。(1)调理教育;用于幼童:孩子从小就要～好,使他们健康成长|你也该把儿子～～,免得他外出滋事。(2)照料

训练；用于牲畜：马戏团的演员对一些动物进行~，好让它们登台表演|各自~好自己的牲口。

【调节】tiáojié 动。调整、节制使适合要求；多指数量或程度，常带宾语或补语：~市场|~温度|看书看久了，要休息休息，~一下疲劳的神经。可重叠：电视图像不清晰，要~~。

【调解】tiáojiě 动。劝说双方消除纠纷、矛盾：他们之间的纠纷，请你去~。常带宾语或补语：~纷争|~过多次。常作"进行、加以、开始"这类动词的宾语：这两家的纠纷由居委会进行~。可重叠：你去给他们~~。

＊"调解"和"调停"："调解"指排解双方的争执，多用于日常生活中的纠纷和矛盾；"调停"侧重于使争端停止下来，常用于集团之间的纷争或战争等重大事情上，语义比"调解"重。

【调侃】tiáokǎn 动。用言语戏弄、嘲笑；常带宾语或补语：不要~人家|他们互相~了一番。可作定语或状语：~的意味|他~地说。

【调理】tiáo·lǐ 动。常带宾语或补语。(1)调养，护理：他的身子很虚弱，需要好好~|~好病人。可重叠：你病刚好，还要~~。(2)照料，管理：~病号|伙食~得很好。(3)管教，训练：少管所~少年犯的工作做得很出色|老师把这个班的学生~得很守纪律。

【调弄】tiáonòng 动。常带宾语或补语。(1)调笑戏弄：他总爱~人，令人讨厌。(2)整理，摆弄：她给孩子穿好衣服后又~了一番才出门。(3)挑拨：这个人会~是非。

【调配】tiáopèi 动。调和配合；多用于颜料、药物等，常带宾语或补语：~中药|色彩~得很柔和。可重叠：这种颜色太深了，要重新~~。

另见 diàopèi。

【调皮】tiáopí 形。(1)顽皮：这是一个很~的孩子。(2)不驯服，狡猾，不易对付：他再~也逃不出人民的法网。(3)指耍小聪明，做事不老实：科学是老老实实的学问，来不得半点~。

【调情】tiáoqíng 动。男女之间挑逗、戏谑；不带宾语：他对妻子发誓"永不变心"，暗地里却与别的女人~。

【调三窝四】tiáo sān wō sì 成。搬弄是非，挑拨离间：他常在同事中间~，为人很不正派。也说调三幹(wò)四。

【调摄】tiáoshè 〈书〉动。调养：大病初愈，尚需~。

【调唆】tiáo·suō 动。挑拨，唆使别人干坏事或闹纠纷；常带兼语：他经常~别人闹矛盾。

【调停】tiáo·tíng 动。从中调解，平息争端；居中~|他们之间矛盾很深，法院~无效，只好开庭判决了。可带宾语：~纠纷。

【调戏】tiáo·xì 动。用轻佻的言语举动对妇女进行挑逗戏弄；多带宾语：~妇女是流氓行为|这个流氓就爱~女人。

【调笑】tiáoxiào 动。开玩笑，嘲笑：冬夜无事，大伙儿在一起常相~取乐。可带宾语：不要老是~人家|说了一些~别人的话。

【调养】tiáoyǎng 动。调节饮食起居，辅以药物，使身体恢复健康：你的身体要好好~。常带宾语或补语：~身体|病后要~一段时间。可重叠：不必再服药了，~~就行了。

【调整】tiáozhěng 动。为适应客观要求而改变原有的情况：机构要~。常带宾语或补语：~作息时间|方案要~一下。可作"开始、进行、加以"等动词的宾语：对物价进行~|结构比例不合理，应该加以~。可重叠：课程设置需要~~。

＊"调整"和"调理"："调整"重在整顿使之更合理；"调理"重在护理使之更快恢复。"调整"的对象是指不适应要求的情况和现象；"调理"的对象一般指病人的身体。"调整"没有照料、管理的意思，"调理"有。

【调嘴学舌】tiáo zuǐ xué shé 成。指背地里说长道短，搬弄是非；含贬义：她常常~，大家都讨厌她。

蜩

tiáo 名。古书上指蝉。

挑

tiǎo（ㄊㄧㄠˇ）

tiǎo ❶动。常带宾语或补语。(1)用细长东西的一头把东西支起；

用竹竿～衣服|把门帘～起来。(2)用细长的或有尖的东西拨：～出手上的刺|把炉火～旺。(3)一种刺绣方法，用针挑起经线或纬线，把针上的线从底下穿过去：～几朵花儿。(4)挑动，挑拨：帝国主义～起了战争|这场纠纷是小张～起来的。可带兼语：他～我们吵架。❷名。汉字的一种笔画，形状是"㇀"。也叫提。

另见tiào。

【挑拨】tiǎobō 动。搬弄是非，引起纠纷：有坏人从中～。常带宾语或补语：～是非|他又趁机～起来。可带兼语：～他俩闹矛盾。

【挑拨离间】tiǎobō líjiàn 成。挑拨是非争端，使人相互猜忌闹意见：有人在我们之间～，切勿上当。注意："间"这里不读jiān。

【挑动】tiǎodòng 动。常带宾语。(1)引起，惹起；对象指纠纷或某种心理等：～是非|这事儿～了我的好奇心。(2)挑拨煽动：～战争|～闹事。可带兼语：～群众反对领导。可重叠：要是有人去～～，他们就会闹得更厉害。

*"挑动"和"挑衅"："挑动"是指引逗、拨动，用于人和事物；"挑衅"是故意找碴儿，引起冲突或战争。"挑动"是及物动词，"挑衅"是不及物动词。"挑动"是中性词，"挑衅"是贬义词。

【挑逗】tiǎodòu 动。引逗，招惹；含贬义：她幼稚，经不住坏人～，上了当。常带宾语或补语：不该～孩子|～过几次。可带兼语：～他们打架，很不应该。

【挑唆】tiǎo·suō 动。调唆；常带兼语：他在暗中～别人去闹事。

【挑衅】tiǎoxìn 动。借端生事，企图引起冲突或战争；不带宾语，含贬义：侵略者在我边境多次～，每次都遭到我军有力的回击。可作定语或状语：他用～的目光看着我|"你能拿我怎么样?"他～地说。也可作宾语：我军严阵以待，随时准备回击敌人的～。

*"挑衅"和"寻衅"："挑衅"强调挑动和激怒对方，语意较重；"寻衅"强调故意找事以引起冲突，语意较轻。"挑衅"使用范围较广，可用于个人之间的不和，也可用于政治、军事上的敌对；"寻衅"使用范围较窄，多用在较小的冲突上，偶然也用于政治、军事上的敌对。

【挑战】tiǎozhàn 动。不带宾语，可拆开用。(1)激怒敌方，使其出来应战：这一封信表明，科学在向宗教～|既然敌人已挑了战，我们就只好奉陪到底了。(2)鼓动对方限自己竞赛：一车间向二车间～，看谁增产节约搞得好|我们系曾向历史系挑过战，可不能落在人家后面。

胱 tiǎo 〈古〉动。指农历月底月亮在西方出现。

窕 tiǎo 见"窈(yǎo)窕"。

tiào(ㄊㄧㄠˋ)

眺 tiào 〈素〉向远处看：～望|凭～|远～。

【眺望】tiàowàng 动。从高处往远处看：登上山顶，向四周～。可带宾语：在灵谷塔上～南京东郊风光。

*"眺望"和"瞭望"："眺望"是在高处随意地观看或观赏景物；"瞭望"特指观察情况，监视敌情。

跳 tiào 动。(1)腿用力，使身体迅速离开原来的位置：这孩子高兴得直～。常带宾语或补语：～绳|～牛皮筋|～河里了|他～得很远。(2)物体因弹簧作用突然向上移动：多带补语：弹簧～出来了|这个球气足，～得很高。(3)一起一伏地动；一般只作谓语，不带宾语：眼皮在～|脉搏～得很快。(4)越过原来应该经过的某一级或某一阶段：他～了一级工资|要想～过这个历史阶段是不可能的。(5)〈古〉同"逃"。

【跳板】tiàobǎn 名。(1)搭在车、船边沿供人上下的长板。(2)比喻临时停留以待他往的处所：他一心想考研究生，不过是把这里的工作当～罢了。(3)游泳池边供跳水用的长板：他站在～上神态自若。

【跳动】tiàodòng 动。一起一伏地动；不带宾语，可带补语：他的心脏～很快。

【跳高】tiàogāo 名。田径运动项目之一，有急行跳高、撑杆跳高、立定跳高三种。通常指急行跳高，运动员经过助跑，以某种姿式越过一定高度的横竿。

【跳行】tiáoháng 动。不带宾语,可拆开用。(1)阅读或抄写时漏掉一行:你～看了,所以连贯不起来了|遇到看不懂的地方,就跳过几行看。(2)另起一行写:这一段要～写|跳一行再写。(3)改行:他一经商了|最近,他已跳了行,不再做生意了。

【跳加官】tiào jiāguān 词组。旧时戏曲开场或演出中遇大贵到场时加演的舞蹈节目,由一个演员戴上假面具,穿红袍、皂靴,向观众展示"天官赐福"等字样的布幅,表示庆贺。

【跳梁】tiàoliáng 动。跳跃,跳动;用来比喻猖獗、跋扈,含贬义,不带宾语:这些人间丑类只能～一时,而不能横行长久。也作跳踉。

【跳梁小丑】tiàoliáng xiǎochǒu 成。跳梁:腾跃跳动;小丑:卑鄙小人。比喻上蹿下跳、猖狂捣乱但成不了大气候的坏人:这个家伙上蹿下跳,兴风作浪,是个～。

【跳马】tiàomǎ 名。(1)体操器械的一种,马形,背上无环。(2)竞技体操项目之一,运动员利用跳马做各种动作。

【跳伞】tiàosǎn 动。用降落伞从飞机或跳伞塔上往下跳;不带宾语:运动员们正在～。可拆开用:他跳过伞,有经验。

【跳神】tiàoshén 动。女巫或巫师装出鬼神附体的样子胡说乱舞,迷信的人认为能给人驱鬼治病;不带宾语:她到处～,欺骗群众,捞取钱财。可拆开用:她跳完神,拿了钱就走了。

【跳水】tiàoshuǐ 名。水上运动项目之一,在跳板上起跳后,在空中做各种动作,然后下水。

【跳舞】tiàowǔ 动。舞蹈,特指跳交际舞;不带宾语:他～到到了深夜。可拆开用:她跳完舞就走了。可重叠:唱唱歌,跳跳舞,轻松愉快。

【跳远】tiàoyuǎn 名。田径运动项目之一,有急行跳远、三级跳远和立定跳远三种。通常指急行跳远,运动员经助跑,向前跳越一定的远度,落入沙坑。

【跳跃】tiàoyuè 动。腿上用力,使身体向上或向前;不带宾语:一只鸟儿在树枝上～着|打了胜仗,战士们欢呼～,高兴极了|汽车在崎岖不平的山路上～前进。

可作定语:～运动。

【跳月】tiàoyuè 名。苗、彝等少数民族的一种文娱活动,节日里,青年男女在月光下歌舞。

粜(糶) tiào 动。卖出;专用于稻米等粮食,与"籴(dí)"相对,常带宾语或补语:昨天～了10石米|粮食全～给国家了。

tiē(ㄊ丨ㄝ)

帖(△贴) tiē △❶〈素〉(1)服从,顺从:服～|俯首～耳。(2)合适,妥当:妥～。❷姓。
另见tiě,tiè。

【帖服】tiēfú 形。服帖:向他讲清道理后,他才～|这件事处理得很～。可重叠:他对他所尊敬的人帖帖服服。

怗 tiē 〈古〉动。平息。

贴 tiē ❶动。常带宾语或补语。(1)粘合;用于纸一类片状的东西:～布告|邮票要～在信封右上角。(2)靠近,紧挨:～着墙慢慢走|天气热,你别～在我身上|两个人～得很紧。(3)贴补:每月给她～10元|哥哥的钱全～光了。可带双宾语:每月～外婆20元。❷〈素〉(1)工资以外的补助费:米～|肉～。(2)同"帖❶"。❸量。用于膏药:买了三～膏药。

【贴补】tiēbǔ 动。常带宾语或补语,可叠。(1)用财物帮助;多指对亲属朋友:给姑母每月～20元|～过几次|你经济裕,应该～～你岳父。可带双宾语:他每年都要～姐姐一些钱。(2)弥补不足;一般指用积存的财物去补足:最近开支大,要拿些存款～生活|钱都～光了。

【贴金】tiējīn 动。不带宾语,可拆开用。(1)在神佛塑像上贴上金箔。(2)比喻美化,夸耀;含贬义:你别给自己脸上～了|自己给自己贴一点金,不会使别人尊敬你。

【贴近】tiējìn 动。靠得很近;常带宾语:他深度近视,～书面才能看见字|他～石壁慢慢移步。

【贴切】tiēqiè 形。运用语言恰当,确切:这篇小说用词～|这个比喻很～。

【贴身】tiēshēn 形。(1)紧靠身体的：这套衣服非常～|钱放在～衣服的口袋里。(2)旧指跟随在身边的；多作定语：～保镖。

【贴题】tiētí 形。切合题意；多作谓语：这篇文章的内容非常～。

【贴心】tiēxīn 形。最亲近，最知己：女儿最～|～的朋友

萜 tiē 名。音译词。一类有机化合物，有香味，松节油、薄荷油等都是含萜的化合物。

tiě (ㄊㄧㄝˇ)

帖 tiě ❶名。(1)(～子)请客的通知：发了请客的～子。(2)(～子)旧时写生辰八字的纸片：年庚～子。(3)(～儿、～子)写上字的小纸片：字～儿(便条)。❷量。用于配好的若干味汤药：一～藿朴夏苓汤。
另见tiē, tiè。

铁(鐵、銕) tiě ❶名。金属元素，符号Fe。灰白色，质硬，有光泽，富延展性，显磁性，在湿空气中易氧化生锈。工业上用途极大，可制造各种机械、用具。❷形。不加程度副词，不单独作谓语，多作定语。(1)坚硬，坚强；不加助词"的"：～姑娘队|～拳头。(2)确定不移；要加助词"的"：～的纪律|～的事实。❸〈素〉(1)指刀枪等兵器：手无寸～。(2)强暴或精锐：～蹄|～骑。❹姓。

【铁案如山】tiě àn rú shān 成。指证据确凿，定的案像山一样不能推翻：～，岂能狡辩!

【铁板一块】tiě bǎn yī kuài 成。比喻结合很紧，难以解体：这个流氓集团并非～，是完全能够分化瓦解的。

【铁壁铜墙】tiě bì tóng qiáng 见"铜墙铁壁"。

【铁饼】tiěbǐng 名。(1)田径运动项目之一，运动员一手平挽铁饼，转动身体，然后投掷出去。(2)这种田径运动使用的器材，圆形，像凸镜，边沿和中心用铁制成，其余部分用木头。

【铁杵磨成针】tiě chǔ mó chéng zhēn 成。宋·祝穆《方舆胜览》卷五十三记载：李白小时候念书不用功，一天，在路上碰见一个老太婆在磨一根铁棒，说要把它磨成一根针。李白深受感动，从此发愤读书，终于获得了很大的成就。比喻只要有毅力，肯下苦功，做任何事情都能成功；在攻克科学堡垒的征途上，需要有～的毅力。

【铁窗】tiěchuāng 名。安上铁栅的窗户，借指牢房：他在～之中度过了20年。常作定语：～风味|～之苦。

【铁搭】tiědā 名。刨土用的一种农具，有三个至六个略向里弯的铁齿；量词用"把"。也作铁搭。

【铁打】tiědǎ 形。用铁打成的，比喻坚硬牢固；不加程度副词，不单独作谓语，一般作定语：～的江山|～的身子。

【铁定】tiědìng 形。确定不移；不加程度副词，不单独作谓语，多作定语：～的案情|～的事实。

【铁饭碗】tiěfànwǎn 名。比喻十分稳定牢靠的职位：打破～是劳动人事制度改革的一个重要内容。

【铁公鸡】tiě gōngjī 习。比喻极其吝啬的人；多与"一毛不拔"并用：这个人是个～，一毛不拔。

【铁画】tiěhuà 名。我国独有的一种工艺品，用铁片作线条构成图画，上面涂上黑色或棕红色。也指制作铁画的工艺。

【铁甲】tiějiǎ 名。(1)古代的战衣，用铁片连缀而成。(2)用厚钢板做成的车或船的外壳。

【铁路】tiělù 名。铺设钢轨供火车行驶的道路；量词用"条"。也说铁道。

【铁马】tiěmǎ 名。(1)铁骑：金戈～。(2)挂在宫殿庙宇檐下的金属片，风吹时撞击发声。

【铁面无私】tiě miàn wú sī 成。形容公正严明，不讲情面：他办案～，大家都信任他。

【铁骑】tiěqí 〈书〉名。精锐的骑兵。

【铁器时代】tiěqì shídài 词组。青铜时代之后的一个时代，这时人类普遍制造和使用铁制的生产工具，特别是铁犁。

【铁青】tiěqīng 形。形容发怒、恐惧或患病时发青的脸色；不加程度副词：她脸色～|队长板着～的脸。

【铁拳】tiěquán 名。比喻强大的打击力量:人民的～砸烂了旧世界。

【铁人】tiěrén 名。(1)铁打的人:你又不是个～,这么没黑没夜地拼命干活,身体怎么撑得住？(2)喻指意志特别坚强或体魄特别强壮的人。(3)特指大庆油田优秀工人王进喜。他为了改变我国石油工业的落后面貌,率领1205钻井队在极其艰苦的条件下大干苦干,作出很大贡献,被群众誉为"铁人":发扬～精神。

【铁石心肠】tiě shí xīncháng 成。形容心肠硬,不为感情所动:她把心都掏给你了,竟打动不了你,难道你是～?

【铁树开花】tiěshù kāi huā 成。铁树:又叫苏铁,常绿乔木,原产热带,不常开花,移植北方后,好多年才开一次花。一说铁做的树。比喻非常罕见或极难实现的事情:你想挑拨我们不和,那除非是～。

【铁索桥】tiěsuǒqiáo 名。以铁索为主要承重构件的桥。桥面铺设或悬吊在铁索上。

【铁蹄】tiětí 名。比喻踩躏人民的残暴行为:决不让侵略者的～再践踏我国的领土。

【铁腕】tiěwàn 名。比喻强有力的统治手段;多作定语:～人物。

【铁心】tiěxīn 动。下定决心,不可动摇;不带宾语:这次我已～了,非同她离婚不可。可拆开用:他这次参军可是铁了心,别去阻拦他。

【铁衣】tiěyī 名。古代用铁片连缀而成的战衣。

【铁证】tiězhèng 名。确凿无疑的证据;多用在固定的组合中:～如山(形容证据确凿,像山一样不能动摇)。

【铁中铮铮】tiě zhōng zhēngzhēng 成。比喻才能出众的人物:在知识分子中,他可谓～的才子。

tiè(ㄊㄧㄝˋ)

帖 tiè 名。学习写字或绘画时临摹用的样本:你要按照～写。
另见 tiē、tiě。

饕 tiè 见"饕(tāo)餮":

tīng(ㄊㄧㄥ)

厅(廳) tīng 名。(1)聚会或招待客人的房间:这个～是会客的。(2)省级以上的机关某些部门或办事单位的名称;作中心语:交通～|办公～。

汀 tīng 〈古〉名。水边平地,小洲。

听(聽) tīng ❶动。常带宾语或补语。(1)用耳朵接受声音:这种音乐我不喜欢～|～歌曲|～得很清楚。可带某些动词作宾语:～传达|～汇报。(2)听从,接受;多指意见和劝告:他的话你要～|学生要～老师的话|您的意见我都～进去了,一定照办。可带某些动词作宾语:～指挥|～劝告。可加程度副词:她很～您的话。❷〈方〉名。(～子)用金属做的供装食品或香烟等的罐子、筒子:～子里装的是牛肉。❸〈方〉量。用于听子装的物品:三～麦乳精|一～香烟。❹〈素〉(1)任凭,听凭:～便|～凭。(2)治理,判断:～政|～讼。

【听便】tīngbiàn 动。听凭自便;不带宾语,主语常是带疑问代词的主谓词组或肯定否定式联合词组:你想吃什么菜,～|去不去跳舞,那就～吧。可拆开用:一切听他的便。

【听差】tīngchāi 名。旧时指在政府、企业或有钱人家里做勤杂工作的男仆。

【听从】tīngcóng 动。接受并服从:你说得对,我就～,说得不对,我就不～。可带宾语:你要是～了我的话,哪会到这个地步? 常带动词作宾语:一切行动～指挥|～分配。可加程度副词:他很～父母的嘱咐。

【听而不闻】tīng ér bù wén 成。听了同没听见一样,指漠不关心:别人劝你半天,你却～。

【听候】tīnghòu 动。等候;对象指上级的决定,多带动词作宾语:～处理|～裁决|～分配。可带兼语:～校长吩咐。

【听见】tīngjian 动。听到;常带宾语,可带动态助词"了、过":我～了打夯的声音|他唱的歌,我～过。可带主谓词组

作宾语：我～河水在哗哗地响。可拆开用：听得见|听不见。

【听凭】tīngpíng 动。任凭，让别人爱怎样就怎样；常带兼语：不能～坏人胡作非为|能～错误倾向继续发展下去吗？

【听其自然】tīng qí zì rán 成。听：任凭，听任；其：它。听任它自由发展变化，不予干涉；可用于人或事物：这孩子学习自觉性还比较差，你做父亲的怎么能～呢？|事情已弄到这个地步，管也管不了，只好～了。

【听取】tīngqǔ 动。倾听并采纳；指别人的意见、汇报和反映等，常带宾语：～群众的意见|代表们～了上届委员会的工作报告。

* "听取"和"听"："听取"有认真地听，并将慎重研究、给予答复等意思；"听"不一定有这些意思。

【听人穿鼻】tīng rén chuān bí 成。听：听凭；穿鼻：牛鼻穿绳，任人牵引。比喻自己无主见，任人摆布：这个人办事毫无主见，听人穿鼻。

【听任】tīngrèn 〈书〉动。听凭；常带兼语：～其自由发展。

【听事】tīngshì 〈书〉❶动。听政：是日移病不～。❷名。指官署中治理政事的大厅。也作厅事。

【听说】tīngshuō 动。听别人说；多带动态助词"了、过"：这件事我已～了|这个故事我早就～过。作插入语时一般不带动态助词，位在句首或句中：～她去北京了|老徐这个人，～很能干。可带词或主谓词组作宾语：孩子们都～过这个故事|我最近～白塔寺又重新开放了。可拆开用：听他说|听有关人说。

* "听说"和"据说"："听说"可作谓语，又可作插入语；"据说"不作谓语，只作插入语。

【听天由命】tīng tiān yóu mìng 成。听凭天意和命运的安排。现也比喻听任事态自然发展，不作主观努力：必须排涝除灾，战胜困难，而不能～。有时也比喻碰机会或听其自然：能不能考上大学，只好～了。

【听闻】tīngwén 〈书〉名。指听的活动或所听到的内容；多用在固定的组合中：以广～|耸人～。

【听信】tīngxìn 动。(1)听了就相信；多指不正确的话或消息，常含贬义：小道消息不可～。常带宾语：～谣言|曾经～过一面之词。(2)等候消息；不带宾语，常儿化：明天去不去上海，你在家～儿。可拆开用：听你的信儿。

【听政】tīngzhèng 动。帝王或摄政者上朝听取大臣的报告并决定政事；不带宾语：垂帘～。

【听之任之】tīng zhī rèn zhī 成。听、任：随，任凭；之：它。听凭它自然发展而不去过问：对危害国家和人民利益的事，决不能～。

烃（烴） tīng 名。含有碳和氢原子的有机化合物。又叫碳氢化合物。

桯 tīng 名。(1)(～子)锥子等工具的杆子：锥～子。(2)古代指放在床前的小桌。

鞓 tīng 名。古时皮革制成的腰带。

tíng（ㄊㄧㄥˊ）

廷 tíng 〈素〉古时帝王接受朝见和办理政事的地方：朝～|宫～。

莛 tíng 名。(～儿、～子)草本植物的茎：麦～儿|油菜～子。

庭 tíng 〈素〉(1)厅堂：大～广众。(2)院子，院落：～院|～园。(3)司法机关审判案子的地方：法～|开～。

【庭除】tíngchú 〈书〉名。除：台阶。指庭院：洒扫～。

【庭园】tíngyuán 名。附属于住宅的或有花木的庭院；量词用"座"。

【庭院】tíngyuàn 名。正房前的院子，泛指院子：他家堂屋前有个～。

蜓 tíng 见"蜻(qīng)蜓"。

霆 tíng 〈素〉霹雳，暴雷：雷～。

亭 tíng ❶名。(～子)建造在公园里或路旁供人休息的建筑物，大多有顶无墙，面积较小。❷〈素〉(1)形状像亭子的小房子：书～|邮～。(2)适中，均匀：～午|～匀。

【亭亭】tíngtíng 〈书〉形。不加程度副词。(1)高耸或直立的样子：～荷花。(2)同"婷婷"。

【亭亭玉立】tíngtíng yù lì 成。形容美女体态修长或花木挺拔秀丽，含褒义：那青翠的山峰，矗立江边，犹如一位～的少女|满池荷花，～，发出阵阵幽香。注意："亭亭"不要写成"停停"。

【亭午】tíngwǔ 〈书〉名。正午，中午；时值～。

【亭匀】tíngyún 见"停匀"。

【亭子间】tíngzijiān 〈方〉名。上海某些旧式楼房中的一种小房间，一般在房子后部的楼梯中间，阴暗狭小。

停 tíng ❶动。(1)停止：风～了。常带宾语或补语：～电了|自来水已～了两小时。可带单音节动词或动词性词组作宾语：～演|～产|～发工资。(2)停留；不带宾语，多带补语：我在上海～了两天|在这里～不得，要赶快走。(3)停放，停放；用于车、船、飞机等，常带宾语或补语：门口～着一辆客车|飞机～在飞机场。❷〈口〉量。(～儿)总数分成几份，其中一份叫一停儿：大蛋糕吃了三～儿，还剩一～儿。❸〈素〉完毕，妥帖：～当|～妥。

【停摆】tíngbǎi 动。钟摆停止摆动，常比喻事情停顿；不带宾语：这两天，会议的筹备工作怎么～了？可拆开用：停了摆|又停过一次摆。

【停闭】tíngbì 动。歇业，停办；多指商店、工厂等：这家工厂亏损很多，只得～。常带宾语或补语：～了一家公司|展览馆～了两天，今天又开放了。

【停泊】tíngbó 动。指船舶靠于码头、泊于锚地或系于浮筒：这是一个深水港，万吨海轮可以～。常带宾语或补语：码头上～着远洋货轮|许多渔船～在海边。

【停当】tíng·dang 形。齐备，完毕；多用在动词之后作补语：行李收拾～|我们则打点～。可重叠：一切都已整理得停停当当。

＊"停当"和"妥当"："停当"着重指准备、筹划等的情况；"妥当"着重指工作、人事的安排及办事等的情况。"停当"只表示安排就绪；"妥当"除表示安排就绪外，还表示稳妥、周密、恰当等意思。"停当"在句中主要作状语；"妥当"在句中可作补语、谓语、定语等。

【停顿】tíngdùn 动。不带宾语，可带补语。(1)事情中止或暂停：实验不能中途～|这项工程～了几个月。(2)说话时语音暂时中断：念书凡有句号、逗号的地方，必须～|他说了半句话就～下来了。

＊"停顿"和"停止"："停顿"表示中断，一般指暂时的休止；"停止"表示终止，指行为动作不再进行。"停顿"不带宾语；"停止"可带宾语，且多带动词作宾语。

【停放】tíngfàng 动。短时间放置；多指车辆、灵柩等，常带宾语或补语：校门口～着一辆小汽车|灵柩～在堂屋正中。

【停工】tínggōng 动。停止工作；不带宾语：原料供应不足，这个车间经常～待料。可拆开用：停了一天工。

【停火】tínghuǒ 动。作战双方或一方停止攻击；不带宾语：元旦～一日|双方决定先～，再谈判。可拆开用：双方都停了火。

【停刊】tíngkān 动。停止出刊发行；指报纸、杂志，不带宾语：一些格调低下的小报必须～。可拆开用：停了刊|停过刊。

【停靠】tíngkào 动。停留在某个地方；用于火车、轮船等，常带宾语或补语：货轮～中山码头|列车～在3号站台。

＊"停靠"和"停泊"："停靠"可用于车船，"停泊"只用于船只。"停靠"用于船只时，一般指停在某个码头；"停泊"不限，包可以抛锚停在水中。

【停留】tíngliú 动。暂时不继续前进；不带宾语，常带表示时间、处所的补语：他们在南京～了三天|生产不能～在目前的水平上。

＊"停留"和"停止"："停留"表示留在原地；"停止"表示终止，没有"留"的意思。"停留"的时间一般较短，"停止"的时间可长可短。"停留"不带宾语；"停止"可带宾语，且多为动词性宾语。

【停妥】tíngtuǒ 形。停当妥帖；一般用在动词之后，作补语：行李收拾～|安排得很～。

【停息】tíngxī 动。停止、平息；多指风雨、争斗等，不带宾语：暴风雨已经～。可

停葶渟婷町侹挺梃梃　tíng-tǐng　1065

带补语：一场内战终于～下来了。

【停歇】tíngxiē 动。(1)不再继续营业：这家商店昨天开始～。常带宾语或补语：～了生意｜～过几个月。(2)停止，停息；不带宾语，可带补语：一场恶战～下来了。(3)停止行动而休息；不带宾语，常带时间、处所补语：他在家里～了一天就走了｜队伍～在王家村。

【停止】tíngzhǐ 动。不再进行：战争已经～。常带宾语或补语：～这项工程｜科研任务～不得。常以动词或动词性词组作宾语：～演出｜～生产这种劣质产品。

【停滞】tíngzhì 动。因受到阻碍而停顿下来；不带宾语：如果不学习，思想就会～｜革命正在发展，历史没有～。常和"不前"合用：长期以来这家工厂的生产一直～不前。

＊"停滞"和"停止"："停滞"表示某种抽象的、可以发展的事物，如思想、历史、生产等，不能用于具体的人或物；"停止"是停下来，不再做，不再进行的意思，可用于具体的人或事物。"停滞"不能带宾语；"停止"可以带宾语。

葶 tíng ［葶苈］(-lì) 名。一年生草本植物。叶卵形或长椭圆形，开黄色小花。种子可入药，有清热、利尿、祛痰等作用。

渟 tíng 〈古〉动。水停滞：疏九河决～水。

婷 tíng ［婷婷］〈书〉形。形容人或花木秀美的样子；不加程度副词：倚着一株十分娟秀的樱花，很像一位～的村姑。

tǐng (ㄊㄧㄥˇ)

町 tǐng 〈古〉名。田界。
另见dīng。

侹 tǐng 〈古〉形。平而直。

挺 tǐng ❶动。(1)伸直；用于身体或身体的一部分，常带宾语或补语：～着脖子｜身子～起来。(2)凸出；常带宾语或补语：～胸｜～着肚子｜粉色荷花高高地～出水面来。(3)竭力支撑；一般不带宾语，常带补语：他憋足了劲

儿硬～下来｜全家省吃俭用，日子终于～过来了。带"着"后可与其他动词连用：他受了伤，～着也不下火线。❷〈口〉副。很：～要面子｜工作～认真。所修饰的形容词、动词后面常带助词"的"：这儿～新鲜的｜这孩子～讨人喜欢的。❸量。用于机关枪。❹〈素〉(1)硬而直：笔～｜～立｜～直。(2)特出，杰出：～拔｜英～。

【挺拔】tǐngbá 形。(1)直立而高耸：～的苍松｜那石碑～地矗立在广场上，显得庄严、雄伟。(2)坚强有力；多形容字迹：笔力多么～｜他写的字点画～，布局得当。

【挺括】tǐngkuò 〈方〉形。平整而硬实；多形容衣服、布、纸等：衣服烫得很～｜非常～的道林纸。可重叠，挺括括的衣料｜这种纯涤纶穿起来总是挺括括的。

【挺进】tǐngjìn 动。勇往直前；用于军队：我军向东～。常带宾语或补语：～中原｜向前～了一百多公里。

【挺立】tǐnglì 动。直立不弯：他傲然～着，轻蔑地看着审问他的敌人。常带宾语或补语：凛冽的寒风中～着一朵冰雕玉琢似的雪莲花｜两排白杨高高地～在公路两旁。

＊"挺立"和"屹立"："挺立"着重表示直立而不弯曲，比喻坚强不屈；"屹立"着重表示高耸而稳固，比喻坚定不移。

【挺身】tǐngshēn 动。挺着身子站出来；常与其他动词连用，构成连动词组，含褒义：～反抗｜～战斗｜～而出。

【挺身而出】tǐngshēn ér chū 成。挺直身子站出来；一般形容遇到危急或困难时的行动：在国家民族处于危急存亡的紧急关头，许多志士仁人，～，奋起救亡｜他蒙冤受屈，我出于义愤，～，为他奔走申诉。

【挺秀】tǐngxiù 形。挺拔秀丽；多形容身材或树木等：非常～的身材｜白杨高大而～。

珽 tǐng 〈古〉名。玉笏(hù)。

梃 tǐng 名。(1)〈古〉棍棒。(2)(～子)门框、窗框、门扇、窗扇两侧直立的边框：门～子。(3)〈方〉(～儿)花梗：花～

儿断了。
另见tǐng。

铤 tǐng 〈素〉快走的样子：～而走险。

【铤而走险】tǐng ér zǒu xiǎn 成。铤：快走的样子；走险：奔赴险处。形容人穷途末路或受逼无路可走而采取冒险行动：那时，地主恶霸逼得他走投无路，他便～，参加了农民起义军｜如今，家里虽然经济窘迫，但也不能～去干那些非法的营生。注意："铤"不要写成"挺"。

颋 tǐng 〈古〉形。正直，直。

艇 tǐng 名。轻快的小船；多作中心语：游～｜救生～｜快～。

tìng（ㄊㄧㄥˋ）

梃 tìng ❶动。杀猪后，在猪腿上开一口子，用铁棍贴着猪皮往里捅，叫梃。梃成沟以后再往里吹气，使皮绷紧，以便去毛除垢；常带宾语或补语：～猪｜～好了。❷名。梃猪用的铁棍。
另见tǐng。

tōng（ㄊㄨㄥ）

通 tōng ❶动。(1)没有堵塞，可以穿过：这个洞不～。常带宾语或补语：这根管子能～电线｜这里没有门，～不过去。(2)用工具戳，使不堵塞；须带宾语或补语：～炉子｜蜂窝煤要用通条～一～。(3)有路达到；常带宾语或补语：火车直～北京｜～向幸福的明天。(4)传达，使知道；须带宾语或补语：请先给我～个电话｜消息～不过去。(5)了解，懂得；常带宾语：他～三门外语。❷形。通顺；指语言、文字，多用于否定式：语言不太～｜这篇文章写得不～。❸〈书〉量。用于文书、电报：一～电报｜手书两～。❹〈素〉(1)某方面精通的人：中国～｜万事～。(2)连接：沟～｜～商。(3)普通，一般：～病｜～称。(4)整个，全部：～共｜～盘。～红｜～亮。❺姓。
另见tòng。

【通报】tōngbào ❶动。常带宾语：(1)上级机关用书面形式向下级机关传达、通告工作情况或经验教训：～了有关情况｜～过几条经验。可带某些动词作宾语：～表扬｜～批评。(2)通知报告工作情况或主人；多指口头的：请向首长～一声，外面有客人｜他去～主人了。❷名。(1)上级机关通告下级机关的文件：发来一份～。(2)报道科学研究成果或动态的刊物；多作中心语：物理～。

【通病】tōngbìng 名。比较普遍存在的缺点：溺爱子女是很多家长的～。

【通才】tōngcái 名。兼备多方面才能的人：我们不仅需要专门人才，还需要～。

【通常】tōngcháng 形。一般，平常；不加程度副词，不单独作谓语，常作定语或状语：～的情况｜～的做法｜我～每天六点起床｜这条巷子很僻静，～行人很少。

【通畅】tōngchàng 形。(1)运行无阻：肠道～｜这条马路拓宽后，车辆运行很～。(2)流畅，指思路、文字：文笔很～｜～的语言。

＊"通畅"和"顺畅"："通畅"强调能够通贯而行；"顺畅"强调进行顺利。"通畅"多用于道路、血液循环及其他运行于通道的事物或运行的现象，"顺畅"可用于事情的进展和某些活动，也可用于流水及其他运行于通道的事物，但不能用于道路。

【通称】tōngchēng ❶动。通常叫做；带宾语：玉蜀黍～玉米。❷名。通常的名称：灰锰氧是高锰酸钾的～。

【通达】tōngdá 动。明白，懂得，多指人情、事理：事理～。常带宾语：～人情世故。可加程度副词：在待人接物方面，他是十分～的。

【通电】tōngdiàn ❶动。(1)使电流通过；不带宾语：大楼今晚开始～。可拆开用：广大农村都已通了电。(2)向有关方面拍发宣布政治主张的电报：这个文件要立即向各省市～。可带处所宾语：～全国。❷名。指公开发表的宣布某种政治主张的电报：大会向全国发出一份～。

【通牒】tōngdié 名。一国通知另一国并要求答复的外交文件：发出最后～。

【通读】tōngdú 动。(1)从头到尾阅读全文或全书；常带宾语或补语：～全书｜把文章～了一遍。(2)读懂，读通：这篇古文他已能～。可带宾语：他能流利地～

英文原著。

【通风报信】tōng fēng bào xìn 成。把对立双方中一方的机密暗中告知另一方；有时含贬义：终于查出了那个～的家伙，原来他是这个案子的同案犯｜这次部队被围困，是有坏人向敌人～。

【通告】tōnggào ❶动。普遍地通知；多由国家机关、社会团体、企事业单位等发出：此项规定要向全市人民～。可带处所宾语：～全国。❷名。指普遍通知的文告：墙上贴着一张～。

【通共】tōnggòng 副。一共；用在动词前作状语：～造了5幢楼房｜做了10道练习题｜～有5个人。

【通过】tōngguò ❶动。常带宾语，可拆开用。(1)穿过，经过；可带动态助词"了"：部队排着整齐的行列～了广场｜这里修路，汽车不能～｜人很多，汽车通不过。(2)提案等经过法定人数的同意而成立；可带动态助词"了"：～了决议｜提案～了｜他作候选人可能大家通不过。(3)表示某种目的或结果是经过某种人、事物或行为而达到或取得的；干这种事必须～领导｜人事调动应该～组织部门｜在群众中通得过。❷介。引进动作的媒介或手段：～组织了解情况｜～学习，我们加深了认识｜～老张介绍，我认识了他。

【通航】tōngháng 动。有船只或飞机来往；不带宾语：从重庆到南京可以直接～｜上海与香港已经～。

【通好】tōnghǎo 〈书〉动。互相友好往来；多指国家与国家之间，不带宾语：我们两国要世代～。

【通红】tōnghóng 又读tònghóng 形。非常红，十分红；不加程度副词：他的脸～｜晚霞映得西边的天空～的。可重叠：小手冻得～～。

【通货】tōnghuò 名。作为流通手段的货币，包括硬币、纸币、支票、期票等：～膨胀｜～紧缩。

【通货膨胀】tōnghuò péngzhàng 词组。指发行的纸币量超过流通中需要的货币量，引起货币贬值、物价上涨的现象：为了防止～，一要大力发展生产，二要控制货币发行。

【通缉】tōngjī 动。公安或司法机关依法通令各地捉拿或搜捕在逃罪犯：有两名重要的犯人逃跑了，公安部下令在全国～。可作定语：～令。

【通家】tōngjiā 〈书〉名。指两家交谊深厚，如同一家：累世～｜～之好。

【通假】tōngjiǎ 动。汉字的通用与假借，即用同音字或音近字来代替本字："蚤"，古书中～为"早"。

【通解】tōngjiě 〈书〉动。通晓，理解：四书五经他无不～。可带宾语：～经籍。

【通栏】tōnglán 名。书刊报纸上贯通版面不分栏的编排形式，可以从左到右，也可以从上到下；常作定语：～大标题｜登了一则～广告。

【通力合作】tōnglì hézuò 成。通力：一齐出力，不分彼此地共同做事：咱们大家～，一定能完成这项艰巨的任务。

【通例】tōnglì 名。一般情况、常规或惯例：春节放假是我国的～｜这里的～是每星期三下午开会。

【通亮】tōngliàng 形。通明；不加程度副词：灯光把房间照得～。

【通令】tōnglìng ❶动。把同一个命令发到若干地方或部门；常带处所宾语：～全国｜～华东各省、市。❷名。发到若干地方或部门的同一个命令：发出～。

【通论】tōnglùn 名。(1)通情达理的议论：有人以为圣哲之言都是～，其实也不尽然。(2)某一学科的全面的论述；多用于书名：《史学～》《哲学～》。

【通明】tōngmíng 形。十分明亮；不加程度副词：灯火～｜月色～｜灯光把大厅照得～。

【通盘】tōngpán 副。全面，全盘；常修饰动词，作状语：～考虑｜这事儿要～安排一下，不能顾此失彼。

【通气】tōngqì 动。不带宾语，可拆开用，可重叠。(1)让空气流通：房间里要经常开窗～｜打开窗户通一会儿气。(2)互通消息、音信等：我们要常～｜请事先通个气｜有什么情况要及早通通气。

【通窍】tōngqiào 动。通达事理；不带宾语：这孩子原来糟糟懂懂的，近来～了。可拆开用：通了窍。

【通情达理】tōng qíng dá lǐ 成。明白事理，说话做事合情合理：群众是～的｜你是个~的人,我们之间的纠纷会妥善解决的。

【通衢】tōngqú 〈书〉名。四通八达的大道:~大道。

【通权达变】tōng quán dá biàn 成。通、达:通晓,懂得;权、变:权宜,变通。不拘泥成规,根据客观需要灵活行事:在不违反基本原则的前提下,做事要~,不可拘泥成规。

【通人】tōngrén 〈书〉名。学识渊博贯通古今的人。

【通融】tōngróng 动。(1)变更原来的规定、条件、期限等,给人以方便,或破例迁就:这件事可以~。常带宾语或补语:不要处罚了~|他一次吧|这种事~不得。(2)指短期借钱;须以钱数作宾语:向你~30元。

【通商】tōngshāng 动。国与国之间进行贸易;不带宾语,可带补语:两国早就~|已~多年。可拆开用:通了几十年的商。

【通史】tōngshǐ 名。通贯古今的史书,书中连贯地叙述各个时代的事实;量词用"部、本"等:一部中国~。常用于书名:《世界~》。

【通事】tōngshì 名。旧时指翻译人员。

【通顺】tōngshùn 形。没有语法上的或逻辑上的毛病;指文章、语言:文章很~|文理~|语言~得很。可重叠:文章要写得通通顺顺才好。

【通俗】tōngsú 形。简明易懂,容易被群众理解和接受的,适合大众水平的:这部作品非常~|语言~|~读物。

【通天】tōngtiān 形。形容极大、极高;不加程度副词:他有~的本领|他的罪恶~。

【通通】tōngtōng 副。表示全部:他家的几盆茶花~开花了|~浇过水。

【通途】tōngtú 〈书〉名。大路:天堑变~。

【通脱】tōngtuō 〈书〉形。通达脱俗不拘小节。也作通傥。

【通宵】tōngxiāo 名。整夜;~达旦|他熬了一个~,才把文章写出来|~不眠。

【通晓】tōngxiǎo 动。透彻地了解:这些事情,对一个孩子来说是还不能~的。可带宾语:他~英、俄两种文字。

【通信】tōngxìn 动。写信互通情况;不带宾语:他毕业后常跟原来的同学~。可拆开用:通过不少信|还在通着信。

【通行】tōngxíng 动。常带宾语或补语。(1)在交通线上通过;用于车马、行人等:这座立交桥已正式~|这条路可以~汽车|大桥建成后已~了两个月。(2)普遍使用,流通:这种习俗全国~|这套教材~全省各中学|大家对这种~在美国人中间的征询方式都不大懂得。

【通讯】tōngxùn ❶动。利用电讯设备传递消息;不带宾语:战士们在用无线电互相~。可作定语:~设备。❷名。文章的一种体裁,指报道消息的文章:这是一篇体育~。

  *"通讯"和"通信":"通讯"一般指用电讯设备,如无线电、电话等传递消息,有时也指用灯光、信号或书信等方式传递信息;"通信"一般只指用书信传递信息。"通讯"可作名词,指一种文体;"通信"只作动词,不作名词。

【通讯社】tōngxùnshè 名。采访和编辑新闻供各报社使用的宣传传播机构,如我国的新华社,美国的合众社等。

【通用】tōngyòng 动。(1)普遍使用:我国现在发行的邮票在全国~。可带宾语:我国现已~公制度量衡。(2)某些音同而形异的汉字可以换用,如"措词"与"措辞"可以通用。

【通邮】tōngyóu 动。地区与地区或国与国之间有邮件往来;不带宾语:我国南极考察站可与全国各地~。

【通则】tōngzé 名。适合于一般情况的规章、规则。

【通知】tōngzhī ❶动。把事情告诉人知道:这种事要及时~。常带宾语或补语:你去~老张|迅速~下去。可带双宾语:你去~小张外面有人找他。也可带动词性词组或主谓词组作宾语:赶快~停止挖掘|校长办公室~全体同学到大操场开会。还可带兼语:~他们马上出发。❷名。通知事项,文书或口信:发一个~|带个口头~。

嗵 tōng 拟声。摹拟脚步声、心跳声等;常叠用:他~~地往前走|我的心~~直跳。

tóng(ㄊㄨㄥˊ)

仝 tóng ❶同"同"。❷姓。

砼 tóng 名。混凝土。

同 tóng ❶动。(1)相同；肯定式须带名词作宾语：～岁｜～一时期｜两个人性格不～。有时带"于"组成的介词词组作补语：今年的产量～于去年｜老张的脾气不～于别人。(2)跟…相同；须带名词作宾语：～上｜～前｜碑铭的意思～碑文。(3)〈书〉共同，一起，协同；常用在谓词前，作状语：～吃｜～行｜～去北京｜～甘苦，共患难。❷介。(1)引进动作的对象；与"向、跟"相同：他上午已经～我告别了｜～坏人坏事做斗争。(2)表示共同，协同，跟：他～小王住在一起｜他～当地科研机构协作，取得了很大的成绩。(3)表示与某事有无联系：他～这个案件有牵连｜你～此事无关。(4)引进用来比较的对象；与"跟"相同：今年比，今年多招50名学生｜学汉语～学英语一样，要多听，多说。❸连。表示平等的联合关系，连接名词、代词；与"和"相同：小张～小王都是南京人｜化肥～农药已运到。❹姓。
另见 tòng。

【同伴】tóngbàn 名。在一起生活或工作的人：这次他到上海去有两个～。

【同胞】tóngbāo 名。(1)同父母所生的：咱俩亲如～。多用在"兄弟、姐妹"之前，作定语：他们俩是～兄弟。(2)同一国家或民族的人：台湾～｜海外～。

【同辈】tóngbèi ❶动。辈分相同；多作谓语，不带宾语：他是我叔父的儿子，和我～。❷名。辈分相同的人：他跟我是～。

【同病相怜】tóng bìng xiāng lián 成。怜：怜悯，同情。比喻同遭不幸，互相同情：你刚死了爸爸，我才失去了妈妈，咱们也算是～｜她的不幸遭遇同我相似，因此我们～，彼此特别同情。

【同步】tóngbù 形。科学技术上指两个或两个以上随时间变化的量在变化过程中保持一定的相对关系。现泛指两个或两个以上的事物步调一致；不加程度副词：我国对巴金的研究，几乎和巴金1929年开始走上文学创作活动的时间～。常作状语：力求实现生产、税收、财政收入三方面～增长。也可作定语：～卫星。

【同仇敌忾】tóng chóu díkài 成。同仇：共同对付仇敌；敌：对抗，抵拒；忾：愤恨。抱着无比的愤恨一致对付敌人：抗日战争时期，我国人民～，奋起抗击侵略者。

【同窗】tóngchuāng ❶动。同在一个学校学习；不带宾语，常带时间补语：他与王华在一个中学～6年。❷名。同在一个学校学习的人：咱俩是～。

【同床异梦】tóng chuáng yì mèng 成。同睡在一张床上，各自做着不同的梦。比喻同做一件事或在一起生活而各有各的打算：这些士兵都是乌合之众，～，一战即溃。也作同床各梦。

【同道】tóngdào 名。(1)志同道合的人：他一心想找几个～在一起干一番事业。(2)同一行业的人：他们都干车工。

【同等】tóngděng 形。地位或等级相同，不加程度副词，不单独作谓语，多作定语或状语：～地位｜～重要｜～对待。

【同恶相济】tóng è xiāng jì 成。同恶：共同作恶；济：帮助。坏人互相帮助，共同作恶：这两个流氓～，终于双双落入法网。

【同甘共苦】tóng gān gòng kǔ 成。甘：甜。一同尝甜的，也一起吃苦的。比喻同欢乐，共患难：夫妻俩要～。

【同庚】tónggēng 动。岁数相同；多作谓语，不带宾语：他们两个人～，都是18岁。

【同工异曲】tóng gōng yì qǔ 见"异曲同工"。

【同归】tóngguī 动。走到同一目的地，得到相同的结局：他俩不约而同，～故里。常用在比较固定的组合中：殊途～｜～于尽。

【同行】tóngháng ❶动。所干的行业相同；多作谓语，不带宾语：他们俩～，都经营无线电器材。❷名。同行业的人：碰到三个～。
另见 tóngxíng。

【同好】tónghào 名。指爱好相同的人；多用在固定的组合中：公诸～。

【同化】tónghuà 动。(1)不相同的事物逐渐变得相近或相同；多用于被动式：他虽是外地人,但从小在这里居住,口音和生活习惯已被当地～了。(2)语音上指两个不相同的音连在一起说而变为相同或相似的音。如普通话中的"面包"(miànbāo),"面"的韵尾n受后面"包"的声母b的影响而变为m,说成miàmbāo。

【同居】tóngjū 动。(1)同在一处居住：他从小和伯父～。常带补语：兄弟俩曾在外婆家～多年。(2)指夫妻共同生活,也指男女双方未婚而生活在一起：他们俩非法在一起～。

【同僚】tóngliáo 名。旧时称同在一个单位做官的人。

【同流合污】tóng liú hé wū 成。流：流俗,不良的风俗；污：污浊,不好的世道。原指随世沉浮,后多指跟着坏人做坏事：青年人要明辨是非,不能与坏人～。

【同路人】tónglùrén 名。一路同行的人。比喻在某一革命阶段在某种程度上追随革命的人：他是革命的～。

【同门】tóngmén ❶动。旧指跟同一个老师学习；不带宾语：受业于师,二人～。❷名。旧指受业于同一个老师的人：他俩是～。

【同盟】tóngméng ❶动。为了采取共同行动而缔结盟约；不带宾语,常作定语：～军|～条约。❷名。缔结盟约而联合起来的整体：结成～|军事～。

【同谋】tóngmóu ❶动。共同谋划；指干坏事：这件事乃多人～。可带动词或动词性词组作宾语：两犯～偷盗,结果落入法网|她与奸夫～杀害了自己的丈夫。❷名。参与谋划干坏事的人：张犯是李犯的～。

【同年】tóngnián ❶动。不带宾语。(1)同一年；常作状语：～入学|兄妹～结婚|～十月开工。(2)〈方〉同岁：他们俩～。❷名。科举时代同一年考中的人,彼此称为同年。

【同期】tóngqī ❶名。相同的时期：与去年～相比,工业增产20%|产量超过历史～最高水平。❷副。同在一期；用于学习或毕业等：我和他～毕业。

【同情】tóngqíng 动。可加程度副词,可带宾语或补语,可作定语、状语。(1)对别人的遭遇在感情上发生共鸣：对祥林嫂的悲惨遭遇,人们无不～|奶奶非常～这个无依无靠的孤儿|母亲对穷苦人～得很|～心|～地说。(2)对别人的行动表示赞成和支持：对你的要求我们很理解,也很～|不要只在嘴上～,希望给予具体的帮助|～并支持他们的正义斗争。

【同人】tóngrén 名。称同一单位里一起工作的人或同行业的人。也作同仁。

【同声相应,同气相求】tóng shēng xiāng yìng, tóng qì xiāng qiú 成。同声：同调的声音；相应：随声应和；同气：同类的气味；相求：相互融合。形容志趣相投的人自然地结合在一起：他们读大学时同在一校,彼此～,极其融洽。

【同时】tóngshí ❶名。相同的时候,同一个时候：在努力提高学习成绩的～,必须注意锻炼身体。常作状语：两件事～发生|他俩～跑到终点。❷连。表示进一层,有"并且"的意思：这是很光荣的工作,～也是十分艰巨的工作。

【同事】tóngshì ❶动。在同一个单位工作；不带宾语：他们已经～多年。可拆开用：同过三年事。❷名。同在一个单位工作的人：他们三人是～。

【同室操戈】tóng shì cāo gē 成。室：家；操：拿；戈：古代的兵器。同是一家人动起了刀枪,比喻兄弟吵或内部相互争斗。在这国难当头之时,全国同胞应一致对外,决不能～,自相残杀,给人以可乘之机。

【同位素】tóngwèisù 名。原子序数相同,但质量数不同的各种原子互为同位素。它们的化学性质几乎相同,在元素周期表中占同一位置,属同一元素。如氢有氕(piē)、氘(dāo)、氚(chuān)三种同位素。

【同位语】tóngwèiyǔ 名。两个词或词组在句子里指同一事物,处在同一位置,作同样的句子成分,叫做同位语。如"江苏省会南京是我国有名的古都之一",其中的"江苏省会"是"南京"的同位语。也叫复指词组或复指短语。

【同喜】tóngxǐ 动。用以回答对方的道喜；客套话，不带宾语：咱们～。常单独使用或叠用：～～，谢谢诸位。

【同乡】tóngxiāng 名。老家是同一地方的人；多在外地时说：他在四川碰到不少江苏～。

【同心】tóngxīn 动。同一条心，齐心；不带宾语，常用在固定的组合中：～协力｜～同德｜合力～。

【同心同德】tóngxīn tóngdé 成。思想、行动一致，共同为同一目标而努力：中国人民正～地建设社会主义。

【同心协力】tóngxīn xiélì 成。同心：思想认识一致；协力：合力。思想认识一致，共同努力：我们只有～，才能战胜目前的困难，取得新的胜利。

【同行】tóngxíng 动。一同行路；一般不带宾语，可带补语：这次去上海我和妹妹两人～｜他们～了20多公里。

另见 tóngháng。

【同样】tóngyàng ❶形。相同，一样，没有差别；不加程度副词：这两件衣服不～。作定语时，一般要带助词"的"：两部小说用了～的题材，但表现手法不同。名词前面有数量词时可省去"的"：～一件事，各有各的看法。作状语时，一般不带"地"：～适用｜～对待。❷连。跟前面所说的相同；用在分句之间，承接上文，后有停顿：他第一次很顺利地完成了任务，～，这一次他又很顺利地完成了任务。

【同业】tóngyè 名。(1)相同的行业：都是做百货生意的，可算是～。(2)同行业的人：他们俩是～。

【同一】tóngyī 形。不加程度副词。(1)共同的一个或一种；多作定语，一般不带助词"的"：～目标｜～形式｜～语种。(2)一致，统一：～性｜植物、动物，每一个细胞，在其存在的瞬间既和自己～，又和己相区别。可作宾语：保持～。

【同义词】tóngyìcí 名。意义相同或相近的词。如"水银"与"汞"意义完全相同，这类词叫同义词；"朴素"与"简朴"意义相近，这类词叫近义词。

【同意】tóngyì 动。对某种意见或主张表示赞成、准许，或表示意见相同：你的看法我～。常带宾语：我～他的意见。可带动词性词组或主谓词组作宾语：大家都～选举他当学习委员｜老师～我们明天去春游。可加程度副词：对这个方案，大家都很～。

【同音词】tóngyīncí 名。音同(声、韵、调都相同)而义不同的词。如"权术"与"拳术"、"大陆"与"大路"。

【同志】tóngzhì 名。(1)为共同的理想、事业而奋斗的人，特指同一个政党的成员。(2)我国人民之间的一般称呼。

【同舟共济】tóng zhōu gòng jì 成。舟：船；济：渡，过河。坐一条船，共同渡河。比喻同心协力，共渡难关。也比喻利害相同：他们在危难之中～｜大家都是出门人，应该～。

【同宗】tóngzōng 动。同一个家族；不带宾语：他们同姓又～，而有些人同姓却不～。

侗 tóng 〈古〉形。幼稚，无知。
另见 dòng, tǒng(统)。

垌 tóng 地名用字。垌冢(zhǒng)，在湖北省。
另见 dòng。

茼 tóng [茼蒿](-hāo) 名。一年生或二年生草本植物。叶互生，花黄色或白色，瘦果有棱。嫩茎和叶供食用。有的地区叫蓬蒿。

峒 tóng 地名用字。崆(kōng)峒，山名，在甘肃省。又岛名，在山东省。
另见 dòng。

桐 tóng 名。落叶乔木，有泡桐、白桐、紫桐、油桐、梧桐等多种。

【桐油】tóngyóu 名。油桐的果实榨出来的油，有毒。可以制造油漆、油墨、油布，可作防水防腐剂。

烔 tóng 地名用字。烔炀(yáng)河，在安徽省。

铜 tóng 名。金属元素，符号Cu。紫红色，富延展性，是电和热的良导体。铜的合金，是重要的工业原料。

【铜臭】tóngchòu 名。铜钱的臭味。喻指唯利是图的思想作风；含贬义：满身～｜一气。

【铜器时代】tóngqì shídài 词组。石器时代之后，铁器时代之前的一个时代。这时人类已能铸造青铜器具,农业和畜牧业有了很大的发展。也叫青铜时代。

【铜墙铁壁】tóng qiáng tiě bì 成。形容防御工事坚固,也比喻十分坚固不可摧毁的事物:千百万真心实意拥护革命的群众是真正的～,是什么力量也打不破的。也作铁壁铜墙。

酮 tóng 名。有机化合物的一类。是一个羰基和两个烃基连接而成的化合物。

铜 tóng 地名用字。铜城,在安徽省。

佟 tóng 姓。

峒 tóng 地名用字。峒峪(yù),在北京市。

彤 tóng ❶〈素〉红色:～云。❷姓。

【彤云】tóngyún 名。(1)红霞;夕阳映照着～。(2)下雪前密布的阴云:～密布。

童 tóng ❶〈素〉(1)小孩子:～年|～话|牧～|儿～。(2)指没结婚的:～男|～女。(3)秃:～山。❹姓。

【童话】tónghuà 名。儿童文学的一种。根据儿童的特点,采用幻想和夸张手法编写的故事。题材多取自神话和民间故事。

【童蒙】tóngméng 〈书〉名。指年幼无知的儿童:～时期。

【童男】tóngnán 名。没有结婚的男子。

【童年】tóngnián 名。幼年,儿童时代。

【童女】tóngnǚ 名。没有结婚的女子;常和童男合用: 童男～。

【童仆】tóngpú 〈书〉名。家童和仆人;官宦人家有很多～。也泛指仆人:他曾当过～。

【童山】tóngshān 名。光秃秃的没有树木的山:～秃岭。

【童生】tóngshēng 名。明清两代称未考秀才或未考取秀才的读书人。

【童声】tóngshēng 名。儿童未变声以前的嗓音。

【童心】tóngxīn 名。(1)小孩子的天真纯朴的心。(2)像小孩子那样纯真的心:～未泯。

【童颜鹤发】tóng yán hè fà 成。颜: 脸色。脸色像儿童的面庞那样红润,头发像仙鹤的羽毛那样洁白。形容老年人气色好:这位老人～,精神矍铄。也说鹤发童颜。

【童养媳】tóngyǎngxī 名。旧时领养穷苦人家的小女孩做儿媳妇,等儿子长大后结婚,这样的小女孩叫童养媳。

【童谣】tóngyáo 名。流传在儿童中间的歌谣,形式比较简短。

【童贞】tóngzhēn 名。旧指没有经验过性交的人所保持的贞操;多指女子:她仍保持～。

僮 tóng 〈素〉(1)旧指未成年的仆人:书～|～仆。(2)〈古〉同"童"。
另见zhuàng。

潼 tóng 地名用字。潼关,在陕西省。

曈 tóng 见"曈昽"、"曈曈"。

【曈昽】tónglóng 〈书〉形。形容太阳初升由暗到明的景象;不加程度副词:晨曦正～。

【曈曈】tóngtóng 〈书〉形。不加程度副词。(1)形容日出时光亮的样子:～旭日。(2)目光闪烁的样子:目光～。

瞳 tóng 名。即"瞳孔",眼球中央的小孔。光线通过瞳孔进入眼内。瞳孔可以随着光线的强弱而扩大或缩小。通称瞳人。

tǒng(ㄊㄨㄥˇ)

统(△侗) tǒng ❶副。总起来,总括:这些事～由你负责。❷同"筒(3)"。❸〈素〉事物彼此之间连续的关系:系～|传～|血～。△❹
[侗] (lǒng-) 同"笼统"。
"侗"另见dòng, tóng。

【统称】tǒngchēng ❶动。总起来叫;常带宾语: 针法和灸法～针灸。❷名。总的名称: 粮食是谷物、豆类和薯类的～。

【统筹】tǒngchóu 动。统一筹划;常与其他动词并用:～办理|～兼顾。也可带宾语:～全局。

【统观】tǒngguān 动。全面地看,总起来看;须带宾语:～全局|～前后|～人类的历史,科学终归会战胜愚昧。

【统共】tǒnggòng 副。一共:～有6个人。

统捅桶筒同衚恸通痛 tǒng-tòng 1073

有时可直接用在数量词前: ~20元。
【统计】tǒngjì 动。常带宾语。(1)指对某一现象有关的数据的搜集、整理、计算和分析等: 他花了两年的功夫,~了成人教育的资料。可作"进行、加以"等动词的宾语: 对有关数据进行了~。(2)总括地计算: 他正~出席会议的人数。
【统考】tǒngkǎo 动。超越学校或地区举行统一命题和评分的考试;不带宾语: 语文~|全国~。可作"参加、进行"等动词的宾语: 去年他参加了高校的~,落选了。
【统摄】tǒngshè 〈书〉动。统辖;常带宾语: 总公司~许多下属单位。
【统属】tǒngshǔ 动。上级统辖下级,下级隶属于上级: 彼此不相~。可带宾语: 中央各部委~国务院。可作"关系"的定语: 总公司与分公司有~关系。
【统帅】tǒngshuài ❶名。全军主将: 全军的~。❷同"统率"。
【统率】tǒngshuài 动。统辖率领: 全军由总司令~|材料要由观点来~。常带宾语或兼语: ~三军|~部队出征。
【统统】tǒngtǒng 副。通通: 车到终点站了,乘客~下车。
【统辖】tǒngxiá 动。管辖所属单位: 直辖市由中央直接~。可带宾语: 江苏省人民政府~60多个市县。
【统销】tǒngxiāo 动。指国家对某些关系到国计民生的重要物资实行有计划的统一销售;一般不带宾语: 钢铁由国家~。可作"实行、进行"等动词的宾语: 对粮食等进行~。作定语时可不带助词"的": 这些是~物资。
【统一】tǒngyī ❶动。部分联成整体,分歧归于一致: 国家要~。常带宾语或补语: 这次会议~了大家的思想|经过讨论把两种不同的意见~起来了。某些动词也可作宾语: ~认识|~行动。❷形。一致的,单一的,整体的: 大家的意见很~。常作定语或状语: ~的意志|~安排|~分配。
【统治】tǒngzhì 动。常带宾语或补语。(1)依靠政权来控制、管理国家和地区: 这个地区长期被殖民主义者~着|侵略者~了这个国家|~过多年。可作宾语: 反对殖民主义的~。(2)因占有绝对优势而支配、控制别的事物: 这个金融财团~着金融界|儒家思想在封建社会里~了几千年。

捅(搻) tǒng 动。常带宾语或补语。(1)戳,扎: 这个马蜂窝就是要~|用刺刀~了几个敌人|把窗户纸~破了。(2)触动,碰: 上课时李明常用胳膊~我|别让他打瞌睡,你~他一下。(3)揭露,戳穿: 这是他俩之间的秘密,你可不能随便乱~|你的意见~着了他的要害|别把事情都~出去。
【捅娄子】tǒng lóuzi 习。惹祸,引起纠纷: 他这个人办事不谨慎,常常~。
【捅马蜂窝】tǒng mǎfēngwō 习。比喻触动棘手的、不好惹的事物: 这家人蛮不讲理,你就别去~了。

桶 tǒng ❶名。盛水或盛其他东西的器具,多为直立圆形,有的有提梁。常用木头、铁皮或塑料等制成。❷量。用于桶装的物品: 一~水|两~豆油。

筒(筩) tǒng 名。(~子)(1)粗大的竹管: 竹~子。(2)较粗的管状器物: 笔~子。(3)(~儿)衣服、靴子等的筒状的部分: 袜~儿|裤~儿|靴~儿。也作统。

tòng (ㄊㄨㄥˋ)

同 tòng 见"胡同"。
另见 tóng。

衚 tòng "衚衕"〔hú-〕见"胡同"。

恸(慟) tòng 〈素〉极度悲痛: ~哭|哀~。

通 tòng 量。用于动作,表示动量: 打了三~鼓|说了他一~。
另见 tōng。

【通红】tònghóng 形。"通红(tōnghóng)"的又一读音。

痛 tòng ❶动。疾病、创伤等引起的难受的感觉;不带宾语: 头~|他肚子又~了起来。可加程度副词: 伤口很~|~得很。❷〈素〉(1)悲伤: 悲~|心~|哀~。(2)尽情地,深切地,彻底地: ~哭|~感|~饮|~击。
【痛斥】tòngchì 动。狠狠地斥责;常带

宾语或补语：～了敌人的无耻谰言|把他～了一顿。可作"遭到、加以、进行"等动词的宾语：他的谬论遭到了大家的～。

【痛楚】tòngchǔ 〈书〉形。悲痛，苦楚：～的呻吟|十分～|他悔恨自己走错了路，陷入无限的～之中。

【痛处】tòngchù 名。心病，感到痛苦的地方：他犯过错误，现已改正，就不要老去戳他的～了|一句话，碰到了他的～。

【痛定思痛】tòng dìng sī tòng 成。悲痛的心情平静之后，追思当时遭受的痛苦：回想当时，由于自己主观武断，听不进不同意见，以致使生产遭到很大损失，现在～，感到非常懊悔。

【痛改前非】tòng gǎi qián fēi 成。痛：彻底；非：错误。彻底改正过去的错误；多指比较严重的：犯了罪，必须～，洗心革面，才能重新做人。

【痛感】tònggǎn 动。深切地感觉到；多以带定语的形容词作宾语：他～事态的严重|～学习法律的重要。

【痛恨】tònghèn 动。深切地憎恨；常带宾语或补语：大家都～凶残的敌人|对这种不良风气我～万分。

【痛苦】tòngkǔ 形。身体或精神感到非常难受：～的生活|～的表情|～的回忆|他长期生病，感到很～。可作"遭受、忍受"等动词的宾语。战士小李受了重伤，但仍忍受着难熬的～，坚持战斗。

＊"痛苦"和"疾苦"："痛苦"适用于广大群众，也适用于个人；"疾苦"多适用于广大群众，较少用于个人。"痛苦"着重指肉体或精神上的痛楚，也指生活上的困苦；"疾苦"着重指生活上的艰难苦楚。"痛苦"是形容词；"疾苦"是名词。

【痛快】tòngkuai 形。可重叠。(1)高兴，舒畅：同学们今天玩得很～|你的话让人听了感到～|痛痛快快地洗个澡。(2)尽情，尽兴：今天要～地喝上几杯|痛痛快快地跳舞唱歌。(3)爽快，直率：他办什么事都很～|心里有话就痛痛快快地说出来吧。

【痛切】tòngqiè 形。悲痛而深切；多指言辞或心情：他在会上～陈辞，大义凛然|鲁迅先生当年曾发出～的呼吁：救救孩子！|我十分～地感到，这个教训是深刻的。

【痛惜】tòngxī 动。沉痛地惋惜；可加程度副词：在比赛的最后三秒钟，对方投进一球，结果，我队以一分之差而屈居亚军，对此大家都很～。可带宾语或补语：他十分～被浪费的时间|对他的牺牲，大家都感到～万分。

【痛心】tòngxīn 动。极端伤心；一般不带宾语，可加程度副词：这件事令人～|儿子的不幸去世，使她十分～。可作状语：他～地诉说着自己的悲惨遭遇。常作"感到"的宾语：她感到～，因为由她一手抚养成人的儿子竟对她如此忤逆。

【痛心疾首】tòng xīn jí shǒu 成。疾首：头痛。心痛头也痛，形容痛恨到极点：他对自己所犯的错误感到～，决心彻底改正。

【痛痒】tòngyǎng 名。(1)比喻疾苦：要关心群众的～。(2)比喻紧要的事：这些事无关～，慢慢来好了。

tōu(ㄊㄡ)

偷(△媮) tōu ❶动。(1)私下拿人家的东西，据为己有：我的自行车给～了。常带宾语或补语：～钱|～过好几次。(2)瞒着人；多与动词或动词性词组连用：～听|～着看了一下|～着跑回家了。❷〈素〉△(1)苟且，敷衍：～生。|～安。(2)抽空：～空|～闲。

【偷安】tōu'ān 动。只顾眼前的安逸；不带宾语，可带补语：苟且～|南宋朝廷曾～于一时。

【偷鸡不着蚀把米】tōu jī bù zháo shí bǎ mǐ 习。比喻便宜未捞到反而吃了亏；含有谐谑意味：你尽想讨便宜，这下可好，～，把老本都赔上了。

【偷鸡摸狗】tōu jī mō gǒu 成。(1)指小偷小摸：这个人爱干一些～的事，你要小心。(2)指搞不正当的男女关系。

【偷空】tōukòng 动。从忙碌中抽出时间；多与其他动词连用，构成连动词组：我每天都要～看点书|请你～去一趟。可拆开用：我最近很忙，好不容易偷了个空儿来看望你。

【偷懒】tōulǎn 动。贪安逸，图省事，逃避应该做的事；不带宾语：他勤快得很,从不~。可拆开用：这事儿必须做,偷不了懒。

【偷梁换柱】tōu liáng huàn zhù 成。比喻玩弄手法,以假乱真,以劣代优：商店决不能~,以次充好,坑骗顾客｜编者采用~的手法,篡改了原作的观点。

【偷窃】tōuqiè 动。盗窃；常带宾语或补语：~了两本书｜~过几次。可作定语或宾语：~活动｜孔乙己没有法,便免不了偶然做些~的事｜他失业后便靠~度日。

【偷情】tōuqíng 动。指男女暗中与人谈情说爱；多指不正当的,不带宾语：他已经有了妻室,却仍在外面~鬼混｜这女人竟背着丈夫与人~。可拆开用：偷情｜偷起情来。可重叠：他有时在外也偷偷情。

【偷生】tōushēng 动。得过且过地活着；不带宾语：苟且~｜他在敌人面前,宁可站着死,也不肯屈膝~。

【偷天换日】tōu tiān huàn rì 成。比喻暗中改变重大事物的真相,以达到欺骗、蒙混的目的：这是一个重大的原则问题,决不允许~,肆意篡改。

【偷偷】tōutōu 副。秘密地,不使人觉察地：~落泪｜他~地走了。

【偷偷摸摸】tōutōu mōmō 形。形容瞒着人干事,不敢让人知道；不加程度副词,含贬义：干这样的事是光明正大的,不必~｜~地干了一些见不得人的事。

【偷袭】tōuxí 动。趁敌方不防备时突然袭击；常带宾语或补语：夜间敌人来~村庄｜~了几次。

【偷闲】tōuxián 动。忙中挤出空闲时间；不带宾语,常与其他动词连用：忙里~写了一篇文章｜~织了一件毛线衣。可拆开用：这两天我好不容易才偷了一点儿闲,去看了一场电影。

【偷眼】tōuyǎn 动。偷偷地看；不带宾语,常与"看"一类动词连用：他~瞧了一下老师的神色。

【偷营】tōuyíng 动。偷袭敌营；不带宾语：~劫寨｜月色昏暗,敌人不备,这是~的好时机。可拆开用：二连偷了敌人两次营。

tóu(ㄊㄡˊ)

头（頭）tóu ❶名。(1)脑袋,人或动物身体的最前部分。(2)头发或发式：~要常剃,保持整洁｜怎么理出这种~来,太难看了。(3)(~儿)事物的起点、终点或顶点：从~儿说起｜苦日子终于熬到了~｜飞上了树梢~儿。(4)(~儿)物品的残余部分：香烟~儿｜粉笔~儿。(5)(~儿)(~子)为首的人,领头的人：土匪~子｜他是我们班上的~儿。(6)(~儿)方面：话要从两~儿说｜他俩是一~儿的。❷形。最前的；不加程度副词,不单独作谓语,多用在数量词之前：~一年｜~一个｜~两节｜~一趟。也可用在某些单音节名词前：~奖｜~榜。❸量。(1)用于牛、羊、猪等牲口：一~牛｜三~猪。(2)用于像头形的物体,如大蒜：一~蒜。(3)用于亲事；数词限用"一"：这一~亲事办得怎样了?

头（頭）·tou 后缀。(1)用在名词后：木~｜石~｜苗~。(2)用在方位词后：上~｜前~｜里~。(3)用在动词或形容词后,构成名词：念~｜想~｜甜~｜苦~。

【头等】tóuděng 形。第一等,最高的；不加程度副词,不单独作谓语,常作定语或状语：~大事｜~重要。

【头伏】tóufú 名。即初伏。是夏天三伏中的第一伏。

【头号】tóuhào 形。不加程度副词,不单独作谓语,作定语。(1)第一号,最大的：~笨蛋｜~人物。(2)最好的：~面粉｜~产品。

【头角】tóujiǎo 名。比喻青年人显露出来的才华；常用在固定组合中：崭露~｜~峥嵘。

【头里】tóu·li 方位。(1)前面：一个~走,一个后面跟。(2)事前：咱们把话说在~,免得以后说不清。

【头领】tóulǐng 名。首领；多用于早期白话。

【头颅】tóulú 名。称人的头：抛~,洒热血。

【头面人物】tóumiàn rénwù 词组。指社会上有较大声望和较大势力的人；多含贬义：当地的～几乎都出场了。

【头目】tóumù 名。某些集团中为首的人；多含贬义：小～|大大小小的～有多少？

【头脑】tóunǎo 名。(1)脑筋，思想能力：这人很有～|～简单|不要让胜利冲昏～。(2)头绪；常用于否定式：摸不着～|办事没有～。(3)〈口〉首领：他还是这伙人中的～呢。

＊"头脑"和"脑筋"："头脑"着重指人的思想能力，即分析和认识问题的能力，常同"没有、很有、简单"等搭配；"脑筋"着重指记忆能力，有时也指认识能力，常同"动、好、不好、迟钝"等搭配。

【头人】tóurén 名。我国某些少数民族中首领的旧称。

【头痛】tóutòng 也说头疼。动。(1)头部疼痛，一般不带宾语，可带补语：今天他～，不来上班了|～得很厉害。(2)比喻感到为难或讨厌；可加程度副词：这事真叫人～|这是件叫人非常～的事。

【头痛医头，脚痛医脚】tóu tòng yī tóu, jiǎo tòng yī jiǎo 成。比喻只是孤立地就事论事，不从根本上解决问题：干领导工作块不够～，忙于应付一些枝节问题，而要经常研究并抓住全局性的一些根本问题。

【头头儿】tóu·tour 〈口〉名。指某单位或某集团的为首的人：他是我们的～。

【头头是道】tóu tóu shì dào 成。本是佛家语，指道无所不在。后多形容说话、做事很有条理：他调去工厂工作才三年，现在说起生产管理来～，句句在行。

【头陀】tóutuó 名。音译词。指行脚乞食的和尚。

【头衔】tóuxián 名。指官衔、学衔等称号：他有好几个～。

【头绪】tóuxú 名。原指丝头，现比喻事情的条理：茫无～|～很清楚|理出了～。

【头重脚轻】tóu zhòng jiǎo qīng 成。(1)头脑发胀，脚下无力。形容身体不适：今天他不时眩晕，只觉一阵阵的～。(2)比喻轻重倒置：这篇文章开头写了许多与正题无关的话，接触正题时却着墨不多，显得～。(3)比喻基础不稳固：墙上芦苇，～根底浅，山间竹笋，嘴尖皮厚腹中空。

【头子】tóu·zi 名。首领；含贬义：流氓～|土匪～。

投 tóu 动。常带宾语或补语。(1)扔，掷；多指有目标的：～一手榴弹|篮球～得很准。(2)送进去，放进去；多指资金或选票等：向开发公司～了一笔资金|把选票～在票箱里。(3)跳进去，专指自杀行为，以"江、河、井"等作宾语：她想不通竟然～了井|～进了大海。(4)投射；多指光线、影子等：～过来一束阳光|树影～在窗户上|把目光～到小陈身上。(5)寄出，递送；指书信等：到邮局～了一封信|书稿已经～出去了。(6)参加进去，找上去：他以前～过八路军|～在您门下。(7)迎合，相合：两人不～脾气|我的话正～了他的意。

【投案】tóu'àn 动。犯法的人主动到司法机关或公安机关交代自己作案经过，听候处理；不带宾语：～自首|他到公安局去～了。可拆开用：～了案|～过案。

【投奔】tóubèn 动。前去依靠；常带宾语或补语：～亲友|～革命|我没法儿，只得～到张师傅门下。

【投笔从戎】tóu bǐ cóng róng 成。《后汉书·班超传》记载：班超家里穷，常常为官府做抄写工作，以供养老母。时间久了觉得很劳苦，曾经丢掉笔长叹说："大丈夫应当到边疆去建功立业，怎么能老在笔砚间度日月呢？"后来就用"投笔从戎"指文人去当兵：他为了抗击侵略者，毅然～，上了前线。

【投畀豺虎】tóu bì chái hǔ 成。畀：给与；豺：一种样子像狼而凶猛的野兽。原指把那些谗言害人的人扔给豺虎吃，后常表示对坏人的无比愤恨：这些恶人只能～。

【投鞭断流】tóu biān duàn liú 成。《晋书·苻坚载记》记载：前秦苻坚带兵攻打东晋时骄傲地说："以吾之众旅，投鞭于江，足断其流。"意思是把所有的马鞭扔到江里，能截断水流，形容人马多或兵力强：敌人自吹他们兵强马壮，能够～，攻无不克，可是一遇我正义之师，即被打得落花流水。

【投标】tóubiāo 动。在招办工程或买卖大宗商品时，承包人或买主按照招标公

告的标准和条件提出价格,填具标单:这项工程有五个大公司~,不知哪一家能中标|某公司~10万元。可拆开用:投了标|投过标。

【投产】tóuchǎn 动。投入生产;一般不带宾语: 又有三家工厂~|新购的机器已经~。

【投诚】tóuchéng 动。诚心归附;指敌人、叛军等,一般不带宾语: 有一批敌军向我军~。

【投递】tóudì 动。寄送或递送;指书信、文件等;这些公文由通信员去~。常带宾语或补语: ~信件|尽快把报纸~到订户手上。

【投放】tóufàng 动。常带宾语或补语。(1)放进去,投下去: ~鱼饵|为了改变这里农业落后的状况,政府一了大量人力和资金|~到最需要的地方去。(2)工商企业向市场供应商品: 这家公司向市场~了一批紧俏商品|把大批积压物资~到市场。

【投合】tóuhé ❶动。迎合;常带宾语: 出版物不能~某些人的低级趣味。可加程度副词: 这种衣服式样很~顾客的心理。❷形。合得来,一致: 两人的性格很~|大家谈得比较~。

【投壶】tóuhú 动。古代宴会时的一种娱乐活动。宴饮时大家依次向壶中投筹子,投中最少的罚酒;不带宾语,常构成连动词组: 饮酒时大家~取乐。

【投缳】tóuhuán 〈书〉动。缳: 绳索的套子。投入绳套,指上吊;不带宾语: 有冤可以申诉,何必~? 常构成连动词组:她已~自尽。

【投机】tóujī ❶动。利用时机来谋取私利;不带宾语: 他做生意就会~|这个人搞政治~是拿手好戏。常用在固定的组合中: 投巧|~倒把。❷形。意见相同,见解一致;多用来形容谈话: 话不~|他俩谈得非常~。

【投机倒把】tóujī dǎobǎ 成。指利用时机买空卖空,囤积居奇,套购,转卖,从而牟取暴利的非法活动: 这家伙专做~的生意。

【投机取巧】tóu jī qǔ qiǎo 成。利用时机钻空子,玩弄手法谋取私利。也指不愿付出艰苦劳动,想靠小聪明来达到目的: 在学习上必须付出艰苦的努力,~是行不通的。

【投井下石】tóu jǐng xià shí 见"落井下石"。

【投靠】tóukào 动。前去依靠别人生活;常带宾语: 他生活无人照料,只好去~亲友。有时含贬义: 卖身~|他竟~敌人,成了可耻的汉奸。

【投契】tóuqì 〈书〉形。形容情意相合,对劲儿: 他们俩异常~,堪称挚友。

【投入】tóurù 动。投到里面去,参加进去;多带宾语: ~母亲的怀抱|~生产建设的高潮。可带动词作宾语: ~战斗|~学习。

【投身】tóushēn 动。献身出力;多用于褒义,须带宾语或补语: ~革命|~于地质勘探工作|~在火热的战斗之中。

【投师】tóushī 动。从师学习;不带宾语,常构成连动词组: 他去外地~学艺。可拆开用: 投了几次师|投他为师。

【投鼠忌器】tóu shǔ jì qì 成。要打老鼠,又怕打坏旁边的器物。比喻想打击坏人而又有所顾忌: 他早就想揭发这个人的劣迹,但~,又怕遭到打击报复,因而迟疑不决。

【投宿】tóusù 动。找地方住宿: 这里无处~,赶快到别的地方去。可带补语: 看看天色已晚,我便~到一个小旅店里。可带处所宾语: 暂时~农家。可作定语:我~的人家,招待很周到。

【投胎】tóutāi 动。迷信指人或动物死后,灵魂投入母胎,又转生世间;不带宾语: 人死后哪能再~? 也叫投生。

【投桃报李】tóu táo bào lǐ 成。《诗经·大雅·抑》:"投我以桃,报之以李。"他送给我桃子,我回赠他李子。比喻友好往来: 他们俩~,来往密切。

【投降】tóuxiáng 动。(1)停止对抗,向对方屈服: 敌人不得不向我军~。常带宾语或补语: 战士们宁可牺牲,也不~敌人|对~过来的敌军官兵,我们一定要妥善安置。(2)泛指在争论中放弃原来立场,屈从于对方: 在这场大是大非的争论中,他竟然向错误主张~了。

＊"投降"和"投诚":"投降"强调停止

抵抗或改变立场而屈服于对方;"投诚"强调诚心归服。"投降"应用范围较广,敌我双方都可以用;"投诚"应用范围较窄,只用于敌人自动地归顺我方。"投降"常带有贬辱的色彩;"投诚"带有褒奖的色彩。"投降"书面语和口语都常用;"投诚"多用于书面语,口语中一般不用。

【投影】tóuyǐng ❶动。在光线的照射下物体的影子投射到一个平面上;不带宾语,多带补语:窗后是院子,花木扶疏,~到纱窗上。❷名。投射到平面上的物体的影子:~不太清楚。

【投缘】tóuyuán 形。情意相合;多指初交时:他俩第一次相遇就谈得来,似乎很~|一见如故,就像是很~的老朋友。

【投掷】tóuzhì 扔,投;常带宾语或补语:~手榴弹|罢工工人向军警愤怒地~石头、瓦片|他举起标枪,快跑了几步,然后用力地~了出去。

【投资】tóuzī ❶动。向企业投入资金,泛指为达到一定目的而投入钱财;不带宾语:许多职工纷纷向公司~|为了兴办教育事业,这个乡去年~达两千万元。可拆开用:投了不少资|投过资。❷名。投入的资金:吸收国外的~|家长们都很重视智力~。

骰 tóu [骰子](-·zi) 〈方〉名。色(shǎi)子。

tǒu(ㄊㄡˇ)

敨 tǒu 〈方〉动。把包着或卷着的东西打开:把这个包袱~开。

tòu(ㄊㄡˋ)

透 tòu ❶动。常带宾语或补语。(1)穿过,渗入;指光线、液体等:从洞口~进来一道阳光|打开窗户~一会儿气|钉子把鞋底都扎~了。可加程度词:这房间很~风。(2)暗中告诉,泄漏;多指消息、风声等:这件事要给他~个信|~个消息给你|不准~出去一点风。(3)显露:几句话就~出了他的才气。常带谓词宾语:脸上~着笑|这花儿白里~红。❷形。不单独作谓语,多作补语。(1)透彻,明白清楚:分析得很~|道理要说~|他的脾气我还没摸~|对名利看得很~。(2)达到饱满的、充分的程度:下了一场~雨|西瓜熟~了。

【透彻】tòuchè 形。详尽而深入;多指了解情况,分析事理等:他分析问题很~|说得很~|有了~的了解。

【透底】tòudǐ 动。把底细泄露给别人;不带宾语:这件事,暂不要向他们~。

【透顶】tòudǐng 副。表示达到极端的程度;多用在含贬义的形容词之后,作补语:糊涂~|这个家伙坏~了|清朝政府腐败~。

【透风】tòufēng 动。不带宾语,可重叠,可拆开用。(1)让风通过:窗缝不严,直~|室内太闷人了,要透透风|早晨要开窗,透一会儿风。(2)把东西晾出去,让风吹吹:衣服老不~要长霉|把坛子里的米摊开来,透透风|这些东西要拿到外面去透一透风。(3)透露风声:这事必须严格保密,不准~|先向你们透透风,打个招呼|他向我透了一点风。

【透亮】tòu·liang 形。不加程度副词。(1)明亮,亮堂:这教室窗户既多又大,~的!(2)明白:经你这一说,我心里~了。

【透露】tòulù 动。泄漏或显露;多指消息、情况、意思等,常带宾语或补语:无意间~了这些秘密|早就有些风声~出来。

【透明】tòumíng 形。能透过光线的;用于各种透明体:水晶非常~|水是无色~的液体。

【透辟】tòupì 形。透彻精辟;多指说理、论证等:分析很~|~的论述|~地剖析了事理。

【透视】tòushì 常带宾语或补语。(1)利用X射线透过人体,在荧光屏上产生影像,以观察人体内部情况:到医院去~|~心肺|这个部位~不出来。(2)比喻深入地看:他用锐利的目光~人生|分析问题要~出事物的本质。

【透支】tòuzhī 动。一般以金额作宾语。(1)旧指银行同意存户在一定限额内提取超过存款数字的款项:银行批准该厂~5000元。(2)开支超过收入:这个月的生活费又~了|今年工厂~1万元。(3)旧时职工预支工资:当时他每月都要向老板~一些薪金。

tū（ㄊㄨ）

凸 tū 形。高出周围的样子；与"凹"相对：凹~不平｜这块木板不平，这里太~，要再刨掉一点。

秃 tū 形。(1)指人没有头发或鸟兽的头、尾无毛：他的头顶很~｜这只鸟~尾巴。(2)指山上没有树木或树木没有枝叶：山是~的｜~树。(3)形容物体没有尖端：这枝笔很~，不好用｜笔尖~得很。(4)形容文章首尾结构不完整：结尾太~了。

【秃笔】tūbǐ 名。没有笔尖的毛笔，比喻不高明的写作能力：他那支~是写不出好作品来的。

【秃子】tū·zi 名。(1)指头发脱光的人。(2)〈方〉指秃疮。

突 tū ❶动。常带宾语或补语。(1)冲，多指摆脱包围：八连~出重重围｜从敌人的包围圈里~出去。(2)高于周围：墙面~出了一块砖｜臂膀上的肌肉~了出来。❷〈书〉副。忽然：气温~增。❸〈素〉指烟筒：灶~｜曲~徙薪。

【突变】tūbiàn 动。忽然发生急剧的变化；不带宾语：风云~｜形势~。

【突出】tūchū ❶形。(1)鼓出来：~的山崖｜颧骨~。(2)超过一般地好，显著的：~的贡献｜表现~｜在期末考试中，她的成绩很~。❷动。使突出；须带宾语：~重点｜~主题｜这部小说成功地~了主要人物的性格。

【突飞猛进】tū fēi měng jìn 成。形容事业、学问、技能等进步和发展特别迅速；含褒义：近年来，我国旅游事业~，发展很快。

【突击】tūjī 动。常带宾语或补语。(1)集中兵力、火力向敌人进行急速而猛烈的攻击：二连正向敌人制高点~｜我部奉命~敌人炮兵阵地｜~过两次。(2)比喻集中力量在短时间内完成某项任务：他正在~一篇稿子｜学英语是~不出来的。常用在动词前，作状语：~完成了任务｜全班~搞卫生。

【突厥】tūjué 名。我国古代的一个少数民族，游牧于今阿尔泰山一带。西魏时曾建立政权，后分为东突厥和西突厥，七世纪中叶先后为唐所灭。

【突破】tūpò 动。常带宾语。(1)集中兵力进攻或反攻，并打开了缺口：敌人的防线被我军~了｜~了敌人的封锁线。(2)球类比赛中，进攻队员运用技术动作，打破对方防线：5号队员~了对方的防线，劲射一脚破门。(3)打破，超过；多指困难、限制、水平等：~难关｜这个地区今年粮食获得丰收，总产~亿斤大关。

【突破口】tūpòkǒu 名。(1)军队进攻时在敌方阵地打开的缺口。(2)喻指攻克难关的着手处：防止水源污染，不妨以这家工厂治理废水的问题作为~｜破这起大案找到了~。

【突起】tūqǐ ❶动。一般不带宾语。(1)突然发生，突然兴起；狂风~｜异军~。(2)耸立；峰峦~。可带补语：一幢高大的楼房，在当年的荒塚野地上。❷名。生物体上长的像瘤子的东西。

【突然】tūrán 形。在短促的时间里发生，出乎意外，常作状语，一般不加助词"地"：~闯进一个人来。可放在句首，更强调突发的意思：~，远处传来一声尖锐的呼叫！可加程度副词：这事儿很~。可作定语：~事故。

【突如其来】tū rú qí lái 成。突如：突然。突然到来或发生：一块石头~地掉在我面前，吓了我一跳｜这件事~，我是一点精神准备也没有。

【突突】tūtū 拟声。摹拟心跳声、机器声等；多作定语或状语：~的心跳声｜拖拉机~地开过来了。

【突兀】tūwù 形。(1)高耸；多用于奇山怪石：奇峰~｜~的山石。(2)突然；一般不单独作谓语，常作补语：事情来得太~，叫我不知所措。

葖 tū 见"荸(gū)葖"。

tú（ㄊㄨ）

图（圖） tú ❶名。用绘画表现出来的形象：画了一张~。❷动。希望得到，谋取；常带宾语：他干活只~数量，不~质量。可带谓词或谓词性词组作宾语：光~快，不~好｜~省事｜只~找个好工作。可带双宾语：

并不是～他一笔钱,而是～他人品好。❸〈素〉(1)谋划,计划: ～谋|宏～。(2)打算: 意～|良～。

【图案】tú'àn 名。有装饰作用的花纹或图形,其结构整齐、匀称,多用在纺织品、工艺美术品和建筑物上。现在各种货物的外包装也常装饰各种图案。

【图表】túbiǎo 名。表示情况和统计数字用的图形和表格的总称。

【图谶】túchèn 名。古代关于宣扬迷信的预言、预兆的书籍。

【图存】túcún 动。谋求生存;多用在固定的组合中: 救亡～。

【图画】túhuà 名。在平面上用线条或色彩绘出的形象。

【图画文字】túhuà wénzì 词组。用图画表达意思的文字。特点是不能分解为一个一个的字,只能通过整幅图画来理解其中的意思,也无固定的读法。

【图籍】tújí 〈书〉名。疆域图和户口册。

【图鉴】tújiàn 名。以图画为主而用文字解说的著作;常用作书名:《植物～》。

【图解】tújiě 动。(1)利用图形来分析或演算: 这道方程式不易～。常带宾语或补语: 请～一下这个单句|～得很清楚。(2)比喻用简单的方法去表现复杂的问题,多指文艺作品: 作品的失败主要问题是生硬～政策|朗诵诗很容易写成～政策的口号。

【图景】tújǐng 名。画面上的景物,比喻理想中的景况: 这篇文章描绘了未来社会的～。

【图谋】túmóu ❶动。暗中谋划;多用于贬义: ～陷害|～不轨|～干涉我国的内政。❷名。计谋;含贬义: 粉碎了这个土匪伺机抢劫银行的～。

【图谱】túpǔ 名。根据实物描绘或摄制并系统编辑起来的图,是研究某一学科所用的资料: 历史～|矿石～。

【图穷匕首见】tú qióng bǐ shǒu xiàn 成。《战国策·燕策三》记载:战国时,荆轲奉燕太子之命刺杀秦王,预先把匕首卷在献给秦王的地图中。在秦王面前,慢慢展开地图,图尽而露出匕首。图:地图;穷:尽;见:现。比喻事情发展到最后,终于露出了真相。甜言蜜语丝毫也没有打动他的心,敌人～,最后便以死来相威胁。注意: "见"在这里不读jiàn。

【图说】túshuō 名。既有图画又有文字的著作;多用于书名:《天体～》。

【图腾】túténg 名。音译词。原始社会的人认为跟本氏族有特殊神秘关系的动物或自然物,一般都把它当作崇拜对象和本族的标志。

【图文并茂】tú wén bìng mào 成。图画和文字都很丰富精美;多用于书刊: 这本书内容充实,～,值得一读。

【图像】túxiàng 名。画成、摄制或印制的形象。

【图形】túxíng 名。(1)在平面上表示出来的物体的形状。(2)几何图形的简称。

【图样】túyàng 名。按照一定规格和要求绘出的表示物体的形状、大小、结构的图形,供制造或建筑时做样子。

【图章】túzhāng 名。(1)用小块木、石、金属、水晶、象牙等做成的东西,底面刻上姓名或其他名称等,印在单据、文件、图书或字画上作为标记。(2)指用图章在书籍、文件等上面盖下的痕迹: 书上有图书馆的～。

荼 tú 名。(1)古书上指一种苦菜。(2)古书上指一种茅草的白花: 如火如～。

【荼毒】túdú 〈书〉动。荼:一种苦菜;毒:毒蛇、毒虫之类。比喻毒害;常带宾语: ～生灵|～百姓。可作"遭到、受到"等动词的宾语: 一些有识之士曾经饱受封建专制主义的～。

涂(△塗、△涂) tú △❶ 动。常带宾语或补语。(1)使油漆、颜料、药物等附着在物体上: ～颜色|～上一层油|～得很均匀。(2)乱写,乱画: 不要在墙上乱～!这孩子在书上～了几道印子|他把书～得不成样子了。(3)抹去: ～错字|这个字是多余的,要～掉。△❷〈素〉(1)泥: ～炭。(2)浅海滩: 海～|滩～。(3)同"途"。△❸姓。

【涂改】túgǎi 动。把原来的字或画抹去,重新写或画: 他写字很认真,很少～。常带宾语或补语: ～了几个字|～得不够清楚。可重叠: 作业本不要涂涂改改。

【涂抹】túmǒ 动。常带宾语或补语。(1)使油漆、颜色、石灰等附着在物体上：在脸上~油彩｜为了防止生锈,可以用油~在刀上。(2)乱写,乱画：信手~｜这孩子在墙上~了好多墨水｜这张画给你~得不成样子了。

【涂饰】túshì 动。常带宾语或补语。(1)涂上油漆、颜色等加以装饰；多指门窗、梁柱或家具等：新房子的门窗正在~｜用油漆~梁柱｜这张床~得很漂亮。(2)用石灰、泥等粉刷；多指墙壁：墙壁要用石灰~｜~砖墙｜把墙壁~了一遍。

【涂炭】tútàn 〈书〉动。原指烂泥和炭火,引伸为陷于烂泥和炭火之中,比喻处在极端困苦的境遇之中：生灵~。

【涂鸦】túyā 〈书〉动。唐·卢仝《示添丁》诗："忽来案上翻墨汁,涂抹诗书如老鸦。"后来用"涂鸦"表示字或诗文写得不好,多作谦辞：信笔~｜~之笔。

【涂乙】túyǐ 〈书〉动。涂：抹去；乙：勾画。指删改文章：草就一文,请君~。可带宾语：请~拙文。

【涂脂抹粉】tú zhī mǒ fěn 成。搽胭脂,抹香粉。原指妇女打扮,现多比喻对丑恶的东西加以美化：有些女青年喜欢~,打扮起自己｜这些人,灵魂如此丑恶,即便~,巧事掩饰,但终究是要暴露的。

途

tú 〈素〉道路：~径｜路~｜道听~说。

【途程】túchéng 名。路程；常用作比喻：革命的~｜人类认识发展的~。

【途次】túcì 〈书〉名。旅途中住宿的地方。

【途径】tújìng 名。门路,道路；多用作比喻：找到了革新的~｜探索学习的~。

酴

tú [酴醾](-mí) 名。古书上指重酿的酒。

徒

tú ❶〈素〉(1)步行：~步｜~涉。(2)空的：~手。(3)白白地：~劳。(4)仅仅：非~(不仅)｜~有空名。(5)跟师傅学习的人：~弟｜学~。(6)同一派系的人：党~。(7)信仰某种宗教的人：信~｜教~。(8)指某种人：酒~｜囚~。(9)剥夺犯人自由的刑罚：~刑。❷姓。

【徒步】túbù 动。步行；不带宾语,可带补语：乘车太挤,宁可~｜在林阴道上。常用在其他动词前,表示方式：他们~秋游｜~行军。

【徒劳】túláo 形。无益地耗费劳力；不加程度副词,不单独作谓语,多作状语,或用在"是…的"格式中：~往返｜~无益｜事实俱在,你还想狡辩,这是~的。

【徒然】túrán 副。(1)白白地,不起作用：~耗费人力、物力。(2)仅仅,只是：这个人~有个好脸蛋,灵魂肮脏得很。

【徒涉】túshè 〈书〉动。徒步蹚水过河：这条河比较深,不可~。常带补语：这条河可以~过去。

【徒手】túshǒu 副。空着手不拿东西：~对拳｜他武艺高强,能~对付两个持刀的歹徒。

【徒托空言】tú tuō kōng yán 成。只说空话,并无实际行动：他答应给我帮忙,但几个月过去了,不见行动,看来不过~罢了。

【徒刑】túxíng 名。剥夺犯人自由并予以监禁的刑罚,分有期徒刑和无期徒刑两种。

【徒子徒孙】túzǐ túsūn 成。徒弟和徒弟的徒弟,泛指党徒、党羽；含贬义：反动帮会头子及其~,终被我公安机关一网打尽。

菟

tú 见"於(wū)菟"。
另见tù。

屠

tú ❶〈素〉(1)杀畜牲：~宰｜~户。(2)大批残杀：~杀｜~城。❷姓。

【屠城】túchéng 动。攻破城池后屠杀城中的居民；不带宾语：鬼子残酷~,血流成河。

【屠夫】túfū 名。原指屠户,借指屠杀人民的人。

【屠户】túhù 名。旧指以宰杀牲畜为业的人。

【屠戮】túlù 〈书〉动。屠杀；带带宾语：~功臣｜残暴的敌人竟丧心病狂地~了不少婴儿。

【屠杀】túshā 动。大批残杀；常带宾语或用在被动句中：日寇在中国曾~了成千上万的中国人｜当时,大批革命青年被~了。常作"遭到、进行"等动词的宾语：许多老百姓惨遭~。

【屠苏】túsū 名。古代的一种酒名。

腯 tū 〈古〉形。形容猪肥。

tǔ(ㄊㄨˇ)

土 tǔ ❶名。泥土,土壤。❷形。(1)不合潮流,不时新:这身打扮太～了|这件衣服～得很。(2)本地的,地方性的:～政策|这字眼ᵣ太～,外地人不懂。(3)出自民间或民间生产的;区别于"洋":～特产|这个～玩意ᵣ不能跟你的洋货比。❸〈素〉(1)土地:国～|领～。(2)未熬制的鸦片:烟～。❹姓。

【土包子】tǔbāo·zi 名。指没有见过世面的人或土里土气的人;含讥讽意:不要以为他是个～,他可是个全国闻名的乡镇企业家。

【土崩瓦解】tǔ bēng wǎ jiě 成。土倒塌,瓦破裂。比喻完全崩溃,彻底垮台:我军全线出击,敌人很快～。

【土产】tǔchǎn ❶名。某地出产的富有地方特色的农副产品:这些东西都是～。❷形。某地出产的;不加程度副词,不单独作谓语,作定语:这是本地～的高粱酒,味道不错。

【土地】tǔdì 名。(1)田地;量词用"方、块、亩"等:～肥沃|我家人口少,承包的～不多。(2)领土,疆域:我国～辽阔。

【土地】tǔ·di 名。迷信传说中指管理一个小地区的神。也叫土地爷、土地公公或土地老。

【土法】tǔfǎ 名。民间沿用的方法:目前农村已不再用～纺纱了。常用在动词前作状语:～生产|～上马。

【土方】tǔfāng ❶量。各种土建工程中填土、挖土或运土的计量单位,一土方为一个立方米:今晚挖了1000～。❷名。民间流行的药方。

【土匪】tǔfěi 名。在地方上抢劫财物,为非作歹,残害人民的武装匪徒。

【土豪】tǔháo 名。旧时地方上的豪强,即农村中有钱有势、欺压农民的地主或恶霸。

【土话】tǔhuà 名。在某一较小的地区内使用的方言。也叫土语。

【土皇帝】tǔhuángdì 名。指盘据一方的军阀或横行一地的大恶霸。

【土黄】tǔhuáng 形。像黄土一样的颜色;不加程度副词,不单独作谓语,多作定语:他穿了一件～衣服。

【土家族】tǔjiāzú 名。我国少数民族之一,主要分布在湖南、湖北省。

【土木】tǔmù 名。指房屋、道路、桥梁、海港等工程:大兴～。

【土气】tǔqì ❶形。不时髦;多形容风格、式样等:这人真～|多么～的式样。可重叠:这件衣服土里土气的。❷名。指不时髦的风格、式样等:他看到的这个乡下人已经没有一点ᵣ～了。

【土壤】tǔrǎng 名。陆地表面有肥力、能生长植物的疏松土层:肥沃的～。

【土生土长】tǔ shēng tǔ zhǎng 成。当地生长的:他是在南京～的。

【土司】tǔsī 名。元、明、清各朝在部分民族地区授予当地首领世袭官职,以统治该族人民的制度。也指被授予这种官职的人。

【土星】tǔxīng 名。太阳系九大行星之一。以距离太阳远近的次序计是第六颗。体积比木星略小,是九大行星中第二大行星。有一个光环和22颗卫星。我国古代叫做镇星。

【土著】tǔzhù 名。世代居住本地的人:印第安人是北美洲的～。

【土族】tǔzú 名。我国少数民族之一,主要分布在青海省。

吐 tǔ 动。常带宾语或补语。(1)使东西从嘴里出来:把瓜子壳ᵣ～了|～骨头|痰要～在痰盂里。可带双宾语:～他一口唾沫。(2)说出来:他今天向我～了真情|心里话非～出来不可。(3)从口里或缝里露出来或长出来:蚕～丝|稻子～穗ᵣ了。
另见 tù。

【吐蕃】tǔfān 名。我国古代一个少数民族,分布在今青藏高原。唐时曾建立政权。

【吐故纳新】tǔ gù nà xīn 成。原指道家的养生术,指吐出浊气,吸进清气。后多用来比喻扬弃旧的、不好的,吸收新的、好的:先进的政党也要不断地～。

【吐口】tǔkǒu 动。说出;指真情、要求等,不带宾语,常用于否定式:我想调动工作,但又不好意思向领导～。可拆开用:这样的话我吐不出口。

【吐露】tǔlù 动。说出;多指真情或心里话等。有些内部情况,他决不会～。常带宾语或补语:～了真情|心里话全～出来了。

*"吐露"和"吐口":"吐露"一般不用于说出要求;"吐口"可以。"吐露"可带宾语;"吐口"不能。"吐露"不能拆开用;"吐口"可以。"吐露"可用于否定式,也可用于肯定式;"吐口"多用于否定式。

【吐气】tǔqì 动。发泄从胸中积聚的怨恨或委屈而感到痛快;不带宾语:土改时,农民有了～之日。常用在固定组合中:扬眉～。可拆开用:他终于战胜对手,获得冠军,为我们吐了一口气。

【吐弃】tǔqì 动。唾弃。

【吐属】tǔshǔ 〈书〉名。谈吐,谈话用的语句:此人～不凡。

【吐诉】tǔsù 动。倾吐,诉说;多指真情或心里话:他不愿把困难向人～。常带宾语:～衷曲|～了自己的不幸身世。

【吐谷浑】tǔyùhún 名。我国古代一个少数民族,分布在今青海北部、新疆东南部。隋唐时曾建立政权。注意:"谷"这里不读gǔ。

钍 tǔ 名。一种放射性金属元素,符号Th。银白色,质软,在空气中燃烧时有强光。可作为原子能工业的核燃料。也可用做耐火材料、电极等。

tù(ㄊㄨˋ)

吐 tù 动。常带宾语或补语。(1)消化道或呼吸道里的东西从嘴里不由自主地涌出:今天我的胃不舒服,刚吃的饭全～了|～了一口酸水|～在地上。(2)比喻被迫退出侵占的财物:～出赃款|侵占的公物必须～出来。

另见tǔ。

兔(兎) tù 名。(～儿、～子)哺乳动物,耳大,上唇中间分裂。善于跳跃,跑得很快。有家兔和野兔两类。肉可食,毛可纺织,皮可制衣物。

【兔死狗烹】tù sǐ gǒu pēng 成。《史记·越王勾践世家》:"蜚(飞)鸟尽,良弓藏;狡兔死,走狗烹。"烹:烧煮。兔子死了,猎狗就被煮来吃了。比喻事情成功之后,把曾经出过力的人抛弃或杀掉:古来有不少英雄常常在功成名就以后就急流勇退,免遭～之祸。

【兔死狐悲】tù sǐ hú bēi 成。兔子死了,狐狸感到悲伤。比喻为同类的不幸而悲戚。多用于贬义:只有反动分子,才会为希特勒灭亡而悲伤,这叫做～,物伤其类。

【兔脱】tùtuō 〈书〉动。比喻很快逃走;不带宾语:处理事故,责无旁贷,岂能～而去。

堍 tù 〈素〉桥两头靠平地的方:桥～。

菟 tù [菟丝子](-sīzǐ) 名。一年生草本植物。茎很细,呈丝状,橙黄色,多缠绕寄生在豆科植物上,对栽培植物有害。种子供药用。也叫菟丝。

另见tú。

tuān(ㄊㄨㄢ)

湍 tuān 〈素〉(1)水流急:～急|～流。(2)急流的水:急～。

【湍急】tuānjí 形。水势很急:黄河水流非常～|～的流水。

【湍流】tuānliú 〈书〉名。流得很急的水:一股～把橡皮筏冲向下游。

tuán(ㄊㄨㄢˊ)

团(團、△糰) tuán ❶名。△(1)(～儿、～子)结成球形的东西:饭～儿|米粉～子。(2)军队的一级编制,由营组成,一般隶属于师或旅。(3)青少年的政治组织,在我国特指中国共产主义青年团。(4)工作或活动的集体;多作中心语:参观～|旅游～。❷动。把东西揉成球形;常带宾语或补语:～煤球|把信～成一团,扔进了火炉。❸量。(1)用于成团的东西:两～毛线|一～火。(2)用于某些抽象事物:一～和气|一～漆黑。❹〈素〉(1)圆形的:～扇|～脐。(2)会合在一起:～结|～聚。

【团拜】tuánbài 动。机关、学校或其他团体的成员为庆祝新年或春节而聚集在一起互相祝贺;不带宾语:正月初一上午,大家到校~。可作"举行、进行"等动词的宾语：定于年初一举行~。

【团伙】tuánhuǒ 名。进行犯罪活动的集团；量词用"个"：抓获了一个流氓~｜挖出了有六个成员的犯罪~。

【团结】tuánjié ❶动。为了实现共同的理想或完成共同的任务而结合或联合：同学之间必须~。常带宾语或补语：~广大群众｜大家~起来。可作"加强、搞好"等动词的宾语：我们要加强~，共同对敌。❷形。和睦，友好：~的集体｜这个班级的同学很~。

【团聚】tuánjù 动。(1)相聚；多指亲人分别后再聚会，一般不带宾语，可带补语：家人~｜只在周末他们全家才能~一次。(2)团结并聚集；常带宾语：~了千百万民众。

【团体】tuántǐ 名。有共同目的、志趣的人所组成的集体：群众~｜革命~｜~活动。

【团体操】tuántǐcāo 名。集体表演的体操。表演者按规定做各种体操或舞蹈动作，或进行队列变化，或组成各种有意义的图案等。

【团团】tuántuán 形。不加程度副词，不单独作谓语，作定语或状语。(1)圆的样子：~的脸。(2)形容旋转或环绕的样子；多修饰动词，作状语：~围住｜急得~转。

【团音】tuányīn 名。汉语语音学中指声母j、q、x、和i、ü及i、ü起头的韵母相拼的读音。参见"尖团音"。

【团员】tuányuán 名。(1)指代表团、参观团等团体的成员：这个代表团有一位团长、三位~。(2)特指中国共产主义青年团的团员：这个班有30个~。

【团圆】tuányuán ❶动。亲人分散后又相聚在一起；不带宾语：中秋佳节全家~｜海外赤子时时想念亲人，盼望着早日与家人~。❷形。形容很圆；不加程度副词：八月十五月~。常作定语：~脸，大眼睛。

【团圆节】tuányuánjié 名。指中秋。我国人民在这一天有全家团聚欢度佳节的风俗，故名。

抟（摶）

tuán 动。用手把东西揉弄成球形；常带宾语或补语：~泥球｜~成球。

tuǎn（ㄊㄨㄢˇ）

疃

tuǎn 名。村庄，屯；多用于地名，如山东的柳疃，江苏、河北的王疃。

tuàn（ㄊㄨㄢˋ）

彖

tuàn ［彖辞］(-cí) 名。《易经》中论卦义的文字。也叫卦辞。

tuī（ㄊㄨㄟ）

忒

tuī 又读tēi 〈方〉副。这地方~小，再放张桌子都不行。
另见 tè。

推

tuī ❶动。常带宾语或补语。(1)向外或向前用力使物体顺着用力的方向移动：车子还得往前~｜请你别~人｜车~得很累。可带兼语：~他进屋子。(2)用推磨磨或用碾子碾；多指粮食等：面粉准备明天~｜~了20斤玉米｜米粉~得很细。(3)使工具贴着物体表面向前剪或削；用于头发或草皮等：~光头｜~草皮｜~得很齐。(4)根据已知的事实来断定其他：根据这些情况可以~出事故发生的原因｜我的结论是从这个定理~出来的。(5)推委，推托；指事情、责任等：他把所有的工作都~我身上｜不能把事故的责任全~给别人。(6)辞让，推让；多指职位、利益等：大家一致选你当组长，你就不要~了｜这点礼品请收下吧，你就别~了｜要尽力~掉这职务。(7)推迟；指日期：交货日期不能再~了｜~婚期｜考试~到下周举行。(8)选举，举荐：大家都~你｜代表~出来了。可带兼语：大家~老张当候选人。❷〈素〉(1)使事情开展：~广｜~行｜~销。(2)赞许，重视：~许｜~重。

【推本溯源】tuī běn sù yuán 成。本：树根；溯：逆着水流走，引伸为追寻。推究根源，寻找起因：一些成语典故，必须~，才能弄清其确切含义。

【推波助澜】tuī bō zhù lán 成。澜：大波浪。比喻从旁鼓动，使事态扩大；常含贬义：他们俩为这事已伤了和气，你就不要再~，使矛盾激化了。

【推测】tuīcè 动。根据已经知道的事情

来想象不知道的事情：谁得冠军,目前还很难～。常带宾语或补语：～一下他的前途|大家七嘴八舌地～了一阵儿。可带动词性词组和主谓词组作宾语：请你～将会发生什么变化|～谁能当选。

【推陈出新】tuī chén chū xīn 成。推；摆脱，排除；陈：弃旧的事物，产生新的事物，或在旧的基础上创造新的。现多指批判继承旧文化，创造出新文化：文化艺术必须～。

【推诚相见】tuī chéng xiāng jiàn 成。用诚恳的态度相待：知心朋友总是～的。

【推迟】tuīchí 动。把预定的时间向后移：会期～了。常带宾语或补语：～婚期|～一天。

【推崇】tuīchóng 动。对别人的德行、成就等非常重视，并给予高度的评价；可加程度副词：我对他的教学能力十分～。常带宾语或补语：我们都很～雷锋精神|对这部著作大家～得很。可作"深受、得到"等动词的宾语：深受大家的～。

【推出】tuīchū 动。拿出；指新的产品、节目、方案等：新产品不久将由某公司隆重～。常带宾语：春节期间将～一批新创作的歌舞节目。

【推辞】tuīcí 动。表示拒绝，不接受；多用于任命、邀请、馈赠等：大家选你当工会主席，你就不要～了。常带宾语或补语：～了他们的邀请|对他的礼物我已～了多次,一定不能收。

【推戴】tuīdài 〈书〉动。拥护某人做领袖：竭诚～。常带兼语：大家一致～他当校长。

【推导】tuīdǎo 动。数、理等学科中,根据已知的公理、定理、定义、定律等,经过演算和逻辑推理而得出新的结论的过程；常带宾语或补语：从公理出发,可以～出一系列的公式|～得不正确。

【推动】tuīdòng 动。使事物前进,使工作展开；常带宾语：革命～着历史的发展|高速水流～了水轮机。可带兼语：生产上的革新运动,～了工农业生产迅速发展。可重叠：对这项工作还请你好好～～。

【推断】tuīduàn 动。推测判断；常带宾语或补语：正确地～了即将发生的问题|这个结论,他早就～出来了。

【推度】tuīduó 动。推测；常带宾语：我无从～各人的心思。

【推翻】tuīfān 动。常带宾语,可拆开用。(1)用武力打垮原来的政权,使局面彻底改变：辛亥革命～了清朝200多年的统治|人民的天下是推不翻的。(2)根本否定已有的说法、计划、决定等：～了原有的计划|"地心说"终于为科学所～|科学的结论不是轻易推得翻的。

【推服】tuīfú 动。推许佩服：他为人正直,令人～。可带宾语：无不～这位革新能手。

【推广】tuīguǎng 动。扩大事物的应用范围或影响范围：这个经验要～。常带宾语或补语：～普通话|这种方法～不出去。可重叠：这种经验要好好～～。

＊"推广"和"推行"："推广"的意思着重在扩大；"推行"的意思着重在实行。"推广"的对象多是"经验、营业、普通话"等；"推行"的对象多是"方法、政策、简化字"等。

【推己及人】tuī jǐ jí rén 成。用自己的心意去推度别人的心意,设身处地体谅别人：你如果能～,设身处地为她想想,恐怕就不会怪罪她啦！

【推见】tuījiàn 动。推想出；可带名词或主谓词组作宾语：从这些小事可以～他的为人|从他所想的问题可以～他是个善于思考的。

【推荐】tuījiàn 动。推举介绍,希望别人任用或接受；可用于人或事物：小张在家待业,请您协助～。常带宾语或补语：给你～一本书|有一名技术员,～给你单位。可带兼语：～他当班主任。可重叠：我校缺少语文教师,请你～～。

【推襟送抱】tuī jīn sòng bào 成。襟、抱：指心意。比喻真诚相见,诚挚交往：我犯了错误以后,他不仅不歧视我,相反,还～,跟我促膝谈心,帮助我,开导我。

【推进】tuījìn 动。(1)推动工作,使向前进；常带宾语或补语：大大～了学校的工作|向前～了一步。(2)作战的军队或战线向前进；一般不带宾语,可带补语：这个师不断向敌人占领区～|整个战线

向前～了20公里。

【推究】tuījiū 动。根据已知的情况来探索和研究；指原因或道理等：这是件小事,不值得～。常带宾语或补语：～一下事故发生的原因|对这个问题须要～一番。

【推举】tuījǔ 动。推荐、选举：人民代表由选民～。常带宾语或补语：大家都～他|～了三次。可带兼语：～他当学习委员。

【推理】tuīlǐ 动。逻辑学上指从一个或几个已知判断(前提)推出一个新的判断(结论)的思维过程,有直接推理、间接推理等；不带宾语：有了这两个前提就可以～了。

【推论】tuīlùn 动。用语言形式进行推理：各种情况还不够明了,无从～。常带宾语或补语：～事理|这一结论是由前提～出来的。

【推拿】tuīná 见"按摩"。

【推敲】tuīqiāo 动。宋·胡仔《苕溪渔隐丛话》卷十九记载：传说唐代诗人贾岛骑驴作诗,得到"鸟宿池边树,僧敲月下门"两句。第二句中的"敲"字,是用"敲"好还是用"推"好呢?他一时拿不定主意,便一边念着诗一边用手做着推、敲的动作,没想到竟闯进了韩愈的仪仗队,被捉拿到韩愈跟前问罪。贾岛向韩愈说明了原委,韩愈没有怪罪。他想了一会儿,认为"敲"比"推"好。后人就用"推敲"比喻斟酌字句,反复琢磨：写文章要反复～。常带宾语或补语：正～着文章|～了很长时间。

  ＊"推敲"和"斟酌"："推敲"强调反复考虑优劣利弊,"斟酌"强调仔细地反复考虑,含有"从容进行"的意味。"推敲"一般用于字句、话语、文章；"斟酌"既可用于字句、话语,也可用于事情。

【推求】tuīqiú 动。根据已知条件或因素来探索；多指道理、意图或结果等：这件事的原委就不要再～了。常带宾语或补语：他在～着正确的答案|～了很久仍无结果。

【推却】tuīquè 动。拒绝,推辞：请他帮忙,他从不～。常带宾语或补语：他～了上级对他的委任|请他办事,他总要～一番。

【推让】tuīràng 动。由于谦虚或客气而不肯接受；多指某种职位、荣誉或利益等：这笔奖金,他一再～,不肯收下。常带补语：把荣誉～给别人|彼此又～了一番。

【推算】tuīsuàn 动。根据已有数据计算出有关数值或某一结果；常带宾语或补语：他正在～着你的生肖|发生日食、月食的时间可以准确地～出来。

【推涛作浪】tuī tāo zuò làng 成。推动波涛,兴起浪头。比喻煽动情绪,制造事端；含贬义：我们决不允许少数别有用心的人～,挑起事端,破坏民族间的团结。

【推托】tuītuō 动。找个理由来拒绝：请你代我去一趟,你就别～了。常带动词、动词性词组或主谓词组作宾语：他～病了,不去开会|～今晚要去上课,不到他家去了|～小孩没人带,提出要请假。

  ＊"推托"和"推辞"："推托"常以所借之故作宾语；"推辞"以所拒绝的事物作宾语。"推托"适用范围广,可以是各种各样的理由；"推辞"适用范围窄,一般用于"任命、邀请、馈赠"等方面。

【推脱】tuītuō 动。常带宾语或补语。(1)不肯承担；多指某种责任：出了问题要敢于承担责任,不应该～|这件事是你批准的,你想～责任可不可能|那是他的错误,他却～得一干二净。(2)拒绝接受；多指任命、邀请、馈赠等：请他当校长,他却想尽办法～|终于～了他的吃请|这些礼物他一再～也～不掉,最后只得交公。

【推委】tuīwěi 动。把责任推给别人；一般不带宾语：要共同承担责任,不要互相～。常带补语：把自己应负的责任～给别人。可作状语：他～地说："这件事与我无关。"也作推诿。

【推问】tuīwèn 动。推究审问：由法庭～。常带宾语或补语：～犯罪事实|经过情况要找当事人～清楚。

【推想】tuīxiǎng 动。推测,猜想；常带宾语或补语：人们只顾眼前,谁也不愿～以后的情形|这些生物将来怎么样,一般人～不出来。

【推销】tuīxiāo 动。推广销售货物：这批

商品请他们出去～。常带宾语或补语：大力～洗衣机|这些服装可以～到外地去。可重叠：我厂生产的这种新产品，请你们登个广告～～。

【推谢】tuīxiè 动。借故推辞；多用于邀请、馈赠等：一些社会团体请他任名誉职务，他都一一～了。常带宾语或补语：～了他的赠品|～不掉。

【推卸】tuīxiè 动。不肯承担；多指负的责任：这事故，他要负全部责任，不能～。常带宾语或补语：不该～自己的责任|他把自己的责任～得一干二净。

　　*"推卸"和"推脱"："推卸"着重指不肯承担；"推脱"着重指摆脱、避开，或拒绝接受。"推卸"使用范围窄，主要指应负的责任；"推脱"使用范围广，除应负的责任外，还可用于拒绝任命、邀请等。

【推心置腹】tuī xīn zhì fù 成。比喻真心待人：他和我～地交谈了一次，我很受感动。

【推行】tuīxíng 动。推广，普遍实行；多指经验、办法等：无梭织布法已经广泛～。常带宾语或补语：～农业生产责任制|优选法已～到全国各地。

【推许】tuīxǔ 动。推重并赞许：他的品行、学识深为人们所～。常带宾语，可加程度副词：非常～他的为人。

【推延】tuīyán 动。推迟、延长；指日期：开会日期～了。常带补语：由于讨论的问题多，而且争论激烈，会期～了两天。也可带宾语：～会期。

【推移】tuīyí 动。移动或发展；指时间、形势、风气等，一般不带宾语：随着时间的～，我们之间的友谊也越来越深了|社会风气正在向好的方面～。

【推重】tuīzhòng 动。赞赏、重视，并给以很高的评价；多指对人的思想、行为、著作、发明等，可加程度副词：大家对他的为人非常～。常带宾语或补语：学术界一致～这部很有价值的著作|我们都对他～得很。

tuí(ㄊㄨㄟˊ)

颓(穨) tuí 〈素〉(1) 坍塌：～垣断壁。(2) 衰败,意志消沉：

衰～|～败|～废。

【颓败】tuíbài 〈书〉形。衰落,腐败：封建旧家庭业已～|～的晚秋景色|风俗～|～的风气。

【颓放】tuífàng 〈书〉形。意志消沉,行为放纵：性情～|生活～|宋代诗人陆游为参议官之时,不拘礼法,人讥其～,故自号"放翁"。

【颓废】tuífèi 形。意志消沉,精神委靡：思想～|他过着～的生活。

　　*"颓废"和"颓唐"："颓废"强调意志消沉，"颓唐"强调情绪低落。"颓废"语意较重；"颓唐"语意较轻。"颓废"常同"思想、生活"等搭配；"颓唐"常同"情绪、神色"等搭配。

【颓风】tuífēng 〈书〉名。日趋败坏的风气。

【颓靡】tuímǐ 〈书〉形。颓丧,委靡；多指世俗、民风：世俗～|～的风气。

【颓然】tuírán 〈书〉形。形容败兴的样子；多作状语：～若失。

【颓丧】tuísàng 形。消极低沉,委靡不振；指情绪、精神：～的神情|偶然失败,不必～。

【颓势】tuíshì 名。衰败的趋势：这个大家庭虽仍显赫一时,但已呈～。

【颓唐】tuítáng 形。精神委靡不振：～的神色|精神～|他少年时志大气盛,那知进入中年后,却变得～了。

　　*"颓唐"和"颓丧"：二者都有精神委靡的意思。但"颓唐"多指由于挫折、失败、不幸的遭遇或困难处境而引起的一种较长时间的精神状态,语意较重；"颓丧"则多指由于对某一事物失望而情绪低落,语意较轻。

tuǐ(ㄊㄨㄟˇ)

腿 tuǐ 名。(1)人和动物用来支撑躯体和行走的部分：大～|前～。(2)(～儿)指器物上作用像腿的部分：桌子～儿|椅子～儿。(3)火腿的简称。

【腿脚】tuǐjiǎo 名。指走动的能力：～不便|～很利索。

tuì(ㄊㄨㄟˋ)

退 tuì 动。常带宾语或补语：(1)向后移动；与"进"相对：敌人往后～

了|队伍全部~张各庄|他~到墙边。(2)使向后移动：~子弹|把刀~出来。(3)离开,辞去：~了团|场上观众几乎~光|有人从这个学会~出去了。(4)下降,减退；多指水位、颜色、光泽等：潮水~了|~了一些光泽|这件衣服的颜色~了不少。(5)送还；多指钱物、馈赠等：~了这张票|这批货全~给他们。可带双宾语：~他两块钱。(6)把已定的事撤销,常指合同、契约等：这门亲事不能~|~合同|契约~回来了。

【退避三舍】tuìbì sān shè 成。《左传·僖公二十八年》记载：春秋时晋楚在城濮交战,晋国遵守诺言,把军队撤退90里(舍：古代行军计程以30里为一舍)。后比喻对人让步,回避冲突：不管谁要跟他争执,他总会~。

【退兵】tuìbīng 动。不带宾语,可拆开用。(1)撤退军队：下令~|我已~到长城以内|不宜追击,便立即退了兵。(2)迫使敌军撤退：~之计|敌人被迫退了兵。

【退步】tuìbù ❶动。向后退,落后；不带宾语,可带补语：他近来学习成绩~了|~得很快。可拆开用：又退了一步。❷名。后步,退路：不要把话说绝了,要留个~。

【退出】tuìchū 动。中途离开；多指不再参加会议,或脱离某个团体、组织等：他从这个小集团中~了。常带宾语或补语：~会场|~了很长时间。可带动词作宾语：~比赛。

【退化】tuìhuà 动。可带补语。(1)生物体在进化过程中,某些器官的构造和机能逐渐萎缩甚至完全消失；与"进化"相对：虱子的翅膀完全~了|仙人掌的叶子~成了针状。(2)泛指事物由优变劣、由好变坏：有些干部居功自傲,思想~得不成样子。

【退换】tuìhuàn 动。退还不合适的,换回合适的；多指货物：他买的鞋子不合脚,又拿到商店去~。常带宾语或补语：~了一本书|~了两次。

【退回】tuìhuí 动。常带宾语或补语。(1)退还；指信件、稿件等：这封信无法投递,只得~|书稿不用,~作者|把稿件~给作者。(2)返回原地：此路不通,只得~|没赶上车,只好~旅馆。

【退路】tuìlù 名。(1)退回去的道路：切断敌军的~。(2)回旋的余地：留一条~。

【退赔】tuìpéi 动。退还、赔偿；多指侵占的、非法取得的财物等：侵吞的公款必须~。可带宾语：~赃物。

【退坡】tuìpō 动。比喻革命意志衰退,或因工作遭到困难而后退；不带宾语：工作再困难也不能~|思想一~,干劲儿就没了。可作"思想"等的定语：~思想|~打算。

【退却】tuìquè 动。不带宾语,可带补语。(1)作战时军队向后撤退、转移：部队为了保存实力,暂时向后~|~到可以埋伏的地方。(2)因畏难而后退：面对困难,决不~|在抗洪救灾中,没有人~下去。

【退让】tuìràng 动。在争执中作出让步；一般不带宾语：在原则问题上我决不~|只要一方~,就争吵不起来。可带补语：~一步吧。

【退缩】tuìsuō 动。向后退,畏缩；不带宾语：碰到困难不要~。可带补语：为了更好地前进,有时需要暂时~一下。

＊"退缩"和"畏缩"："退缩"侧重指向后倒退的行动；"畏缩"侧重指恐惧的心理状态。"退缩"可用"往后、朝后"等作状语,也可用"一下"等作补语；"畏缩"不能。

【退位】tuìwèi 动。最高统治者让出统治地位,泛指退出原有的职位或地位；不带宾语：清朝末代皇帝不得不~|学校领导主动~让贤。可拆开用：退了位。

【退伍】tuìwǔ 动。指军人服满现役或由于其他原因退出军队；不带宾语：他于去年~。可拆开用：他最近退了伍。

【退休】tuìxiū 动。职工因年老或因公残废而离开工作岗位,按期领取生活费用；不带宾语：他两年前就~。可带补语：他~在家。

【退役】tuìyì 动。军人退出现役或服预备役期满后停止服役；不带宾语：最近有一批军人~|预备役期满,他就~。可拆开用：他已经退了役。

【退隐】tuìyǐn 动。旧指官吏退职隐居：他对朝廷不满,被迫~。可带处所宾语或补语：~深山|~多年。

煺（㷉、䞈） tuì 动。把已宰杀的鸡、鸭、猪等用开水烫后去毛；常带宾语或补语：～鸡毛｜猪腿上的毛没有～干净。

褪 tuì 动。脱；多指羽毛、颜色等；小鸭子的黄毛还没～。常带宾语或补语：这件衣服～了色｜这只鸡的毛快～光了。有时也指脱去衣服：～了冬装，换上春装。
另见 tùn。

蜕 tuì 〈素〉(1)蛇、蝉等脱皮：～化｜～皮。(2)蛇、蝉等脱下的皮：蛇～｜蝉～。

【蜕变】 tuìbiàn 动。发生质的变化；可用于人或事物，可带宾语：这个青年交上了坏朋友，渐渐～成了罪犯。可作"发生"等动词的宾语：这种西瓜已经发生～。

【蜕化】 tuìhuà 动。原指昆虫脱皮，后用来比喻人的思想、行为腐化堕落；一般不带宾语：这个人经不起金钱、地位的引诱，逐渐～了。常与"变质"合用：他已经～变质了。可作补语：没想到他～到这个地步。

tūn（ㄊㄨㄣ）

吞 tūn 动。常带宾语或补语。(1)不嚼或不细嚼就整个儿或成块地咽下去：～了一口饭｜把药～下去。(2)吞没，侵占；多指财物等：他私～了一笔公款｜连救灾款也被他～光了。也可用于领土：希特勒妄图把整个世界都～下去。

【吞并】 tūnbìng 动。侵占兼并；多指土地、财物等：几家小厂被那个大资本家～了。常带宾语：当时沙皇俄国～了大片中国领土。

【吞金】 tūnjīn 动。吞下黄金；一般指自杀，不带宾语，常和"自杀"连用：她无处躲藏，又不甘受辱，便～自杀。可拆开用：吞了金。

【吞灭】 tūnmiè 动。并吞消灭：那火焰的威势好像要把整个天宇都～。常带宾语：殖民主义者曾用武力～了许多弱国。

【吞没】 tūnmò 动。可带宾语。(1)把公共的或代管的财物据为己有：集体的财物任何人不得私～｜这个人～了一笔公款。(2)淹没：一艘渔船被海水～了｜洪水～了大片农田。

【吞声】 tūnshēng 〈书〉动。不敢出声，多指哭泣不敢出声；不带宾语；常用在固定组合中：忍气～。

【吞噬】 tūnshì 动。常带宾语或补语。(1)吞食。饿狼一口一口地～着小山羊｜他把难忍的伤痛～下去。(2)比喻大量侵占别人的财物据为己有：他～了弟妹们应得的财产。

【吞吐】 tūntǔ 动。(1)吞进和吐出，比喻大量地进出；须带宾语：火车站每天～着大批旅客｜这篇文章有～日月的气势。可作定语：～量｜～港。(2)说话有顾虑；多用在固定的组合中：～其词。

【吞吞吐吐】 tūntūntǔtǔ 形。说话或行动想说又不说的样子；不加程度副词，常带助词"的"：有什么话就说吧，不要～的！｜母亲～地说："那……不大好吧。"

【吞云吐雾】 tūn yún tǔ wù 成。吞进云，吐出雾。原指道士不食五谷，修炼养气。后用来讥讽吸鸦片或抽烟时的情状：许多人像死鱼一般地睡在那里，屈起双腿在～。

暾 tūn 〈古〉名。刚出来的太阳：朝（zhāo）～。

tún（ㄊㄨㄣˊ）

屯 tún ❶〈书〉动。多带宾语。(1)聚集，储存：～粮。(2)驻扎；用于军队：～兵。❷名。(～儿、～子)村庄：这个～子有20多户人家。常用于地名：皇姑～（在辽宁）。
另见 zhūn。

【屯聚】 túnjù 动。聚集；多指人马等，常带宾语或补语：村镇上～了两个连的兵力｜人马～在半山坡上。

【屯积】 túnjī 动。聚集，储存；带宾语或补语：～粮草｜大批人马～在京城里。

【屯垦】 túnkěn 动。在边远地区驻兵垦荒：明朝末年，一支戍边部队曾在这里～。

【屯田】 túntián 动。利用驻军或招募农民垦荒种田，这是我国汉以后历代政府的措施。

囤 tún 动。储存；常带宾语或补语：～货｜～粮｜把粮～了起来。
另见 dùn。

【囤积】túnjī 动。投机商人为牟取暴利而把货物储存起来；常带宾语或补语：～居奇｜投机商人～了一批紧俏商品｜他们把货物～起来，待机抛售。
＊"囤积"和"屯积"："囤积"只用于货物；"屯积"既可用于粮草等物资，还可用于军队、人马等。

【囤聚】túnjù 动。储存聚集；用于货物，常带宾语或补语：仓库里～着大批物资｜把粮食～起来。

饨 tún 见"馄(hún)饨"。

鲀 tún 见"河豚(tún)"。

豚 tún 〈古〉名。小猪，泛指猪。

臀 tún 名。屁股，指人体后面两股的上端同腰相连接的部分，也指高等动物后肢的上端同腰相连接的部分。

tǔn(ㄊㄨㄣˇ)

氽 tǔn 〈方〉动。常带宾语或补语。(1)漂浮：木头～在水面上｜～来一条死鱼。(2)用油炸：油～花生米｜鱼块要在油锅里～一下。

tùn(ㄊㄨㄣˋ)

褪 tùn 动。常带宾语或补语。(1)把套着或穿着的东西脱去：这条狗～了套儿跑了｜把袜子～下来。(2)〈方〉藏在袖子里：袖子里～着一封信｜把手～在袖子里。
另见 tuì。

tuō(ㄊㄨㄛ)

托(△託) tuō ❶动。常带宾语或补语。(1)用手掌或其他东西承受物体：妈妈的手～着他的头｜用茶盘～茶杯｜把碗～在手上。(2)衬，垫：玻璃板下～了一张画｜用托子～在电视机下面。△(3)请人代办：这件事你可去～老张｜家里的事我～给王奶奶了。可带双宾语：～你一件事。也可带兼语：～他修改文章。❷名。(～儿、～子)承托物件的东西：花盆～儿｜日历～儿。❸量。音译词。压强单位，一托等于一毫米汞柱的压强，一个大气压为760托。△❹〈素〉(1)借故推辞：推～｜～故。(2)依赖：～福｜～庇。(3)寄，暂放：～儿所。

【托庇】tuōbì 动。依赖长辈或有权势者庇护；常带补语：小李曾～于姑母｜～于豪门。有时也用作客套话：如蒙不弃，尚祈～。

【托病】tuōbìng 动。以有病为借口；不带宾语，常与其他动词连用：那次宴会，他～没有参加。

【托词】tuōcí 也作托辞。❶动。找借口推托；不带宾语，常与其他动词连用：～退席｜～回避。❷名。指借口的话：他以生病为～，要求不参加会议。

【托福】tuōfú ❶动。依赖别人的福气，使自己幸运；客套话，不带宾语，常重叠后单独成句：～～，我的病好了。常拆开用：托你的福，一切都很顺利。❷名。音译词。指美国对非英语国家留学生英语能力的考试：考～。

【托付】tuōfù 动。委托别人照料或办理；常带宾语或补语：洗照片～他就行了｜把孩子～给她带几天。可带双宾语或兼语：～你一件事｜这件事可～他办理。

【托故】tuōgù 动。借故，假借某种理由；不带宾语，常与其他动词连用：～不参加会议｜～不来。

【托管】tuōguǎn 动。由联合国委托一个或几个成员国在联合国监督下管理还没有获得自治权的地区：这地区暂时由三国～。可带宾语：由美国～这个地区。

【托拉斯】tuōlāsī 名。音译词。(1)资本主义垄断形式之一，由许多生产同类商品或在生产上有密切联系的企业合并组成。托拉斯的成立是为了垄断销售市场，争夺原料产地和投资范围，以获取高额利润。(2)指专业公司。

【托梦】tuōmèng 动。亲友的灵魂在人的梦中出现并有所嘱托，是一种迷信的说法；不带宾语：他真希望死去的妈妈能～给他。可拆开用：他说神仙给他托过梦。

【托名】tuōmíng 动。假借别人的名义；不带宾语，常与其他动词连用：～出席｜他这篇文章是～写的。

【托人情】tuō rénqíng 习。请人代为说情：不努力学习，靠～是没法考上学校的。

也说托情。

【托生】tuōshēng 动。迷信的人认为人或高等动物(多指家畜家禽)死后,灵魂将再次转生世间;不带宾语:祥林嫂烧香拜佛只求来世中,不变猪狗。

【托运】tuōyùn 动。委托运输部门运送;多指行李、货物等:行李可以~。常带宾语或补语:已经~了一批货|商品~到上海。

饦 tuō 见"馎(bó)饦"。

拖(拕) tuō 动。常带宾语或补语。(1)牵引,拉着移动:~了一车土|地板~得很干净|把这筐煤~上去。可带兼语:~船下水。(2)在身体后面耷拉着;常带动态助词"着":山鸡~着美丽的尾巴|辫子~在身后。(3)迟延,耽搁;多指时间:这件事不能再~了|工程~了期限|这事儿~得太久了。

【拖带】tuōdài 动。拉扯,牵引;常带宾语或补语:她一个寡妇人家~着两个孩子,日子够艰难的|这辆卡车~灵活。

【拖后腿】tuō hòutuǐ 习。比喻拖累、牵制、阻挠别人或事物,使不得前进:他要求进步,你可不能~。

【拖拉】tuōlā 形。办事迟缓,不及时完成;含贬义:办事很~|要克服~作风。可重叠:他办起事来总是拖拖拉拉的。

【拖拉机】tuōlājī 名。农业机械生产中的主要动力机械,能牵引各种农具进行耕地、播种、收割等;量词用"辆"或"部"。

【拖累】tuōlěi 动。使受牵累:你受~了。常带宾语:这件事~了你。也可带兼语:~你吃苦了。

【拖泥带水】tuō ní dài shuǐ 成。比喻办事不干脆,或说话、写作不简洁:这篇文章~,很不简洁|办事不要~的。

【拖欠】tuōqiàn 动。久欠不还:这笔债至今仍~着。常带宾语或补语:我不愿~人情债|这批货该厂从前年~到今年,仍未交齐。

【拖沓】tuōtà 形。做事拖拉,不爽利:这家工厂交货~|这篇文章写得太~。可重叠:他办事往往拖拖沓沓,不爽快。

【拖延】tuōyán 动。把时间延长,不迅速办理:这事刻不容缓,不能再~了。常带宾语或补语:会议~了时间|这个案子的审判~下来了。

*"拖延"和"拖拉":"拖延"是动词;"拖拉"是形容词。"拖延"是说延长时间往后推;"拖拉"是形容做事慢,不按时。"拖延"不带褒贬色彩;"拖拉"含贬义。

【拖曳】tuōyè 动。拉着走,牵引;常带宾语或补语:拖拉机~着铧犁在耕地|把板车~到一边。

侻 tuō ❶〈古〉形。(1)简易。(2)适当。❷〔通侻〕(tōng-) 见"通脱"。

脱 tuō ❶动。常带宾语或补语。(1)落掉;指皮肤、毛发等:~了一层皮|头发~得光光的。(2)取下,除去:~了帽子|把袜子~下来。(3)漏掉;指文字:这一行~了一个字|有一行字~掉了。❷〈素〉离去:逃~|~轨。❸姓。

【脱产】tuōchǎn 动。脱离直接生产或具体业务工作,专门从事行政管理、党、团、工会等工作,或专门从事学习;不带宾语:他当工会主席后完全~了。常与其他动词连用:~去学习。

【脱出】tuōchū 动。摆脱,离开:从困境中~。常带宾语:~了被动局面。

【脱稿】tuōgǎo 动。文稿写完;不带宾语:赶写了两个月,这篇论文终于~。可拆开用:今天脱不了稿。

【脱钩】tuōgōu 动。比喻失去联系;与"挂钩"相对,不带宾语:他俩早就~了。可带补语:这两个单位已经~一年多了。

【脱缰之马】tuō jiāng zhī mǎ 成。脱掉缰绳的马。比喻没有拘束的人或失去控制的事物:他的心玩野了,像~,一时很难收住。

【脱节】tuōjié 动。不衔接,互相联系的事物失去联系;不带宾语:文章前后要有照应,不能~|管子要焊牢,防止~。可拆开用:脱不了节。

*"脱节"和"脱离":"脱节"指两方面相互离开;"脱离"可以是两方面相互离开,也可以是单方面离开。"脱节"只用于事物;"脱离"可用于事物,也可用于人。"脱节"不带宾语;"脱离"可以。

【脱口而出】tuō kǒu ér chū 成。不假思索,随口说出:一些基本数据,他记得很熟,都能随问即答,~的。

【脱离】tuōlí 动。离开或断绝;指某种环境或某种关系:他俩从小就生活在一起,从未～过。常带宾语或补语:～了险境|理论不应与实际～开来。可加程度副词:近来你太～群众了。可带谓词宾语:～劳动|～危险。

【脱漏】tuōlòu 动。漏掉,遗漏:织毛线衣一针也不能～。常带宾语或补语:文章中～了几个字|～得太多了。

【脱落】tuōluò 动。附着的东西掉下:这种树到冬天叶子就全部～。常带宾语或补语:～了不少头发|墙上的石灰已经风化,一碰就～。

【脱略】tuōlüè〈古〉形。放任,不受拘束。

【脱期】tuōqī 动。延误预定的日期,特指期刊延期出版;不带宾语:这本杂志经常～。可拆开用:杂志又脱了期。

【脱色】tuōsè 动。不带宾语。(1)用化学药品去掉物质原来的色素:这些原料必须先～,否则不能使用。可拆开用:脱过色再用。(2)退色:衣服洗了一次就～了。

【脱身】tuōshēn 动。抽身离开;常指从危险或困难的情况下解脱出来,不带宾语:工作忙,人手又少,使我无法～。可拆开用:他正忙着,脱不开身。

【脱手】tuōshǒu 动。不带宾语,可拆开用。(1)离手:这些重要文件要随身携带,不要～。常与其他动词连用:只见他用力一掷,标枪就～飞出去了。(2)卖出货物:这批紧俏货很快就～了|这些商品价格太高,一时脱不了手。

【脱俗】tuōsú 动。不沾染庸俗习气;不带宾语:当不少青年追求物质享受时,他却能～,一心为实现自己的理想而刻苦学习。

【脱胎】tuōtāi 动。不带宾语,可带补语。(1)制作漆器时,在泥制或木制的模型上糊上薄绸或夏布,再经涂漆磨光等工序,最后把胎脱去,涂上颜料:这件漆器已经～。可拆开用:脱了胎再修饰。(2)比喻一种事物由另一种事物孕育变化而成:据说迪斯科舞～于非洲的民间舞蹈。

【脱胎换骨】tuō tāi huàn gǔ 成。原为道家语,指修道者得道,就能脱换凡胎凡骨而成仙胎仙骨。现多比喻彻底改变立场观点:犯了罪就必须下定决心～,重新做人。

【脱逃】tuōtáo 动。脱身逃走:临阵～|你还不及早～?|犯人乘隙～。可带处所宾语:～山区。

＊"脱逃"和"逃脱":"脱逃"的意思侧重在"逃",指逃离某种境遇;"逃脱"的意思侧重在"脱",既有逃的意思,也有推的意思,如:不要逃脱责任|这次事故你是逃脱不了干系的。

【脱兔】tuōtù 名。逃走的兔子;常用在固定的组合中:动如～(比喻行动迅速,像逃走的兔子一样)。

【脱误】tuōwù 名。脱漏和错误的地方;指文字:文章中有不少～|～颇多。

【脱险】tuōxiǎn 动。脱离危险,不带宾语:经抢救,他已经～。可拆开用:脱了险。

【脱销】tuōxiāo 动。商品卖完,暂时缺货,一般不带宾语:最近彩色电视机～。可带补语:已经～了两个月。

【脱卸】tuōxiè 动。摆脱,推卸;指责任,常带宾语或补语:这件事与我无关,不是有意～责任|这是他做的事,他的责任～不了。

【脱颖而出】tuō yǐng ér chū 成。《史记·平原君虞卿列传》:"使[毛]遂蚤(早)得处囊中,乃脱颖而出,非特其末见而已。"颖:细长东西末端的尖锐部分。锥子放在布袋里,锥尖会全穿出来。比喻人的才华、能力全部显露出来:这个年轻人很有才华,说不定哪一天就会～,成为名家。

tuó(ㄊㄨㄛˊ)

驮 tuó 动。用背负载东西;多指牲口,常带宾语或补语:这头驴～了两袋粮食|已经～了三趟。
另见duò。

佗 tuó 人名用字。华佗,三国时名医。

陀 tuó 见"陀螺"、"盘陀"、"陂(pō)陀"。

【陀螺】tuóluó 名。儿童玩具,呈圆锥形,略似海螺。通常用木头制成,下面有铁尖。玩时用绳子缠绕,用力抽绳,使直立旋转,然后用鞭子抽打,使不停地旋转。

坨 tuó ❶动。面食煮熟后粘在一块儿；不带宾语，可带补语：面条全了｜这几块饼~在一起了。❷名。(~儿、~子)成块或成堆的东西：粉~儿｜泥~子。

沱 tuó ❶〈方〉名。可以停船的水湾。❷地名，水名用字。石盘沱、金刚沱，在四川省；沱江，长江的支流，也在四川省。

【沱茶】tuóchá 名。产于云南、四川的一种压成碗形的成块的茶。

驼 tuó ❶形。脊背弯曲，像骆驼的背一样隆起：爷爷的背已经很~了｜他的背有些~。❷同"驮"。❸见"骆驼"。

【驼背】tuóbèi ❶形。人的脊柱向后拱起，多由年老脊椎变形、坐立姿式不正或佝偻病、脊椎关节炎等疾病引起：他还没有老，就已经有些~了。❷名。指驼背的人：他是个~。

【驼色】tuósè 名。像骆驼毛那样的浅棕色。

【驼子】tuó·zi 〈口〉名。驼背的人；含轻视意。

柁 tuó 名。房架前后两个柱子之间的大横梁。
另见duò(舵)。

砣(△铊) tuó ❶名。△(1)秤砣，称东西时使秤平衡的金属锤。(2)碾砣，碾子上的碌碡(liùzhou)，即碾滚子。❷动。用砣子打磨玉器；常带宾语或补语：~了一个玉瓶｜把这件玉器再~一~。
"铊"另见tā。

【砣子】tuó·zi 名。打磨玉器的砂轮。

鸵 tuó 名。鸵鸟。现代鸟类中最大的一种，头小，嘴扁平，颈长，体高可达三米，翅膀短小，不能飞，走得很快。生长在非洲的草原和沙漠地带。

【鸵鸟政策】tuóniǎo zhèngcè 词组。据说鸵鸟被紧追时，就会把头钻进沙里，自以为平安，因此用"鸵鸟政策"喻指不敢正视现实的政策。

酡 tuó 〈素〉酒后脸色发红的样子：~然｜~颜。

【酡然】tuórán 〈书〉形。喝酒后脸上发红的样子；不加程度副词：他不善饮，一杯

下肚，竟已~。

跎 tuó 见"蹉(cuō)跎"。

鼧 tuó [鼧鼥](-bá) 名。古书上指旱獭。

橐(槖) tuó ❶〈古〉名。一种口袋。❷拟声。摹拟走路的声音；常叠用：~~的皮鞋声｜~~的走路声。

【橐驼】tuótuó 〈书〉名。骆驼。

鼍(鼉) tuó 名。爬行动物，是鳄鱼的一种。吻短，体长二米多，背部、尾部有鳞甲。力大，性贪睡，穴居江河岸边。皮可制鼓。产于长江下游，为我国特产的珍稀动物之一。也叫扬子鳄、鼍龙，通称猪婆龙。

tuǒ (ㄊㄨㄛˇ)

妥 tuǒ 形。(1)妥当；多作谓语，且多用于否定式：这样做很不~｜他的话实在欠~。(2)齐备，停当；多用在动词后，作补语：已经谈~｜事已办~｜早就商量~了。

【妥当】tuǒ·dang 形。稳妥适当；多指处理事情：这件事办得不~｜比较~的办法｜十分~地安排了教学工作。可重叠：衣物都收拾得妥妥当当。

*"妥当"和"妥"："妥当"既可用于否定式，也可用于肯定式；"妥"一般用于否定式。"妥当"可作定语或状语；"妥"只能作谓语或补语，不能作定语、状语。

【妥善】tuǒshàn 形。妥当完善：~地保管｜~处理｜这样的安置很~。

*"妥善"和"完善"："妥善"含有稳妥的意思；"完善"没有。"完善"有完美无缺的意思；"妥善"没有。"妥善"可修饰动词作状语；"完善"一般不修饰动词。"妥善"是形容词；"完善"除作形容词外，还可作动词。

【妥帖】tuǒtiē 形。稳妥恰当，十分合适：这篇文章遣词造句很~｜他把问题解决得十分~。

*"妥帖"和"妥当"："妥帖"有恰到好处的意思；"妥当"没有。"妥帖"一般不作定语、状语；"妥当"可以。

【妥协】tuǒxié 动。用让步的方法避免冲突或争执；不带宾语，可带补语：坚决斗

争,决不~|有人上当受骗,跟敌人~了|~过一次。可重叠:你就~~吧,别再跟她闹了。

庹 tuǒ ❶量。成人两臂左右平伸时两手间的距离,约合五尺:这房间的长度有三~。❷姓。

椭(橢) tuǒ [椭圆](-yuán) 名。长圆形,数学上指平面上一个动点到两个定点的距离之和是一固定值时,这个动点的轨迹就是椭圆。俗称扁圆或鸭蛋圆。

tuò (ㄊㄨㄛˋ)

拓 tuò ❶〈素〉扩充,开辟:~荒|开~|~宽。❷姓。
另见tà。

【拓荒】tuòhuāng 动。开荒;不带宾语:他们在边疆~|他是这一新学科领域的~者。

【拓宽】tuòkuān 动。开拓使宽广;用于道路等:这条马路正在~。常带宾语或补语:~公路|~到20米以上。

柝(欜) tuò 〈古〉名。打更用的梆子。

跅 tuò [跅驰](-chí) 〈古〉形。放荡不羁。

萚(蘀) tuò 〈古〉名。草木脱落的皮或叶。

箨(籜) tuò 〈古〉名。竹笋上一层一层的皮。

唾 tuò 〈素〉(1)唾液,口腔里的消化液,无色无臭:~沫|~腺|拾人~余。(2)吐唾沫:~手可得|~面自干。(3)吐唾沫表示鄙视:~弃|~骂。

【唾骂】tuòmà 动。鄙弃责骂:两个人互相~,不成体统。常带宾语或补语:不该~人|这个泼妇竟对我~不已。常用于被动式或作"遭到"等动词的宾语:秦桧陷害忠良,专权误国,结果为后世所~|这个卖国贼遭到众人~,必将遗臭万年。

【唾面自干】tuò miàn zì gān 成。《新唐书·娄师德传》记载:娄师德的弟弟将去代州做官,辞行的时候,娄师德告诫他遇事要忍耐。弟弟说:"如果有人把唾沫吐到我脸上,我擦掉就算了。"娄师德说:"这还不好,擦掉它就违反了人家泄怒的意愿,应该让它自己干。"后用"唾面自干"形容受了侮辱,极度容忍,不加反抗。多含贬义:古人讲忍耐,说要~,我可没有那个"涵养"。

【唾弃】tuòqì 动。鄙视、抛弃;指不好的人或事物:他是民族的败类,已为大家所~。常带宾语:~了功名利禄。可作"遭到、受到"等动词的宾语:这些阴谋家遭到了人民的~。

【唾手可得】tuò shǒu kě dé 成。唾手:往手上吐唾沫。比喻极容易得到:城里的敌军已经弹尽粮绝,我们用一个连去攻击,此城便~。

【唾余】tuòyú 名。比喻别人的一些微不足道的意见或言论;常用在固定的组合中:拾人~。

魄 tuò "落魄"的"魄"的又一读音。
另见bó, pò。

W

wā(ㄨㄚ)

挖(剜) wā 动。常带宾语或补语。(1)掘,掏:～井|～洞|了一会儿土。(2)发掘,探求:～潜力|深～思想根源|产生这毛病的根子～得越深越好。

【挖掘】wājué 动。挖;常带宾语或补语:～出一批珍贵文物|作者对生活的认识只停留在表面,～得不深。

【挖空心思】wā kōng xīn sī 成。形容费尽心机,想尽办法;含贬义:为了击垮对手,他～,想出了一种办法。

【挖苦】wā·ku 动。用尖酸刻薄的语言讽刺讥笑人;常带宾语或补语:请你不要～我|把他～了一顿。可带兼语:他～我穿得太花哨了。可作"进行"等动词的宾语:他常对我进行～,我总不理他。

【挖墙脚】wā qiángjiǎo 习。比喻拆台;常含贬义:我们两个单位应该相互协作,相互支持,决不能相互～。

【挖肉补疮】wā ròu bǔ chuāng 见"剜(wān)肉医疮"。

哇 wā 拟声。摹拟呕吐声、哭声等;常作定语或状语:小孩～的一声哭了起来|病人～地吐了一地。
另见·wa。

【哇啦】wālā 拟声。摹拟大声吵闹的声音:他突然～一声,嚷了起来。多叠用:请你别～～乱批评人|～～的吵闹声。

【哇哇】wāwā 拟声。摹拟小孩儿哭声、老鸦叫声等;常作定语或状语:房间里又响起了小孩～的哭声|老鸦在夜空中～地叫着,令人心烦。

洼(窪) wā ❶名。(～儿)凹陷的地方:水～儿。❷形。低凹,深陷:这块田太～了,会积水。

【洼陷】wāxiàn 形。凹陷;指地面:这块地～了,容易积水|这条马路有～的地方,行车要注意。

蛙

蛙 wā 名。两栖动物,卵孵化后为蝌蚪,逐渐变化成蛙。后肢长,前肢短,趾有蹼,善跳跃和泅水。种类很多,青蛙是常见的一种。捕食害虫,对农作物有益。

【蛙泳】wāyǒng 名。游泳的一种姿势,也是游泳运动项目之一。运动员游时俯卧在水面,两臂划水,两腿屈伸蹬水,动作对称。因与青蛙游水动作相似而得名。

娲(媧) wā 见"女娲"。

wá(ㄨㄚˊ)

娃 wá 名。(1)(～儿)小孩子:胖～儿|这个～儿真听话!(2)〈方〉(～儿)指某些幼小的动物:鸡～儿|狗～。

【娃子】wá·zi 名。(1)〈方〉小孩子。(2)〈方〉某些幼小的动物:猪～。(3)旧时凉山等少数民族地区的奴隶。

wǎ(ㄨㄚˇ)

瓦 wǎ ❶名。(1)一种屋面建筑材料。用粘土烧成,或用水泥等制成。❷〈素〉用泥土烧成的:～盆|～器。❸量。瓦特的简称。
另见 wà。

【瓦当】wǎdāng 名。古代称瓦背向上的滴水瓦的瓦头,呈圆形或半圆形,上面有图案或文字,作为装饰之用。

【瓦釜雷鸣】wǎ fǔ léi míng 成。釜:锅;瓦釜:沙锅。声音低沉的沙锅发出雷鸣般的响声。旧时比喻平庸的人占据高位,显赫一时;含贬义。

【瓦解】wǎjiě 动。(1)比喻崩溃或分裂;不带宾语,多带"已经、全部、完全、开始、彻底"等作状语:敌人的防线已经全部～。可作定语:面临～的危机。(2)使崩溃或使分裂;须带宾语:要在政治上～敌军。常与"分化"并用:我们要进一步分化～敌人。

【瓦蓝】wǎlán 形。浅蓝色,蔚蓝;多用来形容天空,不加程度副词,不单独作谓语,作定语:～的天空。可重叠:天是～～的天,路是平平坦坦的路。

【瓦砾】wǎlì 名。破碎的砖头瓦片:敌机轰炸后,这里只剩下一片～。

【瓦全】wǎquán 动。比喻不顾气节,苟且偷生;常与"玉碎"对举使用,不带宾语:宁为玉碎,不为～。

【瓦斯】wǎsī 名。音译词。(1)气体。(2)特指各种可燃气体,如煤气、沼气等。

【瓦特】wǎtè 量。音译词。电的功率单位,电压为一伏特,通过电流为一安培时,功率就是一瓦特。为纪念英国发明家瓦特而命名。简称瓦。

佤 wǎ 名。指佤族,我国少数民族之一,分布在云南省。

wà(ㄨㄚˋ)

瓦 wà 动。盖;用于"瓦",须带宾语或补语:张师傅在屋顶上～瓦(wǎ)｜这间屋上的瓦(wǎ)已经～好了。另见wǎ。

【瓦刀】wàdāo 名。瓦工用来砍断砖瓦并涂抹泥灰的工具;量词用"把":一把～。

袜(襪、韈) wà 名。(～子)一种穿在脚上的东西,一般用棉、丝、化学纤维等织成;量词用"双":一双尼龙～子。

腽 wà [腽肭(-nà)] 名。即"海熊",哺乳动物,四肢短,像鳍,尾短,头似狗。生活在海洋中。毛皮珍贵。它的阴茎和睾丸叫腽肭脐,可入中药,有补肾等作用。通称海狗。

·wa(·ㄨㄚ)

哇 ·wa 助。"啊"的变音,前面紧挨着的音一定是u、ao等结尾的:你别哭～｜近来你的身体可好～?
另见wā。

wāi(ㄨㄞ)

歪 wāi ❶形。(1)不正,偏斜;与"正"相对:这个字写～了｜秧插得太～。(2)不正当的,不正派的:～风｜你出的是～主意。❷动。(1)倾斜,侧向一边;

须带宾语,常加动态助词"着":她～着头,什么也不说。常与其他动词连用:我～着头向窗外一看,原来是她来了。(2)侧卧小憩;多带补语:在床上～了一会儿。

【歪打正着】wāi dǎ zhèng zháo 成。比喻方法本来不恰当,却侥幸取得满意的结果:教练员的部署本来不当,谁想～,使对方大出意料,穷于应付,结果我队竟赢得了这场比赛。

【歪风邪气】wāi fēng xié qì 成。不正派的作风和风气:要好好整整某些人的～。

【歪门邪道】wāi mén xié dào 成。坏主意,不正当的途径:他尽搞些～,人家对他不放心。

【歪曲】wāiqū 动。故意改变事实或内容;含贬义:我的话被他～了。常带宾语:～事实真相。可作状语或定语:他们故意地宣传这部作品中的悲观和厌世主义｜被～了的缺点。
＊"歪曲"和"诬蔑":"歪曲"是故意改变事实,颠倒黑白;"诬蔑"是无中生有,造谣中伤。"歪曲"语意稍轻;"诬蔑"语意较重。

【歪歪扭扭】wāiwāiniǔniǔ 形。形容歪斜不正的样子;不加程度副词,常加助词"的(地)":这棵树长得～的,不成个样子｜～地写了一行字。

【歪斜】wāixié 形。不正或不直:这座房子有点～,需要修一修。可重叠:他的字写得歪歪斜斜的。

呙(喎) wāi 形。歪;专用于嘴:口～眼斜。

wǎi(ㄨㄞˇ)

崴(△跮) wǎi ❶〈方〉名。称山、水、弯曲的地方;多作地名用字,如海参崴。△❷动。扭伤;用于脚:爬山不小心,把脚给～了。可带宾语:别～了腿脖子。
另见wēi。

【崴泥】wǎiní 动。陷入烂泥中,比喻陷入困境,事情不易处理;不带宾语:这事儿又～了。可拆开用:崴了泥。

【崴子】wǎizi 〈方〉名。山、水弯曲的地方;多用于地名,如三道崴子(在吉林)、迟家崴子(在辽宁)。

wài(ㄨㄞˋ)

外 wài ❶方位。外边；跟"内"或"里"相对：教室～|大门～|往～走|离门口50米～是个鱼塘。❷〈素〉(1)指自己所在地以外的：～乡|～埠|～省。(2)称母亲、姐妹或女儿方面的亲戚：～祖母|～甥|～孙女。(3)关系疏远的：～人|见～。(4)非正式的：～传|～号。(5)另外的：～加|～带。(6)以外：除～。(7)外国的：～交|～宾。❸名。戏曲脚色名，多演老年男子。

【外边】wài·bian 方位。(1)超出某个范围：墙～种了一排树|～很冷。(2)指物体表面：铁管～涂了一层红漆。(3)指外地：他儿子在～上大学。

【外表】wàibiǎo 名。表面：这台电视机的～十分美观。

【外宾】wàibīn 名。外国宾客。

【外部】wàibù 方位。(1)超出某一范围；跟"内部"相对：～条件。(2)表面；事物的～特征。
　　*"外部"和"外边"："外部"多用于抽象的事物，"外边"多用于具体的事物。

【外埠】wàibù 名。本地以外较大城镇。

【外道】wài·dao 形。指过于讲礼节反而显得疏远，见外：你这样客气，不觉得太～吗?

【外敌】wàidí 名。外来的敌人：团结一致，抵御～。

【外地】wàidì 名。本地以外的地方：他在～工作|他是～人。

【外调】wàidiào 动。常带宾语，可作定语。(1)向外调出；多用于物资、人员等：～一批土豆|完成日用品的～任务。(2)到外单位调查：他已去上海～|要～他年轻时的经历|他给～人员写过材料。

【外敷】wàifū 动。把药膏等涂抹在患处；区别于"内服"：这种药只能～，不能内服。可带宾语或补语：用药膏～伤口|～在患处。可作定语：～药物。

【外功】wàigōng 名。一种武术，以锻炼筋、骨、皮肤的功夫为目的；区别于"内功"。

【外公】wàigōng 〈方〉名。外祖父。

【外观】wàiguān 名。物体外表的样子：这张大橱～很美。

【外行】wàiháng ❶形。对某种事情不懂：他种菜并不～|说了不少非常～的话。❷名。外行的人：请一个～干这种工作，肯定干不好。

【外号】wàihào 名。在人的本名以外，别人根据他的特征给另起的名字；大都含着亲昵、憎恶、开玩笑等意味：他爱提意见，大家给了他一个～叫"大炮"。

【外患】wàihuàn 名。来自国外的祸害，指外国的侵略：～频仍|内忧～。也说外祸。

【外汇】wàihuì 名。用于国际贸易结算的外国货币和可以兑换外国货币的支票、汇票等。在对外贸易中，出口物资可以换得外汇，进口货物需要支付外汇。

【外活】wàihuó 〈方〉名。工厂或手工业者代外单位或外人加工的活，也指家庭妇女给人做的有报酬的活。

【外籍】wàijí 名。外国国籍；多作定语：我校请来了一位～教师。

【外加】wàijiā 动。另外加上；多带宾语：买一包烟一匣火柴。常用动词作宾语：他的工作很忙，～常常出差，所以没办法照顾家庭

【外家】wàijiā 名。(1)指外祖父、外祖母家。(2)旧时男子在妻室之外另有所欢而成的家。(3)指与男子另外成家的妇女。

【外间】wàijiān 名。(1)相连的几间屋子中直接通到外面的房间。(2)〈书〉外界：～流传的小道消息是不可相信的。

【外交】wàijiāo 名。一个国家在国际关系方面的活动；常作定语：～文件|～关系|～礼节。

【外交辞令】wàijiāo cílìng 词组。适用于外交场合的措辞话语。有时也把用委婉曲折的词句来掩盖真意的话叫做外交辞令。

【外交特权】wàijiāo tèquán 词组。驻在国为了保证和便利他国的外交代表履行正常职务而给予其本人和有关人员的特权。包括人身、住所不受侵犯，免受行政管辖、司法裁判，免除关税、海关检查，使用密码通信和派遣外交信使等。

【外界】wàijiè 名。外部环境,主体以外的人或物:消息发出后,～反响很大。常作定语:～环境|～的风言风语。

【外景】wàijǐng 名。戏剧方面指舞台上的室外布置,电影方面指摄影棚外的景物;区别于"内景"。

【外科】wàikē 名。医疗机构中的一科,主要用手术来治疗体内外疾病;区别于"内科"。

【外寇】wàikòu 名。指入侵的武装力量:巩固国防,防止～入侵。

【外快】wàikuài 名。指正常收入以外的收入;常与动词"捞"搭配:这是个肥缺,能捞到不少～|春节期间,他～捞了不少。也说外水。

【外来】wàilái 形。从外边来的;不加程度副词,不单独作谓语,多作定语:～户|～收入。

【外来语】wàiláiyǔ 名。从其他语言中吸收来的词语。例如"咖啡、沙发"是汉语从英语中吸收来的外来语。

【外流】wàiliú 动。流到外地或外国;多用于人口或财富等:人才～。可带宾语:～了一批资金。

【外路】wàilù 形。从外地来的;不加程度副词,不单独作谓语,多作定语:～人|～货。

【外貌】wàimào 名。人或物的表面形状:看人不能只看～,不看品质。

【外面】wàimiàn 名。外表:这套器具看～很耐用。

【外面】wài·mian 同"外边"。

【外婆】wàipó 〈方〉名。外祖母。

【外戚】wàiqī 名。指帝王的母亲或妻子方面的亲戚。

【外强中干】wài qiáng zhōng gān 成。貌似强大,内里虚弱;含贬义:反动势力是～的纸老虎。

【外侨】wàiqiáo 名。外国的侨民。

【外勤】wàiqín 名。(1)某些单位经常在外面进行的工作;常与动词"跑、搞"搭配:他是跑～的。(2)做外勤工作的人:他是局里的～,经常出差。

【外人】wàirén 名。(1)没有亲友关系的人:兄弟姐妹都不是～,何必为这点小事吵闹呢? (2)某个范围或组织以外的人:这里没有～,有事快说吧。(3)外国人。

【外伤】wàishāng 名。由于外力的打击、碰撞等,身体或物体所受到的损伤:跌了一交,受了一点～。

【外甥】wài·sheng 名。(1)姐姐或妹妹的儿子。(2)〈方〉外孙。

【外甥女】wài·shengnǚ 名。(1)姐姐或妹妹的女儿。(2)〈方〉外孙女。

【外史】wàishǐ 名。非正式的史书,包括野史、杂史和以叙述人物为主的旧小说等。

【外事】wàishì 名。(1)外交事务:～要派专人负责。常作定语:～机构|～工作。(2)外边的事,家庭或个人以外的事:他专管～,不管家里的事。

【外孙】wàisūn 名。女儿的儿子。口语也说外孙子。

【外孙女】wàisūnnǚ 名。女儿的女儿。

【外围】wàiwéi ❶名。周围:这幢小楼的～种满了花草。❷形。以某一事物为中心而存在的;不加程度副词,不单独作谓语,一般作定语:～团体|～组织。

【外侮】wàiwǔ 名。外国的欺凌或侵略:万众一心,抵御～。

【外务】wàiwù 名。(1)本身职务以外的事:只要有工作,不分内务～,他都认真干。(2)外交事务:在涉外工作中,要谨慎地处理好～。

【外线】wàixiàn 名。(1)采取包围敌方的形势的作战线:～作战。(2)在安有电话分机的地方称对外通话的线路。

【外乡】wàixiāng 名。本地以外的地方:～客人|～口音|从～来的人。

【外销】wàixiāo 动。向外地或外国市场销售;指产品:这些产品全部～。常带宾语和补语:该厂～一批工艺品|～到几十个国家。

【外心】wàixīn 名。异心,旧时指臣子勾结外国的念头,现多指爱上了别人而产生的对自己配偶不忠诚的念头:他有了～,引起夫妻不和。

【外星人】wàixīngrén 名。地球以外在其他星球上的高等动物。这只是一种假设和推测,尚未得到证实。

【外姓】wàixìng 名。(1)本宗族以外的姓氏：我们村都姓张,解放后才有了几个～。(2)指外姓的人：他是～,刚来我村落户。

【外延】wàiyán 名。逻辑学术语,指一个概念所确指的对象的范围。例如"植物"这个概念的外延是指地球上各种各样的植物。参看"内涵"。

【外衣】wàiyī 名。(1)穿在外面的衣服：他穿上～,出去了。(2)比喻用来掩盖真实面目的伪装；须加定语,含贬义：他一直披着爱国主义的～,干着叛卖祖国的勾当。

【外因】wàiyīn 名。事物变化、发展的外在原因,即一事物和他事物的互相联系和互相影响。外因是事物发展变化的条件,只有通过内因才能起作用。

【外域】wàiyù 〈书〉名。外国。

【外遇】wàiyù 名。指夫妻一方在外面的不正当的男女关系；常作"有"的宾语：他想离婚,因为他有了～。

【外援】wàiyuán 名。外来的支持援助,特指外国的援助：我们需要～,但决不能完全依赖它。

【外在】wàizài 形。事物本身以外的；跟"内在"相对,不加程度副词,不单独作谓语,作定语：～因素。

【外子】wàizǐ 〈书〉名。对人称自己的丈夫。

wān(ㄨㄢ)

弯(彎) wān ❶形。屈曲,不直：树枝都被果实压～了|这根竹竿太～,没有用。❷动。(1)使弯曲；常带宾语和动态助词"着"、"了"：一下腰|他身子～着,不敢抬头说话。(2)〈书〉拉；专用于弓：～弓射鸟。❸名。(～儿、～子)不直的地方：汽车上到山顶要绕好多～儿。

【弯路】wānlù 名。曲折的路,比喻学习、工作等方法不对而多费的工夫；常与"走"搭配：多向有经验的人请教,工作就可少走～。

【弯曲】wānqū 形。曲折,不直：一条～的小河绕村而过。可重叠：小道弯弯曲曲地通向山顶。

湾(灣) wān ❶名。多作中心语。(1)水流弯曲的地方：汾河～。(2)海湾,海洋伸入陆地的部分：胶州～|渤海～。❷动。使船停止；须带处所补语：把船～在港里。

剜 wān 动。用刀或手指等挖；常带宾语或补语：～了一块肉|敌人把他的眼珠～出来了。

【剜肉医疮】wān ròu yī chuāng 成。挖下身上的好肉来医伤口。比喻只顾眼前,不顾将来,用有害的办法救急；含贬义：那时,为了维持生活,他不得不～,把一部线装的《说文解字》卖了。也说剜肉补疮,挖肉补疮。

婉 wān 〈方〉名。(～子)裁衣服剩下的大片布料。特指裁中式衣服挖夹肢窝剩下的那块布料。

蜿 wān [蜿蜒](-yán) 形。(1)蛇虫爬行的样子：本来是蛇虫～、荆榛遍地的荒凉小岛,现在成了旅游的佳地。(2)道路、河流、山脉等曲折延伸的样子；常和"曲折"并用：渠道依着山势曲折在～|汽车在～曲折的山道上爬行。

豌 wān [豌豆](-dòu) 名。(1)一年或二年生草本植物,羽状复叶,小叶卵形,花白色或淡紫红色。种子和嫩茎、叶都可食用。(2)指这种植物的种子。

wán(ㄨㄢˊ)

丸 wán ❶名。(～儿、～子)(1)小而圆的东西：泥～儿|药～子。(2)丸药,制成丸剂的药：吃了几颗～子病就好了。❷量。用于丸药：一～药|每次吃两～。

汍 wán [汍澜](-lán) 〈古〉形。涕泣的样子：老泪～|泣涕～。

纨 wán 〈素〉很细的丝织品,细绢：～扇|～袴。

【纨袴】wánkù 〈书〉名。细绢做成的裤子,泛指富贵人家子弟穿的华美衣着：～子弟。也作纨绔。

完 wán ❶动。(1)消耗尽,没有剩余；不带宾语：灯里的油～了|这瓶墨水用～了。(2)结束,做成：这活儿今天干了|做～了作业。可带宾语：～了工

再走。❷〈素〉(1)齐全：~整|~美。(2)交纳：~税|~粮。❸姓。

【完备】wánbèi 形。齐全：设施很~|~的方案。

＊"完备"和"完美"："完备"表示齐全，应有尽有；"完美"表示十分美好，没有缺点。"完备"一般只形容事物；"完美"除形容事物外，还可用于人。

【完璧归赵】wán bì guī zhào 成。《史记·廉颇蔺相如列传》："城入赵而璧留秦；城不入，臣请完璧归赵。"本指蔺相如把和氏璧完好地从秦国送回赵国。后比喻把物品完好地归还原主：你把这两件东西借给我，请放心，两个月后一定~。

【完成】wánchéng 动。按预期的目的结束，做成：今天的作业~。常带宾语或补语：~了计划|任务~得很出色。可拆开用：完不成|完得成。

【完蛋】wándàn 〈口〉动。不带宾语。(1)垮台；敌军彻底~了。(2)死；含轻蔑、诙谐意：这家伙得了一场恶病，~了。

【完好】wánhǎo 形。完整，没有损坏或残缺：这批古籍保存~。常与"无缺、无损、如新"等词语并用：他把这件精美的工艺品~无损地归还了失主。

【完婚】wánhūn〈书〉动。指男子结婚。多用于长辈为儿辈娶妻，不带宾语：梁老三决定春节给儿子~。可拆开用：他是元旦给儿子完的婚。

【完结】wánjié 动。结束：运动一停止，生命也就~了。可带宾语：~了一件事。

【完聚】wánjù〈书〉动。团聚：家人~，欢度春节。可带宾语或补语：诗人~书斋，吟诗咏志，乐不可言|同窗~于此，共叙往事。

【完竣】wánjùn 动。完成，结束；多用于工程，一般不带宾语：水利枢纽工程~|军队整编~。

【完满】wánmǎn 形。圆满，没有缺欠；常作状语或补语：这个问题~地解决了|事情办得十分~。

【完美】wánměi 形。没有缺点，完备美好：~无缺|这个人物形象很~。

【完全】wánquán 形。(1)齐全；常作谓语、补语：四肢~|他的意思表达得很~。(2)全部；多作状语：~同意|她好像~习惯了。可重叠：这道题他已完完全全地弄懂了。

【完人】wánrén 名。没有缺点的、十全十美的人；多用于否定式：金无足赤，人无~。

【完善】wánshàn ❶形。齐备而美好：这家工厂的设备很~。❷动。使完备而变得美好；须带宾语：我们要~生产责任制。可跟有关词语组合后作定语：新的制度要有一个不断~的过程。

＊"完善"和"完备"："完善"指既齐全又良好；"完备"指应有尽有，一样不少。"完善"常形容设备、组织、制度等；"完备"可形容材料、条件、论据等。"完善"可作动词用，能带宾语，"完备"不能。

【完整】wánzhěng 形。齐全，没有损坏或残缺：这是一套~的参考书。

＊"完整"和"完全"："完整"是说整体上没有残缺；"完全"是说各部分不缺少。"完整"常作定语；"完全"常作状语。"完全"有"全部"的意思；"完整"没有。

玩（△翫） wán ❶动。(~儿)常带宾语或补语。(1)玩耍，做游戏：到公园去~儿|小孩不能~火|今天~得很愉快。可带动词性词组或主谓词组作宾语：~捉迷藏|老鹰捉小鸡。(2)做某种文体活动；一般以玩的工具作宾语：~扑克牌|他~了一会儿积木。(3)耍弄，使用；常与表示不正当的手段、方法的词语如"花招、手腕"等搭配：敌人又在~花招了|这种手腕~不得。△(4)观赏：他爱~古董|中秋~月。△❷〈素〉(1)轻视，以不严肃的态度对待：~忽|~弄|~世不恭。(2)供观赏的东西：古~。

【玩忽】wánhū 动。忽视，以不严肃的态度对待；常以"职守"作宾语：这次重大事故，主要是某领导~职守造成的。

【玩火自焚】wán huǒ zì fén 成。玩：玩弄；焚：烧。玩弄火的人反把自己烧死。比喻干冒险或害人的事，最后受害的必定是自己；含贬义：侵略者如果把战争强加给中国人民，其结果必定是~。

【玩弄】wánnòng 动。带宾语。(1)戏弄，愚弄：不准~妇女|历史的人必为历史所嘲笑。(2)搬弄，摆弄：~词藻|~

积木。(3)施展,耍弄;宾语多为表示手段、伎俩等意义的词语:～两面手法|～了不少新花招。

【玩赏】wánshǎng 动。欣赏:那里有梅花供人们～。常带宾语:～园林风光|～古董。

【玩世不恭】wán shì bù gōng 成。不恭:不严肃。用消极的不严肃的态度对待世事;含贬义:看得世态太透的人,往往易流于～,冷眼旁观一切。

【玩味】wánwèi 动。细细体会其中的意味;一般不带宾语,可带补语:他的话值得～|你细细一番,就知道其中的妙处了。可重叠:～～他刚才的一席话,你就知道他对此事的态度了。

【玩物】wánwù 名。专供玩耍或欣赏的东西。

【玩物丧志】wán wù sàng zhì 成。玩:玩赏;物:东西;丧:丧失;志:志向。迷恋于所喜爱的东西,因而使意志消磨掉:他整天沉溺于花草鸟虫之中,结果～,把学业也荒废了。

【玩狎】wánxiá 〈书〉动。轻薄地玩弄;常带宾语:那些纨袴子弟经常～妇女,胡作非为。

【玩笑】wánxiào 名。玩耍的行动和嬉笑的言语;常与"开"搭配:开～应该看场合|这种～开不得。

【玩意儿】wányìr 〈口〉名。也作玩艺儿。(1)玩具。(2)指曲艺、杂技等。(3)指东西、事物:他手里拿的什么～? 有时含贬义:这是什么～,也拿得出台?

顽 wán ❶〈素〉(1)愚蠢无知:愚～|冥～不灵。(2)固执,不易开导或制伏:～固|～敌。(3)顽皮,淘气:～童。❷同"玩(1)(2)(3)"。

【顽钝】wándùn 〈书〉形。(1)愚笨:此人资质～。(2)不锋利。(3)指没有气节。

【顽梗】wángěng 〈书〉形。十分顽固:她的封建思想,～不化。

【顽固】wángù 形。(1)思想保守,不愿意接受新鲜事物:他的思想很～|这小说里,塑造了一个～守旧的老太婆的形象。(2)立场反动,不肯改变:～到底的敌人终于受到了应得的惩罚|敌人很～,不肯投降。

*"顽固"和"固执":"顽固"强调思想上保守落后,死不改变,语意较重;"固执"指坚持自己的见解,不听劝告,语意较轻。"顽固"常用于个人或集团的思想、立场;"固执"多用于个人的脾气或作风。"顽固"是形容词;"固执"是形容词兼作动词。

【顽健】wánjiàn 〈书〉形。谦称自己身体强健;多用于书信中:自来南京,幸且～。

【顽抗】wánkàng 动。顽固抗拒;只用于敌方,不带宾语,含贬义:负隅～|～到底,死路一条。

*"顽抗"和"抵抗":"顽抗"的使用范围窄,只指战场上或政治斗争中的敌人;"抵抗"的使用范围宽,既可用于战争或斗争中的双方,也可用于对疾病、自然灾害或错误思想的抵制。"顽抗"不带宾语;"抵抗"能带宾语。"顽抗"是贬义词;"抵抗"是中性词。

【顽皮】wánpí 形。不听劝导,爱玩爱闹;多用于儿童、少年等:这小孩很～,谁都管不了他。

【顽强】wánqiáng 形。强硬,不屈服:他在战场上表现得很～|年轻的战士在～地战斗着。常同"英勇"并用:我们的战士英勇～。有时含贬义:剥削阶级的腐朽思想总要～地表现出来。

*"顽强"和"坚强":"顽强"表示不怕困难和挫折,坚持到底,多用于人的态度、意志等方面;"坚强"表示不屈服,不动摇,经得起考验,除形容人的态度、意志外,还可形容人、国家或组织等强固有力。"顽强"是中性词;"坚强"是褒义词。

【顽石点头】wánshí diǎntóu 成。《莲社高贤传》记载,晋朝和尚道生法师入虎丘山,"聚石为徒,讲《涅槃经》……群石皆为点头。"后用来形容道理讲得透彻,使人心悦诚服:他善于做人的思想工作,往往有使～之功。

【顽症】wánzhèng 名。指久治不愈或难以治好的病症。

烷 wán 名。有机化合物的一类,烷系化合物是构成石油的主要成分,如甲烷、乙烷等。也叫烷烃。

wǎn(ㄨㄢˇ)

宛 wǎn ❶〈素〉曲折：～转。❷〈书〉副。仿佛；音容～在。❸姓。

【宛如】wǎnrú 〈书〉动。正像，好像；须带宾语：千万面飘扬的旗帜～沸腾的海洋。

【宛转】wǎnzhuǎn ❶动。辗转；常带补语：～于湘江一带。❷见"婉转"。

菀 wǎn [紫菀](zǐ-) 名。多年生草本植物，花蓝紫色，根和根茎可入药。

惋 wǎn 〈素〉惊叹：～惜。

【惋惜】wǎnxī 动。对人的不幸遭遇或事物的意外变化表示同情、可惜；可加程度副词：对他的去世，大家都十分～。可带主谓词组作宾语：～他这么年轻就离开了人世。可作"感到、觉得"等动词的宾语：这些古迹惨遭破坏，无不感到～。

＊"惋惜"和"可惜"："惋惜"的对象主要指不幸的遭遇和意外的变化；"可惜"的对象主要指一般的缺陷。"惋惜"有爱怜、感叹的意思，语意较重；"可惜"只是感到怜惜、遗憾，语意较轻。

婉 wǎn 〈素〉(1)圆转和顺：～言｜委～。(2)美好：～丽。

【婉辞】wǎncí ❶名。委婉的话：别指望他来了，他说改日光临，不过是一种～。可作状语：～谢绝。也作婉词。❷动。婉言拒绝；不带宾语：他的几个朋友劝他经商，他都一一～了。

【婉言】wǎnyán 名。婉转的话语；常作状语：～规劝｜～谢绝。

【婉转】wǎnzhuǎn 形。也作宛转。(1)说话温和曲折而不失本意：她的话很～，但态度却很严肃｜老师～地批评了小林，使他认识了自己的错误。(2)圆转柔和，抑扬动听；指歌声、乐曲声、鸟叫声等：她的歌声十分～动人｜清晨，画眉在树林里～地歌唱。

琬 wǎn 〈古〉名。美玉。

碗(盌、椀) wǎn ❶名。盛饮食的器皿，口大底小，一般是圆形的。❷〈素〉像碗的东西：轴～儿。

畹 wǎn 量。古代称三十亩为一畹。

莞 wǎn [莞尔](-'ěr) 〈书〉形。微笑的样子：～一笑。
另见guǎn。

脘 wǎn 名。胃腔，中医指胃内部的空腔。

皖 wǎn 名。安徽的别称。

挽(△輓) wǎn ❶动。须带宾语或补语：(1)拉：手～着手｜把弓弦～得紧紧的。(2)向上卷；用于衣服：～起裤腿｜把袖子～得高高的。(3)同"绾"。❷〈素〉(1)设法使好转或恢复：～救｜～回。△(2)牵引：～具。△(2)追悼死者：～歌｜～联。

【挽歌】wǎngē 名。哀悼死者的歌。

【挽回】wǎnhuí 动。设法使情况好转或回复原状：事情发展到这个地步，已经很难～了。常带宾语：～僵局｜～产权。也可带补语：造成这样坏的影响，怎么能～得过来。

＊"挽回"和"挽救"："挽回"着重指扭转过来，使回到正常情况；"挽救"着重指拯救，从极不利的形势或危险中救出来。"挽回"的对象常是局面、错误、损失、影响等；"挽救"的对象常是命运、危亡、国家、民族等。

【挽救】wǎnjiù 动。从危险中救出来：得了这种不治之症，已无法～了。常带宾语或补语：～失足青年｜要想办法把他～过来。

【挽联】wǎnlián 名。哀悼死者的对联；量词用"副、条"：一副～。

【挽留】wǎnliú 动。恳切地请要离去的人留下来：小施要走，我再三～也没留住。可带宾语或补语：～客人｜～不住。

晚 wǎn ❶名。日落的时候，夜间：从早忙到～｜今～。❷形。比规定的或合适的时间迟：今天我来～了中饭吃得太～了。❸〈素〉(1)时间靠后的：～稻｜～年。(2)后来的：～辈｜～生。❹姓。

【晚安】wǎn'ān 动。用于晚上道别；客

晚绾万 wǎn-wàn 1103

套话,多见于翻译作品,一般单独成句:妈妈,～!

【晚报】wǎnbào 名。下午出版的报纸:买一份～看看。

【晚辈】wǎnbèi 名。辈分低的人:～应该尊敬长辈。

【晚点】wǎndiǎn 动。指车、船、飞机等开出、运行和到达迟于规定时间;不带宾语,可带时间补语:班车～了|飞机～半小时才起飞。

【晚会】wǎnhuì 名。晚上举行的以文娱节目为主的集会:文艺～。

【晚婚】wǎnhūn 动。达到法定结婚年龄后再推迟几年结婚;不带宾语:这对青年男女已经～了。常作"实行、提倡"等动词的宾语:提倡～晚育,搞好计划生育。

【晚节】wǎnjié 名。晚年的节操;常与动词"保持"搭配:老干部要保持革命的～。

【晚近】wǎnjìn 名。最近若干年来:～数年,世风逐步好转。

【晚景】wǎnjǐng 名。(1)傍晚的景色:彩霞满天,～如画。(2)晚年的景况:～凄凉|他老人家的～令人羡慕。

【晚年】wǎnnián 名。老年:安度～|幸福的～。

【晚期】wǎnqī 名。一个时代、一个过程或一个人的最后阶段:他得癌症已到～|这是他～的作品。

【晚生】wǎnshēng 名。后辈对前辈谦称自己;常用于书信。

【晚世】wǎnshì 〈书〉名。近世:逮至～,鼓琴读书者日益增多。

【晚霞】wǎnxiá 名。傍晚日落时出现的彩霞:～满天。

【晚育】wǎnyù 动。妇女结婚后推迟生儿育女;不带宾语:为了学习和工作,适当地晚婚要提倡,适当地～更要强调。

绾 wǎn 动。带宾语或补语。(1)把长条形的东西盘绕起来打结:～头发|把辫子～在头顶上。(2)卷:～起袖子|把袖子～得高一点。

wàn(ㄨㄢˋ)

万(萬) wàn ❶数。十个一千。❷副。极,很,绝对;常用在"不、没"等副词前,强调否定:损人利己的事～不可做。❸〈素〉比喻很多:～物|～能|～水千山。❹姓。
另见mò。

【万般】wànbān ❶代。各种各样:"～皆下品,唯有读书高"的信条在新社会是行不通的。❷副。极其:～惆怅。

【万变不离其宗】wàn biàn bù lí qí zōng 成。其:他的;宗:宗旨,目的。无论形式上怎样千变万化,其本质或目的不变:无论他又打出什么旗号,但～,目的无非是要维护他自己的私利。

【万端】wànduān 形。头绪繁多复杂;不加程度副词,多作谓语:思绪～|变化～。

【万方】wànfāng ❶名。(1)指全国各地,世界各地:一处遭灾～支援。❷形。指姿态多种多样;不加程度副词:仪态～。

【万分】wànfēn 副。非常,极其;表示程度高,作状语或补语:这件事使她～激动|大家悲痛～。

【万福】wànfú 动。旧时妇女向人行礼,两手轻松抱拳重叠在胸前右下侧上下移动,同时略做鞠躬的姿态;不带宾语:行～礼。

【万古】wàngǔ 名。千年万代;多用在固定组合中:～长青|～流芳。

【万古长青】wàn gǔ cháng qīng 成。像松柏那样永远苍翠,比喻人的精神或友谊永远存在,不会衰退、消失;含褒义:祝我们两国人民的友谊～。

【万古流芳】wàn gǔ liú fāng 成。芳:香,指好名声。美名永远流传:英雄的名字永载史册,～。

【万户侯】wànhùhóu 名。原指汉代最高一级的侯爵,享有万户农民的赋税。后来泛指高官贵爵。

【万花筒】wànhuātǒng 名。一种圆筒形玩具,两头镶着玻璃,筒的内壁装着条形的几面镜子,筒的一端放置各种色彩和形状的碎玻璃,由于镜子的反射作用,向着亮处转动时,可以从筒的另一端看到各种变幻不同的图案。

【万机】wànjī 名。指当政首脑处理的各种重要事情;常用在固定组合中:日理～|～待理。

【万劫不复】wàn jié bù fù 成。劫：佛家称世界从生成到毁灭的一个过程叫"一劫"，万劫即万世，就是很长的时间。永远不能恢复；含贬义：这个坏家伙作恶多端，死有余辜，～。

【万金油】wànjīnyóu 名。(1)药名，清凉油的旧称。(2)比喻事事能做，但事事都不擅长的人：他是～，不管什么事都可以叫他帮一下忙。

【万籁俱寂】wàn lài jù jì 成。籁：从孔穴里发出的声音，泛指声音；万籁：指从孔穴中发出的各种声响。形容周围环境非常宁静：这夜深人静～的时候，只有他还在伏案疾书。也作万籁无声。

【万马齐喑】wàn mǎ qí yīn 成。喑：哑，无声。千万匹马都沉寂无声。比喻人们沉默不说话，不发表意见，形容沉闷的政治局面；含贬义：打破了～的沉闷空气，呈现出百家争鸣的喜人局面。

【万难】wànnán ❶副。很难；用在动词前，作状语：～从命｜～照办。❷名。各种各样的困难：排除～。

【万能】wànnéng 形。不加程度副词。(1)无所不能：谁都不是～的｜有人叫他是～博士。(2)有多种用途；一般作定语：～机床｜～扳手。

【万千】wànqiān 形。不加程度副词。(1)形容数量多；一般用于具体的人或事物，常作定语，不加结构助词"的"：～科学家奋战在各自的岗位上。(2)形容事物所表现的方面多；一般用于抽象事物，常作谓语：思绪～｜气象～。

【万全】wànquán 形。十分周密稳妥，非常安全，不加程度副词：～之计｜此举～。

【万人空巷】wàn rén kōng xiàng 成。街道里弄中的人全部走空。形容某事哄动一时，也形容庆祝、欢迎的盛况：今年的灯市特别热闹，几乎～，都涌到这儿来看灯了。

【万世】wànshì 名。很多世代，非常久远；常作状语或补语：～不朽｜流传～。

【万事】wànshì 名。所有事情；多用在比较固定的组合中：～俱备｜～亨通(一切事情都很顺利)。

【万水千山】wàn shuǐ qiān shān 成。形容山水很多或路途遥远而艰难：我们之间虽然隔着～，但我们的心是相通的｜我们乘飞机越过了～，终于到达目的地。也作千山万水。

【万死】wànsǐ 动。死一万次，喻指冒生命危险或受严厉惩罚；多用在比较固定的组合中：～不辞｜～犹轻｜罪该～。

【万岁】wànsuì ❶动。千秋万世，永远存在；用于祝愿，不带宾语，作谓语：人民～！❷名。封建时代臣民对皇帝的称呼。

【万万】wànwàn ❶数。一万个万。❷副。绝对，无论如何；用在"不、没有"等副词前面，强调否定：答应人家的事，～不能失信｜我～没有料到他一年竟干了两年的活。

＊"万万"和"千万"：作副词用时，"万万"可用于祈使句，也可用于陈述句；"千万"只能用于祈使句，不能用于陈述句。"万万"一般用于否定句；"千万"既可用于否定句，也可用于肯定句。"万万"的语气比"千万"更重。

【万无一失】wàn wú yī shī 成。绝对不会出差错。形容十分有把握：这件事交给他办，～。

【万物】wànwù 名。宇宙间的一切事物：～生长靠太阳。

【万象】wànxiàng 名。宇宙间的一切景象；常用在比较固定的组合中：包罗～｜～更新(所有的事物或景象都变得面目一新)。

【万幸】wànxìng 形。非常幸运，多指免于灾难，不加程度副词：船翻了，人没死，总算～｜锅炉爆炸，竟没有伤人，真是～！

【万一】wànyī ❶名。(1)万分之一，表示极小的一部分；带有夸张的意味：笔墨不能形容其～。(2)指可能性极小的失误或不利情况：不怕一万，就怕～。❷副。表示发生的可能性极小；用于不希望发生的事：你最好多带几件衣服，～天变冷就不愁了。❸连。表示可能性极小的假设：父亲～有个三长两短怎么办？｜～他不能及时赶到，你就在那里等他一下。

【万有引力】wànyǒu·yǐnlì 名。宇宙间一切物体相互吸引的力。物体会落到地面上，行星绕太阳运动等都是万有引力的作用。简称引力。

【万众】wànzhòng 名。广大群众；多用在比较固定的组合中：～一心｜～欢腾。

【万状】wànzhuàng 形。很多种状态；形容程度极深，多用于消极的事物，不加程度副词，多作谓语：丑态～｜惊恐～。

【万紫千红】wàn zǐ qiān hóng 成。形容春色艳丽，百花齐放：春天的植物园，繁花似锦，～，令人流连忘返。也比喻事物丰富多采或景象繁荣兴旺：我们的祖国呈现出一派欣欣向荣、～的生动景象。

腕 wàn 名。(～儿、～子)胳膊下端跟手掌相连的可以活动的部分：手～子。

蔓 wàn 名。(～儿)细长能缠绕的茎：丝瓜～儿爬上了树枝。
另见 mán, màn。

wāng(ㄨㄤ)

尪(尫) wāng 形。跛。

汪 wāng ❶动。液体聚集在一个地方；常带宾语：地上～了一些水。❷量。用于液体：两～眼泪｜一～水。❸拟声。摹拟狗叫的声音；一般重叠使用：看家狗～～～地叫了几声。❹〈素〉深广。❺姓。

【汪汪】wāngwāng 形。不加程度副词。(1)形容眼睛里充满泪水或晶莹有神的样子：眼泪～｜水～的大眼睛。(2)〈书〉形容水面宽广：～江面，望不到对岸。

【汪洋】wāngyáng 形。形容水势浩大的样子；不加程度副词：大地一片～｜一望无际的大海，波涛汹涌，～恣肆。

wáng(ㄨㄤˊ)

亡 wáng 〈素〉(1)逃：～命｜流～。(2)失去，丢失：～失｜～羊补牢。(3)死：～故｜阵～。(4)灭：灭～｜～国。
另见 wú。

【亡故】wánggù 动。死去；不带宾语：妻子早已～。

【亡国奴】wángguónú 名。指祖国已经灭亡或者部分国土被敌人侵占而遭受奴役的人。

【亡魂失魄】wáng hún shī pò 成。形容心神不宁或惊慌失措；含贬义：做了这件亏心事，他一连几天～，坐立不安。

【亡灵】wánglíng 名。人死后的魂灵；多用于比喻：剥削阶级消灭了，但他们的～还时时出来作祟腐蚀着人们的思想。

【亡命】wángmìng 动。不带宾语。(1)逃亡，流亡：～在外。(2)铤而走险不顾性命；常用在比较固定的组合中：～之徒。

【亡羊补牢】wáng yáng bǔ láo 成。羊跑掉了，再去修补羊圈。比喻事后补救；常和"犹未为晚"连用：～犹未为晚，咱们重新做起吧!

王 wáng ❶名。(1)指帝王或最高的爵位。(2)头子：擒贼先擒～。(3)一类中最突出的：狮子是兽中之～。❷〈素〉大：～父(指祖父)｜～母(指祖母)。❸姓。
另见 wàng。

【王八】wáng·ba 名。(1)鳖和乌龟的俗称。(2)指妻子有外遇的人；骂人用语。

【王朝】wángcháo 名。朝代或朝廷：封建～。

【王储】wángchǔ 名。君主国里被确定继承王位的人，一般是君主的儿子或亲属。

【王道】wángdào 名。我国古代君主以所谓仁义治天下的政策；与"霸道"相对。

【王法】wángfǎ 名。(1)封建时代指国家法律。(2)泛指政策法令：他横行霸道，简直目无～。

【王公】wánggōng 名。王爵和公爵，泛指显贵的爵位：～大臣。

【王宫】wánggōng 名。帝王的宫室。

【王国】wángguó 名。(1)以国王为国家元首的君主制国家，如尼泊尔王国，丹麦王国等。(2)比喻管辖范围或某种境界：独立～｜从必然～向自由～发展。

【王侯】wánghóu 名。王爵和侯爵，泛指显贵的爵位。

【王后】wánghòu 名。国王的妻子。

【王牌】wángpái 名。打牌时手中最强的牌。比喻最强有力的人物、手段等：这些材料是他手中的～，不到时候，他是决不会抛出来的。

【王室】wángshì 名。(1)指王族：～人员。(2)指朝廷；身在边漠，心念～。

【王孙】wángsūn 名。封王者的子孙，泛指贵族子孙。

【王爷】wáng·ye 名。封建时代对有王爵封号的人的尊称。

【王子】wángzǐ 名。帝王的儿子。

【王族】wángzú 名。国王的同族。

wǎng(ㄨㄤˇ)

网（網） wǎng ❶名。(1)一种捕鱼捉鸟的器具，用绳、线、丝等结成；量词用"张"：一张～。❷动。常带宾语或补语。(1)用网捕捉；用于鱼或鸟：～着一条鱼｜把鸟～在网里了。(2)像网一样地笼罩着：眼里～着红丝。❸〈素〉像网的东西：～兜｜蛛～｜电～｜法～｜天罗地～。

【网点】wǎngdiǎn 名。商业、服务业等有计划地设置在各处的基层营业单位；一般要加定语：在增加消费必需品的同时，要大力增设商业和服务业～。

【网开三面】wǎng kāi sān miàn 成。《史记·殷本纪》记载：商汤走到野外，见打猎的人四面都张了网，并祷告说，天下四方的鸟兽都到我的网里来。商汤说，这样一来就把鸟兽都捉光了。于是叫他们把网收起了三面。后以"网开三面"比喻宽大地对待罪犯：只要犯罪分子投案自首，我们一定～，从宽处理。也说网开一面。

【网罗】wǎngluó ❶名。捕鱼的网和捕鸟的罗。❷动。搜集，设法招致；常带宾语或补语：～了一批爪牙｜好多有名望的教师都被你们～去了。可重叠：你下功夫～～，可招到不少人才呢。

【网球】wǎngqiú 名。(1)球类运动项目之一。球场长方形，中间置一道网，运动员各占半个场区，用拍子来回打球。有单打和双打两种。(2)网球运动使用的绒面小球。

枉 wǎng 〈素〉(1)曲，不正直：矫～过正。(2)使歪曲：～法。(3)受屈：冤～｜屈～。(4)徒然：～费｜～然｜～费心机。

【枉法】wǎngfǎ 动。执法者为私利而的目的而歪曲和破坏法律；不带宾语，常和"贪赃"并用：他利用职权，贪赃～，谋取私利，终于受到法律的制裁。

【枉费】wǎngfèi 动。白白地耗费；常带宾语：～口舌｜～纸墨｜～心机。

【枉驾】wǎngjià 动。请对方来访自己，或请对方去访他人；敬辞，不带宾语，一般构成连动词组：请您～光临｜您若去沪，请～到我表弟家去一趟。

【枉然】wǎngrán ❶形。白费劲；不加程度副词，多作谓语：你即使去修理，但买不到配件也～。❷副。徒然：你～辛苦一场，什么好处也没有得到。

罔 wǎng 〈素〉(1)欺骗，蒙蔽：欺～。(2)没有，无：置若～闻。

惘 wǎng 〈素〉不得意：怅～｜～然。

【惘然】wǎngrán 形。失意的样子，心里好像失掉东西的样子；不加程度副词：神情～｜～若失。

辋 wǎng 名。车轮四周的框子。

魍 wǎng [魍魉](-liǎng) 名。传说山林中的一种怪物。

往 wǎng ❶动。去；不单独作谓语，须带宾语：他们二人，一个～东，一个～西。❷介。向；跟方位词、处所词构成介词词组，用在动词前或后，作状语或补语，表示动作的方向：～外走｜飞机飞～兰州。❸〈素〉过去的：～日｜～昔。

【往常】wǎngcháng 名。以往，平素：～他从不缺勤，今天没来，肯定有事。

【往返】wǎngfǎn 动。来去，反复；不带宾语，可带补语：徒劳～｜～一次三十里｜他经常～于南京、上海之间。可作定语：历史总是～曲折地向前发展的。

【往复】wǎngfù 动。不带宾语，可带补语。(1)来回，反复：循环～｜他在这条河道上～多次。(2)往来，来往：他们～多年，已成至交。

【往后】wǎnghòu 名。从今以后：～你要当心些，再不能这样粗心了｜咱们的日子～将越过越好。

【往来】wǎnglái 动。不带宾语，可带补语。(1)去和来：街上的车子～不断。(2)互访交际：他俩经常互相～，关系十分密切｜我和她早已没有～。

【往年】wǎngnián 名。从前，以往的年头：～春节哪有今年的热闹？

【往日】wǎngrì 名。以往的日子：他～穿西装从不打领带。

【往事】wǎngshì 名。往昔的事情：～历历在目。

【往往】wǎngwǎng 副。表示某种情况时常存在或经常发生：他俩～学习到深夜。
＊"往往"和"常常"："往往"只用于过去出现的情况；"常常"除用于过去出现的情况外，还可用于将来的事情。用"往往"的句子要指明与动作有关的情况、条件或结果，如：可以说"小刘往往一个人上街"，但不能说"小刘往往上街"；"常常"没有这种限制。

【往昔】wǎngxī 名。从前：两人交谈后，～的不快便烟消云散了。

wàng（ㄨㄤˋ）

王 wàng 动。古代君主占有天下：三代不同礼而～。可带宾语：～天下。
另见 wáng。

旺 wàng 形。繁，兴盛；作谓语或补语时多加副词修饰：炉中的火不～│树上的花开得很～。

【旺季】wàngjì 名。某种东西出产多的季节或营业旺盛的季节；跟"淡季"相对：树叶转黄的时候，是螃蟹上市的～。

【旺盛】wàngshèng 形。(1)生命力强，活跃；多用于具体事物：草木长得很～│～的火焰。(2)精神、活力等饱满、高涨；多用于抽象事物：精力很～│～的士气。

【旺月】wàngyuè 名。营业旺盛的月份；跟"淡月"相对：春节前的这个月，是副食品销售的～。

望 wàng ❶动。(1)向远处看；常带宾语或补语：～远方│～着离去的亲人│我从窗口朝外边～了一会儿。(2)〈书〉盼，希望；常带动词作宾语：～能解决│～予协助。可带主谓词组作宾语：～你如约前往。❷介。朝着，向着：他～我递了个眼色│～他笑了笑。❸名。农历每月十五日叫望。❹〈素〉(1)问候，探望：拜～│看～。(2)名气：名～│威～。(3)怨恨：怨～。❺姓。

【望尘莫及】wàng chén mò jí 成。尘：尘土；及：赶上。只望见前面人马过扬起的尘土却赶不上。比喻远远地落在后面；今常用为谦词：他年轻有为，写了多部专著，我是～。

【望穿秋水】wàng chuān qiūshuǐ 成。秋水：秋天的水明净，比喻眼睛。形容殷切地盼望，一般用于女性：她已～，盼望丈夫早日归来。

【望断】wàngduàn 〈书〉动。远望直至望不到；常带宾语：～南飞雁│～天涯路。

【望而却步】wàng ér què bù 成。看到某种情况就往后退缩：意志不坚定的人，遇到困难往往就～，畏葸不前。

【望而生畏】wàng ér shēng wèi 成。看见了就害怕：学生如果对你～，怎么能接近你呢？

【望风】wàngfēng 动。给正在进行秘密活动的人观察动静；不带宾语：地下党员在张二嫂家开会，张二嫂在门口～。可重叠：你到门外望望风，一有情况就发个信号。可拆开用：望了一会风。

【望风而逃】wàng fēng ér táo 成。望见对方气势很盛，就吓得逃跑了：我军以排山倒海之势向前推进，敌人～。

【望风披靡】wàng fēng pī mǐ 成。披靡：草木随风倒伏的样子。草木一遇到风就倒伏了。比喻军队毫无斗志，远远看到对方气势强盛，未经交锋就溃散了：起义军所到之处，敌人～，人民欢声雷动。

【望梅止渴】wàng méi zhǐ kě 成。南朝·宋·刘义庆《世说新语·假谲》记载，曹操带兵走到一个没有水的地方，士兵们没水喝，一个个渴得要命。曹操骗他们说："前面有一片梅树林子，梅子很多，又甜又酸，可以解渴。"士兵们一听，都流出了口水，不再叫渴了，就这样脱离了困境。比喻借空想以自慰。

【望日】wàngrì 名。指月亮圆的那一天。通常是农历每月十五日，有时是十六日或十七日。

【望文生义】wàng wén shēng yì 成。文：指字面；义：意义。不了解某些词句的确切含义而只从字面上牵强附会地去作解释：有些典故，如果～地解释，就会闹出笑话来。

【望闻问切】wàng wén wèn qiè 词组。中医诊断疾病的四种方法。望是观察，闻是听,问是了解病状,切是按脉或按腹部诊察有没有痞块等。通常这四种方法结合在一起使用,叫做四诊。

【望眼欲穿】wàng yǎn yù chuān 成。眼睛都要望穿了。形容盼望殷切:他日夜等待,~,现在儿子终于回来了。

【望洋兴叹】wàng yáng xīng tàn 成。《庄子·秋水》里说:河伯(即河神)因涨大水而沾沾自喜,自以为了不起,等到顺流东下,来到海边,看见无边无际的海洋,才感到惭愧。于是,"河伯始旋其面目,望洋向若(若:海神名)而叹"。望洋:仰视的样子。仰望海神而生出感叹。原指看到人家的伟大才感到自己的渺小,现在多比喻因力所不及或条件不够而感到无可奈何:房价太高,平常人家虽然很想购买,但只能~。

【望远镜】wàngyuǎnjìng 名。用来观察远处目标的光学仪器;量词用"台、架"等。

【望月】wàngyuè 名。望日那天的月亮。也叫满月。

【望族】wàngzú 〈书〉名。封建社会里有名望的地主、官僚等家族。

妄 wàng 〈素〉胡乱,荒谬不合理:~称|~念|狂~|胆大~为。

【妄称】wàngchēng 动。虚妄地或狂妄地声称;常带主谓词组作宾语:他~这件衣服值1000元钱|他~自己是行家里手。

【妄动】wàngdòng 动。轻率地行动;不带宾语,常与"轻举"并用:你切不可轻举~,否则要碰得头破血流。

【妄念】wàngniàn 名。邪念,不正当的念头:他陡生~,终于走上了犯罪道路。

【妄人】wàngrén 〈书〉名。狂妄无知、胡乱行动的人。

【妄图】wàngtú 动。狂妄地谋划;须带动词或动词性词组作宾语:敌人~复辟|~篡夺政权。

　　*"妄图"和"企图":"妄图"语意较重,多指谋划那些不合情理的、有损于人民利益的事,是贬义词;"企图"语意较轻,可指一般的计划、打算,是中性词。"妄图"所计划的一般不能实现;"企图"所计划的有的是可以实现的。"妄图"常作状语,不能作主语或宾语;"企图"可作主语或宾语。

【妄为】wàngwéi 动。胡作非为;不带宾语,一般用在比较固定的组合中:胆大~|恣意~|无知~。

【妄下雌黄】wàng xià cí huáng 成。雌黄:古人抄书校书时涂改文字用的颜料。形容乱改文字,乱发议论:对此未作深入研究,不敢~。

【妄想】wàngxiǎng 动。狂妄地打算;常带动词性词组或主谓词组作宾语:希特勒~用武力来称霸世界|他~这次偷袭能够成功。可作宾语:这不过是一种~。

　　*"妄想"和"梦想":"妄想"表示非分的希望;"梦想"强调凭空设想,背离实际地去打算,有时还指一种渴望或憧憬。"妄想"含贬义,只用于坏的方面;"梦想"不带褒贬色彩,好坏两方面都可以用。

【妄言】wàngyán 〈书〉❶动。乱说;有时作谦词:恕我~,这篇小说并不好,有些地方歪曲了生活的真实。❷名。虚妄的话:一派~|有谁相信他的~。

【妄自菲薄】wàng zì fěibó 成。妄:胡乱,菲薄:小看,轻视。自卑而过于小看自己:我们既不要骄傲自大,也不能~,对自己要有一个正确的估价。

【妄自尊大】wàng zì zūn dà 成。狂妄得很,自高自大:这小伙子~,什么人都不在他的眼里。

忘 wàng 动。没有记住:这件事他~了。常带宾语或补语:饮水不~掘井人|作业本~在家里了。可带动词性词组或主谓词组作宾语:小李~了带钢笔|我~了你叫什么名字。

【忘本】wàngběn 动。境遇变好后忘了自己原来的情况和变好的根源;不带宾语:翻身后可不能~。可拆开用:他一进城就忘了本,看不起乡下人了。

【忘恩负义】wàng ēn fù yì 成。负:背弃。忘记别人对自己的恩德和情谊,做出对不起别人的事;含贬义:是他妻子吃尽辛苦支持他上了大学,如今他却~要抛弃妻子。

【忘乎所以】wàng hū suǒ yǐ 成。因骄傲自满或过度兴奋而忘记一切:我们虽然取得了很大的成功,但决不可~,骄傲自满。也说忘其所以。

【忘怀】wànghuái 动。忘记;不带宾语,

多用于否定式：这动人的场面使我久久不能～｜老师的教诲我从未～

＊"忘怀"和"忘记"："忘怀"的对象只能是以往的，值得怀念的；"忘记"的对象不限于以往的，还可以是将要做的事情或某种道理。"忘怀"有比较明显的感情色彩；"忘记"没有。"忘怀"一般不带宾语；"忘记"可带宾语。"忘怀"常用作书面语；"忘记"常用作口语，也可用作书面语。

【忘记】wàngjì 动。没有记住，经历的事物不再存留在记忆中：这件事儿我全～了。常带名词作宾语：～了这个字的读音。也可带动词、动词性词组或主谓词组作宾语：他老～关门｜我～带作业本｜～今天是他的生日。

【忘年交】wàngniánjiāo 名。年龄相差大或行辈不相当而结交成的朋友。

【忘情】wàngqíng 动。不带宾语。(1)感情上放得下，无动于衷；常用于否定式：分手多年了，但他没有～于我这个同他共过患难的朋友。(2)不能克制自己的感情；多作状语：～地欢呼｜她～地把头伏在他的肩膀上。

【忘却】wàngquè 动。忘掉，不记得：村姑的印象在我脑中渐渐～了。常带宾语：他～了许多旧事。

【忘我】wàngwǒ 形。忘掉自己，不顾自己；不加程度副词，不单独作谓语，多作定语或状语：～的服务精神｜～地劳动。

【忘形】wàngxíng 动。因高兴或得意而忘掉了自己应有的礼貌和应持的态度；不带宾语：高兴时切莫～。常和"得意"并用：有人恭维他几句，他竟得意～起来了。

wēi（ㄨㄟ）

危 wēi ❶〈素〉(1)不安全：～险｜～殆。(2)损害；～害｜～及。(3)人将死：临～｜病～。(4)高，陡：～楼｜～坡。(5)端正：正襟～坐。❷名。星名，二十八宿之一。❸姓。

【危殆】wēidài 〈书〉形。危险到极点；多指形势、生命等：战局～｜生命～之时，他仍想着同志们是否安全脱险了。

＊"危殆"和"危急"："危殆"强调十分危险，严重；"危急"强调紧急，刻不容缓。"危殆"一般用于危险紧急状态已不可能解除的情形；"危急"一般用于危险紧急状态，不一定不可以解除的情形。"危殆"只用作书面语；"危急"不限。

【危笃】wēidǔ 〈书〉形。危急；多用于病势：病情～，奄奄一息。

【危害】wēihài 动。损害，使受破坏；须带宾语：病菌～作物｜～人民的利益。可带主谓词组作宾语：～树苗生长。可作"受到、造成、有"等动词的宾语：遭到风沙的～。

＊"危害"和"损害"："危害"着重指人或事物遭到重大的破坏和损失；"损害"着重指人或事物在精神上或物质利益上受到损失。"危害"语意重，多半是害及整体；"损害"语意轻，多半是害及局部。

【危机】wēijī 名。产生危险的关头；多指经济，也可指政治、思想、道德、精神等方面：经济～｜信仰～｜～四伏｜这个国家面临着严重的能源～。

【危及】wēijí 动。危害到；须带宾语：～生命安全｜～国家利益。

【危急】wēijí 形。危险而紧急；常与"形势、情形"等一类词搭配：战局～｜病势十分～｜～的情况。

【危难】wēinàn 名。危险和灾难：前进的路上有许多～。

【危浅】wēiqiǎn 〈书〉形。垂危；多指生命；不加程度副词，人命～。

【危如累卵】wēi rú lěi luǎn 成。危险得像堆起来的蛋一样，极易滚下打破。比喻情势极其危险：在洪水的猛烈冲击下，大堤～，溃在旦夕。

【危亡】wēiwáng 名。接近于灭亡的危险局势；指国家或民族：清朝末年，无数革命志士抛头颅，洒热血，力图挽救民族的～。

【危险】wēixiǎn 形。不安全，有失败或遭到损害的可能；作谓语时多带程度副词作状语或补语：这地方十分～｜做这事儿～得很，要特别小心。可作"遇到、出现、存在"等动词的宾语：他们在海上遇到了～，风很大，几乎翻船。

【危言耸听】wēi yán sǒng tīng 成。故意说些惊人的话，让人听了害怕；含贬义：

这些～的新闻,能欺骗一些群众。

【危在旦夕】wēi zài dàn xī 成。旦:早晨;夕:晚上;旦夕:指极短的时间。危险就在眼前:他呼吸微弱,已经～|这个国家首都被侵略者占领了,～。

委 wēi [委蛇](-yí) ❶见"逶(wēi)迤"。❷见"虚与委蛇"。
另见wěi。

逶 wēi [逶迤](-yí) 形。道路、河流、山脉等弯弯曲曲绵延不绝的样子;不加程度副词:群山～|我们沿着羊肠小道～前进。也作委蛇。

巍 wēi 〈素〉高大:～峨|～然。

【巍峨】wēi'é 形。高大雄伟;多形容山或建筑物:群山～|多么～的长城。

【巍然】wēirán 形。高大雄伟的样子;多形容山或建筑物,不加程度副词,常作状语:人民英雄纪念碑～耸立在天安门广场。

【巍巍】wēiwēi 形。高大雄伟;不加程度副词,常作定语:～昆仑山。

威 wēi 〈素〉(1)使人敬畏的声势和气魄:～信|权～。(2)凭借力量或势力:～胁|～逼。

【威逼】wēibī 动。用强力威胁逼迫:敌人以死～,他丝毫不动摇。常带宾语或补语:不管怎样～她,她始终不说一句话|当时他们～我多次,都被我顶回去了。可带兼语:暴徒～司机开车。
　＊"威逼"和"威胁":"威逼"只用于人;"威胁"除用于人外,还可用于其他方面,如政治、军事、自然界。"威逼"一般是直接施加手段强迫别人,以达到预期的目的;"威胁"可以是直接施加手段胁迫别人,也可以是一种客观效果。

【威风】wēifēng ❶名。威严,使人敬畏的气势:摆～|凛凛～|灭敌人的～,长自己的志气。❷形。形容有威风;前边或后边要加副词:他骑在马上很～|穿上军装显得～极了。

【威吓】wēihè 动。用威势来吓唬;常带宾语:敌人架设机枪～群众。
　＊"威吓"和"威逼":"威吓"有吓唬之意,目的在于使对方屈服;"威逼"是强迫别人做不愿做的事。

【威力】wēilì 名。使人畏惧的强大力量:～无比|强大的～|原子弹的～是惊人的。

【威名】wēimíng 名。因有赫赫战功或惊人的力量而获得的名望:～远扬。

【威迫】wēipò 动。用武力逼迫:敌人对他～利诱,他没有屈服。常带宾语或补语:他们用武力～他|对他～过多次。可带兼语:暴徒～她交出保险柜的钥匙,她宁可牺牲,就是不交。

【威慑】wēishè 动。用武力或声势使其感到害怕;常带宾语:～敌人|～四方。常作定语:军队是一支强大的～力量。

【威士忌】wēishìjì 名。音译词。一种用大麦、黑麦等制成的酒。

【威望】wēiwàng 名。声誉和名望;含褒义:张老的～很高。
　＊"威望"和"威信":"威望"有德高望重的意思,语意较重,"威信"指有声望和信誉,语意较轻。"威望"一般用于个人,使用范围较窄;"威信"可用于个人,也可用于团体、组织,使用范围较宽。

【威武】wēiwǔ ❶形。威严而强大:仪仗队严肃,～|排成～的阵势。❷名。武力,权势:～震四方。

【威胁】wēixié 动。用威力逼迫恫吓使人屈服;常带宾语或补语:敌人用刀架在他的脖子上～他|他们的行动～着邻国的安全|大水～到江边的农田。可带兼语:他们用武力～我投降。可作"受到、造成、遭到、面临、解除"等动词的宾语:这项水利工程可解除万亩良田干旱的～。

【威信】wēixìn 名。威望和信誉:他在群众中～很高|这一来他可～扫地了。

【威严】wēiyán 形。有威势而又严肃的样子:军容～|一队队～的战士通过了检阅台|他的态度很～。可作宾语:封建帝王凭借雄伟的建筑和精心安排的仪仗,来显示他们的～。
　＊"威严"和"庄严":"威严"强调严肃而有威力,令人敬畏;"庄严"强调严肃而庄重,不可侵犯。"威严"使用范围较窄,常用于人;"庄严"使用范围较广,既可用于人,也可用于旗帜、歌曲、建筑物、会场、声明等事物。

【威仪】wēiyí 〈书〉名。使人敬畏的严肃容貌和庄重举止:他被罢了官,失去了昔日的~。

葳 wēi [葳蕤](-ruí) 〈书〉形。草木枝叶茂盛:当户种蔷薇,枝叶太~。

崴 wēi [崴嵬](-wéi) 〈古〉形。山高的样子。
另见wǎi。

偎 wēi 动。紧贴着,亲密地靠着;多带宾语或补语:小孩~着妈妈,不敢作声|孙儿~在奶奶怀里|~得很紧。

【偎依】wēiyī 动。亲密地靠着;常带宾语或补语:她~着妈妈|他俩~在草地上。

隈 wēi 〈书〉名。山、水等弯曲的地方:大山之~。

煨 wēi 动。常带宾语或补语。(1)在带火的灰里把生东西烤熟:~芋头|白薯没有~熟。(2)用微火慢慢地煮:~母鸡|骨头汤~得很好吃。

微 wēi 〈素〉(1)细小,轻微:~小|细~|~笑。(2)衰落,低下:~弱|~贱。(3)精深奥妙:~妙。

【微波】wēibō 名。一般指波长为1毫米至1米的电磁波。微波的方向性很强,频率很高,可用于导航、雷达、通讯、气象等方面。

【微薄】wēibó 形。少量,单薄:~的报酬|力量很~。

【微不足道】wēi bù zú dào 成。微小到不值得一提:个人的力量是~的。

【微词】wēicí 〈书〉名。隐含不满或批评的言辞:杜甫对陶渊明却有~。也作微辞。

【微服】wēifú ❶〈书〉动。帝王或官员为了隐藏自己的身份而改换平民的衣服;不带宾语,常同"私访、出巡"等动词连用:~私访|~出巡。❷名。指为隐藏身份而穿的便服。只见戴宗、石秀各穿~,来禀道。

【微观】wēiguān 名。与"宏观"相对。(1)物理学上指深入到分子、原子、电子等构造领域的东西:~粒子|~现象。(2)社会生活中指小的、具体的、单个的东西:宏观上控制,~上搞活。

【微观世界】wēiguān shìjiè 词组。指分子、原子、电子等极微小的物质粒子的领域:深入~,进行研究探索。

【微乎其微】wēi hū qí wēi 成。形容非常小或非常少:我们这个小厂的利润比起大厂来真是~了。

【微机】wēijī 名。微型电子计算机的简称,一般由少量大规模集成电路组成,体积小,功耗低。

【微贱】wēijiàn 形。指社会地位低下;常与"地位、出身、门第"等词搭配:出身很~。

【微量元素】wēiliàng yuánsù 词组。生物生活所必需但需要量却极少的一些元素,如硼、砷、锰、铜、钴、钼等。

【微茫】wēimáng 〈书〉形。隐隐约约,朦胧:雾气~|~的月色像一层白纱淡淡地笼盖着大地。

【微妙】wēimiào 形。精深玄妙,不易捉摸:他们之间存在着一种~的关系|这个问题非常~。

【微末】wēimò 形。细小,不足道:这一点~的成绩是不值得称道的。

【微弱】wēiruò 形。小而弱;用于光线、气息、声音、力量等,常作定语,后多带助词"的":~的光线|~的力量。作谓语时,前面可加程度副词作状语,后面可加趋向动词"下来"作补语:声音很~|他的呼吸一点点地~下来。

*"微弱"和"微小":"微弱"用来形容有强弱之分的事物;"微小"用来形容有大小之分的事物。

【微少】wēishǎo 形。十分少:那时候,每人只发一点~的津贴。

*"微少"和"微小":"微少"用来形容量有多少之分的事物;"微小"用来形容有大小之分的事物。

【微生物】wēishēngwù 名。生物的一大类,与植物和动物共同组成生物界。形体微小,构造简单,繁殖极快,广泛分布在自然界中,如细菌、真菌、病毒等。

【微微】wēiwēi 副。略微,稍微:她只是~地皱了皱眉头。

*"微微"和"稍微":"微微"多表示动作轻微;"稍微"多表示程度轻微或时间短暂,如:他来得稍微晚了点。

【微细】wēixì 形。十分细小,多形容具体的事物:～的毛发|这些血管非常～,肉眼看不到。

【微小】wēixiǎo 形。极小:～的贡献|颗粒太～。

＊"微小"和"渺小":"微小"的意义与"巨大、重大"相对,"渺小"的意义与"伟大"相对。"微小"多用来形容具体事物;"渺小"多用来形容人或抽象事物。

【微行】wēixíng 动。旧时帝王或高官隐藏自己身份改装出行;常和"出访、察访、私访"等词连用:～察访。

【微型】wēixíng 形。体积比同类东西小的;不加程度副词,不单独作谓语,一般作定语:～计算机。

【微言大义】wēi yán dà yì 成。微言:精当而含义深远的话语;大义:旧指有关诗书礼乐等儒家经书的要义。微言大义的意思是精微的语言和深奥的含义:儒家解经,只重～;而所谓～,其实只是他们自己的历史哲学和政治哲学。

澂 wēi 〈古〉名。小雨。

薇 wēi 名。古书上指巢菜,一年生或二年生草本植物,花紫红色,嫩茎和叶可做蔬菜,种子可食。通称野豌豆。

wéi(ㄨㄟˊ)

韦(韋) wéi ❶〈古〉名。去毛加工鞣制成的皮革。❷姓。

围(圍) wéi ❶动。环绕,把四周拦挡起来;常带宾语或补语:孩子们～着老大娘,听她讲故事|看戏的人把演员～了起来。❷量。(1)两臂抱拢来的长度:树粗两～。(2)两只手的拇指和食指合拢起来的长度:这个杯子正好一～。❸〈素〉四周:周～|外～。

【围攻】wéigōng 动。常带宾语或补语。(1)包围起来进行攻击;多指军事:集中兵力～3号高地|县城～不下。(2)联合起来进行攻击;多指言论:辩论会上几个人～他,都被他一一驳倒了。

【围观】wéiguān 动。围着观看;用于一群人,常带宾语:～外宾是不礼貌的行为。可作定语:出事的地点站满了～的群众。

【围歼】wéijiān 动。包围起来加以歼灭;常带宾语:～敌人|～蝗虫。

＊"围歼"和"围攻":"围歼"的意见着重在歼灭,对象多指有生命的东西,如人、害虫等;"围攻"的意思着重在"攻击",对象既可以是人,又可以是军事设施、阵地、言论等。

【围剿】wéijiǎo 动。包围起来剿灭;常带宾语:～土匪。

＊"围剿"和"围歼":"围剿"的对象既可以是有生命的,也可以是无生命的,如"文化围剿";"围歼"的对象只能是有生命的。

【围垦】wéikěn 动。用堤坝将江河、湖泊或沿海滩地围起来进行垦殖;常带宾语:千军万马～荒滩。

【围困】wéikùn 动。团团围住使没有出路或活动的余地;常带宾语或补语:思想不解放,就会自己～住手脚,打不开局面|敌人被～在山头上已经三天了。

【围拢】wéilǒng 动。从四周向某一地点集中;常带补语:请大家～一点|同学们都向张老师～过来,听他讲故事。

【围棋】wéiqí 名。我国传统棋种之一,棋局纵横各19道线,交错成361位,双方用黑白棋子对着,互相围攻,吃去对方的棋子。终局以占据位数多者为胜。

【围绕】wéirǎo 动。常带宾语或补语。(1)环绕在某事物的周围:房子四周～着一圈儿白杨|一群孩子～在大娘身边。可构成连动词组:飞机～着山头盘旋。(2)以某一问题或事情为中心;常构成连动词组:大家～生产问题进行了热烈的讨论。

＊"围绕"和"环绕":"围绕"可用于自然景物,也可用于社会生活中一般事物和比较抽象的事物;"环绕"一般只用于自然景物和比较具体的事物。

【围魏救赵】wéi wèi jiù zhào 成。《史记·孙子吴起列传》记载:战国时魏国围攻赵国都城邯郸,赵国向齐国求救。齐威王派田忌率兵救赵。田忌用军师孙膑之计,乘魏国精锐部队在赵国,国内空虚,引兵攻打魏都大梁(今河南开封),迫使魏撤军自救,齐军乘魏军撤回途中疲惫不堪,大败魏军于桂陵(今山东菏泽),赵国解围得救。后以"围魏救赵"泛指类似的作战方法:这一仗运用了~的作战方法,取得了胜利。

【围子】wéi·zi 名。(1)围绕在村庄周围的碍障物,用土石或密植成行的荆棘等做成。(2)低洼地区防水护田的堤岸。(3)同"帷子"。

帏(幃) wéi 名。(1)同"帷"。(2)古代佩带的香囊。

闱(闈) wéi 〈素〉(1)宫室的旁门:宫~(宫殿里面)。(2)科举时代称考场:秋~|春~。

溠(溠) wéi 地名用字。溠州,岛名,在广西壮族自治区。

违(違) wéi 〈素〉(1)不遵守,相背,相反:~法|~背|~反。(2)离别,不见面:久~。

【违拗】wéi'ào 动。故意不依从,闹别扭;多指对上级或长辈的主意等:他对妈妈的话从不~。常带宾语或补语:他~了领导的意图,自己另搞一套|他的指示你可~不得。

【违背】wéibèi 动。违反,不遵守:客观规律谁也不能~。常带宾语或补语:不能~人民的意志|对学校的规章制度不得。

*"违背"和"违反":"违背"着重指背离,不符合;"违反"着重相反,相对立。"违背"的对象一般是"义务、诺言、命令、原则、决议、条约、意志"等;"违反"的对象一般是"法则、规程、规律、纪律、规矩、情理"等。"违背"的语意较轻;"违反"的语意较重。

【违法】wéifǎ 动。违反法律或法令;不带宾语:每个公民都不能~。常作定语:~行为。可拆开用:只要你违了法,就要受到法律制裁。

【违法乱纪】wéi fǎ luàn jì 成。违犯法律,破坏纪律:要严肃处理那些~的人。

【违反】wéifǎn 动。不符合法则、规程、制度等;操作规程不能~。常带宾语或补语:~了思维规律|作息制度他~过两次。

*"违反"和"违犯":"违反"的意思着重指相反,相对立;"违犯"的意思着重

指违反并触犯。"违反"的使用范围较宽,可用于国法、党纪等,也可用于一般的规章制度、指示以及事物的发展规律、法则等;"违犯"的使用范围较窄,一般用于党纪、国法、宪法、刑法等。

【违犯】wéifàn 动。违背和触犯:国家法令不得~。常带宾语或补语:~禁令|刑法~不得。

【违禁】wéijìn 动。违犯禁令;不带宾语:他知法犯法,有意~,必须严惩。常作定语:~毒品|~书籍。

【违抗】wéikàng 动。违背并抗拒:这是大会一致通过的决议,不能~。常带宾语或补语:~了上级指示|首长的命令~不得。

*"违抗"和"违犯":"违抗"除表示触犯外,还表示抗拒,语意较重;"违犯"着重表示触犯,不一定表示抗拒,语意较轻。"违抗"的对象多指命令、指示、意志等;"违犯"的对象多指党纪、法令等。

【违令】wéilìng 动。违抗命令;不带宾语:谁敢~,军法不饶。

【违误】wéiwù 动。违反命令、耽误公事;公文用语,不带宾语,多用在否定的祈使句中:迅速办理,不得~。

【违心】wéixīn 动。不出于内心,违背自己的本意;不带宾语,常用在"是……的"格式中:我这样做完全是~的。可作定语或状语:~之论|~地处理问题是最痛苦的。可拆开用:对他的话只得违了心表示同意。

【违约】wéiyuē 动。违背了共同拟定的条款或预约;不带宾语:对方多次~,我们对他们已失去了信任。可拆开用:他违约过,所以大家不相信他了。

【违章】wéizhāng 动。违反规章;不带宾语,常用在"是……的"格式中:你这样做是~的。常作状语:~作业|~骑车|~驾驶。

为(為、爲) wéi ❶动。(1)做;不带宾语,多构成四字语:尽力而~|事在人~。可用在"有所"之后作宾语:我们要在次要的方面有所不~,然后才可以在主要的方面有所~。(2)充当,作为,算作;须带宾语:与人民~敌决无好下场。多用在兼语句

中作第二个动词：拜他～师。也可用在另一动词之后：他当选～人民代表。可构成"以……为……"格式：以他～榜样|以团结～重。(3)变成，成为；多用在兼语句中作第二个动词：变后进～先进|转忧～喜。也可用在另一动词之后：由于劳动和直立行走，类人猿最终进化～人。(4)〈书〉是；须带宾语：人参、鹿茸、乌拉草～东北三宝|1千克～1公斤。(5)要；用在比较句中作谓语，后面多为单音节形容词：关心他人比关心自己～重|还是不去～好。❷介。被；常同助词"所"配合着用，表示被动：～歌声所吸引。❸〈古〉助。常跟"何"相配合，表示感叹或疑问：何以家为(要家干什么)？❹后缀。(1)用在某些单音节形容词之后，构成表示程度或范围的副词：大～高兴|广～宣传|深～感动。(2)在某些表示程度的单音节副词之后，加强语气：极～快乐|甚～便利|尤～出色。
另见wèi。

【为非作歹】wéi fēi zuò dǎi 成。非、歹：坏事。做各种各样的坏事：这个流氓在村里～，终于受到了法律的制裁。

【为富不仁】wéi fù bù rén 成。《孟子·滕文公上》：“阳货曰：'为富不仁矣，为仁不富矣。'"谋求发财致富的人没有好心肠。后多指富人唯利是图，心狠手辣：不法奸商～，经常坑骗顾客。

【为难】wéinán ❶形。感到难办：左右～|这件事叫我太～了。可作"觉得、感到"等动词的宾语：叫她去说服妈妈，她感到～。❷动。作对或刁难：别故意与人～。可带宾语：这样做是他存心在～小王。

【为期】wéiqī 动。从时间、期限、长短上看；不带宾语，常带补语：在这一带筑铁路～不远|训练班～三个月。

【为人】wéirén 动。做人；指处世的态度，不带宾语，常带补语：～爽快|～诚恳|他～很好。可作主语或宾语：他的～我知道|我不了解他的～。也可作定语：他连起码的～之道都丧失了。

【为生】wéishēng 动。谋生；不带宾语，常用"以"构成的介词词组作状语：以打渔～|以做小买卖～。

【为首】wéishǒu 动。作为领头人；不带宾语，常用"以"构成的介词词组作状语：以张局长～的参观团|这个团伙以李某～，盗窃了不少国家的财产。

【为所欲为】wéi suǒ yù wéi 成。为：做；欲：想，要。原指干自己要干的事。现多形容想干什么就干什么，任意妄为；含贬义：他称王称霸，～，终于受到了法律的制裁。

【为伍】wéiwǔ 动。做伙伴，同伙；不带宾语，多含贬义：与他～，我感到羞愧。

【为止】wéizhǐ 动。截止，终止；多用于时间、进度等，不带宾语，常用"到"构成的介词词组作状语：报名到本月底～。

沩(潙、溈) wéi 水名用字。沩水，在湖南省。

圩 wéi 名。(～子)(1)低洼地区防水护田的堤岸。(2)围绕村落四周的障碍物，用土石筑成，或用密植成行的荆棘做成。也作围子。
另见xū。

【圩田】wéitián 名。用圩埂围住能防止外边的水侵入的田地。

桅 wéi 〈素〉船上挂帆的杆子：～杆。

【桅灯】wéidēng 名。(1)装设在船的前后桅杆上的白色航行信号灯。(2)马灯。

【桅杆】wéigān 名。竖立在船的甲板上的杆子，用长圆木或金属做成，主要用来挂帆，也用来悬挂信号或装设天线、支持观测台等。

【桅樯】wéiqiáng 〈书〉名。桅杆。

唯 wéi ❶同"惟❶"。❷〈素〉表示应答的声音：～～诺诺。

【唯独】wéidú 见"惟独"。

【唯唯诺诺】wéiwéi nuònuò 成。唯唯：谦卑地应答；诺诺：连声答应。形容只是连声应答，一味顺从，不敢提出不同意见；含贬义：他在上级领导面前，总是～，从不违拗。

【唯物辩证法】wéiwù biànzhèngfǎ 词组。马克思、恩格斯所创立的建立在彻底的唯物主义基础上的辩证法。唯物辩证法包括对立统一规律、质量互变规律和否定之否定规律三个基本规律，而以对立统一规律为核心。

【唯物论】wéiwùlùn 名。唯物主义。

【唯物主义】wéiwù zhǔyì 词组。哲学中的两个基本派别之一。同唯心主义相对立的思想体系。唯物主义认为世界是物质的,物质是第一性的,意识是物质存在的反映,是第二性的。历史上有朴素唯物主义、形而上学唯物主义和辩证唯物主义三个形态。

【唯心主义】wéixīn zhǔyì 词组。哲学中的两个基本派别之一。同唯物主义相对立的思想体系。它认为意识是第一性的,物质是第二性的,物质世界是意识、精神的产物。有主观唯心主义和客观唯心主义两种。

【唯一】wéiyī 见"惟一"。

帷 wéi 名。(~子)围起来做遮挡用的布或帐子:床~子|车~子。

【帷幔】wéimàn 名。帷幕。

【帷幕】wéimù 名。挂在屋子里或舞台上起遮挡作用的幕布:演员在~后尚未出场。

【帷幄】wéiwò 〈书〉名。军队里用的帐幕:运筹~之中,决胜千里之外。

惟 wéi ❶副。(1)只,仅仅;多用在主谓词组之前,作状语:他们同学中,~小李成绩最好。(2)但是;多用于否定式:他工作很好,~注意身体不够。❷〈古〉助。用在年、月、日之前:~二月既望。❸〈素〉想:思~(今多作"思维")。

【惟独】wéidú 副。仅仅:他心里装着全体人民,~没有他自己|他几乎没有什么爱好,~对集邮兴趣很大。也作唯独。

【惟恐】wéikǒng 动。只怕;须带动词性词组或主谓词组作宾语:~落后于人|~天下不乱。也作唯恐。

【惟利是图】wéi lì shì tú 成。只图有利,别的什么都不顾,含贬义:这些奸商~,竟然贩卖假药坑害人民。

【惟妙惟肖】wéi miào wéi xiào 成。形容描写或模仿得非常好,非常像:这篇小说把人物的神态描写得~。

【惟命是听】wéi mìng shì tīng 成。只要有命令就听从。形容叫做什么就做什么,不敢违抗;多含贬义:他对上级的指示表面上~,行动上却另搞一套。也作惟命是从。

【惟其】wéiqí 〈书〉连。正因为;常同"所以"配合着用,强调因果关系:谁不知道杭州有西湖名胜,~它有名,所以去游览的人很多。因果关系明确的句子,后一分句也可以不用"所以":冬天日子短,~短,就更要抓紧时间干。

【惟我独尊】wéi wǒ dú zūn 成。原为佛家语,称颂释迦牟尼最高贵、最伟大。现多形容极端狂妄自大,目空一切:那些~的领导者肯定会失去群众的拥护。

【惟一】wéiyī 形。独一无二;不加程度副词,不单独作谓语,作定语:这是~可行的办法|他父母都去世了,姐姐是他~的亲人。也作唯一。

【惟有】wéiyǒu 副。只有;用在后一分句之前,表示转折:大家都到了,~小张还没有到。

维 wéi ❶〈素〉(1)连接:~系。(2)保持,保全:~持|~护。(3)同"惟❸"。❷姓。

【维持】wéichí 动。使继续存在,保持,常带宾语或补语:~现状|~安定团结的局面|要把良好的课堂秩序~下去。可带兼语:哥哥辛勤劳动,终于~我读完了大学。

*"维持"和"保持":"维持"的宾语一般是名词;"保持"的宾语可以是名词,也可以是动词、形容词。

【维护】wéihù 动。维持并加以保护,使不受破坏;常带宾语:~集体利益|~世界和平。

*"维护"和"保护":"维护"是使免受破坏;"保护"是尽心照顾,使不受损害;"维护"的使用范围较窄,对象多是比较大的方面,而且多是抽象事物;"保护"的使用范围较宽,不论大小事物、抽象或具体事物都可以用。

【维生素】wéishēngsù 名。人和动物营养、生长所必须的某些少量有机化合物,对机体的新陈代谢、生长发育、健康有极重要的作用。目前发现的有数十种,如维生素A、维生素B等。旧称维他命。

【维吾尔族】wéiwú'ěrzú 名。我国少数民族之一,主要分布在新疆。简称维族。

【维系】wéixì 动。维持并联系,使不散开;常带宾语或补语:~人心|一根无形的

坚强的纽带～着中国和她的千万海外儿女们|这个家庭夫妻反目,父子成仇,再也无法～下去了。

【维新】wéixīn 动。改革旧政,推行新法;不带宾语:变法～|～运动。

【维修】wéixiū 动。保护并加以修理;常带宾语或补语:～教室|仪器～得好,就能延长使用年限。可重叠:这台机器～～还可用。

【维族】wéizú 名。维吾尔族的简称。

潍 wéi 水名用字。潍河,在山东省。

嵬 wéi 〈素〉高大:崔～|～然。

wěi(ㄨㄟˇ)

伟(偉) wěi 〈素〉大:～大|雄～。

【伟岸】wěi'àn 〈书〉形。魁伟,高直;含褒义:白杨树～正直,是树中的伟丈夫。

【伟大】wěidà 形。雄伟,杰出,令人敬仰;常跟"人物、党、国家、力量、成就、事业"等名词组合:～的领袖|我们的祖国多么～。

【伟绩】wěijī 名。伟大的业绩;常与"丰功"合用:革命前辈的丰功～,永远铭记在人民心中。

【伟人】wěirén 名。有很大功绩的人,伟大的人物:一代～|～在历史上的作用是不能抹杀的。

  *"伟人"和"巨人":"伟人"所指的人物是品格崇高、才识卓越、功业杰出,受人爱戴和敬仰的;"巨人"是一种比喻说法,强调所指的人物有超出凡人的巨大的才能贡献和影响,含赞颂的感情色彩,意思比"伟人"重。

【伟业】wěiyè 〈书〉名。伟大的业绩;常与"丰功"合用:建立了丰功～。

苇(葦) wěi 名。(～子)芦苇,草本植物,多生在水边,茎中空,可以编席、造纸。

【苇箔】wěibó 名。用芦苇编织成的帘子。

纬(緯) wěi 〈素〉(1)织布时用梭穿织的横纱,编织物的横线:～纱|～线。(2)地理学上假定跟赤道平行的线:南～|北～|～度。

【纬度】wěidù 名。地球表面南北距离的度数,从赤道到南北两极各分90度。在北的叫北纬,在南的叫南纬。通过某地的纬线跟赤道相距若干度,就是这个地点的纬度。

【纬线】wěixiàn 名。(1)编织物上的横线或纺织品上的横纱。(2)地理学上假定沿地球表面跟赤道平行的线。

玮(瑋) wěi 〈古〉名。玉石名。

炜(煒) wěi 〈古〉形。光明。

韡(韡) wěi 〈古〉形。光明的样子;常叠用:～～樱花。

韪(韙) wěi 〈素〉对,是:冒天下之大不～。

伪(偽、僞) wěi 〈素〉(1)假的,不真实的:～造|～装。(2)不合法的:～军|～满。

【伪君子】wěijūnzǐ 名。貌似正派,实际上卑鄙无耻的人。

【伪劣】wěiliè 形。伪造的或质量低劣的;多指商品,不加程度副词,不单独作谓语,作定语时可不加助词"的":～药品|～饮料。

【伪善】wěishàn 形。假装善良;多作定语:此人常装着～的面孔,实质上是个贪得无厌的无耻之徒。

【伪书】wěishū 名。(1)指作者隐匿本名而托名前人的作品。(2)指作者姓名和著作时代不可靠的书。(3)指假造的文件。

【伪托】wěituō 动。假托古人或别人的名义伪造书画等;常构成连动词组:后人～吕望作了《六韬》。

【伪造】wěizào 动。非法仿造,伪造;常带宾语或补语:～证件|钱币～不得。

【伪证】wěizhèng 名。证人、鉴定人或翻译人在案件进行调查、侦查或法庭审理时故意作的假证明、假鉴定或假翻译。伪证依法应负法律责任。

【伪装】wěizhuāng ❶动。常带宾语或补语。(1)军事上采取措施来隐蔽自己、迷惑敌方:战士们用树枝编成帽子～自己|敌人似乎～得很好,但仍被我军发现了。(2)假装:这个家伙～哑巴～了好

多年。可带某些谓词或谓词性词组作宾语：～积极｜～进步｜他们～体贴关心我们，其实是想陷害我们的。❷名。(1)军事上用来隐蔽自己和迷惑敌方的东西或设施：游击队设置了一些假目标作～，引诱敌人上当。(2)假的装扮：假的就是假的，～应当剥去。

尾 wěi ❶名。(1)尾巴。(2)事物的末后部分：做事要有头有～。(3)二十八宿之一。❷〈古〉动。在后面跟：～其后。❸量。用于鱼：养了三～鱼。
另见yǐ。

【尾巴】wěi·ba 名。(1)鸟、兽、虫、鱼等身体末端的部分：牛～。(2)指某些事物的末端：飞机～。(3)指追随别人或一味附和的人：他成了厂长的～。(4)指暗中盯梢的人：要设法甩掉这个～。

【尾大不掉】wěi dà bù diào 成。掉：摇动。尾巴太大，不易摇动。比喻部下势力强或组织庞大、涣散，以致指挥不灵，含贬义：机构庞杂，～，需要整顿、精简。

【尾闾】wěilǘ 名。古代传说中海水所归之处。现多指江河的下游。

【尾声】wěishēng 名。(1)南曲、北曲套曲中最末一曲的泛称。戏曲乐队在每出戏结束时所吹的乐曲。(2)文学作品的结局部分。(3)大型乐曲中乐章的最后一部分。(4)某项活动接近结束的阶段；常与"接近、进入"等词语搭配：表彰大会已接近～。

【尾数】wěishù 名。(1)小数点后面的数。(2)在结帐中大数目之外余下的小数目。

【尾随】wěisuí 动。跟随在后面；常带宾语或补语：孩子们～着宣传队｜一群人～于后。

【尾追】wěizhuī 动。紧跟在后面追赶；常带宾语或补语：勇士们在冰天雪地里～着逃窜的匪徒｜～不放。

【尾子】wěi·zi〈方〉名。(1)结帐时大数目外的小数目。(2)事物的最后一部分。

娓 wěi［娓娓］形。形容谈论不倦或说话动听的样子；一般用在比较固定的组合中：～而谈｜～不倦。

委 wěi〈素〉(1)任，派，把事交给人办：～任｜～托。(2)抛弃，舍弃：～弃。(3)推托，推卸：推～｜～罪。(4)曲折：～屈｜～曲｜～婉。(5)积聚：～积。(6)末，尾：原～。(7)颓丧，困顿：～靡｜～顿。(8)确实：～实。
另见wēi。

【委顿】wěidùn 形。疲乏，没有精神：～不堪｜精神很～。

【委靡】wěimǐ 形。颓丧，不振作：精神很～｜～不振。也作萎靡。

【委派】wěipài 动。派人担任某种职务或从事某项工作：领导把这项任务～给了他｜你是大家选举的，不是上边～的。可带兼语：厂长～王科长去征求用户对产品的意见。

【委弃】wěiqì〈书〉动。抛弃，扔掉；常带补语：望着这些被人们攀折～在地的残枝，我心中感到痛惜。

【委曲】wěiqū 形。弯弯曲曲，曲折；多指曲调、道路、河流等：歌声～婉转｜～的羊肠小道。
＊"委曲"和"委屈"："委曲"是弯弯曲曲、委婉曲折的意思；"委屈"是含冤受屈而心里苦闷，两者没有共同之处，不可混用。"委屈"的"屈"念轻声"qu"。

【委曲求全】wěiqū qiúquán 成。勉强迁就，以求保全。现多指为了顾全大局而暂时忍让：这种光明磊落、大公无私与～的态度，得到了大家的一致称赞｜在原则问题上，我们决不可～。

【委屈】wěi·qu ❶形。因受到不该有的指责或待遇而觉得难过：他受了批评，心里很～。常作状语或定语：她～地诉说了事情的经过｜不要有～情绪。也可作"觉得、感到"等动词的宾语：领导没有批准他晋级，他感到非常～。❷动。使人受到委屈；多带指人的名词或代词作宾语：这件事～你了，请你原谅。
＊"委屈"和"冤枉"："委屈"多指自己觉得心里难过，"冤枉"多指自己被误解，蒙上了不白之冤，也指被人加上了毫无根据的恶名，比"委屈"程度深。"委屈"含义单一；"冤枉"还有"不值得、吃亏"的意思。

【委任】wěirèn 动。派人担任职务；常带宾语或兼语：他主动担当起守夜人的职务，这并不是谁～他的｜～张军为独立师参谋长。

【委实】wěishí 副。确实;多用在否定句中:办成此事,～不易|那么多的书,一时～看不完。
　　*"委实"和"着实":"委实"多用作书面语;"着实"不限。"着实"有形容词用法;"委实"没有。
【委琐】wěisuǒ 〈书〉形。(1)琐碎,拘泥于小节:～小事,不值一提。(2)见"猥琐"。
【委托】wěituō 动。托人代办;常带宾语:这件事我已～他了。可带双宾语:～您一件事。常带兼语:我～小张买两张火车票。
　　*"委托"和"委派":"委托"的意思着重在托付;"委派"的意思着重在派遣。"委托"对上对下都可用;"委派"只用于上级对下级。
【委婉】wěiwǎn 形。婉转;指言辞:他批评的措辞很～|她～地简述了她的不同意见。也作委宛。
　　*"委婉"和"婉转":"委婉"使用范围较窄,只能形容言辞;"婉转"使用范围较宽,除能形容言辞外,还可形容歌声、鸟鸣声等。
【委员】wěiyuán 名。(1)旧时指被委派到某地或某部门担任特定工作的人员。(2)委员会的成员:中央～|纪检～。
【委员会】wěiyuánhuì 名。(1)政党、团体、机关、学校的集体领导组织:常务～|校务～。(2)某些政府部门的名称:教育～|体育运动～。(3)机关、团体、学校等为某一任务设立的专门机构:伙食管理～。

诿 wěi 〈素〉推托:推～。

萎 wěi 形。衰落,低落:牡丹花～了。常带趋向动词"下来"作补语:洗衣机的价格～下来了。
【萎靡】wěimǐ 见"委靡"。
【萎缩】wěisuō 动。不带宾语,可带补语。(1)体积缩小,表面变皱,干枯;多指身体或草木:肌肉～|他还有两条～得变了形的腿。(2)衰退;多指经济:经济～必然会使市场萧条。
【萎谢】wěixiè 动。干枯凋谢;多指花草,不带宾语,可带补语:秋风萧瑟,草木～|这种花～得真快啊!

痿 wěi 名。身体某部分萎缩或丧失机能的病,例如阳痿等。

洧 wěi 地名用字。洧川,在河南省。

痏 wěi 〈古〉名。瘢痕。

鲔 wěi 名。(1)古书上指鲟(xún)鱼。(2)一种生活在热带海洋的鱼。体呈纺锤形,背黑蓝色,腹灰白色。吃小鱼等动物。

隗 wěi 姓。
　　另见kuí。

颓 wěi 〈古〉形。安静;多用于人名。

猥 wěi 〈素〉(1)卑鄙,下流:～劣|～亵|淫～。(2)繁杂:～杂。
【猥辞】wěicí 名。下流的言语:这个青年人满口～,像个流氓。也作猥词。
【猥劣】wěiliè 〈书〉形。鄙陋恶劣:手段～。
【猥琐】wěisuǒ 形。庸俗,不大方;多指容貌、举动:相貌～|～小人|此人～不堪。也作委琐。
【猥亵】wěixiè ❶形。淫秽下流的;多指言语或行为,不加程度副词:言辞～|～动作|这是一种～行为。❷动。做下流动作;常带宾语:这个流氓多次～幼女和女学生,终于受到法律的严厉制裁。

wèi(ㄨㄟˋ)

卫(衛、衞) wèi ❶〈素〉保护,防护:～护|守～|自～。❷名。周朝国名。在今河南省北部和河北省南部一带。❸姓。
【卫道】wèidào 动。卫护儒家的道统,泛指卫护某种占统治地位的思想体系;多作定语,含贬义:～士|摆出一副～理论家的面孔。
【卫护】wèihù 动。捍卫保护;常带宾语:他处处～着弟弟|母鸡咯咯叫着,赶忙去～它的小鸡|她用自己的生命～了祖国的尊严。
【卫冕】wèimiǎn 动。体育竞赛中指蝉联冠军,保住上届取得的冠军地位;不带宾语:这次锦标赛中,我队尽力～|我队～成功,连续三次荣获世界冠军。

【卫生】wèishēng ❶形。能保护身体的健康,预防疾病的:～的环境|这个饭馆不太～。❷名。合乎卫生的情况:～检查|讲究～。
【卫戍】wèishù 动。警备;多用于城市,常作定语:～部队。
【卫星】wèixīng 名。(1)围绕行星运动的天体,例如月球是地球的卫星。卫星和行星一样,本身不发光。(2)指人造卫星。(3)犹如卫星一样围绕着某一中心的东西;多作定语:～城市|～国。

为(為、爲) wèi
❶介。(1)给,替;引进动作的对象,多与名词、动词以及主谓词组构成介词词组,作状语:～人民服务|这次试验～治疗癌症找到了新途径|新图书馆～大家读书提供了良好的条件。(2)表示动机、目的;多与名词、动词、形容词以及主谓词组构成介词词组,作状语:～避免差错,最好再检查一遍。常同"而、起见"搭配:～语言的纯洁和健康而斗争|～慎重起见,你最好去请示一下。(3)〈书〉对,向;多与名词构成介词词组,作状语:不足～外人道。❷〈古〉动。帮助,卫护。

另见wéi。

【为何】wèihé 副。为什么;用在疑问句中:小王今天～缺席?
【为虎傅翼】wèi hǔ fù yì 成。替老虎加上翅膀。比喻帮助坏人作恶或助长坏人声势:若是让这个匪徒逃脱而投奔威虎山,那就犹如～,对我们消灭座山雕是不利的。也说为虎添翼。注意:"为"这里不读wéi。
【为虎作伥】wèi hǔ zuò chāng 成。古代传说,被老虎咬死的人变成的鬼叫作"伥","伥"又给老虎作帮凶,引老虎去吃人。替老虎作伥鬼。比喻给坏人作帮凶:出卖民族利益,认敌为友,～的汉奸、卖国贼都只能落得一个可耻的下场。注意:"为"这里不读wéi。
【为了】wèile 介。表示动机和目的;常与名词等构成介词词组,作状语:～祖国,我们必须认真学习|白求恩同志～帮助中国人民抗日,从加拿大来到中国。可同"起见"搭配:～便利读者借阅起见,图书馆延长了开放时间。注意:表示原因,一般用"因为",不用"为了"。
【为人作嫁】wèi rén zuò jià 成。唐·秦韬玉《贫女》诗:"苦恨年年压金线,为他人作嫁衣裳。"原指贫女无钱置备妆奁,却年年为人缝制嫁衣。后用以比喻为别人辛苦忙碌:这位老编辑甘心～,尽力地扶植青年作者。注意:"为"这里不读wéi。
【为什么】wèi shénme 词组。为何,询问原因和目的,只用在疑问句中:～她能得到别人的尊敬?因为她克己奉公。跟"不"配合使用,相当于"何不",含有规劝的意思:练太极拳对身体有好处,你～不试一试呢?
【为渊驱鱼,为丛驱雀】wèi yuān qū yú, wèi cóng qū què 成。《孟子·离娄上》:"故为渊敺(驱)鱼者,獭也;为丛敺(驱)爵(雀)者,鹯也。"渊:深渊;驱:赶;丛:丛林;雀:鸟。原意是水獭想捉鱼,却把鱼赶到深渊里去了;鹯鹰想赶鸟雀,却把鸟雀赶到丛林中去了。现比喻不善于团结人或笼络人,把可以依靠的力量赶到敌方去。注意:"为"这里不读wéi。
【为着】wèizhe 介。为了:全国人民～光辉灿烂的明天,正团结一致,艰苦奋斗。

未 wèi
❶〈书〉副。(1)不,表示否定,多与单音节词相配:久无音讯,～知身体如何?(2)没有,不曾;表示情况还没有发生,跟"已"相对:～经同意,不得入内|天～大亮他就出发了。❷名。地支的第八位。参见"干支"。

【未必】wèibì 副。不一定:带有委婉否定的语气:意见～正确,但有参考价值|这件事他～知道。
【未便】wèibiàn 副。不便:主任不在,这事儿我～擅自决定。
【未卜先知】wèi bǔ xiān zhī 成。尚未占卜,先知吉凶。形容有预见:他早就说小李能考上大学,现在果真考上了,真是～啊!
【未曾】wèicéng 〈书〉副。没有过;表示某种情况、事物或行为过去不存在或没有发生过;跟"曾经"相反:我～去过广州|他这种理论历史上还～有过。

【未尝】wèicháng 副。(1)不是,没有;用在"不、无、没有"等否定词前面,构成双重否定,表示肯定,带有委婉的语气:你这样做～不可|这计划总的说来很好,但也～没有缺点。(2)未曾;表示动作行为没有发生过:住院养病期间,学习～中断。

【未可厚非】wèi kě hòu fēi 成。未:不;厚重,非:责备。不应该过分指责。指说话、做事虽有一定缺点,但可以原谅:改革过程中出现些小问题也～。也说无可厚非。

【未来】wèilái ❶名。今后的时间或光景:年青人的～|光明的～。❷形。将要到来的;不加程度副词,不作谓语,只修饰时间名词:～二十四小时内定能完成任务。

【未了】wèiliǎo 动。尚未完结,尚未了结,一般不带宾语:一桩心愿～|这桩公案还～。可作定语:还有一些～的手续要办。

【未免】wèimiǎn 副。实在不能不说是;表示不以为然,意在否定,但语气比较委婉,常跟程度副词"太、过分、过于、不大、不够、有点、有些"以及数量词"一点、一些"等配合:你也～过于激动了|原料用得太多了一些。
　　*"未免"和"不免":"未免"表示对某种过分的情况不以为然,着重在评价;"不免"则表示客观上不容易避免。

【未能免俗】wèi néng miǎn sú 成。没能摆脱自己不以为然的社会习俗:他的婚事全由父母操办,铺张浪费,～。

【未然】wèirán 动。尚未变成事实;与"已然"相对,不带宾语和补语,多用在比较固定的结构中:防患于～。

【未时】wèishí 名。旧指下午一点到三点这段时间。

【未始】wèishǐ 副。同"未尝(1)";多用于书面语:～不可。

【未遂】wèisuì 动。没有达到目的或没有满足愿望;不带宾语和补语:杀人～|心愿～。可作定语:～政变。

【未央】wèiyāng 〈书〉动。未尽;不带宾语:夜～。

【未雨绸缪】wèi yǔ chóu móu 成。绸缪:用绳索捆绑。趁天还没有下雨,先修缮房屋门窗。比喻事先防备:～春耕尚未到来,他们已做好了一切准备工作。注意:"缪"不读miù。

【未知数】wèizhīshù 名。(1)代数式或方程中,数值需要经过运算才能确定的数。例如$2x+3=13$中,x是未知数。(2)比喻暂时无法估计的事实:这件事是否能成功,目前还是个～。

味 wèi ❶名。(～儿)。(1)味道,舌头尝东西所得到的感觉:甜～儿|这道菜的～儿不错。(2)气味,鼻子闻东西所得到的感觉:羊膻～儿|这花的～儿很香。(3)情趣,意味:这部电影真有～儿,棒极了。❷量。中药配方一种为一味:这个方子一共七～药。❸〈素〉体会:玩～|品～|体～。

【味道】wèi·dao 名。(1)舌头尝东西得到的某种滋味:她烧的菜～很好。(2)喻指心理的感觉:同学们到中学去实习了一个月,尝到了当教师的～|听了他的话,使人有一种说不出的～。(3)兴趣:这种电影看起来没有～。

【味精】wèijīng 名。调味品,白色粉末,放进菜或汤里有鲜味。也叫味素。

【味同嚼蜡】wèi tóng jiáo là 成。味道如同嚼蜡一般。形容没有味道;多指文章或说话枯燥无味:听他的报告,～。

位 wèi ❶名。(1)(～儿、～子)座位,人所占据的地方:请您让个～儿|这是我的～子。(2)特指皇位;作少数单音节动词的宾语:即～|篡～。❷量。用于人,含敬意:三～来宾|来了一～客人。❸〈素〉(1)职位,地位:爵～|学～|尸～素餐。(2)算术上的位数:个～|十～|百～。❹姓。

【位于】wèiyú 动。位置处于;须带表示处所的方位词组作宾语:苏州～江苏南部。

【位置】wèi·zhi 名。(1)所占或所在的地方:做广播操一班的～在操场的东南角。(2)地位:《红楼梦》在中国文学史上占有重要的～。

畏 wèi ❶动。害怕;常带宾语:不～强暴。❷〈素〉佩服,敬:敬～|～友|后生可～。

【畏忌】wèijì 动。畏惧和猜忌：厂长的这种不冷不热的态度使他有所～。

【畏惧】wèijù 动。害怕：无所～|面对敌人的法庭,他正气凛然,毫不～。常带宾语或补语：他从不～任何困难|听到打雷,小红～得缩成一团。可加程度副词：这孩子见到生人十分～。

【畏难】wèinán 动。害怕困难；不带宾语：在改革的征途上不能～。常作定语,修饰表示心情方面的一些词语：～情绪|～心理。

【畏怯】wèiqiè 形。胆小害怕：～的样子|～的目光|这小孩在生人面前一点也不～|小船在风浪中不停地颠簸,使她非常～。

【畏首畏尾】wèi shǒu wèi wěi 成。畏：怕。怕前怕后,形容做事胆小,疑虑过多：别看她是女孩子,平日干起事来从不～,有一股虎气。

【畏缩】wèisuō 动。因害怕而不敢向前；不带宾语,可带补语：～不前|敌人被打得～在碉堡里,不敢出来。可重叠：遇到困难,可不能畏畏缩缩的。

【畏途】wèitú〈书〉名。艰险可怕的道路。比喻不敢做的事；常作宾语：他把投考大学视为～。

【畏葸】wèixǐ〈书〉动。畏惧：～不前|～退缩,坐失良机。

【畏友】wèiyǒu 名。自己敬重的朋友：他是我的严师～。

【畏罪】wèizuì 动。犯了罪害怕受法律制裁；不带宾语：唐文君～之心突然又占了上风。常与"潜逃、自杀"等动词连用：他～潜逃,终被抓获归案。

喂(△餵、△餧) wèi △❶动。常带宾语或补语。(1)把食物送进人的嘴里：～小孩|把饭一口一口～到病人嘴里。可带兼语：～小孩吃奶。(2)给动物吃东西：用菜叶～兔子|今天猪～了两次。(3)给脱粒机、粉碎机等添料：他正在给粉碎机～着料呢|料要～得均匀。❷叹。打招呼的声音：～,快过来。

【喂养】wèiyǎng 动。给幼儿和动物东西吃并照顾其生活使其长大；常带宾语或补语：她用自己的奶水～女儿|张大婶把猪～得很肥。

碨(磑) wèi〈方〉名。石磨(mò)。

胃 wèi 名。(1)人和某些动物消化器官的一部分。能分泌胃液,消化食物。(2)二十八宿之一。

【胃口】wèikǒu 名。(1)人进食的要求；常与"好、差"、"合、对"等词搭配：一顿吃三大碗,真是好～|这种菜不对我的～。(2)比喻对事物或活动的兴趣；常作"有、合、对"等的宾语：打牌他不感兴趣,下棋才合他的～。

谓 wèi〈书〉动。常带宾语。(1)说,告诉：他跑得真快,可～神速。常与"曰"配合使用：人～予曰。(2)称,叫做；常同"何"搭配使用于疑问句中：何～勤工俭学?

【谓词】wèicí 名。实词的一大门类,一般把主要功能充当谓语和能同副词结合的动词、形容词等词类概括地称为谓词。

【谓语】wèiyǔ 名。对主语加以陈述的部分,与"主语"相对。在汉语中,谓语一般在主语后,说明主语"怎么样"或者"是什么"。经常用作谓语的是动词或形容词。比如"春光好"、"桃花开"中的"好"、"开"是谓语,"春光"、"桃花"是主语。

猬(蝟) wèi 见"刺猬"。

【猬集】wèijí〈书〉动。比喻事情繁多,像刺猬的硬毛那样聚集在一起；一般不带宾语：百事～。可带补语：敌人～于山坳。

渭 wèi 水名用字。渭河,发源于甘肃省,经陕西省流入黄河。

尉 wèi ❶[素](1)古官名：太～|都～。(2)军衔名：～官。❷姓。
另见 yù。

蔚 wèi〈素〉(1)茂盛,盛大：～然|～为大观。(2)聚集：云蒸霞～。
另见 yù。

【蔚蓝】wèilán 形。像晴朗的天空那样的颜色；不加程度副词,不单独作谓语,作定语：～的天空|～的大海。

【蔚然】wèirán 形。茂盛、盛大的样子；不加程度副词,多用在比较固定的组合中：～成林|～成风。

wèi-wēn 蔚慰遗魏温

【蔚为大观】wèi wéi dà guān 成。蔚:荟萃,聚集;大观:盛大的景象。形容事物丰富多采,成为盛大壮观的景象;多指文物等,含褒义:展览会上展出了许多中外名画,丰富多彩,~。

慰 wèi 〈素〉(1)使别人心里安适:~问|安~。(2)心安:欣~|宽~。

【慰藉】wèijiè 〈书〉动。安慰;常带宾语:我们要加倍努力地工作,以此~烈士的英灵。可作"得到"等的宾语:同志们的关怀,使他得到了很大的~。

【慰劳】wèiláo 动。慰问并犒劳;对象多指有功或辛勤劳动的人,常带宾语:~前线指战员。可重叠:他们辛苦了,我们得去~~他们。

＊"慰劳"和"慰问":"慰劳"的对象限于有功的和辛苦的人;"慰问"的对象可以是有功的人,也可以是有了不幸遭遇的人,还可以是一般工作人员等。"慰劳"除精神方面的外,还有物质方面的;"慰问"主要是精神方面的,可以没有物质方面的。

【慰勉】wèimiǎn 动。安慰并勉励;常带宾语或补语:这次报考,他落榜了,我们要去好好~他,让他振作起来|今天我对他~了一番。常带兼语:老师常~同学们要努力学习。

【慰问】wèiwèn 动。安慰问候;常带宾语或补语:~伤病员|李老师生病后,同学们去~过多次。

＊"慰问"和"安慰":"慰问"的意思着重在安抚问候,方式可以用语言,也可以用物品,"安慰"的意思着重在使人心情安适,方式一般用语言。

【慰唁】wèiyàn 动。慰问;对象只限于死者的家属:老朋友去世,向家属致电~。可带宾语:~死者亲属。

遗 wèi 〈书〉动。赠与;常带宾语:~予以书。可带双宾语:~之车马。
另见yí。

魏 wèi ❶名。(1)战国国名,在今河南省北部、陕西省东部、山西省西南部和河北省南部等地。(2)三国之一,曹丕所建立(公元220—265年),在今黄河流域各省和湖北、安徽、江苏三省北部和辽宁省中部。(3)指北魏,北朝之一,拓跋珪所建立(公元386—534年)。❷姓。

【魏碑】wèibēi 名。北朝石刻文字的统称,字体结构严整,笔力强劲,后世作为书法的一种典范。

【魏阙】wèiquè 名。古代宫门上巍然高出的楼观称魏阙,下面两旁是公布政令的地方,后用为朝廷的代称。

wēn (ㄨㄣ)

温 wēn ❶形。不冷不热:这杯水比较~|~开水。❷动。(1)略微加热,多指酒、汤等液体的东西,须带宾语或补语:~一壶酒来|肉汤要~一下。(2)复习;多带单音节名词作宾语:~课|~书。❸〈素〉冷热的程度:体~|气~。❹同"瘟"。❺姓。

【温饱】wēnbǎo 名。穿得暖、吃得饱的生活:这个村的人民生活虽不富裕,但~不成问题。

【温差】wēnchā 名。温度的差别,通常指一天内最高温度与最低温度的差别:拉萨日照长,~大。

【温床】wēnchuáng 名。(1)冬季或早春培育蔬菜或花卉等幼苗的苗床。有的上面装有玻璃窗或塑料薄膜。(2)借喻产生坏人、坏事的条件和环境:这种乌七八糟的环境是产生腐朽思想的~。

【温存】wēncún ❶动。亲切安慰,殷勤抚慰;常带宾语或补语:他的话像柔和的春风,~着她那受伤的心|对她~了一番。❷形。温柔体贴:他对妻子很~|女儿的性格比较~。

【温带】wēndài 名。南半球和北半球各自的回归线和极圈之间的地带,气候比较温和。

【温度】wēndù 名。冷热的程度:今天最高~25℃。

【温故知新】wēn gù zhī xīn 成。温习学过的知识,能够获得新的理解和体会。也指回忆过去,认识现在:对青年们进行近代史的教育,可以使他们~,认识到今天的幸福生活来之不易。

【温和】wēnhé 形。(1)不冷不热;多指气候:气候很~,四季如春。(2)不粗暴严厉,亲切;多指性情、态度、言语等:他的态度很~|他~地笑了。

温榅瘟鳁文　wēn-wén　1123

＊"温和"和"暖和"："温和"可用于性情、态度、言语等方面；"暖和"不能。"暖和"可用于身体、环境等方面；"温和"不能。

【温和】wēn·huo　形。不冷不热；只用于物体：～的水｜饭还～呢,快吃吧！可重叠：这水温温和和的,正好洗澡。

【温暖】wēnnuǎn　❶形。(1)暖和(·huo)；指气候：昆明的冬天气候也很～。(2)比喻组织、集体的气氛使人感到友爱可亲：～的家庭｜生活在这个集体中他感到十分～。❷动。使温暖；须带宾语：学校老师的亲切关怀,～了他的心。

＊"温暖"和"温和"："温暖"指身上感觉暖和,还可以指组织、集体的气氛使人感到友爱可亲；"温和"不表示这些意思。"温和"可以指性情、态度、言语等使人感到亲切；"温暖"不表示这些意思。"温暖"有动词用法；"温和"只作形容词。

【温情】wēnqíng　名。和蔼的态度,温柔的感情：一片～。

【温情脉脉】wēnqíng mòmò　成。脉脉：默默地用眼神或行动表达情意。形容对人或事物怀有温柔的感情,很想表露的样子：她～地注视着女儿,无法抑制心中的激动。

【温泉】wēnquán　名。水温超过当地年平均气温的泉水。

【温柔】wēnróu　形。温和柔顺；多形容女性：这姑娘性格很～。

【温顺】wēnshùn　形。温和顺从：～的哈巴狗｜这小伙子的性格很～。

＊"温顺"和"温柔"："温顺"既可以用于女性,也可以用于男性,甚至还可以用于动物；"温柔"一般用于女性。

【温暾】wēntūn　〈方〉形。也作温吞,可重叠。(1)不冷不热；指液体：～水｜温温暾暾的牛奶。(2)不紧不慢,不爽快；指言谈、文辞等：～之谈｜他说话温温暾暾的。

【温文尔雅】wēn wén ěr yǎ　成。温文：态度温和、有礼貌；尔雅：文雅。形容人的态度温和,举止文雅：王先生是个～的书生。

【温习】wēnxí　动。复习：今天的功课还没～。常带宾语或补语：～旧课｜他的数学～得很好。可重叠：你要把学过的定理～～。

【温煦】wēnxù　形。温暖；多指阳光,一般作定语或状语：～的春风｜明丽的阳光～地照在大地上。

榅　wēn　[榅桲](-·po)　名。(1)落叶灌木或小乔木,叶椭圆形,花淡红色或白色。果实有香气,味酸,可制蜜饯。(2)指这种植物的果实。

瘟　wēn　❶〈素〉中医指人或动物的急性传染病：～病｜猪～。❷形。戏曲表演沉闷乏味：这出戏情节松,人物也～。

【瘟神】wēnshén　名。传说中能散播瘟疫的恶神：驱逐～｜送～。

【瘟疫】wēnyì　名。指流行性急性传染病：预防～。

鳁　wēn　[鳁鲸](-jīng)　名。哺乳动物,外形像鱼,生活在海洋中。体长6至9米,背黑色,腹白色,头上有喷水孔,口中无牙齿,有鲸须,背鳍小。脂肪可以炼油。

wén (ㄨㄣˊ)

文　wén　❶名。文科：他是学～的,我是学理的。❷形。(1)属于文言的；指文章、言辞：你的话说得太～,他听不懂。(2)非军事和非暴力的；与"武"相对：不要动武,要来～的。(3)文静柔和；指性格：这孩子～得很,不好动。❸动。在身上、脸上刺画花纹或字；须带宾语或补语：～了双颊｜～了一条龙在手臂上。❹量。用于旧时的铜钱：四～钱。❺〈素〉(1)文字：中～｜英～｜甲骨～。(2)文章：散～｜～学。(3)文言：半～半白。(4)旧时指礼节仪式：虚～｜繁～缛节。(5)指社会发展到较高阶段表现出来的状态：～化｜～明。(6)自然界的某些现象：天～｜水～。(7)掩饰：～过饰非。❻姓。

【文本】wénběn　名。文件的某种本子；多就文字、措词而言：条约有英文、中文两种～。也指某种文件：这些都是有关文字改革的～。

【文笔】wénbǐ　名。指文章用词造句的风格；多与"流畅、华丽、豪放、犀利"等词搭配：这篇杂文～犀利。

【文不对题】wén bù duì tí 成。文章的内容跟题目无关。也指言谈与中心内容无关或答非所问：他常故意说些～的话引人发笑。

【文不加点】wén bù jiā diǎn 成。点：涂改。文章一气写成，无须修改。形容才思敏捷，下笔成章：写文章，～的事是很少有的，一般都要反复修改。

【文才】wéncái 名。写作诗文的才能：这位同学很有～。

【文采】wéncǎi 名。(1)华丽的色彩：这～斑斓的虎皮斑纹贝常常使他回忆起在海边度过的少年时代。(2)华美的文辞：这篇文章很有～。(3)文艺方面的才华：坎坷流离的生活使杜甫广泛地接触了社会，焕发了他的～。

【文抄公】wénchāogōng 名。指抄袭文章的人；含戏谑意。

【文辞】wéncí 名。也作文词。(1)文章的语言：～华丽｜优美的～。(2)泛指文章。

【文从字顺】wén cóng zì shùn 成。用词造句通顺妥贴：～是作文最基本的要求。

【文牍】wéndú 名。(1)公文、书信的统称。(2)旧时称机关团体中撰拟文稿的人员。

【文法】wénfǎ 名。语法：要学点～。

【文房四宝】wénfáng sìbǎo 成。指书房中的笔、墨、纸、砚：她拿来～，立即挥笔写就了一条横幅。

【文风】wénfēng 名。使用语言文字的作风：提倡朴实的～。

【文风不动】wén fēng bù dòng 成。一点儿也不动：这杆子埋得很坚牢，两个人拔它，它竟然～｜大家都围在他办公室门外，要他回话，他却～，不予理睬。也作纹风不动。

【文稿】wéngǎo 名。公文或文章的草稿；多与"撰写、草拟"等词配合：撰写～｜这些～都是秘书草拟的。

【文告】wéngào 名。政府机关或团体发布的文件。

【文过饰非】wén guò shì fēi 成。用虚伪的言词来掩饰过失和错误；含贬义：有了错误应该老实承认，努力改正，而不要～。

【文豪】wénháo 名。杰出的、著名的大作家：一代～。

【文化】wénhuà 名。(1)人类在社会历史发展过程中所创造的物质财富和精神财富的总和，特指文学、艺术、教育、科学等精神财富：民族～｜～宝库。(2)泛指语文、科学等知识：学～｜～水平。

【文集】wénjí 名。把作品汇集起来编成的书。

【文件】wénjiàn 名。(1)公文、信件等：保管好～。(2)指有关政治理论、时事政策、学术研究等方面的文章：认真学习～。

【文教】wénjiào 名。文化和教育；常作定语：～事业｜～经费。

【文静】wénjìng 形。文雅安静；指性格、举止等：一个姑娘｜她的性格很～。可重叠：这孩子文文静静的，讨人喜欢。
　　＊"文静"和"文雅"："文静"强调温和而安静，一般指性格、举止；"文雅"强调温和而有礼貌，一般指言谈、举止。

【文具】wénjù 名。笔、墨、纸、砚等书写用具的总称；不用个体量词。

【文科】wénkē 名。教学上对语言、文学、哲学、政治、经济、教育、历史等学科的统称。

【文侩】wénkuài 名。舞文弄墨投机取巧的人。

【文理】wénlǐ 名。文章的内容和表达方面的条理；多与"通顺、清晰、杂乱"等词搭配：～通顺。

【文盲】wénmáng 名。不识字的成年人：扫除～｜这个村～还不少。

【文明】wénmíng ❶名。同"文化(1)"：精神～｜物质～｜早在几千年前，中华民族就创造了灿烂的古代～。❷形。(1)指人类社会已进入较高阶段和有较高文化的；与"野蛮"相对：～时期｜～古国。(2)旧时指具有现代色彩的：～结婚｜那里的风俗比较～。(3)言行合乎现代文明观念的；与"愚昧、粗野"相对：随地吐痰是不～的行为｜他能非常～地对待周围的同志。

【文明戏】wénmíngxì 名。中国早期话剧的别称。

【文墨】wénmò 名。(1)指写文章：舞弄～｜粗通～。(2)泛指脑力劳动的事儿，一般作定语：此人是吃～饭的。

【文痞】wénpǐ 名。舞弄文墨，颠倒是非、

文 wén 1125

造谣惑众的流氓。
【文凭】wénpíng 名。旧时指作为凭证的官方文书。现专指学校发给学生的毕业证书：大学～。
【文气】wénqì 名。始终贯穿于文章的气势。
【文人】wénrén 名。指会做文章的读书人。
【文弱】wénruò 形。举止文雅、身体柔弱；多形容读书人：～书生。
【文身】wénshēn 〈书〉动。用针在人体全身或局部绘出或刺出带颜色的花纹或图案，作为某种标志；不带宾语：这批歹徒在结伙拜把子时，都做了～标志。可作定语：许多民族在早期发展阶段都有～的习俗。
【文书】wénshū 名。(1)各种公文的统称。(2)指机关、部队中担任文书工作的人员。文书工作一般包括文件的收发、运转、催办、拟办、缮印、立卷、归档等方面。
【文思】wénsī 名。写文章的思路；多与"敏捷、缓慢、畅达"等词语搭配：～畅达。
【文坛】wéntán 名。文学界：～趣事｜他是～新秀。
【文体】wéntǐ 名。(1)文章的体裁：政论～。(2)文娱体育的简称：～活动｜～委员。
【文物】wénwù 名。历代遗留下来的在文化发展史上有价值的东西，如建筑、遗址、碑刻、工具、武器、生活器皿、文献和各种艺术品等：保护～。
【文献】wénxiàn 名。(1)指具有历史价值的图书文物资料：历史～。(2)指与某一学科有关的重要图书资料：医学～。
【文学】wénxué 名。以语言文字塑造形象、反映社会生活的艺术，包括诗歌、小说、散文、戏剧等。
【文雅】wényǎ 形。温和而有礼貌；多形容言谈、举止：举止很～｜～的样子。可重叠：这孩子文文雅雅的，很懂礼貌。
　　*"文雅"和"娴雅"："文雅"强调温和、有教养；"娴雅"强调柔和、安详。"文雅"使用范围较广，可用于男子和女子；"娴雅"使用范围较窄，一般用于女子。
【文言】wényán 名。五四以前通用的以古汉语为基础的书面语；与"白话"相对。
【文艺】wényì 名。文学与艺术的统称，有时特指文学或表演艺术：～作品｜～调演。
　　*"文艺"和"文娱"："文艺"主要指文学艺术、表演艺术；"文娱"主要指娱乐活动。
【文艺复兴】wényì fùxīng 词组。指从14到16世纪以意大利为中心的欧洲的资产阶级的思想文化运动。它的主要思想特征是人文主义。提倡以人为本位，反对以神为本位的宗教思想。是欧洲资本主义文艺思想的萌芽。因它是打着复兴希腊、罗马古典文化旗帜进行的，故称文艺复兴。
【文艺批评】wényì pīpíng 词组。根据一定的美学观点对作家、作品和创作倾向等进行分析评论。是文艺学的一个组成部分。
【文娱】wényú 名。有文化意义的娱乐，如看戏、看电影、唱歌、跳舞等等；常作定语：～活动｜～生活。
【文摘】wénzhāi 名。文章的摘录：这是一本～。也用作书刊名：新华～｜报刊～。
【文章】wénzhāng 名。(1)用文字表达一定内容的篇幅不长的作品；量词用"篇"：写了一篇～。(2)泛指著作。(3)指暗含的意思；一般作"另有"的宾语：他表面上讨好你，心里却另有～。(4)指做某件事情的办法；一般与"做"搭配：可以利用对方的矛盾来做～。有时也指对某事故意夸大或缩小的做法：别抓住人家的弱点乱做～。
【文质彬彬】wén zhì bīnbīn 成。文：文采；质：实质；彬彬：形容配合适当。人的文采和质朴配合适当。后多用来形容人举止文雅、态度端庄从容：这个小伙子～，很有教养。
【文绉绉】wénzhōuzhōu 形。形容人的谈吐、举止文雅的样子；不加程度副词，常加助词"的"，多含贬义：他说话～的，仿佛很有学问。
【文字】wénzì 名。(1)记录语言的书面符号。(2)文章；多指形式方面：～清通。
【文字狱】wénzìyù 名。旧时统治者故意从作品中摘取字句，罗织罪名，迫害作者，构成冤狱，叫文字狱。
【文宗】wénzōng 〈书〉名。有影响受到广

泛崇仰的文人：海内~|一代~。

纹 wén 〈素〉花纹，纹路：条~|~理|指~。
另见wèn(璺)。

【纹理】wénlǐ 名。物体上呈线条的花纹：这块花岗石上的~很好看。

【纹丝不动】wén sī bù dòng 成。一点儿也不动：连凿了几下，那块大石头竟~。

【纹银】wényín 名。旧时称成色最好的银子：~三百两。

炆 wén 〈方〉动。用微火焖食物，常带宾语或补语：~肉|牛肉~得很烂。

蚊 wén 名。(~子)昆虫，成虫身体细长，有一对翅膀和三对细长的脚。幼虫叫孑孓。幼虫和蛹都生活在水中。雌蚊吸人畜的血液，能传播疟疾、丝虫病、流行性乙型脑炎等病。

雯 wén 〈古〉名。有花纹的云彩。

闻 wén ❶动。用鼻子嗅；用于气味，常带宾语或补语：~香味儿|臭气已~不出来了。可带主谓词组作宾语：你~一下这是什么味儿。❷〈素〉(1)听见：耳~目睹|听而不~。(2)听见的事情，消息：奇~|新~。(3)有名望的：~人。(4)名声：秽~。❸姓。

【闻风而动】wén fēng ér dòng 成。一听到消息就立刻行动：支援灾区的消息一传开，村民们~，纷纷把家里多余的被子、衣服等捐献出来。

【闻风丧胆】wén fēng sàng dǎn 成。听到风声就吓破了胆。形容极度恐惧：这一仗打得敌人~。

【闻过则喜】wén guò zé xǐ 成。听人指出自己的错误和缺点就感到高兴：~，勇于接受批评，改正缺点，才能使自己立于不败之地。

【闻鸡起舞】wén jī qǐ wǔ 成。《晋书·祖逖传》记载：祖逖立志为国效力，与刘琨互相勉励，半夜听到鸡叫就起床舞剑，刻苦练武。后用来比喻有志者及时奋发。

【闻名】wénmíng 动。(1)听到别人的名声；不带宾语：~不如见面。(2)有名气；常带处所名词作宾语：万里长城~全世界。

【闻人】wénrén ❶名。名望很大的人。❷复姓。

【闻讯】wénxùn 动。听到消息；不带宾语：公安人员~后，立刻赶到出事现场。

【闻一知十】wén yī zhī shí 成。听到一点就能懂得许多。形容聪明过人：这孩子十分聪明，~，学习成绩特别好。

闵 wén 地名用字。闵乡，旧县名，在河南省。

wěn (ㄨㄣˇ)

刎 wěn 〈素〉割脖子：自~。

【刎颈之交】wěn jǐng zhī jiāo 成。刎颈：用刀割脖子；交：交情，友谊。指同生死共患难的朋友：他俩在战争年代同生死共患难，结成~。

吻(脗) wěn ❶名。(1)嘴唇：接了个~。(2)动物的嘴。❷动。用嘴唇接触人或物，表示亲热、喜爱；常带宾语或补语：她不停地~着孩子的脸|他~了一下娃娃的小手。

【吻合】wěnhé 动。符合，相合；一般不带宾语：他俩的意见正好~|他说的与事实不相~。

抆 wěn 〈古〉动。揩拭：~泪。

紊 wěn (旧读 wèn)〈素〉乱：~乱|有条不~。

【紊乱】wěnluàn 形。杂乱，纷乱：秩序~|思绪很~。

稳(穩) wěn 形。(1)稳定，稳当；多作谓语或补语：梯子很~|立场不~|把电视机放~。(2)有把握，可靠；作谓语时常加程度副词：他做事很~。作状语时多修饰单音节动词：~拿冠军。

【稳当】wěn·dang 形。稳重妥当：这事儿办得不够~|我还没站~，汽车就开了|小章做事很~。可重叠：他办事一向稳稳当当的。

*"稳当"和"稳妥"："稳当"强调安稳，不浮躁；"稳妥"强调妥善，可靠。"稳当"多用于动作行为；"稳妥"多用于事情。

【稳定】wěndìng ❶形。(1)稳固安定，无变动：~的情绪|时局很~。(2)指物质不易被腐蚀，或性能不易改变：性能非

常～。❷动。使稳定；须带宾语：～军心｜～了情绪。

＊"稳定"和"固定"："稳定"的意思着重在没有变化；"固定"的意思着重在没有移动。"稳定"多用来说明局面、情况、人物的情绪等；"固定"多用来说明资金、职业、位置、办法等。

【稳固】wěngù ❶形。稳当牢固，一点不动摇：大楼的基础十分～。❷动。使固；须带宾语：～政权是头等大事。

＊"稳固"和"稳定"："稳固"的意思着重在牢固，常用来指事物基础方面；"稳定"的意思着重在安定、无变化，常用来指事物的局面、情况、人的情绪等方面。

【稳健】wěnjiàn 形。(1)稳而有力：步伐很～。(2)稳重而谨慎，不轻浮冒失：采取～的措施｜他处理事情很～。

【稳妥】wěntuǒ 形。稳重妥当，可靠：办事很～｜采取～可靠的措施，切实处理好这个问题。可重叠：这件事要派一个稳稳妥妥的人去办。

【稳扎稳打】wěn zhā wěn dǎ 成。用最稳妥的作战方法打击敌人。也比喻有步骤、有把握地开展工作：我们的方针是～，不求速效。

【稳重】wěnzhòng 形。沉着而有分寸；多用于言语、举动：做事很～｜她是位既热情又～的姑娘。可重叠：他稳稳重重地说："这样做不大好吧。"

＊"稳重"和"庄重"："稳重"的意思着重在沉着，多用来指人的言语、举动、作风、态度，同"轻浮"相对；"庄重"的意思着重在端庄持重，多用来指人的仪表、品行，同"轻佻"相对。

wèn(ㄨㄣˋ)

问 wèn ❶动。常带宾语或补语。(1)询问，有不知道或不明白的请人解答：这件事的经过你就别～了｜不懂的地方可以去～老师｜他们已来～过两次。可带主谓词组作宾语：李科长～你明天去不去参观。也可带双宾语：～他一个问题｜你去～一下老师春游安排在哪一天。(2)审讯，追究：～口供｜发生差错是谁的责任必须～清楚。(3)管，干预；常用于否定式：这事儿你到底～不～?｜

不～质量不行｜他从来不～子女的婚事。❷介。向，跟：我～他借过两次书。❸〈素〉慰问：～候｜～安。❹姓。

【问安】wèn'ān 动。请安；对象多指长辈，不带宾语：向母亲～。可拆开用：问大人安。可重叠：代表向老师问问安。

【问卜】wènbǔ 动。迷信的人用算卦来解决疑难；不带宾语：不必求神～。

【问长问短】wèn cháng wèn duǎn 成。问了这，又问那，仔细地问；一般表示关心：老师坐在床边，～，使生病的学生感到无限的温暖。

【问道于盲】wèn dào yú máng 成。道：路；盲：瞎子。向瞎子问路。比喻向一无所知的人请教，毫无用处：向五谷不分的人请教耕种，岂不是～?

【问鼎】wèndǐng〈书〉动。《左传·宣公三年》记载：春秋时，楚子(楚庄王)陈兵于洛水，向周王朝炫耀武力。周定王派王孙满犒劳楚师，楚子向王孙满询问周朝传国之宝九鼎的大小轻重。楚子问鼎，有觊觎周室之意。原比喻图谋夺取政权。现也比喻力图夺取冠军：这些棋坛老将和脱颖而出的新秀，谁不渴望～桂冠，夺得头名"状元"?

【问寒问暖】wèn hán wèn nuǎn 成。问了寒冷又问暖和。形容十分关心别人的生活：校长经常深入到老师家里，～，帮助解决生活上的一些困难。

【问号】wènhào 名。(1)标点符号的一种，形状是"?"，表示一句问话完了之后的停顿。(2)不能确定的事，多作宾语：这本书能不能出版还是个～。

【问候】wènhòu 动。慰问,问好：他向远方的家人表示～。可带宾语：～二老。可重叠：请你带个信，向同学们～～。

【问津】wènjīn 动。津：渡口。询问渡口，比喻探问或尝试；不带宾语，多用于否定式：这个科研领域几年来一直无人～。

【问难】wènnàn 动。对有疑义的问题反复质问、辩论；多指学术研究，不带宾语：对王先生的论文，有人质疑～。

【问世】wènshì 动。不带宾语。(1)著作出版与读者见面：一部新的大百科全书即将～。(2)新的发明创造诞生：自从第一台计算机～以来，计算机技术有了突飞猛进的发展。

【问题】wèntí 名。(1)要求作出回答或解释的题目；常与"提出、有、回复、解释、回答"等动词搭配：老师出了三道～要求我们解答。(2)需要加以解决的矛盾、疑难：思想～|立场～。(3)关键；重要的：～在善于学习。(4)事故或意外：车子又出了|要仔细，每个环节都不允许发生～。(5)错误，毛病：这个人有历史～|他的心脏有～。

【问心无愧】wèn xīn wú kuì 成。自己心安理得，没有什么对不起人的事情：他在经济部门工作多年，两袖清风，一尘不染，自觉～。

【问讯】wènxùn 动。不带宾语。(1)有不明白的或不知道的请人解答：不认识路，可以向人～。(2)问候；朝夕请安～。(3)僧道向人合掌问安：贫僧～了。

【问罪】wènzuì 动。列举对方罪过，加以责难和攻击；不带宾语：兴师～|他贪赃枉法，徇私舞弊，终于被撤职～。

汶 wèn 水名用字。汶水，在山东省。也叫大汶河。

抆 wèn 〈书〉动。擦；对象多指泪：～英雄泪。

璺(纹) wèn 名。陶瓷、玻璃等器具上的裂痕：这个碟子有几道～。
"纹"另见wén。

wēng(ㄨㄥ)

翁 wēng ❶〈素〉(1)老头儿：老～|渔～。(2)丈夫的或妻子的父亲：～姑(公公和婆婆)|～婿(岳父和女婿)。❷姓。

嗡 wēng 拟声。摹拟飞机、蜜蜂等发出的声响；常叠用，多作定语或状语：～～的蚊子声|飞机～～地从上空飞过。

滃 wēng 水名用字。滃江，在广东省。
另见wěng。

鹟 wēng 名。鸟类的一科，身体小，嘴稍扁平，喜吃害虫，是益鸟。

鞲 wēng〈方〉名。靴靿(yào)。

wěng(ㄨㄥˇ)

滃 wěng 〈古〉形。(1)云气涌起的样子：屋里熏炉～若云。(2)水盛的样子：清泉～然而出。
另见wēng。

蓊 wěng 〈素〉形容草木茂盛：～郁。

【蓊郁】wěngyù 〈书〉形。草木茂盛的样子：松柏～。可重叠：荷塘四面，长着许多树，蓊蓊郁郁的。

wèng(ㄨㄥˋ)

瓮(甕) wèng ❶名。一种盛水、酒的陶器。❷姓。

【瓮声瓮气】wèng shēng wèng qì 成。形容说话的声音粗大而低沉：他说话～的，坐在后排的人根本听不清。

【瓮中捉鳖】wèng zhōng zhuō biē 在坛子里捉甲鱼，比喻要得到的东西已在掌握之中：他们自投罗网，我们就来个～，全部消灭。也形容很有把握：这事要是叫他去办，就如～，十拿九稳。

蕹 wèng [蕹菜](-cài) 名。一年生草本植物，茎蔓生，中空，叶卵圆形或心脏形，叶柄长，花白色，漏斗状。嫩茎叶可做菜吃。也叫空心菜。

齆 wèng [齆鼻儿](-bír) ❶动。鼻子堵塞不通气；不带宾语：这几天感冒，～了，讲话不清楚。❷名。指齆鼻儿的人。

wō(ㄨㄛ)

挝(撾) wō 国名用字。老挝，在亚洲中南半岛北部。
另见zhuā。

莴(萵) wō [莴苣](-jù) 名。一年或二年生草本植物，叶子长圆形，花黄色。茎和叶子都是普通蔬菜。通称莴笋。

涡(渦) wō 名。水流旋转形成中间低洼的地方：水～。
另见guō。

窝(窩) wō ❶名。(1)鸟兽、昆虫等住的地方：喜鹊搭了一个～。(2)〈方〉(～儿)比喻人或物体等所

占的地方: 他不动~儿|把这个坛子挪个~儿。(3)比喻坏人聚居的地方: 要捣毁这个土匪~。(4)(~儿)凹进去的地方: 酒~儿|胳肢~儿。❷动。弄弯,曲折;可带宾语或补语: 把铁丝~了一个圆圈|这张纸给~坏了。❸量。用于一胎所生的或一次孵出的动物,如猪、狗、鸡等: 老母猪生了一~小猪|一~小鸟。❹〈素〉(1)藏匿: ~藏|~主。(2)使郁积不得发作或发挥: ~火|~工。

【窝藏】wōcáng 动。暗中隐藏、私藏;多指违禁品、赃物或犯法的人,常带宾语或补语: ~枪支|~逃犯|把赃物~在地洞中。

【窝工】wōgōng 动。因调配不好,工作人员没有充分发挥作用;不带宾语: 这个车间里的工人经常~。可拆开用: 计划一变再变,致使十几个人窝了几个星期的工。

【窝火】wōhuǒ 动。有委屈或火气不能发泄;不带宾语: 这么一点事也办不好,真使人~。可拆开用: 他窝了一肚子火。

【窝囊】wō·nang 形。(1)因受委屈而烦闷: 无故受了一顿批评,她觉得很~。(2)怯懦,无能: 连作证的勇气都没有,多么~的家伙! 可重叠: 这人窝窝囊囊的,连自己的想法都表达不清。

【窝囊废】wō·nangfèi 〈方〉名。软弱无能的人;含讥讽意: 你有理却不敢跟他较量,真是个~。

【窝棚】wō·peng 名。十分简陋的只能栖身的小屋: 住了几十年~的李老汉,如今住上了楼房。

【窝心】wōxīn 〈方〉动。因受到委屈或污辱后不能表白或发泄而心中苦闷;不带宾语,可带补语: 为这事,他~多日。

【窝主】wōzhǔ 名。窝藏罪犯、违禁品和赃物的人或人家: 这个逃犯的~也受到了法律制裁。

蜗(蝸) wō [蜗牛](-niú)名。软体动物,有螺旋形扁圆的硬壳,头部有两对触角。吃草本植物的嫩表皮,对农作物有害。有的地区叫水牛儿。

【蜗居】wōjū 〈书〉名。比喻窄小的住所: 只要有毅力,~斗室,一样能创造出传世佳作。

倭 wō 名。古代称日本。

【倭寇】wōkòu 名。14至16世纪劫掠我国和朝鲜沿海地区的日本海盗集团。

踒 wō 动。猛然受折而伤了筋骨;多用于手、脚: 手~了。可带宾语: 不小心,~了脚。

喔 wō 拟声。摹拟鸡叫声;多叠用: 天刚亮,全村的鸡就~~地叫起来。
另见ō。

wǒ(ㄨㄛˇ)

我 wǒ 代。(1)称自己: ~对你说过,他不在这儿。表示领属关系时,在后加助词"的": ~的书。但在亲属名称前、方位词前一般不加助词"的": ~妈妈|~这里很安静。(2)称我们;限用于单音节名词前: ~校|~厂。(3)指"我方";常用于敌我相持的场合: 敌疲~打|敌特机关已被~破坏。(4)"你、我"或"你、我、他"用在平行的语句里,表示许多人共同或相互: 这几个人你让~,~让你,让个没完|你也要去,~也要去,他也要去,许多人都想要去。

【我们】wǒ·men 代。(1)称包括自己在内的若干人: ~一起干。(2)指"我";用于带感情色彩的口语,也用于不能或不宜用个人口吻说话的地方: 你этот不讲理,让~怎么办? |这就是~对地质工作者提出的要求。

【我行我素】wǒ xíng wǒ sù 成。照自己平素的一套去做,不管别人怎么说: 这些谣言,他不是没有耳闻,只是不把它放在心上,依然~,一心想把这项改革工作搞好。

wò(ㄨㄛˋ)

肟 wò 名。有机化合物的一类,是羟氨与醛或酮缩合而成的化合物。

沃 wò ❶〈素〉(1)灌溉,浇: 如汤~雪。(2)肥: ~土|~野|肥~。❷姓。

卧(臥) wò ❶动。趴伏;指禽兽,常带补语: 母鸡~在窝里|小猫~在炉子旁边。❷〈素〉(1)躺

下：～病|仰～|坐～|不宁。(2)睡觉用的：～铺|～室。(3)铺位：软～|硬～。

【卧病】wòbìng 动。因生病而躺下；不带宾语，可带补语：他～在床已经两个月了。

【卧车】wòchē 名。(1)设有卧铺的火车车厢。(2)轿车(小型汽车)。

【卧室】wòshì 名。睡觉的房间。也叫卧房。

【卧底】wòdǐ 〈方〉动。潜伏在敌方了解情况，充当内应；不带宾语，带补语：他～于敌军司令部，作出了特殊的贡献。

【卧榻】wòtà 〈书〉名。床：～之侧岂容他人鼾睡(比喻不许别人侵入自己的利益范围)。

【卧薪尝胆】wò xīn cháng dǎn 成。《史记·越王勾践世家》记载：越国被吴国打败后，越王勾践立志灭吴，报仇雪耻。据说他以柴草为卧具，上面挂了个苦胆，睡觉、起床、吃饭前都去尝一尝那的苦味，以此激励自己。经过长期准备，终于打败了吴国。后用"卧薪尝胆"比喻刻苦自励，发愤图强：大赛失利以后，他们毫不气馁，决心～，刻苦训练，以求在下次大赛中夺得胜利。

偓 wò 人名用字。偓佺，古代传说中的仙人。

渥 wò 〈书〉形。(1)沾润：日暮浮云滋，～手泪如霰。(2)厚，浓郁：数蒙～恩，感激涕零。

握 wò 动。用手拿或抓；常带宾语或补语：～刀|紧拳头。

【握别】wòbié 动。握手告别；不带宾语：他与朋友们一一～后才乘车离去。

【握手】wòshǒu 动。双方伸手握住，表示见面或分别时的一种礼节，也表示祝贺、慰问；不带宾语：小王得了奖，大家都同他～，表示祝贺。可构成连动词组：～问候。可重叠：他俩紧紧握住手不放。可重叠：他们俩握握手，表示重归于好。

【握手言欢】wò shǒu yán huān 成。握手谈笑。形容亲热、友好；多指不和以后重新和好：经过调解，他俩～了。

幄 wò 〈素〉帐幕：帷～。

龌 wò [龌龊](-chuò) 〈方〉形。(1)肮脏，不干净：这个小孩的身上很～。(2)卑劣；指思想、品德、言语等：～的灵魂|行为很～。

涴 wò 〈方〉动。弄脏；如油、泥等粘在衣服、器物上：这件衣服被油～了。

碨 wò 名。(～子)一种砸地基或打桩子的工具。

斡 wò 〈素〉旋转：～旋。

【斡旋】wò xuán 动。调解争端；不带宾语：居中～。

wū (ㄨ)

乌(烏) wū ❶名。乌鸦：月落～啼。❷形。很黑；颜色太～。❸〈古〉代。何，哪里；多用于反问句：～足道哉？❹姓。
另见 wù。

【乌龟】wūguī 名。俗称王八。(1)爬行动物，扁体有硬甲，背部隆起有花纹，长圆形，头尾四肢能缩入壳内。龟甲中医入药。也叫金龟。(2)称妻子有外遇的人；含讥讽意味。

【乌合之众】wū hé zhī zhòng 成。乌：乌鸦。像暂时聚集的一群乌鸦一样没有组织纪律的人群；含贬义：这二百来人，仅是暂时拼凑起来的～，根本没有战斗力。

【乌黑】wūhēi 形。深黑；不加程度副词：乌鸦全身～|～发亮的头发。可重叠：煤块～～的，闪闪发亮。

【乌呼】wūhū 见"呜呼"。

【乌金】wūjīn 名。煤的美称。

【乌拉】wūlā 名。也作乌喇。(1)西藏民主改革前，农奴向农奴主所服的各种差役，包括人役和畜役。(2)服此种劳役的人。
另见 wù·la。

【乌亮】wūliàng 形。又黑又亮；不加程度副词：～的原油|他把头发梳得～。

【乌溜溜】wū liūliū 形。形容眼珠黑而灵活；不加程度副词，常加助词"的"：～的眼睛|他的眼珠～的。

【乌七八糟】wū qī bā zāo 成。乱七八糟，

不正经的;含贬义:看你把房间里弄得~的,一点儿也不整洁|你尽跟这些~的人来往,还能学好吗?也作污七八糟。

【乌纱帽】wūshāmào 名。一种纱帽。比喻官位:宁愿丢掉~,也要揭露事情真相。也叫乌纱。

【乌托邦】wūtuōbāng 名。音译词。英国空想社会主义者莫尔所著书名的简称。作者在书中虚构了一个没有阶级的幸福社会。他把这个社会叫做"乌托邦"。意思是没有的地方。后来"乌托邦"一词成了"空想"的同义词,指不能实现的愿望、计划等。

【乌鸦】wūyā 名。一种鸟,嘴大而直,羽毛黑色,有绿光。多群居在树林中或田野里。俗称老鸹、老鸦。

【乌油油】wūyōuyōu 形。形容黑而润泽;不加程度副词,常加助词"的":~的泥土|麦苗~的,正在拔节生长。

【乌有】wūyǒu 〈书〉名。原是汉代司马相如《子虚赋》中虚构的人物,后指虚幻的不存在的人或事物;多用在固定的组合中:化为~|子虚~。

【乌云】wūyún 名。黑云:~密布。

【乌孜别克族】wūzībiékèzú 名。我国少数民族之一,分布在新疆。

邬(鄔) wū 姓。

呜(嗚) wū 拟声。摹拟汽笛、风等发出的声音:火车~的一声,开过去了。常叠用:工厂里的汽笛~~地叫着。

【呜呼】wūhū 〈书〉也作乌呼。❶叹。表示叹息:~,往事不堪回首!❷动。借指死亡;不带宾语,多用在固定的组合中:一命~。

【呜呼哀哉】wūhū āizāi 成。旧时祭文中常用的表示哀痛的感叹语。现借死去或完结;多含幽默口吻:这个坏蛋感到自己末日来临,便投了河,就这样~了。

【呜咽】wūyè 动。不带宾语。(1)低声哭泣:她追念印象已很模糊的母亲,渐渐~起来|她轻轻地~着。(2)比喻发出让人感到凄凉悲哀的声响;用于风声、水声等:山间,青松~,鸣奏起雄伟悲壮的旋律|风似乎更大了,船头汩汩(gǔ)的水声带

着~的调子。

钨(鎢) wū 名。金属元素,符号W。灰黑色的晶体,质硬而脆,熔点很高。用来制造灯丝和特种合金钢。

圬(杇) wū 〈书〉❶名。泥瓦工用的抹(mǒ)子。❷动。抹(mò)灰。

污(汙、汚) wū 〈素〉(1)浑浊的水,泛指脏东西:~点|~浊|~秽|同流合~。(2)不廉洁:~吏|贪~。(3)弄脏:玷~。

【污点】wūdiǎn 名。(1)物品上沾染的污垢:衣服上有油迹的~。(3)比喻不光彩或耻辱的事情:在个人历史上留下一个~。

【污垢】wūgòu 名。积在人身上或物体上的脏东西:耳朵根后积了一层~|铝锅上有许多~。

【污秽】wūhuì 〈书〉❶形。肮脏,不干净的;多作定语:~的地方|~下流的语言。❷名。肮脏的东西:清除~。

【污吏】wūlì 名。贪污的、不廉洁的官吏;常与"贪官"合用:人民决不允许贪官~侵吞国家财富。

【污蔑】wūmiè 动。恶意造谣中伤,以毁坏他人的名誉;常带宾语或补语:敌人常常~我们|他们对我们~过多次。可作"遭受、受到、进行"等动词的宾语:王教授遭到了别人的~|对批评他的人进行~。

【污泥浊水】wū ní zhuó shuǐ 成。比喻一切落后、腐朽和反动的东西:建设社会主义的精神文明,就要扫除旧社会遗留下来的~。

【污七八糟】wū qī bā zāo 见"乌七八糟"。

【污染】wūrǎn 动。常带宾语或补语。(1)使沾染上脏东西:水源被~了|~环境|这条河~得不成样子了。(2)沾染上坏思想、坏习气:社会风气给某些人~了|这种书~了青少年的思想。

【污辱】wūrǔ 动。(1)侮辱;常带宾语或补语:不许~我的人格|这个流氓对她~了一番。可作"遭到、进行"等动词的宾语:遭到敌人的~。(2)弄脏,污损:请

客送礼拉关系,既～了别人,也玷污了自己。

*"污辱"和"侮辱":"污辱"着重指玷污,可能是当面的,也可能是背地的;"侮辱"着重指用欺侮、轻慢的语言使人受耻辱、损害,一般是当面的。

【污言秽语】wū yán huì yǔ 成。指肮脏下流的或不文明的话语:这个年轻人,真没有教养,骂起人来满口～。

【污浊】wūzhuó ❶形。肮脏不干净,混浊;多指水、空气等:～的空气|河水太～。❷名。脏东西:清除～。

巫 wū ❶〈素〉以装神弄鬼给人祈祷骗取钱财的人:女～|～师|小～见大～。❷姓。

诬 wū 〈素〉捏造事实陷害:～告|～蔑。

【诬告】wūgào 动。捏造事实控告他人;常带宾语或补语:～他人要负法律责任|他被～过两次。也可带兼语:他～会计贪污。可作"遭到、受到、进行"等动词的宾语:他遭到别人的～。

【诬害】wūhài 动。捏造事实加以陷害;常带宾语:为了达到自己的目的,他不择手段地编造了许多谣言来～老王。常作"进行、加以"等动词的宾语:他对老李进行～。

【诬赖】wūlài 动。没有根据地硬说别人做了不好的事或说了坏话;常带宾语:别～好人。可带兼语:他～小李偷了他的钱。

【诬蔑】wūmiè 动。捏造事实来毁坏对方的名誉;常带宾语:不该～他人。可带兼语:他～对手在生活作风上有严重问题。可作"遭到、受到"等动词的宾语:她遭到了别人的～。

【诬陷】wūxiàn 动。捏造事实加以陷害;常带宾语:～忠良。可带兼语:～他是反革命。常作"遭受、进行"等动词的宾语:这个坏蛋对揭发他罪行的人大咬一口,进行～。

*"诬陷"和"诬蔑":"诬陷"表示枉加罪名进行陷害;"诬蔑"表示恶意指摘,以毁坏名誉。"诬陷"只用于人;"诬蔑"既可用于人,也可用于事物。如"他～我们学校乱收费"。

於 wū 〈古〉叹。表示感叹。
另见 yū, yú(于)。

【於乎】wūhū 叹。同"呜呼"。也作於戏(hū)。

【於菟】wūtú 名。古代楚人称老虎。

屋 wū 名。(1)房子:山中小～。(2)房间:～里有不少人。

【屋上架屋】wū shàng jià wū 成。比喻不必要的重复,现多比喻机构或结构重叠:这些机构纯属～,必须精简。

【屋宇】wūyǔ 〈书〉名。房屋:～整齐。

恶(惡) wū 〈古〉❶代。同"乌❸"。❷叹。表示惊讶:～! 晨鸡鸣矣(啊,公鸡报晓啦)。
另见 ě, è, wù。

wú(ㄨˊ)

亡 wú 〈古〉同"无"。
另见 wáng。

无(無) wú ❶动。没有;跟"有"相对,多带宾语:～米下锅|～希望。❷〈素〉不:不论:事～巨细|～往不胜。(2)不:～须|～及|～论。❸前缀。构成名词:～产者|～机盐|～效。
另见 mó。

【无比】wúbǐ 形。没有别的能够相比;多用于好的方面,不加程度副词:梅花盛开,香艳～。常作状语:～强大。

【无边】wúbiān 形。极大,极广,没有边际;不加程度副词:～的海洋|人民的力量大～。

【无病呻吟】wú bìng shēnyín 成。没有病故意发出痛苦的哼声。比喻文艺作品矫揉造作,缺乏真情实感;含贬义:这种～的作品是没有生命力的。

【无补】wúbǔ 动。没有补益;不带宾语,多带"于"构成的介词词组作补语:～于事|空谈～于实际。

【无产阶级】wúchǎn jiējí 词组。即工人阶级,也泛指不占有生产资料的劳动者阶级。

【无常】wúcháng ❶动。(1)时常变化,变化不定;不带宾语:变化～|反复～。(2)指人死;婉辞:一旦～。❷名。鬼名,迷信的人相信人要死时有"无常鬼"来勾魂。

【无肠公子】wúchánggōngzǐ 〈书〉名。螃蟹的别名。

【无偿】wúcháng 形。不要偿还的,没有报酬的;不加程度副词,不单独作谓语,作定语或状语:他们给了我们许多~的援助|~地提供一批医疗设备。

【无成】wúchéng 动。没有成就,没有做成;多用在比较固定的组合中:学业~|毕生~|一事~。

【无耻】wúchǐ 形。不知羞耻:这个家伙什么丑事都干得出来,太~了|~的文痞。

【无出其右】wú chū qí yòu 成。出:超出;右:上,古人以右为尊。没有比他再好的:他的书法水平很高,这里的人~。

【无从】wúcóng 副。表示没有门径或找不到依据来做某事;常修饰双音节动词:标点古文,确是一件难事,有时往往~下笔|这句话出自何处,已~查考。

【无敌】wúdí 动。没有抗衡的对手;不带宾语:所向~。可带"于"构成的介词词组作补语:~于天下。

【无底洞】wúdǐdòng 名。比喻永远不能满足的欲望:他的贪欲可以说是个~,不管给他多少,他总不满足。

【无的放矢】wú dì fàng shǐ 成。没有目标乱放箭,比喻说话或办事没有明确目标或不结合实际:每谈一个问题,都要有针对性,不要~。注意:"的"这里不读de。

【无地自容】wú dì zì róng 成。没有地方可以让自己容身;形容羞愧到了极点:他的深沉的目光,雄辩有力的论述,使得那些违反真理与正义的人~。

【无动于衷】wú dòng yú zhōng 成。内心一点也不受感动,一点也不动心;含贬义:他对同学们的尖锐批评~,还是那样吊儿郎当。也作无动于中。

【无独有偶】wú dú yǒu ǒu 成。虽然罕见,但也并非只此一个,还有一个可配对儿,表示两事或两人十分相似,多含贬义:我们学校有一个"三好生"变成了小偷,~,他们学校也有一个"优秀生"堕落。

【无度】wúdù 形。没有限度,没有节制;常作补语:挥霍~|淫逸~|这个酒鬼每天饮酒~。

【无端】wúduān 副。没有来由,毫无缘故:~吵闹|~烦恼。

【无恶不作】wú è bù zuò 成。没有什么坏事不干,形容人极坏:这个~的歹徒,终于受到了法律制裁。

【无法无天】wú fǎ wú tiān 成。不顾国法,不顾天理,形容人毫无顾忌地胡作非为:你们这样~地闹下去是没有好结果的。

【无方】wúfāng 动。不得法;与"有方"相对,不带宾语:管理~|教子~。

【无妨】wúfāng ❶动。没有妨碍,没有关系;不带宾语,作谓语时前面一般要加副词"也",主语常是动词性词组或主谓词组:向领导提意见也~|你们不去也~。❷副。不妨:试验失败了,~再试几次
  *"无妨"和"不妨":"无妨"多用于书面语,"不妨"多用于口语。"无妨"有动词用法;"不妨"没有。

【无非】wúfēi 副。只,不过;表示不外乎这个样子:大家对你提意见,~想帮助你进步。用在"是"的前面,确认的语气重一些:讲了一大套~是一番空洞的议论。

【无风不起浪】wú fēng bù qǐ làng 成。没有风不会起波浪。比喻事出有因:~,外面流传着的这些消息,或许是有来头的。

【无干】wúgān 动。不相干,没有关系;不带宾语,作谓语,一般用"跟、与"等介词构成的介词词组作状语:这是我的错儿,与他~。

【无功受禄】wú gōng shòu lù 成。禄:旧时官吏的薪俸。没有功劳而得到报酬:~,扪心有愧。

【无辜】wúgū ❶形。没有罪;不加程度副词,不单独作谓语,作定语或状语:许多~的百姓遭到了反动派的杀害|他们~受害了。❷名。没有罪的人:敌人残酷地迫害~。

【无故】wúgù 副。没有原因:不得~缺席。

【无怪】wúguài 副。难怪,怪不得,表示弄清了原因,对所说的事情就不觉得奇怪,一般用在主语前面:昨夜他病了,~我在舞会上没有见到他。

【无关】wúguān 动。没有关系,不涉及;

不带宾语,作谓语,一般用"跟、同"等介词构成的介词词组作状语:这件事跟他～。

＊"无关"和"无干":"无关"多用于口语,"无干"多用于书面语。

【无关紧要】wúguān jǐnyào 成。不重要,不会影响大局:这件事即使做错了,对整个工程的进度也～。

【无关痛痒】wúguān tòngyǎng 成。比喻与本身利害无关或无足轻重:要他揭发主任的问题时,他只说了些～的小事。

【无机】wújī 形。原指跟非生物体有关的或从非生物体来的,现在一般指不含碳原子的(碳酸盐和碳的氧化物除外);不加程度副词,不单独作谓语,作定语:～化学|～肥料。参见"有机"。

【无机肥料】wújī féiliào 词组。不含有机物质的肥料,如硫酸铵、过磷酸钙等。

【无机化学】wújī huàxué 词组。化学的一个分科,研究碳元素以外的各种元素和它们的化合物的构造、性质、变化、制备、用途等。也研究碳酸盐和碳的氧化物等碳的简单化合物。

【无稽之谈】wújī zhī tán 成。无稽:无法考查。毫无根据的话:他编造的故事纯属～。

【无及】wújí 动。来不及;不带宾语:悔恨～。

【无几】wújǐ 形。没有多少;不加程度副词:他俩的高矮相差～。

【无脊椎动物】wújǐzhuī dòngwù 词组。体内没有脊椎骨的动物,如软体动物、海绵动物、节肢动物等等。

【无际】wújì 形。没有边际;不加程度副词,常与"无边"合用;无边～的大草原。常用在固定的组合中:一望～。

【无济于事】wú jì yú shì 成。对事情没有帮助:既然他下决心走这条路,那么任何劝告都～。

【无间】wújiàn 〈书〉❶形。没有一点空隙;形容紧密,常同"亲密"配合使用:他们之间的友谊亲密～。❷动。(1)从不间断;不带宾语:他们每天坚持跑步,冬夏～。(2)不分辨;多以相对词语作宾语:～是非|～善意恶意。注意:"间"这里不读jiān。

【无疆】wújiāng 形。没有穷尽,没有止境;常和"万寿"配合使用,表示祝寿:万寿～。

【无精打采】wú jīng dǎ cǎi 见"没精打采"。

【无拘无束】wú jū wú shù 成。没有约束,逍遥自在:他喜欢一个人在农村过～的生活。

【无可非议】wú kě fēi yì 成。没有什么可以指责、批评的:他们加班加点地劳动,想多挣一些钱,这样做是～的。

【无可救药】wú kě jiù yào 成。(1)病情严重无法治疗:林黛玉患的是肺结核,在当时,几乎是～的。(2)比喻情况坏到了无法挽救的地步:历史无情,现在证明,他的灵魂早已～,也根本不可能改造。

【无可奈何】wú kě nàihé 成。没有方法,无法可想:父母希望小明学医,他偏要报考师范学院,父母也～。

【无可无不可】wú kě wú bù kě 成。表示没有一定的选择,怎么样都行:他是个～的人,跟他说什么都行。

【无孔不入】wú kǒng bù rù 成。没有什么空子不钻。比喻利用一切机会;含贬义:这个投机分子极力钻营,几乎～。

【无赖】wúlài ❶形。放刁耍赖,不讲道理:这个人太～了。常作"耍"的宾语:你别再要～。❷名。行为不正,游手好闲的人:他是个～,跟他讲不清道理。

【无理数】wúlǐshù 名。非循环的无限小数,如$\sqrt{2}$,π等。

【无量】wúliàng 形。没有限量,没有止境;不加程度副词:前途～。

【无聊】wúliáo 形。(1)因为没有事做而烦闷:他整天干活,闲着就觉得很～。(2)没有意义而使人讨厌;多指著作、言谈、行动等:别说～的话|这本书太庸俗～。

【无论】wúlùn 连。用在有表示任指的疑问代词或表示选择关系的并列成分的句子里,表示任何条件下结果和结论都不会改变;常同"都、也、总、始终"等呼应:～做什么工作,他都非常认真|～大事还是小事,大家都愿意找他商量。

＊"无论"和"不管":"无论"多用于书面,常和"与否、是否"搭配;"不管"既用于书面语,也用于口语,常与口语词搭

配。"不管"可以带"名词+不+名词"的格式,如"不管乡长不乡长,错了就该批评";"无论"不能这样用。

【无论如何】wúlùn rúhé 词组。不管怎么样,表示不管条件怎么变化,其结果始终不变:这本书～要今天读完|～你要去一下。

【无米之炊】wú mǐ zhī chuī 成。炊:做饭。比喻缺少必要的条件,本事再大的人也办不成事:～的事是任何人也做不到的。

【无名】wúmíng 形。不加程度副词,不单独作谓语,作定语。(1)说不出名称的:～高烧|～高地。(2)不知道姓名的:～之辈|～英雄。(3)说不出所以然的,无缘无故的;多指不愉快的事情和情绪:～的忧伤|～的损失。

【无名氏】wúmíngshì 名。隐没姓名或查不出姓名的人:～作品。

【无名小卒】wúmíng xiǎozú 成。不出名的小兵。比喻没有名望的人:他在公司里是个～。

【无名指】wúmíngzhǐ 名。中指与小指之间的手指。

【无明火】wúmínghuǒ 名。无明:佛典中指"痴"或"愚昧"。怒火:这几天他情绪很坏,刚才又发了一通～。也作无名火。

【无乃】wúnǎi 〈书〉副。岂不是;表示不以为然的意思,口气比较和缓,用在反问句中:～不可乎?

【无奈】wúnài ❶动。没办法;不带宾语:出此下策,实属～。❷连。可是,表示可惜的转折;常同"只得、只好"搭配:本想今天去栖霞山游览,～天公不作美,只好改期。

【无奈何】wúnàihé 动。没有办法;不带宾语,常同"只得"等搭配:敌人～,只得垂头丧气地撤走了|～只好重做一遍。可拆开用:我对他很不满,但无奈他何。

【无能为力】wú néng wéi lì 成。用不上力量,没有力量或力量薄弱:要办成这件事,他感到～。

【无宁】wúnìng 见"毋宁"。

【无凭无据】wú píng wú jù 成。没有任何证据:你说他偷了东西,～,谁能相信呢?

【无期徒刑】wúqī túxíng 词组。判处罪犯终身拘禁的刑罚。

【无奇不有】wú qí bù yǒu 成。各种奇奇怪怪的事物都有:旧上海滩,～,新闻多着呢。

【无前】wúqián ❶动。无敌,没有什么可相比;不带宾语,多用在固定的组合中:所向～|一往～。❷形。空前,以前没有过;不加程度副词:功绩～。

【无情】wúqíng 形。(1)没有感情:冷酷～|这个不肖之子对父母太～了。(2)没有情面:法律～|～的洪水冲毁了农田。

【无穷】wúqióng 形。没有穷尽,无止境;不加程度副词:～的力量和智慧|后患～。

*"无穷"和"无限":"无穷"强调没有止境;"无限"强调没有限度。"无穷"多用于"力量、智慧"等;"无限"可用于"心情、自然景象、空间范围的宽广、事物的发展"等。"无穷"所形容和说明的多是名词;"无限"所形容和说明的可以是名词,也可以是形容词。

【无穷大】wúqióngdà 名。一个变量在变化过程中其绝对值永远大于任意大的已定正数,这个变量叫做无穷大,用符号∞来表示。如2^n,在n取值1,2,3,4…的变化过程中,就是无穷大。也叫无限大。

【无穷小】wúqióngxiǎo 名。一个变量在变化过程中其绝对值永远小于任意小的已定正数,即以零为极限的变量,叫做无穷小。如$\frac{1}{2^n}$,在n取值1,2,3,4…的变化过程中,就是无穷小。也叫无限小。

【无人问津】wú rén wèn jīn 成。津:渡口。无人询问渡口。比喻没有人再来尝试或过问:这本书在阅览室里长期～。

【无任】wúrèn 〈书〉副。非常,十分;用于"感谢、欢迎"等:～欢迎。

【无如】wúrú 连。无奈;表示后面说的同前面想的正好相反:正要去公园,～天下起雨来了。

【无伤大雅】wú shāng dàyǎ 成。雅:雅正、文雅。对主要的方面没有什么损害:这篇文章内容丰富,语言犀利,虽然有几个词用得不够妥帖,但也～。

【无上】wúshàng 形。最高;不加程度副词,不单独作谓语,多作状语或定语:得

到"英雄"称号,～光荣|与学生在一起,有～的乐趣。可和"至高"并用,修饰名词:至高～的权力|至高～的荣誉。也作无尚。

【无神论】wúshénlùn 名。否定鬼神存在和反对迷信的学说。

【无声】wúshēng 动。没有声音;不带宾语:万籁～。可作定语:～的语言|～的反抗。

【无声无臭】wú shēng wú xiù 成。没有声音,没有气味。比喻默默无闻,也比喻对外界没有什么影响:一粒种子,可以躺在泥土里～地腐烂掉,也可以成长为参天的大树。

【无时无刻】wú shí wú kè 成。没有哪一个时刻;常和"不"配合使用,表示"时时刻刻都"的意思,只作状语:他～不在想着自己肩负的重任。

【无事生非】wú shì shēng fēi 成。本来没有什么问题而故意找岔子,制造纠纷;含贬义:社会上有些人喜欢～地制造一些事端。

【无事不登三宝殿】wú shì bù dēng sānbǎo diàn 成。三宝殿:泛指佛殿。比喻没事儿不上门:你是大忙人,～,今天来找我总有什么事情吧?

【无视】wúshì 动。不放在眼里,不认真对待;多含贬义,须带宾语:历朝历代统治者～人民疾苦,河堤不修,经常造成洪水泛滥|有的人一政府的警告,继续从事走私活动,必将受到法律的严惩。

【无数】wúshù 形。不加程度副词。(1)多得难以计数:～的革命先烈为着人民的解放事业献出了生命。(2)没有把握,不知底细;只作谓语:这次试验能不能成功他心中～。

【无双】wúshuāng 形。独一无二;不加程度副词,多用在比较固定的组合中:举世～。

【无私有弊】wú sī yǒu bì 成。虽然没有私弊,但因处于嫌疑的地位,容易使人猜疑:这个风声一传出去,他就会处在～的境地,对他没有什么好处。

【无所不包】wú suǒ bù bāo 成。没有什么不被包括的。形容包含的内容非常丰富:这套丛书涉及诸多领域,几乎～。

【无所不为】wú suǒ bù wéi 成。没有什么不做的事。形容什么坏事都干得出来;含贬义:这个吃喝嫖赌～的无赖,昨天被逮捕了。

【无所不用其极】wú suǒ bù yòng qí jí 成。原指无处不用尽心力。现形容做坏事时任何极端的手段都使出来:侵略者杀戮人民,奸淫妇女,焚毁村庄,掠夺财物,～。

【无所措手足】wú suǒ cuò shǒu zú 成。手脚不知放在哪里。形容不知该怎么办才好:我突然登门拜访,弄得她一时～。

【无所顾忌】wú suǒ gù jì 成。没有什么顾虑和畏惧:他搞这项改革,得到了上级的肯定和群众的支持,就～了。

【无所适从】wú suǒ shì cóng 成。不知道依从谁好,不知按哪个办法做才好:大家的要求各不相同,弄得他～。

【无所事事】wú suǒ shì shì 成。事事:做事情。闲着不做任何事情:这几个特权阶级的贵族子女,终日游手好闲,～。

【无所谓】wúsuǒwèi 动。(1)说不上,谈不到;须带宾语:希望本～有,～无的|以上谈的只是我们的一些粗浅体会,～经验。(2)没有什么关系,不在乎;不带宾语:他去不去～,但你一定要去。可作定语:对批评切不可采取～的态度。

【无所用心】wú suǒ yòng xīn 成。不动脑筋,什么事都不关心;常和"饱食终日"并用,含贬义:他饱食终日,～,什么事也不肯干。

【无所作为】wú suǒ zuò wéi 成。指工作安于现状,没有做出什么成绩:不求上进的人肯定是～的。

【无题】wútí 名。诗文、漫画等有用"无题"做题目的,表示没有适当的题目可标或者不愿意标题目。例如李商隐的《无题》诗。

【无头案】wútóu'àn 名。找不到线索的案件或事情:这件五年前的～终于有了破案的希望。

【无往不胜】wú wǎng bù shèng 成。无论到哪里,都可取得胜利;含褒义:人民军队勇往直前,～。

【无妄之灾】wú wàng zhī zāi 成。无妄:意想不到。意外的灾祸:唐山大地震,这场～使二十几万人失去了生命。

【无微不至】wú wēi bù zhì 成。形容关怀、照顾得非常周到；含褒义：老张对小周的体贴关怀真是～。

【无为】wúwéi 动。顺其自然，不必有所作为，是我国古代道家的一种消极的处世态度和政治思想：～而治。

【无谓】wúwèi 形。毫无意义；不加程度副词，不单独作谓语，作定语：不作～的牺牲。

【无隙可乘】wúxìkěchéng 成。没有什么空子好钻：小张揭发了赵某的贪污事实，赵某恨之入骨，一心想报复，只是～。也说无懈可乘、无机可乘。

【无暇】wúxiá 动。没有空闲的时间；不带宾语：他约我春游，今日～，改日再去。常作状语：这些小事，他～顾及。

【无瑕】wúxiá 动。瑕：玉上的斑点。比喻没有缺点；多用在比较固定的组合中：白璧～|完美～。

【无限】wúxiàn 形。没有限度；不加程度副词，不单独作谓语，多作状语或定语：黄老师对教育事业～忠诚|新生事物具有～的生命力。

＊"无限"和"无比"："无限"强调没有限度；"无比"强调没有别的可以相比。"无限"可同"风光"等搭配；"无比"不能。"无限"不能作补语；"无比"可以作补语，如"英勇无比"、"强大无比"。

【无限公司】wúxiàn gōngsī 词组。由两个以上股东组成的一种企业形式。股东对公司债务负有无限清偿责任。

【无线电】wúxiàndiàn 名。(1)不用导线传送而用电波的振荡在空中传送信号的技术设备，无线电广泛运用在通讯、广播、电视、自动化、遥控、探测等。(2)无线电收音机的通称：买了一架～。

【无效】wúxiào 动。没有效果，没有作用；不带宾语：这种药过期～。可作定语：～劳动。

【无懈可击】wúxièkějī 成。没有任何漏洞可以让人挑剔或攻击，形容十分严密：他这篇论文论点正确，论据充足，论证严密，～。

【无心】wúxīn 动。不带宾语。(1)没有心思；多构成连动词组：外面在打球，他～再在教室里读书。(2)不是故意的：说的人～，听的人却多心了，引起了纠纷。

【无行】wúxíng 〈书〉形。指没有善行，品行不好的：～之人|此人～。

【无形】wúxíng ❶形。没有某种事物形式、名义而有类似作用的；不加程度副词，不单独作谓语，作定语：～的压力。❷副。无形中：工厂亏本，难以维持，～关闭了。

【无形中】wúxíngzhōng 副。不知不觉或不具备名义而具有实质的情况下：他俩的恋爱关系是～形成的|他们几个经常在一起讨论、交流学习心得，～组成了一个学习小组。也说无形之中。

【无须】wúxū 副。不必，用不着；是对"必须"的否定，用在动词前，或用在句首：这件事就这样定了，～再说了|你多嘴。也作无需。

＊"无须"和"不必"："无须"不能单用；"不必"可以单用。"无须"可用在句首；"不必"不能。

【无恙】wúyàng 〈书〉动。没有疾病，没有灾难；不带宾语：一别半载，想必贵体～。常与"安然"并用：老人昨天在路上淋了雨，却安然～。

【无疑】wúyí 形。毫无疑问；不加程度副词：确凿～|这件事没有办成，～是有人从中作梗。

【无以复加】wú yǐ fù jiā 成。复：再。没有什么可以再增加的了。形容达到顶点：他们残害百姓的手段已经～了。

【无意】wúyì ❶动。没有做某种事的兴趣；不带宾语，带补语，或构成连动词组：～于功名|他既然～去上海，也就算了。❷形。不是有意的：他～中透露了秘密|他打翻了你的水瓶是～的。

【无意识】wúyìshí 形。出于不知不觉的；不加程度副词，不单独作谓语，多作状语或定语：他讲课时，每节课总要～地抓几下头|～的动作。

【无垠】wúyín 〈书〉形。辽阔无边；不加程度副词：大海辽阔～|一望～的大草原。

【无庸】wúyōng 见"毋庸"。

【无由】wúyóu 〈书〉副。无从：～入仕。

＊"无由"和"无从"："无由"侧重于找

不到门径或机会;"无从"侧重于找不到头绪或办法。"无由"只用于书面语;"无从"不限。

【无余】wúyú 动。没有剩余:家产~,全输光了。常作补语:一览~|垃圾清扫~|书被焚烧~。

【无与伦比】wú yǔ lún bǐ 成。伦:同类;伦比:类比。没有能跟它相比的;多含褒义:多洁白的雪啊!用它~的天工,改变了冬天的萧条景象。

【无源之水,无本之木】wú yuán zhī shuǐ, wú běn zhī mù 成。源:源头;本:树根。没有源头的水,没有根的树木。比喻没有基础的事物:理性的东西所以靠得住,正是由于它来源于感性,否则理性的东西就成了~了。

【无援】wúyuán 动。得不到援助;不带宾语,常同"孤立"并用:处于孤立~的地位。

【无缘】wúyuán ❶动。没有缘分;不带宾语:为荣誉而工作的人,荣誉永远与他~。❷副。无从:他的工作很忙,但我又~插手。

【无知】wúzhī 形。缺乏知识,不明事理:认为自己什么都懂正是~的表现|他觉得自己太~了。

【无中生有】wú zhōng shēng yǒu 成。比喻毫无事实根据,凭空捏造;含贬义:她~地捏造事实,诬陷他人,受到了行政处分。

【无足轻重】wú zú qīng zhòng 成。无关紧要,不值得重视:短篇小说的结构,决不是一个~的问题。也说无足重轻。

芜(蕪) wú 〈素〉(1)长满乱草:荒~。(2)杂乱:~杂|~鄙。

【芜秽】wúhuì 形。形容田地杂草丛生:军阀连年混战,使得田园~,民不聊生。

【芜菁】wújīng 名。也叫蔓菁。(1)二年生草本植物,叶子狭长,有大缺刻。块根肉质肥大,可作蔬菜。(2)这种植物的块根。

【芜杂】wúzá 形。杂乱,没有条理;多用于文章:本文材料~,条理不清。

毋 wú ❶〈书〉副。表示禁止或劝阻;相当于"不要":宁缺~滥|~妄言。❷姓。

【毋宁】wúnìng 副。不如;表示在两相比较以后选取这一面,前边不选取的一面常用"与其"呼应:与其我考得好,~说题目出得容易。也作无宁。

【毋庸】wúyōng 副。无须,不必:~讳言|~解释。也作无庸。

吾 wú ❶〈古〉代。我,我们;做主语或定语,一般不作宾语,作定语时可不加助词"之"或"的":~日三省~身。❷姓。

【吾辈】wúbèi 〈书〉代。我们;表示复数。

【吾侪】wúchái 〈书〉代。我们;表示复数。

【吾人】wúrén 〈书〉代。我们;表示复数。

邬 wú 地名用字。郚(táng)邬,在山东省。

浯 wú 水名用字。浯河,在山东省。

梧 wú [梧桐](-tóng) 名。落叶乔木,叶掌状分裂,叶柄长。木材白色,质轻而坚硬,可制乐器和家具。种子可供食用,也可榨油。

鼯 wú 名。鼯鼠,哺乳动物,像松鼠,尾巴很长,前后肢之间有宽大的薄膜,能滑翔,住在树洞中,昼伏夜出。吃植物的皮、果实和昆虫等。

吴(吳) wú ❶名。(1)周代诸侯国名,在今江苏南部和浙江北部,后来扩展到淮河流域。(2)三国之一,孙权所建(公元222—280年),在长江中下游和东南沿海一带。(3)旧指江苏南部和浙江北部一带。❷姓。

【吴牛喘月】wú niú chuǎn yuè 成。南朝宋·刘义庆《世说新语·言语》:"臣犹吴牛,见月而喘。"吴:江苏南部和浙江北部一带。吴地天气炎热,水牛怕热,据说见到月亮以为是太阳,就害怕得喘起气来。比喻因疑心而惧怕。也指酷热的暑天:~的时节,在高温车间劳动是很辛苦的。

蜈 wú [蜈蚣](-gōng) 名。节肢动物,身体长而扁,躯干由许多环节构成,每个环节有一对足,第一对足呈钩状,有毒腺,能分泌毒液。中医可入药。

wǔ (ㄨˇ)

五 wǔ ❶数。四加一后所得的数。❷名。我国民族音乐音阶上的一级。乐谱记音符号的一个,相当于简谱的"6"。参见"工尺"。

【五保】wǔbǎo 名。我国农村对丧失劳动能力、生活没有依靠的鳏寡孤独等成员实行的一种社会保险,包括保吃、保穿、保烧(燃料)、保教(儿童和少年)、保葬五方面:享受~待遇|~户。

【五彩】wǔcǎi 名。原指青、黄、赤、白、黑五种颜色,后泛指各种颜色;不加数量词语修饰:~斑斓|~缤纷。

【五彩缤纷】wǔcǎi bīnfēn 成。形容色彩艳丽繁多:节日的街道,插满了~的旗子。

【五大三粗】wǔ dà sān cū 习。五大:头大、双脚大、双手大;三粗:腰、膀子、大腿粗。形容人身体高大粗壮:这个小伙子~的,把这块大石头搬走不成问题。

【五代】wǔdài 名。唐朝以后,后梁、后唐、后晋、后汉、后周先后在中原建立政权的时期(公元907—960)。

【五帝】wǔdì 名。传说中的五个帝王。通常指黄帝、颛顼(zhuānxū)、帝喾(dìkù)、唐尧、虞舜。

【五毒】wǔdú 名。蝎子、蛇、蜈蚣、壁虎、蟾蜍五种动物合称五毒。旧俗端午节在室内洒雄黄水,谓可驱五毒。

【五毒俱全】wǔdú jùquán 成。五毒:原指蝎子、蛇、蜈蚣、壁虎、蟾蜍五种动物。现泛指违法乱纪,各种坏事都做:这家伙~,什么坏事都做。

【五短身材】wǔduǎn shēncái 词组。指人的四肢和躯干短小,整个身子矮:此人~,胖墩墩的,挺结实。

【五方】wǔfāng 名。指东、南、西、北和中央:~杂处(形容大都市居民很复杂,各地方的人都有)。

【五分钟热度】wǔ fēn zhōng rèdù 习。比喻热情只能维持很短的时间:你别信他的话,他呀,~,不多久就会泄气了。也说三分钟热度。

【五更】wǔgēng 名。(1)旧时计时制度,分一夜为五更,即一更、二更、三更、四更、五更。也叫五鼓。(2)指第五更的时候:半夜睡觉,~起床。

【五谷】wǔgǔ 名。通常指稻、黍、稷、麦、豆五种农作物。现多泛指粮食作物:~杂粮|~丰登。

【五官】wǔguān 名。指耳、目、口、鼻、身,通常指脸上的器官:~端正。

【五光十色】wǔ guāng shí sè 成。形容色彩鲜丽,式样繁多:各式各样的首饰,~,应有尽有。

【五湖四海】wǔ hú sì hǎi 成。泛指我国各地:我们都是来自~,为了一个共同的革命目标,走到一起来了。

【五花八门】wǔ huā bā mén 成。本指五行阵和八门阵,这是古代战术变化很多的阵势。比喻花样繁多或变幻多端:一到天桥,什么魔术啦,杂耍儿啦,~的玩艺儿,看都看不过来。

【五讲四美】wǔ jiǎng sì měi 词组。五讲:讲文明、讲礼貌、讲卫生、讲秩序、讲道德。四美:语言美,行为美,环境美,心灵美。这是我国人民建设社会主义精神文明的行为规范。

【五角大楼】wǔjiǎo dàlóu 词组。美国国防部的办公大楼,因外形为五角形而得名,常用作美国国防部的代称。

【五金】wǔjīn 名。指金、银、铜、铁、锡五种金属,泛指金属:经营~杂货。

【五经】wǔjīng 名。指易、书、诗、礼、春秋五种儒家经书:四书~。

【五里雾】wǔlǐwù 名。比喻迷离恍惚、不明真相的境界:他没头没脑的一席话,使我如堕~中。

【五律】wǔlǜ 名。即五言律诗;量词用"首":一首~。参见"律诗"。

【五伦】wǔlún 名。我国封建时代称君臣、父子、兄弟、夫妇、朋友五种伦理关系为五伦。这种伦理关系是为巩固封建秩序服务的。

【五马分尸】wǔ mǎ fēn shī 成。古代一种残酷的刑罚,用五匹马拴住人的四肢和头部,把人扯开。比喻把完整的东西分割得非常零碎。也说五牛分尸。

【五内】wǔnèi 〈书〉名。五脏:~俱焚。

【五色】wǔsè 名。五彩:~斑斓。

【五十步笑百步】wǔshí bù xiào bǎi bù 成。《孟子·梁惠王上》:"孟子对曰:'王好战,请以战喻。填然鼓之。兵刃既接,弃甲曳兵而走,或百步而后止,或五十步而后止。以五十步笑百步,则何如?'曰:

'不可。直不百步耳，是亦走也。'"作战时后退了五十步的人讥笑后退了一百步的人。比喻自己跟别人有同样的缺点，只是程度轻一些，却讥笑别人：你说我无勇气，不敢跟不良风气作斗争，你呢，不就是会在背后发两句牢骚吗？你这是～啊!

【五四运动】wǔsì yùndòng 词组。我国人民进行的反帝、反封建运动。1919年5月4日，北京学生游行示威，抗议巴黎和会承认日本接管德国侵占我国山东的各种特权的无理决定，要求"外争国权，内惩国贼"，运动很快扩大到全国。"五四"运动对中国以后的革命运动有很大影响。

【五体投地】wǔ tǐ tóu dì 成。五体：指两手、两膝和头。五体着地叩拜，是佛教最恭敬的礼节：杭州灵隐寺内每天都有一些善男信女在大佛面前～，顶礼膜拜。比喻佩服到了极点：大家对这些迅速破案的公安人员佩服得～。

【五味】wǔwèi 名。指甜、酸、苦、辣、咸，泛指各种味道：遍尝～。

【五线谱】wǔxiànpǔ 名。在五条平行横线上标记音符的乐谱。

【五香】wǔxiāng 名。指花椒、八角、桂皮、丁香花蕾、茴香子五种调味的香料。

【五行】wǔxíng 名。指金、木、水、火、土五种物质。我国古代思想家认为这五种物质是构成万物不可缺少的元素。

【五颜六色】wǔ yán liù sè 成。形容色彩繁多。引申为各色各样：服装店里挂着～的衣服，让人看得眼花缭乱。

【五言诗】wǔyánshī 名。每句五字的旧诗，包括五言古诗、五言律诗和五言绝句。

【五一劳动节】wǔyī láodòng jié 词组。全世界劳动人民团结战斗的节日。1886年5月1日，美国芝加哥等地工人举行大罢工和游行示威，要求实行八小时工作制，取得了胜利。1889年第二国际成立大会上决定5月1日为国际劳动节。简称五一。

【五音】wǔyīn 名。(1)我国古代五声音阶中的宫、商、角、徵、羽五个音级。相当于现行简谱中的1、2、3、5、6。(2)音韵学上按照发音部位分唇音、舌音、齿音、牙音、喉音，称为五音。

【五岳】wǔyuè 名。指我国历史上的五大名山，即东岳泰山、南岳衡山、西岳华山、北岳恒山和中岳嵩山。

【五脏】wǔzàng 名。指心、肝、脾、肺、肾五种器官。

【五脏六腑】wǔ zàng liù fǔ 成。人体内脏器官的统称。也比喻事物的内部情况：你乍到这里，实际情形还不清楚。住久了，～里的毛病你就看清啦。

【五指】wǔzhǐ 名。指拇指、食指、中指、无名指和小指，手上的五个指头。

【五洲】wǔzhōu 名。指全世界各处：～四海｜～的朋友。

伍 wǔ ❶〈素〉(1)古代军队的编制，五个人为一伍。现泛指军队：队～｜入～。(2)同伙；相与为～｜羞与为～。❷数。"五"字的大写。❸姓。

午 wǔ ❶名。地支的第七位。参见"干支"。❷〈素〉日中的时候：上～｜～睡｜～时。

【午后】wǔhòu 名。中午以后，下午。

【午前】wǔqián 名。中午之前，上午。

【午时】wǔshí 名。旧时计时法指上午十一点到下午一点钟的时间。

【午夜】wǔyè 名。半夜，夜里十二点前后。

仵 wǔ ❶见"仵作"。❷姓。

【仵作】wǔzuò 名。旧时官府中检验命案死尸的人员，相当于当今的法医。

忤 wǔ 〈素〉不顺从，抵触：～逆。

【忤逆】wǔnì 动。不孝顺父母；不带宾语，可加程度副词：他对父母很～。可作定语：～儿子。

迕 wǔ 〈素〉(1)逆，违背：违～。(2)相遇：相～。

庑(廡) wǔ 〈古〉名。指正堂对面和两侧的小屋子。

怃(憮) wǔ 〈古〉形。失意。

【怃然】wǔrán 〈书〉形。失意的样子：～有间｜～良久。

沅(潕、潕) wǔ 水名用字。沅水，发源于贵州省，流入湖南省。

妩(嫵、斌) wǔ [妩媚](-mèi)形。姿态美好可爱；

多形容花木、女子等：～的百花在春光里招惹着彩蝶飞舞｜她～地一笑。

武 wǔ ❶形。关于军事的；与"文"相对：要来文的，不要来～的。❷〈素〉(1)关于技击的：～艺｜～术。(2)勇猛，猛烈：英～｜威～。(3)半步：步～。❸姓。

【武备】wǔbèi 〈书〉名。军备：加强～｜～不修。

【武打】wǔdǎ 动。戏曲中用武术表演的搏斗；不带宾语：他们在舞台上～了一阵。

【武断】wǔduàn 形。判断是非很主观：你这种看法太～了｜他～地说：这试验一定会失败。

【武夫】wǔfū 〈书〉名。武士，勇士：赳赳～｜一介～。

【武工】wǔgōng 名。(1)戏曲、电视、电影中的武术表演。也作武功。(2)武术的工夫、功底：他的～很不错，那人不是他的对手。

【武功】wǔgōng 名。(1)见"武工"。(2)〈书〉指军事方面的功绩：文治～。

【武官】wǔguān 名。(1)军官。(2)外交使馆的组成人员之一，通常由一国的军事部门派遣军事人员担任。

【武库】wǔkù 名。保藏武器的仓库。

【武力】wǔlì 名。(1)强暴的力量：不能靠～压人。(2)军事力量：双方表示尽量不动用～来解决领土争端。

【武林】wǔlín 名。武术界：～高手。

【武器】wǔqì 名。(1)直接杀伤敌人有生力量和破坏敌方作战设备的装备，如刀、矛、枪、炮、导弹等等。(2)泛指用来进行斗争的工具：批评的～｜思想～。

【武人】wǔrén 名。军人。

【武士】wǔshì 名。(1)古代守卫宫廷的士兵。(2)勇武的人。

【武士道】wǔshìdào 名。日本幕府时代武士信守的封建道德。内容是不惜性命，绝对效忠于封建主。

【武术】wǔshù 名。打拳和使用刀枪剑棍等兵器的技艺，是我国具有民族形式的体育项目。

【武艺】wǔyì 名。武术上的本领：十八般～样样精通。

【武装】wǔzhuāng ❶名。军事装备，军事力量：要建立一支人民的～。❷动。常带宾语。(1)用武器来装备：用现代化的军事装备来～我们的军队。(2)喻指用某种思想或理论作指导：用辩证唯物主义～我们的头脑。

鹉 wǔ 见"鹦(yīng)鹉"。

捂(搗) wǔ 动。严密地遮盖住或封闭起来；常带宾语或补语：用大口罩～着嘴｜用稻草严严实实地把洞口～起来。

【捂盖子】wǔ gàizi 习。比喻掩盖矛盾，不把坏人坏事揭发出来：有问题就兜底端出来，～是不会有好结果的。

牾 wǔ 见"抵牾"。

侮 wǔ 〈素〉欺负，轻慢：欺～｜～辱。

【侮慢】wǔmàn 动。欺侮轻慢；常带宾语：不要～外地人。

【侮蔑】wǔmiè 动。轻视，轻蔑；常带宾语：不可～别人。

【侮辱】wǔrǔ 动。使对方的身心或名誉受到损害，蒙受耻辱；常带宾语：～人格｜～妇女。可作"受到、遭到、不堪"等动词的宾语：人格上受到～｜这姑娘不堪～，投河自杀了。

舞 wǔ ❶名。一种以有节奏的动作为主要表现手段的艺术形式：他们正在排练一个～。❷动。常带宾语。(1)拿着某种东西舞蹈：他俩会～狮子。(2)挥动，挥舞：手～长矛。❸〈素〉玩弄，耍弄：～弊｜～文弄墨。

【舞弊】wǔbì 动。用欺诈的手法做违法乱纪的事；不带宾语：考场～。常同"徇私"并用：他们在招工中徇私～，受到了处分。

【舞伴】wǔbànr 名。在舞场上伴随跳舞的人：今晚他带了一位～去跳舞。

【舞场】wǔchǎng 名。一种营业性的供人跳舞的场所。

【舞蹈】wǔdǎo ❶名。同"舞❶"。❷动。做出舞蹈的动作；不带宾语：他们正在～｜蜜蜂在百花丛中欢乐地～。

【舞动】wǔdòng 动。常带动态助词"着"。(1)挥动；多指某些工具：镰刀在飞快地～着｜双手～着木棍。(2)摇摆;多指身体或手、脚等:孩子们～着身子。

【舞剧】wǔjù 名。以舞蹈为主要表现手段的戏剧。

【舞迷】wǔmí 名。沉醉于跳舞娱乐的人:他是个～,每场舞会必到。

【舞弄】wǔnòng 动。(1)挥舞:这孩子整天拿着木棍在～。可带宾语:他在～大刀。(2)玩弄;多指文字方面的,常带宾语:～文墨。(3)〈方〉弄,搞;一般不带宾语:他想刻个图章,可自己又不会～。

【舞女】wǔnǚ 名。以伴人跳舞为业的女子,大多受舞场雇用。

【舞曲】wǔqǔ 名。用来为舞蹈伴奏的乐曲。

【舞台】wǔtái 名。(1)供演员表演的台:演员们在～上演戏。(2)比喻社会政治人物活动亮相的场所:历史～｜政治～。

【舞厅】wǔtīng 名。(1)跳舞用的大厅。(2)舞场。

【舞文弄墨】wǔ wén nòng mò 成。舞:玩弄。故意玩弄文笔。原指歪曲法律条文作弊。后常指玩弄文字技法;含贬义:写碑的人偏要～,反而越难越胡涂。

【舞姿】wǔzī 名。舞蹈的姿态:优美的～。

wù (ㄨˋ)

兀 wù 〈素〉(1)高而上平,高高突起:突～｜～立。(2)秃:～鹫(鸟,身体很大,头较小,嘴有钩,头和颈的羽毛稀少或全秃,翼长。生活在高原山麓,主要吃死尸)。

【兀傲】wù'ào 〈书〉形。高傲:此人性情～。

【兀的】wùdì 代。也作兀底。多见于早期白话。(1)这,这个:～前面是草桥。(2)怎么,怎的;常与"不"配合使用:～不气杀我也!

【兀立】wùlì 动。直立:纪念碑～在广场上。带宾语时一般要加动态助词"着":山崖上高高～着一棵松树。

【兀臬】wùniè 见"杌陧(wùniè)"。

【兀自】wùzì 副。还,尚;多见于早期白话:这里下冈子去,～有七八里没人家。

杌(△阢) wù ❶名。(～子)凳子;多指矮小的。也叫杌凳。△❷见"杌陧"。

【杌陧】wùniè 〈书〉形。不安定的样子;多指局势、心情等:邦国～｜牙齿～欲落｜心里～不安。也作兀臬。

靰 wù [靰鞡](-·la) 名。东北地区冬天穿的鞋,用皮革制成,里面垫靰鞡草。也作乌(wù)拉。

勿 wù 副。不要;表示禁止或劝阻,多用于祈使句:请～抽烟。

【勿谓言之不预】wù wèi yán zhī bù yù 习。不要说没有预先说过,表示有言在先:何去何从,请君三思,～也。

物 wù 〈素〉(1)东西:～质｜～品｜动～｜财～｜～尽其用。(2)指自己以外的人或环境:～议｜超然～外｜待人接～。(3)具体内容,实质:空洞无～｜言之有～。

【物产】wùchǎn 名。天然出产和人工生产的物品;不加个体量词:我国地域辽阔,～丰富。

【物故】wùgù 〈书〉动。去世;不带宾语:旧友大多～。

【物候】wùhòu 名。生物的生活过程及其活动规律与气候的关系。如植物的发芽、开花、结实、落叶,某些动物的冬眠、复苏,候鸟的迁徙等都与气候有密切关系。

【物换星移】wù huàn xīng yí 成。景物变换,星辰移位。指时序有了变化:～,离开故乡一晃已三年多了。

【物极必反】wù jí bì fǎn 成。极:到达顶点;反:向相反方面转变。事物发展到极端,就会向相反的方面转化:～,问题成了堆,就有了解决的希望。

【物价】wùjià 名。商品的价格:～昂贵｜～下降。

【物价指数】wùjià zhǐshù 词组。以某个时期的物价平均数为基数,将另一时期的物价平均数与之相比,所得的数就是后一时期的物价指数。通常用百分数表示,它是研究物价变动的主要依据。

【物件】wùjiàn 名。泛指成件的东西;不加个体量词。

【物理】wùlǐ 名。(1)事物的内在规律,事物的道理。(2)指物理学,自然科学中的一门基础学科,包括力学、声学、热学、电学、磁学、光学、原子物理学等。

【物理变化】wùlǐ biànhuà 词组。物质只改变形态不改变化学成分的变化。

【物力】wùlì 名。物资、财力:办这么大的企业,我们~不够。

【物品】wùpǐn 名。东西:易燃~严禁携带上车|零星~都放在包里。

＊"物品"和"物资":"物品"多指日常生活中应用的东西,一般是比较零星的;"物资"是生产上或生活上所需要的东西,一般是大宗的。

【物情】wùqíng 〈书〉名。事物的道理:世态~|通达~。

【物色】wùsè 动。按照一定的标准去访求;对象指需要的人才或东西,常带宾语:~人才。可重叠:他们厂缺一名秘书,你帮他们~~。

【物伤其类】wù shāng qí lèi 成。动物因同类遭到不幸而感到悲伤,比喻因同伙受到打击而伤心;常与"兔死狐悲"并用,含贬义:"兔死狐悲,~",同伙被抓走后,他整天躲在家里不出门。

【物体】wùtǐ 名。由物质构成的占有一定空间的个体:发光的~|透明的~。

【物以类聚】wù yǐ lèi jù 成。物:东西,物体。同类的东西常聚在一起,多指坏人勾结在一起:自古道,~,人以群分,这小子总是跟那些不三不四的人鬼混在一起。

【物议】wùyì 名。众人的非议;常作"免遭、受到"等动词的宾语:此事还宜三思而行,免遭~。

【物证】wùzhèng 名。有助于查明案情或认定犯罪的物品和痕迹;区别于"人证":取得大量~。

【物质】wùzhì 名。(1)独立于人的意识之外的客观存在:~世界。(2)特指物资、物品等:~待遇|~奖励。

＊"物质"和"物资":"物质"除有物资的意思外,还可以指宇宙间的一切客观存在;"物资"专指生产、生活上所需要的具体的物质资料。

【物资】wùzī 名。生产上和生活上所需的物质资料:~交流|提供丰富的~。

物戊务雾乌 wù 1143

戊 wù 名。天干的第五位。参见"干支"。

务(務) wù ❶副。务必;后只带单音词:~请准时出席。❷〈素〉(1)事情:杂~|任~。(2)从事,致力:~农|~工|好高~远。❸姓。

【务必】wùbì 副。必须,一定要:革命胜利后,我们~继续保持谦虚谨慎、艰苦奋斗的作风。也说务须。

【务期】wùqī 副。一定要,必须;多用于祈使句:~成功|~必胜。

【务请】wùqǐng 副。请,必定,一定:这些问题~妥善解决。

【务实】wùshí 动。从事或讨论具体工作;与"务虚"相对,不带宾语:只务虚,不~是不解决问题的。可重叠:既要务务虚,又要务务实。

【务虚】wùxū 动。对某项工作从政治、思想、政策、理论方面进行研究讨论;与"务实"相对,不带宾语:今天的会议主要~。可重叠:你们先务务虚,把思想问题解决好。

【务须】wùxū 副。务必:学习文件,~掌握精神实质|各项计划,~按时完成。

雾(霧) wù ❶名。接近地面的水蒸气遇冷凝结而形成的大量飘浮在空气中的小水滴。❷〈素〉像雾一样的小水点:喷~器。

【雾里看花】wù lǐ kàn huā 成。唐·杜甫《小寒食舟中作》诗:"春水船如天上坐,老年花似雾中看。"原形容老眼昏花。现比喻对事情看不真切:这件事我没仔细调查,只听了几个人的反映,因此总觉得是~,不很清楚。

【雾蒙蒙】wùméngméng 形。雾气浓重的样子,不加程度副词,常加助词"的":山上~的一片,什么也看不清。

【雾凇】wùsōng 名。在寒冷有雾的天气里,雾气在树木枝叶上或电线上结成的疏松的冰花。俗称树挂。

乌(烏) wù 见"乌拉"、"乌拉草"。另见wū。

【乌拉】wù·la 名。东北地区冬天穿的一种用皮革做的鞋,里面垫着乌拉草。也作靰鞡。

另见wūlā。

【乌拉草】wūlācǎo 名。多年生草本植物，叶细长，花穗绿褐色。茎、叶晒干后垫在鞋或靴内，能保暖。主要产于我国东北地区。

坞（塢、隖） wù 名。(1)古代防卫用的小城堡。(2)四面高中间低的地方：山~|村~。

误（悞） wù ❶动。耽误：工作、学习两不~。常带宾语：别~了大事。也可带动词或动词性词组作宾语：他虽然家务繁忙，可从未~过学习。❷〈素〉(1)错：错~|~解。(2)不是故意的：~杀|~伤。(3)使人受害：~人子弟|~人不浅。

【误差】wùchā 名。测定的数值或其他近似值与其准确值之差。也叫绝对误差。

【误会】wùhuì ❶动。对别人的意思理解得不正确：我的话不是这个意思，是你~了。可带宾语：他~了我的话|爸爸~了我。❷名。指对别人意思不正确的理解：他俩之间的~消除了|原来是一场~。

＊"误会"和"误解"："误会"强调把别人的意思领会错了；"误解"强调对别人的意思理解不正确的理解。"误会"可以是单方面的，也可以是双方面都把对方的意思领会错了；"误解"不能同时用于双方面。

【误解】wùjiě ❶动。理解得不正确：我的话被你~了。可带宾语：他~了我的意思，真没办法。❷名。指不正确的理解：这是他的一种~。

＊"误解"和"曲解"："误解"是把别人的意思理解错了，不带褒贬色彩；"曲解"是故意歪曲别人的意思，含贬义。

【误入歧途】wù rù qí tú 成。由于受迷惑而走上了错误的道路：这些失足少年皆因年幼无知而~。

【误伤】wùshāng 动。无意中使人身体受到伤害；常带宾语：飞弹~了行人。

【误事】wùshì 动。耽误事情；不带宾语：酗酒会~。可拆开用：别误了他的事。

【误诊】wùzhěn 动。错误地诊断；加"为"后可带宾语：把肝癌~为肝炎。

恶（惡） wù〈素〉讨厌，憎恨：厌~|憎~。
另见ě, è, wū。

悟 wù 动。理解，领会，觉醒；常带宾语或补语：从中~出了一点道理。

【悟道】wùdào 动。领会道理或哲理；不带宾语：~之言。

【悟性】wùxing 名。指人对事物的分析和理解的能力：这孩子~高，懂得的事情很多。

晤 wù 动。见面：有空请来寒舍一~。

【晤面】wùmiàn 动。见面；不带宾语：久未~。

【晤谈】wùtán 动。见面交谈；不带宾语：请到寒舍~。

焐 wù 动。用热的接触凉的使凉的变暖和；常带宾语或补语：用热毛巾~手|把脚~在被褥里。

痦（瘔） wù （~子）隆起的半球形痣，红色或黑褐色。

寤 wù〈古〉动。(1)睡醒。(2)同"悟"。

婺 wù 水名用字。婺江，在江西省。

骛 wù〈素〉乱跑，奔驰。引申为从事，致力：旁~|好高~远。

鹜 wù〈古〉名。鸭子：趋之若~。

鋈 wù〈古〉❶名。白铜。❷动。镀上白铜。

X

xī(ㄒㄧ)

夕 xī 〈素〉(1)傍晚,太阳落山的时候:～阳|～照。(2)泛指夜晚:前～|除～。

【夕烟】xīyān 名。黄昏时的烟雾:傍晚,山村笼罩在一片～之中。

【夕阳】xīyáng 名。傍晚的太阳:～西下|～映红了半个天空。

【夕照】xīzhào 名。傍晚的阳光:"雷峰～"是西湖十景之一。

汐 xī 名。夜间的海潮。参见"潮汐"。

矽 xī 名。硅(guī)的旧称。

穸 xī 见"窀(zhūn)穸"。

兮 xī 〈古〉助。相当于现代汉语的"啊"或"呀";多用在辞赋中:路曼曼其修远～,吾将上下而求索。

西 xī ❶方位。指太阳落下去的那一边;与"东"相对:向～走|大门朝～。❷〈素〉西方(多指欧、美两洲),内容或形式属于西方的:～医|～式。❸姓。

【西半球】xībànqiú 名。地球的西半部。在地理学上,南北美洲所在的半球称为西半球,在制图学上,通常把西经20°向西至东经160°的半个地球称为西半球。

【西北】xīběi ❶方位。西和北之间的方向:学校位于县城～。❷名。指我国西北地区,包括陕西、甘肃、青海、新疆等省区:白杨树是～极普通的一种树。

【西方】xīfāng ❶方位。即"西❶";与"东方"相对:太阳升起于东方,降落于～。❷名。(1)指欧美各国,有时特指西欧和北美等地区的发达国家:他到过～许多国家。(2)佛教徒指西天。

【西风】xīfēng 名。(1)从西面刮来的风:今天刮的是～。(2)指秋风:～烈|～吹,蟹肉肥。

【西汉】xīhàn 名。朝代名,公元前206—公元25。自刘邦称汉王开始,到刘玄更始三年止,包括王莽称帝时期(公元9—23)。建都长安(今陕西西安)。也叫前汉。

【西晋】xījìn 名。朝代名,公元265—317年。自武帝(司马炎)泰始元年起,到愍帝(司马邺)建兴五年止。建都洛阳。

【西历】xīlì 旧指公历。

【西门】xīmén 复姓。

【西南】xīnán ❶方位。西和南之间的方向。蛇岛在辽东半岛～,渤海海峡北面。❷名。指我国西南地区,包括四川、云南、贵州、西藏等省区。

【西皮】xīpí 名。京剧、汉剧等皮黄声腔中所用的一种主要腔调。唱腔明快高亢,刚劲挺拔,适于表达欢乐、激越、奔放的感情。

【西施】xīshī 名。春秋末年越国苎罗(今浙江诸暨南)人。由越王勾践献给吴王夫差。传说吴亡后与范蠡偕入五湖。因西施貌美,后遂作美女的代称。也叫西子。

【西式】xīshì 形。西洋的式样;不加程度副词,不单独作谓语,只作定语:～糕点|～服装。

【西天】xītiān 名。(1)我国古代对印度的通称。印度古时称为天竺,因它在中国之西,故称西天;《西游记》写的是唐僧去～取经的故事。(2)见"极乐世界"。

【西王母】xīwángmǔ 名。我国古代神话中的女神,传说住在昆仑山的瑶池。她园内种有三千年才结一次果的蟠桃,吃了长生不老。民间将西王母作为长生不老的象征。又叫王母娘娘。

【西席】xīxí 名。旧时对家中请的教师或幕友的称呼。因古代主位在东,客位在西,故称西席。

【西夏】xīxià 名。公元1038—1227年,党项族所建。包括今宁夏、陕北、甘肃西北部、青海东北部和内蒙古一部分地区。

后为元所灭。

【西学】xīxué 名。清末我国称欧美资产阶级的自然科学和社会科学为西学。

【西洋】xīyáng 名。(1)南宋及元明时指今南海以西的海洋及沿海各地:郑和下～。(2)明末清初以后指欧美各国:～文学。

【西洋画】xīyánghuà 名。指西洋的各种绘画。包括油画、水彩画、水粉画、铅笔画、木炭画等。简称西画。

【西洋景】xīyángjǐng 名。也说西洋镜。(1)民间娱乐的一种装置。内有若干幅画片轮换转动,观众从透镜中可以看到那些放大的画片。(2)比喻骗人的事物或手法:拆穿他的～。

【西医】xīyī 名。(1)从欧美各国传入中国的医学:他在学校学的是～。(2)运用从欧美各国传来的医学理论和技术治病的医生:这病最好请～看。

【西域】xīyù 名。汉时对玉门关(今甘肃敦煌西北)以西地区的总称:张骞通～。

【西崽】xīzǎi 名。旧时称洋行、西式餐馆等行业中的男仆;含鄙视意。

【西周】xīzhōu 名。朝代名,约公元前11世纪—公元前771年。从周武王灭商起,到周幽王被申侯和犬戎所杀为止。建都镐京(今陕西西安西南)。

茜 xī 人名用字。多用于音译外国妇女名字:希～公主。
另见 qiàn。

恓 xī 见"恓惶"、"恓恓"。

【恓惶】xīhuáng〈书〉形。惊慌烦恼的样子;不加程度副词;这个犯罪分子终日～不安。可重叠:恓恓惶惶有如丧家之犬。

【恓恓】xīxī〈书〉形。忙碌不安的样子;不加程度副词:老先生忧国忧民,终日奔走,～不息。

栖 xī [栖栖]〈古〉形。不安定的样子。
另见 qī。

氙 xī 名。氙(xiān)的旧称。

牺(犧) xī 名。古代祭祀用的毛色纯一的牲畜。

【牺牲】xīshēng ❶名。古代祭祀用的牲畜,色纯为"牺",体全为"牲"。❷动。常带宾语,可作定语。(1)为了正义而捐躯、战斗中,他光荣～了|为了胜利,不惜～了自己年轻的生命|我们在战争时期～的干部还少吗?(2)泛指舍弃或损害一方的利益:我们要有为人民利益作出自我～的精神|～休息时间。

＊"牺牲"和"死":"牺牲"是褒义词;"死"是中性词。

【牺牲品】xīshēngpǐn 名。指成为牺牲对象的人或物;含贬义:他成了派系斗争的～。注意:为正义的事业而牺牲的人或物不能称为牺牲品。

硒 xī 名。非金属元素,符号Se。结晶硒能导电,导电能力随光的照射强度的增减而改变。主要用来制造光电池,半导体晶体管。

舾 xī [舾装](-zhuāng) 名。(1)对船舰上锚、桅、梯等设备和全部管道、电路装置的总称。(2)船体主要结构造完之后安装锚、桅杆、电路等设备和装置的工作。

粞 xī 名。(1)〈古〉碎米。(2)〈方〉糙米辗轧时脱掉的皮,可做饲料。

吸 xī 动。常带宾语或补语。(1)从口或鼻把气体引入体内;与"呼"相对:～了一口凉气|烟～得太多了。(2)吸取,吸收:钢笔该～墨水了|吸尘器把灰尘～得很干净。(3)吸引:磁石能～铁屑|把铁粉～到磁铁上来。

【吸尘器】xīchénqì 名。一种电动清洁机器,能把地上或其他地方的灰尘、粉末等吸进去。

【吸附】xīfù 动。常带宾语或补语。(1)气体或溶质被吸引并附着在固体或液体的表面:镍催化剂能～氢气|有毒气体被～在活性炭上。(2)泛指一物附着在另一物上:蚂蟥死死地～着肌体|她专心工作在机房里,一坐就是三年,仿佛～在机器上一样。

【吸取】xīqǔ 动。吸收,采取;多用于抽象事物,常带宾语:～力量|～营养|～经验教训。

＊"吸取"和"摄取":"吸取"的对象一般是抽象事物;"摄取"的对象一般是实在的具体的事物,如摄取食物等。

【吸收】xīshōu 动。常带宾语或补语。(1)

把外界的某些物质吸到内部:这些水都被海绵～了|～气体|营养过量,人体～不了。(2)组织或团体接受新的成员:～新会员|把优秀分子～进来。可带兼语:破例～他入会。

*"吸收"和"吸取":"吸收"的使用范围广,可以是具体的人和事物,也可以是抽象的事物;"吸取"的使用范围窄,一般是抽象事物。

【吸吮】xīshǔn 动。吮吸;须带宾语:～奶头|我～着母亲的奶汁长大成人。

【吸血鬼】xīxuèguǐ 名。比喻不择手段地榨取他人血汗、过着寄生生活的人。

【吸引】xīyǐn 动。把物体、力量或人的注意力引到某一方面来;常带宾语或补语:这座古城风景美丽,名胜古迹众多,～着世界各地的游客|人们都被耍猴的～过去了。

希 xī ❶动。希望、期望;常带动词性词组或主谓词组作宾语:～准时参加|～诸位提出宝贵意见。❷〈素〉少:～有|～罕。

【希罕】xīhan 也作稀罕。❶形。希少,罕见:水在沙漠中成了～的东西|这种动物很～,要好好保护。❷动。认为难得看到或不容易得到因而特别喜欢、珍惜;常带宾语,如加否定副词"不",含有蔑视的意味:我才不～那破东西呢。❸名。(～儿)希罕的事物:他爱看～儿。

*"希罕"和"希奇":"希罕"强调希少,难得见到;"希奇"强调新奇,含有奇异的意味。"希罕"除了有形容词用法外,还有动词、名词的用法;"希奇"只作形容词用。

【希冀】xījì 〈书〉动。心中想望,盼望;常带动词性词组或主谓词组作宾语:～恢复健康|海外赤子～祖国繁荣昌盛。

【希奇】xīqí 形。罕见而奇特:闰土的心里有无穷无尽的～事|有些商品的包装很～。也作稀奇。

【希世】xīshì 形。世上极少有的;不加程度副词,不单独作谓语,多作定语:这是一件～珍宝。

【希图】xītú 动。心里打算要达到某种目的;常带动词或动词性词组作宾语:～得到报偿|～蒙混过关。

*"希图"和"企图":"希图"强调希望达到某种目的;"企图"强调希望得到某种东西。"希图"是中性词;"企图"在大多数情况下带贬义,但有时也表现为中性。"希图"只用于书面语;"企图"虽常用于书面语,有时也可用于口语。

【希望】xīwàng ❶动。期待着达到某种目的或出现某种情况;常带动词性词组或主谓词组作宾语,可加程度副词:他～在山里办个民校|我很～他来。❷名。(1)愿望:你的～一定能实现。(2)希望所寄托的对象:青年一代是祖国的～。(3)实现某种目的的可能性:只要大家努力,我们的实验就有～。

郗 xī (旧读chī)姓。

唏 xī 〈素〉叹息:～嘘。

【唏嘘】xīxū 见"歔欷"。

浠 xī 地名用字。浠水,县名,在湖北省。

晞 xī ❶〈书〉形。干;与"湿"相对:晨露未～。

欷 xī [欷歔](-xū) 〈书〉动。哭泣后不由自主地抽噎;不带宾语,带补语:她虽已止住了哭泣,但仍～不停。也作唏嘘。

烯 xī 名。有机化合物的一类,是分子中含有一个双键的不饱和烃类,如乙烯。

稀 xī ❶形。(1)事物之间距离远,空隙大;与"密"相对:棉花种得太～了。(2)浓度小,含水分多;与"稠"相对:粥太～|～硫酸。❷〈素〉(1)少:～少|～罕。(2)极,很:～烂|～糟。

【稀薄】xībó 形。密度小,不浓厚;多指空气、烟雾等:高原空气很～。

【稀罕】xīhan 见"希罕"。

【稀客】xīkè 名。不经常来的客人:你是～,难得来的。

【稀烂】xīlàn 〈方〉形。(1)非常烂;不加程度副词:她老了,只能吃煮得～的饭菜。(2)非常破,非常碎:苹果被汽车碾得～。也说稀巴烂。

【稀朗】xīlǎng 形。稀疏而明朗;一般指灯火、星光:晨星～。可重叠:稀稀朗朗朗的几点灯火。
【稀奇】xīqí 见"希奇"。
【稀少】xīshǎo 形。事物出现得少：这一带人烟～。
＊"稀少"和"稀罕"："稀少"侧重指数量少；"稀罕"侧重指难得见到。"稀少"不作动词，"稀罕"可作动词。
【稀疏】xīshū 形。在空间或时间上的间隔大；多指物体、声音等，与"稠密"相对：清晨，天幕上只剩下了几颗～的星星。可重叠：远处传来了稀稀疏疏的枪声。
【稀松】xīsōng 形。(1)不起劲：咱们干起活来谁也不～。可重叠：劳动时可不能稀稀松松。(2)无关紧要；常作定语：学习文化知识对青年人来说可不是件～的事。
【稀土元素】xītǔ-yuánsù 名。镧、铈、镨、钕、钷、钐、铕、钆、铽、镝、钬、铒、铥、镱、镥、钇、钪等十七种元素的总称。这类元素比较稀有，化学性质极相似，在自然界中往往共存于矿物中而难以分离。也叫稀土金属。
【稀稀拉拉】xīxilālā 形。不稠密，稀疏，不加程度副词，常带助词"的"：山上只有一的几棵小树｜～地到了几个人。
【稀有】xīyǒu 形。很少有的，极少见的：～元素｜～金属｜这种动物现在已极为～。
【稀有金属】xīyǒu jīnshǔ 词组。地壳中储藏量少，矿体分散或提炼较难的金属，如钒、铌、钛、锂、铍、镓、铟等。
【稀有元素】xīyǒu yuánsù 词组。自然中含量很少，分布稀散的元素，如锂、铍、硒、碲、氮、氩等。

豨 xī 〈古〉名。猪。

【豨莶】xīxiān 名。一年生草本植物。叶对生，椭圆形，花黄色，结黑色瘦果。全草入药。也叫猪膏草。注意："莶"不要写作"签"，也不读qiān。

昔 xī 〈书〉名。从前，往日；只与单音节词相配搭，常用在较固定的组合中：今～对比｜抚今思～｜～胜～。
【昔年】xīnián 〈书〉名。往年：～旧事，不必再提。
【昔日】xīrì 〈书〉名。以前：～的洪水走廊，如今变成了米粮川。

【昔人】xīrén 〈书〉名。从前的人：～何处寻？

惜 xī 〈素〉(1)爱惜：珍～｜～墨如金。(2)舍不得：吝～｜～力。(3)可惜，遗憾：～春｜惋～。
【惜别】xībié 动。舍不得分别；常用"依依"等修饰，不带宾语：依依～｜多年不见的老朋友来访，他怎能不热情欢迎，而又殷殷～呢？可作定语：他怀着～的心情送走了女友。
【惜力】xīlì 动。舍不得用力；不带宾语，多用于否定句：他干起活来从不～。
【惜墨如金】xī mò rú jīn 成。惜：爱惜。爱惜乌墨如同黄金。原指作画时用墨先淡后浓，后指写字、作画、作文态度严谨，不轻易下笔，不多用一字：大凡作文高手，总是～。

腊 xī 〈古〉名。干肉。
另见là。

析 xī 〈素〉分开，离散：～出｜分崩离～。(2)解释：～疑｜剖～。
【析疑】xīyí 〈书〉动。解释疑难；不带宾语：王老师正在给学生～。常与其他动词合用：老师给自学青年～解难。

淅 xī 〈古〉动。淘米。
【淅沥】xīlì 拟声。摹拟轻微的风声、雨声、落叶声等：夜雨～，令人难以入睡。可重叠：风吹竹叶～～地响｜窗外又淅淅沥沥下起雨来了。

晰(晳) xī 〈素〉清楚，明白：清～｜明～。

皙 xī 〈素〉人的皮肤白：白～。注意：下面是"白"，不是"日"。

蜥 xī ［蜥蜴］(-yì) 名。爬行动物，有四肢，身上有细鳞，尾细长，遇到危险会自行脱落。生活在草丛中，捕食昆虫和其他小动物。通称四脚蛇。

胖 xī 人名用字。羊舌胖，春秋时晋国大夫。

膝 xī 名。大腿和小腿相连的关节的前部。通称膝盖。
【膝下】xīxià 名。(1)儿女幼时常在父母跟前，旧时表示有无子女的情况，用作父母亲对自己的代称：～有一儿一女。(2)敬辞，子女给父母或祖父母写信时，用在称呼之后：父母大人～。

饩 xī 量。老解放区一种计算货币的单位，一饩等于几种实物价格的总和。

息 ❶〈素〉(1)〈素〉呼、吸时进出的气：喘～|一～尚存。(2)音信：消～|信～。(3)利钱：月～|利～。(4)指子女：子～。(5)停止：～怒。(6)歇作：作～|休～。(7)繁殖，生长：生～。❷姓。

【息肩】xījiān 动。不带宾语。(1)放下担子休息：咱们挑进村再～。可拆开用：挑一、二十里路才息了两次肩。(2)比喻摆脱工作，卸却责任：干工作可不能一遇到挫折就随便～啊!

【息怒】xīnù 动。平息怒火，停止发怒，不带宾语：这事没办好，都怪我不好，请您老～。

【息肉】xīròu 名。因粘膜发育异常而形成的、突出于粘膜表面的增生组织，多发生在鼻腔或肠道内。

【息事宁人】xī shì níng rén 成。息：使平息，宁：使安宁。(1)指调解纠纷，使彼此相安无事：他们俩素来不睦，这次争吵更使矛盾加深，我实在想不出一个～的办法。(2)指在纠纷中主动让步，减少麻烦：他这个人遇事只求～，从来不在乎吃亏的。

【息息相关】xī xī xiāng guān 成。息：呼吸时进出的气。每次呼吸都相关联。形容彼此关系非常密切：任何一个部门的工作都不是孤立的，而是同整个社会～的。也说息息相通。

【息影】xīyǐng 〈书〉动。指退隐闲居；不带宾语，可带补语：他因体弱多病，已～多年。也作息景("景"与"影"通)。

熄 xī 动。灭，熄灭：炉火已～。可带带宾语：房间里已～了灯。

【熄灭】xīmiè 动。可带宾语。(1)停止燃烧，使停止燃烧：山火～了|他连忙～了烟，站起来拍一拍刚才落在裤子上的烟灰。(2)比喻止息，消失：最后一点希望也～了|像一瓢冷水，～了他的热情。

螅 xī [水螅](shuǐ-) 名。腔肠动物，身体圆筒形，上端有小触手。附着在池沼、水沟中的水草上。

奚 ❶〈古〉名。古代奴隶的一种。❷〈古〉代。表示疑问。(1)为什么：子～乘是车也? (2)哪里：彼且～适也? (3)什么：治国最～患? ❸姓。

【奚落】xīluò 动。用尖酸刻薄的语言数说别人的短处，使人难堪；常带宾语或补语：小梅动不动就～人|我叫她～了一顿。可作"受、遭到"等动词的宾语：想不到今天受到徒弟的～。

【奚幸】xīxìng 见"傒倖(xīxìng)"。

傒 xī [傒倖](-xìng)〈书〉形。烦恼焦躁；多见于早期白话：不必～，没有什么大不了。也作奚幸。

徯 xī 〈古〉❶动。等待。❷同"蹊"。

溪 xī 名。山里的小河沟，泛指小河沟：村东有一条小～。

蹊 xī〈素〉小路：～径。另见qī。

【蹊径】xījìng 〈书〉名。小路，山路，引申为途径：在山阴盘桓半日，竟找不到一条进山的～|这个方案行不通，当另辟～。

谿 xī ❶同"溪"。❷见"勃(bō)谿"。

【谿壑】xīhè〈书〉名。两山间的大沟、深谷。常喻指人心贪得无厌、不可满足的欲望：～无厌。

【谿刻】xīkè〈书〉形。尖刻，刻薄：其人～如此，难与为友。

鸂 xī [鸂鶒](-chì) 名。古书上指像鸳鸯的一种水鸟。羽毛五彩而多紫色，故也叫紫鸳鸯。

蹊 xī [蹊鼠](-shǔ) 名。即小家鼠。

悉 xī〈素〉(1)知道：熟～|获～。(2)全，尽：～心|～力|～数。

【悉数】xīshǔ 〈书〉动。尽数，全部列举：琳琅满目，不可～。可带宾语：难以～其害。

【悉数】xīshù 〈书〉副。全数，全部：所借物品，～奉还。

【悉心】xīxīn 副。用尽所有的心思；只作动词状语：～探求|～照料。

窸 xī [窸窣](-sū) 拟声。摹拟细小而又断断续续的声音：她一走动,衣裙便~作响。可重叠:屋子里窸窸窣窣的声音,大概是老鼠在作怪吧。

蟋 xī [蟋蟀](-shuài) 名。昆虫,体黑褐色,善跳跃。雄虫须之间有一根长的产卵管。雄的好斗,两翅摩擦能发声。吃植物的根茎和种子,对农业有害。也叫促织,有的地区还叫蛐蛐儿。

翕 xī 〈素〉(1)相合,和顺:~合|~然。(2)合拢,收敛:~张|~动。

【翕动】xīdòng 〈书〉动。一开一合地动,常带宾语或补语:~着干燥的嘴唇|他的嘴唇~了几下。

【翕然】xīrán 〈书〉形。统一,协调;不加程度副词。舆论~|天下~。

噏 xī 〈古〉动。同"吸"。

歙 xī 〈书〉动。吸进;多用于气体:~气。
另见shè。

犀 xī ❶名。哺乳动物,形状略似牛,皮粗而厚,全身几乎没有毛,鼻子上有一个或两个角。产在亚洲或非洲的热带森林里。通称犀牛。❷〈素〉。坚固;利。

【犀甲】xījiǎ 名。古代用犀牛皮或牛皮做的铠甲,非常结实,不易刺透。

【犀利】xīlì 形。(1)坚固锋利;指武器:~的大刀。(2)锐利;多形容言辞和目光等:文笔很~|~的目光。

榍 xī [木榍](mù-) 见"木犀"。

锡 xī ❶名。金属元素,符号Sn。银白色,有光泽,质软,富延展性,在空气中不易起变化。多用来镀铁、焊接金属或制造合金。有的地区叫锡镴。❷〈古〉动。赐给。❸姓。

【锡伯族】xībózú 名。我国少数民族之一,主要分布在新疆和辽宁。

【锡箔】xībó 名。涂有一层薄锡的纸。迷信的人把它叠成或糊成元宝,焚化给鬼神,当钱用;量词用"锭"、"扎"等。

裼 xī 〈素〉脱去上衣,露出身体的一部分:袒~。
另见tì。

熙 xī 见"熙来攘往"、"熙熙攘攘"。

【熙来攘往】xī lái rǎng wǎng 成。形容来来往往的人很多,很热闹:他坐在那里,呆呆地望着街上~的人群。参见"熙熙攘攘"。

【熙熙攘攘】xīxī rǎngrǎng 成。熙熙:和乐的样子;攘攘:纷乱的样子。形容人来人往,热闹拥挤:王府井大街顾客~,好不热闹。也说熙来攘往。

僖 xī 〈古〉形。快乐。

嘻 xī ❶拟声。摹拟欢笑的声音;多叠用:~~地笑。❷叹。表示惊叹、轻蔑、惊怒等:~,谁要你的臭钱!

【嘻皮笑脸】xī pí xiào liǎn 成。形容顽皮地笑着,不严肃、不庄重的样子:我跟你说的是正经事,你别跟我~|他只顾~地跟那女人讲话。也作嬉皮笑脸。

【嘻嘻哈哈】xīxīhāhā 形。不加程度副词。(1)嬉笑欢乐的样子:只见他俩~地说笑着走来|上课了,请大家不要~了。(2)形容不严肃、不认真;含贬义:咱们商量的事很重要,~的可不行!

嬉 xī 〈方〉动。玩耍;不带宾语,可带补语:请你到我家来~一会儿。常重叠使用:到街上去~~。

【嬉皮笑脸】xī pí xiào liǎn 见"嘻皮笑脸"。

【嬉戏】xīxì 〈书〉动。游戏,玩耍;不带宾语,常加动态助词"着":鱼儿在荷叶下~着。

【嬉笑】xīxiào 动。笑着闹着;不带宾语,常加动态助词"着":孩子们在~着。可作定语:从儿童乐园传来一阵阵小朋友的~声。

【嬉笑怒骂】xī xiào nù mà 成。嬉:游戏,开玩笑;笑:嘲笑,怒:愤怒;骂:责骂。指人的多种感情。形容写作不拘泥于陈规陋习,任意发挥:鲁迅先生不愧为作文高手,在他的笔下,~,皆成文章。

熹 xī 〈素〉光明:~微。

【熹微】xīwēi 〈书〉形。形容阳光不强,多指清晨的,不加程度副词:~的晨光照进了小屋。

嶲 xī 地名用字。越嶲,县名,在四川省。今作越西。

巇 xī 见"险(xiǎn)巇"。

巇 xī 姓。

【羲皇】xīhuáng 名。指我国古代神话传说中的伏羲氏。

曦 xī〈素〉阳光：晨～。

爔 xī〈古〉同"曦"。

醯 xī〈古〉名。醋。

xí(ㄒㄧˊ)

习（習） xí ❶〈素〉。(1)温习，练习：复～｜实～。(2)由于经常接触某些事物而熟悉：～见｜～以为常。(3)长期重复做，逐渐形成了习惯：积～｜痼～。❷姓。

【习非成是】xí fēi chéng shì 成。习：习惯；非：错误的；是：正确的。习惯于某种错误的东西，反而认为它是对的：这些是社会陋俗，不过，人们往往～，不觉得罢了。

【习惯】xíguàn ❶动。对某种情况由熟悉而逐渐适应；常带动词性词组作宾语：他已经～每天工作到深夜。可带补语：这种动物～在奇寒的环境中生活。可加程度副词：我住在这里很～。❷名。长期养成的，不易改变的行为、生活方式或社会风尚等；常和"培养、改变、养成、尊重、有"等动词搭配：改变人的～很不容易｜要de少数民族的风俗～。

＊"习惯"和"习气"："习惯"是中性词，能用在好坏两个方面；"习气"是贬义词，指坏的习惯和作风。"习惯"有动词和名词两种用法；"习气"只有名词用法。

【习惯势力】xíguàn shìlì 词组。长期形成的不易改变的能约束作用的力量；一般指旧思想、旧意识的作用：～常常束缚们改革的手脚。

【习气】xíqì 名。逐渐形成的坏习惯或坏作风：改变懒惰～｜流氓～。

【习尚】xíshàng 名。长期形成的风尚：此地～，敬老爱幼｜到一个地方就要了解这个地方的～。

【习俗】xísú 名。习惯、风俗：端午节吃粽子传说是为了纪念屈原而留下的～。

【习习】xíxí 形。形容风轻轻地吹；不加程度副词：晚风～｜～凉风。

【习性】xíxìng 名。在某种自然条件下或社会环境中长期养成的特性：此人一向骄横，近来虽有所收敛，但是～难改。

【习焉不察】xí yān bù chá 成。焉：文言语气词，含有"于此"的意思。对某一事物习惯了就察觉不出其中的问题：这个小伙子满口粗话，他已～，并不觉得难为情。

【习以为常】xí yǐ wéi cháng 成。习：习惯。常做某事，养成习惯，就成为平常的事情了：他每天坚持锻炼，已经～。

【习用】xíyòng 动。经常用；一般不带宾语：这种方法已为群众所～。可作定语：～语。

【习与性成】xí yǔ xìng chéng 成。性：性格。长期的习惯形成了一定的性格：尽管妻子吵吵嚷嚷，急得要命，但丈夫早就～，仍旧慢慢腾腾，一点也不慌忙。

【习作】xízuò 名。练习的作品；多指文章、绘画等：这幅中国画系学生的～。

嶍 xí 山名用字。嶍峨，在云南省。

鰼 xí 地名用字。鰼水，县名，在贵州北部。今作习水。

席（△蓆） xí ❶名。△(1)(～儿、～子)用席草、竹篾、苇篾等编成的平片用具，可用来铺炕、床或搭棚、盖东西等；量词用"床、领、条"等。(2)成桌的饭菜，酒席：今天请客，摆了两桌～。❷量。用于"话、酒"等：一～话｜设了一～酒。❸〈素〉席位：出～｜缺～。❹姓。

【席不暇暖】xí bù xiá nuǎn 成。席：座位。暇：空闲。座位还没来得及坐热就走了。形容忙着奔走，不得安闲；含褒义：他干记者后，整天东奔西跑，忙着采访，简直是～。

【席次】xící 名。集会或宴会上排列的座位次序：依～入座。

【席地】xídì 动。原指在地上铺了席子坐、卧，后泛指坐、卧在地上；不带宾语，多用在比较固定的组合中：～而坐。

【席卷】xíjuǎn 动。像卷席子一样把东西全都卷进去;多形容自然力量或政治运动来势猛、力量大,常带宾语: 一场暴风雪～了欧洲北部,给许多国家造成很大损失|爱国运动的浪潮～了全中国。

【席位】xíwèi 名。集会时个人或团体在会场上所占的座位。特指议会中的席位,表示当选的人数。

觋 xí 〈古〉名。男巫师。

袭(襲) xí ❶〈书〉量。用于成套的衣服: 一～棉衣。❷〈素〉(1)趁人不备,突然攻击: ～击|偷～。(2)照样做,继续下去: 因～|沿～。

【袭击】xíjī 动。常带宾语,可作"发动、遭到、抵御"等动词的宾语。(1)趁敌人不注意地打击: ～敌军的堡垒|抓住战机向敌人发动突然～。(2)比喻突然打击: 暴风雨～了我们的农场|植树造林是抵御风沙～的有效办法。

【袭取】xíqǔ 动。常带宾语。(1)在战斗中乘对方不备时攻取: 我军～了凤凰山。(2)沿袭地采取: 后人～这种方法来制造景泰蓝。

【袭扰】xírǎo 动。袭击骚扰: 防止敌人来～。可带宾语: 海盗经常～渔民|生活的窘困时时～着他|敌人又一次～了李庄。

【袭用】xíyòng 动。沿袭地采用: 老谱不能～。常带宾语: ～故伎|这篇文章～了古文中的一句话。

媳 xí 〈素〉(1)儿子的妻子: ～妇|婆～|儿～。(2)弟弟或晚辈的妻子: 弟～|侄～|孙～。

【媳妇】xífù 名。儿子的妻子。也叫儿媳妇ㄦ。(2)晚辈亲属的妻子;前面另加晚辈称呼: 孙～|侄～。

【媳妇ㄦ】xífur 〈方〉名。(1)妻子。(2)泛指已婚的年轻妇女: 前去赶集的～,一路上嘻嘻哈哈地说笑着。

隰 xí 〈古〉名。(1)低湿的地方。(2)新开垦的田。

檄 xí 〈素〉檄文: 羽～|传～。

【檄文】xíwén 名。古代用于晓谕、征召、声讨等的文书,现在也指富有战斗性的

文章: 所列党八股的八条罪状就是我们声讨它的～。

xǐ(ㄒㄧˇ)

洗 xǐ ❶动。常带宾语或补语。(1)用水、汽油、煤油等去掉物体上面的脏东西: 衣服要常～|～油垢|～得很干净。(2)照相的显影定影,冲洗: ～胶卷|相片～出来了。(3)把牌搀和整理: ～一下牌|牌～好了。❷〈素〉(1)基督教接受人人教所举行的一种宗教仪式: ～礼|～领。(2)除掉: ～雪|～冤。(3)清除: 清～。(4)像用水洗净一样杀光或抢光: ～城|～劫。

另见xiǎn。

【洗尘】xǐchén 动。宴请刚从远地来的人;不带宾语: 为凯旋的英雄～。也说接风。

【洗涤】xǐdí 动。常带宾语或补语。(1)清除脏东西: 衣服要经常～|～丝织品|～得很干净。(2)比喻使纯正、洁净: 我们的思想也要经常～|严酷的斗争～了他的灵魂。

【洗耳恭听】xǐ ěr gōng tīng 成。洗干净耳朵,恭恭敬敬地听; 请人讲话时说的客气话: 您老人家只管讲,我～。

【洗劫】xǐjié 动。把一个地方或一户人家的财物抢光;常带宾语或补语: 强盗～了他家的财物|匪徒们把这个山村～一空。

【洗礼】xǐlǐ 名。(1)基督教的人教仪式。把水滴在受洗人额上或头上,表示洗去过去的罪恶。也有将受洗人全身浸人水中的。(2)比喻重大斗争的锻炼或考验;常作"接受、经受"等动词的宾语: 经受了战斗的～。

【洗练】xǐliàn 形。简练,利落;多用来形容语言、文字、技艺等: 这篇小说文字～。也作洗炼。

【洗手】xǐshǒu 动。不带宾语。(1)洗去手上的污垢: 饭前要～。(2)比喻盗贼等改邪归正: 不见棺材不落泪,阴谋家们是不会就此～的|这个惯偷终于表示要～不干,重做新人。(3)比喻不再从事某项职业: 这个单位太复杂,我早就想～不干了。

【洗刷】xǐshuā 动。常带宾语或补语。(1)

用水洗并用刷子蘸水刷:～地板|把墙壁～干净。可重叠:这件衣服要好好～～。(2)除去;多指耻辱、污点等;必须到实际工作中去磨练,才能～掉书呆子气|一定要把蒙受的耻辱～干净。

【洗心革面】xǐ xīn gé miàn 成。洗心:清洗内心的污垢;革面:改变旧面貌。清除坏思想,改变旧面貌,比喻彻底悔改:一切与人民为敌的人,只有真正地～,才会得到人民的宽恕。

【洗雪】xǐxuě 动。洗掉,除掉;多用于耻辱、冤屈等,常带宾语或补语:～沉冤|失败的耻辱终于被～得一千二净。

【洗濯】xǐzhuó 〈书〉动。常带宾语或补语。(1)洗掉脏东西:她每天都到河边去～衣裳|几番烟雨把青山～得更加苍翠,迷人。(2)除去;指罪过、积习、耻辱、仇恨等:为祖国～仇耻|留下了我一生～不了的污点。

*"洗濯"和"洗涤":都有洗去污垢的意思,但"洗濯"的书面语色彩更浓;"洗涤"多用于口语。

铣 xǐ 动。用铣床切削、加工;常带宾语或补语:～了一批零件|～得很光洁。

另见 xiǎn。

【铣床】xǐchuáng 名。一种切削金属的机床,有卧式铣床、立式铣床、龙门铣床等;量词用"台、部"。

枲 xǐ [枲麻](-má) 名。大麻的雄株,只开花,不结果。也叫花麻。

玺(璽) xǐ 〈古〉名。帝王的印:掌～大臣。

徙 xǐ 〈素〉迁移:迁～。

【徙倚】xǐyǐ 〈书〉动。徘徊,流连不去:～大树下。可带动态助词"着、了":我们在江边往复～着,足足有一个钟头|他在桥头～了很久。

蓰 xǐ 〈古〉数。五倍:倍～(数倍)。

屣 xǐ 〈素〉鞋。敝～。

喜 xǐ ❶形。快乐,高兴:心中大～|～在心里。❷动。喜爱,爱好;多带谓词或谓词性词组作宾语:这孩子～动不～静|他最～钓鱼捉蟹。❸〈素〉(1)可庆贺的:～事|贺～|报～。(2)妇女怀孕:有～。

【喜爱】xǐài 动。对人或事物有好感或感到兴趣:这孩子真招人～。常带宾语:～菊花|～小动物。可加程度副词:他非常～这只小鸟。可作定语,要加助词"的":打太极拳是老人～的一种体育活动。

【喜报】xǐbào 名。报喜的通知或报告:部队寄来了弟弟的立功～|试验成功了,快出～!

【喜冲冲】xǐchōngchōng 形。非常高兴的样子;不加程度副词,常带助词"的(地)":他～地从外面跑了进来。

【喜出望外】xǐ chū wàng wài 成。遇到出乎意外的喜事,心中特别高兴:听说小孙子考上了大学,老奶奶～|看到出差多日的妈妈突然回来了,弟弟～地扑到她怀里。

【喜从天降】xǐ cóng tiān jiàng 成。意想不到的喜事突然出现,像从天上降临一样:一别20年,音讯全无,如今她突然回家团聚,真是～。

*"喜从天降"和"喜出望外":"喜从天降"用于形容某一事情;"喜出望外"用于形容心情。"喜从天降"不能作状语;"喜出望外"可作状语。

【喜好】xǐhào 动。喜欢、爱好;常带宾语或补语:他～油画|对文学～得很。可加程度副词:她非常～音乐。

【喜欢】xǐhuan ❶动。对人或事物有好感或感兴趣:他对这幅画不～。常带宾语或补语:小陶～体育|～过一阵子。可带谓词或谓词性词组作宾语:～游览|～安静|～上台表演。可加程度副词:老师很～这个学生。(2)感到愉快、高兴;不带宾语,可带补语:听到这个好消息,他～得眉开眼笑。可重叠:你唱个歌,好让大家～～。❷形。愉快,高兴:一听说要去春游;同学们个个都很～。可重叠:喜喜欢欢过新年。

【喜剧】xǐjù 名。戏剧的一个类别,用夸张手法和诙谐的语言讽刺、嘲笑丑恶、落后的事物或现象,从而肯定美好的现实或理想。剧情往往引人发笑,结局大多

【喜眉笑眼】xǐ méi xiào yǎn 成。眉眼都在笑,形容非常高兴:看他～的样子,准是遇上了什么开心的事。

【喜怒哀乐】xǐ nù āi lè 成。喜:欢喜;怒:恼怒;哀:悲伤;乐:快乐。指人的各种感情:这篇文章的字里行间,无不渗透着作者的～。

【喜气】xǐqì 名。欢喜的神色或气氛:～洋洋|老汉满脸～,原来他儿子立了大功。

【喜庆】xǐqìng ❶形。值得喜欢和庆贺的;不加程度副词,不单独作谓语,作定语:～事|～的日子。❷名。值得喜欢和庆贺的事:他获得发明一等奖,这不只是他个人的～,也是大家的～。

【喜人】xǐrén 动。使人喜爱;不带宾语:形势～|今年的水稻长势～。

【喜事】xǐshì 名。(1)使人高兴和值得庆贺的事:瞧你遇到什么大～,这么开心?(2)特指结婚的事;常与"办"搭配:小王准备办明春大～。

【喜闻乐见】xǐ wén lè jiàn 成。闻:听。喜欢听,乐意看。形容很受欢迎:相声是人民大众～的一种曲艺形式。

【喜笑颜开】xǐ xiào yán kāi 成。颜开:脸面舒开,指笑容。形容心情愉快,满面笑容:儿子数学考试得了满分,～地向父母报喜。

【喜新厌旧】xǐ xīn yàn jiù 成。喜欢新的,厌弃旧的;多指爱情不专一:这个人品质不好,～,硬逼妻子跟他离婚。也说喜新厌故。

【喜形于色】xǐ xíng yú sè 成。形:表现;色:脸色。喜悦表现在脸上,形容抑制不住内心的高兴:蔬菜品种丰富,价格稳定,家庭主妇们个个～。

【喜讯】xǐxùn 名。使人高兴的好消息:中国南极长城科学考察站建成的～传遍神州大地|报告大家一个～,我们班被评为全校先进集体。

【喜洋洋】xǐyángyáng 形。非常高兴、欢乐的样子;不加程度副词:分了田地又分粮,人们个个～。

【喜雨】xǐyǔ 名。及时雨,农作物非常需要雨水下的雨;量词用"场":一场～,解除了旱情。

【喜悦】xǐyuè 形。愉快,高兴:他得了冠军,无比～。常作定语:～的心情|～的神色。可作主语或宾语:胜利的～使他高兴得跳起来|他掩饰不住内心的～。

【喜滋滋】xǐzīzī 形。形容内心很欢喜;不加程度副词,常带助词"的":接到录取通知书,他心里～的。

禧 xǐ 〈素〉(1)(旧读xī)幸福,吉祥:～贺。(2)喜庆:年～|新～|恭贺新～。

嬉 xǐ 名。(～子)蟢蛸的通称。也作喜子。

葸 xǐ 〈素〉害怕,胆怯:畏～。

xì（ㄒㄧˋ）

戏(戲) xì ❶名。指戏剧、歌舞、杂技等;量词用"出、场、折"等:几出～|我昨晚看了一场～。❷〈素〉(1)玩耍:游～|～耍。(2)逗趣,嘲弄,调笑:～言|调～。
另见hū。

【戏班】xìbān 名。旧称戏曲剧团。也叫戏班子。

【戏法】xìfǎ 见"魔术"。

【戏剧】xìjù 名。(1)一种由演员扮演角色,当众表演故事的艺术形式。是以表演艺术为中心的文学、音乐、舞蹈等的综合艺术。戏剧通过具体的舞台形象反映社会生活。可分为话剧、戏曲、歌剧、舞剧等,按作品类型又可分为悲剧、喜剧、正剧等。(2)指剧本。

【戏迷】xìmí 名。喜欢看戏或唱戏而且入迷的人:他是个～|她扮相好,唱腔美,～们一遍遍地鼓掌捧场。

【戏弄】xìnòng 动。耍笑玩弄,拿人开心;常带宾语或补语:你别～人了|微风轻轻地～着路上的枯叶|～了一番。

【戏曲】xìqǔ 名。我国传统的戏剧形式,包括昆曲、京剧和各种地方戏。表演上以唱、念、做、打、舞并重为其主要特点。

【戏谑】xìxuè 动。用有趣的引人发笑的话开玩笑:他俩常常互相～。常带宾语或补语:他爱～人|对她～了一番。

【戏言】xìyán 名。随口说的开玩笑的话:军中无～。

【戏院】xìyuàn 名。剧场的俗称,量词用"座":演出还未开场,~里早已坐满了人。

【戏子】xìzi 名。旧称职业的戏曲演员为戏子;含轻视意。

饩(餼) xì 〈古〉❶名。(1)赠送的谷物和饲料。(2)祭祀或馈赠用的牲畜、生肉。❷动。赠送;多指食物等。

系(△係、△繫) xì ❶动。△△(1)〈书〉联结,联系;多用于抽象事物,一般不带宾语,常带补语:成败于此举。△(2)把人或东西捆住往上提或往下送;不带宾语,常带补语:把水桶~上来|把人一个~到下面去。△(3)拴,绑;常带宾语或补语:~上马|把牛~在树桩上。△(4)〈书〉是,属;表示判断,须带宾语:瞿秋白~江苏常州人。❷名。高等学校中按学科所分的教学行政单位:我们学校有十多个~。❸〈素〉(1)系统:派~|语~。△(2)牵挂:~恋|~念。
另见jì。

【系词】xìcí 名。(1)逻辑上指连系主词和宾词来表示肯定或否定的词语单位。(2)有的语法书把判断词"是"称为系词。

【系列】xìliè ❶名。相关联的成组成套的事物:这些产品是一个~,其他产品是另一个~。可作定语:~化妆品|~电视剧。❷量。用于成组成套的事物;多与"一"组成数量词组:一~产品|他帮助解决了环境保护中的一~问题。

【系念】xìniàn 〈书〉动。挂念;常带宾语:他醒着梦里都~着远在家乡的儿女。

【系数】xìshù (1)与未知数相乘的数字或文字,如2mx中的2m是x的系数。(2)科学技术上用来表示某种性质的程度或比率的数:安全~|膨胀~。

【系统】xìtǒng ❶名。(1)相同或相类的事物按一定的关系组成的整体:在整个八路军医务~中,白求恩的医术是很高明的。(2)在动、植物和人的机体内能够共同完成一种或几种生理功能而组成的多个器官的名称:消化~|血液循环~。❷形。有条理的,有顺序的:学习材料很~|~研究文学理论。

屃(屓) xì 见"赑(bì)屃"。

细 xì 形。(1)长条形东西直径小或两边的距离近:那根竹竿很~|这条线画得太~了|小河~得像腰带。(2)颗粒小;与"粗"相对:米粉磨得很~。(3)声音小或尖;与"粗"相对:她的嗓子真~。(4)精致,精细;与"粗"相对:那瓷碗的质地很~。(5)仔细,周密;与"粗"相对:他胆子虽小,心却很~|问题分析得非常~。(6)微小,具体:你管的事情太~了。

【细胞】xìbāo 名。组成生物体的基本结构和功能单位。一般由细胞核、细胞质和细胞膜组成。植物细胞膜外还有细胞壁。细胞有运动、营养和繁殖等机能。

【细部】xìbù 名。制图或复制图画时用较大的比例另外画出或印出的部分,如建筑图上的榫卯,人物画上的面部等。

【细大不捐】xì dà bù juān 成。捐:舍弃。大的小的都不放弃:你可想能从老田头那儿弄到什么,他是~,样样都当宝贝。

【细故】xìgù 〈书〉名。无关紧要不值得计较的小事;多指纠纷引起的原因:何必为一些~争执不休?

【细节】xìjié 名。(1)细小琐碎的情节,无关紧要的行为:不拘~。(2)文学作品中用来表现人物性格或事物本质特征的细微描写:这些~生动地刻画了人物的性格,并不是多余的。

【细菌】xìjūn 名。微生物的一大类,没有真正的细胞核和叶绿素。体积微小。用显微镜才能看见。有球状、杆状和螺旋状等。广泛分布于自然界中,对自然界物质循环起着重大作用。有的细菌对人类有利,有的细菌对人类或牲畜等有害。

【细菌肥料】xìjūn féiliào 词组。人工培养的固氮菌、根瘤菌、磷细菌等制成的细菌制剂。施用后,通过微生物的生命活动能改善作物营养状况。简称菌肥。

【细菌武器】xìjūn wǔqì 词组。用各种细菌、病菌产生的毒素来杀伤人、畜的一种武器。国际公约禁止在战争中使用细菌武器。也叫生物武器。

【细密】xìmì 形。(1)精细仔密;指事物的质地:这段布织得多~。(2)仔细,不

【细目】xìmù 名。详细的项目或目录：张总工程师把工程计划的～都拟出来了。

【细嫩】xìnèn 形。细白柔嫩；多指皮肤、肌肉等：这孩子的皮肤很～。

【细腻】xìnì 形。(1)精细滑润，指事物：小妞儿的皮肤很～|这种米粉真～。(2)细致入微；指文艺描写或表演：作者对主人公的性格刻画得非常～。

　＊"细腻"和"细致"："细腻"多用来形容事物光滑细致，也指文艺作品描写细致入微；"细致"多用来形容做事或考虑问题精细周密，也指东西做得很精巧。

【细软】xìruǎn ❶形。纤细柔软：～的柳条。❷名。指首饰、贵重衣物等便于携带的东西：他们正要收拾～准备逃跑时，被公安部队包围了。

【细弱】xìruò 形。细微柔软：他的病很重，讲话的声音～得几乎听不见了|～的柳条不停地飘动着。

【细水长流】xì shuǐ cháng liú 成。(1)比喻节约使用钱、物和人力，使之经常不缺：用钱要～，精打细算。(2)比喻一点一滴持之以恒地做事：学外语要～，坚持不懈。

【细碎】xìsuì 形。细小零碎：运来一车～的沙石|肉片切得太～了。常用来描写声音、光亮等：传来一阵～的脚步声|湖面上荡起～的波光。

【细微】xìwēi 形。细小，微小：声音～|很～的差别。

【细小】xìxiǎo 形。微小：事情虽很～，但也不能听之任之|～的水珠。

【细心】xìxīn 形。用心细密，不疏忽大意；与"粗心"相对：他做作业很～|一个～人。

【细则】xìzé 名。有关规章、制度、措施等的详细条例、规则：操作规程～|工作～。

【细针密缕】xì zhēn mì lǚ 成。缕：线。针线细密。比喻对工作和问题处理得细致周到：这件棉衣是我母亲～缝制成的|这位大汉做事倒是～的。

【细枝末节】xì zhī mò jié 成。比喻事情或问题细小而无关紧要：我可管不了

这么多～的事儿。

【细致】xìzhì 形。精细周密；多指做事或思考问题的态度：她做事很～|～地分析案情。

【细作】xìzuò 名。旧指暗探，间谍；多见于通俗白话小说：如有～报上关来。

盻 xì 〈古〉动。怒视。

郤 xì ❶同"隙"。❷姓。

绤 xì 〈古〉名。粗葛布。

阋(鬩) xì 〈古〉动。争吵，争斗：兄弟～于墙。

舄 xì ❶〈古〉名。(1)鞋。(2)同"潟"。❷姓。

【舄卤】xìlǔ 见"潟(xì)卤。"

潟 xì 〈古〉名。咸水浸渍的土地。

【潟卤】xìlǔ 〈书〉名。盐碱地。也作舄卤。

隙(罅) xì (1)裂缝：缝～|罅～。(2)漏洞，空子：乘～。(3)裂痕：嫌～。(4)空闲。

禊 xì 名。古人为消除不祥，常在春秋两季于水滨举行的一种祭祀。

xiā(ㄒ丨丫)

呷 xiā 〈方〉动。小口地喝；常带宾语或补语：～了一口茶|端起酒杯～了一下。

虾(蝦) xiā 名。节肢动物，身体长，体外有透明软壳，腹部有许多环节，头部有长短触角各一对。生活在水中。种类很多，如龙虾、对虾、米虾等。可以食用。

【虾兵蟹将】xiā bīng xiè jiàng 成。神话传说中龙王手下的兵将。比喻不中用的兵将；含贬义：这个土匪头子只好和他的～龟缩在一座海岛上。

瞎 xiā ❶动。(1)眼睛看不见东西：他的眼睛～了。可带宾语：～了一只眼。(2)炮弹打出去不响，或爆破装置引火后不爆炸：这个炸药包～了。可带宾语：又～了一颗炮弹。(3)〈方〉种子没有发芽出土或子粒不饱满；一般不

带宾语：这块地的麦子全～了。❷副。作动词的状语。(1)胡乱地，毫无根据地：～捣蛋｜～批评。(2)没有效果地，白白地：他自己不着急，你何必替他～操心｜～用了不少钱。

【瞎扯】xiāchě 动。漫无中心或毫无根据地乱说：他们正在天南地北～｜说话要有根据，别～！常带补语：～了好一会儿。

【瞎话】xiāhuà 名。不真实的话：～连篇｜你这个人尽说～。

【瞎说】xiāshuō 动。无根据地乱说：别～，这事儿还没弄清楚。常带宾语或补语：不要在背后～人家｜今天他又来～了一通。可带动词性词组或主谓词组作宾语：他～丢了一支钢笔｜小猴子～月亮掉在井里了。

【瞎诌】xiāzhōu 〈方〉动。没有根据地胡乱编造：这种事可不能～。常带宾语或补语：他～了一个故事｜胡乱地～了一通。

【瞎抓】xiāzhuā 动。没有计划、没有条理地做事；可带补语：这个人做事一向无计划，总是～一气。

【瞎子】xiāzi 名。(1)失去视觉能力的人。(2)〈方〉指结得不饱满的子粒：今年麦子不好，～很多。(3)指视而不见的人；骂人用语：这些人都是～，看到垃圾也不扫。

【瞎子摸鱼】xiāzi mō yú 成。比喻盲目行事，乱抓一气：不深入基层调查，～，是做不好工作的。

xiá(TIY′)

匣 xiá 名。(～儿、～子)装东西的较小的方形器具，一般有盖，可以开合：木头～子。

狎 xiá 〈素〉过于亲热而态度轻佻：～妓｜～昵。

【狎妓】xiájì 动。旧指玩弄妓女；不带宾语：这个花花公子常到青楼去～。

【狎客】xiákè 名。(1)〈古〉陪伴权贵游乐的人。(2)旧指嫖客。

【狎昵】xiánì 形。过分亲近、态度轻佻：看着王生～的丑态，兰姐恶心地扭身走了。

柙 xiá 名。关野兽的木笼。旧时也指拘押罪犯的囚笼或囚车。

侠(俠) xiá 〈素〉(1)指打抱不平，见义勇为的人：～客｜豪～。(2)指仗着自己的力量肯冒险助人的行为：～义｜～气｜～骨。

【侠客】xiákè 名。旧指有武艺、抑强扶弱、讲信用、讲义气、见义勇为的人。

【侠义】xiáyì 形。指讲义气、乐于救人危难的；不加程度副词，不单独作谓语，多作定语，一般不加助词"的"：～心肠｜～行为。

【侠骨】xiágǔ 名。指勇武仗义、刚强不屈的性格或气概：～柔肠。

峡(峽) xiá 名。两山夹水的地方；多用作地名：三门～(在河南省)。

【峡谷】xiágǔ 名。狭窄而深的山谷，两旁有峭壁。一般由强烈的水流向下侵蚀而成。

狭(狹、陿) xiá 形。(1)窄；与"宽"、"广"相对：这条巷子非常～。(2)心胸不开朗：只怪她心胸太～了，一点小事也放在心上。

【狭隘】xiá'ài 形。(1)宽度小；多指比较具体的事物：一条～的山路。(2)不宽广，不宏大，局限在一个小范围内；多指见识、气量、心胸等抽象事物：胸襟太～｜～的农民意识。

＊"狭隘"和"狭窄"："狭隘"常用"不宽广、不宏大"的意思，较少用"宽度小"的意思；"狭窄"两个意思都常用。"狭隘"常用来形容思想、观点；"狭窄"不能。"狭隘"多用于书面语；"狭窄"书面语、口语都用。

【狭长】xiácháng 形。又窄又长：～的走廊｜多么～的山谷。

【狭路相逢】xiá lù xiāng féng 成。在狭窄的路上相遇，不容易让开；多指仇人意外相遇，双方不肯相容：无意竟在这里碰到他过去的仇敌，真是～，他躲避不及，只得迎面走了上去。

【狭小】xiáxiǎo 形。又窄又小：～的院子｜气量很～。

【狭义】xiáyì 名。范围比较狭窄的定义；与"广义"相对："金"的广义指一切金属，～专指黄金。

【狭窄】xiázhǎi 形。(1)宽度小；多指比较具体的事物：这条过道太～了。(2)不宏大，不宽广；多指心胸、气量、见识等比较抽象的事物：心胸很～|此人见识～,目光短浅,有如井底之蛙。

硖(硤) xiá 地名用字。硖石，在浙江省。

遐 xiá 〈素〉(1)远：～迩。(2)长久：～想|～龄(高龄)。

【遐迩】xiá'ěr 〈书〉名。远处近处；多用在固定的组合中：闻名～|～一体(远近一致)。

【遐想】xiáxiǎng 动。悠久地思索或想象；常带宾语：这斑驳的秦砖汉瓦使他～起风云变幻的古代历史。可作宾语：繁星使她产生了一种奇特的～。

瑕 xiá 〈素〉玉上面的赤色斑点，比喻缺点：～疵|～不掩瑜|～瑜互见。

【瑕不掩瑜】xiá bù yǎn yú 成。瑕：玉上的斑点，比喻缺点；掩：遮盖；瑜：美玉的光泽，比喻优点。缺点掩盖不了优点，优点是主要的，缺点是次要的：虽然小李子有缺点，但～，他毕竟是个要求上进的青年|这部作品～,应予肯定。

【瑕疵】xiácī 名。微小的缺点错误：要求一个人没有一点～是不可能的。

【瑕玷】xiádiàn 〈书〉名。污点，毛病：这块玉石虽有～,但经过琢磨,已完美无缺了。

【瑕瑜互见】xiá yú hù jiàn 成。瑕：玉上的斑点，比喻缺点；瑜：玉的光泽，比喻优点；见：通"现"，显露，显现。(1)比喻同一事物既有优点，也有缺点：这是一本～的小说。(2)比喻两件物品在比较之下，好坏立即显露：这是正品，只要拿次品来比较，就～了。

暇 xiá 〈素〉空闲：无～|自顾不～。

霞 xiá 〈素〉因受日光斜照而呈现红、橙、黄等彩色的云，多出现在日出或日落的时候：朝～|晚～。

【霞光】xiáguāng 名。阳光穿透云雾射出的彩色光芒：～万道。

辖(△鎋、舝) xiá △❶名。大车穿在车轴头上的铁销子，用来管住车轮，使之不脱落。❷〈素〉管理：直～|统～。

【辖区】xiáqū 名。所管辖的地区：唐朝时天山以南是安西都护府的～。

【辖制】xiázhì 动。管束：整个流水线都受电脑～。常带宾语或补语：这些可恶的社会渣滓，让公安人员去～他们吧|你有什么把柄在他手里，怎么被他～住了?

黠 xiá 〈素〉聪明而狡猾：狡～|慧～。

xià (ㄒㄧㄚˋ)

下 xià ❶方位。(1)位置低；用如名词,常与"上"呼应,或用在介词后：上不着天,～不着地|往～看。(2)次序靠后的；用在数量词前：～一批|～一次。(3)表示属于一定范围、情况、条件等；一般用在介词词组中：在他的帮助～|在困难的情况～。❷动。多带宾语或补语。(1)由高处到低处：～台阶|～到楼底。(2)降落，指雨、雪：～了一场雨|雪～得ег很大。(3)发布，传递；限指上下：～了一道命令|通知～得很及时。(4)到，进入：～车间|～了一次连队。(5)退场：北京队5号～,9号上|台上～了三个演员。(6)投入：～本钱|功夫～得太少。(7)比赛；指棋类：～了一盘象棋|我围棋～不好。(8)卸除，取下：～了敌人的武装|把门～下来。(9)做出；指结论、决断等：～结论|决心～定了。(10)使动物：～毒手|～不了刀。(11)生产；指动物：～了一窝小猪|鸡蛋～得很多。(12)在规定时间结束日常工作或学习等：～夜班了|这堂课～早了。❸量。(1)用于动作次数：钟敲了三～|树枝摆动了几～。(2)〈方〉用于器物的容量：这么大的杯子，他喝酒喝了五～。(3)用在"两、几"后面，表示本领、技能；"下"后可加"子"或儿化：你真有两～子|想不到他也有几～儿。❹〈素〉(1)等次或品级低的：～等|～品。(2)向下面：～达|～行。(3)表示当某个时间或时节：时～|节～。

下 ·xià ❶趋。用在动词后。(1)表示人或事物随动作由高处向低处：请坐～|把书包放～|我高兴得流～了眼泪。(2)表示动作的完成或结果：打～

基础|留～地址|写～了光辉的诗篇。❷助词。表示能(不能)容纳一定的数量；用在动词后作补语：这屋子四个人也住得～|这袋子装不～三斤糖。

【下半旗】xià bànqí 词组。表示举国哀悼的礼节。先将国旗升至杆顶，再降至离杆顶约占全杆三分之一的地方。也说降(jiàng)半旗。

【下辈】xiàbèi 名。(1)指子孙。(2)家族中的下一代：我们都姓周，算起来他是我的～。

【下辈子】xiàbèi·zi 名。指来世；是一种迷信的说法。

【下笔】xiàbǐ 动。用笔写或画，特指开始写或开始画；不带宾语：要先打腹稿，想好了再～。可拆开用：想了半天仍下不了笔。

【下边】xià·bian 方位。(1)位置低的地方；用如名词：这些行李要放在～。用在名词后：桌子～|书的～。(2)指次序靠后的：这个问题我～再谈。(3)指下级：要经常深入基层，及时了解～的情况。

【下不为例】xià bù wéi lì 成。下次不能以此为例，表示只通融这一次；有提醒或警告的意思：要煞住吃喝风就不能摘～。

【下策】xiàcè 名。指不高明的计策或办法；与"上策"相对：这是～，最好不采用|我看你们争论没完没了，故出此～，让你们握手言和。

【下层】xiàcéng 名。下面的一层或几层；多指机构、组织、阶层：领导要经常到～去听听意见。

【下场】xiàchǎng 动。不带宾语，可拆开用。(1)演员或运动员退场：表演结束，依次～|下不了场。(2)旧时指到考场应考：应考者陆续～|已经下了场。

【下场】xià·chang 名。人的结局；多指不好的：这个叛徒决不会有好～。

【下车伊始】xià chē yī shǐ 成。下车：指新官到任；伊：文言助词；始：开始。原指官吏初到任所，现比喻刚到一个地方：要注重调查研究，不要～就乱发议论。

【下乘】xiàchéng 名。本是佛教用语，指小乘。一般借指文学艺术质量不高的作品：此书稿质量太差，虽经修改，终是～。常作定语：～之作。

【下处】xià·chu 名。出门人暂时歇息的地方：我已有～，不劳您费心|他回到～，赶紧收拾东西，准备回家。

【下达】xiàdá 动。向下级发布或传达；多指命令、指示等：开会的通知已～。常带宾语或补语：～向盐碱地进军的命令|这个指示要～到所属各单位。

【下等】xiàděng 形。等级或质量低的；不加程度副词，不单独作谓语，多作定语：～旅馆|～产品。

【下地】xiàdì 动。不带宾语，可拆开用。(1)到地里去干活：他已经～劳动去了|干部都下了地。(2)从床上下来；多指病人：他已经能～走走了|病情有了好转，但还下不了地。

【下第】xiàdì 〈书〉❶动。旧时科举考试没有考中；不带宾语：此生屡次～。❷形。同"下等"或"劣等"：此货粗劣，属于～之物。

【下定】xiàdìng 动。旧时订婚时男方给女方聘礼；不带宾语：二栓的婚事已经～了。可拆开用：已下过定了。

【下凡】xiàfán 动。神话中指神仙从天上来到人间；不带宾语：七仙女～。可带补语：她已～到人间。可作定语，要带助词"的"：他是～的神仙。可拆开用：她毅然下了凡。

【下放】xiàfàng 动。可带宾语。(1)把某些权力交给下层机构：有些权力要～|不能～人事审批权。(2)把干部调到基层去工作或送到农村、厂矿去锻炼一段时间：干部～|～过几名干部到农村锻炼。可作定语：他是个～干部。

【下风】xiàfēng 名。(1)风所吹向的那一方：学校在化工厂的～，空气污染很严重。(2)比喻作战或比赛的一方所处的不利地位：这盘棋眼下是黑子占上风，红子处～。

【下工夫】xià gōng·fu 词组。为了达到某个目的而花费时间和精力：要想得到优良的成绩，就得～。也作下功夫。

【下海】xiàhǎi 动。不带宾语，可拆开用。(1)到海里去：～游泳|他先下了海。(2)渔民到海上捕鱼等：他们昨天就～捕鱼

了|他下过海,从来不晕船。(3)指业余戏曲演员成为职业演员:他现在已经~,成了专业演员|她早就下了海,成为颇有名气的职业演员。

【下怀】xiàhuái 名。指自己的心意:一般用在固定的组合中:正中~|正合~。

【下级】xiàjí 名。同一组织系统中等级低的组织或人员:~服从上级。可作定语,一般不加助词"的":~组织。

【下贱】xiàjiàn 形。(1)旧指出身贫寒或社会地位低下:~门户|出身~,卖身为奴。(2)卑劣下流;骂人用语:这个人~得很,什么难听的话都骂得出口。

【下江】xiàjiāng 名。指长江下游地区:他一口~官话|一看她那种风度,就知道她是~人。

【下降】xiàjiàng 动。从高处往低处,从多到少;一般不带宾语,可带补语:气温~|飞机~|成本~了不少。

【下脚】xiàjiǎo ❶动。把脚踩下去;不带宾语:满地是烂泥,无从~。❷名。原材料加工、利用后剩下的碎料。也叫下脚料。

【下脚货】xiàjiǎohuò 名。卖剩下的不好的货物:百货公司把一批~削价出售。

【下界】xiàjiè ❶动。下凡:《水浒》上说宋江是天罡星君~降生。可拆开用:下了界。❷名。迷信的人把天上神仙居住的地方称为上界,相对地把人间叫做下界:财神爷用脚踢开祥云,放眼向~看去。

【下劲】xiàjìn 动。使劲,出力;不带宾语:学习不~是学不好的。常与其他动词连用:~往上拉。可加程度副词:他干活很~。

【下款】xiàkuǎn 名。送给人的字画或给人的信件后面所写的自己的名字。

【下来】xiàlái ❶动。(1)由高处到低处;可带动态助词"了、过":他从楼上~了。可带宾语:山上~了几个人。可带补语:你下得来吗?(2)人员、事物从较高部门到较低部门;可带动态助词"了、过":工作任务~了。可带宾语:师部~一道命令。可拆开用:领导要经常下到基层来。(3)从一处到另一处;可带动态助词"了":连长受伤从前线~了。可带宾语:前线~了一个通讯员。(4)表示收获农作物;不带宾语:麦子~就吃麦子,高粱~就吃高粱。(5)表示一段时间终结;不带宾语,用在表示时间词语的后边:一年~,他的技术有了很大提高。❷趋。(1)表示动作由高处向低处或远处向近处来;用在动词后:他从楼上走~|从前线运~一批伤员。可拆开用:上级又派下新任务来了。(2)表示动作从过去继续到现在;用在动词后:参加长跑的人都坚持~了。(3)表示动作的完成或结果;用在动词后:这篇文言文他到底念~了。可拆开用:拔下几根钉子来。(4)表示程度继续增加;用在形容词后:天气渐渐黑~|声音慢慢低~。

【下里巴人】xiàlǐ bārén 成。战国·楚·宋玉《对楚王问》中说:有个人在郢(楚国都城)唱歌,开始唱《下里巴人》,都城内跟着唱的有几千人,等到唱《阳春白雪》时,跟着唱的只有几十人。下里:乡里;巴人:巴蜀的人民。本指战国时代楚国的民间歌曲,后来泛指普及通俗的文艺作品:即使是属于~一类的作品,也应该给予足够的重视。

【下联】xiàlián 名。对联的下一半:张先生出的上联深奥奇妙,至今还没有人对出~来呢。

【下列】xiàliè 形。下面所列的;不加程度副词,不单独作谓语,作定语,一般不加助词"的":参военныe加会议时要注意~几点|请~人员参加会议。

【下流】xiàliú ❶名。江河的下游:长江~|黄河~。❷形。不正派,卑鄙龌龊:~无耻|行为很~。

【下落】xiàluò ❶名。指被寻找的人或物所在的地方:此人~不明。❷动。下降;不带宾语:树叶随风~。可带补语:陨石~在山沟里。

【下马】xiàmǎ 动。比喻停止进行某项工作、工程、计划等;多指比较重大的,不带宾语:这项工程因资金不足,只得~。

【下马威】xiàmǎwēi 成。原指官吏初到任为了显示自己的厉害,故意对下属摆威风。后泛指一开头就向对方显示威力:给他个~。

【下面】xiàmian 同"下边"。

【下品】xiàpǐn 名。质量最差或等级最低的东西：此类产品属～。

【下情】xiàqíng 名。(1)民情，下级或群众的情况或心意：～尽知｜了解～。(2)谦辞，指自己的情况或心情：请大人体谅～。

【下去】xià·qu ❶动。(1)由高处到低处，或由一处到另一处：从这条路～比较近｜连长受伤～了。可带宾语：对面山上～了几个人。可拆开用：小明下楼去了。(2)表示事物从有到无；指食物已消化、肿块已平复或情绪已平静等，不带宾语：刚吃的面条还没～｜身上的泡全～了｜妈妈的气刚～。❷趋。(1)表示动作由高处到低处；用在动词后：把东西从车上搬～｜船渐渐沉～了。可拆开用：他跑下楼去了。(2)表示动作继续进行；用在动词后：大家再讨论～吧｜他忍耐不～了。(3)表示某种状态继续发展；用在形容词后：他日夜操劳，一天一天地瘦～了｜不能软弱～。

【下人】xiàrén 名。旧指仆人。也叫底下人。

【下梢】xiàshāo 名。(1)结果，结局；多见于早期白话：这样的坏人，决不会有好～。(2)下段，末尾：早年，他们家住在滹沱的～里｜他抓住了木头的～。

【下世】xiàshì ❶〈书〉动。去世；不带宾语：惊悉大伯～，不胜悲痛。可拆开用：下了世。❷名。来世，来生：她一心指望～不再受苦。

【下手】xiàshǒu ❶动。动手，着手；不带宾语：这件事叫人无从～｜先～为强。可拆开用：已经下了手。❷名。(1)位置较卑的一侧，室内一般指靠外的或右边的一侧(左右以脸朝外为准)：每次宴会，他都坐在～。也作下首。(2)打牌或行酒令等指下一个轮到的人。(3)助手或副手：您炒菜，我做您的～。

【下书】xiàshū〈书〉动。投递书信：请～。可带宾语：～各部，立即执行。可拆开用：我替他下了书。

【下水】xiàshuǐ ❶动。不带宾语，可拆开用。(1)进入水中：东风轮～了｜我没下过水，不会游泳。(2)把某些纺织品、纤维等浸在水中使收缩。(3)比喻一起做坏事；多与"拖"连用：拖人～｜他受人利用，被拖下了水。❷形。向下游航行的；不加程度副词，不单独作谓语，作定语：今天坐的是～船，又快又稳。

【下水】xiàshui〈方〉名。猪、牛、羊等食用牲畜的内脏，有些地区专指肚子和肠子：今天生意很好，连蹄爪～全都卖光了。

【下榻】xiàtà〈书〉动。住宿；常带处所宾语或补语：外国贵宾～金陵饭店｜来宾～于锦江宾馆。

*"下榻"和"住宿"："下榻"强调在床榻上睡下过夜，多用于临时或短期在旅馆或别人家中居住的情形；"住宿"指像正常生活所需要的那样居住，可用于临时在外地过夜或较长时间在外地住下等各种情形。"下榻"是文言词，色彩较典雅，一般用于书面语；"住宿"口语、书面语都常用。

【下台】xiàtái 动。不带宾语，可拆开用。(1)从舞台或讲台上下来：演员们依次～｜他们一个个下了台。(2)指卸去公职、交出权力；常含贬义：这家伙被迫～了｜他终于下了台，不再当局长了。(3)比喻摆脱尴尬、窘迫的处境；多用于否定式：他的话使人不好～｜他们搞得我下不了台。

【下同】xiàtóng 动。底下所说的跟这里所说的相同；不带宾语，多用于附注：引例见《红楼梦》，～。

【下头】xià·tou 方位。(1)位置较低的地方：桥～水很急。(2)指下级，基层；用如名词：当领导的要经常到～去走走，听听群众意见。

【下文】xiàwén 名。(1)指一段文字后面的文字：且看～如何。(2)一段话后面的话：才讲了一个开场白就没～了。(3)比喻事情的发展或结果；多不实在，明明应允的事，常常有上文，无～。

【下午】xiàwǔ 名。从正午十二点到半夜十二点的一段时间，一般也指正午十二点到日落的一段时间：～四点钟光景，天空的乌云愈来愈浓｜会议一直开到～。

【下弦】xiàxián 名。当太阳跟地球的联线和地球跟月亮的联线成90°时，人在地球上可看见月亮东边呈半圆形,这种月相叫下弦。这时正好是农历每月二十二或二十三日:我走的时候,~月刚刚升起。

【下限】xiàxiàn 名。时间最晚或数量最小的限度;与"上限"相对:完成生产计划的~不得超过本月三十日|今年高考文科录取分数~是510分。

【下行】xiàxíng 动。(1)我国铁路部门规定,列车在干线上朝着首都的方向行驶,在支线上朝着连接干线的车站行驶叫做上行,和上行方向相反的叫下行。下行列车编号用奇数。(2)船由上游向下游行驶;常带补语:我们由南京乘船~至上海。(3)公文由上级发往下级;常带宾语或补语:每月~公文数百件|这文件~到各企业。

【下旬】xiàxún 名。指每月二十一日到月底这段日子:我们拟在本月~召开一次工作会议,具体日期另行通知。

【下野】xiàyě 动。执政的人被迫下台;不带宾语:因丑闻败露,他只得辞职~。可拆开用:总统已下了野。

【下意识】xiàyìshí 名。心理学上指由一定条件引起的不知不觉、没有意识的心理活动。是有机体对外界刺激的本能反应;常作定语或状语,要加助词"的(地)":这是一个~的动作|听到汽车喇叭声,他~地后退了一步。

【下议院】xiàyìyuàn 名。资本主义国家两院制议会的构成部分。名称在各国不同。美国和日本叫众议院,法国叫国民议会,荷兰叫二院,英国叫平民院。议员按人口比例在选区选举产生。形式上下议院享有立法权和对政府的监督权,但实际上往往受政府操纵和上议院牵制。也叫下院。

【下游】xiàyóu 名。(1)河流接近出口的部分:长江的~。(2)比喻落后的地位:不能甘居~,要力争先进。

【下中农】xiàzhōngnóng 名。占有较少生产资料,需要出卖少量劳动力,生活水平比较低下的中农。

【下箸】xiàzhù 〈书〉动。拿筷子夹东西吃;不带宾语:叫一声"请",大家一齐~。

【下作】xiàzuo ❶形。(1)卑鄙,下流;他是个~货不打不行。(2)〈方〉又贪又馋:这个人真~,到处吃白食。❷〈方〉名。助手,帮手:他是干~的|我当你的~。

吓(嚇) xià 动。(1)害怕;不带宾语,可带补语:一个响雷,她~了一跳。(2)使害怕;须带宾语:你别~着孩子。
另见hè。

【吓唬】xiàhu 〈口〉动。恐吓,使害怕;常带宾语或补语:别拿这事~人|你~不住我。

夏 xià ❶名。(1)一年四季中的第二季,阴历四月至六月,气候最热。(2)朝代名,我国历史上第一个朝代。约公元前21世纪至公元前17世纪,禹所建,后为商汤所灭。❷〈素〉指中国:华~。❸姓。

【夏布】xiàbù 名。用苎麻的纤维织成的平纹布。多用来做蚊帐或夏季服装,产于江西、湖南、四川等地。

【夏侯】xiàhóu 复姓。

【夏历】xiàlì 名。即"农历"。

【夏令营】xiàlìngyíng 名。利用暑期开设的供青少年或集体的成员短期休息、娱乐和开展各种有意义活动的营地,多设在林中或海边等地。

【夏时制】xiàshízhì 名。夏季为了充分利用阳光、节约照明用电而采取的一种时制。在夏季来临时,把钟表拨快1小时,秋季来临时,再把钟表拨回1小时。夏时制由英国人威利特于1907年提出,1916年德国首先采纳。我国自1986年起至1991年止实行过夏时制。

【夏至】xiàzhì 名。二十四节气之一,在每年公历6月21日或22日。夏至这天北半球白天最长,夜间最短。

厦(廈) xià 地名用字。厦门,市名,在福建省。
另见shà。

唬 xià 同"吓"。
另见hǔ。

罅 xià 〈素〉裂缝,缝隙:~隙|~漏。

【罅漏】xiàlòu 〈书〉名。裂缝,缝隙。比喻事情的漏洞,不足之处:弟子年轻,~难免。

【罅隙】xiàxì 〈书〉名。裂缝,孔隙:波浪在礁石的～中激荡吞吐着。

xiān (ㄒㄧㄢ)

仙(僊) xiān 〈素〉神话中称有特殊能力,可以长生不老的人:～人|～神。

【仙丹】xiāndān 名。神话中的一种吃了可以起死回生或长生不老的药丸子。

【仙姑】xiāngū 名。(1)女仙人。(2)旧时对从事求神问卜等迷信活动的妇女的称呼。也叫道姑。

【仙境】xiānjìng 名。(1)神话里指仙人居住的地方。(2)比喻景色十分美好的地方:杭州一直被誉为人间～。

【仙女】xiānnǚ 名。年轻貌美的女仙人:这地方山灵水秀,姑娘们个个长得如～一般。

【仙人】xiānrén 名。神话和童话里指长生不老并且有种种神通的人:秦始皇曾派遣徐福人海求～。

【仙人掌】xiānrénzhǎng 名。多年生植物,茎多呈长椭圆形,扁平,像手掌,肉质,有刺,色青绿,花黄色。可供观赏。

【仙山琼阁】xiānshān qiónggé 成。仙山:神仙居住的山;琼阁:美玉筑成的楼阁。两者都是神话中幻想虚构的处所。比喻虚无缥缈的美妙幻境:人世间哪来～?

【仙逝】xiānshì 动。去世;婉辞,一般指受尊敬的人,不带宾语:老丈人已于去年～。

【仙子】xiānzǐ 名。(1)仙女。貂蝉艳妆而出,尤如～一般。(2)泛指仙人:他童颜鹤发,真像～模样。

氙 xiān 名 稀有气体元素之一,符号Xe。无色无臭,不易跟其他元素化合。具有很高的发光强度,可制氙气灯、霓虹灯等。

籼(秈) xiān [籼稻](-dào) 名。水稻的一种,茎秆较高较软,米粒长而细,粘性较差,胀性大。

先 xiān ❶副。时间或次序在前的:你～走,我马上就到。常同"再、然后"等虚词搭配使用:～复习,再作练习|～了解情况,然后进行处理。❷〈口〉名。先前:小李比～爱干净了|这件事你～怎么不说啊?❸〈素〉(1)祖先,上代:～人|～辈。(2)尊称去世的:～烈|～父|～妣。❹姓。

【先妣】xiānbǐ 〈书〉名。称已死的母亲。也称先母,先慈。

【先辈】xiānbèi 名。(1)泛指辈分在先的人:他的～在当地很有名望。(2)指已去世的令人敬爱的人:踏着～的足迹前进。

【先导】xiāndǎo 名。引路的人,向导:他是中国革命的～。

【先睹为快】xiān dǔ wéi kuài 成。睹:看;快:快乐。以先看到为快乐;多指诗文、书画等:你的小说写好了,能否给我一读,让我～?

【先发制人】xiān fā zhì rén 成。制:控制。先动手控制对方;多形容先下手,争取主动:不等敌人开始进攻,我军已～,出兵攻人敌人腹地。

【先锋】xiānfēng 名。(1)指行军或作战时的先头部队或先头部队的将领:开路～|～官。(2)比喻起先进模范作用的个人或集体:张厂长是改革～|要起～作用。

【先河】xiānhé 名。古代帝王祭祀时,先祭黄河,后祭海,视河为海源,先祭河是重视根本。后来称倡导在先的事物为先河,常作"开"的宾语:唐代传奇小说开后代短篇小说之～。

【先后】xiānhòu ❶名。先和后:办事总得有个～。❷副。前后相继:去年,他在报刊上～发表了五篇论文。

【先见之明】xiān jiàn zhī míng 成。明:指眼力。事先能够看清问题实质的眼力;形容对事有预见,常作"有、无、具有"等动词的宾语:别看他平时说话不多,看问题却往往有～。

【先进】xiānjìn ❶形。进步较快,水平较高,可以作为学习榜样的:老季一贯～|思想很～。常作定语:～工作者|～集体。❷名。指先进的人或事物:学～,赶～。

【先觉】xiānjué 名。觉悟得比别人早的人;多指政治或社会改革方面的,常和"先知"合用:我们所需要的政治家,是能引路的先知～。

【先决】xiānjué 形。处理问题前必须首先解决和具备的;不加程度副词,不单独作谓语,作定语:摸清情况是解决问题的~条件。

【先考】xiānkǎo 〈书〉名。称已死的父亲。也称先父、先府君、先严。

【先来后到】xiān lái hòu dào 成。按照到来的先后来确定次序的前后:办事总有个~的,你来晚了,自然应该排在后面,怎么能随便插队呢?

【先礼后兵】xiān lǐ hòu bīng 成。礼:礼貌;兵:武力。先以礼相待,行不通时再采用强硬手段或动用武力:咱可把话挑明了,~,到时候别怪我不客气。

【先例】xiānlì 名。已经有过的事例:这样的情况没有~。

【先烈】xiānliè 名。对为革命事业或正义斗争而牺牲的人的尊称:成千成万的~为人民的利益献出了宝贵的生命。

【先前】xiānqián 名。某个时候或时期以前:大渡比~阔多了。
*"先前"和"以前":"先前"虽有表示"以前"的意思,但不能和"以前"一样用于动词后,如"下班以前",不能说"下班先前"。

【先遣】xiānqiǎn 形。行动前派出去担任联络、侦察等任务的;不加程度副词,不单独作谓语,作定语:~部队|~人员。

【先秦】xiānqín 名。指秦统一以前的历史时期。从远古起,到公元前221年秦始皇统一为止。一般指春秋战国时期。

【先驱】xiānqū ❶动。走在前面引导;多虚用,不作谓语,不带宾语,常作定语:~人物。❷名。指引导的人:革命的~。

【先人】xiānrén 名。(1)祖先:祭奠~是为了继承他们的遗志。(2)专指已去世的父亲:我一定牢记~遗训,照顾好弟妹。

【先容】xiānróng 〈书〉动。预先替人疏通、介绍,不带宾语。恳为~|此事定当秉公办理,何劳你来~。可作定语:他拿着一封~的荐书来找主考官。

【先入为主】xiān rù wéi zhǔ 成。以先听到的、看到的为主,表示先接受了一种说法或思想,以为是正确的,有了成见,后来就不易再接受其他意见;常含贬义:调查组不能~,要全面、细致地深入了解情况。

【先生】xiānsheng 名。(1)老师:在学校要听~的话。(2)对知识分子的称呼:博物馆里那些~可有学问哩。(3)对人自己的丈夫或称别人的丈夫;一般前面带人称代词做定语:您的~还没来。(4)〈方〉医生:这孩子的病,请~费心看看。(5)旧称对以说书、算命为职业的人:算命~。(6)旧称管帐的人:帐房~。

【先声】xiānshēng 名。指某些重大事件发生前出现的性质相同的某些事件:1789年的法国革命是19世纪各国资产阶级革命的~。

【先声夺人】xiān shēng duó rén 成。打仗的时候先造成强大的声势,以挫伤敌方的士气。后指抢先一步,以声势压倒对方:他想~,在舆论界造成一种气势。
*"先声夺人"和"先发制人":"先声夺人"是先张扬自己的声威来破坏对方的士气;"先发制人"是先发动进攻,争取主动,以控制对方。

【先世】xiānshì 名。祖先:~因避乱,迁来此地居住,至今已300余年。

【先天】xiāntiān 名。(1)指人或动物的胚胎时期;与"后天"相对。她~就有一副好嗓子。(2)比喻一切事物的初期:办这个厂~条件不具备,缺少资金设备,后来又经营不善,所以非垮不可。

【先天不足】xiāntiān bù zú 成。指人或动物生下来就体质差,也泛指事物基础不好:他克服了学习上~的困难,以百倍的努力获得了优异的成绩。

【先头】xiāntóu 名。(1)位置在前的,走在前面的;多指队伍,常作定语:~部队。(2)时间在前的,以前:这件事~我不知道。(3)前面,前头:"五四"时期,英勇地出现于运动~的是数十万学生。

【先下手为强】xiān xià shǒu wéi qiáng 成。先动手的可以占优势、得便宜:我们来个~,免得他们动了手,使我们处于被动。

【先贤】xiānxián 名。旧称已去世的品德高尚而有才能的人:纪念~,启迪后人。

【先行】xiānxíng ❶动。走在前面;不带宾语,可带补语:你~一步,我马上就来。可作定语:~部门。❷副。首先进行,预先进行;作动词的状语:~办理|通过。❸名。先行者:铁路部门在经济建

【先行官】xiānxíngguān 名。(1)戏剧或戏曲小说中指挥先头部队的武官。(2)比喻处于领先地位的事业或职务：电力是工业发展的～。

【先行者】xiānxíngzhě 名。为某一事业探索、开辟道路的人；多以某方面事业作定语：孙中山先生是中国革命的～｜他们是探索南极奥秘的～。

【先验论】xiānyànlùn 名。唯心主义的认识论，同唯物主义的反映论相对立。认为人的知识、才能等先于客观事物、社会实践、感觉经验，是先天就有的。

【先意承旨】xiān yì chéng zhǐ 成。先意：指别人没想到，先替他想到；承：遵从；旨：意旨。原指不等父母明白说出，就能揣摩他们心意去做。后泛指行事能揣摩并迎合别人的心意：此人善于察颜观色，～，所以深得上司的欢心。也作先意承志。

【先斩后奏】xiān zhǎn hòu zòu 成。斩：砍头；奏：封建时代臣子向皇帝陈述或请示报告。原指先把罪犯处决，然后再向皇帝报告。现多比喻先把事情处理完毕，造成既成事实后再向上级报告：凡重大决策，地方必须向中央请示汇报，不得～。

【先兆】xiānzhào 名。事情发生前显露出来的迹象：蚂蚁搬家是天要下雨的～。

【先哲】xiānzhé 名。指已经去世的才德高的思想家：他一有空就埋头钻研孔孟等～的著作。

【先知】xiānzhī 名。(1)对人类或国家大事有预知或了解得较早的人：他是中国革命的～。(2)犹太教、基督教称预言者。

酰 xiān 名。无机或有机含氧酸除掉羟基后剩下的原子团。也叫酰基。

纤(纖) xiān 〈素〉细小：～维｜～巧。
另见 qiàn。

【纤尘不染】xiānchén bù rǎn 成。细小的灰尘都沾不污。常比喻人的思想、作风极其高尚、纯洁：好八连几十年来身居闹市，～。

【纤毫】xiānháo 〈书〉名。比喻非常细微的事物或部分：～可见｜无～自私自利之心。

【纤巧】xiānqiǎo 形。纤细而精巧；一般用来形容艺术品：～的微雕令人叹为观止｜工艺品制作得极其～。

【纤弱】xiānruò 形。纤细而柔弱：～的身子｜河边的柳条条显得很～。

【纤瘦】xiānshòu 形。又小又瘦：身子太～｜一双白净、～的手。

【纤维】xiānwéi 名。(1)天然的或人工合成的细丝状物质，如棉花、羊毛、人造丝等。(2)组成动物体内各组织的细而长、呈线状的结构：神经～。

【纤细】xiānxì 形。形容很细：～的腰｜笔画～。

【纤纤】xiānxiān 〈书〉形。又细又长；不加程度副词：十指～。

跹(躚) xiān 见"翩(piān)跹"。

忺 xiān 〈古〉动。高兴，适意：丝竹久已懒，今日遇君～。

掀 xiān ❶动。打开，揭起；常带宾语或补语：～锅盖｜把窗帘～起来。❷〈素〉发动，兴起：～动｜～起。

【掀风鼓浪】xiān fēng gǔ làng 成。比喻煽动情绪，挑起事端；含贬义：由于王林从中～，他们俩闹得不可开交。

【掀起】xiānqǐ 动。多带宾语。(1)揭起：～门帘。(2)翻腾，涌起：～巨浪。(3)大规模地兴起：～学科学、用科学的热潮。

锨(杴、枚) xiān 名。掘土与铲东西用的工具，用铁或木头制成板状的头，后面安上把儿：他正在用～铲土。

祆 xiān ［祆教］(-jiào) 名。即"拜火教"。起源于古波斯的宗教，认为世界有光明和黑暗(善和恶)两种神，把火当做光明的象征来崇拜。公元6世纪传入中国。注意："祆"是示字旁。

莶(薟) xiān 见"豨(xī)莶"。

銛 xiān ❶名。古代一种兵器。❷〈古〉形。锋利。

鲜 xiān ❶形。(1)新的，不陈的；多指食物，不加程度副词，不单独作谓语，多作定语：～牛奶｜～啤酒。(2)滋味美好；多作谓语：这碗汤很～。❷〈素〉

(1)有光彩的：～明|～红。(2)没有枯萎的：～花。(3)鲜美的食物：时～|尝～。(4)特指鱼虾等水产品：鱼～。❸姓。

另见xiǎn。

【鲜卑】xiānbēi 名。我国古代北方的一个民族，东胡族的一支。汉末渐渐强盛起来，南北朝时曾建立北魏、北齐、北周。

【鲜活】xiānhuó 形。不加程度副词。(1)既新鲜而又活蹦乱跳的；多指鱼虾、家禽等：盆里的鱼条条～，卖得很快。(2)鲜明生动：应该指出，这一人物还缺乏丰满的血肉和～的个性|这一切印象是这样～地出现在我眼前。

【鲜货】xiānhuò 名。新鲜的货物；一般指水果、蔬菜、鱼虾等：尽管天气很冷，可菜市场上的～还不少呢。

【鲜美】xiānměi 形。(1)滋味好；指食物：味道很～。(2)〈书〉新鲜美丽；指花草等：阵雨过后，公园里的花草～极了|十分～的名花异草。

【鲜明】xiānmíng 形。(1)鲜艳明亮；指颜色：这幅油画色彩非常～。(2)明确，不含糊：立场很～|～的观点。

＊"鲜明"和"显明"："鲜明"有"明确"的意思；"显明"没有。"鲜明"可用于"立场、观点、主题"等；"显明"不能。"鲜明"可指色彩明亮；"显明"不能。

【鲜艳】xiānyàn 形。鲜明而且艳丽：～的花朵|颜色很～。

【鲜于】xiānyú 复姓。

暹 xiān 国名用字。暹罗，泰国的旧称。

xián(ㄒㄧㄢˊ)

闲(閒) xián ❶形。(1)没事做，有空 儿；与"忙"相对：不上班吧，又～得慌|退休在家，～得很。(2)空着，不在使用中；多指房屋、器物等，不加程度副词；三间屋还～着呢。❷〈素〉(1)与正事无关的：～话|～事 (2)没事做的空闲时间：农～。

"闲"另见jiàn(间)，jiàn(间)。

【闲扯】xiánchě 动。没有边际地随便谈话：几位老太太没事做，就在一起～。可带宾语：在一起～了一些乱七八糟的事。

【闲工夫】xiángōng·fu 名。没有事要做的空余时间；常作"有、没有"等动词的宾语：等有了～我再去逛公园|我没有～跟你瞎扯。

【闲逛】xiánguàng 动。闲着没事到外面走走玩玩；不带宾语：他常到街上～。

【闲话】xiánhuà ❶名。(1)与正事无关的话：～少说，快走吧。(2)不满意的话；一般指背后对别人的议论：别老讲别人的～，也得管管自己。❷〈书〉动。闲谈；常带宾语：～家常。

【闲静】xiánjìng 形。(1)安闲宁静；常用来指环境和场所不喧闹、不嘈杂：望海楼倒真是个很～的去处。(2)形容人的脾性不躁不娇：看着春花那十分～的模样，五婶打心眼里喜欢。

【闲居】xiánjū 动。在家里住着没有工作做：退休后在家～。常带补语：～在家|～了半年。

【闲情逸致】xián qíng yì zhì 成。逸：安闲。致：情趣。悠闲的心情和安闲的情趣：他们已是儿女成行的中年人，竟还有这样的～，更何况那班青年呢。

【闲人】xiánrén 名。(1)空闲无事的人：整个车间都在忙着，没一个～。(2)与某事或某项工作无关的人，多用在固定的组合中：～莫入|～免进。

【闲散】xiánsǎn 形。(1)清闲而懒散：作风～|上班不能太～。(2)闲着不使用的；多指人员或物资，不加程度副词，一般作定语：这家工厂老亏本，原因是～人员较多|处理了一些～的书。

【闲事】xiánshì 名。(1)跟自己没有关系的事：不要去管人家的～。(2)无关紧要的小事：这种～暂时放一放。

【闲适】xiánshì 形。清闲而安适：～的心情|生活过得很～。

【闲书】xiánshū 名。供消遣的书；量词用"本、部"等：刘大爷退休在家，整天看～|这是一部～，借给您消遣。

【闲谈】xiántán 动。没有一定的话题随便谈谈：上班时间不应该～。可带宾语或补语：两个人～了一些家常琐事|他留住我，和我～起来。

【闲暇】xiánxiá 〈书〉名。空闲没有事的时候；常作"有"的宾语：近来若有～，一定登门造访。可作定语：他有很多～

时间,供他自由支配。

【闲心】xiánxīn 名。闲适的心情:我没有~来管这种琐事。

【闲雅】xiányǎ 见"娴(xián)雅"。

【闲逸】xiányì 〈书〉形。清闲安逸:退休在家,含饴弄孙,~得很。

【闲杂】xiánzá 形。指没有一定职务的;不加程度副词,不单独作谓语,作定语:~人员。

【闲职】xiánzhí 名。空闲无事或事情不多的职务:他身体较弱,只能担任这个~。

【闲置】xiánzhì 动。搁在一边不用;不带宾语:设备~,是莫大的浪费。可带补语:这几架钢琴修理一下还能用,不该~在一边。

娴(嫻) xián

❶〈书〉形。熟练;一般用介词"于"构成的介词词组作补语:~于绘画|~于辞令。❷〈素〉文雅 ~静|~雅。

【娴静】xiánjìng 形。文雅安祥:一个~的孩子|这位姑娘很~。可重叠:她看上去娴娴静静的,挺招人喜欢。

【娴熟】xiánshú 形。熟练;多指技术:他开车的技术很~。

【娴雅】xiányǎ 形。文静大方;一般形容女子的举止、言行:这位姑娘的举止很~|~的谈吐。也作闲雅。

鹇(鷴) xián

[白鹇](bái-) 名。鸟的一种,尾巴长。雄的背部白色,有黑纹,腹部黑蓝色。雌的全身棕绿色。产于我国南部各省,是世界有名的观赏鸟。

痫(癇) xián 见"癫(diān)痫"。

贤(賢) xián

〈素〉(1)有德行、有才能的:~明|~达。(2)有德才的人:任人唯~。(3)对平辈或晚辈的敬称:~弟|~侄。

【贤达】xiándá 名。有才能、有声望、作风行为正派的人:招聘社会~。

【贤德】xiándé ❶名。善良的德行:陈教授素有~。❷形。贤惠:老马有个很~的妻子。

【贤惠】xiánhuì 形。指妇女聪明、善良、通情达礼:她是个非常~能干的妻子。

也作贤慧。

【贤良】xiánliáng ❶形。有道德、有才能:~之士。❷名。有道德、有才能的人:广招~。

【贤路】xiánlù 〈书〉名。有德有才的人被任用的机会:广开~。

【贤明】xiánmíng 形。有才有德、明事理、有见识:厂长很~|他是个十分~的人。

【贤能】xiánnéng 形。有德有才的人:任用~。可作定语:~之士。

【贤妻良母】xián qī liáng mǔ 成。丈夫的好妻子,孩子的好母亲:她在单位是先进工作者,在家里是~。

【贤契】xiánqì 〈书〉名。旧时对弟子或朋友子侄辈的敬称;多用于书面语。

【贤淑】xiánshū 〈书〉形。贤惠:秀娟姑娘端庄~。

【贤哲】xiánzhé 〈书〉名。有才德、有见识的人:孔子不愧为一代~。

弦(△絃) xián

名。(1)弓背两端之间用以发箭的绳状物,一般用牛筋制成,有弹性:拉紧~射箭才能射得远。△(2)乐器上经过摩擦而振动发声的线,一般用丝线或钢丝等制成;量词用"根":二胡有两根~。(3)数学名词。直线与圆相交夹在圆周之内的部分叫弦,直角三角形中对着直角的边也叫弦。(4)〈方〉钟、表等的发条;量词用"根":我的手表~断了,请换根~吧。

【弦外之音】xián wài zhī yīn 成。原指音乐的余音。比喻言外之意:我读了你的信,总觉得有~。

【弦乐器】xiányuèqì 名。指由于弦的振动而发音的一类乐器,如小提琴、琵琶等。

舷 xián

名。船、飞机等两侧的边儿。

【舷窗】xiánchuāng 名。飞机或某些船体两侧密封的窗子:我从飞机的~俯瞰珠江三角洲。

【舷梯】xiántī 名。轮船、飞机旁供人上下所用的梯子:他手扶~,一步步走了下来。

挦(撏) xián

动。拔,拉;用于毛发,常带宾语或补语:~鸡

毛|毛～不下来，要用开水再烫一下。

咸（△鹹） xián △❶形。像盐那样的味道，含盐分较多；与"淡"相对：这碗菜烧得太～了。❷〈书〉副。全，都：～知其事。❸姓。

【咸津津】xiánjīnjīn 形。味道稍微有点咸；不加程度副词，常带助词"的"：梅子的味道～的，很好吃。

涎 xián 名。口水，唾沫：口角流～。

【涎皮赖脸】xián pí lài liǎn 成。厚着脸皮，没有羞耻地跟人纠缠：他～地缠住我不放。

衔（△啣） xián △❶动。用嘴叼；常带宾语或补语：燕子～泥|把烟斗～在嘴里。❷〈素〉△(1)存在心里：～恨|～冤。(2)行政、军事、学术等系统中人员的等级或称号：军～|学～。

【衔恨】xiánhèn 动。心怀怨恨或悔恨：我对这个恶霸地主终生～。可带补语：～在心。可带动词性词组或主谓词组作宾语：～失去了这个调动工作的机会|～自己年轻时没有好好学习。

【衔接】xiánjiē 动。事物互相连接：文章前后要～。常带宾语或补语：这条交通沟～着另一条交通沟|上下两段～得不太紧密。

【衔枚】xiánméi 〈书〉动。古代秘密行军时，让兵士口中横衔着枚（像筷子的东西），防止说话出声被敌方发觉；不带宾语，常与其他动词连用：～疾走。

【衔冤】xiányuān 动。含冤，有冤未伸；不带宾语，常与其他动词连用：小光的祖父在地主的逼迫下～而死。可带补语：～了一辈子。

嫌 xián ❶动。厌恶，不满意；常带宾语：谁都～他。可带动词、形容词词组作宾语：～来晚了|～臭。可带主谓词组作宾语：～他矮|～文章太长。❷〈素〉(1)被怀疑：～疑|～避。(2)怨恨：～怨。

【嫌弃】xiánqì 动。因厌恶而不愿意接近并疏远。对失足青年不能～。可带宾语：别～他，要帮助他改正错误。

【嫌恶】xiánwù 动。讨厌，憎恶：令人～。可带宾语，可加程度副词：他最～言而无信的人。

【嫌隙】xiánxì 〈书〉名。因彼此不满或猜疑而产生的隔阂：你二人应该消除～，共同搞好本单位的工作。

【嫌疑】xiányí 名。被怀疑有某种行为的可能性：他有作案的～|你们应该不避～，继续搞好工作。

【嫌怨】xiányuàn 〈书〉动。对别人不满，怨恨；常带宾语：他自己不认错，反而～他人。

【嫌憎】xiánzēng 〈书〉动。厌恶，憎恨；常带宾语：不要是非不分，动不动就～别人。

xiǎn（ㄒㄧㄢˇ）

狝（獮） xiǎn 〈古〉动。(1)指秋天打猎；春蒐、夏苗、秋～、冬狩。(2)杀伤禽兽：大～其禽。

冼 xiǎn 姓。

洗 xiǎn 姓。另见xǐ。

铣 xiǎn 名。有光泽的金属。另见xǐ。

【铣铁】xiǎntiě 名。铸铁，生铁，质脆，适于铸造器物。

笕（筅） xiǎn [笕帚]（-zhǒu）〈方〉名。洗刷锅碗的炊帚，用竹子等做成。

跣 xiǎn [跣足]（-zú）动。光着脚；不带宾语：他～奔走在海滩上。

显（顯） xiǎn ❶动。常带宾语或补语。(1)露在外面容易看出来：雾散后，远处～出了群峰的影子|水落下去后，岩石就～出来了。(2)表现，使露出：他爱～本领|今天他的小聪明～不出来了。❷〈素〉有权势、有地位、有名声的：～达|～贵。

【显赫】xiǎnhè 形。旧指在官场上地位、名声都很高：他善于逢迎，颇得上司赏识，从此仕途得意，十分～。

【显得】xiǎn·de 动。表现出，显露出；常带动词性词组或形容词词组作宾语：这孩子～很懂道理|会场上～十分庄重。也可带主谓词组作宾语：与他站在一起，～

我很矮小。

【显而易见】xiǎn ér yì jiàn 成。形容事情、道理等很明显,非常容易看清:得民心者得天下,这个道理是～的。

【显贵】xiǎnguì ❶动。旧时指做大官;不带宾语:他～以后,就不再跟平民百姓接近了。❷名。指做了大官的人:他是豪门～。

【显赫】xiǎnhè 形。盛大;一般用来形容达官贵人的权势:他曾～一时|非常～的身世。

【显豁】xiǎnhuò 〈书〉形。明显:这篇文章内容～,值得一读|《三国演义》具有～的封建正统思想。

【显露】xiǎnlù 动。原来看不见的变成看得见;常带宾语或补语:～才华|月亮渐渐地～出来了。

＊"显露"和"表露":"显露"一般是无意中显现出来;"表露"一般是有意表现出来。"显露"的对象可以是具体的事物,也可以是抽象的事物;"表露"的对象一般都是抽象的事物。

【显明】xiǎnmíng 形。清楚明白:这几年他脸上的绉纹越来越～了。|他的观点很～

【显然】xiǎnrán 形。非常清楚,容易看到或感觉到;带有强调的语气,如在前面加"很",语气更加重:工作不负责任,～不是好工人|很～,他这样做是错的。

【显示】xiǎnshì 动。明显地表现出来;常带宾语或补语:他脱下衣服,以～自己结实的肌肉|这一发明充分～出中国人民的智慧。

＊"显示"和"表现":"显示"一般用于比较大的事物,语意较重;"表现"多用于一般事物,语意较轻。

【显微镜】xiǎnwēijìng 名。观察微小物体的光学仪器。常用的显微镜可以放大几百倍到三千倍左右,广泛用于生物学、医学、农业以及矿冶、机械等工业中;量词用"架、台"。

【显现】xiǎnxiàn 动。显露,呈现;常带宾语或补语:～出幸福的笑容|夜色渐渐褪去,山峦、树木……逐渐～出来。

【显学】xiǎnxué 〈书〉名。著名的学说、学派:欧阳修掀起北宋诗文革新运动,提倡古文创作,一时成为～。

【显眼】xiǎnyǎn 形。容易被看到,引人注意:在比较～的地方张贴广告|这两个土堆在这一望无际的平原十分～。

【显扬】xiǎnyáng 〈书〉动。表彰,使闻名昭著;常带宾语或补语:～其光辉业绩|～于后世。

【显要】xiǎnyào ❶形。旧指地位重要、官职显赫、权柄大:处于非常～的地位。❷名。指地位重要、官职显赫、权柄大的人:～们的轿车鱼贯而入。

【显耀】xiǎnyào ❶动。显示并夸耀;常带宾语,含贬义:贾太太借了根金项链去参加舞会,以此～她的阔气|他爱～自己的才华。❷形。指声誉、权势等盛大:据说他已有了很～的名声|他曾～一时。

【显著】xiǎnzhù 形。非常明显:他的工作成绩很～|农村发生了～的变化。

险(險) xiǎn ❶形。危险:汽车刹车失灵,滑到了河边,好～啊!❷名。险要的地方:这里号称天下第一～。❸副。几乎,差一点;一般作"遭、遇"等单音节动词的状语:～遭不测。❹〖素〗(1)存心狠毒:～恶|阴～。(2)可能遭到的不幸或灾难:脱～|冒～。

【险隘】xiǎn'ài 名。险要的地方;多指关口、峡谷、要塞:虎跳峡拔立江面3000米,是金沙江最有名的一处～。

【险恶】xiǎn'è 形。(1)非常危险、可怕,多指情况、局势、地形等:地形～|时局异常～。(2)阴险凶恶;一般用于"用心、心术"等:这帮土匪用心极其～。

【险峰】xiǎnfēng 名。险峻的山峰:登山队排除一切困难,向～挺进。

【险峻】xiǎnjùn 形。形容山势高峻而险恶:山势十分～,连鸟都飞不过。

【险滩】xiǎntān 名。江河中水流湍急、礁石多、航道窄、行船困难而危险的地方:登峻岭,越～,地质队员们吃尽千辛万苦,为祖国寻找地下宝藏。

【险巇】xiǎnxī 〈书〉形。形容山路危险,泛指道路艰难。也比喻处世艰难:道路～,多加小心|仕途～,请自珍重。

【险些】xiǎnxiē 副。几乎,差一点:今天～迟到。

【险要】xiǎnyào 形。地势险峻而又处于

要冲：这是个非常～的地方|～的关隘。

【险诈】xiǎnzhà 形。阴险狡诈；居心～|他是个非常～的小人，不可与之为友。

【险阻】xiǎnzǔ 形。险恶而有障碍，不易通过；多指道路：崎岖～的山路给行军带来了很大的困难。可作宾语：我们要不怕艰难～，勇攀科学技术的高峰。

猃（玁、獫） xiǎn 〈古〉名。长(cháng)嘴的猎狗。

【猃狁】xiǎnyǔn 名。我国古代居住在北方的一个民族，战国后称匈奴。

蚬 xiǎn 名。软体动物，贝壳为心脏形，表面有轮状纹，生活在淡水中或河流入海的地方。肉味鲜美，可食用。

鲜（尠、尟） xiǎn 〈素〉少：～见|～有|寡廉～耻。

另见xiān。

藓 xiǎn 名。隐花植物的一类，绿色，茎和叶子都很小，没有根，生在阴湿的地方。

燹 xiǎn 〈素〉火，野火：兵～。

櫶 xiǎn 名。常绿乔木，叶呈椭圆卵形，花白色，果实椭圆形。木材坚实细致，可用于建筑、造船等。是我国珍贵的树种。又称蚬木。

xiàn(ㄒㄧㄢˋ)

见（見） xiàn 动。同"现❸"。

另见jiàn。

苋 xiàn 名。苋菜，一年生草本植物，开绿白色小花，叶绿或紫红色，茎肥大质脆，种子黑色。茎叶可食用。

岘 xiàn 山名用字。岘山，在湖北省。

现 xiàn ❶名。目前，眼前：这件事～正在追查。❷副。当场，临时；用在动词前作状语：～做的面条|这故事是～编的。❸动。显露，出现；常带宾语或补语：～了原形|狐狸尾巴～出来了。❹〈素〉(1)实有的，当时就有的：～钱|～货。(2)现款：兑～|贴～。

【现场】xiànchǎng 名。(1)发生事故或案件的场所和该场所当时的状况：保护～，以便调查。(2)直接从事某种活动的场所：～指挥|～会议|这条新闻是在～直播的。

【现成】xiànchéng 形。已经有的或已经准备好的；不加程度副词，不单独作谓语，作定语或构成"的"字词组：净说～话|老吃～的。

【现存】xiàncún 动。现在留存，现有；须带宾语：帐上～500元。常作定语：～版本|～物资。

【现代】xiàndài ❶名。(1)现在这个时代，在我国历史分期上一般指1919年五四运动以后：～文学。(2)指当代：～青年。❷形。在科学技术方面达到最高水平的；不加程度副词，不单独作谓语，作定语：～工业|～农业。

【现代化】xiàndàihuà 动。使具有现代先进科学技术水平；不带宾语：农业也要～。可作定语，要加助词"的"：～的工业和农业。可作宾语：努力实现工业～。

【现代戏】xiàndàixì 名。指以现代社会生活为题材而具有时代特点的戏剧：这个剧团今年上演了好几台～|他们演出的～深受观众欢迎。

【现货】xiànhuò 名。现成的、可以当时交付的货物：欲售烧鸡，本店有～出售。

【现今】xiànjīn 名。当今，目前；包括比较长的一段时期：～，大家要为建设祖国出力。

【现金】xiànjīn 名。(1)现款，有时也包括可以提取现款的支票等：～短缺|现在手头没有～。(2)银行库存的货币。

【现任】xiànrèn ❶动。现在担任；一般以某种职务作宾语：他～中学校长。❷形。现在任职的；不加程度副词，不单独作谓语，作定语：～厂长原是一车间主任。

【现身说法】xiàn shēn shuō fǎ 成。原为佛教用语，指佛的神通广大，能因对象不同而出现种种身形，向人宣讲佛法。后比喻以亲身经历或遭遇为例，说服、劝导别人：他～，讲了自己刻苦学习的情况，使大家很受启发。

＊"现身说法"和"言传身教"："现身说法"强调以自己的经历、遭遇作例证，

多用于讲解、劝导;"言传身教"强调以自身的行动言语作榜样,多用于教育方面。"现身说法"可用于各种各样的人;"言传身教"一般用于领导、长辈或其他受尊敬的人。

【现实】xiànshí ❶名。指客观存在的事物:理想变成了~。❷形。合乎客观情况的;他这样处理很~|这是一种非常~的态度。

【现实主义】xiànshí zhǔyì 词组。文学艺术的基本创作方法之一,提倡通过典型人物、典型环境的描写,反映现实生活的本质。旧称写实主义。

【现世】xiànshì ❶名。今生今世,这一辈子:刘老汉~受了苦,一心希望来世不再受苦。❷〈方〉动。出丑,丢脸;不带宾语,常用"活"作状语:他竟醉得疯疯颠颠,当着众人活~。

【现下】xiànxià 〈口〉名。目前,当前:~,正是农忙季节。

【现象】xiànxiàng 名。事物在发展、变化中所表现出来的外部形式:雷电是一种自然~|这种腐败~是不能容忍的。

【现行】xiànxíng 形。不加程度副词,不单独作谓语,作定语。(1)现在施行的,现在有效的:~措施|~规定。(2)正在进行或不久前曾进行的;多指犯罪活动:~犯|~反革命活动。

【现眼】xiànyǎn 〈方〉动。丢脸,出丑;;不带宾语:不说出这句台词就要~了。常与"丢人"并用:快回去吧,不要在这里丢人~了。

【现洋】xiànyáng 名。旧指银元。也叫现大洋。

【现役】xiànyì ❶名。公民自应征入伍之日起到退伍之日止所服的兵役:每个适龄青年都要报名服~。❷形。正在服兵役的;不加程度副词,不单独作谓语,作定语。~军人。

【现在】xiànzài 名。指说话的时候,也包括说话前后的一段时间;区别于"过去"或"将来":~正是春耕大忙季节。作定语、状语:我们学校的教学设备好多啦!|~,草原多么美啊!

【现状】xiànzhuàng 名。目前的状况:我们厂~亟待改变|打破~|维持~。

县(縣)

xiàn ❶名。省级以下的一种行政区划。❷〈古〉同"悬xuán"。

【县份】xiànfèn 〈方〉名。县;不用在专名之后,量词用"个":我们那儿是个小~。

【县治】xiànzhì 名。旧称县政府所在地。

【县志】xiànzhì 名。记载一个县的历史、地理、风俗、人物、文教、物产等的专书。

限

xiàn ❶名。指定的范围,一般作"为"的宾语:报名日期以六月底为~。❷动。指定范围,不可超过:参加人数不~。常带宾语或补语:作文要~字数|~得太死了。可带动词性词组作宾语:修ır~三个月完工。

【限定】xiàndìng 动。在数量、范围等方面作出规定:完成日期要~。常带宾语或补语:要~参加会议的人数|~在50人以内。

【限度】xiàndù 名。指某一范围中最高或最低的数量或程度:最大~|我们的容忍是有一定~的。

【限额】xiàn'é 名。限定的数额,指完成一定的生产任务或工作量在材料消耗和费用支出等方面所规定的限度。经济方面特指各类企业基本建设投资的规定数额。

【限价】xiànjià ❶动。在物价管理上,国家和有关部门某一时期对某些商品规定价格;不带宾语:农贸市场对大路蔬菜也不~了。❷名。指规定的价格:这种商品的最高~是四元。

【限量】xiànliàng 动。限定止境、数量;不带宾语,可带补语:前途不可~|乘客每人随身携带的物品~在十公斤。

【限期】xiànqī ❶动。指定日期不许超过;不带宾语:给你的任务不~,随便你什么时候完成。常用在其他动词前,作状语:工程要~完工|~报到。❷名。指定的、不得超过的日期:完成这项工作给你三天的~。

【限于】xiànyú 动。受到某些条件或情况的限制,局限在一定的范围之内;不单独作谓语,须带宾语: ~水平,回答问题不一定能使大家满意。可带主谓词组作宾语: ~人力不足,暂时不能动工。

【限制】xiànzhì ❶动。不许超过规定的范围,受一定的约束:参加人数不～。常带宾语或补语:作文要～字数|讨论范围～得太窄了。可带动词性词组作宾语:有生理缺陷的人,～报考某些专业。❷名。规定的范围:录取人数有一定的～。

线(綫) xiàn

❶名。(1)用丝、棉、麻或金属等制成的细长而可以任意曲折的东西;量词用"根、绺、段"等:这根～已经断了|你到店里去买一绺～吧。(2)几何学上指一个点任意移动所构成的图形,有直线和曲线两种;量词用"条":这条～画得不直|这是不相交的两条～。(3)线索:要循着这条～追下去。(4)指政治路线、思想路线;多作"上"的宾语,并与"上纲"并用:有错误可以批评,但不要随便上纲上～。❷量。抽象事物,数词限用"一":一～光明|一～生机。❸〈素〉(1)细长像线的东西:光～。(2)交通路线:航～|京沪～。(3)边缘交界的地方:前～|防～。(4)比喻所接近的某种边际:生命～|死亡～。

【线段】xiànduàn 名。直线上任何两点间的有限部分:这两条～不等。

【线路】xiànlù 名。电流、运动物体等所经过的路线:无线电～|公共汽车～。
　*"线路"和"路线":"线路"的修饰语一般都是具体的,如"运输线路"、"导电线路";"路线"的修饰语可以是具体的,也可以是抽象的,如"行军路线"、"政治路线"。

【线索】xiànsuǒ 名。比喻事情发展的脉络或探求问题的门径;量词用"条、个":文艺作品中的主要～往往只有一条,其他～围绕主要～来展开|他提供了破案～。

【线条】xiàntiáo 名。(1)绘画时勾画的曲、直、粗、细的线;量词用"根":这根～画得不直。(2)人体或工艺品轮廓的曲度:～美|游泳运动员的身体～优美。

【线装】xiànzhuāng 名。我国传统的书籍装订法的一种。装订时把印页依中缝折正,理齐书口,前后加封面,切齐毛边后连同封面打孔穿线、装订成书,为防止损坏,有时外加硬纸布面的书函(书套),或上下夹以木板,用带扎紧:现在出版的书大多不用～。常作定语:我们图书馆有许多～书。

宪(憲) xiàn 〈素〉(1)法令:～章。(2)宪法:～政|立～。

【宪兵】xiànbīng 名。某些国家的特种军事政治警察:他当过～|他被几个～抓走了。

【宪法】xiànfǎ 名。国家的根本法。通常规定一个国家的社会制度、国家制度、国家机构、公民的基本权利和义务等。是统治阶级意志的集中表现。具有最高的法律效力,是其他立法工作的根据。

【宪章】xiànzhāng ❶名。(1)某个国家具有宪法作用的文件:英国大～。(2)规定国际机构的宗旨、原则、组织的文件:联合国～。(3)〈古〉典章制度:朝廷～,触犯不得。❷〈古〉动。效法:仲尼祖述尧舜,～文武。

【宪政】xiànzhèng 名。指依据宪法和法律进行治理的政治制度,特指民主的政治:实行人民民主～。

陷 xiàn

❶动。一般不带宾语,常带补语。(1)掉进去,沉入:汽车～在泥坑里了。(2)凹进去:病了几天,眼睛明显～下去了。(3)比喻落人不利的境地:～在敌人的包围之中。❷〈素〉(1)被攻破,被占领:沦～。(2)谋害:～害|诬～。(3)不足,缺点:缺～。

【陷害】xiànhài 动。设计害人:他被二麻子～了。可带宾语:不能让这家伙～好人。

【陷阱】xiànjǐng 名。(1)捕捉野兽或敌人的坑,上面浮盖伪装物,踩上去就会掉进坑里:黑熊掉进～里了。(2)比喻为害人而设计的圈套:这是他设的～,千万不能大意。

【陷落】xiànluò 动。(1)地面或其他物体表面的一部分下沉,一般不带宾语,可带补语:由于地壳～而形成了这个盆地|这儿地面～很厉害。(2)落在不利的境地;常带宾语或补语:～敌手|她害怕自己会～在不幸的命运里。(3)领土被敌人占领:这个城市～以后,敌人就开始蓄谋已久的血腥大屠杀。常带宾语或

补语：近来又～了几座城池|这座城市已～两年之久。

【陷入】xiànrù 动。常带宾语。(1)落入；多指某些不利的境地：～泥潭|敌人～了我军的包围圈。(2)比喻深深地陷进；多与境界、思想活动等搭配：～深思|难以自拔的困惑之中。

【陷身】xiànshēn 动。身体陷入；常带处所宾语或补语：～囹圄|～于泥坑。

【陷阵】xiànzhèn 动。冲入敌阵；不带宾语，多与"冲锋"并用：战士们在战场上冲锋～。可作定语：要做冲锋～的勇士，莫做畏葸胆怯的懦夫。

馅 xiàn 名。(～儿)包在糕粗、包子等米面食品中的咸或甜的芯子。

羡(羨) xiàn ❶〈素〉(1)因喜爱而希望得到：～慕|歆～。(2)多余的：～余。❷姓。

【羡慕】xiànmù 动。看到别人的长处、好处或有利条件等希望自己也能有；常带宾语或补语：我～他的成绩|你的口才我～得很。可带主谓词组作宾语：我～他有一副好嗓子。可加程度副词：他非常～我有这么一个贤内助。

线 xiàn ❶同"线"。❷姓。

腺 xiàn 名。生物体内具有分泌功能的组织或器官。如人体内的汗腺、甲状腺，花的蜜腺。

献(獻) xiàn 动。常带宾语或补语。(1)恭敬而又庄严地送给；用于对集体或尊敬的人：愿为祖国～青春|他～了两次血。可带双宾语：～她一束花。(2)表现给别人看：这个人很会～殷勤|他把自己的技术～出来给大家看。

【献宝】xiànbǎo 动。不带宾语，可拆开用。(1)献出珍贵的物品：每年要向皇上～。(2)比喻提供经验或意见等：欢迎您来厂～|我们没有什么经验，不敢～。(3)比喻向别人显示自己的东西或夸耀自以为新奇的东西；含贬义：你别～了，谁爱看？|她向大家献了自己的宝，可是大家并不觉得新奇。

【献丑】xiànchǒu 动。向人表演技能或写作等的时候，表示自己能力差；谦辞，不

带宾语：大家要我唱，我只得～了。可拆开用：我只献这一次丑，请多多包涵。

【献词】xiàncí 名。表示祝贺的话或文字：元旦～。也作献辞。

【献计】xiànjì 动。贡献计策；不带宾语：怎样提高产品质量，请大家来～。可拆开用：纷纷献了计。

【献礼】xiànlǐ 动。为表示敬意或祝贺而献上礼物；不带宾语：向国庆～。可作定语：这是我的～作品。可拆开用：献了礼以后表演文娱节目。

【献媚】xiànmèi 动。为了达到自己的目的，故意做出讨人欢心的姿态或举动；不带宾语，含贬义：向敌人～。可带补语：～于新主子。

【献身】xiànshēn 动。把自己的全部精力或生命献给祖国、人民或事业：为革命～。常带宾语或补语：青年学生要立志～科学、～社会|～于教育事业。可拆开用：他为革命献了身。

【献殷勤】xiàn yīnqín 词组。做出热情的态度或行动，小心伺候，以讨好巴结别人：他在女友面前大～。

霰 xiàn 名。天空中降落的白色不透明小冰粒，多在下雪前或下雪时出现。又叫雪子、雪糁(shēn)。

xiāng（ㄒㄧㄤ）

乡(鄉) xiāng ❶名。(1)农村；与"城"相对：城～交流|县长今天上午下了～。(2)行政区划的基层单位，由县或县以下的区领导：这个～的水利建设很好。❷〈素〉(1)自己生长的地方或祖籍：故～|家～。(2)本地的：～土。

【乡愁】xiāngchóu 名。怀念家乡的悲伤忧愁心情：一缕缕的～萦绕心头。

【乡村】xiāngcūn 名。人口较城镇分散、主要从事农业生产的地方：～女教师。

【乡井】xiāngjǐng 〈书〉名。家乡：远离～。

【乡里】xiānglǐ 名。(1)家庭久居的地方；指小城镇或农村：～父老。(2)同乡的人：我们是～。

【乡僻】xiāngpì 形。距离城市较远而又偏僻：这里是比较～的地方。

【乡亲】xiāngqīn 名。(1)同乡的人：我

们是～。(2)对农村当地人民的称呼：关心～们的疾苦。

【乡曲】xiāngqū 〈书〉名。指离城市远而偏僻的地方：久居～,孤陋寡闻。

【乡绅】xiāngshēn 名。旧指乡间的绅士：范家儿子中了举,连从来看不起他家的一些～也赶来祝贺。

【乡试】xiāngshì 名。明清两代在各省省城(包括京城)举行的考试,每三年的秋季举行一次,考中的人称举人。第一名称解元。举人可参加次年春天在京城举行的会试。

【乡思】xiāngsī 名。在外地的人想念家乡的心情：缕缕～,涌上心头。

【乡土】xiāngtǔ 名。本乡本土；一般作定语：～气息 | ～文学 | ～教材。

【乡谊】xiāngyì 〈书〉名。同乡的情谊：绵绵～绕心头。

【乡音】xiāngyīn 名。家乡的口音：他说话～很重。

【乡愿】xiāngyuàn 〈书〉名。旧指在乡里言行不一、欺世盗名的人。也作乡原。

【乡镇企业】xiāngzhèn qǐyè 词组。指我国农村中乡、村、镇个人或集体兴办的企业。

【乡梓】xiāngzǐ 〈书〉名。故乡：服务～| 热心于～的教育事业。

芗(薌) xiāng ❶名。古书上指用以调味的香草。❷同"香"。

【芗剧】xiāngjù 名。地方戏曲剧种之一,流行于台湾、福建南部芗江(九龙江中部)一带。由漳州、芗江一带的"锦歌、采茶"和"车鼓"等民间艺术形式流传到台湾后汇合形成的"歌仔戏"发展而来,形成于清末。

相 xiāng ❶副。(1)互相；一般用在动词前面,表示两个或者几个方面在动作行为上的关联：二者～结合 | 比分～差无几。(2)表示一方对另一方的行为或态度；一般用在单音节动词之一,真诚～待 | 以兄长～称。❷动。亲自观看,常带补语：这块布她～不中。❸姓。

＊"相"和"互相"："相"多用于书面语,"互相"不限。"相"多修饰单音节动词,"互相"一般不能修饰单音节动词。"相"修饰双音节动词,限于某些俗语,如：两相情愿；"互相"不限。
另见xiàng。

【相安无事】xiāng ān wú shì 成。相：互相；安：安定、安稳。彼此间没有什么争执或冲突,和平相处：大家住在一起倒也～。

【相称】xiāngchèn 形。两者配合得合适,相当：你说这种话跟你的身份不～|这对小夫妻无论年纪、相貌,还是文化程度都很～。

【相持】xiāngchí 动。双方互不相让,坚持对立；不带宾语,可带补语：双方争论,～不下。可作定语：1941年,抗日战争进入～阶段。

【相处】xiāngchǔ 动。彼此生活在一起,或彼此接触来往；不带宾语,可带补语：他们～得很好 | 我俩～多年,关系十分融洽。

【相传】xiāngchuán 动。(1)长期以来一代一代传说下来；指关于某种事物的说法不是确有根据,而是听到别人辗转传说的,可用在句首,也可用在句中：～这儿是孟姜女哭倒长城的地方 | 我家的后面有一个很大的园,～叫做百草园。(2)传递,传授；多用在比较固定的组合中：一脉～。

【相当】xiāngdāng ❶动。两方面差不多,配得上或能够相抵；多指数量、价值、条件、情形等,不带宾语,可带补语：实力～|年纪～|文化程度～于大学毕业的水平。❷形。合适,适当：他干这项工作很～|找不到～的人来接替他的工作。❸副。表示程度高,但不到"很"的程度：这出戏演得～好。注意：副词"相当"主要修饰形容词,后面一般不用助词"地"。有时候,被修饰的形容词也可以省略,直接用在名词的前面,如"相当强的实力",可以说成"相当的实力"。

【相得益彰】xiāng dé yì zhāng 成。相得：互相配合,映衬；益：更加；彰：显著。两者互相配合协助,双方的优点和长处就更能显露出来：画面用绿叶衬托着娇艳的花朵,互相辉映,～。

【相等】xiāngděng 形。相同,一样；一般指数目、分量、程度等,不加程度副词,多作谓语：这两个铁球的重量～。

【相对】xiāngduì ❶形。不加程度副词。(1)哲学上指依靠一定条件而存在,随着一定条件而变化的;与"绝对"相对: 运动是绝对的,静止是~的。(2)比较的: 甲队有~的优势|~地说,他的论点比你的正确。❷动。不带宾语。(1)相互对立;一般指性质相对的两种事物: 真与假~,善与恶~,美与丑~。(2)相互对峙: 人民英雄纪念碑和天安门遥遥~。

【相对真理】xiāngduì zhēnlǐ 词组。在总的宇宙发展过程中,人们对客观世界发展的某一阶段具体过程的正确认识。它是对客观世界近似的、不完全的、相对正确的反映。无数相对真理的总和就是绝对真理。相对真理和绝对真理是辩证统一的,绝对真理存在于相对真理之中,并通过相对真理表现出来。

【相反】xiāngfǎn ❶形。事物的两个方面互相矛盾,互相排斥;不加程度副词,多作谓语: 一个往南,一个朝北,方向正好~|他们俩的性格~。❷连。用在后一分句开头或句中,表示同上文意思相互对立或表示对比,起转折或递进作用,可加"恰恰、正、刚好、完全"等: 吸烟不但毫无益处,~倒有很多害处|父亲不仅不责怪我,恰恰~,给了我很多鼓励。

【相反相成】xiāng fǎn xiāng chéng 成。相反的事物可以互相促成。现通常指相反的事物有同一性: 失败与成功是~的,在一定条件下,失败可以变为成功,成功也可以变成失败。

【相仿】xiāngfǎng 形。差不多,大体相同: 我们俩年纪~,性格相近,很合得来|这两种颜色有些~。

【相逢】xiāngféng 动。相遇,相碰;多指偶然的,不带宾语,可带补语: 萍水~|~在桔子洲头。

【相符】xiāngfú 形。彼此一致: 名实~|他的供词跟我们调查的情况完全~。

【相辅相成】xiāng fǔ xiāng chéng 成。辅: 辅助,补充。形容两件事物关系密切,互相补充、配合,相互促成: 怎样才能提高学生的语文成绩呢?搞好课堂教学和指导学生多读课外书,这二者是~、互相促进的。

【相干】xiānggān 动。互相关连或牵涉,有关连;不带宾语或补语,多用于否定句或反问句: 小刘爱干什么干什么,跟她不~|这件事我一点也不知道,与我有什么~?

*"相干"和"相关": "相干"一般不用于肯定句;"相关"则较多地用于肯定句。

【相关】xiāngguān 动。互相关连;不带宾语或补语: 体育与健康密切~。可作定语: ~的条件|~事件。

【相好】xiānghǎo ❶形。彼此感情融治,关系亲密: 黑大个儿与小胖子素来很~,形影不离。❷动。恋爱;多指不正当的,不带宾语: 秋香不知又和谁~了。❸名。(1)亲密要好的朋友: 他俩是多年的~。(2)一对恋人的一方;多指不正当的恋爱的一方: 这个俊俏的女人是他的~。

【相互】xiānghù ❶副。表示两个事物进行相同的动作或具有相同的关系;作动词的状语,一般不修饰单音节动词: ~学习|~信任|~联系|这两方面是~促进的。❷形。两相对待的;不加程度副词,不单独作谓语,多作定语: ~作用|~关系。常与"间"或"之间"组成方位词组作定语或状语: 他们~间的共同语言真多|两国人民~之间的友谊是永存的|他们虽不在一地,但~间一直保持联系。

*"相互"和"互相": 作状语时可以换用。但"相互"是副词兼形容词,可修饰动词和少数名词,"互相"只是副词,只修饰动词,不修饰名词。"相互"可以同"间"或"之间"组成方位词组作定语;"互相"一般不能这样用。

【相继】xiāngjì 副。一个接一个,表示动作行为前后没有中断或相隔不远,作动词的状语: 各省市的语言学会~成立了。

【相间】xiāngjiàn 动。事物和事物一个隔着一个;不带宾语: 疏密~|黑白~|在飞机的左前方,那黄色的沙漠上有一团醒目的红白~的东西。可作状语: 沿岸~地栽着桃树和柳树。

【相见恨晚】xiāng jiàn hèn wǎn 成。以相互认识太晚为恨事,形容情意极为相投: 他俩志同道合,一见如故,大有~之感。

【相敬如宾】xiāng jìng rú bīn 成。宾: 宾客。形容夫妻之间互相敬重,就像对待宾客一样：夫妻情笃,～。

【相礼】xiānglǐ 见"襄礼"。

【相亲相爱】xiāng qīn xiāng ài 成。形容关系密切,感情深厚：牛郎织女～地生活了几年,就被王母娘娘拆散了。

【相扰】xiāngrǎo 动。不带宾语。(1)互相打扰,影响对方：虽都住三楼,却各不～。(2)打扰；请别人做事或麻烦别人时的客套话：无事不敢～。

【相忍为国】xiāng rěn wèi guó 成。为了国家的利益而作一定的让步：现在大敌当前,强兵压境,我们所有的人都要～,不能再火并了。

【相濡以沫】xiāng rú yǐ mò 成。《庄子·大宗师》："泉涸,鱼相与处于陆,相响(xū,吐口水)以湿,相濡以沫,不如相忘于江湖。"濡：沾湿；沫：唾液。本指泉水干涸后,鱼儿相互吐沫来润湿对方。后比喻人同处困境,以微薄之力相互救助：在那些困难的日子里,他们～,互相鼓励,倒也过得很愉快。也说相呴相濡。

＊"相濡以沫"和"同舟共济"："相濡以沫"强调以极其微薄的力量相助；"同舟共济"强调同处困境,要共渡难关。"相濡以沫"只用于人与人之间；"同舟共济"使用较广,家与家之间,国与国之间都可以用。

【相商】xiāngshāng 动。互相商量,商议；不带宾语：今有要事与您～。

【相识】xiāngshí ❶动。彼此认识；不带宾语：他们早就～了。可带补语：～多年。❷名。指原来就认识的人：咱俩见过几次面,是老～了。

【相思】xiāngsī 动。互相思念；多指男女之间互相爱慕却又无法接近而引起的思念,不带宾语,可带补语：小夫妻婚后三天便分离了,从此两颗心天各一方,朝夕～,难以自持｜一对有情人～多年,终成眷属。

【相似】xiāngsì 形。相像,差不多：这两人有许多～的地方｜姐妹俩很～。

【相提并论】xiāng tí bìng lùn 成。相提：相比,相对照；并：齐,不分高下地放在一起。把不同的人或事物不加区别地混在一起来谈论或看待；多用于否定式：怎么能拿犯了错误的好人跟敌人～呢？｜这些拙劣的仿作是不能同原著～的。

【相通】xiāngtōng 动。指事物之间彼此相连,互相沟通；不带宾语：人民代表与人民是息息～的。

【相同】xiāngtóng 形。彼此一致或一样,没有区别：同义词有～的地方,也有不同的地方｜今年的招生数与去年大体～。

【相投】xiāngtóu 形。彼此十分合得来；多指思想感情、趣味等,多作谓语：臭味～｜情意～｜他们俩脾气很～。

【相像】xiāngxiàng 形。彼此有相同点或共同点：姐妹俩非常～｜这两者有不少～的地方。

【相信】xiāngxìn 动。认为正确或确实而不怀疑：这个消息我不～。常带宾语或补语：要～群众｜这些流言可～不得。可带主谓词组作宾语：大家～你能完成这项任务。可加程度副词：我很～他的话。

【相形】xiāngxíng 动。相互对照、比较；不带宾语：～之下,小梅稍差一点。常用在比较固定的组合中：～见绌｜～失色。

【相形见绌】xiāngxíng jiàn chù 成。绌：不够,不足。互相比较一下,就显出一方的不足之处：和你的大作一比,我的就～了。

【相形失色】xiāngxíng shī sè 成。失色：失去光彩。指与同类事物相比,显得相差很远：小太阳花很美,但放在富丽堂皇的牡丹旁边就～。

【相沿】xiāngyán 动。依照旧的一套去做；不带宾语,可带补语：这种风俗～已久。常用在比较固定的组合中：～成俗｜～成习。

【相依为命】xiāng yī wéi mìng 成。互相依靠着生活,谁也不能离开谁：他与八十高龄的老母～。

【相宜】xiāngyí 形。适宜,合适：他做秘书工作很～｜没有～的人选。

【相应】xiāngyīng 动。旧式公文用语。应该的意思,常用于平行机关：～咨复｜～函达。

【相应】xiāngyìng 动。互相呼应或照应,相适应,相符合；不带宾语：文章首尾～。

可作状语：对象不同，教学内容就要~地改变。

【相映】xiāngyìng 动。互相衬托对照；不带宾语，可带补语：丹枫翠柏，红绿~｜西山的秋色比春光更加绚丽｜湖光塔影，~成趣。

【相与】xiāngyǔ ❶动。互相交往，相处；不带宾语：这人生性怪癖，很难~。❷副。相互：~议论。❸名。旧指相处得好的人。

【相知】xiāngzhī ❶动。相互交往而又互相了解，表示感情深厚，不带宾语，可带补语：~有素｜~恨晚。❷名。相互了解、感情深厚的朋友。

【相左】xiāngzuǒ〈书〉动。相违背，互相不一致；不带宾语或补语：他与厂长意见~｜她觉得环境和她的自我总是~，永远不能恰好地吻合。

厢(廂) xiāng〈素〉(1)正房两边的房子：~房｜东~｜西~｜南~。(2)类似房子一样分隔开的地方：包~｜车~。(3)靠近城的地区：城~。(4)边，方面；多见于早期白话：这~，那~。

湘 xiāng ❶水名用字。湘江，发源于广西，流入湖南。❷名。湖南的别称。

【湘剧】xiāngjù 名。湖南地方戏曲剧种之一，有长沙湘剧、衡阳湘剧等。广义的湘剧还包括祁剧。约有三、四百年历史。

【湘绣】xiāngxiù 名。湖南出产的刺绣，特点是强调颜色的阴阳浓淡，色彩鲜明。

缃 xiāng〈古〉名。浅黄色。

箱 xiāng ❶名。(~子)收藏衣物的方形器具，大多用皮子、木板、铁皮、塑料等制成，通常有盖。❷〈素〉像箱子一样的东西：风~｜信~。

【箱笼】xiānglóng 名。泛指出门时携带的各种盛衣物的器具。

香 xiāng ❶形。(1)本指谷类成熟后的气味，引申为气味美；与"臭"相对：花好～啊!(2)食物味道鲜美：糖醋鳜鱼吃起来真～。(3)形容舒服：干了一天活，吃也～，睡也～｜今晚睡得很～。(4)比喻受欢迎：这种人才在我

们单位一得很｜水仙牌洗衣机在市场上很~。❷名。用木屑搀香料做成的细条，燃烧时发出好闻的气味。旧俗在祭祀祖先或神佛时用，有的加上药物，可以熏蚊子。❸姓。

【香案】xiāng'àn 名。旧时放置香炉的长条桌子。

【香馥馥】xiāngfùfù 形。形容香味很浓；不加程度副词，常带助词"的"：桂花一开，满院子~的。

【香会】xiānghuì 名。旧时民间为朝山进香而组织的群众团体。

【香火】xiānghuǒ 名。(1)燃着的线香、棒香或盘香上的火。(2)相信迷信的人供佛求神时点的香或灯火：这座庙里近来~很盛。(3)庙祝，寺庙中管理香火杂务的人。(4)旧指迷信的人供神拜佛、祭祀祖先的事情。也指子孙祭祀祖先的事情：断了~(旧指绝了后代，特指没有儿子)。

【香精】xiāngjīng 名。用数种天然香料与人造香料按适当比例调合制成的混合香料。按用途，香精又分为化妆、皂用、食用、烟用四大类，直接用于日用化学工业和食品工业生产中。

【香客】xiāngkè 名。朝山进香的人：西湖灵隐寺里~熙来攘往｜大厅里挤满了各地来的~。

【香奁】xiānglián 名。古时称妇女盛放香粉、镜子等类的盒子；量词用"只"。

【香料】xiāngliào 名。在常温下能挥发出香味的有机物质。按其来源，可分天然产与人工制造两大类。天然香料从动物或植物中取得。人造香料是利用化学原料，通过加工而生产的。用于制造化妆品，食品等。

【香喷喷】xiāngpēnpēn 形。形容香气扑鼻；不加程度副词，常带助词"的"：~的大米饭。

【香甜】xiāngtián 形。(1)既香又甜：这瓜味道~可口｜这道菜很~。(2)形容睡得非常舒服：在自己家里，晚上睡得格外~。

【香烟】xiāngyān 名。(1)用纸裹着烟丝和配料，卷成条状物，供吸用。也叫纸烟、卷烟、烟卷儿。(2)燃着的香所生的烟：~

缭绕。(3)旧指子孙祭祀祖先的事情：断了～。也说香火。

【香艳】xiāngyàn 形。旧时形容词藻华丽或内容涉及闺阁的诗文，也形容色情的小说、电影等。

【香泽】xiāngzé 〈书〉名。(1)润发用的香油：～不能化嫫母。(2)香气；一般指女性：兰露滋～。

襄

xiāng ❶〈素〉帮助：～助｜～理。❷姓。

【襄礼】xiānglǐ 也作相礼。❶动。旧时举行婚丧祭祀时，协助主持者完成仪式：此事可请老张～。❷名。担任这种事情的人：大家议定由李先生担任～。

【襄理】xiānglǐ 名。旧指规模较大的企业或银行中协助经理主持业务的人：张先生担任过交通银行的～。

【襄助】xiāngzhù 〈书〉动。从旁边、侧面帮助：感激他来～。可带宾语：请他～你。可带主谓词组作宾语：参谋长正～司令员处理军机。

骧

xiāng 〈古〉动。(1)马抬头奔跑。(2)头仰起，上举。

瓖

xiāng 同"镶"。

镶

xiāng 动。把一物体嵌入另一物体内或在物体外围加边；常带宾语或补语：～花边｜这条边～得很好看。

【镶嵌】xiāngqiàn 动。把一物体嵌入另一物体体内；常带宾语或补语：门框四周～了铁条｜两只龙眼睛～得正合适。

xiáng (ㄒㄧㄤˊ)

详

xiáng 〈素〉(1)详细：～尽｜～情｜～略｜不厌其～。(2)说明，细说：内～｜面～。(3)清楚：不～｜未～。

【详尽】xiángjìn 形。详细全面，没有遗漏：分析｜他向来宾～介绍了本县的情况。

＊"详尽"和"详细"："详尽"除表示周密的意思外，还表示全面完备的意思；"详细"主要表示周密细致的意思，没有全面完备的意思。"详尽"一般不加程度副词；"详细"可加程度副词。

【详密】xiángmì 〈书〉形。详细而周密：指挥部为全面施工做好了极其～的安排。

【详明】xiángmíng 形。详细而清楚、明白：内容～｜张老师讲地理课～易懂。

【详实】xiángshí 见"翔实"。

【详细】xiángxì 形。周密而细致；与"简略"相对：内容很～。可重叠：详详细细地介绍了事情发生的经过。

＊"详细"和"仔细"："详细"多指表达的内容或叙述的事情周密完备，与"简略"相对；"仔细"一般指人做事的态度细心、认真，可与"马虎"相对。"详细"只作形容词；"仔细"除作形容词外，还可作动词，表示"小心、当心"的意思。

庠

xiáng 名。古代的学校。

【庠序】xiángxù 名。西周时指地方办的乡学。旧时用来泛指学校或教育事业。

【庠生】xiángshēng 名。指科举制度中府、州、县学校的生员。

祥

xiáng ❶〈素〉吉利，好：吉～｜～瑞｜不～。❷姓。

【祥和】xiánghe 形。慈祥和善：老大爷挺～。

【祥瑞】xiángruì 名。指好事情的兆头或征象：这场大雪是丰年的～。

降

xiáng 动。(1)投降，归顺：宁死不～。可带宾语：吴三桂～了清兵。(2)降伏，使驯服；须带宾语：孙悟空～了铁扇公主｜一物～一物。

另见jiàng。

【降伏】xiángfú 动。制伏，使驯服：这头牛终于被我～了。常带宾语或补语：一定要～敌人｜他呀，连个小马驹也～不了。可拆开用：降不伏他。

＊"降伏"和"征服"："降伏"一般用于人或有生命的东西；"征服"既可用于人或有生命的东西，也可用于无生命的事物，如"征服珠穆朗玛峰"。

【降服】xiángfú 动。(1)投降，屈服；一般不带宾语：敌人举起双手，表示～。(2)战胜对方，使服从；多带宾语：要想办法～他。用于被动句可不带宾语：那几个小流氓都被你～了，真了不起。

【降龙伏虎】xiáng lóng fú hǔ 成。降：使驯服；伏：制服。佛经故事说，一些高僧能用法力降伏龙虎。后用"降龙伏虎"来比喻力量强大，能够战胜一切困难：

翔享响饷飨想 xiáng-xiǎng 1179

孙悟空一路～，护送师父到西天取经｜这支英雄的石油工人队伍辗转祖国各地，～，拿下了一个个大油田。

翔 xiáng 〈素〉盘旋地飞而不扇动翅膀：飞～｜滑～｜翱～。

【翔实】xiángshí 形。详细而确实：资料很～｜叙述～｜可信。也作"详实"。

xiǎng（ㄒㄧㄤˇ）

享 xiǎng 动。享受：你是有福不会～。常带宾语或补语：你别老～现成的，也该亲自动动手｜我干惯了活儿，休息在家真难受，看来我～不了这个清福。

【享乐】xiǎnglè 动。享受安乐；不带宾语，常用于贬义：他只会～，不肯吃苦。常作"贪图、追求"等动词的宾语：贪图～的思想是要不得的。可作定语：～的人｜～思想。可重叠：享享乐。

【享年】xiǎngnián 名。称死去的人活的岁数；敬辞，多指老人：～81岁。

【享受】xiǎngshòu 动。在物质上或精神上得到满足：劳动果实归劳动人民自己～。常带宾语或补语：～公民权利｜这种特权～不得。可带谓词作宾语：～照顾｜～温暖。可重叠：年纪大了，也该～～了。

【享用】xiǎngyòng 动。享受使用：美酒佳肴任你～。常带宾语或补语：他坐在桌旁，正在一只只烧鸡｜他家似乎有～不尽的财富。

【享有】xiǎngyǒu 动。在社会上取得，被法律或舆论所承认，一般用于权利、待遇、声誉、威望等，须带宾语：苏绣在全世界历来～盛名｜张老师在我们学生中～很高的威望｜在我国男女～同等的权利。

响（響） xiǎng ❶动。(1)发出声音：枪～了。常带宾语或补语：全场～起了热烈的掌声｜铃～了一阵。(2)使发出声音：须带宾语：～枪｜～了几声锣。❷形。声音大，响亮：她的嗓音很～｜鞭炮声～得震耳朵。❸〈素〉回声：～应｜影～。

【响彻云霄】xiǎng chè yún xiāo 成。彻：透过；云霄：云层，指高空。形容声音极响亮大，能够穿透云层；多用于歌声、

乐声、口号声、欢呼声、呐喊声等：欢呼声伴随着锣鼓声。

【响当当】xiǎngdāngdāng 形。不加程度副词，常带助词"的"。(1)形容敲打的声音响亮：锣鼓敲得～的。(2)比喻过硬、出色或有名气：他是个～的劳动模范。

【响动】xiǎngjidong 名。动静，动作的声音：木箱里什么～也没有｜他听到房子上面有～。

【响遏行云】xiǎng è xíng yún 成。遏：阻止。声音响彻四方，把飘动着的云也阻止了；形容歌声嘹亮：牧女们那～的歌声顺风飘荡过来，把这一伙带着酒意的人吸引住了。

＊"响遏行云"和"响彻云霄"："响遏行云"侧重于优美动听；"响彻云霄"侧重于声音大而高亢。"响遏行云"一般用来形容歌声；"响彻云霄"应用范围广得多，各种巨大的声音都可用。

【响箭】xiǎngjiàn 名。射出时能发出响声的箭。古代用来发布信号。

【响亮】xiǎngliàng 形。(1)声音大而宏亮：歌声多么～！(2)闻名于众：这个～的名字就是列宁。

【响马】xiǎngmǎ 名。旧称拦路抢劫别人财物的强盗，因抢劫时先放响箭而得名。

【响晴】xiǎngqíng 形。形容天空晴朗无云；不加程度副词，多作定语：～的天空中，飞来一只鹰｜今儿又是个～的天。

【响音】xiǎngyīn 名。语音学上指元音(如a、o、e)和乐音成分占优势的辅音(如m、n等)，有时专指后者。

【响应】xiǎngyìng 动。回声相应，比喻言行表示赞同和支持某种号召或倡议：对他们的倡议，大家都热烈～。常带动词作宾语：～号召｜～祖国的召唤。可作"得到"等动词的宾语：这一倡议得到与会代表的一致～。

饷 xiǎng ❶名。(1)旧指薪金；多指军警等的薪金：今天领了～。(2)〈方〉指工资：关～。❷同"飨"。

飨（饗） xiǎng 〈书〉动。用酒食款待人，喻指满足别人的需要，须带宾语：以～读者。

想 xiǎng 动。常带宾语。(1)开动脑筋，思索：～办法｜～主意。可带

1180 xiǎng-xiàng 想鲞向

动词性词组或主谓词组作宾语：我在～带些什么东西送给朋友｜请你～一下这道题应该怎样做。可带补语：这个问题我～清楚了。(2)回想，回忆：他在～当时的情景。可带补语：他的名字我～不起来了。可带主谓词组作宾语：请你～一下这个人有多大年纪。(3)推测，认为；常带动词性词组或主谓词组作宾语：我～可能是路上出了事｜你～他接到这封信后会回信吗？(4)希望，打算；常带动词性词组或主谓词组作宾语：他～当飞行员｜他～你是肯教他学开汽车的。可加程度副词：我很～到西藏去作一次生物考察。(5)怀念，想念；身在异国怎么能不～祖国呢？可带补语：～你们～了好多年。可加程度副词：我们都很～你。(6)记住，不要忘记；一般要带动态助词"着"：你可要时时～着自己的责任。可带动词性词组或主谓词组作宾语：你到了北京要～着给我们来信｜你要随时～着自己是一名革命战士。

【想必】xiǎngbì 副。表示偏于肯定的推断，他没来开会，～是忘记了｜今天下雨，～他不会来了。

【想当然】xiǎngdāngrán 动。只凭主观想象，认为事情可能是或者应该就是这样的；不带宾语，含贬义：凡事要多做调查研究，不要～。

【想法】xiǎngfǎ 动。动脑筋，想办法；不带宾语，常与其他动词连用：～解决吃水难的问题。

【想法】xiǎngfa 名。思索所得的办法、意见：这个～很好｜我有个不成熟的～。

【想方设法】xiǎng fāng shè fǎ 成。想尽办法，多方面想办法：～完成任务。

【想见】xiǎngjiàn 动。由推想而得知：创业的艰难，大家不难～。可带宾语：这件事情虽小，但可以～他的为人。可带主谓词组作宾语：从他所犯的错误，可以～他父母平时对他教育不严。

【想来】xiǎnglái 动。表示只是根据推断、不能完全肯定，在句中一般用作独立语：这个计划～是可行的｜～，他们一定会支援我们。

【想念】xiǎngniàn 动。对景仰的、离别的人或环境不能忘怀，希望再见到：他从小就离开了家乡，所以对家乡不怎么～。常带宾语或补语：他在国外时时～着祖国｜～了很久。可加程度副词：他很～自己的亲人。注意："想念"一般不用于事或物。

【想入非非】xiǎng rù fēi fēi 成。非非原为佛家语，指一般识力所达不到的虚幻的境界。指想入虚幻的境界，想得异乎寻常，完全脱离实际：他那些～的念头实在令人可笑。

＊"想入非非"和"异想天开"："想入非非"偏重于虚幻，脱离实际，"异想天开"偏重于奇特，不一般。"想入非非"多指不可能实现的想法或目的等；"异想天开"既可以指不能实现的想法或目的，也可以指能实现或已经实现的想法或目的。"想入非非"是贬义词；"异想天开"是中性词。

【想望】xiǎngwàng 动。可加程度副词。(1)盼望；一般带动词性词组或主谓词组作宾语：小强十分～着当一个人民海军｜他多么～儿子能成为一个有用的人才。(2)想念，仰慕；须带宾语：他非常～这位著名的画家。

【想象】xiǎngxiàng ❶名。心理学上指在原来的感性形象的基础上经过新的配合而创造出新形象的心理过程：这位作家有着丰富的～。❷动。对于不在眼前的事物想出它的具体形象，设想：如果你坚持不改正，后果不难～。常带宾语或补语：他在～着美好的未来｜郝大叔什么模样，小梅怎么也～不出来。

鲞(鯗) xiǎng 名。鲞鱼，即剖开晾干的鱼。

xiàng(ㄒㄧㄤˋ)

向(△嚮) xiàng ❶动。须带宾语。△(1)对着，朝着：枪口～着敌人｜葵花～太阳。(2)同情，袒护：咱们穷人～穷人｜心要～着群众。△(3)〈书〉接近，将近：～晓雨止｜～晚而归。❷介。(1)有"朝"的意思，组成的介词词组用在动词前，表示作面对的方向：～西南飞去｜决不～困难低头。(2)有"往"的意思，组成的介词词组用在单音节动词后，表示动作的趋向：这条路

通～海边|鸟飞～东南。(3)有"从……那里"或"对"的意思，引进动作的对象，组成的介词词组用在动词前：不懂可以～老师请教。❸副。向来，从来；表示某种情况过去到现在一直是这样，常用在"有、无"之前：苏、杭～有天堂之称|本处～无此人。❹〈素〉方向：志～|风～。❺姓。

【向背】xiàngbèi 名。拥护和反对的情况：战争的胜负，人心的～是经常起作用的因素。

【向壁虚构】xiàng bì xūgòu 成。对着墙壁，凭空想象。比喻不顾事实而捏造，含贬义：解释古诗文，不可以～。

【向导】xiàngdǎo ❶动。引路；不带宾语：能通过这片深山老林，全仗猎户～。❷名。引路的人：她在国际旅行社当～。

【向来】xiànglái 副。一向，从来：～如此|对于个人的荣辱，我是～毫不介意的。
　　＊"向来"和"本来"："向来"强调事物的连贯性，从过去到现在没有变化；"本来"表示过去到现在有变化，即表示从前如此，现在不如此了。

【向例】xiànglì 〈书〉名。惯例：依～，讨论议案应由主持人将议案先朗诵一遍。

【向慕】xiàngmù 动。向往羡慕：对先进不只要～，更要学习。可带宾语：～他的荣誉。可加程度副词：非常～他的科研成就。

【向日】xiàngrì 〈书〉名。往日；回顾～的情景，历历如在眼前。

【向上】xiàngshàng 动。朝好的方向发展、前进；不带宾语：好好学习，天天～|我们要努力～。

【向使】xiàngshǐ 〈书〉连。假使，表示假设，用在前一分句，后一分句推断出结论：～我们退却求和，敌人必定得寸进尺，国家前途岌岌乎殆哉!

【向往】xiàngwǎng 动。对某事物或境界因热爱、羡慕而希望得到或达到：对美好的生活人人都～。常带宾语：我们都～着北京。可加程度副词：非常～美好的未来。

【向学】xiàngxué 〈书〉动。立志求学；不带宾语，可带补语：此人既无知识，又

不～|他～多年，已经成为海内外知名的学者。可作定语：他没有～的念头。

【向隅而泣】xiàng yú ér qì 成。隅：墙角。面对墙角哭泣，现多形容因孤立或绝望而悲哀：历史上的反动派最后都成了～的可怜虫。

项 xiàng

❶量。用于分项的事物。(1)用于条令、表格、文件：一～公报|两～声明。(2)用于体育活动：参加三～运动|一～全国纪录。(3)用于议程、任务、措施、成果等：两～议程|几～任务。(4)用于钱款、交易：一～贷款|几～交易。(5)用于生活等方面：领导要关心群众吃穿这两～。❷〈素〉(1)颈的后部：～背。(2)经费，款项：进～|用～。(3)事物的种类或条目：～目|事～|义～。❸姓。

【项链】xiàngliàn 名。用金银或珍珠等制成的链形首饰，因垂挂于颈项而得名；量词用"根、条、挂"等：一挂精美的～。也作项练。

【项目】xiàngmù 名。事物分成的门类；量词用"个"：这些是重点实施的几个～。

【项庄舞剑，意在沛公】xiàng zhuāng wǔ jiàn, yì zài pèi gōng 成。《史记·项羽本纪》记载：项羽在鸿门与刘邦会见，酒宴上，项羽的谋士范增让项庄以舞剑助兴为名，想趁机刺杀刘邦。刘邦的谋士张良对樊哙说："今者项庄拔剑舞，其意常在沛公也。"项庄：项羽部下的武将，沛公：刘邦。后用来比喻说话或行动表面上一套，暗地里别有用意；多用于心怀叵测的人所要干的事，含贬义。

巷 xiàng

名。胡同，里弄：大街小～。
另见 hàng。

相 xiàng

❶名。(～儿)相貌，样子：一副可怜～儿|站有站～儿，坐有坐～儿。❷〈书〉动。察看；常带单音节词作宾语：～面|～马。❸〈素〉(1)物体的外观：月～|金～。(2)古代指高级的官吏：宰～|丞～。(3)现在某些国家中的政府首脑：首～。(4)旧时帮助主人接待宾客的人：傧～。(5)辅助：～助|主人～。❹姓。
另见 xiāng。

【相公】xiànggong 名。(1)旧时称成年男子。(2)旧时妻子对丈夫的敬称。

1182　xiàng　相象像橡

【相机】xiàngjī ❶名。照相机的简称；量词用"架、只"：一架～。❷动。察看机会；多用在比较固定的组合中：～行事|～而行。

【相里】xiānglǐ 复姓。

【相貌】xiàngmào 名。人的面部长相：～堂堂。

＊"相貌"和"面貌"："相貌"特指人脸的形状；"面貌"除指人外，也可比喻所呈现的样子，如可以说"精神面貌"，但不能说"精神相貌"。

【相面】xiàngmiàn 动。根据人的面貌、气色、体态、手纹等妄行推算人的吉凶、祸福等，是一种迷信活动；不带宾语：他常给人～，骗取别人的钱财。可重叠：请您给我相面面。可拆开用：不要去相什么面。

【相声】xiàng·sheng 名。曲艺的一种。讲究"说、学、逗、唱"，具有幽默风趣的特点，多用于讽刺。现在也用来歌颂新人新事。分对口相声、单口相声和多口相声等形式，以对口相声为常见。

象 xiàng ❶名。哺乳动物，是陆地上最大的动物，体高约三米，耳朵大，鼻长筒形，能蜷曲。门齿发达，伸出口外，可制工艺品。产在印度、非洲和我国云南南部等地。在我国是国家保护动物，严禁猎捕。❷〈素〉(1)形状，样子：景～|印～|～征。(2)摹拟，仿效：～形|～声词。

【象棋】xiàngqí 名。棋类游艺的一种，也是我国体育活动项目之一。着法是两人对局，在棋盘上按规定位置，各布放将(帅)一、士(仕)二、象(相)二、车二、马二、炮二、卒(兵)五等16个棋子，按规定的走法，以把对方的将(帅)将(jiāng)死为胜。

【象声词】xiàngshēngcí 见"拟声词"。

【象形】xiàngxíng 名。六书之一。描摹实物形状的造字方法。如：☉(日)、☽(月)、⛰(山)等。

【象形文字】xiàngxíng wénzì 词组。描摹事物形状的文字，每个字都有固定的读音，是古代最初的文字。

【象牙之塔】xiàngyá zhī tǎ 成。原是19世纪法国文艺批评家批评同时代诗人维尼的话。后泛指脱离现实、逃避斗争的文学家和艺术家的主观幻想的艺术天地：我们的作家，是为人民大众服务的，不能钻到～中去，搞谁也读不明白的东西。

【象征】xiàngzhēng ❶动。用具体的事物表现某种抽象的意义；多带宾语：火炬～光明|纪念碑～着先烈们的丰功伟绩。❷名。用来表达某种特殊意义的具体事物：鸽子是和平的～。

＊"象征"和"征象"："象征"是表现某种特殊意义的事物；"征象"是某种情况的征候或将要发生某种情况的迹象。"象征"兼有名词、动词用法；"征象"只有名词用法。

像 xiàng ❶名。比照人、物制成的形象；量词用"张、幅、帧"等：画了一张～。❷动。(1)在形象上相同或有某些共同点：画得不怎么～。常带宾语：他～他父亲。可加程度副词：他俩的面貌很～。(2)例如，比如；多用于上下承接，须带宾语：我国历史上有许多大文学家，～屈原、司马迁、李白等|～这样的新人新事是举不胜举的。❸副。似乎，好像：～要下雪了。

【像话】xiànghuà 形。指言语行动合理；多用于反问句或否定式：你这样做吗？|他近来的表现太不～了。可拆开用：动手就打人像什么话？

【像煞有介事】xiàng shà yǒu jiè shì 成。似乎真有其事；多用来描写装腔作势或小题大作的样子：一些谣言家们宣传起义军杀人放火，自然说得～，但相信的人并不多。也说煞有介事。

【像样】xiàngyàng 形。有一定的水平，够一定的标准：她的普通话说得很～。可拆开用：你披头散发像个什么样？

橡 xiàng (1)见"栎(lì)"。(2)见"橡胶树"。

【橡胶】xiàngjiāo 名。高弹性的高分子化合物，有天然与合成的两大类。天然橡胶主要由橡胶树、橡胶草中取得胶乳，经加工而得。合成橡胶由各种单体经聚合反应而得，橡胶制品广泛应用在工业和生活方面。

【橡胶树】xiàngjiāoshù 名。常绿乔木，枝细长，复叶由三个小叶构成。树中含有乳汁,可以割取加工成橡胶。原产巴西,我国海南岛等地也已引种栽培。也叫三叶橡胶树。

蠁 xiàng 名。蚕的古名。

xiāo(ㄒㄧㄠ)

肖 xiāo 姓。"萧"的俗字。
另见xiào。

削 xiāo 动。用刀斜着或平着去掉物体的表层:把皮~了。常带宾语或补语:~苹果|把铅笔~断了。
另见xuē。

消 xiāo ❶动。(1)消失;不带宾语:雾渐渐~了|红肿已~。(2)使消失;须带宾语,常叠用:病人用过的东西要~一~毒|~~气,别把身子气坏了。(3)〈方〉需要;须带宾语:只~一句话。可带动词或动词性词组作宾语:不~说|何~费那么大的力气? ❷〈素〉(1)耗费,减削:~费|~耗|~磨。(2)度过,排遣:~夜|~遣|~闲。

【消沉】xiāochén 形。情绪低落,萎靡不振:遇到一点挫折就~,那只能是弱者的表现|情绪很~。

【消除】xiāochú 动。除去,使不存在;指不利的事物:隐患尚未~。常带宾语或补语:~病症|~不了。可带谓词作宾语:~误会|~不和。

＊"消除"和"消灭":"消除"指逐渐除去,语意较轻;"消灭"指彻底除掉,语意较重。"消除"的对象不能是人,一般是比较抽象的事物,"消灭"对象可以是人和具体的事物,也可以是抽象的事物。"消除"一般不是自身的行为,都是被动,"消灭"可以是被动的,也可以是自身的行为,如"许多古生物早已消灭了"。

【消毒】xiāodú 动。不带宾语,可拆开用。(1)用物理方法或化学药品等杀死致病的微生物:饭店里的碗筷要~|用具已消过毒了。(2)消除流毒:这部电影流毒甚广,要好好~。

【消防】xiāofáng 动。救火和防火;常作定语:进行~宣传|~车|~队员。

【消费】xiāofèi 动。为了生产和生活需要而消耗物质财富;常带宾语或补语:这家工厂每月要~大量粮食|中国人多,每人多~一点,就是个不小的数目。可作定语:~资料|~合作社|这个工厂~的燃料相当于一座小城市的生活用煤。

＊"消费"和"消耗":"消费"指为了生产和生活的需要而耗费财富;"消耗"指精神、力量、物品等因使用或受损失而渐渐减少。"消费"一般是生活必要的;"消耗"可能是必要的,也可能是浪费的。"消费"的对象一般是具体的;"消耗"的对象可以是具体的,也可能是抽象的。

【消耗】xiāohào ❶动。(1)因使用或受损失而逐渐减少;多指精神、力量、东西等,常带宾语或补语:~体力|粮食在运输过程中~了不少。(2)使消耗;须带宾语:~敌人的有生力量。❷名。音信,声息;多见于早期白话:见那门开两扇,静悄悄的不闻~。

【消化】xiāohuà 动。常带宾语或补语。(1)胃肠等器官使食物变成身体能吸收的养料:这种食物容易~|胃能分泌胃液。~食物|病人吃这样硬的东西~得了吗?(2)比喻理解和吸收所学的知识:这篇古文深奥难懂,要好好~|认真~所学到的知识|书上内容太多,我一下子~不了。

【消魂】xiāohún 见"销魂"。

【消极】xiāojí 形。与"积极"相对,含贬义。(1)否定的,反面的,阻碍发展的;多用于抽象事物:这些言论很~|要克服~因素|这件事处理不好,可能产生~作用。(2)不振作,消沉:近来他工作很~|克服~情绪。

【消弭】xiāomǐ 〈书〉动。消除;用于坏的事物,常带宾语:~隐患|~虫灾|~内战。

【消灭】xiāomiè 动。(1)消失,灭亡;一般不带宾语:恐龙早已~了。(2)使消失,除掉;须带宾语或补语:~敌人|要把血吸虫~干净。

＊"消灭"和"毁灭":"消灭"的意思是除去,使没有,"毁灭"的意思是摧毁消灭。"消灭"的对象可以是人、国家、阶级等大的事物,也可以是生产上、生活上的问题和小的事物,去消灭这些事物的一般是人;"毁灭"的事物常是大的事物,

如人类、城市、军队、社会制度等,去毁灭这些事物的不一定是人,也可以是杀伤力或危害性较大的事物,如战争、灾害、疾病等。

【消磨】xiāomó 动。常带宾语或补语。(1)使精力、意志等逐渐消失:过分贪图享乐会～人的意志|长期的繁重劳动使他的精力几乎～光了。(2)度过时间,打发日子;指虚度:～时间|日子白白地～掉了。

【消遣】xiāoqiǎn 动。用自己感兴趣的活动来解闷或度过空闲的时间;不带宾语和补语:咱们来打扑克～。可重叠:到公园里去走走,～～。

【消融】xiāoróng 动。融化;用于冰雪:江南三月,冰雪～了。可用于比喻,表示消失:浓云重叠,河两岸的田亩及疏落的村屋都～在黑暗里。也作消溶。

【消散】xiāosàn 动。消失;指烟雾、气味,热力以及抽象事物,不带宾语,可带补语:硝烟逐渐地～在空气中。
　　＊"消散"和"消失":"消散"指逐渐散开以至没有;"消失"指逐渐减少到没有。"消散"不能用于人;"消失"可以用于人,如"他的身影消失在大铁门外"。

【消失】xiāoshī 动。逐渐减少直到没有;不带宾语:幻觉～了。可带补语:小船～在浩淼的烟波里。
　　＊"消失"和"消逝":"消失"侧重于事物、现象逐渐减少以至不再存在,在变化中历时较短;"消逝"强调永远失去了或很快不见了,变化经历的时间可长可短。"消失"和"消逝"在大多数情况下可以互换,但表示"时间"时,只能用"消逝",不能用"消失"。

【消逝】xiāoshì 动。消失;不带宾语,可带补语:那人影一下子～了|往日的欢乐早已～得无影无踪。
　　＊"消逝"和"消亡":"消逝"强调永远失去了或很快失去了;"消亡"着重指衰亡,逐渐失去本身的性能。"消逝"的对象多为一般事物;"消亡"则常用于重大的、抽象的事物。

【消释】xiāoshì 〈书〉动。(1)消失,解除;多用于疑虑、嫌隙、痛苦、恐惧等:这仇恨是过了三月之后才～的。可带宾语或补语:～前嫌|～误会|我的一番疑虑完全～在这融洽而欢快的气氛中了。(2)消融:冰雪～。

【消瘦】xiāoshòu ❶动。变瘦;指人的躯体或脸部,不带宾语:她的脸在逐渐～。可带补语:阿毛已～了好多。❷形。瘦,肌肉不丰满:～的面庞|这孩子长得很～。

【消受】xiāoshòu 动。(1)受用,享受;多用于否定句或疑问句:无福～|你带来这样珍贵的食品我怎么～得起?(2)忍受,禁受;不带宾语:这种窝囊气谁也不能～。可带补语:忙碌惯的人,怎能～得住这种闲散的日子?

【消停】xiāo·ting 〈方〉❶动。歇息;不带宾语,多用于否定句:他们日夜兼程不～。❷形。安静,安稳:他过上了比较～的日子|还没住～就走了。

【消退】xiāotuì 动。逐渐减退,消失;常指肿胀、热度等,一般不带宾语:高烧～了。可带补语:她心里的那些酸酸的味儿,好像～了一些。

【消亡】xiāowáng 动。消失,灭亡;多指自身衰亡,不带宾语:在有阶级存在的社会里国家不会～。

【消息】xiāo·xi 名。(1)一种新闻体裁,报道人或事物的情况;量词用"条、则"等:一条最新～。(2)音信:他们去后一点～也没有。
　　＊"消息"和"新闻":"消息"一般指电讯、简讯等简短的报道,多通过语言文字的形式;"新闻"除指电讯、简讯外,还包括公报、通讯、特写、综合报道等,还可以是图片、电影等。

【消夏】xiāoxià 动。消除、摆脱夏天的炎热;不带宾语:每到七月,他们总要去外地～。

【消闲】xiāoxián 动。消磨空闲的时间;不带宾语,可带补语:每天读报,不过是无所事事,借以～|今天星期日,我～在家。可作定语:把这儿作为～的地方,倒也不错。

【消歇】xiāoxiē 〈书〉动。休止,消失;多用于物,不用于人,不带宾语:风雨～|别家的炊烟早～了,碗筷也洗过了。也作销歇。

【消长】xiāozhǎng 动。减少或增长；表示事物的发展变化，不带宾语：力量的～|万物无时不在～|海潮的～起伏|～是有一定规律的。

宵 xiāo 名。夜：我昨天一～没睡好|这几天真热，后半～才凉快点。

【宵禁】xiāojìn 动。夜里戒严，禁止一般人通行；多在局势紧张或发生重大事故时进行，不带宾语：这几天城里～。可作"实行"等动词的宾语：自即日起，在城区实行～。

【宵小】xiāoxiǎo 〈书〉名。指昼伏夜出的盗贼，泛指一切坏人；带有极强的遣责意味：这事肯定又是那帮见不得人的～干的。

【宵衣旰食】xiāo yī gàn shí 成。宵：夜里；旰：天黑，晚。天不亮就穿衣起来，天黑了才吃饭。形容公务人员非常勤奋，一天到晚忙于政务：这个单位的新领导班子就任以后，～，戮力同心，很快改变了那里落后面貌。也作旰食宵衣。

逍 xiāo 见"逍遥"、"逍遥法外"等。

【逍遥】xiāoyáo 形。安闲自在的样子：鱼儿在水中很～地游来游去|我们忙得要命，你倒～自在。可重叠：一开学就忙了，这两天我还可以～～|李大爷清早打打拳，白天看看小说，下下棋，就这样逍逍遥遥地过日子。

【逍遥法外】xiāoyáo fǎ wài 成。指犯了法没有受到法律制裁，仍旧自由自在：那个家伙屡次作案，怎能让他～？

*"逍遥自在"和"自由自在"："逍遥自在"偏重于安闲自得，"自由自在"偏重于无拘无束。"逍遥自在"有时常有讽刺嘲弄意味；"自由自在"一般没有这种意味。"逍遥自在"一般用于人，很少用于动物，"自由自在"人和动物都可用。

绡 xiāo 〈古〉名。生丝或生丝织成的绸子。

硝 xiāo ❶名。硝石，一种矿物，成分是硝酸钾，无色、白色或灰色的结晶体，有玻璃光泽。用来制造炸药或做肥料。❷动。用硭硝等鞣制毛皮，使皮板柔软：这块皮已～过了。可带宾语：～了几块皮。

【硝镪水】xiāoqiāngshuǐ 名。硝酸的俗称。

【硝酸】xiāosuān 名。强酸的一种，液体，一般带黄色，臭味很浓，有很强的腐蚀性。用来制造火药、氮肥、染料、人造丝等，也可做腐蚀剂。俗称硝镪水。

【硝烟】xiāoyān 名。炸药爆炸后产生的烟雾；多与"滚滚、弥漫"等词搭配：～滚滚|战场上～弥漫。

销 xiāo ❶动。常带宾语或补语。(1)售出；指货物、商品等：～了一批西瓜|这种书～不出去。(2)把销子插上；多用于门、窗等：～上窗户|把门～好。(3)除去，解除；用于假期：～假|我假期到了，得去～一下。❷名。(～子)一种形状像钉子的东西，用来连接或固定器物。也叫插销、销钉。❸〈素〉(1)熔化金属：～毁。(2)消费：开～|花～。

【销毁】xiāohuǐ 动。熔化毁掉：他把文件～了。常带宾语或补语：～兵器|罪证～不了。注意："销"不能写成"消"。

【销魂】xiāohún 动。因受过度的刺激而神思恍惚，仿佛灵魂离开了肉体；多用来描写悲伤、愁苦或极度欢乐，不带宾语：黯然～|那迷人的乐曲实在令人～。也作消魂。

【销魂夺魄】xiāohún duó pò 成。神魂颠倒，失去常态。形容十分倾倒、仰慕：那种奢华多少人见了～，可是她却视如浮云。

【销路】xiāolù 名。指商品出卖的去路；多同"有、没、广、不广、好、不好"一类词语搭配：近来，彩电的～不好。

【销声匿迹】xiāo shēng nì jì 成。销：减少，消除；匿：隐藏；迹：形迹。不出声音，不出头露面。形容隐藏起来或不公开出现；用于人、动植物或事物等：自从家里养了猫，那些作恶多端的老鼠便～了|这一过激主张，因为得不到他人响应，就渐渐～了。

【销蚀】xiāoshí 动。消腐蚀；多用于抽象事物，常带宾语或补语：他终于耗尽了青春，～了锐气，成了失辣灵魂的一具僵尸|他的雄心壮志全被～掉了。可

作定语：～作用。
【销售】xiāoshòu 动。卖出；指货物：这些书请您协助～。常带宾语或补语：～紧俏商品｜～得很快。可作"停止"等动词的宾语：这些伪劣商品，必须立即停止～。
【销歇】xiāoxiē 见"消歇"。
【销行】xiāoxíng 动。销售；指货物，只带处所宾语：这种货物～世界各地。可带补语：～到外地。
【销赃】xiāozāng 动。不带宾语。(1)犯罪分子销售其犯罪所得的财物：这个歹徒在～时被公安人员抓获。(2)销毁赃物：他们企图放火～。

蛸 xiāo 见"螵(piāo)蛸"。
另见shāo。

霄 xiāo 〈素〉云，天空：云～｜九～云外。
【霄汉】xiāohàn 名。云霄和天河，指天空极高处：气冲～。
【霄壤】xiāorǎng 名。天和地，比喻差别很大；多作定语：虽然他们是兄弟，然而他们的性格却有～之别。

魈 xiāo [山魈](shān-) 名。(1)猕猴的一种，体长约一米，尾巴短，鼻子深红色，面部皮肤蓝色，有微紫皱纹，嘴上有白须，全身毛黑褐色，腹部灰白，臀部鲜红。多群居，吃小鸟、野鼠等。(2)传说中指山里的独脚鬼怪。

枭(梟) xiāo ❶名。猫头鹰一类的鸟，羽色棕褐色，常在夜间飞出，捕食小动物。❷〈素〉(1)旧指私贩食盐的人：盐～。(2)勇猛，凶残：～雄｜～将。
【枭首】xiāoshǒu〈书〉动。旧时的一种酷刑，把人头砍下并悬挂起来：卫尉竭、内史肆……等二十人皆～。可带处所宾语：丁都管～山前。常与其他动词连用：～示众｜～陈尸。
【枭雄】xiāoxióng 〈书〉名。凶猛强悍的人物：强邻内侵，～窃踞。

枵 xiāo 〈素〉(1)中心空虚的树根，引申为空虚：～虚｜～腹从公。(2)纺织品稀而薄：～薄。
【枵腹从公】xiāo fù cóng gōng 成。指饿着肚子办理公务，形容一心为公：像他

这样～的领导，理所当然得到大家的拥戴。

鸮 xiāo 见"鸱(chī)鸮"。

哓(嘵) xiāo [哓哓]〈书〉动。乱嚷乱叫：～不已｜～不休(形容争辩不止)。

骁(驍) xiāo 〈素〉勇猛：～骑｜～勇。
【骁骑】xiāoqí 〈书〉名。勇猛的骑兵。
【骁勇】xiāoyǒng 〈书〉形。勇猛；含褒义：此人～善战，不可轻视。

嚣 xiāo 〈素〉吵闹，喧哗：叫～｜～张。
【嚣张】xiāozhāng 形。放肆，乱说乱动；指恶势力、邪气等不好的东西：敌人的气焰太～了｜这些逆历史潮流而动的跳梁小丑只能～于一时，到头来，必然会遭到覆灭的下场。

虓 xiāo〈古〉动。猛虎怒吼，咆哮。

猇 xiāo 〈古〉动。虎要吃人或其他动物时发出的声音：～声猎语，旦暮无休。

萧(蕭) xiāo ❶〈素〉冷落没有生气的样子：～条｜～索。❷姓。
【萧规曹随】xiāo guī cáo suí 成。汉初丞相萧何规划、制订了一些政策法令，他死后曹参做了宰相，全部按萧何的那一套办事。后用"萧规曹随"比喻墨守前人的成规办事，不加变动：如果新任厂长思想不解放，故步自封，那么～的现象就无法避免。
【萧墙】xiāoqiáng 〈书〉名。照壁。比喻内部；多用在固定组合中：祸起～｜～之祸。
【萧然】xiāorán 〈书〉形。空阔而冷落，形容空虚；不加程度副词：重归故地，满目～｜囊橐～。
【萧洒】xiāosǎ 见"潇洒"。
【萧飒】xiāosà 〈书〉形。冷落，不热闹；形容景色等：～的秋风｜走进古庙，只见一片～的景象。
【萧瑟】xiāosè ❶动。形容景色凄凉：～的荒岛。❷拟声。摹拟风吹树木声：秋

风～。

【萧森】xiāosēn 〈书〉形。萧条冷落；用于自然景物：景色～。

【萧疏】xiāoshū 形。稀稀落落，寂寞凄凉；多形容草木等自然景物：寒冬腊月，林木～|朔风怒吼，四野是一片～的景象。

【萧索】xiāosuǒ 形。没有生机，冷冷清清；多指自然景物：秋天的荒野里，满目～|远近横着几个～的荒村，没有一点生气。

【萧条】xiāotiáo 形。(1)寂寞冷落，没有生气。园里一片～的景象|此人生前荣耀，身后却十分～。(2)指经济领域中生产停滞、物资积压、商业萎缩、游资充斥等：经济～|市场～。

【萧萧】xiāoxiāo 〈书〉拟声。(1)摹拟马叫声：马鸣～。(2)摹拟风声、雨声等：秋风～|春雨～。

潇(瀟) xiāo 〈古〉形。水深而清。

【潇洒】xiāosǎ 形。洒脱、大方，不拘束，有韵致；多指神情、举止、风貌等：平时不注重修饰的老刘，今天穿了一件笔挺的西装，～极了|他的字写得十分～。也作萧洒。

【潇潇】xiāoxiāo 形。不加程度副词。(1)形容风急雨猛：风雨～。(2)形容小雨纷纷飘落的样子：～细雨|～春雨。

蟏(蠨) xiāo [蟏蛸](-shāo)名。蜘蛛的一种，体细长，暗褐色，脚长。常栖于水边草中或树间，结网成车轮形。通称喜蛛或蟢子，被认为是喜庆的预兆。

箫(簫) xiāo 名。管乐器，古时用若干竹管编成，也叫排箫。现代一般用一根竹管做成。

翛 xiāo 〈素〉无拘束，自由自在：～～|～然。

【翛然】xiāorán 〈书〉形。自由自在的样子；不加程度副词：一群海鸥追逐着远航的舰队，～嬉戏|皓月中天，～四顾，觉得心中一片空灵。

【翛翛】xiāoxiāo 〈书〉形。鸟类羽毛残破，没有光泽；不加程度副词：雨后出现的几只乌鸦，羽翼～。

xiāo(ㄒㄧㄠ)

洨 xiāo 水名用字。洨水，在河北省。

淆(殽) xiāo 〈素〉混杂：～杂｜混～。

【淆惑】xiáohuò 〈书〉动。混淆迷惑；须带宾语，含贬义：利用报纸～视听|他们大造谣言，妄图～人心，达到不可告人的目的。

【淆乱】xiáoluàn ❶动。扰乱；常带宾语：～次序|～视听。❷形。杂乱：被火灾洗劫过的小镇，一片～。

崤 xiāo 山名用字。崤山，在河南省。

xiǎo(ㄒㄧㄠ)

小 xiǎo ❶形。(1)指体积、面积、数量、力量、强度等方面不及一般的或不及比较的对象；与"大"相对：声音太～|一座～山。(2)年幼的或排行最末的；用在人的称谓之前：～女儿|～叔叔。❷名。年纪小的人：上有老，下有～。❸副。短时间地；用在单音节动词前：～住几天|～坐一会儿。❹〈素〉谦称自己或自己有关的人或事物：～弟|～店。❺前缀。构成名词。(1)加在名词前：～麦|～费。(2)加在动词前：～说|～偷。(3)加在形容词前：～寒|～丑。(4)加在姓氏前；用于年轻人：～李|～刘。(5)加在人名前；用于小孩：～明|～成。

【小把戏】xiǎobǎxì 〈方〉名。对小孩的称呼；多含有亲昵或戏谑的意味：这个～是谁家的，真好玩!

【小百货】xiǎobǎihuò 名。日常生活中用的轻工业和手工业产品；不用个体量词；商场里消费品种类齐全，～也应有尽有。

【小半】xiǎobàn 名。少于整体或全数一半的部分：你拿大半，我拿～。常同"一"搭配：最后拿到的只有一～。

【小报告】xiǎobàogào 名。指背着当事人向组织或领导反映情况或说别人坏话：领导不要随便相信～。常作"打"的宾语：不要用打～的方式来贬低他人。

【小辈】xiǎobèi 名。指辈分小的人：做～的应多为老人考虑。

【小本经营】xiǎo běn jīngyíng 成。小本：

资本不多。指小商贩或小手工业者所经营的买卖,也指办事规模不大:我们这是～,哪能赚许多钱?

【小辫子】xiǎobiàn·zi 名。(1)短小的辫子:那小姑娘有两根可爱的～。(2)比喻把柄;多与动词"抓"相配:不要老抓住别人的～不放。

【小便】xiǎobiàn ❶名。(1)人尿:排了一次～。(2)指男子的生殖器:他被敌人一皮靴踢在～上,顿时昏倒在地。❷动。人体排尿;不带宾语:不许随地～。

【小肠】xiǎocháng 名。肠的一部分,主要由十二指肠、空肠和回肠三部分组成,起完成消化和吸收的作用。

【小车】xiǎochē 名。量词用"辆、部"等。(1)指木制或铁制的手推车:他推着一辆～在工地上来回运土。(2)指汽车中的小轿车:新厂长上任后,从不用公家的～为自己办私事。

【小乘】xiǎochéng 名。早期佛教的主要流派。强调自我解脱。小乘是佛教大乘派对它的贬称。

【小丑】xiǎochǒu 名。(1)传统戏中的丑角或在杂技中表演滑稽动作的人。(2)对举止不庄重,惯于凑趣的人的蔑称。(3)小人;含贬义,常用"跳梁"修饰:别看这伙跳梁～如今得势,终究不会有什么好结果。

【小道儿消息】xiǎodàor xiāo·xi 词组。道听途说无正常来源的消息,往往传闻失实,并不可靠:不要听～。

【小弟】xiǎodì 名。(1)指小的弟弟;用作称呼,表示亲昵:昨天与～一起看了场电影。(2)朋友或熟人间的谦称:容～再敬你一杯。

【小动作】xiǎodòngzuò 名。(1)偷偷地做的干扰集体活动的举动:上课时不要做～。(2)指为了个人目的在背地里搞的不正当的活动:爱搞～的人总有一天是会被揭穿的。

【小肚鸡肠】xiǎo dù jī cháng 成。比喻气量狭小,只考虑小事而不顾大局;含贬义:这人是～,胸襟狭窄得很。也说鼠肚鸡肠。

【小恩小惠】xiǎo ēn xiǎo huì 成。恩、惠:给人的好处。为了笼络人而给人小利;

含贬义:用～来取悦人家,这是不可取的|你可别叫他的～给收买了。

【小贩】xiǎofàn 名。本小利微的商贩:～往来各村,方便了人们的生活,|别看他现在是大老板,可也是～出身。

【小费】xiǎofèi 名。饭店、旅馆等处的顾客额外给服务人员的钱。总经理规定,一律不准收～。也叫小帐。

【小褂】xiǎoguà 名。中式的贴身穿的单上衣:我的～被汗湿透了。

【小广播】xiǎoguǎngbō ❶动。私下传播消息;不带宾语:厂里没有民主管理制度,能不让人家～?❷名。(1)私下传播的消息;多指不应该传播的或不可靠的:这些～我都听腻了,我才不信它呢|你哪来那么多的～?(2)指私下传播消息的人:他是我们厂里有名的～。

【小鬼】xiǎoguǐ 名。(1)迷信说法,指鬼神的差役。(2)称呼小孩;含亲昵意味:这～好精灵!

【小寒】xiǎohán 名。二十四节气之一,在1月5日、6日或7日,此时我国大部分地区进入严寒时期。

【小户】xiǎohù 名。(1)〈书〉小门:矮窗～。(2)旧时指无钱无势人家;多与"人家"组合使用:咱～人家就该受人欺?(3)人口少的人家:他家是～,只有两口人。(4)配套住房中面积小的房屋:这次分房,他得了个～。

【小伙子】xiǎohuǒ·zi 〈口〉名。指青年男子;含亲昵意味:好一个壮～|这～长得蛮精神的。

【小家碧玉】xiǎojiā bìyù 成。碧玉:原为女子名。后用"小家碧玉"指小户人家年轻貌美的女子;与"大家闺秀"相对:三师兄的老婆是～出身。

【小家子气】xiǎojiā·ziqì 形。形容人的举止、行动等不大方;不加程度副词,含贬义:想不到他会如此～,一毛不拔。也说小家子相。

【小建】xiǎojiàn 名。农历的小月份,只有二十九天。也叫小尽。

【小将】xiǎojiàng 名。古时指年轻将领,现多比喻有作为的年轻人:离了～们,靠我们这些老头子就干不成这件事。

【小节】xiǎojié 名。(1)指细小而无关大局的事情：不拘～｜注重～。(2)音乐节拍的段落，乐谱中用一竖线隔开。

【小结】xiǎojié ❶名。在整个过程告一段落后的临时总结，用于统计数字或综述经验等：实习工作～。❷动。做小结；常带宾语或补语：要好好～一下采访中的经验｜请你把上个月的工作～一下。

【小姐】xiǎo·jie 名。(1)旧时富贵人家的仆人称主人家未出嫁的女儿。(2)对未婚女子的尊称。(3)称呼飞机上、宾馆、旅馆等的女服务员。

【小九九】xiǎojiǔjiǔ 名。(1)指乘法口诀，如一一得一，一二得二，九九八十一等。也叫九九歌。(2)〈方〉比喻算计的结果或所打的小算盘：该怎么办，他心中已有了个～｜这人爱打～，精得很!

【小楷】xiǎokǎi 名。(1)手写的小的楷体汉字：他每天早上写两张～。(2)拼音字母的小写印刷体。

【小康】xiǎokāng 形。指家庭经济自给而略有剩余可以安然度日；不加程度副词：家境～｜～之家｜～水平。

【小可】xiǎokě ❶名。谦称自己；多见于早期白话：～年幼，尚望诸位老前辈照顾。❷形。轻微；不加程度副词，多用在比较固定的组合中：非同～。

【小两口】xiǎoliǎngkǒu 〈口〉名。指青年夫妇；多带亲热意：过门以后，～相亲相爱。注意："两"不要写作"俩"。

【小令】xiǎolìng 名。(1)短小的词。(2)散曲中体制短小，不成套的曲。(3)元、明时也把民间流行的小曲称为小令。

【小龙】xiǎolóng 〈方〉名。指十二生肖中的蛇：这个人乙巳年生，属～。

【小麦】xiǎomài 名。(1)一年生或两年生草本植物，是世界上分布最广、栽培面积最大的粮食作物。秆中空，叶子宽条形，腹面有沟。子粒椭圆形，供制面粉。由于播种期不同有春小麦、冬小麦等。(2)这种植物的子实。

【小满】xiǎomǎn 名。二十四节气之一，在5月20日、21日或22日。

【小猫熊】xiǎomāoxióng 名。哺乳动物，体比猫大，头圆，四肢粗短。毛色上部深红，下部黑褐，耳边白色，脸有白色斑点。尾短，有九条黄白相间的环纹。生活在亚热带高山上，以竹叶为主食，也以其他植物的根茎、嫩叶、果子以及小鸟为食。是珍稀动物之一。也叫小熊猫。

【小名】xiǎomíng 名。小时候起的非正式名字，长大后在长辈或同辈口中有时还沿用，表示亲昵。也叫乳名。

【小脑】xiǎonǎo 名。后脑的一部分，位于大脑的后下方，脑桥和延髓的背面。小脑的主要功能是协助管理骨骼肌的运动，即维持肌肉的紧张状态和协调作用，并保持身体平衡。

【小鲵】xiǎoní 名。两栖动物，背面黑色，腹面色淡。全体有银白色斑点，四肢短，尾短而侧扁，牙齿呈V形，生活在水边的草地里。也叫短尾鲵。

【小年】xiǎonián 名。(1)指农历腊月是小建的年份。(2)指农历腊月二十三日或二十四日，旧俗在这天祭灶。(3)指果树歇枝、竹子等生长得慢的年份。

【小年轻】xiǎoniánqīng 名。通常指年龄在20岁左右的青年人：现在的～们大多爱打扮。也叫小青年。

【小娘子】xiǎoniángzǐ 名。(1)称青年妇人；多见于早期白话：丈夫远出，～在家足不出户。(2)〈方〉指小老婆；含贬斥意：他在外偷偷摸摸又找了个～。

【小农经济】xiǎonóng jīngjì 名。以生产资料个体所有制和个体劳动为基础的、以一家一户为单位从事农业生产的经济。小农经济抗拒自然灾害能力较差，在一般情况下，只能维持简单的再生产。

【小品】xiǎopǐn 名。原指佛经的简本，现指杂感、随笔等短篇文章或其他短小的表现形式：讽刺～｜电视～。

【小品文】xiǎopǐnwén 名。一种散文形式，特点是篇幅短小、形式活泼、内容多样化：他在报刊上发表了几十篇～。

【小气】xiǎo·qi 形。吝啬或气量小：这人～得很，你别找他募捐了｜这点小事都斤斤计较，你也太～了。可重叠：礼送得太少，显得小小气气的｜大方点，别小里小气的。也作小器。

【小憩】xiǎoqì 动。休息一会儿；不带宾语，常带补语：～片刻｜～一下。

【小前提】xiǎoqiántí 名。演绎推理中包含着特殊性知识的前提。在三段论中指含有小项的前提。参见"三段论"。

【小钱】xiǎoqián 名。(1)清末铸造的一种小铜钱。(2)指少量的钱:用~干大事。(3)旧指贿赂时用的较少的钱财:她用~买通看守,才被允许探监。

【小巧玲珑】xiǎo qiǎo línglóng 成。形容物体小而精致;用于器物、景物等:苏州的园林~,别有风味|那~的红豆,实在惹人喜爱。

【小秋收】xiǎoqiūshōu 名。指农民在秋收前后采集、捕捉野生植物和动物的生产活动:今年~成绩很大。

【小曲儿】xiǎoqǔr 名。民间流行的歌曲,小调儿:~好唱口难开|请您唱只~。

【小圈子】xiǎoquānzi 名。含贬义。(1)狭小的生活范围:走出家庭的~。(2)为个人目的而相互勾结、相互利用的小集团:不要搞~。

【小人】xiǎorén 名。(1)旧称地位低的人,后也用做对地位低的人的谦称。(2)指人格低下的人;含贬义:以~之心度君子之腹。(3)身材矮小的人:~国。

【小人物】xiǎorénwù 名。指在社会上没有地位和影响的人物;与"大人物"相对:就是这样一位名不见经传的~干出了惊天动地的大事|不要瞧不起~。

【小日子】xiǎorìzi 名。指人口少的家庭所过的比较宽裕的生活;多用于年轻夫妇:你们的~过得真不错。

【小商品经济】xiǎo shāngpǐn jīngjì 词组。以小私有制和个体劳动为基础的商品经济。生产者(农民和手工业者)占有生产资料,依靠自己的劳动进行生产,生产目的是交换其他产品以满足自己的需要。

【小生】xiǎoshēng 名。(1)戏曲角色名,扮演青年男子:他是京剧班里的~。(2)青年读书人自称;多见于早期白话。

【小生产】xiǎoshēngchǎn 名。以生产资料的个体私有制和个体劳动为基础的生产。一般指个体农业和个体手工业的生产。

【小生产者】xiǎoshēngchǎnzhě 名。以生产资料的个体私有制和个体劳动为基础的生产者。一般指个体农民和小手工业者。

【小时】xiǎoshí 名。(1)指年幼时:他~被爹妈娇惯过了头,长大了脾气很不好。(2)时间单位,一个平均太阳日的二十四分之一:一天有24~|这个问题务请在12~内答复。

【小时候】xiǎoshí·hòu 〈口〉名。年幼或少年时候:~最爱听妈妈讲故事。

【小市民】xiǎoshìmín 名。旧指占有少量资财的城市居民,如小手工业者,小商人等:他熟悉~的语言,所以他笔下的~是那样生动、传神。有时含贬义:此人身上沾上了不少~习气。

【小试锋芒】xiǎo shì fēngmáng 成。锋芒:刀剑的尖端,比喻人的才干、技能。稍微显示一下本领:这次他在大会上发言,不过是~,没想到反应竟是那样强烈。

【小手小脚】xiǎo shǒu xiǎo jiǎo 成。(1)不大方:在公开场合,他总是表现得~。(2)形容做事缺少胆量、魄力;常含批评意:你做事老是~的,这对工作不利。

【小暑】xiǎoshǔ 名。二十四节气之一,在7月6日、7日或8日,我国大部分地区进入一年最热的时期。

【小数】xiǎoshù 名。十进分数的一种特殊表现形式,如$\frac{3}{10}$可以写做0.3,又如$\frac{234}{100}$可以写做2.34,中间用的符号"."叫做小数点,小数点右边的数就是小数。

【小说】xiǎoshuō 名。一种叙事性的文学体裁。它以人物塑造为中心,通过完整的故事情节和具体环境的描写,广泛地多方面地表现社会生活。一般分为长篇小说、中篇小说和短篇小说。

【小厮】xiǎosī 名。称年轻男仆人;多见于早期白话:~们正打扫上屋,准备迎接客人。

【小算盘】xiǎosuànpán 名。比喻为个人或局部利益而作的打算;常作"打"的宾语,含贬义:他从不打个人的~。

【小提琴】xiǎotíqín 名。提琴的一种,体积最小,发音最高:赵老师会拉~|他家的~是国产的。也叫梵哑铃。

【小题大做】xiǎo tí dà zuò 成。将小题目铺张为大文章。比喻把小事当作大事来处理;有不值得这样做的意思:这事实没有什么,只不过是他们~罢了。也作小题大作。

【小偷】xiǎotōu 名。偷东西的人:~虽

小 xiǎo 1191

然还有,但不多了|抓了几个~。

【小巫见大巫】xiǎo wū jiàn dà wū 成。巫:旧时指替人祈祷降神的人;小巫:指巫师法术低下者。小巫师见到了大巫师,法术就无法施展,比喻小的和大的相距甚远,无法比拟:他的知识跟他的老师相比,简直是~,差得太远了|香港太平山的灯火倒映海中该是很动人的吧?但比起山城重庆的灯火夜景,只是~。

【小五金】xiǎowǔjīn 名。小型金属器和工具的总称,如螺丝、钉子、锁、弹簧等;与"大五金"相对。

【小戏】xiǎoxì 名。(1)指小型的戏,如折子戏、独幕剧等,一般角色较少,情节比较简单:县剧团到我们庄演了几出~,很受欢迎。(2)由说唱艺术或民间歌舞发展而成的戏曲剧种的通称:花鼓戏虽是~,如今也登上了大雅之堂。

【小小不言】xiǎoxiǎo bù yán 〈口〉习。微不足道的,轻微:这点礼物~,请收下吧|这种~的事,无须再提起了。

【小小说】xiǎoxiǎoshuō 名。指篇幅短小、截取生活横断面或描绘人物片断行为的小说。也叫微型小说,旧称掌篇小说。

【小鞋】xiǎoxié 名。比喻暗中给别人的刁难,也比喻施加的约束、限制;多与动词"穿"搭配使用:给人穿~是不对的。

【小写】xiǎoxiě 名。与"大写"相对。(1)汉字中数目字的通常写法,如"三、四"等。(2)拼音字母的一种写法,如a、b、c。

【小心】xiǎoxīn 动。注意,留神,谨慎:易碎物品,请多~。可带宾语或补语:~火车|他做事~得不得了。可带动词、动词性词组或主谓词组作宾语:~触电|他敲你的脑袋。可加程度副词:他骑车子慢~。可作状语:他~地揭开一个木头蜂箱。可作宾语:请多加~。
　*"小心"和"当心":"小心"有谨慎的意思,"当心"没有。"小心"可受程度副词修饰;"当心"很少受这类副词修饰。

【小心谨慎】xiǎoxī jǐnshèn 成。言谈举动极为慎重,不敢越轨:老张做什么事都很~,生怕出差。

【小心眼儿】xiǎoxīnyǎnr 形。胸襟狭窄,气量小;含贬义:凡事应宽容大度些,不要太~。

【小心翼翼】xiǎoxīn yìyì 成。本指严肃恭敬的样子,后形容举动十分谨慎,不敢有丝毫的疏忽:他~地捧着盘子,走了进来。

【小行星】xiǎoxíngxīng 名。太阳系中,沿椭圆轨道绕太阳运行的小天体,在地球上用肉眼看不到。已经发现的小行星中,最大的叫谷神星,直径为770公里,最小的不到1公里。大部分小行星运行的轨道在火星和木星之间。

【小型】xiǎoxíng 形。规模或形状小的;不加程度副词,不单独作谓语,作定语:~展览会|~企业。

【小学】xiǎoxué 名。(1)对儿童、少年实施初等教育的学校,其任务是给儿童、少年以全面的基础教育:农村已普及~教育。(2)汉代称文字学为小学,因儿童入学先学文字而得名,隋唐以后为文字学、训诂学、音韵学的总称。

【小雪】xiǎoxuě 名。二十四节气之一。在11月22日或23日,这时黄河流域以北开始下雪。

【小阳春】xiǎoyángchūn 名。指公历十月,因某些地区十月天气温暖如春而得名:这几天温暖宜人,正应着~的天气。

【小洋】xiǎoyáng 名。旧指一角或二角的银币:我实在无钱,就摸了两枚~给他。

【小样】xiǎoyàng 名。报纸的一条消息或一篇文章的校样;区别于"大样":张老正在看~。

【小咬】xiǎoyǎo 〈方〉名。蠓、蚋等昆虫的通称。人被叮咬后局部肿胀、奇痒。

【小夜曲】xiǎoyèqǔ 名。渊源于欧洲中世纪骑士文学的一种小型声乐曲或器乐曲,多以爱情为主题:唱了一首~。

【小意思】xiǎoyìsi 名。微薄的心意;款待宾客或赠送礼物时的客气话:这点~,不过略表心意罢了。

【小引】xiǎoyǐn 名。写在诗文前面的简短说明,用来叙述著作的缘由并引起下文等:他在来函中要我写一小段~。也称小序。

【小注】xiǎozhù 名。直行书中插在正文中的注解,字体一般小于正文,多为双行:读古书,既要认真看正文,也要认真看～。

【小传】xiǎozhuàn 名。简短的传记；可以写人，也可以写别人：报名时要附上本人的～|赵树理～。

【小篆】xiǎozhuàn 名。指笔画较简省的篆书。这是由秦朝李斯等在大篆的基础上整理简化而成。也叫秦篆。

【小酌】xiǎozhuó 名。简便的酒和菜；多作客套用语：今晚略备～，请赏光。

【小资产阶级】xiǎo zīchǎn jiējí 词组。占有一定的生产资料或少量财产，一般不受人剥削，也不剥削人，主要靠自己劳动为生的阶级。包括中农、手工业者、小商人等。

【小子】xiǎozǐ 〈书〉名。(1)年幼的人。(2)旧时长辈称晚辈或老师称学生：后生～，不可等闲视之|这一行，把班交给他我放心。

【小子】xiǎo·zi 〈口〉名。(1)男孩子：她打扮成～的样子。(2)人；用于男性，含轻蔑意：这～真坏。

【小字辈儿】xiǎozìbèir 名。指比较年轻、资历较浅的一代人：～也可以当骨干。

【小卒】xiǎozú 名。小兵，比喻普通的、不出名的人：无名～。

晓(曉) xiǎo 〈素〉(1)天刚亮的时候：拂～|报～。(2)知道，明白：通～|家喻户～。(3)使人知道：揭～。

【晓畅】xiǎochàng ❶动。精通、熟悉；须带宾语：～军事|～天文地理。❷形。明白流畅；指文章：这篇习作～流利，明白如话。

【晓得】xiǎo·de 〈口〉动。知道；常带动态助词"了"：这事我早已～了。可带宾语：我～他的地址。可带动词性词组或主谓词组作宾语：我～怎么学好语文|他～我不会唱歌。

【晓示】xiǎoshì 〈书〉动。明白地告诉；常带宾语或兼语：～部下|他～人民要敢于同腐败现象作斗争。

【晓谕】xiǎoyù 〈书〉动。明白地告诉；旧时指上级对下级，常带宾语：～地方官绅百姓。

筱(篠) xiǎo ❶〈古〉名。小竹子。❷同"小"；多用于人名。

xiāo（ㄒㄧㄠˋ）

孝 xiào ❶〈素〉(1)孝顺：～子|～敬｜尽～。(2)旧时同丧事有关的：～服|吊～|守～。(3)丧服：戴～|挂～。❷姓。

【孝服】xiàofú 名。(1)居丧时穿的白色布衣或麻衣。(2)服丧期：～已过。

【孝敬】xiàojìng 动。送礼物给尊长，表示敬意；常带宾语：每次回家探亲，他都要带些补品～父母。可加程度副词：他对老人很～。

【孝顺】xiàoshùn 动。尽心赡养、侍奉长辈，顺从长辈意志：对父母要～。可带宾语：她能～公婆。可加程度副词：小杨非常～老父亲。

【孝子】xiàozǐ 名。(1)孝顺父母的儿子：张家那孩子是个～，可听他爹妈的话哩!(2)父母死后居丧的儿子。

【孝子贤孙】xiàozǐ xián sūn 成。封建礼教所宣扬的绝对服从父母、祖宗的人；多用于比喻，前面须有修饰语，含贬义：封建大家庭的～|地主阶级的～。

哮 xiào 〈素〉(1)喘气急促声：～喘。(2)吼叫：咆～。

【哮喘】xiàochuǎn 见"气喘"。

肖 xiào 〈素〉相似，像：惟妙惟～|毕～(完全相似)|酷～(极像)。
另见xiāo。

【肖像】xiàoxiàng 名。以某一个人为主体的画像或相片；多指没有风景陪衬的大幅相片：会场上悬挂着科学家的～。

笑(咲) xiào 动。(1)露出愉快的表情，发出欢喜的声音；不带宾语：他～了。常带补语：她～在脸上，乐在心里。(2)讥笑，嘲笑；须带宾语：我唱不好，请你别～我。可带主谓词组作宾语：他～我没有本领。

【笑柄】xiàobǐng 名。可以拿来作为取笑的资料：视为～|传为～。

【笑呵呵】xiàohēhē 形。笑的样子；不加程度副词，常带助词"的(地)"：实行家庭承包责任制以后，我家生活不断改善，爷爷成天～的|他～地说。

【笑话】xiào·hua ❶名。(1)一种文体，形式短小，有简单的故事情节，可以供人娱

乐,引人发笑。好的作品能对不合理的社会现象加以嘲讽:～集锦。(2)被作为笑料的事情:闹～|～百出|你别想着我的～。❷动。耻笑,讥笑:讲得不好,请不要～。常带宾语:他最爱～人。

【笑剧】xiàojù 见"闹剧"。

【笑里藏刀】xiào lǐ cáng dāo 成。《旧唐书·李义府传》中说,李义府相貌和善而内心阴险狠毒,跟人说话时总是面带微笑,可如果谁稍稍得罪了他,他就加以陷害,"故时人言义府笑中有刀"。后比喻外貌和蔼而内心险恶:他是个～的伪君子。

【笑料】xiàoliào 名。可以拿来取笑的资料:～不少|不要把人家的生理缺陷当作～。

【笑骂】xiàomà 动。可带宾语。(1)讥笑并辱骂:百姓只能在背后～这些贪官。(2)开玩笑地骂;指无恶意的:我们有时～他,他并不生气。

【笑眯眯】xiàomīmī 形。形容微笑时眼皮微合的样子;不加程度副词,常带助词"的":他一说话就～的。

【笑面虎】xiàomiànhǔ 名。比喻外貌装得和善而内心凶狠的人:这个家伙是～,对他要提防着点。

【笑纳】xiàonà 动。请人收下礼物;客套用语,不带宾语:这点小意思,请～。

【笑容】xiàoróng 名。含笑的神情;含褒义:～可掬|满面～。

【笑容可掬】xiàoróng kě jū 成。掬:双手捧取。笑容露出来,好像可以用手捧取。形容满脸堆笑:他～地走进教室。

【笑容满面】xiàoróng mǎn miàn 成。脸上全是含笑的神情。店掌柜～地走出来招呼顾客。

【笑谈】xiàotán ❶名。笑柄:一时传为～。❷动。(1)一边笑,一边谈:有的唱着歌出来,有的～着出来。(2)讥笑地谈论:大家把经理在酒席上丢丑的事情～了一阵。

【笑嘻嘻】xiàoxīxī 形。微笑的样子;不加程度副词,常带助词"的":他脸上～的,肯定有喜事。

＊"笑嘻嘻"和"笑眯眯":"笑嘻嘻"是微笑的样子;"笑眯眯"是微笑时眼微合拢的样子。"笑嘻嘻"一般是笑出声来;"笑眯眯"一般是没笑出声来。

【笑颜】xiàoyán 〈书〉名。含笑的面容;多指有高兴事儿:难见～|带着～,走上讲台。

【笑靥】xiàoyè 〈书〉名。(1)笑时脸颊上露出的酒窝:她微笑时的那一对～更肖似其母。(2)笑脸。

【笑吟吟】xiàoyínyín 形。微笑的样子;不加程度副词,常带助词"的":她～地说:"我有事,先走了。"

【笑语】xiàoyǔ 名。指十分高兴的谈笑;多用在比较固定的组合中:欢声～|歌～。

【笑逐颜开】xiào zhú yán kāi 成。逐:追逐;颜:脸面;开:舒展开来。形容眉开眼笑,十分高兴的样子:一群青年男女～地走过。

＊"笑逐颜开"和"嬉皮笑脸":"笑逐颜开"指愉快的笑容,形容高兴、欢乐的表情;"嬉皮笑脸"指顽皮嬉笑的样子,形容不严肃、轻浮的表情。"笑逐颜开"含有心中愉快的意思;"嬉皮笑脸"没有这个意思。

效(△傚、△効) xiào 〈素〉(1)效果,功用:功～|～益|有～。△(2)模仿:～法|～仿|上行下～。△(3)尽,献出:～力|～命。

【效法】xiàofǎ 动。照着别人的做法或样子去做;多指学习别人的长处:他们这种助人为乐的精神,我们应该～。可带宾语:～他人不能代替自己的创造。

【效仿】xiàofǎng 动。效法,模仿;多指别人的具体工作方法、方式:这儿的停车办法值得我们～。常带宾语或补语:可以～他们的做法|～得很成功。

【效果】xiàoguǒ 名。(1)由行为产生的有效的结果,成果;多指好的:对青少年进行革命传统教育,～很好。(2)指演出时由人工造成的音响,如风声、枪炮声等:这部电影中的音响～不错。

＊"效果"和"结果":"效果"多指好的,指坏的较少;"结果"兼指好的和坏的。"效果"常指主观上所作所为的结局;"结果"可以指主观上所作所为的结局,也可

指客观上万事万物变化形成的结局。

【效劳】xiàoláo 动。尽力服务；多指为他人，不带宾语：愿意为您~。可拆开用：可以替你效几天劳。

【效力】xiàolì ❶动。甘愿为人出力；不带宾语：这工头一贯欺侮矿工，死心塌地为日本鬼子~。可带补语：~于国家排球队。可拆开用：为他效过力。❷名。事物所产生的作用；指能量、力量、作用的大小：咖啡有使人兴奋的~。

【效率】xiàolǜ 名。(1)单位时间内完成的工作量：提高工作~｜劳动~很高。(2)机械、电器在工作时输出能量与输入能量的比值。
＊"效率"和"效果"："效率"指单位时间内完成的工作量；"效果"指工作产生的结果。"效率"只能同"高、低"等词搭配，不能同"好、坏、大、小"等词搭配；"效果"可以同"好、坏、大、小、收到"等词搭配。

【效命】xiàomìng 动。奋不顾身地出力服务：为国~。可带处所宾语：~沙场。

【效能】xiàonéng 名。(1)事物在一定条件下所起的作用：工作~。(2)机械、设备等所产生的功用：机械~。

【效颦】xiàopín 见"东施效颦"。

【效死】xiàosǐ 动。尽力服务，不惜牺牲生命：愿为正义事业而~。可带处所宾语：~战场。

【效验】xiàoyàn 名。所得到的预期的成效；用于方法、药剂等：用这种方法治疗，很快就有了~。

【效益】xiàoyì 名。效果和收益；指好的：社会~｜采用新技术给工厂带来了明显的经济~。

【效应】xiàoyìng 名。由于物理作用或化学作用而产生的效果：化学~｜光电~。

【效用】xiàoyòng 名。效力和作用；~明显｜吃了药，肚子就不痛了，看来是药发挥了~。

【效尤】xiàoyóu 〈书〉动。照坏样子去做：不讲公德的事不该~｜对这个贪污犯要严加惩处，以儆~。

【效忠】xiàozhōng 动。忠诚地效力，全心全意地出力：为国~。常带宾语或补语：~祖国｜~于国家的建设事业。

校 xiào 〈素〉(1)学校：~风｜~园｜高~。(2)用于军衔，是尉的上一级：~官｜上~。
另见jiào。

【校友】xiàoyǒu 名。学校的师生称在本校毕业的人，有时也包括曾在本校工作的老师或职员：我们是~。

【校园】xiàoyuán 名。指学校范围内的地面：~里书声琅琅。

啸(嘯) xiào 动。不带宾语。(1)撮口发出长而清脆的声音，打口哨；用于人：他登高长~，山鸣谷应。(2)拉长声音吼叫；用于野兽：虎~猿啼。(3)自然界发出某种响应：风在~，马在叫。(4)飞机、子弹等飞过发出声音：飞机尖~着飞过上空。

【啸傲】xiào'ào 〈书〉动。指逍遥自在，不受礼俗拘束；多指隐士生活，常带处所宾语或补语：~林泉｜~于青山幽谷之中。

【啸聚】xiàojù 〈书〉动。互相招呼着聚集成群；旧时多指匪盗结伙，常带宾语或补语：~山林｜这帮~一方的匪徒终于被我军彻底剿灭。

敩(敎) xiào 〈古〉动。教导，使觉悟。

xiē(ㄒㄧㄝ)

些 xiē 量。表示不定的数量，一些；只与数词"一"、代词"这、那"等组合。(1)用在名词或名词性词组前面，表示少量的人或事物：一~学生在跑步｜那~粮食｜这~日子我很忙｜那~话可以不说。(2)用在动词、形容词后面，说明事物的性状，有"略微"的意思：小声~｜他的病好了一~｜多吃~蔬菜｜从这边走可以少跑~路。

【些个】xiē·ge 〈口〉量。一些；表示不定的量：喝~汤｜我们还是让她~｜这~书我都看过。

【些微】xiēwēi ❶形。一点儿；不加程度副词：一阵秋风吹来，他感到有~的寒意。❷副。略微：吃过药后，他才~好受了一点儿。

【些小】xiēxiǎo 形。不加程度副词。(1)一点儿；有~感慨。(2)少量，小；多指不值一提：～的帮助，不必挂齿。

【些须】xiēxū 形。些许；多见于早期白话：～小事，何足挂齿？

【些许】xiēxǔ 形。一点儿，少许；不加程度副词，不单独作谓语，多作定语：深秋时节，我们感到～的寒意。

揳 xiē 〈方〉动。把钉子、楔子等打进物体里面；常带宾语或补语：在木柱子上～了根钉子｜桌缝要用楔子～起来。

楔 xiē ❶名。(～儿)填充空隙或固定器物的木橛、木片等：这条桌腿活动了，加个～儿吧。❷动。同"揳"。

【楔形文字】xiēxíng wénzì 词组。西部亚洲的古代文字，多刻在石头和泥版(泥砖)上，笔画呈楔形，颇像钉头或箭头。约公元前三千年左右由美索不达米亚南部苏美尔人所创造。

【楔子】xiēzi 名。(1)指上粗下尖的小木橛，插进榫缝中使接榫固定。(2)钉在墙上的木钉或竹钉，挂东西用。(3)杂剧中加在第一折前头或插在两折之间的片断。(4)长篇小说中的一种结构。类似话本中的"入话"，通常加在小说故事开始之前，起着引起正文的作用。

歇 xiē ❶动。休息；可带补语：坐下来～一会儿。❷名。很短的一段时间，一会儿；须加数词"一"：过了一～，他就走了。❸〈素〉停止：～业｜～工。

【歇顶】xiēdǐng 动。成年人因病或年老，头顶的头发逐渐脱落；不带宾语：他没到年纪就～了。可拆开用：他40多岁就已经歇了顶。

【歇乏】xiēfá 动。劳动之后休息，以解除疲乏；不带宾语：干了一上午活，该～了。可拆开用：大家歇一下乏。可重叠：歇歇乏再干。

【歇后语】xiēhòuyǔ 名。熟语的一种。是使用比喻(喻意)或双关(谐音)构成的一种形象、幽默、通俗易懂的定型语句，由两个部分组成，后一部分是前一部分的解释或说明，是整个歇后语的意思所在。例如"芝麻开花——节节高"、"下雨不打伞——淋湿(吝啬)"等。使用时一部分往往可以不说，故名。

【歇肩】xiējiān 动。卸下肩上的担子暂时休息；不带宾语：大家累了，该～了。可拆开用：还没有歇过肩。可重叠：我们在树阴下歇歇肩吧。

【歇脚】xiējiǎo 动。因行走疲乏而停下来休息：走不动了，咱们该～。可拆开用：已歇过一回脚。可重叠：请你停下来歇歇脚吧。也说歇腿。

【歇气】xiēqì 动。停下来休息一会儿；不带宾语：干一会这再～。可拆开用：大家停下来歇口气吧。可重叠：咱们歇歇气再走。

【歇手】xiēshǒu 动。停止手中干的活休息一会儿；不带宾语：不干完这堆活不～。可拆开用：他们一直在干着，还没歇过手。可重叠：你可以歇歇手了。

【歇斯底里】xiēsīdǐlǐ 音译词。❶名。即"癔病"。❷形。形容情绪激动、举止失常，有时也指疯狂、嚣张的样子：敌机～般地狂轰乱炸。

【歇息】xiē·xi 动。休息；不带宾语：大家快停下来～吧。

【歇业】xiēyè 〈方〉动。商店不再继续营业；不带宾语：该店经营不善，只得～。可拆开用：被迫歇了业。

蝎(蠍) xiē 名。(～子)节肢动物，胎生。后腹狭长，末端带有毒钩，用来御敌或捕食。中医可入药。

xié(ㄒㄧㄝˊ)

叶 xié 〈素〉融洽，相合：～韵(作韵文于句末押韵)。
另见yè。

协(協) xié 〈素〉(1)共同：～力｜～议。(2)帮助：～助｜～作。
注意："协"字的左偏旁是"十"，不是"忄"旁。

【协定】xiédìng ❶名。条约名称之一。一般是国家间或国家组成的组织间为解决专门问题或临时问题经协商而缔结的契约性文件，有效期较短：技术～｜文化合作～。❷动。经协商后订立；指共同遵守的条款，带有庄重色彩，常带宾语：必须～一个共同遵守的准则。

【协和】xiéhé 〈书〉形。协调融洽：两国～｜彼此非常～。

【协会】xiéhuì 名。以促进某种共同事业的发展为目的而组成的群众团体：摄影家～|老年人～。

【协理】xiélǐ ❶动。协助办理：此事请你～。可带宾语：请他～此案。❷名。有些大银行、大企业中协助经理主持业务的人，地位仅次于经理。

【协力】xiélì 动。共同努力；不带宾语：同心～，建设国家。可作动词的状语：～做好工作。

【协商】xiéshāng 动。为取得一致意见而共同商量：我们准备跟对方好好～。可带补语：这件事涉及好几个单位，须要同他们～一下。常用在"解决、产生、处理"等动词之前：事关双方的权益，只好～解决|这些代表是～产生的。可重叠：有件事情，请大家来～～。

*"协商"和"商量"："协商"多指有关方面，如机关、团体、党派、国家等就某个问题在正式会议或特定场合交换意见，商谈的往往是重大的事情；"商量"指交换意见，适用范围较广，无论大事或小事、个人或集体，无论是正式会议或普通场合都可以用。"协商"一般不带宾语；"商量"可以带。"商量"色彩较庄重，多用于书面语；"商量"较通俗，口语、书面语都常用。

【协调】xiétiáo ❶形。配合得适当：我们的文学和整个时代前进的步伐尚不～|厂领导班子团结一心，工作上很～|这个男女双人滑冰表演，两个人配合得十分～。❷动。使协调：国民经济各部门的发展必须互相～。常带宾语或补语：跳交谊舞时，两个人必须～好动作|这两个部门工作上经常扯皮，须要去～一下。可重叠：～～他们的关系。

*"协调"和"调和"："协调"多指不同的部门或不同工作者相互之间在步调、动作、倾向、规模等方面，配合适当；"调和"多指自然地配合均匀，如"雨水调和"、"色彩调和"等。"协调"作动词用时有"使配合适当"的意思；"调和"则是"使双方重归于好"的意思。"调和"还有妥协，让步的意思；"协调"没有这个意思。"协调"常与"动作、行动、工作、关系、配合"等词搭配；"调和"常与"光线、色彩、矛盾、斗争、气氛"等词搭配。

【协同】xiétóng 动。相互配合，或一方协助另一方做某件事；常用在其他动词之前：～办理|各兵种～作战。可带兼语：～管理人员维持秩序。

【协议】xiéyì ❶动。协商：此事要经双方～。可带宾语：双方在～合并之事。❷名。国家、政党或团体等之间关于同一问题经过谈判、协商后取得的一致意见：双方达成了～。

*"协议"和"协定"："协议"泛指取得的一致意见，不一定有书面条款；"协定"指共同遵守的事项，一般要有书面条款。"协议"不限于国家、政党、集团之间，单位之间也可有协议；"协定"限于国家、政党或集团之间。

【协助】xiézhù 动。帮助，辅助：我们厂是新建单位，请大力～。常带宾语或补语：～主力部队|～得很好。常与其他动词连用或带兼语：请你们～办水站|～工会开展活动。

【协奏曲】xiézòuqǔ 名。指由一个独奏者或几个奏曲者与一个管弦乐队互相合作演奏的器乐曲，一般由三个乐章组成。

【协作】xiézuò 动。若干人或若干单位互相配合来完成任务，不带宾语，可带补语：他们～得很好。常用在其他动词之前：这项大工程，必须由多方面～完成|～生产。可作"提供、进行"等动词的宾语：他是一个不合格的引水员，不能给船舶提供良好的～。

胁（脅、脇） xié ❶名。从腋下到肋骨尽处的部分：他的左～有一块疤。❷〈素〉逼迫：～迫|～诱。

【胁持】xiéchí 动。用威力迫使对方服从；多指坏人逼迫好人，常带宾语：几个土匪～了他。

【胁从】xiécóng 动。指被胁迫而跟从别人做坏事；一般不作谓语，作定语或用在固定组合中：～分子|～不问。

【胁肩谄笑】xié jiān chǎn xiào 成。胁肩：耸起双肩做出恭敬的样子；谄笑：装出奉承的笑容。形容奉承拍马的丑态；含贬义：他在上司面前～，丑态百出，实在令人作呕。

【胁迫】xiépò 动。用威胁的手段强迫别人服从;常带宾语或补语:我从没有～过她|黑暗把大家的心绪～得一阵一阵地往下沉落。可带兼语:歹徒企图～她就范,她死也不从。

邪 xié ❶形。不正当,不正常;含贬义:你不要太～,这样对你没有好处|这家伙身上有一股～劲儿,别惹他。❷〈素〉(1)指鬼神给与的灾祸:中～。(2)中医指引起疾病的环境因素:风～|寒～。

另见yé。

【邪道】xiédào 名。不正当的生活道路:走上了～|～不可走。也说邪路。
【邪恶】xié'è 形。不正当而且凶恶;多指性情、行为:此人用心极其～|他是一个～的小人。
【邪门歪道】xié mén wāi dào 成。指不正当的门路、途径或不正经的事情:这种～你还是别走。也说歪门邪道。
【邪念】xiéniàn 名。不正当的念头:不能有一丝～|～顿生。
【邪气】xiéqì 名。(1)坏作风,坏风气:歪风～|正气压倒～。(2)中医指使人生病的不正常的环境因素。
【邪说】xiéshuō 名。有危害性的不正确的议论:哥白尼的《天体运行》一书曾被教会当做异端～加以禁止,但事实证明它是正确的。
【邪祟】xiésuì 〈书〉名。奸邪不正而又作祟的事物:驱除～。
【邪行】xiéxíng 名。不正当的行为:这种～必须制止。

挟(挾) xié ❶动。用胳膊夹住:～泰山以超北海。❷〈素〉(1)倚仗势力或抓住人的弱点,强迫人服从:～制|～持|裹～。(2)怀着:～嫌|～恨。

【挟持】xiéchí 动。(1)从左右架住被捉的人;多指坏人捉住好人,常带宾语或补语:两个歹徒～着一名爱国志士|小姐被匪徒～到一个山洞里。(2)用威力强迫对方服从,常带兼语:他们妄想～爱国军官投降敌人。
【挟泰山以超北海】xié tàishān yǐ chāo běihǎi 成。挟:挟持,夹着;超:超越,跨过。夹着泰山跨过北海。比喻不可能做到的事情:不要说空话大话,你口口声声要～,那能办得到吗?
【挟嫌】xiéxián 〈书〉动。怀恨;常与其他动词连用:～报复|～诬告|～陷害。
【挟制】xiézhì 动。抓住对方的弱点或过失,加以威胁,使之听从自己的支配;常带宾语,含贬义:他总想～别人,使人屈服于他。可带兼语:敌军一到,这个叛徒就～大家投降。

携(攜、擕) xié 〈素〉(1)提,带着:～带|～眷|提～。(2)拉,搀:～手|扶老～幼。

【携带】xiédài 动。随身带着:这件信物他总是随身～,从不离身。常带宾语:～行李|～雨具。常构成连动词组:他～着家眷奔赴边疆工作。
【携贰】xié'èr 〈书〉动。亲附的人渐生离心,叛离;不带宾语,可带补语:渐感旁人～于他,却又毫无办法对付。
【携手】xiéshǒu 动。手拉着手;多用于比喻,表示关系密切或亲热,常与其他动词连用:～并行|～前进。

斜 xié ❶形。不正,跟平面或直线既不平行也不垂直的:～线|这条线画得太～了。❷动。使歪斜;须带宾语和动态助词"着":他～着身子坐下。

【斜晖】xiéhuī 〈书〉名。傍晚时的太阳光;量词用"抹":一抹～。
【斜楞】xié·leng 〈口〉动。使歪斜,向一边斜;多指人的眼睛:他两眼一～就喊起来|～着双眼。
【斜路】xiélù 名。比喻错误的道路或途径:他在～上愈走愈远。
【斜睨】xiénì 动。斜着眼睛看;常带宾语或补语,可带动态助词"着、了":他～着双眼打量我们|老人～了来客一眼。
【斜阳】xiéyáng 名。傍晚时西斜的太阳:～染红了半边天。

偕 xié 〈素〉一起,共同。～行|～老。

【偕老】xiélǎo 动。夫妻共同生活到老;不带宾语,常用在固定的组合中:白头～。
【偕同】xiétóng 动。跟别人一起(到某处去);常与其他动词连用,或带兼语:李局

长明天出差去上海,李厂长~前往|张博士昨天~妻子回国定居。

谐 xié 〈素〉(1)配合得当:和~|~音|~调。(2)滑稽有趣:诙~|~谑。

【谐和】xiéhé 形。配合适当,匀称:这房间的布置很~。

【谐美】xiéměi 形。和谐优美;多指言辞等,含褒义:这篇文章构思精巧,文句~。

【谐声】xiéshēng 见"形声"。

【谐调】xiétiáo 形。和谐匀称,配合适宜:旋律不~|这幅宣传画的色彩很~。

＊"谐调"和"协调":"谐调"意思侧重在配合适当,匀称;"协调"的意思侧重在步调一致。"谐调"多指声音、色彩、气氛等;"协调"多指工作、行动等。

【谐音】xiéyīn 动。字词的读音相同或相近;不带宾语:"淋湿"和"吝啬"~。

絜 xié 〈古〉动。(1)量度物体周围的长度。(2)泛指衡量。
另见jié。

颉 xié [颉颃](-háng) 〈书〉动。(1)鸟上下飞。(2)泛指双方不相上下,相抗衡:这支球队技艺高超,配合默契,可以同去年的冠军队相~。
另见jié。

撷 xié ❶〈素〉摘下,取下:采~|~取|~芳|~英。❷〈古〉动。用衣襟兜东西。

【撷取】xiéqǔ 〈书〉动。采取,摘取;常带宾语:~精华|这几首小诗不过~了几朵生活的浪花而已。

＊"撷取"和"采取":"撷取"是书面语,多用于文学作品和文艺性的文章中;"采取"是普通用词,口语、书面语都常用。

缬 xié 〈古〉名。有花纹的丝织品,也指彩结。

鞋(鞵) xié 名。穿在脚上、走路时着地的东西,没有高筒。量词用"双":买了一双~。

【鞋子】xiézi 〈方〉名。即"鞋":他脚下穿了一双新~。

勰 xié 〈古〉形。协和;多用于人名。

写(寫) xiě(ㄒㄧㄝˇ)
xiě ❶动。常带宾语或补语。(1)用笔在纸上或其他东西上做字:~毛笔字|这几个字请你~一下|~在黑板上。(2)写作,描写:文章还没有~呢|~散文|文章中的风景~很精采。可带动词性词组或主谓词组作宾语:~如何筹划这件事|~他是怎样学习的。❷〈素〉绘画:~生|~真。
另见xiè。

【写本】xiěběn 名。古代由于没有印刷术,故书籍多为手抄,所以称抄写的书本为写本或抄本。

【写生】xiěshēng ❶动。对着风景或实物绘画;不带宾语:小李~去了。❷名。指写生的画:这一幅水彩~好得很。

【写实】xiěshí 动。对事物进行真实的描绘;常作定语:~主义|这篇小说采用了~手法。

【写意】xiěyì 名。国画的一种画法,要求用简练的笔墨,描绘出人或事物的神态,抒发作者的情趣;与"工笔"相对,常作定语:~手法|~作品。
另见xièyì。

【写照】xiězhào 名。描写刻画出来的具体情景;常作宾语:这部作品是当时社会生活的真实~,具有很好的史料价值。

【写真】xiězhēn ❶动。画人像;不带宾语:老画家正在为这位英雄~。❷名。(1)画的人像:这幅~栩栩如生。(2)对事物的如实描绘:这首诗是当时社会生活的~。

【写作】xiězuò 动。写文章或进行文学创作:他很会~。常带宾语或补语:~小说|他每天~到深夜。

血 xiě 〈口〉名。同"血(xuè)";用于口语:验一下~。也常作构词语素,用于几个口语常用词,如"鸡血""血晕""血块子"等。
另见xuè。

【血糊糊】xiěhūhū 形。形容流出的鲜血附着皮肉或物体的样子;不加程度副词,常带助词"的":他受了伤,手上~的|~的一片。

【血淋淋】xiělínlín 形。不加程度副词,常带助词"的"。(1)形容鲜血不断流淌的样子:受伤后,脸上~的。(2)比喻残酷或惨酷:~的教训|~的事实。

【血晕】xiěyùn 名。皮肤在受伤后未破,伤处呈紫红色:脚背撞着门框,留下一圈～。

另见xuěyùn。

xiè(ㄒㄧㄝˋ)

写(寫) xiè [写意](-yi)〈方〉形。舒适:干完活洗个澡,真～!

另见xiěyì。

炧(炧) xiè 〈古〉名。蜡烛烧剩下的部分。

泄(洩) xiè 动。(1)液体、气体排出:水在往外～。常带补语:钢瓶里的气～不出来。比喻人松劲:气可鼓而不可～。(2)发泄;须带宾语:不该～私愤。(3)漏、露;用于秘密等,多带宾语或补语:这件事有人～了内部的机密|这事不能透露出去,谁～出去谁负责。

【泄底】xièdǐ 动。底细完全暴露;不带宾语:这件事～了。可拆开用:这一说就泄了底了。

【泄愤】xièfèn 动。发泄心中的愤恨;不带宾语:他乘机向我～,硬说我闯祸是故意的。可重叠:你就让他泄泄愤,出掉点怨气,毕竟你是冤枉了他。可拆开用:泄了愤。

【泄劲】xièjìn 动。失去信心和干劲;不带宾语:大家要加油干,不可～。可拆开用:一席丧气话说得大家都泄了劲。

【泄露】xièlòu 动。不应该让人知道的事情让人知道了:此事切不可～。常带宾语或补语:～了机密|消息～出去了。也作泄漏。

＊"泄露"和"暴露":"泄露"着重指把不该让旁人知道的事情传出去让人知道了;"暴露"着重指原来被遮掩的事物显露出来让人看见了。"泄露"只用于事物,而且多是抽象事物,如"秘密、机密、军机、心思、计划、消息"等;"暴露"既可用于事物,也可用于人,既可用于抽象事物,也可用于具体事物,如"身分、目标、思想、面目、真相、矛盾、缺陷、意图、用心、野心"等。

【泄密】xièmì 动。泄露机密;不带宾语:文件～了。可作定语:这是一起严重的～事故。可拆开用:请放心,泄不了密。

【泄气】xièqì ❶动。失去信心和勇气;不带宾语:遇到困难就～是不对的。可拆开用:泄不得气。❷形。低劣或没有本领;含贬义,用于讽刺:你连这么容易的题目都做不出来,实在也太～了。

继(繲) xiè 〈古〉❶名。绳索。❷动。捆,拴。

渫 xiè ❶〈古〉动。除去。❷姓。

泻(瀉) xiè 动。常带补语。(1)液体很快地流:山上的水直～下来。(2)拉稀屎:今天他已～了三次了。可带宾语:～肚子。

瀣 xiè 见"沆(hàng)瀣"。

契(偰) xiè 人名,商朝的祖先,传说是舜的臣。

另见qì。

卨(离、偰) xiè 人名用字。万俟(mòqí)卨,宋朝人。

卸 xiè ❶动。常带宾语或补语。(1)把东西从运输工具上搬下来:请人来～行李|船舱里的货物～完了。(2)把牲口身上拴的套解开取下:～牲口|把鞍子～下来。(3)把零件从机器上拆下来:～螺丝钉|把这个零件～下来修理。❷〈素〉解除,推卸:～任|～责。

【卸包袱】xiè bāo·fu 习。比喻解除思想、工作等方面的负担:调整人事不是为了～。

【卸车】xièchē 动。把装运在车上的东西卸下来;不带宾语:叫几个人来～。可拆开用:卸完车再休息。

【卸任】xièrèn 动。指官吏解除职务;不带宾语:他早已～居家。可拆开用:卸了任倒落得清闲。

【卸责】xièzé 动。把责任推卸掉;不带宾语:在这件事上你是无法～的。

【卸装】xièzhuāng 动。演员除去化装时穿戴和涂抹的东西;不带宾语:演戏一结束,就赶快去后台～。可拆开用:卸掉装。

【卸妆】xièzhuāng 动。妇女除去身上的装饰物;不带宾语:小丽正要～,突然响起了敲门声。可拆开用:她一回家就卸了妆。

屑 xiè ❶名。(～子)碎末:饼干～|直往下掉。❷〈素〉(1)细微,零碎:琐～。(2)认为值得做:不～。

械 xiè ❶〈素〉(1)武器:缴～|～斗。(2)器物,用具:农～|器～。❷〈古〉名。枷和镣铐之类的刑具。

【械斗】xièdòu 动。双方聚众用武器相斗;不带宾语:因土地纠纷,这两个村子的人经常～。

亵(褻) xiè 〈素〉(1)轻慢:～慢|～渎。(2)淫秽:猥～|～语。(3)内衣:～衣。

【亵渎】xièdú 〈书〉动。轻慢,不尊敬:对祖先不该～。常带宾语或补语:～神明|～不得。

谢 xiè ❶动。常带宾语或补语。(1)表示感激:这点小事不必～|我要好好～你|已～过几次。(2)脱落;多用于花:桃～了|又～了一朵花|这种花得很快。❷〈素〉(1)认错,道歉:～罪。(2)辞去,拒绝:～客|～绝。❸姓。

【谢病】xièbìng〈书〉动。推托有病;不带宾语:李老近来～在家。

【谢忱】xièchén〈书〉名。感谢的心意:对大家的赞助,本人深表～。也说谢意。

【谢顶】xièdǐng 动。秃顶,头前部或上部的头发已掉了;不带宾语:他的父亲已开始～了。可拆开用:已经谢了顶。

【谢绝】xièjué 动。拒绝;婉辞:如有人来参观,要婉言～。常带宾语或补语:～一切来访者|～过几次。可带动词或动词性词组作宾语:～参观|～请吃。

【谢客】xièkè 动。不带宾语。(1)辞别宾客,不愿相见;常同"闭门"连用:闭门～。(2)向宾客表示谢意:交易会结束后,公司设宴～。

【谢幕】xièmù 动。演员在演出结束后,站在台前,向鼓掌的观众鞠躬行礼,以答谢观众的盛意;不带宾语:在热烈的掌声中她走到台前～。可拆开用:他连续谢了几次幕。

【谢却】xièquè〈书〉动。婉言拒绝:他送的礼物我已～。可带宾语:～了他的邀请。

【谢世】xièshì 〈书〉动。去世;不带宾语:当他回家时,爷爷已～。可带补语:张老先生～数月。

【谢罪】xièzuì 动。承认错误并请求原谅;不带宾语:为了上次的失误,今天我特来～。可拆开用:已登门谢过罪了。

榭 xiè 名。建筑在台上的房屋:花园里有许多亭、台、楼、～。

解 xiè ❶见"解数"。❷姓。另见jiě, jiè。

【解数】xièshù 名。旧指武术的架势。泛指手段、本事;常作"使出"的宾语:使出浑身～。

獬 xiè [獬豸](-zhì) 名。古代传说中的一种异兽,能辨别是非曲直,见人争斗,就用角顶理亏的人。

廨 xiè 名。古代称官吏办公的地方。

懈 xiè 〈素〉(1)松劲,不紧张:松～|～怠|～气。(2)漏洞:无～可击。

【懈怠】xièdài 形。松懈懒惰:他工作一贯勤勤恳恳,从不～|必须克服工作中的～作风|每当我在艰难困苦中稍有气馁和～时,我耳边就会响起父亲的谆谆教导。

*"懈怠"和"松懈":"懈怠"不仅有不紧张,做事抓得不紧的意思,还有懒惰的意思,语意较重;"松懈"只指注意力不集中、做事不抓紧,语意较轻。"懈怠"多用来形容工作、学习、劳动的态度和作风;"松懈"适用范围较广,除可指精神不振作、做事不抓紧以外,还可指人与人的关系不密切,警戒不严密、文章结构不紧凑、纪律放松等。"懈怠"只是形容词;"松懈"是形容词兼动词,可以带宾语。

【懈气】xièqì 动。放松干劲;多用于否定式,不带宾语:在这关键时刻,你千万不能～。

澥 xiè ❶形。糊状物、胶状物由稠变稀:粥～了|糨糊太～,没有用。❷〈方〉动。加水使糊状物或胶状物变稀;常叠用:粥太稠,加点水～一～。

邂 xiè [邂逅](-hòu) 〈书〉动。偶然遇见;常用于久别的亲友:两个人多年未见,今日～,分外高兴|没想到在电车上与昔日的学生～。可带补语:我们俩～于上海,后又在南京重逢。

蟹(蠏) xiè 名。螃蟹,节肢动物,种类很多。全身有甲壳,前面有一对钳状的脚,叫螯。横着爬行。可食用,味美。

蟹青 xièqīng 形。如螃蟹壳那样灰而发青的颜色;不加程度副词,不单独作谓语,作定语: ~布衫。

薤 xiè 名。也叫藠(jiào)头。(1)多年生草本植物,叶细长,开紫色小花。鳞茎和嫩叶可食用。(2)这种植物的鳞茎。

燮 xiè 〈古〉动。调和,谐和: ~理(指古代官员办事)。

躞 xiè 见"蹀(dié)躞"。

xīn (ㄒㄧㄣ)

心 xīn ❶名。(1)心脏,人和高等动物体内主管血液循环的器官:我的~怦怦直跳。(2)习惯上也指思想的器官和思想、感情等:冷酷的~|青年人都有一颗火热的~|难道你还不知道我的~?(3)二十八宿之一。❷〈素〉中心:圆~|重~|轴~。

【心爱】 xīn'ài 形。衷心喜爱:这本书他最~。作定语要加助词"的": ~的人|~的礼物。

【心安理得】 xīn ān lǐ dé 成。认为事情做得合理,心里感到坦然,踏实:这些钱是我凭劳力挣来的,所以用起来也就~|事情虽做得不尽如人意,但我觉得~,因为我已尽了自己的力量。

  * "心安理得"和"问心无愧": "心安理得"侧重于"理"——自以为合理; "问心无愧"侧重于"心"——自己尽了心,至少没有坏心眼。"心安理得"指人在处事待人时流露出来的心情、情绪; "问心无愧"也可指人在某一次处事待人时的心情、情绪,但大多指对以往所做的事的自我反省。

【心病】 xīnbìng 名。(1)指忧虑或烦闷的心情: 她的病是~,不是吃药能治好的。(2)指隐情或隐痛:这句话,触到了他的~。

【心不在焉】 xīn bù zài yān 成。焉:文言虚词,相当于"于此"。心思不在这里,形容思想不集中: 他这几天做事老是~,恐怕有什么问题在困扰着他。

【心裁】 xīncái 名。心中的设计和谋划;指关于诗文、美术、建筑等方面的,常用在固定的组合中:他的作品构思新颖,独出~|别出~。

【心肠】 xīncháng 名。(1)用心,存心;常与"好、坏"等词搭配: ~好|坏~。(2)对事物的感情状态;常与"软、硬"和"菩萨、铁石"等词搭配: ~太软|菩萨~。(3)〈方〉兴趣,心思;多用于否定句:他一心想着搞科研,没有~去逛公园。

【心潮】 xīncháo 名。比喻像潮水一样激动的心情: ~澎湃|~难平|听到这喜人的捷报,我们~起伏,思绪万千。

【心驰神往】 xīn chí shén wǎng 成。驰:奔向,向往;往:去,到。整个心神都奔到向往的地方,指一心向往: 一听说要到西湖游览,孩子们都高兴得跳起来,因为那是我们早已~的地方。

【心胆俱裂】 xīn dǎn jù liè 成。俱:都。心和胆都破裂了。形容极其悲愤或非常害怕: 刚逃到山口,一声炮响,把他们一伙吓得~。

【心得】 xīndé 名。在工作和学习中体验和领会到的知识、技术、思想认识等:学习~|读书~。

【心底】 xīndǐ 名。(1)内心深处:这肺腑之言如暖流直透我的~。(2)〈方〉居心,用心:这个人~好。

【心地】 xīndì 名。(1)指人的居心,用心: ~善良|~不纯。(2)心情,心境: ~轻松。(3)心胸,器量: ~狭窄。

【心烦意乱】 xīn fán yì luàn 成。形容心情烦躁或烦闷,思绪杂乱:他~地在堂屋里踱来踱去,再也没心思看书或做事。

【心扉】 xīnfēi 〈书〉名。情感、思想的门户。敞开~|今天我就打开~,谈谈自己的心里话。

【心腹】 xīnfù ❶名。指亲信的人;常含贬义: 小高是他的~。❷形。藏在心里不轻易对人说的;不加程度副词,不单独作谓语,作定语: ~之言|~事儿。

【心腹之患】 xīnfù zhī huàn 成。心腹:喻指要害。比喻隐藏在内部的致命祸患: 必须尽快查出内奸,除去这个~。也作心腹之疾,腹心之患。

【心甘情愿】 xīn gān qíng yuàn 成。指完全出于自愿,毫不勉强: 为了让大家过上好日子,我个人苦一点也～。

【心肝】xīngān 名。(1)心肠,良心;多用贬义词或否定词修饰:坏～|这个人根本没～。(2)比喻最亲切、心爱的人;多用于年幼的子女:宝玉滚到贾母怀里,贾母笑的搂着叫"～"。常与"宝贝"合用:～宝贝。

【心广体胖】xīn guǎng tǐ pán 成。原指人心胸开阔,体态安详舒适。后转指人心情舒展,无所牵挂而身体发胖,满面春风,～的袁老板迎上前来。也说心宽体胖。注意:胖,读pán,不读pàng。

【心寒】xīnhán 动。失望而又痛心;不带宾语:他这样忘恩负义实在令人～。可加程度副词:她很～,辛苦拉扯大的儿子居然把她遗弃不顾。

【心狠手辣】xīn hěn shǒu là 成。指心肠凶狠、手段毒辣;用于坏人干坏事:他这个人～,什么事都做得出来。

【心花怒放】xīn huā nù fàng 成。怒放:盛开。心里高兴得像花儿盛开一样,形容十分喜悦兴奋:听说要搬到新房去,小杨不由得～,眉飞色舞。

【心怀】xīnhuái 名。心意,心情:他～坦白,对人民无限忠诚|这话说得好,正中他的～。

【心怀】xīn huái 词组。心中存有;多指不好的,常用在比较固定的组合中:～鬼胎|～叵测|～不满。

【心慌意乱】xīn huāng yì luàn 成。心神慌乱,没有一定的主意;多指遇到了紧急情况:在生人面前讲话,我总有点～。

【心灰意懒】xīn huī yì lǎn 成。灰心丧气,意志消沉;多形容遭到失败、挫折后的精神状态:你应该看到前途和光明,不要～。也说心灰意冷,意懒心灰。

【心机】xīnjī 名。心思,计谋:能用兵,善为将,有～,有胆量|枉费～|他费尽了～,也没有达到目的。

【心急火燎】xīn jí huǒ liǎo 成。心里急得如火烧,形容非常着急:听说老母生病,他～,恨不能马上赶到家。也说心急如火、心急如焚。

【心迹】xīnjī 名。内心的真情:表白～|一再发誓要把五亩绝业捐给学堂,以明～。

【心悸】xīnjì ❶名。心脏跳动太快、太强或节律不齐的症状,多由贫血、大出血或植物性神经系统功能失调所引起:这种药用以治里虚～,腹中急痛。❷〈书〉动。心里害怕;不带宾语:在山林里走路,猛地听到一声狼嗥,谁能不～呢?|白天经过这些废墟的时候,已经觉得够凄凉,但尤其叫人～的是月夜。

【心计】xīnjì 名。计谋,心中的打算:此人工于～,不好对付|她是个很有～的姑娘|你怎么一点～也没有呢,就这样受了人家的骗?

【心尖】xīnjiān 名。(1)心脏的尖端。(2)内心深处,心头:您的形象永远留在我的～上。(3)〈方〉称最喜爱的人;多指儿女:小英是他们夫妇的～。也叫心尖子。

【心焦】xīnjiāo 形。心中烦闷苦恼得像火灼一样;多用于希望的事情迟迟不能实现时:他在车站等得十分～。

【心劲】xīnjìn 名。(1)想法,念头:为了把生产搞上去,大家是一个～。(2)对问题进行分析和思考的能力:厂里搞技术革新,数他最有～。

【心惊胆战】xīn jīng dǎn zhàn 成。形容极度惊慌害怕:鬼子吓得～。

＊"心惊胆战"和"提心吊胆":"心惊胆战"表示十分害怕、惊慌;"提心吊胆"则偏重于害怕或担心。"心惊胆战"常作"吓"的补语;"提心吊胆"不能。

【心惊肉跳】xīn jīng ròu tiào 成。形容内心十分恐惧不安。也形容预感有灾祸临身而极其担心、忧愁:自从那次被打后,阿Q一见假洋鬼子就～。

【心境】xīnjìng 名。心情;指苦乐:～愉快|这件事搅乱了我平静的～。

＊"心境"和"心情":"心境"侧重指内心的境界;"心情"侧重指内心的感情状态。"心境"常与"安宁、平静、纷扰、广阔"等词语搭配;"心情"常与"激动、兴奋、喜悦、悲愤、烦躁"等词语搭配。"心情"可以作"怀着"的宾语;"心境"不能。

【心坎】xīnkǎn 名。(1)心口,胸口:一拳打在他的～上。(2)内心深处:这一席话说到我的～里了。

【心口如一】xīn kǒu rú yī 成。心里怎样想,嘴里就怎样说。形容为人诚实、直爽:他是个老实人,从来都～。

【心旷神怡】xīn kuàng shén yí 成。旷:开朗;怡:愉快。指心境舒畅,精神愉快;一般形容身处辽阔宁静地方时的心境:走出繁华纷乱的城市,来到这一片绿色的原野,顿觉~|坐在海边的礁石上,眺望着蓝色的大海,真令人~。

【心劳日拙】xīn láo rì zhuō 成。日:逐日,一天天;拙:困窘。指做坏事的人费尽心机,处境却越来越糟:敌人出此伎俩,证明他们已陷入一筹莫展的困境,不过是~而已。

【心里】xīn·li 名。(1)胸口内部:~发疼。(2)思想里,头脑里:记在~|~的话难以尽述。

【心理】xīnlǐ 名。(1)感觉、知觉、思维、情绪等的总称,是客观事物在脑中的反映:~现象|~作用。(2)泛指人的思想、感情等内心活动:一般人的~总是喜欢美的,厌恶丑的。

【心力】xīnlì 名。心思和体力:用尽~|~交瘁。

【心力交瘁】xīnlì jiāo cuì 成。交:一齐,同时;瘁:疲劳。精神和体力都极度疲劳:他感到~,于是提前返回家乡。

【心灵】xīnlíng 名。(1)内心:幼小的~|埋藏在~深处的话。(2)指精神、思想等:只有人们的~美了,语言才能美起来|我有点奇怪,那个小小的房间怎么能够容纳下一个巨人的多么光辉的一生和多么伟大的~。

【心灵】xīn líng 词组。心思灵敏:小王~手巧,干什么事一学就会。

【心领】xīnlǐng 动。本指心知其意,后多作谢却别人馈赠或酒食招待时的婉辞,表示虽未接受,然而内心已经接受对方的情谊;不带宾语:你的好意我~了。

【心领神会】xīn lǐng shén huì 成。领:接受;会:理解。不需对方明说,心中已经领悟;多用于对方虽不明说却有暗示的场合:小王给我使了个眼色,叫我不要说,我立即~了。

【心乱如麻】xīn luàn rú má 成。心里乱得像一团乱麻。形容心情十分烦躁、烦乱:被他这样一说,我~,不知如何是好。

【心满意足】xīn mǎn yì zú 成。神情对十分满足:他们全都露出了~的神情|对此我们感到~。

【心明眼亮】xīn míng yǎn liàng 成。心里明白,眼睛雪亮。形容看问题敏锐,不受迷惑;含褒义:老王~,看出了逃犯的可疑之点。

【心目】xīnmù 名。(1)指心中或视觉方面的感受:以娱~|追忆往事,犹在~。(2)指心中所想的、眼中所见的;一般要加方位词"中":在他~中人民的利益是高于一切的|她~中只有他一个人。

【心平气和】xīn píng qì hé 成。平心静气,态度温和:黄先生总是~地对人说话,从来不发脾气。

*"心平气和"和"平心静气":"心平气和"着重指对人态度温和,不急躁、不发脾气;"平心静气"着重指自己心气平和,不动感情。

【心魄】xīnpò 名。胸怀,心灵;常同"动人"、"撼人"搭配:动人~|撼人~。

【心气】xīnqì 名。(1)用心,存心:~不正。(2)志气:人虽小,~却很高。(3)心情:~不顺。(4)气量:他~狭窄,经常生闷气。

【心窍】xīnqiào 名。古人认为心脏有窍,能运思。后指人的认识能力和思维能力:经老师这一指点,我才开了~。

【心情】xīnqíng 名。(1)人在某一时期的感情状态:激动的~|~异常沉重。(2)心思,情趣:那时我并没有~欣赏这山中美景。

*"心情"和"情绪":"心情"可以表示内心的一般感受和内心的活动;"情绪"单指内心的感情或从事某种活动时产生的心理状态。"心情"可以用"幸福、满意、好奇、虔诚、舒畅、平静"等词来形容;"情绪"不能。"情绪"可以用"高涨、高昂、低落"等词来形容,还可与"鼓励、提高"等动词相配;"心情"不能。"情绪"有时专指不愉快的感情,"心情"没有这种意义和用法。

【心神】xīnshén 名。(1)心思与精力:~不足。(2)心情与精神状态;多与表示不安定的词语搭配:~不宁|~恍惚。

【心声】xīnshēng 名。发自内心的、表达由衷之情的言词、话语:这篇文章反映出时代的脉搏,写出了人民的~。

【心事】xīnshì 名。心中所思虑或期望的

事;多指感到为难的:因为有～,他一天到晚愁眉苦脸的|近来他～重重。

【心术】xīnshù 名。(1)心计,计谋:他太傻,没有一点～。(2)居心;多指坏的:此人～不正,专想害人。

【心思】xīn·si 名。(1)念头,想法:摸不透他的～。(2)思虑,精神:费尽～。(3)心情:没有～游玩。

【心酸】xīnsuān 动。心里悲痛;不带宾语:她一阵～,眼泪便扑簌簌地流了下来。可带补语:想起往日那悲惨的生活,她又不由得～起来。可作定语,要带助词"的":看到母亲～的样子,我心里也不是滋味。可作"感到、觉得"等动词的宾语:这封信,不仅没有给她带来欢乐,反而使她感到～。

＊"心酸"和"辛酸":"心酸"的意思是心里悲痛;"辛酸"是用辣和酸比喻痛苦和悲伤。"心酸"是表示心理活动的动词;"辛酸"是形容词。"心酸"多作谓语;"辛酸"多作定语。

【心态】xīntài 名。心理状态,心理活动:见落叶而悲秋,睹残红而伤怀,这是旧时诗家常有的～|看到人家先进,一心想赶上去,这就是她当时的～。

【心疼】xīnténg 动。疼爱,舍不得,惋惜:丢了一支钢笔,他一点也不～。常带宾语或补语:她～小儿子|那把精致的茶壶被打破了,她～得不得了。可加程度副词:电视机坏了,他很～。

【心田】xīntián 名。内心:老师在我幼小的～里播下理想的种子|祖国的关怀和温暖滋润着无数海外赤子的～。

【心无二用】xīn wú èr yòng 成。指用心必须专一,注意力不能分散:自古道,～,你这样三心二意,势必一事无成。也作心不二用。

【心弦】xīnxián 名。因受感动而引起共鸣的心:动人～|那歌声拨动了每个人的～。

【心心相印】xīn xīn xiāng yìn 成。彼此的心意完全一致;多指彼此契合,不用说出就能互相了解,也指男女双方爱恋很深:他们两个人尽管相隔甚远,但～,感情很深。

【心胸】xīnxiōng 名。(1)气量:～豁达|～狭窄。(2)志气,抱负:他有～,有魄力。

【心秀】xīnxiù 形。心里灵巧有主意,外表不显露:他这人～得很|别看他整天嘻嘻哈哈的,实际是个～的人。

【心虚】xīnxū 动。不带宾语,可加程度副词。(1)做了错事或坏事而忧虑害怕:做贼～|小红闯了祸,不敢承认,但很～。(2)缺乏自信心:这种工作我从没做过,感到有点～。

【心绪】xīnxù 名。心情;多指消极的:紊乱的～|～不宁|这次回故乡,本没有什么好～。

＊"心绪"和"心情":"心绪"着重指安定或紊乱的感情状况;"心情"着重指内心的境况。"心绪"多指不愉快的;"心情"可以指愉快的,也可以指不愉快的。"心绪"多与"不宁、紊乱、烦闷"等词搭配;"心情"多与"幸福、满意、舒畅、沉重、忧郁"等词搭配。

【心血】xīnxuè 名。心思和精力:耗费了毕生的～|这本著作是他多年～的结晶。

＊"心血"和"心机":"心血"含褒义;"心机"不带褒贬色彩。"心血"可用"一生、多少、大量、几十年、宝贵"等词修饰;"心机"不能。

【心血来潮】xīnxuè lái cháo 成。比喻心里突然产生了一种想法;常与"一时"搭配:他一时～,竟把朋友给他的信毁掉了。

＊"心血来潮"和"灵机一动":"心血来潮"产生的是某个念头;"灵机一动"产生的是主意和办法。"心血来潮"是突然产生的,多半没有碰到什么需要解决的问题;"灵机一动"一般是面临具体问题时临时出现的,须要马上解决。

【心眼儿】xīnyǎnr 名。(1)内心:今天能见到你,我从～里高兴。(2)心地,存心;多与"好、坏、正"等词搭配:～不正|好～。(3)指聪明才智;一般作"有"的宾语:你真有～,这步棋是走ები啦!(4)对人不必要的担心或顾虑:他这个人～太多,不容易与人处好。(5)气量;多与"小、窄"搭配:～小～。

【心仪】xīnyí 〈书〉动。内心仰慕:我对先生的学识造诣,颇为～。常带宾语或补语:他是一个～外国、崇尚金钱的人|对

您的才识我~已久。

【心意】xīnyì 名。(1)对人的情意:这是我们全班同学的一点~。(2)意思:我的~不是三言两语所能表达清楚的。

【心有灵犀一点通】xīn yǒu líng xī yī diǎn tōng 成。灵犀:犀牛角。旧说犀牛是灵兽,角中有白纹如线,贯通两端,感应灵异,故称灵犀。原比喻青年恋人心心相印,后泛指彼此心意相通。

【心有余悸】xīn yǒu yú jì 成。悸:因害怕而心跳。可怕的事情过去后,心中还残留着多余的恐惧:自从发生翻车事故后,他一乘车就~。

【心余力绌】xīn yú lì chù 成。心里很想做某事,但力量不足,无法去做;多表示无可奈何:我只能给你这么一点帮助,实在是~,请你谅解。

【心猿意马】xīn yuán yì mǎ 成。原为佛教用语。用猿腾马奔比喻凡心无常、无定而又多变。后多比喻心神不定:这场纠纷使我~,坐卧不安。

  *"心猿意马"和"心不在焉":"心猿意马"是心思不定的意思,形容忽而这样,忽而那样,变化无常;"心不在焉"是心思不在这里的意思,形容思想不集中,分散在别处。

【心愿】xīnyuàn 名。内心的愿望;指渴求实现的想法:去黄山游览是我们全家的共同~。

【心悦诚服】xīn yuè chéng fú 成。悦:高兴,愉快;诚:真诚;服:服从,服气。真心实意地服从或佩服:对你的看法我~。

【心脏】xīnzàng 名。(1)人和脊椎动物体内推动血液循环的器官。人的心脏在胸腔内的两肺之间,稍偏左,形状略似桃,大如本人的拳头。(2)比喻中心:首都北京是祖国的~。

【心照】xīnzhào 〈书〉动。不必对方明说而心里自然明白;不带宾语:彼此~,非常谐调。常与"不宣"配合使用:我俩对看了一眼,彼此~不宣,都知道争论下去已经没有必要了。

【心折】xīnzhé 〈书〉动。从内心佩服:大家看着那精采的杂技表演,都为之~|这一席话,说得听者动容,无不~。可带宾语,可加程度副词:我是最~这位诗人。

【心直口快】xīn zhí kǒu kuài 成。形容性格直爽,有什么说什么:他是个~的人。

【心醉】xīnzuì 动。因极其喜爱而陶醉;不带宾语:她的演唱使人~。

芯 xīn 〔灯芯〕(dēng) 名。油灯上用来点火的灯草、纱、线等。也作灯心。
另见xìn。

辛 xīn ❶名。天干的第八位。参见"干支"。❷〈素〉(1)辣味:~辣。(2)劳苦:~劳|~苦。(3)痛苦,悲伤:悲~|~酸。❸姓。

【辛迪加】xīndíjiā 名。音译词。同盟或联合的意思。资本主义垄断组织的主要形式之一。参加者在生产上和法律上仍保持自己的独立性,但丧失了商业上的独立性,销售商品和购买原料由总办事处统一办理。

【辛亥革命】xīnhài gémìng 词组。1911年(农历辛亥年)10月10日爆发的由孙中山领导的中国资产阶级民主革命。这次革命推翻了清王朝,并于1912年1月1日在南京成立中华民国临时政府,从而结束了两千多年的封建帝制。

【辛苦】xīnkǔ ❶形。身心劳苦:教师真~。可重叠:他每天都得辛辛苦苦地劳动。❷动。使人劳苦;用作请人做事,须带宾语或补语:这件事~你了|再请你~一天。

  *"辛苦"和"辛劳":"辛苦"着重指劳苦;"辛劳"着重指劳累。"辛苦"有形容词用法;"辛劳"没有。

【辛辣】xīnlà 形。辣,比喻语言、文章尖锐深刻,刺激性强:胃不好,就少吃点~的食物|这是一个非常~的讽刺|这篇文章观点鲜明,措词~,值得一读。

【辛劳】xīnláo 动。辛勤劳动;不带宾语:她为全家人的生活日夜~着。可作定语,要带助词"的": 终日~的人们终于过上了好日子。常作"不辞"的宾语:为了完成任务,他不辞~,多次奔走于南京、上海之间。

【辛勤】xīnqín 形。辛苦勤劳;一般不单独作谓语,多作状语或定语: ~劳动|经过几年~的耕耘,如今终于结出硕果——他的一部重要著作出版了。

*"辛勤"和"勤劳"："辛勤"多形容人的劳动、工作的情形；"勤劳"多形容人、民族等的作风、习惯、品德等。"辛勤"常与动词组合，作状语，一般不单独作谓语；"勤劳"常与名词组合，作定语，也可以单独作谓语，如"他勤劳、朴实，是个很好的人"。

【辛酸】xīnsuān 形。辣和酸。比喻痛苦、悲伤：一想起那件痛心的事，她不禁就流出了～的眼泪｜厂长这样冷酷无情地对待工人，使大家十分～。可作"饱尝、充满、历尽"等动词的宾语：他饱尝了旧社会里的～。

莘 xīn 地名用字。莘庄，在上海市。另见shēn。

锌 xīn 名。金属元素，符号Zn。蓝白色结晶，质脆，可用来制合金、镀铁板等。
【锌板】xīnbǎn 名。用锌制成的印刷板，多用来印刷插图、表格等。

忻 xīn ❶同"欣"。❷姓。

昕 xīn 〈古〉名。太阳将要升起的时候。

欣(訢) xīn 〈素〉喜悦：欢～｜～幸｜～慰。
【欣慕】xīnmù 〈书〉动。欣羡、爱慕；常带宾语或补语：我～现代的青年｜她连续得了几次戏曲演出奖，令人～不已。可作定语，要带助词"的"：他在事业上获得了很大的成功，成为这个小城里人人～的人物。
【欣然】xīnrán 〈书〉副。愉快地；多作动词的状语：～前往｜～命笔。
【欣赏】xīnshǎng 动。(1)享受美好的事物，领略其中的趣味：交响音乐我不会～。常带宾语或补语：～山川美景｜对这幅油画他～得出了神。可重叠：好好～～这儿的风景。(2)认为好，喜欢：他是个人才，无不～。可带宾语：我～他的为人。可带主谓词组作宾语：～这个人老实。可加程度副词：大家很～张秘书的才干。
【欣慰】xīnwèi 动。高兴而且感到安慰，不带宾语，可加程度副词：听说儿子在部队立功受奖，父亲非常～。可作状语，

要带助词"地"：母亲～地笑了。也可作定语，要带助词"的"：她脸上露出～的神情。可作"感到、觉得"等动词的宾语：读了来信，知道你的学业又有进步，颇感～。
【欣喜】xīnxǐ 形。欢喜，快乐；多形容人的心情、表情：～若狂｜老师～地向同学们问好｜得了奖，她感到无比～。
*"欣喜"和"欢喜"："欣喜"只用于书面语；"欢喜"可用于书面语，也可用于口语。"欣喜"不能重叠；"欢喜"能重叠。"欣喜"没有动词用法；"欢喜"有。
【欣羡】xīnxiàn 〈书〉动。喜欢，羡慕；带宾语或补语：我们都很～弟妹们｜那些款式新颖的服装使她～不已。可作定语，要带助词"的"：流露出～的目光。
【欣欣向荣】xīnxīn xiàng róng 成。欣欣：茂盛的样子。形容草木茂盛，比喻事业蓬勃发展：春天来了，园里的花草、树木～，充满生机｜这是座～的现代都市｜祖国到处呈现出一派～的景象。
【欣幸】xīnxìng 动。欢喜而庆幸：这一来，因祸得福，真使人～。可带宾语，可加程度副词：我很～他的得救，就赶紧付给稿费。可带主谓词组作宾语：我很～他居然在这次车祸中没有受伤。可作"感到、觉得"等动词的宾语：我觉得～的是，这种悲惨的生活终于一去不复返了。

焮 xīn 〈古〉动。烧，灼：～之而食。

新 xīn ❶形。(1)初次出现的，刚经验到的；与"旧"或"老"相对，多作定语：～事物｜～风气｜～生活｜工厂里出现了～气象。(2)还没用过的；与"旧"相对，可作定语、谓语，可用在"是…的"格式中：～书｜～房子｜这衣服还很～｜这鞋是～的，不是旧的。(3)性质上改变得更好的，与"旧"相对，多作定语：～社会｜～文艺｜～方法。❷副。新近，刚；多作动词状语：这里～建了一所学校｜他～来这里，对一切还很生疏。❸〈素〉(1)结婚的或结婚不久的：～房｜～娘｜～人。(2)指新的人或事物：喜～厌旧｜推陈出～｜温故知～。❹姓。
【新陈代谢】xīn chén dài xiè 成。代：更换；谢：衰亡。本指生物体经常不断地

用新物质代替旧物质的过程,后比喻新生的事物代替衰亡的事物:～是一切事物发展的规律。

【新春】xīnchūn 名。指春节以后的一、二十天:闹～|～佳节|在～的日子里,城乡到处是一派欢乐景象。

【新大陆】xīn dàlù 词组。美洲的别称。因为到15世纪欧洲人才发现这块大陆并向这里移民,故称新大陆。

【新纪元】xīn jìyuán 词组。新的历史阶段的开端:大革命开创了中国人民的～。

【新交】xīnjiāo 名。新结交的朋友:旧识～遍天下。

【新教】xīnjiào 名。基督教的一派,是欧洲16世纪宗教改革运动中从天主教中分裂出来的各教派的总称。

【新近】xīnjìn 名。表示不久前的一段时间;作动词状语:这种现象～才发现。

【新居】xīnjū 名。刚建成或刚搬进的住所:有了～|我的～在东湖利民新村。

【新名词】xīn míngcí 词组。随同新事物、新思想的出现而产生的新词语,多指进入一般语汇的各科术语,不限于名词。

【新奇】xīnqí 形。新鲜特别:～事儿|～的东西|这种说法十分～,闻所未闻。可作"感到、觉得"等动词的宾语:他刚进工厂,处处感到～。

【新巧】xīnqiǎo 形。新奇而精巧,只用于物,不用于人:这张写字台做得十分～。

【新人】xīnrén 名。(1)指具有新的道德品质的人;含褒义:一代～|～新事。(2)在某方面新出现的人物;多指有一定专长和成就的:体坛～|～辈出。(3)指新娘和新郎,有时特指新娘:请～敬酒。

【新生】xīnshēng ❶形。刚产生的,刚出现的;不加程度副词,不单独作谓语,作定语:～婴儿|～事物。❷名。(1)新的生命;一般作宾语:是医生使他获得了～。(2)新入学的学生:～报名处|他是～,入学还不到1个月。

【新诗】xīnshī 名。五四以来的新体诗歌。形式上采用白话,打破了旧体诗格律的束缚。是我国现代诗歌的主体。也叫白话诗。

【新石器时代】xīnshíqì shídài 词组。石器时代的晚期阶段。这时人类已学会磨制石器,制造陶器,开始栽种植物,从事畜牧业生产。

【新式】xīnshì 形。新近出现的式样;不加程度副词,不单独作谓语,作定语:～服装|～武器。

【新手】xīnshǒu 名。初参加某种工作的人:他刚到,对于这项工作来说,还是个～。

【新文学】xīn wénxué 词组。泛指"五四"时期产生的以反帝反封建为主要内容的白话文学。

【新闻】xīnwén 名。(1)报纸、广播、电台或电视台报道的国内外消息:～摘要|电视～|发布～。(2)泛指社会上新发现的事:最近厂里的～不少。

【新鲜】xīnxiān 形。(1)没有变质,也没有经过腌制、干制的;指刚生产、宰杀或烹调的食物:～鸡蛋|蔬菜很～。(2)经常流通,不含杂质的;多指空气:呼吸～空气|雨后空气很～。(3)出现不久,还不普遍,少见的;多指具体事物:电冰箱已不算～东西。(4)没有枯萎;指花朵:花儿～芳香。

　＊"新鲜"和"新颖":"新鲜"的意思侧重在不陈旧;"新颖"的意思侧重在奇特而别致。"新鲜"多指具体事物的质地,"新颖"一般只指文学艺术的内容、形式或某种东西的式样。"新鲜"有不含杂质、不变质的意思;"新颖"没有。

【新兴】xīnxīng 形。最近兴起的;不加程度副词,不单独作谓语,作定语:～阶级|～工业。

【新秀】xīnxiù 名。多指文艺、教育、体育等方面开始崭露头角的年轻的业务尖子:文艺～|羽坛～。

【新学】xīnxué 名。(1)指汉王莽新政时期的古文经学。(2)指"五四"前由西方传入的资产阶级新文化,是对"旧学"或封建阶级的旧文化而言。

【新医】xīnyī 名。旧指西医:你这病,看～效果好。

【新异】xīnyì 形。新奇独特;指器物,不用于人:这套餐具造型十分～。

【新颖】xīnyǐng 形。新奇,别致;多用来形容作品的思想内容或表现形式与众不

同: 内容～|风格很～|这篇小说题材～, 构思独特, 可以一读。

【新月】xīnyuè 名。(1)农历每月初出的弯形的月亮; 量词用"弯": 一弯～。(2)农历每月初一月球和太阳的黄经相等时的月相(人看不见)。

【新正】xīnzhēng 名。指农历的正月。

【新址】xīnzhǐ 名。新的地址; 多指机构: 本社已迁到～办公|来信请寄～。

薪 xīn 〈素〉(1)柴火: 釜底抽～|卧～尝胆。(2)指工资: ～金|～俸加～|月～。

【薪俸】xīnfèng 名。薪水: 爸爸每月的～都是月初领的|我刚参加工作, 公司就发给我一个月的～。

【薪金】xīnjīn 名。薪水: 我每年～1000多元|他除每月的～外, 还有其他收入。

【薪尽火传】xīn jìn huǒ chuán 成。薪: 柴火。柴虽烧完了, 火种却留传下来。原指人的形骸有尽而精神不灭。后比喻道统、学问、技术在老师、弟子间世世代代相传: 几千年来, 儒家学说～, 一直不衰。

【薪水】xīnshuǐ 名。指公务人员、职员等的工资; 量词用"笔": 昨天领了一笔～。也叫薪金。

【薪饷】xīnxiǎng 名。指在各种部队服役人员的薪金及规定的食品等。

歆 xīn 〈素〉喜爱, 羡慕: ～美|～慕。

【歆慕】xīnmù 〈书〉动。同"欣慕"。

【歆羡】xīnxiàn 〈书〉动。同"欣羡"。

馨 xīn 〈素〉散布很远的香气: ～香|清～。

【馨香】xīnxiāng 〈书〉名。(1)芳香气: 一股～|桂花开了, 满院～。(2)烧香时发出的香味: 长案上放着个香炉, 白烟袅绕, 一室～。

鑫 xīn 形。财富兴盛, 一般不单独用, 多用于商店字号或人名。

xìn (Tlケ)

囟(顖) xìn 名。囟门, 婴儿头顶骨未合缝的地方, 在头顶的前部中央。也叫顶门、囟脑门儿。

芯(信) xìn 名。(～子)(1)装在器物中心的捻子, 如蜡烛的捻子、爆竹的引线等。(2)蛇的舌头。另见xīn。

信 xìn ❶动。常带宾语或补语。(1)相信: 这种消息我不～|孩子都～老师的话|这种事～不得。可加程度副词: 他很～中医。(2)信奉; 多指宗教、学说、理论等: 唯心主义的理论我不～|奶奶～佛教|她～神了一辈子。(3)〈古〉同"伸"。❷名。(1)书信, 函件; 量词用"封": 一封～。(2)(～儿)信息, 消息: 请你给我家中捎个～儿。(3)同"芯"(xìn)。❸〈素〉(1)信用: 守～|背～弃义。(2)凭据: ～物|～号。(3)引信: ～管。(4)确实: ～史。(5)听凭, 随意放纵: ～手|～口开河。(6)信石: 红～|白～。❹姓。

【信笔涂鸦】xìn bǐ tú yā 成。信笔: 随意书写; 涂鸦: 比喻字写得很拙劣, 随便乱涂乱画。形容书法拙劣或胡乱写作; 常用作自谦: 我这是～, 还望海涵。

【信步】xìnbù 动。随意走动, 散步; 常作"走、来"等动词的状语: 我向学校～走去|我们在江边～而行|马儿不紧不慢地～前进着。可带处所宾语或补语: ～街头|～在广场上|～于公园之中。

【信从】xìncóng 动。相信并听从: 他的话不可～。可带宾语, 可加程度副词: 经理十分～他的这位秘书。

【信贷】xìndài 名。一般指银行的贷款。广义指银行的存款、贷款等信用活动: 对农民增加财政～投放|搞好各级银行的～工作。

【信访】xìnfǎng 名。人民群众向有关部门以来信来访的方式反映情况并要求解决; 多作定语: 做好～工作。

【信风】xìnfēng 名。在低层大气中, 由副热带高气压吹向赤道地区的风。北半球盛行东北信风, 南半球盛行东南信风。也叫贸易风。

【信奉】xìnfèng 动。常带宾语, 可加程度副词。(1)信仰并敬奉; 多指宗教: 他们～基督教|教徒很～上帝。(2)相信并奉行: 十分～真理。可带动词性词组作宾语: 这位青年农民～科学种田。

【信服】xìnfú 动。相信并佩服：他的演说大家都～。可加程度副词：对老师的话，同学们都很～。常作兼语词组中的后项：论文中的基本观点令人～。

【信管】xìnguǎn 名。引起炮弹、炸弹、地雷等爆炸的一种装置。也叫引信。

【信号】xìnhào 名。(1)作为传递约定记号的声音、光线等，多用来指示目标或传达命令：队长连放三枪，发出了进攻的～。(2)比喻某种重大事件将要发生的先兆：敌人的大炮响了，这是步兵即将进攻的～。

* "信号"和"记号"："信号"是为了传达消息、命令等规定的一种特殊的光线、声音、电波等，它一般是通过一定的动作表现的；"记号"是为引起注意，帮助识别、记忆而作的标记，它是静止的、固定的。

【信口雌黄】xìn kǒu cíhuáng 成。古时写字用黄纸，写错了就用雌黄涂抹再写。后指胡乱窜改为雌黄。比喻不问事实，随口乱说；含贬义：他为致对方于死地，加油添醋，～，极尽诬蔑挑拨之能事。

【信口开河】xìn hǒu kāi hé 成。毫无根据地随口乱说：他又在～，夸夸其谈了。也作信口开合。

* "信口开河"和"信口雌黄"："信口开河"只表示随口乱说一气；"信口雌黄"还有明显的不顾事实的意思，语意较重。

【信赖】xìnlài 动。信任并依赖：这个人完全可以～。常带宾语或补语：他的部下都～他｜对他～得不得了。可加程度副词：大家都非常～他。

* "信赖"和"信任"："信赖"表示信任并依赖，对象是人；"信任"表示相信并敢于托付，对象除人之外，还可以是组织、团体等。

【信念】xìnniàn 名。自己认为正确而坚信不移的观点：坚定的～。

【信女】xìnnǚ 名。指信佛教而未出家为尼的妇女；多同"善男"组成固定词组：善男～。

【信任】xìnrèn 动。相信而敢于托付：他说话不算数，大家对他不～。常带宾语或补语：大家既然～我，我一定努力把这件事办好｜对两面三刀的人可～不得。可加程度副词：厂长很～他。

* "信任"和"相信"："信任"侧重表示敢于任用、托付的意思，"相信"侧重表示不怀疑的意思。"信任"的对象一般指别人，不指自己；"相信"的对象可以指别人，也可以指自己。"信任"常作"取得、获得、赢得、得到、受到"等动词的宾语；"相信"不能。

【信赏必罚】xìn shǎng bì fá 成。信：确实，真的；必：必定。有功必赏，有罪必罚。形容赏罚严明，毫不含糊。只有～，才能服众。

【信实】xìnshí 形。诚实，守信用；多形容人的品格：为人～。

【信史】xìnshǐ 名。记载确实、可靠的历史：我们写的县志，必须是一部～。

【信使】xìnshǐ 名。(1)古代称使者：～往来，络绎不绝。(2)现指向驻外使馆传送文件、书信的人员：他曾任外交～，经常出差国外。

【信士】xìnshì 名。(1)指信佛教的在家男子：他早年是个～，中年出的家。(2)〈书〉诚实的人：此人乃～，托他办事，万无一失。

【信誓旦旦】xìn shì dàndàn 成。旦旦：诚恳的样子。誓言说得极其诚挚：新婚燕尔，小夫妻俩～，决心永远相爱，白头偕老｜当初你～，如今怎么全忘了呢？

【信守】xìnshǒu 动。忠实地遵守；对象多指话语、条文、准则等，常带宾语或补语：～诺言｜～合同｜～不渝。

【信手】xìnshǒu 副。随手，就手；作动词的状语：～拈来｜～挥霍。

【信天游】xìntiānyóu 名。民歌的一种。流行于陕北一带，一般由上下两个乐句构成。歌词常为两句一段，短的只有一段，长的接连数十段，用同一曲调反复演唱，反复时曲调可以灵活变化：那个放羊人一边走一边哼起～。

【信条】xìntiáo 名。忠实遵守的准则：他有一个～，在任何宴会上都滴酒不饮。

【信徒】xìntú 名。信仰某一宗教的人。也泛指信仰某一学派、主义或主张的人：幸福，是人所创造的，与宗教～们崇拜的"上帝"无关｜他是张教授的～。

【信托】xìntuō ❶动。信任人，并把事情托付给他：这个人很诚实，可以～。可带"给"组成的介词词组作补语：这一切都～给你了｜她像个毫无生活能力的孩子，把自己的安危完全～给母亲。可作定语，要带助词"的"：这本杂志就像你们可～的朋友。❷形。经营别人委托购销业务的；不加程度副词，不单独作谓语，只作定语：～公司｜～业务｜～基金。

【信物】xìnwù 名。用作凭证的物件：这玉坠就作为以后相会的～，切不可遗失掉。

【信息】xìnxī 名。(1) 音信，消息：二表哥的事情怎样了，为什么连～也不给我一个｜已经派人去打听，不久便可知道～。(2) 信息论中指用符号传递的情报，情报的内容是接收符号者预先不知道的。

【信箱】xìnxiāng 名。(1) 邮局设置的供投寄信件的箱子。(2) 某种通信地址的代号：南京气象学院916～。(3) 收信人设置在门前用来收信的箱子。

【信心】xìnxīn 名。确信某种愿望能够实现或某种事情可以做好的心理：树立～｜～十足｜他的～动摇了。

【信仰】xìnyǎng 动。对某人或某种主张、主义、宗教等极度相信或尊敬，并作为自己行动的榜样或指南；常带宾语或补语：我们～科学｜这种邪说～不得。可加程度副词：他很～佛教。可作定语：宪法规定，公民有～自由。可作主语、宾语，前面多加定语：她对基督教的～是很虔诚的｜敌人的酷刑也没能动摇他的～。

【信义】xìnyì 名。信用和道义，多指好的，常作宾语：重～｜讲求～｜不讲～。

【信用】xìnyòng ❶名。(1) 遵守诺言所取得的信任；常作宾语：讲～｜守～｜没有～。(2) 指银行借贷或商业上的赊销、赊购；多作定语：～社｜～贷款。❷动。信任并使用：他对技术人员，一律尊重～。常带宾语或补语：她听了我一番辩解，就～了我｜此人朝秦暮楚，反复无常，实在～不得。

【信誉】xìnyù 名。信用和名誉：这种产品已经在群众中树立了～｜这家工厂的～很好。

【信札】xìnzhá 名。书信，信件：他打开箱子，里面满贮着～｜～往来，颇费时间，不如电报、电话来得快。

衅（釁） xìn 〈素〉嫌隙，争端：挑～｜～端｜寻～。

【衅端】xìnduān 〈书〉名。争端。

xīng (ㄒㄧㄥ)

兴（興） xīng ❶动。(1) 兴盛，流行；多带宾语：现在不～这套老规矩了。可带动词性词组作宾语：今年～穿红裙子。(2) 准许；须带动词性词组或主谓词组作宾语，多用于否定式：不～打人骂人｜不～小孩说假话。(3) 使盛行；常用形容词"大"修饰，须带宾语：大～调查研究之风。❷〈方〉副。或许，表示揣测：明天他～来，也～不来。❸〈素〉(1) 开始，发动，创立：～办｜～修。(2) 起来：夙～夜寐。

另见 xìng。

【兴办】xīngbàn 动。创办；多指企、事业，不用于人：这家合资公司是最近～的。可带宾语或补语：～乡镇企业｜～得很顺利。

【兴奋】xīngfèn ❶形。振奋，激动：～的神色｜他怀着～的心情走上主席台｜小弟弟听了故事后非常～。❷动。使兴奋；常带宾语或补语，可重叠：喝咖啡能～大脑｜唱唱歌，跳跳舞，好让过度疲劳的神经～～。

 *"兴奋"和"高兴"："兴奋"有情绪激动的意思；"高兴"只表示愉快，没有情绪激动的意思。"兴奋"作动词时，表示使令意义，宾语限于"大脑、神经"等名词；"高兴"作动词时，表示一种心理活动，没有使令意义，指"感到愉快"时不带宾语，只带补语，指"带着愉快的心情去做某事"时，可带宾语，但宾语常是动词或动词性词组，如"我不高兴去看戏"。"兴奋""高兴"都可以重叠，但"兴奋"重叠后可带宾语，如"～～神经"；"高兴"重叠后不能带宾语。

【兴风作浪】xīng fēng zuò làng 成。原指神话小说中妖魔鬼怪施展法术掀起风浪；后多比喻无事生非，制造事端；含贬义：就是这帮人，～，制造事端，引起了这次流血事件。也作兴波作浪。

兴星 xīng 1211

【兴建】xīngjiàn 动。开始建筑；多指较大规模的：一个大型钢铁工厂正在～。常带宾语或补语：～高速公路｜一座座大楼～起来了。

【兴利除弊】xīng lì chú bì 成。兴办有利的事情或事业，除去有害的弊端：苏轼在杭州做了许多～的好事。也作兴利除害。

【兴起】xīngqǐ 动。(1)开始出现并兴盛起来；多指活动、运动、事业、风气等：植树造林活动蓬勃～。可带宾语：～大规模爱国卫生运动。(2)〈书〉由于感动而奋起；不带宾语：闻风～。

【兴盛】xīngshèng 形。蓬勃发展：国家～｜一片～景象｜我们将一天天～起来。

* "兴盛"和"兴旺"："兴盛"一般只指国家或大的事业蓬勃发展；"兴旺"可以指国家、事业的蓬勃发展，还有强健而富有生机的意思，可以形容人畜生命力强，如"人丁兴旺、六畜兴旺"。

【兴师】xīngshī〈书〉动。起兵，举兵；多用在固定的组合中：～动众｜～问罪。

【兴师动众】xīng shī dòng zhòng 成。兴起，发动；众：很多人，这里指军队。原指大规模出兵，后形容调动很多的人做某事；多含贬义：办这件小事，何必～？

【兴师问罪】xīng shī wèn zuì 成。宣布对方罪状，起兵讨伐。后也指群起斥责对方：他们哪里是来拜访，实际是来向我～的。

【兴衰】xīngshuāi 名。兴盛和衰落：这部作品反映了封建社会的～。

【兴叹】xīngtàn〈书〉动。发出感叹声：看到衰败景象，老汉～不已。常用在固定组合中：望洋～。

【兴亡】xīngwáng 动。兴盛和灭亡；多指国家、民族等，不带宾语：天下～，匹夫有责。

【兴旺】xīngwàng 形。兴盛，旺盛：国家～｜人丁～｜一派非常～的景象。

* "兴旺"和"旺盛"："兴旺"多形容事业发迹或人、畜生命力强；"旺盛"多形容人的热情、斗志、求知欲等很高很强，还可形容植物生长得好。

【兴修】xīngxiū 动。开始修建；多用于大的设施，常带宾语：～水利｜山村里正在～一座水电站。

* "兴修"和"兴建"："兴修"多用于大的设施，如水利设施、铁路、公路等；"兴建"多用于大的建筑物、生产基地、工厂和公园等。"兴修"不能用于比喻性的东西；"兴建"可用于比喻性的东西，如"乐园"之类："在这一穷二白的土地上，怎样才能尽快地兴建起幸福的乐园？"

【兴许】xīngxǔ〈方〉副。也许，或许；表示猜测、估计或不能肯定的语气：他今天～不来了。

【兴妖作怪】xīng yāo zuò guài 成。原指妖魔兴事害人，现比喻坏人挑起事端，暗中破坏、捣乱：土匪又在天平山一带～了。

* "兴妖作怪"和"兴风作浪"："兴妖作怪"偏重于暗中破坏、捣乱；"兴风作浪"偏重于煽动人心，制造混乱。

星 xīng 名。(1)天文学上指宇宙间能发光或反射光的天体，分恒星(如太阳)、行星(如地球)、卫星(如月亮)、彗星、流星等。(2)通常指夜晚天空中闪烁发光的天体：天上有很多很多的～。(3)(～儿、～子)细碎或细小的东西：火～儿｜唾沫～子。(4)秤杆上标记斤、两的小点子：一个～是一两。(5)二十八宿之一。

【星辰】xīngchén 名。天空中星的总称；不加个体量词：日月～｜天上的～，看起来令人眼花缭乱。

【星斗】xīngdǒu 名。天空中闪烁发光的天体的总称，不加个体量词：满天～。

【星河】xīnghé 名。指银河：夏天的夜晚，仰望～，不禁产生许多遐想。

【星火】xīnghuǒ 名。(1)微小的火：～燎原。(2)流星的光，比喻急迫：急如～。

【星罗棋布】xīng luó qí bù 成。像群星那样罗列，像棋子那样分布。形容数量多，分布广：这一带工业十分发达，大小工厂～，到处可以见到。

【星期】xīngqī 名。(1)古代犹太人和某些东方民族用七曜记日，每七日为一周，即一星期。后来根据国际习惯，把这样连续排列的七天作为工作或学习等作息日期的计算单位，叫作星期；量词用

"个": 他连续工作了两个~。(2)表示一星期中的某一天; 用在"日、一、二、三、四、五、六、几"之前: ~三|今天~几? (3) 星期日的简称: 到~就休息。

【星球】xīngqiú 名。宇宙间各种星体的统称。

【星散】xīngsàn〈书〉动。像散布在天空中的星星那样, 指原来在一起的人分散了; 不带宾语: 景物依旧, 而朋友早已~。常带补语: 这个连的战士复原后~在各地。可作定语: ~的艺人们又回来了。

【星体】xīngtǐ 名。天体, 通常指个别的星球, 如太阳、月亮、北极星。

【星相】xīngxiàng 名。星象和相貌。迷信的人认为可根据星相来占卜人事的吉凶。

【星象】xīngxiàng 名。指天空中星体的明、暗及位置等现象。古代天文数学家借此来占验吉凶, 推测人事。

【星星】xīngxīng 名。(1)同"星(2)"; 不加个体量词: 天上有许多~。(2)细小的点儿; 多作定语, 数词限用"一": 她很爱干净, 衣服上一~灰也不让有。

【星星点点】xīngxīngdiǎndiǎn 形。形容少而分散, 不加程度副词, 常带助词"的(地)": 山坡上~地开着一些不知名的野花|原野一片漆黑, 只有~的灯光在远处忽明忽灭地闪烁着。

【星宿】xīngxiù 名。我国古代指星座, 共分二十八宿。注意: "宿"这里不读"sù"。

【星夜】xīngyè 名。有星光的夜晚; 无月~|在~袭击。多作状语, 有"连夜"的意思: ~奔忙|~行军|我们~就动身了。

【星移斗转】xīng yí dǒu zhuǎn 成。星座移位, 北斗转向。表示时序变迁, 岁月流逝: 冬去春来, ~, 不知不觉一年又过去了。也作斗转星移。

【星座】xīngzuò 名。天文学上将星空划分为许多区域, 每一区域叫作一个星座, 总共有八十八个, 多以人或动物命名。我国古代叫作星宿。

惺 xīng〈素〉清醒, 聪明: ~松|~~。

【惺松】xīngsōng 形。刚睡醒尚未清醒过来的样子; 不加程度副词, 多与"睡眼"搭配: 睡眼~。

【惺惺】xīngxīng ❶形。聪明、机灵; 不加程度副词: 此人一半~一半愚。❷名。聪明的人; 用在固定的组合中: ~惜~。❸见"假惺惺"。

【惺惺惜惺惺】xīngxīng xī xīngxīng 成。惺惺: 指聪明人。比喻性格、才能或境遇相同的人互相爱惜、同情; 多用于不得志、不如意的人之间: 在那种情况下, 他们俩只能~了。

【惺惺作态】xīngxīng zuò tài 成。惺惺: 这里指假意的样子。装模作样, 故作姿态; 形容不老实, 含贬义: 他其实是支持那些人的, 可是在我们面前却~, 装作反对的样子, 哪又何必呢?

腥 xīng ❶形。形容鱼肉等发出的一种难闻的气味: 羊肉太~, 我不吃。❷名。指鱼肉一类食物: 天下哪有猫儿不吃~?

【腥风血雨】xīng fēng xuè yǔ 成。风带腥气, 血如骤雨。多形容人民群众遭受敌人残酷屠杀的景象: 侵略者实行灭绝人性的三光(杀光、烧光、抢光)政策, 到处~, 惨不忍睹。

【腥膻】xīngshān ❶形。又腥又膻; 形容难闻的气味: 羊肉太~了|很远就闻到一股~味。❷名。指鱼虾、牛羊肉等食物: 他三天不吃~就馋得慌。

猩 xīng [猩猩] 名。哺乳动物, 比猴子大, 两臂长, 身上有赤褐色的长毛, 无尾, 形状略似人。

【猩红】xīnghóng 形。像猩猩血那样的红色; 不加程度副词, 不单独作谓语, 作定语: 她穿了一件~的裙子|~的颜色。

骍 xīng〈古〉名。赤色的马或牛。

箵 xīng [箵箵](líng-)〈古〉名。打鱼时盛鱼的竹器。

xíng(ㄒㄧㄥˊ)

刑 xíng ❶〈素〉(1)刑罚: 死~|~场|判~。(2)特指对犯人的体罚: 受~|动~|行~。❷姓。

【刑场】xíngchǎng 名。处决犯人的地方: 杀人犯将于明天押赴~, 执行枪决。

【刑罚】xíngfá 名。国家依据刑事法律对罪犯实行的各种处罚: ~严明|~的种

【刑法】xíngfǎ 名。规定什么是犯罪行为,犯罪行为应受到什么惩罚的各种法律:中华人民共和国~|触犯~,必须受到法律的制裁。旧称刑律。

【刑法】xíng·fa 名。对犯人的体罚:动用~|对犯人横加~。

【刑名】xíngmíng 名。(1)古代指法律:~之学。(2)刑罚的名称,如死刑、徒刑等。(3)清代官署中主办刑事的幕僚:~师爷。

【刑事】xíngshì 形。有关刑法的;区别于"民事",不加程度副词,不单独作谓语,作定语:~罪犯|~法庭|~案件。

【刑事犯】xíngshìfàn 名。触犯刑事法律并负有刑事责任的罪犯:对各种样~决不能心慈手软。

【刑讯】xíngxùn 动。用刑具逼供审讯:对犯人不该~逼供。可带宾语:~犯人容易产生假的招供。

邢 xíng 姓。

形 xíng ❶名。形体,样子:老王这些日子瘦得不成~|这幢楼~如"凸"字。❷〈素〉(1)显露,表现:喜~于色|~诸笔端。(2)对照,比较:相~|相~见绌。

【形成】xíngchéng 动。通过发展变化而成;多指某种事物、局面、风气等:基本观点已经~。常带宾语或补语:~了一个决议|如果大家不努力,先进集体是~不了的。可带动词作宾语:~鲜明对比。
　＊"形成"和"成为":"形成"含有逐渐变成的意思;"成为"不一定是逐渐变成。"形成"可以不带宾语;"成为"必须带宾语。"形成"用于事物,不用于人,使用范围较窄;"成为"可用于事物,又可用于人,使用范围较宽。

【形单影只】xíng dān yǐng zhī 成。形:指人。只有自己的身体和自己的影子。形容孤独,没有伴侣:每到傍晚时分,总有一个~的老人从这里走过。

【形而上学】xíng'érshàngxué 名。也叫玄学。(1)哲学史上指哲学中探究宇宙根本原理的部分。(2)同辩证法相对立的一种世界观或方法论,其特点是用孤立

的、静止的、片面的观点观察世界。

【形骸】xínghái 〈书〉名。指人的形体,躯壳:死者之~|他是个徒具~,没有灵魂的小人。

【形迹】xíngjì 名。举止神色:不露~|诡秘|~可疑。(2)仪容礼貌:不拘~。

【形旁】xíngpáng 见"形声"。

【形容】xíngróng ❶〈书〉名。形体和容貌:~姣好|~憔悴。❷动。对事物的特征加以描述:千言万语无法~|他很会~。常带宾语或补语:我很难~那种景象|~得栩栩如生。可重叠:你说她长得漂亮,你给~~。

【形容词】xíngróngcí 名。表示人或事物的形状、性质、状态的词。如"大、小、短、美丽、优秀、活泼"等。形容词大多可受程度副词修饰,在句中主要作定语和谓语,也常作状语或补语。

【形声】xíngshēng 名。汉字六书之一。意思是说字由"形"和"声"两部分合成,形旁和全字的意义有关,声旁和全字的读音有关。如由形旁"氵(水)"和声旁"王、羊"分别合成"汪、洋"。汉字中形声字占百分之八十以上。也叫谐声。

【形胜】xíngshèng 形。地势险要,位置优越:山川~|山海关是闻名中外的~之地。

【形式】xíngshì 名。(1)事物的形状、结构等:~多样化|组织~|讲究~|流于~。(2)哲学上指内容的表现方式,即事物矛盾运动的表现形态;与"内容"相对:内容与~的统一。
　＊"形式"和"形状":"形式"使用范围较宽,可指具体事物,也可指抽象事物,如艺术表现形式以及斗争的方式、方法等;"形状"使用范围较窄,只用来指具体事物的外部形态。

【形式逻辑】xíngshì luóji 词组。研究思维的形式及其规律的科学,它撇开具体的思维内容,研究概念、判断和推理及其正确联系的规律和规则。基本规律有同一律、矛盾律和排中律。

【形势】xíngshì 名。(1)事物发展的状况:当前~|~大好。(2)地势;多指从军事角度看:此处~险要,易守难攻。

【形态】xíngtài 名。(1)事物的表现形式:

意识~|观念~。(2)生物体外部的形状:自然~|成千上万种的动、植物,各有各的~。(3)词的形式变化,包括构词形式和词形变化的形式。

【形体】xíngtǐ 名。(1)身体;指外观:这座雕塑~逼真,栩栩如生。(2)形状和结构:文字的~。

【形相】xíngxiàng 名。外表,相貌:他的~不怎么好看。

【形象】xíngxiàng ❶名。(1)人的形状、相貌、模样:他的高大~常常浮现在我的脑海里。(2)能引起人的思想或感情活动的具体形状或姿态:教师利用图片进行~教学。(3)文学作品中人物的精神面貌和性格特征,是文艺反映社会生活的一种特殊形式:阿Q的~刻画得很成功。❷形。谓描写或表达具体逼真,生动而富有感染力:这段人物描写~、生动|电影教学片是一种~的教材|他善于言辞,几句话就十分~地刻画出了那个狗腿子的嘴脸。

【形形色色】xíngxíngsèsè 形。形容事物品类繁多,各式各样;不加程度副词:公园里~的花木争奇斗艳|商场里货物齐全,衣帽鞋袜,交电五金,烟酒食品,~,应有尽有。

【形影不离】xíng yǐng bù lí 成。像身体和影子那样分不开。形容彼此关系亲密,难以分离:他们俩是~的好朋友。

【形影相吊】xíng yǐng xiāng diào 成。吊:慰问。只有自己的身体和影子互相慰问。形容孤独无依:妻死子离,~,教人岂不伤感?常与"茕茕孑立"并用:父亲去世后,家里只剩下母亲一人,茕茕孑立,~,十分孤单,我们做子女的应该常去看望她,照顾她。

【形状】xíngzhuàng 名。物体或图形的外部形态和面貌:这东西的~很难看|这个岛像个棒锤,因此叫做棒锤岛。

型 xíng 〈素〉(1)模子:砂~|模~。(2)类型:血~|脸~。(3)样式:新~|小~。

【型号】xínghào 名。指机器、农具等的规格、性能和大小:我们厂生产多种~的改锥。

铏 xíng 名。古代盛酒的器皿。

硎 xíng 〈古〉❶名。磨刀石。❷动。磨制。

铏 xíng 名。古代盛菜羹的器皿。

行 xíng ❶动。(1)做,推行;常带宾语或补语:~个方便|这种方案~不通。(2)可以;不带宾语:这样做~不~?|只要把问题说清楚就~了。常作独立语:~,这件事就照你的意见办。❷形。能干;只作谓语,不作定语:搞这种工作他比我~。可加程度副词"很、真",不加"最、极、有点儿":小张这个人真~,什么事都能做。❸〈素〉(1)走:~走|~动|~人|航~|逆水~舟。(2)行为:品~|~径。(3)跟旅行有关的:~装|~程。(4)流动性的,临时性的:~商|~宫。(5)流通,传布:~销|风~。(6)进行:另~|暂~|即~。(7)将要:将~。(8)汉字的一种字体:~书。❹姓。另见háng。

【行藏】xíngcáng 〈书〉名。(1)对有关名节的事情有所为和有所不为的态度:不为五斗米折腰,这就是陶潜的~。(2)形迹:露~|他害怕被人识破~。注意:"藏"这里不读zàng。

【行程】xíngchéng 名。(1)路程:几十里的~使我疲惫不堪,到家就躺倒了。(2)进程;多用于较大的方面:历史发展的~,决定了他们必然失败的命运。

【行成于思】xíng chéng yú sī 成。行:做事;思:思考。事情之所以成功,在于反复思考。

【行刺】xíngcì 动。用武器暗杀:总统躲在密室里,怕有人来~。可带宾语或补语:~秦王|~三次一次也没有得手。

【行动】xíngdòng ❶名。行为,举动:侵略~|正义~。❷动。不带宾语:(1)行走,走动:队伍在向前~。可重叠:年纪大了,要多~~。(2)指为实现某种意图而具体地进行活动;可带补语:按原计划~|他们已经~起来了。

* "行动"和"行为":"行动"有采取某种措施、做法的意思;"行为"只指举动。"行动"可以和"计划、纲领、准则"等词搭

配；"行为"不能。"行动"有动词用法；"行为"没有。

【行都】xíngdū 名。旧指建在京城之外，为皇帝暂驻施政的都城。

【行宫】xínggōng 名。建在京城以外供帝王出行时居住的宫殿或临时寓居的住宅。

【行好】xínghǎo 动。因怜悯而给予帮助或加以原谅；不带宾语：奶奶经常对穷苦人～。常重叠：你就行行好，帮我一次忙吧。可拆开用：你行个好，饶他这一回吧。

【行贿】xínghuì 动。进行贿赂：你不该对他～。可带宾语或补语：这个人经常～干部，其手法五花八门｜他～多次均未得逞。可作定语，要带助词"的"：必须打击～受贿的罪恶现象。可拆开用：这家伙行了几次贿，结果都碰了钉子。

【行迹】xíngjì 名。行动的踪迹：～可疑｜～无定｜他们终于发现了小分队的～。

【行将】xíngjiāng〈书〉副。将要，即将；作动词的状语：～灭亡｜～揭晓｜～就木。

【行将就木】xíngjiāng jiù mù 成。行将：将要，快要；木：棺材。快要进棺材了。比喻将近死亡；多指老年人：我在～前，只希望能安静些｜他已是～的人，何必苛求他呢?

【脚陀僧】xíngjiǎosēng 名。云游四方，脚行天下的和尚。

【行劫】xíngjié 动。进行抢劫：这家伙多次～，罪恶严重。可带宾语：歹徒～路人，抢走财物。可作定语，要带助词"的"：对这个白日～的家伙，必须严惩。

【行径】xíngjìng 名。行为，举动；多指不好的：无耻～｜侵略～。

【行军】xíngjūn 动。军队进行训练或执行任务时从一处走到另一处；不带宾语：部队今晚要～。常与其他动词连用：明天我们～去机场。可拆开用：行了一天军。

【行乐】xínglè〈书〉动。消遣娱乐，游戏取乐；不带宾语：你还年轻，不该整天～｜他有及时～的思想。

【行礼】xínglǐ 动。不带宾语，可拆开用。(1)用鞠躬、举手等方式敬礼：见到老师要～｜少先队员向民警叔叔行了个礼。

(2)〈方〉送礼品：今年过节不给长辈～了｜行一点礼略表心意。

【行李】xíng·li 名。出行时所带的包裹等东西：请你帮助我照看一下～｜～不多，我拿得动。

【行令】xínglìng 动。行酒令；不带宾语，常与其他动词并用：今天咱们猜拳～，看谁能赢｜他这个人，既懂些琴棋书画，也来得～猜谜。可拆开用：他们正行着令。

【行旅】xínglǚ 名。走远路的人：～往来｜店主站在路边招揽～。

【行囊】xíngnáng〈书〉名。出门时所带的袋子或包儿：他带着简单的～上路了。

【行期】xíngqī 名。出行的日期：～早已定下来了｜难以确定～。

【行箧】xíngqiè〈书〉名。出门时所带的箱子：～中有几本书｜东西放在～里了。

【行若无事】xíng ruò wú shì 成。(1)举止镇静，如同没事一般；形容在紧急关头镇静如常：即使大兵压境，他也～，指挥若定。(2)形容不闻不问，满不在乎：对坏人作乱就不能听之任之，～。

【行色】xíngsè 名。行旅出发前后的神态、情景或气派：～匆匆｜队伍出发时，军乐队奏起进行曲，以壮～。

【行商】xíngshāng 名。往来贩卖货物、没有固定营业地点的商人；区别于"坐商"。

【行尸走肉】xíng shī zǒu ròu 成。尸：尸体；肉：指没有灵魂的肉体，比喻徒具形骸、庸碌无为的人，也比喻精神贫乏，无所作为的人。

【行时】xíngshí 形。一时流行，得势；用于人或事物：现在学外语很～｜这个人现在～得很。

【行使】xíngshǐ 动。执行，使用；指职权，常带宾语：～公民权利。可带动态助词"了、过"：～了否决权｜多次～过手中的权力。

【行驶】xíngshǐ 动。行走；指车船等：汽车～在山路上。可带施事宾语：这条土路可以～大卡车。

【行书】xíngshū 名。介于草书、楷书之间的一种汉字字体。

【行头】xíng·tou 名。(1)传统戏曲服装的通称：演员们穿的都是破旧的～。(2)泛指服装;含诙谐意:你的~多漂亮啊!。

【行为】xíngwéi 名。人的有意识的活动:英雄~|不法~。
　　*"行为"和"行径":"行为"不带褒贬色彩;"行径"含有贬义。

【行文】xíngwén 动。(1)组织文字,表达意思;不带宾语:~要注意通顺流畅。(2)发公文给某单位;多带处所宾语:教育局已~各中学,要求搞好春季卫生工作。

【行星】xíngxīng 名。沿椭圆形轨道环绕太阳运行,本身不发光的天体。太阳系中有九大行星,根据距离远近,依次是水星、金星、地球、火星、木星、土星、天王星、海王星和冥王星。另外还有许多小行星。

【行刑】xíngxíng 动。执行刑罚,特指执行死刑;不带宾语:窦娥在~前大声喊冤。可拆开用:已经行了刑。

【行凶】xíngxiōng 动。打人或杀人;不带宾语:谁敢~就要依法惩办。可拆开用:向人行了凶。

【行营】xíngyíng 名。旧指出征时的兵营,也指出征军事长官办公的地方:我接电后迅即赶到总部~。

【行辕】xíngyuán 名。行营:为了逃跑方便,这位指挥官竟把~设在军舰上。

【行云流水】xíng yún liú shuǐ 成。像浮动着的云,流动着的水。比喻自然,不拘束,多指文章:他的散文如~,非常流畅自然。

【行在】xíngzài 名。指皇帝出行时暂住的地方。

【行者】xíngzhě 名。(1)〈书〉正在走路的人:适逢大集,路上~熙熙攘攘。(2)出家而未经剃度的佛教徒:两个~在老方丈身边服侍。

【行政】xíngzhèng 名。多作定语。(1)指行使国家权力的工作:~单位|~机构。(2)指机关、企业、团体等的内部管理工作:~人员|~费用。

【行之有效】xíng zhī yǒu xiào 成。之:代词,它,指办法措施等;效:成效,效果。实施起来很有成效:这是~的方法。

【行止】xíngzhǐ 〈书〉名。(1)行踪:~诡秘|至今不知他的~。(2)品行:~欠

佳|他是一个没有良好的~的人。

【行装】xíngzhuāng 名。出门时的衣服、铺盖等;收拾~|打点~。

【行状】xíngzhuàng 名。旧时叙述死者生平事迹的文章,多随讣文分送亲友。也叫行述。

【行踪】xíngzōng 名。指行动的踪迹;多指目前停留的地方:~不定|发现~。

饧(餳) xíng ❶〈古〉名。糖稀,麦芽糖。❷动。(1)糖块、面剂子等变软:糖~了。可带补语:馒头~一下再蒸。(2)眼睛半睁半闭,打不起精神;不带宾语:工作到后半夜,两眼~起来了。

陉(陘) xíng 〈书〉名。山脉中断的地方,山口。

荥(滎) xíng 地名用字。荥阳,县名,在河南省。
另见yíng。

xǐng(ㄒㄧㄥˇ)

省 xǐng 〈素〉(1)检查自己的思想行为:反~|~察。(2)探望父母或其他尊长:~视|~亲。(3)醒悟,明白:~悟|猛~。
另见shěng。

【省察】xǐngchá 动。检查自己的思想行为:对自己的言行要经常~。常带宾语或补语:~自己的言行|~了一番。

【省亲】xǐngqīn 动。回家乡或到远处探望父母或其他亲;不带宾语,可带补语:他两年回家~一次。

【省视】xǐngshì 动。看望,探望;对象指父母尊长等,常带宾语:春节我准备回家~父母。

【省悟】xǐngwù 同"醒悟"。

醒 xǐng 动。不带宾语。(1)酒醉、麻醉或昏迷后恢复神志;可带动态助词"了、过":老了酒醉了半天,现在~了|病人~过来了。(2)结束睡眠状态,也指尚未入睡:早晨他一早就~了|我一直~着没睡。(3)醒悟,觉悟;可带补语:经过老师教育后,他才~过来。❷〈素〉明显,清楚:~目|~豁。

【醒豁】xǐnghuò 形。意思表达得清楚、明显:这层道理,他讲得很~。

【醒木】xǐngmù 名。评书艺人为引起听众注意而用来拍桌子的木块。

【醒目】xǐngmù 形。形象明显,容易看清,多指文字、图画等:这个标题很~|广告牌上写着几个~的大字。

【醒悟】xǐngwù 动。在认识上由模糊而清楚,由错误而正确;不带宾语,可带补语:我猛然~过来,明白了事情的真相。

*"醒悟"和"觉悟":"醒悟"多指对一般性问题的认识;"觉悟"多指在政治思想、阶级意识等方面的觉醒。"醒悟"可以是突然的;"觉悟"一般是渐进的。"醒悟"不作名词,"觉悟"可作名词。

擤(㨘) xǐng 动。捏住鼻子,用气排出鼻涕;常带宾语或补语:~鼻涕|把鼻涕~干净。

xìng (ㄒㄧㄥˋ)

兴(興) xìng 〈素〉对事物感觉喜好的情绪:高~|~趣|扫~|~高采烈。

另见 xīng。

【兴冲冲】xìngchōngchōng 形。形容兴致很高;多指人的神态动作,不加程度副词,常带助词"的(地)":他~地赶到车站。

【兴高采烈】xìng gāo cǎi liè 成。兴:兴致;采:神采,情绪。形容兴致高,情绪热烈:一群孩子在~地唱歌、跳舞。

*"兴高采烈"和"兴致勃勃":"兴高采烈"常用来形容人的情绪非常高昂热烈;"兴致勃勃"常用来形容人对参加某种活动或做某件事兴趣很浓,精力旺盛。

【兴会】xìnghuì 名。意趣,兴致:要是没有行路的~,就不能走到目的地|~淋漓。

【兴会淋漓】xìnghuì línlí 成。兴会:兴致;淋漓:酣畅,充盛。形容兴致很高,精神舒畅:晚会结束后,大家~,又一起前往天安门广场散步。

【兴趣】xìngqù 名。喜好的情绪:他对下棋很感~|我怀着极大的~参观了农业展览会。

*"兴趣"和"兴致":"兴趣"着重表示对某种事物喜好或关切的情绪;"兴致"着重表示做某事时的积极情绪。"兴趣"常作"感、引起、有、怀着、产生、发生"等动词的宾语;"兴致"除作"有"的宾语外,一般不作其他动词的宾语。

【兴味】xìngwèi 名。兴致趣味:~索然|~很浓|这部小说读来颇有~。

【兴味索然】xìngwèi suǒrán 成。索然:毫无兴致的样子。形容毫无兴致:这本书看得我~。

【兴致】xìngzhì 名。对事情喜好的情绪:~勃勃|~索然|那次游黄山,大家~很高,个个都登上了天都峰和莲花峰。

杏 xìng 名。(1)杏树,落叶乔木,叶子宽卵形或圆卵形,花单性,白色或淡红色。果实圆形,成熟时黄红色,味酸甜。(2)(~儿)这种植物的果实。可入药,有的可食。

【杏黄】xìnghuáng 形。黄而微红的颜色;不加程度副词,不单独作谓语,作定语:一条~的裙子|~颜色。

幸(△倖) xìng ❶〈书〉动。望,希望;用于否定句,并以动词"推却、推辞"作宾语:恭请光临,~勿推辞。❷〈素〉(1)幸福:荣~。(2)认为幸福而高兴:欣~|庆~。(3)意外地得到成功或免去灾害:~亏|~免|~存。△(4)宠爱:~臣。(5)旧指帝王到达某地:巡~。❸姓。

【幸臣】xìngchén 名。帝王宠幸的臣子;含贬义。

【幸而】xìng'ér 副。幸亏,多亏;常用在句首:~你的帮忙,才没有误事。

【幸福】xìngfú ❶名。使人心情舒畅的境遇和生活;~是靠劳动创造的|为人类谋~。❷形。称心如意;指生活、境遇等:我们过上了~的生活|老人~地安度晚年|她在这样好的条件下工作,真是太~了。

【幸好】xìnghǎo 副。幸亏:~毛病不大,否则就麻烦了。

【幸亏】xìngkuī 副。表示由于有了某种有利条件而借以避免了不良后果;常同"不然、否则、才"等词配合使用:我~没有去,否则也要倒霉了。常用在句首:~这些妇女是白洋淀长大的,她们把小船摇得飞快。

【幸免】xìngmiǎn 动。侥幸地避免;多指灾难,主要作谓语:由于风大火烈,许多房屋被烧毁,连街对过一家商场也未能~。可带补语:大地震时,他因事外出,才~于难。可带动词作宾语:房屋倒塌的时候,我躲在床底下才~压死。

【幸甚】xìngshèn 〈书〉动。只作谓语,不带宾语。(1)表示很可庆幸或感到幸运:若能兴利除弊,则天下~。(2)表示殷切希望;书信中套用语,常叠用:倘有赐誉,乞时赐教,~,~。

【幸运】xìngyùn ❶名。好的运气,出乎意料的好机会:我们不再受封建大家庭的束缚,我们青年一代的~。❷形。称心如意,运气好:在大地震中我们没有遭难,这是件~的事|他只买了一张奖券,居然中了头奖,真~。

【幸灾乐祸】xìng zāi lè huò 成。别人遭到灾祸时自己心里高兴;含贬义:他犯了错误,你不仅不给予帮助,反而~,这怎么对头呢?|别人遇到不幸,千万不可~啊。

悻 xìng 见"悻然"、"悻悻"。

【悻然】xìngrán 形。怨恨愤怒的样子;不加程度副词,多作状语:一听这话,他随即~动怒。也作"悻悻然":冯贵堂在背后踩了一脚,悻悻然走下台阶。

【悻悻】xìngxìng 形。怨恨,怨怒;不加程度副词,多作状语或定语:他受窘后~地转身去|脸有~之色。

婞 xìng 〈古〉形。倔强,刚直:性~刚洁。

性 xìng ❶名。生物的生殖和性欲:~器官|~生活|~的知识。❷〈素〉(1)性格:个~|耐~。(2)性别:男~|女~|雄~|雌~。❸后缀。表示事物的某种性质或性能。(1)用在形容词或动词后面,构成名词:积极~|创造~。(2)用在名词后面,构成新的名词:纪律~|党~。(3)用在名词、动词或形容词后面,构成非谓形容词:经典~|综合~|硬~。

【性别】xìngbié 名。雌雄两性的区别,通常指男女两性的区别。

【性病】xìngbìng 名。梅毒、淋病、软性下疳等病症的通称,多由性交传染:防治~。

【性格】xìnggé 名。在对人、对事的态度和行为上所表现出来的比较固定的心理特点:刚强不屈的~|他的~很开朗。
＊"性格"和"性情":"性格"只用于人,常同"刚强、英勇、粗暴、懦弱、质朴"等词搭配;"性情"除用于人外,还可用于动物,常同"温和、凶猛、暴躁"等词配搭。

【性灵】xìnglíng 〈书〉名。指人的精神、性情、情感等。

【性命】xìngmìng 名。人和动物的生命:两条~得救了|丢了~。

【性命交关】xìngmìng jiāoguān 成。关系到生死存亡的问题。形容事关重大,非常紧要:这可是~的大事,千万不可闲视之。

【性能】xìngnéng 名。器材、物品等具有的性质和功能;常与"良好、稳定"等词搭配:这台机器的~十分稳定。
＊"性能"和"机能":"性能"着重指性质和功能,适用范围较广,常用于机械、药物等具体事物,也可用于机体,有时还用于抽象事物;"机能"着重指有机体的细胞组织、器官的作用和活动能力,多用于人和动物。

【性情】xìngqíng 名。性格和脾气;可用于人或动物:她的~非常温和|这只狮子的~很暴躁。

【性质】xìngzhì 名。一种事物区别于其他事物的根本属性;可用于具体事物和抽象事物:橡胶和塑料是~不同的两种东西|他的错误,~相当严重。

【性状】xìngzhuàng 名。性质和形状:古猿的身体结构具有与人相近的~。

【性子】xìngzi 名。(1)性情,脾气:慢~|这头牛的~极温顺。(2)酒、药等的刺激性,这酒的~很烈,当心喝醉。

姓 xìng ❶名。表明家族系统的字:我不知道他的~。❷动。姓是…,以…为姓;须以某一个姓作宾语:他~张|~了20年的吴,后来就改~刘了。

【姓名】xìngmíng 名。姓和名字:他的~我知道|我不知道他的~。

【姓氏】xìngshì 名。表明家族的字。姓和氏本有区别,姓起于女系,氏起于男系。后来说姓氏,专指姓。

荇凶匈讻洶 xìng-xiōng 1219

荇(莕) xìng [荇菜](-cài) 名。多年生草本植物，叶子略呈圆形，浮在水面，根生在水底。花黄色，蒴果椭圆形。根茎可吃。

xiōng(ㄒㄩㄥ)

凶(△兇) xiōng ❶形。△(1)凶恶：这个暴徒很～。△(2)厉害：他的病很～|你闹得太～了。❷〈素〉(1)不幸的，不吉祥的：～事|吉～。(2)庄稼收成不好：～年。△(3)杀害或伤害人的行为：行～|～手。

【凶暴】xiōngbào 形。凶狠残暴；指性情、行为：他为人粗野而～。

【凶残】xiōngcán ❶形。凶恶残暴；多形容人的性情、行为：敌人非常～|～的敌人杀害了许多无辜群众。❷〈书〉名。凶恶残暴的人：誓灭～，以报国仇家恨。

【凶多吉少】xiōng duō jí shǎo 成。凶害多，吉利少。比喻前途险恶；常用于对事态的估计：你单身到那里去，可能～，请三思而行。也作多凶少吉。

【凶恶】xiōng'è 形。十分可怕；指性情、行为或相貌等：～的老虎|这人满脸横肉，样子十分～。
＊"凶恶"和"狰狞"："凶恶"的使用范围较宽，可形容性情、行为、相貌等；"狰狞"的使用范围较窄，专指面貌长相凶恶可怕。

【凶服】xiōngfú〈书〉名。丧服，孝衣：民间习俗，身着～不得入邻家。

【凶悍】xiōnghàn 形。凶猛强悍；多形容性情或表现，只用于人：～的强盗|～的民族|这小子性情十分～，弄不好就跟人家动刀子。

【凶狠】xiōnghěn 形。(1)凶恶狠毒；指性情、行为：一副～的样子|敌人的手段非常～。(2)势头猛烈；多用于形容体育竞赛：拼抢～|冲刺～。
＊"凶狠"和"凶恶"："凶狠"的意思着重在狠毒；"凶恶"的意思着重在可怕。"凶狠"一般不能形容相貌，有时只笼统地说"凶狠的样子"；"凶恶"能形容相貌。

【凶横】xiōnghèng 形。凶恶蛮横；多指行为、表现：那个人态度很～。

【凶狂】xiōngkuáng 形。凶恶猖狂；多指

性情、行为，也可指气势：这个流氓分子～得很。

【凶猛】xiōngměng 形。凶恶强大；多指气势、力量：～的野兽|风暴来势～|敌方火力～地射击过来。
＊"凶猛"和"凶悍"："凶猛"的意思是凶恶强大；"凶悍"除有凶恶的意思外，还有强悍的意思。"凶猛"使用范围很广，既可用于野兽，也可用于人，还可用于一些无生命的事物，如风势、水势、火势等；"凶悍"一般只用于人。

【凶年】xiōngnián 名。荒年：～饥岁。

【凶器】xiōngqì 名。行凶时所用的器具：～、人证俱全，不怕他不认罪。

【凶煞】xiōngshà 名。凶神：荡除～，以安民心。

【凶神】xiōngshén 名。迷信中指凶恶的神，常用来指凶恶的人；常同"恶煞"并用：他走过来，像～恶煞似的，狠狠打了我一拳。

【凶手】xiōngshǒu 名。行凶的人：～终究难逃法网|捉拿～。

【凶险】xiōngxiǎn 形。危险可怕；指情势等：山势～|病情～。

【凶相毕露】xiōng xiàng bì lù 成。毕：完全。凶恶的相貌完全露了出来；指原来伪装和善，遇事就露出了本相，含贬义：到了最后，他终于～。

【凶焰】xiōngyàn 名。凶恶的气焰；含贬义：要杀杀他的～。

【凶兆】xiōngzhào 名。不吉祥的预兆；迷信的说法：今年风沙劲头特别大，就像有什么～，整天星天昏地暗。

匈 xiōng〈古〉名。同"胸"。

【匈奴】xiōngnú 名。我国古代民族，战国时活动在燕、赵、秦以北。东汉时分裂为南北两部。北匈奴在一世纪末为汉所败，西迁；南匈奴附汉，东晋时曾先后建立汉国和前赵国。

讻(訩) xiōng "讻讻"，见"汹汹"。

洶(洶) xiōng 见"汹汹"、"汹涌"。

【汹汹】xiōngxiōng〈书〉形。不加程度副词。(1)形容波涛的声音：江水～。(2)形

容气势凶猛；含贬义：来势～。(3)形容争论的声或纷扰的样子：争辩～｜天下～。也作汹汹。

【汹涌】xiōngyǒng 动。猛烈地向上涌，指水：～澎湃｜海涛～｜～的江水。

【汹涌澎湃】xiōngyǒng péngpài 成。汹涌：水向上翻涌的样子；澎湃：波浪互相冲击的声音。形容水势或群众运动声势浩大：～的海浪拍击着海岸，溅起一阵阵浪花｜反对种族歧视的斗争～，势不可当。

胸(胷) xiōng 名。(1)身体前面颈下腹上的部分。(2)指心里：～中自有雄兵百万｜～无大志。

【胸次】xiōngcì〈书〉名。胸中，心里：～开朗。

【胸怀】xiōng huái 词组。胸中怀着：～祖国｜～壮志。

【胸怀】xiōnghuái 名。指人的思想、气量：～坦荡｜无私的～｜咏诗数首，以抒～。

【胸襟】xiōngjīn 名。抱负，胸怀：伟大的～｜～豁达｜～开阔。

【胸无点墨】xiōng wú diǎn mò 成。胸中没有一点文墨。形容没有文化或水平很低：在当代社会里，～的人是不能适应时代的需要的。

【胸臆】xiōngyì〈书〉名。指内心的想法：此文直抒～，感人至深。

【胸有成竹】xiōng yǒu chéng zhú 成。宋·苏轼《文与可画筼(yún)筜(dāng)谷偃记》："故画竹，必先得成竹于胸中。"画竹子时心里有一幅竹子的形象。比喻做事之前已经有通盘的考虑：他～地走进比赛场地，抓起了杠铃。也说成竹在胸。

＊"胸有成竹"和"胸中有数"："胸有成竹"着眼于事前对问题已有全面考虑和解决的办法；"胸中有数"着眼于对客观情况已有所了解。"胸有成竹"可形容因心中早有主意而神态镇定自若，毫不慌张；"胸中有数"不能这样用。

【胸中无数】xiōng zhōng wú shù 成。对事情不甚了解，处理起来没有把握：这件事我一点不了解，处理起来～。也说心中无数。

【胸中有数】xiōng zhōng yǒu shù 成。对事情有所了解，处理起来有一定把握：对这件事他早已～，肯定能处理好。也说心中有数。

兄 xiōng 名。(1)哥哥，或亲戚中比自己大的同辈男子；一般用在书信中，不用于当面称呼。(2)对男性朋友的尊称。

【兄弟】xiōngdì 名。(1)哥哥和弟弟：他俩是～。(2)比喻亲密关系；作定语：～单位｜～国家。

【兄弟】xiōng·di 名。〈口〉(1)弟弟：他是我的～，才从家乡来。(2)称呼比自己小的男子；含亲切的意味：小～，你找谁？(3)男子跟辈分相同的人或对众人说话时的谦称。

【兄弟阋于墙】xiōngdì xì yú qiáng 成。《诗经·小雅·常棣》："兄弟阋于墙，外御其侮。"阋：争吵，争斗。原指兄弟争吵。后比喻内部相争：生活中充满了矛盾，所以～的事也时会发生。

【兄长】xiōngzhǎng (1)名。指哥哥：你是哥哥，应当以作～的诚心照顾弟弟。(2)对男性朋友的尊称：小弟不远千里前来投奔～，望～念同窗之情，帮助小弟。

芎 xiōng [芎䓖](-qióng) 名。即川芎，多年生草本植物，羽状复叶，白色。根茎可入药，有调经、活血、止痛等作用。

xióng(ㄒㄩㄥˊ)

雄 xióng ❶形。生物中能产生精细胞的；与"雌"相对，不加程度副词，不单独作谓语：～狮子｜这只鸡是～的。❷〈素〉(1)强有力的：～师｜～起赳。(2)有气魄的：～壮｜～文。(3)强有力的人或国家：英～｜群～。

【雄辩】xióngbiàn ❶名。强有力的辩论：事实胜于～。❷形。有说服力的；不单独作谓语，作定语或状语：事实～地证明了我的观点｜这是最～的证据。

【雄兵】xióngbīng 名。强大而有力量的军队：胸中自有百万～。

【雄才大略】xióng cái dà lüè 成。杰出的才智和谋略：将军的～令人钦佩｜秦始皇、汉武帝都是我国古代有～的君主。

【雄风】xióngfēng 名。威风：～犹在｜老将～丝毫未减。

【雄关】xióngguān 名。险要的关口：战士们渡急流,越险滩,攀绝壁,跨～,夺取了一个个胜利。

【雄厚】xiónghòu 形。充足；多指人力或物力：实力非常～｜～的物质基础。

【雄黄】xiónghuáng 名。矿物,成分是硫化砷,橘黄色,有光泽,可供药用和制颜料用。也叫鸡冠石,中药じ也叫雄精。

【雄浑】xiónghún 形。雄健浑厚；多形容诗文书画等：笔力很～｜气势～｜～的风格。

【雄健】xióngjiàn 形。强健有力；形容人或动物的身体和动作等：～的身姿｜～的步伐｜苍鹰张开非常～的翅膀搏击长空。

【雄劲】xióngjìng 形。雄壮有力；多指书法、绘画的艺术风格：父亲的字～秀逸｜这幅颜体行书,十分～和奔放。

*"雄劲"和"雄健"："雄劲"多用于书法,使用范围较窄；"雄健"可用于步伐、啸声、歌声、书法、笔力、精神等,使用范围较宽。

【雄赳赳】xióngjiūjiū 形。十分威武的样子；常形容个人或队伍,不加程度副词,多作定语或状语,带助词"的(地)"：一队队战士～地开赴前线,投入战斗。常与"气昂昂"并用：运动员迈着整齐的步伐,～,气昂昂,通过检阅台。

【雄师】xióngshī 名。雄兵；多指大部队：我百万～以摧枯拉朽之势直扑大江南岸。

【雄图】xióngtú 名。伟大的计划或谋略；带有庄重色彩：家乡建设的～展现在我面前。

【雄伟】xióngwěi 形。雄壮而伟大；用于物：～的泰山｜～壮丽｜～的人民英雄纪念碑。

*"雄伟"和"雄壮"："雄伟"着重指气派大；"雄壮"着重指声势大。"雄伟"多形容建筑物、大山、建设蓝图等；"雄壮"多形容声音、队伍、步伐等。

【雄文】xióngwén 名。伟大的著作,特指革命领袖的有伟大指导意义的著作：～数卷。

【雄心】xióngxīn 名。远大的理想和抱负：树～,立壮志｜几个人都～勃勃,想大干一场。

【雄壮】xióngzhuàng 形。强大；多指气魄、声势等：歌声～｜非常～的队伍。

【雄姿】xióngzī 名。威武雄壮的姿态：今天总算亲眼见到了仪仗队的～。

【雄姿英发】xióngzī yīng fā 成。姿容威武雄壮；含褒义：将军～,威振四方。

熊 xióng ❶名。哺乳动物,头大,尾短,脚掌粗大,趾端有钩爪,能直立行走,也能爬树。主要吃动物性食物,也吃水果等。种类很多。❷〈方〉动。斥责：他又挨～了。可带宾语：不能老～人。

【熊猫】xióngmāo 见"猫熊"。

【熊熊】xióngxióng 形。形容火势旺盛；不加程度副词：烈火～｜～燃烧的火炬。

xiòng(ㄒㄩㄥˋ)

詷 xiòng 〈古〉动。刺探。

复 xiòng 〈古〉❶动。营救。❷形。远。

xiū(ㄒㄧㄡ)

休 xiū ❶动。(1)休息；不带宾语：生了病,厂长叫他～,他却不肯～。可带补语：因病在家,多～了几天。(2)旧指丈夫把妻子赶回娘家,断绝夫妻关系：他把妻子～了。可带宾语：这个家伙～过几个老婆。❷副。不要,别；表示禁止或劝阻,多见于早期白话：我已有言在先,～怪我无礼。❸〈素〉(1)停止,完结：～会｜罢～。(2)吉庆,欢乐：～咎(吉凶)｜～戚相关。

【休会】xiūhuì 动。会议在进行期间暂时停止召开；不带宾语：今天就到此～。可带补语：～两天。可拆开用：休了一天会。

【休假】xiūjià 动。按规定或经批准后,停止一定时期的工作或学习；不带宾语：明天开始～。可带补语：春节～三日。可拆开用：太忙了,休不了假。

【休克】xiūkè 音译词。❶名。临床上常见的一种综合病症,主要症状是血压下降,血流减慢,四肢发冷,脸色苍白,体温下降,神志淡漠等。❷动。发生休克；

不带宾语：他突然间～了。

【休戚相关】xiū qī xiāng guān 成。休：欢乐；戚：悲哀,忧愁。彼此之间欢乐忧愁、幸福祸害都关联在一起。形容彼此关系十分密切,利害一致：咱们两国是～的友好邻邦。

【休戚与共】xiū qī yǔ gòng 成。休：欢乐；戚：悲哀,忧愁。彼此间忧喜和祸福共同承受。形容彼此关系十分密切,同甘共苦：咱们两国～,生死相依。

【休憩】xiūqì 〈书〉动。休息；不带宾语,常带补语：～一下|～几天。可作定语,要带助词"的"：在公园里～游玩的人很多。

【休书】xiūshū 名。旧指遗弃妻子的文书：他当众写了～还说了许多歹话。

【休息】xiū·xi 动。暂时停止工作、学习或活动；不带宾语：今天放假,在家～。可带补语：我让他坐在藤椅上～一下。可重叠：你太累了,该好好～～。

【休想】xiūxiǎng 动。别想,不要妄想；多作状语：～得逞|～逃脱。可带主谓词组作宾语：～我随顺你们。可单独使用：你引诱了我的女儿,我还没惩治你呢！结婚,～！

【休学】xiūxué 动。学生在保留学籍的情况下暂时停止学习；不带宾语：这学期他因病～。可带补语：～一年。可拆开用：休一年学。

【休养】xiūyǎng 动。(1)休息调养；不带宾语：他因病在家～。常带补语：到疗养院～了几个月。(2)恢复并发展国家或人民的经济力量；多用在比较固定的组合中：～生息|～民力。

【休养生息】xiūyǎng shēngxī 成。指国家经过大动荡或大变革后,保养民力,恢复生产,发展经济,安定生活：打败了敌人,赢得了胜利,人民终于得到了一个～的机会。

【休战】xiūzhàn 动。交战双方暂时停止军事行动；不带宾语：双方已经～。可带补语：双方已～一个多月了。可拆开用：他们之间从来没有休过战。

【休整】xiūzhěng 动。休息整顿；多用于军队,不带宾语：他们把部队撤到城南一带～。可带补语：这次大规模演习后,部队要～一下。

【休止】xiūzhǐ 动。停止；不带宾语：这种无意思的争辩应该～了。可带补语：唱到这里要～一下。可作定语：这座火山已进入～状态。

咻 xiū 〈古〉动。喧嚷,乱说话：一齐人傅之,众楚人～之。

【咻咻】xiūxiū 拟声。(1)摹拟喘气的声音：～地喘着气。(2)摹拟某些动物的叫声：小鸭～地叫着|大白马对着他～地叫起来。

庥 xiū 〈古〉动。庇荫,保护：子孙蒙～也。

鸺 xiū [鸺鹠](-liú) 名。猫头鹰的一种,羽毛暗褐色,有棕白色横斑。捕食鼠、鸟、昆虫等,对农业有益。也叫枭(xiāo)。

貅 xiū 见"貔(pí)貅"。

髤(髹) xiū 〈古〉动。把漆涂在器物上：殿上～漆。

修(脩) xiū ❶动。常带宾语或补语。(1)修饰：～眉毛|刘海～得很整齐。(2)修理,整治：～自行车|手表～好了。(3)写,编写：～村史|县志已～过几次。(4)兴建,建造：～铁路|水库～在山脚下。(5)剪或削,使整齐：～树枝|指甲～得尖尖的。(6)修行；是一种迷信活动：～来世|她修行～了。❷〈素〉(1)学习,钻研：自～|～业。(2)长：～长|～竹。❸姓。
"脩"另见xiū。

【修补】xiūbǔ 动。(1)修理破损的东西使完整；常带宾语或补语：～渔网|将衣服～一下。(2)有机体的组织发生损耗时,由体内的蛋白质来补充叫修补。

【修长】xiūcháng 形。细长；不加程度副词：身材～|～的竹子。

【修辞】xiūcí ❶动。调整修饰词句,即用各种表现方法使语言更准确、鲜明、生动；不带宾语：写文章不会～不行。❷名。指调整修饰词句的方法：写文章要讲究文法和～。

【修辞格】xiūcígé 名。指各种各样的修辞方式,如比喻、夸张、拟人、排比等。简称辞格。

【修道】xiūdào 动。某些宗教徒虔诚地学习教义,并把它贯彻在自己的言行中;不带宾语:静心~。可拆开用:修过道。

【修道院】xiūdàoyuàn 名。(1)天主教、东正教培训神职人员的学院。简称修道院。(2)隐修院的另一译名。天主教、东正教出家人苦心修行的地方。

【修订】xiūdìng 动。修改订正;多指书籍、计划等:这本书要~。常带宾语或补语:~计划|~过几次。可重叠:请把方案~~。

【修短】xiūduǎn 〈书〉名。长短。~合度。

【修复】xiūfù 动。(1)修理使恢复完整;多指建筑物:这座宝塔已经~。常带宾语或补语:~长城|~得跟原来一样。(2)有机体的组织发生缺损时,由新生的组织来补充使恢复原来的形态。

【修改】xiūgǎi 动。改正文章、计划等里面的错误和疏漏:文章写好后要反复~。常带宾语或补语:~章程|工程方案~得很好。可重叠:把这份计划再~~。
　*"修改"和"修正":"修改"着重指"改动",可以大改,也可以小改,可能改好,也可能改坏;"修正"着重指"改正",多指把错误的改为正确的。

【修函】xiūhán 〈书〉动。写信;用于较为庄重的场合,不带宾语,可带补语:他急忙给严府~一封。可与其他动词连用:~陈情,言不尽意。

【修好】xiūhǎo 〈书〉动。不带宾语。(1)指国与国之间亲善友好:两国~。(2)〈方〉行好,行善:祖母常~积德。

【修剪】xiūjiǎn 动。用剪子修理;用于枝叶或指甲等:树枝每年要~。常带宾语或补语:~指甲|这盆花~得很得体。可重叠:把树~~。

【修建】xiūjiàn 动。进行施工;指土木工程,常带宾语或补语:~水库|医院~在山区。

【修旧利废】xiū jiù lì fèi 成。把破旧的修补好,把废物利用起来:目前我们还是应该大力提倡~,变废为宝。

【修浚】xiūjùn 动。修理疏通,常带宾语或补语:~大运河|这条河~几次了。可作定语:秦淮河的~工程正积极进行。

【修理】xiūlǐ 动。可重叠。(1)把损坏的部分修复,使恢复原来的形状和作用:~机器|皮鞋~一新|车床要~~。(2)修剪;只用于花草树木等:~花木|把果树~一下|这盆茉莉要~~。

【修炼】xiūliàn 动。指道家修养练气、炼丹等,也指修养陶冶;常带补语:他在白云观~十年。可带宾语:~心性。

【修明】xiūmíng 〈书〉形。指政治清明:法令~,上下一心|~的内政。

【修女】xiūnǚ 名。天主教或东正教中出家修道的女子。

【修配】xiūpèi 动。修理机器等的损坏部分和配齐其中残缺的零件:这架电视机经过~,图像已经清晰了|把这坏锁给他~好了。

【修葺】xiūqì 动。修理;用于房屋,常带宾语或补语:~房屋|古庙已~一新。

【修桥补路】xiū qiáo bǔ lù 成。修建桥梁,补好道路。比喻做有益于大众的好事:他们做了许多~的好事。

【修缮】xiūshàn 动。修理,整新;多指建筑物,常带宾语或补语:~古塔|房子稍微~了一下。

【修身】xiūshēn 动。陶冶身心,涵养德性;不带宾语,常与"养性"并用:他很注意~养性。可作定语:要多读些~参考书。

【修身洁行】xiūshēn jié xíng 成。修养品性,保持洁白的德行:他在山中~,不问世事。

【修士】xiūshì 名。天主教或东正教出家修道的男子。

【修饰】xiūshì 动。常带宾语或补语,可重叠。(1)修整装饰,使整齐美观:~门面|整个房子~一新|新房也该~~。(2)梳妆打扮;多以"自己"等作宾语:她很少~自己|妹妹~了一下,就漂亮多了|今天去赴宴,你也该~~。(3)修改、润饰文字,使准确、生动:~词句|文章还要~一下。
　*"修饰"和"粉饰":"修饰"侧重指修整,使美观,"粉饰"着重指以粉涂抹,使美观。"修饰"常用于人和建筑物,也用于语言文字;"粉饰"常用于具体事物,也用于抽象事物,表示掩盖真相。"修饰"是中性词;"粉饰"的比喻义含贬义。

【修书】xiūshū 动。写信;多见于早期白话:他便~一封,详述此事缘由,以释对

【修行】xiū·xíng 动。学佛或学道；不带宾语，可带补语：他自小～在外，从未回过家门。

【修养】xiūyǎng ❶名。(1)指理论、知识、艺术、思想等方面的一定的水平：他有较高的文学～。(2)指逐渐养成的正确的待人处事的态度：他在待人处事方面，是个很有～的人。❷动。在理论、知识、艺术、思想等方面进行学习和锻炼，每个人都应该努力学习，认真～。常作"重视、加强"等动词的宾语：革命者一定要加强自身的～。可重叠：你在思想理论方面，还要好好～～。

＊"修养"和"教养"："修养"着重指自己在品行、学问方面刻苦学习和锻炼，达到一定水平；"教养"着重指从小就接受过别人的培养和教育。"修养"能作"加强、进行"等动词的宾语；"教养"不能。

【修业】xiūyè 动。指学生在校学习；不带宾语，可带补语：～期满。可作定语：～证书。

【修整】xiūzhěng 动。修理使完整或整齐；常带宾语或补语：～房屋|农具一一新。

【修正】xiūzhèng 动。修改使正确：文章中有些提法不妥，要～。常带宾语：坚持真理，～错误。可重叠：你的意见书总的来说很好，不过有的地方还可以～～。

【修筑】xiūzhù 动。修建；指道路、工事等：这条公路要加紧～。常带宾语或补语：～河堤|大坝一得很牢固。

脩 xiū ❶〈古〉名。干肉，古代弟子送给老师做见面礼的东西：束～。❷同"修"。

羞 xiū ❶形。害臊，难为情，不好意思；常带补语，并加助词"得"：她～得满脸通红。❷动。使难为情；须带宾语：请你别～我了。❸〈素〉(1)羞耻：～惭|～愧。(2)感到羞耻：～与为伍。(3)同"馐"。

【羞惭】xiūcán 形。羞愧惭愧，难为情：～的脸色|他犯了这个错误，十分～。常作"感到、觉得"等动词的宾语：挨了批评后，他觉得很～。

【羞耻】xiūchǐ 形。羞愧耻辱，不光彩，不体面：谈到她那些～的往事，她脸就红了。常作"知道、觉得、感到"等动词的宾语：这个人不知道～，干了丑事还洋洋自得|儿子犯了罪，父母感到很～。

＊"羞耻"和"耻辱"："羞耻"多指自己做了不体面、不光彩的事；"耻辱"多指自己在荣誉上受到了损害。"羞耻"不作"蒙受"的宾语；"耻辱"可以。

【羞答答】xiūdādā 形。害羞、难为情的样子；不加程度副词，常带助词"的(地)"：这个小孩在生人面前总是～的|她～地唱了一支歌。也作羞答答。

【羞愧】xiūkuì 形。感到羞耻和惭愧；多指做了错事内心受谴责：数学没考及格，他一直为此而～。常作"感到、觉得、知道"等动词的宾语：犯了这种错误，我深感～。

【羞赧】xiūnǎn 〈书〉形。因害羞而脸红的样子：脸上腾起～的红云。

【羞怯】xiūqiè 形。羞愧而胆怯：阿姨批评时，小宝～地低下了头。

【羞辱】xiūrǔ ❶名。耻辱：谁承受得了这种～？❷动。使受耻辱；须带宾语或补语：狠狠地～了他一顿。

【羞涩】xiūsè 形。难为情，不自然；多形容年轻女子：姑娘脸上现出～的神情|她见我注视着她，便低头去摆弄辫子，似乎十分～。

【羞恶】xiūwù 〈书〉形。对自己或别人的不良行为感到羞耻和厌恶：～之心，人皆有之。

【羞与为伍】xiū yǔ wéi wǔ 成。为伍：做伙伴。把跟某人做伙伴看作是羞耻的事情：他如此自私自利，真使人～|这种小人，我是～的。

馐 xiū 〈素〉美味的食品：珍～。

xiǔ(ㄒㄧㄡˇ)

朽 xiǔ ❶形。腐烂；多指木头：这根柱子已经～了。❷〈素〉(1)指朽木：摧枯拉～。(2)精神、功业等不磨灭：永垂不～。(3)衰老：老～|～迈。

【朽迈】xiǔmài 〈书〉形。年老衰朽；有时用作自谦：我已～，该退下来了。

【朽木】xiǔmù 名。枯烂的木头，比喻不堪造就的人：～粪土|～不可雕。

宿 xiǔ 量。用于计算夜：一～｜三天两～。
另见sù, xiǔ。

潃 xiǔ 〈古〉名。臭泔水。

xiù(ㄒㄧㄡˋ)

秀 xiù ❶动。植物吐穗开花；多指庄稼：六月六，谷子～。常以"穗"作宾语：稻子开始～穗了。❷〈素〉(1)美丽：～丽｜清～｜～气｜山清水～。(2)特别优异：优～｜内～。

【秀才】xiùcɑi 名。(1)明清两代入县学的生员的通称：考～。(2)泛指读书人：他是这山村里有名的～。

【秀丽】xiùlì 形。清秀美丽；用以形容女性、风景、字体等：～的山川｜～的字迹｜这女孩长得很～。

【秀美】xiùměi 形。清秀美丽；用以形容女性、书法、景色等：字体～｜一幅十分～的山水画｜她是一个体态婀娜、姿容～的姑娘。

【秀媚】xiùmèi 形。秀丽妩媚；用以形容女性的容貌、山水风景等：这姑娘长得～动人｜～的江南春色。

【秀气】xiùqi 形。(1)清秀；指人的脸相、山水、字体等：她长得挺～的｜这字写得又端正又～。(2)小巧灵便；多指器物：这双鞋真～。

【秀色】xiùsè 名。秀美的姿色；指美女姿容或自然美景：丽姿～｜～可餐(形容女子姿色非常秀美)。

【秀外慧中】xiù wài huì zhōng 成。秀：秀丽；外：外貌；慧：聪慧；中：内心。容貌秀美，内心聪明；多用于女性：这姑娘～，令人喜爱｜新来了一位～的女老师，讲起课来生动有趣，我很快就喜欢上她了。也作秀外惠中。

【秀雅】xiùyǎ 形。秀丽雅致；多用来形容人的打扮、服饰等：她的装束～动人。也用于物品：这件贝雕～大方。

绣(繡) xiù ❶动。用彩色丝、绒、棉线在绸、布上缀成花纹或文字：这种花我也会～。常带宾语或补语：～了几个字｜龙凤～得很好看。❷〈素〉绣成的物品：苏～｜湘～。

【绣房】xiùfáng 名。旧指未婚青年女子居住的房间：她羞涩地躲进～里去了。也叫闺房。

【绣花】xiùhuā 动。绣出图画或图案；不带宾语：她到车间里～去了。可作定语：她是个～女工。可拆开用：她绣了多年的花，不知绣出了多少精品。

【绣花枕头】xiùhuā zhěntou 成。比喻徒有外表而无真才实学的人；含贬义：这个人长得很漂亮，肚子里却没有什么学问，可算是一个～。

【绣女】xiùnǚ 名。绣花女；多指年轻的女子：几个～正在紧张地工作。

【绣像】xiùxiàng 名。(1)用几种不同颜色的线刺绣成的人像：客厅正面挂着一幅～。(2)旧指画工细致的人像：～小说(卷首插有绣像的通俗小说)。

琇 xiù 〈古〉名。一种像玉的石头。

锈(鏽) xiù ❶名。(1)金属表面所生的氧化物：机床生了～。(2)庄稼的锈病：查～灭～。❷动。生锈；可带动态助词"了"：这把刀已经～了。常带补语：锁～住了，打不开。

岫 xiù 〈古〉名。(1)山洞。(2)山。

袖 xiù ❶名。(～儿、～子)衣服套在胳膊上的部分：这衣服～子太长了。❷动。藏在袖子里；只以"手"作宾语，常带动态助词"着"：～着手。

【袖手旁观】xiù shǒu páng guān 成。把双手笼在袖子筒里在一旁观看。比喻置身事外，不加过问或不予帮助；看到他受侮辱，我们作为他的朋友，难道能～吗? 也作缩手旁观。

【袖珍】xiùzhēn 形。小型的，体积比一般为小并便于携带的；不加程度副词，不单独作谓语，作定语：～字典｜～收音机。

臭 xiù ❶〈书〉名。气味：其～如兰｜空气是无色无～的气体。❷同"嗅"。
另见chòu。

嗅 xiù 动。闻，用鼻子辨别气味；常带宾语或补语：～出了馊味｜请你～一下，有没有臭味。

【嗅觉】xiùjué 名。(1)用鼻子辨别气味的

感觉：～灵敏|～迟钝。(2)比喻人辨别是非的能力：政治～。

溴 xiù 名。一种非金属元素，符号Br。赤褐色液体，有刺激性气味，对皮肤有强烈腐蚀性。可用来制感光材料、染料、镇静剂等。

宿 xiù 名。我国古代天文学家称某些星的集合体：二十八～。
另见sù, xiǔ。

xū(ㄒㄩ)

圩(墟) xū 名。湘、赣、闽、粤等地区称集市(古书中作"虚")：乡亲们都到～上去了。
另见wéi。

吁 xū ❶〈书〉动。叹息，叹气；常带宾语：～了一口长气。❷〈古〉叹。表示惊异：～! 鬼之事, 难言之矣。
另见yū, yù。

【吁吁】xūxū 拟声。摹拟出气的声音；多与"喘"搭配：气喘～|他～～地喘着气。

盱 xū 〈古〉动。(1)睁开眼睛向上看：～目而视。(2)忧愁。

戌 xū 名。地支的第十一位。注意："戌"的字形、读音与戊(wù)、戍(shù)都不同。

【戌时】xūshí 名。旧时计时法，指晚上七点钟到九点钟的时间。

砉 xū 〈古〉拟声。摹拟雷声、水声、破裂声或皮骨相离声、关门声等：～如破竹|门在他的后边～的关上了。
另见huā。

须(△鬚) xū ❶助动。须要；此事你～亲往去办。❷〈书〉动。等待，等到；常带宾语：～晴日，看红装素裹，分外妖娆。△❸〈素〉(1)胡子：胡～|～发|～眉。(2)像胡须的东西：触～|～根。❹姓。

【须眉】xūméi 〈书〉名。胡须和眉毛，代指男子：我堂堂七尺～，宁可为国捐躯，也决不向你们这帮丑类低头。

【须要】xūyào 助动。一定要；用在动词或形容词前作状语：这个问题～认真研究|学习～刻苦|教育儿童～耐心。

【须臾】xūyú 〈书〉名。极短的时间，片刻；一般作状语，或构成词组作状语：对于胜利了的人民，这是如同布帛菽粟一样地不可以～离开的东西|刚才还是倾盆大雨，～之间，雨过天晴。

【须知】xūzhī ❶名。对所从事的的工作、参加的活动必须知道的事项；多用做通告或指导性文件的名称，一般作中心语：游览～|考生～。❷动。一定要知道；多指不易办的事；须带宾语：～创业之艰难。可带主谓词组作宾语：～从事科学研究并不是一件容易的事。

媭 xū 名。古代楚国人对姐姐的称呼。

胥 xū 〈古〉❶名。低级官吏。❷副。全，都：万事～备。❸姓。

【胥吏】xūlì 〈书〉名。小官吏：萧何曾为秦朝～。

谞 xū 〈古〉名。(1)才智。(2)计谋。

湑 xū 水名用字。湑水，在陕西省。
另见xǔ。

顼 xū 姓。

虚 xū ❶形。(1)空虚，不实在；与"实"相对：地基没夯结实，有的地方还比较～。(2)因心里惭愧或没有把握而勇气不足：因为没好好复习，今天考试我心里很～。(3)虚弱：大病初愈，身子还相当～。❷名。二十八宿之一。❸〈素〉(1)空着：～位以待。(2)徒然，白白地：～度|～惊|～设。(3)不真实的：～伪|～构|～名。(4)不自满：～心|谦～。

【虚报】xūbào 动。不照实际情况乱报；多指以少报多：产量不能～。常带宾语或补语：～成绩|过几次。

【虚词】xūcí 名。(1)没有实在的词汇意义，不单独作句子成分，但起语法作用的词；区别于"实词"。汉语的虚词包括介词、连词、助词、叹词、拟声等。(2)〈书〉虚夸不实的文辞：文中所述多为～，不可深信。

【虚度】xūdù 动。白白地度过；常带宾语或补语：～年华|不该把光阴～过去。

【虚浮】xūfú 形。不切实，不塌实：作风太～|做事情要塌塌实实的，不要～。

【虚构】xūgòu 动。(1)凭想象编造：写通

虚 xū 1227

讯报道,必须尊重事实,决不可凭空～。可带宾语: ～人物|～了一个故事。(2)文艺创作的一种艺术手法。作者在进行创作时,不受真人真事的局限,对所掌握的生活材料进行选择和综合,并运用丰富的想象构筑情节,塑造人物形象。

【虚怀若谷】xū huái ruò gǔ 成。谷: 山谷。胸怀宽广,犹如山谷那样深广。形容为人谦虚,能够接纳他人意见: 周校长～,别人的意见,他总能认真听取。

【虚幻】xūhuàn 形。凭空幻想的,不真实的;多指形象: 鬼神是～的事物,是根本不存在的。

【虚晃一枪】xū huǎng yī qiāng 成。形容伴作进攻,以便退却: 栾廷玉抵挡不住,～,败阵而走。

【虚假】xūjiǎ 形。与实际不符合的: ～的数字|～的现象|他热心助人,出于至诚,毫不～|她十分～地推让了一番。可重叠: 这份汇报虚虚假假,难以置信。

【虚惊】xūjīng 动。事后证明是不必要的惊慌,不带宾语,要带补语: 小王把钱包丢在家里却以为不见了,～了一场。可作宾语: 受了一场～|后来证明是一场～。

【虚空】xūkōng 形。空虚;用于抽象的、精神上的表现: 爱人去世后,他只剩下～的内心,没有回忆,没有想象,什么也不想|这种理想太～,难以实现。

【虚夸】xūkuā 形。虚假浮夸;多指言谈: 写新闻报道不可～|这篇文章内容有些～。

【虚礼】xūlǐ 名。表面应酬的礼数;多指不必要或装出来的: 这一套～可以免了。

【虚拟】xūnǐ ❶动。虚构;常带宾语或补语: ～了一个情节|这个故事～得不够周密。❷形。不合事实的,假设的;不加程度副词,不单独作谓语,多作定语: ～语气。

【虚飘飘】xūpiāopiāo 形。形容飘飘荡荡不落实的样子;不加程度副词,常带助词"的": 他刚喝了点酒,就感到双脚～的。

【虚情假意】xū qíng jiǎ yì 成。虚假的情意: 看上去他似乎很关心爱护我,其实是～,并非真心。

【虚荣】xūróng 名。表面上的光彩;常作"爱、贪图、追求"等动词的宾语: 不慕～|要踏踏实实地工作,不要贪图～。可作定语: ～心。

【虚弱】xūruò 形。(1)不结实;多指身体: 病后身体很～。(2)力量薄弱;多指国力、兵力: 经过"安史之乱"的破坏,唐王朝的国力日趋～。

【虚设】xūshè 动。形式上存在,实际上不起作用;多指机构、职位等,一般不带宾语: 这个机构形同～,应该砍掉。可作定语,要带助词"的": 副局长太多,有的等于是～的职位,并无多少事情可做。

【虚实】xūshí 名。虚和实,泛指内部情况;常作"探听、打听、察看、了解"等动词的宾语: 探听对方的～。

【虚岁】xūsuì 名。年龄的一种算法,人生下来就算一岁,以后每逢新年增加一岁,这样比实际年龄(周岁)多一岁,故称虚岁: 他是属羊的,今年～45。

【虚脱】xūtuō ❶名。大量出血、脱水、中毒等引起的血液循环突然衰竭的现象。主要症状为面色苍白,嘴唇轻度发紫,血压急剧下降,脉搏细弱,出冷汗等。❷动。发生虚脱;不带宾语: 他由于胃部突然大出血而～了。

【虚妄】xūwàng 形。没有事实根据的;多指观点、学说等: 言多～|～之论。

【虚伪】xūwěi 形。不诚实,不实在,做假: 这个人很～|～的政治骗子。

*"虚伪"和"虚假"。"虚伪"着重在不诚实,多指待人处事缺乏诚意;"虚假"着重在不真实,多指与事实真相不符。"虚伪"多用来形容人的作风态度;"虚假"多用来形容事物的内容实质,有时也形容人的作风态度。"虚伪"语意较重;"虚假"语意稍轻。

【虚文】xūwén 名。空有形式而无实际意义的礼节或规章制度: ～浮礼。

【虚无】xūwú 名。有若无,实若虚。道家指"道"(真理)的本体,认为它无所不在,但又无形可见。

【虚无缥缈】xūwú piāomiǎo 成。缥缈: 隐隐约约,若有若无。形容空虚渺茫,不可捉摸: 海上出现了～的海市蜃楼。

【虚心】xūxīn 形。不自以为是,能够接受

别人的意见：小李很～|他能～地向人学习|～使人进步。

【虚虚实实】xūxūshíshí 形。假假真真，变化莫测；多用于军事，不加程度副词：军长真会用兵，打起仗来，～，让敌人摸不着头脑|这些～的情况把我弄糊涂了。

【虚应故事】xū yìng gùshì 成。故事：成例。依照成例，敷衍了事；指用敷衍的态度对待交往、工作、学习等，含贬义：她每天上班不过是～而已。

【虚有其表】xū yǒu qí biǎo 成。表：外表。空有好看的外表，实际不中用；指有名无实的人或物，含贬义：这家工厂本是先进企业，不过由于后来管理不善，如今已是～了。

【虚与委蛇】xū yǔ wēiyí 成。委蛇：形容随顺。指对人假意相待，敷衍应酬：既然他们对谈判毫无诚意，我们也只得～一番。注意："蛇"这里不读shé。

【虚张声势】xū zhāng shēngshì 成。张：铺张，夸大。假装出强大的声势；多用于并无实力或并不想真正交锋的人或集团：他的脸上一点儿血色也没有了，可还是～地叫嚷着。

【虚字】xūzì 名。古代指没有实在意义的字，其中一部分相当于现代词类中的介词、助词、连词等。又叫虚字眼儿。

墟 xū ❶〈方〉名。同"圩(xū)"。❷〈素〉指原有人聚居而现在已荒废的地方：废～|殷～。

嘘 xū ❶动。除(2)义项外，多带宾语。(1)慢慢地吐气：～了一口气。(2)〈书〉叹气：仰天而～。(3)火或蒸气的热力熏烫：掀锅盖时小心别～着手。(4)〈方〉发出"嘘"的声音来制止或驱逐：你们不该～他，这是不礼貌的。可带兼语：大家要～他下台。❷〈方〉叹。表示制止、驱逐等：～，轻一点，屋里有病人。
另见 shī。

【嘘寒问暖】xū hán wèn nuǎn 成。嘘寒：向受冻的人呵热气使之温暖；问暖：指问寒问暖。形容对别人的生活十分关心：张厂长十分关心职工，经常向大家～，帮助解决生活上的困难。

【嘘唏】xūxī 见"歔欷"。

歔 xū [歔欷](-xī)〈书〉动。哽咽，抽噎，不带宾语，可带补语：暗自～|～不已。也作嘘唏。

欻 xū〈书〉副。忽然：～见舍宇华好，崭新一然。
另见 chuā。

需 xū ❶动。需要：多带动词或词词性词组作宾语：认识尚～提高|我们～用大量建筑材料。❷〈素〉需用的财物：军～。

【需求】xūqiú 名。由需要而产生的要求：人们对食品的～越来越高|有什么～，你就找我，不要客气。

【需索】xūsuǒ〈书〉动。要求；多指财物，常带宾语或补语：此人一味地～财物|～无厌，实不知天下有羞耻二字。

【需要】xūyào ❶动。应该有或必须有；常带宾语：社会主义建设～大批科技人才。可带动词、动词性词组或主谓词组作宾语：厂房～扩建|写论文～搜集材料|这件事～您去办一下。❷名。对事物的欲望和要求：商业部门要经常了解群众对商品的～。

＊"需要"和"须要"："需要"着重表示要具备所缺少的东西；"须要"着重表示情理上或事理上有必要。"需要"是动词，可以带宾语；"须要"是助动词，只作状语。"需要"可作名词；"须要"不能。

繻 xū 名。(1)古代一种有彩色的丝织品。(2)古代一种用帛制成的出入关卡的通行证。

魖 xū 见"黑魖魖"。

xú(Tㄩˊ)

徐 xú ❶〈素〉慢慢地：～～|～图|～步。❷姓。

【徐图】xútú〈书〉动。慢慢地、从容不迫地谋划；须带动词或动词性词组作宾语：他受了冤屈，一时无处申辩，只好～伸雪|敌强我弱，惟有～击破。

【徐徐】xúxú〈书〉形。慢慢地；多作状语：红旗～升起|火车～开动了。可作谓语或定语：清风～|～的微风。

xǔ(ㄒㄩˇ)

许 xǔ ❶动。(1)允许,许可;多带动词作宾语,或带兼语: 这次行动只~成功,不~失败|~他去,就应该~我去。(2)答应;指送人东西或给人做事: 这个愿我早已~下了。可带动词性词组作宾语: 我~过要给他一支钢笔的。可带兼语: 他曾~过我去当会计|医生不~我下床走动。(3)许配; 须带宾语: 姑娘已~了人家。❷副。或许,也许: 他~没有看到|这支笔~是王枫的|她~是不会来了。❸名。周朝国名,在今河南许昌东。❹〈素〉(1)称赞,承认优点: 赞~|推~。(2)处,地方: 何~。(3)表示大约的数目或程度: ~多|~久|少~。(4)这样: 如~。❺姓。

【许多】xǔduō 数。数量多; 表示概数,作定语时,能直接修饰名词,有时也带物量词: ~人|~东西|~张年轻战士的脸,~对漆黑发亮的眼珠,全朝着舞台。可作补语,能与动量词组合: 唱了一遍|黄山我去了~次。前面可加指示代词"这、那、这么、那么": ~人。可重叠: 他讲了~~|许许多多的人围在那里观看。

【许可】xǔkě 动。准许,容许: 只要父母~,我是会同你一起去探险的。可带动词作宾语或兼语: 决不~执法犯法|经济条件不~我去旅游。可作"经过、得到"等动词的宾语: 未经~,不得入内|我盖这间房子是得到~的。可作定语,要加助词"的": 不可以超越客观情况所~的条件去计划自己的行动。

【许诺】xǔnuò 动。答应,应承; 这件事他已~,估计不会有问题了。常带宾语或补语: 他~过这件事|这些东西他已经~给我。可作定语,要加助词"的": 你当年~过的事情,怎么不记得了呢?

【许配】xǔpèi 动。旧时女子由家长作主跟人订婚; 常带宾语或补语: 姑娘已经~了人家|他把女儿~给张家了。

【许愿】xǔyuàn 动。不带宾语,可拆开用。(1)迷信的人祈求神佛时许下某种酬谢: 奶奶又在菩萨面前~了|她烧了香,许了愿。(2)指事前答应对方将来给某种好处: 你不该在他面前过早地~|已向他许过愿了。

【许字】xǔzì 〈书〉动。许婚;不带宾语: 小女已~,岂可复嫁他人。

浒 xǔ 地名用字。浒墅关,在江苏省。浒湾,在江西省。
另见hǔ。

诩 xǔ 〈素〉说大话,夸耀: 自~。

栩 xǔ [栩栩] 形。形容生动活泼的样子; 不加程度副词,不单独作谓语,多作状语,含褒义: 作品中的人物形象~如生,呼之欲出。

姁 xǔ [姁姁]〈书〉形。平和安好的样子: 太尉为人~。

湑 xǔ 〈古〉形。(1)清。(2)茂盛:其叶~兮。
另见xū。

糈 xǔ 〈古〉名。特指祭神用的精米。

醑 xǔ 名。(1)〈古〉美酒。(2)醑剂的简称(挥发性的物质溶解在酒精中所成的制剂)。

xù(ㄒㄩˋ)

旭 xù ❶〈素〉光明,早晨太阳初出的样子: ~日。❷姓。

【旭日】xùrì 名。早晨刚刚升起的太阳: ~东升|~临窗。

序 xù ❶名。序文: 他为这本书写了一篇~。也作叙。❷〈素〉(1)次第: 次~|顺~。(2)排次序: ~齿|~次。(3)开头的: 一幕|~曲。(4)古代由地方举办的学校: 庠~。

【序跋】xùbá 名。序文和跋文。

【序齿】xùchǐ 〈书〉动。按年龄大小来排列先后的次序;不带宾语: 旧时宴会入席常按长幼~。

【序列】xùliè 名。按次序排好的行列: ~整齐。

【序幕】xùmù 名。(1)多幕剧的第一幕以前的一场戏,用来介绍剧中人物的历史和剧情发生的原因,或暗示全剧的主题。(2)比喻重大事件的开端: "九·一八"事变拉开了抗日战争的~。

【序曲】xùqǔ 名。(1)歌剧、清唱剧、芭蕾舞剧等开场时演奏的乐曲。也指用这种体裁写成的独立器乐曲。(2)比喻事情、行动的开端：东进～。

【序数】xùshù 名。表示次序的数目。汉语中序数的表示方法通常是在整数前加"第"，如"第一，第五"。此外还有习惯的表示法，如"头一回、末一次、正月、初一、大儿子、小女儿"等。序数后直接连量词或名词时，可省去"第"，如"二号、四楼、三大队"等。

【序文】xùwén 名。写在著作正文前的文章。有作者自己写的，多说明写作意图和经过。也有别人写的，多介绍或评论本书的内容。也作叙文。

【序言】xùyán 名。序文。也作叙言。

叙(敍、敘) xù ❶动。说，记述：闲言少～。常带宾语或补语：～家常｜把事情经过～清楚。❷名。序文。

【叙别】xùbié 动。话别，临别时聚在一起谈话；不带宾语：临行，我同几位好友一一～。

【叙功】xùgōng 〈书〉动。评定功绩；不带宾语：李广能征惯战，号称"飞将军"，可朝廷一竟没有他的份，天理何在？

【叙旧】xùjiù 动。亲友间彼此叙谈旧事；常用于久别后重逢时，不带宾语：老同学在一起～，分外亲热。可重叠：今晚咱俩好好叙叙旧。可拆开用：在一起叙一下旧。

【叙事】xùshì 动。叙述事情；多指书面的，不带宾语：文章～要有条理。可作定语：～语。

【叙事诗】xùshìshī 名。诗歌的一种，有比较完整的故事情节和人物形象的诗歌。如史诗、英雄颂歌、故事诗等。

【叙述】xùshù 动。写出或说出事情的前后经过；常带宾语或补语：～当时的情景｜把事情的经过～清楚。可带动词性词组或主谓词组作宾语：请您～一下昨天发生了什么事情｜由我来～这次试验是怎样搞成功的。可重叠：你给大家～～现场的情况。

　　＊"叙述"和"描写"："叙述"是一般地交代和说明，只要求清楚明白；"描写"是形象地描绘和刻画，不仅要求清楚明

白，还要求形象具体。

【叙说】xùshuō 动。叙述；多指口头的，多带宾语或补语：她一遍又一遍地给子们～着英雄们的壮烈故事｜把事情发生的经过～清楚。

【叙谈】xùtán 动。随意交谈：今天我没有时间与你～。常带宾语或补语：～了一些琐事｜～得很投机。可重叠：大家在一起～～，可加强彼此之间的了解。

【叙文】xùwén 名。同"序文"。

【叙言】xùyán 名。同"序言"。

【叙用】xùyòng 〈书〉动。旧时指对官吏分等级进用：差次舅氏亲疏高下，～各有差。

溆 xù 〈古〉名。水边：长飚落江树，秋月照沙～。

恤(卹、賉) xù 〈素〉(1)顾惜，忧虑：不～。(2)怜惜，怜悯：怜～｜体～。(3)救济：抚～｜～金。

【恤恤】xùxù 〈书〉形。忧虑的样子：～之情，毕露无遗。

洫 xù 〈素〉田间的沟渠：沟～｜田～。

畜 xù 〈素〉饲养禽兽：～养｜～牧。

【畜牧】xùmù 动。饲养大批的牲畜家禽；多专指牲畜：从事～，多作定语：～业｜这里是～基地。

【畜养】xùyǎng 动。饲养；指动物：有些动物可以人工～。常带宾语或补语：～了一群奶牛｜马儿～得很肥壮。

蓄 xù 〈素〉(1)储存，积聚：储～｜积～。(2)心里藏着：～意｜～志。(3)留着，保存：～发｜～须。

【蓄洪】xùhóng 动。为了防止洪水成灾，把超过河道所能排泄的洪水储存在一定的地区；不带宾语：～防旱｜～工程。

【蓄积】xùjī 动。积聚储存；常带宾语或补语：～资金｜把洪水～在水库里。

【蓄谋】xùmóu 动。早就在谋划；指坏的：干这件坏事，他～已久。常带动词、动词性词组作宾语：～迫害｜～抢劫财物。

【蓄养】xùyǎng 动。积蓄，培养；常带宾语或补语：～精力｜～起来。

【蓄意】xùyì 动。早就有这个意思；指坏的，须带动词或动词性词组作宾语：～陷

害|～挑起事端。

酗 xù [酗酒](-jiǔ) 动。无节制地喝酒,也指酒后撒酒疯;不带宾语:你不该老～。常与其他动词连用:～滋事|～闹事。可作定语,要带助词"的":经常～的人不能开汽车。

勖(勗) xù 〈素〉勉励:～勉。

【勖勉】xùmiǎn 〈书〉动。勉励:～有加(一再勉励)。常带宾语:～诸将|～朝臣。

绪 xù ❶〈素〉(1)本指丝的头,比喻事情的开端:端～|千头万～。(2)指心情、思想等:心～|情～。(3)残余的:余|～风。(4)事业:～业。❷姓。

【绪风】xùfēng 〈书〉名。残余的风势:秋冬之～。

【绪论】xùlùn 名。学术论著开头的概述部分,一般用以说明全书主旨和主要内容等。

【绪言】xùyán 名。绪论,书籍开头说明全书主旨的文章。也叫导言。

续(續) xù ❶动。常带宾语或补语。(1)连接在原来的后面:这一段～上文|绳子太短,还要～一截。(2)添,加:壶里要～一点水。❷〈素〉接连不断:继～|连一。❸姓。

【续航】xùháng 动。连续航行;多用于飞机、轮船,不带宾语,可带补语:这艘海轮已～了18个月。可作定语:提高～能力。

【续弦】xùxián 动。男子丧妻以后再娶。不带宾语:老赵妻子死了以后没有～。可拆开用:他续了弦。

絮 xù ❶名。棉花的纤维,棉絮:棉桃吐～了。❷动。在衣服、被褥里铺棉花;常带宾语或补语:～被子|棉袄～得很厚。❸〈素〉(1)像棉絮一样的东西:柳～|芦～。(2)比喻零碎而有趣的事情:花～。(3)连续重复的:～叨|～～。

【絮叨】xùdao ❶形。形容说话啰唆;含贬义:这个人说话太～了。可重叠:她絮絮叨叨地说了半天。❷动。啰啰唆唆地说话;常带宾语或补语:老太太总爱～她儿子的事|她逢人就要～一阵子。

【絮烦】xùfan 形。因说得过多或重复而让人感到厌烦:这件事,她唠叨个没完,真叫人～。常作"感到、觉得"等动词的

宾语:她老说这个故事,使人感到～。

【絮聒】xùguō 〈书〉动。(1)啰啰唆唆地说;一般不带宾语:看人家有事,她也不要再～了。可带补语:他～了很长时间,也没人理他。(2)麻烦;一般指对别人:多次以事～,请您原谅。可带宾语:他从不愿～他人。

【絮絮】xùxù 形。形容说话等连续不断,不加程度副词,常作状语:他～不休地说个没完。

【絮语】xùyǔ 动。絮絮叨叨地说话;多指低声的、不间断的,不带宾语:姐俩在轻声～|竹叶在晨风中～着。

婿(壻) xù 〈素〉(1)女儿的丈夫:女～|翁～。(2)丈夫:夫～|妹～。

煦(昫) xù 〈素〉温暖:和～。

·xu(·ㄒㄩ)

蓿 ·xu 见"苜(mù)蓿"。

xuān(ㄒㄩㄢ)

轩 xuān ❶名。(1)有窗户的长廊或小屋子。旧时多用作书斋名或茶馆、饭馆等的字号:朵云～。(2)古代一种有帷幕而前顶较高的车子。❷〈素〉高,大:～昂|～然大波。❸姓。

【轩昂】xuān'áng 形。形容精神饱满,气度不凡;多用在固定的组合中:器宇～。

【轩敞】xuānchǎng 形。高大宽敞;多形容房屋:这屋子真～|～的大厅。

【轩然大波】xuānrán dà bō 成。波涛高高涌起的样子。比喻大纠纷,大风波:这个决定居然引起了一场～。

【轩轾】xuānzhì 〈书〉名。车子前高后低叫轩,前低后高叫轾。比喻高低优劣的情况:不分～|各有短长,难分～。

宣 xuān ❶〈素〉(1)发表,公开说出:～传|～誓。(2)疏通:～泄。❷姓。

【宣布】xuānbù 动。公开告诉大家:考试成绩已经～。常带宾语或补语:～一个消息|～得很及时。可带动词、动词性词组或主谓词组作宾语:～独立|～撤消处

分 | ～谈判破裂。可重叠: 有好消息早点向大家～。

【宣称】xuānchēng 动。声称, 公开表示; 多带动词、动词性词组或主谓词组作宾语: 他们口头上～中立, 实际上偏袒一方 | 该队～在这场比赛中要打败我们 | 王林口口声声～自己是老实人, 可他给人的印象却非常狡猾。

【宣传】xuānchuán 动。向群众说明讲解, 使他们相信并跟着行动; 常带宾语或补语: ～革命道理 | ～好人好事 | 这事儿～了一阵子。可带动词性词组或主谓词组作宾语: ～讲究卫生 | ～节约用水 | ～当前的任务是什么。

【宣传画】xuānchuánhuà 名。一种以宣传为目的, 结合简短的号召性文字的绘画。也叫招贴画。

【宣读】xuāndú 动。在集会上向群众朗读; 多指布告、文件等: 文件由校长～。常带宾语或补语: ～处分决定 | 又～了一遍。

【宣告】xuāngào 动。宣布; 多带动词、动词性词组或主谓词组作宾语: ～结束 | 这个国家今天～独立 | 我军的这一重大胜利～了侵略者即将灭亡。

＊"宣告"和"宣布": "宣告"的内容是经历了某个过程之后的结果; "宣布"的内容是带有规定性的事项或消息。"宣告"多用于重大的事件、决定等; "宣布"可用于重大的事件、决定, 也可用于一般的事情、消息等。"宣告"不一定都由人或人的组织进行, 事件本身也可以宣告; "宣布"一般要由人或人的组织进行。

【宣讲】xuānjiǎng 动。宣传讲解: 这个文件请钱老师来～。常带宾语或补语: ～中央文件 | ～得很清楚明白。

【宣判】xuānpàn 动。常带宾语。(1)法院对当事人宣布案件的判决: 对这起案子法院已经审理清楚, 即将开庭～ | 法院～了这起杀人案。可带动词性词组或主谓词组作宾语: 他被～无罪释放 | 他俩离婚。(2)泛指宣布判处: 如果我真的得了不治之症, 那就等于上帝～了我的死刑。

【宣誓】xuānshì 动。担任某个任务或参加某个组织时, 通过一定的仪式当众宣读誓言, 表示严格遵守的决心: 他们在团

旗下庄严～。可带动词性词组作宾语: 我们～保证完成任务。可拆开用: 他已宣过誓了。

【宣泄】xuānxiè 动。常带宾语或补语。(1)排泄出去; 多指雨水、积水等: 地势太低, 雨水难以～ | 开闸～洪水 | 开一条沟即可把积水～出去。(2)舒散, 吐露, 发泄; 多指心中的积郁、怨气等: 小孙很想找个机会～一下胸中的积愤。

【宣言】xuānyán ❶名。国家、政党或团体对重大问题表明基本立场和态度以进行宣传号召的文告: 联合～ | 开罗～。❷动。宣告, 声明: 他向同学们～, 不取得优异成绩决不罢休。可带主谓词组作宾语: 她～丈夫的遗产都应当是属于她的。

【宣扬】xuānyáng 动。广泛宣传, 张扬, 使大家知道: 这件事请勿～。常带宾语或补语: ～好人好事 | 我们所取得的成绩要通过报纸～出去。

＊"宣扬"和"宣传": "宣扬"侧重通过说明或讲解, 使事情广泛地传扬开去; "宣传"着重指讲明道理, 使大家行动起来。"宣扬"常用于贬义, 如"宣扬恐怖主义"、"宣扬享乐思想"等; "宣传"不带褒贬色彩。"宣扬"一般不修饰名词; "宣传"可修饰名词, 如"宣传任务、宣传内容"等。

【宣战】xuānzhàn 动。不带宾语。(1)某一国或某一个集团公开宣布同另一国或另一个集团处于战争状态: 双方正式～ | 两国已经～。(2)泛指展开激烈斗争; 多指征服自然的战斗: 向沙漠～ | 向大自然～。

【宣纸】xuānzhǐ 名。一种高级的毛笔书画用纸。以安徽宣城、泾县出产的最为有名。这种纸以檀树皮和稻草为原料。质地绵软坚韧, 不易破裂和被虫蛀, 吸墨均匀, 适宜长期存放。

萱 (蕿) xuān

[萱草](-cǎo) 名。多年生草本植物, 叶狭长, 花橙红色或黄红色, 可供观赏。花晒干后可作蔬菜, 俗称金针菜。

【萱堂】xuāntáng 〈书〉名。指母亲的居室, 也用来尊称别人的母亲。

揎 xuān 动。多带宾语。(1)捋起袖子露出胳膊: ～起胳膊 | 不要这

样~拳捋袖的。(2)〈方〉用手推:~开大门。

喧(誼) xuān 〈素〉声音大而杂乱:~哗|锣鼓~天。

【喧宾夺主】xuān bīn duó zhǔ 成。喧:大声吵闹。客人的声音比主人的还要大。比喻客人占了主人的地位或外来的、次要的事物占了原来的、主要的事物的位置:他刚进屋,就~,指派人干这干那的|写文章要突出重点,正确处理细节问题,不要~。

【喧哗】xuānhuá ❶形。声音大而杂乱;不加程度副词:笑语~|教室里一片~之声。❷动。大声说笑或喊叫,不带宾语,多用于否定式:请勿~|病房周围切勿~。

【喧闹】xuānnào 形。喧哗热闹,不加程度副词:人声~|~的机器声|船队一靠岸,码头上就~起来。

【喧嚷】xuānrǎng 动。许多人在一起杂乱地大声喊叫;不带宾语:请大家别在这里~|可带补语:大家~了一会以后,便各自回家了。可作定语:~之声,不绝于耳。

【喧腾】xuānténg 形。喧闹沸腾;不加程度副词:天一亮,整个矿山便~起来|海浪拍岸,~不息|~的生活洪流打破了千年沉寂的草原。

【喧阗】xuāntián 〈书〉形。喧闹并且拥挤;不加程度副词:车马~|桥那边是条~的小街。

【喧嚣】xuānxiāo ❶形。声音杂乱,喧闹;不加程度副词:车马~|~的雨声。❷动。喧嚷,叫嚣;不带宾语,多带补语:~一时|~了一天的工人新村,在月光的抚弄下睡着了。

瑄 xuān 名。古代祭天用的璧。

暄(△煊) xuān △❶〈素〉太阳的温暖:寒~。❷〈方〉形。松软,松散:馒头发得很~|沙土地太~,不好走。

【暄赫】xuānhè 形。形容名声很大:他是名声~的大人物。

【暄腾】xuān·teng 〈方〉形。松软而富有弹性:这屉馒头很~|这片黑土地既肥沃

又~,是发展农业的好地方。

谖 xuān 〈古〉动。(1)忘记。(2)欺诈。

儇 xuān 〈素〉轻浮而又有点小聪明:~薄。

【儇薄】xuānbó 〈书〉形。轻浮,不庄重:她为人~|不能让那些~的男人再欺侮她。

翾 xuān 〈古〉动。飞翔。

禤 xuān 姓。

xuán (ㄒㄩㄢˊ)

玄 xuán ❶形。(1)深奥,不易理解:把道理讲那么~,谁能懂啊!(2)玄虚,不可靠:这话太~了,信不得。❷〈素〉黑色:~狐|~青。

【玄乎】xuán·hu 〈口〉形。玄虚不可捉摸:这事儿扯得玄乎很~。可重叠:他提供的情况玄玄乎乎的,不可信。

【玄机】xuánjī 名。(1)道家称奥妙的道理:清心读道书,早已悟~。(2)指高明神妙的计谋:丞相~,神鬼莫测。

【玄妙】xuánmiào 形。深奥微妙,难以捉摸;指道理、本领等:~的本领|这理论太~了,令人无法理解|科学的道理往往看似~高深,但是一经实验证明,却又可以变得简单明了。

【玄青】xuánqīng 形。深黑色;不加程度副词,不单独作谓语,作定语:一件~的外套。

【玄武】xuánwǔ 名。(1)二十八宿中北方七宿,即斗、牛、女、虚、危、室、壁的合称,以其排列之形如龟而得名。(2)中国古代神话的北方之神,后为道教所信奉。(3)指乌龟,或指龟或蛇。

【玄想】xuánxiǎng 动。幻想:我常~,想上天入地|仰望星空,不禁生出许多~。

【玄虚】xuánxū 名。指用迷惑人的形式来掩盖真相的欺骗手段;多用在比较固定的组合中:故弄~|惯弄~。

【玄学】xuánxué 名。(1)魏晋时期的一种唯心主义哲学思潮,以何晏、王弼等为代表,主要是用老庄思想揉合儒家经义,以代替衰微的两汉经学。(2)形而上学的另

一译名。参见"形而上学"。

【玄之又玄】xuán zhī yòu xuán 成。《老子》第一章:"玄之又玄,众妙之门。"原为道家语,形容道的微妙无形。后多形容玄虚奥妙,难以捉摸:这道理～,实在无法理解。

痃 xuán [横痃](héng-) 名。由下疳引起的腹股沟淋巴结肿胀、发炎的症状。

悬(懸) xuán ❶动。常带补语。(1)挂,吊在空中:热气球～在半空中。(2)抬起来,使无所依偎:写大字要把手腕～起来。(3)没有着落,没有结果:这个案子没查清楚,还～在那里。❷〈方〉形。危险:汽车开到崖边,太～了。❸〈素〉(1)公开揭示:～赏。(2)挂念:～念|～望。(3)凭空设想:～想|～拟。(4)相隔远,差别大:～隔|～殊。

【悬案】xuán'àn 名。拖延很久没有解决的案件或问题;量词用"桩、起、件";又是一起～|这件～终于了结。

【悬揣】xuánchuǎi 动。猜想,揣测;常带主谓词组作宾语:我～这事可能是他干的。

【悬灯结彩】xuán dēng jié cǎi 见"张灯结彩"。

【悬挂】xuánguà 动。常带宾语或补语。(1)凌空悬置或借助钉子、绳子等使物体附着于某处:空中～着气球|～国旗|宫灯～在门楼上。(2)比喻挂念:大家都～着你,愿你早日恢复健康。

【悬河】xuánhé 名。(1)河床高于两岸地面的河段:黄河下游,河床高出地面,成为一条～。(2)〈书〉瀑布。(3)比喻说话滔滔不绝或文辞流畅奔放像瀑布一样;多用在比较固定的组合中:口若～|～泻水(比喻说话或文辞像瀑布那样倾泻直下,滔滔不绝)。

【悬壶】xuánhú 〈书〉动。指行医。

【悬乎】xuán·hu 〈方〉形。危险,不保险,不牢靠,一般只作谓语:那天开车差点翻了,可～啦|叫他办事可能有点～,不一定能成功。

【悬拟】xuánnǐ 动。凭空虚构:人们都说这篇通讯是～的。可带宾语:听说有一位30年不见的老同学要来会见他,他在人来之前便～了老同学的相貌、举止等,一时陷入沉思之中。

【悬念】xuánniàn ❶动。挂念,惦记;常带宾语或补语:我～着家中的事情,没有心思去看风景|你的病使我～了好多年。可作宾语:请常来信,以释～。❷名。欣赏戏剧、电影或其他文艺作品时,对故事发展和人物命运的关切的心情:作品故意设置了～,引人入胜。

【悬赏】xuánshǎng 动。用出钱等奖赏的办法公开招人做某件事;可带宾语:～1000元大洋捉拿此犯。常与其他动词连用:～寻人|～缉拿。

【悬殊】xuánshū 形。相差很远,区别很大:众寡～|旧社会贫富～|两人学历、资历太～。

【悬望】xuánwàng 动。不放心地盼望;常带主谓词组作宾语:儿子出国后,母亲一直～着他来信|～着她早日归来。

【悬心吊胆】xuán xīn diào dǎn 见"提心吊胆"。

【悬崖】xuányá 名。又高又陡的山崖:～绝壁|～上长着一棵松树|纵身跳下～。

【悬崖勒马】xuányá lè mǎ 成。在高而陡的山崖上及时收住马的缰绳,使马止步。比喻到了危险的边缘能及时醒悟回头:你的错误非常严重,是～的时候了。

旋 xuán ❶名。(～儿)(1)圈儿:鸽子在天空中打着～儿。(2)指毛发呈旋涡状的地方:他头顶有两个～儿。❷〈书〉副。不久:～即离去。❸〈素〉(1)打着圈儿转:盘～|～转|～回～。(2)返回,归来:凯～|～里。(4)姓。
另见 xuàn。

【旋里】xuánlǐ 〈书〉动。返回故乡;不带宾语:衣锦～|因事～。可带补语:我～多日,拟于近日返京。

【旋律】xuánlǜ 名。声音经过艺术构思而形成的有组织、有节奏的和谐运动。旋律是音乐的基本要素之一,音乐的内容、风格以及民族特征等首先由旋律表现出来。

【旋绕】xuánrào 动。回环旋转,缭绕:歌声～|老鹰在空中～。可带处所宾语:黑烟～小山头。

【旋涡】xuánwō 名。也作漩涡。(1)流体旋转流动时所形成的中心较低的螺旋形：江中心有个～，游泳要当心。(2)比喻牵累人的事情；须加定语：作品中的主人公在斗争的～中逐步展示了他的性格特征。

【旋踵】xuánzhǒng〈书〉副。踵：脚后跟。把脚后跟转过来，比喻时间短暂：～即逝。

【旋转】xuánzhuǎn 动。物体围绕一个点或一个轴作圆周运动：地球围绕太阳～。常带宾语或补语：他用力～暗锁，很快打开了门｜他一用力，那东西很快地～起来。

【旋转乾坤】xuánzhuǎn qiánkūn 成。乾：八卦之一，指天；坤：八卦之一，指地。指天地旋转过来。比喻改变自然面貌或原来的局面，也形容力量、本领极大：中国人民有～的力量。也说乾转坤。

漩 xuán 名。(～儿)水流旋转的圆窝。

【漩涡】xuánwō 见"旋涡"。

璇(璿) xuán〈古〉名。美玉。

【璇玑】xuánjī 名。(1)古代测天文的仪器。有人认为璇玑是浑仪的一个部件。(2)古代称北斗星的第一星至第四星。

xuǎn (ㄒㄩㄢˇ)

选(選) xuǎn ❶动。常带宾语或补语。(1)挑拣，择取：～麦种｜演员～得很合适。(2)推举：～班长｜代表～出来了。可带兼语：～小王做人民代表。❷〈素〉(1)被选中的：人～｜入～。(2)挑选出来编在一起的作品：文～｜诗～。

【选拔】xuǎnbá 动。挑选；多指人才：干部要从群众中～。常带宾语或补语：～运动员｜歌手～出来了。可带兼语：～他当科长。

【选本】xuǎnběn 名。从一人或若干人的著作中选出部分篇章编辑成的书。

【选材】xuǎncái 动。选择适用的材料或素材；不带宾语，可拆开用：写文章先要～｜已经选好了材。

【选集】xuǎnjí 名。从一个或若干个作者的著作中挑选若干篇编成的集子。

【选举】xuǎnjǔ 动。用投票、举手或其他方式选出代表或负责人等：群众代表要民主～。常带宾语或补语：～工会委员｜组长～出来了。可带兼语：～老刘当厂长。

【选举权】xuǎnjǔquán 名。(1)公民依法参加选举国家权力机关代表的权利。在我国，根据宪法规定，凡年满十八岁的公民，除依法被剥夺选举和被选举权的人外，都有选举权和被选举权。(2)各种组织的成员选举本组织的领导人员或代表的权利。

【选民】xuǎnmín 名。有选举权的公民：全体～一致选他当代表｜他感谢～对他的信任。

【选派】xuǎnpài 动。挑选合乎条件的人派遣出去；常带宾语或补语：～留学生｜把他～到使馆去。常带兼语：～代表出席大会。

【选手】xuǎnshǒu 名。被挑选参加比赛的人：这些～来自世界各地｜要鼓励～努力创造优异成绩，为国争光。

【选送】xuǎnsòng 动。挑选推荐；常带宾语或补语：向省里～几名干部｜把他～到运动队。可带兼语：～小李上大学。

【选修】xuǎnxiū 动。学生从指定可以自由选择的科目中选定自己要学习的科目：这几门课任大家～。可带宾语：他～音乐。

【选用】xuǎnyòng 动。挑选使用：这套教材可以～。常带宾语或补语：～人才｜料～得比较得当。

【选择】xuǎnzé 动。挑选：这几本书由你～。常带宾语或补语：～志愿｜材料～不当。可重叠：买东西要～～。

＊"选择"和"挑选"："选择"一般指从中选出合适的，不一定是最好的；"挑选"一般希望从中选出最好的。"选择"的对象可以是具体的，也可以是抽象的，如"理想、志愿、方法、类型"等；"挑选"的对象一般是具体的。

晅 xuǎn〈古〉形。(1)明亮。(2)干枯。

烜 xuǎn〈素〉光明，盛大：～赫。

【烜赫】xuǎnhè 形。声势盛大；一般形容名望及势力:张府在当地曾～一时。

癣 xuǎn 名。由霉菌感染引起的某些皮肤病的统称,有白癣、黄癣、牛皮癣等多种。患处常发痒。

xuàn(ㄒㄩㄢˋ)

泫 xuàn 〈素〉水珠下滴:～然。

【泫然】xuànrán〈书〉形。水珠滴下的样子;多指伤心流泪等,不加程度副词,不单独作谓语,多作状语:～泪下|～流涕。

炫(△衒) xuàn 〈素〉(1)强烈的光线照耀着:～目。△(2)夸耀:～鬻|～示|～耀。

【炫示】xuànshì 动。故意夸耀,显示;常带宾语或补语:他经常～自己的小聪明|～得让人讨厌。

【炫耀】xuànyào 动。常带宾语。(1)照耀:高楼上～着强烈的阳光。(2)夸耀,显示:～实力|～本领|他喜欢～自己的才能。

眩 xuàn 〈素〉(1)眼花看不清:～晕|头晕目～。(2)迷惑,迷乱:～惑(眼花缭乱,迷惑不解)。

【眩目】xuànmù 形。耀眼:～的灯光|火花～。

【眩晕】xuànyùn 动。头晕眼花,感到自己或周围的东西在旋转;不带宾语:一阵～,他病倒了|她身体很虚弱,常会～。

铉 xuàn 〈古〉名。横贯鼎耳以扛鼎的器具。

券 xuàn 又读 quàn 见"拱(gǒng)券"。
另见 quàn。

绚 xuàn 〈素〉色彩华丽:～烂|～丽。

【绚烂】xuànlàn 形。色彩灿烂,鲜艳明亮:满山的映山红多么～。常与"多彩、夺目"等搭配:天边的晚霞～多彩|～夺目的霓虹灯。

【绚丽】xuànlì 形。灿烂美丽;多指景色:春天的景色无比～|～的鲜花|～的文采。

旋(△鏇) xuàn △❶动。常带宾语或补语。(1)用车床或刀子转(zhuàn)着圈地削:～了一根车轴|把苹果皮～掉。(2)用旋子温酒:～了一壶酒|把酒～一下。△❷名。(～子)温酒时盛水的金属器具。❸副。临时;作动词状语:馒头～做出来往往供不应求。❹〈素〉打转转的:～风。
另见 xuán。

【旋风】xuànfēng 名。由于空气受热迅速上升,四周的空气很快地流了进来,互相冲撞而形成的螺旋状运动的风。

【旋风装】xuànfēngzhuāng 名。一种装订图书的方法,把长卷折叠成册,外加封面,使首页和末页相连缀。

碹 xuàn 名。拱券,门窗、桥梁等建筑成弧形的部分。

渲 xuàn 〈素〉绘画时先把颜料涂在纸上,然后用笔蘸水在纸上擦,使浓淡适宜:～染。

【渲染】xuànrǎn 动。(1)中国画的一种画法,用水墨或淡的色彩涂染画面,以加强艺术效果;常带补语:这幅画还须要～一下|画面～得很有韵味。(2)文艺创作的一种表现手法,通过对环境、景物或人物的行为、心理等作多方面的描写、形容,以突出形象,加强艺术效果;可带"气氛、色彩"等词作宾语:作品～了秘密会议的恐怖而神秘的气氛|人物环境～上一些神话的色彩。(3)比喻夸大地形容;多含贬义,常带补语:他把这件事～得太离奇了。

楦(楥) xuàn ❶名。(～子、～头)制鞋、制帽时所用的模型:鞋～头|帽～子。❷动。用楦子或其他东西把物体中空的部分填满、塞紧,使鼓起来;常带宾语或补语:～鞋子|装瓷器的箱子一定要～好。

xuē(ㄒㄩㄝ)

削 xuē 〈素〉同"削(xiāo)",专用于合成词:～减|～发|～弱|～平。
另见 xiāo。

【削壁】xuēbì 名。像削过一样的直立的山崖:～千仞。常与"悬崖"合用:走到了悬崖～。

【削发】xuēfà 动。剃掉头发出家;指佛教徒:～为僧|～为尼。

【削减】xuējiǎn 动。从已定的数目中减

去一部分:教育经费只能增加,不能~。常带宾语或补语:~干部编制|~得太多了。

【削平】xuēpíng 〈书〉动。消灭,平定;常带宾语:~叛乱|~山头(消灭山头主义)。

【削弱】xuēruò 动。(1)变弱;不带宾语:由于两名主力队员有伤病不能上场,我们球队的力量~了。(2)使变弱;多指力量、势力等,须带宾语或补语:~敌人的力量|困难~不了我们的斗志。
＊"削弱"和"减弱":"削弱"多指因受外力作用而变弱;"减弱"多指因自身的原因而变弱。"削弱"的使用范围较窄,多指力量、势力、权利、地位、优势等;"减弱"的使用范围较广,不仅可指力量、势力等,还可指气势、风势、语气、能力等。"削弱"常带宾语,还可用在被动句和"把"字句中;"减弱"一般不带宾语,也不用在被动句和"把"字句中。

【削铁如泥】xuē tiě rú ní 成。切削铁器如同斩碎泥土一样。形容刀剑等极其锋利:那青锋剑~,锋利无比。

【削足适履】xuē zú shì lǚ 成。适:适应;履:鞋。把脚削小使适合鞋的尺寸。比喻无原则地迁就或勉强凑合:做思想工作不能~,要掌握正确的方法和分寸。

靴(鞾)
xuē 名。(~子)长筒的鞋:雨~子。

薛
xuē 姓。

xué(ㄒㄩㄝˊ)

穴
xué ❶〈素〉(1)岩洞,窟窿,泛指动物的窝:洞~|虎~|巢~|~居。(2)坟墓:墓~|~地。(3)人体上可以针灸的位置:~位|点~。❷姓。

【穴居野处】xué jū yě chǔ 成。处:居住。居住在山洞里,生活在荒野,指上古人类没有房屋的生活情况。

茓
xué 名。(~子)用高粱秆或芦苇篾儿编成的狭而长的粗席子,可以围起来囤粮食。也作筽(xué)子。

峃(嶨)
xué 地名用字。峃口,在浙江省。

学(學、斈)
xué ❶动。常带宾语、语或补语。(1)学习:~技术|~得很好。可带动词、动词性词组作宾语:~跳舞|~修理汽车。(2)模仿:~他说话的腔调|他~他爸爸~得很像。可带主谓词组作宾语:弟弟~鸟叫。❷〈素〉(1)学校:小~|中~|上~。(2)学到的知识:~问|博~。(3)学科:数~|语言~。

【学报】xuébào 名。学术团体或高等学校定期或不定期出版的学术性刊物:眼科~|南京大学~。

【学潮】xuécháo 名。指学生、教职员因对当时政治或学校事务有所不满而举行的罢课、请愿、游行示威等活动:那次~延续了很长时间。常作"闹、掀起"等动词的宾语:听说那里又闹~了。

【学而不厌】xué ér bù yàn 成。厌:满足。学习上没有满足、厌倦的时候。形容虚心好学:学习上要有~,锲而不舍的精神。

【学阀】xuéfá 名。指凭借势力把持教育界或学术界的人;含贬义:此人是有名的大~,专横武断,阻碍了学术的发展。

【学费】xuéfèi 名。(1)学校规定的学生在校学习期间应缴纳的费用。(2)个人求学所花去的费用。(3)比喻办事因缺乏经验而付出的代价;常作"交"的宾语:搞社会主义建设是难免要交~的,不过,我们不能老交~,总要不断吸取教训,总结经验,有所长进。

【学风】xuéfēng 名。学习方面的作风、态度、方法等:端正~|我们提倡的~是理论联系实际。

【学府】xuéfǔ 名。指高等学校;常用"最高、高等"作定语:南京大学是全国有名的高等~之一。

【学会】xuéhuì 名。由研究某一学科的人自愿组成的学术团体:物理~|语言~。

【学究】xuéjiū 名。唐代科举制度有"学究一经"的科目,应这一科考试的称为学究。后用来专指只知道死啃书本不问实际的读书人:老~|他有~气。

【学科】xuékē 名。(1)按照学问的性质而划分的门类,如社会科学中的历史学、语言学等。(2)学校教学的科目,如语文、数学、物理等:这个学校各个~都有高水平的教师。(3)军事训练或体育训练中的各种知识性的科目;区别于"术科"。

【学力】xuélì 名。文化程度或学识高低的程度:~有限|同等~|这项研究课题为我的~所不及。

【学历】xuélì 名。学习的经历;指曾在哪些学校毕业或肄业:填写~。

【学名】xuémíng 名。(1)为世界学术界所通用的科学上的专用名称:食盐的~是氯化钠。(2)入学时使用的名字;区别于在家用的小名。

【学派】xuépài 名。同一学科领域中,由于学说、观点不同而形成的派别:摩尔根~。

【学舌】xuéshé 动。不带宾语,含贬义。(1)学别人说话,比喻没有主见,只会跟着别人说:阿林嫂真没用,就只会~。(2)〈口〉嘴不严紧,把听到的话搬弄给别人:别再人前人后地~了。

【学生】xuésheng 名。(1)在学校读书或在其他教育、研究机构学习的人:他们都是北京大学的~。(2)向老师或前辈学习的人:我们俩都是徐老的~。(3)〈方〉男孩子。

【学识】xuéshí 名。知识、学术上的修养和成就:~疏浅|~渊博。

【学士】xuéshì 名。(1)旧时泛指有学问的人:文人~。(2)学位中最低的一级,大学毕业时由学校授予。

【学术】xuéshù 名。有系统的、比较专门的学问;常作定语:~界|~团体|~刊物。

【学说】xuéshuō 名。在学术上自成系统的观点或理论:各派~|马克思主义的~。

【学童】xuétóng 名。正在上学读书的少年儿童:李校长当老师时,我还是~呢。

【学徒】xuétú ❶名。在商店、作坊或工厂学习业务、技术的青年或少年:这个~手艺不错|他是我们店里的~。❷动。当学徒,不带宾语,可带补语:他跟王师傅~三年。可拆开用:学了两年徒。

【学位】xuéwèi 名。国家或高等学校根据专门人才专业水平所授予的称号。一般分为博士、硕士、学士三级。

【学问】xuéwèn 名。(1)正确反映客观事物的系统知识:词典学是一门~。(2)学识,知识:这位老师学问很有~。

【学习】xuéxí 动。通过阅读、听讲、研究、实践等获得知识和技能。每个人都必须~。常带宾语或补语:~语文|~得很扎实。可带动词、动词性词组或主谓词组作宾语:~跳舞|~写论文|~人家是怎样做的。可重叠:你得好好地向他~~。

【学衔】xuéxián 名。高等学校根据教师的学术水平和所担任的教学工作而授予他们的职务。一般分为教授、副教授、讲师、助教四个等级。也叫职称。

【学养】xuéyǎng 〈书〉名。学问和修养:我们单位的李教授很有~,深得大家的信任和拥护。

【学业】xuéyè 名。(1)学习的任务:苦战三年,终于完成~。(2)学习的功课和作业:~成绩很好。

【学员】xuéyuán 名。一般指在某些专门学校进修或在训练班学习的人:我们这个训练班有~30名。

【学长】xuézhǎng 名。对同学的尊称:多指年龄比自己大或年级比自己高的同学:您是~,还是您坐上席。

【学者】xuézhě 名。指在学术上有一定成就的人:张老是位很有风度的~|著名~李先生出席了我们的座谈会。

【学子】xuézǐ 〈书〉名。学生:张老师桃李满天下,~众多|莘莘~(很多学生)。

鸴(鷽) xué 鸟,体形似雀,头部黑色,背青灰色,胸腹赤色。为小形鸣禽,叫声悦耳。

踅 xué 动。来回走,中途折回;一般要带补语:他在门口~来~去|这群鸟向东飞去又~回来落在树上。

【踅摸】xué·mo 〈口〉动。寻找;常带宾语或补语:他忍着伤痛,~着回村的小路|~了半天。

【踅子】xué·zi 见"苆(xué)子"。

噱 xué 〈素〉笑:发~|~头。
另见jué。

【噱头】xuétóu 〈方〉❶名。(1)逗人发笑的语言或动作:这个人说起话来~真多。(2)花招,办法:摆~(耍花招)|他很

有～，真是路路通。❷形。滑稽：这人的表演很～。

xuě(ㄒㄩㄝˇ)

雪 xuě ❶名。冷天天空中落下的白色结晶体，是空气中的水蒸汽冷至摄氏零度以下凝结而成的，多为六角形。❷〈素〉(1)颜色或光彩像雪的：～白｜～亮。(2)洗掉，除去：昭～｜～耻。❸姓。

【雪白】xuěbái 形。像雪一样的白，形容很白；不加程度副词：～的棉絮｜受伤的战士脸色～。

【雪崩】xuěbēng 动。大量的积雪从高山上崩塌下来；不带宾语：这座山经常～。可作"开始、发生"等动词的宾语：那里又开始～了。

【雪耻】xuěchǐ 动。洗掉耻辱；不带宾语：为国～｜报仇～。

【雪花】xuěhuā 名。指空中飘着的雪，形状像花，所以有此称：漫天～｜～飘飘。

【雪茄】xuějiā 名。音译词。用烟叶卷成的烟，较一般卷烟粗而长；量词用"支、根"等。注意："茄"这里不读qié。

【雪里红】xuělǐhóng 名。芥菜的一个变种，叶色绿，叶片较小，叶缘有锯齿，花鲜黄色。茎和叶可食用，适于腌制咸菜。也作雪里蕻。

【雪莲】xuělián 名。多年生草本植物，茎直立，叶多呈长圆状倒卵形。花蓝紫色，外围有多数白色半透明膜质苞片，形似莲花。生长于我国新疆、青海、西藏、云南等地高山中。花可入药，有滋补调经等作用。又叫雪莲花。

【雪亮】xuěliàng 形。不加程度副词，可重叠。(1)像雪那样明亮：～的刺刀｜窗户上的玻璃擦得～～的。(2)比喻目光锐利：群众的眼睛是～的。

【雪泥鸿爪】xuě ní hóng zhǎo 成。鸿雁在融化着雪水的泥土上踏过，留下了爪印。比喻往事遗留的痕迹：就凭着那点～的印象，他居然找到了失散多年的弟弟。

【雪片】xuěpiàn 名。纷飞的雪花；多用于比喻：捷报～般飞来。

【雪橇】xuěqiāo 名。一种在雪地或冰上滑行的、没有轮子的交通工具，一般用狗、鹿、马等拉，也可由人拉或用撑竿滑

雪鳕血 xuě-xuè 1239

行。

【雪青】xuěqīng 形。浅紫色；不加程度副词，不单独作谓语，作定语：～颜色｜～毛线。

【雪上加霜】xuě shàng jiā shuāng 成。比喻一再遭受灾难，极为悲苦：父亲刚去世，偏偏他又大病一场，真是～，苦不堪言。

【雪冤】xuěyuān 动。洗刷冤屈；不带宾语：要替蒙难的烈士们～。

【雪中送炭】xuě zhōng sòng tàn 成。比喻在别人困难和急需时给予帮助；常跟"锦上添花"对照使用：那些比较穷困的地区需要的是～，而不是锦上添花。

鳕 xuě〈书〉名。鳕鱼，体长可达75厘米。头大，尾细，下颌有一根须。背部有许多小黑斑，有三个背鳍，腹部灰白色。肝是制鱼肝油的重要原料。我国主要产于黄海、勃海。通称大头鱼。

xuè(ㄒㄩㄝˋ)

血 xuè ❶名。血液，人或高等动物体内的一种红色液体，有腥气，由红细胞、白细胞、血小板和血浆组成，周身循环。作用是把养分和激素输送给体内各个组织，收集废物送给排泄器官，调节体温和抵御病菌等。❷〈素〉(1)同一祖先的，有血缘关系的：～亲。(2)比喻刚强激烈：～性｜～气｜～战。

另见xiě。

【血案】xuè'àn 名。凶杀案件：这起～必须尽快侦破。

【血本】xuèběn 名。(1)指经商的老本儿：不顾～大减价。(2)泛指用去的许多财力、物力：为这事我是花了～的。

【血管】xuèguǎn 名。血液在全身中循环时所经过的管状通道。分动脉、静脉、毛细血管。动脉起自心脏，不断分支，口径渐细，管壁渐薄，最后分成大量的毛细血管，分布到身体各组织和细胞之间。毛细血管再逐级汇合形成静脉，最后返回心脏。

【血海深仇】xuèhǎi shēnchóu 成。血海：形容杀人流血之多。指有血债的深仇大恨：恶霸地主逼死了我的父亲，我一定要报这个～｜抗日战争时期，许多热血青

年怀着对侵略者的～奔赴战场,英勇杀敌。

【血汗】xuèhàn 名。血和汗,象征辛勤的劳动:这些钱是我们全家人用～换来的。＊"血汗"和"心血":"血汗"多用于同体力劳动有关的事;"心血"是心思和精力的意思,多用于同脑力劳动有关的事。

【血红】xuèhóng 形。鲜红,像血一样的红;不加程度副词,多作定语:～的山茶花。可重叠:加班了好几夜,眼睛熬得～～的。

【血迹】xuèjì 名。血液在物体上留下的痕迹:～斑斑|地上留下了一片～。

【血浆】xuèjiāng 名。血液中除血球、血小板之外的部分,是半透明、淡黄色的粘稠液体。约占血量的55%,含有血清和纤维蛋白原,有运输营养物质和代谢产物、维持内环境平衡的作用。

【血口喷人】xuè kǒu pēn rén 成。比喻用极恶毒的语言诬蔑辱骂别人;含贬义:红嘴白牙,你居然这样～,冤死人不要你偿命吗?

【血泪】xuèlèi 名。悲痛到极点而流的泪,比喻惨痛的遭遇:这条路上,不知浸泡了多少女子的～。常作定语或状语:～史|～帐|电影《屠城铁证》是对日本侵略者的～控诉。

【血泊】xuèpō 名。大滩的血:倒在～之中|他们从～中挣扎着爬起来,揩干净身上的血迹,又继续前进了。

【血气】xuèqì 名。(1)精力:小林～方刚,哪里咽得下这口恶气。(2)血性:他是个有～的男儿。

【血亲】xuèqīn 名。有血缘关系的亲属。分直系血亲和旁系血亲。

【血清】xuèqīng 名。血浆中除去纤维蛋白原后取得的淡黄色透明的液体。血清不会凝固,有免疫、维持体内酸碱平衡等作用。

【血球】xuèqiú 名。血液中的细胞。能随血液的流动遍及全身,分红血球和白血球两种。也叫血细胞。

【血肉】xuèròu 名。(1)血和肉:～之躯|～横飞|他被打得～模糊。(2)比喻特别密切以至于不能分离的关系:工人农民～相连。

【血色】xuèsè 名。皮肤红润的颜色:经过疗养,大伯的脸上总算有了～|他脸色苍白,没有一点～。

【血书】xuèshū 名。用自己的血写成的文字,以表示极大的仇恨、冤屈或决心:写～|留下～。

【血统】xuètǒng 名。人类因生育而自然形成的关系。凡同一祖先的人为同一血统。也叫血缘。

【血吸虫病】xuèxīchóngbìng 名。一种寄生虫病,由血吸虫尾蚴侵入人体内而引起。主要症状为发热、肝肿大、有压痛、腹胀、腹泻,晚期出现肝硬化、腹水等,患者丧失劳动能力,甚至死亡。主要流行在长江两岸地区。解放后开展了群众性的防治血吸虫病的斗争,取得巨大成就,现此病已基本被控制。

【血洗】xuèxǐ 动。像用血洗了某个地方一样,指敌人残酷地屠杀人民;常带所宾语或时间补语:～安平山|清兵曾在扬州～了三天。

【血小板】xuèxiǎobǎn 名。血液内没核细胞的无色小体,形状和大小很不规则。有帮助血液凝固的作用。

【血腥】xuèxīng 形。原指血液的腥味,后多比喻屠杀的残酷;不加程度副词,不单独作谓语,多作定语:～气|～的统治|有谁想到旧时代这里原是一片～的土地。也作"屠杀、镇压"等动词的状语:他们～镇压了这次农民起义。

【血型】xuèxíng 名。人类血液的类型,根据血细胞凝结现象的不同而划分为O型、A型、B型、AB型四种。人的血型终生不变。

【血性】xuèxìng 名。刚强正直的气质;常用于男性,多作定语:～男儿|这人真是个～汉子。

【血压】xuèyā 名。推动血液在血管内向前流动的压力。由于心脏收缩和主动脉壁的弹性作用而产生。心脏收缩时的血压最高值叫收缩压(高压),心脏舒张时的血压最低值叫舒张压(低压)

【血液】xuèyè 名。(1)即"血❶"。(2)比喻具有像血液在人体中一样重要地位的成分或力量等:师范院校不断为教师队伍输送新鲜～。

【血晕】xuèyùn 名。中医指产后因失血过多而晕绝的病症。
另见xiěyùn。
【血债】xuèzhài 名。指杀害人民的罪责：讨还～|这个恶霸地主逼死了好多人，～累累。
【血战】xuèzhàn ❶名。指非常激烈残酷的战斗：一场～。❷动。进行殊死的战斗；不带宾语，多以"到底、一场"等作补语：同敌人～到底。
【血渍】xuèzì 名。血的痕迹：衣服上渗透了～|～斑斑。

谑 xuè 〈素〉开玩笑：戏～|谐～。
【谑而不虐】xuè ér bù nüè 成。开玩笑，但不到有伤感情的地步：虽然他俩经常说笑打闹，可是～，无伤大雅。

xūn(ㄒㄩㄣ)

勋（勳） xūn 〈素〉特殊重大的功劳：功～|～业|～章|奇～。
【勋绩】xūnjì 〈书〉名。功劳和成就：～卓著。
【勋爵】xūnjué 名。(1)封建时代朝廷赐予功臣的爵位。(2)英国贵族的尊称，是世袭的或根据国王的诏书授予的名誉头衔。
【勋劳】xūnláo 名。很高的功劳：将军英勇杀敌，～卓著。
【勋绶】xūnshòu 名。某些国家奖给有功勋的人佩戴的丝带。
【勋业】xūnyè 〈书〉名。功劳和业绩：～辉煌|建立了不朽的～。
【勋章】xūnzhāng 名。某些国家授予对国家有较大贡献的人的荣誉证章；量词用"枚、块"：一枚～。

埙（壎） xūn 名。古代用陶土烧制的一种吹奏乐器，形状像鸡蛋，有六孔。

熏（△燻） xūn ❶动。常带宾语或补语。△(1)烟或气味等接触物体：～蚊子|生炉子把墙～黑了。(2)气味刺激人：臭味～人|花香～得游人醉。△(3)熏制；多指肉类食品：～了两斤鱼|肉还没有～好。❷〈素〉暖和：～风。
另见xùn。
【熏风】xūnfēng 〈书〉名。和暖的风；多指南风：～拂面。
【熏沐】xūnmù 动。迷信的人在斋戒占卜前烧香、沐浴，表示对神虔诚。
【熏染】xūnrǎn 动。指人的思想行为因长期接触某些人或事物而受到影响；多指坏的，含贬义，一般作"受到"等动词的宾语：常看黄色书刊，怎么能不受到腐朽思想的～？|由于受到爹爹的～，这孩子小小年纪就学会了吸烟喝酒。
【熏陶】xūntáo 动。指人的思想行为因长期接触某些人或事物而受到了好的影响；常带宾语或补语，含褒义：他父亲的高尚品德～了他|她是个从小在士大夫家庭里～出来的人。可作"受到"等动词的宾语：受到了英雄事迹的～。
【熏蒸】xūnzhēng 动。热气升腾，使人闷热难受：暑气～。可带补语：热气把人～得昏昏然。

薰 xūn 名。薰草，古书上说的一种香草。也泛指花草的香气。
【薰莸不同器】xūn yóu bù tóng qì 成。薰：香花，比喻善类；莸：臭草，比喻恶类。香草和臭草不能放在一个器物里。比喻好人不能同坏人共处：他俩～，在一起工作怎么能协调一致呢？

獯 xūn [獯鬻](-yù) 名。我国古代北方的一个民族，战国后称匈奴。

曛 xūn 〈古〉❶名。日落时的余光。❷形。昏暗，暮。

醺 xūn 〈素〉酒醉：醉～～。

窨 xūn 动。同"熏"，把茉莉、珠兰等放在茶叶里，使茶叶染上花的香味；只用于茶叶，常带宾语或补语：～茶叶|茶叶～过了。
另见yìn。

xún(ㄒㄩㄣˊ)

旬 xún 名。(1)十天叫一旬。一个月有三旬，分称上旬、中旬、下旬。(2)十岁叫一旬：年过六～。

询

xún 〈素〉问，征求意见：探～｜咨～。

【询问】xúnwèn 动。常带宾语或补语。(1)征求意见：厂长经常～大家，伙食管理得好不好。(2)打听：他关切地～了同学们的情况｜关于我校的教学情况，可以向他～一下。

＊"询问"和"问"："询问"多用于领导问群众、上级问下级或长辈问晚辈，含有关切的意味，同辈之间也可以用，但群众对领导、下级对上级、晚辈对长辈则不适用；"问"的使用范围不受此限制。"询问"有书面语色彩，多用于书面语，"问"多用于口语，书面语也常用。"询问"可作宾语，如"回答了他的询问"；"问"不能这样用。

郇

xún ❶名。周代诸侯国名，在今山西临猗县西南。❷姓。
另见huán。

荀

xún 名。姓。

峋

xún 见"嶙(lín)峋"。

恂

xún [恂恂]〈古〉形。形容恭敬：值公事，则～随诸兄后。

洵

xún 〈古〉副。诚然，实在：～属可敬｜～不虚传。

珣

xún 〈古〉名。一种玉。

栒

xún [栒子木](-·zimù) 名。落叶灌木，叶子卵形，花白色，果实球形，红色，供观赏。

寻(尋)

xún ❶动。找：手提包不见了，快～。常带宾语或补语：～钢笔｜～了好久没有～到。❷量。古代长度单位，八尺为一寻。❸姓。

＊"寻"和"找"："寻"一般表示到外边去找，"找"不一定，可以到外边找，也可以在家里找。"寻"的对象一般是具体的人或物；"找"的对象可以是具体的人或物，也可以是抽象的事物。"寻"的人或事物，一般是丢失的；"找"的人或事物，不一定是丢失的，可以是原来就没有的。

【寻常】xúncháng 形。平常不稀少的：这是件异乎～的事情｜这种事在部队是极为～的。

＊"寻常"和"平常"："寻常"着重在不稀奇，不少见，"平常"着重在不特别，与一般的相同。"寻常"不作名词，"平常"可作时间名词。"寻常"不能重叠；"平常"可以重叠为"平平常常"。

【寻短见】xún duǎnjiàn 习。自杀：杨白劳被地主所迫，不得不～。

【寻访】xúnfǎng 动。寻找探问；常带宾语：～当年的支前老模范｜他～此书，已有多年。可与其他动词连用：到四川峨嵋山去～高师学艺。

【寻根究底】xún gēn jiū dǐ 成。究：推求，追查。寻求事物根由、底细。泛指弄清事情的来龙去脉：这事儿你就不要～了｜小李遇事总爱～地问个不停。也作寻根问底。

【寻觅】xúnmì 动。寻找；多指好的、有利的东西：孩子走失了，全家人四处～。常带宾语或补语：马在悠闲地～着黄草中残存的青草｜我们～了好半天，才找到那湮没在草丛中的古墓。

＊"寻觅"和"寻找"："寻觅"的对象一般是好的、有利的东西；"寻找"的对象可以是好的，也可以是不好的，如"毛病、故障、失败的原因"等。"寻觅"多用于书面语；"寻找"口语、书面语都常用。

【寻求】xúnqiú 动。寻找追求；常带宾语：～真理｜～知识｜～救国的出路。

＊"寻求"和"追求"："寻求"含有寻找的意思，不一定有固定目标；"追求"指认准了某个对象，竭力争取得到它，一般有确定的目标。"寻求"的事物多半是好的，如"真理、知识、光明、自由、幸福"等，一般不同坏的事物搭配；"追求"的事物可以是好的，也可以是不好的，如"名利、享受、玩乐"等，还专指向异性求爱。

【寻死觅活】xún sǐ mì huó 成。企图自杀；多指用寻死来吓唬人：珍嫂哭叫着，～的，大家硬是把她拖回家里去了｜你这样～地闹腾，像什么样子!

【寻思】xún·si 动。思索，考虑：独自～。常带宾语或补语：～解决这个问题的办法｜～不出好的对策｜～了半天。可带动词性词组或主谓词组作宾语，可重叠：他在～该怎样处理这件事｜你～～他来的目的是什么。

＊"寻思"和"深思"："寻思"指一般的动脑筋思考；"深思"指深刻地思考。"寻思"的一般是解决问题的办法；"深思"的常是有深奥道理的问题。"寻思"可以带宾语；"深思"不带宾语。

【寻味】xúnwèi 动。仔细地琢磨和体会：这句话耐人～。常带宾语，可带动态助词"着"：我们在一起细细地～着我们的童年、故乡和那些充满情爱的逝去的日子。

【寻衅】xúnxìn 动。故意找事挑衅；不带宾语：他这是在借机～。常与其他动词连用：～闹事｜～打人。可作定语、状语：她迎着那～的目光，一步步走上前去｜他～地仰起脸来，装出一副了不起的样子。

【寻章摘句】xún zhāng zhāi jù 成。读书时只摘记一些漂亮的词句，不深入研究。也指写作时只套用前人章法、语句，缺乏创造性：要学到真正的知识，不是靠～就能得到的。

【寻找】xúnzhǎo 动。找：钱包不见了，赶快去～。常带宾语或补语：～失物｜～真理｜～生活的出路｜我～了好半天，才找到丢失的钢笔。

【寻踪觅迹】xún zōng mì jì 成。到处寻找别人的行踪：抗日联队进山半个多月了，鬼子还在到处～。

荨（蕁、薛） xún [荨麻疹] (-mázhěn) 名。一种皮肤病，常由于对某种食物、风寒、药物、寄生虫等过敏而引起。症状是皮肤瘙痒，出现块状红肿。消退快，不留痕迹。俗称风疹块，有的地方叫鬼风疙瘩。另见qián。

浔（潯） xún 名。(1)〈古〉水边：江～。(2)江西省九江的别称。

鲟（鱘、鱏） xún 名。鲟鱼，身体呈纺锤形，口小而尖，背部和腹部有大片硬鳞，其余各部无鳞，肉可食用。

绌 xún 〈古〉名。圆的绦(tāo)子。

巡（廵） xún ❶〈素〉往来查看：～视｜～夜。❷量。同"遍"；用于给全座斟酒：酒过三～。

【巡捕】xúnbǔ 名。(1)清代总督、巡抚等地方长官的随从官员。分文武两种。(2)旧时称租界内外国人雇用的警察。

【巡查】xúnchá 动。边走边查看：陈大叔整夜在铁路两旁～。常带宾语或补语：～岗哨｜边防战士～了全村，没有发现走私犯的踪迹｜到宿舍里～了一遍。

【巡抚】xúnfǔ 名。古代官名，明代称临时派遣到地方巡视的大臣，清朝正式定为省级的高级职位，掌握全省军事、吏治、刑狱等大权，地位在总督之下。

【巡回】xúnhuí 动。按一定的路线到各地进行某项活动；常与其他动词连用：～演出｜～医疗｜～展览。可带补语：话剧团在全省～了两个月。

【巡警】xúnjǐng 名。旧时指警察。

【巡礼】xúnlǐ 动。不带宾语。(1)宗教徒朝拜圣地：到普陀山来～的人络绎不绝。(2)观光，游览：每年有不少华侨回国观光～｜他在街上走着，像～似的把城里热闹的地方都转悠了一遍。

【巡逻】xúnluó 动。来回查看，警戒；不带宾语：战士们在边境～。可带补语：～在海防线上｜他一直～到东方发白。可作定语：～队｜～任务｜我们来到～的地点。

【巡视】xúnshì 动。到各处察看：他们沿着大庙的围墙往返～。常带宾语或补语：他到各单位～了卫生情况｜他到各个岗哨～了一遍。

＊"巡视"和"巡逻"："巡视"使用范围大，用于各方面；"巡逻"使用范围小，一般只用于军事。"巡视"可带宾语"巡逻"不可。

【巡幸】xúnxìng 动。古代帝王离开京城，巡视外地；常带处所宾语：乾隆皇帝三次～江南。

【巡夜】xúnyè 动。在夜间巡查警戒；不带宾语：今天我～。

【巡弋】xúnyì 动。在海上巡逻；用于军舰，不带宾语，可带补语：舰艇日夜～在万里海疆。

【巡游】xúnyóu 动。(1)闲逛，漫步；不带宾语，可带补语：～在林阴大道上。(2)巡行，游历：在工厂四周～察看。可带处所宾语：我～着那冷落的街市，心里就想起最近读的一首诗。

循 xún 〈素〉(1)遵守，依照。遵～|～例|～规蹈矩。(2)沿袭。因～|因～守旧。

【循规蹈矩】xún guī dǎo jǔ 成。循：遵照。规：圆规，画圆形的工具。蹈：踩，指实践。矩：画方形的工具；规矩：比喻一切行为的标准。原形容遵守规矩，不轻举妄动。现多形容拘泥保守，不敢有任何变动；含贬义：思想保守，～的人不可能挑起改革的重任。

【循环】xúnhuán 动。事物周而复始地运动或变化；不带宾语：我总是写一会儿就起来散散步，然后再坐下写作，如此～，让脑子得到适当的调节。可带补语：春夏秋冬，～不已。可作"促进、刺激"等动词的宾语：体育活动可以促进血液～，增强体质。

【循环系统】xúnhuán xìtǒng 词组。人和脊椎动物体内运送血液循环全身的器官，包括心脏、动脉、静脉等所组成的系统。

【循例】xúnlì 动。依照先例；常用在动词之前：～执行|～给予奖赏。

【循名责实】xún míng zé shí 成。循：按照。责：求。按照名称来考察实际内容，要求名实相符：国家干部是人民的公仆，既然如此，～，就要求每个干部全心全意为人民服务。

【循序渐进】xúnxù jiànjìn 成。按照一定的步骤或程序逐渐深入或提高；一般学习或工作：这种单项训练，比较符合～的原则。

【循循善诱】xúnxún shàn yòu 成。循循：有步骤的样子；诱：引导。善于有步骤地引导教育别人学习：她是一位～的好教师。

xùn（ㄒㄩㄣˋ）

训 xùn ❶动。训斥，斥责；常带宾语或补语：他常常～人|大姐把小三子～了一顿。❷〈素〉(1)教导：教～|～练。(2)教导或训诫的话：校～|遗～。(3)作为准则的话：不足为～。(4)词义解释：～诂。

【训斥】xùnchì 动。训诫、斥责；常带宾语或补语：耿叔就会～人|他把帽子～了一顿。

【训导】xùndǎo 动。教育训诫；常带宾语：他常～晚辈，要不忘革命传统。可作定语：这些话有些～的味道。

【训诂】xùngǔ 动。解释古书中字句的意义：徐老多年从事古文～，功绩卓著。

【训诲】xùnhuì 〈书〉动。教导；用于上级对下级，长辈对晚辈，常作宾语：他还在想着爷爷临终时的～。

【训诫】xùnjiè 动。教训和告诫；多用于上级对下级，长辈对晚辈，常带宾语或补语：母亲在～把我们～了一顿。作定语时要带助词"的"：他被师长～的时候，脸涨得通红。也作训戒。

【训练】xùnliàn 动。通过有计划、有步骤的教学和培养，使具备某种技能或特长：学说普通话要经常～。常带宾语或补语：～急救技术|～得很紧张。可带动词性词组作宾语：～走夜路。也可带兼语：～狗熊跟大球。可重叠：这只狗还得～～。可作"进行、加强"等动词的宾语：平时要加强～。

【训练有素】xùnliàn yǒu sù 成。素：平素，向来。平时一直有严格的训练：这是一支～的军队。

【训示】xùnshì 动。上级对下级或长辈对晚辈进行告诫或指示；常带宾语：军长～我部，务必坚决遵行，不得有违|爷爷～道："孩子，一寸光阴一寸金，要抓紧时间学习啊！"

【训育】xùnyù 名。旧时指学校里的道德教育。

【训谕】xùnyù 〈书〉动。训诲，开导；用于上级对下级，长辈对晚辈，常带宾语：大伯～我们，要严于律己。可带兼语：毕业典礼上，校长～同学要为国效力。也作训谕。

驯 xùn ❶形。顺服，善良：这匹马很～。❷动。使驯服；须带宾语：他善～马。

【驯服】xùnfú ❶形。顺从，听话：机器人成了驯服的～的工具|这匹马很～。❷动。使顺从；须带宾语：小张～了这头狮子。

【驯化】xùnhuà 动。饲养野生动物使逐步改变原来的习性而驯服:这只八哥养了一年多,已经～了。可带宾语:他对这只狗熊很有信心。可作"加以、经过"等动词的宾语:野牛、野马经过～,现在成为家畜了。

【驯良】xùnliáng 形。温顺善良:这孩子从小就很～|一个～的女人。

【驯熟】xùnshú 形。(1)熟练,纯熟:白洋淀的妇女用苇眉子编席子,技术都很～。(2)驯服,顺从:这匹马像～的绵羊一样,一点脾气也没有。

【驯养】xùnyǎng 动。饲养野生动物使逐渐驯服;常带宾语或补语:目前,我国不少地方～了鹿和麝|这头大象已经～好几年了。

讯 xùn 〈素〉(1)消息,音信: 通～|音～。(2)问,审问:传～|审～。

【讯实】xùnshí 〈书〉动。审讯属实:这些情况现已～。

【讯问】xùnwèn 动。常带宾语。(1)有不明白、不知道的请人解答:～近况|～报考条件。(2)审查盘问:～案情|～犯罪经过。

汛 xùn 〈素〉江河定期的涨水:春～|防～。

【汛期】xùnqī 名。江河水位定时性的上涨时期:～已到,各地要密切注意水情。

迅 xùn 〈素〉快:～速|～即|～捷。

【迅疾】xùnjí 形。速度十分快;不加程度副词:来势～|一阵狂风～地卷过这个地带。

【迅急】xùnjí 形。又快又急;不加程度副词:侦察员～地赶到司令部,报告了情况。

【迅即】xùnjí 〈书〉副。立刻,马上:部队接到命令便～出发。

【迅捷】xùnjié 形。迅速敏捷:这猴子爬上爬下,动作～灵活。

【迅雷不及掩耳】xùn léi bù jí yǎn ěr 成。快。指雷声来得又猛又急,连捂住耳朵都来不及。常比喻来势迅猛,使人措手不及:我二中队给鬼子兵来了个～的突然袭击。

【迅猛】xùnměng 形。迅速而猛烈:～的攻势|这场运动来势非常～。

【迅速】xùnsù 形。速度非常快:他的动作很～|务必～赶来。

＊"迅速"和"敏捷":"迅速"的意思侧重在速度快;"敏捷"的意思侧重在灵敏。"迅速"的使用范围较宽,可以形容动作,也可以形容事物发展变化;"敏捷"的使用范围较窄,一般是形容动作的迅速灵敏。

徇(狥) xùn 〈素〉(1)依从,屈从:～私。(2)同"殉(1)"。

【徇情】xùnqíng 〈书〉动。不惜违法、曲从私情;常用在固定组合中:～枉法。

【徇私】xùnsī 动。为了私利而放弃原则,做不合法的事;不带宾语:王厂长办事坚持原则,从不～。常用在固定组合中:～舞弊(曲从私情,弄假作弊,违法乱纪)。

殉 xùn 〈素〉(1)为了一定的理想或目的而舍弃自己的生命:～国、～情。(2)古代指活人陪着死人埋葬,也指用俑或器物等随葬:～葬。

【殉国】xùnguó 动。为了国家的利益而牺牲自己的生命;不带宾语:杨将军在战场上壮烈～。可拆开用:他光荣地殉了国。

【殉节】xùnjié 动。不带宾语。(1)指战争失败或国家灭亡后,不愿投降而牺牲生命:重义轻生,亡躯～。(2)旧时指妇女因抗拒凌辱而舍弃生命:张妻不堪凌辱,悬梁～。(3)旧时指妇女因丈夫死而自杀。这是受封建礼教毒害所致。

【殉难】xùnnàn 遭难牺牲生命;一般指为国家或正义事业而死,不带宾语:在这次战斗中,将军不幸～。可拆开用:他为国殉了难。

【殉情】xùnqíng 动。因恋爱受到阻碍而自杀;不带宾语:这一对恋人双双～而死。

【殉葬】xùnzàng 动。用人和物陪葬,人多为妻妾、奴婢,物多为俑和财物、器具等。

【殉职】xùnzhí 动。在职人员因公牺牲;不带宾语:白求恩大夫以身～。可拆开用:他在抢险时殉了职。

逊(遜) xùn 〈素〉(1)退避,让出:～位。(2)谦让,恭顺:谦～|不～。(3)次,差:～色|稍～一筹。

【逊色】xùnsè ❶形。差劲,不及:跟您的作品相比,我的就～多了。❷名。不及的地方;作"有、无"的宾语:大有～|这里的水稻长得很好,就是同江南的比起来也无～。

【逊位】xùnwèi 动。指古代帝王让出王位。

浚(濬) xùn 地名用字。浚县,在河南省。

另见jūn。

巽 xùn 名。八卦之一,卦形是☴,代表风。参见"八卦"。

噀(潠) xùn 〈古〉动。含在口中而喷出:～口中之水|～了一口水。

熏 xùn 〈方〉动。使人窒息中毒:炉子要安上烟筒,别让煤气～着了。
另见xūn。

蕈 xùn 名。高等菌类植物,生长在树林里或草地里,形状略像伞。种类很多,有的可以食用,有的有毒。

Y

yā(ㄧㄚ)

丫（椏、掗、枒） yā〈素〉树木或物体的分叉：枝～|树～|权～。

【丫头】yātou 名。(1)父母对女孩儿的称呼；有亲昵意味：她是我家的大～。(2)对女子的蔑称：这个死～。(3)指婢女：《红楼梦》里写出了众多～的悲惨命运。也叫丫鬟。

压（壓） yā 动。常带宾语或补语。(1)对物体施压力：腌菜上要～一块石头|担子太重，～得肩膀生疼。(2)使稳定,使平静：～住阵脚|把火气～在心里。(3)压制,压迫：别拿大帽子～人|他想用蛮横的手段把人们～下来。可带兼语：不要～他承认错误,要慢慢开导他。(4)逼近：太阳～树梢了|乌云从西边～过来。(5)搁着不动：在他那儿～了几篇稿子|这批商品再～下去就会变质。(6)赌博时在某一门上下注：他又～了一笔钱|他连手表也～上去了。
另见yà。

【压宝】yābǎo 动。赌博的一种。参加赌博的人猜测宝(一种赌博工具)上所指的方向下注。也作押宝。

【压倒】yādǎo 可拆开用。(1)在物体上施加压力,使之倒下；常带名词、代词作宾语：他跌了一交,～了两棵玉米苗|这一百多斤东西压不倒我。(2)喻指力量、气势或重要性等胜过或超过：她没有被困难所～。可带形容词作宾语：根生嫂两眼冒火,愤怒～了悲哀|恶势力压不倒我们。可作定语：我国运动员以～的优势夺得游泳比赛的冠军。

【压队】yāduì 动。跟在队伍后面保护或监督；不带宾语：他在后面～。可拆开用：他压过队吗？也作押队。

【压服】yāfú 动。用强力制伏：他自以为有权,就能把我～,那是做梦。可带宾语：我军以强大的威势～了敌人。常作定语,要带助词"的"：不能用～的方法去解决群众的思想认识问题。可拆开用：用这种办法是压不服人家的。

【压惊】yājīng 动。用喝酒、吃饭等方式安慰受了惊吓的人；不带宾语：这场风波不小,我今天办桌酒替你～。可重叠：压压惊。

【压境】yājìng 动。指大批敌军向国境逼近；不带宾语：重兵～|大军～。

【压卷】yājuàn〈书〉名。对能压倒其他同类作品的诗画文的美称：录为～|堪称～|～之作。

【压力】yālì 名。(1)垂直作用于物体表面的力。(2)威逼人的力量：在学习上给学生～是一定的～。常用"舆论、精神"等作定语；外界的舆论～很大|她承受了巨大的精神～。

【压力锅】yālìguō 名。一种密封性能较好,加热后能产生一定气压而使食物易于煮熟、煮烂的炊事用具,一般用铝、锰、钛合金制成,盖子四周安有无毒无味胶圈。也叫高压锅。

【压迫】yāpò 动。(1)用权势强制别人服从；多用于指政治方面,常带宾语或补语：在封建社会,地主残酷～农民|大家被他～怕了。能作"遭受"一类动词的宾语：工人受到资本家的～。常组成"被"字词组,表示受到压迫的一方：被～民族|被～人民。(2)对有机体某个部分加上压力；须带宾语：～血管|肿瘤～神经引起疼痛。

【压强】yāqiáng 名。单位面积上所受的压力。

【压岁钱】yāsuìqián 名。农历过年时长辈给小辈的钱。

【压缩】yāsuō 动。(1)加压力使范围、体积变小；多带补语：大部分敌人被～在据点里。带定语可不加助词"的"：～空气|～饼干。(2)使减少；一般用于人员、

经费、篇幅等:这篇文章太长,要~。常带宾语或补语:~非生产性开支|在~编制这个原则问题上,他的态度非常坚决|文章要~在2000字以内。

【压抑】yāyì ❶动。对感情、力量等加以抑制使不能外露或发挥;常带宾语或补语:他竭力~着自己的感情|一股怒火再也~不住。常用于被动句:炽热的情感被~在内心深处。常作"遭受"等动词的宾语:他们的积极性受到~|封建统治使科学技术遭到~。❷形。受到限制,不能充分流露或发挥的;常指感情、力量等:她的哭声,给会场带来了非常~的气氛|这几首民歌比较低沉。

＊"压抑"和"压制":"压抑"一般对自己;"压制"多是对他人。"压抑"的对象一般指感情、力量等,使用范围较窄;"压制"的对象一般指思想、感情、言论、意见、批评、民主、积极性等,使用范围较广。

【压韵】yāyùn 动。在诗词、戏曲、快板等作品中,某些句子末尾用韵母相同或相近的字,使声音和谐悦耳;不带宾语:诗歌一般都要~。也作押韵。

【压榨】yāzhà 动。(1)压取物体中的汁液;常带补语:麻油是从芝麻里~出来的。(2)比喻剥削和搜刮;常带宾语或补语:资本家残酷~工人。可作"遭受"等动词的宾语:殖民地人民遭受本国剥削阶级和外国帝国主义的双重~,生活极其悲惨。

【压制】yāzhì 动。常带宾语或补语。(1)施加压力限止或制止;多与比较抽象的词语搭配:~民主|胸中的怒火~不住。(2)用压的方法制造:~砖坯|这个机件需~三天才成。

【压寨夫人】yāzhài fū·rén 词组。旧小说、戏曲中称据山立寨的头领的妻子。也作押寨夫人。

呀 yā ❶叹。表示惊异、高兴或疑问;用在句首:~,是老王来了!|~,这是为什么?❷拟声。摹拟开门声、叫声等:~的一声,门开了。常重叠:一群老鸦惊得~~地叫。
另见·ya。

鸦(鵐) yā 〈书〉名。鸟类的一属,全身均为黑色,嘴大,翼长。常见的有乌鸦、寒鸦等。

【鸦片】yāpiàn 名。一种毒品,用罂粟果实中的乳状汁液制成。也叫阿芙蓉,俗称大烟。

【鸦雀无声】yā què wú shēng 成。连乌鸦和麻雀的声音也没有,形容非常静:会场里~|四周~。

押 yā ❶动。(1)把财物交给人作担保;常带宾语或补语:~房子|~了200块钱|这块地~得太便宜了。(2)把人暂时拘留,不准自由行动;常带补语:把他~起来|他已被~了三天。(3)跟随着照料、看管;常带宾语或补语:~车|~犯人|这趟车他~了三天了。❷名。在公文、契约上作为凭信所签的字或所画的符号:他在契约上画了个~。❸同"压";用在"押宝"、"押队"、"押韵"等合成词中,作构词语素。❹姓。

【押宝】yābǎo 见"压宝"。

【押当】yādàng ❶动。拿衣物作抵向当铺借钱;常带宾语:他向当铺~了全部家产才得到300块大洋。❷名。小当铺。

【押队】yāduì 见"压队"。

【押解】yājiè 动。押送犯人或俘虏;常带宾语或补语:~犯人|把俘虏~到俘虏营去。

【押金】yājīn 名。用来做抵押的钱:领取房间钥匙要交三元~。

【押送】yāsòng 动。常带宾语或补语。(1)把犯人或俘虏看守着送到某处:~犯人|把俘虏~到部委去。(2)押运:~货物|把这批货~到上海。

【押尾】yāwěi 动。在文书、契约的末尾画押;不带宾语:契约写好后,双方在上面~。

【押运】yāyùn 动。跟随着看管并送达;专指物品,常带宾语或补语:~货物|把试卷~到县城。

【押韵】yāyùn 见"压韵"。

【押租】yāzū 名。旧时租用土地、房屋和其他财物租用者所交付的保证金。

鸭 yā 名。(~子)鸟类的一科,通常指家鸭,嘴扁腿短,趾间有蹼,善游泳,不能高飞。肉可食。氄(róng)毛可絮被子或作御寒服装的填充材料等。

【鸭蛋青】yādàngqīng 形。极淡的青色；不加程度副词，不单独作谓语，作定语：他穿着一件～的衬衫。

【鸭黄】yāhuáng〈方〉名。刚孵出不久的小鸭。因身上有淡黄色的氄(rǒng)毛而得名。

【鸭绒】yāróng 名。经过加工的、有很强保温能力的鸭氄(rǒng)毛，可做衣被。

【鸭嘴兽】yāzuǐshòu 名。哺乳动物，体肥而扁，嘴扁平突出，状似鸭嘴。尾短而扁平。毛细密，深褐色，有光泽。卵生，穴居水边。食昆虫和贝类。产于澳洲。

哑(啞) yā 同"呀"。
另见yǎ。

【哑哑】yāyā 拟声。(1)摹拟乌鸦的叫声：乌鸦在树上～地叫。(2)摹拟小儿的学话声；多与"咿咿"配合使用：小孩咿咿～，不知在说什么。

yá(|Y´)

牙 yá ❶名。牙齿：掉了一颗～。❷〈素〉(1)指象牙：～雕｜～筷。(2)类似牙齿的东西：～轮。(3)旧社会称介绍买卖从中取利的人：～婆｜～行。❸姓。

【牙碜】yáchen 形。(1)食物中夹杂着砂子，嚼起来牙齿不舒服：这饭怎么这样～？(2)比喻言语粗鄙，不堪入耳：那人说话这样粗野，真～。

【牙雕】yádiāo 名。(1)在象牙上雕刻形象、花纹的艺术：～大放异彩。(2)用象牙雕刻成的工艺品：那件～十分精美。

【牙关】yáguān 名。指上颌(hé)和下颌之间的关节：～紧闭｜咬紧～。

【牙行】yáháng 名。旧时称城乡市场中为买卖双方说合交易，并抽收佣金的商号或个人。

【牙慧】yáhuì 名。指言论；常用在比较固定的组合中：拾人～(拾取别人的只言片语当作自己的话)。

【牙口】yákou 名。(1)指牲口的年龄(看牲口的牙齿多少可以知道牲口的年龄)。(2)指老年人牙齿的咀嚼力：您老人家的～怎么样？

【牙婆】yápó 名。旧时以介绍人口买卖为业从中取利的妇女。

【牙色】yásè 形。近似象牙的淡黄颜色；不加程度副词，不单独作谓语，作定语：～工艺品。

【牙牙】yáyá〈书〉拟声。摹拟婴儿学说话的声音；一般与"学语"搭配：～学语。

【牙子】yá·zi 名。(1)〈口〉物体周围雕花的装饰或花边等突出的部分。(2)旧称为买卖双方撮合从中取得佣金的人。也叫牙侩。

伢 yá〈方〉名。(～儿、～子)小孩儿。

芽 yá ❶名。(～儿)植物的幼体，可以发育成茎、叶或花的那一部分：马铃薯长～儿了。❷〈素〉形状像芽的东西：肉～。

【芽茶】yáchá 名。极嫩的茶叶。

【芽豆】yádòu 名。长出短芽的蚕豆，可做菜吃。

岈 yá 山名用字。嵖(chá)岈，山名，在河南省。

玡(琊) yá 山名用字。琅玡，山名，在山东省。

铘 yá 名。化学元素，镱的旧称。

蚜 yá [蚜虫](-chóng) 名。一种农业害虫，身体卵圆形，绿色、黄色或棕色，腹部大，生长在豆类、棉花、菜类、稻、麦等的幼苗中，吸收植物的汁液。能分泌一种甜液，所以又叫蜜虫。通称腻虫。

崖(崕、厓) yá 又读ái〈素〉(1)山石或高地的边：山～｜悬～。(2)边际：～略(大略，概括)。

涯 yá〈素〉水边，泛指边际：一望无～｜天～海角。

睚 yá〈古〉名。眼角。

【睚眦】yázì〈书〉❶动。发怒时瞪眼睛：他忍不下万目～。❷名。很小的怨恨：～之怨｜我俩志同道合，从无～。

衙 yá〈素〉旧时官员办公的地方：～门｜～役｜官～。

【衙门】yá·men 名。旧时官员办公的机关。

【衙内】yánèi 名。旧时泛指官僚子弟；多见于早期白话小说。

【衙役】yáyì 名。旧时官署里的差役。

yǎ(ㄧㄚˇ)

哑(啞) yǎ 形。(1)由于生理缺陷或疾病而不能说话：他又聋又~。(2)嗓子干涩发音低或不清楚：他发音很~，听不清|他嗓子喊~了。(3)炮弹、炸药等引发不响：炮弹~了。
另见yā。

【哑巴】yǎba 名。由于生理缺陷或疾病而不能说话的人：他是~。

【哑巴亏】yǎbakuī 名。吃了不便说或不愿说的亏；常作"吃"的宾语：他吃了不少~。

【哑剧】yǎjù 名。一种只用动作和表情来表演剧情的戏剧。

【哑口无言】yǎ kǒu wú yán 成。哑口像哑巴一样。像哑巴一样说不出话来。形容理屈词穷的样子：在铁的事实面前，他~，只得低头认错|小张连讽刺带挖苦，把个大老李弄得~。

【哑铃】yǎlíng 名。举重和体操训练用的辅助器械之一，中间的把柄较细，两头呈球形，有木制和铁制的两种。

【哑谜】yǎmí 名。让人难以猜测的隐晦的话或问题；多作"打"的宾语：直话直说吧，不要再打~了。

【哑然】yǎrán 〈书〉形。常作状语。(1)形容寂静：~无声。(2)形容笑声；一般用在固定组合中：~失笑。"哑"旧读è。

痖(瘂) yǎ 同"哑(yǎ)"。

雅 yǎ ❶形。文雅大方，不俗气：房间布置得很~|这件衣服穿在她身上~极了。❷名。(1)西周朝廷上的乐歌，《诗经》中诗篇的一类。(2)〈书〉交情：无一日之~。❸〈书〉副。(1)平素，素来：~善鼓琴。(2)极，很：~以为美。❹〈素〉(1)合乎规范的，标准的：~言|~正。(2)用于称对方的情意、举动：~意|~教。

【雅观】yǎguān 形。大方，不庸俗；多指装束、举动等，常用于否定句：在公共场所大吵大嚷很不~。

【雅量】yǎliàng 名。(1)宽宏的度量：徐老有~，能容人。(2)大的酒量：老王一连干了五杯酒，真有~。

【雅趣】yǎqù 名。高雅的情趣：~盎然|苏州狮子林建筑别具一格，颇有~。

【雅人】yǎrén 名。指吟风弄月自命清高的文人。

【雅俗共赏】yǎ sú gòng shǎng 成。雅俗旧时把文化水平高的人称作"雅人"，把没有文化的人称作"俗人"。不论文化水平高低，都能够欣赏：这家报纸办得~，发行量高达100多万份。

【雅兴】yǎxìng 名。高雅的兴趣：我也来唱一曲，以助~|诗人~大发。

【雅意】yǎyì 名。(1)高雅的情意：您的高情~，使我感激不尽。(2)称对方的意见；敬辞：悉遵~。

【雅正】yǎzhèng ❶动。把自己的诗文、书画赠人，在题款上用的客气话，表示对方请教；不带宾语：敬请~。❷〈书〉形。(1)规范的：那先生的柳体书法，颇为~。(2)正直：~之士。

【雅致】yǎzhì 形。优美而不落俗套；常用于服饰、器物、房屋等：这套打扮很~|新房布置得极为~。

【雅座】yǎzuò 名。指饭馆、酒店、澡堂中比较精致而舒适的小房间。

yà(ㄧㄚˋ)

轧 yà ❶动。圆轴或轮子等压在东西上面转；一般用于加工棉花和筑路等，常带宾语或补语：~棉花|压路机把马路~得十分平整。❷拟声。摹拟机器开动时发出的声音；常叠用：老式水车在河边~~地响着|是那~~作响的机器声把我吸引了。❸〈素〉排挤：倾~。❹姓。
另见gá,zhá。

压(壓) yà [压根儿](-gēnr) 〈口〉副。根本，从来；多用于否定句：我~不同意这样做|他全忘了，好像~没这回事。
另见yā。

亚(亞) yà ❶形。较差；不加程度副词，常用于否定句，带"于"组成的介词词组作补语：他的开车本领不~于我~。❷名。亚洲的简称；要与其他洲名的简称合用：欧~|~非拉。❸〈素〉次一等的：~军。

【亚军】yàjūn 名。体育、游艺等竞赛中取得的第二名。

【亚热带】yàrèdài 名。在地球上处于温带与热带之间的过渡地带。有显著的季节变化,气温比温带高。

垭(埡) yà 〈方〉名。两山之间的狭窄的地方;多用于地名:黄桷~(在重庆市)。

挜(掗) yà 〈方〉动。硬把东西送给或卖给别人;常带双宾语或补语:~他一包礼物|他把这些次品~给了我。

娅(婭) yà [姻娅](yīn-) 〈书〉名。亲家和连襟,泛指婚姻关系而结成的亲戚:此人任人唯亲,所用者皆yà。也作姻亚。

氩(氬) yà 名。化学元素,符号Ar或A。通常情况下为无色无臭的气体,不易跟其他元素化合,在真空管中通电时发出蓝色光。是大气中含量最多的惰性元素。

讶 yà 〈素〉诧异:惊~|怪~。

迓 yà 〈素〉迎接:迎~。

砑 yà 动。用卵形石碾磨纸、布、皮革等使之光滑发亮:把猪皮~光后制鞋就更加美观。

揠 yà 〈素〉拔起:~苗助长。

【揠苗助长】yà miáo zhù zhǎng 成。《孟子·公孙丑上》中说:宋国有个人嫌地里的禾苗长得太慢,就把田里一棵棵地往上拔,回家还对人夸口说:今天我帮助苗长高了。他儿子跑去一看,苗都枯死了。揠:拔。将苗拔起,助其生长。比喻不管事物的发展规律,急于求成,反而把事情弄糟:我们干任何工作都要遵循客观规律,不能做~的蠢事。也作拔苗助长。注意:"揠"不读yǎn。

猰(貐) yà [猰貐](-yǔ) 名。古代传说中一种吃人的凶兽。

·ya(·丫)

呀 ·ya 助。(1)用在句末,表示惊异、感叹或疑问等语气:她能考上大学,可真了不起~!|你看,这儿美~!|你怎么不早回来~?(2)用在句中,表示强调话题或列举事物,后面用逗号表示停顿:他~,是有名的劳动模范哪!|什么电视机~,电冰箱~,收录机~,洗衣机~,家里样样都有了。注意:"呀"是"啊"受前一字韵母a、e、i、o、ü的影响而发生的变音。

另见yā。

yān(1乃)

咽 yān 名。口腔深处由肌肉和粘膜构成的管子,是呼吸道和消化道的共同通路。通常混称咽喉。也叫咽头。

另见yàn、yè。

【咽喉】yānhóu 名。(1)咽和喉的合称,指人的口腔深处进食管和气管的地方。(2)比喻形势险要的往来通道;作宾语、主语时,前面往往带有表示处所的定语:这里就是被称为"川鄂~"的宜昌港。作定语时一般不加助词"的":他在守护一座处于~要地的公路时,负了重伤。

胭(臙) yān [胭脂](--zhi) 名。涂嘴唇或两颊用的一种红色化妆品,也用做国画的颜料。

烟(煙、△菸) yān ❶名。(1)物质燃烧时所产生的气体:烟囱在冒~。△(2)烟草制成品;指纸烟、烟丝的,量词用于"包、盒、条、支":请勿吸~|给我一支~。❷动。由于烟的刺激使眼睛流泪或睁不开时,前面往往带宾语或补语:满屋子烟,~眼睛|快把炉子拎出去,屋子里~得很。❸〈素〉△(1)烟草:~叶。(2)像烟的东西:~雾。(3)指鸦片:~土。

【烟霭】yān'ǎi 〈书〉名。云雾:~笼罩着山坳。

【烟波】yānbō 名。烟雾笼罩的江湖水面:~浩渺。

【烟草】yāncǎo 名。一年生草本植物,叶大有茸毛。花淡红色或淡黄色,茎、叶内均含有烟碱和苹果酸、柠檬酸。叶是制烟丝、香烟等的主要原料,茎加工后可制杀虫剂。

【烟尘】yānchén 名。(1)烟雾和尘埃:～满屋|矿场上不时腾起一股股～,爆发出一连串隆隆的响声。(2)〈书〉烽烟和战场上扬起的尘土,指战争:～未灭|又起～。(3)〈书〉旧指人烟稠密的地方:锦里～外,江村八九家。

【烟囱】yāncōng〈方〉名。烟筒。

【烟海】yānhǎi 名。烟雾弥漫的大海;常用于比喻:中国的古籍浩如～|一连串的打击,使得他晕头转向,如堕～。

【烟花】yānhuā 名。〈书〉(1)指春天艳丽的景物:正值～三月,我们出差去扬州。(2)旧指娼妓:奴是～,出身微贱。常作定语:～巷|～女。(3)同"烟火"。

【烟火】yānhuǒ 名。(1)烟和火:库房重地,严禁～。(2)指熟食:不食人间～。(3)〈书〉炊烟,旧指人家、住户:鸣鸡吠狗,～万里|茆檐～两三家。

【烟火】yān·huo 一种用火药杂以锶、铝、钡、铜、镁等金属制成的物品,燃放时能发出各种颜色的火花或变幻出各种景物而供人观赏:燃放～|节日之夜,～竞放。也叫烟花、焰火。

【烟幕】yānmù 名。(1)用化学药物或燃烧某些物质造成浓厚的烟雾,军事上用以遮蔽敌人的视线,掩护自己,农业上用来防止霜冻。(2)比喻用以掩盖真相或本意的言语或行为;常作"放、是"等动词的宾语:敌人所说的谈判,不过是一种～|这是侵略者为争夺世界霸权而施放的～。

【烟幕弹】yānmùdàn 名。(1)爆炸时能形成烟雾的炮弹或炸弹。(2)比喻掩盖真相或本意的言行;常作宾语,同动词"是、放"等搭配:这是敌人的一颗政治～。

【烟枪】yānqiāng 名。吸鸦片的用具,多用竹管制成;量词用"管":一管～。

【烟雾】yānwù 名。像雾一般的烟气,也泛指雾、云、气等:江面上～弥漫|室内～腾腾。

＊"烟雾"和"烟霭":"烟雾"侧重指似烟似雾的弥漫物,"烟霭"侧重指扩снов范围较广的烟气、云气。"烟雾"所指的对象较浓厚;"烟霭"所指的对象较轻淡。

"烟雾"常同"弥漫"搭配使用;"烟霭"一般不这样用。"烟雾"可用于书面语和口语;"烟霭"只用于书面语,口语中不用。

【烟消云散】yān xiāo yún sàn 成。像烟一样消失,像云一样散开。比喻消散得干干净净;常指事物的消失和各种情绪的消除:人们的满天欢喜,都～了|碰到这种时候,她会给你一个甜蜜的微笑,我的气也就～了。也说云消雾散。

【烟雨】yānyǔ 名。烟雾般的蒙蒙细雨:～茫茫。

【烟子】yān·zi 名。烟气中间杂有碳素的微细颗粒。这些颗粒附着在其他物体上凝结成的黑灰,可以制墨,也可作肥料。

恹(懨、厭) yān [恹恹]〈书〉形。形容患病而精神疲乏的样子;不加程度副词:她也大病,～在床。常用在"病"之后:你看她那病～的样子,一点精神也没有。

殷 yān〈素〉黑红色:～红|朱～。另见yīn。

【殷红】yānhóng 形。带黑的红色;不加程度副词:印章的颜色,依然～如血。常作定语:～的鸡冠花|～的血迹。

焉 yān〈古〉❶代。哪里,怎么;常用于反问:不入虎穴,～得虎子?❷副。乃,才:必知乱之所自起,～能治之。❸助。放在句末,表示语气:寒暑易节,始一反～。❹相当于介词"于"加代词"是",于此,在这里:乐莫大～|心不在～。

鄢 yān ❶地名用字。鄢陵,县名,在河南省。❷姓。

嫣 yān〈素〉美好:～然|～红。

【嫣红】yānhóng〈书〉形。鲜艳的红色;多形容花朵、云霞等:～的玫瑰花|～的杨梅|那满天的云霞,～一片,好看极了。常与"姹紫"组合成固定词组:广州的花市,数里花街,姹紫～。

【嫣然】yānrán〈书〉形。形容美好;不加程度副词:～一笑|她妆饰素淡,丰韵～。

阏 yān [阏氏](-zhī)名。汉代匈奴称君主的正妻。

崦阉淹腌湮燕延 yān-yán 1253

崦 yān [崦嵫](-zī) 名。(1)山名,在甘肃省。(2)古代指太阳落山的地方:日薄~。

阉 yān ❶动。阉割;常带宾语或补语:他会~猪|这只公鸡~了几个月了。❷〈素〉封建时代的宦官,太监:~人|~寺|~党。

【阉割】yāngē 动。常带宾语或补语。(1)割去人或动物的睾丸或卵巢: ~小猪|小猪~过了。(2)比喻抽掉文章或理论的主要内容,使变更实质或失去作用:改编本~了原著中反封建的民主精华|人物的个性被~得面目全非了。

【阉人】yānrén 名。指被阉割的人,也用作宦官的代称:明代末年,~掌权,政治十分黑暗。

【阉寺】yānsì 〈书〉名。指宦官:身虽在~,而性颇豪放。

淹(△㴎) yān ❶动。常带宾语或补语。△(1)浸没:庄稼遭水~了|黄河决口,~了几个县|西瓜被~在地里了。(2)汗液等浸渍皮肤使感到痛或痒:小孩的尿布要勤换,不然会~屁股|胳肢窝出汗~得难受。❷〈素〉(1)广泛:~博。(2)久,迟延:~留。

【淹博】yānbó 〈书〉形。渊博;指学识:张教授学问~。

【淹留】yānliú 〈书〉动。长期逗留:如今闲暇无事,不妨于各处从容~。可带处所宾语或补语: ~病榻|我在外乡~多年,今日终于返归故土。

【淹没】yānmò 动。常带宾语。(1)大水漫过:洪水越涨越猛,~了庄稼,~了公路。(2)比喻一种声音盖过另一种或几种声音或某一声音充满某一空间:她们的欢歌,~了车行的隆隆声|底下的话被一阵哄笑~了。能带介词词组作补语:不久街市被~在一片喧嚣的人声里了。

腌(醃) yān 动。用盐、糖等浸渍肉、鱼、蛋、蔬菜、果品等;常带宾语或补语: ~了一缸咸菜|肉~好了。
另见ā。

湮 yān 〈素〉埋没: ~灭|~没。
另见yīn(洇)。

【湮没】yānmò 动。埋没,消失:当铺、钱号、窄轨道,已经随着土皇帝的覆灭最后~了。可带宾语:纷飞的大雪很快~了我们的足迹。常与"无闻、失传"等搭配:其人其事早已~无闻。组成~组后可作定语,要带助词"的":和氏璧是早已~失传的宝贝。

燕 yān ❶名。(1)周朝诸侯国名,在今河北北部和辽宁南部。(2)特指河北北部。❷姓。
另见yàn。

yán (l马́)

延 yān ❶〈素〉(1)引长,拉长: ~长|~年益寿。(2)推迟: ~期|顺~。(3)聘请: ~聘|~请。❷姓。

【延长】yáncháng 动。向长的方面发展:交稿日期~了。常带宾语或补语: ~寿命|会议时间~了两天。
*"延长"和"延伸":"延长"可以指长度和时间;"延伸"一般只指长度,不指时间。

【延迟】yánchí 动。推迟:开会日期~了。常带宾语或补语: ~公布的时间|演出~了两小时。可带动词或动词性词组作宾语: ~开会|~宣布分配方案。

【延宕】yándàng 〈书〉动。拖延;一般指时间:任务紧迫,切莫~。常带宾语或补语:她找一些借口~夜间工作时间|我一直~到十点钟才离去。可带动词作宾语:这是~谈判的策略。

【延搁】yángē 动。拖延耽搁;常带时间补语:第一部译稿一直~了十年才正式发表|这事已~得太久。

【延缓】yánhuǎn 动。延迟;常带宾语或补语: ~行期|轮船原定今天开船,因风大~一天。可带动词或动词性词组作宾语:会议~举行|~偿还欠债。

【延年益寿】yán nián yì shòu 成。延:长;益:增加。延长寿命,增加岁数:运动是~的良方。

【延聘】yánpìn 〈书〉动。聘请;常带宾语: ~家庭教师。可带兼语: ~陈老到中文系任教。

【延期】yánqī 动。把原定的日期向后推迟;不带宾语:校运动会因雨~。可与其他动词连用:原定在十月五日召开的大会～三天举行。

【延请】yánqǐng 动。请人担任工作；一般指临时性的，常带宾语：～技师。可带兼语：一张老任顾问。

【延伸】yánshēn 动。延长，伸展；常带补语：新筑的公路已～到山寨前｜起伏的青山一座挨一座，～到远方｜这条直线可～得很长。

【延误】yánwù 动。由于拖延而耽误；多指时间，常带宾语或补语：因故～了时间｜飞机～了三天才起飞。

【延续】yánxù 动。按原样继续或延长下去；常带补语：看来，这种情况还要～下去｜中国的封建社会～了几千年。

　＊"延续"和"延长"："延续"的意思侧重在继续；"延长"的意思侧重在延伸。"延续"多用于活动、情况、事件等；"延长"多用于长度、时间等。

蜒 yán 见"蚰蜒""蜿蜒"。

筵 yán ❶〈古〉名。竹席。❷〈素〉指筵席：喜～｜酒～。

【筵席】yánxí 名。宴饮时陈设的座位，有时兼指酒席：～上有不少贵宾｜他在～上发表了讲话。

芫 yán [芫荽](-·suī) 名。一年生草本植物，有特殊香味。可作蔬菜，果实可制芫荽油，全株可供药用。也叫香菜。

严(嚴) yán ❶形。(1)紧密，没有空隙；常作补语：瓶口封得很～。(2)比喻口紧，不随便说：他嘴～，从不乱说。(3)严格认真，不放松：父亲对他的学习要求很～｜他家的家规～得很。❷〈素〉(1)厉害，程度深：～刑｜～寒。(2)军事上的紧急状态或非常情况：戒～。(3)指父亲：家～。❸姓。

【严惩】yánchéng 动。严厉处罚：～不贷｜对那些罪大恶极的违法犯罪分子，必须予以～。可带宾语：～卖国贼。

【严词】yáncí 名。严厉的言辞；常作状语：～拒绝｜～斥责。

【严防】yánfáng 动。严格防止，严密防备；多带宾语：～火灾。可带动词、动词性词组或主谓词组作宾语：～污染环境｜～敌人破坏。

【严格】yángé ❶形。在遵守制度或掌握标准时认真不放松；常与动词"区分、要求、遵守、掌握、实行、检查"等搭配：必须～区分两类不同性质的矛盾｜他对自己要求非常～｜他们在部队受过～的训练。❷动。使严格；须带宾语：～纪律｜必须～考试制度。

　＊"严格"和"严厉"："严格"着重表示认真要求，不降低标准；"严厉"着重表示对人严肃而又厉害的态度、神情、语气等。"严格"可以用于对自己，也可以用于对别人；"严厉"一般只用于对别人。"严格"有动词用法；"严厉"一般不这样用。

【严寒】yánhán 形。气候极冷；不加程度副词，常作定语：～的季节｜～的地带。可作动词"冒、不怕"等的宾语：大家冒着～下地干活。

【严谨】yánjǐn 形。严密谨慎；常指办事、治学或文章结构等：～的写作态度｜治学～｜这篇论文结构很～。

【严紧】yánjǐn 形。事物之间接合紧密无缝隙：瓶口封得很～｜窗户糊得挺～，外面的风沙刮不进来。

【严禁】yánjìn 动。严格禁止；多带宾语：～烟火。常带动词、动词性词组或主谓词组作宾语：～随地吐痰｜～攀折花木｜医生～他吃肥肉。

【严峻】yánjùn 形。严厉，严肃：他的脸色非常～｜经受了～的考验｜眼前的形势是～的。

　＊"严峻"和"严肃"："严峻"的意思侧重在遵守制度或执行标准时非常认真；"严肃"的意思侧重在"庄严、肃穆"。"严峻"可以用于"手段、考验"等搭配；"严肃"不能。"严肃"可以形容作风的认真；"严峻"不能。

【严酷】yánkù 形。严厉残酷；多形容面临的形势和环境、人际关系、人的态度表情等：～的教训｜这是一场～的政治斗争｜封建地主对农民的剥削极为～｜不要这样～地对待自己的同志。

【严厉】yánlì 形。严肃而厉害；多指人的语气、态度或手段：～的神情｜打击违法犯罪分子｜先生对我们态度很～。

　＊"严厉"和"严酷"："严厉"指严肃而

厉害,含褒义;"严酷"指过分厉害,含贬义。"严酷"有残酷、冷酷的意思,可以形容环境或形势的险恶;"严厉"没有这些意思。

【严密】yánmì 形。可重叠。(1)结合得很紧,没有空隙:这篇论文的结构非常~|瓶口封得严严密密的。(2)周到,没有疏漏:消息封锁得很~|必须~注视形势的变化|这个阵地防守得严严密密的。
　　＊"严密"和"周密":"严密"的意思着重在严格、紧密、没有疏漏,多用于有关防范方面,如看守、封锁、监视等;"周密"的意思着重在周到、完备、细密,多用于思考、研究、设计、安排等方面。"严密"还表示事物之间结合紧密没有空隙;"周密"没有这个意思。

【严明】yánmíng 形。严肃而公正;多指法纪、军纪等:赏罚~|军纪~|非常~的纪律。

【严实】yánshi〈方〉形。(1)紧密:这个包裹扎得很~。可重叠:背包打得严严实实的。(2)指东西或人藏得好,不易找到:遮得十分~。(3)比喻口紧,不随便说话:他呀,嘴很~,从不说长道短。

【严肃】yánsù ❶形。(1)使人感到敬畏的,指神情、气氛等:他的脸色很~|会场里有一种不寻常的~的气氛。(2)认真;指作风、态度等:必须用~认真的态度写文章,才能收到好的效果。❷动。使严肃;须带宾语:~法制|~军纪。

【严阵以待】yán zhèn yǐ dài 成。摆好严整的阵势,等待着来犯的敌人:我们已经~,准备随时消灭一切来犯之敌。

【严正】yánzhèng 形。严肃正当;一般指态度、立场等:我们~声明,坚决支持被压迫被侵略民族的正义斗争|这个宣言,表明了中国政府的~立场。
　　＊"严正"和"严肃":"严正"是单义词,"严肃"是多义词。"严正"表示的庄重程度比"严肃"重。"严正"使用范围较窄,一般用于态度、立场和批判、警告、声明等行为;"严肃"使用范围较广,可以用于神情、态度、谈话及其他某些活动,也可以用于气氛。"严正"多用于书面语,口语里很少用;"严肃"书面语、口语都常用。

【严重】yánzhòng 形。程度深,影响大,情势危急:十分~的自然灾害|~危害人民的健康|不要把问题看得那么~。
　　＊"严重"和"重大":"严重"主要强调程度深,影响大,情势危急;"重大"主要强调大而重要。"严重"不一定含贬义,但一般不用于好的方面;"重大"可以用于好的方面。"严重"常作状语;"重大"不作状语,只作定语或谓语。"严重"可用于具体事物,也可用于抽象事物;"重大"多用于抽象事物。

言 yán ❶名。汉语的一字叫一言:万~书|他写了一首七~诗|全书20万~。❷〈素〉(1)话:语~|格~|辞~|~行。(2)说:~和|~之有理|不而喻。❸姓。

【言必有中】yán bì yǒu zhòng 成。中:正好对上。一说就说到点子上:他平时不多发表意见,但要是发言,~。

【言不及义】yán bù jí yì 成。及:涉及。义:正经的道理。只说些无聊的话,不涉及正经的道理;含贬义:咱们也该谈点正经事,不要~,整天瞎扯。

【言不由衷】yán bù yóu zhōng 成。由:从。衷:内心。说话不是出于真心;常形容心口不一,含贬义:他嘴说不要钱,其实是~的|讨论会上,他说了几句~的话。注意:"衷"不要误作"忠"。

【言出法随】yán chū fǎ suí 成。言:指法令或命令。话一说出,法律就跟在后面。意即法令一经公布,就严格按法律办事:政府~,深受人民欢迎。

【言传身教】yán chuán shēn jiào 成。言:话;传:传授;身教:亲身作行动示范。用言语传授教导,同时用自己的行动示范。指用言行去教育和影响别人:张老师对学生能~,大家很尊敬他|由于父母的~,这孩子在各方面对自己要求都很严格。

【言辞】yáncí 名。说话所用的词句:老金态度真诚,~恳切,说得大家都感动了。也作言词。

【言归于好】yán guī yú hǎo 成。言:句首虚词,无实际意义。彼此重新和好:她同丈夫已经~了。

【言归正传】yán guī zhèng zhuàn 成。正

传：正题或本题。把话回到正题；旧小说和评话中常用的套话：闲话少说，～。

【言过其实】yán guò qí shí 成。实：实际。原指言语浮夸，超过实际可能。后多指说话过分，不切实际：你这话说得有点～。

【言简意赅】yán jiǎn yì gāi 成。简：简洁；赅：完备。言语简练而意思概括；常形容说话、作文简明扼要：他讲课～，通俗易懂｜张老这一席话，说得～。

【言教】yánjiào 动。用说话的方式教育、开导别人，不带宾语，常与"身教"对举使用：不仅要～，更要身教｜身教重于～。

【言路】yánlù 名。向政府提意见或建议的途径；一般是从政府角度讲：发扬民主要做到广开～。

【言论】yánlùn 名。关于政治和一般公共事务的议论：他在报刊上发表了许多革命～｜错误的～必须批判。

【言人人殊】yán rén rén shū 成。殊：不同。各人说法都不相同；指对同一事物各人有各人的见解：对工厂的改革方案，～，众说纷纭。

【言谈】yántán 名。说话的内容和态度：～举止｜～得体。

【言听计从】yán tīng jì cóng 成。说的话都听从，献的计谋都采用。形容对某人十分信任：刘备对诸葛亮一向～｜他对表妹是～的。

【言为心声】yán wéi xīn shēng 成。言语为表示心意的声音，意即言语是思想的反映：～，这篇文章表达了他热爱家乡的思想感情。

【言行】yánxíng 名。言语和行为：～要一致｜要注意自己的～。

【言犹在耳】yán yóu zài ěr 成。犹：还。说过的话还在耳边萦绕，形容对别人说过的话记得很清楚：老师的教诲至今～。

【言语】yányǔ 名。语言，也指所说的话：他平时～很少｜老师～不多，但语重心长。

【言语】yányu 〈方〉动。招呼，回答，开口；不带宾语，可带补语：你去游泳时一一声，我去不了？

【言者无罪，闻者足戒】yánzhě wú zuì, wénzhě zú jiè 成。指提意见的人只要是善意的，即使提得不正确也是没有罪过的，听取意见的人即使没有对方所说的缺点错误，也应该引以为警戒：大家有什么话只管讲吧，～嘛!

【言者谆谆，听者藐藐】yánzhě zhūnzhūn, tīngzhě miǎomiǎo 成。谆谆：教诲不倦的样子；藐藐：疏远的样子。讲的人不厌其烦，听的人若无其事，形容徒费唇舌：这次会议没有开好，会场上～，没有收到预期的效果。

【言之成理】yán zhī chéng lǐ 成。之：代词，指所说的事。话说得合乎道理：小张的发言，～，令人信服。

【言之无物】yán zhī wú wù 成。指文章、言论空泛，没有实际内容：那篇文章～，没有什么内容｜～的话是没有人要听的。

【言之凿凿】yán zhī zuòzuò 成。凿凿：确实。说得很确实：他的证词～，令人信服。

【言重】yánzhòng 动。话说得过重；不带宾语：你～了，她会受不了的｜这话～了，其实问题没有那么严重。

阽 yán "阽(diàn)"的又音。

妍(姸) yán〈素〉美丽：～媸｜百花争～。

【妍媸】yánchī 名。美与丑的情况：不辨～。

研(硏) yán ❶动。细磨(mó)；常带宾语或补语：～药｜～墨｜～得很细。❷〈素〉研究：钻～｜～讨。
另见 yàn。

【研究】yánjiū 动。常带宾语或补语。(1)探求事物的性质真相和规律等：深入农村调查～｜～古文字｜他对这个问题～得很透彻。可带动词性词组或主谓词组作宾语：～怎样培植花木｜～生物是如何进化的。可重叠：土豆退化的原因要深入～～。(2)考虑，商讨；多指事情、意见、办法等：这件事要开会～｜共同～增产的办法｜这是老问题，～过多次了。可带动词性词组或主谓词组作宾语：～怎样分配｜～原料怎样合理使用。可重叠：对他的意见我们要再～～。

＊"研究"和"钻研"："研究"适用范围广，可用于事物，也可用于人；"钻研"适

用范围窄，一般只用于科学、技术、学问、业务等，不用于人。"研究"可以个人进行，也可集体进行；"钻研"一般是个人进行。"研究"有考虑、商讨的意思；"钻研"没有这些意思。"研究"可以加名词作定语，如"从事哲学的研究"；"钻研"没有这种用法。

【研究生】yánjiūshēng 名。具有高等学校本科毕业的水平，经考试录取在大学或科学研究机关进行研究进修的人，有规定的修业年限。

【研究员】yánjiūyuán 名。科学研究机关中的高级研究人员。

【研磨】yánmó 动。常带宾语或补语：(1)用工具研成粉末：～朱砂｜把药一下。(2)用磨料摩擦器物使之变得光亮：用去污粉～器皿可使之干净光亮｜～得很光滑。

【研讨】yántǎo 动。研究和讨论；多指重要的或学术性的问题，常带宾语或补语：～问题｜好好～一番。可作动词"进行"的宾语：对几个重要的学术问题进行～。

【研制】yánzhì 动。研究制造；常带宾语或补语：～新产品｜多功能机床终于～出来了。

岩（巖、△嵒） yán 〈素〉(1)岩石：花岗～。
△(2)高峻的山崖：七星～(在广西)。

【岩洞】yándòng 名。泛指岩层中曲折幽深的大洞：浙江金华有两个～，名叫双龙洞和冰壶洞。

【岩溶】yánróng 名。地表水和地下水对可溶性岩石(如石灰岩等)进行的以化学溶解为主的地质作用和它所形成的地貌的总称。我国桂林山水所呈现的奇峰异洞就是这种地貌的典型。旧称喀斯特。

【岩石】yánshí 名。构成地壳的主要物质，是由一种或多种矿物组成的集合体。分为火成岩、水成岩和变质岩三大类。

炎 yán 〈素〉(1)极热：～热｜～～。(2)炎症：发～｜肠胃～。

【炎凉】yánliáng 形。热与冷，比喻人的态度亲热或冷淡；只同"世态"搭配：～世态，自来如此｜他工作后才深深体验到了人情的冷暖，世态的～。

【炎热】yánrè 形。非常热；指天气：那几天，天气非常～｜即使是～的夏天，他们也仍然坚守岗位。

【炎炎】yányán 形。形容夏天阳光强烈：赤日～｜～的烈日。

【炎症】yánzhèng 名。机体受到较强烈刺激后引起的一种病理反应，局部有红、热、肿、痛和功能障碍等症状。

沿 yán ❶动。在衣物的边上再镶上一条边；常带宾语或补语：～鞋口｜把这条花边～在裙子上。❷介。顺着；可加动态助词"着"：～河边走｜～着自学成才的道路前进。❸名。(～儿)边儿；多用在其他名词之后：缸～儿｜帽～儿｜河～儿。❹〈素〉依照以往的方法、规矩、式样等：～袭｜积习相～。

＊"沿"和"顺"："沿"可用于具体的路、物体等，也可用于抽象意义的途径；"顺"只用于具体的路、物体等，一般不用于抽象意义的途径。"沿"不作形容词；"顺"可作形容词用。

【沿岸】yán'àn 名。靠近江、河、湖、海一带的地区：长江～｜～是一派丰收景象。

【沿革】yángé 名。指事物发展、变化的历程：文化发展的历史～｜军队组织～。

【沿路】yánlù 名。顺着路边上，一路上：都是高高的白杨｜伙伴们～说说笑笑，非常愉快。

【沿袭】yánxí 动。按旧传统、旧习惯办理，常带宾语或补语：农贸市场～历史习惯，设置在老城里｜时代虽然变了，但娘娘庙这地名却一直～下来。

【沿用】yányòng 动。继续使用；多指过去的方法、制度、法令等，常带宾语或补语：店名还是～原来的名称｜这种酿酒方法从古代～到今天。

铅 yán 地名用字。铅山，县名，在江西省。
另见 qiān。

盐（鹽） yán 名。(1)食盐的通称。(2)化学上指酸中的氢原子被金属元素置换而生成的化合物。

【盐场】yánchǎng 名。海滩上用海水制盐的场所：淮北～。

【盐卤】yánlǔ 名。熬晒盐时结晶后所剩下的黑色液体，味苦有毒。可以使豆浆凝结成豆腐。也叫卤水，简称卤。

【盐酸】yánsuān 名。一种化工原料。是无色透明的氯化氢水溶液，含杂质时呈淡黄色，有刺激性的臭味和腐蚀性，多用于工业和医药。

【盐田】yántián 名。海边晒盐用的一排排的浅坑。

阎(閻) yán 姓。

【阎罗】yánluó 名。音译词。梵语"阎魔罗阁(shé)"的简译。佛教称管地狱的神。也叫阎罗王、阎王爷。

【阎王】yán·wang 名。(1)阎罗。(2)比喻极其凶恶霸道的人：他待下属就其凶狠，活像个～。

【阎王帐】yán·wangzhàng 〈口〉名。高利贷：爷爷借了一笔～，一辈子也没有还清。也叫阎王债。

颜 yán ❶〈素〉(1)脸色，脸上的表情：容～|开～|和～悦色。(2)面子：～面|厚～无耻。(3)颜色：～料|五～六色。❷姓。

【颜料】yánliào 名。一种不溶于水、油等的可以用来着色的物质。如氧化铁、锌白等。

【颜面】yánmiàn 名。(1)脸部，面容：保护～。(2)体面，面子：做事不能不顾～。

【颜色】yánsè 名。(1)红、黄、蓝、绿、白等各种色彩：～鲜艳。(2)指显示给人看的利害的脸色或行动；多作"给"的宾语：给他点～瞧瞧。

【颜色】yán·shai 名。指颜料或染料：他用水彩～给作品加了个花边。

檐(簷) yán 名。(～儿)(1)房顶伸出的边沿：屋～|廊～儿。(2)覆盖物的边沿或伸出的部分：帽～儿。

奄 yǎn(1ㄢˇ)

yǎn ❶〈古〉动。(1)覆盖，引申为包括：～有四方。(2)〈古〉同"阉(yān)"。❷〈素〉忽然，突然：～忽|～然。

【奄忽】yǎnhū〈书〉副。忽然，倏忽；形容时间极短：～灭没|～长逝，衔恨九泉。

【奄奄】yǎnyǎn 形。气息微弱的样子；不加程度副词：气息～，人命危浅|一息～(形容临近死亡)。

掩(揜) yǎn ❶动。(1)遮蔽，遮盖；可带宾语：～鼻而过|他～着怀，大摇大摆地走来。(2)关，合；常带宾语或补语：～上书|把门～好。(3)〈方〉关门或合上箱盖等物时被卡住、夹住；常带宾语或补语：小心别让箱盖～了手|脚被门～了一下。❷〈素〉乘人不备：～杀。

【掩蔽】yǎnbì ❶动。遮盖，隐藏；多用于军事，常带宾语或补语：每人挖了一个洞，～身子|为了躲避敌机的轰炸，队伍都～在树林里。❷名。遮蔽的东西或隐藏的地方：那沙袋正好做了我们的～|我们借助高墙作～向敌人猛烈射击。

【掩藏】yǎncáng 动。隐藏着，不使外露：他有点生气，但竭力～着，不让我看出来。常带宾语或补语：不该～自己的弱点|她～不住内心的痛苦。

【掩耳盗铃】yǎn ěr dào líng 成。掩：遮蔽，遮盖；盗：偷。捂住自己的耳朵去偷铃。比喻自己欺骗自己，明明掩盖不住的事偏设法掩盖；含贬义：不要做～的蠢事|把侵略说成拯救，不过是～而已。

【掩盖】yǎngài 动。常带宾语或补语。(1)从上面遮住：白雪～了大地|把洞口用树枝～起来。(2)隐藏，隐瞒：谎言～不了事实|矛盾是～不住的。

＊"掩盖"和"掩饰"："掩盖"着重在"盖"，即遮盖；"掩饰"着重在"饰"，即用伪装把真相遮掩起来。"掩盖"使用范围较广，可用于具体的事物，又可用于抽象的事物；"掩饰"使用范围较窄，一般不用于具体的事物，只用于抽象的事物。"掩盖"是中性词，"掩饰"是贬义词。

【掩护】yǎnhù ❶动。(1)对敌采取警戒、牵制、压制等手段来保障部队或人员行动的安全；常带宾语或补语：由三连～群众|你们～我一下，我去炸掉敌人的桥头堡。可带动词或主谓词组作宾语：你们二排～撤退|～大家转移。(2)遮掩，暗中保护；常带宾语或补语：他在白色恐怖下～过革命者|把伤马～起来。❷名。指作战时遮蔽身体的工事、山岗、树木等：游击队员以山石作～，狠狠打击敌人。

＊"掩护"和"保护"："掩护"着重指暗中保护，使之顺利活动；"保护"着重指尽力照顾，使之不受损害。"掩护"的对象多指人或人的活动；"保护"的对象可以是人，也可以是动植物或其他事物。

【掩埋】yǎnmái 动。用泥土等盖在上面，埋葬：老王的尸体由群众帮助～了。常带宾语或补语：他们～了同伴的尸首，又继续前进了｜他们把烈士的遗体～起来。

【掩杀】yǎnshā〈书〉动。乘人不备而袭击进攻：秦兵乘胜～，晋兵大溃。常带宾语或补语：～残敌｜我们没料到，敌人从背后～过来。

【掩饰】yǎnshì 动。使用手法来掩盖、粉饰；多指缺点、错误等，常带宾语或补语：～自己的过错｜缺点是～不了的。

【掩体】yǎntǐ 名。军事上供单人火器射击或技术器材操作的掩蔽工事，如单人掩体、机枪掩体、雷达掩体等。

【掩映】yǎnyìng 动。彼此遮掩而互相衬托：桃红柳绿相～｜河东的山坡上，绿树～，村庄密布。常带宾语，一般要加动态助词"着"：绿树红花～着一幢幢楼房｜婆娑的七叶树～着这座大厅。也可带补语：亭台楼阁，池馆水榭，～在青松翠柏之中。

罨 yǎn〈古〉❶名。捕鸟或捕鱼的网。❷〈素〉以热物或冷物覆盖患处，是一种医疗方法：热～｜冷～。

兖 yǎn 地名用字。兖州，市名，在山东省。

奱(奱) yǎn 人名用字。刘奱，五代时人。

儼(儼) yǎn〈素〉庄重：～然。

【俨然】yǎnrán〈书〉形。不加程度副词。(1)形容十分庄重的样子：风度～｜将军～危坐。(2)形容整齐：土地平旷，屋舍～。(3)形容很像；多作状语：那里原是不毛之地，现在一片葱茏，～成了绿洲｜那路边的行道树，～如道路两旁立正站岗的哨兵。

【俨如】yǎnrú〈书〉动。十分像；须带宾语：图书馆阅览室里灯光雪亮，～白昼。

弇 yǎn〈古〉动。覆盖，遮蔽：～其目。

衍 yǎn〈素〉(1)开展，发挥：推～｜敷～。(2)多余：～文。

【衍变】yǎnbiàn 动。演变；一般不带宾语：自然界的一些事物无不在缓慢地～｜一些基本的东西互相配合，可以～成为多种多样的东西。

＊"衍变"和"演变"："衍变"含有衍生出、派生出的意思，一般指一种事物逐渐变成其他事物或几种事物；"演变"含有发展变化历时较久的意思，一般指一种事物变成其他事物。

【衍文】yǎnwén 名。因抄写、刊刻、排印古书而误增的字句：据考证，这一段是～。

剡 yǎn〈古〉❶动。削尖：～木为楫。❷形。锐利：曾枝～棘，圆果搏兮。另见shàn。

厣(厴) yǎn 名。(1)螺类介壳口上圆片状的软盖。(2)蟹腹下的薄壳。

魇(魘) yǎn〈素〉梦中遇可怕的事而呻吟、惊叫：梦～。

黡(黶) yǎn〈书〉名。黑色的痣。

眼 yǎn ❶名。(1)人或动物的视觉器官。(2)围棋用语，围棋一方子中所留的空隙，为对方不能下子处：这一片有两个～，所以棋活了。(3)戏曲中的节拍：一板三～。(4)(～儿)小洞，窟窿：扎了一个～儿。❷量。用于井：一～井。❸〈素〉指事物的关键所在：节骨～。

【眼巴巴】yǎnbābā 形。不加程度副词，常作状语，加助词"地"。(1)形容急切地盼望：～地盼着妈妈回来。(2)急切地看着不如意的事情发生而无可奈何：我～地看着小船被河水冲走，一点办法也没有。

【眼波】yǎnbō 名。流动如水波的目光；多指女子的：她的～像秋水一般明澈、深沉。

【眼馋】yǎnchán 动。看见自己喜爱的东西极想得到；不带宾语，可加程度副词：看到邻居买了彩电，他十分～。

【眼底下】yǎn dǐxia 词组。也说眼皮底下。(1)眼睛跟前：我眼睛不好，要放到～才能看清。(2)目前：～最要紧的事是抗洪。

【眼福】yǎnfú 名。看到珍奇、精采场面或美好事物的福分；常与"饱、不浅"等词配合使用：一饱～｜～不浅。

【眼高手低】yǎn gāo shǒu dī 成。自己要求的标准高，而实际工作的能力低；含贬义：这人～，没什么真本事。

【眼光】yǎnguāng 名。(1)视线：灯一暗，全场观众的～一下子都集中到舞台上了。(2)见识，观察事物的能力，看法：～短浅｜我选购了这种款式的西装，真有～｜不能用老～看新问题。

＊"眼光"和"目光"："眼光"有"有见识、有眼力"这层意思；"目光"没有。"眼光"适用于口语和书面语；"目光"多用于书面语。

【眼红】yǎnhóng ❶动。看见别人有名有利或有好的东西就羡慕或忌妒，甚至想取而代之或据为己有；常带宾语或补语：别～人家的东西｜看到别的孩子有变形金刚，小林～得不得了。可加程度副词：她很～小英的金项练。❷形。形容激怒的样子：仇人相见，分外～。

【眼花】yǎnhuā 形。看东西模糊不清：我已年老～，几乎没法看书了。常与"头昏"并用：她身体很虚弱，常常头昏～。

【眼花缭乱】yǎnhuā liáoluàn 成。缭乱：纷乱。眼睛看到纷繁复杂的东西而感到迷乱。也比喻事物复杂，无法辨清：来来往往的车辆使他～｜走进百货大楼，小李～，到处都是好。

【眼尖】yǎnjiān 形。视觉敏锐：小孩～，看出那飞的不是鸽子。

【眼睑】yǎnjiǎn 名。眼睛周围能开合的皮，边缘长着睫毛。也叫睑，通称眼皮。

【眼界】yǎnjiè 名。所能看到的范围，借指见识的广度：～不宽｜大开～。

【眼看】yǎnkàn ❶动。(1)指看着正在发生的情况；须带主谓词组作宾语：～汽车钻进了雨中｜他～着火熄灭了才离去。(2)听凭而无可奈何；一般指不如意的事情发生或发展；须带动态助词"着"，常带主谓词组作宾语或与其他动词连用：我们不能～着庄稼受淹｜事态这么严重，我们能～着不管吗? ❷副。马上；表示事情在很短时间内即将发生，后面常与"就"配合使用：天～就要下雨了｜考试日期～就要到了。

【眼力】yǎnlì 名。(1)视力：他最近～差多了。(2)借助辨别是非好坏的能力：数他有～，买了一匹好马。

＊"眼力"和"眼光"："眼力"指视力；"眼光"指视线。"眼力"强调看出事物品质如何的能力，用于对人、畜或其他物品的观察辨别；"眼光"强调看出事物发展前途如何的能力，用于对事情、事业或人的观察、判断。

【眼帘】yǎnlián 〈书〉名。指眼皮或眼睛；多用于文学作品：一片丰收的景象映入～｜扑入～的是一排排高大的白杨树。

【眼明手快】yǎn míng shǒu kuài 成。眼力好，动作快：那后生～，乘势抱住了飞来的球｜我真佩服这些人～，机警非常。

【眼目】yǎnmù 名。(1)指眼睛：一到室外，中午的日光眩人～。(2)指为人暗中察看情况并通风报信的人：为了摸清对方的实情，须要在对方内部安插个～。

【眼皮子】yǎnpízi 〈口〉名。眼皮：你看，他困得连～都睁不开了｜得赶快把～底下的几件事办一办。

【眼皮子浅】yǎnpízi qiǎn 词组。见识浅，眼光短：他这个人呀，～，只看到一些芝麻绿豆大的小事。

【眼前】yǎnqián ❶方位。眼睛前面：～是一片开阔地。可作定语：我被～的景色迷住了。❷名。目前；常作状语：～那里红眼病正流行，你还是不去为好。

【眼热】yǎnrè 动。看到好的东西而希望得到；不带宾语，可加程度副词：他看到邻居小明有一支玩具冲锋枪，很～。

【眼色】yǎnsè 名。向人示意的目光；常与"使、递、看"等动词搭配使用：小王向我递了个～，意思是叫我不要再说了｜大家看班长的～行事。

【眼神】yǎnshén 名。(1)眼睛的神态：他～不对，准病了。(2)〈方〉视力：小林～儿特好，老远就看到了墙上的字。

【眼神】yǎn·shen 〈方〉名。眼色：此人专看领导的～儿行事。

【眼生】yǎnshēng 形。看着不认识或不熟悉：离开小镇才一年,面前的景物就有点～了｜这个人我很～,不认识。

【眼熟】yǎnshú 形。看着好像认识,似乎曾经见过：这人看着很～,可一时又叫不出名字来。

【眼下】yǎnxià 〈口〉名。目前；指说话的时候,作状语：～最要紧的是做好防洪排涝的准备工作。

【眼睁睁】yǎnzhēngzhēng 形。睁着眼睛；多形容发呆、没有办法或无动于衷,不加程度副词,常作状语,带助词"地"：他～地看着,连眉都不皱一下｜一失手,气球便升到空中,我～地看着,一点办法也没有｜我们怎么能～地看着敌人杀害自己的同胞呢?

＊"眼睁睁"和"眼巴巴"："眼睁睁"有表示发呆、没有办法或无动于衷的意思；"眼巴巴"有表示看着不如意的事情发生而无可奈何的意思,没有无动于衷的意思。"眼巴巴"有急切盼望的意思；"眼睁睁"没有这个意思。

【眼中钉】yǎnzhōngdīng 名。喻指心目中深恶痛绝的人；多作宾语：他把提意见的人视为～,千方百计想打击报复｜拔掉这颗～。

【眼拙】yǎnzhuō 形。眼笨,表示记不清跟对方见过面没有,客套话：恕我～,您贵姓?

偃 yǎn 〈素〉(1)仰面倒下,放倒：～卧｜～旗息鼓。(2)停止：～武修文。

【偃旗息鼓】yǎn qí xī gǔ 成。(1)放倒军旗,停击战鼓,指隐蔽目标,不让敌人觉察：今晚两队人马都要～,秘密开进阵地｜他的人马埋伏在深山密林之中,～,不露炊烟。(2)比喻休战或无声无息地停止行动：敌人是不甘心自己的失败的,他们决不会从此～｜我们不能因前一段时期宣传工作取得了某些成绩就可以～了。

【偃武修文】yǎn wǔ xiū wén 成。偃：停止；修：修明,致力于。指古代统治者在用武力取得政权后,停止武备,转而以礼教、道德等从思想上来欺骗人民：江东既平,天下既一,～,崇教化,移风俗。也作修文偃武。

郾 yǎn 地名用字。郾城,县名,在河南省。

蝘 yǎn 〈古〉名。指蝉一类的昆虫。

琰 yǎn 〈古〉名。一种美玉。

扊 yǎn ［扊扅］(-yí) 〈古〉名。门闩。

演 yǎn ❶动。当众表演；常带宾语或补语：在这场戏中,我～主角｜话剧团～了一场悲剧｜他～得维妙维肖。❷〈素〉(1)不断发展变化：～变｜～化｜～进。(2)发挥：～讲｜～说。(3)依照程式练习或计算等：～算｜～习｜～武。

【演变】yǎnbiàn 动。发展变化；指历时较久的,可用于生物、局势、语言等：人是由类人猿～而来的。可带补语：局势～得真快｜我们的文字是由图画～而来的。加"成、为"后可带宾语：谁知事情会～成这个样子。可作定语：要研究事物的～规律。

【演唱】yǎnchàng ❶动。表演、歌唱；多指歌曲、戏曲,常带宾语或补语：～民间歌曲｜一连～了两场。❷名。指表演的歌曲或戏曲：他的～颇具特色。

【演出】yǎnchū 动。把戏剧、舞蹈、曲艺、杂技等演给观众欣赏；常带宾语或补语：今晚～《白毛女》｜曲艺共～三场。可作定语,要带助词"的"：市歌舞团～的节目十分精采。

【演化】yǎnhuà 动。演变；多指自然界的变化：人类和现在的类人猿有着共同的祖先,都是从古猿～而来的。加"为、成"后可带宾语：在漫长的年代里,简单的生物逐渐～为复杂的生物。

【演讲】yǎnjiǎng ❶动。演说,讲演；不带宾语,可带补语：他曾几次到学校去～｜～了三个小时。❷名。就某个问题而作的演说、讲演：他作了一次生动的～｜他的～令人鼓舞。

【演进】yǎnjìn 动。演变进化：从中可以看出动植物～的痕迹｜时代～的过程将留下一个真实鲜明的印痕。

【演说】yǎnshuō ❶动。就某个问题对听众说明事理,发表见解；一般不带宾语：他正在～。可带补语：他～了三个小时。

❷名。就某个问题对听众发表的讲演：他向大家发表了一个简短的～|这位同学的～激昂慷慨，令人振奋。

【演算】yǎnsuàn 动。按一定原理和公式计算；常带宾语或补语：～几何题|这道题他～了十分钟才做出来。

【演习】yǎnxí ❶动。实地练习以求纯熟；多指军事、消防等：消防队正在～。常带宾语或补语：架桥部队～了架桥的全套程序|部队～了两个小时。❷名。实地进行的练习：军事～|实弹～|战士们正在进行射击～|这次～我获成功。

【演义】yǎnyì 名。长篇小说的一类，作者以史书及传说的材料为基础，经过艺术加工写成的章回体小说；多用于书名，如《三国演义》、《隋唐演义》等。

【演绎】yǎnyì 动。(1)一种推理方法，由一般原理推出特殊结论；与"归纳"相对。(2)推广，发挥：同一个故事，会～成两个各具特色的艺术佳作|就连一些文艺作品中的好厂长，也得照此规格～方才真实。

【演员】yǎnyuán 名。戏剧、电影、舞蹈、曲艺、杂技等表演者的通称：台上几个～正在表演节目|他是有名的杂技～。

【演奏】yǎnzòu 动。用乐器表演：乐队正在～。常带宾语或补语：～国歌|连续～两遍。

缜 yǎn 〈古〉动。延长。

嵃(巚) yǎn 〈古〉名。山峰，山顶。叠～(连绵起伏的山峰)|绝～(极高的山顶)。

甗 yǎn 〈古〉名。蒸煮用的炊具，陶制或青铜制。

鼹(鼴) yǎn 名。哺乳动物，毛黑褐色，眼小，嘴尖，趾有钩爪，善掘土。白天住在土中，夜晚出来捕食昆虫，也吃农作物的根。通称鼹鼠。

yàn(一ㄢ)

厌(厭) yàn ❶形。因过多而不喜欢：每天踢球，也会～了。常作补语：听戏听～了|天天吃青菜，吃得有些～了。❷〈素〉(1)憎恶，不喜欢：～恶|～弃。(2)满足：学而不～|贪得无～。

【厌烦】yànfán 动。嫌麻烦而感到讨厌；常带宾语：他～城市的生活|雀儿仿佛～这人群的嘈杂。可作补语：这位先生听得～，掉转身走了。可作定语，要带助词"的"：他流露出～的样子。可加程度副词：对这种说教，他很～。

【厌倦】yànjuàn 动。对某种活动失去兴趣而不愿继续下去：他下棋始终不～。可带宾语：她早就～了那令人窒息的封建大家庭生活。可加程度副词：对这种无聊的游戏，他很～。

【厌弃】yànqì 动。厌恶而嫌弃：对失足青年不能～，应该热情帮助他们。可带宾语：不能～弱智儿童|～人生。

【厌世】yànshì 动。因悲观消极而厌弃人生；不带宾语：你可千万别悲观～啊！可带补语：他要饿死，要烧书，～到了尽头，我们是可以充分地理解的。可作定语：他不是一个～的人。

【厌恶】yànwù 动。讨厌憎恶；常带宾语或补语：王掌柜可不一样，他～洋人洋东西|大家对他那得意忘形的大笑和不加掩饰的狂妄～够点了。可作定语，要带助词"的"：她微微皱着眉头，露出了～的神情。注意："恶"这里不读è。

餍(饜) yàn 〈古〉动。(1)吃饱。(2)满足。

赝 yàn 地名用字。●口，在浙江省。

砚 yàn ❶名。砚台，研墨的文具，有石头的，有瓦的。❷〈素〉旧指有同学关系的：～兄|～友|同～(因同学常共笔砚，故同学也称同砚)。

研(研) yàn 名。古同"砚"。另见yán。

咽(嚥) yàn 动。使嘴里的食物或别的东西通过咽头到食道里去：吃东西要细嚼慢～。常带宾语或补语：～了一口唾沫|药片我～不下去。

另见yān, yè。

【咽气】yànqì 动。指人死断气；不带宾语：抢救无效，他终于～了。可拆开用：他咽了气，离开了人间。

唁 yàn 〈素〉吊丧,对遭遇丧事的死者家属表示慰问:吊~|慰~|~电。

彦 yàn 名。古代指有才德的人。

谚 yàn 〈素〉谚语:农~|民~|谣~。

【谚语】yànyǔ 名。熟语的一种,流传于民间的简练通俗而富有意义的语句,大多反映深刻的道理。如"三个臭皮匠,赛过诸葛亮"、"百闻不如一见"等。

＊"谚语"和"成语":"谚语"字数不限,大多是单句或是包括两个分句的复句;"成语"大多是四个字的词组。"谚语"口语色彩较重;成语书面语色彩较重。

艳(艷、豓) yàn ❶形。色彩光泽鲜明好看;多作谓语:这衣服太~了。❷〈素〉指关于爱情方面的:~史|~情。

【艳红】yànhóng 形。鲜红;不加程度副词,不单独作谓语,作定语:~的桃花|~的太阳从东方冉冉升起。

【艳丽】yànlì 形。鲜明美丽:~的鲜花|这小姑娘打扮得非常~。

＊"艳丽"和"美丽":"艳丽"侧重在色彩的鲜艳;"美丽"泛指美好漂亮。"艳丽"使用范围较小,一般只形容带有色彩的具体事物,如衣服、花朵等;"美丽"使用范围较广,可以形容具体事物,也可以形容抽象事物。

【艳情】yànqíng 名。指关于男女间的爱情;多作定语:~小说。

【艳史】yànshǐ 名。指关于男女爱情的故事:他们俩的这段~鲜为人知。

【艳羡】yànxiàn〈书〉动。十分羡慕:那安谧、恬静的环境,实在令人~。可带宾语,可加程度副词:我很~他们的健康。

【艳阳天】yànyángtiān 名。指风和日丽的春天。

滟(灧) yàn 石名用字。滟滪(yù)堆,长江瞿塘峡口的巨石。1958年整治航道时已被炸掉。

晏 yàn ❶〈书〉形。(1)晚迟:天色还不~。(2)安乐,平静:四海皆~,国泰民安。❷姓。

【晏驾】yànjià 动。君主时代称帝王死;不带宾语:皇上~后,诸大臣齐集殿前,议立新君。

鹝(鷃) yàn [鹝雀](-què) 名。古书上说的一种小鸟。

宴(△讌、醼) yàn 〈素〉△(1)用酒饭招待客人:~客|~会。△(2)酒席:赴~家|~国。(3)安乐:~安|~乐。

【宴安鸩毒】yàn'ān zhèndú 成。宴安:贪图安逸、享乐;鸩:传说中的一种毒鸟,用它的羽毛泡酒,可致人死命。贪图安逸享受,犹如喝毒酒自杀。

【宴会】yànhuì 名。较隆重地设宴请客的集会:~即将开始|举行了盛大的~。

【宴请】yànqǐng 动。设宴招待;常带宾语或补语:~宾客|~过几次。

【宴席】yànxí 名。请客的酒席;量词用"桌":摆了几十桌~|他在~上发表了讲话。

堰 yàn 名。挡水的堤坝:那条~是去年修的。

验(驗、騐) yàn 〈素〉(1)检查察看:~收|~算|考~|检~。(2)有效果:灵~|效~|~方。

【验方】yànfāng 名。临床经验证明有疗效的现成的药方:民间~。

【验光】yànguāng 动。检查眼球晶状体的屈光度;不带宾语:配眼镜要~。可拆开用:验一下光。

【验尸】yànshī 动。司法人员对死者尸体进行检验,以确定死者致死的性质、原因等;不带宾语:到底是自杀还是他杀,请法医~。可拆开用:验过尸了。

【验收】yànshōu 动。按照一定标准、数量等进行检验而后收下:这批货物尚未~。常带宾语或补语:~印刷厂送来的书|这幢楼房~了两次都不合格。

【验证】yànzhèng 动。通过试验或观察使得证实:他的设想已~过了,基本可行。常带宾语或补语:~几个数据|这个方案要在实践中~一下。可带主谓词组作宾语:~他的口供是否属实。

雁(鴈) yàn 名。鸟,形状略像鹅,羽毛褐色,腹部白色,嘴扁平,腿短。群居在水边,善游泳。飞时排列成行。也叫大雁。

【雁行】yànháng 名。鸿雁飞时整齐的行列,喻指兄弟: ~失序(喻指兄弟辈的死亡)。

赝(贋) yàn〈素〉假的,伪造的: ~品|~本|~币。

【赝本】yànběn 名。假托名人手笔的书画。

【赝币】yànbì 名。伪造的货币;多指硬币。

【赝品】yànpǐn 名。伪造的文物: 这幅郑板桥的画是~。

焰(燄) yàn〈素〉火苗: 火~。

【焰火】yànhuǒ 名。即"烟火(yān·huo)"。

【焰口】yàn·kou 名。佛教用语。形容饿鬼渴望饮食,口吐火焰。和尚向饿鬼施食叫放焰口。

焱 yàn〈古〉名。火花,火焰;多用于人名。

酽(釅) yàn 形。浓,味厚: 这杯茶太~了。

谳(讞) yàn〈素〉议罪: 定~。

燕(鷰) yàn ❶名。(~子)鸟,翅膀尖而长,尾巴分叉像剪刀。常在人家屋内或屋檐下做巢居住。捕食昆虫,对农作物有益。春天飞到北方,秋天飞到南方,是候鸟。❷同"宴"。
另见 yān。

【燕麦】yànmài 名。(1)一年生或二年生草本植物,叶子细长而尖,花绿色,小穗有细长的芒。子实可以吃,也可以做饲料。(2)这种植物的子实。

【燕雀处堂】yàn què chǔ táng 成。《孔丛子·论势》中说: 燕子和麻雀在堂屋上筑窝,过得很快乐,自以为安全,烟囱里的火星把房子烧着了,燕子、麻雀在窝里作乐,不知大祸将要临头。比喻处境危险而不自知: 你还自得其乐呢,如今你好比~,十分危险,得赶快想办法脱离此地。注意"处"这里不读chǔ。

【燕尾服】yànwěifú 名。男子西式晚礼服的一种,前身较短,后身长而下端分开像燕子尾巴,故名。

yāng(尢)

央 yāng ❶动。求,恳求;须带宾语: 冰箱自己不会修,只好去~人。常带兼语: ~他来帮忙。❷〈素〉(1)完结,终止: 未~。(2)中心。

【央告】yānggao 动。恳求;常带宾语或补语: 我~他说:"看在我的面上,你就答应小光的要求吧!"|这件事我~了几次,他仍不同意。可带兼语: 小欢~老师再给他一次补考的机会。可重叠: 咱们再去~~,请他帮帮忙。

【央求】yāngqiú 动。恳求;常带宾语或补语: 我看你别再去~他了,他是不会答应的|已~过多次,始终没有结果。可带兼语: 他~卜先生饶他一次。
＊"央求"和"恳求": "央求"强调深切地请求,含有不得已而求人的意味;"恳求"表示诚恳地希望对方答应的意思。

【央托】yāngtuō 动。请托;常带宾语或补语: 这件事我~过王厂长,他答应代办|~过两次,他仍不同意。常带兼语: 这包东西我~小李带给我弟弟。

泱 yāng [泱泱]〈书〉形。不加程度副词。(1)水面广阔: ~大泽|河水~。(2)气魄弘大: ~大国|陵寝~。

殃 yāng〈素〉祸害: 灾~|祸~|遭~。(2)使受祸害,损害: ~及祸国~民。

【殃及】yāngjí 动。祸害波及到;须带宾语: 城门失火,~池鱼|这次森林大火,~一个火车站和几座村庄|在封建时代,一人犯罪往往~全家。

秧 yāng ❶名。(1)(~儿、~子)植物的幼苗: 树~儿|茄子~儿。(2)特指稻苗: 插了一天~。(3)某些植物的茎: 不要碰断了黄瓜~|大豆~不够肥壮。(4)(~子)某些饲养的小动物: 猪~子|鱼~子。❷〈方〉动。栽培,畜养;须带宾语: ~了几棵树|~了一塘鱼。

【秧歌】yāng·ge 名。(1)我国汉族的一种民间舞蹈,主要流行于我国北方地区。一般是舞者扮成各种人物,手持扇子、手帕或彩绸等道具,多用锣鼓伴奏。有的地区也表演故事。因流行地区不同,分陕北秧歌、东北秧歌、河北秧歌等。跳这种舞蹈叫扭秧歌或闹秧歌。(2)泛指在田间唱的劳动歌曲。

【秧歌剧】yāng·gejù 名。由秧歌发展而成的歌舞剧,演出简单,能迅速反映现实。如抗日战争时期演的《兄妹开荒》。

【秧苗】yāngmiáo 名。农作物的幼苗,通常指水稻的幼苗。～长得很壮实。

鸯 yāng 见"鸳(yuān)鸯"。

鞅 yāng (旧读 yǎng)名。古代用马拉车时安在马脖子上的皮套子。另见 yàng。

yáng(丨尢ˊ)

扬(揚、△敭、△颺) △❶动。常带宾语或补语。(1)高举,往上升:姑娘老远一起手给我打招呼|汽车开过,～起阵阵尘土。(2)往上撒:那天一场,我～了千把斤麦子|米里糠太多,拿簸箕一～下。△△❷[素](1)在空中飘动:飘～|飞～|纷纷～～。(2)宣扬,传播:～名|言|表～|颂～。(3)特指容貌出众:其貌不～。❸姓。

【扬长而去】yáng cháng ér qù 成。丢开别人,大模大样地离开;常含贬义:会还没有开完,他竟～。

【扬长避短】yáng cháng bì duǎn 成。发扬长处和优点,回避短处和缺点;可用于人、单位和某些建设事业等:要根据各人情况,～,合理分配工作|学校也要充分利用自己的优势,～,积极发展。

【扬程】yángchéng 名。水泵向上扬水的高度;通常用米计算:这项引水工程的～达30米。

【扬帆】yángfān 动。扯起船帆;不带宾语,常与"开航"连用:小船已～启航。可拆开用:渔船扬起了帆。

【扬幡招魂】yáng fān zhāo hún 成。挂幡招回死者的魂灵,现多用于比喻;迷信说法,含贬义:这帮军国主义者至今还在为希特勒～呢。

【扬剧】yángjù 名。江苏地方戏曲剧种之一,原名维扬戏,流行于扬州一带。

【扬厉】yánglì 〈书〉动。发扬;可带宾语:歌颂英雄人物,～高尚情操,是文学艺术理所当然的职责。

【扬眉吐气】yáng méi tǔ qì 成。扬起眉毛,吐出怨气。形容摆脱压抑的心情后的高兴神态和心情:斗倒地主后,农民个个～了。

【扬弃】yángqì 动。抛弃;常带宾语:～糟粕,吸取精华。

【扬琴】yángqín 名。弦乐器,把许多根弦安在一个梯形的扁木箱上,用竹制的富有弹性的小槌击弦而发声。也作洋琴。

【扬榷】yángquè 〈书〉动。略举大要,扼要论述:～古今。

【扬水站】yángshuǐzhàn 名。利用水泵抽水灌溉田地的工作场所。

【扬汤止沸】yáng tāng zhǐ fèi 成。汤:开水;扬汤:从锅中舀出开水再倒回去。用扬汤的办法想叫水不沸腾。比喻办法不彻底,不能从根本上解决问题:这种做法无异～,是不能彻底解决问题的|与其～,不如釜底抽薪,干脆把这个违法乱纪的公司给撤销了。

【扬言】yángyán 动。故意说出要采取某种行动的话,以示威胁或探测对方的动静;多含贬义:他曾在某些人面前～,说要在下次比赛时击败他的对手。常以动词或动词性词组作宾语:他～要给小王一点颜色看看。

【扬扬】yángyáng 形。形容得意的样子;不加程度副词:其乐～|意气～|他有了一点成绩就～得意了。也作洋洋。

【扬子江】yángzǐjiāng 名。今江苏省仪征、扬州一带的长江,古称扬子江。近代外国人通称长江为扬子江。

玚(瑒) yáng 名。古代的一种玉。

杨(楊) yáng ❶名。杨树,落叶乔木,为速生用材树种,木材供建筑、做器具、造纸等用。种类很多,有青杨、毛白杨、小叶杨、大叶杨等。❷姓。

【扬柳】yángliǔ 名。(1)杨树和柳树。(2)泛指柳树。

旸(暘) yáng 〈古〉动。日出。

【旸谷】yánggǔ 〈书〉名。传说中日出的地方。

炀(煬) yáng 〈古〉❶动。熔化金属。❷形。火旺。

锡(錫) yáng 〈古〉名。马额上的装饰物。

疡(瘍) yáng 〈素〉疮：溃～｜脓～。

羊 yáng ❶名。哺乳动物，反刍类，一般头上有一对角，分山羊、绵羊、羚羊等多种。❷〈古〉同"祥(xiáng)"。❸姓。

【羊肠小道】yángcháng xiǎodào 成。曲折狭窄的小路；多指山路：后山有条～，直通山顶。也作羊肠鸟道。

【羊倌】yángguān 名。指专职放羊的人。

【羊狠狼贪】yáng hěn láng tān 成。《史记·项羽本纪》："因下令军中曰：'猛如虎，很(狠)如羊，贪如狼。彊不可使者，皆斩之。'"狠：凶狠。本指为人凶狠，争夺权势。后多比喻既凶狠又贪婪：其人～，你切不可与之为友。

【羊角】yángjiǎo 〈古〉名。指弯曲而上的旋风。

【羊痫风】yángxiánfēng 名。癫痫的通称。也叫羊角风。

佯 yáng 〈素〉假装：～攻｜～死｜～装。

【佯攻】yánggōng 动。虚张声势地向敌方进攻：正面～，侧面猛击。可带宾语：用少量兵力～敌军右翼，以主力部队攻其左翼。

【佯狂】yángkuáng 〈书〉动。假装疯癫；不带宾语：不难看出，那女人是～。也作阳狂。

垟 yáng 〈方〉名。田地；多用于地名，如翁垟、黄垟，都在浙江省。

徉 yáng 见"徜(cháng)徉"。

洋 yáng ❶名。(1)比海更大的水域。(2)银元，洋钱：付～50元。❷形。外国的，外国来的：他家的家具很～｜打扮得太～了。常作定语：～办法｜～玩艺儿。❸〈素〉盛大，丰富：～溢。

【洋财】yángcái 名。指跟外国做买卖得到的财物，泛指意外得到的财物；常含贬义：他发了一笔～。

【洋场】yángchǎng 名。旧时指洋人较多的都市；多指上海，含贬义：十里～。

【洋鬼子】yángguǐzi 名。旧时对侵略我国的外国人的憎称。

【洋行】yángháng 名。旧时外国(特别是帝国主义国家)的资本家在中国开设的商行，也指专088外国商人做买卖的商行。

【洋红】yánghóng 名。粉红色的颜料：奶奶上街买了一包～。

【洋灰】yánghuī 名。水泥的俗称。

【洋流】yángliú 名。海洋中朝着一定方向流动的水。

【洋奴】yángnú 名。指崇洋媚外、甘心供外国人驱使的人；含贬义：～思想。

【洋盘】yángpán 〈方〉名。指不精明、不内行，容易被人愚弄的人；含鄙视意味：这件事，你做了～了｜这种货色，只能骗～。

【洋气】yáng·qì 形。有西洋的式样、风格、习俗等；含贬义：那套打扮，有点～了。可重叠：那女人，洋里～的，真叫人恶心。

【洋琴】yángqín 见"扬琴"。

【洋人】yángrén 名。外国人；多指西洋人。

【洋嗓子】yángsǎngzi 名。用西洋发声方法唱歌的嗓音：她那～还有点味道。

【洋务】yángwù 名。(1)清末指关于外国的和关于模仿外国的事务：～运动。(2)香港等地指以外国人为对象的服务行业：开设～。

【洋相】yángxiàng 见"出洋相"。

【洋洋】yángyáng 形。(1)形容众多或丰盛；不加程度副词，做定语时不加助词"的"：～万言｜～大观。(2)同"扬扬"。

【洋洋大观】yángyáng dàguān 成。洋洋：众多的样子；大观：丰富多彩的景象。形容事物的数量或种类多得可观：他写了一篇文章，有一万多言之多｜那山下的梅花，白茫茫一片，真是～。

【洋洋洒洒】yángyángsǎsǎ 形。洋洋：盛大、众多的样子；洒洒：明快而连绵不断的样子。形容写作或谈话很长，明快而连续不断；含褒义：一部《水浒传》，～百万言，作者却不因为是写长篇而滥用笔墨。

【洋洋自得】yángyáng zìdé 成。形容非常得意、自我欣赏的样子；含贬义：他取得了一点成绩就～起来了。

【洋溢】yángyì 动。充分流露,充满; 多指情绪、气氛等,常带宾语: 欢乐的气氛～田间|他的文章,字里行间～着对英雄们无比崇敬的感情。可作定语,要带助词"的": 他那热情～的讲话,博得全场一阵阵掌声。

【洋油】yángyóu 名。(1)指从外国进口的汽油、煤油等。(2)〈方〉煤油。

【洋装】yángzhuāng ❶名。西服。❷动。旧称西式的书籍装订方法,装订的线藏在书皮里面: ～书。

烊 yáng 〈方〉动。熔化,溶化; 一般不带宾语: 锡～了|糖～了。
另见 yàng。

蛘 yáng 〈方〉名。(～儿)生在米里的一种小黑virus虫。有的地区叫蛘子。

阳(陽) yáng ❶〈素〉(1)太阳: ～光|向～花。(2)山的南面,水的北面; 多用于地名: 衡～(在衡山之南)|洛～(在洛河之北)。(3)凸出的: ～文。(4)外露的,表面的: ～沟|～奉阴违。(5)指属于活人和人世的: ～寿|～间。(6)正电的: ～电|～极。(7)指男性生殖器: ～痿。❷姓。

【阳春】yángchūn 名。春天: ～三月,百花盛开。

【阳春白雪】yángchūn báixuě 成。《阳春》《白雪》是战国时期楚国高雅的歌曲,后泛指高深的、不通俗的文学艺术; 常跟"下里巴人"对举使用: 今天的文艺既要有～,更要有下里巴人。

【阳电】yángdiàn 见"正电"。

【阳奉阴违】yáng fèng yīn wéi 成。表面上遵从,暗地里违背; 含贬义: 你竟在我面前～,我岂能饶你|不得有～的两面派行为。

【阳关大道】yángguān dàdào 成。阳关: 古代关名,在今甘肃省敦煌县西南。原指经过阳关通往西域的大道,后泛指通行便利的、宽阔的大路,今多比喻有光明前途的道路: 农业机械化是一条～,我们走定了。

【阳光】yángguāng 名。日光: ～灿烂。

【阳极】yángjí 名。(1)电池、蓄电池等直流电源中吸收电子、带正电的电极。也叫正极。(2)电子器件中吸取电子的一极。

【阳间】yángjiān 名。迷信说法指人世间; 与"阴间"相对。

【阳狂】yángkuáng 见"佯(yáng)狂"。

【阳历】yánglì 名。历法的一类,是根据地球绕太阳的运行周期而制定的。也叫太阳历。通常说"阳历"指国际通用的公历。

【阳平】yángpíng 名。现代汉语普通话四种声调(阴平、阳平、上声、去声)中的第二声。参见"四声"。

【阳台】yángtái 名。楼房的小平台,有栏杆,供乘凉、晒太阳或远望之用。

【阳痿】yángwěi 名。一种病,男子阴茎不能勃起,多由前列腺炎症或神经机能障碍引起。

【阳文】yángwén 名。印章或某些器物上所刻或所铸的凸出的文字或花纹; 与"阴文"相对。

【阳性】yángxìng 名。(1)诊断疾病时对进行某种试验或化验所得结果的表示方法。通常用"十"号。说明体内有某种病原体存在或对某种药物有过敏反应,例如注射结核菌素后有红肿等反应时叫做结核菌素试验阳性。(2)某些语言里名词、代词、形容词分别阴性、阳性或阴性、阳性、中性。

【阳韵】yángyùn 名。音韵学家根据古韵母的性质,把字音分成三类: 韵尾是b,d,g的叫入声; 韵尾是m,n,ng的叫阳韵; 入声和阳韵以外的字叫阴韵。阳韵和阴韵的字调各有平声、上声、去声三类。

yǎng (丨ㄤˇ)

仰 yǎng ❶动。脸向上; 须带宾语或补语: ～着脸朝天空看|把头～起来。❷〈素〉(1)依赖,依靠: ～仗|～人鼻息。(2)敬慕: 敬～|～慕。❸姓。

【仰承】yǎngchéng 动。常带宾语。(1)依靠,依赖: ～您的帮助。可带兼语: ～您多加照顾。(2)遵从对方的意图; 敬辞: ～您的旨意。(3)奉承,迎合; 含贬义: 奴才一味～主子的意旨。

【仰给】yǎngjǐ 动。仰仗别人供给; 常介词词组作补语: ～于人。注意:"给"这里不读gěi。

【仰慕】yǎngmù 动。敬仰思慕;常带宾语:徐老德高望重,大家都~他。可加程度副词:她很~居里夫人。可作定语,要带助词"的":他的眼光里露出~的神情。

【仰人鼻息】yǎng rén bí xī 成。仰:依赖;息:呼吸时进去的气。比喻依赖别人,或看人脸色行事:他一直寄人篱下,过着~的生活|~,奴才思想奈何天。

【仰韶文化】yǎngsháo wénhuà 词组。我国黄河流域新石器时代的一种文化,因最早发现于河南渑池县仰韶村而得名。遗物中常有带彩色花纹的陶器,所以也曾称为彩陶文化。

【仰望】yǎngwàng 动。常带宾语。(1)抬头向上看:我~城楼,想起许多往事|他~着山顶上的古松,赞叹不已。(2)〈书〉敬仰而有所期望:他是一位为众人所~的英雄。

【仰泳】yǎngyǒng 名。游泳项目之一,身体仰卧水面,用臂划水,用脚打水。

【仰仗】yǎngzhàng 动。依靠,依赖;常带宾语或补语:~他们的援助|~于他。可带兼语:这件事还得~您大力相助。

养(養) yǎng ❶动。常带宾语或补语。(1)供给生活资料或生活费:老赵~着一大家子很不容易|孩子长大了,不能再~在家里,要让他出去工作。可带兼语:~他长大成人。(2)饲养或培植;指动物、花草:~了两头猪|把花~死了。(3)生育:她~了一个胖闺女|折腾了一天才把孩子~下来。(4)使身心得到滋补或休息,以增进精力或恢复健康:最近他在家~身体|她在疗养院里~了两个月。❷〈素〉(1)抚养的,非亲生的:~子|~女。(2)培养:~成。(3)养护:~路。

【养兵】yǎngbīng 动。供养和训练士兵;不带宾语,可带补语:~千日,用兵一时。可拆开用:养了不少兵。

【养病】yǎngbìng 动。因患病而休养;不带宾语,可带补语:他在家~一年多了。可拆开用:养了一阵子病。

【养成】yǎngchéng 动。培养成为;常用于抽象事物,如"性格、作风、毛病、习惯"等:有一个时期我自暴自弃,抽烟、喝酒的习惯就是这时~的。常带宾语:他从小就~了爱劳动的好习惯。

【养分】yǎngfèn 名。物质中所含的能供给有机体营养的成分:植物的根从土壤中吸收~。

【养虎遗患】yǎng hǔ yí huàn 成。遗:留下;患:祸患。养着老虎,留下祸患。比喻纵容坏人,给自己留下后患:对于穷凶极恶的敌人,一定要彻底消灭,决不能~。也作养虎留患。

【养护】yǎnghù 动。保养,维修;用于机器、建筑物、道路等,常带宾语或补语:~公路|机器~得很好。

【养活】yǎnghuo〈口〉动。常带宾语或补语。(1)供给生活资料或生活费:他要~两口人|我再苦也要把孩子~下去。(2)饲养;专指动物:饲养场今年~了几千只鸡|这两头猪要~到冬天才可以出卖。(3)生育:她最近~了一个儿子|她得病后就不能~孩子了。

【养精蓄锐】yǎng jīng xù ruì 成。养:休养;蓄:积蓄;锐:锐气。保养精神,积蓄力量:李自成的义军在商洛山中~,准备复出。

【养老】yǎnglǎo 动。不带宾语。(1)奉养老年人:儿女对父母有~的义务。(2)老年人闲居休养:他已退休,在家~了。可重叠:我劝你不要再干活了,就在家养养老吧。

【养老金】yǎnglǎojīn 名。职工年老或因公残废不能继续工作按规定领取的补贴。也叫退休金。

【养料】yǎngliào 名。能供给有机体营养的物质:~充足。

【养生】yǎngshēng 动。保养身体;不带宾语:~之道|~有方。

【养痈成患】yǎng yōng chéng huàn 成。痈:毒疮;患:祸害。生了毒疮不去医治,给自己留下祸患。比喻姑息坏人坏事,结果自己受到祸害:对待坏人决不能容忍、姑息,否则~,遗害无穷。也作养痈遗患。

【养育】yǎngyù 动。抚养和教育;对象一般指人,有时也可指物,常带宾语或补语:祖国母亲~了我们|~万物|她辛辛苦苦~了我们十多年。

【养殖】yǎngzhí 动。培养和繁殖;一般

指水产动植物,常带宾语或补语:～螃蟹|把藕～在池塘里。

【养尊处优】yǎng zūn chǔ yōu 成。处于尊贵的地位,过着优裕的生活;多含贬义:他过惯了～的生活,吃不得一点儿苦。

氧 yǎng 名。气体元素,符号O。无色无臭,能助燃,化学性质很活泼,可直接与多种元素化合。氧在冶金工业、化学工业中用途很广,也是人和动植物呼吸所必需的气体。通称氧气。

【氧化】yǎnghuà 动。物质的原子失去电子的化学反应,也就是物质跟氧化合的过程,如金属生锈、煤燃烧等,都是氧化;不带宾语:这块铁～了。

痒(癢) yǎng 形。皮肤或粘膜受到轻微刺激需要搔抓一下的感觉;多作谓语:背上很～,请你帮我抓几下。

yàng(|尢`)

怏 yàng 〈素〉不高兴或不满意的神情:～然|～～。

【怏然】yàngrán 〈书〉形。不加程度副词,多作状语。(1)不高兴的样子:～不悦。(2)自大的样子:～自足。

【怏怏】yàngyàng 形。不满意、不高兴的样子;不加程度副词:～不乐|～不平|心中～。

鞅 yàng [牛鞅](niú-) 名。牛拉东西时架在脖子上的器具。也叫牛鞅子。

另见yāng。

样(樣) yàng ❶名。(～儿)(1)形状,式样:多年没回家,家乡已经变了～儿|这种鞋的～儿真好看。(2)用来做标准或供人模仿的东西:你说那种衣服款式新,拿个～儿我看看。❷量。表示事物的种类:烧了四～菜|百货商店～～东西都有。

【样板】yàngbǎn 名。(1)工业上供检验或划线用的作为标准的板状工具。(2)比喻学习的榜样:那小组生产先进,是我们全厂的～。

【样品】yàngpǐn 名。做样子的物品;多用于商品推销或材料试验:先看一下～,

然后再订货|拿几只～来检验一下。

【样子】yàng·zi 名。(1)作为标准或代表供人看或模仿的东西:请照这个～画下来。(2)形状:这条裙子的～很好看。(3)神情:若有所思的～。(4)〈口〉形势:天要下雪的～|看～今年小麦的收成不会差。

烊 yàng 见"打烊"。
另见yáng。

恙 yàng 〈古〉名。病:偶染微～。

漾 yàng ❶动。常带宾语或补语。(1)液体溢出来:～酸水|缸里～出来不少水。(2)比喻流露:脸上～出了笑容。❷〈素〉水面微微动荡:荡～。

yāo(|幺)

幺(么) yāo ❶数。数目中的"一"叫"幺";只能单用,不能组成合成数词,也不能带量词,旧时指色子和骨牌中的一点,现在说数字时也用来代替"一"。❷〈素〉小,排行最小的:～妹|～叔。❸姓。
"么"另见·ma(吗)、·me。

【幺麼】yāomó 〈书〉形。微小;不加程度副词和助词"的":～小丑(指微不足道的坏人)。

吆(吆) yāo [吆喝](-·he) 动。大声喊叫;多指叫卖东西、赶牲口等,常带宾语或补语:～牲口|～了几声。

夭(△殀) yāo 〈素〉△(1)未成年而死:～亡|～折。(2)茂盛:桃之～～|～桃秾李。

【夭矫】yāojiǎo 〈书〉形。卷曲而有气势;不加程度副词:～的古柏。

【夭桃秾李】yāo táo nóng lǐ 成。夭:长得很好、很茂盛的样子;秾:花木繁盛。比喻女子年少美貌,旧时多用为祝颂婚嫁之词:～,喜结良缘。

【夭折】yāozhé 动。不带宾语。(1)未成年而死:她有两个儿子因病～了。(2)比喻事情中途失败或废止:戊戌变法时仅103天就～了。

妖 yāo ❶名。妖怪:我既不信神,又不信～。❷〈素〉(1)装束奇特,作

风不正派：~气|~艳。(2)邪恶而迷惑人的：~术|~言|~风。

【妖风】yāofēng 名。神话中妖魔兴起的风，比喻邪恶的风气、潮流；作比喻用时多加定语。他顶住了"一切向钱看"的~，坚定不移地为教育事业奋斗终身。

【妖怪】yāoguài 名。神话、传说、童话中所说形状奇怪可怕、有妖术、常常害人的精怪：好像有什么~要夺去他的宝物似的。

【妖精】yāo·jing 名。(1)妖怪。(2)比喻以姿色迷人的女子；含贬义：他整天和那个~眉来眼去的。

【妖媚】yāomèi 形。姣美而不正派；多指女性：这个女人很~|她眼珠一转，~地笑了。

【妖魔鬼怪】yāo mó guǐ guài 成。魔鬼和妖怪。比喻形形色色作恶害人的坏家伙：扫除一切~。

【妖孽】yāoniè 〈书〉名。(1)怪异不祥之物：某地出一双头猪，老百姓都说是~。(2)比喻邪恶的事或人：清除害国之~。

【妖娆】yāoráo 〈书〉形。娇艳美好的样子：她稍一打扮就显得分外~。

【妖言】yāoyán 名。指迷惑人的邪说：~惑众。

【妖艳】yāoyàn 形。艳丽而不庄重；多指女性：她打扮得很~。可带补语：~极了。

【妖冶】yāoyě 〈书〉形。打扮得过分艳丽而不正派；多指女性：~的潘金莲害死了武大郎。

约 yāo 〈口〉动。用秤称；须带宾语或补语：~一斤肉|~一篮菜|~一下这肉有多重。
另见 yuē。

要 yāo ❶〈素〉(1)求：~求。(2)强迫，威胁：~挟。❷〈古〉名。同"腰"。❸姓。
另见 yào。

【要求】yāoqiú ❶动。提出具体愿望或条件，希望得到满足或实现；常带宾语或补语：应该严格~自己|向他~过多次，未能允诺。可带动词或动词性词组作宾语：~批准|~承担这项任务。可带兼语：~孩子认真学习。可重叠：你再向父亲~~。可加程度副词：他很~进步。❷名。所提出的具体愿望或条件：满足了小王的~|不能降低对自己的~。

【要挟】yāoxié 动。利用对方的弱点，威胁、强迫对方答应自己的要求；含贬义：他以为这样一~，自己的目的就会达到。常带宾语或补语：他常~我，要我答应他的要求|他~过我多次，但我毫不害怕。

腰 yāo ❶名。(1)胯上肋下的部分，在身体的中部：弯下~。(2)裤、裙等围在腰上的部分：裤子的~肥了一点。(3)指腰包或衣兜：最近一里空了，没钱。❷〈素〉(1)事物的中段、中间部分：山|树~。(2)中间狭小像腰部的地势：海~|土~。❸姓。

【腰板儿】yāobǎnr 名。(1)人的腰和背，一般就姿势说说：伸直~。(2)借指体格：他已年过七十，可~还硬朗着呢。

【腰缠万贯】yāo chán wàn guàn 成。腰缠：指随身携带；贯：旧时用绳索穿钱，每1000文为一贯。形容极其富有；含贬义：经营没几年，他竟成了一个~的富翁。

【腰杆子】yāogǎn·zi 名。也说腰杆儿。(1)腰部：挺起~。(2)比喻靠山；指有人支持：他的~很硬。

【腰鼓】yāogǔ 名。(1)打击乐器，短圆柱形，两头略小，挂在腰间敲打。(2)腰鼓舞。

【腰鼓舞】yāogǔwǔ 名。我国汉族民间舞蹈。舞者身背腰鼓、边敲边舞，节奏强烈，动作健美。

【腰果】yāoguǒ 名。(1)常绿乔木，叶子倒卵形，花粉红色，香味很浓。果实肾脏形，果仁可以吃，果壳可以榨油。原产南美，我国广东等地也有栽植。(2)这种植物的果实。

【腰斩】yāozhǎn 动。(1)古代的一种酷刑，从腰部把身体斩为两段。(2)比喻把一事物或相联系的事物从中割断：一项宏大的计划竟被莫名其妙地~了。

【腰子】yāo·zi 〈口〉名。肾。

邀 yāo ❶动。约请；多带宾语：~他来我家作客。❷〈素〉(1)取得，求得：~功|~准。(2)拦住：~击。

＊"邀"和"约(yuē)"："邀"是邀请的意思,由邀请者一方决定;"约"是约定、商定的意思,由双方共同决定。

【邀功】yāogōng 动。也作要功。不带宾语。(1)求取功赏：他干了一点工作就喜欢到领导面前去～。(2)把别人的功劳抢过来作为自己的：他没有出多少力,却去～请赏,真是恬不知耻。

【邀击】yāojī 动。中途截击,拦击；常带宾语：我们在途中设下埋伏,～敌人。

【邀集】yāojí 动。把较多的人邀请在一起；常带宾语或补语：每逢春节,妈妈总要～好多至亲好友。可带兼语：～代表们来讨论改革方案。

【邀请】yāoqǐng 动。有礼貌地请人到自己的地方来或到约定的地方去；常带宾语或补语：～了几十位专家｜～过两次了。可带兼语：～杨老师出席座谈会。可重叠：请你再去～～,务必请他光临。

【邀请赛】yāoqǐngsài 名。由一个单位或几个单位联合发出邀请,有许多单位参加某一项目的体育比赛。

【邀约】yāoyuē 动。约请；常带兼语：～三位同学到家中聚谈。

yáo (ㄧㄠˊ)

爻 yáo 名。组成八卦的长短横道,"—"为阳爻,"- -"为阴爻。

肴（餚） yáo 〈素〉鱼肉等荤菜：佳～｜菜～｜～馔。

【肴馔】yáozhuàn 〈书〉名。酒席上的或比较丰盛的菜和饭：预备～,以待贵宾。

尧（堯） yáo ❶名。传说中的上古帝王名。❷姓。

【尧舜】yáoshùn 名。尧和舜,传说是上古的两位贤明君主。后来泛指圣人：人皆可以为～。

【尧天舜日】yáo tiān shùn rì 成。旧时比喻太平盛世：那时期,国泰民安,百业兴旺,可谓～之时。

侥（僥） yáo 见"僬(jiāo)侥"。另见 jiǎo。

峣（嶢） yáo 〈素〉高峻：岩(tiáo)～(山高)｜～～。

垚 yáo 〈古〉形。山高；多用于人名。

轺 yáo [轺车](-chē) 名。古代的一种轻便的小马车。

姚 yáo 姓。

珧 yáo [江珧](jiāng-) 名。一种生活在海里的软体动物,壳三角形,肉柱叫江珧柱,干制后又叫干贝,是珍贵的海味品。

铫 yáo ❶名。古代的一种大锄。❷姓。

陶 yáo 人名用字。皋陶,传说中上古人名。
另见 táo。

窑（窰、窯） yáo 名。(1)烧制砖瓦、陶器等物的建筑物。(2)土法采煤而凿的洞。(3)在土坡上特为住人挖成的洞。

【窑洞】yáodòng 名。我国西北黄土高原地区就土山的山崖挖成的供人居住的洞。

【窑姐儿】yáojiěr 〈方〉名。妓女。

【窑子】yáozi 〈方〉名。妓院。

谣 yáo 〈素〉(1)歌谣：童～｜民～。(2)谣言：造～｜～传。

【谣传】yáochuán ❶动。凭空捏造的话传播开来；须带动词或主谓词组作宾语：～涨价｜～他跑到国外去了。❷名。传播的谣言：纯属～｜这是一种～。

【谣言】yáoyán 名。没有事实根据的消息：这是～,不可信｜不要传播～。

＊"谣言"和"谎言"："谣言"指凭空捏造的消息；"谎言"指用来骗人的假话。"谣言"可说"离奇的谣言"、"谣言公司"；"谎言"没有这种说法。"谣言"可同动词"戳穿"搭配,"谣言"一般不能。

【谣诼】yáozhuó 〈书〉名。造谣污蔑的话。

摇 yáo 动。物体向左右或前后来回地动：他立场坚定,从不～。常带宾语或补语：～头｜～着扇子｜把船～得飞快。

【摇摆】yáobǎi 动。向相反方向来回移动或变动：他立场坚定,从不～。常带宾语或补语：小狗～着尾巴｜柳条迎风～起来｜可重叠：那醉汉摇摇摆摆地走过来。

【摇唇鼓舌】yáo chún gǔ shé 成。指利用

口才进行游说或煽动,也指用花言巧语,大发议论;含贬义:这个家伙又在那儿~,搬弄是非|她全凭一张嘴,~,把那个男人说得如何如何好,其实是骗人的。

【摇荡】yáodàng 动。摇摆动荡:秋千在空中~|我的心随潭水的绿而~。可带宾语,常带助动词"着":~着渔船。可重叠:小船在水面上摇摇荡荡。

【摇撼】yáo·han 动。摇动;常指树木、建筑物等,多带宾语:狂风~着树木。也可用于抽象事物:漫天风雪,封住山,阻住路,却~不了人们的意志。

*"摇撼"和"摇动":"摇撼"的力量大,对象一般是较大的物体,如柱子、林木、建筑物等;"摇动"的力量小,对象一般是较小的物体。"摇撼"一般用于书面语;"摇动"书面语、口语都常用。

【摇晃】yáohuàng 动。摇摆,晃动;常带宾语或补语:手里~着帽子|把小旗子~了几下。可重叠:小船摇摇晃晃的,我站也站不稳。

*"摇晃"和"摇摆":"摇晃"动的幅度小,动得不厉害;"摇摆"动的幅度大,动得比较厉害。"摇晃"是左右前后摆动,无规律,无方向;"摇摆"是来回摆动,有规律,方向不乱。

【摇篮】yáolán 名。(1)供婴儿睡的家具,形状略像篮子,可以左右摇动,使婴儿容易入睡:母亲在~边看着孩子睡着了才走开。(2)比喻文化、运动等的发源地、诞生地:黄河流域是中华民族文化的~。(3)比喻事物初期成长的环境:他们妄图把这部优秀影片扼杀在~里。

【摇篮曲】yáolánqǔ 名。催眠婴儿入睡时唱的小歌曲,以及由此发展而成的形式简单的声乐曲或器乐曲。

【摇旗呐喊】yáo qí nà hǎn 成。原指古代作战时,士卒摇着旗子,大声喊杀助威。现比喻给别人助长声势;多含贬义:鲁迅在杂文里对那帮为反动统治者~的文人以辛辣的讽刺。

【摇钱树】yáoqiánshù 名。神话中的一种宝树,一摇晃就有许多钱落下来,后来多用来比喻借以获取钱财的人或物:她是我们家的一棵~,很会赚钱。

【摇身一变】yáo shēn yī biàn 成。古典神怪小说中描写一些人物或妖怪,往往摇一下身子,就改变了自己的形体。现多形容人的态度、身份一下子来个大改变;多指坏的装扮成好的:这个汉奸~,竟成了官方的接收大员。

【摇头摆尾】yáo tóu bǎi wěi 成。形容得意或轻狂的样子;多含贬义:他又在~地高谈阔论。

【摇头晃脑】yáo tóu huàng nǎo 成。晃:摇动。脑袋摇来摇去。形容得意洋洋或漫不经心的样子:他~地朗读着课文。有时含讽刺意味:生意谈成后,那商人十分满意,~地走了。

【摇尾乞怜】yáo wěi qǐ lián 成。原为狗摇着尾巴讨主人的欢喜,后比喻卑躬屈膝,不顾人格地向别人谄媚讨好:叛徒在敌人面前~,可耻之极。

【摇摇欲坠】yáo yáo yù zhuì 成。摇摇:摇动,摇晃;坠:落下。摇摇晃晃,快要倒了。形容极不稳固,快要掉下来或要下来:这栋房子年久失修,已~了|旧道德的尊严,在人们的笑声里已经~了。

【摇曳】yáoyè〈书〉动。摇扬;常表示花木、光影等摇摆不定的姿态:柳枝儿在晓风中~。可作定语:在~的灯光下,老王给小张讲了个故事。加动态助词"着"后可带宾语:小屋~着暗淡的灯光。

徭(傜、䌬) yáo [徭役] (-yi) 名。古时统治阶级强制人民承担的无偿劳动。

"䌬"另见yóu。

遥 yáo 〈素〉远:~远|~望。

【遥测】yáocè 动。运用现代化的电子、光学仪器对远距离的事物进行测量;常带宾语或补语:~山的高度|~过一次。

【遥感】yáogǎn 名。一种远距离探测技术。利用雷达、多波段扫描仪等仪器和高分辨率的照像机,把遥远的物体所辐射的电磁波信号等接收、记录下来并加工处理变为可识别图像,从而揭示出被测物体的性质与变化规律。

【遥控】yáokòng 动。(1)通过有线或无线电路的装备操纵一定距离以外的机器、仪器等。遥控在军用和民用部门已得到广泛应用。(2)比喻本人不在现场,而在很远的地方操纵、控制局面；常作状语，含贬义：～指挥，往往有一定的盲目性。

【遥遥】yáoyáo 〈书〉形。不加程度副词。(1)形容距离远，一般作状语，修饰双音节动词：山东半岛和辽东半岛～相对｜他的生产指标已经～领先。(2)形容时间久远，一般作状语：何时见面呢？几乎～无期。

【遥远】yáoyuǎn 形。很远；形容空间、时间的距离很长：从这里到新疆，路途很～｜在～的古代，人们把天看成一个罩子，罩在平坦的大地上。

瑶 yáo 〈素〉美玉：琼～｜～章。

【瑶池】yáochí 名。神话中称西王母所住的地方。

【瑶族】yáozú 名。我国少数民族之一，分布在广西、湖南、云南、广东和贵州等省区。

飖 yáo [飘飖](piāo-) 见"飘摇"。

鳐 yáo 名。鱼类的一科，身体扁平，略呈圆形或菱形，表面光滑或有小刺，口小，牙细小而多。生活在海中。

yǎo(丨ㄠˇ)

杳 yǎo 〈素〉深远，无影无声：～渺｜～无音信。

【杳渺】yǎomiǎo 〈书〉形。形容遥远或深远：往事像梦一般，迷离而～。也作杳眇。

【杳如黄鹤】yǎo rú huánghè 成。唐·崔颢《黄鹤楼》诗："黄鹤一去不复返，白云千载空悠悠。"后用"杳如黄鹤"比喻一去之后，永无踪影：那位先生走后，便～，一点消息也没有了。

咬(齩、齩) yǎo 动。(1)上下牙齿对住运动以切开、压碎或夹住物体；带宾语或补语：我～了一口梨｜他把笔～在嘴里。(2)钳子等夹住或齿轮、螺丝等互相卡住：两个齿轮互相～着。可带宾语：大齿轮～小齿轮。常带补语"住、不住"等：钳子～住了钉子。(3)受责难或审讯时牵扯别人，一般指无辜的人。常带宾语或补语：不许乱～好人｜审问时他竟乱～一气。可带兼语：这家伙～他也偷了东西。(4)狗叫，不带宾语：鸡叫狗～。可带补语：这只小狗夜里～个不停。(5)读字音；常以"准、不准"作补语。这个字音我～不准。可带宾语：～字眼。(6)〈方〉油漆等使有过敏性反应的人皮肤肿痛或发痒；不带宾语：我最怕漆～。

【咬耳朵】yǎo ěr·duo 习。凑近人耳边低声说话，不使别人听见：她们俩又在那里～了。

【咬文嚼字】yǎo wén jiáo zì 成。过分地斟酌字句，后多指死抠字眼儿而不领会精神实质：读文章不能光是～，更要注意领会它的精神实质。

【咬牙切齿】yǎo yá qiè chǐ 成。咬紧牙齿，形容痛恨到了极点的样子：只要一提起这家伙，村里没有一个人不恨得～的。有时也作切齿咬牙。

【咬字眼儿】yǎo zì yǎnr 习。在措词方面挑毛病；多指对别人说的话，常与"爱、喜欢"等动词搭配：他这个人就是喜欢～。

舀 yǎo 动。用瓢、勺等取东西；多指液体，带宾语或补语：他～了一碗稀饭｜把水～到锅里。

【舀子】yǎo·zi 名。舀水、油等液体用的器具。也叫舀儿。

窅 yǎo 〈古〉形。眼睛眍(kōu)进去。比喻深远：趋之帝宫，～无人。

窈 yǎo [窈窕](-tiǎo) 〈书〉形。(1)文静而美好；多形容女子：～淑女｜红柳不高不矮，树身挺拔，～秀丽。(2)幽深；多形容宫室或山水等：既～以寻壑，亦崎岖而经丘。

yào(丨ㄠˋ)

疟(瘧) yào [疟子](-·zi) 〈口〉名。疟(nüè)疾。
另见nüè。

药(藥) yào ❶名。药物：你吃了～再睡｜买的什么～？❷动。用药毒死；常带宾语或补语：～老鼠｜～不死虫子。❸〈素〉(1)某些有化学作用的物质：炸～｜焊～。(2)用药治疗：不可救～。

【药草】yàocǎo 名。可以用做药物的草本植物：采～。

【药典】yàodiǎn 名。国家法定的记载药物的名称、性质、成分、用量以及配制、贮藏方法等的书籍。

【药方】yàofāng 名。(1)为治疗某种疾病而组合起来的若干种药物的名称、剂量和用法: 开个～儿。(2)写着药方的纸。

【药罐子】yàoguàn·zi 名。(1)熬中药用的罐子。(2)比喻经常生病吃药的人; 含嘲笑意: 她是个～, 经常生病吃药。

【药剂】yàojì 名。根据药典或处方配成的制剂。

【药酒】yàojiǔ 名。用药材浸制的用以治病的酒。

【药理】yàolǐ 名。药物在有机体内所起的变化、对有机体的影响及其防治疾病的原理: 做医生的必须懂得～。

要 yào ❶动。(1)希望得到, 希望保持; 常带宾语: 我～这支笔, 不～那支|这本书我还～呢。(2)向别人索取; 常带宾语或补语: 昨天我跟小张～了他借去的那本书|他们欠的钱我～回来了。(3)请求, 要求; 须带兼语: 他～我给他带封信。❷助动。(1)表示做某件事的意志; 一般没有否定式: 小李～学拉二胡。(2)须要, 应该: 饭前～洗手|借东西～还|不～随地吐痰|不～浪费粮食。(3)表示可能: 看样子～下雨了|会议大概到下周结束。(4)将要; 前面可加"快、就": 听说, 他就～回来了|小蒋快～毕业了。(5)表示估计; 用于比较: 他～比我走得快些|他比我～了解得多。❸连。(1)如果, 要是; 表示假设: ～不下雨, 我早就走了。(2)要么, 连用两个"要就", 表示非此即彼, 第三个分句表示结论: ～就前进, ～就后退, 没有别的选择。❹[素](1)重要: 主～|紧～。(2)重要的内容: 提～|纲～。

另见yāo。

【要隘】yào'ài 名。险要的关口: 扼守～|各～均有重兵把守。

【要案】yào'àn 名。重要的案件: 抓紧处理大案～|这是一起全国罕见的～。

【要不】yàobù 连。也说要不然。(1)不然, 否则; 表示如果同上文提到的情况相反, 就会产生下面的结果或疑问, 可以同助词"的话"配合使用: 咱们该走了, ～就赶不上这趟车了|仙人球怕冷, 冬天得搬到室内, ～的话, 准会冻死。(2)或者; 表示对相似或者相反情况的选择, 常与"就"配合使用: 看场电影怎么样, ～就到公园走走。

【要冲】yàochōng 名。全国的或某一个地区的重要道路会合的地方: 武汉向来是水陆交通的～。

【要道】yàodào 名。重要的道路: 交通～。

【要地】yàodì 名。重要的地方; 一般就军事上说: 徐州是历史上兵家必争的军事～。

【要点】yàodiǎn 名。(1)文章或讲话的主要内容: 请把报告的～记一下。(2)重要的据点: 进攻战略～。

【要犯】yàofàn 名。重要的罪犯: 提审～。

【要饭】yàofàn 动。向人乞求饭食或财物; 不带宾语: 他被迫～去了。可拆开用: 他要过饭。

【要害】yàohài 名。(1)身体上能致命的部位: 这一拳, 打在～上了, 可能有生命危险。(2)比喻重要的、关键的部分: 击中了敌军的～|这一句话击中了我的～之处。

【要好】yàohǎo 形。(1)指感情融洽, 也指对人表示好感, 愿意亲近: 小王和小李是邻居, 从小就非常～。(2)努力求好, 要求上进: 这孩子很～, 学习从不放松。

【要件】yàojiàn 名。(1)重要的文件: 这些～尤其要保管好。(2)重要的条件: 解决这个问题的～有三条。

【要津】yàojīn 名。重要的渡口, 用来比喻显要的职务或地位: 位居～。

【要紧】yàojǐn 形。(1)重要: 这封信很～, 务必送到。(2)严重; 多用于否定式: 他的病不～, 吃点药就会好的|出了这点小事不～, 别紧张。

＊"要紧"和"紧要": "要紧"的意思重在重要; "紧要"的意思重在紧急。"要紧"使用范围宽, "紧要"使用范围窄, 常用的只有"紧要关头""无关紧要"等。"要紧"有严重的意思; "紧要"没有。

【要领】yàolǐng 名。(1)主要内容; 指文章或讲话: 他的讲话没抓住～。(2)体育和军事训练中某些动作的基本要求: 要掌握动作的～, 才能把动作做好。

【要略】yàolüè 名。有重点的概括的叙述; 多用于书名, 如《中国文法～》。

【要么】yào·me 连。(1)表示上文所说的愿望不能实现,只好改用另一种办法,带有商量的语气:电话里说不清楚,～你自己来一趟。(2)表示在两件或几件事物中加以选择:～你去,～他来,不过他近来很忙。也作要末。

*"要么"和"或者":"要么"很少用来连接两个单词;"或者"常用来连接两个单词,如说"你或者他来一趟",不说"你要么他来一趟"。

【要命】yàomìng ❶动。不带宾语,可拆开用。(1)使丧失生命。这种～的事可不要去冒险。可拆开用:车祸要了他的命。(2)给人造成严重困难;常在着急或抱怨时说:这人真～,天这么晚了还不来|小李实在要人命,时间这么紧,他还磨磨蹭蹭的。❷副。表示程度达到极点;常作补语:馋得～|穷得～。

【要目】yàomù 名。重要的条目或篇目:这期杂志的～已在报上发表。

【要强】yàoqiáng 形。好胜心强,不肯落在别人后面;常作谓语:这小孩很～,从不肯落后。也可作定语:～的心理。

【要人】yàorén 名。指有权势有地位的人物:参加大会的都是军政界的～。

【要塞】yàosài 名。在军事上有重要意义的、有巩固的防御设备的据点:战士守卫着边防～。

【要是】yào·shi 连。有"如果、假如"的意思;表示假设,可以同助词"的话"配合着用:～明天下雨,你还去吗?|～你有兴趣的话,咱们一起去。

【要素】yàosù 名。构成事物的必要因素:语音、词汇、语法是语言的三～。

【要闻】yàowén 名。重要的新闻:收听了中央台的～。

【要言不烦】yào yán bù fán 成。要:简要;烦:烦琐。说话简明扼要:他在大会上的发言不仅条理清楚,且～,生动有力。

【要员】yàoyuán 名。重要人员;多用于委派时:中央将派出～到各地巡视。

【要职】yàozhí 名。重要的职位:身居～,责任重大。

【要旨】yàozhǐ 〈书〉名。主要的意思:会上,他简要阐述了论文的～。

钥(鑰) yào 〈素〉开锁的东西:～匙。
另见yuè。

【钥匙】yào·shi 〈口〉名。开锁用的东西,现在有的锁用了它才能锁上。

靿 yào 〈方〉名。(～儿、～子)靴或袜子的筒儿:这种鞋的～儿太高。

鹞 yào 名。(～子)即雀鹰,猛禽的一种,样子像鹰,比鹰小,背灰褐色,腹白色,带赤褐色横斑。捕食小鸟。通称鹞鹰。

曜 yào 〈书〉❶名。(1)日光。(2)日、月、星都称曜,日、月和火、水、木、金、土五星合称七曜。旧时用来称呼一星期的各天,如日曜日是星期日,月曜日是星期一,以下类推。❷动。照耀。

耀 yào 〈素〉(1)光线强烈地照射:照～|～眼。(2)张扬,显示出来:夸～|～武扬威。(3)光荣:荣～。

【耀武扬威】yào wǔ yáng wēi 成。耀:显扬。炫耀武力,显示威风;有时含贬义:侵略者在我们国土上～,是可忍,孰不可忍?

yē(|ㄝ)

耶 yē 译音用字。用于"耶稣""耶和华"等。
另见yé。

【耶和华】yēhéhuá 名。音译词。希伯来人信奉的犹太教中最高的神。基督教《旧约》中用做上帝的同义词。

【耶稣】yēsū 名。传说为基督教的创始人。该教说他是上帝(或称天主)的儿子,降世救人。因传教触怒犹太教统治者,被钉死在十字架上,死后复活升天。

【耶稣教】yēsūjiào 名。我国称基督教新教为耶稣教,它于十九世纪初年传入我国。参见"基督教"。

椰 yē 见"伽(jiā)椰琴"。

椰 yē 名(～子)(1)常绿乔木,树干高而直立,不分枝,叶丛生在顶部。单性花,雌雄同株。核果,圆或椭圆形,中有汁,可作饮料。果肉可吃,也可榨油。果皮纤维可织网,果壳、木材可制器具。(2)这种植物的果实。

掖 yē 动。塞进；常指塞在衣袋或夹缝里，多用于"把"字句中，须带表示处所的补语：我悄悄地把书～在她的口袋里｜把信～进门缝里。
另见yè。

噎 yē 动。(1)食物塞住食道；常带宾语或补语：玉米窝窝头我吃不惯,觉得～喉咙｜慢点吃,别～住了。(2)因迎风而呼吸困难；多带补语：风真大,～得人说不出话来。(3)〈方〉说话顶撞人或使人受窘没法接着说下去；常带宾语或补语：这话说得真～人｜他一句话就把人家给～回去了。

yé (ㄧㄝˊ)

邪 yé ❶见"莫(mò)邪"。❷同"耶(yé)"。
另见xié。

铘 yé [镆铘] (mó-) 见"莫(mò)邪"。

爷(爺) yé ❶〈方〉名。(1)父亲：～娘｜那灯下站着的就是我～。(2)祖父；多叠用：～～。❷〈素〉(1)对长辈或年长男子的尊称：大～(dà·ye)。(2)旧时对官僚、财主等的称呼：老～｜太～。(3)迷信者对神的称呼：龙王～。

【爷儿】yér 〈口〉名。长辈男子和晚辈的合称。如父亲和子女，叔父和侄子、侄女，祖父和孙子、孙女；后面常带数量词：～俩｜～几个下地去。

耶 yé 〈古〉❶助。表示疑问的语气，相当于"吗"：是～非～？❷名。同"爷"。
另见yē。

揶 yé [揶揄] (-yú) 〈书〉动。嘲笑，戏弄；可带宾语或补语：～了她几句｜把他～了一番。常作状语，要带助词"地"；老张～地说："有朝一日,你也会成为英雄的。"

yě (ㄧㄝˇ)

也 yě ❶副。(1)表示同样，并列：你不怕累,我～不怕累｜小王个子高,力气～大。(2)表示无论这样或那样,不以某种情形为条件；可连用：你吃我～吃,你不吃我～吃。(3)表示强调；常跟"连、再"搭配,多用于否定句：外面连一个人影～没有｜再好～没有了。(4)表示转折、让步；常跟"虽然、尽管、即使、不但"等搭配：虽然天气冷,我们～要出工｜即使条件再差,他～能克服困难。(5)表示委婉语气：事到如今,～只好如此了｜这篇文章～写得不错。❷助。(1)常用于"…似的(地)"格式之中,起结构作用：柱子飞～似地向河边跑去。(2)用在句子中间,要轻读,使句子的语气变得舒缓,有类似"啊"的作用：你是去～不去,怎么走在路上还二心不定｜你道она苦～不苦。(3)〈古〉表示判断或解释的语气：陈胜者,阳城人～｜非不能～,是不为～。(4)〈古〉表示疑问或反诘的语气：何～？｜是可忍,孰不可忍～？(5)〈古〉表示句中的停顿：大道之行～,天下为公。

＊"也"和"都"："也"的基本作用是表示两事物的类同关系；"都"主要表示范围。在表示任指范围时,"也"一般只用于否定句；"都"在肯定或否定句里都可用。

【也罢】yěbà 助。(1)有"算了"或"也就算了"的意思,表示容忍或只得如此；多用于否定句末尾：你工作忙,不去～。可单用于句首：～,你要走我也不便强留。(2)用在两个或几个项目之后,表示无论怎样都是如此,常与上文中的"不论、无论、不管"等和下文中的"都、也、总"等呼应：不论同学～,老师～,什么人都说不服他。

＊"也罢"和"也好"："也罢"单独用时有无可奈何意,书面色彩较强；"也好"虽有时也表示无可奈何,但语意较轻。"也好"常见的用法是表示虽和自己原来的想法不同,但仍可以同意,并不会有消极的无可奈何的情绪；"也罢"的消极味较浓。

【也好】yěhǎo 助。(1)表示某种措施、办法或意见虽然不算最好,但也还可以：如果可能,让她下车间去锻炼一下～。(2)同"也罢(2)"。

【也许】yěxǔ 副。(1)表示对情况的猜测、估计或不肯定：外面起风了,～会下

雨吧|老张～明天会回家。(2)表示委婉的肯定；后边可以跟双重否定：这样处理问题～不大妥当吧|学一点历史知识,～不是无益的。

冶 yě ❶〈素〉(1)熔炼金属：～炼|～金。(2)过分的装饰,不正派的打扮：～容|妖～。❷姓。

【冶金】yějīn 动。冶炼金属；不带宾语,多作定语：～工业|～公司。

【冶艳】yěyàn 形。妖艳；多指女子的衣着、打扮,含贬义：店门口来了一个～女郎。

野(埜) yě ❶形。(1)蛮横不讲理,粗鲁没礼貌；多指人的言语、动作：这人说话太～|那个人有点儿～,动不动就打人。(2)不受约束；多指人的思想行为：孩子整天在外,心都玩～了。❷〈素〉(1)郊外,村外：～地|～营|田～。(2)指不当政的地位：下～|在～。(3)不是人所畜养或培植的：～鸡|～菜。(4)界限,范围：视～|分～。

【野菜】yěcài 名。可作蔬菜的野生植物,如马兰、苣荬菜等。

【野餐】yěcān ❶动。带了食物到野外去一起吃；不带宾语：星期天我们到玄武湖公园去～吧。❷名。带食物在野外几人一起吃的一顿饭：小黄山上的那一顿,我们至今难忘。

【野炊】yěchuī 动。在野地里烧火做饭；不带宾语：在那茫茫的大草原上,他们每天都只能～。

【野调无腔】yě diào wú qiāng 成。言语举止放肆,没有礼貌；多用于斥责：别这样～的,应该放正经一点。

【野蛮】yěmán 形。(1)不文明,没有开化：当地的部族至今还残存着一些～的习俗。(2)蛮横残暴；指行为：你这样打人太～了|他们～地屠杀土人。

【野史】yěshǐ 名。旧时私人编撰的史书：稗官～|这是一部名噪一时的～。

【野兽】yěshòu 名。家畜以外的兽类：这里经常有～出没。

【野外】yěwài 名。离居民点较远的地方：荒郊～|～作业。

【野味】yěwèi 名。猎取的供食用的鸟兽及用这兽的肉做成的菜肴：

这次出猎,所得～不少|他爱吃～。

【野心】yěxīn 名。对权力、名利、领土等的巨大而非分的欲望；含贬义：～勃勃|狼子～|这个人～不小。

【野营】yěyíng 动。到野外搭营帐住宿,是军事或体育训练的一种项目；不带宾语：明天我们到太湖边去～。

yè (lせˋ)

业(業) yè ❶〈素〉(1)行业：农～|工～|渔～。(2)职业：就～|～余。(3)学业,学习的功课：毕～|结～。(4)事业：创～|～绩。(5)产业,财产：～主|家～。(6)从事某种工作：～农。(7)已经：～已|～经。❷姓。

【业绩】yèjì 名。建立的功劳和完成的事业,重大的成就；多用于庄重场合：革命先烈的～将与天地共存。

【业经】yèjīng 副。已经；多用于公文：～批准执行。

【业务】yèwù 名。个人或机构所从事的专业工作：～学习|他很熟悉～。

【业已】yèyǐ〈书〉副。已经；多用于公文：～公布|我们的准备工作～完成。
＊"业已"和"已经"："业已"是文言词,只用于书面语；"已经"是现代词,口语、书面语都常用。

【业余】yèyú 形。不加程度副词,不单独作谓语,作定语。(1)工作时间以外的：～大学|～爱好。(2)非专业的：～剧团。

【业余教育】yèyú jiàoyù 词组。为了提高工人、农民、干部等的政治、文化和科学、技术水平,在业余时间进行的教育：发展～|～的潜力很大。

【业障】yèzhàng 名。也作孽障。(1)佛教指妨碍修行的不良行为。(2)旧时长辈骂顽劣弟子的话；可独立成句：～！还不快给我滚出去。

【业主】yèzhǔ 名。企业或财产的所有者。

邺(鄴) yè ❶古地名,在今河南安阳市北。❷姓。

叶(葉) yè ❶名。(1)(～儿,～子)植物的营养器官之一,多呈片状,绿色,长在茎上：树上已长满了～儿。(2)同"页"。❷〈素〉(1)像叶子的：百～窗|～轮。(2)时期：中～|末～。❸

姓。

另见xié。

【叶公好龙】yè gōng hào lóng 成。汉·刘向《新序·杂事五》中说,楚国贵族叶公非常爱好龙,家里器物上画着龙,房屋上刻着龙。真龙知道了,就来到他家。叶公一见,吓得面如土色,拔腿就跑。后用"叶公好龙"比喻表面上爱好某一事物,实际上并不真正爱好:我们不能嘴上说需要人才,而人才上了门又拒之门外,这实际上是~的表现。

【叶绿素】yèlǜsù 名。植物体中的绿色色素,是植物进行光合作用时吸收和传递光能的最主要物质。

【叶落归根】yè luò guī gēn 成。树叶飘落,掉在树根旁。比喻不忘本源,多指在外的人终究要返回故乡:树高千丈,~,只求你们不要把我的尸骨抛在外乡。

*"叶落归根"和"饮水思源":"叶落归根"的意思重点往往落在"归"字上;"饮水思源"的意思重点往往落在"思"字上。强调要返回故土的意思时,要用"叶落归根";强调要感恩戴德的意思时,要用"饮水思源"。"叶落归根"常跟"树高千丈"并用,表示在事业成功、万事顺利的情况下,也不能忘记本源;"饮水思源"只表示不忘本源。

咽 yè 〈素〉声音阻塞:哽~|鸣~。
另见yān, yàn。

页（頁、叶、箕） yè ❶〈素〉篇,张:活~|扉~。❷量。旧指书本中的一张纸,现多指两面印刷的书本中一张纸的一面:第五~|全书共1473~。

曳（抴、拽） yè 〈素〉拉,牵引:摇~|拖~|弃甲~兵。

"拽"另见zhuāi, zhuài。

夜（亱） yè 名。从天黑到天亮的一段时间;与"日"或"昼"相对:三天三~|没日没~|冬天~长~|里下起了小雨。

【夜不闭户】yè bù bì hù 成。户:门。夜里不用关门。形容社会治安良好;常和"路不拾遗"并用:这地方社会风气极好,几乎到了~、路不拾遗的境地。

【夜叉】yè·chā 名。音译词。佛教指恶鬼,后用来比喻相貌丑陋、凶恶的人。

【夜长梦多】yè cháng mèng duō 成。比喻时间拖久了,事情可能发生各种不利的变化:我决定立即着手,以免~|既然他答应了,就赶快办手续,否则,~,难保不会有变化。

【夜车】yèchē 名。(1)夜里开出、夜里到达或在夜里经过的火车:我将乘~前往上海。(2)在深夜里工作或学习叫开夜车;用于平时白天也工作或学习的人:这篇稿子明天等着要用,看来今晚又要开~。

【夜壶】yèhú 名。小便壶;多指旧式的。过去当学徒的要给师傅铺床叠被,倒~,打洗脸水。

【夜来】yèlái 〈书〉名。(1)昨天:您老~劳神费力了一日一夜,今天就好好休息吧!(2)夜间:~熄灯时,已是凌晨三点。

【夜阑】yèlán 〈书〉形。夜深:更深~|~人静。

【夜郎自大】yè láng zì dà 成。夜郎:汉代西南最大的一个邻国。据《汉书·西南夷传》记载:汉朝使者到了夜郎,夜郎国君问他:"汉与夜郎比哪个大?"这个夜郎王不过统治了一州的土地,却不知道汉朝国土的广大。后用"夜郎自大"比喻妄自尊大;含贬义:要虚心向别人学习,不要~。

【夜盲】yèmáng 名。由缺乏维生素A而引起的夜间视力差或完全看不见东西的病。有的地区叫雀(qiāo)盲眼。

【夜猫子】yè·māo·zi 〈方〉(1)猫头鹰。(2)指喜欢晚睡的人:这几个小青年是出名的~,每晚都折腾到半夜。

【夜明珠】yèmíngzhū 名。传说中夜间能放光的宝珠。

【夜幕】yèmù 名。黑夜,由于夜色像一块黑幕一样罩住了所有景物,故名:~降临|~笼罩着古城。

【夜市】yèshì 名。夜里做买卖的市场:周末~|我们一起去逛逛~吧。

【夜校】yèxiào 名。晚间上课的学校,多是业余的。也说夜学。

【夜以继日】yè yǐ jì rì 成。用夜晚的时间接上白天。形容日夜不停地从事某种活动；用于褒义：在建设工厂时,多少人不计个人得失,～地苦干着。也说日以继夜。

*"夜以继日"和"通宵达旦"："夜以继日"的"夜"不一定是整夜；"通宵达旦"的"通宵"表示整夜。"夜以继日"多用于工作、学习方面,偶尔用于其他方面,搭配对象多为"劳动、战斗、写作"等一类词；"通宵达旦"应用范围较广,搭配对象较多,如"等待、看守、狂舞、审讯"等。

【夜鹰】yèyīng 名。鸟,头部扁平,嘴扁平呈三角形,边缘有许多刚毛。羽毛灰褐色,多暗色小斑点。昼伏夜出,为食虫益鸟。

【夜莺】yèyīng 名。文学上指歌鸲(qú)一类鸣声清婉的鸟。因多鸣于月夜,故名。

【夜总会】yèzǒnghuì 名。一些国家的大都市中供人夜间吃喝玩乐的场所。

掖 yè 〈素〉用手扶着别人的胳膊,借指扶助或提拔：扶～|奖～。
另见yē。

液 yè 〈素〉有一定的体积、无一定形状,能流动的物质：～态|溶～|血～。

【液态】yètài 名。物质的液体状态,是物质存在的一种形态：～氧|在一定的条件下,某一物质可以从～变成固态。

【液体】yètǐ 名。能流动,有一定体积而没有一定形状的物质,如常温下的水、香油、水银等。

腋 yè 名。上肢同肩膀相连处靠里凹入的部分。通称夹(gā)肢窝。

烨(燁、爗、曄、曅) yè 〈古〉形。明亮,灿烂：金碧之光兮,～焉而眩于目。

谒 yè 〈素〉拜见：～见|拜～。

【谒见】yèjiàn 动。进见；指对地位或辈分高的人,常带宾语或补语：代表团前往该国皇宫～国王|请诸位在此稍候,等首长用过早餐,再去～不迟。

靥(靨) yè 〈素〉酒窝：笑～|酒～。

yī(I)

一 yī ❶数。最小的整数。(1)用在名量词前：～个|～只|～种办法。(2)用在表示抽象事物的名词前,前面要加指示代词"这"：这～情况很重要|这～事故后果严重。(3)用在动量词前：踢了～脚|看了～眼|打了～拳。❷形。不加程度副词,不单独作谓语。(1)同一,专一：咱们是～家人|这不是～回事|咱俩～路走|他～心～意为大家出力。(2)满,全：～脸的汗|～冬天没下雨。(3)另外：番茄～名西红柿。❸名。我国民族音乐音阶上的一级,乐谱上用作记音符号,相当于简谱的"7"。❹副。(1)用在动词、形容词前面,表示一种动作或情况出现后紧跟着发生另一种动作或情况,或表示后面的情况随前面的动作而产生；多与副词"就"配合使用：～学就会|门～推就开|他～解释我就懂了|～跳就跳了过去|在南京～住就是10年。(2)用在重叠的单音节动词中间,表示动作是短暂的,或是试试的：等～等|笑～笑|让我看～看。(3)用在动词、形容词前面,表示动作、变化是突然出现的或者是彻底的,有加强语气的作用：精神为之～振|房间粉刷～新|这本书值得～读。(4)用在动词前面,表示经过某一短暂动作就得出某种结果：我～说,你一定同意|医生～检查,他果然有病。❺〈古〉助。用在某些词前,加强语气：吏呼～何怒,妇啼～何苦|为害之甚,～至于此!

【一把手】yī bǎ shǒu 习。(1)作为参加活动的一员：我们小组正缺这么～。(2)指能干的人：老刘是里里外外～。(3)指各级领导班子里担任正职的主要负责人：老李去年主动退居第二线,让副职当了～。

【一败涂地】yī bài tú dì 成。一：一旦；败：失败；涂地：肝脑涂地的省略。形容失败到不可收拾的地步或境遇狼狈不堪：吴佩孚兵多、粮足、枪炮好,然而一遇北伐军,竟～|唐家的失意。

【一斑】yībān 名。豹身上的一块斑纹。常比喻相类似的许多事物中很小的一部分；多作"见"的宾语：以此可见～。

【一般】yībān ❶形。(1)一样,同样;主要修饰少数积极意义的单音节形容词:姐妹俩~高|两头小驴~大。(2)普通,通常,与"特殊"相对;主要修饰名词:这是一情况|文章内容很~。也可修饰动词:他一早出去,~要到天黑才回家。❷助。用在词或词组后面,表示比喻或说明情况相似,前面可同"像"搭配:钢铁~的意志|战士爱护枪炮,像爱护眼珠~。

＊"一般"和"一样":"一般"作情况相同的意思讲时,不能直接作谓语;"一样"可以。"一般"有"普遍"、"通常"的意思;"一样"没有。

【一般化】yībānhuà 形。指见解或表现很普通,没有新意或表现不突出:这几篇文章写得~,不拟发表。

【一般见识】yībān jiànshi 成。一般:一样。同样浅薄的见解和气度;常用于否定句:他年轻气盛,你别跟他~。

【一板一眼】yī bǎn yī yǎn 成。板、眼:民族音乐和戏曲中的节拍。比喻言语行为有条理、合规矩、不马虎:老张这人做事从来都是~的,决不草率。

【一本万利】yī běn wàn lì 成。形容本钱很少,利润却很大:这笔生意虽然不能说是~,但是两三倍的利钱是有的。

【一本正经】yī běn zhèngjīng 成。正经:端庄,正派。形容庄重、严肃、认真;多指人的表情、脸色、态度:她装出~的样子|官员们来来往往,十分忙碌,脸儿都~的。

【一鼻孔出气】yī bíkǒng chū qì 成。相互间言行如出自一人,比喻持有同样的态度和主张;含贬义:他也是这个腔调,跟小王简直是~!

【一笔勾销】yī bǐ gōuxiāo 成。原指把帐上的数字一笔抹掉,现常比喻把一切完全取消:这笔帐就~,不再算了|那不愉快的往事早就该~,何必再提它呢?

【一笔抹杀】yī bǐ mǒshā 成。抹煞:涂抹掉。画一笔,全部抹掉。比喻一下子全盘否定;多指成绩或优点等:应该一分为二,不能~他的优点。

＊"一笔抹杀"和"一笔勾销":"一笔抹杀"是一笔涂抹,比喻全盘否定;"一笔勾销"是用笔画一画,比喻全部取消,一概不计较。"一笔抹杀"多与"成绩、成就、功劳、优点、作用、事实、贡献"等词语搭配;"一笔勾销"多与"债务"、"帐务"、"诺言"、"捐税"等搭配。

【一臂之力】yī bì zhī lì 成。指其中的一部分力量或不大的力量;常作"助"的宾语,表示从旁给人帮助:我正盼你来助我~。

【一边】yībiān ❶方位。(1)指东西的一面,事情的一方面:大楼的~是个花园|两队比赛,总有~会输。(2)旁边:球落到~去了|汽车来了,快往~躲躲。❷副。表示两种或两种以上的动作行为同时进行;一般连用:他们一~喝茶,一~研究问题。有时前一分句的"一边"可省略:他慢慢往前走,~唱着歌ㄦ。

【一并】yībìng 副。一起;表示两种或两种以上的事物合在一起处理,后面多带双音节动词:这两件事情可以~讨论|你提出的几个问题,现在~答复如下。

【一波未平,一波又起】yī bō wèi píng, yī bō yòu qǐ 成。一个浪头尚未平复,另一个浪头又掀起了。原形容波涛汹涌,滚滚不绝。后比喻波折多,一个问题尚未解决,另一个问题又发生了:昨天百货公司发生了一桩失窃案,今晨职工们又因此事发生争吵,真是~。

【一不做,二不休】yī bù zuò, èr bù xiū 成。既然已经做了,就索性做到底;多表示态度坚决,决心大:到这地步,~,我是打算干到底了。

【一步登天】yī bù dēng tiān 成。一步登上青天。比喻一下子达到很高的境界或程度:你能~,一下子画得像齐白石那样好吗? 也比喻人骤然得志,爬上高位;含贬义:在十年浩劫期间,有人靠打砸抢起家,~,当上了局长、市长。

＊"一步登天"和"平步青云":"一步登天"偏重于一下子;"平步青云"偏重于很容易。"一步登天"可比喻达到很高的境界或程度;"平步青云"不能。

【一划】yīchàn 〈方〉副。一概:~新|~都是平川。

【一场空】yī chǎng kōng 习。希望和努力全部落空;常作"落得"的补语:王熙凤聪明过头,机关算尽,到头来却落得～。

【一唱一和】yī chàng yī hè 成。一个先唱，一个随声应和。比喻互相配合，互相呼应；含贬义：这俩人～，互相吹捧，真是恬不知耻。

【一倡百和】yī chàng bǎi hè 成。和：响应，附和。一人首倡，百人附和。形容附和的人很多：他在会上作了要重视教育工作的发言，～，与会者纷纷表示赞同。

【一尘不染】yī chén bù rǎn 成。原为佛家用语，佛家以色、声、香、味、触、法为六尘，说修道者不为六尘所玷污，保持心地洁净，叫一尘不染。后形容人思想品德高尚，不为歪风邪气所沾染。也形容非常清洁干净：他们身居闹市，～，始终保持着艰苦朴素的优良传统｜雨后的绿树红楼，洁净如洗，～。

【一成不变】yī chéng bù biàn 成。原指刑法一经制定，便不可改变。后形容事物固定不变；多用于否定句：我们的规章制度，要保持相对的稳定，当然也不是～，要不断修改和完善。

【一筹莫展】yī chóu mò zhǎn 成。筹：算等，计算，办法；展：施展。一点计策也施展不出来，即一点办法也没有：周瑜赔了夫人又折兵，陷入了～的困境。

【一次性】yīcìxìng 形。只有一次，没有第二次，或只用一次；不加程度副词，不单独作谓语，多作状语或定语：～优惠销售｜～削价处理｜～的卫生筷。

【一蹴而就】yī cù ér jiù 成。蹴：踏；就：成功。踏一步就成功。形容事情轻而易举，一下子就能完成；多用于否定句：国家富强要靠全国人民长期努力才能实现，决不可能～。

【一带】yīdài 名。泛指某处或与之相连的地方；可加在处所名词后，表示所说的地区及其附近：唐山、丰南～发生强烈地震。也可单说"这一带、那一带"，用于紧接上文或谈话时：他是这～出名的猎手｜我会讲他们那～的方言。

【一旦】yīdàn ❶名。一天之间；形容时间短：几年的努力，几乎毁于～。❷副。不确定的时间词，表示有一天。(1)用于已然，表示忽然有一天：这盆昙花养了十多年，～冻死，怎能不可惜？(2)用于未然，表示要是有一天：失足青年～改正错误，仍然可以得到大家的信任。

【一刀两断】yī dāo liǎng duàn 成。一刀斩成两段。比喻坚决彻底地断绝关系：从此以后你别找我，我也不求你，咱们～。

＊"一刀两断"和"快刀斩乱麻"："一刀两断"比喻坚决彻底地断绝关系，其对象多为人与人之间的关系；"快刀斩乱麻"比喻做得果断干脆，迅速有效地解决复杂问题，其对象多为事情。

【一刀切】yī dāo qiē 习。比喻不从实际情况出发，只用一种方式处理问题：企业经营责任制应该具有多种形式，而不应该～。也比喻一视同仁地对待：处理这类问题只能～。

【一得之功】yī dé zhī gōng 成。一得：一点心得，一点收获；功：成就。一点微小的成绩：我们不能沾沾自喜于～，而要有远大抱负。

【一得之见】yī dé zhī jiàn 成。见：见解。一点点肤浅的见解；多用于批评劝戒，也用作谦辞：有的领导目光狭隘，常囿于～，自以为是｜本书所谈的不过是创作过程中的～，不一定正确。

＊"一得之见"和"一孔之见"："一得之见"强调见解的肤浅；"一孔之见"强调见解的狭隘、片面。

【一得之愚】yī dé zhī yú 成。指自己对于某一问题的见解；常用作谦辞：这些观点是本人的～，仅供参考。

【一定】yīdìng ❶形。不加程度副词，不单独作谓语，只修饰名词，须带助词"的"。(1)规定的，确定的：学习有～的目的｜做好这项工作要有～的纪律制度做保证。(2)固定不变，必然：文章的深浅与篇幅的长短没有～的关系。(3)特定的，相当的：～的文化是～的社会的政治和经济的反映｜水平已有～的提高。❷副。(1)表示意志的坚决；多用于第一人称，如果用于第二、三人称时，往往用在动词和助动词"要、得"等之前：我～照办｜你～要抽时间去看看｜领导～得深入群众。(2)必然，确定无疑；多指主观愿望的推断：这种新产品，消费者～欢

迎|看你的气色,身体～不错。(3)前面加"不"后,表示情况不能肯定,委婉地偏于否定: 你那话不～恰当啊!|起初写的文章不～都很好,但只要经常地认真写下去,总是可以写好的。

【一度】yīdù ❶数量。一次,一阵;经过～紧张的苦战,大火被扑灭了。常与"一年"合用: 一年～的中秋节又到了。❷副。有过一次;表示某种情况在过去某一个时期里发生过: 奶粉～脱销过。常同副词"曾、曾经"搭配: 在决赛中我队曾经～失利。

【一发】yīfā 副。(1)更加; 强调后果的严重性,用于否定句: 如果再不解决,事情就～不可收拾了。(2)一同,一并; 表示同一场合的一起行动: 这几份材料明天～送交存档吧。

【一发千钧】yī fā qiān jūn 成。钧: 古代重量单位,一钧为30斤。一根头发上系着千钧的重量,比喻情况万分危急: 火车越来越接近了,在这～之际,他一把将她推离了轨道。也说千钧一发。

【一番】yīfān 数量。(1)一种; 计量事物的类别、样式,用于言语、心思、景象等: 别有～大自然的风韵|大妈的～话,语重心长。(2)一回,一次; 计量动作的遍数: 李排长到村头察看了～|被他训斥了～。(3)一倍; 常用于计算产量、产值等: 粮食产量翻了～。

【一帆风顺】yī fān fēng shùn 成。原指船挂满帆,一路顺风。比喻境遇顺利,毫无挫折; 常用于祝愿他人旅途顺利或事业顺利: 祝你～,到大连后来封信|祝大家毕业后工作～。

【一反常态】yī fǎn cháng tài 成。完全改变了平时的态度: 他们几个人～,走来就吵吵嚷嚷。

【一分为二】yī fēn wéi èr 习。对立统一规律的通俗说法。意思是任何一种事物都包含着两个相互对立又相互联系的对立面,对立面之间又统一又斗争,在一定条件下各自向其相反的方面转化: ～,这是个普遍的现象,这就是辩证法|对什么事情都要用～的眼光看待。

【一风吹】yī fēng chuī 习。比喻一笔勾销: 从今往后,我们的旧帐～,大家再也不要提这事了。

【一概】yīgài 副。表示全部,没有例外; 用于概括事物,多用于否定句: 前面正在施工,行人车辆～不许通过|不合理的制度,～予以废除。

【一概而论】yīgài ér lùn 成。概: 古代量米、麦时刮平斗斛的木棍。用同一标准来评论或看待。指处理事情、问题不作具体分析,笼统地同样看待; 多用于否定句或反诘句: 这两件事性质不同,不能～|外国影片有好有坏,能～,全盘否定吗?

【一干】yīgān 形。所有跟某事件(多指案件)有关的; 不加程度副词,不单独作谓语,作定语: ～人犯。

【一干二净】yī gān èr jìng 成。形容一点儿也没有了,也形容干干净净; 至于接人的事,她早已忘得～了|前庭后院扫得～。

*"一干二净"和"一尘不染": "一尘不染"含有一点灰尘也不留的意思,词义重于"一干二净"。"一干二净"多作补语; "一尘不染"多作谓语,也作定语、状语。"一干二净"还有形容一点儿也没有了的意思; "一尘不染"没有这层意思。

【一个劲儿】yī gejìnr 副。表示不停地连续下去: 风还是～刮着|他～地向上爬。

【一个心眼儿】yī ge xīnyǎnr 习。(1)指专心一意; 含褒义: 大伙～奋战,终于超额完成任务。(2)比喻固执不知变通; 一般含贬义: 你这人真是～,不会变个法子办理吗?

【一共】yīgòng 副。表示数量的总计,后边必须跟数量词或表示数量的疑问词: 这车间～20个工人|《红楼梦》中～有多少人物?

【一股脑儿】yīgǔnǎor 〈方〉副。通通,全部; 作状语一般不带助词"地",常与"全、都"等副词配合使用: 他把以前的信～全烧了|她把所知道的情况～都讲了出来。也作一古脑儿。

【一鼓作气】yī gǔ zuò qì 成。《左传·庄公十年》: "夫战,勇气也。一鼓作气,再而衰,三而竭。"一鼓: 第一次击鼓; 作: 振作; 气: 勇气。第一次击鼓时士气振奋。现常形容做事时鼓足干劲,一往直

前；多用于劝戒或自勉：战士们～，一直打到敌人指挥部门口|任务不多了，我们要～，夺取最后的胜利。

【一贯】yīguàn 形。一向如此，从未改变；常用来形容思想、作风、政策等，不加程度副词，不单独作谓语：艰苦朴素是他的～作风|坚持和平共处五项原则，是我国政府的～立场。

　　*"一贯"和"一向"："一贯"指贯彻始终，没有差别，着重表示思想、作风、政策等的连续性；"一向"指稳定无变化，着重表示行为、习惯等的稳定性。"一贯"是形容词，多修饰"原则、方针、政策、作风、立场、态度、表现"等；"一向"是副词，常修饰动词、形容词。

【一锅端】yī guō duān 习。(1)比喻把事情一下子处理掉：不要再头痛治头，脚痛治脚了，要下决心～，把问题彻底解决。(2)比喻全拿出来，不剩余：各种各样的意见，大的小的，对的不对的，要～，全倒出来。

【一锅粥】yī guō zhōu 习。一团糟。形容极其混乱的现象：屋里顿时乱成了～。

【一哄而起】yī hōng ér qǐ 成。哄：喧嚷。形容没有经过组织和准备而喧闹着同时行动起来：这个经验一定要有计划有步骤地逐渐推开，防止～。

【一哄而散】yī hōng ér sàn 成。哄：吵闹，喧嚷。在一片喧嚷声中一下子散去：看见警察来了，几个斗殴的流氓便～|枪一响，树上的一只鸟应声落地，其余的吓得～。

【一呼百应】yī hū bǎi yìng 成。应：应诺，响应。形容响应的人很多：村民们漫山遍野，梭镖短棍，～，土匪无处藏踪|梁山义旗一举，～，前去聚义的人很多。

【一晃】yīhuǎng 动。很快地一闪；不带宾语，常与其他动词连用：那人影在窗口儿～就不见了。

【一晃】yīhuàng 副。形容时间过得快，含有不知不觉的意思：毕业以后，～已有十年了。

【一挥而就】yī huī ér jiù 成。挥：挥笔；就：成功。形容才思敏捷，一动笔就完成：郭老是大手笔，倚马千言，～。

【一会儿】yīhuìr ❶名。指很短的时间：～

的功夫|咱俩歇～|～地上就积了三四寸厚的雪。❷副。叠用在一对反义词的前面，表示两种情况交替：天空～晴～阴|他～出，～进，忙个不停。

【一己】yījǐ 〈书〉名。自身，个人：我们要为国家和民族着想，不应当争～之私利。

【一技之长】yī jì zhī cháng 成。长：擅长，专长。指某一种特长：要妥善安排每个人的工作，发挥各人的～。

【一见如故】yī jiàn rú gù 成。故：老朋友。初次见面就像老朋友一样；用来形容初见时的热情、融洽或谈得十分投机：我们就这样～地谈了起来|我们～，十分相投，很快成了莫逆之交。

【一见钟情】yī jiàn zhōng qíng 成。钟情：感情专注；指男女之间一见面，就产生了爱情：这样一个"新女性"骤然进入他的视野，怎能不使他～，引为知己?

【一箭双雕】yī jiàn shuāng diāo 成。《北史·长孙晟(shèng)任》记载：长孙晟是个善于射箭的人，一次，天上有两只雕飞着争食，有人给长孙晟两只箭，要他把两只雕都射下来。长孙晟骑马赶去，正好遇到两只雕纠缠在一起搏斗，他拉开弓，一箭就把两只雕射了下来。雕是一种凶猛的大鸟。原形容射箭技术高超，后比喻一举两得：这条计策很好，我们既摆脱了敌军的包围，同时又策应了五团迂回歼敌的行动，这真是～啊!

　　*"一箭双雕"和"一举两得"："一箭双雕"多指做一件事而达到两个目的；"一举两得"多指做一件事而得到两方面的好处。"一箭双雕"常用于"目的、目标、计划、注意"等；"一举两得"常用于"做法、事情"等。"一箭双雕"是比喻性的，较形象；"一举两得"是直接陈述性的。

【一介】yījiè 〈书〉数量。(1)一个；含有微贱、渺小的意思：～书生。(2)一点点：～不取。

【一经】yījīng 副。表示只要经过某个步骤或某种行为，就能产生相应的结果；用在前一分句中，后一分句常用"就、便"呼应：这条铁路～勘测完毕，就可备料施工。

【一举】yījǔ ❶名。某一种举动：成败在此～。❷副。表示经过一次行动就能做

到：他们～击退了雇佣军的侵略|登山队员团结奋斗,～登上地球之巅。

【一举成名】yī jǔ chéng míng 成。举：举动,行动。原指科举时考中了进士就天下闻名,后泛指一下子出了名：要踏踏实实地工作,努力做出成绩来,不要幻想～|她在这部影片中,由于演技高超而～。

【一举两得】yī jǔ liǎng dé 成。做一件事,得到两种好处：你这次去省城,既可参观展览会,又可顺道探亲,真是～。

【一蹶不振】yī jué bù zhèn 成。蹶：跌倒,栽跟头。跌倒了再也爬不起来。比喻一遭到失败、挫折就再也不能振作起来：这家企业经过这一次沉重的打击,从此～。

＊"一蹶不振"和"一败涂地"："一蹶不振"着眼于失败后的严重后果；"一败涂地"着眼于失败的惨重程度。"一蹶不振"是从发展的情况来看的,意味着从此衰落、瓦解、完蛋；"一败涂地"多就一时的情况而言,有时还可能东山再起。"一蹶不振"可指人在精神上、健康上所受的打击及严重后果；"一败涂地"不能。"一败涂地"可引申为糟得一塌糊涂,坏得不可收拾或境遇狼狈；"一蹶不振"不能。

【一孔之见】yī kǒng zhī jiàn 成。从一个小窟窿里所见到的。比喻狭隘片面的主观见解；多用于批评、劝戒：有的人死抱着一技之长和～,就再也没有进步。有时也用作自谦：刚才所说只是我的～,请大家指正。

【一口】yī kǒu ❶形。纯一；指说话的口音、腔调等,不加程度副词,不单独作谓语,作定语：王师傅～的山东话。❷副。表示口气坚决；多同双音节的词语搭配：～否定|～回绝。

【一来二去】yī lái èr qù 成。指互相交往、接触后逐渐产生某种情况：她跟小李同在一个车间干活,两个人年龄相仿,志趣相投,～,便成了好朋友。

【一览】yīlǎn 名。用图表或简明的文字做成的关于概况的说明；多用于书名：《世界风光～》。

【一览无余】yī lǎn wú yú 成。览：看；余：剩余。(1)一看就全部看在眼里,形容视野辽阔：居高远眺,西湖的秀丽景色便～地展现在我们眼前。(2)一看就能看得清清楚楚,形容事物简单,一目了然：写小说不能平铺直叙,使人～|有些人不深人生活,就觉得生活～,一平如水。

【一揽子】yīlǎn-zi 形。对各种事物不加区别或不加选择的；不加程度副词,不单独作谓语,作定语：～计划|～建议。

【一劳永逸】yī láo yǒng yì 成。逸：安逸。劳苦一次,永得安逸,再也不用费事了：世界上～的事是极少的,要做成功几件事,非得花大力气不可|学问无止境,企图～,是不求上进的表现。

【一例】yīlì 副。一律：～对待|～安排|树色～是阴阴的,乍看像一团烟雾。

【一连】yīlián 副。表示动作继续不断或情况连续发生；多用在单音节动词或形容词前：最近～热了三四天|我们～跑了几趟都没结果。

【一鳞半爪】yī lín bàn zhǎo 成。比喻事物的一部分或零星片段：不能抓住事物的～就轻率地下结论|关于他的消息,我也只知道～。

【一溜烟】yīliùyān 副。表示跑得很快；可用于人,也可用于物：老刘骑上车,～地向南驰去|那野兔～地向林中窜去。

【一路】yīlù ❶名。(1)在整个的行程中,沿路；多带方位词"上"或修饰双音节形容词：～上大家有说有笑|～顺风|～平安。(2)同一类：他俩是～货|老李是拘谨的～,小李是旷达的～。❷副。一起；多与动词"来、去、走"搭配：我跟他～来的|你俩～去吧。

【一律】yīlǜ ❶形。一个样子,相同；不加程度副词,不修饰名词：规格～|各地情况不一,不必强求～。❷副。表示概括全部,没有例外：过期～作废|国家不分大小,应～平等。

＊"一律"和"一概"："一律"强调全部都一样,既可用于人的动作行为,也可用于物；"一概"强调概括全部,多用于事物。"一律"多用于否定句,"一概"不受此限。"一律"可作形容词；"一概"不能。

【一落千丈】yī luò qiān zhàng 成。形容下降得很厉害：由于出了这件丑事,他的声望～。

一 yī 1285

【一马当先】yī mǎ dāng xiān 成。原指作战时策马冲锋在前。现泛指走在前面，起带头作用：连长～，向敌军营垒冲去｜在这次劳动竞赛中，一小队～，干在最前面。

＊"一马当先"和"身先士卒"："一马当先"表示走在最前面；"身先士卒"表示亲自走在士卒（群众）的前面。"一马当先"可用于人或其他事物；"身先士卒"只用于人，而且限用于领导人。

【一马平川】yī mǎ píng chuān 成。平川：地势平坦的地方。指能纵马疾驰的一片广阔平坦的地方。形容地势宽广平坦：火车过了～的成都平原，就开始行进在一个个的隧道中。

【一脉相传】yī mài xiāng chuán 成。由一个血统或一个派别传下来；多指文化、思想、学说或行为之间的继承关系：朱熹是杨龟山的弟子，杨龟山是程灏、程颐的门徒，他们是～。也作一脉相承。

【一毛不拔】yī máo bù bá 成。《孟子·尽心上》："杨子取为我，拔一毛而利天下，不为也。"一根毛也不肯拔下来，形容极端吝啬自私：这个老财主向来就是～。

【一面】yīmiàn ❶名。(1)物体的几个面之一：说明书上～是中文，另～是英文。(2)一个方面：～儿理｜独挡～ ❷副。表示两种以上的动作同时进行，用在动词前。(1)前一分句中的"一面"省略：小洪用心听着，～记着笔记。(2)两个分句连用"一面"：～战斗，～生产｜～走，～说。

【一面之词】yīmiàn zhī cí 成。词：话语。单方面的话；多跟"听、相信、听信、是"等动词搭配：搞调查要广泛听取各方面的意见，决不能只听～。

【一面之交】yī miàn zhī jiāo 成。见过一面的友情，表示没有深交，仅仅认识而已：咱们总算有～，所以我应该帮你一把。也说一面之雅。

【一鸣惊人】yī míng jīng rén 成。《史记·滑稽列传》："此鸟不飞则已，一飞冲天；不鸣则已，一鸣惊人。"一叫就使人震惊。比喻平时默默无闻，突然有惊人的表现：茅盾也并非是～，在《子夜》之前，他还写过《蚀》、《虹》等长篇小说。

【一命呜呼】yī mìng wūhū 成。命：生命；呜呼：旧时祭文中常用的悲叹词，表示对死者的哀痛，后作死亡的代称。指人死了：幸亏老刘急中生智，木筏上的我们才幸免～。

＊"一命呜呼"和"与世长辞"："一命呜呼"有嘲讽、诙谐的口吻；"与世长辞"有委婉的口吻，带有庄重色彩。"一命呜呼"常用于不受尊敬的人；"与世长辞"只用于尊敬的人或敬爱的人。

【一模一样】yī mú yī yàng 成。模样完全一样。形容完全相同：母亲觉得儿子几乎同父亲长得～｜他俩并肩而坐，穿着～的衣裳。

【一木难支】yī mù nán zhī 成。一根木头不能支撑将倒的大厦。比喻一个人的力量不能挽回颓势：老丞相也觉得自己在朝廷中孤掌难鸣，～。也比喻艰巨的事业非一人所能胜任：众擎易举，～。

【一目了然】yī mù liǎorán 成。目：看；了然：明白，清楚。一眼就看得清清楚楚：登高远眺，所有景物～｜他曾将唐代著名诗人生卒年代可考者制成一张图表，使人～。

【一念之差】yī niàn zhī chā 成。差：错误。一个主意、念头的差错；指因此而引起的严重后果：这一事故完全是李山～造成的｜～，走上了犯罪的道路。

【一诺千金】yī nuò qiān jīn 成。诺：许诺。一经允诺，价值千斤，形容说话极有信用：经理是个～的人，日后是不会食言的。

【一盘散沙】yī pán sǎn shā 成。一盘粘合不到一块的沙子。比喻力量分散，不能团结一致：那里的职工如～，很不团结。

【一瞥】yīpiē ❶动。用眼一看；不带宾语：他向门里～，对房内的情况便有了了解。❷名。一眼看到的情况；多用做文章题目：石城～。

【一贫如洗】yī pín rú xǐ 成。穷得像冲洗过似的，什么也没有。形容贫困之极：父亲外出谋生的时候，家里～。

【一暴十寒】yī pù shí hán 成。晒一天，冻十天。比喻工作、学习没有恒心，努力时少，懈怠时多：学习普通话要天天练，～

是肯定学不好的。

【一齐】yīqí 副。表示同时：大扫除大家～动手|几十双温暖的手～伸了过来。

【一起】yīqǐ ❶名。同一个处所；作宾语：我们到～不久|干部和群众在～|我跟他住在～。❷副。(1)表示在同一场合一致行动：明天咱俩～去。(2)〈方〉一共，表示数量的总计：请你算一算，这五本书～多少钱？

＊"一起"和"一齐"："一起"着重表示动作者的行动位置相同；"一齐"着重表示动作者的行动时间相同。"一起"有名词用法；"一齐"没有。

【一气】yīqì 副。(1)不间断地，指做某事；～呵成|～喝了三杯茶。(2)一阵，多作补语：瞎闹～|乱翻～。(3)声气相通；多作补语，含贬义：几个人串通～。

【一气呵成】yīqì hē chéng 成。呵：呼气。一口气做成。(1)比喻文章或说话气势畅达，首尾贯通：纵观全文，结构紧密，～。(2)比喻整个工作因部署严密紧凑而迅速完成：凭着这么一股炅雷闪电般的激情，一丈六尺的画卷他竟～了。

【一窍不通】yī qiào bù tōng 成。窍：窟窿。没有一窍是贯通的，比喻什么也不懂：对于音韵学，我是～。

【一切】yīqiè 代。(1)全部，各种；多作定语：要藐视～困难。常跟"都"配合使用：～手续都办好了。(2)泛指全部事物；常作主语或宾语：～归劳动者所有|所有这～，都使我很高兴|有了人民的政权，就有了人民的～。

＊"一切"和"所有"："一切"指的范围广，包括某种事物的全部类别；"所有"指的范围小，着重指一定范围某种事物的全部数量。"一切"只能修饰可分类的事物，不能修饰不能分类的事物，如不说"一切桃花都开了"；"所有"不受这种限制。"一切"没有动词用法；"所有"有动词用法。

【一穷二白】yī qióng èr bái 成。穷：指物质基础差，工农业不发达；白：指文化和科学水平低。形容基础差、底子薄：我们已甩掉了～的帽子。

【一丘之貉】yī qiū zhī hé 成。同一个小土山上的貉。比喻同是一类，没有差别；用于贬义，专指坏人：看来，官兵与城外的土匪早已成了～，互相勾结，欺压百姓。

【一去不复返】yī qù bù fù fǎn 成。一去就不再回来。现多形容事物已成过去，不会再返这里已变成大片旱涝保收的稻田，"飞蝗蔽日，禾草一空"的时代已经～了。

【一任】yīrèn 〈书〉动。听凭；常带兼语：所有家中财物，～你处理，我决不过问。

【一日千里】yī rì qiān lǐ 成。原形容马跑得极快。现形容发展极其迅速：祖国～的建设，使海外赤子感到无比自豪。

【一日三秋】yī rì sān qiū 成。《诗经·王风·采葛》："一日不见，如三秋兮。"三秋：三个秋天，指三年。一天没有见面，就像隔了三年一样。形容思念人的心情非常殷切：妈妈出差后，我日夜想她早日回来，真有～之感。

【一如】yīrú 动。同某种情况完全一样；用在"一如所…"或"一如…所…"的格式中：～所闻|～所请|～你所见到的那样，情况并不严重。

【一如既往】yīrú jìwǎng 成。一：都,全；既往：过去。完全跟过去一样：他虽然退休了,但仍一地关心青年人的成长|中国人民将～,坚持奉行和平共处五项原则。

【一色】yīsè 形。不加程度副词。(1)一样的颜色；多作谓语：细雨霏霏，水天～。(2)全部一样的，不混杂别的颜色、种类或式样的；不单独作谓语，作定语或状语：这里盖的是～的青瓦房|房里的家具～是奶黄的。

【一身】yīshēn ❶名。全身，浑身：～是胆|～是劲|水溅了我～。❷数量。一套，指衣服：～咖啡色的西装。

【一生】yīshēng 名。从生到死，一辈子：张思德的～,是为人民大众做贡献的～|在他的～中,有许多不平凡的经历|我～遭磨难。

【一时】yīshí ❶名。一个时期；常用在固定的组合中：此～,彼～。❷副。(1)短时间，暂时；后面常带肯定句：他是～受蒙蔽，终究会明白过来。(2)顿时，偶然；表示由于某种突然出现的情况而引起另一种情况：突然停电，～屋子里变得漆黑。(3)时而，忽而；常连用，表示情况经常改变或者交替出现：黄梅时节，江南地区～晴，～阴，天气变化无常。

【一事无成】yī shì wú chéng 成。什么事都没有做成。指毫无建树，一无成就：这个人大事做不来，小事又不愿做，最后～。

【一视同仁】yī shì tóng rén 成。表示对人不分厚薄，一样看待：大中小户必须～，不能把中小户甩在一边|这家商店买卖公平，态度也好，能～地对待所有的顾客。

【一手】yīshǒu ❶名。(1)指一种技术或本领：设计各种衣服，她确实有～。(2)指耍的手段：他这～很毒辣，几乎害死了人。❷副。独自，单独；作动词的状语：～包办|这所小学是他～创建的。

【一手遮天】yī shǒu zhē tiān 成。一只手遮住天。比喻倚仗权势，玩弄骗人的手法，蒙蔽群众耳目：这家公司经理～，欺上瞒下，做了不少违法的事。

【一瞬间】yīshùnjiān 名。转眼间；指极短的时间：飞机～便飞过去了|就在这～，我再也控制不住自己的情感，眼泪竟唰唰地流了下来。

【一丝不苟】yī sī bù gǒu 成。苟：苟且，马虎。一点儿也不马虎。形容办事认真、仔细；多用于评价或夸奖人：几十年来，他工作～，高度负责|她以～的准确的戏剧程式表达了角色的丰富的感情。

【一丝不挂】yī sī bù guà 成。形容不穿衣服，全身赤裸裸：几个～的孩子正在水中戏嬉追逐。

【一塌糊涂】yītā hútú 成。形容糟得很或乱到不可收拾的程度；常作补语：这篇稿子被涂改得～|他同陆金锁吵了个～。

【一体】yītǐ 名。(1)关系密切，如同一个整体：融为～。(2)全体：～遵照|～周知。

【一条龙】yī tiáo lóng 习。(1)比喻首尾连贯的事物：正待出厂的拖拉机排成了～。(2)比喻生产程序或工作环节上的紧密联系和配合：这家联合公司产运销已形成了～。

【一同】yītóng 副。表示同时同地做某件事：我不跟他～走|～劳动了三个月。

【一统】yītǒng 动。统一；指国家：～天下|～江山。

【一头】yītóu ❶副。(1)表示同时进行几件事，一面；多连用：他～走，～唱。(2)表示动作急，径直：打开车门，他～钻了进去，开了就跑。(3)突然，一下子：刚出门，～碰见小明。(4)头部突然往下扎或往下倒：～扎进水里|～扑在床上。(5)〈方〉一同，一块儿：这几个人是～来的。❷名。(1)一端：扁担的～已裂开了。(2)相当于一个头部的高度：我比哥哥高出～。

【一团和气】yī tuán héqì 成。原指态度和蔼，现指相互之间只讲和气，不讲原则；含贬义：见到明知不对的事情，不批评，不斗争，求得和平和亲热，保持～，这是不对的。

【一团糟】yī tuán zāo 习。形容异常混乱、糟糕，不易收拾：由于管理无方，这个厂的生产搞得～|这～的局面不知何时才能改变。

【一退六二五】yī tuì liù èr wǔ 成。本是一句珠算斤两法的口诀，16除1是0.0625。"退"是"推"的谐音，有时就说成"推"，借用作推卸干净的意思：有了功劳，是他的；出了问题，他就～，溜之大吉。

【一网打尽】yī wǎng dǎ jìn 成。比喻一下子全部捉住或彻底肃清：为了把这群匪徒～，李参谋只身深入虎穴。

【一窝蜂】yīwōfēng 形。许多人乱哄哄地同时说话或行动的样子；不加程度副词，不单独作谓语，常作"拥、冲"等动词的状语：这群人一听到消息，～地拥进了屋子。

【一无】yīwú 动。全无，毫无；常用在比较固定的组合中：～所知|～是处|～可取。

【一无是处】yīwú shì chù 成。是：对，正确。没有一点对的地方：不要因为一个人有缺点，就把他说得～。

【一五一十】yī wǔ yī shí 成。五、十：点数目的单位。五个十个地将数目点清。比喻从头至尾，无所遗漏：我把钞票一地点好给他|二妞～地对姐姐讲了起来。

【一息尚存】yī xī shàng cún 成。还有一口气存在,表示直到生命的最后关头:我年虽老,血还热,只要~,就要为革命事业做一点贡献。

【一席话】yī xí huà 词组。一番话;指好的:听君~,胜读几年书。

【一系列】yīxìliè 形。许许多多有关联的,一连串的:不加程度副词,不单独作谓语,作定语:克服了~的困难|发生了~变化。

【一线】yīxiàn ❶名。第一线,指直接从事生产和工作的部门或岗位:领导要到~指挥生产|他已不在~了,已退居二线。❷形。形容极其细微;不加程度副词,不单独作谓语,作定语:~阳光|~希望。

【一相情愿】yī xiāng qíngyuàn 成。一相:也作"一厢",比喻单方面。只是单方面的愿望,没有考虑到对方同意与否、客观条件具备与否。泛指办事全从主观愿望出发,不顾客观条件:他同小芳结婚,这仅是他~的想法|这份计划是他~制订的,根本行不通。

【一向】yīxiàng ❶名。过去的某一段时间:前~干旱严重|这~小明的表现较好。❷副。(1)表示从过去到现在:松花江航运~发达。(2)表示从上次见面到现在:你~好哇!

＊"一向"和"一直":"一向"着重指一定时间的全过程,从过去到现在;"一直"着重指动作始终不间断,或情况始终不改变。"一直"还可指朝一个方向前进,中途不拐弯;"一向"没有这种意思。

【一笑置之】yī xiào zhì zhī 成。置:搁,放下。笑一笑,把它放在一边。表示不当一回事,不予理睬:对于社会上的闲言碎语,他都~。

【一些】yīxiē 数量。(1)表示数量少:货不多,只剩这~儿了|他用指头沾了~儿,放在舌头上尝尝。(2)表示不止一种或一次:他发表过~文章。

【一泻千里】yī xiè qiān lǐ 成。(1)形容江河奔腾直下,又快又远:黄河从青海高原奔腾而下,流经中原大地,浊浪滔滔,~。(2)比喻文章或曲调气势畅达、奔放:这篇散文,奔放流畅,有~之势。

【一蟹不如一蟹】yī xiè bùrú yī xiè 成。托名宋·苏轼著的《艾子杂说》中记载,艾子在沿海地方,看见一种扁而圆、有很多腿的动物,他不认识。当地农民告诉他,那是一种螃蟹。后来,艾子又看到好几种螃蟹,但一种比一种小,他叹了口气说:"怎样一蟹不如一蟹呢!"后比喻一个不如一个;多含贬义:晏殊以为柳胜韩,李淑又谓刘胜柳,所谓~。

【一心】yīxīn ❶形。齐心,同心;不加程度副词:万众~|大家齐~,难怪事情搞不好。❷副。专心,一心一意:老刘~扑在工作上。

【一心一意】yī xīn yī yì 成。心思、意念专一:他~从事教育工作。

＊"一心一意"和"全心全意":"一心一意"是中性成语,干的事可以是好的,也可以是不好的;"全心全意"是褒义成语,干的事都是好的。"一心一意"的具体含义较多,如"聚精会神、专心致志、跟别人一条心、一门心思"等;"全心全意"没有这些意思。"一心一意"可修饰各种表示具体动作的动词,如"劈、挑选、看(书)、烧(菜)"等;"全心全意"不能修饰这类动词。

【一往无前】yī wǎng wú qián 成。一往:一直向前进;无前:前面没有东西能阻挡。形容毫无畏惧,不怕困难,奋勇前进:中国人民具有~的奋斗精神。

【一望无际】yī wàng wú jì 成。一眼看不到边际。形容极其辽阔:下面是海边的沙地,都种着~的西瓜。

【一味】yīwèi 副。单纯地,死守一种作法而不加以改变;常有责怪的意味:如果我们不顾产品质量,~追求数量,那就会把企业置于死地。

【一文不名】yī wén bù míng 成。名:占有。一个钱都没有,形容极其穷困:从租界里逃出来时,他们已是~了。

【一行】yīxíng 名。指同行的一群人:访问团~十人今日抵沪|设宴招待了代表团~。

【一言既出,驷马难追】yī yán jì chū, sì mǎ nán zhuī 成。驷马:古时用四匹马拉一辆车。一句话既然说出了口,就是套上四匹马拉的最快的车也追不回来。表示话一出口,就无法追回:大丈夫～,你说的话要照办,不能反悔。

【一言堂】yī yán táng 习。(1)旧时商店匾额上的表示不二价的话。(2)指不听取别人意见,一个人说了算的领导作风:领导者如果是～的作风,那么势必脱离群众,成为孤家寡人。

【一言以蔽之】yī yán yǐ bì zhī 成。《论语·为政》:"诗三百,一言以蔽之,曰'思无邪'。"蔽:概括。用一句话来概括它:～,这些言论不过是牵强附会,胡言乱语而已。

【一样】yīyàng ❶形。情况相同;不加程度副词:他俩性格～|衣服旧了～可以穿。❷助。似的。常同"像、好像、如同"等搭配,表示比喻或者说明情况相似:火车飞～地从桥上驶过|劳动人民再也不会过那牛马～的生活了。

【一叶知秋】yī yè zhī qiū 成。看见一片落叶,知道秋天来临。比喻从细微的变化可以测知事物的发展趋向:～,从他的这句话,可以预料他不会赞成你们去做这件事。

【一一】yīyī 副。一个一个地;只修饰动词性词语,表示动作行为挨次发生或出现:情况大致如此,不～细说了|老师提的问题他～作了回答。

【一衣带水】yī yī dài shuǐ 成。像一条衣带那样狭窄的水。形容仅隔一水,来往方便:中日两国是～的邻邦。

【一意孤行】yī yì gū xíng 成。原指谢绝他人请托,坚持按照自己的意见执法。现指不考虑别人意见,固执地按照自己的心意做事;含贬义:如果侵略者～,要同中国人民为敌,那只能搬起石头打自己的脚。

【一应】yīyīng 代。所有一切;用指所有的物:～物件都已齐备|～俱全。

【一隅三反】yī yú sān fǎn 见"举一反三"。

【一语破的】yī yǔ pò dī 成。的:箭靶,比喻关键。一句话就说中了事情的要害或关键:"他这是黄鼠狼给鸡拜年!"爷爷～,揭穿了那人送礼的险恶用心。注意:"的"这里不读·de。

【一再】yīzài 副。表示动作、行为在过去的时间里重复进行:由于他平时不肯调查研究,只凭主观办事,因此在工作中～犯错误|经过小玲的～催促,两人才缓缓下山。

【一朝一夕】yī zhāo yī xī 成。朝:早晨;夕:太阳落山的时候或夜晚。一个早晨或一个夜晚,指很短的时间:团长的这种毅力,不是～形成的。

【一针见血】yī zhēn jiàn xiě 成。比喻言辞直截了当、简明而切中要害:对方的谈话是这样直率,这样尖锐,～地指出了问题的实质。

【一枕黄粱】yī zhěn huángliáng 见"黄粱梦"。

【一阵】yīzhèn 数量。动作或情况继续的一段时间;一般作定语、补语:响起了一掌声|吹来～狂风|吵闹了～。也说一阵子。

【一阵风】yīzhèn fēng 习。比喻做工作来势很猛,但既不深入,也不持久:做学生的思想工作不能～,要经常化。

【一知半解】yī zhī bàn jiě 成。形容所知不多或很不全面,理解不深:学习不能满足于～。

【一直】yīzhí 副。(1)强调所指的范围;在"一直"的前后常有"从、到"等介词构成的词组,后面常有"都、全"呼应:全村从大人～到小孩～都很讲究卫生。(2)表示顺着一定的方向不变;后面常有表示方向的介词"向、往、朝"等构成的词组:他跨公路,过小桥,箭步如飞,～向医院奔去。(3)表示在一定的时间内某种动作、行为、情况、状态等始终如此:近几年来他的情绪～很好|战斗～激烈地进行着。有时在它的前后有"从、到"等介词构成的词组,表示时间的起迄点:会议从白天～开到深夜。

*"一直"和"从来":"一直"可用于较短的时段,"从来"不能。"从来"多用于否定句,较少用于肯定句;"一直"不受此限。"一直"表示的时间既适用于现在、过去,也适用于将来;"从来"表示的时间只能用于从过去到现在这一时段,不适用于将来。

【一致】yīzhì 形。没有分歧;多指人的言行、意见:～|～的看法。

【一总】yīzǒng 副。(1)表示数量的总和,意思和用法跟"一共、总共"相似,后面须带数量词:这几个包裹的运费～才八元。(2)相当于"一块儿",表示几件事合在一起处理:这几张画我暂时带走,下次回来时,连上次的一还给你。

伊 yī ❶〈方〉代。他或她:～是苏州人。注意:五四前后有的文学作品中用"伊"专指女性,后来才改用"她"。❷〈书〉助。用在句首或句中:～故乡之可怀|下车～始。❸姓。

【伊人】yīrén 〈书〉代。这个人;多指女性。

【伊斯兰教】yīsīlánjiào 名。伊斯兰,音译词。世界三大宗教之一,七世纪初阿拉伯人穆罕默德所创,奉安拉(即真主)为神。唐代传入我国。在我国也叫清真教、回教。

【伊斯兰教历】yīsīlánjiào lì 词组。伊斯兰教的历法,是阴历的一种。以12个月为一年,单月为大,30天;双月为小,29天。平年354天,闰年355天。每30年为一周,其中有11个闰年。由于每年比太阳年约差11天,平均每32.6年比阳历多出一年。纪元以公元622年7月16日(即穆罕默德入麦地那的第二天)为元年元旦。我国也叫回历、回回历。

咿(吚) yī 见"咿唔"、"咿呀"。

【咿唔】yīwú 拟声。摹拟读书的声音:书屋里传来了～的读书声。可重叠:学生在咿咿唔唔地读着书。

【咿呀】yīyā 拟声。可重叠:(1)摹拟摇橹、划桨的声音:芦苇丛中传出了～的桨声|～～的摇橹声|他在咿咿呀呀地摇船。(2)摹拟小孩子学话的声音:他儿子开始～学话了|～～地学讲话|咿咿呀呀讲个不停。

衣 ❶〈素〉(1)穿在身上遮蔽身体和御寒的东西:～服|大～。(2)披或包在物体外面的东西:炮～|糖～。(3)胎盘或胎盘的膜:胎～。❷姓。
另见yì。

【衣钵】yībō 名。原指和尚传给徒弟的袈裟和饭钵。后泛指传授下来的思想、学术、技能等;多带定语,要加助词"的":他继承了老师治学严谨的～,写作极为认真。

【衣服】yīfu 名。穿在身上遮蔽身体和御寒的东西;量词用"件、身、套"等:橱窗里挂着几件～|你这一身～很合体|新买了一套～。注意:"服"读轻声。

【衣冠楚楚】yīguān chǔchǔ 成。楚楚:整洁,鲜明。衣服帽子穿戴得整齐漂亮:大家看见这些～的省城人来了,又走了,也不知他们是来干什么的,也就不理他们。

【衣冠禽兽】yīguān qínshòu 成。穿戴着衣帽的禽兽。比喻道德败坏、行为卑鄙,如同禽兽的人:我们终于认清了这家伙～的嘴脸。

【衣冠冢】yīguānzhǒng 名。只埋着死者衣帽等遗物的坟墓:公墓里有她亡夫的～|叫衣冠墓。

【衣锦还乡】yī jǐn huán xiāng 成。衣:穿;锦:锦绣。古时指做官以后,穿了锦绣的衣服,回到故乡向亲友夸耀。后泛指富贵后荣归故里:这一天,张家村好不热闹,原来是村头张家之子在外面发了迹,今天～。也说衣锦荣归。

【衣食住行】yī shí zhù xíng 成。穿衣、吃饭、住宿、行路,指生活上的基本需要:作为一名国家领导干部,应时时关心人民群众的～。

【衣着】yīzhuó 名。指身上的穿戴,包括衣服、鞋子、袜子、帽子等:看他的～打扮就知道他是个井井有条的人。

依 yī ❶动。同意,顺从:劝他休息,他怎么也不～。可带宾语:想去什么地方都～你啦。❷介。按照,引进动作、行为所依据的事物:～正确的意见去办|～先后次序入场。❸〈素〉靠,倚仗:～靠|唇齿相～。

【依傍】yībàng 动。常带宾语。(1)依靠:工作调在一起后,他俩就可以互相～了|我～他,他～我。(2)摹仿;多指艺术、学问方面:艺术家要善于创新,不能一味地～前人。

【依次】yīcì 副。按照次序;修饰动词,作状语:～入场|～参观。

【依从】yīcóng 动。顺从:对他的这种看法我无奈只得～。可带宾语:～了他,我办不好事。

【依存】yīcún 动。依附某物而存在;一般不带宾语：矛盾的双方互相～，又互相对立。可带补语：商业的发展～于农业和工业。可作定语：必须了解两者之间的～关系。

【依附】yīfù 动。附着，依赖，从属；一般不多带定语，常用介词"于"构成的介词词组作补语：什么都～于别人，势必被人牵着鼻子走。

【依旧】yījiù ❶形。保持原样不变的；不加程度副词，多作谓语：青山～，绿水长流。❷副。照旧：他一觉醒来，见桂兰～在看书｜被毁坏的古建筑，～恢复了原貌。

【依据】yījù ❶名。根据：说话要有～。❷介。引进动作、行为的根据或凭借；可用在主语前，又可用在主语后：～新的情况，我们有必要重新考虑一下计划。

【依靠】yīkào ❶动。指望，对别的人或事物有所倚仗；常带宾语或补语：～群众｜～了十几年。可带谓词和谓词性词组作宾语：～救济｜～勤奋｜～种几亩地生活。可带兼语：～老师来辅导。❷名。可以依靠的人或东西：儿子在身边，我就有了～。

* "依靠"和"倚靠"："依靠"只有指望的意思；"倚靠"除有指望的意思外，还可表示身体靠在某个物体上的意思。"依靠"可作名词；"倚靠"不作名词。

【依赖】yīlài 动。(1)依靠别人或别的事物而不能自立或自给；常带宾语或补语：学习不能～别人｜生活上的事情对别人～不得。可带动词或动词性词组作宾语：～帮助｜～搞副业。也可带主谓词组作宾语：不能～政府救济。(2)指各个事物或现象互为条件而存在，不可分离：一切事物中包含着的矛盾双方总是相互～又相互斗争的。可作定语：农业和工业彼此之间有～关系。

* "依赖"和"依靠"："依赖"常含贬义；"依靠"一般不带褒贬色彩。"依靠"可作名词；"依赖"不可。

【依恋】yīliàn 动。留恋，不忍分离：他们一旦要离开这结下生死友谊的人民，却是无限地～。可加程度副词：亲人分离，彼此都很～。

* "依恋"和"留恋"："依恋"着重指人分别时舍不得离开；"留恋"着重指对曾经生活过的环境、集体或以往的一段经历的怀念。"依恋"一般不带宾语；"留恋"可带宾语。

【依然】yīrán ❶形。依旧未变；不加程度副词：这里是风景保护地区，多少年来景物～。❷副。仍旧：她虽然有了孩子，却一勤奋地学习。

* "依然"和"依旧"："依然"多指仍然如此，继续保持不变；"依旧"有时指继续保持不变，有时指变化后仍旧恢复原状。"依然"多用于书面语，常说"依然故我、风景依然"；"依旧"口语、书面语都常用。

【依然故我】yīrán gù wǒ 成。依然：仍旧；故我：从前的我。仍旧是我从前的老样子，表示自己的情况没有变化：两年前就指出了他的缺点，他却坚持不改，～。

【依托】yītuō 动。(1)依靠；常带补语：把枪～在树桩上射击。可作宾语：老汉进了养老院，生活有了～。(2)为达到一定目的而假借某种名义；常带宾语：他～公司副经理的名义，到处招摇撞骗。可带主谓词组作宾语：～老子是经理就常常不去上班。

【依偎】yīwēi 动。亲热地靠着，紧挨着；可带动态助词"着"：一对恋人～着坐在草地上。常带补语：孩子～在母亲怀里。也泛指依靠：只见银贵一个人～在门边。

【依违】yīwéi 〈书〉动。依从或违背；指模棱两可、犹豫不决的情况，常用在固定的组合中：～两可｜～不决。

【依稀】yīxī 〈书〉形。模糊，不很清楚：题句犹存，而淡墨～。常作"看到、感到、记得、知道"等动词的状语：至今，对面那几个山头的标高他还～记得。也可作定语，要加助词"的"：他们走了三个多小时，才渐渐望见～的赵庄。

* "依稀"和"隐约"："依稀"指印象或感觉影影绰绰，不很真切；"隐约"指不清楚，不明显。"依稀"不能重叠；"隐约"可以。

【依样画葫芦】yī yàng huà húlú 成。照着别人画的葫芦的样子画葫芦。比喻没有创新，单纯地模仿：光～地模仿前人，那永远形成不了自己的风格。也说依葫芦画瓢。

　　*"依样画葫芦"和"如法炮制"："依样画葫芦"所模仿的只是现成的样子；"如法炮制"所模仿的多为现成的方法，有时为现成的样子。"依样画葫芦"一般含贬义，常用于口语；"如法炮制"为中性成语，多见于书面语。

【依依】yīyī 形。不加程度副词。(1)留恋，舍不得分离；多指人分别时的感觉、心情，一般作状语或定语：～不舍｜～之感。(2)形容柔软的东西摇动的样子；常用于柳枝：杨柳～｜～的垂柳。

【依仗】yīzhàng 动。倚仗；多带宾语：这帮奴才～主子的势力，专门欺侮弱小。可作宾语：找了个英武能干的丈夫，她感到有了～。

【依照】yīzhào ❶动。以某事物为依据着进行；须带宾语：职工上下班要严格～作息时间。❷介。按照；表示依据某种标准行事；多指法令、文件、指示、计划、方式等，带有一定的强制性意味：公民要～法律纳税｜～上级指示，结合我们单位的实际情况，制定了这个计划｜她不愿再～原来的那种方式做人了。

铱 yī 名。金属元素，符号Ir。银白色，质硬而脆。合金可制坩埚和金笔笔尖等。

医(醫、毉) yī ❶动。治疗：有病要早～。可带宾语或补语：～胃病｜肿瘤～好了。❷〈书〉(1)治病的人：～生｜军～。(2)有关增进健康、预防和治疗疾病的科学：～学｜～书。

【医道】yīdào 名。治病的本领；多指中医：～高明。

【医疗】yīliáo 名。疾病的预防和治疗；多作定语：～事业｜～事故｜～设备。可作介词的宾语：他以～为职业｜经过～，我的病好了。

　　*"医疗"和"治疗"："医疗"含义广，包括对疾病的诊断、护理以及预防等方面；"治疗"的含义窄，一般只指治病。"医疗"是名词，不作谓语，不带宾语；"治疗"是动词，可作谓语，可带宾语，如"治疗感冒"，不说"医疗感冒"。

【医生】yīshēng 名。掌握医药卫生知识，进行疾病防治工作的专业人员的统称。

【医务】yīwù 名。指对疾病的诊断、治疗、护理等事务；多作定语：～人员｜～工作。

【医药】yīyào 名。医疗和药品；常作定语：～公司｜～卫生。

【医治】yīzhì 治疗：有病就得赶快～，否则会酿成大病。可带宾语或补语：～疾病｜～得很及时。

　　*"医治"和"医疗"："医治"是动词，常作谓语，可带宾语；"医疗"是名词，一般用作定语，不作谓语。

【医嘱】yīzhǔ 名。医生根据病情的需要对病人在饮食、用药、化验、卧位、手术处理等方面关照的话；常作宾语：此药服用请遵～。

袆(禕) yī 〈古〉形。美好：汉帝之德，侯其～而。

猗 yī 〈古〉❶助。相当于"啊"，用于句末，表示语气：河水清且涟～。❷叹。表示赞美；常用于句首：～哉，至理之代也｜～欤休哉!

椅 yī 名。即山桐子，落叶乔木，夏天开黄色花，结小红果，木材可以制器物。

另见yǐ。

漪 yī 〈素〉水波纹：涟～｜～澜。

壹(弌) yī 数。"一"的大写；用于票证、帐目等。

揖 yī 〈素〉拱手行礼：作～｜～让。

【揖让】yīràng 〈书〉动。拱手和谦让，是古代宾主相见时的礼节，表示行礼谦让；不带宾语，可带补语：两个人～了半天，才分宾主入座。可与其他动词并用：进了宴会厅，他就去和同僚们～周旋。

鹥 yī 〈古〉名。指鸥。

繄 yī 〈古〉❶助。惟：尔有母遗，～我独无。❷动。是：君主之于越也，～起死人而肉白骨也。

噫 yī 〈古〉叹。表示悲痛或叹息：～! 天丧予! 天丧予!

【噫嘻】yīxī 〈古〉叹。表示悲痛或叹息：～，亦太甚矣，先生之言也!

黟 yī [黟然](-rán) 〈书〉形。黑的样子；不加程度副词：渥然丹者为槁木,～黑者为星星。

yí(ǐ)

匜 yí 〈古〉名。盥洗时舀水用的器具,形状像瓢。

仪(儀) yí ❶〈素〉(1)人的容貌、举止:～容|威～。(2)礼节,仪式:司～。(3)礼物:贺～|谢～。(4)仪器:～表|地动～。❷姓。

【仪表】yíbiǎo 名。(1)人的外表,包括容貌、姿态、风度等,多指好的:～端庄|～堂堂。(2)测定温度、气压、电量、血压等的仪器,形状或作用符合时的表。

【仪器】yíqì 名。在科学技术上用于实验、计量、观测、绘图等的较精密的器具或装置:实验室里有许多～。

【仪容】yíróng 名。容貌神态;多指好的:～俊秀,举止大方。

【仪式】yíshì 名。举行典礼或隆重会议的程序形式:欢迎～|～隆重。

【仪态】yítài 〈书〉名。仪表姿态;多指好的:～万方|前面走着的是一位～潇洒的中年男子|温情～。

【仪仗】yízhàng 名。(1)古代帝王、官员等外出时护卫所持的旗帜、伞、扇、武器等:少无赖,尝冲突固原提督～,提督命杖于辕门。(2)国家举行大典或迎接外宾时护卫所持的武器。也指游行队伍前列举着的较大的旗帜、标语、图表、模型等。

圯 yí 〈古〉名。桥:直堕其履～下。

夷 yí ❶名。(1)我国古代称东部的民族,后泛指四方的少数民族:东～|～狄|四～。(2)明清时代指外国人:英～。❷〈素〉(1)平安,平坦:化险为～|履险如～。(2)破坏建筑物,使成为平地:～平|烧～弹|～为平地。(3)杀尽,除去:～灭|芟(shān)～。

【夷灭】yímiè 〈书〉动。杀戮消灭:全家被～。可带宾语:～九族。

【夷平】yípíng 动。破坏建筑物,使成为平地:猛烈的炮火把整个村子都～了。可带宾语:敌机的狂轰乱炸几乎～了那个小镇。

荑 yí 〈古〉动。除去田地里的野草。另见tí。

咦 yí 叹。表示惊讶;常用在问句句首:～,你怎么又回来了?

姨 yí 名。(1)母亲的姐妹。(2)(～子)妻子的姐妹:大～子|小～子。

【姨表】yíbiǎo 名。两家的母亲是姐妹的亲戚关系;区别于"姑表":～姐姐|～兄弟。

【姨娘】yíniáng 名。(1)〈方〉母亲的姐妹。(2)旧时子女对父亲的妾的称呼。

【姨太太】yítài·tai 〈口〉名。旧时指妾。

胰 yí 名。人或高等动物体内的腺体之一,在ущ前的方,状似牛舌。能分泌胰液,帮助消化,也能分泌胰岛素,调节体内糖的新陈代谢。也叫胰腺,旧称膵(cuì)脏。

【胰子】yí·zi 名。(1)猪羊等的胰。(2)〈方〉肥皂:香～。

痍 yí 〈素〉创伤:疮～。

沂 yí 水名用字。沂河,源出山东省,至江苏省入海。

诒 yí 同"贻"。

饴 yí 名。饴糖,糖的一种,白色针状结晶。由含淀粉酶的麦芽作用于淀粉而制得。供制糖果用或药用。也叫麦芽糖。

怡 yí 〈素〉和悦,愉快:～然|心旷～神。

【怡然】yírán 形。形容喜悦的样子;多指自我陶醉的状态,不加程度副词,不单独作谓语,常作状语:～自得|～一笑。

贻 yí ❶〈书〉动。赠送;常带宾语:友人以新著～我。❷〈素〉遗留:～害|～误。

【贻害】yíhài 动。留下祸害使受损失;常带宾语或补语:绝对不要～子孙后代|这些不法分子对社会～很大。

【贻人口实】yí rén kǒu shí 成。让人当做话柄:这样的做法,只能是～。

【贻误】yíwù 动。错误遗留下去,使受害;常带宾语:将军,这可要～战机了!|她并未～工作|要教育好子女,以免～下一代。

【贻笑大方】yíxiào dàfāng 成。贻笑:给人笑话;大方:原指懂得大道理的人,后泛指见识广博或有专长的人。意思是被学者或行家讥笑;常用作自谦: 鄙人知识短浅,惟恐~,所以不敢冒昧地发表意见。

眙 yí 地名用字。盱(xū)眙,县名,在江苏省。

迤(迆) yí 见"逶(wēi)迤"。另见yǐ。

椸(箷) yí 〈古〉名。衣架:室无完器,~无完衣。

宜 yí ❶助动。应当;多用于否定句:~早不~迟|不~如此。❷〈书〉副。当然,无怪:~其无往而不利。❸〈书〉合适:适~|相~。❹姓。
【宜人】yírén 形。适合人的心意;多指景物、气候等:~的环境|天高云淡,气候~|玄武湖的景色非常~。

迻 yí 同"移"。
【迻录】yílù 〈书〉动。抄录,迻录;常带宾语:~诗文。
【迻译】yíyì 〈书〉动。翻译;加"成""为"后可带宾语:将古文~为白话。也作移译。

扅 yí [扊扅](yǎn-) 〈古〉名。门闩。

移 yí 动。(1)挪动,搬动;常带宾语或补语:~桌子|老太太把视线~到战士的脸上。(2)〈书〉改变,变动;用于否定句:贫贱不能~|立场坚定不~。可带宾语:~旧俗,树新风。
【移动】yídòng 动。改变原来的位置:队伍开始~。常带宾语或补语:~一下位置|把桌子~到那边去。可重叠:夏天到了,咱们把床铺~~。
　　＊"移动"和"挪动":"移动"可以是自身的动作,也可以是因外力而产生的动作;"挪动"用于人可以是自身的动作,用于物一般都是因外力而产生的动作。
【移风易俗】yí fēng yì sú 动。改变旧的风俗和习惯;破除迷信,~。
【移花接木】yí huā jiē mù 成。把某种花木的枝条嫁接在另一种花木上。比喻暗中用手段更换人或事物;用于比喻时含贬义:他们继续玩弄着~的手段,欺世盗名。

【移交】yíjiāo 动。常带宾语或补语。(1)把事物转交给有关方面:~了一批图书|这个案件已~给中级人民法院审理。(2)原来负责经管的人离职前把所管的事交给接手的人:老会计即将退休,正在~帐目|老张要调走了,他把工作~给了小李。
【移居】yíjū 动。改变居住的地方:村里的人有一半是从湖南~来的。可带处所宾语或补语:~他乡|~到外婆家。
【移山倒海】yí shān dǎo hǎi 成。移动山岳,倒翻大海。原比喻法术高超神妙,现常用来形容人类改造自然的伟大力量和气魄:中国人民有~的伟大力量。
【移译】yíyì 见"迻(yí)译"。
【移植】yízhí 动。常带宾语或补语。(1)把苗床或秧田里的幼苗拨起移栽到别处:~菜秧|这些樱花树是从日本~到中国来的。(2)将有机体的一部分组织或器官补在同一机体或另一机体的有缺陷的部分上,使逐渐长好:这个医院能~肾脏|皮肤~得很成功。(3)比喻把某一事物移到别处去利用,使另一事物获得发展;多指文艺、体育、经验等:他们从地方戏曲中~了不少优秀剧目|会议提出,要把外地的先进经验~到本地来。
【移樽就教】yí zūn jiù jiào 成。樽:古代的盛酒器具;就:凑近。端杯移坐到别人席上,以便求教。比喻主动向别人请教:我们不如人家,那就得~。

簃 yí 〈书〉名。楼阁旁边的小屋;多用做书斋的名称:殿春~。

宧 yí 名。古代称屋子里的东北角。

颐 yí 〈素〉(1)面颊,腮:支~|解~|指气使。(2)保养:~养|~神。
【颐养】yíyǎng 〈书〉动。保养;常带宾语:~天年。
【颐指气使】yí zhǐ qì shǐ 成。颐:面颊,腮帮子;指:指挥;气:神气;使:支使。不说话而用神情气色来指使人。形容有权势的人傲慢的神气:你看他那~、旁若无人的样子,俨然是个大领导。也说目指气使。

蛇 yí [委蛇](wēi-) 见"逶(wēi)迤"。

另见shé。

遗 yí 〈素〉(1)丢失:~失。(2)漏掉:~漏|~忘。(3)丢失的东西,漏掉的部分:拾~|补~。(4)留下:~憾|不~余力。(5)专指死人留下的:~物|~嘱。(6)不自觉地排泄大小便或精液:~矢|~尿|~精。
另见wèi。

【遗产】yíchǎn 名。(1)死者留下的财产,包括财物、债权等;量词用"笔":一笔~。(2)指历史上遗留下来的精神财富或物质财富:历史~|文学~。

【遗臭万年】yí chòu wàn nián 成。遗臭:死后留下恶名。死后恶名流传,永远被人唾骂:秦桧陷害抗金名将岳飞,落得个~的下场。

【遗传】yíchuán 动。生物体的构造和生理机能等由上一代传给下一代:这种病不会~。常带补语:有的病会~给子女。

【遗毒】yídú 名。遗留下来的有害的风气、思想等:肃清~。

【遗风】yífēng 名。某个时代流传下来的风尚:民国初年,有的人还保留着清代的~。

【遗腹子】yífùzǐ 名。父亲死后才出生的子女。

【遗稿】yígǎo 名。死者生前没有发表的文稿:这是李老师的~,是他多年研究的结晶|张老去世20年后,~才得以发表。

【遗孤】yígū 名。某人死后遗留下来的孤儿:抚养先烈的~。

【遗憾】yíhàn ❶名。遗恨;多指没有如愿的事:那部书稿在王先生生前未能出版,这是他的终生~。❷形。不称心,大可惋惜:很~,我没见着他。用在外交文件上多表示不满和抗议:对发生这一有伤两国人民感情的事件,我国政府表示十分~。

【遗恨】yíhèn 名。指到死还感到悔恨或不称心的事情:"但悲不见九州同"是陆游的终生~。

【遗迹】yíjī 名。前代事物遗留下来的痕迹:这座古塔是唐代的~|宋、元、明、清历代的~,像奇花异草一样,点缀着这座名山。

【遗老】yílǎo 名。(1)改朝换代后仍效忠前一朝代的老年人;多含贬义:民国初年,有些清~居然还扎着辫子。(2)指经历世变的老人:辛亥革命的~。

【遗留】yíliú 动。继续存在,留下来;常带宾语或补语:她还~着童年的稚气|有些问题是过去~下来的。

【遗漏】yílòu 动。应该列入或提到的因疏忽而没有列入或提到;可带动态助词"了、过":选民登记时把他~了。可带宾语:这份打印稿中~了好几个字。

【遗民】yímín 名。旧时指改朝换代后仍然效忠于前代的人,也泛指大乱后遗留下来的人。

【遗墨】yímò 名。死者留下的亲笔文稿、书札、字画等:经鉴定,这些文稿确是孙先生~。

【遗弃】yíqì 动。多带宾语。(1)抛弃:敌军逃跑时,~了不少辎重。(2)对自己应赡养或抚养的亲属抛开不管:人们都谴责那个~父母的不肖子|不该~女婴。

【遗缺】yíquē 名。因原任人员死亡或职而空出来的职位:这个~至今找不到合适的人来填补。

【遗容】yíróng 名。(1)人死后的容貌;带有庄重的色彩:泪眼模糊,看不清总理的~。常作动词"瞻仰"的宾语:人们怀着崇敬的心情瞻仰了他的~。(2)遗像:我看着墙上母亲的~,不由得增添了几分伤感。

【遗少】yíshào 名。改换朝代后仍然效忠前一朝代的年轻人;多含贬义。

【遗失】yíshī 动。由于疏忽而丢失;指东西,可带动态助词"了、过":我的工作证~了。可带宾语或补语:~过一支钢笔|手提包~在百货商店里了。

【遗矢】yíshǐ 〈古〉动。拉屎。

【遗世独立】yí shì dú lì 成。遗世:遗弃世间之事。超然独立于现实世界之外;多含贬义:她的个性既然这样~,自然是落落寡合了。

【遗事】yíshì 名。前代或前人留下来的事迹:整理先烈的~。

【遗书】yíshū 名。(1)前人留下而由后人刊印的著作;多用作书名:《船山~》。(2)死者临死时留下的书信;量词用"封"等:这是奶奶留下的一封~。(3)〈书〉前代散失的书。

【遗忘】yíwàng 动。忘记;可带动态助词"了、过":这件事我早就～了。常带宾语或补语:～了好几个英语单词|～得一干二净。

【遗闻】yíwén 名。遗留下来的传闻;常同"轶事"合用:听到一些～轶事。

【遗像】yíxiàng 名。死者生前的相片或画像。

【遗言】yíyán 名。死者生前留下的话;多指临死前说的:临终～。

【遗址】yízhǐ 名。毁坏年代较久的建筑物的所在地:圆明园～。

【遗志】yízhì 名。死者生前没有实现的志愿;多指某种志向、抱负或政治上的大事:继承革命先烈的～。

【遗嘱】yízhǔ ❶动。人在生前或临死时用口头或书面形式嘱咐后事;常带动词性词组作宾语:陈老～将他的藏书全部赠送给家乡的图书馆。❷名。指死者嘱咐的话或字据:牢记总理的～。

疑 yí 〈素〉(1)不信,因不信而猜度:～惑|～心|迟～。(2)不能解决的,不能断定的:～问|～案|～义。

【疑案】yí'àn 名。(1)真相不明,证据不足,一时难以判决的案件:是否真是他杀人,这还是一个～。(2)泛指情况不明难以确定的事:究竟是谁在我们之间挑拨离间,至今仍是～。

【疑兵】yíbīng 名。为了迷惑敌方、虚张声势而布置的军队:林中布有～。

【疑窦】yídòu 〈书〉名。疑点:～顿开|此事颇为蹊跷,不免令人滋生～。

【疑惑】yíhuò 动。心里不明白,不相信:这里的人照例相信鬼,然而她,却～了。常与"不解"并用:他竟然说出这种不讲道理的话,令人～不解。可带主谓词组作宾语:他整天不言不语,大家～他有什么心事。可重叠:你老是这样疑疑惑惑的,叫我怎么对他讲?

＊"疑惑"和"怀疑":"疑惑"着重在因不明白而感到困惑,"怀疑"着重在因不相信而发生疑问。"疑惑"可重叠;"怀疑"不能。

【疑忌】yíjì 动。因怀疑别人而生猜忌:他的行为不能不使人～。可带宾语或补语:不要随便～别人|她连自己的亲人也～起来了。可作宾语:心怀～|他对周围的同志似乎都存有～。

【疑惧】yíjù 动。疑虑而恐惧;一般不带宾语:我心中～,生怕树林中有什么野兽,便折回来了|请你不要～,不会有什么风险。可作"感到"等动词的宾语:心怀～|在这条空寂无人的小巷里,我感到～,便连忙加快了步伐。

【疑虑】yílǜ 动。因怀疑而忧愁:～重重。常作宾语:有所～|你的一席话,打消了我的～。

【疑难】yínán 形。有疑问而难以判断和处理的;不单独作谓语,作定语:～问题|～病症|如有～的事,请来找我。

【疑团】yítuán 名。积聚在心里的一连串疑惑不解的问题:满腹～|心中的～一直不得解开。

【疑问】yíwèn 名。不明白的或怀疑的问题:对此我们提出几个～。

【疑问句】yíwènjù 名。向别人提出问题的句子;在书面上,疑问句句末一般用问号。如:"你什么时候来的?""几点钟上班?"等。

【疑心】yíxīn ❶名。怀疑的念头:人家确是好意,你别起～|你的～太大了。❷动。怀疑某人某事可能怎样;带带动词性词组或主谓词组作宾语:他也常常～是自己的错觉|阿Q～他是和尚。

【疑心病】yíxīnbìng 名。多疑的心理:她为人正派,你不要再犯～了。

【疑义】yíyì 名。可以怀疑的道理,可疑之点:文章打问号的几处尚有～|毫无～,工程一定能提前完成。

【疑云】yíyún 名。如浓云聚集般的怀疑:～难消|她的这一席话顿时驱散了我心中的～。

嶷 yí 山名用字。九嶷,在湖南省。

彝(彝) yí 名。(1)〈古〉盛酒的器具。也泛指祭器。(2)〈古〉法度,常规:难废～章。(3)彝族的简称。

【彝族】yízú 名。我国少数民族之一,主要分布在云南、四川、贵州、广西等地。

yǐ(ｌˇ)

乙 yǐ ❶名。(1)天干的第二位。参见"干支"。(2)我国民族音乐音阶上的一级,乐谱上用做记音符号,相当于简谱的"7"。参见"工尺"。❷姓。

钇 yǐ 名。金属元素,符号Y。灰黑色粉末,有金属光泽。可制特种玻璃和合金。

已 yǐ ❶副。已经;与"未"相对:胜负~成定局|肉~烂了。❷〈书〉动。停止:鸡鸣不~|有加无~。

【已经】yǐjing 副。表示动作、变化完成或达到某种程度;用在单音节动词、形容词前,须带动态助词"了":他~走了|苹果~红了。用在双音节动词、形容词前,可以带动态助词"了",也可不带:问题~解决了|事情~结束|我~明白了|心情~平静。可直接用在数量词前:我~58岁了。

【已然】yǐrán 动。已经这样,已经成为事实;不带宾语,与"未然"相对:得贤则授,自古~。常作补语:与其补救于~,不如防患于未然。

【已往】yǐwǎng 名。过去的一段时间:~不如现在搞得整齐|他比~进步了。

以 yǐ ❶介。(1)表示动作行为的手段、凭借、方式,相当于"用、拿、按";组成介词词组,充当状语:~他的诗呼唤人们去战斗|~我个人来说,我的力量是微小的|这种产品~质量高低分级。(2)表示动作行为的原因,相当于"因为、由于"或"凭、靠"等;常同"而"配合使用:我们~生在这个英雄的国度而自豪|马来西亚~盛产橡胶和锡闻名于世。(3)同"给",同"给"配合使用:给敌人~迎头痛击|各地群众给灾区人民~热情的支援。(4)表示"拿(把)……作为……"的意思,同"为"配合使用:~农业为基础|~雷锋同志为榜样。也可表示"要算、要数"的意思:谈经验,~老王为最丰富|一年中~春秋两季为最好。还可表示主观判断,含有"认为"的意思:我的母亲素来很不~我的虐待猫为然的。(5)用在单音节动词后面,组成介词词组,充当补语:英雄所到之处,群众都报~掌声,赠~鲜花。❷连。(1)表示目的,相当于"为了,为的是",可以连接两个动词性词组,更多的是连接分句:各地农民纷纷起义,~反抗地主阶级的统治。(2)表示方式或程度,常连接动词和它前边的说明成分:每个人都要有自知之明,要严~律己。❸〈素〉表示时间、方位、数量等的界限:~前|~下|~内|~往。

【以便】yǐbiàn 连。用在后一分句的开头,表示有了上面所说的条件或者情况,下面说到的目的容易实现:学好文化,打好基础,~进一步学习技术|请事先买好预售票,~按时返校。

【以次】yǐcì ❶副。依次序:~就座。❷方位。某处以下:~各章。

【以毒攻毒】yǐ dú gōng dú 成。用毒药来解毒治病。比喻利用坏人来对付坏人或用不良事物本身的特点来反对不良事物:我们也仿照八股文章的笔法来一个"八股",~,就叫做八大罪状吧。

【以讹传讹】yǐ é chuán é 成。讹:错误。把本来错误的东西又传开去,越传越错误:我已将书稿中不妥之处改正,以免~。

【以后】yǐhòu 方位。比现在或某一时间晚的时间;常组成方位词组充当状语:五四运动~,白话文便兴盛起来了|从那~,他进步很快|他任经理~,工作很有起色。也可像名词一样单用:还是前两年见过他,~再没见过面|这事~再说吧。常同"很久、不久、从此"等组成较固定的习惯用语:很久~,事情才弄清楚|不久~,他们又来了|从此~,生活越来越好了。

【以及】yǐjí 连。多用于书面语。(1)连接并列的词、词组或者分句,前边的往往是比较主要的:本店经销电视机、收音机、录音机,~各种零件|他们是怎样刻苦学习,怎样努力工作,~后来怎样被评为先进集体的,大家是清楚的。(2)可以用来区分类别:小菜场供应鸡、鸭、鱼、肉、蛋~青菜、毛豆、番茄等。(3)可以连接局部和全体,表示范围逐渐扩大:全班~全校都应该向他们学习|亚洲~太平洋地区的形势。

＊"以及"和"及":"以及"可以连接分

句;"及"只能连接词或者词组。"以及"后一般可用"其他";"及"后一般用"其"。"以及"前面可以停顿;"及"前面不能停顿。

【以己度人】yǐ jǐ duó rén 成。度:揣度,推测。拿自己的想法去猜度别人:老王这人,善于～。注意:"度"这里不念dù。

【以来】yǐlái 方位。表示从过去某时直到说话时为止的一段时间:有史～|从展览会开幕～|我校自从开展向英雄学习的活动～,好人好事层出不穷。

【以邻为壑】yǐ lín wéi hè 成。壑:沟。把邻国当作大水坑,把本国的洪水排泄到那里去。比喻只图私利,把困难、祸害转嫁于人;含贬义:那些人真是本位主义,～,全不为别人想一想。

【以卵投石】yǐ luǎn tóu shí 成。用蛋打石头,比喻不自量力,自取灭亡:这些家伙胆敢同人民为敌,结果只能是～,自取灭亡。也说以卵击石。

【以貌取人】yǐ mào qǔ rén 成。只凭外貌来判断一个人的好坏:只怪我～,失去一个人才。

【以免】yǐmiǎn 连。有"可以免去"的意思,表示可以避免发生某种不希望的情况;多用在后一分句开头,主语往往承前省略,常用于书面语:你到校后早点来信,～妈妈挂念|车辆要认真检修一下,～路上发生意外。

【以内】yǐnèi 方位。在一定的界限之内;不能单用,常同名词、数量词组成方位词组表示时间、处所、范围等:要求他在三天～完成任务|会场～,座无虚席|这项工程已列入计划～。

【以前】yǐqián 方位。比现在或某一时间早的时候;常组成方位词组充当状语:五年～,我曾去过上海|你去北京～请到我家里来一趟。也可像名词一样单用:～我并不认识他|家乡跟～大不一样了。常同"很久、不久"等组成较固定的习惯用语:很久～,有一个美丽的传说|不久～,他来过我家。

【以上】yǐshàng 方位。高于或前于某一点;常同名词、数量词构成方位词组表示位置、次序或数目:四楼～光线更好|县级～干部均要收听广播。也可像名词一样单用,用来总括上文:～讲的是这次活动的意义。

【以身作则】yǐ shēn zuò zé 成。则:表率,榜样。用自身的实际行动作榜样;含褒义:厂里的干部都能～,带头苦干|他们都是～的模范。

【以外】yǐwài 方位。超出一定的界限;常同名词、数量词构成方位词组,表示处所、范围、数量、时间、年龄等:长城～|这已是我们所管范围～的事情了|三天～酌收保管费|他恐怕已经是五十岁～了。可同"除了"搭配,表示排除:除了课本上的作业～,还要看一些课外读物|除了小张来过～,没其他人来过。

【以往】yǐwǎng 名。过去,过去的一段时间:～这里是荒郊,现在已是厂房林立|他的成绩比～进步了。

【以为】yǐwéi 动。认为;常用于对人或事物作出某种论断,带动词、形容词或主谓词组作宾语:我～好,他～不好|他～这次考试考得不错。当用"以为"引出的主观论断不符合事实时,可用另一分句指明真相:我满～自己是对的,结果还是错了。

【以下】yǐxià 方位。低于或后于某一点;常同名词、数量词构成方位词组表示位置、次序或数目:云层～大雨滂沱|中层～干部都要参加学习|一公尺～儿童免费乘车。可单用,意思同"下面":～请校长讲几句|～是报名的办法。

【以眼还眼,以牙还牙】yǐ yǎn huán yǎn, yǐ yá huán yá 成。用瞪眼回击瞪眼,用牙齿咬人对付牙齿咬人。比喻用对方所使用的手段还击对方:对那些顽固的敌人,我们要来个～,坚决予以反击。

【以一当十】yǐ yī dāng shí 成。当:相当。一个人可抵当十个人。形容军队勇敢善战:战士们～,杀得敌人大败而逃。

【以逸待劳】yǐ yì dài láo 成。逸:安闲。用安闲的己等待疲劳的敌。指自己养精蓄锐,待机痛击疲乏之敌:我军～,一定能消灭来犯之敌。

【以至】yǐzhì 连。(1)有"直到"的意思,表示范围、数量、程度、时间等方面的延伸和发展;连接成分不止两项时,一般用在最后两项之间:要练好这个动作,必须一

次、两次～十次、百次地反复练习|他对作文的思想内容、逻辑结构、用词造句，～标点符号都非常注意。(2)有"甚至"的意思，用在后一分句头上，表示由于上文所说的情况而产生的结果：他专心致志地工作，～客人来了他都没注意。也说以至于。

【以致】yǐzhì 连。有"致使"的意思，表示由于前面所说的原因而造成某种结果，多指不良后果或者不希望出现的结局；用在后一分句的开头：由于麻痹大意，不注意安全操作，～产生了严重的后果|他事先没有调查研究，～得出了错误的结论。
* "以致"和"以至"："以致"多用于不好的或说话人不希望的结果；"以至"不限。"以致"只能连接分句，"以至"可以连接词、词组或分句。

【以子之矛，攻子之盾】yǐ zǐ zhī máo, gōng zǐ zhī dùn 成。子：对别人的称呼。用你的矛，刺你的盾。比喻用对方的观点、方法或言论等来驳斥对方：文章中许多自相矛盾的地方，可用～的方法予以揭露。参见"矛盾"。

苡 yǐ 见"薏(yì)苡"。

尾 yǐ 名。(～儿)(1)马尾上的毛：马～儿。(2)蟋蟀等尾部的针状物：三～儿(雌蟋蟀)。
另见wěi。

矣 yǐ 〈古〉助。(1)相当于"了"；用在句末：法已定～，不以善言害法。(2)表示感叹：大～哉！(3)表示命令或请求：先生休～。

苢 yǐ [芣苢](fú-) 名。古书上指车前草。

迤(迆) yǐ 动。向，往；指在某一方向上的延伸，多以方位词作宾语：天安门～东(向东一带)|中百公司～南是中心公园。
另见yí。

【迤逦】yǐlǐ 形。曲折连绵；多指山的形势：队伍沿着蜿蜒～的山势，缓缓而行。

蚁(蟻, △螘) yǐ △❶名。昆虫的一科，种类很多。一般体小，呈黑、褐、红等色，触角丝状或棒状，腹部球状，腰部细。多在地下做窝，成群居住。❷姓。

舣(艤、檥) yǐ 〈古〉动。停船靠岸：～舟以待。

倚 yǐ ❶动。靠；常带宾语或补语：～树而立|他～在栏杆上。❷〈素〉(1)仗恃：～仗|～老卖老。(2)偏，歪：不偏不～。

【倚老卖老】yǐ lǎo mài lǎo 成。凭借年纪大，卖弄资格老：此人～，不知自重。

【倚马可待】yǐ mǎ kě dài 成。南朝·宋·刘义庆《世说新语·文学》记载：晋朝的桓温率兵北伐，叫袁虎靠着马拟公文，袁虎手不停笔，一会儿就写了七张纸，而且写得很好。后用"倚马可待"形容文思敏捷，援笔立就。

【倚马千言】yǐ mǎ qiān yán 成。比喻作文敏捷。参见"倚马可待"。

【倚仗】yǐzhàng 动。依靠别人的势力或有利条件，依赖；常带宾语，含贬义：～权势，作威作福。

【倚重】yǐzhòng 动。信赖而看重；常带宾语：皇上只～几个大臣。可加程度副词：校长非常～他。

椅 yǐ 名。(～子)有靠背的坐具，主要用木头、竹子、藤子等制成。
另见yī。

旖 yǐ [旖旎](-nǐ) 〈书〉形。旌旗迎风飘扬，引申为娇柔美好；多形容自然风光：风光～|～春如锦，看花人更红。

踦 yǐ 〈古〉动。用力抵住：膝之所～。

扆 yǐ 名。古时一种屏风：上排着九凤丹霞，八宝紫霓墩。

yì (丨)

乂 yǐ 〈古〉动。治理，安定：将施有政，用～邦家|～安(太平无事)。

义(義) yì ❶〈素〉(1)意思：词～|定～。(2)正确合宜的道理或举动：正～|道～。(3)合乎正义或公益的：～举|～演。(4)人与人之间的感情：情～|无情无～。(5)因抚养或拜认而成为亲属的：～子|～父。(6)人工制造的：～齿|～肢。❷姓。

【义不容辞】yì bù róng cí 成。从道义上讲不允许推辞:赡养父母对子女来说,～|建设祖国、保卫祖国是每个公民的神圣职责。

【义愤】yìfèn 名。对违反正义的事情所产生的愤怒:敌人的破坏活动,激起了群众的无比～。

【义愤填膺】yìfèn tián yīng 成。膺:胸。胸中充满了正义的愤怒:对这一小撮暴徒的倒行逆施,广大群众无不～。

【义举】yìjǔ 名。指疏财仗义的行为:农民起义军劫富济贫的～,得到了民众的赞扬。

【义卖】yìmài 动。为正义或公益的事情筹款而出售物品,出售的物品往往是为了捐献,售价比市价高;常带宾语:他为了捐款助学,～了收藏的许多宝物。可作定语:他参加了为难民筹募医疗费用的～活动。

【义旗】yìqí 名。起义的或为正义而战的军队的旗帜:起义军高举～,奋勇前进。

【义气】yìqi ❶名。(1)指由于私人关系而甘于承担风险或牺牲自己利益的气概:～凛然|他这个人很讲～。❷形。有这种气概或感情:你看他多么慷慨,多么～。

【义士】yìshì 名。旧时指能维护正义的或侠义的人:他是关东有名的～。

【义无反顾】yì wú fǎn gù 成。义:正义;反顾:回头看。为正义而勇往直前,绝不犹豫回顾:在抗日战争年代,多少热血青年,以身许国,～。

【义务】yìwù ❶名。(1)公民或法人按法律规定应尽的责任;与"权利"相对:适龄青年有服兵役的～。(2)道义上应尽的责任:参加公益劳动,是每个有劳动能力的人应尽的～。❷形。不要报酬的;不加程度副词,不单独作谓语,作定语或状语,不加助词"的(地)":～理发员|～演出。

【义项】yìxiàng 名。字典、词典中同一个条目内按意义列举的项目:～全是这本词典的一大特色|这个词有三个～。

【义形于色】yì xíng yú sè 成。义:正义;形:显现;色:面容。伸张正义的心情流露在脸上:面对他的流氓行为,大家～,愤怒谴责。

【义学】yìxué 名。旧时由私人集资或用地方公益金创办的、免费的学校:兴办～。

【义演】yìyǎn 动。为正义或公益事业筹款而举行演出;一般不带宾语:这个剧团为救灾而～。可带补语:～于南京会堂。

【义勇】yìyǒng 形。为正义事业而勇于斗争的;不加程度副词,不单独作谓语,作定语:～之气。

【义正辞严】yì zhèng cí yán 成。理由充足,措词严正。在联合国大会上,许多代表～地谴责了某些国家无视国际公法,肆意侵略邻国的无耻行径。也作义正词严。

【义冢】yìzhǒng 名。旧时埋葬无主尸骨的坟墓。

刈 yì 〈书〉动。割;指草或谷类:～草|～麦。

艾 yì 〈素〉治理,改正:自怨自～。另见ài。

议(議) yì ❶动。商量,讨论:这个问题大家再一一。常带宾语或补语:开会一一这件事|～了半天还没结果。❷〈素〉意见,言论:建～|提～。

【议案】yì'àn 名。列入议程的提案;多用于较庄重、正规的场合:代表们认真讨论了～。

【议程】yìchéng 名。会议上议案讨论的程序。

【议会】yìhuì 名。也叫国会。(1)资本主义国家的最高立法机关,一般由上、下两院组成。议会成员由选举产生。也叫议院。(2)某些国家的最高权力机关。

【议价】yìjià 名。由卖方和买方协商决定的商品价格,也指由卖方根据市场行情决定的临时价格:有些商店竟将平价黄鱼转为～。常作定语:～商品|～油粮。

【议论】yìlùn ❶动。对人或事物发表意见:人家的私事,我们不要随便～。常带宾语或补语:～选举问题|一听完报告,大家就～起来了。可带主谓宾语:～这篇文章好不好。可重叠:召集大家在一起～～。❷名。对人或事物

所表示的意见：对这件事,群众的～很多。

【议题】yìtí 名。会议讨论的题目：这次会议的～是如何进一步推广普通话。

【议员】yìyuán 名。在议会中有正式代表资格、享有表决权的成员。

弋 yì ❶名。古代带有绳子的箭,用来射鸟。❷姓。

【弋阳腔】yìyángqiāng 名。戏曲声腔之一,起源于江西弋阳县,流行地区很广。由一人独唱,众人帮腔,用打击乐器伴奏。也叫弋腔。

杙 yì〈古〉名。小木桩。

亿(億) yì 数。(1)一万万叫一亿。(2)古代指十万。

艺(藝) yì〈素〉(1)技能、技术：手～|园～。(2)艺术：文～|曲～|～人。

【艺林】yìlín 名。艺术界或文艺图书聚集的地方：张先生为～著名人士|涉足～。

【艺名】yìmíng 名。一些演员演出时用的别名。

【艺人】yìrén 名。(1)戏曲、曲艺、杂技等演员：常有一些～在街头卖艺。(2)某些手工艺工人。

【艺术】yìshù ❶名。(1)用形象来反映现实但比现实有典型性的社会意识形态,包括文学、绘画、雕塑、建筑、音乐、舞蹈、戏剧、电影、曲艺等：～是生活的反映|您让我学会这门～。(2)指具有创造性的方式、方法：斗争～|这叫做指挥～。❷形。具有艺术特点的,独特而美观的：影片～地再现了人民的斗争生活|她设计的服装样式挺～。

【艺术家】yìshùjiā 名。从事艺术创作或表演而有一定成就的人：齐白石是我国著名的国画～。

【艺术品】yìshùpǐn 名。艺术作品,一般指造型艺术的作品：这件牙雕是珍贵的～。

【艺术性】yìshùxìng 名。文学作品通过形象反映生活,表现思想感情所达到的准确、鲜明、生动的程度以及形式、结构、表现技巧的完美程度：～很强|具有很高的～。

【艺苑】yìyuàn〈书〉名。文学艺术荟萃的地方,也泛指文学艺术界：～瑰宝|～奇葩。

忆(憶) yì ❶〈书〉动。回想;常带宾语：～从前,看现在|～故人。❷〈素〉记得：记～。

呓(囈、讛) yì〈素〉梦话：梦～|～语。

【呓语】yìyǔ〈书〉名。梦话：他睡梦中讲了一句～:"你们不要打我啊!"也比喻荒谬糊涂的话：你说的这些话,在我看来不过是书呆子的～。

屹 yì〈素〉山峰高耸的样子：～立|～然。

【屹立】yìlì 动。像山峰一样高耸而稳固地立着;常带补语,并以"巍然、傲然"等作状语：我们伟大的祖国巍然～在东方。可带宾语,须加动态助词"着"：边防前线的高山上～着我们的哨兵。

＊"屹立"和"矗立"："屹立"着重于高而稳;"矗立"着重于高而直。"屹立"是褒义词,有明显的褒扬、赞许的感情色彩,可用于事物,也可用于人;"矗立"是中性词,只用于事物,一般不用于人。

【屹然】yìrán〈书〉形。屹立的样子：不加程度副词,不单独作谓语,一般作状语：那棵高大的银杏树～挺立|在刑场上,她～不动地站立着,决不向敌人低头。

亦 yì ❶〈书〉副。也,也是。表示两种情况相同或类似：向日葵～名朝阳花。常用于固定组合：人云～云|～步～趋。❷姓。

【亦步亦趋】yì bù yì qū 成。亦：也,同样;步：缓行,慢走;趋：快走。人家慢走,自己也跟着慢走;人家快走,自己也跟着快走。形容处处模仿,追随他人;含贬义：电影中那个～地追随上司的科长,给观众留下了深刻的印象。

弈 yì〈古〉❶名。指围棋。❷动。下棋：两人对～。

奕 yì ❶〈素〉(1)盛大,美丽：～～|～致。(2)重,累：～代(一代一代)|～世(累世)。❷姓。

【奕奕】yìyì 形。精神饱满的样子;不加程度副词,常用在固定组合中：神采～|精神～,胸怀豁达。

衣 yì 〈古〉动。穿；可指自己穿衣服，也可指拿衣服给人穿，须带宾语：～布衣｜解衣～我。另见yī。

裔 yì ❶〈素〉(1)后代：后～。(2)边远的地方：四～。❷姓。

异（異）yì 〈素〉(1)不相同：～口同声｜日新月～。(2)奇异，特别：～香｜～闻。(3)惊奇，奇怪：惊～。(4)另外，别的：～日｜～地。(5)分开：离～。

【异彩】yìcǎi 名。奇异的光彩：～纷呈｜宝石在灯光下放射出夺目的～。也可比喻突出的成就：这次川剧到香港演出，大放～，博得好评。

【异常】yìcháng ❶形。不同于寻常：今年气候太～了｜他那～的神色引起了大家的注意。❷副。非常，特别；表示程度深：气氛～热烈｜老大娘心情～激动。
＊"异常"和"非常"："异常"的语意和语气比"非常"重。"异常"可作状语，也可作补语；"非常"一般只作状语。"异常"后面一般只带双音节词，"非常"后面可以带双音节词和单音节词。

【异读】yìdú 名。指一个字在习惯上具有的两个或几个不同的读法，如"波"字读bō，又读pō，"谁"字读shuí，又读shéi。

【异端】yìduān 名。旧时指不符合正统的主张或教义，引申指持有这种思想的人：视为～｜～邪说。

【异乎寻常】yì hū xún cháng 成。异：不同；乎：于；寻常：平常：事情不同于平常：他今天的神色～｜～的排场。

【异己】yìjǐ 名。同一集体中跟自己在重大问题上有严重意见分歧甚至是敌对的人：主张任人唯亲必然要排除～。

【异军突起】yì jūn tū qǐ 成。异军：另一支军队。比喻与众不同的新的力量或新的派别突然出现：那时期，新文学～，很快成为文坛的主流。

【异口同声】yì kǒu tóng shēng 成。不同的嘴说出相同的话，形容所有的人说法完全一致：看完这部电影，大家～地称好。

【异曲同工】yì qǔ tóng gōng 成。异：不同；曲：乐曲；工：细致，美妙。不同的曲调演得同样美妙，比喻事物虽然不同，但一样出色，或做法虽不同，但收到同样的效果：这座园林虽不及皇家御苑规模宏大，但布局设计之技巧，却有～之妙｜这两部电影虽然表现手法不尽相同，但都能打动人心，发人深思，真是～。也作同工异曲。

【异日】yìrì〈书〉名。(1)以后的日子：此事～再议。(2)往日：我等～相处，亲如手足。

【异体字】yìtǐzì 名。跟规定的正体字同音同义而写法不同的字，如"攷"是"考"的异体字，"楳"是"梅"的异体字。

【异同】yìtóng 名。不同之处和相同之处：区分～｜考其～。

【异味】yìwèi 名。(1)不同寻常的气味：房中有一股～。(2)〈书〉特别的美味；指难得的好吃的东西：到海鲜馆尝～。

【异物】yìwù 名。(1)误入人体内部的东西，例如卡在口腔内的鱼刺，进入眼内的沙子等。(2)奇异的物品：珍品～。(3)〈书〉指死亡的人：化为～｜故人成～。

【异乡】yìxiāng 名。外乡，外地；就作客的人而言：身在～，每逢节日，分外思念家人｜多年作客～。

【异想天开】yì xiǎng tiān kāi 成。异：奇特；天开：天门打开，比喻空想的、荒诞的事。形容想法离奇而完全不切实际：过去的人认为到月亮上旅行是～的事，现在却已成了事实｜李印光～，举行了一个宗教仪式的婚礼。

【异性】yìxìng 名。(1)性别不同的人：追求～。(2)不同的性质；与"同性"相对：～的电互相吸引，同性的电互相排斥。

【异样】yìyàng 形。(1)两样，不同：多年不见了，看不出他有什么～之处。(2)与寻常不同的，特殊的：人们都用～的目光打量她｜我突然有一种十分～的感觉。

【异议】yìyì 名。不同的意见：提出～｜没有～。

【异域】yìyù〈书〉名。外国：他出生～，成年后才回到祖国。

【异族】yìzú 名。外族：鸦片战争以后，～一再入侵，使中华民族蒙受了巨大的耻辱和损失。

抑

抑 yì ❶〈古〉连。(1)表示选择，相当于"还是、或者"：有取乎？～其无取乎?(2)表示转折，相当于"可是、但是"：非惟天时，～亦人谋也。❷〈素〉向下按，压制：～制｜压～。

【抑扬】yìyáng 动。高低起伏；多指音调、文章的气势，不带宾语：文章～起伏，很有生气。

【抑扬顿挫】yìyáng dùncuò 成。抑：降低；扬：升高，顿：停顿；挫：转折。形容声调高低起伏，和谐而有节奏：老师～地朗读着课文，吸引了全班同学。

【抑郁】yìyù 形。忧闷，心情很不舒畅：最近他心情很～。

【抑止】yìzhǐ 动。抑制，压下去；常带宾语或补语：他铁青着脸，～着眼泪站了起来｜他实在～不住自己激动的感情。

【抑制】yìzhì ❶名。大脑皮层的两种基本神经活动过程之一。在外部或内部刺激下，大脑皮层的兴奋受到阻止，器官的机能的活动变弱或变为相对静止。睡眠就是大脑皮层全部处于抑制的现象。❷动。压下去，控制；常带宾语或补语：我～着内心的激动｜他在那里徘徊着，～不住心头的愤慨。可作定语：蜂王浆对动物移植性肿痛有较强的～作用。

　＊"抑制"和"控制"："抑制"有名词意义；"控制"没有。"抑制"的第二个意思着重在压制、抑止，使不滋长或表露出来；"控制"的意思着重在限制、掌握，使听从支配。"抑制"的使用范围窄，对象常是自己的情绪或感情；"控制"使用范围较宽，对象可以是自己的感情，也可以是别的人或物，如国家、自然、地方、政权、物价等。

邑

邑 yì 〈素〉(1)城市：城～｜都～｜通都大～。(2)县：～境。

挹

挹 yì 〈古〉动。(1)舀：～彼注此(从那里舀出来倒在这里头)(2)拉：以手～袖。

【挹注】yìzhù〈书〉动。把液体从一个盛器中取出，注入另一个盛器。比喻以有余补不足：为了扶持该厂，政府稍资～。

悒

悒 yì 〈素〉忧愁不安：忧～｜～郁｜～～不乐。

【悒悒不乐】yìyì bù lè 成。悒悒：忧愁不安的样子。心里忧闷，感到不快：他今天～，好像遇到了什么不顺心的事。

【悒悒】yìyù〈书〉形。苦闷，抑郁：～寡欢｜看见她那一脸～的神情，我心里也不是滋味。

浥

浥 yì 〈古〉动。沾湿：朝雨～轻尘。

佚

佚 yì 同"逸"。

泆

泆 yì 〈古〉动。(1)放纵：乐而不～。(2)同"溢"，水满而泛滥：湖流多～行～。

轶

轶 yì 〈素〉(1)超过一般：～群(比一般人强)。(2)散失：～事。

【轶事】yìshì 名。正史上没有记载的事：名人～｜先生的遗文～，正在搜集之中。

昳

昳 yì 〔昳丽〕(-lì)〈古〉形。美丽：形貌～｜邹忌修八尺有余，身体～。
另见 dié。

役

役 yì 〈素〉(1)需要出劳力的事：劳～。(2)使唤，强迫驱使：～使｜奴～。(3)旧时称被使唤的人：仆～｜杂～。(4)战事：战～。(5)兵役：现～｜预备～。

【役使】yìshǐ 动。(1)使用，指牲畜：这头牛不易～。可带兼语：～牲口耕地。(2)强迫使用；须带兼语，指人力：秦始皇～无数民工筑长城。

疫

疫 yì 〈素〉流行性急性传染病：瘟～｜～病｜防～。

【疫病】yìbìng 名。流行性的传染病：防治～。

【疫苗】yìmiáo 名。能使机体产生免疫力的细菌制剂，用于预防接种和预防注射，如卡介苗、霍乱疫苗，破伤风类毒素等。

【疫情】yìqíng 名。疫病的发生和发展情况：发现～，要立即上报。

毅

毅 yì 〈素〉坚决，果断：～力｜刚～。

【毅力】yìlì 名。坚强持久的意志：他很有～｜焦裕禄以惊人的～与病魔搏斗。

【毅然】yìrán 形。果断地，坚决地；不加程度副词，不单独作谓语，多作状语：李四光冲破重重困难，～回到祖国。

【毅然决然】yìrán juérán 成。毅然：顽强地；决然：坚决地。形容非常坚决，毫不犹豫：她～地取消了报考理工类的打算。

译(譯) yì 动。翻译：这篇古文我不会~。可带宾语或补语：~电码|~得很流畅。

【译本】yìběn 名。翻译成另一种文字的书本：这个~，译笔通达流畅，较好。

【译笔】yìbǐ 名。指译文的质量或风格：~流畅。

【译文】yìwén 名。翻译成的文字：这段~符合原著的风格。

【译意风】yìyìfēng 名。会场或影剧院使用的一种翻译装置。译员在隔音室里把讲演或对话随时翻译成各种语言，听众可以从座位上的耳机从中挑选自己所懂的语言。

【译音】yìyīn ❶同"音译"。❷名。按读音法译成的音：这些外国人名真不好记，请你直接读~。

峄(嶧) yì 山名用字。峄山，在山东省。

怿(懌) yì 〈古〉动。喜欢：虽有不~，未尝见声气。

驿(驛) yì 驿站，古代传递政府文书的人中途休息、住宿的地方。现多用于地名：龙泉~(在四川)。

绎(繹) yì 〈素〉抽出或理出事物的头绪，寻究原因：演~|抽~。

易 yì ❶〈素〉(1)容易，不费力：不~|简~|轻而~举。(2)平和：平~近人。(3)变换：变~|移风~俗。(4)交换：贸~|交~。❷姓。

【易如反掌】yì rú fǎn zhǎng 成。像翻一翻手掌那样容易，比喻事情很容易做成功：这件事情请桂华去做，~。

【易于】yìyú 副。容易；只作动词的状语：你这样提意见，他~接受|这个办法~实行。

埸 yì 〈古〉名。(1)田界。(2)边境。

蜴 yì 见"蜥(xī)蜴"。

佾 yì 名。古代乐舞的行列：八~舞于庭。

诣 yì ❶〈书〉动。到某人所在的地方或到某个地方去看人；多用于所尊敬的人：~烈士墓参谒。❷〈素〉学习、技术等所达到的程度：造~|苦心孤~。

狖 yì [林狖](lín-) 名。即猿猱。

羿 yì ❶人名用字。后羿，传说是夏代有穷国的君主，善于射箭。❷姓。

翊 yì 〈素〉辅佐，帮助：~戴(辅佐拥戴)。

翌 yì 〈素〉次于今天、今年：~日|~年|~晨。

【翌日】yìrì 〈书〉名。次日，第二天：会议定于18日开幕，~将参观鲁迅纪念馆。

翳 yì ❶名。(~子)眼角膜上所生障蔽视线的白斑。❷〈素〉遮蔽：荫~。

翼 yì ❶名。(1)鸟类的翅膀。(2)像翅膀一样的东西：机~。(3)二十八宿之一。❷〈素〉(1)辅佐，帮助：~助。(2)侧：两~|左~。(3)同"翌"：~日。❸姓。

【翼翼】yìyì 〈书〉形。不加程度副词。(1)严肃谨慎：小心~。(2)严整有秩序：雄师~，严阵以待。(3)繁盛，众多：花草~。

益 yì ❶〈素〉(1)好处：利~|~处。(2)有益的：~友|~鸟。(3)增加：增~|延年~寿。(4)更加：~发|精~求精。❷姓。

【益虫】yìchóng 名。直接或间接对人有利的昆虫，如吐丝的蚕、捕食农业害虫的螳螂、蜻蜓等。

【益发】yìfā 副。越发，更加：这小家伙长得~可爱了。

【益鸟】yìniǎo 名。直接或间接对人类有益的鸟类，如燕子、杜鹃等。

【益友】yìyǒu 名。对自己有帮助的朋友；一般指工作、学习上的朋友：良师~。

嗌 yì 〈古〉名。咽喉：~不容粒，未踰年而死。
另见 ài。

溢 yì ❶动。常带补语。(1)充满而流出来：河水四~|水从缸里~出来了。(2)〈书〉超过：~出此数|~出范围。❷〈会〉量。同"镒"。❸〈素〉过分：~美。

【溢美】yìměi 动。过分赞美：这部电影非没有缺点，这些颂扬的话，未免~。可带宾语：他也不用任何谀词来～那些该受赞扬的人。常作定语，要带助词"之"：语多～之辞。

【溢于言表】yì yú yán biǎo 成。溢：充满，流露；言：言辞；表：表情。流露在言辞和表情上；指感情：愤激之情，～|她那怜爱儿子的感情～。

缢 yì〈书〉动。不带宾语。(1)上吊，吊死：自～身亡。(2)勒死：～而弑之。

镒 yì〈古〉量。古代重量单位，合二十两（一说二十四两）：黄金四十～。

鹢 yì 名。古书上说的一种能高飞的水鸟。

谊 yì〈素〉交情：友～|深情厚～。

勚 yì ❶〈古〉形。劳苦：念其勤～，诏有司复其家。❷〈方〉动。器物的棱角、锋芒等磨损；不带宾语：螺丝扣～了。

逸 yì〈素〉(1)安闲，休息：安～|一劳永～。(2)逃跑：逃～。(3)散失，失传：～事|～闻。(4)超过一般：超～|～群。

【逸民】yìmín 名。古代称避世隐居的人，也指亡国后不在新朝代做官的人：前朝～。

【逸事】yìshì 名。世人不大知道的关于某人的事迹；多指不见于正式记载的：名人～。

【逸闻】yìwén 名。世人不知道的传说，多指不见于正式记载的：他搜集了一些历代著名作家的～。

意 yì〈素〉(1)意思：来～|词不达～。(2)心愿，愿望：好～|满～。(3)意料，料想：～外|出其不～。

【意表】yìbiǎo〈书〉名。意想之外；常用在固定组合中：出人～。

【意会】yìhuì 动。不经直接说明而心中领会：这种欢乐的情境能～，不可言传。带补语"到"后可带宾语：简短的电文，已能使人～到了她的心意。也可带主谓词组作宾语：从组长的神情里，我～到他内心有苦恼。

【意见】yìjian 名。(1)对事情的看法、想法或主张：怎样选举，要征求群众的～。(2)认为不对因而不满意的想法；可以对人，也可对事：大家对他有～|他对工作提出的～很好。

＊"意见"和"建议"："意见"着重指不应该怎么做，常含否定性；"建议"着重指应该怎么做，常含肯定性。"意见"可指对人、对事不满意的想法；"建议"没有这层意思。"意见"可与"征求、交换、参加、转达、闹"等词搭配；"建议"不能和这些词搭配。"意见"只作名词，不作动词；"建议"主要作动词，也可作名词。

【意境】yìjìng 名。文学艺术作品通过形象描写所达到的情景交融的，具有强烈艺术感染力的境界：他的作品不仅语言生动，而且～也很美。

【意料】yìliào 动。对情况、结果等事先估计：这件事谁也没有～到。带"到"和"不到"作补语后可带宾语：我早就～到这种结局。也可带动词性词组作宾语：～不到会发生这种事。常作"出、出乎"的宾语这天的生意很好，出乎他的～。有时与"之外、以外、之中、之内"等构成较固定的词组充当宾语：这件事完全出人～之外。

【意念】yìniàn 名。念头，想法：这时，中国女排队员只有一个～，就是要为国争光，打赢这一场球。

【意气】yìqì 名。(1)意志和气概：～风发|高昂的～。(2)偏激、任性的情绪：不能凭一时的～来处理这件事。(3)志趣和性格：～相投。

【意气风发】yìqì fēngfā 成。意气：志气和气概；风发：像风吹一样迅猛。形容精神振奋，气概豪迈：中国人民正在～地建设伟大的祖国。

【意气用事】yìqì yòngshì 成。意气：主观、偏激的情绪；用事：行事。只凭个人的感情办事：这类事情政策性很强，我们可不能～啊!

【意趣】yìqù 名。意味和兴趣：他们几个人的性格、～都不相同，但工作起来却配合得很默契。

【意识】yìshí ❶名。人脑对客观物质世界的反映，是感觉、思维等各种心理过程的总和，其中的思维是人类特有的反映现实的高级形式。存在决定意识,意识在一定的条件下又反作用于存在。❷动。感到,觉察;常用"到、不到"作补语后带宾语:经过老师的教育我才~到自己存在问题。可带主谓词组作宾语:我已~到责任重大。

【意识形态】yìshí xíngtài 词组。在一定的经济基础上形成的对于世界和社会的系统的看法或见解。意识形态包括政治、法律、艺术、宗教、哲学、道德等思想观点,它是上层建筑的组成部分,在阶级社会中具有鲜明的阶级性,为一定的阶级服务。也叫观念形态。

【意思】yìsi ❶名。(1)语言文字的意义,思想内容;多指词语、文章等:这个词的~不易理解|这篇文章的~很好。(2)意见、愿望、想法;前面一般有表示限制或表示内容的定语:我的~是干完了再休息|大家没有退却的~。(3)某种趋势或苗头;常作"有、没有"的宾语:这两天有转暖的~。(4)趣味,情趣,价值;常作"有、没有"的宾语:这部电影很有~|这种争论真没~。(5)指礼品所代表的心意:这是我们的一点~,请您收下。由于数量一般不多,故常说"小意思":这点礼物不过是我的一点小~。❷动。向人赠送一点礼物表示心意;不带宾语,可带补语:他帮了你的大忙,你不买点礼品去~一下。可重叠:各个厂家为了想在商业大楼站住脚,免不了要~~,但杨经理早有思想准备,不管礼品多少,一概谢绝。

　　*"意思"和"意义":"意思"含义浅些,着重指词句或行为动作所含的内容或用意;"意义"含义深些,着重指事物所包含的道理或具有的作用,比较抽象、深刻。"意思"有意见、苗头、趣味、心意等含义;"意义"没有。"意思"有动词用法;"意义"没有。

【意图】yìtú 名。希望达到某种目的的打算;常带表示性质或限制的定语:他的主观~是好的|他没有领会上级的~。

【意外】yìwài ❶形。在意料之外的:这情况太~了|敌人被这~的打击弄昏了。常作"感到、觉得"等动词的宾语:他的提议使我感到~。❷名。在意料之外发生的不幸事件;常作"有、没有、发生、防止"等动词的宾语:大家担心白大夫在激烈的炮火下工作,会发生~|为了防止~,我们布置了警戒线。

【意味】yìwèi ❶名。含蓄在内的意思或流露出来的情调和趣味:他的话有点挖苦的~|抬头看瀑布,越看越有~。❷动。含有某种意义,标志着;须加动态助词"着"后带主谓词组或动词作宾语:这~着一场暴风雨就要来临|忘记过去就~着背叛。

【意向】yìxiàng 名。志向,意图:此人~甚大|对方的~还不明。

【意象】yìxiàng 名。意境:这首新诗~新颖,耐人寻味。

【意兴】yìxìng 名。兴致:大家~勃勃,谈天说地|顿觉~索然。

【意义】yìyì 名。(1)语言文字或其他信号表示的内容:对于一个词,必须了解它的~和用法。(2)价值,作用,影响:大家懂得了工作的~|这部电影富有教育~。

【意译】yìyì 动。一般不带宾语,常带补语。(1)根据原文的大意来翻译,不作逐字逐句的翻译;区别于"直译":这部作品~得很好,符合原著所表达的意思。(2)根据某种语言词语的意义译成另一种语言的词语;区别于"音译":汉语中有一些词是从外国~过来的。

【意愿】yìyuàn 名。心意,愿望:班长的发言,表达了我们全班同学的~。

【意在笔先】yì zài bǐ xiān 成。先构思成熟,然后下笔:唐朝诗人王勃写《藤王阁序》时,~,一挥而就。

【意在言外】yì zài yán wài 成。意思在言词之外;指不将真意明显说出,让人自己去领会:他这番话,~,你要细心体味。

【意旨】yìzhǐ 〈书〉名。意图和要求;多指应遵从的:秉承主子的~|不该违背人民的~。

【意志】yìzhì 名。为了达到既定的目的,在行动中表现的决心和毅力:他们的~是那样的坚韧和刚强。

　　*"意志"和"信心":"意志"着重表示有毅力;"信心"着重表示自信。"意志"多用于大的方面,如"革命意志","斗争意志"等;"信心"不限,可以用于一般具

体的事情。"意志"可以跟"锻炼、坚韧、顽强"等词搭配;"信心"可以跟"树立、满怀、增强"等词搭配。

【意中人】yìzhōngrén 名。心中爱慕的异性:两个女孩子竟在实验室里悄悄谈起各自的~。

薏 yì [薏苡](-yǐ) 名。多年生草本植物,茎直立,叶披针形。果实卵形,灰白色。果仁叫薏米、苡仁,可供食用及药用。

臆(肊) yì 〈素〉(1)胸:胸~。(2)主观地:~测丨~造。

镱 yì 名。金属元素,符号Yb。用于制特种合金。

癔 yì [癔病](-bìng) 名。精神病,多由精神受重大刺激引起。发作时哭笑无常,言语错乱。也叫歇斯底里或脏(zàng)躁病。

肄 yì 〈素〉学习:~业丨~习。

【肄业】yìyè 动。没有学完规定的年限或没有达到规定的程度;不带宾语:他只是中学~。

蓺 yì 〈古〉动。种植:树~五谷。

廙 yì 〈古〉❶名。可搬动的房子。❷形。恭敬。

瘗(瘞) yì 〈古〉动。掩埋,埋藏。多指埋祭品、尸体或随葬物:~其骨于山巅。

熠 yì 〈素〉光耀,鲜明:~~丨~烁。

【熠熠】yìyì 〈书〉形。形容闪光发亮;不加程度副词:光彩~丨~生辉丨她那美丽的大眼睛~发光。

燚 yì 人名用字。

殪 yì 〈古〉动。(1)死:投水而~。(2)杀死:~贼数百。

懿 yì 〈素〉美好。~行丨~德丨~绩。

劓 yì 动。割鼻子,古代一种酷刑:~鼻盈蔂(léi 土筐)。

yīn(ㄧㄣ)

因 yīn ❶〈书〉连。因为:春游~雨改期。❷〈素〉(1)沿袭:~循丨陈陈相~。(2)凭借,根据:~势利导丨因地制宜。(3)原因:~果丨事出有~。

【因材施教】yīn cái shī jiào 成。因:根据;材:资质;施:实行。根据不同对象的具体情况,采用不同的方法进行教育:教师应注意学生在智力、学习基础等方面的差异,做到~。

【因此】yīncǐ 连。有"因为这样"的意思,用在表示结果或结论的分句中,表明前后两个分句有因果关系:雪融化时要吸收热量,气温~下降。前一分句有时用"由于"呼应:由于上学期着重抓了课堂教学,~学习成绩有了明显提高。也可以连接两个句子:工作方案确定以后,一定要保证贯彻执行。~必须按时检查。

＊"因此"和"因而":"因此"可用来连接句子,即用在句号之后;"因而"只用来连接分句,不用来连接句子,即不能用在句号之后。

【因地制宜】yīn dì zhì yí 成。因:根据;制:制定;宜:适当的措施。根据当地的具体情况,制定适当的措施:在发展农业生产时,应注意~,发挥地区优势。

【因而】yīn'ér 连。用在表示结果或结论的分句中,表明前后两个分句有因果关系:情况有了变化,~计划也要相应地作些调整。前一分句有时用"由于"呼应:由于事先作了充分准备,~会议开得很顺利。

＊"因而"和"所以":"因而"可同"由于"配合使用,不同"因为"配合使用;"所以"常同"因为"配合使用。"因而"一般不用在前一分句;"所以"可以。

【因果】yīnguǒ 名。(1)原因和结果,合起来说指二者的关系:这两件事情互为~丨这两者是~关系。(2)佛教迷信,说今生种什么因,来生结什么果,善有善报,恶有恶报:生死轮回,~报应之类的东西都是不存在的,是宗教的虚妄的说教。

【因祸得福】yīn huò dé fú 成。遭遇灾祸后处理得当,因而转祸为福:塞翁失马的典故，便是～的典型例子。

【因陋就简】yīn lòu jiù jiǎn 成。陋：简陋。就：将就。原指听凭简陋而不求改进。现多指利用原有的简陋条件，力求节约办事；多含褒义：他们～地办起了山村小学｜战区的一切都是～的。

【因人成事】yīn rén chéng shì 成。因：依靠。依靠别人把事办成：我们也是～，不必多谢。

【因势利导】yīn shì lì dǎo 成。因：顺着；势：趋势；利导：引导。顺着事物发展的趋势很好地加以引导：教师应善于发现学生的长处和短处，～，使大家的长处得到发展，缺点得到改正。

【因数】yīnshù 名。如果一个整数能被另一个整数整除，后者就是前者的因数，如1、2、3和6都是6的因数。也叫因子。

【因素】yīnsù 名。(1)构成事物的要素：人是生产力中最活跃的～。(2)决定事物成败的原因和条件：他的学习成绩之所以如此之好，～很多，勤奋是其中的一个重要｜调动一切积极～，把企业办好。

【因为】yīnwèi ❶连。表示原因或者理由，常用在前一分句中，为了强调原因或结论，也可用在后一个分句：～工作忙，我已经几个星期没看电视了｜我非常高兴，～那本好书已经买到了。常同表示结果的"所以"配合着用：～我们是为人民服务的，所以，我们如果有缺点，就不怕别人批评指出。❷介。组成介词词组，表示原因：他～家庭困难最近调到了上海。有时同"而"配合着用，表示前后关联：不要～成功而骄傲，也不要～失败而灰心。

【因袭】yīnxí 动。模仿，沿用；指方法、制度、法令等，常带宾语：如今，有的人写"炮"字还用石字旁，这是～宋朝人的写法｜～陈规。可作定语：青年对～的旧习深恶痛绝。

【因循】yīnxún 动。(1)沿袭；多用于贬义，常带宾语或补语：～旧习｜保守派认为，传统历法一～下来的方法是"万世不易"的。(2)迟延，拖拉；常与"误事、坐误"连用，含贬义：他这样～误事，同事们都表示不满｜我们要立即行动，否则会～坐误。

【因循守旧】yīnxún shǒujiù 成。因循：沿袭；守旧：死守旧的一套。指思想保守，沿袭旧规，不肯革新；含贬义：应打破常规，大胆改革，绝不能～。

【因噎废食】yīn yē fèi shí 成。噎：食物阻塞喉咙；废：停止。因为吃饭噎住了，索性连饭也不吃了，比喻因为怕出问题，索性不干：我们做工作不能因为受到一点挫折，就～，不敢继续做下去。

【因缘】yīnyuán 名。(1)佛教用语，指产生结果的直接原因或辅助促成结果的条件或力量。(2)缘分：看来，咱俩相识是有～的。

茵 yīn 名。古代车上的垫子或席子，引申为铺的东西；多用在比较固定的组合中：绿草如～。

洇(湮) yīn 动。常带补语。(1)液体落在纸上向四周散开或渗透：这纸写字容易～。水～开来了。(2)浸：快用水把土～湿。
"湮"另见yān。

姻(婣) yīn 〈素〉(1)婚姻：联～｜～缘。(2)因婚姻而发生亲戚关系：～亲｜～伯（称弟兄的岳父、姐妹的公公）｜～兄、～弟（称姐妹的丈夫的弟兄、妻子的表兄弟）。

【姻亲】yīnqīn 名。由婚姻而结成的亲戚，如姑夫、姐夫、妻子的兄弟姐妹以及比这些更间接的亲戚。

【姻缘】yīnyuán 名。婚姻的缘分：突如其来的～，温暖了老王冷落多年的心。

骃 yīn 名。古书上指一种浅黑带白色的杂毛马。

氤 yīn [氤氲](-yūn)〈书〉形。形容烟、气极盛：云烟～｜～的热气。可重叠：一阵氤氤氲氲的香气扑鼻而来。

铟 yīn 名。金属元素，符号In。银白色晶体，有延性，可用来制造合金。

阴(陰、隂) yīn ❶形。(1)天空被云层遮住，不见太阳或月亮等：天～了，可能要下雨。(2)阴险，不光明；作谓语时须加程度副词作状语或补语：这家伙～得很｜这个人很～，要提防他点儿。❷〈素〉(1)不阳光的地方：树～｜背～。(2)月亮：太～｜～历。(3)山的北面，水的南面：华～

(在华山之北)|江～(在长江之南)。(4)背面：碑～。(5)凹进的，不外露的：～私|～文。(6)隐藏的：～沟。(7)迷信指属于鬼神的，阴间的：～司|～曹。(8)带负电的：～电|～极。(9)生殖器，有时特指女性的：～茎|～门|～道。❸姓。

【阴暗】yīn'àn 形。(1)暗，不明亮；多指光线、天色：～的灯光|天色十分～。(2)比喻脸色不好，心情愁闷，前途不光明等：他面色～，蹙着眉头，似乎心事重重|小说深刻地描绘了这个叛徒的～心理。

＊"阴暗"和"阴郁"："阴暗"的意思着重指光线昏暗、不明亮；"阴郁"的意思着重指心情郁闷、不开朗。

【阴曹】yīncáo 名。阴间：～地府。
【阴沉】yīnchén 形。阴暗；常形容天色、脸色等：天色～|脸色异常～。可重叠：阴沉沉的天气。

＊"阴沉"和"阴暗"："阴沉"有给人以重压的感觉，语意较重；"阴暗"只表示色彩昏暗，不明亮，语意较轻。"阴沉"常形容天色、脸色等；"阴暗"既可形容天色、脸色，也可形容光线等。

【阴错阳差】yīn cuò yáng chā 成。比喻由于一些偶然的因素造成了差错：也是～，使这个无能之辈当上了县官。也说阴差阳错。

【阴德】yīndé 名。旧时指暗中做的好事，迷信的人指在人世间所做的而在阴间可以记功的好事；常与"积"搭配：老王啊，你就行行好，积点～吧!

【阴毒】yīndú 形。阴险毒辣：为人～|周扒皮是个非常～的家伙。

【阴风】yīnfēng 名。(1)阴冷的风，寒风：一阵～，吹得我浑身起鸡皮疙瘩。(2)俗谓鬼魅出现时有风随行，叫做阴风。(3)比喻煽动别人起来闹事，制造混乱叫煽阴风；常与"点鬼火"并用。

【阴沟】yīngōu 名。地下的排水沟：水从～流走了。

【阴魂】yīnhún 名。迷信说法，指人死后的灵魂；多用做比喻：一小撮坏人～不散，仍在梦想恢复他们已经失去的天堂。

【阴晦】yīnhuì 形。阴沉昏暗，含贬义：渐近故乡，天气又～了|敌人把他关进了

十分～潮湿的牢房。

【阴极】yīnjí 名。(1)电池或蓄电池等直流电源放出电子带负电的电极。也叫负极。(2)电子器件中放射电子的一极。

【阴间】yīnjiān 名。迷信说法，人死后灵魂所在的地方。也叫阴曹。

【阴冷】yīnlěng 形。(1)阴沉而寒冷；指天气：天气～|～的早晨。(2)阴沉而冷酷；指脸色：这坏蛋脸色～，隐含杀机。

【阴历】yīnlì 名。历法的一类，是根据月亮绕地球运行的周期而制定的。也叫太阴历。民间所谓的阴历是指阴阳历，即现在所用的农历。

【阴凉】yīnliáng ❶形。太阳照不到而凉爽的：～的地方|大树下十分～。❷名。(～儿)阴凉的地方：找个～儿歇歇脚。

【阴霾】yīnmái 〈书〉❶名。天空阴沉混浊的现象：此时大雾弥天，～四起|～密布的深夜。❷形。天空阴沉混浊；作定语时要加助词"的"：～的天空|天色～，风雨凄凄。

【阴谋】yīnmóu ❶动。暗中策划；指做坏事，多带动词或动词性词组作宾语：～暴乱|～投敌叛变。❷名。暗中做的计谋：粉碎了敌人的侵略～。

【阴谋诡计】yīnmóu guǐjì 成。指暗中策划的坏事：为人要光明正大，不要搞～。

【阴平】yīnpíng 名。现代汉语普通话四种声调(阴平、阳平、上声、去声)中的第一声。参见"四声"。

【阴森】yīnsēn 形。阴沉，可怕；常形容地方、空气、脸色等，含贬义：～的古庙|夜，黑漆漆的连一点月光都没有，真有些～怕人。常重叠：四周阴森森的，远处传来鸱鸮的怪叫声。

【阴私】yīnsī 名。指个人的不可告人的坏事、丑事：揭了他的～。

【阴文】yīnwén 名。印章上或别的器物上所刻的或所铸的凹下的文字或花纹；与"阳文"相对：这方～篆刻是罕见的艺术珍品。

【阴险】yīnxiǎn 形。表面和善,暗地不存好心；形容人的品格，为人：这家伙很～|～是个非常～的家伙。

【阴性】yīnxìng 名。(1)诊断疾病时对进行试验或化验所得结果的表示方法。说

明体内没有某种病原体存在或对某种药物没有过敏反应。(2)某些语言里名词以及代词、形容词有性的区分,分阴性、阳性或阴性、阳性、中性。

【阴阳历】yīnyánglì 名。历法的一类,是综合阴历、阳历而制定的。我国的农历就是阴阳历的一种。

【阴影】yīnyǐng 名。阴暗的影子;常用作比喻,同动词"蒙上、笼罩"等搭配:家庭的不和睦给孩子的心灵蒙上了一层~|战争的~笼罩着这个国家。

【阴郁】yīnyù 形。(1)阴沉郁闷,不活跃,指天气、气氛:天色~|会场上~的气氛使人感到不安。(2)忧郁,不开朗;指人的心情:他心情很~,哪里还有兴致去参加辩论?

【阴韵】yīnyùn 见"阳韵"。

【阴鸷】yīnzhì 〈书〉形。阴险凶狠:其人~多疑,与之交往,务必小心。

音 yīn ❶名。声音:这个~唱得不准。❷〈素〉消息:~信|佳~。

【音标】yīnbiāo 名。语言学上用来记录语音的符号,如国际音标。

【音叉】yīnchā 名。用钢材制成的发声仪器,形状像叉子,用小木槌敲打能发出不同频率的声音。常作为测定音调的标准。

【音带】yīndài 名。录好音的磁带;量词用"盘、盒":一盘~。

【音调】yīndiào 名。声音的高低程度,泛指说话、读书的腔调:~铿锵。

【音符】yīnfú 名。乐谱中表示音长或音高的符号。五线谱上用空心或实心的小椭圆形和特定的附加符号。简谱上用七个阿拉伯数字1234567和特定的附加符号。

【音节】yīnjié 名。由一个或几个音素组成的语音单位。其中包含有一个比较响亮的中心。在汉语里,一般地讲,一个汉字是一个音节,一个音节写成一个汉字(儿化韵的一个音节写成两个汉字,"儿"不自成音节,是例外)。也叫音缀。

【音量】yīnliàng 名。声音的强弱;常用"大、小"来表示:~很大|收音机的~可小一点。

【音频】yīnpín 名。人的耳朵能听见的振动频率,即20—20,000赫兹(频率单位,一秒钟振动一次叫一赫兹)。

【音容】yīnróng 〈书〉名。声音容貌;多指死去的人,含褒义:~宛在|母亲虽然已经去世多年,但她的~笑貌仍时时浮现在我眼前。

【音色】yīnsè 名。人声或乐器在音响上的特色。发音体、发音条件、发音方法不同,都能造成不同的音色。也叫音品,音质。

【音素】yīnsù 名。最小的语音单位,例如mò是由m、o和去声调这三个音素组成的。

【音速】yīnsù 见"声速"。

【音问】yīnwèn 名。音信:请您打听一下他出国后的~。

【音响】yīnxiǎng 名。声音;多就声音所产生的效果来说的:舞台的~效果很好。

【音像】yīnxiàng 名。录音和录像;常作定语:~公司|~磁带。

【音信】yīnxìn 名。消息和信函:~全无|互通~。

【音讯】yīnxùn 名。音信。

【音义】yīnyì 名。(1)文字的读音和意义。(2)旧时关于文字音义方面的注解;多用于书名:《毛诗~》。

【音译】yīnyì 动。把一种语音的词语用另一种语言中跟它发音相同或近似的语音表示出来;区别于"意译",一般不带宾语,常带补语:汉语中有一些词是从外国~过来的,如"沙发""马达"等。

【音乐】yīnyuè 名。用有组织的乐音来表达人们的思想感情、反映生活的一种艺术。它最基本的要素是节奏和旋律。

喑(△瘖) yīn 〈素〉△(1)哑,不能说话:~哑。(2)缄默,不说话:万马齐~。

愔 yīn [愔愔]〈古〉形。(1)形容安静和悦:~琴德,不可测也。(2)形容深沉,静默。

殷 yīn ❶名。朝代名,约公元前14世纪到公元前11世纪,是商代迁都于殷(今河南安阳市西北小屯村)后改用的称号。❷〈素〉(1)丰盛,丰富:~实|富~。(2)深厚:~切。(3)热情、周到:~勤。❸姓。

另见yān。

【殷鉴】yīnjiàn 名。《诗经·大雅·荡》:"殷鉴不远,在夏后之世。"鉴:鉴戒。原来的意思是殷人灭夏,殷的子孙可以夏的灭亡作为鉴戒。后泛指前人的教训:~不远,我们怎么能忘记这个教训!

【殷切】yīnqiè 形。深厚而急切;含褒义:我们~盼望的时刻到来了|这是人民对我们的十分~的期望。

【殷勤】yīnqín 形。热情而周到;含褒义:~款待|你过分~了,反使她不快|老板非常~地招呼我坐下,并递过茶来。也作慇懃。

【殷实】yīnshí 形。富裕;常指家境:我从小家境~,吃穿不愁。

【殷殷】yīnyīn 〈书〉形。深厚急切的样子;不加程度副词。情意~|~嘱咐。

【殷忧】yīnyōu 〈书〉名。深深的忧虑。

漵 yīn 地名用字。漵溜,在天津市。

慇 yīn [慇懃](-qín)见"殷勤"。

堙(陻) yīn 〈古〉❶名。土山:堆土培~。❷动。堵塞:~洪塞源。

闉 yīn 〈古〉❶名。古代瓮城的门。❷动。堵塞。

禋 yīn ❶名。古代祭天的祭名。❷动。泛指祭祀。

yín (ㄧㄣˊ)

吟(唫) yín ❶动。唱,声调抑扬地念;多以"诗"作宾语:~了几首诗。❷名。古典诗歌的一种名称:水龙~|《秦妇~》。

【吟哦】yín'é 动。吟咏;指诗词:他低头默默地~起来。可带宾语:小张手捧诗卷在轻吟~着《木兰诗》。

【吟风弄月】yín fēng nòng yuè 成。吟:写文作诗;弄:玩弄,玩赏;风、月:泛指各种自然风景。旧时诗人写作多用风花雪月为题材,因此称他们的写作为吟风弄月;含贬义:这些诗大多是~之作,没有什么价值。也作吟风咏月。

【吟诵】yínsòng 动。声调抑扬顿挫地诵读;多用于诗文:反复~|再三~。常带宾语或补语:~古文|他不由自主地~

起李白的《静夜思》来了。

【吟味】yínwèi 动。吟咏玩味;指诗文,常带宾语:他一面~一着诗句,一面向前走去|我反复~着《咏梅》这首诗。

【吟咏】yínyǒng 动。有节奏地诵读;指诵读诗文:传说白居易由于经常~,有时甚至把嘴皮也磨破了,生了口疮。可带宾语:奶奶正在~一首古诗。

垠 yín 〈素〉边际,界限:无~|一望无~。

银 yín ❶名。(1)金属元素,符号Ag。白色,质软,是热和电的良导体。银的合金可以制货币、器皿等。(2)〈~子〉旧时用银铸成的一种货币。❷〈素〉(1)跟货币有关的:~行|~根。(2)像银子的颜色:~白|~灰|~河。❸姓。

【银白】yínbái 形。白中略带银光的颜色;不加程度副词,不单独作谓语,作定语:~的毛线|~的奖杯。

【银本位】yínběnwèi 名。用白银做本位货币的货币制度。

【银耳】yín'ěr 名。真菌的一种,白色,半透明,富于胶质,常长在枯死或半枯死的栓皮栎等树上。也可用人工培植。用作滋补品。也叫白木耳。

【银根】yíngēn 名。指市场上货币周转流通的情况,市场需要货币多而流通量小叫银根紧,市场需要货币少而流通量大叫银根松。

【银汉】yínhàn 〈书〉名。银河:邀游~|~迢迢。

【银行】yínháng 名。经营存款、贷款、汇兑、储蓄等业务的金融机构。

【银河】yínhé 名。天空中出现的像一条银白色大河的光带,由许多多恒星组成。

【银灰】yínhuī 形。浅灰而略带银光的颜色;不加程度副词,不单独作谓语,作定语:~的外套|~颜色。

【银婚】yínhūn 名。欧洲风俗称结婚25周年为银婚。

【银幕】yínmù 名。放映电影时,用来显示影像的白色的幕。

【银杏】yínxìng 名。也叫白果。(1)落叶乔木,雌雄异株,叶片扇形。种子椭圆形,果仁可食,也可入药。木材致密,供雕刻用,是我国的特产。也叫公孙树。(2)这种植物的果实。

【银样镴枪头】yín yàng là qiāng tóu 成。镴:锡铅合金,即焊锡。表面像银质其实是焊锡做的枪头,比喻外表好看实际并不中用:你原来是"苗而不秀",呸,一个～!

【银鱼】yínyú 名。鱼的一种,体细长,微透明,口大,无鳞。生活在海边,初夏成群上溯河流产卵。

龈 yín 〈素〉齿龈:牙～。
另见kěn(啃)。

狺 yín [狺狺]〈书〉拟声。摹拟狗叫的声音:～狂吠。

訚 yín [訚訚]〈古〉形。形容辩论时态度好。

崟(嶜) yín [嶔崟](qīn-)〈古〉形。形容山高。

淫(△婬) yín 〈素〉(1)过多,过甚:～威|～雨。(2)放纵,骄奢:～逸。△(3)指不正当的男女关系:～乱|奸～。

【淫荡】yíndàng 形。淫乱放荡;常形容不正当的男女关系:一见到这个凶狠而一的女东家,他心中就不由地燃起怒火。

【淫秽】yínhuì 形。淫乱、肮脏、丑恶的;常指图书、刊物、言行等:语言非常～|严禁出版、发行和传播～书刊。

【淫乱】yínluàn 动。在性行为上违反道德准则;可带宾语:说屈原～宫闱,这是无耻小人的恶意中伤。可作定语:这个～的女人搅得村里很不安宁。

【淫威】yínwēi 名。滥用的权威;常同"施、发"等动词搭配:大发～|乱施～。

【淫雨】yínyǔ〈书〉名。连绵不停的过量的雨:～霏霏|～成灾。也作霪雨。

霪 yín [霪雨](-yǔ)见"淫雨"。

寅 yín 名。地支的第三位。参见"干支"。

【寅吃卯粮】yín chī mǎo liáng 成。寅:寅年,是卯年的前一年;卯:卯年,是寅年的后一年。寅年吃了卯年粮。比喻入不敷出,预先借支:过日子要精打细算,如果计划不周,～,那年日子就过不好。也说寅支卯粮。

【寅时】yínshí 名。旧式计时法,指夜里三点钟到五点钟的时间。

夤 yín 〈素〉(1)恭敬:～畏。(2)深:～夜。攀附:～缘。

【夤夜】yínyè〈书〉名。深夜:老兄～前来,不知有何贵干?

【夤缘】yínyuán〈书〉动。攀附向上,比喻拉拢关系,向上爬;不带宾语:自他升官后,群小～,门庭若市。

齗 yín〈古〉❶[齗齗]形。形容争辩的样子。❷同"龈(yín)"。

鄞 yín 地名用字。鄞县,在浙江省。

蟫 yín 名。古书上指衣鱼。

嚚 yín〈古〉形。(1)愚蠢而顽固:父顽母～。(2)奸诈:口不道忠信之言为～。

yǐn (ㄧㄣˇ)

尹 yǐn ❶名。旧时官名:府～|京兆～。❷姓。

引 yǐn ❶动。(1)带领,引导;常带宾语或补语:～他~来几个客人|服务员把我～到会议室。可带兼语:我～你去见我们的校长。(2)引起,使出现;常带宾语或补语:用纸～火|这句话～出来不少麻烦。(3)惹出;多指某种情绪或感情,常带兼语或补语:你别～她生气|他的话～得大家笑起来了。(4)用来做证据或理由;常带宾语或补语:他～了几个例子来说明自己的观点|这种材料～不得。❷量。长度单位,十市丈等于一引。❸〈素〉(1)拉,牵:～线|牵～。(2)离开:～避|～退。(3)伸:～领|～颈|～吭高歌。(4)旧俗出殡时牵引棺材的白布:发～。

【引导】yǐndǎo 动。带领,指引:对青少年要正确～。多带兼语:老师～学生研究中国历史|革命理论～我们从胜利走向胜利。

＊"引导"和"引诱":"引导"的意思着重在指导;"引诱"的意思着重在诱骗。"引导"有带领的意思,"引诱"没有。

【引得】yǐndé 名。音译词。索引:有些词语在某部作品中出现没有,出现多少次,可以查有关这部作品的~。常作书名:《毛诗~》、《荀子~》。

【引逗】yǐndòu 动。引诱,挑逗;常带语或补语: 你不要~他了|他把孩子得哭起来了|他做了个怪相,~得大家笑了起来。

【引渡】yǐndù 动。甲国应乙国的请求,把乙国逃到甲国的罪犯解交乙国;常带宾语或补语: ~几名罪犯|把劫机犯~给本国。

【引而不发】yǐn ér bù fā 成。引: 拉弓;发: 射箭。教人射箭的人拉满弓,搭上箭,但不把箭射出去,以便让学的人去领会。比喻善于启发、引导: 上课时教师要把知识讲得透彻而又明白,但有时又得~,启发学生积极思考。

【引吭高歌】yǐn háng gāo gē 成。引: 拉长;吭: 嗓子,喉咙。拉开嗓子,高声歌唱: 他们为伟大的祖国~。注意:"吭"不要读成kàng。

【引号】yǐnhào 名。标点符号的一种,横行文字用" "、' ';竖行文字开始时用﹁、﹃,结束时用﹂、﹄,表示文中引用的部分。有时也用来表示特别指出的、需要注意的部分等。

【引河】yǐnhé ❶动。为引水灌溉而开挖河道;不带宾语: ~灌溉,扩大水稻种植面积。❷名。为引水灌溉而开挖河道: 截流的大坝完工了,~也挖好了。

【引火烧身】yǐn huǒ shāo shēn 成。比喻自招灾祸。也比喻主动暴露自己的错误、缺点,争取批评帮助: 几位领导在群众中广泛征求意见,主动~。

【引荐】yǐnjiàn 动。推荐: 没有人~,我只好毛遂自荐了。可带宾语或兼语: 他~了不少人|~小尹当会计。

【引进】yǐnjìn 动。(1)引荐: 我很想认识他,但苦于无人~。可带宾语: 谁当秘书?她居然~了自己。(2)从外地引入;指新品种、新技术、新设备等,常带宾语: 这地方的水稻~了外地的新品种|从国外~了新的技术和设备。

【引经据典】yǐn jīng jù diǎn 成。引用经典著作中的语句作为讲话、写文章的依据: 张老师学问很渊博,上课时常~,深刻地分析、讲解课文内容。

【引咎】yǐnjiù 〈书〉动。把过失归到自己身上;不带宾语: 人有谤公于上者,公辄~,未尝自辩。常与"自责"等连用: 唐绍仪已~辞职|他常~自责,所以下属都十分敬重他。

【引狼入室】yǐn láng rù shì 成。引: 招引。把狼招引到室内。比喻引进坏人,招来灾祸: 这是他~酿成的惨剧|将他请进京城,岂不是~吗?

【引力】yǐnlì 名。万有引力的简称。一切物体相互吸引的力: 潮水的起落是由月球的~引起的。

【引起】yǐnqǐ 动。一种事情、现象、活动使另一种事情、现象、活动出现;多带宾语: ~了一场风波。常带动词、形容词作宾语: ~争论|~麻烦。也可带兼语: ~大家注意。

【引擎】yǐnqíng 名。音译词。发动机,特指蒸气机、内燃机等热机。

【引人入胜】yǐn rén rù shèng 成。胜: 胜境,美妙的境界。领人进入美妙的境界。现多形容好的文艺作品或优美的山水风景具有吸引人的魅力: 苏州园林甲天下,如诗如画的风景~|《三国演义》是一部~的长篇小说。

【引人注目】yǐn rén zhù mù 成。注目: 注视。引起人注意: 对面那幅巨大的山水画,非常~|在这些华丽的宫殿中,最~的是养心殿。

【引申】yǐnshēn 动。由原义推演、发展产生新义;一般指字或词的意义演变。如"兵"字的本义是"武器",可以引申出"士兵"、"军队"等义。也可指言语交际中意思的发挥;一般不带宾语: 他将她的意思~了,而且补足了她未说与未想到的话。也作引伸。

【引退】yǐntuì 动。指辞去官职;不带宾语: 张先生已经~了。可和其他动词连用: 他因年老~回乡。

【引文】yǐnwén 名。引自其他书籍或文件的语句: 这段~出自《史记》。也叫引语。

【引言】yǐnyán 名。写在书或文章前面类似序言或导言的短文;从形式上看它是这本书的~,实质它是一篇严谨的科学论文。

【引用】yǐnyòng 动。常带宾语。(1)用别人说过的话或做过的事作为根据：他写文章常～古书上的一些话｜～了几个例子来说明注意安全的重要性。(2)引进、使用他人的技术、资金、设备等：～外资建立工厂。(3)任用：～天下名士｜不该无原则地～亲戚朋友。

【引诱】yǐnyòu 名。诱惑，诱使；常指引人做不该做的事，多带宾语或补语：敌人用金钱～她，她丝毫不动心｜对他～过多次。可带兼语：～敌人进入伏击圈。可重叠：用玩具～～孩子。

【引玉之砖】yǐn yù zhī zhuān 成。比喻为了引出别人高明的意见而发表的粗浅的、不成熟的意见；用作谦词：我的发言，只能作～。参见"抛砖引玉"。

【引证】yǐnzhèng 动。引用事实和言论、著作做根据；常带宾语或补语：他在文章中～了一些名言，增强了说服力｜他文章中的材料～得不太恰当。

【引子】yǐn·zi 名。(1)戏曲角色初上场时所念的一段词句，有时唱和念相兼。(2)某些乐曲的开始部分，有酝酿情绪、提示内容等作用。(3)比喻引起正文的话或启发别人发言的话：这一小节是下文的～｜我简单说几句做个～。(4)药引子：这几味药需用鲜荷梗做～。

吲

yǐn [吲哚](-duǒ) 名。音译词。有机化合物，无色或淡黄色片状结晶。供制香料、染料等。

蚓

yǐn 见"蚯蚓"。

饮

yǐn ❶〈书〉动。喝：一杯酒他一～而尽。注意：口语中只说"喝酒"、"喝水"，一般不说"饮酒、饮水"。"饮水"只用在固定词组中：～水思源。❷名。中医指稀痰。❸〈素〉(1)可以喝的东西：冷～｜热～｜～料。(2)心里存着，含着：～恨。

另见yìn。

【饮弹】yǐndàn 〈书〉动。身上中了子弹；不带宾语，常和"亡、身亡"连用：小王不幸～身亡。

【饮恨】yǐnhèn 〈书〉动。把怨恨吞进肚子里。比喻志向未酬，遗憾万分；常带补语：～终身｜提起这件事，他～不已。可带处所宾语：去年五月，我队又以一分之差败给日本队，～东京。

【饮泣】yǐnqì 〈书〉动。满面是泪，流到口里，形容悲哀到了极点；不带宾语：他双手捂着脸低声～着。可带补语：小李因车祸而丧生，一家人～不已。

【饮食】yǐnshí 名。吃喝：～起居，也要讲究科学｜注意～卫生。

【饮水思源】yǐn shuǐ sī yuán 成。喝水想到水源。比喻不忘本：我们应该～，不要忘记这个幸福的日子是怎么得来的。

【饮誉】yǐnyù 动。享有名誉；常带处所宾语：他在奥运会上夺得了金牌，～泳坛｜～海内外。

【饮鸩止渴】yǐn zhèn zhǐ kě 成。鸩：传说中的毒鸟，用它的羽毛浸的酒喝了能毒死人。喝毒酒解渴。比喻采取有害的办法救急，不顾严重后果：借高利贷，无异于～。

隐(隱)

yǐn 〈素〉(1)隐藏不露：～蔽｜～士。(2)潜伏的，藏在深处的：～患｜～情。

【隐蔽】yǐnbì ❶动。借旁的事物遮盖自己；不带宾语，常带补语：～在大荷叶下面的战士们正在聚精会神地瞄准敌人射去。❷形。不公开的，不显露：敌人的活动比较～，我们要提高警惕。

＊"隐蔽"和"隐藏"："隐蔽"的意思着重在遮盖住；"隐藏"的意思着重在藏起来。"隐蔽"有形容词用法；"隐藏"没有。"隐蔽"常用在军事上；"隐藏"不限。

【隐藏】yǐncáng 动。藏起来不让人发现；常带宾语或补语：～秘密｜～祸心｜把粮食～在地洞里。可带动词、形容词作宾语：内心～着嫉妒｜宁静中～着危险。

＊"隐藏"和"隐瞒"："隐藏"着重在"藏"，指不让人看见，和"显露"相对；"隐瞒"着重在"瞒"，指不让人知道，和"坦白"相对。"隐藏"可用于人或事物，常与"真面目、阴谋、祸心、秘密"等词语搭配；"隐瞒"只用于事物，不用于人，常与"观点、主张、真情、年龄、出身、成分、历史、错误、产量"等词语搭配。"隐藏"是中性词，"隐瞒"是贬义词。

【隐恶扬善】yǐn è yáng shàn 成。隐：隐匿；扬：宣扬。隐瞒人家的坏处宣扬人家的好处。这是古代提倡的一种为人处世的态度：你叫我～,不批评他的严重错误,这是办不到的。

【隐伏】yǐnfú 动。隐蔽,潜伏；常带宾语或补语：在一号地堡里～着机枪手|那些云霓终于～到地平线下。

【隐患】yǐnhuàn 名。潜藏着的祸患；常跟动词"消除"搭配：消除事故的～。

【隐晦】yǐnhuì 形。意思不明显：这首朦胧诗,内容十分～,使人不易看懂。

【隐讳】yǐnhuì 动。有所顾忌而隐瞒：他对自己的真实身份毫不～。可带宾语：他是个非常真诚的人,从不～自己的弱点。

【隐居】yǐnjū 动。旧时政治上失意的人或厌世者退居偏僻地方,不出来做官：当时他的才能无处施展,不得不～。可带处所宾语或补语：李白曾～庐山|据说他后来～在宜兴农村。

【隐君子】yǐnjūnzǐ 名。原指隐居的人,后来借以嘲讽吸毒成瘾的人(隐、瘾谐音)：谁会想到这样不起的大人物竟是一个～。

【隐瞒】yǐnmán 动。把真相掩盖起来,不让人知道；含贬义：我们有了错误,不应该互相～,应该互相帮助。常带宾语或补语：～了自己的历史|这样大的事情不～了的。

　　*"隐瞒"和"隐蔽"："隐瞒"的意思着重"瞒",不让人知道；"隐蔽"的意思着重"蔽",不让人发觉。"隐瞒"只用于事物,不用于人；"隐蔽"可用于事物,也可用于人。"隐瞒"是贬义词；"隐蔽"是中性词。"隐瞒"只作动词；"隐蔽"除作动词,还可作形容词。

【隐秘】yǐnmì ❶动。隐蔽不外露,一般不带宾语,可带补语：这件事一直～在她的心里。可作定语：地道口开在～的地方。❷名。秘密事：刺探～|别打听人家的～。

【隐没】yǐnmò 动。隐蔽,渐渐看不见：乌云推了过来,天上星星全～了。常带宾语或补语：悲哀～了她的笑容|一群鸟越飞越远,后来就～在云雾中了。

【隐匿】yǐnnì 〈书〉动。隐藏,躲起来；带宾语或补语：他怎么也～不了自己的

罪恶历史|那长江口外停泊的外轮正一艘艘迅速地～在茫茫的迷雾之中|他不开灯,想把自己～在黑暗里面。

【隐情】yǐnqíng 名。不愿告人的事实或原因：他不肯说自己的身世,必有～|她掩藏了多年的～今天终于说出来了。

【隐忍】yǐnrěn 动。藏在心中、勉强地忍着：她希望尽可能不让他再受刺激,便将此事竭力～着。可带宾语：从小伙子的表情可以看出,他～着难言的怨恨。

【隐身草】yǐnshēncǎo 名。比喻用来遮掩自己的人或事物：他把别人当作自己的～,躲过了敌人的搜查。

【隐士】yǐnshì 名。旧时称隐居的人。

【隐私】yǐnsī 名。不愿告人的或不愿公开的个人私事：专门探听别人的～是不道德的行为。

【隐痛】yǐntòng 名。不愿告人的痛苦：难言的～|她心里的～只有妈妈知道。

【隐逸】yǐnyì 〈书〉❶动。遁世隐居；多带处所宾语：～山林。❷名。隐居的人。

【隐隐】yǐnyǐn 形。看起来或听起来不很清楚,或感觉不很明显；不加程度副词：青山～。常作定语或状语：天边传来～的雷声|伤口～作痛。

【隐忧】yǐnyōu 名。深藏在心中的忧愁：他心里的～终于消除了。

【隐约】yǐnyuē 形。看起来或听起来不很清楚,感觉不明显；不加程度副词：借着月光,可勉强看见对岸～的山峰|他～记得这件事。可重叠：南边便是古城墙,隐隐约约地可以看见。

【隐衷】yǐnzhōng 名。不愿告诉别人的苦衷：从她那神情里可以窥测到她的～。

瘾(癮) yǐn 名。(1)由于神经中枢经常接受某种外界刺激而形成的习惯性：他吸烟的～很大。(2)泛指浓厚的兴趣：他看书上～了|小亮爱看足球赛,～还不小呢。

缜 yǐn 〈方〉动。缝(háng)；常带宾语或补语：妈妈正在～棉袄|被子～得太密了。

yìn (ㄧㄣˋ)

印 yìn ❶名。(1)政府机关的图章,泛指图章。(2)(～儿、～子)痕迹：脚～

儿}这里留下一点~子。❷动。留下痕迹,特指文字或图画等留在纸上或器物上;常带宾语或补语:~书|杯子上~了|画花布~得很好看。❸〈素〉符合:~证|心心相~。❹姓。

【印把子】yìnbǎzi 名。指行政机关的印信的把儿,比喻政权:要为人民掌握好~。

【印本】yìnběn 名。印刷的书本:~中有许多错字漏字|宋代以前,书籍没有~,只有写本。

【印次】yìncì 量。图书每一版印刷的次数。从第一版第一次印刷起连续计算。如内容经重大修订而再版,就另行计算印次。

【印第安人】yìndì'ānrén 名。"印第安",音译词。美洲最古老的居民,皮肤红黑色,属蒙古人种,讲印第安语。大部分住在中、南美各国。

【印发】yìnfā 动。印刷散发;常带宾语或补语:~宣传品|文件~到县以上机关。

【印花】yìnhuā ❶动。将有色花纹或图案印到纺织品等上面去;不带宾语:这个工厂能~,生产各种各样的花布。可拆开用:布上已印了花。❷形。印有花纹的;不加程度副词,不单独作谓语,作定语:~绸布|~地板。❸名。指印花税票。由政府出售,规定贴在契约、凭证等上面,作为税款的一种特制印刷品。

【印鉴】yìnjiàn 名。为防假冒,在支付款项的机关留供核对的印章底样。支领款项时,所用的印章要与所留的印章底样相符。

【印泥】yìnní 名。盖图章用的颜料,一般用朱砂、艾绒和油制成。也叫印色。

【印刷】yìnshuā 动。把文字、图画等制成印版,涂上油墨,印在纸上:书版已排好了,但还没有~。常带宾语或补语:~宣传画|~得很清楚。

【印象】yìnxiàng 名。客观事物在人的头脑里留下的迹象:~模糊|他的精采表演给全场观众留下了深刻的~。

【印行】yìnxíng 动。印刷并发行:这本小册子要立即~。常带宾语或补语:出版社将要~这本散文集|这本书已~过两次。

【印证】yìnzhèng 动。证明与事实相符:材料一一~。常带宾语:今天的情况~了我昨天的想法。可作"得到"等动词的宾语:通过实践,书本上的知识得到了~。

【印子钱】yìnziqián 名。旧社会高利贷的一种,把本钱和很高的利息加在一起,约定期限,由债务人分期偿还,每还一期,在折子上盖印为记。简称印子。

茚 yìn 名。音译词。有机化合物,无色液体,是制造合成树脂的原料。

䲟 yìn 名。鱼,灰黑色,身体细长,背上有一长椭圆形吸盘,常吸附在大鱼身体下面或船底下。生活在海洋中。肉可以吃。

饮 yìn 动。给牲畜水喝:马已~过了。常带宾语:快去~牲口。
另见yǐn。

荫(蔭、△廕) yìn ❶〈口〉形。没有阳光,又潮;地下室里很~。△❷〈素〉(1)遮蔽:~庇。(2)封建时代因父祖有功而给予子孙入学、做官的特权:封妻~子(妻子得到封号,子孙获得世袭官爵。旧指建立功业,显耀门庭)。

【荫庇】yìnbì 动。(1)大树枝叶遮蔽住阳光;常带补语:一幢华丽的别墅~在濒海的丛林中。(2)旧时比喻保佑和照顾;用于长辈对晚辈或祖宗对子孙:青年人自强自立,不要处处依靠父辈的~。

【荫蔽】yìnbì 动。(1)枝叶遮蔽;常带补语:草屋~在树林中。(2)隐蔽;常带宾语或补语:战士利用壕沟~着身体|~在掩体里进行射击。

【荫凉】yìnliáng 形。因没有太阳晒着而凉爽:房间里很~。

【荫翳】yìnyì〈书〉❶动。枝叶遮蔽;常补语:一间小屋~在密林中。❷形。枝叶繁茂:桃李~。

胤 yìn 〈古〉名。后代,后嗣。

窨 yìn 名。地下室,地窖。
另见xūn。

憖(憗) yìn 〈古〉动。(1)宁愿:~多出赀贿官。(2)损伤,残缺:两君之士皆未~。

【慭慭】yìnyìn 〈古〉形。小心谨慎的样子：虎稍出近之，～然莫知。

yīng (丨ㄥ)

应（應） yīng ❶动。(1)应许；喊他不～。可带宾语：你为什么不～他?(2)应许，应允；多带补语：这件事我已～下来了，一定完成。可带宾语：我～他十天内完工。❷〈书〉助动。应该；用在动词前，作状语：如有错误，～即改正。❸姓。

另见yìng。

【应当】yīngdāng 助动。应该；用在动词、形容词前，作状语：中国～对人类有较大的贡献｜遇事～冷静。

【应该】yīnggāi 助动。用在动词、形容词前作状语。(1)表示情理上必须这样：大家～帮助他｜学习～认真，否则学不好。也可用在作谓语的主谓词组前边：大家的事情～大家办。(2)表示判断情况必然这样：他已动身两天，今天～到了｜这是尼龙的，～比较结实。

＊"应该"和"应"："应该"可以单独答问题；"应"不能。"应该"可用于口语和书面语；"应"只用于书面语。"应该"不作动词；"应"可作动词。"应该"可用在作谓语的主谓词组前边，"应"不能。

【应届】yīngjiè 形。本期的；只用于毕业生，不加程度副词，不单独作谓语，作定语：～毕业生。

【应声】yīngshēng 〈口〉动。出声回答；不带宾语：我敲了半天门，里边也没有人～。

另见yìngshēng。

【应许】yīngxǔ 动。(1)答应做；这件事，他已～了。可带宾语：明天叫我去上课，我并没有～他。可带动词性词组作宾语：他～明天来商谈这件事。(2)允许；多带兼语：老师～我参加比赛。

【应有尽有】yīng yǒu jìn yǒu 成。应该有的都有了，形容很齐全：货架子上，各种物品～｜学校图书馆里，关于青少年修养的书～。

【应允】yīngyǔn 动。应许；此事他已～了。常带宾语：你～我的东西就给我吧。可带动词性词组作宾语：他～陪我上街买东西。可带兼语：我已～他出去玩一会儿。

英 yīng ❶〈素〉(1)花：落～。(2)才或智慧过人的人：～雄｜～俊。(3)东西的精华：精～。(4)指英国：～尺｜～镑。❷姓。

【英镑】yīngbàng 名。英国的本位货币。1970年后1镑合100便士。

【英才】yīngcái 〈书〉名。才智出众的人；多指青年。

【英豪】yīngháo 名。英雄豪杰：女中～｜一代～。

【英杰】yīngjié 名。英豪：战场上战士们个个是～。

【英俊】yīngjùn 形。(1)才能出众：这个小伙子～有为。(2)容貌俊秀而有精神：他长得非常～。

＊"英俊"和"漂亮"："英俊"使用的范围较窄，多用来形容青年男子，不用于事物；"漂亮"使用的范围较宽，可以形容人，不分男女，还可形容人的行为、事物等，如事情办得出色、仗打得好、话说得有力等。

【英灵】yīnglíng 名。(1)受尊敬的人去世后的灵魂：告慰烈士的～。也说英魂。(2)〈书〉指才能出众的人。

【英名】yīngmíng 名。指英雄人物的名字或名声：烈士～传遍神州大地。

【英明】yīngmíng 形。卓越而明智，可指人，也可指人的动作、行为、决定等：～的领袖｜～的决策｜这项措施很～。

【英气】yīngqì 名。英俊、豪迈的气概：～勃勃。

【英武】yīngwǔ 〈书〉形。英俊威武：参谋长纵马扬鞭，～非常｜小伙子手中拿着红缨枪，腰中挂着宝刀，十分～。

【英雄】yīngxióng ❶名。(1)才能出众和勇武过人的人：打虎～。(2)不怕艰难，不顾自己，为人民利益而英勇斗争，令人钦佩的人：劳动～｜他被追认为二级战斗～。❷形。(1)具有英雄的品质；不单独作谓语，作定语：～的人民不可战胜｜一座～的城市。(2)英勇、威武：我们的边防战士多么～｜班长打起仗来真～。

【英雄无用武之地】yīngxióng wú yòng wǔ zhī dì 成。比喻有本领的人无处施展才能:小王调到科研所后,再也不感到~了。

【英勇】yīngyǒng 形。勇敢出众:他打仗非常~|~的人民军队|~地牺牲了。

＊"英勇"和"勇敢":"英勇"使用的范围较窄,一般只形容作战、政治斗争以及为革命献身等,形容人也多指这几方面;"勇敢"使用的范围较宽,除用于作战、政治斗争外,可以形容人们其他方面的斗争与一般活动以及人的精神品质等。"英勇"的语意较重;"勇敢"的语意较轻,有时只表示有胆量或放大胆的意思。

【英姿】yīngzī 名。英俊威武的姿态:~勃勃|飒爽~。

瑛 〈古〉名。美玉。也指玉的光彩。

莺(鶯、鸎) yīng 名。鸟类的一科,身体小,多为褐色,嘴短而尖,叫的声音清脆。吃昆虫,是益鸟。

【莺歌燕舞】yīng gē yàn wǔ 成。莺:黄鹂。黄鹂歌唱,燕子飞舞。原形容大好春光,现多比喻大好形势:祖国各地~,一派欣欣向荣的景象。

婴 yīng 〈素〉(1)初生的小孩儿:~儿|~妇~。(2)触;缠绕:~疾(得病)。

【婴儿】yīng'ér 名。不满周岁的小孩儿。
【婴孩】yīnghái 名。婴儿。

撄 yīng 〈古〉动。(1)接触,触犯:~其锋|~万人之怒。(2)纠缠,扰乱:不以人物利害相~。

嚶 yīng 〈书〉拟声。摹拟鸟叫声;一般叠用:~~鸟鸣。也可摹拟低微的哭声:她眼睛一红,忍不住~~地啜泣起来。

缨 yīng 名。(1)(~儿、~子)东西上用线、绳等做的装饰品:帽~子。(2)(~儿、~子)像缨的东西:萝卜~子|芥菜~儿。(3)古代帽子系在颔下的带子,泛指带子。

【缨帽】yīngmào 名。清朝官吏所戴的帽子,帽顶上有红缨子。

瓔 yīng 〈古〉名。似玉的石头。

【瓔珞】yīngluò 名。古代用珠玉穿成的戴在颈项上的装饰品。

樱 yīng 见"樱花""樱桃"。

【樱花】yīnghuā 名。(1)落叶乔木,叶子椭圆形,花白色或粉红色,略有芳香。原产日本。供观赏。(2)这种植物的花。

【樱桃】yīngtáo 名。(1)落叶乔木,叶子长卵形,花白色略带红晕。果实近于球形,红色,味甜,可以吃。(2)这种植物的果实。

鹦 yīng 见"鹦鹉"、"鹦鹉学舌"。

【鹦鹉】yīngwǔ 名。鸟,头部圆,上嘴大,呈钩状,下嘴短小。羽毛美丽,有白、赤、黄、绿等色。生活在热带树林里,吃果实。能模仿人说话的声音。通称鹦哥。

【鹦鹉学舌】yīngwǔ xuéshé 成。鹦鹉模仿人说话,比喻别人怎样说,也跟着怎样说;含贬义:这人没有主见,只会~。

罌(甖) yīng 〈古〉名。小口大肚的瓶子。

膺 yīng 〈素〉(1)胸:义愤填~。(2)承受,承当:荣~|~选。(3)讨伐,打击:~惩。

【膺惩】yīngchéng 〈书〉动。讨伐,打击;多带宾语:~国贼。

【膺选】yīngxuǎn 〈书〉动。当选:凡能代表某一方面的人,都得~。

鹰 yīng 名。鸟类的一科,上嘴呈钩形,足趾有长而锐利的爪。性凶猛,捕食小兽及其他鸟类。

【鹰犬】yīngquǎn 名。打猎所用的鹰和狗,常比喻受驱使、做爪牙的人;用于贬义:那几个人是恶霸张金虎的~。

【鹰隼】yīngsǔn 名。〈书〉鹰和隼,都捕食小鸟和别的小动物,旧时比喻凶猛或勇猛的人。

yíng(丨ㄥˊ)

迎 yíng 动。常带宾语或补语。(1)迎接:~客人|大家~了上去。(2)对着,冲着;多构成连动词组:那一望无边挤得密密层层的大荷叶~着阳光舒展开来。

＊"迎"和"迎接":"迎"多是在原来的地方等;"迎接"多是到某个地点去接。"迎"有对着、冲着的意思;"迎接"没有。

【迎合】yínghé 动。故意使自己的言行适合别人的心理、趣味；多带宾语：有的影片故意安排一些庸俗的镜头，以～某些观众的低级趣味｜小说家这样写，大概是为了～读者的心理。

【迎接】yíngjiē 动。(1)迎上前去陪同客人等一起来：客人要到了，快去～。常带宾语或补语：～贵宾｜把客人～到宾馆。可重叠：你到门口～～他们。(2)欢迎，接受；常指节日、任务等，须带宾语：国庆｜～新的任务。

【迎刃而解】yíng rèn ér jiě 成。迎：向着，对着；刃：刀口；解：分开。像劈竹子，头上几节一破开，下面的就顺着刀口分开了。比喻主要的问题得到解决，其他有关的问题也容易得到解决。也比喻顺利解决问题：他的顾虑一消除，其他问题就可以～了。

【迎头】yíngtóu 副。迎面，当头；用在动词前，作状语：～赶上｜～痛击｜一盆冷水正好～泼在她身上。

【迎头赶上】yíngtóu gǎnshàng 成。加紧赶上去并超过最前面的：学习成绩较差的同学不该自卑，要树立信心，～。

【迎迓】yíngyà〈书〉动。迎接；常带宾语：他气宇轩昂地在～他的人们面前走过｜他站在门口，微笑着～客人。

莹（塋） yíng〈素〉坟地：坟～｜祖～｜～地。

荥（滎） yíng 地名用字。荥经，县名，在四川省。

另见 xíng。

荧（熒） yíng〈素〉(1)光亮微弱的样子：～然｜～～。(2)疑惑：～惑。

【荧光】yíngguāng 名。某些物质受光或其他射线照射时所发出的可见光。光和其他射线照射停止时荧光也随之消失：～灯｜～屏。

【荧荧】yíngyíng 形。形容闪动的星火或灯烛光；不加程度副词：寒星｜烛光～｜一灯～。

莹（瑩） yíng ❶〈古〉名。光洁像玉的石头。❷〈素〉光亮透明：晶～。

萤（螢） yíng 名。昆虫，身体黄褐色，尾部有发光器官，能发出带绿色的光。通称萤火虫。

营（營） yíng ❶名。军队的编制单位，隶属于团，下辖几个连：有三个～的兵力。❷〈素〉(1)谋求：～利｜～救。(2)经营：～业｜～造。(3)部驻扎的地方：～房｜军～。❸姓。

【营房】yíngfáng 名。专供军队驻扎的房屋及其周围划定的地方：我们明天将到～去参观。

【营火】yínghuǒ 名。夜间露营时燃起的火堆：～晚会｜夜晚，我们围着～跳起了欢乐的舞蹈。

【营救】yíngjiù 动。设法援救：游客们被洪水困在山头上，要赶快去～。常带宾语或补语：～被捕的同志｜他终于被大家～出来了。

【营垒】yínglěi 名。(1)军营和四周的围墙；常作宾语：严格地说，这古城不能称为真正的城市，只是一座驻扎军队和屯积军粮的～。(2)阵营：革命～｜反动～｜我们是属于同一～的。

【营生】yíngshēng 动。谋生；不带宾语：他们靠捕鱼～｜夫妻俩就在小艇上以摆渡～。

【营生】yíng·sheng〈方〉名。职业，活儿：找个～｜车间里的～他都能干。

【营私】yíngsī 动。谋求私利；不带宾语：不要借革命以～。常与"结党、舞弊"等词连用：他结党～，大搞阴谋活动。

【营养】yíngyǎng ❶名。(1)有机体吸取养料维持生命活动的作用：他由于～不良，身体比较虚弱。(2)养分：水果很有～｜番茄、豆腐的～价值很高。❷动。摄取养分滋补人体，常带宾语或补语：你病后要好好～一下身子。可重叠：你太瘦了，要多吃点鸡蛋、水果等，～～。

【营业】yíngyè 动。经营业务；多指商业、服务业、交通运输业等，不带宾语：本店国庆节照常～。可作宾语：开始～｜扩充～｜停止～。

【营造】yíngzào 动。常带宾语或补语。(1)经营建造：该公司～了许多高大的楼房｜一幢幢高楼～起来了。(2)有计划地造；指造林：～防护林｜"友谊林"～在郊外。

萦（縈） yíng〈素〉围绕，缠绕：～怀｜～绕。

1320 yíng-yǐng 萦潆蓥滢璎潆盈楹蝇赢瀛籯赢郢颍颖

【萦怀】yínghuái 〈书〉动。某事牵挂在心；一般不带宾语：此事久久～，终难排遣｜对于个人前途，我是无所～。

【萦回】yínghuí 动。盘旋往复：清脆而沉重的钟声在我耳边～。可带补语：歌声～在耳际｜他临终的遗言不时还～在我的心头。

【萦绕】yíngrǎo 动。萦回；常带宾语或补语：归来之后，我的眼前总是～着西湖的醉人的景色｜她的笑声一直～在我的耳边。

潆(瀠) yíng 地名用字。潆湾，在湖省长沙市。

蓥(鎣) yíng 山名用字。华蓥山，在四川省。

滢(瀅) yíng 〈素〉清澈：～渟｜～汀｜～。

璎(瓔) yíng 人名用字。

潆(瀠) yíng [潆洄](-huí)〈书〉形。水流回旋的样子：鼓楼岩下水～～的急流。

盈 yíng ❶动。充满；须带宾语：士～朝廷｜书籍～屋。❷〈素〉多余：～余｜～利。

【盈亏】yíngkuī 名。(1)指月亮的圆缺：月有～。(2)指盈利和亏损：自负～。

【盈利】yínglì 见"赢利"。

【盈余】yíngyú 也作赢余。❶动。收入中除去开支后剩余：无～之帛。多带宾语：～200元。❷名。收入中除开支后剩余的财物：有200元的～｜他把全部都拿去买书了。

楹 yíng 〈书〉名。堂屋前部的柱子。

【楹联】yínglián 名。贴或挂在楹上的对联。泛指对联；量词用"副"：柱子上挂着一副～。

蝇(蠅) yíng 名。(～子)昆虫，种类很多，通常指家蝇，能传染霍乱、伤寒、痢疾等多种疾病，为害很大。通称苍蝇。

【蝇头】yíngtóu 形。像苍蝇头那样小，形容非常小；不加程度副词，不单独作谓语，作定语：～小楷｜～微利。

【蝇营狗苟】yíng yíng gǒu gǒu 成。像苍蝇那样飞来飞去，像狗那样苟且偷生。比喻人不顾廉耻，到处钻营：此人～，无耻之极，你切不可与之为友。也说狗苟蝇营。

嬴 yíng 姓。

瀛 yíng ❶〈书〉名。大海：北亚美利加尤为美妙，其东西皆环以大～。❷姓。

【瀛寰】yínghuán 〈书〉指全世界：誉满～。

籯(籝) yíng 〈古〉名。(1)箱笼一类的器具：遗子黄金满～，不如一经。(2)放筷子的笼子。

赢 yíng ❶动。胜；与"输"相对：这场比赛，我们～了。常带宾语或补语：我队一定能～他们｜～了两次。❷〈素〉获利：～余｜～利。

【赢得】yíngdé 动。博得；须带宾语：运动员的精采球艺，～了观众阵阵掌声｜一块金牌。可带动词或动词性词组作宾语：～同情｜～全场观众的欢呼喝彩。也可带形容词作宾语：～了自由。

【赢利】yínglì ❶名。企业单位的利润：该厂全年有100万元～。❷动。获得利润；须带宾语：他们厂一次～10万元。也作盈利。

【赢余】yíngyú 见"盈余"。

yǐng(ㄧㄥˇ)

郢 yǐng 地名用字。古代楚国的都城，在今湖北省江陵县北。

颍 yǐng 水名用字。颍河，发源于河南省登封县，流至安徽省注入淮河。

颖 yǐng ❶〈书〉名。指某些禾本科植物子实的带芒的外壳。❷〈素〉(1)指某些小而细长的东西的尖端：脱～而出。(2)聪明：聪～｜～悟。

【颖慧】yǐnghuì 〈书〉形。聪明；多用于少年，作定语或谓语：～少年｜这少年英俊～。

【颖悟】yǐngwù 〈书〉形。聪明，思路敏捷；多指少年：该生异常～，读书过目成诵。

【颖异】yǐngyì 〈书〉形。(1)指聪明过人：这位学者自幼～，不同一般。(2)新颖奇异：～之物。

影 yǐng ❶名。(1)(～儿、～子)物体挡住光线后在地面或其他物体上形成的暗像:树～子。(2)(～儿、～子)镜子或水里反映出来的物体的形象:月亮的～儿在水里晃动着。(3)(～儿、～子)不真切的或模糊的形象:这件事在我脑子里没有一点儿～子了。❷〈素〉(1)描摹:～本。(2)指电影:～视|～评。(3)照片,形象:合～|留～|剪～。(4)用照相方法制版印刷:～印。

【影壁】yǐngbì 名。(1)大门内或屏门内做屏蔽的墙壁。(2)照壁。(3)指塑有各种形象的墙壁。

【影片】yǐngpiān 名。(1)用来放映的电影胶片:～烧断了。(2)指电影:故事～|科教～。

【影射】yǐngshè 动。借甲指乙,暗指某人某事:有话直说,别用～的话来刺人。常带宾语:这部小说的作者借故事里的主人公～某一官员。

【影视】yǐngshì 名。电影和电视;常作定语:～演员|～明星。

【影响】yǐngxiǎng ❶动。对人的思想行动或别的事物起作用;常带宾语:家长的言行必然～孩子。可带动词、形容词作宾语:在办公室里讲话～工作|抽烟～健康。可带主谓词组作宾语:这种粗暴的教育方法,严重地～了孩子健康地成长|不要～别人学习。❷名。对人或事物所起的作用:这部作品的～很大|他受了父母的～,从小就爱音乐。

【影影绰绰】yǐngyǐngchuòchuò 形。模模糊糊,形容不真切,不清晰;不加程度副词,常作状语,带助词"地":我～地记得《论语》里有这句话|远处～有人影在走动。

【影子内阁】yǐngzi nèigé 词组。某些资产阶级国家的在野党在其议会党团内部按照内阁形式组成的准备上台执政的班子。始于英国。

瘿 yǐng 名。中医指长在脖子上的一种囊状的瘤子,主要指甲状腺肿大等病症。

yìng(丨ㄥˋ)

应(應) yìng 〈素〉(1)回答:答～|呼～。(2)允许,接受:有求必～|～邀。(3)顺应,适应:～时|得心～手。(4)应付:～接不暇。
另见yīng。

【应变】yìngbiàn 动。应付突然发生的情况;不带宾语:随机～|～能力|暗中做了～的准备。

【应承】yìngchéng 动。答应,同意;常带宾语或补语:～了这门亲事|他们要找个可靠的人照顾孩子,我～下来了。

【应酬】yìng·chou ❶动。交际往来,以礼相待:去吧,好好～,不要冲撞着他。常带宾语或补语:你去～客人|那女人是山里人模样,然而～得很从容。可重叠:还是你出去～～客人吧。❷名。指私人间的宴会:我今天晚上有个～。

【应答】yìngdá 动。回答:～如流|我一边～着,一边给他倒茶,递烟。可带宾语:～对方所提出的问题。

【应对】yìngduì 动。回答,对付:善于～|他支支吾吾地～着。可带宾语或补语:她无法～孩子的提问|在论文答辩时,他～如流,得到专家的好评。

【应付】yìng·fù 动。(1)对人或事物采取方法措施对付:渔夫见到这可怕的魔鬼,不知如何～。可带宾语或补语:很难～这种局面|人家来催货,我可～不了。(2)敷衍了事:这件事很重要,你不可能随便～啊。可带宾语:没有什么重要的事,～他几句就行了。可重叠:他找上门来了,总得～～。(3)将就,凑合;多带补语:这顶帽子不算旧,今年可以～得过去。

【应和】yìnghè 动。呼应;指声音、语言、行动等:村里报出了头一声鸡叫,紧连着,远近的公鸡相继～了|鸟儿唱出宛转的曲子,跟轻风流水～着。可带宾语:没有人～他的话。注意:"和"这里不读hé。

【应接不暇】yìng jiē bù xiá 成。暇:空闲。原指景物繁多,来不及观赏。也指人或事物太多,来不及应付:沿河而上,山路愈陡,景色愈奇,令人～|春节期间,来我家的客人很多,使我～。

【应景】yìngjǐng 动。不带宾语,可拆开用,可重叠。(1)为了适应当前情况而勉强做某事:我本来不喜欢打牌,客人要打,碍于情面,只好得应个景,陪他们打了几圈。(2)适合当时的节令:中秋节到了,总得买几个月饼应应景儿吧。

【应考】yìngkǎo 动。参加考试;一般不带宾语:外语学校招生,我准备去～。

【应力】yìnglì 名。物体受到外力作用时,在内部产生的对抗力。

【应卯】yìngmǎo 动。旧时官厅每天卯时(早晨五点到七点)查点到班人员,点名时到班的人应声叫应卯,现多比喻到场应付一下;不带宾语:妙在薛蟠如今不大上学～了。可拆开用:这种会议,不解决任何实际问题,可不去应又不行,只好去应一下卯。

【应诺】yìngnuò 动。答应,表示同意:连声～|点头～|他～过的事一定能办好。可带宾语:晓琳要我辅导她学习语文,我～了她。可带动词性词组作宾语:他～参加年会。

【应聘】yìngpìn 动。接受聘用;不带宾语:科技人员纷纷～。 常和其他动词连用:他～担任了农机修理厂的技术员。

【应声】yìngshēng 副。随着声音;一般修饰动词,作状语:我～望去,原来是他来了|一枪打去,麻雀～落地。
另见yīngshēng。

【应声虫】yìngshēngchóng 名。比喻自己无主见,只知随声附和的人;含贬义:这人是个～,只会随声附和。

【应时】yìngshí ❶形。适合时令的;不加程度副词,不单独作谓语,作定语:～物品|～服装。❷副。立刻,马上;修饰动词,作状语:脚下一滑,他～跌倒在地。

【应市】yìngshì 动。供应市场;不带宾语:大批水产品节前～。

【应验】yìngyàn 动。事情的发展、结果和原来的预料相符;不带宾语:这本是一种惯用的语言,谁知这句话却～了|你也说起这个话来,可不是鸳鸯说的话～了么? 常带介词词组作补语:这句话真像神奇的预言一般,～在他的身上。

【应邀】yìngyāo 动。接受邀请;不带宾语:我请你跳舞,你敢不敢～。 常与其他动词连用:巴西足球队～来我国访问|在京外国朋友～出席了国庆招待会。

【应用】yìngyòng ❶动。使用;所购物品,验收后方许～。 常带宾语或补语:～电子计算机|新技术已广泛～在生产中。❷形。直接用于生活或生产的;不加程度副词,不单独作谓语,作定语:～科学|日常～物品。

＊"应用"和"运用":"应用"表示使人或事物发生作用;"运用"表示根据事物的特性加以利用。"应用"可用于抽象事物,也可用于具体事物,如"理论、观点、知识、成果、机器、药品"等;"运用"一般只用于抽象事物,如"理论、政策、立场、观点、方法、原则、规律、力量、精神"等。

【应用文】yìngyòngwén 名。指日常生活中或工作中经常应用的文体,如公文、书信、广告、收据等。

【应运而生】yìng yùn ér shēng 成。应:顺应;运:原指天命,泛指时机。原意是顺应天命而降生,现指适应时代的要求而出现:读者渴望对作品进行评论,于是文学批评家便～。也说应运而起。

【应征】yìngzhēng 动。不带宾语。(1)适龄的公民响应征兵号召:今年征兵,本市已有几千人～。 常与其他动词连用:～入伍。(2)泛指响应某种征求:本报征稿启事刊出后,各地作者踊跃～。可作语:～稿件,源源而来。

映 yìng 动。一般要带补语。(1)因光线照射而显出物体的形象:图像～在银幕上|垂柳倒～在水中。(2)照:炉火把他的脸～得通红。

【映衬】yìngchèn ❶动。映照,衬托:绿水青山互相～。常带宾语或补语:描写城里的繁华是为了～农村的萧条|绿叶把红花～得更加鲜艳。❷名。一种修辞手法,用有关的事物来衬托主要的事物,使之更加鲜明突出。

＊"映衬"和"对比":"映衬"中的两个事物有明显的主次之分;"对比"中的两个事物或一个事物的两个方面,一般没有主次之分。

【映带】yìngdài 〈书〉动。景物相互衬托:山河相～,深浅未可测。多带宾语:湖光山色,～左右|葱郁的树林,～着一座座农家小屋,浑如图画。

【映射】yìngshè 动。照射:他那两眼碧光,与灯光相～。常带补语:阳光～在湖面上|灯光～到墙上。

硬 yìng 形。(1)物体内部组织紧密,性质坚固;与"软"相对:木质很～。(2)刚强,坚定,坚决及执拗;用于性格、意志和态度:一汉子|话说得太～|叫他把东西交出来,他～不肯。(3)勉强;不加程度副词,不单独作谓语,只作状语:～挺住|～攻下了这个难关。(4)能力强,质量好:货色～|技术不太～|牌子～。(5)健壮:60岁的人了,身板骨依然很～。

【硬邦邦】yìngbāngbāng 形。坚硬结实;不加程度副词,作谓语或定语,要加助词"的":车上的东西摸上去～的|这些～的家伙十有八九是武器。也可喻指产品质量是硬、口气很硬等:我们厂里的产品质量是～的|他说话的口气～的。也作硬梆梆。

【硬币】yìngbì 名。金属货币;量词用"枚":两枚～。

【硬笔】yìngbǐ 名。钢笔、铅笔、圆珠笔等的统称:～书法。

【硬度】yìngdù 名。物体坚硬的程度,即物体对磨损和外力所能引起的形变的抵抗能力的大小:金刚石的～是10,是已知的最硬物质。

【硬骨头】yìnggǔ·tou 名。比喻坚强不屈的人;跟"软骨头"相对:在敌人面前他是个～。

【硬汉】yìnghàn 名。坚强不屈的人:八连战士个个是不怕死的～。也说硬汉子。

【硬化】yìnghuà 动。不带宾语。(1)物体由软变硬:血管～|～的塑料。(2)比喻思想停止发展,僵化:头脑～。

【硬件】yìngjiàn 名。(1)计算机系统的实体部件,包括所有的电子和机电装置及连接设备;与"软件"相对。(2)喻指各种物质设备:这所学校的～很不差,图书、仪器都很齐全。

【硬撅撅】yìngjuējuē 〈方〉形。比较硬,生硬;含厌恶意;不加程度副词,要带助词"的(地)":手套～的,戴着不舒服|他讲起话来～的,常得罪人|他总是～地说:"别忘了,咱们是工人。"也作硬蹶蹶、硬倔倔。

【硬朗】yìng·lang 〈口〉形。身体健壮;用于老人,含褒义:走向导看上去很～|老人有一副～的身板骨。可重叠:硬硬朗朗的身体。

【硬碰硬】yìng pèng yìng 习。用强硬的态度对付强硬的态度:还是要同对方好好商量,不要～|这事不能采用～的办法。

【硬是】yìngshì 〈方〉副。(1)实在是,真的是;表示无可奈何的语气:我最近～抽不出时间来搞这东西。(2)就是,无论如何也是;表示态度坚决:他在病床上～躺不住|他们～不同意,你看气人不气人。

【硬水】yìngshuǐ 名。含有较多钙、镁、盐类的水。硬水容易形成水碱。

【硬性】yìngxìng 形。不能改变的,不能通融的;不加程度副词,不单独作谓语,作定语或状语:作出几条～的规定|任务只能～派下去。

媵 yìng 〈古〉❶动。陪送出嫁:凡诸侯嫁女,同姓～之。❷名。妾:买妾纳～。❸〈素〉陪嫁的:～从|～婢。

yō（ㄧㄛ）

育 yō 见"杭育"。
另见 yù。

唷 yō 叹。表示惊讶或疑问:～,你怎么在这儿?

哟 yō 叹。同"唷"。
另见 ·yo。

·yo（·ㄧㄛ）

哟 ·yo 助。(1)用在句末表示祈使的语气:大家加把劲～!(2)用在句中停顿处:青菜～,萝卜～,我都喜欢吃。(3)歌词中用作衬字:呼儿嗨～。
另见 yō。

yōng（ㄩㄥ）

佣（傭） yōng 〈素〉(1)雇用:雇～|～工。(2)仆人:女～|～人。
另见 yòng。

【佣人】yōngrén 名。受雇于人为他人干活的人。

拥（擁） yōng ❶动。(1)围着:前呼后～。可带宾语:几个

青年学生～着老师走过来。(2)挤在一起,用于人群:一一而上。常带补语:许多人～上去看。❷〈素〉(1)抱:～抱。(2)拥护:～戴|～军优属。

【拥戴】yōngdài 动。拥护爱戴;只用于下对上,指拥戴某人做领袖,常带宾语:人民～自己的领袖。可作"受到、得到"等动词的宾语:他受到了大家的～。可带兼语:大家都～他做主席。可加程度副词:大家都非常～他。可作定语:老吴是群众～的好领导。

【拥护】yōnghù 动。表示赞成并全力支持;可用于人或事物,如领导者、政党、政策、措施、决定等:这个方案大家都～。常带宾语:～厂里的决定。可带兼语:大家～他当代表。可加程度副词:他当班长,同学们都很～。

【拥挤】yōngjǐ ❶动。挤在一起;用于人或车船等,不带宾语:上车不要～。可带补语:几十个人一起～过去。❷形。地方相对地小而人或车船等相对地多:节日里,街上特别～|公共汽车上十分～。

【拥军优属】yōng jūn yōu shǔ 词组。拥护人民军队,优待革命军人家属:开展～的活动。

【拥有】yōngyǒu 动。具有;多指土地、人口、财产,须带宾语:我国～960万平方公里的土地|他～价值10万元的财产。

痈(癰) yōng 名。一种毒疮,多生在脖子上或背部,常表现为大片块状化脓性炎症,表面疮口很多,疼痛异常。常引起发烧、寒战等。

邕 yōng ❶水名用字。邕江,在广西省。❷名。广西南宁市的别称。

【邕剧】yōngjù 名。广西壮族自治区地方戏曲剧种之一,流行于广西说粤语的地区。

澭 yōng 水名用字。澭水,在江西省。

庸 yōng ❶〈书〉副。岂;加强反问语气:～可弃乎?❷〈素〉(1)平常,不高明:～医|～才。(2)用:无～|毋～。

【庸才】yōngcái 〈书〉名。指能力平常或能力低的人:这位花花公子是十足的～,什么事也不能干。

【庸碌】yōnglù 形。指人平庸没有志气,

没有作为;常作定语:～无能的人。可重叠:不能庸庸碌碌地虚度光阴。

【庸人自扰】yōng rén zì rǎo 成。自扰:自惹麻烦。指平庸的人无事生非,自找麻烦;含贬义:真是～,事情没办好,倒惹出许多麻烦来|地震警报早已解除,他还是整天风声鹤唳的,岂不是～?

【庸俗】yōngsú 形。平庸卑俗,不高尚;含贬义:作风～|谈吐～|情调很～|周围的人在～地议论着她。

【庸医】yōngyī 名。医术低劣的医生:那些～不仅不会救人,反而会把人治死。

【庸中佼佼】yōng zhōng jiǎojiǎo 成。佼佼:美好。在一般人中比较突出的:他在这群人中可算～了。

鄘 yōng 周朝国名,在今河南省汲县北。

墉(牅) yōng 〈古〉名。(1)城墙。(2)高墙。

慵 yōng 〈素〉困倦,懒:～困|～惰。

鏞 yōng 名。古代乐器,奏乐时表示节拍的大钟。

鱅 yōng 〈书〉名。鱅鱼,身体暗黑色,头很大,生活在浅水中,是重要的食用鱼之一。也叫胖头鱼。

雍(雝) yōng ❶〈古〉形。和谐:父母之欢兮,兄弟以～。❷姓。

【雍容】yōngróng 形。文雅大方,从容不迫的样子;多用于人:那群～揖让的人物中,就有他|那轿车里坐着一位～华贵的妇女|小萍非常～有礼地拜见了各位尊长。

壅 yōng ❶动。把土或肥料培在植物根部;常带宾语或补语:给小树～一点土|把肥料～在棉花的根部。❷〈素〉堵塞:～塞|～蔽。

【壅塞】yōngsè 〈书〉动。堵塞不通:奸邪盈朝,善人～|～的流水|管道～。

臃 yōng [臃肿](-zhǒng)形。(1)过度肥胖,转动不灵;用于身体:～的身体|体态～。(2)比喻机构庞大,调度不灵:机构太～,必须精简。

饔 yōng 〈古〉名。(1)熟食。(2)指早饭。

【饔飧不继】yōng sūn bù jì 成。饔：早饭；飧：晚饭。形容生活贫苦，吃了上顿没有下顿：朝廷苛捐杂税，多如牛毛，劳动人民～，苦不堪言。

yóng(ㄩㄥˊ)

喁 yóng 〈古〉动。鱼口向上，露出水面：水浊则鱼～，令苛则民乱。

【喁喁】yóngyóng 〈书〉形。不加程度副词。(1)比喻众人仰望期待的样子：饥民们～地盼望着开仓分粮。(2)形容低声：～私语｜他俩在一起～了好久。

颙 yóng 〈古〉❶形。大的样子。❷动。仰慕：苍生～然，无不欣戴。

yǒng(ㄩㄥˇ)

永 yǒng 副。时间久远，没有终止。一般用在单音节动词前：～放光芒｜不朽的功业～存于世。否定式可用在双音节动词前：～不后退｜～无止境。

【永别】yǒngbié 动。永远分别；多指人死，常用介词词组作状语，并带动态助词"了"：王老师早就与我们～了，但他的音容笑貌仍留在我们心里。可带宾语：～人世｜～了战友。

【永垂不朽】yǒng chuí bù xiǔ 成。垂：传留后世；朽：腐烂，磨灭。永远流传，不会磨灭；用于姓名、功勋、业绩和精神等：人民英雄～。

【永恒】yǒnghéng 形。永久不变，永远存在；不加程度副词：生命有限，而人类世界～。常作定语：～的友谊｜～的真理｜宇宙的一切事物无不处在运动和发展之中，～的东西是没有的。

【永久】yǒngjiǔ 形。永远，长久；不加程度副词，不单独作谓语，作定语或状语：这是～的纪念｜要使群众的积极性～地保持下去。

＊"永久"和"永恒"："永久"着重指时间长久；"永恒"着重指性质不变。"永久"使用范围较宽；"永恒"使用范围较窄，常指"友谊、真理"等。

【永诀】yǒngjué 〈书〉动。永别；多指死别，不带宾语：不料那次我同他的分别竟成为～。

【永生】yǒngshēng 动。原为宗教用语，指人死后灵魂永久不灭，现在一般用做哀悼死者的话；不带宾语，含褒义：在烈火中～｜一个人的生命是有限的，但高尚的精神可以～。

【永远】yǒngyuǎn 副。表示时间长久，没有终止：～记住你的话｜人类同自然界的斗争，～不会结束。

＊"永远"和"永久"："永远"是副词，作状语，不作定语；"永久"是形容词，常作定语，也可作状语。

咏(詠) yǒng ❶〈书〉动。用诗词等来叙述；以单音节名词作宾语：～雪｜～梅。❷〈素〉依着一定腔调缓慢地诵读：歌～｜吟～｜～叹。

【咏叹】yǒngtàn 动。吟咏，歌咏；一般不带宾语：他笑着，用抒情的调子～着｜他一边看着书，一边摇头～。可带补语：他面对西湖美景，～不已。

【咏叹调】yǒngtàndiào 名。富于抒情的独唱歌曲，用管弦乐器或键盘乐器伴奏，能集中表现人物内心情绪，通常是歌剧、清唱剧和大合唱曲的组成部分。

泳 yǒng 〈素〉在水里游动：游～｜仰～｜蛙～。

甬 yǒng ❶水名用字。甬江，在浙江省，流过宁波。❷名。宁波市的别称。

【甬道】yǒngdào 名。(1)大的院落中间对着厅堂的路，多用砖石砌成：进了拱形园门，就是一条～。也叫甬路。(2)走廊，过道：走过一条道廊，折入一条～。

俑 yǒng 名。古代殉葬用的偶像，用木或陶制成：木～｜陶～｜兵马～。

勇 yǒng ❶〈素〉有胆量，敢干：～敢｜～猛｜奋～。❷姓。

【勇敢】yǒnggǎn 形。不怕危险和困难，有胆量：～的战士｜～地战斗｜小吕打仗很～。

＊"勇敢"和"大胆"："勇敢"是一种好的品质，着重在无所畏惧，"大胆"是对待事情的一种态度，着重在没有什么顾忌。"勇敢"是褒义词，带有赞许的感情色彩；"大胆"是中性词，不论好事坏事都可用。

【勇猛】yǒngměng 形。勇敢有力：～的战士｜～地冲杀｜战斗中他表现得很～。

*"勇猛"和"凶猛":"勇猛"着重在勇敢有力;"凶猛"着重在凶恶强大。"勇猛"多形容战士或战士..."凶猛"多形容洪水或野兽等。"勇猛"是褒义词;"凶猛"含贬义。

【勇气】yǒngqì 名。敢作敢为毫不畏惧的气魄:鼓足~|缺乏~|要提高我们的~。

【勇往直前】yǒng wǎng zhí qián 成。勇敢地一直向前;含褒义:人人摩拳擦掌,个个~|青年们在事业上应该无所畏惧,~。

【勇于】yǒngyú 动。在困难面前不退缩,不推委;不单独作谓语,须带动词或动词性词组作宾语: ~负责|~挑重担。

涌(湧) yǒng 动。多带补语和宾语。(1)水或云气冒出:泉水从地下~了出来。(2)从水或云气中冒出:一个人头~出水面|从地平线上~出一轮金色的太阳。

【涌现】yǒngxiàn 动。大量出现;多指好人或好的事物:新生事物不断~。常带宾语或补语:全校~出一批三好学生。

*"涌现"和"呈现":"涌现"多用于人或事物;"呈现"多用于颜色、景象、状态、情况等,不用于人。"涌现"是褒义词;"呈现"是中性词。

愬(溒) yǒng 见"怂(sōng)愬"。

蛹 yǒng 名。完全变态的昆虫从幼虫过渡到成虫时的一种形态,在这个期间,不食不动,外皮变厚,身体缩短。

踊(踴) yǒng 〈素〉往上跳: ~跃。

【踊跃】yǒngyuè ❶〈书〉动。跳跃;不带宾语,多作状语: ~欢呼。❷形。形容情绪热烈,争先恐后: ~参加|我校将要举行一次诗歌朗诵比赛,希望大家~报名|讨论会上,发言的人十分~。

yòng(ㄩㄥˋ)

用 yòng ❶动。常带宾语或补语。(1)使用:你会~打火机吗?|这个月的电~得太多了。可与其他动词连用: ~笔写字。(2)需要;多用于否定式:这种工作~不了多少时间。可带动词或动词性词组作宾语:事情已经办好了,你

不~去了|~不着开灯。也可带兼语:不~你操心。(3)吃,喝。敬辞,常带语或补语:请~饭|茶已~过两次。备用处:一般作宾语:这东西有~,不要丢。❸〈书〉连。因此,因;多用于书信:~特函达。❹〈素〉费用:零~|~项。

【用场】yòngchǎng 〈口〉名。用途:派~|~很多。

【用度】yòngdù 名。指各种费用:家里人口多,~大。

【用功】yònggōng ❶动。努力学习;不带宾语,一般也不带补语:图书馆里看书的人不少,室外草地上、树荫下也有学生在~|别搅扰她,她正在~。可重叠:你要多用用功,就不致于考不好了。可拆开用:用了半天功。❷形。努力;多指学习:这孩子学习很~|他正在~读书|凡是读书~的学生,成绩一般都比较好。

【用户】yònghù 名。某种公共设备(如水电等)的使用者,也指牛奶、煤炭等的消费者:厂家应为~着想|请~按时领取牛奶。

【用具】yòngjù 名。日常生活、生产等使用的器具:炊事~|生产~|竹篾可以编织多种~。

【用人】yòngrén 动。(1)选择与使用人员;不带宾语:善于~|~要得当。可拆开用:你要用什么样的人?(2)需要人手;现在正是~的时候。

【用人】yòng·ren 名。仆人:女~|男~。

【用事】yòngshì 动。不带宾语。(1)〈书〉当权:奸臣~。(2)行事;多指凭感情、意气等,常用在固定的组合中:意气~|感情~。(3)〈书〉文学作品中指引用典故:文章~,须准确贴切。

【用途】yòngtú 名。应用的方面和范围;量词常用"种": ~广泛|多种~。

*"用途"和"用处":"用途"多用于书面语;"用处"多用于口语。"用途"的使用范围较窄,一般只用于物;"用处"的使用范围较宽,可用于物,也可用于人。

【用武】yòngwǔ 动。不带宾语。(1)使用武力:双方不该~。(2)比喻施展才能:英雄无~之地。

【用项】yòngxiàng 名。费用:今年家里~

较多。

【用心】yòngxīn ❶动。集中注意力,多用心力;不带宾语:学习要～。可加程度副词:小茜上课很～。可拆开用:当初多用一点心就好了。❷名。居心,存心:～良苦│别有～。

【用意】yòngyì 名。居心,企图:我的～只是想劝劝他│此话～何在?

【用语】yòngyǔ 名。(1)措辞:～不当│～杂乱。(2)某一方面专用的词语:课堂教学～│外交～│文学～。

佣 yòng [佣金](-jīn) 名。旧时买卖时付给中间人的报酬。也说佣钱。

另见yōng。

yōu(丨ㄡ)

优(優) yōu 〈素〉(1) 良好,美好:～美│～秀│～点│～异。(2) 旧时称演戏的人:～伶│俳(pái)～。

【优待】yōudài ❶动。给予好的待遇;常带宾语或补语:～科技人员│～了几回。可带双宾语:～老年人一批食品。可带兼语:～大家看一场戏。可加程度副词:他对小史很～,应该～。❷名。好的待遇:我们不该有这种特别的～│五保户得到乡政府的～。

【优点】yōudiǎn 名。好处,长处;与"缺点"相对:他有许多～│这种设计～很多。

【优抚】yōufǔ 动。对烈属、军属、残废军人等加以优待和抚恤;可带宾语:～军烈属。

【优厚】yōuhòu 形。好;指经济、生活等方面的待遇:～的待遇│生活条件很～。

【优惠】yōuhuì 形。较一般优厚:～条件│这本书的价格很～。

【优良】yōuliáng 形。相当好;指品种、质量、成绩、作风等:成绩～│～的作风。

＊"优良"和"优秀":"优良"表示相当好,语意较轻;"优秀"表示非常好,语意较重。"优良"只用来指事物,不用来指人;"优秀"可用来指事物,也可用来指人。

【优美】yōuměi 形。美好;给人以美感或快感:舞姿～│非常～的风景。

＊"优美"和"优良":"优美"有良好、美妙的意思,多用来形容景色、环境、歌声、姿态等;"优良"有相当好的意思,多用来形容品种、质量、成绩、作风等。

【优柔寡断】yōu róu guǎ duàn 成。优柔:犹豫不决。形容办事犹豫,没有决断:你这样～,瞻前顾后,什么事也办不成!

【优生】yōushēng 动。在人口再生产过程中通过遗传特性的选择和改进,改善下一代的智力和体质;不带宾语,常与"优育"并用:抓好～优育,提高人口素质。

【优势】yōushì 名。有利的形势;常用于军事、生产、竞赛等方面:集中～兵力打歼灭战│根据自己的～发展生产。常作"处于、占有"等动词的宾语:在这方面,我们处于～│客队自始至终占有～。

【优渥】yōuwò 〈书〉形。优厚,丰足:馈赠～│受到了比前更加～的待遇。

【优先】yōuxiān 形。放在他人或他事的前面;多指在获得待遇方面比别人占先:～权│老年人看病可以～。常用在动词前作状语:～供应│～录取。

【优秀】yōuxiù 形。非常好;指品行、学问、成绩等:～的青年│他的～品质值得大家学习│这次考试的成绩普遍～│要争取更加～的成绩。

【优异】yōuyì 形。特别好;指成绩、贡献等:成绩～│作出～的贡献。

＊"优异"和"优秀":"优异"有异乎寻常、出色、特别好的意思;"优秀"在程度上比"优异"稍差些。"优异"的使用范围较窄,多用于成绩、贡献、性能等;"优秀"的使用范围较宽,可以形容成绩,还可形容品质、作品等。

【优游】yōuyóu 〈书〉形。悠闲舒适:生活～│乘客在汽车上～谈笑│他退休后,生活安适愉快,过着～的岁月。

【优裕】yōuyù 形。富裕,充足;常指财物、人力、生活等:生活～│在兵力～的条件下,可使用次要力量于外线│那里物产非常～。

＊"优裕"和"优厚":"优裕"指丰饶富足,多指财物、人力、生活等;"优厚"指丰厚,多指待遇、条件等。

【优越】yōuyuè 形。非常好，超出其他；常指制度、条件等：十分～的学习条件｜他的生活条件比我～得多｜～的社会制度。

忧（憂） yōu 〈素〉(1) 忧愁：～愤｜～伤｜～郁。(2) 使人忧愁的事：～患｜高枕无～。

【忧愁】yōuchóu 形。因遭遇困难或不顺心的事而苦闷：他得病后十分～｜～的心情。

　　＊"忧愁"和"忧虑"："忧愁"多指为眼前的困难或不顺利的事而发愁；"忧虑"多指为将来可能出现的不良后果或难以预测的变化而担心。"忧愁"是形容词；"忧虑"还有动词用法，可以带宾语。

【忧愤】yōufèn 形。忧闷愤慨：～成疾｜怀着无比～的心情。

【忧患】yōuhuàn 〈书〉名。困苦患难；多作宾语，常作"经受、饱经"等动词的宾语：顾炎武虽饱经～，却勤勉好学｜他是个经受了许多～的中年人。

【忧虑】yōulǜ ❶形。忧愁担心：～重重｜～的神情｜孩子的病很重，父母亲都十分～。❷动。担心发生；常带宾语或补语：我很～这件事的后果｜丈夫失了业，她为此～得睡不着觉。可带主谓词组作宾语：连日阴雨，瓜农～西瓜减产。常作"感到、觉得"等动词的宾语：此事使他深感～。

【忧闷】yōumèn 形。忧愁烦闷：母亲的病总不见好，我心里十分～。

【忧伤】yōushāng 形。忧愁悲伤：～的神情｜她流着泪，～地叙述着自己不幸的遭遇｜得了重病不必太～，要积极治疗。

【忧心】yōuxīn 〈书〉名。忧愁的心情；常用在固定的组合中：～忡忡｜～如焚。

【忧悒】yōuyì 〈书〉形。忧愁不安：～心情～。

【忧郁】yōuyù 形。愁闷；多指神色、目光、表情等：他的神色是那样～｜～的目光｜她～地说，"孩子明天该来信了吧。"

攸 yōu 〈书〉助。所；用在动词前面。责有～归｜性命～关。

悠 yōu ❶〈口〉动。荡：站在秋千上来回～｜他抓住藤儿，一～便过了小山沟。❷〈素〉(1) 久，远：～久｜～扬｜～远。(2) 闲适，闲散：～闲｜～然｜～忽。

【悠长】yōucháng 形。长；多指时间：岁月～｜～的汽笛声。

【悠荡】yōudàng 动。悬在空中摆来摆去；不带宾语：在秋千上来回～｜风吹得架上的黄瓜不停地～起来。

【悠久】yōujiǔ 形。年代久远：～的岁月｜南京是座历史非常～的古城。

　　＊"悠久"和"长久"："悠久"的使用范围较窄，所指的时间也比较长，一般形容年代久远的事物；"长久"的使用范围较宽，所指的时间不一定很长，几周、几个月也可以用。"悠久"只能充当定语和谓语；"长久"除做定语和谓语外，还可以充当状语和补语。

【悠然】yōurán 形。悠闲的样子；不加程度副词，多用在固定的组合中：～自得｜～神往。

【悠闲】yōuxián 形。闲适自得；指神情、态度、生活等：神情～｜他正～地坐在湖边钓鱼｜态度很～。

　　＊"悠闲"和"幽闲"："悠闲"只表示闲适自得的意思；"幽闲"除表此意外，还有沉静的意思，也可形容女子的安详文雅。

【悠扬】yōuyáng 形。指声音时高时低曼长而和谐，连绵不断：～的歌声｜那大概是电子琴声，多么婉转～。

【悠悠】yōuyōu 形。不加程度副词。(1) 长久，遥远：～岁月｜～征途｜白云～，江水东流。(2) 形容从容不迫：他～自得地吸着烟。

【悠悠荡荡】yōuyōudàngdàng 形。指摇摇晃晃或飘忽不定；不加程度副词，常带助词"的(地)"：柳絮在空中～地飘扬着。

【悠远】yōuyuǎn 形。(1) 离现在时间长：～的童年｜～的古代。(2) 距离远：山川～｜非常～的路途。

呦 yōu 叹。表示惊异：～，你怎么也来了｜～！衣服上怎么有个洞？

幽 yōu ❶〈素〉(1) 深远，僻静，昏暗：～静｜～谷。(2) 隐蔽的，不公开的：～会｜～怨。(3) 沉静：～思。(4) 囚禁：～囚｜～禁。(5) 阴间：～灵。❷姓。

【幽暗】yōu'àn 形。昏暗：～的山谷｜傍晚，

幽麀櫌尤 yōu-yóu 1329

树林里越发～起来|两个人躲在一个～的角落里。

【幽会】yōuhuì 动。相爱的男女秘密相会；不带宾语，常带介词词组作状语：他正在和许家二姑娘～。可带补语：他俩～了好几次。

【幽禁】yōujìn 动。软禁，囚禁：张、杨两将军竟被长期～。常带宾语或补语：他们用巧妙的方法～了蕙芳|慈禧下令，把珍妃～在一所破殿里。

　　＊"幽禁"和"软禁"："幽禁"的意思指禁止自由地、公开地活动，限制在隐蔽处生活；"软禁"的意思指形式上宽容，不像关进牢房里那样明显地、硬性地绝对禁止行动自由。"幽禁"为书面语用词；"软禁"书面语、口语都可用。

【幽静】yōujìng 形。幽雅寂静；用于环境和气氛等：夜色中的校园十分～|我喜欢那～的环境|她迫切需要～恬美的生活。

　　＊"幽静"和"寂静"："幽静"除形容环境没有声音以外，还包含有"幽美"的意思；"寂静"只是形容环境没有一点儿声音。

【幽灵】yōulíng 名。迷信指人死后的灵魂，也泛指鬼神：他的影子随着火光一明一暗地跳动，活像个～。

【幽美】yōuměi 〈书〉形。幽静而美丽；多指自然景物：小汤山这地方，风景很～|这是一座非常～、安静的城市|那雪后的山野，更显得洁静、～。

【幽默】yōumò 形。音译词。有趣可笑而意味深长的：语言～|这个人说话很～|卓别林是～大师|他～地眨了眨眼。

　　＊"幽默"和"滑稽"："幽默"多用于形容言谈举止；"滑稽"可以形容语言，也可以形容表情、动作等。"幽默"多指话中的内容风趣，并隐含着讽刺意味；"滑稽"是引人发笑的意思。"幽默"多含褒义；"滑稽"有时含贬义。

【幽深】yōushēn 形。深而幽静；指山水、树林、宫室等：山洞很～|穿过～的树林，来到一座古庙。

【幽思】yōusī ❶动。沉静地深思；不带宾语，可带补语：满腹惆怅，～竟日。可

与其他动词并用：～默想。❷名。隐藏在内心的思想感情：～发于笔端。

【幽邃】yōusuì 〈书〉形。幽深：这个山洞，通道险峻，曲折～|有条～的小径，穿过密林，通向山庄。

【幽婉】yōuwǎn 形。含意深而曲折；用于文学作品、声音、语调等：～的诗篇|～的语调|歌声非常～。也作幽宛。

【幽闲】yōuxián 形。(1)安详文雅；用于女子：那少妇正在操琴，神情～|性情端淑，举止～。也作幽娴。(2)同"悠闲"。

【幽雅】yōuyǎ 形。幽静而雅致；多指环境：从养心殿往北，宫院一个接一个，～宁静|这里环境很～，最适宜人们休憩。

　　＊"幽雅"和"幽静"："幽雅"重在雅致；"幽静"重在寂静。"幽雅"多用来描写带有人为因素的环境；"幽静"还可以修饰天然的环境。

【幽咽】yōuyè 〈书〉形。声音低沉、轻微，常形容低微的哭声和水声：远处传来～的哭泣声|泉水～。

【幽幽】yōuyōu 〈书〉形。不加程度副词。(1)微弱；用于声音、光线等：灯光～|～啜泣。(2)〈书〉深远：～南山|这种～的乡情，不在异国他乡是很难体会到的。

【幽怨】yōuyuàn 名。郁结在心里的怨恨；多用于女子，并与爱情有关：《离骚》之～源于《诗经》|从字里行间可以看出作者写这封信时的一种心态。

麀　yōu 〈古〉名。指母鹿。

櫌　yōu ❶〈古〉名。一种农具，用于弄碎土块，平整土地。❷动。播种后用櫌翻土，盖土。

yóu(ㄧㄡˊ)

尤(尢)　yóu ❶〈书〉副。更，尤其：他擅长绘画，～工花鸟。❷〈素〉(1)特异的，突出的：择～|无耻之～。(2)过失：效～。(3)怨恨，归咎：怨天～人。❸姓。

【尤其】yóuqí 副。有"特别"的意思，表示更进一步：我喜欢看书，～喜欢看小说。

【尤物】yóuwù 〈书〉名。(1)指美貌的女子：夫有～，足以移人。(2)珍贵的物品：谁知他家竟藏有此等～。

犹(猶) yóu 〈书〉❶动。好像,如同;多以动词作宾语:虽死～生。❷副。尚且,还:老年人～能如此,何况我们青年人|祖父年纪虽大,但童心～在。

【犹大】yóudà 名。音译词。据基督教《新约·马太福音》的传说,犹大接受了30块银币,便出卖了自己的老师耶稣。后用作叛徒的同义语。

【犹如】yóurú 〈书〉动。如同;不单独作谓语,须带宾语:远处层峦叠翠,～天然画屏。可带动词性词组作宾语:生活在总理身旁,～置身于一个温暖的家庭。

【犹太人】yóutàirén 名。古代聚居在巴勒斯坦的居民,曾建立以色列和犹太王国。两国为罗马所灭后,人口全部向外迁徙,散居四方,备受欺凌。1948年,部分犹太人在地中海东南岸(巴勒斯坦部分地区)建立了以色列国。

【犹疑】yóuyí 〈书〉动。犹豫不决;不带宾语:快决定吧,别再～啦!

【犹豫】yóuyù 动。拿不定主意,迟疑不决;不带宾语,可带状语、补语:他一下子～了起来|何大妈～了一会儿。可作定语、状语:这表示了他眼下～的心情|看看别人没动,他也～地退了回来。可重叠:郭祥犹犹豫豫地向前跨了两步。

疣(肬) yóu 名。一种皮肤病,病原体是一种病毒,症状是皮肤上出现黄褐色的小疙瘩,不痛也不痒。也叫肉赘,通称瘊子。

莸(蕕) yóu 名。(1)落叶小灌木,花蓝色,供观赏。(2)古书上指一种有臭味的草,比喻坏人:薰～不同器(比喻好人和坏人搞不到一块儿)。

鱿 yóu [鱿鱼](-yú) 名。软体动物,生活在海洋中,头似乌贼,尾端呈菱形,触角短,有吸盘。也叫枪乌贼。

由 yóu ❶动。听凭,听任;须带宾语:信不信～你|别～着性儿乱说。可带兼语:花色很多,～你挑选。❷介。(1)引进动作行为的施动者:劳动～班主任分配|这件事完全～你决定。(2)表示方式、原因或来源:大会代表～民主选举产生|～感冒引起肺炎|原子核～质子和中子组成。常同"而"配合使用:～骄傲自满而产生轻敌思想。(3)表示处所、时间、发展、变化等的起点:～会场走出来|～早上九点下到晚上八点|～蝌蚪变成青蛙|～不懂到懂。(4)表示凭借、根据:～试验结果看,效果很好|～地球应力场的变化探测地震发生的可能性。❸〈素〉原由:因～|理～|事～。❹姓。

【由不得】yóu·bu·de ❶动。不能依从,不能由……做主;须带宾语或兼语:这事～你|这事～你乱来。❷副。不由自主地;用在动词或动词性词组前做状语:他的滑稽相叫人～发笑。

【由来】yóulái 名。(1)从发生到现在;表示一段时间:～已久。(2)事情发生的原因,来源:这次事件的～尚未查清。

【由头】yóutóu 名。可作为借口的事:找个～儿整整他|他想以出差作～去杭州玩一次。

【由于】yóuyú ❶介。表示原因或者理由:～经济的发展,人民生活有了很大提高|改建方案～材料不足又作了一些修改。❷连。表示原因;常与"因此、所以、因而"配合使用:对这个问题,～我没作过研究,因此很难发表意见|～他学习努力,所以取得了优秀的成绩。

＊"由于"和"因为":"由于"可以同"因此、因而"配合着用;"因为"不能。"由于"一般不用在后一分句;"因为"可以。"由于"多用于书面语;"因为"书面语和口语都常用。

【由衷】yóuzhōng 动。出于内心;可作谓语:言不～。常作定语:这是我的～之言|向你们表示～的感谢。也可作状语:我～地为你高兴|看到孩子们一天天成长,我～地欣慰。

邮(郵) yóu ❶动。寄递邮件,常带宾语或补语:～去一个包裹|这封信～往香港。❷〈素〉有关邮务的:～局|～电|～资。

【邮船】yóuchuán 名。海洋上定期、定线航行的大型客运轮船。因过去水运邮件总是委托这种大型快速客轮运载,故名。

【邮递】yóudì 动。由邮电局递送;指包裹、信件等,常带宾语或补语:～包裹|这封信要赶快～过去。

【邮电】yóudiàn 名。邮政、电信的合称：办～。常作定语：～部门|～事业。
【邮购】yóugòu 动。通过邮递购买；指把钱寄给售货部门，由售货部门把货物寄给购货人：本厂办理～业务。可带宾语：可以～杂志。
【邮汇】yóuhuì 动。由邮局汇款：书款请～。常带宾语或补语：～了200元|钱已～出去了。
【邮寄】yóujì 动。由邮局寄递；常带宾语或补语：～信件|把包裹～给他。
【邮政】yóuzhèng 名。办理邮电业务的一大部门，主要业务是寄递信件和包裹，办理汇兑，发行报刊等。
【邮资】yóuzī 名。邮电局按照规定数额向寄邮件的人所收的费用。

油 yóu ❶名。动植物体内所含的液态脂肪或矿产的碳氢化合物的混合液体：用大豆榨～|买了一瓶～|抽油机不停地在抽着～。❷动。(1)用桐油涂抹；常带宾语或补语：～木桶|门窗～得很亮。(2)被油弄脏；不带宾语：衣服～了。❸形。油滑，圆滑：这个人太～了。
【油层】yóucéng 名。积聚着石油的地层：～很厚。
【油茶】yóuchá 名。常绿灌木，叶子互生，椭圆形，花白色，果实内有黑褐色的种子。种子榨的油叫茶油。油茶是我国的特产，湖南、江西、福建等省种植最多。
【油橄榄】yóugǎnlǎn 名。也叫齐墩果，通称橄榄或洋橄榄。(1)常绿小乔木，叶子长椭圆形，花白色，气味很香。果实椭圆形，成熟后黑色，可以吃，也可以榨油。原产欧洲。(2)这种植物的果实。
【油光】yóuguāng 形。非常光亮润泽；不加程度副词：桌面～水滑。可重叠：头发油光光的。
【油滑】yóuhuá 形。圆滑，世故，不诚恳：这个人～得很，逢人尽说好听的，让人摸不透他的心思。
【油画】yóuhuà 名。一种西洋画，用含油质的颜料在布或木板上绘成。
【油亮】yóuliàng 形。非常光亮；不加程度副词：一房～的家具。常重叠：刚下过雨，树木花草的叶子～～的。

【油料作物】yóuliào zuòwù 词组。种子含有多量油脂的作物，如花生、大豆、油菜、向日葵等。
【油腻】yóunì ❶形。含油多的：～的食物|大肥肉太～，吃不进。可重叠：这碗菜油腻腻的，没人能吃。❷名。含油多的食物：生了这种病，不能吃～。
【油漆】yóuqī ❶名。(1)泛指油类和漆类涂料。(2)用矿物颜料(如铅白、锌白)和干性油、树脂等制成的涂料。❷〈方〉动。用油或油漆涂抹：这些家具都要～。可带宾语或补语：～门窗|～得亮光光的。
【油腔滑调】yóu qiāng huá diào 成。说话轻浮油滑，不严肃，不诚恳：跟长辈谈话可不能～。
【油然】yóurán 形。不加程度副词，不单独作谓语，多作状语。(1)指思想感情自然而然地产生：敬仰之情，～而生|这使我～萌发出用画笔报国的志向。(2)指云气上升：从东南天边～涌来一片乌云|天～作云，沛然下雨。
【油水】yóu·shuǐ 名。(1)指饭菜中所含的脂肪质：杂面汤～很好。(2)比喻可以利己的好处；多指不正当的额外收入，含贬义：从这次买卖上，他捞的不少～。
【油田】yóutián 名。可以开采的大面积的油层分布地带：大庆～。
【油桐】yóutóng 名。落叶乔木，花白色，带有黄红色斑点和条纹，果实近球形，顶端尖。种子榨的油叫桐油。木料轻软，可做床板、箱板等。通称桐油树，也叫罂子桐。
【油头粉面】yóu tóu fěn miàn 成。头上擦油，脸上搽粉。形容人打扮得妖艳轻浮；多含贬义：她那～样子，叫人看了恶心。也作粉面油头。
【油头滑脑】yóu tóu huá nǎo 成。形容人狡猾，轻浮；含贬义：这个人～，不可与交。
【油汪汪】yóuwāngwāng 形。不加程度副词，常用助词"的"。(1)形容油多：今天的汤～的|小琴把菜炒得～的。(2)形容光润明亮：～的麦苗|门漆刷～的。
【油印】yóuyìn 动。拿刻写或打好字的蜡纸用墨油印刷：这份讲义要～。常带宾语或补语：～了一本讲稿|把试卷～出

来。

【油子】yóu·zi 名。(1)某些稠而粘的东西,多为黑色:膏药~|烟袋~。(2)〈方〉指阅历多,熟悉情况而狡猾的人:他是个~,猾得很。

【油嘴】yóuzuǐ ❶形。说话油滑,善于狡辩;常与"滑舌"并用:小孩子别在大人面前~滑舌。❷名。指说话油滑的人:他是小镇上有名的~。

柚 yóu [柚木](-mù) 名。落叶乔木,木材暗褐色,质坚硬,耐腐蚀,用来造船、车、家具等。

另见 yòu。

铀 yóu 名。放射性金属元素,符号U。灰黑色粉状物或银白色结晶,能蜕变。铀在自然界中分布极少,主要用来产生原子能。

蚰 yóu [蚰蜒](-yán) 名。节肢动物,像蜈蚣而略小,黄褐色。生活在阴湿的地方。

莜 yóu [莜麦](-mài) 名。也作油麦。(1)一年生草本植物,和燕麦极相似,但小穗的花数较多,种子成熟后容易与外壳脱离。生长期短,子实可磨成面,供食用。(2)这种植物的子实。

游(△遊) yóu ❶动。(1)人或动物在水里游动:鱼在水里~。可带处所宾语或补语:~长江|~向对岸。△(2)从容地到各处行走,闲逛;可带处所宾语或补语:~黄山|~了一次西湖。❷〈素〉△(1)交往:交~。△(2)不固定的,经常移动的:~牧|~击|~民。(3)江河的一段:上~|中~。❸姓。

【游荡】yóudàng 动。闲游放荡,不务正业;不带宾语:他工作不好好做,却到处~。可带补语:他在外~了半个月。可重叠:整天游游荡荡的,不务正业。

【游方】yóufāng 动。云游四方;用于僧人、道士等,不带宾语:想是跟你师父~去了。常作定语:~和尚|~道士。

【游逛】yóuguàng 动。游览,为消遣而闲走:他到处~。可带宾语或补语:~大街|他俩沿着小路一直~到海边。

【游击】yóujī 动。对敌人进行分散的、流动的、出没无常的袭击:那一带目前我们不能完全占领,只能经常去~。可带宾语:使百骑~左右。可作"打"的宾语:上山打~。

【游击战】yóujīzhàn 名。一种灵活机动的作战方式,用分散的小部队在敌后袭击、伏击、破坏、扰乱等手段进行战斗:人民群众的~使侵略者闻风丧胆。

【游记】yóujì 名。记述游览经历的文章:《老残~》|写了一篇~。

【游街】yóujiē 动。许多人出于某种目的在街上游行;多指押着犯罪分子以示惩戒,有时也指簇拥着英雄人物以示表扬,不带宾语:他们把王书记当作反革命分子,拖出去~了。

【游客】yóukè 名。游览的人:~止步|接待了大量~。

【游览】yóulǎn 动。从容行走观看;对象多指名胜、风景:到颐和园~。可带宾语或补语:~苏州园林|到玄武湖~了好几回。可重叠:假期中可以到各处~~。

【游乐场】yóulèchǎng 名。指规模较大的、有电子等现代化设备和设施的、供游玩和文化娱乐的场所:兴建了一个~。

【游离】yóulí 动。不带宾语,可带补语。(1)一种物质不和其他物质化合而单独存在,或物质从化合物中分离出来,叫游离:大豆自身具有一种独特的作用,能把空气中~的氮素固定下来,供应他本身生长和发育的需要。(2)比喻离开集体或依附的事物而存在:不要~于班集体之外|当一个人~于革命队伍之外时,他是软弱无力的,甚至是渺小的。

【游历】yóulì 动。到远地游览:当年他曾去苏杭一带~。常带宾语:~名山大川。

【游民】yóumín 名。没有正当职业的人:无业~。

【游牧】yóumù 动。居无定处,从事畜牧:鲜卑拓跋部一向在北荒~。常作定语:~部落|~生活|世代在这里~的牧民,如今开始定居。可带补语:这个民族曾~于此。

【游刃有余】yóu rèn yǒu yú 成。《庄子·养生主》中说,有个厨师宰牛技术很熟练,有人问他:怎么会有这么高的技术的?他回答说:因为我弄清了牛的骨骼结构,掌握了用刀的规律。我的刀用了十九年了,解剖了几千条牛,而刀刃还像刚磨过的那样锋利。牛的骨节之间总有些空隙,我的刀刃又极薄,用这样的刀分解有空隙的牛骨节,"恢恢乎(宽大的样子),其于游刃必有余地矣。"游刃:运转刀刃,即用刀操作;有余:有余地。意思是刀刃在骨节之间的空隙运转,就大有回旋的余地。后用"游刃有余"比喻技术熟练,办事轻松不费力;含褒义:凭他的能力,抓这项工作,那是~。

【游山玩水】yóu shān wán shuǐ 成。游览山水风景: ~是我工作之余的一大乐趣|他喜欢~。

【游手好闲】yóu shǒu hào xián 成。游手:闲着手不做事;好闲:喜爱安逸。游荡懒散,不爱劳动;含贬义:这富家子平日~,不务正业,如今家道中落,竟不得不寄食于人。

【游说】yóushuì 动。(1)古代被称为"说客"的政客奔走各国,凭借口才劝说君主采纳他的政治主张: 到各国~。可带宾语或补语: 苏秦~列国|~于楚国朝廷。(2)现也指用说会道的嘴巴去劝说别人接受他的意见;常含贬义:他为争取减免税收而到处~。可带宾语:他凭着一张能将稻草说成金条的嘴巴去~他的同乡,使不少人上了他的当。注意:"说"这里不读shuō。

【游侠】yóuxiá 名。古代好交游、轻生死、重信义、能救人于急难的人: 那壮士是江湖上有名的~。

【游行】yóuxíng 动。广大群众为了庆祝、纪念、示威等在街上结队而行;不带宾语: 为了纪念"五一"劳动节,工人们在街上~。可作"举行、开始、进行"等动词的宾语: 定于国庆节举行~。

【游学】yóuxué 动。旧时指离开本乡到外地或外国求学;他曾到外国~。可带处所宾语: ~京都。

【游移】yóuyí 动。摇摆不定;指态度、办法、方针等,不带宾语: 他对这种做法一直~不定。

【游弋】yóuyì 〈书〉动。可带处所宾语。(1)巡逻;用于兵舰等: 江面上经常有汽艇来回~|兵船~闽浙诸省洋面。(2)游动:

人们在海水里自由地~着|一群野鸭~太湖岸边。

【游艺】yóuyì 动。游戏娱乐;不带宾语,常作定语: ~活动|~场所。

【游泳】yóuyǒng ❶动。人或动物在水里游动;不带宾语: 游泳池里有几个运动员在~。❷名。一种体育运动的项目,人在水里用各种不同的姿势划水前进,有蛙泳、爬泳、蝶泳、仰泳、侧泳等。

【游子】yóuzǐ 〈书〉名。离家在外或居外乡的人: 海外~|~之心。

【游子】yóu·zi 见"圈子"。

蝣 yóu 见"蜉(fú)蝣"。

猷 yóu 〈古〉名。计划,谋略:鸿~(大计划)|科学重实践,理论启新~。

輶 yóu 〈古〉❶名。一种轻便的车。❷形。轻。

蝤 yóu [蝤蛑](-móu) 名。海蟹的一类,头胸部的甲略呈梭形,螯长而大。也叫梭子蟹。

繇 yóu 〈古〉介。同"由(3)(4)"。另见yáo(徭)。

圝 yóu [圝子](-zi) 名。用已捉到的鸟把同类的鸟引来,这种起引诱作用的鸟叫圝子。也作游子。

yǒu (一ㄡˇ)

友 yǒu 〈素〉(1)朋友:战~。(2)相好,亲近: ~善|~爱|~好。(3)有友好关系的: ~军|~人|~邦。

【友爱】yǒu·ài ❶名。友好亲爱的情谊: 阶级~|他感到了同胞之间的~。❷形。相亲相爱: 他与同学很~|大家都很团结~。

【友邦】yǒubāng 名。友好的国家: 这个国家是我们的亲密~。

【友好】yǒuhǎo ❶形。亲近和睦;多形容人与人、国家与国家、民族与民族之间的关系: 各民族间要团结~|我们对客人是非常~的|两国人民长期~相处。❷名。好朋友,多同有关词语组合起来用: 林教授的生前~参加了追悼会。

【友情】yǒuqíng 名。朋友的感情,友谊: 他们俩~很深|我对人的一片~,使我终生难忘。

【友人】yǒurén 名。朋友：国际～｜日前一位～来信。

【友善】yǒushàn 〈书〉形。朋友之间亲近和善：素相～｜态度很～。

【友谊】yǒuyì 名。朋友间的交情：战斗的～｜我们在工作中建立了真挚的～。
＊"友谊"和"友情"："友谊"带有庄严的感情色彩，"友情"带有亲切的感情色彩。"友谊"常同"伟大、战斗、牢不可破、万古长青、永世长存"等词语搭配；"友情"一般不同这类词语搭配。

【有】yǒu ❶动。多带宾语，不能重叠。(1)表示领有，具有；与"无"或"没"相对：我～语法书。可加程度副词：他很～气魄｜这个人非常～学问。(2)表示存在：院子里～不少树。可带兼语：屋里～人说话。(3)表示估量或比较；多带数量词或形容词作宾语：这条鱼～四斤｜水～两丈深｜他～哥哥那么高。(4)表示发生或出现：他～病了｜工作～了成绩。常带动词作宾语：人数～了增加｜情况～发展。(5)表示一部分：～几天他没来｜小时候肚子痛。可带兼语：～人爱看越剧，～人爱看京戏。❷〈素〉用在动词前表示客气：～劳｜～请。❸〈古〉前缀。用在某些朝代名称的前面：～夏｜～宋。
另见 yòu。

【有案可稽】yǒu àn kě jī 成。案：案卷，文书；稽：查考。有证据可查：这件事不是我瞎说的，是～的。

【有备无患】yǒu bèi wú huàn 成。备：准备；患：祸患，灾难。事先有准备就可以避免祸患：居安思危，和平时期也要做好打仗的准备，才能做到～。

【有成】yǒuchéng 〈书〉动。成功；不带宾语：这样持续不断地做下去，此事估计二年～｜双方意见比较接近，谈判可望～。

【有待】yǒudài 动。要等待；须带动词、动词性词组或主谓词组作宾语：这个问题～讨论｜这项试验～进一步研究｜这些困难～大家去克服。

【有的】yǒu·de 代。人或事物的一部分；作用同名词相当，常用在几个分句中作主语：这些新来的大学生，～来自山东，～来自湖北，还～来自江苏。可作定语：～人喜欢看电影，～人喜欢看话剧｜～电扇送到办公室，～送到宿舍。

【有底】yǒudǐ 动。知道底细，因而有把握；不带宾语：心中～。可拆开用：这件事，我已经有了底。

【有的放矢】yǒu dì fàng shǐ 成。的：箭靶子；矢：箭。对准靶子放箭，比喻言论、行动目标明确，有针对性：借鉴外国的东西，要根据国情，做到～｜知道了这些群众的意见，写文章就可以～了。

【有点儿】yǒudiǎnr ❶动。有一点，有一些，表示数量不大：家里饭菜还～，馒头已经没有了。常带宾语：我还～钱｜事情看来～希望。❷副。表示略微，稍微；多用于不如意的事情：他～不高兴｜解决这个问题～困难。

【有方】yǒufāng 动。得法；与"无方"相对，不带宾语：领导～｜教子～。

【有关】yǒuguān 动。(1)有关系；作谓语时，须用介词"和、跟、与、同"等引出有关系的人或事物，不带宾语：这些自然现象和气候～｜这件事同他～。也常作定语：请通知～单位｜凡同他～的事情，都要事先商量好。(2)关涉到；须带宾语：此一战～全局，只可胜，不能败｜～政策的问题，要严肃对待。

【有过之无不及】yǒu guò zhī wú bù jí 成。过：超过；及：赶上。相比较而言，只有超过，没有不如的；多指坏的情况：在赌博方面，儿子与父亲相比，是～。

【有机】yǒujī 形。不加程度副词，不单独作谓语，多作定语或状语。(1)原指跟生物体有关的或从生物体来的(化合物)，现在指除一氧化碳、二氧化碳、碳酸、碳酸盐、某些碳化物之外，含碳原子的(化合物)：～化合物｜～化学。(2)指事物构成的各部分互相关联协调，而具有不可分的统一性，就像一个生物体那样：找到事物的～联系｜～结合。

【有机可乘】yǒu jī kě chéng 成。有机会可利用，有空子可钻；用于贬义：如果我们丧失警惕，坏分子就会～。常作"觉得、感到、以为"等动词的宾语：我军换防时，敌人以为～，向我们发动了突然袭击。也说有隙可乘。

有　yǒu　1335

【有机体】yǒujītǐ　名。具有生命的个体的统称,包括人和一切动植物、微生物。也叫机体。

【有机质】yǒujīzhì　名。一般指植物体和动物的遗体、粪便等腐烂后变成的物质,里面含有植物生长所需要的各种养料。

【有加无已】yǒu jiā wú yǐ　成。已:停止。不断增加,没有停止;含贬义:某些地方由于打击不力,刑事案件～。

【有旧】yǒujiù　〈书〉动。过去曾相交好,有老交情;不带宾语:我与他爷爷～。

【有口皆碑】yǒu kǒu jiē bēi　成。碑:记功碑。所有人的嘴都是活的记功碑。比喻人人称赞:这位革命家的伟大功绩,大家～,已载入史册。

【有口难言】yǒu kǒu nán yán　成。虽然有嘴,但话不便说或不敢说:那年月,官吏无法无天,百姓～。

【有赖】yǒulài　动。要依靠;常用"于"构成的介词词组作补语:这项工作能否做好,～于大家的共同努力。

【有劳】yǒuláo　动。拜托或答谢别人代自己做事;客套话,须带宾语或补语:这件事就～您了|我有件事～于您。可带兼语:～您帮我把这包东西带往上海。

【有理数】yǒulǐshù　名。正整数、负整数、正分数、负分数和零的统称。

【有力】yǒulì　形。有力量:他的讲话简短～|采取了一系列～的措施|～地促进了生产力的发展。

【有利】yǒulì　形。有好处,有帮助:实行计划生育对国家对家庭很～。常用"于"构成的介词词组作补语:储蓄～于国家建设。

【有名】yǒumíng　形。名字为大家所熟知,出名:她是～的女强人|他写的草书在这一带很～。

【有名无实】yǒu míng wú shí　成。空有名义或名声而没有实际:这座古刹,因年深月久,早就残破不堪,已是～了|那位教授,～,并没有多少真才实学。

【有目共睹】yǒu mù gòng dǔ　成。睹:看见。人人都看见,形容极其明显:他的贡献是～的,谁也抹杀不了。

【有期徒刑】yǒuqī túxíng　词组。有期限的徒刑,在刑期内剥夺犯人的自由。

【有气无力】yǒu qì wú lì　成。形容无精打采的样子:他病了,说话～的。

【有顷】yǒuqǐng　〈书〉副。片刻,一会儿,表示时间不长:他站在台阶上沉吟～。常单独用在句首,作状语:～,老朱与小明借来。

【有请】yǒuqǐng　动。表示请客人相见;客套话,不带宾语:先生,家父～。

【有求必应】yǒu qiú bì yìng　成。只要有人请求就一定答应:找他办事,总是～。

【有趣】yǒuqù　形。能引起人的好奇心或喜爱:这种游戏很～|～的事情。

【有如】yǒurú　动。就像,好像;须带宾语:他～一棵青松,永远是那样挺拔,刚正不阿。

【有色金属】yǒusè jīnshǔ　词组。铁、锰、铬三种黑色金属以外的所有金属的统称。

【有色人种】yǒusè rénzhǒng　词组。指白种人以外的人种。

【有神论】yǒushénlùn　名。一种承认神存在的学说,认为神是世界万物的创造者,能操纵自然变化和干预人的生活。有神论是宗教信仰的根据。

【有生力量】yǒushēng lìliàng　词组。指军队中的兵员和马匹。泛指军队:一城一地之得失无关大局,主要任务是歼灭敌人的～。

【有声有色】yǒu shēng yǒu sè　成。有声音,有色彩,形容说话、作文生动精采:她～地叙述早上发生的事情|他把事件的来龙去脉,讲得～。也指活动、运动搞得有生气:他们的读书活动,搞得～。

【有时】yǒushí　名。有的时候:他～上图书馆看书。常对举使用:黄梅天～阴～雨。

【有始有终】yǒu shǐ yǒu zhōng　成。有开头,有结尾,指能将事情坚持做到底:既然做了这件事,就要～。

【有恃无恐】yǒu shì wú kǒng　成。恃:倚仗,依靠;恐:害怕。因有倚仗而无所畏忌;含贬义:那些有枪在手的走狗们却表现出～,继续催租逼债。

【有数】yǒushù　❶动。知道数目,指了解情况,有把握;不带宾语:你做了那么多工作,大家心里都～|任务一定能完

成,我早已~。可拆开用:他的为人我心里早就有点数了。❷形。表示数目不多,可以数得过来;多作定语:很~的一点粮食,哪够部队吃三天?

【有司】yǒusī 〈古〉名。指官吏:~追查此事,幸勿多言。

【有条不紊】yǒu tiáo bù wěn 成。紊:乱。有条理,有次序,一点也不乱:虽然事情很复杂,但一到他手里,就被处理得~|那么大一个图书馆,读者很多,可是工作人员~地办理借还手续,毫不忙乱。

【有为】yǒuwéi 形。有作为:~之人|小亮年轻~。

【有喜】yǒuxǐ 〈口〉动。指妇女怀孕;不带宾语:据说她~了。

【有限】yǒuxiàn 形。(1)有一定限度;与"无限"相对:我要把~的生命,投入到无限的为人民服务之中去。(2)数量不多:我的能力很~|我们取得的成绩~,不必宣传。

【有限公司】yǒuxiàn gōngsī 词组。一种企业的组织形式,由两个以上的股东组成,股东所负的责任以他认定的股本为限。

【有效】yǒuxiào 形。能实现预期目的,有效果:用这种方子治病的确~。常作定语:~措施|~期限。

【有些】yǒuxiē ❶代。有一部分,有的:到会的人中~是专家|~设施不合理。❷形。有一些;表示数量不大,不加程度副词:厂里~剩余产品。❸副。表示略微,稍微:我心里~紧张。

【有心】yǒuxīn ❶动。有某种心意或想法;不带宾语:说者无心,听者~|他~承包这家工厂。❷形。故意;不加程度副词:他~跟人捣蛋|我~不要他去,免得找麻烦。

【有心人】yǒuxīnrén 名。有某种志愿或肯动脑筋的人:世上无难事,只怕~|做学问应做~。

【有血有肉】yǒu xuè yǒu ròu 成。比喻文艺作品形象生动,内容充实:小说中的人物写得~|他塑造了几个~的人物形象。

【有言在先】yǒu yán zài xiān 成。已经有话说在前头,指事先打了招呼:我已经~,失败了不得后悔。

【有眼不识泰山】yǒu yǎn bù shí tài shān 成。虽有眼睛,却不认识泰山。比喻认不出本领大的人:他~,把赫赫有名的权威赵教授当作普通朋友了。常用作对方赔礼道歉:那大汉听得是宋江,跪在地下,那里肯起,说道:"小人~!一时冒渎兄长,望乞恕罪。"

【有益】yǒuyì 形。有帮助,有好处:青蛙对农作物很~|~的活动。常用"于"构成的介词词组作补语:适当参加体育锻炼,~于身体健康。

【有意】yǒuyì ❶动。有心思,有意愿;不带宾语,常与其他动词连用:我~上师范读书。❷形。故意;不加程度副词:他~刁难人|不小心踩了你的脚,我可不是~的。

【有意识】yǒuyì·shi 词组。主观上意识到,有目的有计划:这件事,我是~这样做的。

【有勇无谋】yǒu yǒng wú móu 成。只有勇气,没有计谋:他~,一味蛮干,失败是难免的。

【有余】yǒuyú 形。不加程度副词。(1)有剩余,超过足够的程度:绰绰~|精打细算,年年~。(2)有零:他已十岁~。

【有则改之,无则加勉】yǒu zé gǎi zhī, wú zé jiā miǎn 成。则:就;之:指代缺点错误。有错误就改正,没有错误就努力自勉自励:我们应该抱着~的态度来开好今天的民主生活会。

【有朝一日】yǒu zhāo yī rì 成。将来有那么一天:我想~,我的设计是能成功的。

【有着】yǒu·zhe 动。存在着,具有;须带宾语:年轻人~远大的前程|这次改革~深远的意义。

【有志者事竟成】yǒu zhì zhě shì jìng chéng 成。只要志向坚定,持续努力下去,任何事情都一定能做成功:昔日的小木匠,今天成了数学家,真是~啊!也作有志竟成。

铕 yǒu 名。金属元素,符号Eu。是稀土金属中存量最少的一种。用于原子反应堆中,作吸收中子的材料。

酉 yǒu 名。地支的第十位。参见"干支"。

【酉时】yǒushí 名。旧式记时法指下午五点钟到七点钟的时间。

卣 yǒu 名。古代一种盛酒的器具,口小腹大。

羑 yǒu 地名用字。羑里,古地名,在今河南省汤阴县一带。

莠 yǒu 名。(1)狗尾草,草本植物,叶子长,样子像谷子。(2)〈书〉比喻品质坏的人;多用在固定的组合中:良～不齐。

牖 yǒu 〈古〉名。窗户。

黝 yǒu 〈素〉黑色:～黑。

【黝黑】yǒuhēi 形。黑色,没有光;不加程度副词:一张～的脸|夜空一片～。

yòu(|又)

又 yòu 副。(1)表示重复或继续:翻了～翻|望了～望|一步～一步。(2)表示几种情况或性质同时存在:可以单用,也可以连用:～是学习模范,～是劳动模范|～多～好。(3)表示意思上更进一步:这姑娘人生得漂亮,人品～很好。(4)表示在某个范围之外有所补充:除了发书以外,～发了一些练习本。(5)表示整数之外再加零数:一～三分之一。(6)表示有矛盾的两件事情;多连用:～想去,～想不去。(7)表示转折,有"可是"之意:刚想请你办件事,一时～记不起什么事了。(8)用在否定句或反问句里,加强语气:你～不是不知道,怎么还犯这样的错误?

【又及】yòují 动。附带再提一下。信写完以后并已署名,又添上几句,往往注明"又及"或"某某又及"。

右 yòu ❶方位。(1)面向南时靠西的一边;与"左"相对:向～转|靠～走。(2)西:村～|山～。❷〈素〉保守的,反动的:～派|～倾。

【右边】yòu·bian 方位。靠右的一边;可充当主语、宾语:～有一棵白杨树|学校在村子的～。可组成介词词组:从～走可到宿舍。

【右首】yòushǒu 方位。右边;多指坐位:他坐在我的～。也作右手。

【右翼】yòuyì 名。(1)作战时在正面部队右侧的军队。(2)政党或阶级、集团中在政治思想上倾向保守的一部分:～分子。

佑(祐) yòu 〈素〉帮助:保～。

幼 yòu 〈素〉(1)年纪小,初出生的:～年|～苗。(2)指小孩儿:扶老携～。

【幼儿】yòu'ér 名。幼小的儿童。

【幼儿园】yòu'éryuán 名。实施幼儿教育的机构。旧称幼稚园。

【幼年】yòunián 名。三岁左右到十岁左右的时期。

【幼托】yòutuō 名。幼儿园和托儿所的合称:搞好～工作,解决广大职工的后顾之忧。

【幼稚】yòuzhì 形。(1)年纪幼小的;多作定语:乳婴那～的小嘴甜甜地笑着|～的声音在静寂中一再重复。(2)不成熟的,头脑简单或缺乏经验的;含贬义:看来,他还～得很|这是一部很～的作品。

蚴 yòu 〈素〉绦虫、血吸虫等动物的幼体:尾～|毛～。

有 yòu 〈书〉副。同"又(5)":二十～一。
另见yǒu。

侑 yòu 〈古〉动。劝人;用于吃、喝:～食|～觞。

囿 yòu ❶〈素〉养动物的园子:园～|鹿～。❷〈书〉动。局限,拘泥;多用在固定的组合中:～于成见|～于见闻。

宥 yòu 〈素〉宽恕,原谅:原～|宽～。

狖 yòu 名。古书上指一种猴。

柚 yòu 名。通称柚子。(1)常绿乔木,叶子大而阔,花白色,果实大,是普通的水果。产于我国南部地区。(2)指这种植物的果实。有的地区叫文旦。
另见yóu。

釉 yòu 名。(～子)以石英、长石、硼砂、粘土等为原料制成的物质,涂在陶瓷半成品的表面,烧制后有玻璃光泽。

鼬 yòu 名。哺乳动物的一科,身体细长,四肢短小,尾较粗,唇有须,毛有黄褐、棕、灰棕等色。如貂鼬、紫貂。

诱 yòu ❶动。使用手段引人随从自己的意愿；须带宾语：～敌深入。可带兼语：～人上当。❷〈素〉劝导，教导：～导｜～发｜循循善～。

【诱导】yòudǎo 动。劝诱教导，引导：对孩子要正确～。常带宾语或兼语：这位教师善于～学生｜我的讲话能～人们进行思考。

＊"诱导"和"诱惑"："诱导"着重在劝导和引导；"诱惑"着重在迷惑。"诱导"是褒义词；"诱惑"多作贬义词。

【诱饵】yòu'ěr 名。(1)捕捉动物时用来引诱它的食物：用猪肝做～钓鱼。(2)比喻引诱别人上当的东西：以钱财做～收买拉拢别人。

【诱发】yòufā 动。多带宾语。(1)诱导启发：用各种方法～学生的思维。(2)导致发生；多用于疾病：有些病如不及时治疗，会～其他疾病。

【诱惑】yòuhuò 动。常带宾语。(1)使用手段，使人认识模糊而做坏事：他经不起金钱的～，成了可耻的叛徒｜他用甜言蜜语～小陈，使她上了当。(2)吸引，招引：新产品～了许多顾客。可加程度副词：窗外的美景太～人了。

【诱骗】yòupiàn 动。诱惑欺骗；常和其他动词连用：他被～而上了贼船。可带兼语：这个家伙～小孩干坏事。

【诱胁】yòuxié 动。利诱威胁；常带宾语，含贬义：他用各种手段～有关的知情人，企图逃避对他的审查。

【诱因】yòuyīn 名。导致某种事情发生的原因；多用于疾病：此病～尚未查清。

【诱致】yòuzhì 动。招致；指引来不好的结果，须带宾语，常是主谓词组：不健康的书刊会直接～青少年的思想变坏。

yū(ㄩ)

迂 yū ❶形。迂腐；指人的言谈、行事：这个人做事有点儿～。❷〈素〉曲折，绕弯：～回｜～缓｜～曲。

【迂夫子】yūfūzǐ 名。迂腐的读书人：他是个～，不通人情世故。

【迂腐】yūfǔ 形。拘泥于陈旧的准则，不适应新时代；指人的言谈、行事：他

这个人很～｜别说那种～的话。

【迂缓】yūhuǎn 形。迟缓，不直截了当；指人的行动：行动很～。

【迂回】yūhuí ❶形。曲折环绕；常与"曲折"并用：故事情节～曲折，引人入胜｜颐和园里有一条～曲折的长廊｜我们～曲折地走到密林深处。❷动。绕到敌人侧面或后面去进攻；不带宾语，可带补语：我部奉命向敌人左翼～｜小分队～到了敌人的后面。可作定语：～战术。

【迂阔】yūkuò 形。不切合实际；多指言行：～之论｜言论过分～｜～的举动。

【迂曲】yūqū 形。迂回曲折：～的山路｜河道～，舟楫难行。

吁 yū 拟声。摹拟吆喝牲口的声音："～!"赶车的老大爷拉长声音一声吆喝，那牛便停下不走了。
另见xū, yù。

纡 yū〈素〉弯曲，曲折：～回｜萦～（旋绕弯曲，萦回）。

於 yū 姓。
另见wū, yú(于)。

淤 yū ❶动。泥沙沉积或阻塞；须带宾语或补语：院子里～了一层泥｜大雨之后，下水道叫泥沙～住了。❷〈素〉(1)淤积起来的：～泥｜～地。(2)淤积的泥沙：河～｜沟～。

【淤积】yūjī 动。沉积；指水中的泥沙等：在长江出海口，泥沙逐年～。使滩涂面积不断扩大。常带宾语或补语：一次洪峰过后，河道弯曲处竟～了一米多深的泥沙｜我目睹许多青年的血，层层～起来，将我埋得不能呼吸。

【淤塞】yūsè 动。被沉积的泥沙堵塞；多用于水道等：沟渠～，水流不通。可带宾语：～了水道。

【淤滞】yūzhì 动。因泥沙沉积而不能畅通；用于水道，不带宾语：河道～。常作定语：疏通～的水渠。

瘀 yū〈素〉血液凝滞：～血。

【瘀血】yūxuè 名。凝聚不流通的血。

yú(ㄩˊ)

于（△於） yú ❶△介。多组成介词词组作补语或状

语。(1)在：～元月三日在办公室开会｜闻名～世。(2)向：问路～人｜求教～师长。(3)给：嫁祸～人｜让位～年轻人。(4)对,对于：有益～人｜～人不利｜不满足～现状。(5)自,从：青出～蓝｜出～自愿。(6)表示比较：工人的收入高～农民｜5大～3。(7)表示被动：见笑～大方之家。△❷后缀。(1)动词后缀：属～｜在～｜至～。(2)形容词后缀：难～｜善～。❸姓。
"於"另见wū,yū。

【于今】yújīn 副。常用在句首作状语。(1)到现在：毕业一别,～已快十年了。(2)如今,现在：这个乡的工业发展很快,～已建成四五座工厂。

【于思】yúsāi 〈书〉形。形容胡须很多：此公两颊～,外号美髯公。也作于腮。注意："思"这里不读sī。

【于是】yúshì 连。表示两件或几件事在时间上前后相承,事理上也带有因果关系；一般用在后一分句或句子的开头：过了那村,船便弯进了汊港,～赵庄便真在眼前了｜蔡伦改进了两汉的造纸术,～出现了用纸抄写的书。也可表示多层相承关系：由于失去了森林,～大风沙渐渐淹没了原来的绿野,～土地大片大片变成了沙漠。也说于是乎。

*"于是"和"然后"："于是"表示两件事既有时间上的先后,又在事理上带有因果关系；"然后"只表示时间上的先后。

盂 yú 名。(～儿)盛液体的敞口器具：水～儿｜漱口～儿。

竽 yú 名。古乐器,形状像现在的笙。

与(與) yú 〈古〉助。同"欤"。
另见yǔ, yù。

玙(璵) yú 〈古〉名。美玉。

欤(歟) yú 〈古〉助。表示疑问,用法与"乎"大致相当：在齐～？在鲁～？

予 yú 〈古〉代。我。
另见yǔ。

【予取予求】yú qǔ yú qiú 成。《左传·僖公七年》："唯我知女(汝),女(汝)专利而不厌,予取予求,不女(汝)疵瑕也。"予：我。原指任意从我这里拿,向我要；后指随心所欲,任意索取；含贬义：统治者～,肆意搜刮,百姓怨声载道,苦不堪言。

伃 yú [婕伃](jié-) 见"婕好(jiéyú)"。

好 yú 见"婕(jié)好"。

余(△餘) yú △❶数。余数,零头；用在大数或度量单位等后面：一百～斤｜十～人｜三丈～。△❷动。剩下；常带宾语或补语：尚～50元｜～得不多。❸〈古〉代。我。△❹〈素〉指某种事情,情况以外或以后的时间：业～｜课～。❺姓。

【余波】yúbō 名。喻指事件结束以后留下的影响：这次风潮的～未平。

【余党】yúdǎng 名。没有消灭尽的党羽；含贬义：～尚未肃清｜将～一网打尽。

【余地】yúdì 名。空余的地方,喻指言语、行动中留下的可回旋的地步；常作宾语：不留～｜留有充分的～｜没有你说话的～。

【余毒】yúdú 名。残留的毒素：肃清～｜封建～。

【余额】yú'é 名。(1)名额中余下的空额：招工已满,没有～｜除已录取的40名学生外,还有5个～。(2)帐目上剩余的金额。

【余风】yúfēng 名。遗留下来的风气：～犹存。

【余悸】yújì 名。事后还感到的恐惧：心有～｜～未消。

【余烬】yújìn 名。(1)燃烧后剩下的灰和没烧尽的东西：篝火的～。(2)比喻战败或遭受洗劫后剩余的东西：劫后～。

【余年】yúnián 名。晚年：安度～｜～不多。

【余孽】yúniè 名。残余的坏分子或恶势力：封建～｜法西斯～。

【余缺】yúquē 名。剩余的和缺欠的：调剂～,互通有无。

【余热】yúrè 名。(1)尚未用尽的热量：这种热水器可利用煤气炉、液化气炉的～。(2)比喻老年人的能力：我虽然退休了,仍要为社会贡献一点～。

【余生】yúshēng 名。(1)指晚年：欣逢盛世,安度～。(2)指大灾难后侥幸保全的生命：

劫后～|虎口～。

【余味】yúwèi 名。留下的耐人回想的味道：饶有～|读完那首诗感到～无穷。

【余暇】yúxiá 名。工作和学习之外的空闲时间：倘有～，盼望参加|利用～，修理家用电器。也说余闲。

【余下】yúxià 动。剩下；常带宾语：吃了一斤，～两斤。常作定语，要带助词"的"：买冰箱～的钱还可以买一架收音机。

【余兴】yúxìng 名。(1)未尽的兴致：～未尽|如先生还有～，可再来一首诗。(2)会议或宴会之后附带举行的文娱活动：会议结束后还有～节目。

【余音】yúyīn 名。指音乐演奏后好像还留在耳边的声音；常用在固定组合中：～袅袅|～绕梁，三日不绝。

【余勇可贾】yú yǒng kě gǔ 成。余勇：剩下来的勇气；贾：卖。还有余下的勇力可以卖给人家。原形容勇士的豪迈气概，后指还有剩余力量可以使出来：他的工作还可以做得更好，因为尚有～。注意："贾"这里不读 jiǎ。

【余裕】yúyù 形。富裕；多指时间、精力、财物等：绰有～｜～的精力｜除工作外，每天尚有～的时间。

【余韵】yúyùn 〈书〉名。遗留下来的韵致：～尚存｜流风～｜～无穷。

狳 yú [犰狳](qiú-) 名。哺乳动物，头尾及胸部有角质鳞片，腹部有毛，穴居土中，善于掘土，吃杂食。肉可吃，鳞甲可制篮等。产于拉丁美洲等地。

畬 yú 〈古〉名。开垦过两年的田地。另见 shē。

艅 yú [艅艎](-huáng) 〈古〉名。一种木船。

臾 yú [须臾](xū-) 形。形容很短的一段时间：～宾客盈门｜～之间，雨止天晴。常与"不可"搭配，作状语：布帛菽粟是人民不可～离开的东西。

谀 yú 〈素〉谄媚，奉承：阿(ē)～｜～辞。

萸 yú 见"茱(zhū)萸"。

腴 yú 〈素〉(1)胖：丰～。(2)肥沃：膏～。

鱼(魚) yú ❶名。生活在水中的脊椎动物，通常体侧扁，有鳞和鳍，用鳃呼吸。体温随外界温度而变化。种类极多，大部分可供食用或制鱼胶。❷姓。

【鱼肚白】yúdùbái 名。白里略带青，像鱼肚子的颜色；多指黎明时东方天的颜色，多作"露出"或"呈现"的宾语：东方刚露出一片～，我们就起来做早操了。

【鱼鼓】yúgǔ 见"渔鼓"。

【鱼贯】yúguàn 副。像游鱼一样先后连接；常作动词的状语：几人～而出|观众～入场|他们一行四人～地走出房间。

【鱼雷】yúléi 名。一种能在水中自行推进、自行控制方向和深度的炸弹，略呈圆筒形，用来破坏敌方的舰艇或海港的建筑物。

【鱼龙混杂】yú lóng hùn zá 成。比喻坏的和好的相杂在一起：参加游行的人～，大家必须提高警惕，切勿受人利用。

【鱼目混珠】yú mù hùn zhū 成。混：搀杂，冒充。用鱼眼睛冒充珍珠。比喻以次充好或以假乱真：这些商人不讲职业道德，妄图以次充好，～，结果还是被群众揭露出来了。

【鱼米之乡】yú mǐ zhī xiāng 成。指盛产鱼和大米的富庶地方，含褒义：江南一带，自古有～的美称。

【鱼肉】yúròu ❶名。鱼和肉，比喻受宰割的人：人为刀俎，我为～。❷动。比喻用暴力欺凌；须带宾语：～人民｜～百姓｜～乡里。

【鱼水情】yúshuǐqíng 名。形容极其亲密的情谊，就像鱼和水不能分离一样；现多指人民军队和人民之间的亲密关系：军民～。

【鱼游釜中】yú yóu fǔ zhōng 成。釜：锅。鱼在锅里游，比喻身处绝境，即将死亡：敌军被我方层层包围，如～，不久就要覆灭了。

渔(漁) yú 〈素〉(1)捕鱼：～船｜～业。(2)谋取：～利。

【渔霸】yúbà 名。占有渔船、鱼网等或开鱼行剥削和欺压渔民的恶霸：那时期，～横行，渔民们受尽欺压。

【渔场】yúchǎng 名。海上集中捕鱼的区域,一般为鱼群密集的地方。

【渔歌】yúgē 名。渔民所唱的、反映渔民的生活和斗争的歌:落日的余辉映照湖面,远处又传来一阵阵~声,诗情画意,令人陶醉。

【渔鼓】yúgǔ 名。也作鱼鼓。(1)打击乐器,在长竹筒的一头蒙上薄皮,用手敲打。是演唱道情的主要伴奏乐器。(2)指道情,因用渔鼓伴奏而得名。参见"道情"。

【渔火】yúhuǒ 名。渔船上的灯火:海上~点点。

【渔利】yúlì ❶动。趁机谋取不正当的利益;不带宾语:他们企图从中~。❷名。趁机用不正当的手段谋取的利益:坐收~。

【渔业】yúyè 名。捕捞或养殖水生动植物的生产事业:发展海洋~。

禺 yú 名。古书上说一种似猕猴而大的兽,赤目长尾。

隅 yú 〈素〉(1)角落:墙~|向~|一~三反。(2)靠边沿的地方:海~|失之东~,收之桑榆。

嵎 yú 〈古〉名。(1)山弯儿。(2)同"隅"。

愚 yú ❶〈素〉(1)笨,傻:~笨|~蠢。(2)欺骗,玩弄:~弄。❷用作自称的谦辞:~兄|~见。

【愚笨】yúbèn 形。头脑迟钝,不灵活:这个人很~。

【愚不可及】yú bù kě jí 成。愚:傻,笨;及:比得上。原指及不上他的装傻,后形容极其愚笨:你竟然提出这个问题,真是~|他怎么会做出这种~的事来?

【愚蠢】yúchǔn 形。愚笨:~无知|这是个非常~的家伙。

＊"愚蠢"和"愚昧":"愚蠢"着重指头脑迟钝,傻、笨,多指人的行动;"愚昧"着重指缺乏知识,文化落后,多指人的文明程度。

【愚公移山】yúgōng yí shān 成。《列子·汤问》中说:古代有一位老人名叫北山愚公,家门前有两座大山挡住了去路,他下决心把山搬掉,另一个老人叫河曲智叟笑他太傻,以为不可能。愚公回答说:"我死了有儿子,儿子死了还有孙子,子子孙孙是没有穷尽的。这两座山可不会再增高了,凿去一点就少一点,终有一天要凿平的。"后用"愚公移山"比喻做事有毅力,不怕困难:只要有~的精神,还有什么事办不成呢?

【愚鲁】yúlǔ 形。愚蠢粗鲁:此人资质~。

【愚昧】yúmèi 形。缺乏知识,文化落后:~无知|他现在竟然还大搞迷信活动,真是~之极。

【愚氓】yúméng 〈书〉名。愚蠢的人:宣传科学文明,启迪~。

【愚民政策】yúmín zhèngcè 词组。反动统治者为了便于统治人民而实行的使人民处于无知和闭塞状态的政策:历代的封建统治者大多实行~。

【愚弄】yúnòng 动。蒙蔽玩弄:我终于发觉,我是被那个人~了。常带宾语:不该~百姓|~群众。

【愚顽】yúwán 形。愚昧而顽固;多指人的性格:~无知|此人生性~,不可理喻。

【愚者千虑,必有一得】yú zhě qiān lǜ, bì yǒu yī dé 成。笨人多次考虑总会有一点可取之处;常作谦辞,表示自己所见甚微:~,我把自己的想法写下来,求教于方家。

髃 yú 名。中医指肩的前部,为针灸穴位。

轝 yú 〈方〉动。共同抬东西。

俞 yú ❶〈古〉叹。表示允许:特~兵部之请。❷姓。
另见shù(腧)。

【俞允】yúyǔn 〈书〉动。允许;多用于对君主或上级,一般不带宾语:承蒙~,不胜感激。

揄 yú 〈古〉动。牵引,提起:~三尺之刃。

【揄扬】yúyáng 〈书〉动。赞扬:我的故乡被鲁迅先生~过。可带宾语:~大义。

崳 yú 山名用字。昆崳,在山东省。

愉 yú 〈素〉喜欢,快乐:~悦|~快。

【愉快】yúkuài 形。快意,舒畅:生活过得很~|这个星期天是个令人~的日子。

【愉悦】yúyuè 形。喜悦:我们怀着十分~的心情离开了故乡|我们~地登上汽车,

离开了可爱的山村。

渝 yú ❶动。改变;多用在否定句中:始终不~|永世不~的爱情。❷名。四川省重庆市的别称。

逾(△踰) yú 〈素〉△(1)超过,越过:~期|~常|~越。(2)更加:~甚。

【逾期】yúqī 〈书〉动。超过规定的期限;不带宾语,可带补语:~十天|限本月底以前交货,不得~|~不予办理。

【逾越】yúyuè 动。超越;常带宾语:~常规|~界线。可作定语,要带助词"的":不可~的障碍。

瑜 yú 〈素〉美玉。也指玉的光采,比喻优点:瑕不掩~|瑕~互见。

榆 yú 名。榆树,落叶乔木,叶子卵形,花有短梗。果实像小铜钱,通称榆钱。木材可供建筑或器具用。

觎 yú 见"觊(jì)觎"。

褕 yú [襜褕](chān-) 名。古代一种短的便衣。

窬(踰) yú 〈素〉从墙上爬过去:穿~。

蝓 yú 见"蛞(kuò)蝓"。

娱 yú 〈素〉快乐或使人快乐:~乐|文~。

【娱乐】yúlè ❶动。使人快乐;不带宾语:星期六晚上,可以打打扑克,~一下。可重叠:大家一起~~。常作定语:~活动|~场所。❷名。快乐有趣的活动:下棋是一种高尚的~。

虞 yú ❶名。(1)传说中的朝代名,舜所建。(2)周朝国名,在今山西省平陆县东北。❷〈素〉(1)猜测,预料:不~。(2)忧虑:无~。(3)欺骗:尔~我诈。❸姓。

雩 yú 名。古代求雨的一种祭礼。

舆 yú ❶〈古〉名。(1)车上可以载人或载物的部分。(2)车:舍~登舟。(3)轿子:肩~|彩~。❷〈素〉(1)疆域:~图。(2)众人的:~论|~情。

【舆论】yúlùn 名。群众的言论:国际~|~工具。

＊"舆论"和"言论":"舆论"只指群众的言论;"言论"可以指群众的言论,也可以指个人的言论。

【舆图】yútú 〈书〉名。指疆域地图。

yǔ(ㄩˇ)

与(與) yǔ ❶介。意思和"同、跟"一样,引进动作或比较的对象:~困难作斗争|~虎谋皮|目前情况~去年不同。❷连。意思同"和"一样,连接并列的词或词组:大人~小孩|批评~自我批评|教学~研究。❸〈素〉(1)给;赠:~|施~|交~|付~。(2)友好,交往:相~|~国。(3)赞助,帮助:~人为善。
另见yú, yù。

【与否】yǔfǒu 〈书〉助。用在双音节形容词或动词后面,提出正反两方面的情况,表示不肯定:这个观点正确~,要经过实践才能得出结论|反正我已经把你的申请书送交领导了,批准~,我就没把握了。

【与虎谋皮】yǔ hǔ móu pí 成。跟老虎商量要取下它的皮。比喻所商量的事跟对方(多指坏人)有直接的利害冲突,绝对办不到;要侵略者主动退出他们侵占的土地,无异于~,是完全没有希望的。

【与其】yǔqí 连。用在比较两件事的利害得失而决定取舍的时候;"与其"用在舍弃的一面,后面常用"毋宁、不如、宁可"等呼应:~坐车,不如坐船|~扬汤止沸,不如釜底抽薪|~受辱而生,宁可壮烈而死。

【与人为善】yǔ rén wéi shàn 成。与:许,赞助;为:做;善:好事。原指赞助人做好事,现指善意帮助别人:我本着~的原则,对他提出了批评。

【与日俱增】yǔ rì jù zēng 成。与:跟,和。随着时间的推移而不断增长。形容不断增长或增长速度很快:我们之间的感情~。

【与世长辞】yǔ shì cháng cí 成。辞:告别。同人世永远告别,指逝世;婉辞:老人怀着满腔悲愤,~了。

【与众不同】yǔ zhòng bù tóng 成。和大家不相同:他的穿着打扮常常~|他是个~的人,干事勇于负责,从不推委。

屿予伛俣宇羽雨 yǔ 1343

屿（嶼） yǔ（旧读 xǔ）〈素〉小岛：岛～。

予 yǔ 〈素〉给：授～｜准～｜给～｜赋～｜～以。
另见 yú。

【予人口实】yǔ rén kǒushí 成。给人留下指责的把柄：他做事随心所欲，结果～。也说贻人口实。

【予以】yǔyǐ 动。给以；不单独做谓语，常带动词或动词性词组作宾语：对犯罪分子，要坚决～打击｜对这些有困难的青年，要～适当照顾。

伛（傴） yǔ 〈素〉驼背，曲背：～偻。

【伛偻】yǔlǚ 〈书〉❶形。腰背弯曲：腰背～的老人｜老人的身子有些～。❷动。弯曲腰背；常带动态助词"着"：李二爷的身子～着。可带宾语：那街角上坐着一位老人，～着腰，半闭着眼睛。

俣 yǔ [俣俣]〈古〉形。高大，魁伟：硕人～。

宇 yǔ ❶〈素〉(1)房檐，泛指房屋：屋～｜栋～。(2)上下四方的整个空间：～内｜～宙｜寰～。(3)仪容风度：器～。❷姓。

【宇航】yǔháng ❶名。宇宙航行的简称。指人造地球卫星、宇宙飞船等在太阳系内外空间的航行。❷形。跟宇航有关的；不加程度副词，不单独作谓语，只作定语：～员｜～服。

【宇文】yǔwén 复姓。

【宇宙】yǔzhòu 名。(1)包括地球及其他一切天体的无限空间：～航行｜～是无限广阔的。(2)哲学名词。宇：指无限空间；宙：指无限时间。一切物质及其存在形式的总体。也叫世界。

【宇宙飞船】yǔzhòu fēichuán 词组。用多级火箭做运载工具，从地球上发射出去能在宇宙空间航行的飞行器：乘～遨游太空。

【宇宙观】yǔzhòuguān 见"世界观"。

【宇宙火箭】yǔzhòu huǒjiàn 词组。可以脱离地球引力范围发射到其他星球或星际空间的火箭；量词用"枚"。

【宇宙空间】yǔzhòu kōngjiān 词组。指地球大气层以外的空间：飞船正在～航行。

也叫外层空间。

【宇宙速度】yǔzhòu sùdù 词组。物体能够克服地球的引力进入宇宙空间的速度。物体的速度达到每秒7.9公里时，就同地球的引力平衡，就能绕地球运行，这叫第一宇宙速度；物体的速度达到每秒11.2公里时，就可以脱离地球，在太阳系中飞行，这叫第二宇宙速度；物体的速度达到每秒16.7公里时，就可以脱离太阳系而进入其他星系，这叫第三宇宙速度。

羽 yǔ 名。(1)鸟类身体表面所长的毛。通称羽毛。(2)古代五音之一，相当于简谱的"6"。参见"五音"。

【羽化】yǔhuà 动。不带宾语。(1)旧时迷信的人把成仙叫做羽化：～成仙。(2)道教徒称人死；婉辞：道人～了。(3)昆虫由蛹变为成虫。

【羽毛】yǔmáo 名。(1)鸟类身上所长的毛。(2)鸟类的羽和兽类的毛，比喻人的名誉：名人要珍惜自己的～。

【羽毛球】yǔmáoqiú 名。(1)球类运动项目之一，规则和用具大体上像网球。(2)羽毛球运动使用的球，用软木包羊皮装上羽毛制成。也有用塑料做的。

【羽毛未丰】yǔmáo wèi fēng 成。丰：丰满。小鸟的羽毛还没长全。比喻人尚未成熟，也比喻力量尚未成长壮大：别看他是个～的小伙子，处理这个问题还蛮老练的｜乘他～之际，将他的人马一举歼灭。

【羽绒】yǔróng 名。禽鸟类的羽毛和绒毛，有保温作用，多作被子或冬季御寒服装的填充材料：～服｜～被。

【羽翼】yǔyì 名。(1)鸟的翅膀：那船帆给阳光照得像透明的白色的～。(2)比喻辅佐的人或力量：正面是主力部队，江边部队是其～。

雨 yǔ 名。空气中的水蒸气上升天空中遇冷凝成云，再遇冷聚集成大水滴落下来成为雨。
另见 yù。

【雨过天晴】yǔ guò tiān qíng 成。大雨过后天色转晴，比喻情况由坏变好：～，太阳又出来了｜经过大家的努力，险情排除了，～，一切恢复了正常。也说雨过天青。

【雨后春笋】yǔ hòu chūnsǔn 成。春天雨

后,竹笋长得又多又快,比喻新事物大量出现,蓬勃发展:改革开放后,许多新事物像~一般涌现出来。

【雨季】yǔjì 名。雨水多的季节:今年~雨量特别大,不少地方涝灾严重|过了~,家具、衣服一般就不会霉了。

【雨脚】yǔjiǎo 名。指像线一样一串串密密连接着的雨点:~如麻。

【雨具】yǔjù 名。防雨的用具,如雨伞、雨衣、雨鞋、油布:夏天雷阵雨多,出门一定要带~。

【雨量】yǔliàng 名。在一定时间内,降落在水平面上的未经蒸发、渗透或流失的雨水所积的深度,通常用毫米来表示:一天一夜所降~达200毫米。

【雨露】yǔlù 名。雨水和露水,比喻恩惠:~之恩。

【雨幕】yǔmù 名。雨点密密麻麻,景物像被幕布罩住一样的现象:她的身影消逝在~之中|透过~,可以看见远处的高楼。

【雨披】yǔpī 名。一种主要供骑自行车遮挡雨雪的用具,类似披风,多用塑料或胶布制成。

【雨水】yǔshuǐ 名。(1)由降雨而来的水:~充足。(2)二十四节气之一,在2月18、19或20日。参见"二十四节气"。

禹 yǔ ❶人名用字。夏代第一个君主,传说曾治平洪水。❷姓。

瑀 yǔ 〈古〉名。像玉的石头。

语 yǔ 〈素〉(1)话:~言|古~。(2)说:细~|低~。(3)代替语言的动作或方式:旗~|灯~|手~。
另见yù。

【语病】yǔbìng 名。语言运用中的毛病,大多由不合语法、不合逻辑、修辞不当等引起:文中~甚多,请认真修改。

【语词】yǔcí 名。泛指词、词组一类的语言成分:这本词书中收了不少新~。也特指专科词以外的词语:这本词典所收词语大多是~。

【语调】yǔdiào 名。说话的腔调,就是一句话里语音高低轻重的变化。

【语法】yǔfǎ 名。(1)语言的结构方式,包括词的构成和变化、词组和句子的组织:搞文字工作的人一定要懂~。(2)语法研究:比较~|描写~。

【语汇】yǔhuì 名。一种语言或一个人所用的词和短语的总和:汉语的~很丰富|劳动人民的~是生动活泼的。

【语句】yǔjù 名。泛指成句的话:~通顺。

【语气】yǔqì 名。(1)说话的口气:他的~很硬|从她的~看,这事有点难办。(2)表示陈述、疑问、祈使、感叹等分别的语法范畴。

【语素】yǔsù 名。语言中不能分割的最小的音义结合的单位,是构成词的成分,包括词根、词缀。现代汉语的语素大都是单音节的,如"人、大、民、观、参、习"等。少数是双音节或多音节的,如"参差、玲珑、徘徊"等。现代汉语的语素分为三种类型:第一种是能同其他语素组合成词,又能独立成词的,如"人",可以单独成词,又可构成"人民、人情、工人、众人"等;第二种是不能同其他语素组合成词,只能独立成词的,如"啊、呢、吗、嗯"等;第三种是只能作为构词成分,不能单独成词的,如"民、观、参、习"等。有些有几种意义的语素,往往兼有两种语素的性质,如"声",表示"声音"的意义时,既可以独立成词,又可同其他语素组合成词,但当它表明"声明"的意义时,则只能同其他语素组合成词。本书所标的〈素〉,指的便是第三种情况。

【语文】yǔwén 名。(1)语言和文字:~程度(指阅读、写作等的能力)。(2)语言和文学的简称:~课本。

【语无伦次】yǔ wú lún cì 成。语:话;伦次:条理,次序。话讲得很乱,没有条理:他一紧张,说话就~。

【语系】yǔxì 名。有共同来源的一些语言的总称。如汉藏语系、印欧语系等。

【语焉不详】yǔ yān bù xiáng 成。语:说;焉:语助词。说得不详细:对于这个观点,书中~,有待阐发。

【语言】yǔyán 名。人类所特有的用来表达意思、交流思想的工具。由语音、词汇和语法构成一定的系统。语言有民族性,没有阶级性,是一种特殊的社会现象:书面~|~和文字|他会好几种~。

【语音】yǔyīn 名。语言的声音,也就是人

说话的声音:~清晰|~不准。

【语重心长】yǔ zhòng xīn cháng 成。言辞诚恳而有分量,情意深长;含褒义:老人的一番话,~|父亲~地劝说儿子。

圄 yǔ 见"囹(líng)圄"。

敔 yǔ 名。古乐器,奏乐将终,常击敔使演奏停止。

龉 yǔ 见"龃(jǔ)龉"。

圉 yǔ〈古〉名。养马,泛指畜养:~马于成。

庾 yǔ ❶〈古〉名。露天的谷仓:发仓~以振贫民。❷姓。

瘐 yǔ [瘐死](-sǐ)〈书〉动。古代指犯人在监狱中因饥寒而死。后也泛指在监狱中病死:~于狱中。

窳 yǔ〈素〉指事物恶劣,坏:~败|~劣|良~(优劣)。

【窳败】yǔbài〈书〉动。败坏:事已~。可带宾语:~家业。

【窳劣】yǔliè〈书〉形。粗劣,恶劣:器皿~|品质~。

貐(㺄) yǔ 见"猰(yà)貐"。

yù(ㄩˋ)

与(與) yù〈素〉参加:~会|参~。
另见yú, yǔ。

【与闻】yùwén〈书〉动。参与并得知;指事情或内情:~其事。也作预闻。

玉 yù ❶名。矿物,质细而坚硬,有光泽,略透明,可用来制造装饰品或做雕刻的材料。❷〈素〉(1)比喻洁白或美丽:~洁|~颜。(2)指对方的身体或行动等:~音|~照|~成。❸姓。

【玉帛】yùbó〈书〉名。古时国与国之间用做礼物的玉器和丝织品。

【玉成】yùchéng 动。帮助成全;敬辞:如蒙~,万分感激。可带宾语:望您~其事。

【玉皇大帝】yùhuáng dàdì 词组。道教对天上最高的神的称呼。也叫玉帝。

【玉洁冰清】yù jié bīng qīng 成。像冰那样清澈透明,像玉那样洁白无瑕。比喻高尚纯洁:我这~的身子怎能让贼子站污?|他这个人品德高尚,~,绝对不会屈膝投敌。

【玉立】yùlì 动。形容姿态优美地站立;可用于人,也可用于物:一朵朵荷花亭亭~|她的远影像是一位~云端的女神|有时又出现了两三株临风~、枝叶扶疏的乔木。

【玉米】yùmǐ 名。也叫玉蜀黍。在不同的地区有不同的名称,如玉茭、包谷、包米、棒子、珍珠米等。(1)一年生草本植物,茎高二、三米,叶子长而大,花单性,雌雄同株,子实比黄豆稍大,可供食用或制淀粉等。(2)这种植物的果实。

【玉石俱焚】yù shí jù fén 成。俱:全,都;焚:烧。美玉和石头都被烧毁。比喻好的和坏的一同毁掉;含有惋惜的意味:对祖国的文化遗产一概否定,~,是愚蠢的举动|班长拉响了手榴弹,同围上来的敌人~,同归于尽。

【玉碎】yùsuì 动。比喻为保持气节而牺牲;常与"瓦全"对举使用:宁为~,不为瓦全。

【玉兔】yùtù〈书〉名。指月亮,传说月中有兔:须臾,金乌西坠,~东升。

【玉玺】yùxǐ 名。君主的玉印。

【玉宇】yùyǔ 名。传说中神仙住的华丽的宫殿,借指宇宙:~无边无际|果然看见雪白的楼房,斜阳中映衬得如同琼楼~一般。

【玉照】yùzhào 名。称别人的照片;敬辞:您的~我已收到了。

钰 yù〈古〉名。宝物。

驭 yù 同"御(1)"。

【驭手】yùshǒu 名。使役牲畜的士兵:他是我们连队有名的~。也作御手。

芋 yù 名。也叫芋艿、芋头。(1)多年生草本植物,块茎椭圆形或卵形,叶子略呈卵形,有长柄,雄花黄色,雌花绿色。块茎富含淀粉,供食用。(2)这种植物的块茎。

吁(籲) yù〈素〉为某种要求而呼喊:~请|呼~。
另见xū, yū。

聿 yù 〈古〉助。用在句首或句中：～怀多福｜蟋蟀在堂，岁～其莫。

谷 yù 见"吐谷浑"。
另见gǔ。

峪 yù 名。山谷；常用于地名，嘉峪关，在甘肃省。

浴 yù 〈素〉洗澡：沐～｜淋～｜～室。

【浴血】yùxuè 形。浑身浸透了血，形容战斗非常激烈；不加程度副词，不单独作谓语，多作定语或状语：这是一场～的战斗｜～奋战了一昼夜。

欲（△慾） yù 〈素〉△(1)欲望：食～｜物～｜情～｜私～｜利～熏心。(2)想要，希望：～言又止｜为所～为｜跃跃～试｜～速不达。(3)需要：从心所～｜随心所～。(4)将要：望眼～穿｜呼之～出｜摇摇～坠｜垂涎～滴。

【欲罢不能】yù bà bù néng 成。欲：想。罢：停，歇。想停止也不能停止，泛指迫于形势，无法中止：他想戒烟，却～｜现今两国，虽已打得筋疲力尽，但恐怕一时也是～。

【欲盖弥彰】yù gài mí zhāng 成。欲：想。盖：遮掩。弥：更加。彰：明显。本想掩盖坏事真相，结果反而暴露得更加明显：他这种辩解，完全是～，更加表现出他的虚伪｜帝国主义者硬把侵略说成是"援助"，是什么"正义行为"，这真是～，充分暴露了他们的丑恶嘴脸。

【欲壑难填】yù hè nán tián 成。欲望：壑：深沟。形容贪得的欲望太大，很难满足：这些家伙～，贪得无厌，终于走上了犯罪的道路。

【欲擒故纵】yù qín gù zòng 成。擒：捉。纵：放。为了捉住他，故意先放开他，使他放松戒备。比喻为了更好地控制对方，故意放松一步；可用于军事、政治斗争，也可用于写作手法等：敌人把他放出监狱，用的是～的阴谋，妄图放长线钓大鱼｜他用了～的手法，使故事情节更加跌宕起伏，引人入胜。

【欲速则不达】yù sù zé bù dá 成。欲：想。速：快。达：达到。过于性急反而达不到目的：学习应循序渐进，如果一味求快，就会～。

【欲望】yùwàng 名。想得到某种东西或想达到某种目的的要求：～强烈｜满足他的～。

＊"欲望"和"愿望"："欲望"多指生存、求知等生理或心理方面的本能要求；"愿望"是主观对美好事物的向往。

鹆 yù 见"鸲(qú)鹆"。

裕 yù ❶〈素〉丰富，宽绰：富～｜充～｜宽～。❷姓。

【裕固族】yùgùzú 名。我国的一个少数民族，分布在甘肃省。

【裕如】yùrú 〈书〉形。指从容不费力；多作补语：措置～｜事情不多，我可以应付～。

饫 yù 〈古〉动。吃饱：十余万人，皆得饱～。

妪（嫗） yù 〈素〉年老的女人：老～｜～翁～。

雨 yù 〈古〉动。落，下；以雨、雪等作宾语：天～雪。
另见yǔ。

郁（△鬱） yù ❶〈素〉(1)香气浓厚：馥～｜～烈。△(2)草木茂盛：～～｜～葱。△(3)忧愁、气愤等在心里积聚不得发泄：忧～｜～闷｜抑～。❷姓。

【郁结】yùjié 动。积聚在心中而不能发泄；常带宾语或补语：心中～了一股怨气｜忧愤～在胸中。也作积郁。

【郁闷】yùmèn 形。烦闷，不舒畅：事情过去了许久，但她仍然很～｜她～地躺在家里。可作"感到"等动词的宾语：近来他感到很～。

【郁悒】yùyì 〈书〉形。苦闷，心情无比～｜～的神色。

【郁郁】yùyù 〈书〉形。不加程度副词。(1)文采显著：文采～。(2)香气浓厚：花香～｜～异香。(3)指草木茂盛：～葱葱。(4)心里苦闷的样子：～不乐｜～不得志。

【郁郁葱葱】yùyù cōngcōng 成。形容草木苍翠茂盛：远处，高山峻岭上的树木～｜院子左边是一片～的松树林｜几年前栽的那片小树林，如今已长得～，枝繁叶茂。也说郁郁苍苍。

育 yù 〈素〉(1)生养：生～｜节～。(2)养活：～苗｜～婴堂。(3)教育：德～｜体～。
另见 yō。

【育龄】yùlíng 名。适合生育的年龄阶段；常作定语：～妇女。

【育婴堂】yùyīngtáng 名。旧时收养无人抚养的婴儿的慈善机构。

【育种】yùzhǒng 动。用人工方法培育新的品种，常用的方法有选种、杂交等；不带宾语：小麦正在～。可拆开用：育了一亩地的种。

淯 yù 水名用字。淯河，发源于河南省，流入湖北省。也叫白河。

昱 yù 〈古〉❶形。明亮：蔼如其言，～如其光。❷动。照耀：日～乎昼，月～乎夜。

煜 yù 〈古〉动。照耀：热阳～～。

狱（獄）yù 〈素〉(1)监禁罪犯的地方：监～｜牢～。(2)指官司、罪案：冤～｜文字～。

【狱吏】yùlì 名。旧时管理监狱的小官。

【狱卒】yùzú 名。旧时称看守监狱的人。

语 yù 〈古〉动。告诉；常带宾语：不以～人｜吾～汝。
另见 yǔ。

彧 yù 〈古〉形。茂盛：田禾芃(péng)～～。

域 yù 〈素〉在一定疆界内的地方：疆～｜领～｜区～｜～外。

阈 yù 〈古〉名。门坎儿，泛指界限或范围：视～｜听～。

棫 yù 名。古书上说的一种植物。

蜮（魊）yù 〈素〉传说中一种害人的动物：鬼～。

预 yù ❶〈书〉副。预先，事前：～祝成功。❷同"与(yù)"。

【预报】yùbào 动。预先报告；用于天文、气象、地震等方面：天气～。可带宾语或补语：～地震情况｜～得很准确。

【预备】yùbèi 动。准备；常带宾语或补语：他正在～功课｜要带的东西～齐全了。可带动词、动词性词组或主谓词组作宾语：～比赛｜～做手术｜我们～三个人一同去南京。

＊"预备"和"准备"："预备"只作动词，一般不作宾语；"准备"除作动词外，还可作名词，可作宾语。"预备"可直接修饰名词，如"预备会议""预备党员""预备队员"，这样用的"预备"含"非正式"或"候补"的意思；"准备"没有这种用法。"准备"可受"思想、精神、物质"等修饰；"预备"不可以。

【预卜】yùbǔ 动。预先断定；常带宾语：～人生祸福。可带主谓词组作宾语：～你将来一定比他有出息。

【预测】yùcè 动。预先推测：这件事的后果不难～。可带宾语或补语：～天气的变化｜～得比较准确。可带动词性词组作宾语：目前我无法～有没有批准的可能。可重叠：这件事我摸不准，请你～～。

【预防】yùfáng 动。预先防备：洪水来得很突然，来不及～。常带宾语或补语：～火灾｜～得很及时。可带动词、动词性词组或主谓词组作宾语：路滑要～跌倒｜～出差错｜～敌人来袭击。

【预感】yùgǎn ❶动。事先感觉；用于将要发生的事，带"到"后可带宾语：～到事情的严重性｜～到一场风暴将要来临。❷名。事先的感觉：不祥的～。

【预告】yùgào ❶动。事先通告；常带宾语：～新片｜～市场经营的趋势。❷名。事先的通告；多用于戏剧演出、图书出版等：登刊一则新书～｜新片～。

【预计】yùjì 动。预先计划或推测；常带动词性词组或主谓词组作宾语：～明天下午到达北京｜这幢大楼～在一年内完工｜我厂今年的产值可达到1000万元。

【预见】yùjiàn ❶动。根据事物的发展规律预料将来：时局将如何发展，目前尚难以～。常带宾语：分析现状，～未来。❷名。能预料到将来的见识：科学的～。

【预料】yùliào ❶动。事先推测；须带宾语或补语：难以～这件事的后果｜此事的结局谁也～不到。也可带主谓词组作宾语：我～他明天会去报到。❷名。指事先的推测：果然不出我的～。

【预谋】yùmóu ❶动。事先谋划；多指不好的事情，常带动词或动词性词组作宾语：他俩～结伙偷盗｜他们～搞破坏活动。❷名。事先的谋划:这是他们的～。

【预期】yùqī 动。预先期待;常带动词性词组或主谓词组作宾语:她并不～从这件事得到什么好处|我～这次出征能取得胜利。可作定语,要加助词"的":马其诺防线没有发挥～的作用|没有达到～的目的。

【预赛】yùsài 动。决赛之前进行比赛;常作"进行、举行"等动词的宾语:现在进行跳高～。可作定语:～成绩已经公布。

【预示】yùshì 动。预先显示;带着主谓词组作宾语:灿烂的晚霞～明天又是一个好天气|目前,在田作物长势良好,～着今年又是个丰收年。可带抽象事物性宾语,宾语前多加修饰语:红军长征的胜利,～中国革命新高潮的到来|改革开放所取得的巨大成就,～着我国经济建设的光明前景。

【预算】yùsuàn ❶动。预计,推测;常带宾语:谁也不能够～几百年以后的事。可带主谓词组作宾语:他～摘到的嫩桑叶可以供给那些小蚕吃到明天。❷名。国家机关、团体和事业单位等对于未来一定时期内的收入和支出的计划:财政～|制订～。

【预先】yùxiān 副。在事情发生或进行之前;用在动词前作状语:～准备|～考虑|开会请～通知|～没想到事情这么复杂。

【预言】yùyán ❶动。预先说出;指将来要发生的事情,常带主谓词组作宾语:科学家～在不远的将来人类将建立太空城市。❷名。预先说出的关于将来要发生什么事情的话:科学家的～|胜利的～|这伟大的～如今已变成了现实。

【预约】yùyuē 动。事先约定;常带宾语或补语:同她～一下见面的时间|只要你俩～好了,就可以帮他买张车票。可作定语:～的地点|～的接头人。

【预兆】yùzhào ❶名。预先显露出来的迹象:灿烂的晚霞是天晴的～。❷动。指某种迹象预示将要发生某种事情;须带宾语:这场瑞雪～来年的丰收。

蓣 yù [薯蓣](shǔ～)名。草本植物,开白花,块根可以吃,也可入药。也叫山药。

滪 yù 石名用字。滟滪堆,长江瞿塘峡口的巨石。1958年整治航道时炸平。

豫 yù ❶〈古〉形。(1)快乐:面有不～之色。(2)安逸:逸～亡身。❷〈古〉同"预❶"。❸名。河南省的别称。

【豫剧】yùjù 名。河南地方戏曲剧种之一,流行于河南全省和陕西、山西等地。也叫河南梆子。

谕 yù 〈素〉(1)告诉,吩咐;旧时用于上对下:面～|手～|～知|～旨。(2)〈古〉同"喻"。

【谕旨】yùzhǐ 名。皇帝对臣子下的命令。

喻 yù ❶〈素〉(1)说明,告知:晓～|不可言～。(2)明白,了解:家～户晓|不言而～。(3)比方:比～|借～。❷姓。

愈(△瘉、△癒) yù △❶动。好;用于病:病已～。❷副。须连用,跟"越…越…"相同。～来～坏|～想～气|调查～清楚,认识～深刻。

【愈合】yùhé 动。长好;用于伤口,不带宾语:疮口已经～|刚刚～的伤口。

【愈加】yùjiā 副。更加,越发;多用在形容词前作状语:～厉害|～不妙。

尉 yù [尉迟](-chí)复姓。
另见wèi。

蔚 yù 地名用字。蔚县,在河北省。
另见wèi。

熨 yù [熨帖](-tiē)形。(1)帖切,妥帖;指遣词造句等:他的文章用词十分～。(2)心里平静、舒服:他的一番话说得我心里非常～。(3)〈方〉事情完全办妥:你所托之事已经办理～。
另见yùn。

御(△禦) yù 〈素〉(1)驾驶:驾～|～手。(2)管理,支配:～众|～下。(3)指与皇帝有关的:～医|～用|～赐。△(4)抵挡:～侮|～寒|防～。

【御手】yùshǒu 见"驭手"。

【御用】yùyòng 形。原指为帝王所专用的,后多指为统治者所利用或操纵而做了帮凶的;不加程度副词,不单独作谓语,作定语:～文人|～学者。

寓(庽) yù 〈素〉(1)居住：～所｜～居。(2)住的地方：公～｜客～。(3)寄托，隐含：～言｜～意。

【寓公】yùgōng 名。旧时指客居外乡的大官，现在指流亡国外的官僚、地主、资本家等：他在国外作了多年的～。

【寓居】yùjū 动。居住；多指外地人，多带表示处所的宾语或补语：她后来～上海｜他晚年～在北京。

【寓目】yùmù 〈书〉动。过目；不带宾语：交来的材料，我已～。可带补语：平生新旧剧～不多。

【寓言】yùyán 名。(1)有所寄托的话：文中～，令人回味无穷。(2)用假托的故事或自然物的拟人手法来说明某个道理或教训的文学作品，常带有讽刺或劝戒的性质。我国古代诸子百家著作中即有许多寓言。

【寓意】yùyì 名。寄托或隐含的意思：这个故事～深长。

【寓于】yùyú 〈书〉动。包含在；常带方位词组作宾语：共性～个性之中｜作者把深刻的哲理～简单浅显的故事之中。

遇 yù ❶动。相逢，遭遇：特大洪水，百年未～。常带宾语或补语：在途中～雨｜～上麻烦｜他很忙，星期天才～得到他。❷〈素〉(1)对待，款待：待～｜优～。(2)机会：际～｜巧～。❸姓。

【遇害】yùhài 动。被杀害；不带宾语：他不幸～｜她～的那天，我没在家。

【遇见】yùjiàn 动。碰到：这种怪事很少～。常带宾语：在路上～了一位老朋友。

【遇难】yùnàn 动。因害怕或发生意外而死亡；不带宾语：机组七名同志不幸～。可作定语：～烈士｜～的旅客不少。

【遇事生风】yù shì shēng fēng 成。指乘机兴风作浪，搬弄是非，有的人，唯恐天下不乱。也说见事生风。

【遇险】yùxiǎn 动。遭遇危险；不带宾语：登山队员半途～。可作定语：他们把十多位～游人的生命从死神手中夺了回来。

崳 yù 人名用字。

澞 yù 〈古〉动。水涌出。

遹 yù 〈古〉动。遵循。

燏 yù 〈古〉名。火光。

鹬 yù 名。鸟的一类，嘴细长，腿也很长，趾间无蹼，常在浅水边或水田中吃小鱼、贝类、昆虫等，是一种候鸟。

【鹬蚌相争，渔人得利】yù bàng xiāng zhēng, yúrén dé lì 成。《战国策·燕策》中说，蚌张开壳晒太阳，鹬去啄它的肉，叫蚌夹住了嘴，两方面都不肯相让。渔人来了，把两个都捉住了。鹬：一种嘴长、腿长的水鸟；蚌：一种生活在淡水里的软体动物。比喻双方争执不下，使第三者得利：战国时代，东方六国相互争战，结果，一个个都被秦国灭亡了｜你要记住～的教训，不要再同他争执不休了。

誉(譽) yù 〈素〉(1)名誉，荣～｜声～｜信～｜沽名钓～。(2)称赞：赞～｜过～｜～不绝口｜毁～参半。

毓 yù ❶〈古〉动。生育，养育。❷姓。

燠 yù 〈古〉形。暖，热：寒～失时。

【燠热】yùrè 〈书〉形。闷热：天气～｜～难当。

鬻 yù 〈书〉动。卖；常带宾语：～文为生｜当时穷人被逼得卖儿～女。

yuān (ㄩㄢ)

鸢 yuān 名。即老鹰。身体褐色，上嘴弯曲，趾有利爪，翼大善飞，常捕食蛇、鼠、蜥蜴等。

鸳 yuān [鸳鸯](-yāng) 名。(1)水鸟名，羽毛颜色美丽，形状似凫，但比凫小，雌雄常在一起。常比喻夫妻。(2)指成对的物件，一般作定语：～剑｜～瓦。

鵷 yuān [鵷鶵](-chú) 名。古代传说中的一种像凤凰的鸟。

䀹 yuān 〈古〉形。眼睛枯陷失明。

冤(寃) yuān ❶名。(1)冤枉，冤屈；常作单音节动词的宾

语：伸了~，报了仇|含~负屈。❷形。上当，不合算：白去了一趟，实在~|走了不少~路。❸〈方〉动。欺骗；多带宾语：你别~人! ❹〈素〉仇恨：~仇|~家。

【冤仇】yuānchóu 名。受人侵害或侮辱而产生的仇恨：~难解|结下~。

【冤大头】yuāndàtóu 名。枉费钱财的人；含讥讽意：你做人情叫他花钱，让人家做~，没门儿。

【冤魂】yuānhún 名。迷信称死得冤枉的人的灵魂：~不散|他恨不得砸开关锁~的铁门，让他们重返人间|我也想警告某一些人，当心呻吟着的那些锭子上的~。

【冤家】yuānjia 名。(1)仇人：~对头|~路窄。(2)称似恨而实爱、给自己带来烦恼而又依依难舍的人；旧时多用来称自己的情人：我那~不知什么时候才回来。

【冤屈】yuānqū ❶动。冤枉；常带宾语：不能~无辜的人。❷名。不公平的待遇，不应受的损害：~难平。常作"遭、受"等动词的宾语：枉遭~|受到~。
  *"冤屈"和"冤枉"："冤屈"着重指使受委屈，语意较轻；"冤枉"着重指被妄加罪名，语意较重。"冤枉"有不值得、吃亏的意思；"冤屈"没有。

【冤枉】yuān·wang ❶动。(1)被加上不应有的罪名，受到不公平的待遇；这件事不是他做的，说他有罪，~了。(2)没有事实根据使受恶名；须带宾语：你不能平白无故地~人|你硬说我偷懒，这不是~好人吗? ❷形。吃亏上当：这笔钱花得真~!

【冤狱】yuānyù 名。冤屈的案件：调查~|这个~得到平反。

渊(淵) yuān ❶〈素〉(1)潭，深水：深~|天~之别。(2)深，广：~深|~博。❷姓。

【渊博】yuānbó 形。深且广；指学识，含褒义：学识~|他具有非常~的知识|他是位~的学者。

【渊深】yuānshēn 形。很深；用于学问、计谋等：~的学识|谋略~得很。

【渊薮】yuānsǒu 〈书〉名。渊：深水，鱼所聚处；薮：水边草地，兽所聚处。比喻人或事物聚集的地方：旧上海是罪恶的~。

【渊源】yuānyuán 名。比喻事情的本源：历史~。

鸢 yuān 〈古〉名。孑孓。

yuán(ㄩㄢˊ)

元 yuán ❶名。朝代名。蒙古孛儿只斤·铁木真于1206年建蒙古汗国。1271年忽必烈定国号为元。1279年灭宋，定都大都(今北京)。❷量。货币单位，同"圆"。一元等于十角。❸〈素〉(1)开始的，第一：~旦|纪~|~月。(2)为首的，居首的：~首|~凶|~状。(3)主要，根本：~素|~音。(4)构成一个整体的：单~。❹姓。

【元宝】yuánbǎo 名。旧时较大的金银锭，两头翘起中间凹下，银元宝一般重50两，金元宝重5两或10两。

【元旦】yuándàn 名。新年的第一天。在我国多指阳历新年的第一天：~放假一天|庆祝~。

【元件】yuánjiàn 名。构成机器、仪表的一部分，常由若干零件组成，可以在同类装置中调换使用：无线电~。

【元老】yuánlǎo 名。(1)称政界年辈资望高的人：三朝~。(2)喻指各行各业中资深望重的人物；有时带调侃意味：这个厂一开办我就来了，如今已30年，可算个~了。

【元谋猿人】yuánmóu yuánrén 词组。中国猿人的一种，大约生活在170万年以前，化石在1965年发现于云南元谋。也叫元谋人。

【元年】yuánnián 名。(1)帝王或诸侯即位的第一年或帝王改元的第一年，如僖公元年，贞观元年。(2)指纪年的第一年，如公元元年，回历元年。

【元配】yuánpèi 名。指第一次娶的妻子：他的~已去世|~夫人。也作原配。

【元气】yuánqì 名。指人或国家、组织的生命力：~旺盛|大伤~|恢复~。

【元曲】yuánqǔ 名。盛行于元代的一种戏剧形式，包括杂剧和散曲。元曲在我国文学史上与唐诗、宋词并称于世，其中杂剧成就尤为突出，因此元曲有时也指杂剧。参见"杂剧"、"散曲"。

【元首】yuánshǒu 名。国家的最高领导人。

【元帅】yuánshuài 名。(1)军衔,高于将军的军官。(2)古时称统率全军的主帅。

【元素】yuánsù 名。在化学上具有相同核电荷数的原子的总称,如氧、氢、碳、铁等。现在已经发现的元素有106种。

【元宵】yuánxiāo 名。(1)农历正月十五日夜晚。旧时这一天叫上元节,所以晚上叫元宵。是我国民间传统节日。(2)用糯米粉做成的球形食品,多有馅。

【元凶】yuánxiōng 名。祸首:必须严惩发动侵略战争的～。

【元勋】yuánxūn 名。立大功的人:开国～。

【元音】yuányīn 名。声带颤动,气流在口腔的通路上不受阻碍而发出的声音,如普通话语音的a, o, e, i, u, ü等。也叫母音。

【元元本本】yuányuán běnběn 见"原原本本"。

芫 yuán [芫花](-huā) 名。落叶灌木,叶子长圆形,花淡紫色,供观赏,花蕾供入药。

园(園) yuán ❶名。(～儿、～子)种蔬菜、花果、树木的地方:他到～子里浇水去了。❷〈素〉供人游览娱乐的地方:公～|乐～|～囿。

【园地】yuándì 名。(1)菜园、果园、花园等的统称:植物～|农业～。(2)比喻活动的范围:艺术～。(3)指报刊、杂志的栏目:黑板报上辟学习～、生活～和法制～。

【园丁】yuándīng 名。(1)从事园艺的工人:春花满园,离不开～的辛勤培育。(2)喻指教师:儿童是祖国的花朵,教师是辛勤的～。

【园林】yuánlín 名。种植花草树木并有亭台楼阁供人游赏休息的风景区:～艺术|～管理|苏州的～十分有名。

【园艺】yuányì 名。种植蔬菜、花卉、果树等的技术:他精通～|他是海内外有名的～专家。

沅 yuán 水名用字。沅江,发源于贵州省,流入湖南省。

鼋(黿) yuán 名。爬行动物,形状像鳖,但身体较大,一般体长26—72厘米,大的可达1.29米。重可超过100公斤。吻突ր短,背甲近圆形,暗绿色,腹面白色。生活在河中。产于我国云南、广东、广西、江苏、福建、浙江等地。也叫绿团鱼,俗称癞头鼋。

员 yuán ❶量。(1)用于武将:一～大将。(2)相当于"个":他是我们队伍中的一～。❷后缀。表示某个集体中的成员或从事某种职业、担任某种职务的人:学～|职～|会～|研究～|运动～。

【员工】yuángōng 名。职员和工人:铁路～。

【员外】yuánwài 名。(1)古时官职,全称为员外郎,是在郎官的定员之外设置的。(2)旧指地主豪绅;多见于早期白话。

圆 yuán ❶形。(1)像球的形状:这个圈儿画得不～。(2)圆满,周全:这话说得不～|他做事很～,各方面都照顾到了。❷名。圆形,从它的中心点到周边任何一点距离都相等;画了一～。❸量。我国的本位货币单位,一圆等于十角。也作元。❹〈素〉(1)圆周所包围的平面:～台|～柱。(2)使圆满,使周全:～场|自～其说。❺姓。

【圆场】yuánchǎng 动。为打开僵局而从中解说或提出折衷办法;不带宾语:这事儿亏得你一才了结。可拆开用:请他去圆一下场。可重叠:他俩争得脸都红了,你去圆圆场吧。

【圆成】yuánchéng 动。成全;常带宾语:～了他俩的婚事。

【圆滑】yuánhuá 形。只顾各方面敷衍讨好,不负责任;含贬义:为人～|做事太～|这人～得很。

【圆浑】yuánhún 〈书〉形。(1)婉转而圆润自然;用于声音:声调～|嗓音很～|唱腔流畅而～。(2)意味浓厚,没有雕琢的痕迹;用于诗文:其诗～自如,富有真情实感。

【圆寂】yuánjì 动。佛教用语,称僧尼死亡,不带宾语:方丈已经～。

【圆颅方趾】yuán lú fāng zhǐ 成。《淮南子·精神篇》:"故头之圆也像天,足之方也像地。"后来用"圆颅方趾"指人类:～,同为社会之人,有的能受教育,有的不能受教育,此不平之甚也。

【圆满】yuánmǎn 形。没有缺欠、漏洞,使人满意:～的结果|大会～结束|这个问题解决得很～。
　＊"圆满"和"美满":"圆满"重在周全、没有欠缺、漏洞,使人满意;"美满"重在美好。"圆满"多用来形容事情的经过、结局,发言、申诉的理由和问题的答案等;"美满"多用来形容生活、家庭、婚姻、希望等。

【圆润】yuánrùn 形。饱满而润泽;常用于嗓音,含褒义:她那～甜美的嗓音深深吸引了大家。也用于书法、艺术品等:那金钩银画,～有力|泥塑形体丰满俊俏,面貌清秀～。

【圆熟】yuánshú 形。熟练:他的操作技术非常～。

【圆通】yuántōng 形。灵活变通,不固执己见;用于为人、做事:你做事也应～一点,别那么死心眼儿|他是一位比较～的领导,善于处理好各种复杂的问题。

【圆舞曲】yuánwǔqǔ 名。一种每节三拍的民间舞曲,起源于德国、捷克斯洛伐克和奥地利,后来流行很广。

【圆周率】yuánzhōulǜ 名。圆周长度与直径长度的比。圆周率是一个定值,通常以"π"表示。公元五世纪时,我国数学家祖冲之算出圆周率的近似值在3.1415926和3.1415927之间,并指出精密值可用$\frac{355}{113}$表示。目前已算出圆周率近似值为3.14159265358979323846……。为运用方便起见,通常只取3.1416或$\frac{355}{113}$。

【圆桌会议】yuánzhuō huìyì 词组。一种会议形式,用圆桌或把席位排成圆圈,以表示与会席次不分上下,一律平等。相传创始于五世纪的英国。第一次世界大战后,国际会议常采用这种形式。

垣 yuán ❶〈素〉(1)墙:城～|颓～残壁。(2)城:省～(省城)。❷姓。

爰 yuán 〈古〉连。于是:～书其事以告|乐土乐土,～得我所。

援 yuán 〈素〉(1)以手牵引;攀~|～引。(2)引用:～用|～例。(3)帮助:～助|支～|增～。

【援救】yuánjiù 动。帮忙、救助;常带宾语:战士们奋不顾身地～地震灾民|尽最大努力～亲人。常用于"把"字句中:他跃入河中,把小女孩～出来。

【援例】yuánlì 动。引用成例;不带宾语,常和其他动词连用:～说明情况|不可～类推。

【援外】yuánwài 动。支援外国;用于经济、技术、军事等方面,不带宾语:积极～。常作定语:～物资|～任务。

【援引】yuányǐn 动。常带宾语。(1)引用;指文章句段和事例,多带宾语:～鲁迅作品中的一段话|～事例。(2)推荐或任用跟自己有关系的人;常带兼语:他～了一位朋友担任秘书工作。

【援用】yuányòng 动。引用;常带宾语:～成例。

【援助】yuánzhù 动。支援,帮助;常带宾语:～受灾地区。可作定语:～项目。
　＊"援助"和"帮助":"援助"语意较重,使用范围较窄,多指较大的支援,如政治,经济上的,道义,军事上的,国际间的重大支援等;"帮助"语意较轻,使用范围较宽,多指一般的支援。

溪 yuán 见"潺(chán)溪"。

媛 yuán [婵媛](chán-)〈书〉形。(1)美好;多用于形容女子的姿态:华美小姐丽质～,倾国倾城。(2)交错相连的样子:微风吹拂,垂柳～。
　另见yuàn。

原 yuán ❶形。原来,本来;不加程度副词,不单独作谓语,作定语或状语:～负责人|这话～不错|～打算请他来。❷〈素〉(1)最初的,开始的:～稿|～始。(2)没加工的:～料|～木|～油。(3)宽广平坦的地方:～野|平～。(4)宽容,谅解:～谅。❸同"塬"。❹姓。

【原本】yuánběn ❶名。(1)指底本,原稿;区别于传抄本。(2)初刻本;区别于重刻本。(3)翻译所根据的原书。❷副。原来,本来:水缸～就是放在这个地方的|我～不认识他。

【原封不动】yuánfēng bù dòng 成。原封没有开封。保持原样,不加变动:他把钱和粮票～地交给了失主|房间换了主人,但屋内陈设仍然～。

【原告】yuángào 名。向法院提出诉讼的人或机关、团体。也叫原告人。

【原故】yuángù 见"缘故"。

【原籍】yuánjí 名。原先的籍贯;区别于寄籍、客籍:他~苏州。

【原件】yuánjiàn 名。文件的原本:这是复印件,~已存档。

【原来】yuánlái ❶形。起初的,没有经过改变的;不加程度副词,不单独作谓语,作定语或状语:她还是~的样子|~有50个人,现在只剩20个了。❷副。表示发现了真实情况:啊,~是他|这道题~这么容易。

【原理】yuánlǐ 名。带有普遍性的、最基本的、可以作为其他规律的基础或具有普遍意义的道理:哲学~|杠杆~。

【原谅】yuánliàng 动。对疏忽、过失或错误等容忍,不加责备,不惩罚:这件事要请你~他。常带宾语或补语:应该~他一次|对故意违反纪律的行为~不得。可带主谓词组作宾语:~他初犯错误。可重叠:请你~~他吧。

【原料】yuánliào 名。指没有经过加工制造的材料,如用来冶金的矿砂,用来纺织的棉花等。

【原配】yuánpèi 见"元配"。

【原色】yuánsè 名。能配合成各种颜色的基本颜色。颜料中的原色是红、黄、蓝,用蓝和黄可以配合成绿,红和蓝可以配合成紫。

【原始】yuánshǐ 形。一般不加程度副词,不单独作谓语,多作定语。(1)最初的,第一手的:~材料|~记录。(2)最古老的,未开发的,未开化的:~森林|~社会|~动物。

【原始社会】yuánshǐ shèhuì 词组。人类历史上最早的社会,始于人类原始群的形成,经过母系氏族公社、父系氏族公社,直至原始公社的解体、奴隶制的形成。原始社会生产资料公有,人们共同劳动,共同消费,没有剥削,没有阶级,但生产力极为低下。

【原委】yuánwěi 名。事情从头到尾的经过,本末:事情的~还没弄清。

【原文】yuánwén 名。(1)翻译时所根据的文章或词句:译文与~十分贴切。(2)征引或转写所依据的文字:引用~不可断章取义。

【原先】yuánxiān 形。从前,起初;不加程度副词,不单独作谓语,作定语或状语:~的条件|他~不同意这样做。

【原形】yuánxíng 名。原来的形状,本来面目;含贬义:~毕露|揭开假面具,现出了~。

【原野】yuányě 名。平原旷野:山下是空旷的~|春天,枯黄的~变绿了。

【原因】yuányīn 名。造成某种结果或引起一件事情发生的条件:成功的~|发病的~。

　　＊"原因"和"缘故":"原因"可与"分析、寻找"等搭配;"缘故"不能。"原因"前面的定语多是有待分析或说明的;"缘故"前面的定语多是说明和解释原因的。

【原由】yuányóu 见"缘由"。

【原油】yuányóu 名。从油井开采出来未经提炼的石油。

【原宥】yuányòu 〈书〉动。原谅;不带宾语:请加~|如肯自首,尚可~。

【原原本本】yuányuán běnběn 成。原指探索事物的根由底细,现多指从头到尾地叙述:你把事情~地告诉我。也作元元本本或源源本本。

【原则】yuánzé 名。说话、做事所依据的法则和标准:正确的~一定要坚持|我们要坚决贯彻按劳分配的~|这是一个~问题。可作状语,或加"上"组成方位词组作状语,表示"从总体上来说"的意思:我~同意这个改革方案|问题~上就这样解决吧。

【原子】yuánzǐ 名。构成化学元素的最小粒子,也是物质进行化学反应的最基本的粒子,由带正电的原子核和围绕原子核运动的电子组成。

【原子弹】yuánzǐdàn 名。利用铀、钚等原子核分裂所产生的巨大能量而起杀伤破坏作用的炸弹。爆炸时产生冲激波、光辐射、贯穿辐射和放射性沾染。也叫原子炸弹。

【原子核】yuánzǐhé 名。原子的中心部分,由质子和中子组成。原子的质量几乎全部集中在原子核中。

【原子量】yuánzǐliàng 名。元素原子的相对质量。单位是碳原子的十二分之一，称国际碳单位。如氧的原子量为15.9994碳单位。

【原子能】yuánzǐnéng 名。原子核发生裂变或聚变反应时释放出的能量,这种能量比燃烧同量物质放出的能量约大数百万倍。原子能可以用于工业、军事等方面。

塬 yuán 名。我国西北黄土地区的一种地貌,四周是流水冲成的沟,中间突起呈台状,边缘陡峭,顶上比较平坦。

源 yuán ❶〈素〉(1)水流起头的地方:发～|饮水思～。(2)来源:货～|资～。❷姓。

【源流】yuánliú 名。事物的起源和发展:研究文学的～。

【源泉】yuánquán 名。泉源:生活是文学创作的～。

【源源】yuányuán 副。连续不断的意思:江水～北流|旅游者～而至。常同"不绝、不断、不竭"组合,作状语:登山物资,～不断地运往大本营。

【源源本本】yuányuán běnběn 见"原原本本"。

【源远流长】yuán yuǎn liú cháng 成。源头很远,水流很长。比喻历史悠久:中华民族的历史～。

嫄 yuán 人名用字。姜嫄,传说是周朝祖先后稷的母亲。

螈 yuán 见"蝾(róng)螈"。

羱 yuán 〈书〉名。羱羊,即北山羊。一种哺乳动物,形状似山羊而大,生活在高山地带,吃草本植物。

袁 yuán 姓。

猿(猨) yuán 名。哺乳动物,跟猴相似而大,没有尾巴。猩猩和长臂猿等都是。

【猿人】yuánrén 名。最原始的人类。猿人还保留猿类的某些特征,但已能直立行走,并产生了简单的语言,能制造简单的生产工具,知道用火熟食等。

辕 yuán ❶名。(～子)车前驾牲畜的两根直木。❷〈素〉旧时指衙署,衙门:行～|～门。

【辕门】yuánmén 名。旧时官署的外门。

缘 yuán ❶〈书〉介。(1)为了:～何到此?(2)沿着,顺着:～溪而行。❷〈素〉(1)因由:～由|～故。(2)缘分:人～|姻～。(3)边:边～。

【缘分】yuánfèn 名。迷信的人认为人与人之间由命中注定的遇合的机会,泛指人与人或人与事物之间发生联系的可能性,常带"有"或"没有"的宾语:咱俩真有～,又到一起来了|我与烟、酒没有～。

【缘故】yuángù 名。原因:这事至今不办,不知究竟什么～|可能是太激动的～,她竟说不出一句话来。也作原故。

【缘木求鱼】yuán mù qiú yú 成。缘木:爬树。爬到树上去找鱼。比喻方向或方法不对,劳而无功: 用这种方法研究学问,犹如～,只会白费力气。

【缘起】yuánqǐ 名。(1)事情的起因:研究人类的～。(2)说明发起某件事情的缘故的文字:成立研究会的～。

【缘由】yuányóu 〈书〉名。原因:我曾经问他得胜的～|我懂得衰亡民族之所以默无声息的～了|产生矛盾的一暂时还不清楚。也作原由。

橼 yuán [香橼](xiāng-) 名。也叫枸橼。(1)常绿乔木,初夏开花,白色。果实长圆形,有香气,供观赏。果皮中医入药。(2)这种植物的果实。

圜 yuán 同"圆"。
另见 huán。

yuǎn(ㄩㄢˇ)

远(遠) yuǎn ❶形。(1)距离长,指空间或时间,与"近"相对:我们家离县城不～|那是很～以前的事。重叠后多作定语、状语和补语:从～～的地方传来枪声|～～地望着湖面上的帆船|声音传得～～的。(2)程度大;指差别:我的成绩同他比还差得很～。❷〈素〉不接近,关系疏远:～房|～亲|敬而～之。❸姓。

【远大】yuǎndà 形。长远而广阔,不限于目前;多用于抽象事物:前程～|非常～的理想|～的计划。

＊"远大"和"宏大":"远大"重在长远、

广阔,表示思谋深远,一般用于目标、眼光、计划等;"宏大"重在宏伟、巨大,表示规模大,一般用于规模、工程、志愿。

【远道】yuǎndào 名。遥远的道路;常作宾语或状语:走~|~而来。

【远方】yuǎnfāng 名。远处:来自~|~的朋友。

【远房】yuǎnfáng 形。血统疏远的;指宗族成员,多作定语。~叔叔|~兄弟。

【远古】yuǎngǔ 名。遥远的古代。~时代|~的神话|这些陶器是从~流传下来的。

【远见】yuǎnjiàn 名。远大的眼光:~卓识。常作"有"或"没有"的宾语:他是一位有~的领导。

【远近】yuǎnjìn 名。多远多近的程度:这两条路的~差不多。

【远景】yuǎnjǐng 名。(1)距离远的景物:眺望~|站在山头,~尽收眼底。(2)将来的景象;一般用于大的、重要的且有积极意义的方面:他向我描述了这个学校的发展~|在我们面前展现出更光辉、更美丽的~。常作"规划、计划、设想"等的定语,一般不加助词"的":七年~规划|今年是实现~设想的关键一年。
　　*"远景"和"前景":"远景"指在比较久的将来可以见到的景象;"前景"指不久就可以见到的景象。

【远谋】yuǎnmóu 名。深远的打算:此人眼光短浅,没有什么~。

【远亲】yuǎnqīn 名。血统关系疏远的亲戚。~不如近邻|他是我的一个~。

【远视】yuǎnshì 动。视力缺陷的一种,能看清远处的东西,看不清近处的东西;不带宾语:我的眼睛有些~了。

【远水救不了近火】yuǎn shuǐ jiù bù liǎo jìn huǒ 成。远处的水救不了近处的火,比喻缓不济急:现在这种时候还要到外地去求援,那才是~呢。

【远因】yuǎnyīn 名。不是直接造成结果的原因;区别于"近因":造成这件事故的近因、~都必须调查清楚。

【远征】yuǎnzhēng 动。远道出征或长途行军;多带处所宾语:~西北。

【远走高飞】yuǎn zǒu gāo fēi 成。跑向远地,飞到高处。指摆脱困境,跑到远方去:几个朋友都已~,唯有我还困在这个鬼地方。也作高飞远走。

【远足】yuǎnzú 动。比较远的徒步旅行;不带宾语:明天我们去~,你去不去?

yuàn(ㄩㄢˋ)

苑 yuàn ❶〈书〉(1)古代养禽兽、植林木的地方：御~|鹿~。(2)荟萃之处：艺~|文~。❷姓。

怨 yuàn ❶动。责怪;多带宾语:别他,这是我的错。也可带主谓词组作宾语:都~我自己不争气。❷〈书〉仇恨:~恨|抱~|结~。

【怨怼】yuànduì〈书〉动。怨恨;惆怅,何时一吐为快?可带宾语:他虽遭不幸,从不~他人。

【怨府】yuànfǔ〈书〉名。大家怨恨的对象:这样做,万一结果不佳,反倒成了~。

【怨恨】yuànhèn ❶动。对人或事物强烈地不满或仇恨;可加程度副词:对仇人非常~。常带宾语:人们十分~这种不正之风。❷名。指强烈的仇恨或不满的情绪:对同事不该有这样的~。

【怨偶】yuàn'ǒu 名。不和睦的夫妻:一对~|他们夫妻俩原先相亲相爱,后来不意竟成~。

【怨气】yuànqì 名。怨恨的神色或情绪:~冲天|~很重|一脸~。

【怨声载道】yuàn shēng zài dào 成。载:充满。怨恨之声充满道路,形容群众普遍痛恨,强烈不满:恶霸横行枉法,百姓~。

【怨天尤人】yuàn tiān yóu rén 成。天:天命,命运。尤:怨恨,归咎。抱怨天、埋怨人,形容对不如意的事情一味归咎于客观:遇到不顺利的事,不要~。

【怨言】yuànyán 名。抱怨的话;常作宾语:为了人民的利益,赴汤蹈火,他也毫无~|她总是任劳任怨,从未发过一句~。

【怨艾】yuànyì〈书〉动。怨恨:我没有什么可说了,只是深自~。常带宾语,可加程度副词:他好像十分~这个人。注意:"艾"这里不读ài。

院 yuàn 名。(~儿、~子)房屋周围用墙或栅栏围起来的空地:~

子里种了许多花。❷〈素〉(1)某些机关和公共处所的名称：法～|科学～|电影～。(2)指学院：师～|～校。

【院落】yuànluò〈书〉名。院子：门窗紧闭，～寂然。

【院士】yuànshì 名。某些国家科学院成员的一种称号。

垸 yuàn 〈方〉名。(～子) 在沿江、湖地带围绕房屋、田地等修建的像堤坝的防水建筑物，多见于湖南、湖北等地。

掾 yuàn 名。古代官署属员的通称。

媛 yuàn 〈古〉名。美女：杨柳深闺，不乏轻盈之～。
另见 yuán。

瑗 yuàn 〈古〉名。大孔的璧：聘人以珪，问士以璧，召人以～。

愿(△願) yuàn △❶动。希望；常带主谓词组作宾语：～你健康长寿|～祖国繁荣昌盛。△❷助动。愿意：他不～去|我不～参加这样的活动。❸〈素〉△(1)迷信者对神佛许下的酬谢：许～|还～。(2)老实谨慎：谨～|诚～。

【愿望】yuànwàng 名。指希望将来能达到某种目的的想法；常同"是、有、抱着、实现"等动词搭配：我们发展友谊的～是非常真诚的|我们两国都有一个共同的～|这一回，老马实现了他的～。

【愿心】yuànxīn 名。迷信的人对神佛有所祈求时许下的酬谢：许下～。

【愿意】yuànyi ❶助动。认为符合自己心愿而同意做某事；用在动词、动词性词组前面，作状语：你～去不～去？我不～去参加舞会|我～当一名飞行员。可加程度副词：我非常～和大家在一起。❷动。希望；可带形容词或主谓词组作宾语：年轻人～热闹，老年人～安静|我～大家学有所成。可加程度副词：妈妈很～我学医。

yuē(ㄩㄝ)

曰 yuē 〈古〉动。(1)说：客～："吾去矣！"(2)叫做：他将自己的书房名之～于思斋。

约 yuē ❶动。(1)预先说定；常带宾语或补语：我们～个时间，一起去拜望张老师|我跟她～好了，明天在公园门口见面。(2)邀请；常带宾语或补语：今天会餐你～了哪些人？|我～了好几次，他都没功夫来。常带兼语：她～我上她家去玩。❷名。约定的事，共同制订须要共同遵守的条文：咱们有～在先|口说无凭，还是定个～为好。❸副。大概：年～五十|～有100多人。❹〈素〉(1)拘束，限制使不越出范围：～束|制～。(2)俭省：节～|俭～。(3)简单：简～|由博返～。
另见 yāo。

【约定】yuēdìng 动。经过商量而确定；常带宾语或补语：咱们～一个下次见面的时间|会谈日期双方已～好了。可带动词性词组或主谓词组作宾语：大家～明天去春游|～开会的地点改在苏州。

【约定俗成】yuē dìng sú chéng 成。约定：共同制订；俗成：大家都这样，习惯上一直沿用。指某种事物的名称或社会习惯是人们在长期实践中共同认定或形成的：有些语言现象，从语言理论上看是错误的，但人们用惯了，也就～了。

【约法三章】yuē fǎ sān zhāng 成。《史记·高祖本纪》："与父老约，法三章耳：杀人者死，伤人及盗抵罪"。约定法律三条。原指订立法律，相约遵守，后泛指订立明确的保证条款：我和你们～，这件事两天内一定要完成。

【约会】yuēhuì ❶动。预先约定相会；不带宾语：他俩经常～。❷名。预先预定的会晤；常作动词"有、没有"的宾语：今晚我有个～儿。

【约计】yuējì 动。大概计算；须带宾语：今年厂里的利润～50万元。

【约略】yuēlüè 副。大概：此事我～晓得一点。

【约莫】yuē·mo 副。大概估计；用在数量词或动词等的前面，表示时间、数量不十分精确：～一寸长|走在最前面的～二十四、五岁|他～睡了半个小时|～走了一里，就是一条隧道。也作约摸。

【约束】yuēshù 动。限制使不越出范围；常带宾语或补语：用必要的纪律制度～

工作人员|我希望你能～一下自己。

*"约束"和"束缚"："约束"一般指必要的限制,语意较轻;"束缚"一般指不应当的限制,强制意味较重。"约束"可以是外来的限制,也可以是自觉的对自己的控制;"束缚"一般是外来的限制,有时也可以是自己制造的对自己不适当的约束。

【约数】yuēshù 名。(1)大约的数目。(2)能整除某一个数的数,如2、3、4都是12的约数。

【约言】yuēyán 名。约定的话:信守～|实行～。

篗 yuē 〈古〉名。尺度,标准。

篗(籆) yuē 〈古〉❶名。尺度,标准。❷动。量(liáng)。

yuē(ㄩㄝ)

哕(噦) yuě ❶拟声。摹拟呕吐时嘴里发出的声音:～的一声,他吐了。❷〈口〉动。呕吐;常带宾语或补语:～了一地的饭食|早上吃的东西都～光了。

yuè(ㄩㄝˋ)

月 yuè ❶名。(1)月亮,月球:～出|登～。(2)计时单位:一年十二个～。❷〈素〉(1)每月的:～刊。(2)形状像月亮的,圆的:～饼|～琴。

【月白】yuèbái 形。淡蓝色;不加程度副词,不单独作谓语,作定语:～的竹布衫。

【月白风清】yuè bái fēng qīng 成。形容月光皎洁,微风凉爽:当夜～,朋友们都来到湖边散步。

【月度】yuèdù 名。作为计量单位的一个月:～计划|～产量|按～上报。

【月宫】yuègōng 名。传说中月亮里的宫殿,也用作月亮的代称:人类遨游～已经成为现实。

【月季】yuèjì 名。也叫月月红。(1)常绿或半常绿小灌木,茎有刺,羽状复叶,小叶阔卵形,花红色、粉红色或近白色,四季都开花,供观赏。(2)这种植物的花。

【月经】yuèjīng 名。(1)生殖细胞发育成熟的女子每28天左右有一次周期性的子宫出血,出血时间持续三天到七天,这种生理现象叫作月经。(2)指月经期间流出的血。

【月刊】yuèkān 名。每月出版一次的刊物:《群众》杂志是一种～。常作刊物名称:《学术～》。

【月老】yuèlǎo 名。"月下老人"的简称。

【月历】yuèlì 名。一月一页的历书。

【月杪】yuèmiǎo〈书〉名。月底:～诸事完毕,立即启程回家。

【月琴】yuèqín 名。弦乐器,用木头制成,琴身为扁圆形或八角形,有四根弦或三根弦。

【月球】yuèqiú 名。围绕地球转动的卫星,距地球约38万4千公里。本身不发光,只能反射太阳的光,月球上没有水和大气。它的直径约为地球直径的四分之一,引力相当于地球的六分之一。通称月亮。

【月色】yuèsè 名。月光;多用于文学作品中:～朦胧|淡淡の～。

【月食】yuèshí 名。地球运行到月亮和太阳的中间时,太阳的光正好被地球挡住,不能射到月亮上去,因此月亮上就出现黑影,这种现象叫月食。

【月台】yuètái 名。(1)旧时为赏月而筑的台。(2)正殿前方突出的台,三面有台阶。(3)即站台,火车站轨道旁供旅客上下车的平台。

【月下老人】yuèxià lǎorén 词组。据唐李复言《续幽怪录·定婚店》记载:传说唐朝有个韦固,月夜经过宋城,遇见一个老人倚坐在袋子上,对着月亮翻书。韦固问他是什么书,他说是婚姻簿子。又问袋里装的什么,说是红绳子,用来扣住世间夫妻的脚。不管是仇家,还是贫富不同,或者相隔多远,只要扣上红绳子,终成夫妻。旧时因此称媒人为月下老人。也说月老儿或月老。

【月晕】yuèyùn 名。月光通过云层中的冰晶时,经折射产生的光现象,在月亮周围形成大圆环。月晕常被认为是天气变化的预兆。通称风圈。

【月氏】yuèzhī 名。汉朝西域国名。注意:"氏"这里不读"shì"。

【月子】yuèzi 名。(1)妇女生育后的第一个月:坐～。(2)分娩的时期:她的～

是九月底。

刖（跀） yuè 名。古代把脚砍掉的一种酷刑。

玥 yuè 名。古代传说中的一种神珠。

钥（鑰） yuè 〈素〉钥匙，比喻重要关键或边防要地：锁～。
另见yào。

乐（樂） yuè ❶〈素〉音乐：～曲｜～器。❷姓。
另见lè。

【乐池】yuèchí 名。舞台前面乐队伴奏的地方，有矮墙跟观众席隔开。

【乐队】yuèduì 名。演奏不同乐器的许多人组成的集体。

【乐府】yuèfǔ 名。原是汉代朝廷的一种音乐官署，它的主要任务是采集各地民间诗歌和乐曲。后世把这类民歌或文人模拟的作品叫作乐府。

【乐谱】yuèpǔ 名。歌唱或演奏用的谱子，有简谱、五线谱等。

【乐器】yuèqì 名。演奏音乐使用的器具，如钢琴、胡琴、笛子、板鼓等。

【乐曲】yuèqǔ 名。音乐的曲调或音乐作品：多么动人的～！

【乐音】yuèyīn 名。有一定频率、听起来比较和谐悦耳的声音；与"噪音"相对：远处传来动听的～。

【乐章】yuèzhāng 名。交响曲或其他大型乐曲的组成部分，结构上有相对的独立性，有的可独立演奏。一部交响曲一般分为四个乐章。

栎（櫟） yuè 地名用字。栎阳，在陕西省。
另见lì。

岳（△嶽） yuè ❶〈素〉△(1) 高大的山：五～｜东～泰山。(2) 称妻的父母或妻的叔伯：～父｜～母｜～家。❷姓。

【岳家】yuèjiā 名。妻子的娘家，岳父母家。

说 yuè 〈古〉同"悦"。
另见shuì, shuō。

悦 yuè ❶〈素〉(1) 高兴，愉快，喜～｜和颜～色。(2) 使愉快：～耳｜～目。❷姓。

【悦耳】yuè'ěr 形。好听；指声音：多么～的歌声｜锣鼓敲得铿锵～。

【悦目】yuèmù 形。好看；常作谓语：天空几抹晚霞，鲜明～｜那茫茫的碧水和点点帆影真使人赏心～｜不论这种肥皂泡的色彩看起来多么～，它是必然要破裂的。

阅 yuè ❶动。(1) 看：文件已～。可带宾语：每天～报。(2) 经历，经过；不带宾语，可带补语：试行教材已一三年，理应修订。❷〈素〉检阅：～兵。

【阅兵】yuèbīng 动。检阅军队；不带宾语：国庆节，国家领导人在天安门城楼上～。可作定语：～典礼｜～式。

【阅读】yuèdú 动。看并领会其内容；指书报，常带宾语或补语：～报纸｜～课外书籍｜～到深夜。

【阅卷】yuèjuàn 动。评阅试卷；不带宾语：今年高考～工作正在进行。

【阅览】yuèlǎn 动。看；指书报：～报刊。可作定语：～室。

【阅历】yuèlì ❶动。亲身见过、听过或做过，经历；常带宾语或补语：这次出访～过很多事｜你应该出去～一番。❷名。由经历得到的知识：他年纪虽不很大，～却很深。

【阅世】yuèshì 〈书〉动。经历世事；不带宾语，常带补语：我～不深，凡事请您多指教。

钺（戉） yuè 名。古代兵器，青铜或铁制成，形状像板斧而较大。

越 yuè ❶名。(1) 周朝国名，原来在今浙江东部，后来扩展到江苏、山东。(2) 指浙江东部。❷副。须连用，构成"越…越…"格式，表示程度随着事物的发展而发展：脑子～用～灵。"越来越……"，表示程度随着时间而发展：情况～来～不妙。❸〈素〉(1) 跨过，跳过：～过｜～境｜～狱｜穿～｜翻山～岭。(2) 不按照一定的次序，超过范围：～轨｜～级｜～权｜～俎代庖。(3) 昂扬：清～｜激～。❹姓。

【越冬】yuèdōng 动。过冬；多用于植物、昆虫、病菌，不带宾语：蚂蚁入土～。可作定语：～作物。

【越发】yuèfā 副。(1)更加,表示程度进一步增加:事情拖延下去,～难办|过了中秋,天气～凉了。(2)跟上文的"越"或"越是"呼应,作用与"越……越……"相同:越是性急,～容易出错。

【越轨】yuèguǐ 动。超出规章制度所允许的范围;不带宾语:他是个谨小慎微的人,从不～。可拆开用:你这话可说得越了轨了,不大妥当。可作定语:这是一种～行为。

【越过】yuèguò 动。经过中间的界限、障碍物等由一边到另一边;多带宾语:～敌占区|～高山|～障碍物。

【越级】yuèjí 动。不按照一般的次序,越过直属的一级到更高的一级;不带宾语:有意见就直接对你们的主任提吧,何必～! 可拆开用:越了级。可与"上告"等动词连用:这件冤案本单位如不肯清查平反,我将～上告。

【越境】yuèjìng 动。非法入境或出境;多指国境,不带宾语:这个犯罪分子企图～,被我边防巡逻队抓获。可拆开用:越了境|越过境。

【越剧】yuèjù 名。浙江地方戏曲剧种之一,起源于嵊县,由当地民歌发展而成。主要流行于江浙一带。

【越野赛跑】yuèyě sàipǎo 词组。在运动场以外进行的长距离赛跑。通常在野外或公路上举行。

【越俎代庖】yuè zǔ dài páo 成。《庄子·逍遥游》:"庖人虽不治庖,尸、祝不越樽俎而代之矣。"越:跨过;俎:古代祭祀时摆牛羊等祭品的礼器;庖:厨师。主祭的人放下祭器名代替厨师做饭。比喻超过自己的职务范围,去处理别人所管的事情:这事我们不能～。

樾 yuè 〈古〉名。树阴ㄦ。

跃(躍) yuè 〈素〉跳:～进|跳～|雀～|踊～|一而起。

【跃进】yuèjìn 动。可带补语。(1)跳跃着前进:战士们一会ㄦ卧倒,一会ㄦ前～|他向右前方～了一步。(2)比喻飞速前进:通过深化改革,他们厂的生产又向前～了一步。可作处所宾语:大军冒着酷暑,千里～大别山。

【跃然纸上】yuèrán zhǐ shàng 成。活跃地呈现在纸上。形容刻画逼真,描写生动:喜悦激动之情,～。

【跃跃欲试】yuèyuè yù shì 成。跃跃:急于要行动的样子;欲:要。形容心里想急切地动手试试:在场的人看得手都发痒,个个～。

粤 yuè 名。广东省的别称。

【粤剧】yuèjù 名。广东地方戏种之一,用广州话演唱,主要流行于说粤语的地区,曲调由皮黄、梆子等演变而来,并吸收了一些民间小调。

鸑(鷟) yuè [鸑鷟](-zhuó) 名。古书上说的一种水鸟。

龠(△籥) yuè △❶名。古代管乐器名,形状像笛。❷量。古容量单位,等于半合(gě)。

瀹 yuè 〈古〉动。多带宾语。(1)煮:～茗(烹茶)。(2)疏通,指河道:～河。

籰(籆) yuè 〈方〉名。(～子)绕丝、纱、绒等的工具。

yūn (ㄩㄣ)

晕 yūn 动。(1)头脑发昏;用在比较固定的搭配中:头～|～头脑|～头转向。(2)昏迷;不带宾语,带补语:她话没说完就～了过去|～倒在地。

另见 yùn。

【晕头转向】yūn tóu zhuàn xiàng 成。晕:头发昏;转向:辨不清方向。形容头脑昏乱,迷失方向:我军声东击西的战术,把敌人打得～。

氲 yūn 见"氤(yīn)氲"。

赟 yūn 〈古〉形。美好;多用于人名。

yún (ㄩㄣˊ)

云(△雲) yún △❶名。(1)地面水蒸气上升遇冷凝结成微小的水点或冰晶,成团地在空中飘浮的物体。(2)指云南:须于其他简称合用:这种动物已在～贵一带发现。❷

〈古〉动。说；古人～|诗～|人～亦～。
❸〈古〉助。用在句首、句中或句末：～谁之思|岁～暮矣|盖记时也～。△❹〈素〉像云一样的：～集|～散|～游|～锦。❺姓。

【云鬓】yúnbìn 名。指妇女多而美的鬓发。

【云海】yúnhǎi 名。从高处下望时，像海一样的云：早晨，在泰山顶上，只见茫茫～，一望无际。

【云汉】yúnhàn 〈书〉名。即天河：～迢迢。

【云集】yúnjí 动。比喻许多人从各处来，聚集在一起：这次锦标赛，强手～。常带宾语或补语：文化人～广州|广场上～了上百万的群众|今天，文艺界的朋友们～在人民大会堂。

【云锦】yúnjǐn 名。我国一种历史悠久的高级提花丝织物，因花纹瑰丽如彩云而得名。

【云母】yúnmǔ 名。矿石，主要成分是硅酸盐，耐酸、耐碱、耐高温，不导电，可劈成薄片，是重要的电器绝缘材料。

【云泥之别】yún ní zhī bié 成。相差像天上的云和地下的泥，比喻地位高下悬殊：中学时候的同学，现在有的成了名家，我却是一事无成，同他们相比，真有～。

【云雀】yúnquè 名。鸟，羽毛赤褐色，有黑色斑纹，嘴小而尖，翅膀大，飞得高，叫声很好听。

【云散】yúnsàn 动。像天空的云那样散开。比喻事物四散消失；不带宾语：烟消～。也比喻曾经在一起的人分散到各个地方：旧友～|过去一起共事的几个朋友，如今均已～。

【云梯】yúntī 名。攻城或救火时用的长梯。

【云雾】yúnwù 名。(1)云和雾：～弥漫|～迷蒙|山间～缭绕。(2)比喻遮蔽或障碍的事物：拨开～，重见青天。

【云霞】yúnxiá 名。彩云：美丽的～|天空出现一片灿烂的～。

【云霄】yúnxiāo 名。极高的天空，天际：歌声阵阵，响彻～|那架飞机直插～。

【云烟】yúnyān 名。云雾和烟气：～缭绕|过眼～。

【云游】yúnyóu 动。到处遨游，行踪无定，多指和尚、道士，常带处所宾语或补语：～四海|他竟然随和尚～在外。

【云雨】yúnyǔ 动。战国楚·宋玉《高唐赋》中说，楚怀王曾游高唐，梦与巫山神女相会，神女临去时说自己："旦为朝云，暮为行雨"，后世因称男女欢合为"云雨"；多见于旧小说：岂同巫峡女，～乐朝朝。

【云云】yúnyún 〈书〉助。有"如此如此"的意思；用在引用的或者转述的词语后面，表示省略或者结束，多用于书面语：它以"盟友"自居，满口"和平、援助、友谊"～，全是鬼话|他来信说，读了不少新书，颇有所得～。

【云蒸霞蔚】yún zhēng xiá wèi 成。蒸：上升；蔚：聚集。云霞升腾，彩霞聚集，形容景物灿烂绚丽：上面阳光垂照下来，下面浓雾滚涌上去，～，颇为壮观。

芸(△蕓) yún ❶名。芸香，草本植物，全草有香气，中医入药。△❷见"芸薹"。

【芸薹】yúntái 名。即油菜，草本植物，花黄色，种子可以榨油。

【芸芸】yúnyún 〈书〉形。指众多；不加程度副词：万物～|～众生(佛教用语，原指一切生物，后指许许多多普通人)。

妘 yún 姓。

纭 yún [纷纭] 形。形容多而乱；不加程度副词：众说～。

耘 yún 动。在田地里除草：春耕夏～，秋收冬藏。可带宾语：～田。

匀 yún ❶形。均匀：分配不太～|配料没有调～。❷动。(1)使均匀：把东西一堆一堆～好|把这两堆柴再一～吧。(2)抽出一部分给别人或做别用；多带宾语或补语：～一点粮食给你|～不出多少钱。

【匀称】yún·chen 形。彼此和谐、均匀、相称；含褒义：全桥结构～，和四周景色配合得十分和谐|她自幼练出一个～的身段|高积云是成群的扁状的云块，排列得很～。

【匀净】yún·jing 形。粗细或深浅一致，匀称：椴木木质～|那～的棉纱不断抽出来，又细又长，连绵不断|这块布染得极～。

匀昀昀员郧涢筼鋆允狁陨殒孕运 yún-yùn 1361

【匀实】yún·shi 形。均匀：这块地里的麦苗出得很～。

【匀整】yúnzhěng 形。均匀整齐：房间布置得很～。

昀 yún〈古〉名。日光；多用于人名。

昀 yún [昀昀]〈古〉形。田地整齐的样子。

员 yún 人名用字。伍员，春秋时人。
另见 yuán, yùn。

郧 yún ❶地名用字。郧县，在湖北省。❷姓。

涢 yún 水名用字。涢水，在湖北省。

筼 yún〈古〉名。(1)竹皮。(2)指竹子。
另见 jūn。

鋆 yún〈古〉名。金子。注意：在人名中也读 jūn。

yǔn (ㄩㄣˇ)

允 yǔn ❶动。答应，允许：这件事我拗不过他，只好～了。可带双宾语：～他一件事。常带兼语：～他回家｜～他暂住一夜。❷〈素〉公平，适当：～当｜公～｜平～。

【允诺】yǔnnuò 动。应许，同意，一般不带宾语：欣然～｜她什么也没说，什么也没～｜如蒙～，则不胜感激。

【允许】yǔnxǔ 动。许可；常带动词或动词性词组作宾语：领导～这样做｜～犯错误，～改正错误。也可带兼语：应该～人家申辩。

狁 yǔn 见"猃(xiǎn)狁"。

陨 yǔn〈素〉坠落：～石｜～落。

【陨落】yǔnluò 动。从高空掉下；指星体或其他在高空运行的物体：流星～｜1936年10月，鲁迅先生生溘然长逝，巨星～了。可带宾语：最近～了一颗人造卫星的残骸。

【陨灭】yǔnmiè 动。不带宾语。(1)物体从高空掉下而毁灭：巨星～。(2)比喻丧命：这位才华出众的诗人，不幸过早地～了。也作殒灭。

【陨星】yǔnxīng 名。流星在经过地球大气层时没有完全烧毁的部分掉在地面上的叫做殒星。含铁质较多或全部是铁质的叫陨铁，含石质较多或全部是石质的叫陨石。

【陨越】yǔnyuè〈书〉动。比喻失败，失职，不带宾语：此事没有～，已属万幸。

殒 yǔn〈素〉死亡：～命｜～灭。

【殒灭】yǔnmiè 见"陨灭(2)"。

【殒命】yǔnmìng〈书〉动。丧命；不带宾语：那小偷无路可逃，从四楼上跳下，不料头顶着地，当即～。

yùn (ㄩㄣˋ)

孕 yùn〈素〉怀胎，胎：～育｜～妇｜～期｜避～｜有～｜身～。

【孕妇】yùnfù 名。怀孕的妇女。

【孕期】yùnqī 名。妇女从受孕到产出胎儿的一段时间，通常为266天，从末次月经的第一天算起则为280天。

【孕育】yùnyù 动。怀胎生育，比喻既存的事物中酝酿着新事物；常带宾语，并带动态助词"着"：～着新的生命｜失败中～着成功｜帝国主义侵略的本身就～着失败。

运(運) yùn ❶动。搬运，运输；常带宾语或补语：～粮食｜把水泥～往工地。❷〈素〉(1)指人的遭遇：～气｜幸～。(2)物体位置移动：～行｜～转。(3)利用，灵活使用：～用｜～思。❸姓。

【运筹】yùnchóu 动。制定策略，筹划：敌人在全力以赴，我方在帷幄～。常与其他动词并用：多少军机大事等着司令员～处理啊！

【运筹帷幄】yùnchóu wéiwò 成。筹：计谋，谋划；帷幄：古代军中帐幕。在帐幕中策划军机。后常指在后方决定作战策略：诸葛亮～，神机妙算，令英雄豪杰为之折服。

【运动】yùndòng ❶名。(1)宇宙间一切事物发展、变化的现象或过程：～同物质是不可分离的｜本身就是矛盾。(2)在政治、文化、生产等方面有组织、有目的、规模较大的群众性活动：工人～｜他

参加过五四～|春季植树造林～。(3)体育活动:发展体育～,增强人民体质|他喜欢足球～。❷动。不带宾语。(1)事物发展、变化、活动:世界上除了～着的物质,没有别的东西|地壳时刻都在～着。(2)指从事体育活动:他常常～|她两只手在一前一后地～着。(3)在战斗中行进、移动:部队隐蔽地向前～|在敌人火力下迅速～。

【运动】yùn·dong 动。(1)为达到某种目的而奔走钻营;一般不带宾语,多用于贬义:他为了求一个官半职,四处～。可带补语:为了达到调动的目的,他竟～到厅长头上去了。可重叠:你去～～,也许能调到我们单位来。(2)在某种政治运动中摆布、支配群众,常带宾语,含贬义:这种人以～群众为能事。

【运动会】yùndònghuì 名。多项体育运动的竞赛会:今天我们学校举行～。

【运动战】yùndòngzhàn 名。主要指大的兵团在大的战区内,从事战役或战斗上的外线的速决的进攻战的形式。

【运河】yùnhé 名。人工挖成的可以通航的河;量词用"条":开凿了一条贯通南北的～。

【运气】yùnqì 动。把力气贯注到身体某一部分;不带宾语:气功师在～。可拆开用:运了一会儿气。

【运气】yùn·qi ❶名。命运:～坏得很|碰上好～。❷形。幸运;含褒义:你真～,得了头奖。

【运输】yùnshū 动。用交通工具(如车、船)把物资或人运到另一个地方:他们整天忙～。常带宾语:～化肥|～货物。可作定语:～队长。

【运思】yùnsī〈书〉动。运用心思;多指诗文写作,不带宾语,常与其他动词连用:～作文。

【运送】yùnsòng 动。把人或物资送到别处;常带宾语:～粮食|～原料。可作定语:～的地点|～的货物。

【运算】yùnsuàn 动。依照数学法则,求出一个算题或一个算式的结果:用加法～。可带宾语或补语:～一道数学题|～得不正确。

【运行】yùnxíng 动。周而复始地运转;多用于星球、车船等,不带宾语:卫星在轨道上正常～。可带补语:列车～在京沪线上。可作定语:～的时间|～的轨道。

【运用】yùnyòng 动。根据事物的特性加以利用;多带宾语:～石油的某些性质,分离出不同的物质,使它更好地为人类服务|～巧妙的斗争艺术。

【运载火箭】yùnzài huǒjiàn 词组。运送人造卫星或其他人造星体的火箭。这种火箭具有很高的速度,有的运送人造星体以后本身也在星际间按照一定轨道运转。

【运转】yùnzhuàn 动。不带宾语。(1)沿着一定的轨道转动:只见运材料的铁斗子,顺着架在山腰里的高架索道,来回～。(2)机器转动;常用来比喻部门的正常工作:建立各项制度,保证各部门工作正常～。

酝 (醖) yùn

[酝酿](-niàng)动。原指造酒的发酵过程,比喻做准备工作:代表候选人要由群众～。常带宾语或补语:～施工方案|～过两次。可带动词性词组或主谓词组作宾语:～选谁当代表|～谁当主任最合适。可重叠:请大家一同～～。

*"酝酿"和"孕育":"酝酿"指在事前有意准备,逐渐创造进行工作的条件;"孕育"指在既存的事物中,自然而然地生成、滋长新的事物。"酝酿"可以重叠,"孕育"不可重叠。

员 yùn 姓。
另见 yuán, yún。

郓 yùn ❶地名用字。郓城,县名,在山东省。❷姓。

恽 yùn 姓。

晕 yùn ❶动。头脑发昏,周围物体好像在旋转,人有要跌倒的感觉;一般不带宾语:～头|他一坐车就～。❷〈素〉日光或月光通过云层中的冰晶时经折射而形成的光圈:日～|月～。
另见 yūn。

【晕车】yùnchē 动。坐车时头晕甚至呕吐,不带宾语:我不能乘汽车,会～。可拆开用:晕过几次车。

【晕船】yùnchuán 动。坐船时头晕甚至呕吐；不带宾语：有些旅客会～,呕吐不止。可拆开用：晕过几回船。

愠 yùn 〈素〉怒,怨恨：～色|～怒。

缊 yùn 〈古〉名。(1)碎麻。(2)新旧混合的丝绵絮：～袍。
另见yūn。

韫(韞) yùn 〈古〉动。包含,蕴藏。

蕴 yùn 〈素〉包含：～藏|～蓄|～藉(jiè)。

【蕴藏】yùncáng 动。蓄积而未显露或发掘；多带宾语：我国各地～着丰富的矿产资源|工人中～着极大的积极性。可作定语：～的石油矿。

【蕴藉】yùnjiè 〈书〉形。含蓄而不显露；指言语、文字、神情等：风流～|～的微笑。

【蕴蓄】yùnxù 动。积蓄在里面而未表露出来；常带宾语：他们身上仿佛～着无穷的力量|大约潭是很深的,故能～着这样奇异的绿。

韵(韻) yùn ❶名。韵母：你这首诗有几个～押得不对。
❷〈素〉(1)好听的声音：琴～。(2)情趣：风～|神～|～味|～致。

【韵白】yùnbái 名。(1)京剧中指按照传统中州韵念法念出的道白,有的字音和北京音略有不同。(2)戏曲中句子整齐押韵的道白。

【韵脚】yùnjiǎo 名。韵文句末押韵的字：～不和。

【韵律】yùnlǜ 名。指诗词中的平仄格式和押韵的规则：写旧诗很讲究～。

【韵母】yùnmǔ 名。汉语字音中声母、字调以外的部分。韵母又可以分韵头(介音)、韵腹(主要元音)、韵尾三部分。如"娘"niáng的韵母是iang,其中 i 是韵头, a 是韵腹, ng 是韵尾。每个韵母必须有韵腹,可以没有韵头和韵尾。

【韵味】yùnwèi 名。含蓄的意味：～无穷|文章很有～|唱腔的～很浓。

【韵文】yùnwén 名。有节奏韵律的文学体裁,也指用这种体裁写成的文章,包括诗、词、歌、赋等；区别于散文。

【韵致】yùnzhì 名。风度韵味：淡雅的～|这姑娘～优美,讨人喜爱。

熨 yùn 动。用烙铁或熨斗烫平；常带宾语或补语：～衣服|衣服～得很平整。
另见yù。

【熨斗】yùndǒu 名。形状像斗,中间烧木炭,用来烫平衣服的金属器具。用电发热的叫电熨斗。

Z

zā(ㄗㄚ)

扎(紥、紮) zā ❶动。捆,束,包扎;常带宾语或补语:～头绳|腰里用皮带～起来。❷量。用于捆扎成把儿的物品:一～线|一～簿本。
另见zhā、zhá。

匝(帀) zā ❶〈书〉量。环绕一圈叫一匝:绕树三～|用绳子绕了好几～。❷〈素〉满,遍:～月|～地|密密～～。

咂 zā 动。多带宾语。(1)吮吸;用于液体物质:～了一口酒|～脓血的苍蝇。(2)仔细辨别、品尝;多指滋味:～一下味道。(3)用舌尖抵住上腭发出声音,表示称赞、羡慕、惊讶等:～了几下嘴|他惊讶地～了一下舌头。

【咂摸】zā·mo 〈方〉动。仔细辨别;主要用于滋味、意思等方面,常带宾语或补语:这句话得好好～一番|他～着烈性的关东烟叶的滋味。可重叠:需要～～文中的含义。

拶 zā 〈书〉动。逼迫,挤压:～得他家无去处|欠地主的债～得紧。
另见zǎn。

臜 zā 见"腌(ā)臜"。

zá(ㄗㄚˊ)

杂(雜、襍) zá ❶形。不单纯的,多种多样的:一些～事儿|颜色太～|人多手～。❷动。搀杂,混和在一起;常带宾语或补语:他～在人群里闯过了城门|糯米中～了少许粳米|绿草丛中还～着一些黄色和粉红色的野花。

【杂拌儿】zábànr 名。(1)指搀杂在一起的各种干果、果脯等。(2)比喻拼凑而成的事物:这支汉奸队伍是个大～,三教九流,什么人都有。

【杂凑】zácòu 动。不同的人或事物勉强合在一起;常带宾语或补语:这个临时机构是各单位的人员～在一起的|这篇文章仅仅是～了一些材料,没有提炼、加工。

＊"杂凑"和"杂糅":"杂凑"的意思着重在把不同的东西勉强拼凑组合,既可用于事物,也可用于人,如"这份材料是杂凑起来的";"杂糅"指把不同的事物混杂在一起,不用于人,只用于事物,如"这段例证古今杂糅,不伦不类。"

【杂费】záfèi 名。(1)主要开支以外的零碎费用:各单位都要减少～开支。(2)学校向学生收取的杂项费用:学生报到时须交清书费和～。

【杂感】zágǎn 名。(1)多方面的感想;常用于标题:《旅美～》。(2)抒写这种感想的杂文:你的～写得不错。

【杂货】záhuò 名。各种日用零星货物,如扫帚、铁锅、碗、筷、绳子等。

【杂记】zájì 名。(1)各种零碎的笔记:工作～|学习～。(2)指记叙风景、感想等的杂文。

【杂技】zájì 名。各种技艺表演的总称,如口技,车技,顶碗、走钢丝、舞狮子、魔术等。广义的杂技也包括马戏。

【杂交】zájiāo 动。不同种、属的生物体进行交配或结合;一般不带宾语:马和驴～。可作定语:这是～稻种。

【杂剧】zájù 名。元代的戏曲形式,元时兴起于北方。每本以四折(相当于场)为主,有时在开头或折间另加楔子。每折用同宫调同韵的北曲套曲和宾白组成。如关汉卿的《窦娥冤》等。

【杂粮】záliáng 名。水稻、小麦以外的粮食,如高粱、玉米、豆类等。

【杂乱】záluàn 形。多而乱,没有秩序或条理:～的枪声|最近工作显得有些～。

【杂乱无章】záluàn wú zhāng 成。章:

条理。乱得没有条理；含贬义：这篇文章写得~|工作~。

【杂念】zániàn 名。不纯正的念头；多指为个人的打算：清除私心~。

【杂牌】zápái 形。非正规的，非正牌的；不加程度副词，不单独作谓语，作定语：~军|~货。

【杂七杂八】zá qī zá bā 成。形容非常杂乱：~的事情忙得我够呛。
　　＊"杂七杂八"和"杂乱无章"："杂七杂八"强调多而杂；"杂乱无章"强调无条理。

【杂糅】záróu 动。不同的事物混杂糅合在一起：良莠~|古今~。常带宾语或补语：他的这种表现~着庆幸和失望的心情|写诗要新就新，要旧就旧，不要把新旧~在一起。注意："糅"是"米"字旁。

【杂史】záshǐ 名。只记一事始末和记一时见闻的，或是私家记述的带有掌故性质的史书。

【杂耍】záshuǎ 名。旧时指曲艺、杂技等。

【杂沓】zátà 形。纷乱，杂乱：人声~|~的马蹄声。也作杂遝。

【杂文】záwén 名。现代散文的一种，可以议论，也可在议论中夹以叙事和抒情。特点是短小精悍、活泼锋利：鲁迅的~是匕首和投枪。

【杂志】zázhì 名。(1)定期或不定期的刊物，也叫期刊。(2)零碎的笔记；多用于书名：《读书~》。

【杂种】zázhǒng 名。(1)经杂交而生成的动植物新品种，杂种具有两亲种的某些特征。(2)骂人的话。

砸 zá 动。(1)用沉重的东西敲打，也指沉重的东西掉落在物体上；常带宾语或补语：~门|~核桃|脚被石头~破了。(2)打破：玻璃杯被~了|店被流氓~了。可带宾语或补语：~碎了一只碗|~得稀巴烂。(3)〈方〉比喻失败。多作补语：这事儿办~了|戏演~了。

【砸锅】záguō 〈方〉动。比喻办事失败。不带宾语：我们的试验~了。可拆开用：这事儿砸了锅|已经砸过一次锅。

【砸锅卖铁】zá guō mài tiě 成。形容想尽办法把所有的都拿出来：就是~，我也要还清债务。

zǎ(ㄗㄚˇ)

咋(喒) zǎ 〈方〉代。怎，怎么；用于疑问句：~不来?|~办?|你认为~好?
　　另见zhā, zhà。

zāi(ㄗㄞ)

灾(災、烖) zāi 名。(1)自然界造成的或人为的祸害：洪水泛滥成~|这片农田又一次遭了~。(2)个人不幸的遭遇：没病没~。

【灾害】zāihài 名。旱、涝、虫、雹、战争等所造成的祸害：今年农业抗御了严重的自然~，粮食生产获得了较好的收成。

【灾荒】zāihuāng 名。指自然灾害造成的严重影响一个地区群众日常生活的现象：~频仍，民不聊生。
　　＊"灾荒"和"灾害"："灾荒"多指荒年，"灾害"则泛指各种天灾、祸害。"灾荒"可以作"闹"的宾语；"灾害"不能。

【灾祸】zāihuò 名。自然的或人为的祸害：接二连三的~降临到他的家庭。

【灾难】zāinàn 名。天灾人祸所造成的严重苦难：敌占区的人民遭受的~实在太深重了
　　＊"灾难"和"灾害"："灾难"语意较重，常和"深重"搭配；"灾害"语意较轻，常和"预防、防止"等搭配。

【灾情】zāiqíng 名。受灾害的情况：~严重|了解~。

【灾异】zāiyì 名。古时指自然灾害以及某些罕见的自然现象，如水灾、地震、日食、陨石雨等：楚州三年不雨，~未除|古人认识水平低下，视日食为~。

甾 zāi 名。一类有机化合物，广泛存在于动植物体内。如胆固醇和许多激素都属于甾类化合物。

哉 zāi 〈古〉助。(1)表示感叹语气：燕雀安知鸿鹄之志~! (2)表示反问语气：何足道~? |岂有他~? (3)表示疑问语气：人定胜天者何~?

栽 zāi ❶动。常带宾语或补语。(1)种植：~了一棵树|菜~好了。(2)硬给安上；多指罪名：他给人家~过罪名|这种罪名~不得。(3)摔倒，跌倒：~

了个跟头|一头～在马路边上。❷名。(～子)供移植的植物幼苗：树～子。

【栽跟头】zāi gēn·tou ❶词组。摔倒在地上：路太滑，不小心要～。❷习。比喻失败或出丑：刚参加工作，要防止～。

【栽培】zāipéi 动。(1)种植培育植物；常带宾语：～苹果树。(2)比喻扶植、提拔人才；多用在向人表示请求或感谢时，一般不带宾语：感谢领导对我～。可重叠：请今后多多～～。

【栽赃】zāizāng 动。把赃物或违禁物暗放在别人处，然后诬告他犯法；常与"害、陷害、说"等动词并用：～陷害是他的拿手好戏。可拆开用：他居然想栽我的赃。

【栽种】zāizhòng 动。种植；指树木花草等，常带宾语或补语：～了一株月季花|把这棵树种在院子里。

＊"栽种"和"栽培"："栽种"指把植物的种子或幼苗埋进土里；"栽培"还包括以后管理的全过程。"栽培"有比喻义；"栽种"一般没有比喻义。

zǎi(ㄗㄞˇ)

载 zǎi ❶动。记下，刊登；常带宾语或补语：在杂志上～过几篇文章|～入史册|此文～于《中国青年》1986年第五期。❷量。年：一年半～|三年五～|千～难逢。

另见zài。

宰 zǎi ❶动。杀；用于牲畜、家禽等；常带宾语或补语：杀鸡～鹅|～猪～得又快又好。❷〈素〉(1)主管，主持：主～。(2)古代官名：太～。

【宰割】zǎigē 动。常带宾语。(1)〈书〉分割，分裂：～天下。(2)比喻侵略、压迫、剥削；含贬义：受人～|强国任意～弱国的时代一去不复返了。

【宰杀】zǎishā 动。杀；宾语多为牲畜、家禽等：～了一头羊。

【宰相】zǎixiàng 名。我国封建时代辅助君主掌管国事的最高官员的通称。

崽(仔) zǎi 名。(1)〈方〉小孩子。(2)(～儿、～子) 幼小的动物：猪～儿。

"仔"另见zī, zǐ。

zài(ㄗㄞˋ)

再 zài 副。(1)用在动词前，表示行为动作重复发生或连续：～看一遍|～睡一会儿吧。(2)用在动词前，表示一个动作将在某种情况下发生：我现在不说，等大家都来了～说。(3)用在形容词前，表示程度增加。还可写得～精练一些。(4)用在形容词前，含有"不管、多么"的意思；多与"也、都"配合使用：困难～大，我也不怕。(5)表示另外有所补充：院子里种着迎春、牡丹、海棠、石榴，～就是玫瑰和月季。

＊"再"和"又"："再"表示将要重复的动作，"又"表示已经重复的动作。如"这部书前几天我又读了一遍，过几天还要再读一遍"。

【再版】zàibǎn 动。书籍第二次出版：这本书将要～。可带宾语：出版社决定～这本书。也叫重版。

【再不】zài·bu 〈口〉连。要不然；表示前后分句是选择关系：请你去上海办这件事，～就让小李去。

【再度】zàidù 副。又一次，第二次；用在动词前作状语：经济危机～发生|心脏病～发作。

【再见】zàijiàn 动。分手时表示希望以后再见面；不带宾语，常单独使用：张老师，～! 也说再会。

【再醮】zàijiào 〈书〉动。旧时行婚礼，父母给子女酌酒的仪式称"醮"，因称男子再娶或女子再嫁为"再醮"。

【再接再厉】zài jiē zài lì 成。接：接战；厉：同"砺"，磨快，引申为奋勉、努力。比喻继续不断努力，一次比一次振奋勇猛：取得成绩后应该～，不能就此止步。

【再三】zàisān 副。一次又一次；用在动词前作状语：～要求|～挽留|她～嘱咐我。作补语时不加助词"得"：我考虑～。

【再生】zàishēng 动。不带宾语。(1)死而复生：人死不能～。(2)对某种废品加工，使恢复原有性能，成为新产品；多作定语：～橡胶|～纸。(3)指机体的一部分在损坏、脱落或截除之后重新生成：这种药能使头发～|蚯蚓的～能力很强。

【再生父母】zàishēng fùmǔ 成。指救过

自己的性命、对自己恩重如同父母的人或组织: 我是张医师救活的, 他是我的～。

【再说】zàishuō ❶动。表示留待以后考虑或办理; 不带宾语: 这件事研究研究～。❷连。表示推进一层: 这件事让他去办, ～你也实在抽不出时间。

【再现】zàixiàn 动。(1)过去经历的事情又浮现在眼前; 常带补语: 回想起你, 当年咱们俩并肩战斗的情景就～在眼前。(2)通过艺术手法把过去的事情等重新表现; 常带宾语或补语: 通过艺术～生活, 不等于把生活照搬到舞台上|这幅画～出了水利工地上的沸腾生活。

【再造】zàizào 〈书〉动。重新给予生命; 是感激别人救助的话, 不带宾语: 恩同～|～之恩。

在 zài ❶动。(1)存在, 活着; 一般不带宾语: 那张相片还～|祖母已经不～了。(2)处在, 留在; 须带处所宾语: 小陈～图书馆|你～家里, 我出去一趟。(3)参加, 属于; 用于某团体: 他～物理兴趣小组。(4)在于, 决定于; 可带名词、动词或主谓词组作宾语: 贵～坚持|要学习好, 主要～自己努力。❷副。(1)表示动作正在进行: 火车～飞奔|风～吼, 马～叫。(2)"在"和"所"配合使用, 表示强调; 多用于否定句式: ～所不惜|～所难免。❸介。同名词、代词等组成介词词语作状语或者补语, 表示动作作的时间、地点、范围、条件、情况等: ～黑板上写字|～大家的帮助下, 小周进步很快|我们生活～团结友爱的班集体里。

* "在"和"正在": "在"着重指状态的持续; "正在"既指时间又指状态的继续。"在"后不能用介词"从"; "正在"不限。"在"可表示反复进行或长期持续; "正在"不能。"在"有副词、动词、介词用法; "正在"只有副词用法。

【在场】zàichǎng 动。指事情发生、进行时候亲身在现场, 不带宾语: 抢救伤员时, 小王也～|事故发生时, 他并不～。

【在行】zàiháng 形。内行, 对某事富有经验: 针灸、推拿他都很～。

【在乎】zàihu 动。(1)在于; 须带名词、动词、形容词或主谓词组作宾语: 文章～精不～长|夜袭要成功, 不～人多, 而～出其不意。(2)放在心上, 介意; 多用于否定句或反问句: 这一点伤, 他并不～。可带宾语: 难道你还～这几个钱? 可加程度副词: 这点困难, 他不太～。

【在即】zàijí 动。在近期就要发生或来临; 多指某件事情、某种情况等, 不带宾语, 常单独作谓语: 教师节～|毕业～|归期～。

【在家】zàijiā 动。(1)没有出门; 指在家里或在工作、住宿的地方, 不带宾语: 母亲不～, 到北京去了|你～组织生产, 我出去联系业务。(2)对僧、尼、道士等"出家"而言, 一般人都算在家; 多作定语: ～人。

【在劫难逃】zài jié nán táo 成。劫: 佛家语, 厄运, 旧指天灾人祸。迷信说法, 指命中注定的灾难是无法幸免的: 生了这种绝症, 已经是～了。

【在理】zàilǐ 形。有道理, 合乎道理; 多作谓语或补语: 她说的话很～|这话说得不～。

【在所不辞】zài suǒ bù cí 成。表示决不推辞: 无论任务多么艰巨, 我也～。

【在所不惜】zài suǒ bù xī 成。表示决不吝惜: 为了正义事业, 就是献出自己的生命, 我也～。

【在逃】zàitáo 动。犯人已经逃走, 还没有捉到, 不带宾语: 王犯～|三个～犯已被缉拿归案。

【在天之灵】zài tiān zhī líng 成。对逝世者的心灵和精神的一种敬称: 先母～|我们已取得伟大胜利, 可以告慰先烈们的～。

【在望】zàiwàng 动。不带宾语, 常单独作谓语。(1)远处的东西可以望见: 长江大桥遥遥～。(2)将出现在眼前; 用于盼望实现的好事情: 丰收～|胜利～。

【在位】zàiwèi 动。旧指做君主, 现引申为居于领导岗位; 不带宾语: 唐太宗于公元627—649年～|他离休了, 已不～。可带表示时间的补语: ～13年。

【在握】zàiwò 动。有把握在掌握之中; 不带宾语, 常单独作谓语: 胜利～|大权～。

【在下】zàixià 代。自称; 相当于"我",

谦词,多见于早期白话:~愿效犬马之劳|您过奖了,~不敢当。

【在先】zàixiān 名。表示已经过去了的时间,从前;一般作状语,多用在句首:~,这里是一片大沙漠。

【在押】zàiyā 动。指犯人在拘留监禁中;不带宾语:~犯人。可带补语:李犯~已经三年了。

【在意】zàiyì 动。留意,放在心上;不带宾语,多用于否定式:对这些小事,他不大~。常与"小心"并用:这事十分重要,你务必小心~。可拆开用:这种小事情要在什么意?

【在于】zàiyú 动。(1)指出事物的本质所在;相当于"正是,就是",须带名词、动词或动词性词组、主谓词组作宾语:革命战争的最终目的~消灭战争|先进人物的行为就~他们总是把人民的利益放在第一位。(2)决定于;须带名词或名词性词组作宾语:产品的信誉~质量|去不去~你自己。

【在职】zàizhí 动。担任着职务;不带宾语:他je不~。常作定语:~干部。

【在座】zàizuò 动。在集会或宴会等的座位上;不带宾语:当时老王也~。常作定语,要加助词"的":这项工作要依靠~的诸位先生。

载 zài ❶动。运载,装载,常带宾语或补语:船上能~三吨货物|汽车上~满了乘客|车子把我们~到一个小镇上。❷〈素〉(1)充满:怨声~道|荆棘~途。(2)又,且:~歌~舞。❸姓。
另见 zǎi。

【载歌载舞】zài gē zài wǔ 成。载:又,且。又唱歌,又跳舞,形容尽情地欢乐:人们兴高采烈,~,庆祝自己的节日|小朋友们~,欢迎来访的贵宾。

【载誉】zàiyù 动。满载荣誉;不带宾语,常和其他动词连用:他写的这本书,获全国优秀著作一等奖,前几天去北京领奖,今天已~归来|我国羽毛球健儿~回国。

【载重】zàizhòng 动。负担重量;用于车船等交通运输工具,不带宾语,可带补语:这艘船能~三万吨。

zān(ㄗㄢ)

糌 zān [糌粑](-·ba) 名。藏族人民的主食之一,以青稞麦、豆类等炒熟磨制而成。用酥油茶或青稞酒拌和,捏成小团食用。

簪 zān ❶名。(~儿、~子)旧时用来别住头发的一种饰物,用金属、骨头、玉石等制成。❷动。插,戴;常带语或补语:他头上~了朵花|把银簪~在头上。

zán(ㄗㄢˊ)

咱(喒、偺) zán 代。(1)〈方〉我:~不怕苦和累。(2)咱们;多与指人名词构成同位词组后充当句子成分:~工人最爱劳动|老师的意见也就是~学生的意见。

【咱家】zánjiā 代。自称之词:~不去谁去?

【咱们】zánmen 代。(1)称说话人和听话人双方:~是一家人|~一块儿开吧|~得给他们回封信。(2)借指我或你:~是大老粗,说话直来直去(指我)|宝宝听话,~不哭(指孩子)。注意:在北方话里,"咱们"必须包括谈话的对方,"我们"可不包括谈话的对方。在比较庄重的场合说话,一般用"我们",也包括听话人在内。

zǎn(ㄗㄢˇ)

拶 zǎn 〈古〉动。压紧,施加。夹手指的刑罚。
另见 zā。

【拶指】zǎnzhǐ 名。旧时酷刑的一种,用绳穿五根小木棍,套人手指用力紧收,指这种刑具。

【拶子】zǎn·zi 名。旧时施行拶指酷刑时使用的刑具。

昝 zǎn 姓。

噆 zǎn 〈古〉动。(1)叮,衔。(2)咬,叮。

攒(儹) zǎn 动。积聚,储蓄;常带宾语或补语:~了一堆肥料|把零用钱~起来。

另见cuán。

【攒眉】zǎnméi 动。紧蹙双眉,一种不愉快的表情;不带宾语,多与其他动词连用:她老是~苦恼。

趱 zǎn 动。赶,快走,催促;多见于早期白话:~路|紧~了一程|只得催着牲口,~向前去。

【趱行】zǎnxíng 动。赶路,快走;多见于早期白话,不带宾语:一路~,很快到了宿营地。

zàn(ㄗㄢˋ)

暂(暫) zàn 副。不久,暂时,短时间:~停开放|~不讨论|他的职务~由你替代。

【暂且】zànqiě 副。暂时,姑且:手头的工作~放一放|~收下。

【暂时】zànshí 形。指短时间之内;不加程度副词,不单独作谓语,作状语或定语:这项工作~放一放|业务不熟悉是~的现象。

* "暂时"和"临时":"暂时"强调指短时间内;"临时"强调是短期的,有"临到事情发生的时候"或"非正式"的意思。"暂时"与"长远、永久"等相对;"临时"与"经常、长期"等相对。

【暂行】zànxíng 形。暂时实行的;不加程度副词,不单独作谓语,作定语:~草案|~条例|~规定。

錾 zàn ❶动。雕刻;多指在砖石或金银上刻,常带宾语或补语:在银器上~花|把字~在石头上。❷名。(~子)小凿子,雕当金石的工具。

【錾刀】zàndāo 名。在金银上雕刻用的小刀。

赞(贊、△讚) zàn △❶名。文体的一种,以称颂、赞美为主;多用在文章标题中:《樱花~》。❷〈素〉(1)佐助,帮助:~助|~同|~成。△(2)夸奖,称颂:~语|~佩|~赏|~扬。

【赞成】zànchéng 动。对别人的主张、行为等表示同意:这个方案大家都~。常带宾语:我~你的意见。可带动词性词组或主谓词组作宾语:大家~星期天去参加义务劳动|我们一致~你去出席大会。可加程度副词:他当代表,我很~。

* "赞成"和"拥护":"赞成"只表示同意的意思,语意较轻;"拥护"还表示全力支持的意思,语意较重。"赞成"的对象是事,多指行为、主张、办法等;"拥护"的对象可以是事,一般指路线、方针、政策、措施、决议等,也可以是人或组织,如领袖、政党、军队等。

【赞歌】zàngē 名。赞美人或事物的歌曲、诗文:唱~|谱写了一曲英雄的~。

【赞礼】zànlǐ ❶动。旧时婚丧、祭祀时在旁宣读礼仪的顺序,使人照着行礼。❷名。指举行典礼时举行礼仪顺序的人,相当于"司仪"。

【赞美】zànměi 动。称赞:这样美丽的风景谁不~?常带宾语:~可爱的家乡。可加程度副词:大家都很~你这篇小说。可作"受到"等动词的宾语:热忱的服务受到旅客的~。

【赞赏】zànshǎng 动。赞美赏识:对她的高超技艺,无不~。常带宾语或补语,可加程度副词:我十分~他那奋发向上的革命精神|我们非常~你们在这件事情上所持的正义立场。可作"受到、加以"等动词的宾语:中国粤菜的独特风味受到外宾的~。可作定语,要加助词"的":他用~的目光看着这些稀世珍品。也可作状语,要加助词"地":我~地接过来,谢了她。

* "赞赏"和"赏识":"赞赏"表示赞美赏识;"赏识"表示看得上并重视。"赞赏"适用范围较广,可用于人或物,经常用于抽象事物,如精神、立场、态度、风格、技艺等;"赏识"一般只用于人的才能或作品的价值等。"赞赏"是褒义词;"赏识"是中性词,既可用于褒义,也可用于贬义。

【赞颂】zànsòng 动。赞美颂扬:这种舍己为人的精神值得~。常带宾语或补语:~伟大的祖国|人们由衷地~老一辈革命家的丰功伟绩|他把母亲对他的爱大大~了一番。

【赞叹】zàntàn 动。称赞而叹服:点头~|连声~|对他高超的技艺,人们无不~。常带宾语或补语:凡是到过这里的人都~这引人入胜的景致|他那出神

人化的表演令观众～不已。可作定语或状语,要加助词"的"或"地":～的口吻|～的话语|他～地说:"啊,黄山实在美!"

【赞同】zàntóng 动。赞成并同意:这篇论文的观点,我完全～。常带宾语:我～他的建议。可带主谓词组作宾语:大家都～他当班长。可加程度副词:我的意见,他非常～。

【赞许】zànxǔ 动。以为好而加以称赞:同学们利用星期天打扫马路,过往行人无不～。常带宾语:大家～他这种见义勇为的行动。可带主谓词组作宾语:老师～同学们课后能参加义务劳动。可作定语或状语,要加助词"的"或"地":脸上出现～的神情|他～地点点头。

＊"赞许"和"赞叹":"赞许"着重表示认为好而称赞,语意轻些;"赞叹"着重表示赞并发出啧啧的赞美声,语意重些。"赞许"常作"受到、获得、加以"等动词的宾语,如"做了好事,受到人们的赞许";"赞叹"常作"发出、引起"等动词的宾语,如"他每门功课学得都很好,同学们发出由衷的赞叹"。

【赞扬】zànyáng 动。称赞表扬:对好人好事要及时～。常带宾语:～他的美德。可带主谓词组作宾语:领导～你们做得好。可作"受到、加以"等动词的宾语:他工作成绩很出色,受到大家的～。

＊"赞扬"和"赞美":"赞扬"着重指称赞表扬;"赞美"着重指称赞夸奖。"赞扬"经常用于人和人的思想、精神等方面,较少用于具体事物;"赞美"经常用于比较具体的事物,有时也用于人和人的思想、精神等方面。

【赞誉】zànyù 动。称赞并给予良好的评价:这种助人为乐的精神,人人～。常带宾语:同志们～他的好风格。可作"受到、得到"等动词的宾语:苏州的园林艺术受到中外游客的～。

【赞助】zànzhù 动。赞同并帮助;指精神上的支持,也指经济上的帮助:修筑这条公路,需要各单位积极～。可带宾语:～革命|当地群众大力～教育事业。可带主谓词组作宾语:许多企业、单位都捐款～我们搞语文知识竞赛。

瓒 zàn 名。古代祭祀时用的一种像勺的玉器。

zāng(ㄗㄤ)

赃(臟、贜) zāng 〈素〉贪污受贿或偷盗所得的财物:退～|～款|～物|栽～|贪～枉法。

【赃款】zāngkuǎn 名。贪污受贿或偷盗所得的金钱:退出～|查获一笔～。

【赃物】zāngwù 名。贪污受贿或偷盗所得的财物:没收～。

脏(髒) zāng 形。不干净,不纯洁:～东西|你的手太～了。

另见zàng。

【脏字】zāngzì 名。粗俗的字眼儿,下流的话:说话别带～|他一开口就带～,真没教养。

牂 zāng 〈古〉名。母羊。

【牂牂】zāngzāng 〈书〉形。草木茂盛的样子:其叶～。

臧 zāng ❶〈书〉形。善,好:何用不～|视尔不～。❷姓。

【臧否】zāngpǐ 〈书〉动。褒贬,评论;常带宾语:～人物(评论人物的好坏)。注意"否"这里不读fǒu。

zǎng(ㄗㄤˇ)

駔 zǎng 〈古〉名。好马,壮马。

zàng(ㄗㄤˋ)

脏(臟) zàng 〈素〉身体内部器官的总称:内～|心～|肺～|五～六腑。

另见zāng。

【脏腑】zàngfǔ 名。中医把心、肝、脾、肺、肾称为五脏,胆、胃、大肠、小肠、膀胱和三焦称为六腑,统称脏腑。

奘 zàng 形。壮大;一般作人名用字,如唐代上西天取经的和尚玄奘。注意:玄奘的"奘"不要读zhuǎng。

另见zhuǎng。

葬 zàng ❶动。掩埋死者遗体;常带宾语或补语:～了先父|～在山上。❷〈素〉泛指用其他方法处理死者遗

葬藏遭糟 zàng-zāo 1371

体：火～｜天～。
【葬身】zàngshēn 动。埋葬尸体：死无～之地。可带处所宾语：～鱼腹。常用于比喻：敌舰被击中，～海底｜侵略者必将～在人民战争的汪洋大海之中。
【葬送】zàngsòng 动。断送，毁灭；多用于抽象事物，常带宾语或补语：封建包办婚姻，不知～了多少青年的幸福｜一个人的前途就这样被～掉了。

藏 zàng ❶名（1）西藏自治区的简称。(2)指藏族。❷〈素〉(1)储放大量东西的地方：宝～｜库～。(2)佛教道教经典的总称：道～｜大～经。
另见cáng。

【藏蓝】zànglán 形。蓝中略带红的颜色；不加程度副词，不单独作谓语，作定语：一件～上装。
【藏历】zànglì 名。我国藏族人民的传统历法。9世纪初即已采用，基本上与农历相同。因受宗教影响，日数有缺有重，"凶日"可以除去，"吉日"可以重复，如有时有两个初五，而无初六等。
【藏青】zàngqīng 形。蓝中带黑的颜色；不加程度副词，不单独作谓语，作定语：～卡其布｜～色的大衣。
【藏族】zàngzú 名。我国少数民族之一，分布在西藏和青海、四川、甘肃、云南等地。

zāo (ㄗㄠ)

遭 zāo ❶动。逢，遇，受到；多指不幸或不利的事，常带名词、动词宾语：～了旱灾｜～暗杀。可带兼语：别～人家骂。❷量。（～儿）(1)周，圈：用绳子绕两～儿｜跑了一～儿。(2)回，次：一生，两～熟。
【遭到】zāodào 动。碰上，遇到；只用于不幸或不好的事，须带宾语：～了严重的水灾。常以谓词作宾语：～打击｜～不幸。
＊"遭到"和"受到"："遭到"的都是不利或不幸的事，不用于好的事情；"受到"的没有这种限制，可以是不利或不好的事，也可以是好的事，如"尊重、怀念、关怀、支持、拥护、欢迎、表扬、教育"等。
【遭逢】zāoféng〈书〉动。遭到，遇到；

常带宾语：～战乱｜～盛世。可带谓词作宾语：～不幸｜诗人生当乱世，～亡国的惨痛。
【遭际】zāojì〈书〉名。遭到的境遇；多指不幸的：～不佳｜叙说了自己的～。
【遭受】zāoshòu 动。受到；只指不幸或损害，常带宾语：～自然灾害。常以动词作宾语：～迫害｜～打击。
＊"遭受"和"遭遇"："遭受"着重指自身受到，"遭遇"着重指在行动过程中碰上、遇到。"遭受"只有动词用法，没有名词用法；"遭遇"既有动词用法，又有名词用法。
【遭殃】zāoyāng 动。遭到灾殃；不带宾语：先下手为强，后下手～。可拆开用：鬼子兵一到，百姓可遭了殃。
【遭遇】zāoyù ❶动。碰上，遇到；指敌人或不幸的、不顺利的事；我先头部队已同敌军～。常带宾语或补语：在行军途中～不少困难｜种种灾难～得太多了。常以动词作宾语：～种种挫折。可带主谓词组作宾语：～歹徒抢劫。可作定语，要加助词"的"：这个老人～的苦难几天也说不完。❷名。遇到的事情；多指不幸的：她诉说了不幸的～｜他童年的～很悲惨。

糟 zāo ❶名。做酒剩下的渣子：～可作饲料。❷动。用酒或酒糟腌制食品；多带宾语或补语：～了一坛子鱼｜肉～坏了。❸形。(1)坏；用于事情，常作补语：这件事办得真～。(2)朽烂，不结实：这块木头已经～了，不能用｜病后身体很～。
【糟糕】zāogāo 形。指事情或情况很不好：这件事简直～透了｜真～，把钥匙弄丢了。
【糟践】zāo·jian〈方〉动。损害，践踏：粮食不可～。常带宾语或补语：你说这种话是有意～人｜原料～得厉害。
【糟糠】zāokāng 名。(1)酒渣、糠皮等粗劣的食物。(2)旧时把贫穷时共过难的妻子叫作糟糠之妻，有时也省称糟糠。
【糟粕】zāopò 名。酿酒、磨米等剩下的渣滓，比喻粗劣无用或陈腐有害的事物；与"精华"相对：取其精华，去其～。
【糟蹋】zāotà 动。也作糟踏。常带宾语

或补语。(1)随便浪费或损坏:~了好多物资|这块地里的庄稼给猪羊~光了。(2)侮辱,蹂躏:不该~别人的人格|实事求是的作风被这伙人~得不成样子了。

*"糟蹋"和"蹂躏":"糟蹋"着重指看得轻贱,使受到损害,或蒙受耻辱;"蹂躏"着重指肆意以暴力欺凌,使受侮辱。"糟蹋"口语色彩较浓,适用对象较多,无论人或事物、具体事物或抽象事物都可以用;"蹂躏"书面语色彩较浓,多用于国家、民族、人民等,不用于抽象事物。

záo(ㄗㄠˊ)

凿(鑿) záo ❶动。打孔,挖掘;常带宾语或补语:~了一口井|这个洞~得很深。❷名。(~子)一种挖槽或打孔用的工具,下端为楔形或锥形,前端有刃口。❸〈素〉(1)器物上的卯眼:方枘圆~。(2)明确,真实:确~|~~。

【凿空】záokōng 〈书〉形。根据不足的,牵强附会的:~之论|不可~立论。

【凿枘】záoruì 〈书〉名。也说枘凿。(1)凿:卯眼;枘:榫头。凿枘相应,比喻互相投合的情况:他们两人意志相投,在一起工作如同~,配合得很好。(2)凿是方的,枘是圆的,比喻不能相合的情况:这两个人犹如~,怎么也合不到一起。

【凿凿】záozáo 〈书〉形。确实;多用于固定组合中:言之~|~有据。

zǎo(ㄗㄠˇ)

早 zǎo ❶名。早上,早晨;多与"晚"对举使用:从~忙到晚|~晚温度相差很大。❷形。(1)时间靠前:天还~|~去~回|起得很~。(2)比一定时间靠前:来得太~了,门还没开|离上课还~|这里的季节比南京~一个月。(3)早晨见面时问候语;不加程度副词,只作谓语:老师~!❸副。早已,很久以前;用在动词前作状语:这件事我~知道了|来信~就收到了|他~已走了。

【早晨】zǎo·chen 名。从天将亮到上午八、九点钟的一段时间:那天~,天气特别晴朗|青年人就像~八九点钟的太阳。

【早出晚归】zǎo chū wǎn guī 成。早上出去,晚上归来。形容辛勤劳作:他们每天~,实在太辛苦了。也说早出暮归。

【早春】zǎochūn 名。初春,立春以后的一段时间:~天气,乍温还寒。

【早年】zǎonián 名。(1)多年以前:~的事就别提了。可直接用在动词前作状语:这类事情~就发生过。(2)指人年轻的时候:~丧母|~当过几年兵。

【早期】zǎoqī 名。某个时代、某个过程或某个人一生的最初阶段:~作品|封建社会~。可用在动词前作状语:癌症要~发现,~治疗。

【早日】zǎorì 副。早早儿,时间提早;只作动词的状语:争取~完成任务|祝你恢复健康。

【早熟】zǎoshú 形。(1)指人的身体、智力发育比一般的早:这孩子~,比同龄人懂事多了|小孩太~并不好。(2)指农作物生长期短,成熟快。双季稻是~品种。

【早衰】zǎoshuāi 形。生物体提前衰老;不加程度副词:他40多岁,就一脸皱纹,满头白发,现出一副~的模样。

【早晚】zǎowǎn ❶名。(1)早晨和晚上:我每天~都要散步。(2)时候:你哪里去了,这~才回来。❷副。迟早,或早或晚:你放心,他跑不了,~要回来|这孩子不成器,~要吃苦头。

【早先】zǎoxiān 名。以前:他的绘画技巧比~高多了。

【早已】zǎoyǐ ❶副。早就,很早已经:会议~结束|葡萄~熟了。❷〈方〉名。以前:现在用钢笔,~都用毛笔。

【早早儿】zǎozǎor 副。赶快;用在动词前作状语:这件事要~决定,~去办。

枣(棗) zǎo 名。(1)枣树,落叶灌木或乔木,枝有刺。开小黄花,结红果,椭圆形,熟时红色,味甜,可以吃。(2)(~儿、~子)这种植物的果实:大红~儿甜又香。

蚤 zǎo ❶名。即跳蚤,昆虫,身体小,赤褐色,善跳跃,寄生在人或哺乳动物身体上,吸血液,能传染鼠疫等疾病。通称虼(gè)蚤。❷〈古〉同"早"。

澡 zǎo 〈素〉洗身体:洗~|擦~|~堂|~盆。

【澡堂】zǎotáng 名。供人洗澡的地方;

璪 zǎo 名。古代用五彩丝绳穿起成串玉石垂在皇冠前的装饰品。

藻 zǎo ❶名。(1)指藻类植物,低等植物的一大类。没有根、茎、叶的区别,用细胞分裂或孢子结合进行繁殖,有叶绿素很多,水生的种类很多,如红藻、绿藻、小球藻等。(2)泛指生长在水中的绿色植物。❷〈素〉文采,华丽的文辞:词~|~饰。

【藻井】zǎojǐng 名。我国传统建筑中天花板上的一种装饰。一般做成方形、多边形或圆形的凹面,上有各种花纹、雕刻和彩画。

【藻饰】zǎoshì 〈书〉动。用美丽的文辞修饰;多指文章,一般不带宾语:不自~|稍加~|最初的原始形式的神话,必定十分简陋,后经古代诗人引用,加以修改~,方乃谲丽多趣。

zào(ㄗㄠˋ)

皂(皁) zào 〈素〉(1)黑色:~白|~靴。(2)洗涤用品:肥~|香~。(3)差役:~隶。

【皂白】zàobái 名。黑白,比喻是非;多用于否定式中:不分青红~|~不辨。

唣(唕) zào [罗唣](luó-) 动。吵闹寻事;多见于早期白话,不带宾语:要防备他手下人~|不许~。可带补语:~了大半天。

灶(竈) zào 名。用砖石、金属等制成,供烹煮食物、烧水的设备。

造 zào ❶动。(1)制作,做,建立:这种机器不容易~。常带宾语或补语:~报表|把松树林~在南山坡上。(2)凭空假编,虚构;须带宾语或补语:~谣言|这些情节都是作者~出来的。❷〈乃〉量。农作物收成的次数:一年两~都丰收。❸〈素〉(1)相对两方面的人,法院专指诉讼的双方:甲~|乙~。(2)农作物的收成:早~。(3)前往,到:~访|~府。(4)培养,成就:~诣|~就|深~。

【造成】zàochéng 动。(1)造出来;用于具体事物:酒便是这样~的。可带宾语:~各种各样的武器。可构成词组作定语,要加助词"的":这是座用石块和土坯~的房屋。(2)使产生,使形成;多用于抽象事物,可带名词、动词或主谓词组作宾语:要~人人遵守法的良好风尚|~严重的污染|~很坏的影响|过量地抽取地下水,~地面下沉。

【造次】zàocì 〈书〉形。不加程度副词。(1)急促,匆忙:~之间。(2)轻率,鲁莽:不敢~|不可~。

【造反】zàofǎn 动。不带宾语。(1)发动叛乱,对原有的统治秩序从根本上加以反对和破坏:夏瑜在狱中还动员牢头~。可拆开用:造他的反。(2)指小孩做出越轨的举动:大人不在家,孩子们就~了。

【造访】zàofǎng 〈书〉动。拜访:我将亲自登门~。可带宾语:他冒雨~了夏老师。

【造福】zàofú 动。给人带来幸福:为子孙后代~。可带宾语或补语:~人类|~社会|~于人民。

【造化】zàohuà 〈书〉名。自然界的创造者,也指自然界:人类不断利用~的神力为其服务。

【造化】zào·hua 名。迷信指福气,运气:他的~不小|谁也比不上他~大。常作"有、没有"等的宾语:我们兄弟三个就数他有~,工作顺心,夫妻恩爱,子女个个都上进争气。可独立成句,须叠用:~~!儿子女儿都考上了大学。

【造就】zàojiù ❶动。培养使有作为;常带宾语:~新人|中国革命~了一大批民族的精英。❷名。成就;多用于青年人:这孩子日后必有~。

【造孽】zàoniè 动。佛教用语,指做坏事将来要受到报应;不带宾语:你别~了,~将来要受到报应的。可拆开用:儿子这么不孝,不知我前世造了什么孽。也说作孽。

【造物主】zàowùzhǔ 名。基督教徒认为上帝创造万物,因此称上帝为造物主。借指自然界:~生就了我们人的双手。

【造型】zàoxíng 名。(1)戏剧、电影等表演艺术创造角色外部形象的艺术手段之一。也叫人物造型。(2)创造出来的形象:这些洋娃娃~生动有趣。

【造型艺术】zàoxíng yìshù 词组。指用一定的物质材料(绘画用颜料、绢、布、纸等；雕塑用木、石、泥、铜等)通过造型手法具体形象地反映客观世界，通过视觉可以给人以美感的艺术。主要指绘画和雕塑、雕刻，广义也包括工艺美术、建筑等。也叫美术。

【造谣】zàoyáo 动。为了达到某种目的而编造谎言、迷惑群众，不带宾语：他又在～了。常与其他动词并用：～破坏｜～生事｜～中伤｜～惑众。可拆开用：不知谁造的谣。

【造诣】zàoyì 〈书〉名。学业所达到的程度：～很高｜～精深。常作动词"有"的宾语：在数学方面,他有一定～。注意："诣"不要读为zhǐ。

＊"造诣"和"成绩"："造诣"只用于个人,语意较重；"成绩"除用于个人外,还可用于集体,适用范围广。"造诣"为褒义词,"成绩"为中性词。

【造作】zàozuò 动。制造；常带宾语和补语：～飞机模型｜玩具～得很精致。

【造作】zào·zuo 形。装模作样,不是出于自然。矫揉～｜他的表演有点～,不大自然。

慥 zào [慥慥] 〈古〉形。忠厚诚实的样子：～笃实之君子。

簉 zào 〈古〉形。副的,附属的。

【簉室】zàoshì 〈古〉名。妾。纳为～。

噪(△譟) zào ❶动。成群的昆虫或鸟等乱叫；一般不带宾语：蝉～｜树上鸟鹊～。❷〈素〉(1)声音杂乱：～音。△(2)大声吵闹,喧哗：聒～｜鼓～。

【噪音】zàoyīn 名。物体的无规律振动产生的不和谐、不悦耳的声音；区别于"乐音"。也叫噪声。

燥 zào 形。干,没有水分或水分很少：天干地～｜天气又热又～｜空气太～。

躁 zào 形。性急,不冷静：～性子｜他的脾气很～。

【躁动】zàodòng 动。因急躁而不停地活动,急剧地动；不带宾语,可带补语：猴子在铁笼中显得～不安｜胎儿在母腹中开始～起来。可作定语,要加助词"的"：

几个大气球拖着巨幅的标语,像几条～的玉龙在高空摇头摆尾。

zé(ㄗㄜˊ)

则 zé ❶副。(1)有"就、便"的意思；表示后一事承接前一事而发生：不进～退｜他平时忙于工作,假日～补习外语。(2)有"却"的意思；表示前后对比,带有转折的语气：我们几个水平相仿,小郭～比谁都强。❷连。(1)有"那、那么"的意思；表示根据前面所说的条件得出后面的结果：隐患如不及时消除,～后果不堪设想。(2)有"虽然"的意思；用在相同的两个单音节动词或者单音节形容词之间,表示让步关系：你介绍的方法好～好,可不容易掌握。❸量。(1)指分项或自成段落的文字的条数：笔记三～｜新闻一～。(2)用在"一、二(再)、三"等后面,列举原因或理由：一～也是,再～脚痛,今天就不打球了。❹〈古〉(1)效法：～先烈之言行。(2)表示判断,相当于"是"：此～岳阳楼之大观也。❺〈素〉(1)规范,榜样：以身作～｜准～。(2)规章,条文：规～｜总～。

【则甚】zéshèn 代。做什么；表示疑问,多见于早期白话：睬他～?｜兄长回他～?

【则声】zéshēng 〈方〉动。发出声音；不带宾语,多用于否定式：听他这么一说,大家都不～了｜宝玉听了,也不敢动。

责 zé ❶名。(1)分内应做的事：尽心尽～｜人人有～。(2)〈古〉同"债"。❷〈书〉动。要求；多带单音节词作宾语：～人从宽,～己从严。❸〈素〉(1)质问,诘问：～怪｜～问｜～难。(2)责备,惩罚：斥～｜～罚｜指～。

【责备】zébèi 动。批评指摘；多指过失,常带宾语或补语：这次的差错是我造成的,不应该～他｜把他～了一顿。

【责成】zéchéng 动。指定专人或机构负责完成某项任务；常带兼语：～各级机关检查执行情况｜校领导～我们妥善处理此事。

【责怪】zéguài 动。责备,埋怨；常带宾语：不能～他,是我安排不当。可带兼语：～他不认真。

【责令】zélìng 动。提出要求,指令照着去做；须带兼语：～他们如期完工。
＊"责令"和"责成"："责令"有命令的意思，语意较重；"责成"是指定的意思，语意较轻。

【责骂】zémà 动。用严厉的话责备：对孩子不要老是～。常带宾语或补语：他声色俱厉地～他的女儿｜～了好长时间。

【责难】zénàn 动。指摘非难：孩子的这种模仿无可～。可带宾语：不宜过多～他，他已尽了自己的责任。注意："难"这里不读nán。
＊"责难"和"责备"："责难"多用于书面语；"责备"口语、书面语都用。"责难"含有非难的意思，语意较重；"责备"只表示批评指摘，语意较轻。

【责任】zérèn 名。(1)份内应做的事：教好书是教师的～。(2)没有做好份内应做的事而应承担的过失：追究～｜发生事故我们有～。

【责任感】zérèngǎn 名。对工作认真负责的心情：张先生对事业富有～。也说责任心。

【责任制】zérènzhì 名。各项工作指派专人负责，并规定责任范围的管理制度：实行岗位～。

【责问】zéwèn 动。用责备的口气质问，多带宾语：这件事张大妈已～过她的儿子，实际上与她儿子无关。可带双宾语：厂长～他完不成定额的原因。

【责无旁贷】zé wú páng dài 成。贷：推卸。自己应尽的责任，无可推卸：关心、帮助学生，是每个教师～的事。

啧 zé 〈素〉(1)争论，争辩：～有烦言。(2)咂嘴声，说话声：～～。

【啧有烦言】zé yǒu fán yán 成。啧：争辩；烦言：气愤或不满的话。很多人议论纷纷，抱怨责备：大家～，做领导的也时有所闻。

【啧啧】zézé 拟声。摹咂嘴声或说话声，表示赞叹：人言～｜这幅画真好，大家～称赞。

帻 zé 名。古代的一种头巾。

箦 zé 〈古〉名。用竹片编成的床垫子，泛指竹席。

赜 zé 〈古〉形。深奥，玄妙：探～索隐。

迮 zé 姓。

笮 zé 姓。
另见zuó。

舴 zé ［舴艋］(-měng) 〈古〉名。小船。

择(擇) zé 动。拣挑，挑选；常带宾语：任～一题｜不～手段。可带单音节形容词作宾语：～优录取｜～善而从。
另见zhái。

【择吉】zéjí 动。选定吉日；多指婚嫁、安葬等事，不带宾语，常和其他动词连用：～成婚｜～举行。

【择交】zéjiāo 〈书〉动。选择朋友；不带宾语：慎重～。

泽(澤) zé 〈素〉(1)积聚水的洼地：沼～｜～国。(2)金属珠宝等物体发出的光亮：色～｜光～。(3)湿润：润～。(4)恩惠：恩～。

【泽国】zéjuó 〈书〉名。河流和湖泊多的地区，或受水淹的地区：水乡～｜沦为～一片～。

zè(ㄗㄜˋ)

仄 zè ❶名。指仄声；与"平声"相对ست，是上声、去声、入声的总称。❷〈素〉(1)心中不安：歉～。(2)狭窄：逼～｜宽～。

昃 zè 〈古〉动。太阳西斜：日～萝衣冷。

侧 zè 同"仄❶"。"平仄"也作平侧。
另见cè, zhāi。

zéi(ㄗㄟˊ)

贼 zéi ❶名。偷东西的人。❷形。狡猾：老狐狸真～。❸〈素〉(1)出卖或严重危害国家、民族和革命利益的坏人：工～｜卖国～。(2)鬼鬼祟祟，不正派：～头～脑｜～心。(3)伤残，杀害：戕～。(4)表示"很"的意思：～亮｜～冷。

【贼喊捉贼】zéi hǎn zhuō zéi 成。比喻坏人为了逃脱罪责，转移目标，迷惑大家，反指别人是坏人：小老板明明占用了别人的地方,却叫嚷别人抢了他的地盘,真是~。

【贼亮】zéiliàng 形。很亮;用于某种光或某种发光的事物,多让人有不喜欢的感觉,或让人感到不正常:他的眼睛~,不知想干什么。常重叠:敌人打起几颗照明弹,~~,地面一时都照白了|洞里闪出一道贼亮亮的火光,吓我一跳!

【贼眉鼠眼】zéi méi shǔ yǎn 成。形容神情鬼鬼祟祟:见他那~的样子,就知道不是个正派人。

【贼头贼脑】zéi tóu zéi nǎo 成。形容举动鬼鬼祟祟的样子:这个家伙~的,不像个好人。

【贼心】zéixīn 名。邪恶的心思:~不死。

【贼眼】zéiyǎn 名。神情鬼鬼祟祟的不正派的眼光:他那双~在人群里溜来溜去。

【贼走关门】zéi zǒu guān mén 成。比喻平时没有备办,出了事故以后,才知道警惕防范:~固然晚了些,但比起那些出了事仍无动于衷的单位毕竟要好得多。

鲗 zéi [乌鲗](wū-) 名。即乌贼,软体动物,有墨囊,遇危险时放出墨汁掩护逃走。生活在海中,肉可吃,墨汁可做颜料。也叫墨鱼、墨斗鱼。

zěn(ㄗㄣˇ)

怎 zěn 〈方〉代。怎么,如何;表示疑问:这件事~办?|你~能这样马虎!

【怎的】zěn·di 〈方〉代。怎样,怎么;表示疑问:这么重要的会,他~不来?也作怎地。

【怎么】zěn·me 代。多用于询问句。(1)询问方式,作状语,动词不用否定式:你是~学会唱歌的?|这种机器~开?(2)询问原因,作状语,动词、形容词可以用否定式:你~来迟了?|屋里~这样脏?|你~不知道这件事?|水~不热?(3)询问性状,用在名词前作定语,名词多为人、东西、事:老王是~一个人?|这是~一回事?(4)询问状况,作谓语:这件事~了?办好了没有?可用在句首,表示惊异:~,你连我都不认识了?(5)表示一定的程度,只用于否定式,与"不"配合使用,相当于"不大"的意思,语气比较婉转:这首歌我刚学,还不~会唱|今天我不~舒服。(6)泛指性质、状态或方式:你爱~办就~办。

【怎么样】zěn·meyàng 代。可作谓语、状语、定语等。(1)同"怎样":你来一趟~?|这事~办才好?(2)代替某种不说出来的动作或情况,只用于否定式,比直说委婉:这堂课讲得不~|他后台硬,大家都不敢拿他~。

【怎么着】zěn·me·zhe 代。(1)询问动作或情况,作谓语或宾语:我们都去劳动,你~?|天快黑了,你是回家还是~?(2)泛指动作或情况:一个人不能想~就~。

【怎样】zěnyàng 代。多用于询问句。(1)询问性质,作定语:交~的朋友|采取~的行动?(2)询问方式,作状语:~养蚕|~雕塑?(3)询问情况,可作谓语、补语或宾语:你近来身体~?|学习得~?|现在你感觉~?还痛吗?(4)泛指性质、状态或方式:想想从前~,再看看现在~,谁个不好,谁个好,不是明摆着的吗?

*"怎样"和"怎么":"怎样"不能询问原因;"怎么"能。"怎样"能作补语;"怎么"不能。

zèn(ㄗㄣˋ)

谮 zèn 〈古〉动。说坏话诬陷别人:~言。

zēng(ㄗㄥ)

曾 zēng ❶〈古〉动。同"增"。 ❷〈素〉隔两代的亲属:~祖(祖父的父亲)|~孙(孙子的儿子)。 ❸姓。
另见céng。

增 zēng 动。添,加多:销售量大~|有~无减。可带宾语或补语:~了一级工资|~得不多。

【增补】zēngbǔ 动。增加补充;多指所缺的或漏掉的人员、内容等:文章的内容要~。常带宾语或补语:~几名委员|工作人员~得太多。

【增产】zēngchǎn 动。增加生产:粮食~了。可带宾语:本月份~1000台电扇。可拆开用:再增点产是完全可能的。

【增光】zēngguāng 动。增添光彩;不带宾语,一般用"为"构成的介词词组作状语: 毕业后要好好工作,为母校～。

【增加】zēngjiā 动。在原有基础上加多: 产量在逐年～。常带宾语或补语: ～品种|～抵抗力|在校学生由800～到1000。可带谓词作宾语: ～了消耗|～麻烦|～困难。

【增进】zēngjìn 动。增加并促进; 多带宾语: ～相互之间的友谊。可带少数谓词作宾语: ～了解|～健康。

【增刊】zēngkān 名。报刊因纪念或某种需要临时增加的篇幅或册子: 国庆～|创办十周年～。

【增强】zēngqiáng 动。增进并加强: 球队的实力大大～了。常带宾语: ～信心|～体质。可带动词作宾语: ～团结。

　　*"增强"和"增加": "增强"着重表示加强,多指有强弱、好坏之分的事物; "增加"着重表示增多,多指有数量可说的事物。

【增色】zēngsè 动。增添光彩,不带宾语: 绣花等工艺的改进,使我厂生产的服装大为～。可带补语: 他穿这西服,如再配上一条色彩鲜艳的领带,定会～不少。

【增删】zēngshān 动。增加和除去; 多指对文章、书稿的修改,常带宾语或补语: ～了几篇课文|这本书大体仍依原样出版,～不多。

【增生】zēngshēng 动。生物体某一部分组织的细胞数目增加,体积扩大。如慢性扁桃体炎引起的扁桃体肿大,皮肤因经常摩擦而使上皮和结缔组织变厚等。也叫增殖。

【增添】zēngtiān 动。加多; 常带宾语: ～教具|～财富|～活力。

　　*"增添"和"增加": "增添"强调在原有之外多了新的成分、成员或数量; "增加"强调在原有的基础上使量的方面变大。"增添"一般要求它的受事以宾语身份出现,如可以说"增添了勇气",不说"勇气增添了"; "增加"不受此限,如可以说"增加了勇气",也可以说"勇气增加了"。

【增益】zēngyì 动。增加,增添; 常带宾语或补语: ～财富|～知识|～不多。可与助词"所"构成"所"字词组,作"有"的宾语: 该书修改后,内容有所删除,也有所～。

【增援】zēngyuán 动。在人力或物力上增加支援; 多用于军事: 派一支部队前去～。可带宾语: 你们赶快去～六团。可作定语: ～部队及时赶到,打退了敌军的进攻。

【增长】zēngzhǎng 动。增加,提高: 产量不断在～。常带宾语或补语: ～才干|～知识|工业产量～得很快。

　　*"增长"和"增加": "增长"着重表示提高,多用于较概括、较抽象的事物; "增加"着重表示加多,多用于较具体的事物或数字。

【增殖】zēngzhí 动。(1)增加繁殖: 要抓计划生育,控制人口～。常带宾语: 农场今年～牲畜200头。(2)见"增生"。

憎 zēng 〈素〉恨,厌恶: ～恶|～恨|爱～分明|面目可～。

【憎恨】zēnghèn 动。厌恶痛恨: 大家对侵略者无不～。常带宾语: ～官僚主义。可加程度副词: 大家都非常～这些侵略者。

【憎恶】zēngwù 憎恨,厌恶; 常带宾语: 我～他们,不愿和他们打交道|他～黑暗有如～魔鬼。可作"遭到"等动词的宾语: 这些卖国贼一直遭到人们的～和咒骂。

缯 zēng 名。古代对丝织品的总称。另见zèng。

罾 zēng 名。一种用竹竿或木棍作支架的方形鱼网。

矰 zēng 名。古代射鸟用的拴着丝绳的短箭。

zèng(ㄗㄥˋ)

综 zèng 名。织布机上使经线交错着上下分开以便梭子通过的一种装置。
另见zōng。

锃 zèng 〈素〉器物等经过上油擦磨后闪光耀眼: ～亮|～光。

【锃亮】zèngliàng 〈方〉形。闪闪发亮,指器物擦磨后: ～的刀。常作补语: 铝锅擦得～。

缯 zèng 〈方〉动。绑,扎；常带宾语或补语：他正在～摔断了的凳脚｜竹竿裂了,把它～起来。
另见zēng。

甑 zèng 名。(1)古代做饭的一种瓦器。现在称蒸饭用的木制桶状物叫甑子。(2)一种蒸馏或使物体分解用的器皿：曲颈～。

赠 zèng 动。无代价地送东西给人；常带宾语：互～礼品。可带双宾语：伯父～我一本词典。

【赠答】zèngdá 动。互相赠送；多指诗文、礼物等：元稹白居易常以诗文～。常带宾语：～一首诗。可带双宾语：～表弟一幅画。

【赠品】zèngpǐn 名。赠送的物品：张老的～是一幅名画。

【赠送】zèngsòng 动。把东西无代价地送给别人；常带宾语：～纪念品。可带双宾语：他～我一笔金。

【赠言】zèngyán ❶动。用良言勉励或规劝；多用于临别时赠与行者,不带宾语：分手前,大家相互～留念。❷名。分别时说或写的勉励的话：这是战友的临别～。

【赠阅】zèngyuè 动。将出版的书刊赠送给别人阅读；不带宾语：这套丛书是出版社～的。

zhā(ㄓㄚ)

扎(△紥、△紮) zhā ❶动。常带宾语或补语。(1)刺：手上～了一根刺｜脚底板叫钉子～了一下。(2)〈方〉钻；指游泳时头朝下钻入水中：小王～了一个猛子｜他纵身一跳,～进水里去了。△❷〈素〉驻扎：～营。
另见zā, zhá。

【扎堆】zhāduī 动。凑在一起,聚拢在一块；不带宾语,常与其他动词连用：有几个售货员正在～聊天。可作"爱、喜欢"等动词的宾语：|他们就爱～,瞎起哄。

【扎根】zhāgēn 动。(1)指植物的根向土壤里生长；不带宾语：小松树开始～了。(2)比喻深入到一个地区或一个方面：作家要在群众中～。可作处所宾语：～农村｜～边疆。(3)比喻牢固地树立起来；不带宾语：这种思想已在他的头脑里～。

【扎煞】zhāshā 见"挓挲(zhāshā)"。

【扎实】zhā·shi 形。(1)切实,实在；指干工作、做学问的作风：他工作抓得很～｜下了一番～的工夫。可重叠：扎扎实实地做学问。(2)结实,牢固：菜篮编得很～。

【扎手】zhāshǒu ❶动。刺手；不带宾语：树枝上有刺,当心～。可拆开用：扎了一下手。❷形。比喻事情难办：这件事真～｜～的工作。也叫棘手。

【扎眼】zhāyǎn 形。(1)刺眼；多指光线、色彩等：光线太～了。(2)惹人注意；含贬义：你这样好表现,真～!｜她这身打扮很～。

吒 zhā 神话人名用字。如：哪(né)吒、金吒等。
另见zhà(咤)。

挓 zhā [挓挲](-shā)〈方〉动。张开,伸开；用于手、头发、树枝等：树枝向外～着。可带宾语：～着两手。也作扎(zhā)煞。

咋 zhā [咋呼](-·hu)〈方〉动。也作咋唬。(1)吆喝；不带宾语：他又在大声～了。可重叠：请你别在这里咋咋呼呼。(2)炫耀；常带宾语：这个人就爱在别人面前～自己。
另见zǎ, zhà。

哳 zhā 见"啁(zhāo)哳"。

查(查) zhā ❶同"楂(zhā)"。❷姓。
另见chá。

揸(摣、叡) zhā 〈方〉动。常带宾语或补语。(1)用手指撮东西：～几颗瓜子｜豆子～了一小撮。(2)把手指伸张开：五指～开｜～开手指。

喳 zhā 拟声。(1)旧时仆役对主人的应诺声；多单用：主人一声吆喝,只见那家人连声道："～,～。"(2)鸟噪声；多叠用：喜鹊登枝叫～～｜鹊声～～。
另见chā。

渣 zhā 名。(～儿、～子)(1)物质经过提炼或使用后剩下的部分：药～子。(2)碎屑：馒头～儿。

【渣滓】zhāzǐ 名。(1)物品提去精华后的残余部分。(2)比喻品质恶劣、危害社会的人：这些流氓都是社会～。

楂(樝) zhā [山楂](shān-) 名。也作山查。(1)落叶乔木，叶子似卵形，花白色。果实球形，深红色，有小白点，味酸，可吃，也可入药。(2)指这种植物的果实。

奓 zhā 地名用字。奓河、奓湖，都在湖北省。
另见zhà。

齇(皻) zhā 名。鼻子上长的红色小疮，俗称酒渣鼻。

zhá(ㄓㄚˊ)

扎 zhá [扎挣](-·zheng)〈方〉动。勉强支持；不带宾语：凤姐本性要强，～着与无事的人一样。
另见zā, zhā。

札(△劄) zhá △❶名。(1)古代写字用的小木片。(2)(～子)旧时的一种公文，件：书～|手～。❷〈素〉信

【札记】zhájì 名。指随时记录下来的读书心得或见闻：西行～。也作劄记。

轧 zhá 动。用机器切或压；常带宾语或补语：～钢板|钢材～出来了。
另见gá, yà。

【轧钢】zhágāng 动。把钢坯压制成一定形状的钢材；不带宾语：一车间～，二车间铸铁。可拆开用：轧了一吨钢。

闸 zhá 名。(1)一种可以控制河渠水流的建筑物：开～放水。(2)使机器减低速度或停止运行的制动器：一拉～，机器就停下了。❷动。把水截住，常带宾语或补语：～住了洪水。

炸(煠) zhá 动。把食物放在煮沸的油锅中使熟；常带宾语或补语：～鱼|～油条|麻花～得很脆。
另见zhà。

喋 zhá 见"唼(shà)喋。"
另见dié。

铡 zhá ❶名。铡刀，一种切草或切其他东西的工具；量词用"把"。❷动。用铡刀切东西；常带宾语或补语：～猪草|喂牛的草再～碎点儿。

牐 zhá 名。(1)古代防守城门的用具。(2)同"闸"。

zhǎ(ㄓㄚˇ)

苲 zhǎ [苲草](-cǎo) 名。指金鱼藻等水生植物。

拃 zhǎ ❶动。把大拇指和中指(或小指)张开来量东西的长度；常带宾语或补语：这块布请你～一下，估计有多长。❷量。指大拇指和中指(或小指)张开后两端的距离：这张纸有两～长。

砟 zhǎ 名。(～儿、～子)某些坚硬的块状物：焦～儿|炉灰～子。

鲊 zhǎ 名。一种用盐和红曲(调制食品的材料)腌制的鱼。

眨 zhǎ 动。眼皮很快地一合一开；常带宾语或补语：～眼睛|把眼睛～了几下。

【眨巴】zhǎ·ba〈方〉动。眨：那孩子听不明白，眼睛直～。常带宾语或补语：她～着眼睛，惶惑不安地望着我。可重叠：他～～眼睛，示意我不要去。

【眨眼】zhǎyǎn 名。比喻极短的时间，瞬间，多作状语：一～，那只兔子就不见了|～之间我们就跑到了目的地。

鲝 zhǎ ❶名。同"鲊"。❷地名用字。鲝草滩，在四川省。

zhà(ㄓㄚˋ)

乍 zhà ❶副。(1)刚，初：初学～练|～到这里，人地生疏。(2)忽然，须构成"乍…乍…"格式：天气～冷～热，要防止感冒。❷动。同"奓(zhà)"。❸姓。

诈 zhà ❶动。(1)欺骗；常带宾语：你别～人，没有人会上你的当。常作"有"的宾语：小心其中有～。(2)用假话试探对方，使吐露真情；常带宾语或补语：你别～我，我不会告诉你的|几句话，～了他一下，他就吐露了真情。❷〈素〉假装：～降|～死|～败。

【诈唬】zhà·hu 动。欺蒙吓唬；常带宾语：别想～我，内幕我清楚。

【诈骗】zhàpiàn 动。讹诈骗取：这家伙常在外面搞~活动。可带宾语：~别人的钱财,这是犯罪行为。

咋 zhà 〈素〉咬住：~舌。
另见zǎ, zhā。

【咋舌】zhàshé 动。惊讶,害怕,说不出话来；不带宾语：吓得张口~。可拆开用：咋了一下舌。

柞 zhà 地名用字。柞水,县名,在陕西省。
另见zuò。

炸 zhà 动。(1)物体突然破裂：气球~了。可带宾语或补语：~一个水瓶|杯子~裂了。(2)用炸药、炸弹爆破；常带宾语或补语：~铁路|大桥被~坏了。(3)〈口〉突然发怒；不带宾语：他一听这话就~了。常作补语：他的话把我气~了。
另见zhā。

【炸弹】zhàdàn 名。爆炸性武器的一种。通常指航空兵使用的各种炸弹。

【炸锅】zhàguō 动。锅里烧着的食物向外四散迸溅,比喻人群中因不满的话语或吵闹声发泄出来；不带宾语：马连生脾气急躁,一听到不对劲的话就~。可拆开用：这次比赛,大家都以为能得五分,结果只得了四分,全班同学炸开了锅。

【炸雷】zhàléi 〈方〉名。声音很响的雷：突然听到一声~,大家都吓了一跳。

【炸药】zhàyào 名。受热或撞击后能燃烧爆炸的物质。广泛应用于生产建设和国防建设。如黑色火药、黄色炸药等。

痄 zhà [痄腮](-sai)名。一种急性传染病,患者多为儿童。症状是发热,头痛,耳朵下部肿大,局部有压痛。又叫流行性腮腺炎。

蚱 zhà [蚱蜢](-měng)名。形似蝗虫而体形较小,体绿色或枯黄色。常生活在一个地区,不向他处迁移。是危害禾本科、豆科等植物的害虫。

榨(△搾) zhà △❶动。把物体里的汁液压挤出来；常带宾语或补语：~甘蔗|油~出来了。❷名。把物体压出汁液的器具：油~|酒~。

【榨取】zhàqǔ 动。常带宾语或补语。(1)压榨而取得：~汁液|豆里的油要~干净。(2)比喻残酷剥削或搜刮：~百姓的膏血|穷苦百姓有限的收入已被~得几无余剩了。

＊"榨取"和"夺取"："榨取"是凭借重压而取得；"夺取"是凭借强力而取。"榨取"是贬义词；"夺取"是中性词。

栅(柵) zhà 〈素〉栅栏：铁~|木~。
另见shān。

【栅栏】zhàlan 名。用铁条、木条等较坚固的材料做成类似篱笆的东西：工地上围着~。

奓 zhà 〈方〉形。张开：头发~着|这衣服的下摆太~了。
另见zhā。

砟 zhà 地名用字。大水砟,在甘肃省。

咤(吒) zhà 见"叱(chì)咤"。
"吒"另见zhā。

蛇 zhà 〈方〉名。海蜇。

溠 zhà 水名用字。溠水,在湖北省。

蜡(䄍) zhà 名。古代年终大祭之称。
另见là。

霅 zhà 水名用字。霅溪,在浙江省。

zhāi(ㄓㄞ)

侧 zhāi 〈方〉形。倾斜,歪：他写字老是朝左~|身子别老~着。
另见cè, zè。

斋(齋) zhāi 〈素〉(1)祭祀前清心洁身以示虔诚：~戒。(2)指佛教、道教等教徒所吃的素食：~饭|吃~|开~。(3)书房,屋舍：书~|荣宝~。

【斋饭】zhāifàn 名。和尚向人乞讨的饭。

【斋公】zhāigōng 名。庙祝、寺庙中管香火的人。

【斋戒】zhāijiè 动。旧时祭祀之前,沐浴更衣,戒除嗜欲(如饮酒、吃荤等),以示虔诚；不带宾语：伯父这几天正在~。可带补语：~五日。

摘 zhāi 动。常带宾语或补语。(1)采，取下；多指对植物的花、果、叶或戴着、挂着的东西：～桃子｜～下口罩｜把画从墙上～下来。(2)选取；多指词语、句子等：在这篇讲话里～了两段话｜好的句子我都～下来了。(3)暂借；指金钱：我有急用，向你～几块钱｜你有钱吗？我临时～一下。

【摘编】zhāibiān 动。摘录下来加以编辑：这些材料都是小张～的。可带宾语：他～了一本农谚。

【摘除】zhāichú 动。将有机体上多余或无用的部分除去：长虫的果子应该～｜她背上的肿瘤已经～了。可带宾语：～枯叶。

【摘记】zhāijì 动。把主要的记录下来；常带宾语或补语：～了论文中的主要论点｜把重要的内容都～下来了。

【摘录】zhāilù 动。选取书刊、文件等中的一部分抄录下来；常带宾语或补语：～了有关的内容｜把重要的材料～在本子上。

【摘要】zhāiyào ❶动。摘录要点；不带宾语，常与其他动词连用：限于篇幅，只能～刊登。❷名。指摘录下来的要点：社论～｜这是首长报告的～。

【摘由】zhāiyóu ❶动。由：事由，要点。简摘公文的要点；不带宾语：收到公文由专人～。❷名。所摘录的公文要点：文件～｜公函～。

zhái (ㄓㄞˊ)

宅 zhái 〈素〉房子，住所：住～｜～院。

【宅第】zháidì 名。旧称官үstay住宅。

【宅门】zháimén 名。(1)深宅大院的大门。(2)借指住在深宅大院里的人家：这大院里有好几个～儿。

【宅院】zháiyuàn 名。带院子的住宅。泛指住宅。

择(擇) zhái 动。选择；只适用于"择菜""择席"等词语中。

另见 zé。

【择不开】zhái·bu kāi 词组。(1)分解不开：这团线怎么也～。(2)摆脱不开，抽

不出身：我忙得实在一点功夫也～。

【择席】zháixí 动。换个地方就睡不安稳，不带宾语：我～，一换地方就睡不好。可作定语：我有～的习惯，在别人的床上睡不着。

翟 zhái 姓。
另见 dí。

zhǎi (ㄓㄞˇ)

窄 zhǎi 形。(1)狭，宽度小；与"宽"相对：～胡同｜路太～。(2)心胸不开朗，气量小：心胸太～。(3)生活宽裕：日子过得很～。

铋 zhǎi 〈方〉名。(～儿)指残缺、损坏、伤损的痕迹；用于器物、衣服、水果等：碗上有块～儿｜水果没～儿。

zhài (ㄓㄞˋ)

债 zhài 名。所欠的钱财：还了一笔～。

【债权】zhàiquán 名。债权人依法要求债务人偿还钱财和履行一定义务的权利。

【债券】zhàiquàn 名。证明持券人有权按期取得固定利息、期满收回本金的证券。

【债台高筑】zhài tái gāo zhù 成。战国时代，周赧(nǎn)王欠债很多，无法归还，被债主逼得躲到宫里的一座高台上。后来就用"债台高筑"形容欠债很多：一桩婚事不仅用光了所有的积蓄，还～，无力偿还。

【债务】zhàiwù 名。(1)欠债人所承担的还债义务；多作定语：～人。(2)指所欠的债：～很多｜偿还～。

寨 zhài 名。(1)防卫所用的木栅。(2)旧时驻兵的地方：安营扎～。(3)四周有栅栏或围墙的村子：本村本～｜娜女拿着录取通知书高高兴兴地回～。

【寨子】zhàizi 名。(1)四周有栅栏或围墙的村子。(2)四周的栅栏或围墙。

擦 zhài 〈方〉动。一种缝纫法，将衣服上的附加物件缝上；常带宾语或补语：～纽扣｜把花边～在衣服上面。

砦 zhài ❶同"寨"。❷姓

瘵 zhài 〈古〉名。病，多指痨病：半载后，病～，夜嗽不能寝。

zhān(ㄓㄢ)

占 zhān ❶动。预测吉凶;旧社会的一种迷信活动,多带宾语或补语:～了一卦|～得一点也不准。❷姓。
另见zhàn。

【占卜】zhānbǔ 动。我国古代用火灼龟壳观察其裂纹形状,以猜测吉凶祸福的一种迷信活动,后来改用铜钱、骨牌等推断吉凶:古人外出常～。可带宾语:～吉凶。

【占星】zhānxīng 动。古代借观察星象来推断吉凶;不带宾语:望乞登重阁,～上小楼。

沾(△霑) zhān 动。常带宾语或补语。△(1)浸湿:泪水～湿了衣襟。△(2)因接触而被东西附着上、沾染上;多指不好的东西:腿上～了污泥|～上了抽烟的坏习惯。(3)因有某种关系而得到好处:～了点便宜。(4)略微碰上,挨上:脚不～地。也引申为有点关系:我跟他～了一点亲。

【沾边】zhānbiān 动。不带宾语,可拆开用。(1)稍有接触:这种事你别去～|这个案子他也沾了点边。(2)接近事实或符合事物应有的样子:你说的跟我说的不～|他讲的一点也沾不上边|他学唱的这几句有点儿～。

【沾光】zhānguāng 动。凭借有利于自己的人或事物而得到好处,不带宾语:生产搞好了,大家都～。可拆开用:他尽想沾别人的光。可重叠:他也想来沾沾光。

【沾亲带故】zhān qīn dài gù 成。故:故旧、老朋友。指有亲戚朋友关系:王厂长能任人唯贤,如果没有才能,即使～,他也坚决不用。

【沾染】zhānrǎn 动。常带宾语或补语。(1)因接触不好的东西,而被沾染上了:身上～了不少油灰|创口～上了细菌。(2)因接触不良习气等而受到了影响:孩子～了坏习气|他～上赌博的恶习。

＊"沾染"和"感染":"沾染"着重在"沾",有附着、接触的意思;"感染"着重在"感",有承受、蒙受的意思。"沾染"是贬义词,多用于不良习惯、坏思想、坏作风等方面;"感染"是中性词,可用于疾病、病菌方面,也可用于思想、情绪、精神、作风等方面,用于后者往往带有褒扬的感情色彩。

【沾沾自喜】zhānzhān zì xǐ 成。沾沾:轻浮的样子。形容自以为很好而洋洋自得的样子;含贬义:决不能因这件事的成功就～起来。

毡(氈、氊) zhān 名。(～子)用兽毛等压制成的像厚呢子或粗毯子似的东西,可做防寒用品和工业上的垫material。

【毡房】zhānfáng 名。我国牧区人民居住的、用毡子蒙在木架上做成的圆顶帐篷。

粘 zhān 动。常带宾语或补语。(1)带有粘(nián)性的东西互相连结和附着在别的东西上:这种软糖会～牙|几块肥皂～在一块儿了。(2)用胶水、糨糊等使紙或其他东西贴在另一东西上:～标签|把邮票～在信封上。
另见nián。

旃 zhān ❶名。同"毡"。❷〈古〉助。"之焉"的合音:斯文之族,无乃类～。

【旃檀】zhāntán 名。古书上指檀香:～佛像。

詹 zhān 姓。

谵 zhān 〈素〉说胡话:～语|～妄。

【谵语】zhānyǔ 〈书〉名。病中神智不时的胡言乱语:张老病重时～不断。

瞻 zhān ❶〈素〉往上或往前看:观～|～仰|～前顾后。❷姓。

【瞻顾】zhāngù 〈书〉动。向前看,又向后看,或思前想后:审慎～|徘徊～|我现在还不懂得迟疑～是怎么回事。可带宾语:此事尚须～前后。

【瞻前顾后】zhān qián gù hòu 成。(1)形容做事谨慎,考虑周密:老将军指挥打仗,～,设想各种情况,真正做到万无一失,攻必克,战必胜。(2)形容顾虑过多,犹豫不决:～是成不了大事的。

【瞻望】zhānwàng 动。向远处看,向将来看;常带宾语:～世界|～未来|～前途。

【瞻仰】zhānyǎng 动。怀着敬意看;只

用于对崇敬的人或与之有关的物,带宾语:～领袖遗容|～了烈士纪念碑。

䜥 zhān 见"迍(zhūn)䜥"。

鹯 zhān 名。古书上指一种猛兽,似鹞鹰。

鳣 zhān 名。古书上指鲟一类的鱼。

zhǎn (ㄓㄢˇ)

斩 zhǎn 动。砍,杀:违令者～。常带宾语或补语:快刀～乱麻|～断侵略者的魔爪。

【斩草除根】zhǎn cǎo chú gēn 成。除草时要连根拔掉,比喻彻底除去祸根:我们一定要肃清残匪,～,不留后患。

【斩钉截铁】zhǎn dīng jié tiě 成。形容说话做事坚决果断。她～地说:"我一定完成这项任务。"
＊"斩钉截铁"和"直截了当":"斩钉截铁"着重指态度坚决果断,毫不含糊;"直截了当"着重指语言干脆爽直,不拐弯抹角。

崭 zhǎn 〈素〉高出,突出:～新|～露头角。

【崭露头角】zhǎn lù tóu jiǎo 成。崭:突出的样子。头上的角已明显地突现出来了。比喻突出地显示出才能;含褒义:吴晓霞参加国际比赛就～,赢得一枚金牌。也说初露头角。

【崭新】zhǎnxīn 形。非常新;不加程度副词:家具全是～的|～的面貌。

飐 zhǎn 〈古〉动。物体因风吹而颤动:舟尾春风～客灯。

盏(琖) zhǎn ❶〈古〉名。小杯子。❷量。用于灯:一～油灯。

展 zhǎn ❶〈素〉(1)张开,放开:舒～|伸～|开～|～示|～望。(2)放宽,推迟:～限|～期。(3)施展:一筹莫～。(4)陈列:～览|画～。❷姓。

【展翅】zhǎnchì 动。张开翅膀;不带宾语:雄鹰～。常与"高飞"连用:大雁～高飞。

【展出】zhǎnchū 动。陈列出来;常带宾语或补语:～了一批美术珍品|他的书画已～多次。

【展缓】zhǎnhuǎn 动。推迟日期,放宽期限:交货日期可否～?可带宾语:一再～行期。

【展开】zhǎnkāi 动。常带宾语:(1)张开,铺开:～画卷|～地毯。(2)大规模地进行:～攻势。可带动词作宾语:～进攻|～批评。可拆开用:工作展不开。

【展览】zhǎnlǎn 动。陈列出来供人观看:工艺品～。常带宾语或补语:～一批书画|～了一个月。

【展示】zhǎnshì 动。清楚地摆出来,明显地表现出来;常带宾语或补语:通过这些生动的情节,～了人物的内心活动|这次博览会,充分～了我国轻工业产品的新水平|一幅彩图～在我们面前。

【展望】zhǎnwàng 动。往远处看,往将来看:爬上山顶,向四周～。可带宾语:～未来,我们充满信心|～祖国建设的前景,感到无限光明。

【展限】zhǎnxiàn 动。放宽限期;不带宾语,可带补语:还款日期～一年。

【展销】zhǎnxiāo 动。集中展出并销售某类商品:夏令商品～。可带宾语:～沪产电冰箱。

【展转】zhǎnzhuǎn 见"辗(zhǎn)转"。

搌 zhǎn 动。用松软干燥的东西轻轻地擦抹或按压,吸去湿处的液体;常带宾语或补语:用药棉花～伤口上的血|墨水滴在练习本上了,快用粉笔～一下。

辗 zhǎn [辗转](-zhuǎn) 也作展转。❶动。不带宾语,可带补语:(1)身体翻来覆去转动:～不眠|她睡不着,～在她的那张又香又软的新床上。(2)经过许多地方或经过许多人的手:这几本书跟随着我在敌人后方～了好多年。❷副。曲折地,间接地;作动词的状语:～相传|这件事是～托人才办成功的。

黵 zhǎn 〈方〉动。弄脏,染上污点:白纸叫墨水～了。可带宾语:污泥～了裤管。

zhàn (ㄓㄢˋ)

占(佔) zhàn 动。常带宾语或补语。(1)据有,用强力取得:～座位|～了三间房|敌人在家乡～

了几个月。(2)处于某种地位或情况:~优势|~少数|~不了上风。
另见zhān。

【占据】zhànjù 动。常带宾语。(1)用强力取得或保住;指地域、场所等:地主~了农民的田地|~了205高地。(2)占有、占用:他在我心中~了重要的地位。可带双宾语:家务~了我不少时间。

【占领】zhànlǐng 动。用武力夺取;一般指领土、阵地等,常带宾语:决不让侵略者~我国一寸领土|~学术阵地。
 ＊"占领"和"占据":"占领"的对象常是领土、地盘、阵地等;"占据"的对象除了土地等以外,还可以是财产、地位等。

【占便宜】zhàn pián·yi 词组。(1)用不正当的方法取得额外的好处:承包工程时他们只想~。(2)比喻有优越的条件:打起篮球来,高个子要~。

【占有】zhànyǒu 动。多带宾语。(1)占据,处在:农业在国民经济中~重要地位|我军~绝对优势。(2)掌握:搞科研必须~材料|不努力学习就不能~知识。

战(戰)zhàn ❶名。战争,战斗:淮海之~|身经百~。❷动。作战,斗争:为自由而~|~则胜,不~则败。可带处所宾语或时间补语:~上海|~了一昼夜。❸〈书〉发抖,哆嗦:~栗|打~。❹姓。

【战败】zhànbài 动。(1)被打败;不带宾语:敌人~了。(2)打败了敌人;须带宾语:我军~了敌军。或用在"把"字句中:我军把敌军~了。

【战备】zhànbèi 名。战争的准备:做好~。

【战场】zhànchǎng 名。两军交战的场所。也比喻其他奋战的场合:洪水泛滥的地方就是我们的~。

【战地】zhàndì 名。两军交战的地区。也用于比喻:坚守防洪~三天三夜。
 ＊"战地"和"战场":"战地"可用于抽象的也可用于具体的同战争有关的人、地、物,使用范围较广,如:战地情侣、战地记者、战地医院;"战场"只用于战斗场所,如:淮海战场、和平的土地变成了血腥的战场。

【战抖】zhàndǒu 动。发抖,哆嗦;不带宾语:老大爷气得浑身~。可带补语:我的心猛地~起来。也作颤抖。

【战斗】zhàndòu ❶名。指敌对双方所进行的武装冲突,泛指斗争:~打响了|投入~。❷动。不带宾语,可带补语。(1)敌对双方进行武装冲突:跟顽匪一直~到凌晨。(2)比喻在工作中同困难等作斗争:他始终~在生产第一线。

【战斗力】zhàndòulì 名。军队的作战能力:要下大力气提高部队的~。

【战犯】zhànfàn 名。即"战争罪犯",指发动非正义战争或在战争中犯有严重罪行的人:严惩~。

【战俘】zhànfú 名。在战争或武装冲突中落于敌方手中的武装部队的战斗人员:不虐待~。

【战功】zhàngōng 名。在战斗中所立下的功劳:张将军身经百战,~卓著。

【战鼓】zhàngǔ 名。古代作战时为鼓舞士气而打的鼓。现多用于比喻:~冬冬,群情激奋|擂响了兴修水利的~。

【战国】zhànguó 名。指我国历史上从公元前475年到公元前221年这一个时代。

【战果】zhànguǒ 名。战斗中获得的胜利成果。也比喻取得的成绩:~辉煌|在增收节支运动中,我们车间取得了赫赫~。

【战火】zhànhuǒ 名。泛指战争或战事:~纷飞|二次世界大战以来,~未断。

【战机】zhànjī 名。适于战斗的时机:坐失~|抓住~,狠狠打击敌人。

【战绩】zhànjì 名。战争中获得的成绩:~最好|~不佳。也比喻其他工作中的成绩:军民抢收抢种,~喜人。

【战局】zhànjú 名。战争双方在一定时间或一定地区内形成的局势。也比喻竞技性项目的交锋形势:~对侵略者很不利|他在围棋大赛中常常能扭转~,反败为胜。

【战栗】zhànlì 动。发抖,哆嗦;不带宾语:浑身~。也作颤栗。

【战利品】zhànlìpǐn 名。在战争中缴获敌方的武器、装备等。

【战乱】zhànluàn 名。指战争时期的混乱状况:适逢~|赵先生在~中不幸身亡。

【战略】zhànlüè 名。(1)指导战争全局的计划和策略:~上要藐视敌人,战术上要重视敌人。(2)在一定历史时期内指导全局的总方针、总计划。(3)泛指一般工作、竞赛等活动中总的方针、计划和部署:打球也得讲究~。

【战胜】zhànshèng 动。在战争或某方面的奋斗中取得胜利;常带宾语:~了敌人|~了疾病。

＊"战胜"和"克服":"战胜"多指在对敌斗争或艰难险阻的斗争中取得胜利,语意较重;"克服"多指用坚强的意志和力量战胜困难、缺点等,语意较轻。"战胜"常用于"敌人、敌国",还可用于"自然、疾病、灾害、洪水"等;"克服"常用于"缺点、毛病",还可用于"不良倾向、狭隘性、不利条件"等。

【战士】zhànshì 名。(1)军队最基层的成员。(2)泛指参加某种正义斗争或从事某种正义事业的人:白衣~|革命~。

【战事】zhànshì 名。有关战争的各种活动。泛指战争:西线无~|~频繁。

【战书】zhànshū 名。古时战争中的一方向另一方挑战的文书,现指一般的挑战书;常作"下"的宾语:甲班给乙班下了~。

【战术】zhànshù 名。(1)进行战斗的原则和方法:灵活机动的战略~。(2)比喻解决局部问题的方法。

【战线】zhànxiàn 名。(1)敌对双方军队作战时的接触线,即双方的最前线:要坚守这一道~|~太长。(2)借指各个领域的战斗阵地:思想~|农业~。

【战役】zhànyì (1)实现一定的战略目的,按照统一的作战计划,在一定的方向上和一定的时间内进行的一系列战斗的总和:淮海~。(2)比喻在建设事业中,为实现一定的目标或任务,在统一计划指导下,在一定时间内所进行的工作总和:为了攻下冶炼关,厂部组织了六大~。

【战友】zhànyǒu 名。一起进行战斗和斗争的同志:老~|亲密~。

【战云】zhànyún 名。比喻战争爆发前的紧张气氛:~密布|整座城市被~笼罩着。

【战战兢兢】zhànzhànjīngjīng 形。不加程度副词。(1)形容因害怕而微微发抖的样子:我们~地爬上悬崖。(2)形容极端小心谨慎的样子:他意识到自己责任的重大,总是~地处理每一个问题。

【战争】zhànzhēng 名。为了一定的政治目的而进行的武装斗争。战争是政治的继续,是流血的政治,是解决政治矛盾的最高的斗争形式:抗日游击~|朝鲜~。

【战争贩子】zhànzhēng fàn·zi 词组。指蓄意破坏和平,疯狂鼓吹或制造侵略战争的反动派:一切~都逃脱不了历史的惩罚。

站 zhàn

❶动。(1)立:他~着回答问题。常带宾语或补语:屋顶上~了一个人|~得笔直。(2)停;不带宾语:干活不怕累,只怕~。可带补语:等车~稳了再下。❷名。中途暂时停留的地方或承转的机构:车子快要到~了|新建了一个~。❸〈素〉为某种业务而设立的机构:保健~|粮~。

【站岗】zhàngǎng 动。站在岗位上执行守卫、警戒任务;不带宾语:在长江大桥上~。可拆开用:站了一小时岗。

【站台】zhàntái 名。车站内供旅客上下车和装卸货物的平台。

【站住】zhàn·zhù 动。不带宾语,可拆开用。(1)指人马等停止行动:马~了。(2)站稳:病刚好,虽说腿还软,但已能~了。(3)在某个地方待下去:语言不通,他们到了那里也站不住。(4)成立;多用于理由等:这个论点能~|这种理由实在站不住。(5)〈方〉指颜色、油漆等附着而不掉:墙面太光,抹的灰站不住。

【站住脚】zhàn·zhù jiǎo 习。(1)停止行走:他跑得太快,怎么能~?(2)停在某个地方或在某个地方呆下去:他已在那个地方~了。(3)成立;指理由等:你说的这些道理也许能~。

栈(棧) zhàn

〈素〉(1)储存货物或供旅客住宿的房屋:货~|客~。(2)养牲畜的竹木栅栏:牛~|马~。

【栈道】zhàndào 名。在山的悬崖陡壁上凿孔,支架木桩,铺上木板而修成的窄道。

绽 zhàn

动。裂开;不带宾语:鞋头开~了|皮开肉~。

湛 zhàn

❶〈素〉(1)深:精~|~蓝。(2)清澈,澄清:清~。❷姓。

【湛蓝】zhànlán 形。深蓝;多用以形容天

空或海潮等呈现的颜色,不加程度副词,不单独作谓语,作定语:~的天空|~的大海。可重叠:海水~~的|湛蓝蓝的天。

颤 zhàn 动。发抖;不带宾语:身子冷得直~。
另见chàn。
【颤栗】zhànlì 见"战栗"。

蘸 zhàn 动。往液体或粉末里沾一下;常带宾语或补语:~墨水|~白糖|吃饺子要~一点儿醋。

zhāng(ㄓㄤ)

张(張) zhāng ❶动。(1)开,展开;常带宾语或补语:~嘴|翅膀~开来了。(2)陈设,铺排;须带宾语:大~筵席|屋里~了盏灯。(3)〈方〉看,瞧:你去~~,看他来了没有?❷量。(1)用于可张开、闭拢或卷起的东西:一~凉席|一~嘴。(2)用于有平面的物体:三~桌子|一~笑脸。(3)用于某些农具、乐器等:一~犁|一~古琴。❸名。二十八宿之一。❹〈素〉(1)夸大,扩大:夸~|虚~声势。(2)旧时商店开业:新~|开~。(3)紧,急:紧~|慌~。❹姓。

【张本】zhāngběn 动。不带宾语。(1)指事先就为事态的发展作好布置:到处宣扬成绩,为邀功~。(2)文章中为事态的发展而预设伏笔;详述前情,为后事~。

【张大】zhāngdà 〈书〉动。夸大,扩大;多带宾语:~其事|~其词。

【张灯结彩】zhāng dēng jié cǎi 成。挂灯笼、结彩球,形容喜庆或节日的景象:新年到来,到处~,欢庆佳节。

【张冠李戴】zhāng guān lǐ dài 成。把姓张的帽子戴到姓李的头上,比喻名实不符,弄错了对象:这是《水浒》里宋江的故事,你怎么~,说成《三国》里刘备的故事了?

【张皇】zhānghuáng 〈书〉形。惊慌,慌张:神色~|~失措(慌慌张张,不知所措)。

【张口结舌】zhāng kǒu jié shé 成。形容理屈词穷,无言答对,或紧张害怕得说不出话来:几个问题把他问得~,一句话也讲不出来。

【张狂】zhāngkuáng 形。嚣张,轻狂:他行凶抢劫,太~了|他一得意志就~起来。

【张罗】zhāng·luo 动。常带宾语或补语。(1)料理:她简单地同我打了声招呼,去~饭食|家里家外他~得很像个样子。(2)筹划,筹措:他千方百计~了一笔资金|过年的款项你~得怎样了?(3)应酬,接待:请你去替我~客人|这些买卖人,你~得好,他就高兴。

【张目】zhāngmù 动。不带宾语。(1)睁大眼睛;形容愤怒的样子,常与其他动词并用:~怒视|~叱之。(2)为坏人助长声势:这个汉奸曾为日寇~。

【张三李四】zhāng sān lǐ sì 成。假设的姓名,泛指某人或某些人:这件事不是随便派一去都干得好的。

【张望】zhāngwàng 动。向四周、远处看,或从小孔、缝隙里看:他不停地向窗外~。可带宾语或补语:~远处的景色|从门缝里~了一会儿,没看到屋子里有人。

【张牙舞爪】zhāng yá wǔ zhǎo 成。原形容野兽的凶猛姿态,后常形容坏人的凶相:敌人~不了几天了,他们的末日即将来临。

【张扬】zhāngyáng 动。有意将秘密的事或不该说的事宣扬出去:这件事切勿~。可带宾语或补语:他爱~别人的隐私|尚未决定的事不该~出去。

章 zhāng ❶名。(1)图章:一共盖了三个~。(2)诗文、歌曲的段落:全诗共四~|第二~。❷〈素〉(1)章程:规~|简~。(2)佩带在身上的标志:徽~|领~。(3)条理:杂乱无~。(4)古时臣子下的奏本:奏~。❸姓。

【章程】zhāngchéng 名。(1)政党、社会团体、企事业单位书面写定的组织规程或办事条例:《中国语言学会~》|按~办事。(2)〈方〉指办法,主张:究竟怎么干,总得拿出个~来。

【章法】zhāngfǎ 名。(1)文章谋篇布局的法则:~严谨。(2)比喻办事的程序:乱了~|~有条不紊。

【章回体】zhānghuítǐ 名。我国长篇小说的一种体裁。特点是分回标目,段落整齐,语言通俗,故事跌宕起伏而有悬念。

【章节】zhāngjié 名。章和节,即文章的组成部分,通常全书分章,章下分节。

【章句】zhāngjù 名。(1)古书的章节和句子。(2)对古书章句进行分析解释的一种著作体裁:《楚辞～》。

彰 zhāng ❶〈素〉(1)明显,显著:昭～|欲盖弥～|相得益～。(2)显扬,表彰:～善瘅恶。❷姓。

【彰明较著】zhāng míng jiào zhù 成。彰、明、较、著:都是明显的意思。形容非常明显,容易看清:布告栏里～地贴出了考场规则。也作彰明昭著。

【彰善瘅恶】zhāng shàn dàn è 成。彰:表扬;瘅:憎恶。表彰好的,斥责坏的:～,移风易俗。

獐(麞) zhāng 名。(～子)哺乳动物,形状像鹿而较小,头上无角,雄的犬齿发达,露出嘴外,形成獠牙。皮可制革。

【獐头鼠目】zhāng tóu shǔ mù 成。獐子的头小而尖,老鼠的眼睛而小圆。原形容人的贫贱相,后常形容面目丑陋、心术不正的人:那家伙～,实在不像个正派人。

漳 zhāng 水名、地名用字。漳河,在河北省;漳江,在福建省。

嫜 zhāng 〈素〉旧时称丈夫的父亲:姑～(婆婆和公公)

璋 zhāng 名。古代的一种玉器,形状像半个圭。

樟 zhāng 名。樟树,常绿乔木,全株有香气,木材制家具可防虫蛀,根、茎、叶可提取樟脑,果可榨油。

蟑 zhāng 【蟑螂】(-láng) 名。昆虫,黑褐色,体扁平,能发出臭气。多在夜里出来觅食,常咬坏衣物,并能传染多种疾病,是一种害虫。也叫蜚蠊(fěilián)

zhǎng(ㄓㄤˇ)

长(長) zhǎng ❶动。(1)生;常带宾语或补语:头上～了一个疖子|山上～满了杜鹃花。(2)成长。形容:这孩子～得很高|杨树～得快。(3)增进,增加;须带宾语:～见识|～志气。❷形。年龄或辈分大;不加程度副词:他比我年～。可带补语:我比他一一辈。❸〈素〉(1)同辈中排行第一:～子|～孙。(2)领导人,负责人:首～|部～。
另见cháng。

【长辈】zhǎngbèi 名。辈分高的人。

【长房】zhǎngfáng 名。家族中长子的一支。

【长官】zhǎngguān 名。旧时指行政单位或军队中的高级官员。

【长进】zhǎngjìn 动。指品质或学业等方面有进步;不带宾语:他的学问这几年又～了不少。常作"有、没有"的宾语:这两年忙于事务,技艺上没有多少～。

【长老】zhǎnglǎo 名。(1)〈书〉年纪大的人。(2)旧时对年纪大的和尚的尊称。

【长年】zhǎngnián 〈方〉名。船主人。
另见chángnián。

【长势】zhǎngshì 名。生长的状况或趋势;指植物:麦子～很好。

【长孙】zhǎngsūn ❶名。长子的长子,现在也指排行最大的孙子。❷复姓。

【长相】zhǎngxiàng 〈口〉名。相貌:这人～一般。

【长者】zhǎngzhě 名。(1)辈分高,年纪大的人:要尊重～。(2)年高有德的人:赵老是位德高望重的～。

【长子】zhǎngzǐ 名。(1)大儿子。(2)县名,在山西省东南部。

涨(漲) zhǎng 动。常带宾语或补语。(1)升高;指水位:河里～水了|潮水～得很快。(2)提高;指报酬、物价等:～了一级工资|物价～得厉害。
另见zhàng。

仉 zhǎng 姓。

掌 zhǎng ❶名。(1)手掌,也指动物的脚掌。(2)(～儿)钉或缝在鞋底部、后部的皮子或橡胶:前～儿|后～儿|给我的鞋钉一块～儿。(3)马蹄铁:这匹马已经钉了～。❷动。(1)用手掌打击;常带宾语:～脸|～嘴。(2)主管,执掌;常带宾语:～着生杀大权|～大印。(3)〈方〉钉补鞋底:～了一双鞋。(4)〈方〉加上油盐等:～点麻油。❸姓。

【掌灯】zhǎngdēng 动。不带宾语,可拆开用。(1)手里提着灯:夜里在山间小道

行走要~|他掌着灯走夜路。(2)点灯;指油灯:还没到~的时候|天黑了,该掌一盏灯。

【掌舵】zhǎngduò 动。掌握船上的舵,比喻把握住方向;不带宾语:这里的工作有你~,大家就放心了。可拆开用:需要有经验的人来掌好舵。

【掌故】zhǎnggù 名。关于历史上的典章制度、人物事迹等的传说和故事:文坛~~|此书集录了有关帝王的许多~。

【掌管】zhǎngguǎn 动。主持,负责管理:这项工作由老刘~。可带宾语或补语:~一个部门|~得很好。

【掌柜】zhǎngguì 名。某些地区称商店老板或总管商店事务的人。也叫掌柜的。

【掌权】zhǎngquán 动。掌握大权;不带宾语:人民的干部要为人民~。可拆开用:要掌好人民给你的权。

【掌上明珠】zhǎng shàng míng zhū 成。原比喻深受钟爱的人,后多专指父母特别疼爱的儿女:她是父母的~。也说掌珠、掌中珠、掌上珠。

【掌握】zhǎngwò 动。常带宾语或补语。(1)了解事物,并能充分支配和运用:~事物发展规律|情况~得很清楚。(2)主持,控制:~政权|~会议|上课时间~得很好。

*"掌握"和"操纵":"掌握"是中性词,"操纵"是贬义词。"掌握"使用范围较宽,不论具体的、抽象的事物都能用;"操纵"使用范围较窄,多用于具体的人或事物。

【掌心】zhǎngxīn 名。手心。比喻控制的范围:孙悟空逃不出如来佛的~。

礃 zhǎng 名。(~子)煤矿里掘进和采煤的工作面。也作掌子、礃子面、掌子面。

zhàng (ㄓㄤˋ)

丈 zhàng ❶量。市制长度单位,一丈等于十尺。❷动。丈量;限用于土地,常带宾语或补语:~地|把这块地一~一下。❸〈素〉(1)古时对老年男子的尊称:老~|~人。(2)丈夫:姑~(姑妈的丈夫)|姐~(姐姐的丈夫)。

【丈夫】zhàngfū 名。成年男子的通称:要有点~的气概。常用"大"修饰:大~能屈能伸。

【丈夫】zhàngfu 名。女子的配偶。

【丈量】zhàngliáng 动。用皮尺等测量土地面积;常带宾语或补语:~田亩|把村里的地认真~一下。

【丈人】zhàngrén 名。古时对老年男子的尊称。

【丈人】zhàngren 名。岳父,妻子的父亲。

仗 zhàng ❶名。战争;多与"打"搭配:这一~打得很漂亮。❷动。凭借,依靠;须带宾语:狗~人势|~着后台的势力,欺压群众。可带主谓词组作宾语:这些坏蛋~着人多,到处横行霸道。

【仗恃】zhàngshì 〈书〉动。依靠;常带宾语或补语,多用于贬义:他~父亲的权势,到处胡作非为。可带主谓词组作宾语:他~自己钱多,花钱大手大脚,毫不在乎。

【仗势】zhàngshì 动。依靠某种权势;多指干坏事,常与"欺人"连用,不带宾语:这家伙一贯~欺人。可拆开用:仗他人之势。

【仗义疏财】zhàng yì shū cái 成。讲义气,看轻钱财;多指拿出自己的钱财帮助别人:此人襟怀宽广,~,在这一带很有名望。

【仗义执言】zhàng yì zhí yán 成。为了伸张正义而说公道话;含褒义:这时,小伙子挺身而出,~,把那个无理取闹的人狠狠批评了一顿。

杖 zhàng 〈素〉(1)扶着走路的棍子:拐~|手~。(2)泛指棍棒:擀面~。

帐(帳,△賬) zhàng (1)(~子)用布、纱或其他材料做成的挂在床上或支在地上用的帷幕:这是圆顶~子。△(2)关于财物出入的记录:查一笔~。△(3)债务:欠人的~要还。△(4)指帐簿:一本~。△(5)比喻所做的事或应承担的责任:你是单位负责人,出了事,这个~不找你算找谁算?

【帐簿】zhàngbù 名。记帐用的簿籍。也叫帐本、帐册。

【帐房】zhàngfáng 名。(1)旧时企业单位中或地主、资本家家中管理银钱货物出入的处所。(2)指办理上述事务的人。

【帐目】zhàngmù 名。帐本上记载的项目:～清楚|公布～。

【帐篷】zhàngpeng 名。用帆布等做成的撑在地上遮蔽风雨、日光的东西。也叫帐幕。

胀(脹) zhàng 动。(1)膨胀,体积变大;不带宾语,常带补语:热～冷缩|缸里的水结了冰,把缸～裂了。(2)体内某部分产生膨胀不舒服的感觉;可带宾语或补语:～肚子|吃得太多了,肚子～得难受。

涨(漲) zhǎng 动。可带宾语或补语。(1)体积增大:这种米～饭|蚕豆用水一泡,～大了。(2)头部充血:头昏脑～|他气得～红了脸。(3)多出,超出;用于度量衡或货币的数目:～了半尺布|～出两块钱。
另见zhàng。

障 zhàng 〈素〉(1)阻挡,遮掩:～碍|～蔽。(2)用来遮挡、防卫的东西:风～|屏～。

【障碍】zhàng'ài ❶动。挡住道路,使不能顺利通过;常带宾语或补语:～事业的前进|我们的事业任何人～不了。❷名。指阻挡前进的人或事物:扫清～|制造～。

＊"障碍"和"阻碍":作动词用时,"障碍"的使用范围窄,"阻碍"的使用范围宽。作名词用时,"障碍"多和"排除、扫清"等搭配;"阻碍"多和"克服、减少"等搭配。"障碍"可以构成新词"障碍物";"阻碍"没有构词能力。

【障眼法】zhàngyǎnfǎ 名。遮蔽或转移别人的视线,使人看不清真相的手法。也说遮眼法。

幛 zhàng 名。(～子)用作祝贺或吊唁礼物的整幅绸布,上面题有祝贺或哀悼的词句。

嶂 zhàng 〈素〉像屏障一样高险的山峰:层峦迭～。

瘴 zhàng 名。瘴气,热带或亚热带山林间湿热蒸郁的空气。从前认为是瘴疠的病原。

【瘴疠】zhàngli 名。指热带潮湿地区流行的恶性疟疾等传染病。

zhāo (ㄓㄠ)

钊 zhāo 〈古〉动。勉励;多用于人名。

招 zhāo ❶动。常带宾语或补语。(1)举起手上下挥动叫人来:他对我～着手,要我过去|用手～了几下。(2)用广告或通知的方式使人来:～了几名徒工|学生～得不多。可带兼语:～两人当翻译。(3)引来;指不好的事物:他～了好多是非|这堆垃圾把苍蝇～来了。(4)招惹,引逗;多用于否定式:这个人不讲道理,别～他|这孩子～不得,一逗就哭。(5)引起爱憎的反应;多带兼语:这孩子人喜欢|别～人讨厌。可加程度副词:很～人爱。(6)承认自己的罪行:他已～了口供|犯罪事实他都～出来了。❷名。同"着(zhāo)"。❸姓。

【招安】zhāo'ān 动。封建统治者用欺骗的手段,诱使武装反抗的人放下武器,投降归顺;不带宾语:皇帝～,宋江便归顺了朝廷。可作"接受"等动词的宾语:梁山农民起义军已经接受～|他们正在等候～。

【招标】zhāobiāo 动。兴建某项工程或进行大宗商品交易时,公布标准和条件,提出价格,招人承包或承买;不带宾语:这项工程即将公开～。常作"开始、进行"等动词的宾语:这幢楼房的建造已开始～了。可拆开用:这批货已有人招过标了。

【招兵买马】zhāo bīng mǎi mǎ 成。组织或扩充武装力量,也比喻组织或扩充人力:敌人如今又大肆～,企图重整旗鼓,挽回败局。

【招待】zhāodài 动。欢迎、接待宾客或顾客,并给以应有的待遇:客人来了,要派人～。常带宾语或补语:热情～来宾|～了三天。可带双宾语:～他一顿饭。可带兼语:～你们看电影。可重叠:你去～～女宾。

【招风】zhāofēng 动。指引人注目,惹是非;不带宾语:你这样好出头露面,容易～惹事|树大～。

【招供】zhāogòng 动。罪犯供出犯罪事实;不带宾语:在事实面前,他不得不～。

可拆开用:罪犯终于~了供。

【招呼】zhāo·hu 动。常带宾语或补语。(1)呼唤:他在大声~你呢|把孩子从楼下~上来。可带兼语:你~他快过来。(2)问候:进门先~爷爷|他向我~了一声。(3)吩咐,关照:你去~他,叫他明天来|在哪里停车,你~一下。可带兼语:孩子好好学习。(4)照料:他正在牛棚里~牲口|对病人~得很周到。可重叠:你去~~这些病号。

【招集】zhāojí 动。召集,招呼有关人聚集;常带宾语或补语:~学生|把大家~起来。可带兼语:~全校教师开会。

【招架】zhāojià 动。抵挡:敌军无力~,只得落荒而逃。带"住、不住"等补语后可带宾语:~不住这样强大的攻势。

【招徕】zhāolái〈书〉动。招揽:广为~。常带宾语:~顾客|~游客。
＊"招徕"和"招揽":都表示用某种办法把顾客招引来的意思,但"招徕"只用于人,如"顾客、游客、观众"等,不同"生意"搭配;"招揽"却常同"生意"搭配,也可用于人。"招徕"书面语色彩较浓;"招揽"口语、书面语都常用。

【招揽】zhāolǎn 动。招引到自己方面来;常带宾语或补语:~顾客|把生意~过来。

【招牌】zhāopái 名。(1)挂在商店门前,表明商店名称或售货类别的牌子,作为商店的标志:这块~设计得很别致|把~拿出去。(2)比喻所借用的某种名义或称号;常作"打、挂"等动词的宾语,多含贬义:这家伙打着记者的~,到处招摇撞骗。

【招聘】zhāopìn 动。用发公告的方式聘请;常带宾语:~技术员|~教师。可带兼语:~能人当厂长。

【招亲】zhāoqīn 动。不带宾语,可拆开用。(1)招人到自己家里来做女婿:老汉只有一个独生闺女,准备给女儿~|给女儿招了亲。(2)到女方家做女婿,入赘:小王打算~到李家去|如今小李被招了亲,做了张先生的女婿。

【招惹】zhāo·re 动。(1)引起;指是非或麻烦等,常带宾语:~是非|你不管也好,免得~麻烦。(2)〈方〉用言语或行动触动、逗引;常带宾语或补语,多用于否定式:你最好别~他|这个人可~不得。可带兼语:别~人讨厌。

【招认】zhāorèn 动。罪犯承认犯罪事实:他的罪行基本上都~了。常带宾语或补语:他已~了自己的罪行|他把自己所做的一切都~出来了。

【招数】zhāoshù 见"着(zhāo)数"。

【招贴】zhāotiē 名。贴在公共场所以达到宣传目的的文字、图画:墙上有一张~。

【招降纳叛】zhāo xiáng nà pàn 成。招收、接纳敌方投降、叛变过来的人。现多指网罗坏人结党营私;用于贬义:明朝末叶,宦官当道,他们~,陷害忠良,把国家搞得乌烟瘴气。

【招摇过市】zhāoyáo guò shì 成。招摇:故意张扬自己,引人注意;过:经过;市:街,借指人多的地方。指故意在群众面前张扬夸耀自己,以引起别人的注意;含贬义:穿着奇装异服的青年人,大声~着,~。

【招摇撞骗】zhāoyáo zhuàngpiàn 成。招摇:故意炫耀自己,引人注意;撞骗:找机会行骗。假借名义,张扬炫耀,寻找机会,到处骗人:这些家伙打着公司的旗号,在外面~,干了不少违法乱纪的勾当。

【招引】zhāoyǐn 动。用动作、声响或色、香、味等特点吸引;常带宾语或补语:他用玩具~孩子|这堆垃圾把苍蝇~过来了。

【招展】zhāozhǎn 动。飘舞,摇动;不带宾语:花枝~|鲜艳的红旗迎风~。
＊"招展"和"飘动":"招展"侧重于在空中摇动;"飘动"侧重于在空中拂动、晃动或轻快地移动。"招展"有引人注目的意思;"飘动"没有。"招展"一般用于旗帜;"飘动"适用于旗帜、纸片、烟雾等。

【招致】zhāozhì 动。须带宾语。(1)招引,搜罗;多指人:~人才。(2)招来,引起;多指不良后果,宾语多是动词或动词性组:由于疏忽大意,~严重损失|他一偷再偷,屡教不改,~锒铛入狱。

昭 zhāo〈素〉明显,显著:~著|彰~|~~。

【昭然若揭】zhāorán ruò jiē 成。昭然:

很明显的样子;若:像;揭:揭开,完全暴露。形容真相大明,完全暴露出来:他们祸国殃民的罪行,～,是抵赖不了的。

【昭雪】zhāoxuě 动。把冤枉洗清,恢复名誉;不带补语,常与"平反"并用:凡属冤案,都应平反～。可带宾语:～了几十年的冤案。

【昭彰】zhāozhāng 形。明显,显著;不加程度副词,一般单独作谓语:众目～|罪恶～|天理～。

【昭昭】zhāozhāo 〈书〉形。不加程度副词。(1)光明,明亮:白日～|天理～。(2)明辨事理:以其昏昏,使人～。(3)显著:～的功绩。

【昭著】zhāozhù 形。明显;不加程度副词,一般单独作谓语:臭名～|功勋～。

啁 zhāo ［啁哳］(-zhā)〈书〉形。形容声音杂乱细碎:其人举手指挥,语～不可辨|～的脚步声搅得我难以入睡。也作嘲哳。
另见zhōu。

着(招) zhāo 名。(～儿)(1)下棋时落下一子或走一步叫一着:只因一～儿错,输却满盘棋。(2)比喻计策或手段:他使出的这一～儿真厉害。
另见zháo, ·zhe, zhuó。

【着数】zhāoshù 名。也作招数。(1)下棋的步子。(2)武术的动作:他熟悉这套拳术的～。(3)比喻手段,计策:对付敌人,越多、越奇就越好|看不出来,他还有几下～。

朝 zhāo 〈素〉(1)早晨:～晖|～阳|～令夕改。(2)天,日:今～|明～。
另见cháo。

【朝不保夕】zhāo bù bǎo xī 成。朝:早晨;夕:傍晚。早晨保不住晚上会发生什么情况。形容处境困急:当时,全家过着～的生活,终日为生计而提心吊胆。也作朝不虑夕。注意:"朝"这里不读cháo。

【朝晖】zhāohuī 〈书〉名。早晨的阳光:满园～|我们迎着～,走进校门。

【朝令夕改】zhāo lìng xī gǎi 成。早晨下达的政令,晚上就改变了。原形容过去统治阶级的政令时常更改,人民深受其苦。后也比喻经常改变主张和办法,使人无所适从:你老是～,叫人怎么办才是

呢?注意:"朝"这里不读cháo。

【朝露】zhāolù 〈书〉名。早晨的露水,比喻存在时间非常短促的事物:人生如～。

【朝气】zhāoqì 名。比喻精神振作,力求进取的气概:青年人～蓬勃|他是个富有～的小伙子。

【朝秦暮楚】zhāo qín mù chǔ 成。朝:早晨;暮:晚上。战国时,秦楚两大国对立,小国时而附秦,时而附楚。比喻人主意不定,反复无常;含贬义:这个人～,是个不堪信用的人。注意:"朝"这里不读cháo。

【朝三暮四】zhāo sān mù sì 成。《庄子·齐物论》中说,有个玩猴子的人拿橡子喂猴子,他对猴子说,早上给每个猴子三个橡子,晚上给四个,猴子都生气了。他又说,早上给四个,晚上给三个,猴子都高兴了。原比喻用诈术欺骗人,后比喻反复无常;含贬义:他是个～的人,靠不住|事情既然已经决定了,就不要～。

【朝夕】zhāoxī 名。(1)天天,时时:～相处。(2)一天之内,指极短的时间:只争～|～不保。

【朝霞】zhāoxiá 名。日出时的云霞;迎着～向田野走去|映红东方的半边天。

【朝阳】zhāoyáng 名。刚刚升起的太阳:同学们迎着～放声歌唱。

嘲 zhāo ［嘲哳］(-zhā) 见"啁(zhāo)哳"。
另见cháo。

zháo(ㄓㄠˊ)

着 zháo 动。(1)接触,挨上;须带宾语:屁股上生了疮,不能～椅子|手烫伤了,一～水就疼。(2)感受,受到;须带宾语:昨天～了点凉|当心,别～了风。(3)燃烧:炉子里的煤～了。可以"火"作宾语:不好了,厨房里～了火,快用水浇。可带补语:火～得很旺。(4)灯发光;不带宾语:教室里的灯有的不～。(5)〈方〉入睡;不带宾语:这孩子一躺到床上就～了。(6)用在动词后边,表示达到目的或有了结果,作补语:谜语猜～了|钢笔找～了。
另见zhāo, ·zhe, zhuó。

【着慌】zháohuāng 动。着急而慌张;不

带宾语:考试时要沉着,别~。可拆开用:一碰到难题他就着了慌。

【着急】zháojí 动。急躁不安:别~,有问题商量解决。可带宾语或补语:他~儿子的前途|~了半天也无济于事。可带主谓词组宾语:我不~别的,就~孩子不求上进。可加程度副词:得知母亲病重,他很~。可拆开用:慢慢来,着什么急。

【着忙】zháománg 动。因感到时间紧迫而加快行动;不带宾语:离上车时间还早,别~。可拆开用:慢慢干,着什么忙?

【着迷】zháomí 动。入迷,喜好得难以舍弃;不带宾语:他听评书简直~了。可带补语:~到了废寝忘食的地步。可拆开用:这本小说使他着了迷。

zhǎo(ㄓㄠˇ)

爪 zhǎo 名。鸟兽的脚或动物的脚趾甲:虎的趾端有~|鹰的~很尖锐。

另见zhuǎ。

【爪牙】zhǎoyá 名。原指猛禽、猛兽的爪和牙,比喻坏人的党羽或替坏人出力办事的狗腿子:这个地头蛇手下有许多~,干尽了伤天理的事。注意:"爪"这里不读zhuǎ。

找 zhǎo 动。常带宾语或补语。(1)觅取,寻求:~材料|钢笔~了半天才~到。可带兼语:~个人来帮帮忙。(2)把多余的部分退回,或把不够的部分补足;多指钱币:~零钱|把钱~给他了。可带双宾语:应该~他两毛钱。

【找补】zhǎo·bu 动。把不足的补上:钱不够可以~。可带宾语:这段文章的意思不够完整,要~几句。

【找茬儿】zhǎo chár 习。比喻故意挑毛病:老李对别人的工作总爱~。也说找岔子。

【找麻烦】zhǎo má·fan 习。让自己或别人费事,增添负担:最近我很忙,请你别来~了。

【找事】zhǎoshì 动。不带宾语,可拆开用。(1)寻找工作:小刘待业在家,正托人~|工作时间应该没事~做|一些事做做。(2)故意挑病或挑起事端:他不怀好意,

专门来~|好好的,找什么事?

【找寻】zhǎoxún 动。寻找;常带宾语或补语:~走失的孩子|城里城外~遍了也没有~到。

沼 zhǎo 〈素〉天然的水池子:池~|湖~|~泽。

【沼气】zhǎoqì 名。池沼污泥中埋藏的植物体,在隔绝空气的情况下受到细菌的分解作用所产生的气体。也可用粪便、植物茎叶加甲烷细菌,使发酵而制得。主要成分是甲烷,用作燃料或化工原料。

【沼泽】zhǎozé 名。水草丛生的泥泞地带。

zhào(ㄓㄠˋ)

召 zhào ❶动。呼唤人来;常带宾语或补语:你去~人,我来整理会场|把学生全部~回来。可带兼语:~人来开会。❷姓。

【召唤】zhàohuàn 动。呼唤,号召:祖国在向我们~。可带宾语:伟大的理想~着我们。可带兼语:雄壮的歌声~人们起来抗击侵略者。

　　*"召唤"和"招呼":"召唤"没有问候、吩咐、照料等意思;"招呼"有这些意思。"召唤"较少用于人,常用于比较抽象的事物;"招呼"常用于人,指用语言、手势、信号等叫人来。

【召集】zhàojí 动。通知人集合起来;常带宾语或补语:~全体师生|把大家~在操场上。常带兼语:班长~我们去开会。

【召见】zhàojiàn 动。多带宾语。(1)指上级叫下级来见面:中央首长~劳动模范。(2)由外交部通知外国驻本国使节前来见面,当面表示某种意见或提出抗议:~各国公使。

【召开】zhàokāi 动。召集人们开会:职工代表大会即将~。常带宾语或补语:~表彰大会|这个会~得很及时。

　　*"召开"和"召集":"召开"只指叫人来开会,直接的对象是会议,不是人;"召集"指把人们召唤到一起,强调"聚集",直接的对象可以是人,也可以是会议。

诏 zhào 〈古〉❶动。告诉,告诫;用于上对下,多带宾语:~近臣,晓大义。❷名。指皇帝颁发的命令。

照(△炤)

照(△炤) zhào ❶动。常带宾语或补语。△(1)光线射到物体上: 别用手电筒~人|太阳~在凉台上。(2)对着镜子或其他反光的东西看自己的影子,也指有反光作用的东西把人或物的形象反映出来: ~镜子|地板亮得把人都~出来了。(3)拍摄: ~了一张相片|这张相片~得很好。❷介。(1)朝,向,对着: ~这个方向前进|~着敌人开枪。(2)按照,依照: ~计划执行|~他的意见办。❸〈素〉(1)比照,查对: 对~|查~。(2)看顾,料理: ~管|~应。(4)通知: ~会。(4)知晓,明白: 知~|心~不宣。(5)政府所发的凭证: 车~|护~。(6)相片: 小~|玉~。

【照办】zhàobàn 动。依照办理;不带宾语: 您的意见,我已~了。可拆开用: 情况不同,不能不顾实际一味地照着办。

【照本宣科】zhào běn xuān kē 成。宣科: 指道士念经。原指道士照着本子念经,现比喻只是照着本子念,不能结合实际情况灵活发挥: ~地讲课,就不能吸引学生。

【照壁】zhàobì 名。建造在大门外做屏蔽用的墙壁。也叫照墙、照壁墙。

【照常】zhàocháng 形。跟平常一样;不加程度副词,只作谓语: 一切~|星期天上课时间~。常作状语: 节日期间~营业|如下雨,~出发。

【照拂】zhàofú 〈书〉动。照料,照顾: 伤员由她~|家里的事全靠母亲~。可带宾语: 悉心~老人。

【照顾】zhàogù 动。常带宾语或补语,可重叠。(1)注意,考虑: 各方面的工作都要~到|应该~~全局|~得很周到。(2)特别关心,给以优待: 对老年人要好好~|~~孕妇|对孩子~得很好。可带双宾语: ~你们一套新房子。可加程度副词: 一路上他对我很~。(3)商店管顾客前来购买东西叫照顾: 开业志喜,请君多多~|请您~一点生意|我~你们店的生意好几次了。

【照管】zhàoguǎn 动。照料管理: 这个家全靠她~。常带宾语或补语: ~好孩子|班里的事请他~一下。可重叠: 我的行李请你~~。

【照葫芦画瓢】zhào hú·lu huà piáo 成。比喻依照已有的样子模仿着做: 应该要有创造性,不能~。

【照护】zhàohù 动。照料、护理;多指对伤员或病人;这些伤员由她~。常带宾语或补语: ~重病号|这位护士对病人~得很周到。可重叠: 孩子发烧,不想吃,多~~。

【照会】zhàohuì ❶动。一国政府把自己对双方有关的某一事件的意见通知另一国政府,须带宾语: 就边界问题,~该国驻华使馆。❷名。上述性质的外交文件: 我国大使已奉命向对方递交了一份~。

【照镜子】zhào jìng·zi 习。比喻以先进人物或先进单位为榜样,对照自己找差距: 我们要以英雄人物为榜样,经常~,找差距。

【照旧】zhàojiù 形。跟原来一样;不加程度副词,只作谓语: 生活里起过小小的波浪,如今平静下来了,一切~。可作状语: 跟没有发生什么事一样,他~上班。

【照看】zhàokàn 动。常带宾语或补语: 上车后要~好自己的行李物品|对病人~得很好。可重叠: 请~~我的行李。

※"照看"和"照管":"照看"侧重于看守,多用于对人或东西的临时性照料;"照管"侧重于管理,既用于对人或东西,也用于对事情或工作,可以是临时性的,也可以是长期性的。

【照理】zhàolǐ 副。依照情理;用在前一分句,后一分句用"可是"等呼应,表示转折: 他~是可以考上大学的,可是由于怯场,没能考好。

【照例】zhàolì 副。依照惯例: 春节~放假三天。

【照料】zhàoliào 动。照看料理: 老人的生活全由她~。常带宾语或补语: ~家务|对牲口~得很细心。可重叠: 好好~~孩子。

※"照料"和"照顾":"照料"着重在细心料理;"照顾"着重在用心看护。"照料"可用于对人、对事物,"照顾"多用于对人。"照料"是单义词,"照顾"是多义词。

【照临】zhàolín 动。照射到;通常指日、月、星的光,多带宾语: 曙光~大地。

【照猫画虎】zhào māo huà hǔ 成。照着猫画虎。比喻只是从形式上模仿：～地学一些架势，是练不出武术的真功夫来的。

【照面儿】zhàomiànr 动。(1)露面，见面；不带宾语，常用于否定式：这个人始终不～。可拆开用：我只跟他照了一次面儿。可重叠：你应该跟大家照照面儿。(2)面对面不期而遇叫打个照面；只作"打"的宾语：那天我跟他打了个照面儿。

【照明】zhàomíng 动。利用灯光或照亮物体、场所等：用灯光。可带宾语：火炬～了前进的道路。常作定语：～设备｜～弹。也可作"用于"的宾语：用于舞台～。

【照射】zhàoshè 动。光线射在物体上；常带宾语或补语：探照灯～着敌机｜灯光～在墙壁上。

【照相】zhàoxiàng 动。摄影的通称；不带宾语：他们正在～。可重叠：咱们去照照相。可带宾语：照了个相。也作照像。

【照样】zhàoyàng ❶副。仍旧，情况没有变更：衣服虽旧，～可以穿｜天黑了，大家～热火朝天地干着。❷动。依照某个样式；不带宾语，多与其他动词连用：这是～做出来的复制品｜～写一张。可拆开用：照姐姐衣服的样儿给我做一件。

【照耀】zhàoyào 动。(1)照射：在灯光的～下一切都看得清清楚楚。常带宾语或补语：阳光～着大地｜太阳灯把整个球场～得如同白昼。(2)比喻指引，指导；常兼语：革命的真理～着我们前进。
  * "照耀"和"照射"："照耀"所指的光线一般较强烈，照的范围也较大；"照射"所指的光线可强可弱，范围可大可小。"照耀"有比喻用法，带一定的文艺色彩；"照射"没有。

【照应】zhàoyìng 动。呼应，配合：这幅画上的景物互相～，非常协调｜文章要前后～。可带宾语：这句话～了开头的一段。

【照应】zhào·ying 动。照顾，照料：一路上我全靠您～，真不知如何感谢是好。常带宾语或补语：好好～孩子｜对老人～得很好。
  * "照应"和"照顾"："照应"是一般的

注意、关心，着重指照看，语意较轻；"照顾"是特别注意、关心，甚至给以优待，语意较重。

兆 zhào ❶数。指100万，古代也指一万亿。❷动。预示；用在比较固定的语句中：瑞雪～丰年。❸〈素〉事情发生前的征候或迹象：征～｜预～。❹姓。

【兆头】zhào·tou 名。事前出现的迹象：这是暴风雪就要来临的～。

【兆周】zhàozhōu 量。无线电波频率单位，每秒振动100万次叫一兆周。

赵(趙) zhào ❶名。周朝国名，在今河北西部和南部、山西中部和北部一带。后为秦所灭。❷姓。

【赵公元帅】zhào gōng yuánshuài 词组。指赵公明，民间传说中的财神。

笊 zhào [笊篱](-·li) 名。用竹篾、柳条或铁丝等编成的一种勺形用具，能漏水。用来在汤里捞东西。

棹(櫂) zhào 〈方〉名。划船的长桨，也借指船。
另见 zhuō (桌)。

罩 zhào ❶名。(1)捕鱼、养鸡鸭等用的竹笼子。(2)(～儿、～子)覆盖在物体外面的器物：台灯～儿。❷动。覆盖，扣盖；常带宾语或补语：皎洁的月光像纱一样～着大地｜把饭菜～在桌子上。

肇(肇) zhào ❶〈素〉开始，引起：～端｜～事。❷姓。

【肇事】zhàoshì 动。引起事故，挑起事端；不带宾语：谁～，谁负责。常作定语：他是这起重大事故的～人｜请你说说～的经过。

曌 zhào 人名用字。同"照"。唐朝女皇帝武则天为自己名字造的字。

zhē(ㄓㄜ)

折 zhē 〈口〉动。翻转，倒过来倒过去，常带宾语或补语：～了一个跟头｜这碗水太烫，要～几下。
另见 shé，zhé。

【折腾】zhē·teng 〈口〉动。常带宾语或补语。(1)反复做；多指无意义的事：小明就喜欢～收音机｜这件衣服给她～坏了。(2)折磨，使难受：这种病真～人｜这孩子把人～得吃不消了。

蜇 zhē 动。(1)蜂、蝎子等用尾部的毒刺来刺人和牲畜：我被黄蜂~了。可带宾语或补语：蝎子会~人|脸上被蜜蜂~得肿起来了。(2)某些东西刺激皮肤或器官使不适或疼痛；须带宾语或补语：切洋葱~眼睛|伤口搽这种药水~得有点痛。

另见zhé。

遮 zhē 动。常带宾语或补语。(1)掩蔽，遮掩：高楼~住了这排房子的阳光|~丑|把脸~起来。(2)拦住，阻挡：搭个帐篷~风|大树~住了我的视线。

【遮蔽】zhēbì 动。一物体处在另一物体的某一方位，使后者不显露；常带宾语或补语：这片树林~了村庄|把洞口~起来。

【遮挡】zhēdǎng ❶动。遮蔽拦挡；常带宾语或补语：破衣衫怎能~寒风|窗户用布帘子~好了。可重叠：~~洞口。❷名。用来遮蔽拦挡的东西；多作"有、没有、作为、是"等动词的宾语：门前是块空地，没有一点~。

【遮盖】zhēgài 动。常带宾语或补语，可重叠(1)从上面遮盖起来：一场大雪~了大地|把这碗菜~~好，免得苍蝇飞上去。(2)隐藏，隐瞒；多指比较抽象的、不好的事物：不要~自己的错误|这种事是~不住的|别遮遮盖盖了，还是痛痛快快地把自己的罪行交代出来吧。

＊"遮盖"和"遮蔽"："遮盖"主要指从上面遮住；"遮蔽"不限于从上面遮住，也可以从左边、右边等方面遮住。"遮盖"有隐瞒的意思；"遮蔽"没有。

【遮拦】zhēlán 动。阻挡；常带宾语或补语：高墙~住了吹来的寒风|这顶帐子连蚊子~不住。可构成动词性词组作宾语：防风林能~风沙的袭击。

【遮羞布】zhēxiūbù 名。系在腰间遮盖下身的布。借指掩盖羞耻的事物：他们发表的声明不过是一块~罢了。

【遮掩】zhēyǎn 动。常带宾语或补语。(1)遮蔽，掩盖：密密的树林~了小山庄|远山被浓雾~得一点也看不见了。(2)掩饰；多指错误、缺点等：别再~自己的错误了|这种事是~不住的。可重叠：有错就说吧，不要再遮遮掩掩的了。

zhé (ㄓㄜˊ)

折(△摺) zhé ❶动。常带宾语或补语。(1)弄断，断了：不准~花|跌了一交，膀子~断了。(2)损失：这一仗~了四员大将|这笔生意~了钱，但~得不多。(3)回转，转变方向：他又~过头来看了一下|走了没多远又~了回来。(4)折合，抵换：100美元~人民币500多元。△(5)折叠：~衣服|纸船~得很好。❷名。(1)折扣；多作"打"的宾语，前面加数词：打了八~。△(2)(~儿，~子)折叠成的本子、册子：存款~子。(3)元杂剧戏剧结构的一个段落。每一本分四折，一折相当于后来的一出。❸〈素〉(1)弯曲，挫折：曲~|百~不挠。(2)佩服，屈服：心~|~服。

另见shé, zhē。

【折冲】zhéchōng 〈书〉动。制敌取胜；常构成固定词组：樽俎。可带补语：~于千里之外。

【折冲樽俎】zhéchōng zūnzǔ 成。折冲：制敌取胜；樽俎：古代盛酒食的器具。原指在会盟谈判席上折服对方，取得胜利，后泛指外交谈判。

【折叠】zhédié 动。把物体的一部分翻转和另一部分紧挨在一起：内有照片，请勿~。常带宾语或补语：~了几件衣服|被子~得很整齐。

【折服】zhéfú 动。(1)说服，使屈服：困难不能使我们~。可带宾语：用事实~他。(2)信服，佩服；一般不带宾语：他们这种无私援助的精神令人~。

【折合】zhéhé 动。常带宾语或补语。(1)在实物与实物间、货币与货币间、实物与货币间按照比价计算：当时的一个工资分~一斤小米|请~一下，100日元等于多少人民币？(2)同一实物换用另一种单位来计算：水泥每包50公斤，~市斤，刚好100斤。

【折回】zhéhuí 动。掉转方向，返回；常带补语：当他~到自己门前的时候，看见一个人正在附近张望。多与其他动词连用：走到半路，发现钱包丢了，只好~寻找。

【折旧】zhéjiù 动。对固定资产在使用过程中的损耗进行价值补偿;不带宾语,常作状语:你这辆车该~处理了。

【折扣】zhékòu 名。买卖货物时照标价按成数减去一个数目付款,如八折,即按原标价八成付款;一般作"打"的宾语:这些商品要打~处理。

【折磨】zhé·mo 动。使人在肉体上精神上受痛苦;常带宾语或补语:病痛~着他|痛苦的生活把他~得喘不过气来。可加程度副词:这种病很~人。

【折射】zhéshè 动。光线、声波在两种物质的接触面上改变方向,进入第二种物质:浪花飞沫能够~阳光。常作定语:北京天坛的回音壁是利用~原理建成的|筷子插在水盆中,看上去是弯的,其实是光线~作用所引起的一种错觉。

【折算】zhésuàn 动。折合、换算:请你~一下,用100斤大米换500斤山芋需要贴多少钱? 常加"成"后带宾语:将美元~成人民币。

【折腰】zhéyāo 〈书〉动。不带宾语。(1)旧指弯腰行礼,拜揖,引申为屈身事人;常含贬义:我凭本事吃饭,绝不为着几个钱~。(2)比喻倾倒,崇敬;含褒义:周先生的大作一问世,那些高傲的文人学士们皆为之~。

【折中】zhézhōng 动。调和几种不同的意见,使适中;不带宾语,可带补语:把他们两人的意见~一下,事情就可办好了。常作定语:~的意见|~的方案。也作折衷。

【折子】zhé·zi 名。用纸折叠而成的、封面和底多用厚纸制作的册子,有的还加上硬套,多作记帐用。

【折子戏】zhé·zixì 名。我国传统戏曲演出时,有时可以不演整本戏而只演整本戏中在内容上具有相对的独立性而表现上又比较精彩的段落。这种单独演出的段落叫折子戏。

哲 zhé 〈素〉(1)聪明,有智慧。~人。(2)有卓越智慧的人:先~。

【哲理】zhélǐ 名。关于宇宙和人生的根本原理:他的谈话极富~。

【哲人】zhérén 〈书〉名。才能超越寻常人的人。

【哲学】zhéxué 名。关于世界观的学说,是自然知识和社会知识的概括和总结。哲学的根本问题是思维和存在、精神和物质的关系问题,根据对这一问题的不同回答,形成唯心主义和唯物主义两个对立的派别。

蜇 zhé 见"海蜇"。另见zhē。

笤 zhé 〈方〉名。(~子)一种粗的竹席。

辄(輒) zhé 〈书〉副。就,总是:浅尝~止|每至此,~觉心旷神怡。

喆 zhé 同"哲";多用于人名。

蛰(蟄) zhé 〈素〉动物冬眠时潜伏在土中或洞穴中不食不动:惊~|~伏|~居。

【蛰伏】zhéfú 动。常带宾语。(1)指动物冬眠,不食不动:蟒蛇~洞内,进入冬眠状态。(2)借指藏伏起来,停止行动:这伙匪徒~地下,按兵不动,谋图东山再起。

【蛰居】zhéjū 〈书〉动。像动物冬眠一样长期躲在一个地方,不出头露面;常带处所宾语:~乡间|~山中。也可带表示处所或时间的补语:现在我老了,~在这个大院里,不能再到远方去│在乡下~多年。可作定语:过着~生活。

詟(讋) zhé 〈古〉动。害怕,恐惧。

谪(謫) zhé 〈古〉动。(1)谴责,责备:众口交~。(2)封建时代官吏被降职或流放:~官。

【谪居】zhéjū 动。被贬谪后住在某个地方;可带处所宾语:白居易曾经~浔阳城。也可带表示处所或时间的补语:苏东坡曾~在黄州|~了好多年。

【谪戍】zhéshù 动。我国封建时代官吏或人民因触犯封建统治者的法令被流放到边远地区承担防守任务;多带处所宾语:~渔阳。也叫充军。

磔 zhé 名。(1)古代分裂肢体的一种酷刑。(2)汉字的笔画,即"捺"。

辙 zhé 名。(~儿)(1)〈书〉车轮辗过的痕迹:车过留~儿。(2)行车规定的路线方向:上下~儿|顺~儿。(3)戏曲、

zhě (ㄓㄜˇ)

者 zhě ❶后缀。构成名词。(1)表示有某种信仰的人：唯物论～|爱国主义～。(2)从事某种工作的人：语文工作～|编～。(3)有某种特性的人：侵略～|强～。(4)用在"前、后"或"二、三"等数词后边,指代事物或人：前～是主要的,后～是次要的|三～都很重要。❷〈书〉助。用在词、词组、分句后面表示停顿：陈胜～,阳城人也。❸代。义同"这";多见于早期白话：～个(这个)|～回(这回)。

锗 zhě 名。金属元素,符号Ge。灰白色结晶,质脆,在常温下有光泽。是重要的半导体,主要用来制造半导体晶体管。

赭 zhě 〈素〉赤褐色：～石。

褶(襉) zhě 名。(～儿、～子)(1)衣服上缝成的纹：前襟上有两条～子。(2)经折叠或熨烫而留下的痕迹,指衣服、布匹、纸张等：这张纸压出了好多～子|裤子上的～子不太直。(3)脸上的皱纹：满脸都是～子。

zhè (ㄓㄜˋ)

这(這) zhè 代。(1)指代比较近的人或事物。a)用在量词、数量词或名词前：～个|～三本书|～孩子。b)单用：～是什么？|～是新来的卫生员|～最受欢迎|你要是能帮我一把,～就快多了。注意：在口语里,"这"单用或者在后面直接跟名词时,常说zhè;"这"后面跟量词或数量词时,常说zhèi。(2)指这时候；后面常用"才、就、都"等：他～就来|凉风一吹,我～才清醒过来。

另见zhèi。

【这个】zhè·ge 代。(1)这一个；指代比较近的人或事物：～孩子真懂事|绣花～活儿咱可干不了了|看看～,瞧瞧那个。(2)这东西,这事情；代替名词,称事物、情况、原因等：～是我借的|就因为～,大家今天才来得特别早。(3)〈口〉表示夸张；用在动词、形容词前：大伙～高兴啊,就甭提了！|她脸上～一红啊,真是没法形容。

【这会儿】zhèhuìr 〈口〉代。(1)这个时候；有明确的上下文时,指过去或将来的某个时间：去年～我正在广州|等到后天～你就到家了。(2)现在,目前：你～到哪儿去？|～天已经晴了|～不是聊天的时候。

【这里】zhè·li 代。指代较近的处所：窗台～阳光充足|你用手扶着～|朝～走。

【这么】zhè·me 代。指代性质、状态、方式、程度、数量：根本没有～回事|大家都～说|这件事就～办吧|～冷的天,还去游泳？|病了～半个多月,耽误了好些事。也作这末。

【这么点儿】zhè·mediǎnr 代。指代较小的数量或个体：～路,走着去就行|别看工厂～小,生产的产品可不差|票都分了,就剩下～了。

【这么些】zhè·mexiē 代。指代比较近的一些人或事物；起强调多或少的作用,用在名词前,可以带量词：～事一天办不完(强调多)|请了半天客,就到～个人呀(强调少)。

【这么着】zhè·me·zhe 代。指代某种动作或情况：你看,～好不好？|我看该～|你说得对,～才不会出毛病。

【这儿】zhèr 〈口〉代。(1)这里：～的景致真好。(2)这时候；用在"打、从、由"等介词后面：打～起,我们成了知心朋友。

【这山望着那山高】zhè shān wàng·zhe nà shān gāo 成。比喻不满意现有的工作和环境,而觉得别的工作和环境好：你现在的工作不错,不要～,调到别的单位去不见得比这里好。

【这些】zhè·xiē 代。指代两个以上的比较近的人或事物：～青年表现都很好|别说～了。也说这些个。

【这样】zhèyàng 代。指代性质、状态、程度、方式等：～的事情经常发生|就～处理|当然应该～|～是对的。也说这么样。

＊"这样"和"这么"："这样"可以用做定语或状语,也可以用做补语或谓语；"这么"只能用做定语或状语。

柘 zhè 名。柘树，落叶灌木或小乔木。有刺，叶卵形或椭圆形，可喂蚕。茎皮可作造纸原料，根皮可入药。木材中心为黄色，质坚而致密，是贵重的木料。

浙(淛) zhè 名。浙江省的简称。

蔗 zhè 见"甘蔗"。

嗻 zhè 拟声。旧时官场中仆役对主人的应诺声：听了吩咐，家人答应了一声"～"。

鹧 zhè ［鹧鸪］(-gū) 名。鸟。背部和腹部黑白两色相杂，头顶棕色，脚黄色。吃谷粒、昆虫、蚯蚓等。分布在我国南方。

蟅 zhè ［蟅虫］(-chóng) 名。即地鳖。体扁，棕黑色。雄的有翅，雌的无翅。雌的制干后可入药。也叫土鳖。

zhe(ㄓㄜ)

着 ·zhe 助。表示动态，紧接动词、形容词之后，动词、形容词和"着"的中间不能加入任何成分。(1)表示动作正在进行、状态在持续或以某种姿态存在：雪正下～｜门开～呢｜手里拿～一本书。(2)加在某些动词如"顺、沿、朝、照、为"等后面，构成介词：沿～这条大路走｜为～大家操劳。(3)用在动词或表示程度的形容词后面，加强命令或嘱咐的语气：听～｜慢～点。

另见zhāo, zháo, zhuó。

zhèi(ㄓㄟˋ)

这(這) zhèi 代。"这(zhè)一"的合音，但指数量时不限于一：～个｜～些｜～三年。参见"这(zhè)"的"注意"。

另见zhè。

zhēn(ㄓㄣ)

贞 zhēn 〈素〉(1)忠于信仰和原则，坚定不移：忠～｜坚～不屈。(2)封建礼教中束缚女子的一种道德观念，指女子不改嫁等：～洁｜～操｜～节｜～女。(3)古代指占卜：～卜。

【贞操】zhēncāo 名。(1)封建礼教所提倡的女子不改嫁、不失身等的道德：失去～｜保持～｜～观念。(2)泛指坚贞的节操；含褒义：刘胡兰烈士宁死不屈，表现了共产党人的崇高～。

【贞节】zhēnjié 名。即"贞操"。

【贞烈】zhēnliè 形。封建礼教中指妇女坚守贞操，宁死不屈：她是个～女子。

侦 zhēn 〈素〉探听，暗中察看：～察｜～探｜-缉。

【侦察】zhēnchá 动。为了察看明白敌情或其他情况而进行活动：火力～。常带宾语或补语：～敌情｜～得很仔细。

【侦查】zhēnchá 动。公安机关或检察机关为了查明犯罪事实和犯罪人而进行搜集证据等调查：这个案件由你们俩去～。常带宾语或补语：迅速～这起杀人案｜这个案件必须尽快～清楚。

＊"侦查"和"侦察"："侦查"专用于法律，使用范围较小；"侦察"多用于军事，也可用于一般工作，使用范围较宽。

【侦缉】zhēnjī 动，侦查搜捕；常带宾语：～抢劫银行的罪犯。可作定语：～人员｜～队。

【侦破】zhēnpò 动。侦查并破获：这起凶杀案要及时～。常带宾语：公安分局在两小时内～了一件盗窃案。

【侦探】zhēntàn ❶动。暗中刺探情报或案情；常带宾语或补语：～敌情｜你去～一番吧。❷名。旧指做侦探工作的人：村里来了两个～。

浈 zhēn 水名用字。浈水，在广东省。

桢 zhēn 名。古代筑土墙时所立的木柱。

【桢干】zhēngàn 〈书〉名。桢和干都是古代筑墙所用的木柱。比喻能担负重任的人：～之才。

祯 zhēn 〈古〉形。吉祥：钟东龟～观～。

帧 zhēn 量。幅；用于书画、图片等：一～油画。

针(鍼) zhēn ❶名。(～儿)缝织时引线用的工具，一头尖锐，一头有孔。❷〈素〉(1)针状的东西：松～｜时～。(2)注射用的器具：～头｜～

筒。(3)针剂:打～。(4)扎针治病:～灸。
【针砭】zhēnbiān 动。比喻发现或指出错误,以求改正;常带宾语:～时弊。
【针插不进,水泼不进】zhēn chā bù jìn, shuǐ pō bù jìn 成。喻指不听上级指挥,谁也不能管的状况:要下决心改变那里～的状况。
【针对】zhēnduì 动。对准;多带宾语:这段话是～你的。常与其他动词连用,构成连动词组:他～这种错误观点写了批评文章。
【针锋相对】zhēn fēng xiāng duì 成。针尖对针尖。比喻双方的思想、言论、行动尖锐对立。也比喻在争辩或斗争中针对对方的论点或行动进行有力的回击:他们～地展开了辩论。
【针灸】zhēnjiǔ 名。针法和灸法的总称。针法是应用各种特别针具,刺激某些经络穴位以防治疾病;灸法主要是用艾绒等物熏灼经络穴位以防治疾病。针和灸是中国传统医学的重要组成部分。
【针黹】zhēnzhǐ 〈方〉名。指缝纫、刺绣等针线工作。

珍(珎) zhēn 〈素〉(1)宝贵的东西:～宝|奇～异宝。(2)贵重的,宝贵的:～品|～禽。(3)看重,重视:～视|～惜。
【珍爱】zhēn'ài 动。珍惜爱护:这是善本书,一定要～。常带宾语或补语:爷爷～各种古董|他对书籍～得很。可加程度副词:爸爸非常～这条凝聚着革命友情的毯子。
【珍宝】zhēnbǎo 名。珠玉宝石的总称,泛指有价值的东西:如获～|爱如～|寻找地下的～。
【珍本】zhēnběn 名。珍贵而不易获得的书:这次展出的图书,有些是～,善本。
【珍藏】zhēncáng 动。认为有价值而妥善地收藏;常带宾语或补语:～了许多古书|这枚古钱币应该～起来|他把～了几十年的革命文物捐献给了国家。
【珍贵】zhēnguì 形。宝贵,价值大,意义深刻:这种药材非常～|～的纪念品。
【珍品】zhēnpǐn 名。珍贵的物品:艺术～|视为～|文物～|这幅古画是价值连城的～。

＊"珍品"和"珍宝":"珍品"主要指文化艺术等方面宝贵的或价值大的物品;"珍宝"使用范围更宽,可以指珠玉、宝石或矿藏等许多东西。
【珍禽】zhēnqín 名。珍奇的鸟类:～异兽。
【珍视】zhēnshì 动。珍惜重视;常带宾语:～友谊|要～今天的幸福生活。可加程度副度:十分～优秀的民族文化遗产。
【珍闻】zhēnwén 名。珍奇的见闻;多指奇特而有趣的小事:这种事算得上是世界～了。
【珍稀】zhēnxī 形。珍贵而稀少;多作定语:～植物|扬子鳄是我国独有的、濒临灭绝的～动物,被列为国家一级保护动物。
【珍惜】zhēnxī 动。珍重爱惜:对青春年华要～。常带宾语:～今天的幸福生活|～宝贵的时间。可加程度副词:非常～祖国的文化遗产。
＊"珍惜"和"珍重":"珍惜"着重指爱惜,不使受损;"珍重"着重指重视,并有爱护、保重之义,语义比"珍惜"重些。
【珍馐】zhēnxiū 〈书〉名。珍奇贵重的食物:用～美味宴请贵宾。也作珍羞。
【珍重】zhēnzhòng 动。常带宾语。(1)爱惜,重视;指重要或难得的事物:对祖国的文化遗产应该～|要～人民对我们的信任。(2)保重;指身体,常作道别时的客套话:临别时互道～|望老师多多～自己的身体。
【珍珠】zhēnzhū 名。某些软体动物(如蚌)的贝壳内产生的圆状颗粒,乳白色或略带黄色,晶莹有光泽,是在一定外界刺激下(如砂粒或微生物进入贝壳内)形成的。分天然的和人工养殖的两种。多作装饰品,也可人药。也作真珠。

胗 zhēn (～儿)鸟类的胃:鸡～儿|鸭～儿。

真 zhēn ❶形。(1)真实;与"假、伪"相对:口供好像不太～,要进一步核实。常用在"是……的"格式中:这幅齐白石的画是～的。常作定语或状语,作定语时多不带助词"的",作状语时多带助词"的":～人|～事|这是～功夫|他～的不肯干|这件事～的很容易。可

作宾语:朋友有~有假,要通过实践来辨认。(2)清楚,真切;一般作"看、听"等动词的补语:这些字虽小,但看得很~|没错儿,我听得特别~。❷副。的确,实在;用来加强语气:他的成绩~好|这办法~解决问题。❸姓。

【真诚】zhēnchéng 形。真实诚恳,没有一点虚假:~的劝告|老张对人十分~。

【真谛】zhēndì 名。真实的意义或道理:生活的~|探索人生的~。

【真迹】zhēnjì 名。真实的笔迹,书画家本人的原作;区别于临摹的或伪造的:这一幅画是吴道子的~。也叫墨迹。

【真金不怕火炼】zhēn jīn bù pà huǒ liàn 成。比喻坚强或正直的人能经得起严峻的考验:~,咱干工作没私心,就不怕人家背后说闲话。

【真菌】zhēnjūn 名。低等植物的一门,无叶绿素,有完整的细胞核,主要靠菌丝体分解吸收现成的营养物质来维持生活,通常寄生在其他物体上。自然界中分布很广,如酵母菌、青霉菌、蘑菇等都是真菌。有些能使动植物致病。

【真空】zhēnkōng 名。(1)没有空气或只有极少的气体分子的空间。(2)借指没有任何势力占领或受其思想影响的地方:填补~|一个人不可能生活在~里,难免要受到周围环境的冲击和影响。

【真理】zhēnlǐ 名。客观事物及其规律在人们意识中的正确反映。它的内容是客观的,但形式是主观的。人们通过实践发现真理,又通过实践来检验真理。实践是检验真理的唯一标准。有"相对真理""绝对真理"。

【真凭实据】zhēn píng shí jù 成。真实确凿的凭据:你们说我犯法,请拿出~来。

【真切】zhēnqiè 形。真实确切,毫不模糊:他的话句句都很~|亲自去调查后,才有了~的感受。可重叠:屋子里有小孩的哭声,听得真真切切。

【真情】zhēnqíng 名。(1)真实的情况:~实况。(2)真诚的心意或感情:他俩没有~|流露了~。

【真确】zhēnquè 形。(1)真实:数字很~|她有伤心的事,但不愿~地对我说。(2)真切:这件事我看得很~。

【真人】zhēnrén 名。道家称修行得道或成仙的人:~不露相,露相不~。

【真实】zhēnshí 形。跟客观事实相符,一点也不造假:~的故事|内容很~。

【真是】zhēnshì 副。(1)确实是:~乐死人|~自寻烦恼。(2)实在是;表示不满的情绪,可用在句首:~,你这样做太不应该了。也可用在句末:这个人怎么搞的!~!还可用在主语后:他也~,怎么还不来?也说真是的。

【真率】zhēnshuài 形。真诚坦率,不做作:为人~|性格~|他的话说得很~。

【真相】zhēnxiàng 名。事情的真实情况:不露~|~大白|调查~|请说说事情的~。

【真心】zhēnxīn 名。真实的心意;量词用"片":~诚意|她对你是一片~。

【真正】zhēnzhèng ❶形。名实相符,真实而不虚假;不加程度副词,不单独作谓语,多作定语:~的英雄|~的人。❷副。的确,确实:这孩子~可爱|他已~认识了错误。

*"真正"和"真实":"真正"的意思着重在"纯正",指事物的实质同名义相符;"真实"的意思着重在"确实",指所说的事物与客观事实相符,不假。"真正"有副词用法;"真实"没有。

【真知灼见】zhēn zhī zhuó jiàn 成。灼:明白、透彻。正确而透彻的见解:具有~的文艺批评对繁荣文艺有积极的推动作用。

【真挚】zhēnzhì 形。真诚的,发自内心的:感情很~|~的友谊。

*"真挚"和"真诚":"真挚"的使用范围较窄,主要指感情;"真诚"的使用范围宽,可以指感情,也可以指人的态度。

【真主】zhēnzhǔ 名。伊斯兰教所崇奉的唯一的神,认为是万物的创造者,人类命运的主宰者。

砧(碪) zhēn 〈素〉捶、砸或切东西时垫在底下的器具:铁~|~板。

【砧板】zhēnbǎn 名。切菜时垫在下面的木板或塑料板。

【砧木】zhēnmù 名。植物嫁接繁殖时把接穗接在另一个植物体上,这个植物体叫砧木。如把大枣嫁接在酸枣上,大枣叫接穗,酸枣就叫砧木。

蓁 zhēn [蓁蓁] 〈书〉形。草木茂盛或荆棘丛生的样子;不加程度副词:其叶~|远望泰山,莽莽~~。

獉 zhēn [獉狉](-pī) 〈古〉形。同"榛狉"。

溱 zhēn 水名用字。溱头河,在今河南省。
另见qín。

榛 zhēn ❶名。(~子)(1)落叶灌木或小乔木,花黄褐色。果仁可以吃。(2)这种植物的果实。❷〈素〉泛指丛生的荆棘:~~|~莽。
【榛莽】zhēnmǎng 〈书〉名。丛生的草木:人们发现,在~中露出了刚生长出来的苗壮的新芽。
【榛狉】zhēnpī 〈书〉名。草木丛杂,野兽出没的情景;指远古时代未开化的景象:在西方一些民族还处于~蒙昧之时,我们中华民族的文化已发展到相当高的水平。也作獉狉。
【榛榛】zhēnzhēn 〈书〉形。草木丛杂;不加程度副词:山里草木~,时有野兽出没。

臻 zhēn 〈书〉动。达到;指美好的境地,须带宾语或补语,前面有状语:渐~佳境|方案逐步~于完善。可带形容词作宾语:交通日~便利。

椹 zhēn 同"砧"。
另见shèn。

斟 zhēn 动。往杯子里倒酒或茶:自~自饮。常带宾语或补语:~了一杯酒|把茶~得满满的。
【斟酌】zhēnzhuó 动。考虑事情或文字等是否可行或者是否适当:经过再三~,决定不办这件事。常带宾语或补语:写文章要好好~字句|这件事要再~一番。常与其他动词连用:请你~办理。可重叠:~~再下结论吧。

甄 zhēn ❶〈素〉鉴别,选取:~别|~选|~拔。❷姓。
【甄别】zhēnbié 动。经审查而辨别、鉴定;指辨识优劣、真伪、能力大小等:选拔干部,要认真~。可带宾语或补语:~积案,为冤、假、错案平反|这些史料,有真有

假,观者自当~清楚。

箴 zhēn 〈书〉❶名。古代的一种文体,以告诫规劝为主。❷〈素〉劝告,规戒:~言|~规。
【箴言】zhēnyán 〈书〉名。规劝告诫他人或自己的话:名人~。

zhěn(ㄓㄣˇ)

诊 zhěn 〈素〉医生检查病情:门~|~断|~治。
【诊察】zhěnchá 动。医生为了了解病情对病人进行检查:到底有什么病,要请医生好好~。常带宾语或补语:医生正在~病情|医生~完毕后,说他病得很厉害。
【诊断】zhěnduàn 动。检查病人的症状后对病情作判断:对他的病,几个医生会诊才~。常带宾语或补语:~疾病|对她的病~得很准确。可带主谓词组作宾语:医生~他得了癌症。
【诊视】zhěnshì 动。诊察;常带宾语:~病人。
【诊治】zhěnzhì 动。诊断和治疗:生了病要请医生~。常带宾语或补语:他能~各种牙病|你的病~得不及时,所以恶化。

轸 zhěn ❶名。(1)古代车后的横木,借指车。(2)二十八宿之一。❷〈素〉悲痛:~悼|~念。
【轸念】zhěnniàn 〈书〉动。悲痛地怀念:愤慨之余,殊深~。

畛 zhěn 〈古〉名。田间小路:田邑千~。
【畛域】zhěnyù 〈书〉名。界限:不分~。

疹 zhěn 名。皮肤上起的红色小颗粒。多由皮肤表层发炎浸润而起。如湿疹,麻疹。
【疹子】zhěn·zi 名。麻疹的统称。

袗 zhěn 〈古〉❶名。单衣。❷形。华美:~衣。

枕 zhěn ❶名。(~头)躺着时垫在头下的东西。❷动。躺下后把头放在枕头或其他东西上;常带宾语或补语:~着枕头睡觉|他把头~在木块上。
【枕戈待旦】zhěn gē dài dàn 成。戈:古代的一种兵器;旦:天亮。枕着兵器躺

着,等待天亮。形容杀敌心切,一刻也不松懈:我军将士~,同仇敌忾,誓死抗击侵略者。

【枕藉】zhěnjiè 〈书〉动。很多人横七竖八地倒或躺在一起:相与~乎舟中。注意:"藉"不要误写为"籍",这里也不读jí。

缜(縝) zhěn [缜密](-mì) 形。周密,精细;多指思索,考虑:计划~|思想~|非常~地分析了现状|作了相当~的研究。

鬒(鬒) zhěn 〈古〉形。头发稠密乌黑。

zhèn(ㄓㄣˋ)

圳(甽) zhèn 〈方〉名。田边水沟,多用于地名:深~(在广东省)。

阵 zhèn ❶名。(~儿、~子)指一段时间:这一~儿我因病没有上班|忙了好一~子才忙完了这些家务。❷量。表示事物或动作经过的一段时间;数词限用"一、几":刮了一~风|下了几~雨。❸〈素〉(1)军队作战时布置的局势,也指作战时的兵力部署:布~|龙门~。(2)泛指战场:上~|~亡。

【阵地】zhèndì 名。(1)军队为了进行战斗而占领的地区,通常修有工事,借以保存自己,消灭敌人:人在~在。(2)借指从事工作或施展才能的地方:文艺~|思想~。

【阵脚】zhènjiǎo 名。指作战时布置的战斗队列的最前方:杀得敌军乱了~。今多用于比喻:只有老陈来主持工作,才能压得住~。

【阵容】zhènróng 名。(1)指队伍的外貌、排列的形式等:部队~整齐而威严。(2)指一个团体人力组织、配备的状况:这个球队的~很强。

【阵势】zhènshì 名。(1)军队作战时的布局:摆开~|~严整。(2)情势,场面:我一看~不对,连忙退了出来|今年的营火晚会,~不小。

【阵亡】zhènwáng 动。在作战中牺牲;可带动态助词"了":老人只有一个女儿,儿子在抗日战争中~了|这次战斗异常激烈,三班战士全部~。可带宾语:~50多人。

【阵线】zhènxiàn 名。战线,比喻结合在一起的力量:~分明|革命~|民族统一~。

【阵营】zhènyíng 名。为了共同的利益和目标而联合起来进行斗争的集团:和平~|反革命~。

绲 zhèn 〈方〉名。(~子)拴牲口的绳子。

鸩(△酖) zhèn ❶名。传说中的一种毒鸟,羽毛紫绿色,放在酒中,喝了能毒死人。△❷〈素〉(1)指毒酒:~酒|饮~止渴。(2)毒害:~毒|~害。

振 zhèn ❶动。振作,奋起;常与"精神"搭配:听了这个报告,大家的精神为之一~。带补语"起"后可带宾语:我们要一起精神大干一场。❷〈素〉摇动,挥动:~翅|~笔|~动|~臂高呼。

【振拔】zhènbá 〈书〉动。摆脱已陷入的境地,重新振奋起来;一般不带宾语:及早~|陷得太深,现已难以~。可作定语,要加助词"的":多次失败之后,他~失去了~进击的勇气。

【振臂】zhènbì 动。挥动手臂,表示振奋或激昂的情绪;多用在固定组合中:~高呼|~一呼|~长啸。

【振动】zhèndòng 动。物体沿直线或曲线并经过其平衡位置所作的往复运动。如钟摆、弦线等的运动。

*"振动"和"震动":"振动"是物理学术语,指物体以一个位置为中心作往复运动;"震动"指一般的颤动。"震动"还可以表示重大的或意外的事情、消息使人心里不平静的意思;"振动"不能表示这样的意思。

【振奋】zhènfèn ❶形。振作奋发:听到这个好消息,大家都很~。❷动。使振奋;须带宾语:国家远景规划~人心。

【振聋发聩】zhèn lóng fā kuì 成。响声很大,能使耳聋的人也听见。比喻唤醒糊涂麻木的人。也作发聋振聩。

【振兴】zhènxīng 动。大力发展,使兴盛起来;常带宾语:~中华|~工业。

【振振有词】zhènzhèn yǒu cí 成。振振:理直气壮的样子。形容自认为理由很充分而说个不停：别看他还是个孩子，说起话来～，很有道理｜他做了错事，却还～地为自己辩解。

【振作】zhènzuò 动。使精神旺盛，情绪饱满；常带宾语或补语：大家～精神，继续前进｜他们的情绪又重新～起来了。

赈

zhèn 〈素〉救济：～济｜～灾。

【赈济】zhènjì 动。用钱粮、衣物等救济灾民；常带宾语：～饥民。

【赈灾】zhènzāi 动。救济灾民；不带宾语：红十字会将前来～。可作定语：做好～工作。可与其他动词连用：～义演｜义售书画。

震

zhèn ❶动。迅速而剧烈地颤动。常带补语：一声响雷，～得耳朵生疼｜窗户上的玻璃都～破了。可带宾语：炮声～耳朵｜威～四方。❷名。八卦之一，符号是☳，代表雷。❸〈素〉感情过分激动：～惊｜～怒。

【震荡】zhèndàng 动。震动、动荡；多用于声音、物体等：汽笛声在夜空中～。可带宾语或补语：隆隆的机器声～着整个山庄｜在她们耳边响起一排枪声，整个荷花淀全～起来了。

【震动】zhèndòng 动。(1)受外力影响而颤动，使颤动：大地在～。可带宾语或补语：开山炮～了整个山谷｜机器开动后，地面～不停。(2)重大的事情、消息使人激动；常带宾语：他的学术报告，～了科技界。可作"引起、受到"等动词的宾语：这一事件使他思想上受到很大的～。

＊"震动"和"震荡"："震动"指颤动，表示事物频繁地振动；"震荡"表示事物来回摇晃、动荡。"震动"还有使人激动的意思，"这件事～人心"；"震荡"一般不用于人，只用于声音和物体。

【震耳欲聋】zhèn ěr yù lóng 成。耳朵都要震聋了，形容声音很大：一声劈雷，～｜～的爆破声在工地上响起。

【震古烁今】zhèn gǔ shuò jīn 成。烁：发光。震惊古代，光耀今世。形容事业或功绩非常伟大：我们的事业是～的伟大事业。也作震古铄今。

【震撼】zhènhàn 动。震动、摇撼；常带宾语，不带补语：炮声～着崇山峻岭｜他那伟大的人格～了人们的心灵。

＊"震撼"和"震动"："震撼"着重在"撼"，指剧烈地、大幅度地震动；"震动"着重在"动"，指事物脱离静止状态，力量和程度比"震撼"大。"震动"可带补语，如"震动一下""震动几次"；"震撼"不能。

【震惊】zhènjīng 动。(1)非常吃惊；不带宾语：听到这个不幸的消息，工友们无不为之～。可作"感到、觉得"等动词的宾语：这一血腥的屠杀，使许多人都感到～。(2)使大吃一惊；常带宾语：我们的胜利～了世界。

【震怒】zhènnù 动。异常愤怒：他被这种恶劣的攻击～了。可带宾语或补语：罪犯的恶劣行径～了大家｜一听说敌人又来骚扰破坏，小分队的战士们不由得～起来。

【震慑】zhènshè 动。使感到震动和害怕；可带宾语或补语：我军强大的攻势～了敌人｜大家被这意外的质问～住了。

朕

zhèn ❶〈古〉代。(1)我，我的。(2)秦始皇以后专用作皇帝的自称。❷〈素〉预兆，先兆：～兆。

【朕兆】zhènzhào 名。预兆，事物发生、变化的苗头：这是敌人失败的～。

瑱

zhèn 名。古人冠冕上垂在两侧以塞耳的玉。

镇

zhèn ❶动。(1)压，抑制；常带补语：这孩子太顽皮，只有他爸爸～得住。(2)把食物、饮料等同冰块放在一起或放在冷水中使凉；常带补语：把西瓜放在冷水里～一下。❷名。市镇，较大的市集：这里有个小～｜上有一家医院。❸〈素〉(1)用武力维持安全：～守｜坐～。(2)镇守的地方：重～｜藩～。(3)安全：～静｜～定。❹姓。

【镇定】zhèndìng ❶形。遇紧急情况不慌张，稳定而沉着：～自若｜故作～｜他临危不惧，神色始终很～。❷动。使镇定；须带宾语：在考场上必须～自己的情绪。可重叠：你太紧张了，要～～。

【镇静】zhènjìng 形。情绪稳定而平静，从容不迫：在刑场上，他毫不畏惧，神态非常～。

＊"镇静"和"平静"："镇静"使用范围

窄,一般只用来形容人的情绪、心情;"平静"使用范围宽,不仅能形容人的情绪、心情,还能形容环境安定、没有动荡。

【镇日】zhènrì 名。从早到晚,整天;多见于早期白话: ~不得闲暇。

【镇守】zhènshǒu 动。指军队驻扎、防守在军事上重要的地方: 边境要派兵~。常带宾语: ~边关|~祖国的南大门。

【镇压】zhènyā 动。(1)统治阶级用强力压制;常带宾语或补语: ~敌对阶级|反革命暴乱很快被~下去了。可带动词作宾语: ~叛乱。(2)〈口〉处决;指反革命分子: 那个恶霸给~了。

zhēng(ㄓㄥ)

丁 zhēng [丁丁]〈书〉拟声。摹拟伐木、下棋、弹琴等声音: 伐木~|六弦琴~作响。注意: "丁"这里不读dīng。

另见 dīng。

正 zhēng 〈素〉农历每年第一个月: ~月|新~。

另见 zhèng。

【正旦】zhēngdàn〈书〉名。农历正月初一。

另见 zhèngdàn。

征(△徵) zhēng 〈素〉(1)出兵讨伐: 出~|~伐|~服。(2)远行,长途行走: ~途|远~|长~。△(3)由国家召集或收用: ~兵|~用|~召|~收。△(4)征求: ~稿|~集。△(5)现象,迹象: 特~|~兆。△(6)证明,验证: 信而有~|~言|~验。

"徵"另见 zhǐ。

【征尘】zhēngchén〈书〉名。在行军或长途旅行中身上所沾染的尘土; 含有辛苦劳累的意思: 衣上一~杂泪痕|洗去~。

【征程】zhēngchéng 名。行程,去作战的路程,泛指远行的路程: 踏上~。

【征调】zhēngdiào 动。征集和调用;多指人员或物资,常带宾语或补语: 兴修水利,需要~一批工具|乡里的两名干部被~到县里去了。

【征服】zhēngfú 动。常带宾语。(1)用武力使别的国家或民族屈服: 帝国主义者曾经想~和瓜分我国,但是都失败了。(2)用力制服; 指自然、人心、困难等: 他们下决心~这一片沙漠。

＊"征服"和"制服": "征服"着重在"征",主要指使用武力或强力,语意较重;"制服"着重在"制",主要指用力压服,语意较轻。"征服"的对象多指别的国家、民族或自然、人心、困难等;"制服"的对象多指人、猛兽以及比作猛兽的事物。

【征候】zhēnghòu 名。将要发生某种情况的迹象: 煤气中毒的~是头痛、恶心和心跳加速等。也叫征象,征兆。

【征集】zhēngjí 动。常带宾语。(1)征求、收集;指资料,实物等: ~文献资料|~书稿。(2)征募。

【征募】zhēngmù 动。招募;指士兵、财物等,常带宾语: ~新兵|~寒衣。

【征求】zhēngqiú 动。用书面或口头询问的方式访求;常带宾语或补语: 该刊登报~订户|把意见~上来。可重叠: 要好好~~群众的意见。

【征收】zhēngshōu 动。国家依法收取,指公粮、赋税等,常带宾语或补语: ~商业税|公粮~得很顺利。

【征讨】zhēngtǎo 动。出兵讨伐: 率兵~。常带宾语: ~叛逆。

【征途】zhēngtú 名。征程: 踏上~|~漫漫。

【征象】zhēngxiàng 名。发生某种情况的迹象: 那里的局势已出现缓和的~。

【征询】zhēngxún 动。征求询问;指意见,常带宾语或补语: 向群众~|对干部的意见~了好几次。

【征引】zhēngyǐn 动。引用,引证;常带宾语或补语: 诗文中~了一个典故|这段话~得很恰当。

【征用】zhēngyòng 动。国家依法将土地、房产等收归公用;常带宾语: 因修筑公路的需要,国家要~一些土地。

怔 zhēng 〈素〉惊恐的样子: ~忡|~松。

【怔忡】zhēngchōng 名。中医指心悸的病,患者自感心跳得很厉害: 似染~之病。

【怔松】zhēngzhōng〈书〉形。惊恐的样子: 百吏~, 穿墙跳匿。

钲 zhēng 名。古代行军时用的一种打击乐器。形似倒置铜钟，有长柄。用铜制成。

症(癥) zhēng [症结](-jié) 名。(1)中医指肚子里结硬块的病。(2)比喻事情的纠葛或问题的关键：找到了问题的～所在。

另见 zhèng。

争(爭) zhēng ❶动。常带宾语。(1)力求获得或达到：在运动场上，你～我夺，互不相让｜为祖国～荣誉｜人人都要～上游。(2)争论，争执：别～了，～不出什么名堂来了。❷副。怎么，如何；多见于诗、词、曲中，作状语：～忍豺狼逞凶狂｜若是有情～不哭？

【争辩】zhēngbiàn 动。争论、辩解：这种问题不值得～｜我不跟你～。常带宾语或补语：他们在～如何看待升学率的问题｜～得很激烈。可作定语：这是无可～的事实。

　＊"争辩"和"争论"："争辩"的重点在"辩"，指用一定的理由说明自己的见解，驳斥对方的论点；"争论"的重点在"论"，指持有不同意见的双方展开讨论、论证。"争辩"一般不重叠；"争论"可重叠。

【争吵】zhēngchǎo 动。因意见不合大声争辩，互不相让；一般不带宾语：你们不要为这点小事～。常带补语：～了一会儿｜～了好半天。可作"发生、引起"等动词的宾语：这种小事不值得～。

【争斗】zhēngdòu ❶动。打架，斗争；不带宾语，常带补语：他们为一件小事～起来了｜双方～得非常激烈。❷名。指对立的双方力求战胜另一方的活动：这是他们之间狗咬狗的～。

【争端】zhēngduān 名。引起争执的事由：国际～｜和平解决国与国之间的～。

【争夺】zhēngduó 动。争着夺取；常带宾语或补语：～冠军｜双方各不相让，～得很激烈。

　＊"争夺"和"争取"："争夺"的行动较激烈，语意重；"争取"的行动较缓和，语意轻。"争夺"的对象一般较具体，如"阵地、红旗、冠军、殖民地、市场"等；"争取"的对象一般较抽象，如"时间、自由、独立、胜利、权力、主动"等。

【争风吃醋】zhēng fēng chī cù 成。多指男女关系中因忌妒而明争暗斗。现也喻指争夺名利等；用于贬义：这场官司打来打去多年了，只不过是两家地主～。

【争分夺秒】zhēng fēn duó miǎo 成。形容时间抓得很紧，不放过一分一秒：这项紧急任务我们要～地完成｜爷爷心脏病发作了，必须～，赶快把他送到医院里去抢救。

【争光】zhēngguāng 动。争取荣誉；不带宾语：为祖国～。可拆开用：要为母校争点光。

【争衡】zhēnghéng 〈书〉动。争强斗胜，较量高低；不带宾语：楚汉～｜与天下～。

　＊"争衡"和"争持"："争衡"要决出胜负，比出高低；"争持"指相持不下。

【争论】zhēnglùn 动。各执己见地互相辩论；常带宾语或补语：～一件事｜同学们正在～这篇文章的主题思想｜～不休｜他们～得十分激烈。可重叠：有了问题，大家在一起～～有好处。

　＊"争论"和"争执"："争论"主要表示各自谈自己的看法进行讨论，一般不带偏见；"争执"主要表示各自固执己见进行争吵，常带偏见。"争论"的结果一般可以求得意见的统一；"争执"的结果一般不能求得意见的统一。

【争鸣】zhēngmíng 动。比喻在学术问题上进行争辩；不带宾语：百花齐放，百家～｜你不同意我论文中的观点，可以～嘛。可作定语：发表一篇～文章。可作"提倡、鼓励、进行"等动词的宾语：在学术问题上，我们鼓励～。

【争气】zhēngqì 动。愤发图强，努力学好，不甘落后；不带宾语：这孩子不～，从小就沾染上赌博的坏习气。可拆开用：这个球队为祖国争了气。可加程度副词：他们很～，工作做得很好。

【争取】zhēngqǔ 动。(1)力求获得：时间要靠各人自己去～。常带宾语或补语：～群众｜把金牌～过来。可带动词或动词性词组作宾语：～同情｜当领导的必须联系群众，～群众的支持｜～举办奥运会。也可带主谓词组作宾语：～农业丰收。(2)力求实现：关于参军的事，你应该尽量～。常带动词性词组或主谓词组

作宾语：～提前完成任务|他们早日归队。

【争胜】zhēngshèng 动。在竞赛中争取优胜；不带宾语：他好～|事事与人～。可作定语：～的决心。

【争先恐后】zhēng xiān kǒng hòu 成。争着往前，唯恐落后：一个个地上台表决心。

【争议】zhēngyì 动。争论：产权问题很明确，不必～。可带宾语或补语：会上～了几个问题|这件事已～过一番。常作"发生、有"等动词的宾语：谈到分工问题时，会上发生了～|这事尚有～，不能作结论。

【争执】zhēngzhí 动。各执己见，互不相让地争论；不带宾语，常带补语：～不休|为一点小事～起来。

＊"争执"和"争吵"："争执"着重在"执"，坚持自己的意见，不肯相让；"争吵"着重在"吵"，大声吵嚷。

挣 zhēng ［挣扎］(-zhá) 动。尽力支撑；不带宾语：他在地上～着，想爬起来。常带补语：当时，人民～在水深火热之中。可作"进行、作"等动词的宾语：敌人正在作垂死的～。

另见zhèng。

峥 zhēng ［峥嵘］(-róng) 〈书〉形。不加程度副词。(1)形容山势高峻：怪石～|山势～。(2)比喻才气、品格等突出，超出寻常：豪气～|～岁月。

狰 zhēng ［狰狞］(-níng) 形。样子凶恶；不加程度副词：刽子手面目～|敌人～地狂笑起来。

睁 zhēng 动。张开；只同"眼睛"搭配，须带宾语或补语：他～着眼不说话|他的眼睛～不开来。

【睁眼瞎子】zhēngyǎn xiā·zi 词组。比喻不识字的人，文言：青年人可不能当～。

铮 zhēng 名。即"钲(zhēng)"。

【铮鏦】zhēngcōng 〈书〉拟声。摹拟金属相击的声音：进了工厂，便听到～作响之声。

【铮铮】zhēngzhēng ❶拟声。摹拟金属撞击的声音：机器转动，～有声。❷形。比喻坚强不屈；不加程度副词：铁中～|～铁骨。

筝 zhēng 名。古代一种弦乐器。木制长形。旧有13根弦，16根弦等。现已发展到25根弦，表现力更为丰富。用于独奏、伴奏及合奏。也叫古筝。

烝 zhēng 〈古〉形。众多：～民。

蒸 zhēng ❶动。利用沸水的热气使食物变熟或变热；常带宾语或补语：～包子|饭已～热了。❷〈素〉热气上升：～发|～气。

【蒸发】zhēngfā 动。液体缓慢地转化成气体：衣服上的水全～了。可带宾语或补语：～了不少酒精|汽油～得很快。

【蒸馏】zhēngliú 动。把液体加热变成蒸气，再使蒸气变成液体，以除去液体中的杂质。

【蒸气】zhēngqì 名。液体或固体因蒸发、沸腾或升华而变成的气体：水受热就变成～。

【蒸汽】zhēngqì 名。水蒸气：～机。注意："蒸汽"专指"水蒸气"，其他液体或固体变成气体，不能写成"蒸汽"。但是"水蒸气"却不能写成"水蒸汽"。

【蒸腾】zhēngténg 动。指气体上升；不带宾语：热浪～|热气～。

＊"蒸腾"和"蒸发"："蒸腾"着重指气体上升，比较迅急；"蒸发"着重指液体或固体转化为气体，上升较缓慢。

【蒸蒸日上】zhēngzhēng rì shàng 成。蒸蒸：上升、兴盛的样子。形容日益繁荣，事物一天天地向上发展；用于褒义：我们祖国的现代化建设正在蓬勃发展，工农业生产～。

zhěng(ㄓㄥˇ)

拯 zhěng 〈素〉援救，救助：～救。

【拯救】zhěngjiù 动。援救，救助；常带宾语或补语：～受压迫者|把他从犯罪的深渊中～了出来。

整 zhěng ❶形。不加程度副词。(1)完全的，不残缺的；多作定语，也可用在量词前或数量词前后：～篓子都是苹果|～张报纸我都看了|干了～10个小时|一年～。也可作状语：零存～取。

(2)整齐，严整；多用于否定式：衣冠不～|阵容欠～。❷动。常带宾语或补语。(1)整顿，对错误进行纠正：学风不～|不行|～～歪风邪气|社会风气要好好～一下。(2)迫害，或以不正当的手段使人吃苦头：不要随便～人|他们把小王～得抬不起头来。(3)整理：～了半天行装。(4)修理：～旧如新|这些旧家具～一下还能用。

【整编】zhěngbiān 动。整顿改编；多用于军队等组织：这支部队要～。常带宾语或补语：～地方部队|把一个军～为两个师。

【整饬】zhěngchì 〈书〉❶动。整顿；常带宾语：～纪律|～军容。❷形。整齐，有条理；多作谓语：服装～|这个村屋舍～,道路清洁。

【整顿】zhěngdùn 动。采取一定的措施，使健全或整齐；多指纪律、组织、作风等：领导班子要～。常带宾语或补语：～秩序|要把经营作风～好。可重叠：班级纪律要～～。

＊"整顿"和"整理"："整顿"除表示把紊乱的东西理顺，使整齐外，还表示使不健全的变得健全，不正常的变得正常，不完善的变得完善等意思；"整理"一般只表示把杂乱的东西理顺，使整齐，不表示使健全、完善等意思。"整顿"搭配的对象一般比较抽象，如纪律、作风、风气、组织、队伍等；"整理"搭配的对象一般比较具体，如书籍、材料、房间、行装等，也可以是比较抽象的，如思想、头绪、内务等。

【整风】zhěngfēng 动。整顿思想作风和工作作风；不带宾语：党内要定期～。可拆开用：整了一次风。可重叠：你们单位需要整整风。

【整改】zhěnggǎi 动。整顿并改进；不带宾语：这个单位发现问题后，能认真～。常作"进行、搞"等动词的宾语：深入基层，搞好～。

【整洁】zhěngjié 形。整齐而又清洁：教室里很～|～的街道。

＊"整洁"和"清洁"："整洁"除了有洁净的意思外，还有整齐的意思，所以可以用于整理使有次序、有条理的事物；

"清洁"只有洁净的意思，没有整齐的意思，凡是不能整理的事物，不能用"整洁"，如不说"河水很整洁"，只说"河水很清洁"。

【整理】zhěnglǐ 动。收拾，使有条理、不紊乱；常带宾语或补语：～图书|把衣服～好。可重叠：教室里的桌椅要～～。

＊"整理"和"收拾"："整理"的对象一般比较具体，也比较小；"收拾"的对象可以是具体的，也可以是抽象的，可以较小，也可较大，如"收拾残局"。"整理"没有"修理、惩罚"的意思，"收拾"有这些意思。

【整齐】zhěngqí ❶形。可重叠。(1)有秩序，有条理，不凌乱：服装很～|～的步伐|队伍排得整整齐齐的。(2)外形有规则，美观：新盖了一排～的瓦房|字写得整整齐齐，很好看。(3)水平相近，大小、长短相差不多：这个班学生的水平比较～|这一筐苹果整整齐齐，大小差不多。❷动。使有秩序，有规则；须带宾语：要～步伐，队伍才有精神。

＊"整齐"和"整洁"："整齐"表示事物有规则、有秩序、不参差，但没有洁净的意思；"整洁"除表示有规则、有秩序的意思外，还有洁净的意思。"整齐"能重叠，"整洁"不能。"整齐"有动词用法；"整洁"没有。

【整容】zhěngróng 动。用手术整治面部的生理缺陷，如豁嘴、麻脸、单眼皮等，也指修饰面容，如理发、刮脸等；不带宾语：他～去了。也叫美容。

【整数】zhěngshù 名。(1)0和1, 2, 3……以及-1, -2, -3……的总称。(2)指没有零头的数目，如200、3000。

【整体】zhěngtǐ 名。(1)整个集体；与"个别成员"相对：个人服从～。(2)全体，一个事物的全部，与"各个部分"相对：班级是个～|局部利益服从～利益。

【整修】zhěngxiū 动。整治修理；多用于工程或机器设备等：这幢房子多年没有～了。常带宾语或补语：～堤坝|～高炉|这辆汽车～得像新的一样了。

【整整】zhěngzhěng 形。达到一个整数的；不加程度副词，不单独作谓语，多用在数量词之前，作定语或状语：我工作

已经～三年了|买这台机器～花了两万元。

【整治】zhěngzhì 动。常带宾语,可重叠。(1)修理,整理:机器有了毛病,要请师傅来～|～河道|～沙漠|这几天他正忙着～帐目|市容要好好～～。(2)为了管束、惩罚、打击等使吃苦头:～不法分子|这些坏蛋该严厉～一下|小流氓要好好～～。(3)进行某项工作,做,搞:你快回去～晚饭吧|他整天忙着～庄稼。

【整装待发】zhěng zhuāng dài fā 成。整理、收拾好行装,等待出发:参加军训的同学已～。

zhèng(ㄓㄥˋ)

正 zhèng ❶形。(1)不歪斜,不偏;与"歪"相对:站的姿势要～。常作补语或定语:他坐得很～|～南方。(2)正面;与"反"相对:这种纸～反两面都很光洁。(3)纯,不杂;多指味道、色彩、情调等,多用于否定式:酒的味道不～|这幅画颜色不～。(4)主要的,最高一级的;与"副"相对,不加程度副词,不单独作谓语,作定语:～班长|～教授。(5)正直,正当;多用于否定式:这个人的作风不～|据说这批货来路不～。(6)图形的各个边的长度和各个角的大小都相等的;不加程度副词,不单独作谓语,作定语:～方形|～六角形。❷副。(1)表示动作在进行中,或者状态在持续中:他～上着课呢|老潘～从楼上下来。(2)表示恰巧,刚好:鞋子的大小～好|我～要找你,你就来了。(3)表示加强肯定的语气:有事同群众商量,～是我们的优良传统|～因为如此,所以才不great。❸动。使端正,使正确;须带宾语和补语:他～了一下帽子|请他帮我～一～音。❹〈素〉(1)大于零的:～数。(2)指失去电子的:～电|～极。(3)合乎法度规矩的,端正的:～派|～楷。❺姓。

另见zhēng。

【正本】zhèngběn 名。与"副本"相对。(1)指某一具有多种文本的文件中能作为正式依据的一份。(2)指同一藏书的多种版本中最原始或最珍贵的一本。

【正本清源】zhèng běn qīng yuán 成。正使正,整顿;本:树根,根本;源:水源,源头。。指从根本上整顿清理,彻底解决问题;含褒义:这个厂管理混乱,效益很差,新任厂长深入群众,调查研究,用了一年时间～,才使生产走上正轨。也作清源正本。

【正比】zhèngbǐ 名。(1)两种事物或一种事物的两个方面,一方发生变化,另一方也随之发生相应的变化,如速度不变,行车里程和时间便成正比。(2)正比例的简称。

【正比例】zhèngbǐlì 名。两个量,如果其中的一个量扩大或缩小若干倍,另一个量也随着扩大或缩小同样的倍数,这两个量的变化关系叫做正比例。简称正比。

【正常】zhèngcháng 形。符合一般规律或情况:生活～|发育很～|～的情况|例会～进行。

【正旦】zhèngdàn 名。戏曲角色,青衣的旧称。有些地方剧种里还用这个名称。

另见zhēngdàn。

【正当】zhèngdāng 动。正处在某个时期或阶段;须带宾语:小明～发育时期|～客人要走的时候,父亲回来了。

【正当】zhèngdàng 形。合理合法的;理由很～|～的关系|～防卫|我们采取的措施完全是～的。可重叠:这是正正当当的举动,无可非议。

【正道】zhèngdào 名。(1)做人做事的正当途径:要走～|守法经营才是～。(2)正确的道理:他讲的全是～。

【正点】zhèngdiǎn 动。按规定的时间开出、运行或到达;指车、船、飞机等交通工具,不带宾语:这两天火车不～。常作状语:客轮已～进港。

【正电】zhèngdiàn 名。物体失去电子时表现出带电现象,这种性质的电叫正电。也叫阳电。

【正法】zhèngfǎ 动。依法律执行死刑。不带宾语:罪犯已就地～。可拆开用:已经将罪犯正了法。

【正告】zhènggào 动。严肃地告诉;一般用于对敌人、罪犯或犯严重错误的人,常带宾语:我们～侵略者,立即停止你们的侵略行径,否则必将有来无还。

【正规】zhèngguī 形。符合正式规定或一

般公认的标准的：～学校|～的方法|经过～的训练|公文格式写得很～。可重叠：办一个正正规规的实验室。

【正轨】zhèngguǐ 名。正常的发展道路：走上～|纳入～。

＊"正轨"和"正规"："正轨"是名词，意思着重在"正道、常轨"，常作宾语；"正规"是形容词，意思着重在"合标准的"，常作定语。

【正果】zhèngguǒ 名。佛教把修行得道叫做正果。多用于比喻：她经过多年刻苦的探索和磨练，在表演艺术方面不仅有继承，而且有创新，终成～。

【正好】zhènghǎo 副。刚好，恰好；表示时间不晚不早，数量不多不少，程度不深不浅等：汽车快开的时候，我～赶到|看完戏～十点钟|这本书～适合你读。注意："你来得正好"里的"正"和"好"是两个词，是副词"正"修饰形容词"好"，表示"恰好合适"。"这次见到王老师，正好当面向他请教"里的"正"和"好"也是两个词，是副词"正"修饰另一个副词"好"，表示"恰好可以"。以上两种情况的"正好"都不是一个副词，要注意区分。

【正极】zhèngjí 见"阳极(1)"。

【正教】zhèngjiào 名。基督教的一派。11世纪中叶，随着罗马帝国的分裂，基督教也分裂为东西两部，东部教会自命为"正宗的教会"，故称正教。也叫东正教。

【正襟危坐】zhèng jīn wēi zuò 成。襟：衣襟；危坐：端坐。整一整衣服，端端正正地坐着。形容恭敬严肃的样子：大家～，等着老师来说话。

【正经】zhèngjīng 名。旧时指十三经等儒家经典。参见"十三经"。

【正经】zhèng·jing 形。可重叠。(1)端庄正派;指行为、作风:这个人很～一个～的女人|他一向是正正经经的,从不越轨。(2)正当的:这是件～事儿|这笔钱没有用在～地方,浪费了。(3)正式的,合乎一定标准的:这是～货|他没有～的职业|咱们正正经经地举行一次时事测验。

【正经八百】zhèngjīng-bābǎi 〈方〉形。正经的,严肃而认真的;不加程度副词：我已经～地通知你了,你一定要去。"百"

也作"摆"。也说正儿八经。

【正剧】zhèngjù 名。戏剧的一种类型，兼有悲剧、喜剧的因素，但不受悲剧、喜剧等特征的约束。以表现严肃的冲突为内容，是近代和现代剧作中的主要类型。

【正面】zhèngmiàn ❶名。(1)人体前部的那一面或建筑物临街、临广场、装饰比较讲究的一面，也指战场上对着敌人的一面；与"侧面"相对：照张～半身像|体育馆的～全是玻璃|二连从～进攻,一、三连从侧面迂回包抄。(2)片状物主要使用的一面或跟外界接触的一面；与"背面、反面"相对:牛皮纸的～比较光滑|～的花纹比反面的好看。(3)事情、问题等直接显示的一面；与"反面"相对:不但要看问题的～,还要看问题的反面|从～提问题。❷形。不加程度副词，不单teachers谓语。(1)好的、积极的一面；与"反面"相对，作定语或状语:～人物|要～鼓励。(2)直接;多作状语:～交锋|有意见～提出来,别绕弯子。

【正面人物】zhèngmiàn rénwù 词组。指文学艺术作品中代表进步的、被肯定的人物。

【正派】zhèngpài 形。规矩,严肃,光明;多指人的品行、作风:这位女教师为人～|他是个～的人。常用搭配:老李一向是正正派派的,从不干歪门邪道。

【正品】zhèngpǐn 名。符合内在和外观质量标准的产品;区别于副品、次品。

【正气】zhèngqì 名。(1)纯正、刚正的气节;多指人的思想、作风等:～凛然|发扬革命～。(2)良好的风气;与"邪气"相对:～压倒邪气|～上升,邪气下降。

【正巧】zhèngqiǎo 副。刚巧,正好:～在路上碰到了他|你来得～,我们就要出发了。

【正确】zhèngquè 形。符合事实、道理或某种公认的标准：他的看法完全～|～的方针|～的态度|～地分析了形势|你判断得很～。

【正人君子】zhèngrénjūnzǐ 成。指品行端正的人,现多用以讽刺假装正经的人:他满怀鬼胎,却扮出了一副～的样子。

【正色】zhèngsè 〈书〉❶名。指青、黄、赤、白、黑等纯正的颜色。❷动。用严肃或

严厉的神色;用在其他动词前: ~拒绝|我~规劝:"这可不是儿戏。"

【正身】zhèngshēn 动。法律用语,指确是本人,并非冒名顶替;与"替身"相对,不带宾语,常与"验明"并用:验明~。

【正史】zhèngshǐ 名。旧称《史记》、《汉书》等二十四史纪传体史书为正史。是我国历史文化遗产的重要组成部分。

【正视】zhèngshì 动。严肃地对待,不回避,不敷衍;常带宾语:~现实|要~自己的缺点,努力改正。

【正式】zhèngshì 形。合乎一定手续或一般公认的标准的;不加程度副词,不单独作谓语,作定语或状语: 选举产生~代表十二名|合同已~签订。

【正数】zhèngshù 名。数学上指大于零的数。

【正题】zhèngtí 名。说话写文章的主要题目,中心内容:离开~|前面是开场白,下面转入~。

【正体】zhèngtǐ 名。(1)规范的汉字字形。(2)楷书。(3)拼音文字的印刷体。

【正统】zhèngtǒng 名。封建王朝嫡系相承的关系。也指党派、学派中一脉相承的嫡派: 位居~|~观念。

【正文】zhèngwén 名。著作的本文;区别于"注解、附录"等。

【正误】zhèngwù 动。勘正错误;不带宾语,作谓语或定语: 语音~|~表。

【正义】zhèngyì ❶名。(1)公正的、有利于人民大众的道理: 主持~|伸张~|为~而献身。(2)正当的或正确的意义;旧时多用于书名,如《史记正义》。❷形。公正合理、有利于人民大众的;不加程度副词,不单独作谓语,作定语: ~的事业|~的呼声。

【正音】zhèngyīn ❶动。矫正语音;不带宾语: 老师正帮助学生~。可拆开用: 请他来正一下音。❷名。即"标准音"。

【正在】zhèngzài 副。表示动作在进行中或者状态在持续中: 农民~忙着收割早稻。注意: "正在"后面如果是个名词,如"他正在图书馆找资料"里的"正"和"在"是两个词: "正"是副词,"在"是介词; "正"和"在图书馆"分别修饰"找",作状语。

【正直】zhèngzhí 形。公正坦率: 老潘~无私|为人非常~。

＊"正直"和"正派": "正直"强调富于正义感,待人处事公道刚直; "正派"强调规矩、正道、光明正大。"正直"是指性格; "正派"是指品行、作风。

【正中下怀】zhèng zhòng xià huái 成。下怀: 自己的心意,谦辞。正合自己的心意: 如此办理,~。

【正字】zhèngzì ❶名。结构和笔画正或拼法正确,符合标准的字;区别于"异体字、错字、别字"。❷动。矫正字形,使符合书写或拼写规则;不带宾语: 老师经常给我们~。可拆开用: 帮助他正一下字。

【正宗】zhèngzōng 名。原指佛教各派的创建者所传下来的嫡派,后来也指各种技艺派别的嫡传者: 许多地方都有张小泉剪刀,不知哪一处是~? 常作定语: ~北京烤鸭。

证(證) zhèng 〈素〉(1)用一定的材料来表明或论断事物的真实性: ~明|论~|~人。(2)凭证,帮助作证的东西: ~件|~书。

【证件】zhèngjiàn 名。证明身份、经历等的凭证和文件,如学生证、毕业证书等。

【证据】zhèngjù 名。(1)用以证明事物的凭证。(2)法律用语。据以查明和认定案情真相的有关事实或材料。

【证明】zhèngmíng ❶动。用可靠的材料来表明或论断事物的真实性: 他的身份我能~。常带宾语或补语: 事实~了这个论点的正确性|他的问题你~得了吗? 可带主谓词组作宾语: 我~他出生于贫农家庭。❷名。指证明书或证明信: 凭~取货。

【证券】zhèngquàn 名。代表某种所有权或债权的凭证: ~交易。也叫有价证券。

【证人】zhèngren 名。对某种事情提供证明的人。法律上指除当事人外能对案件提供证据的非当事人。

【证实】zhèngshí 动。证明其确实: 他的推断被事实完全~了。可带宾语: : 要通过实践来~真理。

＊"证实"和"证明": "证实"着重说明假想或预言是确实可信的; "证明"着重

表示凭一定材料来论断事物的真实性,被证明的结果可能是正确的,也可能是错误的。"证实"是单义词,没有名词用法;"证明"是多义词,有名词用法。

【证书】zhèngshū 名。由机关、学校、团体等发的证明权力或资格等的文件:结婚～|毕业～。

【证验】zhèngyàn ❶动。通过试验或检验使得到证实:计算结果应该～。可带宾语:考试一般来说可以～学生的学习情况。❷名。实际的效验:经过几次试验,有了一定的～。

政 zhèng ❶〈素〉(1)政治:～纲|～权|参～。(2)国家某一部门主管的业务:财～|邮～。(3)旧指家庭或团体的事务:家～|校～。❷姓。

【政变】zhèngbiàn 名。指国家机构中的少数人通过军事或政治手段,造成国家政权突然更迭的情况:他们的～没有得逞。常作"发生、发动、出现"等动词的宾语:少数人企图发动宫廷～,推翻现政府。

【政策】zhèngcè 名。国家、政党为实现一定历史时期的路线和任务而规定的行动准则。

【政党】zhèngdǎng 名。代表某一阶级、阶层或集团并为维护其利益而斗争的政治组织。

【政敌】zhèngdí 名。指在政治上跟自己处于敌对地位的人。

【政府】zhèngfǔ 名。即国家行政机关,是国家权力机关的执行机关。

【政纲】zhènggāng 名。政治纲领的简称,国家、政党或集团根据本阶级、阶层的利益所制定的在一定时期内最根本的政治目标和行动方针。

【政绩】zhèngjì 名。指官吏或工作人员在职期间办事的成绩:～卓著|苏东坡在杭州任知府时颇有～。

【政见】zhèngjiàn 名。有关政治方面的见解:～不合|发表～|持有不同的～。

【政局】zhèngjú 名。政治局势:～稳定|～动荡。

【政客】zhèngkè 名。依靠从事政治活动谋取私利,并善于玩弄权术和投机取巧的人;含贬义:官僚～|他是个玩弄权术的～。

【政令】zhènglìng 名。政府发布的有关施政的命令:～严明|发布～。

【政论】zhènglùn 名。针对当前政治问题发表的评论。

【政权】zhèngquán 名。通常指国家权力,即统治阶级实行阶级统治的权力,由军队、警察、法庭、监狱等暴力保证其实现。有时也指体现这种权力的机关:推翻反动～|建立革命～。

【政事】zhèngshì 名。指政府的事务或有关施政的一切事务:～繁忙|不能不问～。

【政体】zhèngtǐ 名。国家政权的组织形式。政体与国体是相适应的。我国的政体是人民代表大会制。

【政务】zhèngwù 名。关于政治方面的事务,泛指国家的管理工作:勤于～|～繁忙。

【政治】zhèngzhì 名。代表一定阶级的政党和社会集团在国家生活和国际关系方面的活动。中心问题是政权问题。政治是经济的集中表现,任何阶级的政治都以维护本阶级的经济利益、建立和巩固本阶级的统治为目的。

【政治避难】zhèngzhì bìnàn 词组。一国公民由于政治原因,在本国被追缉或遭受迫害而逃亡他国,取得那个国家给予的居留权后住在那里。

【政治待遇】zhèngzhì dàiyù 词组。指宪法规定公民应享受的政治权利。如选举权、被选举权和言论、出版、集会、结社等自由的权利。

【政治面目】zhèngzhì miànmù 词组。指人的政治立场、政治活动以及和政治有关的各种社会关系。

【政治权利】zhèngzhì quánlì 词组。指宪法、法律规定的公民在政治上享有的权利,如选举权、被选举权和言论、出版、集会、结社、通信、人身、居住、迁徙及宗教信仰等自由。

症 zhèng 〈素〉疾病:～状|病～|～炎～|不治之～|对～下药。
另见zhēng。

【症候】zhènghou 名。(1)疾病:他得了什么～?(2)症状:这些是乙型肝炎的～。

【症状】zhèngzhuàng 名。有机体因患病而表现出来的异常状态,如头痛、咳嗽、发冷、发烧等现象。

郑(鄭) zhèng ❶名。(1)周代诸侯国,在今河南新郑县一带。❷姓。

【郑重】zhèngzhòng 形。严肃认真:他的话说得很~|采取~的态度|~声明|他~其事地给大家写了邀请信。

诤 zhèng 〈书〉直爽地劝诫:~谏|~言|~友。

【诤谏】zhèngjiàn 〈书〉动。直爽地说出人的过错,劝人改正:苦心~。可带宾语:~友人。

【诤言】zhèngyán 〈书〉名。直爽地规劝人改正过错的话:友人的~|屡进~。

【诤友】zhèngyǒu 〈书〉名。能够以直言规劝自己的朋友:视为~。

阐 zhèng [阐踹](-chuài) 同"挣(zhèng)踹"。

挣 zhèng 动。(1)用力摆脱束缚;常带宾语或补语:他用力一~,绳子断了|猪被绑起来了,它再也~不开了。带补语后可带宾语:~开枷锁|~脱束缚。(2)通过劳动或其他办法等来换取;多与"钱"搭配,常带宾语或补语:你一个月~多少钱?|这趟生意,钱~得不多。

另见zhēng。

【挣踹】zhèngchuài 〈书〉动。挣(zhēng)扎:贫穷压得老汉抬不起头,难以~。

【挣命】zhèngmìng 动。为保全生命而挣扎;不带宾语:在死亡线上~|在水里~的落水狗。

zhī(ㄓ)

之 zhī ❶〈书〉代。(1)代替人或事物,相当于"他、它",只作宾语:听~任~|古已有~。可作兼语:改革机构,使~适应经济发展的需要。(2)虚用,不代替实际的事物,只用在某些固定词语中:久而久~|你的成绩最好,他次~。(3)这,那:~二虫。❷〈书〉助。大致与现代的"的"字相当。(1)用在修饰语和中心语之间:赤子~心|星星~火。(2)用在主语和谓语之间,取消其独立性,使成为偏正词组:进军~神速|范围~广泛。(3)用在某些只用"之"不用"的"的格式中:三分~一|秦桧~流|非常~正确。❸〈书〉动。往,到:不知所~。可带宾语:由京~沪。

【之后】zhīhòu 方位。比现在或某一时间晚的时间:春秋战国~,秦朝统一了全国|他去年来过~,我就再没见到他。注意:"之后"多指时间,有时也可指处所或顺序,如"大厅~,才是饭厅","仪仗队~是少先队员"。

【之乎者也】zhī hū zhě yě 成。"之、乎、者、也"是文言文里常用的语助词,常用来讥笑人咬文嚼字或言辞、文章故作斯文:这秀才зо说起话来,满口~,叫人听了莫名其妙。

【之间】zhījiān 方位。(1)表示处所、时间、范围、数量等在两端的距离以内:上海和南京~|春夏~|彼此~|室温保持在22℃到24℃~。(2)表示时间短暂;用在动词或副词后:眨眼~|忽然~。

【之内】zhīnèi 方位。表示处所、时间、范围、数量等不超出一定界限:围墙~|三年~|方圆百里~|20公斤~。

【之前】zhīqián 方位。比现在或某一时间早的时间:天黑~|十点钟~我不在家。注意:"之前"多指时间,有时也指处所:大山~是新建的水库。

【之外】zhīwài 方位。表示处所、范围、数量、时间等超出一定界限:长城~|一下跳到两米~。

【之中】zhīzhōng 方位。表示处所、时间、情况、过程等在一定范围以内,一般不用在单音节词语后:森林~|言谈~|战斗在进行~。

芝 zhī 见"灵芝"、"芝麻"等。

【芝兰】zhīlán 名。"芝"和"兰"是两种香草,古时比喻德行高尚或友情、环境美好:~之室|~玉树(比喻好的子弟)。

【芝麻】zhī·ma 名。(1)一年生草本植物,花白色,结蒴果,有棱,种子小而扁平,是重要的油料作物。(2)这种植物的种子。

支 zhī ❶动。(1)撑,支持:年老了,体力不~。常带宾语或补语:~

支 zhī 1413

帐篷|把帘子~起来。(2)付出或领取;指款项,带宾语或补语: ~一笔钱|款子已~出去了。可带双宾语: ~他50元。(3)用话敷衍,使人离开;常带补语: 咱们要开会,把孩子~到外面去。可带兼语: ~他走开。(4)伸出,竖起: 牙齿向外~着。可带宾语: 他~着耳朵,不知在听什么。❷量。用于杆状物、队伍、歌曲、棉纱的粗细、电灯的光度等: 一~笔|一~船队|一~歌|60~纱|40~光。❸名。地支的简称。❹〈素〉从总体中分出来: ~派|~队。

【支部】zhībù 名。(1)某些党派、团体的基层组织。(2)特指中国共产党的基层组织: ~建在连上。

【支撑】zhīcheng 动。常带宾语或补语。(1)承受并顶住压力使东西不倒塌: 房顶靠柱子~|能~这么重的压力|用手怎么能~得住?(2)勉强维持: 包身工生病还得干活,实在难以~|靠他一人的工资~着一家四口的生活|病了几天,~不住了。

【支持】zhīchí 动。常带宾语或补语。(1)给以鼓励或赞助: 他的意见没有人~|~被压迫人民的斗争|他的主张不对,~不得。可带主谓词组作宾语: 大家都~小翠办学。可重叠: 请你~~我们。可加程度副词:他们对我很~。(2)勉强维持,支撑: 全家生活靠他一人~着|靠顽强的毅力~着他的生命|这种局面再也~不下去了。

【支出】zhīchū ❶动。把钱付出去: 购货款已全部~。常带宾语: ~300元。❷名。支付的款项: 压缩~|控制非生产性的~。

【支绌】zhīchù 〈书〉动。款项紧,钱不够支配: 经费极为~。

【支点】zhīdiǎn 名。杠杆发生作用时起支撑作用固定不动的一点。

【支解】zhījiě 同"肢解"。

【支离破碎】zhī lí pò suì 成。形容事物零散残缺,不成整体: 敌人的所谓重点防御计划已被我军所粉碎,陷于~的境地;|这件事在我记忆中只留存一些~的影子,记不太清楚了。

【支流】zhīliú 名。(1)流入干流的河流:

嘉陵江是长江的一条~。(2)比喻伴随主要事物而出现的次要事物: 那个乡的计划生育工作,主流是好的,当然也有缺点,但那是~。

【支那】zhīnà 名。古代印度、希腊和罗马以及近代日本曾称中国为支那。

【支派】zhīpài 动。支使,调动: 他是队长,这儿的建筑工人都由他~。常带宾语或补语: 我~不动他|今天要办喜事,厨房人手少,~不开。可带兼语: 这个活可以~他去做。

【支配】zhīpèi 动。带宾语或补语。(1)安排,调度: 这几个人干什么事由你~|要好好~时间|劳动力~得很合理。(2)指挥,控制: 思想~行动|这几个人我~不动。可带兼语: 这种思想~他去冒险。

【支票】zhīpiào 名。向银行支取或划拨存款的票据。

【支取】zhīqǔ 动。领取;指钱款: 货款请到银行~。常带宾语或补语: ~本月份工资|现金已~出来了。

【支使】zhīshi 动。差遣,使唤;须带宾语: 他一有事就~别人,很少亲自动手。可带兼语: 你可~小刘去跑一趟。

【支吾】zhīwu 动。用含混躲闪的言语敷衍搪塞: ~其词|跟他商量事情,他就会~搪塞。可带补语: 他~了半天。可重叠: 他支支吾吾地把话岔开了。也作枝梧。

【支线】zhīxiàn 名。交通线、电线等的分支线路;区别于"干线"。

【支援】zhīyuán 动。用人力、物力、财力或某种实际行动去支持和援助: 咱们两个厂要相互~。常带宾语或补语: ~边疆地区|把这批物资~给灾区人民。可带双宾语: ~他们一批原料。可带兼语: ~非洲国家发展自己的工业。

＊"支援"和"支持": "支援"着重在人力、物力等方面给以援助; "支持"着重在精神上、道义上给以同情或鼓励。"支援"能带双宾语; "支持"不能。"支援"是单义词,没有"支撑"的意思; "支持"是多义词,有"支撑"的意思。"支援"的都是好的,是褒义词; "支持"的可能是好的,也可能是坏的,是中性词。

【支柱】zhīzhù 名。起支撑作用的柱子,比喻中坚力量或人物：这几位教授可以说是我们学校教学工作的～。

吱 zhī 拟声。摹拟磨擦发出的声音：门～地一声开了。多叠用：小车～～响。
另见 zī。

枝 zhī ❶名。（～儿、～子）植物主干上分出来的细茎：柳～儿。❷量。(1)用于带花或叶的树枝：一～丁香花。(2)用于杆形器物：一～钢笔｜两～枪。

【枝节】zhījié 名。可重叠。(1)比喻次要的事情：～问题｜不要被那些枝枝节节的琐事蒙住了眼睛，转移了视线。(2)比喻处理一件事情过程中发生的意外的事情：横生～｜他来了，反而生出一些枝枝节节来。

【枝蔓】zhīmàn 名。树枝和藤蔓，比喻繁琐、纷杂的事物：～丛生｜文中一过多，不得要领。

【枝解】zhījiě 同"肢解"。

【枝柯】zhīkē 〈书〉名。树枝：～交错。

【枝梧】zhīwú 见"支吾"。

【枝桠】zhīyā 名。植物上分杈的小枝子。也作枝丫。

【枝叶】zhīyè 名。枝条和叶子，比喻琐细的言辞或情节：对事件的经过不要只叙述～，要抓主要的｜撇开～问题不谈。

卮（巵） zhī 名。古代一种盛酒的器皿。

栀（梔） zhī 名。(～子)(1)常绿灌木，叶子对生，长椭圆形，有光泽。夏季开花，白色，很香。果实可做黄色染料或入药。有的地区叫水横枝。(2)指这种植物的果实。

汁 zhī 名。(～儿)含有某种物质的液体：果子～儿｜墨～儿。

知 zhī ❶动。知道，了解；常用"不、已"等副词作状语：此事已～。常带宾语：不～好歹。可带主谓词组作语：不～他说了些什么。❷〈素〉(1)使知道：通～｜～照。(2)学识，学问：～识｜求～。(3)旧指主管：～县｜～客。(4)〈古〉同"智"。

【知道】zhīdao 动。对事情或道理有了解或认识：这件事我不～。常带宾语或补语：他～开会的时间｜老李家的事，她～得很清楚。可带谓词或主谓词组作宾语：病好了才～饿｜走到外边才～冷｜大家都～他为人老实。可重叠：批评从严，让他～～问题的严重性。

【知底】zhīdǐ 动。了解底细或内情；不带宾语：这件事情只有我～｜他不～。可拆开用：这件事可别让他知了底。

【知法犯法】zhī fǎ fàn fǎ 成。懂得法令、规章而故意违犯：执法人员～，就要从重处理。

【知府】zhīfǔ 名。我国封建时代的地方官名。宋代派京官统治一府的称"知某府事"，简称知府。明清两代为府级行政官吏的正式名称。

【知过必改】zhī guò bì gǎi 成。知道自己有过错，一定改正：～是美德。

【知己】zhījǐ ❶名。彼此相互了解、情谊深厚、关系密切的人：对这些革命同志他都引为～。❷形。彼此相互了解而情谊深切的：他与我很～。常作定语：～朋友。

【知己知彼】zhī jǐ zhī bǐ 成。《孙子·谋攻》："知己知彼，百战不殆。"指对自己的情况和对方的情况都有透彻的了解：只有充分调查研究，做到～，才能使自己立于不败之地。也说知彼知己。

【知觉】zhījué 名。(1)客观事物的整体形象和外部联系在人脑中的直接反映。知觉是在感觉的基础上形成的，但比感觉复杂、完整。(2)客观事物的个别特性在人脑中引起的反应，即感觉：失去了～。

【知了】zhīliǎo 名。蝉，因叫的声音像"知了"而得名。

【知名】zhīmíng 形。出名，有名；多用于人：海内外都～｜～人士｜他是很～的学者。

【知情】zhīqíng 动。知道事情的真实情况；不带宾语：这件事只有我～。可作定语：～人。

【知情达理】zhī qíng dá lǐ 成。通人情，懂事理：她温文尔雅，～，大家都喜欢她。

【知趣】zhīqù 形。知道进退或该做不该做，不惹人讨厌：他太不～了，明知我忙，还老要来麻烦我。

【知人论世】zhī rén lùn shì 成。原指为了了解一个历史人物而论述他的时代背景。后泛指鉴别人物的好坏,议论世事的得失:鲁迅先生博古通今,目光锐利,～常有独到之处。

【知人善任】zhī rén shàn rèn 成。知:知道,了解;任:任用,使用。了解部下,使用得当:厂长～,叫你当生产科科长是再适合不过了。

【知人之明】zhī rén zhī míng 成。有识别人的才能和品行的眼力:作为领导者应该有～。

【知事】zhīshì 名。民国初年称一县的长官,即县长。也叫县知事。

【知识】zhīshi 名。(1)人们在社会实践中所获得的认识和经验的总和:科学～|长～|学习～|～就是力量。(2)指有关学术文化方面:～界|～分子。
 ＊"知识"和"常识":"知识"的含义较深刻,多指专门的学问,可以包含"常识";"常识"的含义较浅显,多指一般人都知道的普通的浅近的知识。

【知识分子】zhīshi fènzǐ 词组。具有较高的文化水平、主要从事脑力劳动的人。如科学工作者、教师、医生、记者、作家、工程师等。

【知无不言,言无不尽】zhī wú bù yán, yán wú bù jìn 成。凡是知道的没有不说的,要说就全说出来。指毫无保留地发表自己的意见:开展相互批评,要做到～。

【知悉】zhīxī〈书〉动。知道;不带宾语:详情～|事前毫不～。

【知县】zhīxiàn 名。我国封建时代的地方官名。宋代派京官统治一县的称"知某县事",简称知县。明清两代为县级行政官吏的正式名称。

【知心】zhīxīn 形。形容彼此相互了解,情谊深切:只有他与我最～。常作定语:～话|～朋友。

【知音】zhīyīn 名。据《列子·汤问》记载,传说有个叫伯牙的人,他弹琴只有钟子期听得懂。钟子期死后,伯牙不再弹琴,认为没有人再能懂自己的音乐。后来就用"知音"比喻了解自己特长的人:他研究经学多年,今日方遇～。

【知遇】zhīyù 动。旧指受到赏识或重用,常用在比较固定的组合中:～之恩。

椥 zhī 地名用字。槟(bīn)椥,越南地名。

蜘 zhī [蜘蛛](-zhū)名。节肢动物,身体圆形或长圆形,有四对足,肛门末端的突起部分能分泌粘液,粘丝在空气中凝成细丝,用来结网捕食昆虫。

脂 zhī〈素〉(1)动植物所含的油质:～肪|油～。(2)胭脂:涂～抹粉|～粉。

【脂肪】zhīfáng 名。有机化合物,存在于动植物体内,经加工后制得的油腻性物质叫油脂。脂肪是储存热能最高的食物,能供给人体中所需的大量热能。

【脂粉】zhīfěn 名。胭脂和香粉。旧时用为妇女的代称:～气(女人气)|～之态。

【脂膏】zhīgāo〈书〉名。(1)脂肪。(2)比喻人民的血汗和劳动果实:民众的～|熬天下之～。

植 zhī 形。庄稼种得较早或熟得较早:～谷子(先种的)|白玉米～(熟得早)。

肢 zhī〈素〉手、脚、胳膊、腿的统称:～体|上～|下～。

【肢解】zhījiě 动。古时候割去四肢的一种酷刑。现多喻指分裂、宰割某一整体:一个主权国家就这样被侵略者～了。可带宾语:匪徒竟残酷地～了他的尸体。也作支解、枝解。

【肢体】zhītǐ 名。四肢,也指四肢和躯干:～健全|～残缺。

氏 zhī 见"阏(yān)氏"、"月氏"。
另见shì。

汦 zhī 水名用字。汦河,在河北省。

胝 zhī 见"胼(pián)胝"。

祗 zhī〈古〉形。恭敬;今多用于书信:～候回音|～请безопас安。

只(隻) zhī ❶量。(1)用于某些成双、成对的东西的一个:两～鞋|一～眼睛。(2)用于某些动物,多指飞禽、走兽:两～鸡|一～猫。(3)用于船只:一～帆船|一～快艇。(4)用于某些日用器物:一～手表|一～箱子。❷〈素〉单独的,少量的:～身|～言片语。
另见zhǐ。

【只身】zhīshēn 名。单独一个人：～在外|～前往。

【只言片语】zhī yán piàn yǔ 成。一言半语,指个别的词句,片段的话：只听到～就发议论,是很有害的。

织(織) zhī 动。用丝、麻、纱、草、毛线等编制物品；常带宾语或补语：～了许多布|她毛衣～得又快又好。

【织补】zhībǔ 动。仿照织布的方法,用手工补缀纺织品上的破洞；常带宾语或补语：～丝袜|她按着那布纹的横直,一针针地挑绣,～起来。

【织锦】zhījǐn 名。本指有花纹或字画的彩色丝织品。后也指像刺绣的丝织品,为苏、杭、川等地的特产。

【织女】zhīnǚ 名。(1)旧指织布、织绸的女子。(2)织女星,也指"牛郎织女"神话中由织女星变成的仙女。

zhí(ㄓˊ)

执(執) zhí ❶〈书〉动。捉住；多用在被动句中,不带宾语：战败被～。❷〈素〉(1)拿着：～笔|～鞭|明火～杖。(2)掌握：～政|～教。(3)实施,实行：～行|～法。(4)坚持：固～|～意。(5)凭证,单据：～照|回～。❸姓。

【执笔】zhíbǐ 动。拿笔,指写作,特指对集体讨论的内容作文字整理并写成稿子；不带宾语：这篇文稿由我～。

【执笔法】zhíbǐfǎ 名。写毛笔字拿笔的方法。前人所传的执笔法一般采用唐代陆希声所传的"撅、压、钩、格、抵"五字法。

【执鞭】zhíbiān 〈书〉动。不带宾语。(1)为人驾驭车马,意思是给他人服役。引申为景仰追随：即使为你～随镫,我也心甘情愿。(2)指从事教育工作；多指当教师、教练：昔日一对体坛名将,今日双双～。

【执导】zhídǎo 动。担任导演工作：这部影片由他～。常带宾语：陶金～了《无冕之王》。可作定语,要加助词"的"：他～的影片有十余部之多。

【执绋】zhífú 〈书〉动。绋：牵引棺材用的大绳。旧指送葬时帮助牵引棺材,后泛指送葬；不带宾语：县长亲自为烈士～。

【执柯】zhíkē 〈书〉动。指为人做媒；不带宾语：我俩的结合多亏张嫂～促成。

【执迷不悟】zhí mí bù wù 成。执：固执；迷：迷惑,对事物分辨不清。形容坚持错误而不觉悟；含贬义：不要～,自行绝路。

【执牛耳】zhí niú'ěr 成。古时诸侯结盟,要割牛耳而饮其血,由主盟者拿着盛牛耳的盘子,所以称主盟者为执牛耳。后泛指在某一方面居领导地位：他是当今文坛～的人物,影响很大。

【执拗】zhíniù 形。固执倔强,不接受别人的意见；指性格、脾气等：他的脾气很～。

【执勤】zhíqín 动。执行勤务；不带宾语：在天安门前～。可带补语：～一天。

【执事】zhíshì 〈书〉名。(1)工作,掌管的事情；多见于早期白话：家人俱多有～。(2)古时指侍从左右供使令的人,后来书信中用做敬称对方,意思是不敢直接说话,请左右转达：太尉～。

【执事】zhíshi 名。旧时俗称婚丧喜庆时用的仪仗：船舱门外摆着"迴避""肃静"虎头牌和各种～。

【执行】zhíxíng 动。实施,实行；指政策、法律、计划、命令、判决中规定的事项：这项命令要立即～。常带宾语或补语：～任务|～决议|坚决贯彻～中央的方针政策|生产计划～得不够好|城市管理条例已经～一年多了。可作"负责、监督"等动词的宾语：此项决定由你监督～。

＊"执行"和"实行"："执行"的意思着重在实施已规定的事项；"实行"的意思着重在使规定的事项变为现实。"执行"使用范围窄,一般限于政策、法令等；"实行"使用范围宽,除用于政策、法令等以外,还可用于其他方面,如"实行同工同酬""实行计划生育"等。

【执意】zhíyì 副。坚持自己的意见；作动词的状语：请他留下,但是他～要走|他～不肯参加比赛。

【执友】zhíyǒu 〈书〉名。志同道合的朋友：此次任务多亏诸位～相助,方得顺利完成。

【执掌】zhízhǎng 动。掌管,掌握；多指较大的职权：财务大权由他～。常带宾语或补语：～人事权｜把军事大权～在手里。

【执照】zhízhào 名。由主管部门发给的准许从事某种工作的凭证：营业～｜驾驶～。

【执政】zhízhèng 动。掌握政权；既可用于组织，也可用于个人，不带宾语，可带补语：这个国家由多党轮流～｜他～40年。

【执著】zhízhuó 形。原为佛教用语，指对某一事物坚持不放，不能超脱，后来泛指固执或拘泥：在非原则问题上，不必过于～｜切勿～于生活小事｜他始终～地追求自己的理想，从不动摇。

絷（縶） zhí 〈古〉❶名。马缰绳。❷动。(1)用绳子拴、捆：～马。(2)拘禁：受～。

直 zhí ❶形。(1)不弯曲，不偏斜；与"曲"相对：这条路很～｜画了一条～线。(2)直爽，坦率：他性子很～｜说话～得很，有啥说啥。(3)从上到下垂直的；与"横"相对，不加程度副词：标题要排～｜～着写字不如横着方便。❷动。伸，伸直；须带宾语或补语：～起腰来｜身子～不起来。❸副。(1)一直，直接：汽车～开南京。(2)一个劲儿，不断地：他累得～喘气。(3)简直：画得～像真的一样。❹名。汉字笔画中的"竖"：一～一横都要写好。❺〈素〉公正的，正义的：正～｜理～气壮。❻姓。

【直达】zhídá 动。不必在中途换乘车船而直接到达目的地：到青岛有车～，不必换车。可带处所宾语：这趟火车～乌鲁木齐。

【直裰】zhíduō 名。和尚，道士穿的大领长袍。

【直观】zhíguān 形。通过感觉器官直接接受或直接观察的；不加程度副词，不单独作谓语，作定语：～教学｜～教具。

【直角】zhíjiǎo 名。平角的一半，也就是90°的角。

【直接】zhíjiē 形。不经过中间事物的；与"间接"相对，多作定语：我与他没有～的关系｜亲自调查后才有了～的感受。可作状语，一般不加助词"地"：有什么事你可～找他｜～选举。

【直截了当】zhíjié-liǎodàng 成。形容说话、做事爽快，不转弯抹角：这篇文章表达意思～，语言干净利落。注意："截"不要误写成"接"。

【直径】zhíjìng 名。连接圆周上两点并通过圆心的直线段或连接球面上两点并通过球心的直线段。

【直觉】zhíjué 名。未经充分逻辑推理的直观。直觉是以已经获得的知识和累积的经验为依据的，而不是像唯心主义者所说的那样，是不依靠实践、不依靠意识的逻辑活动的一种天赋的认识能力。

【直溜溜】zhíliūliū 形。形容笔直的样子；不加程度副词，多作定语：～的大路通向远方。

【直属】zhíshǔ ❶动。直接受管辖或隶属；须带宾语：分校～总队。❷形。直接统属的；不加程度副词，不单独作谓语，作定语：～机关｜该校是省里的～中学。

【直率】zhíshuài 形。爽直，坦率无顾忌：小王说话很～｜他～地指出了我的缺点。
　　＊"直率"和"坦率"："直率"着重言语直爽，没有顾忌，不绕弯子；"坦率"着重襟怀坦白，没有隐瞒，有啥说啥。

【直爽】zhíshuǎng 形。直截痛快；指性格、言行等：罗大方这人挺～，有啥说啥｜性格很～。
　　＊"直爽"和"坦白"："直爽"着重指性格、言语等没有顾忌；"坦白"着重指态度、言语等没有隐瞒。"坦白"还有如实交待错误或罪行的意思；"直爽"没有。

【直挺挺】zhítǐngtǐng 又读 zhítīngtīng 形。形容笔直或僵直的样子；不加程度副词：他～地躺在沙滩上。

【直系亲属】zhíxì qīnshǔ 词组。指和自己有直接血统关系或婚姻关系的人，如配偶、父、母、子、女，有时也包括需要本人抚养的祖父母和未成年的弟妹等。

【直系血亲】zhíxì xuèqīn 词组。有直接血缘关系的亲属，也就是指生育自己和自己所生育的上下各代亲属。不论父系或母系，子系或女系都是直系血亲。

【直辖】zhíxiá 形。直接管辖；不加程度副词，不单独作谓语，作定语，常加词"的"：～办事机构｜～市
　　＊"直辖"和"直属"："直辖"着重在管

辖；"直属"着重在隶属。"直辖"是单义词，只作形容词用；"直属"是多义词，除作形容词用外，还可作动词用。

【直线】zhíxiàn 名。一点在平面上或空中沿一定方向运动所形成的轨迹。两点间只能引一条直线。直线是两点之间最短的线。

【直性】zhíxìng ❶形。性情直爽；不加程度副词，不单独作谓语，作定语，一般不加助词"的"：他是个～人，说话从来不绕弯子。❷名。(～儿、～子)指性情直爽的人：他是个～儿，肚子里不藏半句话。

【直言】zhíyán 动。毫不顾忌地说出来；多用在比较固定的组合中：恕我～|～不讳|敢于～

【直译】zhíyì 动。指偏重于照顾原文字句进行翻译；区别于"意译"：这句英语不宜～，应该意译。

【直音】zhíyīn 名。我国传统的一种注音方法，就是用一个易认的同音字来注另一个字的音。如"毕，音必"，此法现在还使用，但有很大的局限性。

值 zhí ❶名。(1)价格，价钱：两物之～相等。(2)数学上指依照数学式演算所得的结果。❷动。(1)相当；一般用在货物与价钱之间，须带宾语：这双鞋～五块钱。(2)值得，有意义；用在比较固定的否定词组中：不～一提|一钱不～。(3)碰到，遇上；须带宾语：正～春节。❸〈素〉担任轮到的职务：～一班。

【值班】zhíbān 动。轮到规定的时间担任工作；不带宾语：今天由我～。可重叠：大家轮流值值班。可拆开用：值了一天班。

【值得】zhíde 动。(1)价钱相当，合算；可带动词作宾语：这本书～买|这鱼两元一斤，～。(2)指这样做有好的结果，有价值，有意义：为一件小事生气，不～。可带动词或主谓作宾语：这个经验～推广|这本书一读|这样生动感人的题材，～作家们去大写特写。可加程度副词：这是个十分～注意的问题。注意："值得"的否定式是"不值得"，但也可以说"值不得"，二者意义相同。

【值勤】zhíqín 动。部队或负责治安、保卫、交通等工作的人员值班；不带宾语：在大桥上～。可拆开用：他替你值了两天勤。

【值日】zhírì 动。在轮到自己负责的那一天执行任务；不带宾语：今天轮到谁～?

埴 zhí〈古〉名。粘土。

植 zhí ❶动。栽种；常带宾语或补语，只用于"树"：农民们正在～树|这座山上，树～得不太多。❷〈素〉树立：～党营私。

【植被】zhíbèi 名。在一定地区内，覆盖地面的许多植物的总称。栽培的作物称人工植被，天然森林、灌木丛、草原和沼泽等称自然植被。

【植根】zhígēn 动。扎根，生根；不带宾语，多以"于"构成的介词组作补语：作家要～于人民群众之中。

【植物】zhíwù 名。生物的一大类，与动物和微生物不同组成生物界。可分藻类、菌类、地衣、苔藓、蕨类和种子植物，已知约30余万种，遍布于自然界。

【植物园】zhíwùyuán 名。指搜集种植各种植物，以科学研究为主，并进行科学普及教育和供群众游憩的园地。

【植株】zhízhū 名。成长的植物体，包括根、茎、叶等部分。

殖 zhí〈素〉生育，孳生：生～|繁～|增～。
另见·shi。

【殖民地】zhímíndì 名。最初指一国在国外所侵占并将其大批居民移往居住的地区。在资本主义时期特别是在帝国主义阶段，指丧失了主权和独立，政治和经济完全由资本主义强国统治和支配的地区。

侄(姪) zhí 名。(～儿、～子)弟兄或其他同辈男性亲属的儿子。也称朋友的儿子。

【侄女】zhínǚ 名。弟兄或其他同辈男性亲属的女儿。也称朋友的女儿。

【侄孙】zhísūn 名。弟兄的孙子。

职(職) zhí ❶名。(1)职务：尽了～|有～有权。(2)职位：撤了他的～。(3)〈书〉旧时下级官吏对上级官吏的自称：～当奉命。❷〈素〉主

管：～掌。

【职称】zhíchēng 名。职务的名称，如"教授"、"工程师"等。

【职分】zhífèn 名。(1)职责，分内应做的事：这是我的～，怎能不尽心尽力。(2)官职：至今我还没有什么～|当时你担任什么～？

【职工】zhígōng 名。(1)职员和工人：全厂～。(2)旧时专指工人：他曾在学校当过十余年～。

【职能】zhínéng 名。人、事物或机构本身具有的功能或应起的作用：代表大会的～|货币的～。

【职权】zhíquán 名。职务范围内的权力：滥用～|行使厂长～|这是我～范围之内的事。

【职守】zhíshǒu 名。工作岗位；常作宾语：擅离～|忠于～。

【职务】zhíwù 名。规定担任的工作：解除～|～繁多。

　＊"职务"和"职称"："职务"强调工作中所规定担任的事情；"职称"强调职务的名称。"职务"多与行政工作有关；"职称"多与学术水平有关。"职务"有"大、小、多少"之分；"职称"有"高级、中级、初级"之分。"职务"常与动词"担任"等搭配；"职称"常与动词"授予、获得"等搭配。

【职业】zhíyè 名。个人在社会中所从事的并以此为主要生活来源的工作：寻找～|没有～|我的～是中学教师。

　＊"职业"和"事业"："职业"指个人在社会中所担任的某种具体工作；"事业"指个人或人们共同从事的较重大的社会工作和活动。"职业"一般与"寻找、失去"等动词搭配使用；"事业"一般与"从事、继承、献身、破坏"等动词搭配。"事业"可以用"伟大、正义、革命、和平、文化、教育、科学"等词修饰；"职业"不能。

【职员】zhíyuán 名。机关、企业、学校、团体里担任行政或业务工作的人员。

【职责】zhízé 名。职务和责任：这是我应尽的～|我的～是负责保持本单位的环境卫生|保卫祖国是每个公民的神圣～。

【职掌】zhízhǎng 〈书〉名。职务上掌管的事情，职守：总务工作是他的～。

跖 zhí 同"蹠"。

摭 zhí 〈古〉动。拾取，摘取。

【摭拾】zhíshí 〈书〉动。拾，捡；多指袭用现成的事例或词句，常带宾语：～故事。

蹠 zhí 名。脚面上接近脚趾的一部分。也指脚掌。

踯（躑、蹢） zhí

【踯躅】zhízhú [踯躅](-zhú) 〈书〉动。徘徊：他在河边来回～。可带所处宾语或补语：旧社会有多少失业者～街头|我久久地～在车站附近。

　"蹢"另见dí。

zhǐ(ㄓˇ)

止 zhǐ ❶动。(1)停住；一般不带宾语：生命不息，战斗不～。(2)拦阻，使停住；常带宾语或补语：～血|吃了止痛片，疼痛～住了。(3)截止；不带宾语，一般用在"到(至)……止"格式中：报到日期从九月一日起，至九月三日～。❷副。仅，只：去过不～一回。

【止步】zhǐbù 动。停止脚步；不带宾语，可带补语：我们不能～不前。常用在公共场所标明非游览参观部分：游人～。

【止境】zhǐjìng 名。尽头；一般用于否定句：学无～|科学研究没有～。

址（阯） zhǐ 〈素〉地基，地点：遗～|住～|厂～。

芷 zhǐ [白芷](bái-) 名。多年生草本植物，夏天开花，白色。根有香气，可入药。

沚 zhǐ 〈古〉名。水中的小块陆地。

祉 zhǐ 〈古〉名。福。

趾 zhǐ ❶名。脚指头：鹅鸭之类～间有蹼。❷〈素〉脚：举～|～高气扬。

【趾高气扬】zhǐ gāo qì yáng 成。趾：脚。走路时脚抬得高高的，神气十足。形容骄傲自满，得意忘形：看到他那～的神情，大家都不满。

只（衹、祇） zhǐ 副。(1)仅仅；表示动作、行为等限于一定范围，用在动词或动词性词组前作状语：～去过一次|我～学过英语|他业余～爱好集邮。(2)只有，仅有；用在名词前，限制事物的数量：～你一个人去行吗？|～玉米就收了20万斤。

另见zhī，"衹"另见qí。

【只得】zhǐdé 副。表示没有别的选择，只好，不得不：明天要下大雨，运动会～推迟。

【只顾】zhǐgù 副。表示只从某方面去做或想：你不能老是～胡思乱想|他～往前走，我叫他也不理。注意："只顾"后面如果是名词或者代词，这里的"只"和"顾"是两个词，不是一个词，如"只顾自己，不顾别人"，是副词"只"修饰动词"顾"，要加以区别。

【只管】zhǐguǎn 副。(1)尽管；表示动作行为不受条件的限制或影响：如果我的看法不对，你～批评帮助。(2)只顾；表示注意力集中专一，没有顾及其他：他～往下讲，不管别人听不听。注意："只管"后面如果是名词或代词，这里的"只"和"管"是两个词，如"我只管帐目，不经手现金"，是副词"只"修饰动词"管"。

【只好】zhǐhǎo 副。不得不；表示只能这样，没有别的选择：妻子出差去了，饭菜～自己做|家里有事，～早一点走|篇幅有限，文章～简短些。

【只可意会，不可言传】zhǐ kě yì huì, bù kě yán chuán 成。只能心领神会，无法用言辞表达：这首诗妙在～。

【只是】zhǐshì ❶副。(1)仅仅是，不过是；表示限定范围：我～做了分内的事，不值得表扬。同ని词"罢了、而已"配合，有冲淡语气的作用：我～做你开开玩笑罢了，你何必这样认真。(2)就是，总是；表示动作、行为在任何情况下不变：你不要在下面～讲话，影响别人听讲|这孩子～吃饭，不吃菜。❷连。(1)但是，不过；用在后一分句表示轻微的转折：这东西好是好，～贵了点。(2)表示条件；用在前一分句开头，后一分句说出由这种条件所造成的结果，常同"才"呼应：～由于封建制度的日益腐朽和帝国主义的侵略，才使我们国家在近代落后了。(3)解释原因：我早就想到你那儿去看看，～没有抽出时间来。注意："只是"后面如果是名词，"只"和"是"是两个词，是副词"只"修饰动词"是"，如"无产者在这个革命中失去的只是锁链"里的"只是"是两个词。

* "只是"和"不过"："只是"表示的转折语气比"不过"更轻一些。"只是"前面不能用表示让步的连词"虽然、尽管"等呼应；"不过"可以用。"只是"后面不加逗号；"不过"后面可以加。

【只消】zhǐxiāo 动。只需要；须带宾语：这项工作～三个人就能完成。

【只许州官放火，不许百姓点灯】zhǐ xǔ zhōu guān fàng huǒ, bù xǔ bǎixìng diǎn dēng 成。宋·陆游《老学庵笔记》卷五记载：有个州官叫田登，忌讳别人提到他的名字，因为"登"与"灯"同音，全州人就把"灯"叫做"火"。到元宵节放灯时，田登出告示说："本州依例放火三日。"后来就用"只许州官放火，不许百姓点灯"形容反动统治者自己可以胡作非为，老百姓连正当的活动也要受到限制。也指胡作非为的人不许别人有正当的权利：～，做汉奸卖国原是大人先生们的专利品。

【只要】zhǐyào 连。表示充分的条件，常同"就、便、总"等副词配合着用：～大家同意便行。注意："我只要这本书"里的"只"和"要"是两个词，是副词"只"修饰动词"要"。

【只要功夫深，铁杵磨成针】zhǐ yào gōng-fu shēn, tiě chǔ mó chéng zhēn 成。杵：舂米或捶衣用的棒。只要肯下功夫，铁杵也能磨成针。比喻人只要有毅力，肯下功夫，做任何事情都能成功：～，世上没有克服不了的困难。

【只有】zhǐyǒu ❶连。(1)表示唯一的条件；用在复句前一分句，后一分句往往同"才"呼应：～实现农业现代化，才能大幅度地提高农业产量。(2)用在单句中，强调唯一的人、事物或情况：～这个办法切实可行。❷副。表示"不得不"的意思，相当于副词"只好、只得"：对这个问题你如果不予以处理，那么～请你向上级反映了。注意:"上山的路只有一条"里的"只"和"有"是两个词,是副词"只"修饰动词"有"。

＊"只有"和"只要":"只有"所表示的条件是唯一的,强调只有具备了这个条件,才能产生相应的结果;"只要"所表示的条件是充分的,表示只要具备了这个条件,就能产生相应的结果,这个条件并不是唯一的。"只有"除连词用法外,还有副词用法;"只要"只有连词用法。

【只知其一,不知其二】zhǐ zhī qí yī, bù zhī qí èr 成。只知道事物的一方面,不知道它的另一方面: 哥哥,你～,对这件事了解得并不全面。

枳 zhǐ 名。落叶灌木或小乔木,茎上有刺。常栽作绿篱,也作柑橘砧木。果似橘,圆形,可供药用。也叫枸橘。

轵 zhǐ 〈古〉名。指车轴的末端。

咫 zhǐ 量。周代长度单位,八寸为咫,合今市尺六寸二分二厘。

【咫尺天涯】zhǐchǐ tiānyá 成。咫尺: 距离很近; 天涯: 天边。形容距离很近,但很难相见,像远在天边一样: 我哥弟弟虽住在一个城市里,但平时各忙各的事,难得见面,真如～一般。

旨（△恉） zhǐ △❶名。(1)意义,用意,目的; 一般只作主语: 这里办起理发室,～在方便群众 | 会议通过了一系列～在进一步发展科学技术的决议。(2)封建时代称帝王的命令: 下～| 领～| 圣上有～。❷〈素〉味美的: 甘～| ～酒。

【旨趣】zhǐqù 〈书〉名。主要目的和意图: 本刊的～在于提高读者欣赏文艺作品的能力。

【旨意】zhǐyì 名。意图,目的: ～要明确,安排要周密 | 他处处按上级的～办事。

指 zhǐ ❶名。手指头: 伤其十～,不如断其一～。❷动。(1)用手指头或物体尖端对着,向着: 魔术师用棍子一～,箱子里的人不见了。常带宾语或补语: 他用教鞭～着黑板上的字 | 时针正好～在八点上。(2)仰仗,依靠; 须带宾语或补语: 爸爸去世后,全家人的生活就～大哥了 | 不能全～在他身上,还得

另外想些办法。可带动词性词组或主谓词组作宾语: 老王就～拖板车过日子 | 不能只～着我一个人去干,要大家去干才行。(3)指点,点明; 常带宾语或补语: 请领导给我们～方向 | 我有缺点请你～出来。(4)意思上指着; 须带宾语: 这话不是～你,是～他 | 不及格是～不满60分。❸量。一个手指头的宽度: 两～宽的纸条。❹〈素〉直立: 令人发～。

【指标】zhǐbiāo 名。计划中规定达到的目标: 生产～| 质量～| 明年的～还没下达 | 我厂的产品已完全达到部颁的技术～。

【指不胜屈】zhǐ bù shèng qū 成。指: 手指头; 屈: 弯曲。屈着手指数不过来,形容数量很多: 这家商店专门经营纽绊,品种繁多,～。

【指斥】zhǐchì 动。指摘,斥责: 这个流氓为众人所～。可带宾语: ～权贵 | 我就是要～那些营私舞弊的丑类。常作"受到"等动词的宾语: 他的野蛮行为理所当然地受到大家的～。

【指导】zhǐdǎo 动。指示教导,指点引导: 请老师多多～。常带宾语或补语: 思想～行动 | 王老师～得很仔细。可带动词性词组作宾语:请专家来～如何管理经济。可带兼语: 老师傅～我们学技术。可重叠: 您要好好～～我。

＊"指导"和"教导":"指导"重点在指引;"教导"重点在教育。"指导"适用的范围较宽,可以是人或人的思想行动,还可以是具体的工作;"教导"适用的范围较窄,一般是人。"指导"可以重叠;"教导"不可以重叠。

【指点】zhǐdiǎn 动。(1)指出来让人知道或看到: 学习古文,张老师给我～过。常带宾语或补语: 我写大字时,爸爸总是在旁边～我 | 他对我～了一番。可带兼语: 吴老师～我们看牵牛星。可重叠: 他有不懂的问题,请你多多～～。(2)手指着责备,引申为挑剔毛病,在背后让人不是; 常带宾语: 这个人并不正派,大家都在背后～他。可重叠: 有意见当面提,别在背后指指点点。

【指定】zhǐdìng 动。确定: 多指做某件事的人、时间、地点等: 大会发言人由各

组推选或~。常带宾语或状语：~一个临时负责人|~活动地点|开会日期已~好了。可带兼语：领导上~他当班长。

【指挥】zhǐhuī ❶动。发令调度：这支部队由他~。常带宾语或补语：~乐队|这一仗他~得很好。可带动词作宾语：~唱歌|~战斗。可带兼语：陈司令员~部队作战。❷名。发令调度的人，也指指挥乐队或合唱队的人：他是工程总~|许老师是乐队~。

【指挥棒】zhǐhuībàng 名。乐队演奏或合唱队演唱时指挥者手中舞动的棍棒。比喻跟谁的指挥棒转，即按谁的意图办事；常用于贬义：我们不能老是跟着他的~转。

【指鸡骂狗】zhǐ jī mà gǒu 见"指桑骂槐"。

【指甲】zhǐjiǎ 名。人和猿猴类指(趾)端背面扁平的甲或爪。与其他动物的蹄和钩爪相同，都是表皮角质层的变形物，有保护指(趾)端的作用。

【指教】zhǐjiào 动。指正、教导；用作请人对自己的工作、作品等提出意见或批评的客套话：我的文章很不成熟，请诸位多~|请拨冗~。可带补语：张老师~过我多次。可重叠：请您~~。可作"加以、给予、进行"等动词的宾语：请各位专家多加~。

【指靠】zhǐkào 动。依靠；多指生活方面，常带宾语：全家生活就~哥哥一人|这个孤儿无人照料，只得~他的姨妈。可带兼语：这件事只能~你去完成了。

【指控】zhǐkòng 动。指责和控诉；常带宾语：老李~该公司经理的违法行径。可带兼语：有人~他参与了这起走私案。

【指令】zhǐlìng ❶动。指示，命令；多带兼语：厂长~他去完成这项任务。也可带动词性词组作宾语：上级~尽快查清这个案件。❷名。旧时公文的一种，上级机关因下级机关呈请而有所指示时称为指令：经理宣读了总公司的~。

【指鹿为马】zhǐ lù wéi mǎ 成。《史记·秦始皇本纪》记载，秦二世时，丞相赵高想要篡位，怕别的大臣不服从，就先试验一下。他给秦二世献了一头鹿，说："这是匹马。"秦二世笑着说："丞相错了吧，把鹿说成马了。"问旁边的人，有的不做声，有的为讨好赵高说是马，也有说是鹿的。事后赵高就把说鹿的人暗中给杀了。后用"指鹿为马"比喻颠倒是非，混淆黑白；含贬义：这帮家伙玩弄权术，~，不知想干什么？

【指明】zhǐmíng 动。明确指出；不带补语：奋斗的目标，领导上已经给我们~了。常带宾语：~了前进的方向|司法人员向罪犯~了出路。

【指名】zhǐmíng 动。指出人或事物的名字；不带宾语，常与其他动词连用：领导上~批评了他|他这次回来，~要我给他做几样家乡菜。

【指南针】zhǐnánzhēn 名。(1)利用可以转动的磁针制成的测定方向的仪器。因受地磁场的作用，针的一头总是指向南方。常用于航海、旅行和行军等。

【指派】zhǐpài 动。指定派遣：这些工作请谁干，由他~。常带宾语或补语：有什么任务，~我|这件事必须~给他。可带兼语：老师~我去领新书。
　　*"指派"和"指定"："指派"的使用范围窄，只能用于人；"指定"的使用范围广，除用于人外，还可用于时间、地点等，如"指定集合地点"。

【指日可待】zhǐ rì kě dài 成。指日：可以指出日期，为期不远。形容不要多久就可达到目的：这是~的事情|这个展览会正在积极筹备之中，展出日期~。

【指桑骂槐】zhǐ sāng mà huái 成。指着桑树骂槐树。比喻表面上骂这人，实际上骂那人：司马光在给王安石的信中，~，责难新法。也说指鸡骂狗。

【指使】zhǐshǐ 动。指派别人按自己所出的主意去做某件事：这件事估计有人在幕后~。常带兼语：高衙内~陆谦到沧州去杀害林冲。
　　*"指使"和"指派"："指使"是贬义词，指出坏主意叫人去做坏事，"指派"是中性词，可以叫人做坏事，更多的是做好事。

【指示】zhǐshì ❶动。常带宾语。(1)指给人看：为了~航行的方向，我们在海边造了一座灯塔。(2)上级对下级或长辈对晚辈说明处理某个问题的原则和方法：

领导～我说：一定要千方百计努力完成任务。常带兼语：上级～我留在地方工作。❷名。指点下级或晚辈的话或文字：这是首长的～|中央的～完全正确。

【指事】zhǐshì 名。六书之一，用象征性的符号或在象形字上加提示符号来表示意义的造字法。如"上"(古作"●")、"刃"就是指事字。

【指手画脚】zhǐ shǒu huà jiǎo 成。说话时手脚做出各种动作。形容说话放肆或得意忘形的样子。现多形容站在一旁乱加批评指责：他一来就～地批评大家，这也不对，那也不对。

【指数】zhǐshù 名。(1)表明经济数值变动程度的比数。如用某一时期的物价平均数作基数，拿另一个时期的物价平均数同它相比，所得的百分数就是后一时期的物价指数。(2)表示一个数自乘若干次的数字，记在数的右角上，如3^2、4^5，右角上的2、5就是指数。

【指望】zhǐwang ❶动。期待，盼望；常带动词性词组或主谓词组作宾语：我～着早点儿出差|～今年有个好收成|她～丈夫早日回来。❷名。盼头，所指望的事；常作动词"有、没有"的宾语：调动工作有～了|得了这种病恐怕没～了。

【指引】zhǐyǐn 动。指点引导：在正确路线～下，我们一定能从胜利走向胜利。常带兼语：灯标～船只夜航|猎人～他通过了林区。

*"指引"和"指导"："指引"着重于指出方向，明确指标；"指导"着重于指示教导。"指引"的对象可以是人或车船等，也可以是运动、革命这类较大的抽象事物；"指导"的对象是人和人的各种活动。"指引"是单义词，没有名词用法；"指导"是多义词，有名词用法，如"他担任场外指导"。

【指责】zhǐzé 动。指出错误，加以责备；对象一般限于人：不知为什么事对他这样严厉地～。常带宾语或补语：不要～别人|把他～了一番。可带兼语：爸爸～我不该不守信用。

【指摘】zhǐzhāi 动。挑出缺点错误加以批评：对这样的小缺点，不必多所～。常带宾语或补语：～现状，攻击时弊|不

要过于～他|只要～得在理，我们就应该接受。

*"指摘"和"指斥"："指摘"只指挑出缺点错误进行批评，语义较轻；"指斥"指严厉地批评、斥责，语义较重。

【指针】zhǐzhēn 名。(1)钟表、仪表上指示时间或刻度的针。(2)比喻确定方向、指导行动的依据：大会的决议是我们开展各项工作的～。

【指正】zhǐzhèng 动。一般不带宾语。(1)指出错误，使其改正：文中谬误，他均能一一～。(2)请人提出批评意见时的客套话：不当之处，敬请～。

酯 zhǐ 名。一类有机化合物。低级的酯是有香气的挥发性液体，高级的酯是蜡状固体或很稠的液体，是动植物油脂的主要部分。

抵 zhǐ 〈古〉动。侧手击。注意："抵"不要写作"抵"，也不读dǐ。

【抵掌】zhǐzhǎng 〈书〉动。击掌；表示高兴，不带宾语，一般与其他动词连用：～而谈。注意："抵"不要写作"抵"，也不读dǐ。

纸(帋) zhǐ ❶名。纸张，供写字、绘画、印刷、包装等用的片状纤维制成品。多用植物纤维制造。造纸术是我国古代的四大发明之一。❷量。用于计算书信、文件的张数：一～公文|单据共4～。

【纸币】zhǐbì 名。由国家发行、强制通用的纸制货币。

【纸老虎】zhǐlǎohǔ 名。比喻外表强大凶狠而实际空虚无力的人或集团：他身体似乎很壮实，可淋了一场雨竟然就病了，看来是个～。

【纸钱】zhǐqián 名。迷信的人烧给鬼神的铜钱形的圆纸片，中间有方孔。也有用较大的纸片在上面打出一些钱形做成的。

【纸上谈兵】zhǐ shàng tán bīng 成。《史记·廉颇蔺相如列传》记载：战国时赵国名将赵奢的儿子赵括，年轻时学习兵法，善于谈兵，父亲也难不倒他。后来赵王让他代廉颇为将，在长平之战中他只知搬弄兵书上的知识，不会灵活处理，结果被秦军射死，赵军40万人全部被俘。

后用"纸上谈兵"比喻空谈理论,不切实际;含贬义:他这个人只会~,一接触实际就毫无办法了。

【纸型】zhǐxíng 名。浇铸铅版的模型,用特制的纸覆在活字版或其他凸版上,经过敲打或压实后制成。也叫纸版。

【纸鸢】zhǐyuān 〈书〉名。风筝。

【纸张】zhǐzhāng 名。纸的总称;不加个体量词:一张纸上写两个大字,简直是浪费~。

　*"纸张"和"纸":"纸张"的意思较概括;"纸"的意思较具体。"纸张"指纸的总体,也不能指个体;"纸"可以指总体,也可以指个体。"纸张"不加个体量词;"纸"可以。

【纸醉金迷】zhǐ zuì jīn mí 成。比喻使人沉迷的豪华奢侈的环境或腐朽的生活;含贬义:我对那种~的生活很反感。也作金迷纸醉。

黹 zhǐ 〈素〉做针线,刺绣:针~。

徵 zhǐ 名。古代五音(宫、商、角、徵、羽)之一,相当于简谱的"5"。
　另见 zhēng(征)。

zhì(ㄓˋ)

至 zhǐ 〈书〉❶介。有"到"的意思;组成介词词组表示时间、地点等,作状语或补语:~本月中旬,已有十余家工厂完成生产任务|列车开~上海。❷副。最,极;表示达到最高程度:多承指教,~为感激。

【至宝】zhìbǎo 名。最珍贵的宝物;多用在固定组合中:如获~|视为~。

【至诚】zhìchéng 形。真心诚意,非常诚恳:~待人|出于~|他是个非常~的人,从不说假话。

【至此】zhìcǐ 〈书〉动。不带宾语。(1)到这种地步:事已~,无法挽回。(2)到这里,须与其他动词连用:文章~为止|演出~结束。(3)到这个时候;常用在句首作状语:~,事情才水落石出|~我方始醒悟。

【至多】zhìduō 副。表示最大的限度;多指数量、时间或者对情况的估计:我在家里~待三天|这样操作~完成生产任务,根本不可能超产。

【至高无上】zhì gāo wú shàng 成。至:极,最。极高,没有比它更高的:他获得了~的殊荣|在封建时代,皇帝享有~的权力。

【至交】zhìjiāo 名。最相好的朋友:他俩结为~已有多年。也说至好。

【至今】zhìjīn 动。直到现在;不带宾语,须与其他动词连用:他~还没有来信|货款~怎么还不汇来?这件事~才算有了眉目。

【至理名言】zhì lǐ míng yán 成。至理:最正确的道理;名言:精辟的话。最正确的道理、极精辟的话:虚心使人进步,骄傲使人落后,我们要记住这~。

【至亲】zhìqīn 名。最亲近的亲属和亲戚:骨肉~|他把所有的~好友都请来了。

【至上】zhìshàng 形。最高;多指地位、权力等,不加程度副词:国家~|~的权力|爱情~的观点是不正确的。

【至少】zhìshǎo 副。表示最低的限度;多指数量、时间或对情况的估计:文章~写500字|完成这个任务,~要一个月|~,大家应该去看一下。

【至于】zhìyú ❶连。表示另提一件事或者一种情况;常同副词"就"配合:这时,他只想到救人,~个人的安危,他早置之度外了|这个村已经新盖住房的有100多户,~全乡,就更可观了。❷动。表示达到某种程度;多带动词或动词性词组作宾语,常用于否定句或反问句:这本书很通俗,他不~看不懂吧|如果他不是酒后开车,不~出车祸|他要是早点治疗,何~病得这么重?

盩 zhì 地名用字。见"盩(zhōu)厔"。

郅 zhì ❶〈古〉副。极,最。❷姓。

桎 zhì 〈素〉。古代称脚镣:~梏。

【桎梏】zhìgù 〈书〉❶名。脚镣手铐。古代用来拘系罪人手脚的刑具。比喻束缚人的东西:砸烂~,争取自由|从精神中解放出来。❷动。束缚;多带宾语,并带动态助词"着、了":教条主义~着人们的思想。

　*"桎梏"和"枷锁":"桎梏"原指脚镣

手铐两种刑具;"枷锁"原指套在颈项上的木板和束缚手脚的锁链两种刑具。"桎梏"用于比喻,使用范围较宽,可用作束缚人、束缚事物的东西;"枷锁"用于比喻,使用范围较窄,主要用作束缚人思想和压迫人的东西。"桎梏"有动词用法,"枷锁"没有。

轾 zhì 见"轩轾"。

致（△緻） zhì ❶〈书〉动。给予,表示;用于礼节、情意等,须带宾语:~函问候|向大会~热烈的祝贺|~衷心的感谢。❷〈素〉(1)集中,专注:~力|专心~志。(2)招致,引起:~病|使~|导~|学以~用。(3)意态,情趣:兴~|景~|别~|错落有~。△(4)精密,精细:细~|精~|~密。

【致辞】zhìcí 动。举行仪式时发表关于祝贺、答谢、欢迎、哀悼等方面的讲话;不带宾语:在毕业典礼上,先请校长~。可拆开用:大会主席致了辞。也作致词。

【致富】zhìfù 动。达到富裕水平;不带宾语:勤劳~|他能带领大家共同~。

【致敬】zhìjìng 动。向人敬礼或表示敬意;不带宾语:向边防战士~。

【致力】zhìlì 动。把力量集中用在某方面,常用"于"构成介词词组作补语:张教授一生~于科学研究,从未懈怠。有时可省去"于",直接带宾语:孙中山先生~国民革命凡40年。

【致密】zhìmì 形。周密,细密:~的思考|~的观察|结构~|这种布质地很~。

【致命】zhìmìng 动。使失去生命;不带宾语:安眠药服多了会~。常作定语,多加助词"的":这是一种~的疾病|~的打击。也用于比喻:这是他的~弱点。

【致使】zhìshǐ 连。以致,由于某种原因而使得,表示前后分句有因果关系,用在后一分句的开头,表示前一分句所造成的结果:他平时不注意锻炼身体,~体质下降,经常生病|由于准备工作做得不足,~这项试验中途夭折。

【致死】zhìsǐ 动。导致死亡;不带宾语:因伤~|折磨~|他被敌人毒打~。

【致谢】zhìxiè 动。表示谢意;连连~|向观众~|特往~。

【致意】zhìyì 动。向人表示问候之意;不带宾语:点头~|再三~|去信~|向尊夫人~。

铚 zhì 名。古代一种短小的镰刀。

窒 zhì 〈素〉阻塞不通:~息|~碍。

【窒息】zhìxī 动。(1)呼吸困难甚至停止;不带宾语,常与其他动词连用:~而死。(2)使呼吸困难;可带宾语:这里稀薄的空气~着他。也可带补语:污浊的空气使他~得透不过气来。(3)比喻事物受阻碍不能发展;多用于被动句:生机勃勃的新生事物就这样被~了。

蛭 zhì 名。水蛭,一种环节动物。体形长扁而分节,生活在水中或阴湿处,有吸盘,吸食人、畜血液。俗称蚂蟥、马蟥。

膣 zhì 名。阴道的旧称,女性生殖器的一部分。

志（△誌） zhì ❶名。志向,志愿:有~不在年高|革命青年~在四方。△❷〈素〉(1)记住:~哀|~喜|博闻强~|永~不忘。(2)文字记载:杂~|县~。(3)记号:标~。❸姓。

【志哀】zhì'āi 动。表示悲伤哀悼;不带宾语:向阵亡将士~。

【志大才疏】zhì dà cái shū 成。志向大而才能小:他这个人~,至今一事无成。

【志气】zhìqi 名。(1)指实现崇高理想、宏伟愿望的决心和勇气:我们有~攀登科学高峰。(2)骨气,气节:这个人老是低三下四的,太没~了。

【志趣】zhìqù 名。志向和兴趣,行动或意志的趋向:他俩~相同|他的~比较高雅。

【志士】zhìshì 名。有高尚志向和节操的人:爱国~|革命~。常同"仁人"并用:希望~仁人与我们同心协力,共商国是。

【志同道合】zhì tóng dào hé 成。志向相同目标一致:我和她~,情同手足。

【志喜】zhìxǐ 〈书〉动。留下喜庆的纪念,以表示祝贺;不带宾语:乔迁~。

【志向】zhìxiàng 名。关于将来要做什么事、要成为什么样的人的意图和决心:确立~|青少年一定要有远大的~。

【志愿】zhìyuàn ❶名。志向,意愿:立下~|共同的~。❷动。自愿;多作状语或定语:~参加|我~到边疆工作|~军|~人员。

＊"志愿"和"心愿":"志愿"多指明确的、希望将来能实现的较大的意图和决心;"心愿"多指一般的打算或做某事的念头和愿望。"志愿"能跟"确定、放弃、达到"等动词搭配;"心愿"不能。"志愿"有动词用法;"心愿"没有。

梽 zhǐ 地名用字。梽木山,在湖南省。

痣 zhì 名。皮肤上局部生的斑痕,有青、红、褐、黑等色,也有突起的。无不适感。

豸 zhì 名。古书上指无脚的虫。

忮 zhì 〈古〉动。嫉妒:彼常人之心,区区好~而自疾。

识(識) zhì 〈素〉(1)记住:默而~之|博闻强~。(2)标志,记号:款~。
另见shí。

帜(幟) zhì 〈素〉(1)旗子:旗~|别树一~。(2)记号:标~。

帙(袠) zhì ❶名。古代书画外面包着的布套。❷量。一套线装书叫一帙:有诗文一~。

秩 zhì ❶〈古〉量。十年为一秩:八~寿辰(80岁生日)。❷〈素〉次序:~序。

【秩序】zhìxù 名。有条理、不混乱的情况:~良好|遵守~。

制(△製) zhì △❶动。制造,制作;常带宾语或补语:这个厂专~枪炮|图表~好了。❷〈素〉(1)制度,法则:法~|税~|体~|建~|币~|公~。(2)拟定,规定:~定|因地~宜。(3)管束,约束:控~|~约。

【制裁】zhìcái 动。用强力管束并处有不法行为的人,使不得胡作非为:对这些犯罪分子,必须依法~,狠狠打击。常带宾语或补语:~奸商|严厉~不法分子|对他~得很及时。

【制导】zhìdǎo 动。通过无线电装置,控制和引导导弹等,使其按一定轨道运行:模型飞机偏离航向,大概~失灵。常作定语:~导弹。

【制定】zhìdìng 动。定出;多指法律、章程、计划等:年度生产计划要及早~。常带宾语或补语:~规章制度|远景计划~得很好。

【制订】zhìdìng 动。创制拟订:卫生公约由大家共同~。常带宾语或补语:~施工方案|具体措施要赶快~出来。

＊"制订"和"制定":"制订"着重指协商创制、拟定;"制定"着重指创制决定。"制订"包含创制、拟定的行为过程;"制定"表示动作已经完成。"制订"的对象多指计划等,少指法令等;"制定"的对象多为纲领、法令、决议、政策、方针、路线、规程、章程等。

【制度】zhìdù 名。多作中心语。(1)要求成员共同遵守的、按一定程序办事的规程:学习~|财务~|保密~。(2)在一定的历史条件下形成的政治、经济、文化等各方面的体系:社会主义~|封建~。

【制伏】zhìfú 动。用强力压制使驯服:对手被~了。常带宾语:我~了这头犟牛。可拆开用:制不伏他。也作制服。

【制服】zhìfú ❶动。同"制伏"。❷名。军人、警察、学生等等的有规定式样的服装:司法部门有了统一的~。

【制剂】zhìjì 名。根据处方,并按一定操作规程将药物加工制成一定剂型的药剂。

【制品】zhìpǐn 名。制造成的物品;多作中心语:塑料~|化学~|乳~|罐头~。

【制胜】zhìshèng 动。取胜,战胜:出奇~|克敌~。可带宾语:~敌人。

【制约】zhìyuē 动。指一种事物的存在和变化以另一种事物的存在和变化为条件:世界上的各种事物都是互相联系,互相~着的。常带宾语:气温的变化~着作物的生长。可作"受、有"等动词的宾语:人的观念,受到社会和时代的~。

【制造】zhìzào 动。常带宾语或补语:(1)把原料加工成物品:~飞机|机器~得很灵巧。(2)人为造成某种气氛或局面;含贬义:~紧张局势|谣言~得很离奇。可带谓词作宾语:~摩擦|~混乱。

【制止】zhìzhǐ 动。用强力阻止,不让继续

行动;多指不好的事情:学生抽烟必须坚决~。常带宾语或补语:~侵略战争|对孩子的不良行为~得还不够坚决。可带动词、动词性词组作宾语:~赌博|~在公园里攀折花木。可带兼语:~他继续偷窃。

＊"制止"和"遏止":"制止"表示强迫停止,用力不一定猛,语意较轻;"遏止"表示用猛力制止,语意较重。"制止"使用范围宽,可用于大事物,也可用于小事物;"遏止"使用范围窄,一般用于来势猛、力量大的事物。

【制作】zhìzuò 动。制造,做;常带宾语或补语:~家具|~盆景|这些漆器~得很精致。

＊"制作"和"制造":"制作"使用范围窄,一般用于做小物件,如家具、模型、玩具等;"制造"使用范围宽,可用于大事物,也可用于小事物。"制作"是单义词,没有贬义用法;"制造"是多义词,有贬义用法。

质(質) zhì

❶名。(1)事物的根本特性:这瓶酒~不纯|量变的结果引起~的变化。(2)质量:按~论价|这种布~优价廉,值得买。❷动:抵押;须带宾语:以衣物~钱。❸〈素〉(1)询问,责问:~疑|~问。(2)朴素,单纯:~朴。(3)物质,质地:流~|木~|杂~。(4)作为保证的人或物:人~。

【质变】zhìbiàn 动。事物的根本性质的变化,是从一种性质向另一种性质的突变或飞跃;不带宾语,常作定语或宾语:~的过程|事物由量变到~。

【质地】zhìdì 名。(1)某种材料的结构的性质:这种布~优良|柞木~坚韧。(2)指人的资质或品质:这届新生~较好。

【质量】zhìliàng 名。产品或工作的优劣程度、水平:提高教学~|经过鉴定,工程~合格|产品~的好坏是至关重要的。

【质料】zhìliào 名。产品所用的材料:这套服装~很不错。

【质朴】zhìpǔ 形。朴实,不矫饰;含褒义:他是一位~而又博学的学者|老姜为人~忠厚|家中陈设非常~。

【质问】zhìwèn 动。依据事实问明是非、责问;常带宾语或补语:~对方|~科

长|~了好半天|~得很严厉。可带双宾语:大家~总务处为什么伙食这样差?

＊"质问"和"问":"质问"含有责备的意思,使用范围较窄;"问"没有责备的意思,使用范围较宽。

【质疑】zhìyí 动。提出疑问;不带宾语:~问难。常作"提出、加以"等动词的宾语:他对课文中的一句话提出了~。

【质子】zhìzǐ 名。原子核内有正电的粒子,所带电量和电子相等,质量为电子的1,836.5倍。各种原子的质子数不同。

锧(鑕) zhì

〈古〉名。(1)指砧板。(2)古代刑具,腰斩时垫在受刑人身下的铁砧。

踬(躓) zhì

〈古〉动。绊倒,引申为事情不顺利,失败:屡试屡~。

炙 zhì

〈素〉(1)烤:~手可热|烩~人口。(2)比喻受熏陶,影响:重~|亲~(亲身受到教育影响)。

【炙手可热】zhì shǒu kě rè 成。炙:烤、烧。手摸上去就感到热得烫人。比喻权势、气焰很盛,使人不敢接近:明末,宦官魏忠贤权势很大,~。

治 zhì

❶动。常带宾语或补语。(1)医治:那位医生能~这种疾病|病~好了。(2)扑灭,消灭;用于害虫等:~蝗虫|蚜虫~尽了。❷〈素〉(1)管理,治理:自~|~本。(2)安定,太平:~世|大~。(3)惩办:~罪|惩~。(4)旧称地方政府所在地:省~|县~。❸姓。

【治安】zhì'ān 名。社会的安宁秩序:加强~|维持~|扰乱~|~工作要做好。

【治本】zhìběn 动。从根本上解决问题;与"治标"相对,不带宾语:这是个治标的办法,不能~|改造旧企业要~。可拆开用:这帖药治不了本。

【治标】zhìbiāo 动。只处理表面的枝节问题,不从根本上加以解决;与"治本"相对,不带宾语:这种药~,不能治本。可拆开用:治一下标没有什么用。

【治病救人】zhì bìng jiù rén 成。医治疾病,把人挽救过来。比喻恳切批评犯错误的人,使他认识错误,改正错误:惩前毖后,~,是批评的基本原则。

【治理】zhìlǐ 动。常带宾语或补语。(1)统

治,管理,使安定有秩序:～国家|～城市|她把这个班级～得井井有条。(2)整治,修理,使不危害并起作用:～黄河|河道～得很通畅。
【治疗】zhìliáo 动。用药物、手术等消除疾病:这种病须要住院～。常带宾语或补语:～伤病员|他的病～了几个月才见好。
【治丧】zhìsāng 动。办理丧事;不带宾语:为亡父～。可拆开用:治完丧就上班。
【治丝益棼】zhì sī yì fén 成。治:整理;益:更加;棼:纷乱。整理蚕丝不找头绪,结果越理越乱。比喻解决问题方法不对,反将事情搞坏:下车伊始就瞎指挥,只会～,增加解决问题的难度。
【治外法权】zhìwài fǎquán 词组。外交官、国家元首、政府首脑以及其他服务于国际的政治机关的官员,皆可不受所在国或所在地的法律的管辖,而享受各项特权,人身和住宅的不可侵犯、不受当地法院审判、不服役、不纳捐税等。综合起来,即构成治外法权。
【治学】zhìxué 〈书〉动。研究学问;不带宾语,多带补语:门文教授～很严谨。可作定语:他这种～精神,值得我们大家学习。
【治罪】zhìzuì 动。给犯罪人以应得的惩罚;不带宾语:贪污盗窃应～。可重叠:是到了给走私者治治罪的时候了。可拆开用:他已被治了罪|治他的罪。

栉(櫛) zhì 〈素〉(1)梳子和篦子的总称:～比。(2)梳头发:～风沐雨。注意:"栉"不要读成jié。
【栉比】zhìbǐ 〈书〉动。像梳子齿那样密密地排着;多用在固定组合中:鳞次～。
【栉风沐雨】zhì fēng mù yǔ 成。栉:梳头发;沐:洗头发。用风梳头,用雨洗头。形容在外奔波,历尽辛劳,含褒义:地质勘探队长年在野外爬山涉水,～,不辞辛劳地为祖国寻找地下宝藏。

峙 zhì 〈素〉直立,耸立:相～|对～|耸～。
另见shì。

時 zhì 名。古时祭天地、五帝的固定处所。

痔 zhì 名。痔疮,一种常见的肛管疾病,由直肠下端或肛管的静脉曲张所造成,经常便秘者易得此病。有内痔、外痔及混合痔之分。症状为排便后滴鲜血,局部疼痒或有肿物由肛门突出等。

陟 zhì 〈古〉动。登高,上升:～山。

骘 zhì 〈古〉动。安排,定:评～高低。

贽(贄) zhì 名。古代初次拜见长辈或当着地位高的人所送的礼物:～见(拿着礼物求见)|～敬(旧时拜师送的礼)。

挚(摯) zhì 〈素〉诚恳,恳切:真～|恳～|诚～|～友。
【挚友】zhìyǒu 名。真诚、亲密的朋友:他是我的一位～。

鸷(鷙) zhì 〈素〉凶猛:勇～|～鸟(凶猛的鸟,如鹰、雕)。

掷(擲) zhì 动。扔,投,抛;常带宾语或补语:～手榴弹|标枪～得很远。
【掷还】zhìhuán 〈书〉动。请人把原物归还自己的客套话:所寄稿件如不刊用,务请～。可带宾语:请～原件。

智 zhì ❶〈素〉(1)智慧,见识:～谋|才～|吃一堑,长一～。(2)聪明:机～|明～|情急生～|～慧。❷姓。
【智残人】zhìcánrén 名。指智能低于正常人智力商数的人:我国政府十分重视～的教育和培养。
【智多星】zhìduōxīng 名。原是《水浒》中吴用的绰号。后泛指计谋多的人:张敏是我们班上的～。
【智慧】zhìhuì 名。对事物能认识、辨析、判断处理和创造发明的能力:群众的～是无穷的。
*"智慧"和"聪明":"智慧"指人的一种能力,是名词;"聪明"指人的一种性质,是形容词。"智慧"不能受副词"很、更、不"等修饰;"聪明"能。
【智力】zhìlì 名。指人认识、理解客观事物并运用知识、经验等解决实际问题的能力:～低下|～超群|～投资。
【智谋】zhìmóu 名。智慧和计谋:有～|没有～|作战不能光凭勇敢,还要用～。

【智囊】zhìnáng 名。比喻足智多谋的人,特指善于为别人出谋划策的人:~人物|他在公司里称得上是经理的~。

【智能】zhìnéng 名。(1)智力和能力:培养~|~的高低同受教育的多少有关。(2)指某种事物所具有的某些智慧和能力;只作定语:~机器人。

【智商】zhìshāng 名。智力商数的简称。智商是表示一个儿童的智力年龄同他的实际年龄之间的关系。其计算公式是:智商=智力年龄÷实足年龄×100。智商的多少(即分数)反映出这个儿童智力的实际水平。

【智勇双全】zhì yǒng shuāng quán 成。既有智谋,又很勇敢。形容才能高超:营长是个~的优秀指挥员|新厂长是个~的企业家。

【智育】zhìyù 名。向学生传授知识、技能,提高认识能力的教育。

【智者千虑,必有一失】zhì zhě qiān lǜ, bì yǒu yī shī 成。聪明的人对问题虽久经考虑,也难免会出差错:~,所以聪明人也得谦虚谨慎。

滞(滯) zhì 〈素〉凝聚,不流通:~留|~销|停~|呆~。

【滞纳金】zhìnàjīn 名。对不按规定期限而逾期缴纳税款、保险费或水、电、煤气等费用而需额外缴纳的钱。

【滞销】zhìxiāo 动。商品购买的人很少,不易售出;不带宾语:~商品|单缸洗衣机~了。

滍 zhì 地名用字。滍阳,在河南省。

彘 zhì 〈古〉名。猪。~肩(猪大腿)。

置(寘) zhì ❶动。(1)放,搁;常带"于"构成的介词词组作补语:他把此事~于脑后了。(2)购买;多带宾语:~嫁妆|~家具。❷〈素〉设立,布置:设~|装~|配~。

【置办】zhìbàn 动。购置,采办:农忙快到了,农具要及时~。常带宾语或补语:~办公用品|嫁妆已~齐全。

【置备】zhìbèi 动。购买配备;常带宾语:~了新机床,还要~些零件。

*"置备"和"置办":"置备"含有"为备用而买回来"的意味;"置办"含有把购物作为一件要办好的事情去办理的意味。"置备"一般用于日常生活用品、工作需用的器物等;"置办"一般用于较大的器物、大量的用品和重要的公物等。

【置辩】zhìbiàn 〈书〉动。申辩;多用于否定式,不带宾语:不屑~|无可~。

【置喙】zhìhuì 〈书〉动。插嘴;多用于否定式,不带宾语:不容~|无从~。

【置若罔闻】zhì ruò wǎng wén 成。置:放;若:好像;罔:没有;闻:听见。放在一边,好像没听见似的,形容不予理会:对我的忠告,希望你认真考虑,不要~。

【置身】zhìshēn 动。把自己放在,存身;可带方位词组作宾语:~事外。多带介词词组作补语:~于人民群众之中。

【置信】zhìxìn 动。相信;多用于否定式,不带宾语:难以~|此事不可~。

【置疑】zhìyí 动。怀疑;多用于否定式,不带宾语:不容~|此事可调查清楚了,证据确凿,无可~。

【置之不理】zhì zhī bù lǐ 成。放在一边,不予理睬:人家如此热情招呼,你怎能~?

【置之度外】zhì zhī dù wài 成。度:考虑,计算。放在自己的考虑范围之外;多指生死、利害等:从参加革命那天起,他就把生死~了。

雉 zhì ❶名。鸟,形状像鸡,雄的羽毛华丽,尾长,雌的淡黄褐色,尾较短。善走,不能久飞,活动在荒山田野间。羽毛可做装饰品。通称野鸡,有的地区叫山鸡。❷量。古代计算城墙面积的单位,长三丈,高一丈为一雉。

【雉堞】zhìdié 〈书〉名。城上排列如齿状的矮墙,作掩护用。

稚(穉) zhì 〈素〉幼小:~子|幼~|~气。

【稚气】zhìqì 形。孩子气:~的脸庞|你太~了,连这种问题也要问。

疐(疐) zhì 〈古〉动。(1)遇到障碍:~而止步。(2)绊倒:~于泥潭。

瘈 zhì 〈古〉形。疯狂:~狗。另见chì。

觯（觶） zhì 名。古代饮酒用的器皿。

zhōng（ㄓㄨㄥ）

中 zhōng ❶方位。在一定范围之内，里边；不单用，多组成方位词组或介词词组相应的成分：房~|水~|假期~|沉浸在欢乐的气氛~。❷名。指中国；常与"外、西、洋"对举使用：古今~外|洋为~用|~西合璧。❸〈方〉形。成，行；不加程度副词：这样操作~不~?|~!❹〈素〉(1)中心，与四周距离相等：~间|~央|当~|居~。(2)等级在两端之间的：~等|~级|~层|~学|适~。(3)中间人：~保|作~。(4)适于，合于：~用|~看|~听。
另见zhòng。

【中饱】zhōngbǎo 动。以欺诈手段侵吞、贪污经手的财物：这家伙企图以涂改帐目的伎俩隐瞒贪污~的罪行。可带宾语：~私囊。

【中表】zhōngbiǎo 名。跟祖父、父亲的姐妹的子女的亲戚关系，或跟祖母、母亲的兄弟姐妹的子女的亲戚关系：~亲。

【中波】zhōngbō 名。波长为100—1000米（频率为300—3000千赫）的无线电波，多用于较短距离无线电广播、无线电测向等方面，没有短波传得远。

【中策】zhōngcè 名。不及上策而胜过下策的计算或办法。

【中层】zhōngcéng 名。中间的层次；多指机构、组织、阶层等，常作定语：~干部|~领导。

【中常】zhōngcháng 形。中等，不高不低，不好不坏；不加程度副词：~身材|~年景|成绩~。

【中辍】zhōngchuò 〈书〉动。指事情中途停止进行：这部小说，已写了一半，后因病而~。可带宾语：因病~学业。

【中等】zhōngděng 形。指事物的等级介于上等和下等之间的或身材不高不矮的；不加程度副词：学习成绩~。常作定语：~货色|~教育|~个儿。

【中断】zhōngduàn 动。中途停止或断绝：当时他因家庭经济困难，学习~了。可带宾语：~组织关系。常带动词作宾语：~了联系|不该~治疗。

【中锋】zhōngfēng 名。(1)写毛笔字，行笔将笔的主锋保持在字的点画之中，谓之中锋：用~，无侧媚之笔。(2)指篮球、足球等球类比赛的前锋之一，位于全队之锋线中央，给对方威胁很大。

【中伏】zhōngfú 名。夏至后的第四个庚日，是三伏的第二伏。通常也指从夏至后第四个庚日起到立秋后第一个庚日前一天的一段时间。也叫二伏。

【中耕】zhōnggēng 动。田间管理措施之一，于作物生长期中，在株行间进行锄耘，如松土、除草，或兼行培土；不带宾语。可带补语：这块地我们已经~了一遍。

【中古】zhōnggǔ 名。(1)较晚的古代，在我国历史分期上多指魏晋南北朝至唐宋这个时期。(2)指封建社会时代：~文化史。

【中和】zhōnghé 动。(1)相当量的酸和碱互相作用生成盐和水。(2)用抗毒素或抗毒血清跟毒素起作用，使毒素的毒性消失。(3)物体的正电量和负电量相等，不显带电现象的状态。

【中华】zhōnghuá 名。古代称黄河流域一带为中华，是汉民族最初兴起的地方。后用以指称中国。

【中华民族】zhōnghuá mínzú 词组。我国各民族的总称，包括50多个民族。中华民族有悠久的历史，灿烂的文化遗产和光荣的革命传统。

【中级】zhōngjí 形。介于高级和初级之间的；不加程度副词，不单独作谓语，作定语：~人民法院|~职称。

【中坚】zhōngjiān 名。古代军队中主帅所在、力量最强的部分。后泛指最坚强并起主要作用的力量；常作定语：~力量|~分子。

【中间】zhōngjiān 方位。(1)与两端等距离的位置，或其距离以内；可单用，或组成介词词组、方位词组作相应的成分：报告长达五小时，在~休息了两次|处在~状态。(2)与周围等距离的位置，或其周围的界限以内；可单用，或组成介词词组、方位词组作相应的成分：这只是初步方案，~有些问题还要研究

要不断总结工作,从成败～吸取经验教训。

*"中间"和"之间":"中间"既可用于两端以内,也可用于周围的界限以内;"之间"只能用于两端的距离以内。如"人群之间发出一声喊叫""我们之间有从山东来的",应改为"中间"或"中"。

【中间派】zhōngjiānpài 名。指动摇于两个对立的政治力量之间的派别。有时也指中间派的人。

【中将】zhōngjiàng 名。军衔的一级,低于上将,高于少将。

【中介】zhōngjiè 名。媒介:如果没有这种制剂做～,化学作用便不会发生。常作定语:～物|起了～作用。

【中看】zhōngkàn 形。好看,看起来顺眼:这块布很～,但不经穿|小朱比小李要～一些。常用于比较固定的格式:～不中用|～不中吃。

【中立】zhōnglì 形。指在对立双方之间,不偏向于任何一方;不加程度副词,常作定语:～国|持～立场。可作"严守、保持"等动词的宾语:严守～。

【中流砥柱】zhōngliú dǐzhù 成。砥柱:黄河的石山,三门峡东。像砥柱山一样屹立于黄河的急流中。比喻在惊涛骇浪或艰难环境中能起支柱作用的人或集体:他在改变山乡面貌中,起了～的作用。

【中落】zhōngluò 〈书〉动。由兴盛到衰落;不带宾语,多指家境:家道～|家业～。

【中年】zhōngnián 名。指四五十岁的年龄:人到～。

【中农】zhōngnóng 名。经济地位介于贫农和富农之间的农民。大多占有土地,并有部分生产工具。生活来源全靠或主要靠自己劳动,一般不剥削别人,也不出卖劳动力。

【中篇小说】zhōngpiān xiǎoshuō 词组。篇幅介乎长篇和短篇小说之间的小说,叙述不很铺张,但是可以对人物活动和社会生活作较广泛的描写。

【中期】zhōngqī 名。某一时期的中间阶段:加强棉花～管理|19世纪～。

【中秋】zhōngqiū 名。我国民间传统节日,在农历八月十五日。各地有赏月、吃月饼等风俗。

【中人】zhōngrén 名。(1)为双方介绍买卖、调解纠纷等并做见证的人:他家的猪已答应卖给我了,请您做个～。也叫中间人。(2)在身材、面貌、智力等方面属于中等的人:才力不及～。

【中山狼】zhōngshānláng 名。古代寓言中所讲的一条狼。战国时赵简子去中山地方打猎,一条狼中了箭,向东郭先生求救。东郭先生救了它,可是这条狼活命后却要吃掉东郭先生。常用来比喻忘恩负义的人:子是～,得志便猖狂。

【中世纪】zhōngshìjì 名。欧洲历史上指五世纪西罗马帝国灭亡起到十七世纪英国资产阶级革命前的一段时期,即欧洲的封建社会时代。

【中枢】zhōngshū 名。在一事物系统中起关键、主导作用的部分:交通～|神经～|处于～地位。

【中堂】zhōngtáng 名。(1)厅堂的正中部分。(2)悬挂在客厅正中的尺寸较大的字画:大厅中间挂的那幅～,气韵生动,引人注目。(3)宰相的别称,始于宋,因宰相在中书省内的政事堂办公而得名。

【中提琴】zhōngtíqín 名。提琴的一种,体积比小提琴稍大,音比小提琴低五度。

【中听】zhōngtīng 形。听起来满意;只用于说的话:这句话很～|他的话说得不～。

【中途】zhōngtú 名。半路:在回家的～下起小雨来了|汽车在～抛了锚|我原先是学医的,～改行搞文艺。

【中外】zhōngwài 名。中国和外国:～记者招待会|驰名～。

【中尉】zhōngwèi 名。军衔的一级,低于上尉,高于少尉。

【中午】zhōngwǔ 名。白天十二点左右的时间。

【中西合璧】zhōng xī hé bì 成。中西:中国和西洋;合璧:圆形有孔的玉叫璧,半圆形的叫半璧,两个半璧合成一个圆形叫"合璧"。比喻中国和外国的好东西合到一块:一座～的高层楼房。也作中外合璧。

【中校】zhōngxiào 名。军衔的一级,低于上校,高于少校。

【中心】zhōngxīn ❶方位。跟四周的距离相等的位置：广场～耸立着一座英雄战士的铜像。❷名。(1)事物的主要部分；多作定语：～问题｜～思想。(2)在某一方面占重要地位的城市、地区或单位；多作中心语：政治～｜文化～｜医疗～。

【中心思想】zhōngxīn sīxiǎng 词组。文章或发言中所表达的主要的思想内容。

【中兴】zhōngxīng 动。指由衰微而复兴；多用于国家，不带宾语：任贤使能，周室～｜国家～，在此一举。

【中型】zhōngxíng 形。不大不小的；不加程度副词，不单独作谓语，作定语：～词典｜～企业。

【中性】zhōngxìng 名。(1)化学上指既不呈酸性又不呈碱性的性质，例如纯水的性质。(2)某些语言里的名词(以及代词、形容词等)分阳性、阴性、中性。

【中旬】zhōngxún 名。一个月的中间十天，即从十一日到二十日。

【中央】zhōngyāng ❶方位。中心的地方：房子～放着一张大餐桌｜水～有一块陆地。❷名。特指国家政权、政党、团体在全国范围内的最高领导机构；与"地方"相对：党～｜～各部门。

【中药】zhōngyào 名。中医所用的药物，其中以植物为最多，但也包括动物和矿物。

【中叶】zhōngyè 名。指中期；多作中心语：十九世纪～｜清代～。

【中医】zhōngyī 名。(1)中国固有的医学。(2)用中国医学的理论和方法治病的医生。

【中庸】zhōngyōng ❶名。儒家的政治、哲学思想，主张待人接物采取不偏不倚、调和折中的态度：～之道。❷〈书〉形。品德和才能平常：鄙人才德～，岂堪重任？｜～之人。

【中用】zhōngyòng 形。顶事，管用；多用于否定式：你连这点小事都办不了，太不～了。

【中游】zhōngyóu 名。(1)介于河流上游和下游之间的河段。(2)比喻所处的位置、所达到的水平是居中的状态：不能甘居～，要力争上游。

【中原】zhōngyuán 名。指黄河中、下游地区，包括河南的大部、山东的西部和河北、山西的南部及安徽的西北部。

【中允】zhōngyǔn 〈书〉形。公正的意思：貌似～｜他的意见似较～。

【中止】zhōngzhǐ 动。事情到中途停止进行：雨越下越大，运动会不得不～。常带宾语：被迫～了学业｜这份合同刚执行，甲方就无理～了所应承担的责任。

【中指】zhōngzhǐ 名。第三个指头。也叫将(jiàng)指。

【中州】zhōngzhōu 名。一般指今河南省一带。河南古属豫州，豫州位于九州的中心，故名。也指黄河中游一带。

【中转】zhōngzhuǎn 动。铁路部门指中途转运；一般不带宾语：货物到徐州～｜～站｜从这架飞机上下来的大多是～旅客。

【中子】zhōngzǐ 名。基本粒子的一种，是原子核的组成部分。质量约与质子相等。不带电，易进入原子核内部，引起核反应。

【中子弹】zhōngzǐdàn 名。一种利用中子辐射大规模杀伤的核武器。中子的穿透能力强，在有效范围内可以穿透坦克的钢甲和钢筋水泥建筑物的厚壁，并杀伤其中的人员。冲击波、热辐射和放射性沾染较其他核武器为小。可作战术核器使用。

忠

zhōng 形。对国家、人民、事业、领导、朋友等尽心尽力：最～的臣子｜他有外遇，对妻子不～｜～孝两全。

【忠诚】zhōngchéng 形。指对人、对事尽心尽力；含褒义：他对祖国无限～｜～的战士。可带补语：～于人民的教育事业。

【忠告】zhōnggào ❶动。诚恳地劝告：我曾对他～过，可是他偏不听。可带宾语：我～他，希望他迅速改正错误。可带兼语：老师一再～我要好好学习。❷名。指忠告的话：我接受你的～。

【忠厚】zhōnghòu 形。忠实厚道；多指人的思想品格：他是一位很～的长者。＊"忠厚"和"忠实"："忠厚"着重表示规矩厚道，"忠实"着重表示老实可靠。"忠厚"是褒义词，"忠实"是中性词。"忠厚"没有真实的意思；"忠实"有。

【忠实】zhōngshí 形。(1)老实可靠：为人很～|～的信徒。(2)真实，完全一样：本节目是当时情景的～写照|译文不太于原著。

＊"忠实"和"忠诚"："忠实"着重表示老实可靠；"忠诚"着重表示尽心尽力。"忠实"可用于褒义，也可用于贬义，如"忠实走狗"；"忠诚"只用于褒义。"忠实"有真实的意思；"忠诚"没有。

【忠心】zhōngxīn 名。忠诚的心：一片～|赤胆～|～耿耿。

【忠心耿耿】zhōngxīn gěnggěng 成。耿耿：忠诚的样子。形容非常忠诚：～为人民。

＊"忠心耿耿"和"一心一意"："忠心耿耿"着重指人的品质忠诚，语意较重；"一心一意"着重指人做事专心致志，语意较轻。

【忠言逆耳】zhōngyán nì ěr 成。诚恳正直的劝告往往刺耳，不易被人接受：～，他对你的批评完全是为了你好，还望三思。

【忠于】zhōngyú 动。忠诚地对待；须带宾语，不带补语：～祖国|～人民。

【忠贞】zhōngzhēn 形。忠诚而坚定；常用在比较固定的否定式中：～不贰|～不屈|～不渝。

盅 zhōng 名。(～儿、～子)杯子的一类：酒～儿|茶～子。

钟(鐘、△鍾) zhōng ❶名。(1)一种响器，用铜或铁制成，中空，敲时发声：敲了几下～。(2)计时的器具：这个～走得很准。(3)指钟点、时间：八点～。△(4)同"盅"。△❷〈素〉集中，专一：～情|～爱。△❸姓。

【钟爱】zhōng'ài 动。特别疼爱；多用于对子女或其他晚辈中的某一人，常带宾语：她～小孙子。可加程度副词：妈妈很～女儿。

【钟点】zhōngdiǎn 〈口〉名。(1)指某一定的时间：上课的～到了，我们不能迟到。(2)小时，钟头：我等了他两个～，还未来。

【钟鼎文】zhōngdǐngwén 名。金文的旧称。泛指古代一切铜器上的文字。

【钟馗】zhōngkuí 名。民间传说中一个专捉鬼怪的人物。旧时端午节有悬挂钟馗像以驱除邪祟的风俗。现喻指能拿妖捉怪、扫荡歪风邪气的人或机构：为了捉鬼，借助～。

【钟离】zhōnglí 复姓。

【钟灵毓秀】zhōng líng yù xiù 成。钟：凝聚，集中；毓：养育。指美好的环境产生优秀的人物：四川这天府之国，乃～之地，古时曾产生过李白、苏轼等大文学家。

【钟楼】zhōnglóu 名。(1)旧时城市中设置大钟、按时敲钟报告时辰的楼。(2)安装了时钟的较高的建筑物。

【钟情】zhōngqíng 动。情爱专注；多指男女相爱，不带宾语：他俩一见～。可带补语：他～于这个姑娘。

衷 zhōng 〈素〉内心：无动于～|由～。

【衷肠】zhōngcháng 〈书〉名。内心的话：倾诉～。

【衷情】zhōngqíng 名。内心的情意：久别重逢，互诉～。

【衷曲】zhōngqū 〈书〉名。衷情；倾吐～。

【衷心】zhōngxīn 形。出自内心的；不加程度副词，不单独作谓语，作状语或定语：～希望你赴会|～拥护这个决议|表示～的感谢。

＊"衷心"和"忠心"："衷心"指自己内心真诚，是形容词；"忠心"指对别人忠的心意，是名词。

松 zhōng 见"怔(zhēng)松"。另见sōng。

终 zhōng ❶副。终归，到底：这件事再拖下去，～不是个办法。❷〈素〉(1)结束，末了：～点|年～|始～。(2)死亡：临～|送～。(3)自开头到末了的整个一段时间：～日|～生。❸姓。

【终场】zhōngchǎng ❶动。指戏剧演完或球赛结束，不带宾语，多带介词词组作状语或补语：这出戏于九时半～时，全场爆发了热烈的掌声。❷名。旧时分几场考试考完最后的一场叫终场。

【终点】zhōngdiǎn 名。(1)一段路程结束的地方：这一趟列车的～是上海站。(2)

专指径赛中终止的地点:我坚持跑到了~。

【终伏】zhōngfú 名。末伏。

【终古】zhōnggǔ 〈书〉副。久远,永远:他那为民献身的精神~长存。

【终归】zhōngguī 副。必定,最后;表示必然如此:只要肯学,~能学会。

【终结】zhōngjié 动。最后结束:这盘棋已经~|物质是不断发展变化的,永远不会~。可带宾语:这场官司。也可带动词作宾语:~了争论。

【终究】zhōngjiū 副。(1)终归,表示预料或者期望的情况最后必然会出现:社会主义制度~要代替资本主义制度。(2)毕竟,表示强调,常用在"是"之前,可以重复它前面的那个词:他~是个孩子,有些事还不懂|春天~是春天,不再像冬天那样冷了。

【终了】zhōngliǎo 动。结束,完了;不带宾语:演出~,大家合影留念。

＊"终了"和"结束":"终了"强调过程到末了而终止;"结束"强调收束,不再继续进行。"终了"多用于书面语,"结束"可用于书面语,也可用于口语。

【终南捷径】zhōngnán jiéjìng 成。终南:终南山,在今陕西省西安市西南;捷径:近便的路。唐代卢藏用曾经隐居在京城长安附近的终南山,借此得到很大名声而做了大官。旧时用"终南捷径"比喻求官的最近便的门径。现多比喻达到目的的便捷途径:攀登科学高峰没有~可走。

【终年】zhōngnián 名。(1)全年,一年到头,多作状语:天山顶上~积雪。(2)指人死时的年龄;只作主语,并用表示年龄的数量词作谓语:王教授因病逝世,~九十岁。

【终日】zhōngrì 〈书〉名。从早到晚,整天,多作状语:这间屋子~不见阳光。

【终身】zhōngshēn 名。一生,一辈子;常作定语或宾语:~大事(多指婚姻)|选择职业是一个人的~大计|一张考卷定~,这种高考招生办法应当改变。

【终身制】zhōngshēnzhì 名。担任某种领导职务直至去世的干部制度:要废除干部任职的~。

【终生】zhōngshēng 名。一生,一辈子:为教育事业而奋斗~。

＊"终生"和"终身":"终生"多就事业而言;"终身"多就切身的大事而言。

【终天】zhōngtiān 名。(1)终日;多作状语:~发愁|~无所事事。(2)〈书〉终身,一辈子;就遗恨无穷而言:~之恨|抱恨~。

【终于】zhōngyú 副。(1)到底,表示经过较长的过程最后出现某种希望有的结果:情况~弄清楚了|天气~凉快了。(2)用在主语前面,强调主语,突出殷切期待的愿望;用在句首时,后面有个停顿,用逗号:~,繁忙而欢乐的丰收季节来到了。

＊"终于"和"终究":"终于"常说明结果的必然性或如意出现,着重表示时间;"终究"常说明结果的确定性,着重表示语气。

【终止】zhōngzhǐ 动。结束,停止:演出到此~|这场纠纷还没~。可带宾语或补语:~了恋爱关系|由于领土纠纷,两国的外交关系~了三年之久。可带动词或动词性词组作宾语:因病~了学习|~争论这个问题。

＊"终止"和"中止":都表示结束,停止,有时可互换。区别是:"终止"着重表示动作行为或事物发展变化的结束;"中止"着重表示做事中途停止。"终止"通常指客观事物的变化结果;"中止"多主观行为。

螽 zhōng [螽斯](-sī) 名。昆虫,体窄长,绿或褐色,触角细长,雄虫以翅摩擦发声,善跳跃。种类多,大多为植物害虫。

zhǒng (ㄓㄨㄥˇ)

肿(腫) zhǒng 形。皮肤、粘膜或肌肉等组织由于局部循环发生障碍、发炎、化脓、内出血等原因而突起:他的手有些~了。可带补语:脸~得很厉害。

【肿瘤】zhǒngliú 名。机体内某一局部组织细胞过度增生所形成的新生物。分良性和恶性两类。形成原因不明。良性肿瘤生长慢,不转移;恶性肿瘤(癌)生长快,常蔓延到附近组织或造成全身转移。

种(種) zhǒng ❶名。(1)(~儿、~子)生物传代繁殖的东西：要选好~子|传~接代。(2)物种的简称：狗是哺乳动物犬科犬属的一~。(3)指胆量或骨气；作动词"有、没有"的宾语：你有~就过来较量一下。❷量。表示类别；用于人或事物：两~人|各~情况|三~花布。❸〈素〉人种：黄~|白~|黑~。❹姓。

另见 chóng, zhòng。

【种类】zhǒnglèi 名。根据事物本身的性质或特点而分成的门类：羊的~很多，有山羊、绵羊、岩羊等。

【种种】zhǒngzhǒng 量。各种各样；一般不加数词，多修饰抽象名词。~迹象表明，今年小麦的收成不错|大家在会上提出了~意见和建议|凡此~，不一而足。

【种子】zhǒngzǐ 名。(1)显花植物所特有的器官，由子房内的胚珠在卵受精后发育而成，通常包括种皮、胚、胚乳三部分。(2)分组淘汰赛中，被安排在各组的实力较强的运动员、运动队，叫做种子选手、种子队。

【种族】zhǒngzú 名。人种，人类学指具有共同体质特征(如肤色、眼色、发型等)的人群。

冢(塚) zhǒng 〈素〉坟墓：荒~|古~|衣冠~。

踵 zhǒng 〈素〉(1)脚后跟：接~|举~。(2)追随，继承：~至|~武。(3)亲到：~门。

【踵事增华】zhǒng shì zēng huá 成。踵：因袭，继承；华：光采。继承前人事业，使它更加完美。

【踵武】zhǒngwǔ〈书〉动。武：足迹。指跟着前人的脚步走，比喻效法；常带宾语：~前贤。

zhòng (ㄓㄨㄥˋ)

中 zhòng 动。常带宾语或补语。(1)正对上，恰好相合：他~了头奖|子弹颗颗~在靶子上。常作补语：射了~|猜~了。(2)受到，遭受：膀子上~了一枪|他的毒~得很深。

另见 zhōng。

【中风】zhòngfēng ❶名。病，多由脑血管栓塞或发生血栓、脑溢血等引起。得病后身子偏瘫或截瘫，严重时时死亡。也叫卒中。❷动。患中风病；不带宾语，可带补语：那个人~多年了。可拆开用：他中了风。

【中肯】zhòngkěn 形。指言论能抓住要点，正中要害：~的批评|他的意见提得很~。

【中签】zhòngqiān 动。分期还本的债券号码跟用抽签办法得出的本期还本的债券号码相同而可以领取本金；不带宾语：我购买的公债券~了。可拆开用：中上了签。

【中伤】zhòngshāng 动。诬蔑和陷害别人，使受损害；可带宾语，含贬义：他不会随便~人。常跟"造谣、恶意"等组合：他这话纯系恶意~。

【中暑】zhòngshǔ ❶名。病，由于长时间在烈日曝晒下工作，或高温作业时不通风而引起。症状有头痛、耳鸣、恶心等。也叫日射病。❷动。患中暑病；不带宾语：天气太热，容易~。可拆开用：他中了暑。有的地区叫发痧。

【中选】zhòngxuǎn 动。选择时被挑选上；不带宾语：领导上要在青年中选择接班人，小杨~了。可拆开用：他中了选，可是他自己还不知道。

【中意】zhòngyì 动。满意，符合心意：这双靴子~。不带宾语，可加程度副词：我很~他那种粗率直爽的样子|我怕女儿不~这种布的花色，就没有买。可拆开用：这下中了你的意了。

仲 zhòng ❶〈素〉(1)地位居中的：~裁。(2)指一季中的第二个月：~夏|~秋。❷〈书〉名。弟兄排行中的第二：伯~叔季。❸姓。

【仲裁】zhòngcái 动。双方争执不决时，由法律部门或第三者居中调解，作出裁决；一般不带宾语：这场纠纷要请有关部门~。可作定语：运用~的方法才解决了这项经济纠纷。

种(種) zhòng 动。种植；常带宾语或补语：~麦子|菜秧~得太稀了。引申为接种：~牛痘。

另见chóng, zhǒng。

【种瓜得瓜，种豆得豆】zhòng guā dé guā, zhòng dòu dé dòu 成。比喻做了什么样的事情，就得到什么样的结果：俗话说：～，老实人干老实事，总是会得到人们的肯定的。

【种植】zhòngzhí 动。把植物的种子埋在土里或把植物的幼苗栽到土里；常带宾语或补语：园子里～了一棵香樟树｜秧苗～得太密。

众（衆） zhòng 〈素〉(1)许多：～多｜～生｜寡不敌～｜～口一词。(2)许多人：观～｜群～。

【众多】zhòngduō 形。很多；多指人口，不加程度副词：我国疆域辽阔，人口～。

【众口铄金】zhòng kǒu shuò jīn 成。铄：熔化。众口所毁，足以熔化金属。原用来比喻舆论力量大，后来比喻谣言多，足以混淆是非：～，积毁销骨，对于流言蜚语，切不可等闲视之。

【众口一词】zhòng kǒu yī cí 成。形容大家说的完全一样：个个都说老赵为人正直，真是～。

【众目睽睽】zhòng mù kuíkuí 成。睽睽：眼睛睁大的样子。许多人都张大眼睛注视着。形容在众人监视之下，坏人坏事无法隐藏：那里人很多，～，料他不敢欺侮你｜这家伙在～之下，居然敢行凶打人，实在是嚣张之极。

【众目昭彰】zhòng mù zhāozhāng 成。昭彰：明显，清楚。大家都看得很清楚；多指对坏人坏事：你这些恶行劣迹，～，还能瞒骗过谁？｜是他首先动手打人，这是～的事实。

【众怒难犯】zhòngnù nán fàn 成。犯：触犯，冒犯。众人的愤怒不可触犯：在群众的斥责下，这个恶霸知道～，只得乖乖地低下了头。

【众叛亲离】zhòng pàn qīn lí 成。众人背叛，亲信离弃。形容不得人心，完全孤立：与全世界人民为敌的希特勒终于落得个～、彻底失败的下场。

【众擎易举】zhòng qíng yì jǔ 成。擎：往上托。众人全力托物，易将东西举起。比喻大家齐心合力，就容易把事情办成：这任务虽然艰巨，然而～，只要发动群众，就能胜利完成。

【众生】zhòngshēng 名。一切有生命的东西；有时专指人和动物：芸芸～｜普渡～。

【众矢之的】zhòng shǐ zhī dì 成。矢：箭；的：靶子。许多支箭所射的靶子。比喻大家攻击的目标：提出要分公积金的人，成了～，遭到大家的批判。

【众所周知】zhòng suǒ zhōu zhī 成。周：普遍，全，都。大家都知道：这是～的事实｜如一的夏禹，他为了治水，在外九年，三过家门而不入。

【众望】zhòngwàng 名。众人的希望；多用在固定组合中：深孚～(很使群众信服)｜～所归(指在群众中威望很高，受到敬仰和期待)。

【众议院】zhòngyìyuàn 名。某些资本主义国家两院制议会的下议院名称之一。实行一院制的国家的议会也有叫众议院的。

【众志成城】zhòng zhì chéng chéng 成。万众一心，像坚固的城堡一样不可摧毁。比喻大家团结一致，力量无比强大：早已森严壁垒，更加～｜我军紧密团结，～，终于粉碎了敌人的猖狂进攻。

重 zhòng ❶名。重量，分量：这条鱼有多～？❷形。与"轻"相对。(1)重量大，分量大：这块石头很～｜话说～了。(2)程度深，浓厚：伤势很～｜礼轻情意～。❸动。重视；须带宾语：～男轻女｜只～形式，不～内容是错误的。❹〈素〉(1)重要：～任｜～地。(2)不轻率：自～｜慎～。

另见chóng。

【重臂】zhòngbì 名。杠杆的重点和支点间的距离。

【重兵】zhòngbīng 名。力量雄厚的军队：～压境｜应派～镇守边关。

【重彩】zhòngcǎi 名。中国画的一种技法，使用颜料主要是朱砂、石青、石绿、石黄等。色彩厚重，可以经久不变：这幅画用浓墨～渲染了美丽的初夏景色。

【重创】zhòngchuāng 动。使受到严重伤害；多带宾语：～来犯之敌。可作宾语：这次战役，敌人受到了～。

【重大】zhòngdà 形。大而重要；用于抽

象事物: 事故~|这次大会具有极其~的历史意义。

＊"重大"和"伟大": "重大"表示大而重要, "伟大"表示雄伟、杰出。"重大"是中性词, 可以指好的事物, 也可以指坏的事物; "伟大"是褒义词, 只指好的事物。"重大"常跟"责任、意义、任务、事件"等名词搭配, 也跟"损失、打击、教训"等动词搭配; "伟大"常跟"人、党、国家、力量、成就、事业"等名词搭配。

【重担】zhòngdàn 名。沉重的担子, 比喻重大的责任: 年轻人要勇挑~。

【重地】zhòngdì 名。重要而需要严密防护的地方; 多作中心语: 仓库~|军事~。

【重点】zhòngdiǎn ❶名。(1)同类事物或整体中的重要部分: 工业建设的~|~要突出。(2)杠杆中承受重量的一点。❷形。不加程度副词, 不单独作谓语, 作定语或状语。(1)重要的或主要的: ~学校|~工作。(2)有重点地: ~培养|~进攻。

＊"重点"和"要点": "重点"使用范围较宽, 可用于事物, 也可用于讲话和文章; "要点"使用范围较窄, 一般只能用于讲话和文章。"重点"有形容词用法; "要点"没有。

【重读】zhòngdú 动。把一个词或一个词组里的某个音节或语句里的某几个音节读得重些, 强些。如"过年"里的"过"字重读是"明年"的意思, "年"字重读是"过新年"的意思。不带宾语: 这个字要~。

【重负】zhòngfù 名。沉重的负担; 多含贬义, 多用在固定组合中: 如释~。

【重工业】zhònggōngyè 名。一般指生产生产资料的工业, 包括冶金、电力、煤炭、石油、基本化学、建筑材料和机器制造等工业部门。

【重力】zhònglì 见"地心引力"。

【重量】zhòngliàng 名。物体所受重力的大小。重量在各地区因重力的不同而稍有差别, 在两极比赤道大一些, 在高处比低处小一些。

【重任】zhòngrèn 名。重大的责任, 重要的任务; 多含褒义: 肩负~|~在身|委以~。

【重视】zhòngshì 动。看重, 认真对待: 对这件事要~。常带宾语或补语: ~人才|对公司~得还不够。可带动词性词组作宾语: ~培养接班人|~练好基本功。可加程度副词: 政府对发展教育事业很~。

＊"重视"和"珍视": "重视"主要表示看重的意思; "珍视"除表示看重的意思外, 还表示珍爱、珍惜的意思。"重视"适用的对象常是"人、工作、学习、生活"等; "珍视"适用的对象常是"友谊、爱情、时间、青春"等。

【重听】zhòngtīng 形。耳朵背, 听觉迟钝: 他有点~, 你说话要大声点。注意: "重"这里不读 chóng。

【重托】zhòngtuō 名。重大的委托: 这是领导对你的~。

【重武器】zhòngwǔqì 名。射程远、威力大的武器, 如大炮、坦克等。

【重孝】zhòngxiào 名。最重的孝服, 多指父母死后子女所穿戴的孝服。

【重心】zhòngxīn 名。(1)物体所受的重力的作用点。(2)在数学上, 三角形的三中线相交的一点。(3)事物的中心或主要部分: 把工作~转移到经济建设上来。

【重型】zhòngxíng 形。在重量、体积、功效或威力上特别大的; 一般用于机器、武器等, 不加程度副词, 不单独作谓语, 作定语: ~机械|~坦克。

【重要】zhòngyào 形。具有重大的意义、作用和影响的: 这项工作很~|~人物。

＊"重要"和"紧要": "重要"的语意较轻, 用于事物、人物、活动等; "紧要"语意较重, 还包含紧急的意思, 一般只能用于事物、活动等, 不能用于人。

【重用】zhòngyòng 动。把某人放在重要工作岗位上使用; 带宾语或补语: ~知识分子|对他~得还不够。

【重于泰山】zhòng yú tài shān 成。比泰山还要重。常用来比喻人死得有意义和价值。

【重镇】zhòngzhèn 名。军事上地位重要的城镇: 边陲~|军事~。

zhōu (ㄓㄡ)

【舟】zhōu 〈书〉名。船: 一叶小~。

【舟车】zhōuchē 名。船和车。借指旅途：免遭～劳顿之苦。

【舟楫】zhōují〈书〉名。船和桨，泛指船只：～往来│互通～。

【舟子】zhōuzǐ〈书〉名。船夫。

侜(譸) zhōu〈古〉动。欺诳，蒙蔽。

【侜张】zhōuzhāng〈古〉动。欺骗，作伪：～为幻。

辀 zhōu〈古〉名。车辕。

鹠 zhōu 见"鹘(gǔ)鹠"。

州 zhōu 名。(1)旧时的一种行政区划。现在还保留在某些地名中，如"苏州、杭州"。(2)指少数民族自治州，在省或自治区之下，县之上。

洲 zhōu 名。(1)面积广阔的陆地及其附近岛屿的总称：地球上共有七大～。(2)河湖中由泥沙淤积而成的岛屿：长江中有好多～。

【洲际导弹】zhōujì dǎodàn 词组。用多级火箭做运载装置，射程在8000公里以上的战略导弹。

诌(謅) zhōu 动。随口编造；指言辞：你越～越离奇了。常带宾语或补语：他～了个故事│你的故事～得不圆，漏洞太多。

周(△週) zhōu ❶名。△(1)周围，外围的长度：房屋四～都种了树│一长15米。△(2)指一个星期。(3)朝代名。a)姬发(武王)所建，约公元前11世纪起到公元前256年。分西周和东周。b)指北周，南北朝时北周之一，宇文觉所建，公元557年到581年。c)指后周，五代之一，郭威所建，公元951年到960年。❷形。完备，全面；多用于否定式：照顾不～│计划欠～。△❸量。表示绕行一圈；绕跑道两～。❹〈素〉△(1)普遍，全：众所～知│～身。(2)接济，救济：～济。❺姓。

【周到】zhōu·dao 形。方方面面都顾及到，不疏忽：服务～│考虑问题一向很～。
＊"周到"和"周密"："周到"着重表示很全面，没有遗漏；"周密"着重表示很严密，没有缺陷。"周到"多用来形容办事、服务、照顾、说话等；"周密"多用来形容计划、观察、思考、准备、布置等。

【周而复始】zhōu ér fù shǐ 成。周：转一圈；复始：重新开始。形容不断地循环往复：冬去春来，～│学习不是～的简单循环，应该温故知新，不断深入。

【周济】zhōujì 动。对穷困的人给予物质帮助；常带宾语或补语：～贫民│多亏你们～了我们│我～过他不止一次了。

【周刊】zhōukān 名。每星期出版一次的期刊。

【周密】zhōumì 形。周到细密：这份计划订得很～│～调查。
＊"周密"和"周详"："周密"着重表示细密没有缺陷；"周详"着重表示周全详细，没有遗漏。"周密"多用来形容"调查、计划、观察、布置、思考"等；"周详"多用来形容"了解、回答、论述、安排、照应"等。

【周末】zhōumò 名。一星期的最后时间，一般指星期六下午和星期日：班级将举办一文娱晚会│他约我～去春游。

【周年】zhōunián 名。满一年；从出生或成立之日算起，到第二年的那一天止，为一周年：～纪念。

【周期】zhōuqī 名。(1)物体完成一次振动或振荡所需的时间：振动～。(2)天体或其他物体再度回到某一相对位置或恢复同一状态所需的时间：地球公转～为一年。(3)事物在运动、变化过程中，某些特征多次重复出现，其持续两次出现所经过的时间：生产～。

【周全】zhōuquán ❶形。周到而全面：他的话说得不太～。❷动。指成全，帮助；须带宾语：你就～他这一次吧!

【周岁】zhōusuì 名。年龄满一岁；直接与数词组合：这孩子才三～│～留影│我今年～58。

【周围】zhōuwéi 名。环绕着中心的部分，物体的四周的地方：屋子～栽着树│关心～的群众│华灯初上，～的人家都在吃晚饭了。

【周详】zhōuxiáng 形。周到而详细；多用来形容动词"了解、回答、论述、安排、照应"等：考虑～│这层意思他论述得很～。

【周旋】zhōuxuán 动。不带宾语,可带补语。(1)盘旋,回旋:一只老鹰在蓝天上~着|这个问题在我心里~了很久。(2)应酬,打交道:他善于同老friend~|来客狡猾得很,我同他~了好半天。你去同他~~吧。(3)与敌人较量,相机进退,以战胜敌人:游击队同敌军~了几个月,才摆脱了围剿。

【周游】zhōuyóu 动。到各处游历;常带处所宾语或补语:~世界|~了一大圈。

【周遭】zhōuzāo 名。四周,周围;多指建筑物的四周:邮电大楼~是一片草地。

【周折】zhōuzhé 名。反复曲折的情况;指事情进行得不顺利:这件事~很多。常作"费、经"的宾语:事情颇费~|几经~,才办成了这件事。

【周转】zhōuzhuǎn 动。指企业的资金从投入生产到销售产品而收回货币,再投入生产,这个过程的一次又一次地重复进行。也泛指个人或团体调度经济开支及轮流使用;不带宾语,常带补语:资金~不过来。可重叠:借一百块钱~~。

啁 zhōu [啁啾](-jiū) 〈书〉拟声。摹拟鸟叫的声音:黄莺~|~鸟鸣声。
另见zhāo。

賙 zhōu 同"周❹(2)"。

粥 zhōu ❶名。用米、面等煮成的半流质食物。❷〈古〉同"鬻(yù)"。

【粥少僧多】zhōu shǎo sēng duō 成。比喻东西少人却多,不够分配:在~的情况下,大家更应该讲风格。也说僧多粥少。

盩 zhōu 地名用字。盩厔(zhì),县名,在陕西省。今已改作周至。

zhóu(ㄓㄡˊ)

妯 zhóu [妯娌](-li) 名。哥哥和弟弟双方妻子的合称:她们~间很融洽。

轴 zhóu ❶名。(1)机械中主要零件之一,一般为金属圆杆,轮子和其他转动的机件绕着它或随着它转动:这根~断了。(2)(~儿)圆柱形的用来往上绕东西的器物:把线缠在~儿上。❷量。用于缠在轴上的线以及经过装裱带轴子的字画:两~线|一~山水画。
另见zhòu。

【轴承】zhóuchéng 名。机械中主要部件之一,用来支持旋转并保持其准确的位置。有滑动轴承和滚动轴承两大类。

【轴心】zhóuxīn 名。(1)轮轴:车轮的~。(2)指帝国主义国家的联合阵线;限作"国"的定语:~国(第二次世界大战时与同盟国作战的德国、意大利、日本等国)。

zhǒu(ㄓㄡˇ)

肘 zhǒu 名。上臂与下臂的交接处向外突起的部分。俗称胳膊肘儿。

【肘腋】zhǒuyè 〈书〉名。胳膊肘和夹肢窝,比喻切近的地方;多用于祸患的发生:祸起~|变生于~之下。

【肘子】zhǒu·zi 名。(1)即"肘"。(2)作为食物的猪腿的最上部。

帚(箒) zhǒu 〈素〉扫除尘土、垃圾的用具:笤~|扫~。

zhòu(ㄓㄡˋ)

纣 zhòu 名。(1)〈古〉牲口的后鞧(qiū)。(2)人名,商朝最后一个君主,相传是个暴君。

荮 zhòu 〈方〉❶动。用草包裹。❷量。碗、碟等用草绳绑扎成一捆叫一荮:两~碗。

酎 zhòu 〈古〉名。经过多次复酿的醇酒。

伯(儔) zhòu 形。乖巧,伶俐,漂亮;多见于早期白话:性情~|打扮的体态又~。

㤙(懰) zhòu 〈方〉形。固执,不易劝说:他的脾气太~了!

绉(縐) zhòu 名。一种有绉纹的丝织品,质地坚硬,常用来做衣服、被面等。

皱(皺) zhòu ❶名。(1)皮肤因松弛而起的纹路:年纪大了,脸上起了~。(2)衣服绸布等因受褶压而显出褶纹:这条裙有很多~。❷动。起皱纹:衣服~了。可带宾语或补语:~眉头|眉头微微~了一下。

【皱褶】zhòubì 〈书〉名。衣褶,皱纹。

【皱纹】zhòuwén 名。物体表面上因收缩或揉弄而形成的一凸一凹的条纹:张大爷饱经风霜的脸上布满了～。

咒(呪) zhòu ❶名。宗教迷信及巫术中认为可以除灾或降祸的口诀:他嘴里念着～。也叫咒语。❷动。说希望别人不得好结果的话;常带宾语或补语:请你别～人|你～人～得太过分了。可带兼语:你何必～他死呢?

【咒骂】zhòumà 动。用恶毒的话骂:人们～着,失望地散去。常带宾语或补语:连绵阴雨,道路泥泞,旅客无不～这鬼天气|他在那儿～了一阵子,还是没人理他。可带兼语:大家都～这坏蛋不得好死。可作主语、宾语:敌人的～无损于我们的一根毫毛|对于他的～,我只是付之一笑。

＊"咒骂"和"诅咒":"咒骂"是用恶毒的语言骂人,希望别人没有好结果,多半出声;"诅咒"含有心中在恨和骂的意思,既可出声,也可只在心里进行骂和咒。

咮 zhòu 〈古〉名。鸟嘴。

宙 zhòu 〈素〉指古往今来的所有时间;字～。

轴 zhòu [轴子](-·zi) 名。旧时戏曲一次演出的几个节目中排在最末的一出戏叫大轴子,倒数第二出戏叫压轴子。
另见zhóu。

胄 zhòu 〈素〉。(1)头盔,古代作战时戴的帽子:甲～。(2)古代称帝王或贵族的子孙:华～|贵～。

昼(晝) zhòu 〈素〉白天:～|白～。

【昼夜】zhòuyè 名。白天和黑夜:苦干了一～。

甃 zhòu 〈方〉❶名。井壁。❷动。用砖砌;用于井或池子,常带宾语:～了一口井。

骤 zhòu ❶〈书〉副。突然,忽然;只修饰单音节动词:狂风～起|水位～涨。❷〈素〉(1)快跑:驰～。(2)急,疾速:暴风～雨。

【骤然】zhòurán 〈书〉副。突然,忽然;表示事情发生得迅速而意外:气温～下降|老人～一惊。

籀 zhòu ❶〈古〉动。读书,阅读:帝王、妃后无不～也。❷名。指籀文。

【籀文】zhòuwén 名。古代的一种字体,即大篆。也叫籀书。

·zhou(·ㄓㄡ)

碌 ·zhou 见"碌碡"。

zhū(ㄓㄨ)

朱 zhū ❶〈素〉大红色:～笔|～门。❷姓。

【朱笔】zhūbǐ 名。蘸红色的毛笔,批公文、校书稿、改作业时常用,以区别于原书稿中所用的黑色或蓝色。

【朱红】zhūhóng 形。比较鲜艳的红色,略淡于大红,不加程度副词,不单独作谓语,作定语:～漆器。

【朱门】zhūmén 名。红漆的大门,专指古代王侯贵族的住宅大门。在封建时代,除王侯贵族外,一般平民家的大门不许漆成红色,故以"朱门"作为贵族府邸的代称,后也指豪富人家:～酒肉臭。

【朱批】zhūpī 名。清代皇帝在奏章上用朱笔所写的批示叫朱批。泛指用朱笔写的批语。

【朱砂】zhūshā 名。矿物。化学成分是硫化汞。颜色鲜红,是提炼水银的重要原料。又可做药材或颜料。也叫辰砂或丹砂。

侏 zhū 〈素〉矮小:～儒。

【侏儒】zhūrú 名。身材异常矮小的人。通常是由于脑垂体前叶的功能低下所致。

诛 zhū 〈素〉(1)杀戮,惩罚:伏～|～戮。(2)讨伐,谴责:口～笔伐。

【诛戮】zhūlù 〈书〉动。杀害:～无道|惨遭～。可带宾语:～无辜。

【诛求】zhūqiú 〈书〉动。勒索;多用在固定组合中:～无厌|～无已。

【诛心之论】zhū xīn zhī lùn 成。指揭穿别人的动机的批评或深刻的议论:鲁迅对卫道者的批评可谓～。

邾 zhū ❶名。周朝邹国本来叫邾。❷姓。

茱 zhū [茱萸](-yú) 名。落叶乔木或小乔木,有山茱萸、吴茱萸、食茱萸等数种,有浓烈香味,果实均可入药。阴历九月九日重阳节,古代有佩戴盛茱萸的囊袋以去邪辟恶的习俗。

洙 zhū 水名用字。洙水,在山东省西部。

珠 zhū 名。(1)(~子)即珍珠:蛤蚌壳里已经长了~子。(2)(~儿、~子)像珠子似的圆滴或颗粒:他简直成了算盘~子,拨一拨才肯动一动。

【珠宝】zhūbǎo 名。珍珠宝石一类的饰物;不加个体量词:视如~|稀世~|皇宫中有许多金银~。

【珠光宝气】zhū guāng bǎo qì 成。珠、宝:指首饰;光、气:形容闪耀着光采。形容服饰、陈设非常华丽,光采四射:她满身~,令人瞩目|厅堂上有一盏~的吊灯,使整个厅堂熠熠生辉。

【珠玑】zhūjī 〈书〉名。珠子,比喻优美的文章或词句:字字~|满腹~。

【珠联璧合】zhū lián bì hé 成。璧:平圆形中间有孔的玉。珍珠串联在一起,美玉聚在一块。比喻出众的人才或美好的事物汇集一处:这幅画配上这首七绝,可谓~,相得益彰|夫妻俩,一个是才子,一个是当地出名的美人,真是~的一对。

【珠算】zhūsuàn 名。我国传统的计算方法。利用算盘来进行加、减、乘、除、开方等运算,计算时运用口诀,能相当快地得出结果。

【珠圆玉润】zhū yuán yù rùn 成。像珍珠那样圆,像美玉那样滋润。原形容珠水明净,回波圆转,后多形容歌声圆润,宛转动听,或文字流畅:她那~的歌声久久萦绕在观众耳际。

株 zhū ❶量。义同"棵";多用于树木:种两~桑树。❷〈素〉树木露出在地面的根、茎:守~待兔|枯木朽~。

【株连】zhūlián 动。因一人犯罪而牵连其他人,连累:这次大逮捕,他也被~了。可接宾语:~九族|~了全家人。可作"遭、受到"等动词的宾语:这个冤案使不少正直的人受到~。

【株守】zhūshǒu 〈书〉动。死守某地不离开:与其在家乡~,不如出去闯闯。常带

宾语:~故园|父亲去世后,只剩下母亲~着那个寂寞破败的家。

铢 zhū 量。古代重量单位,是一两的二十四分之一。

【铢积寸累】zhū jī cùn lěi 成。一铢一寸地积累起来,形容积少成多或事物来之不易:读书要持之以恒,~,知识就会越来越丰富。也作积铢累寸。

【铢两悉称】zhū liǎng xī chèn 成。悉:都;称:相当。形容两者轻重相当或优劣相等:他俩的棋艺可以说~,难分高下。

蛛 zhū 见"蜘蛛"。

【蛛丝马迹】zhū sī mǎ jì 成。蜘蛛的细丝,灶马的足迹。比喻隐约可以寻找的线索和痕迹:他依据作案人留下的~,深入侦查,终于破了案。

诸 zhū ❶〈素〉众,许多:~位|~君|~侯|~公|~子百家。❷〈古〉(1)"之"(代词)和"于"(介词)二字的合音:付~东流|公~同好(hào)。(2)"之"(代词)和"乎"(疑问语气词)二字的合音:此事有~?❸姓。

【诸多】zhūduō 〈书〉数。许多;用于抽象事物,不加量词,只作定语:存在~难关|有~不便之处|目前工作中尚有~困难,亟须解决。

【诸葛】zhūgě 复姓。

【诸葛亮】zhūgěliàng 名。三国时蜀汉政治家、军事家,字孔明,辅佐刘备建立蜀汉。《三国演义》对他的智谋多所渲染,后一般用来指称足智多谋的人:人民群众才是真正的"~"。

【诸宫调】zhūgōngdiào 名。宋、元说唱艺术的一种,也是一种文学体裁。取同一宫调的若干曲牌联成短套,首尾一韵;再用不同宫调的短套联成长篇,其中穿插说白。用来说唱长篇故事。伴奏乐器主要是琵琶。

【诸侯】zhūhóu 名。古代帝王统辖下的各国君主的统称:春秋战国时期,~各自称霸一方,互相争战吞并。

【诸如】zhūrú 动。举例用语;放在所举的例子前面,表示不止一个例子:贵重金属指价格高的金属,~金、银、铂、铱等。
　*"诸如"和"例如":"诸如"后面不能

只举一个例子;"例如"后面可以只举一个例子。"诸如"多用于书面语;"例如"口语、书面语都很随意用。

【诸如此类】zhū rú cǐ lèi 成。诸:众多;类:种类。许多像这一类的种种事物:~,不胜枚举。

【诸位】zhūwèi 代。总称所指的若干人;敬辞,常用在称呼名词之前,作定语:~先生|~女士。也可单用作主语或宾语:~有何高见|向~请教。

【诸子百家】zhū zǐ bǎi jiā 成。泛指春秋战国时代所出现的各家学说。

猪(豬) zhū 名。哺乳动物,鼻、吻都长,眼小耳大,脚短身肥。它全身是宝,肉供食用,皮可制革,鬃可制刷子并可做其他工业原料。

【猪猡】zhūluó 〈方〉名。猪。

槠 zhū 名。常绿乔木。叶子长椭圆形,初夏开花,黄绿色。木材坚硬致密,可制器具。

潴(瀦) zhū 〈古〉❶名。积水的地方。❷动。水积聚。

【潴留】zhūliú 动。医学上指液体聚集停留:尿~。

橥(櫫) zhū 〈古〉名。拴牲口的小木桩。

zhú(ㄓㄨˊ)

术 zhú ❶[苍术](cāng-) 名。多年生草本植物,开白色或淡红色的花,根状茎,有香气,中医入药。❷[白术](bái-) 名。多年生草本植物,开紫红色花,根状茎,有香气,中医入药。
另见shù。

竹 zhú ❶名。(~子)常绿植物。茎杆有节,中空,可供建筑和制器具用,又可造纸原料。嫩芽即竹笋,为鲜美蔬菜。❷姓。

【竹板书】zhúbǎnshū 名。曲艺的一种,说唱者一手打呱嗒板,一手打子板(用七块小竹板编穿而成),有节奏地进行说唱。

【竹帛】zhúbó 名。竹简和白绢,古代用来记载文字,因此竹帛也指典籍:功垂~。

【竹简】zhújiǎn 名。中国战国至魏晋时代书写著作和文件的竹片。

【竹马】zhúmǎ 名。(1)指儿童当马骑的竹竿儿:青梅~|骑~。(2)民间歌舞用的一种马形道具,用竹片、纸、布等扎成,中间空,人站在里面露出上半身,手拿马鞭,边跑边唱。

【竹枝词】zhúzhīcí 名。古代富有民歌色彩的诗,形式是七言绝句,语言通俗,音调轻快。最初多是歌唱男女爱情的,以后常用来描写某一地区的风土人情。

竺 zhú 姓。

逐 zhú ❶动。驱逐,强迫离开;常带补语:把他~出门外。可带兼语:他竟~妻出门。❷〈素〉(1)追赶:追~|~鹿。(2)挨着,依次:~一|~步。

【逐步】zhúbù 副。一步一步地,有步骤地:~提高|改革将分阶段~进行|~平静|速度~慢下来。

【逐渐】zhújiàn 副。一点一点地,渐渐地,表示缓慢而有秩序地进行:~减少|天色~地黑下来了。

＊"逐渐"和"逐步":"逐渐"着重表示一点一点地;"逐步"着重表示一步一步地。自然而然的变化一般用"逐渐";有意识而又有步骤的变化用"逐步"。

【逐客令】zhúkèlìng 名。秦始皇曾下令驱逐从各国来的客卿。后泛指赶走客人为下逐客令;多作"下"的宾语:不该下~。

【逐鹿】zhúlù 〈书〉动。《汉书·蒯通传》:"秦失其鹿,天下共逐之。""鹿"比喻帝位、政权。后多以"逐鹿"喻指争夺天下:群雄~。可带处所宾语和补语:~中原|这两家轮船公司在长江上~已久,各不相让。

【逐年】zhúnián 副。一年一年地;用作词的状语:我校高考升学率~上升。

【逐一】zhúyī 副。一个一个地;用作词的状语:以上几笔开支需~审理。

瘃 zhú 〈古〉名。冻疮。

烛(燭) zhú ❶名。蜡烛,用线绳或苇子做芯,周围包上蜡油而制成的供照明的东西。❷〈古〉动。照耀:火光~天。

【烛光】zhúguāng 名。物理学上的发光强度单位,指完全辐射的物体,在白金凝固点温度下,每六十分之一平方厘米面积的发光强度。

【烛花】zhúhuā 名。(1)蜡烛的火焰。(2)点残的蜡烛心结成的花状物。

【烛泪】zhúlèi 名。指蜡烛燃烧时淌下的油。

【烛照】zhúzhào〈书〉动。常带宾语。(1)照亮;阳光~万物|~千古的诗篇。(2)比喻洞察:~其奸|皇上英明,~贼情。

蠋 zhú 名。蝴蝶、蛾类的幼虫。体圆筒形,有三对胸足,二、三对腹足,是害虫的一种。

躅 zhú 见"踯(zhí)躅"。

舳 zhú〈古〉名。船尾。

【舳舻】zhúlú〈书〉名。指首尾相接的船只:~千里|~相继。

zhǔ(ㄓㄨˇ)

主 zhǔ ❶名。(1)接待别人的人;与"客、宾"相对:你是~,我是客|宾~共进晚餐。(2)权力或财物的所有者;常作宾语:当家作~|这东西没~。(3)旧社会中占有奴隶或雇用仆役的人;与"奴、仆"相对:~仆同行|一仆二~。(4)对事情的确定的见解;多作宾语:对这事我心里还没个~。(5)基督教教徒对上帝、伊斯兰教对真主的称呼:~啊,你饶恕我吧! ❷动。预示;多指吉凶祸福、自然变化等,须带宾语:早霞~雨、晚霞~晴|左眼跳~财,右右眼跳~灾(迷信说法)。❸形。最重要的,最基本的;只作宾语:预防为~|教育为~。❹〈素〉(1)主持:~办|~讲|~笔。(2)主张:~见|~意|~战|~和。(3)当事人:失~|买~|顾~。(4)从自身出发的:~动|~观。❺姓。

【主办】zhǔbàn 动。主持办理:这次的联欢会由学生会~。常带宾语或补语:~书法展览|~了两次。

【主笔】zhǔbǐ 名。原指报章杂志编辑部中负责撰写评论的人,后也指编辑部的主要负责人。

【主编】zhǔbiān ❶名。编辑工作的主要负责人:他是~。❷动。负编辑工作的主要责任:这本书由李教授~。可带宾语:请他~《语文之友》。

【主持】zhǔchí 动。多带宾语。(1)负责掌握或管理:~会议|~家务。(2)主张,维护:许多人都出来~公道,才了结了这桩事|我们一贯~正义。

＊"主持"和"主办":"主持"表示负责掌管,对象常是"会议、家务、事情"等;"主办"表示负责办理,对象常是"展览会、联欢会、演出"等。"主持"还有主张、维护的意思;"主办"没有。

【主次】zhǔcì 名。主要的和次要的:分清~|不分~|~颠倒。

【主从】zhǔcóng 名。主要的和从属的:~关系|不分~,完全平等。

＊"主从"和"主次":"主从"是从隶属关系来看的;"主次"是从重要程度来看的。

【主导】zhǔdǎo ❶形。居主要地位并引导事物向一定方向发展的;不加程度副词,不单独作谓语,作定语:~思想|~地位。❷名。起主导作用的事物:以工业为~。

【主动】zhǔdòng 形。与"被动"相对。(1)不待外力推动而自觉行动:这个要求是他~提出的|他做工作很~。(2)指能掌握和驾驭局面:处于~地位。可作宾语:我们要争取~,做时间的主人。

＊"主动"和"自动":"主动"是完全自觉、积极地去做;"自动"一般只表示不是被动的,意思不如"主动"积极。"主动"只用于人;"自动"除用于人外,还可用于物。"主动"可以做宾语;"自动"很少作宾语。

【主犯】zhǔfàn 名。组织、领导犯罪集团进行犯罪活动的首要分子或在共同犯罪中起主要作用的罪犯;区别于"从犯"。

【主父】zhǔfù 复姓。

【主妇】zhǔfù 名。一家的女主人。旧时指正妻,别于妾而言。

【主顾】zhǔgù 名。顾客,商店称购买货物的人。

【主观】zhǔguān 形。与"客观"相对。(1)哲学上指属于个人的思想认识方面的;不加程度副词,不单独作谓语,多作定语:~意识|~思想。(2)指不依据实际情

况,单凭自己的愿望、偏见办事:~臆断|你在工作中太~。

【主管】zhǔguǎn ❶动。负主要责任管理:总务工作由他~。常带宾语或补语:这位副县长~农业|这项工作我~过两年。❷名。指主管的人员。

【主见】zhǔjiàn 名。对事情的确定的意见;多作"有、没有"的宾语:办事要有~。可作定语,要带助词"的":他是没有~的人。

【主讲】zhǔjiǎng 动。担任讲授或讲演:这门课请周老师~。可带宾语:~《古代汉语》。

【主将】zhǔjiàng 名。主要的将领,统帅。喻指某一方面的领头人:鲁迅是中国新文化运动的~。

【主教】zhǔjiào 名。天主教、东正教的高级神职人员,位在神父之上,通常是一个地区性教会的负责人。基督教(新教)有的教派(如圣公会等)也设主教。

【主角】zhǔjué 名。(1)文艺作品中的主要人物。也叫主人公、主人翁。(2)戏剧、电影中指扮演主要人物的演员。(3)喻指事件中起主要作用的人:明天的恳谈会该你唱~了。注意:"角"这里不读jiǎo。

【主力】zhǔlì 名。起主要作用的力量:她是女排的~|~队员。

【主力军】zhǔlìjūn 名。担负作战主力的部队,也喻指起主要作用的力量:我们是铁路建设的~。

【主流】zhǔliú 名。(1)同一水系内全部支流所流注的河流。也叫干流。(2)喻指事物发展中本质的、主要的方面:对青年应该多看~|改革工作~是好的。

【主谋】zhǔmóu ❶动。为首谋划;指共同做坏事,不带宾语:干这些坏事都是他从中~的。❷名。共同犯罪、做坏事时的主要谋划者:他是这次抢劫事件的~。

【主权】zhǔquán 名。一个国家所具有的决定内外政策、处理其国内国际一切事务而不受任何外来干涉或限制的最高权力。

【主人公】zhǔréngōng 名。指文学作品中的中心人物:孙悟空是《西游记》中的~。

【主人翁】zhǔrénwēng 名。(1)同"主人公"。(2)当家作主的人:劳动人民是国家的~。

【主食】zhǔshí 名。主要食物,一般指用粮食制成的食物,如米饭、馒头。

【主题】zhǔtí 名。文艺作品中通过具体的艺术形象表现出来的中心思想。泛指文章的中心思想。

【主体】zhǔtǐ 名。(1)事物的主要部分:~工程|工人、农民是国家的~。(2)哲学上指具有意识的人;与"客体"相对。

【主席】zhǔxí 名。(1)主持会议的人:大会~。(2)某些国家、国家机关、党派或团体某一级组织的最高领导职位的名称:中华人民共和国~|工会~。

【主心骨】zhǔxīngǔ 名。(1)可依靠的人或事物:你是我们的~,你来了,什么事情都好办了。(2)主意:这个人好像没有~,不管做什么事都拿不定主意。

【主旋律】zhǔxuánlǜ 名。(1)在多声部同时演唱(奏)的音乐中,有一个声部所唱(奏)的曲调是主要曲调,其他声部都起润色、丰富、烘托、补充的作用。这个主要的曲调叫主旋律。(2)喻指文学作品的主要倾向或事情的主要特点:讴歌英雄形象是这部作品的~。

【主演】zhǔyǎn 动。扮演戏剧或电影中的主角:这部片子由他~。可带宾语:他~过许多故事片。可作宾语:这部电影她是~。

【主要】zhǔyào 形。一组事物中的、起决定作用的:~人物|~目的|~任务|找到了最~的原因。

　＊"主要"和"重要":"主要"着重指事物地位的主次,与"次要"相对;"重要"着重指事物的作用、意义、影响的重大。"主要"的,也是重要的;但是"重要"的,未必是主要的。

【主义】zhǔyì 名。(1)对于自然界、社会以及学术问题等所持有的系统理论和主张:马克思列宁~。(2)一定的社会制度和政治经济体系:社会~。(3)表示某种思想、品质、作风等:集体~|革命英雄~|主观~。

【主意】zhǔyi 名。确定的意见或办法;量词用"个":大家出了个好~|这个~是个馊~。

【主语】zhǔyǔ 名。句子成分之一,是谓语陈述、描写或判断的对象,指明谓语说的是"谁"或者"什么",如"我们查词典"中的"我们"。

【主宰】zhǔzǎi ❶动。支配,统治;常带宾语:～自己的命运|～世界。❷名。指起支配或统治作用的人或事物:将来人类要成为宇宙的～。

【主张】zhǔzhāng ❶动。对于如何行动持有某种见解;常带动词或动词性词组作宾语:我～马上行动|他～立即讨论这个问题。也可带主谓词组作宾语:我～小洪当班长。❷名。对于如何行动所持有的见解:自作～|这是他提出来的～。
　＊"主张"和"主意":"主张"是明确的见解或完整的计划,着重在看法;"主意"是确定的意见、主见,或内心的打算、办法,着重在方法。"主张"色彩庄重,常用于大的政治事件;"主意"常用于一般工作或事情。"主张"除作名词外,还可作动词;"主意"只作名词。"主张"所用的量词是"项"和"个";"主意"所用的量词只有"个"。

【主旨】zhǔzhǐ 名。主要的意义,宗旨:这个刊物的～是:开展和繁荣本学科的研究和教学工作。

【主子】zhǔ·zi 名。旧时奴仆称主人。现多喻指操纵、主使他人作恶的人;含贬义:～叫干什么他就干什么。

拄 zhǔ 动。用手杖或棍子支撑;常带宾语:爷爷已80高龄了,还不需要～拐棍。

渚 zhǔ 〈古〉名。水中间的小块陆地。

煮 zhǔ 动。把东西放在有水的锅里,然后用火烧;常带宾语或补语:～饺子|饭已～好了。

【煮豆燃萁】zhǔ dòu rán qí 成。南朝宋·刘义庆《世说新语·文学》:"文帝(曹丕)尝令东阿王(曹植)七步中作诗,不成者行大法。应声便为诗曰:'煮豆持作羹,漉菽以为汁,萁在釜下燃,豆在釜中泣。本是同根生,相煎何太急?'"燃:烧;萁:豆秸。用豆秸作燃料煮豆子。比喻兄弟间自相残害:大敌当前,我们应该团结一致,决不能再干那同室操戈、～,令亲者痛仇者快的事了。注意:"萁"不读jī。

【煮鹤焚琴】zhǔ hè fén qín 成。将鹤煮了吃,拿琴当柴烧。比喻糟蹋美好的事物:怜香惜玉无情绪,～惹是非。

属(屬) zhǔ 〈素〉(1)接连:前后相～。(2)连缀,编写:～文|～草。(3)专注:～意|～望|～目。
另见shǔ。

【属望】zhǔwàng 〈书〉动。期望,期待:应当加倍努力,不负大家的～。常带宾语:大家都殷切地～着你,希望你载誉而归。常带动词或主谓词组作宾语:～成功|父母无不～孩子长大成人。

【属文】zhǔwén 〈书〉动。连缀词句,使成文章,指写作;不带宾语:每自～,尤其其情。

【属意】zhǔyì 〈书〉动。意向专注于某人或某事物;常带"于"构成的介词词组作补语:他不再只～于诗文,已有多年了|这姑娘早就～于你,你难道没发觉?

嘱(囑) zhǔ 〈书〉动。托咐,吩咐;常带兼语:父亲～我要用功读书。可作"遵"的宾语:遵～奉还原稿。

【嘱咐】zhǔfù 动。告诉对方记住该做什么,不该做什么,该怎样做、不该怎样做:临行前,首长谆谆～,要我随机应变。常带宾语或补语:妈妈常～孩子,要他在学校里好好听讲|对他～了一番。可带双宾语:校长～我们三句话。可带兼语:～他们努力完成任务。可重叠:对他要经常～～,否则他就会放松对自己的要求。

【嘱托】zhǔtuō 动。委托,托咐;常带宾语或补语:～大婶,请她照看一下孩子|把这件事～给他。可带双宾语:～他一件事。可带兼语:～小张代买一件衣服。
　＊"嘱托"和"嘱咐":"嘱托"着重表示托人办事;"嘱咐"着重表示告诉人记住某些话。"嘱托"不能重叠;"嘱咐"可以重叠。

瞩(矚) zhǔ 〈素〉看,注视:高瞻远～|～目。

【瞩目】zhǔmù 〈书〉动。注视,注目:举世～。可带宾语:万众～奥运会。

【瞩望】zhǔwàng 〈书〉动。(1)同"属望"。(2)注视;常带宾语:～夜空|～着电视屏

幕。

麈 zhǔ 名。古书上指鹿一类的动物，尾巴可以做拂尘。

zhù(ㄓㄨ)

伫（佇、竚） zhù 〈书〉长时间站立：～立｜～候。
【伫候】zhùhòu 〈书〉动。长时间站着等候；形容盼望心切：在宾馆门口～。可带宾语：～佳音。
【伫立】zhùlì 〈书〉动。长时间地站着：站在窗口～良久，仰望天空。常带宾语或补语：他～雪地，久久不去｜静静地～在烈士纪念碑前。

苎（苧） zhù [苎麻](-má) 名。(1)多年生草本植物，茎直立，丛生。茎皮纤维洁白，有光泽，易染色，不皱缩，为纺织夏布的重要原料。(2)这种植物的茎皮纤维。
"苧"另见níng。

纻（紵） zhù 〈书〉名。(1)同"苎"。(2)苎麻织成的布。

贮（貯） zhù 动。储存，积存；常带宾语或补语：～了三万斤草｜缸里的水～满了。
【贮备】zhùbèi 动。储备；常带宾语或补语：～粮食｜把这批商品～起来。
【贮藏】zhùcáng 动。储藏；常带宾语或补语：～一些白菜｜把布料～在仓库里。
【贮存】zhùcún 动。储存；常带宾语或补语：～粮草｜把物资～起来。
【贮运】zhùyùn 动。贮存和运输：粮食要及时～。常带宾语或补语：～一批商品。

助 zhù 〈素〉帮：～手｜～威｜援～｜帮～｜互～。
【助词】zhùcí 名。附着在词、词组或句子上面，起辅助作用或表示一定附加意义的词。分为结构助词（如"的、地、得、所"），动态助词（如"了、着、过"），语气助词（如"呢、吗、吧、啊"）三类。助词是虚词，大都念轻声。
【助动词】zhùdòngcí 名。动词的一类，表示可能、应该、必须、愿望等意思，如"能、会、可以、应该、要、肯、敢、愿意"等。也叫能愿动词。
【助教】zhùjiào 名。高等学校中技术业务职务之一，在讲师之下。
【助桀为虐】zhù jié wéi nüè 桀：夏朝末代君主，相传是暴君。帮助夏桀行暴虐之事。比喻帮助恶人做坏事：这伙坏蛋为非作歹，决不会有好下场，你可不要～啊！也说助纣为虐（纣是商朝末代君主，相传也是暴君）。
【助理】zhùlǐ ❶形。协助主要负责人办事的；多用于职务名称，不加程度副词，不单独作谓语，只作定语：～研究员｜～工程师｜～编辑。❷名。协助主要负责人办事的人；多作中心语：部长～｜总经理～。
【助手】zhùshǒu 名。不独立承担任务，只协助别人进行工作的人：这项工作以你为主，我做你的～。
【助威】zhùwēi 动。帮助增加声势；不带宾语：大家齐喊"加油"，为运动员～。可重叠：你也去帮他助助威。可拆开用：幸亏你为我助了威。
【助兴】zhùxìng 动。帮助增加兴致；不带宾语：演几个节目为大家～。可重叠：唱支歌助助兴。可拆开用：助了大家的兴。
【助长】zhùzhǎng 动。促使增长；多指坏的事物，常带宾语或补语：软弱退让只能～敌人的嚣张气焰｜这种歪风邪气～不得。

住 zhù 动。(1)居住，住宿：他家搬到新房子里去～了。常带处所宾语或补语：他常出差，很少～家里｜他家～得很宽敞。(2)停止：下了一天的雨到晚上才～。可带宾语：经过劝说，她才～了嘴。(3)牢固或稳当；作动词的补语：记～了他的话｜把～关口。(4)停顿或静止；作动词的补语：这个问题把他问～了｜自行车停～了。(5)胜任，或力量够得上；作补语要加"得"或"不"：支撑得～｜这么重的东西，我拿不～。
【住持】zhùchí 名。指佛寺、道观内主持事务的人。
【住户】zhùhù 名。定居在某处的家庭或有单独户口的人：院子里有三家～。
【住宿】zhùsù 动。在外居住；多指过夜：表弟今天在我家～。常带宾语或补语：～街头｜～在帐篷里。
【住宅】zhùzhái 名。指规模较大的住房：

这一片是居民～。

【住址】zhùzhǐ 名。居住的地址；指城镇、乡村、街道的名称和门牌号数：请留下你的～。

注(△註) zhù △❶动。用文字解释字句；常带宾语或补语：正文中间～了两行小字|这段古文～得还不太清楚。△❷名。解释字句的文字：这几个～简洁明了。❸〈素〉(1)灌入：～射|～入。(2)集中：～意|～视。△(3)记载，登记：～册|～销。(4)赌博时所下的钱物：赌～|孤～一掷。

【注册】zhùcè 动。向有关机关、团体或学校等登记备案，不带宾语：新生要在九月一日前到校报到～。

【注定】zhùdìng 动。为某种客观规律或所谓命运所预先决定：她认为自己所受的苦是命中～的。常带动词或动词性词组作宾语：侵略者～要失败|盲目行动～得不到好结果。也可带主谓词组作宾语：历史的规律～独裁者必然要灭亡。

【注脚】zhùjiǎo 名。解释字句的文字：凡是难懂的字句，书中都有～。

【注解】zhùjiě ❶动。用文字解释字句：这篇文章中的难字难句，李老师已一一～了。常带宾语或补语：～古籍|～得很详尽。❷名。同"注脚"。

【注目】zhùmù 动。把视线集中在一点上，不带宾语：她的打扮，太引人～了。可作状语：他～地望着渐渐离去的列车。可作定语，要带助词"的"，并可加程度副词：他是个不太～的人物。

【注射】zhùshè 动。用注射器(装有针头的唧筒状的玻璃器具)把药剂输送到有机体内；常带宾语或补语：～青霉素|把药水～进去。

【注视】zhùshì 动。注意地看：对那里的局势，大家都密切地～着。常带宾语：王师傅一眼不眨地～着运转的机床。

＊"注视"和"注目"："注视"着重表示注意地看；"注目"着重表示集中视线于一事物。"注视"常带宾语；"注目"不带宾语。

【注释】zhùshì 同"注解"。

【注疏】zhùshū 名。注解和解释注解的文字的合称。旧时把注解古书的文字叫注或传，解释传、注的文字叫疏；常用于书名：《十三经～》。

【注销】zhùxiāo 动。取消登记过的事项：这笔帐已经～了。可带宾语：～营业执照|小刘到派出所为去世的父亲～户口。

【注意】zhùyì 动。把意志集中到某一方面：产品质量必须～，不可忽视。常带宾语或补语：～身体|对安全生产～得还不够。可带谓词或谓词性词组作宾语：～休息|～健康|～关心群众生活。也可带主谓词组作宾语：～他是怎样起跑的。可加程度副词：她很～清洁卫生。

＊"注意"和"注目"："注意"是集中意志于某一方面，"注目"是集中视线于某一事物上。"注意"使用的范围宽，对不限于眼前突出的具体事物，也可以是抽象的事物；"注目"使用的范围窄，对象通常是眼前最突出的或轰动一时的事物。"注意"常带宾语；"注目"不带宾语。

【注音字母】zhùyīn zìmǔ 词组。汉语拼音方案公布前用来为汉字标注读音的一套符号，共40个，其中声母24个，即ㄅㄆㄇㄈㄉㄊㄋㄌㄍㄎㄏㄐㄑㄒㄓㄔㄕㄖㄗㄘㄙㄪㄫㄬ(其中万兀广只用于拼注方言)，韵母16个，即ㄚㄛㄜㄝㄞㄟㄠㄡㄢㄣㄤㄥㄦㄧㄨㄩ。注音字母在帮助认字以及在统一汉字读音方面起过积极的作用。也叫注音符号。

【注重】zhùzhòng 动。重视；常带宾语或补语：他们比较～人才的培养|对体育工作～得还不够。可带动词或动词性词组作宾语：～调查研究|～发展农业。也可带主谓词组作宾语：～理论联系实际。可加程度副词：老师很～学生的思想品德的培养。

驻 zhù ❶动。住在某处或设在某地，常带宾语或补语，带宾语后一般作定语：～华使节|～宁办事处|某部八连～在浦东。❷〈素〉停留：～跸|～足。

＊"驻"和"住"："驻"一般用于军队、机关团体和外交使团等住在执行职务的地方；"住"一般用于个人或某些人居住或住宿在一个地方。

【驻跸】zhùbì 〈书〉动。帝王出行时沿途停留暂住。可带处所宾语：刘备起兵伐吴，曾～白帝城。

【驻防】zhùfáng 动。军队在重要的地方驻扎防守：部队沿长江天堑～。可带处所宾语：弟弟参军后，～山海关。

【驻守】zhùshǒu 动。驻扎防守；常带处所宾语：～边陲｜～南疆。

【驻扎】zhùzhā 动。部队在某地住下；常带宾语或补语：山区～了好多部队｜岳飞的队伍～在朱仙镇。

柱 zhù ❶名。(～子)建筑物中直立的起支撑作用的构件，用木、石、型钢或钢筋混凝土制成；量词用"根"。❷〈素〉像柱子的东西：水银～｜花～。

【柱石】zhùshí 名。柱子和柱子下面的基石，比喻起支撑作用的重要力量；须要有限制的定语：戚继光的军队一时成了沿海抗倭的～。

炷 zhù ❶〈古〉名。灯心。也引申为备燃烧的柱状物：艾～。❷〈古〉动。点火，燃烧，与"灯""香"搭配：直到天明不～灯｜香。❸量。用于点着的香：一～香。

砫 zhù 地名用字。石砫，县名，在四川省。今作石柱。

疰 zhù [疰夏](-xià) 动。中医指夏季长期发烧、食欲不振的病，患者多为小儿，多由排汗机能发生障碍引起。

蛀 zhù ❶[蛀虫](-chóng) 名。指咬树干、衣服、书籍等的小虫，如天牛、米象、衣鱼等。❷动。蛀虫咬：这件衣服给蛀虫～了。可带宾语或补语：虫子会～木头｜书给～坏了。

杼 zhù 名。(1)织布机上用来确定经纱的密度，保持经纱位置的机件，形状像梳子。也叫筘(kòu)。(2)古代也指梭。

【杼轴】zhùzhóu 〈书〉❶名。旧式织布机上管经纬线的两个部件。❷动。比喻文章时进行组织构思：每次作文，他都～忘餐，呕心沥血。

祝 zhù ❶动。衷心表示美好的愿望；须带谓词或谓词性词组作宾语：～胜利｜～幸福｜～载誉归来。也常带主谓词组作宾语：～身体健康。❷姓。

【祝词】zhùcí 名。表示祝贺的话和文章：庆祝大会上张校长宣读了～。

【祝福】zhùfú (1)原指祈求上帝赐福，后泛指祝人平安和幸福；多带主谓词组作宾语：～你前程似锦。也可用于组织、机构：～伟大祖国繁荣昌盛。(2)我国某些地区的旧俗，指除夕祭祀天地，祈求赐福；不带宾语：四叔家正在～。

【祝贺】zhùhè 动。庆贺：新年来临，彼此互相～。常带宾语或补语：～她的生日｜向他～了一番。可带动词或主谓词组作宾语：～成功｜～大会胜利召开。可作"表示、致以"等动词的宾语：向你表示衷心的～。

＊"祝贺"和"庆贺"："祝贺"一般是向有喜事的人道贺；"庆贺"除向有喜事的人道贺外，也可为共同的大喜事表示庆祝。"祝贺"的喜事可以已成事实，也可以尚未成为事实；"庆贺"的喜事都已成为事实。

【祝酒】zhùjiǔ 动。向人敬酒，表示祝愿；不带宾语：在宴会上，大家互相～。可拆开用：祝了一次酒。

【祝颂】zhùsòng 动。表示良好的愿望和赞颂：在庆功会上彼此相互～。可带主谓词组作宾语：～你新年快乐。

【祝愿】zhùyuàn 动。表示良好的愿望；多带主谓词组作宾语：～你学业进步。

＊"祝愿"和"祝颂"："祝愿"侧重表示良好的意愿和希望；"祝颂"除表示良好的意愿和希望外，还表示赞颂。"祝愿"书面语、口语都可以用；"祝颂"一般只用于书面语。

著 zhù ❶〈书〉动。写作：这本书系王教授所～。常以"书、文"作宾语：～书｜～文二十余篇。❷〈素〉(1)明显，显出：昭～｜显～。(2)著作：名～｜译～｜大～。

【著称】zhùchēng 动。因某方面有名而被人们称说；不带宾语：唐代在文学史上以诗歌～。可带补语：宜兴以陶器制作精良～于世。

【著录】zhùlù 动。记载在簿籍上，泛指记录、记载；常带宾语或补语：《汉书·艺文志》～兵书共五十三家｜～在册。

【著名】zhùmíng 形。有名：～物理学家｜中国的熊猫在世界上很～。

【著书立说】zhù shū lì shuō 成。立；创立、提出；说：主张，学说。从事写作，提出自己的主张和学说：唐教授近来正忙着～。

【著述】zhùshù ❶动。著作，编纂：这本书由我～。可带宾语：忙于～《新文学史》。❷名。著作和编纂的成品：他的～很多。

【著作】zhùzuò ❶动。用文字表达意见、知识、思想、感情等；一般不带宾语，可带补语：苦心～一辈子｜这本书已～三年。常作定语：～家｜～生涯｜现在他正在～的一篇长文，题目是《爱的实现》。❷名。著作的成品：文艺～｜理论～｜经典～。

【著作等身】zhùzuò děng shēn 写的书迭起来有作者身体那么高，形容著述极多：张教授～，在国内外享有盛誉。

箸（筯）zhù〈方〉名。筷子。

翥 zhù〈古〉动。飞：龙翔凤～。

铸（鑄）zhù 动。铸造：这口钟是铜～的｜他站在那里一动不动，像钢～铁浇的一般。可带宾语或补语：～铅字｜弟兄俩那么相像，如同一个模子～出来似的。

【铸成大错】zhù chéng dà cuò 成。《资治通鉴·唐昭宗天祐三年》记载，唐末，天雄节度使罗绍威部下有从六个州招募来的牙军（自卫队）几千人。这些人骄横跋扈，不服他管辖。罗绍威暗中勾结另一军阀朱全忠，里应外合，突然袭击，把牙军整个消灭了。事后，朱全忠以此居功，向他要这要那，罗苦于应付，后悔地对人说："合六州四十三县铁，不能为此错也。"错：锉刀，这里为双关语，指错误。比喻造成重大错误：没想到，一着不慎，～。

【铸造】zhùzào 动。把金属熔化后倒入砂型或模子里，冷却后凝固成为器物：这尊铜像是晨光厂～的。常带宾语或补语：～机器零件｜他那坚强的意志好像是用钢铁～成的。

筑（△築）zhù △❶动。建造、修建；常带宾语或补语：这里新～了一条公路｜工事～得很坚固。❷名。(1)古代一种和筝相似的弦乐器。(2)贵州省贵阳市的别称。

【筑室道谋】zhù shì dào móu 成。筑：建筑；室：房屋；道：道路，这里指路人；谋：商量。要盖房屋而与过路人商量。比喻人多口杂，意见不一，办不成事；做什么事都得有自己的主见，不必～。

zhuā（ㄓㄨㄚ）

抓 zhuā 动。常带宾语或补语。(1)用手夺取：小孩～了一把糖｜把帽子～在手里。(2)人用指甲或有齿的东西、动物用爪子在物体上挠、搔：～痒痒｜小猫～破了他的脸｜背上痒，拿挠子～了几下。(3)捉拿，捕捉：～土匪｜老鹰扑小鸡～走了。可带兼语：～他坐牢。(4)加强领导，认真去管：校长要～思想政治工作｜农业生产一定不能放松。(5)吸引：指人的注意力，多以"牢、住"等作补语：这篇小说一开头就很精彩，很快就把我～住了。

【抓辫子】zhuā biàn·zi 习。喻指找茬，有意挑刺：要让人讲话，不要动不动就～，打棍子。

【抓耳挠腮】zhuā ěr náo sāi 成。抓抓耳朵，搔搔腮帮子。(1)形容焦急、忙乱或苦闷时无法可想的样子：这件事实在难办，老李～也想不出什么好办法。(2)形容高兴得不知如何是好的样子：小猴子看见花生，喜得～，一把抓过来就吃。

【抓获】zhuāhuò 动。捉拿到，逮捕住：抢劫犯已被～。可带宾语：～了这个杀人不眨眼的恶棍。常与"归案"连用：罪犯已～归案。

【抓紧】zhuājǐn 动。紧紧地把握住，不放松：工作一定要～。可带宾语：每个年轻人都要～时间，好好学习。常作状语：工厂要～生产。可拆开用：对学校的纪律，张校长始终抓得很紧。

【抓阄儿】zhuājiūr 动。从预先做好记号的纸卷或纸团中每人取一个，以决定谁该得什么东西或谁该做什么事；不带宾语：别争了，咱们来～。可作定语，要加助词"的"；用～的办法来决定谁先发球。可拆开用：抓了个阄儿。

【抓举】zhuājǔ ❶名。一种举重法，两手把扛铃从地上举过头顶,一直到两臂伸直为止,不在胸前停顿。❷动。指从事这种运动;不带宾语:他正在~,能举一百多公斤。

【抓破脸】zhuā pò liǎn 习。比喻感情破裂,公开争吵:他俩已经~,矛盾越来越大了|你俩是同事,最好别~,不然在一起不好工作。

【抓瞎】zhuāxiā 动。事前没有好好准备而临时忙乱着急;不带宾语:要好好复习,免得考试的时候~。可拆开用:丈夫突然请几个客人来吃饭,弄得妻子抓了瞎。

挝(撾) zhuā 动。(1)敲,打;用于"鼓":~鼓。(2)同"抓"。
另见wō。

髽 zhuā [髽髻](-ji) 名。女孩子梳在头两旁的发髻。有时也泛指梳结着的头发:~夫妻(结发夫妻)。也说髽鬏(-jiu)。

zhuǎ(ㄓㄨㄚˇ)

爪 zhuǎ 名。(1)(~儿、~子)动物带尖甲的脚:猫~儿|鸡~子。(2)(~儿)器物中像爪的部分:这个锅有三个~儿。
另见zhǎo。

zhuāi(ㄓㄨㄞ)

拽 zhuāi〈方〉❶动。扔:这东西没用了,~了吧。可带宾语或补语:皮球看谁~得最远|小刘把石头~得很远。❷形。胳膊有毛病转动不灵:膀子~得厉害。
另见yè(曳),zhuài。

zhuǎi(ㄓㄨㄞˇ)

跩 zhuǎi〈方〉动。走路像鸭子似的摇摆;不带宾语,常用在"一……一……"格式中:他走路一~一~的,走没多远就掉了队。

zhuài(ㄓㄨㄞˋ)

拽(撾) zhuài 动。拉,拖,牵引:~不动|生拉硬~。可带宾语:奶奶~着孙女的小手。
另见yè(曳),zhuāi。

zhuān(ㄓㄨㄢ)

专(專、△耑) zhuān ❶形。有专门业务和技术的,集中在一件事情上的:他在化学方面很~|我这次是~为开会而来的。△❷动。对一门业务或技术有研究,擅长;多用在固定格式中:干一行~一行。△❸[素]独立掌握或享有:~权|~制|~利。❹姓。
"耑"另见duān(端)。

【专案】zhuān'àn 名。需要单独立案专门处理的案件或重要的事件:这次抢劫事件要列为~来侦破。

【专长】zhuāncháng 名。专门的知识技能,特长:发挥~|学有~。
*"专长"和"特长":"专长"强调个人的专攻方面;"特长"强调个人特别擅长的方面。"专长"多用于学问、技能;"特长"多用于技能或工作经验。"专长"意思较轻,"特长"意思较重。

【专程】zhuānchéng 副。专门为某事到某地;作动词的状语:~拜访|我是~到北京来开会的。

【专诚】zhuānchéng ❶副。特地,表示一心一意地;作动词的状语:~拜访|~来为旅客服务。❷形。专一真诚:她对爱情是很~的|李老师对教育事业是多么~执着,种种挫折和打击都未能动摇他的追求。

【专断】zhuānduàn 形。不跟有关人商量,单独做出决定;含贬义:~独行|~的作风|他工作十分~,引起大家的不满。

【专攻】zhuāngōng 动。专门学习研究;多带宾语:他是~数学的。

【专号】zhuānhào 名。以某项内容为中心而编成的一期报刊:学报编辑部出版了一期微型小说研究~。

【专横】zhuānhèng 形。任意妄为,专断强横:~跋扈|~的作风|~的行为|那个人非常~,大家都不愿意跟他在一起工作。

【专家】zhuānjiā 名。对某一门学问有专门研究的人,或擅长某项技术的人:搞工程建设要多听听~的意见。

专 胗 砖 zhuān 1451

【专刊】zhuānkān 名。(1)报纸杂志以某项内容为中心而编辑的一栏或一期:初中语文基础知识~。(2)学术机关出版的以一个问题的研究结果为内容的单册著作:语法研究~。

【专栏】zhuānlán 名。(1)报刊上专门刊登某项内容的部分版面,一般都有固定的名称:本报决定开设"大家谈"~。(2)指具有专题内容的墙报、板报。

【专利】zhuānlì 名。创造发明者在一定时期内法律保障他独自享有的利益:享有~|~产品,不得仿制。

【专卖】zhuānmài 动。国家对某些物品设专门经营机构经销,其他部门非经许可,不得生产和销售。烟草是~商品|黄金是由国家~的|名酒~。

【专美】zhuānměi 动。〈书〉独享美名;不带宾语:他热心培养青年艺人,从不~。可带介词"于"构成的介词词组作补语:青年演员要努力钻研表演艺术,不能让上代艺人~于前。

【专门】zhuānmén ❶形。专从事某一项事的;不加程度副词,不单独作谓语,作定语或状语:~人才|陈老师~研究语法。❷副。专为某事,特地;作动词的状语:我是~来看望你的|知道你要到北方工作,母亲~为你做了件厚棉衣。

【专名】zhuānmíng 名。专指某人、某地、某机关团体等的名称,如"李白、南京、南京师范大学"等。

【专名号】zhuānmínghào 名。表示文中专名的标点符号(——),横行文字划在底下,竖行文字划在左边。

【专区】zhuānqū 名。我国省、自治区曾经根据需要设立的包括若干县、市的行政区域。

【专权】zhuānquán 动。独揽大权;不带宾语:明朝末年,宦官~,民不聊生。

【专人】zhuānrén 名。专门负责某项工作的人,或临时派遣专办某件事的人:这项工作要由~负责。

【专擅】zhuānshàn 〈书〉动。遇事不商量、不请示、不报告,擅自独断专行:重大事情要集体讨论,切勿~。常与其他动词连用:这个人~行事,很难合作。

【专题】zhuāntí 名。需要调查、研究或讨论的专门问题:把人口问题列为~进行研究。常作状语:~讨论|~调查。

【专心】zhuānxīn 形。集中注意力:~听讲|~一意|学习很~。
　＊"专心"和"用心":"专心"含有严肃认真,全神贯注的意思;"用心"指小心在意。"专心"只作形容词用;"用心"除作形容词用外,还可作名词用,指用意、意图,如"深知他的用心"。

【专心致志】zhuān xīn zhì zhì 成。一心一意,集中精力:小明~地听老师上课。
　＊"专心致志"和"一心一意":"专心致志"着重表示精神集中,不分散,不走神;"一心一意"着重表示全心全意,无二心,思想专一。"专心致志"多形容学习、工作时的情态;"一心一意"多形容服务或从事某项工作时的精神。

【专业】zhuānyè 名。(1)高等和中等专业学校根据生产部门分工的需要和科学发展状况而设置的学业的门类:中文~|英语~。(2)产业部门中根据产品生产的不同过程而分成的各业务部分。

【专业户】zhuānyèhù 名。农村中专门或以主要精力从事某种农副业生产或其他生产的农户或个人:养鸡~。

【专一】zhuānyī 形。专心一意,心无二用;多作谓语:爱情~|读书时心思要很~。

【专政】zhuānzhèng 动。统治阶级凭借军队、警察等暴力机关对敌对阶级实行统治和镇压;不带宾语:对敌人专~。

【专制】zhuānzhì 形。(1)统治者独自操纵政权:君主~。多作定语:~政体|朱元璋是个非常~的皇帝。(2)凭自己的意志独断独行:李厂长很~,听不进群众的意见。

【专注】zhuānzhù 形。专心注意:心神很~|他神情~地望着那张画。

【专著】zhuānzhù 名。就某方面加以研究论述的专门著作:他在不长的时间内,就写出了十几万字的语言学~。

胗(脒)zhuān 〈方〉鸟类的胃,肫:鸡~|鸭~。

砖(磚、甎)zhuān ❶名。用粘土等烧成的(也有用其他材料制成的)建筑材料。❷〈素〉形状像砖的东西:茶~|冰~(一种冷食)。

颛 zhuān 〈古〉❶形。愚昧，谨慎。❷同"专"。
【颛孙】zhuānsūn 复姓。
【颛顼】zhuānxū 名。我国传说中的上古帝王名。

zhuǎn(ㄓㄨㄢˇ)

转(轉) zhuǎn 动。(1)改变方向、位置或情势：形势开始好～了。可带宾语或补语：～过脸来｜他已～到县城工作。可作形容词作谓语：天气～暖了。(2)把一方的物品、信件、意见等传到另一方；常带宾语或补语：请你代我～一封信｜这批货由我～给他。
另见zhuàn。

【转变】zhuǎnbiàn 动。由一种情况变成另一种情况：这种被动的局面必须～。常带宾语或补语：～社会风气｜思想～得比较快。
　＊"转变"和"改变"："转变"多指发展方向起了根本的变更,语意较重；"改变"只指跟原状有了一些差别或变动,语意较轻。"转变"使用范围窄,多用于思想、形势、情况等自身的发展变化；"改变"使用范围宽,可用于思想、形势、情况等,也可用于面貌、关系、方法、计划、政策、措施等。

【转播】zhuǎnbō 动。广播电台、电视台播送别的电台、电视台的节目：足球比赛实况由省电视台～。可带宾语：～中央台春节联欢晚会。

【转达】zhuǎndá 动。把一方的话转告另一方：你的意思我一定～。可带宾语或补语：向他～了首长的问候｜请把这个意见～给他。

【转动】zhuǎndòng 动。自由活动；指身体或物体的某一部分：我的颈子痛,头不能～。可带宾语或补语：～身子｜这个螺母～不下来。
另见zhuàndòng。

【转化】zhuǎnhuà 动。一事物变为另一事物,或对立的事物相互转变：目前的形势正向着有利于我们的方向～｜好事和坏事在一定条件下可以互相～。加"成、为"后可以带宾语: 不利因素可以～成有利因素。
　＊"转化"和"变化"："转化"使用范围窄,多指事物地位或质的转变；"变化"使用范围宽,可以指事物、现象的一切变动。"转化"是哲学术语,常用于哲学论文；"变化"是一般词语,用于一般书面语或口语。

【转圜】zhuǎnhuán 〈书〉动。不带宾语。(1)挽回：此事很难～｜他做错了事,我正在设法～。可作定语,要带助词"的"：事已至此,已毫无～的余地。(2)从中调停；常与"出来"等动词连用：见他们俩争得脸都红了,我赶快出来～。

【转换】zhuǎnhuàn 动。改变,改换；常带宾语或补语：～话题｜～布景｜电视机天线的方向要～一下。

【转机】zhuǎnjī 名。好转的希望或机会；多指病症脱离危险或事情能挽回的情况,常作"有、出现"的宾语：他的病经多方医治,目前有了～｜经过全厂职工的努力,这个濒临倒闭的小厂生产又出现了～｜正当我感到失望的时候,事情又有～。

【转嫁】zhuǎnjià 动。常带宾语或补语。(1)改嫁：小英克服重重阻力终于～王小虎了｜她已～到李家。(2)把自己应承受的负担、损失、罪名等转移到别人身上：帝国主义国家经常向别国～经济危机｜这家伙妄图把罪名～给他人。

【转交】zhuǎnjiāo 动。把一方的东西交给另一方；常带宾语或补语：请你代我～一封信｜包裹已～给她了。
　＊"转交"和"转达"："转交"的对象多指事物；"转达"的对象多指话语。

【转捩点】zhuǎnlièdiǎn 见"转折点"。

【转卖】zhuǎnmài 动。把买进的东西再卖出去；常带宾语或补语：～农副产品｜把电视机～给别人。

【转念】zhuǎnniàn 动。再一思念；多用于改变主意的时候,不带宾语：他刚要开口,但一～,觉得还是不说好些。

【转让】zhuǎnràng 动。把自己的东西或应享受的权利让给别人：此证件只许本人使用,不得～。常带宾语或补语：～技术资料｜～股权｜我家的祖居早～给本家兄弟了。

【转手】zhuǎnshǒu 动。转交或转卖；不带宾语：这个文件要直接交给他，请不要再～。常与其他动词连用：他把新买的自行车～卖出去了。可拆开用：这本书叫他转了一次手，又借给别人了。

【转述】zhuǎnshù 动。把别人的话说给另外的人听；常带宾语或补语：我这是～老师的话|把他的意见～了一遍。

＊"转述"和"转达"："转述"是把别人的话较完整地复述给另外的人；"转达"可以只说大意或加进自己的领会。"转述"可以是书面的，如"你这篇文章仅仅转述了他那本书里的观点"；"转达"只能是口头的。

【转瞬】zhuǎnshùn 名。转眼间，一刹那的时间：眼前的海市，～就什么也看不见了|～间，新年又快到了。

【转弯】zhuǎnwān 动。不带宾语，可拆开用。(1)拐弯：一直走就可到电影院，不要～|再转一个弯就到家了。(2)比喻说话直来直去：他个性直爽，说话不会～|转了几弯才说到正题上。(3)比喻从中调解：这件事只有请你去～，或许还有点希望|事情已经弄僵了，我很难去转这个弯。

【转弯抹角】zhuǎn wān mò jiǎo 成。沿着弯弯曲曲的路走。比喻说话、做事绕弯子，不直截了当：汽车～开了进来|说话要爽快，别～。

【转危为安】zhuǎn wēi wéi ān 成。转危急为平安；多指局势、病情等：由于医生的大力抢救，他的病才～。

【转文】zhuǎnwén 动。说话时不用口语，而用文言的字眼，以显示有学问；不带宾语：与群众说话，可不要随便～，还是通俗一点好。

【转向】zhuǎnxiàng 动。不带宾语。(1)转变方向：这条路走不通，要赶快～。注意："他把脸～窗外"中的"转向"是两个词，"转"是动词，"向"是介词。(2)比喻改变政治立场：一些青年军官纷纷～，参加了革命。

另见 zhuànxiàng。

【转眼】zhuǎnyǎn 名。一刹那的时间：～就过去了20多年|～之间，飞机便飞上了天空。

【转业】zhuǎnyè 动。由一行业转到另一种行业。特指中国人民解放军干部转到地方工作；不带宾语：我不想经商了，打算～。常构成连动词组：她已～去教书|总部决定让部分干部～到地方工作。可拆开用：他已经转了业，不在部队了。

【转移】zhuǎnyí 动。(1)改换位置，从一方移到另一方：游击队～了。常带宾语或补语：～伤员|把注意力～到学习上来。(2)改变：社会发展的规律是不以人的意志为～的。常带宾语：～工作重点|他开始～话题。

＊"转移"和"移动"："转移"既可指位置的变换，也可指情况的改变；"移动"一般只指位置的变换。

【转义】zhuǎnyì 名。由词的本义派生转化出来的意义，一般包括引申义和比喻义两类。

【转运】zhuǎnyùn 动。(1)转来好的运气；是迷信的说法，不带宾语：算命的人说他要～了，他信以为真。可拆开用：开始转好运了。(2)把运来的东西再运到别的地方去：没有汽车，无法～。常带宾语或补语：～货物|这些书要赶快～出去。

【转载】zhuǎnzǎi 动。刊登别的报刊上发表过的文章：这篇小说有几家刊物～了。可带宾语：各地报纸都～了这条新闻。注意："载"这里不读成 zài。

【转赠】zhuǎnzèng 动。把收到的礼物赠送给别人；常带宾语或补语：把礼物～他人|我把这支笔～给你。

【转折】zhuǎnzhé 动。不带宾语，可带补语。(1)事物在发展过程中改变原来的方向、形势等：那条小路回环～，通往深山之中|形势复杂，如今总算～到好的方面来了。可作"发生、出现"等动词的宾语：形势发生了根本的～|这是个伟大的～。(2)语意由一个方向转到另一个方向：文章从正面论述～到反面辩驳|文章的第二段～得相当自然。

【转折点】zhuǎnzhédiǎn 名。对事物的转变起了决定作用的事情，事物转变的关键时间："五四"运动是中国由旧民主主义革命到新民主主义革命的～|这次事件成了他一生的～。也说转捩点。

【转正】zhuǎnzhèng 动。组织机构中的非正式成员转成正式成员;见习期满,他可以〜了。可作定语:他上次错过了〜的机会。可拆开用:可能转不正。

【转注】zhuǎnzhù 名。六书之一。汉·许慎《说文解字·叙》:"转注者,建类一首,同意相受,考、老是也。"后人的解释很有分歧。清代戴震、段玉裁认为"转注"就是互训,意义上相同或相近的字彼此互相解释,如《说文》中"考"解释为"老","老"解释为"考"。两字互相解释,所以叫转注。

zhuàn(ㄓㄨㄢˋ)

传(傳) zhuàn 名。(1)指解释经文的著作;多用在古籍书名中:《春秋公羊〜》。(2)传记;多作中心语:鲁迅〜。(3)叙述历史故事的作品;多用在小说书名中:《水浒〜》。
另见chuán。

【传记】zhuànjì 名。记载人物生平和主要事迹的文章。
【传略】zhuànlüè 名。较为简略的传记:孙中山生平〜。

转(轉) zhuàn ❶动。旋转,绕着中心运动:车轮在不停地〜着。可带宾语或补语:他〜了几个圈子,才找到出去的路|轮子〜得飞快。❷量。围绕中心或周围运动一圈叫一转:绕球场两〜。
另见zhuǎn。

【转动】zhuàndòng 动。物体以一点为中心或以一直线为轴作圆周运动:石磨在〜。可带宾语或补语:〜瓶盖子|轮子〜得很快。
另见zhuǎndòng。

【转向】zhuànxiàng 动。迷失方向;不带宾语:我一到生地方就〜。常与"晕头"合用:七转八转弄得我晕头〜。
另见zhuǎnxiàng。

【转悠】zhuàn·you 〈口〉动。不带宾语,可带补语。(1)转动:眼珠子直〜|风车〜得很快。(2)散步,漫无目的地闲逛:在马路上〜了一会儿。可重叠:到公园里〜〜,好不自在|整天转转悠悠,真不像话。

啭(囀) zhuàn 〈书〉动。婉转地叫;指鸟叫:莺啼鸟〜。

赚 zhuàn ❶动。获得利润;与"赔"相对,常带宾语或补语:〜了一笔钱|这趟生意〜得不多。❷〈方〉名。(〜儿、〜头)指获得的利润:这笔买卖有一点〜头。
另见zuàn。

撰(譔) zhuàn 动。写文章,著书;须带宾语:请您为本刊〜一篇评论稿。

【撰述】zhuànshù 〈书〉❶动。撰写,著述:这本书是她〜的。常带宾语:〜论文。❷名。撰述的作品:他的〜甚多。
【撰写】zhuànxiě 动。写作:刊物的稿子都请专业人员〜,有创作,也有翻译。常带宾语:〜论文|〜评论。可作定语:这是明代东林党首领顾宪成〜的一副对联|我决定利用业余时间,进行科普读物的〜工作。

*"撰写"和"撰述":"撰写"适用范围较广,用于文章,也可用于著作;"撰述"一般用于著作。"撰写"是动词;"撰述"是动词兼名词。

馔 zhuàn 〈素〉饭食:盛〜|肴〜|美〜。

篆 zhuàn ❶名。古代汉字的一种字体。参见"篆书"。❷〈书〉动。写篆书:〜额(用篆字写在碑额上)。

【篆刻】zhuànkè ❶动。刻印章;可带宾语:〜了一方图章。❷名。用各种篆书字体刻制的印章:〜展览。
【篆书】zhuànshū 名。古代的一种汉字字体,分大篆、小篆。也叫篆字。

zhuāng(ㄓㄨㄤ)

庄(莊) zhuāng ❶名。(1)(〜儿、〜子)村庄:王家〜|前面是什么〜子?(2)某些牌戏或赌博中每一局的主持人:是谁的〜?|这局我做〜。也叫庄家。❷〈素〉(1)规模较大或做批发生意的商店:钱〜|布〜|饭〜。(2)严肃,庄重:〜严|端〜。❸姓。

【庄户】zhuānghù 指农户;多作定语:〜人|〜人家。
【庄稼】zhuāng·jia 名。地里长着的农作物；多指粮食作物：地里的~长势喜人。

【庄严】zhuāngyán 形。庄重而严肃；含褒义：态度很~|~雄伟的人民大会堂。

＊"庄严"和"严肃"："庄严"除严肃外，还有庄重的意思，"严肃"只表示肃穆认真。"庄严"多形容神态和环境、气氛等，"严肃"除形容神态、环境、气氛外，还可以形容人的精神、面貌、言语、行动、作风以及事情的意义等。

【庄园】zhuāngyuán 名。封建时代皇室、贵族、大官僚、寺院等占有和经营大片土地，包括一个或若干个庄园，基本上是自给自足的经济单位。现在资本主义国家中的一些大种植园也有叫庄园的。

【庄重】zhuāngzhòng 形。端庄持重，不随便，不轻浮：态度很~|~的语调|~声明。

＊"庄重"和"庄严"："庄重"的意思着重在端庄、持重、不轻浮；"庄严"的意思着重在端庄、严肃，不可侵犯。"庄重"多形容态度、言语、举止等；"庄严"多形容神态和环境、气氛等。

桩（椿） zhuāng ❶名。(~子)一端或全部埋在土中的柱形物：拴马~|房子四周打了几根~子。❷量。件，限用于事情：一一~好事。

妆（妝、粧） zhuāng 〈素〉(1)修饰，打扮：梳~|化~。(2)旧指妇女的装饰，现指演员的装饰：卸~。(3)指嫁妆：~奁。

【妆奁】zhuānglián 名。原指女子梳妆用的镜匣，后泛指嫁妆：一套~|~齐全。

【妆饰】zhuāngshì ❶动。打扮；常带宾语或补语：~面容|她全身上下~得十分漂亮|国庆节前，天安门~一新。❷名。打扮出来的样子：她那身~与众不同。

装（裝） zhuāng ❶动。常带宾语或补语。(1)打扮，化装：他~圣诞老人|她~老太太~得很像。(2)假装：他唆使小孩去干坏事，表面上却~好人|他说自己有病，其实全是~出来的。可带谓词作宾语：不懂~懂|~积极。也可带主谓词组作宾语：他会~狗叫。(3)把东西放进器物内：口袋里~着米|把书~在书包里。(4)安装，装配：~电灯|仪器已经~好了|把电表

在墙上。❷〈素〉(1)穿着的衣服：服~|中山~。(2)特指演员演出时的打扮：化~。(3)把书页加工成本子：~订|~精。

【装扮】zhuāngbàn 动。常带宾语或补语。(1)装饰，打扮：~门面|春天把大地~得万紫千红。(2)化装：她~农妇~得很像。(3)假装：你想~成局外人可不行|他的笑脸是~出来的。

【装备】zhuāngbèi ❶动。配备；指武器、器材、技术力量等，常带宾语或补语：给部队~了新式武器|器材还没有~齐全。❷名。指配备的武器、器材等：部队的~精良。

【装裱】zhuāngbiǎo 动。裱褙书画并装上轴子等：这幅画要送去~。可带宾语或补语：~书画|这幅山水画~得很精致。

【装点】zhuāngdiǎn 动。装饰点缀；常带宾语或补语：~园林|~江山|园林工人把公园~得更加绚丽多彩。可重叠：商店的门面要好好~~。

【装订】zhuāngdìng 动。把零散的书页或纸张加工成本子：工人们正在忙着~。常带宾语或补语：~书籍|~得很整齐。

【装疯卖傻】zhuāng fēng mài shǎ 成。故意装作疯疯傻傻的样子：你别~，老老实实交代。

【装潢】zhuānghuáng ❶动。装点修饰使美观；多指书画、商品或店面等，常带宾语或补语：~门面|百货商店~得面目一新。❷名。指物品外表的装饰：这本书的~非常别致。

＊"装潢"和"装饰"："装潢"强调加工使富于色彩；"装饰"强调加以修饰。"装潢"使用范围较窄，只适用于字画、书册、商品、门面等；"装饰"使用范围较广，可用于人、建筑物和各种物品。

【装甲】zhuāngjiǎ ❶形。装有防弹钢板的；不加程度副词，不单独作谓语，作定语，多用来修饰车辆、船只、飞机、碉堡等：~汽车|~巡洋舰|~坦克。❷名。装在车辆、船只、飞机等上面的防弹钢板：这辆车上的~很厚。

【装殓】zhuāngliàn 动。给死人穿好衣裳，放到棺材里，常带宾语或补语：~死人|把遗体~起来。

【装门面】zhuāng ménmian 词组。比喻为了表面好看而加以粉饰点缀：墙上贴了服务守则，不是为了～，而是要大家切实遵守的。

【装模作样】zhuāng mú zuò yàng 成。模：模样，姿态；样：样子。故意做样子给人看；多指矫揉造作的姿势或虚伪的态度，含贬义：他～地说了一通大道理，摆出一副"理论权威"的架势｜这家伙是有名的小算盘，这次竟～大方起来了。

【装配】zhuāngpèi 动。把零件或部件连接、组装成整体：这台机器是小张师傅～的。常带宾语或补语：～了一辆自行车｜缝纫机已经～好了。

【装腔作势】zhuāng qiāng zuò shì 成。腔：腔调；势：姿势。故意装出一种腔调，作出一种姿势；形容故意做作，想引人注意或吓唬人，含贬义：你不要～地吓唬人｜他的表演很不自然，～，叫人看了不舒服｜这篇文章感情真挚，语言朴实，没有～的东西。

＊"装腔作势"和"矫揉造作"："装腔作势"的意思着重在故作姿态，不老实，不自然。"装腔作势"可以形容人的神态、语言、文章的风格等；"矫揉造作"可以形容人的体态和绘画、雕刻之类。

【装饰】zhuāngshì ❶动。在身体或物体的表面加上些附属的东西使美观，常带宾语或补语：～橱窗｜灿烂的云霞把天空～得异常美丽。❷名。装饰品：有了这些～，大厅更显得富丽堂皇了。

＊"装饰"和"修饰"："装饰"的意思着重在装点，"修饰"的意思着重在修整。"装饰"使用范围较广，可用于人、建筑物和各种器物；"修饰"使用范围较窄，一般只用于文字的修改润饰。"装饰"有名词用法；"修饰"只作动词用。

【装束】zhuāngshù ❶名。打扮，衣着：她的～朴素大方。❷〈书〉动。整理行装：他已经～完毕，准备出发。

【装蒜】zhuāngsuàn 〈口〉动。比喻装糊涂；骂人的话，不带宾语：这件事的内幕，你比谁都清楚，别～了！可拆开用：你难道还不懂，装什么蒜？

【装卸】zhuāngxiè 动。常带宾语或补语：

(1)装载和卸载：～货物｜一船的货物，码头工人半天就～完了。(2)装配和拆卸：他会～自行车｜好好一座钟叫小儿子～坏了。

【装修】zhuāngxiū 动。给房子抹面、粉刷并安装门窗、水电等设备：这间屋子还没有～。常带宾语或补语：～门面｜房间里～得很富丽。

【装载】zhuāngzài 动。用运输工具装；可用于人或物，常带宾语或补语：这列火车～了许多乘客｜汽车上的货物～得太多了。

【装帧】zhuāngzhēn 名。指图书的封面、插图等的美术设计和版式、字体、装订等的技术设计：这本书的～很讲究。

【装置】zhuāngzhì ❶动。安装；常带宾语或补语：～了一台抽水机｜降温设备已经～好了。❷名。机器、仪器或其他设备中，构造较复杂并具有某种独立功用的物件：这套～是从国外引进的。

zhuǎng(ㄓㄨㄤˇ)

奘 zhuǎng 〈方〉形。。粗大：身高腰～｜这棵树很～。
另见zàng。

zhuàng(ㄓㄨㄤˋ)

壮(壯) zhuàng ❶形。强健结实，有力：他的身体很～｜这头牛～极了。❷动。使壮大；须带宾语：以～声势｜他～着胆子走了过去。❸名。指壮族。旧作"僮"。❹〈素〉雄壮，大：～观｜～志｜～举｜理直气～。注意："壮"字右边作"士"，不作"土"。

【壮大】zhuàngdà ❶动。(1)变得强大；不带宾语：第三世界的力量日益～。可带补语：起义军一天天～起来。(2)使强大；须带宾语：～了科技队伍。❷形。粗大，粗壮结实：他手脚～，身材魁梧｜大象的腿～无比。

【壮丁】zhuàngdīng 名。旧时指青壮年男子，特指被征调当兵的青壮年。

【壮观】zhuàngguān ❶名。雄伟的景象：铁水奔流的景象真是矿区一大～。❷形。景象雄伟：远望黄果树瀑布，显得十分～｜泰山日出的景象～极了。

【壮健】zhuàngjiàn 形。强健,健壮:小伙子个个都很～|战士们迈着～的步伐行进在练兵场上。

【壮举】zhuàngjǔ 名。伟大的举动,壮烈的行为:一对革命情人在刑场上举行婚礼,这是亘古未有的～|中国革命的伟大～,鼓舞了全世界的被压迫人民。

【壮阔】zhuàngkuò 形。(1)雄壮浩大;多形容声势:波澜～的群众运动|用意深远,行文～。(2)宏伟,宏大:规模无比～。

【壮丽】zhuànglì 形。雄壮而美丽;多指大的景物或事业:山河～|灿烂的晚霞十分～|他投身于民族复兴的一事业。

【壮烈】zhuàngliè 形。勇敢有气节:一场～的搏斗开始了|牢房里传出一阵阵非常～的歌声、口号声|刘胡兰在敌人的铡刀面前,坚贞不屈,～牺牲。

【壮年】zhuàngnián 名。壮盛的年纪;习惯指三四十岁:你还在～,正是大有作为的时光。

【壮士】zhuàngshì 名。豪壮而勇敢的人:琅琊山五～|～的血没有白流。

【壮实】zhuàng·shi 形。强壮结实;指身体:～的胳膊|小吕的身体很～|这些蚕儿确实很～、活泼。

【壮志】zhuàngzhì 名。伟大的志向:～凌云|雄心～|～未酬。

【壮族】zhuàngzú 名。我国少数民族之一,分布在广西和云南、广东。

状(狀) zhuàng 〈素〉(1)形状,模样:～态|～貌|奇形怪～。(2)情况:～况|现～。(3)陈述,描摹:～语|摹～。(4)陈述事件或记载事迹的文字:行～(死者传略)。(5)指诉讼:诉～|～纸。(6)指褒奖、委任等文件和凭证:奖～|委任～。

【状况】zhuàngkuàng 名。情况:生活～|思想～|经济～。

【状态】zhuàngtài 名。名。人或事物表现出来的形态;多作中心语:心理～|中～|一种有病的～。

*"状态"和"状况":"状态"着重指呈现的形态;"状况"着重指具体的情况。"状态"常跟"液体、气体、心理、精神、瘫痪、停顿、紧急、落后、中间"等词配搭;"状况"常跟"政治、经济、生活、思想、生产、学习"等词配搭。

【状语】zhuàngyǔ 名。句子中附加在动词、形容词前边,表示状态、程度、时间、处所等修饰、限制作用的成分。副词、形容词、表示时间或处所的名词以及介词词组等都可以做状语。如"他已经走了"的"已经"(副词),"你慢点说"的"慢"(形容词),"我明天去北京"的"明天"(时间名词),"你请这里坐"的"这里"(处所名词),"她把孩子搂在怀里"的"把孩子"(介词词组)等都是状语。

【状元】zhuàng·yuan 名。(1)科举考试中殿试第一名。(2)喻指在本行业中成绩最好的人:行行出～。

僮 zhuàng 名。我国少数民族"壮族"的"壮"字旧写。
另见tóng(童)。

撞 zhuàng ❶动。常带宾语或补语。(1)击打:～钟|钟～得很响。(2)猛然碰上,或无意遇到:走路要小心,别让汽车～了|路上～了人|头～在墙上了。(3)试探:我准备去～一下运气|好机会叫他～上了。❷〈素〉瞎闯,鲁莽地行动:莽～|横冲直～。

【撞车】zhuàngchē 动。不带宾语,可拆开用。(1)车辆相碰:要谨慎地驾驶,防止～事故。(2)喻指两件事情发生矛盾或冲突:两场比赛,球星分身无术|我社的这个出书选题同他们撞了车。

【撞击】zhuàngjī 动。运动着的物体跟别的物体猛然碰上;常带宾语或补语:海浪～着堤岸,发出巨大的喧响|汽车冲出公路,砰的一声～在路边一棵树干上|这是两颗心灵～出来的火花。

【撞骗】zhuàngpiàn 动。到处找机会行骗;常与"招摇"并用:这家伙到处招摇～,终于落入法网。

幢 zhuàng 〈方〉量。房屋一座叫一幢:这里新建了三～高楼。注意:"幢"不读dòng。"栋"才读dòng。
另见chuáng。

戆 zhuàng [戆直](-zhí) 形。刚直:他的脾气从小就憨厚而～。
另见gàng。

zhuī(ㄓㄨㄟ)

佳 zhuī 名。古书上指短尾巴的鸟。

骓 zhuī 〈古〉名。青白杂色的马。

椎 zhuī 名。椎骨,人和其他脊椎动物背部中央脊柱的短骨;多作中心语:颈~|胸~|尾~。
另见chuí。

【椎骨】zhuīgǔ 名。构成高等动物背部中央脊柱的短骨,可分为颈椎、胸椎、腰椎、骶椎、尾椎等五种。通称脊椎骨。

锥 zhuī ❶名。(~子)一头有尖子用以钻孔的工具。❷动。用锥子形的工具钻;常带宾语或补语:水泥板~了一个孔|书太厚,锥子~不进去。❸〈素〉像锥子形的东西:圆~|改~。

【锥处囊中】zhuī chǔ náng zhōng 成。锥子置于袋中,锥尖立刻露出。比喻有才能的人极易显露头角,不会长久被埋没:你现在是~,将来一定会有大显身手的机会。

追 zhuī ❶动。常带宾语或补语:(1)追赶:骑车~人|弟弟跑下楼,妈妈也~了下去。(2)追究:这件事不要再~了|~你的责任|同案犯必须~出来。(3)追求:他一直在~那位姑娘|~她~了一年。❷〈素〉(1)回溯:~念|~悼。(2)事后补办:~认|~加。

【追奔逐北】zhuī bēn zhú běi 成。奔、北:都指战败的逃兵。追击败逃的敌人:我军~,俘获甚多。也说追亡逐北。

【追本穷源】zhuī běn qióng yuán 成。指追究到事物发生的根源:~,我们中华民族的发祥地在黄河中下游地区。

【追逼】zhuībī 动。常带宾语或补语。(1)追赶进逼:我乘胜~敌军|敌军~得很紧。(2)用强迫的方式追究或索取:不要再~他了,这件事不是他干的|他~我不止一次了。常带兼语:海盗凶恶地~旅客交出钱财。

【追捕】zhuībǔ 追赶捉拿;常带宾语或补语:民警正在~逃犯|公安人员~了一天,终于将凶手捉拿归案。

【追查】zhuīchá 动。根据事故发生的经过进行调查;常带宾语或补语:~肇事者|这件事要~清楚。

*"追查"和"追究":"追查"强调进行调查,要查清原因和责任;"追究"强调彻底加以探究。"追查"使用范围较窄,只用于事故、事件、案件、坏事等;"追究"使用范围较广,除用于错误、罪过、事故等之外,还可用于难明的现象、事理等。

【追悼】zhuīdào 动。对死者沉痛地怀念哀悼;多带宾语:~死者|~阵亡将士|~这位共事多年的战友。

【追赶】zhuīgǎn 动。加快速度赶上去:你已经落后了,要加紧~。常带宾语或补语:~跑在前面的运动员|你的成绩不如他,要努力~上去。

【追悔】zhuīhuǐ 动。回想往事感到悔恨;常带宾语或补语:~过去|他常~自己的任性|~莫及|因虚度青春而~不已。

【追记】zhuījì 动。常带宾语。(1)人死后补记他的功绩:给这位烈士~了特等功。(2)根据回忆记载某件事情,多用于文章题目:《乒乓球精英赛~》。

【追究】zhuījiū 动。追查、探究;多指发生问题的根由、原因、责任等:这件小事就不必~了。常带宾语或补语:必须~他的责任|事故的原因必须~清楚。

【追求】zhuīqiú 动。用积极的行动来争取达到某种目的,特指向异性求爱;常带宾语:~真理|~这位漂亮的姑娘。可带谓词作宾语:~享乐|~自由。也可带主谓词组作宾语:~男女平等。

【追认】zhuīrèn 动。(1)对过去所作的决议、法令等表示认可:常务委员会所作的决议在代表大会上都~了。可带宾语:大会~了本年度的财政预算方案。(2)批准某人生前提出的要求;多带主谓词组作宾语:~他为烈士。

【追溯】zhuīsù 动。逆流而上向江河发源处走,比喻探索事物的由来;常带宾语:~往事,不禁感慨万端|这篇文章~了我国封建社会两千多年的历史。常以介词"到"构成的介词词组作补语:两国人民的交往和友谊可以~到唐代。

【追随】zhuīsuí 动。跟随;常带宾语或补语:当时许多有志青年都~着孙中山先生|许多人都~在他的左右。

【追问】zhuīwèn 动。寻根究底地询问：这件事经过反复~，终于水落石出。常带宾语或补语：~发生事故的原因|事情的经过要~清楚。

【追叙】zhuīxù ❶动。回忆叙述；常带宾语或补语：~了她年轻时的悲惨遭遇|这个故事~得很详细。❷名。指写作的一种手法，先写出结果，再倒过头去叙述事情发生、发展的经过：这篇文章运用了~这种手法。也叫倒叙。

【追寻】zhuīxún 动。跟踪寻找；多带宾语：从长安到敦煌，考察队在~着当年"丝绸之路"的遗迹。

【追忆】zhuīyì 动。追想回忆；常带宾语：~往事，历历在目。

＊"追忆"和"追溯"："追忆"指对一件事或几件事的回想，不强调事件发生的前后次序；"追溯"指逆着历史发展的时间顺序，把几件事或一件事的前后经过依次连贯起来回忆。

【追赠】zhuīzèng 动。在人死后授予某种称号；须带宾语：~英雄称号。可带双宾语：~他模范团员称号。

【追逐】zhuīzhú 动。(1)你追我赶，追来追去；一般不带宾语：出现了~竞争的局面|课间休息时不要互相~。(2)追求；常带宾语：~名利，应多作贡献|资本家力求~最大利润。

【追踪】zhuīzōng 动。常带宾语。(1)按踪迹或线索追寻：虎穴~|公安战士们紧紧~作案潜逃的歹徒。(2)〈书〉效法：~前贤。

zhuì(ㄓㄨㄟˋ)

坠(墜) zhuì ❶动。往下垂，吊在下面。鱼钩直往下~，一定是鱼上了钩。常带宾语或补语：他心里，像~了块石头似的沉重|石榴把树枝都~弯了。❷名。(~儿、~子)吊在物体下面的东西：扇~儿|耳~子。❸〈素〉落，掉下：~落|摇摇欲~。

【坠毁】zhuìhuǐ 动。从空中落下摔坏；多指飞机等，一般不带宾语：一架民航机~了。可带补语：失事的飞机~在山林里。

【坠落】zhuìluò 动。落，掉下；一般不带宾语，常带补语：一块岩石从山顶上~来|失手，酒杯"叭"的一声~在地上。

【坠子】zhuì·zi 名。(1)吊在下面的东西：灯笼下的~。专指耳朵上的一种装饰：耳~。(2)流行于河南、山东的一种曲艺，通称河南坠子。

缀 zhuì ❶动。常带宾语或补语。(1)用针线缝：~网|我帮你把扣子~上。(2)〈书〉组合字句篇章：~字成文。❷〈素〉装饰：点~。

【缀文】zhuìwén 〈书〉动。连缀词句成为文章，即作文；不带宾语：执笔~|年稍长，即能~。

醊 zhuì 〈古〉动。祭奠，祭祀时把酒洒在地上：~酒。

惴 zhuì 〈素〉忧愁，恐惧：~栗|~~不安。

【惴惴不安】zhuìzhuì bù'ān 成。惴惴：恐惧、担忧的样子。形容忧愁、害怕，心里不安：在风雨交加的夜晚，全家人~，生怕房屋倒坍。

缒 zhuì 动。用绳子拴住人和物从上往下送；常带宾语或补语：从阳台上~下一只篮子|把人~到井底。

膇 zhuì 〈古〉形。脚肿。

赘 zhuì 〈素〉(1)多余而无用的：累~|~言|~述。(2)招女婿：入~|招~。

【赘述】zhuìshù 动。多而无用地叙述；不带宾语，常用于否定句：毋庸~|不必一一~。

【赘言】zhuìyán ❶动。赘述；常用于否定句：毋庸~|不再~。❷名。不必要的话：要删去~。也说赘语。

【赘疣】zhuìyóu 名。皮肤上长的瘊子。比喻多余而无用的东西：~之物一律清除|这些东西已成为~。也说赘瘤。

zhūn(ㄓㄨㄣ)

屯 zhūn [屯邅](-zhān) 同"迍邅"。另见tún。

迍 zhūn [迍邅](-zhān) 〈古〉形。也作屯邅。(1)指处在困难中不敢前进。(2)困顿不得志。

肫 zhūn ❶名。鸟类的胃：鸡~|鸭~。❷〈古〉形。恳切，真挚；常叠用：其

言侃侃,其色~~。

窀 zhūn [窀穸](-xī) 〈古〉名。墓穴。

谆 zhūn 〈素〉恳切。~嘱|~~。

【谆谆】zhūnzhūn 形。形容恳切教导;用于长辈对晚辈或上级对下级,不加程度副词: ~告诫|老师的~教导,使我永生难忘|父亲~嘱咐我要学好文化科学知识|言者~,听者藐藐(说的人很恳切,听的人却不放在心上)。

衠 zhūn 〈方〉形。纯粹,纯。

zhǔn(ㄓㄨㄣˇ)

准(△準) zhǔn ❶动。允许,许可;常带动词、动词性词组或主谓词组作宾语: 不~迟到|不~攀折花木|爸爸~你去玩。△❷介。依照,依据: ~此办理|~该部公函处理。△❸形。准确,正确: 他投篮很~。常作补语: 钟走得很~|枪打得不~。❹名。(~儿)主意,办法;多作动词"有、没有"的宾语: 他做事没个~儿。△❺副。一定: 这项任务他~能完成|今天小光~来。❻〈素〉△(1)标准: ~绳|水~|~则。△(2)程度虽不完全够,但可以作为某类事物看待: ~将|~平原。(3)鼻子: 隆~。

【准备】zhǔnbèi 动。(1)事前安排或筹划;材料由他~。常带宾语或补语: ~了发言稿|干粮~好了。可带兼语: ~一辆汽车接送客人|~两个人抢救伤员。可重叠: 快考试了,要好好~~。(2)打算;多带动词或动词性词组作宾语: 我们~反击|我~找他谈一谈。可作"有、做"等动词的宾语: 我已做好了一切~|对毕业分配要有两种思想~。

【准确】zhǔnquè 形。行动的结果完全符合实际或要求,丝毫不差: 他的发音很~|她~地回答了老师的提问|体操动作要求利落,~。

*"准确"和"正确": "准确"着重在"准",一般从效果上看; "正确"着重在"对",一般从性质上说。"准确"常形容具体的行动,如计算、测量、射击等; "正确"既可形容具体行动,也可形容思想、意见等。

【准绳】zhǔnshéng 名。测定平直的器具,比喻言论、行动等所依据的原则或标准: 国家制定的《中、小学生日常行为规范》应当成为我们学生行动的~。

【准头】zhǔn·tou 〈口〉名。指射击、说话等的准确性; 多作动词"有、没有"的宾语: 投弹很有~|他说话往往没有~。

【准许】zhǔnxǔ 动。许可,同意别人的要求: 我想去公园玩,妈妈不~。常带动词或动词性词组作宾语: ~出售|~请假|这次出差,只~去两个人。可带兼语: ~他申辩。

*"准许"和"允许": "准许"多用于上级对下级,或用于管理部门对被管理部门; "允许"没有这样的限制。"准许"一般表示被人许可; "允许"除表示被人许可外,还可表示被客观情况、时间、天气等许可。"准许"一般不作宾语; "允许"可作宾语,如"得到了他的允许"。

【准予】zhǔnyǔ 动。表示准许;公文用语,常带动词作宾语: ~请假|~通行。

【准则】zhǔnzé 名。作为言论、行动等所依据的标准或原则: 行动~|国际关系~。

*"准则"和"准绳": "准则"适用于语言、行动等一切行为规范; "准绳"只适用于言语和思想。"准则"是制订出来后要求共同遵守的, "准绳"是人们共同认识到的。

埻 zhǔn 〈古〉名。箭靶的中心。

zhuō(ㄓㄨㄛ)

拙 zhuō ❶形。不聪明,不灵巧: 我这个人手~眼也~|我的口才很~,不必讳言。❷〈素〉谦称自己的文、意见等: ~作|~著|~见|~译。

【拙笔】zhuōbǐ 名。称自己的文字或书画;谦辞: 后学~,敬请大家赐正。

【拙见】zhuōjiàn 名。称自己的见解;谦辞: 谨呈~,聊供参考。

【拙荆】zhuōjīng 〈书〉名。东汉隐士梁鸿的妻子孟光生活俭朴,以荆枝作钗,粗布为裙,后因以"拙荆"称自己的妻子;旧时谦辞: ~文化虽不高,却颇通情理。

【拙劣】zhuōliè 形。笨拙而低劣: ~的

手法|他的表演很～。

【拙朴】zhuōpǔ 〈书〉形。朴实少修饰：形式～|风格～|这件古代陶器虽一无华,但有很高的学术价值。

【拙涩】zhuōsè 〈书〉形。拙劣而晦涩：～的文笔|译文～,不知所云。

【拙译】zhuōyì 名。称自己的翻译作品；谦辞：～寄上,敬请斧正。

【拙著】zhuōzhù 名。称自己的著作；谦辞：～近日已付梓。

捉 zhuō ❶动。抓,逮；常带宾语或补语：～小偷|猫把老鼠～住了。❷〈素〉握,持：～刀|～笔。

【捉刀】zhuōdāo 〈书〉动。南朝宋·刘义庆《世说新语·容止》上记载,曹操叫崔琰代替自己接见匈奴使臣,自己却持刀站立床头,接见完毕,叫人问匈奴使臣："魏王何如？"回答说："魏王雅望非常,然床头捉刀人,此乃英雄也。"后来把代别人做文章叫捉刀；不带宾语：我文辞拙劣,岂敢～？

【捉襟见肘】zhuō jīn jiàn zhǒu 成。襟：衣襟；捉襟：整理衣襟；见："现"；肘：胳膊肘。整一整衣襟,就露出胳膊肘。形容衣服破烂,也比喻顾此失彼,穷于应付：败局已定,即使调兵遣将,也是～,难以挽回颓势。

【捉迷藏】zhuō mícáng ❶词组。一种蒙着眼睛捉人的儿童游戏。❷习。比喻言语,行动故意迷离恍惚,使人难以捉摸：你直截了当地说吧,不要跟我～了。

【捉摸】zhuōmō 动。猜测,预料；多用于否定式：这个人一会儿风,一会儿雨,不可～。常带宾语或补语：难～他的心思|到底他有什么想法,实在～不透。

＊"捉摸"和"琢磨"："捉摸"是猜测、预料的意思；"琢磨"是反复思索的意思。"捉摸"多用于否定式；"琢磨"没有这种限制。

【捉拿】zhuōná 动。捉；对象多指犯人,常带宾语：～逃犯。可带兼语：～凶手归案。

【捉弄】zhuōnòng 动。戏弄,与人开玩笑,使为难；常带宾语或补语：别～他了|我叫他～得好苦。可带"遭到、受到"等动词的宾语：这孩子太老实,经常受到

同学的～|他再次遭到命运之神的～。

倬 zhuō 〈古〉形。(1)显著,大：～哉冉氏。(2)俊俏：～眉浓翠。

桌(棹) zhuō ❶名。(～儿、～子) 一种家具,上有平面,下有腿,供吃饭、写字等用。❷量。用于放在桌子上的饭菜或坐在桌子周围的人：烧了一～菜|请了三～人。

"棹"另见 zhào。

【桌面】zhuōmiàn 名。(1)固定的或活动的桌子面：圆～。(2)比喻互相应酬或公开商量的场合；常加方位词"上"：～上话|这个理由摆不到～上。

【桌椅板凳】zhuō yǐ bǎndèng 词组。泛指一般的家具：他家连～都没有。

焯 zhuō 〈古〉形。显明,明白：～有方略。
另见chāo。

梲 zhuō 〈古〉名。梁上的短柱。

涿 zhuō 地名用字。涿县,涿鹿,县名,都在河北省。

鐯 zhuō 〈方〉动。用镐刨地或刨茬儿；常带宾语：～花生|～玉米。

zhuó (ㄓㄨㄛˊ)

灼 zhuó ❶动。烧,烫；心如火～。可带宾语或补语：别让火～了手|脸部～伤了。❷〈素〉明白,透彻：～见。

【灼见】zhuójiàn 名。透彻的见解；常同"真知"合用：李老师的这一真知～,后来终于为实践所证实|平素具有～真知,临时才能因材使。

【灼热】zhuórè 形。像火烫人一样的热：阳光的确很～|～的高炉|空气～得叫人透不过气来|有一颗～的心。

【灼灼】zhuózhuó 〈书〉形。明亮或鲜明的样子；不加程度副词：目光～|～朝日晖|～其华。

酌 zhuó 〈素〉(1)倒酒,饮酒：自～自饮|对～|独～。(2)考虑,度量：斟～|～量|～情。(3)酒饭：菲～|便～。

【酌量】zhuó·liáng 动。斟酌、估量；可带补语：这东西值多少钱,你～一下吧。多作状语：～补助|～办理。

【酌情】zhuóqíng 动。根据情况考虑；不

带宾语,多作状语:～给予照顾|～处理。

茁 zhuó 〈素〉植物初生的样子:～长|～壮。

【茁壮】zhuózhuàng 形。生长得旺盛,健壮;多指年轻人、孩子、动植物等。麦苗长得十分～|青少年正在～成长|水草丰美,牛羊～|坟边长着两棵～的柏树。

卓 zhuó ❶〈素〉(1)高而直:～立。(2)高明,不平凡:～见|～越|～著|～尔不群。❷姓。

【卓尔不群】zhuó'ěr bùqún 成。卓尔:突出的样子;不群:与众不同。异常突出,超出寻常:此人认聪明过人,～。

【卓见】zhuójiàn 名。高明的见解:他博览群书,发表的论文常有～|先生的～使我获益匪浅。

【卓绝】zhuójué 形。超出一般,无与伦比;不加程度副词:艰苦～|英勇～|～的才智。

【卓荦】zhuóluò 〈书〉形。卓绝超群;不加程度副词:～不羁|老兄才华～,令人敬佩。也作卓跞。

【卓然】zhuórán 〈书〉形。卓越;不加程度副词:成绩～|～不群。

【卓识】zhuóshí 名。卓越的见识;常与"远见"合用:他是一位颇有远见～的好领导。

【卓异】zhuóyì 形。高出一般,与众不同;不加程度副词:成绩～|～的贡献。

【卓有成效】zhuó yǒu chéngxiào 成。卓:卓越,突出。有卓越的成绩、效果:老张一生勤奋,工作～|他～地带领全校教职员工进行了教学改革。

【卓越】zhuóyuè 形。非常优秀,超出一般;多作定语,要加助词"的":～的成就|～的才能|李四光对我国的地质科学作出了～的贡献。

　　＊"卓越"和"杰出":"卓越"着重表示高超、优秀的意思;"杰出"着重表示突出、出众的意思。"卓越"只用于人,常跟表示人的名词与"才能、成就、贡献、功勋、见识"等搭配;"杰出"既可用于人,又可用于作品,常跟表示人的名词及"人才、领袖、战士、人物、代表、创造、智慧、作品"等搭配。

【卓著】zhuózhù 形。优异而显著;不加

程度副词:功勋～|成效～|他那～的功绩是任何人也抹杀不了的。

斫(斲) zhuó 动。用刀斧等砍削;常带宾语:～树|～山开道。

【斫丧】zhuósàng 〈书〉动。摧残,伤害,特指因沉溺酒色以致伤害身体;常带宾语或补语:～生命|～人格|元气被～得差不多了。

浊(濁) zhuó 〈素〉(1)不清澈,不干净;浑～|污～|～浪|～流。(2)声音低沉粗重:～声|～气|～音。(3)混乱:～世。

【浊流】zhuóliú 名。(1)浑浊的水流:滚滚一股～。(2)比喻腐朽黑暗的社会潮流;常带定语:反革命～。

【浊世】zhuóshì 名。(1)〈书〉黑暗或混乱的时代:生逢～。(2)佛教用语,指尘世。

【浊音】zhuóyīn 名。指发音时声带振动的辅音。普通话中充任声母的浊音有m、n、l、r四个,充任韵尾的浊音有n、ng两个。也叫浊辅音。

镯(鐲) zhuó 名。(～子)戴在手腕上的环状装饰品。

淖 zhuó 动。淋湿,使淋湿;衣服让雨～了。可带补语:他浑身被雨～得湿湿的。

诼 zhuó 〈素〉毁谤;谣～。

啄 zhuó 动。鸟类用嘴叩击并夹住东西;常带宾语或补语:鸡～米|给鸡～了一口。

琢 zhuó 动。雕刻玉石,使成器物:～玉不～,不成器。可带宾语或补语:用玉石～了一个小壶|这镯子是用翡翠～成的。
另见zuó。

【琢磨】zhuómó 动。常带宾语和补语。(1)对玉石雕刻打磨,精细加工:他成天～石块|这件玉器～得很精致。(2)反复推敲加工,使之更加完美;多指写文章、说话等:应该认真～文章的篇章结构|文字上～得还不够。可重叠:这篇论文还得好好～～。
另见zuó·mo。

斫 zhuó 名。古代指割去男性生殖器的酷刑。

着(著) zhuó ❶动。(1)穿;指衣裤鞋袜,常带宾语或补语:～衣裳|鞋子～好了。(2)接触,挨上,多用于否定式,须带宾语:不～要领|不～边际。(3)使附在别的物体上;常带宾语或补语:不～痕迹|颜色～得太浓了。(4)派遣;多带兼语:～人去找。❷名。下落,着落;多作动词"无"的宾语:丢失的书包寻找无～。

另见 zhāo, zháo, ·zhe。"著"另见 zhù。

【着笔】zhuóbǐ 动。用笔,下笔;不带宾语:这篇文章应该从哪里摆出敌论～。

【着力】zhuólì 动。用力,尽力;不带宾语:无从～。可带补语:～于科学研究。

【着陆】zhuólù 动。到达陆地;多指飞机等从空中降落,不带宾语:飞机安全～。可带补语:客机～在白云机场。可拆开用:飞机已经着了陆。

【着落】zhuóluò ❶名。多作动词"有、没有"的宾语。(1)下落:遗失的自行车至今没有～。(2)可以依靠和指望的来源:经费有了～。❷动。归属;不带宾语,多带补语:这件事情就～在你身上了。

【着实】zhuóshí 副。(1)表示分量重,力量大;多指言语或动作:我～批评了他一顿。(2)实在,确实:这个青年～表现不错。

【着手】zhuóshǒu 动。开始做,动手;不带宾语:要从改进学习方法～。常与其他动词连用:这本书已～编写。

【着手成春】zhuó shǒu chéng chūn 成。原比喻诗人才思高雅,一动笔便有春意,自然清新。后也称赞医生医术高明,能迅速给病人解除疾病:张大夫医术高超,～,手到病除,也说妙手成春。

【着想】zhuóxiǎng 动。考虑,多指为某人或某事的利益,常用介词"为"构成的介词词组作状语,不带宾语:这样做完全是为你～。可重叠:你当了领导,要为群众的利益～～。

【着眼】zhuóyǎn 动。从某方面观察,考虑:考虑问题要从全局～。可带宾语或补语:～国家利益|～于未来。

【着意】zhuóyì 动。用心,注意;多作状语,不加助词"地":你要～领会这段文章的意思|～经营好这个企业。

【着重】zhuózhòng 动。把重点放在某方面,强调;多作状语,不加助词"地":年会～讨论了语法同义结构问题|～讲三点。可带宾语:要～人品,不要～外貌。

＊"着重"和"注重":"着重"主要表示把重点放在某个方面,特别强调,特别着力;"注重"主要表示注意力集中在某一点上,特别重视,特别注意。"着重"常作状语,"注重"一般不作状语。"着重"可以构成名词"着重点、着重号";"注重"没有构成能力。

【着重号】zhuózhònghào 名。标点符号一种(·)。用在横行文字的下边或竖行文字的右边,指出文中特别重要的语句。

禚 zhuó 姓。

鷟 zhuó 见"鸑(yuè)鷟"。

缴 zhuó 〈古〉名。系在射鸟箭上的绳子。
另见 jiǎo。

擢 zhuó 〈素〉(1)拔:～发难数。(2)提拔:～升|～用。

【擢发难数】zhuó fà nán shǔ 成。拔下全部头发,难以数清。形容罪恶多得数不清:这群匪徒残害人民,他们的罪行～。

【擢升】zhuóshēng 〈书〉动。提升:小汪德才兼备,可以～。可带宾语:他上个月才～站长。

【擢用】zhuóyòng 〈书〉动。提升任用;常带宾语:不能～道德败坏的人|招取贤士,～人才。

濯 zhuó 〈书〉动。洗:～足。

【濯濯】zhuózhuó 〈书〉形。山光秃秃,没有草木的样子;不加程度副词:童山～。

zī(ㄗ)

仔 zī [仔肩](-jiān) 〈书〉名。所担负的职务,责任:当局希望有人出来排解,以卸～。
另见 zǎi(崽), zǐ。

孖 zī 名。双生子。
另见 mā。

孜 zī [孜孜] 形。勤勉,不懈怠;多用在比较固定的组合中:～不倦｜～不息。也作孳孳。

【孜孜不倦】zīzī bù juàn 成。勤勉努力,不知疲倦;含褒义:竺老年逾七十,仍在～地进行科学研究。

吱 zī 拟声。摹拟小动物的叫声:老鼠～的一声跑了。常叠用:小鸟～～地叫。
另见zhī。

【吱声】zīshēng 〈方〉动。做声;不带宾语:他坐在角落里,就是不～。

咨(△諮) zī 〈素〉△(1)商量,征求意见:～询。(2)旧时的一种公文:～文。

【咨文】zīwén 名。(1)旧时用于同级机关的一种公文。(2)某些资本主义国家的元首向国会提出的报告:国情～。

【咨询】zīxún 动。征求意见,询问;多指行政当局向顾问之类的人员或特设的机关征求意见,泛指人们向有关人员询问、请教某一方面的知识:这项重大政策问题须要向顾问们～｜他是我厂的法律顾问,这场经济纠纷可以向他～。常带宾语或补语:～有关生产的问题｜你最好找医学专家～一下。常作定语,不加助词"的":～机关｜～活动｜法律系的大学生走上街道,为群众提供～服务。

姿 zī 〈素〉(1)面貌,容貌:～容｜～色。(2)形态,样子:雄～｜～势｜～态。

【姿容】zīróng 名。容貌:～俊美｜美丽的～。

【姿色】zīsè 名。美好的容貌;专指妇女:她～端丽。可用"几分"等修饰:她很有几分～。

【姿势】zīshì 名。身体呈现出的样子:～优美｜～端正｜做出瞄准的～｜他们摆好了～,等记者给他们照相。

【姿态】zītài 名。(1)姿势,样子:每个石狮子的～各不相同。(2)态度,风格:干部要以普通工人的～到车间劳动｜他的～比较高,有谦让精神。

＊"姿态"和"姿势""姿态"侧重情态;"姿势"侧重架势。"姿态"适用范围较广,可用于人,也可用于物;"姿势"适用范围较窄,只用于人或高等动物。

资 zī ❶动。供给,提供;须带动词作宾语:可～参考｜以～借鉴。❷〈素〉(1)财物,费用:物～｜投～｜工～。(2)用作依据的料材:～料｜谈～。(3)智慧,能力:天～｜～质。(4)指地位、声望、阅历等:～格｜～历。❸姓。

【资本】zīběn 名。(1)掌握在资本家手里的生产资料和用来雇佣工人的货币。(2)指经营工商业的本钱。(3)比喻牟取某种利益的凭借:政治～｜骄傲的～｜晋升的～。

【资本家】zīběnjiā 名。拥有生产资料,使用雇佣劳动,占有工人创造的剩余劳动的人。

【资本主义】zīběn zhǔyì 词组。资本家拥有生产资料并用以剥削雇佣工人的社会制度。

【资财】zīcái 名。资金和物资;不用个体量词:大家正把募捐到的～运往灾区。

【资产】zīchǎn 名。(1)财产:固定～。(2)企业资金:～雄厚。

【资产阶级】zīchǎn jiējí 词组。拥有生产资料,使用雇佣劳动,占有工人创造的剩余价值的阶级。

【资格】zīgé 名。(1)参加某种工作或活动所应具备的条件或身份:取消比赛～｜审查代表～｜你没有～说这个话。(2)指从事某种工作或活动的经历:～老｜摆老～。

【资金】zījīn 名。(1)在我国指用于发展国民经济的物资或货币。(2)指经营工商业的本钱:～雄厚｜～短缺｜筹集～。

【资历】zīlì 名。资格和经历:他还年轻,～较浅｜用人要看有没有真才实学,不要只讲～。

【资力】zīlì 名。财力:～雄厚｜～不足。

【资料】zīliào 名。(1)生产或生活上所用的东西:生产～｜劳动～｜消费～。(2)为工作、学习或科学研究等的需要而搜集的各种材料;通常指书籍、报刊、图表、图片、图纸、调查统计报告等:参考～｜统计～｜～翔实｜搜集～。

【资深】zīshēn 形。资历深,水平高;不加程度副词,不单独作谓语,只作定语,不加助词"的":～演员｜～编辑。

【资望】zīwàng 名。资历和名望:这次大会还邀请了一些~甚高的老干部出席。

【资源】zīyuán 名。生产资料或生活资料的天然来源：水力~|地下~|~丰富。

【资质】zīzhì 名。指人在智力方面的素质：~聪颖||中等~|~很高。

【资助】zīzhù 动。用财物帮助别人：对录制这部电视剧，我厂应积极~。常带宾语或补语：~困难户|~了好几次|~得不多。可带双宾语：~物理学会1000元人民币。可作主语或宾语：朋友们的慷慨~，使我十分感动|他有困难，我自然应该给予~。可重叠：那位孤苦伶仃的老人生活困难，咱们去~~。

粢 zī 名。古人供祭祀用的谷物。

赼 zī [赼趄](-jū)〈书〉动。困难地行走，也比喻犹豫徘徊：~不前。

兹(玆) zī ❶〈书〉代。这，这个：~日|~理易明。❷〈书〉名。(1)现在：~有一事相托|~聘请你为本校校外辅导员。(2)〈古〉年：今~|来~。另见cí。

嗞 zī 同"吱"。

崰 zī 见"崦(yān)崰"。

滋 zī 〈方〉❶动。喷射；须带宾语：水管往外~水|电线在~火。❷〈素〉(1)长生，产生：~长|~事|~蔓。(2)增添，加多：~益|~养。(3)味道：~味。(4)不干燥：~润。

【滋补】zībǔ 动。供给身体需要的养分，补养；常带宾语或补语：~身体|~元气|~得不适当。可重叠：你病后要多吃点营养品~~。

【滋蔓】zīmàn 动。生长蔓延；不带宾语：湖中水藻~。常比喻坏的事物的滋长扩大：迷信之风无使~|不能让贪图享受的思想~开来。

【滋扰】zīrǎo 〈书〉动。滋生事端，进行扰乱：这个流氓团伙来学校~，必须严厉打击。可带宾语：决不允许他们~社会治安。

【滋润】zīrùn ❶形。润泽，湿润，不干枯：皮肤很~。❷动。增添水分，使不干燥：须带宾语：湖水~着牧场的青草。

【滋生】zīshēng 动。常带宾语。(1)繁殖，生长：~蚊蝇|~幼芽。也作孳生。(2)引起，发生；多指不好的事情：~事端。

【滋事】zīshì 〈书〉动。制造事端，惹事；不带宾语：寻衅~|聚众~|这几个流氓到处~，闹得大家不得安宁。

【滋味】zīwèi 名。(1)味道：菜的~很好。(2)比喻生活上的苦乐感受：失眠的~真难受|尝到了失恋的~。

【滋养】zīyǎng ❶动。供给营养，补养；常带宾语：这种药能~心肺。可重叠：你的身体要好好~~。❷名。养分，养料：这种食品~丰富。

【滋长】zīzhǎng 动。产生，增长；多指抽象的不好的事物：他的骄傲情绪在~。可带宾语或补语：~了铺张浪费的风气|好逸恶劳的思想~不得。

＊"滋长"和"生长"："滋长"多用于抽象事物，如情绪、思想、风气等；"生长"多用于具体事物，如小孩、麦苗、小牛等，偶尔用于抽象事物，如力量。"滋长"的多指不好的；"生长"的可好可坏。

孳 zī 〈素〉滋生，繁殖：~乳|~生。

【孳生】zīshēng 见"滋生(1)"。
【孳孳】zīzī 见"孜孜"。

镃 zī [镃基](-jī) 名。古代的一种犁耙一类的农具。

赀 zī ❶动。计算；多用于否定式：所费不~|不可~计。❷同"资❷(1)"。

觜 zī 名。二十八宿之一。另见zuǐ。

訾 zī 姓。另见zǐ。

龇(齜) zī 〈口〉动。张开嘴露出牙；与"牙"搭配，须带宾语或补语，含贬义：~着两颗大金牙|把牙~在外面。

【龇牙咧嘴】zī yá liě zuǐ 成。(1)形容凶狠的样子：庙里的四大金刚，~，很吓人。(2)形容疼痛难忍的样子：他痛得厉害，~的。

髭 zī 名。嘴上边的胡子：~须皆白。

菑 zī〈古〉❶名。(1)已经开垦了一年的田。(2)古同"灾"。❷动。除草。

淄 zī 水名用字。淄河,在山东省。

缁 zī〈素〉黑色:~衣。

辎 zī 名。古代一种有帷子的车。

【辎重】zīzhòng 名。行军时由运输部队携带的武器、粮草等物资:这次战斗,缴获了敌人不少~。

锱 zī 量。古代的重量单位,六铢等于一锱,四锱等于一两。

【锱铢】zīzhū〈书〉名。指很少的钱或琐碎的小事;多用在固定组合中:~必较。

【锱铢较量】zīzhū jiàoliàng 成。原形容在钱财上十分吝啬,现也喻指办事斤斤计较,不肯吃一点亏:些许小事,何必~。

鲻 zī 名。鲻鱼,身体长,前部圆,后部侧扁。背部黑绿色,腹部白色,吻宽而短。生活在海水和河水交界处。肉可以吃,味鲜美。

鼒 zī〈古〉名。上端收敛而口小的鼎。

zǐ(ㄗˇ)

子 zǐ ❶名。(1)古代指儿女,现在专指儿子:他有一~一女。(2)(~儿)植物的种子:西瓜~儿|油菜~儿。(3)(~儿)动物的卵:鱼~儿。(4)(~儿)小而硬的块状物或粒状物:象棋~儿|算盘~儿。(5)(~儿)铜元,钱:这东西不值一个~儿。(6)我国古代五等爵位(公、侯、伯、子、男)中的第四等。(7)地支的第一位。❷〈古〉代。敬称:~试为之|~亦有异闻乎。❸量。(~儿)用于能用手指掐住的一束细长的东西:一~儿线|一~儿挂面。❹〈素〉(1)幼小的,嫩的:~鸡|~姜。(2)对普通人的称呼:男~|女~。(3)旧时称某种行业的人:士~|舟~。(4)古代称有道德、有学问的人:夫~。(5)古代称在学术上代表一个流派的人:荀~|诸~。❺姓。

子 ·zi 后缀。加在名词、动词、形容词、量词性成分之后,构成名词:桌~|推~|骗~|胖~|本~|份~。

*"子"和"儿":作词缀用时,"子"除了加在"旗、刀、窗"等少数名词之后意义不变外,加在其他语素之后,一般都是不可少的构词成分,如"门子"不能省作"门",两个词含义不同;"胖子"也不能省作"胖",因为前者是名词,后者是形容词。"儿"有一定程度的随意性,书面上往往不写出来。加"子"的有少数含有贬义或含不尊重的意味,如"麻子、疯子、老头子"等;加"儿"的多含有喜爱意,如"猫儿、花儿、小孩儿"等。

【子城】zǐchéng 名。旧时指大城所附的小城。

【子丑寅卯】zǐ chǒu yín mǎo 习。十二地支依次排列的前四个。比喻一套道理或缘由;多作"说、讲"等的宾语:回到家里,二姨自然盘根问底,我也没有讲出个~,她有点失望。

【子弟】zǐdì 名。(1)弟弟、儿子、侄子等:职工~。(2)泛称年轻的后辈:~兵(现在称人民军队)。

【子宫】zǐgōng 名。女子和雌性哺乳动物生殖器官的一部分。卵子受精后,在子宫内发育成胎儿。

【子规】zǐguī 名。即杜鹃(鸟名)。

【子目】zǐmù 名。细目:丛书~|~索引|表册上有几个大项目,各个项目底下又分若干~。

【子女】zǐnǚ 名。儿子和女儿:父母要关心~的成长。

【子时】zǐshí 名。旧式计时法称夜里十一点钟到一点钟的时间。

【子书】zǐshū 名。古时图书四部(经、史、子、集)分类法中的第三部分书。子部收春秋、战国以来诸子百家的著作,如《老子》、《墨子》、《庄子》等。

【子嗣】zǐsì〈书〉名。指儿子;是就传宗接代而言:夫妇都年近半百,尚无~。

【子孙】zǐsūn 名。儿子和孙子,泛指后代:~满堂|炎黄~。常与"后代"合用:做好环境保护工作,为~后代着想。

【子午线】zǐwǔxiàn 名。为测量地球而假设的通过地面某点、垂直于赤道南(午)北(子)方向的线,即经线。也叫子午圈。

【子息】zǐxī〈书〉名。(1)子嗣,泛指儿女:母亲~多,劳累了一生。(2)利息。

【子细】zǐxì 见"仔细"。
【子虚乌有】zǐxū wūyǒu 成。汉·司马相如在《子虚赋》中虚构了子虚、乌有、亡(wú)是公("亡",古同"无")三人互相问答。后把假设的或不真实、不存在的人或事叫做子虚乌有":此事纯属~,不必去追究了。
【子夜】zǐyè 名。半夜,深夜:大军~出发,黎明前开始攻击。
【子音】zǐyīn 即"辅音"。

仔 zǐ 〈素〉幼小的:~猪|~鸡。
另见 zǎi(崽),zī。
【仔密】zǐmì 形。质地紧密;指纺织品、针织品等:这种绸料织得非常~。
【仔细】zǐxì 形。也作子细。(1)细心:小林做数学题特别~。可重叠:仔仔细细地调查了这件事情的前后经过。(2)小心,当心:走路~点儿,别跌交。(3)〈方〉节俭:一家五口,日子过得挺~。

耔 zǐ 〈古〉动。培土。

籽 zǐ 名。(~儿)植物的种子:棉~儿|菜~儿。

姊 zǐ 〈素〉姐姐。~妹。

秭 zǐ 地名用字。秭归,县名,在湖北省。

笫 zǐ 〈古〉名。竹子编的床席。

茈 zǐ 地名用字。茈湖口,在湖南省。
另见 cí。

紫 zǐ ❶形。蓝和红合成的颜色:这块布的颜色太~了|~葡萄。❷姓。
【紫红】zǐhóng 形。深红中略带紫的颜色;不加程度副词,不单独作谓语,作定语:~衣服。
【紫禁城】zǐjìnchéng 名。北京故宫的旧称。
【紫外线】zǐwàixiàn 名。波长比可见光线短的电磁波。医学上常用它来进行消毒和治疗皮肤病、软骨病等。

訾 zǐ 〈古〉动。说别人的坏话,诋毁:相~纷纷。
另见 zī。
【訾议】zǐyì 〈书〉动。评论人家的短处:无可~|免遭~。

梓 zǐ ❶名。梓树,落叶乔木,开浅黄色花,木材可供建筑及制造器物用。❷〈素〉(1)雕刻印书的木板,引申为印刷:付~|~行。(2)故乡的代称:乡~|桑~|~里。
【梓里】zǐlǐ 〈书〉名。指故乡:荣归~。

滓 zǐ 〈素〉渣子,沉淀物:渣~。

zì(ㄗˋ)

自 zì ❶〈书〉副。当然,无疑;表示情况的发生合乎情理,只修饰动词或动词性词组:久别重逢,~有许多话要说|解决了主要矛盾,次要矛盾~可迎刃而解。❷介。从,由;构成介词词组,用在动词前,表示时间或处所的起点:卫生公约~公布之日起施行|本次列车~南京开往北京。也可用在动词后,动词限"寄、来、选、抄、录、摘、引"等,表示事物的来源或出处:这些资料摘~《史记》|这封信寄~前线。❸〈素〉自己:~告奋勇|~给~足。❹前缀。构成动词,表示动作由自己发出:~拔|~夸|~理|~学。

＊"自"和"自从":"自"除作介词外,还可作副词用;"自从"只作介词用。"自"可指时间的起点,也可指处所的起点;"自从"一般只指过去时间的起点,如"自从去年起,家家户户都有了余粮"。"自"可用在动词后;"自从"不能。

【自爱】zì'ài 动。自己爱惜自己;多指身体、名誉等,不带宾语:你要~些,不要太随便。可作宾语:这个人太不知~了。
【自拔】zìbá 动。自己主动从痛苦或罪恶中解脱出来;不带宾语,常用于否定句:他已不能~|无法~|他在罪恶的泥潭中越陷越深,难以~。
【自白】zìbái 动。自己说明自己的意思,自我表白;不带宾语:她终于决计~|我的猜测是不错的,房东大嫂果然~了。可带补语:让我来~清楚。常作宾语或主语:这首诗是他叛变投敌的~|这段~,表现了一位革命战士宁死不屈的崇高气节。
【自报】zìbào 动。自己报出认为可以定的等级、数字等情况:评定职称,可以由个人先～,然后交群众讨论,最后领导决定。可带宾语:对方听不出他的声音,他赶紧～家门。常与"公议"并用:这次评奖准备采用～公议的办法。

【自暴自弃】zì bào zì qì 成。暴:糟蹋,损害;自暴:自己糟蹋自己,不肯学好;弃:鄙弃;自弃:自轻自贱,认为自己什么也不配做。指自己甘居下游,不求上进;含贬义:你虽然犯了严重错误,但千万不能～。

【自卑】zìbēi 形。自己看不起自己,感到无法与别人相比: ～感|～情绪|你不要太～,要相信自己能做好工作。

【自便】zìbiàn 动。随自己的方便,按自己的意思行动;不带宾语:听其～|您～吧,我就不陪您了。

【自不量力】zì bù liàng lì 成。量:衡量,估计。不能正确估量自己的力量,指过高估计自己的能力或力量;含贬义,有时用作谦词: 80斤的担子你都挑不动,却来挑一百多斤的东西,别～了|这项任务很艰巨,但我有信心完成,也许是～吧。

【自裁】zìcái〈书〉动。即自杀,不带宾语:他为何～,至今不明。

【自惭形秽】zì cán xíng huì 成。惭:惭愧;形秽:形态丑陋,引申为缺点。因自觉不如别人而惭愧。跟他比,我是～|在这些专家面前,她～地坐在一边,不敢发言|只要自己尽心竭力地在做事,就不必～。注意:"秽"不要读suì。

【自称】zìchēng 动。须带宾语。(1)自己称呼自己:项羽～西楚霸王。(2)自己声称;往往不是真实的,或者是自我夸耀的,常含贬义:他～是名门子弟。可带动词性词组或主谓词组作宾语:他～通晓德文|这个骗子～的是记者。

【自成一家】zì chéng yī jiā 成。指在学术或文艺方面独自创新并形成流派:他在语言研究方面已～。

【自持】zìchí 动。自己控制自己的欲望或情绪;不带宾语:我犹如五雷轰顶,差点儿不能～|他虽然吃惊,却尚能～。

【自出机杼】zì chū jī zhù 成。机:织布机;杼:本指织布机上牵引经线的筘,这里喻指诗文的组织和构思。比喻作文不落旧套,能独创新意:大凡作文,能～者不多|这首写离愁别绪的诗能～,别具一格。

【自吹自擂】zì chuī zì léi 成。自己吹喇叭,自己打鼓。比喻自我吹嘘;含贬义:他喜欢～,结果没人爱听他的话。

【自从】zìcóng 介。表示时间的开始;常同"以来、以后"配合:～体制改革以后,工厂生产迅速上升。注意:"自从"只能指过去,不能说"自从现在起"。"自从"也不表示处所的起点,不能说"自从学校到车站"。

【自大】zìdà 形。自以为了不起;多用在比较固定的组合中:自高～|夜郎～。

【自得】zìdé 动。自己感到得意或舒适;多用在比较固定的组合中:洋洋～|安闲～|～其乐。

【自动】zìdòng 形。不加程度副词,不单独作谓语。(1)自己主动;作状语:～参军|～让座。(2)不凭借人为的力量由事物自身而动的;作状语:水～流到地里|～燃烧。(3)不用人力而用机械装置直接操作的;作状语或定语:电梯能～升降|～步枪|全～洗衣机。

*"自动"和"自觉":"自动"重点在"动",指主动地行动;"自觉"重点在"觉",指有所觉悟和认识。"自动"可用于人和物,"自觉"用于人。"自动"一般不作谓语,"自觉"常作谓语。

【自动化】zìdònghuà 动。机器设备等能自动调节、加工和控制而按规定的要求和既定程序进行生产作业以代替人工直接操作的过程,这是最高程度的机械化;不带宾语:纺纱车间早～了。可作"实现"等的宾语:只有实现了～,才能减轻工人的劳动强度。

【自发】zìfā 形。不受外力影响而由自己产生的,不自觉的;不加程度副词,不单独作谓语,作定语或状语: ～势力|～的斗争|～参加|～组织。

【自费】zìfèi 名。由自己负担的费用;与"公费"相对,常作动词的状语: ～旅行|他～读完了大学。也可作定语:他们三人是～留学生。

【自焚】zìfén 动。自己烧死自己;多用于比喻,不带宾语:侵略者玩火必将～。

【自分】zìfěn 〈书〉动。自己估量自己；多带动词性词组或主谓词组作宾语：～能完成这项任务｜～自己不是从事文艺工作的人。

【自封】zìfēng 动。(1)自命；含贬义：先进可不能～。常带宾语：他～寨主｜～大王。可带动词性词组或主谓词组作宾语：他～为语言学家｜他～自己是名流。(2)把自己拘限于一处，不求上进；多用在固定的组合中：故步～。

【自奉】zìfèng 〈书〉名。自己的生活享用；多用在比较固定的组合中：～甚俭。

【自负】zìfù ❶动。自己负责：文责～。可带宾语：～盈亏。❷形。自认为了不起：他不虚心，是个很～的人｜这个人太～。
＊"自负"和"自豪"："自负"是盲目自高自大，含贬义；"自豪"是为自己或与自己有关的集体、个人的优良品质或伟大成就而感到光荣，含褒义。"自负"可作动词；"自豪"不能。

【自高自大】zì gāo zì dà 成。自以为了不起；含贬义：要谦虚谨慎，不可～。

【自告奋勇】zì gào fèn yǒng 成。告：称说，表示。自己主动要求承担某项艰巨的任务；含褒义：他～承包这家工厂，保证扭亏为盈。

【自顾不暇】zì gù bù xiá 成。连照顾自己都来不及，表示没有时间顾及他人：我已～了，哪里还能给你什么帮助呢？

【自豪】zìháo 形。由于自己或与自己有关的集体、个人具有优良品质或取得了伟大成就而感到非常光荣；常用在"……以……而自豪"的格式中：我们以祖国有悠久的文化遗产而～。可作状语：～地说。常作"感到、觉得"等动词的宾语：小芳参加全国中学生数学竞赛得了第一名，全家人都感到很～。
＊"自豪"和"骄傲"："自豪"是褒义词；"骄傲"是中性词，只有用作褒义时才与"自豪"同义。

【自己】zìjǐ 代。(1)复指句中已出现的人或物：这个包让我～拿｜小猫～会玩。(2)泛指句中未出现的某个主体：～动手，丰衣足食｜～的事～做，不要依赖别人。(3)表示属于本人这一方面的人、处所或单位；只作定语，一般不加助词"的"：～弟兄｜～家里｜～学校。

【自己人】zìjǐrén 名。指彼此关系密切的人，自己方面的人：咱们是～，不要客气。

【自给】zìjǐ 动。依靠自己生产的东西满足自己的需要，不靠外援；不带宾语：这个省粮食已经可以～。常用在比较固定的组合中：～自足｜～有余。注意："给"这里不读gěi。

【自尽】zìjìn 动。自杀；不带宾语：服毒～｜投河～｜为家庭纠纷而～｜他是在林子里～的。

【自经】zìjīng 〈书〉动。自缢；不带宾语：～而亡。

【自咎】zìjiù 〈书〉动。自己责备自己；不带宾语：他因自己的疏忽给工厂造成了重大损失而深深～。

【自居】zìjū 动。自以为具有某种资格或品质；不带宾语，常用"以"构成的介词词组作状语：以功臣～｜以先进～。

【自觉】zìjué ❶动。自己感觉到：犯了错误他自己还不～。可带动词性词组或主谓词组作宾语：我～难以完成这项任务｜老大爷～病情严重。❷形。自己对某事有所认识而主动地去做：小红练琴很～｜每个公民都要～地遵守法纪。常与"自愿"并用：他参军是完全～自愿的。

【自绝】zìjué 动。做了对不起人的事还不愿悔改，因而自行断绝了跟对方之间的关系；常用介词"于"构成的介词词组作补语：他拒不改悔，终于～于人民。

【自郐以下】zì kuài yǐ xià 成。《左传·襄公二十九年》记载：吴公子季札应聘到鲁国，鲁乐工为他演奏了周代及各诸侯国的乐曲，季札先一一加以评论，而"自郐以下无讥焉"。郐：西周分封的诸侯国。从郐国以下的乐曲就不加评论。比喻等而下之，不屑一谈之作：衰世之言，亡国之音，等之～可也。

【自愧弗如】zì kuì fú rú 成。愧：惭愧；弗：不。因不如别人而自觉惭愧：与他比棋艺，我是～。

【自理】zìlǐ 动。自己承担或料理：会议伙食费各人～。可带宾语：李老年逾古稀，尚能～生活。

【自立】zìlì 动。不依赖别人而生存；不

【自力更生】zì lì gēng shēng 成。更生：再次获得生命，比喻振兴起来。不依赖外力，靠自己的力量办好事情：要办好工厂，必须～，不能单纯依赖外援|发扬艰苦奋斗、～的精神。

【自量】zìliàng 动。估计自己的实际能力；不带宾语，多用于否定式：凭他那点能力也想争夺冠军，真是不知～。注意："量"这里不读liáng。

【自流】zìliú 动。不带宾语。(1)自动地流：这片土地都可～灌溉。(2)比喻不加领导，听其自由发展：计划生育要抓紧，不能任其～。

【自卖自夸】zì mài zì kuā 成。卖东西时夸赞自己的货物好。比喻进行自我吹嘘：王婆卖瓜，～。

【自满】zìmǎn 形。满足于自己已有的成绩：太骄傲～|言语中流露出～情绪|有了成绩也不该～。

【自鸣得意】zì míng dé yì 成。鸣：表示，认为。得意洋洋，自以为了不起；含贬义：他刚取得了一点成绩就～起来|她手拿奖状炫耀着，现出一副～的样子。

【自命不凡】zì mìng bù fán 成。命：认为。凡：平凡。自以为不平凡，了不起。形容骄傲自满；含贬义：这个人～，其实并没有什么了不起的本领。

【自馁】zìněi 动。失去信心而畏缩、泄气；不带宾语：这次你考得不好，但不要～，应该加倍努力，争取下次考好。

【自欺欺人】zì qī qī rén 成。既是欺骗自己，也是欺骗别人，多指用自己都难以置信的假话来欺骗别人；多用于贬义：殖民者的所谓的"自由"、"民主"完全是～的鬼话|狐狸吃不到葡萄就说葡萄是酸的，这真是～。

【自遣】zìqiǎn 〈书〉动。排遣愁闷，宽慰自己；不带宾语：借酒～|聊以～|病中常以读书～。

【自戕】zìqiāng 〈书〉动。自杀；不带宾语：他愤怒之极，拔剑～。

【自强不息】zì qiáng bù xī 成。自觉地努力向上，永不懈怠：中国人民历来就有～的革命精神。

【自然】zìrán ❶名。自然界：征服～，改造～。也叫大自然。❷形。自由发展；不加程度副词：听其～|功到～成。❸副。表示理所当然。工作～有不足之处|生产发展了，人民的生活水平～会有所提高。

【自然】zìran 形。不勉强，不局促，不呆板：态度挺～|嘴角露出～的微笑|他现出一副很不～的神色。可重叠：上台表演自自然然。

【自然界】zìránjiè 名。通常指自然科学所研究的无机界和有机界。广义包括人类社会在内的整个客观物质世界。

【自然经济】zìrán jīngjì 词组。只是为了满足生产者本身或经济单位(如氏族、庄园)的需要而进行生产的经济，也就是自给自足的经济。

【自然科学】zìrán kēxué 词组。研究自然界各种物质和现象的科学，包括物理学、化学、动物学、植物学、矿物学、天文学、生理学、数学等。

【自然人】zìránrén 名。法律上指在民事上能享受权利和承担义务的公民；区别于"法人"。

【自然灾害】zìrán zāihài 词组。指水、旱、病、虫、鸟、兽、风、霜等自然现象造成的灾害：尽管今年遭到了严重的～，这里的农作物仍获得了丰收。

【自如】zìrú 〈书〉形。多作谓语。(1)活动或操作灵活熟练，不受阻碍；多作补语：操纵～|运用得很～|这件事头绪颇多，他却能应付～。(2)不拘束，不变常态；多作谓语：谈笑～|意气～|大祸临头，他的神态却很～。

【自若】zìruò 〈书〉形。遇事镇定、自然，不变常态：谈笑～|在敌人的法庭上，他神态很～，侃侃而谈，毫不畏惧。

【自身】zìshēn 代。自己；强调不是别人或别的事物：～难保|外界环境是重要因素，但～的努力更为重要|每个人都要加强～的道德修养。

【自食其果】zì shí qí guǒ 成。指自己做了坏事自己承受不好的后果，自作自受；含贬义：他不听劝告，终于酿成大祸，真是～。

【自食其力】zì shí qí lì 成。凭自己的劳力养活自己；含褒义：凡是有劳动能力的人都应该～，不该依赖他人。

【自始至终】zì shǐ zhì zhōng 成。从开始到终了，表示一贯：每一事物的发展过程中～存在着矛盾。

【自视】zìshì 动。自己认为自己(如何如何)：他因为留过学，所以～很高。

【自恃】zìshì ❶形。过分自信，自以为是：你可别太～，还是谦虚一点好。❷〈书〉动。自以为有所倚仗；多带谓词性词组或主谓词组作宾语：～功高就伸手要权要钱|～有才，到处吹嘘|这个球队～实力雄厚，比赛时有轻敌思想，结果大败而归。

【自是】zìshì 〈书〉❶副。自然是：久别重逢，～高兴。❷形。自以为是：你别太～，要谦虚些。

【自首】zìshǒu 动。犯法的人向司法机关等自行交代罪行；不带宾语：所有犯罪分子必须主动～，争取宽大处理。

【自赎】zìshú 动。自己弥补罪过；常与"立功"并用：所有案犯均应主动立功～。可带宾语：凡能～其罪，皆可从宽处理。

【自述】zìshù 动。自己述说自己的事；常带宾语：他～了个人生平|～了全家不幸的遭遇。

【自私】zìsī 形。只顾自己的利益，不顾别人和集体：一个～的人|这个人很～。常与"自利"并用：一事当前，要多想想集体和他人，不能～自利，光为自己考虑。

【自卫】zìwèi 动。遭到别人的武力侵犯时，用武力对抗，保卫自己；不带宾语：我边防军多次遭到侵略者的袭击，被迫～。常和其他动词连用：～还击。

【自刎】zìwěn 动。用刀割颈自杀；一般不带宾语：项羽战败后，～而死。

【自我】zìwǒ 代。自己；用在双音节动词前，表示这个动作由自己发出，同时又以自己为对象：～介绍|～牺牲|～陶醉|～批评。

【自我批评】zìwǒ pīpíng 词组。自觉地对自己的错误和缺点进行批评；常作"开展、进行、作"等动词的宾语：我们要经常开展批评和～。

【自我陶醉】zìwǒ táozuì 成。陶醉：沉醉于某种事物或境界里，以求得内心的安慰。形容盲目地自我欣赏；多含贬义：小方有了一点进步，就～起来。

【自相矛盾】zì xiāng máodùn 成。《韩非子·难一》里说：楚国有个卖盾和矛的人，夸口说："我的盾十分坚固，没有什么武器能戳破它。"接着又夸他的矛说："我的矛非常锐利，什么东西都能戳穿。"旁人问他："拿你的矛攻你的盾怎么样呢？"那人便没法回答了。矛：进攻敌人的刺击武器；盾：保护自己的盾牌。比喻自己的言行前后互相抵触：论文观点要前后一致，不能～。

【自新】zìxīn 动。自觉地改正过错，重新做人；不带宾语和补语：这件不光彩的事使我惭愧，催我～。常同"悔过"并用：他表示要悔过～，重新做人。

【自信】zìxìn 动。相信自己；常带动词性词组或主谓词组作宾语：我～能完成这项任务|我～我的观点是正确的。可加程度副词：不要太～，要多听听大家的意见。可作定语或状语：～心|～的神情|他非常～地回答。

【自行】zìxíng 动。(1)自己主动做：要加强请示汇报，不要～其事。多作状语：～处理|～检点|遇到困难请～解决。(2)自己主动离开；多作状语：壁虎碰到敌害后尾巴会～脱落|反动派是不会～退出历史舞台的。

【自诩】zìxǔ 〈书〉动。自夸；多含贬义，常用"以"组成的介词词组作状语：以天才～|他常以处事的毅力～，让属下奉他为楷模。可带动词性词组或主谓词组作宾语：连～是稳健派的车间主任老范头，也把嘴喷得山响|～为大海的征服者|他～全班同学都不是他的对手。

【自序】zìxù 名。也作自叙。(1)作者自己写的序言：《呐喊》～。(2)叙述自己生平经历的文章：徐老在文集之前写了一篇～。

【自学】zìxué 动。自己独立学习，一般没有教师指导：考不上大学可以～，一样能成才。常带宾语或补语：～中文专业的各门课程|每天～到深夜。

【自以为是】zì yǐ wéi shì 成。是：对，正确。

认为自己的言行很对;多含贬义:主观主义者一般都~,听不进别人的意见。

【自缢】zìyì〈书〉动。上吊自杀;不带宾语:她受尽了折磨,被迫~。

＊"自缢"和"自杀":"自缢"只指上吊而死;"自杀"不限上吊而死,也指用其他方式致死,如"投河自杀"、"开枪自杀"等。"自缢"是书面语用词;"自杀"口语、书面语都常用。

【自用】zìyòng 形。(1)自以为是;一般用在固定组合中:刚愎~。(2)私人使用的;不单独作谓语,多作定语:~汽车。

【自由】zìyóu ❶名。(1)在法律规定的范围内随自己的意志进行政治、经济、文化等活动的权利。自由是在历史上发生和发展的,是有阶级性的,是相对的。(2)哲学上指人们在认识客观规律的基础上,自觉地支配自己和改造世界,不再处于盲目地受客观规律支配的地位。❷形。不受拘束,不受限制:~发言|活动很~。

【自由王国】zìyóu wángguó 词组。哲学上指人类认识和掌握了客观必然性之后,能在实践中自觉地运用它来为一定的目的服务的境界。参见"必然王国"。

【自由泳】zìyóuyǒng 名。即爬泳。

【自由职业】zìyóu zhíyè 词组。在资本主义社会里,知识分子凭借个人的知识技能从事的职业。如医生、律师、教师、新闻记者、著作家、艺术家等。

【自圆其说】zì yuán qí shuō 成。圆:圆满,周全。把自己的观点讲周全,使之没有漏洞:他的话前后矛盾,不能~。

【自愿】zìyuàn 动。自己愿意:学习要自觉~|他俩结婚是双方~的。常作状语:他~报考师范|~参加。

＊"自愿"和"志愿":"自愿"只作动词,不作名词;"志愿"除作动词外,又可作名词。"自愿"语意轻,多用于一般性的行为;"志愿"强调出于某志向和愿望,语意较重,多用于比较庄重的事。

【自怨自艾】zì yuàn zì yì 成。艾:割草,比喻改正。原指悔恨自己的错误,自己加以改正。现只指悔恨,不包括改正的意思:他一想起自己所犯的严重错误,就不禁~,痛哭流涕。注意:"艾"这里不读 ài。

【自在】zìzài 形。自由,不受拘束:逍遥~。常与"自由"并用:雄鹰在空中自由~地飞翔。

【自在】zìzai 形。安闲舒适,轻松:新房子宽敞、明亮,全家人都感到很~|听了他的批评,我心里很不~。

【自知之明】zì zhī zhī míng 成。自知:自己了解自己;明:看清事物的能力。指能知道自己的缺点,对自己有正确估价;常作"有、无"的宾语:人贵有~|这个人盲目自大,没有~。

【自治】zìzhì 动。民族、团体、地区等除了受所隶属的国家、政府或上级机关领导外,对自己的事务行使一定的权力;不带宾语:实行民族~|~机关。

【自制】zìzhì 动。(1)自己制造;常带宾语:~教具。(2)自己克制自己;不带宾语:她激动得不能~。

【自重】zìzhòng ❶形。注意自己的言行,自己看重自己:她很~,能严于检点自己。❷名。机器、运输工具或建筑物承重构件本身的重量:这台机床~一吨半。

【自主】zìzhǔ 动。自己作主,不受别人支配;一般不带宾语:婚姻~。常与"独立"并用:孩子已经成人,有些事就让他独立~,大人不宜干涉过多。

【自转】zìzhuàn 动。天体绕着自己的轴心转动;不带宾语,常带数量词组"一周"作补语:地球~一周就是一昼夜。

【自传】zìzhuàn 名。作者叙述自己生平的文章或书。

【自尊】zìzūn 形。尊重自己,不向别人卑躬屈膝,也不容许别人歧视、侮辱:~心|~自重|伤了他的~|阿Q又很~,所有未庄的居民,全不在他眼睛里。

【自作自受】zì zuò zì shòu 成。自己干了坏事、蠢事,自己承受恶果:他坐牢完全是~,一点也不冤枉。

【自作聪明】zì zuò cōngmíng 成。自以为很聪明;指办事轻率逞能,含贬义:这件事必须照领导的指示办去,不能~,另搞一套。

字

zì ❶名。(1)指文字,字体,字眼:常用~|草~|革命人民的字典中没有"屈服"这两个~。(2)字音:他说话~~清楚。(3)根据人名中的字义另取

的别名:杜甫~子美。(4)(~儿)字据:立~为凭|收款后要写个~儿。❷动。旧时称女子许嫁:小女未~,以归君家,何如?|待~闺中。

【字典】zìdiǎn 名。以字为单位,按一定次序排列,注明每个字的读音和意义供人查阅参考的工具书:买了一本~。

【字调】zìdiào 名。字音的高低升降。也叫声调。

【字号】zìhào 名。旧指商店、客栈、钱庄等的名称:"福聚"是这家小店的~。

【字画】zìhuà 名。书法和绘画的合称:他退休以后,经营起~来了。

【字迹】zìjì 名。字的笔画和形体:~清楚|~模糊。

【字句】zìjù 名。文章里的字眼和句子:~通顺。

【字据】zìjù 名。用文字写成的凭证,如合同、契约等:立下~|他写了一~才把钱领走。

【字里行间】zì lǐ háng jiān 成。字句之间,指文章中没有直接说出而是含蓄地流露出来或融会在全文中的思想感情:~充满了师生情谊。

【字面】zìmiàn 名。文字表面上的意思;不指含蓄在内的意义:就~讲,那样解释也可以|这首诗含蓄深刻,不能只从~上领会。

【字母】zìmǔ 名。(1)拼音文字或注音符号的最小的书写单位。(2)音韵学上指母的代表字,如"明"代表m声母。简称母。

【字幕】zìmù 名。(1)银幕或荧光屏上映出的文字:荧光屏上打出了~。(2)演戏时为了帮助观众听懂唱词而配合放映的文字。

【字书】zìshū 名。以字为单位,解说字的形、音、义的书籍,如《说文解字》。

【字体】zìtǐ 名。(1)同一种字的不同形体,如汉字手写的楷书、行书、草书,印刷用的黑体、宋体等。(2)书法的派别,如颜体、柳体等。

【字帖】zìtiè 名。学习书法时临摹的范本。

【字眼】zìyǎn 名。指文句中的字或词:抠~|挑~|这个~用得不恰当。

【字样】zìyàng 名。(1)文字形体的规范:

右干禄~模本,颜真卿书|《九经~》。(2)用在某处的词语或简短的句子:墙上贴着"文明商店"的~。

【字斟句酌】zì zhēn jù zhuó 成。对每字每句都仔细考虑,反复推敲。形容说话或作文态度严肃慎重:词典上的每一句话都必须~,力求准确无误。

牸 zì 〈素〉雌性的牲畜:~牛。

恣 zì 〈素〉放纵,不受约束:~情|~肆|~睢。

【恣情】zìqíng 〈书〉形。(1)纵情:昔秦末世,肆暴~,虐流天下,毒被生民|纵欲之徒|~欢笑|她打开了感情的闸门,~地叙述她近年来的不幸遭遇。(2)恣意,任意;多作状语:~谩骂|这公子哥儿手里有钱就~乱花,不多久便囊空如洗。

【恣肆】zìsì 〈书〉形。(1)放纵,无所顾忌;含贬义:骄横~。(2)豪放不拘;多指文章、言论等,含褒义:说古论今,~不拘|落笔千言,徜徉~,如不可穷。

【恣睢】zìsuī 〈书〉形。放纵骄横,任意胡为;含贬义:那时日本人在台湾暴戾~,人民畏之如虎。注意:"睢"不要写作雎,也不要读jū。

【恣意】zìyì 〈书〉形。任意,任性;含贬义:我们决不容许一小撮坏人~妄为|这家伙~歪曲事实,令人愤慨。

＊"恣意"和"恣情":"恣意"指任着自己的性子,多用于行为方面;"恣情"指放纵自己的感情,多用于感情方面。"恣意"多用于贬义;"恣情"不限。

眦(眥) zì 名。上下眼睑的接合处,靠近鼻子的叫内眦,靠近两鬓的叫外眦,通称眼角:拭~扬眉而望之。

胔 zì 〈古〉名。腐烂的肉。

渍 zì 动。(1)浸,沤;只带单音节的词作宾语或补语:~麻|白衬衣被汗水~黄了。(2)油、泥等积在上面难以除去:烟斗里~了很多油子|轮子给泥~住了。

胾 zì 〈古〉名。切成的大块的肉。

zōng(ㄗㄨㄥ)

枞(樅) zōng 地名用字。枞阳，县名，在安徽省。
另见cōng。

宗 zōng ❶名。西藏地区旧行政区划，大致相当于县。❷量。件或批：大～款项|一～心事。❸〈素〉(1)祖先：祖～|～庙。(2)同一家族：同～|～兄。(3)同一派别：～派|禅～。(4)为众人所师法的人物：文～。(5)尊崇，向往：～仰。(6)主要的目的和意图：～旨|开～明义。❹姓。

【宗法】zōngfǎ 名。封建社会以家族为中心，按血统远近区别亲疏的法则：～制度|～观念。

【宗匠】zōngjiàng 名。指学术上有重大成就为大家所推崇的人：史学～|一代～。

【宗教】zōngjiào 名。社会意识形态之一。它要求人们相信并崇拜上帝等超自然的神灵，把希望寄托于天国或来世。它是自然力量和社会力量在人们意识中的歪曲的、虚幻的反映。目前世界上的主要宗教有佛教、基督教、伊斯兰教等。

【宗派】zōngpài 名。政治、学术、宗教等方面本是同源而分成的不同的派别；今多含贬义：～活动|～情绪|～主义。

【宗师】zōngshī 名。在思想或学术上受人尊崇、奉为师表的人：一代～|为天下～。

【宗室】zōngshì 名。国君或皇帝的宗族。

【宗祧】zōngtiāo 名。(1)旧时指家族相传的世系，宗嗣：继承～|遗一子于薛家，以承～。(2)宗庙，帝王或诸侯祭祀祖宗的地方：筑为宫室，设为～。

【宗仰】zōngyǎng 〈书〉动。推崇景仰：海内～|明代的大药学家李时珍，无人不～。可带宾语：我～梅派的唱工。可加程度副词：对这位老科学家大家都很～。

【宗旨】zōngzhǐ 名。主要的意图和目的：会议的～要明确|全心全意为人民服务，是我们党的唯一～。

　＊"宗旨"和"主旨"："宗旨"强调目的和意图所在，使用范围较广，大至一个团体的活动，小至个人的行为，都可以用；"主旨"指主要的意义、用意或目的，多用于文字写作、行动计划等。

【宗主国】zōngzhǔguó 名。封建时代指统治和支配藩属国的国家。现用以指统治殖民地附属国的帝国主义国家。

【宗族】zōngzú 名。旧时指同一父系的家族。也指同一父系家族的人，不包括出嫁的女性。

综 zōng 〈素〉总合，聚在一起：～合|～观|～述|错～。
另见zèng。

【综观】zōngguān 动。综合观察；常带宾语：～国内外形势|～全局。

【综合】zōnghé 动。(1)把分析过的对象或现象的各个部分、各属性联合成一个统一的整体；与"分析"相对，常带宾语或补语：～各方面材料|把不同意见～在一起。(2)把不同种类、不同性质的事物组在一起；一般不带宾语，常作定语，不加助词"的"：～大学|～商店|～艺术。

【综合利用】zōnghé lìyòng 词组。对物质资源和能源实行全面、充分、合理的利用。它可以做到一物多用、化废为宝、化害为利，是充分而又合理地利用资源、能源的重要措施。

【综计】zōngjì 动。总计。

【综述】zōngshù 动。综合叙述；常带宾语或补语：～国际新闻|把调查得来的情况～一下。

棕(椶) zōng 名。(1)[棕榈](-lǘ)常绿乔木，叶子可以做扇子，木材可以制器物，叶鞘上的毛叫棕毛，可以制蓑衣、打绳、制刷子等。通称棕树。(2)指棕毛。

【棕色】zōngsè 名。像棕毛一样的颜色：～的皮肤|把这块布染成～。

腙 zōng 名。有机化合物的一类，是羰基与肼缩合而成的化合物。

踪(蹤) zōng 〈素〉脚印，踪迹：影|追～|失～|行～。

【踪迹】zōngjì 名。人或动物行动后留下的痕迹：～全无|不见～|我们在山林里发现了熊猫的～。

【踪影】zōngyǐng 名。踪迹和形影；指寻

找或等待的对象,多用于否定句: 毫无~|大家找了半天,不见阿毛的~。

*"踪影"和"踪迹":"踪影"多指寻找的对象;"踪迹"多指对象行动后留下的痕迹。"踪影"多用于否定句;"踪迹"没这个限制。"踪影"适用于人、动物或其他东西;"踪迹"只适用于人或动物。

鬃 zōng 名。马、猪等兽类颈上的长毛,可制刷、帚等: 猪~|~刷。

zǒng(ㄗㄨㄥˇ)

总(總、緫) zǒng ❶动。聚合,汇集;常带补语: 把几份材料~到一块儿。❷形。全部的,全面的;不加程度副词,只作定语: ~的情况|~成绩|~攻击。❸副。(1)表示经常如此,一直,一向: 这孩子~不听大人的话|他一到夏天~喜欢去海滨游泳。(2)到底,毕竟: 孩子~还是孩子,不要老批评他。(3)表示估计、推测,大概: 明天他~要到了|老太~有七八十岁了。❹〈素〉(1)概括全部的: ~纲|~则。(2)主要的,为首的,领导的: ~店|~司令。

【总裁】zǒngcái 名。(1)清代称中央编纂机构的主管官员和主持会试的大臣。(2)某些政党首领的名称。(3)某些国家企业的主管人。

【总得】zǒngděi 副。表示事理或情理上必要: 你~去看望她一次|这桩纠纷~想个办法解决才好|这件事你~有个交代。

【总督】zǒngdū 名。(1)明朝为防边境或镇压人民而临时派到地方巡视监察的官员,清朝正式定为地方最高职位,掌握一省或二、三省的军政大权。(2)英、法等国家驻在殖民地的最高统治官员。

【总而言之】zǒng ér yán zhī 成。总括起来说,点明下文是对上文归总而来的结论,在句中一般作独立语,用逗号隔开: ~,应该尊重人才。

【总纲】zǒnggāng 名。总的纲领,法规、章程中总括原则性事项和内容要点的部分。

【总共】zǒnggòng 副。一共,合计;常修饰带数量词的动词性词组: 两个月~节约500公升汽油。可直接用在数量词

语前: 全校~1500多人。

【总归】zǒngguī 副。(1)表示无论如何必定是这样的: 只要肯学,~学得会的。(2)有"终究"的意思,表示结果: 这盘棋~你输。可用在主语前面,表示强调: ~他们得冠军。

【总和】zǒnghé 名。总共加起来的数量或内容: 生产关系的~|兵力的~|如今一个月产量的~便超过了过去全年的产量。

【总汇】zǒnghuì ❶动。会合; 指水流: 几条河~入大海。可带补语: 湘江、汉水等~于长江。❷名。汇合在一起的事物: 《诗经》是春秋以前诗歌的~|人民是智慧的海洋、力量的~。

【总集】zǒngjí 名。汇集多人的作品而成书的诗文集;区别于"别集":《诗经》是我国文学史上第一部诗歌~。

【总计】zǒngjì 动。合起来计算;须带数量词作宾语: 图书~10万册。可带有数量词的动词性词组作宾语: 大会~出席500多人。

【总角】zǒngjiǎo 〈书〉名。古代未成年的人把头发扎成髻,后借指幼年: 他俩是~之交,情深谊厚。

【总结】zǒngjié ❶动。对一定阶段内的工作、学习或思想等情况进行分析研究,找出经验教训,作出有指导性的结论: 一年来的工作要好好~。常带宾语或补语: ~学习经验|领导工作存在哪些优缺点很需要~一番。可重叠: 有什么收获要认真地~。❷名。指概括出来的结论:写好了一份~。

【总括】zǒngkuò 动。把各方面合在一起,常带宾语或补语: ~了各方面的情况|要把几个数据~在一块儿。

*"总括"和"总计":"总括"指把情况概括出来;"总计"指把数字统计出来。

【总揽】zǒnglǎn 动。全面掌握;常带宾语: ~大权|~军事|要善于~全局。

【总理】zǒnglǐ ❶名。(1)我国国务院领导人的名称: 国务院~。(2)某些国家政府首脑的名称: 内阁~。(3)某些政党领导人的名称。❷〈书〉动。全面掌管; 多带宾语: ~朝政|~军事。

【总司令】zǒngsīlìng 名。全国或一个方

【总算】zǒngsuàn 副。(1)表示经过不断努力好容易才实现某种愿望;多用于口语:艰难的岁月～过去了。(2)表示碰上某种机遇,有"幸亏"的意思:今年春节～没下雨。(3)表示大体够得上:才学习一个多月,有这点成绩～不错了。

【总体】zǒngtǐ 名。若干个体所合成的事物,整体:城市～规划|从～上看,这个单位的工作是好的。

【总统】zǒngtǒng 名。某些共和制国家元首的名称。

【总务】zǒngwù 名。(1)机关、学校等单位中的行政杂务:～工作|有一位副校长管～。(2)负责总务的人:他是我们单位的～。

【总则】zǒngzé 名。规章条例最前面的概括性的条文:学校工作条例～。

【总之】zǒngzhī 连。(1)有"总起来说"的意思,表示下文是总结性的话;可以用在句首用逗号隔开:～,要争取主动,不要老是被动。(2)有"反正"的意思,表示根据上文所说作出概括性的结论:你不用多问,～与你无关。

偬(傯) zǒng 见"倥(kǒng)偬"。

zòng(ㄗㄨㄥˋ)

纵(縱) zòng ❶动。身体猛然向前或向上;常用在"一……就"格式中:他向前一～,就跳了过去。❷形。(1)南北方向的,竖;与"横"相对,不加程度副词,作定语或状语:～线|大运河～贯南北。(2)〈方〉有纹绞:衣服太～了,要烫一下。❸〈书〉连。即使;表示让步,只用在单音节动词前,常与"也"配合使用:～有千难万险,也要爬到顶峰。❹〈素〉(1)放任,不加约束:放～|～酒|～情。(2)放走,释放:～虎归山|欲擒故～。(3)从前到后的:～队|～深。

【纵步】zòngbù ❶副。放开脚步;只作动词的状语:～向前走去。❷名。向前跳跃的步子:他一个～跳上了小船。

【纵横】zònghéng ❶形。不加程度副词。(1)竖和横,横一条竖一条的:～交错的公路|老泪～|车站里铁路,像蛛网一般。(2)奔放自如:这篇文章笔意～,挥洒自如。❷动。奔驰无阻;可带宾语或补语:红军长驱二万五千余里,～十一个省|这支建桥队伍～于大江南北,建造了十几座桥梁。

【纵横捭阖】zònghéng bǎihé 成。纵横:"合纵连横"的简称。战国时,七国纷争,有人主张南北六国联合抗秦,这叫合纵。有人主张六国分别与秦国结盟,这叫连横。捭阖:开合,指战国时主张合纵或连横的人到各国游说时所使用的拉拢或分化的手段。后用"纵横捭阖"形容在政治上、外交上运用手段进行联合或分化:为了联吴抗曹,诸葛亮亲赴吴国,进行了～的游说活动。

【纵横交错】zònghéng jiāocuò 成。横的竖的交叉在一起。形容事物或情况复杂,交叉点很多:公路四通八达,～|案情～,一时摸不清头绪。也叫纵横交贯。

【纵虎归山】zòng hǔ guī shān 见"放虎归山"。

【纵火】zònghuǒ 动。放火;指有意搞破坏活动,不带宾语:罪犯在仓库～,被当场抓获。

【纵酒】zòngjiǔ 动。不加节制地任意饮酒;不带宾语:我能喝一点酒,但从不～|他整日～取乐,不问正事。

【纵览】zònglǎn 动。放开眼任意观看;常带宾语:～全局|～群书。

【纵令】zònglìng ❶动。放任让人做;多指坏事,须带兼语:不该～儿子做坏事。❷连。即使;表示让步,常与"也"搭配使用:～你真有本事,也不该瞧不起人。

【纵目】zòngmù 副。放眼;常作"远望、远眺"等动词的状语:我登上山顶,～远望,只见峰峦起伏,气象万千。

【纵情】zòngqíng 副。表示尽情的意思:～歌唱|～欢呼。

【纵然】zòngrán 连。即使;表示假设和让步,常同"也、还、仍然、还是"等副词配合使用:～天寒地冻,他也从不间断早晨的锻炼。

【纵容】zòngróng 动。对错误的言行不加制止,放任不管;常带宾语或补语:领导干部如果不管违法的事,实际上是～了不法分子|他的这些坏脾气都是

你～出来的。可带兼语：切不可～孩子看黄色的书。

＊"纵容"和"怂恿"："纵容"有姑息、放任的意思，对别人干坏事故意不管，听之任之；"怂恿"有指使、撺掇的意思，使别人去做某件事。"纵容"是贬义词；"怂恿"是中性词，不过常用于贬义，有时也可不带贬义，如"朋友们怂恿我报考师范。"

【纵深】zòngshēn 名。军队作战地域纵的方向的深度；用于军事方面：我突击部队已攻到敌军的～地带。也引申用于政治、经济斗争：这场打击经济领域内犯罪的斗争正在向～发展。

【纵身】zòngshēn 动。全身猛然向前或向上跳；不带宾语，常与其他动词连用：他～上马。常用在"一……就"格式中：他一～就跳了过去。

【纵谈】zòngtán 动。无拘无束地畅谈；常带宾语或补语：～国家大事｜未来｜两个人一见面，便～起当年共同战斗的情景来。

【纵向】zòngxiàng 形。向上下方向的；主要指在本系统、本部门范围之内，形容时间、空间、结构、范围等的单一或深化，不加程度副词，不单独作谓语，多作定语：从教育结构来说，大学、中等教育和职业技术教育～层次比例失调，各个不同层次的教育内横向比例也失调｜进行～比较｜搞好～联系。

疭(瘲) zòng 见"瘛(chì)疭"。

粽(糉) zòng 名。（～子）用箬叶或苇叶裹糯米做成的多角形的食品。我国民间习俗端午节吃粽子。

豵 zòng〈方〉名。公猪。

zōu(ㄗㄡ)

邹(鄒) zōu ❶名。周代国名，在今山东省邹县一带。❷姓。

驺(騶) zōu ❶名。古代给贵族养马、驾车的人。❷姓。

诹 zōu〈古〉动。在一起商量事情：～吉（商订好日子）。(2)询问政事：咨～（询问政事）。

陬 zōu〈古〉名。角落，山脚。

緅 zōu〈古〉形。青赤色。

鲰 zōu〈古〉名。小鱼。

【鲰生】zōushēng 名。(1)古代称小子，小人；骂人的话。(2)谦称自己。

郰(鄹) zōu 古地名用字。春秋时鲁国地名，在今山东省曲阜县东南。

zǒu(ㄗㄡˇ)

走 zǒu ❶动。(1)走路，步行：你向东～，我向西～。可带宾语或补语：～小路｜他～得很快。(2)往来；多指亲友之间，须带宾语或补语：～亲戚｜我们两家～得比较多。(3)移动：这颗星好像在～。可带宾语或补语：～了一步棋｜火车～得很快。(4)离去：我准备明天～｜汽车刚～。可带宾语：上午～了两个客人。(5)经过，通过：须带宾语或补语：这列火车～南京到上海｜这条路～不通。(6)漏出，泄露；须带宾语或补语：～了风声｜这个消息～得很快。(7)失去原样；多带宾语：你唱歌～调了｜茶叶～了味｜说～了嘴｜椅子～了形。❷〈素〉跑：奔～｜～马看花｜飞沙～石。

【走板】zǒubǎn 动。指唱戏不合板眼，比喻说话离开主题；不带宾语，多作"唱"或"说"的补语：你唱得～了。可拆开用：你的话说得走了板。

【走笔】zǒubǐ〈书〉动。很快地写；多用在固定的组合中：～疾书｜～成文｜～成篇。

【走动】zǒudòng 动。指行走而使身体活动，也指亲戚朋友之间相互来往；不带宾语：年龄大了，平时要多～。可重叠：为了融洽感情，两家要经常～～。

【走读】zǒudú 动。指学生只在学校上课，不在学校住宿；不带宾语，可带补语：学生可以～，也可住在学校｜我～了三年才住进了学校。

【走访】zǒufǎng 动。前往访问：他到朋友家去～了。可带宾语：～了学生家长。

【走风】zǒufēng 动。泄漏消息；不带宾语：事情早已～了，还保什么密。可拆开用：

这消息已经走了风。

【走钢丝】zǒu gāngsī ❶词组。杂技的一种,演员在悬空的钢丝上来回走动,并表演各种动作。❷习。比喻在两种力量的矛盾或斗争中努力保持平衡,以保护自己:正副局长不和,秘书小刘可得在他俩之间～。

【走狗】zǒugǒu 名。善跑的猎狗,今比喻受人豢养而帮助作恶的人:帝国主义的～|他是地主家的～。

【走过场】zǒu guòchǎng 习。比喻办事情只是做做样子,敷衍了事,并无实际意义:整顿厂纪绝不能马马虎虎～。

【走后门】zǒu hòumén 习。比喻通过私人关系不正当的途径办事:招生要严格遵行择优录取的原则,严禁～。也叫走门子、走路子、走门路。

【走火】zǒuhuǒ 动。不带宾语,可拆开用。(1)由于不小心而使火器发火:枪突然～了|枪走了火,幸好没伤着人。(2)比喻说话说过了头:我说话比较随便,容易～|叫你说话注意,你怎么又走了火。(3)电线破损跑电起火:电线～了,快切断电源|听说那里电线走了火,你快去修一下。

【走江湖】zǒu jiānghú 词组。旧时指四方奔走,靠武艺杂技或医卜星相谋生:当时我靠～混日子。也说跑江湖。

【走廊】zǒuláng 名。(1)屋檐下高出平地的走道,或独立的有顶的走道。(2)比喻连结两个较大地区的狭长地带:河西～。

【走漏】zǒulòu ❶动。泄漏;指消息等:天机不可～。常带宾语或补语:不料～了风声|难保消息不～出去。❷名。(1)走私漏税的合称:在这个县的沿海地带,～十分严重。(2)大宗的东西部分失窃,叫有走漏:这批货物在运输过程中有不少～。

【走马灯】zǒumǎdēng 名。(1)一种供玩赏的灯,用彩纸剪成各种人骑着马的形象,贴在灯内特制的轮子上,轮子因蜡烛火焰所造成的空气对流而转动,人马形象也一同转动,如同军马奔驰。(2)比喻人员轮换频繁;含贬义:工作人员要稳定,不能像～一样频繁调动。

【走马看花】zǒu mǎ kàn huā 成。走:跑,奔。骑在奔驰的马上看花。比喻粗略地观察事物;含贬义:干部要深入基层作踏实细致的调查,不能～。也说走马观花。

【走马上任】zǒu mǎ shàng rèn 成。指官吏就职:新任县长已～。

【走南闯北】zǒu nán chuǎng běi 成。形容到过很多地方,见多识广:人家从小～,经得多,见得广。

【走俏】zǒuqiào 形。销路好;多指商品:民用望远镜近来很～。

【走神儿】zǒushénr 动。精神不集中,注意力分散;不带宾语:听课时他老～。可拆开用:你怎么又走了神儿。

【走失】zǒushī 动。(1)人或家畜出去后找不到回来的路,因而不知下落:有几只羊～了,快找。常带宾语或补语:谁～了小孩,快到服务台来认领|～多年的弟弟找到了。(2)改变或失去;常带宾语:译文～了原意。

【走私】zǒusī 动。逃避检查和纳税,私自非法贩运货物:严防好商～。可带宾语:这家伙～了几箱手表,被查获了。可作定语,不加助词"的":～犯|～活动|～商人。

【走投无路】zǒu tóu wú lù 成。投:投奔。形容无路可走,陷入绝境:林冲在～的情况下只得投奔梁山。也作走头无路。

【走弯路】zǒu wānlù 习。比喻由于不了解情况或方法不当而多花费了精力或时间:要深入调查研究,尽量避免～。

【走向】zǒuxiàng 名。(1)地质学上指顺着岩层层面、矿层层面、断层面等水平延伸的方向。(2)山脉的绵延方向:昆仑山的～是从西北往东南。注意:"走向胜利"中的"走向"是两个词,"走"是动词,"向"是介词。

【走运】zǒuyùn 〈口〉形。所遇到的事情恰巧符合自己的意愿:我很～,一工作就遇上了这样的好领导。可拆开用:多少年来我从未走过好运。也说走时。

【走卒】zǒuzú 名。旧指供人驱使的人,现比喻受人豢养,帮助做坏事的人:清王朝的忠实～|充当～。

＊"走卒"和"走狗":"走卒"原指差役,因此有强调被支配、利用或供人驱使的

性质；"走狗"原指猎狗,有比喻的形象色彩。"走卒"的贬义没有"走狗"重。

zōu(ㄗㄡ)

奏 zòu 动。可带宾语或补语。(1)吹弹乐器：～国歌。(2)发生,取得：大～奇功。(3)封建时代臣子对帝王陈述意见：启～皇上|～上一本。

【奏捷】zòujié 〈书〉动。取得胜利；不带宾语：我国女排首战～。常与其他动词连用：～归来。

【奏凯】zòukǎi 〈书〉动。原意是得胜后奏庆功之乐,后泛指在战斗中取得胜利；不带宾语：首战～|～而归。

【奏效】zòuxiào 动。见效,产生效果；不带宾语：服了这贴药,或许能～。可拆开用：采取这项措施能奏一点效。

【奏乐】zòuyuè 动。演奏乐曲；不带宾语：开幕式上先由军乐队～。可拆开用：乐队奏过乐后即退出。

【奏章】zòuzhāng 名。封建时代大臣向皇帝奏事的本章。也叫奏疏、奏折。

【奏折】zòuzhé 名。(1)奏章。(2)写奏章的折子。

揍 zòu 动。常带宾语或补语。(1)〈口〉打：～了他一顿。(2)〈方〉打碎：把碗～了|～了一块玻璃。

zū(ㄗㄨ)

租 zū ❶动。出代价暂用别人的东西,或把东西给别人用而收取一定的费用；常带宾语或补语：到商店～照相机|把汽车～给你。常带双宾语：我到苏州～了一旅馆一辆自行车,行动很方便。❷名。(～子)出租收取的金钱或实物。❸〈素〉田赋：～税。

【租佃】zūdiàn 动。旧社会占有土地的人把一部分或全部土地出租给佃农耕种而进行剥削；常带宾语或补语：解放前我家向地主～了两亩地|地主把土地～给农民。

【租界】zūjiè 名。帝国主义国家强迫弱小国在某些通商口岸或城市划出的供外国人居住和经商的区域,这是帝国主义国家对所在国进行各种侵略和罪恶活动的据点。

【租借】zūjiè 动。租用别人的东西或出租给别人东西；常带宾语或补语：他向汽车出租公司～了一辆汽车|房间～出去了。也叫租赁。

【租金】zūjīn 名。租房屋或物品的钱。口语中也叫租钱。

【租赁】zūlìn 见"租借"。

【租税】zūshuì 名。旧时田赋和各种税款的总称。

【租用】zūyòng 动。以归还原物并付给一定代价为条件而使用别人的东西；常带宾语或补语：～一辆汽车|～了半天。

菹(葅) zū 〈古〉名。(1)多水草的沼泽地带。(2)酸菜。❷〈古〉动。剁碎。

【菹醢】zūhǎi 名。古代把人剁成肉酱的一种酷刑。

zú(ㄗㄨˊ)

足 zú ❶形。满,充分；只作谓语：大家的干劲很～|证据不～,不能下结论。❷副。够得上；指数量或程度,作动词的状语：这条鱼～有十斤重|这项工作两天～可完成。❸〈素〉(1)脚：～迹|～球|举～轻重|手～无措。(2)某些器物下部像脚的支撑部分：鼎～。(3)足以,值得：不～为训|何～挂齿|微不～道。

【足赤】zúchì 名。成色十足的金子：人无完人,金无～。也叫足金。

【足够】zúgòu ❶形。达到应有的或能满足需要的程度；一般就数量方面说的,不受否定词修饰：收集的材料～了|～的思想准备。❷动。满足；须带动词、动词性词组或主谓词组作宾语：这么多菜～吃了|这本书～说明他的学术水平|这笔钱～你用一学期。

【足迹】zújì 名。脚印：祖国每个角落都有勘探队员的～。

【足见】zújiàn 动。可以看出；须带宾语：调查了好多人,各人的说法不一致,～这件事的复杂性。常带主谓词组作宾语：他出色地完成了任务,～他的能力很强。

【足球】zúqiú 名。(1)球类运动项目之一,比赛时每队上场11人,一人守门。除守门员外,每队队员只能用脚踢球或头顶球,不得用手或臂触球。把球射入对方球门为得分,以得分多少决定胜负。(2)这项运动使用的球,比篮球小。

【足色】zúsè 形。金银的成色很纯;不加程度副词,不单独作谓语,作定语: ～黄金。

【足实】zúshí 形。充足:今年种谷准备得很～|准备了～的肥料。

【足岁】zúsuì 名。按十足月份和天数计算的年龄;直接与数词组合:这孩子有14～了|我今年～58,虚岁59。

【足下】zúxià 名。对朋友的敬称;多用于书信:得到～的帮助,无比感激|～有何见教?

【足以】zúyǐ 副。完全可以,够得上:派他们几个人上场～对付|这幅油画～证明他的艺术素养很高。

【足智多谋】zú zhì duō móu 成。智慧丰富,计谋很多。形容善于料事和谋划:他～,有事可以同他商量商量。

【足足】zúzú 副。表示完全够得上某种数量或程度;用在动词前,作状语:这件行李～有50公斤|这袋面粉咱们俩～能吃一个月。可直接用在数量词前:我们在车站等了～一个小时。

卒 zú ❶〈书〉动。死亡;不带宾语,可带补语:～于1985年2月5日。❷〈书〉副。到底,终于:～胜敌军。❸名。(～子)古时指兵。❹〈素〉(1)差役:走～|狱～。(2)完毕,结束:～岁|～业。
另见cù。

【卒岁】zúsuì 〈书〉动。度过一年;不带宾语:聊以～|缺衣少食,恐难～。

【卒业】zúyè 动。毕业;不带宾语:小莉在中学读了近三年,即将～。可带补语:1989年夏天～于南大历史系。

崒(崪) zú 〈古〉形。险峻:～乎如泰山。

族 zú ❶名。民族,种族:各～人民|咱俩同姓不同～。❷动。灭族,古代的一种残酷的刑法,杀死犯罪者的整个家族;全家尽～。❸〈素〉(1)有血统关系的人群:家～|宗～。(2)事物有共同属性的一大类:水～|语～|卤～。

【族权】zúquán 名。宗法制度下,族长对家族的支配权力,或家长对家庭成员的支配权力。

【族人】zúrén 名。同一家族的人。

【族长】zúzhǎng 名。宗法社会中家族中的首领,一般由家族中辈分最高、年纪较大、有权势的人充当。

镞 zú 〈书〉名。箭头,特指石制箭头。

镞 zú 〈书〉名。箭头。

zǔ(ㄗㄨˇ)

诅 zǔ 〈素〉迷信的人求神加祸于别人:～咒。

【诅咒】zǔzhòu 动。原指祈求鬼神加祸于所恨的人,后泛指咒骂;常带宾语或补语:有理讲理,别～人|她把他～了一通。可带主谓词组作宾语:大家～他不得好死。

阻 zǔ 〈素〉拦挡:～挡|～碍|劝～。

【阻碍】zǔ'ài ❶动。阻挡妨碍,使不能顺利通过或发展;常带宾语:～交通。可带谓词作宾语:～发展|～进步。可带兼语:骄傲自满的思想～你继续前进。❷名。起阻碍作用的事物;常作宾语:毫无～|这样做会增加许多～。

＊"阻碍"和"阻挡":"阻碍"着重在"碍",使人或事物得不到发展、前进或改革等;"阻挡"着重在"挡",使人或事物不能继续前进。"阻碍"可以由客观事物造成,也可以由主观原因造成,如骄傲、自满、保守思想等;"阻挡"一般由客观事物造成。"阻碍"有名词用法;"阻挡"没有。

【阻挡】zǔdǎng 动。阻止,拦住:革命运动谁也不能～。常带宾语或补语:～历史发展的潮流|把他～在门外。可带兼语:没有任何力量能～我们走向胜利。

＊"阻挡"和"阻止":"阻挡"着重在"挡",使不能通过或前进;"阻止"着重在"止",使行动停止。"阻挡"除用于人或事外,还可用于道路、进程等;"阻止"只用于人或事。

【阻遏】zǔ'è 〈书〉动。阻止;常带宾语或补语:一种新事物出现时,往往会有不少人想～它|任何力量也～不住。

【阻隔】zǔgé 动。两地之间交通受阻,难以来往:山川～。可带宾语或补语:千山万水能～交通,但是～不断我们两国人民之间的情谊。

【阻击】zǔjī 动。以防御手段阻止敌人进攻、增援或逃跑;常带宾语:～黑虎口的敌人。

【阻截】zǔjié 动。阻挡、拦截;常带宾语:司令员命令三团到山口去～败逃的敌兵。

【阻拦】zǔlán 动。阻止,使不能行动;常带宾语或补语:反动军警～群众,但～不住。可带宾语:谁也～不住改革洪流滚滚向前。

＊"阻拦"和"阻挡":"阻拦"着重表示阻止人或事物行动,不让有所作为;"阻挡"着重表示设置障碍,挡住去路,不让前进。

【阻力】zǔlì 名。妨碍物体运动的作用力,也泛指妨碍事物发展前进的力量:～来自社会习惯势力|冲破各种～。

【阻难】zǔnàn 动。阻挠留难;含贬义:他们故意～,但没有得逞。常带宾语或补语:他们处处～我们,但没有一得住。可带主谓词组作宾语:～演出正常进行。注意:"难"这里不读nán。

【阻挠】zǔnáo 动。阻碍并扰乱,使不能发展或成功:修建公路的计划一提出,他们就出来～。常带宾语或补语:谁也～不了两国人民之间的友好交往。可带兼语:旧思想、旧习惯常常会～我们前进。

＊"阻挠"和"阻拦":"阻挠"主要目的在于使别人的事情不能成功;"阻拦"主要目的在于使别人不能继续行动。"阻挠"是贬义词;"阻拦"是中性词。"阻挠"的对象一般是事;"阻拦"的对象一般是人和动物。

【阻塞】zǔsè 动。(1)有障碍而不能通过;不带宾语:交通～|呼吸～。(2)使阻塞;须带宾语或补语:污泥～了管道|一大群人把马路～起来了。

【阻止】zǔzhǐ 动。使不能前进,使停止行动:我想干的事,请你别～。常带宾语或补语:你也不了去,但不要～别人。可带动词或动词性词组作宾语:～发言|～干坏事。常带兼语:～学生上课时随便讲话。

＊"阻止"和"阻碍":"阻止"着重在"止",使行动停止,不能继续进行;"阻碍"着重在"碍",使行动受到妨害,不能顺利进行。"阻止"一般是有意的,语意较重;"阻碍"可能是有意的,也可能是无意的,语意较轻。"阻止"不带褒贬色彩;"阻碍"含贬义。

组

zǔ ❶名。由较少的人结合成的集体:每～8人。多作中心语:诗歌朗诵～|选举工作～。❷量。用于由若干个体组成的集体:三～学生|一～电池。❸(素)(1)合成一组的:～诗|～画。(2)结合,构成:～合|～织|改～。

【组成】zǔchéng 动。把部分或个体组合成为整体:这个学习小组由八个人～。常带宾语:～歌咏队|～统一战线。

＊"组成"和"组织":"组成"着重指组合的结果;"组织"着重指组合的过程。"组成"一般不带动词作宾语;"组织"常带动词作宾语,如"参观、学习、讨论、起义、进攻、生产"等。"组成"不能带兼语;"组织"可带兼语。"组成"不作名词;"组织"可作名词。

【组稿】zǔgǎo 动。组织稿件,编辑部按计划约作者写稿;不带宾语:编辑经常到有关单位去～。可拆开用:组了一批稿。

【组歌】zǔgē 名。围绕同一主题,从不同角度写成的一组歌曲:长征～。

【组阁】zǔgé 动。不带宾语,可拆开用。(1)组织内阁;受命～。(2)泛指组织领导班子:这个厂二季度开始实行厂长负责制,领导班子由厂长重新～|研究所最近由张老重新组了阁。

【组合】zǔhé ❶动。组织成为整体;常带宾语或补语:～调查来的材料|机器是由许多零部件～起来的。❷名。组织起来的整体:组歌是表现同一主题的若干首歌曲的～|机器人的～相当复杂。

【组建】zǔjiàn 动。组织建立:无线电公司正在～。常带宾语:～新的领导班子。

【组织】zǔzhī ❶动。有目的、有系统地把分散的人或事物安排结合在一起:联欢晚会请你去～。常带宾语或补语:合理～人力物力|把同学们～在一起。常带动词或动词性词组作宾语:～参观|～讨论|～学习文件。可带兼语:～群众抗洪

抢险。❷名。(1)按照一定的宗旨和系统建立起来的集体:党团～|服从～分配。(2)系统,配合关系:这本专著～严密|这个领导班子的～很松散,没有战斗力。(3)机体中构成器官的单位,是由许多形态和功能相同的细胞按一定的方式结合而成的:肌肉～|神经～|结缔～。

【组装】zǔzhuāng 动。把散件组合装配成整机:这台机器要赶快～。常带宾语或补语:～了几台电视机|这台进口机器～很快成功。

俎 zǔ ❶名。(1)古代祭祀时盛牛羊等祭品的器物。(2)古代切肉用的砧板。❷姓。

【俎上肉】zǔshàngròu 〈书〉名。砧板上的肉,比喻任人欺压蹂躏的人或国家:这个国家曾几次成为帝国主义国家的～。

祖 zǔ ❶〈素〉(1)祖父,称父亲的父亲,也用来称祖父一辈的亲属:～父|～辈。(2)祖宗,泛指祖父以上的先代:曾～|鼻～|～师。(3)事业或派别的首创者:鼻～|～师。❷姓。

【祖辈】zǔbèi 名。祖宗,祖先:我家～都生活在农村。

【祖传】zǔchuán 形。祖宗传下来的;不加程度副词,不单独作谓语,多作定语:～宝刀|～秘方。

【祖父】zǔfù 名。父亲的父亲:～已70岁了。

【祖国】zǔguó 名。对自己的国家敬爱的称呼:热爱～|保卫～。

【祖籍】zǔjí 名。原籍:张老师～是浙江绍兴。

【祖母】zǔmǔ 名。父亲的母亲:我是～一手抚养成人的。

【祖上】zǔshàng 名。家族中较早的上辈:他～是从河南搬来的。

【祖师】zǔshī 名。也说祖师爷。(1)学术或技术上创立派别的人。(2)佛教、道教中创立宗派的人。(3)会道门称本会门或本道门的创始人。(4)旧时手工业者称本行业的创始者:鲁班被木匠奉为～。

【祖述】zǔshù 〈书〉动。效法、遵循前人的行为和学说;多带宾语:～尧舜|～孔孟之道。

【祖先】zǔxiān 名。(1)一个民族或一个家族比较久远的先代:人类的～|我们的～很早就创造了灿烂的文明。(2)演化为现代生物的古生物:始祖鸟是鸟类的～。

【祖宗】zǔzong 名。指祖父以上的先代。也泛指民族的祖先:老～|～三代|祭祀～|祠堂里供奉着～的牌位。

【祖祖辈辈】zǔzǔbèibèi 名。世世代代:我家～是农民|我们民族～就生活在这块土地上。

zuān(ㄗㄨㄢ)

钻(鑽) zuān 动。常带宾语或补语。(1)用钻子等带尖的东西向物体上转动,造成窟窿:～木头|～了一个洞|钢板太硬,～不进去。(2)穿过,进去:～树林子|～到水里去了。(3)钻研:～书本|他整天～在外语里。
另见zuàn。

【钻空子】zuān kòngzi 习。利用漏洞进行对自己有利的活动:你讲话要多加小心,不要被人～。

【钻牛角尖】zuān niújiǎojiān 习。比喻死扣琐碎的、不值得研究的问题或无法解决的问题;含贬义:这个问题不是人家解释得不清楚,是你在～。也说钻牛角。

【钻探】zuāntàn 动。用钻探机向地下钻孔,从不同深度取出岩石或土壤的样品,或用仪器在孔内进行观测,为勘探矿床、地质构造等的研究提供必要的资料:这一带到底有没有石油,必须～后才能知道。可带宾语:～矿藏。

【钻研】zuānyán 动。仔细深入地研究问题:这个问题有待大家～。常带宾语或补语:～业务|～得很深。

【钻营】zuānyíng 动。勾搭巴结有权势的人以谋取个人私利;可加程度副词,含贬义:这个人作风不正,很会～。也叫钻谋。

蹿 zuān 动。向上或向前冲:燕子一下子～到天上去了|猫～上去逮住了老鼠。

zuǎn(ㄗㄨㄢˇ)

缵 zuǎn 〈古〉动。继续,继承。

纂 zuǎn ❶〈方〉名。(～儿)妇女梳在头后边的发髻。❷〈素〉搜集材料

编书:编～|～辑。

zuàn(ㄗㄨㄢˋ)

钻(鑽) zuàn 名。(1)穿孔洞的工具:电～|风～。(2)指钻石:这块表是17～的。
另见zuān。

【钻床】zuànchuáng 名。在金属或其他材料的零件上加工圆孔用的机床。工件不动,刀具一面旋转,一面推进。最常用的有立式钻床、旋臂钻床等:为了扩大再生产,我厂又增加了几台～。

【钻石】zuànshí 名。(1)通常指金刚石,硬度很高。也省称"钻"。(2)硬度较高的人造宝石,如红宝石、蓝宝石,可做仪表轴承及装饰品等。

赚 zuàn 〈方〉动。欺骗;常带宾语:他会～人,要警惕。
另见zhuàn。

攥 zuàn 〈口〉动。握,握住;常带宾语或补语:手里～着一根棍子|拳头～得真紧。

zuǐ(ㄗㄨㄟˇ)

觜 zuǐ 名。同"嘴"。
另见zī。

嘴 zuǐ 名。(1)口,动物吃东西、发声音的器官:把～张开。(2)(～儿、～子)形状或作用像嘴的东西:茶壶～儿|香烟～子。(3)指说的话:这个人的～真甜,让你听了乐滋滋的。

【嘴笨】zuǐ bèn 词组。不善于说话:我～,还是你讲吧。

【嘴乖】zuǐ guāi 〈口〉词组。说话使人爱听;多指小孩儿:这个女孩～,讨人喜欢。

【嘴尖】zuǐ jiān 词组。说话刻薄:～的人容易得罪人|这个人～得很,简直让人受不了。

【嘴紧】zuǐ jǐn 词组。说话小心谨慎,不乱讲:她～,从不乱说乱道。

【嘴快】zuǐ kuài 词组。有话藏不住,马上说出来:这个人～,刚讨论的问题一出门就说出去了。

【嘴脸】zuǐliǎn 名。面貌,脸色;多指隐藏着阴险用心的丑相,含贬义:一副无赖的～。

*"嘴脸"和"相貌":"嘴脸"强调脸孔形状或情态;"相貌"强调脸孔的美丑情况。"嘴脸"含贬义,常可用作比喻;"相貌"是中性词,很少作比喻使用。"嘴脸"多用于口语;"相貌"通用于口语和书面语。

【嘴碎】zuǐ suì 词组。说话太啰唆:这个老太太～得很,唠唠叨叨没个完。

【嘴甜】zuǐ tián 词组。说的话让人听着很舒服:这孩子～,很讨人喜欢。

【嘴硬】zuǐ yìng 词组。自知理亏而口头上不肯认错或服输:明明错了,你还～什么?

zuì(ㄗㄨㄟˋ)

最 zuì 副。表示程度达到极点,超过其他同类的人或事物;作形容词的状语:这种计算方法～简便|在班上他成绩～好|骑车～快也得20分钟才能赶到。

*"最"和"顶":"最"不能受副词"不"修饰,只能用在"不"前面,如"最不好";"顶"可以受"不"修饰,如"不顶好"。"最"与形容词组合后可以修饰名词,如"最好的办法"、"最新的成就"、"最快的速度"等;"顶"不是这样用。"顶"多用于口语;"最"口语、书面语都常用。

【最初】zuìchū 名。指最早的时候,开始的时候;常作定语或状语:～的情况|这是我～上学的地方|他～是理发员,后来才当了教师。

【最后】zuìhòu 名。在时间上或次序上在所有别的之后;常作定语或状语:这是～的一次机会|我们一定能取得～的胜利|他～终于同意了|我才想出一个好办法来。组成介词词组后可作补语:我站在～|谁笑到～,谁笑得最好。

【最后通牒】zuìhòu tōngdié 词组。一国对另一国就双方的争端而提出的最后的书面通知,往往提出条件,限期答复,如果不答复或认为答复不满意,就将使用武力或采取其他强硬措施,如断绝外交关系等。也叫哀的美敦书。

【最惠国待遇】zuìhuìguó dàiyù 词组。缔约国双方在贸易、航海、关税等方面给予对方的不低于任何第三国的优惠待遇。

【最近】zuìjìn 名。指说话之前或之后不

久的日子;多作定语或状语:～的消息|我～要去上海。注意:"他家离学校最近"中的"最近"是词组,副词"最"修饰形容词"近"。

蕞 zuì [蕞尔](-ěr)〈书〉形。小的样子;多指地区:～小县|～小国。

晬 zuì〈古〉名。婴儿周岁:三月能行,～而能言。

醉 zuì 动。常带宾语或补语。(1)因饮酒过量而神志不清:他才喝了两杯就～了|今天～了三个人|他～得连话都说不清楚了。(2)沉迷,过分爱好:喝着这香甜的荔枝蜜,我的心都～了|风景人|别整天～下棋。(3)用酒泡制;指食物:～了一碗虾招待客人|枣子～了一个月。

【醉鬼】zuìguǐ 名。指经常喝醉了酒的人;含厌恶意。

【醉红】zuìhóng 形。深红色,像酒醉后脸上泛出的颜色;不加程度副词,不单独作谓语,作定语:晚熟的高粱,在田里晃着～的穗子|～的海棠叶儿。

【醉生梦死】zuì shēng mèng sǐ 成。像喝醉了酒和做梦那样,糊里糊涂地过日子;含贬义:王老二这个人整天～,不务正业。

【醉翁之意不在酒】zuì wēng zhī yì bù zài jiǔ 成。宋·欧阳修《醉翁亭记》:"醉翁之意不在酒,在乎山水之间也。"后用来表示本意不在此,而在别的方面:袁世凯表面上拥护共和,实际上～,他是想当大总统,进而做皇帝,实现个人野心。

【醉乡】zuìxiāng 名。喝醉以后昏昏沉沉、迷迷糊糊的境界:沉入～。

【醉心】zuìxīn 动。沉迷,过分爱好,一心专注;多带介词词组作补语:他～于物理学研究|他一向～于书法。

【醉醺醺】zuìxūnxūn 形。形容人喝醉了酒的样子;不加程度副词,常带助词"的":每个人都喝得～的|～的样子。

【醉意】zuìyì 名。醉的感觉或神情:不能再喝了,我已经有～了。

罪(辠) zuì ❶名。犯法的行为;常作"有、无"等的宾语:他是有～的。❷〈素〉(1)过失:～过|～愆|赔～|归～。(2)痛苦,苦难:遭～|受～。(3)把罪过归到某人身上:～己|怪～。

【罪不容诛】zuì bù róng zhū 成。诛:把罪人处死。处死也抵不了所犯的罪恶,形容罪恶极大:这个叛徒害死了好多革命者,真是～。

【罪大恶极】zuì dà è jí 成。罪恶大到极点:～的卖国贼终于被押上了历史的审判台。

【罪恶】zuì'è 名。严重损害人民利益的行为:～滔天|他的～不小,可能要判10年以上徒刑。

【罪犯】zuìfàn 名。有犯罪行为的人。

【罪过】zuìguo ❶名。原按情节区分,重为罪,轻为过,现泛指过失、错误:这次翻车,是我的～|你们批判他,请问他有什么～?❷形。表示不敢当;谦辞:让您老人家来服侍我,委实～。可重叠:刘老,您也亲自来看望我,～～。

【罪魁】zuìkuí 名。罪犯中的首要分子;一般用在固定的组合中:～祸首。

【罪戾】zuìlì〈书〉名。罪过,罪恶:赦其～。

【罪名】zuìmíng 名。根据犯罪行为的性质和特征所规定的犯罪名称:给他定了几条～|他的～是危害社会治安|证据不足,这个～不能成立。

【罪孽】zuìniè 名。迷信的人认为应受到报应的罪恶:～深重|造下～。

＊"罪孽"和"罪恶":"罪孽"强调应受到报应或惩罚的罪恶;"罪恶"只强调是恶事,不表示会有什么报应。"罪孽"常用于不明显的、不易被人察觉的损害别人的行为;"罪恶"常用于明显的、人所共见的损害人民利益的行为。

【罪愆】zuìqiān〈书〉名。罪过,过失:他这个人谨小慎微,主事以来未闻有何～|此乃我之～,理当受罚。

【罪尤】zuìyóu〈书〉名。过失:自信无～|无端获～。

【罪行】zuìxíng 名。犯罪的行为:他因～严重,被处以无期徒刑。

【罪有应得】zuì yǒu yīng dé 成。犯有罪行受到应得的惩罚。形容处罚恰当,并非冤枉:这家伙被枪决,确是～。

【罪责】zuìzé 名。罪行的责任:～难逃|开脱|你的～是抵赖不了的。

【罪证】zuìzhèng 名。犯罪的证据:～确

凿|公布～|搜集～|这把刀就是他行凶的～。

【罪状】zuìzhuàng 名。犯罪的事实：宣布～|罗列了十大～。

槜（檇）

zuì [槜李](-lǐ) 名。(1)李子的一个品种，果皮鲜红，汁多味甜，以浙江桐乡所产为最佳。(2)这种植物的果实。

尊 zūn(ㄗㄨㄣ)

zūn ❶量。用于神佛塑像或大炮：五百～罗汉|两～大炮。❷〈素〉(1)敬重：～敬|自～。(2)地位或辈分高的：～亲：～长。(3)敬称跟对方有关的人或事物：～姓|～府。

【尊称】zūnchēng ❶动。尊敬地称呼；多带兼语：～他为老师。❷名。对人尊敬的称呼：范老是大家对他的～。

【尊崇】zūnchóng 动。尊敬并推崇；多带宾语：全世界人民～居里夫人的伟大品格。可加程度副词：中国人民对孙中山先生都很～。

【尊贵】zūnguì 形。可尊敬，高贵：～的来宾|今天来了一位最～的宾客。

【尊敬】zūnjìng 动。十分重视并恭敬地对待：对长辈要～。常带宾语：～老师。可加程度副词：全家人都很～老奶奶。可作"使、受"等动词的宾语：他大公无私的高尚品德一直受到大家的～。

　　＊"尊敬"和"尊重"："尊敬"侧重表示恭敬，不轻蔑；"尊重"侧重表示重视，不看轻。"尊敬"使用范围窄，大多用于人，除"尊敬国旗"外，很少用于事物；"尊重"使用范围宽，可用于人，也可用于较抽象的事物，如"意见、权利、人格、经验、事实"等。"尊敬"一般用于下级对上级，晚辈对长辈；"尊重"不受此限，可用于平辈之间，或上级对下级，长辈对晚辈。

【尊严】zūnyán ❶形。尊贵而庄严：～的法官|他走上了非常～的讲坛。❷名。独立而不可侵犯的地位或身份：民族的～|法律的～|维护国家的～。

【尊长】zūnzhǎng 名。地位或辈分比自己高的人：目无～|敬重～|以～自居|在座的不少人都是我的～。

【尊重】zūnzhòng ❶动。尊敬或重视；常带"人格、风俗、习惯、意见、权利"等抽象事物作宾语：～领土主权|请～他人别人的意见。带介词"对"构成的介词词组作状语后不再带宾语：对教师的劳动要～。可加程度副词：非常～大家的民主权利。可作"受、受到、得到、获得、博得"等动词的宾语：只要你们做出了成绩，就会得到社会的～。❷形。庄重；指行为，不加程度副词，常作"放"的宾语，并带"些、一些"作补语：你要放～些，别动手动脚。

遵

zūn 〈素〉依照，按照：～照|～命|～从|～守。

【遵从】zūncóng 动。遵照、服从：上级的指示必须～。常带宾语：～老师的教导|～大会的决议。

【遵命】zūnmìng 动。遵照命令或嘱咐；敬辞，不带宾语：所嘱之事，小弟～，请大哥放心。常与其他动词连用：我～照办|小光只得～应试。

【遵守】zūnshǒu 动。依照规定行动，不违背：这项新规定，本厂职工必须严格～。常带宾语：～学习纪律。可加程度副词：大家都很～时间。

【遵循】zūnxún 动。依照，遵照；常带宾语：搞工业建设必须～客观规律。常与其他动词连用：～领袖指引的方向前进。可作定语，要加助词"的"：这是我们必须～的原则。

　　＊"遵循"和"遵守"："遵循"主要表示照着客观规律、理论、原则等去做，不偏离；"遵守"主要表示照着大家共同制定的纪律、制度等去做，不违背。"遵循"常与"原则、方向、政策、路线、方法"等词语搭配；"遵守"常与"法令、制度、规则、决议、纪律、秩序、条约、公约、公德"等词语搭配。

【遵照】zūnzhào 动。依照；常带宾语：这个问题的处理，我们完全～了上级的指示。常与其他动词连用：～文件精神执行|～规定的条款去办。

樽（罇）

zūn 名。古代的盛酒器具。

鳟

zūn 名。鳟鱼，体银白色，背略带黑色。肉可以吃。

zǔn (ㄗㄨㄣˇ)

撙 zǔn 动。限制,节省;常带宾语或补语:节饮食,～衣服,则财用足|这些粮食是一点一点一下来的。

【撙节】zǔnjié 〈书〉动。抑制,节省;多带宾语:～用度,辍宴饮|～开支|～经费。

zuō (ㄗㄨㄛ)

作 [作坊] (-·fang) 名。旧时手工业制造或加工的地方:洗衣～|油漆～|玉器～。
另见zuò。

嘬 zuō 〈口〉动。聚拢嘴唇用力吮吸;常带宾语或补语:小孩～奶|～了一口|把骨髓～出来。

zuó (ㄗㄨㄛˊ)

昨 zuó 〈素〉今天的前一天:～天|～夜。

【昨儿】zuór 〈口〉名。昨天。也说昨儿个。

【昨天】zuótian 名。今天的前一天:～我赶集去了。

笮(筰) zuó 名。用竹篾拧成的绳索。
另见zé。

捽 zuó 〈方〉动。揪;常带宾语或补语:～他的头发|孩子把妈妈的衣服～得紧紧的。

琢 zuó [琢磨] (-·mo) 动。思索,反复考虑;常带宾语或补语:我仔细～他的话|他的话我～了很久。可重叠:这事该不该办,你们好好～～。
另见zhuó。

zuǒ (ㄗㄨㄛˇ)

左 zuǒ ❶方位。面向南时靠东的一边;与"右"相对:～有山,右有水|向～转。❷形。(1)偏,斜,不正常,不对头:越说越～了|他有一股～脾气|你想得太～了。(2)相反:此语与时相～。常作补语:你的话说～了|事情搞～了。❸〈素〉革命的,进步的:～派|～翼。❹姓。

【左边】zuǒ·bian 方位。靠左的一边;与"右边"相对:向～走|～坐着一个戴眼镜的人。

【左道旁门】zuǒ dào páng mén 成。左道:邪魔外道;旁门:不正经的门路。原指不正派的宗教派别,也指不正派的学术流派。现泛指不正派的东西:这些都是～的坏书,不要去看。也说旁门左道。

【左顾右盼】zuǒ gù yòu pàn 成。顾、盼:看。向左右两边看来看去。常用来形容骄傲得意或迟疑不决的神态:你看他那副～的得意劲儿,实在叫人讨厌。

【左近】zuǒjìn 名。附近的地方:～有一家电影院。

【左邻右舍】zuǒ lín yòu shè 成。(1)近邻:～的农民带着红糖、糯米……来探望她。(2)指与本部门、本单位或本人有密切关系的部门、单位或个人:制订计划时要考虑到～。

【左派】zuǒpài 名。阶级、政党、集团内政治思想倾向进步或革命的一派;与"右派"相对。

【左撇子】zuǒpiě·zi 名。指习惯于用左手使用筷子、刀、剪等器物的人。

【左迁】zuǒqiān 〈书〉动。降职:岁余,他被贬职～。可带宾语:朱博坐小法,～一键为太守。

【左倾】zuǒqīng 形。不加程度副词。(1)指思想上政治上倾向进步或倾向革命的;含褒义:思想～,拥护革命。(2)指超越时代、超过当前的情况,在革命斗争中表现急躁盲动的;"左"字常加引号,含贬义:"左"倾机会主义|"左"倾思想。

【左券】zuǒquàn 名。古代称契约为券,分为左右两片,立约双方各执一片,左券常用作索偿的凭证。后来比喻事情有把握叫"操左券":此次与敌决战,我军可操～。注意:"券"不要误写为"卷",也不要错读为juàn或xuàn。

【左首】zuǒshǒu 名。左边;多指坐位:我～坐着一位老太太。也作左手。

【左袒】zuǒtǎn 〈书〉动。《史记·吕太后本纪》记载,汉高祖刘邦死后,吕后当权,积极培植吕氏势力。吕后死,太尉周勃设谋夺回吕氏兵权,在军中宣布说:"拥护吕氏的右袒(露出右臂),拥护刘氏的左袒。"军中都左袒。后来就把偏护一方叫左袒:领导处理纠纷要公正,切勿～。可带宾语:他的这一席话明显地～对方。

【左翼】zuǒyì 名。(1)作战时在正面部队左侧的部队。(2)政党或阶级、集团中在政治思想上倾向革命的一部分;多作定语:~作家。

【左右】zuǒyòu ❶方位。左和右两方面:校门~,彩旗飘扬|~逢源|不要~摇摆。❷名。身边跟随的人:屏退~|他向~使了个眼色。❸动。支配,操纵;须带宾语:~局势|你想~我,办不到。❹助。用在数词或数量词后面,表示约数,比所说的数目稍多或稍少;所用数词必须是确定的:今天最高气温25℃~。❺〈方〉副。反正:我~闲着,还是让我来干吧!

【左右逢源】zuǒyòu féng yuán 成。逢:遇到;源:水源。到处遇到取之不尽用之不竭的水源。比喻事情不管怎样进行都很顺利。也比喻圆滑:王教授写起文章来~,得心应手|这个人见什么人说什么话,~,圆滑得很。

【左右开弓】zuǒyòu kāi gōng 成。双手都能射箭。后比喻双手轮流做同一动作,或几方面同时都在进行:她手持双枪,~,一连打死了几个敌人|他一手打算盘,一手用笔记帐,~,非常熟练,令人叹服。

【左右手】zuǒyòushǒu 名。比喻得力的助手:小林成了厂长的~。

【左右为难】zuǒyòu wéi nán 成。这样办不好,那样办也不好。指不管怎么样办都有难处:要应付这样复杂的局面,我实在~。

【左证】zuǒzhèng 名。证据。列为~|这是有力的~。也作佐证。

【左支右绌】zuǒ zhī yòu chù 成。支:支持;绌:不够。形容财力或物力不足,顾了这面,顾不了那面,穷于应付:经费越来越紧,~,实难应付。

佐 zuǒ 〈素〉(1)辅助,帮助:~理|~治|~餐。(2)辅助别人的人:僚~。

【佐餐】zuǒcān 动。帮助进餐;不带宾语:辣椒能~|~佳品。

【佐证】zuǒzhèng 见"左证"。

撮 zuǒ 量。(~儿,~子)用于成丛的毛发:一~儿胡子|剪下一~子头发。

另见cuō。

zuò(ㄗㄨㄛ)

作 zuò ❶动。(1)举行,进行;多以动词作宾语:~斗争|~报告|~手术。(2)写作;常带宾语或补语:~诗|~画|~曲这篇论文~了一个多月。(3)当作,作为;常作兼语后的述语:拜他~老师|认他~义子。❷〈素〉(1)起,兴起:振~|日出而~。(2)作品:大~|杰~。(3)从事某种活动:~揖|~孽|自~自受。(4)发作:~怪|~呕。(5)假装:~态|装模~样。

另见zuō。

【作案】zuò'àn 动。个人或集体进行犯罪活动;不带宾语,可直接带数量词组作补语:这一流氓团伙在南京路一带~多起|~3次。可拆开用:这家伙昨天又作了案,结果被当场抓获。

【作罢】zuòbà 动。作为罢论,不再进行;后边常带语气词,不带宾语:这件婚事还是早点~吧!

【作弊】zuòbì 动。用欺骗的方法作违法乱纪或不合规定的事情;常用于学生考试,不带宾语:他受到处分,是因为在考试时~了。可拆开用:作了一次弊。

【作壁上观】zuò bì shàng guān 成。壁:壁垒。原指双方交战,自己站在壁垒上旁观。后多比喻从旁观望,不予帮助:大家忙得团团转,他却在一旁~。

【作对】zuòduì 动。做对头,跟人为难;不带宾语:他老是跟我们~。可拆开用:你跟我作什么对?

【作恶】zuò'è 动。做坏事;不带宾语,可带补语:伪满时期,他~很多。可拆开用:他因作过不少恶,最近被逮捕了。

【作伐】zuòfá 〈书〉动。做媒;不带宾语:请为我俩~|这两口子相识是由她~的。

【作法】zuòfǎ ❶动。旧指道士施行法术;不带宾语:道士正在~。❷名。(1)作文的方法:文章~。(2)做法:在这件事情上,他的~并无不妥|酿酒的~并不复杂。

【作法自毙】zuò fǎ zì bì 成。自己立法反而使自己受害。比喻自作自受:他设下圈套,想害人,结果,~。

【作废】zuòfèi 动。因失效而废弃;不带宾语:过期~|这张提货单已经~。可拆

开用:保修单一年内有效,现在还作不了废。

【作风】zuòfēng 名。(1)人们在工作或生活上一贯表现出来的态度、做法:生活~|工作~|~正派|保持艰苦奋斗的优良~。(2)风格;多指诗文:这篇文章~朴实。

＊"作风"和"风格":"作风"主要指人的态度和行为;"风格"主要指个人或集体的气度,也指一个时代、一个流派或一个人的文艺作品所表现的主要思想特点和艺术特点。"作风"常用"好、坏、工作、民主"等修饰限制;"风格"常用"高、低、革命、时代、艺术"等修饰限制。

【作梗】zuògěng 动。从中阻挠、捣乱;不带宾语,含贬义:不管讨论什么问题,他总要从中~|如果不是他在里面~,这本词典恐怕早出版了。

【作古】zuògǔ 〈书〉动。作了古人,即去世;婉辞,不带宾语:祖父母都已先后~。

【作怪】zuòguài 动。原指鬼怪害人,后指作祟,捣蛋,起坏作用;不带宾语:兴妖~|两口子吵架,有什么好看呀!围了那么多人,这都是坐山观虎斗的好奇心在~。

【作家】zuòjiā 名。从事文学创作,并有相当成就的人:小说~|著名的~。

【作假】zuòjiǎ 动。不带宾语,可拆开用。(1)制造假的,冒充真的,也指在真的里头搀假的或在好的里头搀坏的:进口商品要严格检查,谨防外商~|东西摆在这里,作不了假。(2)耍花招,装糊涂:这个人会~骗人,不要上他的当|孩子说的是真的,没有作一点假。(3)故作客套,不爽直:酒要喝够,饭要吃饱,你可别~!

【作奸犯科】zuò jiān fàn kē 成。奸:坏事;科:法律条文。为非作歹,触犯法令;指干违法乱纪的事:这家伙多次~,最近逮捕法办了。

【作茧自缚】zuò jiǎn zì fù 成。蚕吐丝作茧,把自己包裹在里面。比喻做某事原希望有利于自己,结果反使自己吃亏受制。也比喻自己约束自己;含贬义;制订规章制度应有利于工作,如果反而给工作带来不便,那就是~了。

【作践】zuò·jian 〈口〉动。糟蹋;多带宾语:自己~自己|别~粮食。

【作客】zuòkè 动。旅居在外或到亲友家拜访:到亲友家~。可带处所宾语:~他乡。

【作乐】zuòlè 动。取乐;不带宾语:黄连树下弹琴,苦中~|据说商纣王曾以炮烙人体来~。常与"寻欢"并用:西门庆整天在外寻欢~。

另见zuòyuè。

【作料】zuò·liao 名。烹调用的调味品,如油、盐、酱、醋和葱、蒜、生姜、花椒、大料等。

【作乱】zuòluàn 动。发动武装叛乱;不带宾语:一小撮坏人企图~。

【作美】zuòměi 动。成全人的好事;指天气等,不带宾语:春游那天,天公不~,突然下起雨来,弄得大家很扫兴|该死的打呃很不~,一个连着一个|我去的那日,天也~,突然放晴。

【作难】zuònán 动。为难:碰上这桩棘手的事,大家都~了。可带宾语:他在有意~我。

【作孽】zuòniè 动。原为佛教用语,指做坏事,将来要受报应,今泛指作恶;不带宾语,可加"真、实在"等程度副词:这犯人拐骗了不少小孩,真~。可拆开用:他作了不少孽。

【作弄】zuònòng 动。对人开玩笑或拿人开心,故意使人为难;常带宾语或补语:别~人了|他是你爸爸的朋友,可~不得。

【作呕】zuò'ǒu 动。恶心欲吐,比喻非常厌恶;不带宾语:他拍人马屁时的那副丑态,实在令人~。

【作陪】zuòpéi 动。当陪客;不带宾语:晚宴由表弟~|请你~。

【作品】zuòpǐn 名。指文艺创作的成品:文学~|艺术~|他一生写过不少~。

【作色】zuòsè 动。改变容色,变脸色;不带宾语:听了这番气人的话,他愤然~。

【作祟】zuòsuì 动。迷信的人指鬼神与人为难,后比喻坏人或某些因素妨碍事情顺利进行;不带宾语:不能让个人主义在头脑里~。注意:别把"祟"写成"崇"或读作chóng。

【作态】zuòtài 动。故意做出某种态度或表情；不带宾语：惺惺～｜忸怩～。

【作威作福】zuò wēi zuò fú 成。原指国君独揽威权，横行霸道，后形容滥用权势，横行霸道：明朝中叶，宦官魏忠贤～，为时人所痛恨。

【作为】zuòwéi ❶名。(1)行为，举动：他的～证明他的立场是坚定的。(2)发挥才干、做出成绩的志向和行为；一般作"有"的宾语：青年人应当有所～｜农村是科技人员大有～的地方。❷动。当做；须带宾语，常用在"把"字句中：要把表扬～一种动力｜把书法～一种业余爱好。可带动词或动词性词组作宾语：把好吵架～缺乏修养来看待。可带主谓词组作宾语：如果不来参加选举，就～你自动弃权。❸介。就人的某种身份或事物的某种性质来说；构成的介词词组一般用在句首：～厂长，我应该负全部责任｜～艺术品，石雕、木雕、牙雕各有特色，难分高低。

【作文】zuòwén ❶动。写文章；多指学生练习写作，不带宾语：他正在认真～。❷名。学生作为练习所写的文章：这篇～写得很有文采。

【作息】zuòxī 动。工作和休息；不带宾语：按时～。常作定语：～制度｜他的～时间像钟表一样准确。

【作兴】zuòxīng〈方〉❶动。情理上许可，多用于否定句，常带动词或动词性词组作宾语：不～动手打人。❷副。可能，也许：我～明天就去北京。

【作业】zuòyè ❶名。教师给学生布置的功课，部队给士兵布置的军事活动，生产单位给工人或工作人员布置的生产活动：课外～｜野外～｜～计划。❷动。进行某种军事活动或生产活动；不带宾语：三连到野外～。

【作揖】zuòyī 动。两手抱拳高拱，身子略弯，向人敬礼；不带宾语：打躬～｜互相～，表示祝贺。可拆开用：向奶奶作了一个揖。

【作俑】zuòyǒng〈书〉动。制造殉葬用的偶像，比喻倡导做不好的事；不带宾语，含贬义：说起这件事来，也是杜先生～。参见"始作俑者"。

【作用】zuòyòng ❶动。一事物对其他事物产生影响；不带宾语，常用介词词组作补语：客观～于主观。❷名。(1)一事物对他事物产生某种影响的活动或功能：产生光合～｜发挥积极～。(2)用意：他刚才说的这番话是有～的。

【作乐】zuòyuè〈书〉动。不带宾语。(1)制定乐律；刚才演奏的这支曲子，是马思聪～的。(2)奏乐：请乐队来～。
另见zuòlè。

【作战】zuòzhàn 动。打仗；不带宾语：对倭寇～。可带补语：这支部队～很勇敢。可作定语：～部队。可拆开用：作了几次战。

【作者】zuòzhě 名。文学艺术作品的创作者，文章的写作者：这篇政论文的～是位名不见经传的小人物。

【作准】zuòzhǔn 动。作数，算数ㄦ；不带宾语：他的话是～的，你不要怀疑｜你的话能不能～？

阼 zuò 名。古代指大堂前东面的台阶，主人迎接贵宾的地方。

峄 zuò 地名用字。峄山，在山东省昌邑县。

怍 zuò〈素〉惭愧：惭～｜愧～。

柞 zuò 名。柞树，即栎树，叶可饲柞蚕，木材可制家具。
另见zhà。

【柞蚕】zuòcán 名。昆虫，比家蚕大，原属野生，现多在柞树上人工放养。茧可缫丝。

胙 zuò 名。古代祭祀时供的肉。

祚 zuò〈古〉名。(1)福。(2)君主的位置：帝～｜国～。

酢 zuò〈素〉客人用酒回敬主人：酬～。
另见cù。

坐 zuò ❶动。(1)把臀部放在椅子、凳子或其他物体上，支持身体重量：席地而～。常带宾语或补语：～沙发｜～在床边上。(2)乘，搭；用于车、船等交通工具：我有心脏病，飞机不能～。常带宾语或补语：～火车｜～了一天汽车，～得我累死了。(3)背对着某一方向；指建筑物，须带方位词作宾语：这幢房子～北朝南。(4)把锅、壶等放在炉火上；须带宾语或补语：炉子上～着一把水壶｜把锅～在炉子上。(5)枪炮由于反作用向后施压力，也指建筑物由于基础不稳固而下沉；不带宾语：开枪时枪身会向后～｜这座宝塔在向下～。(6)瓜果等植物结实；多以"瓜、果"作宾语：这棵树～了一树的果儿｜瓜藤上～了不少瓜。❷名。(～儿)坐位：汽车上没有空～儿了。❸〈书〉连。因为：查无实绩，～此解职。❹〈书〉副。表示无缘无故：孤蓬自振，惊砂～飞。❺〈素〉定罪：反～｜连～。

【坐班】zuòbān 动。上班时间必须准时到单位工作；不带宾语：大学教师一般不～，中学教师有的～，有的也不～。

【坐标】zuòbiāo 名。能够确定平面上或空间中某一点位置的有次序的一个或一组数，叫做这个点的坐标。

【坐不安席】zuò bù ān xí 成。席：坐位。在位子上坐不安稳，形容心绪不宁：在没有接到录取通知书之前，小明，每天盼望邮递员送来佳音。

【坐吃山空】zuò chī shān kōng 成。指不事生产，只知消费，即使财物堆积如山，也会变穷：他身体不好，偏偏又失业，～，家里的积蓄怎么支持得了。

【坐等】zuòděng 动。坐着等待：不知何时分配，我只得在家～。可带宾语：日思夜盼，～佳音。可带兼语：～医生来打针。

【坐地分赃】zuò dì fēn zāng 成。指不亲自偷窃抢劫而坐在家里分取赃物；多指匪首、窝主等：他是个～的流氓头子。

【坐而论道】zuò ér lùn dào 成。本指大臣陪侍帝王议论政事，后指坐着空谈大道理；含贬义：我们需要的是身体力行的实干家，而不是～的空谈家。

【坐化】zuòhuà 动。佛教指和尚盘膝端坐死去；不带宾语：可常高僧～了。

【坐井观天】zuò jǐng guān tiān 成。坐在井底看天，比喻眼界狭小，所见不广；含贬义：如果我们不调查，不研究，～，那就容易满足于一孔之见、一得之功｜～的人必定孤陋寡闻。

【坐立不安】zuò lì bù ān 成。坐着站着都不安宁，形容忧惧痛苦或心神烦躁：他一个人在房里左思右想，～｜父亲开刀时，我在手术室外面～，十分担心。

【坐落】zuòluò 动。指建筑物、山川、田地等的位置所在；不带宾语，常带介词词组作补语：我们的学校～在环境幽静的市郊｜那山～在何处？

【坐山观虎斗】zuò shān guān hǔ dòu 成。比喻在一旁看人争斗，待机从中渔利：两军正在火并，我们不妨～，等他们两败俱伤，从中渔利。

【坐失】zuòshī 动。不主动采取行动而失掉：逡巡不决，事机～。多带宾语：～良机｜行情大落，～5万余元。

【坐视】zuòshì 动。坐着观看；指对该管的事不管或漠不关心：对这种不良现象，我们决不能～。可带主谓词组作宾语：不该～国家财产遭受损失。常与其他动词连用：看着人家房屋着火，他竟然～不救。

【坐探】zuòtàn 名。混入组织内部刺探情报的敌人：安全部门逮捕了两名～。

【坐享其成】zuò xiǎng qí chéng 成。自己不出力而享受别人的劳动成果：青年人要积极参加祖国的建设事业，不能～。

【坐以待毙】zuò yǐ dài bì 成。待：等；毙：死。坐着等死：与其～，不如同敌人拼个鱼死网破。

【坐镇】zuòzhèn 动。亲自在某地镇守；多指官长：这项工程，副部长要亲自来～指挥。可带处所宾语：～武汉督战。

唑 zuò 译音用字：噻～｜咔～。

座 zuò ❶名。(1)(～儿)坐位：找～儿。(2)(～儿、～子)托着器物的东西：茶碗～儿｜钟～子。❷量。多用于较大或固定的物体：一～山｜一～水库｜两～高楼。

【座次】zuòcì 名。坐位的次序：排～｜请按～入座。

【座上客】zuòshàngkè 名。指在席上的受主人尊敬的客人，泛指受邀请的客人：昔日势不两立的对手如今成了～。也叫座上宾。

【座谈】zuòtán 动。不拘形式地漫谈讨论：厂长定期下车间与工人～。常带宾语或补语：～当前的大好形势｜大家在一起～得很热烈。可重叠：请大家在一起～～。

【座位】zuò·wèi 名。(1)供人坐的地方；多用于公共场所：这场电影一个～都不空了。(2)指椅子、凳子等可以坐的东西：你自己去搬个～儿来。也作坐位。

【座无虚席】zuò wú xū xí 成。虚：空。座位没有空着的。形容观众、听众或出席的人很多：王教授今天作学术报告，大礼堂里～。

【座右铭】zuòyòumíng 名。写在座位旁边，作为警戒、提醒用的有教益的话：他把"刻苦、求实"作为自己的～。

【做】zuò 动。常带宾语或补语。(1)制造，制作：～书架｜饭菜我都～好了。(2)从事某种工作或活动：～木工｜他的思想工作～得很好。可带动词作宾语：～研究｜～调查。(3)充当，担任：～榜样｜王艳～班长～得很有成绩。(4)写作：～了一首诗｜文章已经～好了。(5)结成：～好朋友｜这门亲事～不得。(6)用做：麦麸可以～猪饲料｜这根木材不够粗，～梁～不起来。

＊"做"和"作"："做"多用于比较具体的事物，如"做鞋子、做桌子"；"作"多用于比较抽象的事物，如"作斗争、作调查"，特别是在成语中一般都用"作"，如"装模作样、认贼作父"等。"做"构词能力弱；"作"构词能力强。

【做伴】zuòbàn 动。当陪伴的人；不带宾语：妈妈生病住院，今晚由我～儿｜姐姐去赶集，邀我～。可拆开用：我做你的伴儿。

【做东】zuòdōng 动。当东道主；不带宾语：上次我～，这次该轮到你了。可拆开用：我已做了一次东。

【做法】zuòfǎ 名。处理事情或制作物品的方法：他把解决纠纷的～交待得清清楚楚。

【做工】zuògōng ❶动。从事体力劳动；不带宾语：她在纺织厂～。可拆开用：做了一天工。❷名。见"做功"。

【做功】zuògōng 名。指戏曲中的动作和表情：这出戏演员的～很好。也作做工。

【做客】zuòkè 动。访问别人，自己当客人；不带宾语：我去老师家～。可拆开用：到他家做了一次客。

【做礼拜】zuò lǐbài 词组。基督教徒到礼拜堂聚会听讲道；星期天上午他总要到教堂去～。

【做媒】zuòméi 动。给人介绍婚姻；不带宾语：他俩结合是我～的。可拆开用：做了一次媒。

【做梦】zuòmèng 动。不带宾语，可拆开用。(1)睡眠中因大脑里的抑制过程不彻底，在意识中呈现种种幻象：她经常失眠，～｜昨晚我做了个奇怪的梦。(2)比喻幻想：你的愿望是不可能实现的，别在这儿～了｜他从小就做当作家的梦，现在果然实现了。

【做人】zuòrén 动。不带宾语。(1)待人接物：她很会～，待人热情、真诚。(2)当个正派的人；多指犯有严重错误的人：你一定要痛改前非，重新～。

【做声】zuòshēng 动。发出声音；指说话、咳嗽等，不带宾语，多用于否定式：默不～｜不要～｜我问了他几遍，他就是不～。

【做事】zuòshì 动。不带宾语，可拆开用。(1)从事某种工作或处理某些事情：这个人很会～｜他每天要做不少事。(2)担任固定的职务或工作：我弟弟在胜利油田～｜这个人换了好几个单位，做什么事都不行。

【做手脚】zuò shǒujiǎo 习。暗中进行安排；多指舞弊等：录取新生时不准～｜他们在暗底下～。

【做文章】zuò wénzhāng 习。比喻抓住一件事发议论或在上面打主意：应该在节约能源上多～｜别抓住人家一点辫子就来～。

【做贼心虚】zuò zéi xīn xū 成。做了坏事的人担心被人察觉，总是提心吊胆：这个坏蛋～，我们一审问，他的脸就变了色。

【做主】zuòzhǔ 动。对某项事情负完全责任而做出决定；不带宾语：当家～｜这件事我～。可拆开用：这事儿我做不了主。

【做作】zuò·zuo 形。动作、表情不自然、不真诚；含贬义：这个人的表演十分～。

附 录
汉语拼音方案

一 字母表

字母:	Aa	Bb	Cc	Dd	Ee	Ff	Gg
名称:	ㄚ	ㄅㄝ	ㄘㄝ	ㄉㄝ	ㄜ	ㄝㄈ	ㄍㄝ
	Hh	Ii	Jj	Kk	Ll	Mm	Nn
	ㄏㄚ	ㄧ	ㄐㄧㄝ	ㄎㄝ	ㄝㄌ	ㄝㄇ	ㄋㄝ
	Oo	Pp	Qq	Rr	Ss	Tt	
	ㄛ	ㄆㄝ	ㄑㄧㄡ	ㄚㄦ	ㄝㄙ	ㄊㄝ	
	Uu	Vv	Ww	Xx	Yy	Zz	
	ㄨ	ㄪㄝ	ㄨㄚ	ㄒㄧ	ㄧㄚ	ㄗㄝ	

v 只用来拼写外来语、少数民族语言和方言。

字母的手写体依照拉丁字母的一般书写习惯。

二 声母表

b	p	m	f	d	t	n	l
ㄅ玻	ㄆ坡	ㄇ摸	ㄈ佛	ㄉ得	ㄊ特	ㄋ讷	ㄌ勒

g	k	h		j	q	x
ㄍ哥	ㄎ科	ㄏ喝		ㄐ基	ㄑ欺	ㄒ希

zh	ch	sh	r	z	c	s
ㄓ知	ㄔ蚩	ㄕ诗	ㄖ日	ㄗ资	ㄘ雌	ㄙ思

在给汉字注音的时候,为了使拼式简短,zh ch sh 可以省作 ẑ ĉ ŝ。

三 韵母表

	i 丨 衣	u ㄨ 乌	ü ㄩ 迂
a ㄚ 啊	ia 丨ㄚ 呀	ua ㄨㄚ 蛙	
o ㄛ 喔		uo ㄨㄛ 窝	
e ㄜ 鹅	ie 丨ㄝ 耶		üe ㄩㄝ 约
ai ㄞ 哀		uai ㄨㄞ 歪	
ei ㄟ 欸		uei ㄨㄟ 威	
ao ㄠ 熬	iao 丨ㄠ 腰		
ou ㄡ 欧	iou 丨ㄡ 忧		
an ㄢ 安	ian 丨ㄢ 烟	uan ㄨㄢ 弯	üan ㄩㄢ 冤
en ㄣ 恩	in 丨ㄣ 因	uen ㄨㄣ 温	ün ㄩㄣ 晕
ang ㄤ 昂	iang 丨ㄤ 央	uang ㄨㄤ 汪	
eng ㄥ 亨的韵母	ing 丨ㄥ 英	ueng ㄨㄥ 翁	
ong (ㄨㄥ)轰的韵母	iong ㄩㄥ 雍		

(1) "知、蚩、诗、日、资、雌、思"等七个音节的韵母用i, 即：知、蚩、诗、日、资、雌、思等字拼作zhi, chi, shi, ri, zi, ci, si。

(2) 韵母儿写成er，用作韵尾的时候写成r。例如："儿童"拼作ertong，"花儿"拼作huar。

(3) 韵母ㄝ单用的时候写成ê。

(4) i行的韵母，前面没有声母的时候，写成：yi(衣)，ya(呀)，ye(耶)，yao(腰)，you(忧)，yan(烟)，yin(因)，yang(央)，ying(英)，yong(雍)。

u行的韵母，前面没有声母的时候，写成：wu(乌), wa(蛙), wo(窝)，wai(歪)，wei(威)，wan(弯)，wen(温)，wang(汪)，weng(翁)。

ü行的韵母，前面没有声母的时候，写成：yu(迂), yue(约)，yuan(冤)，yun(晕)；ü上两点省略。

ü行的韵母跟声母j, q, x拼的时候，写成：ju(居), qu(区), xu(虚)，ü上两点也省略；但是跟声母n, l拼的时候，仍然写成：nü(女)，lü(吕)。

(5) iou, uei, uen前面加声母的时候，写成：iu, ui, un。例如niu(牛)，gui(归)，lun(论)。

(6) 在给汉字注音的时候，为了使拼式简短，ng可以省作ŋ。

四　声调符号

阴平	阳平	上声	去声
ˉ	ˊ	ˇ	ˋ

声调符号标在音节的主要母音上。轻声不标。例如：

妈mā　麻má　马mǎ　骂mà　吗ma
(阴平)　(阳平)　(上声)　(去声)　(轻声)

五　隔音符号

a, o, e开头的音节连接在其他音节后面的时候,如果音节的界限发生混淆,用隔音符号(')隔开,例如:pi'ao(皮袄)。

简化字总表

第 一 表

不作简化偏旁用的简化字

本表共收简化字350个，按读音的拼音字母顺序排列。本表的简化字都不得作简化偏旁使用。

A

碍〔礙〕
肮〔骯〕
袄〔襖〕

B

坝〔壩〕
板〔闆〕
办〔辦〕
帮〔幫〕
宝〔寶〕
报〔報〕
币〔幣〕
毙〔斃〕
标〔標〕
表〔錶〕
别〔彆〕
卜〔蔔〕
补〔補〕

C

才〔纔〕
蚕〔蠶〕①
灿〔燦〕
层〔層〕
搀〔攙〕
谗〔讒〕
馋〔饞〕
缠〔纏〕②
忏〔懺〕
偿〔償〕
厂〔廠〕
彻〔徹〕
尘〔塵〕
衬〔襯〕
称〔稱〕
惩〔懲〕
迟〔遲〕
冲〔衝〕
丑〔醜〕
出〔齣〕
础〔礎〕
处〔處〕
触〔觸〕
辞〔辭〕
聪〔聰〕
丛〔叢〕

D

担〔擔〕
胆〔膽〕
导〔導〕
灯〔燈〕
邓〔鄧〕
敌〔敵〕
籴〔糴〕
递〔遞〕
点〔點〕
淀〔澱〕
电〔電〕
冬〔鼕〕
斗〔鬥〕
独〔獨〕
吨〔噸〕

---

①蚕：上从天，不从夭。　②缠：右从㕷，不从厘。

夺〔奪〕	赶〔趕〕	划〔劃〕	拣〔揀〕	**K**
堕〔墮〕	个〔個〕	怀〔懷〕	硷〔鹼〕	
	巩〔鞏〕	坏〔壞〕②	舰〔艦〕	开〔開〕
E	沟〔溝〕	欢〔歡〕	姜〔薑〕	克〔剋〕
	构〔構〕	环〔環〕	浆〔漿〕④	垦〔墾〕
儿〔兒〕	购〔購〕	还〔還〕	桨〔槳〕	恳〔懇〕
	谷〔穀〕	回〔迴〕	奖〔獎〕	夸〔誇〕
F	顾〔顧〕	伙〔夥〕③	讲〔講〕	块〔塊〕
矾〔礬〕	刮〔颳〕	获〔獲〕	酱〔醬〕	亏〔虧〕
范〔範〕	关〔關〕	〔穫〕	胶〔膠〕	困〔睏〕
飞〔飛〕	观〔觀〕		阶〔階〕	
坟〔墳〕	柜〔櫃〕	**J**	疖〔癤〕	**L**
奋〔奮〕				
粪〔糞〕	**H**	击〔擊〕	洁〔潔〕	腊〔臘〕
凤〔鳳〕		鸡〔鷄〕	借〔藉〕⑤	蜡〔蠟〕
肤〔膚〕	汉〔漢〕	积〔積〕	仅〔僅〕	兰〔蘭〕
妇〔婦〕	号〔號〕	极〔極〕	惊〔驚〕	拦〔攔〕
复〔復〕	合〔閤〕	际〔際〕	竞〔競〕	栏〔欄〕
〔複〕	轰〔轟〕	继〔繼〕	旧〔舊〕	烂〔爛〕
	后〔後〕	家〔傢〕	剧〔劇〕	累〔纍〕
G	胡〔鬍〕	价〔價〕	据〔據〕	垒〔壘〕
盖〔蓋〕	壶〔壺〕	艰〔艱〕	惧〔懼〕	类〔類〕⑥
干〔乾〕①	沪〔滬〕	歼〔殲〕	卷〔捲〕	里〔裏〕
〔幹〕	护〔護〕	茧〔繭〕		礼〔禮〕

①乾坤、乾隆的乾读 qián(前),不简化。 ②不作坯。坯是砖坯的坯,读 pī(批),坯坏二字不可互混。 ③作多解的夥不简化。 ④浆、桨、奖、酱:右上角从夕,不从夕或爫。 ⑤藉口、凭藉的藉简化作借,慰藉、狼藉等的藉仍用藉。 ⑥类:下从大,不从犬。

附录 简化字总表

	M	P		秋〔鞦〕	声〔聲〕
隶〔隸〕				曲〔麯〕	胜〔勝〕
帘〔簾〕		盘〔盤〕	权〔權〕	湿〔濕〕
联〔聯〕	么〔麽〕④	辟〔闢〕	劝〔勸〕	实〔實〕
怜〔憐〕	霉〔黴〕	苹〔蘋〕	确〔確〕	适〔適〕⑧
炼〔煉〕	蒙〔矇〕	凭〔憑〕		势〔勢〕
练〔練〕	〔濛〕	扑〔撲〕	R	兽〔獸〕
粮〔糧〕	〔懞〕	仆〔僕〕⑤	让〔讓〕	书〔書〕
疗〔療〕	梦〔夢〕	朴〔樸〕	扰〔擾〕	术〔術〕⑨
辽〔遼〕	面〔麵〕		热〔熱〕	树〔樹〕
了〔瞭〕①	庙〔廟〕	Q	认〔認〕	帅〔帥〕
猎〔獵〕	灭〔滅〕	启〔啓〕		松〔鬆〕
临〔臨〕②	蔑〔衊〕	签〔籤〕	S	苏〔蘇〕
邻〔鄰〕	亩〔畝〕	千〔韆〕	洒〔灑〕	〔嗉〕
岭〔嶺〕③		牵〔牽〕	伞〔傘〕	虽〔雖〕
庐〔廬〕	N	纤〔縴〕	丧〔喪〕	随〔隨〕
芦〔蘆〕	恼〔惱〕	〔纖〕⑥	扫〔掃〕	
炉〔爐〕	脑〔腦〕	窍〔竅〕	涩〔澀〕	T
陆〔陸〕	拟〔擬〕	窃〔竊〕	晒〔曬〕	台〔臺〕
驴〔驢〕	酿〔釀〕	寝〔寢〕	伤〔傷〕	〔檯〕
乱〔亂〕	疟〔瘧〕	庆〔慶〕⑦	舍〔捨〕	〔颱〕
		琼〔瓊〕	沈〔瀋〕	态〔態〕

---

①瞭：读liǎo（了解）时，仍简作了，读liào（瞭望）时作瞭，不简作了。　②临：左从一短竖一长竖，不从刂。　③岭：不作岺，免与岑混。　④读me轻声。读yāo（幺）的么应作幺（么本字）。吆应作吆。麽读mó（摩）时不简化，如幺麽小丑。　⑤前仆后继的仆读pū（扑）。　⑥纤维的纤读xiān（先）。　⑦庆：从大，不从犬。　⑧古人南宫适、洪适的适（古字罕用）读kuò（括）。此适字本作𠯑，为了避免混淆，可恢复本字𠯑。　⑨中药苍术、白术的术读zhú（竹）。

坛〔壇〕	雾〔霧〕	选〔選〕	优〔優〕	斋〔齋〕
〔罎〕		旋〔鏇〕	邮〔郵〕	毡〔氈〕
叹〔嘆〕	**X**	**Y**	余〔餘〕⑧	战〔戰〕
誊〔謄〕	牺〔犧〕		御〔禦〕	赵〔趙〕
体〔體〕	习〔習〕	压〔壓〕⑥	吁〔籲〕⑨	折〔摺〕⑩
粜〔糶〕	系〔係〕	盐〔鹽〕	郁〔鬱〕	这〔這〕
铁〔鐵〕	〔繫〕③	阳〔陽〕	誉〔譽〕	征〔徵〕⑪
听〔聽〕	戏〔戲〕	养〔養〕	渊〔淵〕	症〔癥〕
厅〔廳〕①	虾〔蝦〕	痒〔癢〕	园〔園〕	证〔證〕
头〔頭〕	吓〔嚇〕④	样〔樣〕	远〔遠〕	只〔隻〕
图〔圖〕	咸〔鹹〕	钥〔鑰〕	愿〔願〕	〔祇〕
涂〔塗〕	显〔顯〕	药〔藥〕	跃〔躍〕	致〔緻〕
团〔團〕	宪〔憲〕	爷〔爺〕	运〔運〕	制〔製〕
〔糰〕	县〔縣〕⑤	叶〔葉〕⑦	酝〔醞〕	钟〔鐘〕
椭〔橢〕	响〔響〕	医〔醫〕		〔鍾〕
	向〔嚮〕	亿〔億〕	**Z**	肿〔腫〕
W	协〔協〕	忆〔憶〕	杂〔雜〕	种〔種〕
洼〔窪〕	胁〔脅〕	应〔應〕	赃〔臟〕	众〔衆〕
袜〔襪〕②	亵〔褻〕	痈〔癰〕	脏〔臟〕	昼〔晝〕
网〔網〕	衅〔釁〕	拥〔擁〕	〔髒〕	朱〔硃〕
卫〔衛〕	兴〔興〕	佣〔傭〕	凿〔鑿〕	烛〔燭〕
稳〔穩〕	须〔鬚〕	踊〔踴〕	枣〔棗〕	筑〔築〕
务〔務〕	悬〔懸〕	忧〔憂〕	灶〔竈〕	庄〔莊〕⑫

①厅:从厂,不从广。 ②袜:从末,不从未。 ③系带子的系读jì(计)。 ④恐吓的吓读hè(赫)。 ⑤县:七笔。上从且。 ⑥压:六笔。土的右旁有一点。 ⑦叶韵的叶读xié(协)。 ⑧在余和馀意义可能混淆时,仍用馀。如文言句"馀年无多"。 ⑨喘吁吁,长吁短叹的吁读xū(虚)。 ⑩在折和摺意义可能混淆时,摺仍用摺。 ⑪宫商角徵羽的徵读zhǐ(止),不简化。 ⑫庄:六笔。土的右旁无点。

桩〔樁〕	装〔裝〕	状〔狀〕	浊〔濁〕	钻〔鑽〕
妆〔妝〕	壮〔壯〕	准〔準〕	总〔總〕	

第 二 表

可作简化偏旁用的简化字和简化偏旁

本表共收简化字132个和简化偏旁14个。简化字按读音的拼音字母顺序排列,简化偏旁按笔数排列。

A

爱〔愛〕

B

罢〔罷〕
备〔備〕
贝〔貝〕
笔〔筆〕
毕〔畢〕
边〔邊〕
宾〔賓〕

C

参〔參〕
仓〔倉〕
产〔産〕
长〔長〕①
尝〔嘗〕②
车〔車〕
齿〔齒〕
虫〔蟲〕
刍〔芻〕
从〔從〕
窜〔竄〕

D

达〔達〕
带〔帶〕
单〔單〕
当〔當〕
〔噹〕
党〔黨〕
东〔東〕
动〔動〕
断〔斷〕
对〔對〕
队〔隊〕

E

尔〔爾〕

F

发〔發〕
〔髮〕

丰〔豐〕③
风〔風〕

G

冈〔岡〕
广〔廣〕
归〔歸〕
龟〔龜〕
国〔國〕
过〔過〕

H

华〔華〕
画〔畫〕
汇〔匯〕

〔彙〕
会〔會〕

J

几〔幾〕
夹〔夾〕
戋〔戔〕
监〔監〕
见〔見〕
荐〔薦〕
将〔將〕④
节〔節〕
尽〔盡〕
〔儘〕
进〔進〕

---

①长:四笔。笔顺是:ノ一卜长。 ②尝:不是賞的简化字。賞的简化字是赏(见第三表)。 ③四川省酆都县已改丰都县。姓酆的酆不简化作邦。
④将:右上角从夕,不从夕或爫。

附录 简化字总表 1501

举〔舉〕	〔濾〕	**Q**	属〔屬〕	寻〔尋〕
	录〔錄〕		双〔雙〕	
K	虑〔慮〕	齐〔齊〕	肃〔肅〕⑨	**Y**
壳〔殼〕①	仑〔侖〕	岂〔豈〕	岁〔歲〕	亚〔亞〕
	罗〔羅〕	气〔氣〕	孙〔孫〕	严〔嚴〕
L		迁〔遷〕		厌〔厭〕
来〔來〕	**M**	佥〔僉〕	**T**	尧〔堯〕⑭
乐〔樂〕	马〔馬〕③	乔〔喬〕	条〔條〕⑩	业〔業〕
离〔離〕	买〔買〕	亲〔親〕		页〔頁〕
历〔歷〕	卖〔賣〕④	穷〔窮〕	**W**	义〔義〕⑮
〔曆〕	麦〔麥〕	区〔區〕⑧	万〔萬〕	艺〔藝〕
丽〔麗〕②	门〔門〕		为〔爲〕	阴〔陰〕
两〔兩〕	黾〔黽〕⑤	**S**	韦〔韋〕	隐〔隱〕
灵〔靈〕		啬〔嗇〕	乌〔烏〕⑪	犹〔猶〕
刘〔劉〕	**N**	杀〔殺〕	无〔無〕⑫	鱼〔魚〕
龙〔龍〕	难〔難〕	审〔審〕		与〔與〕
娄〔婁〕	鸟〔鳥〕⑥	圣〔聖〕	**X**	云〔雲〕
卢〔盧〕	聂〔聶〕	师〔師〕	献〔獻〕	**Z**
虏〔虜〕	宁〔寧〕⑦	时〔時〕	乡〔鄉〕	
卤〔鹵〕	农〔農〕	寿〔壽〕	写〔寫〕⑬	郑〔鄭〕

①壳:几上没有一小横。 ②丽:七笔。上边一横,不作两小横。 ③马:三笔。笔顺是¬马马。上部向左稍斜,左上角开口,末笔作左偏旁时改作平挑。 ④卖:从十从买,上不从士或土。 ⑤黾:从口从电。 ⑥鸟:五笔。 ⑦作门屏之间解的宁(古字罕用)读zhù(柱)。为避免此宁字与宁的简化字混淆,原读zhù的宁作㝉。 ⑧区:不作区。 ⑨肃:中间一竖下面的两边从八,下半中间不从米。 ⑩条:上从夂,三笔,不从夊。 ⑪乌:四笔。 ⑫无:四笔。上从二,不可误作无。 ⑬写:上从冖,不从宀。 ⑭尧:六笔。右上角无点,不可误作尧。 ⑮义:从乂(读yì)加点,不可误作叉(读chā)。

1502　附录　简化字总表

执〔執〕	简化偏旁	昜〔昜〕③	䍃〔臨〕	𦍑〔睪〕⑤
质〔質〕		纟〔糸〕	只〔戠〕	圣〔巠〕
专〔專〕	讠〔言〕①	収〔取〕	钅〔金〕④	亦〔䜌〕
	饣〔食〕②	芇〔炏〕	𢀖〔𡿺〕	呙〔咼〕

第 三 表

应用第二表所列简化字和简化偏旁得出来的简化字

本表共收简化字 1,753 个（不包含重见的字。例如"缆"分见"纟、⺍、见"三部，只算一字），以第二表中的简化字和简化偏旁作部首，按第二表的顺序排列。同一部首中的简化字，按笔数排列。

爱	糯〔糯〕	财〔財〕	贪〔貪〕	贡〔貢〕
嗳〔嗳〕	**备**	狈〔狽〕	贫〔貧〕	赍〔賫〕
媛〔嫒〕	惫〔憊〕	责〔責〕	侦〔偵〕	费〔費〕
叆〔靉〕	**贝**	厕〔厠〕	侧〔側〕	郧〔鄖〕
瑷〔瑷〕	贞〔貞〕	贤〔賢〕	货〔貨〕	勋〔勛〕
暧〔曖〕	则〔則〕	账〔賬〕	贯〔貫〕	帧〔幀〕
罢	负〔負〕	贩〔販〕	测〔測〕	贴〔貼〕
摆〔擺〕	贡〔貢〕	贬〔貶〕	浈〔湞〕	贶〔貺〕
〔襬〕	呗〔唄〕	败〔敗〕	恻〔惻〕	贻〔貽〕
罴〔羆〕	员〔員〕	贮〔貯〕	贰〔貳〕	贱〔賤〕

---

①讠：二笔。不作 ㇊。　②饣：三笔。中一横折作 ㇉，不作 ㇉ 或点。　③昜：三笔。　④钅：第二笔是一短横，中两横，竖折不出头。　⑤睾丸的睾读 gāo（高），不简化。

贵〔貴〕	琐〔瑣〕	赋〔賦〕	锄〔鋤〕	躜〔躦〕
钡〔鋇〕	赉〔賚〕	喷〔噴〕	缨〔纓〕	戆〔戇〕
贷〔貸〕	匮〔匱〕	赌〔賭〕	璎〔瓔〕	**笔**
贸〔貿〕	掼〔摜〕	赎〔贖〕	聩〔聵〕	滗〔潷〕
贺〔賀〕	殒〔殞〕	赏〔賞〕①	樱〔櫻〕	**毕**
陨〔隕〕	勋〔勛〕	赐〔賜〕	赜〔賾〕	荜〔蓽〕
涢〔溳〕	赈〔賑〕	赒〔賙〕	箦〔簀〕	哔〔嗶〕
资〔資〕	婴〔嬰〕	锁〔鎖〕	濑〔瀨〕	筚〔篳〕
祯〔禎〕	啧〔嘖〕	馈〔饋〕	瘿〔癭〕	跸〔蹕〕
贾〔賈〕	赊〔賒〕	赖〔賴〕	懒〔懶〕	**边**
损〔損〕	帻〔幘〕	赪〔赬〕	赝〔贗〕	笾〔籩〕
赘〔贅〕	债〔債〕	磺〔磧〕	豮〔豶〕	**宾**
埙〔塤〕	锁〔鍘〕	殡〔殯〕	赠〔贈〕	傧〔儐〕
桢〔楨〕	绩〔績〕	赗〔賵〕	鹦〔鸚〕	滨〔濱〕
唝〔嗊〕	溃〔潰〕	腻〔膩〕	獭〔獺〕	摈〔擯〕
唢〔嗩〕	溅〔濺〕	赛〔賽〕	赞〔贊〕	嫔〔嬪〕
赅〔賅〕	庼〔廎〕	褛〔襀〕	赢〔贏〕	缤〔繽〕
圆〔圓〕	愦〔憒〕	赘〔贅〕	赡〔贍〕	殡〔殯〕
贼〔賊〕	愤〔憤〕	樱〔櫻〕	癞〔癩〕	槟〔檳〕
贿〔賄〕	赍〔賫〕	樻〔檟〕	攒〔攢〕	膑〔臏〕
赆〔贐〕	赏〔賞〕	嘤〔嚶〕	籁〔籟〕	镔〔鑌〕
赂〔賂〕	葳〔葳〕	赚〔賺〕	缵〔纘〕	髌〔髕〕
债〔債〕	赌〔賭〕	赙〔賻〕	瓒〔瓚〕	鬓〔鬢〕
赁〔賃〕	赔〔賠〕	罂〔罌〕	朦〔臢〕	**参**
溃〔潰〕	赕〔賧〕	镪〔鏹〕	赣〔贛〕	渗〔滲〕
惯〔慣〕	遗〔遺〕	簧〔簀〕	趱〔趲〕	惨〔慘〕

①赏:不可误作尝。尝是嘗的简化字(见第二表)。

掺〔摻〕	伥〔倀〕	浑〔渾〕	琏〔璉〕	辗〔輾〕
骖〔驂〕	怅〔悵〕	恽〔惲〕	辅〔輔〕	舆〔輿〕
毵〔毿〕	帐〔帳〕	砗〔硨〕	辄〔輒〕	辘〔轆〕
瘆〔瘮〕	张〔張〕	轶〔軼〕	辆〔輛〕	撵〔攆〕
碜〔磣〕	枨〔棖〕	轲〔軻〕	堑〔塹〕	鲢〔鰱〕
穇〔穇〕	账〔賬〕	轱〔軲〕	啭〔囀〕	辙〔轍〕
糁〔糝〕	胀〔脹〕	轷〔軤〕	崭〔嶄〕	錾〔鏨〕
仓	涨〔漲〕	轻〔輕〕	裤〔褲〕	辚〔轔〕
伧〔傖〕	尝	铲〔轤〕	裢〔褳〕	齿
创〔創〕	鲿〔鱨〕	轴〔軸〕	辇〔輦〕	龀〔齔〕
沧〔滄〕	车	挥〔揮〕	辋〔輞〕	啮〔嚙〕
怆〔愴〕	轧〔軋〕	荤〔葷〕	辍〔輟〕	龆〔齠〕
苍〔蒼〕	军〔軍〕	轹〔轢〕	辊〔輥〕	龅〔齙〕
抢〔搶〕	轨〔軌〕	轸〔軫〕	椠〔槧〕	龃〔齟〕
呛〔嗆〕	库〔庫〕	轺〔軺〕	辐〔輻〕	龄〔齡〕
炝〔熗〕	阵〔陣〕	涟〔漣〕	暂〔暫〕	龇〔齜〕
玱〔瑲〕	连〔連〕	珲〔琿〕	辉〔輝〕	龈〔齦〕
枪〔槍〕	轩〔軒〕	载〔載〕	辈〔輩〕	龉〔齬〕
戗〔戧〕	诨〔諢〕	莲〔蓮〕	链〔鏈〕	龊〔齪〕
疮〔瘡〕	郓〔鄆〕	较〔較〕	翚〔翬〕	龌〔齷〕
鸧〔鶬〕	轫〔軔〕	轼〔軾〕	辏〔輳〕	龋〔齲〕
舱〔艙〕	轭〔軛〕	轾〔輊〕	辐〔輻〕	虫
跄〔蹌〕	匦〔匭〕	辂〔輅〕	辑〔輯〕	蛊〔蠱〕
产	转〔轉〕	轿〔轎〕	输〔輸〕	刍
浐〔滻〕	轮〔輪〕	晕〔暈〕	毂〔轂〕	诌〔謅〕
萨〔薩〕	斩〔斬〕	渐〔漸〕	辔〔轡〕	㑇〔㑇〕
铲〔鏟〕	软〔軟〕	惭〔慚〕	辖〔轄〕	邹〔鄒〕
长	轱〔軲〕	皲〔皸〕	辕〔轅〕	㤘〔㤘〕

驼〔駝〕	弹〔彈〕	籴〔糴〕	砜〔碸〕	帼〔幗〕
绐〔紿〕	婵〔嬋〕	**对**	飓〔颶〕	腘〔膕〕
皱〔皺〕	禅〔禪〕	怼〔懟〕	飔〔颸〕	蝈〔蟈〕
趋〔趨〕	殚〔殫〕	**队**	飕〔颼〕	**过**
雏〔雛〕	瘅〔癉〕	坠〔墜〕	飗〔飀〕	挝〔撾〕
从	蝉〔蟬〕	**尔**	飘〔飄〕	**华**
苁〔蓯〕	箪〔簞〕	迩〔邇〕	飙〔飆〕	哗〔嘩〕
纵〔縱〕	蕲〔蘄〕	弥〔彌〕	**冈**	骅〔驊〕
枞〔樅〕	鞯〔韉〕	〔瀰〕	刚〔剛〕	烨〔燁〕
怂〔慫〕	**当**	祢〔禰〕	扨〔掆〕	桦〔樺〕
耸〔聳〕	挡〔擋〕	玺〔璽〕	岗〔崗〕	晔〔曄〕
窜	档〔檔〕	猕〔獼〕	纲〔綱〕	铧〔鏵〕
撺〔攛〕	裆〔襠〕	**发**	枫〔棡〕	**画**
镩〔鑹〕	铛〔鐺〕	泼〔潑〕	钢〔鋼〕	婳〔嫿〕
蹿〔躥〕	**党**	废〔廢〕	**广**	**汇**
达	谠〔讜〕	拨〔撥〕	邝〔鄺〕	扨〔攏〕
哒〔噠〕	傥〔儻〕	钹〔鏺〕	圹〔壙〕	**会**
闼〔闥〕	镋〔钂〕	**丰**	扩〔擴〕	刽〔劊〕
挞〔撻〕	**东**	沣〔灃〕	犷〔獷〕	郐〔鄶〕
哒〔噠〕	冻〔凍〕	艳〔艷〕	纩〔纊〕	侩〔儈〕
鞑〔韃〕	陈〔陳〕	滟〔灧〕	旷〔曠〕	浍〔澮〕
带	崬〔崠〕	**风**	矿〔礦〕	荟〔薈〕
滞〔滯〕	栋〔棟〕	讽〔諷〕	**归**	哙〔噲〕
龟	胨〔腖〕	沨〔渢〕	岿〔巋〕	狯〔獪〕
郸〔鄲〕	鸫〔鶇〕	岚〔嵐〕	**龟**	绘〔繪〕
惮〔憚〕	**动**	枫〔楓〕	阄〔鬮〕	烩〔燴〕
阐〔闡〕	恸〔慟〕	疯〔瘋〕	**国**	桧〔檜〕
掸〔撣〕	**断**	飒〔颯〕	掴〔摑〕	脍〔膾〕

鲙〔鱠〕 | 饯〔餞〕 | 觇〔覘〕 | 荩〔藎〕 | 沥〔瀝〕
几 | 线〔綫〕 | 览〔覽〕 | 烬〔燼〕 | 坜〔壢〕
讥〔譏〕 | 残〔殘〕 | 宽〔寬〕 | 赆〔贐〕 | 苈〔藶〕
叽〔嘰〕 | 栈〔棧〕 | 蚬〔蜆〕 | **进** | 呖〔嚦〕
饥〔饑〕 | 贱〔賤〕 | 觊〔覬〕 | 琎〔璡〕 | 枥〔櫪〕
机〔機〕 | 盏〔盞〕 | 笕〔筧〕 | **举** | 疬〔癧〕
玑〔璣〕 | 钱〔錢〕 | 觋〔覡〕 | 榉〔櫸〕 | 雳〔靂〕
矶〔磯〕 | 笺〔箋〕 | 觌〔覿〕 | **壳** | **丽**
虮〔蟣〕 | 溅〔濺〕 | 靓〔靚〕 | 悫〔慤〕 | 俪〔儷〕
夹 | 践〔踐〕 | 搅〔攪〕 | **来** | 郦〔酈〕
郏〔郟〕 | **监** | 揽〔攬〕 | 涞〔淶〕 | 逦〔邐〕
侠〔俠〕 | 滥〔濫〕 | 缆〔纜〕 | 莱〔萊〕 | 骊〔驪〕
陕〔陝〕 | 蓝〔藍〕 | 窥〔窺〕 | 崃〔崍〕 | 鹂〔鸝〕
浃〔浹〕 | 尴〔尷〕 | 榄〔欖〕 | 徕〔徠〕 | 酾〔釃〕
挟〔挾〕 | 槛〔檻〕 | 舰〔艦〕 | 赉〔賚〕 | 鲡〔鱺〕
荚〔莢〕 | 褴〔襤〕 | 觐〔覲〕 | 睐〔睞〕 | **两**
峡〔峽〕 | 篮〔籃〕 | 觑〔覷〕 | 铼〔錸〕 | 俩〔倆〕
狭〔狹〕 | **见** | 髋〔髖〕 | **乐** | 啢〔啢〕
惬〔愜〕 | 苋〔莧〕 | **荐** | 泺〔濼〕 | 辆〔輛〕
硖〔硤〕 | 岘〔峴〕 | 鞯〔韉〕 | 烁〔爍〕 | 满〔滿〕
铗〔鋏〕 | 觃〔覎〕 | **将** | 栎〔櫟〕 | 瞒〔瞞〕
颊〔頰〕 | 视〔視〕 | 蒋〔蔣〕 | 轹〔轢〕 | 颟〔顢〕
蛱〔蛺〕 | 规〔規〕 | 锵〔鏘〕 | 砾〔礫〕 | 螨〔蟎〕
瘗〔瘞〕 | 现〔現〕 | **节** | 铄〔鑠〕 | 魉〔魎〕
箧〔篋〕 | 枧〔梘〕 | 栉〔櫛〕 | **离** | 懑〔懣〕
戋 | 觅〔覓〕 | **尽** | 漓〔灕〕 | 蹒〔蹣〕
划〔劃〕 | 觉〔覺〕 | 浕〔濜〕 | 篱〔籬〕 | **灵**
浅〔淺〕 | 砚〔硯〕 | | **历** | 棂〔欞〕

刘	嵝〔嶁〕	虏	驭〔馭〕	骈〔駢〕
浏〔瀏〕	喽〔嘍〕	掳〔擄〕	闯〔闖〕	骁〔驍〕
龙	缕〔縷〕	卤	吗〔嗎〕	骄〔驕〕
陇〔隴〕	屡〔屢〕	鹾〔鹺〕	犸〔獁〕	骅〔驊〕
泷〔瀧〕	数〔數〕	录	驮〔馱〕	骆〔駱〕
宠〔寵〕	楼〔樓〕	箓〔籙〕	驰〔馳〕	骊〔驪〕
庞〔龐〕	瘘〔瘻〕	虑	驯〔馴〕	骋〔騁〕
垄〔壟〕	褛〔褸〕	滤〔濾〕	妈〔媽〕	验〔驗〕
拢〔攏〕	窭〔窶〕	摅〔攄〕	玛〔瑪〕	骏〔駿〕
茏〔蘢〕	䁖〔瞜〕	仑	驱〔驅〕	骎〔駸〕
咙〔嚨〕	镂〔鏤〕	论〔論〕	驳〔駁〕	骑〔騎〕
珑〔瓏〕	屦〔屨〕	伦〔倫〕	码〔碼〕	骐〔騏〕
栊〔櫳〕	蝼〔螻〕	沦〔淪〕	驼〔駝〕	骒〔騍〕
龚〔龔〕	篓〔簍〕	抡〔掄〕	驻〔駐〕	骓〔騅〕
昽〔曨〕	耧〔耬〕	囵〔圇〕	驵〔駔〕	骖〔驂〕
胧〔朧〕	薮〔藪〕	纶〔綸〕	驾〔駕〕	骗〔騙〕
砻〔礱〕	擞〔擻〕	轮〔輪〕	驿〔驛〕	骛〔騖〕
袭〔襲〕	髅〔髏〕	瘪〔癟〕	驷〔駟〕	鹜〔鶩〕
聋〔聾〕	卢	罗	驶〔駛〕	骚〔騷〕
龛〔龕〕	泸〔瀘〕	萝〔蘿〕	驹〔駒〕	骞〔騫〕
笼〔籠〕	炉〔爐〕	啰〔囉〕	骀〔駘〕	骜〔驁〕
詟〔讋〕	栌〔櫨〕	逻〔邏〕	驸〔駙〕	蓦〔驀〕
娄	铲〔鏟〕	猡〔玀〕	驽〔駑〕	腾〔騰〕
偻〔僂〕	胪〔臚〕	椤〔欏〕	骂〔罵〕	骝〔騮〕
溇〔漊〕	鸬〔鸕〕	锣〔鑼〕	蚂〔螞〕	骟〔騸〕
蒌〔蔞〕	颅〔顱〕	箩〔籮〕	笃〔篤〕	骠〔驃〕
搂〔摟〕	舻〔艫〕	马		骢〔驄〕
	鲈〔鱸〕	冯〔馮〕	骇〔駭〕	骡〔騾〕

1508 附录 简化字总表

羁〔羈〕	闯〔闖〕	阆〔閬〕	锏〔鐧〕	**乌**
骤〔驟〕	问〔問〕	阅〔閱〕	阙〔闕〕	凫〔鳧〕
骥〔驥〕	扪〔捫〕	阉〔閹〕	阖〔闔〕	鸠〔鳩〕
骧〔驤〕	闱〔闈〕	阎〔閻〕①	阗〔闐〕	岛〔島〕
买	闵〔閔〕	阏〔閼〕	榈〔櫚〕	茑〔蔦〕
荬〔蕒〕	闷〔悶〕	娴〔嫻〕	简〔簡〕	鸢〔鳶〕
卖	闰〔閏〕	阀〔閥〕	谰〔讕〕	鸣〔鳴〕
读〔讀〕	闲〔閑〕	阃〔閫〕	阚〔闞〕	枭〔梟〕
渎〔瀆〕	间〔間〕	阄〔鬮〕	蔺〔藺〕	鸩〔鴆〕
续〔續〕	闹〔鬧〕①	阊〔閶〕	澜〔瀾〕	鸦〔鴉〕
椟〔櫝〕	闸〔閘〕	阉〔閹〕	斓〔斕〕	鸨〔鴇〕
觌〔覿〕	钔〔鍆〕	阋〔鬩〕	镧〔鑭〕	鸥〔鷗〕
赎〔贖〕	阁〔閣〕	阌〔閿〕①	锏〔鐧〕	鸰〔鴒〕
犊〔犢〕	闺〔閨〕	阐〔闡〕	躏〔躪〕	鸽〔鴿〕
牍〔牘〕	闻〔聞〕	阎〔閻〕	**黾**	鸾〔鸞〕
窦〔竇〕	闼〔闥〕	焖〔燜〕	渑〔澠〕	莺〔鶯〕
黩〔黷〕	闽〔閩〕	阑〔闌〕	绳〔繩〕	鸪〔鴣〕
麦	闾〔閭〕	裥〔襇〕	鼋〔黿〕	捣〔搗〕
唛〔嘜〕	阀〔閥〕	阔〔闊〕	蝇〔蠅〕	鸼〔鵃〕
麸〔麩〕	阂〔閡〕	痫〔癇〕	鼍〔鼉〕	鸻〔鸕〕
门	阁〔閣〕	鹇〔鷳〕	**难**	鸭〔鴨〕
闩〔閂〕	阀〔閥〕	阒〔闃〕	傩〔儺〕	鸯〔鴦〕
闪〔閃〕	润〔潤〕	阗〔闐〕	滩〔灘〕	鸮〔鴞〕
们〔們〕	涧〔澗〕	搁〔擱〕	摊〔攤〕	鸱〔鴟〕
闭〔閉〕	悯〔憫〕	锏〔鐧〕	瘫〔癱〕	鸲〔鴝〕

①鬥字头的字,一般也写作門字头,如鬧、鬮、鬩寫作閙、䦤、䦧。因此,这些鬥字头的字可简化作门字头。但鬥争的鬥应简作斗(见第一表)。

鸳〔鴛〕	鹊〔鵲〕	鹧〔鷓〕	荠〔薺〕	捡〔撿〕
鸵〔鴕〕	鹌〔鵪〕	鹭〔鷺〕	挤〔擠〕	猃〔獫〕
袅〔裊〕	鹍〔鵾〕	鹚〔鷀〕	脐〔臍〕	验〔驗〕
鸥〔鷗〕	鹎〔鵯〕	鹏〔鵬〕	蛴〔蠐〕	检〔檢〕
鸯〔鴦〕	鹏〔鵬〕	鹳〔鸛〕	跻〔躋〕	殓〔殮〕
鸾〔鸞〕	鸽〔鴿〕	**聂**	鲚〔鱭〕	敛〔斂〕
鸱〔鴟〕	鹚〔鷀〕	慑〔懾〕	霁〔霽〕	脸〔臉〕
鸿〔鴻〕	鹋〔鶓〕	滠〔灄〕	鲯〔鱂〕	裣〔襝〕
鸷〔鷙〕	鹐〔鵮〕	摄〔攝〕	齑〔齏〕	硷〔礆〕
鸸〔鴯〕	赐〔賜〕	嗫〔囁〕	**岂**	睑〔瞼〕
鸵〔鴷〕	鹗〔鶚〕	镊〔鑷〕	剀〔剴〕	签〔簽〕
鸺〔鵂〕	鹙〔鶖〕	颞〔顳〕	凯〔凱〕	溅〔濺〕
鸽〔鴿〕	鹛〔鶥〕	蹑〔躡〕	恺〔愷〕	蔹〔蘞〕
鸹〔鴰〕	鹜〔鶩〕	**宁**	闿〔闓〕	**乔**
鸪〔鴣〕	鹏〔鵬〕	泞〔濘〕	垲〔塏〕	侨〔僑〕
鸼〔鵃〕	鹤〔鶴〕	拧〔擰〕	桤〔榿〕	挢〔撟〕
鸿〔鴻〕	鹣〔鶼〕	咛〔嚀〕	觊〔覬〕	荞〔蕎〕
鸼〔鵃〕	鹠〔鶹〕	狞〔獰〕	硙〔磑〕	峤〔嶠〕
鸺〔鵂〕	鹡〔鶺〕	柠〔檸〕	皑〔皚〕	骄〔驕〕
鹁〔鵓〕	鹢〔鷁〕	聍〔聹〕	铠〔鎧〕	娇〔嬌〕
鹂〔鸝〕	鹞〔鷂〕	**农**	**气**	桥〔橋〕
鹃〔鵑〕	鹭〔鷺〕	侬〔儂〕	忾〔愾〕	轿〔轎〕
鹆〔鵒〕	鹦〔鸚〕	浓〔濃〕	饩〔餼〕	硚〔礄〕
鹄〔鵠〕	鹨〔鷚〕	哝〔噥〕	**迁**	矫〔矯〕
鹅〔鵝〕	鹫〔鷲〕	脓〔膿〕	跹〔躚〕	鞒〔鞽〕
鹑〔鶉〕	鹬〔鷸〕	**齐**	**金**	**亲**
鹏〔鵬〕	鹪〔鷦〕	剂〔劑〕	剑〔劍〕	榇〔櫬〕
鹕〔鶘〕	鹧〔鷓〕	侪〔儕〕	俭〔儉〕	**穷**
鹉〔鵡〕	鹰〔鷹〕	济〔濟〕	险〔險〕	劳〔藭〕

区	妪〔嫗〕	萧〔蕭〕	伪〔偽〕	怃〔憮〕
讴〔謳〕	**圣**	啸〔嘯〕	沩〔溈〕	庑〔廡〕
伛〔傴〕	柽〔檉〕	潇〔瀟〕	妫〔嬀〕	抚〔撫〕
沤〔漚〕	蛏〔蟶〕	箫〔簫〕	**韦**	芜〔蕪〕
怄〔慪〕	**师**	蟏〔蠨〕	讳〔諱〕	呒〔嘸〕
抠〔摳〕	浉〔溮〕	**岁**	伟〔偉〕	妩〔嫵〕
奁〔奩〕	狮〔獅〕	刿〔劌〕	闱〔闈〕	**献**
呕〔嘔〕	蛳〔螄〕	哕〔噦〕	违〔違〕	谳〔讞〕
岖〔嶇〕	筛〔篩〕	秽〔穢〕	苇〔葦〕	**乡**
妪〔嫗〕	**时**	**孙**	韧〔韌〕	芗〔薌〕
驱〔驅〕	埘〔塒〕	荪〔蓀〕	帏〔幃〕	飨〔饗〕
枢〔樞〕	莳〔蒔〕	狲〔猻〕	围〔圍〕	**写**
瓯〔甌〕	鲥〔鰣〕	逊〔遜〕	纬〔緯〕	泻〔瀉〕
欧〔歐〕	**寿**	**条**	炜〔煒〕	**寻**
殴〔毆〕	俦〔儔〕	涤〔滌〕	祎〔禕〕	浔〔潯〕
鸥〔鷗〕	涛〔濤〕	绦〔縧〕	玮〔瑋〕	荨〔蕁〕
眍〔瞘〕	祷〔禱〕	鲦〔鰷〕	韨〔韍〕	挦〔撏〕
躯〔軀〕	焘〔燾〕	**万**	涠〔潿〕	鲟〔鱘〕
啬	畴〔疇〕	厉〔厲〕	韩〔韓〕	**亚**
蔷〔薔〕	铸〔鑄〕	迈〔邁〕	韫〔韞〕	垩〔堊〕
墙〔墻〕	筹〔籌〕	励〔勵〕	韪〔韙〕	垭〔埡〕
嫱〔嬙〕	踌〔躊〕	疠〔癘〕	韬〔韜〕	挜〔掗〕
樯〔檣〕	**属**	虿〔蠆〕	**乌**	哑〔啞〕
穑〔穡〕	嘱〔囑〕	趸〔躉〕	邬〔鄔〕	娅〔婭〕
杀	瞩〔矚〕	砺〔礪〕	坞〔塢〕	恶〔惡〕
铩〔鎩〕	**双**	粝〔糲〕	呜〔嗚〕	〔噁〕
审	挕〔攫〕	蛎〔蠣〕	钨〔鎢〕	氩〔氬〕
谉〔讅〕	**肃**	**为**	**无**	壶〔壺〕

附录 简化字总表 1511

严	跷〔蹺〕	颉〔頡〕	颢〔顥〕	鲈〔鱸〕
俨〔儼〕	**业**	颖〔穎〕	颤〔癲〕	鲇〔鮎〕
酽〔釅〕	邺〔鄴〕	颌〔頜〕	灏〔灝〕	鲊〔鮓〕
厌	**页**	颋〔頲〕	颦〔顰〕	稣〔穌〕
恹〔懨〕	顶〔頂〕	滪〔澦〕	颧〔顴〕	鲋〔鮒〕
厣〔厴〕	顷〔頃〕	颐〔頤〕	**义**	鲍〔鮑〕
靥〔靨〕	项〔項〕	蓣〔蕷〕	议〔議〕	鲐〔鮐〕
餍〔饜〕	预〔預〕	频〔頻〕	仪〔儀〕	鲞〔鯗〕
魇〔魘〕	顺〔順〕	颓〔頹〕	蚁〔蟻〕	鲝〔鮺〕
黡〔黶〕	须〔鬚〕	颔〔頷〕	**艺**	鲟〔鱘〕
尧	顽〔頑〕	颖〔穎〕	呓〔囈〕	鲛〔鮫〕
侥〔僥〕	烦〔煩〕	颗〔顆〕	**阴**	鲜〔鮮〕
浇〔澆〕	顼〔頊〕	额〔額〕	荫〔蔭〕	鲑〔鮭〕
挠〔撓〕	顿〔頓〕	颜〔顏〕	**隐**	鲒〔鮚〕
荛〔蕘〕	顿〔頓〕	撷〔擷〕	瘾〔癮〕	鲔〔鮪〕
峣〔嶢〕	颀〔頎〕	题〔題〕	**犹**	鲟〔鱘〕
哓〔嘵〕	颁〔頒〕	颠〔顛〕	莸〔蕕〕	鲗〔鰂〕
娆〔嬈〕	颂〔頌〕	颟〔顢〕	**鱼**	鲖〔鮦〕
骁〔驍〕	倾〔傾〕	缬〔纈〕	刿〔劌〕	鲙〔鱠〕
绕〔繞〕	预〔預〕	瀕〔瀕〕	渔〔漁〕	鲨〔鯊〕
饶〔饒〕	顾〔顧〕	颠〔顛〕	鲂〔魴〕	噜〔嚕〕
烧〔燒〕	硕〔碩〕	颟〔顢〕	鱿〔魷〕	鲡〔鱺〕
桡〔橈〕	颅〔顱〕	颞〔顳〕	鲁〔魯〕	鲠〔鯁〕
晓〔曉〕	领〔領〕	颡〔顙〕	鲎〔鱟〕	鲢〔鰱〕
硗〔磽〕	颈〔頸〕	嚣〔囂〕	蓟〔薊〕	鲫〔鯽〕
铙〔鐃〕	颇〔頗〕	颢〔顥〕	鲆〔鮃〕	鲥〔鰣〕
翘〔翹〕	颏〔頦〕	颤〔顫〕	鲅〔鮁〕	鲩〔鯇〕
蛲〔蟯〕	颊〔頰〕	巅〔巔〕	鲅〔鮁〕	鲪〔鮶〕

鲣〔鰹〕	鳆〔鰒〕	**云**	讣〔訃〕	评〔評〕
鲤〔鯉〕	鳇〔鰉〕	芸〔蕓〕	讥〔譏〕	诏〔詔〕
鲦〔鰷〕	鳌〔鰲〕	昙〔曇〕	议〔議〕	词〔詞〕
鲧〔鯀〕	歔〔歟〕	叆〔靉〕	讨〔討〕	译〔譯〕
橹〔櫓〕	䲢〔䲢〕	叇〔靆〕	讧〔訌〕	诎〔詘〕
氇〔氌〕	鳒〔鰜〕	**郑**	讦〔訐〕	诇〔詗〕
鲸〔鯨〕	鳍〔鰭〕	掷〔擲〕	记〔記〕	诅〔詛〕
鲭〔鯖〕	鳎〔鰨〕	踯〔躑〕	讯〔訊〕	识〔識〕
鲮〔鯪〕	鳏〔鰥〕	**执**	讪〔訕〕	诣〔詣〕
鲰〔鯫〕	鳑〔鰟〕	垫〔墊〕	训〔訓〕	诋〔詆〕
鲲〔鯤〕	鳙〔鱅〕	挚〔摯〕	讫〔訖〕	诉〔訴〕
鲻〔鯔〕	鳖〔鱉〕	贽〔贄〕	访〔訪〕	诈〔詐〕
鲳〔鯧〕	鳛〔鰼〕	鸷〔鷙〕	讶〔訝〕	诊〔診〕
鲱〔鯡〕	鳕〔鱈〕	蛰〔蟄〕	讳〔諱〕	诒〔詒〕
鲵〔鯢〕	鳔〔鰾〕	絷〔縶〕	讵〔詎〕	诨〔諢〕
鲷〔鯛〕	鳐〔鰩〕	**质**	讴〔謳〕	该〔該〕
鲶〔鯰〕	鳓〔鰳〕	锧〔鑕〕	诀〔訣〕	详〔詳〕
藓〔蘚〕	鳘〔鰵〕	踬〔躓〕	讷〔訥〕	诧〔詫〕
鳍〔鰭〕	鳗〔鰻〕	**专**	设〔設〕	诓〔誆〕
鳝〔鱔〕	鳝〔鱔〕	传〔傳〕	讽〔諷〕	诖〔詿〕
鳎〔鱨〕	鳟〔鱒〕	抟〔摶〕	讹〔訛〕	诘〔詰〕
鳊〔鯿〕	鳞〔鱗〕	转〔轉〕	䜣〔訢〕	诙〔詼〕
鲽〔鰈〕	鳜〔鱖〕	胪〔臚〕	许〔許〕	试〔試〕
鳁〔鰮〕	鳢〔鱧〕	砖〔磚〕	论〔論〕	诗〔詩〕
鳃〔鰓〕	鳣〔鱣〕	啭〔囀〕	讼〔訟〕	诩〔詡〕
鳄〔鱷〕		**与**	**讠**	净〔淨〕
镥〔鑥〕	屿〔嶼〕	计〔計〕	诂〔詁〕	诠〔詮〕
鳅〔鰍〕	欤〔歟〕	订〔訂〕	诃〔訶〕	诛〔誅〕

诔〔誄〕	谆〔諄〕	谍〔諜〕	潛〔濳〕	饲〔飼〕
诟〔詬〕	谇〔誶〕	谐〔諧〕	谭〔譚〕	饯〔餞〕
诣〔詣〕	谇〔誶〕	谏〔諫〕	谰〔讕〕	饰〔飾〕
话〔話〕	请〔請〕	谓〔謂〕	谲〔譎〕	饱〔飽〕
诡〔詭〕	诺〔諾〕	谑〔謔〕	谯〔譙〕	饴〔飴〕
询〔詢〕	诸〔諸〕	谒〔謁〕	蔼〔藹〕	㤖〔㤖〕
诚〔誠〕	读〔讀〕	谔〔諤〕	槠〔櫧〕	恰〔餄〕
诞〔誕〕	诼〔諑〕	谓〔謂〕	遣〔譴〕	饷〔餉〕
浒〔滸〕	诹〔諏〕	媛〔媛〕	谵〔譫〕	饺〔餃〕
诮〔誚〕	课〔課〕	谕〔諭〕	谳〔讞〕	侬〔儂〕
说〔說〕	诽〔誹〕	谥〔謚〕	辩〔辯〕	饼〔餅〕
诫〔誡〕	诿〔諉〕	谤〔謗〕	谶〔讖〕	饵〔餌〕
诬〔誣〕	谁〔誰〕	谦〔謙〕	雠〔讎〕①	饶〔饒〕
语〔語〕	谀〔諛〕	谧〔謐〕	谶〔讖〕	蚀〔蝕〕
诵〔誦〕	调〔調〕	谟〔謨〕	霭〔靄〕	饹〔餎〕
罚〔罰〕	谄〔諂〕	谠〔讜〕	饣	饽〔餑〕
误〔誤〕	谂〔諗〕	谡〔謖〕	饥〔饑〕	馁〔餒〕
诰〔誥〕	谛〔諦〕	谢〔謝〕	饦〔飥〕	饿〔餓〕
诳〔誆〕	谙〔諳〕	谣〔謠〕	饧〔餳〕	馆〔館〕
诱〔誘〕	谜〔謎〕	储〔儲〕	饨〔飩〕	馄〔餛〕
诲〔誨〕	谚〔諺〕	谪〔謫〕	饭〔飯〕	馃〔餜〕
诶〔誒〕	谝〔諞〕	谫〔譾〕	饮〔飲〕	馅〔餡〕
狱〔獄〕	谘〔諮〕	谨〔謹〕	饫〔飫〕	馇〔餷〕
谊〔誼〕	谌〔諶〕	谬〔謬〕	饩〔餼〕	馇〔餷〕
谅〔諒〕	谎〔謊〕	漫〔謾〕	饪〔飪〕	馈〔饋〕
谈〔談〕	谋〔謀〕	谱〔譜〕	饬〔飭〕	馊〔餿〕

①雠: 用于校雠、雠定、仇雠等。表示仇恨、仇敌义时用仇。

馇〔餷〕	纠〔糾〕	哟〔喲〕	结〔結〕	绿〔綠〕
馍〔饃〕	矿〔纊〕	绊〔絆〕	绗〔絎〕	绰〔綽〕
馎〔餺〕	纡〔紆〕	线〔綫〕	给〔給〕	绲〔緄〕
馏〔餾〕	纣〔紂〕	绀〔紺〕	绘〔繪〕	绳〔繩〕
馑〔饉〕	红〔紅〕	继〔繼〕	绝〔絶〕	绯〔緋〕
馒〔饅〕	纪〔紀〕	绂〔紱〕	绛〔絳〕	绶〔綬〕
馓〔饊〕	纫〔紉〕	绋〔紼〕	络〔絡〕	绸〔綢〕
馔〔饌〕	纥〔紇〕	绎〔繹〕	绚〔絢〕	绷〔綳〕
馕〔饢〕	约〔約〕	经〔經〕	绑〔綁〕	绺〔綹〕
汤	纨〔紈〕	绍〔紹〕	莼〔蒓〕	维〔維〕
汤〔湯〕	级〔級〕	组〔組〕	绠〔綆〕	绵〔綿〕
扬〔揚〕	纺〔紡〕	细〔細〕	绨〔綈〕	缁〔緇〕
场〔場〕	纹〔紋〕	绌〔絀〕	绡〔綃〕	缔〔締〕
旸〔暘〕	纬〔緯〕	绅〔紳〕	绢〔絹〕	编〔編〕
饧〔餳〕	纭〔紜〕	织〔織〕	绣〔綉〕	缕〔縷〕
炀〔煬〕	纯〔純〕	绌〔絀〕	绥〔綏〕	缃〔緗〕
杨〔楊〕	纰〔紕〕	终〔終〕	绦〔縧〕	缂〔緙〕
肠〔腸〕	纽〔紐〕	绉〔縐〕	鸳〔鴛〕	缅〔緬〕
疡〔瘍〕	纳〔納〕	绐〔紿〕	综〔綜〕	缘〔緣〕
砀〔碭〕	纲〔綱〕	哟〔喲〕	绽〔綻〕	缉〔緝〕
畅〔暢〕	纱〔紗〕	经〔經〕	绾〔綰〕	缇〔緹〕
钖〔鍚〕	纤〔縴〕	莳〔蒔〕	绻〔綣〕	缈〔緲〕
殇〔殤〕	纷〔紛〕	莅〔蒞〕	绩〔績〕	缙〔縉〕
荡〔蕩〕	纶〔綸〕	绞〔絞〕	绫〔綾〕	缊〔縕〕
烫〔燙〕	纸〔紙〕	统〔統〕	绪〔緒〕	缌〔緦〕
觞〔觴〕	纵〔縱〕	绒〔絨〕	续〔續〕	缆〔纜〕
纟	纾〔紓〕	绕〔繞〕	绮〔綺〕	缓〔緩〕
丝〔絲〕	纼〔紖〕	绔〔絝〕	缀〔綴〕	缄〔緘〕

猴〔猴〕	橼〔櫞〕	捞〔撈〕	钉〔釘〕	钡〔鋇〕
缒〔縋〕	缰〔繮〕	唠〔嘮〕	针〔針〕	铃〔鈴〕
缎〔緞〕	缳〔繯〕	莺〔鶯〕	钊〔釗〕	钧〔鈞〕
辔〔轡〕	缲〔繰〕	萤〔螢〕	钗〔釵〕	钩〔鈎〕
缑〔緱〕	缱〔繾〕	营〔營〕	钎〔釺〕	钦〔欽〕
缤〔繽〕	缴〔繳〕	萦〔縈〕	钓〔釣〕	钨〔鎢〕
缟〔縞〕	辫〔辮〕	痨〔癆〕	钏〔釧〕	铋〔鉍〕
缣〔縑〕	缵〔纘〕	嵘〔嶸〕	钍〔釷〕	钰〔鈺〕
缢〔縊〕	⺍	锗〔鐍〕	钐〔釤〕	钱〔錢〕
缚〔縛〕	坚〔堅〕	耢〔耮〕	钒〔釩〕	钲〔鉦〕
缙〔縉〕	贤〔賢〕	蝾〔蠑〕	锡〔錫〕	钳〔鉗〕
缛〔縟〕	肾〔腎〕	⺍	钕〔釹〕	钴〔鈷〕
缜〔縝〕	竖〔豎〕	览〔覽〕	钔〔鍆〕	钺〔鉞〕
缝〔縫〕	悭〔慳〕	揽〔攬〕	钦〔欽〕	钵〔缽〕
缡〔縭〕	紧〔緊〕	缆〔纜〕	钫〔鈁〕	钹〔鈸〕
潍〔濰〕	铿〔鏗〕	榄〔欖〕	钚〔鈈〕	钼〔鉬〕
缩〔縮〕	鲣〔鰹〕	鉴〔鑒〕	钣〔鈑〕	钾〔鉀〕
缥〔縹〕	龷	只	钪〔鈧〕	铀〔鈾〕
缪〔繆〕	劳〔勞〕	识〔識〕	钯〔鈀〕	钿〔鈿〕
缦〔縵〕	茕〔煢〕	帜〔幟〕	钭〔鈄〕	铎〔鐸〕
缨〔纓〕	茎〔莖〕	织〔織〕	钙〔鈣〕	铍〔鏺〕
缫〔繅〕	荧〔熒〕	炽〔熾〕	钝〔鈍〕	铃〔鈴〕
缧〔縲〕	荣〔榮〕	职〔職〕	钛〔鈦〕	铅〔鉛〕
蕴〔藴〕	荥〔滎〕	钅	钘〔鈃〕	铂〔鉑〕
缮〔繕〕	荦〔犖〕	钆〔釓〕	钮〔鈕〕	铄〔鑠〕
缯〔繒〕	涝〔澇〕	钇〔釔〕	钞〔鈔〕	铆〔鉚〕
缬〔纈〕	崂〔嶗〕	钉〔釘〕	钢〔鋼〕	铍〔鈹〕
缭〔繚〕	莹〔瑩〕	钋〔釙〕	钠〔鈉〕	钶〔鈳〕

铊〔鉈〕	铠〔鐺〕	锁〔鎖〕	锟〔錕〕	锐〔鑭〕
钽〔鉭〕	铜〔銅〕	锄〔鋤〕	锡〔錫〕	镔〔鑌〕
铌〔鈮〕	铝〔鋁〕	锅〔鍋〕	锣〔鑼〕	镒〔鎰〕
钜〔鉅〕	铡〔鍘〕	锉〔銼〕	锤〔錘〕	锔〔鎘〕
铈〔鈰〕	铠〔鎧〕	锈〔鏽〕	锥〔錐〕	镑〔鎊〕
铉〔鉉〕	铨〔銓〕	锋〔鋒〕	锦〔錦〕	镐〔鎬〕
铒〔鉺〕	铢〔銖〕	锆〔鋯〕	锨〔鍁〕	镉〔鎘〕
铑〔銠〕	铣〔銑〕	锊〔鋝〕	锱〔錙〕	锶〔鑷〕
铕〔銪〕	铤〔鋌〕	锏〔鐧〕	键〔鍵〕	镇〔鎮〕
铟〔銦〕	铭〔銘〕	锎〔鐦〕	镀〔鍍〕	镍〔鎳〕
铷〔銣〕	铬〔鉻〕	锏〔鐧〕	镃〔鎡〕	镌〔鎸〕
铯〔銫〕	铮〔錚〕	铽〔鋱〕	镁〔鎂〕	镏〔鎦〕
铱〔銩〕	铧〔鏵〕	铼〔錸〕	镂〔鏤〕	镜〔鏡〕
铪〔鉿〕	铩〔鎩〕	锇〔鋨〕	锲〔鍥〕	镝〔鏑〕
铞〔銱〕	揿〔撳〕	锂〔鋰〕	锵〔鏘〕	镛〔鏞〕
铫〔銚〕	锌〔鋅〕	锁〔鎖〕	锷〔鍔〕	镞〔鏃〕
铵〔銨〕	锐〔銳〕	锗〔鍺〕	锶〔鍶〕	镖〔鏢〕
衔〔銜〕	锑〔銻〕	锞〔錁〕	锴〔鍇〕	镚〔鏰〕
铲〔鏟〕	银〔銀〕	锭〔錠〕	锾〔鍰〕	镗〔鏜〕
铰〔鉸〕	铺〔鋪〕	锗〔鍺〕	锹〔鍬〕	锗〔鐯〕
铳〔銃〕	铸〔鑄〕	锝〔鍀〕	镘〔鏝〕	馒〔鏝〕
铱〔銥〕	嵌〔嶔〕	锫〔錇〕	锢〔錮〕	镎〔鎿〕
铿〔鏗〕	锓〔鋟〕	错〔錯〕	镄〔鐨〕	镦〔鐓〕
铗〔鋏〕	锃〔鋥〕	锚〔錨〕	锻〔鍛〕	镨〔鐥〕
铐〔銬〕	链〔鏈〕	锛〔錛〕	锸〔鍤〕	镨〔鐠〕
铡〔鍘〕	铿〔鏗〕	锯〔鋸〕	锼〔鎪〕	镧〔鑭〕
铙〔鐃〕	铜〔鐧〕	锰〔錳〕	锋〔鋒〕	镥〔鑥〕
银〔銀〕	销〔銷〕	锢〔錮〕	镓〔鎵〕	镤〔鏷〕

附录 简化字总表 1517

锹〔鍬〕	尝〔嘗〕	择〔擇〕	羟〔羥〕	滦〔灤〕
镣〔鐐〕	学〔學〕	释〔釋〕	颈〔頸〕	銮〔鑾〕
镫〔鐙〕	觉〔覺〕	箨〔籜〕	㲠〔㲠〕	**呙**
镪〔鏹〕	搅〔攪〕	**圣**	**亦**	剐〔剮〕
镰〔鐮〕	誉〔譽〕	劲〔勁〕	变〔變〕	涡〔渦〕
镱〔鐿〕	鲎〔鱟〕	刭〔剄〕	弯〔彎〕	埚〔堝〕
镭〔鐳〕	黉〔黌〕	陉〔陘〕	孪〔孿〕	喎〔喎〕
镬〔鑊〕	**睪**	泾〔涇〕	峦〔巒〕	莴〔萵〕
镮〔鐶〕	译〔譯〕	茎〔莖〕	娈〔孌〕	娲〔媧〕
镯〔鐲〕	泽〔澤〕	径〔徑〕	恋〔戀〕	祸〔禍〕
镲〔鑔〕	怿〔懌〕	经〔經〕	栾〔欒〕	膈〔膈〕
镰〔鐮〕	择〔擇〕	烃〔烴〕	挛〔攣〕	窝〔窩〕
镴〔鑞〕	峄〔嶧〕	轻〔輕〕	鸾〔鸞〕	锅〔鍋〕
镶〔鑲〕	绎〔繹〕	氢〔氫〕	湾〔灣〕	蜗〔蝸〕
镬〔鑊〕	驿〔驛〕	胫〔脛〕	蛮〔蠻〕	
竖	铎〔鐸〕	痉〔痙〕	脔〔臠〕	

标点符号用法(1990年)

说　明

　　1951年9月，中央人民政府出版总署公布了《标点符号用法》，同年10月政务院下达指示，要求全国遵照使用。三十多年来，文字的书写排印已由直行改为横行，标点符号用法也有某些发展变化，因此需要进行修订。修订的内容主要有以下几方面：原列14种符号，现为16种，增加了连接号和间隔号；简化了说明，更换了例句；针对书写排印改为横行，某些说法也作了相应的改动。

标点符号是书面语中不可缺少的部分，用来表示停顿、语气以及词语的性质和作用。因此，必须重视标点符号的使用。

一、句号（。）

句号表示陈述句末尾的停顿。例如：
（1）北京是中华人民共和国的首都。
（2）虚心使人进步，骄傲使人落后。
（3）亚洲地域广阔，跨寒、温、热三带，又因各地地形和距离海洋远近不同，气候复杂多样。
陈述句是用来说明事实的。

　祈使句是用来要求听话人做某件事情的。语气舒缓的祈使句末尾也用句号。例如：
（4）请您稍等一下。
句号还有另一种形式，即一个小圆点（．），一般在科技文献中使用。

二、问号（？）

问号表示疑问句末尾的停顿。例如：
（5）你见过金丝猴吗？
（6）他叫什么名字？

（7）去好呢，还是不去好？

疑问句一般是用来提出问题的。

反问句是一种特殊的疑问句，末尾一般也用问号。例如：

（8）难道你还不了解我吗？

（9）你怎么能这么说呢？

有的句子虽然有疑问词"谁""什么""怎么"等，但全句并不是疑问句，末尾不用问号。例如：

(10)我也不知道该谁去。

(11)请你问问他姓什么。

三、叹号（！）

叹号表示感叹句末尾的停顿。例如：

(12)为祖国的繁荣昌盛而奋斗！

(13)我多么想看看她老人家呀！

感叹句是用来抒发某种强烈感情的。

语气强烈的祈使句末尾也用叹号。例如：

(14)你给我出去！

(15)停止射击！

语气强烈的反问句有时也用叹号。例如：

(16)我哪里比得上他呀！

四、逗号（，）

逗号表示句子内部的一般性停顿。例如：

(17)我们看得见的星星，绝大多数是恒星。

(18)应该看到，科学需要一个人贡献出毕生的精力。

(19)对于这个城市，他并不陌生。

(20)据说苏州园林有一百多处，我到过的不过十多处。

表示句子内部停顿的符号还有顿号、分号和冒号，不过这三种符号都有专门的用途，只有逗号是一般性的，行文中用得最多。例(17)—例(19)中的逗号表示单句里边的停顿，例(20)中的逗号表示复句里边分句之间的停顿。

五、顿号（、）

顿号表示句子内部并列词语之间的停顿。例如：

(21) 亚马孙河、尼罗河、密西西比河和长江是世界四大河流。

(22) 正方形是四边相等、四角均为直角的四边形。

顿号表示的停顿比逗号小，用来隔开并列的词或并列的短语(词组)。例 (21) 中的"亚马孙河""尼罗河""密西西比河""长江"是并列的词，例 (22) 中的"四边相等""四角均为直角"是并列的短语(词组)，它们内部的停顿都用顿号来表示。并列词语之间用了"和""或"之类的连词，就不再使用顿号，例如 (21) 中的"密西西比河"与"长江"之间。

六、分号（；）

分号表示复句内部并列分句之间的停顿。例如：

(23) 语言，人们用来抒情达意；文字，人们用来记言记事。

(24) 在长江上游，瞿塘峡像一道闸门，峡口险阻；巫峡像一条迂回曲折的画廊，每一曲，每一折，都像一幅绝好的风景画，神奇而秀美；西陵峡水势险恶，处处是急流，处处是险滩。

分号表示的停顿比逗号大，主要用来隔开并列的分句，如例 (23) 和例 (24)。

有时，在非并列关系的多重复句内也用分号。例如：

(25) 我国年满十八周岁的公民，不分民族、种族、性别、职业、家庭出身、宗教信仰、教育程度、财产状况、居住期限，都有选举权和被选举权；但是依照法律被剥夺政治权利的人除外。

例 (25) 如果改用逗号便不易分辨前后两层意思，如果改用句号又会把前后连贯的意思割断，所以要用分号。

七、冒号（：）

冒号表示提示性话语之后的停顿，用来提起下文。例如：

(26) 同志们，朋友们：

　　现在开会了。……

(27) 他十分惊讶地说："啊，原来是你！"

(28) 北京紫禁城有四座城门：午门、神武门、东华门和西华门。

(29) 外文图书展销会
　　日期：1989年10月20日——11月10日。
　　时间：上午8:30——下午4:30。
　　地点：北京朝内大街137号。
　　主办单位：中国图书进出口总公司。

例(26)的"同志们,朋友们"是招呼所有到会的人,提示下面要讲话了;例(27)指明下面是"他"所说的话;例(28)先总说有"四座城门",下面具体说明是哪四座城门;例(29)先提出要说明的项目,下面说明有关的内容。

此外,在总括性话语之前也可以用冒号,以总结上文。例如:

(30) 张华考上了北京大学,在化学系学习;李萍进了中等技术学校,读机械制造专业;我在百货公司当售货员:我们都有光明的前途。

八、引号(" ")

引号标明行文中直接引用的话。例如:

(31) 爱因斯坦说:"想象力比知识更重要,因为知识是有限的,而想象力概括着世界上的一切,推动着进步,并且是知识进化的源泉。"

(32) "满招损,谦受益"这句格言,流传到今天至少有两千年了。

(33) 现代画家徐悲鸿笔下的马,正如有的评论家所说的那样,"形神兼备,充满生机"。

行文中直接引用的话一般要用引号标明,为的是和作者自己的话区别开来,如例(31)—例(33)。要注意引文末尾标点的使用:凡是把引用的话独立来用,末尾的标点放在引号的里边,如例(31);凡是把引用的话作为作者自己的话的一部分,末尾不用标点,如例(32)和例(33)。例(33)末尾的句号属于全句,不属于引文部分。

引号还用来标明需要着重论述的对象或具有特殊含义的词语。例如:

(34) 古人对于写文章有两个基本要求,叫做"有物有序"。"有物"就是要有内容,"有序"就是要有条理。

(35) 从山脚向上望,只见火把排成许多"之"字形,一直连到天上,跟星光接起来,分不出是火把,还是星星。

(36) 这样的"聪明人"还是少一点好。

例(34)的"有物""有序"是着重论述的对象,例(35)(36)的"之""聪明人"具有特殊含义,它们都用引号加以标明。

引号里面还要用引号时，外面一层用双引号，里面一层用单引号。例如：

(37)他站起来问："老师，'有条不紊'的'紊'是什么意思?"

九、括号（（ ））

括号标明行文中注释性的话。例如：

(38)中国猿人(全名为"中国猿人北京种"，或简称"北京人")在我国的发现，是对古人类学的一个重大贡献。

(39)有人用氢气还原氧化铜制得5克铜，求有多少克氢气参加了反应，这些氢气在标准状况下占多大体积?（氢气的密度是0.09克／升）

括号里的话如果是注释句子里某些词语的，这种括号叫句内括号；句内括号要紧贴在被注释的词语之后，如例(38)。括号里的话如果是注释整个句子的，这种括号叫句外括号；句外括号要放在句末的标点之后，如例(39)。

括号除了最常用的圆括号之外，还有方括号（[ ]）、六角括号（〔 〕）、方头括号（【 】）等几种。

十、破折号（——）

破折号标明行文中解释说明的语句。破折号和括号用法不同：破折号引出的解释说明是正文的一部分，括号里的解释说明不是正文，只是注释。例如：

(40)迈进金黄色的大门，穿过宽阔的风门厅和衣帽厅，就到了大会堂建筑的枢纽部分——中央大厅。

(41)蝉的幼虫初次出现于地面，需要寻求适当的地点——矮树、篱笆、野草、灌木枝等——脱掉身上的皮。

行文中解释说明的语句通常用一个破折号引出，如例(40)。这类语句如果是插在句子中间的，可以在前面和后面各用一个破折号，如例(41)。

此外，破折号还有其他一些用法。例如：

(42)"今天好热啊！——你什么时候去上海?"张强对刚刚进门的小王说。

(43)"呜——"火车开动了。

(44)根据研究对象的不同，环境物理学分为以下五个分支学科：

——环境声学；

——环境光学；

——环境热学;

——环境电磁学;

——环境空气动力学。

例(42)标明话题的突然转变,例(43)表示声音的延长,例(44)表示事项的列举分承。

十一、省略号(……)

省略号标明行文中省略了的话。例如:

(45) 她轻轻地哼起了《摇篮曲》:"月儿明,风儿静,树叶儿遮窗棂啊……"

(46) 在广州的花市上,牡丹、吊钟、水仙、大丽、梅花、菊花、山茶、墨兰……春秋冬三季的鲜花都挤在一起啦!

省略号标明的省略常见的有两种:一种是引文的省略,如例(45);一种是列举的省略,如例(46)。

此外,省略号还用来表示说话的断断续续。例如:

(47) "我……对不起……大家,我……没有……完成……任务。"

十二、着重号(.)

着重号标明要求读者特别注意的字、词、句。例如:

(48) 事业是干出来的,不是吹出来的。

十三、连接号(—)

连接号的作用是把意义密切相关的词语连成一个整体。例如:

(49) 我国秦岭—淮河以北地区属于温带季风气候区,夏季高温多雨,冬季寒冷干燥。

(50) 梨园乡种植的巨峰葡萄今年已经进入了丰产期,亩产1000—1500公斤。

(51) 中国东方航空公司MD—82客机昨天从上海首航湖南长沙黄花机场获得成功。

例(49)的连接号连接两个地名,表示一个地理区域。例(50)的连接号连接两个数字,标明产量的幅度。例(51)的连接号连接"MD"和"82",表示飞机的型号。

连接号还有另一种形式,即一个浪纹(~),一般用来连接相关的数字。

十四、间隔号（·）

间隔号表示外国人或某些少数民族人名内各部分的分界。例如：

(52) 列奥纳多·达·芬奇。

(53) 爱新觉罗·努尔哈赤。

间隔号还可以用来表示书名与篇(章、卷)名之间的分界。例如：

(54)《中国大百科全书·语言文字》

(55)《三国志·蜀志·诸葛亮传》

十五、书名号（《 》）

书名号标明书名、篇名、报刊名等。例如：

(56)《红楼梦》

《孔乙己》

《人民日报》

《中国语文》

《红楼梦》是书名，《孔乙己》是篇名，《人民日报》是报纸名称，《中国语文》是刊物名称。

书名号的里边还要用书名号时，外边一层用双书名号，里边一层用单书名号。例如：

(57)《〈中国工人〉发刊词》

十六、专名号（＿＿＿）

专名号表示人名、地名、朝代名等。例如：

(58) 司马相如者，汉蜀郡成都人也，字长卿。

上例"司马相如""长卿"是人名，"汉"是朝代名，"蜀郡""成都"是地名。

专名号只用在古籍或某些文史著作里面。为了和专名号配合，这类著作里的书名号可以用浪线(～～～)。例如：

(59) 屈原放逐，乃赋离骚；左丘失明，厥有国语。

标点符号的位置

句号、问号、叹号、逗号、顿号、分号和冒号一般占一个字的位置，通常不出现在一行之首。

引号、括号、书名号的前一半不出现在一行之末,后一半不出现在一行之首。

破折号和省略号都占两个字的位置,中间不能断开。连接号和间隔号一般占一个字的位置。在书写和印刷时,这四种符号上下居中。

着重号、专名号和浪线式书名号标在字的下边。

直行文稿的标点符号

直行文稿的标点符号只有以下几项和横行文稿不同:
(1)句号、问号、叹号、逗号、顿号、分号和冒号放在字的下方偏右。
(2)破折号、省略号、连接号和间隔号放在字下居中。
(3)引号改用 ╗ 和 ╝。
(4)着重号标在字的右侧,专名号和浪线式书名号标在字的左侧。

语法简表

本表主要列举本词典中所涉及到的语法现象。

一、主语

例　　句	充当的词或词组
心情十分舒畅。	名词
你快去。	代词
学习很重要。	动词
虚心使人进步。	形容词
上面有电灯。	方位词

二、谓语

例　　句	充当的词或词组
孩子们笑了。	动词
人民伟大。	形容词
五月一日劳动节。	名词
一年三百六十五天。	数量词组
代表团乘飞机去北京。	连动词组
我们选他当代表。	兼语词组

三、宾语

例　　句	充当的词或词组
战士们消灭了敌人。	名词
我们明天去广州。	名词(处所)
这件事拜托您了。	代词
我们必须加强领导。	动词
小朋友爱清洁。	形容词
一笼馒头他吃了五个。	数量词组
大家都要重视说普通话	动词性词组
我们证明他牺牲了。	主谓词组
他送我一本字典。	代词,名词性偏正词组(双宾语)

四、补语

例　　句	充当的词或词组
大家都听得〈懂〉。	动词
把教室扫〈干净〉。	形容词
产品质量好得〈很〉。	副词
这件事你办得〈怎么样〉了。	代词
我已说了〈两遍〉。	数量词组
她回了〈一趟〉家。	数量词组(在述语后宾语前)
小张跳了〈过去〉。	趋向动词
群众说〈出〉了心里话。	趋向动词(在述语后宾语前)
我寄了封信〈去〉。	趋向动词(在宾语后)
她举〈起〉手〈来〉。	趋向动词(宾语插在中间)
他家住〈在楼上〉。	介词词组
他急得〈像热锅上的蚂蚁〉。	动词性词组
我的话说得〈大家都笑了〉。	主谓词组

五、定语

例　　句	充当的词或词组
他穿着(雪白)的衬衣。	形容词
我们要好好研究(中国)的历史。	名词
他买了(一本)词典。	数量词组
每个人都要尽到(自己)的责任。	代词
他作了(关于目前形势)的报告。	介词词组
(桌子上)的报纸不见了。	方位词组
外面传来了(噼啪噼啪)的枪声。	拟声词

六、状语

例　　句	充当的词或词组
他[已经]回家了。	副词
街上[很]热闹。	副词
我们[明天]出发。	名词
咱们[北京]见。	名词(处所)
她[把孩子]抱在怀里。	介词词组
[在同学们的帮助下]，他进步很快。	介词词组,用在句首
他[愉快]地接受了任务。	形容词
青年人[应该]有理想。	助动词(即能愿动词)
饭要[一口一口]地吃。	数量词组
风[呼呼]地吹着。	拟声词